CB069291

THOMSON REUTERS
REVISTA DOS TRIBUNAIS™

CONSOLIDAÇÃO DAS LEIS DO TRABALHO

com Interpretação Jurisprudencial

Diretora Responsável
GISELLE TAPAI

Diretora de Operações de Conteúdo
JULIANA MAYUMI ONO

Editores: Danielle Candido de Oliveira, Elisabeth Bianchi, Flávio Viana Filho, Henderson Fiirst e Iviê Adolfo de Macedo Loureiro Gomes.

Editorial
Coordenação
JULIANA DE CICCO BIANCO

Analistas Documentais: Aline Aparecida David do Carmo, Amanda Borges Yoshimine, Ariene Cristina Almeida do Nascimento, Bruno Martins Costa, Camila Oliveira e Silva, Cristiane Gonzalez Basile de Faria, Douglas Elmauer e Rodrigo Domiciano de Oliveira

Técnicos de Processos Editoriais: Maria Angélica Leite e Paulo Alexandre Teixeira

Assistente Documental: Samanta Fernandes Silva

Capa: Adriana Martins

Coordenação Administrativa
RENATA COSTA PALMA E ROSANGELA MARIA DOS SANTOS

Assistente: Karla Capelas

Editoração Eletrônica
Coordenação
ROSELI CAMPOS DE CARVALHO

Equipe de Editoração: Carolina do Prado Fatel, Gabriel Bratti Costa, Ladislau Francisco de Lima Neto, Luciana Pereira dos Santos, Luiz Fernando Romeu e Vera Lúcia Cirino

Produção Gráfica
Coordenação
CAIO HENRIQUE ANDRADE

Auxiliar: Rafael da Costa Brito

Dados Internacionais de Catalogação na Publicação (CIP)
(Câmara Brasileira do Livro, SP, Brasil)

Consolidação das Leis do Trabalho com interpretação jurisprudencial: convergente, divergente, extensiva, restritiva / Pedro Paulo Manus, Carla Teresa Romar, organizadores. – São Paulo : Editora Revista dos Tribunais, 2013. – (Coleção lei & jurisprudência)

Bibliografia.
ISBN 978-85-203-4884-0

1. Direito do trabalho – Jurisprudência – Brasil 2. Direito do trabalho – Legislação – Brasil 3. Trabalho – Leis e legislação – Brasil I. Manus, Pedro Paulo. II. Romar, Carla Teresa. III. Série.

13-07601 CDU-34:331(81)(094.56)

Índices para catálogo sistemático: 1. Brasil: Leis comentadas: Direito do trabalho 34:331(81)(094.56) 2. Consolidação das Leis do Trabalho: Comentários : Brasil 34:331(81)(094.56)

Coleção

Lei & Jurisprudência

CONSOLIDAÇÃO DAS LEIS DO TRABALHO

com Interpretação Jurisprudencial

- Convergente • Extensiva
- Divergente • Restritiva

PEDRO PAULO TEIXEIRA MANUS
CARLA TERESA MARTINS ROMAR

Organizadores

Inclui também:
• Constituição Federal (Excertos)

THOMSON REUTERS
REVISTA DOS TRIBUNAIS™

CONSOLIDAÇÃO DAS LEIS DO TRABALHO

com Interpretação Jurisprudencial

Pedro Paulo Teixeira Manus
Carla Teresa Martins Romar

Organizadores

© desta edição [2013]

Editora Revista dos Tribunais Ltda.

Giselle Tapai
Diretora responsável

Rua do Bosque, 820 – Barra Funda
Tel. 11 3613-8400 – Fax 11 3613-8450
CEP 01136-000 – São Paulo, SP, Brasil

Todos os direitos reservados. Proibida a reprodução total ou parcial, por qualquer meio ou processo, especialmente por sistemas gráficos, microfílmicos, fotográficos, reprográficos, fonográficos, videográficos. Vedada a memorização e/ou a recuperação total ou parcial, bem como a inclusão de qualquer parte desta obra em qualquer sistema de processamento de dados. Estas proibições aplicam-se também às características gráficas da obra e à sua editoração. A violação dos direitos autorais é punível como crime (art. 184 e parágrafos, do Código Penal), com pena de prisão e multa, conjuntamente com busca e apreensão e indenizações diversas (arts. 101 a 110 da Lei 9.610, de 19.02.1998, Lei dos Direitos Autorais).

Central de Relacionamento RT
(atendimento, em dias úteis, das 8 às 17 horas)
Tel. 0800-702-2433
e-mail de atendimento ao consumidor: sac@rt.com.br
Visite nosso *site:* www.rt.com.br
Impresso na Brasil [08.2013]
Profissional

Fechamento desta edição: [07.08.2013]

ISBN 978-85-203-4884-0
ISBN da Coleção 978-85-203-4809-3

APRESENTAÇÃO DA COLEÇÃO

A sociedade contemporânea se caracteriza pela mudança constante, em todos os seus contextos: social, político, econômico, jurídico, ecológico, tecnológico. Há uma percepção geral de crise, em especial de uma crise do projeto de sociedade construído na modernidade.

O Direito não está imune a esta nova realidade social, e atualmente uma das principais tarefas dos Tribunais é também adequar o ordenamento jurídico, para fazer frente às necessidades e aspirações emergentes.

É com esse quadro em mente que a Editora Revista dos Tribunais lança agora sua nova Coleção "Lei & Jurisprudência", tendo como objetivo proporcionar aos profissionais do Direito um panorama completo e atual da legislação vigente, conjugando Códigos e interpretação jurisprudencial, em obras práticas e de fácil consulta.

A partir do texto codificado, a respectiva exegese dada pelos Tribunais é trazida por estudiosos de referência na matéria tratada, que a analisam e classificam conforme a espécie de interpretação atribuída: convergente/divergente; extensiva/restritiva.

O *primeiro grupo* – interpretação convergente e divergente – tem finalidade mais prática do que acadêmica: indica como o dispositivo em estudo está sendo aplicado, ou se não está sendo aplicado conforme determinado literalmente no texto. O *segundo grupo* – interpretação extensiva e restritiva – tem finalidade interpretativa propriamente dita, isto é, a fórmula legal, ou a *mens legislatoris*, é mais ou é menos ampla do que a sua aplicação pelos Tribunais; ou, ainda, a aplicação do dispositivo está ou não sendo adaptada às novas exigências da realidade social, ou às diretrizes do sistema jurídico.

As obras da Coleção têm projeto gráfico diferenciado, de modo a facilitar a leitura e tornar mais rápida e eficiente a pesquisa. Na reunião de conteúdo e praticidade, este lançamento se concretiza numa ferramenta indispensável para o moderno profissional do Direito.

A Editora

APRESENTAÇÃO DA COLEÇÃO

A sociedade contemporânea caracteriza-se pela mudança constante, em todos os seus contextos: social, político, econômico, jurídico, ecológico, tecnológico. Há uma percepção geral de crise, em especial de uma crise do projeto de sociedade consumido na modernidade.

O Direito não está imune a esta nova realidade social, e atualmente uma das principais tarefas do(a) jurista é também adequar o ordenamento jurídico, para fazer frente às necessidades e aspirações emergentes.

É com esse quadro em mente que a Editora Revista dos Tribunais lança agora sua nova Coleção "Lei & Jurisprudência", tendo como objetivo proporcionar aos profissionais do Direito um panorama completo e atual da legislação vigente, conjugando Códigos e interpretação jurisprudencial, em obras práticas e de fácil consulta.

A partir do texto codificado, a respeito é exceto-se dada pelos Tribunais é trazida por estudiosos de referência na matéria tratada, que a analisam e classificam conforme a espécie de interpretação atribuída: convergente/divergente, extensiva/restritiva.

O primeiro grupo – interpretação convergente e divergente – tem finalidade mais prática do que acadêmica, indica como o dispositivo em estudo está sendo aplicado, ou se não está sendo aplicado conforme determinado literalmente no texto. O segundo grupo – interpretação extensiva e restritiva – tem finalidade interpretativa propriamente dita, isto é, a fórmula legal, ou a mens legislatoris, é mais ou é menos ampla do que a sua aplicação pelos Tribunais, ou, ainda, a aplicação do dispositivo está ou não sendo adaptada às novas exigências da realidade social, ou às diretrizes do sistema jurídico.

As obras da Coleção têm projeto gráfico diferenciado, de modo a facilitar a leitura e tornar mais rápida e eficiente a pesquisa. Na reunião de conteúdo e praticidade, este lançamento se concretiza numa ferramenta indispensável para o moderno profissional do Direito.

A Editora

NOTA DA EDITORA

Nesta Coleção "Lei & Jurisprudência", a Editora Revista dos Tribunais inova ao trazer a público o texto legislativo dos principais Códigos brasileiros e sua interpretação pelos Tribunais.

A jurisprudência selecionada na coleção está dividida segundo a espécie de interpretação dada pelos julgadores.

Inicialmente, a divisão é feita por interpretação convergente e interpretação divergente.

Esta classificação tem finalidade mais voltada para a prática do que para a academia, e visa fornecer ao leitor a indicação de como o artigo em estudo está sendo aplicado nos tribunais.

Estão classificados como interpretação convergente os julgados em que o tribunal aplica diretamente o artigo aos casos práticos.

Na interpretação divergente estão aqueles julgados que não aplicam o artigo diretamente, por exemplo, quando o julgador faz uma interpretação sistemática do artigo em face de outras normas previstas na mesma lei ou em outras leis do ordenamento jurídico.

Seguindo a classificação de R. Limongi França,[1] quanto à extensão dos resultados a que se chega no processo hermenêutico, os julgados são divididos em interpretação extensiva e interpretação restritiva.

A interpretação extensiva, nas palavras deste autor, é "a interpretação segundo a qual a fórmula legal é menos ampla do que a *mens legislatoris* deduzida. Mas não apenas isso. (...) [T]emos para nós ser extensiva também aquela que, tendo deduzido a *mens legislatoris* dentro dos limites moderados e cientificamente plausíveis adapta esta intenção do autor da norma às novas exigências da realidade social".[2]

Já a interpretação restritiva "é a interpretação cujo resultado leva a afirmar que o legislador, ao exarar a norma, usou de expressões aparentemente mais amplas que seu pensamento".[3] Para os fins desta obra, consideraremos também como

1. FRANÇA, Rubens Limongi. *Hermenêutica jurídica*. 8. ed. Atual. Antonio de S. Limongi França. São Paulo: Ed. RT, 2008. p. 25-26.
2. Idem, p. 26.
3. Idem, ibidem.

restritiva aquela interpretação que restringe o alcance do artigo examinado, por necessidade de adaptação às mudanças sociais ou pela interpretação sistemática com o ordenamento jurídico como um todo.

Neste volume da Coleção os Organizadores e a Editora trazem todos os artigos da Consolidação das Leis do Trabalho e os principais artigos da Constituição Federal que tratam da matéria trabalhista. Embora não conste o texto integral da legislação complementar, remissões à mesma são feitas ao longo dos artigos interpretados.

Essa organização permite ao leitor uma pesquisa mais ágil, fornecendo, ainda, diversas perspectivas sobre um mesmo tema.

PREFÁCIO

É com grande satisfação que apresentamos a "Consolidação das Leis do Trabalho com interpretação jurisprudencial".

Trata-se de obra que tem por objetivo facilitar a pesquisa de jurisprudência sobre os temas tratados na legislação trabalhista consolidada, permitindo a utilização dos verbetes para a elaboração de peças processuais ou de trabalhos científicos e, ainda, para um estudo mais aprofundado das matérias de Direito Individual do Trabalho, Direito Coletivo do Trabalho e Direito Processual do Trabalho.

A indicação de ementas de acórdãos do Tribunal Superior do Trabalho e dos Tribunais Regionais do Trabalho, bem como das Súmulas dos Tribunais Superiores e das Orientações Jurisprudenciais do TST torna a obra bastante completa e útil a todos os que se dedicam à pratica e ao estudo das normas trabalhistas.

Como diferencial único a "Consolidação das Leis do Trabalho com interpretação jurisprudencial" aponta, para cada dispositivo legal tratado, sempre que possível, julgados, Súmulas ou OJs que adotam interpretação convergente, interpretação extensiva, interpretação restritiva ou interpretação divergente em relação ao texto da lei. Sem dúvida, esta divisão torna a obra bastante didática e permite a reunião de um acervo considerável de jurisprudência.

Esperamos que o trabalho realizado possa ser mais um instrumento de grande utilidade para todos aqueles que se dedicam às questões trabalhistas.

São Paulo, julho de 2013.

PEDRO PAULO TEIXEIRA MANUS

Ministro do Tribunal Superior do Trabalho. Livre-docente, Doutor e Mestre em Direito do Trabalho pela Faculdade de Direito da Universidade de São Paulo em 1984. Especialista em Direito do Trabalho e Direito Civil na Università Degli Studi di Roma, Roma – Itália. Professor Titular da PUC-SP. Foi Desembargador do Tribunal Regional do Trabalho da 2.ª Região, de 1992 a 2007.

CARLA TERESA MARTINS ROMAR

Doutora e Mestre em Direito pela Faculdade de Direito da PUC-SP. Bacharel em Direito pela Faculdade de Direito do Largo São Francisco (USP). Professora Doutora de Direito do Trabalho dos cursos de graduação e pós-graduação stricto sensu da PUC-SP. Coordenadora do Curso de Pós-graduação lato sensu em Direito Processual do Trabalho da Universidade Católica de Santos (Unisantos). Perita em relações trabalhistas – OIT. Advogada.

PREFÁCIO

É com grande satisfação que apresentamos a "Consolidação das Leis do Trabalho com interpretação jurisprudencial".

Trata-se de obra que, em prol de uma útil e profícua pesquisa de jurisprudência sobre os temas tratados na legislação trabalhista consolidada, permitindo a utilização dos verbetes para a elaboração de peças processuais ou de trabalhos científicos e, ainda, para um estudo mais aprofundado das matérias de Direito Individual do trabalho, Direito Coletivo do Trabalho e Direito Processual do Trabalho.

A indicação de ementas de acórdãos do Tribunal Superior do Trabalho e dos Tribunais Regionais do Trabalho, bem como das súmulas dos Tribunais Superiores das Orientações Jurisprudenciais do TST torna a obra bastante completa e útil a todos os que se dediquem à prática e ao estudo das normas trabalhistas.

Como diferencial único a "Consolidação das Leis do Trabalho com interpretação jurisprudencial" aponta, para cada dispositivo legal tratado, sempre que possível, julgados, Súmulas ou OJs que adotam interpretação convergente, interpretação extensiva, interpretação restritiva ou interpretação divergente em relação ao texto da lei. Sem dúvida, esta divisão torna a obra bastante didática e permite a reunião de um acervo considerável de jurisprudência.

Esperamos que o trabalho realizado possa ser mais um instrumento de grande utilidade para todos aqueles que se dediquem às questões trabalhistas.

São Paulo, julho de 2013.

Pedro Paulo Teixeira Manus

Ministro do Tribunal Superior do Trabalho. Livre-docente, Doutor e Mestre em Direito do Trabalho pela Faculdade de Direito da Universidade de São Paulo em 1991. Especialista em Direito do trabalho e Direito Civil na Universitá Degli Studi di Roma, Roma – Itália. Professor Titular da PUC-SP. Foi Desembargador do Tribunal Regional do Trabalho da 2.ª Região, de 1992 a 2007.

Cátia Tereza Martins Romar

Doutora e Mestre em Direito pela Faculdade de Direito da PUC-SP. Bacharel em Direito pela Faculdade de Direito do Largo de São Francisco (USP). Professora Doutora de Direito do Trabalho dos cursos de graduação e pós-graduação stricto sensu da PUC-SP. Coordenadora do Curso de Pós-graduação lato sensu em Direito Processual do Trabalho da Universidade Cândido Mendes. Membro do Instituto Brasileiro de Estudos trabalhistas – IBET. Advogada.

SUMÁRIO

Apresentação da Coleção .. 5

Nota da Editora... 7

Prefácio.. 9

Índice Sistemático da Consolidação das Leis do Trabalho......................... 15

Consolidação das Leis do Trabalho
Dec.-lei 5.452, de 1.º de maio de 1943 ... 27

Constituição Federal (Excertos) .. 997

Súmulas
1. Supremo Tribunal Federal .. 1321
2. Superior Tribunal de Justiça... 1333
3. Tribunal Superior do Trabalho .. 1342
4. Tribunal Federal de Recursos... 1430

Orientações Jurisprudenciais
1. Tribunal Pleno do Tribunal Superior do Trabalho 1437
2. Seção Especializada em Dissídios Individuais – I do Tribunal Superior do Trabalho ... 1440
3. Seção Especializada em Dissídios Individuais – I Transitória do Tribunal Superior do Trabalho ... 1519
4. Seção Especializada em Dissídios Individuais – II do Tribunal Superior do Trabalho ... 1535
5. Seção Especializada em Dissídios Coletivos do Tribunal Superior do Trabalho ... 1569

Precedentes
Precedentes Normativos – TST ... 1579
Precedentes Administrativos – SIT/MTE ... 1597

Índice Alfabético Remissivo ... 1625

SUMÁRIO

Apresentação da Coleção ... 5
Nota da Editora ... 7
Prefácio .. 9
Índice Sistemático da Consolidação das Leis do Trabalho 15

Consolidação das Leis do Trabalho
Dec.-lei 5.452, de 1.º de maio de 1943 27
Constituição Federal (Excertos) ... 997

SÚMULAS
1. Supremo Tribunal Federal ... 1321
2. Superior Tribunal de Justiça ... 1333
3. Tribunal Superior do Trabalho .. 1342
4. Tribunal Federal de Recursos ... 1430

ORIENTAÇÕES JURISPRUDENCIAIS
1. Tribunal Pleno do Tribunal Superior do Trabalho 1437
2. Seção Especializada em Dissídios Individuais – I do Tribunal Superior do Trabalho .. 1440
3. Seção Especializada em Dissídios Individuais – I Transitória do Tribunal Superior do Trabalho .. 1519
4. Seção Especializada em Dissídios Individuais – II do Tribunal Superior do Trabalho .. 1535
5. Seção Especializada em Dissídios Coletivos do Tribunal Superior do Trabalho .. 1569

PRECEDENTES
Precedentes Normativos – TST ... 1579
Precedentes Administrativos – SIT/MTE 1607

ÍNDICE ALFABÉTICO REMISSIVO ... 1625

CONSOLIDAÇÃO DAS LEIS DO TRABALHO

Dec.-lei 5.452, de 1.º de maio de 1943

CONSOLIDAÇÃO DAS LEIS DO TRABALHO

Dec.-lei 5.452, de 1.º de maio de 1943

ÍNDICE SISTEMÁTICO DA CONSOLIDAÇÃO DAS LEIS DO TRABALHO

Dec.-lei 5.452, de 1.º de maio de 1943

TÍTULO I
INTRODUÇÃO

Arts. 1.º a 12.. 28

TÍTULO II
DAS NORMAS GERAIS DE TUTELA DO TRABALHO

Arts. 13 a 223... 52

Capítulo I – Da identificação profissional (arts. 13 a 56)........................ 52

 Seção I – Da Carteira de Trabalho e Previdência Social (art. 13)............ 52

 Seção II – Da emissão da Carteira de Trabalho e Previdência Social (arts. 14 a 24).. 54

 Seção III – Da entrega das Carteiras de Trabalho e Previdência Social (arts. 25 a 28).. 56

 Seção IV – Das anotações (arts. 29 a 35).. 57

 Seção V – Das reclamações por falta ou recusa de anotação (arts. 36 a 39).. 63

 Seção VI – Do valor das anotações (art. 40)... 66

 Seção VII – Dos livros de registro de empregados (arts. 41 a 48).......... 68

 Seção VIII – Das penalidades (arts. 49 a 56).. 71

Capítulo II – Da duração do trabalho (arts. 57 a 75).............................. 76

Seção I – Disposição preliminar (art. 57) .. 76

Seção II – Da jornada de trabalho (arts. 58 a 65) 76

Seção III – Dos períodos de descanso (arts. 66 a 72) 103

Seção IV – Do trabalho noturno (art. 73) .. 120

Seção V – Do quadro de horário (art. 74) ... 125

Seção VI – Das penalidades (art. 75) ... 128

Capítulo III – Do salário mínimo (arts. 76 a 128) 129

Seção I – Do conceito (arts. 76 a 83) ... 129

Seção II – Das regiões e sub-regiões (arts. 84 a 86) 135

Seção III – Da constituição das comissões (arts. 87 a 100) *(Revogados pela Lei 4.589/1964)* .. 135

Seção IV – Das atribuições das comissões de salário mínimo (arts. 101 a 111) *(Revogados pela Lei 4.589/1964)* ... 135

Seção V – Da fixação do salário mínimo (arts. 112 a 116) 136

Seção VI – Disposições gerais (arts. 117 a 128) 137

Capítulo IV – Das férias anuais (arts. 129 a 153) 139

Seção I – Do direito a férias e da sua duração (arts. 129 a 133) 139

Seção II – Da concessão e da época das férias (arts. 134 a 138) 148

Seção III – Das férias coletivas (arts. 139 a 141) 153

Seção IV – Da remuneração e do abono de férias (arts. 142 a 145) 156

Seção V – Dos efeitos da cessação do contrato de trabalho (arts. 146 a 148) .. 162

Seção VI – Do início da prescrição (art. 149) 168

Seção VII – Disposições especiais (arts. 150 a 152) 169

Seção VIII – Das penalidades (art. 153) ... 171

Capítulo V – Da segurança e da medicina do trabalho (arts. 154 a 223) ... 171
 Seção I – Disposições gerais (arts. 154 a 159)... 172
 Seção II – Da inspeção prévia e do embargo ou interdição (arts. 160 e 161) ... 177
 Seção III – Dos Órgãos de Segurança e de Medicina do Trabalho nas empresas (arts. 162 a 165) .. 181
 Seção IV – Do equipamento de proteção individual (arts. 166 e 167) ... 187
 Seção V – Das medidas preventivas de Medicina do Trabalho (arts. 168 e 169).. 188
 Seção VI – Das edificações (arts. 170 a 174) ... 190
 Seção VII – Da iluminação (art. 175) .. 191
 Seção VIII – Do conforto térmico (arts. 176 a 178) 193
 Seção IX – Das instalações elétricas (arts. 179 a 181) 193
 Seção X – Da movimentação, armazenagem e manuseio de materiais (arts. 182 e 183) ... 194
 Seção XI – Das máquinas e equipamentos (arts. 184 a 186) 195
 Seção XII – Das caldeiras, fornos e recipientes sob pressão (arts. 187 e 188).. 197
 Seção XIII – Das atividades insalubres ou perigosas (arts. 189 a 197) ... 199
 Seção XIV – Da prevenção da fadiga (arts. 198 e 199) 237
 Seção XV – Das outras medidas especiais de proteção (art. 200) 241
 Seção XVI – Das penalidades (arts. 201 a 223) 249

TÍTULO III
DAS NORMAS ESPECIAIS DE TUTELA DO TRABALHO

Arts. 224 a 441.. 250

Capítulo I – Das disposições especiais sobre duração e condições de trabalho (arts. 224 a 351) .. 250

Seção I – Dos bancários (arts. 224 a 226) .. 250

Seção II – Dos empregados nos serviços de telefonia, de telegrafia submarina e subfluvial, de radiotelegrafia e radiotelefonia (arts. 227 a 231) 263

Seção III – Dos músicos profissionais (arts. 232 e 233) 267

Seção IV – Dos operadores cinematográficos (arts. 234 e 235) 267

Seção IV-A – Do serviço do motorista profissional (arts. 235-A a 235-H) 269

Seção V – Do serviço ferroviário (arts. 236 a 247) 277

Seção VI – Das equipagens das embarcações da marinha mercante nacional, de navegação fluvial e lacustre, do tráfego nos portos e da pesca (arts. 248 a 252) .. 289

Seção VII – Dos serviços frigoríficos (art. 253) 295

Seção VIII – Dos serviços de estiva (arts. 254 a 284) (Revogados pela Lei 8.630/1993) .. 297

Seção IX – Dos serviços de capatazias nos portos (arts. 285 a 292) (Revogados pela Lei 8.630/1993) ... 297

Seção X – Do trabalho em minas de subsolo (arts. 293 a 301) 297

Seção XI – Dos jornalistas profissionais (arts. 302 a 316) 304

Seção XII – Dos professores (arts. 317 a 324) 311

Seção XIII – Dos químicos (arts. 325 a 350) 317

Seção XIV – Das penalidades (art. 351) .. 328

Capítulo II – Da nacionalização do trabalho (arts. 352 a 371) 329

Seção I – Da proporcionalidade de empregados brasileiros (arts. 352 a 358) .. 329

Seção II – Das relações anuais de empregados (arts. 359 a 362) 332

Seção III – Das penalidades (arts. 363 e 364) 335

Seção IV – Disposições gerais (arts. 365 a 367) 335

Seção V – Das disposições especiais sobre a nacionalização da marinha mercante (arts. 368 a 371) ... 336

Capítulo III – Da proteção do trabalho da mulher (arts. 372 a 401-B) 337

Seção I – Da duração, condições do trabalho e da discriminação contra a mulher (arts. 372 a 378) .. 337

Seção II – Do trabalho noturno (arts. 379 a 381) 342

Seção III – Dos períodos de descanso (arts. 382 a 386) 342

Seção IV – Dos métodos e locais de trabalho (arts. 387 a 390-E) 350

Seção V – Da proteção à maternidade (arts. 391 a 400) 352

Seção VI – Das penalidades (arts. 401 a 401-B) 359

Capítulo IV – Da proteção do trabalho do menor (arts. 402 a 441) 360

Seção I – Disposições gerais (arts. 402 a 410) 360

Seção II – Da duração do trabalho (arts. 411 a 414) 365

Seção III – Da admissão em emprego e da Carteira de Trabalho e Previdência Social (arts. 415 a 423) .. 367

Seção IV – Dos deveres dos responsáveis legais de menores e dos empregadores. Da aprendizagem (arts. 424 a 433) 367

Seção V – Das penalidades (arts. 434 a 438) 376

Seção VI – Disposições finais (arts. 439 a 441) 378

TÍTULO IV
DO CONTRATO INDIVIDUAL DO TRABALHO

Arts. 442 a 510 .. 380

Capítulo I – Disposições gerais (arts. 442 a 456) 380

Capítulo II – Da remuneração (arts. 457 a 467) 393

Capítulo III – Da alteração (arts. 468 a 470) 435

Capítulo IV – Da suspensão e da interrupção (arts. 471 a 476-A) 441

Capítulo V – Da rescisão (arts. 477 a 486) .. 451

Capítulo VI – Do aviso-prévio (arts. 487 a 491) 470

Capítulo VII – Da estabilidade (arts. 492 a 500) 479

Capítulo VIII – Da força maior (arts. 501 a 504) 491

Capítulo IX – Disposições especiais (arts. 505 a 510) 494

TÍTULO V
DA ORGANIZAÇÃO SINDICAL

Arts. 511 a 610 .. 495

Capítulo I – Da instituição sindical (arts. 511 a 569) 495

 Seção I – Da associação em sindicato (arts. 511 a 514) 495

 Seção II – Do reconhecimento e investidura sindical (arts. 515 a 521) ... 500

 Seção III – Da administração do sindicato (arts. 522 a 528) 507

 Seção IV – Das eleições sindicais (arts. 529 a 532) 515

 Seção V – Das associações sindicais de grau superior (arts. 533 a 539) ... 520

 Seção VI – Dos direitos dos exercentes de atividades ou profissões e dos sindicalizados (arts. 540 a 547) ... 526

 Seção VII – Da gestão financeira do sindicato e sua fiscalização (arts. 548 a 552) ... 536

 Seção VIII – Das penalidades (arts. 553 a 557) 541

 Seção IX – Disposições gerais (arts. 558 a 569) 544

Capítulo II – Do enquadramento sindical (arts. 570 a 577) 548

Capítulo III – Da contribuição sindical (arts. 578 a 610) 555

 Seção I – Da fixação e do recolhimento da contribuição sindical (arts. 578 a 591) ... 555

 Seção II – Da aplicação da contribuição sindical (arts. 592 a 594) 577

 Seção III – Da comissão da contribuição sindical (arts. 595 a 597) *(Revogados pela Lei 4.589/1964)* ... 580

 Seção IV – Das penalidades (arts. 598 a 600) .. 580

 Seção V – Disposições gerais (arts. 601 a 610) 584

TÍTULO VI
DAS CONVENÇÕES COLETIVAS DE TRABALHO

Arts. 611 a 625 ... 589

TÍTULO VI-A
DAS COMISSÕES DE CONCILIAÇÃO PRÉVIA

Arts. 625-A a 625-H .. 610

TÍTULO VII
DO PROCESSO DE MULTAS ADMINISTRATIVAS

Arts. 626 a 642 ... 614

Capítulo I – Da fiscalização, da autuação e da imposição de multas (arts. 626 a 634) ... 614

Capítulo II – Dos recursos (arts. 635 a 638) .. 624

Capítulo III – Do depósito, da inscrição e da cobrança (arts. 639 a 642) ... 627

TÍTULO VII-A
DA PROVA DE INEXISTÊNCIA DE DÉBITOS TRABALHISTAS

Art. 642-A .. 630

TÍTULO VIII
DA JUSTIÇA DO TRABALHO

Arts. 643 a 735 .. 631

Capítulo I – Introdução (arts. 643 a 646) .. 631

Capítulo II – Das Juntas de Conciliação e Julgamento (arts. 647 a 667) ... 637

 Seção I – Da composição e funcionamento (arts. 647 a 649) 637

 Seção II – Da jurisdição e competência das Juntas (arts. 650 a 653) 640

 Seção III – Dos Presidentes das Juntas (arts. 654 a 659) 648

 Seção IV – Dos vogais das Juntas (arts. 660 a 667) 656

Capítulo III – Dos Juízes de Direito (arts. 668 e 669) 662

Capítulo IV – Dos Tribunais Regionais do Trabalho (arts. 670 a 689) 663

 Seção I – Da composição e do funcionamento (arts. 670 a 673) 663

 Seção II – Da jurisdição e competência (arts. 674 a 680) 668

 Seção III – Dos Presidentes dos Tribunais Regionais (arts. 681 a 683) 680

 Seção IV – Dos juízes representantes classistas dos Tribunais Regionais (arts. 684 a 689) .. 683

Capítulo V – Do Tribunal Superior do Trabalho (arts. 690 a 709) 686

 Seção I – Disposições preliminares (arts. 690 a 692) 686

 Seção II – Da composição e funcionamento do Tribunal Superior do Trabalho (arts. 693 a 701) .. 687

 Seção III – Da competência do Tribunal Pleno (art. 702) 691

 Seção IV – Da competência da Câmara de Justiça do Trabalho (arts. 703 a 705) *(Revogados pelo Dec.-lei 8.737/1946)* ... 693

 Seção V – Da competência da Câmara de Previdência Social (art. 706) *(Revogado pelo Dec.-lei 8.737/1946)* .. 693

Seção VI – Das atribuições do presidente do Tribunal Superior do Trabalho (art. 707) .. 694

Seção VII – Das atribuições do vice-presidente (art. 708) 696

Seção VIII – Das atribuições do corregedor (art. 709) 696

Capítulo VI – Dos serviços auxiliares da Justiça do Trabalho (arts. 710 a 721) ... 698

Seção I – Da Secretaria das Juntas de Conciliação e Julgamento (arts. 710 a 712) .. 698

Seção II – Dos distribuidores (arts. 713 a 715) .. 700

Seção III – Do Cartório dos Juízos de Direito (arts. 716 e 717) 702

Seção IV – Das Secretarias dos Tribunais Regionais (arts. 718 a 720) 703

Seção V – Dos oficiais de justiça e oficiais de justiça avaliadores (art. 721) .. 704

Capítulo VII – Das penalidades (arts. 722 a 733) .. 707

Seção I – Do *lockout* e da greve (arts. 722 a 725) 707

Seção II – Das penalidades contra os membros da Justiça do Trabalho (arts. 726 a 728) .. 708

Seção III – De outras penalidades (arts. 729 a 733) 709

Capítulo VIII – Disposições gerais (arts. 734 e 735) 713

TÍTULO IX
DO MINISTÉRIO PÚBLICO DO TRABALHO

Arts. 736 a 762 ... 715

Capítulo I – Disposições gerais (arts. 736 a 739) .. 715

Capítulo II – Da Procuradoria da Justiça do Trabalho (arts. 740 a 754) 720

Seção I – Da organização (arts. 740 a 745) .. 720

Seção II – Da competência da Procuradoria-Geral (art. 746) 721

Seção III – Da competência das Procuradorias Regionais (art. 747) 722

Seção IV – Das atribuições do procurador-geral (art. 748) 723

Seção V – Das atribuições dos procuradores (art. 749)...................... 723

Seção VI – Das atribuições dos procuradores regionais (arts. 750 e 751).... 724

Seção VII – Da Secretaria (arts. 752 a 754) 726

Capítulo III – Da Procuradoria de Previdência Social (arts. 755 a 762).... 726

TÍTULO X
DO PROCESSO JUDICIÁRIO DO TRABALHO

Arts. 763 a 910.. 727

Capítulo I – Disposições preliminares (arts. 763 a 769) 727

Capítulo II – Do processo em geral (arts. 770 a 836)....................... 735

Seção I – Dos atos, termos e prazos processuais (arts. 770 a 782)......... 735

Seção II – Da distribuição (arts. 783 a 788) 751

Seção III – Das custas e emolumentos (arts. 789 a 790-B) 754

Seção IV – Das partes e dos procuradores (arts. 791 a 793) 762

Seção V – Das nulidades (arts. 794 a 798) 768

Seção VI – Das exceções (arts. 799 a 802) 781

Seção VII – Dos conflitos de jurisdição (arts. 803 a 812) 786

Seção VIII – Das audiências (arts. 813 a 817)............................... 792

Seção IX – Das provas (arts. 818 a 830)...................................... 795

Seção X – Da decisão e sua eficácia (arts. 831 a 836)...................... 819

Capítulo III – Dos dissídios individuais (arts. 837 a 855) 843

Seção I – Da forma de reclamação e da notificação (arts. 837 a 842) 843

Seção II – Da audiência de julgamento (arts. 843 a 852) 849

Seção II-A – Do procedimento sumaríssimo (arts. 852-A a 852-I) 867

Seção III – Do inquérito para apuração de falta grave (arts. 853 a 855) ... 881

Capítulo IV – Dos dissídios coletivos (arts. 856 a 875) 883

Seção I – Da instauração da instância (arts. 856 a 859) 883

Seção II – Da conciliação e do julgamento (arts. 860 a 867) 888

Seção III – Da extensão das decisões (arts. 868 a 871) 894

Seção IV – Do cumprimento das decisões (art. 872) 897

Seção V – Da revisão (arts. 873 a 875) .. 899

Capítulo V – Da execução (arts. 876 a 892) ... 900

Seção I – Das disposições preliminares (arts. 876 a 879) 900

Seção II – Do mandado e da penhora (arts. 880 a 883) 912

Seção III – Dos embargos à execução e da sua impugnação (art. 884) ... 923

Seção IV – Do julgamento e dos trâmites finais da execução (arts. 885 a 889-A) ... 927

Seção V – Da execução por prestações sucessivas (arts. 890 a 892) 935

Capítulo VI – Dos recursos (arts. 893 a 902) ... 937

Capítulo VII – Da aplicação das penalidades (arts. 903 a 908) 985

Capítulo VIII – Disposições finais (arts. 909 e 910) 988

TÍTULO XI
DISPOSIÇÕES FINAIS E TRANSITÓRIAS

Arts. 911 a 922 .. 989

Seção I – Da forma de reclamação e da notificação (arts. 837 a 842) 843

Seção II – Da audiência de julgamento (arts. 843 a 852) 849

Seção II-A – Do procedimento sumaríssimo (arts. 852-A a 852-I) 867

Seção III – Do inquérito para apuração de falta grave (arts. 853 a 855) .. 881

Capítulo IV – Dos dissídios coletivos (arts. 856 a 875) 883

Seção I – Da instauração da instância (arts. 856 a 859) 883

Seção II – Da conciliação e do julgamento (arts. 860 a 867) 888

Seção III – Da extensão das decisões (arts. 868 a 871) 894

Seção IV – Do cumprimento das decisões (art. 872) 897

Seção V – Da revisão (arts. 873 a 875) ... 899

Capítulo V – Da execução (arts. 876 a 892) ... 900

Seção I – Das disposições preliminares (arts. 876 a 879) 900

Seção II – Do mandado e da penhora (arts. 880 a 883) 912

Seção III – Dos embargos à execução e da sua impugnação (art. 884) .. 923

Seção IV – Do julgamento e dos trâmites finais da execução (arts. 885 a 889-A) ... 927

Seção V – Da execução por prestações sucessivas (arts. 890 a 892) 935

Capítulo VI – Dos recursos (arts. 893 a 902) ... 937

Capítulo VII – Da aplicação das penalidades (arts. 903 a 908) 985

Capítulo VIII – Disposições finais (arts. 909 e 910) 988

TÍTULO XI
DISPOSIÇÕES FINAIS E TRANSITÓRIAS

Arts. 911 a 922 ... 989

CONSOLIDAÇÃO DAS LEIS DO TRABALHO

DEC.-LEI 5.452, DE 1.º DE MAIO DE 1943

Aprova a Consolidação das Leis do Trabalho.

O Presidente da República, usando da atribuição que lhe confere o art. 180 da CF/1988, decreta:

Art. 1.º Fica aprovada a Consolidação das Leis do Trabalho, que a este Decreto-lei acompanha, com as alterações por ela introduzidas na legislação vigente.

Parágrafo único. Continuam em vigor as disposições legais transitórias ou de emergência, bem como as que não tenham aplicação em todo o território nacional.

Art. 2.º O presente Dec.-lei entrará em vigor em 10.11.1943.

Rio de Janeiro, 01.05.1943; 122.º da Independência e 55.º da República.
Getúlio Vargas
Alexandre Marcondes Filho
(*DOU* 09.08.1943)

CONSOLIDAÇÃO DAS LEIS DO TRABALHO

TÍTULO I
INTRODUÇÃO

Art. 1.º Esta Consolidação estatui as normas que regulam as relações individuais e coletivas de trabalho, nela previstas.

⚖ Interpretação convergente

• Atente-se, ainda, que a Consolidação das Leis do Trabalho, aprovada por meio do Dec.-lei 5.452, de 01.05.1943, estatui as normas que regulam as relações individuais e coletivas de trabalho, nela previstas (art. 1.º da CLT), e dispõe, especificamente, quais os direitos passíveis de negociação mediante Acordo ou Convenção Coletiva de Trabalho. Citam-se, como exemplos, os arts. 59 e 71 da CLT (...).
(TST, RR 1725-60.2009.5.10.0016, 3.ª T., j. 06.02.2013, rel. Alberto Luiz Bresciani de Fontan Pereira, *DEJT* 15.02.2013)

Art. 2.º Considera-se empregador a empresa, individual ou coletiva, que, assumindo os riscos da atividade econômica, admite, assalaria e dirige a prestação pessoal de serviços.

⚖ Interpretação convergente

• É cediço que o empregado é subordinado (art. 3.º da CLT). E é subordinado porque o empregador dirige a prestação de serviços (art. 2.º da CLT). Isto implica dizer que cabe ao empregador definir o *modus operandi* da prestação de serviços (...).
(TST, AgIn em RR 59700-84.2006.5.02.0463, 3.ª T., j. 15.05.2013, rel. Alberto Luiz Bresciani de Fontan Pereira, *DEJT* 24.05.2013)

Interpretação extensiva

- **Súmula 341 do STF**
É presumida a culpa do patrão ou comitente pelo ato culposo do empregado ou preposto.

Interpretação restritiva

- **OJ 185 da SDI-I/TST**
Contrato de trabalho com a associação de pais e mestres – APM. Inexistência de responsabilidade solidária ou subsidiária do Estado. (*DJ* 20.04.2005).
O Estado-Membro não é responsável subsidiária ou solidariamente com a Associação de Pais e Mestres pelos encargos trabalhistas dos empregados contratados por esta última, que deverão ser suportados integral e exclusivamente pelo real empregador.

- **OJ 199 da SDI-I/TST**
Jogo do bicho. Contrato de trabalho. Nulidade. Objeto ilícito. (Título alterado e inserido dispositivo). (*DEJT* 16, 17 e 18.11.2010).
É nulo o contrato de trabalho celebrado para o desempenho de atividade inerente à prática do jogo do bicho, ante a ilicitude de seu objeto, o que subtrai o requisito de validade para a formação do ato jurídico.

> **§ 1.º Equiparam-se ao empregador, para os efeitos exclusivos da relação de emprego, os profissionais liberais, as instituições de beneficência, as associações recreativas ou outras instituições sem fins lucrativos, que admitirem trabalhadores como empregados.**
>
> **§ 2.º Sempre que uma ou mais empresas, tendo, embora, cada uma delas, personalidade jurídica própria, estiverem sob a direção, controle ou administração de outra, constituindo grupo industrial, comercial ou de qualquer outra atividade econômica, serão, para os efeitos da relação de emprego, solidariamente responsáveis a empresa principal e cada uma das subordinadas.**

* V. art. 173, § 1.º, II, da CF/1988.

⚖️ Interpretação convergente

• **Precedente Administrativo 59 do MTE**
Registro. Contrato de trabalho. Grupo econômico.
O trabalho prestado pelo empregado a várias empresas do mesmo grupo econômico configura apenas um contrato de trabalho, sendo desnecessário o registro do empregado em cada uma das empresas. Autuação improcedente.

🏛 Interpretação extensiva

• **Súmula 93 do TST**
Bancário. (Res. TST 121/2003, *DJ* 19, 20 e 21.11.2003)
Integra a remuneração do bancário a vantagem pecuniária por ele auferida na colocação ou na venda de papéis ou valores mobiliários de empresas pertencentes ao mesmo grupo econômico, se exercida essa atividade no horário e no local de trabalho e com o consentimento, tácito ou expresso, do banco empregador.

• **Súmula 129 do TST**
A prestação de serviços a mais de uma empresa do mesmo grupo econômico, durante a mesma jornada de trabalho, não caracteriza a coexistência de mais de um contrato de trabalho, salvo ajuste em contrário.

• **Súmula 239 do TST**
É bancário o empregado de empresa de processamento de dados que presta serviço a banco integrante do mesmo grupo econômico, exceto quando a empresa de processamento de dados presta serviços a banco e a empresas não bancárias do mesmo grupo econômico ou a terceiros. (Primeira parte, ex-Súmula 239, Res. TST 15/1985, *DJ* 09.12.1985; segunda parte, ex-OJs 64 e 126 da SDI-I/TST, inseridas, respectivamente, em 13.09.1994 e 20.04.1998)

Art. 3.º Considera-se empregado toda pessoa física que prestar serviços de natureza não eventual a empregador, sob a dependência deste e mediante salário.

* V. Lei 3.207/1957 (Empregados vendedores, viajantes ou pracistas).
* V. Portaria MPAS 4.677/1998 (Preenchimento de cargos por pessoas portadoras de deficiência).
* V. Res. INSS 630/1998 (Garantia de vagas pelas empresas para pessoas portadoras de deficiência).

Parágrafo único. Não haverá distinções relativas à espécie de emprego e à condição de trabalhador, nem entre o trabalho intelectual, técnico e manual.

* V. art. 7.º, XXX a XXXII e XXXIV, da CF/1988.

⚖ Interpretação convergente

- É cediço que o empregado é subordinado (art. 3.º da CLT). E é subordinado porque o empregador dirige a prestação de serviços (art. 2.º da CLT). Isto implica dizer que cabe ao empregador definir o *modus operandi* da prestação de serviços (...).
(TST, AgIn em RR 59700-84.2006.5.02.0463, 3.ª T., j. 15.05.2013, rel. Alberto Luiz Bresciani de Fontan Pereira, *DEJT* 24.05.2013)

🏛 Interpretação extensiva

- **Súmula 386 do TST**

Preenchidos os requisitos do art. 3.º da CLT, é legítimo o reconhecimento de relação de emprego entre policial militar e empresa privada, independentemente do eventual cabimento de penalidade disciplinar prevista no Estatuto do Policial Militar. (Ex-OJ 167 da SDI-I/TST, inserida em 26.03.1999)

- **Súmula 214 do TFR**

A prestação de serviços de caráter continuado, em atividades de natureza permanente, com subordinação, observância de horário e normas da repartição, mesmo em grupo-tarefa, configura relação empregatícia.

- **OJ 199 da SDI-I/TST**

É nulo o contrato de trabalho celebrado para o desempenho de atividade inerente à prática do jogo do bicho, ante a ilicitude de seu objeto, o que subtrai o requisito de validade para a formação do ato jurídico.

- **OJ 315 da SDI-I/TST**

É considerado trabalhador rural o motorista que trabalha no âmbito de empresa cuja atividade é preponderantemente rural, considerando que, de modo geral, não enfrenta o trânsito das estradas e cidades.

Art. 4.º

- **OJ 366 da SDI-I/TST**

Estagiário. Desvirtuamento do contrato de estágio. Reconhecimento do vínculo empregatício com a administração pública direta ou indireta. Período posterior à Constituição Federal de 1988. Impossibilidade (*DJ* 20, 21 e 23.05.2008)

Ainda que desvirtuada a finalidade do contrato de estágio celebrado na vigência da Constituição Federal de 1988, é inviável o reconhecimento do vínculo empregatício com ente da Administração Pública direta ou indireta, por força do art. 37, II, da CF/1988, bem como o deferimento de indenização pecuniária, exceto em relação às parcelas previstas na Súmula 363 do TST, se requeridas.

- **OJ 419 da SDI-I/TST**

Considera-se rurícola empregado que, a despeito da atividade exercida, presta serviços a empregador agroindustrial (art. 3.º, § 1.º, da Lei 5.889, de 08.06.1973) visto que, neste caso, é a atividade preponderante da empresa que determina o enquadramento.

Interpretação restritiva

- **OJ 199 da SDI-I/TST**

Jogo do bicho. Contrato de trabalho. Nulidade. Objeto ilícito. (Título alterado e inserido dispositivo). (*DEJT* 16, 17 e 18.11.2010)

É nulo o contrato de trabalho celebrado para o desempenho de atividade inerente à prática do jogo do bicho, ante a ilicitude de seu objeto, o que subtrai o requisito de validade para a formação do ato jurídico.

Art. 4.º Considera-se como de serviço efetivo o período em que o empregado esteja à disposição do empregador, aguardando ou executando ordens, salvo disposição especial expressamente consignada.

Interpretação convergente

- Permitir a desconsideração de frações de tempo tão significativas (10, 15 e 20 minutos a cada registro) afronta expressamente o dispositivo legal que determina a remuneração de todo o tempo à disposição de empregador (art. 4.º da CLT) (...). (TST, RR 142300-34.2004.5.04.0381, 2.ª T., j. 28.04.2010, rel. Renato de Lacerda Paiva, *DEJT* 14.05.2010)

Interpretação extensiva

- **Súmula 90 do TST**

I – O tempo despendido pelo empregado, em condução fornecida pelo empregador, até o local de trabalho de difícil acesso, ou não servido por transporte público regular, e para o seu retorno é computável na jornada de trabalho. (Ex-Súmula 90, RA 80/1978, *DJ* 10.11.1978)

II – A incompatibilidade entre os horários de início e término da jornada do empregado e os do transporte público regular é circunstância que também gera o direito às horas *in itinere*. (Ex-OJ 50 da SDI-I/TST, inserida em 01.02.1995)

III – A mera insuficiência de transporte público não enseja o pagamento de horas *in itinere*. (Ex-Súmula 324, Res. TST 16/1993, *DJ* 21.12.1993)

IV – Se houver transporte público regular em parte do trajeto percorrido em condução da empresa, as horas *in itinere* remuneradas limitam-se ao trecho não alcançado pelo transporte público. (Ex-Súmula 325, Res. TST 17/1993, *DJ* 21.12.1993)

V – Considerando que as horas *in itinere* são computáveis na jornada de trabalho, o tempo que extrapola a jornada legal é considerado como extraordinário e sobre ele deve incidir o adicional respectivo. (Ex-OJ 236 da SDI-I/TST, inserida em 20.06.2001)

- **Súmula 118 do TST**

Os intervalos concedidos pelo empregador na jornada de trabalho, não previstos em lei, representam tempo à disposição da empresa, remunerados como serviço extraordinário, se acrescidos ao final da jornada.

- **Súmula 320 do TST**

O fato de o empregador cobrar, parcialmente ou não, importância pelo transporte fornecido, para local de difícil acesso ou não servido por transporte regular, não afasta o direito à percepção das horas *in itinere*.

- **Súmula 429 do TST**

Considera-se à disposição do empregador, na forma do art. 4.º da CLT, o tempo necessário ao deslocamento do trabalhador entre a portaria da empresa e o local de trabalho, desde que supere o limite de 10 (dez) minutos diários.

- **OJ 36 da SDI-I/TST**

O instrumento normativo em cópia não autenticada possui valor probante, desde que não haja impugnação ao seu conteúdo, eis que se trata de documento comum às partes.

Art. 5.º

- Considerando que o art. 4.º da CLT considera como de serviço efetivo o período em que o empregado esteja à disposição do empregador, impõe-se o deferimento de horas extras com os reflexos postulados, pelo tempo à disposição no período supra (sábados e domingos das 8 às 18 horas), em valores que serão apurados em execução com adicionais de 50% para os sábados e 100% para os domingos (...). (TST, RR 61600-58.2001.5.15.0094, 6.ª T., j. 28.04.2010, rel. Augusto César Leite de Carvalho, *DEJT* 07.05.2010)

> **Parágrafo único. Computar-se-ão, na contagem de tempo de serviço, para efeito de indenização e estabilidade, os períodos em que o empregado estiver afastado do trabalho prestando serviço militar e por motivo de acidente do trabalho.**

* Parágrafo único acrescentado pela Lei 4.072/1962.

Interpretação extensiva

- **Súmula 10 do STF**

O tempo de serviço militar conta-se para efeito de disponibilidade e aposentadoria do servidor público estadual.

- **Súmula 463 do STF**

Para efeito de indenização e estabilidade, conta-se o tempo em que o Empregado esteve afastado, em serviço militar obrigatório, mesmo anteriormente à Lei 4.072, de 01.06.1962.

- **Súmula 464 do STF**

No cálculo da indenização por acidente do trabalho inclui-se, quando devido, o repouso semanal remunerado.

- **Súmula 269 do TST**

O empregado eleito para ocupar cargo de diretor tem o respectivo contrato de trabalho suspenso, não se computando o tempo de serviço desse período, salvo se permanecer a subordinação jurídica inerente à relação de emprego.

> **Art. 5.º A todo trabalho de igual valor corresponderá salário igual, sem distinção de sexo.**

* V. arts. 5.º, I e 7.º, XXX, da CF/1988.

⚖ Interpretação convergente

- Isonomia salarial. Terceirização. Salário base e adicional de risco.

Não há como negar ao reclamante o direito de receber de seu empregador o mesmo adicional pago ao pessoal efetivo do tomador, ainda que integrantes de quadro de servidores do Estado do Ceará, porquanto não se cuida de equiparação salarial propriamente dita, mas de respeito ao princípio da isonomia. Ademais, o direito do reclamante ao adicional em referência fundamenta-se na cobertura de risco pelo exercício de atividade perigosa, na exata extensão proposta pelo art. 7.º, XXIII, da CF/1998, norma que não carrega as limitações vesgas do regramento celetista, onde o risco amparado cinge-se modestamente àquele decorrente do manuseio de inflamáveis e explosivos. A atividade do demandante, em contato permanente com presos é inquestionavelmente atividade de risco, tanto que assim foi compreendida pelo próprio Estado do Ceará, que paga a seus servidores o plus salarial sem maiores questionamentos. Admitir tratamento remuneratório desigual em relação aos prestadores de serviços, quando eles, em comparação aos servidores públicos, exercem as mesmas atribuições e se submetem aos mesmos riscos, é violação flagrante ao princípio isonômico que desponta do art. 5.º da CF/1988, e com maior especificidade, do próprio art. 5.º da CLT, ao proclamar que "a todo trabalho de igual valor corresponderá salário igual, sem distinção de sexo".

Recurso ordinário. Responsabilidade subsidiária do tomador de serviços. Ente público.

Se o que se espera da Administração Pública é, justamente, a atuação em defesa do interesse público e da ordem social – aí incluídos, por evidente, os direitos trabalhistas – tem-se que a adoção de uma postura omissa do Estado quanto à fiscalização das empresas prestadoras de serviços por ele contratadas configura violação às expectativas legítimas dos trabalhadores e dos cidadãos em geral tutelados pelo princípio da boa-fé nesse particular. É de bom alvitre destacar que o item IV da Súmula 331 do TST, ao dispor sobre a responsabilidade subsidiária dos entes públicos, não alavanca generalização do tema, nem nega a constitucionalidade do art. 71 da Lei 8.666/1999, promovendo, na realidade, legítima interpretação de seu texto que não pode – de forma indiscriminada – inviabilizar o exame pontual dos casos submetidos ao judiciário. Assim, uma vez evidenciada a culpa da administração – sob os mais variados ângulos – impõe-se a sua responsabilização subsidiária do Ente Público (...).

(TRT-7.ª Reg., RO 0000429-8920105070003, 1.ª T., j. 23.05.2012, rel. Rosa de Lourdes Azevedo Bringel, DJ 01.06.2012)

Interpretação extensiva

- **Súmula 202 do STF**

Na equiparação de salário, em caso de trabalho igual, toma-se em conta o tempo de serviço na função, e não no emprego.

- **Súmula 6 do TST**

Quadro de Carreira. Homologação. Equiparação salarial. (RA 28/1969, *DO-GB* 21.08.1969. Incorporação das Súmulas 22, 68, 111, 120, 135 e 274 e das OJs 252, 298 e 328 da SDI-I/TST, Res. TST 129/2005, *DJ* 20, 22 e 25.04.2005)

I – Para os fins previstos no § 2.º do art. 461 da CLT, só é válido o quadro de pessoal organizado em carreira quando homologado pelo Ministério do Trabalho, excluindo-se, apenas, dessa exigência o quadro de carreira das entidades de direito público da administração direta, autárquica e fundacional aprovado por ato administrativo da autoridade competente. (Res. TST 104/2000, *DJ* 18.12.2000)

II – Para efeito de equiparação de salários em caso de trabalho igual, conta-se o tempo de serviço na função e não no emprego. (Ex-Súmula 135, RA 102/1982, *DJ* 11.10.1982 e *DJ* 15.10.1982)

III – A equiparação salarial só é possível se o empregado e o paradigma exercerem a mesma função, desempenhando as mesmas tarefas, não importando se os cargos têm, ou não, a mesma denominação. (Ex-OJ 328 da SDI-I/TST, *DJ* 09.12.2003)

IV – É desnecessário que, ao tempo da reclamação sobre equiparação salarial, reclamante e paradigma estejam a serviço do estabelecimento, desde que o pedido se relacione com situação pretérita. (Ex-Súmula 22, RA 57/1970, *DO-GB* 27.11.1970)

V – A cessão de empregados não exclui a equiparação salarial, embora exercida a função em órgão governamental estranho à cedente, se esta responde pelos salários do paradigma e do reclamante. (Ex-Súmula 111, RA 102/1980, *DJ* 25.09.1980)

VI – Presentes os pressupostos do art. 461 da CLT, é irrelevante a circunstância de que o desnível salarial tenha origem em decisão judicial que beneficiou o paradigma, exceto se decorrente de vantagem pessoal ou de tese jurídica superada pela jurisprudência de Corte Superior. (Ex-Súmula 120, alterada pela Res. TST 100/2000, *DJ* 20.09.2000)

VII – Desde que atendidos os requisitos do art. 461 da CLT, é possível a equiparação salarial de trabalho intelectual, que pode ser avaliado por sua perfeição técnica, cuja aferição terá critérios objetivos. (Ex-OJ 298 da SDI-I/TST, *DJ* 11.08.2003)

VIII – É do empregador o ônus da prova do fato impeditivo, modificativo ou extintivo da equiparação salarial. (Ex-Súmula 68, RA 9/1977, *DJ* 11.02.1977)

IX – Na ação de equiparação salarial, a prescrição é parcial e só alcança as diferenças salariais vencidas no período de 5 (cinco) anos que precedeu o ajuizamento. (Ex-Súmula 274, alterada pela Res. TST 121/2003, *DJ* 21.11.2003)

X – O conceito de "mesma localidade" de que trata o art. 461 da CLT refere-se, em princípio, ao mesmo município, ou a municípios distintos que, comprovadamente, pertençam à mesma região metropolitana. (Ex-OJ 252 da SDI-I/TST, inserida em 13.03.2002)

- **Súmula 301 do TST**

Auxiliar de laboratório. Ausência de diploma. Efeitos. (Res. TST 121/2003, *DJ* 19, 20 e 21.11.2003)

O fato de o empregado não possuir diploma de profissionalização de auxiliar de laboratório não afasta a observância das normas da Lei 3.999, de 15.12.1961, uma vez comprovada a prestação de serviços na atividade.

- **OJ 20 da SDC/TST**

Empregados sindicalizados. Admissão preferencial. Condição violadora do art. 8.º, V, da CF/1988. (Inserido dispositivo) – *DEJT* divulgado em 16, 17 e 18.11.2010.

Viola o art. 8.º, V, da CF/1988 cláusula de instrumento normativo que estabelece a preferência, na contratação de mão de obra, do trabalhador sindicalizado sobre os demais.

Art. 6.º Não se distingue entre o trabalho realizado no estabelecimento do empregador, o executado no domicílio do empregado e o realizado a distância, desde que estejam caracterizados os pressupostos da relação de emprego.

* Artigo com redação determinada pela Lei 12.551/2011.

⚖️ **Interpretação convergente**

- Hipótese em que o trabalho realizado no domicílio da reclamante não descaracteriza a relação de emprego, uma vez que preenchidos os requisitos de continuidade, fixação de qualidade e quantidade, entrega do produto acabado em tempo predeterminado, fixação de tarifa e absorção de tempo de trabalho

pela empresa. Aplicação do art. 6.º da CLT, *in verbis*: Não se distingue entre o trabalho realizado no estabelecimento do empregador e o executado no domicílio do empregado, desde que esteja caracterizada a relação de emprego. Provimento negado. Limitação do período da contratualidade. A sentença de 1.º reconheceu a existência de vínculo de emprego entre as partes no período de 21.07.1997 a 29.06.1999. Sem fundamento a pretensão da reclamada para que o período da contratualidade seja limitado a 04.07.1999. Recurso sem objeto, no tópico (...). (TRT-4.ª Reg., RO 0116100-57.1999.5.04.0771, 6.ª T., j. 25.07.2001, rel. Vanda Krindges Marques)

Parágrafo único. Os meios telemáticos e informatizados de comando, controle e supervisão se equiparam, para fins de subordinação jurídica, aos meios pessoais e diretos de comando, controle e supervisão do trabalho alheio.

Interpretação extensiva

- **Súmula 428 do TST**

I – O uso de instrumentos telemáticos ou informatizados fornecidos pela empresa ao empregado, por si só, não caracteriza o regime de sobreaviso.

II – Considera-se em sobreaviso o empregado que, à distância e submetido a controle patronal por instrumentos telemáticos ou informatizados, permanecer em regime de plantão ou equivalente, aguardando a qualquer momento o chamado para o serviço durante o período de descanso.

Art. 7.º Os preceitos constantes da presente Consolidação, salvo quando for, em cada caso, expressamente determinado em contrário, não se aplicam:

* *Caput* com redação determinada pelo Dec.-lei 8.079/1945.

a) aos empregados domésticos, assim considerados, de um modo geral, os que prestam serviços de natureza não econômica à pessoa ou à família, no âmbito residencial destas;

* V. art. 7.º, parágrafo único, da CF/1988.

* V. Lei 5.859/1972 (Empregado doméstico).
* V. Dec. 71.885/1973 (Regulamenta a Lei 5.859/1972).
* V. Lei 7.195/1984 (Responsabilidade civil das agências de empregados domésticos).

Interpretação convergente

• Indevida ao empregado doméstico a multa de mora pelo pagamento em atraso das verbas decorrentes da extinção do contrato de trabalho. Inteligência do disposto no art. 7.º, *a*, da CLT (...).
(TRT-4.ª Reg., RO 0000039-96.2011.5.04.0382, j. 25.08.2011, rel. Alexandre Corrêa da Cruz)

b) aos trabalhadores rurais, assim considerados aqueles que, exercendo funções diretamente ligadas à agricultura e à pecuária, não sejam empregados em atividades que, pelos métodos de execução dos respectivos trabalhos ou pela finalidade de suas operações, se classifiquem como industriais ou comerciais;

* V. art. 7.º, *caput*, da CF/1988.
* V. Lei 5.889/1973 (Trabalho rural).
* V. Dec. 73.626/1974 (Regulamenta a Lei 5.889/1973).

Interpretação extensiva

• **Súmula 196 do STF**
Ainda que exerça atividade rural, o empregado de empresa industrial ou comercial é classificado de acordo com a categoria do empregador.

• **OJ 38 da SDI-I/TST**
Empregado que exerce atividade rural. Empresa de reflorestamento. Prescrição própria do rurícola. (Lei 5.889, de 08.06.1973, art. 10, e Dec. 73.626, de 12.02.1974, art. 2.º, § 4.º) (inserido dispositivo) – *DEJT* divulgado em 16, 17 e 18.11.2010.
O empregado que trabalha em empresa de reflorestamento, cuja atividade está diretamente ligada ao manuseio da terra e de matéria-prima, é rurícola e não industriário, nos termos do Dec. 73.626, de 12.02.1974, art. 2.º, § 4.º, pouco

importando que o fruto de seu trabalho seja destinado à indústria. Assim, aplica-se a prescrição própria dos rurícolas aos direitos desses empregados.

- **OJ 271 da SDI-I/TST**

Rurícola. Prescrição. Contrato de emprego extinto. EC 28/2000. Inaplicabilidade (alterada) – DJ 22.11.2005

O prazo prescricional da pretensão do rurícola, cujo contrato de emprego já se extinguira ao sobrevir a EC 28, de 26.05.2000, tenha sido ou não ajuizada a ação trabalhista, prossegue regido pela lei vigente ao tempo da extinção do contrato de emprego.

- **OJ 417 da SDI-I/TST**

Prescrição. Rurícola. EC 28, de 26.05.2000. Contrato de trabalho em curso. (*DEJT* divulgado em 14, 15 e 16.02.2012)

Não há prescrição total ou parcial da pretensão do trabalhador rural que reclama direitos relativos a contrato de trabalho que se encontrava em curso à época da promulgação da EC 28, de 26.05.2000, desde que ajuizada a demanda no prazo de cinco anos de sua publicação, observada a prescrição bienal.

- **OJ 419 da SDI-I/TST**

Considera-se rurícola empregado que, a despeito da atividade exercida, presta serviços a empregador agroindustrial (art. 3.º, § 1.º, da Lei 5.889, de 08.06.1973), visto que, neste caso, é a atividade preponderante da empresa que determina o enquadramento.

c) **aos funcionários públicos da União, dos Estados e dos Municípios e aos respectivos extranumerários em serviço nas próprias repartições;**

* Alínea *c* com redação determinada pelo Dec.-lei 8.079/1945.
* V. arts. 37, 39, 42 e 114, I, da CF.

Interpretação extensiva

- **Súmula 430 do TST**

Administração pública indireta. Contratação. Ausência de concurso público. Nulidade. Ulterior privatização. Convalidação. Insubsistência do vício. (Res. 177/2012, *DEJT* 13, 14 e 15.02.2012)

Convalidam-se os efeitos do contrato de trabalho que, considerado nulo por ausência de concurso público, quando celebrado originalmente com ente da Administração Pública Indireta, continua a existir após a sua privatização.

Art. 7.º

d) **aos servidores de autarquias paraestatais, desde que sujeitos a regime próprio de proteção ao trabalho, que lhes assegure situação análoga à dos funcionários públicos.**

* Alínea *d* com redação determinada pelo Dec.-lei 8.079/1945.
* V. arts. 37, 39, 42, 114, I, e 173, § 1.º, II, da CF/1988.

Parágrafo único. *(Revogado pelo Dec.-lei 8.079/1945)*

⚖ Interpretação convergente

• A contribuição sindical obrigatória, prevista na Consolidação das Leis do Trabalho – CLT, não se aplica aos servidores públicos da União, pertencentes à Administração Direta, Autárquica e Fundacional submetidos ao regime próprio da Lei 8.112/1990, especialmente para fins tributários. Inteligência do art. 7.º, *c*, da CLT (…).
(TRE-AL, MS 71, j. 14.04.2010, rel. Ana Florinda Mendonça da Silva Dantas, *DJ* 16.04.2010)

🏛 Interpretação extensiva

• **Súmula 243 do TST**
Opção pelo regime trabalhista. Supressão das vantagens estatutárias. (Res. TST 121/2003, *DJ* 19, 20 e 21.11.2003)
Exceto na hipótese de previsão contratual ou legal expressa, a opção do funcionário público pelo regime trabalhista implica a renúncia dos direitos inerentes ao regime estatutário.

• **OJ 318 da SDI-I/TST**
Representação irregular. Autarquia (*DJ* 11.08.2003)
Os Estados e os Municípios não têm legitimidade para recorrer em nome das autarquias detentoras de personalidade jurídica própria, devendo ser representadas pelos procuradores que fazem parte de seus quadros ou por advogados constituídos.

Art. 8.º

- **OJ 364 da SDI-I/TST**
Estabilidade. Art. 19 do ADCT. Servidor público de fundação regido pela CLT (*DJ* 20, 21 e 23.05.2008)
Fundação instituída por lei e que recebe dotação ou subvenção do Poder Público para realizar atividades de interesse do Estado, ainda que tenha personalidade jurídica de direito privado, ostenta natureza de fundação pública. Assim, seus servidores regidos pela CLT são beneficiários da estabilidade excepcional prevista no art. 19 do ADCT.

Art. 8.º As Autoridades Administrativas e a Justiça do Trabalho, na falta de disposições legais ou contratuais, decidirão, conforme o caso, pela jurisprudência, por analogia, por equidade e outros princípios e normas gerais do direito, principalmente do direito do trabalho, e, ainda, de acordo com os usos e costumes, o direito comparado, mas sempre de maneira que nenhum interesse de classe ou particular prevaleça sobre o interesse público.

* V. art. 5.º, § 2.º, da CF/1988.

⚖ Interpretação convergente

- Multa cominatória. Decisão denegatória. Manutenção.

A responsabilização do tomador dos serviços resulta da combinação harmônica e inevitável de 3 (três) aspectos normativos derivados da ordem jurídica: em primeiro lugar, a importância e efeitos da noção de risco empresarial no Direito do Trabalho e o caráter objetivo da noção de risco, típico do ordenamento jurídico laboral, em contraponto a seu caráter meramente subjetivo preponderante no Direito Comum, que vem sendo, inclusive, mitigado pela novel legislação cível, como se depreende da leitura do parágrafo único do art. 927 do CC/2002. Em segundo lugar, a assimilação justrabalhista do conceito de abuso de direito, hoje incorporado por inúmeros preceitos do Direito Civil, Direito Econômico, Direito Processual e até mesmo Direito Constitucional, exegese do art. 8.º da CLT. Em terceiro lugar, as repercussões do critério de hierarquia normativa imperante no universo do Direito, em especial no Direito do Trabalho. Na hipótese dos autos, o TRT consignou, expressamente, no acórdão recorrido, que a Recorrente foi tomadora dos serviços prestados pelo Reclamante. Também restou registrado que, após homologar o acor-

do celebrado entre o Reclamante e a primeira Reclamada, prestadora de serviços, o juízo prosseguiu sentenciando e declarando a responsabilização subsidiária da segunda Reclamada. Então, no caso em tela, ainda que a tomadora de serviços não tenha anuído ao acordo firmado entre Reclamante e prestadora de serviços, ela foi condenada subsidiariamente, em momento posterior, na sentença proferida pelo juízo de origem. Desse modo, inadimplindo a contratada as obrigações trabalhistas, deve responder a tomadora dos serviços pelos créditos pendentes dos trabalhadores que lhe serviram. A decisão encontra-se em consonância com o entendimento sufragado pela Súmula 331, IV, do TST, que, ao estabelecer a responsabilidade subsidiária da entidade tomadora de serviços, tem o mérito de buscar alternativas para que o ilícito trabalhista não favoreça indevidamente aquele que já foi beneficiário do trabalho do Reclamante. Desse modo, não há como assegurar o processamento do recurso de revista quando o agravo de instrumento interposto não desconstitui os fundamentos da decisão denegatória, que subsiste por seus próprios fundamentos. Agravo de instrumento desprovido (...).
(TST, AgIn em RR 448-95.2011.5.08.0015, 3.ª T., j. 08.05.2013, rel. Maurício Godinho Delgado, *DEJT* 10.05.2013)

Parágrafo único. O direito comum será fonte subsidiária do direito do trabalho, naquilo em que não for incompatível com os princípios fundamentais deste.

* V. Dec.-lei 4.657/1942 (LICC – atual Lei de Introdução às normas do Direito Brasileiro).

⚖ Interpretação convergente

- Base de cálculo do adicional de insalubridade.

A jurisprudência do STF tem se orientado pela decisão proferida ao julgamento do RE 565.714/SP, de repercussão geral, segundo a qual, enquanto não for editada lei ou norma coletiva estabelecendo base de cálculo diversa, prevalece o salário mínimo. Por outro lado, existindo norma regulamentar estabelecendo base de cálculo para o adicional de insalubridade mais benéfica para o trabalhador, a partir de maio de 2008, esta deve ser considerada nos seus exatos limites. Aplicação subsidiária do art. 114 do CC/2002, tal como autoriza o parágrafo único do art. 8.º da CLT (...).
(TRT-4.ª Reg., RO 0026800-19.2009.5.04.0841, j. 10.05.2012, rel. Ricardo Hofmeister de Almeida Martins Costa)

Art. 9.º

Art. 9.º Serão nulos de pleno direito os atos praticados com o objetivo de desvirtuar, impedir ou fraudar a aplicação dos preceitos contidos na presente Consolidação.

* V. Súmulas 91 e 152 do TST.

⚖️ Interpretação convergente

- **OJ 335 da SDI-I/TST**

Contrato nulo. Administração pública. Efeitos. Conhecimento do recurso por violação do art. 37, II e § 2.º, da CF/1988 (*DJ* 04.05.2004)

A nulidade da contratação sem concurso público, após a CF/1988, bem como a limitação de seus efeitos, somente poderá ser declarada por ofensa ao art. 37, II, se invocado concomitantemente o seu § 2.º, todos da CF/1988.

- Agravo de instrumento em recurso de revista. Estimativa de gorjetas. Previsão em norma coletiva. Fraude praticada pela empresa.

A par da discussão relativa à validade da norma coletiva, na hipótese específica dos autos, embora a empresa cumprisse a determinação normativa, o valor pago destoava muito da realidade vivenciada pelo reclamante, o que evidencia fraude, nos termos do art. 9.º da CLT. Agravo de instrumento desprovido (...).

(TST, AgIn em RR 134-82.2010.5.04.0020, 7.ª T., j. 02.04.2013, rel. Luiz Philippe Vieira de Mello Freire, *DEJT* 05.04.2013)

- Contrato de prestação de serviços. Burla da legislação trabalhista. Violação ao art. 9.º da CLT. Sentença. Reconhecimento de vínculo de emprego. Manutenção. Considerando o disposto no art. 9.º da CLT, e provado nos autos que o contrato de prestação de serviços, alegado pelas reclamadas como óbice às pretensões da reclamante, em verdade, constituiu-se mero artifício para inviabilizar a fruição de direitos trabalhistas, forçoso manter, em sua integralidade, a decisão recorrida, vez que o procedimento adotado pelas empresas, induvidosamente, violou as normas de proteção ao trabalho (...).

(TRT-7.ª Reg., RO 0001190-0520105070009, 1.ª T., j. 12.01.2012, rel. Maria José Girão, *DJ* 12.01.2012)

Interpretação extensiva

- **OJ 154 da SDI-II/TST**

Ação rescisória. Acordo prévio ao ajuizamento da reclamação. Quitação geral. Lide simulada. Possibilidade de rescisão da sentença homologatória de acordo apenas se verificada a existência de vício de consentimento. (*DEJT* divulgado em 09, 10 e 11.06.2010)
A sentença homologatória de acordo prévio ao ajuizamento de reclamação trabalhista, no qual foi conferida quitação geral do extinto contrato, sujeita-se ao corte rescisório tão somente se verificada a existência de fraude ou vício de consentimento.

- **OJ 30 da SDC/TST**

Estabilidade da gestante. Renúncia ou transação de direitos constitucionais. Impossibilidade. (Republicada em decorrência de erro material) (*DEJT* divulgado em 19, 20 e 21.09.2011)
Nos termos do art. 10, II, *b*, do ADCT, a proteção à maternidade foi erigida à hierarquia constitucional, pois retirou do âmbito do direito potestativo do empregador a possibilidade de despedir arbitrariamente a empregada em estado gravídico. Portanto, a teor do art. 9.º, da CLT, torna-se nula de pleno direito a cláusula que estabelece a possibilidade de renúncia ou transação, pela gestante, das garantias referentes à manutenção do emprego e salário.

Art. 10. Qualquer alteração na estrutura jurídica da empresa não afetará os direitos adquiridos por seus empregados.

Interpretação convergente

- A sucessão trabalhista resta configurada, sem prejuízo do art. 10 da CLT, quando ocorrido por meio da transferência da unidade produtiva por meio do arrendamento, oportunidade em que a empresa sucessora se utiliza dos equipamentos e da sede da sucedida e ainda dos clientes que esta outra atendia em razão do local da instalação. Correta a sentença que reconheceu e manteve a sucessão trabalhista entre a 4.ª e a 5.ª ré. Agravo de petição não provido (...).
(TRT-23.ª Reg., Ap 00792.2006.008.23.00-1, 2.ª T., j. 15.06.2011, rel. João Carlos, DJ 16.06.2011)

Interpretação extensiva

- **OJ 408 da SDI-I/TST**

Juros de mora. Empresa em liquidação extrajudicial. Sucessão trabalhista. (*DEJT* 22, 25 e 26.10.2010)

É devida a incidência de juros de mora em relação aos débitos trabalhistas de empresa em liquidação extrajudicial sucedida nos moldes dos arts. 10 e 448 da CLT. O sucessor responde pela obrigação do sucedido, não se beneficiando de qualquer privilégio a este destinado.

Interpretação restritiva

- **OJ 225 da SDI-I/TST**

Contrato de concessão de serviço público. Responsabilidade trabalhista. (*DJ* 20.04.2005)

Celebrado contrato de concessão de serviço público em que uma empresa (primeira concessionária) outorga a outra (segunda concessionária), no todo ou em parte, mediante arrendamento, ou qualquer outra forma contratual, a título transitório, bens de sua propriedade:

I – em caso de rescisão do contrato de trabalho após a entrada em vigor da concessão, a segunda concessionária, na condição de sucessora, responde pelos diretos decorrentes do contrato de trabalho, sem prejuízo da responsabilidade subsidiária da primeira concessionária pelos débitos trabalhistas contraídos até a concessão;

II – no tocante ao contrato de trabalho extinto antes da vigência da concessão, a responsabilidade pelos direitos dos trabalhadores será exclusivamente da antecessora.

Art. 11. O direito de ação quanto a créditos resultantes das relações de trabalho prescreve:

* Artigo com redação determinada pela Lei 9.658/1998.
* V. art. 7.º, XXIX, da CF/1988.

Interpretação convergente

- **Prescrição bienal.** Nos termos do art. 7.º, XXIX, da CF/1988, e do art. 11 da CLT, o marco inicial da prescrição bienal é a data de extinção do contrato de trabalho (...).
(TRT-4.ª Reg., Ap 0000582-73.2010.5.04.0305, j. 28.07.2011, rel. Raul Zoratto Sanvicente)

- **Prescrição total. Vínculo de emprego.**
Transcorridos menos de dois anos após o efetivo término de relação de emprego reconhecida judicialmente, não há prescrição total a ser pronunciada, nos termos do art. 7.º, XXIX, da CF/1988 e do art. 11 da CLT (...).
(TRT-4.ª Reg., Ap 0001249-34.2010.5.04.0281, j. 06.07.2011, rel. Beatriz Renck)

Interpretação extensiva

- **OJ 401 da SDI-I/TST**
Prescrição. Marco inicial. Ação condenatória. Trânsito em julgado da ação declaratória com mesma causa de pedir remota ajuizada antes da extinção do contrato de trabalho. (*DEJT* divulgado em 02, 03 e 04.08.2010)
- O marco inicial da contagem do prazo prescricional para o ajuizamento de ação condenatória, quando advém a dispensa do empregado no curso de ação declaratória que possua a mesma causa de pedir remota, é o trânsito em julgado da decisão proferida na ação declaratória e não a data da extinção do contrato de trabalho.

Interpretação restritiva

- **Súmula 114 do TST**
Prescrição intercorrente. (Res. TST 121/2003, *DJ* 19, 20 e 21.11.2003)
É inaplicável na Justiça do Trabalho a prescrição intercorrente.

- **Súmula 153 do TST**
Prescrição. (Res. TST 121/2003, *DJ* 19, 20 e 21.11.2003)
Não se conhece de prescrição não arguida na instância ordinária (Ex-Prejulgado 27).

Art. 11

I – em 5 (cinco) anos para o trabalhador urbano, até o limite de 2 (dois) anos após a extinção do contrato;

* V. art. 7.º, XXIX, da CF/1988.

⚖ Interpretação convergente

- **Súmula 156 do TST**
Prescrição. Prazo. (Res. TST 121/2003, *DJ* 19, 20 e 21.11.2003)
Da extinção do último contrato começa a fluir o prazo prescricional do direito de ação em que se objetiva a soma de períodos descontínuos de trabalho. (Ex-Prejulgado 31)

- **Súmula 308 do TST**
Prescrição quinquenal. (Incorporada a OJ 204 da SDI-I/TST). (Res. TST 129/2005, *DJ* 20, 22 e 25.04.2005)
I – Respeitado o biênio subsequente à cessação contratual, a prescrição da ação trabalhista concerne às pretensões imediatamente anteriores a cinco anos, contados da data do ajuizamento da reclamação e, não, às anteriores ao quinquênio da data da extinção do contrato. (Ex-OJ 204 da SDI-I/TST, inserida em 08.11.2000)
II – A norma constitucional que ampliou o prazo de prescrição da ação trabalhista para 5 (cinco) anos é de aplicação imediata e não atinge pretensões já alcançadas pela prescrição bienal quando da promulgação da Constituição Federal de 1988. (Ex-Súmula 308, Res. TST 6/1992, *DJ* 05.11.1992)

- Contratação temporária pela LC 317/2002. Regime jurídico estatutário. Prescrição quinquenal. Observância do Dec. 20.910/1932. Incabível o prazo bienal no art. 11, I, da CLT. Extinção pela prescrição afastada. Pretensão ao recebimento de verbas trabalhistas, notadamente a estabilidade gestante. Inadmissibilidade Inaplicabilidade da CLT e da CCT da categoria Inexistência de vínculo empregatício. Cargo temporário Previsão do art. 37, IX, da CF/1988. Ademais, art. 10, II, *b*, do ADCT, que não beneficia a apelante, na condição de gestante Garantia apenas dos direitos sociais previstos no § 3.º do art. 39 da CF/1988. Comprovação de pagamento de 13.º salário Sentença de impro-

vimento Recurso parcialmente provido para afastar a extinção e, no mérito, julgar improcedente a ação (...).
(TJSP, Ap 0143611-36.2008.8.26.0000, 8.ª Câm. de Direito Público, j. 27.07.2011, rel. Rubens Rihl, *DJ* 04.08.2011)

Interpretação extensiva

- **Súmula 206 do TST**
FGTS. Incidência sobre parcelas prescritas. (Res. TST 121/2003, *DJ* 19, 20 e 21.11.2003)
A prescrição da pretensão relativa às parcelas remuneratórias alcança o respectivo recolhimento da contribuição para o FGTS.

Interpretação restritiva

- **Súmula 349 do STF**
A prescrição atinge somente as prestações de mais de dois anos, reclamadas com fundamento em decisão normativa da Justiça do Trabalho, ou em convenção coletiva de trabalho, quando não estiver em causa a própria validade de tais atos.

- **Súmula 275 do TST**
Prescrição. Desvio de função e reenquadramento. (Incorporada a OJ 144 da SDI-I/TST). (Res. TST 129/2005, *DJ* 20, 22 e 25.04.2005)
I – Na ação que objetive corrigir desvio funcional, a prescrição só alcança as diferenças salariais vencidas no período de 5 (cinco) anos que precedeu o ajuizamento. (Ex-Súmula 275, alterada pela Res. TST 121/2003, *DJ* 21.11.2003)
II – Em se tratando de pedido de reenquadramento, a prescrição é total, contada da data do enquadramento do empregado. (Ex-OJ 144 da SDI-I/TST, inserida em 27.11.1998)

II – em 2 (dois) anos, após a extinção do contrato de trabalho, para o trabalhador rural.

* V. art. 7.º, XXIX, da CF/1988, que determinou que o direito de ação para os trabalhadores urbanos *e rurais*, no que se refere aos créditos resultantes das relações de trabalho, terá prazo

Art. 11 — CONSOLIDAÇÃO DAS LEIS DO TRABALHO

prescricional de 5 (cinco) anos, até o limite de 2 (dois) anos após a extinção do contrato de trabalho.

* V. Lei 5.889/1973 (Trabalho rural).
* V. Dec. 73.626/1974 (Regulamenta a Lei 5.889/1973).

§ 1.º O disposto neste artigo não se aplica às ações que tenham por objeto anotações para fins de prova junto à Previdência Social.

§§ 2.º e 3.º (*Vetados*)

* V. Súmulas 327 e 349 do STF.
* V. Súmulas 6, 114, 153, 206, 268, 275, 308 e 382 do TST.

Interpretação restritiva

• **Súmula 275 do TST**
Prescrição. Desvio de função e reenquadramento. (Incorporada a OJ 144 da SDI-I/TST). (Res. TST 129/2005, *DJ* 20, 22 e 25.04.2005)
I – Na ação que objetive corrigir desvio funcional, a prescrição só alcança as diferenças salariais vencidas no período de 5 (cinco) anos que precedeu o ajuizamento. (Ex-Súmula 275, alterada pela Res. TST 121/2003, *DJ* 21.11.2003)
II – Em se tratando de pedido de reenquadramento, a prescrição é total, contada da data do enquadramento do empregado. (Ex-OJ 144 da SDI-I/TST, inserida em 27.11.1998)

• **Súmula 294 do TST**
Prescrição. Alteração contratual. Trabalhador urbano. (Res. TST 121/2003, *DJ* 19, 20 e 21.11.2003)
Tratando-se de ação que envolva pedido de prestações sucessivas decorrente de alteração do pactuado, a prescrição é total, exceto quando o direito à parcela esteja também assegurado por preceito de lei.

• A ação declaratória é imprescritível, conforme cediço e sedimentado na doutrina e jurisprudência, uma vez que sua finalidade é definir a existência ou não

de relação jurídica, sem produzir efeitos constitutivos. Ademais, a imprescritibilidade a que se refere o § 1.º do art. 11 da CLT não se circunscreve às ações meramente declaratórias, mas abrange qualquer modalidade de ação que tenha como finalidade a certificação de situações fáticas necessárias à comprovação de algum direito junto à Previdência Social. Recurso de Revista conhecido e provido (...).
(TST, RR 1283-43.2010.5.01.0038, 4.ª T., j. 06.02.2013, rel. Maria de Assis Calsing, *DEJT* 15.02.2013)

Art. 12. Os preceitos concernentes ao regime de seguro social são objeto de lei especial.

* V. arts. 194 a 204 da CF/1988.

⚖️ Interpretação convergente

• As leis previdenciárias que sucederam a este dispositivo legal, quais sejam, as Leis 6.887/1980 e 8.213/1991, não revogam a norma trabalhista supracitada, por força do art. 12 da CLT. Este artigo consolidado dispõe que "os preceitos concernentes ao regime de seguro social são objeto de lei especial" (...).
(TRT-4.ª Reg., EDcl em RO 0106200-77.1996.5.04.0020, 1.ª T., j. 13.08.2009, rel. José Felipe Ledur)

🏛️ Interpretação extensiva

• **Súmula 311 do TST**
Benefício previdenciário a dependente de ex-empregado. Correção monetária. Legislação aplicável (Res. TST 121/2003, *DJ* 19, 20 e 21.11.2003)
O cálculo da correção monetária incidente sobre débitos relativos a benefícios previdenciários devidos a dependentes de ex-empregado pelo empregador, ou por entidade de previdência privada a ele vinculada, será o previsto na Lei 6.899, de 08.04.1981.

TÍTULO II
DAS NORMAS GERAIS DE TUTELA DO TRABALHO
Capítulo I
DA IDENTIFICAÇÃO PROFISSIONAL
Seção I
Da Carteira de Trabalho e Previdência Social

Art. 13. A Carteira de Trabalho e Previdência Social é obrigatória para o exercício de qualquer emprego, inclusive de natureza rural, ainda que em caráter temporário, e para o exercício por conta própria de atividade profissional remunerada.

* *Caput* com redação determinada pelo Dec.-lei 926/1969.
* V. Lei 6.019/1974 (Trabalho temporário).
* V. Dec. 73.841/1974 (Regulamenta a Lei 6.019/1974).

§ 1.º O disposto neste artigo aplica-se, igualmente, a quem:

* § 1.º com redação determinada pelo Dec.-lei 926/1969.

I – proprietário rural ou não, trabalhe individualmente ou em regime de economia familiar, assim entendido o trabalho dos membros da mesma família, indispensável à própria subsistência, e exercido em condições de mútua dependência e colaboração;

II – em regime de economia familiar e sem empregado, explore área não excedente do módulo rural ou de outro limite que venha a ser fixado, para cada região, pelo Ministério do Trabalho e Previdência Social.

§ 2.º A Carteira de Trabalho e Previdência Social e respectiva Ficha de Declaração obedecerão aos modelos que o Ministério do Trabalho e Previdência Social adotar.

* § 2.º com redação determinada pelo Dec.-lei 926/1969.

§ 3.º Nas localidades onde não for emitida a Carteira de Trabalho e Previdência Social poderá ser admitido, até 30 (trinta) dias, o exercício

de emprego ou atividade remunerada por quem não a possua, ficando a empresa obrigada a permitir o comparecimento do empregado ao posto de emissão mais próximo.

* § 3.º com redação determinada pela Lei 5.686/1971.

§ 4.º Na hipótese do § 3.º:

* § 4.º com redação determinada pelo Dec.-lei 926/1969.

I – o empregador fornecerá ao empregado, no ato da admissão, documento do qual constem a data da admissão, a natureza do trabalho, o salário e a forma de seu pagamento;

II – se o empregado ainda não possuir a carteira na data em que for dispensado, o empregador lhe fornecerá atestado de que conste o histórico da relação empregatícia.

* V. Portaria MTPS 3.626/1991 (Registro de empregados e anotações na CTPS).

⚖ Interpretação convergente

- **Súmula 225 do STF**

Não é absoluto o valor probatório das anotações da carteira profissional.

- **Súmula 62 do STJ**

Compete à Justiça Estadual processar e julgar o crime de falsa anotação na Carteira de Trabalho e Previdência Social, atribuído à empresa privada.

- **Súmula 12 do TST**

Carteira profissional. As anotações apostas pelo empregador na carteira profissional do empregado não geram presunção *juris et de jure*, mas apenas *juris tantum*.

- **OJ 82 da SDI-I/TST**

Aviso prévio. Baixa na CTPS.
A data de saída a ser anotada na CTPS deve corresponder à do término do prazo do aviso prévio, ainda que indenizado.

- Nos termos do art. 13 da CLT, a CTPS é obrigatória ao exercício de qualquer emprego, espelhando a realidade do contrato de trabalho, com suas cláusulas e

condições. A apresentação é obrigatória pelo empregado, assim como a anotação o é pelo empregador (...).
(TRT-4.ª Reg., RO 0186000-06.1994.5.04.0771, 4.ª T., j. 30.07.1997, rel. Walter Steiner, *DJ* 13.10.1997)

• Temos no art. 13 e § 3.º da CLT que a Carteira de Trabalho e Previdência Social é obrigatória para o exercício de qualquer emprego, inclusive de natureza rural, ainda que em caráter temporário, e para o exercício por conta própria de atividade profissional remunerada, admitindo até 30 (trinta) dias o exercício de emprego ou atividade remunerada, nas localidades onde não for emitida a Carteira de Trabalho e Previdência Social. A obrigação é de quem contrata de observar as normas legais, arcando com as consequências pecuniárias pela sua imprudência na admissão de empregados (...).
(TRT-7.ª Reg., RO 0080700-66.2003.5.07.0024, 1.ª T., j. 17.01.2005, rel. Manoel Arízio Eduardo de Castro, *DOJT* 15.03.2005)

• A carteira de trabalho é obrigatória para o exercício de qualquer emprego, obrigando-se o empregador a efetuar as anotações pertinentes quando da admissão de empregado, em 48 (quarenta e oito) horas, nos termos dos arts. 13 e 29, *caput*, da CLT (...).
(TRT-23.ª Reg., RO 01053.2009.005.23.00-0, 2.ª T., j. 03.03.2010, rel. Beatriz Theodoro, *DJ* 05.03.2010)

Seção II
Da emissão da Carteira de Trabalho e Previdência Social

Art. 14. A Carteira de Trabalho e Previdência Social será emitida pelas Delegacias Regionais do Trabalho e Emprego ou, mediante convênio, pelos órgãos federais, estaduais e municipais da administração direta ou indireta.

* *Caput* com redação determinada pelo Dec.-lei 926/1969.

Parágrafo único. Inexistindo convênio com os órgãos indicados ou na inexistência destes, poderá ser admitido convênio com sindicatos para o mesmo fim.

* Parágrafo único com redação determinada pela Lei 5.686/1971.

Art. 15. Para obtenção da Carteira de Trabalho e Previdência Social o interessado comparecerá pessoalmente ao órgão emitente, onde será identificado e prestará as declarações necessárias.

* Artigo com redação determinada pelo Dec.-lei 926/1969.

Art. 16. A Carteira de Trabalho e Previdência Social, além do número, série, data de emissão e folhas destinadas às anotações pertinentes ao contrato de trabalho e as de interesse da Previdência Social, conterá:

* Artigo com redação determinada pela Lei 8.260/1991.

I – fotografia, de frente, modelo 3 x 4;

II – nome, filiação, data e lugar de nascimento e assinatura;

III – nome, idade e estado civil dos dependentes;

IV – número do documento de naturalização ou data da chegada ao Brasil e demais elementos constantes da identidade de estrangeiro, quando for o caso.

Parágrafo único. A Carteira de Trabalho e Previdência Social será fornecida mediante a apresentação de:

a) duas fotografias com as características mencionadas no inc. I;

b) qualquer documento oficial de identificação pessoal do interessado, no qual possam ser colhidos dados referentes ao nome completo, filiação, data e lugar de nascimento.

Art. 17. Na impossibilidade de apresentação, pelo interessado, de documento idôneo que o qualifique, a Carteira de Trabalho e Previdência Social será fornecida com base em declarações verbais confirmadas por duas testemunhas, lavrando-se, na primeira folha de anotações gerais da carteira, termo assinado pelas mesmas testemunhas.

* Artigo com redação determinada pelo Dec.-lei 926/1969.

§ 1.º Tratando-se de menor de 18 (dezoito) anos, as declarações previstas neste artigo serão prestadas por seu responsável legal.

§ 2.º Se o interessado não souber ou não puder assinar sua carteira, ela será fornecida mediante impressão digital ou assinatura a rogo.

Arts. 18 e 19. *(Revogados pela Lei 7.855/1989)*

Art. 20. As anotações relativas à alteração do estado civil e aos dependentes do portador da Carteira de Trabalho e Previdência Social serão feitas pelo Instituto Nacional de Previdência Social (INPS) e somente em sua falta por qualquer dos órgãos emitentes.

* Artigo com redação determinada pelo Dec.-lei 926/1969.

Art. 21. Em caso de imprestabilidade ou esgotamento do espaço destinado a registros e anotações, o interessado deverá obter outra carteira, conservando-se o número e a série da anterior.

* *Caput* com redação determinada pela Lei 5.686/1971.

§§ 1.º e 2.º *(Revogados pelo Dec.-lei 926/1969)*

Arts. 22 a 24. *(Revogados pelo Dec.-lei 926/1969)*

Seção III
Da entrega das Carteiras de Trabalho e Previdência Social

Art. 25. As Carteiras de Trabalho e Previdência Social serão entregues aos interessados pessoalmente, mediante recibo.

Art. 26. Os sindicatos poderão, mediante solicitação das respectivas diretorias, incumbir-se da entrega das Carteiras de Trabalho e Previdência Social pedidas por seus associados e pelos demais profissionais da mesma classe.

* * Artigo com redação determinada pelo Dec.-lei 229/1967.

Parágrafo único. Não poderão os sindicatos, sob pena das sanções previstas neste Capítulo, cobrar remuneração pela entrega das Carteiras de Trabalho e Previdência Social, cujo serviço nas respectivas sedes será fiscalizado pelas Delegacias Regionais do Trabalho e Emprego ou Órgãos autorizados.

Arts. 27 e 28. *(Revogados pela Lei 7.855/1989)*

Seção IV
Das anotações

* V. Portaria MTE 41/2007 (Registro e anotação na CTPS).

Art. 29. A Carteira de Trabalho e Previdência Social será obrigatoriamente apresentada, contra recibo, pelo trabalhador ao empregador que o admitir, o qual terá o prazo de 48 (quarenta e oito) horas para nela anotar, especificamente, a data de admissão, a remuneração e as condições especiais, se houver, sendo facultada a adoção de sistema manual, mecânico ou eletrônico, conforme instruções a serem expedidas pelo Ministério do Trabalho.

* *Caput* com redação determinada pela Lei 7.855/1989.

§ 1.º As anotações concernentes à remuneração devem especificar o salário, qualquer que seja sua forma de pagamento, seja ele em dinheiro ou em utilidades, bem como a estimativa da gorjeta.

* § 1.º com redação determinada pelo Dec.-lei 229/1967.

⚖ **Interpretação convergente**

• O agente que omite dados na Carteira de Trabalho e Previdência Social, atentando contra interesse da Autarquia Previdenciária, estará incurso nas mesmas sanções do crime de falsificação de documento público, nos termos do art. 297, § 4.º, do CP, sendo a competência da Justiça Federal para processar e julgar o delito, consoante o art. 109, IV, da CF/1988 (...). Nos termos do art. 29 da CLT e art. 201 da CF/1988, cabe ao empregador, ao contratar um empregado, realizar as anotações e contribuir para a Previdência Social, garantindo às pessoas por ele contratadas os direitos trabalhistas e previdenciários.
Dessa forma, a conduta de quem omite dados na CTPS se subsume ao art. 297, § 4.º, do CP (...).
(STJ, CComp 58.443/MG, 3.ª Seção, j. 27.02.2008, rel. Laurita Vaz, *DJe* 26.03.2008)

• Não obstante a alegativa da reclamada quanto à recusa da autora em fornecer a sua carteira de trabalho para fins de anotação do contrato, há que ser observado o regramento legal.

Neste contexto, o art. 29 da CLT é cristalino ao determinar a obrigatoriedade do empregador anotar a CTPS do trabalhador, no prazo de 48 (quarenta e oito) horas da admissão, preceito que não foi observado pela empresa.

Por se tratar de norma cogente, o tomador dos serviços não deve descurar de sua obrigação, mesmo que a pretexto da alegada inércia da obreira ou do interesse dela em preservar eventual benefício de seguro-desemprego decorrente de vínculo empregatício precedente.

Configuradas estas infrações administrativas, a competência para imposição de multas é da Superintendência Regional do Trabalho, que detém a obrigação legal de fiscalização da atividade laborativa (...).

(TRT-22.ª Reg., RO 01439-2008-002-22-00-8, 2.ª T. j. 17.03.2009, rel. Fausto Lustosa Neto, DJ 27.03.2009)

• Ressalta-se que a CTPS estava em poder do empregador, ora apelante, sendo resgatada de seu domínio somente pelo cumprimento de mandado de busca e apreensão (f.), sendo clarividente a vontade do agente em praticar a conduta ilícita (art. 297, § 4.º, do CP), até porque, caso pretendesse instituir uma relação societária, não exigiria a CTPS do trabalhador.

Verifica-se que crime em comento, ou seja, a omissão na CTPS de Wellison, de dados pessoais, remuneração, vigência do contrato de trabalho ou de prestação de serviços se consumou quando o empregador, ora apelante, não assinou a sua CTPS no prazo estabelecido pela Consolidação das Leis do Trabalho, ou seja, de 48 (quarenta e oito) horas após a admissão do seu empregado, conforme estabelece o art. 29 da CLT (...).

(TRF-1.ª Reg., ApCrim 2004.41.00.000320-1, 3.ª T., j. 30.09.2008, rel. Fernando da Costa Tourinho Neto, DJU 24.10.2008)

§ 2.º As anotações na Carteira de Trabalho e Previdência Social serão feitas:

* § 2.º com redação determinada pela Lei 7.855/1989.

a) na data base;

b) a qualquer tempo, por solicitação do trabalhador;

⚖️ **Interpretação convergente**

- Relação de emprego. Anotação da CTPS. Prescrição.

É imprescritível o direito de propor ação meramente declaratória que tem por objeto o reconhecimento de vínculo, e, por corolário, a anotação do contrato de trabalho na CTPS (art. 29, § 2.º, *b*, da CLT), desde que não cumulada com pleitos de natureza condenatória (...).
(TRT-24.ª Reg., RO 1377/2005-021-24-00-9, j. 19.06.2006, rel. Ricardo G. M. Zandona, *DOMS* 11.07.2006)

> *c)* no caso de rescisão contratual; ou
> *d)* necessidade de comprovação perante a Previdência Social.

⚖️ **Interpretação convergente**

- OJ 82 da SDI-I/TST

Aviso prévio. Baixa na CTPS.
A data de saída a ser anotada na CTPS deve corresponder à do término do prazo do aviso prévio, ainda que indenizado.
§ 3.º A falta de cumprimento pelo empregador do disposto neste artigo acarretará a lavratura do auto de infração, pelo Fiscal do Trabalho, que deverá, de ofício, comunicar a falta de anotação ao órgão competente, para o fim de instaurar o processo de anotação.

* § 3.º com redação determinada pela Lei 7.855/1989.

⚖️ **Interpretação convergente**

- Auditor fiscal. Auto de infração. Vínculo de emprego.

O Tribunal Regional reformou a sentença para declarar nulo o Auto de Infração 007761384, cujo objeto consistia no fato de a empresa manter trabalhadores em efetivo serviço sem a devida anotação na CTPS. Contudo, não tendo a empresa provado que as pessoas listadas no Auto de Infração de n. 007761384 não eram,

efetivamente, seus empregados, não se divisa a nulidade do referido Auto de Infração, porquanto, nos termos do art. 626 da CLT, incumbe às autoridades competentes do Ministério do Trabalho, ou àquelas que exerçam funções delegadas, a fiscalização do fiel cumprimento das normas de proteção ao trabalho, sob pena de responsabilidade administrativa (art. 628 da CLT). Recurso de Revista de que se conhece e a que se dá provimento (...).
(TST, RR 133700-93.2007.5.07.0006, 5.ª T., j. 24.04.2013, rel. João Batista Brito Pereira, *DEJT* 10.05.2013)

Interpretação restritiva

- **Súmula 225 do STF**

Não é absoluto o valor probatório das anotações da carteira profissional.

- **Súmula 12 do TST**

Carteira profissional. As anotações apostas pelo empregador na carteira profissional do empregado não geram presunção *juris et de jure*, mas apenas *juris tantum*.

> **§ 4.º É vedado ao empregador efetuar anotações desabonadoras à conduta do empregado em sua Carteira de Trabalho e Previdência Social.**
>
> * § 4.º acrescentado pela Lei 10.270/2001.
>
> **§ 5.º O descumprimento do disposto no § 4.º deste artigo submeterá o empregador ao pagamento de multa prevista no art. 52 deste Capítulo.**
>
> * § 5.º acrescentado pela Lei 10.270/2001.

Interpretação convergente

- Dano moral. Ocorrência. Inclusão do nome de ex-empregado em "lista negra". Direito à informação que não autoriza a exposição do nome do empregado, tampouco de aspectos da relação de emprego com ele mantida, declinados de forma unilateral pelo empregador em lista destinada a rotular ex-empregados (...).
(TST, Embargos em EDcl no RR 249-2005-091-09-00.0, SDI-I, j. 03.09.2007, rel. Rosa Maria Weber, *DEJT* 19.10.2007)

- Anotação indevida na CTPS. Indenização por danos materiais. Lucros cessantes. Não caracterização.

A indenização por danos materiais também contempla a reparação por lucros cessantes que, consoante a inteligência do art. 402 do CC/2002, consiste nas parcelas cujo recebimento, dentro da razoabilidade, seria correto esperar. Assim sendo, não restando demonstrado que o período em que o reclamante permaneceu desempregado decorreu da anotação de conduta desabonadora em sua CTPS feita pela reclamada, a reparação correspondente aos salários que teria deixado de receber neste interregno não prospera, já que os lucros cessantes no caso vertente não poderiam ser considerados como a mera probabilidade de alguma renda (...).
(TRT-3.ª Reg., RO 00911-2011-059-03-00-5, 3.ª T., j. 27.03.2012, rel. Sebastião Geraldo de Oliveira)

- Sabe-se que o art. 29, § 4.º, da CLT veda ao empregador efetuar anotações desabonadoras à conduta do empregado em sua CTPS.

O registro em CTPS de que o contrato de trabalho anotado foi reconhecido em processo judicial, seja em sentença ou por acordo entre as partes, em tese não seria desabonador da conduta do empregado, já que o direito de ação é constitucionalmente assegurado.

Mas, como se sabe não é bem assim. E o juiz não pode estar alheio às questões sociais e econômicas, notadamente àquelas atinentes ao mercado de trabalho. Não pode observar a questão que lhe é posta em juízo sem a análise conjunta dos elementos de fato que a cercam.

- Muito se tem discutido a respeito das chamadas "listas negras", as quais têm demandado intensa mobilização de entidades de classe, Poder Judiciário e Poder Executivo, na tentativa de coibir tal nefasto instrumento, utilizado por empregadores inescrupulosos (não poucos, infelizmente) para selecionar futuros empregados que não tenham ajuizado ação trabalhista em face de outros ex-empregadores (...).
(TRT-15.ª Reg., RO 00386-2005-034-15-00-8, j. 04.08.2006, rel. Andrea Guelfi Cunha, DJ 17.08.2006)

Art. 30. Os acidentes do trabalho serão obrigatoriamente anotados pelo Instituto Nacional de Previdência Social na carteira do acidentado.

** Artigo com redação determinada pelo Dec.-lei 926/1969.*

Art. 31

Art. 31. Aos portadores de Carteiras de Trabalho e Previdência Social fica assegurado o direito de as apresentar aos órgãos autorizados, para o fim de ser anotado o que for cabível, não podendo ser recusada a solicitação, nem cobrado emolumento não previsto em lei.

* Artigo com redação determinada pelo Dec.-lei 229/1967.

Art. 32. As anotações relativas a alterações no estado civil dos portadores de Carteiras de Trabalho e Previdência Social serão feitas mediante prova documental. As declarações referentes aos dependentes serão registradas nas fichas respectivas, pelo funcionário encarregado da identificação profissional, a pedido do próprio declarante, que as assinará.

* Artigo com redação determinada pelo Dec.-lei 229/1967.

Parágrafo único. As Delegacias Regionais do Trabalho e Emprego e os órgãos autorizados deverão comunicar à Secretaria de Relações do Trabalho todas as alterações que anotarem nas Carteiras de Trabalho e Previdência Social.

Art. 33. As anotações nas fichas de declaração e nas Carteiras de Trabalho e Previdência Social serão feitas seguidamente sem abreviaturas, ressalvando-se no fim de cada assentamento, as emendas, entrelinhas e quaisquer circunstâncias que possam ocasionar dúvidas.

* Artigo com redação determinada pelo Dec.-lei 229/1967.

Art. 34. Tratando-se de serviço de profissionais de qualquer atividade, exercido por empreitada individual ou coletiva, com ou sem fiscalização da outra parte contratante, a carteira será anotada pelo respectivo sindicato profissional ou pelo representante legal de sua cooperativa.

⚖ Interpretação convergente

• Insurge o reclamante contra o afastamento do vínculo de emprego que teria se estendido desde 14.05.2009, laborando como encarregado de tubulação, insistindo no seu reconhecimento e no pagamento de verbas decorrentes da

rescisão, FGTS acrescidos de 40%, multas normativas, dos arts. 477 e 467 da CLT, pedidos relacionados a instrumentos normativos, e, registro da carteira profissional.

Investe assim contra a decisão de origem que admitiu de empreitada o vínculo existente entre os litigantes, alegando inicialmente configurar julgamento *extra petita*.

Vício que estaria configurado em razão de não ter sido a matéria – contrato de empreitada – objeto da defesa, mas que não se apresenta considerando a faculdade de o juízo conferir a qualificação jurídica que entender adequada aos fatos levados ao seu conhecimento, desde que não se afaste dos fundamentos jurídicos apresentados pelas partes na fase postulatória (...). Confirmada a decisão e não acolhido o pedido de anotação da carteira profissional, eis que a norma do art. 34 da CLT não impõe o registro àquele que contratou a empreitada, mas sim ao sindicato da categoria ou à sua cooperativa, não integrantes da lide (...).
(TRT-5.ª Reg., RO 0114400-41.2009.5.05.0133, 3.ª T., j. 10.05.2011, rel. Yara Ribeiro Dias Trindade)

⚖ Interpretação restritiva

- **OJ 191 da SDI-I/TST**

Contrato de empreitada. Dono da obra de construção civil. Responsabilidade. (Res. TST 175/2011, *DEJT* 27, 30 e 31.05.2011)
Diante da inexistência de previsão legal específica, o contrato de empreitada de construção civil entre o dono da obra e o empreiteiro não enseja responsabilidade solidária ou subsidiária nas obrigações trabalhistas contraídas pelo empreiteiro, salvo sendo o dono da obra uma empresa construtora ou incorporadora.

Art. 35. *(Revogado pela Lei 6.533/1978)*

Seção V
Das reclamações por falta ou recusa de anotação

Art. 36. Recusando-se a empresa a fazer as anotações a que se refere o art. 29 ou a devolver a Carteira de Trabalho e Previdência Social recebida, poderá o empregado comparecer, pessoalmente ou

Art. 37

por intermédio de seu sindicato, perante a Delegacia Regional ou órgão autorizado, para apresentar reclamação.

* Artigo com redação determinada pelo Dec.-lei 229/1967.
* V. art. 1.º do Dec.-lei 926/1969 (Institui a Carteira de Trabalho e Previdência Social).

⚖️ **Interpretação convergente**

• Promessa de celebração de contrato de trabalho. Retenção de CTPS. Abuso do direito. Dano moral.
A conduta adotada pela empresa contratante, de reter a CTPS do autor por longo período, enquanto este aguardava a contratação decorrente de processo seletivo de candidatos, sob a promessa de celebração de contrato de trabalho, mesmo estando a empregadora ciente de que não mais o contrataria, constitui abuso de direito, nos termos do art. 187 do CC/2002, sendo devida a obrigação de reparar o dano moral sofrido pelo candidato ao emprego (...).
(TRT-16.ª Reg., RO 01741-2007-001-16-00-1, 2.ª T., j. 07.07.2009, rel. James Magno Araújo Farias, DJ 06.08.2009)

Art. 37. No caso do art. 36, lavrado o termo de reclamação, determinar-se-á a realização de diligência para instrução do feito, observado, se for o caso, o disposto no § 2.º do art. 29, notificando-se posteriormente o reclamado por carta registrada, caso persista a recusa, para que, em dia e hora previamente designados, venha prestar esclarecimentos ou efetuar as devidas anotações na Carteira de Trabalho e Previdência Social ou sua entrega.

* Artigo com redação determinada pelo Dec.-lei 229/1967.
* V. art. 1.º do Dec.-lei 926/1969 (Institui a Carteira de Trabalho e Previdência Social).

Parágrafo único. Não comparecendo o reclamado, lavrar-se-á termo de ausência, sendo considerado revel e confesso sobre os termos da reclamação feita, devendo as anotações ser efetuadas por despacho da autoridade que tenha processado a reclamação.

Art. 38. Comparecendo o empregador e recusando-se a fazer as anotações reclamadas, será lavrado um termo de comparecimento,

que deverá conter, entre outras indicações, o lugar, o dia e hora de sua lavratura, o nome e a residência do empregador, assegurando-se-lhe o prazo de 48 (quarenta e oito) horas, a contar do termo, para apresentar defesa.

Parágrafo único. Findo o prazo para a defesa, subirá o processo à autoridade administrativa de primeira instância, para se ordenarem diligências, que completem a instrução do feito, ou para julgamento, se o caso estiver suficientemente esclarecido.

Art. 39. Verificando-se que as alegações feitas pelo reclamado versam sobre a não existência de relação de emprego, ou sendo impossível verificar essa condição pelos meios administrativos, será o processo encaminhado à Justiça do Trabalho, ficando, nesse caso, sobrestado o julgamento do auto de infração que houver sido lavrado.

* Artigo com redação determinada pelo Dec.-lei 229/1967.

§ 1.º Se não houver acordo, a Junta de Conciliação e Julgamento, em sua sentença, ordenará que a Secretaria efetue as devidas anotações uma vez transitada em julgado, e faça a comunicação à autoridade competente para o fim de aplicar a multa cabível.

* A EC 24/1999 substituiu as Juntas de Conciliação e Julgamento por Varas do Trabalho (juiz singular) e extinguiu a representação classista na Justiça do Trabalho.

§ 2.º Igual procedimento observar-se-á no caso de processo trabalhista de qualquer natureza, quando for verificada a falta de anotações na Carteira de Trabalho e Previdência Social, devendo o Juiz, nesta hipótese, mandar proceder, desde logo, àquelas sobre as quais não houver controvérsia.

* V. art. 1.º do Dec.-lei 926/1969 (Institui a Carteira de Trabalho e Previdência Social).

⚖️ **Interpretação convergente**

• O poder atribuído ao Juiz do Trabalho pelo art. 39 da CLT, de determinar à Secretaria da Vara do Trabalho que proceda às anotações devidas na Carteira de Trabalho, não exclui a possibilidade de condenação da reclamada a procedê-las,

sob pena de pagamento de multa, a título de astreintes. Recurso de embargos conhecido e não provido (...).

(TST, Embargos em RR 172200-96.2003.5.03.0099, SDI-I, j. 30.09.2010, rel. Lelio Bentes Corrêa, *DEJT* 24.02.2012)

- Recurso de embargos regido pela Lei 11.496/2007. Multa diária. Descumprimento da obrigação de fazer. Anotação da CTPS. A possibilidade supletiva de anotação na Carteira de Trabalho pela Secretaria da Vara não afasta a obrigação primária do empregador de registrar o contrato de emprego. Com isso, percebe-se que a multa diária é uma medida coercitiva para garantir a tutela específica da obrigação de fazer consistente na anotação da Carteira de Trabalho pelo empregador (...).

(TST, Embargos em RR 65700-69.2004.5.03.0099, SDI-I, j. 15.12.2011, rel. Renato de Lacerda Paiva, *DEJT* 09.01.2012)

Seção VI
Do valor das anotações

Art. 40. As Carteiras de Trabalho e Previdência Social regularmente emitidas e anotadas servirão de prova nos atos em que sejam exigidas carteiras de identidade e especialmente:

* Artigo com redação determinada pelo Dec.-lei 229/1967.

I – nos casos de dissídio na Justiça do Trabalho entre a empresa e o empregado por motivo de salário, férias ou tempo de serviço;

⚖️ Interpretação convergente

- Anotações da CTPS. Período clandestino.

As anotações da CTPS geram presunção *iuris tantum* de veracidade, competindo ao reclamante comprovar a existência de período de trabalho clandestino, o que não ocorreu nos presentes autos. Por outro lado, o preposto não tem a obrigação de ter vivenciado os fatos, podendo ter conhecimento dos mesmos por meio de documentos existentes na empresa. Recurso conhecido e provido para julgar improcedente a ação (...).

(TRT-16.ª Reg., RO 00893-2010-003-16-00-5, 2.ª T., j. 17.01.2012, rel. Américo Bedê Freire, *DJ* 26.01.2012)

- As anotações constantes na CTPS têm presunção relativa de veracidade, nos termos do art. 40 da CLT e Súmula 12 do TST. Assim, não conseguindo o Autor provar que foi admitido em data anterior àquela lá consignada, há de reconhecer como verdadeira a data constante na Carteira de Trabalho (...).
(TRT-23.ª Reg., RO 00093.2011.004.23.00-3, 2.ª T., j. 16.11.2011, rel. Leila Calvo, DJ 21.11.2011)

🏛 Interpretação extensiva

- **Súmula 12 do TST**
Carteira profissional.
As anotações apostas pelo empregador na carteira profissional do empregado não geram presunção *juris et de jure*, mas apenas *juris tantum*.

🏛 Interpretação restritiva

- **Súmula 225 do STF**
- Não é absoluto o valor probatório das anotações da carteira profissional.
 > II – perante a Previdência Social, para o efeito de declaração de dependentes;
 > III – para cálculo de indenização por acidente do trabalho ou moléstia profissional.

⚖ Interpretação convergente

- A filiação à Previdência Social decorre automaticamente do exercício da atividade remunerada para os segurados obrigatórios e da inscrição formalizada com o pagamento da primeira contribuição mensal para o segurado facultativo (...). Ao contrário do alegado pelo apelante, a CTPS, por força do art. 40, II, da CLT é prova plena da relação de emprego entre o trabalhador e seu empregador, não havendo necessidade de exaurimento probatório para comprovação do vínculo indispensável ao deferimento dos benefícios junto ao INSS (...).
(TJSE, ApCiv 7130/2012, 2.ª Câm. Civ., j. 24.09.2012, rel. José dos Anjos)

⚖ Interpretação extensiva

- **Súmula 490 do STF**

A pensão correspondente à indenização oriunda de responsabilidade civil deve ser calculada com base no salário mínimo vigente ao tempo da sentença e ajustar-se-á às variações ulteriores.

Seção VII
Dos livros de registro de empregados

* V. Portaria MTPS 3.626/1991 (Registro de empregados e anotações na CTPS).

Art. 41. Em todas as atividades será obrigatório para o empregador o registro dos respectivos trabalhadores, podendo ser adotados livros, fichas ou sistema eletrônico, conforme instruções a serem expedidas pelo Ministério do Trabalho.

* Artigo com redação determinada pela Lei 7.855/1989.
* V. Lei 4.923/1965 (Cadastro permanente das admissões e dispensas de empregados; medidas contra o desemprego).
* V. Portaria MTE 41/2007 (Registro e anotação na CTPS).

⚖ Interpretação convergente

- **Precedente Administrativo 24 do MTE**

Registro. Autenticação de livro, folha ou sistema eletrônico.

Após a edição da Portaria MTb 739, de 29.08.1997, descabe autuação por falta de autenticação do sistema de registro de empregados, no prazo legal, uma vez autorizada a autenticação pelo Auditor Fiscal do Trabalho quando de sua visita fiscal. A partir da revogação do art. 42 da CLT, a obrigação legal de autenticação deixou de existir.

Parágrafo único. Além da qualificação civil ou profissional de cada trabalhador, deverão ser anotados todos os dados relativos à sua admissão no emprego, duração e efetividade do trabalho, a férias, acidentes e demais circunstâncias que interessem à proteção do trabalhador.

Art. 47

⚖️ **Interpretação convergente**

• Cuida-se de mandado de segurança contra ato do Sr. Dr. Delegado Regional do Trabalho de São Paulo, consubstanciado em autuação fundamentada em falta de registro em CTPS de trabalhadores mantidos pela impetrante a seu serviço (...).
(TRT-2.ª Reg., RO 01096200601702008, 11.ª T., j. 31.01.2007, rel. Maria Aparecida Duenhas)

• [A]plicação de multa administrativa imposta è empresa agravada pela fiscalização do trabalho por descumprimento de obrigação do art. 41 da CLT sendo aplicada a multa prevista no seu art. 47 (...).
(TRT-6.ª Reg., AgPet 00224-2006.015-06-00-1, 3.ª T., j. 05.12.2007, rel. José Luciano Alexo da Silva)

• Infração ao art. 41 da CLT. Multa. Serventia judiciária. Auxiliares. Relação de emprego. Fiscalização. Ministério do Trabalho (...).
Obedientes às normas celetistas, é dever do titular da serventia atender o que dispõe o art. 41 da CLT, pois cabe ao Ministério do Trabalho a fiscalização dos Cartórios, de referência aos empregados não remunerados pelo Estado (...).
(TRF-3.ª Reg., Ap em MS 94.03.088053-8, 2.ª T., j. 08.02.2000, rel. Batista Gonçalves, *DJU* 23.03.2000)

Art. 42. *(Revogado pela Lei 10.243/2001).*

Arts. 43 e 44. *(Revogados pela Lei 7.855/1989).*

Arts. 45 e 46. *(Revogados pelo Dec.-lei 229/1967).*

Art. 47. A empresa que mantiver empregado não registrado nos termos do art. 41 e seu parágrafo único, incorrerá na multa de valor igual a um salário mínimo regional, por empregado não registrado, acrescido de igual valor em cada reincidência.

* Artigo com redação determinada pelo Dec.-lei 229/1967.
* Multas: ver Notas de Atualização e Portaria MTb 290/1997.

Parágrafo único. As demais infrações referentes ao registro de empregados sujeitarão a empresa à multa de valor igual à metade do salário mínimo regional, dobrada na reincidência.

Interpretação extensiva

- A inscrição de dados inverídicos na Carteira pode constituir ilícito penal, mas a omissão não deve a ela ser equiparada, posto não desnaturar o documento ou inviabilizar seus efeitos jurídicos. De maneira que, diante da omissão, pode substituir somente ilícito trabalhista, sujeitando-se o autor à pena de multa cominada no art. 47 da CLT (...).

(TJRO, Ap 1006617-44.2008.8.22.0501, j. 30.06.2011, rel. Zelite Andrade Carneiro, *DJe* 05.07.2011)

Art. 48. As multas previstas nesta Seção serão aplicadas pelas Delegacias Regionais do Trabalho e Emprego.

Interpretação convergente

- Se o Colegiado que não emite tese acerca da regra inscrita no art. 48 da CLT, nem é instado a tanto, por meio de embargos declaratórios, a fim de ver a matéria prequestionada naquela Corte, resta caracterizada a preclusão da matéria. Óbice da Súmula 297, I e II, do TST (...).

(TST, RR 578524041999503555578524-04.1999.5.03.5555, 6.ª T., j. 14.06.2006, rel. Rosa Maria Weber Candiota da Rosa, *DEJT* 30.06.2006)

- Tampouco se há falar em violação ao art. 48 da CLT, porquanto a condenação por todo o período contratual não decorreu única e exclusivamente em virtude das declarações do preposto da (...), mas também em face da documentação incompleta juntada pela (...).

(TST, RR 78500602009504002478500-60.2009.5.04.0024, 8.ª T., j. 16.11.2011, rel. Sebastião Geraldo de Oliveira, *DEJT* 18.11.2011)

- Registro de empregados. Fiscalização por Auditor Fiscal do Trabalho.
O registro dos empregados é dever do empregador conforme norma as medidas legais à seu alcance, visando aferir a regularidade do registro, impedindo a fraude ou a burla aos direitos trabalhistas (art. 48 da CLT) (...).

(TRT-10.ª Reg., RO 516200501810000, 2.ª T., j. 21.06.2006, rel. Heloisa Pinto Marques, *DJ* 21.07.2006)

Seção VIII
Das penalidades

Art. 49. Para os efeitos da emissão, substituição ou anotação de Carteiras de Trabalho e Previdência Social, considerar-se-á crime de falsidade, com as penalidades previstas no art. 299 do CP:

* Artigo com redação determinada pelo Dec.-lei 229/1967.
* V. art. 1.º do Dec.-lei 926/1969 (Institui a Carteira de Trabalho e Previdência Social).

I – fazer, no todo ou em parte, qualquer documento falso ou alterar o verdadeiro;

II – afirmar falsamente a sua própria identidade, filiação, lugar de nascimento, residência, profissão ou estado civil e beneficiários, ou atestar os de outra pessoa;

III – servir-se de documentos, por qualquer forma falsificados;

IV – falsificar, fabricando ou alterando, ou vender, usar ou possuir Carteira de Trabalho e Previdência Social assim alterada;

* V. art. 1.º do Dec.-lei 926/1969 (Institui a Carteira de Trabalho e Previdência Social).

⚖️ Interpretação convergente

• Falsificação de documento público com pena de 2 (dois) a 6 (seis) anos de reclusão. Absorção pelo delito descrito no art. 49, III, do Dec.-lei 5.452/1943, que determina a aplicação das penalidades do art. 299 do CP. Incidência do princípio da consunção. Impossibilidade. Recurso provido.
1. O princípio da consunção tem aplicação quando um delito mais leve serve como fase preparatória ou de execução para um crime mais grave, restando absorvido por este, mostrando-se incabível, portanto, que a conduta prevista no art. 297 do CP, cujo preceito secundário prevê a pena de 2 (dois) a 6 (seis) anos de reclusão, seja considerada fase executória de outro crime que apresente menor lesividade, no caso o delito do art. 49 do Dec.-lei 5.452/1943, que determina a aplicação das penalidades previstas no art. 299 daquele estatuto, com pena de 1 (um) a 5 (cinco) anos de reclusão.

2. Recurso provido para cassar o acórdão atacado, determinando que o Tribunal de Justiça do Estado de Minas Gerais, afastada a incidência do princípio da consunção, recalcule a pena do ora Recorrido considerando a prática do delito do art. 297 do CP em concurso material com o crime do art. 49 do Dec.-lei 5.452/1943 (...).
(STJ, REsp 1.168.446/MG, 5.ª T., j. 13.11.2012, rel. Laurita Vaz, DJe 23.11.2012)

> **V – anotar dolosamente em Carteira de Trabalho e Previdência Social ou registro de empregado, ou confessar ou declarar em juízo, ou fora dele, data de admissão em emprego diversa da verdadeira.**

* V. art. 1.º do Dec.-lei 926/1969 (Institui a Carteira de Trabalho e Previdência Social).

⚖️ Interpretação convergente

• A anotação de data na CTPS, diversa da verdadeira, confessada em juízo ou fora dele, constitui crime de falsidade (art. 49, V, da CLT) a autorizar também o rompimento do vínculo, além das demais cominações de natureza penal (...).
(TRT-10.ª Reg., RO 00610-2007-821-10-00-0, 3.ª T., j. 12.03.2008, rel. Leandro Machado, DJ 28.03.2008)

Art. 50. Comprovando-se falsidade, quer nas declarações para emissão de Carteira de Trabalho e Previdência Social, quer nas respectivas anotações, o fato será levado ao conhecimento da autoridade que houver emitido a carteira, para fins de direito.

* V. art. 1.º do Dec.-lei 926/1969 (Institui a Carteira de Trabalho e Previdência Social).

Art. 51. Incorrerá em multa de valor igual a três vezes o salário mínimo regional aquele que, comerciante ou não, vender ou expuser à venda qualquer tipo de carteira igual ou semelhante ao tipo oficialmente adotado.

* Artigo com redação determinada pelo Dec.-lei 229/1967.
* Multas: ver Notas de Atualização e Portaria MTb 290/1997.

Art. 52. O extravio ou inutilização da Carteira de Trabalho e Previdência Social por culpa da empresa sujeitará esta à multa de valor igual à metade do salário mínimo regional.

* Artigo com redação determinada pelo Dec.-lei 926/1969.
* Multas: ver Notas de Atualização e Portaria MTb 290/1997.

⚖️ Interpretação convergente

• Insurge-se a reclamada contra a sua condenação no pagamento de indenização por danos morais, no valor de R$ 5.000,00 (cinco mil reais), decorrente do extravio da CTPS da autora. Alega, para tanto, que quando da contratação da reclamante, a sua CTPS foi encaminhada para anotação na sede da empresa localizada no município do Rio de Janeiro e, quando da devolução via malote da ECT, ocorreu o desvio em virtude de roubo do malote, o que afasta a culpa da reclamada no incidente.
O Termo de Declaração de f., lavrado pelo Departamento de Polícia Federal – Superintendência Regional no Estado do Rio de Janeiro, noticia que no dia 11.11.2009, ocorreu o roubo do caminhão que transportava malotes dos Correios. Não obstante, tal documento, por si só, não comprova que a CTPS da reclamante foi extraviada nessa oportunidade, uma vez que nada menciona sobre o conteúdo dos malotes, não tendo a reclamada juntado outro documento probatório do envio de documentações da sede da empresa para a filial em Belo Horizonte (...). O dano moral está caracterizado nos autos, porquanto é evidente que, ao privar a reclamante das anotações de sua vida profissional, feriu seu patrimônio imaterial (...).
(TRT-3.ª Reg., Ac 00921-2011-114-03-00-8, 3.ª T., j. 17.04.2012, rel. Sebastião Geraldo de Oliveira, *DJ* 26.04.2012)

Art. 53. A empresa que receber Carteira de Trabalho e Previdência Social para anotar e a retiver por mais de 48 (quarenta e oito) horas ficará sujeita à multa de valor igual à metade do salário mínimo regional.

* Artigo com redação determinada pelo Dec.-lei 229/1967.
* V. art. 1.º do Dec.-lei 926/1969 (Institui a Carteira de Trabalho e Previdência Social).
* Multas: ver Notas de Atualização e Portaria MTb 290/1997.

Art. 53

⚖️ **Interpretação convergente**

• Retenção da CTPS. Indenização por danos morais.
A retenção, pelo empregador, da carteira de trabalho por mais de 4 (quatro) meses, sem qualquer justificativa, configura dano moral, diante da importância desse documento para o trabalhador, que traz em seu bojo as anotações relacionadas a toda sua vida funcional, além de seus dados pessoais, sendo imprescindível para as contratações futuras (art. 13 da CLT). A retenção dolosa da CTPS consubstancia abuso de direito, nos termos do art. 187 do CC/2002 e enseja a pleiteada indenização por danos morais. Recurso a que se nega provimento (...).
(TRT-3.ª Reg., AC 01038-2010-149-03-00-8, 3.ª T., j. 29.02.2012, rel. Adriana Goulart de Sena, *DJ* 14.03.2012)

• Nos termos da Consolidação das Leis do Trabalho (arts. 29 a 39), a CTPS do trabalhador, entregue para anotações ao empregador, deve ser devolvida no prazo de 48 (quarenta e oito) horas. Portanto, não cumprida a imposição legal, resta caracterizado o ato ilícito. Como relatado na inicial, e não refutado pela recorrente, a reclamante foi dispensada em 30.09.2010, tendo entregue sua CTPS para as devidas anotações, documento que até o ajuizamento e trâmites iniciais da presente ação não fora devolvido, tanto que na audiência realizada no dia 08.09.2011 (seq. 4), a magistrada de primeiro grau determinou a intimação da reclamada para proceder aos registros pertinentes e à respectiva devolução. Portanto, constata-se uma retenção da CTPS por período superior a um ano. Ora, tratando-se de uma trabalhadora, é patente o prejuízo, principalmente de configuração pessoal, suportado pela ausência de tal documento, mormente porque o normal, após uma rescisão contratual, é a busca por uma nova colocação no mercado de trabalho, circunstância somente viabilizada com a posse da CTPS (...).
(TRT-13.ª Reg., RO 0090700-36.2011.5.13.0006, 2.ª T., j. 21.03.2012, rel. Francisco de Assis Carvalho e Silva, *DJ* 28.03.2012)

• Promessa de celebração de contrato de trabalho. Retenção de CTPS. Abuso do direito. Dano moral.
A conduta adotada pela empresa contratante, de reter a CTPS do autor por longo período, enquanto este aguardava a contratação decorrente de processo seletivo de candidatos, sob a promessa de celebração de contrato de trabalho, mesmo estando a empregadora ciente de que não mais o contrataria, constitui abuso de

direito, nos termos do art. 187 do CC/2002, sendo devida a obrigação de reparar o dano moral sofrido pelo candidato ao emprego (...).
(TRT-16.ª Reg., ROPS 01475-2008-001-16-00-8, 2.ª T., j. 06.10.2009, rel. James Magno Araújo Farias, *DJ* 10.11.2009)

Art. 54. A empresa que, tendo sido intimada, não comparecer para anotar a Carteira de Trabalho e Previdência Social de seu empregado, ou cujas alegações para recusa tenham sido julgadas improcedentes, ficará sujeita à multa de valor igual a um salário mínimo regional.

* Artigo com redação determinada pelo Dec.-lei 229/1967.
* V. art. 1.º do Dec.-lei 926/1969 (Institui a Carteira de Trabalho e Previdência Social).
* Multas: ver Notas de Atualização e Portaria MTb 290/1997.

Art. 55. Incorrerá na multa de valor igual a um salário mínimo regional a empresa que infringir o art. 13 e seus parágrafos.

* Artigo com redação determinada pelo Dec.-lei 229/1967.
* Multas: ver Notas de Atualização e Portaria MTb 290/1997.

Interpretação restritiva

* Imposição de multa administrativa. Incompetência da Justiça do Trabalho.
1. O parágrafo único do art. 75 da CLT fixa expressamente a competência das Delegacias Regionais do Trabalho para impor penalidades, nos seguintes termos: São competentes para impor penalidades as Delegacias Regionais do Trabalho.
2. Portanto, a Justiça do Trabalho é incompetente para impor as multas administrativas previstas no arts. 47, 55 e 201 da CLT (...).
(TST, RR 56/2005-055-03-00.9, 3.ª T., j. 11.04.2007, rel. Maria Cristina Irigoyen Peduzzi, *DEJT* 04.05.2007)

Art. 56. O sindicato que cobrar remuneração pela entrega de Carteira de Trabalho e Previdência Social ficará sujeito à multa de valor igual a três vezes o salário mínimo regional.

* Artigo com redação determinada pelo Dec.-lei 229/1967.
* V. art. 1.º do Dec.-lei 926/1969 (Institui a Carteira de Trabalho e Previdência Social).
* Multas: ver Notas de Atualização e Portaria MTb 290/1997.

Capítulo II
DA DURAÇÃO DO TRABALHO

Seção I
Disposição preliminar

Art. 57. Os preceitos deste Capítulo aplicam-se a todas as atividades, salvo as expressamente excluídas, constituindo exceções as disposições especiais, concernentes estritamente a peculiaridades profissionais constantes do Capítulo I do Título III.

Seção II
Da jornada de trabalho

Art. 58. A duração normal do trabalho, para os empregados em qualquer atividade privada, não excederá de 8 (oito) horas diárias, desde que não seja fixado expressamente outro limite.

* V. art. 7.º, XIII e XIV, da CF/1988.
* V. MedProv 2.164-41/2001 (Trabalho a tempo parcial e suspensão do contrato de trabalho).
* V. Súmulas 90, 102 e 320 do TST.

⚖ **Interpretação convergente**

• **Precedente Administrativo 55 do MTE**
Jornada. Fixação de limite especial. Turnos ininterruptos de revezamento. Para a caracterização de trabalho em turnos ininterruptos de revezamento é necessária a constante alternância de horários de trabalho.

🏛 **Interpretação extensiva**

• **Súmula 370 do TST**
Médico e engenheiro. Jornada de trabalho. Leis 3.999/1961 e 4.950/1966. (Conversão das OJs 39 e 53 da SDI-I/TST)

Tendo em vista que as Leis 3.999/1961 e 4.950/1966 não estipulam a jornada reduzida, mas apenas estabelecem o salário mínimo da categoria para uma jornada de 4 (quatro) horas para os médicos e de seis horas para os engenheiros, não há que se falar em horas extras, salvo as excedentes à oitava, desde que seja respeitado o salário mínimo/horário das categorias. (Ex-OJs 39 e 53, inseridas respectivamente em 07.11.1994 e 29.04.1994). (Súmula acrescentada pela Res. TST 129/2005, *DJU* 20.04.2005)

- **Súmula 444 do TST**

Jornada de trabalho. Norma coletiva. Lei escala de 12 x 36. Validade (Res. TST 185/2012, *DEJT* divulgado em 25, 26 e 27.09.2012, republicada em decorrência do despacho proferido no processo TST PA 504280/2012.2, *DEJT* 26.11.2012)

É valida, em caráter excepcional, a jornada de 12 (doze) horas de trabalho por 36 (trinta e seis) de descanso, prevista em lei ou ajustada exclusivamente mediante acordo coletivo de trabalho ou convenção coletiva de trabalho, assegurada a remuneração em dobro dos feriados trabalhados. O empregado não tem direito ao pagamento de adicional referente ao labor prestado na 11.ª (décima primeira) e 12.ª (décima segunda) horas.

- **OJ 97 da SDI-I/TST**

Horas extras. Adicional noturno. Base de cálculo. (Inserida em 30.05.1997)
O adicional noturno integra a base de cálculo das horas extras prestadas no período noturno.

- **OJ 275 da SDI-I/TST**

Turno ininterrupto de revezamento. Horista. Horas extras e adicional. Devidos (inserida em 27.09.2002)
Inexistindo instrumento coletivo fixando jornada diversa, o empregado horista submetido a turno ininterrupto de revezamento faz jus ao pagamento das horas extraordinárias laboradas além da 6ª, bem como ao respectivo adicional.

- **OJ 360 da SDI-I/TST**

Turno ininterrupto de revezamento. Dois turnos. Horário diurno e noturno. Caracterização. (*DJ* 14.03.2008)
Faz jus à jornada especial prevista no art. 7.º, XIV, da CF/1988 o trabalhador que exerce suas atividades em sistema de alternância de turnos, ainda que em dois turnos de trabalho, que compreendam, no todo ou em parte, o horário diurno

e o noturno, pois submetido à alternância de horário prejudicial à saúde, sendo irrelevante que a atividade da empresa se desenvolva de forma ininterrupta.

- **OJ 420 da SDI-I/TST**

Turnos ininterruptos de revezamento. Elasticimento da jornada de trabalho. Norma coletiva com eficácia retroativa. Invalidade. (*DEJT* divulgado em 28 e 29.06.2012 e 02.07.2012)

É inválido o instrumento normativo que, regularizando situações pretéritas, estabelece jornada de oito horas para o trabalho em turnos ininterruptos de revezamento.

🏛 Interpretação restritiva

- **Súmula 423 do TST**

Turno ininterrupto de revezamento. Fixação de jornada de trabalho mediante negociação coletiva. Validade. (Conversão da OJ 169 da SDI-I/TST) (Res. TST 139/2006, *DJ* 10, 11 e 13.10.2006)

Estabelecida jornada superior a seis horas e limitada a oito horas por meio de regular negociação coletiva, os empregados submetidos a turnos ininterruptos de revezamento não tem direito ao pagamento da 7.ª (sétima) e 8.ª (oitava) horas como extras.

> **§ 1.º Não serão descontadas nem computadas como jornada extraordinária as variações de horário no registro de ponto não excedentes de 5 (cinco) minutos, observado o limite máximo de 10 (dez) minutos diários.**

* § 1.º acrescentado pela Lei 10.243/2001.

⚖ Interpretação convergente

- **Súmula 366 do TST**

Cartão de ponto. Registro. Horas extras. Minutos que antecedem e sucedem a jornada de trabalho. (Conversão das OJs 23 e 326 da SDI-I/TST)

Não serão descontadas nem computadas como jornada extraordinária as variações de horário do registro de ponto não excedentes de 5 (cinco) minutos,

observado o limite máximo de 10 (dez) minutos diários. Se ultrapassado esse limite, será considerada como extra a totalidade do tempo que exceder a jornada normal. (Ex-OJs 23, inserida em 03.06.1996 e 326, DJ 09.12.2003). (Súmula acrescentada pela Res. TST 129/2005, *DJU* 20.04.2005)

- **OJ 372 da SDI-I/TST**

Minutos que antecedem e sucedem a jornada de trabalho. Lei 10.243, de 27.06.2001. Norma coletiva. Flexibilização. Impossibilidade.

A partir da vigência da Lei 10.243, de 27.06.2001, que acrescentou o § 1.º ao art. 58 da CLT, não mais prevalece cláusula prevista em convenção ou acordo coletivo que estabelece o limite de 5 (cinco) minutos que antecedem e sucedem a jornada de trabalho para fins de apuração das horas extras.

- Embargos interpostos anteriormente à vigência da Lei 11.496/2007. Contagem minuto a minuto. Eficácia de cláusula prevista em convenção coletiva de trabalho. Desconsideração de até 30 (trinta) minutos anteriores e/ou posteriores à jornada. Período posterior à vigência da Lei 10.243/2001.

A partir da vigência da Lei 10.243/2001, deve ser observado o critério estabelecido no § 1.º do art. 58 da CLT, independentemente da existência de norma coletiva prevendo a tolerância de até 30 (trinta) minutos antes ou depois da jornada, para apuração das horas extras. Embargos não conhecidos (...).

(TST, Embargos em RR 68400-82.2005.5.03.0131, SDI-I, j. 15.10.2007, rel. Maria Cristina Irigoyen Peduzzi, *DEJT* 09.11.2007)

- Em análise dos autos verifica-se que o Recorrido chegava e saía com tempo superior ao limite de 5 (cinco) minutos anteriores e posteriores de tolerância permitidos pela CLT. Assim, mesmo que os instrumentos normativos tratem da referida matéria, tem-se que o limite legal deve ser respeitado, nos moldes do art. 58 da CLT e da OJ 372 da SDI-I/TST, pois o limite de 5 (cinco) minutos que antecedem e sucedem a jornada de trabalho não podem ser elasticidos por instrumentos normativos (...).

(TRT-3.ª Reg., RO 01030-2010-091-03-00-9, 4.ª T., j. 11.04.2012, rel. Antônio Carlos Rodrigues Filho)

§ 2.º O tempo despendido pelo empregado até o local de trabalho e para o seu retorno, por qualquer meio de transporte, não será computado na jornada de trabalho, salvo quando, tratando-se de local de difícil

Art. 58

CONSOLIDAÇÃO DAS LEIS DO TRABALHO

acesso ou não servido por transporte público, o empregador fornecer a condução.

* § 2.º acrescentado pela Lei 10.243/2001.

⚖ Interpretação convergente

• **Súmula 90 do TST**

Horas *in itinere*. Tempo de serviço. (Incorporadas as Súmulas 324 e 325 do TST e as OJs 50 e 236 da SDI-I/TST)

I – O tempo despendido pelo empregado, em condução fornecida pelo empregador, até o local de trabalho de difícil acesso, ou não servido por transporte público regular, e para o seu retorno é computável na jornada de trabalho. (Ex-Súmula 90, RA 80/1978, *DJ* 10.11.1978)

II – A incompatibilidade entre os horários de início e término da jornada do empregado e os do transporte público regular é circunstância que também gera o direito às horas *in itinere*. (Ex-OJ 50, inserida em 01.02.1995)

III – A mera insuficiência de transporte público não enseja o pagamento de horas *in itinere*. (Ex-Súmula 324, RA 16/1993, *DJ* 21.12.1993)

IV – Se houver transporte público regular em parte do trajeto percorrido em condução da empresa, as horas *in itinere* remuneradas limitam-se ao trecho não alcançado pelo transporte público. (Ex-Súmula 325, RA 17/1993, *DJ* 21.12.1993)

V – Considerando que as horas *in itinere* são computáveis na jornada de trabalho, o tempo que extrapola a jornada legal é considerado como extraordinário e sobre ele deve incidir o adicional respectivo. (Ex-OJ 236, inserida em 20.06.2001). (Súmula com redação determinada pela Res. TST 129/2005, *DJU* 20.04.2005)

• **Súmula 320 do TST**

Horas *in itinere*. Obrigatoriedade de cômputo na jornada de trabalho.

O fato de o empregador cobrar, parcialmente ou não, importância pelo transporte fornecido, para local de difícil acesso, ou não servido por transporte regular, não afasta o direito à percepção do pagamento das horas *in itinere*.

• Rurícola. Horas *in itinere*. Supressão total prevista em acordo coletivo de trabalho. Invalidade. Violação do art. 58, § 2.º, da CLT. Norma de caráter cogente que integra o rol de direitos mínimos dos trabalhadores.

A Lei 10.243/2001, ao acrescentar o § 2.º ao art. 58 da CLT, erigiu as horas *in itinere* à categoria de direito indisponível dos trabalhadores, garantido por norma de ordem pública, não se admitindo, portanto, a supressão total da parcela mediante negociação coletiva (...).
(TST, RR 128340-33.2006.5.05.0342, 1.ª T., j. 21.09.2011, rel. Walmir Oliveira da Costa, *DEJT* 23.09.2011)

Interpretação extensiva

- **Súmula 429 do TST**

Tempo à disposição do empregador. Art. 4.º da CLT. Período de deslocamento entre a portaria e o local de trabalho.

Considera-se à disposição do empregador, na forma do art. 4.º da CLT, o tempo necessário ao deslocamento do trabalhador entre a portaria da empresa e o local de trabalho, desde que supere o limite de 10 (dez) minutos diários. (Súmula acrescentada pela Res. TST 174/2011, *DEJT* 27.05.2011)

- **OJ 36 da SDI-I – Transitória/TST**

Hora *in itinere*. Tempo gasto entre a portaria da empresa e o local do serviço. Devida. Açominas.

Configura-se como hora *in itinere* o tempo gasto pelo obreiro para alcançar seu local de trabalho a partir da portaria da Açominas. (Ex-OJ 98 da SDI-I/TST, inserida em 30.05.1997). (Acrescentada pela Res. TST 129/2005, *DJU* 20.04.2005 e mantida pela Res. TST 175/2011, *DEJT* 27.05.2011)

> **§ 3.º Poderão ser fixados, para as microempresas e empresas de pequeno porte, por meio de acordo ou convenção coletiva, em caso de transporte fornecido pelo empregador, em local de difícil acesso ou não servido por transporte público, o tempo médio despendido pelo empregado, bem como a forma e a natureza da remuneração.**

* § 3.º acrescentado pela LC 123/2006.

Interpretação extensiva

- [N]ão obstante o art. 58, § 3.º, da CLT prever a possibilidade de norma coletiva fixar o tempo médio despendido pelo empregado no trajeto em que foi

Art. 58-A

fornecido transporte pelo empregador apenas para as microempresas e empresas de pequeno porte, o dispositivo legal não exclui a possibilidade das demais sociedades empresárias pactuarem normas coletivas reduzindo ou pré-fixando as horas de percurso, na medida em que o prestígio a negociação coletiva está previsto constitucionalmente (...).
(TST, RR 351-23.2011.5.03.0084, 5.ª T., j. 16.05.2012, rel. Emmanoel Pereira, *DEJT* 25.05.2012)

- Duração do trabalho. Horas *in itinere*. Limitação do tempo por norma coletiva. Validade.

1. Ressalvado entendimento desta relatora, a SBI-I desta Corte atualmente considera que o ajuste coletivo que estabelece um limite a ser pago a título de horas *in itinere* deve ser plenamente prestigiado, não se admitindo apenas a supressão total do direito.

2. Embora o § 3.º do art. 58 da CLT, acrescentado pela LC 123/2006, mencione apenas as microempresas e empresas de pequeno porte, as demais também podem firmar norma coletiva para fixar o tempo médio a ser pago ao empregado a título de horas *in itinere*, pelo reconhecimento devido às negociações coletivas, ante os termos do art. 7.º, XXVI, da CF/1988 (...).
(TST, RR 1220-88.2010.5.15.0115, 6.ª T., j. 14.05.2013, rel. Kátia Magalhães Arruda, *DEJT* 17.05.2013)

Art. 58-A. Considera-se trabalho em regime de tempo parcial aquele cuja duração não exceda a 25 (vinte e cinco) horas semanais.

* Artigo acrescentado pela MedProv 2.164-41/2001.

§ 1.º O salário a ser pago aos empregados sob o regime de tempo parcial será proporcional à sua jornada, em relação aos empregados que cumprem, nas mesmas funções, tempo integral.

⚖️ **Interpretação convergente**

- OJ 358 da SDI-I/TST

Salário mínimo e piso salarial proporcional à jornada reduzida. Possibilidade. Havendo contratação para cumprimento de jornada reduzida, inferior à previsão constitucional de 8 (oito) horas diárias ou 44 (quarenta e quatro) semanais, é

lícito o pagamento do piso salarial ou do salário mínimo proporcional ao tempo trabalhado.

• Jornada de trabalho parcial. Proporcionalidade do salário mínimo.
O pagamento de remuneração proporcional à jornada de trabalho, em regime de labor em tempo parcial não viola o inc. IV do art. 7.º da CF/1988, porquanto, a garantia constitucional de que trata o referido dispositivo legal baseia-se na real duração do trabalho pactuado entre as partes. Desta forma, nos casos de regime parcial há que ser observado o salário mínimo horário. Tal entendimento encontra-se ratificado pelo legislador infraconstitucional, nos arts. 58-A e 64 da CLT (...).
(TRT-6.ª Reg., RO 0108000-58.2006.5.06.0013, 1.ª T., j. 07.08.2007, rel. Dione Nunes Furtado da Silva, DJ 22.08.2007)

§ 2.º Para os atuais empregados, a adoção do regime de tempo parcial será feita mediante opção manifestada perante a empresa, na forma prevista em instrumento decorrente de negociação coletiva.

⚖ Interpretação convergente

• Trabalho a tempo parcial. Não caracterização. Deferimento de diferença salarial.
O regime de trabalho a tempo parcial, disciplinado originalmente pela MedProv 1.709, de 06.08.1998, tem como um dos requisitos para a sua adoção, previsão em negociação coletiva. Constatado que a empregada foi admitida a tempo parcial, antes da vigência da norma supracitada e ausente instrumento coletivo autorizando a contratação por esta modalidade, impõe-se o pagamento da diferença salarial pleiteada (...). Ademais, para este tipo de contratação, é condição essencial a opção manifestada perante a empresa, na forma prevista em instrumento decorrente de negociação coletiva (...).
(TRT-20.ª Reg., RO 10383-2002-014-20-00-8, j. 11.06.2003, rel. Suzane Faillace L. Castelo Branco, DJ 02.07.2003)

Art. 59. A duração normal do trabalho poderá ser acrescida de horas suplementares, em número não excedente de duas, mediante acordo escrito entre empregador e empregado, ou mediante contrato coletivo de trabalho.

* V. Súmulas 63, 102, 109, 110, 113, 199, 226, 253, 264, 291, 354 e 376, do TST.

Art. 59

⚖ Interpretação convergente

• **Súmula 222 do TFR**
A prorrogação da jornada diária de trabalho não constitui alteração unilateral do contrato, desde que mantido o limite do horário semanal avençado.

• Seguramente, em consonância com o aludido art. 59 da CLT, não se ignora que a duração normal do trabalho poderá ser acrescida de horas suplementares, em número não excedente de 2 (duas), mediante acordo escrito entre empregador e empregado, ou mediante negociação coletiva. Contudo, certo é que, a prestação habitual de sobrejornada finda por desnaturar o acordo de compensação de jornada (...). Sendo assim, desconsidera-se o acordo de compensação, computando, como horas extraordinárias, as trabalhadas além da 8ª (oitava) diária (...).
(TRT-14.ª Reg., RO 00684.2009.005.14.00, 2.ª T., j. 11.02.2010, rel. Arlene Regina do Couto Ramos, *DJ* 12.02.2010)

🏛 Interpretação extensiva

• **Súmula 593 do STF**
Incide o percentual do Fundo de Garantia do Tempo de Serviço (FGTS) sobre a parcela da remuneração correspondente a horas extraordinárias de trabalho.

• **Súmula 24 do TST**
Serviço extraordinário. (Res. TST 121/2003, *DJ* 19, 20 e 21.11.2003)
Insere-se no cálculo da indenização por antiguidade o salário relativo a serviço extraordinário, desde que habitualmente prestado.

• **Súmula 45 do TST**
Serviço suplementar (Res. TST 121/2003, *DJ* 19, 20 e 21.11.2003)
A remuneração do serviço suplementar, habitualmente prestado, integra o cálculo da gratificação natalina prevista na Lei 4.090, de 13.07.1962.

• **Súmula 115 do TST**
Horas extras. Gratificações semestrais. (Res. TST 121/2003, *DJ* 19, 20 e 21.11.2003)
O valor das horas extras habituais integra a remuneração do trabalhador para o cálculo das gratificações semestrais.

• **Súmula 118 do TST**
Jornada de trabalho. Horas extras. (Res. TST 121/2003, *DJ* 19, 20 e 21.11.2003)
Os intervalos concedidos pelo empregador na jornada de trabalho, não previstos em lei, representam tempo à disposição da empresa, remunerados como serviço extraordinário, se acrescidos ao final da jornada.

• **Súmula 172 do TST**
Repouso remunerado. Horas extras. Cálculo. (Res. TST 121/2003, *DJ* 19, 20 e 21.11.2003)
Computam-se no cálculo do repouso remunerado as horas extras habitualmente prestadas (Ex-Prejulgado 52)

• **Súmula 226 do TST**
Bancário. Gratificação por tempo de serviço. Integração no cálculo das horas extras. (Res. TST 121/2003, *DJ* 19, 20 e 21.11.2003)
A gratificação por tempo de serviço integra o cálculo das horas extras.

• **Súmula 264 do TST**
Hora suplementar. Cálculo. (Res. TST 121/2003, *DJ* 19, 20 e 21.11.2003)
A remuneração do serviço suplementar é composta do valor da hora normal, integrado por parcelas de natureza salarial e acrescido do adicional previsto em lei, contrato, acordo, convenção coletiva ou sentença normativa.

• **OJ 47 da SDI-I/TST**
Hora extra. Adicional de insalubridade. Base de cálculo. (Res. TST 148/2008, *DJ* 04 e 07.07.2008, republicada *DJ* 08, 09 e 10.07.2008)
A base de cálculo da hora extra é o resultado da soma do salário contratual mais o adicional de insalubridade.

• **OJ 233 da SDI-I/TST**
Horas extras. Comprovação de parte do período alegado. (*DJ* 20.04.2005)
A decisão que defere horas extras com base em prova oral ou documental não ficará limitada ao tempo por ela abrangido, desde que o julgador fique convencido de que o procedimento questionado superou aquele período.

• **Precedente Administrativo 81 do MTE**
Regime de compensação. Jornada de trabalho 12 x 36 horas. Admissibilidade.

Art. 59

Não obstante a limitação do art. 59, *caput*, da CLT, admite-se o regime de compensação 12 x 36, quando previsto em convenção coletiva e praticado em atividade que não exige esforço constante e intenso, devido às vantagens que proporciona ao trabalhador: descanso de 36 (trinta e seis) horas entre as jornadas, menor número de deslocamentos residência – trabalho – residência, duração do trabalho semanal inferior a 44 (quarenta e quatro) horas.

Interpretação restritiva

- **Súmula 85 do TST**
Compensação de jornada.
I – A compensação de jornada de trabalho deve ser ajustada por acordo individual escrito, acordo coletivo ou convenção coletiva. (Ex-Súmula 85, primeira parte, alterada pela Res. TST 121/2003, DJ 21.11.2003)
II – O acordo individual para compensação de horas é válido, salvo se houver norma coletiva em sentido contrário. (Ex-OJ 182 da SDI-I/TST, inserida em 08.11.2000)
III – O mero não atendimento das exigências legais para a compensação de jornada, inclusive quando encetada mediante acordo tácito, não implica a repetição do pagamento das horas excedentes à jornada normal diária, se não dilatada a jornada máxima semanal, sendo devido apenas o respectivo adicional. (Ex--Súmula 85, segunda parte, alterada pela Res. TST 121/2003, DJ 21.11.2003)
IV – A prestação de horas extras habituais descaracteriza o acordo de compensação de jornada. Nesta hipótese, as horas que ultrapassarem a jornada semanal normal deverão ser pagas como horas extraordinárias e, quanto àquelas destinadas à compensação, deverá ser pago a mais apenas o adicional por trabalho extraordinário. (Ex-OJ 220 da SDI-I/TST, inserida em 20.06.2001).
V – As disposições contidas nesta súmula não se aplicam ao regime compensatório na modalidade "banco de horas", que somente pode ser instituído por negociação coletiva. (Súmula com redação determinada pela Res. TST 174/2011, *DEJT* 27.05.2011)

- **OJ 235 da SDI-I/TST**
Horas extras. Salário por produção.
(Redação alterada na Sessão do Tribunal Pleno realizada em 16.04.2012). (Res. TST 182/2012, *DEJT* 19, 20 e 23.04.2012)

Art. 59

O empregado que recebe salário por produção e trabalha em sobrejornada tem direito à percepção apenas do adicional de horas extras, exceto no caso do empregado cortador de cana, a quem é devido o pagamento das horas extras e do adicional respectivo.

- **OJ 242 da SDI-I/TST**

Prescrição total. Horas extras. Adicional. Incorporação. (Inserida em 20.06.2001). Embora haja previsão legal para o direito à hora extra, inexiste previsão para a incorporação ao salário do respectivo adicional, razão pela qual deve incidir a prescrição total.

- **Precedente Administrativo 30 do MTE**

Jornada. Prorrogação. Convenção ou acordo coletivo.

A mera inserção em acordo ou convenção coletiva de cláusula com previsão de percentuais acima de cinquenta por cento para a remuneração das horas extraordinárias, por si só, não autoriza o elastecimento da jornada normal de trabalho. Imprescindível autorização expressa, pois o acessório, exigido pelo § 1.º do art. 59 da CLT, não substitui o principal, cuja obrigação decorre do *caput*.

> **§ 1.º Do acordo ou do contrato coletivo de trabalho deverá constar, obrigatoriamente, a importância da remuneração da hora suplementar, que será, pelo menos, 20% (vinte por cento) superior à da hora normal.**
>
> * De acordo com a Constituição Federal, o percentual é de no mínimo 50% (cinquenta por cento) sobre a hora normal (art. 7.º, XVI, da CF/1988).

⚖️ **Interpretação convergente**

- [A]cerca dos acordos individuais de compensação, a Corte Regional consignou que se afiguram imprestáveis, visto que não contêm informações sobre as "jornadas a serem cumpridas pela obreira" e sobre "o valor da hora suplementar", em desacordo à norma prevista no art. 59, § 1.º, da CLT, que contém a exigência de que, do acordo de compensação, "deverá constar, obrigatoriamente, a importância da remuneração da hora suplementar" (...).

(TST, AgIn em RR 522/2000-060-02-40.7, 1.ª T., j. 12.12.2008, rel. Walmir Oliveira da Costa, *DEJT* 19.12.2008)

Art. 59

🏛 Interpretação extensiva

- **Súmula 24 do TST**
Serviço extraordinário.
Insere-se no cálculo da indenização por antiguidade o salário relativo a serviço extraordinário, desde que habitualmente prestado.

- **Súmula 45 do TST**
Serviço suplementar.
A remuneração do serviço suplementar, habitualmente prestado, integra o cálculo da gratificação natalina prevista na Lei 4.090, de 13.07.1962.

- **Súmula 115 do TST**
Horas extras. Gratificações semestrais.
O valor das horas extras habituais integra a remuneração do trabalhador para o cálculo das gratificações semestrais. (Súmula com redação determinada pela Res. TST 121/2003)

- **Súmula 118 do TST**
Jornada de trabalho. Horas extras.
Os intervalos concedidos pelo empregador, na jornada de trabalho, não previstos em lei, representam tempo à disposição da empresa, remunerados como serviço extraordinário, se acrescidos ao final da jornada.

- **Súmula 172 do TST**
Repouso remunerado. Horas extras. Cálculo.
Computam-se no cálculo do repouso remunerado as horas extras habitualmente prestadas. (Ex-prejulgado 52)

- **Súmula 253 do TST**
Gratificação semestral. Repercussões.
A gratificação semestral não repercute no cálculo das horas extras, das férias e do aviso prévio, ainda que indenizados. Repercute, contudo, pelo seu duodécimo na indenização por antiguidade e na gratificação natalina.

- **Súmula 264 do TST**
Hora suplementar. Cálculo.

A remuneração do serviço suplementar é composta do valor da hora normal, integrado por parcelas de natureza salarial e acrescido do adicional previsto em lei, contrato, acordo, convenção coletiva ou sentença normativa.

- **Súmula 291 do TST**

Horas extras. Habitualidade. Supressão. Indenização. (Nova redação em decorrência do julgamento do Proc. TST IUJERR 10700-45.2007.5.22.0101)

A supressão total ou parcial, pelo empregador, de serviço suplementar prestado com habitualidade, durante pelo menos 1 (um) ano, assegura ao empregado o direito à indenização correspondente ao valor de 1 (um) mês das horas suprimidas, total ou parcialmente, para cada ano ou fração igual ou superior a 6 (seis) meses de prestação de serviço acima da jornada normal. O cálculo observará a média das horas suplementares nos últimos 12 (doze) meses anteriores à mudança, multiplicada pelo valor da hora extra do dia da supressão. (Súmula com redação determinada pela Res. TST 174/2011, *DEJT* 27.05.2011)

- **Súmula 340 do TST**

Comissionista. Horas extras.

O empregado, sujeito a controle de horário, remunerado à base de comissões, tem direito ao adicional de, no mínimo, 50% (cinquenta por cento) pelo trabalho em horas extras, calculado sobre o valor-hora das comissões recebidas no mês, considerando-se como divisor o número de horas efetivamente trabalhadas. (Revisão do Enunciado 56 do TST). (Súmula com redação determinada pela Res. TST 121/2003)

- **Súmula 347 do TST**

Horas extras habituais. Apuração. Média física.

O cálculo do valor das horas extras habituais, para efeito de reflexos em verbas trabalhistas, observará o número das horas efetivamente prestadas e a ele aplica-se o valor do salário-hora da época do pagamento daquelas verbas.

- **Súmula 376 do TST**

Horas extras. Limitação. Art. 59 da CLT. Reflexos (Conversão das Orientações Jurisprudenciais 89 e 117 da SDI-I/TST)

I – A limitação legal da jornada suplementar a duas horas diárias não exime o empregador de pagar todas as horas trabalhadas. (Ex-OJ 117, inserida em 20.11.1997)

II – O valor das horas extras habitualmente prestadas integra o cálculo dos haveres trabalhistas, independentemente da limitação prevista no *caput* do art. 59 da CLT. (Ex-OJ 89, inserida em 28.04.1997). (Súmula acrescentada pela Res. TST 129/2005, *DJU* 20.04.2005)

- **OJ 47 da SDI-I/TST**
Hora extra. Adicional de insalubridade. Base de cálculo.
A base de cálculo da hora extra é o resultado da soma do salário contratual mais o adicional de insalubridade.

- **OJ 60 da SDI-I/TST**
Portuários. Hora noturna. Horas extras. (Arts. 4.º e 7.º, § 5.º, da Lei 4.860/1965) (Nova redação em decorrência da incorporação da OJ 61 da SDI-I/TST). (*DJ* 20.04.2005)
I – A hora noturna no regime de trabalho no porto, compreendida entre 19 (dezenove) horas e 7 (sete) horas do dia seguinte, é de 60 (sessenta) minutos.
II – Para o cálculo das horas extras prestadas pelos trabalhadores portuários, observar-se-á somente o salário básico percebido, excluídos os adicionais de risco e produtividade. (Ex-OJ 61 da SDI-I/TST, inserida em 14.03.1994)

- **OJ 206 da SDI-I/TST**
Professor. Horas extras. Adicional de 50%. (Inserida em 08.11.2000).
Excedida a jornada máxima (art. 318 da CLT), as horas excedentes devem ser remuneradas com o adicional de, no mínimo, 50% (art. 7.º, XVI, da CF/1988)

- **OJ 233 da SDI-I/TST**
Horas extras. Comprovação de parte do período alegado. (Inserida em 20.06.2001).
A decisão que defere horas extras com base em prova oral ou documental não ficará limitada ao tempo por ela abrangido, desde que o julgador fique convencido de que o procedimento questionado superou aquele período. (Alterada pela Res. TST 129/2005, *DJU* 20.04.2005)

- **OJ 235 da SDI-I/TST**
Horas extras. Salário por produção. (Redação alterada na Sessão do Tribunal Pleno realizada em 16.04.2012)
O empregado que recebe salário por produção e trabalha em sobrejornada tem direito à percepção apenas do adicional de horas extras, exceto no caso do empregado cortador de cana, a quem é devido o pagamento das horas extras e do adicional respectivo. (Alterada pela Res. TST 182/2012, *DJE* 19.04.2012)

- **OJ 397 da SDI-I/TST**
Comissionista misto. Horas extras. Base de cálculo. Aplicação da Súmula 340 do TST.

O empregado que recebe remuneração mista, ou seja, uma parte fixa e outra variável, tem direito a horas extras pelo trabalho em sobrejornada. Em relação à parte fixa, são devidas as horas simples acrescidas do adicional de horas extras. Em relação à parte variável, é devido somente o adicional de horas extras, aplicando-se à hipótese o disposto na Súmula 340 do TST.

- **OJ 415 da SDI-I/TST**

Horas extras. Reconhecimento em juízo. Critério de dedução/abatimento dos valores comprovadamente pagos no curso do contrato de trabalho.

A dedução das horas extras comprovadamente pagas daquelas reconhecidas em juízo não pode ser limitada ao mês de apuração, devendo ser integral e aferida pelo total das horas extraordinárias quitadas durante o período imprescrito do contrato de trabalho.

> **§ 2.º** Poderá ser dispensado o acréscimo de salário se, por força de acordo ou convenção coletiva de trabalho, o excesso de horas em um dia for compensado pela correspondente diminuição em outro dia, de maneira que não exceda, no período máximo de 1 (um) ano, à soma das jornadas semanais de trabalho previstas, nem seja ultrapassado o limite máximo de 10 (dez) horas diárias.

* § 2.º com redação determinada pela MedProv 2.164-41/2001.
* V. art. 7.º, XIII e XIV, da CF/1988.
* V. Súmulas 222 e 226 do TFR.

⚖️ **Interpretação convergente**

- Horas extras. Compensação de jornada e banco de horas. Jornada superior a dez horas diárias. Invalidade.

O art. 59, § 2.º, da CLT condiciona a validade do banco de horas à observância de dois requisitos: existência de negociação coletiva e jornada não superior a dez horas diárias. No caso, extrapolado o limite máximo da jornada, correta a decisão do e. Tribunal Regional que reconheceu a invalidade do banco de horas. Precedentes. Recurso de revista não conhecido (...).

(TST, RR 126-05.2010.5.12.0046, 3.ª T., j. 29.02.2012, rel. Horácio Raymundo de Senna Pires, DJET 02.03.2012)

• **Banco de horas. Instituição por norma coletiva. Regularidade.**
Demonstrada a existência de banco de horas na empresa, regularmente instituído por convenção coletiva de trabalho, de forma que o excesso de horas de um dia era compensado com a correspondente diminuição em outros e com a concessão de folgas, não há como deferir ao laborista o pagamento de horas extras, mormente se verificado que, ao fim do contrato de trabalho, segundo registros de frequência juntados pelo próprio reclamante, este trabalhou menos do que deveria, levando em conta o período de labor objeto de condenação. Recurso ordinário conhecido e provido (...).
(TRT-16.ª Reg., RO 00773-2009-016-16-00-0, 2.ª T., j. 09.12.2009, rel. Américo Bedê Freire, *DJ* 21.12.2009)

Interpretação extensiva

• **Súmula 85 do TST**
Compensação de jornada. (Res. TST 174/2011, *DEJT* 27, 30 e 31.05.2011)
I – A compensação de jornada de trabalho deve ser ajustada por acordo individual escrito, acordo coletivo ou convenção coletiva. (Ex-Súmula 85, primeira parte, alterada pela Res. TST 121/2003, *DJ* 21.11.2003)
II – O acordo individual para compensação de horas é válido, salvo se houver norma coletiva em sentido contrário. (Ex-OJ 182 da SDI-I/TST, inserida em 08.11.2000)
III – O mero não atendimento das exigências legais para a compensação de jornada, inclusive quando encetada mediante acordo tácito, não implica a repetição do pagamento das horas excedentes à jornada normal diária, se não dilatada a jornada máxima semanal, sendo devido apenas o respectivo adicional. (Ex-Súmula 85, segunda parte, alterada pela Res. TST 121/2003, *DJ* 21.11.2003)
IV – A prestação de horas extras habituais descaracteriza o acordo de compensação de jornada. Nesta hipótese, as horas que ultrapassarem a jornada semanal normal deverão ser pagas como horas extraordinárias e, quanto àquelas destinadas à compensação, deverá ser pago a mais apenas o adicional por trabalho extraordinário. (Ex-OJ 220 da SDI-I/TST, inserida em 20.06.2001)
V – As disposições contidas nesta súmula não se aplicam ao regime compensatório na modalidade "banco de horas", que somente pode ser instituído por negociação coletiva.

- **OJ 323 da SDI-I/TST**
Acordo de compensação de jornada. "Semana espanhola". Validade.
É válido o sistema de compensação de horário quando a jornada adotada é a denominada "semana espanhola", que alterna a prestação de 48 (quarenta e oito) horas em uma semana e 40 (quarenta) horas em outra, não violando os arts. 59, § 2.º, da CLT e 7.º, XIII, da CF/1988 o seu ajuste mediante acordo ou convenção coletiva de trabalho.

- **Horas extras. Banco de horas.**
Caso em que o sistema de banco de horas invocado pela reclamada não pode ser reconhecido como válido, por não consignar a quantidade de horas de trabalho efetivamente realizadas. Não há sistema de compensação de jornada válido, se não houver controle preciso sobre horas trabalhadas, do saldo do banco de horas e devida ciência do empregado (...).
(TRT-4.ª Reg., RO 0000577-59.2011.5.04.0291, 7.ª T., j. 22.08.2012, rel. Marcelo Gonçalves de Oliveira)

> **§ 3.º Na hipótese de rescisão do contrato de trabalho sem que tenha havido a compensação integral da jornada extraordinária, na forma do parágrafo anterior, fará o trabalhador jus ao pagamento das horas extras não compensadas, calculadas sobre o valor da remuneração na data da rescisão.**

* § 3.º acrescentado pela Lei 9.601/1998.

⚖ Interpretação convergente

- [O] art. 59, § 3.º, da CLT, não faz alusão à existência ou não de despedida por justa causa para o trabalhador fazer jus ao pagamento das horas extras laboradas e que ainda não foram compensadas. (...)
Estabelece o § 4.º da Cláusula 9.ª do ACT, a qual institui o regime de compensação por meio do banco de horas, que "Na hipótese de rescisão contratual imotivada, e havendo débito do empregado, este não será objeto de desconto" (...).
Assim, julgo procedente o pedido de anulação do § 4.º da cláusula nona do acordo coletivo firmado entre os requeridos.
(TRT-24.ª Reg., Ação Anulatória 00120/2007-000-24-00-0, Pleno, j. 22.11.2007, rel. Abdalla Jallad, *DOMS* 12.12.2007)

Art. 60

§ 4.º Os empregados sob o regime de tempo parcial não poderão prestar horas extras.

* § 4.º acrescentado pela MedProv 2.164-41/2001.
* V. MedProv 2.164-41/2001 (Trabalho a tempo parcial e suspensão do contrato de trabalho).

⚖️ Interpretação convergente

• **Do regime de tempo parcial. Horas extras.**
O art. 59, § 4.º, da CLT, prevê que os empregados sob o regime de tempo parcial não poderão prestar horas extras. Desta assertiva depreende-se como corolário lógico, a vedação de qualquer regime de compensação de jornada aos trabalhadores submetidos a este sistema. Tal regra não foi observada pela reclamada. Recurso improvido (...).
(TRT-6.ª Reg., RO 0000712-24.2010.5.06.0009, 3.ª T., j. 15.12.2010, rel. José Luciano Alexo da Silva, *DJ* 19.01.2011)

Art. 60. Nas atividades insalubres, assim consideradas as constantes dos quadros mencionados no Capítulo "Da Segurança e da Medicina do Trabalho", ou que neles venham a ser incluídas por ato do Ministro do Trabalho, Indústria e Comércio, quaisquer prorrogações só poderão ser acordadas mediante licença prévia das autoridades competentes em matéria de higiene do trabalho, as quais, para esse efeito, procederão aos necessários exames locais e à verificação dos métodos e processos de trabalho, quer diretamente, quer por intermédio de autoridades sanitárias federais, estaduais e municipais, com quem entrarão em entendimento para tal fim.

* V. art. 7.º, XXXIII, da CF/1988.
* V. art. 35 do Dec.-lei 229/1967 (Altera dispositivos da Consolidação das Leis do Trabalho – CLT).
* V. Lei 6.514/1977 (Altera o Capítulo V do Título II Consolidação das Leis do Trabalho, relativo a segurança e medicina do trabalho).

⚖️ Interpretação convergente

• **Súmula 194 do STF**
É competente o Ministro do Trabalho para a especificação das atividades insalubres.

- Regime compensatório. Atividade insalubre. Norma coletiva.
Com o cancelamento da Súmula 349 deste TST, evidenciou-se a necessidade de autorização do Ministério do Trabalho e Emprego para a celebração de norma coletiva de compensação de jornada em atividade insalubre, nos termos do art. 60 da CLT. Nesse contexto, não há falar em violação direta e literal do art. 7.º, XXVI, da CF/1988 (...).
(TST, AgIn em RR 67600-11.2009.5.04.0382, 8.ª T., j. 14.03.2012, rel. Dora Maria da Costa, *DEJT* 16.03.2012)

- I – Agravo de instrumento em recurso de revista. Horas extras. Compensação de jornada. Atividade insalubre. Acordo individual. Invalidade. Demonstrada possível violação do art. 60 da CLT, impõe-se o provimento do agravo de instrumento para determinar o processamento do recurso de revista. Agravo de instrumento provido.
II – Recurso de revista. Horas extras. Compensação de jornada. Atividade insalubre. Acordo individual. Invalidade. Em se tratando de trabalho realizado em condições insalubres, não se admite a compensação da jornada por meio de acordo individual, seja ele expresso ou tácito, sendo necessária a previsão em acordo ou convenção coletiva de trabalho. Indispensável, ainda, que haja licença prévia da autoridade competente em matéria de higiene do trabalho, conforme entendimento atual desta Corte, que resultou no cancelamento da Súmula 349 do TST (...).
(TST, RR 533900-93.2009.5.12.0016, 7.ª T., j. 25.04.2012, rel. Delaíde Miranda Arantes, *DEJT* 27.04.2012)

Art. 61. Ocorrendo necessidade imperiosa, poderá a duração do trabalho exceder do limite legal ou convencionado, seja para fazer face a motivo de força maior, seja para atender à realização ou conclusão de serviços inadiáveis ou cuja inexecução possa acarretar prejuízo manifesto.

⚖ **Interpretação convergente**

- Administrativo. Consolidação das Leis do Trabalho. Infração. Multa. Autuação escorreita.

Art. 61

1. Nos termos do art. 59, *caput*, da CLT, a duração normal do trabalho poderá ser acrescida de horas suplementares, em número não excedente de 2 (duas).
2. Hipótese em que a empregada extrapolou o limite máximo de prorrogação permitido.
3. Não comprovando o banco apelante a ocorrência da necessidade imperiosa prevista no art. 61 daquele diploma legal, impõe-se a aplicação da multa correspondente (...).
(TRF-5.ª Reg., Ap 2002.82.00.001963-5, 4.ª T., j. 29.06.2004, rel. Luiz Alberto Gurgel de Faria, *DJ* 30.07.2004)

• **Precedente Administrativo 31 do MTE**
Jornada. Prorrogação. Necessidade Imperiosa.
I – Os serviços inadiáveis ou cuja inexecução possa acarretar prejuízos manifestos autorizam a prorrogação da jornada apenas até 12 horas, caracterizando-se como tais aqueles que, por impossibilidade decorrente de sua própria natureza, não podem ser paralisados num dia e retomados no seguinte, sem ocasionar prejuízos graves e imediatos.
II – Se a paralisação é apenas inconveniente, por acarretar atrasos ou outros transtornos, a necessidade de continuação do trabalho não se caracteriza como imperiosa e o excesso de jornada não se justifica.

> **§ 1.º O excesso, nos casos deste artigo, poderá ser exigido independentemente de acordo ou contrato coletivo e deverá ser comunicado, dentro de 10 (dez) dias, à autoridade competente em matéria de trabalho, ou, antes desse prazo, justificado no momento da fiscalização sem prejuízo dessa comunicação.**

⚖️ **Interpretação convergente**

• Ora, nenhuma circunstância excepcional justifica uma jornada de trabalho acima das 12 (doze) horas diárias. Nenhum serviço, ainda que carregue a pecha de inadiável, legitima tamanha carga laboral. (...)
Outrossim, não podemos olvidar a real dicção do art. 61 da CLT. A regra ali insculpida refere-se às necessidades imperiosas e serviços inadiáveis, conforme sustentado pela recorrida, e a falta de comunicação à autoridade competente,

nos termos do § 1.º, enseja, de fato, uma irregularidade administrativa a ser coibida pela Delegacia Regional do Trabalho. Todavia, na hipótese em concreto o que se verifica é um certo abuso, com jornadas além das 12 horas por dia (...). (TRT-21.ª Reg., RO 01693-2002-002-21-00-6, j. 17.11.2004, rel. Bento Herculano Duarte Neto, *DJE* 25.11.2004)

§ 2.º Nos casos de excesso de horário por motivo de força maior, a remuneração da hora excedente não será inferior à da hora normal. Nos demais casos de excesso previsto neste artigo, a remuneração será, pelo menos, 25% (vinte e cinco por cento) superior à da hora normal, e o trabalho não poderá exceder de 12 (doze) horas, desde que a lei não fixe expressamente outro limite.

* De acordo com a Constituição Federal de 1988, o percentual é de no mínimo 50% (cinquenta por cento) sobre a hora normal (art. 7.º, XVI, da CF/1988).

§ 3.º Sempre que ocorrer interrupção do trabalho, resultante de causas acidentais, ou de força maior, que determinem a impossibilidade de sua realização, a duração do trabalho poderá ser prorrogada pelo tempo necessário até o máximo de 2 (duas) horas, durante o número de dias indispensáveis à recuperação do tempo perdido, desde que não exceda de 10 (dez) horas diárias, em período não superior a 45 (quarenta e cinco) dias por ano, sujeita essa recuperação à prévia autorização da autoridade competente.

⚖️ **Interpretação convergente**

• Recurso Ordinário em Dissídio Coletivo (...).
"Cláusula 8.ª – Horas Extras. A cláusula foi deferida nos seguintes termos: As horas extraordinárias subsequentes às duas primeiras serão remuneradas com o adicional de 100% (cem por cento)."
Afirma o recorrente que a concessão do adicional de 100% para as horas extraordinárias subsequentes às duas primeiras sobrecarregaria os empregadores de modo a acarretar na inviabilidade econômica e na consequente falência das empresas representadas pelo suscitado ora recorrente, devendo ser mantido o

percentual previsto na Carta Magna para todas as horas extraordinárias. Apesar da revogação do Precedente 43, impõe-se a manutenção do percentual de 100% para as horas extras subsequentes às duas primeiras, prestadas à margem do art. 61 da CLT, a fim de desestimular a utilização imoderada do regime de sobretrabalho, que tem contribuído não só para a deterioração da saúde do empregado, mas também para a crucial escalada do desemprego (...).
(TST, RO em Dissídio Coletivo 132396/2004-900-04-00.3, SDC, j. 12.05.2005, rel. Barros Levenhagen, *DEJT* 10.06.2005)

Art. 62. Não são abrangidos pelo regime previsto neste Capítulo:

* Artigo com redação determinada pela Lei 8.966/1994.
* V. Súmula 287 do TST.

I – os empregados que exercem atividade externa incompatível com a fixação de horário de trabalho, devendo tal condição ser anotada na Carteira de Trabalho e Previdência Social e no registro de empregados;

* V. art. 1.º do Dec.-lei 926/1969 (Institui a Carteira de Trabalho e Previdência Social).

🏛 Interpretação convergente

• **OJ 332 da SDI-I/TST**
Motorista. Horas extras. Atividade externa. Controle de jornada por tacógrafo. Res. Contran 816/1986.
O tacógrafo, por si só, sem a existência de outros elementos, não serve para controlar a jornada de trabalho de empregado que exerce atividade externa.

• Horas extras. Cargo de confiança. Trabalho externo. Aplicação das exceções previstas no art. 62 da CLT.
Se o empregado goza de total liberdade quanto ao horário e aos dias de exercício das suas atividades, mormente sendo boa parte delas prestada externamente, não sujeito a qualquer controle, enquadra-se nas exceções dos incs. I e II do art. 62 da CLT, não havendo falar em pagamento de horas extras. Recurso do reclamante a que se nega provimento, no tópico (...).
(TRT-4.ª Reg., RO 0000438-68.2011.5.04.0401, 5.ª T., j. 03.05.2012, rel. Leonardo Meurer Brasil)

- Trabalho externo. Horas extras.

O simples fato de o empregado exercer suas atividades externamente não dá ensejo a aplicação do art. 62 da CLT, mostrando-se devidas as horas extras quando comprovado o controle da jornada do obreiro pelo empregador, quer através de fiscalização de supervisores, quer pela existência de rotas pré-estabelecidas (...).
(TRT-16.ª Reg., RO 01781-2009-001-16-00-5, 2.ª T., j. 16.08.2011, rel. Gerson de Oliveira Costa Filho, DJ 22.08.2011)

II – os gerentes, assim considerados os exercentes de cargos de gestão, aos quais se equiparam, para efeito do disposto neste artigo, os diretores e chefes de departamento ou filial.

⚖️ Interpretação convergente

- **Súmula 287 do TST**

Jornada de trabalho. Gerente bancário.

A jornada de trabalho do empregado de banco gerente de agência é regida pelo art. 224, § 2.º, da CLT. Quanto ao gerente-geral de agência bancária, presume-se o exercício de encargo de gestão, aplicando-se-lhe o art. 62 da CLT. (Súmula com redação determinada pela Res. TST 121/2003).

- Cargo de confiança. Exceção do art. 62, II, da CLT. Não aplicável.

Hipótese em que a prova dos autos demonstra que não havia autonomia do autor no exercício da função de gerente. Não restando comprovado o efetivo poder de mando e gestão do autor, não prospera a tese de inserção do reclamante na exceção do inc. II do art. 62, sendo devidas, como extras, as horas laboradas além da jornada normal de trabalho. Recurso parcialmente provido, no aspecto (...).
(TRT-4.ª Reg., RO 0057000-41.2009.5.04.0022, 9.ª T., j. 23.08.2012, rel. André Reverbel Fernandes)

🔨 Interpretação restritiva

- **Precedente Administrativo 90 do MTE**

Jornada. Gerentes e ocupantes de cargos de confiança em bancos. Controle.

Os gerentes ou ocupantes de cargos de confiança não estão dispensados do ponto, apesar de não terem direito à jornada de seis horas. Somente o gerente bancário com amplos poderes de mando e gestão – o gerente-geral – a quem todos os outros gerentes, direta ou indiretamente, estão subordinados, é que está dispensado do ponto, por força do art. 62, II, da CLT.

> **Parágrafo único. O regime previsto neste Capítulo será aplicável aos empregados mencionados no inc. II deste artigo, quando o salário do cargo de confiança, compreendendo a gratificação de função, se houver, for inferior ao valor do respectivo salário efetivo acrescido de 40% (quarenta por cento).**

* V. Súmula 372 do TST.

⚖️ Interpretação convergente

- **Precedente Administrativo 49 do MTE**

Jornada. Controle. Gerentes.
O empregador não está desobrigado de controlar a jornada de empregado que detenha simples título de gerente, mas que não possua poderes de gestão nem perceba gratificação de função superior a 40% (quarenta por cento) do salário efetivo.

> **Art. 63. Não haverá distinção entre empregados e interessados, e a participação em lucros ou comissões, salvo em lucros de caráter social, não exclui o participante do regime deste Capítulo.**

⚖️ Interpretação convergente

- Horas extras. Trabalho por produção.

O fato do trabalho por produção considerar o resultado alcançado e não o tempo em que o empregado esteja ativando em benefício do empregador, não exclui o direito do trabalhador ao recebimento de horas extras em caso de extrapolação do limite diário previsto no art. 58 da CLT, pois a regra inserta no art. 63 da CLT,

não excluiu o trabalho por produção do regime relativo ao capítulo da jornada de trabalho. Recurso conhecido e não provido neste aspecto (...).
(TRT-15.ª Reg., RO 0068000-65.2002.5.15.0058, 3.ª T., j. 18.06.2004, rel. Lorival Ferreira dos Santos)

Interpretação extensiva

• **Súmula 287 do TST**
Participação nos lucros e resultados. Rescisão contratual anterior à data da distribuição dos lucros. Pagamento proporcional aos meses trabalhados. Princípio da isonomia.

Fere o princípio da isonomia instituir vantagem mediante acordo coletivo ou norma regulamentar que condiciona a percepção da parcela participação nos lucros e resultados ao fato de estar o contrato de trabalho em vigor na data prevista para a distribuição dos lucros. Assim, inclusive na rescisão contratual antecipada, é devido o pagamento da parcela de forma proporcional aos meses trabalhados, pois o ex-empregado concorreu para os resultados positivos da empresa.

Art. 64. O salário-hora normal, no caso do empregado mensalista, será obtido dividindo-se o salário mensal correspondente à duração do trabalho, a que se refere o art. 58, por 30 (trinta) vezes o número de horas dessa duração.

Parágrafo único. Sendo o número de dias inferior a 30 (trinta), adotar-se-á para o cálculo, em lugar desse número, o de dias de trabalho por mês.

Interpretação convergente

• **Súmula 318 do TST**
Diárias. Base de cálculo para sua integração no salário (mantida) – Res. 121/2003, *DJ* 19, 20 e 21.11.2003.

Tratando-se de empregado mensalista, a integração das diárias no salário deve ser feita tomando-se por base o salário mensal por ele percebido e não o valor do dia de salário, somente sendo devida a referida integração quando o valor das diárias, no mês, for superior à metade do salário mensal.

- **Súmula 431 do TST**

Salário-hora. Empregado sujeito ao regime geral de trabalho (art. 58, *caput*, da CLT). 40 horas semanais. Cálculo. Aplicação do divisor 200 (redação alterada na sessão do Tribunal Pleno realizada em 14.09.2012)

Para os empregados a que alude o art. 58, *caput*, da CLT, quando sujeitos a 40 horas semanais de trabalho, aplica-se o divisor 200 (duzentos) para o cálculo do valor do salário-hora. (Súmula com redação determinada pela Res. TST 185/2012, *DJE* 25.09.2012)

- **OJ 396 da SDI-I/TST**

Turnos ininterruptos de revezamento. Alteração da jornada de 8 (oito) para 6 (seis) horas diárias. Empregado horista. Aplicação do divisor 180.

Para o cálculo do salário hora do empregado horista, submetido a turnos ininterruptos de revezamento, considerando a alteração da jornada de 8 (oito) para 6 (seis) horas diárias, aplica-se o divisor 180, em observância ao disposto no art. 7.º, VI, da CF/1988, que assegura a irredutibilidade salarial.

- **Hora extraordinária. Divisor 200. Carga horária semanal de 40 (quarenta) horas.**

A Constituição Federal em seu art. 7.º, XIII, estabeleceu a carga horária semanal de 44 (quarenta e quatro) horas, para a qual deve ser utilizado o divisor 220, a fim de obter o valor do salário-hora, conforme a previsão contida no art. 64 da CLT. Em sendo a jornada de trabalho semanal de 40 horas, no entanto, a ilação que se extrai é a aplicação do divisor 200 (duzentos), como corolário lógico da redução de jornada. Violação de preceito de lei e da Constituição Federal não demonstrada e divergência jurisprudencial superada (art. 896, § 4.º, da CLT e Súmula 333 do C. TST). Recurso de revista não conhecido (...).
(TST, RR 605100-09.2007.5.09.0019, 6.ª T., j. 09.02.2011, rel. Aloysio Corrêa da Veiga, *DEJT* 18.02.2011)

- **Horas extras. Divisor.**

O art. 64 da CLT determina que o divisor a ser obtido, para o cálculo das horas extras, deve observar a efetiva duração do trabalho. No caso dos autos, o acórdão regional assinalou que a jornada de trabalho da reclamante era de 40 (quarenta) horas semanais, o que acarreta a aplicação do divisor 200. Precedentes da SDI-I desta Corte Superior. Recurso de revista de que se conhece e a que se dá provimento (...).
(TST, RR 913600-06.2007.5.09.0014, 7.ª T., j. 20.09.2011, rel. Pedro Paulo Manus, *DEJT* 30.09.2011)

Art. 65. No caso do empregado diarista, o salário-hora normal será obtido dividindo-se o salário diário correspondente à duração do trabalho, estabelecido no art. 58, pelo número de horas de efetivo trabalho.

Seção III
Dos períodos de descanso

Art. 66. Entre duas jornadas de trabalho haverá um período mínimo de 11 (onze) horas consecutivas para descanso.

* V. art. 7.º, XV, da CF/1988.

⚖️ Interpretação convergente

- **Súmula 110 do TST**

Jornada de trabalho. Intervalo. (Res. TST 121/2003, *DJ* 19, 20 e 21.11.2003). No regime de revezamento, as horas trabalhadas em seguida ao repouso semanal de 24 (vinte e quatro) horas, com prejuízo do intervalo mínimo de 11 (onze) horas consecutivas para descanso entre jornadas, devem ser remuneradas como extraordinárias, inclusive com o respectivo adicional.

- **OJ 355 da SDI-I/TST**

Intervalo interjornadas. Inobservância. Horas extras. Período pago como sobrejornada. Art. 66 da CLT. Aplicação analógica do § 4.º do art. 71 da CLT. (*DJ* 14.03.2008)

O desrespeito ao intervalo mínimo interjornadas previsto no art. 66 da CLT acarreta, por analogia, os mesmos efeitos previstos no § 4.º do art. 71 da CLT e na Súmula 110 do TST, devendo-se pagar a integralidade das horas que foram subtraídas do intervalo, acrescidas do respectivo adicional.

- **Precedente Administrativo 84 do MTE**

Jornada. Intervalo interjornadas de 11 (onze) horas e descanso semanal de 24 (vinte e quatro) horas.

O intervalo interjornada corresponde ao lapso temporal de 11 (onze) horas consecutivas que deve separar uma jornada e outra de trabalho. Tal intervalo não se confunde ou se compensa com o descanso semanal remunerado, de 24

(vinte e quatro) horas consecutivas. Entre módulos semanais somam-se os dois intervalos: 11 horas (entre dias) e 24 horas (entre semanas), totalizando, pois, 35 (trinta e cinco) horas.

• **Intervalos entre jornadas. Horas extras.**
1. O desrespeito ao intervalo entre jornadas gera o direito ao pagamento como horas extras do período subtraído ao descanso, por aplicação analógica do art. 71, § 4.º, da CLT e da Súmula 110 do TST.
2. Não se revela razoável cogitar apenas do pagamento de multa administrativa, considerado o desgaste físico e mental do trabalhador (...).
(TST, AgIn em RR 2153/2002-900-09-00, 1.ª T., j. 03.12.2003, rel. João Oreste Dalazen, *DEJT* 13.02.2004)

• **Horas extras. Intervalo interjornada.**
A inobservância do intervalo mínimo entre duas jornadas previsto no art. 66 da CLT importa em pagamento do período como hora extra e não em mera infração administrativa (...).
(TST, Embargos em RR 1685/2000-066-15-00, SDI-I, j. 02.05.2005, rel. Aloysio Corrêa da Veiga, *DEJT* 13.05.2005)

• **Embargos em recurso de revista** (...). Intervalo interjornada (art. 66 da CLT). Tanto a supressão (total ou parcial) do intervalo interjornadas, quanto a do intervalo interjornadas atingem a higidez física e mental do trabalhador, não se justificando a diferenciação que a Reclamada teima em demonstrar. Ademais, é certo que o comando do art. 66 da CLT é regra de caráter cogente, cuja observância não pode ser mitigada, nem mesmo por convenções e acordos coletivos de trabalho. Também não se justifica a alegação de que há divergência entre o acórdão turmário e o novo item II da OJ 342 da SDI-I/TST, uma vez que, sequer, foram disponibilizados dados fáticos aos quais refere o aludido verbete, a saber, garantia da redução da jornada para, no mínimo, 7 (sete) horas diárias ou 42 (quarenta e duas) semanais, não prorrogada, mantida a mesma remuneração e concedidos intervalos para descanso menores e fracionados ao final de cada viagem, não descontados da jornada. Incidência da Súmula 126 do TST. Frise-se, ainda, que a alegação de que é indenizatória a natureza jurídica do intervalo interjornadas, não sendo possíveis quaisquer reflexos em outras verbas, sucumbe ante o teor da OJ 354 da SDI-I do TST que preconiza: "Possui natureza salarial a parcela prevista no art. 71, § 4.º, da CLT, com redação introduzida pela Lei 8.923, de 27.07.1994, quando não concedido ou reduzido pelo empregador o

intervalo mínimo intrajornada para repouso e alimentação, repercutindo, assim, no cálculo de outras parcelas salariais" (...).
(TST, Embargos em EDcl no RR 83500-47.2005.5.15.0130, SDI-I, rel. Horácio Raymundo de Senna Pires, *DEJT* 18.02.2011)

⚖ Interpretação extensiva

- **Súmula 675 do STF**

Os intervalos fixados para descanso e alimentação durante a jornada de seis horas não descaracterizam o sistema de turnos ininterruptos de revezamento para o efeito do art. 7.º, XIV, da CF/1988.

- **OJ 360 da SDI-I/TST**

Turno ininterrupto de revezamento. Dois turnos. Horário diurno e noturno. Caracterização (*DJ* 14.03.2008)

Faz jus à jornada especial prevista no art. 7.º, XIV, da CF/1988 o trabalhador que exerce suas atividades em sistema de alternância de turnos, ainda que em dois turnos de trabalho, que compreendam, no todo ou em parte, o horário diurno e o noturno, pois submetido à alternância de horário prejudicial à saúde, sendo irrelevante que a atividade da empresa se desenvolva de forma ininterrupta.

> **Art. 67.** Será assegurado a todo empregado um descanso semanal de 24 (vinte e quatro) horas consecutivas, o qual, salvo motivo de conveniência pública ou necessidade imperiosa do serviço, deverá coincidir com o domingo, no todo ou em parte.

 * V. Súmulas 27, 146, 172, 351 e 354 do TST.

⚖ Interpretação extensiva

- **Súmula 110 do TST**

Jornada de trabalho. Intervalo. (Res. TST 121/2003, *DJ* 19, 20 e 21.11.2003)
No regime de revezamento, as horas trabalhadas em seguida ao repouso semanal de 24 horas, com prejuízo do intervalo mínimo de 11 (onze) horas consecutivas para descanso entre jornadas, devem ser remuneradas como extraordinárias, inclusive com o respectivo adicional.

- **OJ 394 da SDI-I/TST**

Repouso semanal remunerado – RSR. Integração das horas extras. Não repercussão no cálculo das férias, do décimo terceiro salário, do aviso prévio e dos depósitos do FGTS. (*DEJT* divulgado em 09, 10 e 11.06.2010)

A majoração do valor do repouso semanal remunerado, em razão da integração das horas extras habitualmente prestadas, não repercute no cálculo das férias, da gratificação natalina, do aviso prévio e do FGTS, sob pena de caracterização de *bis in idem*.

- **OJ 410 da SDI-I/TST**

Repouso semanal remunerado. Concessão após o sétimo dia consecutivo de trabalho. Art. 7.º, XV, da CF/1988. Violação. (*DEJT* divulgado em 22, 25 e 26.10.2010) Viola o art. 7.º, XV, da CF/1988 a concessão de repouso semanal remunerado após o sétimo dia consecutivo de trabalho, importando no seu pagamento em dobro.

> **Parágrafo único. Nos serviços que exijam trabalho aos domingos, com exceção quanto aos elencos teatrais, será estabelecida escala de revezamento, mensalmente organizada e constando do quadro sujeito à fiscalização.**

* V. Lei 605/1949 (Repouso semanal remunerado).
* V. Dec. 27.048/1949 (Regulamenta a Lei 605/1949).

⚖️ Interpretação convergente

- **Súmula 27 do TST**

Comissionista. (Res. TST 121/2003, *DJ* 19, 20 e 21.11.2003)
É devida a remuneração do repouso semanal e dos dias feriados ao empregado comissionista, ainda que pracista.

- Inicialmente, consigna-se que nem a Consolidação das Leis do Trabalho nem a Lei 605/1949 estipula a necessidade do repouso semanal remunerado coincidir ao menos uma vez por mês com o domingo. Com efeito, o art. 7.º, XV, da CF/1988 fala em repouso semanal "preferencialmente aos domingos", da mesma forma que estipula o art. 1.º da Lei 605/1949, que revogou tacitamente o art. 67 da CLT.

Por outro lado, as normas coletivas adunadas ao feito estipulam que o labor em domingos e feriados que não correspondam ao repouso semanal será pago como dia normal de trabalho.

Em suma, não há norma legal, contratual ou dissidial que garanta a coincidência do repouso semanal a no mínimo um domingo por mês, ressaltando-se, inclusive, que o parágrafo único do art. 6.º da Lei 10.101/2000 trata das atividades "do comércio em geral", situação que não se enquadrava o autor (...).
(TRT-4.ª Reg., RO 01381-2007-811-04-00-6, 7.ª T., j. 15.04.2009, rel. Flávia Lorena Pacheco)

- No tocante ao repouso semanal remunerado, observa-se que o art. 7.º, XV, da CF/1988 orienta a interpretação dos arts. 67 e 68 da CLT, assim como do art. 1.º da Lei 605/1949, no que diz respeito ao descanso semanal remunerado, explicitando que o descanso deve ser concedido preferencialmente aos domingos. Nota-se que não há obrigação, a lei enfatiza apenas a preferência (...).
(TRT-15.ª Reg., RO 0070700-84.2008.5.15.0096, j. 22.11.2011, rel. Luiz José Dezena da Silva)

🏛 Interpretação extensiva

- **Súmula 461 do STF**
É duplo, e não triplo, o pagamento do salário nos dias destinados a descanso.

- **Súmula 462 do STF**
No cálculo da indenização por despedida injusta inclui-se, quando devido, o repouso semanal remunerado.

- **Súmula 464 do STF**
No cálculo da indenização por acidente do trabalho inclui-se, quando devido, o repouso semanal remunerado.

- **Súmula 146 do TST**
Trabalho em domingos e feriados, não compensado. (Incorporada a OJ 93 da SDI-I/TST). (Res. TST 121/2003, *DJ* 19, 20 e 21.11.2003)
O trabalho prestado em domingos e feriados, não compensado, deve ser pago em dobro, sem prejuízo da remuneração relativa ao repouso semanal.

- **Súmula 172 do TST**

Repouso remunerado. Horas extras. Cálculo. (Res. TST 121/2003, *DJ* 19, 20 e 21.11.2003)

Computam-se no cálculo do repouso remunerado as horas extras habitualmente prestadas. (Ex-Prejulgado 52)

- **Precedente Administrativo 84 do MTE**

Jornada. Intervalo interjornadas de 11 horas e descanso semanal de 24 horas.

O intervalo interjornada corresponde ao lapso temporal de 11 horas consecutivas que deve separar uma jornada e outra de trabalho. Tal intervalo não se confunde ou se compensa com o descanso semanal remunerado, de 24 horas consecutivas. Entre módulos semanais somam-se os dois intervalos: 11 horas (entre dias) e 24 horas (entre semanas), totalizando, pois, 35 horas.

- Repousos semanais remunerados. Negociação coletiva. Folgas aglutinadas aos pares. Invalidade. Direito à verba.

No caso presente, a escala praticada pela primeira ré não deve ser considerada válida, porque a matéria, por estar relacionada com a saúde do trabalhador, está fora do alcance da negociação coletiva. O repouso deve ser usufruído a cada seis dias de trabalho, sob pena de se fazer tabula rasa do art. 7.º, XV, da CF/1988. A inobservância desta regra, conforme jurisprudência atual e iterativa do Colendo TST, impede a realização da finalidade precípua do RSR, qual seja, a amenização da fadiga ocasionada pela atividade laborativa c/c a possibilidade de convívio familiar e social e, também, um melhor rendimento no próprio ambiente de trabalho. Lado outro, exsurge como fato incontroverso nos autos que a recorrida esteve afastada do trabalho percebendo benefício previdenciário durante o período compreendido entre 30.09.2003 a 02.03.2007, devendo ser decotada da condenação o pagamento do repouso semanal remunerado em dobro do período cujo controle de ponto não foi coligido aos autos (...).

(TRT-3.ª Reg., RO 00091-2008-143-03-00-9, T. Recursal, j. 05.11.2008, rel. Heriberto de Castro)

- Repouso semanal remunerado. Intervalo máximo de 6 (seis) dias. Norma imperativa. Medicina e segurança do trabalho. Inobservância. Trabalho por mais de 6 (seis) dias consecutivos. Horas extras configuradas. Sentença mantida. O art. 67 da CLT e o art. 1.º da Lei 605/1949, que tratam do repouso semanal remunerado, determinam que todo empregado tem direito a esse repouso,

de 24 (vinte e quatro) horas consecutivas, preferentemente aos domingos. Quando os dispositivos fazem menção ao repouso semanal, deve-se entender que este deve ocorrer durante a semana de labor, ou seja, deve ocorrer em um dos 7 (sete) dias da semana. Trata-se de direito social assegurado a todos os empregados, que tem como objetivo o descanso, a recuperação das energias despendidas por ele no trabalho e a sua inserção familiar, comunitária e política. É, pois, medida de saúde pública, por representar objeto da medicina e segurança do trabalho. As normas que regulam o descanso semanal são, portanto, de ordem pública, com caráter imperativo, razão pela qual pode ser antecipado, nunca adiado, devendo ser de, no máximo, 6 (seis) dias, o intervalo entre os repousos. Quando o empregador adotar escala de revezamento deve, obrigatoriamente, conceder o repouso semanal com intervalo máximo de 6 (seis) dias, período que pode ser reduzido, mas nunca ampliado. Recurso a que se nega provimento (...).
(TRT-21.ª Reg., RO 01996-2004-004-21-00-3, rel. José Barbosa Filho, *DJE-RN* 13.08.2005)

Interpretação restritiva

- **Súmula 225 do TST**

Repouso semanal. Cálculo. Gratificações por tempo de serviço e produtividade. (Res. TST 121/2003, *DJ* 19, 20 e 21.11.2003)
As gratificações por tempo de serviço e produtividade, pagas mensalmente, não repercutem no cálculo do repouso semanal remunerado.

- **Precedente Administrativo 45 do MTE**

Trabalho em domingos e feriados. Comércio varejista em geral.
I – O comércio varejista em geral, inclusive supermercados, pode manter trabalhadores laborando aos domingos, independentemente de convenção ou acordo coletivo e de autorização municipal, desde 09.11.1997, data da introdução da autorização legislativa no ordenamento jurídico.
II – *(Revogado pelo Ato Declaratório 7, de 12.06.2003)*
III – Por sua vez, a abertura do comércio aos domingos é de competência municipal e a verificação do cumprimento das normas do município incumbe à fiscalização de posturas local.
IV – Não tendo sido contemplado na lei permissivo para trabalho em feriados, permanecem aplicáveis as disposições contidas no Dec. 27.048, de 12.08.1949.

V – A autorização da Lei 605/1949 para funcionamento em domingos e feriados nos estabelecimentos de comércio de gêneros alimentícios e similares compreende mercados, supermercados e congêneres. (Relação a que se refere o art. 7.º do Dec. 27.048/1949, II, 15). (Acrescido pelo Ato Declaratório 9, de 25.05.2005)

• Horas extras. Cargo de confiança. Gerente de produção.
Estando evidenciado pelo próprio depoimento do autor ter desempenhado atribuições peculiares ao cargo, com salário diferenciado, e por ser autoridade máxima na fábrica, salvo quando presente o diretor da empresa (gerente industrial), torna-se incabível a condenação no pagamento das horas extras, em face da exceção prevista no inc. II do art. 62 da CLT. Recurso do reclamante a que se nega provimento no item (...). Diante disso, face ao seu enquadramento na exceção do art. 62 da CLT, o reclamante não estava sujeito ao controle de jornada, cuja condição de trabalho admitiu ter ocorrido e, por consequência, não faz jus ao pagamento das horas extras postuladas.
Por não estar sujeito ao controle de horário, em tese o reclamante podia trabalhar de acordo com as suas conveniências e necessidades da empresa. Portanto, ainda que tenha trabalhado em um domingo por mês, como asseverado no recurso, não faz jus ao pagamento da respectiva dobra, pois podia gozar a folga compensatória em outro dia (...).
(TRT-4.ª Reg., RO 0000199-61.2011.5.04.0402, j. 03.05.2012, rel. João Alfredo Borges Antunes de Miranda)

Art. 68. O trabalho em domingo, seja total ou parcial, na forma do art. 67, será sempre subordinado à permissão prévia da autoridade competente em matéria de trabalho.

* V. Portaria MTb 3.118/1989 (Subdelega competência aos Delegados Regionais do Trabalho para decidir sobre os pedidos de autorização para trabalho aos domingos e nos dias feriados civis e religiosos).

Parágrafo único. A permissão será concedida a título permanente nas atividades que, por sua natureza ou pela conveniência pública, devem ser exercidas aos domingos, cabendo ao Ministro do Trabalho, Indústria e Comércio expedir instruções em que sejam especificadas tais atividades. Nos demais casos, ela será dada sob forma transitória, com discriminação do período autorizado, o qual, de cada vez, não excederá de 60 (sessenta) dias.

* V. art. 35 do Dec.-lei 229/1967 (Altera dispositivos da Consolidação das Leis do Trabalho – CLT).

⚖ Interpretação convergente

• A coincidência preferencial do descanso semanal com o domingo é, hoje, no direito trabalhista, assegurado expressamente pela Constituição Federal. Desse modo, apenas em situações excepcionais, ou em atividades que, por sua natureza ou pela conveniência pública, devem ser exercidas aos domingos, e desde que haja a permissão prévia da autoridade competente em matéria de trabalho, é que se poderia, validamente, escapar à coincidência prevalecente (...).
(TST, RR 5241-61.2010.5.12.0028, 3.ª T., j. 07.08.2012, rel. Mauricio Godinho Delgado, *DEJT* 10.08.2012)

⚖ Interpretação restritiva

• **Precedente Administrativo 45 do MTE**
Trabalho em domingos e feriados. Comércio varejista em geral.

I – O comércio varejista em geral, inclusive supermercados, pode manter trabalhadores laborando aos domingos, independentemente de convenção ou acordo coletivo e de autorização municipal, desde 09.11.1997, data da introdução da autorização legislativa no ordenamento jurídico.

II – (*Revogado pelo Ato Declaratório 7, de 12.06.2003*)

III – Por sua vez, a abertura do comércio aos domingos é de competência municipal e a verificação do cumprimento das normas do município incumbe à fiscalização de posturas local.

IV – Não tendo sido contemplado na lei permissivo para trabalho em feriados, permanecem aplicáveis as disposições contidas no Dec. 27.048, de 12.08.1949.

V – A autorização da Lei 605/1949 para funcionamento em domingos e feriados nos estabelecimentos de comércio de gêneros alimentícios e similares compreende mercados, supermercados e congêneres. (Relação a que se refere o art. 7.º do Dec. 27.048/1949, II, 15). (Acrescido pelo Ato Declaratório 9, de 25.05.2005).

Art. 69

Art. 69. Na regulamentação do funcionamento de atividades sujeitas ao regime deste Capítulo, os municípios atenderão aos preceitos nele estabelecidos, e as regras que venham a fixar não poderão contrariar tais preceitos nem as instruções que, para seu cumprimento, forem expedidas pelas autoridades competentes em matéria de trabalho.

* V. art. 22, I, da CF/1988.

Art. 70. Salvo o disposto nos arts. 68 e 69, é vedado o trabalho em dias feriados nacionais e feriados religiosos, nos termos da legislação própria.

* Artigo com redação determinada pelo Dec.-lei 229/1967.
* V. art. 30 da CF/1988.
* V. art. 6.º da Lei 10.101/2000 (Participação nos lucros e trabalho em domingos e feriados).

Art. 71. Em qualquer trabalho contínuo, cuja duração exceda de 6 (seis) horas, é obrigatória a concessão de um intervalo para repouso ou alimentação, o qual será, no mínimo, de 1 (uma) hora e, salvo acordo escrito ou contrato coletivo em contrário, não poderá exceder de 2 (duas) horas.

🏛 Interpretação extensiva

• **Súmula 437 do TST**
Intervalo intrajornada para repouso e alimentação. Aplicação do art. 71 da CLT (conversão das OJ 307, 342, 354, 380 e 381 da SDI-I/TST) (Res. 185/2012, *DEJT* divulgado em 25, 26 e 27.09.2012)

I – Após a edição da Lei 8.923/1994, a não concessão ou a concessão parcial do intervalo intrajornada mínimo, para repouso e alimentação, a empregados urbanos e rurais, implica o pagamento total do período correspondente, e não apenas daquele suprimido, com acréscimo de, no mínimo, 50% sobre o valor da remuneração da hora normal de trabalho (art. 71 da CLT), sem prejuízo do cômputo da efetiva jornada de labor para efeito de remuneração.

II – É inválida cláusula de acordo ou convenção coletiva de trabalho contemplando a supressão ou redução do intervalo intrajornada porque este constitui medida

de higiene, saúde e segurança do trabalho, garantido por norma de ordem pública (art. 71 da CLT e art. 7.º, XXII, da CF/1988), infenso à negociação coletiva.
III – Possui natureza salarial a parcela prevista no art. 71, § 4.º, da CLT, com redação introduzida pela Lei 8.923, de 27.07.1994, quando não concedido ou reduzido pelo empregador o intervalo mínimo intrajornada para repouso e alimentação, repercutindo, assim, no cálculo de outras parcelas salariais.
IV – Ultrapassada habitualmente a jornada de seis horas de trabalho, é devido o gozo do intervalo intrajornada mínimo de uma hora, obrigando o empregador a remunerar o período para descanso e alimentação não usufruído como extra, acrescido do respectivo adicional, na forma prevista no art. 71, *caput* e § 4.º da CLT.

- **Precedente Administrativo 63 do MTE**
Jornada. Redução do intervalo intrajornada.
A existência de acordo coletivo com previsão de intervalo para repouso ou alimentação inferior ao limite mínimo legal não é suficiente para que seja considerada regular a jornada de trabalho. O acordo coletivo é apenas um dos requisitos para a imprescindível autorização, pelo Ministro do Trabalho e Emprego ou autoridade delegada, da redução do intervalo para menos de uma hora.

> **§ 1.º Não excedendo de 6 (seis) horas o trabalho, será, entretanto, obrigatório um intervalo de 15 (quinze) minutos quando a duração ultrapassar 4 (quatro) horas.**
>
> * V. Súmula 675 do STF.
>
> **§ 2.º Os intervalos de descanso não serão computados na duração do trabalho.**

⚖️ **Interpretação convergente**

- **Súmula 360 do TST**
Turnos ininterruptos de revezamento. Intervalos intrajornada e semanal (mantida) (Res. 121/2003, *DJ* 19, 20 e 21.11.2003)
A interrupção do trabalho destinada a repouso e alimentação, dentro de cada turno, ou o intervalo para repouso semanal, não descaracteriza o turno de revezamento com jornada de 6 (seis) horas previsto no art. 7.º, XIV, da CF/1988.

• Alega o reclamante que, além do intervalo intrajornada de 1 (uma) hora, também não gozava do intervalo de 15 (quinze) minutos destinado ao lanche, conforme previsto no art. 71 da CLT, pelo que requer o pagamento da respectiva hora extraordinária. Razão não lhe assiste.
Não há qualquer previsão legal, normativa ou contratual para a concessão do intervalo de 15 (quinze) minutos postulado. Os 15 (quinze) minutos a que faz alusão o art. 71 da CLT, ao contrário do que quer fazer crer o autor, diz respeito ao intervalo regular destinado aos empregados submetidos à jornada de 6 (seis) horas, o que não é o caso do autor (...).
(TRT-1.ª Reg., RO 0002071-64.2011.5.01.0283, 1.ª T., j. 05.06.2012, rel. Mirian Lippi Pacheco)

• Portuário. Intervalo intrajornada. Previsão em norma coletiva de cômputo ao final da jornada de trabalho com redução desta. Invalidade. É inválida a norma coletiva que prevê jornada de trabalho contínua, deduzindo da sua duração, ao final, o intervalo de 15 (quinze) minutos previsto no art. 71, § 1.º, da CLT. Prática que implica, na verdade, a supressão do intervalo, desvirtuando a finalidade desta norma de ordem pública, de segurança e de medicina do trabalho, que visa a proporcionar ao trabalhador um descanso dentro da sua própria jornada laboral, inclusive como forma de evitar acidentes (...).
(TRT-4.ª Reg., RO 0000278-07.2011.5.04.0122, j. 03.05.2012, rel. Wilson Carvalho Dias)

🏛 Interpretação extensiva

• **Precedente Administrativo 82 do MTE**
Jornada. Intervalo para repouso e alimentação. Não cumulatividade.
Os intervalos para repouso e alimentação previstos no art. 71, *caput* e § 1.º, da CLT não são cumulativos, inexistindo obrigação legal de concessão de dois intervalos. A expressão "trabalho contínuo" deve ser entendida como jornada diária e não como períodos individuais que antecedem ou sucedem o horário de repouso. Ainda que o segundo período da jornada diária do empregado, após o intervalo concedido, seja superior a seis horas, o empregador não está obrigado a conceder-lhe novo intervalo.

§ 3.º O limite mínimo de 1 (uma) hora para repouso ou refeição poderá ser reduzido por ato do Ministro do Trabalho, Indústria e Comércio

quando, ouvido o Serviço de Alimentação de Previdência Social, se verificar que o estabelecimento atende integralmente às exigências concernentes à organização dos refeitórios e quando os respectivos empregados não estiverem sob regime de trabalho prorrogado a horas suplementares.

* V. art. 35 do Dec.-lei 229/1967 (Altera dispositivos da Consolidação das Leis do Trabalho – CLT).
* V. Portaria MTE 1.095/2010 (Requisitos para a redução de intervalo intrajornada).

⚖ Interpretação convergente

• Não repousa dúvida sobre que o § 3.º do art. 71, consolidado, é bastante claro ao exigir ato próprio do Ministério do Trabalho autorizador da redução do mínimo de uma hora diária para repouso e alimentação do trabalhador, além da existência de organização de refeitórios. E tais exigências, como bem observou o MM. Juízo da Instância Originária, foram em verdade regularmente atendidas pela empresa ré, conforme restou comprovado dos autos.

Não obstante, é preciso mais. Mostra-se também necessário resguardar observância à determinação de que o empregado não se ative sob regime de prorrogação de jornada (...).
(TRT-15.ª Reg., RO 0194600-14.2007.5.15.0008, 4.ª T., j. 29.11.2011, rel. Maria Cecília Fernandes Alvares Leite)

§ 4.º Quando o intervalo para repouso e alimentação, previsto neste artigo, não for concedido pelo empregador, este ficará obrigado a remunerar o período correspondente com um acréscimo de no mínimo 50% (cinquenta por cento) sobre o valor da remuneração da hora normal de trabalho.

* § 4.º acrescentado pela Lei 8.923/1994.

⚖ Interpretação convergente

• Na espécie, o art. 298 da CLT estabelece o direito a uma pausa de 15 minutos a cada 3 (três) horas de trabalho consecutivo, descanso que, a meu ver, está es-

tritamente vinculado à observância da jornada máxima de 6 horas, nos termos do art. 293 da CLT.

Para jornadas superiores, inexistente regra especial, devendo prevalecer o intervalo interjornada previsto no art. 71, *caput*, da CLT, qual seja, de no mínimo uma hora e no máximo duas.

Este é o caso dos autos, pois a própria ré admite que a jornada contratual do autor era de 6 (seis) horas e 45 (quarenta e cinco) minutos diários, conforme autorizariam os acordos coletivos da categoria, ressaltando-se que tais instrumentos, no particular, foram considerados válidos pelo Juízo de origem.

• Portanto, sequer seria o caso de se aplicar a OJ 380 da SDI-I do TST, que trata do intervalo aplicável na hipótese de prorrogação habitual da jornada contratual de 6 (seis) horas.

De todo modo, deve-se destacar que o entendimento contido na referida orientação jurisprudencial teve seu conteúdo construído no seio de processos judiciais, refletindo o posicionamento consolidado em decisões pretéritas, não se havendo falar em limitação de sua aplicação apenas a partir da data da publicação do verbete.

Destarte, o intervalo devido, por todo o período imprescrito, seria de uma hora, não havendo dúvidas de que esse descanso mínimo jamais foi respeitado.

Diante dessas considerações, é devido o pagamento de uma hora extra por dia em todo o período imprescrito, nos termos do § 4.º do art. 71 e da OJ 307 da SDI-I do TST, pois ainda que a redução do intervalo tenha sido parcial, a condenação deve corresponder à integralidade do intervalo mínimo (...).

(TRT 3.ª Reg., Ac 01005-2011-094-03-00-5, 3.ª T, j. 08.03.2012, rel. José Marlon de Freitas)

• Consigne-se que o § 4.º do art. 71 da CLT prevê o pagamento correspondente ao período intervalar que deixou de ser concedido devidamente acrescido do adicional, de modo que não há como sustentar a pretensão da reclamada quanto à limitação apenas ao adicional (f.), ressaltando que o pagamento do adicional referente às horas extras trabalhadas não se confunde com o pagamento devido pela falta de concessão do intervalo intrajornada, pois constituem cominações distintas, que advêm de fato gerador diverso, como considerou a própria lei ao tipificá-las em dispositivos diferentes (arts. 58 e 71 da CLT) (...).

(TRT 15.ª Reg., RO 0189600-56.2009.5.15.0010, 1.ª Câm. Civ., j. 20.03.2012, rel. Tereza Aparecida Asta Gemignani)

§ 5.º Os intervalos expressos no *caput* e no § 1.º poderão ser fracionados quando compreendidos entre o término da primeira hora trabalhada e o início da última hora trabalhada, desde que previsto em convenção ou acordo coletivo de trabalho, ante a natureza do serviço e em virtude das condições especiais do trabalho a que são submetidos estritamente os motoristas, cobradores, fiscalização de campo e afins nos serviços de operação de veículos rodoviários, empregados no setor de transporte coletivo de passageiros, mantida a mesma remuneração e concedidos intervalos para descanso menores e fracionados ao final de cada viagem, não descontados da jornada.

* § 5.º acrescentado pela Lei 12.619/2012 (*DOU* 02.05.2012), em vigor 45 (quarenta e cinco) dias após a data de sua publicação, de acordo com o art. 1.º do Dec.-lei 4.657/1942.

⚖ Interpretação convergente

- Intervalo intrajornada. Dilação superior a duas horas. Dupla pegada. Fracionamento do intervalo em dois períodos. Categoria dos trabalhadores em transportes relacionados a turismo e fretamento. Impossibilidade.

À luz do princípio da adequação setorial negociada, as normas autônomas coletivas concernentes ao intervalo intrajornada – que, em princípio, sendo instituto amparado por norma imperativa, não se sujeita a transação – somente podem prevalecer sobre o padrão geral heterônomo justrabalhista quando observarem dois critérios autorizativos essenciais: (a) quando as normas coletivas implementarem padrão setorial de direitos superior ao padrão geral oriundo da legislação heterônoma aplicável (o clássico princípio da norma mais favorável, portanto); e (b) quando as normas autônomas transacionarem parcelas trabalhistas de indisponibilidade apenas relativa (e não de indisponibilidade absoluta). A análise do segundo critério (normas autônomas transacionando parcelas trabalhistas de indisponibilidade apenas relativa), no tocante ao intervalo intrajornada, merece maior detalhamento. É possível vislumbrar-se norma coletiva negociada que afronte apenas parcelas trabalhistas de indisponibilidade relativa (embora rara a hipótese, já que as normas concernentes ao intervalo são, essencialmente, de saúde laboral). É o que ocorre com normas que ampliam o intervalo entre dois lapsos de trabalho (alargando, pois, o intervalo máximo de duas horas de que

fala o art. 71, *caput*, da CLT – dispositivo que tem sido comumente incluído, inclusive, nas negociações coletivas que envolvem transporte urbano). A indisponibilidade aqui é relativa (e não absoluta) porque o alargamento do intervalo não afeta, em princípio, diretamente a tutela da saúde do trabalhador, embora, sim, a proteção de outros seus interesses. Assim, é possível o elasticimento do intervalo intrajornada. Ocorre que, no caso concreto, a instituição de regra que possibilita o gozo do intervalo intrajornada de 5 (cinco) horas fracionado em dois períodos, acaba por macular a cláusula, uma vez que não foi estipulado ou esclarecido que um dos períodos não poderia ser inferior a uma hora, nos termos do art. 71, *caput*, da CLT. Além disso, o fracionamento do intervalo, ao contrário do que sustenta o Recorrente, é prejudicial ao trabalhador, uma vez que os intervalos fracionados ampliariam o tempo à disposição do empregador ao longo do dia. Frise-se que a instituição da possibilidade de divisão do tempo destinado à pausa intrajornada em caráter genérico afeta a disponibilidade pessoal do obreiro no âmbito do horário de trabalho (...).
(TST, RO 1668-87.2011.5.04.0000, SDC, j. 13.08.2012, rel. Mauricio Godinho Delgado, *DEJT* 17.08.2012)

Art. 72. Nos serviços permanentes de mecanografia (datilografia, escrituração ou cálculo), a cada período de 90 (noventa) minutos de trabalho consecutivo corresponderá um repouso de 10 (dez) minutos não deduzidos da duração normal de trabalho.

🏛 Interpretação extensiva

- **Súmula 346 do TST**
Digitador. Intervalos intrajornada. Aplicação analógica do art. 72 da CLT (mantida). (Res. 121/2003, *DJ* 19, 20 e 21.11.2003)
Os digitadores, por aplicação analógica do art. 72 da CLT, equiparam-se aos trabalhadores nos serviços de mecanografia (datilografia, escrituração ou cálculo), razão pela qual têm direito a intervalos de descanso de 10 (dez) minutos a cada 90 (noventa) de trabalho consecutivo.
Não tenho dúvida de que o esforço físico consumido pelo trabalhador das lavouras de cana-de-açúcar na consecução de suas tarefas iguala-se, senão sobrepõe-se (o que parece mais certo, sem qualquer demérito para a outra atividade!) ao

despendido pelos mecanógrafos, aos quais o art. 72 da CLT destina intervalo para repouso de 10 (dez) minutos a cada 90 (noventa) minutos trabalhados, razão pela qual provejo o apelo para estendê-los ao autor.

Por outro lado, se o empregado trabalha nos períodos em que tem direito a permanecer em repouso, o limite legal de jornada de trabalho é ultrapassado, inexoravelmente. Assim, os intervalos devem ser remunerados como se horas extraordinárias fossem, com adicional de 50% e repercussão em aviso prévio, férias acrescidas do terço, 13.º salários, DSR's, além da incidência do FGTS acrescido de 40%, como requerido (...).

(TRT-15.ª Reg., RO 0127100-48.2009.5.15.0011, 3.ª T., j. 24.01.2012, rel. Francisco Alberto da Motta Peixoto Giordani)

Interpretação restritiva

• A autora postulou a aplicação do intervalo de 10 (dez) minutos a cada 90 (noventa) minutos trabalhados, já que, segundo ela, digitava informações no computador O trabalho desenvolvido pela reclamante – atendente – não se confunde com o de digitador.

A função de digitador exige que o empregado exerça permanentemente um esforço contínuo e repetitivo de movimentos que pode ocasionar a inflamação da bainha dos tendões, denominada tenossinovite. Esta inflamação, quando resultante da atividade do digitador, que é comparada aos serviços de mecanografia, quais sejam, dos datilografes, pianistas profissionais e etc., é considerada como possível causa de doença do trabalho, razão pela qual o legislador determinou intervalo de 10 (dez) minutos a cada 90 (noventa) trabalhados consecutivamente.

A função de operador de atendimento telefônico, aliada à digitação e à coleta de dados de clientes, objetivando o fornecimento de informações a estes, com consultas aos dados cadastrais em terminais, de forma intermitente e com intervalo entre uma ligação e outra, não autoriza a aplicação analógica do permissivo legal estabelecido no art. 72 da CLT.

Ainda que a atividade seja desenvolvida durante toda a jornada, o tempo de uso de teclado e mouse não se faz de forma permanente, vez que não exercidas funções específicas de digitação ou entrada de dados em computador de forma contínua, ativando-se o trabalhador também no atendimento telefônico a clientes para prestar-lhes informações, ocorrendo sempre intervalos entre um atendimento e outro.

Art. 73

Dessa forma, os trabalhadores que exercem a função de operadores de teleatendimento não podem ser comparados aos mecanógrafos, pois sua atividade principal é o atendimento a ligações telefônicas (...).
(TST, AgIn no RR 73000-34.2008.5.01.0023, 3.ª T., j. 05.09.2012, rel. Maurício José Godinho Delgado, *DEJT* 14.09.2012)

• [N]a atividade de *telemarketing* ou de teleatendimento, a digitação de dados ocorre de forma intercalada com o atendimento ao cliente; há predomínio da comunicação oral, sendo o computador utilizado apenas como suporte para a execução do atendimento, intercalando-se, às atividades de digitação, sucessivas pausas para o processamento das chamadas. Os intervalos a que se referem o art. 72 da CLT e a Súmula 346 do TST aplicam-se somente aos empregados sujeitos à digitação contínua, não havendo evidência dessa ocorrência nos autos, nos moldes delineados pela NR 17, item 17.6.4. E tanto é assim que foi editado o Anexo II à NR 17, direcionado apenas à regulamentação do trabalho em teleatendimento/*telemarketing*, considerada a especificidade desse tipo de atividade, distinta daquelas em que há apenas o processamento eletrônico de dados. Note-se que este prevê uma regulamentação diferente para as pausas conforme se depreende do item 5.4.1 (Anexo II) (...).
(TRT-3.ª Reg., RO 00528-2008-037-03-00-4, T. Recursal, j. 19.11.2008, rel. Des. Heriberto de Castro *DJ* 19.11.2008)

Seção IV
Do trabalho noturno

Art. 73. Salvo nos casos de revezamento semanal ou quinzenal, o trabalho noturno terá remuneração superior à do diurno e, para esse efeito, sua remuneração terá um acréscimo de 20% (vinte por cento), pelo menos, sobre a hora diurna.

* Artigo com redação determinada pelo Dec.-lei 9.666/1946.
* V. art. 7.º, IX, da CF/1988.

⚖️ **Interpretação convergente**

• **Precedente Administrativo 41 do MTE**
Remuneração. Repouso semanal remunerado. Incidência do adicional noturno.
I – Cabível a repercussão do adicional noturno nos cálculos

do repouso semanal remunerado de empregado que tem salário pago na base da unidade dia ou mensalistas e quinzenalistas cujo trabalho não seja exclusivamente noturno.

II – Para os empregados mensalistas ou quinzenalistas que cumprem jornada exclusivamente noturna, o salário acrescido do adicional de 20% já inclui a remuneração do repouso.

🏛 Interpretação extensiva

- **OJ 97 da SDI-I/TST**

Horas extras. Adicional noturno. Base de cálculo. (Inserida em 30.05.1997)
O adicional noturno integra a base de cálculo das horas extras prestadas no período noturno.

> **§ 1.º A hora do trabalho noturno será computada como de 52 (cinquenta e dois) minutos e 30 (trinta) segundos.**

⚖ Interpretação convergente

- **Súmula 214 do STF**

A duração legal da hora de serviço noturno (52 (cinquenta e dois) minutos e 30 (trinta) segundos) constitui vantagem suplementar que não dispensa o salário adicional.

- **Súmula 65 do TST**

Vigia.
O direito à hora reduzida de 52 (cinquenta e dois) minutos e 30 (trinta) segundos aplica-se ao vigia noturno.

- **Súmula 112 do TST**

Trabalho Noturno. Petróleo.
O trabalho noturno dos empregados nas atividades de exploração, perfuração, produção e refinação do petróleo, industrialização do xisto, indústria petroquímica e transporte de petróleo e seus derivados, por meio de dutos, é regulado pela Lei 5.811 de 11.10.1972, não se lhe aplicando a hora reduzida de 52 (cinquenta e dois) minutos e 30 (trinta) segundos prevista no art. 73, § 2.º, da CLT.

Art. 73

- **OJ 127 da SDI-I/TST**
Hora noturna reduzida. Subsistência após a Constituição Federal de 1988. (Inserida em 20.04.1998).
O art. 73, § 1.º, da CLT, que prevê a redução da hora noturna, não foi revogado pelo inc. IX do art. 7.º da CF/1988.

- Torna-se imperativo, igualmente, reformar a conclusão recorrida quanto ao cômputo da redução da hora noturna e reflexos. E isso porque a inobservância do § 1.º do art. 73 da CLT está confessada na contestação, nos tópicos em que a reclamada defende a ultrapassada tese de que a Constituição Federal de 1988 não teria recepcionado o referido dispositivo da consolidação. À condenação, pois deverão ser acrescidos os valores que forem apurados também sob esse título (...).
(TRT-2.ª Reg., RO 20000279980, 8.ª T., j. 11.09.2000, rel. Wilmar Nogueira de Araújo Vaz da Silva, *DOE* 14.11.2000)

🏛 Interpretação extensiva

- **OJ 395 da SDI-I/TST**
Turno ininterrupto de revezamento. Hora noturna reduzida. Incidência. (*DEJT* divulgado em 09, 10 e 11.06.2010)
O trabalho em regime de turnos ininterruptos de revezamento não retira o direito à hora noturna reduzida, não havendo incompatibilidade entre as disposições contidas nos arts. 73, § 1.º, da CLT e 7.º, XIV, da CF/1988.

> **§ 2.º** Considera-se noturno, para os efeitos deste artigo, o trabalho executado entre as 22 (vinte e duas) horas de um dia e as 5 (cinco) horas do dia seguinte.
>
> **§ 3.º** O acréscimo a que se refere o presente artigo, em se tratando de empresas que não mantêm, pela natureza de suas atividades, trabalho noturno habitual, será feito tendo em vista os quantitativos pagos por trabalhos diurnos de natureza semelhante. Em relação às empresas cujo trabalho noturno decorra da natureza de suas atividades, o aumento será calculado sobre o salário mínimo, não sendo devido quando exceder desse limite, já acrescido da percentagem.

* V. art. 76 da CLT.
* V. Súmula 313 do STF.

§ 4.º Nos horários mistos, assim entendidos os que abrangem períodos diurnos e noturnos, aplica-se às horas de trabalho noturno o disposto neste artigo e seus parágrafos.

§ 5.º Às prorrogações do trabalho noturno aplica-se o disposto neste Capítulo.

* V. Súmula 354 do TST.

⚖ Interpretação convergente

- **Súmula 213 do STF**

É devido o adicional de serviço noturno, ainda que sujeito o empregado ao regime de revezamento.

- **Súmula 313 do STF**

Provada a identidade entre o trabalho diurno e o noturno, é devido o adicional, quanto a este, sem a limitação do art. 73, § 3.º, da CLT, independentemente da natureza da atividade do empregador.

- **Súmula 402 do STF**

Vigia noturno tem direito a salário adicional.

- **Súmula 60 do TST**

Adicional noturno. Integração no salário e prorrogação em horário diurno. (Incorporada a OJ 6 da SDI-I/TST). (Res. TST 129/2005, DJ 20, 22 e 25.04.2005)

I – O adicional noturno, pago com habitualidade, integra o salário do empregado para todos os efeitos. (Ex-Súmula 60, RA 105/1974, DJ 24.10.1974)

II – Cumprida integralmente a jornada no período noturno e prorrogada esta, devido é também o adicional quanto às horas prorrogadas. Exegese do art. 73, § 5.º, da CLT. (Ex-OJ 6 da SDI-I/TST, inserida em 25.11.1996)

- **Súmula 112 do TST**

Trabalho noturno. Petróleo. (Res. TST 121/2003, DJ 19, 20 e 21.11.2003)

O trabalho noturno dos empregados nas atividades de exploração, perfuração, produção e refinação do petróleo, industrialização do xisto, indústria petroquímica e transporte de petróleo e seus derivados, por meio de dutos, são regulados pela

Lei 5.811, de 11.10.1972, não se lhe aplicando a hora reduzida de 52 minutos e 30 segundos prevista no art. 73, § 2.º, da CLT.

- **OJ 388 da SDI-I/TST**
Jornada 12x36. Jornada mista que compreenda a totalidade do período noturno. Adicional noturno. Devido. (*DEJT* divulgado em 09, 10 e 11.06.2010)
O empregado submetido à jornada de 12 horas de trabalho por 36 de descanso, que compreenda a totalidade do período noturno, tem direito ao adicional noturno, relativo às horas trabalhadas após as 5 horas da manhã.

- [A]dicional noturno e repouso seminal devem ser pagos à base tão só do salário e não da remuneração (salário mais gorjeta). É que o art. 73 da CLT ao assegurar que o trabalho noturno terá remuneração superior ao diurno se refere a remunerar simplesmente como pagar, retribuir sem fazer prevalecer, logicamente, a distinção entre salário e remuneração. Do mesmo modo, se pode dizer a respeito do art. 7.º da Lei 605/1949 (...).
(TST, Embargos em RR 2807, SDI, j. 19.05.1992, rel. Hylo Bezerra Gurgel)

- Com efeito, a incidência do adicional noturno e a observância da redução ficta da hora noturna em relação às horas laboradas em horário noturno se justificam em razão do maior desgaste do trabalhador sujeito ao trabalho noturno que ocorre no meio urbano entre 22h e 5h (...).
(TRT-3.ª Reg., RO 010862010.017.03.00-3, 3.ª T., j. 07.03.2012, rel. Cléber Lúcio de Almeida, *DJ* 07.03.2012)

- Embora o § 5.º do art. 73 da CLT e a Súmula 60, II, do TST façam referência expressa à prorrogação do trabalho noturno, tal regra também há de ser aplicada á simples continuidade da jornada contratual padrão após as 5h (cinco horas) (...).
(TRT-3.ª Reg., AC 00958-2011-093-03-00-0, 3.ª T., j. 26.03.2012, rel. Paulo Maurício Ribeiro Pires, *DJe* 26.03.2012)

- Sustenta a recorrente ter havido a efetiva remuneração quanto ao adicional noturno, bem como quanto às horas noturnas, nos exatos termos dos instrumentos coletivos aplicáveis à categoria do reclamante. Aduz que foi assegurado o percentual de 20% (vinte por cento) pelo trabalho noturno a que se refere o art. 73 da CLT e 40% para o pagamento de 7'30" de cada período de 60 minutos (...).
(TRT-3.ª Reg., RO 00335-2009-099-03-00-0, 3.ª T., j. 10.04.2012, rel. Olivia Figueiredo Pinto Coelho, *DJ* 10.04.2012)

Art. 74

🏛 Interpretação extensiva

- **Súmula 140 do TST**
Vigia. (Res. TST 121/2003, DJ 19, 20 e 21.11.2003)
É assegurado ao vigia sujeito ao trabalho noturno o direito ao respectivo adicional. (Ex-Prejulgado 12)

- **Súmula 265 do TST**
Adicional noturno. Alteração de turno de trabalho. Possibilidade de supressão. (Res. TST 121/2003, DJ 19, 20 e 21.11.2003)
A transferência para o período diurno de trabalho implica a perda do direito ao adicional noturno.

Seção V
Do quadro de horário

Art. 74. O horário do trabalho constará de quadro, organizado conforme modelo expedido pelo Ministro do Trabalho, Indústria e Comércio e afixado em lugar bem visível. Esse quadro será discriminativo no caso de não ser o horário único para todos os empregados de uma mesma Seção ou Turma.

* V. art. 35 do Dec.-lei 229/1967 (Altera dispositivos da Consolidação das Leis do Trabalho – CLT).
* V. art. 13 da Portaria MTPS 3.626/1991 (Registro de empregados e anotações na CTPS).

🏛 Interpretação extensiva

- **Precedente Administrativo 23 do MTE**
Jornada. Controle alternativo.
Os sistemas alternativos de controle de jornada só podem ser utilizados quando autorizados por convenção ou acordo coletivo.

- **Precedente Administrativo 42 do MTE**
Jornada. Obrigatoriedade de controle.
Os empregadores não sujeitos à obrigação legal de manter sistema de controle de jornada de seus empregados, mas que deles se utilizam de forma irregular,

não são passíveis de autuação, uma vez ser impossível infringir norma que não se está obrigado a cumprir. No entanto, caso o Auditor-Fiscal do Trabalho tenha acesso a tal controle, poderá dele extrair elementos de convicção para autuação por outras infrações, que não a de manter sistema de controle de jornada.

> **§ 1.º** O horário de trabalho será anotado em registro de empregados com a indicação de acordos ou contratos coletivos porventura celebrados.
>
> **§ 2.º** Para os estabelecimentos de mais de 10 (dez) trabalhadores será obrigatória a anotação da hora de entrada e de saída, em registro manual, mecânico ou eletrônico, conforme instruções a serem expedidas pelo Ministério do Trabalho, devendo haver pré-assinalação do período de repouso.
>
> * § 2.º com redação determinada pela Lei 7.855/1989.
>
> **§ 3.º** Se o trabalho for executado fora do estabelecimento, o horário dos empregados constará, explicitamente, de ficha ou papeleta em seu poder, sem prejuízo do que dispõe o § 1.º deste artigo.

⚖ Interpretação convergente

• **Súmula 338 do TST**
Jornada de trabalho. Registro. Ônus da prova. (Incorporadas as OJs 234 e 306 da SDI-I/TST)
I – É o ônus do empregador que conta com mais de 10 (dez) empregados o registro da jornada de trabalho na forma do art. 74, § 2.º, da CLT. A não apresentação injustificada dos controles de frequência gera presunção relativa de veracidade da jornada de trabalho, a qual pode ser elidida por prova em contrário.
II – A presunção de veracidade da jornada de trabalho, ainda que prevista em instrumento normativo, pode ser elidida por prova em contrário. (Ex-OJ 234 da SDI-I/TST, inserida em 20.06.2001)
III – Os cartões de ponto que demonstram horários de entrada e saída uniformes são inválidos como meio de prova, invertendo-se o ônus da prova, relativo às horas extras, que passa a ser do empregador, prevalecendo a jornada da inicial se dele não se desincumbir. (Ex-OJ 306 da SDI-I/TST, *DJ* 11.08.2003)

- **Súmula 340 do TST**
Comissionista. Horas extras.
O empregado, sujeito a controle de horário remunerado à base de comissões, tem direito ao adicional de, no mínimo, 50% (cinquenta por cento) pelo trabalho em horas extras, calculado sobre o valor da hora das comissões recebidas no mês, considerando-se como divisor o número de horas efetivamente trabalhadas. (Revisão do Enunciado 56)

- **Precedente Administrativo 78 do MTE**
Registros de ponto. Marcação incorreta. Defeito em relógio. Falha de sistema.
O controle de registro de jornada é responsabilidade do empregador. Assim sendo, se houve marcação incorreta do ponto, responde o autuado pela falta cometida, por culpa *in vigilando*, vez que o empregador é dotado legalmente de poder diretivo e disciplinar para cumprir e fazer cumprir as disposições do estatuto celetizado.

- Para ocorrer a inversão do ônus é mister que o Reclamante requeira na petição inicial a apresentação dos cartões de ponto em juízo pelo reclamado, manifestando dessa forma seu intuito de demonstrar o que alega, ao mesmo tempo em que revela sua impossibilidade, uma vez, que seu acesso ao mesmo encontra obstáculo por estarem na posse da Empresa (art. 74 da CLT). A não juntada dos cartões de ponto não tem o efeito de permitir, por si só, o deferimento das horas extras pleiteadas (...).
(TST, RR 70.815/93-5, 3.ª T., j. 22.09.1994, rel. Francisco Fausto Paula de Medeiros)

- A simples autorização do uso das Folhas Individuais de Presença pelo Ministério Público, bem como a previsão em cláusula normativa de que elas atendem ao disposto no § 2.º do art. 74 da CLT, não empresta credibilidade absoluta à jornada nelas lançada, se a prova oral demonstra que os registros correspondiam à realidade (...).
(TST, RR 702.053/00.0, 1.ª T., j. 02.05.2001, rel. João Oreste Dalazen, *DEJT* 08.06.2001)

🏛 Interpretação extensiva

- **Súmula 366 do TST**
Cartão de ponto. Registro. Horas extras. Minutos que antecedem e sucedem a jornada de trabalho. (Conversão das OJs 23 e 326 da SDI-I/TST). (Res. TST 129/2005, DJ 20, 22 e 25.04.2005)

Não serão descontadas nem computadas como jornada extraordinária as variações de horário do registro de ponto não excedentes de 5 (cinco) minutos, observado o limite máximo de 10 (dez) minutos diários. Se ultrapassado esse limite, será considerada como extra a totalidade do tempo que exceder a jornada normal.

Seção VI
Das penalidades

Art. 75. Os infratores dos dispositivos do presente Capítulo incorrerão na multa de 50 (cinquenta) a 5.000 (cinco mil) cruzeiros, segundo a natureza da infração, sua extensão e a intenção de quem a praticou, aplicada em dobro no caso de reincidência e oposição à fiscalização ou desacato à autoridade.

* Multas: ver Notas de Atualização e Portaria MTb 290/1997.

Parágrafo único. São competentes para impor penalidades as Delegacias Regionais do Trabalho e Emprego.

⚖️ **Interpretação convergente**

- Horas extras e multa. Inteligência dos arts. 66, 67 e 75 da CLT.
A tese recorrente de que a não concessão do intervalo mínimo entre jornadas impõe apenas a aplicação de multa administrativa prevista no art. 75 da CLT não merece guarida em face do entendimento atual desta Corte, que pelo seu Órgão Especial resolveu que com a edição da Lei 8.923/1997, publicada em 28.07.1994, que acrescentou o § 4.º ao art. 71 da CLT, obrigando o empregador a remunerar, com acréscimo de 50% (cinquenta por cento), o período relativo ao intervalo para repouso e alimentação concedido (...).
(TST, RR 2153/2002-900-09-00, 4.ª T., j. 26.11.2003, rel. José Antônio Pancotti, *DEJT* 30.01.2004)

- [A] própria lei que regulamenta a matéria – trabalho em feriados – uma penalidade específica, na hipótese de a empresa exigir de seus empregados a

prestação de serviços em feriados sem cumprimento dos requisitos para tanto estipulados, como é óbvio, a prática de tal ato será coibida, tão somente, com a aplicação da multa do art. 75 da CLT, ressaltando-se que o parágrafo único do art. 6.º-B acima citado preconiza que "o processo de fiscalização, de autuação e de imposição de multas reger-se-á pelo disposto no Título VII da Consolidação das Leis do Trabalho (…)" (…).
(TRT-3.ª Reg., RO 00392-2008-093-03-00-0, 7.ª T., j. 29.09.2008, rel. Maria Perpétua Capanema Ferreira de Melo)

- [I]ntervalos intrajornada (alega que a prova testemunhal ampara a tese de que os intervalos intrajornada não eram gozados, sendo equivocado o entendimento da Juíza de origem de que eram gozados 15 (quinze) minutos de intervalo intrajornada. Sustenta que era ônus que incumbia à ré a prova acerca da jornada de trabalho que era realizada, do qual não se desincumbiu a contento, sendo devida a multa do art. 75 da CLT (…).
(TRT-4.ª Reg., RO 01184-2007-732-04-00-0, 4.ª T., j. 13.11.2008, rel. Fernando Luiz de Moura Cassal)

Capítulo III
DO SALÁRIO MÍNIMO

* V. Lei 8.542/1992 (Política Nacional de Salários).
* V. Lei 8.716/1993 (Garantia do salário mínimo).
* V. Lei 10.192/2001 (Medidas complementares ao Plano Real).
* V. Lei 12.382/2011 (Valor do salário mínimo em 2011 e sua política de valorização de longo prazo).
* V. Dec. 7.872/2012 (Regulamenta a Lei 12.382/2011).

Seção I
Do conceito

Art. 76. Salário mínimo é a contraprestação mínima devida e paga diretamente pelo empregador a todo trabalhador, inclusive ao trabalhador rural, sem distinção de sexo, por dia normal de serviço, e capaz de satisfazer, em determinada época e região do País, as suas necessidades normais de alimentação, habitação, vestuário, higiene e transporte.

* O art. 7.º, IV, da CF/1988 ampliou o conceito de salário mínimo, unificou seu valor para todo o País e vedou sua vinculação para qualquer fim, exceto para os benefícios da Previdência Social (art. 201, § 2.º, da CF/1988).
* V. Lei 7.418/1985 (Vale-transporte).
* V. Dec. 95.247/1987 (Regulamenta a Lei 7.418/1985).
* V. Súmula 203 do STF.
* V. Súmula 228 do TST.

Interpretação divergente

- **Súmula Vinculante 6 do STF**

Não viola a Constituição o estabelecimento de remuneração inferior ao salário mínimo para as praças prestadoras de serviço militar inicial.

Interpretação extensiva

- **Súmula 204 do STF**

Tem direito o trabalhador substituto, ou de reserva, ao salário mínimo no dia em que fica à disposição do empregador sem ser aproveitado na função específica; se aproveitado, recebe o salário contratual.

- **OJ 403 da SDI-I/TST**

Advogado empregado. Contratação anterior a Lei 8.906, de 04.07.1994. Jornada de trabalho mantida com o advento da lei. Dedicação exclusiva. Caracterização. (*DEJT* divulgado em 16, 17 e 20.09.2010)

- O advogado empregado contratado para jornada de 40 (quarenta) horas semanais, antes da edição da Lei 8.906, de 04.07.1994, está sujeito ao regime de dedicação exclusiva disposto no art. 20 (vinte) da referida lei, pelo que não tem direito à jornada de 20 (vinte) horas semanais ou 4 (quatro) diárias.

Interpretação restritiva

- **Súmula Vinculante 4 do STF**

Salvo nos casos previstos na Constituição Federal, o salário mínimo não pode ser usado como indexador de base de cálculo de vantagem de servidor público ou de empregado, nem ser substituído por decisão judicial.

- **Súmula 205 do STF**
Tem direito a salário integral o menor não sujeito a aprendizagem metódica.

- **Súmula 531 do STF**
É inconstitucional o Dec. 51.668, de 17.01.1963, que estabeleceu salário profissional para trabalhadores de transportes marítimos, fluviais e lacustres.

- **Súmula 363 do TST**
A contratação de servidor público, após a Constituição Federal de 1988, sem prévia aprovação em concurso público, encontra óbice no respectivo art. 37, § 2.º, da CF/1988, somente lhe conferindo direito ao pagamento da contraprestação pactuada, em relação ao número de horas trabalhadas, respeitando o valor da hora do salário mínimo e dos valores referentes aos depósitos de FGTS.

- Esta Corte sempre entendeu que o salário mínimo deveria ser utilizado como base de cálculo do adicional de insalubridade, posicionamento que foi consubstanciado pela Súmula 228 do TST (...).
(TST, RR 340400-28.2009.5.09.0022, 4.ª T., j. 18.04.2012, rel. Maria de Assis Calsing, *DEJT* 18.04.2012)

Art. 77. *(Revogado pela Lei 4.589/1964)*

Art. 78. Quando o salário for ajustado por empreitada, ou convencionado por tarefa ou peça, será garantida ao trabalhador uma remuneração diária nunca inferior à do salário mínimo por dia normal.

* V. art. 7.º, IV e V, da CF/1988.

Parágrafo único. Quando o salário mínimo mensal do empregado a comissão ou que tenha direito a percentagem for integrado por parte fixa e parte variável, ser-lhe-á sempre garantido o salário mínimo, vedado qualquer desconto em mês subsequente a título de compensação.

* Parágrafo único acrescentado pelo Dec.-lei 229/1967.
* V. art. 7.º, VII, da CF/1988.
* V. Lei 8.716/1993 (Garantia do salário mínimo).

Art. 79

⚖️ Interpretação convergente

• Inexoravelmente a declaração do liame laboral implica a análise dos requisitos previstos no art. 3.º da CLT.

A remuneração, conforme restou demonstrado, era paga à base de comissões, forma admitida na legislação trabalhista (art. 78 da CLT).

A não eventualidade é patente e decorre de dois aspectos:

a) prestação de trabalho diário, durante 12 (doze) meses;

b) natureza da atividade essencial aos fins da empresa.

A subordinação do empregado às ordens do empregador, de forma não eventual, é a mais evidente manifestação de um contrato de emprego (...).

(TST, RR 1310/1997-007-12-00, 1.ª T., j. 19.05.2004, rel. João Oreste Dalazen, *DJU* 11.06.2004)

🏛️ Interpretação extensiva

• **Súmula 199 do STF**

O salário das férias do empregado horista corresponde à média do período aquisitivo, não podendo ser inferior ao mínimo.

> **Art. 79.** Quando se tratar da fixação do salário mínimo dos trabalhadores ocupados em serviços insalubres, poderão as Comissões de salário mínimo aumentá-lo até de metade do salário mínimo normal.

* Artigo revogado. V. Lei 4.589/1964 (salário mínimo).
* V. art. 7.º, IV, da CF/1988.
* V. art. 76 da CLT.

🏛️ Interpretação extensiva

• **Súmula Vinculante 4 do STF**

Salvo nos casos previstos na Constituição, o salário mínimo não pode ser usado como indexador de base de cálculo de vantagem de servidor público ou de empregado, nem ser substituído por decisão judicial.

- **Súmula 307 do STF**
É devido o adicional de serviço insalubre, calculado à base do salário mínimo da região, ainda que a remuneração contratual seja superior ao salário mínimo acrescido da taxa de insalubridade.

- **Súmula 228 do TST**
Adicional de insalubridade. Base de cálculo. (Res. TST 148/2008, *DJ* 04 e 07.07.2008, republicada no *DJ* 08, 09 e 10.07.2008)

- A partir de 09.05.2008, data da publicação da Súmula Vinculante 4 do STF, o adicional de insalubridade será calculado sobre o salário básico, salvo critério mais vantajoso fixado em instrumento coletivo.
Súmula 228 do TST com eficácia suspensa por decisão liminar do STF. (Res. TST 185/2012, *DEJT* 25, 26 e 27.09.2012)

Art. 80. *(Revogado pela Lei 10.097/2000)*

Art. 81. O salário mínimo será determinado pela fórmula Sm = a + b + c + d + e, em que *a*, *b*, *c*, *d* e *e* representam, respectivamente, o valor das despesas diárias com alimentação, habitação, vestuário, higiene e transporte necessários à vida de um trabalhador adulto.

* V. art. 76 da CLT.
* V. Lei 8.716/1993 (Garantia do salário mínimo).

§ 1.º A parcela correspondente à alimentação terá um valor mínimo igual aos valores da lista de provisões, constantes dos quadros devidamente aprovados e necessários à alimentação diária do trabalhador adulto.

§ 2.º Poderão ser substituídos pelos equivalentes de cada grupo, também mencionados nos quadros a que alude o parágrafo anterior, os alimentos, respeitados os valores nutritivos determinados nos mesmos quadros.

🏛 Interpretação extensiva

- **OJ 413 da SDI-I do TST**
Auxílio-alimentação. Alteração da natureza jurídica. Norma coletiva ou adesão ao PAT. (*DEJT* divulgado em 14, 15 e 16.02.2012)

A pactuação em norma coletiva conferindo caráter indenizatório à verba "auxílio-alimentação" ou a adesão posterior do empregador ao Programa de Alimentação do Trabalhador – PAT – não altera a natureza salarial da parcela, instituída anteriormente, para aqueles empregados que, habitualmente, já percebiam o benefício, a teor das Súmulas 51, I, e 241 do TST.

Interpretação restritiva

- **OJ 133 da SDI-I/TST**

Ajuda alimentação. PAT. Lei 6.321/1976. Não integração ao salário (inserida em 27.11.1998)

A ajuda alimentação fornecida por empresa participante do programa de alimentação ao trabalhador, instituído pela Lei 6.321/1976, não tem caráter salarial. Portanto, não integra o salário para nenhum efeito legal.

> **§ 3.º** O Ministério do Trabalho, Indústria e Comércio fará, periodicamente, a revisão dos quadros a que se refere o § 1.º deste artigo.

* V. art. 35 do Dec.-lei 229/1967 (Altera dispositivos da Consolidação das Leis do Trabalho – CLT).

Art. 82. Quando o empregador fornecer, *in natura*, uma ou mais das parcelas do salário mínimo, o salário em dinheiro será determinado pela fórmula $Sd = Sm - P$, em que *Sd* representa o salário em dinheiro, *Sm* o salário mínimo e *P* a soma dos valores daquelas parcelas.

* Ver nota ao art. 76 da CLT.
* V. Súmula 258 do TST.

Parágrafo único. O salário mínimo pago em dinheiro não será inferior a 30% (trinta por cento) do salário mínimo.

Interpretação convergente

- Louvado, pois, nesse raciocínio, socorro-me, ainda, da norma disposta no parágrafo único do art. 82 da CLT, para lembrar que a "margem consignável" do trabalhador (no caso, a executada, servidora pública aposentada)

é fixada em até setenta por cento (70%) do salário (ou proventos). O parágrafo único do art. 82 da CLT é aplicável para diversas outras situações, que não se restringem ao salário mínimo, nem tampouco à hipótese de garantia de pagamento em dinheiro quando houver fornecimento de utilidades ou salário *in natura* (...).
(TRT-8.ª Reg., AgPet 00496-2008-014-08-00-6, 2.ª T., j. 22.04.2009, rel. Vicente José Malheiros da Fonseca)

> **Art. 83.** É devido o salário mínimo ao trabalhador em domicílio, considerado este como o executado na habitação do empregado ou em oficina de família, por conta de empregador que o remunere.

🏛 Interpretação extensiva

- Só o fato de a reclamante ter sido auxiliada na prestação laboral, por sua filha, conforme afirmou a testemunha da reclamada, não desnatura a pessoalidade, em face do disposto no art. 83 da CLT (...).

(TRT-15.ª Reg., RO 00202-2008-115-15-00-2, 3.ª T., j. 05.126.2008, rel. Jorge Luiz Costa)

Seção II
Das regiões e sub-regiões

Arts. 84 a 86. *(Revogados)*

* Seção II revogada. V. art. 7.º, IV, da CF/1988.

Seção III
Da constituição das comissões

Arts. 87 a 100. *(Revogados pela Lei 4.589/1964)*

Seção IV
Das atribuições das comissões de salário mínimo

Arts. 101 a 111. *(Revogados pela Lei 4.589/1964)*

Seção V
Da fixação do salário mínimo

Arts. 112 a 115. *(Revogados pela Lei 4.589/1964)*

Art. 116. O decreto fixando o salário mínimo, decorridos 60 (sessenta) dias de sua publicação no *Diário Oficial*, obrigará a todos que utilizem o trabalho de outrem mediante remuneração.

* O art. 7.º, IV, da CF/1988 estabelece que o salário mínimo só poderá ser fixado por lei.
* V. art. 76 da CLT.
* V. Lei 4.589/1964 (Salário mínimo).

Interpretação divergente

* **Súmula 203 do STF**
Não está sujeita à vacância de 60 (sessenta) dias a vigência de novos níveis de salário mínimo.

§ 1.º O salário mínimo, uma vez fixado, vigorará pelo prazo de 3 (três) anos, podendo ser modificado ou confirmado por novo período de 3 (três) anos, e assim seguidamente, por decisão da respectiva Comissão de salário mínimo, aprovada pelo Ministro do Trabalho, Indústria e Comércio.

* § 1.º revogado. V. art. 23 da Lei 4.589/1964 (Salário mínimo).
* V. art. 35 do Dec.-lei 229/1967 (Altera dispositivos da Consolidação das Leis do Trabalho – CLT).

§ 2.º Excepcionalmente, poderá o salário mínimo ser modificado, antes de decorridos 3 (três) anos de sua vigência, sempre que a respectiva Comissão de salário mínimo, pelo voto de 3/4 (três quartos) de seus componentes, reconhecer que fatores de ordem econômica tenham alterado de maneira profunda a situação econômica e financeira da região interessada.

* § 2.º revogado. V. art. 23 da Lei 4.589/1964 (Salário mínimo).

Seção VI
Disposições gerais

Art. 117. Será nulo de pleno direito, sujeitando o empregador às sanções do art. 120, qualquer contrato ou convenção que estipule remuneração inferior ao salário mínimo.

* V. art. 7.º, IV, da CF/1988.
* V. art. 76 da CLT.

🏛 Interpretação extensiva

• **OJ 272 da SDI-I/TST**
Salário mínimo. Servidor. Salário-base inferior. Diferenças indevidas. (Inserida em 27.09.2002)
A verificação do respeito ao direito ao salário mínimo não se apura pelo confronto isolado do salário-base com o mínimo legal, mas deste com a soma de todas as parcelas de natureza salarial recebidas pelo empregado diretamente do empregador.

• Jornada de trabalho reduzida. Salário. Legalidade do salário pago segundo a jornada.
Quando o empregado cumpre jornada inferior à legalmente estipulada, salvo ajuste expresso em contrário, seu ganho deve ser proporcional às horas efetivamente trabalhadas, tomando-se como base de cálculo o salário mínimo-hora, multiplicado pela jornada livremente convencionada. O E. Regional, ao concluir que o salário mínimo é assegurado aos empregados que cumprem integralmente a jornada legal, ou seja, 8 (oito) horas diárias ou 220 (duzentos e vinte) mensais, e registra, expressamente, que não é possível obrigar o reclamado a pagar, indistintamente, a todos os seus empregados o valor de um salário mínimo integral, se entre eles, há os que trabalham menos de 8 (oito) horas diárias, está correto (...).
(TST, RR 49000-11.1999.5.07.0025, 4.ª T., j. 23.02.2005, rel. José Antônio Pancotti, DEJT 22.03.2005)

• A Constituição Federal de 1988, ao assegurar aos empregados o direito à percepção de um salário mínimo, não lhes garantiu tal valor como correspondente unicamente aos seus salários básicos, mas a todo um complexo de parcelas

Art. 118

(salário-base, comissões, percentagens, gratificações e outras). Logo, se referido complexo, assim entendido como o conjunto de todas as parcelas que compõem o salário, atinge o valor mínimo fixado em lei, tem-se como atendida a exigência constitucional (...).
(TST, AIRR 1250/2001-113-15-00.9, 7.ª T., j. 19.08.2008, rel. Caputo Bastos, *DJ* 19.08.2008)

Art. 118. O trabalhador a quem for pago salário inferior ao mínimo terá direito, não obstante qualquer contrato, ou convenção em contrário, a reclamar do empregador o complemento de seu salário mínimo.

* V. art. 7.º, IV, da CF/1988.
* V. art. 76 da CLT.

⚖ Interpretação convergente

• Ação civil pública. Município. Salário mínimo legal. Proporcionalidade à jornada de trabalho.
O pagamento do salário mínimo de forma proporcional à carga horária cumprida, quando reduzida, ainda que em valor inferior ao salário mínimo mensal, não implica violação do art. 7.º, IV, da CF/1988. Exegese consentânea com a norma consagrada no inc. XIII do mesmo preceito constitucional. Precedentes desta Corte Superior (...).
(TST, Embargos em RR 797015-93.2001.5.07.5555, SDI-I, j. 28.05.2007, rel. Rosa Maria Weber Candiota da Rosa, *DEJT* 01.06.2007)

Art. 119. Prescreve em 2 (dois) anos a ação para reaver a diferença, contados, para cada pagamento, da data em que o mesmo tenha sido efetuado.

* Artigo revogado. V. art. 7.º, XXIX, da CF/1988.

Art. 120. Aquele que infringir qualquer dispositivo concernente ao salário mínimo será passível de multa de 50 (cinquenta) a 2.000 (dois mil) cruzeiros, elevada ao dobro na reincidência.

* Multas: ver Notas de Atualização e Portaria MTb 290/1997.

Art. 121. *(Revogado pelo Dec.-lei 229/1967)*

Arts. 122 e 123. *(Revogados pela Lei 4.589/1964)*

Art. 124. A aplicação dos preceitos deste Capítulo não poderá, em caso algum, ser causa determinante da redução do salário.

* V. art. 7.º, VI, da CF/1988.

Art. 125. *(Revogado pela Lei 4.589/1964)*

Art. 126. O Ministro do Trabalho, Indústria e Comércio expedirá as instruções necessárias à fiscalização do salário mínimo, podendo cometer essa fiscalização a qualquer dos órgãos componentes do respectivo Ministério, e, bem assim, aos fiscais dos Institutos de Aposentadoria e Pensões, na forma da legislação em vigor.

* V. art. 35 do Dec.-lei 229/1967 (Altera dispositivos da Consolidação das Leis do Trabalho – CLT).

Arts. 127 e 128. *(Revogados pelo Dec.-lei 229/1967)*

Capítulo IV
DAS FÉRIAS ANUAIS

Seção I
Do direito a férias e da sua duração

Art. 129. Todo empregado terá direito anualmente ao gozo de um período de férias, sem prejuízo da remuneração.

* Artigo com redação determinada pelo Dec.-lei 1.535/1977.
* V. art. 7.º, XVII, XXXIV e parágrafo único, da CF/1988.
* V. Súmulas 7, 10 e 14 do TST.

Art. 130. Após cada período de 12 (doze) meses de vigência do contrato de trabalho, o empregado terá direito a férias, na seguinte proporção:

* Artigo com redação determinada pelo Dec.-lei 1.535/1977.

I – 30 (trinta) dias corridos, quando não houver faltado ao serviço mais de 5 (cinco) vezes;

Art. 130-A

II – 24 (vinte e quatro) dias corridos, quando houver tido de 6 (seis) a 14 (quatorze) faltas;

III – 18 (dezoito) dias corridos, quando houver tido de 15 (quinze) a 23 (vinte e três) faltas;

IV – 12 (doze) dias corridos, quando houver tido de 24 (vinte e quatro) a 32 (trinta e duas) faltas.

§ 1.º É vedado descontar, do período de férias, as faltas do empregado ao serviço.

* V. Súmulas 89 e 155 do TST.

§ 2.º O período de férias será computado, para todos os efeitos, como tempo de serviço.

* V. art. 7.º, XVII, da CF/1988.

⚖ Interpretação convergente

- **Súmula 89 do TST**

Falta ao serviço. (Res. TST 121/2003, *DJ* 19, 20 e 21.11.2003)
Se as faltas já são justificadas pela lei, consideram-se como ausências legais e não serão descontadas para o cálculo do período de férias.

- **Súmula 155 do TST**

Ausência ao serviço. (Res. TST 121/2003, *DJ* 19, 20 e 21.11.2003)
As horas em que o empregado falta ao serviço para comparecimento necessário, como parte, à Justiça do Trabalho não serão descontadas de seus salários. (Ex--Prejulgado 30)

Art. 130-A. Na modalidade do regime de tempo parcial, após cada período de 12 (doze) meses de vigência do contrato de trabalho, o empregado terá direito a férias, na seguinte proporção:

* Artigo acrescentado pela MedProv 2.164-41/2001.

I – 18 (dezoito) dias, para a duração do trabalho semanal superior a 22 (vinte e duas) horas, até 25 (vinte e cinco) horas;

II – 16 (dezesseis) dias, para a duração do trabalho semanal superior a 20 (vinte) horas, até 22 (vinte e duas) horas;

III – 14 (quatorze) dias, para a duração do trabalho semanal superior a 15 (quinze) horas, até 20 (vinte) horas;

IV –12 (doze) dias, para a duração do trabalho semanal superior a 10 (dez) horas, até 15 (quinze) horas;

V – 10 (dez) dias, para a duração do trabalho semanal superior a 5 (cinco) horas, até 10 (dez) horas;

VI – 8 (oito) dias, para a duração do trabalho semanal igual ou inferior a 5 (cinco) horas.

Parágrafo único. O empregado contratado sob o regime de tempo parcial que tiver mais de 7 (sete) faltas injustificadas ao longo do período aquisitivo terá o seu período de férias reduzido à metade.

Art. 131. Não será considerada falta ao serviço, para os efeitos do artigo anterior, a ausência do empregado:

* *Caput* com redação determinada pelo Dec.-lei 1.535/1977.

I – nos casos referidos no art. 473;

* Inc. I com redação determinada pelo Dec.-lei 1.535/1977.

II – durante o licenciamento compulsório da empregada por motivo de maternidade ou aborto, observados os requisitos para percepção do salário-maternidade custeado pela Previdência Social;

* Inc. II com redação determinada pela Lei 8.921/1994.

III – por motivo de acidente do trabalho ou enfermidade atestada pelo Instituto Nacional do Seguro Social – INSS, excetuada a hipótese do inc. IV do art. 133;

* Inc. III com redação determinada pela Lei 8.726/1993.
* V. Súmula 46 do TST.

Art. 131

⚖️ Interpretação convergente

- **Súmula 46 do TST**

Acidente de trabalho. (Res. TST 121/2003, *DJ* 19, 20 e 21.11.2003)
As faltas ou ausências decorrentes de acidente do trabalho não são consideradas para os efeitos de duração de férias e cálculo da gratificação natalina.

- No caso de acidente de trabalho, há 3 (três) obrigações a serem analisadas: a primeira delas é referente ao cômputo do tempo de serviço para efeito de indenização e estabilidade (art. 4.º, parágrafo único, da CLT), o que de logo esta descartada face a admissão do trabalhador ter sido em 02.09.2005; a segunda é quanto ao cômputo do tempo para fins de período aquisitivo de férias quando o afastamento for inferior a 6 (seis) meses (art. 131, III, da CLT), o que de logo também se descarta, eis que o afastamento persiste há alguns anos (...).
(TRT-16.ª Reg., EDcl no RO 00418-2006-013-16-85-0, 1.ª T., j. 25.08.2010, rel. José Evandro de Souza, *DJ* 03.09.2010)

- Devolução de descontos. Ausências ao trabalho decorrentes de doença. Não configuração.

Nos termos do art. 131, III, da CLT, não será considerada falta ao trabalho a ausência do empregado por motivo de enfermidade, desde que devidamente atestada por médico. Evidentemente, nesse caso, a empregadora não pode efetuar desconto salarial, porquanto tal ausência é legal. No caso dos autos, restou demonstrado em recibos de pagamento e TRCT que a ré não efetuou descontos no salário do obreiro nos dias em se ausentou do trabalho por enfermidade, daí não merecer acolhimento o pedido atinente à respectiva devolução (...).
(TRT-23.ª Reg., RO 10002010026230 04, 1.ª T., j. 18.10.2011, rel. Roberto Benatar, *DJ* 19.10.2011)

🏛️ Interpretação extensiva

- **Súmula 198 do STF**

As ausências motivadas por acidente do trabalho não são descontáveis do período aquisitivo das férias.

- Para fins de justificativas às faltas ao trabalho, por motivo de doença, devem reconhecidos os atestados médicos e odontológicos fornecidos pelos médicos

facultativos da Previdência Social e/ou do Sindicato da Categoria Profissional, consoante Precedente Jurisprudencial 8 (oito).

Defere-se o pedido, nos termos da cláusula 2.2 da decisão revisanda (f.), nos mesmos termos do entendimento desta Seção de Dissídios Coletivos, com a seguinte redação: "Assegura-se eficácia aos atestados médicos e odontológicos fornecidos por profissionais do sindicato dos trabalhadores, para o fim de abono de faltas ao serviço, desde que existente convênio do sindicato com a Previdência Social" (...).

(TRT-4.ª Reg., Revisão de Dissídio Coletivo 01323-2003-000-04-00-0, SDC, j. 22.03.2004, rel. Denise Pacheco, *DJ* 01.04.2004)

IV – justificada pela empresa, entendendo-se como tal a que não tiver determinado o desconto do correspondente salário;

* Inc. IV com redação determinada pelo Dec.-lei 1.535/1977.

⚖️ Interpretação convergente

• Por outro lado, uma análise sistemática do padrão jurídico pátrio não avaliza o raciocínio de que faltas habituais ao serviço somente se possibilitam punir por meio da aplicação da despedida por justa causa. É de ver-se que o Direito brasileiro confere ao empregador, no exercício do poder disciplinar, a prerrogativa de aferir unilateralmente a gravidade da falta praticada pelo trabalhador (com exceção às situações de empregados estáveis, em que se estabelece procedimento específico), exigindo-se dele, apenas, que aja sem excessos em deferência ao princípio da proporcionalidade.

Cumprir-lhe-á optar entre absolver ou punir e, nesse caso, em se tratando de ausências reiteradas e injustificadas, decidir se procederá à redução dos dias de férias (art. 130 da CLT), ao desconto respectivo na contraprestação (art. 131, IV, da CLT) ou, caso não se lhe afigure adequada outra providência, à rescisão por justa causa (art. 482 da CLT) (...).

(TRT-5.ª Reg., RO 0076900-74.2009.5.05.0121, 5.ª T., j. 07.12.2010, rel. Esequias de Oliveira)

• [N]ão será considerada falta ao serviço a ausência do empregado justificada pela empresa, assim entendida aquela que não ensejar desconto do correspon-

dente salário. Desponta dos autos, através das folhas salariais de f., não ter havido nenhum desconto pelas faltas do recorrente (...).
(TRT-7.ª Reg., RO 65005220075070023, 2.ª T., j. 13.04.2009, rel. Claudio Soares Pires, DJ 06.05.2009)

• Horas extras. Compensação por faltas não descontadas do salário da obreira. Uma vez pagos os salário correspondentes aos dias de ausência da obreira, considera-se a falta justificada, não podendo agora compensá-las com horas extras não pagas (...).
(TRT-14.ª Reg., RO 00733.2008.001.14.00-0, 1.ª T., j. 04.03.2009, rel. Shikou Sadahiro, DETRT 06.03.2009)

V – durante a suspensão preventiva para responder a inquérito administrativo ou de prisão preventiva, quando for impronunciado ou absolvido; e

* Inc. V com redação determinada pelo Dec.-lei 1.535/1977.

VI – nos dias em que não tenha havido serviço, salvo na hipótese do inc. III do art. 133.

* Inc. VI com redação determinada pelo Dec.-lei 1.535/1977.

⚖️ Interpretação convergente

• **Súmula 198 do STF**
As ausências motivadas por acidente do trabalho não são descontáveis do período aquisitivo das férias.

• **Súmula 89 do TST**
Falta ao serviço. (Res. TST 121/2003, DJ 19, 20 e 21.11.2003)
Se as faltas já são justificadas pela lei, consideram-se como ausências legais e não serão descontadas para o cálculo do período de férias.

Art. 132. O tempo de trabalho anterior à apresentação do empregado para serviço militar obrigatório será computado no período aquisitivo,

Art. 133

desde que ele compareça ao estabelecimento dentro de 90 (noventa) dias da data em que se verificar a respectiva baixa.

* Artigo com redação determinada pelo Dec.-lei 1.535/1977.

Art. 133. Não terá direito a férias o empregado que, no curso do período aquisitivo:

* *Caput* com redação determinada pelo Dec.-lei 1.535/1977.

I – deixar o emprego e não for readmitido dentro dos 60 (sessenta) dias subsequentes à sua saída;

II – permanecer em gozo de licença, com percepção de salários, por mais de 30 (trinta) dias;

⚖ Interpretação convergente

- Férias vencidas. Estabilidade provisória.

A empregada gestante no gozo da estabilidade provisória não perde o direito às férias, se o contrato de trabalho foi mantido ainda que tenha a empresa encerrado suas atividades. Inaplicável o art. 133 da CLT, por força do art. 131, II, da CLT que não considera os dias de afastamento como falta injustificada, para fins de aquisição do direito a férias (...).
(TRT-4.ª Reg., RO 0044900-09.1994.5.04.0401, 4.ª T., j. 20.08.1997, rel. Walter Steiner)

- [A] contratação a termo certo, por si, não exclui, a possibilidade de um infortúnio durante o período da prestação dos serviços e, atento ao princípio de que é do empregador os riscos do empreendimento, não há como excluir a garantia de emprego ao acidentado no trabalho, conforme retratado no art. 118 da Lei 8.213/1991, estabilidade esta que não se restringe aos empregados contratados por prazo indeterminado, uma vez que a lei não impõe tal restrição, nem poderia haja vista que o seu objetivo é afiançar um meio de subsistência física e mental do trabalhador vítima de um infortúnio; ainda para privilegiar e valorizar a dignidade da pessoa humana em detrimento de um exacerbado e já superado formalismo. Todavia, cumpre ressalvar que aludida garantia não tem o condão de transformar um contrato por prazo determinado em con-

trato a prazo indeterminado, mas rescindido o contrato de trabalho, quando no direito ao gozo do benefício previdenciário ou no direito à garantia de emprego, faz jus o obreiro aos salários, 13.º salário e FGTS + multa de 40% do período estabilitário – porém, não às férias, em razão do art. 133, II, da CLT –, lapso que deve ser computado no tempo de serviço para todos os efeitos legais. Também, não há confundir tal hipótese, com garantias como a devida ao representante sindical, cipeiro e gestante, porquanto a estabilidade do acidentado, distinguindo-se das demais, não decorre de um ato de vontade, mas de um fato involuntário (...).
(TRT-15.ª Reg., RO 0074800-62.2007.5.15.0017, 3.ª T., j. 24.01.2012, rel. Renato Ferreira Franco)

III – deixar de trabalhar, com percepção do salário, por mais de 30 (trinta) dias, em virtude de paralisação parcial ou total dos serviços da empresa; e

⚖️ **Interpretação convergente**

• Não faz jus à percepção de férias o empregado que, no período aquisitivo, gozou licença remunerada por mais de 30 (trinta) dias.
(TST, RR 117295/94.4, 1.ª T., j. 20.10.1994, rel. Ursulino Santos)

IV – tiver percebido da Previdência Social prestações de acidente de trabalho ou de auxílio-doença por mais de 6 (seis) meses, embora descontínuos.

⚖️ **Interpretação convergente**

• O contrato de trabalho por safra vigeu de 08.11.2006 a 05.07.2007, conforme reconhecido na Origem.
O autor sofreu acidente de trabalho em 24.11.2006 (CAT – f.), entrando em benefício previdenciário (auxílio-doença), obtendo alta em 29.05.2007, como se evidencia dos documentos das f.. Os autos noticiam, inclusive pelos cartões--ponto (f.) e declaração da f., que o reclamante não voltou ao trabalho após sofrer

o acidente, comparecendo na empresa somente no dia 05.07.2007, quando o contrato foi extinto pelo término do seu prazo.

Assim, tendo o autor trabalho somente 17 (dezessete) dias e tendo entrado em benefício previdenciário por mais de 6 (seis) meses, não faz jus a férias (...).
(TRT-4.ª Reg., RO 00977-2007-641-04-00-4, 7.ª T., j. 19.11.2008, rel. Maria Inês Cunha Dornelles)

- Férias. Auxílio-doença. Afastamento por mais de 6 (seis) meses. Perda do direito.

Perde o direito às férias o empregado que, no curso do período aquisitivo, fica afastado por mais de seis meses, percebendo auxílio-doença da Previdência Social (...).
(TRT-20.ª Reg., RO 00147-2006-005-20-00-6, j. 19.11.2006, rel. Jorge Antônio Andrade Cardoso, *DJ* 19.10.2006)

§ 1.º A interrupção da prestação de serviços deverá ser anotada na Carteira de Trabalho e Previdência Social.

* § 1.º com redação determinada pelo Dec.-lei 1.535/1977.

§ 2.º Iniciar-se-á o decurso de novo período aquisitivo quando o empregado, após o implemento de qualquer das condições previstas neste artigo, retornar ao serviço.

* § 2.º com redação determinada pelo Dec.-lei 1.535/1977.

§ 3.º Para os fins previstos no inc. III deste artigo a empresa comunicará ao órgão local do Ministério do Trabalho, com antecedência mínima de 15 (quinze) dias, as datas de início e fim da paralisação total ou parcial dos serviços da empresa, e, em igual prazo, comunicará, nos mesmos termos, ao sindicato representativo da categoria profissional, bem como afixará aviso nos respectivos locais de trabalho.

* § 3.º acrescentado pela Lei 9.016/1995.

§ 4.º *(Vetado)*

* § 4.º acrescentado pela Lei 9.016/1995.

Art. 134

⚖️ Interpretação convergente

- Licença remunerada superior a 30 (trinta) dias. LC 64/1990. Efeitos sobre as férias.

O gozo de licença remunerada por prazo superior a trinta dias afasta o direito às férias do período que estava em aquisição, sendo retomado um novo período aquisitivo a partir do retorno do trabalhador à atividade (...).
(TST, RR 2137-30.2010.5.15.0076, 4.ª T., j. 22.08.2012, rel. Maria de Assis Calsing, *DEJT* 24.08.2012)

- Férias. Prescrição. Contrato de trabalho suspenso.

Caso em que a autora esteve afastada do serviço em gozo de benefício previdenciário (auxílio-doença). Não há falar em prescrição das férias relativas ao período aquisitivo de 2002/2003. Incide na espécie a disposição contida no art. 133, IV, § 2.º, da CLT, que prevê o início do decurso de novo período aquisitivo quando o empregado, após o implemento de qualquer das condições previstas no referido artigo, retornar ao serviço (...).
(TRT-4.ª Reg., RO 0000538-24.2010.5.04.0121, 6.ª T., j. 23.11.2011, rel. Maria Inês Cunha Dornelles, *DEJT* 02.12.2011)

Seção II
Da concessão e da época das férias

Art. 134. As férias serão concedidas por ato do empregador, em um só período, nos 12 (doze) meses subsequentes à data em o que empregado tiver adquirido o direito.

* Artigo com redação determinada pelo Dec.-lei 1.535/1977.
* V. Súmula 7 do TST.

§ 1.º Somente em casos excepcionais serão as férias concedidas em dois períodos, um dos quais não poderá ser inferior a 10 (dez) dias corridos.

§ 2.º Aos menores de 18 (dezoito) anos e aos maiores de 50 (cinquenta) anos de idade, as férias serão sempre concedidas de uma só vez.

Interpretação convergente

- Explica-se que o art. 134 da CLT impõe a concessão das férias em um só período, nos 12 (doze) meses subsequentes à data em que o empregado tiver adquirido o direito. Isso porque na gênese desse instituto, encontram-se fundamentos relacionados às demais formas de limitação do tempo de trabalho: de natureza biológica (combate aos problemas psicofisiológicos provenientes da fadiga e da excessiva racionalização do serviço); de caráter social (possibilita maior convívio familiar/social, práticas de atividades recreativas, culturais e físicas, essenciais à saúde física e mental do indivíduo); e de natureza econômica (o combate à fadiga resulta em maior quantidade e melhor qualidade de serviço, valendo salientar que o trabalhador estressado tem seu rendimento comprometido, por razões biológicas, uma vez que o ser humano não suporta carga superior à sua natureza, como destacado, incluindo-se, nesse item, maior número de empregos) (...).
(TST, Embargos em RR 13145/2000-652-09-00.8, SDI-I, j. 19.11.2007, rel. Maria Cristina Irigoyen Peduzzi, *DJU* 07.12.2007)

- Desse modo, impõe-se a reforma da decisão regional para deferir a dobra sobre os períodos de férias usufruídos dentro do prazo concessivo do art. 134 da CLT, mas pagos além daquele estabelecido no art. 145 da CLT (...).
(TST, RR 320/2007-006-12-00, 4.ª T., j. 22.04.2009, rel. Barros Levenhagen, *DEJT* 08.05.2009)

Interpretação extensiva

- **Súmula 261 do TST**
Férias proporcionais. Pedido de demissão. Contrato vigente há menos de um ano. (Res. TST 121/2003, *DJ* 19, 20 e 21.11.2003)
O empregado que se demite antes de complementar 12 (doze) meses de serviço tem direito a férias proporcionais.

> **Art. 135.** A concessão das férias será participada, por escrito, ao empregado, com antecedência de, no mínimo, 30 (trinta) dias. Dessa participação o interessado dará recibo.
>
> * *Caput* com redação determinada pela Lei 7.414/1985.

Art. 136

CONSOLIDAÇÃO DAS LEIS DO TRABALHO

§ 1.º O empregado não poderá entrar no gozo das férias sem que apresente ao empregador sua Carteira de Trabalho e Previdência Social, para que nela seja anotada a respectiva concessão.

* § 1.º com redação determinada pelo Dec.-lei 1.535/1977.

§ 2.º A concessão das férias será, igualmente, anotada no livro ou nas fichas de registro dos empregados.

* § 2.º com redação determinada pelo Dec.-lei 1.535/1977.

⚖️ Interpretação convergente

• **Dano moral. Configuração. Anotação desabonadora na CTPS do empregado. Perda do direito de férias em decorrência de falta.**
O disposto no art. 135, § 1.º, da CLT não restou violado (...). O texto legal prevê a anotação do período concessivo, e não os motivos da perda do direito às férias (...).
(TST, RR 204100-27.2005.5.09.0660, 2.ª T., j. 14.05.2008, rel. José Simpliciano Fontes de F. Fernandes, *DEJT* 30.05.2008)

• **Confirmado pelo Tribunal Regional** – descompasso entre as formalidades requeridas pela lei (art. 135 da CLT) e os controles adotados pela reclamada – não há como se concluir se o reclamante gozou regularmente as férias, sem o revolvimento de fatos e provas (...).
(TST, RR 4447100-86.2002.5.09.0900, 6.ª T., j. 27.08.2008, rel. Horácio Raymundo de Senna Pires, *DEJT* 29.08.2008)

• **Concessão de férias. Comunicação prévio ao empregado. Art. 135 da CLT. Inobservância. Repetição do pagamento** (...).
(TST, RR 270500-81.2006.5.09.0015, 3.ª T., j. 11.05.2011, rel. Rosa Maria Weber, *DEJT* 20.05.2011)

Art. 136. A época da concessão das férias será a que melhor consulte os interesses do empregador.

* Artigo com redação determinada pelo Dec.-lei 1.535/1977.

§ 1.º Os membros de uma família, que trabalharem no mesmo estabelecimento ou empresa, terão direito a gozar férias no mesmo período, se assim o desejarem e se disto não resultar prejuízo para o serviço.

§ 2.º O empregado estudante, menor de 18 (dezoito) anos, terá direito a fazer coincidir suas férias com as férias escolares.

⚖ Interpretação convergente

• É devido o pagamento da dobra relativa às férias não gozadas, oportunamente, nos termos do art. 136 da CLT (...).
(TRT-4.ª Reg., RO 289005019915040461, 5.ª T., j. 29.09.1994, rel. Suzana Eleonora Jamardo Dani de Boeckel)

• Embora a Consolidação das Leis do Trabalho estabeleça que a época da concessão das férias será a que melhor consulte os interesses do empregado (art. 136 da CLT), não se pode olvidar que o mesmo diploma legal estabelece que a concessão das férias efetivada nos 12 (doze) meses subsequentes à data em que o empregado tiver adquirido o direito (...).
(TRT-15.ª Reg., RO 50342/SP, rel. Lorival Ferreira dos Santos, *DJ* 03.09.2010)

• Justa causa. Décimo terceiro e férias proporcionais (Convenção OIT 132 vs. art. 136 da CLT. Justa causa (...).
(TRT-18.ª Reg., Processo 11232201000918007, rel. Aldon do Vale Alves Taglialegna, *DJ* 03.09.2010)

Art. 137. Sempre que as férias forem concedidas após o prazo de que trata o art. 134, o empregador pagará em dobro a respectiva remuneração.

* Artigo com redação determinada pelo Dec.-lei 1.535/1977.

🏛 Interpretação extensiva

• **OJ 386 da SDI-I/TST**
Férias. Gozo na época própria. Pagamento fora do prazo. Dobra devida. Arts. 137 e 145 da CLT. (*DEJT* divulgado em 09, 10 e 11.06.2010)
É devido o pagamento em dobro da remuneração de férias, incluído o terço constitucional, com base no art. 137 da CLT, quando, ainda que gozadas na

Art. 137

época própria, o empregador tenha descumprido o prazo previsto no art. 145 do mesmo diploma legal.

> § 1.º Vencido o mencionado prazo sem que o empregador tenha concedido as férias, o empregado poderá ajuizar reclamação pedindo a fixação, por sentença, da época de gozo das mesmas.
>
> § 2.º A sentença cominará pena diária de 5% (cinco por cento) do salário mínimo, devida ao empregado até que seja cumprida.
>
> * V. art. 76 da CLT.
>
> § 3.º Cópia da decisão judicial transitada em julgado será remetida ao órgão local do Ministério do Trabalho, para fins de aplicação da multa de caráter administrativo.

⚖️ Interpretação convergente

- **Súmula 81 do TST**
Férias. (Res. 121/2003, *DJ* 19, 20 e 21.11.2003)
Os dias de férias gozados após o período legal de concessão deverão ser remunerados em dobro.

- **Remuneração das férias. Pagamento depois de desfrutada. Hipótese de incidência do art. 137 da CLT** (...).
(TST, RR 592/2008-043-12-0.8, 5.ª T., j. 25.11.2009, rel. João Batista Brito Pereira, *DEJT* 04.12.2009)

- **Férias. Gozo na época própria. Pagamento fora do prazo previsto no art. 145 da CLT. Dobra a que se refere o art. 137 da CLT** (…).
(TST, RR 1843-67.2010.5.12.0041, 5.ª T., j. 14.12.2011, rel. Kátia Magalhães Arruda, *DEJT* 19.12.2011)

- **Concessão do descanso no período legalmente previsto. Pagamento de remuneração fora do prazo legal. Aplicação analógica do art. 137 da CLT** (...).
(TST, RR 56200-56.2007.5.03.0104, 7.ª T., j. 02.05.2012, rel. Delaíde Miranda Arantes, *DEJT* 04.05.2012)

🏛 Interpretação extensiva

- **Súmula 7 do TST**
Férias. (Res. TST 121/2003, *DJ* 19, 20 e 21.11.2003)
A indenização pelo não deferimento das férias no tempo oportuno será calculada com base na remuneração devida ao empregado na época da reclamação ou, se for o caso, na da extinção do contrato.

> **Art. 138.** Durante as férias, o empregado não poderá prestar serviços a outro empregador, salvo se estiver obrigado a fazê-lo em virtude de contrato de trabalho regularmente mantido com aquele.

* Artigo com redação determinada pelo Dec.-lei 1.535/1977.

⚖ Interpretação convergente

- Professora. Horas extras. Extrapolação dos limites do art. 138 da CLT (...).
(TST, AgIn no RR 127940-81.2007.5.03.0134, 6.ª T., j. 04.05.2011, rel. Maurício Godinho Delgado, *DEJT* 13.05.2011)

- O art. 138 da CLT permite que o empregado preste serviços em suas férias a outro empregador, se estiver obrigada a fazê-lo em virtude do contrato de trabalho regularmente mantido (...).
(TRT-2.ª Reg., RO 200000523865, 3.ª T., j. 21.05.2012, rel. Sérgio Pinto Martins, *DJ* 04.06.2002)

Seção III
Das férias coletivas

> **Art. 139.** Poderão ser concedidas férias coletivas a todos os empregados de uma empresa ou de determinados estabelecimentos ou setores da empresa.

* Artigo com redação determinada pelo Dec.-lei 1.535/1977.

> **§ 1.º** As férias poderão ser gozadas em dois períodos anuais desde que nenhum deles seja inferior a 10 (dez) dias corridos.

Art. 139 CONSOLIDAÇÃO DAS LEIS DO TRABALHO

§ 2.º Para os fins previstos neste artigo, o empregador comunicará ao Órgão local do Ministério do Trabalho, com a antecedência mínima de 15 (quinze) dias, as datas de início e fim das férias, precisando quais os estabelecimentos ou setores abrangidos pela medida.

§ 3.º Em igual prazo, o empregador enviará cópia da aludida comunicação aos sindicatos representativos da respectiva categoria profissional, e providenciará a afixação de aviso nos locais de trabalho.

⚖ Interpretação convergente

• Há que se ressaltar que não restou comprovado, nos autos, que tenham sido concedidas férias coletivas aos empregados, como alega a reclamada, a fim de justificar a aplicação do disposto no art. 139 da CLT. Ademais, não demonstrou ela ter cumprido com as disposições previstas no dispositivo legal em apreço, com comunicação ao órgão local do Ministério do Trabalho e envio de cópia da aludida comunicação aos sindicatos representativos da respectiva categoria profissional. O ônus da prova, *in casu*, cabia a reclamada, a teor do disposto nos arts. 818 da CLT e 333, II, do CPC, de aplicação subsidiária ao Processo do Trabalho (...).
(TRT-4.ª Reg., RO 0004800-04.1996.5.04.0381, 3.ª T., j. 18.05.2000, rel. Pedro Luiz Serafini)

• Na hipótese, as férias foram concedidas de forma coletiva, tendo sido cumprida a exigência do art. 139, § 2.º, da CLT, conforme se verifica nas "comunicações de férias" à Sub-Delegacia Regional do Trabalho (...).
(TRT-4.ª Reg., RO 00166-2007-382-04-00-4, 8.ª T., j. 18.06.2009, rel. Denis Marcelo de Lima Molarinho)

• Férias coletivas. Fracionamento. Art. 139, § 1.º, da CLT.
O parcelamento das férias coletivas tem como único requisito a observância de que nenhum período seja inferior a 10 (dez) dias, não se exigindo a demonstração, pela empresa, da situação de excepcionalidade. Recurso do reclamante não provido (...).
(TRT-4.ª Reg., RO 00479-2008-383-04-00-0, 8.ª T., j. 02.07.2009, rel. Ana Rosa Pereira Zago Sagrilo)

Art. 140. Os empregados contratados há menos de 12 (doze) meses gozarão, na oportunidade, férias proporcionais, iniciando-se, então, novo período aquisitivo.

* Artigo com redação determinada pelo Dec.-lei 1.535/1977.

⚖️ Interpretação convergente

- O art. 140 da CLT prevê, por ocasião de férias coletivas, que os empregados com menos de 12 (doze) meses de serviço gozarão então férias proporcionais. Conforme documento de f., após seis meses de serviço o recorrido gozou de oito dias de férias, quando a proporcionalidade deveria ser de 15 (quinze) dias (6/12). Assim, faz jus aos 7 (sete) dias restantes deferidos na sentença.
O oitavo dia deferido corresponde ao período a partir do retorno das férias coletivas, 26.12.1989, até a extinção do contrato de trabalho, em 08.02.1990 (...). (TRT-4.ª Reg., RO 0054800-64.1990.5.04.0010, 2.ª T., j. 15.08.1995, rel. Luiz Caldas Milano)

⚖️ Interpretação extensiva

- **Súmula 261 do TST**
Férias proporcionais. Pedido de demissão. Contrato vigente há menos de um ano. (Res. TST 121/2003, *DJ* 19, 20 e 21.11.2003)
O empregado que se demite antes de complementar 12 (doze) meses de serviço tem direito a férias proporcionais.

Art. 141. Quando o número de empregados contemplados com as férias coletivas for superior a 300 (trezentos), a empresa poderá promover, mediante carimbo, as anotações de que trata o art. 135, § 1.º.

* Artigo com redação determinada pelo Dec.-lei 1.535/1977.

§ 1.º O carimbo, cujo modelo será aprovado pelo Ministério do Trabalho, dispensará a referência ao período aquisitivo a que correspondem, para cada empregado, as férias concedidas.

Art. 142

§ 2.º Adotado o procedimento indicado neste artigo, caberá à empresa fornecer ao empregado cópia visada do recibo correspondente à quitação mencionada no parágrafo único do art. 145.

§ 3.º Quando da cessação do contrato de trabalho, o empregador anotará na Carteira de Trabalho e Previdência Social as datas dos períodos aquisitivos correspondentes às férias coletivas gozadas pelo empregado.

Seção IV
Da remuneração e do abono de férias

Art. 142. O empregado perceberá, durante as férias, a remuneração que lhe for devida na data da sua concessão.

* Artigo com redação determinada pelo Dec.-lei 1.535/1977.
* O art. 7.º, XVII, da CF/1988 estabeleceu que a remuneração das férias será pelo menos 1/3 (um terço) maior do que a remuneração normal.

⚖️ Interpretação convergente

- O valor pecuniário das férias corresponde ao valor do salário, considerando o correspondente período de trabalho (trata-se do mesmo montante que seria pago caso o obreiro estivesse laborando); a este valor, acresce-se o percentual de um terço (art. 142 da CLT c/c art. 7.º, XVII, da CF/1988) (...).
(TST, AgIn em RR, 764-26.2010.5.04.0801, 6.ª T., j. 15.02.2012, rel. Mauricio Godinho Delgado, *DEJT* 24.02.2013)

§ 1.º Quando o salário for pago por hora com jornadas variáveis, apurar-se-á a média do período aquisitivo, aplicando-se o valor do salário na data da concessão das férias.

🏛 Interpretação extensiva

- **Súmula 199 do STF**
O salário das férias do empregado horista corresponde à média do período aquisitivo, não podendo ser inferior ao mínimo.

§ 2.º Quando o salário for pago por tarefa, tomar-se-á por base a média da produção no período aquisitivo do direito a férias, aplicando-se o valor da remuneração da tarefa na data da concessão das férias.

* V. art. 7.º, VII, da CF/1988.

Interpretação extensiva

- **Súmula 149 do TST**
Tarefeiro. Férias. (Res. TST 121/2003, *DJ* 19, 20 e 21.11.2003).
A remuneração das férias do tarefeiro deve ser calculada com base na média da produção do período aquisitivo, aplicando-se-lhe a tarifa da data da concessão. (Ex-Prejulgado 22)

§ 3.º Quando o salário for pago por percentagem, comissão ou viagem, apurar-se-á a média percebida pelo empregado nos 12 (doze) meses que precederem à concessão das férias.

§ 4.º A parte do salário paga em utilidades será computada de acordo com a anotação na Carteira de Trabalho e Previdência Social.

* V. art. 1.º, Dec.-lei 926/1969 (Institui a Carteira de Trabalho e Previdência Social).

Interpretação convergente

- Empregado comissionado férias base de cálculo. Nos termos do art. 142, § 3.º, da CLT, o empregado comissionista tem suas férias calculadas com base na média das comissões por ele percebidas nos 12 (doze) meses que precederem à concessão do benefício (...).
(TST, RR 46527 46527/2002-900-08-00.0, 1.ª T., j. 24.11.2009, rel. Luiz Philippe Vieira de Mello Filho, *DEJT* 04.12.2009).

§ 5.º Os adicionais por trabalho extraordinário, noturno, insalubre ou perigoso serão computados no salário que servirá de base ao cálculo da remuneração das férias.

* V. art. 7.º, XVI, da CF/1988.

Art. 142

⚖️ Interpretação convergente

• Remuneração de férias. Integração das horas extras não habituais. Art. 142, § 5.º, da CLT.

Nos termos do art. 142, § 5.º, da CLT, as horas extras, ainda que não habituais, serão computadas no salário que servirá de base de cálculo da remuneração das férias. Recurso de Embargos de que não se conhece (...).

(TST, RR 536175-88.1999.5.10.5555, 4.ª T., j. 29.10.2007, rel. João Batista Brito Pereira, *DEJT* 09.11.2007).

🏛️ Interpretação extensiva

• Súmula 347 do TST

Horas extras habituais. Apuração. Média física. (Res. TST 121/2003, *DJ* 19, 20 e 21.11.2003)

O cálculo do valor das horas extras habituais, para efeito de reflexos em verbas trabalhistas, observará o número de horas efetivamente prestadas e a ele aplica-se o valor do salário-hora da época do pagamento daquelas verbas.

> **§ 6.º Se, no momento das férias, o empregado não estiver percebendo o mesmo adicional do período aquisitivo, ou quando o valor deste não tiver sido uniforme, será computada a média duodecimal recebida naquele período, após a atualização das importâncias pagas, mediante incidência dos percentuais dos reajustamentos salariais supervenientes.**

🏛️ Interpretação extensiva

• Súmula 253 do TST

Gratificação semestral. Repercussões. (Res. TST 121/2003, *DJ* 19, 20 e 21.11.2003)

A gratificação semestral não repercute no cálculo das horas extras, das férias e do aviso prévio, ainda que indenizados. Repercute, contudo, pelo seu duodécimo na indenização por antiguidade e na gratificação natalina.

Interpretação restritiva

- **Súmula 328 do TST**

Férias. Terço constitucional. (Res. TST 121/2003, *DJ* 19, 20 e 21.11.2003)

O pagamento das férias, integrais ou proporcionais, gozadas ou não, na vigência da Constituição Federal de 1988, sujeita-se ao acréscimo do terço previsto no respectivo art. 7.º, XVII, da CF/1988.

> **Art. 143.** É facultado ao empregado converter 1/3 (um terço) do período de férias a que tiver direito em abono pecuniário, no valor da remuneração que lhe seria devida nos dias correspondentes.

* *Caput* com redação determinada pelo Dec.-lei 1.535/1977.

Interpretação convergente

- Caixa Econômica Federal. Abono pecuniário. Art. 143 da CLT. Terço constitucional. Diferenças. Inexistência.

Os autores afirmam que requereram a conversão do terço constitucional do período de férias em abono pecuniário, mas a reclamada limitou-se a pagar-lhes apenas dois terços não convertidos, sendo devido o pagamento de diferenças. A reclamada alegou que o terço constitucional fora devidamente calculado e incluído no abono pecuniário, destacando que o próprio regulamento estabelece que o valor do abono pecuniário é acrescido do terço constitucional, e a Corte regional, ao reconhecer a existência de pagamentos sob rubricas diferentes, nos termos previstos no regulamento, mas ainda assim condenar a reclamada ao pagamento de diferenças do terço de férias, proferiu entendimento que extrapola o âmbito de vigência do art. 143 da CLT. A Subseção I Especializada em Dissídios Individuais do TST, em sessão de 16.05.2013, no julgamento do Processo TST Embargos em RR 282-96.2011.5.18.0011, sedimentou o entendimento de que a partir da exegese da norma expressa no art. 143 da CLT, tem-se que, uma vez constatado o pagamento do terço constitucional sobre os 30 dias de férias, resulta indevido o pagamento do terço sobre o abono pecuniário de férias. Precedentes (...).

(TST, RR 869512011507-0003, 7.ª T., j. 29.05.2013, rel. Luiz Philippe Vieira de Mello Filho, *DEJT* 07.06.2013)

Art. 143

§ 1.º O abono de férias deverá ser requerido até 15 (quinze) dias antes do término do período aquisitivo.

* § 1.º com redação determinada pelo Dec.-lei 1.535/1977.

§ 2.º Tratando-se de férias coletivas, a conversão a que se refere este artigo deverá ser objeto de acordo coletivo entre o empregador e o sindicato representativo da respectiva categoria profissional, independendo de requerimento individual a concessão do abono.

* § 2.º com redação determinada pelo Dec.-lei 1.535/1977.

§ 3.º O disposto neste artigo não se aplica aos empregados sob o regime de tempo parcial.

* § 3.º acrescentado pela MedProv 2.164-41/2001.
* V. MedProv 2.164-41/2001 (Trabalho a tempo parcial e suspensão do contrato de trabalho).

⚖️ Interpretação convergente

• Conversão de 1/3 (um terço) das férias em abono pecuniário. Acréscimo constitucional de 1/3 (um terço). Forma de cálculo.
O abono pecuniário caracteriza-se como a parcela indenizatória resultante da conversão pecuniária do valor correspondente a um terço do período de férias (art. 143, § 1.º, da CLT). É interessante salientar que esse abono celetista de férias é calculado sobre o valor global das férias: logo, considera, inclusive, o terço constitucional de férias (...).
(TST, RR 295-28.2011.5.07.0003, 3.ª T., j. 24.04.2013, rel. Mauricio Godinho Delgado, *DEJT* 26.04.2013).

🏛 Interpretação extensiva

• **OJ 50 da SDI-I – Transitória/TST**
Férias. Abono instituído por instrumento normativo e terço constitucional. Simultaneidade inviável (Conversão da OJ 231 da SDI-I) – *DJ* 20.04.2005.
O abono de férias decorrente de instrumento normativo e o abono de 1/3 (um terço) previsto no art. 7º, XVII, da CF/88 têm idêntica natureza jurídica, destina-

ção e finalidade, constituindo-se "bis in idem" seu pagamento simultâneo, sendo legítimo o direito do empregador de obter compensação de valores porventura pagos. (Ex-OJ 231 da SDI-I – inserida em 20.06.2001)

Art. 144. O abono de férias de que trata o artigo anterior, bem como o concedido em virtude de cláusula do contrato de trabalho, do regulamento da empresa, de convenção ou acordo coletivo, desde que não excedente de 20 (vinte) dias do salário, não integrarão a remuneração do empregado para os efeitos da legislação do trabalho.

* Artigo com redação determinada pela Lei 9.528/1997.
* V. art. 7.º, XVII, da CF/1988.

⚖ Interpretação convergente

• Até a edição da MedProv 1.523/1997, a redação do art. 144 da CLT efetivamente dispunha que o abono de retorno de férias concedido em virtude de cláusula do contrato de trabalho, do regulamento da empresa, de convenção ou acordo coletivo, desde que não excedente a vinte dias do salário, não integra a remuneração do empregado para os efeitos da legislação do trabalho e da previdência social. Todavia, com a edição da mencionada Medida Provisória, posteriormente convertida na Lei 9.528/1997, houve a supressão da expressão "e da previdência social" da parte final do dispositivo, passando a incidir, assim, a cobrança da contribuição previdenciária (...).
(TRF-1.ª Reg., ApCiv 30157, 7.ª T., j. 29.05.2012, rel. Saulo José Casali Bahia, *DJ* 27.07.2012)

Art. 145. O pagamento da remuneração das férias e, se for o caso, o do abono referido no art. 143 serão efetuados até 2 (dois) dias antes do início do respectivo período.

* Artigo com redação determinada pelo Dec.-lei 1.535/1977.

Parágrafo único. O empregado dará quitação do pagamento, com indicação do início e do termo das férias.

⚖ Interpretação convergente

• O art. 145 da CLT, a fim de viabilizar o efetivo gozo e aproveitamento das férias concedidas, estabelece que a remuneração total das férias seja quitada antecipadamente, até dois dias antes do início do respectivo período. A desídia do empregador em antecipar o pagamento das verbas de férias, violando a norma legal imperativa e de ordem pública, compromete o real usufruto do direito ao descanso anual remunerado e frustra a finalidade do instituto. Logo, em tal situação, é cabível a aplicação da sanção prevista no art. 137, *caput*, da CLT, qual seja, o pagamento em dobro da remuneração das férias. No caso concreto, em que houve pagamento apenas do terço constitucional de férias no prazo legal, com o recebimento do salário alusivo ao mês das férias durante o seu gozo, constata-se a violação do art. 145 da CLT, tendo em vista que o mencionado dispositivo exige a quitação da remuneração de férias no prazo assinado, o que abrange as duas parcelas. Incide a Orientação Jurisprudencial nº 386 da Subseção I Especializada em Dissídios Individuais do TST (...).

(TST, RR 183700-71.2011.5.21.0005, 4.ª T., j. 06.02.2013, rel. Luiz Philippe Vieira de Mello Filho, *DEJT* 15.02.2013).

⚖ Interpretação extensiva

• **OJ 386 da SDI-I/TST**
Férias. Gozo na época própria. Pagamento fora do prazo. Dobra devida. Arts. 137 e 145 da CLT. (*DEJT* divulgado em 09, 10 e 11.06.2010)
É devido o pagamento em dobro da remuneração de férias, incluído o terço constitucional, com base no art. 137 da CLT, quando, ainda que gozadas na época própria, o empregador tenha descumprido o prazo previsto no art. 145 do mesmo diploma legal.

Seção V
Dos efeitos da cessação do contrato de trabalho

Art. 146. Na cessação do contrato de trabalho, qualquer que seja a sua causa, será devida ao empregado a remuneração simples ou em

dobro, conforme o caso, correspondente ao período de férias cujo direito tenha adquirido.

* Artigo com redação determinada pelo Dec.-lei 1.535/1977.

⚖ Interpretação convergente

- **Súmula 328 do TST**

Férias. Terço constitucional.

O pagamento das férias, integrais ou proporcionais, gozadas ou não, na vigência da Constituição Federal de 1988, sujeita-se ao acréscimo do terço previsto no respectivo art. 7.º, XVII, da CF/1988.

🏛 Interpretação extensiva

- **Súmula 386 do STJ**

São isentas de Imposto de Renda as indenizações de férias proporcionais e o respectivo adicional.

- Trabalhador doméstico. Férias proporcionais. Direito. Art. 2.º do Dec. 71.885/1973.

Através do parágrafo único do art. 7.º da CF/1988 foi assegurado ao empregado doméstico o direito às férias anuais, previstas no inc. XVII do art. 7.º, não se encontrando neste dispositivo previsão quanto ao direito às férias proporcionais, devendo, nesse contexto, remeter-se o julgador à observância da norma infraconstitucional, Lei 5.859/1972, que, regulamentada pelo Dec. 71.885/1973, deixou expresso em seu art. 2.º a regência da Consolidação das Leis do Trabalho no que tange ao capítulo das férias. Assim, indiscutível a aplicação do disposto no art. 146 da CLT aos empregados domésticos, que prevê expressamente o direito às férias proporcionais (...).
(TST, RR 788235-51.2001.5.04.5555, 1.ª T., j. 04.10.2006, rel. Luiz Philippe Vieira de Mello Filho, *DEJT* 20.10.2006)

- Reconhecido o liame empregatício na esfera judicial, restam assegurados todos os direitos inerentes à relação de emprego, em especial o pagamento das parcelas rescisórias, uma vez que não consagra o art. 477 da CLT nenhuma

ressalva neste sentido. Da mesma forma, o art. 146, *caput*, da CLT não exclui o reconhecimento do vínculo de emprego através de pronunciamento judicial da obrigação de saldar o valor das férias de forma simples ou dobrada, conforme o caso, e a Lei 4.749/1965 não contempla esta como uma hipótese que exonera o empregador da obrigação de pagar o 13.º salário (...).
(TRT-9.ª Reg., RO 00368-2009-006-09-00-3, 4.ª T., j. 25.05.2011, rel. Márcia Domingues, *DEJT* 31.05.2011)

Interpretação restritiva

- **OJ 195 da SDI-I/TST**
Férias indenizadas. FGTS. Não incidência. (*DJ* 20.04.2005)
Não incide a contribuição para o FGTS sobre as férias indenizadas.

> **Parágrafo único. Na cessação do contrato de trabalho, após 12 (doze) meses de serviço, o empregado, desde que não haja sido demitido por justa causa, terá direito à remuneração relativa ao período incompleto de férias, de acordo com o art. 130, na proporção de 1/12 (um doze avos) por mês de serviço ou fração superior a 14 (quatorze) dias.**

Interpretação convergente

- **Súmula 200 do STF**
Não é inconstitucional a Lei 1.530, de 26.12.1951, que manda incluir na indenização por despedida injusta parcela correspondente a férias proporcionais.

- **Súmula 171 do TST**
Férias Proporcionais. Contrato de Trabalho. Extinção.
Salvo na hipótese de dispensa do empregado por justa causa, a extinção do contrato de trabalho sujeita o empregador ao pagamento da remuneração das férias proporcionais, ainda que incompleto o período aquisitivo de 12 (doze) meses (art. 147 da CLT). (Ex-pré-julgado 51). (Súmula republicada no *DJU* 05.05.2004, com redação determinada pela Res. TST 121/2003)

• **Súmula 261 do TST**
Férias proporcionais. Pedido de demissão. Contrato vigente há menos de 1 (um) ano.
O empregado que se demite antes de completar 12 (doze) meses de serviço tem direito a férias proporcionais. (Súmula com redação determinada pela Res. TST 121/2003)

• Férias proporcionais acrescidas do terço constitucional. Dispensa por justa causa. Aplicação da Convenção OIT 132.
Não obstante a dispensa tenha sido motivada, deferiu a Corte regional o pagamento de férias proporcionais acrescidas do terço constitucional, invocando, para tanto, as disposições do art. 11 da Convenção OIT 132. Entretanto, nos termos da Súmula 171 desta Corte, que interpreta o art. 146, parágrafo único, da CLT, a justa causa configura condição impeditiva do direito à percepção da remuneração de férias proporcionais (...).
(TST, RR 4200-07.2009.5.15.0062, 1.ª T., j. 20.06.2012, rel. José Pedro de Camargo Rodrigues de Souza, *DEJT* 29.06.2012)

• Justa causa. Férias proporcionais. Convenção OIT 132. Súmula 171 do TST.
Nos termos da atual redação da Súmula 171 do TST, aprovada após a ratificação da Convenção OIT 132 pelo Brasil, o empregado dispensado por justa causa não faz jus à percepção das férias proporcionais (...).
(TST, RR 244-25.2011.5.04.0771, 8.ª T., j. 17.10.2012, rel. Márcio Eurico Vitral Amaro, *DEJT* 19.10.2012)

Interpretação divergente

• Das férias proporcionais. Aplicação da convenção da OIT 132. Após a ratificação pelo Brasil e a promulgação através do Dec. 3.197, de 05.10.1999, pelo Presidente da República, a Convenção 132 da OIT entrou em vigor no ordenamento pátrio, conferindo aos empregados despedidos por justa causa o direito às férias proporcionais, desde que tenham trabalhado por período superior a 6 (seis) meses. (...) A citada norma jurídica não distingue os empregados em decorrência da espécie de extinção do contrato de trabalho para lhes conferir direito às férias indenizadas, desassociando este direito do poder

punitivo do empregador, na medida em que o ato faltoso do empregado não guarda correlação com o recebimento das férias. Assim, tratando-se de regra jurídica mais benéfica ao trabalhador, a Convenção 132 da OIT merece ser aplicada ao presente caso (...).
(TRT-7.ª Reg., RO 0000237-89.2011.5.07.0014, 1.ª T., j. 27.06.2012, rel. Dulcina de Holanda Palhano, DEJT 09.07.2012)

• Férias proporcionais. Demissão por justa causa. Devidas. Com a publicação do Dec. 3.197/1999, a Convenção 132 da OIT passou a integrar o ordenamento jurídico nacional, com status de lei ordinária, restando, pois, devidas as férias proporcionais independentemente do motivo do rompimento contratual. A norma expressada pela Organização Internacional do Trabalho e acatada pelo Estado Brasileiro derrogou parcialmente o previsto no art. 146 da CLT (...).
(TRT-15.ª Reg., RO 0117000-75.2009.5.15.0062, 3.ª T., j. 14.02.2012, rel. Juiz Adriene Sidnei de Moura David Diamantino)

Art. 147. O empregado que for despedido sem justa causa, ou cujo contrato de trabalho se extinguir em prazo predeterminado, antes de completar 12 (doze) meses de serviço, terá direito à remuneração relativa ao período incompleto de férias, de conformidade com o disposto no artigo anterior.

* Artigo com redação determinada pelo Dec.-lei 1.535/1977.

⚖ Interpretação convergente

• Férias proporcionais. Rescisão do contrato. Período aquisitivo incompleto. São devidas as férias proporcionais, em caso de dispensa sem justa causa, conforme determina o art. 147 da CLT. A decisão recorrida está em consonância com a iterativa e notória jurisprudência do Tribunal Superior do Trabalho. Aplicação da Súmula 171 do TST (...).
(TST, RR 185200-77.2003.5.09.0009, 5.ª T., j. 13.05.2009, rel. Min. Kátia Magalhães Arruda, DEJT 22.05.2009)

- [T]endo sido a obreira dispensada por justa causa, não faz jus ao pagamento de férias proporcionais com acréscimo de um terço (...).
(TST, RR 53300-23.2005.5.04.0305, 6.ª T., j. 01.12.2010, rel. Min. Augusto César Leite de Carvalho, *DEJT* 10.12.2010)

- Demissão por justa causa. Ausência de direito a férias proporcionais. Conforme dispõe a Súmula 171 desta Corte, – *salvo na hipótese de dispensa do empregado por justa causa*, a extinção do contrato de trabalho sujeita o empregador ao pagamento da remuneração das férias proporcionais, ainda que incompleto o período aquisitivo de 12 (doze) meses (art. 147 da CLT) – (grifos apostos) (...).
(TST, RR 378-80.2011.5.09.0652, 8.ª T., j. 20.02.2013, rel. Min. Dora Maria da Costa, *DEJT* 22.02.2013)

🏛 Interpretação extensiva

- **Súmula 261 do TST**
Férias proporcionais. Pedido de demissão. Contrato vigente há menos de 1 (um) ano.
O empregado que se demite antes de completar 12 (doze) meses de serviço tem direito a férias proporcionais. (Súmula com redação determinada pela Res. TST 121/2003).

- [A] sentença mantida manifesta-se expressamente sobre o direito dos domésticos ao recebimento das férias em dobro, não havendo omissão a ser sanada nesse aspecto. Outrossim, ainda é válido afirmar que o mesmo fundamento trazido para embasar o direito dos domésticos às férias em dobro pode e deve ser utilizado para fundamentar a concessão de férias proporcionais a essa categoria. Acredito, assim, que o empregado doméstico tem direito às férias em dobro, caso não gozadas ou pagas no período concessivo, e às proporcionais. Embora os direitos trabalhistas da categoria doméstica estejam expressamente contemplados na Lei 5.859/1972 e na Constituição Federal, há que se dar relevância aos princípios da razoabilidade e proporcionalidade, levando-se em consideração que a generalidade da lei não consegue abarcar a riquíssima e vasta gama de situações que emergem da sociedade, aplicando-se aos domésticos, por analogia, o art. 147 da CLT, tendo em vista que se a lei e a Constituição asseguram o direito maior de

férias anuais integrais, com muito maior razão assegura também o menos, que consiste nas férias proporcionais (...).
(TRT-16.ª Reg., EDcl em RO 00736-2007-003-16-00-4, j. 13.08.2008, rel. Des. Américo Bedê Freire, *DJ* 27.08.2008)

Art. 148. A remuneração das férias, ainda quando devida após a cessação do contrato de trabalho, terá natureza salarial, para os efeitos do art. 449.

* Artigo com redação determinada pelo Dec.-lei 1.535/1977.

⚖️ **Interpretação convergente**

• O pagamento de férias gozadas possui natureza remuneratória e salarial, nos termos do art. 148 da CLT, e integra o salário-de-contribuição. Saliente-se que não se discute, no apelo, a incidência da contribuição sobre o terço constitucional (...).
(STJ, AgRg em AgIn 1.426.580/DF, 2.ª T., j. 28.02.2012, rel. Min. Herman Benjamin, *DJe* 12.04.2012)

• Férias indenizadas. FGTS. Não incidência. Nos termos do art. 148 da CLT, somente nas hipóteses do art. 449 da CLT, ou seja, falência, concordata e dissolução da empresa, as férias devidas após o término da relação de emprego possuem natureza salarial. Vale dizer, nas demais hipóteses, sua natureza jurídica será eminentemente indenizatória, na medida em que o seu pagamento terá por finalidade a reparação de um dano sofrido pelo empregado (...).
(TST, RR 467411-79.1998.5.03.5555, 4.ª T., j. 05.05.1999, rel. Min. Leonardo Silva, *DJ* 28.05.1999)

Seção VI
Do início da prescrição

Art. 149. A prescrição do direito de reclamar a concessão das férias ou o pagamento da respectiva remuneração é contada do término do prazo mencionado no art. 134 ou, se for o caso, da cessação do contrato de trabalho.

* Artigo com redação determinada pelo Dec.-lei 1.535/1977.
* V. art. 7.º, XXIX, da CF/1988.

⚖️ **Interpretação convergente**

- Férias. Prescrição. Marco inicial do período concessivo. Art. 149 da CLT (...). (TST, RR 685004120075150043, 5.ª T., j. 22.06.2011, rel. Emmanoel Pereira, *DEJT* 01.07.2011)

- Prescrição. Aplicação analógica do art. 149 da CLT. A prescrição da pretensão relativa à licença-prêmio, por sua semelhança jurídica ao instituto das férias, deve ser contada a partir do término do respectivo período concessivo (...). (TRT-7.ª Reg., RO 799120105070027, 1.ª T., j. 16.07.2012, rel. Antônio Marques Cavalcante Filho, *DETJ* 19.07.2012)

Seção VII
Disposições especiais

Art. 150. O tripulante que, por determinação do armador, for transferido para o serviço de outro, terá computado, para o efeito de gozo de férias, o tempo de serviço prestado ao primeiro, ficando obrigado a concedê-las o armador em cujo serviço ele se encontra na época de gozá-las.

* Artigo com redação determinada pelo Dec.-lei 1.535/1977.

§ 1.º As férias poderão ser concedidas, a pedido dos interessados e com aquiescência do armador, parceladamente, nos portos de escala de grande estadia do navio, aos tripulantes ali residentes.

§ 2.º Será considerada grande estadia a permanência no porto por prazo excedente de 6 (seis) dias.

§ 3.º Os embarcadiços, para gozarem férias nas condições deste artigo, deverão pedi-las, por escrito, ao armador, antes do início da viagem, no porto de registro ou armação.

§ 4.º O tripulante, ao terminar as férias, apresentar-se-á ao armador, que deverá designá-lo para qualquer de suas embarcações ou o adir a algum dos seus serviços terrestres, respeitadas a condição pessoal e a remuneração.

Art. 151

§ 5.º Em caso de necessidade, determinada pelo interesse público, e comprovada pela autoridade competente, poderá o armador ordenar a suspensão das férias já iniciadas ou a iniciar-se, ressalvado ao tripulante o direito ao respectivo gozo posteriormente.

§ 6.º O Delegado do Trabalho Marítimo poderá autorizar a acumulação de dois períodos de férias do marítimo, mediante requerimento justificado:

I – do sindicato, quando se tratar de sindicalizado; e

II – da empresa, quando o empregado não for sindicalizado.

* O cargo de Delegado do Trabalho Marítimo foi extinto.
* V. Súmula 531 do STF.

⚖ Interpretação convergente

• [O] art. 150 da CLT não consagra a hipótese de se levar a efeito de férias os períodos de folga (...).
(TRT-21.ª Reg. RO 27080895, j. 13.07.1995, rel. Raimundo de Oliveira)

Art. 151. Enquanto não se criar um tipo especial de caderneta profissional para os marítimos, as férias serão anotadas pela Capitania do Porto na caderneta matrícula do tripulante, na página das observações.

* Artigo com redação determinada pelo Dec.-lei 1.535/1977.

Art. 152. A remuneração do tripulante, no gozo de férias, será acrescida da importância correspondente à etapa que estiver vencendo.

* Artigo com redação determinada pelo Dec.-lei 1.535/1977.

⚖ Interpretação convergente

• A verba etapa-alimentação tem natureza salarial, como deflui do art. 152 da CLT, que a assegura até durante às férias dos empregados, período em que não estão embarcados (...).
(TRT-21.ª Reg., j. 09.12.1997, rel. Maria do Perpétuo Socorro Wanderley de Castro, DOR-RN 06.06.1998)

• [O] art. 152 da CLT afasta qualquer dúvida, ao dispor que: a remuneração do tripulante, no gozo de férias, será acrescida da importância correspondente à etapa que estiver vencendo (...).
(TRT-21.ª Reg., RO 1264200492121002, rel. Xisto Tiago de Medeiros Neto, DJE-RN 13.04.2005)

Seção VIII
Das penalidades

Art. 153. As infrações ao disposto neste Capítulo serão punidas com multas de valor igual a 160 (cento e sessenta) BTN por empregado em situação irregular.

* Artigo com redação determinada pela Lei 7.855/1989.
* Multas: ver Notas de Atualização e Portaria MTb 290/1997.

Parágrafo único. Em caso de reincidência, embaraço ou resistência à fiscalização, emprego de artifício ou simulação com o objetivo de fraudar a lei, a multa será aplicada em dobro.

⚖ Interpretação convergente

• Férias. Pagamento antecipado. Multa do art. 153 da CLT (...).
(TST, RR 579912879995512555, 5.ª T., j. 09.10.2012, rel. Maria de Assis Calsing, DJU 25.10.2002)

• Férias coletivas. Comunicação feita for a do prazo à Delegacia Regional do Trabalho. Alegação de motive de força maior. Não comprovada. Pedido de exclusão ou redução da multa. Impossibilidade. Art. 153 da CLT (...).
(TRF-3.ª Reg., ApCiv 4426/SP (1999.61.14.004426-4), j. 08.05.2002, rel. Baptista Pereira, DJU 26.03.2003)

Capítulo V
DA SEGURANÇA E DA MEDICINA DO TRABALHO

* Capítulo V com redação determinada pelo art. 1.º da Lei 6.514/1977.

Art. 154

Seção I
Disposições gerais

* V. NR 1 (Disposições gerais).

Art. 154. A observância, em todos os locais de trabalho, do disposto neste Capítulo, não desobriga as empresas do cumprimento de outras disposições que, com relação à matéria, sejam incluídas em códigos de obras ou regulamentos sanitários dos Estados ou Municípios em que se situem os respectivos estabelecimentos, bem como daquelas oriundas de convenções coletivas de trabalho.

* Artigo com redação determinada pela Lei 6.514/1977.

⚖ Interpretação convergente

• A Consolidação das Leis do Trabalho dispõe no seu Capítulo V, art. 154 da CLT *et seq.*, sobre as normas de segurança e saúde do trabalho, não desobrigando as empresas, contudo, do cumprimento de outras disposições incluídas em códigos de obras ou regulamentos sanitários dos Estados ou Municípios, bem como daquelas oriundas de convenções coletivas de trabalho (...).

Compete, assim, às empresas, cumprir e fazer cumprir as normas de segurança e medicina do trabalho, instruindo os empregados através de ordens de serviço, quanto às precauções a tomar no sentido de evitar acidentes do trabalho ou doenças ocupacionais (art. 157, I e II, da CLT). Por sua vez, aos empregados cabe observar essas mesmas normas e instruções, em especial quanto à obrigatoriedade do uso dos equipamentos de proteção individual fornecidos pela empresa, incorrendo em ato faltoso aqueles que se recusam, injustificadamente, a cumpri-las (art. 158 da CLT).

Consequentemente, para que seja responsabilizado pela reparação civil do dano sofrido, mister se faz que seja provado, adequada e concretamente que a lesão sofrida pelo empregado adveio do descumprimento, pelo empregador, das normas de higiene e segurança previstas para aquela atividade, o que nada mais é do que a demonstração da prática do ato ilícito que acarreta o dever de indenizar. O ônus da demonstração dessa culpa e do nexo causal é sempre do acidentado, pois representam os fatos constitutivos do seu alegado direito (art. 333, I, do CPC).

Releva considerar, por fim, que nem sempre existe o dever de indenizar do empregador. Se o acidente resulta de culpa exclusiva da vítima ou se a ela deve ser debitada a causa determinante do evento, já não haverá lugar para a responsabilidade civil de direito comum, o que não afasta, por óbvio, a possibilidade de concorrência de culpas tanto de um como de outro, caso em que haverá redução da indenização (...).
(2.º TACivSP, Ap c/ Rev 492.020-00/0, 7.ª Câm., j. 09.09.1997, rel. Sebastião Oscar Feltrin)

Art. 155. Incumbe ao Órgão de âmbito nacional competente em matéria de segurança e medicina do trabalho:

* Artigo com redação determinada pela Lei 6.514/1977.
* V. art. 7.º, XXII e XXIII, da CF/1988.

I – estabelecer, nos limites de sua competência, normas sobre a aplicação dos preceitos deste Capítulo, especialmente os referidos no art. 200;

II – coordenar, orientar, controlar e supervisionar a fiscalização e as demais atividades relacionadas com a segurança e a medicina do trabalho em todo o território nacional, inclusive a Campanha Nacional de Prevenção de Acidentes do Trabalho;

III – conhecer, em última instância, dos recursos, voluntários ou de ofício, das decisões proferidas pelos Delegados Regionais do Trabalho e Emprego, em matéria de segurança e medicina do trabalho.

Art. 156. Compete especialmente às Delegacias Regionais do Trabalho e Emprego, nos limites de sua jurisdição:

* Artigo com redação determinada pela Lei 6.514/1977.

I – promover a fiscalização do cumprimento das normas de segurança e medicina do trabalho;

II – adotar as medidas que se tornem exigíveis, em virtude das disposições deste Capítulo, determinando as obras e reparos que, em qualquer local de trabalho, se façam necessárias;

III – impor as penalidades cabíveis por descumprimento das normas constantes deste Capítulo, nos termos do art. 201.

Art. 157. Cabe às empresas:

* Artigo com redação determinada pela Lei 6.514/1977.

I – cumprir e fazer cumprir as normas de segurança e medicina do trabalho;

II – instruir os empregados, através de ordens de serviço, quanto às precauções a tomar no sentido de evitar acidentes do trabalho ou doenças ocupacionais;

III – adotar as medidas que lhes sejam determinadas pelo órgão regional competente;

IV – facilitar o exercício da fiscalização pela autoridade competente.

⚖ Interpretação convergente

• Nunca é demasiado frisar que constitui dever do empregador adotar medidas preventivas para manter a integridade física de seus empregados, nos termos do art. 157 da CLT, que atribui às empresas o dever de zelar pela saúde e segurança de seus empregados, cabendo-lhes cumprir as normas de segurança e medicina do trabalho, não só orientando os funcionários acerca dos riscos inerentes à atividade a ser desempenhada como também fiscalizando o fiel cumprimento daquelas normas.
Desse modo, certo que, a reclamada negligenciou a segurança do autor permitindo que ele trabalhasse em contato com uma máquina que não continha um dos sistemas de segurança em funcionamento (tampa de acrílico) além da orientação direta do superior hierárquico no sentido de que, para a verificação do defeito na máquina, não havia a necessidade de desligá-la (...).
(TST, RR 329000-97.2005.5.12.0046, 1.ª T., j. 06.03.2013, rel. Walmir Oliveira da Costa, DEJT 08.03.2013)

• A doença profissional que acomete o reclamante foi devida ao ambiente de trabalho, surgindo a partir dos dissabores vivenciados pelo autor durante o pacto laboral com a ré (f., 4.º parágrafo).
A reclamada, ao dispensar o reclamante durante o tratamento, além de obstar o direito à continuidade do emprego, contribuiu para se agravarem as moléstias (depressão e alcoolismo) adquiridas no trabalho.

A indenização por dano moral não pode ser excluída. É dever do empregador cumprir as normas de segurança e medicina do trabalho (inc. I do art. 157 da CLT). De sua omissão, ou negligência, em proporcionar condições de trabalho adequadas resultaram danos morais – e consequentemente sofrimento psíquico ao autor, espécie de ato ilícito indenizável (art. 5.º, X, da CF/1988 e arts. 186 e 927 do CC/2002) (...).
(TRT-2.ª Reg., RO 0086700-45 2008.5.02.0057, 13.ª T., j. 27.09.2011, rel. Tânia Bizarro Quirino de Morais)

• Acidente. Culpa do empregador comprovada. Indenizações devidas. O reclamante, companheiro de viagem, a trabalho, logrou comprovar a culpa da reclamada, vez que incontroversa a conduta culposa de seu motorista, que adormeceu ao volante, vindo a colidir com uma árvore. A prova oral traz a informação do cumprimento de extenuantes jornadas de trabalho. Conclui-se que o acidente poderia ter sido evitado, caso observasse a ré a limitação de jornadas, não exigindo, ou mesmo permitindo, que seus empregados se ativassem cumprindo extensos horários, colocando em risco não apenas suas próprias vidas, como, ainda mais grave, a de todos os cidadãos que fazem uso da malha rodoviária, porquanto uma vez que os motoristas estivessem descansados a possibilidade de dormir ao volante seria remota. A soma destes fatores aponta, indubitavelmente, para a culpa exclusiva da ré pelo evento danoso. A culpa da ré emerge da violação do dever legal, de uma regra de conduta estabelecida, configurando o ato ilícito. O empregador, como detentor do poder de organização dos fatores de produção, tem o dever de ordená-los de modo a excluir os riscos inerentes à execução da atividade. Pelo exposto, configurados o dano, a conduta culposa do empregador e o nexo causal entre ambos, nos moldes do art. 186 do CC/2002, imperiosa a responsabilização da ré pelos prejuízos de ordem moral, estética e material causados ao Autor (...).
(TRT-9.ª Reg., RO 99520-2006-008-09-00-7, 1.ª T., j. 10.08.2010, rel. Ubirajara Carlos Mendes, *DEJT* 26.10.2010)

• No tocante ao ônus probatório, a questão resolve-se pela prova técnica realizada por perito médico competente, cuja fé dos seus atos decorre de ordem pública e supera qualquer outra prova, conforme inteligência dos arts. 145 e 333 do CPC, 6.º, VIII, do CDC e 196 e 205 da CF/1988. Esclareço ainda que a prova documental produzida pelas partes no curso do processo não contraria a conclusão do Sr. Perito Judicial. Portanto, sopesando o Laudo Pericial e as respostas aos quesitos apresentadas pelo Sr. *Expert*, bem como os demais elementos de convicção carreados aos autos (farta documentação), conclui-se

que o reclamante apresenta patologia ocupacional e restou provada a culpa da empregadora, por haver desrespeitado normas ergonômicas ou descumprido seu dever de proteção e segurança no trabalho. Ressalto que cabia à reclamada o ônus de comprovar que tomou todas as providências (não só as legais, como também aquelas esperadas do homem médio) para que o reclamante gozasse de seu direito constitucionalmente garantido (arts. 196 e 205) à saúde e ao meio ambiente do trabalho sadio, sendo certo que de tal ônus não se desincumbiu. Importante ressaltar que sequer prova oral foi produzida nos autos (f.). Destarte, a comprovação de que as condições de trabalho contribuíram como concausa para a ocorrência da doença, como verificado no presente caso, é suficiente para a configuração da responsabilidade patronal quanto a esse aspecto, tendo restado configurada a culpa da reclamada ao deixar de garantir ao obreiro ambiente seguro e hígido conforme determina o art. 157 da CLT (...).
(TRT-15.ª-Reg., RO 0187500-77.2005.5.15.0137, 4.ª T., j. 28.08.2011, rel. Marcelo Magalhães Rufino)

Art. 158. Cabe aos empregados:

* Artigo com redação determinada pela Lei 6.514/1977.

I – observar as normas de segurança e medicina do trabalho, inclusive as instruções de que trata o item II do artigo anterior;

II – colaborar com a empresa na aplicação dos dispositivos deste Capítulo.

Parágrafo único. Constitui ato faltoso do empregado a recusa injustificada:

a) à observância das instruções expedidas pelo empregador na forma do item II do artigo anterior;

b) ao uso dos equipamentos de proteção individual fornecidos pela empresa.

⚖️ Interpretação convergente

• É fato incontroverso que o autor laborava no primeiro turno e, portanto, à vista do depoimento acima transcrito, no seu horário de trabalho havia ao todo

oito pessoas no setor de açougue. Conclui-se daí que as japonas fornecidas (oito ou nove) eram suficientes a cada um dos trabalhadores que entravam na câmara fria, ainda que todos o fizessem simultaneamente.

Com efeito, nada obstante o autor estivesse sujeito ao agente insalubre frio, a japona térmica e todos os demais equipamentos de proteção individual eram suficientes à neutralização da insalubridade, foram regularmente fornecidos ao obreiro, e seu uso era exigido pela ré, o que exclui o direito à percepção do adicional em questão (art. 194 da CLT; Súmulas 80 e 289 do C. TST).

O fato de o autor, eventualmente, não usar os EPIs postos à sua disposição, não pode ser imputado à reclamada; antes, constitui infração passível de ensejar a dispensa por justa causa obreira (...)

(TRT-15.ª Reg., RO 0083100-23.2008.5.15.0067, 6.ª T., j. 20.03.2012, rel. Amanda Barbosa)

Art. 159. Mediante convênio autorizado pelo Ministro do Trabalho, poderão ser delegadas a outros órgãos federais, estaduais ou municipais atribuições de fiscalização ou orientação às empresas quanto ao cumprimento das disposições constantes deste Capítulo.

* Artigo com redação determinada pela Lei 6.514/1977.

<div align="center">

Seção II
Da inspeção prévia
e do embargo ou interdição

</div>

* V. NR 2 (Inspeção prévia).
* V. NR 3 (Embargo e interdição).

Art. 160. Nenhum estabelecimento poderá iniciar suas atividades sem prévia inspeção e aprovação das respectivas instalações pela Autoridade Regional competente em matéria de Segurança e Medicina do Trabalho.

* Artigo com redação determinada pela Lei 6.514/1977.

§ 1.º Nova inspeção deverá ser feita quando ocorrer modificação substancial nas instalações, inclusive equipamentos, que a empresa fica obrigada a comunicar, prontamente, à Delegacia Regional do Trabalho.

§ 2.º É facultado às empresas solicitar prévia aprovação, pela Delegacia Regional do Trabalho, dos projetos de construção e respectivas instalações.

⚖️ **Interpretação convergente**

• A prévia inspeção é condição indispensável ao funcionamento de qualquer estabelecimento, cujas instalações devem ser aprovadas pela autoridade regional a quem seja cometida a fiscalização da segurança e medicina do trabalho, impondo-se a comunicação à Delegacia Regional do Trabalho e nova inspeção quando houver, também, modificação substancial nas instalações (art. 160 e seu § 1.º da CLT e NR 2 da Portaria MTb 3.214/1978), o qual emitirá o Certificado de Aprovação de Instalações, dispensável enquanto aquele órgão não efetuar a inspeção e a empresa tenha encaminhado declaração das instalações do estabelecimento (NR 2 da Portaria MTb 3.214/1978) (...).
(TRF-2.ª Reg., Ap em MS, 45868, 7.ª T., j. 27.04.2005, rel. Sérgio Schwaitzer, *DJ* 11.05.2005)

Art. 161. O Delegado Regional do Trabalho, à vista do laudo técnico do serviço competente que demonstre grave e iminente risco para o trabalhador, poderá interditar estabelecimento, setor de serviço, máquina ou equipamento, ou embargar obra, indicando na decisão, tomada com a brevidade que a ocorrência exigir, as providências que deverão ser adotadas para prevenção de infortúnios de trabalho.

* Artigo com redação determinada pela Lei 6.514/1977.
* V. Portaria MTE 40/2011 (Procedimentos relativos aos embargos e interdições).

§ 1.º As autoridades federais, estaduais e municipais darão imediato apoio às medidas determinadas pelo Delegado Regional do Trabalho.

§ 2.º A interdição ou embargo poderão ser requeridos pelo serviço competente da Delegacia Regional do Trabalho e, ainda, por agente da inspeção do trabalho ou por entidade sindical.

§ 3.º Da decisão do Delegado Regional do Trabalho poderão os interessados recorrer, no prazo de 10 (dez) dias, para o órgão de âmbito

nacional competente em matéria de Segurança e Medicina do Trabalho, ao qual será facultado dar efeito suspensivo ao recurso.

§ 4.º Responderá por desobediência, além das medidas penais cabíveis, quem, após determinada a interdição ou embargo, ordenar ou permitir o funcionamento do estabelecimento ou de um dos seus setores, a utilização de máquina ou equipamento, ou o prosseguimento de obra, se, em consequência, resultarem danos a terceiros.

§ 5.º O Delegado Regional do Trabalho, independente de recurso, e após laudo técnico do serviço competente, poderá levantar a interdição.

§ 6.º Durante a paralisação dos serviços, em decorrência da interdição ou embargo, os empregados receberão os salários como se estivessem em efetivo exercício.

Interpretação convergente

• Poderes de interdição e embargo de estabelecimento. Competência. Delegado regional do trabalho. Art. 161, *caput*, da CLT. Concessão da segurança. Improvimento do agravo.

1. No caso em exame, o cerne da controvérsia consiste em aferir a legitimidade do ato administrativo impugnado, no que tange às lavraturas dos termos de interdição e embargo, impostos à empresa impetrante pelos Inspetores do Trabalho.

2. Nesse diapasão, dispõe o art. 161, *caput*, da CLT, que o Delegado Regional do Trabalho, à vista do laudo técnico do serviço competente que demonstre grave e iminente risco para o trabalhador, poderá interditar estabelecimento, setor de serviço, máquina ou equipamento, ou embargar obra, indicando na decisão, tomada com a brevidade que a ocorrência exigir, as providências que deverão ser adotadas para prevenção de infortúnios de trabalho.

3. Contudo, no caso em discussão, constata-se à vista dos documentos acostados aos autos, que os atos de interdição e embargo à empresa impetrante foram praticados por agentes fiscais de inspeção do trabalho não dotados de competência para tal mister, a teor do que prescreve o aludido art. 161 da CLT, com redação dada pela Lei 6.514/1977, cumprindo ressaltar, ainda, conforme se observa às f. destes autos, que um dos agentes fiscais do trabalho (Sra. F. G.) que assinou o laudo de interdição/embargo da empresa, encontrava-se temporariamente sus-

penso de fiscalizar a empresa, por determinação da própria Delegacia Regional do Trabalho, em 18.08.1992, nos autos do Processo Administrativo Disciplinar 35792-013522/92, instaurado contra a aludida servidora por representação promovida pela empresa impetrante.

4. Por oportuno, vale mencionar o conceito de competência transcrito na obra *Direito Administrativo Brasileiro*,[1] que assim dispõe:

"Competência. Para a prática do ato administrativo a competência é a condição primeira de sua validade. Nenhum ato – discricionário ou vinculado – pode ser realizado validamente sem que o agente disponha de poder legal para praticá-lo (...). A competência resulta da lei e por ela é delimitada. Todo ato emanado de agente incompetente, ou realizado além do limite de que dispõe a autoridade incumbida de sua prática, é inválido, por lhe faltar um elemento básico de sua perfeição, qual seja, o poder jurídico para manifestar a vontade da Administração. Daí a oportuna advertência de Caio Tácito de que 'não é competente quem quer, mas quem pode, segundo a norma de Direito'. A competência administrativa, sendo um requisito de ordem pública, é intransferível e improrrogável pela vontade dos interessados (...). Sem que a lei faculte essa deslocação de função não é possível a modificação discricionária da competência, porque ela é elemento vinculado de todo ato administrativo, e, pois, insuscetível de ser fixada ou alterada ao nuto do administrador e ao arrepio da lei."

5. Ademais, a sustentação feita pela autoridade coatora no que tange à delegação de competência pelo Delegado Regional do Trabalho aos Engenheiros e Médicos do Trabalho quando no exercício das funções de agente de inspeção do trabalho, por meio das Portarias GD 03/1987, 04/1988 e 05/1987 (f.), para a prática dos atos impugnados, não merece prosperar por falta de amparo legal, porquanto se trata de normas infralegais, veículo desprovido de força normativa para a delegação de tais atribuições, em flagrante violação ao princípio da legalidade, insculpido no art. 5.º, II, da CF/1988.

6. Por sua vez, a teor do que prevê o § 2.º, do citado art. 161 da CLT, verifica-se que a interdição ou embargo poderão até ser "requeridos" por agente de inspeção do trabalho, mas não executados ou determinados, tal como ocorreu no caso em análise, ante a ausência de competência legal.

1 Meirelles, Hely Lopes Meirelles. *Direito administrativo*. 32. ed. São Paulo: Malheiros, 2006. p. 151.

7. Outrossim, observa-se também às f. dos autos, que o Termo de Interdição, além de lavrado por agente incompetente, data de 19.12.1997, enquanto que o Laudo Técnico de constatação de situação de grave e iminente risco, utilizado para embasar o ato administrativo, foi apresentado em 20.12.1997, ou seja, após o ato de interdição e em desconformidade com o prescrito na norma legal inserta no *caput* do art. 161 da CLT, com redação dada pela Lei 6.514/1977.

8. Destarte, os atos administrativos impugnados não merecem subsistir, porquanto eivados de ilegalidade, devendo ser mantida a decisão de primeiro grau que concedeu a segurança.

9. Observo que o r. provimento hostilizado foi prolatado em precisa aplicação das normas de regência, em cognição harmônica e pertinente a que, ao meu sentir, seria atribuída por esta Colenda Turma, encontrando-se a espécie bem amoldada ao permissivo contido no art. 557, *caput*, do CPC (...).

(TRF-3.ª Reg., Ap 96.03.014075-9, 4.ª T., j. 23.09.2010, rel. Batista Gonçalves)

Seção III
Dos Órgãos de Segurança e de Medicina do Trabalho nas empresas

Art. 162. As empresas, de acordo com normas a serem expedidas pelo Ministério do Trabalho, estarão obrigadas a manter serviços especializados em Segurança e em Medicina do Trabalho.

* Artigo com redação determinada pela Lei 6.514/1977.

Parágrafo único. As normas a que se refere este artigo estabelecerão:

a) a classificação das empresas segundo o número de empregados e a natureza do risco de suas atividades;

b) o número mínimo de profissionais especializados exigido de cada empresa, segundo o grupo em que se classifique, na forma da alínea anterior;

Art. 163

c) a qualificação exigida para os profissionais em questão e o seu regime de trabalho;

d) as demais características e atribuições dos serviços especializados em segurança e em medicina do trabalho, nas empresas.

⚖ Interpretação convergente

- **Precedente Administrativo 97 do MTE**

Comissão Interna de Prevenção de Acidentes – Cipa. Dimensionamento. Atividade considerada para determinação do grupo.
Para fins de dimensionamento de Cipa, a atividade considerada na determinação do grupo deve ser aquela efetivamente desenvolvida no estabelecimento, ainda que outro código de Classificação Nacional de Atividade Econômica conste do Cadastro Nacional de Pessoa Jurídica, mesmo que resulte No aumento ou redução do dimensionamento ou desobrigação de constituição da Comissão.

- **Precedente Administrativo 98 do MTE**

Comissão Interna de Prevenção de Acidentes – Cipa. Não adoção das recomendações da Cipa. Regular funcionamento.
A não adoção pelo empregador das recomendações da Cipa não significa infração ao dever de mantê-la em regular funcionamento.

Art. 163. Será obrigatória a constituição de Comissão Interna de Prevenção de Acidentes (Cipa), de conformidade com instruções expedidas pelo Ministério do Trabalho, nos estabelecimentos ou locais de obra nelas especificadas.

* Artigo com redação determinada pela Lei 6.514/1977.

Parágrafo único. O Ministério do Trabalho regulamentará as atribuições, a composição e o funcionamento das Cipas.

Art. 164. Cada Cipa será composta de representantes da empresa e dos empregados, de acordo com os critérios que vierem a ser adotados na regulamentação de que trata o parágrafo único do artigo anterior.

* Artigo com redação determinada pela Lei 6.514/1977.

Art. 165

§ 1.º Os representantes dos empregadores, titulares e suplentes, serão por eles designados.

§ 2.º Os representantes dos empregados, titulares e suplentes, serão eleitos em escrutínio secreto, do qual participem, independentemente de filiação sindical, exclusivamente os empregados interessados.

§ 3.º O mandato dos membros eleitos da Cipa terá a duração de 1 (um) ano, permitida uma reeleição.

§ 4.º O disposto no parágrafo anterior não se aplicará ao membro suplente que, durante o seu mandato, tenha participado de menos da metade do número de reuniões da Cipa.

§ 5.º O empregador designará, anualmente, dentre os seus representantes, o Presidente da Cipa e os empregados elegerão, dentre eles, o Vice-Presidente.

Art. 165. Os titulares da representação dos empregados nas Cipas não poderão sofrer despedida arbitrária, entendendo-se como tal a que não se fundar em motivo disciplinar, técnico, econômico ou financeiro.

* Artigo com redação determinada pela Lei 6.514/1977.

* O art. 10, II, *a*, do ADCT vedou a dispensa arbitrária ou sem justa causa do empregado eleito para cargo de direção das Cipas.

⚖ Interpretação convergente

• Da estabilidade provisória. Membro da Cipa. Extinção do estabelecimento. A garantia de emprego prevista no art. 165 da CLT e art. 10, II, *a*, do ADCT não constitui uma vantagem pessoal que a lei defere a um empregado, mas sim uma garantia que visa a proteção da atividade dos membros da Cipa, dirigindo-se a todos os seus integrantes, tendo o intuito de coibir a despedida arbitrária destes empregados. Quando a perda do emprego se dá por extinção da empresa, não fica caracterizada a despedida arbitrária, e fica impossibilitada a reintegração do empregado, já que não existem mais os serviços. Não há, por isso, fundamento para se condenar a empresa extinta a pagar os salários do período estabilitário. (...).

(TST, Embargos em RR 359325, 5.ª T., j. 16.06.2013, rel. Carlos Alberto Reis de Paula, *DEJT* 27.06.2003)

Art. 165

Interpretação extensiva

- **Súmula 676 do STF**

A garantia da estabilidade provisória prevista no art. 10, II, *a*, do ADCT, também se aplica ao suplente do cargo de direção de Comissões Internas de Prevenção de Acidentes (CIPA).

- **Súmula 339 do TST**

Cipa. Suplente. Garantia de emprego. Constituição Federal de 1988. (Incorporadas as OJ 25 e 329 da SDI-I/TST). (Res. TST 129/2005, *DJ* 20, 22 e 25.04.2005)

I – O suplente da Cipa goza da garantia de emprego prevista no art. 10, II, *a*, do ADCT a partir da promulgação da Constituição Federal de 1988. (Ex-Súmula 339, Res. TST 39/1994, *DJ* 22.12.1994 e ex-OJ 25 da SDI-I/TST, inserida em 29.03.1996)

II – A estabilidade provisória do cipeiro não constitui vantagem pessoal, mas garantia para as atividades dos membros da Cipa, que somente tem razão de ser quando em atividade a empresa. Extinto o estabelecimento, não se verifica a despedida arbitrária, sendo impossível a reintegração e indevida a indenização do período estabilitário (Ex-OJ 329 da SDI-I/TST, *DJ* 09.12.2003)

- **OJ 6 da SDI-II/TST**

Ação rescisória. Cipeiro suplente. Estabilidade. art. 10, II, *a*, do ADCT da CF/1988. Súmula 83 do TST (nova redação) (*DJ* 22.08.2005)

Rescinde-se o julgado que nega estabilidade a membro suplente de Cipa, representante de empregado, por ofensa ao art. 10, II, *a*, do ADCT da CF/1988, ainda que se cuide de decisão anterior à Súmula 339 do TST. Incidência da Súmula 83 do TST.

- Estabilidade provisória. Suplente Cipa. A jurisprudência do Supremo Tribunal Federal fixou-se no sentido de que após a Constituição da República de 1988 também o suplente da Cipa tem direito à estabilidade. Ação rescisória julgada parcialmente procedente (...).

(TST, AR 343857, SDI-II, j. 17.11.1998, rel. Valdir Righetto, *DJ* 05.02.1999)

Parágrafo único. Ocorrendo a despedida, caberá ao empregador, em caso de reclamação à Justiça do Trabalho, comprovar a existência

de qualquer dos motivos mencionados neste artigo, sob pena de ser condenado a reintegrar o empregado.

⚖️ Interpretação convergente

• De início, cumpre ressaltar que a garantia da estabilidade sindical, tem como objetivo a proteção dos dirigentes sindicais contra possíveis despedidas arbitrárias visando prejudicar o cumprimento do mandato sindical. Com os mesmos propósitos, a estabilidade provisória garantida ao membro da Cipa, relativamente à representação dos empregados de determinada empresa na verificação e regulação das condições de higiene e segurança do trabalho. Em ambos os casos tal garantia vinha regulada na Consolidação das Leis do Trabalho e, a partir de 1988, ganhou *status* constitucional (arts. 7.º, I e 8.º, VIII, da CF/1977 e art. 10 do ADCT).
Conforme interpretação consolidada no Enunciado 339, do C. TST, com relação ao empregado cipeiro, essa garantia constitucional é dos titulares e dos suplentes, durante todo o período ali referido, conferindo-lhes o direito à reintegração, sendo cabível a indenização substitutiva apenas quando expirado o prazo da garantia (OJ 116 do C. do TST).
Assim, não subsiste o argumento de que a garantia à estabilidade gera direito à reintegração apenas durante o exercício do mandato e direito à indenização no ano posterior a este. A estabilidade tem como fundamento a permanência do trabalhador no emprego, sendo a indenização uma alternativa compensatória quando o emprego não puder mais ser devolvido ao empregado que foi ilegalmente dispensado (...).
(TRT-24.ª Reg., RO 00698.2004.004.24.00-0, j. 06.04.2005, rel. Abdalla Jallad, *DO-MS* 28.04.2005)

🏛 Interpretação extensiva

• Consoante disposto no parágrafo único do art. 165 da CLT, ocorrendo a dispensa de membro da Cipa, detentor da proteção contra dispensa arbitrária prevista no art. 10, II, *a*, do ADCT da Constituição da República de 1988, cabe ao emprega-

dor, em caso de ajuizamento de reclamação trabalhista, comprovar a existência de justo motivo para tanto, sob pena de ser condenado a reintegrar o empregado. Conclui-se, dessarte, que se revela prescindível a instauração prévia de inquérito para apuração da falta grave, recaindo sobre o empregador o ônus de comprovar a existência de justo motivo a fundamentar a dispensa. Precedentes (...).
(TST, AgIn em RR 140500-50.2007.5.02.0371, 1.ª T., j. 29.05.2013, rel. Lélio Bentes Corrêa, DEJT 07.06.2013)

Interpretação restritiva

• Assim, tendo sido despedido em 15.05.2006, com garantia provisória de emprego até 11.02.2007, não se justifica que o autor só tenha vindo a propor esta reclamatória em 16.03.2007 nada impede o conhecimento da ação, por observado o lapso bienal prescritivo, mas, no mérito, a inércia atenta contra a finalidade de uma proteção legal conferida para possibilitar o exercício da tarefa de prevenção de acidentes sem que o representante dos empregados se sujeite a eventual coação patronal. Demonstrado, dessa forma, o desinteresse do empregado em retornar ao serviço quando ainda podia desempenhar a função para a qual havia sido eleito pela confiança dos seus colegas de trabalho, não há mais falar-se na persistência extemporânea da garantia de emprego que, por lei, era mesmo provisória, a teor do disposto no art. 165 da CLT e alínea *a* do inc. II do art. 10 do ADCT. Não se trata de como entende a recorrente, mas de abuso de direito (...).
O reclamante sustenta que tem direito ao pagamento da indenização substitutiva à estabilidade provisória. Aponta violação aos arts. 165 da CLT e 10, II, *a*, do ADCT da CF/1988 além de contrariedade à Súmula 396, item I, desta Corte e colaciona arestos para cotejo de teses.
Saliente-se que a jurisprudência desta Corte se consolidou no sentido de que a demora no ajuizamento da ação, pelo detentor de qualquer garantia provisória de emprego, não implica em qualquer limitação ao direito material, salvo indiretamente, por meio da prescrição.
De fato, na hipótese específica do cipeiro, o art. 10, II, *a*, do ADCT, não faz qualquer restrição substancial, permitindo ao empregado, ainda que exaurido o período estabilitário, pleitear a indenização substitutiva, desde que, é claro, observado o preceito constitucional do art. 7.º, XXIX, da CF/1988 (...).
(TST, AgIn no RR 17840-14.2007.5.02.0255, 5.ª T., j. 02.05.2012, rel. João Batista Brito Pereira, DEJT 11.05.2012)

Seção IV
Do equipamento de proteção individual

Art. 166. A empresa é obrigada a fornecer aos empregados, gratuitamente, equipamento de proteção individual adequado ao risco e em perfeito estado de conservação e funcionamento, sempre que as medidas de ordem geral não ofereçam completa proteção contra os riscos de acidentes e danos à saúde dos empregados.

* Artigo com redação determinada pela Lei 6.514/1977.

⚖ Interpretação convergente

• A NR 6 da Portaria MTb 3.214/1978 define equipamento de proteção individual – EPI, como sendo "todo dispositivo ou produto, de uso individual utilizado pelo trabalhador, destinado á proteção de riscos suscetíveis de ameaçar a segurança e a saúde no trabalho", obrigando a empresa a "fornecer aos empregados, gratuitamente, EPI adequado ao risco, em perfeito estado de conservação e funcionamento". No mesmo sentido o art. 166 da CLT (...).
(TRT-15.ª Reg., RO 0094400-78.2007.5.15.0111, 1.ª T., j. 20.03.2012, rel. Oséas Pereira Lopes Junior, *DJE* 30.03.2012)

• Importante enfatizar que, embora o art. 166 da CLT, entre outros, obrigue a empresa empregadora a fornecer os equipamentos de proteção individual, e fiscalizar a sua utilização por parte do empregado, por analogia, é certo que não eximiu, de tal dever, como não podia deixar de ser, o dono da obra que contrata aquele pequeno empreiteiro, para o labor, sem possuir empresa ou capital algum, mas, unicamente sua força de trabalho (...).
(TJAC, Ap 2005.001023-3, 3.ª Câm. Civ., j. 18.05.2005, rel. Ciro Facundo de Almeida)

• O art. 166 da CLT é enfático (...). Daí emerge a culpa da apelante, que descumpriu as providências que lhe incumbiam, em nada aproveitando a alegação de que houve culpa concorrente (...).
(TJSC, Ap 98.015560-6, 2.ª Câm. Direito Civil, j. 14.08.2003, rel. Monteiro Rocha)

Art. 167

Art. 167. O equipamento de proteção só poderá ser posto à venda ou utilizado com a indicação do Certificado de Aprovação do Ministério do Trabalho.

* Artigo com redação determinada pela Lei 6.514/1977.

⚖️ **Interpretação convergente**

- Com base no conjunto fático-probatório dos autos, consignou que os EPIs eram fornecidos de maneira correta pela empresa e que tais equipamentos de proteção tem eficácia comprovada ante a certificação expedida pelo Órgão Especializado no Ministério do Trabalho (art. 167 da CLT) (...).
(TST, RR 663001420095030100, 2.ª T., j. 25.04.2012, rel. Guilherme Augusto Caputo Bastos, *DEJT* 04.05.2012)

- O Regional consignou que a reclamada fornece aos seus empregados proteção auditiva, luvas, botas, creme protetor e que eles utilizam EPIs de procedência reconhecida com C.A. Dessa forma, decisão em contrário somente mediante reexame dos fatos e provas, o que encontra óbice na Súmula 126 do TST. Incólume o art. 167 da CLT (...).
(TST, RR 22990073200035020029, 6.ª T., j. 06.02.2013, rel. Augusto César Leite de Carvalho, *DJET* 15.02.2013)

Seção V
Das medidas preventivas
de Medicina do Trabalho

* V. NR 7 (Exames Médicos).

Art. 168. Será obrigatório exame médico, por conta do empregador, nas condições estabelecidas neste artigo e nas instruções complementares a serem expedidas pelo Ministério do Trabalho:

* Artigo com redação determinada pela Lei 7.855/1989.

I – na admissão;

II – na demissão;

III – periodicamente.

§ 1.º O Ministério do Trabalho baixará instruções relativas aos casos em que serão exigíveis exames:

a) por ocasião da demissão;

b) complementares.

§ 2.º Outros exames complementares poderão ser exigidos, a critério médico, para apuração da capacidade ou aptidão física e mental do empregado para a função que deva exercer.

* V. Lei 9.029/1995 (Proibição de atestados de gravidez e esterilização para efeitos adicionais).

§ 3.º O Ministério do Trabalho estabelecerá, de acordo com o risco da atividade e o tempo de exposição, a periodicidade dos exames médicos.

§ 4.º O empregador manterá, no estabelecimento, o material necessário à prestação de primeiros socorros médicos, de acordo com o risco da atividade.

§ 5.º O resultado dos exames médicos, inclusive o exame complementar, será comunicado ao trabalhador, observados os preceitos da ética médica.

⚖ Interpretação convergente

• [S]e o empregador exige a abertura de conta-salário e a realização dos exames admissionais, às suas expensas (art. 168 da CLT), e, em seguida, injustificadamente, frustra a esperança fundada do trabalhador em ser admitido, está caracterizado o abuso de direito capaz de ensejar o deferimento da indenização por danos morais (...).

(TST, AgIn no RR 1686-37.2010.5.18.0006, 3.ª T., j. 19.10.2011, rel. Horácio Raymundo de Senna Pires, *DEJT* 28.10.2011)

Art. 169. Será obrigatória a notificação das doenças profissionais e das produzidas em virtude de condições especiais de trabalho, comprovadas ou objeto de suspeita, de conformidade com as instruções expedidas pelo Ministério do Trabalho.

* Artigo com redação determinada pela Lei 6.514/1977.

Interpretação convergente

• O Tribunal Regional asseverou que a ocorrência da doença ocupacional foi comprovada pela emissão da CAT pelo empregador, pelo reconhecimento da doença ocupacional pelo INSS e pela concessão da aposentadoria por invalidez. Dessarte não se constata afronta à literalidade do art. 169 da CLT (...).
(TST, RR 1057005420085090245, 5.ª T., j. 15.05.2013, rel. João Batista Brito Pereira, *DEJT* 24.05.2013)

• Não restou evidenciado que o autor estivesse acometido de doença profissional ou produzida em virtude de condições especiais de trabalho, no ato da dispensa, conforme dispõe o art. 169 da CLT (...).
(TRT-1.ª Reg., RO 931200524501002, 2.ª T., j. 26.09.2007, rel. Maria das Graças Cabral Viegas Paranhos, *DO-RJ* 10.10.2007)

• A mera emissão de CAT (Comunicação de Acidente de Trabalho) não significa o reconhecimento de nexo de causalidade, por se tratar de exigência legal a ser cumprida pelo empregador em face da suspeita de diagnóstico de doença ocupacional nos moldes do art. 169 da CLT (...).
(TRT-9.ª Reg., RO 3262920074900, 1.ª T., rel. Ubirajara Carlos Mendes, *DJ* 08.11.2011)

Seção VI
Das edificações

Art. 170. As edificações deverão obedecer aos requisitos técnicos que garantam perfeita segurança aos que nelas trabalhem.

* Artigo com redação determinada pela Lei 6.514/1977.

Art. 171. Os locais de trabalho deverão ter, no mínimo, 3 (três) metros de pé-direito, assim considerada a altura livre do piso ao teto.

* Artigo com redação determinada pela Lei 6.514/1977.

Parágrafo único. Poderá ser reduzido esse mínimo desde que atendidas as condições de iluminação e conforto térmico compatíveis com a natureza do trabalho, sujeitando-se tal redução ao controle do órgão competente em matéria de segurança e medicina do trabalho.

Art. 175

Art. 172. Os pisos dos locais de trabalho não deverão apresentar saliências nem depressões que prejudiquem a circulação de pessoas ou a movimentação de materiais.

* Artigo com redação determinada pela Lei 6.514/1977.

⚖️ Interpretação convergente

• A interrupção da prescrição em decorrência de citação válida em demanda judicial (art. 172 da CLT) somente ocorre com relação aos pedidos expressamente arrolados no petitório da petição inicial (...).
(TRT-4.ª Reg., RO 138199600804009, j. 16.07.1998, rel. Jane Alice de Azevedo Machado)

• Ação rescisória. Adicional de insalubridade.
A decisão rescindenda apenas limitou a condenação até o período em que revogado a Anexo 4 da NR 15 da Portaria MTb 3.214/1978. Não há, portanto, violação ao art. 172 da CLT (...).
(TRT-4.ª Reg., AR 25580096200504000, j. 06.11.2000, rel. Leonardo Meurer Brasil)

Art. 173. As aberturas nos pisos e paredes serão protegidas de forma que impeçam a queda de pessoas ou de objetos.

* Artigo com redação determinada pela Lei 6.514/1977.

Art. 174. As paredes, escadas, rampas de acesso, passarelas, pisos, corredores, coberturas e passagens dos locais de trabalho deverão obedecer às condições de segurança e de saúde no trabalho estabelecidas pelo Ministério do Trabalho e manter-se em perfeito estado de conservação e limpeza.

* Artigo com redação determinada pela Lei 6.514/1977.

Seção VII
Da iluminação

Art. 175. Em todos os locais de trabalho deverá haver iluminação adequada, natural ou artificial, apropriada à natureza da atividade.

* Artigo com redação determinada pela Lei 6.514/1977.

Art. 175

§ 1.º A iluminação deverá ser uniformemente distribuída, geral e difusa, a fim de evitar ofuscamento, reflexos incômodos, sombras e contrastes excessivos.

⚖️ **Interpretação convergente**

- **Insalubridade por deficiência de iluminação. Perícia técnica realizada após a revogação do Anexo 4 da NR 15.**
A Portaria MTb 3.751/1990 revogou o Anexo 4 da NR 15, descaracterizando a iluminação insuficiente como agente insalubre. Entretanto, imprimiu modificações à NR 17 da Portaria MTb 3.751/1990, mantendo a exigência de que sejam observados níveis mínimos de iluminamento no ambiente de trabalho, em atenção ao disposto no art. 175 da CLT. Assim sendo, mesmo após a revogação do Anexo 4 da NR 15 da Portaria MTb 3.751/1990, tem-se que é possível a realização de perícia técnica para constatar se os níveis de iluminamento existentes no local de trabalho ensejavam o pagamento do adicional de insalubridade no período em que o referido anexo ainda vigorava. Recurso de revista da reclamada conhecido e desprovido (...).
(TST, EDclem RR 463106-79.1998.5.02.5555, 1.ª T., j. 21.11.2001, rel. Altino Pedrozo dos Santos, *DJ* 08.02.2002)

- **Adicional de insalubridade.** O art. 175 da CLT determina a necessidade de iluminação adequada, natural ou artificial, para o labor não tornar-se prejudicial, não podendo provocar ofuscamento ou incômodos ao trabalhador. Mas, a obrigatoriedade deve ser restrita ao período anterior à revogação da Portaria MTb 3.214/1978 (...).
(TRT-4.ª Reg., RO 0107400-08.1996.5.04.0251, 1.ª T., rel. Otacílio Silveira Goulart Filho, *DJ* 06.12.2000)

§ 2.º O Ministério do Trabalho estabelecerá os níveis mínimos de iluminamento a serem observados.

⚖️ **Interpretação convergente**

- **Súmula 194 do STF**
É competente o Ministro do Trabalho para a especificação das atividades insalubres.

Seção VIII
Do conforto térmico

Art. 176. Os locais de trabalho deverão ter ventilação natural, compatível com o serviço realizado.

* Artigo com redação determinada pela Lei 6.514/1977.
* V. Portaria MS 3.523/1998 (Qualidade do ar de interiores).

Parágrafo único. A ventilação artificial será obrigatória sempre que a natural não preencha as condições de conforto térmico.

Art. 177. Se as condições de ambiente se tornarem desconfortáveis, em virtude de instalações geradoras de frio ou de calor, será obrigatório o uso de vestimenta adequada para o trabalho em tais condições ou de capelas, anteparos, paredes duplas, isolamento térmico e recursos similares, de forma que os empregados fiquem protegidos contra as radiações térmicas.

* Artigo com redação determinada pela Lei 6.514/1977.

Art. 178. As condições de conforto térmico dos locais de trabalho devem ser mantidas dentro dos limites fixados pelo Ministério do Trabalho.

* Artigo com redação determinada pela Lei 6.514/1977.
* V. Portaria MS 3.523/1998 (Qualidade do ar de interiores).

⚖️ **Interpretação convergente**

- **Súmula 194 do STF**

É competente o Ministro do Trabalho para a especificação das atividades insalubres

Seção IX
Das instalações elétricas

Art. 179. O Ministério do Trabalho disporá sobre as condições de segurança e as medidas especiais a serem observadas relativamente a

instalações elétricas, em qualquer das fases de produção, transmissão, distribuição ou consumo de energia.

* Artigo com redação determinada pela Lei 6.514/1977.

⚖️ **Interpretação convergente**

• **Súmula 194 do STF**
É competente o Ministro do Trabalho para a especificação das atividades insalubres.

• [A] embargante sofreu autuação em 10.11.1994 por infração ao art. 179 da CLT e NR 10, item 10.2.3.8, porque não cumprimento às determinações de proteger os quadros de distribuição e painéis de controle, especialmente quanto à localização, iluminação, visibilidade, identificação de circuitos e aterramento, de forma a trazer riscos aos seus empregados, inclusive aqueles citados no Auto de Infração 30241323 (...).

(TRT-3.ª Reg., ApCiv 11150, 1.ª T., j. 10.12.2010, rel. Rubens Calixto)

Art. 180. Somente profissional qualificado poderá instalar, operar, inspecionar ou reparar instalações elétricas.

* Artigo com redação determinada pela Lei 6.514/1977.

Art. 181. Os que trabalharem em serviços de eletricidade ou instalações elétricas devem estar familiarizados com os métodos de socorro a acidentados por choque elétrico.

* Artigo com redação determinada pela Lei 6.514/1977..

Seção X
Da movimentação, armazenagem e manuseio de materiais

Art. 182. O Ministério do Trabalho estabelecerá normas sobre:

* Artigo com redação determinada pela Lei 6.514/1977.

I – as precauções de segurança na movimentação de materiais nos locais de trabalho, os equipamentos a serem obrigatoriamente utilizados e as

condições especiais a que estão sujeitas a operação e a manutenção desses equipamentos, inclusive exigências de pessoal habilitado;

II – as exigências similares relativas ao manuseio e à armazenagem de materiais, inclusive quanto às condições de segurança e higiene relativas aos recipientes e locais de armazenagem e os equipamentos de proteção individual;

III – a obrigatoriedade de indicação de carga máxima permitida nos equipamentos de transporte, dos avisos de proibição de fumar e de advertência quanto à natureza perigosa ou nociva à saúde das substâncias em movimentação ou em depósito, bem como das recomendações de primeiros socorros e de atendimento médico e símbolo de perigo, segundo padronização internacional, nos rótulos dos materiais ou substâncias armazenados ou transportados.

Parágrafo único. As disposições relativas ao transporte de materiais aplicam-se, também, no que couber, ao transporte de pessoas nos locais de trabalho.

Art. 183. As pessoas que trabalharem na movimentação de materiais deverão estar familiarizadas com os métodos racionais de levantamento de cargas.

* Artigo com redação determinada pela Lei 6.514/1977.

Seção XI
Das máquinas
e equipamentos

Art. 184. As máquinas e os equipamentos deverão ser dotados de dispositivos de partida e parada e outros que se fizerem necessários para a prevenção de acidentes do trabalho, especialmente quanto ao risco de acionamento acidental.

* Artigo com redação determinada pela Lei 6.514/1977.

Parágrafo único. É proibida a fabricação, a importação, a venda, a locação e o uso de máquinas e equipamentos que não atendam ao disposto neste artigo.

⚖ **Interpretação convergente**

- Acidente de trabalho típico. Danos morais e pensão mensal vitalícia. Responsabilidade civil subsidiária das reclamadas.

Na espécie, evidenciada a conduta culposa das reclamadas em relação ao acidente do trabalho típico sofrido pelo então empregado, ante a não observância das normas de segurança (art. 184 da CLT), deve indenizar a vítima pelos danos morais e materiais que lhe foram impingidos. Danos materiais correspondentes à pensão mensal vitalícia, não se aplicando o março final da pensão a data em que o autor completar 70 (setenta) anos. Recursos ordinários com provimento negado (...).
(TRT-4.ª Reg., RO 0001248-35.2010.5.04.0512, j. 30.08.2012, rel. Juraci Galvão Júnior)

Art. 185. Os reparos, limpeza e ajustes somente poderão ser executados com as máquinas paradas, salvo se o movimento for indispensável à realização do ajuste.

* Artigo com redação determinada pela Lei 6.514/1977.

⚖ **Interpretação convergente**

- Indenização por danos morais e materiais. Acidente do trabalho. Culpa exclusiva do reclamante.

O Regional decidiu que é indevida a indenização por danos morais e materiais decorrentes de acidente do trabalho, sob o fundamento de que não houve culpa da reclamada, mas, sim, a culpa exclusiva do reclamante. Ressalta que: o maquinário da empresa contava com dispositivo de parada quando houvesse abertura da grade, em atendimento ao art. 184 da CLT. O trabalhador ainda recebeu o devido treinamento para não manusear a máquina em movimento, conforme art. 185 da CLT. O que houve foi um excesso de confiança do trabalhador, que atuava naquela função por quase 20 (vinte) anos.

Afirma, ainda, que: Enfiar a mão entre as grades da abertura para a entrada do algodão, com o aparelho em movimento e sabendo que o local possuía uma

hélice, foi uma atitude de extrema imperícia do trabalhador, não se podendo imputar à empresa a responsabilidade pelo acidente ocorrido durante a prestação dos serviços. E, conclui: O referido acidente resultou, portanto, da falta de cautela do trabalhador no manuseio do maquinário, caracterizando a culpa exclusiva da vítima, o que exclui a culpa da Recorrida e, consequentemente, a responsabilidade civil por danos morais e materiais decorrentes de ato ilícito. Neste contexto, em que configurada a culpa exclusiva do reclamante, não há que se falar em responsabilidade objetiva ou subjetiva da reclamada, por ausência de ato ilícito e, consequentemente, do nexo de causalidade. Intacto, pois, o art. 927 do CC/2002 (...).
(TST, RR 368000-67.2008.5.09.0892, 4.ª T., j. 30.11.2011, rel. Milton de Moura França, *DEJT* 09.12.2011)

> **Art. 186.** O Ministério do Trabalho estabelecerá normas adicionais sobre proteção e medidas de segurança na operação de máquinas e equipamentos, especialmente quanto à proteção das partes móveis, distância entre estas, vias de acesso às máquinas e equipamentos de grandes dimensões, emprego de ferramentas, sua adequação e medidas de proteção exigidas quando motorizadas ou elétricas.
>
> * Artigo com redação determinada pela Lei 6.514/1977.

⚖️ Interpretação convergente

• Indenização por danos morais e materiais. O Regional consignou que a prova dos autos não evidenciou que a perda auditiva sofrida pelo reclamante tivesse nexo de causalidade com o ambiente laboral, nem que neste houvesse níveis de ruído superiores aos previstos normativamente. Tais premissas não permitem vislumbrar violação do art. 186 da CLT. Agravo de instrumento conhecido e não provido (...).
(TST, AgIn em RR 86100-08.2009.5.03.0042, 8.ª T., j. 08.06.2011, rel. Dora Maria Costa, *DEJT* 10.06.2011)

Seção XII
Das caldeiras, fornos e recipientes sob pressão

> **Art. 187.** As caldeiras, equipamentos e recipientes em geral que operam sob pressão deverão dispor de válvulas e outros dispositivos de

segurança, que evitem seja ultrapassada a pressão interna de trabalho compatível com a sua resistência.

* Artigo com redação determinada pela Lei 6.514/1977.

Parágrafo único. O Ministério do Trabalho expedirá normas complementares quanto à segurança das caldeiras, fornos e recipientes sob pressão, especialmente quanto ao revestimento interno, à localização, à ventilação dos locais e outros meios de eliminação de gases ou vapores prejudiciais à saúde, e demais instalações ou equipamentos necessários à execução segura das tarefas de cada empregado.

⚖️ Interpretação convergente

- **Súmula 194 do STF**

É competente o Ministro do Trabalho para a especificação das atividades insalubres.

Art. 188. As caldeiras serão periodicamente submetidas a inspeções de segurança, por engenheiro ou empresa especializada, inscritos no Ministério do Trabalho, de conformidade com as instruções que, para esse fim, forem expedidas.

* Artigo com redação determinada pela Lei 6.514/1977.

§ 1.º Toda caldeira será acompanhada de "Prontuário", com documentação original do fabricante, abrangendo, no mínimo: especificação técnica, desenhos, detalhes, provas e testes realizados durante a fabricação e a montagem, características funcionais e a Pressão Máxima de Trabalho Permitida (PMTP), esta última indicada, em local visível, na própria caldeira.

§ 2.º O proprietário da caldeira deverá organizar, manter atualizado e apresentar, quando exigido pela autoridade competente, o Registro de Segurança, no qual serão anotadas, sistematicamente, as indicações das provas efetuadas, inspeções, reparos e quaisquer outras ocorrências.

§ 3.º Os projetos de instalação de caldeiras, fornos e recipientes sob pressão deverão ser submetidos à aprovação prévia do Órgão Regional competente em matéria de Segurança do Trabalho.

Seção XIII
Das atividades insalubres ou perigosas

Art. 189. Serão consideradas atividades ou operações insalubres aquelas que, por sua natureza, condições ou métodos de trabalho, exponham os empregados a agentes nocivos à saúde, acima dos limites de tolerância fixados em razão da natureza e da intensidade do agente e do tempo de exposição aos seus efeitos.

* Artigo com redação determinada pela Lei 6.514/1977.
* V. art. 7.º, XXXIII, da CF/1988.

⚖ Interpretação convergente

• [E]sses infaustos acontecimentos transcendem o direito individual e atingem em cheio uma série de interesses, cujos titulares não podemos identificar a todos desde logo, contudo inegavelmente revela a preocupação que temos que ter com o bem-estar coletivo, e o dano no sentido mais abrangente que nele resulta chama imediatamente a atenção do Estado e dos setores organizados da sociedade de que o trabalhador tem direito a uma vida saudável e produtiva (...). Sob referido prisma, Xisto Tiago de Medeiros Neto sustenta que: "Duas ordens de fatores, igualmente relevantes, propiciaram a proteção jurídica a interesses de ordem moral (extrapatrimonial), ínsitos a coletividade de pessoas (integrantes de uma comunidade; grupos ou categorias de trabalhadores; consumidores de produtos e serviços, moradores de determinados locais; membros de uma religião; portadores de deficiência etc.). A primeira delas identifica-se com o movimento de abertura do sistema jurídico, visando à plena proteção aos direitos da personalidade, reconhecendo-se a marca da sua essencialidade e inexauribilidade, e, assim, o surgimento de novos campos de tutela, a exemplo do que se concebeu na hipótese de dano moral objetivo (ferimento ao direito ao nome, à consideração e à reputação social), abarcando, inclusive, a esfera extrapatrimonial inerente às pessoas jurídicas. A segunda emerge da coletivização do direito (reconhecimento e tutela de direitos coletivos e difusos), fruto de uma sociedade de massas, de relações e conflitos multiformes e amplificados no universo social , geradores de interesses próprios atinentes a coletividades de pessoas (grupos, categorias

ou classes), a exigir uma dimensão metaindividual necessária à sua defesa. A teoria da responsabilidade, dessa forma, de início voltada para a composição de danos no âmbito individual e privado, teve direcionamento para a proteção de bens da coletividade como um todo, 'ou de valores por ela reconhecidos como relevantes'. Esses valores, de natureza extrapatrimonial, representam a síntese de interesses comuns das pessoas, os quais, assim amalgamados, adquirem expressão e dimensão próprias, tornando-se indivisíveis e traduzindo caráter coletivo ou metaindividual".

Nesse mesmo diapasão, válido transcrever o posicionamento de Carlos Alberto Bittar Filho: "(...) assim como cada indivíduo tem sua carga de valores, também a comunidade, por ser um conjunto de indivíduos, tem uma dimensão ética. Mas é essencial que se assevere que a citada amplificação desatrela os valores coletivos das pessoas integrantes da comunidade quando individualmente consideradas. Os valores coletivos, pois, dizem respeito à comunidade como um todo, independentemente de suas partes. Trata-se, destarte, de valores do corpo, valores esses que se não confundem com os de cada pessoa, de cada cédula, de cada elemento da coletividade. Tais valores têm um caráter nitidamente indivisível (...)".
(...).

Em verdade, a preocupação com o meio ambiente de trabalho não é isolada, pois conforme bem preleciona Raimundo Simão de Melo, "considera-se o meio ambiente de trabalho não um mero direito trabalhista; ele é muito mais que isto: trata-se de um direito fundamental do trabalhador como cidadão e ser humano, norteado no art. 1.º da CF/1988, que entre outros fundamentos da República Federativa do Brasil inscreve como importantes, os valores sociais do trabalho e a dignidade da pessoa humana, que não dissociam da existência e manutenção de um ambiente do trabalho seguro, sadio, salubre e adequado. Tudo, portanto, deve ser feito para que se atinja esse desiderato (...)". Para o Prof. Amauri Mascaro Nascimento, meio ambiente de trabalho "é o complexo máquina-trabalho: as edificações do estabelecimento, equipamento de proteção individual, iluminação, conforto térmico, instalações elétricas, condições de salubridade ou insalubridade, de periculosidade ou não, meios de prevenção à fadiga, outras medidas de proteção ao trabalhador (...)". Em igual sentido, conceitua José Afonso da Silva, o meio ambiente de trabalho como sendo "(...) o local em que se desenrola boa parte da vida do trabalhador, cuja qualidade de vida está, por isso, em íntima dependência da qualidade daquele ambiente".

Registre-se, por oportuno, que a atual Constituição Federal, de forma adequada aos novos tempos, incluiu entre os direitos dos trabalhadores a redução aos riscos inerentes ao trabalho, por meio de normas de saúde, higiene e segurança (art. 7.º, XXII e XXVIII, da CF/1988).

Partindo desse cuidado com a vida e a saúde dos trabalhadores, a multirreferida Constituição Federal garantiu com solidez a proteção ao meio ambiente do trabalho, ao assegurar que (art. 200) "Ao sistema único de saúde compete, além de outras atribuições, nos termos da lei: VII – colaborar na proteção do meio ambiente, nele compreendido o do trabalho".

Essa preocupação segue a tendência do ainda novo direito do trabalho fundado na moderna ética de Direito de que as questões concernentes ao seu meio ambiente ultrapassam a questão da saúde dos próprios trabalhadores, extrapolando para toda a sociedade.

E de forma mais específica, o constituinte preceitua através do *caput* do seu art. 225 que: "Todos têm direito ao meio ambiente ecologicamente equilibrado, bem de uso comum do povo e essencial à sadia qualidade de vida, impondo-se ao Poder Público e à coletividade o dever de defendê-lo e preservá-lo para as presentes e futuras gerações".

Já seu § 3.º determina que: "As condutas e atividades consideradas lesivas ao meio ambiente sujeitarão os infratores, pessoas físicas ou jurídicas, a sanções penais e administrativas, independentemente da obrigação de reparar os danos causados".

Não se pode olvidar, outrossim, a existência das Convenções da OIT – Organização Internacional do Trabalho (OIT), que têm por finalidade promover a prevenção de acidentes de trabalho bem como de doenças profissionais, além de regrar condutas acerca da saúde e segurança do trabalho. Válido destacar, entre elas, as de ns. 139, 148 e 161, todas aprovadas e ratificadas pelo Brasil e que visam, respectivamente, a adoção de medidas para:

"139) prevenção e controle de riscos profissionais causados por substâncias ou agentes cancerígenos (promulgada no Brasil através do Dec. 157, de 02.06.1991);

148) prevenção e limitação dos riscos profissionais no meio ambiente de trabalho, resultantes da contaminação do ar, ruídos e vibrações (promulgada no Brasil através do Dec. 93.413, de 15.10.1986);

161) serviços de saúde do trabalho (promulgada no Brasil através do Dec. 127, de 22.05.1991) (...)" (...).

(TRT-2.ª Reg., RO 01042199925502005, 6.ª T., j. 19.06.2007, rel. Valdir Florindo)

Art. 189

🏛 Interpretação extensiva

- **OJ 121 da SDI-I/TST**

Substituição processual. Diferença do adicional de insalubridade. Legitimidade. (Nova redação) – *DJ* 20.04.2005

O sindicato tem legitimidade para atuar na qualidade de substituto processual para pleitear diferença de adicional de insalubridade.

- **OJ 171 da SDI-I/TST**

Adicional de insalubridade. Óleos minerais. Sentido do termo "manipulação". (Inserida em 08.11.2000).

Para efeito de concessão de adicional de insalubridade não há distinção entre fabricação e manuseio de óleos minerais – Anexo XIII da NR 15 da Portaria MTb 3.214/1978.

- **OJ 173 da SDI-I/TST**

Adicional de insalubridade. Atividade a céu aberto. Exposição ao sol e ao calor. (Redação alterada na Sessão do Tribunal Pleno realizada em 14.09.2012). (Res. TST 186/2012, *DEJT* 25, 26 e 27.09.2012)

I – Ausente previsão legal, indevido o adicional de insalubridade ao trabalhador em atividade a céu aberto, por sujeição à radiação solar (art. 195 da CLT e Anexo 7 da NR 15 da Portaria MTb 3.214/1978).

II – Tem direito ao adicional de insalubridade o trabalhador que exerce atividade exposto ao calor acima dos limites de tolerância, inclusive em ambiente externo com carga solar, nas condições previstas no Anexo 3 da NR 15 da Portaria MTb 3.214/1978.

- Indenização por danos morais. Trabalhador rural. Inobservância às disposições normativas de higiene e saúde no ambiente de trabalho.

Caracteriza-se como conduta ilícita a inobservância pelo empregador das disposições normativas de higiene e saúde no ambiente agrícola de trabalho (NR 31 da Portaria MTb 3.214/1978), deixando de proporcionar ao empregado rural um ambiente de trabalho saudável, não disponibilizando instalações sanitárias e locais de refeição adequados, sem as condições mínimas de intimidade e assepsia, o que viola a dignidade e o direito fundamental à saúde do trabalhador. Como corolário, impõe-se o deferimento do pleito indenizatório por danos morais (...). (TRT-3.ª Reg., RO 00417-2011-103-03-00-4, 3.ª T., j. 17.04.2012, rel. Sebastião Geraldo de Oliveira)

Interpretação restritiva

- **OJ 103 da SDI-I/TST**

Adicional de insalubridade. Repouso semanal e feriados (nova redação) – *DJ* 20.04.2005

O adicional de insalubridade já remunera os dias de repouso semanal e feriados.

> **Art. 190.** O Ministério do Trabalho aprovará o quadro das atividades e operações insalubres e adotará normas sobre os critérios de caracterização da insalubridade, os limites de tolerância aos agentes agressivos, meios de proteção e o tempo máximo de exposição do empregado a esses agentes.
>
> * Artigo com redação determinada pela Lei 6.514/1977.
>
> **Parágrafo único.** As normas referidas neste artigo incluirão medidas de proteção do organismo do trabalhador nas operações que produzem aerodispersoides tóxicos, irritantes, alergênicos ou incômodos.
>
> * V. art. 67, II, da Lei 8.069/1990 (Estatuto da Criança e do Adolescente).

Interpretação convergente

- **Súmula 194 do STF**

É competente o Ministro do Trabalho para a especificação das atividades insalubres.

- **Súmula 460 do STF**

Para efeito do adicional de insalubridade, a perícia judicial, em reclamação trabalhista, não dispensa o enquadramento da atividade entre as insalubres, que é ato da competência do Ministro do Trabalho e Previdência Social.

- **OJ 4 da SDI-I/TST**

Adicional de insalubridade. Lixo urbano. (Nova redação em decorrência da incorporação da OJ 170 da SDI-I/TST). (*DJ* 20.04.2005)

I – Não basta a constatação da insalubridade por meio de laudo pericial para que o empregado tenha direito ao respectivo adicional, sendo necessária a classificação da atividade insalubre na relação oficial elaborada pelo Ministério do Trabalho.

II – A limpeza em residências e escritórios e a respectiva coleta de lixo não podem ser consideradas atividades insalubres, ainda que constatadas por laudo pericial, porque não se encontram dentre as classificadas como lixo urbano na Portaria do Ministério do Trabalho. (Ex-OJ 170 da SDI-I/TST, inserida em 08.11.2000)

- Adicional de insalubridade. Ausência de classificação da atividade como insalubre na relação oficial do Ministério do Trabalho. Item I da OJ 4 da SDI-I/TST. Provimento.

Na hipótese concreta, inexiste previsão da atividade exercida pela reclamante – "operadora de teleatendimento" – na relação elaborada pelo Ministério do Trabalho e Emprego. Razão pela qual incide o item I da OJ 4 da SDI-I/TST (...).
(TST, RR 60800-92.2009.5.04.0017, 4.ª T., j. 31.08.2011, rel. Maria de Assis Calsing, *DEJT* 09.09.2011)

- Depreende-se, do acórdão recorrido, que o Tribunal Regional, soberano na análise do conjunto fático-probatório, concluiu, com base no laudo pericial, que durante todo o período imprescrito o reclamante esteve exposto a agentes insalubres, devido ao contato com substâncias à base de hidrocarbonetos.

Consignou, ainda, a Corte *a quo* que os EPI's utilizados pelo reclamante não eram suficientes para afastar a nocividade do produto, que é absorvido, não só pelas vias cutâneas, como também pela inalação, razão pela qual entendeu correto o enquadramento da atividade na disposição contida no Anexo 13 da NR 15 da Portaria MTb 3.214/1978.

Desse modo, houve a constatação da insalubridade por meio de laudo pericial e a classificação da atividade insalubre na relação oficial elaborada pelo Ministério do Trabalho, em atendimento ao disposto na OJ 4, item I, da SDI-I/TST (...).
(TST, RR 78300-51.2006.5.04.0382, 2.ª T., j. 25.04.2012, rel. José Roberto Freire Pimenta, *DEJT* 18.04.2012)

- Adicional de insalubridade. Limpeza e coleta de lixo de banheiros de escola municipal. OJ SDI-I 4, II, do TST.

Esta Corte tem sedimentado o entendimento de que a exposição a agentes biológicos e microrganismos decorrentes do serviço de limpeza e higienização de banheiros, ainda que públicos ou coletivos, não pode ser considerada como contato do trabalhador com lixo urbano, devendo se equiparar à limpeza realizada em residências e escritórios, nos termos da OJ SDI-I 4, II, da do TST (...).
(TST, RR 113300-43.2007.5.04.0232, 8.ª T., j. 21.08.2012, rel. Márcio Eurico Vitral Amaro, *DJe* 24.08.2012)

- Adicional de insalubridade. Calor excessivo. Cobrador de ônibus urbano. Inaplicável.
O Regional, com arrimo no laudo pericial e não obstante a OJ 4 da SDI-I/TST, manteve a condenação da reclamada ao pagamento do adicional de insalubridade a cobrador de ônibus urbano submetido à temperatura média de 32.º a 33.º durante a prestação laboral. Dessa forma, viola o art. 5.º, II, da CF/1988, a decisão regional que destoa do entendimento consubstanciado nos itens I e II da OJ 4 da SDI-I/TST, a despeito de a OJ 173, item II, do TST dispor que "tem direito ao adicional de insalubridade o trabalhador que exerce atividade exposto ao calor acima dos limites de tolerância, inclusive em ambiente externo com carga solar, nas condições previstas no Anexo 3 da NR 15 da Portaria MTb 3.214/1978", pois não é suficiente a constatação pericial da insalubridade para conferir ao trabalhador o respectivo adicional, no caso de cobrador de ônibus urbano submetido a temperatura média de 32.º a 33.º durante a prestação laboral. A atividade insalubre deve estar classificada na relação oficial elaborada pelo Ministério do Trabalho (...).
(TST, RR 443-70.2012.5.11.0010, 8.ª T., j. 12.12.2012, rel. Maria Laura Franco Lima de Faria, *DEJT* 14.12.2012)

- Adicional de insalubridade. Fumaça de cigarro.
Mesmo sendo de conhecimento público e notório que os malefícios causados pelo cigarro atingem não somente ao fumante, também causando danos às pessoas que se encontram no mesmo ambiente, os chamados "fumantes passivos", não há previsão de que a inalação de fumaça do cigarro seja insalubre, para os fins de pagamento do adicional legal. Não se cogita na aplicação analógica da regulamentação contida na Portaria MTb 3.214/1978, que contém rol exaustivo das atividades e substâncias assim caracterizadas (...).
(TRT-4.ª Reg., RO 00042-2005-027-04-00-0, 8.ª T., j. 28.09.2006, rel. George Achutti)

- Adicional de insalubridade. Zelador. Atividades não especificadas pelo Ministério do Trabalho.
Somente aquelas atividades descritas no quadro das atividades e operações insalubres podem ensejar o jus ao adicional, não cabendo, inclusive, que se faça qualquer interpretação a respeito. Conclui-se, portanto, que as atividades não arroladas nos quadros do Anexo da NR 15 não podem ser consideradas como insalubres (...).
(TRT-14.ª Reg., RO 00172.2008.151.14.00-3, 1.ª T., j. 22.10.2008, rel. Vânia Maria da Rocha Abensur)

- Adicional de insalubridade. Raios solares. Indevido.

Inexiste previsão legal para o deferimento do adicional de insalubridade em razão de exposição aos raios solares, nem mesmo na NR 15 do Ministério do Trabalho. Ademais, o trabalho ao ar livre não pode ser considerado insalubre em razão das frequentes variações meteorológicas que ocorrem. Se assim fosse, um simples dia ensolarado na praia também deveria ser considerado insalubre. Tal entendimento já se encontra sedimentado no âmbito do C. TST sob a égide da OJ 173, da sua SDI-I/TST (...).

(TRT-15.ª Reg., RO 0070800-56.2008.5.15.0058, 4.ª T., j. 13.03.2012, rel. Manuel Soares Ferreira Carradita)

- Adicional de insalubridade. Cortador de cana. Trabalho desgastante.

O fato de o trabalho do cortador de cana ser desgastante não torna devido adicional de insalubridade, por ausência de previsão (art. 195 da CLT e NR 15 da Portaria MTb 3.214, de 08.06.1978) (...).

(TRT-15.ª Reg., RO 0082500-95.2009.5.15.0057, 4.ª T., j. 27.03.2012, rel. Dora Rossi Góes Sanches)

🏛 Interpretação extensiva

- Servidor público federal. Vigilante. Adicional de periculosidade. Enquadramento da atividade. Irrelevância. Agravo não provido (...).

Diversamente da base de cálculo, o Regime Jurídico dos servidores públicos não definiu os demais parâmetros para a concessão da vantagem, tais como os percentuais devidos a cada adicional, tampouco especificou quais seriam as atividades albergadas. Dessa forma, para aferição dos demais pressupostos, deve ser observado o disposto na legislação trabalhista, nos moldes do art. 1.º do Dec.-lei 1.873/1981. A ausência do enquadramento da atividade desempenhada não inviabiliza a sua consideração para fins de percepção de adicional, desde que as instâncias ordinárias tenham como comprovada sua periculosidade, como na espécie (...).

(STJ, AgRg no AgIn 1.375.562/RN, 1.ª T., j. 15.12.2011, rel. Arnaldo Esteves Lima, DJe 02.02.2012)

- Adicional de insalubridade. Caracterização. Limpeza e coleta de lixo em banheiro de rodoviária (...).

Correto o entendimento da Turma de afastar a aplicação da OJ 4 da SDI-I do TST, que trata da limpeza em – residências e escritórios –, já que na presente hipótese o reclamante executava atividades de – limpeza e coleta de lixo em banheiro de rodoviária com acesso amplo e irrestrito aos usuários do terminal (...).
(TST, Embargos em RR 129900-53.2008.5.03.0129, SDI-I, j. 15.12.2011, rel. Renato de Lacerda Paiva, *DEJT* 09.01.2012)

• Agente insalubre. Contato intermitente. Adicional de insalubridade.
É devido o adicional de insalubridade ao empregado que mantém contato com agente insalubre no desempenho de suas atribuições cotidianas, ainda que a exposição seja intermitente, consoante a inteligência contida na Súmula 47 do TST, especialmente quando evidenciado por meio de prova pericial ter sido comprometida a higidez do ambiente de trabalho (...).
(TRT-12.ª Reg., RO 01852-2009-018-12-00-3, 1.ª Câm., j. 25.08.2010, rel. Viviane Colucci, *DEJT* 02.09.2010)

• Fundação Casa/SP. Agente de segurança. Realização de revistas corporais e manipulação de roupas dos menores internos. Insalubridade.
A constatação efetuada por prova técnica de que os trabalhadores expunham-se ao contato com agentes biológicos, nos moldes delineados pelo Anexo 14 da NR 15 do MTE, impõe o pagamento do adicional de insalubridade, independentemente de não se tratar de trabalho realizado em estabelecimentos de saúde. A finalidade da norma de segurança em comento visa à proteção da saúde do trabalhador em ambientes que facilitem seu contato com agentes biológicos, sendo que a menção expressada no referido Anexo, sobre os estabelecimentos de saúde, parte de uma presunção do legislador, no sentido de que somente em tais ambientes é que haveria essa possibilidade de contágio. A constatação de que o contágio, conforme prevista no Anexo 14, possa se dar em outros ambientes, torna devido o pagamento do adicional correspondente, até mesmo para fins de impressão da máxima eficácia ao preceito contido no inc. XXII do art. 7.º da CF/1988, que erige ao patamar de direito fundamental a proteção à higidez e à integridade física do trabalhador (...).
(TRT-15.ª Reg., RO 0138500-78.2008.5.15.0113, j. 22.02.2012, rel. Luiz José Dezena da Silva)

• Previdenciário (...). Comprovação tempo trabalhado. Reconhecimento condições especiais.

Art. 191

CONSOLIDAÇÃO DAS LEIS DO TRABALHO

I – O autor esteve exposto ao agente químico "hidrocarbonetos" e ao agente físico "ruído", no período de 01.10.1963 a 12.04.1988, ambos incluídos no rol exemplificativo de atividades profissionais consideradas insalubres, perigosas ou penosas, insertos no Dec. 53.831/1964 (código 1.2.11 e 1.1.6, respectivamente), o que por si só basta para o deferimento do pedido de conversão do referido tempo de serviço, não sendo, pois, necessária a comprovação das condições especiais de trabalho.

II – Os documentos apresentados pelo autor – laudos técnicos assinados por engenheiro de segurança do trabalho – não podem ser desprezados, pois, embora não se tratem de laudos judiciais, atendem à legislação em vigor, e atestam que o autor exerce atividade insalubre de forma habitual e permanente (...).
(TRF-2.ª Reg., ApCiv 2002.02.01.048123-4, 2.ª T. Especializada, j. 28.05.2008, rel. Sandra Meirim Chalu Barbosa)

Interpretação restritiva

- Adicional de insalubridade. Contato com animais mortos.

Constatada que a tarefa a cargo do reclamante se resumia ao corte de animais e transporte para a composteira, não se defronta sequer com a pretensa analogia com a atividade classificada no Anexo 14 da NR 15, na medida em que não restou provado que o autor efetivamente lidava com resíduos de animais deteriorados, ou seja, degenerados ou apodrecidos (...).
(TST, RR 153500-39.2009.5.03.0042, 3.ª T., j. 15.02.2012, rel. Horácio Raymundo de Senna Pires, *DJe* 24.02.2012)

Art. 191. A eliminação ou a neutralização da insalubridade ocorrerá:

* Artigo com redação determinada pela Lei 6.514/1977.

I – com a adoção de medidas que conservem o ambiente de trabalho dentro dos limites de tolerância;

II – com a utilização de equipamentos de proteção individual ao trabalhador, que diminuam a intensidade do agente agressivo a limites de tolerância.

Parágrafo único. Caberá às Delegacias Regionais do Trabalho e Emprego, comprovada a insalubridade, notificar as empresas, estipulando prazos para sua eliminação ou neutralização, na forma deste artigo.

⚖️ **Interpretação convergente**

• Adicional de insalubridade. Diferenças. Fornecimento de equipamentos de proteção individual.

A Instância Revisora, última na análise do acervo fático-probatório dos autos, assentou, até com suporte em perícia judicial, que as atividades desempenhadas pelo reclamante caracterizavam-se como insalubres em grau máximo, nos termos do Anexo 13 da NR 15 da Portaria MTb 3.214/1978. Registrou, ainda, que a prova técnica foi conclusiva no sentido de que a utilização de luvas de raspa de couro e o creme de proteção não elidiam a nocividade do agente, pois, embora diminuíssem o contato direto das mãos com os óleos e graxas, o restante do corpo continuava em exposição (...).
(TST, RR 2800-54.2008.5.04.0302, 7.ª T., j. 11.10.2011, rel. Delaíde Miranda Arantes, DEJT 17.10.2011)

• Adicional de insalubridade.

A Corte Regional, soberana na análise do conjunto fático-probatório, concluiu, com base na prova técnica, ser devido o pagamento do adicional de insalubridade em grau médio, no período em que o reclamante desenvolveu as atividades de montagem-coringa, porquanto manuseava produtos contendo hidrocarboneto aromático, substância considerada insalubre pelo Ministério do Trabalho (Anexo 13 da NR 15 da Portaria MTb 3.214/1978), acrescentando que o uso de EPIs não foi suficiente para elidir a insalubridade existente em razão do contato com a pele (...).
(TST, RR 120500-36.2007.5.04.0383, 7.ª T., j. 07.03.2012, rel. Pedro Paulo Manus, DEJT 09.03.2012)

• Adicional de insalubridade em grau médio. Contato com hidrocarbonetos aromáticos.

Executando o trabalho de montador de calçados e mantendo contato permanente, ainda que intermitente, com adesivos compostos de hidrocarbonetos aromáticos, sem uso de EPI adequado, tal situação induz à insalubridade em grau médio decorrente de análise qualitativa, e não quantitativa, por força do Anexo 13 da NR 15 da Portaria MTb 3.214/1979 (...).
(TRT-4.ª Reg., RO 01011-2007-373-04-00-4, 3.ª T., j. 05.12.2008, rel. João Alfredo Borges Antunes de Miranda)

• Adicional de insalubridade. Fornecimento e uso de Equipamento de Proteção Individual – EPI. Confissão ficta do reclamante.

Embora constatado pela perícia técnica o trabalho em condições insalubres, a confissão ficta do reclamante faz presumir verdadeiros os fatos alegados pela reclamada de que havia o fornecimento e uso de EPI hábil para neutralizar o agente nocivo existente no ambiente de trabalho. Adicional de insalubridade indevido (...).
(TRT-15.ª Reg., RO 0076100-98.2009.5.15.0046, 7.ª Câm., j. 10.04.2012, rel. Fábio Grasselli)

Interpretação divergente

• No que respeita ao uso de equipamento de proteção individual ou coletiva pelo segurado para a neutralização dos agentes agressivos, e, em consequência, a descaracterização do labor em condições especiais, tem-se entendido que esses dispositivos não são suficientes para descaracterizar a especialidade da atividade. Vejamos.
A legislação do trabalho prevê a utilização de equipamentos de proteção individuais e coletivos, os quais visam exatamente a evitar o risco de acidentes ou de doenças profissionais ou do trabalho. Neste ponto, oportuna a transcrição dos arts. 190 e 191 da CLT (redação da Lei 6.514, de 22.12.1994) (...).
Há de se entender, portanto, que se o Direito do Trabalho preconiza a neutralização da insalubridade, tendo esta (a neutralização) por caracterizada quando adotadas medidas que conservem o ambiente de trabalho dentro dos limites de tolerância, ou ainda quando houver a utilização de equipamentos de proteção individual ao trabalhador, que diminuam a intensidade do agente agressivo a limites de tolerância, não há razão para não se aceitar isso no âmbito do Direito Previdenciário (...).
(TRF-4.ª Reg., ApCiv 5012363-82.2010.404.7000, 5.ª T., j. 13.03.2012, rel. Ricardo Teixeira do Valle Pereira)

Interpretação extensiva

• **Súmula 248 do TST**
Adicional de insalubridade. Direito adquirido. (Res. TST 121/2003, *DJ* 19, 20 e 21.11.2003)

A reclassificação ou a descaracterização da insalubridade, por ato da Autoridade competente, repercute na satisfação do respectivo adicional, sem ofensa a direito adquirido ou ao Princípio da Irredutibilidade Salarial.

Interpretação restritiva

- **Súmula 289 do TST**
Insalubridade. Adicional. Fornecimento do aparelho de proteção. Efeito. (Res. TST 121/2003, *DJ* 19, 20 e 21.11.2003)
O simples fornecimento do aparelho de proteção pelo empregador não o exime do pagamento do adicional de insalubridade. Cabe-lhe tomar as medidas que conduzam à diminuição ou eliminação da nocividade, entre as quais as relativas ao uso efetivo do equipamento pelo empregado.

- **Insalubridade. Constatação. Laudo específico desconsiderado pela prova pericial médica que apurou a perda auditiva. Reconhecida a insalubridade em grau médio.**
Não obstante a prova pericial elaborada pelo engenheiro de segurança do trabalho tenha concluído pela neutralização do agente insalubre (ruído) pelo uso de EPI, a constatação pela perícia médica da perda auditiva se contrapõe àquela prova, demonstrando que as medidas de proteção não foram suficientes para a eliminação do agente nocivo existente no meio ambiente de trabalho (...).
(TRT-15.ª Reg., RO 0139100-82.2006.5.15.0109, 1.ª T., j. 20.03.2012, rel. Thelma Helena Monteiro de Toledo Vieira)

> **Art. 192.** O exercício de trabalho em condições insalubres, acima dos limites de tolerância estabelecidos pelo Ministério do Trabalho, assegura a percepção de adicional respectivamente de 40% (quarenta por cento), 20% (vinte por cento) e 10% (dez por cento) do salário-mínimo da região, segundo se classifiquem nos graus máximo, médio e mínimo.
>
> * Artigo com redação determinada pela Lei 6.514/1977.
> * V. art. 7.º, IV e XXIII, da CF/1988.
> * V. art. 76 da CLT.

⚖️ Interpretação convergente

- **Súmula 307 do STF**

É devido o adicional de serviço insalubre, calculado à base do salário mínimo da região, ainda que a remuneração contratual seja superior ao salário mínimo acrescido da taxa de insalubridade.

- **Súmula 47 do TST**

Insalubridade. (Res. TST 121/2003, *DJ* 19, 20 e 21.11.2003)
O trabalho executado em condições insalubres, em caráter intermitente, não afasta, só por essa circunstância, o direito à percepção do respectivo adicional.

- **Súmula 139 do TST**

Adicional de insalubridade. (Res. TST 129/2005, *DJ* 20, 22 e 25.04.2005)
Enquanto percebido, o adicional de insalubridade integra a remuneração para todos os efeitos legais. (Ex-OJ 102 da SDI-I/TST, inserida em 01.10.1997),

- **Súmula 248 do TST**

Adicional de insalubridade. Direito adquirido. (Res. TST 121/2003, *DJ* 19, 20 e 21.11.2003).
A reclassificação ou a descaracterização da insalubridade, por ato da autoridade competente, repercute na satisfação do respectivo adicional, sem ofensa a direito adquirido ou ao princípio da irredutibilidade salarial.

- **Súmula 187 do TFR**

Adicional de Insalubridade. Salário Regional.
O adicional de insalubridade incide sobre o salário regional.

- **OJ 47 da SDI-I/TST**

Hora extra. Adicional de insalubridade. Base de cálculo. (Res. TST 148/2008, *DJ* 04 e 07.07.2008, republicada *DJ* 08, 09 e 10.07.2008)
A base de cálculo da hora extra é o resultado da soma do salário contratual mais o adicional de insalubridade.

- **OJ 2 da SDI-II/TST**

Ação rescisória. Adicional de insalubridade. Base de cálculo. Salário mínimo. Cabível (Mantida a redação na sessão do Tribunal Pleno realizada em 26.06.2008) (Res. 148/2008, *DJ* 04 e 07.07.2008 – Republicada *DJ* 08, 09 e 10.07.2008).

Art. 192

Viola o art. 192 da CLT decisão que acolhe pedido de adicional de insalubridade com base na remuneração do empregado.

- **Precedente Administrativo 76 do MTE**

Adicional de insalubridade. Reflexo sobre horas extras. Revisão do Precedente Administrativo 67 do MTE.

A remuneração do trabalho extraordinário realizado em condições insalubres deve ter como base de cálculo o salário normal acrescido do adicional de insalubridade.

⚖ Interpretação divergente

- **Adicional de insalubridade. Substituição. Impossibilidade. Súmula Vinculante 4 do STF.**

Conforme asseverado pelo Plenário do STF ao julgar o RE 565.714/SP, não é possível estabelecer, como base de cálculo para o adicional de insalubridade a remuneração ou salário base em substituição ao salário mínimo, pois é inviável ao Poder Judiciário modificar tal indexador, sob o risco de atuar como legislador positivo (...).
(STF, AgRg no RE 488.240/ES, 2.ª T., j. 28.10.2008, rel. Ellen Gracie, *DJe* 21.11.2008)

⚖ Interpretação extensiva

- **Súmula Vinculante 4 do STF**

Salvo nos casos previstos na Constituição, o salário mínimo não pode ser usado como indexador de base de cálculo de vantagem de servidor público ou de empregado, nem ser substituído por decisão judicial.

- **Súmula 139 do TST**

Adicional de insalubridade. (Incorporada a OJ 102 da SDI-I/TST). (Res. TST 129/2005, *DJ* 20, 22 e 25.04.2005)

Enquanto percebido, o adicional de insalubridade integra a remuneração para todos os efeitos legais. (Ex-OJ 102 da SDI-I/TST, inserida em 01.10.1997)

- **Súmula 228 do TST**

Adicional de insalubridade. Base de cálculo. (Res. TST 148/2008, *DJ* 04 e 07.07.2008, republicada no *DJ* 08, 09 e 10.07.2008)

A partir de 09.05.2008, data da publicação da Súmula Vinculante 4 do STF, o adicional de insalubridade será calculado sobre o salário básico, salvo critério mais vantajoso fixado em instrumento coletivo.

- **OJ 172 da SDI-I/TST**
Adicional de insalubridade ou periculosidade. Condenação. Inserção em folha de pagamento. (Inserida em 08.11.2000).
Condenada ao pagamento do adicional de insalubridade ou periculosidade, a empresa deverá inserir, mês a mês e enquanto o trabalho for executado sob essas condições, o valor correspondente em folha de pagamento.

- **OJ 33 da SDI-I – Transitória/TST**
Adicional de insalubridade. Base de cálculo, na vigência do Dec.-lei 2.351/1987: piso nacional de salários (conversão da OJ 3 da SDI-1/TST) (DJ 20.04.2005).
Na vigência do Dec.-lei 2.351/1987, o piso nacional de salários é a base de cálculo para o adicional de insalubridade. (Ex-OJ 3 da SDI-1/TST – inserida em 14.03.1994)

- Não havendo nenhuma consideração acerca da percepção de salário profissional ou normativo, hipótese delineada na Súmula 17 desta C. Corte [Súmula restaurada pela Res. TST 121/2003], deverá o adicional de insalubridade ser apurado sobre o salário-base auferido pelo reclamante (...).
(TST, Embargos em RR 482.613/1998.3, SDI-I, j. 11.02.2008, rel. Maria de Assis Calsing, DJ 22.02.2008)

- Adicional de insalubridade. Base de cálculo. Salário mínimo. Art. 192 da CLT. Declaração de inconstitucionalidade sem pronúncia de nulidade. Súmula Vinculante 4 do STF.
O STF, ao apreciar o RE 565.714/SP, sob o manto da repercussão geral da questão constitucional, referente à base de cálculo do adicional de insalubridade, editou a Súmula Vinculante 4, reconhecendo a inconstitucionalidade da utilização do salário mínimo como parâmetro, mas vedando a substituição deste por decisão judicial. Assim decidindo, a Suprema Corte adotou técnica decisória conhecida, no direito constitucional alemão, como – declaração de inconstitucionalidade sem pronúncia da nulidade –, ou seja, a norma, não obstante ser declarada inconstitucional, continua a reger as relações obrigacionais, em face da impossibilidade de o Poder Judiciário ser substituído pelo legislador, a fim de definir critério diverso para a regulação da matéria. Portanto, ainda que reconhecida

a inconstitucionalidade do art. 192 da CLT, tem-se que a parte final da Súmula Vinculante 4 do STF não permite criar critério novo por decisão judicial; razão pela qual, até que se edite norma legal ou convencional estabelecendo base de cálculo, para o adicional de insalubridade, distinta do salário mínimo, continuará a ser aplicado esse critério para o cálculo do referido adicional, inclusive quando o empregado pertence a categoria profissional, com piso salarial previsto em norma coletiva (...).
(TST, RR 145000-73.2007.5.04.0511, 7.ª T., j. 23.02.2011, rel. Pedro Paulo Manus, DEJT 11.03.2011)

- Adicional de insalubridade. Base de cálculo. Salário mínimo.

Desde a promulgação da Constituição da República é controvertida a adoção do salário mínimo como base de cálculo do adicional de insalubridade. Prevalecia no C. TST o entendimento de que a verba deveria ser calculada sobre o salário mínimo, exceto no caso do empregado que percebesse, por força de lei, convenção coletiva ou sentença normativa, salário profissional. Nesse caso, o adicional seria calculado sobre o salário profissional. Nesse sentido, era a Súmula 17, editada originalmente por meio da RA 28/1969, publicada em 21.08.1969, cancelada em 19.05.1994 (Res. TST 29/1994) e restaurada por intermédio da Res. TST 121/2003, publicada em 21.11.2003. Além disso, a Súmula 228 da mesma Corte previa o cálculo do adicional de insalubridade sobre o salário mínimo. Consoante o entendimento predominante no C. TST, a adoção dessa base de cálculo não violaria o art. 7.º, IV, da CF/1988, pois a proibição nele contida apenas vedava a vinculação ao salário mínimo como fator de indexação. Acontece que o STF vinha, há algum tempo, se manifestando no sentido de coibir a adoção do salário mínimo como base de cálculo do adicional de insalubridade. Em 09.05.2008 foi editada pela Corte Constitucional a Súmula Vinculante 4, que proíbe essa forma de cálculo. Após a edição dessa Súmula Vinculante, o Tribunal Pleno do TST editou a Res. 148, de 10.07.2008, por intermédio da qual cancelou a Súmula 17 e alterou o conteúdo da Súmula 228, com o fim de fazer incidir o adicional de insalubridade sobre o salário contratual. O Excelso STF, contudo, acatando pedido liminar formulado pela Confederação Nacional da Indústria (Rcl 6.266/DF), determinou a suspensão da Súmula 228 do TST. Em consequência dessa última decisão, a base de cálculo do adicional de insalubridade deverá ser o salário mínimo, até a edição de lei que venha a regulamentar o tema. Esse é o sentido da já referida Súmula Vinculante 4 do STF, que declara a inconstitucionalidade dessa forma de cálculo, mas ressalta a impossibilidade

de adoção, pelo Poder Judiciário, de uma forma de cálculo diversa, até que outra norma legal venha a dispor sobre a matéria. Nesse sentido, vem decidindo o Colendo TST (RR 872/2005-042-15-00, 7.ª T., rel. Min. Ives Gandra Martins Filho, *DJ* 13.06.2008) (...).
(TRT-3.ª Reg., RO 00112-2008-131-03-00-6, 7.ª T., j. 13.11.2008, rel. Alice Monteiro de Barros)

• O adicional de insalubridade, tanto antes como após a edição da Súmula Vinculante 4 do STF, continua a ser calculado sobre o salário mínimo de acordo com o art. 192 da CLT, até que nova base seja estabelecida mediante lei (...).
(TRT-4.ª Reg., RO 00102-2008-512-04-00-0, 4.ª T., j. 30.04.2009, rel. Hugo Carlos Scheuermann)

• O reclamante se insurge contra a sentença no tocante à base de cálculo do adicional de insalubridade, a qual entende ser o salário normativo da categoria profissional e não o salário mínimo, conforme definido na origem. Invoca o disposto no art. 7.º, XXIII, da CF/1988. Ressalta que a Constituição Federal (art. 7.º, IV, da CF/1988), vedou a vinculação do salário mínimo para qualquer fim, razão pela qual entende estar derrogado o disposto no art. 192 da CLT.
Examina-se.
No que tange à base de cálculo do adicional de insalubridade, ao ser editada a Súmula Vinculante 4 do STF, esta Relatora adotou o entendimento de que a base de cálculo do adicional de insalubridade, na ausência de outro parâmetro, era o salário-base, mas ante a concessão de medida liminar a Medida Cautelar em Reclamação 6.266-0/DF, onde é reclamante a Confederação Nacional da Indústria – CNI, tal entendimento não é mais possível, devendo ser adotado como base de cálculo o salário mínimo legal.
Desta forma, pelo entendimento adotado pelo STF, deve ser mantida a aplicação do art. 192 da CLT que serve de cálculo para o adicional de insalubridade (...).
(TRT-4.ª Reg., RO 0000060-28.2010.5.04.0020, 8.ª T., j. 10.05.2012, rel. Lucia Ehrenbrink)

• [A] base de cálculo do adicional de insalubridade é o salário base, também denominado salário contratual, em face da vedação constitucional de vinculação do salário mínimo para qualquer fim (art. 7.º, IV, da CF/1988) e da referência de que o adicional de insalubridade se trata de um adicional de remuneração (art. 7.º, XXIII, da CF/1988).

Entretanto, o STF, ao interpretar os termos da Súmula Vinculante 4, embora reconheça a proibição constitucional de vinculação de qualquer vantagem de servidor público ou empregado ao salário mínimo, vem decidindo pela impossibilidade da modificação da base de cálculo do adicional de insalubridade pelo Poder Judiciário, dada a vedação de que esse atue como legislador positivo. Assim, fixou-se o entendimento de que o salário mínimo permanece como parâmetro de cálculo para o adicional de insalubridade até que sobrevenha nova lei ou convenção coletiva que estabeleça regra mais benéfica.

Nesse sentido, transcreve-se jurisprudência do STF:

"Ementa: Agravo regimental em recurso extraordinário. Adicional de insalubridade. Base de cálculo. Incidência da Súmula Vinculante 4 do STF.

1. O STF, no julgamento do RE 565.714/RS, da relatoria da Min. Cármen Lúcia, reconheceu a proibição constitucional de utilização do salário mínimo como base de cálculo para qualquer vantagem de servidor público ou de empregado. Mais: decidiu que a base de cálculo existente era de ser mantida até que nova legislação a alterasse. Nessa mesma assentada, editou ainda a Súmula Vinculante 4 ('Salvo nos casos previstos na Constituição, o salário mínimo não pode ser usado como indexador de base de cálculo de vantagem de servidor público ou de empregado, nem ser substituído por decisão judicial').

2. Agravo regimental desprovido" (STF, AgRg no RE 576.157/RS, 2.ª T., j. 20.09.2011, rel. Ayres Britto, *DJe* 11.11.2011, p. 134).

O TST, por sua vez, vem acompanhando o entendimento pacificado no STF, conforme se observa na jurisprudência abaixo transcrita:

"Recurso de revista. Adicional de insalubridade. Base de cálculo. A jurisprudência do STF tem-se orientado pela decisão proferida ao julgamento do RE 565.714/SP, de repercussão geral, segundo a qual, apesar de a Suprema Corte Brasileira considerar inconstitucional o art. 192 da CLT, enquanto não editada lei ou norma coletiva estabelecendo base de cálculo diversa não há a decretação da respectiva nulidade. Perdurando o vácuo legislativo, ausente notícia da existência de norma coletiva, prevalece o salário mínimo" (TST, RR 5700-16.2004.5.04.0022, 3.ª T., j. 16.06.2010, rel. Rosa Maria Weber, *DEJT* 06.08.2010).

Dessa forma, este magistrado, por política judiciária, passa a adotar o salário mínimo nacional como base de cálculo do adicional de insalubridade, até que sobrevenha nova lei ou que haja norma coletiva, estabelecendo outro critério de cálculo mais benéfico ao trabalhador (...).

(TRT-4.ª Reg., RO 0001584-42.2010.5.04.0511, 8.ª T., j. 24.01.2013, rel. Francisco Rossal de Araújo, *DEJT* 30.01.2013)

- Adicional de insalubridade. Base de cálculo.

Até que seja editada uma nova lei regulamentando a base de cálculo do adicional de insalubridade, há de ser utilizado para esse fim, o salário mínimo, conforme preceitua o art. 192 da CLT. Inteligência da Súmula Vinculante 4 do STF (...).
(TRT-5.ª Reg., RO 00219-2008-021-05-00-8, 3.ª T., j. 08.09.2009, rel. Lourdes Linhares)

- Adicional de insalubridade. Base de cálculo.

Derrogada a norma consolidada sobre a base de cálculo do adicional de insalubridade, e ante o vazio legislativo, não se há de cogitar na utilização do salário contratual como base de cálculo do adicional de insalubridade, haja vista que inexiste previsão legal naquele sentido. Sendo a melhor solução para a hipótese é decidir por equidade, como autorizado pelo art. 8.º Consolidado, pelo que o adicional de insalubridade deve ser pago sobre o valor que vinha sendo pago aos empregados substituídos, utilizando-se como base de cálculo o salário mínimo (...).
(TRT-5.ª Reg., RO 00674-2008-012-05-00-2, 5.ª T., j. 08.09.2009, rel. Norberto Frerichs)

- Acordo coletivo de trabalho. Indenização. Adicional de periculosidade. Negociação coletiva inválida.

A questão relativa ao adicional de periculosidade está prevista no capítulo da Consolidação das Leis do Trabalho que trata da Segurança e da Medicina do Trabalho, tratando-se de direito indisponível. Logo, inválida a cláusula de acordo coletivo de trabalho que prevê o pagamento de indenização compensatória do adicional de periculosidade em valor inferior ao legal, pois configura mera renúncia a direito mínimo estabelecido em lei, não alcançado pelo poder de representação sindical (...).
(TRT-15.ª Reg., RO 0125600-84.2008.5.15.0009, 4.ª T., j. 28.02.2012, rel. Luiz Roberto Nunes)

Interpretação restritiva

- Súmula 248 do TST

Adicional de insalubridade. Direito adquirido. (Res. TST 121/2003, *DJ* 19, 20 e 21.11.2003).

A reclassificação ou a descaracterização da insalubridade, por ato da autoridade competente, repercute na satisfação do respectivo adicional, sem ofensa a direito adquirido ou ao princípio da irredutibilidade salarial.

- **OJ 208 da SDI-I/TST**

Radiologista. Gratificação de raios X. Redução. Lei 7.923/1989. (Inserida em 08.11.2000).

A alteração da gratificação por trabalho com raios X, de 40 (quarenta) para 10% (dez por cento), na forma da Lei 7.923/1989, não causou prejuízo ao trabalhador porque passou a incidir sobre o salário incorporado com todas as demais vantagens.

- **OJ 57 da SDI-I – Transitória/TST**

Adicional de insalubridade. Deficiência de iluminamento. Limitação (conversão da OJ 153 da SDI-I) – *DJ* 20.04.2005.

Somente após 26.02.1991 foram, efetivamente, retiradas do mundo jurídico as normas ensejadoras do direito ao adicional de insalubridade por iluminamento insuficiente no local da prestação de serviço, como previsto na Portaria nº 3.751/1990 do Ministério do Trabalho (ex-OJ 153 da SDI-I – inserida em 26.03.1999).

Art. 193. São consideradas atividades ou operações perigosas, na forma da regulamentação aprovada pelo Ministério do Trabalho e Emprego, aquelas que, por sua natureza ou métodos de trabalho, impliquem risco acentuado em virtude de exposição permanente do trabalhador a:

* *Caput* com redação determinada pela Lei 12.740/2012.
* V. art. 7.º, XXIII, da CF/1988.

I – inflamáveis, explosivos ou energia elétrica;

* Inc. I acrescentado pela Lei 12.740/2012.

⚖ Interpretação convergente

- **Súmula 212 do STF**

Tem direito ao adicional de serviço perigoso o empregado de posto de revenda de combustível líquido.

- **Súmula 39 do TST**
Periculosidade. Os empregados que operam em bomba de gasolina têm direito ao adicional de periculosidade. (Lei 2.573, de 15.08.1955 [legislação revogada pela Lei 6.514/1977, que alterou a Consolidação das Leis do Trabalho]). (Súmula mantida pela Res. TST 121/2003)

- **OJ 385 da SDI-I/TST**
Adicional de periculosidade. Cabimento. Construção vertical.
É devido o pagamento do adicional de periculosidade ao empregado que desenvolve suas atividades em edifício (construção vertical), seja em pavimento igual ou distinto daquele onde estão instalados tanques de armazenamento de líquido inflamável, em quantidade acima do limite legal, considerando-se como área de risco a área interna da construção vertical.

- **OJ 324 da SDI-I/TST**
Adicional de periculosidade. Sistema elétrico de potência. Dec. 93.412/1986, Art. 2.º, § 1.º. (*DJ* 09.12.2003)
É assegurado o adicional de periculosidade apenas aos empregados que trabalham em sistema elétrico de potência em condições de risco, ou que o façam com equipamentos e instalações elétricas similares, que ofereçam risco equivalente, ainda que em unidade consumidora de energia elétrica.

- Periculosidade. Líquidos inflamáveis. Tanques de óleo diesel não enterrados. Risco à integralidade do prédio. Adicional devido (...).
(TRT-15.ª Reg., RO 0096900-10.2008.5.15.0103, 2.ª T., j. 07.02.2012, rel. Luiz José Dezena da Silva)

Interpretação extensiva

- **Súmula 361 do TST**
Adicional de periculosidade. Eletricitários. Exposição intermitente. (Res. TST 121/2003, DJ 19, 20 e 21.11.2003)
O trabalho exercido em condições perigosas, embora de forma intermitente, dá direito ao empregado a receber o adicional de periculosidade de forma integral, porque a Lei 7.369, de 20.09.1985, não estabeleceu nenhuma proporcionalidade em relação ao seu pagamento.

- **Súmula 364 do TST**
Adicional de periculosidade. Exposição eventual, permanente e intermitente. (Cancelado o item II e dada nova redação ao item I). (Res. TST 174/2011, *DEJT* 27, 30 e 31.05.2011)
Tem direito ao adicional de periculosidade o empregado exposto permanentemente ou que, de forma intermitente, sujeita-se a condições de risco. Indevido, apenas, quando o contato dá-se de forma eventual, assim considerado o fortuito, ou o que, sendo habitual, dá-se por tempo extremamente reduzido. (Ex-OJs da SDI-I/TST, inserida em 14.03.1994, *DJ* 11.08.2003)

- **OJ 279 da SDI-I do TST**
Adicional de periculosidade. Eletricitários. Base de cálculo. Lei 7.369/1985, art. 1.º. Interpretação (*DJ* 11.08.2003)
O adicional de periculosidade dos eletricitários deverá ser calculado sobre o conjunto de parcelas de natureza salarial.

- **OJ 345 da SDI-I/TST**
Periculosidade. Radiação. Devido.
A exposição do empregado à radiação ionizante ou à substância radioativa enseja a percepção do adicional de periculosidade, pois a regulamentação ministerial (Portarias do Ministério do Trabalho 3.393, de 17.12.1987 e 518, de 07.04.2003), ao reputar perigosa a atividade, reveste-se de plena eficácia, porquanto expedida por força de delegação legislativa contida no art. 200, *caput* e inc. VI da CLT. No período de 12.12.2002 a 06.04.2003, enquanto vigeu a Portaria 496 do Ministério do Trabalho, o empregado faz jus ao adicional de insalubridade.

- **OJ 347 da SDI-I/TST**
Insalubridade ou periculosidade.
É devido o adicional de periculosidade aos empregados cabistas, instaladores e reparadores de linhas e aparelhos de empresas de telefonia, desde que, no exercício de suas funções, fiquem expostos a condições de risco equivalente ao do trabalho exercido em contato com o sistema elétrico de potência.

- **OJ 385 da SDI-I/TST**
Adicional de periculosidade. Devido. Armazenamento de líquido inflamável no prédio. Construção vertical. (DEJT divulgado em 09, 10 e 11.06.2010)

É devido o pagamento do adicional de periculosidade ao empregado que desenvolve suas atividades em edifício (construção vertical), seja em pavimento igual ou distinto daquele onde estão instalados tanques para armazenamento de líquido inflamável, em quantidade acima do limite legal, considerando-se como área de risco toda a área interna da construção vertical.

- Adicional de periculosidade. Inflamáveis. Permanência na área de risco. Contato intermitente. Incidência.

1. Consoante o entendimento pacífico deste Tribunal, em interpretação às disposições do art. 193 da CLT, faz jus ao adicional de periculosidade não só o empregado exposto permanentemente, mas também aquele que, de forma intermitente, sujeita-se a condições de risco em contato com inflamáveis e/ou explosivos, sendo indevido apenas quando o contato se dá de forma eventual, assim considerado o fortuito, ou o que, sendo habitual, ocorre em tempo extremamente reduzido.

2. A teor desse entendimento jurisprudencial, são irrelevantes o tempo e a frequência da exposição ao risco, pois está sujeito ao dano não só o empregado que ingressa várias vezes na área como aquele que o faz esporadicamente, tendo em vista que o evento danoso pode ocorrer a qualquer tempo.

3. Assim, empregada que ingressa diariamente em área de risco, durante o abastecimento de aeronaves, faz jus ao pagamento do adicional de periculosidade, de forma integral (...).

(TST, AgIn em RR 353/2003-011-04-40.7, 7.ª T., j. 17.12.2008, rel. Caputo Bastos, DJ 22.02.2009)

- Adicional de periculosidade. Exposição intermitente.

A Decisão Regional harmoniza-se com o disposto na Súmula 364, 1.ª parte, do TST (...). É certo que o juiz não está adstrito às conclusões do laudo pericial. Todavia, a verificação do ambiente periculoso não pode ser desprezada, ainda que a prova oral demonstre que o reclamante estivesse exposto ao risco apenas uma vez por mês, quando transportava inflamáveis, já que ele não permanecia em área de risco durante o abastecimento da locomotiva (...).

(TST, RR 39400-20.2009.5.03.0059, 8.ª T., j. 19.10.2011, rel. Sebastião Geraldo de Oliveira, DEJT 20.10.2011)

- Adicional de periculosidade. Trabalho em área de risco. Devido.

A prestação de trabalho simultaneamente com o abastecimento de aeronaves torna a atividade perigosa porque desenvolvida em área considerada de risco,

tendo o empregado direito ao adicional de periculosidade previsto no art. 193 da CLT e definido no Anexo 2 da NR 16 da Portaria MTb 3.214/1978, sendo irrelevante a intermitência da exposição (...).
(TRT-4.ª Reg., RO 0127600-32.2009.5.04.0008, 10.ª T., j. 12.05.2011, rel. Milton Varela Dutra, *DEJT* 18.05.2011)

- [I]nsurge-se o recorrente contra a condenação ao pagamento de adicional de periculosidade ao autor. Assevera que, por força do que dispõem o inc. II do art. 5.º da CF/1988, o art. 193 da CLT e Lei 7.369/1985, somente as atividades que impliquem exposição a inflamáveis, explosivos ou sistemas elétricos de potência geram direito à percepção do adicional de periculosidade. Assim, como em nenhum momento o recorrido esteve exposto a tais agentes, requer a reforma da sentença (...). Vale salientar que o perito-engenheiro concluiu pela existência de condições perigosas nas atividades do reclamante, tendo em vista sua exposição a radiações ionizantes.

Por outro lado, o contato com radiações ionizantes gera o direito ao adicional de periculosidade, conforme entendimento cristalizado pela Súmula 42 deste Tribunal.

Deve ser esclarecido que, mesmo na hipótese de prestação intermitente de labor em área considerada de risco, o empregado faz jus ao adicional de periculosidade, na medida em que o fato relevante a ser considerado é a inserção da atividade em exposição à situação de risco na rotina de trabalho do empregado. Neste sentido é o entendimento constante na Súmula 364 do TST, que reconhece o direito ao adicional de salário na hipótese de exposição permanente ou intermitente às condições de periculosidade (...). Essas disposições resultaram estabelecidas pela Portaria MTb 3.393/1987, que assegura o pagamento do adicional de periculosidade de que trata o art. 193, § 1.º, da CLT, para aqueles que, como o demandante, trabalhem em contato com radiações ionizantes ou substâncias radioativas.

Dessa forma, a Portaria MTb 3.393/1987 apenas cumpriu a delegação legislativa outorgada ao Ministério do Trabalho e contida no art. 200, VI, da CLT, ajustando-se plenamente ao disposto pelo art. 193 da CLT, que prevê a aplicação de regulamentação aprovada pelo Ministério do Trabalho no que concerne à configuração e caracterização da periculosidade.

Desse modo, não se pode alegar ausência de previsão legal para o deferimento do adicional em tela. Conforme visto, esta Portaria considera que qualquer exposi-

ção do trabalhador às radiações antes mencionadas ou substâncias radioativas é potencialmente prejudicial à sua saúde, garantindo ao mesmo o adicional de periculosidade.
Assim, é irretocável a decisão que condenou o reclamado ao pagamento do adicional de periculosidade (...).
(TRT-4.ª Reg., RO 0000224-49.2011.5.04.0281, 5.ª T., j. 03.05.2012, rel. Rozi Engelke)

• Adicional de periculosidade. Eletricidade. Lei 7.369/1985. Ausência de vinculação ao ramo de atividade desenvolvida pelo empregador.
O adicional de periculosidade devido em razão do contato com eletricidade, assegurado no art. 1.º da Lei 7.369/1985 [revogada pela Lei 12.740/2012], uma vez constatado o labor em ambiente periculoso, independe do ramo da empresa empregadora. Inteligência do art. 2.º do Dec. 93.412/1986 [revogado pelo Dec. 93.412/1986], regulamentador da Lei mencionada, que estendeu o direito à percepção do adicional de periculosidade aos trabalhadores do setor de energia elétrica, antes apenas devido em razão do contato com inflamáveis ou explosivos (...).
(TRT-6.ª Reg., RO 00213-2007-211-06-00-3, 1.ª T., j. 19.02.2008, rel. Valdir Carvalho)

• Adicional de periculosidade. Exposição habitual.
Sendo a exposição permanentemente, de forma intermitente, estando inserido na rotina de trabalho o ingresso na área de risco, configurada está a habitualidade por tempo que não se considera extremamente reduzido, sendo devido o Adicional de Periculosidade (...).
(TRT-15.ª Reg., RO 0156300-50.2008.5.15.0039, 2.ª T., j. 31.01.2012, rel. Hélcio Dantas Lobo Junior)

• Adicional de periculosidade. Atividade perigosa. Caracterização. Procedência.
Art. 193 da CLT. Comprovado que o trabalhador, em seu turno, era o único técnico eletricista da fábrica, sujeito à descarga elétrica de 380 volts, inerente à própria atividade, e que, dependendo da necessidade imediata do reparo, o trabalho era feito com os equipamentos energizados, faz jus ao adicional de periculosidade, mesmo em caso de contato intermitente, pois não era fortuito ou eventual, e sim habitual, sendo que a lei não exclui o direito em caso de contato intermitente (...).
(TRT-15.ª Reg., RO 0111000-72.2005.5.15.0006, j. 03.04.2012, rel. Edmundo Fraga Lopes)

Art. 193

⚖ Interpretação restritiva

• O art. 193 da CLT que atividade perigosa é aquela que implica contato permanente do empregado com inflamáveis e explosivos em condições de risco acentuado. Outrossim, a NR 16 do MTE caracteriza como perigosas as atividades de produção, transporte e armazenagem e descarga de inflamáveis, de abastecimento de veículos, aviões e navios, além de outras que importem contato direto com as referidas substâncias.
Nos termos da Súmula 364, I, desta Corte Superior (conversão das OJ 5, 258 e 280 da SDI-I/TST), é devido o adicional de periculosidade ao empregado exposto permanentemente ou que, de forma intermitente, sujeita-se a condições de risco (...).
Na hipótese em discussão, observa-se da leitura do acórdão prolatado pelo Tribunal Regional, soberano no exame do conjunto fático-probatório dos autos, que o reclamante, copiloto, não desembarcava na área designada para o reabastecimento da aeronave, permanecendo a bordo durante todo o procedimento. Consignou a Corte de origem, à f., que "a função do autor, evidentemente, seria, dentro da cabine, verificar os níveis de combustível nos tanques, indicados nos marcadores do painel de controles da aeronave". Dessa forma, conclui-se que o obreiro não se encontrava em contato permanente com o material combustível e nem estava sujeito à condição de risco acentuado, o que inviabiliza o pagamento do pleiteado adicional de periculosidade (...).
(TST, EDcl em RR 785308-47.2001.5.02.0050, 8.ª T., j. 15.12.2011, rel. Hugo Carlos Scheuermann, *DEJT* 03.02.2012)

• Precarização de direitos através de norma coletiva. Adicional de periculosidade. Vedação constitucional.
A Constituição da República, em seu art. 7.º e incisos elenca direitos sociais mínimos do trabalhador, de caráter irrenunciáveis, só autorizando a flexibilização nos casos constitucionalmente previstos. O caso dos autos não se encaixa na ressalva constitucional, razão porque não se admite possibilidade de flexibilização para retirar ou precarizar direitos do trabalhador previstos na legislação infraconstitucional, *in casu*, o adicional de periculosidade (...).
(TRT-5.ª Reg., RO 00205-2008-461-05-00-6, 5.ª T., j. 04.11.2008, rel. Maria Adna Aguiar)

• Comprovando-se que o reclamante não trabalhava no "abastecimento das aeronaves", nem "nos postos de abastecimento de aeronaves", mas como Auxiliar de Comissária – efetuando serviços de limpeza de bandejas e *trollers*, preparação

e montagem de material de comissária e manipulando alimentos manufaturados e bebidas –, a conclusão que se extrai não é a constante do laudo pericial, no sentido de que se tratava de serviço periculoso, mas que suas atividades laborativas não se enquadram no *caput* do art. 193 da CLT – ou seja, não implicam o contato permanente com inflamáveis ou explosivos, em condições de risco acentuado, embora exercidas, inclusive, nos períodos de abastecimento das aeronaves (fato que ocorre com os passageiros a bordo) (...).
(TRT-6.ª Reg., RO 6.416/00, 1.ª T., j. 06.03.2001, rel. Milton Gouveia, *DOE* 24.03.2001)

• Adicional de periculosidade. Inflamáveis. Área de risco. Tempo de exposição reduzido. Indevido.
O contato com produtos inflamáveis que se dá por alguns minutos diários, deve ser considerado extremamente reduzido, ainda que verificado de forma habitual, sob pena de entendimento contrário levar à conclusão de que todos os cidadãos que levam seu próprio veículo para abastecer estariam expostos a condições de risco relevantes. Recurso do reclamante não provido (...).
(TRT-15.ª Reg., RO 0128200-59.2009.5.15.0101, 4.ª T., j. 27.03.2012, rel. Des. Manuel Soares Ferreira Carradita)

II – roubos ou outras espécies de violência física nas atividades profissionais de segurança pessoal ou patrimonial.

* Inc. II acrescentado pela Lei 12.740/2012.

Interpretação restritiva

• Adicional de periculosidade. Arma de fogo. O art. 7.º, XXIII, da CF/1988 prevê o pagamento de adicional para atividades insalubres, perigosas ou penosas, na forma da lei. Nenhuma norma garante o pagamento de adicional de periculosidade, em razão do trabalho com arma de fogo. Assim, a decisão que indefere a condenação da reclamada ao pagamento da aludida parcela não ofende a literalidade do preceito em questão (...).
(TST, RR 135700-65.2008.5.17.0002, 7.ª T., j. 18.04.2012, rel. Pedro Paulo Manus, *DEJT* 20.04.2012)

• Insiste o autor na alegação de que a profissão de vigilante, por ele exercida, está enquadrada como perigosa, pelo porte de arma de fogo. Aponta violação do art. 7.º, XIII e XXIII, da CF/1988 e transcreve jurisprudência em favor de sua tese.

O art. 7.º, XIII, da Carta Maior não protege a tese recursal, pois não trata do tema em apreço.

O art. 193 da CLT, recepcionado pela Constituição Federal (art. 7.º, XXIII), garante ao trabalhador adicional para as atividades perigosas, na forma da regulamentação aprovada pelo Ministério do Trabalho.

Como destacado no acórdão, a utilização de arma de fogo não enseja a percepção do adicional de periculosidade, uma vez que a legislação sobre a matéria enumera as hipóteses de cabimento de tal benesse (...).

(TST, RR 28600-09.2006.5.02.0303, 3.ª T., j. 21.11.2012, rel. Alberto Luiz Bresciani de Fontan Pereira, *DEJT* 30.11.2012)

- Adicional de periculosidade. Vigilante. Porte de arma de fogo. Falta de previsão legal. As atividades de vigilante, nada obstante exporem o trabalhador a riscos, estes são eminentemente externos e de cunho meramente subjetivo, não se enquadrando nas hipóteses previstas na NR 16 do MTb. Ademais, os profissionais da área de vigilância realizam cursos específicos para o porte e utilização de armas de fogo, não se podendo falar que o equipamento lhes possa oferecer qualquer risco de ordem pessoal. O art. 7.º, XXIII, da CF/1988 é norma de eficácia limitada, remetendo à Lei a regulamentação das atividades, na hipótese, consideradas perigosas (...).

(TRT-15.ª Reg., RO 0165200-91.2008.5.15.0113, 2.ª T., j. 17.04.2012, rel. Hélcio Dantas Lobo Junior)

§ 1.º O trabalho em condições de periculosidade assegura ao empregado um adicional de 30% (trinta por cento) sobre o salário sem os acréscimos resultantes de gratificações, prêmios ou participações nos lucros da empresa.

* V. Lei 10.101/2000 (Participação dos trabalhadores nos lucros ou resultados da empresa).

Interpretação extensiva

- **Súmula 70 do TST**
Adicional de periculosidade. (Res. 121/2003, *DJ* 19, 20 e 21.11.2003)
O adicional de periculosidade não incide sobre os triênios pagos pela Petrobras.

§ 2.º O empregado poderá optar pelo adicional de insalubridade que porventura lhe seja devido.

§ 3.º Serão descontados ou compensados do adicional outros da mesma natureza eventualmente já concedidos ao vigilante por meio de acordo coletivo.

* § 3.º acrescentado pela Lei 12.740/2012.

⚖ Interpretação convergente

• Diz o recorrente que o prêmio espontâneo não foi incorporado ao salário para cálculo de repouso semanal e adicional de periculosidade.
O exame das fichas financeiras (f.) demonstra que o pagamento da parcela a título de prêmio espontâneo era feito mensalmente, o que caracteriza, em verdade, a natureza salarial da verba, conforme bem explicitado na sentença de 1.º Grau.
Rigorosamente, prêmio espontâneo não é salário, entretanto, no caso em estudo, era pago ao recorrido com habitualidade, constituindo-se uma remuneração adicional, com caráter nitidamente salarial, pelo que, sua integração é devida para o cálculo de diferença do repouso semanal remunerado.
O mesmo, porém, não acontece em relação ao adicional de periculosidade. De acordo com a orientação traçada na Súmula 191 do TST: "O adicional de periculosidade incide apenas sobre o salário básico e não sobre este acrescido de outros adicionais (...)".
No mesmo sentido o § 1.º do art. 193 da CLT que dispõe: "O trabalho em condições de periculosidade assegura ao empregado um adicional de 30% (trinta por cento) sobre o salário sem os acréscimos resultantes de gratificações, prêmios ou participações nos lucros da empresa" (...).
(TRT-5.ª Reg., RO 00957-2007-132-05-00-6, 4.ª T., j. 26.08.2008, rel. Nélia Neves)

• O adicional por tempo de serviço não incide na base de cálculo do adicional de periculosidade, pois este é calculado sobre o salário base e aquele se enquadra na exceção do art. 193, § 1.º, da CLT, bem como na exceção contida na primeira parte da Súmula 191 do TST, que excluem do cálculo do adicional de periculosidade quaisquer outros adicionais (...).
(TRT-5.ª Reg., RO 17891/08, 1.ª T., j. 28.07.2008, rel. Marama Carneiro)

Interpretação divergente

- **Súmula 191 do TST**

Adicional. Periculosidade. Incidência. (Res. TST 121/2003, *DJ* 19, 20 e 21.11.2003)
O adicional de periculosidade incide apenas sobre o salário básico e não sobre este acrescido de outros adicionais. Em relação aos eletricitários, o cálculo do adicional de periculosidade deverá ser efetuado sobre a totalidade das parcelas de natureza salarial.

- Adicional de periculosidade. Eletricitário. Base de cálculo.

A lei de regência do adicional de periculosidade, conferido aos eletricitários, não traz a limitação contida no art. 193, § 1.º, da CLT, razão pela qual deverá ser calculado com base na remuneração percebida pelo trabalhador e não sobre o simples salário básico (...).
(TRT-6.ª Reg., RO 00133-2007-361-06-00-2, 1.ª T., j. 25.03.2008, rel. Valéria Gondim Sampaio)

Interpretação extensiva

- **Súmula Vinculante 4 do STF**

Salvo nos casos previstos na Constituição, o salário mínimo não pode ser usado como indexador de base de cálculo de vantagem de servidor público ou de empregado, nem ser substituído por decisão judicial.

- **Súmula 132 do TST**

Adicional de periculosidade. Integração. (Incorporadas as OJ 174 e 267 da SDI-I/TST) (Res. TST 129/2005, *DJ* 20, 22 e 25.04.2005)
I – O adicional de periculosidade, pago em caráter permanente, integra o cálculo de indenização e de horas extras. (Ex-Prejulgado 3). (Ex-Súmula 132 ,RA 102/1982, *DJ* 11.10.1982, *DJ* 15.10.1982 e ex-OJ 267 da SDI-I/TST, inserida em 27.09.2002)
II – Durante as horas de sobreaviso, o empregado não se encontra em condições de risco, razão pela qual é incabível a integração do adicional de periculosidade sobre as mencionadas horas. (Ex-OJ 174 da SDI-I/TST, inserida em 08.11.2000).

Art. 194

Art. 194. O direito do empregado ao adicional de insalubridade ou de periculosidade cessará com a eliminação do risco à sua saúde ou integridade física, nos termos desta Seção e das normas expedidas pelo Ministério do Trabalho.

* Artigo com redação determinada pela Lei 6.514/1977.

⚖ Interpretação convergente

- **Súmula 80 do TST**
Insalubridade. (Res. TST 121/2003, *DJ* 19, 20 e 21.11.2003).
A eliminação da insalubridade mediante fornecimento de aparelhos protetores aprovados pelo órgão competente do Poder Executivo exclui a percepção do respectivo adicional.

📄 Interpretação divergente

- No que respeita ao uso de equipamento de proteção individual ou coletiva pelo segurado para a neutralização dos agentes agressivos, e, em consequência, a descaracterização do labor em condições especiais, tem-se entendido que esses dispositivos não são suficientes para descaracterizar a especialidade da atividade. Vejamos.

A legislação do trabalho prevê a utilização de equipamentos de proteção individuais e coletivos, os quais visam exatamente a evitar o risco de acidentes ou de doenças profissionais ou do trabalho. Neste ponto, oportuna a transcrição dos arts. 190 e 191 da CLT (Redação da Lei 6.514, de 22.12.1994) (...).

Há de se entender, portanto, que se o Direito do Trabalho preconiza a neutralização da insalubridade, tendo esta (a neutralização) por caracterizada quando adotadas medidas que conservem o ambiente de trabalho dentro dos limites de tolerância, ou ainda quando houver a utilização de equipamentos de proteção individual ao trabalhador, que diminuam a intensidade do agente agressivo a limites de tolerância, não há razão para não se aceitar isso no âmbito do Direito Previdenciário (...).

(TRF-4.ª Reg., ApCiv 5012363-82.2010.404.7000, 5.ª T., j. 13.03.2012, rel. Ricardo Teixeira do Valle Pereira)

Art. 194

🏛 Interpretação extensiva

• **Adicional de insalubridade. Interrupção do contrato de trabalho.**
O adicional de insalubridade integra o salário para todos os efeitos legais, sendo devido ao trabalhador, inclusive nos períodos de interrupção do contrato de trabalho, nos termos do art. 194 da CLT e da OJ 102 da SDI-I do C. TST (...).
(TRT-15.ª Reg., RO 0135400-38.2006.5.15.0032, 2.ª T., j. 03.04.2012, rel. Hélcio Dantas Lobo Junior)

⚖ Interpretação restritiva

• **Súmula 289 do TST**
Insalubridade. Adicional. Fornecimento do aparelho de proteção. Efeito. (Res. TST 121/2003, *DJ* 19, 20 e 21.11.2003)
O simples fornecimento do aparelho de proteção pelo empregador não o exime do pagamento do adicional de insalubridade. Cabe-lhe tomar as medidas que conduzam à diminuição ou eliminação da nocividade, entre as quais as relativas ao uso efetivo do equipamento pelo empregado.

• Não obstante a prova pericial elaborada pelo engenheiro de segurança do trabalho tenha concluído pela neutralização do agente insalubre (ruído) pelo uso de EPI, a constatação pela perícia médica da perda auditiva se contrapõe àquela prova, demonstrando que as medidas de proteção não foram suficientes para a eliminação do agente nocivo existente no meio ambiente de trabalho (...).
(TRT-15.ª Reg., RO 0139100-82.2006.5.15.0109, 1.ª T., j. 20.03.2012, rel. Thelma Helena Monteiro de Toledo Vieira)

• Tendo em vista que os impetrantes estavam recebendo adicional de periculosidade, decorrente da constatação anterior de que a atividade gerava risco, a cessação do pagamento deste adicional dependia da constatação técnica, ou seja, por meio de nova perícia no local de trabalho, de que não mais subsistiam as condições de risco que justificaram a concessão daquele adicional. Eventuais modificações das normas que regulamentam o pagamento do adicional e fixam os critérios a ser considerados para aferição do risco não autorizam, por si só, seja cessado o pagamento. A cessação deste apenas é admissível caso, por meio

de perícia realizada em atenção às novas normas, constate-se que não mais há como caracterizar a atividade como de risco.

No presente caso, como visto, a supressão do pagamento do adicional foi levada a efeito sem que o setor em que os impetrantes prestam serviço tivesse sido, de fato, objeto de perícia. Destarte, cabível seja deferido o pedido liminar, para que seja reimplantado o pagamento do adicional de periculosidade em favor dos impetrantes, na forma como vinha sendo realizado antes de sua cessação em agosto/2010, e até que seja realizada nova perícia no setor em que laboram os impetrantes.

O *periculum in mora* igualmente se faz presente, tendo em vista tratar-se de verba alimentar.

Diante do exposto, defiro o pedido liminar, a fim de determinar à autoridade impetrada que volte a efetuar o pagamento do adicional de periculosidade em favor dos impetrantes, na forma como vinha sendo realizado antes de sua cessação, e até que seja realizada nova perícia no setor em que laboram os impetrantes (...).
(TRF-4.ª Reg., AgIn 5005442-24.2011.404.0000, 4.ª T., j. 29.06.2011, rel. Silvia Maria Gonçalves Goraieb)

Art. 195. A caracterização e a classificação da insalubridade e da periculosidade, segundo as normas do Ministério do Trabalho, far-se--ão através de perícia a cargo de Médico do Trabalho ou Engenheiro do Trabalho, registrado no Ministério do Trabalho.

* Artigo com redação determinada pela Lei 6.514/1977.

⚖ Interpretação convergente

• **OJ 165 da SDI-1/TST**
Insalubridade e periculosidade. Perícia. Médico ou engenheiro. Validade.
O art. 195 da CLT não faz qualquer distinção entre o médico e o engenheiro para efeito de caracterização e classificação da insalubridade e periculosidade, bastando para a elaboração do laudo seja o profissional devidamente qualificado.

• **OJ 278 da SDI-I/TST**
Adicional de insalubridade. Perícia. Local de trabalho desativado. (*DJ* 11.08.2003)

Art. 195

A realização de perícia é obrigatória para a verificação de insalubridade. Quando não for possível sua realização, como em caso de fechamento da empresa, poderá o julgador utilizar-se de outros meios de prova.

• A obrigatoriedade da perícia, quando arguida a insalubridade em juízo, tem por objetivo único a classificação do grau de nocividade do agente encontrado no local de trabalho, para a determinação do adicional devido por força do art. 192 da CLT.
Ademais, no caso de se supor a existência de atividades insalubres ou perigosas, a lei – art. 195, § 1.º, da CLT – faculta às empresas e aos sindicatos das categorias profissionais oficiarem o Ministério do Trabalho, requerendo a caracterização e a classificação da atividade, para seu devido enquadramento.
Se fugirmos à regra de que só é devido o adicional de insalubridade quando a atividade empresarial está incluída no quadro elaborado pelo Ministério do Trabalho e aceitarmos a classificação feita de acordo com laudo técnico, transferiremos para os peritos a competência atribuída, por lei, ao Poder Executivo (...).
(TST, Embargos em RR 1.213/88.7, SDI-I, j. 25.08.1993, rel. Ney Doyle)

• A caracterização, assim como a classificação, da insalubridade e da periculosidade deverá ser feita através de perícia a cargo de médico do trabalho ou engenheiro do trabalho. Esse meio de prova, de natureza técnica, é indispensável para tal fim, *ex vi legis* (art. 195 da CLT), tendo em vista o interesse público na constatação dos riscos à saúde e à integridade física do trabalhador, bem como na redução ou eliminação dos efeitos dos agentes nocivos e do perigo de acidentes no trabalho. Arguida em juízo qualquer uma dessas situações, incumbe ao juízo determinar a aludida perícia, o que é um imperativo legal (art. 195, § 2.º, da CLT). Por isso, a omissão dessa providência gera nulidade do processo, por descumprimento de norma de ordem pública (...).
(TRT-19.ª Reg., RO 16494, Pleno, j. 22.11.1994, rel. José Soares Filho)

• [É] necessário ressaltar que a caracterização e a classificação da insalubridade é trabalho eminentemente técnico, conforme dispõe o art. 195 da CLT. O perito do juízo, portanto, goza de fé pública e seu trabalho pericial, com suas informações e conclusões devem ser respeitadas, salvo havendo prova contrária e inequívoca produzida nos autos, o que não é o caso (...).
(TRT-15.ª Reg., RO 0161500-16.2007.5.15.0090, j. 13.03.2012, rel. José Antonio Pancotti)

Art. 195

🏛 Interpretação extensiva

- **OJ 406 da SDI-I/TST**

Adicional de periculosidade. Pagamento espontâneo. Caracterização de fato incontroverso. Desnecessária a perícia de que trata o art. 195 da CLT. (*DEJT* 22, 25 e 26.10.2010)

O pagamento de adicional de periculosidade efetuado por mera liberalidade da empresa, ainda que de forma proporcional ao tempo de exposição ao risco ou em percentual inferior ao máximo legalmente previsto, dispensa a realização da prova técnica exigida pelo art. 195 da CLT, pois torna incontroversa a existência do trabalho em condições perigosas.

⚖ Interpretação restritiva

- **Adicional de periculosidade. Área de risco.**

Negado pela reclamada o ingresso em área de risco, atraiu para o reclamante a prova de sua alegação, por tratar-se de fato constitutivo do pagamento do adicional de periculosidade postulado (...). No entanto a Turma, majoritariamente, vencido o Relator, considera que o reclamante impugnou o laudo pericial, quanto à periculosidade, e a prova testemunhal é suficiente para comprovar a exposição do reclamante ao risco. Demonstra a prova testemunhal que o operador, pelo menos, ajudava o almoxarife a transportar o botijão de gás. Portanto, havia efetivo ingresso em área de risco, confirmando-se a sentença de primeiro grau por seus judiciosos fundamentos (...).

(TRT-4.ª Reg., RO 00541-2007-203-04-00-6, 9.ª T., j. 15.04.2009, rel. João Alfredo Borges Antunes de Miranda)

> § 1.º É facultado às empresas e aos sindicatos das categorias profissionais interessadas requererem ao Ministério do Trabalho a realização de perícia em estabelecimento ou setor deste, com o objetivo de caracterizar e classificar ou delimitar as atividades insalubres ou perigosas.
>
> § 2.º Arguida em juízo insalubridade ou periculosidade, seja por empregado, seja por sindicato em favor de grupo de associados, o juiz designará perito habilitado na forma deste artigo, e, onde não houver, requisitará perícia ao Órgão competente do Ministério do Trabalho.

§ 3.º O disposto nos parágrafos anteriores não prejudica a ação fiscalizadora do Ministério do Trabalho, nem a realização *ex officio* da perícia.

Interpretação extensiva

* **Súmula 293 do TST**
Adicional de insalubridade. Causa de pedir. Agente nocivo diverso do apontado na inicial. (Res. TST 121/2003, *DJ* 19, 20 e 21.11.2003)
A verificação mediante perícia de prestação de serviços em condições nocivas, considerado agente insalubre diverso do apontado na inicial, não prejudica o pedido de adicional de insalubridade.

Interpretação restritiva

* Cinge-se a controvérsia em se determinar se, na hipótese dos autos, a realização da perícia para a constatação do labor em área de risco é ou não necessária. Conforme anteriormente mencionado, o Regional entendeu que a realização de perícia, para a constatação da periculosidade, seria desnecessária, na medida em que presentes elementos suficientes para a verificação das condições perigosas. Consignou-se que o adicional de periculosidade foi regularmente pago até maio de 1994, quando foi suprimido, e voltou a ser pago a partir de maio de 1996. Afirmou-se que a realização de mero estudo por parte da Reclamada não seria suficiente para retirar o direito ao adicional em comento, visto que as condições de trabalho a que estava submetido o Reclamante, bem como as funções por ele desempenhadas, não se alteraram no curso do contrato de trabalho.
Esta Corte entende que a regra inserta do art. 195, § 2.º, da CLT, que exige a perícia para a constatação da periculosidade ou insalubridade, deve ser observada; todavia, em algumas situações, autoriza-se a mitigação do referido dispositivo celetista.
Uma das situações nas quais se entende que a prova pericial é desnecessária enquadra-se justamente na hipótese dos autos, na qual houve a supressão do adicional de periculosidade, sem que se observasse a alteração

de quaisquer das condições de trabalho, após o prévio reconhecimento do empregador do labor em área de risco com o regular pagamento do adicional (...).
(TST, Embargos em EDcl no RR 1355/1999-658-09-00.7, SDI-I, j. 19.11.2009, rel. Maria de Assis Calsing, *DEJT* 27.11.2009)

Art. 196. Os efeitos pecuniários decorrentes do trabalho em condições de insalubridade ou periculosidade serão devidos a contar da data da inclusão da respectiva atividade nos quadros aprovados pelo Ministério do Trabalho, respeitadas as normas do art. 11.

* Artigo com redação determinada pela Lei 6.514/1977.

⚖️ **Interpretação convergente**

- **OJ 172 da SDI-I/TST**

Adicional de insalubridade ou periculosidade. Condenação. Inserção em folha de pagamento (inserida em 08.11.2000)
Condenada ao pagamento do adicional de insalubridade ou periculosidade, a empresa deverá inserir, mês a mês e enquanto o trabalho for executado sob essas condições, o valor correspondente em folha de pagamento.

Art. 197. Os materiais e substâncias empregados, manipulados ou transportados nos locais de trabalho, quando perigosos ou nocivos à saúde, devem conter, no rótulo, sua composição, recomendações de socorro imediato e o símbolo de perigo correspondente, segundo a padronização internacional.

* Artigo com redação determinada pela Lei 6.514/1977.

Parágrafo único. Os estabelecimentos que mantenham as atividades previstas neste artigo afixarão, nos setores de trabalho atingidos, avisos ou cartazes, com advertência quanto aos materiais e substâncias perigosos ou nocivos à saúde.

Art. 198

⚖️ **Interpretação convergente**

• Insalubridade. Caracterização. Fornecimento de equipamento de proteção individual. Art. 197 da CLT. Afronta. Alegação.

Não se divisa violação à literalidade do art. 197 da CLT, visto que esse artigo, expressamente, não detém conteúdo capaz de caracterizar trabalho em condições insalubres. As disposições nele insertas diz respeito a providências que o empregador deve tomar em relação a substâncias nocivas ou perigosas à saúde, quando manipuladas ou transportadas em local de trabalho: colocação de rótulo, contendo composição dessas substâncias, recomendações de socorro imediato, além de símbolo de perigo correspondente, segundo a padronização internacional. A hipótese disciplinada pelo dispositivo legal invocado é, pois, diversa da materializada nos presentes autos, em que se discute a caracterização de insalubridade, ainda que fundada em fornecimento de equipamento de proteção individual que, sob a ótica do reclamante, não elidiria o agente nocivo. Mesmo que, no dispositivo legal em apreço, vislumbre-se conteúdo capaz de caracterizar trabalho em condição insalubre, no caso em tela, não há evidência alguma de que o empregador tenha-se descurado dos misteres impostos pela legal invocada. Incólume, pois, o conteúdo do dispositivo legal em foco. Não conhecido (...).
(TST, RR 78600-69.2009.5.03.0015, 5.ª T., j. 02.05.2012, rel. Emmanoel Pereira, *DEJT* 11.05.2012)

Seção XIV
Da prevenção da fadiga

* V. NR 17 da Portaria MTb 3.214/1978 (Ergonomia).

Art. 198. É de 60 (sessenta) quilogramas o peso máximo que um empregado pode remover individualmente, ressalvadas as disposições especiais relativas ao trabalho do menor e da mulher.

* Artigo com redação determinada pela Lei 6.514/1977.

Parágrafo único. Não está compreendida na proibição deste artigo a remoção de material feita por impulsão ou tração de vagonetes sobre trilhos, carros de mão ou quaisquer outros aparelhos mecânicos, podendo o Ministério do Trabalho, em tais casos, fixar limites diversos, que evitem sejam exigidos do empregado serviços superiores às suas forças.

Interpretação extensiva

- [A]pesar do laudo técnico ter estabelecido que a patologia do reclamante é de natureza essencialmente degenerativa, não se pode olvidar que o obreiro prestou serviços por aproximadamente 15 anos para a reclamada, em atividades de acentuado risco ergonômico, tendo em vista o transporte e levantamento manual de pesos, conforme dão conta os documentos de f. e do PCMSO, o qual, constata a existência de risco ergonômico (...). [F]icou demonstrado que a reclamada fora negligente ao manter o reclamante na mesma função, apesar de ter sido recomendado pelo perito do INSS o exercício de atividade compatível com a restrição em sua capacidade, ou seja, que não demandasse esforços físicos. A inobservância desta recomendação perdurou desde a cessação do benefício previdenciário até a rescisão contratual, ou seja, período superior a 2 (dois) anos, conforme cotejo dos documentos de f.. Nesse passo, desprovida de fundamento a alegação da reclamada que por ocasião do retorno ao trabalho não havia qualquer orientação, pois mesmo após sua ciência (f.) não procedeu ao remanejamento funcional do reclamante (...). Por fim, as provas esculpidas nos autos afastam qualquer dúvida quanto ao dano sofrido pelo reclamante. O *expert* foi enfático à f., ao afiançar que o reclamante é portador de doença degenerativa dos discos lombares e que esta pode ser agravada por esforços de qualquer tipo, encontrando-se, portanto, incapacitado parcialmente para o trabalho.

Portanto, presentes o dano experimentado pelo reclamante, a conduta omissiva da reclamada e o nexo de causalidade entre dano e conduta – elementos caracterizadores do ato ilícito, conforme estabelece o art. 186 do CC/2002. E a existência do ato ilícito impõe, de forma incontrastável, a obrigação à reparação do dano, segundo o indigitado preceito civil (...). Toma força, portanto, o caráter punitivo/pedagógico da indenização, referente à aplicação de uma sanção ao ofensor, de sorte a imputar-lhe prejuízo tal que lhe incuta um comportamento de abstenção, quanto à conduta praticada, em relação a futuras situações fáticas análogas. Consoante ensina Carlos Alberto Bittar, "o peso do ônus financeiro é, em um mundo em que cintilam interesses econômicos, a resposta pecuniária mais adequada a lesionamentos de ordem moral" (*A reparação civil por danos morais*.2. ed. São Paulo: Ed. RT; 1994. p. 222) (...).
(TRT-15.ª Reg., RO 0089600-77.2009.5.15.0065, 4.ª Câm., j. 07.02.2012, rel. Luiz José Dezena da Silva).

- Acidente do trabalho por equiparação. Responsabilidade civil do empregador. Omissão quanto aos cuidados com a higidez do empregado. Culpa caracterizada.

A preservação da integridade física do empregado constitui cláusula implícita no contrato de trabalho. Cabe à empresa tomar todas as medidas que estão ao seu alcance a fim de preservar a saúde do empregado, pois a segurança e a medicina do trabalho são regidas pelo princípio da prevenção (art. 7.º, XXII, da CF/1988). A omissão da empregadora na adoção de medidas laborais que minimizem os efeitos nocivos das tarefas repetitivas e de carregamento de peso excessivo caracteriza culpa, ensejando a reparação civil pelos danos experimentados pelo empregado (...).
(TRT-15.ª Reg., RO 0134700-26.2005.5.15.0023, 2.ª T., j. 05.03.2012, rel. Luiz José Dezena da Silva)

• Não contratação que se revela discriminatória. Direito à formalização do contrato e a indenização por dano moral.
Se a empresa, ainda que pública, com base em mera possibilidade de que a doença degenerativa da candidata ao emprego possa, no futuro, resultar em incapacidade laborativa, sem laudo conclusivo, deixa de contratar pessoa que foi aprovada no certame público, comete evidente abuso de direito. A conduta de escolher empregados fisicamente mais resistentes para excluir aqueles que sejam mais suscetíveis ao desenvolvimento de determinada moléstia não se mostra compatível com nosso ordenamento jurídico. Nos termos da Convenção 111 da OIT, esta conduta consubstancia um tratamento discriminatório em matéria de emprego ou profissão, haja vista que apresenta o efeito de excluir ou alterar a igualdade de oportunidades ou de tratamento do candidato ao posto de trabalho, por um motivo injustamente desqualificante. Entender de outro modo implicaria distorcer todo o panorama constitucional de valorização do trabalho como fundamento da nossa República Federativa (art. 1.º, IV, da CF/1988) e da própria ordem econômica (art. 170 da CF/1988), bem como da ordem social baseada no primado do trabalho (art. 193 da CF/1988) e do direito ao ingresso no mercado de trabalho como direito social (art. 6.º da CF/1988). Está evidente a ofensa ao art. 5.º, *caput*, da CF/1988 (...).
Entre as atividades a serem executadas pela autora, conforme descrito na Cláusula 3.2.3 do Edital de Convocação, tem-se a triagem de objetos postais, recebimento, conferência e expedição de malas, dentre outras. Já a cláusula 3.2.4 estabelece particularidades da função, em relação às quais, saltam aos olhos, a previsão de levantamento de até 30 Kg em atividades repetitivas, permanência em pé e agachamentos por longos períodos (f.). Do cotejo das morbidades apresentadas pela autora com as disposições previstas no edital do concurso, o Serviço de

Medicina do Trabalho da ré assim se posicionou: "(...) foi constatado nos exames radiológicos solicitados diagnóstico de patologia degenerativa de joelhos, coluna cervical e lombosacra, patologia esta que consta no Edital de abertura do concurso público (Edital 178/2008), item 17.9, como critério de Inaptidão para o Cargo de Operador de Triagem e Transbordo I" (...).

Nessa esteira, a decisão da ré, de não contratar a recorrente, revela-se discriminatória, pois a solução seria fornecer meios adequados para que todos os Operadores de Triagem e Transbordo possam cumprir suas atribuições sem risco de desenvolver doenças, sejam elas pré-existentes ou não. Está evidente a ofensa ao art. 5.º, *caput*, da CF/1988. Tal concepção está arraigada na ideia da imprescindibilidade de adaptação das condições de trabalho ao ser humano e não o contrário. Trata-se de uma regra básica de ergonomia. Se a atividade é penosa em face do carregamento de peso e posturas ergonômicas desfavoráveis, impõe-se que a empresa dê condições adequadas para que este labor não implique desenvolvimento de doenças.

Por oportuno, destaco que o levantamento de peso de até 30 Kg, de forma repetitiva, conforme consta do quadro de atribuições do cargo, representa afronta ao disposto no art. 390 da CLT, que prevê a limitação do uso da força muscular da mulher em patamar não superior a 20 quilos para o trabalho contínuo, ou 25 quilos para o serviço ocasional.

Diante das razões expendidas, reformo a decisão de origem para determinar que a ré efetive a admissão da autora, anotando sua CTPS com data retroativa à data do exame admissional, bem como condenar a ré ao pagamento dos salários vencidos e vincendos até a realização efetiva da contratação, com salários trezenos, férias + 1/3, FGTS, anuênios e adicional OTT, tudo de forma indenizada (...).
(TRT-15.ª Reg., RO 0185000-67.2009.5.15.0082, 4.ª Câm., j. 27.03.2012, rel. José Antônio Ribeiro de Oliveira Silva)

• **Responsabilidade civil subjetiva. Doença agravada pelo labor associada a alterações degenerativas da coluna. Concausa. Culpa comprovada.** Para fins de responsabilização civil subjetiva deve estar provada a culpa do agente, que pressupõe a prática de ato comissivo/omissivo que importe violação ao direito alheio, a existência de dano e o nexo de causalidade capaz de estabelecer o liame entre o ato culpável e o prejuízo causado. Assim, embora a doença não tenha se originado do trabalho, mas este contribuiu para seu agravamento, em face dos serviços incompatíveis com a limitação física do Obreiro, incorreu em concausa a Recorrente, devendo ser responsabilizada civilmente pelo dano (...). Dano

moral. Indenização. Valor. Redução. Para sopesar o valor da indenização por danos morais, há que se levar em consideração que a doença não se originou do trabalho desenvolvido pelo Recorrido, tendo este atuado penas como concausa para o agravamento. Considera-se, também, ter restado provado o fato de a Recorrente ter fornecido EPI's; palestras sobre segurança do trabalho, forma de carregamento de peso e levantamento de caixas; treinamentos acerca prevenção de acidente de trabalho na contratação do empregado e no decorrer do contrato; havia ginástica laboral e descansos além do intervalo intrajornada, bem como que o posto de trabalho era aparelhado com carrinhos e outros equipamentos para manuseio das mercadorias e o peso das caixas era bem inferior ao estabelecido no art. 198 da CLT. Assim, impende reduzir o valor da indenização a título de danos morais para o corresponde a 5 (cinco) vezes o salário do Recorrido, importância que entendo ser razoável a reparar o dano moral e atender ao caráter pedagógico da medida. Dá-se provimento neste aspecto. Doença equiparada a acidente de trabalho. Estabilidade provisória. Decorrido o prazo da estabilidade provisória, impossível a reintegração, devendo ser convertido o direito de manutenção no emprego em indenização pecuniária, estando, pois, correta a sentença (...).
(TRT-23.ª Reg., RO 00030.2009.004.23.00-2, 2.ª T., j. 29.09.2010, rel. Roseli Daraia, *DJ* 05.09.2010)

Art. 199. Será obrigatória a colocação de assentos que assegurem postura correta ao trabalhador, capazes de evitar posições incômodas ou forçadas, sempre que a execução da tarefa exija que trabalhe sentado.

* Artigo com redação determinada pela Lei 6.514/1977.

Parágrafo único. Quando o trabalho deva ser executado de pé, os empregados terão à sua disposição assentos para serem utilizados nas pausas que o serviço permitir.

Seção XV
Das outras medidas especiais de proteção

Art. 200. Cabe ao Ministério do Trabalho estabelecer disposições complementares às normas de que trata este Capítulo, tendo em vista

Art. 200

as peculiaridades de cada atividade ou setor de trabalho, especialmente sobre:

* Artigo com redação determinada pela Lei 6.514/1977.

⚖️ Interpretação convergente

• **Súmula 194 do STF**
É competente o Ministro do Trabalho para a especificação das atividades insalubres.

• O *caput* do art. 200 da CLT expressamente delega ao Ministério do Trabalho competência para instituir norma complementar visando aperfeiçoar e fomentar a Segurança e Medicina do Trabalho. Ao exigir o Programa de Proteção de Riscos Ambientais (PPRA), a norma regulamentadora o fez precisamente no sentido de tornar efetivo o comando do referido normativo, o que afasta a pretensão da recorrente em ver reconhecida a ilegalidade do programa instituído (...).
(STJ, REsp 1.296.001/DF, 2.ª T., j. 04.12.2012, rel. Humberto Martins, *DJe* 13.12.2012)

• A Constituição Federal de 1988 preconiza no art. 196 que a "saúde é direito de todos" e consigna no art. 6.º, inserido no Título II – Dos Direitos e Garantias Fundamentais, que a saúde constitui, dentre outros, direito social.
Assegura como fundamento da República o valor social do trabalho (art. 1.º, IV, da CF/1988) e como direito social fundamental a garantia da "redução dos riscos inerentes ao trabalho, por meio de normas de saúde, higiene e segurança" (art. 7.º, XXII, da CF/1988) (...).
Nesse contexto, diversas Normas Regulamentadoras foram criadas pelo Órgão Competente, no intuito de proteger os trabalhadores dos efeitos danosos decorrentes das atividades desempenhadas em benefício da atividade produtiva.
Com efeito, a NR 1 da Portaria MTb 3.214/1978, prevê que as normas "relativas à segurança e medicina do trabalho, são de observância obrigatória pelas empresas privadas e públicas e pelos Órgãos Públicos da Administração Direta e Indireta" (...).
(TRT-15.ª Reg., RO 0094400-78.2007.5.15.0111, 1.ª T., j. 20.03.2012, rel. Oséas Pereira Lopes Junior)

🏛️ Interpretação extensiva

• O art. 200 da CLT prevê que cabe ao Ministério do Trabalho estabelecer disposições complementares às normas que tratam sobre a Segurança e Medicina do

Trabalho, por meio de Normas Regulamentares (NR) criadas por uma Comissão Tripartite Paritária Permanente, composta por representantes do Governo, trabalhadores e empregadores (...).
(TRT-15.ª Reg., RO 0127100-48.2009.5.15.0011, 3.ª T., j. 24.01.2012, rel. Francisco Alberto da Motta Peixoto Giordani, DJ 03.02.2012)

⚖️ Interpretação restritiva

- **Precedente Administrativo 62 do MTE**
Descabe autuação capitulada no art. 200 da CLT, uma vez que tal dispositivo não encerra qualquer comando dirigido ao empregador, mas apenas consigna autorização legal para expedição de normas pelo Ministério do Trabalho e Emprego.

> **I – medidas de prevenção de acidentes e os equipamentos de proteção individual em obras de construção, demolição ou reparos;**

⚖️ Interpretação convergente

- A NR 6 da Portaria MTE 3.214/1978, define Equipamento de Proteção Individual – EPI, como sendo "todo dispositivo ou produto, de uso individual utilizado pelo trabalhador, destinado à proteção de riscos suscetíveis de ameaçar a segurança e a saúde no trabalho", obrigando a empresa a "fornecer aos empregados, gratuitamente, EPI adequado ao risco, em perfeito estado de conservação e funcionamento" (item 6.3). no mesmo sentido o disposto no art. 166 da CLT (...).
(TRT-15.ª Reg., RO 0094400-78.2007.5.15.0111, 1.ª T., j. 20.03.2012, rel. Oséas Pereira Lopes Junior)

> **II – depósitos, armazenagem e manuseio de combustíveis, inflamáveis e explosivos, bem como trânsito e permanência nas áreas respectivas;**
>
> **III – trabalho em escavações, túneis, galerias, minas e pedreiras, sobretudo quanto à prevenção de explosões, incêndios, desmoronamentos e soterramentos, eliminação de poeiras, gases etc., e facilidades de rápida saída dos empregados;**

IV – proteção contra incêndio em geral e as medidas preventivas adequadas, com exigências ao especial revestimento de portas e paredes, construção de paredes contra fogo, diques e outros anteparos, assim como garantia geral de fácil circulação, corredores de acesso e saídas amplas e protegidas, com suficiente sinalização;

V – proteção contra insolação, calor, frio, umidade e ventos, sobretudo no trabalho a céu aberto, com provisão, quanto a este, de água potável, alojamento e profilaxia de endemias;

VI – proteção do trabalhador exposto a substâncias químicas nocivas, radiações ionizantes e não ionizantes, ruídos, vibrações e trepidações ou pressões anormais ao ambiente de trabalho, com especificação das medidas cabíveis para eliminação ou atenuação desses efeitos, limites máximos quanto ao tempo de exposição, à intensidade da ação ou de seus efeitos sobre o organismo do trabalhador, exames médicos obrigatórios, limites de idade, controle permanente dos locais de trabalho e das demais exigências que se façam necessárias;

VII – higiene nos locais de trabalho, com discriminação das exigências, instalações sanitárias, com separação de sexos, chuveiros, lavatórios, vestiários e armários individuais, refeitórios ou condições de conforto por ocasião das refeições, fornecimento de água potável, condições de limpeza dos locais de trabalho e modo de sua execução, tratamento de resíduos industriais;

VIII – emprego das cores nos locais de trabalho, inclusive nas sinalizações de perigo.

Parágrafo único. Tratando-se de radiações ionizantes e explosivos, as normas a que se refere este artigo serão expedidas de acordo com as resoluções a respeito adotadas pelo órgão técnico.

⚖ **Interpretação convergente**

- **OJ 345 da SDI-I/TST**

Adicional de periculosidade. Radiação ionizante ou substância radioativa. Devido.

Art. 200

PEDRO PAULO T. MANUS e CARLA TERESA M. ROMAR

A exposição do empregado à radiação ionizante ou à substância radioativa enseja percepção do adicional de periculosidade, pois a regulamentação ministerial (Portarias do Ministério do Trabalho 3.393, de 17.12.1987 e 518, de 07.04.2003), ao reputar perigosa a atividade, reveste-se de plena eficácia, porquanto expedida por força de delegação legislativa contida no art. 200, *caput*, e VI, da CLT.

- [A]ção direta de inconstitucionalidade que (...) tem por objeto de impugnação *in abstracto* as NRs 7 e 9, na redação dada pelas Portarias 24 e 25 que foram editadas em dezembro de 1994 pelo Secretário de Segurança e Saúde no Trabalho. A Autoridade Administrativa em questão, ao editar as Portarias ora impugnadas, invocou, como fundamento jurídico legitimador da expedição das prescrições regulamentares nelas contidas, dentre outros atos estatais, a Consolidação das Leis do Trabalho (arts. 155, 168, 169 e 200, VI), com a redação dada pelas Leis 6.514/1977 e 7.855/1989, a Lei 8.213/1991 (arts. 19 a 23), o Dec. 611/1992 (arts. 139 a 143 do Regulamento dos Benefícios da Previdência Social) e o Dec. 1.254/1994 (que promulgou a Convenção OIT 155 sobre Segurança e Saúde dos Trabalhadores e o Meio Ambiente do Trabalho).
As Portarias objeto de impugnação nesta sede de controle normativo abstrato destinam-se, a partir das normas inscritas nas leis, na convenção internacional e nos decretos presidenciais referidos, a regulamentar os programas de prevenção de riscos ambientais (Portaria MTb 25/1994 – f.) e de controle médico de saúde ocupacional (Portaria MTb 24/1994 – f.), visando a prevenir situações de dano no ambiente de trabalho e a promover e a preservar a saúde dos trabalhadores.
A Confederação sindical autora da presente ação direta sustenta a incompatibilidade hierárquica desses atos administrativos com as prescrições inscritas no art. 1.º, IV, no art. 196 e no art. 200, II, da CF/1988, afirmando que as Portarias em questão importam em "graves limitações à liberdade das empresas, contrariando o liberalismo econômico e interferindo na atividade privada, em franco desrespeito aos cânones constitucionais" (f.).
(...).
As Portarias em questão (...) estabeleceram regras pertinentes à elaboração e implementação, por parte de todos os empregadores e instituições que admitam trabalhadores como empregados, do Programa de Prevenção de Riscos Ambientais (PPRA), com o objetivo de promover e preservar a saúde e a integridade dos trabalhadores (f.), notadamente "através da antecipação, reconhecimento, avaliação e consequente controle da ocorrência de riscos ambientais existentes ou que venham a existir no ambiente de trabalho (...)" (f.) e visando, ainda, a

estabelecer "os parâmetros mínimos e diretrizes gerais a serem observados na execução do Programa de Controle Médico da Saúde Ocupacional (...)" (f.), sem prejuízo do que resultar ajustado da negociação coletiva de trabalho. (...).

Na realidade, o entendimento consagrado pela jurisprudência do STF em tema de fiscalização concentrada de constitucionalidade tem destacado, em situações especificamente assimiláveis ao caso ora em exame, que as instruções normativas editadas por Órgão Competente da Administração Pública constituem espécies jurídicas de caráter secundário, cuja validade e eficácia resultam, imediatamente, de sua estrita observância dos limites impostos pelas leis, tratados, convenções internacionais ou decretos presidenciais, de que devem constituir normas complementares. Essas instruções nada mais são, em sua configuração jurídico-formal, do que provimentos executivos cuja normatividade está diretamente subordinada aos atos de natureza primária, como as leis, a que se vinculam por um claro nexo de acessoriedade e de dependência. Se a instrução normativa vem a positivar em seu texto, em decorrência de má interpretação da lei, uma exegese apta a romper a hierarquia normativa que deve manter com esse ato primário, viciar-se-á de ilegalidade e não de inconstitucionalidade (*RTJ* 134/559, rel. Min. Celso de Mello).

Cumpre enfatizar, neste ponto, que o Pleno do STF, ao não conhecer de ação direta ajuizada contra ato veiculador de instruções normativas, advertiu que tais espécies têm por finalidade "interpretar a lei ou o regulamento" no âmbito da administração governamental, de tal modo que, "se essa interpretação discrepa da lei ou do regulamento, a questão é de ilegalidade e não de inconstitucionalidade", circunstância que exclui o ato da possibilidade jurídico-processual de controle de constitucionalidade em abstrato (*RTJ* 133/69, rel. Min. Carlos Velloso).

E a razão subjacente a essa orientação jurisprudencial prevalescente no âmbito desta Corte Suprema é clara, pois, se a interpretação administrativa da lei, consubstanciada em ato executivo, divergir do sentido e do conteúdo da norma legal que a espécie jurídica secundária pretendeu regulamentar, quer porque tenha esta se projetado *ultra legem*, quer porque tenha permanecido *citra legem*, quer, ainda, porque tenha investido *contra legem*, a questão caracterizará, sempre, típica crise de legalidade, e não de inconstitucionalidade, a inviabilizar, em consequência, a utilização do mecanismo processual da fiscalização normativa abstrata.

O eventual extravasamento, pelo ato regulamentar, dos limites a que materialmente deve estar adstrito poderá configurar insubordinação administrativa aos

comandos da lei. Mesmo que desse vício jurídico resulte, num desdobramento ulterior, uma potencial violação da Carta Magna, ainda assim estar-se-á em face de uma situação de inconstitucionalidade meramente reflexa ou oblíqua, cuja apreciação não se revela possível em sede jurisdicional concentrada (ADIn 996/DF, rel. Min. Celso de Mello).
(...).
Resulta claro, na espécie, que o Secretário de Segurança e Saúde no Trabalho, ao editar as Portarias em questão, pretendeu conferir maior efetividade aos mandamentos legais, disciplinando, mediante regramento específico fundado nas normas gerais inscritas nos diplomas legislativos em tela – especialmente no art. 168 da CLT – a execução dos serviços concernentes à preservação da saúde e da integridade dos trabalhadores.
É preciso ter presente que, não obstante a função regulamentar sofra os condicionamentos normativos impostos imediatamente pela lei, as autoridades executivas, ao desempenharem concretamente essa competência, não se reduzem à condição de meros órgãos de reprodução do conteúdo material dos diplomas legislativos a que se vinculam os atos administrativos secundários.
Há que se reconhecer ao Poder Executivo, desse modo, e ainda que de maneira extremamente limitada, um círculo de livre regramento da matéria em cujo âmbito seja-lhe atribuído um resíduo de atuação jurídica.
Daí a advertência do saudoso Min. Carlos Medeiros Silva (*RDA* 33/457) no sentido de que, *verbis*:
"A função do Regulamento não é reproduzir, copiando-os literalmente, os termos da lei. Seria um ato inútil, se assim fosse entendido. Deve, ao contrário, evidenciar e tornar explícito tudo aquilo que a lei encerra. Assim, se uma faculdade, ou atribuição, está implícita no texto legal, o regulamento não exorbitará se lhe der forma articulada e explícita."
Orienta-se, no mesmo sentido, o magistério de Miguel Reale, em parecer apresentado na ADIn 561/DF, de que também fui Relator:
"Os regulamentos têm por fim tornar possível a execução ou aplicação da lei, preenchendo lacunas de ordem prática ou técnica porventura nela existentes, sendo plenamente legítimas as regras destinadas à consecução dos objetivos visados pelo legislador. Essa é uma exigência conatural à atividade administrativa, e corresponde à dinâmica do Direito."
Impõe-se observar, por necessário, que os atos estatais em questão – que se limitaram a minudenciar prescrições destinadas a proteger a saúde dos trabalhadores

em geral – não ofendem aparentemente, as normas de parâmetro invocadas pela autora para fundamentar a sua pretensão de inconstitucionalidade, pois as regras inscritas no art. 1.º, IV (liberdade de iniciativa), no art. 196 (a saúde como dever do Estado) e no art. 200, II (reconhecimento da obrigação estatal de executar ações tendentes a preservar a saúde do trabalhador) da Carta Política em momento algum tiveram a sua precedência hierárquico-normativa contrariada ou restringida pelas Portarias objeto da presente impugnação em abstrato.

Não se pode perder de perspectiva, neste ponto, que também os valores sociais do trabalho constituem um dos fundamentos sobre os quais se edifica, de modo permanente, a construção do Estado democrático de direito (art. 1.º, IV, primeira parte, da CF/1988), pois é preciso reconhecer que o sentido tutelar que emana desse postulado axiológico abrange, dentre outras providências, a adoção, tanto pelos organismos públicos quanto pela própria comunidade empresarial, de medidas destinadas a proteger a integridade da saúde daqueles que são responsáveis pela força de trabalho.

A preservação da saúde da classe trabalhadora constitui um dos graves encargos de que as empresas privadas são depositárias.

(...)

O fato relevante, dentro do contexto normativo que emerge da Consolidação das Leis do Trabalho e do ordenamento cuja regulamentação é fixada pelas Portarias ora impugnadas, é que – tal como observa Valentim Carrion (*Comentários à Consolidação das Leis do Trabalho*, 19. ed. São Paulo: Saraiva, 1995. p. 164), especialmente em face das alterações introduzidas pela Lei 7.855/1989 – "O exame médico obrigatório, quando da admissão ou o anual (assim como os especiais mencionados, em menor tempo) não podiam ser praticados pelos médicos das empresas ou outros facultativos; só os da Previdência Social (Inamps) ou dos Sindicatos dos empregados; é o que determinava o art. 3.º, § 2.º, da Lei 6.514/1977, em apêndice; a NR 7 (Portaria MTb 17 de 07.12.1979), permitia atestado particular, onde inexistissem os médicos indicados acima. A nova redação do art. 168 da CLT restabelecendo a expressão 'exame médico por conta do empregador' revoga aquela restrição, não obstante as subordine a instruções ministeriais".

Sendo assim, e tendo presentes as razões expostas, não vejo como admitir a pretendida instauração da jurisdição constitucional concentrada do STF, pois o objeto desta impugnação não se qualifica como ato normativo revestido de autonomia jurídica bastante para legitimar o controle *in abstracto* de constitu-

cionalidade, considerada a circunstância de que as Portarias em questão foram editadas com o específico e declarado propósito de meramente regulamentarem texto de caráter infraconstitucional (...).
(STF, ADIn 1.347/DF, Pleno, j. 05.09.1995, rel. Min. Celso de Mello, *DJ* 01.12.1995)

• [O] art. 195 transfere à autoridade administrativa (Ministério do Trabalho) a tarefa de caracterizar e classificar a periculosidade ou a insalubridade. Da mesma forma, o inc. VI do art. 200 da CLT transfere ao Ministério do Trabalho a edição de normas para a proteção do trabalhador exposto a substâncias químicas nocivas, radiações ionizantes e não ionizantes, ruídos, vibrações e trepidações ou pressões anormais ao ambiente de trabalho. Tal a previsão legal foi concretizada por meio da Portaria Ministerial 518, de 04.04.2003, que veio a complementar a Portaria 3.393/1987 do Ministério do Trabalho, estabelecendo que qualquer exposição do trabalhador a radiações ionizantes é potencialmente prejudicial à saúde, assegurando-lhe o direito à percepção do adicional de periculosidade (...).
(TRT-4.ª Rég., RO 0000606-42.2011.5.04.0281, 9.ª T., j. 03.05.2012, rel. André Reverbel Fernandes)

Seção XVI
Das penalidades

* V. NR 28 da Portaria MTb 3.214/1978 (Fiscalização e penalidades).

Art. 201. As infrações ao disposto neste Capítulo relativas à Medicina do Trabalho serão punidas com multa de três a 30 (trinta) vezes o valor de referência previsto no art. 2.º, parágrafo único, da Lei 6.205, de 29.04.1975, e as concernentes à segurança do trabalho com multa de cinco a 50 (cinquenta) vezes o mesmo valor.

* Artigo com redação determinada pela Lei 6.514/1977.
* V. art. 47 da CLT.
* V. Portaria MTb 290/1997.

Parágrafo único. Em caso de reincidência, embaraço ou resistência à fiscalização, emprego de artifício ou simulação com o objetivo de fraudar a lei, a multa será aplicada em seu valor máximo.

Arts. 202 a 223. *(Revogados pela Lei 6.514/1977)*

Art. 224

TÍTULO III
DAS NORMAS ESPECIAIS DE TUTELA DO TRABALHO

Capítulo I
DAS DISPOSIÇÕES ESPECIAIS SOBRE DURAÇÃO E CONDIÇÕES DE TRABALHO

Seção I
Dos bancários

Art. 224. A duração normal do trabalho dos empregados em bancos, casas bancárias e Caixa Econômica Federal será de 6 (seis) horas contínuas nos dias úteis, com exceção dos sábados, perfazendo um total de 30 (trinta) horas de trabalho por semana.

* *Caput* com redação determinada pela Lei 7.430/1985.

Interpretação extensiva

- **Súmula 113 do TST**
Bancário. Sábado. Dia útil. (Res. TST 121/2003, *DJ* 19, 20 e 21.11.2003)
O sábado do bancário é dia útil não trabalhado, não dia de repouso remunerado. Não cabe a repercussão do pagamento de horas extras habituais em sua remuneração.

§ 1.º A duração normal do trabalho estabelecida neste artigo ficará compreendida entre 7 (sete) e 22 (vinte e duas) horas, assegurando-se ao empregado, no horário diário, um intervalo de 15 (quinze) minutos para alimentação.

* § 1.º com redação determinada pelo Dec.-lei 229/1967.

Interpretação extensiva

- **Súmula 55 do TST**

Financeiras. (Res. TST 121/2003, DJ 19, 20 e 21.11.2003)

As empresas de crédito, financiamento ou investimento, também denominadas financeiras, equiparam-se aos estabelecimentos bancários para os efeitos do art. 224 da CLT.

- **Súmula 113 do TST**

Bancário. Sábado. Dia útil. (Res. TST 121/2003, DJ 19, 20 e 21.11.2003)

O sábado do bancário é dia útil não trabalhado, não dia de repouso remunerado. Não cabe a repercussão do pagamento de horas extras habituais em sua remuneração.

- **Súmula 226 do TST**

Bancário. Gratificação por tempo de serviço. Integração no cálculo das horas extras. (Res. TST 121/2003, DJ 19, 20 e 21.11.2003)

A gratificação por tempo de serviço integra o cálculo das horas extras.

- **Súmula 239 do TST**

Bancário. Empregado de empresa de processamento de dados. (Incorporadas as OJs 64 e 126 da SDI-I/TST). (Res. TST 129/2005, DJ 20, 22 e 25.04.2005).

É bancário o empregado de empresa de processamento de dados que presta serviço a banco integrante do mesmo grupo econômico, exceto quando a empresa de processamento de dados presta serviços a banco e a empresas não bancárias do mesmo grupo econômico ou a terceiros. (Primeira parte: Ex-Súmula 239, Res. TST 15/1985, DJ 09.12.1985; segunda parte, Ex-OJs 64 e 126 da SDI-I/TST, inseridas, respectivamente, em 13.09.1994 e 20.04.1998).

- **Súmula 240 do TST**

Bancário. Gratificação de função e adicional por tempo de serviço. (Res. TST 121/2003, DJ 19, 20 e 21.11.2003)

O adicional por tempo de serviço integra o cálculo da gratificação prevista no art. 224, § 2.º, da CLT.

- **OJ 123 da SDI-I/TST**
Bancários. Ajuda alimentação (Inserida em 20.04.1998)
A ajuda alimentação prevista em norma coletiva em decorrência de prestação de horas extras tem natureza indenizatória e, por isso, não integra o salário do empregado bancário.

- Empresa administradora de cartões de crédito. Equiparação a estabelecimento bancário (...).

Nos termos da Súmula 55 do TST, "as empresas de crédito, financiamento ou investimento, também denominadas financeiras, equiparam-se aos estabelecimentos bancários para os efeitos do art. 224 da CLT" (...).
(TST, RR 1600-95.2006.5.03.0112, 2.ª T., j. 06.09.2011, rel. José Roberto Freire Pimenta, *DEJT* 16.09.2011)

- Horas extras. Entidades financeiras. Jornada especial. Art. 224 da CLT.

Em face do objeto previsto em seu contrato social, as atividades da recorrente situam-na como entidade financeira, com suporte no art. 17 da Lei 4.595/1964, equiparada a estabelecimento bancário, aplicando-se, a seus empregados, a jornada especial de seis horas, prevista no art. 224 da CLT (Aplicação do Enunciado 55 do C. TST) (...).
(TRT-6.ª Reg., RO 02053-2006-020-06-00-0, 3.ª T., j. 11.07.2007, rel. Gisane Barbosa de Araújo)

- Enquadramento sindical. Empregado de empresa prestadora de serviços. Bancário.

Desempenhando o trabalhador, por meio de prestadora de serviços, atividades tipicamente bancárias, visando o atendimento de atividade-fim de banco, deve-se reconhecer o seu enquadramento sindical como bancário, sendo-lhe, consequentemente, estendidas todas as garantias asseguradas à referida categoria (...).
(TRT-6.ª Reg., RO 00055-2007-013-06-00-8, 2.ª T., j. 05.12.2007, rel. Acácio Júlio Kezen Caldeira)

- Empresa administradora de cartões de crédito. Equiparação à instituição financeira. Aplicação da Súmula 55 do TST.

Considerando a empresa administradora de cartões de crédito, ora reclamada, como instituição financeira, nos termos do art. 17 da Lei 4.595/1964, deve-se

aplicar a Súmula 55 do TST, no que tange ao enquadramento sindical da autora, para equiparar a empresa financeira à instituição bancária, devendo aplicar, em relação à reclamante, a jornada de trabalho reduzida atinente à categoria dos bancários, disposta no art. 224 da CLT (...).
(TRT-6.ª Reg., RO 00249-2007-006-06-00-5, 3.ª T., j. 14.05.2008, rel. Maria Clara Saboya A. Bernardino)

Interpretação restritiva

• **Súmula 199 do TST**

Bancário. Pré-contratação de horas extras. (Incorporadas as OJs 48 e 63 da SDI-I/TST). (Res. TST 129/2005, *DJ* 20, 22 e 25.04.2005).
I – A contratação do serviço suplementar, quando da admissão do trabalhador bancário, é nula. Os valores assim ajustados apenas remuneram a jornada normal, sendo devidas as horas extras com o adicional de, no mínimo, 50% (cinquenta por cento), as quais não configuram pré-contratação, se pactuadas após a admissão do bancário. (Ex-Súmula 199, alterada pela Res. TST 41/1995, *DJ* 21.02.1995 e ex-OJ 48 da SDI-I/TST, inserida em 25.11.1996).
II – Em se tratando de horas extras pré-contratadas, opera-se a prescrição total se a ação não for ajuizada no prazo de cinco anos, a partir da data em que foram suprimidas. (Ex-OJ 63 da SDI-I/TST, inserida em 14.03.1994).

• **OJ 178 da SDI-I/TST**

Bancário. Intervalo de 15 minutos. Não computável na jornada de trabalho. (*DJ* 20.04.2005).
Não se computa, na jornada do bancário sujeito a seis horas diárias de trabalho, o intervalo de quinze minutos para lanche ou descanso.

• **Empresa administradora de cartões de crédito. Equiparação a estabelecimento bancário. Súmula 55 do TST. Limites** (...).
[C]om base no princípio da primazia da realidade sobre a forma, estando demonstrado que a primeira reclamada, embora sob a nomenclatura de administradora de cartões de crédito, atua como empresa financeira, aplica-se ao presente caso o entendimento jurisprudencial sedimentado na Súmula 55 do TST, fazendo jus a reclamante a jornada de trabalho de 6 (seis) horas, prevista no art. 224 da CLT.

Por outro lado, as normas coletivas de f. referem-se à categoria profissional dos bancários, não sendo aplicáveis à reclamante, como empregada de uma empresa financeira. O entendimento jurisprudencial contido na Súmula 55 do TST apenas equipara as empresas financeiras aos estabelecimentos bancários para os efeitos do art. 224 da CLT, não garantindo que os instrumentos coletivos da categoria bancária se apliquem aos empregados das empresas financeiras, já que, para estes, há normas coletivas próprias (...).
(TST, RR 1600-95.2006.5.03.0112, 2.ª T., j. 06.09.2011, rel. José Roberto Freire Pimenta, *DEJT* 06.09.2011)

- Correspondente bancário. Efeitos trabalhistas. Jornada reduzida. Súmula 55 do TST.

As normas regulamentares do Banco Central que autorizam a contratação de correspondentes bancários regem a relação empresarial do ramo financeiro, não significando que os trabalhadores das empresas contratadas, que comprovadamente exerceram funções tipicamente bancárias, estarão alijados dos direitos inerentes à categoria, notadamente a jornada reduzida a que alude o art. 224 da CLT. Inteligência da Súmula 55 do TST (...).
(TRT-3.ª Reg., RO 00900-2008-037-03-00-2, T. Recursal, j. 19.11.2008, rel. Heriberto de Castro, *DJMG* 03.12.2008)

> **§ 2.º As disposições deste artigo não se aplicam aos que exercem funções de direção, gerência, fiscalização, chefia e equivalentes, ou que desempenhem outros cargos de confiança, desde que o valor da gratificação não seja inferior a 1/3 (um terço) do salário do cargo efetivo.**

* § 2.º com redação determinada pelo Dec.-lei 754/1969.

🏛 Interpretação convergente

- **Súmula 109 do TST**
Gratificação de Função. (Res. TST 121/2003, *DJ* 19, 20 e 21.11.2003)
O bancário não enquadrado no § 2.º do art. 224 da CLT, que receba gratificação de função, não pode ter o salário relativo a horas extraordinárias compensado com o valor daquela vantagem.

Art. 224

- **Súmula 287 do TST**

Jornada de trabalho. Gerente bancário.

A jornada de trabalho do empregado de banco gerente de agência é regida pelo art. 224, § 2.º, da CLT. Quanto ao gerente-geral de agência bancária, presume-se o exercício de encargo de gestão, aplicando-se-lhe o art. 62 da CLT. (Res. TST 121/2003, *DJ* 19, 20 e 21.11.2003).

- Gerente de contas pessoa física e pessoa jurídica. Inexigência de controle da jornada através de cartões de ponto. Aplicação do art. 62, I, da CLT. Inviabilidade.

Nas situações em que o bancário exerce cargo de confiança e recebe gratificação de função não inferior a 1/3 (um terço) dos salários (art. 224, § 2.º, da CLT), ainda que não esteja sujeito à controle de horário por cartão de ponto, efetua visita domiciliares aos clientes, porém, tem que comparecer no início e final da jornada à agência, seja para obter o rol de clientes e agendar visitas, restituir documentos e prestar contas, não se enquadra no art. 62, I, da CLT, porque é perfeitamente possível o controle de jornada de trabalho, pelo empregador. Trata-se de cargo de confiança bancário definido no § 2.º do art. 224 da CLT (...).

(TRT-15.ª Reg., RO 0098500-18.2008.5.15.0022, 10.ª Câm., j. 31.01.2012, rel. José Antonio Pancotti)

🏛 Interpretação extensiva

- **Súmula 124 do TST**

Bancário. Salário hora. Divisor. (Res. 185/2012 – DEJT divulgado em 25, 26 e 27.09.2012).

I – O divisor aplicável para o cálculo das horas extras do bancário, se houver ajuste individual expresso ou coletivo no sentido de considerar o sábado como dia de descanso remunerado, será:

a) 150, para os empregados submetidos à jornada de seis horas, prevista no caput do art. 224 da CLT;

b) 200, para os empregados submetidos à jornada de oito horas, nos termos do § 2.º do art. 224 da CLT.

II – Nas demais hipóteses, aplicar-se-á o divisor:

a) 180, para os empregados submetidos à jornada de seis horas prevista no caput do art. 224 da CLT;

b) 220, para os empregados submetidos à jornada de oito horas, nos termos do § 2.º do art. 224 da CLT.

• O simples fato de a Instância Regional não mencionar a existência de mandato expresso não descaracteriza, de per si, o exercício do cargo de confiança bancário quando presentes os demais elementos que levem à incidência do art. 62 da CLT. Entendimento que se robustece com a jurisprudência dominante do TST, que, em tais circunstâncias, admite a validade do mandato tácito (...). O gerente a que se refere o art. 62, II, da CLT, é aquele que exerce amplos poderes de mando e gestão, entendendo-se como tais, entre outros, os poderes de demitir e admitir subordinados, adverti-los, puni-los, suspendê-los, administrar o empreendimento como se fosse o próprio empregador, exercendo encargos e prerrogativas do próprio empregador (...). [A] E. Subseção Especializada em Dissídios Individuais do TST vem, inclusive, firmando posicionamento no sentido de que a existência de mandato tácito não descaracteriza, de per si, o exercício do cargo de confiança do gerente bancário, contanto que presentes os demais elementos que levem à aplicação do art. 62 da CLT. Nesse sentido, citem-se, dentre outros, os seguintes precedentes: Embargos em RR 197.015/95; RR 387.253/97; RR 607.156/99 e RR 319.154/96 (...).

(TST, Embargos em AgIn no RR 770.918/01.4, SDI-I, j. 12.05.2013, rel. João Oreste Dalazen, *DEJT* 06.06.2013)

• Bancário. Cargo de confiança. Caracterização.

A exceção prevista no art. 224, § 2.º, da CLT, não é tão restrita quanto à do art. 62 da CLT. A caracterização do cargo de confiança no setor bancário nem sempre exige amplos poderes de mando nem subordinados e nem, ainda, assinatura autorizada. O fator determinante é o grau de confiança, que deve estar acima do comum, além daquele que é inerente a qualquer relação de emprego (...).

(TRT-2.ª Reg., RO 01420200708202008, 11.ª T., j. 19.05.2009, rel. Eduardo de Azevedo Silva)

• Cargo de confiança. Caracterização. Distinção importante.

Se resta caracterizado o exercício de cargo de confiança nos termos do inc. II do art. 62 da CLT, o empregado não faz jus às horas extras. A lei excepciona

tal enquadramento com clareza. Diferente disto é a hipótese em que não se configura a função de confiança e que o empregado recebe uma remuneração a maior, mas não há a caracterização em si do cargo de confiança, hipótese em que não se aplica a exceção às horas. Tal situação é muito comum no meio bancário, em que o empregado recebe determinada gratificação salarial, mas não ocupa nenhuma daquelas funções de confiança, expressamente, mencionadas pelo § 2.º do art. 224 da CLT (de direção, gerência, fiscalização, chefia). A distinção é importante para que não se jogue numa vala comum situações diferentes. É diferente a caracterização do cargo de confiança na forma do inc. II do art. 62 da CLT e do § 2.º do art. 224 da CLT, específico para o meio bancário. A caracterização da exceção legal de que trata o inc. II do art. 62 da CLT, configura-se pela constatação de três circunstâncias básicas: poder de autonomia nas opções importantes, inexistência de controle de horário e remuneração significativa. No meio bancário, a expressão cargo de confiança não tem o alcance próprio que se dá habitualmente no caso do inc. II do art. 62 da CLT. Isto porque, o § 2.º do art. 224 do CLT menciona as funções de direção, gerência, fiscalização, chefia expressamente, desde que o valor da gratificação não seja inferior a um terço do salário do cargo efetivo. Neste caso, o empregado faz jus apenas às horas extras que excederem a jornada legal de oito horas, conforme jurisprudência consagrada pela Súmula 232 do TST. O empregado comum inserido na exceção de que trata o inc. II do art. 62 da CLT não faz jus às horas extras em hipótese alguma, salvo decorrentes do trabalho em dia de repouso e feriado (...).
(TRT-3.ª Reg., RO 00136-2007-107-03-00-0, 2.ª T., j. 01.04.2008, rel. Márcio Flávio Salem Vidigal, *DEJT* 11.04.2008)

• Função/cargo de confiança. Meio bancário.
A função de confiança se caracteriza pela conjugação de circunstâncias, qual seja: o exercício efetivo das funções de direção, gerência, fiscalização, chefia, a ausência de controle de jornada e o recebimento da gratificação não inferior a um terço do salário do cargo efetivo. A função de confiança, no meio bancário, nos termos do inc. II do art. 62 da CLT se aplica ao gerente-geral, caso em que nem as horas extras excedentes à 8.ª hora diária são devidas. E, no meio bancário, o exercício do cargo de confiança que retira o direito à jornada reduzida de 6 (seis) horas, por força do art. 224, § 2.º da CLT (e não do art. 62, II, da CLT) se caracteriza pela conjugação do exercício efetivo das funções de direção, gerência, fiscalização, chefia e o recebimento da gratificação não

inferior a um terço do salário do cargo efetivo. Lembre-se da Súmula 102 do TST. Isto porque, a prática bancária denuncia a existência de vários tipos de cargos tratados todos como de confiança, dentre estes de gerentes bancários (gerente principal, detentor do encargo de gestão; um ou mais gerentes de produção, verdadeiros subgerentes) e de outros que só desempenham funções meramente técnicas, sem qualquer poder de mando e fiscalização. Portanto, a nomenclatura do cargo/função é irrelevante, pois tudo depende da prova da função/cargo efetivamente exercida pelo empregado e não basta o pagamento da gratificação (...).

(TRT-3.ª Reg., RO 0107000-71.2008.5.03.0066, 10.ª T., j. 26.04.2010, rel. Taisa Maria Macena de Lima, *DJ* 04.05.2010)

📖 Interpretação restritiva

- **Súmula 102 do TST**
Bancário. Cargo de confiança.
I – A configuração, ou não, do exercício da função de confiança a que se refere o art. 224, § 2.º, da CLT, dependente da prova das reais atribuições do empregado, é insuscetível de exame mediante recurso de revista ou de embargos. (Ex-Súmula 204, RA 121/2003, *DJ* 21.11.2003).
II – O bancário que exerce a função a que se refere o § 2.º do art. 224 da CLT e recebe gratificação não inferior a um terço de seu salário já tem remuneradas as duas horas extraordinárias excedentes de seis. (Ex-Súmula 166, RA 102/1982, *DJ* 11.10.1982 e *DJ* 15.10.1982)
III – Ao bancário exercente de cargo de confiança previsto no art. 224, § 2.º, da CLT são devidas as 7.ª e 8.ª horas, como extras, no período em que se verificar o pagamento a menor da gratificação de 1/3. (Ex-OJ 288, *DJ* 11.08.2003)
IV – O bancário sujeito à regra do art. 224, § 2.º, da CLT cumpre jornada de trabalho de 8 (oito) horas, sendo extraordinárias as trabalhadas além da oitava. (Ex-Súmula 232, RA 14/1985, *DJ* 19.09.1985)
V – O advogado empregado de banco, pelo simples exercício da advocacia, não exerce cargo de confiança, não se enquadrando, portanto, na hipótese do § 2.º do art. 224 da CLT. (Ex-OJ 222, inserida em 20.06.2001)
VI – O caixa bancário, ainda que caixa executivo, não exerce cargo de confiança. Se perceber gratificação igual ou superior a um terço do salário do posto efetivo,

essa remunera apenas a maior responsabilidade do cargo e não as duas horas extraordinárias além da sexta. (Ex-Súmula 102, RA 66/1980, *DJ* 18.06.1980 e republicada no *DJ* 14.07.1980)
VII – O bancário exercente de função de confiança, que percebe a gratificação não inferior ao terço legal, ainda que norma coletiva contemple percentual superior, não tem direito às sétima e oitava horas como extras, mas tão somente às diferenças de gratificação de função, se postuladas. (Ex-OJ 15, inserida em 14.03.1994)
Súmula com redação determinada pela Res. TST 129/2005 (*DJU* 20.04.2005) e mantida pela Res. TST 174/2011 (*DEJT* 27.05.2011).

• **OJ 17 da SDI-I/TST**
Banco do Brasil. AP e ADI (inserida em 07.11.1994)
Os adicionais AP, ADI ou AFR, somados ou considerados isoladamente, sendo equivalentes a 1/3 do salário do cargo efetivo (art. 224, § 2.º, da CLT), excluem o empregado ocupante de cargo de confiança do Banco do Brasil da jornada de 6 horas.

• **Técnico de sistema de 8 (oito) horas. Exceção prevista no § 2.º do art. 224 da CLT não configurada.**
O bancário da Caixa Econômica Federal exercente do cargo de analista júnior não está enquadrado na exceção prevista no § 2.º do art. 224 da CLT, uma vez que, apesar de receber uma gratificação cujo valor não é inferior a 1/3 (um terço) do salário do cargo efetivo, trata-se de simples empregado que desenvolve atividades técnicas e burocráticas, sem subordinados e sem o menor traço de fidúcia especial, de modo que a gratificação percebida serve apenas para remunerar a sua maior responsabilidade (...).
(TST, RR 275300-61.2007.5.12.0007, 8.ª T., j. 12.12.2012, rel. Márcio Eurico Vitral Amaro, *DEJT* 14.12.2012)

• **Bancário/Economiário. Cargo de confiança. Ausência de configuração. Horas extras. Cabimento.**
Embora a reclamante perceba gratificação de função superior a 1/3 (um terço) de sua remuneração, não se configura, *in casu*, a hipótese prevista na exceção do inc. II do art. 62 da CLT. A simples nomenclatura dada ao cargo não irá caracterizá-lo como de confiança, sendo indispensável ao empregado, a par do recebimento de gratificação, possuir condição especial na estrutura hierárquica

da Caixa Econômica Federal, com amplos poderes de mando, representação e substituição, e, dentre as suas atribuições diárias a direção, organização e supervisão do serviço ou que exerça funções que pressuponham algum poder de mando atribuído por alto grau de confiança do empregador (...).
(TRT-6.ª Reg., RO 00042.2008.321.06.00.9, 1.ª T., j. 28.10.2008, rel. Maria de Betânia Silveira Villela)

Art. 225. A duração normal de trabalho dos bancários poderá ser excepcionalmente prorrogada até 8 (oito) horas diárias, não excedendo de 40 (quarenta) horas semanais, observados os preceitos gerais sobre a duração do trabalho.

* Artigo com redação determinada pela Lei 6.637/1979.

Interpretação extensiva

- **Súmula 124 do TST**

Bancário. Salário-hora. Divisor. (Redação alterada na sessão do Tribunal Pleno realizada em 14.09.2012) (Res. TST 185/2012, DEJT 25, 26 e 27.09.2012)

I – O divisor aplicável para o cálculo das horas extras do bancário, se houver ajuste individual expresso ou coletivo no sentido de considerar o sábado como dia de descanso remunerado, será:

a) 150, para os empregados submetidos à jornada de seis horas, prevista no caput do art. 224 da CLT;

b) 200, para os empregados submetidos à jornada de oito horas, nos termos do § 2.º do art. 224 da CLT.

II – Nas demais hipóteses, aplicar-se-á o divisor:

a) 180, para os empregados submetidos à jornada de seis horas prevista no caput do art. 224 da CLT;

b) 220, para os empregados submetidos à jornada de oito horas, nos termos do § 2.º do art. 224 da CLT.

- **Súmula 226 do TST**

Bancário. Gratificação por tempo de serviço. Integração no cálculo das horas extras. (Res. TST 121/2003, DJ 19, 20 e 21.11.2003).

A gratificação por tempo de serviço integra o cálculo das horas extras.

Interpretação restritiva

* **Súmula 199 do TST**

Bancário. Pré-contratação de horas extras. (Incorporadas as OJs 48 e 63 da SDI-I/TST) (Res. TST 129/2005, *DJ* 20, 22 e 25.04.2005).

I – A contratação do serviço suplementar, quando da admissão do trabalhador bancário, é nula. Os valores assim ajustados apenas remuneram a jornada normal, sendo devidas as horas extras com o adicional de, no mínimo, 50% (cinquenta por cento), as quais não configuram pré-contratação, se pactuadas após a admissão do bancário. (Ex-Súmula 199, alterada pela Res. TST 41/1995, *DJ* 21.02.1995 e ex-OJ 48 da SDI-I/TST, inserida em 25.11.1996)

II – Em se tratando de horas extras pré-contratadas, opera-se a prescrição total se a ação não for ajuizada no prazo de cinco anos, a partir da data em que foram suprimidas. (Ex-OJ 63 da SDI-I/TST, inserida em 14.03.1994)

* **Súmula 226 do TFR**

Prorrogação da jornada de trabalho da mulher bancária. Aplicabilidade de regra. Na prorrogação da jornada de trabalho da mulher-bancária, até oito horas diárias, não excedente de 40 (quarenta) horas semanais (art. 225 da CLT), com observância do disposto no art. 59 e § 1.º, da CLT, é inaplicável a regra do art. 374 desse diploma legal.

* O art. 225 da CLT não autoriza a pré-contratação de horas extras, haja vista que prevê que, apenas excepcionalmente, a jornada do bancário poderá ser de 8 (oito) horas diárias. Da mesma forma, entendo que não há nos arts. 58 da CLT e 7.º, XIII, da CF/1988 qualquer autorização para a pré-contratação de horas extras, mas sim para a compensação de jornada (...).
(TRT-5.ª Reg., RO 00132-2008-003-05-00-9, 2.ª T., j. 16.10.2008, rel. Débora Machado)

Art. 226. O regime especial de 6 (seis) horas de trabalho também se aplica aos empregados de portaria e de limpeza, tais como porteiros, telefonistas de mesa, contínuos e serventes, empregados em bancos e casas bancárias.

* Artigo com redação determinada pela Lei 3.488/1958.

Art. 226

⚖ Interpretação restritiva

- **Súmula 117 do TST**

Bancário. Categoria diferenciada. (Res. TST 121/2003, DJ 19, 20 e 21.11.2003)
Não se beneficiam do regime legal relativo aos bancários os empregados de estabelecimento de crédito pertencentes a categorias profissionais diferenciadas.

- **Súmula 119 do TST**

Jornada de trabalho. (Res. TST 121/2003, DJ 19, 20 e 21.11.2003)
Os empregados de empresas distribuidoras e corretoras de títulos e valores mobiliários não têm direito à jornada especial dos bancários.

- **Súmula 257 do TST**

Vigilante. O vigilante, contratado diretamente por banco ou por intermédio de empresas especializadas, não é bancário. (Res. TST 121/2003, DJ 19, 20 e 21.11.2003)

> **Parágrafo único. A direção de cada banco organizará a escala de serviço do estabelecimento de maneira a haver empregados do quadro da portaria em função, meia hora antes e até meia hora após o encerramento dos trabalhos, respeitado o limite de 6 (seis) horas diárias.**

🗐 Interpretação divergente

- Jornada reduzida. Serviço de limpeza. Empregado terceirizado. Tratamento isonômico ao bancário. Impossibilidade (...).

(TRT-22.ª Reg., RO 51200710322003, Pleno, j. 17.09.2007, rel. Giorgi Alan Machado Araujo, DJT-PI 03.10.2007)

⚖ Interpretação restritiva

- A configuração, ou não, do exercício da função de confiança a que se refere o art. 226, § 2.º, da CLT, depende da prova das reais atribuições do

empregado, é insuscetível de exame mediante recurso de revista ou de embargos (...).
(TST, AgIn em RR 37840-49.2007.5.13.0022, 3.ª T., j. 20.05.2009, rel. Rosa Maria Weber Candiota da Rosa, *DEJT* 12.06.2009)

Seção II
Dos empregados nos serviços de telefonia, de telegrafia submarina e subfluvial, de radiotelegrafia e radiotelefonia

Art. 227. Nas empresas que explorem o serviço de telefonia, telegrafia submarina ou subfluvial, de radiotelegrafia ou de radiotelefonia, fica estabelecida para os respectivos operadores a duração máxima de 6 (seis) horas contínuas de trabalho por dia ou 36 (trinta e seis) horas semanais.

* *Caput* com redação determinada pelo Dec.-lei 6.353/1944.

§ 1.º Quando, em caso de indeclinável necessidade, forem os operadores obrigados a permanecer em serviço além do período normal fixado neste artigo, a empresa pagar-lhes-á extraordinariamente o tempo excedente com acréscimo de 50% (cinquenta por cento) sobre o seu salário-hora normal.

§ 2.º O trabalho aos domingos, feriados e dias santos de guarda será considerado extraordinário e obedecerá, quanto à sua execução e remuneração, ao que dispuserem empregadores e empregados em acordo, ou os respectivos sindicatos em contrato coletivo de trabalho.

* § 2.º com redação determinada pelo Dec.-lei 6.353/1944.

Art. 227

CONSOLIDAÇÃO DAS LEIS DO TRABALHO

Interpretação extensiva

- **Súmula 178 do TST**

Telefonista. Art. 227 e parágrafos, da CLT. Aplicabilidade. (Res. TST 121/2003, DJ 19, 20 e 21.11.2003)

É aplicável à telefonista de mesa de empresa que não explora o serviço de telefonia o disposto no art. 227, e seus parágrafos, da CLT. (Ex-Prejulgado 59)

Interpretação restritiva

- **OJ 213 da SDI-I/TST**

Telex. Operadores. Art. 227 da CLT. Inaplicável. (Inserida em 08.11.2000)

O operador de *telex* de empresa, cuja atividade econômica não se identifica com qualquer uma das previstas no art. 227 da CLT, não se beneficia de jornada reduzida.

- A verdadeira essência do trabalho de *telemarketing* não é a "operação de aparelhos de telefonia", e sim a habilidade que devem ter na conversa com o cliente potencial para convencê-lo. Esses operadores nada mais são que uma espécie de vendedores ou propagandistas de produtos, que se utilizam de telefone para contato com os clientes, modalidade nova possibilitada pela evolução tecnológica (...).

(TRT-1.ª Reg., RO 0085100-16.2008.5.01.0057, 4.ª T., j. 27.09.2011, rel. Damir Vrcibradic)

- Operadora de *telemarketing*. Jornada de trabalho. Aplicação do art. 227 da CLT. Impossibilidade.

Não existe similaridade entre as funções de operadora de telemarketing e telefonista, estando a autora sujeita à jornada normal de 44 horas semanais e não à jornada reduzida do art. 227 da CLT, consoante já pacificado em seara trabalhista pela OJ 273 [cancelada] e Súmula 178 do C. TST (...).

(TRT-8.ª Reg., RO 00513/2008-015-08-00.1, 2.ª T., j. 15.04.2009, rel. Elizabeth Fátima Martins Newman)

- O percebimento de horas extras calcado na duração do trabalho prevista pelo art. 227 da CLT, também depende do enquadramento da empresa empregadora,

como se desume do próprio texto legal, sendo certo que, ainda que considerados os termos da Súmula 178 do C. TST, de qualquer forma, a reclamante, ao contrário do quanto aduz em seu recurso, não logrou comprovar sua atuação exclusiva como telefonista (...).
(TRT-15.ª Reg., RO 0126600-70.2008.5.15.0090, j. 16.11.2011, rel. Erodite Ribeiro dos Santos de Biasi)

Art. 228. Os operadores não poderão trabalhar, de modo ininterrupto, na transmissão manual, bem como na recepção visual, auditiva, com escrita manual ou datilográfica, quando a velocidade for superior a 25 (vinte e cinco) palavras por minuto.

Art. 229. Para os empregados sujeitos a horários variáveis, fica estabelecida a duração máxima de 7 (sete) horas diárias de trabalho e 17 (dezessete) horas de folga, deduzindo-se desse tempo 20 (vinte) minutos para descanso, de cada um dos empregados, sempre que se verificar um esforço contínuo de mais de 3 (três) horas.

§ 1.º São considerados empregados sujeitos a horários variáveis, além dos operadores, cujas funções exijam classificação distinta, os que pertençam a seções de técnica, telefones, revisão, expedição, entrega e balcão.

* § 1.º com redação determinada pelo Dec.-lei 6.353/1944.

§ 2.º Quanto à execução e remuneração aos domingos, feriados e dias santos de guarda e às prorrogações de expediente, o trabalho dos empregados a que se refere o parágrafo anterior será regido pelo que se contém no § 1.º do art. 227 desta Seção.

* § 2.º com redação determinada pelo Dec.-lei 6.353/1944.

⚖️ **Interpretação convergente**

• A jornada móvel e variável (...) encontra amparo no ordenamento jurídico pátrio. Primeiro. Respeita os limites diários e semanal de jornada (8 e 44 horas), atendendo assim os preceitos constitucionais (art. 7.º, XIII, da CF/1988) e le-

gislação infraconstitucional (art. 58 da CLT). Segundo. A utilização de jornadas variáveis para empregados horistas é prática admitida pela jurisprudência e doutrina, tanto que o § 1.º do art. 142 da CLT assim prevê, admitindo o pagamento do salário por hora, com jornadas variáveis:

"Art. 142. O empregado perceberá, durante as férias, a remuneração que lhe for devida na data da sua concessão.

§ 1.º. Quando o salário for pago por hora, com jornadas variáveis, apurar-se-á a média do período aquisitivo, aplicando-se o valor do salário na data da concessão das férias."

A jornada variável vem ainda prevista no art. 229 da CLT, que trata da jornada de trabalho dos empregados nos serviços de telefonia, telegrafia submarina e subfluvial, radiotelegrafia e radiotelefonia. Terceiro. A legislação trabalhista estabelece apenas a jornada máxima diária e semanal a ser observada, não prevendo qualquer limitação quanto a jornada mínima a ser contratada. A fixação de um limite máximo para a jornada tem sentido como proteção à integridade do trabalhador. Abaixo do patamar legal não há limites mínimos de jornada. Neste sentido cabe destaque os ensinamentos de Sérgio Pinto Martins (*Direito do trabalho*. 20. ed. Atlas, 2004. p. 504-505): O horário móvel não contraria o inc. XIII do art. 7.º da CF/1988. A lei não veda a jornada móvel e variável. As convenções coletivas, de modo geral, não proíbem a jornada móvel e variável. Logo, o que não é proibido é permitido (...). A jornada de trabalho móvel e variável é decorrente da produção da empresa, sendo, portanto, lícita, pois não contraria determinação da Constituição ou da legislação trabalhista. Dessa forma, a cláusula contratual é plenamente válida, não havendo que se falar em nulidade, de forma a ser aplicado o art. 9.º da CLT (...).

(TST, RR 9891900-16.2005.5.09.0004, 8.ª T., j. 23.02.2011, rel. Dora Maria da Costa, *DEJT* 25.02.2011)

Art. 230. A direção das empresas deverá organizar as turmas de empregados, para a execução dos seus serviços, de maneira que prevaleça sempre o revezamento entre os que exercem a mesma função, quer em escalas diurnas, quer em noturnas.

§ 1.º Aos empregados que exerçam a mesma função será permitida, entre si, a troca de turmas, desde que isso não importe em prejuízo

dos serviços, cujo chefe ou encarregado resolverá sobre a oportunidade ou possibilidade dessa medida, dentro das prescrições desta Seção.

§ 2.º As empresas não poderão organizar horários que obriguem os empregados a fazer a refeição do almoço antes das 10 (dez) e depois das 13 (treze) horas e a do jantar antes das 16 (dezesseis) e depois das 19 (dezenove) horas e 30 (trinta) minutos.

Art. 231. As disposições desta Seção não abrangem o trabalho dos operadores de radiotelegrafia embarcados em navios ou aeronaves.

Seção III
Dos músicos profissionais

Arts. 232 e 233. *(Revogados)*

* V. Lei 3.857/1960 (Disciplina o exercício da profissão de músico).

Seção IV
Dos operadores cinematográficos

Art. 234. A duração normal do trabalho dos operadores cinematográficos e seus ajudantes não excederá de 6 (seis) horas diárias, assim distribuídas:

* *Caput* com redação determinada pelo Dec.-lei 6.353/1944.

Interpretação restritiva

• [O] art. 234 da CLT aplica-se restritivamente aos operadores de cinema e não aos cinegrafistas, como é o caso do reclamante. Consignou que o dispositivo abrange o operador de cinema, pois a alínea *a* estabelece o período máximo de atividade em "cinco horas consecutivas de trabalho em cabina, durante o funcionamento cinematográfico", e a alínea *b* prevê período suplementar de,

no máximo, uma hora, "para limpeza, lubrificação dos aparelhos de projeção, ou revisão de filmes". Cabe ressaltar que o parágrafo único também faz menção a trabalho em cabina de que trata a alínea *a* e estabelece que "poderá o trabalho dos operadores cinematográficos e seus ajudantes ter a duração prorrogada por duas horas, para exibições extraordinárias". Do exposto, verifica-se que, de fato, o art. 234 da CLT não se aplica a cinegrafistas, mas apenas aos operadores cinematográficos, profissionais que laboram na atividade de projeção de filmes nos cinemas, os quais trabalham em cabina de projeção de filmes em cinema (...).
(TST, AgIn no RR 751640-96.2003.5.12.0014, 8.ª T., j. 02.05.2012, rel. José Roberto Freire Pimenta, *DEJT* 11.05.2012)

a) 5 (cinco) horas consecutivas de trabalho em cabina, durante o funcionamento cinematográfico;

b) um período suplementar, até o máximo de 1 (uma) hora para limpeza, lubrificação dos aparelhos de projeção, ou revisão de filmes.

Parágrafo único. Mediante remuneração adicional de 25% (vinte e cinco por cento) sobre o salário da hora normal e observado um intervalo de 2 (duas) horas para folga, entre o período a que se refere a alínea b deste artigo e o trabalho em cabina de que trata a alínea a, poderá o trabalho dos operadores cinematográficos e seus ajudantes ter a duração prorrogada por 2 (duas) horas diárias, para exibições extraordinárias.

* De acordo com a Constituição Federal de 1988, o percentual é de no mínimo 50% (cinquenta por cento) sobre a hora normal (art. 7.º, XVI, da CF/1988).

Art. 235. Nos estabelecimentos cujo funcionamento normal seja noturno, será facultado aos operadores cinematográficos e seus ajudantes, mediante acordo ou convenção coletiva de trabalho e com um acréscimo de 25% (vinte e cinco por cento) sobre o salário da hora normal, executar o trabalho em sessões diurnas extraordinárias e, cumulativamente, nas noturnas, desde que isso se verifique até três vezes por semana e entre as sessões diurnas e as noturnas haja o intervalo de 1 (uma) hora, no mínimo, de descanso.

* De acordo com a Constituição Federal de 1988, o percentual é de no mínimo 50% (cinquenta por cento) sobre a hora normal (art. 7.º, XVI, da CF/1988).

§ 1.º A duração de trabalho cumulativo a que alude o presente artigo não poderá exceder de 10 (dez) horas.

§ 2.º Em seguida a cada período de trabalho haverá um intervalo de repouso no mínimo de 12 (doze) horas.

Seção IV-A
Do serviço
do motorista profissional

* Seção IV-A acrescentada pela Lei 12.619/2012 (*DOU* 02.05.2012), em vigor 45 (quarenta e cinco) dias após a data de sua publicação, de acordo com o art. 1.º do Dec.-lei 4.657/1942.

Art. 235-A. Ao serviço executado por motorista profissional aplicam-se os preceitos especiais desta Seção.

* Artigo acrescentado pela Lei 12.619/2012 (*DOU* 02.05.2012), em vigor 45 (quarenta e cinco) dias após a data de sua publicação, de acordo com o art. 1.º do Dec.-lei 4.657/1942.

Art. 235-B. São deveres do motorista profissional:

* Artigo acrescentado pela Lei 12.619/2012 (*DOU* 02.05.2012), em vigor 45 (quarenta e cinco) dias após a data de sua publicação, de acordo com o art. 1.º do Dec.-lei 4.657/1942.

I – estar atento às condições de segurança do veículo;

II – conduzir o veículo com perícia, prudência, zelo e com observância aos princípios de direção defensiva;

III – respeitar a legislação de trânsito e, em especial, as normas relativas ao tempo de direção e de descanso;

IV – zelar pela carga transportada e pelo veículo;

V – colocar-se à disposição dos órgãos públicos de fiscalização na via pública;

Art. 235-C

VI – (*Vetado*)

VII – submeter-se a teste e a programa de controle de uso de droga e de bebida alcoólica, instituído pelo empregador, com ampla ciência do empregado.

Parágrafo único. A inobservância do disposto no inc. VI e a recusa do empregado em submeter-se ao teste e ao programa de controle de uso de droga e de bebida alcoólica previstos no inc. VII serão consideradas infração disciplinar, passível de penalização nos termos da lei.

🏛 Interpretação extensiva

- **Falta grave. Motorista de veículo escolar alcoolizado em serviço.**

Inobstante o ato de irresponsabilidade lhe tenha rendido, ainda, o pagamento de verbas rescisórias devidas a quem dispensado sem justa causa, a realidade da ruptura justifica amplamente a extinção do contrato de trabalho. Não há falar em nulidade da ruptura e reintegração ao emprego (...).

(TRT-4.ª Reg., RO 00585-2002-271-04-00-0, 7.ª T., j. 31.08.2005, rel. Denise Maria de Barros)

Art. 235-C. A jornada diária de trabalho do motorista profissional será a estabelecida na Constituição Federal ou mediante instrumentos de acordos ou convenção coletiva de trabalho.

* Artigo acrescentado pela Lei 12.619/2012 (*DOU* 02.05.2012), em vigor 45 (quarenta e cinco) dias após a data de sua publicação, de acordo com o art. 1.º do Dec.-lei 4.657/1942.

§ 1.º Admite-se a prorrogação da jornada de trabalho por até 2 (duas) horas extraordinárias.

§ 2.º Será considerado como trabalho efetivo o tempo que o motorista estiver à disposição do empregador, excluídos os intervalos para refeição, repouso, espera e descanso.

Interpretação convergente

- Diferenças de horas extras. Motorista de ônibus.

Deve ser considerado como integrante da jornada de trabalho os pequenos intervalos existentes entre uma viagem de ônibus e outra (...).
(TRT-8.ª Reg., RO 01457-2008-107-08-00-6, 1.ª T., j. 31.03.2009, rel. Francisco Sérgio Silva Rocha)

> § 3.º Será assegurado ao motorista profissional intervalo mínimo de 1 (uma) hora para refeição, além de intervalo de repouso diário de 11 (onze) horas a cada 24 (vinte e quatro) horas e descanso semanal de 35 (trinta e cinco) horas.
>
> § 4.º As horas consideradas extraordinárias serão pagas com acréscimo estabelecido na Constituição Federal ou mediante instrumentos de acordos ou convenção coletiva de trabalho.

Interpretação restritiva

- Horas extras. Motorista. Atividade externa. Art. 62, I, da CLT. Ausência de controle da jornada de trabalho. Confissão do autor.

A exceção contida no art. 62, I, da CLT, tem incidência sobre os empregados que, executando serviços externos em razão da própria natureza das funções, não podem estar submetidos a horários, desde que tal importe em impedir o normal desenvolvimento da atividade. A regra geral, no caso, é o não recebimento de horas extras, face à ausência de controle (...).
(TRT-15.ª Reg., RO 0159100-16.2009.5.15.0007, j. 31.01.2012, rel. José Antonio Pancotti)

- Horas extras. Motorista carreteiro. Trabalho externo. Inexistência de efetivo controle de jornada.

Não cabe o pagamento de horas extras ao motorista carreteiro quando inexiste efetivo controle da empresa e se torna impossível mensurar a jornada efetivamente desenvolvida, como na hipótese em que o trabalhador se alterna em roteiros diversos e, nestas viagens, está sujeito a fatores externos, independentes

da vontade da empresa, tais como as condições das estradas e o tempo de espera para descarregamento. Incidência da exceção do art. 62, I, da CLT (...).
(TRT-15.ª Reg., RO 0128800-66.2009.5.15.0041, 4.ª T., j. 27.03.2012, rel. Dora Rossi Góes Sanches)

• Horas extras. Motorista carreteiro. Art. 62, I, da CLT (...).
É de conclusão obrigatória que o reclamante se enquadra na exceção prevista no art. 62, I, da CLT, tendo em vista a impossibilidade de fiscalização efetiva de sua jornada de trabalho diária (...).
(TRT-15.ª Reg., RO 0191500-50.2009.5.15.0018, 6.ª T., j. 10.04.2012, rel. Olga Aida Joaquim Gomieri)

§ 5.º À hora de trabalho noturno aplica-se o disposto no art. 73 desta Consolidação.

§ 6.º O excesso de horas de trabalho realizado em um dia poderá ser compensado, pela correspondente diminuição em outro dia, se houver previsão em instrumentos de natureza coletiva, observadas as disposições previstas nesta Consolidação.

§ 7.º (*Vetado*).

§ 8.º São consideradas tempo de espera as horas que excederem à jornada normal de trabalho do motorista de transporte rodoviário de cargas que ficar aguardando para carga ou descarga do veículo no embarcador ou destinatário ou para fiscalização da mercadoria transportada em barreiras fiscais ou alfandegárias, não sendo computadas como horas extraordinárias.

§ 9.º As horas relativas ao período do tempo de espera serão indenizadas com base no salário-hora normal acrescido de 30% (trinta por cento).

⚖️ **Interpretação convergente**

• No tocante ao tempo de descarregamento do caminhão, este deve ser considerado como de sobreaviso, tendo em vista que neste período o reclamante não permanecia prestando serviços. Note-se que, após a alteração procedida pela Lei 12.619, este tempo deve ser considerado como tempo de espera (art. 235,

§ 8.º (sic), da CLT). O juiz enquadrou o tempo que o reclamante permanecia aguardando o carregamento do caminhão de forma mais próxima possível ao novo enquadramento legislativo, mormente se considerarmos que a legislação não pode retroagir para alcançar as situações já consolidadas. (...).
(TRT-3.ª Reg., RO 01826-2010-027-03-00-9, 2.ª T., j. 07.08.2012, rel. Sabrina de Faria Fróes Leão)

Art. 235-D. Nas viagens de longa distância, assim consideradas aquelas em que o motorista profissional permanece fora da base da empresa, matriz ou filial e de sua residência por mais de 24 (vinte e quatro) horas, serão observados:

* Artigo acrescentado pela Lei 12.619/2012 (DOU 02.05.2012), em vigor 45 (quarenta e cinco) dias após a data de sua publicação, de acordo com o art. 1.º do Dec.-lei 4.657/1942.

I – intervalo mínimo de 30 (trinta) minutos para descanso a cada 4 (quatro) horas de tempo ininterrupto de direção, podendo ser fracionados o tempo de direção e o de intervalo de descanso, desde que não completadas as 4 (quatro) horas ininterruptas de direção;

II – intervalo mínimo de 1 (uma) hora para refeição, podendo coincidir ou não com o intervalo de descanso do inc. I;

III – repouso diário do motorista obrigatoriamente com o veículo estacionado, podendo ser feito em cabine leito do veículo ou em alojamento do empregador, do contratante do transporte, do embarcador ou do destinatário ou em hotel, ressalvada a hipótese da direção em dupla de motoristas prevista no § 6.º do art. 235-E.

Art. 235-E. Ao transporte rodoviário de cargas em longa distância, além do previsto no art. 235-D, serão aplicadas regras conforme a especificidade da operação de transporte realizada.

* Artigo acrescentado pela Lei 12.619/2012 (DOU 02.05.2012), em vigor 45 (quarenta e cinco) dias após a data de sua publicação, de acordo com o art. 1.º do Dec.-lei 4.657/1942.

§ 1.º Nas viagens com duração superior a 1 (uma) semana, o descanso semanal será de 36 (trinta e seis) horas por semana trabalhada ou fração semanal trabalhada, e seu gozo ocorrerá no retorno do motorista à

Art. 235-E

base (matriz ou filial) ou em seu domicílio, salvo se a empresa oferecer condições adequadas para o efetivo gozo do referido descanso.

§ 2.º (*Vetado*)

§ 3.º É permitido o fracionamento do descanso semanal em 30 (trinta) horas mais 6 (seis) horas a serem cumpridas na mesma semana e em continuidade de um período de repouso diário.

§ 4.º O motorista fora da base da empresa que ficar com o veículo parado por tempo superior à jornada normal de trabalho fica dispensado do serviço, exceto se for exigida permanência junto ao veículo, hipótese em que o tempo excedente à jornada será considerado de espera.

§ 5.º Nas viagens de longa distância e duração, nas operações de carga ou descarga e nas fiscalizações em barreiras fiscais ou aduaneira de fronteira, o tempo parado que exceder a jornada normal será computado como tempo de espera e será indenizado na forma do § 9.º do art. 235-C.

§ 6.º Nos casos em que o empregador adotar revezamento de motoristas trabalhando em dupla no mesmo veículo, o tempo que exceder a jornada normal de trabalho em que o motorista estiver em repouso no veículo em movimento será considerado tempo de reserva e será remunerado na razão de 30% (trinta por cento) da hora normal.

§ 7.º É garantido ao motorista que trabalha em regime de revezamento repouso diário mínimo de 6 (seis) horas consecutivas fora do veículo em alojamento externo ou, se na cabine leito, com o veículo estacionado.

§ 8.º (*Vetado*)

§ 9.º Em caso de força maior, devidamente comprovado, a duração da jornada de trabalho do motorista profissional poderá ser elevada pelo tempo necessário para sair da situação extraordinária e chegar a um local seguro ou ao seu destino.

§ 10. Não será considerado como jornada de trabalho nem ensejará o pagamento de qualquer remuneração o período em que o motorista ou o ajudante ficarem espontaneamente no veículo usufruindo

do intervalo de repouso diário ou durante o gozo de seus intervalos intrajornadas.

§ 11. Nos casos em que o motorista tenha que acompanhar o veículo transportado por qualquer meio onde ele siga embarcado, e que a embarcação disponha de alojamento para gozo do intervalo de repouso diário previsto no § 3.º do art. 235-C, esse tempo não será considerado como jornada de trabalho, a não ser o tempo restante, que será considerado de espera.

§ 12. Aplica-se o disposto no § 6º deste artigo ao transporte de passageiros de longa distância em regime de revezamento.

Art. 235-F. Convenção e acordo coletivo poderão prever jornada especial de 12 (doze) horas de trabalho por 36 (trinta e seis) horas de descanso para o trabalho do motorista, em razão da especificidade do transporte, de sazonalidade ou de característica que o justifique.

* Artigo acrescentado pela Lei 12.619/2012 (*DOU* 02.05.2012), em vigor 45 (quarenta e cinco) dias após a data de sua publicação, de acordo com o art. 1.º do Dec.-lei 4.657/1942.

Art. 235-G. É proibida a remuneração do motorista em função da distância percorrida, do tempo de viagem e/ou da natureza e quantidade de produtos transportados, inclusive mediante oferta de comissão ou qualquer outro tipo de vantagem, se essa remuneração ou comissionamento comprometer a segurança rodoviária ou da coletividade ou possibilitar violação das normas da presente legislação.

* Artigo acrescentado pela Lei 12.619/2012 (*DOU* 02.05.2012), em vigor 45 (quarenta e cinco) dias após a data de sua publicação, de acordo com o art. 1.º do Dec.-lei 4.657/1942.

Art. 235-H. Outras condições específicas de trabalho do motorista profissional, desde que não prejudiciais à saúde e à segurança do trabalhador, incluindo jornadas especiais, remuneração, benefícios, atividades acessórias e demais elementos integrantes da relação de emprego, poderão ser previstas em convenções e acordos coletivos de trabalho, observadas as demais disposições desta Consolidação.

* Artigo acrescentado pela Lei 12.619/2012 (*DOU* 02.05.2012), em vigor 45 (quarenta e cinco) dias após a data de sua publicação, de acordo com o art. 1.º do Dec.-lei 4.657/1942.

Art. 235-H

⚖ Interpretação restritiva

- **OJ 315 da SDI-I/TST**
Rural. Motorista. Enquadramento.
É considerado trabalhador rural o motorista que trabalha no âmbito de empresa cuja atividade é preponderantemente rural considerando que, de modo geral, não enfrenta o trânsito das estradas e cidades.

- **OJ 332 da SDI-I/TST**
Motorista. Atividade externa. Tacógrafo.
O tacógrafo por si só, sem a existência de outros elementos, não serve para controlar a jornada de trabalho de empregado que exerce atividade externa.

- **OJ 342 da SDI-I/TST**
Intervalo intrajornada para repouso e alimentação. não concessão ou redução. Previsão em norma coletiva. Invalidade. Exceção aos condutores de veículos rodoviários, empregados em empresas de transporte coletivo urbano.
I – É inválida cláusula de acordo ou convenção coletiva de trabalho contemplando a supressão ou redução do intervalo intrajornada porque este constitui medida de higiene, saúde e segurança do trabalho, garantido por norma de ordem pública (art. 71 da CLT e art. 7.º, XXII, da CF/1998), infenso à negociação coletiva.
II – Ante a natureza do serviço e em virtude das condições especiais de trabalho a que são submetidos estritamente os condutores e cobradores de veículos rodoviários, empregados em empresas de transporte público coletivo urbano, é válida cláusula de acordo ou convenção coletiva de trabalho contemplando a redução do intervalo, desde que garantida a redução da jornada para, no mínimo, 7 (sete) horas diárias ou 42 (quarenta e duas) semanais, não prorrogada, mantida a mesma remuneração e concedidos intervalos para descanso menores e fracionários ao final de cada viagem, não descontados da jornada.

- Adicional de insalubridade. Calor excessivo. Cobrador de ônibus urbano. Inaplicável.
O Regional, com arrimo no laudo pericial e não obstante a OJ 4 da SBDI-I/TST, manteve a condenação da reclamada ao pagamento do adicional de insalubridade a cobrador de ônibus urbano submetido à temperatura média de 32.º a 33.º durante a prestação laboral. Dessa forma, viola o art. 5.º, II, da CF/1988, a decisão regional que destoa do entendimento consubstanciado nos itens I e

II da OJ 4 da SBDI-I/TST, a despeito de a OJ 173, item II, do TST dispor que "tem direito ao adicional de insalubridade o trabalhador que exerce atividade exposto ao calor acima dos limites de tolerância, inclusive em ambiente externo com carga solar, nas condições previstas no Anexo 3 da NR 15 da Portaria MTb 3.214/1978", pois não é suficiente a constatação pericial da insalubridade para conferir ao trabalhador o respectivo adicional, no caso de cobrador de ônibus urbano submetido a temperatura média de 32.º a 33.º durante a prestação laboral. A atividade insalubre deve estar classificada na relação oficial elaborada pelo Ministério do Trabalho (...).
(TST, AgIn no RR 443-70.2012.5.11.0010, 8.ª T., j. 12.12.2012, rel. Maria Laura Franco Lima de Faria, *DEJT* 14.12.2012)

- Enquadramento sindical. Motorista.

O ordenamento jurídico pátrio consagra o princípio da atividade preponderante do empregador, para fins de enquadramento sindical. A exceção, prevista para as chamadas categorias diferenciadas, deve ser interpretada restritivamente, até porque o cargo de motorista, qualquer motorista, de per si, não é diferenciado, mas, tão somente, o de motorista de transporte rodoviário, de carga ou de passageiro (...).
(TRT-6.ª Reg., RO 00286-2007-004-06-00-0, 2.ª T., j. 23.01.2008, rel. Aline Pimentel Gonçalves)

Seção V
Do serviço ferroviário

Art. 236. No serviço ferroviário – considerado este o de transporte em estradas de ferro abertas ao tráfego público, compreendendo a administração, construção, conservação e remoção das vias férreas e seus edifícios, obras de arte, material rodante, instalações complementares e acessórias, bem como o serviço de tráfego, de telegrafia, telefonia e funcionamento de todas as instalações ferroviárias – aplicam-se os preceitos especiais constantes desta Seção.

Art. 237. O pessoal a que se refere o artigo antecedente fica dividido nas seguintes categorias:

a) funcionários de alta administração, chefes e ajudantes de departamentos e seções, engenheiros residentes, chefes de depósito, ins-

petores e demais empregados que exercem funções administrativas ou fiscalizadoras;

⚖️ **Interpretação extensiva**

• **Súmula 67 do TST**
Gratificação. Ferroviário. (Res. 121/2003, DJ 19, 20 e 21.11.2003)
Chefe de trem, regido pelo estatuto dos ferroviários (Dec. 35.530, de 19.09.1959), não tem direito à gratificação prevista no respectivo art. 110.

> *b)* pessoal que trabalhe em lugares ou trechos determinados e cujas tarefas requeiram atenção constante; pessoal de escritório, turmas de conservação e construção da via permanente, oficinas e estações principais, inclusive os respectivos telegrafistas; pessoal de tração, lastro e revistadores;
>
> *c)* das equipagens de trens em geral;
>
> *d)* pessoal cujo serviço é de natureza intermitente ou de pouca intensidade, embora com permanência prolongada nos locais de trabalho; vigias e pessoal das estações do interior, inclusive os respectivos telegrafistas.
>
> **Art. 238.** Será computado como de trabalho efetivo todo o tempo em que o empregado estiver à disposição da Estrada.
>
> * Artigo alterado pela Lei 3.970/1961 e com redação original restabelecida pelo Dec.-lei 5/1966.
>
> **§ 1.º** Nos serviços efetuados pelo pessoal da categoria C, não será considerado como de trabalho efetivo o tempo gasto em viagens do local ou para o local de terminação e início dos mesmos serviços.

⚖️ **Interpretação convergente**

• [A] mera insuficiência do transporte público não permite o deferimento de horas itinerantes, nos termos do item III da Súmula 90 do TST; foi desconsiderado dispositivo legal aplicável à categoria dos maquinistas, isso porque o §

1.º do art. 238 da CLT dispõe que o tempo gasto pelos empregados integrantes da categoria C entre os locais de repouso e aqueles onde a jornada se inicia ou termina não será computado, situação patenteada no laudo pericial; a condenação implicou desconsideração do princípio da hierarquia das normas e prevalência da norma especial sobre a geral; afirma violados os arts. 238, § 1.º e 818 da CLT e 333, I, 458, II e 460, parágrafo único, do CPC. A regra inscrita no § 1.º do art. 238 da CLT, entretanto, não a socorre, pois não trata de horas *in itinere* propriamente ditas (percurso entre a residência até o local de trabalho), mas do tempo despendido no deslocamento do empregado pela própria ferrovia, em viagens do local ou para o local de término e início da prestação de serviços (...).
(TST, AgIn em RR 119741-84.2007.5.03.0097, 8.ª T., j. 15.12.2010, rel. Dora Maria da Costa, *DEJT* 17.12.2010)

Interpretação restritiva

- Como asseverado pela E. Corte de origem, este dispositivo legal se refere ao período gasto pelo ferroviário no transporte de um local de trabalho para outro, o que não é o caso dos autos, onde as horas *in itinere* foram consideradas em relação ao tempo gasto da residência dos empregados ao local de trabalho, hipótese não aventada pelo referido dispositivo legal. Incólumes, assim, os arts. 2.º, II, da CF/1988 e 238, § 1.º, da CLT (...).
(TST, RR 120400-95.2007.5.03.0064, 6.ª T., j. 07.12.2010, rel. Aloysio Corrêa da Veiga, *DEJT* 17.12.2010)

> § 2.º Ao pessoal removido ou comissionado fora da sede será contado como de trabalho normal e efetivo o tempo gasto em viagens, sem direito à percepção de horas extraordinárias.
>
> § 3.º No caso das turmas de conservação da via permanente, o tempo efetivo do trabalho será contado desde a hora da saída da casa da turma até a hora em que cessar o serviço em qualquer ponto compreendido dentro dos limites da respectiva turma. Quando o empregado trabalhar fora dos limites da sua turma, ser-lhe-á também computado como de trabalho efetivo o tempo gasto no percurso da volta a esses limites.

Art. 238

§ 4.º Para o pessoal da equipagem de trens, só será considerado esse trabalho efetivo, depois de chegado ao destino, o tempo em que o ferroviário estiver ocupado ou retido à disposição da Estrada. Quando, entre dois períodos de trabalho, não mediar intervalo superior a 1 (uma) hora, será esse intervalo computado como de trabalho efetivo.

§ 5.º O tempo concedido para refeição não se computa como de trabalho efetivo, senão para o pessoal da categoria C, quando as refeições forem tomadas em viagem ou nas estações durante as paradas. Esse tempo não será inferior a 1 (uma) hora, exceto para o pessoal da referida categoria em serviço de trens.

§ 6.º No trabalho das turmas encarregadas da conservação de obras de arte, linhas telegráficas ou telefônicas e edifícios, não será contado como de trabalho efetivo o tempo de viagem para o local do serviço, sempre que não exceder de 1 (uma) hora, seja para ida ou para volta, e a Estrada fornecer os meios de locomoção, computando-se sempre o tempo excedente a esse limite.

Interpretação divergente

- Intervalo intrajornada. Maquinista.

Esta Corte tem entendido que a garantia ao intervalo intrajornada é aplicável também aos ferroviários maquinistas, uma vez que o art. 71 da CLT não excepciona nenhuma categoria de trabalhadores, não se verificando incompatibilidade entre as regras inscritas nos arts. 71, § 4.º e 238, § 5.º, da CLT. Nesse mesmo sentido a SDI-I, em sua composição plenária, decidiu recentemente na sessão do dia 18.04.2013, no julgamento do Embargos em EDcl no RR 65200-84.2007.5.03.0038 (...).
(TST, AgIn RR 1195-74.2010.5.24.0002, 8.ª T., j. 15.05.2013, rel. Dora Maria da Costa, *DEJT* 17.05.2013)

- Ferroviário enquadrado na categoria prevista no art. 237, *c*, da CLT. Intervalo intrajornada de uma hora previsto no art. 238, § 5.º, da CLT.

Incontroversamente, o reclamante atuou como ferroviário enquadrado na categoria C do art. 237 da CLT (pessoal das equipagens de trens em geral). Discute-se, no caso, o direito do ferroviário maquinista ao intervalo intrajor-

nada previsto no art. 71, § 4.º, da CLT e a compatibilidade com o art. 238, § 5.º, da CLT. Ressalvado meu entendimento pessoal, a Subseção I Especializada em Dissídios Individuais, quando do julgamento do Processo TST Embargos no RR 65200-84.2007.5.03.0038, na data de 18.04.2013, em sua composição completa, concluiu que não há incompatibilidade entre os arts. 71, § 4.º e 238, § 5.º, da CLT, asseverando que o maquinista ferroviário tem direito ao pagamento, como todos os demais trabalhadores regidos pela legislação trabalhista, do período correspondente ao intervalo intrajornada como hora extraordinária e do respectivo adicional, na forma do art. 71, § 4.º, da CLT e da Súmula 437, item I, do TST, pois o intervalo para refeição, nesse caso, é usufruído no local de trabalho, constituindo tempo à disposição do empregador (...).
(TST, RR 2596-13.2010.5.02.0070, 7.ª T., j. 22.05.2013, rel. Luiz Philippe Vieira de Mello Filho, *DEJT* 31.05.2013)

- Ferroviário. Intervalo intrajornada.
O Juízo da 3.ª Vara do Trabalho de Fortaleza consignou ser desprovida de razoabilidade a tese de que o intervalo intrajornada já estaria computado na sua jornada de trabalho, por força do art. 238 da CLT e, assim, condenou a reclamada no pagamento do intervalo intrajornada de 15 (quinze) minutos ou de 1 (uma) hora, a serem apurados em liquidação, com reflexos em férias, 13.º, FGTS e DSR. Em suas razões recursais, a reclamada alega que o enquadramento da autora na categoria dos ferroviários lhe sujeita às disposições especiais da categoria, não sendo aplicáveis as normas gerais da duração do trabalho. Nesse contexto, alega que o art. 238, § 5.º, da CLT prevê que o tempo concedido para refeição dos ferroviários enquadrados na equipagem de trem é computado como efetivo trabalho e que pode ser inferior a 1 (uma) hora. Vejamos. Considerando que o enquadramento jurídico da parte reclamante repercute diretamente no julgamento da lide, cumpre enfrentá-lo de imediato. O pessoal de equipagem de trem, catalogado na classe C do art. 237 da CLT, corresponde ao escalão de trabalhadores que executam suas atividades e serviços dentro dos trens, sendo também denominados de integrantes de tripulação ou equipe de bordo. No caso concreto em exame, contudo, os documentos de f. e ss. revelam que o reclamante exercia a função de assistente operacional, fato, aliás, que restou incontroverso nos autos (art. 334, II, do CPC). A atividade do assistente operacional consiste no acompanhamento do movimento dos trens pela linha, trabalho que é executado na estação e não dentro dos trens, não se enquadrando, portanto, na categoria de equipagem de trem. Afastado o enquadramento na categoria C dos ferrovi-

ários, não há como se cogitar da aplicação ao reclamante do art. 238, §§ 4.º e 5.º, da CLT, que preveem a possibilidade de intervalo para descanso inferior a 1 (uma) hora e computado como de efetivo trabalho. Oportuno esclarecer que, ainda que assim não fosse, vem prevalecendo o entendimento de que a pausa especial da equipagem de trem não exclui o intervalo intrajornada previsto no art. 71 da CLT (...).
(TRT-7.ª Reg., RO 0000528-2520115070003, 1.ª T., j. 01.08.2012, rel. Francisco Tarcisio Guedes Lima Verde Junior, *DJ* 16.08.2012)

Art. 239. Para o pessoal da categoria C, a prorrogação do trabalho independe de acordo ou contrato coletivo, não podendo, entretanto, exceder de 12 (doze) horas, pelo que as empresas organizarão, sempre que possível, os serviços de equipagens de trens com destacamentos nos trechos das linhas de modo a ser observada a duração normal de 8 (oito) horas de trabalho.

§ 1.º Para o pessoal sujeito ao regime do presente artigo, depois de cada jornada de trabalho haverá um repouso de 10 (dez) horas contínuas, no mínimo, observando-se, outrossim, o descanso semanal.

§ 2.º Para o pessoal da equipagem de trens, a que se refere o presente artigo, quando a empresa não fornecer alimentação, em viagem, e hospedagem, no destino, concederá uma ajuda de custo para atender a tais despesas.

§ 3.º As escalas do pessoal abrangido pelo presente artigo serão organizadas de modo que não caiba a qualquer empregado, quinzenalmente, um total de horas de serviço noturno superior às de serviço diurno.

§ 4.º Os períodos de trabalho do pessoal a que alude o presente artigo serão registrados em cadernetas especiais, que ficarão sempre em poder do empregado, de acordo com o modelo aprovado pelo Ministro do Trabalho, Indústria e Comércio.

* V. art. 35 do Dec.-lei 229/1967 (Altera dispositivos da Consolidação das Leis do Trabalho).

Art. 240. Nos casos de urgência ou de acidente, capazes de afetar a segurança ou regularidade do serviço, poderá a duração do trabalho ser excepcionalmente elevada a qualquer número de horas,

incumbindo à Estrada zelar pela incolumidade dos seus empregados e pela possibilidade de revezamento de turmas, assegurando ao pessoal um repouso correspondente e comunicando a ocorrência ao Ministério do Trabalho, Indústria e Comércio, dentro de 10 (dez) dias da sua verificação.

* V. art. 35 do Dec.-lei 229/1967 (Altera dispositivos da Consolidação das Leis do Trabalho).

Parágrafo único. Nos casos previstos neste artigo, a recusa, sem causa justificada, por parte de qualquer empregado, à execução de serviço extraordinário será considerada falta grave.

Art. 241. As horas excedentes das do horário normal de 8 (oito) horas serão pagas como serviço extraordinário na seguinte base: as duas primeiras com o acréscimo de 25% (vinte e cinco por cento) sobre o salário-hora normal; as duas subsequentes com um adicional de 50% (cinquenta por cento) e as restantes com um adicional de 75% (setenta e cinco por cento).

* De acordo com a Constituição Federal de 1988, o percentual é de no mínimo 50% (cinquenta por cento) sobre a hora normal (art. 7.º, XVI, da CF/1988).

Parágrafo único. Para o pessoal da categoria C, a primeira hora será majorada de 25% (vinte e cinco por cento), a segunda hora será paga com o acréscimo de 50% (cinquenta por cento) e as 2 (duas) subsequentes com o de 60% (sessenta por cento), salvo caso de negligência comprovada.

* De acordo com a Constituição Federal de 1988, o percentual é de no mínimo 50% (cinquenta por cento) sobre a hora normal (art. 7.º, XVI, da CF/1988).

⚖️ **Interpretação convergente**

• **OJ 274 da SDCI-I do TST**
Turno ininterrupto de revezamento. Ferroviário. Horas extras. Devidas (inserida em 27.09.2002).
O ferroviário submetido a escalas variadas, com alternância de turnos, faz jus à jornada especial prevista no art. 7.º, XIV, da CF/1988.

Art. 242

CONSOLIDAÇÃO DAS LEIS DO TRABALHO

• Ferroviário. Turno ininterrupto de revezamento. 7.ª e 8.ª horas extras. Divisor. O Tribunal Regional decidiu, valorando a prova produzida, que a jornada de trabalho do reclamante é regulamentada pela norma específica inserta no art. 241 da CLT, não restando comprovada a prestação de serviços em turnos ininterruptos de revezamento previsto no art. 7.º, XIV, da CF/1988 (...).
(TST, AIRR 17331/2002-902-02-00.4, 1.ª T., j. 11.11.2009, rel. Walmir Oliveira da Costa, *DEJT* 20.11.2009)

> **Art. 242.** As frações de 1/2 (meia) hora superiores a 10 (dez) minutos serão computadas como 1/2 (meia) hora.
>
> **Art. 243.** Para os empregados de estações do interior, cujo serviço for de natureza intermitente ou de pouca intensidade, não se aplicam os preceitos gerais sobre duração do trabalho, sendo-lhes, entretanto, assegurado o repouso contínuo de 10 (dez) horas, no mínimo, entre dois períodos de trabalho e descanso semanal.

⚖ Interpretação convergente

• **Súmula 61 do TST**
Ferroviário. (Res. TST 121/2003, *DJ* 19, 20 e 21.11.2003)
Aos ferroviários que trabalham em estação do interior, assim classificada por autoridade competente, não são devidas horas extras (art. 243 da CLT).

• Ferroviários. Horas extras. Intervalo intrajornada. "Estação do interior".
1. As regras gerais atinentes a intervalo para refeição e descanso não são aplicáveis ao empregado de ferrovia, que desenvolve atividades laborais em estação do interior. A prestação dos serviços, caracterizada pela execução, de forma intermitente ou de pouca intensidade, permite que o empregado tome suas refeições no curso da própria jornada, sem que isso implique desrespeito às normas de segurança e higiene do trabalho.
2. A exclusão do direito ao intervalo intrajornada e, pois, da aplicação do art. 71, §§ 1.º e 4.º, da CLT, funda-se no art. 243 da CLT, que afasta a incidência dos princípios gerais da duração do trabalho, em relação aos ferroviários que trabalham em estação do interior (...).
(TST, RR 78800-36.1999.5.15.0066, 1.ª T., j. 06.12.2006, rel. João Oreste Dalazen, *DEJT* 22.06.2007)

Interpretação divergente

- Ferroviário. Enquadramento. Art. 237 da CLT. Horas extras. Turnos ininterruptos de revezamento. Configuração. Tese regional no sentido de que – os controles de jornada de trabalho (...) demonstram a toda evidência que havia o revezamento contínuo da jornada de trabalho, com diferentes turnos de trabalho –, em consonância como entendimento cristalizado na OJ 274 da SDI-I/TST, segundo a qual – o ferroviário submetido a escalas variadas, com alternância de turnos, faz jus à jornada especial prevista no art. 7.º, XIV, da CF/1988 (...).
(TST, RR 164400-07.2009.5.24.0007, 3.ª T., j. 29.02.2012. rel. Flavio Portinho Sirangelo, *DEJT* 02.03.2012)

Art. 244. As estradas de ferro poderão ter empregados extranumerários, de sobreaviso e de prontidão, para executarem serviços imprevistos ou para substituições de outros empregados que faltem à escala organizada.

* *Caput* alterado pela Lei 3.970/1961 e com redação original restabelecida pelo Dec.-lei 5/1966.

§ 1.º Considera-se "extranumerário" o empregado não efetivo, candidato à efetivação, que se apresentar normalmente ao serviço, embora só trabalhe quando for necessário. O extranumerário só receberá os dias de trabalho efetivo.

* § 1.º alterado pela Lei 3.970/1961 e com redação original restabelecida pelo Dec.-lei 5/1966.

§ 2.º Considera-se de "sobreaviso" o empregado efetivo, que permanecer em sua própria casa, aguardando a qualquer momento o chamado para o serviço. Cada escala de "sobreaviso" será, no máximo, de 24 (vinte e quatro) horas. As horas de "sobreaviso", para todos os efeitos, serão contadas à razão de 1/3 (um terço) do salário normal.

* § 2.º com redação determinada pelo Dec.-lei 6.353/1944.

Art. 244

🏛 Interpretação extensiva

- **Súmula 229 do TST**

Sobreaviso. Eletricitários. (Res. TST 121/2003, *DJ* 19, 20 e 21.11.2003).

Por aplicação analógica do art. 244, § 2.º, da CLT, as horas de sobreaviso dos eletricitários são remuneradas à base de 1/3 (um terço) sobre a totalidade das parcelas de natureza salarial.

- **Súmula 428 do TST**

Sobreaviso. Aplicação analógica do art. 244, § 2º da CLT (redação alterada na sessão do Tribunal Pleno realizada em 14.09.2012) – Res. 185/2012 – *DEJT* divulgado em 25, 26 e 27.09.2012.

I - O uso de instrumentos telemáticos ou informatizados fornecidos pela empresa ao empregado, por si só, não caracteriza o regime de sobreaviso.

II - Considera-se em sobreaviso o empregado que, à distância e submetido a controle patronal por instrumentos telemáticos ou informatizados, permanecer em regime de plantão ou equivalente, aguardando a qualquer momento o chamado para o serviço durante o período de descanso.

- Horas de sobreaviso.

O Tribunal Regional deferiu o pagamento das horas de sobreaviso em decorrência do uso de aparelho celular. Consoante entendimento desta E. Corte, não caracteriza sobreaviso o porte de instrumento de comunicação pelo empregado (como o uso de *bip*, *pager* ou celular). Aplicação da OJ 49 da SBDI-I/TST. Embargos conhecidos e providos (...). É válido lembrar, inicialmente, que no regime de sobreaviso, o empregado fica na expectativa de trabalhar, permanecendo em local onde possa ser facilmente encontrado, em um raio de distância previamente estabelecido, em espécie de estado de alerta. Nesta situação, aplicável analogicamente o art. 244, § 2.º, da CLT (...).

(TST, EDcl em RR 122900, 2.ª T., j. 06.05.2010, rel. Maria Cristina Irigoyen Peduzzi, *DEJT* 14.05.2010)

- [P]ara a percepção do adicional de horas de sobreaviso (aplicação analógica do disposto no § 2.º do art. 244 da CLT é imprescindível a prova de que o trabalhador tenha sua possibilidade de locomoção restringida por exigência do empregador. Em face da revelia e confissão da ré (f.) é presumida como verdadeira a alegação contida na inicial, de que o trabalhador estava obrigado a permanecer de maneira

ininterrupta no interior da cabine do caminhão, quando em viagem (item 1.15, f.). Logo, caracterizada a restrição de liberdade de ir e vir, fazendo jus à parcela (...).
(TRT-4.ª Reg., RO 00042-2008-801-04-00-6, 4.ª T., j. 13.11.2008, rel. Ricardo Tavares Gehling)

• O sobreaviso, previsto legalmente para os ferroviários, de conformidade com o art. 244, § 2.º, da CLT, mas estendido pela jurisprudência e doutrina – por analogia – para as demais categorias profissionais, se caracteriza quando ocorre cerceamento, por determinação do empregador, do repouso ou da liberdade do obreiro em utilizar com liberdade seu tempo de folga.
Os empregados de sobreaviso normalmente ficam em suas residências à disposição do empregador, que os chama no momento oportuno (...).
Tais horas, apesar de serem horas à disposição do empregador, são remuneradas na base de um terço do salário normal (...).
Assim, para ficar caracterizado o sobreaviso, deve ficar comprovado nos autos que o trabalhador ficou impedido na sua liberdade de gozar as horas de folga como bem lhe aprouvesse, e que tal impedimento foi causado por determinação de seu empregador (...).
(TRT-4.ª Reg., RO 00999-2007-733-04-00-8, 3.ª T. j. 26.11.2008, rel. João Alfredo Borges Antunes de Miranda)

§ 3.º Considera-se de "prontidão" o empregado que ficar nas dependências da Estrada, aguardando ordens. A escala de prontidão será, no máximo, de 12 (doze) horas. As horas de prontidão serão, para todos os efeitos, contadas à razão de 2/3 (dois terços) do salário-hora normal.

* § 3.º alterado pela Lei 3.970/1961 e com redação original restabelecida pelo Dec.-lei 5/1966.

⚖️ Interpretação convergente

• Sustenta o recorrente que permanecia de prontidão no alojamento da empresa, retirando-se de lá apenas com autorização superior. Por isso, afirma que o fato de descansar nesse local serviria aos interesses da empresa, já que ficava à disposição no trabalho, sem receber a contraprestação. Indica arestos para o cotejo com o acórdão recorrido, pois, a seu ver, estaria caracterizada a hipótese

do art. 244, § 3.º, da CLT relativa à prontidão do empregado ferroviário, por analogia (...). Extrai-se do acórdão recorrido, o conjunto fático-probatório de que no caso dos autos o reclamante não ficava em pleno descanso, mas de prontidão. Assim, para demover a assertiva regional de que não se aplicam as normas coletivas que afastam a apuração do trabalho no período de descanso, gozado nos alojamentos, porque no caso dos autos o reclamante não ficava em pleno descanso, mas de prontidão, e verificar a tese contrária da recorrente, seria necessária incursão não admitida nos mesmos elementos de prova analisados pelo julgador, procedimento sabidamente vedado na atual fase recursal, nos termos da Súmula do TST 126 (...).
(TST, RR 40900-95.2003.5.09.0017, 2.ª T., j. 01.12.2010, rel. Caputo Bastos, *DEJT* 17.12.2010)

Interpretação divergente

• Constata-se que, na prova emprestada colacionada pelo próprio reclamante, (...) os motoristas eram obrigados a permanecer nos alojamentos nos períodos de descanso (...). Contudo, a jurisprudência dominante nos pretórios trabalhistas firmou-se no sentido de que o período de descanso do motorista nos alojamentos da empresa não pode ser tomado como tempo de serviço à disposição do empregador, porquanto a necessidade de descanso constitui medida fundamental e salutar para o restabelecimento das energias do obreiro, de modo a garantir um bom desempenho das suas atividades, bem assim a segurança dos passageiros e de todos os que trafegam nas rodovias (...). Destarte, entendo que descabe a condenação em horas de prontidão, nem sobreaviso, nem tampouco horas extras com fulcro no art. 4.º da CLT. Acolho o recurso interposto pela empresa e reformo, portanto, a sentença para excluir da condenação o pagamento das horas de permanência do autor nos alojamentos da empresa, entre as viagens (...).
(TRT-5.ª Reg., RO 0091600-74.2009.5.05.0341, 2.ª T., j. 27.04.2010, rel. Luíza Lomba, *DJ* 29.04.2010)

Interpretação extensiva

• Prontidão. Todo empregado, não só o ferroviário, que se vê tolhido na liberdade de movimentação, com restrição à sua locomoção imposta pelo empregador,

trabalhando ou à disposição deste, faz jus, por aplicação analógica autorizada pelo art. 8.º, à remuneração prevista no art. 244, § 3.º, ambos da CLT (...). (TRT-5.ª Reg., RO 1186008320085050341, 4.ª T., j. 20.01.2011, rel. Alcino Felizola, DJ 25.01.2011).

> § 4.º Quando, no estabelecimento ou dependência em que se achar o empregado, houver facilidade de alimentação, as 12 (doze) horas de prontidão, a que se refere o parágrafo anterior, poderão ser contínuas. Quando não existir essa facilidade, depois de 6 (seis) horas de prontidão, haverá sempre um intervalo de 1 (uma) hora para cada refeição, que não será, nesse caso, computada como de serviço.

* § 4.º alterado pela Lei 3.970/1961 e com redação original restabelecida pelo Dec.-lei 5/1966.

> **Art. 245.** O horário normal de trabalho dos cabineiros nas estações de tráfego intenso não excederá de 8 (oito) horas e deverá ser dividido em 2 (dois) turnos com intervalo não inferior a 1 (uma) hora de repouso, não podendo nenhum turno ter duração superior a 5 (cinco) horas, com um período de descanso entre 2 (duas) jornadas de trabalho de 14 (quatorze) horas consecutivas.

> **Art. 246.** O horário de trabalho dos operadores telegrafistas nas estações de tráfego intenso não excederá de 6 (seis) horas diárias.

> **Art. 247.** As estações principais, estações de tráfego intenso e estações do interior serão classificadas para cada empresa pelo Departamento Nacional de Estradas de Ferro.

Seção VI
Das equipagens das embarcações da marinha mercante nacional, de navegação fluvial e lacustre, do tráfego nos portos e da pesca

> **Art. 248.** Entre as horas 0 (zero) e 24 (vinte e quatro) de cada dia civil, o tripulante poderá ser conservado em seu posto durante 8 (oito) horas, quer de modo contínuo, quer de modo intermitente.

Art. 248

§ 1.º A exigência do serviço contínuo ou intermitente ficará a critério do comandante e, neste último caso, nunca por período menor que 1 (uma) hora.

§ 2.º Os serviços de quarto nas máquinas, passadiço, vigilância e outros que, consoante parecer médico, possam prejudicar a saúde do tripulante, serão executados por períodos não maiores e com intervalos não menores de 4 (quatro) horas.

⚖ Interpretação convergente

- Marítimo. Horas extras.

Decisão que, com amparo no art. 248 da CLT, defere como extras, as excedentes da oitava diária não afronta o art. 7.º, XIII, da CF/1988 (...).
(TST, AgIn em RR 1006800952002520, 2.ª T., j. 26.06.2002, rel. Carlos Francisco Berardo, *DJU* 16.08.2002)

- [O] fato de o art. 248 da CLT autorizar o serviço da tripulação de forma intermitente ou continua – durante oito horas diárias, a qualquer hora do dia ou da noite, não desobriga a concessão do intervalo intrajornada, na forma da Constituição da República e da Consolidação das Leis do Trabalho (...).
(TST, Embargos em RR 611367-65.1999.5.05.5555, SDI-I, j. 27.06.2005, rel. Maria Cristina Irigoyen Peduzzi, *DEJT* 05.08.2005)

- [M]atéria sumulada pelo TST e está nitidamente explicitada no art. 248 da CLT. Entre as horas 0 (zero) e 24 de cada dia civil, o tripulante poderá ser conservado em seu posto durante 8 (oito) horas, quer de modo contínuo, quer de modo intermitente (...).
(TRT-21.ª Reg., RO 091/93, j. 18.10.1994, rel. Francisco das Chagas Pereira)

🏛 Interpretação extensiva

- **Súmula 96 do TST**

Marítimo. (Res. 121/2003, *DJ* 19, 20 e 21.11.2003).
A permanência do tripulante a bordo do navio, no período de repouso, além da jornada, não importa presunção de que esteja à disposição do empregador ou em

regime de prorrogação de horário, circunstâncias que devem resultar provadas, dada a natureza do serviço.

• No que pertine aos marítimos, o art. 248 da CLT, ao prever que o tripulante poderá ser conservado em seu posto durante oito horas, contínuas ou intermitentes, entre zero e 24 (vinte e quatro) horas de cada dia civil, não exclui expressamente, o direito à percepção do adicional noturno para o trabalho realizado entre às 22h de um dia e 5h (cinco horas) do dia seguinte (...).
(TST, RR 2674679319965055555, 5.ª T., j. 09.12.1998, rel. Nelson Antônio Daiha, *DJU* 05.02.1999)

• Jornada de trabalho. Marítimo. Inexistência de turno ininterrupto de revezamento (...).
Desta forma o divisor a ser utilizado para o cômputo de horas extras é o de 220, consoante jornada de trabalho prevista no art. 248 da CLT (...).
(TRT-5.ª Reg., RO 95300-72.2000.5.05.0018, 6.ª T., rel. Alcino Felizola, *DJ* 29.08.2006)

• O fato de o marítimo permanecer a bordo durante às 24 horas do dia não induz, à ocorrência de horas extras. Todavia, a jornada de trabalho deve ser consignada no fato de bordo e a empresa é obrigada a exibi-lo, se requisitado, sob pena de se lhe aplicar o disposto no art. 359 do CPC (...).
(TRT-21.ª Reg., RO 091/93, j. 18.10.1994, rel. Francisco das Chagas Pereira)

Art. 249. Todo o tempo de serviço efetivo, excedente de 8 (oito) horas, ocupado na forma do artigo anterior, será considerado de trabalho extraordinário, sujeito à compensação a que se refere o art. 250, exceto se se tratar de trabalho executado:

a) em virtude de responsabilidade pessoal do tripulante e no desempenho de funções de direção, sendo consideradas como tais todas aquelas que a bordo se achem constituídas em um único indivíduo com responsabilidade exclusiva e pessoal;

b) na iminência de perigo, para salvaguarda ou defesa da embarcação, dos passageiros, ou da carga, a juízo exclusivo do comandante ou do responsável pela segurança a bordo;

c) por motivo de manobras ou fainas gerais que reclamem a presença, em seus postos, de todo o pessoal de bordo;

Art. 249

d) na navegação lacustre e fluvial, quando se destina ao abastecimento do navio ou embarcação de combustível e rancho, ou por efeito das contingências da natureza da navegação, na transposição de passos ou pontos difíceis, inclusive operações de alívio ou transbordo de carga, para obtenção de calado menor para essa transposição.

§ 1.º O trabalho executado aos domingos e feriados será considerado extraordinário, salvo se se destinar:

a) ao serviço de quartos e vigilância, movimentação das máquinas e aparelhos de bordo, limpeza e higiene da embarcação, preparo de alimentação da equipagem e dos passageiros, serviço pessoal destes e, bem assim, aos socorros de urgência ao navio ou ao pessoal;

b) ao fim da navegação ou das manobras para a entrada ou saída de portos, atracação, desatracação, embarque ou desembarque de carga e passageiros.

§ 2.º Não excederá de 30 (trinta) horas semanais o serviço extraordinário prestado para o tráfego nos portos.

⚖ Interpretação convergente

• [O] art. 249 consolidado só se justificava na vigência das Constituições Federais anteriores, uma vez que a Carta Magna de 1988 não excetua nenhum trabalho manual ou intelectual do direito às horas extras, desde que não se enquadre nas situações previstas no art. 62 da CLT, nas quais é impossível o controle da jornada, mantendo a sentença quanto ao pagamento, como sobrejornada, das duas horas de guarda em horário noturno, quando o navio efetuava o percurso de um ponto a outro de pesca (…).
(TST, AgIn em RR 68440-38.2006.5-13-0006, j. 01.10.2008, rel. João Batista Brito Pereira, *DEJT* 17.10.2008)

• O art. 249 da CLT prevê que todo o tempo de serviço, ocupado na forma do art. 248, será considerado de trabalho extraordinário, sujeito à compensação a que se refere o art. 250 da CLT, o qual dispõe que a compensação será feita

segundo a conviência do serviço, por descanso em período equivalente no dia seguinte ou no subsequente dentro das horas do trabalho normal (...).
(TST, RR 84100-19.2005.5.05.0010, 5.ª T., j. 02.02.2011, rel. Kátia Magalhães Arruda, *DEJT* 11.02.2011)

• Assim não havendo nos autos prova da existência de instrumento normativo anterior a 15.12.2000 que regulasse a jornada de trabalho de forma diversa da prevista no dispositivo legal, entendeu este Órgão Colegiado que o fato traria a aplicação da regra inserta no *caput* do art. 249 da CLT e, por via de consequência, a apuração das horas laboradas pelo Embargante a partir da oitava hora diária (...).
(TRT-5.ª Reg., EDcl 5100-43.2006.5.05.0039, 2.ª T., j. 12.06.2008, rel. Débora Machado)

Art. 250. As horas de trabalho extraordinário serão compensadas, segundo a conveniência do serviço, por descanso em período equivalente, no dia seguinte ou no subsequente, dentro das do trabalho normal, ou no fim da viagem, ou pelo pagamento do salário correspondente.

Parágrafo único. As horas extraordinárias de trabalho são indivisíveis, computando-se a fração de hora como hora inteira.

⚖️ Interpretação convergente

• A Constituição Federal reconhece total validade aos acordos e convenções coletivas devendo ser respeitadas as obrigações assumidas pelas partes. O regime 48x48 e 72x72, não se revete de ilegalidade, eis que fixado em norma coletiva, e prevê compensação nos exatos termos do art. 250 da CLT, porquanto as horas destinadas ao repouso devem corresponder às de labor (...).
(TRT-9.ª Reg., RO 1877200922902, 1.ª T., rel. Ubirajara Carlos Mendes, *DJ* 25.01.2011)

⚖️ Interpretação restritiva

• Inviável pretender aplicação de acordo coletivo firmado com empresa específica, diferente da real empregadora. Horas extras. Aplicação do art. 250 da CLT.

Art. 251

Descabe aplicação do art. 250 da CLT, eis que tatá de regramento dirigido aos tripulantes de embarcações de longo curso (...).
(TRT-2.ª Reg., RO 364200830302008, 2.ª T., j. 14.04.2010, rel. Luiz Carlos Gomes Godoi, *DJ* 27.04.2010)

Art. 251. Em cada embarcação haverá um livro em que serão anotadas as horas extraordinárias de trabalho de cada tripulante, e outro, do qual constarão, devidamente circunstanciadas, as transgressões dos mesmos tripulantes.

Parágrafo único. Os livros de que trata este artigo obedecerão a modelos organizados pelo Ministério do Trabalho, Indústria e Comércio, serão escriturados em dia pelo comandante da embarcação e ficam sujeitos às formalidades instituídas para os livros de registro de empregados em geral.

* V. art. 35 do Dec.-lei 229/1967 (Altera dispositivos da Consolidação das Leis do Trabalho – CLT).

Interpretação extensiva

• Ainda que se tenha em favor do demandante a não apresentação do livro de bordo previsto no art. 251 da CLT, irretocável a sentença de origem, na medida em que a ausência de indicação da jornada cumprida e de prova do labor em jornada extraordinária, ônus do demandante, permite apenas concluir pelo cumprimento de jornada normal de trabalho (...).
(TRT-4.ª Reg., RO 42800-31.1998.5.04.0922, j. 21.08.2001, rel. Irmgard Catarina Ledur, *DJ* 10.09.2001)

• Ausência de livro de aponte para controle da jornada extraordinária, nos moldes do art. 251 da CLT, tendo em vista cláusulas de acordo coletivo que estipulam o pagamento de 91 horas extras mensais, independentemente da jornada prestada, e o índice de 25% sobre 45 horas normais a título de adicional noturno e indenização (...).
(TRT-4.ª Reg., RO 12700-96.1998.5.04.0921, 3.ª T., j. 14.11.2001, rel. Vanda Krindgs Marques)

Art. 252. Qualquer tripulante que se julgue prejudicado por ordem emanada de superior hierárquico poderá interpor recurso, em termos, perante a Delegacia do Trabalho Marítimo, por intermédio do respectivo comandante, o qual deverá encaminhá-lo com a respectiva informação dentro de 5 (cinco) dias, contados de sua chegada ao porto.

* A Lei 7.731/1989 extinguiu a Delegacia do Trabalho Marítimo.

Seção VII
Dos serviços frigoríficos

Art. 253. Para os empregados que trabalham no interior das câmaras frigoríficas e para os que movimentam mercadorias do ambiente quente normal para o frio e vice-versa, depois de 1 (uma) hora e 40 (quarenta) minutos de trabalho contínuo, será assegurado um período de 20 (vinte) minutos de repouso, computado esse intervalo como de trabalho efetivo.

Interpretação convergente

- Súmula 438 do TST

Intervalo para recuperação térmica do empregado. Ambiente artificialmente frio. Horas extras. Art. 253 da CLT. Aplicação analógica. (Res. TST 185/2012, *DEJT* 25, 26 e 27.09.2012)

O empregado submetido a trabalho contínuo em ambiente artificialmente frio, nos termos do parágrafo único do art. 253 da CLT, ainda que não labore em câmara frigorífica, tem direito ao intervalo intrajornada previsto no *caput* do art. 253 da CLT.

Interpretação extensiva

- Adicional de insalubridade. Câmaras frigoríficas.

É devido o pagamento de adicional de insalubridade, quando restar evidenciado que o trabalho em câmaras frigoríficas expõe o empregado a agentes físicos acima

dos limites de tolerância, além de que a empresa não fornece o equipamento de proteção adequado (...).
(TRT-5.ª Reg., RO 00904-2007-038-05-00-5, 1.ª T., j. 22.09.2008, rel. Elisa Amado)

• Câmara frigorífica. Atividade insalubre. Perícia técnica.
Compulsando-se os autos, verifica-se que o laudo pericial, demonstrou que o autor laborava em condições de insalubridade, haja vista que ingressava cerca de 10 (dez) vezes por dia em câmara frigorífica, sem todos os Equipamentos de Proteção Individual (EPIs) devidos. Note-se, ainda, que o reclamado não apresentou à perita oficial as fichas de EPIs entregues ao reclamante. Ademais, o argumento de que o tempo de exposição ao agente insalubre era ínfimo não pode prevalecer para o não pagamento do adicional de insalubridade. Isto porque, conforme bem apontado pela perita e reproduzido pelo MM. Juízo de 1.º Grau, o contato, apesar de pequeno (10 entradas de 1 (um) minuto, aproximadamente) é suficiente para pôr em risco a saúde do obreiro, em face do choque térmico existente entre a temperatura da câmara e o ambiente externo. Por fim, destaque-se que, segundo a Súmula 47 do C. TST, o trabalho executado "O trabalho executado em condições insalubres, em caráter intermitente, não afasta, só por essa circunstância, o direito à percepção do respectivo adicional". Desse modo, diante do conjunto probatório dos autos, resta evidente o labor do autor em condições de insalubridade, nos termos fixados pela prova pericial apontada (...).
(TRT-19.ª Reg., RO 01267.2007.003.19.00-4, j. 02.12.2008, rel. José Abílio Neves Sousa)

> **Parágrafo único. Considera-se artificialmente frio, para os fins do presente artigo, o que for inferior, nas primeira, segunda e terceira zonas climáticas do mapa oficial do Ministério do Trabalho, Indústria e Comércio, a 15.º (quinze graus), na quarta zona a 12.º (doze graus), e nas quinta, sexta e sétima zonas a 10.º (dez graus).**

* V. art. 35 do Dec.-lei 229/1967 (Altera dispositivos da Consolidação das Leis do Trabalho).

⚖️ Interpretação convergente

• [A] atual jurisprudência do TST sobre o tema, consubstanciada na Súmula 438 do TST (...) estabelece que o empregado submetido a trabalho contínuo em ambiente artificialmente frio, nos termos do parágrafo único do art. 253 da CLT,

ainda que não labore em câmara frigorífica, tem direito ao intervalo intrajornada previsto no *caput* do art. 253 da CLT (...).
(TST, AgIn no RR 930-38.2010.5.15.0062, 4.ª T., j. 06.02.2013, rel. Maria de Assis Calsing, *DEJT* 15.02.2013)

Seção VIII
Dos serviços de estiva

Arts. 254 a 284. (*Revogados pela Lei 8.630/1993*)

Seção IX
Dos serviços
de capatazias nos portos

Arts. 285 a 292. (*Revogados pela Lei 8.630/1993*)

Seção X
Do trabalho
em minas de subsolo

Art. 293. A duração normal do trabalho efetivo para os empregados em minas no subsolo não excederá de 6 (seis) horas diárias ou de 36 (trinta e seis) semanais.

🏛 Interpretação extensiva

• Trabalho em minas de subsolo. Acordo de compensação de jornada. Horas extras.
O art. 293 da CLT dispõe que a duração da jornada de trabalho dos empregados em minas de subsolo não pode exceder a 6 (seis) horas diárias ou a 36 (trinta e

seis) semanais e, nos termos do art. 295 do mesmo texto de lei, na hipótese de elevação da jornada por meio de acordo escrito ou contrato coletivo de trabalho é imprescindível prévia licença da Autoridade Competente em matéria de higiene do trabalho. No entanto, o Regional, ao entender válida a compensação de jornada diante da existência de previsão em acordo coletivo de trabalho, não se pronunciou acerca da alegação do reclamante de ausência de licença prévia da autoridade competente para a prorrogação da jornada em atividade insalubre nos termos do art. 295 da CLT, nem foi instado a fazê-lo mediante oposição de embargos de declaração. Em tal contexto, não se cogita de ofensa aos arts. 293 e 295 da CLT e de divergência jurisprudencial ante a sua inespecificidade, porquanto não se extrai dos autos se havia ou não prévia licença da autoridade competente para a prorrogação da jornada. Incide o óbice das Súmulas 296 e 297 desta Corte (...).
(TST, RR 258-51.2012.5.12.0027, 8.ª T., j. 05.06.2013, rel. Dora Maria da Costa, *DEJT* 07.06.2013)

• Além disso, no caso de trabalhador regido por normas especiais, as normas trabalhistas gerais se aplicam naquilo em que for omisso o estatuto próprio da categoria.
Na espécie, o art. 298 da CLT estabelece o direito a uma pausa de 15 (quinze) minutos a cada 3 (três) horas de trabalho consecutivo, descanso que, a meu ver, está estritamente vinculado à observância da jornada máxima de 6 (seis) horas, nos termos do art. 293 da CLT (...).
(TRT-3.ª Reg., RO 01005-2011-094-03-00-5, 3.ª T., j. 08.03.2012, rel. José Marlon de Freitas)

Art. 294. O tempo despendido pelo empregado da boca da mina ao local do trabalho e vice-versa será computado para o efeito de pagamento do salário.

⚖️ Interpretação convergente

• É incontroverso que a ré pagava 1 (uma) hora diária a título de horas de percurso, que não abrangiam o tempo gasto com lanche e troca de roupa, à luz

da exceção trazida pela própria norma coletiva. (Exemplo: Cláusula 22.1, ACT 2009/2010, f.)

Sendo assim, remanescem 20 (vinte) minutos diários, não pagos, a título de tempo à disposição da empregadora (10 minutos no lanche e mais 10, com troca de roupa).

Vale lembrar que o art. 294 da CLT e o item 10.1 da cláusula 11 do ACT 2006/2007 (f.), repetido nos acordos subsequentes, referem-se apenas ao tempo de deslocamento entre a boca da mina e a frente de trabalho, para fins de pagamento da rubrica convencionalmente denominada de "hora de percurso".

No entanto, tais normas não elidem a aplicação de outras relativas à jornada, notadamente, o art. 4.º da CLT, que trata do tempo à disposição do empregador, inexistindo óbice a que se reconheça a integração de outros lapsos temporais à jornada do empregado.

Dessa forma, tendo o d. Juízo originário deferido 10 (dez) minutos diários extras, por todo o período imprescrito, como tempo à disposição da empregadora, deve ser elevada a referida condenação a 20 minutos diários extras, mantidos os demais parâmetros da r. sentença (...).

(TRT-3.ª Reg., RO 01005-2011-094-03-00-5, 3.ª T., j. 08.03.2012, rel. José Marlon de Freitas)

🏛 Interpretação extensiva

• Não pode ser reconhecidas as horas *in itinere* no trajeto interno dentro da empresa, a partir da entrada da portaria até o local de trabalho, porquanto o percurso percorrido dentro da ré, a pé, não pode ser considerado tempo à disposição do empregador, uma vez que durante o percurso o autor não estava aguardando nem executando ordens. Aplicável o § 2.º do art. 58 da CLT, com a modificação da Lei 10.243/2001, uma vez que as horas *in itinere* somente seriam consideradas se o local fosse de difícil acesso ou não servido por transporte público (...). Inaplicável por analogia o art. 294 da CLT, que se refere ao trabalho em minas de subsolo. Quando não presentes de forma comprovada o prejuízo físico e econômico para o trabalhador, foge ao princípio da razoabilidade a concessão de horas *in itinere* em trajeto interno (...).

(TRT-2.ª Reg., RO 01977-2002-464-02-00-5, 4.ª T., j. 04.03.2008, rel. Carlos Roberto Husek, *DJ* 14.03.2008)

Art. 295

CONSOLIDAÇÃO DAS LEIS DO TRABALHO

Art. 295. A duração normal do trabalho efetivo no subsolo poderá ser elevada até 8 (oito) horas diárias ou 48 (quarenta e oito) semanais, mediante acordo escrito entre empregado e empregador ou contrato coletivo de trabalho, sujeita essa prorrogação à prévia licença da autoridade competente em matéria de saúde do trabalho.

* De acordo com a Constituição Federal, o limite máximo é de 44 (quarenta e quatro) horas semanais (art. 7.º, XIII, da CF/1988).

Parágrafo único. A duração normal do trabalho efetivo no subsolo poderá ser inferior a 6 (seis) horas diárias, por determinação da autoridade de que trata este artigo, tendo em vista condições locais de insalubridade e os métodos e processos do trabalho adotado.

⚖ Interpretação convergente

• Mineiro de subsolo. Extração de carvão. Prorrogação da jornada. Norma coletiva. Necessidade de prévia autorização da Autoridade Competente.
O art. 295 da CLT condiciona a prorrogação da duração normal do trabalho efetivo no subsolo – seis horas diárias ou trinta e seis semanais a teor do art. 293 da CLT –, mediante acordo escrito ou norma coletiva, à prévia licença da autoridade competente em matéria de higiene do trabalho. A Decisão Regional que não empresta eficácia aos instrumentos normativos que fixam em sete horas e trinta minutos o trabalho diário do mineiro em subsolo, com compensação dos sábados, em um total de 37 (trinta e sete) horas e trinta minutos semanais, diante da falta de autorização da Autoridade Competente em matéria de higiene do trabalho, com o deferimento, como extras, das horas excedentes da trigésima sexta semanal, em absoluto contraria a Súmula 349 do TST. Tal verbete sumular não contempla a especificidade do labor em minas de subsolo, sujeito a regulamentação própria, consubstanciada em normas imperativas e de ordem pública, nem viola o art. 7.º, XIII e XXVI, da CF/1988, recepcionados que foram, aqueles dispositivos infraconstitucionais, pela ordem constitucional instituída em 1988, à luz inclusive do preceito do inc. XXII do citado art. 76 (...).
(TST, RR 156700-74.2006.5.12.0053, 3.ª T., j. 29.10.2008, rel. Rosa Maria Weber Candiota da Rosa, *DEJT* 28.11.2008)

• Minas de subsolo. Turnos ininterruptos de revezamento. Prorrogação de jornada. Norma coletiva.
A prestação de serviços em jornada extraordinária em minas de subsolo, atividade penosa, está sujeita à inspeção prévia da autoridade competente em matéria de higiene do trabalho, nos termos do art. 295 da CLT. Tratando-se de norma cogente, em matéria de higiene, saúde e segurança do trabalho, impossível a flexibilização por meio de norma coletiva (...).
(TST, RR 154300-40.2009.5.03.0148, 8.ª T., j. 08.06.2011, rel. Dora Maria da Costa, *DEJT* 10.06.2011)

• Trabalho em minas de subsolo. Prorrogação da jornada. Ausência de autorização da Autoridade Competente em matéria de higiene do trabalho. Inaplicabilidade da Súmula 85, III, desta Corte. Princípio da dignidade (...).
A jornada de trabalho dos empregados em minas no subsolo não pode exceder de seis horas diárias, nos estritos termos do art. 293 da CLT. É certo que a prorrogação da jornada nesse tipo de atividade pode ser elevada até 8 (oito) horas diárias, mediante acordo escrito ou contrato coletivo de trabalho, estando sujeita (a prorrogação) à prévia licença da autoridade competente em matéria de higiene do trabalho, a teor do art. 295 da CLT. Inexistente autorização prévia, a invalidade do acordo de compensação é corolário lógico, quando a atividade insalubre é realizada na mineração de carvão, tema que deve ser apreciado levando em consideração os cânones do direito do trabalho, em especial diante da atividade degradante à saúde do trabalhador que, por sua própria natureza, atribui maior desgaste físico, psicológico, em face da fadiga excessiva. Nesse sentido, não há como se aplicar a Súmula 85, III, desta Corte, com o fim de limitar o pagamento das horas extraordinárias ao adicional, dando validade à compensação, eis que não se trata de caso em que se vislumbra apenas o aspecto formal descumprido pelo acordo. Sobressai da tutela especial ao trabalho em minas de subsolo, inclusive, a possibilidade de jornada inferior a seis horas diárias, conforme o parágrafo único do art. 295 da CLT, com o fim de proceder a uma proteção maior pela mesma autoridade administrativa que, no presente caso, sequer foi ouvida, o que se torna essencial para o fim de determinar a condição de insalubridade os métodos e processos do trabalho adotado. Descumprida norma especialíssima de tutela do trabalho (art. 295 e parágrafo único da CLT), e de ordem pública, amparada pelo art. 7.º, XXII, da CF/1988, não há como conferir ao sistema adotado mero erro formal, mas sim total invalidade, pelo descumprimento do sistema de compensação que, *in casu*, sequer poderia ser adotado, com o fim de

não deixar ao largo a advertência de Lei XIII na *Rerum Novarum* ao consagrar que – Não deve, portanto, o trabalho prologar-se por mais tempo do que as forçam permitam. Deste modo, devidas as horas extraordinárias porque inválido o sistema de compensação adotado, e não apenas o respectivo adicional. Embargos conhecidos e desprovidos (...).

(TST, Embargos em AgIn nem RR 12900-80.2009.5.12.0053, SDI-I, j. 21.03.2013, rel. Aloysio Corrêa da Veiga, *DEJT* 05.04.2013)

Art. 296. A remuneração da hora prorrogada será no mínimo de 25% (vinte e cinco por cento) superior à da hora normal e deverá constar do acordo ou contrato coletivo de trabalho.

* De acordo com a Constituição Federal de 1988, o percentual é de no mínimo 50% (cinquenta por cento) sobre a hora normal (art. 7.º, XVI, da CF/1988).

Art. 297. Ao empregado no subsolo será fornecida, pelas empresas exploradoras de minas, alimentação adequada à natureza do trabalho, de acordo com as instruções estabelecidas pelo Serviço de Alimentação da Previdência Social e aprovadas pelo Ministério do Trabalho, Indústria e Comércio.

* V. art. 35 do Dec.-lei 229/1967 (Altera dispositivos da Consolidação das Leis do Trabalho – CLT).

⚖ Interpretação convergente

• Extrai-se do Acórdão Regional que a reclamada efetuava descontos no salário do reclamante, trabalhador de minas de subsolo, em troca do fornecimento de alimentação, amparada em cláusula coletiva.
De outro lado, a Consolidação das Leis Trabalhistas reservou seção especial para tratar desses trabalhadores, dispondo, inclusive, sobre o auxílio-alimentação. Assim prevê o art. 297 (...). Percebe-se que o objetivo da lei, ao tratar de modo específico os trabalhadores em minas de subsolo, direcionou-se a reparar as condições atípicas de labor, obrigando as empresas a fornecerem alimentação adequada à natureza do trabalho, sujeita à obediência de instruções especiais e à aprovação do Ministério do Trabalho.
Ora, no presente caso, não há informação alguma de observância por parte da reclamada das instruções para o fornecimento da alimentação, muito menos de

sua aprovação pelo Ministério do Trabalho, como exige o art. 297 da CLT, mas somente a celebração de negociação coletiva.

E, por mais que a Constituição Federal de 1988, em seu art. 7.º, XXVI, tenha alçado os instrumentos coletivos ao patamar constitucional, prestigiando e valorizando a negociação coletiva, é impensável que, porque posta no mundo jurídico, a norma coletiva, por si só, teria validade e eficácia inquestionáveis, sem possibilidade de controle da respectiva legalidade e constitucionalidade, sobretudo em casos como o presente, em que a Consolidação das Leis do Trabalho dispensou procedimento diferenciado para o fornecimento da alimentação, o qual não se sabe se foi observado pela reclamada.

Assim, impossível dar prevalência à cláusula coletiva da reclamada, porque o art. 297 da CLT faz exigências as quais não se sabe se foram observadas pela empresa, ou seja, não se pode concluir que o ato jurídico é perfeito. Não bastasse, o referido dispositivo é silente quanto à possibilidade de participação do empregado no fornecimento da alimentação (...).

(TST, RR 641-74.2010.5.03.0148, 8.ª T., j. 10.08.2011, rel. Dora Maria da Costa, *DEJT* 15.08.2011)

Art. 298. Em cada período de 3 (três) horas consecutivas de trabalho, será obrigatória uma pausa de 15 (quinze) minutos para repouso, a qual será computada na duração normal de trabalho efetivo.

⚖️ Interpretação convergente

- Horas extras. Intervalo de descanso.

Tratando-se de mineiro, a cada período de três horas consecutivas de trabalho, é obrigatória uma pausa de 15 (quinze) minutos. Demonstrado o labor excedente a seis horas diárias e a concessão de apenas 20 (vinte) minutos de intervalo, devidas as horas extras. Recurso de revista conhecido e provido (...).

(TST, RR 639744-66.2000.5.03.5555, 3.ª T., j. 30.05.2007, rel. Alberto Luiz Bresciani de Fontan Pereira, *DEJT* 22.06.2007)

Art. 299. Quando nos trabalhos de subsolo ocorrerem acontecimentos que possam comprometer a vida ou a saúde do empregado, deverá a

empresa comunicar o fato imediatamente à autoridade regional do trabalho, do Ministério do Trabalho, Indústria e Comércio.

* V. art. 35 do Dec.-lei 229/1967 (Altera dispositivos da Consolidação das Leis do Trabalho – CLT).

Art. 300. Sempre que, por motivo de saúde, for necessária a transferência do empregado, a juízo da autoridade competente em matéria de segurança e saúde do trabalho, dos serviços no subsolo para os de superfície, é a empresa obrigada a realizar essa transferência, assegurando ao transferido a remuneração atribuída ao trabalhador de superfície em serviço equivalente, respeitada a capacidade profissional do interessado.

* Artigo com redação determinada pela Lei 2.924/1956.

Parágrafo único. No caso de recusa do empregado em atender a essa transferência, será ouvida a autoridade competente em matéria de segurança e saúde do trabalho, que decidirá a respeito.

Art. 301. O trabalho no subsolo somente será permitido a homens, com idade compreendida entre 21 (vinte e um) e 50 (cinquenta) anos, assegurada a transferência para a superfície nos termos previstos no artigo anterior.

* O art. 7.º, XXX, da CF/1988 proíbe a discriminação em razão de sexo.
* V. art. 922 da CLT.

Seção XI
Dos jornalistas profissionais

Art. 302. Os dispositivos da presente Seção se aplicam aos que nas empresas jornalísticas prestem serviços como jornalistas, revisores, fotógrafos, ou na ilustração, com as exceções nela previstas.

* V. arts. 5.º, IX e XIV e 220 a 224 da CF/1988.

§ 1.º Entende-se como jornalista o trabalhador intelectual cuja função se estende desde a busca de informações até a redação de notícias e artigos e a organização, orientação e direção desse trabalho.

Interpretação extensiva

• Jornalismo. Exigência de diploma de curso superior, registrado pelo Ministério da Educação, para o exercício da profissão de Jornalista. Liberdades de profissão, de expressão e de informação. Constituição de 1988 (arts. 5.º, IX e XIII e 220, *caput* e § 1.º, da CF/1988). Não recepção do art. 4.º, V, do Dec.-lei 972/1969 (...). Âmbito de proteção da liberdade de exercício profissional (art. 5.º, XIII, da CF/1988). Identificação das restrições e conformações legais constitucionalmente permitidas. Reserva legal qualificada. Proporcionalidade.

A Constituição de 1988, ao assegurar a liberdade profissional (art. 5.º, XIII, da CF/1988), segue um modelo de reserva legal qualificada presente nas Constituições anteriores, as quais prescreviam à lei a definição das "condições de capacidade" como condicionantes para o exercício profissional. No âmbito do modelo de reserva legal qualificada presente na formulação do art. 5.º, XIII, da CF/1988, paira uma imanente questão constitucional quanto à razoabilidade e proporcionalidade das leis restritivas, especificamente, das leis que disciplinam as qualificações profissionais como condicionantes do livre exercício das profissões (...).

Jornalismo e liberdades de expressão e de informação. Interpretação do art. 5.º, XIII, da CF/1988, em conjunto com os preceitos dos arts. 5.º, IV, IX, XIV e 220 da CF/1988.

O jornalismo é uma profissão diferenciada por sua estreita vinculação ao pleno exercício das liberdades de expressão e de informação. O jornalismo é a própria manifestação e difusão do pensamento e da informação de forma contínua, profissional e remunerada. Os jornalistas são aquelas pessoas que se dedicam profissionalmente ao exercício pleno da liberdade de expressão. O jornalismo e a liberdade de expressão, portanto, são atividades que estão imbricadas por sua própria natureza e não podem ser pensadas e tratadas de forma separada. Isso implica, logicamente, que a interpretação do art. 5.º, XIII, da CF/1988, na hipótese da profissão de jornalista, se faça, impreterivelmente, em conjunto com os preceitos do art. 5.º, IV, IX, XIV e 220 da CF/1988, que asseguram as liberdades de expressão, de informação e de comunicação em geral.

Diploma de curso superior como exigência para o exercício da profissão de Jornalista. Restrição inconstitucional às liberdades de expressão e de informação. As liberdades de expressão e de informação e, especificamente, a liberdade de imprensa, somente podem ser restringidas pela lei em hipóteses excepcionais,

sempre em razão da proteção de outros valores e interesses constitucionais igualmente relevantes, como os direitos à honra, à imagem, à privacidade e à personalidade em geral. Precedente do STF: ADPF 130, rel. Min. Carlos Britto. A ordem constitucional apenas admite a definição legal das qualificações profissionais na hipótese em que sejam elas estabelecidas para proteger, efetivar e reforçar o exercício profissional das liberdades de expressão e de informação por parte dos jornalistas. Fora desse quadro, há patente inconstitucionalidade da lei. A exigência de diploma de curso superior para a prática do jornalismo – o qual, em sua essência, é o desenvolvimento profissional das liberdades de expressão e de informação – não está autorizada pela ordem constitucional, pois constitui uma restrição, um impedimento, uma verdadeira supressão do pleno, incondicionado e efetivo exercício da liberdade jornalística, expressamente proibido pelo art. 220, § 1.º, da CF/1988.
Profissão de jornalista. Acesso e exercício. Controle estatal vedado pela ordem constitucional. Proibição constitucional quanto à criação de ordens ou conselhos de fiscalização profissional.
No campo da profissão de jornalista, não há espaço para a regulação estatal quanto às qualificações profissionais. Os arts. 5.º, IV, IX, XIV e 220 da CF/1988, não autorizam o controle, por parte do Estado, quanto ao acesso e exercício da profissão de jornalista. Qualquer tipo de controle desse tipo, que interfira na liberdade profissional no momento do próprio acesso à atividade jornalística, configura, ao fim e ao cabo, controle prévio que, em verdade, caracteriza censura prévia das liberdades de expressão e de informação, expressamente vedada pelo art. 5.º, IX, da CF/1988. A impossibilidade do estabelecimento de controles estatais sobre a profissão jornalística leva à conclusão de que não pode o Estado criar uma ordem ou um conselho profissional (autarquia) para a fiscalização desse tipo de profissão. O exercício do poder de polícia do Estado é vedado nesse campo em que imperam as liberdades de expressão e de informação (...).
(STF, RE 511.961/SP, Pleno, j. 17.06.2009, rel. Gilmar Mendes, *DJe* 13.11.2009)

• O Plenário do STF, no julgamento do RE 511.961/SP, em 17.06.2009, decidiu pela inconstitucionalidade da exigência do diploma de jornalismo e registro profissional no Ministério do Trabalho como condição para o exercício da profissão de jornalista (...).
(TST, EDcl no EDcl em RR 8440-95.2007.5.10.0014, 8.ª T., j. 01.03.2011, rel. Maria Cristina Irigoyen Peduzzi, *DEJT* 11.03.2011)

- Exerce atividade de jornalista o trabalhador que redige matérias em prol da sua empregadora dirigidas ao público externo e faz a divulgação de projetos da empresa em jornal, rádio e televisão (...).
(TST, RR 4003900-83.2009.5.09.0016, 5.ª T., j. 09.11.2011, rel. Emmanoel Pereira, *DEJT* 09.11.2011)

- Classifica-se como tal [jornalista] o empregado que desempenha as tarefas elencadas no art. 302 da CLT, independentemente do cumprimento dos requisitos formais do Dec.-lei 972/1969. Aplicação do princípio da primazia da realidade e observância da comutatividade do contrato de trabalho (...).
(TRT-2.ª Reg., RO 541200600602009, 7.ª T., j. 03.04.2008, rel. Des. Cátia Lungov, *DJ* 11.04.2008)

§ 2.º Consideram-se empresas jornalísticas, para os fins desta Seção, aquelas que têm a seu cargo a edição de jornais, revistas, boletins e periódicos, ou a distribuição de noticiário, e, ainda, a radiodifusão e em suas seções destinadas à transmissão de notícias e comentários.

Art. 303. A duração normal do trabalho dos empregados compreendidos nesta Seção não deverá exceder de 5 (cinco) horas, tanto de dia como à noite.

⚖️ Interpretação convergente

- **OJ 407 da SBDI-I/TST**
O jornalista que exerce funções típicas de sua profissão, independentemente do ramo de atividade do empregador, tem direito à jornada reduzida prevista no art. 303 da CLT. (*DEJT* 22, 25 e 26.10.2010)

🏛 Interpretação extensiva

- A jurisprudência desta Corte tem se posicionado que o jornalista, mesmo trabalhando em empresa não jornalística, tem direito ao enquadramento como tal e à jornada reduzida prevista no art. 303 da CLT, na medida em que as obrigações contratuais são definidas pelas atividades efetivamente desenvolvidas

pelo empregado, sendo irrelevante o ramo da empresa. No caso em apreço, o quadro fático delineado pelo Regional conduz à conclusão de que o reclamante era responsável pela edição dos portais do reclamado veiculados na rede mundial de computadores destinados ao público externo. Recurso de revista não conhecido (...).
(TST, RR 102500-62.2002.5.04.0027, 2.ª T., j. 09.06.2010, rel. J. Roberto Pessoa, *DEJT* 28.06.2010)

• O jornalismo não é exercido apenas em empresas de edição de jornais, revistas, boletins e periódicos, distribuição de noticiário, e, ainda, a radiodifusão em suas seções destinadas à transmissão de notícias e comentários, uma vez que tais atividades são exercidas por jornalistas que também podem trabalhar em empresas não jornalísticas, que necessitam de divulgação interna e externa de notícias de seu interesse. De tal modo, independentemente da atividade preponderante da empresa, se reconhecida a condição de jornalista da empregada, esta tem direito à jornada reduzida de cinco horas, na forma dos arts. 302 e 303 da CLT (...).
(TST, RR 222700-58.2006.5.02.0013, 6.ª T., j. 07.12.2010, rel. Aloysio Corrêa da Veiga, *DEJT* 17.12.2010)

Art. 304. Poderá a duração normal do trabalho ser elevada a 7 (sete) horas, mediante acordo escrito, em que se estipule aumento de ordenado, correspondente ao excesso do tempo de trabalho, e em que se fixe um intervalo destinado a repouso ou a refeição.

Parágrafo único. Para atender a motivos de força maior, poderá o empregado prestar serviços por mais tempo do que aquele permitido nesta Seção. Em tais casos, porém, o excesso deve ser comunicado à Divisão de Fiscalização da Secretaria de Segurança e Saúde no Trabalho e às Delegacias Regionais do Trabalho e Emprego, dentro de 5 (cinco) dias, com a indicação expressa dos seus motivos.

⚖️ **Interpretação convergente**

• Nos termos do art. 304 da CLT, a jornada normal de cinco horas, estabelecida para o jornalista, pode ser elevada para sete horas "mediante acordo escrito, em que se estipule aumento de ordenado, correspondente ao excesso do tempo de

trabalho, e em que se fixe um intervalo destinado a repouso ou à refeição". A pré-contratação de horas extras, destarte, não é válida e o salário inicialmente pactuado remunera apenas a jornada normal de trabalho, devendo ser pagas como extras a sexta e a sétima horas pré-contratadas (...).
(TRT-3.ª Reg., RO 00357-2010-113-03-00-6, 3.ª T., j. 01.02.2011, rel. Sebastião Geraldo de Oliveira, *DJ* 01.02.2011)

🏛 Interpretação extensiva

• Desatendido um dos requisitos formais previstos art. 304 da CLT, para validar a realização de jornada regular de sete horas por empregado jornalista, há que se considerar que o valor até então pago ao obreiro remunerou apenas a jornada de cinco horas prevista no art. 303 da CLT. Considerando-se que o Reclamante fora contatado inicialmente para jornada de 7 (sete) horas, considerada normal pelo art. 304 da CLT, o vício procedimental da Reclamada – ao não especificar que valores pagos remuneravam a jornada de cinco horas e quais outros remuneravam a majoração de 2 (duas) horas diárias – pode ser corrigido com a determinação de pagamento, de forma simples, da aludida majoração de jornada (...).
(TST, RR 45500-77.2003.5.02.0075, 2.ª T., j. 23.05.2007, rel. José Simpliciano Fontes de F. Fernandes, *DEJT* 15.06.2007)

• "(...) Na própria Seção específica da Consolidação das Leis do Trabalho que trata dos jornalistas profissionais (art. 304, *caput*, da CLT), há a exigência de concessão de intervalo intrajornada em caso de aumento da jornada de trabalho. Estabelece, pois, o art. 304, *caput*, da CLT:
"Poderá a duração normal do trabalho ser elevada a sete horas, mediante acordo escrito, em que se estipule aumento de ordenado, correspondente ao excesso do tempo de trabalho, e *em que se fixe um intervalo destinado a repouso ou à refeição*" – (grifei).
Tendo em vista que tal dispositivo legal não apresenta o quantum do intervalo, mister se faz a aplicação do art. 71 da CLT, que determina o tempo de intervalo do trabalhador comum e, com mais razão ainda, deve ser aplicado aos jornalistas no caso de não ser atendido o requisito imposto pelo art. 304 da CLT (...)" (...).
(TST, RR 6.706/2004-036-12-00.1, 2.ª T., j. 13.05.2009, rel. Vantuil Abdala, *DEJT* 29.05.2009)

Art. 305. As horas de serviço extraordinário, quer as prestadas em virtude de acordo, quer as que derivam das causas previstas no parágrafo único do artigo anterior, não poderão ser remuneradas com quantia inferior à que resulta do quociente da divisão da importância do salário mensal por 150 (cento e cinquenta) para os mensalistas, e do salário diário por 5 (cinco) para os diaristas, acrescido de, pelo menos, 25% (vinte e cinco por cento).

* De acordo com a Constituição Federal de 1988, o percentual é de no mínimo 50% (cinquenta por cento) sobre a hora normal (art. 7.º, XVI, da CF/1988).

Art. 306. Os dispositivos dos arts. 303, 304 e 305 não se aplicam àqueles que exercem as funções de redator-chefe, secretário, subsecretário, chefe e subchefe de revisão, chefe de oficina, de ilustração e chefe de portaria.

Parágrafo único. Não se aplicam, do mesmo modo, os artigos acima referidos aos que se ocuparem unicamente em serviços externos.

⚖️ Interpretação convergente

• São indevidas as horas extras pelo exercício dos cargos enumerados nos arts. 306 da CLT e 6.º do Dec.-lei 972/1969, por serem considerados cargos de confiança (...).
(TST, RR 346310-60.1997.5.12.5555, 2.ª T, j. 09.11.1999, rel. J. Ricardo Mac Donald Ghisi, *DJU* 03.12.1999)

Art. 307. A cada 6 (seis) dias de trabalho efetivo corresponderá 1 (um) dia de descanso obrigatório, que coincidirá com o domingo, salvo acordo escrito em contrário, no qual será expressamente estipulado o dia em que se deve verificar o descanso.

* V. art. 7.º, XV, da CF/1988.

Art. 308. Em seguida a cada período diário de trabalho haverá um intervalo mínimo de 10 (dez) horas, destinado ao repouso.

Art. 317

Art. 309. Será computado como de trabalho efetivo o tempo em que o empregado estiver à disposição do empregador.

Art. 310. (*Revogado pelo Dec.-lei 972/1969*)

Arts. 311 a 313. (*Revogado pelo Dec.-lei 972/1969*)

* V. Dec.-lei 972/1969 (Dispõe sobre o exercício da profissão de jornalista).

Art. 314. (*Revogado pelo Dec.-lei 972/1969*)

Art. 315. O Governo Federal, de acordo com os Governos Estaduais, promoverá a criação de escolas de preparação ao jornalismo, destinadas à formação dos profissionais da imprensa.

Art. 316. (*Revogado pelo Dec.-lei 368/1968*)

* V. Dec.-lei 368/1968 (Efeitos dos débitos salariais).

Seção XII
Dos professores

Art. 317. O exercício remunerado do magistério, em estabelecimentos particulares de ensino, exigirá apenas habilitação legal e registro no Ministério da Educação.

* Artigo com redação determinada pela Lei 7.855/1989.
* V. arts. 37, XVI e XVII e 207, § 1.º, da CF/1988.

Interpretação extensiva

• Desvio de função. Professor. Habilitação e registro no Ministério da Educação e Cultura. Art. 317 da CLT (...).
O direito do trabalho tem como princípio fundamental a primazia da realidade, segundo o qual a forma como estabelecida a relação jurídica pelas partes cede espaço perante o seu real conteúdo, devendo também o intérprete se pautar pelo princípio protetivo, premissa lógica e primeira de todo o sistema jurídico trabalhista.

Em decorrência desse arcabouço, a norma prevista no art. 317 da CLT não se impõe como obstáculo ao reconhecimento dos direitos dos trabalhadores que se ativam no labor do magistério, mas como parâmetro administrativo para sua atividade.

É dizer: segundo a legislação celetista, há dois requisitos para a prática do magistério em estabelecimentos particulares de ensino; mas o desvirtuamento do contrato de trabalho pelo empregador, na forma como referida pelo art. 9.º do mesmo diploma legal, mediante desvio de função de profissional não habilitado e não registrado, não pode acarretar prejuízos ao trabalhador, destinatário que é de todo o sistema protetivo juslaboral.

Se se exigem requisitos para a prática do magistério, sobretudo pela relevância da atividade e sua função social, tais parâmetros devem ser sempre considerados no plano da normalidade. Quando desvirtuada a norma em desfavor do trabalhador, quando colocado em desvio de função o profissional sem habilitação legal para o exercício do magistério, a mesma regra do art. 317 da CLT não pode servir de obstáculo para que se obtenham as vantagens salariais do professor.

A norma do art. 317 da CLT reveste-se de caráter, sobretudo, administrativo, servindo de parâmetro de controle da atuação dos estabelecimentos e dos profissionais do ensino, mas não impede o reconhecimento dos direitos trabalhistas em casos em que evidenciada a fraude nos contratos de trabalho. Assim, reconhecido o desvio de função, cabível a condenação às diferenças salariais pleiteadas. Não há violação do art. 317 da CLT (...).

(TST, AgIn em RR 1683-89.2010.5.10.0011, 6.ª T., j. 29.08.2012, rel. Augusto César Leite de Carvalho, *DEJT* 31.08.2012)

Interpretação restritiva

• O Sindicato dos Professores do Ensino Privado do Rio Grande do Sul – Sinpro/RS não comprova o preenchimento dos requisitos necessários para o enquadramento dos substituídos na categoria profissional diferenciada dos professores, conforme art. 317 da CLT, não se aplicando a eles, portanto as normas coletivas juntadas com a inicial (...).

(TRT-4.ª Reg., RO 30020076610400/RS, 1.ª Vara do Trabalho, j. 23.04.2009, rel. Denise Pacheco)

Art. 318. Num mesmo estabelecimento de ensino não poderá o professor dar, por dia, mais de quatro aulas consecutivas, nem mais de seis, intercaladas.

⚖️ Interpretação convergente

- **OJ 393 da SDI-I/TST**

A contraprestação mensal devida ao professor, que trabalha no limite máximo da jornada prevista no art. 318 da CLT, é de um salário mínimo integral, não se cogitando do pagamento proporcional em relação à jornada prevista no art. 7.º, XIII, da CF/1988.

🏛 Interpretação extensiva

- **Súmula 351 do TST**

O professor que recebe salário mensal à base de hora aula tem direito ao acréscimo de 1/6 (um sexto) a título de repouso semanal remunerado, considerando-se para esse fim o mês de quatro semanas e meia.

- **OJ 206 da SDI-I/TST**

Excedida a jornada máxima (art. 318 da CLT), as horas excedentes devem ser remuneradas com o adicional de, no mínimo, 50% (art. 7.º, XVI, da CF/1988).

- **OJ 393 da SDI-I/TST**

Professor. Jornada de trabalho especial. Art. 318 da CLT. Salário mínimo. Proporcionalidade. (*DEJT* divulgado em 09, 10 e 11.06.2010)

A contraprestação mensal devida ao professor, que trabalha no limite máximo da jornada prevista no art. 318 da CLT, é de um salário mínimo integral, não se cogitando do pagamento proporcional em relação a jornada prevista no art. 7.º, XIII, da CF/1988.

Art. 319. Aos professores é vedado, aos domingos, a regência de aulas e o trabalho em exames.

Art. 320. A remuneração dos professores será fixada pelo número de aulas semanais, na conformidade dos horários.

Art. 321

§ 1.º O pagamento far-se-á mensalmente, considerando-se para este efeito cada mês constituído de quatro semanas e meia.

§ 2.º Vencido cada mês, será descontada, na remuneração dos professores, a importância correspondente ao número de aulas a que tiverem faltado.

§ 3.º Não serão descontadas, no decurso de 9 (nove) dias, as faltas verificadas por motivo de gala ou de luto em consequência de falecimento do cônjuge, do pai ou mãe, ou de filho.

Interpretação restritiva

- Professor. Diferenças salariais. Irredutibilidade. Art. 320 da CLT (...).
(TST, AgIn em RR 502003720095150039, 8.ª T., j. 11.10.2011, rel. Sebastião Geraldo de Oliveira, *DEJT* 14.10.2011)

- A Súmula 351 do TST não se refere ao tema em debate, e a violação do art. 320 da CLT foi expressamente afastada sob o fundamento de que o cálculo dos salários do Reclamante é feito de acordo com os termos do art. 34 da Lei Municipal 1.705/1993 (...).
(TST, AgIn em RR 429002420095150039, 8.ª T., j. 19.10.2011, rel. Sebastião Geraldo de Oliveira, *DETJ* 21.10.2011)

Art. 321. Sempre que o estabelecimento de ensino tiver necessidade de aumentar o número de aulas marcado nos horários, remunerará o professor, findo cada mês, com uma importância correspondente ao número de aulas excedentes.

Interpretação extensiva

- [A]lém das aulas ministradas e da supervisão de estágios, ainda laborava na realização de eventos concernentes às férias de promoção de vendas. Tais eventos equivalem a aulas extras realizadas, razão pela qual, a teor do art. 321 da CLT, deverá a ré arcar com a remuneração da carga horário excedente, com

acréscimo de 50% (cinquenta pro cento), uma vez que superiores todas as horas realizadas em tais eventos (...).
(TRT-6.ª Reg., RO 2470060208506, rel. Ana Cristina da Silva Ferreira Lima, DJ 20.05.2009).

> **Art. 322.** No período de exames e no de férias escolares, é assegurado aos professores o pagamento, na mesma periodicidade contratual, da remuneração por eles percebida, na conformidade dos horários, durante o período de aulas.
>
> * *Caput* com redação determinada pela Lei 9.013/1995.
>
> **§ 1.º** Não se exigirá dos professores, no período de exames, a prestação de mais de 8 (oito) horas de trabalho diário, salvo mediante o pagamento complementar de cada hora excedente pelo preço correspondente ao de uma aula.
>
> **§ 2.º** No período de férias, não se poderá exigir dos professores outro serviço senão o relacionado com a realização de exames.
>
> **§ 3.º** Na hipótese de dispensa sem justa causa, ao término do ano letivo ou no curso das férias escolares, é assegurado ao professor o pagamento a que se refere o *caput* deste artigo.
>
> * § 3.º acrescentado pela Lei 9.013/1995.

⚖️ Interpretação convergente

- **Súmula 10 do TST**
O direito aos salários do período de férias escolares assegurado aos professores (art. 322, *caput* e § 3.º, da CLT) não exclui o direito ao aviso prévio, na hipótese de dispensa sem justa causa ao término do ano letivo ou no curso das férias escolares. (Res. TST 185/2012, *DEJT* 25, 26 e 27.09.2012)

- A estabilidade provisória prevista na norma convencional e a indenização contida no § 3.º do art. 322 da CLT não são excludentes e não se confundem, pois enquanto Convenção Coletiva de Trabalho trata de estabilidade provisória

no emprego, ou seja, da impossibilidade de se demitir os professores em determinados períodos, a Consolidação das Leis do Trabalho trata de indenização devida quando o empregador opta por demiti-los ao término do ano letivo ou no curso das férias escolares (...).
(TRT-10.ª Reg. RO 1048200601810002, 1.ª T., j. 11.04.2007, rel. Pedro Luis Vicentin Foltran, *DJ* 20.04.2007)

Interpretação extensiva

- **OJ 206 da SDI-I/TST**
Professor. Horas extras. Adicional de 50%. (Inserida em 08.11.2000).
Excedida a jornada máxima (art. 318 da CLT), as horas excedentes devem ser remuneradas com o adicional de, no mínimo, 50% (art. 7.º, XVI, da CF/1988).

- **OJ 244 da SDI-I/TST**
Professor. Redução da carga horária. Possibilidade. (Inserida em 20.06.2001).
A redução da carga horária do professor, em virtude da diminuição do número de alunos, não constitui alteração contratual, uma vez que não implica redução do valor da hora-aula.

- **Professor. Hora-atividade.**
Considerando as atividades elencadas no art. 13 da Lei 9.394/1996 (Lei de Diretrizes e Bases da Educação Nacional – LDB), além de ministrar aulas, o professor faz jus ao pagamento da hora-atividade, cuja remuneração deve ser calculada na forma do § 2.º do art. 322 da CLT, aplicável por analogia (...).
(TRT-4.ª Reg., RO 01237-2007-702-04-00-0, 6.ª T., j. 12.11.2008, rel. Maria Cristina Schaan Ferreira)

Art. 323. Não será permitido o funcionamento do estabelecimento particular de ensino que não remunere condignamente os seus professores, ou não lhes pague pontualmente a remuneração de cada mês.

Parágrafo único. Compete aos Ministérios da Educação e da Cultura fixar os critérios para a determinação da condigna remuneração devida aos professores bem como assegurar a execução do preceito estabelecido no presente artigo.

Art. 324. (*Revogado pela Lei 7.855/1989*)

Seção XIII
Dos químicos

Art. 325. É livre o exercício da profissão de químico em todo o território da República, observadas as condições de capacidade técnica e outras exigências previstas na presente Seção:

a) aos possuidores de diploma de químico, químico industrial, químico industrial agrícola ou engenheiro químico, concedido, no Brasil, por escola oficial ou oficialmente reconhecida;

b) aos diplomados em química por instituto estrangeiro de ensino superior, que tenham, de acordo com a lei e a partir de 14.07.1934, revalidado os seus diplomas;

c) aos que, ao tempo da publicação do Dec. 24.693, de 12.07.1934, se achavam no exercício efetivo de função pública ou particular, para a qual seja exigida a qualidade de químico, e que tenham requerido o respectivo registro até a extinção do prazo fixado pelo Dec.-lei 2.298, de 10.06.1940.

§ 1.º Aos profissionais incluídos na alínea *c* deste artigo, se dará, para os efeitos da presente Seção, a denominação de "licenciados".

§ 2.º O livre exercício da profissão de que trata o presente artigo só é permitido a estrangeiros, quando compreendidos:

a) nas alíneas *a* e *b*, independentemente de revalidação do diploma, se exerciam, legitimamente, na República, a profissão de químico quando da data da promulgação da Constituição de 1934;

b) na alínea *b*, se a seu favor militar a existência de reciprocidade internacional, admitida em lei, para o reconhecimento dos respectivos diplomas;

c) na alínea *c*, satisfeitas as condições nela estabelecidas.

§ 3.º O livre exercício da profissão a brasileiros naturalizados está subordinado à prévia prestação do serviço militar, no Brasil.

Art. 326

§ 4.º Só aos brasileiros natos é permitida a revalidação dos diplomas de químicos, expedidos por institutos estrangeiros de ensino superior.

* § 4.º revogado. V. Lei 6.192/1974 (Proíbe distinções entre brasileiro nato e naturalizado).
* V. arts. 5.º, *caput* e 12, § 2.º, da CF/1988.

⚖️ **Interpretação convergente**

* Pedido de anulação de multa por exercício irregular da profissão de químico. Sentença que considerou não obedecidos os princípios do contraditório e da ampla defesa no processo administrativo (...).
(TRF-3.ª Reg., ApCiv 20919, 6.ª T., j. 05.07.2012, rel. Mairan Maia)

* Aprovação em concurso público. Posse impedida pela Administração. Exigência de apresentação de certificado de formação em curso técnico de laboratório. Não cumprimento. Comprovação de formação superior na profissão de químico-farmacêutico (...).
(TJDF, AgIn 105885442010807000, 4.ª T., rel. Arnoldo Camanho de Assis, *DJ* 08.11.2010)

Art. 326. Todo aquele que exercer ou pretender exercer as funções de químico é obrigado ao uso de Carteira de Trabalho e Previdência Social, devendo os profissionais que se encontrarem nas condições das alíneas *a* e *b* do art. 325 registrar os seus diplomas de acordo com a legislação vigente.

* V. art. 1.º do Dec.-lei 926/1969 (Institui a Carteira de Trabalho e Previdência Social).

§ 1.º A requisição de Carteiras de Trabalho e Previdência Social para uso dos químicos, além do disposto no capítulo "Da Identificação Profissional", somente será processada mediante apresentação dos seguintes documentos que provem:

* V. art. 1.º do Dec.-lei 926/1969 (Institui a Carteira de Trabalho e Previdência Social).

***a*) ser o requerente brasileiro, nato ou naturalizado, ou estrangeiro;**

* Alínea *a* revogada. V. Lei 6.192/1974 (Proíbe distinções entre brasileiro nato e naturalizado).

* V. arts. 5.º, *caput* e 12, § 2.º, da CF/1988.

b) estar, se for brasileiro, de posse dos direitos civis e políticos;

c) ter diploma de químico, químico industrial, químico industrial agrícola ou engenheiro químico, expedido por escola superior oficial ou oficializada;

d) ter, se diplomado no estrangeiro, o respectivo diploma revalidado nos termos da lei;

e) haver, o que for brasileiro naturalizado, prestado serviço militar no Brasil;

* Alínea *e* revogada. V. Lei 6.192/1974 (Proíbe distinções entre brasileiro nato e naturalizado).
* V. arts. 5.º, *caput* e 12, § 2.º, da CF/1988.

f) achar-se o estrangeiro, ao ser promulgada a Constituição de 1934, exercendo legitimamente, na República, a profissão de químico, ou concorrer a seu favor a existência de reciprocidade internacional, admitida em lei, para o reconhecimento dos diplomas dessa especialidade.

§ 2.º A requisição de que trata o parágrafo anterior deve ser acompanhada:

a) do diploma devidamente autenticado, no caso da alínea b do artigo precedente, e com as firmas reconhecidas no país de origem na Secretaria de Estado das Relações Exteriores, ou da respectiva certidão, bem como do título de revalidação, ou certidão respectiva, de acordo com a legislação em vigor;

b) do certificado ou atestado comprobatório de se achar o requerente, na hipótese da alínea c do referido artigo, ao tempo da publicação do Dec. 24.693, de 12.07.1934, no exercício efetivo de função pública, ou particular, para a qual seja exigida a qualidade de químico, devendo esses documentos ser autenticados pelo Delegado Regional do Trabalho, quando se referirem a requerentes moradores nas capitais dos Estados, ou coletor federal, no caso de residirem os interessados nos municípios do interior;

Art. 327

c) de três exemplares de fotografia exigida pelo art. 329 e de uma folha com as declarações que devem ser lançadas na Carteira de Trabalho e Previdência Social, de conformidade com o disposto nas alíneas do mesmo artigo e seu parágrafo único.

* Parágrafo único do art. 329 revogado pela Lei 6.192/1974 (Proíbe distinção entre brasileiro nato e naturalizado).
* V. art. 1.º do Dec.-lei 926/1969 (Carteira de Trabalho e Previdência Social).

§ 3.º (*Revogado*)

* V. Lei 2.800/1956 (Disciplina o exercício da profissão de químico).

Art. 327. (*Revogado*)

* V. Lei 2.800/1956 (Disciplina o exercício da profissão de químico).

Art. 328. Só poderão ser admitidos a registro os diplomas, certificados de diplomas, cartas e outros títulos, bem como atestados e certificados que estiverem na devida forma e cujas firmas hajam sido regularmente reconhecidas por tabelião público e, sendo estrangeiros, pela Secretaria do Estado das Relações Exteriores, acompanhados estes últimos da respectiva tradução, feita por intérprete comercial brasileiro.
Parágrafo único. (*Revogado*)

* V. Lei 2.800/1956 (Disciplina o exercício da profissão de químico).

⚖ Interpretação convergente

• [T]endo em vista que o salário mínimo integral é devido por dia normal de serviço (art. 76 da CLT), deve tal parcela ser calculada tomando-se por base 2/3 (dois terços) do mínimo legal das respectivas épocas, considerando-se a função de professora desempenhada pela autora, cuja jornada máxima é de 6 (seis) horas, a teor do art. 328 da CLT (...).
(TST, RR 1790008620055070026, 5.ª T., j. 07.05.2008, rel. Kátia Magalhães Arruda)

Art. 329. A cada inscrito, e como documento comprobatório do registro, será fornecida pelos Conselhos Regionais de Química, uma

Carteira do Trabalho e Previdência Social, numerada, que, além da fotografia, medindo 3 (três) por 4 (quatro) centímetros, tirada de frente, com a cabeça descoberta, e das impressões do polegar, conterá as declarações seguintes:

* *Caput* atualizado pela Lei 2.800/1956.

a) o nome por extenso;

b) a nacionalidade e, se estrangeiro, a circunstância de ser ou não naturalizado;

* Alínea *b* revogada. V. Lei 6.192/1974 (Proíbe distinção entre brasileiro nato e naturalizado).

c) a data e lugar do nascimento;

d) a denominação da escola em que houver feito o curso;

e) a data da expedição do diploma e o número do registro no respectivo Conselho Regional de Química;

* Alínea *e* atualizada pela Lei 2.800/1956.

f) a data da revalidação do diploma, se de instituto estrangeiro;

g) a especificação, inclusive data, de outro título ou títulos de habilitação;

h) a assinatura do inscrito.

Parágrafo único. (*Revogado*)

* V. Lei 6.192/1974 (Proíbe distinção entre brasileiro nato e naturalizado).
* V. arts. 5.º, *caput* e 12, § 2.º, da CF/1988.

Art. 330. A Carteira de Trabalho e Previdência Social, expedida nos termos desta Seção, é obrigatória para o exercício da profissão, substitui em todos os casos o diploma ou título e servirá de carteira de identidade.

* Artigo com redação determinada pelo Dec.-lei 5.922/1943.
* V. art. 1.º do Dec.-lei 926/1969 (Institui a Carteira de Trabalho e Previdência Social).

Art. 331

⚖️ **Interpretação convergente**

• [C]ópia inautêntica não tem eficácia para comprovar a regularidade do recolhimento das custas e efetivação do depósito recursal, pois em total descompasso com a determinação consoante do art. 330 da CLT, implicando a deserção do recurso ordinário interposto (...).
(TRT-19.ª Reg., RO 18240200905919007, j. 14.11.2011, rel. Nova Moreira)

Art. 331. Nenhuma autoridade poderá receber impostos relativos ao exercício profissional de químico, senão à vista da prova de que o interessado se acha registrado de acordo com a presente Seção, e essa prova será também exigida para a realização de concursos periciais e todos os outros atos oficiais que exijam capacidade técnica de químico.

Art. 332. Quem, mediante anúncios, placas, cartões comerciais ou outros meios capazes de ser identificados, se propuser ao exercício da química, em qualquer dos seus ramos, sem que esteja devidamente registrado, fica sujeito às penalidades aplicáveis ao exercício ilegal da profissão.

Art. 333. Os profissionais a que se referem os dispositivos anteriores só poderão exercer legalmente as funções de químicos depois de satisfazerem as obrigações constantes do art. 330 desta Seção.

Art. 334. O exercício da profissão de químico compreende:

a) a fabricação de produtos e subprodutos químicos em seus diversos graus de pureza;

b) a análise química, a elaboração de pareceres, atestados e projetos da especialidade e sua execução, perícia civil ou judiciária sobre essa matéria, a direção e a responsabilidade de laboratórios ou departamentos químicos, de indústria e empresas comerciais;

c) o magistério nas cadeiras de química dos cursos superiores especializados em química;

d) a engenharia química.

Art. 335

§ 1.º Aos químicos, químicos industriais e químicos industriais agrícolas que estejam nas condições estabelecidas no art. 325, alíneas *a* e *b*, compete o exercício das atividades definidas nos itens *a*, *b* e *c* deste artigo, sendo privativa dos engenheiros químicos a do item *d*.

§ 2.º Aos que estiverem nas condições do art. 325, alíneas *a* e *b*, compete, como aos diplomados em medicina ou farmácia, as atividades definidas no art. 2.º, alíneas *d*, *e* e *f*, do Dec. 20.377, de 08.09.1931, cabendo aos agrônomos e engenheiros agrônomos as que se acham especificadas no art. 6.º, alínea *h*, do Dec. 23.196, de 12.10.1933.

Art. 335. É obrigatória a admissão de químicos nos seguintes tipos de indústria:

a) de fabricação de produtos químicos;

b) que mantenham laboratório de controle químico;

c) de fabricação de produtos industriais que são obtidos por meio de reações químicas dirigidas, tais como: cimento, açúcar e álcool, vidro, curtume, massas plásticas artificiais, explosivos, derivados de carvão ou de petróleo, refinação de óleos vegetais ou minerais, sabão, celulose e derivados.

⚖️ Interpretação convergente

- Administrativo. Indústria de pneus. Necessidade de manutenção de químico. Art. 335 da CLT. Sujeição à fiscalização pelo Conselho Regional de Química (...). (TRF-2.ª Reg., ApCiv 9502212495/RJ, 5.ª T. Especializada, j. 12.05.2012, rel. Mauro Souza Marques da Costa Braga, *DJF* 20.05.2010)

- A atividade desenvolvida pela empresa apelada não se enquadra entre aquelas elencadas no art. 335 da CLT. Não exercendo atividade básica relacionada à química, e a empresa não está obrigada por lei, a conservar em seu quadro de profissionais um químico ou ainda, registrar-se junto ao Conselho Regional de Química (...). (TRF-4.ª Reg., ApCiv 2502, 3.ª T., j. 13.05.2007, rel. Carlos Eduardo Thomson Flores Lenz, *DE* 14.03.2007)

Art. 336

Art. 336. No preenchimento de cargos públicos, para os quais se faz mister a qualidade de químico, ressalvadas as especializações referidas no § 2.º do art. 334, a partir da data da publicação do Dec. 24.693, de 12.07.1934, requer-se, como condição essencial, que os candidatos previamente hajam satisfeito as exigências do art. 333 desta Seção.

Art. 337. Fazem fé pública os certificados de análises químicas, pareceres, atestados, laudos de perícias e projetos relativos a essa especialidade, assinados por profissionais que satisfaçam as condições estabelecidas nas alíneas *a* e *b* do art. 325.

Art. 338. É facultado aos químicos que satisfizerem as condições constantes do art. 325, alíneas *a* e *b*, o ensino da especialidade a que se dedicarem, nas escolas superiores, oficiais ou oficializadas.

Parágrafo único. Na hipótese de concurso para o provimento de cargo ou emprego público, os químicos a que este artigo se refere terão preferência, em igualdade de condições.

Art. 339. O nome do químico responsável pela fabricação dos produtos de uma fábrica, usina ou laboratório deverá figurar nos respectivos rótulos, faturas e anúncios, compreendida entre estes últimos a legenda impressa em cartas e sobrecartas.

⚖ Interpretação convergente

• Reproduzindo a norma impugnada dizeres do art. 339 da CLT e não prevendo sanção alguma inexiste a pretendida ilegalidade (...).
(TRF-2.ª Reg., ApCiv 209338, 6.ª T., j. 31.10.2007, rel. Rogério Carvalho, *DJU* 12.11.2007)

Art. 340. Somente os químicos habilitados, nos termos do art. 325, alíneas *a* e *b*, poderão ser nomeados *ex officio* para os exames periciais de fábricas, laboratórios e usinas e de produtos aí fabricados.

Parágrafo único. Não se acham compreendidos no artigo anterior os produtos farmacêuticos e os laboratórios de produtos farmacêuticos.

Art. 341. Cabe aos químicos habilitados, conforme estabelece o art. 325, alíneas *a* e *b*, a execução de todos os serviços que, não especificados no presente regulamento, exijam por sua natureza o conhecimento de química.

Art. 342. (*Revogado*)

* V. Lei 2.800/1956 (Disciplina a profissão de químico).

Art. 343. São atribuições dos órgãos de fiscalização:

a) examinar os documentos exigidos para o registro profissional de que trata o art. 326 e seus §§ 1.º e 2.º e o art. 327, proceder à respectiva inscrição e indeferir o pedido dos interessados que não satisfizerem as exigências desta Seção;

* Art. 327 revogado pela Lei 2.800/1956.

b) registrar as comunicações e contratos, a que aludem o art. 350 e seus parágrafos, e dar as respectivas baixas;

c) verificar o exato cumprimento das disposições desta Seção, realizando as investigações que forem necessárias, bem como o exame dos arquivos, livros de escrituração, folhas de pagamento, contratos e outros documentos de uso de firmas ou empresas industriais ou comerciais, em cujos serviços tome parte um ou mais profissionais que desempenhem função para a qual se deva exigir a qualidade de químico.

Art. 344. Aos sindicatos de químicos devidamente reconhecidos é facultado auxiliar a fiscalização, no tocante à observação da alínea *c* do artigo anterior.

* Artigo revogado. V. Lei 2.800/1956 (Disciplina a profissão de químico).

Art. 345. Verificando-se, pelo Conselho Regional de Química, serem falsos os diplomas ou outros títulos dessa natureza, atestados, certificados e quaisquer documentos exibidos para os fins de que trata esta Seção, incorrerão os seus autores e cúmplices nas penalidades estabelecidas em lei.

* Artigo atualizado pela Lei 2.800/1956.

Parágrafo único. A falsificação de diploma ou outros quaisquer títulos, uma vez verificada, implicará a instauração, pelo respectivo Conselho Regional de Química, do processo que no caso couber.

Art. 346. Será suspenso do exercício de suas funções, independentemente de outras penas em que possa incorrer, o químico, inclusive o licenciado, que incidir em alguma das seguintes faltas:

* V. Res. Normativa CFQ 241/2011 (Regulamenta o art. 346 da CLT).

a) revelar improbidade profissional, dar falso testemunho, quebrar o sigilo profissional e promover falsificações, referentes à prática de atos de que trata esta Seção;

b) concorrer com seus conhecimentos científicos para a prática de crime ou atentado contra a pátria, a ordem social ou a saúde pública;

c) deixar, no prazo marcado nesta Seção, de requerer a revalidação e registro do diploma estrangeiro, ou o seu registro profissional no respectivo Conselho Regional de Química.

Parágrafo único. O tempo de suspensão a que alude este artigo variará entre 1 (um) mês e 1 (um) ano, a critério do respectivo Conselho Regional de Química, após processo regular, ressalvada a ação da justiça pública.

* Artigo atualizado pela Lei 2.800/1956.

Art. 347. Aqueles que exercerem a profissão de químico sem ter preenchido as condições do art. 325 e suas alíneas, nem promovido o seu registro, nos termos do art. 326, incorrerão na multa de 2/5 (dois quintos) do salário mínimo a dez salários mínimos regionais, que será elevada ao dobro, no caso de reincidência.

* Multas: ver Notas de Atualização e Portaria MTb 290/1997.

Art. 348. Aos licenciados a que alude o § 1.º do art. 325 poderão, por ato do respectivo Conselho Regional de Química, sujeito à aprovação do Conselho Federal de Química, ser cassadas as garantias asseguradas por esta Seção, desde que interrompam, por motivo de falta prevista

no art. 346, a função pública ou particular em que se encontravam por ocasião da publicação do Dec. 24.693, de 12.07.1934.

* Artigo atualizado pela Lei 2.800/1956.

Art. 349. O número de químicos estrangeiros a serviço de particulares, empresas ou companhias não poderá exceder de 1/3 (um terço) ao dos profissionais brasileiros compreendidos nos respectivos quadros.

* Artigo revogado. V. Lei 6.192/1974 (Proíbe distinções entre brasileiros natos e naturalizados).
* V. arts. 5.º, *caput* e 12, § 2.º, da CF/1988.

Art. 350. O químico que assumir a direção técnica ou cargo de químico de qualquer usina, fábrica, ou laboratório industrial ou de análise deverá, dentro de 24 (vinte e quatro) horas e por escrito, comunicar essa ocorrência ao órgão fiscalizador, contraindo, desde essa data, a responsabilidade da parte técnica referente à sua profissão, assim como a responsabilidade técnica dos produtos manufaturados.

§ 1.º Firmando-se contrato entre o químico e o proprietário da usina, fábrica ou laboratório, será esse documento apresentado, dentro do prazo de 30 (trinta) dias, para registro, ao órgão fiscalizador.

§ 2.º Comunicação idêntica à de que trata a primeira parte deste artigo fará o químico quando deixar a direção técnica ou o cargo de químico, em cujo exercício se encontrava, a fim de ressalvar a sua responsabilidade e fazer-se o cancelamento do contrato. Em caso de falência do estabelecimento, a comunicação será feita pela firma proprietária.

⚖ Interpretação convergente

• Responsabilidade técnica.
Hipótese em que restrito o reconhecimento da responsabilidade ao período em que cumpridas as formalidades legais de caráter cogente, art. 350 da CLT, utilizado como fundamento do pedido. Sentença parcialmente modificada (...).
(TRT-4.ª Reg., RO 1575002819985040402, j. 30.01.2001, rel. Denise Maria de Barros)

Seção XIV
Das penalidades

Art. 351. Os infratores dos dispositivos do presente Capítulo incorrerão na multa de cinquenta a cinco mil cruzeiros, segundo a natureza da infração, sua extensão e a intenção de quem a praticou, aplicada em dobro no caso de reincidência, oposição à fiscalização ou desacato à autoridade.

* Multas: ver Notas de Atualização e Portaria MTb 290/1997.

⚖ Interpretação convergente

• A teor do art. 225 da CLT, tem-se por nula a pré-contratação dos bancários para o cumprimento de jornada superior a 6 (seis) horas, mas independentemente da circunstância de a pactuação haver sido celebrada antes ou no curso da relação de emprego, sujeitando-se a instituição bancária ao pagamento, como extras, das horas excedentes ao limite legal, sem prejuízo da sanção administrativa cominada no art. 351 da CLT. Essa foi à teleologia inspirativa da Súmula 199 do TST, qual seja a vedação de labor extraordinário não habitual por bancários. Evidenciada a burla patronal à garantia do horário reduzido, ou seja, restando clara a intenção do empregador em estipular importe salarial, não para 6 (seis), mas para 8 (oito) horas de trabalho, considerar-se-á a remuneração ajustada a título de horas suplementares pré-contratadas como contraprestativas do horário normal. É o que ocorreu na hipótese destes autos, ainda que pactuadas as horas extras pouco tempo após a contratação, configurando-se a fraude contra o art. 224 do Estatuto obreiro, merecendo ser mantida a Sentença de piso (...).
(TRT-7.ª Reg., RO 0044000-2820065070011, j. 03.09.2008, rel. José Ronald Cavalcante Soares, *DJ* 10.10.2008)

Parágrafo único. São competentes para impor penalidades as autoridades de Primeira Instância incumbidas da fiscalização dos preceitos constantes do presente Capítulo.

Capítulo II
DA NACIONALIZAÇÃO DO TRABALHO
Seção I
Da proporcionalidade de empregados brasileiros

* Seção I revogada. V. Lei 6.192/1974 (Proíbe distinções entre brasileiros natos e naturalizados).
* V. arts. 5.º, *caput* e 12, § 2.º, da CF/1988.

Art. 352. As empresas, individuais ou coletivas, que explorem serviços públicos dados em concessão, ou que exerçam atividades industriais ou comerciais, são obrigadas a manter, no quadro do seu pessoal, quando composto de três ou mais empregados, uma proporção de brasileiros não inferior à estabelecida no presente Capítulo.

§ 1.º Sob a denominação geral de atividades industriais e comerciais compreendem-se, além de outras que venham a ser determinadas em portaria do Ministro do Trabalho, Indústria e Comércio, as exercidas:

* V. art. 35 do Dec.-lei 229/1967 (Altera dispositivos da Consolidação das Leis do Trabalho – CLT).

a) nos estabelecimentos industriais em geral;

b) nos serviços de comunicações, de transportes terrestres, marítimos, fluviais, lacustres e aéreos;

c) nas garagens, oficinas de reparos e postos de abastecimento de automóveis e nas cocheiras;

d) na indústria da pesca;

e) nos estabelecimentos comerciais em geral;

f) nos escritórios comerciais em geral;

g) nos estabelecimentos bancários, ou de economia coletiva, nas empresas de seguros e nas de capitalização;

h) nos estabelecimentos jornalísticos, de publicidade e de radiodifusão;

i) nos estabelecimentos de ensino remunerado, excluídos os que neles trabalhem por força de voto religioso;

j) nas drogarias e farmácias;

k) nos salões de barbeiro ou cabeleireiro e de beleza;

l) nos estabelecimentos de diversões públicas, excluídos os elencos teatrais, e nos clubes esportivos;

m) nos hotéis, restaurantes, bares e estabelecimentos congêneres;

n) nos estabelecimentos hospitalares e fisioterápicos cujos serviços sejam remunerados, excluídos os que neles trabalhem por força de voto religioso;

o) nas empresas de mineração;

p) nas autarquias, empresas públicas, sociedades de economia mista e demais órgãos da Administração Pública, direta ou indireta, que tenham em seus quadros de pessoal empregados regidos pela Consolidação das Leis do Trabalho.

§ 2.º Não se acham sujeitas às obrigações da proporcionalidade as indústrias rurais, as que, em zona agrícola, se destinem ao beneficiamento ou transformação de produtos da região e as atividades industriais de natureza extrativa, salvo a mineração.

Art. 353. Equiparam-se aos brasileiros, para os fins deste Capítulo, ressalvado o exercício de profissões reservadas aos brasileiros natos ou aos brasileiros em geral, os estrangeiros que, residindo no País há mais de 10 (dez) anos, tenham cônjuge ou filho brasileiro, e os portugueses.

∗ Artigo com redação determinada pela Lei 6.651/1979.

Art. 354. A proporcionalidade será de 2/3 (dois terços) de empregados brasileiros, podendo, entretanto, ser fixada proporcionalidade inferior, em atenção às circunstâncias especiais de cada atividade, mediante ato do Poder Executivo, e depois de devidamente apurada pelo Departamento Nacional do Trabalho e pelo Serviço de Estatística de Previdência e Trabalho a insuficiência do número de brasileiros na atividade de que se tratar.

Parágrafo único. A proporcionalidade é obrigatória não só em relação à totalidade do quadro de empregados, com as exceções desta Lei, como ainda em relação à correspondente folha de salários.

Art. 355. Consideram-se como estabelecimentos autônomos, para os efeitos da proporcionalidade a ser observada, as sucursais, filiais e agências em que trabalhem três ou mais empregados.

Art. 356. Sempre que uma empresa ou indivíduo explore atividades sujeitas a proporcionalidades diferentes, observar-se-á, em relação a cada uma delas, a que lhe corresponder.

Art. 357. Não se compreendem na proporcionalidade os empregados que exerçam funções técnicas especializadas, desde que, a juízo do Ministério do Trabalho, Indústria e Comércio, haja falta de trabalhadores nacionais.

* V. art. 35 do Dec.-lei 229/1967 (Altera dispositivos da Consolidação das Leis do Trabalho – CLT).

Art. 358. Nenhuma empresa, ainda que não sujeita à proporcionalidade, poderá pagar a brasileiro que exerça função análoga, a juízo do Ministério do Trabalho, Indústria e Comércio, à que é exercida por estrangeiro a seu serviço, salário inferior ao deste, excetuando-se os casos seguintes:

* V. art. 35 do Dec.-lei 229/1967 (Altera dispositivos da Consolidação das Leis do Trabalho – CLT).

a) quando, nos estabelecimentos que não tenham quadros de empregados organizados em carreira, o brasileiro contar menos de 2 (dois) anos de serviço, e o estrangeiro mais de 2 (dois) anos;

b) quando, mediante aprovação do Ministério do Trabalho, Indústria e Comércio, houver quadro organizado em carreira em que seja garantido o acesso por antiguidade;

* V. art. 35 do Dec.-lei 229/1967 (Altera dispositivos da Consolidação das Leis do Trabalho – CLT).

c) quando o brasileiro for aprendiz, ajudante ou servente, e não o for o estrangeiro;

d) quando a remuneração resultar de maior produção, para os que trabalham a comissão ou por tarefa.

Parágrafo único. Nos casos de falta ou cessação de serviço, a dispensa do empregado estrangeiro deve preceder à de brasileiro que exerça função análoga.

Art. 359

⚖ Interpretação convergente

• Isonomia salarial. Discriminação em razão de nacionalidade. Atividades substancialmente análogas. Art. 358 da CLT.
Não comprovada maior experiência profissional ou especialidade de professores estrangeiros em relação aos pares brasileiros, é injustificável a diferenciação de salários baseada apenas em razão da nacionalidade dos trabalhadores, quando evidenciada a prestação de serviços em atividades análogas. Em face do princípio da isonomia salarial e do disposto no art. 358 da CLT, deve a empregadora arcar com as diferenças salariais geradas a partir do expediente discriminatório. Recurso ordinário da ré a que se nega provimento (...).
(TRT-9.ª Reg., RO 30079-2007-1-9-0-5, 2.ª T., rel. Marlene T. Fuverki Suguimatsu, *DJ* 17.08.2010)

🏛 Interpretação extensiva

• Empregados de empresas diversas. Inaplicabilidade do disposto no art. 358 da CLT.
O art. 358 da CLT garante a aplicabilidade do princípio da isonomia salarial entre trabalhadores, nacionais e estrangeiros, que exerçam análoga função, desde que ambos sejam empregados da mesma empresa (...).
(TRT-5.ª Reg., RO 0135700-37.2005.5.05.0121, j. 13.03.2007, rel. Lourdes Linhares, *DJ* 28.03.2007)

Seção II
Das relações anuais de empregados

Art. 359. Nenhuma empresa poderá admitir a seu serviço empregado estrangeiro sem que este exiba a carteira de identidade de estrangeiro devidamente anotada.

Parágrafo único. A empresa é obrigada a assentar no registro de empregados os dados referentes à nacionalidade de qualquer empregado estrangeiro e o número da respectiva carteira de identidade.

⚖️ Interpretação convergente

• O art. 359 da CLT impõe ao empregador a obrigação de observar, quando da contratação de empregado estrangeiro, a regularidade de sua situação no território nacional. Se assim não o faz, assume o risco da omissão (...). (TRT-4.ª Reg., RO 00320-2008-812-04-00-9, 9.ª T., j. 01.04.2009, rel. Des. Marçal Henri dos Santos Figueiredo)

Art. 360. Toda empresa compreendida na enumeração do art. 352, § 1º, deste Capítulo, qualquer que seja o número de seus empregados, deve apresentar anualmente às repartições competentes do Ministério do Trabalho, Indústria e Comércio, de 2 de maio a 30 de junho, uma relação em duas vias, de todos os seus empregados, segundo o modelo que for expedido.

* *Caput* retificado pelo Dec.-lei 6.353/1944.
* V. art. 35, Dec.-lei 229/1967 (Altera dispositivos da Consolidação das Leis do Trabalho – CLT).
* O Dec. 76.900/1975 instituiu a Relação Anual de Informações Sociais – RAIS.
* O Dec. 97.936/1989 instituiu o Documento de Informações Sociais – DIS, em substituição à RAIS, que, no entanto, não é utilizado.

§ 1.º As relações terão, na 1.ª via, o selo de três cruzeiros pela folha inicial e dois cruzeiros por folha excedente, além do selo do Fundo de Educação, e nelas será assinalada, em tinta vermelha, a modificação havida com referência à última relação apresentada. Se se tratar de nova empresa, a relação, encimada pelos dizeres – Primeira Relação – deverá ser feita dentro de 30 (trinta) dias de seu registro no Departamento Nacional da Indústria e Comércio ou repartições competentes.

§ 2.º A entrega das relações far-se-á diretamente às repartições competentes do Ministério do Trabalho, Indústria e Comércio ou, onde não as houver, às Coletorias Federais, que as remeterão desde logo àquelas repartições. A entrega operar-se-á contra recibo especial, cuja exibição é obrigatória, em caso de fiscalização, enquanto não for devolvida ao empregador a via autenticada da declaração.

* V. art. 35 do Dec.-lei 229/1967 (Altera dispositivos da Consolidação das Leis do Trabalho – CLT).

§ 3.º Quando não houver empregado far-se-á declaração negativa.

⚖️ **Interpretação convergente**

• Compete ao empregador proceder a inclusão do nome dos seus empregados na Relação Anual de Informações Sociais – RAIS, com o fim de possibilitar o recebimento do abono anual, denominado de 14.º salário, no valor de um salário mínimo vigente na data do respectivo pagamento. O não cadastramento do empregado perante o Programa de Integração Social, gera a obrigação de o empregador proceder o pagamento de indenização substitutiva, salvo quando se verificar que nenhum prejuízo adveio dessa omissão, pelo não preenchimento dos requisitos previstos na no art. 1.º, da Lei 7.859/1989 (...).
(TRT-22.ª Reg., RO 00365-2008-106-22-00-6, 1.ª T., j. 21.01.2009, rel. Des. Enedina Maria Gomes dos Santos)

Art. 361. Apurando-se, das relações apresentadas, qualquer infração, será concedido ao infrator o prazo de 10 (dez) dias para defesa, seguindo-se o despacho pela autoridade competente.

Art. 362. As repartições às quais competir a fiscalização do disposto no presente Capítulo manterão fichário especial de empresas, do qual constem as anotações referentes ao respectivo cumprimento, e fornecerão aos interessados as certidões de quitação que se tornarem necessárias, no prazo de 30 (trinta) dias, contados da data do pedido.

* Artigo com redação determinada pelo Dec.-lei 229/1967.

§ 1.º As certidões de quitação farão prova até 30 de setembro do ano seguinte àquele a que se referirem e estarão sujeitas à taxa correspondente a 1/10 (um décimo) do valor de referência regional. Sem elas nenhum fornecimento ou contrato poderá ser feito com o Governo da União, dos Estados ou Municípios, ou com as instituições paraestatais a eles subordinadas, nem será renovada autorização à empresa estrangeira para funcionar no País.

* A taxa criada por este parágrafo foi extinta pela Lei 8.522/1992.

Art. 366

§ 2.º A primeira via da relação, depois de considerada pela repartição fiscalizadora, será remetida anualmente ao Departamento Nacional de Mão de Obra (DNMO), como subsídio ao estudo das condições de mercado de trabalho, de um modo geral, e, em particular, no que se refere à mão de obra qualificada.

§ 3.º A segunda via da relação será devolvida à empresa, devidamente autenticada.

Seção III
Das penalidades

Art. 363. O processo das infrações do presente Capítulo obedecerá ao disposto no Título "Do Processo de Multas Administrativas", no que lhe for aplicável, com observância dos modelos de auto a serem expedidos.

Art. 364. As infrações do presente Capítulo serão punidas com a multa de cem a dez mil cruzeiros.

* Multas: ver Notas de Atualização e Portaria MTb 290/1997.

Parágrafo único. Em se tratando de empresa concessionária de serviço público, ou de sociedade estrangeira autorizada a funcionar no País, se a infratora, depois de multada, não atender afinal ao cumprimento do texto infringido, poderá ser-lhe cassada a concessão ou autorização.

Seção IV
Disposições gerais

Art. 365. O presente Capítulo não derroga as restrições vigentes quanto às exigências de nacionalidade brasileira para o exercício de determinadas profissões nem as que vigoram para as faixas de fronteiras, na conformidade da respectiva legislação.

Art. 366. Enquanto não for expedida a carteira a que se refere o art. 359 deste Capítulo, valerá, a título precário, como documento hábil, uma certidão, passada pelo serviço competente do Registro de Estrangeiros, provando que o empregado requereu sua permanência no País.

Art. 367. A redução a que se refere o art. 354, enquanto o Serviço de Estatística da Previdência e Trabalho não dispuser dos dados estatísticos necessários à fixação da proporcionalidade conveniente para cada atividade, poderá ser feita por ato do Ministro do Trabalho, Indústria e Comércio mediante representação fundamentada da associação sindical.

* V. art. 35 do Dec.-lei 229/1967 (Altera dispositivos da Consolidação das Leis do Trabalho – CLT).

Parágrafo único. O Serviço de Estatística da Previdência e Trabalho, deverá promover, e manter em dia, estudos necessários aos fins do presente Capítulo.

Seção V
Das disposições especiais sobre a nacionalização da marinha mercante

Art. 368. O comando de navio mercante nacional só poderá ser exercido por brasileiro nato.

* Artigo revogado. V. Lei 6.192/1974 (Proíbe distinções entre brasileiro nato e naturalizado).
* V. arts. 5.º, *caput* e 12, § 2.º, da CF/1988.

Art. 369. A tripulação de navio ou embarcação nacional será constituída, pelo menos, de 2/3 (dois terços) de brasileiros natos.

* Artigo revogado. V. Lei 6.192/1974 (Proíbe distinções entre brasileiro nato e naturalizado).
* Artigo com redação determinada pela Lei 5.683/1971.
* V. arts. 5.º, *caput* e 12, § 2.º, da CF/1988.

Parágrafo único. O disposto neste artigo não se aplica aos navios nacionais de pesca, sujeitos à legislação específica.

* V. art. 178, parágrafo único, da CF/1988.

Art. 370. As empresas de navegação organizarão as relações dos tripulantes das respectivas embarcações, enviando-as, no prazo a que

se refere à Seção II deste Capítulo, à Delegacia do Trabalho Marítimo onde as mesmas tiverem sede.

* O Dec. 76.900/1975 instituiu a Relação Anual de Informações Sociais – Rais.
* O Dec. 97.936/1989 instituiu o Documento de Informações Sociais – DIS, em substituição à Rais, que, no entanto, não é utilizado.
* A Lei 7.731/1989 extinguiu a Delegacia do Trabalho Marítimo.

Parágrafo único. As relações a que alude o presente artigo obedecerão, na discriminação hierárquica e funcional do pessoal embarcadiço, ao quadro aprovado pelo regulamento das Capitanias dos Portos.

Art. 371. A presente Seção é também aplicável aos serviços de navegação fluvial e lacustre e à praticagem nas barras, portos, rios, lagos e canais.

Capítulo III
DA PROTEÇÃO DO TRABALHO DA MULHER

* V. Lei 9.029/1995 (Proibição de atestados de gravidez e esterilização para efeitos admissionais).

Seção I
Da duração, condições do trabalho e da discriminação contra a mulher

* Rubrica da Seção I com redação determinada pela Lei 9.799/1999.

Art. 372. Os preceitos que regulam o trabalho masculino são aplicáveis ao trabalho feminino, naquilo em que não colidirem com a proteção especial instituída por este Capítulo.

* V. arts. 5.º, I, e 7.º, XX e XXX, da CF/1988.

Parágrafo único. Não é regido pelos dispositivos a que se refere este artigo o trabalho nas oficinas em que sirvam exclusivamente pessoas da família da mulher e esteja esta sob a direção do esposo, do pai, da mãe, do tutor ou do filho.

Art. 373. A duração normal de trabalho da mulher será de 8 (oito) horas diárias, exceto nos casos para os quais for fixada duração inferior.

* V. art. 7.º, XIII, da CF/1988.

Art. 373-A. Ressalvadas as disposições legais destinadas a corrigir as distorções que afetam o acesso da mulher ao mercado de trabalho e certas especificidades estabelecidas nos acordos trabalhistas, é vedado:

* Artigo acrescentado pela Lei 9.799/1999.

I – publicar ou fazer publicar anúncio de emprego no qual haja referência ao sexo, à idade, à cor ou situação familiar, salvo quando a natureza da atividade a ser exercida, pública e notoriamente, assim o exigir;

⚖ **Interpretação convergente**

• Anúncios publicados em jornal de grande circulação. Conteúdo discriminatório. Responsabilidade do órgão divulgador.
Da exegese do art. 373-A da CLT, com redação dada pela Lei 9.799/1999, cujas disposições proíbem publicar ou fazer publicar anúncio de emprego no qual haja referência ao sexo, à idade, à cor ou situação familiar do candidato (salvo quando a natureza da atividade a ser exercida, pública e notoriamente, assim o exigir), ressalta expressa a responsabilidade do órgão divulgador pelo ressarcimento de dano decorrente da publicação de anúncio com conteúdo discriminatório (...).
(TRT-22.ª Reg., RO 00171-2006-004-22-00-8, Pleno, j. 19.12.2006, rel. Fausto Lustosa Neto, *DJ* 21.03.2007)

II – recusar emprego, promoção ou motivar a dispensa do trabalho em razão de sexo, idade, cor, situação familiar ou estado de gravidez, salvo quando a natureza da atividade seja notória e publicamente incompatível;

III – considerar o sexo, a idade, a cor ou situação familiar como variável determinante para fins de remuneração, formação profissional e oportunidades de ascensão profissional;

IV – exigir atestado ou exame, de qualquer natureza, para comprovação de esterilidade ou gravidez, na admissão ou permanência no emprego;

V – impedir o acesso ou adotar critérios subjetivos para deferimento de inscrição ou aprovação em concursos, em empresas privadas, em razão de sexo, idade, cor, situação familiar ou estado de gravidez;

⚖ Interpretação convergente

- Discriminação contra a mulher grávida. Dano moral. Indenização devida.
Confirmando a prova dos autos, a adoção pela reclamada da prática discriminatória de dispensar empregadas grávidas, ou quando egressas da licença maternidade, é de se reconhecer o direito da autora à indenização por dano moral (...).
(TRT-2.ª Reg., RO 00592-2008-086-02-00-0, 4.ª T., rel. Ricardo Artur Costa e Trigueiros, DJ 04.12.2009)

- Direito do Trabalho. Discriminação.
A trabalhadora que se encontra em estado gravídico pertence a uma "categoria suspeita", assim considerado aquele grupo de trabalhadores cuja manutenção no emprego, ou o acesso a uma promoção não é interessante ao empregador. Qualquer tratamento diferenciado e prejudicial contra um integrante do grupo, principalmente quando é reconhecida uma promoção e, posteriormente, cancelada, deve ser muito bem justificado pelo critério de proporcionalidade (necessidade, inexistência de outra alternativa e proporcionalidade em sentido estrito), sob pena de presunção de prática discriminatória. Em tais casos, o ônus da prova de que não houve prática discriminatória é do empregador, em qualquer tipo de contrato, em face de sua capacidade probatória superior, atendendo-se o princípio laboral universal da proteção contra a discriminação de qualquer espécie conforme a Convenção 111 da OIT e sua força cogente universal, bem como na Convenção Internacional Contra Todas as Formas de Discriminação da Mulher das Nações Unidas (1979) e no nosso ordenamento interno regido pelos arts. 3.º, IV, da CF/1988, 373-A da CLT e 1.º da Lei 9.029/1995 (...).
(TRT-15.ª Reg., RO 0109200-23.2009.5.15.0053, j. 24.04.2012, rel. Firmino Alves Lima)

- Dano moral. Existência. Reparação pecuniária.
O deferimento de pedido de indenização por danos morais pressupõe conduta do empregador que tenha ocasionado dano ao empregado. Nos presentes autos,

restou configurado o dano moral sofrido pela reclamante por conta da situação discriminatória à qual foi submetida por ato do empregador decorrente do seu estado de gravidez (...).
(TRT-19.ª Reg., RO 01546.2010.001.19.00-0, j. 22.05.2012, rel. Eliane Barbosa)

🏛 Interpretação extensiva

• **Súmula 443 do TST**
Dispensa discriminatória. Presunção. Empregado portador de doença grave. Estigma ou preconceito. Direito à reintegração. (Res. TST 185/2012, *DEJT* 25, 26 e 27.09.2012).
Presume-se discriminatória a despedida de empregado portador do vírus HIV ou de outra doença grave que suscite estigma ou preconceito. Inválido o ato, o empregado tem direito à reintegração no emprego.

VI – proceder o empregador ou preposto a revistas íntimas nas empregadas ou funcionárias.

⚖ Interpretação convergente

• Indenização por dano moral. Revista íntima. Configuração.
A Consolidação das Leis do Trabalho consagra o poder diretivo do empregador (art. 2.º da CLT), que se manifesta por meio do controle, vigilância e fiscalização dos seus empregados. Tal poder encontra limites também legalmente traçados. Ninguém pode tudo. Os poderes de qualquer indivíduo, de qualquer instituição, para além do que trace o ordenamento, estão limitados não só pelo que podem os outros indivíduos e instituições, mas, ainda, pelo que, legitimamente, podem exigir na defesa de seus patrimônios jurídicos.
A Constituição da República (arts. 1.º, III e 5.º, *caput* e III e X, da CF/1988) tutela a privacidade e a honra, coibindo práticas que ofendam a dignidade da pessoa humana e constituam tratamento degradante (...).
(TST, RR 45200-53.2012.5.13.0024, 3.ª T., j. 28.11.2012, rel. Alberto Luiz Bresciani de Fontan Pereira, *DEJT* 07.12.2012)

• Revista pessoal. Indenização por dano moral.

A revista pessoal procedida pelo empregador, com contato corporal, tal como na hipótese dos autos, caracteriza excesso por parte do empregador nos moldes do inc. VI do art. 373-A da CLT, habilitando o Reclamante à percepção da indenização por danos morais (...).
(TST, RR 131600-81.2009.5.05.0191, 8.ª T., j. 06.02.2013, rel. Maria Laura Franco Lima de Faria, *DEJT* 15.02.2013)

Interpretação extensiva

- O art. 373-A, VI, da CLT, por seu turno, traz vedação expressa à revista íntima – embora dirigido às mulheres empregadas, é passível de aplicação aos empregados em geral, em face do princípio da igualdade também assegurado pelo Texto Maior (...).
(TST, RR 45200-53.2012.5.13.0024, 3.ª T., j. 28.11.2012, rel. Alberto Luiz Bresciani de Fontan Pereira, *DEJT* 07.12.2012)

- Revista íntima. Dano moral. Configurado.
O art. 373-A, acrescentado à Consolidação das Leis do Trabalho pela Lei 9.799/1999, traz, no seu inc. VI, a proibição de revistas íntimas em relação às empregadas mulheres. Após uma simples interpretação gramatical do art. 373-A da CLT, temos que a revista íntima, em si mesma, constitui ofensa ao trabalhador. A revista de sacolas e pertences pessoais constitui modalidade de revista íntima, prática vedada pelo referido artigo. Tendo sido comprovada, em todos os depoimentos, a existência de habituais revistas das bolsas dos empregados do reclamado, resta configurado o dano moral. Recurso obreiro parcialmente provido (...).
(TRT-6.ª Reg., RO 0005800-69.2008.5.06.0023, 3.ª T., j. 18.02.2009, rel. Zeneide Gomes da Costa, *DJ* 21.04.2009)

> **Parágrafo único. O disposto neste artigo não obsta a adoção de medidas temporárias que visem ao estabelecimento das políticas de igualdade entre homens e mulheres, em particular as que se destinam a corrigir as distorções que afetam a formação profissional, o acesso ao emprego e as condições gerais de trabalho da mulher.**
>
> **Arts. 374 e 375.** (*Revogados pela Lei 7.855/1989*)

Art. 376. (*Revogado pela Lei 10.244/2001*)

Art. 377. A adoção de medidas de proteção ao trabalho das mulheres é considerada de ordem pública, não justificando, em hipótese alguma, a redução de salário.

* V. art. 7.º, VI, da CF/1988.

Art. 378. (*Revogado pela Lei 7.855/1989*)

Seção II
Do trabalho noturno

Arts. 379 e 380. (*Revogados pela Lei 7.855/1989*)

Art. 381. O trabalho noturno das mulheres terá salário superior ao diurno.

* V. art. 7.º, XXX, da CF/1988.

§ 1.º Para os fins desse artigo, os salários serão acrescidos duma percentagem adicional de 20% (vinte por cento) no mínimo.

§ 2.º Cada hora do período noturno de trabalho das mulheres terá 52 (cinquenta e dois) minutos e 30 (trinta) segundos.

⚖️ **Interpretação convergente**

- Adicional noturno. Diferenças. Prorrogação da jornada em horário diurno (...). (TST, RR 808/1999-05-04-00, j. 18.11.2009, rel. Lélio Bentes Correa, *DEJT* 23.011.2009)

Seção III
Dos períodos de descanso

Art. 382. Entre duas jornadas de trabalho, haverá um intervalo de 11 (onze) horas consecutivas, no mínimo, destinado ao repouso.

Art. 383

⚖️ Interpretação convergente

- **OJ 355 da SDI–I/TST**
O desrespeito ao intervalo mínimo interjornadas previsto no art. 66 da CLT acarreta, por analogia, os mesmos efeitos previstos no § 4.º do art. 71 da CLT e na Súmula 110 do TST, devendo-se pagar a integralidade das horas que foram subtraídas do intervalo, acrescidas do respectivo adicional. (*DJ* 14.03.2008)

- [O] intervalo entre jornadas começa na hora em que o reclamante encerra a jornada de trabalho, extraordinária ou normal, e o descanso semanal, no dia pertinente, tem início na sequência do intervalo de 11 (onze) horas, devendo ser quitadas, como extras, as horas em que foram usurpadas dos correspondentes descansos legais, independentemente do pagamento do labor em sobrejornada (...).
(TST, AgIn em RR 2153/2002-900-09-00.6, 1.ª T., j. 03.12.2003, rel. João Oreste Dalazen, *DEJT* 13.02.2004)

- O art. 66 da CLT dispõe que entre duas jornadas de trabalho haverá um período mínimo de 11 (onze) horas consecutivas para descanso. Verifica-se que o empregado, trabalhando sem usufruir desse descanso, necessário não apenas para a sua saúde e segurança, mas para assegurar a sua integração com a família e a comunidade, é duplamente prejudicado, quer porque trabalhou em jornada superior à devida, quer porque não pôde gozar do descanso mínimo necessário para recompor suas energias (...).
(TST, Embargos em EDcl em RR 97605/2003-900-04-00, SDI-I, j. 27.02.2007, rel. Aloysio Corrêa da Veiga, *DEJT* 09.03.2007)

- Não há *bis in idem* na determinação de pagamento tanto das horas extras quanto das horas em desrespeito ao intervalo do art. 66 da CLT, atinentes ao mesmo período, já que encerram fundamentos distintos. Aplicação da OJ 355 da SDI-I/TST (...).
(TRT-4.ª Reg., RO 0000091-07.2011.5.04.0281, 9.ª T., j. 12.04.2012, rel. Maria Madalena Telesca, *DJ* 12.04.2012)

Art. 383. Durante a jornada de trabalho, será concedido à empregada um período para refeição e repouso não inferior a 1 (uma) hora nem superior a 2 (duas) horas, salvo a hipótese prevista no art. 71, § 3.º.

⚖️ **Interpretação convergente**

- **Súmula 437 do TST**

Intervalo intrajornada para repouso e alimentação. Aplicação do art. 71 da CLT. (Conversão das OJs 307, 342, 354, 380 e 381 da SDI-I/TST)

I – Após a edição da Lei 8.923/1994, a não concessão ou a concessão parcial do intervalo intrajornada mínimo, para repouso e alimentação, a empregados urbanos e rurais, implica o pagamento total do período correspondente, e não apenas daquele suprimido, com acréscimo de, no mínimo, 50% (cinquenta por cento) sobre o valor da remuneração da hora normal de trabalho (art. 71 da CLT), sem prejuízo do cômputo da efetiva jornada de labor para efeito de remuneração.

II – É inválida cláusula de acordo ou convenção coletiva de trabalho contemplando a supressão ou redução do intervalo intrajornada porque este constitui medida de higiene, saúde e segurança do trabalho, garantido por norma de ordem pública (arts. 71 da CLT e 7.º, XXII, da CF/1988), infenso à negociação coletiva.

III – Possui natureza salarial a parcela prevista no art. 71, § 4.º, da CLT, com redação introduzida pela Lei 8.923, de 27.07.1994, quando não concedido ou reduzido pelo empregador o intervalo mínimo intrajornada para repouso e alimentação, repercutindo, assim, no cálculo de outras parcelas salariais.

IV – Ultrapassada habitualmente a jornada de seis horas de trabalho, é devido o gozo do intervalo intrajornada mínimo de 1 (uma) hora, obrigando o empregador a remunerar o período para descanso e alimentação não usufruído como extra, acrescido do respectivo adicional, na forma prevista no art. 71, *caput* e § 4.º, da CLT.

- Com efeito, não obstante o art. 7.º, XXVI, da CF/1988 consagre o reconhecimento das convenções e acordos coletivos de trabalho, daí não se extrai autorização para a negociação de direitos indisponíveis assegurados ao empregado, concernentes à proteção de sua saúde física e mental. Assim, o instrumento coletivo que reduz ou suprime intervalo para descanso e refeição carece de eficácia jurídica, porque desconsidera o disposto em norma de ordem pública, de natureza imperativa (...).

(TST, Embargos em RR 1034/2005-003-24-00, SDI-I, j. 11.12.2007, rel. Lélio Bentes Corrêa, *DEJT* 30.11.2007)

- Após a edição da Lei 8.923/1994, a não concessão total ou parcial do intervalo intrajornada mínimo, para repouso e alimentação, implica o pagamento total

do período correspondente, com acréscimo de, no mínimo, 50% sobre o valor da remuneração da hora normal de trabalho (art. 71 da CLT) (...).
(TST, Embargos em EDcl em Ag em RR 183/2000-251-02-00, SDI-I, j. 27.08.2007, rel. Carlos Alberto Reis de Paula, *DEJT* 06.09.2009)

• Ressalte-se que o intervalo intrajornada visa, fundamentalmente, a permitir a recuperação das energias do empregado e sua concentração ao longo da prestação diária de serviços, revelando-se importante instrumento de preservação da higidez física e mental do trabalhador. O desrespeito a tal regra conspira contra os objetivos da proteção à saúde e à segurança no ambiente de trabalho. A fim de garantir efetividade à norma que assegura a pausa para refeição e descanso, valorizou-se esse tempo de intervalo frustrado como se tempo extraordinário fosse. Nesse contexto, afigura-se imperioso reconhecer a sua natureza salarial (...).
(TST, Embargos em EDcl em RR 800.735/2001.9, SDI-I, j. 08.07.2010, rel. Lélio Bentes Corrêa, *DEJT* 19.10.2010)

Art. 384. Em caso de prorrogação do horário normal, será obrigatório um descanso de 15 (quinze) minutos no mínimo, antes do início do período extraordinário do trabalho.

⚖ Interpretação convergente

• Frise-se, inicialmente, em relação à inconstitucionalidade do art. 384 da CLT, esta Corte superior, em composição plena, rejeitou o incidente suscitado nos autos do processo IIN-RR-1540/2005-046-12-00, nos termos do voto do rel. Min. Ives Gandra Martins Filho, assim ementado:
"Mulher. Intervalo de 15 minutos antes de labor em sobrejornada. Constitucionalidade do art. 384 da CLT em face do art. 5.º, I, da CF/1988.
1. O art. 384 da CLT impõe intervalo de 15 (quinze) minutos antes de se começar a prestação de horas extras pela trabalhadora mulher. Pretende-se sua não recepção pela Constituição Federal, dada a plena igualdade de direitos e obrigações entre homens e mulheres decantada pela Carta Política de 1988 (art. 5.º, I), como conquista feminina no campo jurídico.
2. A igualdade jurídica e intelectual entre homens e mulheres não afasta a natural diferenciação fisiológica e psicológica dos sexos, não escapando ao senso comum a p a tente diferença de compleição física entre homens e mulheres. Analisando o

art. 384 da CLT em seu contexto, verifica-se que se trata de norma legal inserida no capítulo que cuida da proteção do trabalho da mulher e que, versando sobre intervalo intrajornada, possui natureza de norma afeta à medicina e segurança do trabalho, infensa à negociação coletiva, dada a sua indisponibilidade (cfr. OJ 342 da SDI-I/TST).

3. O maior desgaste natural da mulher trabalhadora não foi desconsiderado pelo Constituinte de 1988, que garantiu diferentes condições para a obtenção da aposentadoria, com menos idade e tempo de contribuição previdenciária para as mulheres (art. 201, § 7.º, I e II, da CF/1988). A própria diferenciação temporal da licença-maternidade e paternidade (art. 7.º, XVIII e XIX, da CF/1988; art. 10, § 1.º, do ADCT) deixa claro que o desgaste físico efetivo é da maternidade. A praxe generalizada, ademais, é a de se postergar o gozo da licença-maternidade para depois do parto, o que leva a mulher, nos meses finais da gestação, a um desgaste físico cada vez maior, o que justifica o tratamento diferenciado em termos de jornada de trabalho e período de descanso.

4. Não é demais lembrar que as mulheres que trabalham fora do lar estão sujeitas a dupla jornada de trabalho, pois ainda realizam as atividades domésticas quando retornam à casa. Por mais que se dividam as tarefas domésticas entre o casal, o peso maior da administração da casa e da educação dos filhos acaba recaindo sobre a mulher.

5. Nesse diapasão, levando-se em consideração a máxima albergada pelo princípio da isonomia, de tratar desigualmente os desiguais na medida das suas desigualdades, ao ônus da dupla missão, familiar e profissional, que desempenha a mulher trabalhadora corresponde o bônus da jubilação antecipada e da concessão de vantagens específicas, em função de suas circunstâncias próprias, como é o caso do intervalo de 15 (quinze) minutos antes de iniciar uma jornada extraordinária, sendo de se rejeitar a pretensa inconstitucionalidade do art. 384 da CLT. Incidente de inconstitucionalidade em recurso de revista rejeitado" (Incidente de Inconstitucionalidade em RR 1540/2005-046-12-00.5, Pleno, j. 13.02.2009, rel. Min. Ives Gandra Martins Filho).

Assim, na atual jurisprudência desta Corte uniformizadora entende-se que o art. 384 da CLT foi recepcionado pela Constituição da República de 1988 (...). (TST, RR 140000-76.2008.5.04.0020, 1.ª T., j. 23.02.2011, rel. Lélio Bentes Corrêa, *DEJT* 18.03.2011)

• A 2.ª T. do TST, no julgamento do RR RR-345600-96.2005.5.12.0046, proclamou a constitucionalidade do art. 384 da CLT, que prevê um intervalo de

15 (quinze) minutos para as funcionárias mulheres entre a jornada normal de trabalho e a extraordinária, conhecido como intervalo intrajornada, porquanto tal artigo teria sido recepcionado pela atual Carta Federal, sendo este o entendimento do Tribunal Pleno quando do exame do RR 1.540/2005-046-12-00.5, ocorrido em 17.11.2008 (...).
(STF, RE 658.312/SC, Plenário Virtual, j. 08.03.2012, rel. Dias Toffoli, *DJe* 30.04.2012)

Interpretação divergente

- [S]egue recente decisão do TRT-3.ª Reg.:

"Ementa: Trabalho da mulher. Art. 384 da CLT. Intervalo para descanso. Dispositivo não recepcionado pela constituição. Em consequência da revogação expressa do art. 376 da CLT, pela Lei 10.244, de 27.06.2001, está também revogado, tacitamente, o art. 384 da CLT, que prevê descanso de quinze minutos, no mínimo, para a mulher, na hipótese de prorrogação de jornada. Ambos dispositivos conflitavam, sem dúvida, com o art. 5.º, I, da CF/1988: 'homens e mulheres são iguais em direitos e obrigações, nos termos desta Constituição'. Não está recepcionado o art. 384 da CLT pelo preceito constitucional. A diferença entre homens e mulheres não traduz fundamento para tratamento diferenciado, salvo em condições especiais, como a maternidade. O intervalo do art. 384 da CLT só seria possível à mulher se houvesse idêntica disposição para trabalhadores do sexo masculino. A pretensão almejada pelo art. 384 da CLT poderia caracterizar um obstáculo à contratação de mulheres, na medida em que o empregador deveria certamente admitir homens, pois não teria obrigação de conceder aquele descanso, que é feminino. Logo, o que seria uma norma protetiva, acabaria por se tornar um motivo para preterição." (RO 0177900-84.2009.5.03.0053, rel. Alice Monteiro de Barros, *DJ* 24.06.2010) (...).
(TRT-1.ª Reg., RO 26622505, 7.ª T., j. 04.06.2012, rel. Patrícia Pellegrini Baptista da Silva, *DJ* 29.01.2013)

Art. 385. O descanso semanal será de 24 (vinte e quatro) horas consecutivas e coincidirá no todo ou em parte com o domingo, salvo motivo de conveniência pública ou necessidade imperiosa de serviço,

a juízo da Autoridade competente, na forma das disposições gerais, caso em que recairá em outro dia.

* V. art. 7.º, IX, da CF/1988.
* V. Lei 605/1949 (Repouso semanal remunerado).
* V. Dec. 27.048/1949 (Regulamenta a Lei 605/1949).
* V. art. 6.º da Lei 10.101/2000 (Participação nos lucros e trabalho em domingos e feriados).

Parágrafo único. Observar-se-ão, igualmente, os preceitos da legislação geral sobre a proibição de trabalho nos feriados civis e religiosos.

⚖ Interpretação convergente

* **OJ 355 da SDI-I/TST**
O desrespeito ao intervalo mínimo interjornadas previsto no art. 66 da CLT acarreta, por analogia, os mesmos efeitos previstos no § 4.º do art. 71 da CLT e na Súmula 110 do TST, devendo-se pagar a integralidade das horas que foram subtraídas do intervalo, acrescidas do respectivo adicional.

🏛 Interpretação extensiva

* **Súmula 462 do STF**
No cálculo da indenização por despedida injusta inclui-se, quando devido, o repouso semanal remunerado.

* **Súmula 464 do STF**
No cálculo da indenização por acidente do trabalho inclui-se, quando devido, o repouso semanal remunerado.

* Com efeito, a ausência do descanso de 24 (vinte e quatro) horas no domingo, em razão de ter havido trabalho nesse dia, com remuneração em dobro, não acarreta a condenação da ré ao pagamento de horas extras, nos moldes da OJ 355 da SDI-I/TST desta Corte, já que a hipótese não se confunde com a de supressão do intervalo entre jornadas, tratada nesse verbete (...).
(TST, RR 273000-04.2008.5.09.0322, 7.ª T., j. 29.05.2013, rel. Valdir Florindo, *DEJT* 03.06.2013)

Interpretação restritiva

- **Súmula 225 do TST**
- Repouso semanal. Cálculo. Gratificações por tempo de serviço e produtividade. (Res. TST 121/2003, *DJ* 19, 20 e 21.11.2003).

As gratificações por tempo de serviço e produtividade, pagas mensalmente, não repercutem no cálculo do repouso semanal remunerado.

> **Art. 386.** Havendo trabalho aos domingos, será organizada uma escala de revezamento quinzenal, que favoreça o repouso dominical.

* V. art. 7.º, IX, da CF/1988.
* V. art. 6.º, Lei 10.101/2000 (Participação nos lucros e trabalho em domingos e feriados).

Interpretação extensiva

- Não há dúvida de que a lei (arts. 67 da CLT e 7.º, XV, da CF/1988), garante, ao trabalhador, o direito ao descanso semanal remunerado, preferencialmente aos domingos, sendo que em atividades como a de enfermagem, por exemplo, em que prepondera o caráter ininterrupto da assistência ao paciente, o art. 386 da CLT disciplina a matéria sob o prisma da proteção ao trabalho da mulher (...).

(TRT-2.ª Reg., RO 2292200505602001, 4.ª T., j. 02.03.2010, rel. Wilma Nogueira de Araújo Vaz da Silva, *DJ* 12.03.2010)

Interpretação restritiva

- **Súmula 461 do STF**

É duplo, e não triplo, o pagamento do salário nos dias destinados a descanso.

- **Súmula 225 do TST**

Repouso semanal. Cálculo. Gratificações por tempo de serviço e produtividade. (Res. TST 121/2003, *DJ* 19, 20 e 21.11.2003)

As gratificações por tempo de serviço e produtividade, pagas mensalmente, não repercutem no cálculo do repouso semanal remunerado.

Seção IV
Dos métodos e locais de trabalho

Art. 387. (*Revogado pela Lei 7.855/1989*)

Art. 388. Em virtude de exame e parecer da autoridade competente, o Ministro do Trabalho, Indústria e Comércio poderá estabelecer derrogações totais ou parciais às proibições a que alude o artigo anterior, quando tiver desaparecido, nos serviços considerados perigosos ou insalubres, todo e qualquer caráter perigoso ou prejudicial mediante a aplicação de novos métodos de trabalho ou pelo emprego de medidas de ordem preventiva.

* Artigo sem efeito em face da revogação do artigo anterior.

Art. 389. Toda empresa é obrigada:

* Artigo com redação determinada pelo Dec.-lei 229/1967.
* V. art. 7.º, XV, da CF/1988.

I – a prover os estabelecimentos de medidas concernentes à higienização dos métodos e locais de trabalho, tais como ventilação e iluminação e outros que se fizerem necessários à segurança e ao conforto das mulheres, a critério da autoridade competente;

II – a instalar bebedouros, lavatórios, aparelhos sanitários; dispor de cadeiras ou bancos, em número suficiente, que permitam às mulheres trabalhar sem grande esgotamento físico;

III – a instalar vestiários com armários individuais privativos das mulheres, exceto os estabelecimentos comerciais, escritórios, bancos e atividades afins, em que não seja exigida a troca de roupa, e outros, a critério da autoridade competente em matéria de segurança e saúde do trabalho, admitindo-se como suficientes as gavetas ou escaninhos, onde possam as empregadas guardar seus pertences;

IV – a fornecer, gratuitamente, a juízo da autoridade competente, os recursos de proteção individual, tais como óculos, máscaras, luvas e

roupas especiais, para a defesa dos olhos, do aparelho respiratório e da pele, de acordo com a natureza do trabalho.

§ 1.º Os estabelecimentos em que trabalharem pelo menos trinta mulheres, com mais de 16 (dezesseis) anos de idade, terão local apropriado onde seja permitido às empregadas guardar sob vigilância e assistência os seus filhos no período da amamentação.

§ 2.º A exigência do § 1.º poderá ser suprida por meio de creches distritais mantidas, diretamente ou mediante convênios, com outras entidades públicas ou privadas, pelas próprias empresas, em regime comunitário, ou a cargo do Sesi, do Sesc, da LBA ou de entidades sindicais.

⚖ **Interpretação convergente**

• Não pode o empregador, ao argumento de que está exercendo seu poder diretivo, violar direitos da personalidade do empregado, sendo certo que o próprio legislador se preocupou em garantir ao trabalhador ambiente de trabalho saudável, ao obrigar a empresa a adotar diversas medidas de higiene e saúde previstas no art. 389 da CLT (...).
(TST, RR 2259300712009509, 4.ª T., j. 08.05.2013, rel. Maria de Assis Calsing, *DEJT* 10.05.2013)

Art. 390. Ao empregador é vedado empregar a mulher em serviço que demande o emprego de força muscular superior a 20 (vinte) quilos para o trabalho contínuo, ou 25 (vinte e cinco) quilos para o trabalho ocasional.

* V. art. 7.º, XXX, da CF/1988.

⚖ **Interpretação convergente**

• Cargo de operador de triagem e transbordo. Exame de aptidão física (força muscular). Dinamometria. Art. 390 da CLT. Violação não caracterizada (...).
(STJ, REsp 1.257.867/PE, 2.ª T., j. 04.04.2013, rel. Eliana Calmon, *DJe* 17.04.2013)

Parágrafo único. Não está compreendida na determinação deste artigo a remoção de material feita por impulsão ou tração de vagonetes sobre trilhos, de carros de mão ou quaisquer aparelhos mecânicos.

Art. 390-A. (*Vetado*)

* Artigo acrescentado pela Lei 9.799/1999.

Art. 390-B. As vagas dos cursos de formação de mão de obra, ministrados por instituições governamentais, pelos próprios empregadores ou por qualquer órgão de ensino profissionalizante, serão oferecidas aos empregados de ambos os sexos.

* Artigo acrescentado pela Lei 9.799/1999.

Art. 390-C. As empresas com mais de cem empregados, de ambos os sexos, deverão manter programas especiais de incentivos e aperfeiçoamento profissional da mão de obra.

* Artigo acrescentado pela Lei 9.799/1999.

Art. 390-D. (*Vetado*)

* Artigo acrescentado pela Lei 9.799/1999.

Art. 390-E. A pessoa jurídica poderá associar-se a entidade de formação profissional, sociedades civis, sociedades cooperativas, órgãos e entidades públicas ou entidades sindicais, bem como firmar convênios para o desenvolvimento de ações conjuntas, visando à execução de projetos relativos ao incentivo ao trabalho da mulher.

* Artigo acrescentado pela Lei 9.799/1999.

Seção V
Da proteção à maternidade

Art. 391. Não constitui justo motivo para a rescisão do contrato de trabalho da mulher o fato de haver contraído matrimônio ou de encontrar-se em estado de gravidez.

Art. 391-A

Parágrafo único. Não serão permitidas em regulamentos de qualquer natureza, contratos coletivos ou individuais de trabalho, restrições ao direito da mulher ao seu emprego, por motivo de casamento ou de gravidez.

* V. art. 7.º, XVIII e XXX, da CF/1988.
* V. art. 10, II, *b*, do ADCT.
* V. Lei 9.029/1995 (Proibição de atestados de gravidez e esterilização para efeitos admissionais).

⚖️ Interpretação convergente

• O atual posicionamento desta Corte – recentemente endossado pela inserção do art. 391 da CLT – é no sentido de se conferir a garantia de estabilidade provisória à trabalhadora a partir do momento da concepção, ocorrida no curso contrato de trabalho, ainda que durante o aviso-prévio trabalhado ou indenizado (...).
(TST, RR 782008920075030091, 6.ª T., j. 29.05.2013, rel. Augusto César Leite de Carvalho, *DEJT* 07.06.2013)

Art. 391-A. A confirmação do estado de gravidez advindo no curso do contrato de trabalho, ainda que durante o prazo do aviso prévio trabalhado ou indenizado, garante à empregada gestante a estabilidade provisória prevista na alínea *b* do inc. II do art. 10 do ADCT.

* Artigo acrescentado pela Lei 12.812/2013.

⚖️ Interpretação convergente

• Estabilidade provisória. Gestante. Concepção no curso do aviso-prévio indenizado (...). Neste exato sentido, estabelece expressamente a novel regra contida no art. 391-A da CLT, acrescentado pela Lei 12.812/2013. Recurso de revista conhecido e provido (...).
(TST, RR 15754120115020068, 7.ª T., j. 26.06.2013, rel. Luiz Philippe Vieira de Mello Filho, *DJ* 28.06.2013)

Art. 392

🏛 Interpretação extensiva

- **OJ 30 da SDC/TST**

Estabilidade da gestante. Renúncia ou transação de direitos constitucionais. Impossibilidade. (Republicada em decorrência de erro material) – *DEJT* divulgado em 19, 20 e 21.09.2011.

Nos termos do art. 10, II, *b*, do ADCT, a proteção à maternidade foi erigida à hierarquia constitucional, pois retirou do âmbito do direito potestativo do empregador a possibilidade de despedir arbitrariamente a empregada em estado gravídico. Portanto, a teor do art. 9.º, da CLT, torna-se nula de pleno direito a cláusula que estabelece a possibilidade de renúncia ou transação, pela gestante, das garantias referentes à manutenção do emprego e salário.

- O atual posicionamento desta Corte – endossado pela recente inserção do art. 391-A da CLT – é no sentido de se conferir a garantia de estabilidade provisória à trabalhadora a partir do momento da concepção, ocorrida no curso do contrato de trabalho, ainda que durante o aviso-prévio trabalhado ou indenizado. Essa garantia não visa apenas à proteção objetiva da gestante, mas, sobretudo, à tutela do nascituro e do instituto da maternidade (...).

(TST, RR 65007320075020061, 6.ª T., j. 26.06.2013, rel. Augusto César Leite de Carvalho, *DJ* 28.06.2013)

Art. 392. A empregada gestante tem direito à licença-maternidade de 120 (cento e vinte) dias, sem prejuízo do emprego e do salário.

- *Caput* com redação determinada pela Lei 10.421/2002.
- V. art. 7.º, XVIII, da CF/1988, que estabelece licença à gestante de 120 (cento e vinte) dias.
- V. Súmula 244 do TST.

§ 1.º A empregada deve, mediante atestado médico, notificar o seu empregador da data do início do afastamento do emprego, que poderá ocorrer entre o 28.º (vigésimo oitavo) dia antes do parto e ocorrência deste.

- § 1.º com redação determinada pela Lei 10.421/2002.

§ 2.º Os períodos de repouso, antes e depois do parto, poderão ser aumentados de 2 (duas) semanas cada um, mediante atestado médico.

* § 2.º com redação determinada pela Lei 10.421/2002.

§ 3.º Em caso de parto antecipado, a mulher terá direito aos 120 (cento e vinte) dias previstos neste artigo.

* § 3.º com redação determinada pela Lei 10.421/2002.

§ 4.º É garantido à empregada, durante a gravidez, sem prejuízo do salário e demais direitos:

* § 4.º acrescentado pela Lei 9.799/1999.

I – transferência de função, quando as condições de saúde o exigirem, assegurada a retomada da função anteriormente exercida, logo após o retorno ao trabalho;

II – dispensa do horário de trabalho pelo tempo necessário para a realização de, no mínimo, seis consultas médicas e demais exames complementares.

* V. art. 7.º, XVIII, da CF/1988, que estabelece a licença à gestante de 120 (cento e vinte) dias.
* V. art. 10, II, *b*, do ADCT.

§ 5.º (*Vetado*)

* § 5.º acrescentado pela Lei 10.421/2002.

Art. 392-A. À empregada que adotar ou obtiver guarda judicial para fins de adoção de criança será concedida licença-maternidade nos termos do art. 392, observado o disposto no seu § 5.º.

* *Caput* acrescentado pela Lei 10.421/2002.

§§ 1.º a 3.º (*Revogados pela Lei 12.010/2009* – DOU *04.08.2009, em vigor 90 (noventa) dias após a data de sua publicação*)

§ 4.º A licença-maternidade só será concedida mediante apresentação do termo judicial de guarda à adotante ou guardiã.

* § 4.º acrescentado pela Lei 10.421/2002.

Art. 392-A

⚖️ Interpretação convergente

- **OJ 44 da SDI-I/TST**

Gestante. Salário-maternidade. (inserida em 13.09.1994)

É devido o salário maternidade, de 120 dias, desde a promulgação da Constituição Federal de 1988, ficando a cargo do empregador o pagamento do período acrescido pela Carta.

- Mãe adotante. Licença-maternidade. Art. 227, § 6.º, da CF/1988. Lei 10.421/2002. Art. 392-A da CLT. Concessão (...).

(TST, Embargos em RR 2320076200515007, SDI-I, j. 14.05.2007, rel. João Batista Brito Pereira, *DEJT* 01.06.2007)

- O tema tem apoio legal, incorporando o princípio protetivo da criança, direcionado à mãe adotiva, por analogia com o benefício previsto na Carta Magna para a mãe biológica. A relevância do tema justificou a inserção do art. 392-A da CLT (...).

(TST, RO 1601100682002509, SDI-I, j. 16.08.2007, rel. Carlos Alberto Reis de Paula, *DEJT* 05.10.2007)

- Recurso ordinário em dissídio coletivo. Licença-maternidade. Mãe adotiva (...). O tema que trata a cláusula tem previsão legal, que incorporou o princípio protetivo da crianças, direcionado à mãe adotiva, por analogia com benefício previsto na Carta Magna para a mãe biológica. A relevância do tema justificou a inserção do art. 392-A da CLT (...).

(TST, RODC 2006000932006505, SDI-I, j. 11.10.2007, rel. Carlos Alberto Reis de Paula, *DEJT* 23.11.2007)

🔨 Interpretação restritiva

- A cláusula homologada pelo Regional, ao permitir a saída da empregada gestante, de seu local de trabalho, sem prejuízo de seu salário, somente para quatro consultas médicas ou realização de exames, durante a gestação, reduz o direito indisponível, previsto no inc. II do § 4.º do art. 392 da CLT (...).

(TST, RO 209300542009504000, SDI-I, j. 13.06.2011, rel. Dora Maria da Costa, *DEJT* 01.07.2011)

Art. 393. Durante o período a que se refere o art. 392, a mulher terá direito ao salário integral e, quando variável, calculado de acordo com a média dos 6 (seis) últimos meses de trabalho, bem como aos direitos e vantagens adquiridos, sendo-lhe ainda facultado reverter à função que anteriormente ocupava.

* Artigo com redação determinada pelo Dec.-lei 229/1967.
* V. Súmula 244 do TST.

⚖ Interpretação restritiva

• O art. 393 da CLT embora resguardando o direito da trabalhadora em licença maternidade ao salário integral, não determina que o empregador lhe remunere por horas extras de referido período, obviamente não cumpridas (...).
(TRT-2.ª Reg., Ap 19032001507020007, 3.ª T., j. 11.11.2008, rel. Mércia Tomazinho, *DJ* 25.11.2008)

Art. 394. Mediante atestado médico, à mulher grávida é facultado romper o compromisso resultante de qualquer contrato de trabalho, desde que este seja prejudicial à gestação.

Art. 395. Em caso de aborto não criminoso, comprovado por atestado médico oficial, a mulher terá um repouso remunerado de 2 (duas) semanas, ficando-lhe assegurado o direito de retornar à função que ocupava antes de seu afastamento.

⚖ Interpretação convergente

• No presente caso, em que houve interrupção da gravidez por aborto, a indenização devida corresponde somente ao período de gravidez, considerando, ainda, o prazo de 2 (duas) semanas referente ao repouso remunerado previsto no art. 395 da CLT. Precedentes desta Corte (...).
(TST, RR 3550005220095120028, 6.ª T., j. 01.06.2011, rel. Maurício Godinho Delgado, *DEJT* 10.06.2011)

• Com efeito a garantia provisória de emprego à gestante visa a proteção da saúde do nascituro e da mãe, mas no caso de aborto involuntário, o objeto tutelado deixa

de existir. Nestes casos, o que a lei assegura é um período de tempo necessário para a recuperação orgânica da mulher (art. 395 da CLT) (...).
(TRT-9.ª Reg., RO 2569200969908, 1.ª T., rel. Ubirajara Carlos Mendes, DJ 24.08.2010)

Art. 396. Para amamentar o próprio filho, até que este complete 6 (seis) meses de idade, a mulher terá direito, durante a jornada de trabalho, a dois descansos especiais, de meia hora cada um.

Parágrafo único. Quando o exigir a saúde do filho, o período de 6 (seis) meses poderá ser dilatado, a critério da autoridade competente.

⚖️ **Interpretação convergente**

- Contrato de trabalho. Falta de concessão dos intervalos para amamentação. Art. 396 da CLT. Rescisão indireta (...).

(TRT-18.ª Reg., RO 1710201101118003, rel. Elvécio Moura dos Santos, DJ 27.01.2012)

Art. 397. O Sesi, o Sesc, a LBA e outras entidades públicas destinadas à assistência à infância manterão ou subvencionarão, de acordo com suas possibilidades financeiras, escolas maternais e jardins de infância, distribuídos nas zonas de maior densidade de trabalhadores, destinados especialmente aos filhos das mulheres empregadas.

* V. arts. 7.º, XXV, da CF/1988.

Art. 398. (*Revogado pelo Dec.-lei 229/1967*)

Art. 399. O Ministro do Trabalho, Indústria e Comércio conferirá diploma de benemerência aos empregadores que se distinguirem pela organização e manutenção de creches e de instituições de proteção aos menores em idade pré-escolar, desde que tais serviços se recomendem por sua generosidade e pela eficiência das respectivas instalações.

* V. art. 35 do Dec.-lei 229/1967 (Altera dispositivos da Consolidação das Leis do Trabalho – CLT).

Art. 400. Os locais destinados à guarda dos filhos das operárias durante o período da amamentação deverão possuir, no mínimo, um

berçário, uma saleta de amamentação, uma cozinha dietética e uma instalação sanitária.

* V. art. 7.º, XXV, da CF/1988.

Seção VI
Das penalidades

Art. 401. Pela infração de qualquer dispositivo deste Capítulo, será imposta ao empregador a multa de dois a vinte valores de referência regionais, aplicada pelas Delegacias Regionais do Trabalho e Emprego ou por autoridades que exerçam funções delegadas.

* Multas: ver Notas de Atualização e Portaria MTb 290/1997.

§ 1.º A penalidade será sempre aplicada no grau máximo:

a) se ficar apurado o emprego de artifício ou simulação para fraudar a aplicação dos dispositivos deste Capítulo;

b) nos casos de reincidência.

§ 2.º O processo na verificação das infrações, bem como na aplicação e cobrança das multas, será o previsto no Título "Do Processo de Multas Administrativas", observadas as disposições deste artigo.

Arts. 401-A e 401-B. (*Vetados*)

* Artigos acrescentados pela Lei 9.799/1999.

⚖ Interpretação convergente

• Não existe determinação legal expressa de pagamento de horas extras para o caso de ausência de concessão do descanso de que trata o art. 384 da CLT, não cabendo aplicação analógica do disposto no art. 71, § 4.º, da CLT, mas tão só a aplicação de multa administrativa, a cargo do Ministério do Trabalho, pelo não cumprimento de tal dispositivo (art. 401 da CLT) Recurso da autora ao qual se nega provimento (...).

(TRT-9.ª Reg., Processo 24516200729907, 1.ª T., rel. Edmilson Antônio de Lima, *DJ* 03.03.2009)

Capítulo IV
DA PROTEÇÃO
DO TRABALHO DO MENOR

Seção I
Disposições gerais

* V. Lei 8.069/1990 (Estatuto da Criança e do Adolescente).
* V. IN SIT 66/2006 (Atuação da Inspeção do Trabalho no combate ao trabalho infantil e proteção ao trabalhador adolescente).

Art. 402. Considera-se menor para os efeitos desta Consolidação o trabalhador de 14 (quatorze) até 18 (dezoito) anos.

* *Caput* com redação determinada pela Lei 10.097/2000.
* V. art. 7.º, XXXIII, da CF/1988.

Parágrafo único. O trabalho do menor reger-se-á pelas disposições do presente Capítulo, exceto no serviço em oficinas em que trabalhem exclusivamente pessoas da família do menor e esteja este sob a direção do pai, mãe ou tutor, observado, entretanto, o disposto nos arts. 404, 405 e na Seção II.

* Parágrafo único com redação determinada pelo Dec.-lei 229/1967.

Art. 403. É proibido qualquer trabalho a menores de 16 (dezesseis) anos de idade, salvo na condição de aprendiz, a partir dos 14 (quatorze) anos.

* Artigo com redação determinada pela Lei 10.097/2000.
* V. art. 7.º, XXXIII, da CF/1988.

Parágrafo único. O trabalho do menor não poderá ser realizado em locais prejudiciais à sua formação, ao seu desenvolvimento físico, psíquico, moral e social e em horários e locais que não permitam a frequência à escola.

a) (*Revogada pela Lei 10.097/2000*)
b) (*Revogada pela Lei 10.097/2000*)

⚖️ Interpretação convergente

• Contratação de aprendiz. Percentual previsto no art. 429 da CLT. Cômputo ou não de funções e atividades insalubres. Uso de EPIs.

Há que se reconhecer a importância da introdução do jovem no mercado trabalho. Entretanto, não se pode permitir que estes ocupem os piores postos, principalmente os sabidamente nocivos à saúde, ao desenvolvimento físico e cognitivo do adolescente, em atenção ao princípio da proteção integral, que não permite a intermediação da mão de obra juvenil sem garantia de segurança efetiva. A luz deste entendimento, qual seja à proibição do trabalho do menor em locais submetidos a agentes nocivos (Anexo I, da Portaria MTE/SIT 20 de 13.09.2001), ainda que haja o uso de EPIs, deve-se interpretar o art. 429 da CLT segundo a acepção de que os cargos, emprego e funções desempenhados em ambientes reconhecidamente insalubres não integram a base de cálculo do percentual mínimo nele estipulado para a contratação de aprendizes menores de idade (...).

(TRT-19.ª Reg., RO 01412.2004.003.19.00-4, j. 27.11.2007, rel. Severino Rodrigues, DJ 03.12.2007)

📄 Interpretação divergente

• Apelação cível. Autorização judicial. Sentença de procedência para autorizar o adolescente ao labor. Insurgência do Ministério Público. Ofensa aos dispositivos constitucional e infraconstitucional. Inocorrência. Interpretação dos artigos de acordo com a finalidade da norma. Desrespeito às regras do contrato de aprendizagem. Pactuação não realizada sob tal égide. Impossibilidade de apego ao formalismo, sob pena de prejudicar os interesses do menor. Interesse de agir e possibilidade jurídica do pedido consubstanciados. Sentença mantida. Recurso desprovido.

Inexiste violação aos dispositivos constitucional e infraconstitucional pelo simples fato da decisão recorrida não ter aplicado a interpretação que o recorrente quer fazer por prevalecer.

Não se cogita em reforma do *decisum* que autorizou o adolescente a laborar, porquanto a atividade que ele irá desempenhar não interferirá nos seus estudos, já que será desenvolvida em apenas meio período, bem como não é considerada perigosa ou insalubre (...).

(TJSC, ApCiv 2011.035441-9, 5.ª Câm. Civ., j. 02.12.2011, rel. Jairo Fernandes Gonçalves, DJ 10.01.2012)

Art. 404

🏛 Interpretação extensiva

• Contrato de aprendizagem. Vínculo empregatício. Configuração. Responsabilidade solidária.

Restando evidente nos autos que houve desvirtuamento do contrato de aprendizagem, reconhece-se que houve o contrato de trabalho por prazo determinado, a teor do quanto dispõe o arts. 5.º c/c 9.º do Dec. 5.598/2005, impondo-se a condenação em responsabilidade solidária de ambos os reclamados pelos créditos trabalhistas, derivada da prática de ato ilícito, consistente na tentativa de fraudar os preceitos contidos na norma consolidada (...).

(TRT-20.ª Reg., RO 01775-2007-002-20-00-0, j. 16.09.2008, rel. Jorge Antônio Andrade Cardoso, DJ 24.09.2008)

Art. 404. Ao menor de 18 (dezoito) anos é vedado o trabalho noturno, considerado este o que for executado no período compreendido entre as 22 (vinte e duas) horas e as 5 (cinco) horas.

* V. art. 7.º, XXXIII, da CF/1988, que estabelece a proibição de trabalho noturno, perigoso ou insalubre a menores de 18 anos e de qualquer trabalho a menores de 16 anos, salvo na condição de aprendiz, a partir de 14 anos.

🏛 Interpretação extensiva

• Horas extras. Intervalo intrajornada. Indenização por dano moral. Menor. Trabalho noturno.

Não há como concluir pela violação à literalidade dos arts. 7.º, XXXIII, da CF/1988 e 404 da CLT, considerando que as normas vedam o labor noturno para o trabalho de menor de idade, nada estabelecendo sobre a caracterização do dano moral na hipótese de desrespeito aos dispositivos (...).

(TST, AIRR 500-82.2010.5.05.0024, j. 21.08.2012, rel. Maria Laura Franco Lima de Faria, DEJT 24.08.2012)

Art. 405. Ao menor não será permitido o trabalho:

* *Caput* com redação determinada pelo Dec.-lei 229/1967.
* V. art. 7.º, XXXIII, da CF/1988.

I – nos locais e serviços perigosos ou insalubres, constantes de quadro para esse fim aprovado pela Secretaria da Segurança e Saúde no Trabalho;

* V. art. 441 da CLT.
* V. Dec. 6.481/2008 (Lista das piores formas de trabalho infantil).

II – em locais ou serviços prejudiciais à sua moralidade.

§ 1.º (Revogado pela Lei 10.097/2000.)

§ 2.º O trabalho exercido nas ruas, praças e outros logradouros dependerá de prévia autorização do Juiz da Infância e da Juventude, ao qual cabe verificar se a ocupação é indispensável à sua própria subsistência ou à de seus pais, avós ou irmãos e se dessa ocupação não poderá advir prejuízo à sua formação moral.

* § 2.º com redação determinada pelo Dec.-lei 229/1967.

§ 3.º Considera-se prejudicial à moralidade do menor o trabalho:

* § 3.º com redação determinada pelo Dec.-lei 229/1967.

a) prestado de qualquer modo em teatros de revista, cinemas, boates, cassinos, cabarés, dancings e estabelecimentos análogos;

b) em empresas circenses, em funções de acrobata, saltimbanco, ginasta e outras semelhantes;

c) de produção, composição, entrega ou venda de escritos, impressos, cartazes, desenhos, gravuras, pinturas, emblemas, imagens e quaisquer outros objetos que possam, a juízo da autoridade competente, prejudicar sua formação moral;

d) consistente na venda, a varejo, de bebidas alcoólicas.

§ 4.º Nas localidades em que existirem, oficialmente reconhecidas, instituições destinadas ao amparo dos menores jornaleiros, só aos que se encontrem sob o patrocínio dessas entidades será outorgada a autorização do trabalho a que alude o § 2.º.

* § 4.º com redação determinada pelo Dec.-lei 229/1967.

§ 5.º Aplica-se ao menor o disposto no art. 390 e seu parágrafo único.

* § 5.º com redação determinada pelo Dec.-lei 229/1967.

🏛 Interpretação extensiva

• **Acidente de trabalho. Indenização por danos morais e materiais.**
A contratação de empregado menor de idade para trabalho considerado perigoso, nos termos do art. 7.º, XXXIII, da CF/1988 e art. 405, I, da CLT, enseja a presunção de culpa do empregador na hipótese de acidente do trabalho na constância da menoridade ou logo após adquirir a maioridade civil, sendo devida a indenização de que trata o art. 7.º, XXVIII, da CF/1988, a cargo do empregador (...).
(TRT-2.ª Reg., RO 00663-2006-089-02-00-2, 12.ª T., j. 19.02.2009, rel. Adalberto Martins, *DJ* 27.03.2009)

Art. 406. O Juiz da Infância e da Juventude poderá autorizar ao menor o trabalho a que se referem as letras *a* e *b* do § 3.º do art. 405:

* Artigo com redação determinada pelo Dec.-lei 229/1967.

I – desde que a representação tenha fim educativo ou a peça de que participe não possa ser prejudicial à sua formação moral;
II – desde que se certifique ser a ocupação do menor indispensável à própria subsistência ou à de seus pais, avós ou irmãos e não advir nenhum prejuízo à sua formação moral.

Art. 407. Verificado pela autoridade competente que o trabalho executado pelo menor é prejudicial à sua saúde, ao seu desenvolvimento físico ou à sua moralidade, poderá ela obrigá-lo a abandonar o serviço, devendo a respectiva empresa, quando for o caso, proporcionar ao menor todas as facilidades para mudar de funções.

* Artigo com redação determinada pelo Dec.-lei 229/1967.

Parágrafo único. Quando a empresa não tomar as medidas possíveis e recomendadas pela autoridade competente para que o menor mude

de função, configurar-se-á a rescisão do contrato de trabalho, na forma do art. 483.

Art. 408. Ao responsável legal do menor é facultado pleitear a extinção do contrato de trabalho, desde que o serviço possa acarretar para ele prejuízos de ordem física ou moral.

* Artigo com redação determinada pelo Dec.-lei 229/1967.

Art. 409. Para maior segurança do trabalho e garantia da saúde dos menores, a autoridade fiscalizadora poderá proibir-lhes o gozo dos períodos de repouso nos locais de trabalho.

Art. 410. O Ministro do Trabalho, Indústria e Comércio poderá derrogar qualquer proibição decorrente do quadro a que se refere o inc. I do art. 405 quando se certificar haver desaparecido, parcial ou totalmente, o caráter perigoso ou insalubre, que determinou a proibição.

* V. art. 35 da Dec.-lei 229/1967 (Altera dispositivos da Consolidação das Leis do Trabalho – CLT).

Seção II
Da duração do trabalho

Art. 411. A duração do trabalho do menor regular-se-á pelas disposições legais relativas à duração do trabalho em geral, com as restrições estabelecidas neste Capítulo.

* V. art. 7.º, XIII, da CF/1988.

⚖️ **Interpretação convergente**

* A teor do art. 411 da CLT. Considera-se como de serviço efetivo o período em que o empregado fica à disposição do empregador, aguardando ou executando ordens (...).
(TST, RR 171900-31.2009.5.09.0658, 8.ª T., j. 11.10.2011, rel. Dora Maria da Costa, *DEJT* 14.10.2011)

Art. 412. Após cada período de trabalho efetivo, quer contínuo, quer dividido em dois turnos, haverá um intervalo de repouso, não inferior a 11 (onze) horas.

Art. 413. É vedado prorrogar a duração normal diária do trabalho do menor, salvo:

* Artigo com redação determinada pelo Dec.-lei 229/1967.

I – até mais 2 (duas) horas, independentemente de acréscimo salarial, mediante convenção ou acordo coletivo nos termos do Título VI desta Consolidação, desde que o excesso de horas em um dia seja compensado pela diminuição em outro, de modo a ser observado o limite máximo de 48 (quarenta e oito) horas semanais ou outro inferior legalmente fixado;

* De acordo com a Constituição Federal de 1988, o limite máximo é de 44 (quarenta e quatro) horas semanais (art. 7.º, XIII, da CF/1988).

II – excepcionalmente, por motivo de força maior, até o máximo de 12 (doze) horas, com acréscimo salarial de pelo menos 25% (vinte e cinco por cento) sobre a hora normal e desde que o trabalho do menor seja imprescindível ao funcionamento do estabelecimento.

* De acordo com a Constituição Federal de 1988, o percentual é de no mínimo 50% (cinquenta por cento) sobre a hora normal (art. 7.º, XVI, da CF/1988).
* V. art. 59 da CLT.

Parágrafo único. Aplica-se à prorrogação do trabalho do menor o disposto no art. 375, no parágrafo único do art. 376, no art. 378 e no art. 384 desta Consolidação.

* Os arts. 375 e 378 foram revogados pela Lei 7.855/1989 e o art. 376 foi revogado pela Lei 10.244/2001.

Art. 414. Quando o menor de 18 (dezoito) anos for empregado em mais de um estabelecimento, as horas de trabalho em cada um serão totalizadas.

Seção III
Da admissão em emprego
e da Carteira de Trabalho
e Previdência Social

Art. 415. (*Revogado*)

* V. Dec.-lei 926/1969 (Normas sobre a CTPS).

Arts. 416 e 417. (*Revogado*)

* V. Lei 5.686/1971 (Normas sobre a CTPS).

Art. 418. (*Revogado pela Lei 7.855/1989*)

Arts. 419 a 423. (*Revogados*)

* V. Lei 5.686/1971 (Normas sobre a CTPS).

Seção IV
Dos deveres dos responsáveis legais de menores
e dos empregadores. Da aprendizagem

* V. Dec. 5.598/2005 (Regulamenta a contratação de aprendizes).

Art. 424. É dever dos responsáveis legais de menores, pais, mães, ou tutores, afastá-los de empregos que diminuam consideravelmente o seu tempo de estudo, reduzam o tempo de repouso necessário à sua saúde e constituição física, ou prejudiquem a sua educação moral.

* V. art. 208, § 3.º, da CF/1988.

⚖ Interpretação convergente

• O art. 424 da CLT define como representante legal do menor o pai, a mãe ou o tutor, onde estes têm a responsabilidade legal de afastá-los de empregos que possam interferir na sua formação social (...)
(TRT-2.ª Reg., RO 138200504702004, 2.ª T., j. 01.07.2009, rel. Jucirema Maria Godinho Gonçalves, DJ 28.07.2009)

Art. 425

Art. 425. Os empregadores de menores de 18 (dezoito) anos são obrigados a velar pela observância, nos seus estabelecimentos ou empresas, dos bons costumes e da decência pública, bem como das regras de segurança e saúde do trabalho.

🏛 Interpretação extensiva

• Como se vê, o contrato de aprendizagem tem como finalidade primordial a inserção dos jovens no mercado de trabalho, possibilitando-lhes conjugar a formação teórica à prática profissional.
Sem essa perspectiva, emperra-se a formação de profissionais qualificados, condenando muitos jovens a manter-se estagnados em subempregos. Num mercado global competitivo, somente o aprendizado e a experiência garantem um futuro melhor para o indivíduo, sua família e a própria sociedade (...).
(TRT-3.ª Reg., Ac 00337-2011-055-03-00-0, 3.ª T., j. 28.02.2012, rel. Eduardo Augusto Lobato, *DJ* 28.02.2012)

Art. 426. É dever do empregador, na hipótese do art. 407, proporcionar ao menor todas as facilidades para mudar de serviço.

⚖ Interpretação convergente

• Ressalte-se que, embora a submissão de menor a trabalho insalubre constitua falta grave, caberia, antes, o requerimento de alteração de função (art. 407 da CLT) (...).
(TRT-3.ª Reg., RO 1534-33.2012.5.03.0136, j. 11.04.2013, rel. Jesse Claudio Franco, *DJ* 23.04.2013)

Art. 427. O empregador, cuja empresa ou estabelecimento ocupar menores, será obrigado a conceder-lhes o tempo que for necessário para a frequência às aulas.

Parágrafo único. Os estabelecimentos situados em lugar onde a escola estiver a maior distância que dois quilômetros, e que ocuparem, perma-

nentemente, mais de 30 (trinta) menores analfabetos, de 14 (quatorze) a 18 (dezoito) anos, serão obrigados a manter local apropriado em que lhes seja ministrada a instrução primária.

Art. 428. Contrato de aprendizagem é o contrato de trabalho especial, ajustado por escrito e por prazo determinado, em que o empregador se compromete a assegurar ao maior de 14 (quatorze) e menor de 24 (vinte e quatro) anos inscrito em programa de aprendizagem formação técnico-profissional metódica, compatível com o seu desenvolvimento físico, moral e psicológico, e o aprendiz, a executar com zelo e diligência as tarefas necessárias a essa formação.

* *Caput* com redação determinada pela Lei 11.180/2005.
* V. Dec. 5.598/2005 (Regulamenta a contratação de aprendizes).
* V. IN SIT/MTE 75/2009 (Disciplina a fiscalização das condições de trabalho no âmbito dos programas de aprendizagem).

§ 1.º A validade do contrato de aprendizagem pressupõe anotação na Carteira de Trabalho e Previdência Social, matrícula e frequência do aprendiz na escola, caso não haja concluído o ensino médio, e inscrição em programa de aprendizagem desenvolvido sob orientação de entidade qualificada em formação técnico-profissional metódica.

* § 1.º com redação determinada pela Lei 11.788/2008.
* V. art. 1.º do Dec.-lei 926/1969 (Institui a Carteira de Trabalho e Previdência Social).

§ 2.º Ao menor aprendiz, salvo condição mais favorável, será garantido o salário mínimo hora.

* § 2.º acrescentado pela Lei 10.097/2000.

⚖️ **Interpretação convergente**

* **Súmula 205 do STF**
Tem direito a salário integral o menor não sujeito a aprendizagem metódica.

§ 3.º O contrato de aprendizagem não poderá ser estipulado por mais de 2 (dois) anos, exceto quando se tratar de aprendiz portador de deficiência.

Art. 428 — CONSOLIDAÇÃO DAS LEIS DO TRABALHO

* § 3.º com redação determinada pela Lei 11.788/2008.

§ 4.º A formação técnico-profissional a que se refere o *caput* deste artigo caracteriza-se por atividades teóricas e práticas, metodicamente organizadas em tarefas de complexidade progressiva desenvolvidas no ambiente de trabalho.

* § 4.º acrescentado pela Lei 10.097/2000.
* V. art. 7.º, XXXIII, da CF/1988.

§ 5.º A idade máxima prevista no *caput* deste artigo não se aplica a aprendizes portadores de deficiência.

* § 5.º acrescentado pela Lei 11.180/2005.

§ 6.º Para os fins do contrato de aprendizagem, a comprovação da escolaridade de aprendiz portador de deficiência mental deve considerar, sobretudo, as habilidades e competências relacionadas com a profissionalização.

* § 6.º acrescentado pela Lei 11.180/2005.

§ 7.º Nas localidades onde não houver oferta de ensino médio para o cumprimento do disposto no § 1.º deste artigo, a contratação do aprendiz poderá ocorrer sem a frequência à escola, desde que ele já tenha concluído o ensino fundamental.

* § 7.º acrescentado pela Lei 11.788/2008.

⚖️ **Interpretação convergente**

• Mantida a natureza do contrato como sendo de aprendizagem, devem incidir sobre a relação mantida entre as partes as regras inerentes a tal modalidade de vínculo trabalhista. Nesta esteira, aplica-se o art. 428, § 2.º, da CLT, segundo o qual "ao menor aprendiz, salvo condição mais favorável, será garantido o salário mínimo hora" (...).
(TRT-7.ª Reg., RO 1172008020075070028, 2.ª T., j. 24.08.2009, rel. Cláudio Soares Pires, DJ 31.08.2009)

Art. 429

Art. 429. Os estabelecimentos de qualquer natureza são obrigados a empregar e matricular nos cursos dos Serviços Nacionais de Aprendizagem número de aprendizes equivalente a 5% (cinco por cento), no mínimo, e 15% (quinze por cento), no máximo, dos trabalhadores existentes em cada estabelecimento, cujas funções demandem formação profissional.

* *Caput* com redação determinada pela Lei 10.097/2000.
* V. art. 62 do ADCT.

a) (*Revogada pela Lei 10.097/2000*)

b) (*Revogada pelo Dec.-lei 9.576/ 1946 e pela Lei 10.097/2000*)

§ 1.º-A. O limite fixado neste artigo não se aplica quando o empregador for entidade sem fins lucrativos, que tenha por objetivo a educação profissional.

* § 1.º-A acrescentado pela Lei 10.097/2000.

§ 1.º As frações de unidade, no cálculo da percentagem de que trata o *caput*, darão lugar à admissão de um aprendiz.

* § 1.º acrescentado pela Lei 10.097/2000.
* V. art. 7.º, XXXIII, da CF/1988.

§ 2.º Os estabelecimentos de que trata o *caput* ofertarão vagas de aprendizes a adolescentes usuários do Sistema Nacional de Atendimento Socioeducativo (Sinase) nas condições a serem dispostas em instrumentos de cooperação celebrados entre os estabelecimentos e os gestores dos Sistemas de Atendimento Socioeducativo locais.

* § 2.º acrescentado pela Lei 12.594/2012 (*DOU* 19.01.2012; ret. 20.01.2012), em vigor após decorridos 90 (noventa) dias de sua publicação oficial.

⚖ Interpretação convergente

* A teor do art. 429 da CLT as empresas são obrigadas a empregar aprendizes em quantidade equivalente a 5% (cinco por cento), no mínimo, e 15% (quinze

por cento), no máximo, dos trabalhadores existentes em cada estabelecimento, cujas funções demandem formação profissional (...).
(TRT-3.ª Reg., RO 00337-2011-055-03-00-0, 3.ª T., j. 28.02.2012, rel. Eduardo Augusto Lobato, DJ 28.02.2012)

Art. 430. Na hipótese de os Serviços Nacionais de Aprendizagem não oferecerem cursos ou vagas suficientes para atender à demanda dos estabelecimentos, esta poderá ser suprida por outras entidades qualificadas em formação técnico-profissional metódica, a saber:

* Artigo com redação determinada pela Lei 10.097/2000.
* V. art. 7.º, XXXIII, da CF/1988.
* V. Portaria MTE 2.755/2010 (Realização de cooperação ou parcerias entre entidades sem fins lucrativos para o desenvolvimento e a execução dos programas de aprendizagem).

I – Escolas Técnicas de Educação;

II – entidades sem fins lucrativos, que tenham por objetivo a assistência ao adolescente e à educação profissional, registradas no Conselho Municipal dos Direitos da Criança e do Adolescente.

§ 1.º As entidades mencionadas neste artigo deverão contar com estrutura adequada ao desenvolvimento dos programas de aprendizagem, de forma a manter a qualidade do processo de ensino, bem como acompanhar e avaliar os resultados.

§ 2.º Aos aprendizes que concluírem os cursos de aprendizagem, com aproveitamento, será concedido certificado de qualificação profissional.

§ 3.º O Ministério do Trabalho e Emprego fixará normas para avaliação da competência das entidades mencionadas no inc. II deste artigo.

⚖️ **Interpretação convergente**

• O art. 430 da CLT estabelece que, na falta de cursos ou vagas oferecidos pelos Serviços Nacionais de Aprendizagem (Sistema "S") para atender à demanda dos

estabelecimentos, poderão estes ser supridos por outras entidades qualificadas em formação técnico-profissional metódica tais como: (a) Escolas Técnicas de Educação; e (b) entidades sem fins lucrativos, que tenham por objetivo a assistência ao adolescente e à educação profissional, registradas no Conselho Municipal dos Direitos da Criança e do Adolescente (...).
(TRT-3.ª Reg., Ac 00337-2011-055-03-00-0, 3.ª T., j. 28.02.2012, rel. Eduardo Augusto Lobato, DJ 28.02.2012)

• O art. 429 da CLT determina que os estabelecimentos de qualquer natureza são obrigados a empregar e matricular os aprendizes nos cursos dos Serviços Nacionais de Aprendizagem. Não havendo oferta de cursos ou disponibilização de vagas pelos Serviços Nacionais de Aprendizagem, as entidades elencadas no art. 430 da CLT estão autorizadas a ofertar cursos para empregados aprendizes, visando ao preenchimento do pressuposto legal da matrícula em curso de aprendizagem. De toda forma, remanesce para a empresa a obrigatoriedade de contratar empregados aprendizes e matriculá-los em cursos profissionalizantes, seja recorrendo aos Serviços de Aprendizagem ou buscando as outras instituições na hipótese de inexistência de vagas ou do próprio curso nos primeiros (...).
(TRT-23.ª Reg., RO 337201103623002 MT, 1.ª T., j. 05.06.2012, rel. Osmair Couto, DJ 12.06.2012)

Art. 431. A contratação do aprendiz poderá ser efetivada pela empresa onde se realizará a aprendizagem ou pelas entidades mencionadas no inc. II do art. 430, caso em que não gera vínculo de emprego com a empresa tomadora dos serviços.

* *Caput* com redação determinada pela Lei 10.097/2000.

a) (*Revogada pela Lei 10.097/2000*)

b) (*Revogada pela Lei 10.097/2000*)

c) (*Revogada pela Lei 10.097/2000*)
Parágrafo único. Aos candidatos rejeitados pela seleção profissional deverá ser dada, tanto quanto possível orientação profissional para ingresso em atividade mais adequada às qualidades e aptidões que tiverem demonstrado.

Art. 432

⚖️ Interpretação convergente

• No tocante aos menores que prestam serviço à parte autora, trata-se de contrato de aprendizagem. Este, como é sabido, pode ser efetivado de duas formas: (1) por meio da própria empresa onde se realizará a aprendizagem, caso em que gerará vínculo empregatício direto; (2) por meio de entidades sem fins lucrativos, que tenham por objetivo a assistência ao adolescente e à educação profissional, registradas no Conselho Municipal dos Direitos da Criança e do Adolescente, hipótese em que não gera vínculo de emprego com a empresa tomadora dos serviços (art. 431 CLT) (...).
(TRF-5.ª Reg., ApCiv 302395 (2001.85.00.001440-8), 4.ª T., j. 30.03.2010, rel. Hélio Silvio Ourem Campos, *DJ* 08.04.2010)

Art. 432. A duração do trabalho do aprendiz não excederá de 6 (seis) horas diárias, sendo vedadas a prorrogação e a compensação de jornada.

* *Caput* com redação determinada pela Lei 10.097/2000.
* V. art. 7.º, XXXIII, da CF/1988.

§ 1.º O limite previsto neste artigo poderá ser de até 8 (oito) horas diárias para os aprendizes que já tiverem completado o ensino fundamental, se nelas forem computadas as horas destinadas à aprendizagem teórica.

* § 1.º com redação determinada pela Lei 10.097/2000.

§ 2.º (*Revogado pela Lei 10.097/2000*)

⚖️ Interpretação convergente

• Segundo o art. 432 da CLT: "A duração do trabalho do aprendiz não excederá de seis horas diárias, sendo vedadas a prorrogação e a compensação de jornada. (Redação dada pela Lei 10.097, de 19.12.2000)". Nesse contexto: "§ 1.º O limite previsto neste artigo poderá ser de até oito horas diárias para os aprendizes que já tiverem completado o ensino fundamental, se nelas forem computadas

as horas destinadas à aprendizagem teórica. (Redação dada pela Lei 10.097, de 19.12.2000)" (...).
(TRT-24.ª Reg., RO 240200700124017, 2.ª T., j. 30.01.2008, rel. João Marcelo Balsanelli, DJ 15.02.2008)

Art. 433. O contrato de aprendizagem extinguir-se-á no seu termo ou quando o aprendiz completar 24 (vinte e quatro) anos, ressalvada a hipótese prevista no § 5.º do art. 428 desta Consolidação, ou ainda antecipadamente nas seguintes hipóteses:

* *Caput* com redação determinada pela Lei 11.180/2005.
* V. art. 7.º, XXXIII, da CF/1988.

a) (*Revogada pela Lei 10.097/2000*)
b) (*Revogada pela Lei 10.097/2000*)
I – desempenho insuficiente ou inadaptação do aprendiz;

* Inc. I acrescentado pela Lei 10.097/2000.

II – falta disciplinar grave;

* Inc. II acrescentado pela Lei 10.097/2000.

III – ausência injustificada à escola que implique perda do ano letivo; ou

* Inc. III acrescentado pela Lei 10.097/2000.

IV – a pedido do aprendiz.

* Inc. IV acrescentado pela Lei 10.097/2000.

Parágrafo único. (*Revogado pela Lei 3.519/1958*)
§ 2.º Não se aplica o disposto nos arts. 479 e 480 desta Consolidação às hipóteses de extinção do contrato mencionadas neste artigo.

* § 2.º acrescentado pela Lei 10.097/2000 (a Lei 10.097/2000 não renumerou os parágrafos deste artigo).

⚖ Interpretação convergente

• Impõe-se, a toda evidência, o exame da prova no caso concreto, ou seja, há que se aferir a realidade fática do contrato de trabalho para verificar se realmente houve desempenho insuficiente ou inadaptação do autor a ensejar o rompimento antecipado do contrato de aprendizagem, nos termos do inc. I do art. 433 da CLT (...).
(TRT-15.ª Reg., RO 33879, j. 18.06.2010, rel. José Antonio Pancotti, *DJ* 24.06.2010)

Seção V
Das penalidades

Art. 434. Os infratores das disposições deste Capítulo ficam sujeitos à multa de valor igual a um salário mínimo regional, aplicada tantas vezes quantos forem os menores empregados em desacordo com a lei, não podendo, todavia, a soma das multas exceder a cinco vezes o salário mínimo regional, salvo no caso de reincidência, em que esse total poderá ser elevado ao dobro.

* Artigo com redação determinada pelo Dec.-lei 229/1967.
* Multas: ver Notas de Atualização e Portaria MTb 290/1997.

⚖ Interpretação convergente

• Contrato de aprendizagem. Auto de infração. Multa administrativa. Legalidade. O art. 429 da CLT dispõe que os estabelecimentos de qualquer natureza são obrigados a empregar e matricular nos cursos dos Serviços Nacionais de Aprendizagem número de aprendizes equivalente a cinco por cento, no mínimo, e quinze por cento, no máximo, dos trabalhadores existentes em cada estabelecimento, cujas funções demandem formação, sob pena de multa (art. 434 da CLT). Assim, constatada pelo Auditor Fiscal do Trabalho a inexistência de aprendizes contratados, ainda que oportunizada a regularização, lídimo o Auto de Infração lavrado, porquanto ausente qualquer irregularidade formal ou material a ensejar nulidade (...).
(TRT-9.ª Reg., RO 2488-2009-22-9-0-4, rel. Ubirajara Carlos Mendes, *DJ* 05.10.2010)

• Embargos à execução fiscal. Nulidade do auto de infração. Prejuízo inocorrente. Certidão de Débito Ativo subsistente. Verba honorária. Dec.-lei 1.025/1969.

1. Nulidade afastada, porque só tem lugar quando há prejuízo e, na hipótese, isso não ocorreu, à medida que, se o art. 434 da CLT, embora preveja para cada menor empregado em desacordo com a lei multa de 1 (um) salário mínimo, limita a soma das multas impostas ao infrator a no máximo 5 (cinco) salários mínimos, certo é que poderia a empresa, atenta ao ônus que lhe incumbia (art. 3.º, parágrafo único, da Lei 6.830/1980), ter desconstituído a presunção de que se reveste a CDA juntando aos autos cópias dos cartões de ponto dos cinco empregados a que se refere a fiscalização, demonstrando, de forma cabal, a regularidade de suas jornadas de trabalho, porque, mesmo que se tenha apurado que mais onze empregados encontravam-se em situação irregular, isso em nada alteraria a imputação e a valoração da multa.
2. A inércia da embargante em fazer prova inequívoca da regularidade da jornada de trabalho, no mínimo, dos cinco empregados descritos no auto de infração, quando poderia ter colacionado aos autos todas as provas úteis à sua defesa (art. 16, § 2.º, da Lei 6.830/1980), não pode prevalecer sobre meras omissões constantes do auto de infração, sem qualquer potencialidade lesiva (...).
(TRF-3.ª Reg., Ap 1999.03.99.089545-7, 6.ª T., j. 22.10.2009, rel. Lazarano Neto)

Art. 435. Fica sujeita à multa de valor igual a um salário mínimo regional e ao pagamento da emissão de nova via a empresa que fizer na Carteira de Trabalho e Previdência Social do menor anotação não prevista em lei.

* Artigo com redação determinada pelo Dec.-lei 229/1967.
* V. art. 1.º do Dec.-lei 926/1969 (Carteira de Trabalho e Previdência Social).
* Multas: ver Notas de Atualização e Portaria MTb 290/1997.

Arts. 436 e 437. *(Revogados pela Lei 10.097/2000)*

Art. 438. São competentes para impor as penalidades previstas neste capítulo:
a) no Distrito Federal, a autoridade de 1.ª instância do Departamento Nacional do Trabalho;
b) nos Estados e Território do Acre, os delegados regionais do Ministério do Trabalho, Indústria e Comércio ou os funcionários por eles designados para tal fim.

* V. art. 35, IV, do Dec.-lei 229/1967.

Art. 439

Parágrafo único. O processo, na verificação das infrações, bem como na aplicação e cobrança das multas, será o previsto no Título "Do Processo de Multas Administrativas", observadas as disposições deste artigo.

Seção VI
Disposições finais

Art. 439. É lícito ao menor firmar recibo pelo pagamento dos salários. Tratando-se, porém, de rescisão do contrato de trabalho, é vedado ao menor de 18 (dezoito) anos dar, sem assistência dos seus responsáveis legais, quitação ao empregador pelo recebimento da indenização que lhe for devida.

⚖ Interpretação convergente

• Quitação das verbas rescisórias. Empregado menor de dezoito anos. Ausência de assistência por parte do responsável legal no momento da resilição contratual. Invalidade.
O art. 439 da CLT dispõe que é vedado ao menor de 18 anos, tratando-se de rescisão do pacto laboral, dar quitação ao empregador pelo recebimento da indenização que lhe for devida sem a assistência de seus responsáveis legais. Não se vislumbra no Termo de Rescisão do Contrato de Trabalho havido nos autos que a Autora estivesse devidamente assistida por um de seus pais ou outro responsável no momento de sua dispensa sem justa causa, daí porque inválida a quitação conferida pelo recibo rescisório, uma vez que a Reclamante alega que não recebeu os valores lá consignados (...).
(TRT-9.ª Reg., RO 39-2011-654-9-0-0, 1.ª T., rel. Janete do Amarante, DJ 10.02.2012)

Art. 440. Contra os menores de 18 (dezoito) anos não corre nenhum prazo de prescrição.

🏛 Interpretação extensiva

• Recurso de revista interposto pelo reclamado. Trabalhador falecido. Reclamação trabalhista proposta pelo espólio. Herdeiros menores. Prescrição.

O caso dos autos trata de reclamação trabalhista proposta pelos sucessores de empregado maior falecido, composta de quatro herdeiros (2 (dois)maiores de idade, 1 (um) menor relativamente incapaz e 1 (um) menor absolutamente incapaz à época da extinção contratual), que postulam direitos trabalhistas pertencentes ao empregado falecido. No direito do trabalho, não há norma específica que regule essa situação, no tocante à regra prescricional aplicável aos herdeiros menores da sucessão de trabalhador maior falecido. Portanto, por força do art. 8.º da CLT, é subsidiariamente aplicável ao caso o art. 198, I, do CC/2002 (que estabelece que não corre a prescrição contra os absolutamente incapazes), regra que se aplica à herdeira menor absolutamente incapaz que integra o espólio do trabalhador falecido. Já a herdeira menor relativamente incapaz está sujeita aos prazos prescricionais contidos no art. 7.º, XXIX, da CF/1988. Ao contrário do que decidiu o Tribunal Regional, a regra do art. 440 da CLT (segundo a qual não corre nenhum prazo de prescrição contra menores de idade) aplica-se apenas ao trabalhador menor que postula direitos próprios, o que não é o caso dos autos. Recurso de revista de que se conhece e a que se dá parcial provimento (...).
(TST, RR 26800-05.2009.5.04.0102, 4.ª T., j. 22.05.2013, rel. Fernando Eizo Ono, *DEJT* 31.05.2013)

• Prescrição do direito de ação. Menores herdeiros do empregado falecido.
O impedimento de que cogita o art. 440 da CLT ("contra os menores de 18 (dezoito) anos não corre nenhum prazo de prescrição") se aplica tanto nos casos em que se trata de menor empregado, ou seja, quando este é sujeito da relação de emprego, quanto nas situações em que o menor figura como herdeiro do empregado (...). Dessa forma, demonstrado que à época da morte do ex-empregado e do ajuizamento da ação os autores não haviam atingido a maioridade legal, há de ser afastada a prescrição do direito de postular em Juízo as reparações legais que consideram devidas pelo ex-empregador, em razão da ruptura do contrato firmado com seu pai (...).
(TRT-3.ª Reg., RO 00364-2007-010-03-00-5, 7.ª T., j. 23.10.2008, rel. Alice Monteiro de Barros, *DJ* 06.11.2008)

Art. 441. O quadro a que se refere o item I do art. 405 será revisto bienalmente.

* Artigo com redação determinada pelo Dec.-lei 229/1967.

Art. 442

TÍTULO IV
DO CONTRATO INDIVIDUAL
DO TRABALHO

Capítulo I
DISPOSIÇÕES GERAIS

* V. Lei 9.601/1998 (Contrato de trabalho por prazo determinado).
* V. Dec. 2.490/1998 (Regulamenta a Lei 9.601/1998).
* V. Portaria MTb 207/1998 (Instruções sobre a forma de cálculo das médias previstas nos arts. 3.º e 4.º da Lei 9.601/1998).

Art. 442. Contrato individual de trabalho é o acordo tácito ou expresso, correspondente à relação de emprego.

⚖️ **Interpretação convergente**

• O empregador pode estipular tacitamente benefício contratual ao empregado, pelo pagamento habitual, ao longo do tempo, de parcela salarial, a teor do art. 442 da CLT. Tal benefício instituído pela empresa, pago de forma habitual, incorpora-se ao contrato de trabalho de seus empregados, não podendo ser suprimido unilateralmente, sob pena de descumprimento do mandamento constitucional que proíbe a redução do salário, em face dos princípios da intangibilidade salarial, estabilidade financeira do empregado e da proibição de alteração unilateral em prejuízo do empregado, a teor do art. 468 da CLT (...).
(TST, RR 37300-84.2001.5.02.0032, 6.ª T., j. 09.04.2008, rel. Aloysio Corrêa da Veiga, *DEJT* 11.04.2008)

Comprovado que o profissional autônomo começou a prestar serviços para a administração municipal antes mesmo da data da celebração do contrato formal, devida é a contraprestação pactuada, uma vez que caracterizado contrato de trabalho tácito entre as partes (...).

(TRT-14.ª Reg., RO 320, 1.ª T., j. 26.05.2010, rel. Vulmar de Araújo Coêlho Junior, *DJ* 28.05.2010)

Interpretação extensiva

- **Súmula 195 do STF**

Contrato de trabalho para obra certa, ou de prazo determinado, transforma-se em contrato de prazo indeterminado, quando prorrogado por mais de 4 (quatro) anos.

- **Súmula 207 do STF**

As gratificações habituais, inclusive a de natal, consideram-se tacitamente convencionadas, integrando o salário.

- **Súmula 129 do TST**

A prestação de serviços a mais de uma empresa do mesmo grupo econômico, durante a mesma jornada de trabalho, não caracteriza a coexistência de mais de um contrato de trabalho, salvo ajuste em contrário.

Interpretação restritiva

- **OJ 199 da SDI-I/TST**

Jogo do bicho. Contrato de trabalho. Nulidade. Objeto ilícito. (Título alterado e inserido dispositivo). (*DEJT* 16, 17 e 18.11.2010)
É nulo o contrato de trabalho celebrado para o desempenho de atividade inerente à prática do jogo do bicho, ante a ilicitude de seu objeto, o que subtrai o requisito de validade para a formação do ato jurídico.

> **Parágrafo único. Qualquer que seja o ramo de atividade da sociedade cooperativa, não existe vínculo empregatício entre ela e seus associados, nem entre estes e os tomadores de serviços daquela.**
>
> * Parágrafo único acrescentado pela Lei 8.949/1994.
> * V. Lei 9.867/1999 (Criação e funcionamento de Cooperativas Sociais).

Interpretação extensiva

- Restando configurada fraude na contratação de mão de obra por intermédio de cooperativa, que nada mais foi que típica empresa interposta, pois os elementos essenciais caracterizadores do vínculo de emprego estiveram presentes

Art. 442-A

na relação jurídica havida entre a obreira e a empresa tomadora dos serviços, o reconhecimento do vínculo entre os últimos é medida que se impõe e que, dadas as circunstâncias delineadas, em nada ofende o teor do art. 442, parágrafo único, da CLT que trata dos legítimos casos de trabalho cooperado (...).
(TRT-2.ª Reg., RO 1285200102302008, 5.ª T., j.29.06.2010, rel. Anelia Li Chum, *DJ* 08.07.2010)

• Embora o parágrafo único do art. 442 da CLT estabeleça que não há formação de vínculo de emprego do cooperado com a cooperativa, a análise a ser feita diz respeito a efetiva existência de relação cooperativa/cooperado. De fato, a lei afasta o reconhecimento de vínculo empregatício na hipótese de contratação por autêntica Cooperativa, a qual gera melhoria de renda aos associados, melhorias nas condições de trabalho e na qualidade de vida do trabalhador. O verdadeiro cooperativismo se configura quando a pessoa filiada à cooperativa é, ao mesmo tempo, cooperado e cliente, ou seja, deve haver efetiva prestação de serviços da cooperativa ao associado e não somente a terceiros (princípio da dupla qualidade) (...).
(TRT-9.ª Reg., RO 1193201126900, 3.ª T., j. 14.08.2012, rel. Archimedes Castro Campos Júnior, *DJ* 14.08.2012)

Art. 442-A. Para fins de contratação, o empregador não exigirá do candidato a emprego comprovação de experiência prévia por tempo superior a 6 (seis) meses no mesmo tipo de atividade.

* Artigo acrescentado pela Lei 11.644/2008.

Art. 443. O contrato individual de trabalho poderá ser acordado tácita ou expressamente, verbalmente ou por escrito e por prazo determinado ou indeterminado.

§ 1.º Considera-se como de prazo determinado o contrato de trabalho cuja vigência dependa de termo prefixado ou da execução de serviços especificados ou ainda da realização de certo acontecimento suscetível de previsão aproximada.

* Primitivo parágrafo único renumerado pelo Dec.-lei 229/1967.
* V. Lei 9.601/1998 (Contrato de trabalho por prazo determinado).
* V. Dec. 2.490/1998 (Regulamenta a Lei 9.601/1998).

* V. Portaria MTb 207/1998 (Instruções sobre a forma de cálculo das médias previstas nos arts. 3.º e 4.º da Lei 9.601/1998).

§ 2.º O contrato por prazo determinado só será válido em se tratando:

* § 2.º acrescentado pelo Dec.-lei 229/1967.
* V. art. 37, IX, da CF/1988.

a) de serviço cuja natureza ou transitoriedade justifique a predeterminação do prazo;

b) de atividades empresariais de caráter transitório;

c) de contrato de experiência.

Interpretação extensiva

• **Súmula 195 do STF**

Contrato de trabalho para obra certa, ou de prazo determinado, transforma-se em contrato de prazo indeterminado, quando prorrogado por mais de quatro anos.

• Com a alegação da reclamada de que o reclamante, na verdade, teria firmado um contrato verbal de empreitada, atraiu a mesma o ônus probatório. Não se desincumbindo a contento de tal encargo, deve-se reconhecer como de emprego a relação havida entre as partes (...).
(TRT-20.ª Reg., RO 348857720075200013, j. 19.10.2009, rel. Carlos De Menezes Faro Filho, *DJ* 18.11.2009)

Art. 444. As relações contratuais de trabalho podem ser objeto de livre estipulação das partes interessadas em tudo quanto não contravenha às disposições de proteção ao trabalho, aos contratos coletivos que lhes sejam aplicáveis e às decisões das autoridades competentes.

* V. art. 5.º, XIII, da CF/1988.
* V. Súmulas 91, 92 e 288 do TST.

Art. 445

🏛 Interpretação extensiva

• **Súmula 51 do TST**
I – As cláusulas regulamentares, que revoguem ou alterem vantagens deferidas anteriormente, só atingirão os trabalhadores admitidos após a revogação ou alteração do regulamento.
II – Havendo a coexistência de dois regulamentos da empresa, a opção do empregado por um deles tem efeito jurídico de renúncia às regras do sistema do outro.

• **Súmula 277 do TST**
Convenção coletiva de trabalho ou acordo coletivo de trabalho. Eficácia. Ultratividade. (Redação alterada na Sessão do Tribunal Pleno realizada em 14.09.2012). (Res. TST 185/2012, *DEJT* 25, 26 e 27.09.2012)
As cláusulas normativas dos acordos coletivos ou convenções coletivas integram os contratos individuais de trabalho e somente poderão ser modificadas ou suprimidas mediante negociação coletiva de trabalho.

> **Art. 445.** O contrato de trabalho por prazo determinado não poderá ser estipulado por mais de 2 (dois) anos, observada a regra do art. 451.

* Artigo com redação determinada pelo Dec.-lei 229/1967.
* V. Lei 9.601/1998 (Contrato de trabalho por prazo determinado).
* V. Dec. 2.490/1998 (Regulamenta a Lei 9.601/1998).
* V. Portaria MTb 207/1998 (Instruções sobre a forma de cálculo das médias previstas nos arts. 3.º e 4.º da Lei 9.601/1998).

⚖ Interpretação convergente

• **Súmula 195 do STF**
Contrato de trabalho para obra certa, ou de prazo determinado, transforma-se em contrato de prazo indeterminado, quando prorrogado por mais de quatro anos.

• Não obstante a contratação de trabalhador por prazo determinado, a não observância do prazo máximo estabelecido em lei transmuda a natureza de tal contrato para de prazo indeterminado (...).
(TRT-6.ª Reg., RO 52300152008506, 3.ª T., j. 05.05.2010, rel. Ana Cristina da Silva Ferreira Lima, *DJ* 14.05.2010)

Parágrafo único. O contrato de experiência não poderá exceder de 90 (noventa) dias.

⚖️ Interpretação convergente

- **Súmula 188 do TST**

Contrato de trabalho. Experiência. Prorrogação. (Res. TST 121/2003, *DJ* 19, 20 e 21.11.2003).

O contrato de experiência pode ser prorrogado, respeitado o limite máximo de 90 (noventa) dias.

- Tendo em vista que o contrato de experiência tem limite de prazo, não podendo ser pactuado ou prorrogado além de 90 dias, conforme consta no art. 445 da CLT e, no caso dos autos, este prazo não foi respeitado, a contratação passa a vigorar sem determinação de prazo (...).

(TRT-4.ª Reg., RO 2049820105040861 8.ª T., j. 16.06.2011, rel. Maria Madalena Telesca, *DJ* 16.06.2011)

Art. 446. *(Revogado pela Lei 7.855/1989)*

Art. 447. Na falta de acordo ou prova sobre condição essencial ao contrato verbal, esta se presume existente, como se a tivessem estatuído os interessados, na conformidade dos preceitos jurídicos adequados à sua legitimidade.

* V. Súmula 12 do TST.

🏛 Interpretação extensiva

- **Súmula 207 do STF**

As gratificações habituais, inclusive a de natal, consideram-se tacitamente convencionadas, integrando o salário.

Art. 448

CONSOLIDAÇÃO DAS LEIS DO TRABALHO

Art. 448. A mudança na propriedade ou na estrutura jurídica da empresa não afetará os contratos de trabalho dos respectivos empregados.

* V. arts. 60 do parágrafo único e 141, § 2.º, da Lei 11.101/2005 (Lei de Recuperação de Empresas e Falência); sem correspondência no Dec.-lei 7.661/1945 (Lei de Falências).

⚖ Interpretação convergente

• O entendimento que se extrai dos arts. 10 e 448 da CLT é no sentido de que, mesmo diante da mudança de empregadores, os direitos já incorporados ao patrimônio do empregado devem ser preservados, pois qualquer alteração na estrutura da empresa não pode afetar o contrato de trabalho (...).
(TST, RR 100100-65.2008.5.01.0054, 3.ª T., 24.04.2013, rel. Alexandre de Souza Agra Belmonte, *DEJT* 26.04.2013)

• A mudança na propriedade ou na estrutura jurídica da empresa não afetará os contratos de trabalho dos respectivos empregados. A modificação na estrutura jurídica das empresas, nas hipóteses de transformação, incorporação, fusão e cisão, inclusive de mudança de proprietário, não afetam os direitos adquiridos por seus empregados, já que estes estão vinculados ao estabelecimento comercial e não à figura do empregador (...).
(TRT-6.ª Reg., AgPet 45000292007506, 2.ª T., j. 14.10.2009, rel. Maria Helena Guedes Soares de Pinho Maciel, *DJ* 14.11.2009)

🏛 Interpretação extensiva

• **OJ 408 da SDI-I/TST**
Juros de mora. Empresa em liquidação extrajudicial. Sucessão trabalhista. (DEJT divulgado em 22, 25 e 26.10.2010).
É devida a incidência de juros de mora em relação aos débitos trabalhistas de empresa em liquidação extrajudicial sucedida nos moldes dos arts. 10 e 448 da CLT. O sucessor responde pela obrigação do sucedido, não se beneficiando de qualquer privilégio a este destinado.

Interpretação restritiva

- **OJ 225 da SDI-I/TST**

Contrato de concessão de serviço público. Responsabilidade trabalhista (*DJ* 20.04.2005).
Celebrado contrato de concessão de serviço público em que uma empresa (primeira concessionária) outorga a outra (segunda concessionária), no todo ou em parte, mediante arrendamento, ou qualquer outra forma contratual, a título transitório, bens de sua propriedade:
I – em caso de rescisão do contrato de trabalho após a entrada em vigor da concessão, a segunda concessionária, na condição de sucessora, responde pelos diretos decorrentes do contrato de trabalho, sem prejuízo da responsabilidade subsidiária da primeira concessionária pelos débitos trabalhistas contraídos até a concessão;
II – no tocante ao contrato de trabalho extinto antes da vigência da concessão, a responsabilidade pelos direitos dos trabalhadores será exclusivamente da antecessora.

Art. 449. Os direitos oriundos da existência do contrato de trabalho subsistirão em caso de falência, concordata ou dissolução da empresa.

* V. art. 102, *caput*, do Dec.-lei 7.661/1945 (Lei de Falências); e art. 151 da Lei 11.101/2005 (Lei de Recuperação de Empresas e Falências).

* V. arts. 60, parágrafo único, 102, *caput* e 141, § 2.º, da Lei 11.101/2005 (Lei de Recuperação de Empresas e Falência); sem correspondência no Dec.-lei 7.661/1945 (Lei de Falências).

§ 1.º Na falência, constituirão créditos privilegiados a totalidade dos salários devidos ao empregado e a totalidade das indenizações a que tiver direito.

* § 1.º com redação determinada pela Lei 6.449/1977.

* V. art. 102, § 1.º, do Dec.-lei 7.661/1945 (Lei de Falências); e art. 83, I, da Lei 11.101/2005 (Lei de Recuperação de Empresas e Falência).

§ 2.º Havendo concordata na falência, será facultado aos contratantes tornar sem efeito a rescisão do contrato de trabalho e consequente indenização, desde que o empregador pague, no mínimo, a metade dos salários que seriam devidos ao empregado durante o interregno.

* V. Súmula 173 do TST.

⚖️ **Interpretação convergente**

- **Súmula 227 do STF**

A concordata do empregador não impede a execução de crédito nem a reclamação de empregado na Justiça do Trabalho.

- Por força do art. 449 da CLT os direitos oriundos da existência do contrato de trabalho subsistirão em caso de falência, garantindo-se ao obreiro o pagamento das verbas rescisórias, inclusive o aviso prévio, segundo as regras que disciplinam a rescisão sem justa causa (...).

(TRT-9.ª Reg., RO 5948-2007-12-9-0-7, 5.ª T., j. 14.08.2009, rel. Rubens Edgard Tiemann, *DJ* 14.08.2009)

Art. 450. Ao empregado chamado a ocupar, em comissão, interinamente, ou em substituição eventual ou temporária, cargo diverso do que exercer na empresa, serão garantidas a contagem do tempo naquele serviço, bem como volta ao cargo anterior.

⚖️ **Interpretação convergente**

- **Súmula 159 do TST**

Substituição de caráter não eventual e vacância do cargo. (Res. TST 129/2005, *DJ* 20, 22 e 25.04.2005)

I – Enquanto perdurar a substituição que não tenha caráter meramente eventual, inclusive nas férias, o empregado substituto fará jus ao salário contratual do substituído. (Ex-Súmula 159, alterada pela Res. TST 121/2003, *DJ* 21.11.2003)

II – Vago o cargo em definitivo, o empregado que passa a ocupá-lo não tem direito a salário igual ao do antecessor. (Ex-OJ 112 da SDI-I/TST, inserida em 01.10.1997)

- Nos termos do art. 450 da CLT e Súmula 159, I, do TST, o salário substituição é devido ao empregado quando estiver substituindo outro, desde que a substituição seja prevista ou não eventual (...).

(TRT-9.ª Reg., RO 23260-2009-014-09-00-3, 4.ª T., j. 01.06.2011, rel. Sérgio Murilo Rodrigues Lemos, *DJ* 17.06.2011)

- Se o empregador altera a função do empregado, de maneira não eventual e compatível com cargo de maior remuneração, deve arcar com o incremento salarial correspondente, nos moldes do art. 450 da CLT e da Súmula 159, I, do C. TST (...).
(TRT-9.ª Reg., RO 4321-2010-965-9-0-3, 7.ª T., j. 15.12.2011, rel. Ubirajara Carlos Mendes, *DJ* 24.01.2012)

Interpretação etensiva

- **Súmula 204 do STF**
Tem direito o trabalhador substituto, ou de reserva, ao salário mínimo no dia em que fica à disposição do empregador sem ser aproveitado na função específica; se aproveitado, recebe o salário contratual.

> **Art. 451.** O contrato de trabalho por prazo determinado que, tácita ou expressamente, for prorrogado mais de uma vez, passará a vigorar sem determinação de prazo.
>
> * V. Súmula 188 do TST.

Interpretação convergente

- **Súmula 195 do STF**
Contrato de trabalho para obra certa, ou de prazo determinado, transforma-se em contrato de prazo indeterminado, quando prorrogado por mais de quatro anos.

- Não existe amparo legal para exigir-se previsão expressa de prorrogação no contrato de experiência, vez que a matéria já se encontra disciplinada na CLT, sendo previsto seu período máximo de duração (90 dias – art. 445, parágrafo único, da CLT) e a possibilidade de apenas uma prorrogação (art. 451 da CLT). Nesse sentido o teor da Súmula 188 do C. TST (...).
(TRT-9.ª Reg., RO 5252-2009-662-9-0-8, 1.ª T., j. 15.03.2011, rel. Ubirajara Carlos Mendes, *DJ* 25.03.2011)

Art. 452. Considera-se por prazo indeterminado todo contrato que suceder, dentro de 6 (seis) meses, a outro contrato por prazo determinado, salvo se a expiração deste dependeu da execução de serviços especializados ou da realização de certos acontecimentos.

Interpretação extensiva

• O Tribunal Regional entendeu que a disposição contida no art. 452 da CLT (no sentido de se considerar – por prazo indeterminado todo contrato que se sucede, dentro de seis meses, a outro contrato por prazo determinado-) não é aplicável aos contratos de safra (...).
(TST, RR 80800-18.2007.5.15.0134, 4.ª T., j. 09.11.2011, rel. Min. Fernando Eizo Ono, *DEJT* 18.11.2011)

Art. 453. No tempo de serviço do empregado, quando readmitido, serão computados os períodos, ainda que não contínuos, em que tiver trabalhado anteriormente na empresa, salvo se houver sido despedido por falta grave, recebido indenização legal ou se aposentado espontaneamente.

* *Caput* com redação determinada pela Lei 6.204/1975.

Interpretação convergente

• **Súmula 215 do STF**
Conta-se a favor de empregado readmitido o tempo de serviço anterior, salvo se houver sido despedido por falta grave ou tiver recebido a indenização legal.

• **Súmula 138 do TST**
Readmissão. (Res. TST 121/2003, *DJ* 19, 20 e 21.11.2003)
Em caso de readmissão, conta-se a favor do empregado o período de serviço anterior, encerrado com a saída espontânea. (Ex-Prejulgado 9)

Interpretação extensiva

- **OJ 361 da SDI-I/TST**

Aposentadoria espontânea. Unicidade do contrato de trabalho. Multa de 40% do FGTS sobre todo o período. (*DJ* 20, 21 e 23.05.2008)
A aposentadoria espontânea não é causa de extinção do contrato de trabalho se o empregado permanece prestando serviços ao empregador após a jubilação. Assim, por ocasião da sua dispensa imotivada, o empregado tem direito à multa de 40% do FGTS sobre a totalidade dos depósitos efetuados no curso do pacto laboral.

> **§ 1.º Na aposentadoria espontânea de empregados das empresas públicas e sociedades de economia mista é permitida sua readmissão desde que atendidos aos requisitos constantes do art. 37, inc. XVI, da Constituição, e condicionada à prestação de concurso público.**

* § 1.º acrescentado pela Lei 9.528/1997.
* O STF, na ADIn 1.770-4/DF (*DOU* e *DJU* 20.10.2006), declarou a inconstitucionalidade do § 1.º do art. 453 da CLT.

> **§ 2.º O ato de concessão de benefício de aposentadoria a empregado que não tiver completado 35 (trinta e cinco) anos de serviço, se homem, ou 30 (trinta), se mulher, importa em extinção do vínculo empregatício.**

* § 2.º acrescentado pela Lei 9.528/1997.
* O STF, na ADIn 1.721-3/DF (*DOU* e *DJU* 20.10.2006), declarou a inconstitucionalidade do § 2.º do art. 453 da CLT.
* V. Súmula 215 do STF.

Art. 454. (*Revogado*)

* V. Lei 9.279/1996 (Código da Propriedade Industrial).
* V. Lei 9.609/1998 (Proteção da propriedade intelectual do programa de computador).

Art. 455. Nos contratos de subempreitada responderá o subempreiteiro pelas obrigações derivadas do contrato de trabalho que celebrar,

cabendo, todavia, aos empregados, o direito de reclamação contra o empreiteiro principal pelo inadimplemento daquelas obrigações por parte do primeiro.

Parágrafo único. Ao empreiteiro principal fica ressalvada, nos termos da lei civil, ação regressiva contra o subempreiteiro e a retenção de importâncias a este devidas, para a garantia das obrigações previstas neste artigo.

Interpretação extensiva

• **OJ 383 da SDI-I/TST**
Terceirização. Empregados da empresa prestadora de serviços e da tomadora. Isonomia. Art. 12, A da Lei 6.019, de 03.01.1974 (mantida) (Res. 175/2011, *DEJT* divulgado em 27, 30 e 31.05.2011).
A contratação irregular de trabalhador, mediante empresa interposta, não gera vínculo de emprego com ente da Administração Pública, não afastando, contudo, pelo princípio da isonomia, o direito dos empregados terceirizados às mesmas verbas trabalhistas legais e normativas asseguradas àqueles contratados pelo tomador dos serviços, desde que presente a igualdade de funções. Aplicação analógica do art. 12, *a*, da Lei 6.019, de 03.01.1974.

Art. 456. A prova do contrato individual de trabalho será feita pelas anotações constantes da Carteira de Trabalho e Previdência Social ou por instrumento escrito e suprida por todos os meios permitidos em direito.

* V. art. 1.º do Dec.-lei 926/1969 (Carteira de Trabalho e Previdência Social).

Parágrafo único. À falta de prova ou inexistindo cláusula expressa a tal respeito, entender-se-á que o empregado se obrigou a todo e qualquer serviço compatível com a sua condição pessoal.

* V. Súmula 12 do TST.

Interpretação restritiva

- **OJ 191 da SDI-I/TST**

Contrato de empreitada. Dono da obra de construção civil. Responsabilidade. (Res. TST 175/2011, *DEJT* 27, 30 e 31.05.2011)

Diante da inexistência de previsão legal específica, o contrato de empreitada de construção civil entre o dono da obra e o empreiteiro não enseja responsabilidade solidária ou subsidiária nas obrigações trabalhistas contraídas pelo empreiteiro, salvo sendo o dono da obra uma empresa construtora ou incorporadora.

Capítulo II
DA REMUNERAÇÃO

Art. 457. Compreendem-se na remuneração do empregado, para todos os efeitos legais, além do salário devido e pago diretamente pelo empregador, como contraprestação do serviço, as gorjetas que receber.

* *Caput* com redação determinada pela Lei 1.999/1953.
* V. arts. 7.º, VII, VIII, X e XI e 201, §§ 4.º e 6.º, da CF/1988.

Interpretação convergente

- **Súmula 63 do TST**

Fundo de garantia (Res. TST 121/2003, *DJ* 19, 20 e 21.11.2003).

A contribuição para o Fundo de Garantia do Tempo de Serviço incide sobre a remuneração mensal devida ao empregado, inclusive horas extras e adicionais eventuais.

- [G]orjeta não é salário e, como tal, não se inclui no cálculo de nenhuma parcela salarial, pois não tem esta natureza, mas, sim, remuneratória, eis que não pagas diretamente pelo empregador como contraprestação de serviços, mas conferida por terceiros (...).

[A]viso prévio e repouso semanal remunerado, são tipicamente salariais, não repercutindo, portanto, as gorjetas no seu cálculo.

O *caput* do art. 457 da CLT corrobora este posicionamento quando explicitamente preceitua gorjeta como remuneração, especificando, no § 1.º, as verbas que constituem o salário, dentre as quais, juridicamente, não há lugar para as gorjetas (...).
(TST, Embargos em RR 2245/90.9, SDI-I, j. 01.09.1992, rel. Hylo Gurgel, *DJU* 18.09.1992)

• Em face do art. 457 do Estatuto Obreiro, a gorjeta não é salário, mas compõe a remuneração. Não há possibilidade de o Empregador confiar a retribuição do serviço às gorjetas dadas pela freguesia, pois o princípio de que o Empregador deve o salário mínimo não pode ser postergado (art. 76 da CLT). A gorjeta, pois, seria independente daquilo que o Empregador paga ao Empregado, por força do contrato ou por força de lei.

Cabe-me, portanto, saber se a gorjeta tegraria o cálculo do repouso semanal, do adicional noturno, do aviso prévio e das horas extras.

Impossível que a gorjeta, não sendo parcela salarial, venha repercutir no cálculo do adicional noturno e das horas extras, em face do expressamente disposto nos arts. 73 e 59 da CLT, respectivamente, que reza como base de cálculo o salário e não a remuneração.

Também com relação ao repouso semanal remunerado não caberia a integração das gorjetas, em virtude da Lei 605/1949 estabelecer sistema próprio de sua aferição, onde não se compreende a gorjeta.

Por fim, quanto ao aviso prévio, que também tem o seu cálculo assegurado com base no salário (art. 487 do Estatuto Obreiro) não deve repercutir o valor das gorjetas (...).
(TST, Embargos em RR 3748/90.4, SDI-I, j. 03.11.1992, rel. Hylo Gurgel, *DJU* 20.11.1992)

> **§ 1.º Integram o salário não só a importância fixa estipulada, como também as comissões, percentagens, gratificações ajustadas, diárias para viagens e abonos pagos pelo empregador.**

* § 1.º com redação determinada pela Lei 1.999/1953.

⚖ **Interpretação convergente**

• **Súmula 207 do STF**
As gratificações habituais, inclusive a de natal, consideram-se tacitamente convencionadas, integrando o salário.

- **Súmula 209 do STF**

O salário-produção, como outras modalidades de salário-prêmio, é devido, desde que verificada a condição a que estiver subordinado, e não pode ser suprimido unilateralmente, pelo empregador, quando pago com habitualidade.

- **Súmula 101 do TST**

Diárias de viagem. Salário. (Incorporada a OJ 292 da SDI-I/TST). (Res. TST 129/2005, *DJ* 20, 22 e 25.04.2005)

Integram o salário, pelo seu valor total e para efeitos indenizatórios, as diárias de viagem que excedam a 50% (cinquenta por cento) do salário do empregado, enquanto perdurarem as viagens. (Primeira parte, ex-Súmula 101, RA 65/1980, *DJ* 18.06.1980; segunda parte, ex-OJ 292 da SDI-I/TST, inserida em 11.08.2003)

- **Súmula 152 do TST**

Gratificação. Ajuste tácito. (Res. TST 121/2003, *DJ* 19, 20 e 21.11.2003)

O fato de constar do recibo de pagamento de gratificação o caráter de liberalidade não basta, por si só, para excluir a existência de ajuste tácito. (Ex-Prejulgado 25)

- **Súmula 203 do TST**

Gratificação por tempo de serviço. Natureza salarial. (Res. TST 121/2003, *DJ* 19, 20 e 21.11.2003)

A gratificação por tempo de serviço integra o salário para todos os efeitos legais.

- **Súmula 247 do TST**

Quebra de caixa. Natureza jurídica. (Res. TST 121/2003, *DJ* 19, 20 e 21.11.2003)

A parcela paga aos bancários sob a denominação "quebra de caixa" possui natureza salarial, integrando o salário do prestador de serviços, para todos os efeitos legais.

- **OJ 43 da SDI-I – Transitória/TST**

SUDS. Gratificação. Convênio da União com Estado. Natureza salarial enquanto paga (Conversão da OJ 168 da SDI-I/TST) – *DJ* 20.04.2005.

A parcela denominada "Complementação SUDS" paga aos servidores em virtude de convênio entre o Estado e a União Federal tem natureza salarial, enquanto paga, pelo que repercute nos demais crédito.

- Bônus executivo. Integração salarial (violação aos arts. 1.090 do CC/1916, 114 do CC/2002, 457, § 1.º, da CLT, e divergência jurisprudencial).

Decide em perfeita consonância com o art. 457, § 1.º, da CLT, a decisão que determina integração da parcela denominada – bônus executivo – consignando expressamente que o pagamento da referida parcela era feito de forma periódica, o que evidencia a natureza contraprestativa da parcela, devendo integrar a remuneração do autor, a teor do art. 457 e § 1.º, da CLT e extrai-se ainda das fichas financeiras que sob tal parcela havia a incidência de FGTS, o que demonstra que a reclamada reconhecia a natureza salarial da mesma (...).
(TST, RR 734900-66.2006.5.09.0006, 2.ª T., j. 09.11.2011, rel. Renato de Lacerda Paiva, *DEJT* 18.11.2011)

• Nos termos do art. 457, § 1.º, da CLT, as gratificações ajustadas integram a remuneração do empregado para todos os efeitos legais. Assim, a supressão desse título da base de cálculo das demais parcelas salariais, constitui alteração lesiva ao pactuado, na forma do art. 468 da CLT (...).
(TRT-6.ª Reg., 0001485-35.2011.5.06.0009, 2.ª T., j. 17.09.2012, rel. Ivanildo da Cunha Andrade, *DJ* 03.10.2012)

Interpretação extensiva

• **Súmula Vinculante 15 do STF**
O cálculo de gratificações e outras vantagens do servidor público não incide sobre o abono utilizado para se atingir o salário mínimo.

• **Súmula 207 do STF**
As gratificações habituais, inclusive a de natal, consideram-se tacitamente convencionadas, integrando o salário.

• **Súmula 241 do STF**
A contribuição previdenciária incide sobre o abono incorporado ao salário.

• **Súmula 459 do STF**
No cálculo da indenização por despedida injusta, incluem-se os adicionais, ou gratificações, que, pela habitualidade, se tenham incorporado ao salário.

• **Súmula 462 do STF**
No cálculo da indenização por despedida injusta inclui-se, quando devido, o repouso semanal remunerado.

- **Súmula 50 do TST**
Gratificação natalina. (Res. TST 121/2003, *DJ* 19, 20 e 21.11.2003)
A gratificação natalina, instituída pela Lei 4.090, de 13.07.1962, é devida pela empresa cessionária ao servidor público cedido enquanto durar a cessão.

- **Súmula 115 do TST**
Horas extras. Gratificações semestrais. (Res. TST 121/2003, *DJ* 19, 20 e 21.11.2003).
O valor das horas extras habituais integra a remuneração do trabalhador para o cálculo das gratificações semestrais.

- **Súmula 148 do TST**
Gratificação natalina. (Res. TST 121/2003, *DJ* 19, 20 e 21.11.2003)
É computável a gratificação de Natal para efeito de cálculo de indenização. (Ex--Prejulgado 20)

- **Súmula 202 do TST**
Gratificação por tempo de serviço. Compensação. (Res. TST 121/2003, *DJ* 19, 20 e 21.11.2003)
Existindo, ao mesmo tempo, gratificação por tempo de serviço outorgada pelo empregador e outra da mesma natureza prevista em acordo coletivo, convenção coletiva ou sentença normativa, o empregado tem direito a receber, exclusivamente, a que lhe seja mais benéfica.

- **Súmula 241 do TST**
Salário-utilidade. Alimentação. (Res. TST 121/2003, *DJ* 19, 20 e 21.11.2003)
O vale para refeição, fornecido por força do contrato de trabalho, tem caráter salarial, integrando a remuneração do empregado, para todos os efeitos legais.

- **Súmula 247 do TST**
Quebra de caixa. Natureza jurídica. (Res. TST 121/2003, *DJ* 19, 20 e 21.11.2003)
A parcela paga aos bancários sob a denominação "quebra de caixa" possui natureza salarial, integrando o salário do prestador de serviços, para todos os efeitos legais.

- **Súmula 253 do TST.**
Gratificação semestral. Repercussões. (Res. TST 121/2003, *DJ* 19, 20 e 21.11.2003).
A gratificação semestral não repercute no cálculo das horas extras, das férias e do aviso prévio, ainda que indenizados. Repercute, contudo, pelo seu duodécimo na indenização por antiguidade e na gratificação natalina.

- **Súmula 372 do TST**

Gratificação de função. Supressão ou redução. Limites. (Conversão das OJs 45 e 303 da SDI-I/TST).

I – Percebida a gratificação de função por 10 (dez) ou mais anos pelo empregado, se o empregador, sem justo motivo, revertê-lo a seu cargo efetivo, não poderá retirar-lhe a gratificação tendo em vista o princípio da estabilidade financeira. (Ex-OJ 45, inserida em 25.11.1996)

II – Mantido o empregado no exercício da função comissionada, não pode o empregador reduzir o valor da gratificação. (Ex-OJ 303, *DJ* 11.08.2003, acrescentada pela Res. TST 129/2005, *DJU* 20.04.2005)

- **OJ 208 da SDI-I/TST**

Radiologista. Gratificação de raios X. Redução. Lei 7.923/1989. (Inserida em 08.11.2000).

A alteração da gratificação por trabalho com raios X, de 40 (quarenta) para 10% (dez por cento), na forma da Lei 7.923/1989, não causou prejuízo ao trabalhador porque passou a incidir sobre o salário incorporado com todas as demais vantagens.

- **OJ 346 da SDI-I/TST**

Abono previsto em norma coletiva. Natureza indenizatória. Concessão apenas aos empregados em atividade. Extensão aos inativos. Impossibilidade. (*DJ* 25.04.2007)

A decisão que estende aos inativos a concessão de abono de natureza jurídica indenizatória, previsto em norma coletiva apenas para os empregados em atividade, a ser pago de uma única vez, e confere natureza salarial à parcela, afronta o art. 7.º, XXVI, da CF/1988.

- **OJ 397 da SDI-I/TST**

Comissionista misto. Horas extras. Base de cálculo. Aplicação da Súmula 340 do TST. (*DEJT* divulgado em 02, 03 e 04.08.2010)

O empregado que recebe remuneração mista, ou seja, uma parte fixa e outra variável, tem direito a horas extras pelo trabalho em sobrejornada. Em relação à parte fixa, são devidas as horas simples acrescidas do adicional de horas extras. Em relação à parte variável, é devido somente o adicional de horas extras, aplicando-se à hipótese o disposto na Súmula 340 do TST.

Interpretação restritiva

- **OJ 175 da SDI-I/TST**

Comissões. Alteração ou Supressão. Prescrição total. (Nova redação em decorrência da incorporação da OJ 248 da SDI-I/TST). (*DJ* 22.11.2005)

A supressão das comissões, ou a alteração quanto à forma ou ao percentual, em prejuízo do empregado, é suscetível de operar a prescrição total da ação, nos termos da Súmula 294 do TST, em virtude de cuidar-se de parcela não assegurada por preceito de lei.

- **OJ 242 da SDI-I/TST**

Prescrição total. Horas extras. Adicional. Incorporação. (Inserida em 20.06.2001).
Embora haja previsão legal para o direito à hora extra, inexiste previsão para a incorporação ao salário do respectivo adicional, razão pela qual deve incidir a prescrição total.

- **OJ 243 da SDI-I/TST**

Prescrição total. Planos econômicos. (Inserida em 20.06.2001).
Aplicável a prescrição total sobre o direito de reclamar diferenças salariais resultantes de planos econômicos.

> **§ 2.º** Não se incluem nos salários as ajudas de custo, assim como as diárias para viagem que não excedam de 50% (cinquenta por cento) do salário percebido pelo empregado.

* § 2.º com redação determinada pela Lei 1.999/1953.
* V. Lei 10.101/2000 (Participação dos trabalhadores nos lucros ou resultados da empresa).

Interpretação convergente

- **Súmula 101 do TST**

Diárias de viagem. Salário. (Incorporada a OJ 292 da SDI-I/TST). (Res. TST 129/2005, *DJ* 20, 22 e 25.04.2005)

Integram o salário, pelo seu valor total e para efeitos indenizatórios, as diárias de viagem que excedam a 50% (cinquenta por cento) do salário do empregado, enquanto perdurarem as viagens. (Primeira parte, ex-Súmula

101, RA 65/1980, *DJ* 18.06.1980; segunda parte, ex-OJ 292 da SDI-I/TST, inserida em 11.08.2003)

- **Súmula 318 do TST**
Diárias. Base de cálculo para sua integração no salário. (Res. TST 121/2003, *DJ* 19, 20 e 21.11.2003)
Tratando-se de empregado mensalista, a integração das diárias no salário deve ser feita tomando-se por base o salário mensal por ele percebido e não o valor do dia de salário, somente sendo devida a referida integração quando o valor das diárias, no mês, for superior à metade do salário mensal.

- Salário extra folha. Ajuda de custo.
Hipótese em que a ajuda de custo era superior a 50% do salário pago, razão pela qual deve integrar a remuneração mensal do trabalhador para todos os efeitos legais (...).
(TRT-4.ª Reg., RO 01209-2007-012-04-00-3, 9.ª T., j. 03.06.2009, rel. Marçal Henri Figueiredo)

- Ajuda de custo. Natureza indenizatória. Art. 457, § 2.º, da CLT.
A lei não exige que a ajuda de custo tenha valor não superior a 50% do salário para que se exclua sua natureza do salário. O critério quantitativo, ainda que de validade questionável, teria eficácia somente para as diárias. Se o pagamento da parcela é destinado ao ressarcimento de despesas necessárias ao labor, constitui mera indenização, não integrando o salário, nos termos dos arts. 457, § 2.º e 458, § 2.º, da CLT (...).
(TRT-20.ª Reg., 01763-2006-002-20-00-5, j. 20.06.2007, rel. Maria das Graças Monteiro Melo, *DJ* 15.08.2007)

- Recurso do autor. Remuneração. Natureza salarial. Gratificação de caixa e ajuda de custo caixa. Diferenças. Férias.
A parcela denominada quebra de caixa tem natureza salarial, conforme entendimento cristalizado na Súmula 247 do TST. De outro lado, no que toca ao pagamento da rubrica "ajuda de custo", não obstante o teor do art. 457, § 2.º, da CLT, impende ressaltar que tal verba não pode ter como escopo dissimular mero complemento salarial, sob pena de perder o seu caráter indenizatório. Nesse passo, se o réu não aponta nos autos situação excepcional que justificasse o pagamento da aludida ajuda de custo, tampouco demonstra que o autor prestava contas acerca do gasto da referida verba, tem-se por inequívoco seu real desiderato, qual

seja, o de servir como mero complemento do salário obreiro, o que impõe, pois, o reconhecimento de sua natureza salarial. Destarte, devidas as diferenças nas férias, adicional e abono de férias, durante todo o período imprescrito. Recurso do autor ao qual se dá provimento (...).
(TRT-23.ª Reg., RO 01123.2011.007.23.00-8, 2.ª T., j. 20.06.2012, rel. Beatriz Theodoro, *DJ* 21.06.2012)

⚖ Interpretação restritiva

- **Precedente Administrativo 50 do MTE**

Remuneração. Diárias de viagem que excedem 50% do salário. Natureza jurídica. É ônus do empregador afastar a presunção de que as diárias de viagem que excedam a 50% (cinquenta por cento) do salário do empregado têm natureza salarial, pela comprovação de que o empregado presta contas de suas despesas, recebendo os valores a título de ressarcimento.

> **§ 3.º Considera-se gorjeta não só a importância espontaneamente dada pelo cliente ao empregado, como também aquela que for cobrada pela empresa ao cliente, como adicional nas contas, a qualquer título, e destinada à distribuição aos empregados.**
>
> * § 3.º acrescentado pelo Dec.-lei 229/1967.

⚖ Interpretação convergente

- **Súmula 354 do TST**

Gorjetas. Natureza jurídica. Repercussões. (Res. TST 121/2003, *DJ* 19, 20 e 21.11.2003)
As gorjetas, cobradas pelo empregador na nota de serviço ou oferecidas espontaneamente pelos clientes, integram a remuneração do empregado, não servindo de base de cálculo para as parcelas de aviso-prévio, adicional noturno, horas extras e repouso semanal remunerado.

- **Gorjetas. Integração.**

Independentemente de ser cobrada dos clientes pelo empregador ou fornecidas por aqueles diretamente aos empregados, as gorjetas integram a remuneração

destes (art. 457, § 3.º, da CLT c/c Súmula 354 do TST). A estimativa de gorjeta constante dos recibos de pagamento não encontra respaldo na Cláusula 18.ª da CCT, uma vez que a reclamada fazia inserir nas notas de serviço a cobrança do percentual de 10% àquele título, ou permitia que os empregados assim o fizessem. Devida, pois, a integração das gorjetas na remuneração do obreiro nos termos da Cláusula 17.ª, § 7.º, da CCT (...).
(TRT-10.ª Reg., RO 00387-2007-020-10-00-9, 2.ª T., j. 15.10.2008, rel. José Leone Cordeiro Leite, *DJ* 07.11.2008)

- [N]os termos do art. 457, § 3.º, do Estatuto Consolidado, não possui relevância para fins de remuneração se o pagamento da gorjeta é espontâneo ou compulsório.

No caso dos autos, o preposto, em depoimento às f., confessa que pagava ao reclamante a importância média de R$ 300,00 (trezentos reais) quinzenais a título de gorjetas. Afirmou ainda que "(...) a casa cobra 10% na nota, sendo que repassa para os funcionários através de rateio (...)".

Destaque-se que, os instrumentos normativos acostados aos autos e vigentes à época da prestação de serviços determinam as modalidades de gorjetas da categoria (compulsória ou facultativa).

Neste sentido, saliente-se que, a norma coletiva é clara em afirmar que no caso das empresas que não efetuam a cobrança compulsória da taxa de serviço, ou seja, quando as gorjetas são pagas por mera liberalidade do cliente, deverá ser incluída à remuneração a estimativa de gorjetas, consoante tabela anexa aos instrumentos normativos, servindo como base para cálculo das contribuições previdenciárias, sindicais, em férias, 13.º salário e FGTS.

Frise-se que os holerites colacionados aos autos em volume apartado de documentos comprovam que a reclamada não integrou a estimativa de gorjetas à remuneração do recorrente.

Em que pese os holerites demonstrarem o pagamento, em média, de R$ 100,00 (cem reais) mensais a título de estimativa de gorjetas, restou confessado pela reclamada que o recorrente recebia R$ 300,00 (trezentos reais) quinzenais.

Dessa forma, resta claro que a recorrida se valeu dos instrumentos normativos, que a autorizavam a adotar a modalidade de gorjetas facultativas com estimativa de valor, com nítido objetivo de reduzir a remuneração do recorrente.

Assim, com fulcro no art. 457 da CLT, reformo a r. sentença de origem, a fim de determinar a integração da média de comissões percebidas pelo autor de R$ 300,00 (trezentos reais) por quinzena à remuneração, bem como o pagamento

dos reflexos legais em 13.º salário, férias acrescidas do terço constitucional, recolhimentos previdenciários e depósitos do FGTS (...).
(TRT-2.ª Reg., RO 02346200909002003, 17.ª T., j. 13.10.2011, rel. Soraya Galassi Lambert)

🏛 Interpretação extensiva

- Remuneração. Pagamento de gueltas. Incorporação.

O pagamento de gueltas feito por terceiro, mas com participação indireta do empregador, que detém interesse no incremento de vendas de determinados produtos, tem tratamento similar ao conferido às gorjetas, devendo integrar a remuneração do trabalhador, nos moldes do art. 457 da CLT, especialmente quando efetuado com habitualidade (...).
(TRT-23.ª Reg., RO 01386.2010.006.23.00-0, 1.ª T., j. 22.09.2011, rel. Edson Bueno, DJ 29.09.2011)

- Gueltas. Conceito e natureza jurídica.

Gueltas são valores pagos aos empregados de determinada empresa pelos fabricantes dos produtos vendidos. O fato de tais valores serem pagos por terceiros, equipara as gueltas às gorjetas e, por isso, tem natureza salarial, já que decorrem da prestação dos serviços, entretanto, por força do disposto na Súmula 354 do TST, não integram a base de cálculo do aviso prévio, adicional noturno, horas extras e repouso semanal remunerado (...).
(TRT-23.ª Reg., RO 01386.2010.006.23.00-0, 1.ª T., j. 22.09.2011, rel. Edson Bueno, DJ 29.09.2011)

Art. 458. Além do pagamento em dinheiro, compreende-se no salário, para todos os efeitos legais, a alimentação, habitação, vestuário ou outras prestações *in natura* que a empresa, por força do contrato ou do costume, fornecer habitualmente ao empregado. Em caso algum será permitido o pagamento com bebidas alcoólicas ou drogas nocivas.

* *Caput* com redação determinada pelo Dec.-lei 229/1967.
* V. arts. 7.º, IV e VII, da CF/1988.
* V. Lei 6.321/1976 (Programa de Alimentação do Trabalhador).
* V. Dec. 5/1991 (Regulamenta a Lei 6.321/1976).
* V. Dec. 2.018/1996 (Regulamenta a Lei 9.294/1996).

⚖️ Interpretação convergente

- **Súmula 241 do TST**

Salário-utilidade. Alimentação. (Res. TST 121/2003, *DJ* 19, 20 e 21.11.2003)
O vale para refeição, fornecido por força do contrato de trabalho, tem caráter salarial, integrando a remuneração do empregado, para todos os efeitos legais.

- **Súmula 367 do TST**

Utilidades *in natura*. Habitação. Energia elétrica. Veículo. Cigarro. Não integração ao salário. (Conversão das OJs 24, 131 e 246 da SDI-I/TST). (Res. TST 129/2005, *DJ* 20, 22 e 25.04.2005).
I – A habitação, a energia elétrica e veículo fornecidos pelo empregador ao empregado, quando indispensáveis para a realização do trabalho, não têm natureza salarial, ainda que, no caso de veículo, seja ele utilizado pelo empregado também em atividades particulares. (Ex-OJ 131 da SDI-I/TST, inserida em 20.04.1998 e ratificada pelo Tribunal Pleno em 07.12.2000 e ex-OJ 246 da SDI-I/TST, inserida em 20.06.2001)
II – O cigarro não se considera salário utilidade em face de sua nocividade à saúde. (Ex-OJ 24 da SDI-I/TST, inserida em 29.03.1996)

- **Auxílio-alimentação. Caixa Econômica Federal. Natureza jurídica.**

Os direitos estabelecidos por liberalidade do empregador, no Regulamento da Empresa, passam a incorporar o contrato de trabalho, não podendo ser retirados, de forma unilateral, pelo empregador, sob pena de afronta ao art. 468, da CLT. Inaplicáveis, por conseguinte, as normas regulamentares e legais posteriores, que alteraram a destinação salarial. A previsão legal é a do art. 458 da CLT e Súmula 241 do TST. A natureza salarial da ajuda de custo autoriza a integração ao salário e incidências postuladas no apelo (...).
(TRT-6.ª Reg., RO 01032-2007-019-06-00-9, 2.ª T., j. 26.03.2008, rel. Eneida Melo Correia de Araújo)

🔨 Interpretação restritiva

- Na esteira da jurisprudência dominante desta Corte, a habitação fornecida pelo empregador para os empregados que trabalharam na construção da hidrelétrica de Itaipu não pode ser considerada salário *in natura*, porque, além de estar prevista

em cláusula de contrato binacional sob a forma de comodato, fazia-se imperiosa a fixação do trabalhador nas chamadas "vilas" para viabilizar-se a realização do trabalho, tendo em vista a falta de infraestrutura no local (...).
(TST, Embargos em RR 299.830/96.8, SDI-I, j. 20.03.2000, rel. Milton de Moura França, *DJU* 07.04.2000)

• Salário-utilidade. Auxílio-alimentação. Natureza jurídica salarial.
O auxílio-alimentação, em regra, ostenta natureza salarial, desde que o seu pagamento observe os requisitos da habitualidade e gratuidade, nos exatos termos do art. 458 da CLT. Excepcionalmente, quando o salário-utilidade atinente à alimentação for fornecido de acordo com o Programa de Alimentação – PAT, previsto na Lei 6.312/1976, não terá caráter salarial e, por consectário, não integrará a remuneração, consoante disposto na OJ 133 da SDI-I/TST (...).
(TST, RR 1470-15.2011.5.08.0202, 4.ª T., j. 05.12.2012, rel. Vieira de Mello Filho, *DEJT* 1412.2012)

§ 1.º Os valores atribuídos às prestações *in natura* deverão ser justos e razoáveis, não podendo exceder, em cada caso, os dos percentuais das parcelas componentes do salário mínimo (arts. 81 e 82).

* § 1.º com redação determinada pelo Dec.-lei 229/1967.

Interpretação restritiva

• **Súmula 258 do TST**
Salário-utilidade. Percentuais. (Res. TST 121/2003, *DJ* 19, 20 e 21.11.2003)
Os percentuais fixados em lei relativos ao salário *in natura* apenas se referem às hipóteses em que o empregado percebe salário mínimo, apurando-se, nas demais, o real valor da utilidade.

§ 2.º Para os efeitos previstos neste artigo, não serão consideradas como salário as seguintes utilidades concedidas pelo empregador:

* *Caput* do § 2.º com redação determinada pela Lei 10.243/2001.

I – vestuários, equipamentos e outros acessórios fornecidos aos empregados e utilizados no local de trabalho, para a prestação do serviço;

* Inc. I acrescentado pela Lei 10.243/2001.

⚖ Interpretação convergente

• Inicialmente, no que pertine à questão envolvendo o uso de celular, como salário utilidade, não assiste razão ao reclamante, porque restou provado nos autos que a empresa fornecia ao demandante um aparelho celular, assim, como a todos os que com ele trabalhavam na equipe de vendas, para ser utilizado no trabalho e para tornar mais eficiente a própria prestação dos serviços. Ora, como o fornecimento do referido bem não tinha caráter contraprestativo ou retributivo, não há que se falar em natureza salarial da utilidade ofertada, porquanto o telefone celular era fornecido para o trabalho e não pelo trabalho (...).
(TRT-7.ª Reg., RO 0219600-7120035070010, Pleno, j. 22.03.2005, rel. Laís Maria Rossas Freire, DJ 06.05.2005)

• Busca o autor a inclusão dos valores relativos ao veículo como salário indireto, com reflexos em 13.º salários, aviso prévio e gratificações semestrais. Não prospera o apelo. A teor do entendimento perfectibilizado no art. 458, § 2.º, o veículo cedido não confunde-se com salário, eis que mero acessório para o desenvolvimento da atividade profissional desenvolvida pelo autor (...).
(TRF-4.ª Reg., RO 0087300-14.1994.5.04.002, T. Especial, j. 09.07.1996, rel. Antonio Johann)

II – educação, em estabelecimento de ensino próprio ou de terceiros, compreendendo os valores relativos a matrícula, mensalidade, anuidade, livros e material didático;

* Inc. II acrescentado pela Lei 10.243/2001.

⚖ Interpretação convergente

• O reembolso, pelo empregador, das despesas com educação do empregado, a título gratuito, não deve ser considerado salário, pois não constitui contraprestação do trabalho (...).
(TST, RR 1097600-78.2002.5.09.0900, 3.ª T., j. 05.04.2006, rel. Maria Cristina Irigoyen Peduzzi, *DEJT* 05.05.2006)

• A tese autoral é de que a empresa pagava, habitualmente, além da remuneração noticiados nos contracheques, salário *in natura* no importe mensal de R$ 490,50, sendo R$ 150,50 concernente à ajuda alimentação, R$ 140,00 para despesas de transporte e R$ 200,00 para pagamento de plano de saúde. Sendo assim, pretende o deferimento do pedido de diferenças das verbas trabalhistas legais, integrando-se ao salário os valores referentes às despesas com transporte e plano de saúde (R$ 340,00), com a devida retificação da CTPS obreira. Contudo, não merece guarida esta tese. A atual redação do art. 458, § 2.º, II e IV, Celetizado (Lei 10.243, de 19.06.2001), exclui a ajuda transporte e a parcela destinada ao pagamento de plano de saúde como verba de natureza salarial. Pelo que, não há como se reconhecer a natureza de salário *in natura* destas verbas. Agiu, portanto, com acerto o Juízo *a quo* ao indeferir a diferença vindicada (...).
(TRT-19.ª Reg., RO 01281.2006.002.19.00-0, j. 15.08.2007, rel. Antônio Catão)

III – transporte destinado ao deslocamento para o trabalho e retorno, em percurso servido ou não por transporte público;

* Inc. III acrescentado pela Lei 10.243/2001.

🏛 Interpretação extensiva

• **OJ 216 da SDI-I/TST**
Vale-transporte. Servidor público celetista. Lei 7.418/1985. Devido. (*DJ* 20.04.2005)
Aos servidores públicos celetistas é devido o vale-transporte, instituído pela Lei 7.418/1985, de 16.12.1985.

IV – assistência médica, hospitalar e odontológica, prestada diretamente ou mediante seguro-saúde;

* Inc. IV acrescentado pela Lei 10.243/2001.

⚖️ Interpretação convergente

• Salário. Plano de saúde. Natureza.

Não ostenta natureza salarial parcela paga ao empregado para fazer face à cobertura de plano de saúde. A Consolidação das Leis do Trabalho expressamente afasta (art. 458, § 2.º, IV, da CLT) a natureza salarial da assistência médica concedida diretamente pelo empregador ou mediante seguro-saúde, tendo presente que a exacerbação do protecionismo pode revelar-se contraproducente e redundar em prejuízo do próprio empregado, ante o evidente desestímulo à outorga da benesse (...).
(TST, RR 653425-60.2000.5.01.5555, 1.ª T., j. 06.09.2006, rel. João Oreste Dalazen, *DEJT* 27.10.2006)

• A jurisprudência desta Corte Superior orienta-se no sentido de que o fornecimento de benefícios de natureza assistencial, como aqueles ligados à saúde e à educação, mesmo quando concedidos por mera liberalidade do empregador, não se reveste de natureza salarial e, portanto, não caracteriza salário *in natura*. De outro lado, a Consolidação das Leis do Trabalho expressamente afasta a natureza salarial do benefício da assistência médica concedida diretamente pelo empregador ou mediante seguro-saúde (art. 458, § 2.º, IV, da CLT). Logo, a parcela denominada abono Plansfer, instituída pelo empregador com o fim de compensar o desconto efetuado no salário para o custeio do plano de saúde, não possui natureza salarial, por não ostentar caráter retributivo (...).
(TST, RR 28440-75.1997.5.04.0001, 1.ª T., j. 04.05.2011, rel. Walmir Oliveira da Costa, *DEJT* 13.05.2011)

V – seguros de vida e de acidentes pessoais;

* Inc. V acrescentado pela Lei 10.243/2001.

VI – previdência privada;

* Inc. VI acrescentado pela Lei 10.243/2001.

VII – *(Vetado)*

* Inc. VII acrescentado pela Lei 10.243/2001.

VII – *(Vetado)*

* Inc. VII acrescentado pela Lei 10.243/2001.

VIII – o valor correspondente ao vale-cultura.

* Inc. VIII acrescentado pela Lei 12.761/2012.

⚖ Interpretação convergente

• Salário.
A contribuição paga pela Reclamada para custeio de plano de previdência, não tem natureza salarial, tendo em vista o disposto no artigo 458, § 2.º, VI, da CLT (...). (TRT-7.ª Reg., RO 0191000-2820075070001, 2.ª T., j. 27.10.2008, rel. Cláudio Soares Pires, *DJ* 28.11.2008)

> **§ 3.º A habitação e a alimentação fornecidas como salário-utilidade deverão atender aos fins a que se destinam e não poderão exceder, respectivamente, a 25% (vinte e cinco por cento) e 20% (vinte por cento) do salário contratual.**

* § 3.º acrescentado pela Lei 8.860/1994.

⚖ Interpretação convergente

• Os requisitos centrais do salário-utilidade, capturados pela doutrina e jurisprudência do conjunto da ordem justrabalhista, são, essencialmente, dois: o primeiro diz respeito à habitualidade (ou não) do fornecimento do bem ou serviço; o segundo relaciona-se à causa e objetivos contraprestativos desse fornecimento. No tocante ao segundo requisito (caráter contraprestativo do fornecimento), a jurisprudência já pacificou ser necessário que a causa e objetivos envolventes ao fornecimento da utilidade sejam essencialmente contraprestativos, em vez de servirem a outros objetivos e causas normativamente fixados. No caso em tela, o Regional registrou expressamente que a habitação era fornecida para possibilitar

o labor, concluindo-se que o fornecimento não se dava como contraprestação pelo labor. Logo, a habitação fornecida não caracteriza salário-utilidade, o que afasta a alegação de ofensa ao art. 458, § 3.º, da CLT que se refere expressamente à habitação como salário-utilidade. Correta, pois, a decisão do Regional, ao entender que. O fornecimento de moradia ocorria pela necessidade intransponível que tinha o réu de manter empregado permanentemente à disposição no local. Tem-se o desconto como indevido, pois cabe ao empregador todos os custos da atividade econômica. Se exige horas de prontidão, deve fornecer o local adequado para o seu cumprimento gratuitamente (...).
(TST, RR 93200-18.2006.5.04.0001, 6.ª T., j. 11.10.2011, rel. Mauricio Godinho Delgado, DEJT 21.10.2011)

Interpretação restritiva

- **Súmula 258 do TST**
Salário-utilidade. Percentuais. (Res. TST 121/2003, DJ 19, 20 e 21.11.2003)
Os percentuais fixados em lei relativos ao salário *in natura* apenas se referem às hipóteses em que o empregado percebe salário mínimo, apurando-se, nas demais, o real valor da utilidade.

- **Salário *in natura*. Limite legal.**
A Consolidação das Leis do Trabalho (art. 458, § 3.º, da CLT) estipula o limite de 20% (vinte por cento) para o pagamento do salário em utilidade-alimentação, o qual se refere apenas ao empregado. O fornecimento da utilidade a terceiros, no interesse do empregado, é considerado como pagamento em pecúnia. O percentual que sobejar referido limite legal enseja o pagamento de diferenças salariais e reflexos nas verbas rescisórias (...).
(TRT-18.ª Reg., RO 00394-2009-121-18-00-3, 1.ª T., rel. Elza Cândida da Silveira, DJ 22.07.2009)

§ 4.º Tratando-se de habitação coletiva, o valor do salário-utilidade a ela correspondente será obtido mediante a divisão do justo valor da habitação pelo número de coocupantes, vedada, em qualquer hipótese, a utilização da mesma unidade residencial por mais de uma família.

* § 4.º acrescentado pela Lei 8.860/1994.

Art. 459

⚖ Interpretação convergente

- **Salário *in natura*. Habitação.**
Tem natureza salarial a habitação fornecida ao empregado por força do contrato de trabalho, ainda que ajustado o pagamento de montante inexpressivo a título de aluguel. Se não a recebesse diretamente da empresa, teria de adquiri-las com a parte da remuneração paga em moeda. Tratando-se de habitação coletiva, é justa a divisão do valor atribuído à utilidade, pelo número de coocupantes (...).
(TRT-4.ª Reg., RO 00582-1993-511-04-00-5, 2.ª T., j. 20.08.1996, rel. Paulo Caruso)

> **Art. 459.** O pagamento do salário, qualquer que seja a modalidade do trabalho, não deve ser estipulado por período superior a 1 (um) mês, salvo no que concerne a comissões, percentagens e gratificações.

* V. art. 7.º, X, da CF/1988.

> **§ 1.º** Quando o pagamento houver sido estipulado por mês, deverá ser efetuado, o mais tardar, até o quinto dia útil do mês subsequente ao vencido.

* § 1.º com redação determinada pela Lei 7.855/1989.
* O correto é parágrafo único, diferentemente do que consta da publicação oficial.

⚖ Interpretação convergente

- **Súmula 381 do TST**
Correção monetária. Salário. Art. 459 da CLT. (Conversão da OJ 124 da SDI-I/TST). (Res. TST 129/2005, *DJ* 20, 22 e 25.04.2005)
O pagamento dos salários até o 5.º (quinto) dia útil do mês subsequente ao vencido não está sujeito à correção monetária. Se essa data limite for ultrapassada, incidirá o índice da correção monetária do mês subsequente ao da prestação dos serviços, a partir do dia 1.º (primeiro). (Ex-OJ 124 da SDI-I/TST, inserida em 20.04.1998)

Art. 459

- **OJ 159 da SDI-I/TST**
Data de pagamento. Salários. Alteração. (Inserida em 26.03.1999).
Diante da inexistência de previsão expressa em contrato ou em instrumento normativo, a alteração de data de pagamento pelo empregador não viola o art. 468, desde que observado o parágrafo único, do art. 459, ambos da CLT.

- O fato gerador da obrigação de contribuir para a Previdência Social nasce simultaneamente com o direito objetivo à percepção da remuneração, o que não se confunde com a prestação do serviço. Explica-se: o direito à percepção da remuneração surge no termo acertado entre os sujeitos da relação de trabalho, não devendo "ser estipulado por período superior a um mês, salvo o que concerne a comissões, percentagens e gratificações" (art. 459 da CLT) e, quando mensal, deve ser pago "até o quinto dia útil do mês subsequente ao vencido" (parágrafo único do art. 459 da CLT). Se, por exemplo, o término estabelecido finda mensalmente no dia 5 (cinco), surge, apenas nessa data, o direito objetivo à percepção da remuneração pelo empregado, a partir de quando também passa a ser devido o pagamento da contribuição previdenciária (art. 30, I, *b*, parte final, da Lei 8.212/1991). Afinal, o adiantamento salarial é prerrogativa do empregador. Do contrário, admitir-se-ia a ampla discricionariedade de o empregado exigir, quando melhor lhe aprouvesse, o pagamento dos dias já trabalhados, o que não se coaduna com a ordem exigida na relação de emprego (...).
(TST, RR 582/2001-041-24-40.2, 3.ª T., j. 02.02.2005, rel. Maria Cristina Irigoyen Peduzzi, *DEJT* 05.05.2006)

- A parte recorrente pretende a reforma do *decisum*, para que seja determinada a aplicação da correção monetária do mês subsequente ao do vencimento do crédito, sustentando que a data-base a ser observada seria aquela em que o débito tornou-se exigível, ou seja, o 5.º (quinto) dia útil do mês subsequente ao da prestação do serviço.
Não prospera o inconformismo, uma vez que a tabela de juros e correção monetária utilizada no âmbito deste Regional contempla, exatamente, o mecanismo de atualização colimado, *ex vi* dos termos da Súmula 381 do C. TST, a partir do primeiro dia do mês subsequente, à forma integral (...).
(TRT-6.ª Reg., RO 00613-2008-241-06-00-1, 1.ª T., j. 28.10.2008, rel. Valéria Gondim Sampaio)

Interpretação extensiva

- **OJ 159 da SDI-I/TST**

Data de pagamento. Salários. Alteração. (Inserida em 26.03.1999).

Diante da inexistência de previsão expressa em contrato ou em instrumento normativo, a alteração de data de pagamento pelo empregador não viola o art. 468, desde que observado o parágrafo único do art. 459, ambos da CLT.

Art. 460. Na falta de estipulação do salário ou não havendo prova sobre a importância ajustada, o empregado terá direito a perceber salário igual ao daquele que, na mesma empresa, fizer serviço equivalente, ou do que for habitualmente pago para serviço semelhante.

Interpretação convergente

- [O] réu não impugna a alegação de que o cargo de Coordenador de Serviços foi posteriormente rotulado como Analista Sênior I, nem há qualquer evidência de que tenha havido alterações nas atividades da autora após outubro/2003. Acrescento que no documento da f., o cargo de Analista Sênior está vinculado ao nível "C" de comissionamento do mesmo modo que o cargo de "Coordenador de Serviços" na f. Diante desses elementos, não há como negar o direito da autora ao recebimento do comissionamento nível "C", previsto para os cargos de Coordenador de Serviços/Analista Sênior, a partir de maio/2003.

Diante do exposto, julgo que a autora logrou êxito em comprovar ter exercido o cargo de "Coordenador de Serviços/Analista Sênior" a partir de maio/2003, sem que o empregador procedesse ao seu correto enquadramento no organograma da empresa para fins de recebimento da comissão fixa correspondente ao cargo.

Assim, são devidas as diferenças postuladas em relação ao valor da Comissão Fixa pelo correto enquadramento da autora no cargo de "Coordenador de Serviços/Analista Sênior". Os valores deverão ser apurados com base nos Regulamentos e Instruções Normativas que não vieram integralmente aos autos.

Na ausência desses elementos, com base no art. 460 da CLT, determino que as diferenças sejam calculadas tomando como parâmetro o salário pago a outro

Art. 461

empregado que tenha ocupado a mesma função, ou função equivalente, no mesmo período, com base no organograma interno (...).
(TRT-4.ª Reg., RO 00029-2008-028-04-00-0, 4.ª T., j. 23.04.2009, rel. Denise Pacheco)

- Acúmulo de funções. Adicional. Indevido.

Não existe amparo em lei, norma coletiva, regulamento empresarial ou contrato que autorize o pagamento de adicional ou plus salarial para a hipótese de prestação de serviços compatíveis dentro da mesma jornada de trabalho e para o mesmo empregador quando a trabalhadora recebe salário correspondente à função melhor remunerada (...). A regra do art. 460 da CLT, por sua vez, assegura o princípio da equivalência salarial. Assim, se ampliadas as atribuições e responsabilidades do empregado, deve haver a correspondente contraprestação, para efeito de restabelecer o equilíbrio do contrato.
(TRT-5.ª Reg., RO 00058-2008-011-05-00-5, 5.ª T., j. 11.11.2008, rel. Jéferson Muricy)

Art. 461. Sendo idêntica a função, a todo trabalho de igual valor, prestado ao mesmo empregador, na mesma localidade, corresponderá igual salário, sem distinção de sexo, nacionalidade ou idade.

- *Caput* com redação determinada pela Lei 1.723/1952.
- V. art. 7.º, XXX e XXXI, da CF/1988.

⚖ Interpretação convergente

- **Súmula 6 do TST**

Equiparação salarial. Art. 461 da CLT. (Redação do item VI alterada na Sessão do Tribunal Pleno realizada em 14.09.2012). (Res. TST 185/2012, *DEJT* 25, 26 e 27.09.2012).

- **OJ 125 da SDI-I/TST**

Desvio de função. Quadro de carreira (alterado em 13.03.2002)
O simples desvio funcional do empregado não gera direito a novo enquadramento, mas apenas às diferenças salariais respectivas, mesmo que o desvio de função haja iniciado antes da vigência da CF/1988.

Interpretação restritiva

- **OJ 296 da SDI-I/TST**
Equiparação salarial. Atendente e auxiliar de enfermagem. Impossibilidade (*DJ* 11.08.2003).
Sendo regulamentada a profissão de auxiliar de enfermagem, cujo exercício pressupõe habilitação técnica, realizada pelo Conselho Regional de Enfermagem, impossível a equiparação salarial do simples atendente com o auxiliar de enfermagem.

- **OJ 297 da SDI-I/TST**
Equiparação salarial. Servidor público da Administração direta, autárquica e fundacional. Art. 37, XIII, da CF/1988 (*DJ* 11.08.2003).
O art. 37, XIII, da CF/1988, veda a equiparação de qualquer natureza para o efeito de remuneração do pessoal do serviço público, sendo juridicamente impossível a aplicação da norma infraconstitucional prevista no art. 461 da CLT quando se pleiteia equiparação salarial entre servidores públicos, independentemente de terem sido contratados pela CLT.

I – Para os fins previstos no § 2.º do art. 461 da CLT, só é válido o quadro de pessoal organizado em carreira quando homologado pelo Ministério do Trabalho, excluindo-se, apenas, dessa exigência o quadro de carreira das entidades de direito público da Administração Direta, Autárquica e Fundacional aprovado por ato administrativo da autoridade competente. (Ex-Súmula 6, alterada pela Res. TST 104/2000, *DJ* 20.12.2000)

II – Para efeito de equiparação de salários em caso de trabalho igual, conta-se o tempo de serviço na função e não no emprego. (Ex-Súmula 135, RA 102/1982, *DJ* 11.10.1982 e *DJ* 15.10.1982).

III – A equiparação salarial só é possível se o empregado e o paradigma exercerem a mesma função, desempenhando as mesmas tarefas, não importando se os cargos têm, ou não, a mesma denominação. (Ex-OJ 328 da SDI-I/TST, *DJ* 09.12.2003)

IV – É desnecessário que, ao tempo da reclamação sobre equiparação salarial, reclamante e paradigma estejam a serviço do estabelecimento, desde que o pedido se relacione com situação pretérita. (Ex-Súmula 22, RA 57/1970, *DO-GB* 27.11.1970)

V – A cessão de empregados não exclui a equiparação salarial, embora exercida a função em órgão governamental estranho à cedente, se esta responde

pelos salários do paradigma e do reclamante. (Ex-Súmula 111, RA 102/1980, DJ 25.09.1980)

VI – Presentes os pressupostos do art. 461 da CLT, é irrelevante a circunstância de que o desnível salarial tenha origem em decisão judicial que beneficiou o paradigma, exceto se decorrente de vantagem pessoal, de tese jurídica superada pela jurisprudência de Corte Superior ou, na hipótese de equiparação salarial em cadeia, suscitada em defesa, se o empregador produzir prova do alegado fato modificativo, impeditivo ou extintivo do direito à equiparação salarial em relação ao paradigma remoto.

VII – Desde que atendidos os requisitos do art. 461 da CLT, é possível a equiparação salarial de trabalho intelectual, que pode ser avaliado por sua perfeição técnica, cuja aferição terá critérios objetivos. (Ex-OJ 298 da SDI-I/TST, DJ 11.08.2003)

VIII – É do empregador o ônus da prova do fato impeditivo, modificativo ou extintivo da equiparação salarial. (Ex-Súmula 68, RA 9/1977, DJ 11.02.1977)

IX – Na ação de equiparação salarial, a prescrição é parcial e só alcança as diferenças salariais vencidas no período de 5 (cinco) anos que precedeu o ajuizamento. (Ex-Súmula 274, alterada pela Res. TST 121/2003, DJ 21.11.2003)

X – O conceito de "mesma localidade" de que trata o art. 461 da CLT refere-se, em princípio, ao mesmo município, ou a municípios distintos que, comprovadamente, pertençam à mesma região metropolitana. (Ex-OJ da SDI-I/TST 252, inserida em 13.03.2002)

- O art. 461 da CLT assegura, sendo idêntica a função, igual salário a trabalho de igual valor, mas, quando o empregador tiver pessoal organizado em quadro de carreira, exclui a equiparação, pois, nessa hipótese, as promoções deverão obedecer aos critérios de antiguidade e merecimento (...).
(STF, RE 92.420/RS, Pleno, j. 19.11.1980, rel. Cordeiro Guerra, DJU 12.12.1980)

- [M]esma localidade constitui o mesmo Município, ou Municípios distintos que, comprovadamente, pertençam à mesma região metropolitana. A jurisprudência firmou-se nesse sentido levando em consideração que a diferença salarial ocorre em razão dos variados índices de custo de vida na localidade. Assim, mesma localidade equivale a mesmo Município, mesma cidade, não podendo ser entendida como mesmo Estado ou Região Geoeconômica em que podem existir condições diversas de vida. Em sua sabedoria, a lei determinou a diferença salarial quanto à localidade justamente pela consciência de diversidade de situações sociais e econômicas com outras localidades. Desse modo, se autor e

paradigma exerciam suas funções em localidades distintas, não pertencentes à mesma região metropolitana, não há que se falar em equiparação salarial, nos exatos termos do art. 461 da CLT (...).
(TRT-3.ª Reg., RO 01037-2011-098-03-00-6, 3.ª T. j. 20.03.2012, rel. Lucilde D'Ajuda Lyra de Almeida)

Interpretação extensiva

- **OJ 353 da SDI-I/TST**

Equiparação salarial. Sociedade de economia mista. Art. 37, XIII, da CF/1988. Possibilidade (*DJ* 14.03.2008)

À sociedade de economia mista não se aplica a vedação à equiparação prevista no art. 37, XIII, da CF/1988, pois, ao contratar empregados sob o regime da Consolidação das Leis do Trabalho, equipara-se a empregador privado, conforme disposto no art. 173, § 1.º, II, da CF/1988.

- **OJ 418 da SDI-I/TST**

Equiparação salarial. Plano de cargos e salários. Aprovação por instrumento coletivo. Ausência de alternância de critérios de promoção por antiguidade e merecimento. (*DEJT* divulgado em 12, 13 e 16.04.2012)

Não constitui óbice à equiparação salarial a existência de plano de cargos e salários que, referendado por norma coletiva, prevê critério de promoção apenas por merecimento ou antiguidade, não atendendo, portanto, o requisito de alternância dos critérios, previsto no art. 461, § 2.º, da CLT.

- **OJ 383 da SDI-I/TST**

Terceirização. Empregados da empresa prestadora de serviços e da tomadora. Isonomia. Art. 12, *a*, da Lei 6.019, de 03.01.1974. (Res. TST 175/2011, *DEJT* 27, 30 e 31.05.2011)

A contratação irregular de trabalhador, mediante empresa interposta, não gera vínculo de emprego com ente da Administração Pública, não afastando, contudo, pelo princípio da isonomia, o direito dos empregados terceirizados às mesmas verbas trabalhistas legais e normativas asseguradas àqueles contratados pelo tomador dos serviços, desde que presente a igualdade de funções. Aplicação analógica do art. 12, *a*, da Lei 6.019, de 03.01.1974.

• [E]m relação à isonomia de direitos deferida pelas instâncias ordinárias, a jurisprudência do TST, em especial da egr. SDI-I/TST, segue no sentido de mantê-la, quando se verificar a identidade de funções entre os empregados da empresa fornecedora de mão de obra e os contratados diretamente pela tomadora dos serviços, no caso a Caixa Econômica Federal. Trata-se de interpretação analógica do art. 12 da Lei 6.019/1974, em face dos arts. 5.º, *caput*, 7.º, XXXII e 37, *caput*, da CF/1988, e que respeita, ainda, o contido na Convenção 94 e na Recomendação 84, ambas da OIT (...).
(TST, RR 96300-56.2009.5.03.0048, 4.ª T, j. 14.09.2011, rel. Maria de Assis Calsing, *DEJT* 25.09.2011)

Interpretação restritiva

• Compete ao reclamante provar a identidade de funções com o paradigma apontado e à parte-reclamada, a existência dos fatos impeditivos, modificativos ou extintivos da equiparação salarial, previstos no art. 461 da CLT. Tendo o reclamante se desincumbido do seu *onus probandi* e nada sendo comprovado pelas reclamadas para obstar a pretensão, devidas as diferenças salariais em virtude da equiparação salarial (...).
(TRT-1.ª Reg. 0001294-08.2010.5.01.0027, j. 04.06.2012, rel. Mirian Lippi Pacheco)

§ 1.º Trabalho de igual valor, para os fins deste Capítulo, será o que for feito com igual produtividade e com a mesma perfeição técnica, entre pessoas cuja diferença de tempo de serviço não for superior a 2 (dois) anos.

* § 1.º com redação determinada pela Lei 1.723/1952.

Interpretação convergente

• **Súmula 223 do TFR**
Empregado. Desvio funcional. Direito à diferença salarial. Quadro de pessoal organizado em carreira
O empregado, durante o desvio funcional, tem direito a diferença salarial, ainda que o empregador possua quadro de pessoal organizado em carreira.

Art. 461

🏛 Interpretação extensiva

• **Súmula 202 do STF**
Na equiparação de salário, em caso de trabalho igual, toma-se em conta o tempo de serviço na função, e não no emprego.

> **§ 2.º Os dispositivos deste artigo não prevalecerão quando o empregador tiver pessoal organizado em quadro de carreira, hipótese em que as promoções deverão obedecer aos critérios de antiguidade e merecimento.**
>
> * § 2.º com redação determinada pela Lei 1.723/1952.

⚖ Interpretação convergente

• **Súmula 19 do TST**
Quadro de carreira. (Res. TST 121/2003, *DJ* 19, 20 e 21.11.2003)
A Justiça do Trabalho é competente para apreciar reclamação de empregado que tenha por objeto direito fundado em quadro de carreira.

• **Súmula 127 do TST**
Quadro de carreira. (Res. TST 121/2003, *DJ* 19, 20 e 21.11.2003)
Quadro de pessoal organizado em carreira, aprovado pelo Órgão Competente, excluída a hipótese de equiparação salarial, não obsta reclamação fundada em preterição, enquadramento ou reclassificação.

• Recurso de revista da reclamante. Diferenças salariais.
O princípio da isonomia e da valorização do trabalho e o disposto no art. 7.º, XXXII, da CF/1988, alusivo à proibição de diferenças entre o trabalho manual, técnico e intelectual, não tem nenhuma pertinência com a questão em debate, em que se discute o pedido de diferenças salariais decorrentes de desvio de função, na forma do art. 461, § 2.º, da CLT. Recurso de revista de que não se conhece (...).
(TST, RR 223400-61.2008.5.12.0053, j. 09.11.2011, rel. Kátia Magalhães Arruda, *DEJT* 02.12.2011)

• [O] art. 461, § 2.º, da CLT trata de requisito impeditivo à equiparação salarial, qual seja, a existência de quadro de carreira, quando as promoções devem obedecer

aos critérios de antiguidade e merecimento, logo, situação sem aplicabilidade à hipótese dos autos, em que o empregado busca apenas diferenças salariais por desvio de função e, além disso, não há registro no acórdão regional se existe ou não quadro de carreira (...).
(TST, RR 44809/2002-900-04-00.5, 2.ª T., j. 07.02.2007, rel. José Simpliciano Fontes de F. Fernandes, *DJU* 18.05.2007)

• Primeiramente, conforme já mencionado, registra-se que o demandante confunde desvio de função com equiparação salarial. Apesar de ambos os institutos terem origem no princípio da isonomia salarial, consagrado pelo art. 7.º, XXX e XXXI, da CF/1988 e no art. 5.º da CLT, o primeiro resulta do enquadramento do trabalhador em determinado cargo previsto em plano ou quadro de carreira (art. 461, § 2.º, da CLT) e o segundo, da equiparação do empregado a outro trabalhador que exerça idêntica função, prestando trabalho de igual valor a um mesmo empregador, na mesma localidade, com diferenças de tempo no serviço não superior a dois anos, nos termos do art. 461, *caput* e § 1.º, da CLT (...).
(TRT-4.ª Reg., RO 01258-2006-025-04-00-1, 8.ª T., j. 23.04.2008, rel. Ana Rosa Pereira Zago Sagrilo)

🏛 Interpretação extensiva

• **OJ 404 da SDI-I/TST**
Diferenças salariais. Plano de cargos e salários. Descumprimento. Critérios de promoção não observados. Prescrição parcial. (*DEJT* Divulgado em 16, 17 e 20.09.2010)
Tratando-se de pedido de pagamento de diferenças salariais decorrentes da inobservância dos critérios de promoção estabelecidos em Plano de Cargos e Salários criado pela empresa, a prescrição aplicável é a parcial, pois a lesão é sucessiva e se renova mês a mês.

> **§ 3.º No caso do parágrafo anterior, as promoções deverão ser feitas alternadamente por merecimento e por antiguidade, dentro de cada categoria profissional.**

* § 3.º com redação determinada pela Lei 1.723/1952.

⚖️ Interpretação convergente

Plano de Cargos e Salários. Editado o Plano de Cargos e Salários assegurando aos seus empregados promoções por antiguidade e merecimento, a reclamada, nesse momento, se obrigou e constituiu para eles um direito, que se incorporou ao contrato de trabalho. A manutenção da norma implica a exigibilidade de seu cumprimento e a indicação, pela empresa, de empecilho a fazê-lo, configura fato obstativo do direito que lhe impõe a prova substanciosa (...).
(TRT-21.ª Reg., RO 42400-04.2009.5.21.0002, rel. Lygia Maria Godoy Batista Cavalcanti, *DEJT* 01.09.2010)

- Promoções horizontais por merecimento. Conab. Descumprimento de regramento *interna corporis* da empregadora. Observância da faixa correspondente à classe de cargos da parte laborista, respeitada a alternância insculpida no § 3.º do art. 461 da CLT.

Não há como transferir para o empregado as consequências da inexistência de ato de exclusiva responsabilidade da demandada que, por inércia, deixa de realizar avaliação de desempenho, prejudicando o direito da parte obreira para obter promoções horizontais por merecimento previstas em norma interna da empregadora. Entretanto, o recurso merece parcial provimento para limitar que a promoção por merecimento, cabível somente nos anos em que o demandante não recebeu promoções por antiguidade – inteligência do art. 461, § 3.º, da CLT –, não implique a ultrapassagem da faixa salarial máxima correspondente à atual classe de cargos da parte trabalhadora, sob pena de configurar hipótese de promoção vertical sem concurso público, o que é vedado pela Constituição Federal (...).
(TRT-22.ª Reg., RO 01619-2008-002-22-00-0, 2.ª T., j. 02.06.2009, rel. Laércio Domiciano, *DJ* 19.06.2009)

§ 4.º O trabalhador readaptado em nova função por motivo de deficiência física ou mental atestada pelo órgão competente da Previdência Social não servirá de paradigma para fins de equiparação salarial.

* § 4.º acrescentado pela Lei 5.798/1972.

⚖️ Interpretação convergente

• Equiparação salarial.
De acordo com o relatado pelo Tribunal de origem, o paradigma, ouvido em audiência como testemunha trazida pelo autor, teria indicado que somente passou a laborar na mesma função do reclamante após acidente de trabalho. A Turma de origem, por maioria, negou valor a tal declaração, afirmando que a circunstância de a reclamada não a ter aventado em contestação seria o suficiente para prejudicá-la, cumprindo à reclamada demonstrar o fato impeditivo, de acordo com o art. 333, II, do CPC. Nos termos do art. 461, § 4.º, da CLT, o trabalhador readaptado em nova função por motivo de deficiência, de acordo com atestado emitido pelo INSS, não servirá de paradigma para fins de equiparação salarial. Porém, as declarações do autor de ter passado a trabalhar como vigia somente após acidente de trabalho não tornam inconteste a ocorrência de readaptação profissional pelo INSS, sendo viável ao magistrado atribuir a força probante que julgar pertinente ao elemento probatório, de forma fundamentada (art. 131 do CPC). Assim, a simples declaração do paradigma, sem se reportar a efetivo procedimento de readaptação perante o INSS, aliada ao fato de a reclamada nem sequer discutir tal ocorrência, permitiu ao juízo concluir não se tratar de declaração prejudicial à pretensão do autor. Não há violação do art. 461, § 4.º, da CLT. O art. 126 do CPC é irrelevante em relação ao tema (...).
(TST, RR 6700-46.2008.5.03.0149, 6.ª T., j. 08.05.2013, rel. Augusto César Leite de Carvalho, *DEJT* 10.05.2013)

• Equiparação salarial. Indevida. Exceção prevista no § 4.º do art. 461 da CLT. O trabalhador readaptado em nova função por motivo de deficiência física ou mental não serve de paradigma para fins de equiparação salarial. Não se pode punir a reclamada que praticou ato louvável ao readaptar funcionário portador de doença ocupacional em outra função, cumprindo o princípio da irredutibilidade salarial, mesmo que esta mudança não tenha passado por procedimento perante o INSS (...).
(TRT-15.ª Reg., RO 025278/2003, 4.ª T., j. 22.10.2008, rel. Manuel Soares Ferreira Carradita)

Art. 462. Ao empregador é vedado efetuar qualquer desconto nos salários do empregado, salvo quando este resultar de adiantamentos, de dispositivos de lei ou de contrato coletivo.

* V. art. 7.º, VI, da CF/1988.

⚖ Interpretação convergente

• Devolução de descontos.

Não se constata ofensa direta e literal ao art. 462 da CLT, visto que a decisão proferida pelo Tribunal Regional está em consonância com preceito de lei, ao proibir descontos não autorizados do salário do empregado (...).
(TST, RR 604-76.2010.5.04.0291, 5.ª T., j. 20.02.2013, rel. João Batista Brito Pereira, *DJ* 25.02.2013)

• Taxa de reversão salarial. Empregado não filiado ao sindicato. Desconto indevido. Art. 8.º, V, da CF/1988 e art. 462 da CLT.

Ainda que haja previsão convencional para pagamento da "taxa de reversão salarial" em favor de entidade sindical, para o fim de custear a organização dos trabalhadores, não pode obrigar a tais pagamentos empregados não sindicalizados, por ofensa direta ao art. 8.º, V, da CF/1988. Não comprovada a filiação, devida a devolução dos descontos efetuados a tal título (...).
(TRT-9.ª Reg., RO 1250-2011-669-9-0-9, 1.ª T., rel. Cássio Colombo Filho, *DJ* 07.02.2012)

• Desconto salarial. Licitude. Art. 462 da CLT.

É regra a intangibilidade dos salários, prevendo a lei celetista, no entanto, a licitude dos descontos salariais, quando resultantes de adiantamentos, de conduta danosa praticada dolosamente pelo empregado, de dispositivos de lei ou de negociação coletiva, bem como de previsão contratual quanto ao dano causado pelo empregado por conduta culposa (art. 462 da CLT). Lícitos os descontos salariais verificados no caso em comento, porque provada a anuência expressa e prévia da trabalhadora (...).
(TRT-18.ª Reg., RO 02409-2011-102-18-00-4, 2.ª T., j. 04.07.2012, rel. Paulo Pimenta, *DEJT* 05.07.2012)

Art. 462

🏛 Interpretação extensiva

- **Súmula 63 do TST**

Fundo de garantia. (Res. 121/2003, *DJ* 19, 20 e 21.11.2003)
A contribuição para o Fundo de Garantia do Tempo de Serviço incide sobre a remuneração mensal devida ao empregado, inclusive horas extras e adicionais eventuais.

- **Súmula 342 do TST**

Descontos salariais. Art. 462 da CLT. (Res. TST 121/2003, *DJ* 19, 20 e 21.11.2003)
Descontos salariais efetuados pelo empregador, com a autorização prévia e por escrito do empregado, para ser integrado em planos de assistência odontológica, médico-hospitalar, de seguro, de previdência privada, ou de entidade cooperativa, cultural ou recreativo-associativa de seus trabalhadores, em seu benefício e de seus dependentes, não afrontam o disposto no art. 462 da CLT, salvo se ficar demonstrada a existência de coação ou de outro defeito que vicie o ato jurídico.

- **OJ 160 da SDI-I/TST**

Descontos salariais. Autorização no ato da admissão. Validade. (Inserida em 26.03.1999)
É inválida a presunção de vício de consentimento resultante do fato de ter o empregado anuído expressamente com descontos salariais na oportunidade da admissão. É de se exigir demonstração concreta do vício de vontade.

- **OJ 363 da SDI-I/TST**

Descontos previdenciários e fiscais. Condenação do empregador em razão do inadimplemento de verbas remuneratórias. Responsabilidade do empregado pelo pagamento. Abrangência. (*DJ* 20, 21 e 23.05.2008)
A responsabilidade pelo recolhimento das contribuições social e fiscal, resultante de condenação judicial referente a verbas remuneratórias, é do empregador e incide sobre o total da condenação. Contudo, a culpa do empregador pelo inadimplemento das verbas remuneratórias não exime a responsabilidade do empregado pelos pagamentos do imposto de renda devido e da contribuição previdenciária que recaia sobre sua quota parte.

- **OJ 368 da SDI-I/TST**

Descontos previdenciários. Acordo homologado em juízo. Inexistência de vínculo empregatício. Parcelas indenizatórias. Ausência de discriminação. Incidência sobre o valor total. (*DEJT* divulgado em 03, 04 e 05.12.2008)

É devida a incidência das contribuições para a Previdência Social sobre o valor total do acordo homologado em juízo, independentemente do reconhecimento de vínculo de emprego, desde que não haja discriminação das parcelas sujeitas à incidência da contribuição previdenciária, conforme parágrafo único do art. 43 da Lei 8.212, de 24.07.1991, e do art. 195, I, *a*, da CF/1988.

- **OJ 18 da SDC/TST**

Descontos autorizados no salário pelo trabalhador. Limitação máxima de 70% do salário base. (Inserida em 25.05.1998)

Os descontos efetuados com base em cláusula de acordo firmado entre as partes não podem ser superiores a 70% do salário base percebido pelo empregado, pois deve-se assegurar um mínimo de salário em espécie ao trabalhador.

Interpretação restritiva

- **OJ 325 da SDI-I/TST**

Aumento salarial concedido pela empresa. Compensação no ano seguinte em antecipação sem a participação do sindicato profissional. Impossibilidade. (*DJ* 09.12.2003)

O aumento real, concedido pela empresa a todos os seus empregados, somente pode ser reduzido mediante a participação efetiva do sindicato profissional no ajuste, nos termos do art. 7.º, VI, da CF/1988.

- **Caixa. Diferenças. Descontos. Art. 462 da CLT.**

Prevista a possibilidade de ressarcimento de diferença de caixa em Convenção Coletiva de Trabalho, percebendo a autora o adicional de "quebra de caixa" e realizando a própria operadora a conferência do numerário do caixa, há de se considerar legal os descontos realizados em sua remuneração, resultando íntegro o art. 462, consolidado. Recurso conhecido e não provido (...).

(TRT-7.ª Reg., RO 0048000-9520065070003, 1.ª T., j. 21.10.2009, rel. Manoel Arízio Eduardo de Castro, *DJ* 08.12.2009)

Art. 462

§ 1.º Em caso de dano causado pelo empregado, o desconto será lícito, desde que esta possibilidade tenha sido acordada ou na ocorrência de dolo do empregado.

* Primitivo parágrafo único renumerado pelo Dec.-lei 229/1967.

⚖️ Interpretação convergente

- Devolução de descontos por avarias.

Em caso de dano causado pelo empregado, o desconto será lícito, desde que esta possibilidade tenha sido acordada ou na ocorrência de dolo do empregado (art. 462, § 1.º, da CLT). Tal dispositivo autoriza o desconto efetuado pelo empregador nos salários do obreiro em caso de dano provocado pelo empregado que agiu com dolo no exercício de suas atividades. Também autoriza tal desconto quando o empregado agiu culposamente, isto é, com negligência, imprudência ou imperícia, mas nessa situação, deve-se acrescentar a existência de prévia e expressa autorização do empregado. No entanto, cumpre salientar que, tratando-se de dano material, em ambas as hipóteses (ato doloso ou culposo), imprescindível é a demonstração efetiva do dano, bem como da responsabilidade do empregado, ou seja, deve-se provar a ação dolosa ou culposa do obreiro e o nexo de causalidade com o resultado danoso, para que o desconto salarial seja autorizado. Recurso de revista conhecido e parcialmente provido (...).
(TST, RR 9694500-31.2003.5.04.0900, 2.ª T., j. 17.09.2008, rel. Renato de Lacerda Paiva, DJ 03.10.2008)

- Devolução de descontos. Art. 462 da CLT.

O § 1.º do art. 462 do texto consolidado prevê a licitude dos descontos por danos causados ao empregador, desde que verificadas as hipóteses de culpa, em que se exige pactuação da possibilidade de descontar, ou dolo do empregado, em que não se exige prévia autorização. Não se verifica, no caso dos autos, que o empregado tenha causado dano ao Réu ou incorrido em culpa ao permitir que danos fossem causados. Portanto, são caracterizados como ilegais os descontos efetuados sob a excusa de furtos por terceiros, pois deve o Reclamado arcar com os riscos da atividade econômica e não transferir esse encargo ao trabalhador, visto que os furtos foram realizados pelos clientes do próprio empregador. Ausente, ainda,

prova de dolo ou culpa por parte do empregado. Recurso do Réu a que se nega provimento, no particular (...).
(TRT-9.ª Reg., RO 4832-2008-892-9-0-5, 4.ª T., rel. Sueli Gil El-Rafihi, *DJ* 25.06.2010)

• Desconto salarial. Previsão expressa no contrato de trabalho. Hipótese prevista no § 1.º do art. 462 da CLT.
Havendo previsão expressa no contrato individual de trabalho de que o dano causado pelo empregado terá seu respectivo valor abatido do seu salário, na forma do § 1.º do art. 462 da CLT, há de ser afastada a alegada ilicitude do desconto perpetrado pelo empregador (...).
(TRT-10.ª Reg., RO 00222-2009-010-10-00-1, 2.ª T., j. 21.07.2009, rel. Brasilino Santos Ramos, *DJ* 31.07.2009)

🏛 Interpretação extensiva

• **OJ 251 da SDI-I/TST**
Descontos. Frentista. Cheques sem fundos. (Inserida em 13.03.2002)
É lícito o desconto salarial referente à devolução de cheques sem fundos, quando o frentista não observar as recomendações previstas em instrumento coletivo.

> **§ 2.º É vedado à empresa que mantiver armazém para venda de mercadorias aos empregados ou serviços destinados a proporcionar-lhes prestações *in natura* exercer qualquer coação ou induzimento no sentido de que os empregados se utilizem do armazém ou dos serviços.**
>
> * § 2.º acrescentado pelo Dec.-lei 229/1967.
>
> **§ 3.º Sempre que não for possível o acesso dos empregados a armazéns ou serviços não mantidos pela empresa, é lícito à autoridade competente determinar a adoção de medidas adequadas, visando a que as mercadorias sejam vendidas e os serviços prestados a preços razoáveis, sem intuito de lucro e sempre em benefício dos empregados.**
>
> * § 3.º acrescentado pelo Dec.-lei 229/1967.

Art. 463

§ 4.º Observado o disposto neste Capítulo, é vedado às empresas limitar, por qualquer forma, a liberdade dos empregados de dispor do seu salário.

* § 4.º acrescentado pelo Dec.-lei 229/1967.

Art. 463. A prestação, em espécie, do salário será paga em moeda corrente do País.

Parágrafo único. O pagamento do salário realizado com inobservância deste artigo considera-se como não feito.

⚖ Interpretação convergente

• 1. O art. 463 da CLT visa tão-só a estabelecer a obrigatoriedade do pagamento do salário em moeda corrente do País. A uma, pelo curso forçado da moeda nacional; a duas, para evitar – por exemplo, no trabalho em fronteiras – que o pagamento seja feito em moeda estrangeira mais fraca.
2. Essa exegese é corroborada pela Convenção 95 da OIT (promulgada, no Brasil, pelo Dec. 41.271/1957), que prevê a possibilidade da realização do pagamento por meios outros além da forma direta, quando prática corrente ou necessária em razão de circunstâncias especiais. Na espécie – pagamento de aposentadoria –, não seria mesmo razoável esperar o adimplemento do benefício de forma diversa, por ser o pagador órgão de previdência privada (...).
(TST, RR 659605-38.2000.5.03.5555, 3.ª T., j. 07.12.2004, rel. Maria Cristina Irigoyen Peduzzi, *DJU* 18.02.2005)

🏛 Interpretação extensiva

• Alega o Recorrente que o pagamento de salários possui regulamentação legal, sendo inviável a instituição de normas paralelas sobre o tema. O art. 463 da CLT determina que o salário seja pago em moeda corrente nacional. O pagamento por cheque é exceção legalmente aceitável nos centros urbanos, conquanto permaneça vigente o dispositivo consolidado. Quanto aos centros urbanos, há o entendimento jurisprudencial consolidado sobre o prazo necessário para o desconto do cheque, mormente se efetuado o pagamento na sexta-feira ou em véspera de feriado, ante a prática ainda comum no pequeno comércio, de efetuar

descontos sobre o valor nominal dos cheques. A cláusula oferece opção para o pagamento dos salários por via bancária, o que inclui o depósito bancário em conta-corrente do empregado, que não apresenta os inconvenientes mencionados, ou o pagamento por meio de cheque, para o qual é aplicável o precedente jurisprudencial mencionado. Mantenho a decisão, por razoável (...).
(TST, RODC 20336/2002-000-02-00.8, SDC, j. 11.09.2008, rel. Márcio Eurico Vitral Amaro, *DJ* 26.09.2008)

• Conquanto o art. 463 da CLT determine que o salário seja pago em moeda corrente nacional, o pagamento por cheque tem sido plenamente utilizado, principalmente nos centros urbanos, por questões de segurança, e tem tido grande aceitação por parte dos trabalhadores. Contudo, implica transtornos ao obreiro, mormente no caso de o pagamento ser efetuado nas sextas-feiras ou em vésperas de feriado, com relação ao prazo necessário para o desconto do cheque (...).
(TST, RODC 1186/2007-000-04-00.7, SDC, j. 10.08.2009, rel. Dora Maria da Costa, *DEJT* 21.08.2009)

> **Art. 464.** O pagamento do salário deverá ser efetuado contra recibo, assinado pelo empregado; em se tratando de analfabeto, mediante sua impressão digital, ou, não sendo esta possível, a seu rogo.
>
> **Parágrafo único.** Terá força de recibo o comprovante de depósito em conta bancária, aberta para esse fim em nome de cada empregado, com o consentimento deste, em estabelecimento de crédito próximo ao local de trabalho.
>
> * Parágrafo único acrescentado pela Lei 9.528/1997.

⚖ Interpretação convergente

• Salários. Depósito em conta corrente. Retenção pelo banco.
O art. 464, parágrafo único, da CLT prevê a possibilidade de pagamento do salário mediante crédito em conta bancária em nome do empregado, desde que com o consentimento deste. Ficou registrado no acórdão do Regional que o reclamante, à época de sua admissão, concordou com o recebimento de salários via depósito em conta bancária, e que, agora, só quer deixar de receber no banco, e receber novamente os salários do Município, porque contraiu dí-

vidas com a instituição bancária, que não foram adimplidas, motivo pelo qual o banco passou a reter seus salários. Com isso, não se constata a possibilidade de violação literal dos dispositivos invocados, pois, de acordo com as premissas fáticas consignadas no acórdão, o Município está pagando corretamente os salários do reclamante, conforme autorizado, mediante depósito em conta bancária (...).
(TST, RR 3276/2007-660-09-00.8, 5.ª T., j. 14.10.2009, rel. Kátia Magalhães Arruda, *DEJT* 23.10.2009)

Art. 465. O pagamento dos salários será efetuado em dia útil e no local do trabalho, dentro do horário do serviço ou imediatamente após o encerramento deste, salvo quando efetuado por depósito em conta bancária, observado o disposto no artigo anterior.

* Artigo com redação determinada pela Lei 9.528/1997.

Interpretação extensiva

• [A] Norma Coletiva da categoria profissional do autor, na Cláusula 34.ª (f.) determina que o pagamento de salários deve ser realizado até às 18 horas da sexta-feira da semana seguinte ao fechamento da respectiva quinzena. Verifica-se, pois, que a empresa não observava as normas consolidada e convencional, ficando o autor à sua disposição muito além da jornada de trabalho, fazendo jus, portanto ao pagamento dessas horas excedentes como extras (...).
(TRT-6.ª Reg., RO 00625-2008-281-06-00-5, j. 02.09.2008, rel. Ibrahim Alves Filho)

Art. 466. O pagamento de comissões e percentagens só é exigível depois de ultimada a transação a que se referem.
§ 1.º Nas transações realizadas por prestações sucessivas, é exigível o pagamento das percentagens e comissões que lhes disserem respeito proporcionalmente à respectiva liquidação.
§ 2.º A cessação das relações de trabalho não prejudica a percepção das comissões e percentagens devidas na forma estabelecida por este artigo.

⚖️ Interpretação convergente

• **Adiantamento de comissões futuras. Violação do art. 466 da CLT. Não provimento.**
A Decisão Regional encontra-se em consonância com o entendimento desta Corte Superior, no sentido de que, uma vez ultimada a transação pelo empregado, revela-se indevido o cancelamento do pagamento de comissões por rompimento de contrato, por inadimplência do comprador, sob pena de se estar transferindo ao empregado os riscos da atividade econômica. Precedentes desta colenda Corte Superior (...).
(TST, RR 2383-12.2010.5.06.0000, 2.ª T., j. 04.05.2011, rel. Guilherme Augusto Caputo Bastos, *DEJT* 13.05.2011)

• **Devoluções de comissões estornadas.** Consoante o art. 466 da CLT, ultimada a transação, torna-se exigível o pagamento das comissões aos empregados.
Por outro lado, segundo prescreve o art. 7.º da Lei 3.207/1957, o estorno de comissões somente é possível quando caracterizada a hipótese de insolvência do comprador.
Assim, tem-se que o fato gerador do direito à comissão ao empregado é a celebração do negócio entre o empregador e o cliente, e não o pagamento das prestações por este, sob pena de transferir-se ao empregado os riscos do empreendimento, o que não se admite em razão da alteridade prevista no art. 3.º da CLT.
Indevido, portanto, o estorno de comissões no caso de mera inadimplência dos compradores (...).
(TST, RR 41600-48.2007.5.03.0001, 2.ª T., j. 27.05.2011, rel. Caputo Bastos, *DEJT* 03.06.2011)

• Sob o fundamento de que, por ocasião de sua dispensa, em 23.01.2008, diversas transações estavam em fase final de tratativas, sendo devidas as comissões a elas correspondentes, o Autor postulou diferenças salariais.
A Demandada, por sua vez, aponta a ausência de disposição legal a amparar a pretensão, bem como inexistência de qualquer acordo pelas partes. Salientou que, por liberalidade, convencionou a quitação de valores correspondentes às vendas concluídas até 60 (sessenta) dias após a extinção do contrato de trabalho.
Dispõe o *caput* do art. 466 da CLT que o pagamento de comissões e percentagens somente é devido depois de "ultimada a transação a que se referem", acrescen-

tando o § 2.º que a ruptura contratual não prejudica a percepção desses importes "na forma estabelecida neste artigo".

Essa não é a hipótese em exame, uma vez que pretende o empregado receber importes referentes a vendas ainda não confirmadas.

Por outro lado, no depoimento pessoal o obreiro admitiu que "recebeu as comissões dos negócios concretizados dentre esses 60 dias" (f.).

Diante desses elementos, correta a r. sentença ao indeferir a pretensão, que se mantém (...).

(TRT-2.ª Reg. RO 0239100-63.2008.5.02.0471, 2.ª T., j. 09.11.2011, rel. Luiz Carlos G. Godoi)

Interpretação extensiva

• **Súmula 27 do TST**
Comissionista. (Res. TST 121/2003, *DJ* 19, 20 e 21.11.2003)
É devida a remuneração do repouso semanal e dos dias feriados ao empregado comissionista, ainda que pracista.

• **OJ 181 da SDI-I/TST**
Comissões. Correção monetária. Cálculo. (Inserida em 08.11.2000)
O valor das comissões deve ser corrigido monetariamente para em seguida obter-se a média para efeito de cálculo de férias, 13.º salário e verbas rescisórias.

• **Estornos de comissões. Cancelamento da venda ou inadimplência do comprador. Impossibilidade.**
A discussão refere-se a estorno de comissões sobre vendas de revistas, em virtude do inadimplemento pelos clientes. Prevê o art. 466 da CLT que o pagamento de comissões e percentagens só é exigível depois da ultimada a transação a que se referem. Esta Corte, reiteradamente interpretando o referido dispositivo, tem adotado o entendimento de que o fim da transação se dá com o fechamento do negócio, e não com o cumprimento, pelos clientes, das obrigações dele provenientes, ou seja, com o pagamento da obrigação decorrente do negócio ajustado. Assim, não são autorizados estornos de comissões pelo cancelamento da venda ou pela inadimplência do comprador (...).

(TST, RR 294800-44.2003.5.02.0036, 2.ª T., j. 11.10.2011, rel. José Roberto Freire Pimenta, *DEJT* 21.10.2011)

Art. 467

⚖️ Interpretação restritiva

- **OJ 45 da SDI-I – Transitória/TST**
Comissionista puro. Abono. Lei 8.178/1991. Não incorporação. (Conversão da OJ 180 da SBDI-I) (*DJ* 20.04.2005)
É indevida a incorporação do abono instituído pela Lei 8.178/1991 aos empregados comissionistas. (Ex-OJ 180 da SDI-I – inserida em 08.11.2000)

> **Art. 467.** Em caso de rescisão de contrato de trabalho, havendo controvérsia sobre o montante das verbas rescisórias, o empregador é obrigado a pagar ao trabalhador, à data do comparecimento à Justiça do Trabalho, a parte incontroversa dessas verbas, sob pena de pagá-las acrescidas de 50% (cinquenta por cento).

* Artigo com redação determinada pela Lei 10.272/2001.
* A MedProv 2.180-35/2001 (*DOU* 27.08.2001) acrescentava o seguinte texto a este artigo: "Parágrafo único. O disposto no *caput* não se aplica à União, aos Estados, ao Distrito Federal, aos Municípios e as suas autarquias e fundações públicas".
* A Lei 10.272/2001 (*DOU* 06.09.2001), ao alterar o art. 467, não manteve o parágrafo único e nem fez constar linha pontilhada indicando sua continuidade.

⚖️ Interpretação convergente

- Ora, a multa prevista no art. 467 da CLT tem como fato gerador o não pagamento das verbas rescisórias incontroversas, na data do comparecimento à Justiça do Trabalho, ou seja: a ausência de controvérsia na data da audiência é o requisito previsto em lei para a imposição da multa.

A redação anterior do art. 467 da CLT determinava que o empregador deveria pagar, após a rescisão contratual, a parte incontroversa dos salários, sob pena de pagá-la em dobro.

A nova redação do referido dispositivo, dada pela Lei 10.272/2001, faz referência à multa de 50% (cinquenta por cento) pelo inadimplemento das verbas rescisórias incontroversas.

Percebe-se, portanto, que o intuito do legislador foi de ampliar o rol de parcelas e, em contrapartida, reduzir a multa aplicável para o caso de inadimplemento.

Conforme se extrai da decisão regional, a hipótese dos autos é de reversão da justa causa em Juízo, ou seja, havia controvérsia quanto à modalidade de rescisão

contratual. Assim, por impossibilidade lógica, tem-se como inexigível o pagamento das parcelas incontroversas ao comparecimento à Justiça do Trabalho, não havendo que se falar na incidência da multa de que trata o art. 467 da CLT. Conheço, portanto, do apelo por violação do art. 467 da CLT (...).
(TST, RR 168200-60.2002.5.15.0097, 7.ª T., j. 15.08.2012, rel. Pedro Paulo Manus, *DEJT* 17.08.2012)

Interpretação extensiva

• **Súmula 13 do TST**
Mora. (Res. 121/2003, *DJ* 19, 20 e 21.11.2003)
O só pagamento dos salários atrasados em audiência não ilide a mora capaz de determinar a rescisão do contrato de trabalho.

• Assinale-se que não prosperam os argumentos do reclamado que visam a exclusão da condenação pelas verbas rescisórias, com as penalidades previstas nos arts. 467 e 477 da CLT, a responsabilidade subsidiária imposta ao tomador de serviços compreende o total devido ao empregado, inclusive os juros, as multas e as contribuições previdenciárias, a serem pagas somente na hipótese de a empregadora (prestadora de serviços) não satisfazer o crédito trabalhista (...).
(TST, RR 87700-33.2009.5.04.0011, j. 24.10.2012, rel. Maria Laura Franco Lima de Faria, *DEJT* 26.10.2012)

Interpretação restritiva

• **Súmula 69 do TST**
Rescisão do contrato. (Res. 121/2003, *DJ* 19, 20 e 21.11.2003)
A partir da Lei 10.272, de 05.09.2001, havendo rescisão do contrato de trabalho e sendo revel e confesso quanto à matéria de fato, deve ser o empregador condenado ao pagamento das verbas rescisórias, não quitadas na primeira audiência, com acréscimo de 50% (cinquenta por cento).

• **Súmula 388 do TST**
Massa falida. Arts. 467 e 477 da CLT. Inaplicabilidade. (Conversão das OJ 201 e 314 da SDI-I/TST). (Res. TST 129/2005, *DJ* 20, 22 e 25.04.2005)

A Massa Falida não se sujeita à penalidade do art. 467 e nem à multa do § 8.º do art. 477, ambos da CLT. (Ex-OJ 201 da SDI-I/TST, *DJ* 11.08.2003 e 314 da SDI-I/TST, *DJ* 08.11.2000)

Capítulo III
DA ALTERAÇÃO

Art. 468. Nos contratos individuais de trabalho só é lícita a alteração das respectivas condições por mútuo consentimento, e, ainda assim, desde que não resultem, direta ou indiretamente, prejuízos ao empregado, sob pena de nulidade da cláusula infringente desta garantia.

* V. Súmulas 152, 288 e 391 do TST.

⚖ Interpretação convergente

- **Súmula 51 do TST**

Norma regulamentar. Vantagens e opção pelo novo regulamento. Art. 468 da CLT. (Incorporada a OJ 163 da SDI-I/TST). (Res. TST 129/2005, *DJ* 20, 22 e 25.04.2005)

I – As cláusulas regulamentares, que revoguem ou alterem vantagens deferidas anteriormente, só atingirão os trabalhadores admitidos após a revogação ou alteração do regulamento. (Ex-Súmula 51, RA 41/1973, *DJ* 14.06.1973)

II – Havendo a coexistência de dois regulamentos da empresa, a opção do empregado por um deles tem efeito jurídico de renúncia às regras do sistema do outro. (Ex-OJ 163 da SDI-I/TST, inserida em 26.03.1999)

- [É] incontroverso que a alteração unilateral somente é lícita quando houver mútuo consentimento e desde que a alteração do pactuado não resulte, direta ou indiretamente, em prejuízo ao empregado (art. 468 da CLT) (...).
(TST, RR 372/2005.492-05.00, 4.ª T., j. 18.10.2006, rel. Ives Gandra Martins Filho, *DEJT* 10.11.2006)

- Alteração contratual não prejudicial. Inaplicabilidade do art. 468 da CLT.
A mera mudança do horário de trabalho não importa, por si só, em alteração ilícita do contrato, sendo inerente ao *jus variandi* do empregador a prerrogativa de ajustar, adequar e até mesmo alterar as circunstâncias que envolvem a pres-

tação de trabalho, entre elas, as relativas à jornada de trabalho, especialmente quando essa condição já era prevista no contrato de trabalho, o que não importa em violação do art. 468 da CLT (...).
(TRT-2.ª Reg., RO 0019500-58.2008.5.02.0077, 13.ª T., j. 24.01.2012, rel. Cintia Táffari, *DJ* 06.02.2012)

🏛 Interpretação extensiva

• **Súmula 277 do TST**
Convenção coletiva de trabalho ou acordo coletivo de trabalho. Eficácia. Ultratividade. (Redação alterada na Sessão do Tribunal Pleno realizada em 14.09.2012). (Res. TST 185/2012, *DEJT* 25, 26 e 27.09.2012)
As cláusulas normativas dos acordos coletivos ou convenções coletivas integram os contratos individuais de trabalho e somente poderão ser modificadas ou suprimidas mediante negociação coletiva de trabalho.

• **Súmula 382 do TST**
Mudança de regime celetista para estatutário. Extinção do contrato. Prescrição bienal. (Conversão da OJ 128 da SDI-I/TST). (Res. TST 129/2005, *DJ* 20, 22 e 25.04.2005)
A transferência do regime jurídico de celetista para estatutário implica extinção do contrato de trabalho, fluindo o prazo da prescrição bienal a partir da mudança de regime. (Ex-OJ 128 da SDI-I/TST, inserida em 20.04.1998)

• **OJ 76 da SDI-I/TST**
Substituição dos avanços trienais por quinquênios. Alteração do contrato de trabalho. Prescrição total. CEEE. (*DJ* 20.04.2005)
A alteração contratual consubstanciada na substituição dos avanços trienais por quinquênios decorre de ato único do empregador, momento em que começa a fluir o prazo fatal de prescrição.

• **OJ 159 da SDI-I/TST**
Data de pagamento. Salários. Alteração. (Inserida em 26.03.1999).
Diante da inexistência de previsão expressa em contrato ou em instrumento normativo, a alteração de data de pagamento pelo empregador não viola o art. 468, desde que observado o parágrafo único do art. 459, ambos da CLT.

- **OJ 232 da SDI-I/TST**
FGTS. Incidência. Empregado transferido para o exterior. Remuneração. (Inserida em 20.06.2001)
O FGTS incide sobre todas as parcelas de natureza salarial pagas ao empregado em virtude de prestação de serviços no exterior.

Interpretação restritiva

- **OJ 244 da SDI-I/TST**
Professor. Redução da carga horária. Possibilidade. (Inserida em 20.06.2001)
A redução da carga horária do professor, em virtude da diminuição do número de alunos, não constitui alteração contratual, uma vez que não implica redução do valor da hora-aula.

- **OJ 308 da SDI-I/TST**
Jornada de trabalho. Alteração. Retorno à jornada inicialmente contratada. Servidor público. (*DJ* 11.08.2003)
O retorno do servidor público (Administração Direta, Autárquica e Fundacional) à jornada inicialmente contratada não se insere nas vedações do art. 468 da CLT, sendo a sua jornada definida em lei e no contrato de trabalho firmado entre as partes.

- **OJ 325 da SDI-I/TST**
Aumento salarial concedido pela empresa. Compensação no ano seguinte em antecipação sem a participação do sindicato profissional. Impossibilidade. (*DJ* 09.12.2003)
O aumento real, concedido pela empresa a todos os seus empregados, somente pode ser reduzido mediante a participação efetiva do sindicato profissional no ajuste, nos termos do art. 7.º, VI, da CF/1988.

> **Parágrafo único.** Não se considera alteração unilateral a determinação do empregador para que o respectivo empregado reverta ao cargo efetivo, anteriormente ocupado, deixando o exercício de função de confiança.

* V. arts. 7.º, VI e XXVII, e 37, XV, da CF/1988.
* V. art. 17 do ADCT.

Art. 469

CONSOLIDAÇÃO DAS LEIS DO TRABALHO

⚖️ Interpretação convergente

- **Súmula 391 do TST**

Petroleiros. Lei 5.811/1972. Turno ininterrupto de revezamento. Horas extras e alteração da jornada para horário fixo. (Conversão das OJs 240 e 333 da SDI-I/TST)

I – A Lei 5.811/1972 foi recepcionada pela Constituição Federal de 1988 no que se refere à duração da jornada de trabalho em regime de revezamento dos petroleiros. (Ex-OJ 240, inserida em 20.06.2001)

II – A previsão contida no art. 10 da Lei 5.811/1972, possibilitando a mudança do regime de revezamento para horário fixo, constitui alteração lícita, não violando os arts. 468 da CLT e 7.º, VI, da CF/1988. (Ex-OJ 333, *DJ* 09.12.2003, acrescentada pela Res. TST 129/2005, *DJU* 20.04.2005)

> **Art. 469.** Ao empregador é vedado transferir o empregado, sem a sua anuência, para localidade diversa da que resultar do contrato, não se considerando transferência a que não acarretar necessariamente a mudança do seu domicílio.

⚖️ Interpretação convergente

- [O] *caput* do art. 469 da CLT menciona que o adicional é devido quando a transferência acarretar a mudança de domicílio (...).

(TRT-3.ª Reg., RO 00996-2010-004-03-00-2, 3.ª T., j. 27.03.2012, rel. Maria Raquel Ferraz Zagari Valentim, *DJ* 27.03.2012)

> **§ 1.º** Não estão compreendidos na proibição deste artigo os empregados que exerçam cargos de confiança e aqueles cujos contratos tenham como condição, implícita ou explícita, a transferência, quando esta decorra de real necessidade de serviço.

* § 1.º com redação determinada pela Lei 6.203/1975.

🏛 Interpretação extensiva

- **Súmula 43 do TST**

Presume-se abusiva a transferência de que trata o § 1.º do art. 469 da CLT, sem comprovação da necessidade do serviço.

§ 2.º É lícita a transferência quando ocorrer extinção do estabelecimento em que trabalhar o empregado.

🏛 Interpretação extensiva

- [M]esmo sendo lícita a transferência em caso de extinção do estabelecimento, nos termos do § 2.º do art. 469 da CLT, ainda assim não está a gestante obrigada a aceitá-la, a fim de manter a estabilidade a que tem direito, pois tal mudança poderia causar-lhe prejuízos, já que implicaria, necessariamente, um recomeço de vida, afastando-a, assim, de toda uma estrutura pessoal e familiar adquiridas em sua cidade de origem, imprescindíveis ao bom andamento de qualquer gestação, cabendo destacar que o direito assegurado constitucionalmente visa à tutela da mulher grávida e, principalmente, a do nascituro, razão pela qual a recusa em transferir-se para outra localidade não afasta o direito à indenização decorrente da estabilidade da gestante (...).
(TST, RO 298-04.2010.5.15.0000, SDI-II, j. 10.04.2012, rel. Caputo Bastos, *DEJT* 13.04.2012)

⚖ Interpretação restritiva

- **Súmula 221 do STF**
A transferência de estabelecimento, ou a sua extinção parcial, por motivo que não seja de força maior, não justifica a transferência de empregado estável.

§ 3.º Em caso de necessidade de serviço o empregador poderá transferir o empregado para localidade diversa da que resultar do contrato, não obstante as restrições do artigo anterior, mas, nesse caso, ficará obrigado a um pagamento suplementar, nunca inferior a 25% (vinte e cinco por cento) dos salários que o empregado percebia naquela localidade, enquanto durar essa situação.

* § 3.º com redação determinada pela Lei 6.203/1975.
* V. Lei 7.064/1982 (Trabalho no exterior).
* V. Dec. 89.339/1984 (Regulamenta a Lei 7.064/1982).

Art. 470

⚖️ Interpretação convergente

- **Súmula 29 do TST**

Transferência. (Res. TST 121/2003, *DJ* 19, 20 e 21.11.2003)

Empregado transferido, por ato unilateral do empregador, para local mais distante de sua residência, tem direito a suplemento salarial correspondente ao acréscimo da despesa de transporte.

- **OJ 113 da SDI-I/TST**

Adicional de transferência. Cargo de confiança ou previsão contratual de transferência. Devido. Desde que a transferência seja provisória. (Inserida em 20.11.1997).

O fato de o empregado exercer cargo de confiança ou a existência de previsão de transferência no contrato de trabalho não exclui o direito ao adicional. O pressuposto legal apto a legitimar a percepção do mencionado adicional é a transferência provisória.

- A expressão contida na parte final do § 3.º do art. 469 da CLT ("enquanto durar essa situação") apenas indica a natureza de salário condição do adicional de transferência: enquanto durar a transferência, devido e integra o salário para todos os efeitos. Se a transferência perdurar durante todo o restante do vínculo, o questionado adicional também seria devido pelo mesmo período (...).

(TST, Embargos em RR 210000-14.2007.5.09.0662, SDI-I, j. 03.11.2011, rel. Renato de Lacerda Paiva, *DEJT* 10.11.2011)

🏛️ Interpretação extensiva

- **OJ 232 da SDI-I/TST**

FGTS. Incidência. Empregado transferido para o exterior. Remuneração. (Inserida em 20.06.2001).

O FGTS incide sobre todas as parcelas de natureza salarial pagas ao empregado em virtude de prestação de serviços no exterior.

Art. 470. As despesas resultantes da transferência correrão por conta do empregador.

* Artigo com redação determinada pela Lei 6.203/1975.

🏛 Interpretação extensiva

- Do comando do art. 470 da CLT extrai-se que, evidenciado ter a transferência decorrido de determinação do empregador, são devidas as despesas com o retorno do empregado ao local de origem, mesmo após a rescisão do contrato de trabalho (...).

(TST, RR 1041476-79.2003.5.04.0900, 3.ª T., j. 10.07.2007, rel. Alberto Luiz Bresciani de Fontan Pereira, *DEJT* 09.11.2007)

- Uma vez contratado trabalhador para prestar serviços em outro Estado da Federação e ajustado, no local da contratação, o pagamento da despesa de traslado, há que ser compreendido como incluso o custo do retorno. Aplicação análoga do art. 470 da CLT (...).

(TRT-6.ª Reg., RO 0000638-58.2010.5.06.0012, 3.ª T., j. 08.06.2011, rel. Valéria Gondim Sampaio, *DJ* 22.06.2011)

Capítulo IV
DA SUSPENSÃO
E DA INTERRUPÇÃO

Art. 471. Ao empregado afastado do emprego, são asseguradas, por ocasião de sua volta, todas as vantagens que, em sua ausência, tenham sido atribuídas à categoria a que pertencia na empresa.

∗ Súmula 269 do TST.

⚖ Interpretação convergente

- Não há como assegurar o processamento do recurso de revista quando o agravo de instrumento interposto não desconstitui a decisão denegatória, que subsiste por seus próprios fundamentos. Na hipótese dos autos, a alegação de violação do art. 471 da CLT não enseja o conhecimento do recurso de revista, nos termos do art. 896, *c*, da CLT, porquanto a discussão travada nos autos não trata da possibilidade de supressão da gratificação de função durante a suspensão do contrato de trabalho, mas da garantia ao empregado afastado das vantagens que

tenham sido atribuídas à categoria em sua ausência, matéria diversa da tratada nos presentes autos. Agravo de instrumento desprovido (...).
(TST, AgIn no RR 85400-37.2009.5.01.0511, 3.ª T., j. 06.03.2013, rel. Maurício Godinho Delgado, *DEJT* 08.03.2013)

Art. 472. O afastamento do empregado em virtude das exigências do serviço militar, ou de outro encargo público, não constituirá motivo para a alteração ou rescisão do contrato de trabalho por parte do empregador.

§ 1.º Para que o empregado tenha direito a voltar a exercer o cargo do qual se afastou em virtude de exigência do serviço militar ou de encargo público, é indispensável que notifique o empregador dessa intenção, por telegrama ou carta registrada, dentro do prazo máximo de 30 (trinta) dias, contados da data em que se verificar a respectiva baixa ou a terminação do encargo a que estava obrigado.

* § 1.º revogado parcialmente. V. arts. 60 e 61 da Lei 4.375/1964 (Lei do Serviço Militar).

§ 2.º Nos contratos por prazo determinado, o tempo de afastamento, se assim acordarem as partes interessadas, não será computado na contagem do prazo para a respectiva terminação.

§ 3.º Ocorrendo motivo relevante de interesse para a segurança nacional, poderá a autoridade competente solicitar o afastamento do empregado do serviço ou do local de trabalho, sem que se configure a suspensão do contrato de trabalho.

* § 3.º acrescentado pelo Dec.-lei 3/1966.

§ 4.º O afastamento a que se refere o parágrafo anterior será solicitado pela autoridade competente diretamente ao empregador, em representação fundamentada, com audiência da Procuradoria Regional do Trabalho, que providenciará desde logo a instauração do competente inquérito administrativo.

* § 4.º acrescentado pelo Dec.-lei 3/1966.

§ 5.º Durante os primeiros 90 (noventa) dias desse afastamento, o empregado continuará percebendo sua remuneração.

* § 5.º acrescentado pelo Dec.-lei 3/1966.

⚖️ Interpretação convergente

• A estabilidade do membro da Cipa, através da vedação à dispensa arbitrária ou sem justa causa, tem como desiderato proteger o empregado eleito para defender os interesses dos demais trabalhadores em matéria de segurança e medicina do trabalho (art. 10, II, *a*, do ADCT). Comprovado nos autos da reclamatória que o membro da Cipa cometeu falta grave, hábil a ensejar dispensa por justa causa, nos moldes do art. 472 da CLT, não há como subsistir a indenização pelo período estabilitário (...).
(TRT-16.ª Reg., RO 00563-2009-017-16-00-9, rel. José Evandro de Souza, *DJ* 26.07.2011)

Art. 473. O empregado poderá deixar de comparecer ao serviço sem prejuízo do salário:

* *Caput* com redação determinada pelo Dec.-lei 229/1967.

🏛️ Interpretação extensiva

• **Súmula 282 do TST**
Abono de faltas. Serviço médico da empresa. (Res. TST 121/2003, *DJ* 19, 20 e 21.11.2003)
Ao serviço médico da empresa ou ao mantido por esta última mediante convênio compete abonar os primeiros 15 (quinze) dias de ausência ao trabalho.

I – até 2 (dois) dias consecutivos, em caso de falecimento do cônjuge, ascendente, descendente, irmão ou pessoa que, declarada em sua Carteira de Trabalho e Previdência Social, viva sob sua dependência econômica;

* Inc. I com redação determinada pelo Dec.-lei 229/1967.

Art. 473

II – até 3 (três) dias consecutivos, em virtude de casamento;

* Inc. II com redação determinada pelo Dec.-lei 229/1967.
* V. art. 1.º, Dec.-lei 926/1969 (Carteira de Trabalho e Previdência Social).

III – por 1 (um) dia, em caso de nascimento de filho, no decorrer da primeira semana;

* Inc. III com redação determinada pelo Dec.-lei 229/1967.
* V. art. 7.º, XIX, da CF/1988.
* De acordo com o ADCT, o referido prazo é de 5 (cinco) dias (art. 10, § 1.º).

IV – por 1 (um) dia, em cada 12 (doze) meses de trabalho, em caso de doação voluntária de sangue devidamente comprovada;

* Inc. IV com redação determinada pelo Dec.-lei 229/1967.

V – até 2 (dois) dias consecutivos ou não, para o fim de se alistar eleitor, nos termos da lei respectiva;

* Inc. V com redação determinada pelo Dec.-lei 229/1967.

VI – no período de tempo em que tiver de cumprir as exigências do serviço militar referidas na letra *c* do art. 65 da Lei 4.375, de 17.08.1964 (Lei do Serviço Militar);

* Inc. VI acrescentado pelo Dec.-lei 757/1969.

VII – nos dias em que estiver comprovadamente realizando provas de exame vestibular para ingresso em estabelecimento de ensino superior;

* Inc. VII acrescentado pela Lei 9.471/1997.
* V. Súmula 89 do TST.

VIII – pelo tempo que se fizer necessário, quando tiver que comparecer a juízo;

* Inc. VIII acrescentado pela Lei 9.853/1999.

⚖️ **Interpretação convergente**

• **Súmula 155 do TST**
Ausência ao serviço. (Res. TST 121/2003, *DJ* 19, 20 e 21.11.2003)
As horas em que o empregado falta ao serviço para comparecimento necessário, como parte, à Justiça do Trabalho não serão descontadas de seus salários. (Ex-Prejulgado 30)

> **IX – pelo tempo que se fizer necessário, quando, na qualidade de representante de entidade sindical, estiver participando de reunião oficial de organismo internacional do qual o Brasil seja membro.**
>
> * Inc. IX acrescentado pela Lei 11.304/2006.

⚖️ **Interpretação convergente**

• O benefício das faltas justificadas previsto no art. 473 da CLT apenas possibilita que o empregado se ausente do trabalho em determinadas circunstâncias sem que perca a remuneração correspondente. Assim, se o trabalhador comparece ao serviço nos dias indicados no dispositivo – tais como os 3 (três) dias consecutivos ao casamento – não recebe qualquer valor adicional além da remuneração do período, a qual mantém inalterada a sua natureza, não havendo que se cogitar do pagamento de qualquer parcela indenizatória e, portanto, da não incidência de contribuição previdenciária (...).
(STF, AgIn em RE 841.535/RS, Decisão Monocrática, j. 14.11.2012, rel. Dias Toffoli, *DJe* 26.11.2012)

• 1. O art. 473 da CLT enumera, taxativamente, as hipóteses em que o trabalhador poderá faltar ao serviço, sem prejuízo do seu salário. Tem-se, assim, que o legislador pátrio elencou um rol de faltas justificadas que indiscutivelmente não acarretaria prejuízo ao salário do trabalhador.
2. Fora das hipóteses mencionadas no referido preceito de lei, reputa-se viável o ajuste por instrumento coletivo, prevendo outras causas que poderiam autorizar a falta do trabalhador ao serviço sem prejuízo do seu salário.
3. No caso, havia norma coletiva vigente no ano de 2002, prevendo a ausência justificada do trabalhador para acompanhar familiar que se encontrasse acometido por doença.

4. Todavia, o Regional reconheceu que tal cláusula do ajuste coletivo não foi renovada no instrumento coletivo subsequente, com vigência no ano de 2003, sendo que o Reclamante, no período de 07 a 22.08.2003, justificou os 15 (quinze) dias de ausência, apresentando atestado médico e de internação, para acompanhar sua filha, que tinha o diagnóstico de meningite.

5. Embora relevante as ausências do Reclamante, porque demonstra ser pai zeloso e cumpridor dos deveres familiares, não se pode olvidar que o intérprete não pode conceder benefícios que não estejam contemplados em lei ou em norma coletiva, sob pena de desrespeitar o princípio constitucional que norteia as decisões judiciais, que é o da legalidade (art. 5.º, II, da CF/1988).

6. Assim, como as ausências do Reclamante não se encontram elencadas nos incisos do art. 473 da CLT e não há norma coletiva prevendo tais faltas ao serviço, reputam-se as ausências como injustificadas, sendo lícito à Empregadora não pagar os respectivos salários no período apontado (...).
(TST, RR 222900-78.2003.5.04.0251, 4.ª T., j. 02.08.2006, rel. Ives Gandra Martins Filho, *DEJT* 25.08.2006)

Art. 474. A suspensão do empregado por mais de 30 (trinta) dias consecutivos importa na rescisão injusta do contrato de trabalho.

⚖ Interpretação convergente

• Recurso da empresa. Alegação de pedido de demissão voluntária pelo empregado. Suspensão do contrato de trabalho *sine die*. Excesso. Caracterização da despedida indireta. Aponta abuso de poder no seu afastamento, em clara violação ao art. 474 da CLT, o que justifica a despedida indireta reconhecida pelo Juízo de origem. Requer o provimento do apelo e deferimento da indenização perseguida (...).
(TRT-13.ª Reg., RO 131238, Pleno, j. 28.02.2012, rel. Francisco de Assis Carvalho e Silva, *DJ* 29.02.2012)

Art. 475. O empregado que for aposentado por invalidez terá suspenso o seu contrato de trabalho durante o prazo fixado pelas leis de previdência social para a efetivação do benefício.

Interpretação extensiva

- **OJ 375 da SDI-I/TST**
Auxílio doença. Aposentadoria por invalidez. Suspensão do contrato de trabalho. Prescrição. Contagem. (*DEJT* divulgado em 19, 20 e 22.04.2010)
A suspensão do contrato de trabalho, em virtude da percepção do auxílio doença ou da aposentadoria por invalidez, não impede a fluência da prescrição quinquenal, ressalvada a hipótese de absoluta impossibilidade de acesso ao Judiciário.

> **§ 1.º Recuperando o empregado a capacidade de trabalho e sendo a aposentadoria cancelada, ser-lhe-á assegurado o direito à função que ocupava ao tempo da aposentadoria, facultado, porém, ao empregador, o direito de indenizá-lo por rescisão do contrato de trabalho, nos termos dos arts. 477 e 478, salvo na hipótese de ser ele portador de estabilidade, quando a indenização deverá ser paga na forma do art. 497.**

* § 1.º com redação determinada pela Lei 4.824/1965.
* V. Súmulas 219 e 220 do STF.
* V. Súmulas 97 e 160 do TST.

Interpretação convergente

- **Súmula 217 do STF**
Tem direito de retornar ao emprego, ou ser indenizado em caso de recusa do empregador, o aposentado que recupera a capacidade de trabalho dentro de 5 (cinco) anos, a contar da aposentadoria, que se torna definitiva após esse prazo.

- **Súmula 160 do TST**
Aposentadoria por invalidez. (Res. 121/2003, *DJ* 19, 20 e 21.11.2003)
Cancelada a aposentadoria por invalidez, mesmo após cinco anos, o trabalhador terá direito de retornar ao emprego, facultado, porém, ao empregador, indenizá-lo na forma da lei. (Ex-Prejulgado 37)

> **§ 2.º Se o empregador houver admitido substituto para o aposentado, poderá rescindir, com este, o respectivo contrato de trabalho sem in-**

denização, desde que tenha havido ciência inequívoca da interinidade ao ser celebrado o contrato.

⚖️ Interpretação convergente

• **Súmula 160 do TST**
Cancelada a aposentadoria por invalidez, mesmo após cinco anos, o trabalhador terá direito de retornar ao emprego, facultado, porém, ao empregador, indenizá-lo na forma da lei.

🏛 Interpretação extensiva

• **Súmula 219 do STF**
Para a indenização devida a empregado que tinha direito a ser readmitido, e não foi, levam-se em conta as vantagens advindas à sua categoria no período do afastamento.

• **Súmula 220 do STF**
A indenização devida a empregado estável, que não é readmitido, ao cessar sua aposentadoria, deve ser paga em dobro.

> **Art. 476.** Em caso de seguro-doença ou auxílio-enfermidade, o empregado é considerado em licença não remunerada, durante o prazo desse benefício.

⚖️ Interpretação convergente

• Indeferimento de sustação de ordem de reintegração e de restabelecimento de plano de saúde. Reconsideração. Verossimilhança das alegações do litisconsorte. Afastamento por doença e gozo de benefício previdenciário que torna diferida a eficácia de cláusula de predeterminação do prazo do contrato de trabalho, por força da norma contida no art. 476 da CLT. Suspensão do contrato que constitui óbice à extinção do contrato de trabalho. Agravo não provido (...).
(TRT-4.ª Reg., AgRg 0003091-48.2012.5.04.0000, Pleno, j. 18.05.2012, rel. Alexandre Corrêa da Cruz)

Interpretação restritiva

- **Súmula 232 do STF**
Em caso de acidente do trabalho, são devidas diárias até 12 (doze) meses, as quais não se confundem com a indenização acidentária nem com o auxílio-enfermidade.

> **Art. 476-A.** O contrato de trabalho poderá ser suspenso, por um período de 2 (dois) a 5 (cinco) meses, para participação do empregado em curso ou programa de qualificação profissional oferecido pelo empregador, com duração equivalente à suspensão contratual, mediante previsão em convenção ou acordo coletivo de trabalho e aquiescência formal do empregado, observado o disposto no art. 471 desta Consolidação.
>
> * Artigo acrescentado pela MedProv 2.164-41/2001.
>
> **§ 1.º** Após a autorização concedida por intermédio de convenção ou acordo coletivo, o empregador deverá notificar o respectivo sindicato, com antecedência mínima de 15 (quinze) dias da suspensão contratual.
>
> **§ 2.º** O contrato de trabalho não poderá ser suspenso em conformidade com o disposto no *caput* deste artigo mais de uma vez no período de 16 (dezesseis) meses.
>
> **§ 3.º** O empregador poderá conceder ao empregado ajuda compensatória mensal, sem natureza salarial, durante o período de suspensão contratual nos termos do *caput* deste artigo, com valor a ser definido em convenção ou acordo coletivo.
>
> **§ 4.º** Durante o período de suspensão contratual para participação em curso ou programa de qualificação profissional, o empregado fará jus aos benefícios voluntariamente concedidos pelo empregador.
>
> **§ 5.º** Se ocorrer a dispensa do empregado no transcurso do período de suspensão contratual ou nos 3 (três) meses subsequentes ao seu retorno ao trabalho, o empregador pagará ao empregado, além das parcelas indenizatórias previstas na legislação em vigor, multa a ser estabelecida em convenção ou acordo coletivo, sendo de, no mínimo, 100% (cem por cento) sobre o valor da última remuneração mensal anterior à suspensão do contrato.

Art. 476-A

§ 6.º Se durante a suspensão do contrato não for ministrado o curso ou programa de qualificação profissional, ou o empregado permanecer trabalhando para o empregador, ficará descaracterizada a suspensão, sujeitando o empregador ao pagamento imediato dos salários e dos encargos sociais referentes ao período, às penalidades cabíveis previstas na legislação em vigor, bem como às sanções previstas em convenção ou acordo coletivo.

§ 7.º O prazo limite fixado no *caput* poderá ser prorrogado mediante convenção ou acordo coletivo de trabalho e aquiescência formal do empregado, desde que o empregador arque com o ônus correspondente ao valor da bolsa de qualificação profissional, no respectivo período.

* V. Lei 4.923/1965 (Cadastro permanente das admissões e dispensas de empregados; medidas contra o desemprego).

⚖ Interpretação convergente

• O art. 476-A, *caput*, da CLT, ao possibilitar a suspensão do contrato de trabalho para a realização de curso de qualificação profissional, requereu a existência de negociação coletiva, e a aquiescência formal do empregado. Ora, se no instrumento coletivo as partes concordaram que os empregados indicados na lista de excedentes, que não aderissem à suspensão, seriam dispensados, por óbvio houve vício de consentimento na expressão da vontade do empregado em aderir. Por isso, há que se condenar a ex-empregadora ao pagamento das diferenças impostas pelo parágrafo 6o do mesmo artigo (...).
(TRT-2.ª Reg., RO 02862-2001-021-02-85-9, 8.ª T., j. 10.10.2005, rel. Antônio Jose Teixeira de Carvalho)

• O art. 476-A da CLT trata da hipótese de suspensão contratual para participação do empregado em curso de qualificação profissional oferecido pelo empregador. Exige a norma três requisitos autorizadores da suspensão do contrato de trabalho, quais sejam, expressa regulamentação do afastamento por negociação coletiva, aquiescência do empregado e efetiva participação do mesmo no programa de capacitação. O não preenchimento desses requisitos

obsta a concessão da suspensão contratual pretendida. Por outro lado, ainda admitindo-se o pedido de licença para tratar de interesses particulares, esta constitui ato discricionário do gestor que decidirá, mediante critério de conveniência e oportunidade, o deferimento ou não do pedido formulado pelo empregado (...).

(TRT-22.ª Reg., AgRg em RO 00257-2009-102-22-00-9, 1.ª T., j. 31.05.2010, rel. Arnaldo Boson Paes)

Capítulo V
DA RESCISÃO

Art. 477. É assegurado a todo empregado, não existindo prazo estipulado para a terminação do respectivo contrato, e quando não haja ele dado motivo para cessação das relações de trabalho, o direito de haver do empregador uma indenização, paga na base da maior remuneração que tenha percebido na mesma empresa.

* *Caput* com redação determinada pela Lei 5.584/1970.
* V. art. 7.º, I a III, da CF/1988.
* V. Lei 7.998/1990 (Seguro-desemprego e FAT).
* V. Lei 8.900/1994 (Seguro-desemprego).

Interpretação extensiva

* **Súmula 443 do TST**
Dispensa discriminatória. Presunção. Empregado portador de doença grave. Estigma ou preconceito. Direito à reintegração. (Res. TST 185/2012, *DEJT* 25, 26 e 27.09.2012)
Presume-se discriminatória a despedida de empregado portador do vírus HIV ou de outra doença grave que suscite estigma ou preconceito. Inválido o ato, o empregado tem direito à reintegração no emprego.

* **OJ 42 da SDI-I/TST**
FGTS. Multa de 40%. (Nova redação em decorrência da incorporação das OJs 107 e 254 da SDI-I/TST). (*DJ* 20.04.2005)

I – É devida a multa do FGTS sobre os saques corrigidos monetariamente ocorridos na vigência do contrato de trabalho. Art. 18, § 1.º, da Lei 8.036/1990 e art. 9.º, § 1.º, do Dec. 99.684/1990. (Ex-OJ 107 da SDI-I/TST, inserida em 01.10.1997)

II – O cálculo da multa de 40% do FGTS deverá ser feito com base no saldo da conta vinculada na data do efetivo pagamento das verbas rescisórias, desconsiderada a projeção do aviso prévio indenizado, por ausência de previsão legal. (Ex-OJ 254 da SDI-I/TST, inserida em 13.03.2002)

- OJ 207 da SDI-I/TST

Programa de incentivo à demissão voluntária. Indenização. Imposto de renda. Não incidência. (Inserido dispositivo). (DJ 20.04.2005)

A indenização paga em virtude de adesão a programa de incentivo à demissão voluntária não está sujeita à incidência do imposto de renda.

- OJ 302 da SDI-I/TST

FGTS. Índice de correção. Débitos trabalhistas. (DJ 11.08.2003)

Os créditos referentes ao FGTS, decorrentes de condenação judicial, serão corrigidos pelos mesmos índices aplicáveis aos débitos trabalhistas.

- OJ 341 da SDI-I/TST

FGTS. Multa de 40%. Diferenças decorrentes dos expurgos inflacionários. Responsabilidade pelo pagamento. (DJ 22.06.2004)

É de responsabilidade do empregador o pagamento da diferença da multa de 40% sobre os depósitos do FGTS, decorrente da atualização monetária em face dos expurgos inflacionários.

- OJ 344 da SDI-I/TST

FGTS. Multa de 40%. Diferenças decorrentes dos expurgos inflacionários. Prescrição. Termo inicial (Mantida) – Res. 175/2011, *DEJT* 27, 30 e 31.05.2011.

O termo inicial do prazo prescricional para o empregado pleitear em juízo diferenças da multa do FGTS, decorrentes dos expurgos inflacionários, deu-se com a vigência da LC 110, em 30.06.01, salvo comprovado trânsito em julgado de decisão proferida em ação proposta anteriormente na Justiça Federal, que reconheça o direito à atualização do saldo da conta vinculada.

- OJ 356 da SDI-I/TST

Programa de incentivo à demissão voluntária (PDV). Créditos trabalhistas reconhecidos em juízo. Compensação. Impossibilidade. (DJ 14.03.2008)

Os créditos tipicamente trabalhistas reconhecidos em juízo não são suscetíveis de compensação com a indenização paga em decorrência de adesão do trabalhador a Programa de Incentivo à Demissão Voluntária (PDV).

- **OJ 1 da SDI-I – Transitória/TST**

FGTS. Multa de 40%. Complementação. Indevida (inserido dispositivo) (*DJ* 20.04.2005).

A rescisão contratual operada antes da vigência da Constituição Federal de 1988, com o pagamento da multa sobre os depósitos do FGTS no percentual de 10%, é ato jurídico perfeito, não se admitindo retroatividade. Assim, indevido o deferimento da complementação, a título de diferenças de multa do FGTS, do percentual de 30%, referente ao período do primeiro contrato rescindido e pago de acordo com a norma vigente à época. (Lei 5.107/1966, art. 6.º)

- **OJ 39 da SDI-I – Transitória/TST**

FGTS. Opção retroativa. Concordância do empregador. Necessidade. (conversão da OJ146 da SDI-I/TST) (*DJ* 20.04.2005)

A concordância do empregador é indispensável para que o empregado possa optar retroativamente pelo sistema do Fundo de Garantia por Tempo de Serviço. (Ex-OJ 146 da SDI-I/TST – inserida em 27.11.1998)

§ 1.º O pedido de demissão ou recibo de quitação de rescisão do contrato de trabalho, firmado por empregado com mais de 1 (um) ano de serviço, só será válido quando feito com a assistência do respectivo Sindicato ou perante a Autoridade do Ministério do Trabalho e Previdência Social.

* § 1.º com redação determinada pela Lei 5.584/1970.

§ 2.º O instrumento de rescisão ou recibo de quitação, qualquer que seja a causa ou forma de dissolução do contrato, deve ter especificada a natureza de cada parcela paga ao empregado e discriminado o seu valor, sendo válida a quitação, apenas, relativamente às mesmas parcelas.

* § 2.º com redação determinada pela Lei 5.584/1970.

§ 3.º Quando não existir na localidade nenhum dos Órgãos previstos neste artigo, a assistência será prestada pelo representante do Mi-

nistério Público ou, onde houver, pelo Defensor Público e, na falta ou impedimento destes, pelo Juiz de Paz.

* § 3.º com redação determinada pela Lei 5.584/1970.

§ 4.º O pagamento a que fizer jus o empregado será efetuado no ato da homologação da rescisão do contrato de trabalho, em dinheiro ou em cheque visado, conforme acordem as partes, salvo se o empregado for analfabeto, quando o pagamento somente poderá ser feito em dinheiro.

* § 4.º com redação determinada pela Lei 5.584/1970.

§ 5.º Qualquer compensação no pagamento de que trata o parágrafo anterior não poderá exceder o equivalente a 1 (um) mês de remuneração do empregado.

* § 5.º com redação determinada pela Lei 5.584/1970.

Interpretação extensiva

* **Súmula 18 do TST**
Compensação. (Res. TST 121/2003, *DJ* 19, 20 e 21.11.2003)
A compensação, na Justiça do Trabalho, está restrita a dívidas de natureza trabalhista.

§ 6.º O pagamento das parcelas constantes do instrumento de rescisão ou recibo de quitação deverá ser efetuado nos seguintes prazos:

* § 6.º acrescentado pela Lei 7.855/1989.
* V. IN MTE 3/2002 (Assistência ao empregado na recisão do contrato de trabalho).

***a)* até o primeiro dia útil imediato ao término do contrato; ou**

***b)* até o 10.º (décimo) dia, contado da data da notificação da demissão, quando da ausência do aviso-prévio, indenização do mesmo ou dispensa de seu cumprimento.**

§ 7.º O ato da assistência na rescisão contratual (§§ 1.º e 2.º) será sem ônus para o trabalhador e empregador.

- § 7.º acrescentado pela Lei 7.855/1989.
- V. IN MTE 3/2002 (Assistência ao empregado na recisão do contrato de trabalho).
- V. Súmula 330 do TST.

⚖️ Interpretação convergente

- **OJ 16 da SDC/TST**

Taxa de homologação de rescisão contratual. Ilegalidade. (Inserida em 27.03.1998).
É contrária ao espírito da lei (art. 477, § 7.º, da CLT) e da função precípua do Sindicato a cláusula coletiva que estabelece taxa para homologação de rescisão contratual, a ser paga pela empresa a favor do sindicato profissional.

> **§ 8.º A inobservância do disposto no § 6.º deste artigo sujeitará o infrator à multa de 160 (cento e sessenta) BTN, por trabalhador, bem assim ao pagamento da multa a favor do empregado, em valor equivalente ao seu salário, devidamente corrigido pelo índice de variação do BTN, salvo quando, comprovadamente, o trabalhador der causa à mora.**

- § 8.º acrescentado pela Lei 7.855/1989.
- Multas: ver Notas de Atualização e Portaria MTb 290/1967.

§ 9.º (*Vetado*)

- § 9.º acrescentado pela Lei 7.855/1989.

⚖️ Interpretação convergente

- **Súmula 182 do TST**

O tempo de aviso prévio, mesmo indenizado, conta-se para efeito da indenização adicional prevista no art. 9.º da Lei 6.708/1979.

- **Súmula 330 do TST**

Quitação. Validade. (Res. TST 121/2003, *DJ* 19, 20 e 21.11.2003)
A quitação passada pelo empregado, com assistência de entidade sindical de sua categoria, ao empregador, com observância dos requisitos exigidos nos parágrafos do art. 477 da CLT, tem eficácia liberatória em relação às parcelas expressamente

Art. 477

consignadas no recibo, salvo se oposta ressalva expressa e especificada ao valor dado à parcela ou parcelas impugnadas.

I – A quitação não abrange parcelas não consignadas no recibo de quitação e, consequentemente, seus reflexos em outras parcelas, ainda que estas constem desse recibo.

II – Quanto a direitos que deveriam ter sido satisfeitos durante a vigência do contrato de trabalho, a quitação é válida em relação ao período expressamente consignado no recibo de quitação.

- **OJ 148 da SDI-I/TST**

É constitucional o art. 31 da Lei 8.880/1994, que prevê a indenização por demissão sem justa causa.

- **OJ 299 da SDI-I/TST**

A estabilidade contratual ou derivada de regulamento de empresa é compatível com o regime de FGTS. Diversamente ocorre com a estabilidade legal.

🏛 Interpretação extensiva

- **Súmula 242 do TST**

Indenização adicional. Valor. (Res. TST 121/2003, *DJ* 19, 20 e 21.11.2003)
A indenização adicional, prevista no art. 9.º da Lei 6.708, de 30.10.1979 e no art. 9.º da Lei 7.238 de 28.10.1984, corresponde ao salário mensal, no valor devido na data da comunicação do despedimento, integrado pelos adicionais legais ou convencionados, ligados à unidade de tempo mês, não sendo computável a gratificação natalina.

- **Súmula 314 do TST**

Indenização adicional. Verbas rescisórias. Data-base.
Se ocorrer a rescisão contratual no período de 30 (trinta) dias que antecede à data-base, observada a Súmula 182 do TST, o pagamento das verbas rescisórias com o salário já corrigido não afasta o direito de indenização adicional prevista nas Leis 6.708/1979 e 7.238/1984.

- **OJ 162 da SDI-I/TST**

Multa. Art. 477 da CLT. Contagem do prazo. Aplicável o art. 132 do CC/2002 (*DJ* 20.04.2005).

A contagem do prazo para quitação das verbas decorrentes da rescisão contratual prevista no art. 477 da CLT exclui necessariamente o dia da notificação da demissão e inclui o dia do vencimento, em obediência ao disposto no art. 132 do CC/2002 (art. 125 do CC/1916).

• **OJ 238 da SDI-I/TST**
Multa. Art. 477 da CLT. Pessoa jurídica de direito público. Aplicável. (*DJ* 20.04.2005).
Submete-se à multa do art. 477 da CLT a pessoa jurídica de direito público que não observa o prazo para pagamento das verbas rescisórias, pois nivela-se a qualquer particular, em direitos e obrigações, despojando-se do *jus imperii* ao celebrar um contrato de emprego.

Interpretação restritiva

• **Súmula 388 do TST**
Massa falida. Arts. 467 e 477 da CLT. Inaplicabilidade. (Conversão das OJs 201 e 314 da SDI-I/TST). (Res. TST 129/2005, *DJ* 20, 22 e 25.04.2005)
A Massa Falida não se sujeita à penalidade do art. 467 e nem à multa do § 8.º do art. 477, ambos da CLT. (Ex-OJ 201 da SDI-I/TST, *DJ* 11.08.2003 e ex-OJ 314 da SDI-I/TST, *DJ* 08.11.2000)

Art. 478. A indenização devida pela rescisão de contrato por prazo indeterminado será de 1 (um) mês de remuneração por ano de serviço efetivo, ou por ano e fração igual ou superior a 6 (seis) meses.

§ 1.º O primeiro ano de duração do contrato por prazo indeterminado é considerado como período de experiência, e, antes que se complete, nenhuma indenização será devida.

§ 2.º Se o salário for pago por dia, o cálculo da indenização terá por base 30 (trinta) dias.

§ 3.º Se pago por hora, a indenização apurar-se-á na base de 200 (duzentas) horas por mês.

* De acordo com a Constituição Federal, a indenização apurar-se-á na base de 220 (duzentas e vinte) horas (art. 7.º, XIII, da CF/1988).

Art. 478 — CONSOLIDAÇÃO DAS LEIS DO TRABALHO

§ 4.º Para os empregados que trabalhem à comissão ou que tenham direito a percentagens, a indenização será calculada pela média das comissões ou percentagens percebidas nos últimos 12 (doze) meses de serviço.

* § 4.º com redação determinada pelo Dec.-lei 229/1967.

§ 5.º Para os empregados que trabalhem por tarefa ou serviço feito, a indenização será calculada na base média do tempo costumeiramente gasto pelo interessado para realização de seu serviço, calculando-se o valor do que seria feito durante 30 (trinta) dias.

⚖ Interpretação convergente

- **Súmula 24 do TST**
Serviço extraordinário. Insere-se no cálculo da indenização por antiguidade o salário relativo a serviço extraordinário, desde que habitualmente prestado.

- **OJ 148 do SDI-I/TST**
É computável a gratificação de Natal para efeito de cálculo de indenização.

- Unicidade contratual. Estabilidade decenal. Indenização dobrada do art. 478 da CLT. Não configurada. Óbice da Súmula 297 do TST (...).
(TST, AgIn em RR 1814409819785020007, 7.ª T., j. 03.08.2011, rel. Delaíde Miranda Arantes, *DEJT* 05.08.2011)

- Agravo de instrumento. Recurso de revista. Execução. Indenização prevista no art. 478 da CLT. Coisa julgada. Limite (...).
(TST, AgIn em RR 3620011200350020037, 4.ª T., j. 09.05.2012, rel. Maria de Assis Calsing, *DEJT* 11.05.2012)

- Danos morais. Valor da indenização. Aplicação do art. 478 da CLT (...).
(TRT-9.ª Reg., RO 70201172903, 4.ª T., rel. Luiz Celso Napp, *DJ* 16.11.2011)

- Critério de contagem do ano trabalhista. Art. 478 da CLT (...).
(TRT-22.ª Reg., RO 998200800222000/PI, 1.ª T., j. 02.03.2009, rel. Wellington Jim Boavista, *DJ* 20.04.2009)

Interpretação extensiva

- **Súmula 462 do STF**
No cálculo da indenização por despedida injusta inclui-se, quando devido, o repouso semanal remunerado.

- **Súmula 54 do TST**
Optante. (Res. TST 121/2003, DJ 19, 20 e 21.11.2001)
Rescindindo por acordo seu contrato de trabalho, o empregado estável optante tem direito ao mínimo de 60% (sessenta por cento) do total da indenização em dobro, calculada sobre o maior salário percebido no emprego. Se houver recebido menos do que esse total, qualquer que tenha sido a forma de transação, assegura-se-lhe a complementação até aquele limite.

- O empregado que ao tempo da opção pelo FGTS já contava com 10 (dez) anos ou mais de serviço ao empregador, tem direito à indenização do art. 478 da CLT pelo tempo anterior à opção, nos termos do art. 16 da Lei 5.107/1966 (...). (TRT-4.ª Reg., RO 589002020045040027, 6.ª T., j. 16.05.2012, rel. Maria Cristina Schaan Ferreira, DJ 24.05.2012)

Art. 479. Nos contratos que tenham termo estipulado, o empregador que, sem justa causa, despedir o empregado, será obrigado a pagar-lhe, a título de indenização, e por metade, a remuneração a que teria direito até o termo do contrato.

Interpretação extensiva

- **Súmula 125 do TST**
Contrato de trabalho. Art. 479 da CLT. (Res. TST 121/2003, DJ 19, 20 e 21.11.2003)
O art. 479 da CLT aplica-se ao trabalhador optante pelo FGTS admitido mediante contrato por prazo determinado, nos termos do art. 30, § 3.º, do Dec. 59.820, de 20.12.1966.

Parágrafo único. Para a execução do que dispõe o presente artigo, o cálculo da parte variável ou incerta dos salários será feito de acordo

com o prescrito para o cálculo da indenização referente à rescisão dos contratos por prazo indeterminado.

🏛 Interpretação convergente

• A jurisprudência majoritária desta Corte, à qual me submeto, é no sentido de que o atleta profissional não tem direito à indenização prevista no art. 28 da Lei Pelé, que é devida apenas à entidade desportiva, no caso de o atleta motivar a rescisão contratual. Assim sendo indevida a cláusula penal, não há que se falar em cumulação da parcela com a indenização prevista no art. 479 da CLT (...).
(TST, RR 110900-63.2006.5.08.0011, 8.ª T., j. 18.08.2010, rel. Dora Maria da Costa, *DEJT* 20.08.2010)

• [A]ssentou a Corte regional que não houve descumprimento contratual ao declarar que o contrato não foi extinto por culpa de qualquer das partes, mas, por seu termo. Também restou expresso que se alguma multa fosse devida esta deveria ser apurada nos termos do art. 479 da CLT. Logo impossível analisar a questão sob a ótica do descumprimento contratual (...).
(TST, RR 19500-58.2006.5.01.0044, 3.ª T., j. 31.08.2011, rel. Rosa Maria Weber, *DEJT* 09.09.2011)

• Agravo de instrumento. Recurso de revista. Multa do art. 479 da CLT. Indenização por dano moral (...).
(TST, AgIn em RR 1971007520085020462, 5.ª T., j. 21.09.2011, rel. Kátia Magalhães Arruda, *DEJT* 30.09.2011)

• [A] interrupção da prestação de serviços antes de 90 (noventa) dias não gera ao trabalhador temporário direito à indenização de que trata o art. 479 da CLT (...).
(TST, RR 184820115090652, 4.ª T., j. 06.02.2013, rel. Luiz Philippe Vieira de Mello Filho, *DEJT* 15.02.2013)

• Indenização do art. 479 da CLT. Remuneração do trabalho em dias de chuva. Intervalos intrajornada. Horas *in itinere*. Honorários advocatícios (...).
(TST, AgIn em RR 1483007020085150133, 6.ª T., j. 06.03.2013, rel. Augusto César Leite de Carvalho, *DEJT* 08.03.2013)

Art. 480. Havendo termo estipulado, o empregado não se poderá desligar do contrato, sem justa causa, sob pena de ser obrigado a indenizar o empregador dos prejuízos que desse fato lhe resultarem.

§ 1.º A indenização, porém, não poderá exceder àquela a que teria direito o empregado em idênticas condições.

* Primitivo parágrafo único renumerado pelo Dec.-lei 6.353/1944.

§ 2.º (*Revogado pela Lei 6.533/1978*)

⚖ Interpretação convergente

• O art. 480 da CLT expressamente determina que havendo termo estipulado para o contrato de trabalho, o empregado não poderá se desligar sem indenizar o empregador. Tipificada tal situação, necessário comando de dedução da referida indenização (...).
(TRT-10.ª Reg., RO 49320040061003, 1.ª T., j. 14.07.2004, rel. Ricardo Alencar Machado, *DJ* 23.07.2004)

• A teor do art. 480 da CLT é do empregador o ônus de provar que a rescisão antecipada do contrato a prazo por parte do empregado trouxe-lhe efetivo prejuízo, o que não ocorreu no caso dos autos (...).
(TRT-18.ª Reg., 108220100418007, rel. Elvécio Moura dos Santos, *DJ* 08.09.2010)

🏛 Interpretação extensiva

• Cabe ressaltar, outrossim, que a redação última dada ao art. 31, § 3.º, da Lei 9.615/1998 afastou a incidência do art. 480 da CLT naquela hipótese, deixando evidenciar que a legislação já contemplava a existência de normatização acerca da rescisão antecipada do contrato desportivo pelo atleta, além da respectiva cláusula penal, cujo escopo jurídico é estimular o cumprimento espontânea da obrigação contratualmente assumida (...).
(TST, 2388/2003-002-16-00, 3.ª T., j. 18.02.2009, rel. Alberto Luiz Bresciani de Fontan Pereira, *DEJT* 27.03.2009)

• Inexistindo prova capaz de ilidir a idoneidade do documento que comprova o pedido de demissão do obreiro, insere-se o obreiro nas pernas do art. 480 da CLT (...).
(TRT-19.ª Reg., RO 380200505719002, rel. José Abílio, *DJ* 24.06.2005)

Art. 481

Art. 481. Aos contratos por prazo determinado, que contiverem cláusula assecuratória do direito recíproco de rescisão antes de expirado o termo ajustado, aplicam-se, caso seja exercido tal direito por qualquer das partes, os princípios que regem a rescisão dos contratos por prazo indeterminado.

* V. Lei 9.601/1998 (Contrato de trabalho por prazo determinado).
* V. Dec. 2.490/1998 (Regulamenta a Lei 9.601/1998).
* V. Portaria MTb 207/1998 (Instruções sobre a forma de cálculo das médias previstas nos arts. 3.º e 4.º da Lei 9.601/1998).

⚖ Interpretação convergente

• **Súmula 163 do TST**
Cabe aviso prévio nas rescisões antecipadas dos contratos de experiência, na forma do art. 481 da CLT.

• Indenização do art. 479 da CLT. Existência de cláusula assecuratória a que faz referência o art. 481 da CLT (...).
(TST, RR 857/2002-115-15-00.5, 8.ª T., j. 18.11.2009, rel. Dora Maria da Costa, *DEJT* 20.11.2009)

• Contrato de safra. Gestante. Rescisão antecipada. Art. 481 da CLT. Estabilidade indevida (...).
(TRT-15.ª Reg., RO 23217, rel. 29.04.2011, rel. Ana Maria de Vasconcellos)

• Havendo cláusula contratual que assegure o direito recíproco de rescisão antecipada do contrato de trabalho firmado por prazo determinado (art. 481 da CLT), tal rescisão opera-se segundo princípios que regulam a rescisão do contrato por prazo indeterminado, restando afastada a incidência da indenização (...).
(TRT-18.ª Reg., RO 2092201010118009, rel. Paulo Pimenta, *DJ* 07.12.2010)

Art. 482. Constituem justa causa para rescisão do contrato de trabalho pelo empregador:
a) ato de improbidade;
b) incontinência de conduta ou mau procedimento;

c) negociação habitual por conta própria ou alheia sem permissão do empregador, e quando constituir ato de concorrência à empresa para a qual trabalha o empregado, ou for prejudicial ao serviço;

d) condenação criminal do empregado, passada em julgado, caso não tenha havido suspensão da execução da pena;

e) desídia no desempenho das respectivas funções;

f) embriaguez habitual ou em serviço;

g) violação de segredo da empresa;

h) ato de indisciplina ou de insubordinação;

i) abandono de emprego;

Interpretação convergente

- **Súmula 32 do TST**

Abandono de emprego. (Res. TST 121/2003, *DJ* 19, 20 e 21.11.2003)

Presume-se o abandono de emprego se o trabalhador não retornar ao serviço no prazo de 30 (trinta) dias após a cessação do benefício previdenciário nem justificar o motivo de não o fazer.

- **Súmula 62 do TST**

Abandono de emprego. (Res. TST 121/2003, *DJ* 19, 20 e 21.11.2003)

O prazo de decadência do direito do empregador de ajuizar inquérito em face do empregado que incorre em abandono de emprego é contado a partir do momento em que o empregado pretendeu seu retorno ao serviço.

Interpretação extensiva

- **Súmula 73 do TST**

Despedida. Justa causa. (Res. 121/2003, *DJ* 19, 20 e 21.11.2003)

A ocorrência de justa causa, salvo a de abandono de emprego, no decurso do prazo do aviso prévio dado pelo empregador, retira do empregado qualquer direito às verbas rescisórias de natureza indenizatória.

Art. 482

j) ato lesivo da honra ou da boa fama praticado no serviço contra qualquer pessoa, ou ofensas físicas, nas mesmas condições, salvo em caso de legítima defesa, própria ou de outrem;

k) ato lesivo da honra ou da boa fama ou ofensas físicas praticadas contra o empregador e superiores hierárquicos, salvo em caso de legítima defesa, própria ou de outrem;

l) prática constante de jogos de azar.

Parágrafo único. Constitui igualmente justa causa para dispensa de empregado a prática, devidamente comprovada em inquérito administrativo, de atos atentatórios à segurança nacional.

* Parágrafo único acrescentado pelo Dec.-lei 3/1966.
* V. Súmula 316 do STF.

⚖ Interpretação convergente

• Justa causa. Falta grave. Art. 482 da CLT. Fato impeditivo do direito do autor. Ônus da prova (...).
(TRT-6.ª Reg., RO 898652010506, rel. Valéria Gondim Sampaio, *DJ* 14.11.2011)

• Justa causa. Referência a várias condutas previstas no art. 482 da CLT. Fundamento indicado. Prova consistente. Caracterização (...).
(TRT-15.ª Reg., RO 36502, rel. Luis Carlos Cândido Martins Sotero da Silva, *DJ* 25.05.2012)

🏛 Interpretação extensiva

• **OJ 44 da SDI-I – Transitória/TST**
Anistia. Lei 6.683/1979. Tempo de afastamento. Não computável para efeito de indenização e adicional por tempo de serviço, licença-prêmio e promoção (conversão da OJ 176 da SDI-I). (*DJ* 20.04.2005)
O tempo de afastamento do anistiado pela Lei 6.683/1979 não é computável para efeito do pagamento de indenização por tempo de serviço, licença-prêmio e promoção. (Ex-OJ 176 da SDI-I – inserida em 08.11.2000)

Art. 482

- **OJ 56 da SDI-I – Transitória/TST**
Anistia. Lei 8.878/1994. Efeitos financeiros devidos a partir do efetivo retorno à atividade (conversão da OJ 221 da SDI-I) – *DJ* 20.04.2005.
Os efeitos financeiros da anistia concedida pela Lei 8.878/1994 somente serão devidos a partir do efetivo retorno à atividade, vedada a remuneração em caráter retroativo. (Ex-OJ 221 da SDI-I – inserida em 20.06.2001)

Interpretação restritiva

- **Súmula 316 do STF**
A simples adesão a greve não constitui falta grave.

> **Art. 483. O empregado poderá considerar rescindido o contrato e pleitear a devida indenização quando:**
>
> *a)* forem exigidos serviços superiores às suas forças, defesos por lei, contrários aos bons costumes, ou alheios ao contrato;
>
> *b)* for tratado pelo empregador ou por seus superiores hierárquicos com rigor excessivo;
>
> *c)* correr perigo manifesto de mal considerável;
>
> *d)* não cumprir o empregador as obrigações do contrato;
>
> * V. Súmula 13 do TST.
>
> *e)* praticar o empregador ou seus prepostos, contra ele ou pessoas de sua família, ato lesivo da honra e boa fama;

Interpretação convergente

- A reclamante afirma que não havia condições de dar continuidade à prestação de serviços, após ser submetida a procedimentos humilhantes, no local de trabalho. Pugna, assim, pelo reconhecimento da rescisão indireta do contrato de trabalho. Aponta violação do art. 483 da CLT. Com razão. A hipótese dos autos, segundo o quadro fático descrito no tema anterior, se enquadra na previsão do art. 483, *e*, da CLT, e autoriza a rescisão indireta do contrato de trabalho.

Por outro lado, não se verifica a figura do abandono de emprego, para ensejar a ruptura do contrato, por justa causa da reclamante, como entendeu a Corte *a quo*. Destarte, conheço do recurso de revista, por violação do art. 483, *e*, da CLT (...).
(TST, RR 118900-04.2006.5.10.0009, 7.ª T., j. 06.10.2010, rel. Pedro Paulo Manus, *DEJT* 15.10.2010)

> *f)* o empregador ou seus prepostos ofenderem-no fisicamente, salvo em caso de legítima defesa, própria ou de outrem;
>
> *g)* o empregador reduzir o seu trabalho, sendo este por peça ou tarefa, de forma a afetar sensivelmente a importância dos salários.
>
> § 1.º O empregado poderá suspender a prestação dos serviços ou rescindir o contrato, quando tiver de desempenhar obrigações legais, incompatíveis com a continuação do serviço.
>
> § 2.º No caso de morte do empregador constituído em empresa individual, é facultado ao empregado rescindir o contrato de trabalho.
>
> § 3.º Nas hipóteses das letras *d* e *g*, poderá o empregado pleitear a rescisão de seu contrato de trabalho e o pagamento das respectivas indenizações, permanecendo ou não no serviço até final decisão do processo.
>
> * § 3.º acrescentado pela Lei 4.825/1965.

⚖ Interpretação convergente

- Malgrado reconhecido o inadimplemento das verbas fixadas a título de imagem, hei que tal fato não configura falta com nexo de causalidade trabalhista para autorizar a desconstituição do vínculo empregatício a pretexto de culpa patronal sob a égide do art. 483 da CLT (...).
(TST, RR 152000-81.2004.5.02.0060, 6.ª T., j. 29.02.2012, rel. Mauricio Godinho Delgado, *DEJT* 16.03.2012)

- Qualquer das hipóteses previstas no art. 483 da CLT deve resultar de ato que inviabilize e torne insuportável a manutenção do emprego. Ou seja, além de se verificar o princípio da imediatidade, a falta cometida deve justificar a rescisão

indireta, o que não restou demonstrado no caso dos autos, de onde se conclui que a rescisão contratual decorreu de iniciativa do autor o que torna indevidas as verbas decorrentes da rescisão postuladas (...).
(TST, RR 3389200-67.2007.5.09.0002, 5.ª T., rel. Kátia Magalhães Arruda, *DEJT* 27.04.2012)

Art. 484. Havendo culpa recíproca no ato que determinou a rescisão do contrato de trabalho, o tribunal de trabalho reduzirá a indenização à que seria devida em caso de culpa exclusiva do empregador, por metade.

⚖️ **Interpretação convergente**

• **Súmula 14 do TST**
Reconhecida a culpa recíproca na rescisão do contrato de trabalho, o empregado tem direito a 50 (cinquenta por cento) do valor do aviso prévio, do décimo terceiro salário e das férias proporcionais.

• Quanto à condenação ao pagamento, pela metade, do aviso prévio, das férias proporcionais e do 13.º (décimo terceiro) salário, vale lembrar que a Súmula 14 do TST foi objeto de reexame por esta Colenda Corte, considerando os termos do art. 484 da CLT, tendo este Tribunal concluído, após os devidos estudos, que, uma vez reconhecida a culpa recíproca na rescisão do contrato de trabalho, o empregado tem direito a 50% (cinquenta por cento) do valor do aviso prévio, do décimo terceiro salário e das férias proporcionais (...).
(TST, AgIn no RR 54460/2002-900-02-00, 2.ª T., j. 26.03.2008, rel. José Simpliciano Fontes de F. Fernandes, *DEJT* 18.04.2008)

• A impropriedade da norma, como já antecipado, reside na definição da culpa recíproca, e exatamente porque não espelha a situação prevista no art. 484 da CLT. Venho reiteradamente proclamando que, muito embora a entidade sindical, encarada como pessoa jurídica de direito privado, não se confunda com seus representados, detém mandato para transacionar, o qual decorre de expressa previsão legal (...).
(TST, RR 118900-04.2006.5.10.0009, 7.ª T., j. 06.10.2010, rel. Pedro Paulo Manus, *DEJT* 15.10.2010)

Art. 485. Quando cessar a atividade da empresa, por morte do empregador, os empregados terão direito, conforme o caso, à indenização a que se referem os arts. 477 e 497.

⚖ Interpretação convergente

• É sabido ser imprescindível para a desconstituição de decisão com fundamento no inc. VII do art. 485 da CLT tratar-se de documento preexistente, que a parte ignorava ou de que não pôde fazer uso oportuno, por motivo alheio à sua vontade, capaz de, por si só, lhe assegurar pronunciamento favorável. Com isso, deparo com sua não configuração, pois, além de os documentos só terem sido expedidos após o trânsito em julgado do acórdão rescindendo, o seu conteúdo não lhe asseguraria resultado favorável, pois as circunstâncias ali destacadas não infirmam a tese do Colegiado, de que a função exercida pelo reclamante (inspetor de vigilância) não está disposta no quadro de atividades/área de risco de que trata o Dec. 93.412/1986 (...).
(TST, AR 118/2002-000-00-00.2, SDI-II, j. 20.05.2003, rel. Barros Levenhagen, *DEJT* 06.06.2003)

Art. 486. No caso de paralisação temporária ou definitiva do trabalho, motivada por ato de autoridade municipal, estadual ou federal, ou pela promulgação de lei ou resolução que impossibilite a continuação da atividade, prevalecerá o pagamento da indenização, que ficará a cargo do governo responsável.

* *Caput* com redação determinada pela Lei 1.530/1951.

§ 1.º Sempre que o empregador invocar em sua defesa o preceito do presente artigo, o tribunal do trabalho competente notificará a pessoa de direito público apontada como responsável pela paralisação do trabalho, para que, no prazo de 30 (trinta) dias, alegue o que entender devido, passando a figurar no processo como chamada à autoria.

* § 1.º com redação determinada pelo Dec.-lei 6.110/1943.

§ 2.º Sempre que a parte interessada, firmada em documento hábil, invocar defesa baseada na disposição deste artigo e indicar qual o juiz

competente, será ouvida a parte contrária, para, dentro de 3 (três) dias, falar sobre essa alegação.

* § 2.º com redação determinada pela Lei 1.530/1951.

§ 3.º Verificada qual a autoridade responsável, a Junta de Conciliação ou Juiz dar-se-á por incompetente, remetendo os autos ao Juiz Privativo da Fazenda, perante o qual correrá o feito nos termos previstos no processo comum.

* § 3.º com redação determinada pela Lei 1.530/1951.
* A EC 24/1999 substituiu as Juntas de Conciliação e Julgamento por Varas do Trabalho (juiz singular) e extinguiu a representação classista na Justiça do Trabalho.
* V. art. 109, I, da CF/1988.
* V. Lei 5.010/1966, que transferiu a competência das Varas da Fazenda para os Juízes Federais.

⚖ Interpretação convergente

* IBDF ou a União Federal, ora apelados, não firmaram qualquer contrato com as recorrentes, como está induvidosamente esclarecido nos autos, não se poderia falar, e videntemente, em rescisão.

Tenho, também, na esteira do pronunciamento da sentença, que não se aplica no caso sub examine o denominado *factum principis*, consubstanciado no art. 486 da CLT, não só pelos motivos apontados na sentença, mas ainda por não ser a Justiça Federal competente para apreciação de tal matéria (...).
(STJ, REsp 20.254, 2.ª T., j. 03.06.1996, rel. Ari Pargendler, *DJU* 02.09.1996)

* Recurso de revista que visa interpretação divergente do art. 486 da CLT. Ação anulatória. Arestos oriundos de Tribunal não trabalhista. Desprovimento do agravo (...).
(TST, AgIn em RR 74708994200151655555, 2.ª T., j. 22.08.2001, rel. Aloysio Silva Corrêa da Vega, *DJ* 14.09.2001)

* Agravo de instrumento. Recurso de revista. Acordo. Indenização prevista no art. 486 da CLT (...).
(TST, AgIn em RR 51840682004504003, 1.ª T., j. 21.06.2006, rel. Maria do Perpétuo Socorro Wanderley de Castro, *DJ* 10.08.2006)

Art. 487

Capítulo VI
DO AVISO-PRÉVIO

Art. 487. Não havendo prazo estipulado, a parte que, sem justo motivo, quiser rescindir o contrato deverá avisar a outra da sua resolução com a antecedência mínima de:

* V. Súmulas 371 e 380 do TST.

I – 8 (oito) dias, se o pagamento for efetuado por semana ou tempo inferior;

* Inc. I com redação determinada pela Lei 1.530/1951.
* Revogado. V. art. 7.º, XXI, da CF/1988.

II – 30 (trinta) dias aos que perceberem por quinzena ou mês, ou que tenham mais de 12 (doze) meses de serviço na empresa.

* Inc. II com redação determinada pela Lei 1.530/1951.
* V. Súmulas 44, 73, 163 e 253, do TST.

⚖ Interpretação convergente

• O aviso prévio, como se sabe, constitui garantia assegurada por normas legais imperativas, como também tuteladas constitucionalmente (art. 7.º, XXI, da CF/1988 e art. 487 da CLT). Em se tratando de comandos de ordem pública, são inderrogáveis pelas partes e infensos mesmo à negociação coletiva (...).
(TST, RO 220100-83.2005.5.04.0000, SDC, j. 19.10.2006, rel. João Oreste Dalazen, *DEJT* 14.12.2006)

🏛 Interpretação extensiva

• **Súmula 371 do TST**
Aviso prévio indenizado. Efeitos. Superveniência de auxílio-doença no curso deste. (Conversão das OJs 40 e 135 da SDI-I/TST). (Res. TST 129/2005, *DJ* 20, 22 e 25.04.2005)

A projeção do contrato de trabalho para o futuro, pela concessão do aviso prévio indenizado, tem efeitos limitados às vantagens econômicas obtidas no período de pré-aviso, ou seja, salários, reflexos e verbas rescisórias. No caso de concessão de auxílio-doença no curso do aviso prévio, todavia, só se concretizam os efeitos da dispensa depois de expirado o benefício previdenciário.

- **Súmula 305 do TST**

Fundo de garantia do tempo de serviço. Incidência sobre o aviso prévio. (Res. TST 121/2003, *DJ* 19, 20 e 21.11.2003)

O pagamento relativo ao período de aviso prévio, trabalhado ou não, está sujeito a contribuição para o FGTS.

- **Súmula 380 do TST**

Aviso prévio. Início da contagem. Art. 132 do CC/2002. (Conversão da OJ 122 da SDI-I/TST). (Res. TST 129/2005, *DJ* 20, 22 e 25.04.2005)

Aplica-se a regra prevista no *caput* do art. 132 do CC/2002 à contagem do prazo do aviso prévio, excluindo-se o dia do começo e incluindo o do vencimento. (Ex-OJ 122 da SDI-I/TST, inserida em 20.04.1998)

- **OJ 14 da SDI-I/TST**

Aviso prévio cumprido em casa. Verbas rescisórias. Prazo para pagamento. (Título alterado e inserido dispositivo). (*DJ* 20.04.2005).

Em caso de aviso prévio cumprido em casa, o prazo para pagamento das verbas rescisórias é até o 10.º (décimo) dia da notificação de despedida.

- **OJ 247 da SDI-I/TST**

Servidor público. Celetista concursado. Despedida imotivada. Empresa pública ou sociedade de economia mista. Possibilidade (Res. TST 143/2007). (*DJ* 13.11.2007).

I – A despedida de empregados de Empresa Pública e de sociedade de economia mista, mesmo admitidos por concurso público, independe de ato motivado para sua validade;

II – A validade do ato de despedida do empregado da Empresa Brasileira de Correios e Telégrafos (ECT) está condicionada à motivação, por gozar a empresa do mesmo tratamento destinado à Fazenda Pública em relação à imunidade tributária e à execução por precatório, além das prerrogativas de foro, prazos e custas processuais.

• **OJ 341 da SDI-I/TST**
FGTS. Multa de 40%. Diferenças decorrentes dos expurgos inflacionários. Responsabilidade pelo pagamento. (*DJ* 22.06.2004)
É de responsabilidade do empregador o pagamento da diferença da multa de 40% sobre os depósitos do FGTS, decorrente da atualização monetária em face dos expurgos inflacionários.

• O art. 7.º, XXI, da CF/1988 apenas assegura o direito ao aviso-prévio proporcional ao tempo de serviço. As regras acerca do cômputo do tempo de serviço para fins de concessão do aviso de forma proporcional ao período trabalhado na empresa encontram-se na Lei 12.506/2011. Eventual violação do art. 7.º, XXI, da CF/1988 ocorreria apenas de forma reflexa ou indireta, uma vez que seria necessária a incursão na legislação infraconstitucional que regula a matéria para se definir se a reclamante faz jus ou não aos 33 (trinta e três) dias de aviso-prévio (...).
(TST, AgIn no RR 973-05.2012.5.03.0105, 8.ª T., j. 06.02.2013, rel. Dora Maria da Costa, *DEJT* 15.02.2013)

• A matéria em debate já se encontra pacificada neste Tribunal pela Súmula 441, segundo a qual, o direito ao aviso prévio proporcional ao tempo de serviço somente é assegurado nas rescisões de contrato de trabalho ocorridas a partir da publicação da Lei 12.506, em 13.10.2011 (...).
(TST, RR 115000-67.2005.5.04.0024, 1.ª T., j. 24.04.2013, rel. Walmir Oliveira da Costa, *DEJT* 26.04.2013)

> **§ 1.º A falta do aviso-prévio por parte do empregador dá ao empregado o direito aos salários correspondentes ao prazo do aviso, garantida sempre a integração desse período no seu tempo de serviço.**

* V. Súmulas 305, 348 e 354 do TST.

Interpretação extensiva

• **Súmula 44 do TST**
Aviso prévio. (Res. TST 121/2003, *DJ* 19, 20 e 21.11.2003)
A cessação da atividade da empresa, com o pagamento da indenização, simples ou em dobro, não exclui, por si só, o direito do empregado ao aviso prévio.

Art. 487

- **Súmula 182 do TST**

Aviso prévio. Indenização compensatória. Lei 6.708, de 30.10.1979. (Res. TST 121/2003, *DJ* 19, 20 e 21.11.2003)

O tempo do aviso prévio, mesmo indenizado, conta-se para efeito da indenização adicional prevista no art. 9.º da Lei 6.708, de 30.10.1979.

- **Súmula 441 do TST**

Aviso prévio. Proporcionalidade. (Res. TST 185/2012, *DEJT* 25, 26 e 27.09.2012)

O direito ao aviso prévio proporcional ao tempo de serviço somente é assegurado nas rescisões de contrato de trabalho ocorridas a partir da publicação da Lei 12.506, em 13.10.2011.

- **OJ 83 do SDI-I/TST**

Aviso prévio. Indenizado. Prescrição. (Inserida em 28.04.1997).

A prescrição começa a fluir no final do término do aviso prévio. Art. 487, § 1.º, da CLT.

- **OJ 367 da SDI-I/TST**

Aviso prévio de 60 dias. Elastecimento por norma coletiva. Projeção. Reflexos nas parcelas trabalhistas. (*DEJT* divulgado em 03, 04 e 05.12.2008)

O prazo de aviso prévio de 60 (sessenta) dias, concedido por meio de norma coletiva que silencia sobre alcance de seus efeitos jurídicos, computa-se integralmente como tempo de serviço, nos termos do § 1.º do art. 487 da CLT, repercutindo nas verbas rescisórias.

- Com efeito, entende esta Subseção Especializada do TST que, se não há nenhuma restrição no instrumento coletivo, quanto aos efeitos do elastecimento do aviso prévio para 60 (sessenta) dias, deve-se entender que todas as consequências jurídicas legais inerentes ao instituto foram prestigiadas pelas partes (logicamente, no que se refere aos 30 que excedem o mínimo legal, período esse que poderia ser transacionado), significando dizer que, não havendo disposição expressa na norma coletiva, os 60 (sessenta) dias de aviso prévio deverão projetar-se inteiramente no tempo de serviço do empregado e nas verbas rescisórias, nos exatos termos do § 1.º do art. 487 da CLT (...).

(TST, Embargos em RR 576.817/1999.2, SDI-I, j.04.08.2008, rel. Maria de Assis Calsing, *DEJT* 15.08.2008)

- A doutrina e a jurisprudência sedimentaram o posicionamento de que o período de aviso-prévio integra o tempo de serviço para todos os efeitos legais, inclusive para fins de contagem do prazo prescricional e de incidência de contribuições

previdenciárias. A regra do § 1.º do art. 487 da CLT não restringe os efeitos da projeção ao aviso-prévio trabalhado (...).
(TST, RR 2112-61.2010.5.03.0040, 4.ª T., j. 03.10.2012, rel. Maria de Assis Calsing, *DEJT* 05.10.2012)

§ 2.º A falta de aviso-prévio por parte do empregado dá ao empregador o direito de descontar os salários correspondentes ao prazo respectivo.

* V. Súmula 276 do TST.

⚖ Interpretação convergente

• Nos termos do § 2.º do art. 487 da CLT, a falta de aviso prévio por parte do empregado dá ao empregador o direito de descontar os salários correspondentes ao prazo respectivo. Não tendo o reclamante pré-avisado o empregador, correta a compensação do valor referente ao período do aviso prévio com as parcelas devidas pelo empregador ao trabalhador por ocasião da rescisão (...).
(TRT-18.ª Reg., RO 0000527-25.2011.5.18.0006, 2.ª T., j. 05.06.2012, rel. Breno Medeiros, *DJ* 11.06.2012)

§ 3.º Em se tratando de salário pago na base de tarefa, o cálculo, para os efeitos dos parágrafos anteriores, será feito de acordo com a média dos últimos 12 (doze) meses de serviço.

§ 4.º É devido o aviso-prévio na despedida indireta.

* § 4.º acrescentado pela Lei 7.108/1983.

§ 5.º O valor das horas extraordinárias habituais integra o aviso-prévio indenizado.

* § 5.º acrescentado pela Lei 10.218/2001.

⚖ Interpretação convergente

• [O] § 5.º do art. 487 da CLT determina a integração das horas extras apenas em caso de aviso prévio indenizado. Sendo o aviso prévio trabalhado, as parcelas salariais reconhecidas integram o período de labor correspondente. Assim, os reflexos constituiriam *bis in idem* (...).
(TRT-18.ª Reg., RO 0000697-37.2010.5.18.0004, 2.ª T., j. 04.08.2010, rel. Platon Teixeira de Azevedo Filho, *DJ* 05.08.2010)

§ 6.º O reajustamento salarial coletivo, determinado no curso do aviso-prévio, beneficia o empregado pré-avisado da despedida, mesmo que tenha recebido antecipadamente os salários correspondentes ao período do aviso, que integra seu tempo de serviço para todos os efeitos legais.

* § 6.º acrescentado pela Lei 10.218/2001.

⚖ Interpretação convergente

• [E]stabelece a OJ 82 da SDI-I/TST que a data de saída a ser anotada na CTPS deve corresponder a do término do prazo do aviso prévio, ainda que indenizado. Portanto, o aviso-prévio indenizado deve ser somado ao período contratual para todos os efeitos legais, inclusive para fins de anotação da CTPS (...).
(TRT-4.ª Reg., RO 0089000-27.2009.5.04.0012, 8.ª T., j. 16.06.2011, rel. Maria Madalena Telesca, *DJ* 16.06.2011)

Art. 488. O horário normal de trabalho do empregado, durante o prazo do aviso, e se a rescisão tiver sido promovida pelo empregador, será reduzido de 2 (duas) horas diárias, sem prejuízo do salário integral.

Parágrafo único. É facultado ao empregado trabalhar sem a redução das 2 (duas) horas diárias previstas neste artigo, caso em que poderá faltar ao serviço, sem prejuízo do salário integral, por 1 (um) dia, na hipótese do inciso I, e por 7 (sete) dias corridos, na hipótese do inc. II do art. 487 desta Consolidação.

* Parágrafo único acrescentado pela Lei 7.093/1983.
* Inc. I do art. 487 revogado pelo art. 7.º, XXI, da CF/1988.
* V. Súmula 230 do TST.

⚖ Interpretação convergente

• Ora, se a intenção do legislador ao conceder o aviso prévio com a garantia de redução da carga horária ou liberação dos últimos 7 (sete) dias de trabalho no período (conforme previsto no parágrafo primeiro do art. 488 da CLT), sem prejuízo do salário integral, foi possibilitar ao empregado buscar um novo emprego, não resta dúvida de que a inobservância deste preceito legal implica em

nulidade do aviso prévio, justamente por ter o empregador frustrado a finalidade do instituto, além de infringir dispositivo consolidado (...).
(TRT-5.ª Reg., RO 00941-2008-511-05-00-6, 3.ª T., j. 08.09.2009, rel. Lourdes Linhares, *DJ* 16.06.2009)

🏛 Interpretação extensiva

• [D]ispõe o art. 488 da CLT, *verbis*, que "O horário normal de trabalho do empregado, durante o prazo do aviso, e se a rescisão tiver sido promovida pelo empregador será reduzido de duas horas diárias sem prejuízo do salário integral". Já o parágrafo único do citado artigo garante ao obreiro a faculdade de optar por trabalhar sem redução das 2 (duas) horas diárias previstas neste artigo, caso em que poderá faltar ao serviço sem prejuízo do salário integral, 7 (sete) dias consecutivos. Destarte, da mera leitura da norma consolidada, constata-se ser direito do obreiro a redução da jornada de trabalho durante o período do aviso prévio. Em momento algum o legislador condicionou tal direito ao fato do trabalhador não vir a celebrar nos dias que se sucederem ao término do primitivo contrato novo contrato de trabalho. Assim, onde o legislador não impõe restrição à concessão de direitos não cabe ao intérprete fazê-lo, sob pena de suprimir, indevidamente, os créditos trabalhistas do obreiro (...).
(TRT-5.ª Reg., RO 01422-2007-033-05-00-0, 5.ª T., j. 21.10.2008, rel. Maria Adna Aguiar)

• O fato de não existir nos autos comprovação acerca da redução da jornada de trabalho ou da dispensa por sete dias corridos, como determina o art. 488 da CLT, não tem o condão de prorrogar o dia do rompimento do pacto laboral para fins de contagem do prazo prescricional bienal, mas sim, de gerar o cabimento de indenização equivalente ao aviso prévio frustrado, entendimento sedimentado na Súmula 230 do C. TST (...).
(TRT-6.ª Reg., RO 00693-2007-004-06-00-8, 1.ª T., j. 25.03.2008, rel. Valéria Gondim Sampaio)

⚖ Interpretação restritiva

• **Súmula 230 do TST**
Aviso prévio. Substituição pelo pagamento das horas reduzidas da jornada de trabalho. (Res. TST 121/2003, *DJ* 19, 20 e 21.11.2003)

É ilegal substituir o período que se reduz da jornada de trabalho, no aviso prévio, pelo pagamento das horas correspondentes.

Art. 489. Dado o aviso-prévio, a rescisão torna-se efetiva depois de expirado o respectivo prazo, mas, se a parte notificante reconsiderar o ato, antes de seu termo, à outra parte é facultado aceitar ou não a reconsideração.

⚖ Interpretação convergente

• A reversão da dispensa pelo empregador está condicionada a anuência do empregado, por expressa previsão legal – art. 489 da CLT – não se cogitando configurar-se a recusa do empregado em justa causa ou afastamento das verbas resilitórias ou multas (...).
(TRT-2.ª Reg., RO 00609-2006-471-02-00-1, 3.ª T., j. 28.04.2009, rel. Mércia Tomazinho, DJ 12.05.2009)

• Concedido o aviso prévio, seja na despedida direta, na despedida indireta ou na demissão, "a rescisão torna-se efetiva, depois de expirado o respectivo prazo" (art. 489 da CLT). Em suma, o período do aviso prévio integra o tempo de serviço em todas as hipóteses (...).
(TRT-5.ª Reg., RO 0097500-74.2009.5.05.0038, 1.ª T., j. 30.01.2012, rel. Edilton Meireles, DJ 02.02.2012)

Parágrafo único. Caso seja aceita a reconsideração ou continuando a prestação depois de expirado o prazo, o contrato continuará a vigorar, como se o aviso não tivesse sido dado.

⚖ Interpretação convergente

• A reconsideração do aviso-prévio por parte do empregador exige a concordância do empregado para produzir efeitos. Não havendo aceitação ou recusa expressa por parte do empregado, que continuou a prestação de serviços após o

prazo final do aviso-prévio inicialmente dado, configura-se aceitação tácita da retratação (art. 489, parágrafo único da CLT) (...).
(TRT-4.ª Reg., RO 0000007-78.2010.5.04.0333, 1.ª T., j. 18.05.2011, rel. José Felipe Ledur, *DJ* 18.05.2011)

- **OJ 83 do SDI-I/TST**

Aviso prévio. Indenizado. Prescrição. (Inserida em 28.04.1997).
A prescrição começa a fluir no final do término do aviso prévio. Art. 487, § 1.º, da CLT.

> **Art. 490.** O empregador que, durante o prazo do aviso-prévio dado ao empregado, praticar ato que justifique a rescisão imediata do contrato, sujeita-se ao pagamento da remuneração correspondente ao prazo do referido aviso, sem prejuízo da indenização que for devida.

⚖ Interpretação convergente

- Dessarte, o tempo de serviço sempre será incorporado ao acervo do trabalhador, para todo e qualquer efeito, inclusive contra ele, nos casos de cometimento de falta grave, autorizadora do despedimento com justa causa (art. 491 da CLT), o mesmo ocorrendo em relação ao empregador (art. 490 da CLT) (...).
(TRT-4.ª Reg., RO 0027800-43.1996.5.04.0701, 1.ª T., 09.09.1998, rel. Carmen Camino)

🏛 Interpretação extensiva

- **Súmula 73 do TST**

Despedida. Justa causa. (Res. 121/2003, *DJ* 19, 20 e 21.11.2003)
A ocorrência de justa causa, salvo a de abandono de emprego, no decurso do prazo do aviso prévio dado pelo empregador, retira do empregado qualquer direito às verbas rescisórias de natureza indenizatória.

> **Art. 491.** O empregado que, durante o prazo do aviso-prévio, cometer qualquer das faltas consideradas pela lei como justas para a rescisão, perde o direito ao restante do respectivo prazo.

⚖️ Interpretação convergente

• Vale dizer, qualquer das partes que durante o período do aviso prévio der justo motivo para a rescisão contratual, deverá ser responsabilizada pelos seus atos. É o que se conclui da simples leitura do artigo 491 da CLT (...).
(TST, RR 813512-26.2001.5.02.5555, 3.ª T., j. 19.11.2008, rel. Alberto Luiz Bresciani de Fontan Pereira, *DEJT* 19.12.2008)

• O cometimento de falta grave durante o período do aviso prévio, no qual subsistem as obrigações das partes, autoriza a rescisão imediata do contrato de trabalho com as conseqüências legais. Acarreta para o empregado tanto a perda do direito ao restante do respectivo prazo, como prescreve o art. 491 da CLT, quanto à perda dos demais direitos pertinentes à despedida imotivada, como 13.º salário proporcional, férias proporcionais, liberação do FGTS e guias relativas a seguro-desemprego (...).
(TRT-4.ª Reg., RO 0078700-46.1991.5.04.0332, 3.ª T., j. 07.06.1994, rel. Nires Maciel de Oliveira)

• O empregado que, comunicado da sua dispensa "sem justa causa", acessa o sistema operacional e apaga todo o banco de dados da empresa, comete inequivocamente ato ilícito, devendo reparar os prejuízos diretamente ocasionados por sua conduta. Neste caso, torna-se legítima a alteração da resolução contratual para dispensa "com justa causa", nos termos do art. 491 da CLT (...).
(TRT-9.ª Reg., RO 19431-2007-2-9-0-8, 4.ª T., j. 30.07.2008, rel. Luiz Celso Napp, *DJ* 15.08.2008)

Capítulo VII
DA ESTABILIDADE

Art. 492. O empregado que contar mais de 10 (dez) anos de serviço na mesma empresa não poderá ser despedido senão por motivo de falta grave ou circunstância de força maior, devidamente comprovadas.

* Revogado. V. art. 7.º, I e III, da CF/1988.
* V. Lei 8.036/1990 (Fundo de Garantia do Tempo de Serviço – FGTS).
* V. Dec. 99.684/1990 (Regulamento do FGTS).
* V. Lei 8.844/1994 (Fiscalização, apuração e cobrança judicial das contribuições).

Art. 492

* V. Portaria MTb 148/1996 (Organização e tramitação dos processos de multas administrativas).
* V. Portaria MTb 1.061/1996 (Procedimentos para organização e tramitação dos processos de débito salarial).
* V. Súmulas 54 e 98, do TST.

Parágrafo único. Considera-se como de serviço todo o tempo em que o empregado esteja à disposição do empregador.

⚖ Interpretação convergente

• Súmula 54 do TST

Rescindindo por acordo seu contrato de trabalho, o empregado estável optante tem direito ao mínimo de 60% (sessenta por cento) do total da indenização em dobro, calculada sobre o maior salário percebido no emprego. Se houver recebido menos do que esse total, qualquer tenha sido a forma de transação, assegura-se-lhe a complementação até aquele limite.

• Súmula 98 do TST

I – A equivalência entre os regimes do Fundo de Garantia do Tempo de Serviço e da estabilidade prevista na CLT é meramente jurídica e não econômica, sendo indevidos valores a título de reposição de diferenças. (Ex-Súmula 98, RA 57/1980, DJ 06.06.1980)

II – A estabilidade contratual ou a derivada de regulamento de empresa são compatíveis com o regime do FGTS. Diversamente ocorre com a estabilidade legal (decenal: art. 492 da CLT), que é renunciada com a opção pelo FGTS. (Ex-OJ 299, DJ 11.08.2003)

🏛 Interpretação extensiva

• Súmula 378 do TST

Estabilidade provisória. Acidente do trabalho. Art. 118 da Lei 8.213/1991. (Res. TST 185/2012, DEJT 25, 26 e 27.09.2012)

I – É constitucional o art. 118 da Lei 8.213/1991 que assegura o direito à estabilidade provisória por período de 12 meses após a cessação do auxílio-doença ao empregado acidentado. (Ex-OJ 105 da SDI-I/TST, inserida em 01.10.1997)

II – São pressupostos para a concessão da estabilidade o afastamento superior a 15 dias e a consequente percepção do auxílio-doença acidentário, salvo se cons-

tatada, após a despedida, doença profissional que guarde relação de causalidade com a execução do contrato de emprego. (Primeira parte, ex-OJ 230 da SDI-I/TST, inserida em 20.06.2001)

III – O empregado submetido a contrato de trabalho por tempo determinado goza da garantia provisória de emprego decorrente de acidente de trabalho prevista no art. 118 da Lei 8.213/1991. (Inserido o item III). (Res. TST 185/2012, *DEJT* 25, 26 e 27.09.2012)

• **OJ 399 da SDI-I/TST**
Estabilidade provisória. Ação trabalhista ajuizada após o término do período de garantia no emprego. Abuso do exercício do direito de ação. Não configuração. Indenização devida. (*DEJT* divulgado em 02, 03 e 04.08.2010)
O ajuizamento de ação trabalhista após decorrido o período de garantia de emprego não configura abuso do exercício do direito de ação, pois este está submetido apenas ao prazo prescricional inscrito no art. 7.º, XXIX, da CF/1988, sendo devida a indenização desde a dispensa até a data do término do período estabilitário.

• **OJ 23 da SDI-II/TST**
Ação rescisória. Estabilidade. Período pré-eleitoral. Violação de lei. Súmula 83 do TST. Aplicável (Inserida em 20.09.2000).
Não procede pedido de rescisão de sentença de mérito que assegura ou nega estabilidade pré-eleitoral, quando a decisão rescindenda for anterior à OJ 51, da SDI do TST (25.11.1996). Incidência da Súmula 83 do TST.

• **OJ 24 da SDI-II/TST**
Ação rescisória. Estabilidade provisória. Reintegração em período posterior. Direito limitado aos salários e consectários do período da estabilidade (inserida em 20.09.2000).
Rescinde-se o julgado que reconhece estabilidade provisória e determina a reintegração de empregado, quando já exaurido o respectivo período de estabilidade. Em juízo rescisório, restringe-se a condenação quanto aos salários e consectários até o termo final da estabilidade.

• Nos termos do item II da Súmula 98 do TST, a estabilidade contratual ou a derivada de regulamento de empresa são compatíveis com o regime do FGTS. Diversamente ocorre com a estabilidade legal (decenal, art. 492 da CLT), que é renunciada com a opção pelo FGTS (...).
(TST, AgIn em RR 66-08.2010.5.04.0029, 3.ª T., j. 22.06.2011, rel. Alberto Luiz Bresciani de Fontan Pereira, *DEJT* 01.07.2011)

• Não optante do FGTS em relação ao período anterior a 05.10.1988 e, ainda, por ter completado mais de 10 (dez) anos no serviço, o reclamante tinha estabilidade no emprego, de acordo com o art. 492 da CLT, na época da promulgação da Constituição Federal de 1988. Assim, não existindo notícia de transação do período anterior à opção do regime do FGTS, é indiscutível a estabilidade no emprego adquirida pelo decurso do tempo e inserida no patrimônio jurídico do empregado, muito antes da promulgação da Constituição Federal de 1988, independentemente de que, após a aquisição de tal direito, passou a ser optante obrigatório do FGTS (...).
(TRT-4.ª Reg., RO 00098-2000-001-04-00-8, 6.ª T., j. 16.08.2006, rel. João Alfredo Borges Antunes de Miranda, *DJ* 25.08.2006)

Art. 493. Constitui falta grave a prática de qualquer dos fatos a que se refere o art. 482, quando por sua repetição ou natureza representem séria violação dos deveres e obrigações do empregado.

⚖️ **Interpretação convergente**

• O quadro fático delineado pelo acórdão regional revela que efetivamente a conduta da reclamante se revestiu de gravidade suficiente à configuração do ato de improbidade hábil a justificar a dispensa por justa causa. Incólume, portanto, o art. 493 da CLT (...).
(TST, AgIn em RR 187500-60.2010.5.03.0000, 8.ª T., j. 28.06.2011, rel. Dora Maria da Costa, *DEJT* 01.07.2011)

Art. 494. O empregado acusado de falta grave poderá ser suspenso de suas funções, mas a sua despedida só se tornará efetiva após o inquérito em que se verifique a procedência da acusação.

⚖️ **Interpretação convergente**

• **Súmula 197 do STF**
O empregado com representação sindical só pode ser despedido mediante inquérito em que se apure falta grave.

- **Súmula 62 do TST**
O prazo de decadência do direito do empregador de ajuizar inquérito em face do empregado que incorre em abandono de emprego é contado a partir do momento em que o empregado pretendeu seu retorno ao serviço.

- **Súmula 77 do TST**
Nula é a punição de empregado se não precedida de inquérito ou sindicância internos a que se obrigou a empresa, por norma regulamentar.

- **Súmula 379 do TST**
O dirigente sindical somente poderá ser dispensado por falta grave mediante a apuração em inquérito judicial, inteligência dos arts. 494 e 543, § 3.º, da CLT. (Ex-OJ 114, inserida em 20.11.1997)

Interpretação extensiva

- **OJ 65 da SDI-II/TST**
Mandado de segurança. Reintegração liminarmente concedida. Dirigente sindical. (Inserida em 20.09.2000)
Ressalvada a hipótese do art. 494 da CLT, não fere direito líquido e certo a determinação liminar de reintegração no emprego de dirigente sindical, em face da previsão do inc. X do art. 659 da CLT.

- **OJ 137 da SDI-II/TST**
Mandado de segurança. Dirigente sindical. Art. 494 da CLT. Aplicável. (*DJ* 04.05.2004)
Constitui direito líquido e certo do empregador a suspensão do empregado, ainda que detentor de estabilidade sindical, até a decisão final do inquérito em que se apure a falta grave a ele imputada, na forma do art. 494, *caput* e parágrafo único, da CLT.

- O art. 494 da CLT, que prevê a necessidade de inquérito judicial para apuração de falta grave imputada a empregado estável, é pertinente à estabilidade decenal, que era aquela adquirida pelo empregado após mais de dez anos de serviço na mesma empresa. Em caso de estabilidade provisória do cipeiro, assegurada pelo art. 10, II, *b*, do ADCT da CF/1988, o dispositivo constitucional é de meridiana

clareza ao vedar a dispensa do empregado, nessas condições, se inexistente justa causa (...).
(TST, AgIn em RR 164440-63.2003.5.02.0022, 4.ª T., j. 22.11.2006, rel. Ives Gandra Martins Filho, *DEJT* 19.12.2006)

• Não obstante o art. 494 da CLT trate da possibilidade de suspensão do empregado de suas funções para apuração de falta grave, não exime o empregador da obrigação de indenizar no caso de o afastamento ser feito de forma constrangedora ou vexatória para o acusado (...).
(TST, EDcl em RR 110400-64.2000.5.15.0026, SDI-I, j. 28.05.2009, rel. João Batista Brito Pereira, *DEJT* 05.06.2009)

> **Parágrafo único. A suspensão, no caso deste artigo, perdurará até a decisão final do processo.**
>
> * V. Súmula 197, do STF.

⚖ Interpretação convergente

• **Súmula 403 do STF**
É de decadência o prazo de trinta dias para instauração do inquérito judicial, a contar da suspensão, por falta grave, de empregado estável.

• A suspensão do empregado, que goza de estabilidade sindical, para apuração de falta grave, é possível e tem previsão expressa no art. 494 da CLT. A suspensão permite ao empregador apurar a falta e verificar a procedência da acusação. A dispensa somente se efetivará após a apuração da falta cometida, mediante inquérito para esse fim. Não há, portanto, incompatibilidade entre a estabilidade sindical prevista no art. 543, § 3.º, da CLT e a suspensão do empregado para a apuração de falta grave, prevista no art. 494 do mesmo diploma (...).
(TST, Embargos em RR 291329-67.1996.5.03.5555, SDI-I, j. 21.10.2012, rel. Rider de Brito, *DJU* 31.10.2002)

• A suspensão do contrato de trabalho de empregado estável, até decisão final do inquérito judicial para apuração de falta grave, está assegurada no art. 494 da CLT (...).
(TRT-4.ª Reg., MS 01212-2009-000-04-00-9, SDI-I, j. 19.06.2009, rel. Denise Pacheco, *DJ* 06.07.2009)

Art. 495. Reconhecida a inexistência de falta grave praticada pelo empregado, fica o empregador obrigado a readmiti-lo no serviço e a pagar-lhe os salários a que teria direito no período da suspensão.

⚖️ Interpretação convergente

• Da exegese do art. 495 da CLT depreende-se que o empregador somente é obrigado a pagar os salários relativos ao período em que suspenso o contrato de trabalho se reconhecida a inexistência de falta grave (...).
(TRT-9.ª Reg., RO 19603-2007-5-9-0-2, 4.ª T., j. 18.03.2009, rel. Sueli Gil El Rafihi, DJ 14.04.2009)

🏛 Interpretação extensiva

• **OJ 142 da SDI-II/TST**
Mandado de segurança. Reintegração liminarmente concedida. (DJ 04.05.2004) Inexiste direito líquido e certo a ser oposto contra ato de Juiz que, antecipando a tutela jurisdicional, determina a reintegração do empregado até a decisão final do processo, quando demonstrada a razoabilidade do direito subjetivo material, como nos casos de anistiado pela Lei 8.878/1994, aposentado, integrante de comissão de fábrica, dirigente sindical, portador de doença profissional, portador de vírus HIV ou detentor de estabilidade provisória prevista em norma coletiva.

• Inexistindo falta grave e reintegrado o reclamante, deve o reclamado pagar os salários e demais vantagens advindas do período em que não houve trabalho, por aplicação analógica do art. 495 da CLT. No presente caso, o reclamante foi dispensado por justa causa, em virtude de participação em movimento grevista. À época da dispensa, estava em vigência acordo coletivo pelo qual o empregador se obrigava a não aplicar penalidade em razão de participação na greve, sendo devidos, portanto, os valores decorrentes do período de afastamento, anterior à reintegração (...).
(TST, RR 596093-82.1999.5.15.5555, 1.ª T., j. 20.10.2004, rel. Aloysio Silva Corrêa da Veiga, DJU 05.11.2004)

• Os efeitos da reintegração ao emprego não podem ficar limitados à interpretação literal do art. 495 da CLT, sendo devidos ao empregado não apenas os

salários, mas todas as demais parcelas decorrentes do contrato. Restabelece-se o contrato ao estado anterior à prática do ato pelo empregador, e ao empregado todos os direitos que lhe foram suprimidos (...).
(TRT-5.ª Reg., AgPet 00442-1992-311-05-00-4, 2.ª T., j. 22.03.2005, rel. Cláudio Brandão, DJ 12.04.2005)

- Nulo é o ato empresarial de dispensa sem justa causa do empregado amparado com a estabilidade sindical, aplicando-se o remédio jurídico da reintegração do trabalhador ao emprego, incidindo a tutela do art. 495 da CLT. Há situações, contudo, reconhecidas pelo legislador ordinário, em que o critério da reintegração não prevalece, como acontece quando, em virtude de indisfarçável incompatibilidade, a reintegração se torne desaconselhável. Nesses casos, há que se converter a reintegração em indenização compensatória, hipótese prevista no art. 496 da CLT, nenhum óbice existindo quanto à interpretação analógica desse preceito aos casos de estabilidade provisória (...).
(TRT-5.ª Reg., RO 0102300-15.2002.5.05.0193, 2.ª T., j. 03.03.2005, rel. Graça Laranjeira, DJ 16.12.2006)

Art. 496. Quando a reintegração do empregado estável for desaconselhável, dado o grau de incompatibilidade resultante do dissídio, especialmente quando for o empregador pessoa física, o tribunal do trabalho poderá converter aquela obrigação em indenização devida nos termos do artigo seguinte.

⚖ **Interpretação convergente**

- **Súmula 28 do TST**
No caso de se converter a reintegração em indenização dobrada, o direito aos salários é assegurado até a data da primeira decisão que determinou essa conversão.

- **Súmula 396 do TST**
I – Exaurido o período de estabilidade, são devidos ao empregado apenas os salários do período compreendido entre a data da despedida e o final do período de estabilidade, não lhe sendo assegurada a reintegração no emprego. (Ex-OJ 116, inserida em 20.11.1997)

II – Não há nulidade por julgamento *extra petita* da decisão que deferir salário quando o pedido for de reintegração, dados os termos do art. 496 da CLT. (Ex-OJ 106, inserida em 01.10.1997)

• Se o grau de animosidade já antevisto pela reclamada desaconselha a reintegração de reclamante estável, adota-se a solução preconizada no art. 496 da CLT, que autoriza a indenização prevista no subsequente art. 497 (...).
(TST, RR 5513900-04.2002.5.01.0900, 3.ª T., j. 04.02.2004, rel. Wilma Nogueira de Araújo Vaz da Silva, *DJU* 12.03.2004)

• À exegese do art. 496 da CLT, somente se a reintegração do empregado estável for desaconselhável, por incompatibilidade, é que poderá ser convertida em indenização (...).
(TRT-14.ª Reg., RO 0000752-84.2010.5.14.0008, 1.ª T., j. 17.11.2010, rel. Shikou Sadahiro, *DJ* 18.11.2010)

🏛 Interpretação extensiva

• Da intelecção da norma constante do art. 496 da CLT, extrai-se que é facultada ao Juiz, independentemente de requerimento da parte interessada, a conversão da reintegração da empregada detentora de estabilidade provisória decorrente de acidente de trabalho em indenização, quando verificar que o grau de animosidade entre as partes e o estado de gravidez da trabalhadora recomendem a não reintegração (...).
(TRT-24.ª Reg., RO 00890-2007-072-24-00-7, 2.ª T., j. 08.10.2008, rel. Francisco das C. Lima Filho, *DJ* 23.10.2008)

Art. 497. Extinguindo-se a empresa, sem a ocorrência de motivo de força maior, ao empregado estável despedido é garantida a indenização por rescisão do contrato por prazo indeterminado, paga em dobro.

⚖ Interpretação convergente

• **Súmula 220 do STF**
A indenização devida a empregado estável, que não é readmitido, ao cessar sua aposentadoria, deve ser paga em dobro.

Art. 498

- Não se há de falar em afronta aos arts. 496 e 497 da CLT, porquanto em se tratando de demissão de empregado detentor de estabilidade decenal, é devida a indenização estipulada no art. 496 da CLT, que remete expressamente ao dispositivo seguinte quanto à forma de cálculo dessa indenização, ou seja, – paga em dobro –. A indicação do art. 497 da CLT não se refere, portanto, às condições ou motivos para pagamento da indenização – uma vez que essa já foi considerada devida no dispositivo antecedente –, mas à forma do cálculo ou pagamento dessa indenização dobrada (...).
(TST, RR 169300-95.2000.5.01.0069, 2.ª T., j. 29.08.2007, rel. José Simpliciano Fontes de F. Fernandes, *DEJT* 21.09.2007)

- Nos moldes do art. 492 da CLT, antes da instituição do FGTS, o empregado que contasse com mais de 10 anos de serviço na mesma empresa não poderia ser despedido, senão por motivo de falta grave ou circunstância de força maior, sob pena de reintegração (art. 495 da CLT) ou de indenização dobrada (arts. 496 e 497 da CLT) (...).
(TRF-3.ª Reg., RO 0017278-82.1987.4.03.6100, 2.ª T., j. 18.12.2012, rel. Cotrim Guimarães)

🏛 Interpretação extensiva

- **Súmula 221 do STF**
A transferência de estabelecimento, ou a sua extinção parcial, por motivo que não seja de força maior, não justifica a transferência de empregado estável.

- **Súmula 173 do TST**
Salário. Empresa. Cessação de atividades. (Res. 121/2003, *DJ* 19, 20 e 21.11.2003)
Extinto, automaticamente, o vínculo empregatício com a cessação das atividades da empresa, os salários só são devidos até a data da extinção. (Ex-Prejulgado 53)

> **Art. 498.** Em caso de fechamento do estabelecimento, filial ou agência, ou supressão necessária de atividade, sem ocorrência de motivo de força maior, é assegurado aos empregados estáveis, que ali exerçam suas funções, o direito à indenização, na forma do artigo anterior.

Interpretação extensiva

• O Regional reconhece o direito à indenização do reclamante cipeiro, sob os fundamentos de que a extinção do estabelecimento não retira direito à estabilidade, por força da aplicação analógica do art. 498 da CLT; e, ainda, de que poderia ser transferido para outro estabelecimento localizado na Capital (...).
(TST, Embargos em RR 514714-46.1998.5.01.5555, SDI-I, j. 22.05.2006, rel. Milton de Moura França, *DEJT* 02.06.2006)

• A empregada detentora da estabilidade-gestante, prevista pela CF/1988, dispensada sem justa causa em decorrência do fechamento de estabelecimento ou filial do empregador, faz jus à indenização correspondente ao período da estabilidade, nos termos do art. 498 da CLT (...).
(TRT-9.ª Reg., RO 15077-2007-11-9-0-3, 4.ª T., j. 31.10.2007, rel. Arnor Lima Neto, *DJ* 13.11.2007)

Interpretação restritiva

• [A] aplicação do art. 498 da CLT restringe-se ao empregado protegido pela estabilidade decenal prevista no art. 492 do mesmo Capítulo, não abrangendo a situação do trabalhador que tem garantia de emprego decorrente de doença profissional (...).
(TST, RR 173000-29.2003.5.02.0463, 3.ª T., j. 03.06.2009, rel. Rosa Maria Weber, *DEJT* 26.06.2009)

Art. 499. Não haverá estabilidade no exercício dos cargos de diretoria, gerência ou outros de confiança imediata do empregador, ressalvado o cômputo do tempo de serviço para todos os efeitos legais.

§ 1.º Ao empregado garantido pela estabilidade, que deixar de exercer cargo de confiança, é assegurada, salvo no caso de falta grave, a reversão ao cargo efetivo que haja anteriormente ocupado.

§ 2.º Ao empregado despedido sem justa causa, que só tenha exercido cargo de confiança e que contar mais de 10 (dez) anos de serviço na mesma empresa, é garantida a indenização proporcional ao tempo de serviço nos termos dos arts. 477 e 478.

§ 3.º A despedida que se verificar com o fim de obstar ao empregado a aquisição de estabilidade sujeitará o empregador a pagamento em dobro da indenização prescrita nos arts. 477 e 478.

⚖️ Interpretação convergente

• Reclamante contratado para exercer o cargo de diretor executivo, sem controle de horário, com poderes de representar, em solenidades, o presidente da Federação do Comércio Varejista do Estado do Paraná, tendo todos os empregados sob sua direção, exerce cargo de estrita confiança, razão pela qual não goza de estabilidade sindical, nos termos do art. 499 da CLT (...).
(TST, Embargos em RR 463956 463956/1998.0, SDI-I, j. 29.11.2004, rel. Milton de Moura França, *DEJT* 21.10.2005)

• O art. 499 da CLT afasta, peremptoriamente, a possibilidade de se adquirir estabilidade em cargo de confiança, razão pela qual o reclamante, que nunca exerceu nenhum cargo ou função efetiva junto à Federação, mas foi, reitere-se, contratado para exercer unicamente uma função de confiança, jamais poderia ser beneficiário da estabilidade (...).
(TST, Embargos em RR 411027-65.1997.5.09.5555, SDI-I, j. 28.05.2007, rel. João Batista Brito Pereira, *DEJT* 22.06.2007)

📑 Interpretação divergente

• **Súmula 269 do TST**
Diretor eleito. Cômputo do período como tempo de serviço. (Res. TST 121/2003, *DJ* 19, 20 e 21.11.2003)
O empregado eleito para ocupar cargo de diretor tem o respectivo contrato de trabalho suspenso, não se computando o tempo de serviço desse período, salvo se permanecer a subordinação jurídica inerente à relação de emprego.

Art. 500. O pedido de demissão do empregado estável só será válido quando feito com a assistência do respectivo Sindicato e, se não o houver, perante autoridade local competente do Ministério do Trabalho e Previdência Social ou da Justiça do Trabalho.

* Artigo com redação determinada pela Lei 5.584/1970.

⚖️ **Interpretação convergente**

- Nos termos do art. 500 da CLT, – o pedido de demissão do empregado estável só será válido quando feito com a assistência do respectivo sindicato (...).
(TST, AgIn no RR 1620-54.2010.5.15.0131, 3.ª T., j. 12.06.2013, rel. Alberto Luiz Bresciani de Fontan Pereira, *DEJT* 14.06.2013)

- Inexistindo, nos autos, prova de vício de consentimento capaz de macular a renúncia do autor ao período da estabilidade provisória que, inclusive, contou com a assistência do seu sindicato de classe, nos moldes do que estabelece o art. 500 da CLT, mantém-se o capítulo da sentença de primeiro grau que lhe indeferiu o pleito de indenização correspondente (...).
(TRT-5.ª Reg., RO0062800-35.2004.5.05.0010, 2.ª T., j. 16.11.2006, rel. Dalila Andrade, *DJ* 05.06.2006)

Capítulo VIII
DA FORÇA MAIOR

Art. 501. Entende-se como força maior todo acontecimento inevitável, em relação à vontade do empregador, e para realização do qual este não concorreu, direta ou indiretamente.

§ 1.º A imprevidência do empregador exclui a razão de força maior.

⚖️ **Interpretação convergente**

- A teor do *caput* do art. 501 da CLT, força maior é considerado todo o acontecimento inevitável, em relação à vontade do empregador, e para a realização do qual este não concorreu. Já em seu parágrafo primeiro, tem-se que a imprevidência do empregador exclui a força maior. Postos estes antecedentes, é de se concluir que as dificuldades financeiras da ré não configuram força maior que a exima do pagamento da multa do art. 477 da CLT, consoante disposto no art. 502, I, do mesmo diploma legal, porquanto a hipótese insere-se no risco do negócio (...).
(TRT-2.ª Reg., RO 01085-2008-029-02-00-0, 4.ª T., j. 29.09.2009, rel. Ricardo Artur Costa e Trigueiros, *DJ* 23.10.2009)

Art. 502

- O fechamento de filial da empresa, ainda que decorra de pedido de recuperação judicial, não se enquadra na hipótese prevista no art. 501 da CLT (...).
(TRT-24.ª Reg., RO 50300-39.2009.5.24.7, 2.ª T., j. 03.03.2010, rel. Francisco das C. Lima Filho, DJ 09.03.2010)

§ 2.º À ocorrência do motivo de força maior que não afetar substancialmente, nem for suscetível de afetar, em tais condições, a situação econômica e financeira da empresa, não se aplicam as restrições desta Lei referentes ao disposto neste Capítulo.

Art. 502. Ocorrendo motivo de força maior que determine a extinção da empresa, ou de um dos estabelecimentos em que trabalhe o empregado, é assegurada a este, quando despedido, uma indenização na forma seguinte:

I – sendo estável, nos termos dos arts. 477 e 478;

II – não tendo direito à estabilidade, metade da que seria devida em caso de rescisão sem justa causa;

III – havendo contrato por prazo determinado, aquela a que se refere o art. 479 desta Lei, reduzida igualmente à metade.

* V. Súmula 221 do STF.

⚖️ Interpretação convergente

- O encerramento das atividades comerciais da reclamada motivado pela ocorrência de despejo não constitui força maior, que somente se verifica quando o evento, inevitável, não decorre direta ou indiretamente de ato de vontade do empregador (art. 502 da CLT). Recorde-se que os riscos da atividade econômica desenvolvida pelo empregador não podem ser transferidos aos trabalhadores. Recurso ordinário a que se nega provimento (...).
(TRT-2.ª Reg., RO 20010047845 SP, 3.ª T., j. 17.06.2008, rel. Maria Doralice Novaes, DJ 01.07.2008)

Art. 503. É lícita, em caso de força maior ou prejuízos devidamente comprovados, a redução geral dos salários dos empregados da empresa,

proporcionalmente aos salários de cada um, não podendo, entretanto, ser superior a 25% (vinte e cinco por cento), respeitado, em qualquer caso, o salário mínimo.

* Revogado. V. art. 7.º, VI e X, da CF/1988.
* V. art. 76 da CLT.

Parágrafo único. Cessados os efeitos decorrentes do motivo de força maior, é garantido o restabelecimento dos salários reduzidos.

Interpretação extensiva

• A alteração contratual, com vistas à redução salarial, prevista em acordo coletivo de trabalho não é válida, na medida em que ultrapassa o limite de 25% (vinte e cinco por cento) previsto pelos arts. 2.º da Lei 4.923/1965 e 503 da CLT, sendo certo ter camuflado verdadeira renúncia às perdas salariais sofridas e não ter sido expressa a previsão da redução em cláusula do ajuste coletivo (...).
(TST, RR 18900-38.2003.5.12.0011, 4.ª T., j. 09.11.2005, rel. Ives Gandra Martins Filho, *DEJT* 03.02.2006)

• O art. 503 da CLT autoriza a redução geral dos salários até, no máximo, 25% (vinte e cinco por cento), não se depreendendo de seus termos a faculdade de não pagamento salarial ou de atrasar o seu pagamento. Uma coisa não se confunde com a outra. Se a reclamada tivesse optado por, tão somente, reduzir os pagamentos salariais, em consonância com o dispositivo em comento, porém, tivesse efetivamente pago os salários em dia, aí sim, poderia alegá-lo em seu benefício. Não é o que ocorreu no caso concreto, em que a reclamada, estando em dificuldades financeiras, passou a atrasar o regular pagamento dos salários, férias e 13.º salários. Em que pese ser compreensível a crise financeira atravessada pela empresa-recorrente, tal não retira direitos laborais dos autores se não forem coletivamente negociados, nem autoriza a total supressão de pagamento de salários. O art. 503 da CLT autoriza, tão somente, a redução parcial do pagamento salarial em casos extremos, não sendo esta a hipótese dos autos (...).
(TST, AgIn no RR 1122/2007-081-02-40.6, 8.ª T., j. 14.10.2009, rel. Dora Maria da Costa, *DEJT* 18.10.2009)

Art. 504. Comprovada a falsa alegação do motivo de força maior, é garantida a reintegração aos empregados estáveis, e aos não estáveis o complemento da indenização já percebida, assegurado a ambos o pagamento da remuneração atrasada.

Capítulo IX
DISPOSIÇÕES ESPECIAIS

Art. 505. São aplicáveis aos trabalhadores rurais os dispositivos constantes dos Capítulos I, II e VI do presente Título.

* V. art. 7.º da CF/1988.

Art. 506. No contrato de trabalho agrícola é lícito o acordo que estabelecer a remuneração *in natura*, contanto que seja de produtos obtidos pela exploração do negócio e não exceda de 1/3 (um terço) do salário total do empregado.

* Artigo revogado. V. Lei 5.889/1973 (Trabalho rural).

Art. 507. As disposições do Capítulo VII do presente Título não serão aplicáveis aos empregados em consultórios ou escritórios de profissionais liberais.

Parágrafo único. (*Revogado pela Lei 6.533/1978*)

Art. 508. (*Revogado pela Lei 12.347/2010*)

Art. 509. (*Revogado pela Lei 6.533/1978*)

Art. 510. Pela infração das proibições constantes deste Título, será imposta à empresa a multa de valor igual a um salário mínimo regional, elevada ao dobro, no caso de reincidência, sem prejuízo das demais cominações legais.

* Artigo com redação determinada pela Lei 5.562/1968.
* Multas: ver Notas de Atualização e Portaria MTb 290/1997.

TÍTULO V
DA ORGANIZAÇÃO SINDICAL

* V. arts. 5.º, XVIII e 8.º da CF/1988.
* V. Lei 8.073/1990 (Substituição processual).
* V. Lei 11.648/2008 (Reconhecimento formal das centrais sindicais).
* V. Portaria MTE 186/2008 (Registro sindical).

Capítulo I
DA INSTITUIÇÃO SINDICAL

Seção I
Da associação em sindicato

Art. 511. É lícita a associação para fins de estudo, defesa e coordenação dos seus interesses econômicos ou profissionais de todos os que, como empregadores, empregados, agentes ou trabalhadores autônomos, ou profissionais liberais, exerçam, respectivamente, a mesma atividade ou profissão ou atividades ou profissões similares ou conexas.

* V. Lei 4.886/1965 (Representantes comerciais autônomos).

§ 1.º A solidariedade de interesses econômicos dos que empreendem atividades idênticas, similares ou conexas, constitui o vínculo social básico que se denomina categoria econômica.

§ 2.º A similitude de condições de vida oriunda da profissão ou trabalho em comum, em situação de emprego na mesma atividade econômica ou em atividades econômicas similares ou conexas, compõe a expressão social elementar compreendida como categoria profissional.

§ 3.º Categoria profissional diferenciada é a que se forma dos empregados que exerçam profissões ou funções diferenciadas por força de estatuto profissional especial ou em consequência de condições de vida singulares.

Art. 511

⚖️ Interpretação convergente

• **Súmula 374 do TST**

Norma coletiva. Categoria diferenciada. Abrangência. (Conversão da OJ 55 da SDI-I/TST). (Res. TST 129/2005, *DJ* 20, 22 e 25.04.2005).

Empregado integrante de categoria profissional diferenciada não tem o direito de haver de seu empregador vantagens previstas em instrumento coletivo no qual a empresa não foi representada por órgão de classe de sua categoria. (Ex-OJ 55 da SDI-I/TST, inserida em 25.11.1996)

🔨 Interpretação restritiva

• **OJ 09 da SDC/TST**

Enquadramento sindical. Incompetência material da Justiça do Trabalho. (Inserida em 27.03.1998)

O dissídio coletivo não é meio próprio para o Sindicato vir a obter o reconhecimento de que a categoria que representa é diferenciada, pois esta matéria – enquadramento sindical – envolve a interpretação de norma genérica, notadamente do art. 577 da CLT.

• **OJ 36 da SDC/TST**

Empregados de empresa de processamento de dados. Reconhecimento como categoria diferenciada. Impossibilidade. (Inserida em 07.12.1998).

É por lei e não por decisão judicial, que as categorias diferenciadas são reconhecidas como tais. De outra parte, no que tange aos profissionais da informática, o trabalho que desempenham sofre alterações, de acordo com a atividade econômica exercida pelo empregador.

> **§ 4.º Os limites de identidade, similaridade ou conexidade fixam as dimensões dentro das quais a categoria econômica ou profissional é homogênea e a associação é natural.**

⚖️ Interpretação convergente

• Enquadramento sindical. Atividade preponderante da empresa. Art. 511 da CLT (...).

(TRT-4.ª Reg., RO 4800220105040871, j. 17.11.2011, rel. Ricardo Hofmeister de Almeida Martins da Costa)

- Enquadramento sindical. Atividade econômica preponderante da empresa. Art. 511 da CLT. Atividades conexas à principal (...).
(TRT-6.ª Reg., RO 270502010506, rel. Dione Nunes Furtado da Silva, *DJ* 28.06.2011)

- Contratação por intermédio de cooperativa. Categoria profissional. Ofensa ao direito de associação previsto no art. 511 da CLT (...).
(TRT-9.ª Reg., RO 928200789905, 3.ª T., rel. Archimedes Castro Campos Júnior, *DJ* 02.12.2008)

> **Art. 512.** Somente as associações profissionais constituídas para os fins e na forma do artigo anterior e registradas de acordo com o art. 558 poderão ser reconhecidas como sindicatos e investidas nas prerrogativas definidas nesta Lei.
>
> * V. art. 8.º da CF/1988.

Interpretação convergente

- O digitador não integra categoria diferenciada a que alude o art. 512 da CLT (...).
(TRT-21.ª Reg., RO 00881-2006-001-21-00-4, j. 22.05.2007, rel. Joseane Dantas dos Santos, *DJE-RN* 30.05.2007)

> **Art. 513.** São prerrogativas dos sindicatos:
>
> *a)* representar, perante as Autoridades Administrativas e Judiciárias, os interesses gerais da respectiva categoria ou profissão liberal ou os interesses individuais dos associados relativos à atividade ou profissão exercida;
>
> * V. arts. 5.º, LXX, *b*, 8.º, III e 103, IX, da CF/1988.
> * V. Lei 8.073/1990 (Substituição processual).

Interpretação extensiva

- **OJ 359 da SDI-I/TST**
Substituição processual. Sindicato. Legitimidade. Prescrição. Interrupção (*DJ* 14.03.2008)
A ação movida por sindicato, na qualidade de substituto processual, interrompe a prescrição, ainda que tenha sido considerado parte ilegítima *ad causam*.

Art. 513

b) celebrar convenções coletivas de trabalho;

* Alínea *b* atualizada pelo Dec.-lei 229/1967.

c) eleger ou designar os representantes da respectiva categoria ou profissão liberal;

d) colaborar com o Estado, como órgãos técnicos e consultivos, no estudo e solução dos problemas que se relacionam com a respectiva categoria ou profissão liberal;

e) impor contribuições a todos aqueles que participam das categorias econômicas ou profissionais ou das profissões liberais representadas.

* V. art. 8.º, IV, da CF/1988.

Parágrafo único. Os sindicatos de empregados terão, outrossim, a prerrogativa de fundar e manter agências de colocação.

⚖ Interpretação convergente

• O sindicato deixou, portanto, a possibilidade de impor contribuições, estando derrogada a alínea *e* do art. 513 da CLT, que deve ser lida no sentido de que o sindicato tem poderes de arrecadar contribuições, tanto da entidade patronal como dos trabalhadores, entre elas a assistencial, a confederativa, a mensalidade do sindicato e a sindical (...).
(TRT-2.ª Reg., EDcl em RO 00263200206202004, 3.ª T., j. 03.08.2004, rel. Sérgio Pinto Martins, *DJ* 03.08.2004)

🏛 Interpretação extensiva

• **Súmula 629 do STF**
A impetração de mandado de segurança coletivo por entidade de classe em favor dos associados independe da autorização destes.

• **Súmula 630 do STF**
A entidade de classe tem legitimação para o mandado de segurança ainda quando a pretensão veiculada interesse apenas a uma parte da respectiva categoria.

- **Súmula 219 do TST**
Honorários advocatícios. Hipótese de cabimento. (Res. TST 174/2011, *DEJT* 27, 30 e 31.05.2011)
I – Na Justiça do Trabalho, a condenação ao pagamento de honorários advocatícios, nunca superiores a 15% (quinze por cento), não decorre pura e simplesmente da sucumbência, devendo a parte estar assistida por sindicato da categoria profissional e comprovar a percepção de salário inferior ao dobro do salário mínimo ou encontrar-se em situação econômica que não lhe permita demandar sem prejuízo do próprio sustento ou da respectiva família. (Ex-Súmula 219, Res. 14/1985, *DJ* 26.09.1985)
II – É cabível a condenação ao pagamento de honorários advocatícios em ação rescisória no processo trabalhista.
III – São devidos os honorários advocatícios nas causas em que o ente sindical figure como substituto processual e nas lides que não derivem da relação de emprego.

- **Súmula 286 do TST**
Sindicato. Substituição processual. Convenção e acordo coletivos. (Res. TST 121/2003, *DJ* 19, 20 e 21.11.2003)
A legitimidade do sindicato para propor ação de cumprimento estende-se também à observância de acordo ou de convenção coletivos.

- **OJ 121 da SDI-I/TST**
Substituição processual. Diferença do adicional de insalubridade. Legitimidade. (Nova redação) – *DJ* 20.04.2005.
O sindicato tem legitimidade para atuar na qualidade de substituto processual para pleitear diferença de adicional de insalubridade.

Interpretação restritiva

- **Súmula 633 do STF**
É incabível a condenação em verba honorária nos recursos extraordinários interpostos em Processo Trabalhista, exceto nas hipóteses previstas na Lei 5.584/1970.

Art. 514. São deveres dos sindicatos:
a) colaborar com os poderes públicos no desenvolvimento da solidariedade social;

b) manter serviços de assistência judiciária para os associados;

c) promover a conciliação nos dissídios de trabalho;

d) sempre que possível, e de acordo com as suas possibilidades, manter no seu quadro de pessoal, em convênio com entidades assistenciais ou por conta própria, um assistente social com as atribuições específicas de promover a cooperação operacional na empresa e a integração profissional na classe.

* Alínea *d* acrescentada pela Lei 6.200/1975.

Parágrafo único. Os sindicatos de empregados terão, outrossim, o dever de:

a) promover a fundação de cooperativas de consumo e de crédito;

🏛 Interpretação extensiva

• **OJ 379 da SDI-I/TST**
Empregado de cooperativa de crédito. Bancário. Equiparação. Impossibilidade. (*DEJT* divulgado em 19, 20 e 22.04.2010)
Os empregados de cooperativas de crédito não se equiparam a bancário, para efeito de aplicação do art. 224 da CLT, em razão da inexistência de expressa previsão legal, considerando, ainda, as diferenças estruturais e operacionais entre as instituições financeiras e as cooperativas de crédito. Inteligência das Leis 4.594, de 29.12.1964, e 5.764, de 16.12.1971.

b) fundar e manter escolas de alfabetização e pré-vocacionais.

Seção II
Do reconhecimento e investidura sindical

Art. 515. As associações profissionais deverão satisfazer os seguintes requisitos para serem reconhecidas como sindicatos:

* Revogado. V. art. 8.º da CF/1988.

a) reunião de 1/3 (um terço), no mínimo, de empresas legalmente constituídas, sob a forma individual ou de sociedade, se se tratar de associação de empregadores; ou de 1/3 (um terço) dos que integrem a mesma categoria ou exerçam a mesma profissão liberal, se se tratar de associação de empregados ou de trabalhadores ou agentes autônomos ou de profissão liberal;

b) duração de 3 (três) anos para o mandato da diretoria;

* Alínea *b* com redação determinada pelo Dec.-lei 771/1969.

c) exercício do cargo de presidente e dos demais cargos de administração e representação por brasileiros.

Parágrafo único. O Ministro do Trabalho, Indústria e Comércio poderá, excepcionalmente, reconhecer como sindicato a associação cujo número de associados seja inferior ao terço a que se refere a alínea *a*.

* V. art. 35 do Dec.-lei 229/1967 (Altera dispositivos da Consolidação das Leis do Trabalho – CLT).

⚖ Interpretação convergente

• Por não se aplicar no particular o § 3.º do art. 515 da CLT, visto que essas controvérsias demandam apreciação de provas, os autos devem retornar à Vara de origem, a fim de que o juízo *a quo* enfrente o mérito destas questões, sob pena de supressão de Instância (...).
(TRT-23.ª Reg., RO 215201000223008, 2.ª T., j. 17.11.2010, rel. Beatriz Theodoro, *DJ* 18.11.2010)

🔨 Interpretação restritiva

• Nos termos do art. 515 da CLT e do Estatuto do Sindicato requerente, as associações profissionais deverão satisfazer determinados requisitos para serem reconhecidas como sindicatos, entre eles a duração de 3 (três) anos para o mandato da diretoria (...).
(TRT-15.ª Reg., RO 7268, rel. Maria Cecília Fernandes Alvares Leite, *DJ* 18.02.2011)

Art. 516. Não será reconhecido mais de um sindicato representativo da mesma categoria econômica ou profissional, ou profissão liberal, em uma dada base territorial.

* V. art. 8.º, II, da CF/1988.

⚖️ Interpretação convergente

• Esse entendimento corrobora o disposto no art. 516 da CLT, segundo o qual não será reconhecido mais de um Sindicato representativo da mesma categoria econômica ou profissional, ou profissão liberal, em uma dada base territorial (...).
(STJ, REsp 623.299/MG, 1.ª T., j. 03.05.2007, rel. Denise Arruda, *DJe* 31.05.2007)

• **Ausência de especificidade. Enquadramento na categoria de trabalhadores rurais.** À luz do art. 8.º, II, da CF/1988 e do art. 516 da CLT, normas que cuidam da unicidade sindical, dois sindicatos, representantes de idêntica categoria, não podem coexistir numa mesma base territorial (...).
(TRT-22.ª Reg., RO 1630200800022000, 1.ª T., rel. Arnaldo Boson Paes, *DJT-PI* 05.08.2009)

Art. 517. Os sindicatos poderão ser distritais, municipais, intermunicipais, estaduais e interestaduais. Excepcionalmente, e atendendo às peculiaridades de determinadas categorias ou profissões, o Ministro do Trabalho, Indústria e Comércio poderá autorizar o reconhecimento de sindicatos nacionais.

* Revogado. V. art. 8.º da CF/1988.
* V. art. 35 do Dec.-lei 229/1967 (Altera dispositivos da Consolidação das Leis do Trabalho – CLT).

§ 1.º O Ministro do Trabalho, Indústria e Comércio outorgará e delimitará a base territorial do sindicato.

* V. art. 35 do Dec.-lei 229/1967 (Altera dispositivos da Consolidação das Leis do Trabalho – CLT).

§ 2.º Dentro da base territorial que lhe for determinada é facultado ao sindicato instituir delegacias ou seções para melhor proteção dos

associados e da categoria econômica ou profissional ou profissão liberal representada.

⚖️ **Interpretação convergente**

• À luz do art. 517 da CLT, somente em casos excepcionais, justificados por peculiaridades de determinadas categorias, é viável a criação de sindicatos de âmbito nacional (...).
(TRT-18.ª Reg., RO 903200700218000, rel. Aldon do Vale Alves Taglialegna, DJ 16.10.2008)

Art. 518. O pedido de reconhecimento será dirigido ao Ministro do Trabalho, Indústria e Comércio instruído com exemplar ou cópia autenticada dos estatutos da associação.

* Revogado. V. art. 8.º da CF/1988.
* V. art. 35 do Dec.-lei 229/1967 (Altera dispositivos da Consolidação das Leis do Trabalho – CLT).

§ 1.º Os estatutos deverão conter:

a) a denominação e a sede da associação;

b) a categoria econômica ou profissional ou a profissão liberal cuja representação é requerida;

c) a afirmação de que a associação agirá como órgão de colaboração com os Poderes Públicos e as demais associações no sentido da solidariedade social e da subordinação dos interesses econômicos ou profissionais ao interesse nacional;

d) as atribuições, o processo eleitoral e das votações, os casos de perda de mandato e de substituição dos administradores;

e) o modo de constituição e administração do patrimônio social e o destino que lhe será dado no caso de dissolução;

f) as condições em que se dissolverá a associação.

§ 2.º O processo de reconhecimento será regulado em instruções baixadas pelo Ministro do Trabalho, Indústria e Comércio.

* V. art. 35 do Dec.-lei 229/1967 (Altera dispositivos da Consolidação das Leis do Trabalho – CLT).

Art. 519

⚖️ **Interpretação convergente**

• Cuida-se de limitação constitucional ao princípio da liberdade sindical, sendo do Ministério do Trabalho e Emprego por força da lei (art. 518 da CLT) a competência para efetuar esse registro (...).

(TJSE, Ação Declaratória 2010112768, Pleno, j. 08.06.2011, rel. Suzana Maria Carvalho Oliveira, *DJSE* 15.06.2011)

Art. 519. A investidura sindical será conferida sempre à associação profissional mais representativa, a Juízo do Ministro do Trabalho, Indústria e Comércio, constituindo elementos para essa apreciação, entre outros:

* Revogado. V. art. 8.º da CF/1988.
* V. art. 35 do Dec.-lei 229/1967 (Altera dispositivos da Consolidação das Leis do Trabalho – CLT).

a) o número de associados;

b) os serviços sociais fundados e mantidos;

c) o valor do patrimônio.

⚖️ **Interpretação convergente**

• **OJ 15 da SDC/TST**

Sindicato. Legitimidade "ad processum". Imprescindibilidade do registro no Ministério do Trabalho. (Inserida em 27.03.1998).

A comprovação da legitimidade "ad processum" da entidade sindical se faz por seu registro no órgão competente do Ministério do Trabalho, mesmo após a promulgação da Constituição Federal de 1988.

• Quanto ao art. 519 da CLT, consignou-se que ainda que este fosse parcialmente recepcionado pela Carta federal, não há como afastar o registro que confere a legitimidade processual ao sindicato. Incólume o referido dispositivo consolidado (...).

(TST, AgIn em RR 1794006620085150093, 1.ª T., j. 11.10.2011, rel. Luiz Philippe Vieira de Mello Filho, *DEJT* 21.10.2011)

Art. 521

🏛 Interpretação extensiva

• E se a associação profissional vier a considera-se mais representativa, ser-lhe-á facultado pleitear a investidura sindical, mediante cancelamento do registro deferido em favor da entidade anterior (art. 519 da CLT, ineficaz somente na parte em que afronta a autonomia sindical...) (...).
(TJMG 2000.467714-3/000, j. 25.02.2005, rel. Eduardo Mariné da Cunha, *DJ* 10.03.2005)

Art. 520. Reconhecida como sindicato a associação profissional, ser-lhe-á expedida carta de reconhecimento, assinada pelo Ministro do Trabalho, Indústria e Comércio, na qual será especificada a representação econômica ou profissional conferida e mencionada a base territorial outorgada.

* Revogado. V. art. 8.º da CF/1988.
* V. art. 35 do Dec.-lei 229/1967 (Altera dispositivos da Consolidação das Leis do Trabalho – CLT).

Parágrafo único. O reconhecimento investe a associação nas prerrogativas do art. 513 e a obriga aos deveres do art. 514, cujo inadimplemento a sujeitará às sanções desta Lei.

⚖ Interpretação convergente

• Por outro lado, insta esclarecer que o art. 520 da CLT que trata da carta sindical, não foi recepcionado pela Constituição Federal (art. 8.º, I), sendo necessário tão somente o registro da entidade sindical no Ministério do Trabalho para fins de observância ao princípio da unicidade sindical (...).
(TST, RR 1227000220055240004, 3.ª T., j. 03.09.2008, rel. Alberto Luiz Bresciani de Fontan Pereira, *DEJT* 03.10.2008)

• Imposição de multas administrativas pela Delegacia Regional do Trabalho. Critérios para fixação do *quantum* (...).
(TRT-23.ª Reg., RO 4220500823009, Pleno, j. 18.04.2006, rel. Tarcísio Valente, *DJ* 25.05.2006)

Art. 521. São condições para o funcionamento do sindicato:

* Revogado. V. art. 8.º da CF/1988.

a) proibição de qualquer propaganda de doutrinas incompatíveis com as instituições e os interesses da Nação, bem como de candidaturas a cargos eletivos estranhos ao sindicato;

* Alínea *a* com redação determinada pelo Dec.-lei 9.502/1946.

b) proibição de exercício de cargo eletivo cumulativamente com o de emprego remunerado pelo sindicato ou por entidade sindical de grau superior;

c) gratuidade do exercício dos cargos eletivos;

d) proibição de quaisquer atividades não compreendidas nas finalidades mencionadas no art. 511, inclusive as de caráter político-partidário;

* Alínea *d* acrescentada pelo Dec.-lei 9.502/1946.

e) proibição de cessão gratuita ou remunerada da respectiva sede a entidade de índole político-partidária.

* Alínea *e* acrescentada pelo Dec.-lei 9.502/1946.

Parágrafo único. Quando, para o exercício de mandato, tiver o associado de sindicato de empregados, de trabalhadores autônomos ou de profissionais liberais de se afastar do seu trabalho, poderá ser-lhe arbitrada pela assembleia geral uma gratificação nunca excedente da importância de sua remuneração na profissão respectiva.

⚖ Interpretação convergente

• Não há que se falar em vinculação empregatícia com o sindicato onde o autor atuou como diretor, regularmente eleito, sendo pertinente o art. 521 da CLT (...).

(TRT-4.ª Reg., RO 31004320005040551, j. 30.04.2002, rel. Berenice Messias Corrêa)

• [A] alínea *b* do art. 521 da CLT impede qualquer vinculação empregatícia dos detentores de mandato eletivo para com o Sindicato (...).

(TRT-9.ª Reg., 14522009562903, 1.ª T., rel. Ubirajara Carlos Mendes, DJ 25.10.2011)

Seção III
Da administração do sindicato

Art. 522. A administração do sindicato será exercida por uma diretoria constituída, no máximo, de sete e, no mínimo, de três membros e de um conselho fiscal composto de três membros, eleitos esses órgãos pela assembleia geral.

* V. art. 8.º da CF/1988.

⚖ Interpretação convergente

• A jurisprudência do STF se orienta no sentido de que os limites legais à estabilidade dos dirigentes sindicais, de que trata o art. 522 da CLT, foram recepcionados pelo art. 8.º da CF/1988 (...).
(STF, AgRg no AgIn 477.298/SP, 2.ª T., j. 20.03.2012, rel. Ayres Britto, *DJe* 12.04.2012)

• [I]nexist[e] óbice quanto a ser eleita diretoria em número maior do que o previsto no art. 522 da CLT, isto é, mínimo de 3 (três) e máximo de 7 (sete) membros para a diretoria, e 3 (três) membros para o Conselho Fiscal. Todavia, destes diretores, somente o número fixado pelo art. 522 da CLT será considerado abarcado pela garantia de emprego concedida pelo art. 543, § 3.º, da CLT (...).
(TST, RR 166200-52.2003.5.04.0261, 2.ª T., j. 07.06.2006, rel. Renato de Lacerda Paiva, *DEJT* 25.08.2006)

🏛 Interpretação extensiva

• Uma vez que os membros do Conselho Fiscal, a teor do art. 522 da CLT, também integram a diretoria e exercem a administração do sindicato, evidentemente que ocupam cargo de direção da entidade, estando, assim, protegidos contra despedida arbitrária ou sem justa causa, até um ano após o final dos respectivos mandatos, na forma do art. 8.º, VIII, da CF/1988, c/c o art. 543, § 3.º, da CLT (...).
(TRT-7.ª Reg., RO 0084400-7120075070004, 1.ª T., j. 02.02.2009, rel. Lais Maria Rossas Freire, *DJ* 16.03.2009)

Art. 522

§ 1.º A diretoria elegerá, dentre os seus membros, o presidente do sindicato.

§ 2.º A competência do conselho fiscal é limitada à fiscalização da gestão financeira do sindicato.

🏛 Interpretação extensiva

- **OJ 365 da SDI-I/ TST**

Estabilidade provisória. Membro de conselho fiscal de sindicato. Inexistência (*DJ* 20, 21 e 23.05.2008)

Membro de conselho fiscal de sindicato não tem direito à estabilidade prevista nos arts. 543, § 3.º, da CLT e 8.º, VIII, da CF/1988, porquanto não representa ou atua na defesa de direitos da categoria respectiva, tendo sua competência limitada à fiscalização da gestão financeira do sindicato (art. 522, § 2.º, da CLT).

§ 3.º Constituirá atribuição exclusiva da diretoria do sindicato e dos delegados sindicais, a que se refere o art. 523, a representação e a defesa dos interesses da entidade perante os poderes públicos e as empresas, salvo mandatário com poderes outorgados por procuração da diretoria, ou associado investido em representação prevista em lei.

* § 3.º com redação determinada pelo Dec.-lei 9.502/1946.

⚖ Interpretação convergente

- O art. 522 prevê que a administração do sindicato será exercida por uma diretoria constituída, no máximo, de sete e, no mínimo, de três membros e de um conselho fiscal composto de três membros. Significa dizer que a diretoria do sindicato e o Conselho Fiscal são órgãos distintos, sendo atribuição desse último tão somente fiscalizar a gestão financeira do sindicato, conforme dispõe o § 2.º do art. 522 (...).

(TST, Embargos em RR 52/1999-066-15-40, SBDI-I, j. 06.09.2004, rel. Maria Cristina Irigoyen Peduzzi, *DJU* 10.12.2004)

- Vale ressaltar que o art. 522, § 2.º, da CLT dispõe que a competência do Conselho Fiscal é limitada à fiscalização da gestão financeira do sindicato, diferentemente daquelas atividades referidas pelo art. 543, § 3.º, da CLT (...).
(TST, RR 166200-52.2003.5.04.0261, 2.ª T., j. 07.06.2006, rel. Renato de Lacerda Paiva, *DEJT* 25.08.2006)

Art. 523. Os delegados sindicais destinados à direção das delegacias ou seções instituídas na forma estabelecida no § 2.º do art. 517 serão designados pela diretoria dentre os associados radicados no território da correspondente delegacia.

* V. art. 8.º da CF/1988.

⚖ Interpretação convergente

- [O] art. 523 consolidado prevê a figura do delegado sindical, estabelecendo que os delegados sindicais serão designados pela diretoria dentre os associados radicados no território da correspondente delegacia. Ora, conforme se depreende dos retromencionados preceitos legais, o delegado sindical não exerce cargo de direção ou representação sindical, na forma do art. 543, § 4.º, da CLT, uma vez que não é eleito pela categoria profissional, e sim designado pela diretoria do Sindicato (...).
(TST, Agravo em Embargos em RR 565.397/1999.8, SDI-I, j. 12.08.2008, rel. Maria de Assis Calsing, *DEJT* 22.08.2008)

🏛 Interpretação extensiva

- Delegado sindical não é beneficiário da estabilidade sindical porquanto não submetido a processo eletivo: o art. 523 da CLT prevê apenas a indicação, pela diretoria, dos delegados sindicais dentre os associados na base territorial (...).
(TST, RR 593926/1999.4, 1.ª T., j. 01.06.2005, rel. João Oreste Dalazen, *DEJT* 01.07.2005)

- A estabilidade provisória prevista nos arts. 8.º, VIII, da CF/1988 e 543, § 3.º, da CLT refere-se expressamente aos dirigentes sindicais e aos respectivos suplentes, submetidos regularmente ao processo eletivo, perante a categoria profissional. Estes preceitos não se referem, em momento algum, aos delegados sindicais, os

quais, nos termos do art. 523 da CLT, são apenas designados pela diretoria do sindicato dentre os associados radicados no território da correspondente delegacia, não participando de processo eletivo e tampouco exercendo, propriamente, a função de dirigente sindical, já que a função de delegado sindical é meramente administrativa (...).
(TST, RR 99400-87.2003.5.04.0731, 5.ª T., j. 03.06.2009, rel. Emmanoel Pereira, *DEJT* 12.06.2009)

- **OJ 369 da SDI-I/TST**

Estabilidade provisória. Delegado sindical. Inaplicável (*DEJT* divulgado em 03, 04 e 05.12.2008).

O delegado sindical não é beneficiário da estabilidade provisória prevista no art. 8.º, VIII, da CF/1988, a qual é dirigida, exclusivamente, àqueles que exerçam ou ocupem cargos de direção nos sindicatos, submetidos a processo eletivo.

Art. 524. Serão sempre tomadas por escrutínio secreto, na forma estatutária, as deliberações da assembleia geral concernentes aos seguintes assuntos:

* *Caput* com redação determinada pela Lei 2.693/1955.
* V. art. 8.º da CF/1988.

a) eleição de associado para representação da respectiva categoria prevista em lei;

* Alínea *a* com redação determinada pelo Dec.-lei 9.502/1946.

b) tomada a aprovação de contas da diretoria;

* Alínea *b* com redação determinada pelo Dec.-lei 9.502/1946.

c) aplicação do patrimônio;

* Alínea *c* com redação determinada pelo Dec.-lei 9.502/1946.

d) julgamento dos atos da diretoria, relativos a penalidades impostas a associados;

* Alínea *d* com redação determinada pelo Dec.-lei 9.502/1946.

e) pronunciamento sobre relações ou dissídio de trabalho. Neste caso, as deliberações da assembleia geral só serão consideradas válidas quando ela tiver sido especialmente convocada para esse fim, de acordo com as disposições dos estatutos da entidade sindical. O *quorum* para validade da assembleia será de metade mais um dos associados quites; não obtido esse *quorum* em primeira convocação, reunir-se-á a assembleia em segunda convocação com os presentes, considerando-se aprovadas as deliberações que obtiverem 2/3 (dois terços) dos votos.

* Alínea *e* com redação determinada pela Lei 2.693/1955.

§ 1.º A eleição para cargos de diretoria e conselho fiscal será realizada por escrutínio secreto, durante 6 (seis) horas contínuas, pelo menos, na sede do sindicato, na de suas delegacias e seções e nos principais locais de trabalho, onde funcionarão as mesas coletoras designadas pelos Delegados Regionais do Trabalho e Emprego.

* § 1.º acrescentado pelo Dec.-lei 9.502/1946.

§ 2.º Concomitantemente ao término do prazo estipulado para a votação, instalar-se-á, em assembleia eleitoral pública e permanente, na sede do sindicato, a mesa apuradora, para a qual serão enviadas, imediatamente, pelos presidentes das mesas coletoras, as urnas receptoras e as atas respectivas. Será facultada designação de mesa apuradora supletiva sempre que as peculiaridades ou conveniências do pleito a exigirem.

* § 2.º acrescentado pelo Dec.-lei 9.502/1946.

§ 3.º A mesa apuradora será presidida por membro do Ministério Público do Trabalho ou pessoa de notória idoneidade, designada pelo Procurador-Geral da Justiça do Trabalho ou procuradores regionais.

* § 3.º acrescentado pelo Dec.-lei 9.502/1946.

§ 4.º O pleito só será válido na hipótese de participarem da votação mais de 2/3 (dois terços) dos associados com capacidade para votar. Não obtido esse coeficiente, será realizada nova eleição dentro de 15 (quinze) dias, a qual terá validade se nela tomarem parte mais de 50% (cinquenta por cento) dos referidos associados. Na hipótese de

não ter sido alcançado, na segunda votação, o coeficiente exigido, será realizado o terceiro e último pleito, cuja validade dependerá do voto de mais de 40% (quarenta por cento) dos aludidos associados, proclamando o presidente da mesa apuradora, em qualquer dessas hipóteses, os eleitos, os quais serão empossados automaticamente na data do término do mandato expirante, não tendo efeito suspensivo os protestos ou recursos oferecidos na conformidade da lei.

* § 4.º acrescentado pelo Dec.-lei 9.502/1946.

§ 5.º Não sendo atingido o coeficiente legal para a eleição, o Ministério do Trabalho, Indústria e Comércio declarará a vacância da administração, a partir do término do mandato dos membros em exercício, e designará administrador para o sindicato, realizando-se novas eleições dentro de 6 (seis) meses.

* § 5.º acrescentado pelo Dec.-lei 9.502/1946.
* V. art. 35, Dec.-lei 229/1967 (Altera dispositivos da Consolidação das Leis do Trabalho – CLT).

Art. 525. É vedada a pessoas físicas ou jurídicas, estranhas ao sindicato, qualquer interferência na sua administração ou nos seus serviços.

* *Caput* com redação determinada pelo Dec.-lei 9.502/1946.
* V. art. 8.º da CF/1988.

Parágrafo único. Estão excluídos dessa proibição:

a) os Delegados do Ministério do Trabalho, Indústria e Comércio especialmente designados pelo Ministro ou por quem o represente;

* V. art. 35, Dec.-lei 229/1967 (Altera dispositivos da Consolidação das Leis do Trabalho – CLT).

b) os que, como empregados, exerçam cargos no sindicato mediante autorização da assembleia geral.

⚖️ **Interpretação convergente**

• Anote-se que o art. 8.º, I, da CF/1988, veda "ao poder público a interferência e a intervenção na organização sindical", assim como o art. 525 da CLT também

proíbe "pessoas físicas ou jurídicas, estranhas ao sindicato, qualquer interferência na sua administração ou nos seus serviços" (...).
(TST, EDcl em AgIn no RR 138440-85.2005.5.03.0100, 1.ª T., j. 17.12.2008, rel. Luiz Philippe Vieira de Mello Filho, *DEJT* 06.02.2009)

Art. 526. Os empregados do sindicato serão nomeados pela diretoria respectiva *ad referendum* da assembleia geral, não podendo recair tal nomeação nos que estiverem nas condições previstas nos itens II, IV, V, VI, VII e VIII do art. 530 e, na hipótese de o nomeado haver sido dirigente sindical, também nas do item I do mesmo artigo.

* *Caput* com redação determinada pelo Dec.-lei 925/1969.
* V. art. 8.º da CF/1988.

Parágrafo único. (*Revogado pela Lei 11.295/2006*)
§ 2.º Aplicam-se ao empregado de entidade sindical os preceitos das leis de proteção do trabalho e de previdência social, inclusive o direito de associação em sindicato.

* § 2.º acrescentado pela Lei 11.295/2006.
* Numeração do § 2.º de acordo com a Lei 11.295/2006.

⚖️ Interpretação convergente

* A Lei 11.295, de 09.05.2006, alterou o art. 526 da CLT, passando a garantir expressamente aos empregados de entidades sindicais a associação em sindicato (...).
(TST, RO 20274/2004-000-02-00.6, SBDC, j. 10.11.2008, rel. Márcio Eurico Vitral Amaro, *DEJT* 21.11.2008)

* Embora a Constituição Federal de 1988, em seu art. 8.º, I, viesse a outorgar a liberdade de constituição de entidades sindicais, manteve os princípios da unicidade sindical e da sindicalização em função da categoria profissional e econômica, não modificando, contudo, a situação dos empregados dos sindicatos, a quem o art. 526 da CLT vedava a organização em sindicatos (...). Conquanto a Lei 11.295/2006 tenha alterado a redação do art. 526 da CLT, possibilitando aos empregados das entidades sindicais o direito de associação em sindicato,

o entendimento desta Seção Especializada cristalizou-se no sentido de que os efeitos da referida lei não atingem os processos em curso, ou seja, aqueles ajuizados antes do advento do diploma legal (...).
(TRT-2.ª Reg., RO 4438200608802009, 2.ª T., j. 07.07.2009, rel. Jucirema Maria Godinho Gonçalves)

Art. 527. Na sede de cada sindicato haverá um livro de registro, autenticado pelo funcionário competente do Ministério do Trabalho, Indústria e Comércio, e do qual deverão constar:

* V. art. 8.º da CF/1988.
* V. art. 35 do Dec.-lei 229/1967 (Altera dispositivos da Consolidação das Leis do Trabalho – CLT).

a) tratando-se de sindicato de empregadores, a firma, individual ou coletiva, ou a denominação das empresas e sua sede, o nome, idade, estado civil, nacionalidade e residência dos respectivos sócios, ou, em se tratando de sociedade por ações, dos diretores, bem como a indicação desses dados quanto ao sócio ou diretor que representar a empresa no sindicato;

b) tratando-se de sindicato de empregados, ou de agentes ou trabalhadores autônomos ou de profissionais liberais, além do nome, idade, estado civil, nacionalidade, profissão ou função e residência de cada associado, o estabelecimento ou lugar onde exerce a sua profissão ou função, o número e a série da respectiva Carteira de Trabalho e Previdência Social e o número da inscrição na instituição de previdência a que pertencer.

* V. Lei 4.886/1965 (Representantes comerciais autônomos).
* V. Dec.-lei 72/1966 (Instituto Nacional de Previdência Social).
* V. art. 35 do Dec.-lei 229/1967 (Altera dispositivos da Consolidação das Leis do Trabalho – CLT).
* V. art. 1.º do Dec.-lei 926/1969 (Carteira de Trabalho e Previdência Social).

Art. 528. Ocorrendo dissídio ou circunstâncias que perturbem o funcionamento de entidade sindical ou motivos relevantes de segurança nacional, o Ministro do Trabalho e Previdência Social poderá nela intervir,

por intermédio de Delegado ou de Junta Interventora, com atribuições para administrá-la e executar ou propor as medidas necessárias para normalizar-lhe o funcionamento.

* Artigo com redação determinada pelo Dec.-lei 3/1966.
* V. art. 8.º da CF/1988.

Seção IV
Das eleições sindicais

Art. 529. São condições para o exercício do direito do voto como para a investidura em cargo de administração ou representação econômica ou profissional:

* V. art. 8.º da CF/1988.

a) ter o associado mais de 6 (seis) meses de inscrição no quadro social e mais de 2 (dois) anos de exercício da atividade ou da profissão;

* Alínea *a* com redação determinada pelo Dec.-lei 8.080/1945.

b) ser maior de 18 (dezoito) anos;

c) estar no gozo dos direitos sindicais.

Parágrafo único. É obrigatório aos associados o voto nas eleições sindicais.

* Parágrafo único acrescentado pelo Dec.-lei 229/1967.
* V. Súmula 255 do TFR.

Interpretação extensiva

* **Súmula 4 do STJ**
Competência. Processo Eleitoral Sindical. Compete à Justiça Estadual julgar causa decorrente do processo eleitoral sindical.

* Entendimento ultrapassado em razão da ampliação da competência da Justiça do Trabalho, decorrente da EC 45/2004. Vide art. 114 da CF/1988.

Art. 530

Art. 530. Não podem ser eleitos para cargos administrativos ou de representação econômica ou profissional, nem permanecer no exercício desses cargos:

* *Caput* com redação determinada pelo Dec.-lei 229/1967.
* V. arts. 8.º e 15 da CF/1988.

I – os que não tiverem definitivamente aprovadas as suas contas de exercício em cargos de administração;

* Inc. I com redação determinada pelo Dec.-lei 229/1967.

II – os que houverem lesado o patrimônio de qualquer entidade sindical;

* Inc. II com redação determinada pelo Dec.-lei 229/1967.

⚖️ **Interpretação convergente**

• A extinção da pena pelo crime de apropriação indébita previdenciária (art. 168-A do CP), pelo qual condenado na Justiça Federal, não implica, por si só, o retorno imediato do reclamante à Presidência do sindicato que integrava, uma vez embasado o seu afastamento, pela sentença, não só no inc. IV do art. 530 da CLT, o qual prevê que a não permanência no exercício de cargo diretivo enquanto persistirem os efeitos da pena advinda de crime doloso, mas, também, no inc. II daquele preceptivo, que orienta a destituição do dirigente sindical em caso de lesão ao patrimônio de qualquer entidade sindical (...).
(TRT-7.ª Reg., MC 0003455-7020115070000, 1.ª T., j. 26.01.2012, rel. José Antonio Parente da Silva, *DJ* 01.02.2012)

III – os que não estiverem, desde 2 (dois) anos antes, pelo menos, no exercício efetivo da atividade ou da profissão dentro da base territorial do sindicato, ou no desempenho de representação econômica ou profissional;

* Inc. III com redação determinada pelo Dec.-lei 229/1967.
* V. art. 15, III, da CF/1988.

Art. 530

⚖️ **Interpretação convergente**

• 1. Candidatura para Diretoria do Sindicato impedida porque, supostamente, não contaria com dois anos de exercício efetivo na profissão (art. 530, III, da CLT);
2. O autor trabalhou como frentista e assistente mecânico, entre 05.01.1981 e 10.12.1981, em posto de serviço, período esse que só posteriormente foi registrado em sua CTPS; e de 21.01.1982 em diante passou a laborar como mecânico de veículos junto à Cia. Ultragaz;
3. Em 1983, quando foi excluído da chapa única, já contava com mais de dois anos na categoria e a única objeção contra sua candidatura seria a breve interrupção entre um contrato de trabalho e outro;
4. A Delegacia Regional do Trabalho estribou-se na concepção muito restritiva, de que "exercício efetivo" (do art. 530, III, da CLT) significaria "exercício ininterrupto". Essa interpretação oficial não tem a menor razoabilidade, até porque são comuns as descontinuidades entre o desligamento e a admissão perante novo empregador.
5. Remessa oficial desprovida (...).
(TRF-3.ª Reg., ApCiv 81966, 1.ª T., j. 06.11.2006, rel. Erik Gramstrup, *DJ* 27.03.2007)

IV – os que tiverem sido condenados por crime doloso enquanto persistirem os efeitos da pena;

* Inc. IV com redação determinada pelo Dec.-lei 229/1967.

V – os que não estiverem no gozo de seus direitos políticos;

* Inc. V com redação determinada pelo Dec.-lei 229/1967.

VI – (*Revogado pela Lei 8.865/1994*)

VII – má conduta, devidamente comprovada;

* Inc. VII acrescentado pelo Dec.-lei 507/1969.

VIII – (*Revogado pela Lei 8.865/1994*)

Art. 531

⚖️ Interpretação convergente

• A extinção da pena pelo crime de apropriação indébita previdenciária (art. 168-A do CP), pelo qual condenado na Justiça Federal, não implica, por si só, o retorno imediato do reclamante à Presidência do sindicato que integrava, uma vez embasado o seu afastamento, pela sentença, não só no inc. IV do art. 530 da CLT, o qual prevê que a não permanência no exercício de cargo diretivo enquanto persistirem os efeitos da pena advinda de crime doloso, mas, também, no inc. II daquele preceptivo, que orienta a destituição do dirigente sindical em caso de lesão ao patrimônio de qualquer entidade sindical (...).
(TRT-7.ª Reg., MC 0003455-7020115070000, 1.ª T., j. 26.01.2012, rel. José Antonio Parente da Silva, *DJ* 01.02.2012)

Art. 531. Nas eleições para cargos de diretoria e do conselho fiscal serão considerados eleitos os candidatos que obtiverem maioria absoluta de votos em relação ao total dos associados eleitores.

* V. art. 8.º da CF/1988.

§ 1.º Não ocorrendo à primeira convocação maioria absoluta de eleitores, ou não obtendo nenhum dos candidatos essa maioria, proceder-se-á a nova convocação para dia posterior, sendo então considerados eleitos os candidatos que obtiverem maioria dos eleitores presentes.

§ 2.º Havendo somente uma chapa registrada para as eleições, poderá a assembleia, em última convocação, ser realizada 2 (duas) horas após a primeira convocação, desde que do edital respectivo conste essa advertência.

§ 3.º Concorrendo mais de uma chapa, poderá o Ministro do Trabalho, Indústria e Comércio designar o presidente da sessão eleitoral, desde que o requeiram os associados que encabeçarem as respectivas chapas.

* § 3.º com redação determinada pelo Dec.-lei 8.080/1945.
* V. art. 35 do Dec.-lei 229/1967 (Altera dispositivos da Consolidação das Leis do Trabalho – CLT).

§ 4.º O Ministro do Trabalho, Indústria e Comércio expedirá instruções regulando o processo das eleições.

* V. art. 35 do Dec.-lei 229/1967 (Altera dispositivos da Consolidação das Leis do Trabalho – CLT).

Art. 532

⚖️ Interpretação convergente

- A omissão estatutária do critério de desempate das eleições sindicais rende ensejo à aplicação do art. 531 da CLT, o qual prevê a realização de novas eleições, conferindo primazia à vontade da categoria e prestigiando em maior amplitude o Princípio Democrático ao permitir que os trabalhadores possam escolher aqueles que serão seus representantes (...).
(TRT-7.ª Reg., RO 0001904-8620105070001, 1.ª T., j. 18.04.2012, rel. Dulcina de Holanda Palhano, DJ 27.04.2012)

Art. 532. As eleições para a renovação da diretoria e do conselho fiscal deverão ser procedidas dentro do prazo máximo de 60 (sessenta) dias e mínimo de 30 (trinta) dias, antes do término do mandato dos dirigentes em exercício.

* *Caput* com redação determinada pelo Dec.-lei 8.080/1945.
* V. art. 8.º da CF/1988.

§ 1.º Não havendo protesto na ata da assembleia eleitoral ou recurso interposto por algum dos candidatos, dentro de 15 (quinze) dias, a contar da data das eleições, a posse da diretoria eleita independerá da aprovação das eleições pelo Ministério do Trabalho, Indústria e Comércio.

* § 1.º com redação determinada pelo Dec.-lei 8.080/1945.
* V. art. 35 do Dec.-lei 229/1967 (Altera dispositivos da Consolidação das Leis do Trabalho – CLT).

§ 2.º Competirá à diretoria em exercício, dentro de 30 (trinta) dias da realização das eleições e não tendo havido recurso, dar publicidade ao resultado do pleito, fazendo comunicação ao órgão local do Ministério do Trabalho, Indústria e Comércio da relação dos eleitos, com os dados pessoais de cada um e a designação da função que vai exercer.

* § 2.º com redação determinada pelo Dec.-lei 8.080/1945.
* V. art. 35 do Dec.-lei 229/1967 (Altera dispositivos da Consolidação das Leis do Trabalho – CLT).

§ 3.º Havendo protesto na ata da assembleia eleitoral ou recurso interposto dentro de 15 (quinze) dias da realização das eleições, competirá à diretoria em exercício encaminhar, devidamente instruído, o

processo eleitoral ao órgão local do Ministério do Trabalho, Indústria e Comércio, que o encaminhará para decisão do Ministro de Estado. Nesta hipótese, permanecerão na administração, até despacho final do processo, a diretoria e o conselho fiscal que se encontrarem em exercício.

* § 3.º com redação determinada pelo Dec.-lei 8.080/1945.
* V. art. 35 do Dec.-lei 229/1967 (Altera dispositivos da Consolidação das Leis do Trabalho – CLT).

§ 4.º Não se verificando as hipóteses previstas no parágrafo anterior, a posse da nova diretoria deverá se verificar dentro de 30 (trinta) dias subsequentes ao término do mandato da anterior.

* § 4.º com redação determinada pelo Dec.-lei 8.080/1945.

§ 5.º Ao assumir o cargo, o eleito prestará, por escrito e solenemente, o compromisso de respeitar, no exercício do mandato, a Constituição, as leis vigentes e os estatutos da entidade.

* § 5.º acrescentado pelo Dec.-lei 229/1967.

Seção V
Das associações sindicais de grau superior

Art. 533. Constituem associações sindicais de grau superior as federações e confederações organizadas nos termos desta Lei.

* V. art. 8.º da CF/1988.

⚖️ Interpretação convergente

• As federações e confederações são as associações de segundo grau ou de cúpula (art. 533 da CLT), e um grupo de sindicatos pode fundar uma federação, assim como um número de federações pode criar uma confederação. Surgiram, assim, as pirâmides sindicais por categoria, sob a forma de uma hierarquia, tendo suporte nos sindicatos, acima dos quais construíram-se as federações e, sobre

estas, por sua vez, as confederações. As federações atuam, em regra, no território de um Estado Federado da República (...).
(TRT-10.ª Reg., RO 00123-2006-013-10-00-6, 3.ª T., j. 14.02.2007, rel. Márcia Mazoni Cúrcio Ribeiro, DJ 09.03.2007)

Art. 534. É facultado aos sindicatos, quando em número não inferior a 5 (cinco), desde que representem a maioria absoluta de um grupo de atividades ou profissões idênticas, similares ou conexas, organizarem-se em federação.

* Artigo com redação determinada pela Lei 3.265/1957.
* V. art. 8.º da CF/1988.

§ 1.º Se já existir federação no grupo de atividades ou profissões em que deva ser constituída a nova entidade, a criação desta não poderá reduzir a menos de 5 (cinco) o número de sindicatos que àquela devam continuar filiados.

§ 2.º As federações serão constituídas por Estados, podendo o Ministro do Trabalho, Indústria e Comércio autorizar a constituição de federações interestaduais ou nacionais.

* V. art. 35 do Dec.-lei 229/1967 (Altera dispositivos da Consolidação das Leis do Trabalho – CLT).

§ 3.º É permitido a qualquer federação, para o fim de lhes coordenar os interesses, agrupar os sindicatos de determinado município ou região a ela filiados, mas a União não terá direito de representação das atividades ou profissões agrupadas.

⚖ Interpretação convergente

* Federação de trabalhadores. Criação. Requisitos legais. Não observância. Existência jurídica. Não reconhecimento. Legitimidade para estar em juízo (*ad processum*) (...).
A criação de federação de trabalhadores sem observância dos requisitos legais referidos no art. 534 da CLT torna-a irregular e sem existência jurídica, não

podendo ser válidos os atos por ela praticados no mundo trabalhista, do que decorre sua total ausência de legitimidade para estar em juízo (*legitimiatio ad processum*) em defesa da categoria que supostamente pretendia representar (...). (TRT-21.ª Reg., Remessa *ex officio* 00874-2005-012-21-00-5, j. 16.04.2008, rel. Carlos Newton Pinto, *DJ* 01.05.2008)

• Federação de classe constituída irregularmente. Impossibilidade de cobrança do Imposto sindical. Ilegitimidade ativa *ad causam*. Acolhimento da preliminar. Extinção do processo sem julgamento do mérito. A F. não demonstrou os requisitos legais essenciais à sua regular constituição, mais especificamente quantidade mínima de cinco entidades sindicais participantes, o que eiva sua criação de vício insanável, e obsta sua inserção como parte legítima para pleitear em juízo, a seu favor, imposto sindical descontado de servidores públicos municipais (...). (TRT-21.ª Reg., Reexame Necessário 00307-2009-001-21-00-9, 2.ª T., j. 22.07.2009, rel. Joaquim Silvio Caldas, *DJ* 17.09.2009)

Art. 535. As confederações organizar-se-ão com o mínimo de três federações e terão sede na Capital da República.

∗ V. art. 8.º da CF/1988.

§ 1.º As confederações formadas por federações de sindicatos de empregadores denominar-se-ão: Confederação Nacional da Indústria, Confederação Nacional do Comércio, Confederação Nacional de Transportes Marítimos, Fluviais e Aéreos, Confederação Nacional de Transportes Terrestres, Confederação Nacional de Comunicações e Publicidade, Confederação Nacional das Empresas de Crédito e Confederação Nacional de Educação e Cultura.

§ 2.º As confederações formadas por federações de sindicatos de empregados terão a denominação de: Confederação Nacional dos Trabalhadores na Indústria, Confederação Nacional dos Trabalhadores no Comércio, Confederação Nacional dos Trabalhadores em Transportes Marítimos, Fluviais e Aéreos, Confederação Nacional dos Trabalhadores em Transportes Terrestres, Confederação Nacional dos Trabalhadores em Comunicações e Publicidade, Confederação Nacional dos Trabalhadores nas Empresas de Crédito e Confederação Nacional dos Trabalhadores em Estabelecimentos de Educação e Cultura.

§ 3.º Denominar-se-á Confederação Nacional das Profissões Liberais a reunião das respectivas federações.

§ 4.º As associações sindicais de grau superior da Agricultura e Pecuária serão organizadas na conformidade do que dispuser a lei que regular a sindicalização dessas atividades ou profissões.

⚖ Interpretação convergente

• Confederação sindical. Considerações em torno da questão do registro sindical. Significado da IN MT 3/1994. Ação Direta ajuizada em momento anterior ao da vigência dessa instrução normativa (art. 9.º). Confederação sindical que não observa a regra inscrita no art. 535 da CLT. Norma legal que foi recebida pela Constituição Federal de 1988. Entidade que pode congregar pessoas jurídicas de direito público e outras instituições de caráter civil. Descaracterização como entidade sindical. Ação não conhecida. Registro sindical e liberdade sindical (...). Confederação sindical. Modelo normativo.

O sistema confederativo, peculiar à organização sindical brasileira, foi mantido em seus lineamentos essenciais e em sua estrutura básica pela Constituição promulgada em 1988. A norma inscrita no art. 535 da CLT – que foi integralmente recepcionada pela nova ordem constitucional – impõe, para efeito de configuração jurídico-legal das Confederações sindicais, que estas se organizem com o mínimo de 3 (três) Federações sindicais. Precedente: *RTJ* 137/82, rel. Min. Moreira Alves. O desatendimento dessa exigência legal mínima por qualquer Confederação importa em descaracterização de sua natureza sindical. Circunstância ocorrente na espécie. Consequente reconhecimento da ilegitimidade ativa *ad causam* da Autora (...).

(STF, MC na ADIn 1.121/RS, Pleno, j. 06.09.1995, rel. Celso de Mello, *DJU* 06.10.1995)

Art. 536. (*Revogado pelo Dec.-lei 229/1967*)

Art. 537. O pedido de reconhecimento de uma federação será dirigido ao Ministro do Trabalho, Indústria e Comércio acompanhado de um exemplar dos respectivos estatutos e das cópias autenticadas das atas da assembleia de cada sindicato ou federação que autorizar a filiação.

* V. art. 8.º da CF/1988.
* V. art. 35 do Dec.-lei 229/1967 (Altera dispositivos da Consolidação das Leis do Trabalho – CLT).

Art. 538

§ 1.º A organização das federações e confederações obedecerá às exigências contidas nas alíneas *b* e *c* do art. 515.

§ 2.º A carta de reconhecimento das federações será expedida pelo Ministro do Trabalho, Indústria e Comércio, na qual será especificada a coordenação econômica ou profissional conferida e mencionada a base territorial outorgada.

* V. art. 35 do Dec.-lei 229/1967 (Altera dispositivos da Consolidação das Leis do Trabalho – CLT).

§ 3.º O reconhecimento das confederações será feito por decreto do Presidente da República.

Art. 538. A administração das federações e confederações será exercida pelos seguintes órgãos:

* *Caput* com redação determinada pela Lei 2.693/1955.
* V. art. 8.º da CF/1988.

a) diretoria;
b) conselho de representantes;
c) conselho fiscal.

§ 1.º A diretoria será constituída no mínimo de três membros e de três membros se comporá o conselho fiscal, os quais serão eleitos pelo conselho de representantes com mandato por 3 (três) anos.

* § 1.º com redação determinada pelo Dec.-lei 771/1969.

§ 2.º Só poderão ser eleitos os integrantes dos grupos das federações ou dos planos das confederações, respectivamente.

* § 2.º com redação determinada pela Lei 2.693/1955.

§ 3.º O presidente da federação ou confederação será escolhido dentre os seus membros, pela diretoria.

* § 3.º com redação determinada pela Lei 2.693/1955.

§ 4.º O conselho de representantes será formado pelas delegações dos sindicatos ou das federações filiadas, constituída cada delegação

de dois membros, com mandato por 3 (três) anos, cabendo um voto a cada delegação.

* § 4.º com redação determinada pelo Dec.-lei 771/1969.

§ 5.º A competência do conselho fiscal é limitada à fiscalização da gestão financeira.

* § 5.º com redação determinada pela Lei 2.693/1955.

⚖️ Interpretação convergente

• O art. 538, *a* e § 1.º, da CLT estabelece que a diretoria da federação dos sindicatos representativos da categoria profissional será composta de, no mínimo, três membros. Entretanto, tal dispositivo não limita o número de membros que devem compor o mencionado órgão (...).
(TST, RR 18240-54.1998.5.04.0007, 1.ª T., j. 05.11.2008, rel. Luiz Philippe Vieira de Mello Filho, *DJe* 14.11.2008)

🏛️ Interpretação extensiva

• Embargos em recurso de revista. Acórdão publicado na vigência da Lei 11.496/2007. Suplente de dirigente de federação. Estabilidade. Limite dos arts. 522, *caput* e 538 da CLT. Alcance.
Cinge-se a controvérsia à possibilidade ou não de a estabilidade provisória ser estendida a um número de suplentes da diretoria da Federação que, se somado ao de membros efetivos, excede o limite previsto pelo art. 522 da CLT. Dispõe referido dispositivo, recepcionado pela Constituição Federal de 1988 (Súmula 369, II, do TST), e que giza a interpretação do art. 538, que diz respeito à direção das Federações – que "a administração do sindicato será exercida por uma diretoria constituída no máximo de sete e no mínimo de três membros e de um Conselho Fiscal composto de três membros, eleitos esses órgãos pela Assembleia Geral". Embora já tenha decidido nessa e. Subseção, no sentido de que o número máximo de sete, previsto no art. 522 da CLT, abrange os titulares e os suplentes, nesta data a e. SDI-I/TST, por expressiva maioria de seus integrantes, concluiu pelo reconhecimento da estabilidade de sete suplentes, além dos sete titulares.

Tal entendimento louvou-se em decisão do excelso STF, referido pelo Exmo. Min. Luiz Philippe Vieira de Mello Filho, relator do processo TST Embargos em RR 205/2005-026-09-00.1, também julgado nesta assentada. Entendeu a e. Subseção que a proteção aos suplentes, conferida pela Constituição Federal de 1988 (art. 8.º, VIII), somente veio a ser reconhecida posteriormente e não teve como fim a redução do número de dirigentes sindicais titulares do art. 522 da CLT (...).
(TST, Embargos em RR 2.609/2003-005-02-00.5, SDI-I, j. 29.10.2009, rel. Horácio Senna Pires, *DEJT* 20.11.2009)

Art. 539. Para a constituição e administração das federações serão observadas, no que for aplicável, as disposições das Seções II e III do presente Capítulo.

* V. art. 8.º da CF/1988.

Seção VI
Dos direitos dos exercentes de atividades ou profissões e dos sindicalizados

Art. 540. A toda empresa ou indivíduo que exerçam, respectivamente, atividade ou profissão, desde que satisfaçam as exigências desta Lei, assiste o direito de ser admitido no sindicato da respectiva categoria, salvo o caso de falta de idoneidade, devidamente comprovada, com recurso para o Ministério do Trabalho, Indústria e Comércio.

* V. art. 8.º, V, da CF/1988.
* V. art. 35 do Dec.-lei 229/1967 (Altera dispositivos da Consolidação das Leis do Trabalho – CLT).

⚖️ Interpretação convergente

• **OJ 23 da SDC/TST**
Legitimidade "ad causam". Sindicato representativo de segmento profissional ou patronal. Impossibilidade. (Inserida em 25.05.1998)
A representação sindical abrange toda a categoria, não comportando separação fundada na maior ou menor dimensão de cada ramo ou empresa.

Art. 540

§ 1.º Perderá os direitos de associado o sindicalizado que, por qualquer motivo, deixar o exercício de atividade ou de profissão.

⚖️ **Interpretação convergente**

- [O] parágrafo primeiro do art. 540 da CLT estabelece que o trabalhador não mais pertencerá à categoria se deixar o exercício da atividade ou profissão. Ainda que o parágrafo segundo desse mesmo dispositivo resguarde os direitos sindicais dos associados em caso de desemprego ou falta de trabalho e o fato de ter sido rescindido o contrato com a empresa não comprove que esses substituídos deixaram de integrar a categoria, ou não exerçam mais a mesma atividade, o ônus dessa prova era do recorrente (...).
(TRT-4.ª Reg., RO 81915-1996-402-04-00-2, 4.ª T., j. 29.04.1998, rel. Teresinha Maria Delfina Signori Correia)

§ 2.º Os associados de sindicatos de empregados, de agentes ou trabalhadores autônomos e de profissões liberais que forem aposentados, estiverem em desemprego ou falta de trabalho ou tiverem sido convocados para prestação de serviço militar não perderão os respectivos direitos sindicais e ficarão isentos de qualquer contribuição, não podendo, entretanto, exercer cargo de administração sindical ou de representação econômica ou profissional.

* V. Lei 4.886/1965 (Representantes comerciais autônomos).

⚖️ **Interpretação convergente**

- Insurge-se o Sindicato contra a sentença que determinou a reintegração do autor no seu quadro de associados para que possa usufruir de todos os benefícios e serviços sociais por este prestados. (...). Sérgio Pinto Martins, em comentários ao citado artigo, explica:
"A parte final do § 2.º deixa de vigorar, em razão de que o aposentado filiado tem direito a votar e ser votado nas organizações sindicais (art. 8.º, VII, da CF/1988) e, portanto, de exercer cargo de administração sindical ou de representação econômica ou profissional, pois pode ser eleito, devendo ter ampla liberdade

Art. 541

do exercício desse direito. A expressão 'direitos sindicais' contida no § 2.º do art. 540 quer dizer não só participar da administração do sindicato, mas também de fazer jus a assistência prestada pela agremiação." (*Comentários à CLT*. 10. ed. São Paulo: Atlas, 2006. p. 602) (...).
(TJSC, ApCiv 2005.011124-3, 2.ª Câm. Civ., j. 08.10.2009, rel. Sérgio Izidoro Heil, *DJ* 20.11.2009)

Art. 541. Os que exercerem determinada atividade ou profissão onde não haja sindicato da respectiva categoria, ou de atividade ou profissão similar ou conexa, poderão filiar-se a sindicato de profissão idêntica, similar ou conexa, existente na localidade mais próxima.

Parágrafo único. O disposto neste artigo se aplica aos sindicatos em relação às respectivas federações, na conformidade do Quadro de Atividades e Profissões a que se refere o art. 577.

⚖️ **Interpretação convergente**

• A prevalecer a regra do art. 541 da CLT, também hígido por recepcionado pela Constituição Federal de 1988, poderiam as cooperativas e seus empregados, à falta de entidades sindicais específicas (que agora existem no plano da realidade) quando muito serem representados nos Planos das Confederações Nacionais do Comércio e dos Comerciários. Isso pelos critérios da similaridade ou conexão de atividades econômicas e profissionais, pois são todos prestadores de serviços (...).
(STF, AgIn em RE 669.818/MG, 1.ª T., j. 06.08.2012, rel. Dias Toffoli, *DJe* 09.08.2012)

• [O] art. 541 da CLT prevê que nos locais onde não houver sindicato da categoria, o trabalhador poderá filiar-se a sindicato de profissão similar ou conexa (Princípio da atividade similar) (...).
(TST, AgIn em RR 1340-28.2007.5.10.0002, 2.ª T., j. 13.02.2008, rel. José Simpliciano Fontes de F. Fernandes, *DEJT* 29.02.2008)

Art. 542. De todo ato lesivo de direitos ou contrário a esta Lei, emanado da diretoria, do conselho ou da assembleia geral da entidade sindical, poderá qualquer exercente de atividade ou profissão recorrer, dentro

de 30 (trinta) dias, para a autoridade competente do Ministério do Trabalho, Indústria e Comércio.

* V. art. 8.º, I, da CF/1988.
* V. art. 35 do Dec.-lei 229/1967 (Altera dispositivos da Consolidação das Leis do Trabalho – CLT).

Art. 543. O empregado eleito para cargo de administração sindical ou representação profissional, inclusive junto a órgão de deliberação coletiva, não poderá ser impedido do exercício de suas funções, nem transferido para lugar ou mister que lhe dificulte ou torne impossível o desempenho das suas atribuições sindicais.

* *Caput* com redação determinada pelo Dec.-lei 229/1967.

⚖️ **Interpretação convergente**

• A estabilidade do trabalhador exercente de mandato sindical inclui a inamovibilidade, nos termos do art. 543 da CLT. Considera-se ilícita a transferência que dificulta o desempenho das atribuições sindicais por empregado eleito (...). (TRT-20.ª Reg., RO 0000272-47.2010.5.20.0006, j. 01.12.2010, rel. João Bosco Santana de Moraes, DJ 10.12.2010)

§ 1.º O empregado perderá o mandato se a transferência for por ele solicitada ou voluntariamente aceita.

* § 1.º com redação determinada pelo Dec.-lei 229/1967.

§ 2.º Considera-se de licença não remunerada, salvo assentimento da empresa ou cláusula contratual, o tempo em que o empregado se ausentar do trabalho no desempenho das funções a que se refere este artigo.

* § 2.º com redação determinada pelo Dec.-lei 229/1967.

⚖️ **Interpretação convergente**

• De acordo com § 2.º do art. 543 da CLT, considera-se de licença não remunerada, salvo assentimento do empregador ou cláusula contratual, o tempo

em que o empregado se ausentar do trabalho no desempenho das funções de dirigente sindical (...).
(TRT-6.ª Reg., RO 01460-2007-143-06-00-3, 1.ª T., j. 25.03.2008, rel. Valéria Gondim Sampaio)

> **§ 3.º Fica vedada a dispensa do empregado sindicalizado ou associado, a partir do momento do registro de sua candidatura a cargo de direção ou representação de entidade sindical ou de associação profissional, até 1 (um) ano após o final do seu mandato, caso seja eleito, inclusive como suplente, salvo se cometer falta grave devidamente apurada nos termos desta Consolidação.**

* § 3.º com redação determinada pela Lei 7.543/1986.
* V. art. 8.º, VIII, da CF/1988.

⚖️ Interpretação convergente

• **Súmula 197 do STF**
O empregado com representação sindical só pode ser despedido mediante inquérito em que se apure falta grave.

• **Súmula 403 do STF**
É de decadência o prazo de 30 (trinta) dias para instauração do inquérito judicial, a contar da suspensão, por falta grave, de empregado estável.

• **Súmula 369 do TST**
Dirigente sindical. Estabilidade provisória (redação do item I alterada na sessão do Tribunal Pleno realizada em 14.09.2012) – Res. 185/2012 – *DEJT* 25, 26 e 27.09.2012.
I – É assegurada a estabilidade provisória ao empregado dirigente sindical, ainda que a comunicação do registro da candidatura ou da eleição e da posse seja realizada fora do prazo previsto no art. 543, § 5.º, da CLT, desde que a ciência ao empregador, por qualquer meio, ocorra na vigência do contrato de trabalho.
II – O art. 522 da CLT foi recepcionado pela Constituição Federal de 1988. Fica limitada, assim, a estabilidade a que alude o art. 543, § 3.º, da CLT a sete dirigentes sindicais e igual número de suplentes.

Art. 543

III – O empregado de categoria diferenciada eleito dirigente sindical só goza de estabilidade se exercer na empresa atividade pertinente à categoria profissional do sindicato para o qual foi eleito dirigente. (ex-OJ 145 da SBDI-1 – inserida em 27.11.1998)

IV – Havendo extinção da atividade empresarial no âmbito da base territorial do sindicato, não há razão para subsistir a estabilidade. (ex-OJ 86 da SBDI-1 – inserida em 28.04.1997)

V – O registro da candidatura do empregado a cargo de dirigente sindical durante o período de aviso prévio, ainda que indenizado, não lhe assegura a estabilidade, visto que inaplicável a regra do § 3.º do art. 543 da CLT. (Ex-OJ 35 da SBDI-1 – inserida em 14.03.1994)

- **Súmula 379 do TST**

Dirigente sindical. Despedida. Falta grave. Inquérito judicial. Necessidade (conversão da OJ 114 da SBDI-1) – Res. 129/2005, *DJ* 20, 22 e 25.04.2005.

O dirigente sindical somente poderá ser dispensado por falta grave mediante a apuração em inquérito judicial, inteligência dos arts. 494 e 543, § 3.º, da CLT.

- Trata-se de dirigente sindical detentor de estabilidade provisória prevista no art. 543, § 3.º, da CLT, que somente pode ser demitido mediante a realização de prévio inquérito judicial para a apuração de falta grave justificadora da demissão por justa causa (...).
(TST, EDcl em RR 697620-20.2000.5.02.0052, SDI-I, j. 26.05.2008, rel. Aloysio Corrêa da Veiga, *DEJT* 30.05.2008)

Interpretação extensiva

- **OJ 365 da SDI-I/ TST**

Estabilidade provisória. Membro de conselho fiscal de sindicato. Inexistência (*DJ* 20, 21 e 23.05.2008)

Membro de conselho fiscal de sindicato não tem direito à estabilidade prevista nos arts. 543, § 3.º, da CLT e 8.º, VIII, da CF/1988, porquanto não representa ou atua na defesa de direitos da categoria respectiva, tendo sua competência limitada à fiscalização da gestão financeira do sindicato (art. 522, § 2.º, da CLT).

§ 4.º Considera-se cargo de direção ou de representação sindical aquele cujo exercício ou indicação decorre de eleição prevista em lei.

* § 4.º com redação determinada pela Lei 7.223/1984.

⚖️ **Interpretação convergente**

• [Q]uando elaborada a redação dos §§ 3.º e 4.º do art. 543 da CLT, respectivamente pelas Leis 7.543/1986 e 7.223/1984, a primeira tendo restringido a estabilidade no emprego a cargos de direção ou representação de entidade sindical, e a segunda, que definiu esses cargos como sendo aqueles cujo exercício decorria de eleição prevista em lei, sem dúvida reportaram-se ao art. 522 da CLT, eis que a Constituição Federal de 1988, ainda não existia.

Assim, quando o art. 8.º, VIII, da CF/1988 repetiu os mesmo dizeres do § 3.º do art. 543 da CLT, com certeza acolheu, para o entendimento do que seja cargo de direção ou representação sindical, o que estava disposto no *caput* do art. 522 da CLT, ou seja: quis dizer que, em cargos de administração de sindicato, só se incluem a Diretoria e o Conselho Fiscal, taxativa e restritivamente mencionados nesse último dispositivo legal (...).
(TRT-15.ª Reg., RO 032229/2010, 6.ª T., j. 04.06.2010, rel. Olga Aida Joaquim Gomieri)

§ 5.º Para os fins deste artigo, a entidade sindical comunicará por escrito à empresa, dentro de 24 (vinte e quatro) horas, o dia e a hora do registro da candidatura do seu empregado e, em igual prazo, sua eleição e posse, fornecendo, outrossim, a este, comprovante no mesmo sentido. O Ministério do Trabalho e Previdência Social fará no mesmo prazo a comunicação no caso da designação referida no final do § 4.º.

* § 5.º com redação determinada pelo Dec.-lei 229/1967.

§ 6.º A empresa que, por qualquer modo, procurar impedir que o empregado se associe a sindicato, organize associação profissional ou sindical ou exerça os direitos inerentes à condição de sindicalizado fica sujeita à penalidade prevista na letra *a* do art. 553, sem prejuízo da reparação a que tiver direito o empregado.

* § 6.º com redação determinada pelo Dec.-lei 229/1967.

Interpretação divergente

• O marco inicial da estabilidade provisória prevista no inc. VIII do art. 8.º da CF/1988 é a data do registro da candidatura do obreiro a cargo de direção ou representação sindical. O procedimento imposto, pelo § 5.º do art. 543 da CLT, aos sindicatos, no sentido de comunicar ao empregador o referido registro, não obsta a aquisição daquela garantia constitucional, não podendo lei inferior condicioná-la ou restringi-la (...).
(TRT-7.ª Reg., RO 02220/2000-007-07-00-2, 1.ª T., j. 02.12.2002, rel. Antônio Marques Cavalcante Filho, DJ 18.12.2002)

Art. 544. É livre a associação profissional ou sindical, mas ao empregado sindicalizado é assegurada, em igualdade de condições, preferência:

* V. arts. 5.º, XX, e 8.º, V, da CF/1988.

I – para a admissão nos trabalhos de empresa que explore serviços públicos ou mantenha contrato com os poderes públicos;

II – para ingresso em funções públicas ou assemelhadas, em caso de cessação coletiva de trabalho, por motivo de fechamento de estabelecimento;

III – nas concorrências para aquisição de casa própria, pelo Plano Nacional de Habitação ou por intermédio de quaisquer instituições públicas;

IV – nos loteamentos urbanos ou rurais, promovidos pela União, por seus órgãos de administração direta ou indireta ou sociedades de economia mista;

V – na locação ou compra de imóveis, de propriedade de pessoa de direito público ou sociedade de economia mista, quando sob ação de despejo em tramitação judicial;

VI – na concessão de empréstimos simples concedidos pelas agências financeiras do Governo ou a ele vinculadas;

VII – na aquisição de automóveis, outros veículos e instrumentos relativos ao exercício da profissão, quando financiados pelas autarquias, sociedades de economia mista ou agências financeiras do Governo;

Art. 545

VIII – (*Revogado pela Lei 8.630/1993.*)

IX – na concessão de bolsas de estudo para si ou para seus filhos, obedecida a legislação que regule a matéria.

* Inc. IX com redação determinada pelo Dec.-lei 229/1967.

Art. 545. Os empregadores ficam obrigados a descontar na folha de pagamento dos seus empregados, desde que por eles devidamente autorizados, as contribuições devidas ao sindicato, quando por este notificados, salvo quanto à contribuição sindical, cujo desconto independe dessas formalidades.

* Artigo com redação determinada pelo Dec.-lei 925/1969.
* V. art. 8.º, IV, da CF/1988.
* V. Súmula 666 do STF.

⚖️ Interpretação convergente

• [C]ontribuição associativa (ou mensalidade) devida por seus filiados: a afirmação da obrigação de o empregador descontá-la em folha, quando autorizado, que tem base no art. 545 da CLT, não ofende a Constituição, que não cogita dessa contribuição (...).
(STF, RE 206.235/SP, 1.ª T., j. 24.03.1998, rel. Sepúlveda Pertence, *DJU* 22.05.1998)

• [E]m decorrência do princípio da legalidade, o empregado não associado não é obrigado a pagar qualquer outra contribuição, senão mediante sua prévia e expressa autorização, como se deflui do art. 545 da CLT (...).
(TRT-2.ª Reg., RO 00205-2008-037-02-00-6, 11.ª T., j. 10.03.2009, rel. Eduardo de Azevedo Silva, *DJ* 07.04.2009)

🔨 Interpretação restritiva

• **OJ 17 da SDC/TST**
Contribuições para entidades sindicais. Inconstitucionalidade de sua extensão a não associados. (Inserida em 25.05.1998)
As cláusulas coletivas que estabeleçam contribuição em favor de entidade sindical, a qualquer título, obrigando trabalhadores não sindicalizados, são ofensivas ao

direito de livre associação e sindicalização, constitucionalmente assegurado, e, portanto, nulas, sendo passíveis de devolução, por via própria, os respectivos valores eventualmente descontados.

> **Parágrafo único.** O recolhimento à entidade sindical beneficiária do importe descontado deverá ser feito até o décimo dia subsequente ao do desconto, sob pena de juros de mora no valor de 10% (dez por cento) sobre o montante retido, sem prejuízo da multa prevista no art. 553 e das cominações penais relativas à apropriação indébita.

Interpretação convergente

- Em relação aos associados, a previsão de oposição ao desconto não se presta a convalidar a cláusula, uma vez que o art. 545 da CLT condiciona os descontos salariais em favor do sindicato de classe à expressa autorização do empregado (...). (TST, RO 18134-93.2010.5.04.0000, SDC, j. 13.05.2013, rel. Walmir Oliveira da Costa, *DEJT* 17.05.2013)

- O empregador está obrigado a descontar, na folha de pagamento dos seus empregados, as contribuições devidas ao sindicato, devendo repassá-las até o décimo dia subsequente, sob pena de multa. Inteligência do art. 545 e seu parágrafo único da CLT (...). (TRT-16.ª Reg., RO 00196-2006-020-16-00-3, j. 18.04.2007, rel. Gerson De Oliveira Costa Filho, *DJ* 14.06.2007)

> **Art. 546.** Às empresas sindicalizadas é assegurada preferência, em igualdade de condições, nas concorrências para exploração de serviços públicos, bem como nas concorrências para fornecimento às repartições federais, estaduais e municipais e às entidades paraestatais.
>
> **Art. 547.** É exigida a qualidade de sindicalizado para o exercício de qualquer função representativa de categoria econômica ou profissional, em órgão oficial de deliberação coletiva, bem como para o gozo de favores ou isenções tributárias, salvo em se tratando de atividades não econômicas.

* V. arts. 5.º, XX, 8.º, V e 150, VI, *c*, da CF/1988.

Parágrafo único. Antes da posse ou exercício das funções a que alude o artigo anterior ou de concessão dos favores, será indispensável comprovar a sindicalização, ou oferecer prova, mediante certidão negativa no Departamento Nacional do Trabalho, no Distrito Federal, ou da autoridade regional do Ministério do Trabalho, Indústria e Comércio, nos Estados e no Território do Acre, de que não existe sindicato no local onde o interessado exerce a respectiva atividade ou profissão.

* V. Lei 4.923/1965 (Cadastro permanente de admissões e dispensas de empregados).
* V. art. 35 do Dec.-lei 229/1967 (Altera dispositivos da Consolidação das Leis do Trabalho – CLT).

Seção VII
Da gestão financeira do sindicato e sua fiscalização

Art. 548. Constituem o patrimônio das associações sindicais:

⚖️ **Interpretação convergente**

• O art. 548 da CLT prevê duas fontes patrimoniais do sindicato: contribuição sindical, que é compulsória, e contribuição associativa, criada por meio de estatutos ou pelas Assembleias Gerais (...).
(TST, AgIn em RR 65200-74.2008.5.02.0039, 4.ª T, j. 29.05.2013, rel. Maria de Assis Calsing, *DEJT* 31.05.2013)

a) as contribuições devidas aos sindicatos pelos que participem das categorias econômicas ou profissionais ou das profissões liberais representadas pelas referidas entidades, sob a denominação de contribuição sindical, pagas e arrecadadas na forma do Capítulo III deste Título;

b) as contribuições dos associados, na forma estabelecida nos estatutos ou pelas assembleias gerais;

c) os bens e valores adquiridos e as rendas produzidas pelos mesmos;

d) as doações e legados;

e) as multas e outras rendas eventuais.

⚖️ **Interpretação convergente**

• Incumbe à empresa tomadora dos serviços efetuar o desconto assistencial social (DAS) dos pagamentos feitos aos trabalhadores avulsos, associados ao sindicato, nos termos dos Estatutos ou das Assembleias Gerais da categoria profissional. Entendimento da alínea b do art. 548 da CLT (...). (TRT-4.ª Reg., RO 0021900-61.1997.5.04.0922, 6.ª T., j. 21.10.1999, rel. João Antonio Longoni Klee, DJ 22.11.1999)

Art. 549. A receita dos sindicatos, federações e confederações só poderá ter aplicação na forma prevista nos respectivos orçamentos anuais, obedecidas as disposições estabelecidas na lei e nos seus estatutos.

* Artigo com redação determinada pela Lei 6.386/1976.

§ 1.º Para alienação, locação ou aquisição de bens imóveis, ficam as entidades sindicais obrigadas a realizar avaliação prévia pela Caixa Econômica Federal ou pelo Banco Nacional da Habitação ou, ainda, por qualquer outra organização legalmente habilitada a tal fim.

§ 2.º Os bens imóveis das entidades sindicais não serão alienados sem a prévia autorização das respectivas assembleias gerais, reunidas com a presença da maioria absoluta dos associados com direito a voto ou dos conselhos de representantes com a maioria absoluta dos seus membros.

§ 3.º Caso não seja obtido o *quorum* estabelecido no parágrafo anterior, a matéria poderá ser decidida em nova assembleia geral, reunida com qualquer número de associados com direito a voto, após o transcurso de 10 (dez) dias da primeira convocação.

§ 4.º Nas hipóteses previstas nos §§ 2.º e 3.º a decisão somente terá validade se adotada pelo mínimo de 2/3 (dois terços) dos presentes, em escrutínio secreto.

§ 5.º Da deliberação da assembleia geral, concernente à alienação de bens imóveis, caberá recurso voluntário, dentro do prazo de 15 (quinze) dias, ao Ministro do Trabalho, com efeito suspensivo.

§ 6.º A venda do imóvel será efetuada pela diretoria da entidade, após a decisão da assembleia geral ou do conselho de representantes, mediante concorrência pública, com edital publicado no *Diário Oficial da União* e na imprensa diária, com antecedência mínima de 30 (trinta) dias da data de sua realização.

§ 7.º Os recursos destinados ao pagamento total ou parcelado dos bens imóveis adquiridos serão consignados, obrigatoriamente, nos orçamentos anuais das entidades sindicais.

Art. 550. Os orçamentos das entidades sindicais serão aprovados, em escrutínio secreto, pelas respectivas assembleias gerais ou conselho de representantes, até 30 (trinta) dias antes do início do exercício financeiro a que se referem, e conterão a discriminação da receita e da despesa, na forma das instruções e modelos expedidos pelo Ministério do Trabalho.

* Artigo com redação determinada pela Lei 6.386/1976.

§ 1.º Os orçamentos, após a aprovação prevista no presente artigo, serão publicados, em resumo, no prazo de 30 (trinta) dias, contados da data da realização da respectiva assembleia geral ou da reunião do conselho de representantes, que os aprovou, observada a seguinte sistemática:

a) no *Diário Oficial da União* – Seção I – Parte II, os orçamentos das confederações, federações e sindicatos de base interestadual ou nacional;

b) no órgão de imprensa oficial do Estado ou Território ou jornal de grande circulação local, os orçamentos das federações estaduais e sindicatos distritais municipais, intermunicipais e estaduais.

§ 2.º As dotações orçamentárias que se apresentarem insuficientes para o atendimento das despesas, ou não incluídas nos orçamentos correntes, poderão ser ajustadas ao fluxo dos gastos, mediante a abertura de créditos adicionais solicitados pela diretoria da entidade

às respectivas assembleias gerais ou conselhos de representantes, cujos atos concessórios serão publicados até o último dia do exercício correspondente, obedecida a mesma sistemática prevista no parágrafo anterior.

§ 3.º Os créditos adicionais classificam-se em:

a) suplementares, os destinados a reforçar dotações alocadas no orçamento; e

b) especiais, os destinados a incluir dotações no orçamento, a fim de fazer face às despesas para as quais não se tenha consignado crédito específico.

§ 4.º A abertura dos créditos adicionais depende da existência de receita para sua compensação, considerando-se, para esse efeito, desde que não comprometidos:

a) o *superávit* financeiro apurado em balanço do exercício anterior;

b) o excesso de arrecadação, assim entendido o saldo positivo da diferença entre a renda prevista e a realizada, tendo-se em conta, ainda, a tendência do exercício; e

c) a resultante da anulação parcial ou total de dotações alocadas no orçamento ou de créditos adicionais abertos no exercício.

§ 5.º Para efeito orçamentário e contábil sindical, o exercício financeiro coincidirá com o ano civil, a ele pertencendo todas as receitas arrecadadas e as despesas compromissadas.

Art. 551. Todas as operações de ordem financeira e patrimonial serão evidenciadas pelos registros contábeis das entidades sindicais, executadas sob a responsabilidade de contabilista legalmente habilitado, em conformidade com o plano de contas e as instruções baixadas pelo Ministério do Trabalho.

* Artigo com redação determinada pela Lei 6.386/1976.

§ 1.º A escrituração contábil a que se refere este artigo será baseada em documentos de receita e despesa, que ficarão arquivados nos serviços de contabilidade, à disposição dos órgãos responsáveis pelo acompanhamento administrativo e da fiscalização financeira da pró-

pria entidade, ou do controle que poderá ser exercido pelos órgãos da União, em face da legislação específica.

§ 2.º Os documentos comprobatórios dos atos de receita e despesa, a que se refere o parágrafo anterior, poderão ser incinerados, após decorridos 5 (cinco) anos da data de quitação das contas pelo órgão competente.

§ 3.º É obrigatório o uso do livro Diário, encadernado, com folhas seguida e tipograficamente numeradas, para a escrituração, pelo método das partidas dobradas, diretamente ou por reprodução, dos atos ou operações que modifiquem ou venham a modificar a situação patrimonial da entidade, o qual conterá, respectivamente, na primeira e na última página, os termos de abertura e de encerramento.

§ 4.º A entidade sindical que se utilizar de sistema mecânico ou eletrônico para sua escrituração contábil poderá substituir o Diário e os livros facultativos ou auxiliares por fichas ou formulários contínuos, cujos lançamentos deverão satisfazer a todos os requisitos e normas de escrituração exigidos com relação aos livros mercantis, inclusive no que respeita a termos de abertura e de encerramento e numeração sequencial e tipográfica.

§ 5.º Na escrituração por processos de fichas ou formulários contínuos, a entidade adotará livro próprio para inscrição do balanço patrimonial e da demonstração do resultado do exercício, o qual conterá os mesmos requisitos exigidos para os livros de escrituração.

§ 6.º Os livros e fichas ou formulários contínuos serão obrigatoriamente submetidos a registro e autenticação das Delegacias Regionais do Trabalho e Emprego localizadas na base territorial da entidade.

§ 7.º As entidades sindicais manterão registro específico dos bens de qualquer natureza, de sua propriedade, em livros ou fichas próprios, que atenderão às mesmas formalidades exigidas para o livro Diário, inclusive no que se refere ao registro e autenticação da Delegacia Regional do Trabalho local.

§ 8.º As contas dos administradores das entidades sindicais serão aprovadas, em escrutínio secreto, pelas respectivas assembleias gerais ou

conselhos de representantes, com prévio parecer do conselho fiscal, cabendo ao Ministro do Trabalho estabelecer prazos e procedimentos para a sua elaboração e destinação.

Art. 552. Os atos que importem em malversação ou dilapidação do patrimônio das associações ou entidades sindicais ficam equiparados ao crime de peculato, julgado e punido na conformidade da legislação penal.

* Artigo com redação determinada pelo Dec.-lei 925/1969.

Interpretação extensiva

• O art. 552 da CLT, que equipara dirigente sindical a funcionário público a fim de se ver processar e julgar pelo delito de peculato, não subsiste ante a atual Carta Magna, que veda a ingerência do Estado no sindicalismo (...). (TRF-4.ª REg., ApCrim 2000.04.01.127506-6, 7.ª T., j. 29.10.2002, rel. Vladimir Passos de Freitas, *DJ* 20.11.2002)

Seção VIII
Das penalidades

Art. 553. As infrações ao disposto neste Capítulo serão punidas, segundo o seu caráter e a sua gravidade, com as seguintes penalidades:

* V. art. 8.º, I, da CF/1988.

a) multa de 1/5 (um quinto) a 10 (dez) salários mínimos regionais, dobrada na reincidência;

* Multas: ver Notas de Atualização e Portaria MTb 290/1997.

b) suspensão de diretores por prazo não superior a 30 (trinta) dias;

c) destituição de diretores ou de membros de conselho;

d) fechamento de sindicato, federação ou confederação por prazo nunca superior a 6 (seis) meses;

e) cassação da carta de reconhecimento;

f) multa de 1/3 (um terço) do salário mínimo regional, aplicável ao associado que deixar de cumprir, sem causa justificada, o disposto no parágrafo único do art. 529.

* Alínea f acrescentada pelo Dec.-lei 229/1967.
* Multas: ver Notas de Atualização e Portaria MTb 290/1997.

§ 1.º A imposição de penalidades aos administradores não exclui a aplicação das que este artigo prevê para a associação.

* Primitivo parágrafo único renumerado pelo Dec.-lei 925/1969.

§ 2.º Poderá o Ministro do Trabalho e Previdência Social determinar o afastamento preventivo de cargo ou representação sindicais de seus exercentes, com fundamento em elementos constantes de denúncia formalizada que constituam indício veemente ou início de prova bastante do fato e da autoria denunciados.

* § 2.º acrescentado pelo Dec.-lei 925/1969.

Interpretação restritiva

• Multas dos arts. 545 e 553 da CLT. Incidência sobre contribuições sindicais e taxas convencionais. Pretende o Sindicato-autor, caso reformada a r. sentença, o reconhecimento de incidência das multas previstas nos arts. 545 e 553, a, da CLT sobre a Contribuição Sindical deferidas e Taxas Convencionais, vez que entende ser consequência lógicas do deferimento das parcelas principais. Sem razão. O art. 600 da CLT estabelece que o recolhimento da contribuição sindical efetuado fora do prazo, será acrescido de multa de 10% (dez por cento), nos 30 (trinta) primeiros dias, com o adicional de 2% (dois por cento) por mês subsequente de atraso, além de juros de mora de 1% (um por cento) ao mês e correção monetária. Verifica-se, que o MM. Julgador deferiu as contribuições sindicais dos exercícios de 2004, 2005, 2006 e 2005 bem como o acréscimo de multa de 10% (dez por cento), adicional de 2% (dois por cento) e juros de mora de 1% (um por cento) (f.), conforme determina a Lei. Nada a reformar. Quanto às multas sobre as Taxas Convencionais, a Justiça do Trabalho entende que inexiste ofensa à lei, a determinação de descontos salariais para pagamento de contribuições ao sindicato quando os associados deste, assim decidiram em assembléia regularmente convocada.

Segundo o art. 462 da CLT, são ilícitos os descontos efetuados pelo empregador por motivo de adiantamentos, de prescrições legais e de convenções ou acordos coletivos de trabalho. No caso, não há prova da referida autorização dos associados do sindicato-autor, para se efetivar o desconto das taxas convencionais, portanto, inexistem multas. Ausente reconhecimento do crédito principal, consequentemente, não há parcela acessória. Assim, indevida a aplicação das multas previstas nos arts. 545 e 553 da CLT. Nego provimento (...).
(TRT-10.ª Reg., RO 01267-2007-021-10-00-5, 3.ª T., j. 20.08.2008, rel. Bertholdo Satyro, *DJ* 05.09.2008)

Art. 554. Destituída a administração, na hipótese da alínea *c* do artigo anterior, o Ministro do Trabalho, Indústria e Comércio nomeará um delegado para dirigir a associação e proceder, dentro do prazo de 90 (noventa) dias, em assembleia geral por ele convocada e presidida, à eleição dos novos diretores e membros do conselho fiscal.

* Artigo revogado. V. arts. 5.º, XIX e 8.º, I, da CF/1988.
* V. art. 35 do Dec.-lei 229/1967 (Altera dispositivos da Consolidação das Leis do Trabalho – CLT).

Art. 555. A pena de cassação da carta de reconhecimento será imposta à entidade sindical:

* Artigo revogado. V. art. 8.º, I, da CF/1988.

a) que deixar de satisfazer as condições de constituição e funcionamento estabelecidas nesta Lei;

b) que se recusar ao cumprimento de ato do Presidente da República, no uso da faculdade conferida pelo art. 536;

c) que criar obstáculos à execução da política econômica adotada pelo Governo.

* Alínea *c* com redação determinada pelo Dec.-lei 8.080/1945.

Art. 556. A cassação da carta de reconhecimento da entidade sindical não importará o cancelamento de seu registro, nem, consequentemente, a sua dissolução, que se processará de acordo com as disposições da lei que regulam a dissolução das associações civis.

* Artigo revogado. V. art. 8.º, I, da CF/1988.

Parágrafo único. No caso de dissolução, por se achar a associação incursa nas leis que definem crimes contra a personalidade internacional, a estrutura e a segurança do Estado e a ordem política e social, os seus bens, pagas as dívidas decorrentes das suas responsabilidades, serão incorporados ao patrimônio da União e aplicados em obras de assistência social.

Art. 557. As penalidades de que trata o art. 553 serão impostas:

* Artigo revogado. V. art. 8.º, I, da CF/1988.

a) as das alíneas *a* e *b*, pelo diretor-geral do Departamento Nacional do Trabalho, com recurso para o Ministro de Estado;

* V. art. 35 do Dec.-lei 229/1967 (Altera dispositivos da Consolidação das Leis do Trabalho – CLT).

b) as demais, pelo Ministro de Estado.

§ 1.º Quando se tratar de associações de grau superior, as penalidades serão impostas pelo Ministro de Estado, salvo se a pena for de cassação da carta de reconhecimento de confederação, caso em que a pena será imposta pelo Presidente da República.

§ 2.º Nenhuma pena será imposta sem que seja assegurada defesa ao acusado.

Seção IX
Disposições gerais

Art. 558. São obrigadas ao registro todas as associações profissionais constituídas por atividades ou profissões idênticas, similares ou conexas, de acordo com o art. 511 e na conformidade do Quadro de Atividades e Profissões a que alude o Capítulo II deste Título. As associações profissionais registradas nos termos deste artigo poderão representar, perante as autoridades administrativas e judiciárias, os interesses individuais dos associados relativos à sua atividade ou profissão, sendo-lhes também extensivas as prerrogativas contidas na alínea *d* e no parágrafo único do art. 513.

* V. art. 8.º da CF/1988.

⚖ Interpretação convergente

• Com efeito, o entendimento do STF sobre a disposição do art. 8.º da CF/1988 é no sentido de que o registro do sindicato no Ministério do Trabalho (art. 558 da CLT) é indispensável para a defesa de seus representados em juízo, na medida em que é o meio eficaz para a verificação do princípio da unicidade sindical (...). (TRF-4.ª Reg., ApCiv 2009.72.00.004990-4, 4.ª T., j. 08.09.2010, rel. Jorge Antonio Maurique, *DJ* 17.09.2010)

§ 1.º O registro a que se refere o presente artigo competirá às Delegacias Regionais do Ministério do Trabalho e Previdência Social ou às repartições autorizadas em virtude da lei.

* § 1.º com redação determinada pelo Dec.-lei 925/1969.

§ 2.º O registro das associações far-se-á mediante requerimento, acompanhado da cópia autêntica dos estatutos e da declaração do número de associados, do patrimônio e dos serviços sociais organizados.

§ 3.º As alterações dos estatutos das associações profissionais não entrarão em vigor sem aprovação da autoridade que houver concedido o respectivo registro.

* V. Portaria MTE 186/2008 (Registro sindical).

⚖ Interpretação convergente

• A Constituição Federal de 1988, ao vedar em seu art. 8.º, I, a exigência de autorização estatal para fundação de sindicato, ressalvou a obrigatoriedade de registro em órgão competente, nos termos do art. 558, § 1.º, da CLT, o Ministério do Trabalho e Emprego, ainda que se trate de sindicato de servidores públicos regidos pela Lei 8.112/1990 (...). (TJDF, MS 0003200-68.2008.807.0000, Conselho Especial, j. 14.04.2009, rel. Getulio Pinheiro, *DJ* 31.08.2009)

Art. 559. O Presidente da República, excepcionalmente e mediante proposta do Ministro do Trabalho, Indústria e Comércio, fundada em

Art. 560

razões de utilidade pública, poderá conceder, por decreto, às associações civis constituídas para a defesa e coordenação de interesses econômicos e profissionais e não obrigadas ao registro previsto no artigo anterior, a prerrogativa da alínea *d* do art. 513 deste Capítulo.

* Artigo revogado. V. art. 8.º, I, da CF/1988.
* V. art. 35 do Dec.-lei 229/1967 (Altera dispositivos da Consolidação das Leis do Trabalho – CLT).

Art. 560. Não se reputará transmissão de bens, para efeitos fiscais, a incorporação do patrimônio de uma associação profissional ao da entidade sindical, ou das entidades aludidas entre si.

Art. 561. A denominação "sindicato" é privativa das associações profissionais de primeiro grau, reconhecidas na forma desta Lei.

Art. 562. As expressões "federação" e "confederação", seguidas da designação de uma atividade econômica ou profissional, constituem denominações privativas das entidades sindicais de grau superior.

Art. 563. (*Revogado pelo Dec.-lei 925/1969*)

Art. 564. Às entidades sindicais, sendo-lhes peculiar e essencial a atribuição representativa e coordenadora das correspondentes categorias ou profissões, é vedado, direta ou indiretamente, o exercício de atividade econômica.

* V. art. 8.º da CF/1988.

⚖ Interpretação convergente

• Não se trata a contribuição confederativa de uma forma de intervenção no domínio econômico, pois as entidades sindicais não possuem domínio econômico, além de, no nosso sistema jurídico, não poderem exercer atividades econômicas (art. 564 da CLT) ou políticas (art. 521, *d*, da CLT) (...).
(TRT-2.ª Reg., RO 00037200622102008, 8.ª T., j. 27.09.2007, rel. Sérgio Pinto Martins, *DJ* 09.10.2007)

• [O] art. 564 da CLT veda o exercício de atividades econômicas pelas entidades sindicais, *in verbis*:

"Às entidades sindicais, sendo-lhe peculiar e essencial a atribuição representativa e coordenadora das correspondentes categorias ou profissões, é vedado, direta ou indiretamente, o exercício de atividade econômica."
E não poderia ser diferente, tendo em vista que os sindicatos não podem deixar de perseguir a sua verdadeira finalidade, sua primordial razão de ser: a promoção e a defesa dos interesses dos Trabalhadores (...).
(TJMG, ApCiv 2.0000.00.512609-4/000, Câm. Civ. 16, j. 24.08.2005, rel. Mauro Soares de Freitas, *DJ* 30.09.2005)

Interpretação extensiva

* Requer, *ab initio*, o benefício da gratuidade de justiça, porquanto entende que sendo vedado às entidades sindicais o exercício de atividade econômica (art. 564 da CLT), faz jus ao benefício da assistência judiciária gratuita (...). O inc. 1 do art. 8.º da CF/1988 assim dispõe: "a lei não poderá exigir autorização do Estado para a fundação do sindicato, ressalvado o registro no órgão competente, vedadas ao Poder Público a interferência e a intervenção na organização sindical". A partir da promulgação da Carta Política, tem-se entendido que o art. 564 da CLT não foi recepcionado pela Constituição Federal de 1988. Não faz jus, portanto, a entidade sindical ao benefício da Gratuidade de Justiça (...).
(TRT-10.ª Reg., RO 00085-2009-802-10-00-6, 2.ª T., j. 16.06.2009, rel. Ribamar Lima Junior, *DJ* 16.06.2009)

Art. 565. As entidades sindicais reconhecidas nos termos desta Lei não poderão filiar-se a organizações internacionais, nem com elas manter relações, sem prévia licença concedida por decreto do Presidente da República.

* Artigo com redação determinada pela Lei 2.802/1956.
* Artigo revogado. V. art. 8.º da CF/1988.

Art. 566. Não podem sindicalizar-se os servidores do Estado e os das instituições paraestatais.

* Artigo revogado. V. arts. 8.º, I e 37, VI, da CF/1988.

Parágrafo único. Excluem-se da proibição constante deste artigo os empregados das sociedades de economia mista, da Caixa Econômica Federal e das fundações criadas ou mantidas pelo Poder Público da União, dos Estados e Municípios.

* Parágrafo único com redação determinada pela Lei 7.449/1985.

Arts. 567 a 569. (*Revogados pelo Dec.-lei 229/1967*)

Capítulo II
DO ENQUADRAMENTO SINDICAL

Art. 570. Os sindicatos constituir-se-ão, normalmente, por categorias econômicas ou profissionais específicas, na conformidade da discriminação do Quadro de Atividades e Profissões a que se refere o art. 577, ou segundo as subdivisões que, sob proposta da Comissão do Enquadramento Sindical, de que trata o art. 576, forem criadas pelo Ministro do Trabalho, Indústria e Comércio.

* V. art. 8.º, I e II, da CF/1988.
* V. art. 35 do Dec.-lei 229/1967 (Altera dispositivos da Consolidação das Leis do Trabalho – CLT).

⚖ Interpretação convergente

• A sobreposição de representação das categorias profissional e econômica pelo mesmo Sindicato não encontra guarida no art. 570 da CLT que prevê a constituição de sindicato, alternativamente, por categoria econômica ou profissional (...).
(TST, RR 79240-26.2008.5.10.0011, 3.ª T., j. 29.02.2012, rel. Horacio Raymundo de Senna Pires, *DEJT* 02.03.2012)

• [N]ão obstante estabeleça o art. 570 da CLT que o enquadramento sindical do empregado decorra da atividade preponderante do empregador, por corolário, não se admite o enquadramento dos empregados da Empresa Brasileira de Correios e Telégrafos como bancários, mesmo que exerçam atividades típicas dessa categoria profissional (...).
(TST, RR 12-98.2012.5.12.0045, 7.ª T., j. 08.05.2013, rel. Luiz Philippe Vieira de Mello Filho, *DEJT* 17.05.2013)

🏛 Interpretação extensiva

• Havendo no âmbito patronal duas categorias econômicas, o enquadramento sindical se dará pela categoria profissional do Reclamante, conforme disposto pelo art. 570 da CLT (...).

(TRT-18.ª Reg., RO 00557-2008-121-18-00-7, 1.ª T., j. 16.07.2008, rel. Marilda Jungmann Gonçalves Daher, *DJ* 16.07.2008)

> **Parágrafo único. Quando os exercentes de quaisquer atividades ou profissões se constituírem, seja pelo número reduzido, seja pela natureza mesma dessas atividades ou profissões, seja pelas afinidades existentes entre elas, em condições tais que não se possam sindicalizar eficientemente pelo critério de especificidade de categoria, é-lhes permitido sindicalizar-se pelo critério de categorias similares ou conexas, entendendo-se como tais as que se acham compreendidas nos limites de cada grupo constante do Quadro de Atividades e Profissões.**

* V. Súmula 196 do STF.

⚖ Interpretação convergente

• O art. 570 da CLT, ao tratar do enquadramento sindical, define, em seu parágrafo único, a possibilidade de existência de sindicatos representantes de categorias similares ou conexas (...).

(TST, AgIn no RR 208541-24.2005.5.18.0006, 4.ª T., j. 13.06.2007, rel. Ives Gandra Martins Filho, *DEJT* 29.06.2007.)

• O enquadramento sindical obreiro se faz em simetria com a atividade preponderante do empregador e a representação sindical se estabelece pelo critério da especificidade, permitindo-se a associação sindical por similaridade ou conexão apenas em caráter extraordinário, segundo inteligência ao parágrafo único do art. 570 da CLT (...).

(TRT-10.ª Reg., RO 00255-2007-015-10-00-1, 2.ª T., j. 05.09.2007, rel. Gilberto Augusto Leitão Martins, *DJ* 28.09.2007)

> **Art. 571.** Qualquer das atividades ou profissões concentradas na forma do parágrafo único do artigo anterior poderá dissociar-se do

sindicato principal, formando um sindicato específico, desde que o novo sindicato, a juízo da Comissão do Enquadramento Sindical, ofereça possibilidade de vida associativa regular e de ação sindical eficiente.

* V. art. 8.º, I e II, da CF/1988.

⚖️ Interpretação convergente

• À luz do art. 8.º da CF/1988, que consagra a liberdade sindical e a organização por categorias, o sistema sindical brasileiro comporta a possibilidade de dissociação e de desmembramento, conceitos relativos à criação de sindicato para representar categoria mais específica antes contemplada em sindicato mais abrangente bem como para representar categoria em base territorial mais reduzida, observado o módulo municipal, nos termos do art. 571 da CLT. Tais fenômenos não implicam desrespeito ao princípio da unicidade sindical, pois conduzem à conclusão de que o sindicato mais amplo e com base territorial mais extensa pode sofrer alterações na representatividade (...).
(TST, RO 534-53.2010.5.15.0000, SDC, j. 10.06.2013, rel. Márcio Eurico Vitral Amaro, *DEJT* 21.06.2013)

• O art. 571 da CLT trata sobre o desmembramento, permitindo que qualquer das atividades ou profissões poderá dissociar-se do Sindicato principal, formando um Sindicato específico, hipótese dos autos. O desmembramento de um sindicato mais abrangente por outro de área menor facilita a defesa dos interesses da categoria, inexistindo, portanto, prejuízo aos reclamantes (...).
(TRT-4.ª Reg., RO 0133200-29.2008.5.04.0021, 7.ª T., j. 22.06.2011, rel. Marcelo Gonçalves de Oliveira)

• Segundo previsão insculpida na primeira figura do art. 571 da CLT, é possível o desmembramento e a criação de sindicato específico, que agrupe profissões específicas, desde que atendida a regra da territorialidade, nos moldes do inciso II do art. 8.º da CF/1988 (...).
(TRT-5.ª Reg., RO 0006900-97.2009.5.05.0008, 2.ª T., j. 03.12.2009, rel. Renato Mário Borges Simões, *DJ* 19.12.2009)

Art. 572. Os sindicatos que se constituírem por categorias similares ou conexas, nos termos do parágrafo único do art. 570, adotarão

denominação em que fiquem, tanto quanto possível, explicitamente mencionadas as atividades ou profissões concentradas, de conformidade com o Quadro de Atividades e Profissões, ou se se tratar de subdivisões, de acordo com o que determinar a Comissão do Enquadramento Sindical.

* V. art. 8.º, I e II, da CF/1988.

Parágrafo único. Ocorrendo a hipótese do artigo anterior, o sindicato principal terá a denominação alterada, eliminando-se-lhe a designação relativa à atividade ou profissão dissociada.

⚖ Interpretação convergente

• O ordenamento jurídico brasileiro consagra que o empregado pertence à categoria profissional correspondente à categoria econômica de seu empregador, observada a atividade preponderante da empresa. Este enquadramento ocorre, inclusive, de forma similar ou conexa, conforme preceito contido no art. 572 da CLT (...).
(TRT-5.ª Reg., RO 0093300-30.2009.5.05.0133, 1.ª T., j. 16.02.2011, rel. Graça Laranjeira, *DJ* 18.02.2011)

Art. 573. O agrupamento dos sindicatos em federações obedecerá às mesmas regras que as estabelecidas neste Capítulo para o agrupamento das atividades e profissões em sindicatos.

* V. art. 8.º, I e II, da CF/1988.

Parágrafo único. As federações de sindicatos de profissões liberais poderão ser organizadas independentemente do grupo básico da confederação, sempre que as respectivas profissões se acharem submetidas, por disposições de lei, a um único regulamento.

* Primitivo § 1.º renumerado pelo Dec.-lei 229/1967, que também revogou o § 2.º deste artigo.

Art. 574. Dentro da mesma base territorial, as empresas industriais do tipo artesanal poderão constituir entidades sindicais, de primeiro

e segundo graus, distintas das associações sindicais das empresas congêneres, de tipo diferente.

* V. art. 8.º, I e II, da CF/1988.

Parágrafo único. Compete à Comissão do Enquadramento Sindical definir, de modo genérico, com a aprovação do Ministro do Trabalho, Indústria e Comércio, a dimensão e os demais característicos das empresas industriais de tipo artesanal.

* V. art. 35 do Dec.-lei 229/1967 (Altera dispositivos da Consolidação das Leis do Trabalho – CLT).

Art. 575. O Quadro de Atividades e Profissões será revisto de 2 (dois) em 2 (dois) anos, por proposta da Comissão do Enquadramento Sindical, para o fim de ajustá-lo às condições da estrutura econômica e profissional do País.

* Artigo revogado. V. art. 8.º, I e II, da CF/1988.

§ 1.º Antes de proceder à revisão do Quadro, a Comissão deverá solicitar sugestões às entidades sindicais e às associações profissionais.

§ 2.º A proposta de revisão será submetida à aprovação do Ministro do Trabalho, Indústria e Comércio.

* V. art. 35 do Dec.-lei 229/1967 (Altera dispositivos da Consolidação das Leis do Trabalho – CLT).

⚖️ **Interpretação convergente**

• O enquadramento sindical da ré não foi objeto da revisão bienal a que alude o art. 575 da CLT, e tal situação perdurou de modo pacífico até 27.10.1993, quando o Sindicato dos Empregados em Edifícios, Empresas de Asseio, Conservação e Cabineiros de Belo Horizonte ajuizou ação ordinária em face da recorrente perante a Justiça Comum (f.), requerendo que se declarasse estar a empresa enquadrada no ramo de atividade da correspondente categoria econômica (...).

(TST, AgIn no RR 278000-72.2002.5.03.0900, 3.ª T., j. 29.04.2009, rel. Rosa Maria Weber Candiota da Rosa, *DEJT* 22.05.2009)

Art. 576. A Comissão do Enquadramento Sindical será constituída pelo Diretor-Geral do Departamento Nacional do Trabalho e Emprego, que a presidirá, e pelos seguintes membros:

* *Caput* com redação determinada pela Lei 5.819/1972.
* Artigo revogado. V. art. 8.º, I e II, da CF/1988.

I – dois representantes do Departamento Nacional do Trabalho;

II – um representante da Diretoria das Relações do Trabalho;

III – um representante do Instituto Nacional de Tecnologia, do Ministério da Indústria, do Comércio e do Turismo;

IV – um representante do Instituto Nacional de Colonização e Reforma Agrária, do Ministério da Agricultura;

V – um representante do Ministério dos Transportes;

VI – dois representantes das categorias econômicas; e

VII – dois representantes das categorias profissionais.

§ 1.º Os membros da CES serão designados pelo Ministro do Trabalho e Previdência Social, mediante:

* § 1.º com redação determinada pelo Dec.-lei 229/1967.

a) indicação dos titulares das Pastas, quanto aos representantes dos outros Ministérios;

b) indicação do respectivo Diretor-Geral, quanto ao da Secretaria das Relações do Trabalho;

c) eleição pelas respectivas confederações, em conjunto, quanto aos representantes das categorias econômicas e profissionais, de acordo com as instruções que forem expedidas pelo Ministro do Trabalho e Previdência Social.

§ 2.º Cada membro terá um suplente designado juntamente com o titular.

* § 2.º com redação determinada pelo Dec.-lei 229/1967.

§ 3.º Será de 3 (três) anos o mandato dos representantes das categorias econômica e profissional.

* § 3.º com redação determinada pelo Dec.-lei 925/1969.

Art. 577

§ 4.º Os integrantes da Comissão perceberão a gratificação de presença que for estabelecida por decreto executivo.

* § 4.º com redação determinada pelo Dec.-lei 229/1967.

§ 5.º Em suas faltas ou impedimentos, o Diretor-Geral do DNT será substituído na presidência pelo Diretor substituto do Departamento ou pelo representante deste na Comissão, nesta ordem.

* § 5.º com redação determinada pelo Dec.-lei 506/1969.

§ 6.º Além das atribuições fixadas no presente Capítulo e concernentes ao enquadramento sindical, individual ou coletivo, e à classificação das atividades e profissões, competirá também à CES resolver, com recurso para o Ministro do Trabalho e Previdência Social, todas as dúvidas e controvérsias concernentes à organização sindical.

* § 6.º com redação determinada pelo Dec.-lei 229/1967.

Art. 577. O Quadro de Atividades e Profissões em vigor fixará o plano básico do enquadramento sindical.

* V. art. 8.º, I e II, da CF/1988.

⚖️ Interpretação convergente

• É a atividade preponderante da empresa que determina a sua posição no quadro referido pelo art. 577 da CLT e, por consequência, o enquadramento sindical de seus empregados mostrando-se irrelevante, na hipótese, a função por eles exercida (...).
(TRT-6.ª Reg., RO 0000199-71.2010.5.06.0101, 2.ª T., j. 26.10.2011, rel. Patrícia Coelho Brandão Vieira, *DJ* 24.11.2011)

🏛 Interpretação extensiva

• Verifica-se que a atividade dos médicos não se encontra listada no Quadro Anexo a que se refere o art. 577 da CLT, portanto, não integra, nos termos do art. 511, § 3.º, da CLT, categoria profissional diferenciada (...).
(TST, RR 9354600-17.2003.5.04.0900, 5.ª T., j. 17.06.2009, rel. João Batista Brito Pereira, *DEJT* 26.06.2009)

⚖ Interpretação restritiva

- **OJ 09 da SDC/TST**

Enquadramento sindical. Incompetência material da Justiça do Trabalho. (Inserida em 27.03.1998)

O dissídio coletivo não é meio próprio para o Sindicato vir a obter o reconhecimento de que a categoria que representa é diferenciada, pois esta matéria – enquadramento sindical – envolve a interpretação de norma genérica, notadamente do art. 577 da CLT.

Capítulo III
DA CONTRIBUIÇÃO SINDICAL

* Capítulo atualizado pelo Dec.-lei 27/1966.
* V. art. 7.º da Lei 11.648/2008, que determina que os artigos abrangidos por este Capítulo, vigorarão até que a lei venha disciplinar a contribuição negocial, vinculada ao exercício efetivo da negociação coletiva e à aprovação em assembleia geral da categoria.

Seção I
Da fixação e do recolhimento
da contribuição sindical

Art. 578. As contribuições devidas aos sindicatos pelos que participem das categorias econômicas ou profissionais ou das profissões liberais representadas pelas referidas entidades serão, sob a denominação de "contribuição sindical", pagas, recolhidas e aplicadas na forma estabelecida neste Capítulo.

* V. art. 8.º, IV e V, da CF/1988.
* V. Súmula 396 do STJ.

⚖ Interpretação convergente

- Contribuição sindical. Art. 579 da CLT. Desconto de um dia de trabalho. Obrigatoriedade aos trabalhadores filiados ou não ao sindicato.

A Constituição Federal de 1988 garantiu o direito à liberdade sindical (art. 8.º, V). Assim, apenas a contribuição prevista nos arts. 578 e 579 da CLT permaneceu

como obrigatória a todos os integrantes da categoria, mesmo os não sindicalizados, em razão da parte final do art. 8.º, IV, da CF/1988 (...).
(TRT-15.ª Reg., RO 057775/2012, 6.ª T., rel. Eder Sivers, *DJ* 27.07.2012)

🏛 Interpretação extensiva

- **Súmula 222 do STJ**

Compete à justiça comum processar e julgar as ações relativas à contribuição sindical prevista no art. 578 da CLT.

> **Art. 579.** A contribuição sindical é devida por todos aqueles que participarem de uma determinada categoria econômica ou profissional, ou de uma profissão liberal, em favor do sindicato representativo da mesma categoria ou profissão, ou, inexistindo este, na conformidade do disposto no art. 591.

* Artigo com redação determinada pelo Dec.-lei 229/1967.
* V. art. 8.º, IV, da CF/1988.

⚖ Interpretação convergente

- Contribuição sindical tem incidência obrigatória àquele que participar de uma determinada categoria econômica ou profissional ou de uma profissão liberal, na qualidade de trabalhadores ou de empregadores, em consonância com o disposto no art. 579 da CLT, seja ou não associado da entidade (...). Assim sendo, trata-se de contribuição de natureza parafiscal, compulsória e instituída por lei, conforme arts. 578 e 579 da CLT, devida por todos os que participem da categoria econômica ou profissional, inclusive os não filiados ao sindicato. Dessa forma, havendo empregados registrados pela reclamada, sem a comprovação de que a contribuição em tela foi quitada, deve ser reformada a r. sentença de 1.º Grau (...).
(TRT-2.ª Reg., RO 601200802102008, 10.ª T., rel. Sônia Aparecida Gindro, *DJ* 03.11.2009)

- Contribuição sindical. Profissional liberal. Cobrança devida. Art. 579 da CLT.

Art. 579

A contribuição sindical é de cunho compulsório, exigível, pois, de todos os integrantes de uma determinada categoria econômica ou profissional, inclusive de profissionais liberais, independentemente de serem ou não filiado (...)
(TRT-7.ª Reg., RO 0000961-6320105070003, 1.ª T., j. 19.09.2011, rel. Maria Roseli Mendes Alencar, *DEJT* 26.09.2011)

🏛 Interpretação extensiva

• Ação rescisória. Contribuição sindical. Competência da Justiça do Trabalho. Violação de dispositivo de lei. Não ocorrência.
Ao ser editada a EC 45/2004, foi alterada a disposição contida no art. 114 da CF/1988 para consagrar a competência da Justiça do Trabalho para processar e julgar as ações sobre representação sindical entre sindicatos, entre sindicatos e trabalhadores e entre sindicatos e empregadores. Assim, cabe ao judiciário trabalhista conhecer das causas relativa à contribuição sindical. Sendo importante salientar já estar o TST expressamente admitindo esta interpretação de lei não só pelo cancelamento da OJ 290 da SDI-I/TST, pela qual considerava a Justiça do Trabalho incompetente para apreciar lide entre o sindicato patronal e a respectiva categoria, mas também pelo maciço entendimento já exarado por diversas Turmas desta Corte.
Violação de dispositivo de lei. Ausência de pronunciamento.
É requisito para a desconstituição de decisão rescindenda por violação de preceito de lei o pronunciamento sobre o conteúdo da norma reputada como violada, a fim de permitir ao Tribunal, em juízo rescindente, o exame da matéria como exposta (Incidência da Súmula 298 do TST). Na hipótese dos autos, a decisão rescindenda não analisou a matéria relativa à contribuição sindical à luz dos arts. 265, IV, do CPC, 5.º, II e 150 da CF/1988 e 600 da CLT.
Portanto, inviabilizado se encontra o pedido vindicado (...).
(TST, RO em AR 1.881/2002-000-15-00.4, SDI-II, j. 25.04.2006, rel. Emmanoel Pereira, *DJU* 26.05.2006)

⚖ Interpretação restritiva

• Contribuição sindical patronal. *Holding*. Empresa que não possui empregados. Indevida.

Se a empresa não possui nenhum empregado em seu quadro, não está obrigada a recolher a contribuição sindical patronal. Com efeito, o art. 579 da CLT deve ser interpretado de forma sistemática e teleológica, considerando-se o teor dos comandos descritos nos arts. 580, I, II e III, e 2.º da CLT. Nesse diapasão, e de acordo com a atual jurisprudência desta Corte, só são obrigadas a recolher o mencionado tributo as empresas empregadoras (...).
(TST, RR 271600-03.2008.5.09.0015, 6.ª T., j. 29.02.2012, rel. Maurício Godinho Delgado, DEJT 09.03.2012)

• Contribuição sindical prevista no art. 579 da CLT. Inaplicabilidade aos servidores públicos.
Não viola direito líquido e certo da impetrante o indeferimento da cobrança, dos servidores deste Regional, da contribuição sindical prevista no art. 579 da CLT, por absoluta falta de amparo legal. Segurança que se denega (...).
(TRT-9.ª Reg., RO 1030-2009-909-9-0-1, Órgão Especial, rel. Benedito Xavier da Silva, DJ 18.05.2010)

Art. 580. A contribuição sindical será recolhida, de uma só vez, anualmente, e consistirá:

* *Caput* com redação determinada pela Lei 6.386/1976.
* V. art. 8.º, IV, da CF/1988.

I – na importância correspondente à remuneração de 1 (um) dia de trabalho, para os empregados, qualquer que seja a forma da referida remuneração;

* Inc. I com redação determinada pela Lei 6.386/1976.

⚖️ **Interpretação convergente**

• No que respeita à contribuição sindical, a irresignação não prospera, haja vista que o art. 580, I, da CLT, determina que a contribuição sindical consistirá na "importância correspondente à remuneração de 1 (um) dia de trabalho, para os empregados, qualquer que seja a forma da referida remuneração", decorrendo daí ser obrigatório individualizar-se os empregados cujas contribuições se postula, inclusive para poder aferir-se o valor da remuneração de um dia de trabalho de cada um.

Assim, ausente a individualização mencionada, inviável a condenação da reclamada no pagamento da contribuição sindical, mesmo porque o recorrente não declinou na inicial a quantidade de empregados que a ré possui (...).
(TRT-2.ª Reg., RO 02298200700402001, 8.ª T., rel. Lilian Lygia Ortega Mazzeu, *DJ* 19.03.2010)

> **II** – para os agentes ou trabalhadores autônomos e para os profissionais liberais, numa importância correspondente a 30% (trinta por cento) do maior valor de referência fixado pelo Poder Executivo, vigente à época em que é devida a contribuição sindical, arredondada para Cr$ 1,00 (um cruzeiro) a fração porventura existente;
>
> * Inc. II com redação determinada pela Lei 7.047/1982.
> * V. Lei 4.886/1965 (Representantes comerciais autônomos).

⚖ Interpretação convergente

* Contribuição sindical. Profissional liberal.

Conforme disposto no art. 580 da CLT, a contribuição sindical para os autônomos e profissionais liberais é de 30% do Maior Valor de Referência – MVR, vigente à época em que é devida. Entretanto, esse indexador não está mais em vigor, podendo na prática ser operada a conversão do valor devido para a moeda atual, afigurando-se ilegal e inconstitucional a fixação da importância pelo sindicato, mesmo que através de deliberação da assembléia geral (...).
(TRT-19.ª Reg., RO 15480.2009.001.19.00-2, rel. Antonio Catão, *DJ* 03.11.2010)

🏛 Interpretação extensiva

* Contribuição sindical compulsória. Trabalhadores autônomos. Art. 580, II, da CLT. Validade.

A fixação da importância devida, a título de contribuição sindical compulsória anual, pelos trabalhadores autônomos, deve seguir o disposto no dispositivo legal que trata especificamente da questão. A extinção do "maior valor de referência – MVR", unidade de referência prevista no art. 580, II, da CLT, não inutiliza o dispositivo, posto que, na prática, em observância ao disposto nas Leis 8.178/1991

e 8.383/1991, há como ser operada a conversão do valor devido para a moeda atual, de modo que, em face da natureza de tributo que detém, afigura-se ilegal e inconstitucional (princípio da legalidade e da reserva legal – art. 5.º, II e 150, I, da CF/1988) a fixação da importância pelo sindicato, mesmo que através de deliberação da assembléia geral (...).
(TRT-19.ª Reg., RO 01478.2008.002.19.00-1, j. 30.04.2009, rel. Pedro Inácio, *DJ* 13.05.2009)

III – para os empregadores, numa importância proporcional ao capital social da firma ou empresa, registrado nas respectivas Juntas Comerciais ou órgãos equivalentes, mediante a aplicação de alíquotas, conforme a seguinte tabela progressiva:

Classes de Capital	Alíquota (%)
1 – Até 150 vezes o maior valor de referência	0,8
2 – Acima de 150, até 1.500 vezes o maior valor de referência	0,2
3 – Acima de 1.500, até 150.000 vezes o maior valor de referência	0,1
4 – Acima de 150.000, até 800.000 vezes o maior valor de referência	0,02

* Inc. III com redação determinada pela Lei 7.047/1982.

⚖ Interpretação convergente

• **Contribuição sindical patronal. Condição de empregador. Aplicação da disposição contida no art. 580, III, da CLT.**
A contribuição sindical patronal é devida pelo empregador, consoante dicção do inc. III do art. 580 da CLT. Ausente a condição de empregador, não se tem configurada a hipótese de recolhimento da contribuição (...).
(TST, RR 48200-58.2008.5.17.0002, 5.ª T., j. 26.10.2011, rel. João Batista Brito Pereira, *DEJT* 04.11.2011)

§ 1.º A contribuição sindical prevista na tabela constante do item III deste artigo corresponderá à soma da aplicação das alíquotas sobre

a porção do capital distribuído em cada classe, observados os respectivos limites.

* § 1.º com redação determinada pela Lei 6.386/1976.

§ 2.º Para efeito do cálculo de que trata a tabela progressiva inserta no item III deste artigo, considerar-se-á o valor de referência fixado pelo Poder Executivo, vigente à data de competência da contribuição, arredondando-se para Cr$ 1,00 (um cruzeiro) a fração porventura existente.

* § 2.º com redação determinada pela Lei 6.386/1976.

§ 3.º É fixado em 60% (sessenta por cento) do maior valor de referência, a que alude o parágrafo anterior, a contribuição mínima devida pelos empregadores, independentemente do capital social da firma ou empresa, ficando, do mesmo modo, estabelecido o capital equivalente a 800.000 vezes o maior valor de referência, para efeito do cálculo da contribuição máxima, respeitada a tabela progressiva constante do item III.

* § 3.º com redação determinada pela Lei 7.047/1982.

§ 4.º Os agentes ou trabalhadores autônomos e os profissionais liberais, organizados em firma ou empresa, com capital social registrado, recolherão a contribuição sindical de acordo com a tabela progressiva a que se refere o item III.

* § 4.º com redação determinada pela Lei 6.386/1976.

§ 5.º As entidades ou instituições que não estejam obrigadas ao registro de capital social considerarão como capital, para efeito do cálculo de que trata a tabela progressiva constante do item III deste artigo, o valor resultante da aplicação do percentual de 40% (quarenta por cento) sobre o movimento econômico registrado no exercício imediatamente anterior, do que darão conhecimento à respectiva entidade sindical ou à Delegacia Regional do Trabalho, observados os limites estabelecidos no § 3.º deste artigo.

* § 5.º com redação determinada pela Lei 6.386/1976.

§ 6.º Excluem-se da regra do § 5.º as entidades ou instituições que comprovarem, através de requerimento dirigido ao Ministério do Trabalho, que não exercem atividade econômica com fins lucrativos.

* § 6.º com redação determinada pela Lei 6.386/1976.

⚖ **Interpretação convergente**

• A comprovação da condição de entidade ou instituição sem fins lucrativos, para fins de isenção da contribuição sindical patronal, conforme estabelece o § 6.º do art. 580 da CLT, deverá ser realizada nos termos da Portaria MTE 1.012/2003. A Entidade que não comprova o cumprimento dos referidos requisitos não faz jus a isenção da contribuição sindical patronal (...).
(TST, AgIn no RR 2422-25.2010.5.09.0000, 4.ª T., j. 11.05.2011, rel. Milton de Moura França, *DEJT* 20.05.2011)

Art. 581. Para os fins do item III do artigo anterior, as empresas atribuirão parte do respectivo capital às suas sucursais, filiais ou agências, desde que localizadas fora da base territorial da entidade sindical representativa da atividade econômica do estabelecimento principal, na proporção das correspondentes operações econômicas, fazendo a devida comunicação às Delegacias Regionais do Trabalho e Emprego, conforme a localidade da sede da empresa, sucursais, filiais ou agências.

* Artigo com redação determinada pela Lei 6.386/1976.

⚖ **Interpretação convergente**

• Contribuição sindical. Enquadramento. Atividade preponderante da empresa. A teor dos arts. 570 e 581 da CLT, o enquadramento sindical deve ser feito de acordo com a atividade preponderante da empresa. No caso dos autos, o próprio Tribunal Regional menciona à f. que os documentos de f., apresentados, respectivamente, pelo autor e pela ré, revelam que a atividade econômica principal da recorrente é a gestão de participações societárias (*holdings*); que o estatuto social da ré consigna, em seu art. 3.º, que constitui objeto da sociedade a participação

direta ou indireta em outras sociedades; e que a atividade da ré consiste, grosso modo, em negociar com ações de outras empresas. Portanto, a atividade da reclamada atém-se à participação em outras sociedades, caracterizando verdadeira *holding*, que a vincula como integrante da categoria econômica em que o autor (S.) representa, havendo de ser reconhecida a legitimidade do Sindicato para cobrança da contribuição sindical, nos termos do art. 578 da CLT (...).
(TST, RR 166100-07.2006.5.21.0007, 7.ª T., j. 01.10.2008, rel. Guilherme Augusto Caputo Bastos, *DEJT* 03.10.2008)

- Enquadramento sindical. Atividade econômica preponderante do empregador. Art. 581 da CLT.

Ainda que vigore a liberdade sindical, o enquadramento obedece a uma regra geral que segue como critério a atividade econômica preponderante da empregadora (art. 581 da CLT), e não o tipo de labor ou atividade desenvolvida pelo trabalhador, em observância ao princípio da unicidade contratual mantido pela Carta Magna a par do princípio da autonomia organizacional implantado pelo art. 8.º, I, da CF/1988. Também nas CCTs juntadas aos autos encontra-se descrito o rol dos beneficiários do acordo, estando inseridos os trabalhadores que atuam nas indústrias cuja atividade é exatamente aquela exercida pela reclamada. Assim, não prospera o argumento do autor de pertencer a uma outra categoria (...).
(TRT-24.ª Reg., RO 00546-2006-041-24-00-9, 1.ª T., j. 27.03.2007, rel. Marcio V. Thibau de Almeida)

> **§ 1.º Quando a empresa realizar diversas atividades econômicas, sem que nenhuma delas seja preponderante, cada uma dessas atividades será incorporada à respectiva categoria econômica, sendo a contribuição sindical devida à entidade sindical representativa da mesma categoria, procedendo-se, em relação às correspondentes sucursais, agências ou filiais, na forma do presente artigo.**

⚖ Interpretação convergente

- Múltiplo enquadramento sindical. Empresa que desenvolve várias atividades, sem predominância de uma sobre a outra, cada uma será incorporada à respectiva categoria econômica. Aplicação do § 1.º do art. 581 da CLT.

Art. 581

Firmadas as premissas fáticas pelo Tribunal Regional, de que a reclamada desenvolvia diversas atividades econômicas, inclusive na área de telemarketing e sem predominância de uma sobre a outra, verifica-se que o caso versa sobre múltiplo enquadramento sindical, expressamente previsto no art. 581, § 1.º, da CLT, segundo o qual quando a empresa realizar diversas atividades, sem que nenhuma delas seja preponderante, cada uma será incorporada à respectiva atividade econômica. Nesse contexto, acertada a decisão recorrida que determinou a aplicação ao contrato de trabalho da autora das convenções coletivas celebradas pelo S., entidade sindical de classe representativa das empresas que atuam na área de *telemarketing*, uma das diversas atividades econômicas desenvolvidas pela reclamada (...).
(TST, AgIn RR 1129-50.2010.5.18.0006, 4.ª T., j. 09.05.2012, rel. Luiz Philippe Vieira de Mello Filho, *DEJT* 11.05.2012)

§ 2.º Entende-se por atividade preponderante a que caracterizar a unidade de produto, operação ou objetivo final, para cuja obtenção todas as demais atividades convirjam, exclusivamente, em regime de conexão funcional.

⚖️ **Interpretação convergente**

• O enquadramento sindical é definido pela atividade econômica preponderante da empresa (§ 2.º do art. 581 da CLT), salvo na hipótese em que o trabalhador integra categoria profissional diferenciada (§ 3.º do art. 511 da CLT).
No entanto, não se discute o enquadramento sindical do reclamante propriamente dito, este entendido como pertinente a entidades representativas de categorias específicas, mas sim da efetiva representação do autor em razão da base territorial do sindicato a que vinculado.
Neste sentido, entendo que não merece reparo a decisão recorrida.
É que o enquadramento sindical do obreiro, em situações tais, é definida pelo local de prestação de serviços.
No caso, é incontroverso que o reclamante exerceu suas funções de motorista em diversas cidades brasileiras, bem como em algumas localidades da Argentina e Uruguai (...).
(TRT-4.ª Reg., RO 0000493-14.2010.5.04.0802, 5.ª T., j. 03.05.2012, rel. Rejane Souza Pedra)

- Enquadramento sindical.

Verificado que a empresa, realiza atividades de compra e venda e exploração de bens móveis ou imóveis, não estando patenteado que exerça o assessoramento que, a meu ver, necessário para o enquadramento perseguido pelo Sindicato autor, não há como enquadrá-la como empresa de assessoramento se, efetivamente, não exerce esta função (...). Por certo que o enquadramento sindical se faz a partir da atividade econômica preponderante da empresa, à exceção das categorias profissionais diferenciadas. E é o § 2.º do art. 581, da CLT que diz o que, no sentido da lei, é atividade preponderante.

A Constituição Federal de 1988, no seu art. 8.º, proclama a autonomia plena dos sindicatos com relação ao Estado, que já não necessita da autorização desse para a sua fundação, ressalvado apenas o registro no órgão competente, que é o Ministério de Trabalho e Emprego. Assim, vedada a interferência e intervenção do Poder Público na organização sindical (...).

(TRT-6.ª Reg., RO 00702-2007-014-06-00-8, 3.ª T., j. 05.03.2008, rel. Maria do Socorro Silva Emerenciano)

Art. 582. Os empregadores são obrigados a descontar, da folha de pagamento de seus empregados relativa ao mês de março de cada ano, a contribuição sindical por estes devida aos respectivos sindicatos.

* Artigo com redação determinada pela Lei 6.386/1976.
* V. art. 8.º, IV, da CF/1988.

§ 1.º Considera-se um dia de trabalho para efeito de determinação da importância a que alude o item I do art. 580, o equivalente:

a) a uma jornada normal de trabalho, se o pagamento ao empregado for feito por unidade de tempo;

b) a 1/30 (um trinta avos) da quantia percebida no mês anterior, se a remuneração for paga por tarefa, empreitada ou comissão.

§ 2.º Quando o salário for pago em utilidades, ou nos casos em que o empregado receba, habitualmente, gorjetas, a contribuição sindical corresponderá a 1/30 (um trinta avos) da importância que tiver servido de base, no mês de janeiro, para a contribuição do empregado à Previdência Social.

Art. 583

⚖ Interpretação convergente

• Contribuição sindical. Art. 579 da CLT. Desconto. Recolhimento. Mandado de segurança. Prazo decadencial. Termo inicial. Legitimidade da cobrança de servidores públicos municipais. Legitimidade ativa concorrente da federação. Ambas as Turmas de Direito Público desta Corte Superior já se posicionaram no sentido de que, nos termos do art. 582 da CLT, o desconto da contribuição dos empregados é realizada no mês de março, incumbindo ao empregador o recolhimento até o dia 30 de abril de cada ano, consoante prazo assinalado no art. 583 do mesmo diploma legal. Somente após esta data (30 de abril), o recorrente poderia comprovar o inadimplemento e exigir judicialmente o pagamento, razão pela qual o prazo decadencial previsto no art. 18 da Lei 1.533/1951 inicia-se em 1.º de maio (...).
(STJ, AgRg no REsp 688.577/RS, 2.ª T., j. 03.11.2009, rel. Mauro Campbell Marques, *DJe* 13.11.2009)

Art. 583. O recolhimento da contribuição sindical referente aos empregados e trabalhadores avulsos será efetuado no mês de abril de cada ano, e o relativo aos agentes ou trabalhadores autônomos e profissionais liberais realizar-se-á no mês de fevereiro.

* Artigo com redação determinada pela Lei 6.386/1976.
* V. Lei 4.886/1965 (Representantes comerciais autônomos).
* V. Dec. 63.912/1968 (Pagamento da gratificação de Natal ao trabalhador avulso).
* V. Lei 9.719/1998 (Proteção ao trabalho portuário).

§ 1.º O recolhimento obedecerá ao sistema de guias, de acordo com as instruções expedidas pelo Ministro do Trabalho.

§ 2.º O comprovante de depósito da contribuição sindical será remetido ao respectivo sindicato; na falta deste, à correspondente entidade sindical de grau superior, e, se for o caso, ao Ministério do Trabalho.

Art. 584. Servirá de base para o pagamento da contribuição sindical, pelos agentes ou trabalhadores autônomos e profissionais liberais, a lista de contribuintes organizada pelos respectivos sindicatos e, na

falta destes, pelas federações ou confederações coordenadoras da categoria.

* Artigo com redação determinada pela Lei 6.386/1976.

Art. 585. Os profissionais liberais poderão optar pelo pagamento da contribuição sindical unicamente à entidade sindical representativa da respectiva profissão, desde que a exerça, efetivamente, na firma ou empresa e como tal sejam nelas registrados.

* Artigo com redação determinada pela Lei 6.386/1976.

Parágrafo único. Na hipótese referida neste artigo, à vista da manifestação do contribuinte e da exibição da prova de quitação da contribuição, dada por sindicato de profissionais liberais, o empregador deixará de efetuar, no salário do contribuinte, o desconto a que se refere o art. 582.

⚖ Interpretação convergente

* Contribuição sindical. Profissão liberal/Ocupação de cargo. Múltipla contribuição. Indevida.

É livre a associação sindical do servidor público civil, nos termos do art. 37, VI, da CF/1988. Por outro lado, reza o art. 585 da CLT que "Os profissionais liberais poderão optar pelo pagamento da contribuição sindical unicamente à entidade sindical representativa da respectiva profissão, desde que a exerçam, efetivamente, na firma ou empresa e como tal sejam nelas registrados". Ora, se na hipótese vertente as recorridas são servidoras públicas e exercem sua profissão no Município do Paulista em regime de cargo efetivo, optando para o recolhimento da contribuição sindical para o Sindicato dos Servidores Municipais do Paulista (Sisempa), como de fato ocorreu, não há falar em obrigação ao "duplo recolhimento" da referida contribuição sindical, ainda que se possa admitir que as recorridas exerçam sua profissão de forma autônoma, o que não ficou comprovado nos autos (...).
(TRT-6.ª Reg., RO 01109-2005-013-06-00-0, 3.ª T., j. 14.05.2008, rel. Gilvan de Sá Barreto)

* Contribuição sindical. profissional liberal. Opção.

Segundo a dicção do art. 585 da CLT, é facultado ao profissional liberal "optar pelo pagamento da contribuição sindical unicamente à entidade sindical repre-

sentativa da respectiva profissão, desde que exerça, efetivamente, na firma ou empresa e como tal sejam nelas registrados". Evidenciado que, no âmbito da empresa, as carreiras são organizadas com inequívoca divisão de atribuições, de acordo com a área de formação do empregado, o que se coaduna com o exercício profissional em caráter liberal, plenamente cabível a opção prevista no art. 585 da CLT, mediante a prova do recolhimento para a entidade sindical representativa da respectiva profissão (...).

(TRT-10.ª Reg., RO 290200500410005, 1.ª T., j. 15.02.2006, rel. Maria Regina Machado Guimarães, *DJ* 24.02.2006)

Art. 586. A contribuição sindical será recolhida, nos meses fixados no presente Capítulo, à Caixa Econômica Federal, ao Banco do Brasil S.A., ou aos estabelecimentos bancários nacionais integrantes do Sistema de Arrecadação dos Tributos Federais, os quais, de acordo com instruções expedidas pelo Conselho Monetário Nacional, repassarão à Caixa Econômica Federal as importâncias arrecadadas.

* Artigo com redação determinada pela Lei 6.386/1976.

§ 1.º Integrarão a rede arrecadadora as Caixas Econômicas Estaduais, nas localidades onde inexistam os estabelecimentos previstos no *caput* deste artigo.

§ 2.º Tratando-se de empregador, agentes ou trabalhadores autônomos ou profissionais liberais, o recolhimento será efetuado pelos próprios, diretamente ao estabelecimento arrecadador.

§ 3.º A contribuição sindical devida pelos empregados e trabalhadores avulsos será recolhida pelo empregador e pelo sindicato, respectivamente.

⚖️ Interpretação convergente

- Contribuição sindical. Bloqueio dos recolhimentos.

A Caixa Econômica Federal é competente para realizar o recolhimento dos valores das contribuições sindicais, conforme previsto no art. 586 da CLT. Recurso do reclamante desprovido (...).

(TRT-4.ª Reg., RO 0000543-43.2010.5.04.0025, j. 24.11.2011, rel. João Batista de Matos Danda)

- Contribuições sindicais. Ausência de responsabilidade da reclamada. O empregador (Infraero – Empresa Brasileira de Infraestrutura Aeroportuária) cumpriu com sua obrigação nos termos que lhe foi informado pelo próprio sindicato da categoria dos aeroviários, como preconizam os arts. 583 e 586 da CLT, não lhe cabendo nenhuma responsabilidade pelo fato do recolhimento não ser direcionado à Federação Nacional dos Aeronautas e Aeroviários (...).
(TRT-10.ª Reg., RO 01087-2006-015-10-00-0, 2.ª T., j. 26.07.2007, rel. Maria Piedade Bueno Teixeira, *DJ* 23.11.2007)

Art. 587. O recolhimento da contribuição sindical dos empregadores efetuar-se-á no mês de janeiro de cada ano, ou, para os que venham a estabelecer-se após aquele mês, na ocasião em que requeiram às repartições o registro ou a licença para o exercício da respectiva atividade.

* Artigo com redação determinada pela Lei 6.386/1976.

⚖ Interpretação convergente

- Prescrição. Contribuição sindical. Natureza tributária. A natureza tributária da contribuição sindical rural impõe a aplicação da sistemática do Código Tributário Nacional.
O art. 174 do CTN estabelece o prazo prescricional de cinco anos para a cobrança dos créditos tributários, tendo seu início em primeiro de janeiro de cada ano. Inteligência do art. 587 da CLT. (...)
(TRT-4.ª Reg., RO 00472-2007-122-04-00-0, 9.ª T., j. 03.06.2009, rel. Cláudio Antônio Cassou Barbosa)

- Cobrança de contribuição sindical. Março. Prescricional inicial. Constituição definitiva do crédito. Art. 174, *caput*, do CTN e art. 587 da CLT.
Nos termos do art. 174, *caput*, do CTN, a ação para a cobrança do crédito tributário prescreve em cinco anos, contados da sua constituição definitiva. A constituição definitiva do crédito tributário ocorre no mês de janeiro de cada ano, conforme art. 587 da CLT, a partir de quando surge o direito de reclamar o recebimento da contribuição sindical. Assim, tem-se o prazo de cinco anos para ajuizar a ação de cobrança de contribuição sindical, contados da constituição do crédito tributário, em janeiro do respectivo ano (...).
(TRT-9.ª Reg., RO 364-2008-459-9-0-2, 1.ª T., rel. Benedito Xavier da Silva, *DJ* 05.05.2009)

• Mandado segurança. Multa administrativa. Infração ao art. 587 da CLT. Contribuição sindical recolhida fora do prazo legal.
Havendo expressa previsão legal (art. 587 da CLT) para que o recolhimento da contribuição sindical ocorra no mês de janeiro de cada ano, não há como considerar arbitrário o ato da Delegacia Regional do Trabalho pelo qual aplicou a multa capitulada no art. 598 da CLT em função do recolhimento do tributo no mês de dezembro, ainda que com o acréscimo de juros moratórios, eis que a autorização para recolhimento em mês diverso, prevista na parte final do art. 587da CLT diz respeito apenas ao primeiro ano de funcionamento da empresa, que não é o caso da autora, porquanto foi constituída em 1985 e a contribuição sindical em questão refere-se ao ano de 2002. No caso em tela, não há, ainda, como considerar que o recolhimento extemporâneo do tributo tenha implicado na denunciação espontânea prevista no art. 138 do CTN, uma vez que já se encontrava em curso o procedimento administrativo que se destinava à cobrança da multa (...).
(TRT-23.ª Reg., RO 01210.2005.009.23.00-0, Pleno, j. 11.04.2006, rel. José Simioni, *DJ* 25.05.2006)

🏛 Interpretação extensiva

• Contribuição sindical rural. Prescrição. Contagem. Arts. 174 do CTN e 587 da CLT.
O prazo prescricional para a pretensão pertinente à contribuição sindical rural é o de cinco anos previsto no art. 174 do CTN. Como o fato gerador desta contribuição se concretiza em janeiro de cada ano, a teor do disposto no art. 587 da CLT, a contagem do prazo prescricional inicia-se a partir de 1.º de fevereiro do próprio ano-base (...).
(TRT-15.ª Reg., RO 055295/2012, 4.ª T., rel. Luiz Roberto Nunes, *DJ* 20.07.2012)

Art. 588. A Caixa Econômica Federal manterá conta-corrente intitulada "Depósitos da Arrecadação da Contribuição Sindical", em nome de cada uma das entidades sindicais beneficiadas, cabendo ao Ministério do Trabalho cientificá-la das ocorrências pertinentes à vida administrativa dessas entidades.

* Artigo com redação determinada pela Lei 6.386/1976.

§ 1.º Os saques na conta-corrente referida no *caput* deste artigo far-se-ão mediante ordem bancária ou cheque com as assinaturas conjuntas do presidente e do tesoureiro da entidade sindical.

§ 2.º A Caixa Econômica Federal remeterá, mensalmente, a cada entidade sindical, um extrato da respectiva conta-corrente, e, quando solicitado, aos órgãos do Ministério do Trabalho.

⚖ Interpretação convergente

• Referido ente deve efetuar os repasses para as entidades sindicais previstas no art. 589 da CLT, bem como para a "Conta Especial Emprego e Salário". Por fim, impõe também como sendo de sua responsabilidade o repasse dessas informações às entidades sindicais quanto aos recolhimentos efetuados. Ressalvo que tais regulamentações estão em consonância com o dispositivo legal que estabelece ser a Caixa Econômica Federal a mantenedora da conta corrente intitulada "Depósitos da Arrecadação da Contribuição Sindical", em nome de cada uma das entidades sindicais beneficiadas (...).
(TRT-2.ª Reg., RO 01378-2008-036-02-00-5, 10.ª T., j. 09.02.2010, rel. Marta Casadei Momezzo, DJ 23.02.2010)

• É bem verdade que nos casos em que efetuados os pagamentos na conta corrente intitutalada "depósitos da arrecadação da contribuição sindical", prevista no art. 588 da CLT, não há dúvida de que a própria Caixa Econômica Federal deve efetuar o repasse ao Ministério do Trabalho e Emprego, além de cientificar os entes sindicais referidos nos incs. I, II e III do art. 589 dos depósitos efetuados na referida conta. Não se tratando, entretanto, o caso, de recolhimento espontâneo, mas cobrança judicial das contribuições sindicais devidas, não se mostra desnecessária, como sustentado pelo recorrente, tal comprovação (...).
(TRT-9.ª Reg., RO 257-2007-27-9-0-, 4.ª T., rel. Sueli Gil El-Rafihi, DJ 16.05.2008)

Art. 589. Da importância da arrecadação da contribuição sindical serão feitos os seguintes créditos pela Caixa Econômica Federal, na forma das instruções que forem expedidas pelo Ministro do Trabalho:

* *Caput* com redação determinada pela Lei 6.386/1976.

⚖ Interpretação convergente

• **Contribuição sindical rural. Legitimidade ativa da CNA para recolher a totalidade da contribuição.**
Nos termos do art. 17, II, da Lei 9.396/1996, a Confederação Nacional da Agricultura (CNA) é parte legítima para realizar a cobrança judicial da contribuição sindical rural. A importância arrecadada será creditada pela Caixa Econômica Federal aos seus destinatários (confederação, federação, sindicato e "Conta Especial Emprego e Salário"), nos termos e percentuais constantes do art. 589 da CLT (...).
(TRT-9.ª Reg., RO 3448-2007-658-9-0-7, 1.ª T., rel. Benedito Xavier da Silva, *DJ* 02.12.2008)

• **Sindicato representativo de categoria específica. Alteração do código sindical para efeito de direcionar a contribuição sindical para confederação que não representa sua categoria. Inexistência de direito líquido e certo.**
O sistema sindical brasileiro foi estabelecido por categoria em estrutura piramidal – sindicato, federação (arts. 8.º, IV, da CF/1988, 534, 535 e 589 da CLT). À luz dos princípios confederativo e da representatividade direcionada, a cadeia de entidades sobrepostas deverá ser representativa de uma determinada categoria, de cujos trabalhadores receberá a contribuição sindical respectiva (art. 589 da CLT). Assim, inexistindo confederação no âmbito de uma categoria específica, o percentual previsto no art. 589 da CLT será destinado à federação representativa do grupo, por força do que dispõe o art. 590 da CLT. Em tal contexto, o sindicato representativo de categoria específica não tem o direito líquido e certo de determinar a qual confederação será destinado percentual devido a título de contribuição sindical (...).
(TRT-10.ª Reg., RO 00399-2008-021-10-00-0, 1.ª T., j. 11.03.2009, rel. André R. P. V. Damasceno, *DJ* 20.03.2009)

🏛 Interpretação extensiva

• **Contribuição sindical rural. Inconstitucionalidade inexistente. Legitimidade das entidades sindicais para a sua cobrança. Competência da Justiça do Trabalho para apreciar os processos envolvendo a cobrança de contribuição sindical.**

A cobrança da contribuição sindical está prevista em lei, com caráter compulsório (art. 579 da CLT c/c art. 149 da CF/1988). A ela estão obrigados todos aqueles que se enquadrem nas hipóteses legais, sendo devida aos entes relacionados no art. 589 da CLT, independentemente de notificação. Não se pode falar em suposta inconstitucionalidade da cobrança pela falta de lei federal instituindo a contribuição sindical após a promulgação da Constituição Federal de 1988, uma vez que essa contribuição de natureza parafiscal já era prevista em lei federal (art. 579 da CLT), à época da promulgação da Constituição da República de 1988, não havendo necessidade na promulgação de lei para instituir a cobrança da contribuição sindical, já sedimentada pela Consolidação das Leis do Trabalho. Cabe ressaltar que não há inconstitucionalidade da contribuição sindical rural, sob a alegação de ausência de lei complementar para instituição da tal contribuição, tendo em vista a recepção expressa das contribuições sindicais pelo art. 10, § 2.º, do ADCT. A partir da promulgação da EC 45/2004, passou a ser de competência da Justiça do Trabalho os processos relativos à cobrança de contribuição sindical (art. 114, III, da CF/1988). Uma vez enquadrado nas hipóteses previstas no Dec.-lei 1.166/1971, o proprietário, empresário ou empregador rural torna-se sujeito passivo da exação, cuja cobrança efetuada pelas entidades sindicais é absolutamente legítima, posto que os arts. 579 e 589 da CLT os indicam expressamente como credores da contribuição sindical. Diante da expressa disposição legal, não se cogita de ilegitimidade das entidades sindicais para efetuar a cobrança, independentemente da certidão a que alude o art. 606 da CLT, sob pena de ofensa à nova ordem constitucional (...).
(TRT-9.ª Reg., RO 982-2009-643-9-0-4, 1.ª T., rel. Edmilson Antonio de Lima, *DJ* 06.04.2010)

I – para os empregadores:

* Inc. I com redação determinada pela Lei 11.648/2008.

a) 5% (cinco por cento) para a confederação correspondente;

b) 15% (quinze por cento) para a federação;

c) 60% (sessenta por cento) para o sindicato respectivo; e

d) 20% (vinte por cento) para a "Conta Especial Emprego e Salário";

II – para os trabalhadores:

* Inc. II com redação determinada pela Lei 11.648/2008.

a) 5% (cinco por cento) para a confederação correspondente;
b) 10% (dez por cento) para a central sindical;
c) 15% (quinze por cento) para a federação;
d) 60% (sessenta por cento) para o sindicato respectivo; e
e) 10% (dez por cento) para a "Conta Especial Emprego e Salário";

III e IV – (*Revogados pela Lei 11.648/ 2008*)

§ 1.º O sindicato de trabalhadores indicará ao Ministério do Trabalho e Emprego a central sindical a que estiver filiado como beneficiária da respectiva contribuição sindical, para fins de destinação dos créditos previstos neste artigo.

* § 1.º acrescentado pela Lei 11.648/2008.

§ 2.º A central sindical a que se refere a alínea *b* do inc. II do *caput* deste artigo deverá atender aos requisitos de representatividade previstos na legislação específica sobre a matéria.

* § 2.º acrescentado pela Lei 11.648/2008.

Art. 590. Inexistindo confederação, o percentual previsto no art. 589 desta Consolidação caberá à federação representativa do grupo.

* *Caput* com redação determinada pela Lei 11.648/2008.

§§ 1.º e 2.º (*Revogados pela Lei 11.648/2008*)

§ 3.º Não havendo sindicato, nem entidade sindical de grau superior ou central sindical, a contribuição sindical será creditada, integralmente, à "Conta Especial Emprego e Salário".

* § 3.º com redação determinada pela Lei 11.648/2008.

§ 4.º Não havendo indicação de central sindical, na forma do § 1.º do art. 589 desta Consolidação, os percentuais que lhe caberiam serão destinados à "Conta Especial Emprego e Salário".

* § 4.º acrescentado pela Lei 11.648/2008.

Art. 591

⚖️ Interpretação convergente

* Segundo o critério adotado pela legislação trabalhista nacional, o enquadramento sindical dos empregados, desde que não integrantes de categoria profissional diferenciada, faz-se pela atividade preponderante do empregador (arts. 511 e 570 da CLT). A alteração contratual da empresa de f. (Cláusula 2.ª) e os docs. e ss. do primeiro volume autuado em apartado, dão-nos conta de que a demandada, devido a abrangência de seu objeto social, não havia estabelecido seu enquadramento sindical até o ajuizamento da presente da demanda, procedendo ao recolhimento da contribuição sindical de seus empregados para "Conta Especial Emprego e Salário", conforme § 3.º do art. 590 da CLT. Assim, a empregadora não esteve representada quando de sua negociação das convenções coletivas trazidas aos autos pelo demandante, não se sujeitando, por conseguinte, às normas ali estabelecidas, o que afastada, de plano, as pretensões do autor que tenham seus termos como fundamentos (...).
(TRT-2.ª Reg., RO 00057200644402009, 1.ª T., rel. Lizete Belido Barreto Rocha, *DJ* 30.03.2010)

* O sistema sindical brasileiro foi estabelecido por categoria em estrutura piramidal – sindicato, federação (arts. 8.º, IV, da CF/1988, 534, 535 e 589 da CLT). À luz dos princípios confederativo e da representatividade direcionada, a cadeia de entidades sobrepostas deverá ser representativa de uma determinada categoria, de cujos trabalhadores receberá a contribuição sindical respectiva (art. 589 da CLT). Assim, inexistindo confederação no âmbito de uma categoria específica, o percentual previsto no art. 589 da CLT será destinado à federação representativa do grupo, por força do que dispõe o art. 590 da CLT. Em tal contexto, o sindicato representativo de categoria específica não tem o direito líquido e certo de determinar a qual confederação será destinado percentual devido a título de contribuição sindical (...).
(TRT-10.ª Reg., RO 00399-2008-021-10-00-0, 1.ª T., j. 11.03.2009, rel. André R. P. V. Damasceno, *DJ* 20.03.2009)

> **Art. 591.** Inexistindo sindicato, os percentuais previstos na alínea *c* do inc. I e na alínea *d* do inc. II do *caput* do art. 589 desta Consolidação serão creditados à federação correspondente à mesma categoria econômica ou profissional.

* Artigo com redação determinada pela Lei 11.648/2008.

Art. 591

Parágrafo único. Na hipótese do *caput* deste artigo, os percentuais previstos nas alíneas *a* e *b* do inc. I e nas alíneas *a* e *c* do inc. II do *caput* do art. 589 desta Consolidação caberão à confederação.

⚖ Interpretação convergente

• 1. Admissibilidade. Recurso tempestivo, de representação regular e preparo correto. Conheço.
2. Mérito. Não se há reformar o *Decisum a quo*. A MM. Vara do Trabalho de Juazeiro do Norte entendeu não se aplicar ao caso dos autos o art. 591 da CLT, que prevê o crédito da contribuição sindical em favor da Federação correspondente à categoria econômica, quando inexistir sindicato organizado no local (...). Aquele Juízo assim procedeu, ante a comprovação, pela empresa acionada, da existência de um sindicato representativo das indústrias de calçado e vestuário naquela cidade. E em existindo tal entidade, com a qual, ressalte-se, a promovida mantém induvidosa solidariedade de interesses econômicos, somente a ela é devida a contribuição sindical prevista no art. 579 da CLT, paga pelas empresas integrantes do segmento econômico correspondente, não se havendo falar em recolhimento em favor de Federação, como postulado na exordial destes autos. Registre-se, ademais, que o fato de a empresa acionada não ter se filiado ao sindicato de seu segmento antes de novembro de 2004 em nada favorece a Recorrente, porquanto, ainda assim, a contribuição em apreço seria direito do ente sindical, não da Federação, dês que tal verba é devida por todos os integrantes de uma categoria profissional ou econômica, filiados ou não ao órgão de classe, sendo repassado ao ente de maior abrangência apenas a fração prevista em lei. Nessa linha de pensamento, de manter-se a Sentença recorrida (...).
(TRT-7.ª Reg., RO 0016400-1020085070028, 1.ª T., j. 23.03.2009, rel. Antônio Marques Cavalcante Filho, *DOJT* 27.05.2009)

• A contribuição sindical prevista no art. 579 da CLT possui caráter compulsório, sendo devida por todos aqueles que participarem de uma determinada categoria econômica ou profissional, ou de uma profissão liberal, constituindo obrigação do empregador recolher e repassá-la ao sindicato da categoria, conforme art. 582 e 589 da CLT c/c a IN MTE 1/2002. No caso, inexistindo o sindicato, O S. é o legítimo credor da parcela devida ao sindicato, na conformidade do disposto no art. 591 da CLT (...).
(TRT-22.ª Reg., RO 00926-2009-104-22-00-5, 1.ª T., j. 20.09.2010, rel. Francisco Meton Marques de Lima, *DJT* 30.09.2010)

• Conforme se vê da peça de ingresso a autora ajuizou em nome próprio a presente ação para a cobrança da contribuição sindical rural alusiva aos anos de 2002 a 2005, nos termos do Dec.-lei 1.166/1971.

Entretanto, e em que pese o posicionamento da jurisprudência pretoriana, entendo que a demandante verdadeiramente não dispõe de legitimidade para, em nome próprio cobrar a contribuição em referência de quem quer que seja.

A contribuição sindical que se pretende cobrar através da presente ação, nos termos dos arts. 578 a 580 da CLT é devida pelo produtor rural sendo dela credor o sindicato e não a confederação que apenas recebe, por repasse daquele, 5% (cinco por cento) do valor arrecadado (art. 589 da CLT).

Por conseguinte, a autora não tem legitimidade para, em nome próprio, ajuizar qualquer tipo de ação que vise a cobrança do mencionado tributo, menos ainda contra o acionado que, sequer provado na inicial, seria produtor rural.

De acordo com o art. 6.º do CPC ninguém poderá pleitear em nome próprio direito alheio, salvo quando autorizado por lei (...).

Como se vê, o direito pleiteado não pertence à autora, mas ao sindicato. Assim, somente ele, na condição de credor do tributo e representante da categoria tem legitimidade para ajuizar a ação que vise a sua cobrança ou, na sua falta, a federação (art. 591 da CLT), não assim a confederação que não representa categoria nem é titular do crédito (...).

(TRT-24.ª Reg., RO 0193/2007-061-24-00-2, j. 04.06.2008, rel. Francisco das C. Lima Filho, *DJ* 11.06.2008)

Seção II
Da aplicação da contribuição sindical

Art. 592. A contribuição sindical, além das despesas vinculadas à sua arrecadação, recolhimento e controle, será aplicada pelos sindicatos, na conformidade dos respectivos estatutos, visando aos seguintes objetivos:

* Artigo com redação determinada pela Lei 6.386/1976.

I – sindicatos de empregadores e de agentes autônomos:

a) assistência técnica e jurídica;

b) assistência médica, dentária, hospitalar e farmacêutica;

c) realização de estudos econômicos e financeiros;
d) agências de colocação;
e) cooperativas;
f) bibliotecas;
g) creches;
h) congressos e conferências;
i) medidas de divulgação comercial e industrial no País, e no estrangeiro, bem como em outras tendentes a incentivar e aperfeiçoar a produção nacional;
j) feiras e exposições;
l) prevenção de acidentes do trabalho;
m) finalidades desportivas;

II – sindicatos de empregados:
a) assistência jurídica;
b) assistência médica, dentária, hospitalar e farmacêutica;
c) assistência à maternidade;
d) agências de colocação;
e) cooperativas;
f) bibliotecas;
g) creches;
h) congressos e conferências;
i) auxílio-funeral;
j) colônias de férias e centros de recreação;
l) prevenção de acidentes do trabalho;
m) finalidades desportivas e sociais;
n) educação e formação profissional;
o) bolsas de estudo;

III – sindicatos de profissionais liberais:
a) assistência jurídica;

b) assistência médica, dentária, hospitalar e farmacêutica;

c) assistência à maternidade;

d) bolsas de estudo;

e) cooperativas;

f) bibliotecas;

g) creches;

h) congressos e conferências;

i) auxílio-funeral;

j) colônias de férias e centros de recreação;

l) estudos técnicos e científicos;

m) finalidades desportivas e sociais;

n) educação e formação profissional;

o) prêmios por trabalhos técnicos e científicos;

IV – sindicatos de trabalhadores autônomos:

a) assistência técnica e jurídica;

b) assistência médica, dentária, hospitalar e farmacêutica;

c) assistência à maternidade;

d) bolsas de estudo;

e) cooperativas;

f) bibliotecas;

g) creches;

h) congressos e conferências;

i) auxílio-funeral;

j) colônias de férias e centros de recreação;

l) educação e formação profissional;

m) finalidades desportivas e sociais.

§ 1.º A aplicação prevista neste artigo ficará a critério de cada entidade, que, para tal fim, obedecerá, sempre, às peculiaridades do respectivo grupo ou categoria, facultado ao Ministro do Trabalho permitir a inclusão

de novos programas, desde que assegurados os serviços assistenciais fundamentais da entidade.

* V. art. 8.º, I, da CF/1988.

§ 2.º Os sindicatos poderão destacar, em seus orçamentos anuais, até 20% (vinte por cento) dos recursos da contribuição sindical para o custeio das suas atividades administrativas, independentemente de autorização ministerial.

§ 3.º O uso da contribuição sindical prevista no § 2.º não poderá exceder do valor total das mensalidades sociais, consignadas nos orçamentos dos sindicatos, salvo autorização expressa do Ministro do Trabalho.

Art. 593. As percentagens atribuídas às entidades sindicais de grau superior e às centrais sindicais serão aplicadas de conformidade com o que dispuserem os respectivos conselhos de representantes ou estatutos.

* Artigo com redação determinada pela Lei 11.648/2008.

Parágrafo único. Os recursos destinados às centrais sindicais deverão ser utilizados no custeio das atividades de representação geral dos trabalhadores decorrentes de suas atribuições legais.

Art. 594. (*Revogado pela Lei 4.589/1964*)

Seção III
Da comissão da contribuição sindical

Arts. 595 a 597. (*Revogados pela Lei 4.589/1964*)

Seção IV
Das penalidades

Art. 598. Sem prejuízo da ação criminal e das penalidades previstas no art. 553, serão aplicadas multas de 10 (dez) cruzeiros a 10.000 (dez mil) cruzeiros, pelas infrações deste Capítulo, impostas pelas Delegacias Regionais do Trabalho e Emprego.

* Multas: ver Notas de Atualização e Portaria MTb 290/1997.

Parágrafo único. A gradação da multa atenderá à natureza da infração e às condições sociais e econômicas do infrator.

⚖️ Interpretação convergente

• Da multa do art. 598 da CLT.
Conforme se infere da clara letra da lei, a multa em questão possui caráter meramente administrativo, podendo ser imposta exclusivamente pelas Delegacias Regionais do Trabalho. Carece de legitimidade, portanto a entidade sindical para requerer sua aplicação (...).
(TRT-2.ª Reg., RO 20090998043, 1.ª T., j. 11.11.2009, rel. Lizete Belibo Barreto Rocha, *DJ* 24.11.2009)

• A autoridade competente para aplicar a multa prevista no art. 59 da CLT é a Delegacia Regional do Trabalho. Já a multa convencional é acessória do pedido de contribuição assistencial (...).
(TRT-2.ª Reg., RO 11712008006502006, 10.ª T., j. 23.03.2010, rel. Marta Casadei Momezzo, *DJ* 05.04.2010)

• A multa do art. 598 da CLT tem caráter administrativo e sua imposição é de competência da Delegacia Regional do Trabalho, além do que não reverte em favor do sindicato (...).
(TRT-2.ª REg., EDcl no RO 0037920090182001, 11.ª T., rel. Maria Aparecida Duenhas, *DJ* 21.09.2010)

📑 Interpretação divergente

• A penalidade prevista no art. 598 da CLT por descumprimento do dever de desconto da contribuição sindical obrigatória é de natureza administrativa, não podendo ser pleiteada em ação de cobrança movida contra o Município (...).
(TJMG, Recurso Voluntário 0013415-56.2010.8.13.0133, 8.ª Câm. Civ., j. 27.04.2012, rel. Edgard Penna Amorim, *DJ* 08.05.2012)

Art. 599. Para os profissionais liberais, a penalidade consistirá na suspensão do exercício profissional, até a necessária quitação, e

será aplicada pelos órgãos públicos ou autárquicos disciplinadores das respectivas profissões mediante comunicação das autoridades fiscalizadoras.

⚖️ Interpretação convergente

• Administrativo. Constitucional. Sindicato dos farmacêuticos no Estado de Goiás. Contribuição sindical. Art. 599 da CLT. Inconstitucionalidade (...).
(TRF-1.ª Reg., Ap em MS 2004.35.00.005588-2, 8.ª T., j. 15.08.2006, rel. Carlos Fernando, *DJ* 16.10.2006)

📑 Interpretação divergente

• Contribuição social no interesse das categorias profissionais paga aos sindicatos. Natureza tributária. Não pagamento. Interdição do exercício da profissão. Penalidade imposta pelo art. 599 da CLT. Inconstitucionalidade (...).
(TRF-5.ª Reg., Ap em MS 0017813-98.1999.4.05.000, j. 04.12.2001, 2.ª T., rel. Paulo Machado Cordeiro, *DJ* 13.11.2002)

Art. 600. O recolhimento da contribuição sindical efetuado fora do prazo referido neste Capítulo, quando espontâneo, será acrescido da multa de 10% (dez por cento), nos 30 (trinta) primeiros dias, com o adicional de 2% (dois por cento) por mês subsequente de atraso, além de juros de mora de 1% (um por cento) ao mês e correção monetária, ficando, nesse caso, o infrator, isento de outra penalidade.

* Artigo com redação determinada pela Lei 6.181/1974.
* V. art. 2.º da Lei 8.022/1990 (Altera o sistema de administração das receitas federais).
* V. Súmula 432 do TST.

§ 1.º O montante das cominações previstas neste artigo reverterá sucessivamente:

a) ao sindicato respectivo;

b) à federação respectiva, na ausência de sindicato;

c) à confederação respectiva, inexistindo federação.

§ 2.º Na falta de sindicato ou entidade de grau superior, o montante a que alude o parágrafo precedente reverterá à conta "Emprego e Salário".

⚖ Interpretação convergente

- **Súmula 432 do TST**
Contribuição sindical rural. Ação de cobrança. Penalidade por atraso no recolhimento. Inaplicabilidade do art. 600 da CLT. Incidência do art. 2.º da Lei 8.022/1990 – Res. 177/2012, *DEJT* divulgado em 13, 14 e 15.02.2012.
O recolhimento a destempo da contribuição sindical rural não acarreta a aplicação da multa progressiva prevista no art. 600 da CLT, em decorrência da sua revogação tácita pela Lei 8.022, de 12.04.1990.

- Contribuição sindical rural. Análise da aplicação da multa prevista no art. 600 da CLT. Necessidade de exame de norma infraconstitucional. Ofensa constitucional indireta. Agravo regimental ao qual se nega provimento (...).
(STF, AgRg no AgIn no RE 667.918/MS, 1.ª T., j. 13.03.2012, rel. Cármem Lúcia, *DJe* 24.04.2012)

- Contribuição sindical rural. Multa do art. 600 da CLT. Matéria infraconstitucional. Agravo regimental que se nega provimento (...).
(STF, EDcl em AgIn no RE 697.569/DF, j. 14.08.2012, rel. Gilmar Mendes, *DJe* 27.08.2012)

📄 Interpretação divergente

- Trata-se de recurso especial interposto, com fulcro nas alíneas *a* e *c* do permissivo constitucional, contra acórdão do TJSO que, apesar de entender inaplicável o art. 600 da CLT em sede de cobrança de contribuição sindical rural, manteve a incidência do referido dispositivo, sob o fundamento de que o recorrente não insurgiu quanto a este ponto (...).
(STJ, REsp 743.681/SP, 2.ª T., j. 25.09.2007, rel. Eliana Calmon, *DJ* 08.10.2007)

- Em síntese, é possível afirmar o seguinte: a) o art. 600 da CLT foi revogado tacitamente pelo art. 2.º da Lei 8.022/1990, porquanto se cuida de dispositivos

incompatíveis, e a matéria regulada no primeiro foi integralmente disciplinada pelo segundo (...).
(STJ, REsp 937.978/MG, 2.ª T., j. 23.10.2007, rel. Castro Meira, DJ 23.10.2007)

Seção V
Disposições gerais

Art. 601. No ato da admissão de qualquer empregado, dele exigirá o empregador a apresentação da prova de quitação da contribuição sindical.

⚖ Interpretação convergente

• Recurso de revista em execução de sentença. Violação reflexa de dispositivo da Constituição Federal (...). Correta a aplicação da multa do art. 601 da CLT (...).
(TST, RR 813/2006-108-03-00.6, 6.ª T., j. 14.10.2009, rel. Douglas Alencar Rodrigues, DJe 23.10.2009)

• Ação de cobrança. Contribuição sindical rural. Recepção pela Constituição Federal de 1988. Associação à uma entidade sindical (...).
(TJMG, ApCiv 2000.00.464605-7/0000, j. 06.04.2005, rel. Albergaria Costa, DJ 16.04.2005)

Art. 602. Os empregados que não estiverem trabalhando no mês destinado ao desconto da contribuição sindical serão descontados no primeiro mês subsequente ao do reinício do trabalho.

Parágrafo único. De igual forma se procederá com os empregados que forem admitidos depois daquela data e que não tenham trabalhado anteriormente nem apresentado a respectiva quitação.

⚖ Interpretação convergente

• Contribuição sindical. Natureza tributária. Início da contagem do prazo prescricional (...).

A constituição definitiva da contribuição sindical acontece a partir de janeiro de cada ano-base (art. 587 da CLT c/c o art. 602 da CLT), iniciando-se desta forma, o prazo de 5 (cinco) anos para ocorrência da prescrição (...).
(TRT-9.ª Reg., RO 1914200792901/PR, 1.ª T., rel. Janete do Amarante, *DJ* 20.01.2009)

Art. 603. Os empregadores são obrigados a prestar aos encarregados da fiscalização os esclarecimentos necessários ao desempenho de sua missão e a exibir-lhes, quando exigidos, na parte relativa ao pagamento de empregados, os seus livros, folhas de pagamento e outros documentos comprobatórios desses pagamentos, sob pena da multa cabível.

⚖️ **Interpretação convergente**

• Tributário. Contribuição sindical. Denúncia espontânea. Multa do art. 603 da CLT (...).
(TRF-2.ª Reg., ApCiv 27951 91.02.00759-2, 6.ª T., j. 29.10.2002, rel. José Ferreira Neves Neto, *DJU* 18.02.2003)

• Administrativo. Multa DRT. Art. 603 da CLT. Ausência de prazo para comprovação. Situação regular. Nulidade (...).
(TRF-4.ª Reg., Ap em MS 92.04.08581-9, j. 10.09.1998, 3.ª T., j. 10.09.1998, rel. Paulo Afonso Brum Vaz, *DJ* 14.010.1998)

Art. 604. Os agentes ou trabalhadores autônomos ou profissionais liberais são obrigados a prestar aos encarregados da fiscalização os esclarecimentos que lhes forem solicitados, inclusive exibição de quitação da contribuição sindical.

* V. Lei 4.886/1965 (Representantes comerciais autônomos).

Art. 605. As entidades sindicais são obrigadas a promover a publicação de editais concernentes ao recolhimento da contribuição sindical, durante 3 (três) dias, nos jornais de maior circulação local e até 10 (dez) dias da data fixada para depósito bancário.

Art. 606

⚖️ **Interpretação convergente**

• Ação de Cobrança. Contribuição Sindical Rural. Art. 605 da CLT. Publicação em editais. Desnecessidade. Constituição em mora. Vencimento da obrigação positiva e líquida. Juros moratórios. Incidência a partir do vencimento da obrigação. Multa. Art. 59 da Lei 8.383/1991. Art. 600 da CLT. Revogação. Recurso parcialmente provido (...).
(TJPR, ApCiv 2189802, 10.ª Câm. Civ., j. 23.10.2003, rel. Guido Döbeli, DJ 21.11.2003)

Art. 606. Às entidades sindicais cabe, em caso de falta de pagamento da contribuição sindical, promover a respectiva cobrança judicial, mediante ação executiva, valendo como título de dívida a certidão expedida pelas autoridades regionais do Ministério do Trabalho e Previdência Social.

* *Caput* com redação determinada pelo Dec.-lei 925/1969.

§ 1.º O Ministro do Trabalho, Indústria e Comércio baixará as instruções regulando a expedição das certidões a que se refere o presente artigo, das quais deverá constar a individualização do contribuinte, a indicação do débito e a designação da entidade a favor da qual é recolhida a importância da contribuição sindical, de acordo com o respectivo enquadramento sindical.

* V. art. 35 do Dec.-lei 229/1967 (Altera dispositivos da Consolidação das Leis do Trabalho – CLT).

§ 2.º Para os fins da cobrança judicial da contribuição sindical, são extensivos às entidades sindicais, com exceção do foro especial, os privilégios da Fazenda Pública, para cobrança da dívida ativa.

⚖️ **Interpretação convergente**

• Contribuição sindical. Cobrança. Necessidade de apresentação da certidão descrita no art. 606 da CLT (...).
(TRT-14.ª Reg., RO 422, 1.ª T., j. 10.12.2010, rel. Vulmar de Araújo Coêlho Junior, DE-TRT 15.12.2010)

- Contribuição sindical. Certidão que alude o art. 606 da CLT. Inexigibilidade (...).
(TRT-15.ª Reg., RO 70916, rel. Lorival Ferreira dos Santos, *DJ* 06.11.2009)

- Agravo de instrumento. Sindicato. Recurso ordinário destituído de preparo. Custas processuais não recolhidas. Art. 606 da CLT (...).
(TRT-23.ª Reg., AgIn em RO 353201200823007, 1.ª T., j. 03.07.2012, rel. Osmair Couto, *DJ* 09.07.2012)

Art. 607. São consideradas como documento essencial ao comparecimento às concorrências públicas ou administrativas e para o fornecimento às repartições paraestatais ou autárquicas a prova da quitação da respectiva contribuição sindical e a de recolhimento da contribuição sindical descontada dos respectivos empregados.

⚖️ Interpretação convergente

- Contribuição sindical. Cobrança. Condição. Ilegalidade (...).
(STJ, AgIn no REsp 1.163.390/RS, 1.ª T., j. 20.08.2010, rel. Arnaldo Esteves Lima, *DJe* 23.08.2010)

- Falta de demonstração de processo licitatório. Serviço de transporte escolar. Contribuição sindical. Art. 607 da CLT. Inexigibilidade (...).
(TJDF, AgIn 5728122007807000, 2.ª T., j. 24.10.2007, rel. Carmelita Brasil, *DJ* 08.11.2007)

Art. 608. As repartições federais, estaduais ou municipais não concederão registro ou licenças para funcionamento ou renovação de atividades aos estabelecimentos de empregadores e aos escritórios ou congêneres dos agentes ou trabalhadores autônomos e profissionais liberais, nem concederão alvarás de licença ou localização, sem que sejam exibidas as provas de quitação da contribuição sindical, na forma do artigo anterior.

Art. 609

Parágrafo único. A não observância do disposto neste artigo acarretará, de pleno direito, a nulidade dos atos nele referidos, bem como dos mencionados no art. 607.

* Parágrafo único acrescentado pela Lei 6.386/1976.

⚖️ **Interpretação convergente**

- A controvérsia à luz de dispositivos de índole infraconstitucional. Art. 608 da CLT. Ofensa reflexa. Licenças por Município (...).
(STF, AgIn no RE 853.997/MA, 3.ª T., j. 14.02.2012, rel. Luiz Fux, DJe 23.02.2012)

📑 **Interpretação divergente**

- Comprovação da quitação da contribuição sindical. Art. 608 da CLT. Exigência procedente. Verba honorária. Proporcionalidade e razoabilidade. Apelo improvido (...).
(TJMA, ApCiv 132442010, j. 28.07.2010, rel. Cleones Carvalho Cunha, DJ 28.07.2010)

Art. 609. O recolhimento da contribuição sindical e todos os lançamentos e movimentos nas contas respectivas são isentos de selos e taxas federais, estaduais ou municipais.

⚖️ **Interpretação convergente**

- Cobrança de tarifa bancária. Isenção do art. 609 da CLT. Improvimento da apelação e provimento do recurso adesivo (...).
(TRF-4.ª Reg., ApCiv 13293/RS, 3.ª T., j. 17.06.2008, rel. Carlos Eduardo Thomson Flores Lenz, DJ 02.07.2008)

Art. 610. As dúvidas no cumprimento deste Capítulo serão resolvidas pelo Secretário das Relações de Trabalho que expedirá as instruções que se tornarem necessárias à sua execução.

* Artigo com redação determinada pela Lei 4.589/1964.

TÍTULO VI
DAS CONVENÇÕES COLETIVAS DE TRABALHO

* V. arts. 7.º, XXVI e 8.º, VI da CF/1988.
* V. Lei 4.725/1965 (Normas para o processo dos dissídios coletivos).
* V. Portaria MTb 3.122/1988 (Composição dos conflitos individuais e coletivos de trabalho).
* V. Súmula 679 do STF.

Art. 611. Convenção Coletiva de Trabalho é o acordo de caráter normativo, pelo qual dois ou mais sindicatos representativos de categorias econômicas e profissionais estipulam condições de trabalho aplicáveis, no âmbito das respectivas representações, às relações individuais de trabalho.

* Artigo com redação determinada pelo Dec.-lei 229/1967.

⚖️ Interpretação convergente

• O art. 611 da CLT define a abrangência das normas coletivas, ao estabelecer: "Convenção Coletiva de Trabalho é o acordo de caráter normativo, pelo qual dois ou mais Sindicatos representativos de categorias econômicas e profissionais estipulam condições de trabalho aplicáveis, no âmbito das respectivas representações, às relações individuais de trabalho". Portanto, o limite das representações, no que tange ao enquadramento sindical, se rege pela regra da base territorial do local da prestação de serviços e, assim, não se pode aplicar norma coletiva para base territorial diferente da dos sindicatos envolvidos na negociação, pouco importando o local da contratação (...).
(TRT-9.ª Reg., RO 7629-2010-513-9-0-9, 4.ª T., j. 17.08.2011, rel. Sueli Gil El Rafihi, *DJ* 02.09.2011)

• De acordo com o art. 611 da CLT, Convenção Coletiva de Trabalho é o acordo de caráter normativo, pelo qual dois ou mais sindicatos representativos de categorias econômicas e profissionais estipulam condições de trabalho aplicáveis, no âmbito das respectivas representações, às relações individuais de trabalho (...).
(TRT-9.ª Reg., RO 15429-2007-3-9-0-6, 4.ª T., j. 20.10.2010, rel. Luiz Celso Napp, *DJ* 09.11.2010)

- A Constituição Federal, em seu art. 7.º, XXVI, garante o reconhecimento aos acordos e convenções coletivos (em igual sentido o art. 611 da CLT) (...).
(TRT-15.ª Reg., RO 030516/2011, 4.ª T., j. 20.05.2011, rel. Luiz Roberto Nunes, *DJ* 27.05.2011)

Interpretação extensiva

- **Súmula 277 do TST**
Convenção coletiva de trabalho ou acordo coletivo de trabalho. Eficácia. Ultratividade. (Redação alterada na Sessão do Tribunal Pleno realizada em 14.09.2012). (Res. TST 185/2012, *DEJT* 25, 26 e 27.09.2012)
As cláusulas normativas dos acordos coletivos ou convenções coletivas integram os contratos individuais de trabalho e somente poderão ser modificadas ou suprimidas mediante negociação coletiva de trabalho.

> **§ 1.º É facultado aos sindicatos representativos de categorias profissionais celebrar Acordos Coletivos com uma ou mais empresas da correspondente categoria econômica, que estipulem condições de trabalho, aplicáveis no âmbito da empresa ou das empresas acordantes às respectivas relações de trabalho.**

Interpretação convergente

- O adicional ambiental é vantagem prevista no Acordo Coletivo de Trabalho de 2010 firmado entre o S e a F (v. f.). Portanto, não se fala em negociação de que resulta norma com abrangência sobre trabalhadores de diversas fundações, mas de contrato coletivo específico, firmado para ter incidência apenas em relação aos servidores da F, conforme regra do § 1.º do art. 611 da CLT, não sendo hipótese de adoção do princípio isonômico, porquanto não se trata de aumento geral de salários (...).
(TRT-4.ª Reg., RO 0000541-54.2011.5.04.0020, 11.ª T., j. 17.05.2012, rel. Ricardo Hofmeister de Almeida Martins Costa)

§ 2.º As Federações e, na falta destas, as Confederações representativas de categorias econômicas ou profissionais poderão celebrar convenções coletivas de trabalho para reger as relações das categorias a elas vinculadas, inorganizadas em sindicatos, no âmbito de suas representações.

⚖️ **Interpretação convergente**

• Quando o *caput* do art. 611 da CLT e seu § 2.º estabelecem, como limite da abrangência e aplicação das condições de trabalho estipuladas em Convenções Coletivas de Trabalho celebradas por dois ou mais Sindicatos, Federações ou Confederações representativos de categorias econômicas e profissionais, o âmbito das respectivas representações, excluem dessa pactuação empresa que integre categoria econômica diversa, não representada pelos órgãos convenentes (...). (TRT-15.ª Reg., RO 029450/2002, 5.ª T., j. 09.04.2002, rel. Olga Aida Joaquim Gomieri, DJ 15.07.2002)

Art. 612. Os sindicatos só poderão celebrar Convenções ou Acordos Coletivos de Trabalho, por deliberação de assembleia geral especialmente convocada para esse fim, consoante o disposto nos respectivos estatutos, dependendo a validade da mesma do comparecimento e votação, em primeira convocação, de 2/3 (dois terços) dos associados da entidade, se se tratar de Convenção, e dos interessados, no caso de Acordo, e, em segunda, de 1/3 (um terço) dos membros.

* Artigo com redação determinada pelo Dec.-lei 229/1967.

Parágrafo único. O *quorum* de comparecimento e votação será de 1/8 (um oitavo) dos associados em segunda convocação, nas entidades sindicais que tenham mais de 5.000 (cinco mil) associados.

⚖️ **Interpretação convergente**

• [O] entendimento desta Corte é no sentido de que a assembleia de trabalhadores que legitima a atuação da entidade sindical respectiva, em favor de seus

interesses, está subordinada à prévia autorização dos empregados associados àquela, reunidos em assembleia, observado o *quorum* legal de 2/3 (dois terços) na primeira convocação e de 1/3 (um terço) na segunda, conforme estabelece o art. 612 da CLT.

Assim, atendido o *quorum* legal para instauração da assembleia, a matéria em debate será aprovada por maioria simples dos presentes, não existindo norma de lei, tampouco do estatuto social do sindicato-suscitado, que estabeleça a anuência de 2/3 (dois terços) dos presentes para a aprovação da pauta (...).

(TST, RO 670.593/2000.5, SDC, j. 09.05.2002, rel. Wagner Pimenta, *DJU* 30.08.2002)

Art. 613. As Convenções e os Acordos deverão conter obrigatoriamente:

* Artigo com redação determinada pelo Dec.-lei 229/1967.

I – designação dos sindicatos convenentes ou dos sindicatos e empresas acordantes;

II – prazo de vigência;

III – categorias ou classes de trabalhadores abrangidas pelos respectivos dispositivos;

IV – condições ajustadas para reger as relações individuais de trabalho durante sua vigência;

V – normas para a conciliação das divergências surgidas entre os convenentes por motivos da aplicação de seus dispositivos;

VI – disposições sobre o processo de sua prorrogação e de revisão total ou parcial de seus dispositivos;

VII – direitos e deveres dos empregados e empresas;

VIII – penalidades para os sindicatos convenentes, os empregados e as empresas em caso de violação de seus dispositivos.

⚖️ **Interpretação convergente**

• O legislador, no art. 613 da CLT, impõe a inclusão do prazo de vigência nos acordos coletivos e convenções coletivas (inc. II), bem como as condições ajus-

tadas para reger as relações individuais de trabalho durante a vigência da norma coletiva (inc. IV). O inc. VI impõe a inclusão de disposições sobre o processo de prorrogação e revisão total ou parcial dos dispositivos das normas coletivas. Assim, consoante a consolidação, os acordos e convenções coletivas têm vigência em prazo determinado, e, portanto, as vantagens estabelecidas nessas normas coletivas somente são devidas – e por isso os empregadores somente estão obrigados a cumprir as cláusulas das normas coletivas – durante o período de vigência das mesmas (...).
(TRT-5.ª Reg., RO 01679-2003-003-05-00-7, 4.ª T., j. 29.07.2008, rel. Des. Valtércio Ronaldo de Oliveira)

Parágrafo único. As Convenções e os Acordos serão celebrados por escrito, sem emendas nem rasuras, em tantas vias quantos forem os sindicatos convenentes ou as empresas acordantes, além de uma destinada a registro.

⚖️ Interpretação convergente

• A norma trabalhista consolidada traz, em seu bojo, os requisitos mínimos e, consequentemente, obrigatórios para que o Acordo e a Convenção Coletiva possam ser considerados válidos. Essa previsão está albergada no art. 613 da CLT. No caso, a par de outras condições que não foram respeitadas, como a ausência de disposições de prorrogação e revisão total ou parcial dos dispositivos, não foi estabelecido o prazo de vigência do referido acordo. Esse requisito, portanto, funciona como condição *sine qua non* para se verificar o período em que as cláusulas fixadas na norma poderiam ser aplicadas ao reclamante. Isso porque é cediço que as matérias estabelecidas nos instrumentos coletivos não aderem indefinidamente aos contratos de trabalho, mas, ao revés, têm, como regra, a sua incidência limitada ao seu prazo de validade (...).
(TRT-6.ª Reg., RO 0000075-93.2011.5.06.0282, 2.ª T., j. 10.08.2011, rel. Maria das Graças de Arruda França, *DJ* 23.08.2011)

🏛 Interpretação extensiva

• A informatização do sistema de depósito e registro das convenções e acordos coletivos de trabalho no Ministério do Trabalho e Emprego visa adequar o art.

614 e o parágrafo único do art. 613 da CLT à evolução tecnológica existente na atualidade, sem necessidade de alteração do texto legal (...).
(TRT-9.ª Reg., RO 40455-2009-016-09-00-0, 4.ª T., j. 23.02.2011, rel. Luiz Celso Napp, DJ 29.04.2011)

Art. 614. Os sindicatos convenentes ou as empresas acordantes promoverão, conjunta ou separadamente, dentro de 8 (oito) dias da assinatura da Convenção ou Acordo, o depósito de uma via do mesmo, para fins de registro e arquivo, no Departamento Nacional do Trabalho, em se tratando de instrumento de caráter nacional ou interestadual, ou nos órgãos regionais do Ministério do Trabalho e Previdência Social, nos demais casos.

* Artigo com redação determinada pelo Dec.-lei 229/1967.

* V. Portaria MTE 282/2007 (Implantação do Sistema de Negociações Coletivas de Trabalho – Mediador).

* V. IN SRT/MTE 11/2009 (Depósito, registro e arquivo de convenções e acordos coletivos de trabalho nos Órgãos do Ministério do Trabalho e Emprego).

⚖️ **Interpretação convergente**

• **Súmula 277 do TST**
As cláusulas normativas dos acordos coletivos ou convenções coletivas integram os contratos individuais de trabalho e somente poderão ser modificadas ou suprimidas mediante negociação coletiva de trabalho.

• A interpretação do art. 614, *caput*, da CLT deve guardar harmonia com a nova Constituição Federal, que alterou profundamente a organização sindical e a autonomia das partes para a negociação coletiva, estabelecendo princípios rígidos que vedam a intervenção do Poder Público nessa relação, presente no regramento jurídico infraconstitucional antecessor, e que reconhecem as convenções e os acordos coletivos, incentivando a negociação coletiva. Nessa ótica, a exigência de depósito das convenções e acordos coletivos no órgão ministerial não tem outra finalidade senão dar publicidade a esses ajustes, para fins de conhecimento de terceiros interessados. O conteúdo do ajuste coletivo firmado livremente entre

as partes legitimadas não pode ser questionado pelo Poder Público e, sendo assim, o descumprimento da exigência do seu depósito não pode invalidá-lo, na medida em que independe de qualquer manifestação do Estado. As normas e condições de trabalho negociadas de comum acordo entre as partes convenentes valem por si sós, criando direitos e obrigações entre elas a partir do momento em que firmado o instrumento coletivo na forma da lei. O descumprimento da formalidade prevista no art. 614 da CLT importa apenas infração administrativa, mas não macula o conteúdo da negociação coletiva, gerador de novos direitos e condições de trabalho (...).

(TST, RR 125700-50.2007.5.02.0069, 1.ª T., j. 11.10.2011, rel. Luiz Philippe Vieira de Mello Filho, *DJe* 21.10.2011)

🏛 Interpretação extensiva

• **OJ 34 da SDC/TST**
Acordo extrajudicial. Homologação. Justiça do Trabalho. Prescindibilidade. (Inserida em 07.12.1998).

É desnecessária a homologação, por Tribunal Trabalhista, do acordo extrajudicialmente celebrado, sendo suficiente, para que surta efeitos, sua formalização perante o Ministério do Trabalho (art. 614 da CLT e art. 7.º, XXVI, da CF/1988).

• Como condição para que as Convenções ou Acordos Coletivos de Trabalho possam produzir seus efeitos, o art. 614 da CLT impõe a entrega de uma cópia do instrumento normativo no órgão do Ministério do Trabalho e Emprego – MTE, para fins de registro e arquivamento. Objetivando dar celeridade aos referidos atos, o MTE, por meio da Portaria 282, criou o programa eletrônico para inserção de dados, denominado – Sistema Mediador. O referido sistema deve ser visto como faculdade conferida às partes convenentes e não exigência para o depósito dos instrumentos normativos. Esta Corte Superior tem decidido no sentido de que o depósito dos instrumentos coletivos por meio digital, de que trata a Portaria MTE 282, não pode ser entendido como obrigatoriedade das partes acordantes, mas mera faculdade, em razão de ausência de previsão legal nesse sentido (...).

(TST, RR 1548000-62.2009.5.09.0002, 3.ª T., j. 08.05.2013, rel. Mauricio Godinho Delgado, *DEJT* 10.05.2013)

Art. 614

CONSOLIDAÇÃO DAS LEIS DO TRABALHO

§ 1.º As Convenções e os Acordos entrarão em vigor 3 (três) dias após a data da entrega dos mesmos no órgão referido neste artigo.

§ 2.º Cópias autênticas das Convenções e dos Acordos deverão ser afixadas de modo visível, pelos sindicatos convenentes, nas respectivas sedes e nos estabelecimentos das empresas compreendidas no seu campo de aplicação, dentro de 5 (cinco) dias da data do depósito previsto neste artigo.

⚖ Interpretação convergente

• O art. 614 da CLT determina apenas e tão somente a entrega de uma via do instrumento coletivo junto ao órgão do Ministério do Trabalho e Emprego, no caso a Superintendência Regional do Trabalho e Emprego, sendo que a vigência, estatuída no próprio § 1.º, está assegurada três dias após a data de entrega do acordo ou convenção coletiva, sem qualquer condicionante e/ou manifestação do órgão ministerial (...).
(TST, RR 1441300-38.2009.5.09.0010, 6.ª T., j. 30.11.2011, rel. Aloysio Corrêa da Veiga, *DEJT* 09.12.2011)

§ 3.º Não será permitido estipular duração de Convenção ou Acordo superior a 2 (dois) anos.

⚖ Interpretação convergente

• **OJ 322 da SDI-I/TST**
Acordo coletivo de trabalho. Cláusula de termo aditivo prorrogando o acordo para prazo indeterminado. Inválida (*DJ* 09.12.2003)
Nos termos do art. 614, § 3.º, da CLT, é de 2 (dois) anos o prazo máximo de vigência dos acordos e das convenções coletivas. Assim sendo, é inválida, naquilo que ultrapassa o prazo total de 2 (dois) anos, a cláusula de termo aditivo que prorroga a vigência do instrumento coletivo originário por prazo indeterminado.

• A regra contida no § 3.º do art. 614 da CLT estabelece como prazo máximo para vigência das convenções ou dos acordos coletivos de trabalho 2 (dois) anos. Constituindo preceito em vigor e de ordem pública, sua observância se impõe,

a fim de se reconhecer, após aquele biênio, a invalidade de cláusula normativa, bem assim a impossibilidade de sua incorporação, em definitivo e por prazo indeterminado, aos contratos individuais de trabalho (...).
(TRT-15.ª Reg., RO 8934 SP 008934/2012, 4.ª T., j. 07.02.2012, rel. Luís Carlos Cândido Martins Sotero da Silva, DJ 17.02.2012)

Art. 615. O processo de prorrogação, revisão, denúncia ou revogação total ou parcial de Convenção ou Acordo ficará subordinado, em qualquer caso, à aprovação de assembleia geral dos sindicatos convenentes ou partes acordantes, com observância do disposto no art. 612.

* Artigo com redação determinada pelo Dec.-lei 229/1967.

⚖️ Interpretação convergente

• O art. 615 da CLT não faculta o depósito do instrumento de prorrogação do acordo coletivo para fins de registro e arquivamento; pelo contrário, exige-o, sendo, portanto, condição de exequibilidade da norma coletiva cujo teor pretende-se postergar (...).
(TST, AgIn 54700-68.1997.5.15.0007, 1.ª T., j. 05.11.2008, rel. Luiz Philippe Vieira de Mello Filho, DEJT 14.11.2008)

• O art. 615 da CLT não determina forma específica para o instrumento de prorrogação. Sendo assim, o registro no Ministério do Trabalho da ata da assembleia dos empregados, ponto de culminância do processo de negociação intermediado pelo sindicato profissional, exterioriza o interesse das partes interessadas na permanência das normas coletivas acordadas anteriormente (...).
(TST, AgIn no RR 185900-67.1998.5.15.0007, 1.ª T., j. 17.06.2009, rel. Luiz Philippe Vieira de Mello Filho, DEJT 26.06.2009)

• O art. 615 da CLT exige que o instrumento de revogação de Convenção ou de Acordo seja depositado no Órgão competente. Assim, não observado o requisito previsto em lei, deve ser considerado inválido o Termo Aditivo à Convenção Coletiva de Trabalho (...).
(TST, RR 183600-23.1997.5.03.0001, 5.ª T., j. 08.06.2011, rel. João Batista Brito Pereira, DEJT 24.06.2011)

Art. 616

§ 1.º O instrumento de prorrogação, revisão, denúncia ou revogação de Convenção ou Acordo será depositado, para fins de registro e arquivamento, na repartição em que o mesmo originariamente foi depositado, observado o disposto no art. 614.

§ 2.º As modificações introduzidas em Convenção ou Acordo, por força de revisão ou de revogação parcial de suas cláusulas, passarão a vigorar 3 (três) dias após a realização do depósito previsto no § 1.º.

⚖ **Interpretação convergente**

• O art. 615, *caput* e § 1.º, da CLT dispõe que o processo de prorrogação de convenção ou acordo coletivo de trabalho é sujeito à aprovação de assembleia geral dos sindicatos participantes, segundo o *quorum* estipulado no art. 612 celetista, devendo o instrumento de prorrogação dessas normas coletivas ser registrado e arquivado no órgão do Ministério do Trabalho em que depositado o pacto originário, donde insurge que a referida prorrogação, a exemplo do acordo de origem, tem que ser necessariamente escrita (art. 613, parágrafo único, da CLT) (...).
(TST, AgIn no RR 63700-73.1998.5.15.0099, 4.ª T., j. 29.10.2003, rel. Ives Gandra Martins Filho, *DJU* 21.11.2003)

Art. 616. Os sindicatos representativos de categorias econômicas ou profissionais e as empresas, inclusive as que não tenham representação sindical, quando provocados, não podem recusar-se à negociação coletiva.

* *Caput* com redação determinada pelo Dec.-lei 229/1967.

⚖ **Interpretação convergente**

• Se se cuida de dissídio coletivo de natureza econômica e revisional ajuizado em face de empresa, após frustradas todas as tentativas de negociação prévia, verifica-se a coincidência entre os titulares do direito material e as partes na relação processual, máxime quando a pauta de reivindicações traz em seu bojo

cláusulas específicas aos empregados da Empresa Suscitada. Inteligência do art. 616 da CLT (...).
(TST, RO 20900-06.2003.5.17.0000, SDC, j. 20.04.2006, rel. João Oreste Dalazen; DEJT 26.05.2006)

§ 1.º Verificando-se recusa à negociação coletiva, cabe aos sindicatos ou empresas interessadas dar ciência do fato, conforme o caso, ao Departamento Nacional do Trabalho ou aos órgãos regionais do Ministério do Trabalho e Previdência Social, para convocação compulsória dos sindicatos ou empresas recalcitrantes.

* § 1.º com redação determinada pelo Dec.-lei 229/1967.

§ 2.º No caso de persistir a recusa à negociação coletiva, pelo desatendimento às convocações feitas pelo Departamento Nacional do Trabalho ou órgãos regionais do Ministério do Trabalho e Previdência Social, ou se malograr a negociação entabulada, é facultada aos sindicatos ou empresas interessadas a instauração de dissídio coletivo.

* § 2.º com redação determinada pelo Dec.-lei 229/1967.
* V. art. 114, §§ 1.º e 2.º da CF/1988.
* V. Lei 4.725/1965 (Normas para o processo dos dissídios coletivos).

§ 3.º Havendo convenção, acordo ou sentença normativa em vigor, o dissídio coletivo deverá ser instaurado dentro dos 60 (sessenta) dias anteriores ao respectivo termo final, para que o novo instrumento possa ter vigência no dia imediato a esse termo.

* § 3.º com redação determinada pelo Dec.-lei 429/1969.
* V. Súmula 277 do TST.

⚖ **Interpretação convergente**

* O prazo de 60 dias a que alude o Recorrente, à luz do art. 616, § 3.º, da CLT, é o limite máximo admitido em lei, com vistas a possibilitar o desenvolvimento

adequado da fase negocial antes do término da vigência da norma coletiva em vigor – Convenção, Acordo ou Sentença Normativa – em que pode ser ajuizada a ação coletiva (...).

(TST, RO 758600-69.2002.5.04.0000, SDC, j. 18.08.2005, rel. Carlos Alberto Reis de Paula, *DJU* 09.09.2005)

• O § 3.º do art. 616 da CLT estabelece o prazo para o ajuizamento de dissídio coletivo revisional para que seja assegurada a manutenção da data-base. A extrapolação desse prazo acarreta a perda da data-base, salvo se apresentado tempestivamente Protesto Judicial e se o dissídio for instaurado dentro de, até, 30 dias (...).

(TST, RO 27700-02.2006.5.15.0000, SDC, j. 12.04.2007, rel. João Batista Brito Pereira, *DEJT* 11.05.2007)

§ 4.º Nenhum processo de dissídio coletivo de natureza econômica será admitido sem antes se esgotarem as medidas relativas à formalização da Convenção ou Acordo correspondente.

* § 4.º com redação determinada pelo Dec.-lei 229/1967.

Art. 617. Os empregados de uma ou mais empresas que decidirem celebrar Acordo Coletivo de Trabalho com as respectivas empresas darão ciência de sua resolução, por escrito, ao sindicato representativo da categoria profissional, que terá o prazo de 8 (oito) dias para assumir a direção dos entendimentos entre os interessados, devendo igual procedimento ser observado pelas empresas interessadas com relação ao sindicato da respectiva categoria econômica.

* Artigo com redação determinada pelo Dec.-lei 229/1967.

⚖ Interpretação convergente

• A possibilidade de celebração direta de norma coletiva entre os empregados interessados e a empregadora depende necessariamente da observância do comando do art. 617 da CLT. Assim, após a recusa do sindicato profissional

em submeter a proposta de acordo da empregadora aos empregados, caberia a provocação da federação e da confederação correspondentes (...).
(TST, RO 1149 1149/2004-000-15-00.6, SDC, j. 09.11.2009, rel. Walmir Oliveira da Costa, *DEJT* 20.11.2009)

Interpretação divergente

• O art. 617 da CLT foi tacitamente revogado pelo art. 8.º, VI, da CF/1988, que claramente impôs a participação do sindicato na negociação coletiva de trabalho (...).
(TRT-5.ª Reg., RO 0028400-04.2004.5.05.0007, 5.ª T., j. 21.02.2006, rel. Maria Adna Aguiar, *DJ* 28.04.2006)

> § 1.º Expirado o prazo de 8 (oito) dias sem que o sindicato tenha se desincumbido do encargo recebido, poderão os interessados dar conhecimento do fato à federação a que estiver vinculado o sindicato e, em falta dessa, à correspondente confederação, para que, no mesmo prazo, assuma a direção dos entendimentos. Esgotado esse prazo, poderão os interessados prosseguir diretamente na negociação coletiva até final.
>
> * V. art. 8.º, VI, da CF/1988.
>
> § 2.º Para o fim de deliberar sobre o Acordo, a entidade sindical convocará assembleia geral dos diretamente interessados, sindicalizados ou não, nos termos do art. 612.

Interpretação convergente

• [O] art. 617, § 1.º, da CLT, que foi recepcionado pela Constituição Federal, estabelece que, não se desincumbindo a entidade sindical de seu encargo de assumir a direção dos entendimentos entre os interessados no acordo coletivo, poderão os interessados prosseguir diretamente na negociação coletiva (...).
(TST, AgIn no RR 29240-14.2004.5.05.0007, 2.ª T., j. 08.08.2007, rel. José Simpliciano Fontes de F. Fernandes, *DEJT* 24.08.2007)

- O Tribunal Regional do Trabalho considerou válidos os acordos coletivos celebrados, ao entendimento de que o § 1.º do art. 617 da CLT foi recepcionado pela Carta Magna, sendo possível a substituição do ente sindical pelos empregados diante da recusa do Sindicato em negociar (...).
(TST, RR 325/2003-102-05-01.0, 4.ª T., j. 05.12.2007, rel. Antônio José de Barros Levenhagen, *DEJT* 08.02.2008)

Art. 618. As empresas e instituições que não estiverem incluídas no enquadramento sindical a que se refere o art. 577 desta Consolidação poderão celebrar Acordos Coletivos de Trabalho com os sindicatos representativos dos respectivos empregados, nos termos deste Título.

* Artigo com redação determinada pelo Dec.-lei 229/1967.

Art. 619. Nenhuma disposição de contrato individual de trabalho que contrarie normas de Convenção ou Acordo Coletivo de Trabalho poderá prevalecer na execução do mesmo, sendo considerada nula de pleno direito.

* Artigo com redação determinada pelo Dec.-lei 229/1967.

⚖️ **Interpretação convergente**

- O art. 619 da CLT, ao estabelecer que nenhuma disposição de contrato individual de trabalho que contrarie normas de convenção ou acordo coletivo de trabalho poderá prevalecer na execução do mesmo, sendo considerada nula de pleno direito, fixa o princípio da norma mais favorável ao empregado. Em razão desse princípio, deve ser aplicada a norma mais benéfica ao trabalhador, independentemente da sua colocação na hierarquia das normas jurídicas. Logo, não pode referido dispositivo legal ser invocado em desfavor do empregado (...).
(TST, EDcl em RR 678768-14.2000.5.17.5555, SBDI-I, j. 02.06.2003, rel. José Luciano de Castilho Pereira, *DJU* 20.06.2003)

- A Constituição da República guindou o princípio da irredutibilidade salarial ao nível dos demais nela insculpidos, erigindo, todavia, exceção à regra, que

reside precisamente na negociação coletiva. As entidades sindicais contam com poderes expressos, constitucional e legalmente outorgados, para negociar a redução salarial de seus representados, no sentido lato, tudo com o fito da melhoria das condições gerais de trabalho. É a preponderância do interesse coletivo sobre o meramente individual, axioma basilar do convívio social e, obviamente, trabalhista (art. 619 da CLT) (...).
(TST, RR 335/2006-020-10-85, 3.ª T. j. 19.08.2009, rel. Alberto Luiz Bresciani de Fontan Pereira, *DEJT* 04.09.2009)

Art. 620. As condições estabelecidas em Convenção, quando mais favoráveis, prevalecerão sobre as estipuladas em Acordo.

* Artigo com redação determinada pelo Dec.-lei 229/1967.

⚖ Interpretação convergente

• No quadro de conflito de regras entre os preceitos normativos de convenção e acordo coletivos, a ordem jus trabalhista tem regra explícita a respeito, estipulando que as condições estabelecidas em convenção, quando mais favoráveis, prevalecerão sobre as estipuladas em acordo coletivo de trabalho (art. 620 da CLT), em inteira harmonia com o *caput* do art. 7.º da CF/1988, que incorpora o princípio da norma mais favorável (...).
(TST, RR 129640-62.2007.5.18.0009, 6.ª T., j. 28.09.2011, rel. Mauricio Godinho Delgado, *DEJT* 07.10.2011)

• Nos termos do art. 620 da CLT, as condições estabelecidas em convenção coletiva, quando mais favoráveis, prevalecerão sobre as estipuladas em acordo coletivo. Na apuração da norma mais vantajosa, deve ser considerado todo o conteúdo dos instrumentos coletivos cotejados, consoante prega a teoria do conglobamento (...).
(TST, AgIn em RR 1911-02.2011.5.03.0148, 4.ª T., j. 06.02.2013, rel. Luiz Philippe Vieira de Mello Filho, *DEJT* 15.02.2013)

• A dicção do art. 620 da CLT não deixa dúvida de que cabe ao intérprete ao se deparar com o confronto de dois instrumentos normativos deve adotar aquele, considerado no seu todo, que seja mais favorável ao trabalhador. Vale destacar que o critério do conglobamento observa o caráter unitário do instrumento

Art. 621

normativo, no qual muitas vezes os trabalhadores desistem de uma determinada vantagem para obterem outra como forma de compensação (...).
(TRT-2.ª Reg., RO 01772-2007-501-02-00-0, 12.ª T., j. 04.03.2010, rel. Marcelo Freire Gonçalves, *DJ* 16.03.2010)

Interpretação extensiva

- **Súmula 202 do TST**
Gratificação por tempo de serviço. Compensação. (Res. TST 121/2003, *DJ* 19, 20 e 21.11.2003)
Existindo, ao mesmo tempo, gratificação por tempo de serviço outorgada pelo empregador e outra da mesma natureza prevista em acordo coletivo, convenção coletiva ou sentença normativa, o empregado tem direito a receber, exclusivamente, a que lhe seja mais benéfica.

- O art. 620 da CLT retrata a aplicação da norma mais favorável ao empregado, na comparação de normas coletivas em conflito, de modo que as condições de trabalho estabelecidas em Convenção Coletiva, quando mais benéficas, prevalecem sobre as fixadas em Acordo Coletivo. Do mesmo modo, se as condições estipuladas no Acordo Coletivo se mostrarem mais benéficas que aquelas disciplinadas em Convenção Coletiva, as primeiras prevalecerão sobre as segundas. Trata-se da adoção da Teoria do Conglobamento ou critério da globalidade, que determina seja aplicada, na existência de duas normas coletivas de espécies diferentes, mas de mesma hierarquia, aquela que se mostrar mais favorável ao trabalhador em seu conjunto. O que não se revela justo e razoável é a intenção do trabalhador de ver aplicadas ao seu contrato de trabalho ambas as normas de forma fracionada, pinçando apenas as cláusulas negociadas coletivamente que lhe beneficiem e descartando aquelas que lhe sejam menos benéficas (...).
(TRT-5.ª Reg., RO 0042500-80.2008.5.05.0020, 4.ª T., j. 07.12.2011, rel. Lourdes Linhares, *DJ* 13.12.2011)

Art. 621. As Convenções e os Acordos poderão incluir, entre suas cláusulas, disposição sobre a constituição e funcionamento de comissões mistas de consulta e colaboração, no plano da empresa e sobre participação nos lucros. Estas disposições mencionarão a forma de

constituição, o modo de funcionamento e as atribuições das comissões, assim como o plano de participação, quando for o caso.

* Artigo com redação determinada pelo Dec.-lei 229/1967.
* V. arts. 7.º, XI e 11 da CF/1988.
* V. Lei 10.101/2000 (Participação dos trabalhadores nos lucros ou resultados da empresa).

⚖️ **Interpretação convergente**

- **OJ 390 da SDI-I/TST**

Participação nos lucros e resultados. Rescisão contratual anterior à data da distribuição dos lucros. Pagamento proporcional aos meses trabalhados. Princípio da isonomia. (*DEJT* 09, 10 e 11.06.2010)

Fere o princípio da isonomia instituir vantagem mediante acordo coletivo ou norma regulamentar que condiciona a percepção da parcela participação nos lucros e resultados ao fato de estar o contrato de trabalho em vigor na data prevista para a distribuição dos lucros. Assim, inclusive na rescisão contratual antecipada, é devido o pagamento da parcela de forma proporcional aos meses trabalhados, pois o ex-empregado concorreu para os resultados positivos da empresa.

- As Convenções e os Acordos Coletivos podem incluir, em suas cláusulas, disposição sobre a participação nos lucros e/ou resultados da empresa, nos termos do art. 621 da CLT (...).

(TRT-4.ª Reg., RO 00603-2007-019-04-00-9, 5.ª T., j. 12.02.2009, rel. Tânia Maciel de Souza)

Art. 622. Os empregados e as empresas que celebrarem contratos individuais de trabalho, estabelecendo condições contrárias ao que tiver sido ajustado em Convenção ou Acordo que lhes for aplicável, serão passíveis da multa neles fixada.

* Artigo com redação determinada pelo Dec.-lei 229/1967.

Parágrafo único. A multa a ser imposta ao empregado não poderá exceder da metade daquela que, nas mesmas condições, seja estipulada para a empresa.

Interpretação extensiva

- **Súmula 384 do TST**

Multa convencional. Cobrança. (Conversão das OJs 150 e 239 da SBDI-I/TST). (Res. TST 129/2005, DJ 20, 22 e 25.04.2005)

I – O descumprimento de qualquer cláusula constante de instrumentos normativos diversos não submete o empregado a ajuizar várias ações, pleiteando em cada uma o pagamento da multa referente ao descumprimento de obrigações previstas nas cláusulas respectivas. (Ex-OJ 150 da SDI-I/TST, inserida em 27.11.1998)

II – É aplicável multa prevista em instrumento normativo (sentença normativa, convenção ou acordo coletivo) em caso de descumprimento de obrigação prevista em lei, mesmo que a norma coletiva seja mera repetição de texto legal. (Ex-OJ 239 da SDI-I/TST, inserida em 20.06.2001)

- Multa normativa.

Descumprida pela Reclamada disposição normativa a que se via obrigada, devida é a multa normativa para cada ano em que houve tal descumprimento e para cujo período fora acostada ao autos a Convenção Coletiva de Trabalho respectiva (...).

(TRT-5.ª Reg., RO 00007.2008.036.05.00.0, 4.ª T., j. 14.04.2009, rel. Des. Graça Boness)

Interpretação restritiva

- Em havendo recusa do sindicato profissional, e até mesmo da Federação, em participar da negociação coletiva, que objetiva a formalização de acordo coletivo, legítima é a atuação de comissão de empregados, nos termos do que dispõe o art. 8.º, VI, da CF/1988 e art. 617 da CLT. Titulares dos direitos são os empregados, de forma que o sindicato profissional, como seu representante, deve se ajustar à vontade que, livremente, expressam e que atende aos seus interesses, mormente considerando-se as peculiaridades que envolvem a prestação de serviços e a realidade econômico-financeira do empregador (...).

(TST, RODC 16300-58.2005.5.03.0000, SDC, j. 08.03.2007, rel. Milton de Moura França, DEJT 13.04.2007)

- Convenções coletivas. Acordos coletivos. Prevalência.

O legislador constituinte reconheceu a validade dos Acordos Coletivos e Convenções Coletivas, sem estabelecer qualquer distinção entre um e ou-

tro. Celebrando a reclamada acordos coletivos de trabalho com o sindicato representativo do autor, devem os mesmos prevalecer em detrimento das convenções coletivas aplicáveis à generalidade da categoria profissional, por disciplinarem condições específicas, no âmbito da própria empresa. A situação particularizada entre a representação sindical dos empregados e o empregador se sobrepõe (...).

(TRT-3.ª Reg., RO 01072-2012-148-03-00-8, 3.ª T., j. 07.03.2013, rel. Frederico Leopoldo Pereira, *DJ* 14.03.2013)

Art. 623. Será nula de pleno direito disposição de Convenção ou Acordo que, direta ou indiretamente, contrarie proibição ou norma disciplinadora da política econômico-financeira do Governo ou concernente à política salarial vigente, não produzindo quaisquer efeitos perante Autoridades e Repartições Públicas, inclusive para fins de revisão de preços e tarifas de mercadorias e serviços.

* Artigo com redação determinada pelo Dec.-lei 229/1967.

Parágrafo único. Na hipótese deste artigo, a nulidade será declarada, de ofício ou mediante representação, pelo Ministro do Trabalho e Previdência Social, ou pela Justiça do Trabalho, em processo submetido ao seu julgamento.

Interpretação divergente

- Acordo coletivo. Previsão de prorrogação do prazo para pagamento do 13.º salário. Possibilidade.

A negociação coletiva, tanto convenção como acordo coletivo, tem respaldo constitucional e constitui uma das mais legítimas fontes do direito do trabalho, resguardado o império da lei. Tanto que a própria Constituição admite, por meio dela, a redução salarial. Sendo assim, não se vislumbra qualquer ilicitude no acordo celebrado pelo sindicato e a empresa, no qual foi previsto a prorrogação do prazo para pagamento do 13.º salário (...).

E como bem posto pelo Juízo *a quo*, f.:

"Entendo que o acordo firmado à época entre a embargante e o Sindicato de Classe não afronta os arts. 468 e 623 consolidados, pois, a meu ver, pelo drama vivenciado à época pela população da Região Norte de Alagoas, com

a possibilidade da embargante encerrar suas atividades, o bem maior foi preservado com a manutenção das atividades da embargante e a garantia de milhares de emprego, uma vez que seu esse prejuízo seria, de fato, sentido pelo trabalhador" (...).
(TRT-19.ª Reg., AgPet 01332.2007.057.19.00-3, j. 14.10.2008, rel. Des. João Batista)

Art. 624. A vigência de cláusula de aumento ou reajuste salarial, que implique elevação de tarifas ou de preços sujeitos à fixação por Autoridade Pública ou Repartição Governamental, dependerá de prévia audiência dessa Autoridade ou Repartição e sua expressa declaração no tocante à possibilidade de elevação da tarifa ou do preço e quanto ao valor dessa elevação.

* Artigo com redação determinada pelo Dec.-lei 229/1967.

Art. 625. As controvérsias resultantes da aplicação de Convenção ou de Acordo celebrado nos termos deste Título serão dirimidas pela Justiça do Trabalho.

* Artigo com redação determinada pelo Dec.-lei 229/1967.
* V. art. 114, § 2.º, da CF.

Interpretação restritiva

• **Súmula 222 do STJ**
Compete à Justiça Comum processar e julgar as ações relativas à contribuição sindical prevista no art. 578 da CLT.

• Entendimento superado pela ampliação da competência da Justiça do Trabalho definida pela EC 45/04. Vide art. 114 da CF/1988.
• Conflito positivo de competência. Justiça Estadual e Justiça do Trabalho. Ações de rito ordinário movidas por sindicalizados regidos por regime estatutário contra sindicato de servidores públicos municipais. Eleição de representantes sindicais. Conexão. Reunião dos processos na Justiça Estadual. Inexistência de relação de trabalho.
1. No caso dos autos, entre as duas ações em comento há inquestionável laço de conexão, determinado pela identidade de objeto, pois ambas as ações – de pedi-

dos antagônicos – versam sobre a regularidade ou não de um mesmo processo eleitoral de entidade sindical. Impõe-se, portanto, a reunião dos processos, a fim de evitar julgamento conflitante (art. 105 do CPC).

2. O STF, ao apreciar medida cautelar na ADIn 3.395/DF (rel. Min. Cézar Peluso, *DJ* 10.11.2006), referendou medida liminar que, interpretando o inc. I do art. 114 da CF/1988, excluiu da competência da Justiça do Trabalho as causas envolvendo entidades de Direito Público e seus respectivos servidores, submetidos a regime estatutário.

3. A mesma orientação deve ser adotada na interpretação do inc. III do art. 114 da CF/1988, que atribui à Justiça do Trabalho competência para processar e julgar as demandas "entre sindicatos, entre sindicatos e empregadores e entre sindicatos e trabalhadores". Tal norma de competência não se aplica a demandas entre sindicato e seus sindicalizados, quando estes são regidos por normas estatutárias de direito administrativo (...).

(STJ, CComp 95.868/RJ, 1.ª Seção, j. 13.08.2008, rel. Teori Albino Zavascki, *DJe* 01.09.2008)

• I – O art. 114 da CF/1988 é peremptório ao fixar a competência material da Justiça do Trabalho exclusivamente para julgar os dissídios individuais entre trabalhadores e empregadores, bem como os litígios que tenham origem no cumprimento de suas próprias sentenças, inclusive coletivas.

II – No caso concreto, a lide se estabelece entre o sindicato da categoria econômica e a empresa por ele representada, objetivando o cumprimento do estabelecido na convenção coletiva de trabalho do ano de 2000, quanto ao pagamento pelas empresas representadas – associadas ou não – da contribuição assistencial. Nessa circunstância, não está em litígio controvérsia entre empregado e empregador ou entre o sindicato profissional e a respectiva categoria econômica, a atrair a competência material da Justiça do Trabalho, dado que não se postula o cumprimento de condições de trabalho estabelecidas no acordo coletivo, mas o cumprimento da contribuição assistencial patronal criada na convenção coletiva devida pela respectiva categoria econômica.

III – O E. STJ, por meio da Súmula 222, já firmou entendimento de que: "Compete à Justiça Comum processar e julgar ações relativas à contribuição sindical prevista no art. 578 da CLT" (...).

(TST, Embargos em RR 44.406/2002-900-04-00.6, SDI-I, j. 19.05.2003, rel. Milton de Moura França, *DJU* 13.06.2003)

Art. 625-A

TÍTULO VI-A
DAS COMISSÕES DE CONCILIAÇÃO PRÉVIA

* Título VI-A acrescentado pela Lei 9.958/2000.

Art. 625-A. As empresas e os sindicatos podem instituir Comissões de Conciliação Prévia, de composição paritária, com representantes dos empregados e dos empregadores, com a atribuição de tentar conciliar os conflitos individuais do trabalho.

* Artigo acrescentado pela Lei 9.958/2000.

Parágrafo único. As Comissões referidas no *caput* deste artigo poderão ser constituídas por grupos de empresas ou ter caráter intersindical.

Art. 625-B. A Comissão instituída no âmbito da empresa será composta de, no mínimo, dois e, no máximo, 10 (dez) membros, e observará as seguintes normas:

* Artigo acrescentado pela Lei 9.958/2000.

I – a metade de seus membros será indicada pelo empregador e a outra metade eleita pelos empregados, em escrutínio secreto, fiscalizado pelo sindicato da categoria profissional;

II – haverá na Comissão tantos suplentes quantos forem os representantes titulares;

III – o mandato dos seus membros, titulares e suplentes, é de 1 (um) ano, permitida uma recondução.

§ 1.º É vedada a dispensa dos representantes dos empregados membros da Comissão de Conciliação Prévia, titulares e suplentes, até 1 (um) ano após o final do mandato, salvo se cometerem falta grave, nos termos da lei.

§ 2.º O representante dos empregados desenvolverá seu trabalho normal na empresa, afastando-se de suas atividades apenas quando convocado para atuar como conciliador, sendo computado como tempo de trabalho efetivo o despendido nessa atividade.

Art. 625-C. A Comissão instituída no âmbito do sindicato terá sua constituição e normas de funcionamento definidas em convenção ou acordo coletivo.

* Artigo acrescentado pela Lei 9.958/2000.

Art. 625-F

Art. 625-D. Qualquer demanda de natureza trabalhista será submetida à Comissão de Conciliação Prévia se, na localidade da prestação de serviços, houver sido instituída a Comissão no âmbito da empresa ou do sindicato da categoria.

* Artigo acrescentado pela Lei 9.958/2000.

* O STF, na Cautelar em ADIn 2.139/DF e 2.160/DF (*DOU* e *DJe* 22.05.2009), deferiu parcialmente a cautelar para dar interpretação conforme a Constituição Federal relativamente ao art. 625-D, introduzido pelo art. 1.º da Lei 9.958/2000.

§ 1.º A demanda será formulada por escrito ou reduzida a termo por qualquer dos membros da Comissão, sendo entregue cópia datada e assinada pelo membro aos interessados.

§ 2.º Não prosperando a conciliação, será fornecida ao empregado e ao empregador declaração da tentativa conciliatória frustrada com a descrição de seu objeto, firmada pelos membros da Comissão, que deverá ser juntada à eventual reclamação trabalhista.

§ 3.º Em caso de motivo relevante que impossibilite a observância do procedimento previsto no *caput* deste artigo, será a circunstância declarada na petição inicial da ação intentada perante a Justiça do Trabalho.

§ 4.º Caso exista, na mesma localidade e para a mesma categoria, Comissão de empresa e Comissão sindical, o interessado optará por uma delas para submeter a sua demanda, sendo competente aquela que primeiro conhecer do pedido.

Art. 625-E. Aceita a conciliação, será lavrado termo assinado pelo empregado, pelo empregador ou seu preposto e pelos membros da Comissão, fornecendo-se cópia às partes.

* Artigo acrescentado pela Lei 9.958/2000.

Parágrafo único. O termo de conciliação é título executivo extrajudicial e terá eficácia liberatória geral, exceto quanto às parcelas expressamente ressalvadas.

Art. 625-F. As Comissões de Conciliação Prévia têm prazo de 10 (dez) dias para a realização da sessão de tentativa de conciliação a partir da provocação do interessado.

* Artigo acrescentado pela Lei 9.958/2000.

Parágrafo único. Esgotado o prazo sem a realização da sessão, será fornecida, no último dia do prazo, a declaração a que se refere o § 2.º do art. 625-D.

Art. 625-G. O prazo prescricional será suspenso a partir da provocação da Comissão de Conciliação Prévia, recomeçando a fluir, pelo que lhe resta, a partir da tentativa frustrada de conciliação ou do esgotamento do prazo previsto no art. 625-F.

* Artigo acrescentado pela Lei 9.958/2000.

Art. 625-H. Aplicam-se aos Núcleos Intersindicais de Conciliação Trabalhista em funcionamento ou que vierem a ser criados, no que couber, as disposições previstas neste Título, desde que observados os princípios da paridade e da negociação coletiva na sua constituição.

* Artigo acrescentado pela Lei 9.958/2000.

⚖ **Interpretação convergente**

• Comissão de Conciliação Prévia. Eficácia do acordo firmado extrajudicialmente. Quitação ampla. Art. 625-E da CLT (...).
(TST, RR 6907220105040024, 7.ª T., j. 07.08.2012, rel. Ives Gandra Martins Filho, *DEJT* 10.08.2012)

• Agravo regimental. Agravo de Instrumento em recurso de revista. Acordo celebrado perante a Comissão de Conciliação Prévia. Eficácia liberatória (...).
(TST, AgRg em AgIn no RR 1262009820065020442, 1.ª T., j. 08.05.2013, rel. Walmir Oliveira da Costa, *DEJT* 10.05.2013)

• Comissão de conciliação prévia. Requisito para propositura de ação reclamatória. Inexigibilidade. A regra do art. 625-D e o instrumento coletivo mencionado nas razões de recurso não constituem obstáculo à propositura da ação reclamatória (...).
(TRT-3.ª Reg., RO 00388-2010-097-03-00-2, 3.ª T., j. 17.04.2012, rel. Maria Raquel Ferraz Zagari Valentim, *DJ* 17.04.2012)

Art. 625-H

🏛 Interpretação extensiva

- Conforme jurisprudência desta Corte, o termo firmado perante a Comissão de Conciliação Prévia tem eficácia liberatória geral, quando não há oposição de ressalvas, pois traduz manifestação espontânea de vontades e constitui título executivo extrajudicial, nos termos do art. 625-E da CLT (...).
(TST, RR 283600-22.2003.5.02.0042, 7.ª T., j. 04.05.2011, rel. Pedro Paulo Teixeira Manus, *DEJT* 24.06.2011)

- A tentativa de conciliação perante a Comissão de Conciliação prévia não é condição da ação e nem tampouco pressuposto processual para ajuizamento da reclamação trabalhista. Trata-se de faculdade assegurada ao obreiro, ou seja, é direito da parte com o fito de agilizar a solução do conflito, não podendo ser arguida como pressuposto de constituição e desenvolvimento válido do processo. Representa uma solução espontânea de conflito de interesses, visando desafogar o Judiciário (...).
(TRT-6.ª Reg., RO 003-2008-021-06-00-7, 1.ª T., j. 02.09.2008, rel. Dione Nunes Furtado da Silva)

⚖ Interpretação restritiva

- Direito individual do trabalho. Inaplicabilidade da Lei 9.307/1996.
Posição de desigualdade existente entre empregado e empregador no contrato de trabalho que dificulta a observância do princípio da livre manifestação da vontade (...).
(TST, AgIn em RR 415/2005-039-02-40.9, 6.ª T., j. 17.06.2009, rel. Horácio Senna Pires, *DEJT* 26.06.2009)

- Comissão de Conciliação Prévia. Acordo. Validade. Quitação do contrato de trabalho.
A conciliação firmada perante a Comissão de Conciliação Prévia possui eficácia liberatória geral, exceto quanto às parcelas expressamente ressalvadas, sob pena de tornar letra morta o disposto no art. 625-E da CLT (...).
(TRT-15.ª Reg., RO 141300-56.2005.5.15.0090, j. 06.12.2011, rel. Luiz Roberto Nunes, *DJ* 13.01.2012)

TÍTULO VII
DO PROCESSO DE MULTAS ADMINISTRATIVAS

* Multas: ver Notas de Atualização e Portaria MTb 290/1997.

Capítulo I
DA FISCALIZAÇÃO, DA AUTUAÇÃO E DA IMPOSIÇÃO DE MULTAS

Art. 626. Incumbe às Autoridades competentes do Ministério do Trabalho, Indústria e Comércio, ou àquelas que exerçam funções delegadas, a fiscalização do fiel cumprimento das normas de proteção ao trabalho.

* V. art. 35 do Dec.-lei 229/1967 (Altera dispositivos da Consolidação das Leis do Trabalho – CLT).

Parágrafo único. Os fiscais dos Institutos de Seguro Social e das entidades paraestatais em geral, dependentes do Ministério do Trabalho, Indústria e Comércio, serão competentes para a fiscalização a que se refere o presente artigo, na forma das instruções que forem expedidas pelo Ministro do Trabalho, Indústria e Comércio.

* V. art. 21, XXIV, da CF/1988.
* V. art. 35 do Dec.-lei 229/1967 (Altera dispositivos da Consolidação das Leis do Trabalho – CLT).

⚖️ **Interpretação convergente**

• De conformidade com o disposto no art. 626 da CLT, incumbe aos Auditores Fiscais do Trabalho a fiscalização do fiel cumprimento das normas de proteção ao trabalho. Os atos administrativos, de uma forma geral, gozam da presunção de veracidade, inerente à legitimidade, de tanto se deduzindo verdadeiros os fatos alegados e afirmados pela Administração para a prática do ato, até prova convincente em contrário. De se manter a sentença que deu pela procedência do pleito de anulação de Auto de Infração em face do empregador, quando verificado o cumprimento de obrigação patronal, ainda que por forma diversa da legalmente prevista. (...).

(TRT-7.ª Reg., RO 0196600-2420075070003, 2.ª T., j. 25.05.2009, rel. Cláudio Soares Pires, DJ 01.07.2009)

• Com efeito, a fiscalização do cumprimento das normas de proteção ao trabalho incumbe às autoridades do Ministério do Trabalho ou àquelas que exerçam funções delegadas (art. 626 da CLT). Acatar pensamentos contrários elidiria qualquer atuação fiscal em empresas que se negassem a admitir o vínculo laboral, ainda que os elementos fáticos demonstrassem de forma efetiva o contrário. Logo, cairia por terra todo o arcabouço protetivo fincado na fiscalização estatal, porquanto nenhum outro aspecto trabalhista se sujeitaria a inspeção, partindo-se do pressuposto de que onde não há vínculo, não há obrigações celetistas a cumprir. No mais, a decisão judicial recorrida muito bem cotejou a prova dos autos, para concluir pela regularidade formal e material do auto de infração impugnado e consequente improcedência da pretensão anulatória (...).
(TRT-7.ª Reg., RO 0020100-7220085070002, 1.ª T., j. 11.01.2012, rel. Rosa de Lourdes Azevedo Bringel, DJ 19.01.2012)

Interpretação extensiva

• **Súmula 473 do STF**
A Administração pode anular seus próprios atos, quando eivados de vícios que os tornam ilegais, porque deles não se originam direitos; ou revogá-los, por motivo de conveniência ou oportunidade, respeitados os direitos adquiridos, e ressalvada, em todos os casos, a apreciação judicial.

> **Art. 627.** A fim de promover a instrução dos responsáveis no cumprimento das leis de proteção do trabalho, a fiscalização deverá observar o critério de dupla visita nos seguintes casos:
> *a)* quando ocorrer promulgação ou expedição de novas leis, regulamentos ou instruções ministeriais, sendo que, com relação exclusivamente a esses atos, será feita apenas a instrução dos responsáveis;
> *b)* em se realizando a primeira inspeção dos estabelecimentos ou dos locais de trabalho, recentemente inaugurados ou empreendidos.

Interpretação convergente

• Infere-se da v. decisão recorrida, que o caso dos autos não trata das hipóteses do art. 627 da CLT, pois, tal como consigna o e. Tribunal Regional, a validade

da autuação fiscal foi condicionada à observância da dupla visita apenas nos casos em que a legislação estipulou a sua obrigatoriedade. Nesse contexto, não há como se concluir pela violação do art. 627 da CLT. Multa administrativa. Redução do valor arbitrado. O recurso, no tema, está desfundamentado porque a reclamante não aponta violação ou divergência jurisprudencial a fim de fundamentar o seu apelo. Óbice do art. 896 da CLT e alíneas. Agravo de instrumento a que se nega provimento (…). (TST, AgIn em RR 228600-83.2008.5.15.0144, 3.ª T., j. 07.08.2012, rel. Maria das Graças Silvany Dourado Laranjeira, *DEJT* 17.08.2012).

Art. 627-A. Poderá ser instaurado procedimento especial para ação fiscal, objetivando a orientação sobre o cumprimento das leis de proteção ao trabalho, bem como a prevenção e o saneamento de infrações à legislação mediante Termo de Compromisso, na forma a ser disciplinada no Regulamento da Inspeção do Trabalho.

* Artigo acrescentado pela MedProv 2.164-41/2001.

⚖ Interpretação convergente

• Mandado de segurança. Termo de compromisso firmado com o ministério do trabalho e emprego. Atendimento da legislação estatal. Segurança denegada. Por ausência de demonstração de direito líquido e certo, mediante prova pré-constituída, bem como de ilegalidade ou abuso de poder da autoridade pública, não encontra respaldo jurídico o pedido de segurança consistente na falta de observância de Termo de Compromisso voluntariamente firmado pela própria entidade empresária impetrante com o Ministério do Trabalho e Emprego, por via da SRTE, nos moldes do art. 627-A da CLT, notadamente se o objeto do ajuste consiste no cumprimento da legislação estatal. Apelo da impetrante a que se nega provimento (…). (TRT-18.ª Reg., MS 01832-2011-002-18-00-9, rel. Paulo Pimenta, *DJ* 06.06.2012)

Art. 628. Salvo o disposto nos arts. 627 e 627-A, a toda verificação em que o Auditor Fiscal do Trabalho concluir pela existência de violação de preceito legal deve corresponder, sob pena de responsabilidade administrativa, a lavratura de auto de infração.

* *Caput* com redação determinada pela MedProv 2.164-41/2001.

Art. 628

⚖️ Interpretação convergente

• O Auditor-Fiscal do Trabalho está, por força da lei e sob pena de responsabilidade administrativa, obrigado a verificar a existência ou não de violação de preceito legal, sendo sua conclusão motivadora na aplicação da sanção correspondente, devidamente lavrada em auto próprio (art. 628 da CLT). Assim, a conclusão acerca da existência ou não de vínculo de emprego é procedimento inerente à função fiscalizadora por ele desempenhada, podendo, entretanto, tal questão, ser reexaminada, tanto na esfera administrativa, como também na judicial. Revista parcialmente conhecida e provida (...).
(TST, RR 45000-44.2007.5.07.0006, 4.ª T., j. 17.08.2011, rel. Maria de Assis Calsing, *DEJT* 26.08.2011)

• 1. A reconsideração do ato de dispensa imotivada, a teor do art. 489 da CLT, somente produz o efeito de preservar a vigência do contrato de trabalho quando exercida dentro do prazo alusivo ao aviso prévio. Em todo caso, estará condicionada à anuência do empregado ou à continuidade da prestação de serviços após o exaurimento do prazo legal do aviso prévio.
2. A incontroversa ausência de concordância dos empregados em relação à reconsideração apresentada e o não retorno destes ao trabalho torna efetiva a rescisão contratual depois de expirado o prazo do aviso prévio concedido pela empresa.
3. A autuação da autoridade trabalhista a cada verificação realizada, de acordo com o art. 628 da CLT, e que resultou na imposição de uma única multa, não configura *bis in idem*.
4. É inconstitucional a exigência de depósito prévio da multa administrativa como pressuposto de procedibilidade de recurso, nos termos da Súmula Vinculante 21 do STF. Inviabilizam, contudo, o provimento o recurso, no particular, a não comprovação do exercício da faculdade de recorrer na esfera administrativa e a judicialização da controvérsia que possibilitou a ampla discussão da validade dos autos de infração impugnados.
5. Nega-se provimento ao recurso de apelação. (...).
(TRF-1.ª Reg., Ap 2000.01.00.077380-5, 5.ª T., j 20.03.2012, rel. Rodrigo Navarro de Oliveira, *DJ* 27.03.2012).

§ 1.º Ficam as empresas obrigadas a possuir o livro intitulado "Inspeção do Trabalho", cujo modelo será aprovado por portaria ministerial.

* § 1.º acrescentado pelo Dec.-lei 229/1967.

Art. 629

§ 2.º Nesse livro, registrará o agente da inspeção sua visita ao estabelecimento, declarando a data e a hora do início e término da mesma, bem como o resultado da inspeção, nele consignando, se for o caso, todas as irregularidades verificadas e as exigências feitas, com os respectivos prazos para seu atendimento, e, ainda, de modo legível, os elementos de sua identificação funcional.

* § 2.º acrescentado pelo Dec.-lei 229/1967.

§ 3.º Comprovada má-fé do agente da inspeção, quanto à omissão ou lançamento de qualquer elemento no livro, responderá ele por falta grave no cumprimento do dever, ficando passível, desde logo, da pena de suspensão até 30 (trinta) dias, instaurando-se, obrigatoriamente, em caso de reincidência, inquérito administrativo.

* § 3º acrescentado pelo Dec.-lei 229/1967.

§ 4.º A lavratura de autos contra empresas fictícias e de endereços inexistentes, assim como a apresentação de falsos relatórios, constituem falta grave, punível na forma do § 3.º.

* § 4.º acrescentado pelo Dec.-lei 229/1967.

Art. 629. O auto de infração será lavrado em duplicata, nos termos dos modelos e instruções expedidos, sendo uma via entregue ao infrator, contra recibo, ou ao mesmo enviada, dentro de 10 (dez) dias da lavratura, sob pena de responsabilidade, em registro postal, com franquia e recibo de volta.

* Artigo com redação determinada pelo Dec.-lei 229/1967.

⚖️ Interpretação convergente

• 1. Alegações genericamente formuladas não são suficientes para afastar a presunção de certeza e liquidez do crédito tributário inscrito em dívida ativa (Art. 204 do CTN e art. 3.º da Lei 6.830/1980) (Cf. (AC 0025926-61.2003.4.01.9199/MG, 7.ª T. Suplementar, rel. Saulo José Casali Bahia, e-DJF1 20.07.2012, p. 956).

Planilha demonstrativa de cálculo não é elemento exigível a instruir a CDA nas execuções fiscais.

2. A CDA padece de outro vício que a torna nula, posto que foi nulo o procedimento administrativo que a deu origem, pela ausência de notificação, nos termos do art. 629 da CLT. Com efeito, examinando os documentos de f., verifica-se no auto de infração (f.) assinatura não identificada em nenhum momento no processo, nem mesmo por certidão do fiscal indicando de quem se tratava a pessoa à qual foi entregue o auto de infração; ademais, houve alteração da capitulação legal da imposição da multa sem nenhum comunicado, tendo sido o autor considerado confesso quanto à matéria de fato.

3. Apelação e remessa a que se nega provimento (...).

(TRF-1.ª Reg., Ap 1999.01.00.050807-6, 7.ª T., j 16.10.2012, rel. Lino Osvaldo Serra Sousa Segundo, DJ 22.02.2013)

§ 1.º O auto não terá o seu valor probante condicionado à assinatura do infrator ou de testemunhas, e será lavrado no local da inspeção, salvo havendo motivo justificado que será declarado no próprio auto, quando então deverá ser lavrado no prazo de 24 (vinte e quatro) horas, sob pena de responsabilidade.

⚖️ **Interpretação convergente**

• Recurso Ordinário Interposto pela autora. Nulidade do auto de infração pela lavratura em local diverso da filial autuada (infringência ao art. 629, § 1.º, da CLT). Hipótese em que, como bem observado na sentença, é plenamente cabível a fiscalização indireta, uma vez que as informações necessárias constam da documentação da empresa junto ao Ministério do Trabalho. Ademais, a empresa já havia sido notificada para regularizar a matéria atinente ao número mínimo de aprendizes, não tendo atendido esta determinação. Evidente, pois, que a inspeção local não era necessária. A alegação centrada na responsabilidade do agente público também não prospera, afinando-se do entendimento da sentença de que o sentido do art. 629 da CLT é a eficiência do serviço público, não gerando a nulidade alegada. Nulidade não reconhecida. Recurso desprovido (...).

(TRT-4.ª Reg., RO 0000044-18.2011.5.04.0771, 5.ª T., j 17.11.2011, rel. Berenice Messias Corrêa)

§ 2.º Lavrado o auto de infração, não poderá ele ser inutilizado, nem sustado o curso do respectivo processo, devendo o agente da inspeção apresentá-lo à autoridade competente, mesmo se incidir em erro.

§ 3.º O infrator terá, para apresentar defesa, o prazo de 10 (dez) dias contados do recebimento do auto.

§ 4.º O auto de infração será registrado com a indicação sumária de seus elementos característicos, em livro próprio que deverá existir em cada órgão fiscalizador, de modo a assegurar o controle do seu processamento.

⚖️ Interpretação convergente

- Contra decisão monocrática de relator não cabem embargos de declaração que, no entanto, devem ser conhecidos como agravo interno. Não merece acolhida recurso de agravo interno onde os recorrentes não apresentam qualquer subsídio capaz de viabilizar a alteração dos fundamentos da decisão hostilizada, persistindo, destarte, imaculados e impassíveis os argumentos nos quais o entendimento foi firmado. A jurisprudência é prevalente quanto à inaplicabilidade do Código Tributário Nacional aos créditos de natureza não tributários. A hipótese dos autos trata de infração à legislação trabalhista por não recolhimento ao FGTS, devendo ser aplicado, por força de legislação especial, o § 3.º, do art. 629, da CLT, que fixa o prazo de dez dias contados do recebimento do auto para que o infrator apresente sua defesa. Recurso improvido (...).
(TRF-2.ª Reg., Ap 2005.50.05.001517-0, 5.ª T., j 02.02.2011, rel. Fernando Marques, DJ 09.02.2011).

Art. 630. Nenhum agente da inspeção poderá exercer as atribuições do seu cargo sem exibir a carteira de identidade fiscal, devidamente autenticada, fornecida pela autoridade competente.

* Artigo com redação determinada pelo Dec.-lei 229/1967.

§ 1.º É proibida a outorga de identidade fiscal a quem não esteja autorizado, em razão do cargo ou função, a exercer ou praticar, no âmbito da legislação trabalhista, atos de fiscalização.

§ 2.º A credencial a que se refere este artigo deverá ser devolvida para inutilização, sob as penas da lei, em casos de provimento em outro cargo público, exoneração ou demissão, bem como nos de licenciamento por prazo superior a 60 (sessenta) dias e de suspensão do exercício do cargo.

§ 3.º O agente da inspeção terá livre acesso a todas as dependências dos estabelecimentos sujeitos ao regime da legislação trabalhista, sendo as empresas, por seus dirigentes ou prepostos, obrigadas a prestar-lhe os esclarecimentos necessários ao desempenho de suas atribuições legais e a exibir-lhe, quando exigidos, quaisquer documentos que digam respeito ao fiel cumprimento das normas de proteção ao trabalho.

§ 4.º Os documentos sujeitos à inspeção deverão permanecer, sob as penas da lei, nos locais de trabalho, somente se admitindo, por exceção, a critério da autoridade competente, sejam os mesmos apresentados em dia e hora previamente fixados pelo agente da inspeção.

§ 5.º No território do exercício de sua função, o agente da inspeção gozará de passe livre nas empresas de transportes, públicas ou privadas, mediante a apresentação da carteira de identidade fiscal.

§ 6.º A inobservância do disposto nos §§ 3.º, 4.º e 5.º configurará resistência ou embaraço à fiscalização e justificará a lavratura do respectivo auto de infração, cominada a multa de valor igual a meio salário mínimo regional, até cinco vezes esse valor, levando-se em conta, além das circunstâncias atenuantes ou agravantes, a situação econômico-financeira do infrator e os meios a seu alcance para cumprir a lei.

* Multas: ver Notas de Atualização e Portaria MTb 290/1997.

§ 7.º Para o efeito do disposto no § 5.º, a autoridade competente divulgará, em janeiro e julho de cada ano, a relação dos agentes da inspeção titulares da carteira de identidade fiscal.

§ 8.º As autoridades policiais, quando solicitadas, deverão prestar aos agentes da inspeção a assistência de que necessitarem para o fiel cumprimento de suas atribuições legais.

Art. 631. Qualquer funcionário público federal, estadual ou municipal, ou representante legal de associação sindical, poderá comunicar à

Art. 632

autoridade competente do Ministério do Trabalho, Indústria e Comércio as infrações que verificar.

* V. art. 35 do Dec.-lei 229/1967 (Altera dispositivos da Consolidação das Leis do Trabalho – CLT).

Parágrafo único. De posse dessa comunicação, a autoridade competente procederá desde logo às necessárias diligências, lavrando os autos de que haja mister.

Art. 632. Poderá o autuado requerer a audiência de testemunhas e as diligências que lhe parecerem necessárias à elucidação do processo, cabendo, porém, à autoridade julgar da necessidade de tais provas.

⚖️ Interpretação convergente

• Administrativo e trabalhista. Art. 632 da CLT. Produção de provas. Possibilidade de prorrogação da jornada de trabalho em casos excepcionais. Cerceamento de defesa configurado (...).
(STJ, REsp 209.426/PR, 2.ª T., j. 04.11.2001, rel. Paulo Medina, *DJU* 10.02.2003)

• Não se vislumbra qualquer violação ao art. 632 da CLT, nem aos art. 36 e 38 da Lei 9.784/1999, o indeferimento da prova requerida documental, e mais ainda quando o indeferimento da pretensão foi fundamentado (...).
(TRT-7.ª Reg., RO 2579005220055070004, Pleno, j. 18.11.2008, rel. Jose Ronald Cavalcante Soares, *DJ* 05.02.2009)

Art. 633. Os prazos para defesa ou recurso poderão ser prorrogados de acordo com despacho expresso da autoridade competente, quando o autuado residir em localidade diversa daquela onde se achar essa autoridade.

📖 Interpretação divergente

• A v. decisão entendeu não haver omissão e quanto ao art. 633 da CLT, entendeu que se trata de inovação recursal (...).
(TST, AgIn em RR 59900-12.2002.5.10.0010, 6.ª T., j. 11.11.2009, rel. Aloysio Corrêa da Veiga, *DEJT* 20.11.2009)

Art. 634. Na falta de disposição especial, a imposição das multas incumbe às autoridades regionais competentes em matéria de trabalho, na forma estabelecida por este Título.

Parágrafo único. A aplicação da multa não eximirá o infrator da responsabilidade em que incorrer por infração das leis penais.

⚖ Interpretação convergente

• **Precedente Administrativo 53 do MTE**
O art. 630, § 6.º, da CLT é a base legal para aplicação de sanção pela infração ao art. 630, §§ 3.º, 4.º e 5.º, da CLT, além de ser explicativo quanto à configuração de embaraço ou resistência. Embaraço ou resistência não são infrações autônomas capituláveis no art. 630, § 6.º, da CLT, mas apenas circunstâncias que agravam a sanção.

• Na falta de disposição especial, a imposição das multas incumbe às autoridades regionais competentes em matéria de trabalho, na forma estabelecida por este Título. Inteligência do art. 634 da CLT (...).
(TRT-2.ª reg., Remessa de Ofício 20091029800, j. 18.11.2009, rel. Rosa Maria Zuccaro, *DJ* 15.13.2009)

• Vale ressaltar que o art. 634 da CLT dispõe que a imposição de multas por descumprimento de preceito legal incumbe às autoridades regionais competentes em matéria de trabalho, não eximindo o infrator da responsabilidade penal (...).
(TRT-19.ª Reg., Ag 25020100071900, j. 26.09.2011, rel. Hamilton Malheiros)

📖 Interpretação divergente

• Agravo regimental em recurso especial. Violação do art. 634 da CLT. Ausência de prequestionamento. Certidão da Dívida Ativa. Ausência de requisitos formais. Reexame de provas (...).
(STJ, AgRg no REsp 529.856/PR, 1.ª T., j. 26.09.2005, rel. Denise Arruda, *DJU* 24.10.2005)

Capítulo II
DOS RECURSOS

Art. 635. De toda decisão que impuser multa por infração das leis e disposições reguladoras do trabalho, e não havendo forma especial de processo, caberá recurso para o Diretor-Geral Departamento ou Serviço do Ministério do Trabalho e da Previdência Social, que for competente na matéria.

* Artigo com redação determinada pelo Dec.-lei 229/1967.

Parágrafo único. As decisões serão sempre fundamentadas.

⚖ Interpretação convergente

• No tocante ao valor da multa, o Tribunal *a quo* ressaltou que as penalidades aplicadas não extrapolaram os limites da razoabilidade, ou mesmo os limites legalmente impostos. Diante desse quadro, descabe falar em ofensa aos arts. 635 da CLT (...).
(TST, AgIn em RR 82500-61.2007.5.06.0172, 8.ª T., j. 08.05.2013, rel. Dora Maria da Costa, *DEJT* 10.05.2013)

• Não esgotada a via recursal administrativa em torno do objeto da autuação, descabe nova autuação sob o mesmo fundamento. O art. 628 da CLT convive com o art. 635 da CLT e não autoriza reiteração da autuação com base na mesma motivação legal (...).
(TRT-9.ª Reg., RO 36521-2007-4-9-0-6, 1.ª T., rel. Benedito Xavier da Silva, *DJ* 02.02.2010)

Art. 636. Os recursos devem ser interpostos no prazo de 10 (dez) dias, contados do recebimento da notificação, perante a autoridade que houver imposto a multa, a qual, depois de os informar, encaminhá--los-á à autoridade de instância superior.

* Artigo com redação determinada pelo Dec.-lei 229/1967.

Art. 636

§ 1.º O recurso só terá seguimento se o interessado o instruir com a prova do depósito da multa.

* O STF, na ADPF 156/DF (*DOU* e *DJe* 26.08.2011 e *DJe* 28.10.2011), por votação unânime, julgou procedente a ação para declarar a não recepção do § 1.º do art. 636 da CLT pela CF/1988.

Interpretação divergente

- **Súmula Vinculante 21 do STF**
É inconstitucional a exigência de depósito ou arrolamento prévios de dinheiro ou bens para admissibilidade de recurso administrativo.

- **Súmula 424 do TST**
Recurso administrativo. Pressuposto de admissibilidade. Depósito prévio da multa administrativa. Não recepção pela Constituição Federal do § 1.º do art. 636 da CLT – Res. 160/2009, *DEJT* 23, 24 e 25.11.2009.
O § 1.º do art. 636 da CLT, que estabelece a exigência de prova do depósito prévio do valor da multa cominada em razão de autuação administrativa como pressuposto de admissibilidade de recurso administrativo, não foi recepcionado pela Constituição Federal de 1988, ante a sua incompatibilidade com o inc. LV do art. 5.º.

- O § 1.º do art. 636 da CLT, que estabelece a exigência de prova do depósito prévio do valor da multa cominada em razão de autuação administrativa como pressuposto de admissibilidade de recurso administrativo, não foi recepcionado pela Constituição Federal de 1988, ante a sua incompatibilidade com o inc. LV do art. 5.º (...).
(TST, RR 93200-60.2006.5.02.0005, 1.ª T., j. 21.09.2011, rel. Walmir Oliveira da Costa, *DETJ* 23.09.2011)

- A condição prevista no § 1.º do art. 636 da CLT para o seguimento do recurso administrativo ofende o princípio constitucional do contraditório e da ampla defesa, sendo exigência inconstitucional, ilegítima e indevida (...).
(TRT-15.ª Reg., RO em MS 000379/2010, rel. Ana Amarylis Vivacqua de Oliveira Gulla, *DJ* 18.06.2010)

§ 2.º A notificação somente será realizada por meio de edital, publicado no órgão oficial, quando o infrator estiver em lugar incerto e não sabido.

§ 3.º A notificação de que trata este artigo fixará igualmente o prazo de 10 (dez) dias para que o infrator recolha o valor da multa, sob pena de cobrança executiva.

§ 4.º As guias de depósito ou recolhimento serão emitidas em três vias e o recolhimento da multa deverá proceder-se dentro de 5 (cinco) dias às repartições federais competentes, que escriturarão a receita a crédito do Ministério do Trabalho e Previdência Social.

§ 5.º A segunda via da guia de recolhimento será devolvida pelo infrator à repartição que a emitiu, até o sexto dia depois de sua expedição, para a averbação no processo.

§ 6.º A multa será reduzida de 50% (cinquenta por cento) se o infrator, renunciando ao recurso, a recolher ao Tesouro Nacional dentro do prazo de 10 (dez) dias contados do recebimento da notificação ou da publicação do edital.

§ 7.º Para a expedição da guia, no caso do § 6.º, deverá o infrator juntar a notificação com a prova da data do seu recebimento, ou a folha do órgão oficial que publicou o edital.

⚖ Interpretação convergente

• Optando o órgão fiscalizador (DRT-PE) pela notificação por via editalícia, quando desse procedimento não era o caso de aplicação, a teor do disposto no § 2.º do art. art. 636 da CLT, pois a empresa não estava em local incerto e não sabido, foi obstaculada a oportunidade de a empresa recorrer da decisão à autoridade administrativa superior (art. 635 da CLT) e ainda usar da prerrogativa de recolher a multa com 50% (cinquenta por cento) de desconto, no caso de desistência do recurso, como lhe garante o art. 636, § 6.º, da CLT, razão pela qual deve ser decretada a nulidade do processo administrativo, a partir da publicação do referido edital, inclusive (...).
(TRT-6.ª Reg., RO 0166900-14.2009.5.06.0018, 2.ª T., rel. Acácio Júlio Kezen Caldeira, *DJ* 09.05.2011)

Art. 637. De todas as decisões que proferirem em processos de infração das leis de proteção ao trabalho e que impliquem arquivamento destes, observado o disposto no parágrafo único do art. 635, deverão as

autoridades prolatoras recorrer de ofício para a autoridade competente de instância superior.

* Artigo com redação determinada pelo Dec.-lei 229/1967.

⚖️ **Interpretação convergente**

• Faculta a exequente emendar a CDA até a decisão de primeira instância. Correta a determinação de remessa oficial, consoante art. 23, § 5.º, da Lei 8.036/1990 c/c art. 637 da CLT (...).
(TRF-4.ª Reg., Remessa Oficial 50400, 2.ª T., rel. Luiz Dória Furquim, *DJ* 28.06.1995)

Art. 638. Ao Ministro do Trabalho, Indústria e Comércio é facultado avocar ao seu exame e decisão, dentro de 90 (noventa) dias do despacho final do assunto, ou no curso do processo, as questões referentes à fiscalização dos preceitos estabelecidos nesta Consolidação.

* V. art. 35 do Dec.-lei 229/1967 (Altera dispositivos da Consolidação das Leis do Trabalho – CLT).

⚖️ **Interpretação convergente**

• No entanto o caso em análise apresenta uma peculiaridade: todos os processos administrativos referentes aos autos de infração lavrados contra a empresa foram acocados pelo Ministro de Estado do Trabalho, conforme autoriza o art. 638 da CLT (...).
(STJ, MS 14.017/DF, 1.ª Seção, j. 27.05.2009, rel. Herman Benjamin, *DJe* 01.07.2009)

Capítulo III
DO DEPÓSITO, DA INSCRIÇÃO E DA COBRANÇA

Art. 639. Não sendo provido o recurso, o depósito se converterá em pagamento.

⚖️ **Interpretação convergente**

• Cumpre ressaltar que referida exigência não se trata de pagamento da multa, mas apenas do depósito de seu respectivo valor, porquanto o art. 639 da CLT

estabelece expressamente que somente na hipótese de não ser provido o recurso é que o depósito se converterá em pagamento (...).
(TRT-2.ª Reg., RO 120200538402007, 2.ª T., j. 29.03.2007, rel. Américo Carnevalle, DJ 24.04.2007)

Art. 640. É facultado às Delegacias Regionais do Trabalho e Emprego, na conformidade de instruções expedidas pelo Ministro de Estado, promover a cobrança amigável das multas antes do encaminhamento dos processos à cobrança executiva.

* Artigo com redação determinada pelo Dec.-lei 229/1967.

⚖️ **Interpretação convergente**

• Assim, a aplicação de penalidades e multas incumbe às autoridades regionais competentes em matéria de trabalho, ou seja, os Delegados Regionais do Trabalho (arts. 75, parágrafo único e 634 da CLT), iniciando-se, a partir de então, processo administrativo para cobrança das multas antes do encaminhamento dos processos à cobrança executiva (arts. 635 a 640 da CLT) (...).
(TST, RR 123900-28.2004.5.03.0048, 8.ª T., j. 02.04.2008, rel. Dora Maria da Costa, DJU 04.04.2008)

• Na verdade, cabe à Delegacia Regional do Trabalho a fiscalização da relação de trabalho e dos direitos dela decorrentes, de modo que a lavratura de auto de infração é imposição da lei, que estabelece as condições necessárias à sua efetivação (ver arts. 626 *usque* 634 da CLT), podendo a eventual multa, depois de apurada no procedimento administrativo pertinente, ser cobrada amigavelmente (ver art. 640 da CLT), ou anotada na dívida ativa (ver art. 642 da CLT) para execução judicial (...).
(TRF-5.ª Reg., AgIn 2004.05.00.020907-3, 4.ª T., j. 04.10.2004, rel. Edílson Nobre, DJ 22.11.2004)

Art. 641. Não comparecendo o infrator, ou não depositando a importância da multa ou penalidade, far-se-á a competente inscrição em livro especial, existente nas repartições das quais se tiver originado a multa ou penalidade, ou de onde tenha provindo a reclamação que a determinou, sendo extraída cópia autêntica dessa inscrição e enviada às

autoridades competentes para a respectiva cobrança judicial, valendo tal instrumento como título de dívida líquida e certa.

⚖️ **Interpretação convergente**

• A União manifestou-se no sentido de que a sanção aplicada aos executados decorreu da função fiscalizadora das autoridades administrativas do trabalho, seguindo-se a inscrição do débito em dívida ativa, em conformidade com o disposto no art. 641 da CLT (...).
(TRT-10.ª Reg., AgPet 08071-2005-020-10-00-3, 3.ª T., j. 31.10.2007, rel. Grijalbo Fernandes Coutinho, *DJ* 16.11.2007)

Art. 642. A cobrança judicial das multas impostas pelas autoridades administrativas do trabalho obedecerá ao disposto na legislação aplicável à cobrança da dívida ativa da União, sendo promovida, no Distrito Federal e nas capitais dos Estados em que funcionarem Tribunais Regionais do Trabalho, pela Procuradoria da Justiça do Trabalho, e, nas demais localidades, pelo Ministério Público Estadual, nos termos do Dec.-lei 960, de 17.12.1938.

* Expressão "Conselhos Regionais" substituída por "Tribunais Regionais", de acordo com o art. 2.º do Dec.-lei 9.797/1946.

Parágrafo único. (*Revogado pelo Dec.-lei 9.509/1946*)

⚖️ **Interpretação convergente**

• A execução fiscal de multa trabalhista inadimplida e assim inscrita na Dívida Ativa da União rege-se pela Lei 6.830/1980, que envolve tanto a cobrança de créditos tributários como de créditos não tributários, nos termos do art. 642 da CLT (...).
(TRT-10.ª Reg., AgPet 08177-2005-014-10-00-5, 2.ª T., j. 23.01.2008, rel. Alexandre Nery de Oliveira, *DJ* 15.02.2008)

• Ao seu turno, o art. 642 da CLT, inserto em referido Título, estabeleceu que a cobrança judicial das multas impostas pelas autoridades administrativas do trabalho deve obediência à legislação aplicável à cobrança da dívida ativa da União (...).
(TRF-4.ª Reg., ApCiv 2005.04.01.020455-4, 1.ª T., j. 26.10.2005, rel. Maria Lúcia Luz Leiria, *DJ* 30.11.2005)

Art. 642-A

TÍTULO VII-A
DA PROVA DE INEXISTÊNCIA DE DÉBITOS TRABALHISTAS

* Título VII-A acrescentado pela Lei 12.440/2011 (*DOU* 08.07.2011), em vigor 180 (cento e oitenta) dias após a data de sua publicação.

Art. 642-A. É instituída a Certidão Negativa de Débitos Trabalhistas (CNDT), expedida gratuita e eletronicamente, para comprovar a inexistência de débitos inadimplidos perante a Justiça do Trabalho.

* Artigo acrescentado pela Lei 12.440/2011 (*DOU* 08.07.2011), em vigor 180 (cento e oitenta) dias após a data de sua publicação.

⚖ Interpretação convergente

- Inclusão da reclamada no banco nacional de devedores trabalhistas.

O Tribunal Regional determinou a imediata comunicação ao Juízo de origem para o respectivo registro no Banco Nacional de Devedores Trabalhistas. Não se trata, portanto, de inscrição imediata da reclamada no aludido banco de dados, mas de simples comunicação à Vara do Trabalho, que deverá providenciar tal registro conforme a disciplina do art. 642-A da CLT (...).
(TST, AgIn no RR 479-64.2011.5.11.0005, 7.ª T., j. 22.05.2013, rel. Valdir Florindo, *DEJT* 24.05.2013)

- Agravo de petição. Execução fiscal. Certidão de dívida. Prov. 2/2004. Revogação. Art. 642-A da CLT. Arquivamento provisório. Art. 20 da Lei 10.522/2002.
1. A r. Decisão agravada foi prolatada em época na qual vigia o Prov. TRT-3.ª Reg. 2/2004, que dispunha sobre o arquivamento definitivo do processo de execução paralisado há mais de um ano nas Varas do Trabalho do TRT-3.ª Reg.
2. Aferida tal circunstância temporal, nos termos do citado Prov. TRT-3.ª Reg. 2/2004, a expedição da extinta certidão de débitos pressupunha a frustração dos atos executórios, situação verificada nestes autos.
3. Diante da relevante mudança normativa deflagrada pela resposta à Consulta 0000534-85.2011.2.00.0000, dirimida pelo Conselho Nacional de Justiça (CNJ), além da vigência do art. 642-A da CLT [que institui a Certidão Negativa de Débitos Trabalhistas (CNDT)], impõe-se a adoção de nova perspectiva interpretativa à presente questão (...).
(TRT-3.ª Reg., AgPet 01031-2006-153-03-00-9, 7.ª T., j. 09.02.2012, rel. José Marlon de Freitas, *DJ* 16.02.2012)

§ 1.º O interessado não obterá a certidão quando em seu nome constar:

I – o inadimplemento de obrigações estabelecidas em sentença condenatória transitada em julgado proferida pela Justiça do Trabalho ou em acordos judiciais trabalhistas, inclusive no concernente aos recolhimentos previdenciários, a honorários, a custas, a emolumentos ou a recolhimentos determinados em lei; ou

II – o inadimplemento de obrigações decorrentes de execução de acordos firmados perante o Ministério Público do Trabalho ou Comissão de Conciliação Prévia.

§ 2.º Verificada a existência de débitos garantidos por penhora suficiente ou com exigibilidade suspensa, será expedida Certidão Positiva de Débitos Trabalhistas em nome do interessado com os mesmos efeitos da CNDT.

§ 3.º A CNDT certificará a empresa em relação a todos os seus estabelecimentos, agências e filiais.

§ 4.º O prazo de validade da CNDT é de 180 (cento e oitenta) dias, contado da data de sua emissão.

TÍTULO VIII
DA JUSTIÇA DO TRABALHO

* V. Dec. Lei 779/1969 (Normas processuais trabalhistas aplicadas à Administração Pública).
* V. Lei 7.701/1988 (Especialização de Turmas dos Tribunais do Trabalho).
* A EC 24/1999 substituiu as Juntas de Conciliação e Julgamento por Varas do Trabalho (Juiz singular) e extinguiu a representação classista na Justiça do Trabalho.

Capítulo I
INTRODUÇÃO

* V. arts. 109, I, II e IV e 114 da CF/1988.

Art. 643. Os dissídios, oriundos das relações entre empregados e empregadores, bem como de trabalhadores avulsos e seus tomadores de serviços, em atividades reguladas na legislação social, serão dirimidos

Art. 643

CONSOLIDAÇÃO DAS LEIS DO TRABALHO

pela Justiça do Trabalho, de acordo com o presente Título e na forma estabelecida pelo Processo Judiciário do Trabalho.

* *Caput* com redação determinada pela Lei 7.494/1986.
* V. art. 7.º, XXXIV, da CF/1988.

Interpretação extensiva

• **Súmula 389 do TST**

Seguro-desemprego. Competência da Justiça do Trabalho. Direito à indenização por não liberação de guias. (Conversão das OJs 210 e 211 da SDI-I/TST). (Res. TST 129/2005, *DJ* 20, 22 e 25.04.2005)

I – Inscreve-se na competência material da Justiça do Trabalho a lide entre empregado e empregador tendo por objeto indenização pelo não fornecimento das guias do seguro-desemprego. (Ex-OJ 210 da SDI-I/TST, inserida em 08.11.2000)

II – O não fornecimento pelo empregador da guia necessária para o recebimento do seguro-desemprego dá origem ao direito à indenização. (Ex-OJ 211 da SDI-I/TST, inserida em 08.11.2000)

• **Súmula 392 do TST**

Dano moral. Competência da Justiça do Trabalho. (Conversão da OJ 327 da SDI-I/TST). (Res. TST 129/2005, *DJ* 20, 22 e 25.04.2005).

Nos termos do art. 114 da CF/1988, a Justiça do Trabalho é competente para dirimir controvérsias referentes à indenização por dano moral, quando decorrente da relação de trabalho. (Ex-OJ 327 da SDI-I/TST, *DJ* 09.12.2003)

• **OJ 26 da SDI-I/TST**

Competência da Justiça do Trabalho. Complementação de pensão requerida por viúva de ex-empregado (inserido dispositivo) – *DJ* 20.04.2005

A Justiça do Trabalho é competente para apreciar pedido de complementação de pensão postulada por viúva de ex-empregado, por se tratar de pedido que deriva do contrato de trabalho.

• **OJ 138 da SDI-I/TST**

Competência residual. Regime jurídico único. Limitação da execução (nova redação em decorrência da incorporação da OJ 249 da SBDI-I/TST) – *DJ* 20.04.2005

Compete à Justiça do Trabalho julgar pedidos de direitos e vantagens previstos na legislação trabalhista referente a período anterior à Lei 8.112/1990, mesmo que a ação tenha sido ajuizada após a edição da referida lei. A superveniência de regime estatutário em substituição ao celetista, mesmo após a sentença, limita a execução ao período celetista. (1.ª parte – ex-OJ 138 da SDI-I – inserida em 27.11.1998; 2.ª parte – ex-OJ 249 – inserida em 13.03.2002)

> § 1.º As questões concernentes à Previdência Social serão decididas pelos Órgãos e Autoridades previstos no Capítulo V deste Título e na legislação sobre Seguro Social.
>
> * V. Lei 3.807/1960 (Lei Orgânica da Previdência Social).

Interpretação restritiva

- **Súmula 300 do TST**
Competência da Justiça do Trabalho. Cadastramento no PIS. (Res. 121/2003, *DJ* 19, 20 e 21.11.2003)
Compete à Justiça do Trabalho processar e julgar ações ajuizadas por empregados em face de empregadores relativas ao cadastramento no Programa de Integração Social (PIS).

> § 2.º As questões referentes a acidentes do trabalho continuam sujeitas à Justiça Ordinária, na forma do Dec. 24.637, de 10.07.1934, e legislação subsequente.
>
> * V. Súmula 15 do STJ.
> * V. Súmulas 18, 66, 82, 88, 150, 158, 169 e 200 do TFR.

Interpretação extensiva

- **Súmula Vinculante 22 do STF**
A Justiça do Trabalho é competente para processar e julgar as ações de indenização por danos morais e patrimoniais decorrentes de acidente de trabalho propostas

por empregado contra empregador, inclusive aquelas que ainda não possuíam sentença de mérito em 1.º Grau quando da promulgação da EC 45/2004.

- **Súmula 229 do STF**

A indenização acidentária não exclui a do direito comum, em caso de dolo ou culpa grave do empregador.

- **Súmula 230 do STF**

A prescrição da ação de acidente do trabalho conta-se do exame pericial que comprovar a enfermidade ou verificar a natureza da incapacidade.

- **Súmula 236 do STF**

Em ação de acidente do trabalho, a Autarquia seguradora não tem isenção de custas.

- **Súmula 238 do STF**

Em caso de acidente do trabalho, a multa pelo retardamento da liquidação é exigível do segurador sub-rogado, ainda que Autarquia.

- **Súmula 240 do STF**

O depósito para recorrer, em ação de acidente do trabalho, é exigível do segurador sub-rogado, ainda que Autarquia.

- **Súmula 311 do STF**

No típico acidente do trabalho, a existência de ação judicial não exclui a multa pelo retardamento da liquidação.

- **Súmula 314 do STF**

Na composição do dano por acidente do trabalho, ou de transporte, não é contrário à lei tomar para base da indenização o salário do tempo da perícia ou da sentença.

- **Súmula 490 do STF**

A pensão correspondente à indenização oriunda de responsabilidade civil deve ser calculada com base no salário mínimo vigente ao tempo da sentença e ajustar--se-á às variações ulteriores.

- **Súmula 529 do STF**

Subsiste a responsabilidade do empregador pela indenização decorrente de acidente do trabalho, quando o segurador, por haver entrado em liquidação,

ou por outro motivo, não se encontrar em condições financeiras, de efetuar, na forma da lei, o pagamento que o seguro obrigatório visava garantir.

- **Súmula 552 do STF**
Com a regulamentação do art. 15 da Lei 5.316/1967, pelo Dec. 71.037/1972, tornou-se exequível a exigência da exaustão da via administrativa antes do início da ação de acidente do trabalho.

- **Súmula 736 do STF**
Compete à Justiça do Trabalho julgar as ações que tenham como causa de pedir o descumprimento de normas trabalhistas relativas à segurança, higiene e saúde dos trabalhadores.

- **OJ 414 da SDI-I/TST**
Competência da Justiça do Trabalho. Execução de ofício. Contribuição social referente ao Seguro de Acidente de Trabalho (SAT). Arts. 114, VIII, e 195, I, *a*, da CF/1988. (*DEJT* 14, 15 e 16.02.2012).
Compete à Justiça do Trabalho a execução, de ofício, da contribuição referente ao Seguro de Acidente de Trabalho (SAT), que tem natureza de contribuição para a seguridade social (arts. 114, VIII, e 195, I, *a*, da CF/1988), pois se destina ao financiamento de benefícios relativos à incapacidade do empregado decorrente de infortúnio no trabalho (arts. 11 e 22 da Lei 8.212/1991).

§ 3.º A Justiça do Trabalho é competente, ainda, para processar e julgar as ações entre trabalhadores portuários e os operadores portuários ou o Órgão Gestor de Mão de Obra – OGMO decorrentes da relação de trabalho.

* § 3.º acrescentado pela MedProv 2.164-41/2001.

⚖ **Interpretação convergente**

- A jurisprudência pacífica desta Corte segue no sentido de atribuir competência material à Justiça do Trabalho para julgar demanda envolvendo trabalhador avulso, especialmente levando em consideração o art. 643, § 3.º, da CLT. Assim, não havendo como se reconhecer violação do art. 114 da CF/1988, impõe-se a manutenção do despacho que denegou seguimento ao recurso de revista. Agravo de instrumento desprovido (...).

(TST, AgIn em RR 99440-13.2000.5.02.0446, 4.ª T., j. 08.03.2006, rel. Ives Gandra Martins Filho, *DJU* 04.11.2006)

Art. 644

CONSOLIDAÇÃO DAS LEIS DO TRABALHO

Interpretação extensiva

- **Súmula 368 do TST**

Descontos previdenciários e fiscais. Competência. Responsabilidade pelo pagamento. Forma de cálculo (redação do item II alterada na sessão do Tribunal Pleno realizada em 16.04.2012) – Res. 181/2012, *DEJT* 19, 20 e 23.04.2012.
I. A Justiça do Trabalho é competente para determinar o recolhimento das contribuições fiscais. A competência da Justiça do Trabalho, quanto à execução das contribuições previdenciárias, limita-se às sentenças condenatórias em pecúnia que proferir e aos valores, objeto de acordo homologado, que integrem o salário de contribuição.
II. É do empregador a responsabilidade pelo recolhimento das contribuições previdenciárias e fiscais, resultante de crédito do empregado oriundo de condenação judicial, devendo ser calculadas, em relação à incidência dos descontos fiscais, mês a mês, nos termos do art. 12-A da Lei 7.713, de 22.12.1988, com a redação dada pela Lei 12.350/2010.
III. Em se tratando de descontos previdenciários, o critério de apuração encontra-se disciplinado no art. 276, § 4.º, do Dec. 3.048/1999 que regulamentou a Lei 8.212/1991 e determina que a contribuição do empregado, no caso de ações trabalhistas, seja calculada mês a mês, aplicando-se as alíquotas previstas no art. 198, observado o limite máximo do salário de contribuição.

- **OJ 141 da SDI-I/TST**

Descontos previdenciários e fiscais. Competência da Justiça do Trabalho (convertida na Súmula 368 do TST) – *DJ* 20.04.2005

Art. 644. São Órgãos da Justiça do Trabalho:

* Artigo com redação determinada pelo Dec.-lei 9.797/1946.

a) o Tribunal Superior do Trabalho;

* V. art. 111-A da CF/1988.

b) os Tribunais Regionais do Trabalho;
c) as Juntas de Conciliação e Julgamento ou os Juízes de Direito.

* A EC 24/1999 substituiu as Juntas de Conciliação e Julgamento por Varas do Trabalho (juiz singular) e extinguiu a representação classista na Justiça do Trabalho.

Art. 645. O serviço da Justiça do Trabalho é relevante e obrigatório, ninguém dele podendo eximir-se, salvo motivo justificado.

Art. 646. Os Órgãos da Justiça do Trabalho funcionarão perfeitamente coordenados, em regime de mútua colaboração, sob a orientação do presidente do Tribunal Superior do Trabalho.

* Expressão "Conselho Nacional do Trabalho" substituída por "Tribunal Superior do Trabalho", de acordo com o art. 2.º do Dec.-lei 9.797/1946.
* V. arts. 10, 111-A, § 2.º, II, 113 e 116 da CF/1988.

Interpretação convergente

* Além do mais, ainda que houvesse violação à súmula supra, ou de qualquer outra, por hipótese, mesmo assim o *substractum* do art. 646 da CLT, cujo preceito determina que "os Órgãos da Justiça do Trabalho funcionarão perfeitamente coordenados, em regime de mútua colaboração, sob a orientação do Presidente do Tribunal Superior do Trabalho" não estaria vulnerado, pois esta regra não mais pertencendo a Justiça do Trabalho ao Poder Executivo, deixou de ter significado (...).
(TRT-9.ª Reg., RO 1369220064906, 1.ª T., j. 30.01.2009, rel. Janete do Amarante, *DJ* 30.01.2009)

Capítulo II
DAS JUNTAS DE CONCILIAÇÃO E JULGAMENTO

* A EC 24/1999 substituiu as Juntas de Conciliação e Julgamento por Varas do Trabalho (Juiz singular) e extinguiu a representação classista na Justiça do Trabalho.

Seção I
Da composição e funcionamento

Art. 647. Cada Junta de Conciliação e Julgamento terá a seguinte composição:

* Artigo com redação determinada pelo Dec.-lei 9.797/1946.
* A EC 24/1999 substituiu as Juntas de Conciliação e Julgamento por Varas do Trabalho (Juiz singular) e extinguiu a representação classista na Justiça do Trabalho.
* V. art. 116 da CF/1988.

a) um Juiz do Trabalho, que será seu presidente;

b) dois vogais, sendo um representante dos empregadores e outro dos empregados.

Parágrafo único. Haverá um suplente para cada vogal.

Interpretação restritiva

- **Súmula 222 do STF**

O princípio da identidade física do Juiz não é aplicável às Juntas de Conciliação e Julgamento da Justiça do Trabalho.

Art. 648. São incompatíveis entre si, para os trabalhos da mesma Junta, os parentes consanguíneos e afins até o terceiro grau civil.

* A EC 24/1999 substituiu as Juntas de Conciliação e Julgamento por Varas do Trabalho (Juiz singular) e extinguiu a representação classista na Justiça do Trabalho.

Parágrafo único. A incompatibilidade resolve-se a favor do primeiro vogal designado ou empossado, ou por sorteio, se a designação ou posse for da mesma data.

Art. 649. As Juntas poderão conciliar, instruir ou julgar com qualquer número, sendo, porém, indispensável a presença do presidente, cujo voto prevalecerá em caso de empate.

* Artigo com redação determinada pelo Dec.-lei 8.737/1946.

* A EC 24/1999 substituiu as Juntas de Conciliação e Julgamento por Varas do Trabalho (Juiz singular) e extinguiu a representação classista na Justiça do Trabalho.

Interpretação convergente

- Não se conhece dos documentos trazidos a destempo. Inteligência do Enunciado 8 do TST. Das contrarrazões intempestivas. Não conhecimento. Inviável conhecer das contrarrazões quando não observado o octódio legal para a sua apresentação. Da nulidade do processo. Exigência da presença do classista. Nulidade que não se verifica, estando presente o Presidente da Junta de Conciliação e Julgamento (único indispensável a teor do *caput* do art. 649 da CLT).

Previsão de composição integral da Junta prevista no § 1.º do art. 649 da CLT que se aplicava aos antigos embargos infringentes previstos no art. 894 da CLT em sua redação originária. Exigência anacrônica que foi revogada tacitamente. Provimento negado. Da validade da notificação. Revelia e confissão ficta. Inexistência de prova de fechamento da filial que importa presunção de recebimento da notificação (...).
(TRT-4.ª Reg., RO 0056700-90.1999.5.04.0261, 9.ª T., j. 23.01.2002, rel. Carmen Gonzalez, *DJ* 23.01.2002)

§ 1.º No julgamento de embargos deverão estar presentes todos os membros da Junta.

⚖️ **Interpretação convergente**

• Nulidade que não se verifica, estando presente o Presidente da Junta de Conciliação e Julgamento (único indispensável a teor do *caput* do art. 649 da CLT). Previsão de composição integral da Junta prevista no § 1.º do art. 649 da CLT que se aplicava aos antigos embargos infringentes previstos no art. 894 da CLT em sua redação originária. Exigência anacrônica que foi revogada tacitamente. Provimento negado. Da validade da notificação. Revelia e confissão ficta. Inexistência de prova de fechamento da filial que importa presunção de recebimento da notificação (...).
(TRT-4.ª Reg., RO 0056700-90.1999.5.04.0261, 9.ª T., j. 23.01.2002, rel. Carmen Gonzalez, *DJ* 23.01.2002)

§ 2.º Na execução e na liquidação das decisões funciona apenas o presidente.

⚖️ **Interpretação convergente**

• Nulidade processual. Representação classista. Paridade.
A decisão hostilizada apoiou-se no art. 649 da CLT, que diz respeito à possibilidade das Juntas conciliarem, instruírem e julgarem com qualquer número, sendo indispensável a presença do Presidente (...).
(TST, RR 691498142000515555, 1.ª T., j. 26.09.2007, rel. Luiz Philippe Vieira de Mello Filho, *DEJT* 19.10.2007)

Seção II
Da jurisdição e competência das Juntas

* A EC 24/1999 substituiu as Juntas de Conciliação e Julgamento por Varas do Trabalho (Juiz singular) e extinguiu a representação classista na Justiça do Trabalho.

Art. 650. A jurisdição de cada Junta de Conciliação e Julgamento abrange todo o território da Comarca em que tem sede, só podendo ser estendida ou restringida por lei federal.

* Artigo com redação determinada pela Lei 5.442/1968.

* A EC 24/1999 substituiu as Juntas de Conciliação e Julgamento por Varas do Trabalho (Juiz singular) e extinguiu a representação classista na Justiça do Trabalho.

* V. Súmula 97 do STJ.

Parágrafo único. As leis locais de Organização Judiciária não influirão sobre a competência de Juntas de Conciliação e Julgamento já criadas, até que lei federal assim determine.

⚖️ **Interpretação convergente**

* **Súmula 10 do STJ**
Instalada a junta de conciliação e julgamento, cessa a competência do juiz de direito em matéria trabalhista, inclusive para a execução das sentenças por ele proferidas.

Art. 651. A competência das Juntas de Conciliação e Julgamento é determinada pela localidade onde o empregado, reclamante ou reclamado, prestar serviços ao empregador, ainda que tenha sido contratado noutro local ou no estrangeiro.

* A EC 24/1999 substituiu as Juntas de Conciliação e Julgamento por Varas do Trabalho (Juiz singular) e extinguiu a representação classista na Justiça do Trabalho.

* V. art. 114 da CF.

Interpretação convergente

• Exceção de incompetência em razão do lugar. A regra geral de fixação da competência para o ajuizamento de ação trabalhista é definida pelo local da prestação do serviço, a teor do *caput* do art. 651 da CLT (...).

(TRT-4.ª Reg., RO 01237-2008-008-04-00-2, 4.ª T., j. 30.04.2009, rel. Ricardo Tavares Gehling, *DJ* 12.05.2009)

Interpretação restritiva

• **Súmula 33 do STJ**
A incompetência relativa não pode ser declarada de ofício.

§ 1.º Quando for parte no dissídio agente ou viajante comercial, a competência será da Junta da localidade em que a empresa tenha agência ou filial e a esta o empregado esteja subordinado e, na falta, será competente a Junta da localização em que o empregado tenha domicílio ou a localidade mais próxima.

* § 1.º com redação determinada pela Lei 9.851/1999.

Interpretação convergente

• A competência em razão do lugar, no Processo do Trabalho, é regida pelo art. 651 da CLT, cabendo ao foro do local da prestação de serviços, como regra geral. Os §§ 1.º e 3.º do referido dispositivo estabelecem exceções nos casos de agente ou viajante comercial e de empregador que promova suas atividades fora do lugar da contratação, facultando, nesses casos, a apresentação da reclamação no foro da celebração do contrato, no da prestação dos respectivos serviços ou até mesmo no domicílio do empregado.

A finalidade da norma é clara: facilitar o acesso do hipossuficiente ao Judiciário, possibilitando-lhe melhores condições para a defesa de seus direitos e para a produção da prova.

Essa faculdade legal, todavia, não é absoluta, não comportando interpretações que levem à escolha arbitrária do local de ajuizamento de ação pelo trabalhador, de forma incoerente com o princípio que inspira a norma (...).

(TRT-3.ª Reg., RO 00968-2010-094-03-00-0, 3.ª T., j. 09.12.2011, rel. Ricardo Antônio Mohallem, *DJ* 16.12.2011)

Art. 651

§ 2.º A competência das Juntas de Conciliação e Julgamento, estabelecida neste artigo, estende-se aos dissídios ocorridos em agência ou filial no estrangeiro, desde que o empregado seja brasileiro e não haja convenção internacional dispondo em contrário.

🏛 Interpretação extensiva

• Conflito de lei no espaço. Consolidação das Leis do Trabalho. LICC [atualmente denominada Lei de Introdução às Normas do Direito Brasileiro – LINDB]. Código de Bustamante.
Ao empregado brasileiro, residente nos Estados Unidos da América, tendo sido contratado e prestado serviços no território alienígena, cuja empresa também tem sede neste território nacional, é conferida a faculdade de ajuizar sua demanda naquele ou neste País, pois a competência está fixada em norma especial, a consolidada, art. 651, § 2.º, e também na geral, art. 9.º da LICC [atualmente denominada Lei de Introdução às Normas do Direito Brasileiro – LINDB], além de prevista no Código de Bustamante, sendo-lhe, contudo aplicada a *lex loci executionis*, que deve ser provada pelas partes, inclusive no que se refere ao prazo prescricional do direito perseguido (...).
(TRT-2.ª Reg., RO 00158200305602004, 3.ª T., rel. Mércia Tomazinho, *DJ* 04.12.2009)

§ 3.º Em se tratando de empregador que promova realização de atividades fora do lugar do contrato de trabalho, é assegurado ao empregado apresentar reclamação no foro da celebração do contrato ou no da prestação dos respectivos serviços.

* V. Súmula 18 do TFR.

⚖ Interpretação convergente

• **OJ 149 da SDI-II/TST**
Conflito de competência. Incompetência territorial. Hipótese do art. 651, § 3.º, da CLT. Impossibilidade de declaração de ofício de incompetência relativa. (*DEJT* divulgado em 03, 04 e 05.12.2008)
Não cabe declaração de ofício de incompetência territorial no caso do uso, pelo trabalhador, da faculdade prevista no art. 651, § 3.º, da CLT. Nessa hipótese,

resolve-se o conflito pelo reconhecimento da competência do juízo do local onde a ação foi proposta.

- Jurisdição. Competência territorial. Justiça do Trabalho. Art. 651, *caput* e § 3.º, da CLT. Prestação de serviços em diferentes países. Opção do empregado.
1. Determina o exercício da jurisdição trabalhista a lei do local da execução do serviço (*lex loci executionis*), o que é consentâneo com o escopo protetivo das normas trabalhistas.
2. Ao empregado estrangeiro cujo contrato foi celebrado e rescindido no exterior, bem assim que, por conta de transferências, ora trabalhou no Brasil, ora na Argentina, ora na República Dominicana, é lícito demandar perante o Estado brasileiro para solver o litígio concernente ao período em que prestou serviços no Brasil.
3. Embargos parcialmente conhecidos e providos para limitar o exercício da jurisdição trabalhista ao período em que o contrato de trabalho foi executado no Brasil (...).
(TST, Embargos em RR 478.490/98.9, SDI-I, j. 10.10.2005, rel. João Oreste Dalazen, *DEJT* 03.02.2006)

- Competência territorial. Local em que o trabalhador é arregimentado.

A contratação de empregado caracteriza-se como um ato complexo que, pela própria natureza, se desdobra em várias etapas, todas elas dirigidas e supervisionadas pela contratante. Neste viés, é razoável o entendimento de que o empregador impinge seu poder diretivo em todo o processo admissional, desde seu início, com a divulgação da vaga no posto de trabalho, até a conclusão, com a efetiva formalização do contrato ou a manifesta recusa do emprego ao candidato. Por certo, a etapa da arregimentação de mão de obra compõe o processo de admissão de empregado e, como dito, já tem forjado no seu desenrolar o poder diretivo do empregador, com os efeitos jurídicos daí decorrentes. Com efeito, impõe-se reconhecer a possibilidade do ajuizamento da ação trabalhista em tal localidade, com fulcro no parágrafo terceiro do art. 651 da CLT (...).
(TRT-3.ª Reg., RO 01030-2011-089-03-00-3, 3.ª T., j. 11.04.2012, rel. Denise Alves Horta, *DJ* 20.04.2012)

- Competência territorial da Vara de origem. Aplicação do art. 651, § 3.º, da Carta Obreira.

Da análise dos autos, impõe-se declarar a competência territorial da vara de origem para processar e julgar o feito, nos precisos termos do art. 651, § 3.º, da CLT, tendo em vista que a recorrida arregimentou o recorrido, através de

seu preposto, tendo, o trabalhador, sido contratado tacitamente em localidade abrangida pela jurisdição da vara acima referida. Apelo provido (...).
(TRT-19.ª Reg., RO 00044.2012.056.19.00-2, rel. Sérgio Roberto de M. Queiroz, *DJ* 04.07.2012)

Art. 652. Compete às Juntas de Conciliação e Julgamento:

* A EC 24/1999 substituiu as Juntas de Conciliação e Julgamento por Varas do Trabalho (Juiz singular) e extinguiu a representação classista na Justiça do Trabalho.

Interpretação convergente

• A primeira reclamada alega, em síntese, que a Justiça do Trabalho não detém competência para analisar a matéria discutida na presente lide. Ressalta que o reclamante mantém com a segunda reclamada uma relação contratual de natureza civil-previdenciária, não se tratando de relação de emprego, sendo que o direito por ele perseguido decorre de fato posterior à extinção do contrato de trabalho. Não importa a origem da norma a ser aplicada na solução do litígio quando este se funda no contrato de trabalho, atraindo, assim, a competência desta Justiça Laboral, nos termos dos arts. 8.º e 652 da CLT (...).
(TRT-3.ª Reg., RO 00276-2011-089-03-00-8, 3.ª T., j. 20.03.2012, rel. Jorge Berg de Mendonça, *DJ* 26.03.2012)

a) conciliar e julgar:

I – os dissídios em que se pretenda o reconhecimento da estabilidade de empregado;

II – os dissídios concernentes a remuneração, férias e indenizações por motivo de rescisão do contrato individual de trabalho;

III – os dissídios resultantes de contratos de empreitadas em que o empreiteiro seja operário ou artífice;

Interpretação extensiva

• OJ 191 da SDI-I/TST
Contrato de empreitada. Dono da obra de construção civil. Responsabilidade. (Res. TST 175/2011, *DEJT* 27, 30 e 31.05.2011)

Diante da inexistência de previsão legal específica, o contrato de empreitada de construção civil entre o dono da obra e o empreiteiro não enseja responsabilidade solidária ou subsidiária nas obrigações trabalhistas contraídas pelo empreiteiro, salvo sendo o dono da obra uma empresa construtora ou incorporadora.

IV – os demais dissídios concernentes ao contrato individual de trabalho;

* V. Súmula 300 do TST.

V – as ações entre trabalhadores portuários e os operadores portuários ou o Órgão Gestor de Mão de Obra – OGMO decorrentes da relação de trabalho;

* Inc. V acrescentado pela MedProv 2.164-41/2001.

b) **processar e julgar os inquéritos para apuração de falta grave;**

c) **julgar os embargos opostos às suas próprias decisões;**

d) **impor multas e demais penalidades relativas aos atos de sua competência;**

* Alínea *d* com redação determinada pelo Dec.-lei 6.353/1944.

e) (*Revogada pelo Dec.-lei 6.353/1944*)

Parágrafo único. Terão preferência para julgamento os dissídios sobre pagamento de salário e aqueles que derivarem da falência do empregador, podendo o Presidente da Junta, a pedido do interessado, constituir processo em separado, sempre que a reclamação também versar sobre outros assuntos.

⚖ Interpretação convergente

• A competência da Justiça do Trabalho é imposta pelo art. 114 da CF/1988. As partes não podem escolher em que Justiça irá ser proposta a ação.

2. **Incompetência em razão da matéria:** A Justiça do Trabalho é competente em razão da matéria (art. 114 da CF/1988) para julgar o caso dos autos, pois o reclamante postula reconhecimento do vínculo de emprego.

3. **Incompetência para o dano moral:** A Justiça do Trabalho é competente para examinar o pedido de dano moral. Essa competência decorre do fato de, apesar do dano ser civil, de responsabilidade civil prevista no Código Civil de 2002, a questão é oriunda do contrato de trabalho. Estaria, portanto, incluída essa competência no art. 114 da CF/1988, que prevê que controvérsias entre empregado e empregador ou controvérsias decorrentes da relação de trabalho são de competência da Justiça do Trabalho.

O inc. IV do art. 652 da CLT atribui competência às Varas do Trabalho para julgar "os demais dissídios concernentes ao contrato individual do trabalho". A Justiça do Trabalho tem, por exemplo, competência para resolver questões pertinentes à anulação ou cancelamento de suspensão ou advertência. Uma das controvérsias que pode advir do contrato individual de trabalho é o dano moral praticado pelo empregador contra o empregado, pelo fato de o primeiro ofender o segundo no horário de trabalho e durante o serviço.

Destaque-se que o direito comum será fonte subsidiária do Direito do Trabalho (parágrafo único do art. 8.º da CLT). Leia-se por direito comum o Direito Civil, o que importa na aplicação do art. 186 do CC/2002. É desnecessário que a norma pertença ao campo do Direito do Trabalho para ser aplicada na Justiça Laboral, podendo pertencer ao Direito Civil e ter incidência na relação de emprego ou na relação processual (...).

(TRT-2.ª Reg., RO 01514200547102004, 2.ª T., j. 29.09.2005, rel. Sérgio Pinto Martins)

Interpretação extensiva

- **Súmula Vinculante 22 do STF**

A Justiça do Trabalho é competente para processar e julgar as ações de indenização por danos morais e patrimoniais decorrentes de acidente de trabalho propostas por empregado contra empregador, inclusive aquelas que ainda não possuíam sentença de mérito em primeiro grau quando da promulgação da EC 45/2004.

- **Súmula Vinculante 23 do STF**

A Justiça do Trabalho é competente para processar e julgar ação possessória ajuizada em decorrência do exercício do direito de greve pelos trabalhadores da iniciativa privada.

Art. 653

Art. 653. Compete, ainda, às Juntas de Conciliação e Julgamento:

* A EC 24/1999 substituiu as Juntas de Conciliação e Julgamento por Varas do Trabalho (Juiz singular) e extinguiu a representação classista na Justiça do Trabalho.

a) requisitar às Autoridades Competentes a realização das diligências necessárias ao esclarecimento dos feitos sob sua apreciação, representando contra aquelas que não atenderem a tais requisições;

b) realizar as diligências e praticar os atos processuais ordenados pelos Tribunais Regionais do Trabalho ou pelo Tribunal Superior do Trabalho;

* Alínea *b* retificada pelo Dec.-lei 6.353/1944.
* Expressões "Conselhos Regionais do Trabalho" e "Conselho Nacional do Trabalho" substituídas por "Tribunais Regionais do Trabalho" e "Tribunal Superior do Trabalho", respectivamente, de acordo com o art. 2.º do Dec.-lei 9.797/1946.

c) julgar as suspeições arguidas contra os seus membros;

d) julgar as exceções de incompetência que lhes forem opostas;

e) expedir precatórias e cumprir as que lhes forem deprecadas;

* V. Súmula 89 do TFR.

f) exercer, em geral, no interesse da Justiça do Trabalho, quaisquer outras atribuições que decorram da sua jurisdição.

⚖️ Interpretação convergente

* Expedição de ofícios.

Não há que se falar em violação direta ao art. 2.º da Carta Magna, eis que o julgamento regional invoca a autonomia e harmonia dos poderes para a expedição de ofício à Delegacia Regional do Trabalho – DRT e à Caixa Econômica Federal – CEF, de modo a que se apurem irregularidades, na forma do art. 653 da CLT, sendo nesse sentido farta jurisprudência. Não há que se falar em violação direta ao art. 2.º da Carta Magna, eis que o julgamento regional invoca a autonomia e harmonia dos poderes para a expedição de ofício à DRT e à CEF, de modo a que se apurem irregularidades, na forma do art. 653 da CLT, sendo nesse sentido farta jurisprudência desta C. Corte (...).
(TST, AgIn em RR 199240-82.2001.5.02.0024, 5.ª T., j. 06.06.2007, rel. José Pedro de Camargo Rodrigues de Souza, *DEJT* 15.06.2007)

Art. 654

• Em virtude do descumprimento dos textos legais suprareferidos, em especial, da Portaria GM/MTE 329, de 14.08.2002, defiro a expedição de ofícios à DRT. (f.) Na minuta de f., a reclamada sustenta que inexiste dispositivo legal que autorize a Justiça do Trabalho a expedir ofícios com a finalidade punitiva. Indica violação dos arts. 652 e 653 da CLT. Coloniza aresto. Sem razão. Nos termos dos arts. 653, *f* e 680, *g*, da CLT, os magistrados detêm competência para exercerem, no interesse da Justiça do Trabalho, outras atribuições que decorram da sua jurisdição. Nesse contexto, a determinação de expedição à Delegacia Regional do Trabalho, quando constatado descumprimento das disposições legais relativas à prestação jurisdicional e à Administração da Justiça, está dentro da competência da Justiça Trabalhista (...).
(TST, AgIn em RR 162740-80.2006.5.02.0011, 1.ª T., j. 16.05.2012, rel. José Pedro de Camargo Rodrigues de Souza, *DEJT* 05.06.2012)

Seção III
Dos Presidentes das Juntas

* A EC 24/1999 substituiu as Juntas de Conciliação e Julgamento por Varas do Trabalho (Juiz singular) e extinguiu a representação classista na Justiça do Trabalho.

Art. 654. O ingresso na magistratura do trabalho far-se-á para o cargo de Juiz do Trabalho Substituto. As nomeações subsequentes por promoção, alternadamente, por antiguidade e merecimento.

* *Caput* com redação determinada pelo Dec.-lei 229/1967.

§ 1.º Nas 7.ª e 8.ª Regiões da Justiça do Trabalho, nas localidades fora das respectivas sedes, haverá suplentes de Juiz do Trabalho Presidente de Junta, sem direito a acesso, nomeados pelo Presidente da República, dentre brasileiros, bacharéis em direito, de reconhecida idoneidade moral, especializados em Direito do Trabalho, pelo período de 2 (dois) anos, podendo ser reconduzidos.

* § 1.º Revogado. V. Lei 7.221/1984 (Cargos de Suplente de Juiz do Trabalho Presidente).
* A EC 24/1999 substituiu as Juntas de Conciliação e Julgamento por Varas do Trabalho (Juiz singular) e extinguiu a representação classista na Justiça do Trabalho.

§ 2.º Os suplentes de Juiz do Trabalho receberão, quando em exercício, vencimentos iguais aos dos Juízes que substituíram.

* § 2.º revogado. V. Lei 7.221/1984 (Cargos de Suplente de Juiz do Trabalho Presidente).

§ 3.º Os Juízes Substitutos serão nomeados após aprovação em concurso público de provas e títulos realizado perante o Tribunal Regional do Trabalho da Região, válido por 2 (dois) anos e prorrogável, a critério do mesmo Órgão, por igual período, uma só vez, e organizado de acordo com as instruções expedidas pelo Tribunal Superior do Trabalho.

* § 3.º com redação determinada pela Lei 6.087/1974.
* V. art. 37, III, da CF/1988.

Interpretação extensiva

• **Súmula 478 do STF**
O provimento em cargos de Juízes Substitutos do Trabalho, deve ser feito independentemente de lista tríplice, na ordem de classificação dos candidatos.

§ 4.º Os candidatos inscritos só serão admitidos ao concurso após apreciação prévia, pelo Tribunal Regional do Trabalho da respectiva Região, dos seguintes requisitos:

* § 4.º com redação determinada pelo Dec.-lei 229/1967.

a) idade maior de 25 (vinte e cinco) anos e menor de 45 (quarenta e cinco) anos;

* V. arts. 7.º, XXX e 39, § 3.º, da CF/1988.

b) idoneidade para o exercício das funções.

§ 5.º O preenchimento dos cargos de Presidente de Junta, vagos ou criados por lei, será feito dentro de cada Região:

* *Caput* do § 5.º com redação determinada pelo Dec.-lei 229/1967.

a) pela remoção de outro Presidente, prevalecendo a antiguidade no cargo, caso haja mais de um pedido, desde que a remoção tenha sido requerida, dentro de 15 (quinze) dias, contados da abertura da vaga, ao presidente do Tribunal Regional, a quem caberá expedir o respectivo ato.

* Alínea *a* com redação determinada pela Lei 6.090/1974.

b) pela promoção do Substituto, cuja aceitação será facultativa, obedecido o critério alternado de antiguidade e merecimento.

* Alínea *b* com redação determinada pelo Dec.-lei 229/1967.

§ 6.º Os Juízes do Trabalho, presidentes de Junta, Juízes Substitutos e Suplentes de Juiz tomarão posse perante o Presidente do Tribunal da respectiva Região. Nos Estados que não forem sede de Tribunal Regional do Trabalho a posse dar-se-á perante o Presidente do Tribunal de Justiça, que remeterá o termo ao Presidente do Tribunal Regional da jurisdição do empossado. Nos Territórios, a posse dar-se-á perante o Presidente do Tribunal Regional do Trabalho da respectiva Região.

* § 6.º com redação determinada pelo Dec.-lei 229/1967.

⚖️ Interpretação convergente

• **Súmula 478 do STF**
Juiz Substituto do Trabalho. Classificação.
O provimento em cargos de Juízes Substitutos do Trabalho deve ser feito independentemente de lista tríplice, na ordem de classificação dos candidatos.

• Remoção de juiz. Consequências.
A remoção por permuta de Juiz do Trabalho é forma derivada de provimento de cargo similar em outro registro. Por isso passa o removido "a integrar o quadro de carreira da nova região, posicionando-se em último lugar da respectiva classe, independente do tempo de Magistratura contando na região de origem" (...).
(TST, Recurso em Matéria Administrativa 4712644219985055555, Órgão Especial, j. 12.08.1999, rel. Armando de Brito, *DJU* 17.09.1999)

🏛️ Interpretação extensiva

• Concurso público para a Magistratura Trabalhista. Edição e publicação de atos de nomeação ao art. 535 do CPC (...).
(STJ, REsp 1.340.341/CE, 2.ª T., j. 06.11.2012, rel. Mauro Campbell Marques, *DEJT* 12.11.2012)

Art. 656

Art. 655. (*Revogado pelo Dec.-lei 229/1967.*)

Art. 656. O Juiz do Trabalho Substituto, sempre que não estiver substituindo o Juiz-Presidente de Junta, poderá ser designado para atuar nas Juntas de Conciliação e Julgamento.

* Artigo com redação determinada pela Lei 8.432/1992.
* A EC 24/1999 substituiu as Juntas de Conciliação e Julgamento por Varas do Trabalho (Juiz singular) e extinguiu a representação classista na Justiça do Trabalho.

§ 1.º Para o fim mencionado no *caput* deste artigo, o território da Região poderá ser dividido em zonas, compreendendo a jurisdição de uma ou mais Juntas, a Juízo do Tribunal Regional do Trabalho respectivo.

§ 2.º A designação referida no *caput* deste artigo será de atribuição do juiz-presidente do Tribunal Regional do Trabalho ou, não havendo disposição regimental específica, de quem este indicar.

§ 3.º Os Juízes do Trabalho Substitutos, quando designados ou estiverem substituindo os Juízes-Presidentes de Juntas, perceberão os vencimentos destes.

§ 4.º O Juiz-Presidente do Tribunal Regional do Trabalho ou, não havendo disposição regimental específica, que este indicar, fará a lotação e a movimentação dos Juízes Substitutos entre as diferentes zonas da Região na hipótese de terem sido criadas na forma do § 1.º deste artigo.

⚖ Interpretação convergente

• Juiz. Substituição ou designação indevida. Diferença de subsídio, em relação ao Juiz Titular, em caso de aposentadoria, férias e afastamento (...).
(TST, RR 784213, j. 24.05.2007, Seção Administrativa, rel. Milton de Moura França, DEJT 06.09.2007)

• Não se cogita de nulidade de sentença processual, porquanto caracterizada qualquer violação a preceito de lei, na formulação de voto-proposta por Juiz Substituto, no exercício de seu dever de alcançar a prestação jurisdicional, quanto para tanto designado (...).
(TRT-4.ª Reg., RO 1030004719965040801, 6.ª T., j. 17.06.1999, rel. Beatriz Zoratto Sanvicente)

Art. 657. Os presidentes de Juntas e os Presidentes Substitutos perceberão a remuneração ou os vencimentos fixados em lei.

* Artigo com redação determinada pelo Dec.-lei 8.737/1946.
* A EC 24/1999 substituiu as Juntas de Conciliação e Julgamento por Varas do Trabalho (Juiz singular) e extinguiu a representação classista na Justiça do Trabalho.
* V. art. 93, V, da CF/1988, com redação determinada pela EC 19/1998.

Art. 658. São deveres precípuos dos Presidentes das Juntas, além dos que decorram do exercício de sua função:

* Artigo com redação determinada pelo Dec.-lei 8.737/1946.
* A EC 24/1999 substituiu as Juntas de Conciliação e Julgamento por Varas do Trabalho (Juiz singular) e extinguiu a representação classista na Justiça do Trabalho.

a) manter perfeita conduta pública e privada;

b) abster-se de atender a solicitações ou recomendações relativamente aos feitos que hajam sido ou tenham de ser submetidos à sua apreciação;

c) residir dentro dos limites de sua jurisdição, não podendo ausentar-se sem licença do Presidente do Tribunal Regional;

* Expressão "Conselho Regional" substituída por "Tribunal Regional", de acordo com o art. 2.º do Dec.-lei 9.797/1946.

d) despachar e praticar todos os atos decorrentes de suas funções, dentro dos prazos estabelecidos, sujeitando-se ao desconto correspondente a 1 (um) dia de vencimento para cada dia de retardamento.

Art. 659. Competem privativamente aos Presidentes das Juntas, além das que lhes forem conferidas neste Título e das decorrentes de seu cargo, as seguintes atribuições:

* A EC 24/1999 substituiu as Juntas de Conciliação e Julgamento por Varas do Trabalho (Juiz singular) e extinguiu a representação classista na Justiça do Trabalho.

I – presidir as audiências das Juntas;

II – executar as suas próprias decisões, as proferidas pela Junta e aquelas cuja execução lhes for deprecada;

⚖ Interpretação convergente

• É medida que encontra respaldo no art. 659, II, da CLT e que atende aos Princípios do Juiz Natural, da conveniência, da execução menos gravosa e da celeridade processual. Não há nenhum impedimento a que se prossiga na execução perante a Vara do Trabalho, que, até mesmo, dispõe de melhores condições operacionais, inclusive de mão de obra, para o cumprimento da decisão. Recurso ordinário não provido (...).
(TST, RO em AgRg 2568/1997-000-16-00.0, SDC, j. 19.10.2006, rel. Milton de Moura França, *DEJT* 24.11.2006)

• A competência para determinar a devolução de valores pagos a maior ou aqueles depositados em conta judicial é do Juízo de Execução (art. 659, II, da CLT) (...).
(TRT-16.ª Reg., RO 01959-1990-01-16-7, j. 05.06.2007, rel. Luiz Cosmo da Silva Júnior, *DJ* 20.07.2007)

III – dar posse aos vogais nomeados para a Junta, ao chefe de Secretaria e aos demais funcionários da Secretaria;

IV – convocar os suplentes dos vogais, no impedimento destes;

V – representar ao Presidente do Tribunal Regional da respectiva jurisdição, no caso de falta de qualquer vogal a três reuniões consecutivas, sem motivo justificado, para os fins do art. 727;

* Expressão "Conselho Regional" substituída por "Tribunal Regional", de acordo com o art. 2.º do Dec.-lei 9.797/1946.

VI – despachar os recursos interpostos pelas partes, fundamentando a decisão recorrida antes da remessa ao Tribunal Regional, ou submetendo-os à decisão da Junta, no caso do art. 894;

* Expressão "Conselho Regional" substituída por "Tribunal Regional", de acordo com o art. 2.º do Dec.-lei 9.797/1946.

VII – assinar as folhas de pagamento dos membros e funcionários da Junta;

VIII – apresentar ao Presidente do Tribunal Regional, até 15 de fevereiro de cada ano, o relatório dos trabalhos do ano anterior;

* Expressão "Conselho Regional" substituída por "Tribunal Regional", de acordo com o art. 2.º do Dec.-lei 9.797/1946.

Art. 659

IX – conceder medida liminar, até decisão final do processo, em reclamações trabalhistas que visem a tornar sem efeito transferência disciplinada pelos parágrafos do art. 469 desta Consolidação;

* Inc. IX acrescentado pela Lei 6.203/1975.

⚖ Interpretação convergente

• Com relação à execução provisória de obrigação de fazer ou não fazer, a regra da Justiça do Trabalho, é pela impossibilidade, salvo as exceções legais, como é o caso dos incs. IX e X [do art. 659] da CLT. Tal entendimento se dá pelo fato da condenação provisória não comportar penhora de coisa. Além disso, uma vez cumprido o comando judicial, a obrigação restará exaurida, tornando mais difícil, se possível, o retorno ao *status quo ante* (...).
(TRT-14.ª Reg., Ap 53900/RO, 1.ª T., j. 16.12.2009, rel. Vulmar de Araújo Coêlho Junior, *DJ* 21.12.2009)

🏛 Interpretação extensiva

• **OJ 67 da SDI-II/TST**
Mandado de segurança. Transferência. Art. 659, IX, da CLT (Inserida em 20.09.2000).
Não fere direito líquido e certo a concessão de liminar obstativa de transferência de empregado, em face da previsão do inc. IX do art. 659 da CLT.

X – conceder medida liminar, até decisão final do processo, em reclamações trabalhistas que visem reintegrar no emprego dirigente sindical afastado, suspenso ou dispensado pelo empregador.

* Inc. X acrescentado pela Lei 9.270/1996.

⚖ Interpretação convergente

• **OJ 65 da SDI-II/TST**
Mandado de segurança. Reintegração liminarmente concedida. Dirigente sindical. (Inserida em 20.09.2000)

Ressalvada a hipótese do art. 494 da CLT, não fere direito líquido e certo a determinação liminar de reintegração no emprego de dirigente sindical, em face da previsão do inc. X do art. 659 da CLT.

- **OJ 142 da SDI-II/TST**
Mandado de Segurança. Reintegração liminarmente concedida.
Inexiste direito líquido e certo a ser oposto cointra ato de Juiz que, antecipando a tutela jurisdicional, determina a reintegração do empregado até a decisão final do processo, quando demonstrada a razoabilidade do direito subjetivo material, como nos casos de anistiado pela Lei 8.878/1994, aposentado, integrante de comissão de fábrica, dirigente sindical, portador de doença profissional, portador de vírus do HIV ou detentor de estabilidade provisória prevista em norma coletiva.

- Reintegração de dirigente sindical liminarmente concedida. Inexistência de violação ao direito liquido e certo da impetrante. Art. 659, X, da CLT (...).
(TST, RO em MS 33300142006520000, SDI-II, j. 19.06.2007, rel. Renato de Lacerda Paiva, *DEJT* 03.08.2007)

- Presume-se do art. 659, X, da CLT, bem como do entendimento consolidado desta Corte, consubstanciado na OJ 142 da SDI-II/TST, que inexiste qualquer impedimento para a concessão de tutela antecipada que determine o retorno do obreiro ao emprego antes de ultimado o trânsito em julgado do processo (...).
(TST, AgIn em RR 9500140112006609, 8.ª T., j. 05.08.2009, rel. Dora Maria da Costa, *DEJT* 07.08.2009)

- Dispensa por perseguição política, que tem caráter discriminatório. Reintegração do obreiro que se impõe. Verba devida (...).
(TST, AgIn no RR 61640-84.2007.5.23.0004, 6.ª T., j. 09.02.2011, rel. Maurício Godinho Delgado, *DEJT* 18.02.2011)

- Ausentes o *fumus boni iuris*, visto que a reintegração de dirigente sindical possui fundamento no inc. X do art. 659 da CLT, bem assim o *periculum in mora*, eis que face à comutatividade própria do contrato de trabalho é exigível pela empresa empregadora, a prestação de serviço do empregado reintegrado, o que desconfigura a noção de dano (...).
(TRT-7.ª Reg., AC 300352006507000, Pleno, j. 01.08.2011, rel. José Antonio Parente da Silva, *DJ* 23.03.2006)

Art. 660

CONSOLIDAÇÃO DAS LEIS DO TRABALHO

🏛 **Interpretação extensiva**

• A concessão de liminar para reintegração de dirigente sindical encontra respaldo na expressa previsão do art. 659, X, da CLT, que assim, fornece instrumento para a eficácia da garantia de emprego, insculpida no art. 8.º, VIII, da CF/1988 (...). (TST, RR 608907-1999-5555-19-0, 1.ª T., j. 09.05.2007, rel. Maria do Perpétuo Socorro Wanderley de Castro, *DEJT* 01.06.2007)

Seção IV
Dos vogais das Juntas

* A EC 24/1999 substituiu as Juntas de Conciliação e Julgamento por Varas do Trabalho (Juiz singular) e extinguiu a representação classista na Justiça do Trabalho.

Art. 660. Os vogais das Juntas são designados pelo presidente do Tribunal Regional da respectiva jurisdição.

* Expressão "Conselho Regional" substituída por "Tribunal Regional", de acordo com o art. 2.º do Dec.-lei 9.797/1946.

* A EC 24/1999 substituiu as Juntas de Conciliação e Julgamento por Varas do Trabalho (Juiz singular) e extinguiu a representação classista na Justiça do Trabalho.

⚖ **Interpretação convergente**

• [A] composição das Juntas de Conciliação e Julgamento, integradas por um Presidente e dois Vogais, estes últimos representando, um, os empregadores e, o outro, os empregados (...). (STF, RMS 25.841/DF, Pleno, j. 20.03.2013, rel. Gilmar Mendes, *DJe* 20.05.2013)

Art. 661. Para o exercício da função de vogal da Junta ou suplente deste são exigidos os seguintes requisitos:

* A EC 24/1999 substituiu as Juntas de Conciliação e Julgamento por Varas do Trabalho (Juiz singular) e extinguiu a representação classista na Justiça do Trabalho.

a) ser brasileiro;

* Alínea *a* com redação determinada pelo Dec.-lei 229/1967.

b) ter reconhecida idoneidade moral;

c) ser maior de 25 (vinte e cinco) anos e ter menos de 70 (setenta) anos;

* Alínea *c* com redação determinada pelo Dec.-lei 229/1967.

d) estar no gozo dos direitos civis e políticos;

e) estar quite com o serviço militar;

f) contar mais de 2 (dois) anos de efetivo exercício na profissão e ser sindicalizado.

⚖️ Interpretação convergente

• É forçoso concluir, portanto, que os requisitos para a habilitação ao cargo de Juiz Vogal da Justiça do Trabalho, nos exatos termos do art. 661, *f*, da CLT são dois: (a) filiação a sindicato; e (b) exercício efetivo da profissão por mais de dois anos (...). [C]ogitar da existência de outros requisitos sem fundamento legal, no caso o exercício de contrato de trabalho nos dois anos imediatamente anteriores à habilitação ou à investidura no cargo, equivaleria a criar uma distinção onde o legislador não criou, indo além dos limites da lei (...).
(TRF-5.ª Reg., ApCrim 0000032-97.1998.4.05.0000, 3.ª T., j. 04.10.2007, rel. Frederico Dantas, *DJ* 08.11.2007)

Parágrafo único. A prova da qualidade profissional a que se refere a alínea *f* deste artigo é feita mediante declaração do respectivo sindicato.

⚖️ Interpretação convergente

• Em não havendo sindicato habilitado para apresentar lista tríplice, cabe ao presidente do Regional a escolha do indicado, a seu livre critério, desde que sejam preenchidos os requisitos insculpidos no art. 661 da CLT (...).
(TST, AgIn em RO 559999-92.1999.5.13.5555, Pleno, j. 15.03.2001, rel. Ronaldo Lopes Leal, *DJU* 06.04.2001)

Art. 662. A escolha dos Vogais das Juntas e seus suplentes far-se-á dentre os nomes constantes das listas que, para esse efeito, forem

encaminhadas pelas associações sindicais de primeiro grau ao presidente do Tribunal Regional.

* Expressão "Conselho Regional" substituída por "Tribunal Regional", de acordo com o art. 2.º do Dec.-lei 9.797/1946.
* A EC 24/1999 substituiu as Juntas de Conciliação e Julgamento por Varas do Trabalho (Juiz singular) e extinguiu a representação classista na Justiça do Trabalho.

⚖️ Interpretação convergente

• Os vogais das Juntas de Conciliação e Julgamento são escolhidos a partir de listas tríplices encaminhadas pelas entidades sindicais de primeiro grau ao Presidente do Tribunal Regional – art. 662 da CLT (...).
(STF, MS 21.549/MA, Pleno, j. 17.11.1993, rel. Sepúlveda Pertence, *DJU* 30.11.1993)

§ 1.º Para esse fim, cada sindicato de empregadores e de empregados, com base territorial extensiva à área de jurisdição da Junta, no todo ou em parte, procederá, na ocasião determinada pelo presidente do Tribunal Regional, à escolha de três nomes que comporão a lista, aplicando-se à eleição o disposto no art. 524 e seus §§ 1.º a 3.º.

* § 1.º com redação determinada pela Lei 5.657/1971.

§ 2.º Recebidas as listas pelo Presidente do Tribunal Regional, designará este, dentro de 5 (cinco) dias, os nomes dos vogais e dos respectivos suplentes, expedindo para cada um deles um título, mediante a apresentação do qual será empossado.

* Expressão "Conselho Regional" substituída por "Tribunal Regional", de acordo com o art. 2.º do Dec.-lei 9.797/1946.

§ 3.º Dentro de 15 (quinze) dias, contados da data da posse, pode ser contestada a investidura do vogal ou do suplente, por qualquer interessado, sem efeito suspensivo, por meio de representação escrita, dirigida ao presidente do Tribunal Regional.

* Expressão "Conselho Regional" substituída por "Tribunal Regional", de acordo com o art. 2.º do Dec.-lei 9.797/1946.

Art. 662

⚖️ **Interpretação convergente**

• Recurso Ordinário em Investidura de Juiz Classista: (...).
Qualquer interessado para contestar investidura de juiz classista a que se refere o § 3.º do art. 662 da CLT, é aquele que tem o interesse de agir, é qualquer pessoa que tenha se apresentado na disputa e que se sinta preterido na nomeação e não qualquer pessoa do povo (...).
(TST, RO em Investidura de Juiz Classista 525974-59.1999.5.02.5555, Órgão Especial, j. 23.09.1999, rel. Rider de Brito, *DJU* 15.10.1999)

§ 4.º Recebida a contestação, o Presidente do Tribunal designará imediatamente relator, o qual, se houver necessidade de ouvir testemunhas ou de proceder a quaisquer diligências, providenciará para que tudo se realize com a maior brevidade, submetendo, por fim, a contestação ao parecer do Tribunal, na primeira Sessão.

* § 4.º com redação determinada pela Lei 2.244/1954.

§ 5.º Se o Tribunal julgar procedente a contestação, o presidente providenciará a designação de novo vogal ou suplente.

* § 5.º com redação determinada pelo Dec.-lei 229/1967.

§ 6.º Em falta de indicação, pelos sindicatos, de nomes para representantes das respectivas categorias profissionais e econômicas nas Juntas de Conciliação e Julgamento, ou nas localidades onde não existirem sindicatos, serão esses representantes livremente designados pelo presidente do Tribunal Regional do Trabalho, observados os requisitos exigidos para o exercício da função.

* § 6.º acrescentado pelo Dec.-lei 229/1967.

⚖️ **Interpretação convergente**

• Se a decisão que cassou o mandato do Juiz Classista Titular de Junta de Conciliação e Julgamento está sub *judice*, não se configura vacância do cargo, situação descrita no § 5.º do art. 662 da CLT, e § 2.º do art. 6.º da IN 12/1997 do C. TST, mas a hipótese é de afastamento do titular a ser suprido pelo suplente até que a

referida decisão se torne definitiva, nos termos do que dispõe o *caput* e o § 1.º do mesmo artigo da Instrução antes citada (...).

(TRT-24.ª Reg., MS 00157-1998-000-24-00-7, j. 03.11.1998, rel. Abdalla Jallad, *DO-MS* 18.12.1998)

Art. 663. A investidura dos vogais das Juntas e seus suplentes é de 3 (três) anos, podendo, entretanto, ser dispensado, a pedido, aquele que tiver servido, sem interrupção, durante metade desse período.

* *Caput* com redação determinada pela Lei 2.244/1954.
* A EC 24/1999 substituiu as Juntas de Conciliação e Julgamento por Varas do Trabalho (Juiz singular) e extinguiu a representação classista na Justiça do Trabalho.

§ 1.º Na hipótese da dispensa do vogal a que alude este artigo, assim como nos casos de impedimento, morte ou renúncia, sua substituição far-se-á pelo suplente, mediante convocação do presidente da Junta.

* § 1.º com redação determinada pela Lei 2.244/1954.

§ 2.º Na falta do suplente, por impedimento, morte ou renúncia, serão designados novo vogal e o respectivo suplente, dentre os nomes constantes das listas a que se refere o art. 662, servindo os designados até o fim do período.

Art. 664. Os vogais das Juntas e seus suplentes tomam posse perante o presidente da Junta em que têm de funcionar.

* A EC 24/1999 substituiu as Juntas de Conciliação e Julgamento por Varas do Trabalho (Juiz singular) e extinguiu a representação classista na Justiça do Trabalho.

Art. 665. Enquanto durar sua investidura, gozam os vogais das Juntas e seus suplentes das prerrogativas asseguradas aos jurados.

* A EC 24/1999 substituiu as Juntas de Conciliação e Julgamento por Varas do Trabalho (juiz singular) e extinguiu a representação classista na Justiça do Trabalho.

⚖️ **Interpretação convergente**

• Assim, o juiz classista e o suplente não poderão sofrer descontos nos seus salários e vencimentos pelo fato de se afastarem das empresas para cumprir

suas obrigações com a Justiça do Trabalho. Concomitantemente ao art. 665 da CLT (...).

(TST, RR 183200-48.2000.5.19.0004, 3.ª T.; j. 30.06.2004, rel. Carlos Alberto Reis de Paula, *DJU* 20.08.2004)

Art. 666. Por audiência a que comparecerem, até o máximo de vinte por mês, os vogais das Juntas e seus suplentes perceberão a gratificação fixada em lei.

* A EC 24/1999 substituiu as Juntas de Conciliação e Julgamento por Varas do Trabalho (Juiz singular) e extinguiu a representação classista na Justiça do Trabalho.

Interpretação convergente

- A gratificação por audiência foi prevista, inicialmente, no art. 666 do Dec.-lei 5.452/1943 (Consolidação das Leis do Trabalho). Mais tarde, o art. 5.º da Lei 4.439/1964 normatizou que a remuneração dos vogais das juntas de conciliação e julgamento seria devida por sessão, à proporção de "1/30 (um trinta avos) do vencimento-base dos Juízes Presidentes das respectivas Juntas, até o máximo de 20 (vinte) sessões mensais" (...).

(STF, RMS 25.841/DF, Pleno, j. 20.03.2013, rel. Gilmar Mendes, *DJe* 20.05.2013)

Art. 667. São prerrogativas dos vogais das Juntas, além das referidas no art. 665:

* A EC 24/1999 substituiu as Juntas de Conciliação e Julgamento por Varas do Trabalho (Juiz singular) e extinguiu a representação classista na Justiça do Trabalho.

a) tomar parte nas reuniões do Tribunal a que pertençam;

b) aconselhar às partes a conciliação;

c) votar no julgamento dos feitos e nas matérias de ordem interna do Tribunal, submetidas às suas deliberações;

d) pedir vista dos processos pelo prazo de 24 (vinte e quatro) horas;

e) formular, por intermédio do presidente, aos litigantes, testemunhas e peritos, as perguntas que quiserem fazer, para esclarecimento do caso.

⚖️ Interpretação convergente

• Não se caracteriza violação do art. 667 da CLT, o qual trata, tão somente, das prerrogativas dos vogais das Juntas. O citado dispositivo legal não dispõe sobre a necessidade dos atos, posteriores ao julgamento, quando já encerrada a instrução processual, serem determinados por Decisão Monocrática ou por Decisão Colegiada (...).
(TST, RR 815121-81.2001.5.15.5555, 2.ª T. j. 03.10.2007, rel. José Simpliciano Fontes de F. Fernandes, *DJU* 26.10.2007)

Capítulo III
DOS JUÍZOS DE DIREITO

Art. 668. Nas localidades não compreendidas na jurisdição das Juntas de Conciliação e Julgamento, os Juízos de Direito são os Órgãos de Administração da Justiça do Trabalho, com a jurisdição que lhes for determinada pela lei de organização judiciária local.

* V. art. 112 da CF/1988.
* A EC 24/1999 substituiu as Juntas de Conciliação e Julgamento por Varas do Trabalho (Juiz singular) e extinguiu a representação classista na Justiça do Trabalho.

⚖️ Interpretação convergente

• A função jurisdicional trabalhista, nas localidades não abrangidas pela jurisdição das Varas do Trabalho, é atribuída aos Juízes de Direito da respectiva comarca, nos termos do art. 668 da CLT (...).
(TRT-7.ª Reg., RO 232500372009507, 1.ª T., j. 13.12.2012, rel. Emmanuel Teófilo Furtado, *DJ* 07.02.2011)

Art. 669. A competência dos Juízos de Direito, quando investidos na Administração da Justiça do Trabalho, é a mesma das Juntas de Conciliação e Julgamento, na forma da Seção II do Capítulo II.

* V. art. 112 da CF/1988.
* A EC 24/1999 substituiu as Juntas de Conciliação e Julgamento por Varas do Trabalho (Juiz singular) e extinguiu a representação classista na Justiça do Trabalho.

§ 1.º Nas localidades onde houver mais de um Juízo de Direito a competência é determinada, entre os Juízes do Cível, por distribuição ou pela divisão judiciária local, na conformidade da lei de organização respectiva.

§ 2.º Quando o critério de competência da lei de organização judiciária for diverso do previsto no parágrafo anterior, será competente o Juiz do Cível mais antigo.

⚖ Interpretação convergente

- Conflito negativo de competência. Ação reclamatória trabalhista (...).

(STJ, CComp 54.026/AM, 1.ª Seção, j. 07.02.2006, rel. Eliana Calmon, *DEJT* 06.03.2006)

- Conflito de competência. Servidor público. Regime celetista. Ação reclamatória. Verbas trabalhistas (...).

(STJ, AgRg em CComp 116.308/SP, 1.ª Seção, j. 08.02.2012, rel. Castro Meira, *DEJT* 17.02.2012)

- Conflito de competência. Ausência de interesse de agir. Extinção do feito sem julgamento do mérito (...).

(TRT-23.ª Reg., CComp 19201200023002, Pleno, j. 29.03.2012, rel. Leila Calvo, *DEJT* 09.05.2012)

Capítulo IV
DOS TRIBUNAIS REGIONAIS DO TRABALHO

* Expressão "Conselhos Regionais do Trabalho" substituída por "Tribunais Regionais do Trabalho", de acordo com o art. 2.º do Dec.-lei 9.797/1946.
* A EC 24/1999 substituiu as Juntas de Conciliação e Julgamento por Varas do Trabalho (Juiz singular) e extinguiu a representação classista na Justiça do Trabalho.

Seção I
Da composição e do funcionamento

Art. 670. O Tribunal Regional do Trabalho da 1.ª Região compor-se-á de 54 (cinquenta e quatro) Juízes, sendo 36 (trinta e seis) togados, vitalícios, e 18 (dezoito) classistas, temporários; o Tribunal Regional da 2.ª Região compor-se-á de 64 (sessenta e quatro) Juízes, sendo 42

(quarenta e dois) togados, vitalícios, e 22 (vinte e dois) classistas, temporários; o Tribunal Regional da 3.ª Região compor-se-á de 36 (trinta e seis) Juízes, sendo 24 (vinte e quatro) togados, vitalícios, e 12 (doze) classistas, temporários; o Tribunal Regional da 4.ª Região compor-se-á de 36 (trinta e seis) Juízes, sendo 24 (vinte e quatro) togados, vitalícios, e 12 (doze) classistas, temporários; o Tribunal Regional da 5.ª Região compor-se-á de 29 (vinte e nove) Juízes, sendo 19 (dezenove) togados, vitalícios, e 10 (dez) classistas, temporários; o Tribunal Regional da 6.ª Região compor-se-á de 18 (dezoito) Juízes, sendo 12 (doze) togados, vitalícios, e 6 (seis) classistas, temporários; o Tribunal Regional da 7.ª Região compor-se-á de 8 (oito) Juízes, sendo 6 (seis) togados, vitalícios, e 2 (dois) classistas, temporários; o Tribunal Regional da 8.ª Região compor-se-á de 23 (vinte e três) Juízes, sendo 15 (quinze) togados, vitalícios, e 8 (oito) classistas, temporários; o Tribunal Regional da 9.ª Região compor-se-á de 28 (vinte e oito) Juízes, sendo 18 (dezoito) togados, vitalícios, e 10 (dez) classistas, temporários; o Tribunal Regional da 10.ª Região compor-se-á de 17 (dezessete) Juízes, sendo 11 (onze) togados, vitalícios, e 6 (seis) classistas, temporários; o Tribunal Regional da 11.ª Região compor-se-á de 8 (oito) Juízes, sendo 6 (seis) togados, vitalícios, e 2 (dois) classistas, temporários; o Tribunal Regional da 12.ª Região compor-se-á de 18 (dezoito) Juízes, sendo 12 (doze) togados, vitalícios, e 6 (seis) classistas, temporários; o Tribunal Regional da 13.ª Região compor-se-á de 8 (oito) Juízes, sendo 6 (seis) togados, vitalícios, e 2 (dois) classistas, temporários; o Tribunal Regional da 14.ª Região compor-se-á de 8 (oito) Juízes, sendo 6 (seis) togados, de investidura vitalícia, e 2 (dois) classistas, de investidura temporária; o Tribunal Regional da 15.ª Região compor-se-á de 36 (trinta e seis) Juízes, sendo 24 (vinte e quatro) togados, vitalícios, e 12 (doze) classistas, temporários; o Tribunal Regional da 16.ª Região compor-se--á de 8 (oito) Juízes, sendo 6 (seis) togados, de investidura vitalícia, e 2 (dois) classistas, de investidura temporária; o Tribunal Regional da 17.ª Região compor-se-á de 8 (oito) Juízes, sendo 6 (seis) togados, de investidura vitalícia, e 2 (dois) classistas, de investidura temporária; o Tribunal Regional da 18.ª Região compor-se-á de 8 (oito) Juízes, sendo 6 (seis) togados, de investidura vitalícia, e 2 (dois) classistas, de inves-

tidura temporária; o Tribunal Regional da 19.ª Região compor-se-á de 8 (oito) Juízes, sendo 6 (seis) togados, de investidura vitalícia, e 2 (dois) classistas, de investidura temporária; o Tribunal Regional da 20.ª Região compor-se-á de 8 (oito) Juízes, sendo 6 (seis) togados, de investidura vitalícia, e 2 (dois) classistas, de investidura temporária; o Tribunal Regional da 21.ª Região compor-se-á de 8 (oito) Juízes, sendo 6 (seis) togados, de investidura vitalícia, e 2 (dois) classistas, de investidura temporária; o Tribunal Regional da 22.ª Região compor-se-á de 8 (oito) Juízes, sendo 6 (seis) togados, de investidura vitalícia, e 2 (dois) classistas, de investidura temporária; o Tribunal Regional da 23.ª Região compor-se-á de 8 (oito) Juízes, sendo 6 (seis) togados, de investidura vitalícia, e 2 (dois) classistas, de investidura temporária; e o Tribunal Regional da 24ª Região compor-se-á de 8 (oito) Juízes, sendo 6 (seis) togados, de investidura vitalícia, e 2 (dois) classistas, de investidura temporária, todos nomeados pelo Presidente da República.

* V. art. 115 da CF/1988.
* A EC 24/1999 substituiu as Juntas de Conciliação e Julgamento por Varas do Trabalho (Juiz singular) e extinguiu a representação classista na Justiça do Trabalho.

§ 1.º Haverá um suplente para cada Juiz representante classista.

* § 1.º com redação determinada pelo Dec.-lei 9.797/1946.
* A Lei 5.442/1968 propôs nova redação a este dispositivo, mas teve seu texto vetado.

§ 2.º Nos Tribunais Regionais constituídos de seis ou mais juízes togados, e menos de 11 (onze), um deles será escolhido dentre advogados, um dentre membros do Ministério Público da União junto à Justiça do Trabalho e os demais dentre Juízes do Trabalho, Presidentes de Junta da respectiva Região, na forma prevista no parágrafo anterior.

* § 2.º com redação determinada pela Lei 5.442/1968.
* V. arts. 94 e 115, I e II, da CF/1988.

§ 3.º Nos Tribunais do Trabalho das demais Regiões, terão assento três juízes alheios aos interesses profissionais.

* § 3.º com redação determinada pelo Dec.-lei 9.797/1946.
* A Lei 5.442/1968 propôs nova redação a este dispositivo, mas teve seu texto vetado.

§ 4.º Os juízes classistas referidos neste artigo representarão, paritariamente, empregadores e empregados.

* § 4.º acrescentado pela Lei 5.442/1968.

§ 5.º Haverá um suplente para cada Juiz classista.

* § 5.º acrescentado pela Lei 5.442/1968.

§ 6.º Os Tribunais Regionais, no respectivo regimento interno, disporão sobre a substituição de seus juízes, observados, na convocação de juízes inferiores, os critérios de livre escolha e antiguidade, alternadamente.

* § 6.º revogado. V. arts. 93 e 118 da LC 35/ 1979, com redação determinada pela LC 54/1986.
* § 6.º acrescentado pela Lei 5.442/1968.

§ 7.º Dentre os seus juízes togados, os Tribunais Regionais elegerão os respectivos presidente e vice-presidente, assim como os presidentes de Turmas, onde as houver.

* § 7.º acrescentado pela Lei 5.442/1968.

§ 8.º Os Tribunais Regionais das 1.ª e 2.ª Regiões dividir-se-ão em Turmas, facultada essa divisão aos constituídos de, pelo menos, doze juízes. Cada Turma se comporá de três juízes togados e dois classistas, um representante dos empregados e outro dos empregadores.

* § 8.º acrescentado pela Lei 5.442/1968.
* V. arts. 113 e 115, I e II, da CF/1988.

Art. 671. Para os trabalhos dos Tribunais Regionais existe a mesma incompatibilidade prevista no art. 648, sendo idêntica a forma de sua resolução.

* Expressão "Conselhos Regionais" substituída por "Tribunais Regionais", de acordo com o art. 2.º do Dec.-lei 9.797/1946.

Art. 672. Os Tribunais Regionais, em sua composição plena, deliberarão com a presença, além do presidente, da metade e mais um do

número de seus juízes, dos quais, no mínimo, um representante dos empregados e outro dos empregadores.

* Artigo com redação determinada pela Lei 5.442/1968.
* A EC 24/1999 substituiu as Juntas de Conciliação e Julgamento por Varas do Trabalho (Juiz singular) e extinguiu a representação classista na Justiça do Trabalho.

§ 1.º As Turmas somente poderão deliberar presentes, pelo menos, três dos seus Juízes, entre eles os dois classistas. Para a integração desse *quorum*, poderá o presidente de uma Turma convocar Juízes de outra, da classe a que pertencer o ausente ou impedido.

§ 2.º Nos Tribunais Regionais, as decisões tomar-se-ão pelo voto da maioria dos Juízes presentes, ressalvada, no Tribunal Pleno, a hipótese de declaração de inconstitucionalidade de lei ou ato do poder público (art. 116 da CF/1988).

* V. art. 97 da CF/1988.

§ 3.º O presidente do Tribunal Regional, excetuada a hipótese de declaração de inconstitucionalidade de lei ou ato do poder público, somente terá voto de desempate. Nas sessões administrativas, o presidente votará como os demais Juízes, cabendo-lhe, ainda, o voto de qualidade.

* V. art. 97 da CF/1988.

§ 4.º No julgamento de recursos contra decisão ou despacho do presidente, do Vice-presidente ou do Relator, ocorrendo empate, prevalecerá a decisão ou despacho recorrido.

⚖️ Interpretação convergente

• Por sua vez, o *caput*, do art. 672 da CLT, estabelece que: "Os Tribunais Regionais, em sua composição plena, deliberarão com a presença, além do Presidente, da metade e mais um do número de seus Juízes, dos quais, no mínimo, 1 (um) representante dos empregados e outro dos empregadores" (...).
(TRT-19.ª Reg., EDcl no RO 86200.2009.010.19.00-2, j. 05.04.2011, rel. João Leite, *DJ* 11.04.2011)

Interpretação restritiva

• Muito embora o *caput* do art. 672 da CLT fale de uma composição maior, é fato que a EC 24/1999 reduziu o número de membros dos Tribunais Regionais, o que demandou ajustes para definir-se o *quorum* (...).
(TST, RR 751828/2001.5, 2.ª T., j. 29.03.2006, rel. José Luciano de Castilho Pereira, *DEJT* 26.05.2006)

Art. 673. A ordem das sessões dos Tribunais Regionais será estabelecida no respectivo regimento interno.

* Expressão "Conselhos Regionais" substituída por "Tribunais Regionais", de acordo com o art. 2.º do Dec.-lei 9.797/1946.

Interpretação convergente

• Não há obrigatoriedade legal para que o Juiz vencido nos julgamentos promova a juntada dos motivos do seu entendimento. A Consolidação das Leis do Trabalho, no seu art. 673 (capítulo que trata da composição e funcionamento dos Tribunais Regionais do Trabalho), dispõe:
"A ordem das sessões dos Tribunais será estabelecida no respectivo regimento interno" (...).
(TRT-21.ª Reg., EDcl no RO 01205-2002-921-21-00-2, j. 13.06.2002, rel. Raimundo de Oliveira, *DJ* 29.06.2002)

Seção II
Da jurisdição e competência

Art. 674. Para efeito da jurisdição dos Tribunais Regionais, o território nacional é dividido nas 24 (vinte e quatro) Regiões seguintes:
1.ª Região: Estado do Rio de Janeiro;
2.ª Região: Estado de São Paulo;

* A Lei 7.520, de 15.07.1986, estabelece, no § 1.º do art. 1.º, que a 2.ª Região da Justiça do Trabalho passa a abranger apenas o Município da Capital do Estado de São Paulo e os Municípios de Arujá, Barueri, Biritiba-Mirim, Caieiras, Cajamar, Carapicuíba, Cotia, Cubatão, Diadema, Embu, Embu-

-Guaçu, Ferraz de Vasconcelos, Francisco Morato, Franco da Rocha, Guararema, Guarujá, Guarulhos, Itapecerica da Serra, Itapevi, Itaquaquecetuba, Jandira, Juquitiba, Mairiporã, Mauá, Mogi das Cruzes, Osasco, Pirapora do Bom Jesus, Poá, Praia Grande, Ribeirão Pires, Rio Grande da Serra, Salesópolis, Santa Isabel, Santana do Parnaíba, Santo André, Santos, São Bernardo do Campo, São Caetano do Sul, São Vicente, Suzano e Taboão da Serra.

3.ª Região: Estado de Minas Gerais;

4.ª Região: Estado do Rio Grande do Sul;

5.ª Região: Estado da Bahia;

6.ª Região: Estado de Pernambuco;

7.ª Região: Estado do Ceará;

8.ª Região: Estados do Pará e do Amapá;

9.ª Região: Estado do Paraná;

* Criada pela Lei 6.241/1975.

10.ª Região: Distrito Federal e Tocantins;

* Criada pela Lei 6.927/1981.

11.ª Região: Estados do Amazonas e de Roraima;

* Criada pela Lei 6.915/1981.

12.ª Região: Estado de Santa Catarina;

* Criada pela Lei 6.928/1981.

13.ª Região: Estado da Paraíba;

* Criada pela Lei 7.324/1985.

14.ª Região: Estados de Rondônia e Acre;

* Criada pela Lei 7.523/1986.

15.ª Região: Estado de São Paulo (área não abrangida pela jurisdição estabelecida na 2.ª Região);

* Criada pela Lei 7.520/1986.

16.ª Região: Estado do Maranhão;

* Criada pela Lei 7.671/1988.

17.ª Região: Estado do Espírito Santo;

* Criada pela Lei 7.872/1989.

18.ª Região: Estado de Goiás;

* Criada pela Lei 7.873/1989.

19.ª Região: Estado de Alagoas;

* Criada pela Lei 8.219/1991.

20.ª Região: Estado de Sergipe;

* Criada pela Lei 8.233/1991.

21.ª Região: Estado do Rio Grande do Norte;

* Criada pela Lei 8.215/1991.

22.ª Região: Estado do Piauí;

* Criada pela Lei 8.221/1991.

23.ª Região: Estado do Mato Grosso;

* Criada pela Lei 8.430/1992.

24.ª Região: Estado do Mato Grosso do Sul.

* Criada pela Lei 8.431/1992.

Parágrafo único. Os Tribunais têm sede nas cidades: Rio de Janeiro (1.ª Região), São Paulo (2.ª Região), Belo Horizonte (3.ª Região), Porto Alegre (4.ª Região), Salvador (5.ª Região), Recife (6.ª Região), Fortaleza (7.ª Região), Belém (8.ª Região), Curitiba (9.ª Região), Brasília (10.ª Região), Manaus (11.ª Região), Florianópolis (12.ª Região), João Pessoa (13.ª Região), Porto Velho (14.ª Região), Campinas (15.ª Região), São

Luís (16.ª Região), Vitória (17.ª Região), Goiânia (18.ª Região), Maceió (19.ª Região), Aracaju (20.ª Região), Natal (21.ª Região), Teresina (22.ª Região), Cuiabá (23.ª Região) e Campo Grande (24.ª Região).

Art. 675. (*Revogado pela Lei 5.442/1968.*)

Art. 676. O número de Regiões, a jurisdição e a categoria dos Tribunais Regionais, estabelecidos nos artigos anteriores, somente podem ser alterados pelo Presidente da República.

* Artigo revogado. V. arts. 96, II e 113 da CF/1988.

Art. 677. A competência dos Tribunais Regionais determina-se pela forma indicada no art. 651 e seus parágrafos e, nos casos de dissídio coletivo, pelo local onde este ocorrer.

* Expressão "Conselhos Regionais" substituída por "Tribunais Regionais", de acordo com o art. 2.º do Dec.-lei 9.797/1946.
* V. Lei 4.725/1965 (Normas para o processo dos dissídios coletivos).
* V. Portaria MTb 3.122/1988 (Composição dos conflitos individuais e coletivos de trabalho).

Art. 678. Aos Tribunais Regionais, quando divididos em Turmas, compete:

* Artigo com redação determinada pela Lei 5.442/1968.

I – ao Tribunal Pleno, especialmente:

* V. art. 93, XI, da CF/1988.

a) processar, conciliar e julgar originariamente os dissídios coletivos;

🏛 **Interpretação extensiva**

• **Súmula 189 do TST**
Greve. Competência da Justiça do Trabalho. Abusividade. (Res. TST 121/2003, DJ 19, 20 e 21.11.2003).
A Justiça do Trabalho é competente para declarar a abusividade, ou não, da greve.

• Obrigação de não reinteração nas Convenções Coletivas de Trabalho futuras. Incompetência funcional.

A declaração de nulidade em caráter incidental somente é admitida, nos limites da ação civil pública, quando produz efeitos jurídicos *inter pars*, como é comum nas ações individuais, em que se requer a prevalência dos dispositivos da Consolidação das Leis do Trabalho conflitantes com determinada CCT. Logo, somente tem lugar em demanda coletiva quando uma determinada empresa é obrigada por decisão judicial a deixar de cumprir, em concreto, norma coletiva que desrespeita os limites celetistas e constitucionais, haja vista que neste caso uma coletividade de trabalhadores definida será alcançada pela tutela específica. Afora tal hipótese, a fim de produzir efeitos *erga omnes*, ainda que sejam futuros, a pretensão anulatória deverá ser veiculada por ação própria, bem como submetida ao juízo competente, em face do que preceitua a OJ 129 da SDI-II/TST e por aplicação analógica do art. 678, I, *a*, da CLT. Por isso, imutável é a sentença que reconheceu a incompetência funcional do juízo de primeiro grau e extinguiu todos os pleitos iniciais sem resolução de mérito. Recurso ordinário do Ministério Público do Trabalho ao qual se nega provimento (...).

(TRT-23.ª Reg., RO 01042.2009.001.23.00-5, 2.ª T., j. 14.07.2010, rel. Beatriz Theodoro, *DJ* 16.07.2010)

> *b)* processar e julgar originariamente:
> 1) as revisões de sentenças normativas;
> 2) a extensão das decisões proferidas em dissídios coletivos;
> 3) os mandados de segurança;

🏛 Interpretação extensiva

- **Súmula 429 do STF**

A existência de recurso administrativo com efeito suspensivo não impede o uso do mandado de segurança contra omissão da Autoridade.

- **Súmula 430 do STF**

Pedido de reconsideração na via administrativa não interrompe o prazo para o mandado de segurança.

- **Súmula 433 do STF**

É competente o TRT para julgar mandado de segurança contra ato de seu Presidente em execução de sentença trabalhista.

- **Súmula 625 do STF**
Controvérsia sobre matéria de Direito não impede concessão de mandado de segurança.

- **Súmula 629 do STF**
A impetração de mandado de segurança coletivo por entidade de classe em favor dos associados independe da autorização destes.

- **Súmula 630 do STF**
A entidade de classe tem legitimação para o mandado de segurança ainda quando a pretensão veiculada interesse apenas a uma parte da respectiva categoria.

- **Súmula 632 do STF**
É constitucional lei que fixa o prazo de decadência para a impetração de mandado de segurança.

- **Súmula 201 do TST**
Recurso ordinário em mandado de segurança. (Res. TST 121/2003, *DJ* 19, 20 e 21.11.2003)
Da decisão de TRT em mandado de segurança cabe recurso ordinário, no prazo de 8 (oito) dias, para o TST, e igual dilação para o recorrido e interessados apresentarem razões de contrariedade.

- **OJ 4 do Tribunal Pleno/TST**
Mandado de segurança. Decisão de TRT. Incompetência originária do Tribunal Superior do Trabalho. (*DJ* 17.03.2004)
Ao Tribunal Superior do Trabalho não compete apreciar, originariamente, mandado de segurança impetrado em face de decisão de TRT.

- **OJ 10 do Tribunal Pleno/TST**
Precatório. Processamento e pagamento. Natureza administrativa. Mandado de segurança. Cabimento (*DJ* 25.04.2007)
É cabível mandado de segurança contra atos praticados pela Presidência dos Tribunais Regionais em precatório em razão de sua natureza administrativa, não se aplicando o disposto no inciso II do art. 5.º da Lei 1.533, de 31.12.1951.

- **OJ 54 da SDI-II/TST**
Mandado de segurança. Embargos de terceiro. Cumulação. Penhora. Incabível (Nova redação) – *DJ* 22.08.2005.

Ajuizados embargos de terceiro (art. 1.046 do CPC) para pleitear a desconstituição da penhora, é incabível a interposição de mandado de segurança com a mesma finalidade.

- **OJ 57 da SDI-II/TST**

Mandado de segurança. INSS. Tempo de serviço. Averbação e/ou reconhecimento (Inserida em 20.09.2000).

Conceder-se-á mandado de segurança para impugnar ato que determina ao INSS o reconhecimento e/ou averbação de tempo de serviço.

- **OJ 59 da SDI-II/TST**

Mandado de segurança. Penhora. Carta de fiança bancária (Inserida em 20.09.2000).

A carta de fiança bancária equivale a dinheiro para efeito da gradação dos bens penhoráveis, estabelecida no art. 655 do CPC.

- **OJ 63 da SDI-II/TST**

Mandado de segurança. Reintegração. Ação cautelar (Inserida em 20.09.2000).

Comporta a impetração de mandado de segurança o deferimento de reintegração no emprego em ação cautelar.

- **OJ 64 da SDI-II/TST**

Mandado de segurança. Reintegração liminarmente concedida (Inserida em 20.09.2000).

Não fere direito líquido e certo a concessão de tutela antecipada para reintegração de empregado protegido por estabilidade provisória decorrente de lei ou norma coletiva.

- **OJ 66 da SDI-II/TST**

Mandado de segurança. Sentença homologatória de adjudicação. Incabível (Inserida em 20.09.2000).

É incabível o mandado de segurança contra sentença homologatória de adjudicação, uma vez que existe meio próprio para impugnar o ato judicial, consistente nos embargos à adjudicação (art. 746 do CPC).

- **OJ 140 da SDI-II/TST**

Mandado de segurança contra liminar, concedida ou denegada em outra segurança. Incabível. (Art. 8.º da Lei 1.533/1951) (*DJ* 04.05.2004)

Não cabe mandado de segurança para impugnar despacho que acolheu ou indeferiu liminar em outro mandado de segurança.

- **OJ 155 da SDI-II/TST**
Ação rescisória e Mandado de segurança. Valor atribuído à causa na inicial. Majoração de ofício. Inviabilidade. (*DEJT* divulgado em 09, 10 e 11.06.2010)
Atribuído o valor da causa na inicial da ação rescisória ou do mandado de segurança e não havendo impugnação, nos termos do art. 261 do CPC, é defeso ao Juízo majorá-lo de ofício, ante a ausência de amparo legal. Inaplicável, na hipótese, a OJ da SBDI-II/TST 147 e o art. 2.º, II, da IN 31 do TST.

Interpretação restritiva

- **Súmula 266 do STF**
Não cabe mandado de segurança contra lei em tese.

- **Súmula 267 do STF**
Não cabe mandado de segurança contra ato judicial passível de recurso ou correição.

- **Súmula 268 do STF**
Não cabe mandado de segurança contra decisão judicial com trânsito em julgado.

- **Súmula 271 do STF**
Concessão de mandado de segurança não produz efeitos patrimoniais em relação a período pretérito, os quais devem ser reclamados administrativamente ou pela via judicial própria.

- **Súmula 272 do STF**
Não se admite como ordinário recurso extraordinário de decisão denegatória de mandado de segurança.

- **Súmula 474 do STF**
Não há direito líquido e certo, amparado pelo mandado de segurança, quando se escuda em lei cujos efeitos foram anulados por outra, declarada constitucional pelo STF.

- **Súmula 512 do STF**
Não cabe condenação em honorários de advogado na ação de mandado de segurança.

Art. 678

CONSOLIDAÇÃO DAS LEIS DO TRABALHO

- **Súmula 631 do STF**
Extingue-se o processo de mandado de segurança se o impetrante não promove, no prazo assinado, a citação do litisconsorte passivo necessário.

- **Súmula 33 do TST**
Mandado de segurança. Decisão judicial transitada em julgado. (Res. TST 121/2003, DJ 19, 20 e 21.11.2003)
Não cabe mandado de segurança de decisão judicial transitada em julgado.

- **OJ 56 da SDI-II/TST**
Mandado de segurança. Execução. Pendência de recurso extraordinário. (Inserida em 20.09.2000).
Não há direito líquido e certo à execução definitiva na pendência de recurso extraordinário, ou de agravo de instrumento visando a destrancá-lo.

- **OJ 99 da SDI-II/TST**
Mandado de segurança. Esgotamento de todas as vias processuais disponíveis. Trânsito em julgado formal. Descabimento. (Inserida em 27.09.2002)
Esgotadas as vias recursais existentes, não cabe mandado de segurança.

> **4) as impugnações à investidura de vogais e seus suplentes nas Juntas de Conciliação e Julgamento;**
>
> * A EC 24/1999 substituiu as Juntas de Conciliação e Julgamento por Varas do Trabalho (Juiz singular) e extinguiu a representação classista na Justiça do Trabalho.
>
> *c)* processar e julgar em última Instância:
> **1) os recursos das multas impostas pelas Turmas;**

⚖️ **Interpretação convergente**

- Agravo de instrumento obreiro. Recurso de multa no âmbito do TRT. Decisão de última instância. Incabível recurso de revista para o TST. Art. 678, I, *c*, 1, da CLT. O item 1 da alínea *c* do inc. I do art. 678 da CLT é claríssimo ao estabelecer que o TRT Pleno (ou sua SDI) analisa em última instância o recurso de multa aplicada por Turma, não havendo, nessa matéria, nova instância revisora. Daí o

descabimento de recurso de revista para o TST, conforme precedentes da SDI-II desta Corte. Agravo de instrumento obreiro desprovido (...).
(TST, AgIn no RR 8009585920015025555, 4.ª T., j. 29.06.2005, rel. Ives Gandra Martins Filho, *DJU* 12.08.2005)

2) as ações rescisórias das decisões das Juntas de Conciliação e Julgamento, dos Juízes de Direito investidos na jurisdição trabalhista, das Turmas e de seus próprios acórdãos;

Interpretação convergente

- **OJ 7 da SDI-II/TST**

Ação rescisória. Competência. Criação de Tribunal Regional do Trabalho. Na omissão da lei, é fixada pelo art. 678, I, *c*, item 2, da CLT (Nova redação) – *DJ* 22.08.2005.
A Lei 7.872/1989 que criou o Tribunal Regional do Trabalho da 17.ª Região não fixou a sua competência para apreciar as ações rescisórias de decisões oriundas da 1.ª Região, o que decorreu do art. 678, I, *c*, item 2, da CLT.

- Ação rescisória. Justiça do Trabalho. Competência.

Nos termos do art. 678 da CLT é do Regional Trabalhista a competência para apreciar as ações rescisórias dos julgados das Varas do Trabalho.
Legitimidades passiva e ativa.
As partes que compuseram os polos ativo e passivo da reclamação trabalhista originária da sentença rescindenda são legitimados para comporem os polos passivo e ativo da Ação Rescisória (...).
(TRT-16.ª Reg., RO 00174-2008-000-16-00-0, 1.ª T., j. 14.10.2010, rel. Alcebíades Tavares Dantas, *DJ* 19.10.2010)

Interpretação extensiva

- **Súmula 514 do STF**

Admite-se ação rescisória contra sentença transitada em julgado, ainda que contra ela não se tenha esgotado todos os recursos.

Art. 678

3) os conflitos de jurisdição entre as suas Turmas, os Juízes de Direito investidos na Jurisdição Trabalhista, as Juntas de Conciliação e Julgamento, ou entre aqueles e estas;

d) julgar em única ou última Instância:

1) os processos e os recursos de natureza administrativa atinentes aos seus serviços auxiliares e respectivos servidores;

Interpretação extensiva

- **OJ 11 do Tribunal Pleno/TST**

Recurso em matéria administrativa. Prazo. Órgão colegiado. Oito dias. Art. 6.º da Lei 5.584, de 26.06.1970. (*DJ* 25.04.2007)

Se não houver norma específica quanto ao prazo para interposição de recurso em matéria administrativa de decisão emanada de órgão Colegiado do Tribunal Regional do Trabalho, aplica-se, por analogia, a regra geral dos prazos adotados na Justiça do Trabalho, ou seja, oito dias, conforme estabelecido no art. 6.º da Lei 5.584, de 26.06.1970. O prazo de dez dias a que alude o art. 59 da Lei 9.784, de 29.01.1999, aplica-se somente à interposição de recursos de decisões prolatadas monocraticamente.

2) as reclamações contra atos administrativos de seu Presidente ou de qualquer de seus membros, assim como dos Juízes de Primeira Instância e de seus funcionários;

II – às Turmas:

a) julgar os recursos ordinários previstos no art. 895, *a*;

Interpretação convergente

- **Súmula 225 do STJ**

Compete ao Tribunal Regional do Trabalho apreciar recurso contra sentença proferida por órgão de primeiro grau da Justiça Trabalhista, ainda que para declarar-lhe a nulidade em virtude de incompetência.

b) julgar os agravos de petição e de instrumento, estes de decisões denegatórias de recursos de sua alçada;

c) impor multas e demais penalidades relativas a atos de sua competência jurisdicional, e julgar os recursos interpostos das decisões das Juntas e dos juízes de direito que as impuserem.

Parágrafo único. Das decisões das Turmas não caberá recurso para o Tribunal Pleno, exceto no caso do inc. I, alínea *c*, item 1, deste artigo.

Art. 679. Aos Tribunais Regionais não divididos em Turmas compete o julgamento das matérias a que se refere o artigo anterior, exceto a de que trata o inc. I, alínea *c*, item 1, como os conflitos de jurisdição entre Turmas.

* Artigo com redação determinada pela Lei 5.442/1968.

Art. 680. Compete, ainda, aos Tribunais Regionais, ou suas Turmas:

* Artigo com redação determinada pela Lei 5.442/1968.
* V. art. 96 da CF/1988.

a) determinar às Juntas e aos Juízes de Direito a realização dos atos processuais e diligências necessárias ao julgamento dos feitos sob sua apreciação;

* A EC 24/1999 substituiu as Juntas de Conciliação e Julgamento por Varas do Trabalho (Juiz singular) e extinguiu a representação classista na Justiça do Trabalho.

b) fiscalizar o cumprimento de suas próprias decisões;

c) declarar a nulidade dos atos praticados com infração de suas decisões;

d) julgar as suspeições arguidas contra seus membros;

e) julgar as exceções de incompetência que lhes forem opostas;

f) requisitar às autoridades competentes as diligências necessárias ao esclarecimento dos feitos sob apreciação, representando contra aquelas que não atenderem a tais requisições;

g) exercer, em geral, no interesse da Justiça do Trabalho, as demais atribuições que decorram de sua jurisdição.

Seção III
Dos Presidentes
dos Tribunais Regionais

* Expressão "Conselhos Regionais" substituída por "Tribunais Regionais", de acordo com o art. 2.º do Dec.-lei 9.797/1946.

Art. 681. Os Presidentes e Vice-presidentes dos Tribunais Regionais do Trabalho tomarão posse perante os respectivos Tribunais.

* *Caput* com redação determinada pela Lei 6.320/1976.

Parágrafo único. (*Revogado pela Lei 6.320/1976.*)

Art. 682. Competem privativamente aos Presidentes dos Tribunais Regionais, além das que forem conferidas neste e no título e das decorrentes do seu cargo, as seguintes atribuições:

* *Caput* e incisos com redação determinada pelo Dec.-lei 8.737/1946.
* Expressão "Conselhos Regionais" substituída por "Tribunais Regionais", de acordo com o art. 2.º do Dec.-lei 9.797/1946.

I – (*Revogado pela Lei 5.442/1968.*)

II – designar os vogais das Juntas e seus suplentes;

* A EC 24/1999 substituiu as Juntas de Conciliação e Julgamento por Varas do Trabalho (juiz singular) e extinguiu a representação classista na Justiça do Trabalho.

III – dar posse aos Presidentes de Juntas e Presidentes Substitutos, aos vogais e suplentes e funcionários do próprio Tribunal e conceder férias e licenças aos mesmos e aos vogais e suplentes das Juntas;

IV – presidir às Sessões do Tribunal;

V – presidir às audiências de conciliação nos dissídios coletivos;

VI – executar suas próprias decisões e as proferidas pelo Tribunal;

VII – convocar suplentes dos Juízes do Tribunal, nos impedimentos destes;

* Expressão "dos vogais do Conselho" substituída por "juízes do Tribunal", de acordo com os arts. 2.º e 3.º do Dec.-lei 9.797/1946.

VIII – representar ao Presidente do Tribunal Superior do Trabalho contra os Presidentes e os vogais, nos casos previstos no art. 727 e seu parágrafo único;

* Expressão "Conselho Nacional do Trabalho" substituída por "Tribunal Superior do Trabalho", de acordo com o art. 2.º do Dec.-lei 9.797/1946.

IX – despachar os recursos interpostos pelas partes;

⚖ **Interpretação convergente**

• Ressalte-se que o art. 682 da CLT e seus incisos, apenas referem-se à competência privativa dos Presidentes dos Tribunais Regionais, e especificamente o inc. IX trata do despacho a ser realizado nos recursos interpostos pelas partes, tal violação não infirma as razões do despacho denegatório que obstou seguimento ao apelo da parte (...).
(TST, AgIn no RR 42240-80.2006.5.03.0132, 6.ª T., j. 26.09.2007, rel. Aloysio Corrêa da Veiga, *DEJT* 11.10.2007)

X – requisitar às Autoridades Competentes, nos casos de dissídio coletivo, a força necessária, sempre que houver ameaça de perturbação da ordem;

XI – exercer correição, pelo menos uma vez por ano, sobre as Juntas, ou parcialmente sempre que se fizer necessário, e solicitá-la, quando julgar conveniente, ao Presidente do Tribunal de Justiça, relativamente aos Juízes de Direito investidos na administração da Justiça do Trabalho;

XII – distribuir os feitos, designando os Juízes que os devem relatar;

XIII – designar, dentre os funcionários do Tribunal e das Juntas existentes em uma mesma localidade, o que deve exercer a função de distribuidor;

XIV – assinar as folhas de pagamento dos Juízes e servidores do Tribunal.

§ 1.º Na falta ou impedimento do Presidente da Junta e do Substituto da mesma localidade, é facultado ao Presidente do Tribunal Regional designar substituto de outra localidade, observada a ordem de antiguidade entre os substitutos desimpedidos.

* § 1.º com redação determinada pelo Dec.-lei 8.737/1946.

Art. 683

* Expressão "Conselho Regional" substituída por "Tribunal Regional", de acordo com o art. 2.º do Dec.-lei 9.797/1946.

§ 2.º Na falta ou impedimento do vogal da Junta e do respectivo suplente, é facultado ao Presidente do Tribunal Regional designar suplente de outra Junta, respeitada a categoria profissional ou econômica do representante e a ordem de antiguidade dos suplentes desimpedidos.

* § 2.º com redação determinada pelo Dec.-lei 8.737/1946.
* Expressão "Conselho Regional" substituída por "Tribunal Regional", de acordo com o art. 2.º do Dec.-lei 9.797/1946.

§ 3.º Na falta ou impedimento de qualquer Juiz representante classista e seu respectivo suplente, é facultado ao Presidente do Tribunal Regional designar um dos vogais de Junta de Conciliação de Julgamento para funcionar nas Sessões do Tribunal, respeitada a categoria profissional ou econômica do representante.

* § 3.º acrescentado pela Lei 3.440/1958.

Art. 683. Na falta ou impedimento dos Presidentes dos Tribunais Regionais, e como auxiliares destes, sempre que necessário, funcionarão seus substitutos.

* Artigo com redação determinada pelo Dec.-lei 8.737/1946.
* Expressão "Conselhos Regionais" substituída por "Tribunais Regionais", de acordo com o art. 2.º do Dec.-lei 9.797/1946.

⚖️ **Interpretação convergente**

• Cumpre gizar, inicialmente, que equivocado o argumento dos reclamantes quanto à impossibilidade de o Vice-Presidente proceder ao primeiro juízo de admissibilidade do recurso de revista, haja vista que tal juízo, previsto para ser feito pelo Presidente do Tribunal Regional, pode ser realizado, nas suas faltas e ou impedimentos, por seus substitutos, incluído aí o Vice-Presidente do Tribunal, nos moldes do art. 683 da CLT (...).
(TST, AgIn em RR 1930540-37.2004.5.09.0013, 3.ª T., j. 13.02.2008, rel. Rosa Maria Weber Candiota da Rosa, *DEJT* 07.03.2008)

§ 1.º Nos casos de férias, por 30 (trinta) dias, licença, morte ou renúncia, a convocação competirá diretamente ao Presidente do Tribunal Superior do Trabalho.

* Expressão "Conselho Nacional do Trabalho" substituída por "Tribunal Superior do Trabalho", de acordo com o art. 2.º do Dec.-lei 9.797/1946.

§ 2.º Nos demais casos, mediante convocação do próprio Presidente do Tribunal ou comunicação do secretário deste, o Presidente substituto assumirá imediatamente o exercício, ciente o Presidente do Tribunal Superior do Trabalho.

* Expressões "Conselho" e "Conselho Nacional do Trabalho" substituídas por "Tribunal" e "Tribunal Superior do Trabalho", respectivamente, de acordo com o art. 2.º do Dec.-lei 9.797/1946.

Seção IV
Dos juízes representantes classistas dos Tribunais Regionais

* Expressão "Conselhos Regionais" substituída por "Tribunais Regionais", de acordo com o art. 2.º do Dec.-lei 9.797/1946.
* A EC 24/1999 substituiu as Juntas de Conciliação e Julgamento por Varas do Trabalho (Juiz singular) e extinguiu a representação classista na Justiça do Trabalho.

Art. 684. Os Juízes representantes classistas dos Tribunais Regionais são designados pelo Presidente da República.

* Expressão "Conselhos Regionais" substituída por "Tribunais Regionais", de acordo com o art. 2.º do Dec.-lei 9.797/1946.
* A EC 24/1999 substituiu as Juntas de Conciliação e Julgamento por Varas do Trabalho (Juiz singular) e extinguiu a representação classista na Justiça do Trabalho.
* V. art. 115 da CF/1988.

⚖️ **Interpretação convergente**

• Tendo em vista que o autor foi nomeado para o cargo de Juiz classista em 25.06.1998, para o triênio 1998-2001, por ato do Presidente da República, após regular procedimento administrativo, e que houve indevida protelação de sua

posse até a data da promulgação da EC 24, de 09.12.1999, que extinguiu o cargo de juiz classista (...).
(TRF-1.ª Reg., ApCiv 2001.40.00.002749-2, 4.ª T. Suplementar, j. 04.12.2012, rel. Rodrigo Navarro de Oliveira, *e-DJF1* 05.02.2013)

> **Parágrafo único. Aos Juízes representantes classistas dos empregados e dos empregadores, nos Tribunais Regionais, aplicam-se as disposições do art. 661.**
>
> * Primitivo § 1.º renumerado pela Lei 5.442/1968, que também revogou o § 2.º deste artigo.

⚖️ Interpretação convergente

• Indispensável o atendimento à exigência legal quanto à comprovação da condição de empregado (art. 3.º da CLT) para o candidato ao cargo de Juiz Classista Representante dos Empregados, Titular ou Suplente. Isso porque este pressuposto legal objetiva amparar, justamente, a obediência à paridade entre empregadores e trabalhadores na representação classista da Justiça Trabalhista (...).
(TST, RO 600109-36.1999.5.13.5555, Pleno, j. 01.06.2000, rel. Antônio José de Barros Levenhagen, *DJU* 18.08.2000)

> **Art. 685. A escolha dos Juízes e suplentes dos Tribunais Regionais, representantes dos empregadores e empregados, é feita dentre os nomes constantes das listas para esse fim encaminhadas ao presidente do Tribunal Superior do Trabalho pelas associações sindicais de grau superior com sede nas respectivas Regiões.**
>
> * Expressões "Conselhos Regionais" e "Conselho Nacional do Trabalho" substituídas por "Tribunais Regionais" e "Tribunal Superior do Trabalho", respectivamente, de acordo com o art. 2.º do Dec.-lei 9.797/1946.
>
> * A EC 24/1999 substituiu as Juntas de Conciliação e Julgamento por Varas do Trabalho (Juiz singular) e extinguiu a representação classista na Justiça do Trabalho.
>
> * V. art. 115 da CF/1988.
>
> **§ 1.º Para o efeito deste artigo, o conselho de representantes de cada associação sindical de grau superior, na ocasião determinada pelo**

Presidente do Tribunal Superior do Trabalho, organizará, por maioria de votos, uma lista de três nomes.

§ 2.º O Presidente do Tribunal Superior do Trabalho submeterá os nomes constantes das listas ao Presidente da República, por intermédio do Ministro da Justiça.

* § 2.º com redação determinada pela Lei 2.244/1954.

Art. 686. (*Revogado pelo Dec.-lei 9.797/1946.*)

Art. 687. Os Juízes representantes classistas dos Tribunais Regionais tomam posse perante o respectivo presidente.

* Expressão "Conselhos Regionais" substituída por "Tribunais Regionais", de acordo com o art. 2.º do Dec.-lei 9.797/1946.

* A EC 24/1999 substituiu as Juntas de Conciliação e Julgamento por Varas do Trabalho (juiz singular) e extinguiu a representação classista na Justiça do Trabalho.

Art. 688. Aos Juízes representantes classistas dos Tribunais Regionais aplicam-se as disposições do art. 663, sendo a nova escolha feita dentre os nomes constantes das listas a que se refere o art. 685, ou na forma indicada no art. 686 e, bem assim, as dos arts. 665 e 667.

* Expressão "Conselhos Regionais" substituída por "Tribunais Regionais", de acordo com o art. 2.º do Dec.-lei 9.797/1946.

* A EC 24/1999 substituiu as Juntas de Conciliação e Julgamento por Varas do Trabalho (Juiz singular) e extinguiu a representação classista na Justiça do Trabalho.

Art. 689. Por sessão a que comparecerem, até o máximo de 15 (quinze) por mês, perceberão os Juízes representantes classistas e suplentes dos Tribunais Regionais a gratificação fixada em lei.

* Artigo com redação determinada pelo Dec.-lei 8.737/1946.

* Expressão "Conselhos Regionais" substituída por "Tribunais Regionais", de acordo com o art. 2.º do Dec.-lei 9.797/1946.

* A EC 24/1999 substituiu as Juntas de Conciliação e Julgamento por Varas do Trabalho (Juiz singular) e extinguiu a representação classista na Justiça do Trabalho.

Parágrafo único. Os Juízes representantes classistas que retiverem processos além dos prazos estabelecidos no Regimento Interno dos

Art. 690

Tribunais Regionais sofrerão automaticamente, na gratificação mensal a que teriam direito, desconto equivalente a 1/30 (um trinta avos) por processo retido.

⚖️ **Interpretação convergente**

- Os Juízes classistas não têm direito a uma segunda gratificação por sessões extras, tendo em vista que a administração, no exercício de seu poder de regulamentar o dispositivo legal (art. 666 da CLT), delimitou o conceito de sessão a que deve corresponder a gratificação devida aos Juízes classistas, sendo que aquela refere-se a um dia de audiências (...).

(TRF-4.ª Reg., ApCiv 2001.71.00.033614-0, 4.ª T., j. 10.09.2008, rel. Marga Inge Barth Tessler, *DJ* 27.10.2008)

Capítulo V
DO TRIBUNAL SUPERIOR DO TRABALHO

* Expressão "Conselho Nacional do Trabalho" substituída por "Tribunal Superior do Trabalho", de acordo com o art. 2.º do Dec.-lei 9.797/1946.
* V. art. 111-A da CF/1988.
* V. Regimento Interno do TST (RITST).

Seção I
Disposições preliminares

Art. 690. O Tribunal Superior do Trabalho, com sede na Capital da República e jurisdição em todo o território nacional, é a Instância Superior da Justiça do Trabalho.

* Artigo atualizado pela Lei 7.701/1988.
* Artigo com redação determinada pela Lei 2.244/1954.
* V. art. 111-A da CF/1988.

Parágrafo único. O Tribunal funciona na plenitude de sua composição ou dividido em Turmas, com observância da paridade de representação de empregados e empregadores.

⚖️ **Interpretação convergente**

- [N]ão se aplica ao presente caso, posto que, em relação à contribuição previdenciária, não houve qualquer debate anterior, não se podendo afastar a competência desse C. TST de pacificador da matéria infraconstitucional no âmbito da Justiça do Trabalho (art. 690, da CLT) (...).
(TST, AgIn em RR 12794052200550300037, 6.ª T., j. 05.08.2009, rel. Horácio Senna Pires, *DEJT* 14.08.2009)

- [D]e outra parte, há de se afastar a alegação de que o disposto no § 2.º do art. 896 da CLT não se aplica ao presente caso, posto que, em relação à contribuição previdenciária, não houve qualquer debate anterior, não se podendo afastar a competência desse C. TST de pacificador da matéria infraconstitucional no âmbito da Justiça do Trabalho (art. 690 da CLT) (...).
(TST, AgIn em RR 1120405220075030136, 2.ª T., j. 07.12.2010, rel. Renato de Lacerda Paiva, *DEJT* 17.12.2010)

Arts. 691 e 692. (*Revogados pelo Dec.-lei 8.737/1946.*)

Seção II
Da composição e funcionamento do Tribunal Superior do Trabalho

* Expressão "Conselho Nacional do Trabalho" substituída por "Tribunal Superior do Trabalho", de acordo com o art. 2.º do Dec.-lei 9.797/1946.

Art. 693. O Tribunal Superior do Trabalho compõe-se de 17 (dezessete) Juízes, com a denominação de Ministros, sendo:

a) 11 (onze) togados e vitalícios, nomeados pelo Presidente da República, depois de aprovada a escolha pelo Senado Federal, dentre brasileiros natos, maiores de 35 (trinta e cinco) anos, de notável saber jurídico e de reputação ilibada;

b) 6 (seis) classistas, em representação paritária dos empregadores e dos empregados, nomeados pelo Presidente da República, de conformidade com o disposto nos §§ 2.º e 3.º deste artigo.

* A EC 24/1999 substituiu as Juntas de Conciliação e Julgamento por Varas do Trabalho (Juiz singular) e extinguiu a representação classista na Justiça do Trabalho.
* V. art. 111-A da CF/1988.

§ 1.º Dentre os Juízes togados do Tribunal Superior do Trabalho, alheios aos interesses profissionais, serão eleitos o Presidente, o Vice-Presidente e o Corregedor, além dos Presidentes das Turmas, na forma estabelecida em seu Regimento Interno.

* § 1.º com redação determinada pela Lei 2.244/1954.

§ 2.º Para nomeação trienal dos Juízes classistas, o Presidente do Tribunal Superior do Trabalho publicará edital, com antecedência mínima de 15 (quinze) dias, convocando as associações sindicais de grau superior, para que cada uma, mediante maioria de votos do respectivo conselho de representantes, organize uma lista de três nomes, que será encaminhada, por intermédio daquele Tribunal, ao Ministro da Justiça, dentro do prazo que for fixado no edital.

* § 2.º com redação determinada pela Lei 2.244/1954.
* V. art. 111-A da CF/1988.

§ 3.º Na lista de que trata o parágrafo anterior figurarão somente brasileiros natos, de reconhecida idoneidade, maiores de 25 (vinte e cinco) anos, quites com o serviço militar, que estejam no gozo de seus direitos civis e políticos e contem mais de 2 (dois) anos de efetivo exercício da profissão ou se encontrem no desempenho de representação profissional prevista em lei.

* § 3.º com redação determinada pelo Dec.-lei 9.797/1946.
* V. art. 111-A da CF/1988.

Interpretação extensiva

* **Súmula 627 do STF**

No mandado de segurança contra a nomeação de Magistrado da competência do Presidente da República, este é considerado Autoridade Coatora, ainda que

o fundamento da impetração seja nulidade ocorrida em fase anterior do procedimento.

- **Súmula 628 do STF**
Integrante de lista de candidatos a determinada vaga da composição de Tribunal é parte legítima para impugnar a validade da nomeação de concorrente.

Art. 694. Os Juízes togados escolher-se-ão: sete, dentre magistrados da Justiça do Trabalho, dois, dentre advogados no efetivo exercício da profissão, e dois, dentre membros do Ministério Público da União junto à Justiça do Trabalho.

* Artigo com redação determinada pela Lei 5.442/1968.
* V. art. 111-A da CF/1988.

Art. 695. (*Revogado pelo Dec.-lei 9.797/1946.*)

Art. 696. Importará em renúncia o não comparecimento do membro do Tribunal, sem motivo justificado, a mais de três Sessões Ordinárias consecutivas.

* Artigo com redação determinada pelo Dec.-lei 8.737/1946.
* V. art. 111-A da CF/1988.

§ 1.º Ocorrendo a hipótese prevista neste artigo, o Presidente do Tribunal comunicará, imediatamente, o fato ao Ministro da Justiça, a fim de que seja feita a substituição do Juiz renunciante, sem prejuízo das sanções cabíveis.

* § 1.º revogado. V. LC 35/1979 (Lei Orgânica da Magistratura Nacional).

§ 2.º Para os efeitos do parágrafo anterior, a designação do Substituto será feita dentre os nomes constantes das listas de que trata o § 2.º do art. 693.

Art. 697. Em caso de licença superior a 30 (trinta) dias, ou de vacância, enquanto não for preenchido o cargo, os Ministros do Tribunal poderão ser substituídos mediante convocação de Juízes, de igual categoria, de

Art. 698

qualquer dos Tribunais Regionais do Trabalho, na forma que dispuser o Regimento do Tribunal Superior do Trabalho.

* Artigo com redação determinada pela Lei 6.289/1975.

Art. 698. (*Revogado pelo Dec.-lei 8.737/1946.*)

Art. 699. O Tribunal Superior do Trabalho não poderá deliberar, na plenitude de sua composição, senão com a presença de, pelo menos, nove dos seus Juízes, além do presidente.

* Artigo revogado. V. Lei 7.701/1988 (Especialização de Turmas do TST).
* V. art. 111-A da CF/1988.

Parágrafo único. As Turmas do Tribunal, compostas de cinco Juízes, só poderão deliberar com a presença de, pelo menos, três de seus membros, além do respectivo presidente, cabendo também a este funcionar como Relator ou Revisor nos feitos que lhe forem distribuídos, conforme estabelecer o regimento interno.

Art. 700. O Tribunal reunir-se-á em dias previamente fixados pelo presidente, o qual poderá, sempre que for necessário, convocar sessões extraordinárias.

* Artigo com redação determinada pelo Dec.-lei 8.737/1946.
* V. art. 96, I, *a* da CF/1988.

Art. 701. As Sessões do Tribunal serão públicas e começarão às 14 (quatorze) horas, terminando às 17 (dezessete) horas, mas poderão ser prorrogadas pelo Presidente em caso de manifesta necessidade.

* Artigo com redação determinada pelo Dec.-lei 8.737/1946.
* V. art. 96, I, *a*, da CF/1988.

§ 1.º As Sessões Extraordinárias do Tribunal só se realizarão quando forem comunicadas aos seus membros com 24 (vinte e quatro) horas, no mínimo, de antecedência.

§ 2.º Nas Sessões do Tribunal, os debates poderão tornar-se secretos, desde que, por motivo de interesse público, assim resolver a maioria de seus membros.

Seção III
Da competência do Tribunal Pleno

Art. 702. Ao Tribunal Pleno compete:

* Artigo revogado. V. Lei 7.701/1988 (Especialização de Turmas do TST).
* V. art. 111-A, § 1.º da CF/1988.

I – em única Instância:

a) decidir sobre matéria constitucional, quando arguido, para invalidar lei ou ato do poder público;

b) conciliar e julgar os dissídios coletivos que excedam a jurisdição dos Tribunais Regionais do Trabalho, bem como estender ou rever suas próprias decisões normativas, nos casos previstos em lei;

c) homologar os acordos celebrados em dissídios de que trata a alínea anterior;

Interpretação restritiva

• **Súmula 190 do TST**
Poder normativo do TST. Condições de trabalho. Inconstitucionalidade. Decisões Contrárias ao STF. (Res. TST 121/2003, *DJ* 19, 20 e 21.11.2003)
Ao julgar ou homologar ação coletiva ou acordo nela havido, o TST exerce o poder normativo constitucional, não podendo criar ou homologar condições de trabalho que o STF julgue iterativamente inconstitucionais.

d) julgar os agravos dos despachos do Presidente, nos casos previstos em lei;

e) julgar as suspeições arguidas contra o Presidente e demais Juízes do Tribunal, nos feitos pendentes de sua decisão;

f) estabelecer súmulas de jurisprudência uniforme, na forma prescrita no Regimento Interno;

* Alínea *f* com redação determinada pela Lei 7.033/1982.

g) aprovar tabela de custas e emolumentos, nos termos da lei;

h) elaborar o Regimento Interno do Tribunal e exercer as atribuições administrativas previstas em lei, ou decorrentes da Constituição Federal;

II – em última Instância:

a) julgar os recursos ordinários das decisões proferidas pelos Tribunais Regionais, em processos de sua competência originária;

⚖ Interpretação convergente

• **Súmula 201 do TST**
Recurso ordinário em mandado de segurança. (Res. TST 121/2003, *DJ* 19, 20 e 21.11.2003)
Da decisão de TRT em mandado de segurança cabe recurso ordinário, no prazo de 8 (oito) dias, para o TST, e igual dilação para o recorrido e interessados apresentarem razões de contrariedade.

b) julgar os embargos opostos às decisões de que tratam as alíneas *b* e *c* do inc. I deste artigo;

c) julgar embargos das decisões das Turmas, quando estas divirjam entre si ou de decisão proferida pelo próprio Tribunal Pleno, ou que forem contrárias a letra de lei federal;

d) julgar os agravos de despachos denegatórios dos Presidentes de Turmas, em matéria de embargos, na forma estabelecida no Regimento Interno;

e) julgar os embargos de declaração opostos aos seus acórdãos.

§ 1.º Quando adotada pela maioria de 2/3 (dois terços) dos Juízes do Tribunal Pleno, a decisão proferida nos embargos de que trata o inc. II, *c*, deste artigo, terá força de prejulgado, nos termos dos §§ 2.º e 3.º do art. 902.

🏛 Interpretação extensiva

• **Súmula 401 do STF**
Não se conhece do recurso de revista, nem dos embargos de divergência, do Processo Trabalhista, quando houver jurisprudência firme do TST no mesmo sentido da decisão impugnada, salvo se houver colisão com a jurisprudência do STF.

§ 2.º É da competência de cada uma das Turmas do Tribunal:

a) julgar, em única Instância, os conflitos de jurisdição entre Tribunais Regionais do Trabalho e os que se suscitarem entre Juízes de Direito ou Juntas de Conciliação e Julgamento de Regiões diferentes;

* A EC 24/1999 substituiu as Juntas de Conciliação e Julgamento por Varas do Trabalho (Juiz singular) e extinguiu a representação classista na Justiça do Trabalho.

⚖️ Interpretação convergente

• **Súmula 236 do STJ**
Não compete ao Superior Tribunal de Justiça dirimir conflitos de competência entre juízes trabalhistas vinculados a Tribunais Regionais do Trabalho diversos.

b) julgar, em última Instância, os recursos de revista interpostos de decisões dos Tribunais Regionais e das Juntas de Conciliação e Julgamento ou Juízes de Direito, nos casos previstos em lei;

c) julgar os agravos de instrumento dos despachos que denegarem a interposição de recursos ordinários ou de revista;

d) julgar os embargos de declaração opostos aos seus acórdãos;

e) julgar as habilitações incidentes e arguições de falsidade, suspeição e outras, nos casos pendentes de sua decisão.

Seção IV
Da competência da Câmara de Justiça do Trabalho

Arts. 703 a 705. (*Revogados pelo Dec.-lei 8.737/1946.*)

Seção V
Da competência da Câmara de Previdência Social

Art. 706. (*Revogado pelo Dec.-lei 8.737/1946.*)

Art. 707

Seção VI
Das atribuições do Presidente do Tribunal Superior do Trabalho

* Expressão "Conselho Nacional do Trabalho" substituída por "Tribunal Superior do Trabalho", de acordo com o art. 2.º do Dec.-lei 9.797/1946.
* V. arts. 96, I, *a* e 113 da CF/1988.

Art. 707. Compete ao Presidente do Tribunal:

* Artigo com redação determinada pelo Dec.-lei 8.737/1946.

a) presidir às sessões do Tribunal, fixando os dias para a realização das sessões ordinárias e convocando as extraordinárias;

b) superintender todos os serviços do Tribunal;

c) expedir instruções e adotar as providências necessárias para o bom funcionamento do Tribunal e dos demais Órgãos da Justiça do Trabalho;

Interpretação extensiva

• Incumbe ao Tribunal de origem, por sua Presidência, o primeiro juízo de admissibilidade do recurso de revista, seja por seus pressupostos extrínsecos, a que sujeitos todos os recursos, seja por seus pressupostos intrínsecos, consoante art. 896, § 1.º, da CLT, facultado à parte, acaso inconformada buscar o destrancamento pelo meio processual utilizado. Inexistência de violação aos arts. 5.º, XXXIV, *a*, XXXV e LV, e 105, III, da CF/1988 e 707 da CLT (...).
(TST, AgIn em RR 50140-54.2004.5.03.0013, 5.ª T., j. 05.10.2005, rel. Rosa Maria Weber Candiota da Rosa, *DJU* 21.10.2005)

• Os cálculos que o demandante apresenta em suas contrarrazões, como justificativa para impugnar os valores alusivos aos limites de depósitos para recurso editados pela Presidência do C. TST, não prosperam. Não cabe às partes, ou seus advogados, fixarem os valores limites de depósito recursal. Este é previsto por

lei, e suas alterações (ou atualizações), que também seguem os preceitos legais vigentes sobre a matéria, são fixadas e publicadas pelo Presidente do C. TST, no uso de suas atribuições legais e regimentais (...).
(TRT-4.ª Reg., RO 0081600-02.1996.5.04.0922, 4.ª T., j. 26.05.1999, rel. Teresinha Maria Delfina Signori Correia, *DJ* 21.06.1999)

d) fazer cumprir as Decisões originárias do Tribunal, determinando aos Tribunais Regionais e aos demais órgãos da Justiça do Trabalho a realização dos atos processuais e das diligências necessárias;

e) submeter ao Tribunal os processos em que tenha de deliberar e designar, na forma do Regimento Interno, os respectivos relatores;

f) despachar os recursos interpostos pelas partes e os demais papéis em que deva deliberar;

g) determinar as alterações que se fizerem necessárias na lotação do pessoal da Justiça do Trabalho, fazendo remoções *ex officio* de servidores entre os Tribunais Regionais, Juntas de Conciliação e Julgamento e outros Órgãos, bem como conceder as requeridas que julgar convenientes ao serviço, respeitada a lotação de cada Órgão;

* A EC 24/1999 substituiu as Juntas de Conciliação e Julgamento por Varas do Trabalho (Juiz singular) e extinguiu a representação classista na Justiça do Trabalho.

h) conceder licenças e férias aos servidores do Tribunal, bem como impor-lhes as penas disciplinares que excederem da alçada das demais autoridades;

i) dar posse e conceder licença aos membros do Tribunal, bem como conceder licenças e férias aos presidentes dos Tribunais Regionais;

j) apresentar ao Ministro da Justiça, até 31 de março de cada ano, o relatório das atividades do Tribunal e dos demais Órgãos da Justiça do Trabalho.

Parágrafo único. O Presidente terá um secretário, por ele designado dentre os funcionários lotados no Tribunal, e será auxiliado por servidores designados nas mesmas condições.

Art. 708

Seção VII
Das atribuições do Vice-Presidente

Art. 708. Compete ao vice-presidente do Tribunal:

* Artigo com redação determinada pela Lei 2.244/1954.

a) substituir o Presidente e o Corregedor em suas faltas e impedimentos;
b) *(Revogada pela Lei 2.244/1954.)*
Parágrafo único. Na ausência do Presidente e do Vice-Presidente, será o Tribunal presidido pelo Juiz togado mais antigo, ou pelo mais idoso quando igual a antiguidade.

⚖️ Interpretação convergente

• Ademais, a competência para determinar a suspensão do feito, após a interposição do apelo destinado ao STF, é do Vice-Presidente do TST, na forma do art. 36, V e VI, do Regimento Interno desta Corte (...).
(TST, EDcl no AgIn em RR 212800-53.2008.5.02.0022, 6.ª T., j. 05.06.2013, rel. Kátia Magalhães Arruda, *DEJT* 07.06.2013)

Seção VIII
Das atribuições do Corregedor

Art. 709. Compete ao Corregedor, eleito dentre os Ministros togados do Tribunal Superior do Trabalho:

* *Caput* com redação determinada pelo Dec.-lei 229/1967.

I – exercer funções de inspeção e correição permanente com relação aos Tribunais Regionais e seus Presidentes;

* Inc. I com redação determinada pelo Dec.-lei 229/1967.

II – decidir reclamações contra os atos atentatórios da boa ordem processual praticados pelos Tribunais Regionais e seus Presidentes, quando inexistir recurso específico;

* Inc. II com redação determinada pelo Dec.-lei 229/1967.

III – (*Revogado pela Lei 5.442/1968.*)

§ 1.º Das decisões proferidas pelo Corregedor, nos casos do artigo, caberá o agravo regimental, para o Tribunal Pleno.

* § 1.º com redação determinada pelo Dec.-lei 229/1967.

§ 2.º O Corregedor não integrará as Turmas do Tribunal, mas participará, com voto, das sessões do Tribunal Pleno, quando não se encontrar em correição ou em férias, embora não relate nem revise processos, cabendo-lhe, outrossim, votar em incidente de inconstitucionalidade, nos processos administrativos e nos feitos em que estiver vinculado por visto anterior à sua posse na Corregedoria.

* § 2.º com redação determinada pela Lei 7.121/1983.

⚖️ Interpretação convergente

• E a competência fixada no art. 709 da CLT afasta a possibilidade de intervenção da Corregedoria Geral da Justiça do Trabalho para reexame de acórdão de Tribunal Regional, independente da natureza da matéria controvertida, porquanto a função dela está adstrita ao controle administrativo-disciplinar (...).
(TST, AgIn em ReCrim 9997800-20.2003.5.00.0000, Pleno, j. 02.12.2004, rel. Ronaldo Lopes Leal, *DJU* 11.02.2005)

• De acordo com o disposto no art. 709 da CLT, não é possível a intervenção da Corregedoria Geral da Justiça do Trabalho para reexame de Decisão colegiada proferida por Tribunal Regional. A reforma da Decisão proferida pelo Colegiado deve ser buscada pela via jurisdicional (...).
(TST, AgReg em RC 1684416-97.2006.5.00.0000, Pleno, j. 04.05.2006, rel. Rider de Brito, *DEJT* 26.05.2006)

• Uma vez verificado que a reclamação correicional apresentada efetivamente não tinha a finalidade de atacar ato atentatório da boa ordem processual praticado pelo Tribunal Regional ou seu Presidente, correto o despacho que julgou improcedentes os pedidos, já que em consonância com o que preceitua o art. 709 da CLT (...).
(TST, AgIn em ReCrim 1752876-39.2006.5.00.0000, Pleno, j. 07.12.2006, rel. José Luciano de Castilho Pereira, *DEJT* 02.02.2007)

Capítulo VI
DOS SERVIÇOS AUXILIARES DA JUSTIÇA DO TRABALHO
Seção I
Da Secretaria das Juntas de Conciliação e Julgamento

* A EC 24/1999 substituiu as Juntas de Conciliação e Julgamento por Varas do Trabalho (juiz singular) e extinguiu a representação classista na Justiça do Trabalho.
* V. art. 96, I, *a*, da CF/1988.

Art. 710. Cada Junta terá uma Secretaria, sob a direção de funcionário que o Presidente designar, para exercer a função de secretário, e que receberá, além dos vencimentos correspondentes ao seu padrão, a gratificação de função fixada em lei.

* Artigo com redação determinada pelo Dec.-lei 8.737/1946.
* A EC 24/1999 substituiu as Juntas de Conciliação e Julgamento por Varas do Trabalho (Juiz singular) e extinguiu a representação classista na Justiça do Trabalho.

Art. 711. Compete à Secretaria das Juntas:

* A EC 24/1999 substituiu as Juntas de Conciliação e Julgamento por Varas do Trabalho (Juiz singular) e extinguiu a representação classista na Justiça do Trabalho

a) o recebimento, a autuação, o andamento, a guarda e a conservação dos processos e outros papéis que lhe forem encaminhados;

⚖️ Interpretação convergente

* Verifica-se que no presente caso, a reclamada comprovou que a Secretaria da Vara do Trabalho deixou de juntar o aviso de recebimento (AR) referente à sua notificação (...).
(TST, RR 2368400-55.2002.5.01.0900, 7.ª T., j. 27.08.2008, rel. Guilherme Augusto Caputo Bastos, *DEJT* 05.09.2008)

* Ao contrário do que sustenta o apelante, a Secretaria juntou, sim, a sua petição, como se verifica nos autos. O que ocorreu na verdade foi que a petição foi protocolada intempestivamente, quase três meses após a publicação da decisão (...).
(TRF-2.ª Reg., Ap em MS 2004.51.01.005941-9, 5.ª T. Especializada, j. 28.05.2008, rel. Antônio Cruz Netto, *DJU* 16.06.2008)

b) a manutenção do protocolo de entrada e saída dos processos e demais papéis;

c) o registro das decisões;

d) a informação, às partes interessadas e seus procuradores, do andamento dos respectivos processos, cuja consulta lhes facilitará;

e) a abertura de vista dos processos às partes, na própria Secretaria;

f) a contagem das custas devidas pelas partes, nos respectivos processos;

g) o fornecimento de certidões sobre o que constar dos livros ou do arquivamento da Secretaria;

h) a realização das penhoras e demais diligências processuais;

i) o desempenho dos demais trabalhos que lhe forem cometidos pelo Presidente da Junta, para melhor execução dos serviços que lhe estão afetos.

⚖ Interpretação convergente

- Conforme consignado no acórdão, não há falar em aplicação da penalidade, na medida em que o registro na CTPS pode ser realizado pela Secretaria da Junta (...). (TST, AgIn em RR, 4277400-53.2002.5.04.0900, 3.ª T., j. 08.03.2006, rel. Maria Cristina Irigoyen Peduzzi, *DEJT* 31.03.2006)

Art. 712. Compete especialmente aos diretores de secretaria das Juntas de Conciliação e Julgamento:

* Artigo com redação determinada pelo Dec.-lei 8.737/1946.
* A EC 24/1999 substituiu as Juntas de Conciliação e Julgamento por Varas do Trabalho (Juiz singular) e extinguiu a representação classista na Justiça do Trabalho.

a) superintender os trabalhos da Secretaria, velando pela boa ordem do serviço;

b) cumprir e fazer cumprir as ordens emanadas do Presidente e das Autoridades Superiores;

c) submeter a despacho e assinatura do Presidente o expediente e os papéis que devam ser por ele despachados e assinados;

d) abrir a correspondência oficial dirigida à Junta e ao seu Presidente, a cuja deliberação será submetida;

e) tomar por termo as reclamações verbais nos casos de dissídios individuais;

f) promover o rápido andamento dos processos, especialmente na fase de execução, e a pronta realização dos atos e diligências deprecadas pelas Autoridades Superiores;

g) secretariar as audiências da Junta, lavrando as respectivas atas;

h) subscrever as certidões e os termos processuais;

i) dar aos litigantes ciência das reclamações e demais atos processuais de que devam ter conhecimento, assinando as respectivas notificações;

j) executar os demais trabalhos que lhe forem atribuídos pelo presidente da Junta.

Parágrafo único. Os serventuários que, sem motivo justificado, não realizarem os atos, dentro dos prazos fixados, serão descontados em seus vencimentos, em tantos dias quantos os do excesso.

⚖️ **Interpretação convergente**

• Embora haja contradição com relação às datas dos contratos de trabalho anotados em carteira, certo é que o contrato de trabalho, constante de f. da Carteira de Trabalho foi realizado por Diretor de Secretaria de Junta de Conciliação e Julgamento e confirma o que a parte autora disse em depoimento pessoal (...).
(TRF-3.ª Reg., ApCiv 94.03.038010-1, 5.ª T., j. 16.09.2002, rel. Eva Regina, *DJU* 06.12.2002)

Seção II
Dos distribuidores

Art. 713. Nas localidades em que existir mais de uma Junta de Conciliação e Julgamento haverá um distribuidor.

* A EC 24/1999 substituiu as Juntas de Conciliação e Julgamento por Varas do Trabalho (Juiz singular) e extinguiu a representação classista na Justiça do Trabalho.

Art. 714

🏛 Interpretação extensiva

• O simples impasse entre o Distribuidor dos Feitos e Vara do Trabalho não caracteriza conflito de competência. Conflito que não se conhece, uma vez que o Juiz Distribuidor não se reveste de função jurisdicional, mas apenas e tão somente administrativa (...).
(TRT-6.ª Reg., CComp 2007.000.06.00.0, j. 15.05.2008, rel. Aline Pimentel Gonçalves, *DJ* 01.07.2008)

Art. 714. Compete ao distribuidor:

a) a distribuição, pela ordem rigorosa de entrada, e sucessivamente a cada Junta, dos feitos que, para esse fim, lhe forem apresentados pelos interessados;

* A EC 24/1999 substituiu as Juntas de Conciliação e Julgamento por Varas do Trabalho (Juiz singular) e extinguiu a representação classista na Justiça do Trabalho.

b) o fornecimento, aos interessados, do recibo correspondente a cada feito distribuído;

c) a manutenção de dois fichários dos feitos distribuídos, sendo um organizado pelos nomes dos reclamantes e o outro dos reclamados, ambos por ordem alfabética;

d) o fornecimento a qualquer pessoa que o solicite, verbalmente ou por certidão, de informações sobre os feitos distribuídos;

e) a baixa na distribuição dos feitos, quando isto lhe for determinado pelos presidentes das Juntas, formando, com as fichas correspondentes, fichários à parte, cujos dados poderão ser consultados pelos interessados, mas não serão mencionados em certidões.

🏛 Interpretação extensiva

• O despacho agravado fundamentou que a recorrente interpôs o presente recurso de revista no protocolo distribuidor da Vara do Trabalho de Diadema/SP, conforme autenticação de f., utilizando o sistema de protocolo integrado do TRT de origem (...).
(TST, AgIn em RR 727340-81.2001.5.02.5555, 5.ª T., j. 10.08.2004, rel. João Carlos Ribeiro de Souza, *DJU* 12.08.2005)

Art. 715. Os distribuidores são designados pelo Presidente do Tribunal Regional, dentre os funcionários das Juntas e do Tribunal Regional, existentes na mesma localidade, e ao mesmo Presidente diretamente subordinados.

* Expressão "Conselho Regional" substituída por "Tribunal Regional", de acordo com o art. 2.º do Dec.-lei 9.797/1946.

* A EC 24/1999 substituiu as Juntas de Conciliação e Julgamento por Varas do Trabalho (Juiz singular) e extinguiu a representação classista na Justiça do Trabalho.

Seção III
Do Cartório dos Juízos de Direito

Art. 716. Os Cartórios dos Juízos de Direito, investidos na administração da Justiça do Trabalho, têm, para esse fim, as mesmas atribuições e obrigações conferidas na Seção I às Secretarias das Juntas de Conciliação e Julgamento.

* A EC 24/1999 substituiu as Juntas de Conciliação e Julgamento por Varas do Trabalho (Juiz singular) e extinguiu a representação classista na Justiça do Trabalho.

Parágrafo único. Nos Juízos em que houver mais de um Cartório, far-se-á entre eles a distribuição alternada e sucessiva das reclamações.

⚖️ Interpretação convergente

• [A] distribuição sequencial para a mesma Vara de dois processos apresentados simultaneamente pela reclamada, como assim ocorreu, afrontou diretamente ao disposto no parágrafo único do art. 716 da CLT, bem como o Regimento interno do TRT (...).

(TRF-5.ª Reg., HC 0004364-63.2005.4.05.0000, 2.ª T., j. 01.03.2005, rel. Francisco Cavalcanti, *DJ* 04.04.2005)

Art. 717. Aos escrivães dos Juízos de Direito, investidos na administração da Justiça do Trabalho, competem especialmente as atribuições e obrigações dos diretores de secretaria das Juntas; e

aos demais funcionários dos Cartórios, as que couberem nas respectivas funções, dentre as que competem às Secretarias das Juntas, enumeradas no art. 711.

* A EC 24/1999 substituiu as Juntas de Conciliação e Julgamento por Varas do Trabalho (Juiz singular) e extinguiu a representação classista na Justiça do Trabalho.

Seção IV
Das Secretarias dos Tribunais Regionais

* Expressão "Conselhos Regionais" substituída por "Tribunais Regionais", de acordo com o art. 2.º do Dec.-lei 9.797/1946.

Art. 718. Cada Tribunal Regional tem uma Secretaria, sob a direção do funcionário designado para exercer a função de secretário, com a gratificação de função fixada em lei.

* Artigo com redação determinada pelo Dec.-lei 8.737/1946.
* Expressão "Conselho Regional" substituída por "Tribunal Regional", de acordo com o art. 2.º do Dec.-lei 9.797/1946.

Art. 719. Competem à Secretaria dos Tribunais, além das atribuições estabelecidas no art. 711, para a Secretaria das Juntas, mais as seguintes:

* Expressão "Conselhos" substituída por "Tribunais", de acordo com o art. 2.º do Dec.-lei 9.797/1946.
* A EC 24/1999 substituiu as Juntas de Conciliação e Julgamento por Varas do Trabalho (Juiz singular) e extinguiu a representação classista na Justiça do Trabalho.

a) a conclusão dos processos ao Presidente e sua remessa, depois de despachados, aos respectivos relatores;

b) a organização e a manutenção de um fichário de jurisprudência do Tribunal, para consulta dos interessados.

Parágrafo único. No Regimento Interno dos Tribunais Regionais serão estabelecidas as demais atribuições, o funcionamento e a ordem dos trabalhos de suas Secretarias.

* Expressão "Conselhos Regionais" substituída por "Tribunais Regionais", de acordo com o art. 2.º do Dec.-lei 9.797/1946.

🏛 **Interpretação extensiva**

• É incumbência da parte zelar pelo bom andamento do processo; se houve prorrogação do prazo de recesso forense, a parte deve requerer à Secretaria do Tribunal Regional que certifique tal situação para constar nos autos (...).
(TST, AgIn em RR 21700/2002-018-03-00.4, 1.ª T., j. 28.10.2009, rel. Walmir Oliveira da Costa, *DEJT* 06.11.2009)

• A devolução dos autos à Secretaria do Tribunal Regional, efetivada fora do prazo legal, não ocasiona a imputação da pena do não conhecimento ao recurso interposto tempestivamente, sob pena de se caracterizar a violação do art. 5.º, LV, da CF/1988 (...).
(TST, RR 73000-66.2008.5.02.0068, 2.ª T., j. 09.05.2012, rel. José Roberto Freire Pimenta, *DEJT* 18.05.2012)

Art. 720. Competem aos secretários dos Tribunais Regionais as mesmas atribuições conferidas no art. 712 aos diretores de secretaria das Juntas, além das que lhes forem fixadas no regimento interno dos Tribunais.

* Expressão "Conselhos Regionais" substituída por "Tribunais Regionais", de acordo com o art. 2.º do Dec.-lei 9.797/1946.

* A EC 24/1999 substituiu as Juntas de Conciliação e Julgamento por Varas do Trabalho (Juiz singular) e extinguiu a representação classista na Justiça do Trabalho.

Seção V
Dos Oficiais de Justiça e Oficiais de Justiça Avaliadores

Art. 721. Incumbe aos Oficiais de Justiça e Oficiais de Justiça Avaliadores da Justiça do Trabalho a realização dos atos decorrentes da execução dos julgados das **Juntas de Conciliação e Julgamento e dos Tribunais Regionais do Trabalho**, que lhes forem cometidos pelos respectivos presidentes.

* Artigo com redação determinada pela Lei 5.442/1968.

* A EC 24/1999 substituiu as Juntas de Conciliação e Julgamento por Varas do Trabalho (Juiz singular) e extinguiu a representação classista na Justiça do Trabalho.

§ 1.º Para efeito de distribuição dos referidos atos, cada Oficial de Justiça ou Oficial de Justiça Avaliador funcionará perante uma Junta de Conciliação e Julgamento, salvo quando da existência, nos Tribunais Regionais do Trabalho, de Órgão específico, destinado à distribuição de mandados judiciais.

§ 2.º Nas localidades onde houver mais de uma Junta, respeitado o disposto no parágrafo anterior, a atribuição para o cumprimento do ato deprecado ao Oficial de Justiça ou Oficial de Justiça Avaliador será transferida a outro oficial, sempre que, após o decurso de 9 (nove) dias, sem razões que o justifiquem, não tiver sido cumprido o ato, sujeitando-se o serventuário às penalidades da lei.

§ 3.º No caso de avaliação, terá o Oficial de Justiça Avaliador, para cumprimento do ato, o prazo previsto no art. 888.

§ 4.º É facultado aos presidentes dos Tribunais Regionais do Trabalho cometer a qualquer Oficial de Justiça ou Oficial de Justiça Avaliador a realização dos atos de execução das decisões desses Tribunais.

§ 5.º Na falta ou impedimento do Oficial de Justiça ou Oficial de Justiça Avaliador, o presidente da Junta poderá atribuir a realização do ato a qualquer serventuário.

Interpretação extensiva

• Agravo de Instrumento em Recurso de Revista. Execução. Negativa de prestação jurisdicional.
Na hipótese, o Julgado Regional consignou que o Oficial de Justiça procedeu adequadamente às diligências necessárias ao fim pretendido, e que a avaliação trazida aos autos pela executada foi elaborada a seu pedido por engenheiro civil, constituindo prova unilateral, que não possui força probatória para desconstituir avaliação procedida por Oficial de Justiça Avaliador, detentor de fé pública (...). Agravo de instrumento desprovido (...).
(TST, AgIn em RR 336402819965040121, 1.ª T., j. 19.08.2009, rel. Luiz Philippe Vieira de Mello Filho, *DEJT* 28.08.2009)

• Agravo de petição. Excesso de penhora. Avaliação do bem penhorado.
A avaliação procedida por Oficial de Justiça, que goza de fé pública em suas certidões, não pode ser desqualificada senão por prova cabal em contrário.

Além disso, o fato do valor do bem penhorado ser superior ao total da dívida não caracteriza, obrigatoriamente, excesso de penhora, podendo se constituir, isto sim, em garantia de execução eficaz. (...)
(TRT-4.ª Reg., AgPet 00664-2005-521-04-00-1, 6.ª T., j. 17.06.2009, rel. Beatriz Renck, DJ 26.06.2009)

• Agravo de petição da executada. Avaliação de bem. Preço vil. Inexistência.
Cabe à parte interessada provar fixação de preço vil para o bem avaliado. Em assim não procedendo, fica mantido o valor conferido pelo Oficial de Justiça Avaliador, atribuição que lhe confere a lei. Nada a prover (...).
(TRT-4.ª Reg., AgPet 197004820065040831, 6.ª T., j. 24.03.2010, rel. Maria Inês Cunha Dornelles, DJ 05.04.2010)

• Agravo de petição. Bem penhorado. Avaliação procedida por Oficial de Justiça. Ausência de prova de desassociação do valor atribuído pelo Oficial Avaliador com o valor de mercado. Subsistência.
A avaliação de bem penhorado na execução trabalhista compete ao Oficial de Justiça Avaliador, conforme o disposto no art. 721 da CLT, e somente é passível de revisão quando presente qualquer das hipóteses rezadas no art. 683 do CPC. Não provada qualquer causa ensejadora da revisão ou de avaliação por profissional especializado, deve prevalecer a avaliação procedida por quem investido da atribuição legal (...).
(TRT-4.ª Reg., AgPet 1323004020085040702, 10.ª T., j. 17.11.2011, rel. Milton Varela Dutra, DJ 24.11.2011)

• Execução. Avaliação.
Na Justiça Trabalhista, o Oficial de Justiça é também Avaliador, cujos atos têm fé de ofício. Assim, a suposta subavaliação do agravante não é convincente, posto não poder o valor estimado, por um Oficial de Justiça, ser elidido através de meras alegações desprovidas de qualquer espécie de prova (...).
(TRT-19.ª Reg., AgPet 524199905719001, j. 01.06.2000, rel. Ricardo Gomes de Barros, DJ 12.06.2000)

• Penhora. Reavaliação. Impossibilidade.
O Oficial de Justiça, ao proceder a avaliação de bens, leva em consideração além de suas condições, o seu valor de mercado. Essa avaliação goza de presunção de veracidade, só passível de revisão com a apresentação de prova robusta em contrário. Sem prova robusta de que o bem penhorado sofreu avaliação inferior à do mercado, injustificável determinar-se a reavaliação (...).
(TRT-23.ª Reg., AgPet 00931.2001.003.13.00-5, Pleno, j. 13.05.2010, rel. Arnaldo Jose Duarte do Amaral, DJ 01.07.2010)

⚖ Interpretação restritiva

- OJ 164 do SDI-I/TST

Oficial de Justiça *ad hoc*. Inexistência de vínculo empregatício. (*DJ* 20.04.2005) Não se caracteriza o vínculo empregatício na nomeação para o exercício das funções de Oficial de Justiça *ad hoc*, ainda que feita de forma reiterada, pois exaure-se a cada cumprimento de mandado.

Capítulo VII
DAS PENALIDADES

Seção I
Do *lockout* e da greve

* V. art. 9.º da CF/1988.
* V. Lei 7.783/1989 (Exercício do direito de greve).

Art. 722. Os empregadores que, individual ou coletivamente, suspenderem os trabalhos dos seus estabelecimentos, sem prévia autorização do Tribunal competente, ou que violarem, ou se recusarem a cumprir decisão proferida em dissídio coletivo, incorrerão nas seguintes penalidades:

a) multa de 5.000 (cinco mil) a 50.000 (cinquenta mil) cruzeiros;

* Multas: ver Notas de Atualização e Portaria MTb 290/1997.

b) perda do cargo de representação profissional em cujo desempenho estiverem;

c) suspensão, pelo prazo de 2 (dois) a 5 (cinco) anos, do direito de serem eleitos para cargos de representação profissional.

§ 1.º Se o empregador for pessoa jurídica, as penas previstas nas alíneas *b* e *c* incidirão sobre os administradores responsáveis.

§ 2.º Se o empregador for concessionário de serviço público, as penas serão aplicadas em dobro. Nesse caso, se o concessionário for pessoa jurídica, o presidente do Tribunal que houver proferido a decisão poderá, sem prejuízo do cumprimento desta e da aplicação das penalidades

cabíveis, ordenar o afastamento dos administradores responsáveis, sob pena de ser cassada a concessão.

§ 3.º Sem prejuízo das sanções cominadas neste artigo, os empregadores ficarão obrigados a pagar os salários devidos aos seus empregados, durante o tempo de suspensão do trabalho.

Arts. 723 a 725. (*Revogados pela Lei 9.842/1999.*)

Seção II
Das penalidades contra os membros da Justiça do Trabalho

Art. 726. Aquele que recusar o exercício da função de vogal de Junta de Conciliação e Julgamento ou Juiz representante classista do Tribunal Regional, sem motivo justificado, incorrerá nas seguintes penas:

* Expressão "vogal do Conselho Regional" substituída por "juiz representante classista do Tribunal Regional", de acordo com o art. 3.º do Dec.-lei 9.797/1946.
* A EC 24/1999 substituiu as Juntas de Conciliação e Julgamento por Varas do Trabalho (Juiz singular) e extinguiu a representação classista na Justiça do Trabalho.

a) sendo representante de empregadores, multa de 100 (cem) a 1.000 (mil) cruzeiros e suspensão do direito de representação profissional por 2 (dois) a 5 (cinco) anos;

b) sendo representante de empregados, multa de 100 (cem) cruzeiros e suspensão do direito de representação profissional por 2 (dois) a 5 (cinco) anos.

* Multas: ver Notas de Atualização e Portaria MTb 290/1997.

Art. 727. Os vogais das Juntas de Conciliação e Julgamento, ou Juízes representantes classistas dos Tribunais Regionais, que faltarem a três reuniões ou sessões consecutivas, sem motivo justificado, perderão o cargo, além de incorrerem nas penas do artigo anterior.

* Expressão "vogais dos Conselhos Regionais" substituída por "juízes representantes classistas dos Tribunais Regionais", de acordo com o art. 3.º do Dec.-lei 9.797/1946.

* A EC 24/1999 substituiu as Juntas de Conciliação e Julgamento por Varas do Trabalho (Juiz singular) e extinguiu a representação classista na Justiça do Trabalho.

Parágrafo único. Se a falta for de presidente, incorrerá ele na pena de perda do cargo, além da perda dos vencimentos correspondentes aos dias em que tiver faltado às audiências ou sessões consecutivas.

Art. 728. Aos Presidentes, Membros, Juízes, vogais e funcionários auxiliares da Justiça do Trabalho, aplica-se o disposto no Título XI do Código Penal.

* A EC 24/1999 substituiu as Juntas de Conciliação e Julgamento por Varas do Trabalho (Juiz singular) e extinguiu a representação classista na Justiça do Trabalho.

Seção III
De outras penalidades

Art. 729. O empregador que deixar de cumprir decisão passada em julgado sobre a readmissão ou reintegração de empregado, além do pagamento dos salários deste, incorrerá na multa de 500 (quinhentos) a 5.000 (cinco mil) cruzeiros por dia, até que seja cumprida a decisão.

* Multas: ver Notas de Atualização e Portaria MTb 290/1997.

🏛 Interpretação extensiva

• **Súmula 28 do TST**
Indenização (Res. TST 121/2003, *DJ* 19, 20 e 21.11.2003)
No caso de se converter a reintegração em indenização dobrada, o direito aos salários é assegurado até a data da primeira decisão que determinou essa conversão.

§ 1.º O empregador que impedir ou tentar impedir que empregado seu sirva como vogal em Tribunal de Trabalho, ou que perante este preste depoimento, incorrerá na multa de 500 (quinhentos) a 5.000 (cinco mil) cruzeiros.

* Multas: ver Notas de Atualização e Portaria MTb 290/1997.

* A EC 24/1999 substituiu as Juntas de Conciliação e Julgamento por Varas do Trabalho (Juiz singular) e extinguiu a representação classista na Justiça do Trabalho.

§ 2.º Na mesma pena do parágrafo anterior incorrerá o empregador que dispensar seu empregado pelo fato de haver servido como vogal ou prestado depoimento como testemunha, sem prejuízo da indenização que a lei estabeleça.

Interpretação extensiva

- [O] Imposto de Renda incide sobre a multa prevista no art. 729 da CLT, disposição legal que prevê tal penalidade pelo atraso no cumprimento de decisão transitada em julgado referente à reintegração no emprego (...).
(STJ, REsp 1.349.848/AL, 2.ª T., j. 13.11.2012, rel. Mauro Campbell Marques, *DJe* 21.11.2012)

- [A] multa aplicada, com fulcro no art. 729 da CLT, possui indiscutível natureza remuneratória, constituindo acréscimo patrimonial, fato gerador do Imposto de Renda, a teor do art. 43 do CTN (...).
(TRT-7.ª Reg., AgPet 0148500-5820005070011, 1.ª T., j. 02.04.2012, rel. Paulo Régis Machado Botelho, *DJ* 16.04.2012)

Interpretação restritiva

- Não se tratando de readmissão ou reintegração no emprego de empregado detentor de estabilidade, não se cogita a aplicação da penalidade prevista no art. 729 da CLT (...).
(TST, AgIn em RR 4369900-03.2002.5.09.0900, 4.ª T., j. 06.06.2007, rel. Maria Doralice Novaes, *DEJT* 22.06.2007)

Art. 730. Aqueles que se recusarem a depor como testemunhas, sem motivo justificado, incorrerão na multa de 50 (cinquenta) a 500 (quinhentos) cruzeiros.

* Multas: ver Notas de Atualização e Portaria MTb 290/1997.

⚖️ Interpretação convergente

• Considerando-se a celeridade que deve nortear as lides trabalhistas, a legislação de regência suprimiu a exigência de intimação prévia das testemunhas, concedendo às partes, em um primeiro momento, a prerrogativa de convidarem as testemunhas a prestar depoimento. Ausente a testemunha, o Juízo providenciará a sua intimação; por se tratar de *munus publico*, o absenteísmo injustificado sujeita o infrator à condução coercitiva e à aplicação de multa, nos termos do art. 730 da CLT (...).
(TRT-2.ª Reg., RO 01324-2006-042-02-00-0, 8.ª T., j. 11.09.2008, rel. Rovirso Aparecido Boldo, *DJ* 23.09.2008)

• Ficando demonstrado que a testemunha recusou a depor, em face do seu não comparecimento à audiência em que estava ciente sem comprovar motivo justificado, é cabível a aplicação de multa, na forma do que dispõe o art. 730 da CLT (...).
(TRT-18.ª Reg., RO 00217-2008-001-18-00-3, 1.ª T., j. 13.08.2008, rel. Ialba Luza Guimarães de Mello, *DJ* 03.09.2008)

Art. 731. Aquele que, tendo apresentado ao distribuidor reclamação verbal, não se apresentar, no prazo estabelecido no parágrafo único do art. 786, à Junta ou Juízo para fazê-lo tomar por termo, incorrerá na pena de perda, pelo prazo de 6 (seis) meses, do direito de reclamar perante a Justiça do Trabalho.

* V. art. 133 da CF/1988.
* A EC 24/1999 substituiu as Juntas de Conciliação e Julgamento por Varas do Trabalho (Juiz singular) e extinguiu a representação classista na Justiça do Trabalho.

⚖️ Interpretação restritiva

• A aplicação da penalidade prevista no art. 731 da CLT reclama a necessidade da instauração do Auto de Infração para apuração dos motivos que deram causa aos arquivamentos, dando ao reclamante o direito ao exercício da ampla defesa. Portanto, não havendo nos autos a existência de tal procedimento, inaplicável se torna a penalidade prevista no art. 731 da CLT (...).
(TRT-5.ª Reg., RO 01121-2007-464-05-00-8, 2.ª T., j. 16.06.2008, rel. Luiza Lomba, *DJ* 03.07.2008)

Art. 732

Art. 732. Na mesma pena do artigo anterior incorrerá o reclamante que, por duas vezes seguidas, der causa ao arquivamento de que trata o art. 844.

⚖️ Interpretação convergente

• Conforme registrado pelo Regional, o art. 732 da CLT refere-se expressamente ao arquivamento de que se ocupa o art. 844 da CLT, ou seja, em decorrência do não comparecimento do reclamante à audiência, o que não se confunde com a desistência da ação (...).
(TST, AgIn em RR, 1644-81.2012.5.08.0010, 8.ª T., j. 29.05.2013, rel. Dora Maria da Costa, *DEJT* 03.06.2013)

• A perempção no processo trabalhista está prevista nos arts. 732 c/c 731 da CLT, e decorre da desídia do reclamante que, por duas vezes seguidas, dá causa ao arquivamento da ação por falta de comparecimento à audiência inaugural (art. 844 da CLT). Constatado que o obreiro ajuizou nova reclamação trabalhista antes de completados os seis meses do último arquivamento, não há que se falar em reforma do julgado que extinguiu o feito sem resolução do mérito (...).
(TRT-18.ª Reg., RO 0000765-78.2010.5.18.0006, 3.ª T., j. 31.08.2010, rel. Elza Cândida da Silveira, *DJ* 10.09.2010)

🔨 Interpretação restritiva

• **Súmula 268 do TST**
A ação trabalhista, ainda que arquivada, interrompe a prescrição somente em relação aos pedidos idênticos.

• Havendo previsão expressa na Consolidação das Leis do Trabalho acerca da perempção temporária, como se observa especialmente de seu art. 732, não se pode exigir o recolhimento prévio de custas de arquivamento de ação anteriormente ajuizada como condição para ajuizamento de nova ação judicial (...).
(TRT-2.ª Reg., RO 01456-2007-024-02-00-0, 5.ª T., j. 11.11.2008, rel. Anelia Li Chum, *DJ* 28.11.2008)

Art. 733. As infrações de disposições deste Título, para as quais não haja penalidades cominadas, serão punidas com a multa de 50 (cinquenta) a 5.000 (cinco mil) cruzeiros, elevada ao dobro na reincidência.

* Multas: ver Notas de Atualização e Portaria MTb 290/1997.

Capítulo VIII
DISPOSIÇÕES GERAIS

Art. 734. (*Revogado pelo Dec.-lei 72/1966.*)

Art. 735. As Repartições Públicas e as Associações Sindicais são obrigadas a fornecer aos Juízes e Tribunais do Trabalho e à Procuradoria da Justiça do Trabalho as informações e os dados necessários à instrução e ao julgamento dos feitos submetidos à sua apreciação.

Parágrafo único. A recusa de informações ou dados a que se refere este artigo, por parte de funcionários públicos, importa na aplicação das penalidades previstas pelo Estatuto dos Funcionários Públicos por desobediência.

⚖️ Interpretação convergente

• [A] teor dos arts. 653 e 735 da CLT, determinar a expedição de ofício aos cartórios de imóveis de Fortaleza, conforme requerido na petição (...).
(TRT-7.ª Reg., AgPet 0031800-1220035070005, 1.ª T., j. 26.05.2008, rel. Manoel Arízio Eduardo de Castro, *DOJT* 05.06.2008)

🏛 Interpretação extensiva

• Agravo de petição do exequente expedição de ofícios. Polícia rodoviária. Polícia civil. Brigada militar.
A efetividade da execução é de interesse da atividade jurisdicional, cumprindo ao Judiciário a obrigação de envidar esforços para garantir a eficácia das decisões judiciais, mormente quando o exequente é beneficiário da assistência judiciária gratuita, não tendo condições de custear as buscas necessárias à localização

de bens do devedor, inclusive junto às Entidades Policiais. Agravo de petição provido (...).
(TRT-4.ª Reg., AgPet 02150-2005-104-04-00-2, 8.ª T., j. 27.11.2008, rel. Denis Marcelo de Lima Molarinho)

• [A] execução pode ser promovida de ofício, ressaltando-se que os Magistrados deste E. Tribunal, atualmente, contam com ferramentas eletrônicas, colocadas à disposição através de convênios firmados, que permitem a obtenção de informações sobre os devedores e seu patrimônio, como, por exemplo, o convênio firmado com a Receita Federal – Sistema Infojud.
Aliás, a Consolidação dos Provimentos da Corregedoria-Geral da Justiça do Trabalho, no capítulo que trata das normas procedimentais na fase de execução, impõe o uso das ferramentas dos Sistemas BacenJud, InfoJud e RenaJud, consoante arts. 77, III e 78, *caput*, *in verbis*:
"Art. 77. Cabe ao Juiz na fase de execução:
(...)
III – determinar a revisão periódica dos processos em execução que se encontrem em arquivo provisório, com a execução suspensa, a fim de renovar providências coercitivas, a exemplo da nova tentativa de bloqueio pelo Sistema BacenJud, ou a utilização de novos aplicativos, como o InfoJud e o RenaJud.
Art. 78. A remessa ao arquivo provisório de autos de processo em execução apenas ocorrerá após encetadas, em vão, pelo Juiz, de ofício, todos os meios de coerção do devedor disponibilizados pelos Tribunais, tais como BacenJud, InfoJud, RenaJud e outros convênios. (...)" (...).
(TRT-15.ª Reg., AgPet 0176000-53.2003.5.15.0082, 7.ª Câm., j. 28.02.2012, rel. Fábio Grasselli)

• [A] execução pode ser promovida de ofício pelo Juiz, deve[ndo] ser esgotados, primeiramente, todos os meios possíveis e disponíveis para tentativa de localização da executada e, após, dos seus bens, através dos convênios firmados por esta Justiça Especializada, como BacenJud (localização de ativos financeiros), RenaJud (para tentativa de localização de veículos), InfoJud (para tentativa de localização de outros bens dos executados) e Arisp (para tentativa de localização de imóveis), na forma do disposto no art. 11 do Capítulo "PEN" da Consolidação de Normas da Corregedoria Regional da 15.ª Região (CNC) (...).
(TRT-15.ª Reg., RO 0124600-03.1996.5.15.0031, j. 03.04.2012, rel. Eliana dos Santos Alves Nogueira)

TÍTULO IX
DO MINISTÉRIO PÚBLICO
DO TRABALHO

* V. arts. 127 a 130 da CF/1988.
* V. art. 29, § 4.º, do ADCT.
* V. arts. 83 a 115 da LC 75/1993 (Estatuto do Ministério Público da União).

Capítulo I
DISPOSIÇÕES GERAIS

Art. 736. O Ministério Público do Trabalho é constituído por agentes diretos do Poder Executivo, tendo por função zelar pela exata observância da Constituição Federal, das leis e demais atos emanados dos Poderes Públicos, na esfera de suas atribuições.

Parágrafo único. Para o exercício de suas funções, o Ministério Público do Trabalho reger-se-á pelo que estatui esta Consolidação e, na falta de disposição expressa, pelas normas que regem o Ministério Público Federal.

Interpretação extensiva

* **Súmula 99 do STJ**
O Ministério Público tem legitimidade para recorrer no processo em que oficiou como fiscal da lei, ainda que não haja recurso da parte.

* **Súmula 407 do TST**
Ação rescisória. Ministério Público. Legitimidade *ad causam* prevista no art. 487, III, *a* e *b*, do CPC. As hipóteses são meramente exemplificativas. (Conversão da OJ 83 da SDI-II/TST). (Res. TST 137/2005, DJ 22, 23 e 24.08.2005).
A legitimidade *ad causam* do Ministério Público para propor ação rescisória, ainda que não tenha sido parte no processo que deu origem à decisão rescindenda, não está limitada às alíneas *a* e *b* do inc. III do art. 487 do CPC, uma vez que traduzem hipóteses meramente exemplificativas. (Ex-OJ 83 da SDI-II/TST, inserida em 13.03.2002)

Art. 736

- **OJ 338 da SDI-I/TST**

Ministério Público do Trabalho. Legitimidade para recorrer. Sociedade de economia mista e Empresa Pública. Contrato nulo. (*DJ* 04.05.2004)

Há interesse do Ministério Público do Trabalho para recorrer contra decisão que declara a existência de vínculo empregatício com sociedade de economia mista ou empresa pública, após a Constituição Federal de 1988, sem a prévia aprovação em concurso público.

- **OJ 350 da SDI-I/TST**

Ministério Público do Trabalho. Nulidade do contrato de trabalho não suscitada pelo Ente Público no momento da defesa. Arguição em parecer. Possibilidade. (Alterada em decorrência do julgamento do Proc. TST IUJERR 526538/1999.2) (Res. TST 162/2009, *DEJT* 23, 24 e 25.11.2009)

O Ministério Público do Trabalho pode arguir, em parecer, na primeira vez que tenha de se manifestar no processo, a nulidade do contrato de trabalho em favor de ente público, ainda que a parte não a tenha suscitado, a qual será apreciada, sendo vedada, no entanto, qualquer dilação probatória.

- Possui legitimidade ativa o Ministério Público do Trabalho para propor ação civil pública que visa proibir a jornada de trabalho superior a seis horas diárias aos trabalhadores subaquáticos, por laborarem em turnos ininterruptos de revezamento, eis que a Constituição Federal lhe assegurou a proteção ao patrimônio público e social, do meio ambiente e de outros interesses difusos e coletivos, nos termos dos arts. 129, III, da CF/1988 e 83, III, da LC 75/1993 (...).

(STF, RE 213.015/DF, 2.ª T., j. 08.04.2002, rel. Néri da Silveira, *DJU* 24.05.2002)

- Ação civil pública. Legitimidade do Ministério Público do Trabalho para postular o pagamento dos depósitos fundiários não efetivados. Inaplicabilidade do parágrafo único do art. 1.º da Lei 7.347/1985, introduzido pela MedProv 2.180-35/2001.

O direito ao FGTS, como integrante do rol dos direitos fundamentais, está protegido contra medidas que visem a sua supressão ou redução por parte dos poderes constituídos. De outra parte, como direito social assegurado na Constituição Federal de 1988, encaixa-se dentre aqueles passíveis de cobrança pelo Ministério Público do Trabalho através de ação civil pública (arts. 83, III, da LC 75/1993 e 129, II, da CF/1988). Logo, uma atribuição prevista em Lei Complementar não pode ser esvaziada pelo legislador ordinário e muito menos por Medida Provisória. A citada Medida Provisória foi editada pouco antes de o STF reconhecer

o direito dos trabalhadores aos expurgos inflacionários impostos nas contas do FGTS dos trabalhadores, e teve como real intenção evitar o ajuizamento, por parte do Ministério Público, de ações civis públicas objetivando o pagamento dessas diferenças. Entender-se de outro modo beneficiaria unicamente o empregador inadimplente e, verdadeiramente, não é esta a intenção da norma. Recurso do Ministério Público do Trabalho a que se dá provimento, a fim de reconhecer sua legitimidade ativa *ad causam*, em sede de ação civil pública, para buscar em juízo condenação do empregador na regularização dos depósitos fundiários de seus empregados que se encontrem em atraso (...).
(TRT-6.ª Reg., RO 00027-2006-003-06-00-2, 3.ª T., j. 28.11.2007, rel. Virgínio Henriques de Sá e Benevides)

- Associação indígena. Ausência de intimação do Ministério Público do Trabalho. Nulidade.
Os índios possuem legitimidade para atuar diretamente na defesa de seus direitos e interesses, cabendo ao Ministério Público, a intervenção como *custos legis*, na forma do art. 232 da CF/1988. A ausência de intimação do *Parquet* para acompanhar o feito, atrai a incidência da regra contida no art. 246 do CPC, pelo que deve-se decretar a nulidade do processo (...).
(TRT-8.ª Reg., RO 00974-2008-115-08-00-2, 4.ª T., j. 05.05.2009, rel. Vanja Costa de Mendonça, *DJ* 11.05.2009)

- A ação civil pública vem referida na Carta Magna e confere ao Ministério Público legitimidade para promovê-la (art. 129, III, da CF/1988) e, genericamente pode versar sobre qualquer interesse difuso ou coletivo (art. 1.º, IV, da Lei 7.347/1985, com redação dada pela Lei 8.078/1990). No campo das relações de trabalho ao Ministério Público do Trabalho compete promover dita ação no âmbito da Justiça do Trabalho para a defesa de interesses coletivos, quando desrespeitados os direitos sociais constitucionalmente garantidos (art. 83, III, LC 75/1993). O dito interesse coletivo é o transindividual de natureza indivisível de que seja titular grupo, categoria ou classe de pessoas ligadas entre si ou com a parte contrária por uma relação jurídica base (art. 81, parágrafo único, da Lei 7.347/1985). Os indivíduos, nesta categoria, não necessitam ser determinados, mas são determináveis. Por exemplo, os moradores de um condomínio, os internos de uma instituição, os empregados de uma empresa. A indivisibilidade do direito consiste em afirmar que o quinhão de cada um não pode ser determinado e, por isto, merece proteção como um todo, que ao grupo pertence, abstraindo-se a situação individual de cada integrante. Por exemplo, o direito ao reconhecimento dos contratos de trabalho, o direito a um

meio ambiente laboral salutar, o direito à saúde e à medicina do trabalho. Casos individuais podem e devem ser apontados na causa de pedir, como ilustrativos, sem que, com isto, a ação caracterize desvio de finalidade quanto a seu objeto próprio. Recurso ordinário a que se dá provimento para anular a decisão de origem que extinguiu o feito sem julgamento de mérito por carência da ação, ao declarar a ilegitimidade ativa do *Parquet* do Trabalho (...).
(TRT-15.ª Reg., RO 014821/2001, j. 21.11.2001, rel. Luiz Felipe Bruno Lobo)

• Legítima atuação do Ministério Público do Trabalho na proteção do regime democrático e direitos coletivos dos trabalhadores (...). Inexistência de intervenção deliberada do Órgão Ministerial, ou afronta a preceitos legais e constitucionais. Reputa-se legítima a atuação do Ministério Público do Trabalho, no ímpeto de proteger o regime democrático e os direitos coletivos dos trabalhadores da categoria, quando verificado o conflito de interesses ou indícios de manipulação da entidade sindical, através de seus diretores, para obtenção de vantagens indevidas (...).
(TRT-19.ª Reg., AC 00155.2008.000.19.00-8, j. 23.10.2008, rel. Vanda Lustosa)

Interpretação restritiva

• **OJ 130 da SDI-I/TST**
Prescrição. Ministério Público. Arguição. *Custos legis*. Ilegitimidade. (DJ 20.04.2005)
Ao exarar o parecer na remessa de ofício, na qualidade de *custos legis*, o Ministério Público não tem legitimidade para arguir a prescrição em favor de Entidade de Direito Público, em matéria de direito patrimonial (arts. 194 do CC/2002 e 219, § 5.º, do CPC).

• **OJ 237 da SDI-I/TST**
Ministério Público do Trabalho. Ilegitimidade para recorrer. (Inserida em 20.06.2001)
O Ministério Público não tem legitimidade para recorrer na defesa de interesse patrimonial privado, inclusive de Empresas Públicas e sociedades de economia mista.

• Ministério Público do Trabalho. Atuação direta no STF. Impossibilidade. Função da Procuradoria-Geral da República, conforme disposto no art. 46 da LC 75/1993.

Segundo a jurisprudência firmada no STF, incumbe ao Procurador-Geral da República exercer as funções do Ministério Público junto ao STF, nos termos do art. 46 da LC 75/1993, sendo que o exercício das atribuições do Ministério Público do Trabalho se circunscreve aos Órgãos da Justiça do Trabalho, consoante se infere dos arts. 83, 90, 107 e 110 da LC 75/1993 (STF, Rcl 4453, Pleno, rel. Min. Ellen Gracie, *DJe* 27.03.2009). Agravo não conhecido (...).
(STF, Rcl 3.760/PA, Pleno, j. 23.05.2013, rel. Teori Zavascki, *DJe* 18.06.2013)

• Ministério Público do Trabalho. Menor. Ação trabalhista. Representação legal. Ausência de nulidade processual.
Inexiste nulidade do processo quando foi observada a regra constante no art. 793 da CLT, que rege a representação processual na Justiça do Trabalho. O processo trabalhista nessa particularidade difere das formalidades rígidas do processo civil, em que se apreciam direitos muitas vezes indisponíveis dos incapazes. Enquanto lá a lei recomende e até obrigue o Ministério Público a funcionar nos autos desde o seu nascedouro, aqui no processo trabalhista tal preceito não é de todo imprescindível, até porque o menor já se faz representar por alguém capacitado. Cumpre salientar que a não participação do Ministério Público do Trabalho nos presentes autos durante o trâmite na Instância Singular foi suprida pela ciência dada por esta Corte (...).
(TRT-23.ª Reg., RO 01047.2008.036.23.00-0, 2.ª T., j. 26.11.2008, rel. Osmair Couto, *DJ* 01.12.2008)

• Cuidando-se de obrigações por quantia certa e de fazer decorrentes de desobediência a compromisso de ajustamento respeitante a condições de segurança laboral, ligadas, portanto, à esfera preventiva de acidentes do trabalho, celebrado perante o Ministério Público do Estado de São Paulo, tem este legitimidade ativa *ad causam* para execução, não o Ministério Público do Trabalho. A inadimplência do compromisso de ajustamento lavrado junto ao Ministério Público competente dá origem ao interesse executivo de agir (...).
(2.º TACivSP, Ap s/Rev 676338-00/8, 4.ª Câm., j. 27.11.2001, rel. Rodrigues da Silva)

Art. 737. O Ministério Público do Trabalho compõe-se da Procuradoria da Justiça do Trabalho e da Procuradoria da Previdência Social, aquela funcionando como Órgão de Coordenação entre a Justiça do Trabalho e o Ministério do Trabalho, Indústria e Comércio, ambas diretamente subordinadas ao Ministro de Estado.

* Artigo com redação determinada pelo Dec.-lei 8.737/1946.

* V. art. 35 do Dec.-lei 229/1967 (Altera dispositivos da Consolidação das Leis do Trabalho — CLT).

Art. 738. (*Revogado pelo Dec.-lei 8.024/1945*)

Art. 739. Não estão sujeitos a ponto os Procuradores-Gerais e os Procuradores.

Capítulo II
DA PROCURADORIA DA JUSTIÇA DO TRABALHO
Seção I
Da organização

Art. 740. A Procuradoria da Justiça do Trabalho compreende:

* Artigo atualizado pela Lei 8.470/1992.

a) uma Procuradoria-Geral, que funcionará junto ao Tribunal Superior do Trabalho;

b) 24 (vinte e quatro) Procuradorias Regionais, que funcionarão junto aos Tribunais Regionais do Trabalho.

Art. 741. As Procuradorias Regionais são subordinadas diretamente ao Procurador-Geral.

Art. 742. A Procuradoria-Geral é constituída de um Procurador-Geral e de procuradores.

Parágrafo único. As Procuradorias Regionais compõem-se de um Procurador Regional, auxiliado, quando necessário, por Procuradores Adjuntos.

Art. 743. Haverá, nas Procuradorias Regionais, substitutos de Procurador Adjunto ou, quando não houver este cargo, de Procurador Regional, designados previamente por decreto do Presidente da República, sem ônus para os cofres públicos.

§ 1.º O substituto tomará posse perante o respectivo Procurador Regional, que será a autoridade competente para convocá-lo.

§ 2.º O Procurador Regional será substituído em suas faltas e impedimentos pelo Procurador Adjunto, quando houver, e, havendo mais de um, pelo que for por ele designado.

§ 3.º O Procurador Adjunto será substituído, em suas faltas e impedimentos, pelo respectivo Procurador Substituto.

§ 4.º Será dispensado, automaticamente, o Substituto que não atender à convocação, salvo motivo de doença, devidamente comprovada.

§ 5.º Nenhum direito ou vantagem terá o substituto além do vencimento do cargo do Substituído e somente durante o seu impedimento legal.

Art. 744. A nomeação do Procurador-Geral deverá recair em bacharel em ciências jurídicas e sociais, que tenha exercido, por 5 (cinco) ou mais anos, cargo de magistratura ou de Ministério Público, ou a Advocacia.

* V. art. 88 da LC 75/1993 (Estatuto do Ministério Público da União).

Art. 745. Para a nomeação dos demais Procuradores, atender-se-á aos mesmos requisitos estabelecidos no artigo anterior, reduzido a 2 (dois) anos, no mínimo, o tempo de exercício.

Seção II
Da competência
da Procuradoria-Geral

Art. 746. Compete à Procuradoria-Geral da Justiça do Trabalho:

* Artigo com redação determinada pelo Dec.-lei 8.737/1946.
* V. Res. CSMPT 1/1993 (Intervenção obrigatória do Ministério Público do Trabalho nos processos de competência do TST).
* V. Res. CSMPT 2/1993 (Intervenção obrigatória do Ministério Público do Trabalho nos processos de competência dos TRTs).

a) oficiar, por escrito, em todos os processos e questões de trabalho de competência do Tribunal Superior do Trabalho;

b) funcionar nas sessões do mesmo Tribunal, opinando verbalmente sobre a matéria em debate e solicitando as requisições e diligências

que julgar convenientes, sendo-lhe assegurado o direito de vista do processo em julgamento sempre que for suscitada questão nova, não examinada no parecer exarado;

c) requerer prorrogação das sessões do Tribunal, quando essa medida for necessária para que se ultime o julgamento;

d) exarar, por intermédio do procurador-geral, o seu "ciente" nos acórdãos do Tribunal;

e) proceder às diligências e inquéritos solicitados pelo Tribunal;

f) recorrer das decisões do Tribunal, nos casos previstos em lei;

g) promover, perante o Juízo competente, a cobrança executiva das multas impostas pelas autoridades administrativas e judiciárias do trabalho;

h) representar às autoridades competentes contra os que não cumprirem as decisões do Tribunal;

i) prestar às Autoridades do Ministério do Trabalho, Indústria e Comércio as informações que lhe forem solicitadas sobre os dissídios submetidos à apreciação do Tribunal e encaminhar aos Órgãos Competentes cópia autenticada das decisões que por eles devam ser atendidas ou cumpridas;

* V. art. 35 do Dec.-lei 229/1967 (Altera dispositivos da Consolidação das Leis do Trabalho – CLT).

j) requisitar, de quaisquer autoridades, inquéritos, exames periciais, diligências, certidões e esclarecimentos que se tornem necessários no desempenho de suas atribuições;

l) defender a jurisdição dos Órgãos da Justiça do Trabalho;

m) suscitar conflitos de jurisdição.

Seção III
Da competência das Procuradorias Regionais

Art. 747. Compete às Procuradorias Regionais exercer, dentro da jurisdição do Tribunal Regional respectivo, as atribuições indicadas na Seção anterior.

* Expressão "Conselho Regional" substituída por "Tribunal Regional", de acordo com o art. 2.º do Dec.-lei 9.797/1946.

Seção IV
Das atribuições
do procurador-geral

Art. 748. Como chefe da Procuradoria-Geral da Justiça do Trabalho, incumbe ao Procurador-Geral:

* Artigo com redação determinada pelo Dec.-lei 8.737/1946.

a) dirigir os serviços da Procuradoria-Geral, orientar e fiscalizar as Procuradorias Regionais, expedindo as necessárias instruções;

b) funcionar nas Sessões do Tribunal Superior do Trabalho, pessoalmente ou por intermédio do procurador que designar;

c) exarar o seu "ciente" nos acórdãos do Tribunal;

d) designar o Procurador que o substitua nas faltas e impedimentos e o diretor da secretaria da Procuradoria;

e) apresentar, até o dia 31 de março, ao Ministro do Trabalho, Indústria e Comércio, relatório dos trabalhos da Procuradoria-Geral no ano anterior, com as observações e sugestões que julgar convenientes;

* V. art. 35 do Dec.-lei 229/1967 (Altera dispositivos da Consolidação das Leis do Trabalho – CLT).

f) conceder férias aos Procuradores e demais funcionários que sirvam na Procuradoria e impor-lhes penas disciplinares, observada, quanto aos Procuradores, a legislação em vigor para o Ministério Público Federal;

g) funcionar em Juízo, em Primeira Instância, ou designar os Procuradores que o devam fazer;

h) admitir e dispensar o pessoal extranumerário da Secretaria e prorrogar o expediente remunerado dos funcionários e extranumerários.

Seção V
Das atribuições dos Procuradores

Art. 749. Incumbe aos Procuradores com exercício na Procuradoria-Geral:

* Artigo com redação determinada pelo Dec.-lei 8.737/1946.

a) funcionar, por designação do Procurador-Geral, nas Sessões do Tribunal Superior do Trabalho;

* Expressão "Conselho Nacional do Trabalho" substituída por "Tribunal Superior do Trabalho", de acordo com o art. 2.º do Dec.-lei 9.797/1946.

b) desempenhar os demais encargos que lhes forem atribuídos pelo Procurador-Geral.

Parágrafo único. Aos Procuradores é facultado, nos processos em que oficiarem, requerer ao Procurador-Geral as diligências e investigações necessárias.

Seção VI
Das atribuições dos Procuradores Regionais

Art. 750. Incumbe aos procuradores regionais:

* Artigo com redação determinada pelo Dec.-lei 8.737/1946.

a) dirigir os serviços da respectiva Procuradoria;

b) funcionar nas sessões do Tribunal Regional, pessoalmente ou por intermédio do Procurador Adjunto que designar;

* Expressão "Conselho Regional" substituída por "Tribunal Regional", de acordo com o art. 2.º do Dec.-lei 9.797/1946.

c) apresentar, semestralmente, ao Procurador-Geral, um relatório das atividades da respectiva Procuradoria, bem como dados e informações sobre a Administração da Justiça do Trabalho na respectiva região;

d) requerer e acompanhar perante as Autoridades Administrativas ou judiciárias as diligências necessárias à execução das medidas e providências ordenadas pelo Procurador-Geral;

e) prestar ao Procurador-Geral as informações necessárias sobre os feitos em andamento e consultá-lo nos casos de dúvidas;

f) funcionar em Juízo, na sede do respectivo Tribunal Regional;

* Expressão "Conselho Regional" substituída por "Tribunal Regional", de acordo com o art. 2.º do Dec.-lei 9.797/1946.

g) exarar o seu "ciente" nos acórdãos do Tribunal;

* Expressão "Conselho" substituída por "Tribunal", de acordo com o art. 2.º do Dec.-lei 9.797/1946.

h) designar o Procurador que o substitua nas faltas e impedimentos e o secretário da Procuradoria.

⚖ Interpretação convergente

• 1. Recurso de Revista do Ministério Público do Trabalho. Ilegitimidade de recorrer. O Ministério Público do Trabalho detém legitimidade para recorrer das decisões que impõem ônus ao erário público, por força do disposto no art. 127 da CF/1988 e art. 83, VI, da LC 75/1993. Preliminar rejeitada.

2. Vício de estrutura do acórdão, ausência de intimação pessoal e assinatura do *Parquet*. Relativamente à falta de assinatura do Ministério Público do Trabalho, verifica-se que à f. o Ministério Público do Trabalho da 7.ª Reg., por seu Procurador Chefe, assinou a parte conclusiva do voto, convalidando, logicamente, as peças processuais anteriores, o que afasta qualquer violação à letra *g* do art. 750 da CLT. Não se infere nulidade do julgado que apresenta peças distintas, relatório em separado da peça que compõe a fundamentação e dispositivo do voto, pois somente a ausência de tais peças justificaria a nulidade processual, conforme inteligência dos arts. 458 do CPC e 832 da CLT. Ressalte-se que, no processo Trabalhista, não se decreta a nulidade do ato processual quando for possível suprir-se a falta, nos termos do art. 796, *a*, primeira parte, da CLT. Quanto à falta de intimação pessoal do *Parquet*, igualmente não se justifica a nulidade perseguida, uma vez que, no Processo do Trabalho, a princípio, a nulidade deve ser declarada quando o ato causar prejuízo manifesto à parte, a teor do art. 794, parte final, da CLT. Ademais, como já salientado acima, o Ministério Público do Trabalho da 7.ª Reg., por seu Procurador Chefe, assinou a parte conclusiva do voto, além da interposição do presente Recurso de Revista, suprindo a falta da intimação pessoal. Recurso não conhecido (...).

(TST, RR 577015-27.1999.5.07.5555, 4.ª T., j. 14.04.2004, rel. Luiz Antonio Lazarim, *DJU* 07.05.2004)

Art. 751. Incumbe aos Procuradores Adjuntos das Procuradorias Regionais:

* Artigo com redação determinada pelo Dec.-lei 8.737/1946.

a) funcionar por designação do Procurador Regional, nas Sessões do Tribunal Regional;

* Expressão "Conselho Regional" substituída por "Tribunal Regional", de acordo com o art. 2.º do Dec.-lei 9.797/1946.

b) desempenhar os demais encargos que lhes forem atribuídos pelo Procurador Regional.

Seção VII
Da Secretaria

Art. 752. A Secretaria da Procuradoria-Geral funcionará sob a direção de um diretor designado pelo Procurador-Geral e terá o pessoal designado pelo Ministro do Trabalho, Indústria e Comércio.

* Artigo com redação determinada pelo Dec.-lei 8.737/1946.
* V. art. 35 do Dec.-lei 229/1967 (Altera dispositivos da Consolidação das Leis do Trabalho – CLT).

Art. 753. Compete à Secretaria:

a) receber, registrar e encaminhar os processos ou papéis entrados;
b) classificar e arquivar os pareceres e outros papéis;
c) prestar informações sobre os processos ou papéis sujeitos à apreciação da Procuradoria;
d) executar o expediente da Procuradoria;
e) providenciar sobre o suprimento do material necessário;
f) desempenhar os demais trabalhos que lhe forem cometidos pelo Procurador-Geral, para melhor execução dos serviços a seu cargo.

Art. 754. Nas Procuradorias Regionais, os trabalhos a que se refere o artigo anterior serão executados pelos funcionários para esse fim designados.

Capítulo III
DA PROCURADORIA DE PREVIDÊNCIA SOCIAL

Arts. 755 a 762. (*Revogados*)

* V. Dec.-lei 72/1966 (Justiça do Trabalho).

TÍTULO X
DO PROCESSO JUDICIÁRIO DO TRABALHO
Capítulo I
DISPOSIÇÕES PRELIMINARES

* V. arts. 22, I e 24, XI, da CF/1988.

Art. 763. O processo da Justiça do Trabalho, no que concerne aos dissídios individuais e coletivos e à aplicação de penalidades, reger-se-á, em todo o território nacional, pelas normas estabelecidas neste Título.

⚖ Interpretação convergente

• As ações de indenização por danos decorrentes de acidente de trabalho sujeitam-se ao rito trabalhista, nos moldes do art. 763 da CLT e do art. 1.º da IN 27/2005 do C. TST, definindo-se a competência *ex ratione loci* pelo lugar da prestação dos serviços, conforme art. 651 da CLT (...).
(TRT-9.ª Reg., RO 93062-2005-025-09-00-7, 1.ª T., j. 07.11.2006, rel. Ubirajara Carlos Mendes, *DJ* 28.11.2006)

• A ação declaratória, que não possui disciplina legal expressa quanto a rito especial (nem mesmo no Código de Processo Civil), enquadra-se ao rito ordinário processual trabalhista (nos termos do art. 763 da CLT) (...).
(TRT-9.ª Reg., RO 26716-2007-005-09-00-4, 1.ª T., j. 24.05.2011, rel. Ubirajara Carlos Mendes, *DJ* 10.06.2011)

Art. 764. Os dissídios individuais ou coletivos submetidos à apreciação da Justiça do Trabalho serão sempre sujeitos à conciliação.

⚖ Interpretação convergente

• [À] luz do art. 764 da CLT, os dissídios coletivos submetidos ao crivo da Justiça do Trabalho estão sempre sujeitos à conciliação, sendo lícito às partes celebrar acordo que ponha termo ao processo (...).
(TST, RR 742.339/01.5, 4.ª T., j. 05.06.2002, rel. Milton de Moura França, *DJU* 28.06.2002)

- Face ao destacado privilégio que o processo do trabalho confere à conciliação (art. 764 da CLT), possível se mostra a composição entre as partes depois do trânsito em julgado da decisão tomada na fase de conhecimento. Ao fazê-lo, renunciando tacitamente ao pronunciamento judicial acerca das pretensões deduzidas em Juízo, os litigantes expungem do mundo jurídico, por conseguinte, a sentença condenatória, que cede espaço à decisão que homologa o acordo firmado (...). (TRT-15.ª Reg., RO 01446-2001-067-15-00-7, j. 14.05.2005, rel. Maria Cecília Fernandes Alvares Leite, *DJ* 01.01.2006)

Interpretação extensiva

- OJ 31 da SDI-I – Transitória/TST

Planos Bresser e Verão. Acordo coletivo autorizando a quitação através da concessão de folgas remuneradas. Conversão em pecúnia após a extinção do contrato de trabalho. Inviabilidade. (*DJ* 09.12.2003)

Acordo coletivo celebrado entre as partes autorizando a quitação dos valores devidos a título de Planos Bresser e Verão em folgas remuneradas é válido. Incabível a conversão do valor correspondente às folgas remuneradas em pecúnia quando extinto o contrato de trabalho pelo advento de aposentadoria voluntária.

> § 1.º Para os efeitos deste artigo, os Juízes e Tribunais do Trabalho empregarão sempre os seus bons ofícios e persuasão no sentido de uma solução conciliatória dos conflitos.
>
> § 2.º Não havendo acordo, o Juízo Conciliatório converter-se-á obrigatoriamente em Arbitral, proferindo decisão na forma prescrita neste Título.
>
> § 3.º É lícito às partes celebrar acordo que ponha termo ao processo, ainda mesmo depois de encerrado o Juízo Conciliatório.

Interpretação convergente

- Súmula 418 do TST

A concessão de liminar ou a homologação de acordo constituem faculdade do Juiz, inexistindo direito líquido e certo tutelável pela via do mandado de segurança. (Ex-OJ 120, *DJ* 11.08.2003 e ex-OJ 141, *DJ* 04.05.2004)

- A transação, mormente a judicial, é medida recomendada, buscada e estimulada pelos juízes de todas as instâncias e ramos judiciais, sendo a conciliação pilar institucional do Poder Judiciário Trabalhista. No aspecto, dispõe o art. 764 da CLT, que os dissídios individuais ou coletivos submetidos à apreciação da Justiça do Trabalho estarão sempre submetidos à conciliação, envidando, Juízes e Tribunais, seus bons ofícios e persuasão no sentido de uma solução conciliatória dos conflitos, sendo lícito às partes celebrarem acordo para por fim ao processo em qualquer fase processual (...).

(TRT-4.ª Reg., AgPet 00989-2006-702-04-00-3, 4.ª T., j. 30.04.2009, rel. Hugo Carlos Scheuermann, *DJ* 12.05.2009)

Art. 765. Os Juízos e Tribunais do Trabalho terão ampla liberdade na direção do processo e velarão pelo andamento rápido das causas, podendo determinar qualquer diligência necessária ao esclarecimento delas.

⚖️ **Interpretação convergente**

- Nos termos do art. 765 da CLT, o Juiz dispõe de ampla liberdade na condução do processo, tendo, se quiser, a opção pela dispensa do depoimento de testemunha, sendo certo, ainda, que as normas insertas nos arts. 820 e 848 da CLT encerram faculdade do Juízo, o qual, caso satisfeito com as provas produzidas, pode indeferir as que considerar desnecessárias, a partir do já citado princípio do livre convencimento (...).

(TST, AgIn em RR 113100-96.2009.5.05.0342, 1.ª T., j. 08.02.2012, rel. Luiz Philippe Vieira de Mello Filho, *DEJT* 24.02.2012)

- A norma inscrita no art. 765 da CLT estabelece que o Julgador possui ampla liberdade na condução do processo e tem o dever de velar pela rápida solução da causa. Complementando essa norma, também emerge o art. 130 do CPC, cuja disciplina é a de que cabe ao Juiz determinar as provas necessárias à instrução do feito, indeferindo as diligências inúteis ou protelatórias (...).

(TST, RR 131000-63.2009.5.04.0005, 4.ª T., j. 27.02.2013, rel. Maria de Assis Calsing, *DEJT* 01.03.2013)

- O indeferimento de prova testemunhal não configura cerceamento de defesa, quando os outros elementos de convicção são suficientes para formar o con-

vencimento do Juiz, em virtude dos princípios da persuasão racional e do livre convencimento motivado, inscritos no art. 131 do CPC, e da ampla liberdade na direção do processo da qual está investido o Magistrado trabalhista (art. 765 da CLT) (...).
(TST, RR 749-57.2011.5.08.0010, 8.ª T., j. 02.04.2013, rel. Maria Cristina Irigoyen Peduzzi, *DEJT* 05.04.2013)

• [O] art. 765 da CLT estabelece que: "Os Juízos e Tribunais do Trabalho terão ampla liberdade na direção do processo e velarão pelo andamento rápido das causas, podendo determinar qualquer diligência necessária ao esclarecimento delas". Assim, o indeferimento de produção de provas justifica-se quando as requeridas forem de caráter meramente protelatório, já existindo nos autos subsídios necessários para firmar o convencimento do julgador (...).
(TRT-3.ª Reg., RO 00326-2008-148-03-00-4, 7.ª T., j. 29.03.2012, rel. Marcelo Lamego Pertence, *DJ* 29.03.2012)

🏛 Interpretação extensiva

• **OJ 409 da SDI-I/TST**
Multa por litigância de má-fé. Recolhimento. Pressuposto recursal. Inexigibilidade. (*DEJT* divulgado em 22, 25 e 26.10.2010)
O recolhimento do valor da multa imposta por litigância de má-fé, nos termos do art. 18 do CPC, não é pressuposto objetivo para interposição dos recursos de natureza trabalhista. Assim, resta inaplicável o art. 35 do CPC como fonte subsidiária, uma vez que, na Justiça do Trabalho, as custas estão reguladas pelo art. 789 da CLT.

• **OJ 158 da SDI-II/TST**
Ação rescisória. Declaração de nulidade de decisão homologatória de acordo em razão de colusão (Art. 485, III, do CPC). Multa por litigância de má-fé. Impossibilidade. (*DEJT* divulgado em 12, 13 e 16.04.2012)
A declaração de nulidade de decisão homologatória de acordo, em razão da colusão entre as partes (art. 485, III, do CPC), é sanção suficiente em relação ao procedimento adotado, não havendo que ser aplicada a multa por litigância de má-fé.

Art. 766. Nos dissídios sobre estipulação de salários, serão estabelecidas condições que, assegurando justos salários aos trabalhadores, permitam também justa retribuição às empresas interessadas.

⚖️ Interpretação convergente

- O art. 114 da CF/1988 atribui à Justiça do Trabalho a decisão dos conflitos, quando frustrada a solução autônoma. O art. 766 da CLT, por sua vez, prevê a possibilidade, nos dissídios de estipulação de salários, de condições que, assegurando o justo salário aos trabalhadores, permitam também a justa retribuição às empresas interessadas (...).
(TST, RO em DC 140700-48.2004.5.15.0000, SDC, j. 09.03.2009, rel. Kátia Magalhães Arruda, *DEJT* 27.03.2009)

Art. 767. A compensação, ou retenção, só poderá ser arguida como matéria de defesa.

* Artigo atualizado pelo Dec.-lei 6.353/1944.

⚖️ Interpretação convergente

- **Súmula 48 do TST**
A compensação só poderá ser arguida com a contestação.

- Registre-se, ademais, que o instituto da compensação, no Direito do Trabalho, tem regramento próprio, nos termos do art. 767 da CLT (...).
(TST, AgIn em RR 2466-71.2010.5.08.0000, 8.ª T., j. 29.02.2012, rel. Dora Maria da Costa, *DEJT* 02.03.2012)

- O pedido de compensação é matéria que deve ser expressamente arguida na defesa, a teor do art. 767 da CLT. Não o fazendo no momento oportuno, inviável o pedido formulado pela reclamada em sede recursal (...).
(TRT-7.ª Reg., RO 0037200-5320085070030, 1.ª T., j. 01.03.2012, rel. Dulcina de Holanda Palhano, *DJ* 07.03.2012)

- Como forma indireta de extinção das obrigações, a compensação deve ser arguida como matéria de defesa, segundo dispõe o art. 767 da CLT. Desponta

desse preceito que não há como se acolher pedido de compensação formulado na fase executória, de crédito que o obreiro tem a receber em outro processo (...).
(TRT-19.ª Reg., AgPet 0141900-36.5.19.2005.0003, j. 06.03.2012, rel. Pedro Inácio, DJ 22.03.2012)

⚖ Interpretação restritiva

• **Súmula 18 do TST**
A compensação, na Justiça do Trabalho, está restrita a dívidas de natureza trabalhista.

• É admitida no Direito do Trabalho a compensação apenas de parcelas que possuem a mesma natureza jurídica, sendo indevida a que se pretende, com valores de natureza distinta, pois as quantias pagas em razão do PDV não podem ser compensadas com as importâncias oriundas de decisão judicial, de natureza distinta (...).
(TST, EDcl em RR 710, SDI-I, j. 10.08.2007, rel. Maria Cristina Irigoyen Peduzzi, DEJT 10.02.2009)

Art. 768. Terá preferência em todas as fases processuais o dissídio cuja decisão tiver de ser executada perante o juízo da falência.

⚖ Interpretação convergente

• [A] Lei 11.101/2005 prevê a alteração do plano de recuperação para inclusão de crédito em virtude de decisão judicial (art. 6.º, § 2.º, da Lei 11.101/2005), além do que pode o reclamante/exequente requerer ao Juiz do Trabalho, tanto na recuperação judicial quanto na falência, a expedição de ofício ao Juízo Falimentar para solicitar a reserva de seu crédito (art. 6.º, § 3.º, da Lei 11.101/2005). O art. 768 da CLT igualmente estabelece a prioridade de tramitação para todos os dissídios cuja decisão deva ser executada perante o Juízo Falimentar (...).
(STJ, CComp 116.696/DF, 2.ª Seção, j. 24.08.2011, rel. Nancy Andrighi, DJe 24.08.2011)

• [A]s ações trabalhistas, serão processadas e julgadas por esta Justiça Especializada e os possíveis créditos terão o valor determinado em sentença. Destarte entendo que até mesmo a execução será realizada consoante a legislação trabalhista, sendo competente esta Especializada até o momento em que o crédito

do trabalhador seja liquidado, conforme previsto no art. 768 da CLT, aplicável na espécie por analogia (...).
(TST, AgIn em RR 75200-30.2007.5.01.0029, 3.ª T., j. 29.02.2012, rel. Rosa Maria Weber Candiota da Rosa, *DEJT* 02.03.2012)

Art. 769. Nos casos omissos, o Direito Processual Comum será fonte subsidiária do Direito Processual do Trabalho, exceto naquilo em que for incompatível com as normas deste Título.

Interpretação convergente

- **Súmula 10 do STJ**

Instalada a junta de conciliação e julgamento, cessa a competência do juiz de direito em matéria trabalhista, inclusive para a execução das sentenças por ele proferidas.

- O processo civil tem aplicação subsidiária ao Processo do Trabalho, conforme prevê o art. 769 da CLT. Todavia, é necessária a presença de dois requisitos: (a) ausência de disposição na CLT; e (b) compatibilidade da norma secundária com as regras do processo do trabalho (...).
(TST, RR 3389200-67.2007.5.09.0002, 5.ª T., j. 27.04.2012, rel. Kátia Magalhães Arruda, *DEJT* 27.04.2012)

- A aplicação subsidiária das normas previstas na legislação processual civil no Processo Trabalhista só se torna possível de forma supletiva, consoante reza o art. 769 da CLT, e sempre que não forem incompatíveis com as normas do Processo do Trabalho, ou seja, quando não existir previsão legal e quando houver compatibilidade (...).
(TST, RR 1470-15.2011.5.08.0202, 4.ª T., j. 05.12.2012, rel. Luis Philippe Vieira de Mello Filho, *DEJT* 14.12.2012)

Interpretação extensiva

- **OJ 392 da SDI-I/TST**

Prescrição. Interrupção. Ajuizamento de protesto judicial. Marco inicial. (*DEJT* divulgado em 09, 10 e 11.06.2010)

O protesto judicial é medida aplicável no processo do trabalho, por força do art. 769 da CLT, sendo que o seu ajuizamento, por si só, interrompe o prazo prescricional, em razão da inaplicabilidade do § 2.º do art. 219 do CPC, que impõe ao autor da ação o ônus de promover a citação do réu, por ser ele incompatível com o disposto no art. 841 da CLT.

• [É] notório e sabido que das decisões oriundas do TST não cabe recurso especial. Ora, os dispositivos do processo do trabalho são, em muitos casos, derivados do processo civil, por força do art. 769 da CLT (...). Assim, no caso da tempestividade dos recursos, cabendo ao STJ e também ao TST a sentença final sobre o assunto, ter-se-á hoje neste País duas Cortes que podem manifestar-se sobre questões processuais, o que gera problemas como o que ora se apresenta (...).
(STF, AgRg no AgIn 273.178/DF, 1.ª T., j. 26.09.2000, rel. Sepúlveda Pertence, *DJU* 20.10.2000)

• O processo civil, como se sabe, tem aplicação subsidiária ao processo do trabalho, nos termos do art. 769 da CLT. No tocante especificamente à execução, é o art. 889 da CLT que prevê a regra de integração do processo laboral, apontado a Lei de Execução Fiscal como norma subsidiária aplicável (...).
(TST, AgIn em RR 765/2003-008-13-41.8, 3.ª T., j. 05.12.2007, rel. Maria Cristina Irigoyen Peduzzi, *DEJT* 22.02.2008)

• Para aqueles que alegam a incompatibilidade da condenação ao pagamento dos honorários advocatícios com o Processo do Trabalho, vale lembrar que o art. 769 da CLT é de clareza induvidosa ao dispor que: "nos casos omissos, o direito processual comum será fonte subsidiária do direito processual do trabalho, exceto naquilo em que for incompatível com as normas deste Título".
Significa dizer que a cobrança de honorários advocatícios pelo trabalhador é perfeitamente possível no âmbito do processo do trabalho, porque não existe na lei trabalhista regra a impeça. Aplicando-se subsidiariamente a lei processual civil, obriga-se o magistrado em adequá-la aos princípios norteadores do Direito e Processo do Trabalho (...).
(TST, RR 749-57.2011.5.08.0010, 8.ª T., j. 02.04.2013, rel. Maria Cristina Irigoyen Peduzzi, *DEJT* 05.04.2013)

• O art. 769 da CLT não obsta em nada a aplicação da hipoteca judiciária no processo do trabalho. Trata-se de um instituto de processo, que empolga todas as jurisdições, quando houver sentença que condene o réu a uma prestação (...).
(TRT-3.ª Reg., RO 00998-2009-003-03-00-1, 3.ª T., j. 29.02.2012, rel. Júlio Bernardo do Carmo, *DJ* 29.02.2012)

Capítulo II
DO PROCESSO EM GERAL

Seção I
Dos atos, termos e prazos processuais

Art. 770. Os atos processuais serão públicos, salvo quando o contrário determinar o interesse social, e realizar-se-ão nos dias úteis das 6 (seis) às 20 (vinte) horas.

Parágrafo único. A penhora poderá realizar-se em domingo ou dia feriado, mediante autorização expressa do Juiz ou Presidente.

Art. 771. Os atos e termos processuais poderão ser escritos a tinta, datilografados ou a carimbo.

Art. 772. Os atos e termos processuais, que devam ser assinados pelas partes interessadas, quando estas, por motivo justificado, não possam fazê-lo, serão firmados a rogo, na presença de duas testemunhas, sempre que não houver procurador legalmente constituído.

Art. 773. Os termos relativos ao movimento dos processos constarão de simples notas, datadas e rubricadas pelos diretores de secretaria ou escrivães.

* Artigo atualizado pela Lei 409/1948.

Art. 774. Salvo disposição em contrário, os prazos previstos neste Título contam-se, conforme o caso, a partir da data em que for feita pessoalmente, ou recebida a notificação, daquela em que for publicado

Art. 774

o edital no jornal oficial ou no que publicar o expediente da Justiça do Trabalho, ou, ainda, daquela em que for afixado o edital na sede da Junta, Juízo ou Tribunal.

* *Caput* com redação determinada pela Lei 2.244/1954.
* A EC 24/1999 substituiu as Juntas de Conciliação e Julgamento por Varas do Trabalho (Juiz singular) e extinguiu a representação classista na Justiça do Trabalho.

⚖️ Interpretação convergente

• **Súmula 434 do TST**
Recurso. Interposição antes da publicação do acórdão impugnado. Extemporaneidade. (Conversão da OJ 357 da SDI-I/TST e inserção do item II à redação). (Res. TST 177/2012, *DEJT* 13, 14 e 15.02.2012)
I – É extemporâneo recurso interposto antes de publicado o acórdão impugnado. (Ex-OJ 357 da SDI-I/TST, inserida em 14.03.2008).
II – A interrupção do prazo recursal em razão da interosição de embargos de declaração pela parte adversa não acarreta qualquer prejuízo àquele que apresentou seu recurso tempestivamente.

• **OJ 146 da SDI-II/TST**
Ação rescisória. Início do prazo para apresentação da contestação. Art. 774 da CLT. (*DJ* 10.11.2004)
A contestação apresentada em sede de ação rescisória obedece à regra relativa à contagem de prazo constante do art. 774 da CLT, sendo inaplicável o art. 241 do CPC.

🏛 Interpretação extensiva

• **OJ 146 da SDI-II/TST**
Ação rescisória. Início do prazo para apresentação da contestação. Art. 774 da CLT (*DJ* 10.11.2004)
A contestação apresentada em sede de ação rescisória obedece à regra relativa à contagem de prazo constante do art. 774 da CLT, sendo inaplicável o art. 241 do CPC.

- Interposição simultânea, pela mesma parte, de embargos de declaração pleiteando efeito modificativo ao julgado e embargos à SDI-I/TST postulando a reforma do Acórdão da C. Turma extemporaneidade das razões de Embargos à SDI-I/TST.

Publicado o acórdão referente ao recurso de revista, o reclamante, dentro do prazo recursal, interpôs, concomitantemente, embargos de declaração alegando omissão do julgado e pleiteando efeito modificativo deste; e Embargos à SDI-I/TST, postulando a reforma da decisão da Turma. O E. Tribunal Pleno desta Corte, apreciando o EDcl em RO no AR 11.607/2002.000-02-00.4, em 04.05.2006, à esteira da jurisprudência maciça do excelso STF, pacificou entendimento de que é intempestivo o recurso interposto antes da publicação da decisão recorrida. O Pleno entendeu que a ciência das partes, quanto aos fundamentos adotados pelo julgador, é essencial à apresentação dos argumentos recursais, bem como à impugnação específica dos termos da decisão recorrida e à indicação dos motivos de fato e de direito pelos quais é pretendida nova prestação jurisdicional. Assim, se a parte interpôs embargos de declaração pleiteando efeito modificativo ao julgado, só poderia interpor Embargos à SDI-I/TST após a publicação do julgamento destes declaratórios, quando se aperfeiçoaria a prestação jurisdicional (...). Ante o exposto, tem-se que o indeferimento dos Embargos não violou o disposto nos arts. 5.º, LIV e LV, da CF/1988, 6.º da Lei 5.584/1970 e 774 e 775 da CLT (...).

(TST, AgIn em Embargos em EDcl em RR 576.985/1999.2, SDI-I, j. 18.06.2007, rel. Vantuil Abdala, *DEJT* 29.06.2007)

- Nulidade da citação. Empresas estrangeiras. Citação na pessoa do advogado (por violação ao art. 119 da Lei 6.404/1976).

O Tribunal Regional verificou que as notificações foram regulares, porquanto dirigidas ao procurador das reclamadas, especialmente quando as empresas se localizam fora do Brasil e o procurador detém poderes para representá-las em território nacional. Dessa forma, inegável que, efetivamente, foi alcançado o direito ao contraditório e à ampla defesa constitucionalmente amparados no art. 5.º, LV, da CF/1988 (...).

(TST, AgIn em RR 183240-61.2003.5.05.0021, 2.ª T., j. 05.09.2012, rel. Renato de Lacerda Paiva, *DEJT* 26.10.2012)

- Agravo de petição. Interposição após o prazo para recurso.

É intempestivo o agravo de petição interposto após o transcurso do prazo de oito dias, contados da ciência da decisão agravada. Agravo não conhecido (...).

(TRT-4.ª Reg., AgPet 00545-2008-104-04-00-3, 5.ª T., j. 13.11.2008, rel. Leonardo Meurer Brasil)

- Agravo de petição. Praça. Intimação editalícia. Arrematação. Nulidade não configurada.

É válida a intimação editalícia para ciência da realização da praça, uma vez que o processo do trabalho tem regra própria sobre o edital, não exigindo a intimação pessoal do devedor, pois também o credor toma ciência do ato com a publicação do edital (art. 888 da CLT). Registre-se que a Lei 6.830/1980, de aplicação subsidiária à execução trabalhista, também não exige essa intimação especial, sendo suficiente a publicidade do ato realizado, pelo que, *in casu*, não há falar em nulidade da arrematação (...).

(TRT-6.ª Reg., AgPet 01356-2005-019-06-00-5, 3.ª T., j. 23.07.2008, rel. Pedro Paulo Pereira Nóbrega)

- Nulidade da adjudicação. Praça. Intimação pessoal da executada.

No processo do trabalho, as partes eram e devem continuar sendo cientificadas das datas designadas para realização das praças, por edital, de conformidade com o disposto no art. 888, *caput*, da CLT. Ademais, de acordo com a redação atual do art. 687, § 5.º, do CPC, dada pela Lei 11.382, de 06.12.2006, no processo civil, também não é exigida a intimação pessoal do devedor (...).

(TRT-6.ª Reg., AgPet 01656-2007-281-06-00-2, 1.ª T., j. 28.10.2008, rel. Maria de Betânia Silveira Villela)

- Agravo regimental. Interposição fora do prazo. Não conhecimento.

Nos termos do art. 209, VI, do Regimento Interno deste Regional, do despacho do Presidente ou relator, concessivo ou de indeferimento de liminar em qualquer processo, cabe agravo regimental para o Tribunal, no prazo de 8 (oito) dias, a contar da intimação ou publicação da decisão no órgão oficial. Assim, verificando-se que o apelo foi interposto 9 (nove) dias após a notificação da recorrente pelo correio, tem-se como clara a sua intempestividade, restando prejudicado o seu conhecimento. Agravo não conhecido (...).

(TRT-16.ª Reg., AgRg na MC Inominada 00201-2008-000-16-00-5, j. 04.11.2008, rel. Américo Bedê Freire, *DJ* 27.11.2008)

Interpretação restritiva

- **Súmula 641 do STF**

Não se conta em dobro o prazo para recorrer, quando só um dos litisconsortes haja sucumbido.

- Embargos à execução. Prazo recursal. Contagem.

O prazo para o executado apresentar embargos conta-se da data da garantia da execução ou da penhora de bens. Inteligência do art. 884 da CLT (...).
(TRT-6.ª Reg., AgPet 00663-2006-009-06-00-2, 1.ª T., j. 25.03.2008, rel. Dione Nunes Furtado da Silva)

- Tempestividade dos embargos à execução. Configurada.

Merece prosperar o inconformismo da agravante quanto ao entendimento do Juízo de Execução de que os seus embargos à execução foram opostos fora do prazo. Com efeito, mister ressaltar que o prazo para apresentação dos Embargos somente começa a fluir com a garantia da execução, de acordo com o que preceitua o art. 884 da CLT. Observado, no caso *sub judice*, o prazo de cinco dias para que a oposição de embargos à execução (...).
(TRT-6.ª Reg., AgPet 09907-2002-90606-85-6, 2.ª T., j. 06.08.2008, rel. Aline Pimentel Gonçalves)

> **Parágrafo único. Tratando-se de notificação postal, no caso de não ser encontrado o destinatário ou no de recusa de recebimento, o Correio ficará obrigado, sob pena de responsabilidade do servidor, a devolvê-la, no prazo de 48 (quarenta e oito) horas, ao Tribunal de origem.**

* Parágrafo único com redação determinada pelo Dec.-lei 8.737/1946.

Interpretação extensiva

- **Súmula 16 do TST**

Notificação. (Res. TST 121/2003, *DJ* 19, 20 e 21.11.2003).
Presume-se recebida a notificação 48 (quarenta e oito) horas depois de sua postagem. O seu não recebimento ou a entrega após o decurso desse prazo constitui ônus de prova do destinatário.

- **Súmula 262 do TST**

Prazo judicial. Notificação ou intimação em sábado. Recesso forense. (Incorporada a OJ 209 da SDI-I/TST). (Res. TST 129/2005, *DJ* 20, 22 e 25.04.2005)

I – Intimada ou notificada a parte no sábado, o início do prazo se dará no primeiro dia útil imediato e a contagem, no subsequente. (Ex-Súmula 262, Res. TST 10/1986, *DJ* 31.10.1986)

II – O recesso forense e as férias coletivas dos Ministros do TST (art. 177, § 1.º, do RITST) suspendem os prazos recursais. (Ex-OJ 209 da SDI-I/TST, inserida em 08.11.2000)

- Direito processual do trabalho. Agravo de petição. Não conhecimento.

Tendo em vista a ausência de retorno do aviso de recebimento correspondente à intimação do despacho vergastado, bem assim a afirmação do agravante, desacompanhada de qualquer elemento de prova, de que tomou ciência do mesmo, restam aplicáveis à hipótese os termos da Súmula 16 do C. TST, a evidenciar a intempestividade do apelo (...).
(TRT-6.ª Reg., AgPet 00342-2001-016-06-00-1, 2.ª T., j. 26.03.2008, rel. Carmem Lúcia Lapenda Pessoa de Albuquerque)

- Ação rescisória. Notificação postal. Processo do trabalho. Pessoalidade. Inexistência.

Consoante dispõe o art. 841, § 1.º, da CLT, no processo do trabalho a notificação da parte reclamada para comparecer em juízo é realizada mediante registro postal, bastando para o desiderato o recebimento da correspondência no seu endereço, inexistindo, desse modo, para a validade do ato, a figura da pessoalidade. No caso, sendo incontroverso que na reclamação trabalhista a notificação da reclamada deu-se de acordo com a regra inserta no referido dispositivo celetista, não há falar em erro de fato. Ação rescisória julgada improcedente (...).
(TRT-24.ª Reg., AR 00155.2005.000.24.00-8, j. 07.03.2006, rel. André Luís Moraes de Oliveira, *DO-MS* 24.03.2006)

Interpretação restritiva

- Citação. Nulidade. Loja de *shopping center*.

Citação remetida ao endereço do *shopping center*, sem indicação da loja e recebida pela administração do *shopping*. Ausência de certeza de entrega ao citando. Nulidade configurada (...).
(TRT-2.ª Reg., RO 20050643910, 6.ª T., j. 20.09.2005, rel. Rafael E. Pugliese Ribeiro)

• Comprovação de não recebimento. Nulidade processual acolhida.
Provando o reclamado que não recebeu a citação inicial, é de se acolher a preliminar de nulidade processual suscitada (...).
(TRT-6.ª Reg., RO 00572-2007-312-06-00-5, 3.ª T., j. 23.01.2008, rel. Pedro Paulo Pereira Nóbrega)

• O Procurador Federal, quando estiver atuando em razão das atribuições do seu cargo, deve ser intimado e notificado pessoalmente, a teor do que estabelecem a Lei 10.910/2004 e o art. 832, § 4.º, da CLT. Na espécie, como a notificação de f. foi por via postal, o cômputo do prazo para manifestação conta-se da data de retirada dos fólios em carga (já que não houve ciência pessoalmente no feito) (...).
(TRT-6.ª Reg., AgIn 1392-2006-06-01-8, 1.ª T., j. 28.10.2008, rel. María de Betânia Silveira Villela)

• Nulidade processual. Vício de citação.
Verificando-se dos autos que a notificação da reclamada ocorreu em endereço diverso daquele em que a mesma funciona, deve ser reconhecida a sua nulidade e, em consequência, ser anulados todos os atos processuais a partir da citação irregular. Acolhida preliminar de nulidade de citação (...).
(TRT-16.ª Reg., RO 00111-2008-021-16-00-5, j. 22.10.2008, rel. Américo Bedê Freire)

Art. 775. Os prazos estabelecidos neste Título contam-se com exclusão do dia do começo e inclusão do dia do vencimento, e são contínuos e irreleváveis, podendo, entretanto, ser prorrogados pelo tempo estritamente necessário pelo juiz ou tribunal, ou em virtude de força maior, devidamente comprovada.

* Artigo com redação determinada pelo Dec.-lei 8.737/1946.
* V. arts. 3.º e 4.º, §§ 3.º e 4.º, da Lei 11.419/2006 (Informatização do Processo Judicial).
* V. Súmula 387 do TST.

Interpretação extensiva

- **Súmula 100 do TST**

Ação rescisória. Decadência. (Incorporadas as OJs 13, 16, 79, 102, 104, 122 e 145 da SDI-II/TST). (Res. TST 137/2005, *DJ* 22, 23 e 24.08.2005)

I – O prazo de decadência, na ação rescisória, conta-se do dia imediatamente subsequente ao trânsito em julgado da última decisão proferida na causa, seja de mérito ou não. (Ex-Súmula 100, alterada pela Res. TST 109/2001, *DJ* 20.04.2001)

II – Havendo recurso parcial no processo principal, o trânsito em julgado dá-se em momentos e em tribunais diferentes, contando-se o prazo decadencial para a ação rescisória do trânsito em julgado de cada decisão, salvo se o recurso tratar de preliminar ou prejudicial que possa tornar insubsistente a decisão recorrida, hipótese em que flui a decadência a partir do trânsito em julgado da decisão que julgar o recurso parcial. (Ex-Súmula 100, alterada pela Res. TST 109/2001, *DJ* 20.04.2001)

III – Salvo se houver dúvida razoável, a interposição de recurso intempestivo ou a interposição de recurso incabível não protrai o termo inicial do prazo decadencial. (Ex-Súmula 100, alterada pela Res. TST 109/2001, *DJ* 20.04.2001).

IV – O juízo rescindente não está adstrito à certidão de trânsito em julgado juntada com a ação rescisória, podendo formar sua convicção através de outros elementos dos autos quanto à antecipação ou postergação do *dies a quo* do prazo decadencial. (Ex-OJ 102 da SDI-II/TST, *DJ* 29.04.2003)

V – O acordo homologado judicialmente tem força de decisão irrecorrível, na forma do art. 831 da CLT. Assim sendo, o termo conciliatório transita em julgado na data da sua homologação judicial. (Ex-OJ 104 da SDI-II/TST, *DJ* 29.04.2003)

VI – Na hipótese de colusão das partes, o prazo decadencial da ação rescisória somente começa a fluir para o Ministério Público, que não interveio no processo principal, a partir do momento em que tem ciência da fraude. (Ex-OJ 122 da SDI-II/TST, *DJ* 11.08.2003)

VII – Não ofende o princípio do duplo grau de jurisdição a decisão do TST que, após afastar a decadência em sede de recurso ordinário, aprecia desde logo a lide, se a causa versar questão exclusivamente de direito e estiver em condições de imediato julgamento. (Ex-OJ 79 da SDI-II/TST, inserida em 13.03.2002)

VIII – A exceção de incompetência, ainda que oposta no prazo recursal, sem ter sido aviado o recurso próprio, não tem o condão de afastar a consumação

da coisa julgada e, assim, postergar o termo inicial do prazo decadencial para a ação rescisória. (Ex-OJ 16 da SDI-II/TST, inserida em 20.09.2000)

IX – Prorroga-se até o primeiro dia útil, imediatamente subsequente, o prazo decadencial para ajuizamento de ação rescisória quando expira em férias forenses, feriados, finais de semana ou em dia em que não houver expediente forense. Aplicação do art. 775 da CLT. (Ex-OJ 13 da SDI-II/TST, inserida em 20.09.2000)

X – Conta-se o prazo decadencial da ação rescisória, após o decurso do prazo legal previsto para a interposição do recurso extraordinário, apenas quando esgotadas todas as vias recursais ordinárias. (Ex-OJ 145 da SDI-II/TST, *DJ* 10.11.2004)

- **Súmula 262 do TST**

Prazo judicial. Notificação ou intimação em sábado. Recesso forense. (Incorporada a OJ 209 da SDI-I/TST). (Res. TST 129/2005, *DJ* 20, 22 e 25.04.2005)

I – Intimada ou notificada a parte no sábado, o início do prazo se dará no primeiro dia útil imediato e a contagem, no subsequente. (Ex-Súmula 262, Res. TST 10/1986, *DJ* 31.10.1986)

II – O recesso forense e as férias coletivas dos Ministros do TST (art. 177, § 1.º, do RITST) suspendem os prazos recursais. (Ex-OJ 209 da SDI-I/TST, inserida em 08.11.2000)

- **Súmula 387 do TST**

Recurso. *Fac-símile*. Lei 9.800/1999. (Inserido o item IV à redação) (Res. TST 174/2011, *DEJT* 27, 30 e 31.05.2011)

I – A Lei 9.800, de 26.05.1999, é aplicável somente a recursos interpostos após o início de sua vigência. (Ex-OJ 194 da SDI-I/TST, inserida em 08.11.2000)

II – A contagem do quinquídio para apresentação dos originais de recurso interposto por intermédio de *fac-símile* começa a fluir do dia subsequente ao término do prazo recursal, nos termos do art. 2.º da Lei 9.800, de 26.05.1999, e não do dia seguinte à interposição do recurso, se esta se deu antes do termo final do prazo. (Ex-OJ 337 da SDI-I/TST, primeira parte, *DJ* 04.05.2004)

III – Não se tratando a juntada dos originais de ato que dependa de notificação, pois a parte, ao interpor o recurso, já tem ciência de seu ônus processual, não se aplica a regra do art. 184 do CPC quanto ao *dies a quo*, podendo coincidir com sábado, domingo ou feriado. (Ex-OJ 337 da SDI-I/TST, *in fine*, *DJ* 04.05.2004)

IV – A autorização para utilização do *fac-símile*, constante do art. 1.º da Lei 9.800, de 26.05.1999, somente alcança as hipóteses em que o documento é dirigido diretamente ao Órgão Jurisdicional, não se aplicando à transmissão ocorrida entre particulares.

- **Súmula 434 do TST**

Recurso. Interposição antes da publicação do acórdão impugnado. Extemporaneidade. (Conversão da OJ 357 da SDI-I/TST e inserção do item II à redação). (Res. TST 177/2012, *DEJT* 13, 14 e 15.02.2012)

I – É extemporâneo recurso interposto antes de publicado o acórdão impugnado. (Ex-OJ 357 da SDI-I/TST, inserida em 14.03.2008)

II – A interrupção do prazo recursal em razão da interposição de embargos de declaração pela parte adversa não acarreta qualquer prejuízo àquele que apresentou seu recurso tempestivamente.

- **OJ 80 da SDI-II/TST**

Ação rescisória. Decadência. *Dies a quo*. Recurso deserto. Súmula 100 do TST. (Inserida em 13.03.2002)

O não conhecimento do recurso por deserção não antecipa o *dies a quo* do prazo decadencial para o ajuizamento da ação rescisória, atraindo, na contagem do prazo, a aplicação da Súmula 100 do TST.

- O pedido de reconsideração não implica a suspensão ou interrupção do prazo processual. Agravo de que não se conhece, em razão da intempestividade (...).

(TRT-6.ª Reg., AgPet 00525-1995-005-06-00-4, 2.ª T., j. 20.08.2008, rel. Ivanildo da Cunha Andrade)

- Recurso ordinário. Intempestividade. Não conhecimento.

Não se conhece de recurso interposto fora do prazo legal. A recorrente foi cientificada do teor da decisão por meio do edital publicado em 19.12.2006. Considerando o período de recesso (20.12.2006 a 06.01.2007), o prazo para recurso começou a fluir do dia útil imediatamente posterior, ou seja, 08.01.2007, findando em 15.01.2007 (segunda-feira). Entretanto, a peça apenas foi apresentada no dia 16.01.2007 (terça-feira), fora do prazo recursal, portanto, impondo o seu não conhecimento (...).

(TRT-6.ª Reg., RO 00732-2006-141-06-00-4, 2.ª T., j. 25.07.2007, rel. Dinah Figueirêdo Bernardo)

- Interposição antes da publicação da sentença de embargos. Não conhecimento. Extemporaneidade.

Seguindo a exegese do art. 506, III, do CPC, o prazo para a interposição do recurso somente começa a contar da data de publicação da decisão impugnada. A interposição de recurso antes da publicação da decisão dos embargos declaratórios, que integra a sentença de mérito, representa comportamento processual extemporâneo e destituído de objeto. Inteligência da OJ 357 da SDI-I/TST [convertida na Súmula 434 do TST] (...).
(TRT-6.ª Reg., RO 00616-2007-231-06-00-7, 1.ª T., j. 28.10.2008, rel. Dione Nunes Furtado da Silva)

• Recurso ordinário. Embargos de declaração não conhecidos. Não interrupção do prazo recursal. Intempestividade.
Os embargos de declaração não conhecidos, na realidade, não interrompem o prazo para interpor o recurso. Recurso Ordinário não conhecido (...).
(TRT-7.ª Reg., RO 00807/2006-001-07-00-4, 1.ª T., j. 11.11.2008, rel. José Ronald Cavalcante Soares)

Interpretação restritiva

• **Súmula 641 do STF**
Não se conta em dobro o prazo para recorrer, quando só um dos litisconsortes haja sucumbido.

• **OJ 310 da SDI-I/TST**
Litisconsortes. Procuradores distintos. Prazo em dobro. Art. 191 do CPC. Inaplicável ao processo do trabalho. (*DJ* 11.08.2003)
A regra contida no art. 191 do CPC é inaplicável ao processo do trabalho, em face da sua incompatibilidade com o princípio da celeridade inerente ao processo trabalhista.

• Prazo recursal. Litisconsortes passivos. Prazo em dobro. Inaplicabilidade do art. 191 do CPC.
1. Hipótese em que a segunda Reclamada interpõe agravo de petição sustentando a tempestividade do recurso de revista, por entender que dispunha, à luz do art. 191 do CPC, de prazo em dobro para recorrer, uma vez que se configura no polo passivo da lide litisconsórcio, com procuradores distintos.
2. O Direito Processual Comum apenas poderá ser aplicado subsidiariamente no Processo do Trabalho naquilo em que estiver em perfeita consonância com as normas e princípios processuais trabalhistas.

Assim, inaplicável ao Processo do Trabalho a regra que consagra o prazo em dobro para recorrer aos litisconsortes com procuradores distintos, dada sua incompatibilidade com o princípio da celeridade que norteia todo o Processo do Trabalho. 3. Se o legislador pretendesse conferir tratamento diferenciado aos litisconsortes com procuradores diferentes em relação aos prazos recursais, tê-lo-ia feito de forma expressa, tal qual a disposição que confere o prazo em dobro aos entes da Administração Pública Direta, Autárquica e Fundacional (art. 1.º, III, do Dec.-lei 779/1969) (...).
(TST, AgRg em RR 572.501/99.4, 1.ª T., j. 15.08.2001, rel. João Oreste Dalazen, *DJU* 28.09.2001)

- **Intempestividade. Força maior.**
Doença de advogado somente pode caracterizar força maior quando o impeça de exercer a profissão ou de substabelecer poderes (...).
(TRT-4.ª Reg., AgIn 00355-2008-013-04-01-1, 9.ª T., j. 22.04.2009, rel. Cláudio Antônio Cassou Barbosa)

> **Parágrafo único. Os prazos que se vencerem em sábado, domingo ou feriado terminarão no primeiro dia útil seguinte.**

⚖️ Interpretação convergente

- **Súmula 262 do TST**
Prazo judicial. Notificação ou intimação em sábado. Recesso forense. (Incorporada a OJ 209 da SDI-I/TST) (Res. TST 129/2005, *DJ* 20, 22 e 25.04.2005)
I – Intimada ou notificada a parte no sábado, o início do prazo se dará no primeiro dia útil imediato e a contagem, no subsequente. (Ex-Súmula 262, Res. TST 10/1986, *DJ* 31.10.1986)
II – O recesso forense e as férias coletivas dos Ministros do TST (art. 177, § 1.º, do RITST) suspendem os prazos recursais. (Ex-OJ 209 da SDI-I/TST, inserida em 08.11.2000)

🏛️ Interpretação extensiva

- **Súmula 310 do STF**
Quando a intimação tiver lugar na sexta-feira, ou a publicação com efeito de intimação for feita nesse dia, o prazo judicial terá início na segunda-feira ime-

diata, salvo se não houver expediente, caso em que começará no primeiro dia útil que se seguir.

- Súmula 1 do TST

Prazo judicial. (Res. TST 121/2003, *DJ* 19, 20 e 21.11.2003)

Quando a intimação tiver lugar na sexta-feira, ou a publicação com efeito de intimação for feita nesse dia, o prazo judicial será contado da segunda-feira imediata, inclusive, salvo se não houver expediente, caso em que fluirá no dia útil que se seguir.

Interpretação restritiva

- Súmula 641 do STF

Não se conta em dobro o prazo para recorrer, quando só um dos litisconsortes haja sucumbido.

- Súmula 385 do TST

Feriado local. Ausência de expediente forense. Prazo recursal. Prorrogação. Comprovação. Necessidade ato administrativo do Juízo *a quo*. (Redação alterada na Sessão do Tribunal Pleno realizada em 14.09.2012). (Res. TST 185/2012, *DEJT* 25, 26 e 27.09.2012)

I – Incumbe à parte o ônus de provar, quando da interposição do recurso, a existência de feriado local que autorize a prorrogação do prazo recursal.

II – Na hipótese de feriado forense, incumbirá à Autoridade que proferir a decisão de admissibilidade certificar o expediente nos autos.

III – Na hipótese do inc. II, admite-se a reconsideração da análise da tempestividade do recurso, mediante prova documental superveniente, em Agravo Regimental, Agravo de Instrumento ou Embargos de Declaração.

- Recurso. Tempestividade. Feriado local não comprovado.

De acordo com o princípio da eventualidade, a parte deve trazer no bojo dos autos, no momento da interposição do recurso, todos os elementos da convicção para que todas as questões concernentes aos seus pressupostos extrínsecos e intrínsecos possam ser apreciados pelo julgador. Por outro lado, segundo ilação que se extrai do art. 337 do CPC, ao Juiz só é dado conhecer de lei federal e da Constituição Federal, devendo o direito municipal, estadual ou consuetudinário ser provado pela parte, o que inocorreu. Assim, não há falar em violação

dos arts. 334, I e 184, §§ 1.º e 2.º, do CPC e 775 da CLT, porque a ocorrência de feriado municipal não é fato público e notório a fim de dilatar o prazo recursal. Embargos não conhecidos (...).
(TST, Embargos em AgIn em RR 310.037/96.9, 3.ª T., j. 23.02.1999, rel. José Luiz Vasconcellos)

Art. 776. O vencimento dos prazos será certificado nos processos pelos escrivães ou diretores de secretaria.

* Artigo atualizado pela Lei 409/1948.

Art. 777. Os requerimentos e documentos apresentados, os atos e termos processuais, as petições ou razões de recursos e quaisquer outros papéis referentes aos feitos formarão os autos dos processos, os quais ficarão sob a responsabilidade dos escrivães ou diretores de secretaria.

* Artigo atualizado pela Lei 409/1948.

Art. 778. Os autos dos processos da Justiça do Trabalho não poderão sair dos cartórios ou secretarias, salvo se solicitados por advogado regularmente constituído por qualquer das partes, ou quando tiverem de ser remetidos aos Órgãos Competentes, em caso de recurso ou requisição.

* Artigo com redação determinada pela Lei 6.598/1978.

Interpretação extensiva

• Havendo excesso de prazo de vista dos autos, deve o advogado ser intimado, pessoalmente, para sua devolução. Acaso não restituídos os autos em 24 horas, perderá o direito de vista fora de cartório, além de incorrer em multa, à luz do art. 196 do CPC. A intimação para a devolução dos autos, na forma do art. 196 do CPC, deve ser engendrada *in faciem* para caracterizar a retenção indevida e intencional, por isso que insubstituível pela publicação oficial (...).
(STJ, RMS 18.508/PR, 1.ª T., j. 06.12.2005, rel. Luiz Fux, *DJU* 06.03.2006)

- Recurso de revista. Recurso ordinário. Não conhecimento. Intempestividade. Devolução tardia dos autos.
Não se extrai dos termos dos arts. 195 e 196 do CPC, que da devolução tardia dos autos decorra a extemporaneidade do recurso já protocolizado dentro do octídio legal. O art. 196 do CPC comina apenas penalidade de cunho disciplinar. Entendimento contrário configura cerceamento do direito de defesa da parte. Precedentes. Recurso de Revista conhecido e provido (...).
(TST, RR 273240-44.1997.5.02.0040, 3.ª T., j. 03.10.2011, rel. Horácio Raymundo de Senna Pires, *DEJT* 07.10.2011)

Interpretação restritiva

- Recurso ordinário. Não conhecimento.
Embora as razões do apelo tenham sido protocoladas dentro do octídio, observado, ainda, o prazo de que trata o art. 2.º da Lei 9.800/1999, os autos só foram devolvidos após expirado o prazo recursal, a atrair a incidência do art. 195 do CPC, inserto no Capítulo II daquele diploma legal, que trata dos prazos processuais, mais especificamente na seção intitulada "Da Verificação dos Prazos e das Penalidades" (destaquei), pelo que inequívoca a intempestividade (...).
(TRT-6.ª Reg., RO 00619-2007-002-06-00-9, 2.ª T., j. 14.05.2008, rel. Aline Pimentel Gonçalves)

Art. 779. As partes, ou seus procuradores, poderão consultar, com ampla liberdade, os processos nos cartórios ou secretarias.

Art. 780. Os documentos juntos aos autos poderão ser desentranhados somente depois de findo o processo, ficando traslado.

Interpretação convergente

- Preliminar. Nulidade processual.
O reclamante argui a nulidade do processo por cerceamento de defesa uma vez que o Juízo *a quo* desentranhou os documentos que se encontravam nos autos, sob os fundamentos expostos em audiência, à f. O termo de desentranhamento está às f..

Os documentos foram apresentados com o recurso e os admito nos autos porque é tradição e jurisprudência nesta 8.ª Reg. não se desentranhar documentos antes do arquivamento do processo. Faz parte da ampla defesa assegurada constitucionalmente a juntada de todas as provas que o interessado entender conveniente na defesa de seus interesses, e ao Juízo, desconsiderá-las ou negar-lhes o efeito probatório, ou de outro modo examinar-lhes a validade e o conteúdo por ocasião da decisão. Desentranhar documento em fase de instrução ou durante o processo de conhecimento é impedir o reexame da prova pela Instância Superior (...).
(TRT-8.ª Reg., RO 01020-2007-106-08-00-5, 2.ª T., j. 03.12.2008, rel. Luiz Albano Mendonça de Lima)

- Preliminar de nulidade do processo.

O Autor alega cerceamento de defesa porque teve documentos desentranhados dos autos – uma fotografia e declaração – e os reapresenta com a peça recursal para os fins de direito. Ocorre que tais documentos são estranhos ao processo e dizem respeito a um outro reclamante (M. C. L.).

A finalidade probatória não poderá ser aceita com as razões recursais, mas o desentranhamento de peças em fase probatória, no processo de conhecimento, não é praticado em nossa jurisprudência. Por isto, mantenho os documentos nos autos, mas não há o efeito probatório desejado pelo recorrente. E, aplicando o art. 794 da CLT rejeito a preliminar por inexistir prejuízo à defesa do Autor (...).
(TRT-8.ª Reg., RO 01023-2007-106-08-00-9, 2.ª T., j. 03.12.2008, rel. Luiz Albano Mendonça de Lima)

Art. 781. As partes poderão requerer certidões dos processos em curso ou arquivados, as quais serão lavradas pelos escrivães ou diretores de secretaria.

* Artigo atualizado pela Lei 409/1948.

Parágrafo único. As certidões dos processos que correrem em Segredo de Justiça dependerão de despacho do Juiz ou Presidente.

Art. 782. São isentos de selo as reclamações, representações, requerimentos, atos e processos relativos à Justiça do Trabalho.

Seção II
Da distribuição

Art. 783. A distribuição das reclamações será feita entre as Juntas de Conciliação e Julgamento, ou os Juízes de Direito do Cível, nos casos previstos no art. 669, § 1.º, pela ordem rigorosa de sua apresentação ao distribuidor, quando o houver.

* A EC 24/1999 substituiu as Juntas de Conciliação e Julgamento por Varas do Trabalho (Juiz singular) e extinguiu a representação classista na Justiça do Trabalho.

⚖️ **Interpretação convergente**

• Com efeito, foram propostas duas reclamações com as mesmas partes, sendo a primeira distribuída no dia 11.11.2008 para o Juízo da 5.ª Vara do Trabalho de Fortaleza e a segunda em 14.11.2008, para o Juízo da 13.ª Vara Trabalhista. Na Justiça do Trabalho, a prevenção é determinada pela simples distribuição, já que não existe o despacho ordinatório de citação (inteligência do art. 783 da CLT), não se aplicando, contudo, a regra de prevenção contida no art. 106 do CPC (…).
(TRT-7.ª Reg., CComp 0195800-5320085070005, Pleno, j. 23.06.2009, rel. Claudio Soares Pires, *DJ* 16.07.2009)

Art. 784. As reclamações serão registradas em livro próprio, rubricado em todas as folhas pela autoridade a que estiver subordinado o distribuidor.

Art. 785. O distribuidor fornecerá ao interessado um recibo, do qual constarão, essencialmente, o nome do reclamante e do reclamado, a data da distribuição, o objeto da reclamação e a Junta ou o Juízo a que coube a distribuição.

* A EC 24/1999 substituiu as Juntas de Conciliação e Julgamento por Varas do Trabalho (Juiz singular) e extinguiu a representação classista na Justiça do Trabalho.

Art. 786. A reclamação verbal será distribuída antes de sua redução a termo.

Parágrafo único. Distribuída a reclamação verbal, o reclamante deverá, salvo motivo de força maior, apresentar-se no prazo de 5 (cinco) dias, ao cartório ou à secretaria, para reduzi-la a termo, sob a pena estabelecida no art. 731.

⚖ **Interpretação convergente**

• É de se ressaltar que o Direito Processual do Trabalho não tem as mesmas formalidades de que goza o Direito do Processo Civil. Tanto assim que admite até reclamação verbal, conforme dispõe o art. 786 da CLT, bastando que a parte forneça os fatos para que o Julgador aplique-lhe o direito (...).
(TST, RR 268300-82.2001.5.09.0660, 6.ª T., j. 02.04.2008, rel. Aloysio Corrêa da Veiga, *DEJT* 04.04.2008)

• No caso *sub judice*, o princípio da informalidade se enaltece, porquanto a demanda foi proposta sem o preparo técnico de advogado, com redução a termo da proposta verbal, na forma do art. 786 da CLT. Com efeito, observa-se que a exordial embora sucinta preenche esses pressupostos, pois narra a relação ocorrida entre as partes litigantes e faz o pedido de recebimento do FGTS (...).
(TST, RR 67300-61.2006.5.17.0101, 8.ª T., j. 28.05.2008, rel. Maria Cristina Irigoyen Peduzzi, *DEJT* 30.05.2008)

Art. 787. A reclamação escrita deverá ser formulada em duas vias e desde logo acompanhada dos documentos em que se fundar.

* V. Súmula 8 do TST.

⚖ **Interpretação convergente**

• Tendo em vista a existência de regramento específico na Consolidação das Leis do Trabalho, e o menor rigor formal do processo do trabalho, não incidem na espécie as regras dos arts. 283 e 396 do CPC.
Os pedidos formulados pelo autor foram precisos, não dificultando em nada o direito de defesa, nem a correta prestação jurisdicional.

A regra contida no art. 787 da CLT, embora não deva ser ignorada, não pode ser aplicada de modo isolado e absoluto, primeiro, porque os fatos controvertidos é que devem ser provados, o que se tem conhecimento com a apresentação da defesa, e, segundo, porque no processo do trabalho se admite a produção de provas até a audiência de prosseguimento, conforme art. 845 da CLT.

Não há falar, ademais, no presente caso, em ausência de documentos indispensáveis à propositura da ação, porquanto, possuindo o empregador o dever legal de documentação, a ele incumbe a apresentação dos documentos referentes à formalização dos vínculos de emprego havidos com o reclamante, os quais não foram negados na contestação (...).
(TRT-4.ª Reg., RO 00487-2007-611-04-00-6, 1.ª T., j. 16.04.2009, rel. Ione Salin Gonçalves, DJ 23.04.2009)

• Conforme já consignado, a recorrente apresentou, a destempo, os documentos, às f., anexos à peça recursal (Convenções/Acordos Coletivos).

Pela regra do processo trabalhista, os documentos devem ser apresentados com a petição inicial, se escrita, e com a contestação (art. 787 da CLT), e art. 396 do CPC.

As vertentes mais modernas entendem que a juntada de documentos poderia ser feita em qualquer fase do processo trabalhista, desde que antes de encerrada a instrução processual (...), e, a meu ver, desde que não haja prejuízo à manifestação da parte contrária, a fim de não ensejar cerceamento do direito de defesa.

No presente caso, afere-se que tais documentos não foram juntados com a defesa da reclamada (f.).

Por isso, desconsiderei a juntada daquela documentação, à luz da Súmula 8 do C. TST (...).
(TRT-8.ª Reg., RO 00575-2008-206-08-00-9, 2.ª T., j. 13.10.2008, rel. Vicente José Malheiros da Fonseca)

• Da interpretação sistemática da Consolidação das Leis do Trabalho e do Código de Processo Civil, e levando-se em conta o princípio da concentração dos atos processuais, é certo que os documentos que visam a comprovar as alegações das partes devem acompanhar a peça inicial (art. 787 da CLT) ou a contestação (art. 396 do CPC), sob pena de preclusão (...).
(TRT-23.ª Reg., RO 01540.2011.007.23.00-0, 1.ª T., j. 12.06.2012, rel. Osmair Couto, DJ 13.06.2012)

Interpretação restritiva

- **Súmula 263 do TST**
Petição inicial. Indeferimento. Instrução obrigatória deficiente. (Res. TST 121/2003, *DJ* 19, 20 e 21.11.2003)
Salvo nas hipóteses do art. 295 do CPC, o indeferimento da petição inicial, por encontrar-se desacompanhada de documento indispensável à propositura da ação ou não preencher outro requisito legal, somente é cabível se, após intimada para suprir a irregularidade em 10 (dez) dias, a parte não o fizer.

Art. 788. Feita a distribuição, a reclamação será remetida pelo distribuidor à Junta ou Juízo competente, acompanhada do bilhete de distribuição.

* A EC 24/1999 substituiu as Juntas de Conciliação e Julgamento por Varas do Trabalho (Juiz singular) e extinguiu a representação classista na Justiça do Trabalho.

Seção III
Das custas e emolumentos

* Seção III com redação determinada pela Lei 10.537/2002.

Art. 789. Nos dissídios individuais e nos dissídios coletivos do trabalho, nas ações e procedimentos de competência da Justiça do Trabalho, bem como nas demandas propostas perante a Justiça Estadual, no exercício da jurisdição trabalhista, as custas relativas ao processo de conhecimento incidirão à base de 2% (dois por cento), observado o mínimo de R$ 10,64 (dez reais e sessenta e quatro centavos) e serão calculadas:

* Artigo com redação determinada pela Lei 10.537/2002.

Interpretação extensiva

- **Súmula 36 do TST.**
Custas. (Res. TST 121/2003, *DJ* 19, 20 e 21.11.2003)
Nas ações plúrimas, as custas incidem sobre o respectivo valor global.

Art. 789

- **OJ 88 da SDI-II/TST**
Mandado de segurança. Valor da causa. Custas processuais. Cabimento. (Inserida em 13.03.2002)
Incabível a impetração de mandado de segurança contra ato judicial que, de ofício, arbitrou novo valor à causa, acarretando a majoração das custas processuais, uma vez que cabia à parte, após recolher as custas, calculadas com base no valor dado à causa na inicial, interpor recurso ordinário e, posteriormente, agravo de instrumento no caso de o recurso ser considerado deserto.

I – quando houver acordo ou condenação, sobre o respectivo valor;

II – quando houver extinção do processo, sem julgamento do mérito, ou julgado totalmente improcedente o pedido, sobre o valor da causa;

III – no caso de procedência do pedido formulado em ação declaratória e em ação constitutiva, sobre o valor da causa;

IV – quando o valor for indeterminado, sobre o que o juiz fixar.

§ 1.º As custas serão pagas pelo vencido, após o trânsito em julgado da decisão. No caso de recurso, as custas serão pagas e comprovado o recolhimento dentro do prazo recursal.

⚖ Interpretação convergente

- Por violação, a Revista não se sustenta, porque o § 1.º do art. 789 da CLT dispõe que, havendo recurso, as custas devem ser pagas e seu recolhimento comprovado dentro do prazo recursal (...).
(TST, Embargos em EDcl em RR 117500-47.2004.5.10.0001, SDI-I, j. 03.11.2011, rel. Renato de Lacerda Paiva, *DEJT* 11.11.2011)

🏛 Interpretação extensiva

- **Súmula 25 do TST**
Custas. (Res. TST 121/2003, *DJ* 19, 20 e 21.11.2003)
A parte vencedora na 1.ª instância, se vencida na segunda, está obrigada, independentemente de intimação, a pagar as custas fixadas na sentença originária, das quais ficara isenta a parte então vencida.

- **Súmula 53 do TST**
Custas. (Res. TST 121/2003, *DJ* 19, 20 e 21.11.2003)
O prazo para pagamento das custas, no caso de recurso, é contado da intimação do cálculo.

§ 2.º Não sendo líquida a condenação, o juízo arbitrar-lhe-á o valor e fixará o montante das custas processuais.

§ 3.º Sempre que houver acordo, se de outra forma não for convencionado, o pagamento das custas caberá em partes iguais aos litigantes.

§ 4.º Nos dissídios coletivos, as partes vencidas responderão solidariamente pelo pagamento das custas, calculadas sobre o valor arbitrado na decisão, ou pelo Presidente do Tribunal.

⚖️ Interpretação convergente

- Ademais, a complementação do valor de custas deve se dar dentro do prazo recursal – na forma do art. 789 da CLT, cabendo aos litigantes observar na íntegra as disposições das decisões proferidas nos autos (...).
(TRT-1.ª Reg., AgIn em RO 0000254-81.2012.5.01.0039, j. 04.06.2012, rel. Mirian Lippi Pacheco, *DJ* 04.06.2012)

📄 Interpretação divergente

- Recolhimento das custas em valor inferior ao fixado em sentença. Erro material. Arbitramento de custas processuais em desacordo com o disposto no § 1.º do art. 789 da CLT (...).
(TRT-23.ª Reg., RO 134201208623003, 2.ª T., j. 27.06.2012, rel. Beatriz Theodoro, *DJ* 29.06.2012)

> **Art. 789-A.** No processo de execução são devidas custas, sempre de responsabilidade do executado e pagas ao final, de conformidade com a seguinte tabela:
>
> * Artigo acrescentado pela Lei 10.537/2002.

Art. 789-A

I – autos de arrematação, de adjudicação e de remição: 5% (cinco por cento) sobre o respectivo valor, até o máximo de R$ 1.915,38 (mil novecentos e quinze reais e trinta e oito centavos);

II – atos dos oficiais de justiça, por diligência certificada:
a) em zona urbana: R$ 11,06 (onze reais e seis centavos);
b) em zona rural: R$ 22,13 (vinte e dois reais e treze centavos);

III – agravo de instrumento: R$ 44,26 (quarenta e quatro reais e vinte e seis centavos);

IV – agravo de petição: R$ 44,26 (quarenta e quatro reais e vinte e seis centavos);

⚖ Interpretação convergente

• O TRT-3.ª Reg., em Sessão Ordinária da 10.ª T., hoje realizada, julgou o presente feito e à unanimidade, não conheceu dos agravos de petição do B., pois não satisfeitos os pressupostos legais de admissibilidade tratados pelo § 1.º do art. 897 da CLT; custas pelos agravantes, no valor de R$ 44,26, nos termos do inc. IV do art. 789-A da CLT (...).
(TRT-3.ª Reg., AgPet 00317-2009-008-03-00-7, 3.ª T., j. 14.02.2012, rel. Ana Maria Amorim Rebouças, *DJ* 24.02.2012)

V – embargos à execução, embargos de terceiro e embargos à arrematação: R$ 44,26 (quarenta e quatro reais e vinte e seis centavos);

VI – recurso de revista: R$ 55,35 (cinquenta e cinco reais e trinta e cinco centavos);

VII – impugnação à sentença de liquidação: R$ 55,35 (cinquenta e cinco reais e trinta e cinco centavos);

VIII – despesa de armazenagem em depósito judicial – por dia: 0,1% (um décimo por cento) do valor da avaliação;

IX – cálculos de liquidação realizados pelo contador do juízo – sobre o valor liquidado: 0,5% (cinco décimos por cento) até o limite de R$ 638,46 (seiscentos e trinta e oito reais e quarenta e seis centavos).

Art. 789-B

⚖️ Interpretação convergente

• Nos termos do art. 789-A da CLT, as custas processuais são de responsabilidade dos executados e pagas ao final. A exigência de pagamento de custas, para a admissibilidade de agravo de petição, configura ofensa ao art. 5.º, LV, da CF/1988 (...).
(TST, RR 152600-39.1998.5.15.0032, 5.ª T., rel. Kátia Magalhães Arruda, *DEJT* 12.08.2011)

• As custas de liquidação, previstas no art. 789-A da CLT, devem ser pagas somente no final do processo de execução, e não no de conhecimento (...).
(TST, RR 114368-2010.5.18.0221, 4.ª T., j. 09.11.2011, rel. Maria de Assis Calsing, *DEJT* 11.11.2011)

• Execução. Deserção. Custas processuais da execução. Art. 789-A da CLT. Com o advento da Lei 10.537/2002, que introduziu o art. 789-A da CLT, determinou-se o pagamento das custas no processo de execução, com recolhimento sempre a cargo do executado e pagamento ao final (...).
(TST, RR 880820115020443, 3.ª T., j. 20.02.2013, rel. Alexandre de Souza Agra Belmonte, *DEJT* 22.02.2013)

Art. 789-B. Os emolumentos serão suportados pelo Requerente, nos valores fixados na seguinte tabela:

* Artigo acrescentado pela Lei 10.537/2002.

I – autenticação de traslado de peças mediante cópia reprográfica apresentada pelas partes – por folha: R$ 0,55 (cinquenta e cinco centavos de real);

II – fotocópia de peças – por folha: R$ 0,28 (vinte e oito centavos de real);

III – autenticação de peças – por folha: R$ 0,55 (cinquenta e cinco centavos de real);

IV – cartas de sentença, de adjudicação, de remição e de arrematação – por folha: R$ 0,55 (cinquenta e cinco centavos de real);

V – certidões – por folha: R$ 5,53 (cinco reais e cinquenta e três centavos).

Interpretação convergente

- Arcará a reclamada com o pagamento de honorários periciais, na forma do art. 789-B da CLT, no importe ora arbitrada de R$ 1.000,00 (mil reais) atualizados a partir desta data (...).
(TST, AgIn em RR 147800772010503000, 1. T., j. 27.04.2011, rel. Walmir Oliveira da Costa, *DEJT* 02.05.2011)

> **Art. 790.** Nas Varas do Trabalho, nos Juízos de Direito, nos Tribunais e no Tribunal Superior do Trabalho, a forma de pagamento das custas e emolumentos obedecerá às instruções que serão expedidas pelo Tribunal Superior do Trabalho.
>
> * Artigo com redação determinada pela Lei 10.537/2002.
>
> **§ 1.º** Tratando-se de empregado que não tenha obtido o benefício da Justiça Gratuita, ou isenção de custas, o sindicato que houver intervindo no processo responderá solidariamente pelo pagamento das custas devidas.

Interpretação convergente

- **Súmula 223 do STF**
Concedida isenção de custas ao empregado, por elas não responde o sindicato que o representa em Juízo.

> **§ 2.º** No caso de não pagamento das custas, far-se-á execução da respectiva importância, segundo o procedimento estabelecido no Capítulo V deste Título.
>
> **§ 3.º** É facultado aos Juízes, Órgãos Julgadores e Presidentes dos Tribunais do Trabalho de qualquer Instância conceder, a requerimento ou de ofício, o benefício da Justiça Gratuita, inclusive quanto a traslados e instrumentos, àqueles que perceberem salário igual ou inferior ao dobro do mínimo legal, ou declararem, sob as penas da lei, que não

estão em condições de pagar as custas do processo sem prejuízo do sustento próprio ou de sua família.

Interpretação extensiva

• **OJ 304 da SDI-I/TST**

Honorários advocatícios. Assistência judiciária. Declaração de pobreza. Comprovação. (*DJ* 11.08.2003)
Atendidos os requisitos da Lei 5.584/1970 (art. 14, § 2.º), para a concessão da assistência judiciária, basta a simples afirmação do declarante ou de seu advogado, na petição inicial, para se considerar configurada a sua situação econômica (art. 4.º, § 1.º, da Lei 7.510/1986, que deu nova redação à Lei 1.060/1950).

• **OJ 305 da SDI-I/TST**

Honorários advocatícios. Requisitos. Justiça do trabalho. (*DJ* 11.08.2003)
Na Justiça do Trabalho, o deferimento de honorários advocatícios sujeita-se à constatação da ocorrência concomitante de dois requisitos: o benefício da justiça gratuita e a assistência por sindicato.

• **OJ 331 da SDI-I/TST**

Justiça gratuita. Declaração de insuficiência econômica. Mandato. Poderes específicos desnecessários (*DJ* 09.12.2003)
Desnecessária a outorga de poderes especiais ao patrono da causa para firmar declaração de insuficiência econômica, destinada à concessão dos benefícios da justiça gratuita.

Art. 790-A. São isentos do pagamento de custas, além dos beneficiários de Justiça Gratuita:

* Artigo acrescentado pela Lei 10.537/2002.

I – a União, os Estados, o Distrito Federal, os Municípios e respectivas autarquias e fundações públicas federais, estaduais ou municipais que não explorem atividade econômica;

Art. 790-B

II – o Ministério Público do Trabalho.

Parágrafo único. A isenção prevista neste artigo não alcança as entidades fiscalizadoras do exercício profissional, nem exime as pessoas jurídicas referidas no inc. I da obrigação de reembolsar as despesas judiciais realizadas pela parte vencedora.

⚖ Interpretação convergente

- Preliminar de deserção do Recurso de Revista arguida em contrarrazões. Aplicabilidade do disposto no art. 790-A da CLT e das prerrogativas do Dec.-lei 779/1969 à F. (...).
(TST, RR 2500212008522002, 7.ª T., j. 29.06.2011, rel. Delaíde Miranda Arantes, *DEJT* 01.07.2011)

- Nos termos do art. 790-A da CLT, são isentos do pagamento das custas processuais a União, os Estados, o Distrito Federal, os Municípios e as respectivas Autarquias e Fundações Públicas Federais, Estaduais e Municipais que não explorem atividade econômica (...).
(TST, RR 164/2006-029-02-00.1, 3.ª T., j. 04.11.2009, rel. Alberto Luiz Bresciani de Fontan Pereira, *DEJT* 20.11.2009)

- Condenação de custas processuais. Ente Público. Exclusão. Art. 790-A da CLT. Com efeito, o Estado de Alagoas goza do privilégio de isenção do pagamento de custas processuais, descabendo a condenação neste sentido (...).
(TRT-19.ª Reg., RO 928000200905519005, rel. José Abílio Neves Sousa, *DJ* 29.11.2010)

Art. 790-B. A responsabilidade pelo pagamento dos honorários periciais é da parte sucumbente na pretensão objeto da perícia, salvo se beneficiária de justiça gratuita.

* Artigo acrescentado pela Lei 10.537/2002.

🏛 Interpretação extensiva

- OJ 198 da SDI-I/TST
Honorários periciais. Atualização monetária. (Inserida em 08.11.2000)

Diferentemente da correção aplicada aos débitos trabalhistas, que têm caráter alimentar, a atualização monetária dos honorários periciais é fixada pelo art. 1.º da Lei 6.899/1981, aplicável a débitos resultantes de decisões judiciais.

- **OJ 387 da SDI-I/TST**

Honorários periciais. Beneficiário da justiça gratuita. Responsabilidade da união pelo pagamento. Resolução 35/2007 do CSJT. Observância. (*DEJT* divulgado em 09, 10 e 11.06.2010)

A União é responsável pelo pagamento dos honorários de perito quando a parte sucumbente no objeto da perícia for beneficiária da assistência judiciária gratuita, observado o procedimento disposto nos arts. 1.º, 2.º e 5.º da Res. 35/2007 do Conselho Superior da Justiça do Trabalho – CSJT.

Seção IV
Das partes e dos procuradores

Art. 791. Os empregados e os empregadores poderão reclamar pessoalmente perante a Justiça do Trabalho e acompanhar as suas reclamações até o final.

§ 1.º Nos dissídios individuais os empregados e empregadores poderão fazer-se representar por intermédio do sindicato, advogado, solicitador, ou provisionado, inscrito na Ordem dos Advogados do Brasil.

🏛 Interpretação extensiva

- **Súmula 164 do TST**

Procuração. Juntada. (Res. TST 121/2003, *DJ* 19, 20 e 21.11.2003)

O não cumprimento das determinações dos §§ 1.º e 2.º do art. 5.º da Lei 8.906, de 04.07.1994 e do art. 37, parágrafo único, do CPC importa o não conhecimento de recurso, por inexistente, exceto na hipótese de mandato tácito.

- **Súmula 395 do TST**

Mandato e substabelecimento. Condições de validade (conversão das OJs 108, 312, 313 e 330 da SDI-I/TST). (Res. TST 129/2005, *DJ* 20, 22 e 25.04.2005)

I – Válido é o instrumento de mandato com prazo determinado que contém cláusula estabelecendo a prevalência dos poderes para atuar até o final da demanda. (Ex-OJ 312 da SDI-I/TST, *DJ* 11.08.2003)

II – Diante da existência de previsão, no mandato, fixando termo para sua juntada, o instrumento de mandato só tem validade se anexado ao processo dentro do aludido prazo. (Ex-OJ 313 da SDI-I/TST, *DJ* 11.08.2003)

III – São válidos os atos praticados pelo substabelecido, ainda que não haja, no mandato, poderes expressos para substabelecer (art. 667 e parágrafos, do CC/2002). (Ex-OJ 108 da SDI-I/TST, inserida em 01.10.1997)

IV – Configura-se a irregularidade de representação se o substabelecimento é anterior à outorga passada ao substabelecente. (Ex-OJ 330 da SDI-I/TST, *DJ* 09.12.2003)

- **Súmula 436 do TST**

Representação processual. Procurador da União, Estados, Municípios e Distrito Federal, suas Autarquias e Fundações Públicas. Juntada de instrumento de mandato. (Conversão da OJ 52 da SDI-I/TST e inserção do item II à redação). (Res. TST 185/2012, DEJT 25, 26 e 27.09.2012)

I – A União, Estados, Municípios e Distrito Federal, suas Autarquias e Fundações Públicas, quando representadas em Juízo, ativa e passivamente, por seus procuradores, estão dispensadas da juntada de instrumento de mandato e de comprovação do ato de nomeação.

II – Para os efeitos do item anterior, é essencial que o signatário ao menos declare-se exercente do cargo de procurador, não bastando a indicação do número de inscrição na Ordem dos Advogados do Brasil.

- **OJ 319 da SDI-I/TST**

Representação regular. Estagiário. Habilitação posterior. (*DJ* 11.08.2003)

Válidos são os atos praticados por estagiário se, entre o substabelecimento e a interposição do recurso, sobreveio a habilitação, do então estagiário, para atuar como advogado.

- **OJ 348 da SDI-I/TST**

Honorários advocatícios. Base de cálculo. Valor líquido. Lei 1.060, de 05.02.1950 (*DJ* 25.04.2007)

Os honorários advocatícios, arbitrados nos termos do art. 11, § 1.º, da Lei 1.060, de 05.02.1950, devem incidir sobre o valor líquido da condenação,

apurado na fase de liquidação de sentença, sem a dedução dos descontos fiscais e previdenciários.

- **OJ 371 da SDI-I/TST**

Irregularidade de representação. Substabelecimento não datado. Inaplicabilidade do art. 654, § 1.º, do CC/2002. (*DEJT* 03, 04 e 05.12.2008)

Não caracteriza a irregularidade de representação a ausência da data da outorga de poderes, pois, no mandato judicial, ao contrário do mandato civil, não é condição de validade do negócio jurídico. Assim, a data a ser considerada é aquela em que o instrumento for juntado aos autos, conforme preceitua o art. 370, IV, do CPC. Inaplicável o art. 654, § 1.º, do CC/2002.

- **OJ 373 da SDI-I/TST**

Representação. Pessoa jurídica. Procuração. Invalidade. Identificação do outorgante e de seu representante. (Redação alterada na sessão do Tribunal Pleno realizada em 16.11.2010 – IUJ-85600-06.2007.5.15.0000) (Res. TST 170/2010, *DEJT* 19, 22 e 23.11.2010)

É inválido o instrumento de mandato firmado em nome de pessoa jurídica que não contenha, pelo menos, o nome da entidade outorgante e do signatário da procuração, pois estes dados constituem elementos que os individualizam.

- **OJ 374 da SDI-I/TST**

Agravo de instrumento. Representação processual. Regularidade. Procuração ou substabelecimento com cláusula limitativa de poderes ao âmbito do tribunal regional do trabalho. (*DEJT* 19, 20 e 22.04.2010)

É regular a representação processual do subscritor do agravo de instrumento ou do recurso de revista que detém mandato com poderes de representação limitados ao âmbito do Tribunal Regional do Trabalho, pois, embora a apreciação desse recurso seja realizada pelo Tribunal Superior do Trabalho, a sua interposição é ato praticado perante o Tribunal Regional do Trabalho, circunstância que legitima a atuação do advogado no feito.

§ 2.º Nos dissídios coletivos é facultada aos interessados a assistência por advogado.

§ 3.º A constituição de procurador com poderes para o foro em geral poderá ser efetivada, mediante simples registro em ata de audiência,

a requerimento verbal do advogado interessado, com anuência da parte representada.

* § 3.º acrescentado pela Lei 12.437/2011.

⚖️ Interpretação convergente

- **Súmula 425 do TST**

O *jus postulandi* das partes, estabelecido no art. 791 da CLT, limita-se às Varas do Trabalho e aos Tribunais Regionais do Trabalho, não alcançando a ação rescisória, a ação cautelar, o mandado de segurança e os recursos de competência do Tribunal Superior do Trabalho.

- O art. 791 da CLT, ao estabelecer que: "empregados e os empregadores poderão reclamar pessoalmente perante a Justiça do Trabalho", deixou evidente a facultatividade da presença do advogado nos processos trabalhistas.

Por ser uma faculdade, a concessão do *jus postulandi* não pode ser utilizada como fundamento para penalizar o trabalhador que resolve contratar um advogado particular (...).

(STJ, REsp 1.027.797/MG, 3.ª T., j. 17.02.2011, rel. Nancy Andrighi, *DJe* 23.02.2011)

- É pacífico o entendimento desta Corte no sentido de que, mesmo após a promulgação da Constituição Federal de 1988, persiste em vigor o art. 791 da CLT, o qual permite os empregados e empregadores a reclamar pessoalmente perante a Justiça do Trabalho (...).

(TST, AgIn em RR 607-94.2011.5.04.0291, 3.ª T., j. 08.05.2013, rel. Alberto Luiz Bresciani de Fontan Pereira, *DEJT* 17.05.2013)

- Há de se ressaltar, ainda, que, no Processo do Trabalho, empregados e empregadores podem reclamar pessoalmente perante esta Justiça Especializada, acompanhando suas reclamações até o final, conforme disposição do art. 791 da CLT, sendo incabível o pagamento de indenização por perdas e danos a título de honorários advocatícios, que somente são devidos na Justiça do Trabalho, repita-se, na forma prevista na Lei 5.584/1970, quando a lide decorre da relação de emprego (...).

(TRT-3.ª Reg., RO 00327-2011-041-03-00-1, 6.ª T., j. 27.03.2012, rel. Anemar Pereira Amaral, *DJ* 27.03.2012)

Art. 791

- Diante dos claros termos do art. 791 da CLT, no sentido de que: "Os empregados e os empregadores poderão reclamar pessoalmente perante a Justiça do Trabalho e acompanhar as suas reclamações até o final", não há que se falar em perdas e danos decorrentes de possíveis honorários contratuais a serem despendidos por aquele que constituiu um advogado. O transcrito artigo celetário demonstra que o *jus postulandi*, nesta Especializada, não é atividade exclusiva do advogado, daí não estar correto se falar em obrigação de contratação e deduzir-se, como resultado, pedido de perdas e danos (...).
(TRT-9.ª Reg., RO 7947-2010-6-9-0-0, 6.ª T., j. 15.02.2012, rel. Sueli Gil El Rafihi, *DJ* 06.03.2012)

Interpretação extensiva

- **OJ 255 da SDI-I/TST**
Mandato. Contrato social. Desnecessária a juntada. (Inserida em 13.03.2002).
O art. 12, VI, do CPC não determina a exibição dos estatutos da empresa em Juízo como condição de validade do instrumento de mandato outorgado ao seu procurador, salvo se houver impugnação da parte contrária.

- **OJ 349 da SDI-I/TST**
Mandato. Juntada de nova procuração. Ausência de ressalva. Efeitos. (*DJ* 25.04.2007)
A juntada de nova procuração aos autos, sem ressalva de poderes conferidos ao antigo patrono, implica revogação tácita do mandato anterior.

Interpretação restritiva

- **OJ 75 da SDI-I/TST**
Substabelecimento sem o reconhecimento de firma do substabelecente. Inválido. (Anterior à Lei 8.952/1994). (Inserido dispositivo). (*DJ* 20.04.2005)
Não produz efeitos jurídicos recurso subscrito por advogado com poderes conferidos em substabelecimento em que não consta o reconhecimento de firma do outorgante. Entendimento aplicável antes do advento da Lei 8.952/1994.

- **OJ 100 da SDI-I/TST**
Mandato tácito. Substabelecimento inválido. (*DJ* 20.04.2005)
É inválido o substabelecimento de advogado investido de mandato tácito.

- OJ 110 da SDI-I/TST
Representação irregular. Procuração apenas nos autos de agravo de instrumento. (*DEJT* 16, 17 e 18.11.2010)
A existência de instrumento de mandato apenas nos autos de agravo de instrumento, ainda que em apenso, não legitima a atuação de advogado nos processos de que se originou o agravo.

> **Art. 792.** Os maiores de 18 (dezoito) e menores de 21 (vinte e um) anos e as mulheres casadas poderão pleitear perante a Justiça do Trabalho sem a assistência de seus pais, tutores ou maridos.

⚖ Interpretação convergente

- Assim, *in casu*, pouco importa somente a vontade do Reclamante, ainda que a mesma seja confirmada perante o Juiz, se a entidade sindical, que pode concordar com seu ato de disposição, não ratifica o pedido de demissão. É o mesmo que ocorre com o menor maior de 16 anos e menor de 18 anos que deseja celebrar um contrato e necessita da assistência de seus pais ou tutor. E sem a concordância deste responsável, o ato do menor púbere não tem qualquer validade jurídica (...).
(TRT-5.ª Reg., RO 0000271-82.2010.5.05.0005, 1.ª T., j. 20.06.2011, rel. Edilton Meireles, *DJ* 22.06.2011)

- A capacidade para estar em juízo, quanto aos menores de 18 anos, supre-se com a assistência dos pais, na verdade, é esta a leitura que se deve fazer do art. 792 da CLT (...).
(TRT-24.ª Reg., RO 00179-2007-046-24-00-6, 1.ª T., j. 30.10.2007, rel. Márcio V. Thibau de Almeida, *DO* 20.11.2007)

> **Art. 793.** A reclamação trabalhista do menor de 18 (dezoito) anos será feita por seus representantes legais e, na falta destes, pela Procuradoria da Justiça do Trabalho, pelo sindicato, pelo Ministério Público estadual ou curador nomeado em Juízo.

* Artigo com redação determinada pela Lei 10.288/2001.

⚖️ **Interpretação convergente**

• Portanto, havendo disciplinamento específico no texto celetista (art. 793 da CLT), o único caso em que é outorgado ao Juiz do Trabalho o poder de nomear curador é nas ações propostas por menores de 18 anos, caso não representado por seus pais, Procurador do Trabalho, Sindicato ou Ministério Público Estadual (...).

(TRT-14.ª Reg., RO 0094800-81.2009.5.14.0004, 2.ª T., j. 02.09.2011, rel. Carlos Augusto Gomes Lôbo, *DeTRT14* 05.09.2011)

• O art. 793 da CLT dispõe que a reclamação trabalhista do menor de 18 anos será feita por seus representantes legais e, na falta destes, pela Procuradoria da Justiça do Trabalho, pelo sindicato, pelo Ministério Público estadual ou curador nomeado em Juízo. De acordo com o dispositivo consolidado, havendo representante legal, inexiste obrigatoriedade de intervenção ministerial (...).

(TRT-22.ª Reg., RO 00420-2009-004-22-00-8, 1.ª T., j. 22.02.2010, rel. Arnaldo Boson Paes, *DJT-PI* 17.03.2010)

• Inexiste nulidade do processo quando foi observada a regra constante no art. 793 da CLT, que rege a representação processual na Justiça do Trabalho. O processo trabalhista nessa particularidade difere das formalidades rígidas do processo civil, em que se apreciam direitos muitas vezes indisponíveis dos incapazes. Enquanto lá a lei recomende e até obrigue o Ministério Público a funcionar nos autos desde o seu nascedouro, aqui no processo trabalhista tal preceito não é de todo imprescindível, até porque o menor já se faz representar por alguém capacitado. Cumpre salientar que a não participação do Ministério Público do Trabalho nos presentes autos durante o trâmite na instância singular foi suprida pela ciência dada por esta Corte (...).

(TRT-23.ª Reg., RO 01047.2008.036.23.00-0, 2.ª T., j. 26.11.2008, rel. Osmair Couto, *DJ* 01.12.2008)

Seção V
Das nulidades

Art. 794. Nos processos sujeitos à apreciação da Justiça do Trabalho só haverá nulidade quando resultar dos atos inquinados manifesto prejuízo às partes litigantes.

⚖️ Interpretação convergente

- **Súmula 427 do TST**

Intimação. Pluralidade de advogados. Publicação em nome de advogado diverso daquele expressamente indicado. Nulidade. (Editada em decorrência do julgamento do Proc. TST IUJERR 5400-31.2004.5.09.0017). (Res. TST 174/2011, *DEJT* 27, 30 e 31.05.2011)

Havendo pedido expresso de que as intimações e publicações sejam realizadas exclusivamente em nome de determinado advogado, a comunicação em nome de outro profissional constituído nos autos é nula, salvo se constatada a inexistência de prejuízo.

- Nulidade da citação. Empresas estrangeiras. Citação na pessoa do advogado.

Em suas razões de Recurso de Revista, a reclamada arguiu a nulidade da citação da 2.ª e 3.ª reclamadas porque as mesmas foram irregularmente citadas na pessoa dos seus advogados. Afirmou que tal citação não poderia ocorrer pelo simples fato de a empresa estar localizada fora do país. Aduziu que a citação é pessoal e deveria ter sido recebida por alguém com poderes para tal, pelo que o Juízo primário deveria ter expedido carta rogatória para o real endereço da empresa, e não tê-la citado na pessoa de seu advogado, que não tem poderes para tanto. Apontou violação ao art. 119 da Lei 6.404/1976 (...).

Em que pese as alegações da recorrente, não vislumbro violação à literalidade do art. 119 da Lei 6.404/1976, como exige a alínea *c* do art. 896 da CLT. Isso porque o Tribunal Regional verificou que "as notificações foram regulares, dirigidas ao procurador das reclamadas, tal fato confirmado pelo patrono da primeira ré. As alegações de que tal procurador só detém poderes para fins societários, não procedem. Possível o recebimento de notificações pelo mesmo para que as reclamadas figurem em ação trabalhista, especialmente quando a empresa se localiza fora do Brasil e o procurador detém poder para representá-las em território nacional". Dessa forma, inegável que, efetivamente, foi alcançado o direito ao contraditório e à ampla defesa constitucionalmente amparados no art. 5.º, LV, da CF/1988. Em consequência, o Tribunal Regional houve por bem decidir em observância ao referido preceito constitucional.

Além disso, o fato da citação ter sido realizada na pessoa do patrono das reclamadas se coaduna com o princípio da celeridade, economia e efetividade processuais.

Ademais, no processo do trabalho as nulidades somente são declaradas nas hipóteses de manifesto prejuízo processual à parte que as alega, na forma do art. 794 da CLT. De sorte que, não configurada tal hipótese, não há que se falar em nulidade. Observe-se que o ato atendeu a sua finalidade, o que foi confirmado, inclusive, pelo advogado da primeira reclamada, não restando comprovado que o contrário ocorreu, conforme destacou o Colegiado, ao asseverar que "as notificações foram regulares, dirigidas ao procurador das reclamadas, tal fato confirmado pelo patrono da primeira ré". Por conseguinte, o Colegiado também decidiu em consonância com o art. 794 da CLT, o qual dispõe que "Nos processos sujeitos à apreciação da Justiça do Trabalho só haverá nulidade quando resultar dos atos inquinados manifesto prejuízo às partes litigantes", bem como com o art. 244 do CPC, segundo o qual "Quando a lei prescrever determinada forma, sem cominação de nulidade, o juiz considerará válido o ato se, realizado de outro modo, lhe alcançar a finalidade" (...).
(TST, AgIn em RR 183240-61.2003.5.05.0021, 2.ª T., j. 05.09.2012, rel. Renato de Lacerda Paiva, *DEJT* 26.10.2012)

- Nulidade da sentença. Negativa de prestação jurisdicional (...).

Os embargos de declaração só se justificam nos casos expressamente fixados no art. 535 do CPC, não se prestando à revisão de algo já suficientemente explicado pelo Juízo de Origem.

Com efeito, o D. Juízo de origem apresentou decisão fundamentada, esposando as razões que entendeu relevante para o deslinde da controvérsia, observando o comando consubstanciado no art. 131 do CPC, uma vez que adotou o fundamento jurídico que reputou correto para o desfecho da lide.

Contrariamente ao entendimento da reclamada, não implica em negativa de prestação jurisdicional o fato de o juiz de origem não se manifestar expressamente sobre alguma questão. Se houve a apreciação da matéria, mesmo que inadequada ou contrária à pretensão da ré, tem-se concretizado o devido ofício judicante.

Ademais, em primeiro grau de jurisdição, desde que o juízo tenha decidido todas as questões postas de forma motivada, não pode a parte exigir, por meio dos embargos de declaração, a adoção de teses e o enfrentamento de perquirições no fito do prequestionamento, sob pena de nulidade da decisão por negativa da tutela jurisdicional, haja vista que o recurso cabível é de natureza ordinária e propicia o efeito devolutivo pleno, isto é, permite o reexame de fatos e provas, bem assim de todas as questões incidentais, preliminares e de cunho processual pelo órgão julgador ad quem.

Ora, o exame equivocado por parte do julgador pode revelar-se em *error in judicando* e não em *error in procedendo*, este último, sim, passível de ser devolvido à Corte ad quem, como preliminar de nulidade, o que não se constata nos autos do processo em tela.

Diante dessas considerações, impõe-se reconhecer que a prestação jurisdicional foi integralmente satisfeita, não havendo que se cogitar em vulneração aos preceitos constitucionais e de legislação federal.

Ademais, a nulidade só se configura quando resultar dos atos inquinados de "nulos" manifesto prejuízo às partes litigantes (art. 794 da CLT). Essa hipótese fica afastada no presente caso, porquanto todas as matérias constantes dos embargos foram renovadas nestas razões de recurso e serão reapreciadas, em atendimento ao disposto no art. 515, parágrafo primeiro, do CPC.

Nesse sentido é o teor do entendimento consubstanciado na Súmula 393 do TST (...).

(TRT-3.ª Reg., RO 00411-2008-005-03-00-6, 4.ª T., j. 12.11.2008, rel. Júlio Bernardo do Carmo, *DJMG* 22.11.2008)

• Nulidade processual. Indeferimento do pedido de adiamento da sessão de audiência em razão da ausência das testemunhas convidadas. Cerceamento do direito de defesa. Configuração.

Na espécie, o Douto Juízo de 1.º Grau não estabeleceu, previamente, regras de procedimento quanto à produção da prova ora, especificamente com relação à concessão de prazo para apresentação de rol de testemunhas. Portanto, não comparecendo aquelas que foram convidadas, impunha-se o acolhimento do pedido de adiamento da sessão, como previsto no art. 825, parágrafo único, da CLT. Em sendo indeferida a tal pretensão, configurado restou o cerceamento do direito de defesa da parte (art. 5.º, LV, da CF/1988), que detinha o ônus de provar matéria fática. Registro ser incontestável a faculdade conferida ao juiz de conduzir com liberdade o processo, podendo indeferir provas desnecessárias e inúteis, visando à rápida solução do feito. Neste sentido disciplinam os arts. 130 e 131 do CPC c/c os arts. 765 e 769 da CLT. Entretanto a atuação do magistrado deverá ser exercitada de modo a oportunizar às partes a produção de todas as provas que julguem necessárias a arrimar os fundamentos do pedido e da defesa. Preliminar de nulidade que se acolhe (...).

(TRT-6.ª Reg., RO 00346-2008-121-06-00-0, 2.ª T., j. 24.09.2008, rel. Juíza Dinah Figueirêdo Bernardo)

- Nulidade. Vício processual. Cerceamento de defesa. Não configurada.

Não se acolhe a nulidade sem a efetiva demonstração do gravame sofrido. Logo, cabe à parte interessada pontuar, de molde irrefutável, em que consistira o dano, o prejuízo supostamente decorrente do procedimento adotado pelo Juízo *a quo*. Rejeita-se, pois, a arguição de nulidade por cerceamento de defesa (...).

(TRT-6.ª Reg., RO 00380-2008-201-06-00-8, 2.ª T., j. 29.10.2008, rel. Aline Pimentel Gonçalves)

- Nulidade processual. Vício de citação.

Verificando-se dos autos que a notificação da reclamada ocorreu em endereço diverso daquele em que a mesma funciona, deve ser reconhecida a sua nulidade e, em consequência, ser anulados todos os atos processuais a partir da citação irregular. Acolhida preliminar de nulidade de citação (...).

(TRT-16.ª Reg., RO 00111-2008-021-16-00-5, j. 22.10.2008, rel. Américo Bedê Freire, DJ 20.11.2008)

- Preliminar. Nulidade do julgado.

O juízo de piso, entendendo que a argumentação expendida pela reclamante nos embargos de declaração opostos às f. demonstra claramente o seu interesse em rediscutir a matéria na qual restou vencida, negou provimento aos embargos, pelo que recorre a reclamante, pretendendo a nulidade do julgado, com o retorno dos autos à Vara de Origem para novo julgamento.

Alega, para tanto, que a sentença não abordou todos os pontos postos em julgamento, notadamente quanto aos documentos juntados, que, no seu entender, comprovam que a ora recorrente encontrava-se acometida por grave doença quando foi demitida; e também que seu pedido de reintegração não se restringe tão somente ao nexo causal, mas refere-se à impossibilidade de ter sido demitida quando doente ao invés de ser encaminhada ao órgão previdenciário.

Sem razão.

Não verifico a existência dos vícios alegados na r. sentença, tendo a MM. Juíza *a quo* fundamentado os motivos de seu convencimento, sendo certo que a pretensão da reclamante é, na verdade, rediscutir questões meritórias em sede de embargos de declaração, o que é defeso.

Ademais, aplica-se à hipótese o princípio da transcendência consagrado no art. 794 da CLT, ante a inexistência de prejuízo processual à parte, a teor do disposto no art. 515, §§ 1.º e 2.º, do CPC (...).

(TRT-17.ª Reg., RO 00738.2006.013.17.00.4, 2.ª T., j. 09.10.2008, rel. Wanda Lúcia Costa Leite França Decuzzi)

🏛 Interpretação extensiva

- **Súmula 225 do STJ**

Compete ao Tribunal Regional do Trabalho apreciar recurso contra sentença proferida por órgão de primeiro grau da Justiça Trabalhista, ainda que para declarar-lhe a nulidade em virtude de incompetência.

- **Súmula 117 do TST**

A inobservância do prazo de 48 horas, entre a publicação de pauta e o julgamento sem a presença das partes, acarreta nulidade.

- **OJ 7 do SDI-I/TST**

Advogado. Atuação fora da seção da Ordem dos Advogados do Brasil onde o advogado está inscrito. Ausência de comunicação. (Art. 56, § 2.º, da Lei 4.215/1963). Infração disciplinar. Não importa nulidade. (*DJ* 20.04.2005)

A despeito da norma então prevista no art. 56, § 2.º, da Lei 4.215/1963, a falta de comunicação do advogado à OAB para o exercício profissional em seção diversa daquela na qual tem inscrição não importa nulidade dos atos praticados, constituindo apenas infração disciplinar, que cabe àquela instituição analisar.

- **OJ 142 da SDI-I/TST**

Embargos de declaração. Efeito modificativo. Vista à parte contrária. (Inserido o item II à redação). (Res. TST 178/2012, *DEJT* 13, 14 e 15.02.2012)

I – É passível de nulidade decisão que acolhe embargos de declaração com efeito modificativo sem que seja concedida oportunidade de manifestação prévia à parte contrária.

II – Em decorrência do efeito devolutivo amplo conferido ao recurso ordinário, o item I não se aplica às hipóteses em que não se concede vista à parte contrária para se manifestar sobre os embargos de declaração opostos contra sentença.

- **Nulidade do processo. Cerceamento do direito de defesa.**

Hipótese em que não restou evidenciado que a testemunha tenha sido instruída pela parte para prestar depoimento, antes da audiência. Inexistência de nulidade (...).

(TRT-4.ª Reg., RO 00314-2008-009-04-00-3, 8.ª T., j. 30.04.2009, rel. Maria da Graça R. Centeno)

- Nulidade processual. Cerceamento de defesa. Inexistência. Inteligência dos art. 765 da CLT e 131 do CPC. Livre convencimento do julgador.

Ao Magistrado é assegurado ampla liberdade na direção do processo, devendo zelar pelo andamento rápido das causas, na forma disposta no art. 765 da CLT. A dispensa do depoimento das partes e da oitiva das testemunhas, quando em nada acrescentem para formar a livre convicção sobre os fatos (art. 131 do CPC), sobretudo se considerando os demais elementos dos autos, apresentarem-se desnecessárias ao deslinde da controvérsia. Trata-se de evitar a prática de atos inúteis, com vistas à celeridade e economia processual (...).

(TRT-6.ª Reg., RO 00646-2008-005-06-00-I, 1.ª T., j. 04.11.2008, rel. Ibrahim Alves Filho)

- Nulidade processual. Inexistência. Requerimento de aditamento em petição avulsa, sem rol de pedidos.

O pedido de aditamento deve ser expresso e satisfazer todos os requisitos da petição inicial, nos termos do art. 282 do CPC, devendo também o autor ser diligente e pelo menos ratificá-lo em audiência, a fim de que o juiz dê conhecimento à parte contrária e suspenda a sessão para que seja preparada a contestação sobre os novos pedidos acaso formulados pelo autor, sob pena de violação aos princípios do contraditório, ampla defesa e devido processo legal que favorecem a parte reclamada. No caso, não se configura nenhuma nulidade no processo, visto que o reclamante limitou-se a apresentar petição sem rol de pedidos, que ficou esquecida nos autos, sobre a qual a reclamada não chegou a ser notificada, e que não atende aos requisitos do art. 282 do CPC, motivo porque não foi apreciada pelo Juízo *a quo* (...).

(TRT-8.ª Reg., RO 00685-2008-127-08-00-3, 2.ª T., j. 14.01.2009, rel. Elizabeth Fátima Martins Newman)

- Indeferimento da produção de prova testemunhal. Nulidade processual não configurada.

Em face da ampla liberdade do juiz na condução do processo, além de sua incumbência em zelar pela celeridade processual, não permitindo a produção de provas ou diligências que se mostrem desnecessárias para o deslinde da controvérsia (art. 130 do CPC), não configura cerceamento de defesa a ensejar nulidade processual o indeferimento da produção de prova testemunhal quando o laudo técnico produzido se mostrar minucioso e suficiente para dirimir a controvérsia acerca das condições do local de trabalho do autor (...).

(TRT-15.ª Reg., RO 0164800-31.2008.5.15.0096, 4.ª T., j. 24.01.2012, rel. Fábio Grasselli)

- Nulidade processual. Inexistência de citação válida. Inocorrência.

Não há o que se falar em nulidade processual por inexistência de citação válida. A citação no processo do trabalho, na fase de conhecimento, rege-se pelo princípio da impessoalidade (art. 841, § 1.º, da CLT), sendo considerada válida desde que entregue no endereço correto do notificado, sem a devolução pelo correio, independentemente da pessoa que a receber (...).

(TRT-19.ª Reg., AgPet 00612.2000.059.19.00-0, j. 21.10.2008, rel. Vanda Lustosa)

- Prova oral. Indeferimento. Nulidade processual. Cerceamento de defesa. Não configuração.

O indeferimento de produção de prova oral requerida com a finalidade de elucidar fato incontroverso não caracteriza cerceio ao direito de defesa da parte requerente, pois o Juiz, no exercício do seu poder diretivo, pode perfeitamente rejeitar a produção de qualquer modalidade de prova que entender desnecessária à resolução da lide, conforme autorizam os arts. 130 e 131 do CPC c/c 765 e 852-D da CLT (...).

(TRT-23.ª Reg., RO 00516.2008.009.23.00-1, 2.ª T., j. 26.11.2008, rel. Leila Calvo)

Interpretação restritiva

- OJ 115 da SDI-I/TST

Recurso de revista. Nulidade por negativa de prestação jurisdicional. (Alterada em decorrência da redação do inc. II do art. 894 da CLT, incluído pela Lei 11.496/2007). (Res. TST 182/2012, *DEJT* 19, 20 e 23.04.2012)

O conhecimento do recurso de revista, quanto à preliminar de nulidade por negativa de prestação jurisdicional, supõe indicação de violação do art. 832 da CLT, do art. 458 do CPC ou do art. 93, IX, da CF/1988.

- Sentença proferida por Julgador absolutamente incompetente. Declaração de nulidade. Art. 113 do CPC.

Deve ser declarada nula, na forma do art. 113 do CPC, decisão proferida por julgador no exercício da jurisdição comum após a EC 45/2004, vigente a partir de 03.01.2005 (2.ª feira, EC 45, de 31.12.2004, publicada pelo *DOU* 01.01.2005, sexta-feira), que elasteceu a competência da Justiça do Trabalho para julgar ações que versem sobre indenizações por danos morais ou materiais decorrentes de relações de trabalho, em razão do acréscimo do inc. VI ao art. 114 da CF/1988 (...).

(TRT-15.ª Reg., RO 0146900-11.2005.5.15.0041, 2.ª T., j. 31.01.2012, rel. José Pitas)

Art. 795

Art. 795. As nulidades não serão declaradas senão mediante provocação das partes, as quais deverão argui-las à primeira vez em que tiverem de falar em audiência ou nos autos.

⚖️ **Interpretação convergente**

- Nulidade processual por negativa de prestação jurisdicional (...).

[A] teor do art. 795, *caput*, da CLT, segundo o qual "as nulidades não serão declaradas senão mediante provocação diferença salarial partes, as quais deverão argui-las à primeira vez em que tiverem de falar em audiência ou nos autos", mostra-se inequivocamente precluso o direito da reclamante alegar a ocorrência de cerceio de defesa, na medida em que silenciou em audiência (ata da f.), oportunidade em que a reclamada juntou sua defesa aos autos e o magistrado não lhe concedeu prazo para manifestação sobre a tese defensiva. E não se diga que a recorrente poderia se beneficiar do fato de constar na mencionada ata de audiência que na hipótese de eventual reinclusão dos autos em pauta seria aberto prazo para manifestação sobre os documentos juntados com a defesa (comando esse posteriormente não cumprido pelo Julgador *a quo*), pois tal registro contemplou tão somente o compromisso de conceder prazo para manifestação sobre os documentos que instruem a defesa da reclamada, não abrangendo o direito de se manifestar sobre o conteúdo da defesa, direito esse, aliás, sequer afeito à processualística do trabalho, ao qual não se aplica subsidiariamente o instituto da réplica, próprio do direito processual civil (...).
(TRT-4.ª Reg., RO 00012-2006-202-04-00-5, 4.ª T., j. 24.08.2006, rel. Denise Pacheco, DORS 31.08.2006)

- Preliminar de nulidade processual por cerceio do direito de defesa.

Suscitam os recorrentes a preliminar em tela sob a alegação de que o julgador de piso cometeu erro insanável que fulminou de nulidade o presente feito ao declarar em audiência que a matéria fática encontra-se incontroversa, quando do cotejo da inicial com a peça de defesa, constata-se que a matéria é sim controvertida. Assim, alega que sofreu cerceamento do direito de defesa.
Improsperável.
Preclusa a oportunidade para os autores alegam cerceio de defesa, na medida em que na mesma audiência em que o juiz declarou que a matéria fática era incontroversa – porque a reclamada não negou a existência de labor em sobreaviso, mas

diferentemente da tese obreira, alegou quitação – foi dada palavra ao advogado do reclamante, sem que houvesse qualquer protesto contra a decisão do juiz. De fato, no momento em que foi dada palavra ao advogado dos reclamantes para se manifestar sobre os documentos juntados pela reclamada, ele deveria protestar contra a declaração do juiz de ausência de controvérsia, todavia, não o fez. Nem mesmo nas razões finais houve qualquer insurgência por parte dos autores, restando, assim, precluso tal direito.

É consabido que os arts. 794 e 795 da CLT tratam das nulidades no processo trabalhista, condicionando a sua declaração quando houver manifesto prejuízo à parte e tenha protestado na primeira vez em que falar nos autos. Não o fazendo, preclui o seu direito de arguir cerceio de defesa (...).
(TRT-5.ª Reg., RO 00408-2008-611-05-00-2, 5.ª T., j. 11.11.2008, rel. Maria Adna Aguiar)

• Arguição de nulidade. Oportunidade.
Qualquer arguição de nulidade deve ser manifestada na primeira oportunidade em que a parte tiver que falar em audiência ou nos autos, sob pena de preclusão. Inteligência do art. 795 da CLT (...).
(TRT-6.ª Reg., AgPet 01427-2002-143-06-00-9, 2.ª T., j. 25.07.2007, rel. Dinah Figueirêdo Bernardo)

• Suscita a Recorrente a nulidade do processo decorrente do cerceamento de defesa, em face do indeferimento de perguntas, por ocasião da instrução processual (...). [A] Recorrente apresentou razões finais remissivas sem qualquer questionamento expresso quanto ao cerceamento de defesa (f.). A parte, ao optar pela apresentação de razões finais remissivas, sem consignar o seu insurgimento, em face do alegado cerceamento de defesa demonstrando que o ato importou efetivo prejuízo processual, obsta o reconhecimento da nulidade perseguida, nos exatos termos dos arts. 794 e 795 da CLT (...).
(TRT-15.ª Reg., RO 00207-2008-103-15-00-5, 1.ª T., j. 05.12.2008, rel. Luiz Antônio Lazarim)

• Preliminar de nulidade por cerceamento de defesa (...).
[N]os termos do art. 795 da CLT, as nulidades no processo do trabalho devem ser arguidas na primeira oportunidade que a partir tiver de falar nos autos. No caso vertente, e levando em conta que o hostilizado indeferimento de prova oral se deu na audiência, f., o obreiro deveria ter alegado o cerceamento em sede de razões finais, conforme o art. 850 da CLT. Optou, contudo, por manifestar ale-

gações remissivas, com o que concordou tacitamente com o encerramento da instrução e, bem assim, com a suficiência do conjunto probatório.

Pondero que o simples lançamento de "protestos" na própria audiência (f.), sem qualquer conteúdo jurídico, não basta para livrar a parte da preclusão, notadamente porque o art. 794 da CLT exige a demonstração do "manifesto prejuízo" para o reconhecimento da nulidade, o que não é possível através de genéricos protestos.

Reconheço, pois, a ocorrência de preclusão sobre a matéria aqui abordada, negando provimento ao apelo quanto ao tema (...).

(TRT-15.ª Reg., RO 0144600-19.2007.5.15.0102, 4.ª Câm., j. 10.01.2012, rel. José Antônio Ribeiro de Oliveira Silva)

🏛 Interpretação extensiva

• **OJ 23 da SDI-I – Transitória/TST**
Autenticação. Documento único. Cópia. Verso e anverso. (Inserida em 13.02.2001)
Inexistindo impugnação da parte contrária, bem como o disposto no art. 795 da CLT, é válida a autenticação aposta em uma face da folha que contenha documento que continua no verso, por constituir documento único.

🔨 Interpretação restritiva

• **OJ 350 da SDI-I/TST**
Ministério Público do Trabalho. Nulidade do contrato de trabalho não suscitada pelo Ente Público no momento da defesa. Arguição em parecer. Possibilidade. (Alterada em decorrência do julgamento do Proc. TST IUJERR 526538/1999.2). (Res. TST 162/2009, *DEJT* 23, 24 e 25.11.2009)
O Ministério Público do Trabalho pode arguir, em parecer, na primeira vez que tenha de se manifestar no processo, a nulidade do contrato de trabalho em favor de ente público, ainda que a parte não a tenha suscitado, a qual será apreciada, sendo vedada, no entanto, qualquer dilação probatória.

§ 1.º Deverá, entretanto, ser declarada *ex officio* a nulidade fundada em incompetência de foro. Nesse caso, serão considerados nulos os atos decisórios.

§ 2.º O juiz ou tribunal que se julgar incompetente determinará, na mesma ocasião, que se faça remessa do processo, com urgência, à autoridade competente, fundamentando sua decisão.

⚖ Interpretação convergente

• Conflito negativo de competência perpetuação da jurisdição vs. Lei 10.770/2003.

Em que pese o art. 877 da CLT estabelecer ser competente para a execução das decisões o juiz que tiver conciliado ou julgado originariamente o dissídio, com clareza solar, a Lei 10.770/2003, em seu art. 27, § 4.º, determina a remessa imediata às varas por ela criadas de todos os processos judiciais abrangidos pela nova competência territorial. Parece evidente que por ser uma lei especial, a novel disposição prevaleça sobre a generalidade da diretriz contida no art. 877 da CLT. Conflito que se resolve com a declaração de competência da Vara do Trabalho de Pacajus para prosseguir com o feito (...).

(TRT-7.ª Reg., CComp 04804/2008-000-07-00-5, 1.ª T., j. 28.10.2008, rel. José Ronald Cavalcante Soares, *DJ* 01.12.2008)

• Sentença proferida por Julgador absolutamente incompetente. Declaração de nulidade. Art. 113 do CPC.

Deve ser declarada nula, na forma do art. 113 do CPC, decisão proferida por julgador no exercício da Jurisdição Comum após a EC 45/2004, vigente a partir de 03.01.2005 (2.ª feira, EC 45, de 31.12.2004, publicada pelo *DOU* 01.01.2005, sexta-feira), que elasteceu a competência da Justiça do Trabalho para julgar ações que versem sobre indenizações por danos morais ou materiais decorrentes de relações de trabalho, em razão do acréscimo do inc. VI ao art. 114 da CF/1988 (...).

(TRT-15.ª Reg., RO 0146900-11.2005.5.15.0041, 2.ª T., j. 31.01.2012, rel. José Pitas)

Art. 796. A nulidade não será pronunciada:

a) quando for possível suprir-se a falta ou repetir-se o ato;

b) quando arguida por quem lhe tiver dado causa.

Art. 797

⚖️ **Interpretação convergente**

- Cerceamento de defesa. Nulidade.

A ré argui a nulidade do julgado ao argumento de ter havido cerceamento ao seu direito de defesa, ante a negativa, na audiência de ata de f., de produção da prova testemunhal por meio da qual pretendia demonstrar que o autor exercia suas atividades somente na área de pré-impressão e não na área de impressão também. Foram apresentados oportunos protestos na ocasião.
Todavia, sem razão.
Conforme infere-se das razões recursais, a ré objetivava comprovar o local de prestação de trabalho, a fim de afastar a pretensão relativa ao adicional de insalubridade.
A perita concluiu pela existência de insalubridade no setor de trabalho do autor, conforme o laudo das f. Impende anotar que durante a realização da perícia a *Expert* foi acompanhada pelos Srs. M. R. L. e A. C. B., empregados da ré, que se incumbiram de apontar o local em que o autor trabalhava. Assim, ainda que tivesse ficado evidente ter ocorrido a perícia em ambiente diverso do trabalhado pelo autor, tal erro seria imputado à conduta da demandada e, por conseguinte, não seria declarada a nulidade da perícia, nos termos da alínea *b* do art. 796 da CLT (…).
(TRT-12.ª Reg., RO 01852-2009-018-12-00-3, 1.ª Câm., j. 25.08.2010, rel. Viviane Colucci, *DEJT* 02.09.2010)

Art. 797. O Juiz ou Tribunal que pronunciar a nulidade declarará os atos a que ela se estende.

Art. 798. A nulidade do ato não prejudicará senão os posteriores que dele dependam ou sejam consequência.

⚖️ **Interpretação convergente**

- Impossível reputar-se perfeita e acabada arrematação cujo auto sequer foi assinado por juiz (arts. 162 e 164 do CPC), sendo a assinatura, aliás, indispensável a qualquer ato processual escrito, porquanto confere-lhe autenticidade. A peça de f., evidentemente, não supre a falta, não tratando a hipótese de mera formalidade *ad probationem*. Desse modo, é manifestamente injurídica

a assertiva de que faltava, "unicamente", "a assinatura do MM. Juízo *a quo*", e, por conseguinte, a tese de violação ao art. 5.º, XXXVI, da CF/1988. Conforme leciona Alexandre Freitas Câmara, "O ato processual é inexistente quando lhe falta elemento constitutivo mínimo. Em outros termos, para que o ato processual exista é preciso que se faça presente um elemento identificador mínimo, que permita a quem o examine reconhecê-lo" (destaquei) (*Lições de direito processual civil*. Rio de Janeiro: Lumem Juris, vol. I, p. 257). Pois bem. Exsurge dos fólios que a sócia sequer foi intimada da penhora que recaiu sobre o imóvel de sua propriedade, como se observa do edital de f., que não consigna o seu nome. Daí porque não correu o prazo para oferecimento de embargos, a configurar flagrante cerceamento do direito de defesa constitucionalmente assegurado (art. 5.º, LV, da CF/1988 – norma de ordem pública e caráter cogente), e, por conseguinte, nulidade absoluta, a qual deve ser decretada de ofício pelo magistrado. Daí porque atingidos os atos posteriores e decorrentes daquele praticado à f., dentre os quais o que deferiu o lanço ofertado, nos termos do art. 798 da CLT (...).

(TRT-6.ª Reg., AgPet 00342-2001-016-06-00-1, 2.ª T., j. 26.03.2008, rel. Carmem Lúcia Lapenda Pessoa de Albuquerque)

Seção VI
Das exceções

Art. 799. Nas causas da jurisdição da Justiça do Trabalho, somente podem ser opostas, com suspensão do feito, as exceções de suspeição ou incompetência.

* Artigo com redação determinada pelo Dec.-lei 8.737/1946.

⚖️ Interpretação convergente

• Ora, o Direito Processual do Trabalho preza a celeridade e simplicidade de procedimento, o que possibilita que as exceções, que não são de suspeição e incompetência, não importem na suspensão do feito, teor do art. 799 da CLT (...).

(TST, RR 5200-84.2009.5.08.0014, 8.ª T., j. 09.11.2011, rel. Dora Maria da Costa, *DEJT* 11.11.2011)

- A oposição da exceção de incompetência em razão do local acarreta suspensão do feito até o julgamento do incidente, conforme previsão no art. 799 da CLT (...). (TRT-23.ª Reg., RO 00394.2011.106.23.00-8, 2.ª T., j. 13.06.2012, rel. Maria Berenice, *DJ* 14.06.2012)

§ 1.º As demais exceções serão alegadas como matéria de defesa.

⚖️ **Interpretação convergente**

- No Direito Processual do Trabalho, as hipóteses de suspeição do Juiz (art. 801 da CLT) devem ser arguidas por meio de exceção fundamentada. Sem a observância das diretrizes previstas no § 1.º do art. 799 da CLT c/c o parágrafo único do art. 801 do mesmo *Codex*, a arguição serôdia de suspeição deve ser inteiramente rechaçada (...). (TRT-23.ª Reg., RO 01138.2009.008.23.00-8, 1.ª T., j. 22.06.2010, rel. Tarcísio Valente, *DJ* 25.06.2010)

§ 2.º Das decisões sobre exceções de suspeição e incompetência, salvo, quanto a estas, se terminativas do feito, não caberá recurso, podendo, no entanto, as partes alegá-las novamente no recurso que couber da decisão final.

⚖️ **Interpretação convergente**

- Nos termos do § 2.º do art. 799 da CLT, das decisões sobre exceções de suspeição e incompetência, salvo, quanto a estas, se terminativas do feito, não caberá recurso, podendo, no entanto, as partes alegá-las novamente no recurso que couber da decisão final. Assim, a decisão proferida no julgamento da exceção de suspeição sob exame é de natureza interlocutória, não comportando, de imediato, a interposição de recurso ordinário (...). (TST, AgIn em RO em Exceção de Suspeição 92541-82.1991.5.01.0012, SDI-II, j. 18.10.2011, rel. Luiz Philippe Vieira de Mello Filho, *DEJT* 28.10.2011)

Art. 800. Apresentada a exceção de incompetência, abrir-se-á vista dos autos ao exceto, por 24 (vinte e quatro) horas improrrogáveis, devendo a decisão ser proferida na primeira audiência ou sessão que se seguir.

⚖️ **Interpretação convergente**

- Se apresentada a exceção de incompetência *ratione loci* o autor alegar que não há manifestação a aduzir, não há razão para se abrir o prazo de 24 (vinte e quatro horas), previsto no art. 800 da CLT, motivo pelo qual não pode a parte pretender a nulidade da decisão interlocutória, sob o fundamento de cerceamento de defesa (...).
(TRT-14.ª Reg., RO 0000807-08.2009.5.14.0092, 2.ª T., j. 29.04.2010, rel. Arlene Regina do Couto Ramos, *DETRT14* 30.04.2010)

- Nula é a sentença que declara a incompetência do Juízo para processar e julgar o feito, sem abrir vista dos autos ao exceto para oferecer o contraditório, por afronta aos arts. 800 e 764 da CLT e 5.º, XXXV e LV, da CF/1988 (...).
(TRT-19.ª Reg., RO 57000.2008.055.19.00-1, j. 02.12.2010, rel. José Abílio Neves Sousa, *DJ* 11.02.2011)

Art. 801. O juiz, presidente ou classista, é obrigado a dar-se por suspeito, e pode ser recusado, por algum dos seguintes motivos, em relação à pessoa dos litigantes:

* A EC 24/1999 substituiu as Juntas de Conciliação e Julgamento por Varas do Trabalho (Juiz singular) e extinguiu a representação classista na Justiça do Trabalho.

a) inimizade pessoal;

b) amizade íntima;

c) parentesco por consanguinidade ou afinidade até o terceiro grau civil;

d) interesse particular na causa.

Parágrafo único. Se o recusante houver praticado algum ato pelo qual haja consentido na pessoa do juiz, não mais poderá alegar exceção de suspeição, salvo sobrevindo novo motivo. A suspeição não será também

admitida, se do processo constar que o recusante deixou de alegá-la anteriormente, quando já a conhecia, ou que, depois de conhecida, aceitou o juiz recusado ou, finalmente, se procurou de propósito o motivo de que ela se originou.

⚖️ **Interpretação convergente**

• A reiteração de decisões desfavoráveis à excipiente, com aproveitamento do texto da sentença em situações jurídicas similares, apenas com alteração do quantitativo e da natureza das verbas trabalhistas deferidas, não se enquadra nos casos de suspeição expressamente previstos no art. 801 da CLT e 135 do CPC, não perfazendo indício de existência de aversão do Magistrado à excipiente e às suas atividades (...).
(TRT-16.ª Reg., Exceção de Suspeição 00052-2010-002-16-00-1, Pleno, j. 20.01.2011, rel. Américo Bedê Freire, *DJ* 26.01.2011)

• A Suspeição é uma das causas que afetam a imparcialidade do julgador. Esta impõe ao juiz, de antemão, o dever de afastar-se da presidência do processo sempre que se revele, in concreto, qualquer dos motivos arrolados no art. 801 da CLT, caso contrário, fica reservado à parte que se sentir prejudicada o direito de recusá-lo (...).
(TRT-16.ª Reg., Exceção de Suspeição 00268-2005-016-16-00-2, Pleno, j. 10.02.2011, rel. José Evandro de Souza, *DJ* 15.02.2011)

Art. 802. Apresentada a exceção de suspeição, o Juiz ou Tribunal designará audiência dentro de 48 (quarenta e oito) horas, para instrução e julgamento da exceção.

§ 1.º Nas Juntas de Conciliação e Julgamento e nos Tribunais Regionais, julgada procedente a exceção de suspeição, será logo convocado para a mesma audiência ou sessão, ou para a seguinte, o suplente do membro suspeito, o qual continuará a funcionar no feito até decisão final. Proceder-se-á da mesma maneira quando algum dos membros se declarar suspeito.

* Expressão "Conselhos Regionais" substituída por "Tribunais Regionais", de acordo com o art. 2.º do Dec.-lei 9.797/1946.

* A EC 24/1999 substituiu as Juntas de Conciliação e Julgamento por Varas do Trabalho (Juiz singular) e extinguiu a representação classista na Justiça do Trabalho.

§ 2.º Se se tratar de suspeição de Juiz de Direito, será este substituído na forma da organização judiciária local.

⚖️ Interpretação convergente

• O Juízo que se declarou suspeito, em momento anterior à prolação da sentença terminativa, deveria se afastar da direção do processo, convocando, imediatamente, um Juiz suplente para funcionar no feito até a decisão final, consoante prescreve o § 1.º do art. 802 da CLT (...).
(TRT-6.ª Reg., RO 0012100-28.2009.5.06.0018, 3.ª T., j. 13.01.2010, rel. Virgínia Malta Canavarro, DJ 04.02.2010)

🏛️ Interpretação extensiva

• É de se atribuir a competência do Tribunal Regional para julgamento de incidente em exceção de suspeição de Juiz do Trabalho, por força do que dispõem os arts. 313 e 314 do CPC. Em face da extinção da representação classista na Justiça do Trabalho, não há mais se falar na aplicação do art. 802 da CLT, para o exame dos procedimentos das exceções de suspeição. Por outro lado, não há previsão legal que viabilize atribuir a juiz substituto o julgamento do incidente, a determinar o respeito ao princípio insculpido no art. 5.º, II, da Carta Magna (...).
(TST, RO 2220-75.2010.5.08.0000, Órgão Especial, j. 06.06.2011, rel. Aloysio Corrêa da Veiga, DEJT 24.06.2011)

• Ressalte-se, inicialmente, que o art. 802 da CLT preceitua que a exceção de suspeição apresentada contra o magistrado de base deve ser instruída e julgada pelo próprio Juízo de 1.º Grau. Contudo, tal orientação não se compatibiliza mais com a atual composição dos órgãos de primeiro grau da Justiça do Trabalho, hoje constituído por um juízo monocrático, não fazendo mais sentido que o próprio juiz peitado instrua e julgue a exceção de suspeição contra si oposta. Melhor parece atribuir tal competência ao juízo *ad quem*, a exemplo do que faz o CPC, nas regras dispostas nos seus arts. 313 e 314, evitando, desta feita, o

constrangimento do acusado de suspeição atuar, a um só tempo, como parte e juiz do incidente processual (...).
(TRT-7.ª Reg., Exceção de Suspeição 0002867-6320115070000, 1.ª T., j. 13.09.2011, rel. Manoel Arízio Eduardo de Castro, *DEJT* 20.09.2011)

Seção VII
Dos conflitos
de jurisdição

Art. 803. Os conflitos de jurisdição podem ocorrer entre:

a) Juntas de Conciliação e Julgamento e Juízes de Direito investidos na administração da Justiça do Trabalho;

* A EC 24/1999 substituiu as Juntas de Conciliação e Julgamento por Varas do Trabalho (Juiz singular) e extinguiu a representação classista na Justiça do Trabalho.

b) Tribunais Regionais do Trabalho;

* Expressão "Conselhos Regionais" substituída por "Tribunais Regionais", de acordo com o art. 2.º do Dec.-lei 9.797/1946.

c) Juízos e Tribunais do Trabalho e Órgãos da Justiça Ordinária;

d) (Revogada pelo Dec.-lei 8.737/1946)

⚖️ **Interpretação convergente**

• Dá-se o conflito de competência quando dois ou mais juízes se derem por competentes (positivo) ou por incompetentes (negativo). Podem ocorrer os conflitos, conforme dispõe o art. 803 da CLT, entre Varas do Trabalho e Juízes de Direito investidos na Administração da Justiça do Trabalho; entre TRTs; entre Juízos e Tribunais do Trabalho e Órgãos da Justiça Ordinária (...).
(TST, CComp 632.267, SDI-II, j. 29.10.2002, rel. Aloysio Corrêa da Veiga, *DEJT* 13.12.2002)

Art. 805

🏛 Interpretação extensiva

- **Súmula 3 do STJ**
Compete ao Tribunal Regional Federal dirimir conflito de competência verificado, na respectiva Região, entre Juiz Federal e Juiz Estadual investido de Jurisdição Federal.

> **Art. 804.** Dar-se-á conflito de jurisdição:
> *a)* quando ambas as Autoridades se considerarem competentes;
> *b)* quando ambas as Autoridades se considerarem incompetentes.

⚖ Interpretação convergente

- Nos termos dos arts. 803 e 804 da CLT, o conflito de competência pode ocorrer entre Varas do Trabalho, quando ambas se considerarem competentes ou ambas se considerarem incompetentes. Portanto, o conflito de competência se caracteriza quando mais de um Juízo se dão por competentes (conflito positivo) ou incompetentes (conflito negativo) para o julgamento da causa (...).
(TST, CComp 1954566-51.2008.5.00.0000, SDI-II, j. 09.09.2008, rel. José Simpliciano Fontes de F. Fernandes, *DEJT* 19.09.2008)

- Preenchidos os requisitos legais, admito o presente conflito. O art. 804 da CLT assevera que dar-se-á o conflito: "quando ambas as autoridades se considerarem competentes" ou "quando ambas as autoridades se considerarem incompetentes", cabendo a decisão acerca do conflito ao TRT, quando envolvidos Juízes na mesma Região, inclusive os Juízes de Direito enquanto investidos de jurisdição trabalhista, ou ao TST, quando envolvidos Juízes do Trabalho, ou Juízes de Direito investidos de jurisdição trabalhista, vinculados a Regiões diversas, conforme art. 808 da CLT (...).
(TRT-10.ª Reg., CComp 00250-2009-000-10-00-1, Pleno, j. 12.08.2009, rel. Sandra Nara Bernardo Silva, *DJ* 27.08.2009)

> **Art. 805.** Os conflitos de jurisdição podem ser suscitados:
> *a)* pelos Juízes e Tribunais do Trabalho;

b) pelo procurador-geral e pelos Procuradores Regionais da Justiça do Trabalho;

c) pela parte interessada, ou o seu representante.

Art. 806. É vedado à parte interessada suscitar conflitos de jurisdição quando já houver oposto na causa exceção de incompetência.

⚖ Interpretação convergente

• De plano, tem-se por incabível o conflito, nos termos do art. 806 da CLT, – *verbis*: – é vedado a parte interessada suscitar conflitos de jurisdição quando já houver oposto na causa exceção de incompetência –; e do art. 117 do CPC, – *verbis*: – não pode suscitar conflito a parte que, no processo, ofereceu exceção de incompetência (...).
(TST, CComp 1934766-37.2008.5.00.0000, SBDI-II, j. 03.06.2008, rel. Ives Gandra Martins Filho, *DEJT* 13.06.2008)

• Não obstante as alegações do suscitante, mostra-se inviável o acolhimento de sua pretensão, tendo em vista o disposto no art. 806 da CLT, no sentido de ser vedado à parte interessada suscitar conflito de jurisdição quando já houver oposto na causa exceção de incompetência (...).
(TST, CComp 2125426-51.2009.5.00.0000, SBDI-II, j. 31.07.2009, rel. Milton de Moura França, *DEJT* 04.08.2009)

Art. 807. No ato de suscitar o conflito deverá a parte interessada produzir a prova de existência dele.

⚖ Interpretação convergente

• Limitando-se a agravante a acostar petição de apresentação do Agravo de Instrumento, sem, contudo, formular suas razões, resta o mesmo inócuo, sem objeto, impondo-se o seu não conhecimento, posto que desatendida a regra prevista no art. 807 da CLT e na IN TST 16/1998 (...).
(TRT-6.ª Reg., AgIn em RO 2002.906.06.00.3, 3.ª T., j. 28.08.2002, rel. Virginia Malta Canavarro, *DJ* 20.09.2002)

Art. 808. Os conflitos de jurisdição de que trata o art. 803 serão resolvidos:

* *Caput* alterado pelo Dec.-lei 6.353/1944.
* Artigo revogado. V. art. 102 da CF/1988.

⚖️ **Interpretação convergente**

• **Súmula 420 do TST**
Não se configura conflito de competência entre Tribunal Regional do Trabalho e Vara do Trabalho a ele vinculada. (Ex-OJ 115, *DJ* 11.08.2003)

 a) **pelos Tribunais Regionais, os suscitados entre Juntas e entre Juízos de Direito, ou entre umas e outros, nas respectivas regiões;**

 * Expressão "Conselhos Regionais" substituída por "Tribunais Regionais", de acordo com o art. 2.º do Dec.-lei 9.797/1946.
 * A EC 24/1999 substituiu as Juntas de Conciliação e Julgamento por Varas do Trabalho (Juiz singular) e extinguiu a representação classista na Justiça do Trabalho.

⚖️ **Interpretação convergente**

• **Súmula 180 do STJ**
Na lide trabalhista, compete ao Tribunal Regional do Trabalho dirimir conflito de competência verificado, na respectiva região, entre Juiz estadual e Junta de Conciliação e Julgamento.

 b) **pelo Tribunal Superior do Trabalho, os suscitados entre Tribunais Regionais, ou entre Juntas e Juízos de Direito sujeitos à jurisdição de Tribunais Regionais diferentes;**

 * Expressões "Conselho Nacional do Trabalho" e "Conselhos Regionais" substituídas por "Tribunal Superior do Trabalho" e "Tribunais Regionais", respectivamente, de acordo com o art. 2.º do Dec.-lei 9.797/1946.

 c) (*Revogada pelo Dec.-lei 9.797/1946*)

 d) **pelo STF, os suscitados entre as Autoridades da Justiça do Trabalho e as da Justiça Ordinária.**

Art. 809

⚖️ Interpretação convergente

- O TST não tem competência para processar e julgar originariamente Conflito de Competência entre juízes membros de um mesmo TRT. Além de o Regimento Interno do TST não contemplar a hipótese, o art. 808 da CLT deixa claro que o Conflito de Competência só será dirimido perante esta Corte quando suscitante e suscitado são juízes vinculados a distintos Tribunais Regionais, isto é, quando o conflito extrapola a jurisdição de um Tribunal Regional (...).
(TST, CComp 700608-24.2000.5.55.5555, Pleno, j. 07.03.2002, rel. João Batista Brito Pereira, *DJU* 05.04.2002)

🏛 Interpretação extensiva

- [O] art. 804 da CLT assevera que dar-se-á o conflito: "quando ambas as autoridades se considerarem competentes" ou "quando ambas as autoridades se considerarem incompetentes", cabendo a decisão acerca do conflito ao Tribunal Regional do Trabalho, quando envolvidos Juízes na mesma Região, inclusive os Juízes de Direito enquanto investidos de jurisdição trabalhista, ou ao Tribunal Superior do Trabalho, quando envolvidos Juízes do Trabalho, ou Juízes de Direito investidos de jurisdição trabalhista, vinculados a Regiões diversas, conforme art. 808 da CLT. Doutro lado, quando envolvidos Juízes vinculados a Tribunais diversos, fora da seara trabalhista, o conflito cabe ser processado e julgado pelo STJ, nos termos do art. 105, I, *d*, da CF/1988, inclusive os que envolvam Juízes do Trabalho e Juízes de Direito não investidos de jurisdição trabalhista ou a renegar tal investidura (...).
(TRT-10.ª Reg., CComp 00031-2007-000-10-00-0, Pleno, j. 13.08.2007, rel. Alexandre Nery de Oliveira, *DJ* 06.09.2007)

Art. 809. Nos conflitos de jurisdição entre as Juntas e os Juízos de Direito observar-se-á o seguinte:

* A EC 24/1999 substituiu as Juntas de Conciliação e Julgamento por Varas do Trabalho (Juiz singular) e extinguiu a representação classista na Justiça do Trabalho.

I – o juiz ou presidente mandará extrair dos autos as provas do conflito e, com a sua informação, remeterá o processo assim formado, no mais breve prazo possível, ao Presidente do Tribunal Regional competente;

* Expressão "Conselho Regional" substituída por "Tribunal Regional", de acordo com o art. 2.º do Dec.-lei 9.797/1946.

II – no Tribunal Regional, logo que der entrada o processo, o Presidente determinará a distribuição do feito, podendo o relator ordenar imediatamente às Juntas e aos Juízos, nos casos de conflito positivo, que sobrestejam o andamento dos respectivos processos, e solicitar, ao mesmo tempo, quaisquer informações que julgue convenientes. Seguidamente, será ouvida a Procuradoria, após o que o relator submeterá o feito a julgamento na Primeira Sessão;

* Expressão "Conselho Regional" substituída por "Tribunal Regional", de acordo com o art. 2.º do Dec.-lei 9.797/1946.

III – proferida a decisão, será a mesma comunicada, imediatamente, às Autoridades em conflito, prosseguindo no foro julgado competente.

Art. 810. Aos conflitos de jurisdição entre os Tribunais Regionais aplicar-se-ão as normas estabelecidas no artigo anterior.

* Expressão "Conselhos Regionais" substituída por "Tribunais Regionais", de acordo com o art. 2.º do Dec.-lei 9.797/1946.

Art. 811. Nos conflitos suscitados na Justiça do Trabalho entre as autoridades desta e os Órgãos da Justiça Ordinária, o processo do conflito, formado de acordo com o inc. I do art. 809, será remetido diretamente ao Presidente do Supremo Tribunal Federal.

⚖️ **Interpretação convergente**

- **Súmula 180 do STJ**
Na lide trabalhista, compete ao Tribunal Regional do Trabalho dirimir conflito de competência verificado, na respectiva Região, entre Juiz Estadual e Junta de Conciliação e Julgamento.

Art. 812. (*Revogado pelo Dec.-lei 9.797/1946*)

Art. 813

Seção VIII
Das audiências

Art. 813. As audiências dos Órgãos da Justiça do Trabalho serão públicas e realizar-se-ão na sede do Juízo ou Tribunal em dias úteis previamente fixados, entre 8 (oito) e 18 (dezoito) horas, não podendo ultrapassar 5 (cinco) horas seguidas, salvo quando houver matéria urgente.

§ 1.º Em casos especiais, poderá ser designado outro local para a realização das audiências, mediante edital afixado na sede do Juízo ou Tribunal, com a antecedência mínima de 24 (vinte e quatro) horas.

§ 2.º Sempre que for necessário, poderão ser convocadas audiências extraordinárias, observado o prazo do parágrafo anterior.

⚖ Interpretação convergente

- Preliminar. Nulidade da audiência. Atraso na instalação. Art. 813 da CLT. Ausência de prejuízo.

Não seria razoável exigir-se do magistrado o cumprimento britânico do horário para início e término da audiência, quando se sabe que, na maioria dos casos, os procedimentos de oitiva das partes e testemunhas implicam a inevitável prorrogação da duração da audiência. Mormente se considerado o constante aumento do volume de demandas e, consequentemente, da carga de trabalho suportada pelos julgadores. Por outro lado, o art. 813 da CLT apenas veda a prévia marcação da audiência para horários que não estejam compreendidos entre 8h e 18h00, não permitindo a conclusão de que o eventual atraso na sua instalação seja proibido. Dessa forma, não há falar em nulidade da audiência, máxime porque não configurado qualquer prejuízo para o recorrente, que deixou de comparecer à referida sessão solene, não pelo atraso verificado, mas, sim, porque um dos membros do Sindicato recebeu a citação e não a fez chegar às mãos do presidente (...).
(TST, RR 79600-33.2006.5.14.0006, 2.ª T., j. 01.12.2010, rel. Guilherme Augusto Caputo Bastos, *DEJT* 17.12.2010)

- Audiência. Ocorrência. Período. Limitação. Atraso na sessão de audiências. Efeito.

Não é nula a audiência marcada para ocorrer dentro do período das 8 às 18 horas, se as que lhe antecedem resultam em atraso e na efetiva realização após as 18 horas porque a vedação legal é para a marcação e não para a realização da audiência, se há justificativa razoável para seu início, continuação ou término após o horário limite indicado no art. 813 da CLT. A inteligência do dispositivo legal descrito resulta apenas na possibilidade de a parte requerer ao Juiz ou ao Tribunal seja sua audiência remarcada quando haja inequívoca presunção de início após 18 horas, sem resultar na nulidade das que assim ocorram se antes não se invocou algum óbice das partes para permanecerem aguardando o seu início. Caso concreto em que o reclamado sequer compareceu à audiência na hora designada e, portanto, ainda que houvesse ocorrido na hora antes marcada, teria o mesmo resultado que aquela realizada posteriormente. Preliminar de nulidade por vício na ocorrência da audiência rejeitada (...).
(TRT-10.ª Reg., RO 00808-2007-811-10-00-6, 2.ª T., j. 13.02.2008, rel. Alexandre Nery de Oliveira, *DJ* 29.02.2008)

- Preliminar de nulidade processual. Alteração do local da audiência inaugural. Irregularidade da comunicação.

O processo no qual não se obedece as regras para a comunicação da alteração do local de realização da audiência inaugural encontra-se inquinado de manifesta nulidade, alegável a qualquer momento nas instâncias ordinárias, mesmo que ultrapassado o momento para suscitá-la e desde que não proferida decisão pelo Tribunal, não sofrendo os efeitos da preclusão, por se tratar de um vício que ofende o interesse público. Recurso ordinário conhecido. Preliminar de nulidade acolhida (...).
(TRT-16.ª Reg., RO 01017-2008-007-16-00-7, 1.ª T., j. 10.06.2009, rel. José Evandro de Souza, *DJ* 24.07.2009)

🏛 Interpretação extensiva

- **OJ 245 da SDI-I/TST**
Revelia. Atraso. Audiência. (Inserida em 20.06.2001)
Inexiste previsão legal tolerando atraso no horário de comparecimento da parte na audiência.

Art. 814. Às audiências deverão estar presentes, comparecendo com a necessária antecedência, os escrivães ou diretores de secretaria.

* Artigo atualizado pela Lei 409/1948.

Art. 815. À hora marcada, o juiz ou presidente declarará aberta a audiência, sendo feita pelo secretário ou escrivão a chamada das partes, testemunhas e demais pessoas que devam comparecer.
Parágrafo único. Se, até 15 (quinze) minutos após a hora marcada, o juiz ou presidente não houver comparecido, os presentes poderão retirar-se, devendo o ocorrido constar do livro de registro das audiências.

* Parágrafo único atualizado pela Lei 409/1948.

⚖️ Interpretação convergente

• Em sede recursal, a reclamada-recorrente afirma que foi prejudicada pela antecipação da audiência, situação que a levou a ficar revel no processo. Assim, pede a anulação da sentença.
A audiência estava marcada para as 13h05 do dia 14.07.2008 (f.), horário em que se iniciou, conforme Termo de f.
A Certidão de f. comprova que a reclamada se fez representar por procurador e preposta, que compareceram ao Juízo *a quo* às 13h07min.
Data venia, houve rigor excessivo no encerramento da audiência após decorridos somente dois minutos de sua abertura. Esse atraso é justificável e não enseja a revelia, sobretudo se também restou demonstrado o ânimo de defesa da reclamada (...). Ante o exposto, dou provimento ao recurso da reclamada para, afastando a revelia, determinar o retorno dos autos à Vara de Origem e a realização de nova audiência inaugural. Provejo nesses termos (...).
(TRT-3.ª Reg., RO 00488-2008-093-03-00-9, 10.ª T., j. 12.11.2008, rel. Deoclecia Amorelli Dias, *DJ* 19.11.2008)

• Revelia. Atraso do preposto.
Os litigantes devem comparecer à audiência no horário e na data aprazada, respeitando a necessária pontualidade para a prática do ato, principalmente porque a tolerância de 15 (quinze) minutos, a que se reporta o parágrafo único

do art. 815 da CLT é concedida ao Juiz e não às partes. Desse modo, reputa-se correta a sentença que decretou a revelia da reclamada quando se verifica que o preposto e o advogado compareceram à audiência após a apresentação das razões finais (...).
(TRT-5.ª Reg., RO 963007120095050122, 2.ª T., j. 27.04.2010, rel. Dalila Andrade, *DJ* 29.04.2010)

Art. 816. O Juiz ou Presidente manterá a ordem nas audiências, podendo mandar retirar do recinto os assistentes que a perturbarem.

Art. 817. O registro das audiências será feito em livro próprio, constando de cada registro os processos apreciados e a respectiva solução, bem como as ocorrências eventuais.

Parágrafo único. Do registro das audiências poderão ser fornecidas certidões às pessoas que o requererem.

Seção IX
Das provas

Art. 818. A prova das alegações incumbe à parte que as fizer.

* V. Súmulas 6 do TST.

⚖ Interpretação convergente

- Por constituir fato impeditivo dos direitos postulados, incumbia aos reclamados o ônus de provar que o autor não era empregado, mas trabalhador autônomo, em consonância com o art. 333, II, do CPC (...).
(TRT-6.ª Reg., RO 00662-2007-144-06-00-4, 2.ª T., j. 28.11.2007, rel. Patrícia Coelho Brandão Vieira)

- Acidente do trabalho. Ônus da prova.
Cabe ao autor a prova do acidente do trabalho ou da doença a ele equiparada para que se cogite do direito às indenizações por danos morais e materiais. Admitir a ocorrência do infortúnio apenas pela falta de juntada do exame admissional

equivaleria a indevida inversão do ônus probatório, motivo pelo qual esse argumento deve ser rejeitado (...).
(TRT-15.ª Reg., RO 0124600-69.2007.5.15.0046, 2.ª Câm., j. 06.12.2011, rel. Eduardo Benedito de Oliveira Zanella)

• Prova. Ônus.
Compete a cada uma das partes envolvidas na relação processual produzir, de forma inequívoca, as provas de suas alegações. Aplicação dos arts. 818 da CLT e 333 do CPC.
Na moderna processualística, a fim de se preservar o princípio de independência e imparcialidade do Órgão Julgador, cabe às partes produzirem as devidas provas de suas alegações, a teor dos arts. 818 da CLT e 333 do CPC. Se da análise do conjunto probatório evidenciar-se a homogeneidade e coerência da tese da parte adversa, o resultado da demanda há que lhe ser favorável (...).
(TRT-15.ª Reg., RO 0098000-11.2008.5.15.0067, j. 27.02.2012, rel. Luís Carlos Cândido Martins Sotero da Silva)

• Rescisão do contrato de trabalho. Justa causa. Ônus da prova. Empregador.
O ônus de demonstrar a falta grave cometida pelo empregado é do empregador (...).
(TRT-15.ª Reg., RO 0164600-78.2009.5.15.0002, 2.ª T., j. 17.04.2012, rel. Hélcio Dantas Lobo Junior)

Interpretação extensiva

• **Súmula 8 do TST**
Juntada de documento. (Res. 121/2003, DJ 19, 20 e 21.11.2003)
A juntada de documentos na fase recursal só se justifica quando provado o justo impedimento para sua oportuna apresentação ou se referir a fato posterior à sentença.

• **Súmula 212 do TST**
Despedimento. Ônus da prova. (Res. TST 121/2003, DJ 19, 20 e 21.11.2003)
O ônus de provar o término do contrato de trabalho, quando negados a prestação de serviço e o despedimento, é do empregador, pois o princípio da continuidade da relação de emprego constitui presunção favorável ao empregado.

- Valor do salário. Ônus da prova. Princípio da aptidão para a prova. Obrigação legal do empregador.

1. O art. 464 da CLT impõe ao empregador a obrigação de efetuar o pagamento do salário contra recibo. Por conseguinte, é o empregador a parte apta a produzir judicialmente a prova do pagamento dos salários.

2. Assim, à luz do princípio da aptidão para a prova, uma vez impugnado o valor alegado pelo reclamante na inicial, o ônus probatório da importância efetivamente percebida incumbe ao reclamado (...).
(TST, RR 768214-64.2001.5.18.5555, 3.ª T., j. 10.05.2006, rel. Maria Cristina Irigoyen Peduzzi, *DEJT* 02.06.2006)

- Ação monitória. Contribuição sindical. Enquadramento do contribuinte.

Diante da negativa do requerido, incumbe à autora a prova do enquadramento do réu como contribuinte, ônus de que não se desincumbiu. A mera alegação de que a Receita Federal forneceu à autora, por meio de convênio firmado, a informação de que o réu é proprietário de duas áreas de terra, cuja soma é superior a dois módulos rurais, não é suficiente para demonstrar o enquadramento do requerido como devedor da contribuição sindical rural vindicada na presente ação. Art. 818 da CLT e art. 333, I, do CPC. Recurso ordinário do réu a que se dá provimento no item (...).
(TRT-4.ª Reg., RO 00669-2007-662-04-00-0, 3.ª T., j. 05.12.2008, rel. João Alfredo Borges Antunes de Miranda)

- [P]ostula a reclamada o indeferimento dos pleitos em que foi condenada subsidiariamente e sua exclusão da lide sob o argumento de nunca ter sido empregadora do autor. Pede a nulidade da sentença em razão da falta de fundamentação e de violação aos dispositivos constitucionais consagrados nos incs. LIV e LV do art. 5.º da CF/1988, por entender que, mesmo ausente na audiência em que deveria prestar depoimento, deveria o julgador ter analisado as provas juntadas com a defesa e observado que os fatos expostos na exordial foram contestados. Inicialmente, destaco que não há que se falar de nulidade da sentença. Inexiste, nos autos, ato praticado que tenha causado prejuízo à recorrente a ponto de viciar o *decisum* de 1.º Grau. A empresa não compareceu à audiência designada para o dia 10.12.2007, em que as partes iriam depor, sob pena de confissão. Também não apresentou justificativa plausível que pudesse ensejar a nulidade do julgamento.

Na sessão inaugural (ata de f.), a recorrente apresentou defesa (f.) e os documentos de f..

O fato é que ausente na sessão do dia 10.12.2007, o Juízo de 1.º Grau aplicou os efeitos da Súmula 74 do TST, dispensando o depoimento do reclamante e a produção de prova oral.

Dispõe a referida Súmula:

"I – Aplica-se a pena de confissão à parte que, expressamente intimada com aquela cominação, não comparecer à audiência em prosseguimento, na qual deveria depor.

II – A prova pré-constituída nos autos pode ser levada em conta para confronto com a confissão ficta (art. 400, I, do CPC), não implicando cerceamento de defesa o indeferimento de provas posteriores."

A confissão aplicada ao empregador conduz à presunção relativa dos fatos alegados pela parte adversa na peça vestibular. Isso porque pode ser elidida pela prova pré-constituída nos autos tais como, cartões de ponto, prova emprestada etc. E por se tratar de presunção *juris tantum*, não impede o devido enquadramento jurídico das questões abordadas e dos elementos probatórios porventura presentes nos autos.

No caso, correta a sentença de 1.º Grau que concluiu pela responsabilidade subsidiária da recorrente, a partir da aplicação da Súmula 74 do C. TST, tornando incontroversa a matéria da exordial no sentido de que o reclamante trabalhava em uma sala da recorrente e esta usufruía de seus serviços na venda de consórcios. Por todo o exposto, nego provimento ao recurso (...).
(TRT-6.ª Reg., RO 01036-2007-009-06-00-0, 1.ª T., j. 05.08.2008, rel. Ivan de Souza Valença Alves)

• Horas extras. Diferenças. Ônus da prova.
Em havendo nos autos cartões de ponto e respectivos recibos de salários que atestam a realização e o habitual pagamento de horas extras, além da juntada de válido acordo de compensação de horas, incumbe ao autor demonstrar a existência de eventuais diferenças em seu proveito, uma vez que se trata da prova do fato constitutivo do seu pretenso direito (art. 818 da CLT e art. 333, I e II, do CPC) (...).
(TRT-15.ª Reg., RO 0080600-44.2008.5.15.0047, j. 13.03.2012, rel. José Antonio Pancotti)

• Irresignada com a decisão proferida nos autos, a reclamada interpôs Recurso Ordinário em cujas razões pede a exclusão, do montante da condenação, das horas extras (seus reflexos) na qual fora condenada, bem como da verba honorária.

Notadamente em relação às horas extras, asseverou serem as mesmas, e seus reflexos, indevidos porquanto não provado o labor em sobrejornada, ônus que, segundo alega, competia ao reclamante e do qual não se desincumbiu. Asseverou, ainda, que as horas extraordinárias eventualmente praticadas pelo reclamante foram devidamente quitadas, não devendo subsistir condenação a este título.

Sustentou que houve uma análise equivocada do acervo probatório carreado aos autos, uma vez que as horas extras foram deferidas apenas com base nos depoimentos testemunhais e estes, no seu entender, não pode subsidiar a condenação em horas extras, sobretudo quando existem documentos apontando em sentido diverso.

Contudo, não assiste razão à recorrente.

Com efeito é sabido por todos que militam na Justiça do Trabalho que a prestação de horas extras, para ser reconhecida, deve ser cabalmente provada e, esse ônus é imputável ao autor, na qualidade de fato constitutivo do seu direito, nos termos do art. 333, I, do CPC.

No caso dos autos, o obreiro desincumbiu-se satisfatoriamente do seu mister, comprovando, através das testemunhas apresentadas em juízo, a prestação de serviço em horário extraordinário.

Por outro lado, cabia à reclamada trazer aos autos fato impeditivo do direito do autor, a teor do art. 333, II, do CPC c/c o art. 818 da CLT, ônus do qual não se desincubiu.

Ora, conforme inteligência do art. 843, § 1.º, da CLT, é facultado ao empregador, quando da audiência de julgamento, fazer-se substituir pelo gerente ou qualquer outro preposto que tenha conhecimento do fato, e cujas declarações obrigarão o preponente. No caso vertente, a representante da reclamada, em seu depoimento (f.), nada soube informar acerca da jornada extra do obreiro.

Com efeito, a preposta da reclamada, em seu depoimento disse: "(...) que não sabe dizer se o reclamante trabalhava aos sábados no serviço de arrecadação nos povoados e cidades circunvizinhas, salientando que o reclamante era responsável pelas equipes de trabalho das filiais em que trabalhou; que não sabe dizer se o reclamante ultrapassava normalmente sua jornada diária, trabalhando até as 19h ou 20h (...)".

Assim, considerando que a preposta da reclamada não soube informar sobre o horário de trabalho do obreiro, deve ser mantida a sentença quanto à aplicação de confissão, nos termos do artigo antes mencionado, posto que, em relação ao horário de trabalho desenvolvido pelo reclamante, a preposta desconhece a matéria dos autos.

Quanto às provas em si, ressalte-se que não existe hierarquia entre elas, além do que o juiz tem livre convicção para apreciá-las.

No caso sob exame, para deferir as horas extras postuladas, o juiz se baseou tanto nos depoimentos das testemunhas como na confissão da preposta, levando em conta, também, os documentos (folhas de ponto) apresentadas pela reclamada/recorrente.

Quanto às folhas de ponto, destacou o juízo primário que as mesmas dão conta da existência de labor extraordinário, não amparando, portanto, a tese defendida pela reclamada.

Note-se, ainda, os cartões de ponto têm presunção relativa, admitindo prova em contrário, situação que se afigura no caso presente, diante dos depoimentos produzidos nos autos.

Ressalto, ainda, que a prova testemunhal, quando não o único, é o meio de prova mais utilizado pelo reclamante, dada a dificuldade deste em ter acesso a prova documental que, via de regra, é produzida unilateralmente pelo empregador. De tal sorte, não constitui qualquer violação ao devido processo legal o fato de a decisão ter-se baseado nos depoimentos das testemunhas do ora recorrido, sobretudo quando aliados aos demais elementos probatórios carreados aos autos.

Como se vê, ao contrário do que afirmou a recorrente, as provas existentes nos autos não foram deixadas de lado quando da análise do julgador. Ao revés, foram devidamente sopesadas quando da prolação da decisão recorrida, não havendo motivo, de fato ou de direito, para a sua reforma neste aspecto.

Assim, tenho que resta devidamente comprovado o labor em sobrejornada, não merecendo reparos a sentença neste aspecto (...).

(TRT-16.ª Reg., RO 00078-2008-008-16-00-3, j. 12.11.2008, rel. Ilka Esdra Silva Araújo, *DJ* 10.12.2008)

Interpretação restritiva

- **Súmula 225 do STF**
Não é absoluto o valor probatório das anotações da carteira profissional.

- **Súmula 12 do TST**
Carteira profissional. (Res. TST 121/2003, *DJ* 19, 20 e 21.11.2003)
As anotações apostas pelo empregador na carteira profissional do empregado não geram presunção *juris et de jure*, mas apenas *juris tantum*.

- Não há que se falar em violação literal do art. 818 da CLT. O Regional decidiu a lide sob o fundamento de que a reclamada, ao trazer aos autos controle de jornada que retratam "frequência robótica", ou seja, horários invariáveis até mesmo de segundos, durante todo o período do contrato, atraiu para si o ônus de evidenciar a existência desse fato extraordinário. Nesse contexto, em que a realidade dos controles de jornada apresentam circunstâncias de entrada e saída do trabalho de forma invariável, em manifesta discrepância com a falibilidade humana, nada mais razoável que o ônus da prova seja de quem alega, pois, como ensina Malatesta, o normal se presume, enquanto que o extraordinário exige prova cabal de sua ocorrência. Intacto, pois, o art. 818 da CLT (...).
(TST, AgIn em RR 766.513/01.5, 4.ª T., j. 09.10.2002, rel. Milton de Moura França, DJU 25.10.2002)

- Confissão quanto à matéria de fato. Presunção relativa.
A confissão ficta não se trata de prova absoluta contra a parte ausente, considerando que a convicção do julgador também deverá ser formada com base nas demais provas carreadas nos autos, pois cabe ao Magistrado a busca pela verdade real. Deste modo, a confissão ficta gera presunção *juris tantum*, ou seja, por ser relativa, pode ser superada por outras provas em contrário (...).
(TRT-8.ª Reg., RO 00815-2008-004-08-00-6, 1.ª T., j. 20.01.2009, rel. Francisco Sérgio Silva Costa)

- Exigência de juntada de controle de jornada contida na inicial. Inovação quanto à declaração de imprestabilidade.
Se o representante legal do reclamante em sua postulação requer a juntada dos cartões de ponto, sob alegação de que referidos controles contém a jornada de trabalho, sem menção alguma ao fato de estarem ou não assinados pela obreira, não pode depois, em razão deles conterem registros de jornadas não correspondentes àquela declinada na exordial, inovar a questão sob sua conveniência, para declarar a imprestabilidade dos controles por falta de assinatura e por não refletirem a real jornada de trabalho. Por óbvio, se a reclamada não juntasse os controles, certamente a reclamante teria requerido a aplicação da pena de con-

fissão, nos termos do art. 359 do CPC. Portanto, deve prevalecer o quanto dito na inicial a respeito, consoante arts. 333, 348 e 350 do CPC (...).
(TRT-15.ª Reg., RO 01717-2001-092-15-00-4, j. 28.06.2005, rel. Lorival Ferreira dos Santos)

- Ônus da prova. Vínculo de emprego vs. sociedade de fato. Presunção inexistente. A premissa pela qual "uma vez admitida a prestação de serviços, cabe ao réu demonstrar que esses não ocorreram de forma subordinada" é verdadeira apenas quando o contestante admite a prestação de serviços em seu benefício, pois é no trabalho por conta alheia que se origina a presumida subordinação jurídica. Se em defesa sustentou-se a existência de uma sociedade de fato, em que as partes investiam capital e trabalho e dividiam os lucros do empreendimento, tem-se como negada a prestação de serviços por conta alheia, cabendo ao autor prová-la. Em tais casos, para que se reconheça o vínculo de emprego, não basta a simples distribuição do ônus probatório ao réu, devendo haver nos autos elementos de convicção que permitam ao julgador concluir pela existência de uma relação de trabalho subordinado, a qual não pode ser presumida pelo simples fato de o autor tê-la alegado na peça de ingresso (...).
(TRT-24.ª Reg., RO 0073/2002-046-24-00-8, j. 03.04.2003, rel. Amaury Rodrigues Pinto Júnior, *DJ* 09.07.2003)

INVERSÃO DO ÔNUS DA PROVA

⚖️ Interpretação convergente

- Vínculo de emprego.
Incólumes os arts. 818 da CLT e 333, I, do CPC, tendo em vista que o ônus da prova quanto à inexistência de vínculo empregatício foi corretamente imputado à reclamada, haja vista que o Regional consignou que a reclamada em defesa admitiu a prestação de serviços. Dessa forma, ao alegar fato impeditivo do direito pretendido, atraiu para si o ônus da prova (...).
(TST, RR 39200-41.2009.5.03.0082, 8.ª T., j. 16.03.2011, rel. Dora Maria da Costa, *DEJT* 18.03.2011)

- Vale-transporte.
Presume-se a inequívoca necessidade do trabalhador quanto à utilização de transporte, não cabendo a este provar a necessidade e/ou a efetiva solicitação

ao empregador. Ao empregador é que incumbe demonstrar a desnecessidade do transporte pelo empregado (...).
(TRT-4.ª Reg., RO 0059500-46.2009.5.04.0001, 9.ª T., j. 19.04.2012, rel. Fernando Luiz de Moura Cassal)

• Relação de emprego. Ônus da prova.
Sustentando o Reclamante a existência de relação de emprego, nos moldes do art. 3.º da CLT, mas tendo a Reclamada, em sua peça de defesa, suscitado fato impeditivo do direito da Autora – qual seja, a prestação de serviço através de cooperativa legalmente constituída –, revela-se imperiosa a inversão do *onus probandi* (inteligência do art. 818 da CLT c/c art. 333, II, do CPC subsidiário), cabendo à empresa a prova de suas alegações (...).
(TRT-5.ª Reg., RO 01357.2007.035.05.00.6, 4.ª T., j. 14.04.2009, rel. Graça Boness)

• Qualquer tratamento diferenciado e prejudicial contra um integrante do grupo, principalmente quando é reconhecida uma promoção e, posteriormente, cancelada, deve ser muito bem justificado pelo critério de proporcionalidade (necessidade, inexistência de outra alternativa e proporcionalidade em sentido estrito), sob pena de presunção de prática discriminatória. Em tais casos, o ônus da prova de que não houve prática discriminatória é do empregador, em qualquer tipo de contrato, em face de sua capacidade probatória superior (...).
(TRT-15.ª Reg., RO 0109200-23.2009.5.15.0053, 6.ª Câm., j. 24.04.2012, rel. Firmino Alves Lima)

• Danos morais. Acidente de trabalho. Alegação de culpa exclusiva do trabalhador. Ônus da prova da empresa.
Alegando a reclamada que a culpa pelo acidente do trabalho foi exclusivamente do reclamante, atraiu para si o ônus da prova (...).
(TRT-19.ª Reg., RO 01194.2007.060.19.00-5, j. 20.11.2008, rel. João Batista)

🏛 Interpretação extensiva

• **Súmula 338 do TST**
Jornada de trabalho. Registro. Ônus da prova. (Incorporadas as OJs 234 e 306 da SDI-I/TST). (Res. TST 129/2005, DJ 20, 22 e 25.04.2005)

I – É ônus do empregador que conta com mais de 10 (dez) empregados o registro da jornada de trabalho na forma do art. 74, § 2.º, da CLT. A não apresentação injustificada dos controles de frequência gera presunção relativa de veracidade da jornada de trabalho, a qual pode ser elidida por prova em contrário. (Ex-Súmula 338, alterada pela Res. TST 121/2003, DJ 21.11.2003)

II – A presunção de veracidade da jornada de trabalho, ainda que prevista em instrumento normativo, pode ser elidida por prova em contrário. (Ex-OJ 234 da SDI-I/TST, inserida em 20.06.2001)

III – Os cartões de ponto que demonstram horários de entrada e saída uniformes são inválidos como meio de prova, invertendo-se o ônus da prova, relativo às horas extras, que passa a ser do empregador, prevalecendo a jornada da inicial se dele não se desincumbir. (Ex-OJ 306 da SDI-I/TST, *DJ* 11.08.2003)

- Ausência da juntada de cartões de ponto.

Em face do disposto na Súmula 338 do TST, a omissão da empregadora em apresentar os controles de ponto gera presunção de veracidade quanto à jornada alegada pelo autor, invertendo-se o ônus de prova, cabendo à reclamada demonstrar o contrário, visando elidir a presunção, e, em não ocorrendo, reforma-se a sentença quanto à condenação em pagamento de horas extras. Recurso obreiro provido (...).
(TRT-6.ª Reg., RO 00568-2007-019-06-00-7, 3.ª T., j. 12.03.2008, rel. Gisane Araújo)

- Horas extras. Ônus de prova.

Em se tratando de controvérsia envolvendo jornada de trabalho, depende a apreciação da matéria de documento essencial a cargo do empregador – cartões de ponto –, por imperativo legal. Incidência do § 2.º do art. 74, combinado com o art. 2.º, ambos da CLT. Distribuindo-se o ônus da prova, portanto, incumbe à parte ré a demonstração dos fatos impeditivos, modificativos ou extintivos do direito do autor, a teor do disposto nos arts. 818 da CLT e 333, II, do CPC. É de se ressaltar que, a teor do art. 400, II, da Lei Adjetiva Civil, fonte subsidiária, no Processo Trabalhista, o juiz está autorizado, inclusive, a indeferir a inquirição de testemunhas sobre fatos "que só por documento ou por exame pericial puderem ser provados". Encargo processual não satisfeito, eis que o reclamado não carreou aos autos os controles de frequência, não justificando as razões de sua omissão, incidindo, assim, em confissão. Aplicação do artigo 359, do Código de Rito, e da Súmula 338 do C. TST (...).
(TRT-6.ª Reg., RO 00234-2007-017-06-00-0, 1.ª T., j. 11.12.2008, rel. Valdir Carvalho)

- Horas extras. Ausência de controles de ponto.

Segundo o art. 74, § 2.º, da CLT, o empregador que conta com mais de 10 (dez) empregados está obrigado a manter o registro de horário de trabalho. O descumprimento dessa obrigação gera presunção de veracidade da jornada de trabalho apontada na petição inicial, invertendo-se o ônus da prova, que passa a ser da reclamada. Aplicação do entendimento contido na Súmula 338, I, do C. TST (...).
(TRT-15.ª Reg., RO 0093500-88.2007.5.15.0081, 7.ª Câm., j. 13.03.2012, rel. Fábio Grasselli)

- Horas extras. Cartões de ponto. Horários "britânicos". Invalidade. Ônus da prova. Inversão. Empregador. Súmula 338 do C. TST.

Tendo a parte acionada, quanto à jornada laboral, apenas, feito colacionar aos autos registros de ponto, os quais demonstram anotação de horários invariáveis, ditos britânicos, e que restaram devidamente impugnados, nesse contexto, à luz do inc. III da Súmula 338 do C. TST, caberia ao empregador fazer prova contrária ao que foi pleiteado na exordial, relativamente à sobrejornada. Não o fazendo, são devidas as horas extras pugnadas (...).
(TRT-19.ª Reg., RO 00804.2007.006.19.00-8, j. 13.11.2008, rel. Vanda Lustosa, *DJ* 24.11.2008)

- Jornada de trabalho. Ônus da prova. Controles de ponto "britânicos". Imprestabilidade.

Os cartões de ponto que demonstram horários de entrada e saída uniformes são inválidos como meio de prova, invertendo-se o ônus da prova, relativo às horas extras, que passa a ser do empregador, prevalecendo a jornada da inicial se dele não se desincumbir (Súmula 338, III, do C. TST) (...).
(TRT-19.ª Reg., RO 00212.2007.009.19.00-5, j. 18.11.2008, rel. Vanda Lustosa, *DJ* 27.11.2008)

Art. 819. O depoimento das partes e testemunhas que não souberem falar a língua nacional será feito por meio de intérprete nomeado pelo juiz ou presidente.

§ 1.º Proceder-se-á da forma indicada neste artigo, quando se tratar de surdo-mudo, ou de mudo, que não saiba escrever.

§ 2.º Em ambos os casos de que este artigo trata, as despesas correrão por conta da parte a que interessar o depoimento.

Interpretação divergente

• **Preliminar de cerceamento de defesa.**
Sustenta a Reclamada que teve o seu direito de defesa cerceado, em razão do Juízo ter impedido a sua primeira testemunha de depor (...).
Não tem razão.
O termo de audiência registra, quanto à primeira testemunha (f.):
"O depoente declara que é surdo, não ouve nada, apenas lê os lábios das pessoas e, por essa razão, é dispensado seu depoimento."
Ora, tal declaração vem assinada pela testemunha, sendo certo que não [há] registro de qualquer inconformidade pela Reclamada, naquela ocasião (...).
Rejeito a preliminar (...).
(TRT-2.ª Reg., RO 16.208/02-6, 2.ª T., rel. Rosa Maria Zuccaro, *DJ* 02.07.2002)

Interpretação restritiva

• A pretensão recursal tem em mira a declaração de nulidade da r. sentença de origem, sob argumento que houve cerceamento de defesa, em razão de estar o recorrente desacompanhado de advogado, afora as assertivas que "não tinha e tem condições de se defender, acusar ou pleitear qualquer direito por ser mudo e surdo" e que "não pôde se defender questionando o Recorrido e as testemunhas" (*sic*) (...).
• Não lhe assiste razão (...).
[N]ão há que se cogitar de nulidade processual em face da deficiência física do Autor – surdez e mudez – porquanto sequer houve o seu depoimento pessoal, afastando a incidência do art. 819, § 1.º, Consolidado quanto à necessidade de nomeação de intérprete pelo Juízo (...).
(TRT-2.ª Reg., RO 00822.2004.064.02.00-0, 2.ª T., j. 17.08.2006, rel. Jucirema Maria Godinho Gonçalves, *DJ* 05.09.2006)

Art. 820. As partes e testemunhas serão inquiridas pelo Juiz ou Presidente, podendo ser reinquiridas, por seu intermédio, a requerimento dos vogais, das partes, seus representantes ou advogados.

* A EC 24/1999 substituiu as Juntas de Conciliação e Julgamento por Varas do Trabalho (juiz singular) e extinguiu a representação classista na Justiça do Trabalho.

Interpretação extensiva

- Acareação de testemunhas.

A acareação de testemunhas, prevista no art. 418, II, do CPC, aplicável ao Processo do Trabalho, constitui faculdade do julgador, não imposição legal. Assim, eventual indeferimento não caracteriza cerceamento de defesa (...).

(TRT-2.ª Reg., RO 01486000620065020443, 17.ª T., j. 18.11.2010, rel. Álvaro Alves Nôga, *DJ* 06.12.2010)

- Alegação de nulidade por "cisão da prova oral".

A ré apresenta a tese acima, entendendo que o fato de o juízo ouvir as partes em uma audiência, f. e as testemunhas em outra, f., causou-lhe prejuízos e ocasionou o que chama de "cisão" da prova testemunhal.

Sem razão a parte, pois, em primeiro lugar, as provas se destinam ao juízo e não há ilegalidade na oitiva das partes num dia e das testemunhas em outra data; não existe cisão, pois a instrução é uma só e cabe às partes fazerem as provas de maneira completa e isenta (...).

(TRT-2.ª Reg., RO 03122200502502006, 3.ª T., j. 04.11.2008, rel. Silvia Regina Pondé Galvão Devonald)

- Cerceamento. Indeferimento de oitiva de testemunha para provar das mesmas questões anteriormente abordadas. Inexistência de nulidade. Livre convencimento motivado.

Concluindo, o Juiz da instrução, ser desnecessária a oitiva de testemunha com a qual pretendia provar os mesmos fatos já narrados em depoimento anterior, longe de configurar cerceamento de defesa, tal atitude, decorreu da ampla liberdade na direção do processo, velando pelo rápido andamento da causa, em consonância com os arts. 765 e 852-D, ambos da CLT, e arts. 125, 130 e 131 todos do CPC, os quais consagram os princípios da persuasão racional e do livre convencimento motivado. E, tal exegese deve ser avalizada *ad quem*. Afasto (...).

(TRT-2.ª Reg., RO 00026303220115020044, 4.ª T., j. 25.06.2013, rel. Ivani Contini Bramante, *DJ* 05.07.2013)

Interpretação restritiva

- Indução de testemunha. Vedação legal. Indeferimento necessário.

Art. 821

Quando feita pergunta pela parte à testemunha, e esta já contém a essência da resposta que se pretendia obter, constitui-se em verdadeira indução à testemunha, pelo que não pode ser conhecida, devendo ser rejeitada, a fim de não contaminar o processo que se deslinda (...).
(TRT-2.ª Reg., RO 00007432220105020311, 17.ª T., j. 05.06.2012, rel. Álvaro Alves Nôga, *DJ* 18.06.2012)

Art. 821. Cada uma das partes não poderá indicar mais de três testemunhas, salvo quando se tratar de inquérito, caso em que esse número poderá ser elevado a seis.

* Artigo com redação determinada pelo Dec.-lei 8.737/1946.

⚖ Interpretação convergente

• Procedimento ordinário. Direito de a parte ouvir até três testemunhas, na forma do art. 821 da CLT. Cerceamento de defesa (...).
(TRT-2.ª Reg., RO 00151200603302001, 3.ª T., j. 28.04.2009 rel. Sérgio J. B. Junqueira Machado, *DJ* 19.05.2009)

🏛 Interpretação extensiva

• Prova testemunhal. Testemunha única. Valoração.
Não é o número de testemunhas que serve à demonstração de dado fato, mas o conteúdo e a consistência daquilo que esta espécie de prova revelar. De há muito a jurisprudência é pacífica em admitir a prova por meio de testemunha única. Já se passaram alguns séculos em que a prova testemunhal era valorada pelo número de testemunhas e não pelo conteúdo dos seus depoimentos (...).
(TRT-24.ª Reg., RO 00381-2008-022-24-00-9, 2.ª T., j. 29.10.2008, rel. Francisco das C. Lima Filho, *DO-MS* 10.11.2008)

Art. 822. As testemunhas não poderão sofrer qualquer desconto pelas faltas ao serviço, ocasionadas pelo seu comparecimento para depor, quando devidamente arroladas ou convocadas.

Art. 825

⚖ Interpretação convergente

- **Súmula 155 do TST**
Ausência ao serviço. (Res. TST 121/2003, *DJ* 19, 20 e 21.11.2003)
As horas em que o empregado falta ao serviço para comparecimento necessário, como parte, à Justiça do Trabalho não serão descontadas de seus salários. (Ex-Prejulgado 30)

Art. 823. Se a testemunha for funcionário civil ou militar, e tiver de depor em hora de serviço, será requisitada ao chefe da repartição para comparecer à audiência marcada.

Art. 824. O Juiz ou Presidente providenciará para que o depoimento de uma testemunha não seja ouvido pelas demais que tenham de depor no processo.

Art. 825. As testemunhas comparecerão à audiência independentemente de notificação ou intimação.

Parágrafo único. As que não comparecerem serão intimadas, *ex officio* ou a requerimento da parte, ficando sujeitas a condução coercitiva, além das penalidades do art. 730, caso, sem motivo justificado, não atendam à intimação.

⚖ Interpretação convergente

- A decisão do Juízo de origem encontra respaldo no art. 825 da CLT, cujo parágrafo único é expresso ao estabelecer que as testemunhas que não comparecerem serão intimadas, *ex officio* ou a requerimento da parte, ficando sujeitas à condução coercitiva, além das penalidades do art. 730 da CLT, caso, sem motivo justificado, não atendam à intimação (...).
(TRT-2.ª Reg., RO 00012255920105020443, 17.ª T., j. 07.07.2011, rel. Thais Verrastro de Almeida, *DJ* 15.07.2011)

- Rito ordinário. Não comprovação de convite à testemunha ausente indeferimento do adiamento da audiência. Cerceamento de defesa.

Determinação imposta em regra especial não é extensível a regra geral, pelo que peculiaridades do rito sumaríssimo não se aplicam ao procedimento ordinário, sendo, portanto, inexigível prova do convite à testemunha ausente à audiência, configurando cerceamento de defesa o indeferimento do pedido de adiamento pela ausência da testemunha (...).
(TRT-2.ª Reg., RO 00015947620105020015, 5.ª T., j. 30.08.2011, rel. Maurilio de Paiva Dias, *DJ* 08.09.2011)

• [A] estipulação sobre o comparecimento de testemunhas, nesta Justiça Especializada, tem previsão clara no art. 825 e seu parágrafo único, da CLT. Aludido dispositivo encerra determinação de que as testemunhas comparecerão à audiência, independentemente de notificação ou intimação, e, inclusive assevera que as testemunhas que não comparecerem serão intimadas de ofício ou a requerimento das partes, sujeitando-se, inclusive à condução coercitiva (parágrafo único do art. 825 da CLT). Vê-se, pois, que o preceito celetista depreende duas previsões, ou seja, as testemunhas deverão comparecer à audiência ou, caso não compareçam, serão notificadas ou intimadas para tanto. Assim, não pode o intérprete querer dizer mais do que a lei. Desta forma, se a testemunha convidada deixa de comparecer à audiência, deve o Juiz de ofício, ou requerimento da parte, intimá-la, sob pena de não o fazendo, limitar o amplo direito de defesa das partes, até mesmo porque o art. 825 da CLT não pode, e não deve, ser interpretado isoladamente, já que o mesmo ostenta um único parágrafo, o qual excepciona a regra contida no caput. Ademais, por se tratar de um *munus* público, na hipótese de descumprimento da ordem, o absenteísmo injustificado sujeita o infrator à condução coercitiva e à aplicação de multa, nos termos do art. 730 da CLT. Recurso ordinário da reclamante conhecido e provido, anulando a decisão *a quo*, e determinando o retorno dos autos à Instância de Origem a fim de possibilitar a oitiva de testemunhas (...).
(TRT-2.ª Reg., RO 000273495.2010.5.02.0064, 16.ª T., j. 20.02.2013, rel. Nelson Bueno do Prado, *DJ* 25.02.2013)

🏛 **Interpretação extensiva**

• Preliminar de nulidade arguida pela reclamada. Cerceamento de defesa reconhecido. Ausência de testemunha.

É direito da parte que se vê sem a presença da testemunha convidada para a audiência de instrução o seu adiamento, independentemente de fazer prova de havê-la convidado (...).
(TRT-2.ª Reg., RO 00942200201502006, 3.ª T., j. 24.06.2009, rel. Maria de Lourdes Antônio, *DJ* 07.04.2009)

• Rol de testemunhas. A apresentação não é obrigatória.

As partes não estão obrigadas a apresentar previamente o rol de testemunhas. O art. 845 da CLT dispõe que reclamante e reclamado comparecerão à audiência acompanhados de suas testemunhas, nada mencionando a respeito de rol. Já o art. 825 Consolidado é categórico ao dizer que as testemunhas comparecerão à audiência independentemente de notificação ou intimação, e as que não comparecerem serão intimadas, *ex officio* ou a requerimento da parte. A Consolidação das Leis do Trabalho trata do tema em dispositivos específicos, pelo que descabe a aplicação subsidiária do Código de Processo Civil (art. 769 da CLT), não podendo o Juízo condicionar a oitiva de testemunhas ao prévio oferecimento de rol. Tratando-se de rito ordinário e ausente a testemunha convidada pela parte, cabe o adiamento requerido (art. 825 da CLT) (...).
(TRT-2.ª Reg., RO 027480010.2009.5.02.0037, 4.ª T., j. 05.04.2011, rel. Ricardo Artur Costa e Trigueiros, *DJ* 15.04.2011)

Art. 826. (*Revogado pela Lei 5.584/1970*)

Art. 827. O Juiz ou Presidente poderá arguir os peritos compromissados ou os técnicos, e rubricará, para ser junto ao processo, o laudo que os primeiros tiverem apresentado.

Interpretação restritiva

• Perícia. Procedimento.
A disciplina a que se sujeita o Processo do Trabalho, no que pertine à realização de perícia, está prevista no art. 3.º da Lei 5.584/1970, o qual não prevê, em absoluto, a intimação dos assistentes técnicos e/ou das partes para acompanhamento na

Art. 828

diligência do Perito Judicial, apenas permitindo a entrega do laudo no mesmo prazo fixado (...).
(TRT-2.ª Reg., RO 01845.1999.464.02.007, 10.ª T., j. 20.04.2004, rel. Lilian Gonçalves, *DJ* 04.05.2004)

> **Art. 828.** Toda testemunha, antes de prestar o compromisso legal, será qualificada, indicando o nome, nacionalidade, profissão, idade, residência e, quando empregada, o tempo de serviço prestado ao empregador, ficando sujeita, em caso de falsidade, às leis penais.
>
> **Parágrafo único.** Os depoimentos das testemunhas serão resumidos, por ocasião da audiência, pelo diretor de secretaria da Junta ou funcionário para esse fim designado, devendo a súmula ser assinada pelo presidente do Tribunal e pelos depoentes.

* Parágrafo único atualizado pela Lei 409/1948.
* A EC 24/1999 substituiu as Juntas de Conciliação e Julgamento por Varas do Trabalho (juiz singular) e extinguiu a representação classista na Justiça do Trabalho.

CRIME DE FALSO TESTEMUNHO

⚖️ **Interpretação convergente**

• Comete o crime de falso testemunho aquele que, em reclamatória trabalhista, faz afirmação falsa sobre fato jurídico relevante e não se retrata até a prolação da sentença. Tratando-se o tipo em tela de crime formal, basta, para sua configuração, a simples potencialidade de dano para administração da Justiça, sendo irrelevante que tenha ou não influído na decisão da causa (...).
(TRF-4.ª Reg., Ap 2002.04.01.041648-9, 8.ª T., j. 10.03.2003, rel. Élcio Pinheiro de Castro, *DJU* 09.04.2003)

• Falso testemunho. Reclamatória trabalhista. Materialidade, autoria e dolo. Condenação.
Tratando-se do delito previsto no art. 342, *caput*, do Estatuto Repressivo, comprovado que o réu, durante depoimento em processo do âmbito da Justiça do Trabalho, alterou a verdade que conhecia, impõe-se a condenação (...).
(TRF-4.ª Reg., Ap 2003.71.07.011678-1, 8.ª T., j. 23.01.2008, rel. Élcio Pinheiro de Castro, *DJ* 31.01.2008)

- Havendo prova segura de que, na condição de testemunha compromissada em ação trabalhista, fez o agente afirmação que poderia induzir a erro o julgador e que sabia ser inverídica, comprovada a falsidade inclusive por documento de que tinha ciência, está caracterizado o ilícito de falso testemunho (art. 342, *caput*, do CP) (...).
(TRF-5.ª Reg., Ap 2004.83.00.006312-0, 1.ª T., j. 09.03.2006, rel. Cesar Carvalho, *DJU* 07.04.2006)

Interpretação extensiva

- **Súmula 165 do STJ**
Compete à Justiça Federal processar e julgar crime de falso testemunho cometido no processo trabalhista.

- Falso testemunho. Art. 342 do CP. Afirmação falsa em processo trabalhista. Materialidade e autoria comprovadas. Elemento subjetivo do tipo. Dolo. Configuração. Art. 386, II, V e VI, do CPP. Não aplicação. Dosimetria. Pena privativa de liberdade. Arts. 59 e 68 do CP. Observação. Valor do dia-multa. Redução ao mínimo legal (art. 49, § 1.º, do CP). Princípio da proporcionalidade. Apelo parcialmente provido.
1. Materialidade e autoria demonstradas pelo conjunto probatório acostado aos autos.
2. É de rigor a manutenção da sentença que condenou o apelante como incurso nas penas do art. 342 do CP se restar demonstrado que o mesmo, de forma livre e consciente, em processo trabalhista, proferiu, não meras declarações contraditórias, mas afirmação falsa sobre fato jurídico relevante, conduta que, eivada de efetivo potencial lesivo, consubstancia ato antijurídico.
3. Inacolhível, no caso, o pleito de absolvição do apelante com fulcro no art. 386, II, V e VI, do CPP.
4. No que se refere à pena privativa de liberdade, a sentença observou, com propriedade, os arts. 59 e 68 do CP.
5. Valor do dia-multa reduzido ao mínimo legal, com fundamento no princípio da proporcionalidade (...).
(TRF-1.ª Reg., Ap 2004.35.00.008574-8, 4.ª T., j. 13.08.2007, rel. Ney Bello, *DJU* 24.08.2007)

Interpretação restritiva

• Mera alegação infundada do reclamado, que foi condenado na Justiça do Trabalho, não é suficiente para ensejar o início de processo-crime contra testemunhas arroladas pelos reclamantes em reclamações trabalhistas. Somente é possível vislumbrar, em tese, o delito do art. 342 do CP quando a contradição nos depoimentos refere-se à questão relevante, bem como quando há descompasso entre aquilo que a testemunha conhece e o que relatou (...).
(TRF-1.ª Reg., RSE 2001.38.00.015420-0, 4.ª T., j. 06.08.2003, rel. Carlos Olavo, *DJU* 11.09.2003)

• Falso testemunho. Juízo trabalhista. Art. 342 do CP. Contradição entre depoimento e do que tinha ciência o réu. Prova insuficiente. Dúvida. Absolvição mantida.
1. Para fins de comprovação do crime de falso testemunho (art. 342 do CP), necessário que reste demonstrada a dissensão entre o depoimento e a ciência da testemunha (teoria subjetiva), e não a mera existência de contraste entre o depoimento da testemunha e o que efetivamente sucedeu (teoria objetiva).
2. Ausência de prova hábil nos autos a demonstrar que o acusado deliberadamente tenha faltado com a verdade perante o juízo trabalhista, no que tange ao seu conhecimento acerca do tempo de serviço do reclamante.
3. Absolvição mantida (...).
(TRF-4.ª Reg., Ap 2003.70.01.007149-3, 7.ª T., j. 05.12.2006, rel. Tadaaqui Hirose, *DJU* 13.12.2006)

• O crime se perfaz por intermédio de uma conduta e de um resultado. Aquela, é a ação, o *modus operandi* através do qual o agente ativo do crime inicia o seu desiderato. Este, o resultado, é o evento derivado da conduta. Para que alguns crimes se considerem consumados, é necessário que o resultado previsto no tipo penal de fato aconteça (...). Há outros delitos, porém, que mesmo não exigindo que ocorra o resultado, não se satisfazem unicamente com a realização da conduta; exigem, em verdade, que o agente realize a ação típica imediatamente anterior ao resultado; são os crimes timbrados de formais (...).
No caso vertente, cuida-se de acusada que se defende do delito descrito no art. 342 do CP, *verbis*:

"Art. 342. Fazer afirmação falsa, ou negar ou calar a verdade, como testemunha, perito, tradutor ou intérprete em processo judicial, policial ou administrativo, ou em juízo arbitral:

Pena – reclusão, de 1 (um) a 3 (três) anos, e multa."

Consistiu, a falsidade, em ter declinado, em juízo, endereço diverso daquele em que, de fato, prestava serviços como doméstica. No intuito de fornecer adjutório à amiga em reclamação trabalhista, afirmou que faziam o mesmo itinerário em direção ao local de trabalho, quase que diariamente.

Averbando o costumeiro respeito aos posicionamentos discrepantes, entendo que merece acolhimento o presente recurso de apelação.

A declaração falsa da acusada não foi, com efeito, a única causa a influenciar no deslinde da reclamação trabalhista. Em verdade, motivos outros, bastantes, levaram o Juízo a convencer-se da existência dos requisitos que configuraram o vínculo empregatício.

Se isso é verdade, é verdade também que o depoimento da acusada contribuiu para formar a convicção dos doutos Juízes componentes na Junta de Conciliação e Julgamento. A conduta, pois, ostentou valor probante decisivo e influiu, evidentemente, no resultado final da reclamação trabalhista.

Mesmo que se cogite de afastar essa assertiva – a de que a conduta influenciou no provimento jurisdicional –, não se pode, ao mesmo perfunctoriamente, afastar que, potencialmente, aquelas afirmações poderiam vir de influir ou modificar o *decisum*.

Com efeito, não se pode puerilmente confundir aquilo que é o resultado físico de uma conduta, com a potencialidade que possui essa ação para se transformar, no futuro, em evento, mesmo que este (evento) não venha a perfectibilizar-se.

Estando presente essa referida potencialidade, não há como se negar a existência do crime de que trata o art. 342 do CP, máxime quando a quase unanimidade da doutrina e jurisprudência pátrias, consideram-no delito formal (...).

(TRF-5.ª Reg., Ap 99.05.65637-5, 3.ª T., j. 18.04.2000, rel. Geraldo Apoliano, *DJU* 14.07.2000)

Art. 829. A testemunha que for parente até o terceiro grau civil, amigo íntimo ou inimigo de qualquer das partes não prestará compromisso, e seu depoimento valerá como simples informação.

Art. 829

Interpretação restritiva

- **Súmula 357 do TST**

Testemunha. Ação contra a mesma reclamada. Suspeição. (Res. TST 121/2003, DJ 19, 20 e 21.11.2003)
Não torna suspeita a testemunha o simples fato de estar litigando ou de ter litigado contra o mesmo empregador.

- Não há como se deduzir a existência de troca de favores do fato de que a testemunha do reclamante tem sua própria ação contra a reclamada, na qual o autor foi, por sua vez, ouvido como testemunha. Tal entendimento, a par de colidir frontalmente com o direito constitucional de ação e com seus desdobramentos processuais (como o direito de produção de prova), peca por presumir a má-fé do depoente, quando, em casos tais, o que se deve presumir, até evidência em contrário, é sua boa-fé e a intenção de lealmente colaborar com o Juízo, expondo a verdade dos fatos presenciados. Não há, nesse contexto, como desacreditar o depoimento, *a priori* e sem razões objetivas, calcadas no caso concreto, pela mera invocação de uma pressuposta troca de favores. A adoção de tal orientação pode significar, inclusive, a inviabilização da produção de prova testemunhal do empregado, considerando a notória dificuldade que enfrenta o obreiro para arregimentar quem se preste a confirmar suas razões em Juízo (...).
(TRT-2.ª Reg., RO 20000006933, 8.ª T., j. 02.12.1999, rel. Wilma Nogueira de Araújo Vaz da Silva)

- Testemunha. "Troca de favores". Rejeição da contradita acolhida.

A expressão "troca de favores" ganhou foro de cidadania no cotidiano da Justiça para designar a situação em que dois ou mais empregados (ou ex-empregados) de uma mesma empresa, tendo ajuizado demanda contra a mesma, tornam-se testemunha um do outro. Ocorre que a mera simultaneidade das ações não induz, por si só, a qualificação dos respectivos depoimentos como ato de favorecimento recíproco, senão como cumprimento do dever legal equiparado à prestação de serviço público (art. 419, parágrafo único, do CPC). Desta sorte, somente por impedimento ou suspeição (arts. 134, 135 e 405 do CPC) a testemunha poderá deixar de cumprir seu *munus* público. O fato objetivo da coincidência de ações em que os respectivos autores se tornam reciprocamente testemunhas um do outro se constitui em dado objetivo não contemplado pela legislação dentre as

vedações legais. A "troca de favores", *in casu*, somente tem os efeitos pretendidos pela recorrente se comprovada, se decorre inequivocamente da prova dos autos, e não, de mera presunção (...).
(TRT-3.ª Reg., RO 01037-2007-064-03-00-2, 3.ª T., j. 22.10.2008, rel. Antônio Gomes de Vasconcelos, *DJ* 05.11.2008)

- Testemunha. Contradita.

A temática da testemunha que possui ação contra a mesma reclamada é objeto da Súmula 357 do C. TST, *verbis*: "Não torna suspeita a testemunha o simples fato de estar litigando ou ter litigado contra o mesmo empregador" (...).
(TRT-6.ª Reg., RO 00055-2008-312-06-00-7, 2.ª T., j. 29.10.2008, rel. Aline Pimentel Gonçalves)

- Testemunha. Ação contra a reclamada. Suspeição não configurada. Súmula 357 do TST.

As razões para se considerar uma testemunha suspeita de parcialidade decorre de múltiplas circunstâncias fáticas, como as condições pessoais da testemunha, a natureza do fato probando, as forças psíquicas, como receio, afeição, interesse, vingança, irreflexão, paixão, vaidade, porque mitigam ou mesmo retiram a força probante de suas declarações. No processo do trabalho habitualmente argui-se de suspeita a testemunha que moveu ação trabalhista contra o ex-empregador e agora comparece em juízo conduzida por reclamante que move ação em face da mesma empresa ou pessoa. Entretanto, para caracterizar a suspeição, mister se faz que fique comprovado o interesse do depoente no litígio, ou provado, de forma inequívoca, a busca de vantagem pessoal pela testemunha. Não configuradas estas situações, a questão encontra solução, portanto, na jurisprudência conforme entendimento cristalizado na Súmula 357 do TST. Nesse sentido, ainda, a SDI-II do TST, no RO no AR 11206/2002, decidiu, em voto relatado pelo Min. Ives Gandra Martins Filho, que "se a reclamante e a testemunha trabalharam juntas, sendo contemporâneas dos fatos discutidos, é natural que fossem consideradas habilitadas para informar sobre as condições de trabalho a que estavam sujeitas, sem que isso caracterize o desejo de obtenção de benefícios e a troca de favores". Fora deste contexto fático não procede a arguição de suspeição da testemunha (...).
(TRT-15.ª Reg., RO 0157400-72.2009.5.15.0114, j. 13.12.2011, rel. José Antonio Pancotti)

Art. 830

Art. 830. O documento em cópia oferecido para prova poderá ser declarado autêntico pelo próprio advogado, sob sua responsabilidade pessoal.

* Artigo com redação determinada pela Lei 11.925/2009 (*DOU* 17.04.2009, edição extra), em vigor 90 (noventa) dias após a data de sua publicação.

Parágrafo único. Impugnada a autenticidade da cópia, a parte que a produziu será intimada para apresentar cópias devidamente autenticadas ou o original, cabendo ao serventuário competente proceder à conferência e certificar a conformidade entre esses documentos.

Interpretação extensiva

- **Súmula 259 do STF**

Para produzir efeito em Juízo não é necessária a inscrição, no registro público, de documentos de procedência estrangeira, autenticados por via consular.

- **OJ 36 da SDI-I/TST**

Instrumento normativo. Cópia não autenticada. Documento comum às partes. Validade (título alterado e inserido dispositivo) – *DJ* 20.04.2005.

O instrumento normativo em cópia não autenticada possui valor probante, desde que não haja impugnação ao seu conteúdo, eis que se trata de documento comum às partes.

- **OJ 287 da SDI-I do TST**

Autenticação. Documentos distintos. Despacho denegatório do recurso de revista e certidão de publicação. (*DJ* 11.08.2003)

Distintos os documentos contidos no verso e anverso, é necessária a autenticação de ambos os lados da cópia.

Interpretação restritiva

- **Súmula 8 do TST**

Juntada de documento. (Res. TST 121/2003, *DJ* 19, 20 e 21.11.2003)

A juntada de documentos na fase recursal só se justifica quando provado o justo impedimento para sua oportuna apresentação ou se referir a fato posterior à sentença.

- **OJ 36 da SDI-I/TST**

Instrumento normativo. Cópia não autenticada. Documento comum às partes. Validade. (Título alterado e inserido dispositivo, *DJ* 20.04.2005)

O instrumento normativo em cópia não autenticada possui valor probante, desde que não haja impugnação ao seu conteúdo, eis que se trata de documento comum às partes.

- **OJ 134 da SDI/TST**

Autenticação. Pessoa jurídica de direito público. Dispensada. MedProv 1.360, DE 12.03.1996. (Inserida em 27.11.1998)

São válidos os documentos apresentados, por pessoa jurídica de direito público, em fotocópia não autenticada, posteriormente à edição da MedProv 1.360/1996 e suas reedições.

- **OJ 287 da SDI/TST**

Autenticação. Documentos distintos. Despacho denegatório do recurso de revista e certidão de publicação. (*DJ* 11.08.2003)

Distintos os documentos contidos no verso e anverso, é necessária a autenticação de ambos os lados da cópia.

Seção X
Da decisão
e sua eficácia

Art. 831. **A decisão será proferida depois de rejeitada pelas partes a proposta de conciliação.**
Parágrafo único. No caso de conciliação, o termo que for lavrado valerá como decisão irrecorrível, salvo para a Previdência Social quanto às contribuições que lhe forem devidas.

* Parágrafo único com redação determinada pela Lei 10.035/2000.

Art. 832

⚖️ Interpretação convergente

• A teor do disposto no art. 831 da CLT, a sentença que homologa o termo de acordo é irrecorrível, vale dizer, o ato é imune a recursos, suscetível apenas de ação rescisória, elevado ao plano da coisa julgada (...).
(TRT-3.ª Reg., AgPet 00997-2010-028-03-00-7, 3.ª T., j. 27.02.2012, rel. Olívia Figueiredo Pinto Coelho)

• Como bem esclarece o parágrafo único do art. 831, da CLT, o acordo homologado não produz para a previdência social o efeito da coisa julgada (...).
(TRT-8.ª Reg., AgPet 00814-2008-124-08-01-4, 2.ª T., j. 15.04.2009, rel. Carlos Rodrigues Zahlouth Júnior, *DJ* 20.04.2009)

🏛 Interpretação extensiva

• Constando expressamente do termo de acordo a incidência do disposto no art. 475-J do CPC tal penalidade passou a integrar o título executivo que, formado com base na vontade das partes, é irrecorrível, nos termos do art. 831, parágrafo único, da CLT (...).
(TRT-4.ª Reg., AgPet 0000079-39.2011.5.04.0104, Seção Especializada em Execução, j. 08.05.2012, rel. Beatriz Renck, *DJ* 08.05.2012)

🔨 Interpretação restritiva

• Súmula 259 do TST
Termo de conciliação. Ação rescisória. (Res. TST 121/2003, *DJ* 19, 20 e 21.11.2003)
Só por ação rescisória é impugnável o termo de conciliação previsto no parágrafo único do art. 831 da CLT.

Art. 832. Da decisão deverão constar o nome das partes, o resumo do pedido e da defesa, a apreciação das provas, os fundamentos da decisão e a respectiva conclusão.
§ 1.º Quando a decisão concluir pela procedência do pedido, determinará o prazo e as condições para o seu cumprimento.

Art. 832

§ 2.º A decisão mencionará sempre as custas que devam ser pagas pela parte vencida.

§ 3.º As decisões cognitivas ou homologatórias deverão sempre indicar a natureza jurídica das parcelas constantes da condenação ou do acordo homologado, inclusive o limite de responsabilidade de cada parte pelo recolhimento da contribuição previdenciária, se for o caso.

* § 3.º acrescentado pela Lei 10.035/2000.

⚖ Interpretação convergente

• O § 3.º do art. 832 da CLT determina que "as decisões cognitivas ou homologatórias deverão sempre indicar a natureza jurídica das parcelas constantes da condenação ou do acordo homologado (...)". Tendo havido discriminação das parcelas, inclusive com valores de natureza indenizatória, afasta-se a possibilidade da execução de contribuição previdenciária sobre o montante do acordo (...).
(TST, EDcl em RR 21240-36.2004.5.04.0271, 2.ª T., j. 04.06.2008, rel. Vantuil Abdala, *DEJT* 20.06.2008)

• Havendo a discriminação das parcelas quitadas a título de indenização, conforme previsão do § 3.º do art. 832 da CLT, considera-se válido o acordo homologado judicialmente, somente com parcelas de natureza indenizatória, ainda que, na inicial, constem verbas de natureza salarial (...).
(TST, AgIn em RR, 121540-68.2005.5.15.0043, 7.ª T., j. 07.12.2010, rel. Pedro Paulo Manus, *DEJT* 17.12.2010)

🏛 Interpretação extensiva

• **OJ 7 do Tribunal Pleno/TST**
Juros de mora. Condenação da Fazenda Pública. (Nova redação). (Res. TST 175/2011, *DEJT* divulgado em 27, 30 e 31.05.2011)
I – Nas condenações impostas à Fazenda Pública, incidem juros de mora segundo os seguintes critérios:
a) 1% (um por cento) ao mês, até agosto de 2001, nos termos do § 1.º do art. 39 da Lei 8.177, de 1.03.1991;

b) 0,5% (meio por cento) ao mês, de setembro de 2001 a junho de 2009, conforme determina o art. 1.º - F da Lei 9.494, de 10.09.1997, introduzido pela MP 2.180-35, de 24.08.2001;

II – A partir de 30 de junho de 2009, atualizam-se os débitos trabalhistas da Fazenda Pública, mediante a incidência dos índices oficiais de remuneração básica e juros aplicados à caderneta de poupança, por força do art. 5.º da Lei 11.960, de 29.06.2009.

III – A adequação do montante da condenação deve observar essa limitação legal, ainda que em sede de precatório.

• **OJ 300 da SDI-I/TST**
Execução trabalhista. Correção monetária. Juros. Lei 8.177/91, Art. 39, e Lei 10.192/01, Art. 15 (Nova redação) – *DJ* 20.04.2005
Não viola norma constitucional (art. 5.º, II e XXXVI) a determinação de aplicação da TRD, como fator de correção monetária dos débitos trabalhistas, cumulada com juros de mora, previstos no artigo 39 da Lei 8.177/91 e convalidado pelo art. 15 da Lei 10.192/01.

> **§ 4.º A União será intimada das decisões homologatórias de acordos que contenham parcela indenizatória, na forma do art. 20 da Lei 11.033, de 21.12.2004, facultada a interposição de recurso relativo aos tributos que lhe forem devidos.**

* § 4.º com redação determinada pela Lei 11.457/2007 (*DOU* 19.03.2007), em vigor no primeiro dia útil do segundo mês subsequente à data de sua publicação (v. art. 51, II, da referida Lei).

⚖️ **Interpretação convergente**

• Não por outra razão o legislador, com boa intenção, mas técnica duvidosa, estabeleceu que o INSS deve ser intimado das decisões homologatórias de acordos contendo parcela indenizatória (art. 832, § 4.º, da CLT). Intimada do termo lavrado e judicialmente acreditado, a autarquia previdenciária pode dele recorrer, a fim de ver reconhecidas as pertinentes contribuições sociais (art. 831, parágrafo único, da CLT). Busca-se, com esta providência, inibir a fraude ao INSS, impedindo que reclamante e reclamada ponham-se de acordo quanto

à parcela indenizatória fictícia, objetivando burlar a incidência de contribuição previdenciária (...).
(TST, AgIn em RR 69.481/2002-900-02-00.0, 3.ª T., j. 22.09.2004, rel. Maria Cristina Irigoyen Peduzzi, *DJU* 15.10.2004)

• O § 4.º do art. 832 da CLT faculta à União interpor recurso ordinário contra decisão homologatória de acordo que contenha parcelas indenizatórias. Uma vez praticado o ato de recorrer, não pode a União renová-lo em fase posterior do processo, tendo em vista a preclusão consumativa operada (...).
(TRT-10.ª Reg., RO 00163-2008-014-10-85-9, 3.ª T, j. 25.08.2009, rel. Francisco Luciano de Azevedo Frota, *DJ* 04.09.2009)

§ 5.º Intimada da sentença, a União poderá interpor recurso relativo à discriminação de que trata o § 3.º deste artigo.

* § 5.º acrescentado pela Lei 11.457/2007 (*DOU* 19.03.2007), em vigor no primeiro dia útil do segundo mês subsequente à data de sua publicação (v. art. 51, II, da referida Lei).

⚖️ Interpretação convergente

• O § 5.º do art. 832 da CLT, com redação dada pela Lei 11.457/2007, confere legitimidade à União para interpor recurso ordinário, quanto às contribuições previdenciárias, tanto em face das sentenças homologatórias quanto em face das sentenças cognitivas (...).
(TST, AgIn em RR 2856-46.2010.5.15.0000, 8.ª T., j. 15.12.2010, rel. Dora Maria da Costa, *DEJT* 17.12.2010)

§ 6.º O acordo celebrado após o trânsito em julgado da sentença ou após a elaboração dos cálculos de liquidação de sentença não prejudicará os créditos da União.

* § 6.º acrescentado pela Lei 11.457/2007 (*DOU* 19.03.2007), em vigor no primeiro dia útil do segundo mês subsequente à data de sua publicação (v. art. 51, II, da referida Lei).

⚖️ Interpretação convergente

• Transitada em julgado a decisão proferida nos autos, a conciliação posteriormente avençada pelas partes não pode abarcar direitos estranhos a elas,

Art. 833

principalmente quando se trata de contribuições sociais. Nesse sentido, o § 6.º do art. 832 da CLT, acrescentado pela Lei 11.457/2007. É lícita a conciliação celebrada entre as partes na fase de execução quanto aos valores devidos ao obreiro. Contudo, o acordo das partes não poderá desrespeitar a proporcionalidade entre as verbas salariais e indenizatórias, sob pena de violação do art. 5.º, XXXVI, da CF/1988 (...).
(TST, AgIn em RR 299700-90.2005.5.02.0039, 3.ª T., j. 06.03.2013, rel. Mauricio Godinho Delgado, *DEJT* 08.03.2013)

• A melhor exegese a ser dada ao § 6.º do art. 832 da CLT, é no sentido de que a proteção aos créditos já constituídos em favor da União, em virtude de sentença transitada em julgado, abrange tão somente a natureza jurídica das verbas constantes na mesma e, não, seus respectivos valores, o que remete ao fato de que em sendo o fato gerador da incidência da contribuição previdenciária o pagamento de valores resultantes de (neste caso) conciliação homologada, não há que se falar em observação adstrita dos valores objeto de condenação (...).
(TRT-15.ª Reg., AgPet 031927/2012, Decisão Monocrática, j. 25.04.2012, rel. Fábio Allegretti Cooper, *DJ* 04.05.2012)

§ 7.º O Ministro de Estado da Fazenda poderá, mediante ato fundamentado, dispensar a manifestação da União nas decisões homologatórias de acordos em que o montante da parcela indenizatória envolvida ocasionar perda de escala decorrente da atuação do órgão jurídico.

* § 7.º acrescentado pela Lei 11.457/2007 (*DOU* 19.03.2007), em vigor no primeiro dia útil do segundo mês subsequente à data de sua publicação (v. art. 51, II, da referida Lei).

Art. 833. Existindo na decisão evidentes erros ou enganos de escrita, de datilografia ou de cálculo, poderão os mesmos, antes da execução, ser corrigidos, *ex officio*, ou a requerimento dos interessados ou da Procuradoria da Justiça do Trabalho.

⚖️ **Interpretação convergente**

• Os efeitos da coisa julgada não alcançam eventual erro material que esteja patente no título executivo, em que pese a dicção do art. 833 da CLT, que deli-

mita a retificação de equívocos dessa natureza, e não a autoriza adentrar à fase executiva (...).
(TRT-6.ª Reg., AgPet 0070300-81.1997.5.06.0007, 3.ª T., j. 02.06.2010, rel. Virgínia Malta Canavarro, *DJ* 02.06.2010)

• Sendo evidente a ocorrência de erro de digitação quando da elaboração da sentença, referente ao período laboral reconhecido, impõe-se a sua correção, de ofício, nos termos do art. 833 da CLT (...).
(TRT-16.ª, RO 01328-2010-013-16-00-2, 1.ª T., j. 31.08.2011, rel. Luiz Cosmo da Silva Júnior, *DJ* 12.09.2011)

• Todavia, tendo em vista que a planilha de cálculo constitui parte integrante do acórdão proferido de forma líquida, refletindo o *quantum* devido, e que a Contadoria reconhece um erro no cálculo, consoante à falta de abatimento do intervalo intrajornada do cômputo das horas extras, forçoso se faz corrigi-lo de ofício com base no art. 833 da CLT, de forma a harmonizá-lo com o julgado, sem imprimir efeito modificativo (...).
(TRT-23.ª Reg., EDcl em RO 00526.2011.091.23.00-7, 2.ª T., j. 18.07.2012, rel. Beatriz Theodoro, *DJ* 19.07.2012)

Art. 834. Salvo nos casos previstos nesta Consolidação, a publicação das decisões e sua notificação aos litigantes, ou seus patronos, consideram-se realizadas nas próprias audiências em que forem as mesmas proferidas.

⚖️ **Interpretação convergente**

• A diretriz do item I da Súmula 434 está restrita aos recursos interpostos em face de acórdãos, sendo, portanto, inaplicável à hipótese de interposição de recurso à sentença, cuja intimação pode ser feita, inclusive, na própria audiência em que for proferida (art. 834 da CLT), independentemente de publicação no *Diário Oficial* (...).
(TST, RR 993-51.2012.5.03.0022, 8.ª T., j. 08.05.2013, rel. Dora Maria da Costa, *DEJT* 10.05.2013)

- De acordo com o disposto nos arts. 852 e 834 da CLT as partes serão consideradas intimadas da sentença na própria audiência em que é prolatada, desde que juntada a ata respectiva aos autos dentro das 48 horas seguintes (...).
(TRT-6.ª Reg., AgIn no RO 00228-2007-011-06-00-5, 3.ª T., j. 05.03.2008, rel. Virgínia Malta Canavarro, *DJ* 01.04.2008)

Interpretação extensiva

- Assim, nos termos do art. 834 da CLT, as partes já saíram da audiência notificadas do inteiro teor da decisão, motivo pelo qual a abertura do prazo recursal se deu naquele mesmo dia. O fato de o juízo *a quo* ter expedido posteriormente notificação da sentença a advogado estranho ao processo não tem o condão de reabrir o prazo recursal (...).
(TRT-16.ª Reg., RO 01279-2008-012-16-01-0, 2.ª T., j. 27.07.2010, rel. James Magno Araújo Farias, *DJ* 10.08.2010)

Art. 835. O cumprimento do acordo ou da decisão far-se-á no prazo e condições estabelecidos.

Interpretação convergente

- O cumprimento do acordo judicial deve ser realizado no prazo e nas condições estabelecidas, nos termos do disposto no art. 835 da CLT (...).
(TRT-6.ª Reg., AgPet 0243400-08.1991.5.06.0001, 1.ª T., j. 20.10.2011, Ibrahim Alves Filho, *DJ* 24.11.2011)

- A legislação é vasta ao afirmar que a execução se restringe às obrigações constantes do título executivo. Tal ilação podemos facilmente constatar na dicção do art. 835 da CLT, o qual afirma que o cumprimento do acordo ou da decisão far-se-á no prazo e condições estabelecidas, consequentemente aquilo que não está previsto no acordo celebrado não pode ser executado (...).
(TRT-13.ª Reg., AgRg em RO 00158.2004.006.13.00-9, Pleno, j. 04.08.2010, rel. Carlos Coelho de Miranda Freire, *DJ* 10.08.2010)

Art. 836. É vedado aos Órgãos da Justiça do Trabalho conhecer de questões já decididas, excetuados os casos expressamente previstos neste Título e a ação rescisória, que será admitida na forma do disposto no Capítulo IV do Título IX da Lei 5.869, de 11.01.1973 – Código de Processo Civil, sujeita ao depósito prévio de 20% (vinte por cento) do valor da causa, salvo prova de miserabilidade jurídica do autor.

* *Caput* com redação determinada pela Lei 11.495/2007 (*DOU* 25.06.2007), em vigor 90 (noventa) dias após a data de sua publicação.
* V. IN TST 31/2007 (Regulamenta a forma de realização do depósito prévio em ação rescisória de que trata o art. 836 da CLT).
* V. Súmula 338 do STF.
* V. Súmula 365, do TST.

Parágrafo único. A execução da decisão proferida em ação rescisória far-se-á nos próprios autos da ação que lhe deu origem, e será instruída com o acórdão da rescisória e a respectiva certidão de trânsito em julgado.

* Parágrafo único acrescentado pela MedProv 2.180-35/2001.

⚖ Interpretação convergente

• A dicção expressa do art. 836 da CLT é no sentido de que a ação rescisória está sujeita ao depósito prévio de 20% (vinte por cento) do valor da causa, salvo prova de miserabilidade jurídica do autor, sendo esta, portanto, a única ressalva ao recolhimento do depósito prévio, além do fato de que tal norma, em momento algum, trata da insuficiência do depósito prévio, razão pela qual não é possível elastecer a determinação legal para admitir a complementação do depósito, por não estar contemplada no referido preceito (...).
(TST, RO 133-33.2010.5.05.0000, SDI-II, j. 08.11.2011, rel. Ives Gandra Martins Filho, *DEJT* 11.11.2011)

• O art. 836 da CLT veda ao Juiz conhecer novamente de questões já decididas (...).
(TST, AgIn em RR 102840-24.2005.5.13.0003, 1.ª T., j. 03.04.2013, rel. Walmir Oliveira da Costa, *DEJT* 05.04.2013)

Art. 836

- Nos termos do art. 836 da CLT, é vedado aos Órgãos da Justiça do Trabalho conhecer de questões já decididas, excetuados os casos expressamente previstos em lei e a ação rescisória. Assim, deve ser respeitado o que já foi decidido, em atenção ao princípio da segurança jurídica e à coisa julgada material (...).
(TRT-9.ª Reg., AgPet 36311-2009-28-9-0-0, Seção Especializada, j. 20.08.2012, rel. Luiz Celso Napp, DJ 31.08.2012)

AÇÃO RESCISÓRIA

Interpretação extensiva

- **Súmula 219 do TST**
Honorários advocatícios. Hipótese de cabimento. (Res. TST 174/2011, *DEJT* 27, 30 e 31.05.2011)
I – Na Justiça do Trabalho, a condenação ao pagamento de honorários advocatícios, nunca superiores a 15% (quinze por cento), não decorre pura e simplesmente da sucumbência, devendo a parte estar assistida por sindicato da categoria profissional e comprovar a percepção de salário inferior ao dobro do salário mínimo ou encontrar-se em situação econômica que não lhe permita demandar sem prejuízo do próprio sustento ou da respectiva família. (Ex-Súmula 219, Res. TST 14/1985, *DJ* 26.09.1985)
II – É cabível a condenação ao pagamento de honorários advocatícios em ação rescisória no processo trabalhista.
III – São devidos os honorários advocatícios nas causas em que o ente sindical figure como substituto processual e nas lides que não derivem da relação de emprego.

- **Súmula 259 do TST**
Termo de conciliação. Ação rescisória. (Res. TST 121/2003, *DJ* 19, 20 e 21.11.2003)
Só por ação rescisória é impugnável o termo de conciliação previsto no parágrafo único do art. 831 da CLT.

- **Súmula 298 do TST**
Ação rescisória. Violação a disposição de lei. Pronunciamento explícito. (Redação alterada pelo Tribunal Pleno na Sessão realizada em 06.02.2012). (Res. TST 177/2012, *DEJT* 13, 14 e 15.02.2012)

I – A conclusão acerca da ocorrência de violação literal a disposição de lei pressupõe pronunciamento explícito, na sentença rescindenda, sobre a matéria veiculada.

II – O pronunciamento explícito exigido em ação rescisória diz respeito à matéria e ao enfoque específico da tese debatida na ação, e não, necessariamente, ao dispositivo legal tido por violado. Basta que o conteúdo da norma reputada violada haja sido abordado na decisão rescindenda para que se considere preenchido o pressuposto.

III – Para efeito de ação rescisória, considera-se pronunciada explicitamente a matéria tratada na sentença quando, examinando remessa de ofício, o Tribunal simplesmente a confirma.

IV – A sentença meramente homologatória, que silencia sobre os motivos de convencimento do Juiz, não se mostra rescindível, por ausência de pronunciamento explícito.

V – Não é absoluta a exigência de pronunciamento explícito na ação rescisória, ainda que esta tenha por fundamento violação de dispositivo de lei. Assim, prescindível o pronunciamento explícito quando o vício nasce no próprio julgamento, como se dá com a sentença *extra, citra e ultra petita*.

- **Súmula 303 do TST**

Fazenda Pública. Duplo grau de jurisdição. (Incorporadas as OJs 9, 71, 72 e 73 da SDI-I/TST). (Res. TST 129/2005, *DJ* 20, 22 e 25.04.2005)

I – Em dissídio individual, está sujeita ao duplo grau de jurisdição, mesmo na vigência da Constituição Federal de 1988, decisão contrária à Fazenda Pública, salvo:

a) quando a condenação não ultrapassar o valor correspondente a 60 (sessenta) salários mínimos;

b) quando a decisão estiver em consonância com Decisão Plenária do STF ou com Súmula ou Orientação Jurisprudencial do TST. (Ex-Súmula 303, alterada pela Res. TST 121/2003, *DJ* 21.11.2003)

II – Em ação rescisória, a decisão proferida pelo Juízo de 1.º Grau está sujeita ao duplo grau de jurisdição obrigatório quando desfavorável ao ente público, exceto nas hipóteses das alíneas *a* e *b* do inciso anterior. (Ex-OJ 71 da SDI-I/TST, inserida em 03.06.1996)

III – Em mandado de segurança, somente cabe remessa *ex officio* se, na relação processual, figurar pessoa jurídica de direito público como parte prejudicada pela concessão da ordem. Tal situação não ocorre na hipótese de figurar no feito

como impetrante e terceiro interessado pessoa de direito privado, ressalvada a hipótese de matéria administrativa. (Ex-OJs 72 e 73 da SDI-I/TST, inseridas, respectivamente, em 25.11.1996 e 03.06.1996)

- **Súmula 398 do TST**

Ação rescisória. Ausência de defesa. Inaplicáveis os efeitos da revelia. (Conversão da OJ 126 da SDI-II/TST). (Res. TST 137/2005, DJ 22, 23 e 24.08.2005)

Na ação rescisória, o que se ataca na ação é a sentença, ato oficial do Estado, acobertado pelo manto da coisa julgada. Assim sendo, e considerando que a coisa julgada envolve questão de ordem pública, a revelia não produz confissão na ação rescisória. (Ex-OJ 126 da SDI-II/TST, DJ 09.12.2003)

- **Súmula 405 do TST**

Ação rescisória. Liminar. Antecipação de tutela. (Conversão das OJs 1, 3 e 121 da SDI-II/TST). (Res. TST 137/2005, DJ 22, 23 e 24.08.2005)

I – Em face do que dispõe a MedProv 1.984-22/2000 e reedições e o art. 273, § 7.º, do CPC, é cabível o pedido liminar formulado na petição inicial de ação rescisória ou na fase recursal, visando a suspender a execução da decisão rescindenda.

II – O pedido de antecipação de tutela, formulado nas mesmas condições, será recebido como medida acautelatória em ação rescisória, por não se admitir tutela antecipada em sede de ação rescisória. (Ex-OJs 1 e 3 da SDI-II/TST, inseridas em 20.09.2000 e 121 da SDI-II/TST, DJ 11.08.2003)

- **Súmula 407 do TST**

Ação rescisória. Ministério Público. Legitimidade *ad causam* prevista no art. 487, III, *a* e *b*, do CPC. As hipóteses são meramente exemplificativas. (Conversão da OJ 83 da SDI-II/TST). (Res. TST 137/2005, DJ 22, 23 e 24.08.2005)

A legitimidade *ad causam* do Ministério Público para propor ação rescisória, ainda que não tenha sido parte no processo que deu origem à decisão rescindenda, não está limitada às alíneas a e b do inc. III do art. 487 do CPC, uma vez que traduzem hipóteses meramente exemplificativas. (Ex-OJ 83 da SDI-II/TST, inserida em 13.03.2002)

- **Súmula 408 do TST**

Ação rescisória. Petição inicial. Causa de pedir. Ausência de capitulação ou capitulação errônea no art. 485 do CPC. Princípio *iura novit curia*. (Conversão das OJs 32 e 33 da SDI-II/TST). (Res. TST 137/2005, DJ 22, 23 e 24.08.2005)

Não padece de inépcia a petição inicial de ação rescisória apenas porque omite a subsunção do fundamento de rescindibilidade no art. 485 do CPC ou o capitula erroneamente em um de seus incisos. Contanto que não se afaste dos fatos e fundamentos invocados como causa de pedir, ao Tribunal é lícito emprestar-lhes a adequada qualificação jurídica (*iura novit curia*). No entanto, fundando-se a ação rescisória no art. 485, V, do CPC, é indispensável expressa indicação, na petição inicial da ação rescisória, do dispositivo legal violado, por se tratar de causa de pedir da rescisória, não se aplicando, no caso, o princípio *iura novit curia*. (Ex-OJs 32 e 33 da SDI-II/TST, inseridas em 20.09.2000)

- **Súmula 411 do TST**

Ação rescisória. Sentença de mérito. Decisão de Tribunal Regional do Trabalho em agravo regimental confirmando decisão monocrática do relator que, aplicando a Súmula 83 do TST, indeferiu a petição inicial da ação rescisória. Cabimento. (Conversão da OJ 43 da SDI-II/TST). (Res. TST 137/2005, *DJ* 22, 23 e 24.08.2005)

Se a decisão recorrida, em agravo regimental, aprecia a matéria na fundamentação, sob o enfoque das Súmulas 83 do TST e 343 do STF, constitui sentença de mérito, ainda que haja resultado no indeferimento da petição inicial e na extinção do processo sem julgamento do mérito. Sujeita-se, assim, à reforma pelo TST, a decisão do Tribunal que, invocando controvérsia na interpretação da lei, indefere a petição inicial de ação rescisória. (Ex-OJ 43 da SDI-II/TST, inserida em 20.09.2000)

- **Súmula 412 do TST**

Ação rescisória. Sentença de mérito. Questão processual. (Conversão da OJ 46 da SDI-II/TST). (Res. TST 137/2005, *DJ* 22, 23 e 24.08.2005)

Pode uma questão processual ser objeto de rescisão desde que consista em pressuposto de validade de uma sentença de mérito. (Ex-OJ 46 da SDI-II/TST, inserida em 20.09.2000)

- **OJ 7 da SDI-II/TST**

Ação rescisória. Competência. Criação de Tribunal Regional do Trabalho. Na omissão da lei, é fixada pelo art. 678, I, *c*, item 2, da CLT (Nova redação) (*DJ* 22.08.2005)

A Lei 7.872/1989 que criou o Tribunal Regional do Trabalho da 17.ª Região não fixou a sua competência para apreciar as ações rescisórias de decisões oriundas da 1.ª Região, o que decorreu do art. 678, I, c, item 2, da CLT.

- **OJ 18 da SDI-II/TST**
Ação rescisória. Decadência. União. LC 73/1993, art. 67. Lei 8.682/1993, art. 6.º. (Inserida em 20.09.2000)
O art. 67 da LC 73/1993 interrompeu todos os prazos, inclusive o de decadência, em favor da União no período compreendido entre 14.02.1993 e 14.08.1993.

- **OJ 19 da SDI-II/TST**
Ação rescisória. Desligamento incentivado. Imposto de renda. Abono pecuniário. Violação de lei. Súmula 83 do TST. Aplicável (inserida em 20.09.2000)
Havendo notória controvérsia jurisprudencial acerca da incidência de imposto de renda sobre parcela paga pelo empregador ("abono pecuniário") a título de "desligamento incentivado", improcede pedido de rescisão do julgado. Incidência da Súmula 83 do TST.

- **OJ 41 da SDI-II/TST**
Ação rescisória. Sentença *citra petita*. Cabimento (inserida em 20.09.2000)
Revelando-se a sentença *citra petita*, o vício processual vulnera os arts. 128 e 460 do CPC, tornando-a passível de desconstituição, ainda que não opostos embargos declaratórios.

- **OJ 70 da SDI-II/TST**
Ação rescisória. Manifesto e inescusável equívoco no direcionamento. Inépcia da inicial. Extinção do processo (Alterada em 26.11.2002)
O manifesto equívoco da parte em ajuizar ação rescisória no TST para desconstituir julgado proferido pelo TRT, ou vice-versa, implica a extinção do processo sem julgamento do mérito por inépcia da inicial.

- **OJ 71 da SDI-II/TST**
Ação rescisória. Salário profissional. Fixação. Múltiplo de salário mínimo. Art. 7.º, IV, da CF/88 (Nova redação) – *DJ* 22.11.2004.
A estipulação do salário profissional em múltiplos do salário mínimo não afronta o art. 7.º, IV, da CF/1988, só incorrendo em vulneração do referido preceito constitucional a fixação de correção automática do salário pelo reajuste do salário mínimo.

- **OJ 76 da SDI-II/TST**
Ação rescisória. Ação cautelar para suspender execução. Juntada de documento indispensável. Possibilidade de êxito na rescisão do julgado (Inserida em 13.03.2002).

É indispensável a instrução da ação cautelar com as provas documentais necessárias à aferição da plausibilidade de êxito na rescisão do julgado. Assim sendo, devem vir junto com a inicial da cautelar as cópias da petição inicial da ação rescisória principal, da decisão rescindenda, da certidão do trânsito em julgado da decisão rescindenda e informação do andamento atualizado da execução.

- OJ 78 da SDI-II/TST

Ação rescisória. Cumulação sucessiva de pedidos. Rescisão da sentença e do acórdão. Ação única. Art. 289 do CPC (Inserida em 13.03.2002)
É admissível o ajuizamento de uma única ação rescisória contendo mais de um pedido, em ordem sucessiva, de rescisão da sentença e do acórdão. Sendo inviável a tutela jurisdicional de um deles, o julgador está obrigado a apreciar os demais, sob pena de negativa de prestação jurisdicional.

- OJ 84 da SDI-II/TST

Ação rescisória. Petição inicial. Ausência da decisão rescindenda e/ou da certidão de seu trânsito em julgado devidamente autenticadas. Peças essenciais para a constituição válida e regular do feito. Arguição de ofício. Extinção do processo sem julgamento do mérito (alterada em 26.11.2002).
A decisão rescindenda e/ou a certidão do seu trânsito em julgado, devidamente autenticadas, à exceção de cópias reprográficas apresentadas por pessoa jurídica de direito público, a teor do art. 24 da Lei 10.522/02, são peças essenciais para o julgamento da ação rescisória. Em fase recursal, verificada a ausência de qualquer delas, cumpre ao Relator do recurso ordinário arguir, de ofício, a extinção do processo, sem julgamento do mérito, por falta de pressuposto de constituição e desenvolvimento válido do feito.

- OJ 103 da SDI-II/TST

Ação rescisória. Contradição entre fundamentação e parte dispositiva do julgado. Cabimento. Erro de fato (DJ 29.04.2003)
É cabível a rescisória para corrigir contradição entre a parte dispositiva do acórdão rescindendo e a sua fundamentação, por erro de fato na retratação do que foi decidido.

- OJ 135 da SDI-II/TST

Ação rescisória. Violação do art. 37, *caput*, da CF/1988. Necessidade de prequestionamento (DJ 04.05.2004).

Art. 836

A ação rescisória calcada em violação do art. 37, *caput*, da CF/1988, por desrespeito ao princípio da legalidade administrativa exige que ao menos o princípio constitucional tenha sido prequestionado na decisão.

Interpretação restritiva

- **Súmula 83 do TST**
Ação rescisória. Matéria controvertida. (Res. TST 137/2005, *DJ* 22, 23 e 24.08.2005)
I – Não procede pedido formulado na ação rescisória por violação literal de lei se a decisão rescindenda estiver baseada em texto legal infraconstitucional de interpretação controvertida nos Tribunais. (Ex-Súmula 83, alterada pela Res. TST 121/2003, *DJ* 21.11.2003)
II – O marco divisor quanto a ser, ou não, controvertida, nos Tribunais, a interpretação dos dispositivos legais citados na ação rescisória é a data da inclusão, na Orientação Jurisprudencial do TST, da matéria discutida. (Ex-OJ 77 da SDI-II/TST, inserida em 13.03.2002)

- **Súmula 99 do TST**
Ação rescisória. Deserção. Prazo. (Res. TST 137/2005, *DJ* 22, 23 e 24.08.2005)
Havendo recurso ordinário em sede de rescisória, o depósito recursal só é exigível quando for julgado procedente o pedido e imposta condenação em pecúnia, devendo este ser efetuado no prazo recursal, no limite e nos termos da legislação vigente, sob pena de deserção. (Ex-Súmula 99, alterada pela Res. TST 110/2002, *DJ* 15.04.2002 e Ex-OJ 117 da SDI-II/TST, *DJ* 11.08.2003)

- **Súmula 100 do TST**
Ação rescisória. Decadência. (Res. TST 137/2005, *DJ* 22, 23 e 24.08.2005)
I – O prazo de decadência, na ação rescisória, conta-se do dia imediatamente subsequente ao trânsito em julgado da última decisão proferida na causa, seja de mérito ou não. (Ex-Súmula 100 – alterada pela Res. TST 109/2001, *DJ* 20.04.2001)
II – Havendo recurso parcial no processo principal, o trânsito em julgado dá-se em momentos e em Tribunais diferentes, contando-se o prazo decadencial para a ação rescisória do trânsito em julgado de cada decisão, salvo se o recurso tratar de preliminar ou prejudicial que possa tornar insubsistente a decisão recorrida, hipótese em que flui a decadência a partir do trânsito em julgado da decisão

que julgar o recurso parcial. (Ex-Súmula 100, alterada pela Res. TST 109/2001, *DJ* 20.04.2001)

III – Salvo se houver dúvida razoável, a interposição de recurso intempestivo ou a interposição de recurso incabível não protrai o termo inicial do prazo decadencial. (Ex-Súmula 10, alterada pela Res. TST 109/2001, *DJ* 20.04.2001)

IV – O Juízo rescindente não está adstrito à certidão de trânsito em julgado juntada com a ação rescisória, podendo formar sua convicção através de outros elementos dos autos quanto à antecipação ou postergação do *dies a quo* do prazo decadencial. (Ex-OJ 102 da SDI-II/TST, *DJ* 29.04.2003)

V – O acordo homologado judicialmente tem força de decisão irrecorrível, na forma do art. 831 da CLT. Assim sendo, o termo conciliatório transita em julgado na data da sua homologação judicial. (Ex-OJ 104 da SDI-II/TST, DJ 29.04.2003)

VI – Na hipótese de colusão das partes, o prazo decadencial da ação rescisória somente começa a fluir para o Ministério Público, que não interveio no processo principal, a partir do momento em que tem ciência da fraude. (Ex-OJ 122 da SDI-II/TST, *DJ* 11.08.2003)

VII – Não ofende o princípio do duplo grau de jurisdição a decisão do TST que, após afastar a decadência em sede de recurso ordinário, aprecia desde logo a lide, se a causa versar questão exclusivamente de direito e estiver em condições de imediato julgamento. (Ex-OJ 79 da SDI-II/TST, inserida em 13.03.2002)

VIII – A exceção de incompetência, ainda que oposta no prazo recursal, sem ter sido aviado o recurso próprio, não tem o condão de afastar a consumação da coisa julgada e, assim, postergar o termo inicial do prazo decadencial para a ação rescisória. (Ex-OJ 16 da SDI-II/TST, inserida em 20.09.2000)

IX – Prorroga-se até o primeiro dia útil, imediatamente subsequente, o prazo decadencial para ajuizamento de ação rescisória quando expira em férias forenses, feriados, finais de semana ou em dia em que não houver expediente forense. Aplicação do art. 775 da CLT. (Ex-OJ 13 da SDI-II/TST, inserida em 20.09.2000)

X – Conta-se o prazo decadencial da ação rescisória, após o decurso do prazo legal previsto para a interposição do recurso extraordinário, apenas quando esgotadas todas as vias recursais ordinárias. (Ex-OJ 145 da SDI-II/TST, *DJ* 10.11.2004)

- **Súmula 192 do TST**

Ação rescisória. Competência e possibilidade jurídica do pedido. (Res. TST 153/2008, *DEJT* 20, 21 e 24.11.2008).

I – Se não houver o conhecimento de recurso de revista ou de embargos, a competência para julgar ação que vise a rescindir a decisão de mérito é do TRT, ressalvado o disposto no item II. (Ex-Súmula 192, alterada pela Res. TST 121/2003, DJ 21.11.2003)

II – Acórdão rescindendo do TST que não conhece de recurso de embargos ou de revista, analisando arguição de violação de dispositivo de lei material ou decidindo em consonância com súmula de direito material ou com iterativa, notória e atual jurisprudência de direito material da SDI (Súmula 333), examina o mérito da causa, cabendo ação rescisória da competência do TST. (Ex-Súmula 192, alterada pela Res. TST 121/2003, DJ 21.11.2003)

III – Em face do disposto no art. 512 do CPC, é juridicamente impossível o pedido explícito de desconstituição de Sentença quando substituída por Acórdão do Tribunal Regional ou superveniente sentença homologatória de acordo que puser fim ao litígio.

IV – É manifesta a impossibilidade jurídica do pedido de rescisão de julgado proferido em agravo de instrumento que, limitando-se a aferir o eventual desacerto do Juízo negativo de admissibilidade do recurso de revista, não substitui o Acórdão Regional, na forma do art. 512 do CPC. (Ex-OJ 105 da SDI-II/TST, DJ 29.04.2003)

V – A decisão proferida pela SDI, em sede de agravo regimental, calcada na Súmula 333, substitui acórdão de Turma do TST, porque emite Juízo de mérito, comportando, em tese, o corte rescisório. (Ex-OJ 133 da SDI-II/TST, DJ 04.05.2004)

- **Súmula 299 do TST**

Ação rescisória. Decisão rescindenda. Trânsito em julgado. Comprovação. Efeitos. (Incorporadas as OJs 96 e 106 da SDI-II/TST). (Res. TST 137/2005, DJ 22, 23 e 24.08.2005)

I – É indispensável ao processamento da ação rescisória a prova do trânsito em julgado da decisão rescindenda. (Ex-Súmula 299, Res. TST 8/1989, DJ 14, 18 e 19.04.1989)

II – Verificando o relator que a parte interessada não juntou à inicial o documento comprobatório, abrirá prazo de 10 (dez) dias para que o faça, sob pena de indeferimento. (Ex-Súmula 299, Res. TST 8/1989, DJ 14, 18 e 19.04.1989)

III – A comprovação do trânsito em julgado da decisão rescindenda é pressuposto processual indispensável ao tempo do ajuizamento da ação rescisória. Eventual trânsito em julgado posterior ao ajuizamento da ação rescisória não reabilita a

ação proposta, na medida em que o ordenamento jurídico não contempla a ação rescisória preventiva. (Ex-OJ 106 da SDI-II/TST, *DJ* 29.04.2003)
IV – O pretenso vício de intimação, posterior à decisão que se pretende rescindir, se efetivamente ocorrido, não permite a formação da coisa julgada material. Assim, a ação rescisória deve ser julgada extinta, sem julgamento do mérito, por carência de ação, por inexistir decisão transitada em julgado a ser rescindida. (Ex-OJ 96 da SDI-II/TST, inserida em 27.09.2002)

- **Súmula 397 do TST**
Ação rescisória. Art. 485, IV, do CPC. Ação de cumprimento. Ofensa à coisa julgada emanada de sentença normativa modificada em grau de recurso. Inviabilidade. Cabimento de mandado de segurança. (Conversão da OJ 116 da SDI-II/TST). (Res. TST 137/2005, *DJ* 22, 23 e 24.08.2005)
Não procede ação rescisória calcada em ofensa à coisa julgada perpetrada por decisão proferida em ação de cumprimento, em face de a sentença normativa, na qual se louvava, ter sido modificada em grau de recurso, porque em dissídio coletivo somente se consubstancia coisa julgada formal. Assim, os meios processuais aptos a atacarem a execução da cláusula reformada são a exceção de pré-executividade e o mandado de segurança, no caso de descumprimento do art. 572 do CPC. (Ex-OJ 116 da SDI-II/TST, *DJ* 11.08.2003)

- **Súmula 399 do TST**
Ação rescisória. Cabimento. Sentença de mérito. Decisão homologatória de adjudicação, de arrematação e de cálculos. (Conversão das OJs 44, 45 e 85, primeira parte, da SDI-II/TST). (Res. TST 137/2005, *DJ* 22, 23 e 24.08.2005)
I – É incabível ação rescisória para impugnar decisão homologatória de adjudicação ou arrematação. (Ex-OJs 44 e 45 da SDI-II/TST, inseridas em 20.09.2000)
II – A decisão homologatória de cálculos apenas comporta rescisão quando enfrentar as questões envolvidas na elaboração da conta de liquidação, quer solvendo a controvérsia das partes quer explicitando, de ofício, os motivos pelos quais acolheu os cálculos oferecidos por uma das partes ou pelo setor de cálculos, e não contestados pela outra. (Ex-OJ 85 da SDI-II, primeira parte, inserida em 13.03.2002 e alterada em 26.11.2002)

- **Súmula 400 do TST**
Ação rescisória de ação rescisória. Violação de lei. Indicação dos mesmos dispositivos legais apontados na rescisória primitiva. (Conversão da OJ 95 da SDI-II/TST). (Res. TST 137/2005, *DJ* 22, 23 e 24.08.2005)

Em se tratando de rescisória de rescisória, o vício apontado deve nascer na decisão rescindenda, não se admitindo a rediscussão do acerto do julgamento da rescisória anterior. Assim, não se admite rescisória calcada no inc. V do art. 485 do CPC para discussão, por má aplicação dos mesmos dispositivos de lei, tidos por violados na rescisória anterior, bem como para arguição de questões inerentes à ação rescisória primitiva. (Ex-OJ 95 da SDI-II/TST, inserida em 27.09.2002 e alterada *DJ* 16.04.2004)

- **Súmula 401 do TST**

Ação rescisória. Descontos legais. Fase de execução. Sentença exequenda omissa. Inexistência de ofensa à coisa julgada. (Conversão da OJ 81 da SDI-II/TST). (Res. TST 137/2005, *DJ* 22, 23 e 24.08.2005)

Os descontos previdenciários e fiscais devem ser efetuados pelo Juízo executório, ainda que a sentença exequenda tenha sido omissa sobre a questão, dado o caráter de ordem pública ostentado pela norma que os disciplina. A ofensa à coisa julgada somente poderá ser caracterizada na hipótese de o título exequendo, expressamente, afastar a dedução dos valores a título de Imposto de Renda e de contribuição previdenciária. (Ex-OJ 81 da SDI-II/TST, inserida em 13.03.2002)

- **Súmula 402 do TST**

Ação rescisória. Documento novo. Dissídio coletivo. Sentença normativa. (Conversão da OJ 20 da SDI-II/TST). (Res. TST 137/2005, *DJ* 22, 23 e 24.08.2005)

Documento novo é o cronologicamente velho, já existente ao tempo da decisão rescindenda, mas ignorado pelo interessado ou de impossível utilização, à época, no processo. Não é documento novo apto a viabilizar a desconstituição de julgado:

a) sentença normativa proferida ou transitada em julgado posteriormente à sentença rescindenda;

b) sentença normativa preexistente à sentença rescindenda, mas não exibida no processo principal, em virtude de negligência da parte, quando podia e deveria louvar-se de documento já existente e não ignorado quando emitida a decisão rescindenda. (Ex-OJ 20 da SDI-II/TST, inserida em 20.09.2000)

- **Súmula 403 do TST**

Ação rescisória. Dolo da parte vencedora em detrimento da vencida. Art. 485, III, do CPC. (Conversão das OJs 111 e 125 da SDI-II/TST). (Res. TST 137/2005, *DJ* 22, 23 e 24.08.2005)

I – Não caracteriza dolo processual, previsto no art. 485, III, do CPC, o simples fato de a parte vencedora haver silenciado a respeito de fatos contrários a ela, porque o procedimento, por si só, não constitui ardil do qual resulte cerceamento de defesa e, em consequência, desvie o Juiz de uma sentença não condizente com a verdade. (Ex-OJ 125 da SDI-II/TST, *DJ* 09.12.2003)

II – Se a decisão rescindenda é homologatória de acordo, não há parte vencedora ou vencida, razão pela qual não é possível a sua desconstituição calcada no inc. III do art. 485 do CPC (dolo da parte vencedora em detrimento da vencida), pois constitui fundamento de rescindibilidade que supõe solução jurisdicional para a lide. (Ex-OJ 111 da SDI-II/TST, *DJ* 29.04.2003)

- **Súmula 404 do TST**

Ação rescisória. Fundamento para invalidar confissão. Confissão ficta. Inadequação do enquadramento no art. 485, VIII, do CPC. (Conversão da OJ 108 da SDI-II/TST). (Res. TST 137/2005, *DJ* 22, 23 e 24.08.2005)

O art. 485, VIII, do CPC, ao tratar do fundamento para invalidar a confissão como hipótese de rescindibilidade da decisão judicial, refere-se à confissão real, fruto de erro, dolo ou coação, e não à confissão ficta resultante de revelia. (Ex-OJ 108 da SDI-II/TST, *DJ* 29.04.2003)

- **Súmula 406 do TST**

Ação rescisória. Litisconsórcio. Necessário no polo passivo e facultativo no ativo. Inexistente quanto aos substituídos pelo sindicato. (Conversão das OJs 82 e 110 da SDI-II/TST). (Res. TST 137/2005, *DJ* 22, 23 e 24.08.2005)

I – O litisconsórcio, na ação rescisória, é necessário em relação ao polo passivo da demanda, porque supõe uma comunidade de direitos ou de obrigações que não admite solução díspar para os litisconsortes, em face da indivisibilidade do objeto. Já em relação ao polo ativo, o litisconsórcio é facultativo, uma vez que a aglutinação de autores se faz por conveniência e não pela necessidade decorrente da natureza do litígio, pois não se pode condicionar o exercício do direito individual de um dos litigantes no processo originário à anuência dos demais para retomar a lide. (Ex-OJ 82 da SDI-II/TST, inserida em 13.03.2002)

II – O Sindicato, substituto processual e autor da reclamação trabalhista, em cujos autos fora proferida a decisão rescindenda, possui legitimidade para figurar como réu na ação rescisória, sendo descabida a exigência de citação de todos os empregados substituídos, porquanto inexistente litisconsórcio passivo necessário. (Ex-OJ 110 da SDI-II/TST, *DJ* 29.04.2003)

- **Súmula 409 do TST**

Ação rescisória. Prazo prescricional. Total ou parcial. Violação do art. 7.º, XXIX, da CF/1988. Matéria infraconstitucional. (Conversão da OJ 119 da SDI-II/TST). (Res. TST 137/2005, *DJ* 22, 23 e 24.08.2005).

Não procede ação rescisória calcada em violação do art. 7.º, XXIX, da CF/1988 quando a questão envolve discussão sobre a espécie de prazo prescricional aplicável aos créditos trabalhistas, se total ou parcial, porque a matéria tem índole infraconstitucional, construída, na Justiça do Trabalho, no plano jurisprudencial. (Ex-OJ 119 da SDI-II, *DJ* 11.08.2003)

- **Súmula 410 do TST**

Ação rescisória. Reexame de fatos e provas. Inviabilidade. (Conversão da OJ 109 da SDI-II/TST). (Res. TST 137/2005 *DJ* 22, 23 e 24.08.2005)

A ação rescisória calcada em violação de lei não admite reexame de fatos e provas do processo que originou a decisão rescindenda. (Ex-OJ 109 da SDI-II/TST, *DJ* 29.04.2003)

- **Súmula 413 do TST**

Ação rescisória. Sentença de mérito. Violação do art. 896, *a*, da CLT. (Conversão da OJ 47 da SDI-II/TST). (Res. TST 137/2005, *DJ* 22, 23 e 24.08.2005)

É incabível ação rescisória, por violação do art. 896, a, da CLT, contra decisão que não conhece de recurso de revista, com base em divergência jurisprudencial, pois não se cuida de sentença de mérito (art. 485 do CPC). (Ex-OJ 47 da SDI-II/TST, inserida em 20.09.2000)

- **OJ 4 da SDI-II/TST**

Ação rescisória. Banco do Brasil. Adicional de caráter pessoal. ACP (Inserida em 20.09.2000)

Procede, por ofensa ao art. 5.º, XXXVI, da CF/1988, o pedido de rescisão de julgado que acolheu Adicional de Caráter Pessoal em favor de empregado do Banco do Brasil S.A.

- **OJ 5 da SDI-II/TST**

Ação rescisória. Banco do Brasil. AP e ADI. Horas extras. Súmula 83 do TST. Aplicável (Inserida em 20.09.2000)

Não se acolhe pedido de rescisão de julgado que deferiu a empregado do Banco do Brasil S.A. horas extras após a sexta, não obstante o pagamento dos adicionais

AP e ADI, ou AFR quando a decisão rescindenda for anterior à OJ 17, da SDI/TST (07.11.1994). Incidência das Súmulas 83 do TST e 343 do STF.

- **OJ 6 da SDI-II/TST**

Ação rescisória. Cipeiro suplente. Estabilidade. ADCT da CF/1988, art. 10, II, *a*. Súmula 83 do TST (Nova redação) (*DJ* 22.08.2005)

Rescinde-se o julgado que nega estabilidade a membro suplente de CIPA, representante de empregado, por ofensa ao art. 10, II, *a*, do ADCT da CF/1988, ainda que se cuide de decisão anterior à Súmula 339 do TST. Incidência da Súmula 83 do TST.

- **OJ 8 da SDI-II/TST**

Ação rescisória. Complementação de aposentadoria. Banespa. Súmula 83 do TST (nova redação) (*DJ* 22.08.2005)

Não se rescinde julgado que acolheu pedido de complementação de aposentadoria integral em favor de empregado do Banespa, antes da Súmula 313 do TST, em virtude da notória controvérsia jurisprudencial então reinante. Incidência da Súmula 83 do TST.

- **OJ 9 da SDI-II/TST**

Ação rescisória. CONAB. Aviso DIREH 2/1984. Súmula 83 do TST. Aplicável (Inserida em 20.09.2000)

Não se rescinde julgado que reconheceu garantia de emprego com base no Aviso DIREH 02/1984 da Conab, antes da Súmula 355 do TST, em virtude da notória controvérsia jurisprudencial então reinante. Incidência da Súmula 83 do TST.

- **OJ 10 da SDI-II/TST**

Ação rescisória. Contrato nulo. Administração pública. Efeitos. Art. 37, II e § 2.º, da CF/1988 (Inserida em 20.09.2000)

Somente por ofensa ao art. 37, II e § 2.º, da CF/1988, procede o pedido de rescisão de julgado para considerar nula a contratação, sem concurso público, de servidor, após a Constituição Federal de 1988.

- **OJ 11 da SDI-II/TST**

Ação rescisória. Correção monetária. Lei 7.596/1987. Universidades federais. Implantação tardia do plano de classificação de cargos. Violação de lei. Súmula 83 do TST. Aplicável (inserida em 20.09.2000)

Não se rescinde julgado que acolhe pedido de correção monetária decorrente da implantação tardia do Plano de Classificação de Cargos de Universidade Federal previsto na Lei 7.596/1987, à época em que era controvertida tal matéria na jurisprudência. Incidência da Súmula 83 do TST.

- **OJ 12 da SDI-II/TST**

Ação rescisória. Decadência. Consumação antes ou depois da edição da MedProv 1.577/1997. Ampliação do prazo. (Nova redação em decorrência da incorporação da OJ 17 da SBDI-II/TST) (*DJ* 22.08.2005)

I - A vigência da MedProv 1.577/1997 e de suas reedições implicou o elastecimento do prazo decadencial para o ajuizamento da ação rescisória a favor dos entes de direito público, autarquias e fundações públicas. Se o biênio decadencial do art. 495 do CPC findou após a entrada em vigor da referida medida provisória e até sua suspensão pelo STF em sede liminar de ação direta de inconstitucionalidade (ADIn 1753-2), tem-se como aplicável o prazo decadencial elastecido à rescisória. (Ex-OJ 17 da SDI-II/TST – inserida em 20.09.2000)

II - A regra ampliativa do prazo decadencial para a propositura de ação rescisória em favor de pessoa jurídica de direito público não se aplica se, ao tempo em que sobreveio a MedProv 1.577/1997, já se exaurira o biênio do art. 495 do CPC. Preservação do direito adquirido da parte à decadência já consumada sob a égide da lei velha. (Ex-OJ 12 da SDI-II/TST – inserida em 20.09.2000)

- **OJ 21 da SDI-II/TST**

Ação rescisória. Duplo grau de jurisdição. Trânsito em julgado. Inobservância. Dec.-lei 779/1969, art. 1.º, V. Incabível (Nova redação). (*DJ* 22.08.2005)

É incabível ação rescisória para a desconstituição de sentença não transitada em julgado porque ainda não submetida ao necessário duplo grau de jurisdição, na forma do Dec.-lei 779/1969. Determina-se que se oficie ao Presidente do TRT para que proceda à avocatória do processo principal para o reexame da sentença rescindenda.

- **OJ 25 da SDI-II/TST**

Ação rescisória. Expressão "lei" do art. 485, V, do CPC. Não inclusão do ACT, CCT, Portaria, Regulamento, Súmula e Orientação jurisprudencial de Tribunal (Nova redação em decorrência da incorporação da OJ 118 da SDI-II) (*DJ* 22.08.2005).

Não procede pedido de rescisão fundado no art. 485, V, do CPC quando se aponta contrariedade à norma de convenção coletiva de trabalho, acordo coletivo de

trabalho, portaria do Poder Executivo, regulamento de empresa e súmula ou orientação jurisprudencial de tribunal. (Ex-OJ 25 da SDI-II/TST, inserida em 20.09.2000 e Ex-OJ 118 da SDI-II/TST, DJ 11.08.2003)

- **OJ 69 da SDI-II/TST**

Fungibilidade recursal. Indeferimento liminar de ação rescisória ou mandado de segurança. Recurso para o TST. Recebimento como agravo regimental e devolução dos autos ao TRT. (inserida em 20.09.2000)

Recurso ordinário interposto contra despacho monocrático indeferitório da petição inicial de ação rescisória ou de mandado de segurança pode, pelo princípio de fungibilidade recursal, ser recebido como agravo regimental. Hipótese de não conhecimento do recurso pelo TST e devolução dos autos ao TRT, para que aprecie o apelo como agravo regimental.

Capítulo III
DOS DISSÍDIOS INDIVIDUAIS

Seção I
Da forma de reclamação e da notificação

Art. 837. Nas localidades em que houver apenas uma Junta de Conciliação e Julgamento, ou um escrivão do cível, a reclamação será apresentada diretamente à secretaria da Junta, ou ao cartório do Juízo.

* A EC 24/1999 substituiu as Juntas de Conciliação e Julgamento por Varas do Trabalho (Juiz singular) e extinguiu a representação classista na Justiça do Trabalho.

Art. 838. Nas localidades em que houver mais de uma Junta ou mais de um Juízo, ou escrivão do cível, a reclamação será, preliminarmente, sujeita a distribuição, na forma do disposto no Capítulo II, Seção II, deste Título.

* A EC 24/1999 substituiu as Juntas de Conciliação e Julgamento por Varas do Trabalho (juiz singular) e extinguiu a representação classista na Justiça do Trabalho.

Art. 839

🏛 **Interpretação extensiva**

• Considerando a Ordem de Serviço 1/1989 da Juíza Diretora do Foro de Pelotas determinando que todos os processos que tivessem as mesmas partes, distribuídos dentro de um prazo de 90 (noventa) dias, deveriam sê-lo à então Junta que recebera o primeiro e constatada a identidade de partes e o ajuizamento das ações no mesmo dia, premissa fática insuscetível de reexame em sede recursal extraordinária, na esteira da Súmula 126 do TST, não se visualizam as ofensas apontadas aos arts. 794, 795, 783 e 838 da CLT (...).
(TST, RR 333100-06.1992.5.04.0101, 4.ª T., j. 21.09.2005, rel. Antônio José de Barros Levenhagen, *DJU* 07.10.2005)

> **Art. 839.** A reclamação poderá ser apresentada:
> *a)* pelos empregados e empregadores, pessoalmente, ou por seus representantes, e pelos sindicatos de classe;
>
> * O art. 133 da CF/1988 estabelece que o advogado é indispensável à Administração da Justiça.
>
> *b)* por intermédio das Procuradorias Regionais da Justiça do Trabalho.

⚖ **Interpretação convergente**

• Nada obsta que a parte, pessoalmente (art. 839 da CLT), a apresente de forma escrita [reclamação trabalhista]. Em consequência, mantido está o *jus postulandi* na seara trabalhista, não valendo o argumento utilizado no recurso como forma de obter o deferimento da verba honorária (...).
(TST, RR 493900-12.2002.5.06.0906, 2.ª T., j. 25.06.2008, rel. Renato de Lacerda Paiva, *DEJT* 01.08.2008)

🏛 **Interpretação extensiva**

• O art. 133 da CF/1988 não revogou os arts. 791 e 839 da CLT, os quais se referem ao *jus postulandi* na Justiça do Trabalho (...).
(TRT-6.ª Reg., RO 00133-2007-018-06-00-6, 2.ª T., j. 28.11.2007, rel. Aline Pimentel Gonçalves)

Art. 840

Art. 840. A reclamação poderá ser escrita ou verbal.

§ 1.º Sendo escrita, a reclamação deverá conter a designação do presidente da Junta, ou do juiz de direito, a quem for dirigida, a qualificação do reclamante e do reclamado, uma breve exposição dos fatos de que resulte o dissídio, o pedido, a data e a assinatura do reclamante ou de seu representante.

* A EC 24/1999 substituiu as Juntas de Conciliação e Julgamento por Varas do Trabalho (Juiz singular) e extinguiu a representação classista na Justiça do Trabalho.

⚖ Interpretação convergente

• O § 1.º do art. 840 da CLT dispõe que a petição inicial deverá conter: "uma breve exposição dos fatos de que resulte o dissídio, o pedido". Tal comando dá efetividade aos princípios da simplicidade e da informalidade, que orientam o processo do trabalho, razão pela qual somente se reputará inepta a petição inicial que impossibilite a compreensão do pedido, em prejuízo do direito de defesa da parte adversa. Sem que se identifique tal situação, não há inépcia a ser pronunciada (...).
(TST, RR 1778-30.2010.5.03.0136, 3.ª T., j. 20.03.2013, rel. Alberto Luiz Bresciani de Fontan Pereira, *DEJT* 26.03.2013)

• Na Justiça do Trabalho o rigor da forma é atenuado pela previsão contida no art. 840 da CLT que determina que haja somente uma breve exposição dos fatos do qual resulte o dissídio e que haja o pedido em si (...).
(TRT-15.ª Reg., RO 0104600-47.2007.5.15.0111, 4.ª T., j. 06.12.2011, rel. Luiz Roberto Nunes, *DJ* 13.01.2012)

🏛 Interpretação extensiva

• **Súmula 263 do TST**
Salvo nas hipóteses do art. 295 do CPC, o indeferimento da petição inicial, por encontrar-se desacompanhada de documento indispensável à propositura da ação ou não preencher outro requisito legal, somente é cabível se, após intimada para suprir a irregularidade em 10 (dez) dias, a parte não o fizer.

Art. 841

§ 2.º Se verbal, a reclamação será reduzida a termo, em duas vias datadas e assinadas pelo escrivão ou diretor de secretaria, observado, no que couber, o disposto no parágrafo anterior.

* § 2.º atualizado de acordo com a Lei 409/1948.

Art. 841. Recebida e protocolada a reclamação, o escrivão ou secretário, dentro de 48 (quarenta e oito) horas, remeterá a segunda via da petição, ou do termo, ao reclamado, notificando-o, ao mesmo tempo, para comparecer à audiência de julgamento, que será a primeira desimpedida, depois de 5 (cinco) dias.

* Artigo atualizado pela Lei 409/1948.

⚖️ Interpretação convergente

- **Súmula 16 do TST**
Presume-se recebida a notificação 48 (quarenta e oito) horas depois de sua postagem. O seu não recebimento ou a entrega após o decurso desse prazo constitui ônus de prova do destinatário.

- O art. 841, *caput*, da CLT estabelece o prazo mínimo de cinco dias entre a efetiva notificação e a realização da audiência, interregno este que, pela *mens legis* do dispositivo, é tido como razoável e indispensável à construção dos argumentos defensivos da parte contra a qual a reclamação é dirigida (...).
(TRT-13.ª Reg., MS 00100.2009.000.13.00-1, Pleno, j. 23.07.2009, rel. Ubiratan Moreira Delgado, *DJ* 13.08.2009)

🏛️ Interpretação extensiva

- **Súmula 427 do TST**
Havendo pedido expresso de que as intimações e publicações sejam realizadas exclusivamente em nome de determinado advogado, a comunicação em nome de outro profissional constituído nos autos é nula, salvo se constatada a inexistência de prejuízo.

Interpretação restritiva

- **OJ 310 da SDI-I/TST**

Litisconsortes. Procuradores distintos. Prazo em dobro. Art. 191 do CPC. Inaplicável ao processo do trabalho (DJ 11.08.2003)

A regra contida no art. 191 do CPC é inaplicável ao processo do trabalho, em decorrência da sua incompatibilidade com o princípio da celeridade inerente ao processo trabalhista.

- **OJ 53 da SDI-II/TST**

Mandado de segurança. Cooperativa em liquidação extrajudicial. Lei 5.764/1971, art. 76. Inaplicável. Não suspende a execução. (Inserida em 20.09.2000)

A liquidação extrajudicial de sociedade cooperativa não suspende a execução dos créditos trabalhistas existentes contra ela.

> § 1.º A notificação será feita em registro postal com franquia. Se o reclamado criar embaraços ao seu recebimento ou não for encontrado, far-se-á a notificação por edital, inserto no jornal oficial ou no que publicar o expediente forense, ou, na falta, afixado na sede da Junta ou Juízo.

* A EC 24/1999 substituiu as Juntas de Conciliação e Julgamento por Varas do Trabalho (Juiz singular) e extinguiu a representação classista na Justiça do Trabalho.
* V. Súmula 262 do TST.

> § 2.º O reclamante será notificado no ato da apresentação da reclamação ou na forma do parágrafo anterior.

Interpretação convergente

- Conforme preconiza o art. 841 da CLT, o sistema para entrega de citação e notificação na Justiça do Trabalho é o de via postal. Assim sendo, no Processo do Trabalho, não há exigência de citação pessoal, bastando que ela seja entregue no endereço do Réu para se considerar válido o ato, nos termos da Súmula 16 do TST (...).

(TST, AgIn em RR 1407-36.2010.5.08.0004, 6.ª T., j. 26.10.2011, rel. Maurício Godinho Delgado, *DEJT* 04.11.2011)

- Nos termos do § 2.º do art. 841 da CLT, deve o reclamante ser notificado no ato da apresentação da reclamação ou via correio, não se admitindo que as informações de movimentação processual extraídas da Internet, ante seu teor meramente informativo, substituam a forma prevista em lei para comunicação dos atos processuais. Os costumes forenses não podem estabelecer exigências processuais contrárias ao texto legal, sob pena de obstar o direito à tutela jurisdicional (...).
(TRT-9.ª Reg., RO 25446-2007-651-9-0-4, 1.ª T., j. 04.03.2008, rel. Ubirajara Carlos Mendes, DJ 14.03.2008)

- Nos termos do § 2.º do art. 841 da CLT, deve o demandante ser notificado no ato da apresentação da reclamação ou via correio. Se a certidão que atesta a data designada para a audiência inicial e a notificação das Rés, deixa de constar o ciente da parte autora, através de seus procuradores, como seu teor então afirmara, a ausência ao referido ato não implica extinção do processo sem resolução de mérito (...).
(TRT-9.ª Reg., RO 22609-2010-003-09-00-0, 1.ª T., j. 14.06.2011, rel. Ubirajara Carlos Mendes, DJ 01.07.2011)

- Na forma do § 1.º do art. 841 da CLT, o Reclamado que não foi encontrado deve ser notificado por edital. Se em vez do edital o Reclamado é notificado na pessoa do seu sócio, tem-se que de forma melhor foi realizada a notificação (...).
(TRT-15.ª Reg., RO 0001586-49.2010.5.15.0044, 2.ª T., j. 17.01.2012, rel. José Pitas, DJ 27.01.2012)

Art. 842. Sendo várias as reclamações e havendo identidade de matéria, poderão ser acumuladas num só processo, se se tratar de empregados da mesma empresa ou estabelecimento.

⚖️ **Interpretação convergente**

- No caso, tendo sido demonstrada a identidade de matéria e de empregador, derivando os direitos postulados do mesmo fundamento de fato e havendo co-

nexão pela causa de pedir, restam satisfeitos os requisitos para o litisconsórcio ativo, previstos no art. 46 do CPC e no art. 842 da CLT (...).
(TRT-4.ª Reg., RO 0010086-25.2012.5.04.0761, 6.ª T., j. 22.08.2012, rel. Maria Helena Lisot, *DJ* 30.02.2012)

• Ressalte-se que o instituto da reunião de processos já existentes contra o mesmo ente empregador, conforme dispõe o art. 842 da CLT, trata-se de uma faculdade para o magistrado, de maneira que não há implicação em nulidade pela não adoção do mencionado instituto (...).
(TRT-5.ª Reg., RO 01170-2008-581-05-00-5, 2.ª T., j. 23.04.2009, rel. Maria Elisa Costa Gonçalves, *DJ* 27.07.2009)

Seção II
Da audiência de julgamento

Art. 843. Na audiência de julgamento deverão estar presentes o reclamante e o reclamado, independentemente do comparecimento de seus representantes, salvo nos casos de reclamatórias plúrimas ou ações de cumprimento, quando os empregados poderão fazer-se representar pelo sindicato de sua categoria.

* *Caput* com redação determinada pela Lei 6.667/1979.

§ 1.º É facultado ao empregador fazer-se substituir pelo gerente, ou qualquer outro preposto que tenha conhecimento do fato, e cujas declarações obrigarão o proponente.

⚖ Interpretação convergente

• **Súmula 74 do TST**
Confissão. (Nova redação do item I e inserido o item III à redação em decorrência do julgamento do Proc. TST IUJEEDRR 801385-77.2001.5.02.0017). (Res. TST 174/2011, *DEJT* 27, 30 e 31.05.2011)
I – Aplica-se a confissão à parte que, expressamente intimada com aquela cominação, não comparecer à audiência em prosseguimento, na qual deveria depor. (Ex-Súmula 74, RA 69/1978, *DJ* 26.09.1978)

II – A prova pré-constituída nos autos pode ser levada em conta para confronto com a confissão ficta (art. 400, I, do CPC), não implicando cerceamento de defesa o indeferimento de provas posteriores. (Ex-OJ 184 da SDI-I/TST, inserida em 08.11.2000).

III – A vedação à produção de prova posterior pela parte confessa somente a ela se aplica, não afetando o exercício, pelo magistrado, do poder/dever de conduzir o processo.

• Preposto não empregado. Ausência de confissão.

A lei apenas exige que o preposto designado tenha conhecimento dos fatos articulados na inicial, atribuindo ao proponente a responsabilidade pelas declarações do preposto (art. 843, § 1.º, da CLT). Assim, não há que se falar em aplicação dos efeitos da confissão ficta (...).

(TRT-9.ª Reg., RO 00775-2001-023-09-00-9, rel. Arnor Lima Neto, *DJPR* 27.02.2004)

• Preposto. Desconhecimento dos fatos. Confissão ficta.

O § 1.º do art. 843 da CLT determina que o preposto deve ter conhecimento dos fatos, daí porque o seu comparecimento em juízo sem conhecer os fatos relacionados ao litígio implica confissão ficta do reclamado, gerando presunção relativa de veracidade das alegações da parte adversa (...).

(TRT-24.ª Reg., RO 1397/2004-071-24-00-5, j. 10.11.2005, rel. André Luís Moraes de Oliveira, *DO-MS* 05.12.2005)

Interpretação extensiva

• **Súmula 377 do TST**

Exceto quanto à reclamação de empregado doméstico, ou contra micro ou pequeno empresário, o preposto deve ser necessariamente empregado do reclamado. Inteligência do art. 843, § 1.º, da CLT e do art. 54 da LC 123, de 14.12.2006.

• [A] figura do estagiário em muito se assemelha à do empregado com vínculo permanente, visto que invariavelmente há naquele os requisitos pessoalidade, subordinação, não eventualidade e onerosidade.

Contudo, o sistema normativo, optou, por bem, instituir sua exclusão legal das normas protetivas dos trabalhadores empregados, a fim de fomentar a formação profissional do estudante.

Nessa senda, temos que o estagiário, também, se insere na estrutura organizacional da empresa e, dessa forma, pode vir a ostentar conhecimentos dos fatos postos em litígio, preenchendo os pressupostos do art. 843, § 1.º, da CLT (...).
(TST, RR 216800-68.2006.5.18.0007, j. 01.12.2011, rel. Aloysio Corrêa da Veiga, *DEJT* 16.12.2011)

§ 2.º Se por doença ou qualquer outro motivo poderoso, devidamente comprovado, não for possível ao empregado comparecer pessoalmente, poderá fazer-se representar por outro empregado que pertença à mesma profissão, ou pelo seu sindicato.

* Consta na publicação oficial "poderoso", em vez de "ponderoso".

⚖ Interpretação convergente

- Ausência do reclamante. Possibilidade de substituição.

A ausência do reclamante à audiência de instrução e julgamento gera a pena de confissão, consequência que pode ser evitada se for possível a representação do empregado, por outro que pertença à mesma categoria/profissão ou pelo sindicato. Entretanto, a possibilidade de representação é exceção, que somente deve ser permitida quando for comprovada doença ou qualquer outro motivo poderoso, que impossibilite o comparecimento pessoal do demandante. Inteligência do art. 843, § 2.º, do Texto Consolidado (...).
(TRT-5.ª Reg., RO 0000551-85.2010.5.05.0641, 4.ª T., rel. Nélia Neves, *DJ* 01.02.2011)

- Arquivamento da reclamação. Não comparecimento do reclamante. Juntada tardia de atestado médico. Elisão. Impossibilidade.

1. O atestado médico capaz de impedir ou mesmo elidir o arquivamento da reclamação dever ser apresentado em Juízo se não no momento da audiência, pelo menos logo depois da data em que ela se realizaria. Por isso, a norma permissiva (o art. 843, § 2.º, da CLT) alude a motivo poderoso devidamente comprovado (...).
(TRT-21.ª Reg., RO 3165200, j. 07.03.2002, rel. Carlos Newton Pinto, *DJ* 20.03.2002)

🏛 Interpretação extensiva

- **Súmula 122 do TST**

Revelia. Atestado médico. (Res. TST 129/2005, *DJ* 20, 22 e 25.04.2005)

Art. 844

A reclamada, ausente à audiência em que deveria apresentar defesa, é revel, ainda que presente seu advogado munido de procuração, podendo ser ilidida a revelia mediante a apresentação de atestado médico, que deverá declarar, expressamente, a impossibilidade de locomoção do empregador ou do seu preposto no dia da audiência. (Primeira parte, Ex-OJ 74 da SDI-I/TST, inserida em 25.11.1996; segunda parte, Ex-Súmula 122, alterada pela Res. TST 121/2003, *DJ* 21.11.2003).

Art. 844. O não comparecimento do reclamante à audiência importa o arquivamento da reclamação, e o não comparecimento do reclamado importa revelia, além de confissão quanto à matéria de fato.

Parágrafo único. Ocorrendo, entretanto, motivo relevante, poderá o Presidente suspender o julgamento, designando nova audiência.

⚖ Interpretação convergente

- **OJ 245 da SDI-I/TST**

Revelia. Atraso. Audiência. (Inserida em 20.06.2001)
Inexiste previsão legal tolerando atraso no horário de comparecimento da parte na audiência.

- 1. O Tribunal Regional reconheceu válida a revelia aplicada à Caixa Econômica Federal ante a sua ausência na audiência inaugural, tendo sido devidamente comprovada a regularidade na citação da empresa. Registrou que, diante da presunção de veracidade dos fatos contidos na inicial e do momento em que a revelia foi declarada no presente processo – depois de encerrada a instrução processual –, as provas pré-constituídas existentes no feito deveriam ser confrontadas com as alegações fáticas. Entendeu ser impossível a desconsideração do conjunto probatório.
2. O art. 844 da CLT disciplina que o não comparecimento do reclamante à audiência importa o arquivamento da reclamação, e o não comparecimento do reclamado importa revelia, além de confissão quanto à matéria de fato.
3. A aplicação da revelia e confissão ficta importa impossibilidade de se admitir a defesa da ré, quanto à matéria fática, presumindo-se como verdadeiros os fatos narrados na inicial uma vez que a matéria de fato não foi contestada no momento adequado (...).

(TST, AgIn em RR 1593-97.2010.5.03.0004, 3.ª T., j. 19.06.2013, rel. Alexandre de Souza Agra Belmonte, *DEJT* 21.06.2013)

- A revelia e a confissão ficta estão configuradas no art. 844 da CLT, decorrendo do não comparecimento do reclamado à audiência de instrução e julgamento. Logo, há presunção de veracidade dos fatos alegados pelo autor, nesses casos. Entretanto, essa presunção é apenas relativa, ou seja, se houver nos autos outros elementos que levem à conclusão contrária, o Juiz poderá decidir desfavoravelmente ao pedido do autor. Isso, em consonância com o princípio da livre apreciação da prova e o da persuasão racional (...).
(TRT-21.ª Reg., RO 00452-2008-001-21-00-9, 2.ª T., j. 10.12.2008, rel. Joaquim Sílvio Caldas, *DJ* 24.12.2008)

Interpretação extensiva

- **Súmula 9 do TST**
Ausência do reclamante. (Res. TST 121/2003, *DJ* 19, 20 e 21.11.2003)
A ausência do reclamante, quando adiada a instrução após contestada a ação em audiência, não importa arquivamento do processo.

- **Súmula 74 do TST**
Confissão. (Res. TST 174/2011, *DEJT* 27, 30 e 31.05.2011)
I – Aplica-se a confissão à parte que, expressamente intimada com aquela cominação, não comparecer à audiência em prosseguimento, na qual deveria depor. (Ex-Súmula 74, RA 69/1978, *DJ* 26.09.1978)
II – A prova pré-constituída nos autos pode ser levada em conta para confronto com a confissão ficta (art. 400, I, do CPC), não implicando cerceamento de defesa o indeferimento de provas posteriores. (Ex-OJ 184 da SDI-I/TST, inserida em 08.11.2000)
III – A vedação à produção de prova posterior pela parte confessa somente a ela se aplica, não afetando o exercício, pelo magistrado, do poder/dever de conduzir o processo.

- **OJ 152 da SDI-I/TST**
Revelia. Pessoa jurídica de direito público. Aplicável. (Art. 844 da CLT). (DJ 20.04.2005)
Pessoa jurídica de direito público sujeita-se à revelia prevista no art. 844 da CLT.

- Irregularidade da representação do empregador em audiência. Ausência de juntada da carta de preposição no prazo determinado pelo juízo. Aplicação da pena de confissão (...).

Nesse contexto, o comparecimento do preposto da reclamada em audiência, sem estar munido da carta de preposição ou apresentação desse documento fora do prazo determinado pelo Juízo, enseja a aplicação da pena de confissão ficta prevista no art. 844 da CLT, por se tratar de documento indispensável à prova da outorga de poderes ao preposto para atuar em nome do empregador réu na reclamatória trabalhista. (...).
(TST, RR 472100-70.2007.5.09.0872, 2.ª T., j. 22.05.2013, rel. José Roberto Freire Pimenta, *DEJT* 31.05.2013)

Interpretação restritiva

- **Súmula 268 do TST**

Prescrição. Interrupção. Ação trabalhista arquivada. (Res. TST 121/2003, *DJ* 19, 20 e 21.11.2003)
A ação trabalhista, ainda que arquivada, interrompe a prescrição somente em relação aos pedidos idênticos.

> **Art. 845.** O reclamante e o reclamado comparecerão à audiência acompanhados das suas testemunhas, apresentando, nessa ocasião, as demais provas.

* V. Súmulas 8 e 74 do TST.

Interpretação convergente

- Considerando que a prova documental apresentada foi trazida aos autos após o encerramento da instrução processual (arts. 841 a 845 da CLT), restou configurada a preclusão. Não havendo, portanto, razão plausível ou justificadora para prorrogar-se o momento oportuno para a juntada de documentos, não se há de falar em nulidade do julgado por cerceamento de defesa (...).
(TRT-9.ª Reg., RO 8781-2006-652-9-0-3, 4.ª T., rel. Sérgio Murilo Rodrigues Lemos, *DJ* 02.03.2010)

- Apresentação de documentos. Tempestividade. Art. 283 do CPC e art. 845 da CLT.

Reza o art. 283 do CPC, de aplicação subsidiária ao processo do trabalho, que a petição inicial será instruída com os documentos indispensáveis à propositura da ação. Por sua vez, o art. 845 da CLT dispõe que: "O reclamante e o reclamado comparecerão à audiência acompanhados das suas testemunhas, apresentando, nessa ocasião, as demais provas". A interpretação lógica dos dispositivos legais em tela, importa na conclusão que o autor pode apresentar documentos juntamente com a inicial e, quando muito, vindicar a juntada antes da oitiva das partes e testemunhas. No caso vertente, compulsando-se os autos, verifica-se que o Reclamante não anexou as Convenções Coletivas de Trabalho e evolução salarial com a inicial e nem até o início da audiência de instrução, tampouco alegou motivo justo para tê-los juntado fora do momento oportuno. Destarte, os documentos em questão não servem para provar as diferenças salariais e reflexos (...).
(TRT-9.ª Reg., RO 328-2005-666-9-0-0, 4.ª T., rel. Arnor Lima Neto, *DJ* 16.10.2006)

🏛 Interpretação extensiva

• Preliminar de nulidade. Cerceamento de defesa. Existência. A Consolidação das Leis do Trabalho, em seu art. 825, parágrafo único, não impõe o prévio arrolamento de testemunha nos moldes do art. 407 do CPC, mas o art. 845 da CLT é imperativo ao determinar que as partes comparecerão à audiência acompanhadas de suas testemunhas.
Na hipótese, porém, o Reclamado apresentou, em audiência una, convite para a testemunha indicada comparecer (f.), pelo que não se pode presumir qualquer pretensão protelatória por parte do Acionado em querer adiar a audiência para a oitiva da testemunha faltosa, mormente quando as partes não detêm poder coercitivo, incito à jurisdição. Faz-se inevitável o reconhecimento do cerceamento de defesa do Recorrente, com retorno dos autos à primeira instância para a reabertura da instrução processual e regular desenvolvimento do feito (...).
(TRT-23.ª Reg., RO 00952.2005.066.23.00-2, Pleno, j. 18.07.2006, rel. Leila Calvo, *DJ* 04.08.2006)

Art. 846. Aberta a audiência, o juiz ou presidente proporá a conciliação.

* Artigo com redação determinada pela Lei 9.022/1995.

Art. 846

⚖ Interpretação convergente

• Acordo homologado que prevê apenas o pagamento de indenização por danos morais. Recurso da União postulando a incidência de contribuição previdenciária sobre a totalidade do valor. Impossibilidade.
O ordenamento jurídico permite às partes celebrar acordo para por termo ao litígio, realizando concessões mútuas (art. 840 do CC/2002) e, inclusive, permite transacionar sobre questões não postas em Juízo (art. 584, III, do CPC). Na seara trabalhista, a tentativa de conciliação é imposta antes mesmo de se instaurar a controvérsia (art. 846 da CLT), o que importa concluir que não há vínculo entre a lide proposta e as convenções das partes quando da realização do acordo. As conciliações judiciais têm natureza jurídica de transação, ou seja, as partes fazem concessões recíprocas acerca da "res dúbia" para evitar ou encerrar um litígio. Desse modo, se há incerteza com relação ao que era devido, deve-se respeitar a vontade das partes, não podendo a União sobrepor a sua vontade à daquelas. Recurso da União a que se nega provimento (...).
(TRT-9.ª Reg., RO 46-2009-69-9-0-7, rel. Edmilson Antonio de Lima, *DJ* 23.02.2010)

• Julgamento antecipado da lide. Inobservância do rito previsto na Consolidação das Leis do Trabalho. Prejuízo da proposta de conciliação. Nulidade.
No processo do trabalho é obrigatória a realização de audiência para tentativa de conciliação, a teor do art. 846 da CLT. A inobservância dessa formalidade conduz à nulidade do processo (...).
(TRT-15.ª Reg., RO 034078/2009, 7.ª Câm., j. 02.06.2009, rel. Fábio Grasselli, *DJ* 05.06.2009)

🏛 Interpretação extensiva

• O princípio da inafastabilidade da jurisdição no processo moderno assegura às partes o direito à jurisdição como meio para realização da Justiça. Não prospera o entendimento de que um órgão privado se sobreponha ao Poder Judiciário na resolução de conflitos. Além disso, a instrumentalidade do processo permite que a tentativa de conciliação seja realizada pelo Juiz do Trabalho não só na audiência (art. 846 da CLT), mas ao longo de todo processo trabalhista (art. 850 da CLT) (...)
(TRT-2.ª Reg., RO 01082-2008-088-02-00-3, 12.ª T., j. 27.11.2008, rel. Marcelo Freire Gonçalves, *DJ* 19.12.2008)

Art. 846

§ 1.º Se houver acordo lavrar-se-á termo, assinado pelo presidente e pelos litigantes, consignando-se o prazo e demais condições para seu cumprimento.

⚖️ Interpretação convergente

• Não havendo previsão expressa das condições para o cumprimento de acordo, conforme art. 846, § 1.º, da CLT, incabível a execução de cumprimento de qualquer obrigação não estabelecida no § 2.º do mesmo citado artigo de lei (...).
(TRT-15.ª Reg., AgPet 026489/2001, Seção Especializada, rel. Fany Fajerstein, *DJ* 25.06.2001)

🏛 Interpretação extensiva

• **OJ 376 da SDI-I/TST**
Contribuição previdenciária. Acordo homologado em juízo após o trânsito em julgado da sentença condenatória. Incidência sobre o valor homologado (*DEJT* 19, 20 e 22.04.2010)
É devida a contribuição previdenciária sobre o valor do acordo celebrado e homologado após o trânsito em julgado de decisão judicial, respeitada a proporcionalidade de valores entre as parcelas de natureza salarial e indenizatória deferidas na decisão condenatória e as parcelas objeto do acordo.

• **OJ 398 da SDI-I/TST**
Contribuição previdenciária. Acordo homologado em juízo sem reconhecimento de vínculo de emprego. Contribuinte individual. Recolhimento da alíquota de 20% a cargo do tomador e 11% a cargo do prestador de serviços. (*DEJT* divulgado em 02, 03 e 04.08.2010)
Nos acordos homologados em juízo em que não haja o reconhecimento de vínculo empregatício, é devido o recolhimento da contribuição previdenciária, mediante a alíquota de 20% a cargo do tomador de serviços e de 11% por parte do prestador de serviços, na qualidade de contribuinte individual, sobre o valor total do acordo, respeitado o teto de contribuição. Inteligência do § 4.º do art. 30 e do inciso III do art. 22, todos da Lei 8.212, de 24.07.1991.

Art. 847

§ 2.º Entre as condições a que se refere o parágrafo anterior, poderá ser estabelecida a de ficar a parte que não cumprir o acordo obrigada a satisfazer integralmente o pedido ou pagar uma indenização convencionada, sem prejuízo do cumprimento do acordo.

⚖ Interpretação convergente

• O acordo firmado entre as partes e homologado pelo MM. Juízo de origem merece prestígio em todos os seus aspectos – art. 831, parágrafo único, da CLT – inclusive no que tange à multa por atraso, pactuada em 50% sobre o saldo inadimplido (f.). Ainda que se trate de atraso de somente um dia, impõe-se a aplicação da multa, eis que não foi pactuada qualquer regra de proporcionalidade relativa a pagamento a destempo, não cabendo ao julgador relativizar o conceito de atraso, o que atentaria contra a segurança jurídica e contra a seriedade do acordo, em suma. Inaplicável ao caso, ainda, a redução equitativa da penalidade prevista no art. 413 do CC/2002. Com efeito, tal dispositivo legal somente autoriza a excepcional adequação na hipótese de cumprimento parcial da obrigação principal, ou quando a penalidade for manifestamente excessiva. No caso, o atraso se deu em relação ao pagamento de toda a obrigação principal (parcela única de R$ 3.500,00), não havendo, portanto, cumprimento parcial, senão quando já configurada a mora. Além disso, não é excessiva a multa no importe de 50% sobre a parcela única, eis que, conforme salientado pelo próprio juízo de origem, a lei admite inclusive pactuação no sentido de a parte inadimplente satisfazer a totalidade do pedido deduzido na petição inicial (art. 846, § 2.º, da CLT) (...).
(TRT-24.ª Reg., AgPet 00488-2005-046-24-00-4, j. 21.06.2006, rel. Márcio Eurico Vitral Amaro, *DO-MS* 06.07.2006)

Art. 847. Não havendo acordo, o reclamado terá 20 (vinte) minutos para aduzir sua defesa, após a leitura da reclamação, quando esta não for dispensada por ambas as partes.

* Artigo com redação determinada pela Lei 9.022/1995.

⚖ Interpretação convergente

• Preliminar de nulidade por cerceamento de defesa e negativa de prestação jurisdicional. Contestação apresentada por peticionamento eletrônico imediatamente antes da audiência.

Art. 848

O art. 847 da CLT determina claramente que a defesa deve ser produzida na audiência, logo após frustrada a tentativa de conciliação. O ônus a ser suportado pela parte que infringir tal regra é a confissão ficta. Neste caso, a Recorrente apresentou a contestação 50 minutos antes da audiência, sem tempo hábil para que a Secretaria da Vara pudesse juntar a peça aos autos. O patrono da Reclamada, presente à audiência, não alertou o magistrado da existência de contestação, quedando-se silente mesmo quando declarado pelo juiz que não fora apresentada defesa e que seriam reputados incontroversos os fatos descritos na inicial. Afastada, assim, a alegação de cerceamento de defesa, bem como a arguição de prestação jurisdicional, pois a questão foi amplamente debatida na primeira e na segunda instâncias. Revista não conhecida (...).
(TST, RR 129900-12.2009.5.12.0018, 8.ª T., j. 11.05.2011, rel. Carlos Alberto Reis de Paula, *DEJT* 16.05.2011)

Interpretação extensiva

- O art. 847 da CLT faculta ao reclamado, em não havendo acordo, aduzir defesa oral, tornando-se dispensável, neste caso, a presença do advogado. Dessa forma, o Reclamado que, citado, não comparece à audiência para exercitar o direito de defesa, é revel, recaindo sobre ele a pena de confissão quanto à matéria de fato (...).
(TST, AgIn em RR 2757/2005-482-01-40.3, 3.ª T., j. 25.11.2009, rel. Horácio Senna Pires, *DJ* 11.12.2009)

Art. 848. Terminada a defesa, seguir-se-á a instrução do processo, podendo o presidente, *ex officio* ou a requerimento de qualquer juiz temporário, interrogar os litigantes.

* *Caput* com redação determinada pela Lei 9.022/1995.

Interpretação convergente

- Nos termos do art. 765 da CLT, o juiz dispõe de ampla liberdade na condução do processo, tendo, se quiser, a opção pela dispensa do depoimento de testemunha, sendo certo, ainda, que as normas insertas nos arts. 820 e 848 da CLT encerram faculdade do Juízo, o qual, caso satisfeito com as provas produzidas,

Art. 848 CONSOLIDAÇÃO DAS LEIS DO TRABALHO 860

pode indeferir as que considerar desnecessárias, a partir do já citado princípio do livre convencimento (...).
(TST, AgIn em RR 113100-96.2009.5.05.0342, 1.ª T., j. 08.02.2012, rel. Vieira de Mello Filho, *DEJT* 24.02.2012)

• O Juiz tem ampla liberdade na direção do processo (art. 765 da CLT), cabendo-lhe determinar as provas necessárias à instrução do feito. Também tem o poder de dispensar o interrogatório das partes e das testemunhas, quando o fato que com ele se pretendia provar já se encontra esclarecido nos autos.
Ademais, nos termos do disposto no art. 848 da CLT, o interrogatório das partes no processo do trabalho constitui uma faculdade do juiz.
Portanto, convencido dos fatos e do direito a ser aplicado à lide, o juízo pode dispensar a produção de novas provas, com fundamento na celeridade e economia processuais, sem que tal atitude caracterize cerceamento ao direito de defesa.
Nesse contexto, a dispensa do depoimento das partes e testemunhas, não enseja nulidade processual (...).
(TRT-6.ª Reg., RO 00053-2008-311-06-00-1, 2.ª T., j. 01.10.2008, rel. Acácio Júlio Kezen Caldeira)

§ 1.º Findo o interrogatório, poderá qualquer dos litigantes retirar-se, prosseguindo a instrução com o seu representante.

⚖️ **Interpretação convergente**

• Segundo o § 1.º do art. 848 da CLT, somente após o interrogatório é que as partes poderão se retirar, quando o feito prosseguirá, apenas, com a presença dos procuradores ou representantes. Os ônus e os encargos processuais são idênticos para as partes litigantes em qualquer tipo processual que assegure o contraditório. Aplicada a pena de confissão a uma das partes, tem-se como verdade processual os fatos narrados pela parte contrária. A confissão ficta é mera presunção. Daí, decorre que, sendo verificada a confissão, não há mais nenhuma prova a ser produzida com relação aos fatos controvertidos, já que a controvérsia se resolveu com a confissão.
Mas esta verdade deve se conformar com a verossimilhança e com os fatos também confessados pela parte beneficiada pela confissão, estabelecendo-se um quadro fático harmônico, do qual emergirá o direito das partes.

Na hipótese dos autos, a controvérsia envolve questão exclusivamente de fato, ou seja, a deportação do recorrente por culpa exclusiva da recorrida, conforme os fatos narrados na inicial que não foram elididos pelo conjunto probatório, transformando a simples ficção em verdade absoluta (...).
(TST, RR 46700-42.2009.5.03.0153, 3.ª T., j. 21.09.2011, rel. Rosa Maria Weber Candiota da Rosa, *DEJT* 30.09.2011)

§ 2.º Serão, a seguir, ouvidas as testemunhas, os peritos e os técnicos, se houver.

⚖️ **Interpretação convergente**

- Preliminar de nulidade processual por cerceamento de defesa.

I – O art. 848, *caput*, da CLT estabelece que, terminada a defesa, seguir-se-á a instrução do processo, podendo o presidente, *ex officio* ou a requerimento de qualquer juiz temporário, interrogar os litigantes.
II – A faculdade conferida ao juiz de, agindo *ex officio*, interrogar os litigantes constitui, muitas vezes, peça fundamental para a obtenção da confissão da parte, antes da oitiva das testemunhas, peritos e técnicos, se houver (...).
(TST, RR 104400-62.2006.5.06.0002, 4.ª T., j. 12.03.2008, rel. Antônio José de Barros Levenhagen, *DEJT* 04.04.2008)

Art. 849. A audiência de julgamento será contínua; mas, se não for possível, por motivo de força maior, concluí-la no mesmo dia, o juiz ou presidente marcará a sua continuação para a primeira desimpedida, independentemente de nova notificação.

⚖️ **Interpretação convergente**

- Ente público. Provas. Preclusão.

No Processo do Trabalho, todas as fases do procedimento ordinário, via de regra, são realizadas em audiência una (art. 849 da CLT), momento em que às partes é dado o direito à conciliação, de serem ouvidas e de exporem suas provas, bem como de contestarem os elementos probantes da parte adversa. Apenas excepcionalmente, tais atos poderão ser praticados fora das fases próprias. Assim, se

somente em grau de recurso a parte pede ao juízo a produção de prova documental, podendo tê-lo feito por ocasião da contestação, não deve ser acolhida à pretensão, pois já verificada a preclusão temporal. Remessa oficial e recurso voluntário conhecidos e não providos (...).
(TRT-16.ª Reg., RO 00037-2008-999-16-00-2, j. 03.09.2008, rel. Luiz Cosmo da Silva Júnior, DJ 15.10.2008)

• Oitiva de testemunha por carta precatória. Indeferimento por ausência de força maior. Cerceamento de defesa não configurado.
Norteia o processo trabalhista o princípio da concentração, segundo o qual na audiência deve-se concentrar o maior número possível de atos processuais. Consoante o art. 849 da CLT, somente em caso de força maior é que se admite que a instrução e o julgamento não se procedam no mesmo dia (...).
(TRT-22.ª Reg., RO 00057-2009-107-22-00-8, 1.ª T., j. 01.02.2010, rel. Arnaldo Boson Paes, DJT-PI 05.03.2010)

• A Consolidação das Leis do Trabalho preconiza que a audiência, em princípio, seja una e que os atos processuais a ela inerentes sejam realizados nessa única oportunidade, inclusive o próprio julgamento. Entretanto, a complexidade das causas e a necessidade de racionalizar procedimentos levou à flexibilização de tal regra, passando a audiência, no mais das vezes, a ser fracionada em etapas sucessivas, devendo as partes sair cientes da data do respectivo prosseguimento, independentemente de intimação, consoante o disposto no art. 849 da CLT (...).
(TRT-23.ª Reg., AgIn no RO 00918.2011.036.23.00-4, 1.ª T., j. 31.01.2012, rel. Roberto Benatar, DJ 02.02.2012)

Art. 850. Terminada a instrução, poderão as partes aduzir razões finais, em prazo não excedente de 10 (dez) minutos para cada uma. Em seguida, o juiz ou presidente renovará a proposta de conciliação, e, não se realizando esta, será proferida a decisão.

Parágrafo único. O presidente da Junta, após propor a solução do dissídio, tomará os votos dos vogais, e, havendo divergência entre estes, poderá desempatar ou proferir decisão que melhor atenda ao cumprimento da lei e ao justo equilíbrio entre os votos divergentes e ao interesse social.

* AEC 24/1999 substituiu as Juntas de Conciliação e Julgamento por Varas do Trabalho (juiz singular) e extinguiu a representação classista na Justiça do Trabalho.

Interpretação convergente

- Cerceamento de defesa. Nulidade da sentença. Desconsideração das razões finais. Ausência de prejuízo.

Embora o art. 850 da CLT confira às partes o direito de se pronunciar em audiência, ao término da instrução, com o intuito de reforçar a tese apresentada e convencer o Juízo, é certo que as razões finais não são indispensáveis ao processo trabalhista, uma vez que a própria lei afirma se tratar de faculdades das partes, sendo certo que a sua não apresentação não traz qualquer desvantagem processual ao litigante. Por outro lado, a declaração de nulidade no processo trabalhista, medida extrema, somente tem lugar quando resultar dos atos inquinados manifesto prejuízo às partes litigantes (...).
(TST, RR 140200-81.2001.5.02.0021, 2.ª T., j. 02.02.2011, rel. Guilherme Augusto Caputo Bastos, *DEJT* 11.02.2011)

- Nulidade processual.

É de se declarar a nulidade do processo quando o Juiz não encaminha a segunda proposta de conciliação de que trata o art. 850 da CLT (...).
(TRT-5.ª Reg., RO 0040100-73.2008.5.05.0641, 1.ª T., j. 08.02.2010, rel. Luiz Tadeu Leite Vieira, *DJ* 11.02.2010)

- Cerceamento de defesa. Razões finais. Interrupção. Não configuração.

Não se declara a nulidade processual quando a parte interessada não demonstra o prejuízo processual decorrente da interrupção das razões finais orais, em respeito ao prazo máximo preconizado pelo art. 850 da CLT. (...).
(TRT-15.ª Reg., RO 072537/2008, 1.ª T., j. 28.10.2008, rel. Luiz Antonio Lazarim, *DJ* 07.11.2008)

Interpretação extensiva

- Preliminar de nulidade por cerceio de defesa. Ausência da segunda proposta conciliatória. Nulidade não verificada. Recurso não conhecido.

A orientação capitulada pelo art. 850 da CLT diz respeito ao andamento da audiência de julgamento, sendo certo que o referido dispositivo legal deve ser analisado à luz do que consigna o art. 794 da CLT, que, ao tratar das nulidades, declara que "nos processos sujeitos à apreciação da Justiça do Trabalho só haverá nulidade quando resultar dos atos inquinados manifesto prejuízo às partes

litigantes". Não se vislumbram, portanto, as violações legais e constitucionais apontadas, haja vista que o Regional apurou que a ausência da proposta final conciliatória não importou em manifesto prejuízo à Ré (...).
(TST, RR 100400-54.2007.5.15.0092, 4.ª T., j. 15.08.2012, rel. Maria de Assis Calsing, DEJT 17.08.2012)

Art. 851. Os trâmites de instrução e julgamento da reclamação serão resumidos em ata, de que constará, na íntegra, a decisão.

* Artigo com redação determinada pelo Dec.-lei 8.737/1946.

⚖ Interpretação convergente

• Nulidade. Termo de audiência (Ata). Art. 851 da CLT.
Presume-se a veracidade dos fatos constantes do termo de audiência, inclusive a presença e a ciência das partes e dos procuradores, bem como os dias e horário estabelecidos ou designados para depoimento, sob pena de confissão. Assim, as alegações, não confirmadas, de equívoco nas anotações da autuação ou quaisquer outras é irrelevante posto que a decisão em referência está em consonância com tudo que consta do respectivo termo de audiência (...).
(TST, RR 416025-64.1998.5.01.5555, 3.ª T., j. 15.08.2001, rel. Carlos Francisco Berardo, DJU 31.08.2001)

• Ata ou termo de audiência. Art. 851 da CLT.
Os trâmites de instrução e julgamento devem constar da ata, lavrada na oportunidade. Assim, não se conhece de alegação de incidente ou ocorrência mencionada apenas no recurso, e que não figura nesse documento. Cabe ao interessado, se for o caso, requerer que fique consignado o que entender de direito (...).
(TRT-2.ª Reg., RO 01348-2006-042-02-00-9, 11.ª T., j. 19.06.2007, rel. Carlos Francisco Berardo, DJ 10.07.2007)

§ 1.º Nos processos de exclusiva alçada das Juntas, será dispensável, a juízo do presidente, o resumo dos depoimentos, devendo constar da ata a conclusão do tribunal quanto à matéria de fato.

* A EC 24/1999 substituiu as Juntas de Conciliação e Julgamento por Varas do Trabalho (juiz singular) e extinguiu a representação classista na Justiça do Trabalho.

§ 2.º A ata será, pelo presidente ou Juiz, junta ao processo, devidamente assinada, no prazo improrrogável de 48 (quarenta e oito) horas, contado da audiência de julgamento, e assinada pelos vogais presentes à mesma audiência.

⚖ Interpretação convergente

- **Súmula 30 do TST**

Intimação da sentença. (Res. TST 121/2003, DJ 19, 20 e 21.11.2003)

Quando não juntada a ata ao processo em 48 horas, contadas da audiência de julgamento (art. 851, § 2.º, da CLT), o prazo para recurso será contado da data em que a parte receber a intimação da sentença.

- Publicação da sentença em audiência. Súmula 197 do TST. Intimação posterior. Contagem do prazo recursal.

A Decisão Regional, que deixou de conhecer do recurso ordinário da reclamada, por intempestivo, não merece reparos, porque, a teor do que ficou consignado no acórdão, as partes foram previamente intimadas quanto à data e ao horário em que seria proferida a sentença, em conformidade com a Súmula 197 desta Corte, sendo a decisão juntada aos autos no dia seguinte, ou seja, dentro do prazo previsto no § 2.º do art. 851 da CLT. A intimação posterior das partes, por desnecessária, não tem o condão de alterar o prazo recursal (...).

(TST, RR 713103-91.2000.5.23.5555, 1.ª T., j. 16.05.2007, rel. Dora Maria da Costa, *DEJT* 15.06.2007)

- Agravo de instrumento para destrancar recurso ordinário. Juntada extemporânea da ata da sessão de julgamento. Provimento.

Dá-se provimento a agravo de instrumento aviado para destrancar recurso ordinário tido por intempestivo, quando, da análise dos autos, contatar-se que a data de juntada aos autos da ata da sessão ultrapassou o prazo de 48 horas fixado no § 2.º do art. 851 da CLT, hipótese em que o início de contagem do prazo é o primeiro dia útil após a notificação da sentença, a qual, no caso de revelia, é feita pela via postal, nos termos do art. 851, § 2.º, c/c o art. 841, § 1.º, ambos da CLT (...).

(TRT-22.ª Reg., AgIn em RO 00223-2007-101-22-00-6, 1.ª T., j. 12.05.2008, rel. Wellington Jim Boavista, *DJT-PI* 08.07.2008)

Art. 852

Art. 852. Da decisão serão os litigantes notificados, pessoalmente, ou por seu representante, na própria audiência. No caso de revelia, a notificação far-se-á pela forma estabelecida no § 1.º do art. 841.

⚖ Interpretação convergente

• Notificação postal da sentença enviada à reclamada. Regularidade. Ausência de notificação do advogado. Nulidade inexistente.

O art. 843 da CLT impõe a presença das partes na audiência de julgamento. Por outro lado, o art. 852 da CLT permite a notificação aos litigantes ou dos seus patronos. Nesse contexto, no processo do trabalho, em regra, da sentença, as partes são notificadas pessoalmente ou por via postal ou, excepcionalmente, por meio dos seus advogados. Assim, a entrega da notificação no endereço da reclamada é o bastante para completar-se validamente o ato processual citatório, sendo que a publicação posterior, – por cautela –, da decisão no Diário de Justiça, não tem o condão de propiciar a reabertura do prazo recursal, uma vez que já se havia operado a intimação válida. Recurso de revista de que não se conhece (...).

(TST, RR 738000-53.2007.5.09.0019, 1.ª T., j. 29.05.2013, rel. Walmir Oliveira da Costa, *DEJT* 07.06.2013)

• Nulidade da sentença. Parte não intimada da decisão. Ofensa ao art. 852 da CLT. Constou do termo de audiência de encerramento a ciência das partes da data de publicação da sentença. Entretanto, apesar de constar da referida ata que as partes estavam cientes, tal fato não ocorreu, à medida que os litigantes não se fizeram presentes na referida audiência. Pelo mesmo motivo não se pode considerar cientes as partes da prolação da sentença. Do teor do art. 852 da CLT se infere que as partes deverão ser notificadas da decisão, seja pessoalmente, seja na forma do § 1.º do art. 841 da CLT. No caso em tela, verifico que a exigência legal não foi observada, pois as partes não estavam presentes no momento em que marcada a data do julgamento e nem tampouco foram notificadas do evento. Presumiu o MM. Julgador que as partes estavam cientes, mas tal presunção não encontra guarida, uma vez totalmente contrária ao citado verbete legal. (...).

(TRT-9.ª Reg., RO 2723-2008-3-9-0-9, 4.ª T., rel. Márcia Domingues, *DJ* 29.07.2011)

Seção II-A
Do procedimento sumaríssimo

* Seção II-A (arts. 852-A a 852-I) acrescentada pela Lei 9.957/2000.

Art. 852-A. Os dissídios individuais cujo valor não exceda a 40 (quarenta) vezes o salário mínimo vigente na data do ajuizamento da reclamação ficam submetidos ao procedimento sumaríssimo.

⚖️ **Interpretação convergente**

• Procedimento sumaríssimo. Ação de cumprimento.
A parte não tem direito de escolher o procedimento que quer para a ação proposta na Justiça do Trabalho (...). Ação de cumprimento é dissídio individual e não coletivo, pois as partes na presente ação são duas pessoas individualizadas (...). Se o valor da causa é inferior a 40 (quarenta) salários mínimos, a ação é processada sob o rito sumaríssimo. A matéria é de ordem pública (...).
(TRT-2.ª Reg., EDcl em RR 00263200206202004, 2.ª T., j. 03.08.2004, rel. Sérgio Pinto Martins)

• A Lei 9.957 de 12.01.2000, introduziu no Processo do Trabalho um novo rito, a saber, o sumaríssimo, com o intuito de adquirir-se maior celeridade nos julgamentos, buscando-se dar à Justiça do Trabalho a rapidez, a eficácia e a eficiência tão almejada por todos aqueles que buscam no Judiciário a tutela efetiva de um direito. Com o prazo estabelecido no art. 2.º da Lei 9.957/2000, as novas disposições passaram a reger as causas que se enquadram no disposto no art. 852-A da CLT, ou seja, aquelas que têm um valor não excedente a 40 (quarenta) vezes o salário mínimo vigente na data do ajuizamento da ação trabalhista (...).
[A]s normas processuais se regem pelo princípio da irretroatividade, sendo que os atos a serem praticados a partir da lei sob comento e que se enquadram no art. 852-A da CLT têm que seguir suas novas disposições.
Através do Comunicado da Presidência 5/2000, publicado no *Diário Oficial* de 13.03.2000, este Regional comunicou a adoção, para os recursos pendentes de julgamento e que atendiam ao artigo acima citado, do novo rito, observando, portanto, o princípio norteador da aplicação da lei processual no tempo (...).
(TRT-15.ª Reg., RO 34.474/2001, j. 19.02.2002, rel. Luís Carlos Cândido Martins Sotero da Silva)

Art. 852-A

🔨 Interpretação restritiva

- A causa de valor até 40 (quarenta) salários mínimos, isoladamente, não é definidora do procedimento sumaríssimo. A petição inicial, a audiência una, a forma de redação da ata de audiência, os limites impostos à produção da prova, os moldes da sentença o procedimento a ser observado no recurso ordinário e as restrições ao recurso de revista são os caracterizadores do procedimento sumaríssimo, que somente pode ser aplicado aos processos cujo valor não exceda a 40 (quarenta) salários mínimos (...).
(TST, AgIn em RR 698747-16.2000.5.15.5555, 2.ª T., j. 21.02.2001, rel. José Luciano de Castilho Pereira, *DJU* 23.03.2001)

- A lei nova não tem o condão de atingir situações processuais já constituídas sob o império da lei antiga, sob pena de ferir direitos processuais adquiridos. A inovação introduzida pela Lei 9.957/2000, que alterou o procedimento vigente, com a criação do rito sumaríssimo, somente pode incidir sobre as ações propostas após a sua vigência, qual seja, sessenta dias da publicação (art. 2.º da Lei 9.957/2000) (...). O que define a adoção do procedimento sumaríssimo é a liquidez do pedido, acrescido do valor inferior a 40 (quarenta) vezes o salário mínimo vigente na data do ajuizamento da reclamação trabalhista, dados mencionados na petição inicial, que, por isso, estabelece o momento processual para que seja estabelecido o procedimento a ser adotado (...).
(TST, AgIn em RR 724370-48.2001.5.15.5555, 3.ª T., j. 12.09.2001, rel. Carlos Alberto Reis de Paula, *DJU* 28.09.2001)

> **Parágrafo único.** Estão excluídas do procedimento sumaríssimo as demandas em que é parte a Administração Pública Direta, Autárquica e Fundacional.

⚖️ Interpretação convergente

- Rito sumaríssimo. Administração Pública. Impossibilidade. Art. 852-A, parágrafo único, da CLT (...).

[A] autora também incluiu no polo passivo da presente ação a União (...) o que inviabiliza o processamento do presente feito pelo rito sumaríssimo, nos termos previstos no parágrafo único do art. 852-A da CLT (...).
(TRT-10.ª Reg., RO 00027-2007-018-10-00-0, 1.ª T, j. 19.09.2007, rel. Elaine Machado Vasconcelos, *DJ* 28.09.2007)

Art. 852-B. Nas reclamações enquadradas no procedimento sumaríssimo:

I – o pedido deverá ser certo ou determinado e indicará o valor correspondente;

⚖️ **Interpretação convergente**

- Inépcia da inicial: verificada. Impossibilidade de superação. Inaplicabilidade do princípio da informalidade. Rito sumaríssimo. Inobservância do art. 852-B, I, da CLT. Pedidos ilíquidos.

A aplicação da informalidade, princípio básico do processo do trabalho, não permite a superação da inépcia, na medida em que o Juiz deve decidir em estrita conformidade com os pedidos expressamente formulados pelas partes, considerando-se, ainda, que a peça inaugural inepta inviabiliza o exercício do direito constitucional à ampla defesa, além de ensejar a prestação jurisdicional insegura, o que não se admite (...).
(TRT-15.ª Reg., RO 0101100-17.2006.5.15.0043, 6.ª T, j. 23.06.2010, rel. Olga Aida Joaquim Gomieri, *DJ* 16.07.2010)

- Art. 852-B, I, da CLT. Liquidação de valores.

O art. 852-B, I, da CLT que cuida das ações que se processam pelo rito sumaríssimo estabelece que o autor deverá indicar o valor que entende devido, sob pena de extinção da demanda sem resolução do mérito. Na hipótese destes autos a petição inicial apresenta individualmente os pedidos e valores correspondentes, atendendo aos termos do art. 852-B, I, da CLT (...).
(TRT-23.ª Reg., RO 00953.2011.001.23.00-0, 2.ª T, j. 09.05.2012, rel. Beatriz Theodoro, *DJ* 10.05.2012)

II – não se fará citação por edital, incumbindo ao autor a correta indicação do nome e endereço do reclamado;

Art. 852-B

🏛 Interpretação extensiva

• **Citação. Prazo para indicação de novo endereço da reclamada.**
É certo que o art. 852-B, II, da CLT veda a citação por edital, com vistas a conferir maior celeridade ao rito sumaríssimo, porém, não afasta a possibilidade do fornecimento de novos endereços da reclamada, caso tenha esta se mudado, até mesmo porque a mudança pode ser superveniente ao ajuizamento da reclamação (...).
(TRT-2.ª Reg., RO 02323200801502001, 11.ª T., j. 06.10.2009, rel. Carlos Francisco Berardo, DJ 20.10.2009)

• **Devolução da notificação da reclamada pela ECT. Extinção do feito com base no art. 852-B, II, da CLT que se anula.**
Diz respeito o inc. II do art. 852-B da CLT, aos casos em que o autor não indica o endereço correto da reclamada, assim compreendido aquele que contém a rua, o número, o bairro, a cidade, o estado e o respectivo Código de Endereçamento Postal (CEP), frustrando o procedimento que deve ser imprimido à ação que é o sumaríssimo, na medida em que, descuidando de todos os detalhes a respeito do endereço da reclamada, fará com que a Vara do Trabalho necessite empreender diligências a fim de poder expedir a competente notificação. A devolução da notificação enviada ao endereço correto constante da inicial, impõe a oitiva do autor sobre o atual paradeiro do adversário. Não pode o autor ser responsabilizado pela mudança de endereço entre a distribuição da ação e o ajuizamento ou por reclamada que se oculta à citação (...).
(TRT-2.ª Reg., RO 01924200801502007, 10.ª T., j. 17.11.2009, rel. Sônia Aparecida Gindro, DJ 01.12.2009)

III – a apreciação da reclamação deverá ocorrer no prazo máximo de 15 (quinze) dias do seu ajuizamento, podendo constar de pauta especial, se necessário, de acordo com o movimento judiciário da Junta de Conciliação e Julgamento.

* A EC 24/1999 substituiu as Juntas de Conciliação e Julgamento por Varas do Trabalho (juiz singular) e extinguiu a representação classista na Justiça do Trabalho.

§ 1.º O não atendimento, pelo reclamante, do disposto nos incs. I e II deste artigo importará no arquivamento da reclamação e condenação ao pagamento de custas sobre o valor da causa.

Interpretação divergente

• [D]a interpretação teleológica do art. 852-B, § 1.º, da CLT, emerge que o arquivamento do feito somente afigura-se cabível na hipótese em que o autor não se acautela em informar o nome e endereço correto do reclamado, descuidando-se quanto a dados essenciais ou incompletos, não se aplicando aos casos em que houve mudança de endereço, que, inclusive, pode ter sido posterior à propositura da ação (...).
(TRT-2.ª Reg., RO 02738200801502005, 10.ª T., j. 18.08.2009, rel. Cândida Alves Leão, *DJ* 01.09.2009)

• Notificação inicial. Réu ausente. Não incidência do art. 852-B, § 1.º, da CLT. Tendo a notificação inicial sido devolvida em face de estar ausente o Réu por duas vezes, não se pode considerar a hipótese de indicação de endereço incorreto, a fazer incidir o disposto no art. 852-B, II e § 1.º, da CLT com extinção do processo sem resolução do mérito (...).
(TRT-18.ª Reg., RO 00261-2009-111-18-00-0, 1.ª T., j. 17.05.2009, rel. Elza Cândida da Silveira, *DJ* 15.06.2009)

> § 2.º As partes e advogados comunicarão ao Juízo as mudanças de endereço ocorridas no curso do processo, reputando-se eficazes as intimações enviadas ao local anteriormente indicado, na ausência de comunicação.

Interpretação convergente

• Procedimento sumaríssimo. Reclamada não encontrada no endereço fornecido na inicial. Arquivamento.
Os processos trabalhistas submetidos ao rito sumaríssimo devem ser apreciados no prazo máximo de 15 (quinze) dias (art. 852-B, III, da CLT) e por isso os vícios da inicial não podem ser corrigidos por emenda, determinando o arquivamento do feito na forma do art. 852-B, § 1.º, da CLT (...).
(TRT-10.ª Reg., RO 00332-2006-001-10-00-0, 1.ª T., j. 30.08.2006, rel. Cilene Ferreira Amaro Santos, *DJ* 08.09.2006)

Art. 852-C

🗎 Interpretação divergente

• Conversão do rito de sumaríssimo para ordinário. Desconhecimento do paradeiro do réu. Art. 852-B da CLT.
Não ofende o art. 852-B, II e § 1.º, da CLT a conversão do rito sumaríssimo em ordinário quando o autor indica na petição inicial o antigo endereço do empregador, sobretudo porque o empregado não pode ter impedido seu direito constitucional de provocar a tutela jurisdicional do Estado em função do desconhecimento do paradeiro da reclamada que abandonou o antigo local em que os serviços eram prestados (...).
(TST, AgIn em RR 76840-64.2003.5.18.0052, 3.ª T., j. 15.12.2004, rel. Ricardo Alencar Machado, *DJU* 25.02.2005)

• Conversão do rito sumaríssimo para ordinário. Citação por edital.
Diante da impossibilidade de localização do 1.º reclamado e da necessidade de ser assegurada a tutela jurisdicional ao litigante de pequeno valor, não afronta o art. 852-B, II e § 1.º, da CLT a conversão do rito sumaríssimo em ordinário, de modo a que se possa proceder à citação por edital (...).
(TST, AgIn em RR 154140-32.2007.5.02.0271, 8.ª T., j. 15.12.2010, rel. Dora Maria da Costa, *DEJT* 17.12.2010)

🏛 Interpretação extensiva

• **Súmula 268 do TST**
A ação trabalhista, ainda que arquivada, interrompe a prescrição somente em relação aos pedidos idênticos.

> **Art. 852-C.** As demandas sujeitas a rito sumaríssimo serão instruídas e julgadas em audiência única, sob a direção de Juiz Presidente ou Substituto, que poderá ser convocado para atuar simultaneamente com o titular.

⚖ Interpretação convergente

• Não se dessume qualquer afronta ao inc. LV do art. 5.º da CF/1988 (...) ante o entendimento de que no procedimento sumaríssimo a audiência é una, e que

mesmo assim a parte deixou de apresentar defesa de mérito, atendo-se apenas à preliminar, cuja réplica da preliminar já tinha ciência do prazo concedido na audiência inaugural.
(TST, AgIn em RR 228240-36.2002.5.02.0431, 6.ª T., j. 23.08.2006, rel. Aloysio Corrêa da Veiga, *DEJT* 08.09.2006)

Art. 852-D. O juiz dirigirá o processo com liberdade para determinar as provas a serem produzidas, considerado o ônus probatório de cada litigante, podendo limitar ou excluir as que considerar excessivas, impertinentes ou protelatórias, bem como para apreciá-las e dar especial valor às regras de experiência comum ou técnica.

⚖️ **Interpretação convergente**

- [O] E. TRT 2.ª Reg., conforme acórdão às f., rejeitou a preliminar de nulidade do feito e da sentença por cerceamento de defesa (...). A Decisão do Tribunal Regional converge com a atual, iterativa e notória jurisprudência deste C. Tribunal Superior do Trabalho (...). [C]onsiderou[-se] não configurar cerceio de defesa o indeferimento das provas documental e pericial, por caber ao Juiz a condução da audiência, bem como a decisão acerca das provas que considerasse necessárias para a formação de seu livre convencimento (...).
(TST, AgIn em RR 171740-44.2008.5.02.0073, 3.ª T., j. 20.04.2010, rel. Horácio Raymundo de Senna Pires, *DEJT* 07.05.2010)

- [O] Juízo poderá determinar a realização de nova perícia quando a matéria não lhe parecer suficientemente esclarecida (...). [O] Juízo, com a liberdade estabelecida pelo art. 852-D da CLT, dirig[e] o processo no sentido [que] entend[e] suficientemente esclarecido o tema. De fato, o juiz estará livre para apreciar as provas carreadas nos autos, e tal procedimento não constitui cerceio de defesa, mas mero exercício do direito de livre apreciação das provas (...).
(TRT-15.ª Reg., RO 0104700-45.2008.5.15.0053, 10.ª Câm., j. 24.04.2012, rel. Fábio Allegretti Cooper)

Art. 852-E. Aberta a Sessão, o Juiz esclarecerá as partes presentes sobre as vantagens da conciliação e usará os meios adequados de

Art. 852-F

persuasão para a solução conciliatória do litígio, em qualquer fase da audiência.

⚖ Interpretação convergente

• Historicamente a Justiça do Trabalho tem por finalidade inicial a conciliação, fato que, apesar de ser do conhecimento dos que lidam com o direito do trabalho, pode ser conferido por meio da breve mas escorreita história relatada pelo nosso ilustre Min. Ives Gandra da Silva Martins Filho (*História do direito do trabalho e da Justiça do Trabalho*. São Paulo: LTr, 1998; Irany Ferrari, Amauri Mascaro Nascimento e Ives Gandra da Silva Martins Filho) e nela podemos confirmar, pelo menos desde 1939, com o Dec.-lei 1.237/1939, que a tentativa de conciliação é precedente fundamental. A história continua, e com ares de modernidade, porque nada melhor do que a conciliação.

A Consolidação das Leis do Trabalho, mesmo que extintas as juntas, manteve no seu art. 846, como ato inicial do juiz, antes mesmo de receber a contestação, a obrigatoriedade de propor a conciliação, e o novel rito sumaríssimo não inovou no aspecto, ao estabelecer que, aberta a sessão, o juiz esclarecerá às partes sobre as vantagens da conciliação, podendo persuadir adequadamente as partes com o objetivo de conciliarem-se (art. 852-E da CLT) (...).

(TST, RR 58279/2002-900-04-00.2, 3.ª T., j. 30.10.2002, rel. Terezinha Célia Kineipp Oliveira, *DJU* 22.11.2002)

Art. 852-F. Na ata de audiência serão registrados resumidamente os atos essenciais, as afirmações fundamentais das partes e as informações úteis à solução da causa trazidas pela prova testemunhal.

⚖ Intepretação convergente

• [C]uida-se de processo de rito sumaríssimo, em que a lei autoriza na ata sejam "registrados resumidamente os atos essenciais, as afirmações fundamentais das partes e as informações úteis à solução da causa trazidas pela prova testemunhal", nos termos do art. 852-F da CLT (...).

(TRT-10.ª Reg., RO 00173-2009-016-10-00-5, 16.ª T., j. 28.07.2009, rel. José Leone Cordeiro Leite, *DJ* 07.08.2009)

Art. 852-G. Serão decididos, de plano, todos os incidentes e exceções que possam interferir no prosseguimento da audiência e do processo. As demais questões serão decididas na sentença.

⚖️ Interpretação convergente

• A alegação tardia questionando a adoção do procedimento sumaríssimo implica preclusão, conforme dispõe o art. 245 do CPC. No caso concreto, em nenhum momento do trâmite processual a reclamada questionou o procedimento adotado quando do protocolo da reclamatória. Conforme preconiza o art. 852-G da CLT, segunda parte, eventual nulidade deveria ser questionada previamente, para que pudesse ser decidida por sentença, já que não se insere no conceito de incidente ou exceção de que trata o *caput* do referido dispositivo (...).
(TST, EDcl em AgIn em RR 618-84.2011.5.04.0304, 1.ª T., j. 29.05.2013, rel. Walmir Oliveira da Costa, *DEJT* 07.06.2013)

Art. 852-H. Todas as provas serão produzidas na audiência de instrução e julgamento, ainda que não requeridas previamente.

⚖️ Interpretação convergente

• Da nulidade. Adiamento da audiência de instrução.
Diversamente do procedimento comum, o rito sumaríssimo, por ser um procedimento mais célere, tem regras próprias, e, só admite a intimação da testemunha ausente quando a parte interessada comprovar que efetuou o convite, pois, todas as provas serão produzidas em audiência de instrução e julgamento (art. 852-H, *caput* e § 2.º, da CLT) (...).
(TRT-2.ª Reg., RO 00266-2009-492-02-00-9, 10.ª T., j. 29.09.2009, rel. Marta Casadei Momezzo, *DJ* 06.10.2009)

• A intimação de testemunha arrolada pela parte não é hipótese restrita ao rito ordinário, conforme art. 852-H da CLT, que trata do procedimento sumaríssimo (...).
(TRT-5.ª Reg., RO 0034900-11.2008.5.05.0019, 5.ª T., j. 03.11.2008, rel. Jeferson Muricy, *DJ* 06.11.2008)

- [A] prova documental pré-constituída deve ser apresentada com a petição inicial, ainda mais quando se trata de convenção coletiva de trabalho, que demanda interpretação de suas cláusulas (...).
(TRT-10.ª Reg., RO 00892-2007-017-10-00-0, 1.ª T, j. 05.03.2008, rel. Pedro Luis Vicentin Foltran, *DJ* 14.03.2008)

🏛 Interpretação extensiva

- [A] interpretação teleológica do art. 852-H, I, da CLT leva à conclusão de que o rito sumaríssimo exige a indicação apenas do valor do crédito trabalhista postulado. Até porque os honorários são arbitrados pelo julgador tomando como parâmetros, entre outros, aqueles fixados pelas normas dos art. 14 e 16 da Lei 5.584/1970 e 20 do CPC, não havendo necessidade, menos ainda exigência de a parte quantificá-los na inicial, *data vênia*.
Ademais, conforme transcrito, a inicial delimita a pretensão a 15% (quinze) por cento do valor que foi reclamado, o que atende à finalidade teleológica do art. 852-H, I, da CLT.
Por fim, ainda que o rigor formal da literalidade prevalecesse, seria o caso de se facultar emenda à petição inicial porque se trataria de vício sanável, não podendo ser declarada a inépcia sem o cumprimento dessa exigência (art. 284 do CPC e Súmula 263 do TST). De todo modo, o fato é que a melhor exegese do art. 852-H, I, da CLT somente pode ser no sentido de que apenas o crédito trabalhista deve ter o valor indicado na petição inicial (...).
(TRT-24.ª Reg., RO 80900-90.2009.5.24.56, 2.ª T, j. 27.01.2010, rel. Francisco das C. Lima Filho, *DEJT* 03.02.2010)

> **§ 1.º Sobre os documentos apresentados por uma das partes manifestar-se-á imediatamente a parte contrária, sem interrupção da audiência, salvo absoluta impossibilidade, a critério do juiz.**

⚖ Interpretação convergente

- [N]a Justiça do Trabalho a audiência de instrução e julgamento constitui o momento processual para a produção de prova documental pelas partes. Note-se, ainda, apresentar-se a demanda no rito sumaríssimo, de modo que todas

as provas, incidentes e exceções serão produzidas na audiência de instrução e julgamento. Ademais, sobre todos os documentos/provas apresentados por uma das partes, manifestar-se-á imediatamente a parte contraria, sem interrupção da audiência, salvo impossibilidade, a critério do Juiz, conforme entendimento expresso nos art. 852-G e 852-H, § 1.º, da CLT (...).
(TRT-5.ª Reg., RO 0050300-20.2008.5.05.0131, 1.ª T., j. 29.04.2009, rel. Marama Carneiro, *DJ* 15.05.2009)

- Na forma do art. 852-H, § 1.º, da CLT, todas as provas serão produzidas na audiência de instrução e julgamento, ainda que não requeridas previamente e, quando apresentado documento por uma das partes, a outra deverá se manifestar imediatamente sobre o mesmo, sem interrupção da audiência (...).
(TRT-10.ª Reg., RO 01070-2006-001-10-00-0, 3.ª T., j. 27.04.2007, rel. Braz Henriques de Oliveira, *DJ* 04.05.2007)

Interpretação divergente

- [D]iante do ordenamento pátrio, não poderia o Julgador alterar o rito processual ao seu mero alvitre. Entretanto, como ocorrido na hipótese em concreto, essa modificação pode ocorrer quando além da defesa, a parte acionada apresenta ação reconvencional – em virtude do permissivo trazido no § 1.º do art. 852-H da CLT, acima transcrito. Nenhuma ilicitude se constata, pois, no exercício do livre arbítrio do julgador, ao acolher a reconvenção (...).
(TRT-5.ª Reg., RO 0138300-54.2007.5.05.0511, 4.ª T., j. 10.03.2009, rel. Valtércio de Oliveira, *DJ* 26.03.2009)

§ 2.º As testemunhas, até o máximo de duas para cada parte, comparecerão à audiência de instrução e julgamento independentemente de intimação.

Interpretação convergente

- [I]ncumbe à parte o ônus de convidar a testemunha que pretende ouvir, mormente em se tratando, o presente feito, de procedimento sumaríssimo (art.

Art. 852-H

852-H, § 2.º, da CLT), não se podendo perder de vista, ainda, a maior liberdade do Juiz na condução do processo no que atine à produção de provas em referido rito (...).
(TRT-15.ª Reg., RO 0175900-23.2008.5.15.0018, 8.ª T., j. 17.04.2012, rel. Luís Carlos Cândido Martins Sotero da Silva, *DJ* 27.04.2012)

§ 3.º Só será deferida intimação de testemunha que, comprovadamente convidada, deixar de comparecer. Não comparecendo a testemunha intimada, o juiz poderá determinar sua imediata condução coercitiva.

⚖ Interpretação convergente

- Cerceamento de defesa. Oitiva de testemunhas por carta precatória. Art. 852-H da CLT.

Quanto à prefacial de nulidade por cerceamento de defesa, face ao indeferimento da oitiva de testemunha por carta precatória, o Regional, mediante certidão de julgamento de f., rejeitou a preliminar em epígrafe, declarando que a decisão se fundou corretamente no art. 852-H, § 3.º, da CLT (...).
(TST, AgIn em RR 39221/2002-900-03-00.5, 3.ª T., j. 09.10.2002, rel. Eneida Melo Correia de Araújo, *DJU* 31.10.2002)

- Pedido de intimação indeferido.

O art. 852-H, § 3.º, da CLT, já em vigor por ocasião da propositura da reclamação trabalhista, é expresso em exigir a comprovação do convite feito à testemunha ausente, para fins do deferimento do pedido de intimação (...).
(TST, RR 1585/2001-432-02-00.0, 2.ª T., j. 28.10.2009, rel. José Simpliciano Fontes de F. Fernandes, *DEJT* 13.11.2009)

- Preliminar de nulidade. Cerceamento de defesa.

Não há nulidade a ser declarada, com base no art. 5.º, LV, da CF/1988, quando o indeferimento de adiamento de audiência encontra lastro no art. 852-H, §§ 2.º e 3.º, da CLT (...).
(TST, AgIn em RR 1130-71.2010.5.04.0411, 3.ª T., j. 16.11.2011, rel. Alberto Luiz Bresciani de Fontan Pereira, *DEJT* 18.11.2011)

Art. 852-H

🏛 Interpretação extensiva

• Nulidade da sentença por cerceio de prova. Indeferimento de prova testemunhal. Descumprimento do art. 852-H, § 3.º, da CLT.

O indeferimento da prova pretendida pelo Autor não se configura em cerceio de defesa, mas pode resultar em cerceio de prova. A expressão "comprovadamente convidada" utilizada pelo art. 852-H, § 3.º, da CLT deixa claro que a prova do convite à testemunha é pré-constituída e deve preceder a postulação de intimação da testemunha. Não comprovado o convite à testemunha, correto o indeferimento do pleito, não havendo falar em cerceio de prova (...).
(TRT-10.ª Reg., RO 00687-2004-006-10-00-9, 1.ª T., j. 13.10.2004, rel. Cilene Ferreira Amaro Santos, *DJ* 22.10.2004)

• A Consolidação das Leis do Trabalho não estabelece que a comprovação do convite à testemunha faltante tenha que ser apresentada no início da audiência, mesmo por que até o momento da respectiva oitiva tem-se a expectativa de que a testemunha ainda compareça. Tendo a Autora comprovado em Juízo, no momento em que foi indagada acerca do nome da sua testemunha, que formulou o convite, não ocorre a preclusão, razão por que deveria ter sido adiada a audiência e determinada a notificação da mencionada testemunha (art. 852-H, § 3.º, da CLT) (...).
(TRT-18.ª Reg., RO 01222-2009-007-18-00-2, 3.ª T, j. 09.12.2009, rel. Elza Cândida da Silveira, *DJ* 10.12.2009)

> § 4.º Somente quando a prova do fato o exigir, ou for legalmente imposta, será deferida prova técnica, incumbindo ao juiz, desde logo, fixar o prazo, o objeto da perícia e nomear perito.
>
> § 5.º (*Vetado*)
>
> § 6.º As partes serão intimadas a manifestar-se sobre o laudo, no prazo comum de 5 (cinco) dias.

⚖ Interpretação convergente

• Cerceamento de Defesa.

Não implica cerceamento de defesa a não admissão, por intempestiva, da manifestação sobre o laudo pericial, pois, segundo o art. 852-H, § 6.º, da CLT, o

prazo das partes para manifestação sobre o laudo pericial é comum e de cinco dias, o que foi regularmente observado pelo juízo (...).
(TST, AgIn em RR 29540-21.2004.5.09.0053, 5.ª T., j. 03.09.2008, rel. Kátia Magalhães Arruda, *DEJT* 19.08.2008)

§ 7.º Interrompida a audiência, o seu prosseguimento e a solução do processo dar-se-ão no prazo máximo de 30 (trinta) dias, salvo motivo relevante justificado nos autos pelo juiz da causa.

Art. 852-I. A sentença mencionará os elementos de convicção do Juízo, com resumo dos fatos relevantes ocorridos em audiência, dispensado o relatório.

⚖️ **Interpretação convergente**

• Em se tratando de rito sumaríssimo, fica dispensado o relatório, na forma do art. 852[-I] da CLT (...).
(TRT-5.ª Reg., RO 00468.2008.122.05.00.8, 4.ª T., j. 23.04.2009, rel. Graça Boness)

§ 1.º O juízo adotará em cada caso a decisão que reputar mais justa e equânime, atendendo aos fins sociais da lei e as exigências do bem comum.

⚖️ **Interpretação convergente**

• Conflito de prova testemunhal das partes. Modo de superação. Rito sumaríssimo. Poder de equidade do Julgador.
Em havendo conflito de informações entre as testemunhas do reclamante e do reclamado, o Juiz deverá socorrer-se de outros elementos para poder superar o impasse.
Na solução de conflito trazido em procedimento sumaríssimo, o Juiz deve atentar para o que dispõe a norma do § 1.º do art. 852-I da CLT, que lhe faculta julgar

o caso pela forma mais justa e equânime, "atendendo aos fins sociais da lei e às exigências do bem comum" (...).
(TRT-19.ª Reg., RO 15690.2009.005.19.00-7, j. 14.09.2010, rel. João Batista, DJ 27.09.2010)

§ 2.º (*Vetado*)

§ 3.º As partes serão intimadas da sentença na própria audiência em que prolatada.

Seção III
Do inquérito para apuração de falta grave

Art. 853. Para a instauração do inquérito para apuração de falta grave contra empregado garantido com estabilidade, o empregador apresentará reclamação por escrito à Junta ou Juízo de Direito, dentro de 30 (trinta) dias, contados da data da suspensão do empregado.

* A EC 24/1999 substituiu as Juntas de Conciliação e Julgamento por Varas do Trabalho (Juiz singular) e extinguiu a representação classista na Justiça do Trabalho.

⚖ Interpretação convergente

• **Súmula 197 do STF**
O empregado com representação sindical só pode ser despedido mediante inquérito em que se apure falta grave.

• **Súmula 403 do STF**
É de decadência o prazo de 30 (trinta) dias para instauração do inquérito judicial, a contar da suspensão, por falta grave, de empregado estável.

• **Súmula 62 do TST**
O prazo de decadência do direito do empregador de ajuizar inquérito em face do empregado que incorre em abandono de emprego é contado a partir do momento em que o empregado pretendeu seu retorno ao serviço.

- **Súmula 77 do TST**
Nula é a punição de empregado se não precedida de inquérito ou sindicância internos a que se obrigou a empresa, por norma regulamentar.

- **Súmula 379 do TST**
O dirigente sindical somente poderá ser dispensado por falta grave mediante a apuração em inquérito judicial, inteligência dos arts. 494 e 543, § 3.º, da CLT. (Ex-OJ 114, inserida em 20.11.1997)

- Esta Corte tem firme entendimento no sentido de que o afastamento do empregado do desempenho de suas funções já caracteriza a suspensão, mencionada no art. 853 da CLT, ainda que a Reclamada tenha continuado a pagar os salários. Segundo essa jurisprudência, o prazo de trinta dias para instalação do inquérito deflagra-se desse afastamento, tido como suspensão, independentemente do pagamento salarial (art. 853 da CLT) (...).
(TST, AgIn em RR 25300-19.2009.5.05.0281, 6.ª T., j. 28.09.2011, rel. Mauricio Godinho Delgado, *DEJT* 07.10.2011)

- Inexiste interesse processual no ajuizamento da ação de inquérito para apuração de falta grave descrita no art. 853 da CLT, quando o empregado não é destinatário de estabilidade (...).
(TRT-16.ª Reg., RO 01189-2008-004-16-00-1, 2.ª T., j. 15.05.2012, rel. Gerson de Oliveira Costa Filho, *DJ* 22.05.2012)

Art. 854. O processo do inquérito perante a Junta ou Juízo obedecerá às normas estabelecidas no presente Capítulo, observadas as disposições desta Seção.

* A EC 24/1999 substituiu as Juntas de Conciliação e Julgamento por Varas do Trabalho (Juiz singular) e extinguiu a representação classista na Justiça do Trabalho.

Art. 855. Se tiver havido prévio reconhecimento da estabilidade do empregado, o julgamento do inquérito pela Junta ou Juízo não prejudicará a execução para pagamento dos salários devidos ao empregado, até a data da instauração do mesmo inquérito.

* A EC 24/1999 substituiu as Juntas de Conciliação e Julgamento por Varas do Trabalho (Juiz singular) e extinguiu a representação classista na Justiça do Trabalho.

⚖ **Interpretação convergente**

• Na hipótese de ser inobservado o prazo decadencial de 30 dias para a instauração do inquérito judicial para apuração de falta grave (art. 853 da CLT), também deve ser assegurada ao reclamante a percepção dos salários referentes ao período em que vigorou a suspensão contratual, tal como ocorre nas situações em que a decisão do inquérito for no sentido de reconhecer a inexistência de falta grave. Ileso o art. 855 da CLT, preceito aplicado nas Instâncias de prova (...).
(TST, AgIn em RR 44200-61.2001.5.05.0271, 1.ª T., j. 26.08.2009, rel. Walmir Oliveira da Costa, *DEJT* 04.09.2009)

• O art. 855 da CLT preconiza que: "Se tiver prévio reconhecimento da estabilidade do empregado, o julgamento do inquérito pela Vara do Trabalho ou Juízo não prejudicará a execução para pagamento dos salários devidos ao empregado, até a data da instauração do mesmo inquérito", é dizer, o empregado suspenso não faz jus ao pagamento dos salários após a instauração do inquérito para a apuração da falta grave, exceto se não provada esta, quando, então, o trabalhador terá direito ao pagamento dos salários do período da suspensão (...).
(TRT-2.ª Reg., RO 194200325502008, 1.ª T., j. 17.04.2008, rel. Wilson Fernandes, *DJ* 13.05.2011)

Capítulo IV
DOS DISSÍDIOS COLETIVOS

Seção I
Da instauração da Instância

Art. 856. A Instância será instaurada mediante representação escrita ao Presidente do Tribunal. Poderá ser também instaurada por iniciativa do Presidente ou, ainda, a requerimento da Procuradoria da Justiça do Trabalho, sempre que ocorrer suspensão do trabalho.

⚖ **Interpretação convergente**

• O Juízo de 1.º Grau não tem competência para declarar o movimento paredista abusivo ou não, pois, em que pese a competência material da Justiça do Trabalho

tenha sido ampliada pela EC 45/2004, para processar e julgar as ações sobre o exercício do direito de greve (art. 114 , II, da CF/1988), isso não alterou a competência funcional fixada no art. 856 da CLT, ou seja, permanece no âmbito da competência originária dos Tribunais Regionais o poder para processar e julgar os dissídios coletivos, dentre eles, o dissídio de greve (...).
(TRT-9.ª Reg., RO 3294200-30.2009.5.09.0015, 1.ª T., j. 08.11.2011, rel. Ubirajara Carlos Mendes, *DJ* 25.11.2011)

Nos termos do art. 856 da CLT e da IN TST 29/2005, a competência para decretar a legalidade ou ilegalidade de greve é dos TRTs e do TST, a depender do caso (...).
(TRT-21.ª Reg., RO 00836-2010-011-21-00-3, 1.ª T., j. 28.08.2012, rel. Simone Medeiros Jalil, *DJ* 30.08.2012)

• A competência material da Justiça do Trabalho, ampliada pela EC 45/2004, não altera a competência funcional fixada no art. 856 da CLT. Permanece, portanto, no âmbito da competência originária dos Tribunais Regionais, o poder para processar e julgar os dissídios coletivos, dentre eles, o dissídio de greve (...).
(TRT-24.ª Reg., RO 00833-2008-086-24-00-1, 2.ª T., j. 13.05.2009, rel. Francisco das C. Lima Filho, *DO-MS* 29.05.2009)

Interpretação extensiva

• **OJ 29 da SDC/TST**
Edital de convocação e ata da assembleia geral. Requisitos essenciais para instauração de dissídio coletivo. (Inserida em 19.08.1998)
O edital de convocação da categoria e a respectiva ata da AGT constituem peças essenciais à instauração do processo de dissídio coletivo.

Interpretação restritiva

• **OJ 03 da SDC/TST**
Arresto. Apreensão. Depósito. Pretensões insuscetíveis de dedução em sede coletiva. (Inserida em 27.03.1998)
São incompatíveis com a natureza e finalidade do dissídio coletivo as pretensões de provimento judicial de arresto, apreensão ou depósito.

- **OJ 07 da SDC/TST**
Dissídio coletivo. Natureza jurídica. Interpretação de norma de caráter genérico. Inviabilidade. (Inserida em 27.03.1998)
Não se presta o dissídio coletivo de natureza jurídica à interpretação de normas de caráter genérico, a teor do disposto no art. 313, II, do RITST.

Art. 857. A representação para instaurar a Instância em dissídio coletivo constitui prerrogativa das associações sindicais, excluídas as hipóteses aludidas no art. 856, quando ocorrer suspensão do trabalho.

* *Caput* com redação determinada pelo Dec.-lei 7.321/1945.

⚖ Interpretação convergente

- Deflui do art. 857 da CLT que somente detém legitimidade para figurar em dissídio coletivo as entidades sindicais representativas da categoria econômica ou profissional ou, quando inorganizadas, a federação ou confederação, como se pode verificar no texto legal:
"Art. 857. A representação para instaurar a instância em dissídio coletivo constitui prerrogativa das associações sindicais, excluídas as hipóteses aludidas no art. 856, quando ocorrer suspensão do trabalho."
A finalidade do dissídio coletivo de natureza econômica é a fixação de condições de trabalho específicas às categorias econômica e profissional a que se refere, mas dentro de sua abrangência, em caráter geral (...).
(TST, RO em Dissídio Coletivo 2027700-91.2007.5.02.0000, SDC, j. 11.09.2008, rel. Dora Maria da Costa, *DEJT* 26.09.2008)

🏛 Interpretação extensiva

- **Súmula 286 do TST**
Sindicato. Substituição processual. Convenção e acordo coletivos. (Res. TST 121/2003, *DJ* 19, 20 e 21.11.2003)
A legitimidade do sindicato para propor ação de cumprimento estende-se também à observância de acordo ou de convenção coletivos.

- **OJ 05 da SDC/TST**

Dissídio coletivo. Pessoa jurídica de direito público. Possibilidade jurídica. Cláusula de natureza social (redação alterada na sessão do Tribunal Pleno realizada em 14.09.2012). (Res. 186/2012, *DEJT* divulgado em 25, 26 e 27.09.2012)

Em face de pessoa jurídica de direito público que mantenha empregados, cabe dissídio coletivo exclusivamente para apreciação de cláusulas de natureza social. Inteligência da Convenção 151 da Organização Internacional do Trabalho, ratificada pelo Dec. Legislativo 206/2010.

- **OJ 19 da SDC/TST**

Dissídio coletivo contra empresa. Legitimação da entidade sindical. Autorização dos trabalhadores diretamente envolvidos no conflito. (Inserido dispositivo). (*DEJT* 16, 17 e 18.11.2010)

A legitimidade da entidade sindical para a instauração da instância contra determinada empresa está condicionada à prévia autorização dos trabalhadores da suscitada diretamente envolvidos no conflito.

Interpretação restritiva

- **OJ 09 da SDC/TST**

Enquadramento sindical. Incompetência material da justiça do trabalho. (Inserida em 27.03.1998)

O dissídio coletivo não é meio próprio para o Sindicato vir a obter o reconhecimento de que a categoria que representa é diferenciada, pois esta matéria – enquadramento sindical – envolve a interpretação de norma genérica, notadamente do art. 577 da CLT.

- **OJ 22 da SDC/TST**

Legitimidade "ad causam" do sindicato. Correspondência entre as atividades exercidas pelos setores profissional e econômico envolvidos no conflito. Necessidade. (Inserido dispositivo). (*DEJT* 16, 17 e 18.11.2010)

É necessária a correspondência entre as atividades exercidas pelos setores profissional e econômico, a fim de legitimar os envolvidos no conflito a ser solucionado pela via do dissídio coletivo.

Parágrafo único. Quando não houver sindicato representativo da categoria econômica ou profissional, poderá a representação ser

instaurada pelas federações correspondentes e, na falta destas, pelas confederações respectivas, no âmbito de sua representação.

* Parágrafo único acrescentado pela Lei 2.693/1955.

Art. 858. A representação será apresentada em tantas vias quantos forem os reclamados e deverá conter:

a) designação e qualificação dos reclamantes e dos reclamados e a natureza do estabelecimento ou do serviço;

b) os motivos do dissídio e as bases da conciliação.

⚖ Interpretação convergente

• Nos dissídios coletivos a representação (petição inicial) deve satisfazer às exigências previstas no art. 858 da CLT, entre as quais se destacam os motivos do dissídio, ou seja, os fundamentos da demanda, devendo constar não só as cláusulas das condições de trabalho que busca ver regulamentadas, como também o fundamento de cada uma delas, a fim de que o Tribunal possa decidir sobre a conveniência de sua instituição (...).
(TRT-19.ª Reg., Dissídio Coletivo 00210.2007.000.19.00-9, j. 04.03.2008, rel. Gustavo Tenório, *DJ* 31.03.2008)

Art. 859. A representação dos sindicatos para instauração da instância fica subordinada à aprovação de assembleia, da qual participem os associados interessados na solução do dissídio coletivo, em primeira convocação, por maioria de 2/3 (dois terços) dos mesmos, ou, em segunda convocação, por 2/3 (dois terços) dos presentes.

Parágrafo único. (*Revogado pelo Dec.-lei 7.321/1945*)

⚖ Interpretação convergente

• O art. 859 da CLT, porque específico, regula o quorum exigível para a assembleia geral sindical deliberar sobre o ajuizamento de dissídio coletivo. Inaplicável o *quorum* do art. 612 da CLT, próprio para viabilizar a celebração de convenção ou acordo coletivo de trabalho (...).
(TST, RO em Dissídio Coletivo 166100-88.2003.5.01.0000, SDC, j. 12.04.2007, rel. João Oreste Dalazen, *DEJT* 01.06.2007)

- O ajuizamento do dissídio coletivo está subordinado à aprovação da assembleia geral da categoria, da qual participem os associados interessados na solução do conflito. Sendo que, em segunda convocação, a deliberação deve ser a manifestação da vontade de 2/3 (dois terços) dos presentes, conforme disposição legal. Se houve a segunda convocação para a realização da assembleia geral e, ainda, constado que a deliberação pelo ajuizamento da instância ocorreu por unanimidade, pode-se concluir que restou alcançado o *quorum* (...).
(TST, RO em Dissídio Coletivo 95100-91.2004.5.01.0000, SDC, j. 13.03.2008, rel. Mauricio Godinho Delgado, DEJT 09.05.2008)

- Nos termos do art. 859 da CLT, a legitimidade das entidades sindicais para instaurar Instância de dissídio coletivo se subordina à autorização da categoria por meio da assembleia geral, da qual participem os associados interessados na solução do conflito (...).
(TST, RO em Dissídio Coletivo 2027700-91.2007.5.02.0000, SDC, j. 11.09.2008, rel. Dora Maria da Costa, DEJT 26.09.2008)

🏛 Interpretação extensiva

- **OJ 08 da SDC/TST**
Dissídio coletivo. Pauta reivindicatória não registrada em ata. Causa de extinção. (Inserida em 27.03.1998)
A ata da assembléia de trabalhadores que legitima a atuação da entidade sindical respectiva em favor de seus interesses deve registrar, obrigatoriamente, a pauta reivindicatória, produto da vontade expressa da categoria.

Seção II
Da conciliação e do julgamento

Art. 860. Recebida e protocolada a representação, e estando na devida forma, o presidente do Tribunal designará a audiência de conciliação, dentro do prazo de 10 (dez) dias, determinando a notificação dos dissidentes, com observância do disposto no art. 841.

Parágrafo único. Quando a Instância for instaurada *ex officio,* a audiência deverá ser realizada dentro do prazo mais breve possível, após o reconhecimento do dissídio.

⚖️ Interpretação convergente

- Nos termos do art. 860 da CLT, nos processos de dissídio coletivo, recebida e protocolada a representação, o presidente do Tribunal designará a audiência de conciliação, devendo ser notificados os dissidentes, com observância do disposto no art. 841 da CLT (...).

(TST, RO em Dissídio Coletivo 22600-80.2007.5.24.0000, SDC, j. 11.09.2008, rel. Dora Maria da Costa, *DETJ* 26.09.2008)

Art. 861. É facultado ao empregador fazer-se representar na audiência pelo gerente, ou por qualquer outro preposto que tenha conhecimento do dissídio, e por cujas declarações será sempre responsável.

Art. 862. Na audiência designada, comparecendo ambas as partes ou seus representantes, o presidente do Tribunal as convidará para se pronunciarem sobre as bases da conciliação. Caso não sejam aceitas as bases propostas, o presidente submeterá aos interessados a solução que lhe pareça capaz de resolver o dissídio.

⚖️ Interpretação convergente

- Nos termos do art. 862 da CLT, na audiência de conciliação, o suscitado poderá pronunciar-se sobre as bases propostas pelo suscitante, cabendo-lhe oferecer a contestação e arguir, também, sob a forma de preliminares, o não cumprimento, pelo suscitante, dos pressupostos processuais necessários ao ajuizamento da ação, entre os quais, a falta de documentos específicos para a instauração do dissídio coletivo. Da mesma forma, é o momento adequado para a impugnação de documentos trazidos com a representação (...).

(TST, RO em Dissídio Coletivo 24100-25.2004.5.12.0000, SDC, j. 13.03.2008, rel. Dora Maria da Costa, *DEJT* 11.04.2008)

Art. 863

Art. 863. Havendo acordo, o presidente o submeterá à homologação do Tribunal na primeira sessão.

⚖️ **Interpretação convergente**

• A lei assegura, quanto aos acordos celebrados em dissídios coletivos, nos termos do art. 863 da CLT, a possibilidade de anulação através de ação rescisória (art. 485, V, do CPC) (...).
(TST, Embargos em RR 1690/2004-095-15-00.1, SDI-I, j. 12.11.2009, rel. Lélio Bentes Corrêa, *DEJT* 20.11.2009)

• Nos termos do art. 863 da CLT, e do art. 112, § 1.º, do Regimento Interno desta Corte, o acordo firmado entre as partes, em sede de dissídio coletivo, deve ser homologado pelo Tribunal, para poder surtir os devidos efeitos (...).
(TRT-13.ª Reg., Dissídio Coletivo 00304.2009.000.13.00-2, Pleno, j. 27.05.2010, rel. Wolney de Macedo Cordeiro, *DEJT* 07.06.2010)

• Ainda que instaurado o dissídio, o juiz instrutor deverá convidar as partes para se pronunciarem sobre as bases da conciliação (art. 862 da CLT) e, havendo acordo, suas bases serão levadas ao Tribunal para homologação (art. 863 da CLT) (...).
(TRT-24.ª Reg., Dissídio Coletivo 42600-33.2009.5.24.0, Pleno, j. 15.04.2010, rel. Márcio V. Thibau de Almeida, *DO-MS* 30.04.2010)

Art. 864. Não havendo acordo, ou não comparecendo ambas as partes ou uma delas, o presidente submeterá o processo a julgamento, depois de realizadas as diligências que entender necessárias e ouvida a Procuradoria.

* Artigo com redação determinada pelo Dec.-lei 8.737/1946.

⚖️ **Interpretação convergente**

• Ademais, impende ressaltar que não configura concordância tácita com o ajuizamento do dissídio, por si só, a mera participação das Suscitadas na audiência de conciliação e instrução ou nas reuniões perante a Delegacia Regional

Art. 866

do Trabalho, inclusive porque decorrentes de obrigação legal, nos termos dos arts. 616 e 864 da CLT (...).
(TST, RO em Dissídio Coletivo 24300-61.2006.5.12.0000, SDC, j. 08.11.2007, rel. Ives Gandra Martins Filho, *DEJT* 30.11.2007)

Interpretação extensiva

• Assim como no processo comum e nos processos trabalhistas, relativos aos dissídios individuais, também nos processos de âmbito coletivo, nos quais são estabelecidas condições de trabalho, são admissíveis as provas documentais, testemunhais e periciais, que possibilitam ao magistrado conhecer as características laborais de determinado setor produtivo ou as condições do segmento econômico. Tais provas se inserem na expressão – diligências necessárias –, trazida pelo art. 864 da CLT, o qual permite que o magistrado possa determinar eventuais esclarecimentos para o deslinde da controvérsia e a fim de verificar as condições de fato existentes sobre determinada circunstância fática, discutida nos autos (...).
(TST, RO em Ação Anulatória 52600-35.2008.5.09.0909, SDC, j. 10.08.2009, rel. Dora Maria da Costa, *DEJT* 21.08.2009)

Art. 865. Sempre que, no decorrer do dissídio, houver ameaça de perturbação da ordem, o presidente requisitará à autoridade competente as providências que se tornarem necessárias.

Art. 866. Quando o dissídio ocorrer fora da sede do Tribunal, poderá o Presidente, se julgar conveniente, delegar à autoridade local as atribuições de que tratam os arts. 860 e 862. Nesse caso, não havendo conciliação, a autoridade delegada encaminhará o processo ao Tribunal, fazendo exposição circunstanciada dos fatos e indicando a solução que lhe parecer conveniente.

Interpretação extensiva

• Delegação de competência ao MM. Juiz da Vara do Trabalho, nos estritos termos do permissivo contido no art. 866 da CLT e para os fins do disposto nos

arts. 860 e 862 do mesmo diploma legal. Exercício legal do direito. Inexistência de prejuízo ou cerceamento do direito de defesa (...).
(TRT-4.ª Reg., Dissídio Coletivo 0633500-12.1999.5.04.0000, j. 17.07.2000, rel. Pedro Luiz Serafini, *DJ* 14.08.2000)

• Instruído os autos, em segunda audiência, as partes não atingiram o consenso necessário para a conciliação do feito, apresentando, assim, o MM Juiz, (...), com fulcro no art. 866 da CLT, a proposta de solução para o presente dissídio e, em seguida, determinou a remessa dos autos a este Regional para processamento e julgamento (...).
(TRT-16.ª Reg., Dissídio Coletivo 00131-2010-000-16-00-0, j. 09.06.2011, rel. Luiz Cosmo da Silva Júnior, *DJ* 15.06.2011)

Art. 867. Da decisão do Tribunal serão notificadas as partes, ou seus representantes, em registrado postal, com franquia, fazendo-se, outrossim, a sua publicação no jornal oficial, para ciência dos demais interessados.

⚖️ **Interpretação convergente**

• Os outros interessados a que se refere o art. 867 da CLT devem ter sido parte no processo ou devem ser abrangidos pelo sindicato, federação ou confederação que participou do dissídio coletivo (...).
(TST, AgIn em RR 78600-66.2006.5.02.0253, 1.ª T., j. 22.09.2011, rel. Walmir Oliveira da Costa, *DEJT* 26.09.2011)

Parágrafo único. A sentença normativa vigorará:

* Parágrafo único acrescentado pelo Dec.-lei 424/1969.
* V. Súmulas 277 e 279 do TST.

a) a partir da data de sua publicação, quando ajuizado o dissídio após o prazo do art. 616, § 3.º, ou, quando não existir acordo, convenção ou sentença normativa em vigor, da data do ajuizamento;

Art. 867

⚖️ **Interpretação convergente**

- **Súmula 350 do TST**
Prescrição. Termo inicial. Ação de cumprimento. Sentença normativa (mantida) – Res. 121/2003, *DJ* 19, 20 e 21.11.2003
O prazo de prescrição com relação à ação de cumprimento de decisão normativa flui apenas da data de seu trânsito em julgado.

- De acordo com a alínea *a* do parágrafo único do art. 867 da CLT: "a sentença normativa vigorará a partir da data de sua publicação, quando ajuizado o dissídio após o prazo do art. 616, § 3.º, da CLT (...)".
(TRT-24.ª Reg., Dissídio Coletivo 00177-2008-000-24-00-0, Pleno, j. 28.10.2008, rel. Ricardo G. M. Zandona, *DO-MS* 10.11.2008)

- De fato, a teor do § 3.º do art. 616 da CLT: "havendo convenção acordo ou sentença normativa em vigor, o dissídio coletivo deverá ser instaurado dentro dos sessenta dias anteriores ao respectivo termo final, para que o novo instrumento possa ter vigência no dia imediato a esse termo". Paralelamente, a alínea *a* do parágrafo único do art. 867 da CLT estipula que: "a sentença normativa vigorará a partir da data de sua publicação, quando ajuizado o dissídio após o prazo do art. 616, § 3.º, ou, quando não existir acordo, convenção ou sentença normativa em vigor, da data do ajuizamento" (...).
(TST, RO em Dissídio Coletivo 351900-91.2010.5.03.0000, SDC, j. 11.03.2013, rel. Mauricio Godinho Delgado, *DEJT* 26.03.2013)

> *b*) a partir do dia imediato ao termo final de vigência do acordo, convenção ou sentença normativa, quando ajuizado o dissídio no prazo do art. 616, § 3.º.

⚖️ **Interpretação convergente**

- Sinale-se, que a sentença normativa, realmente, passa a vigorar ou a partir da data de sua publicação, ou a partir do dia imediato ao termo final da vigência do acordo, convenção ou sentença normativa do período anterior (art. 867 da CLT) (...).
(TRT-4.ª Reg., RO 01422331/97-0, 6.ª T., j. 21.09.2000, rel. João Ghisleni Filho, *DO-RS* 09.10.2000)

Art. 868

CONSOLIDAÇÃO DAS LEIS DO TRABALHO

Seção III
Da extensão das decisões

Art. 868. Em caso de dissídio coletivo que tenha por motivo novas condições de trabalho e no qual figure como parte apenas uma fração de empregados de uma empresa, poderá o Tribunal competente, na própria decisão, estender tais condições de trabalho, se julgar justo e conveniente, aos demais empregados da empresa que forem da mesma profissão dos dissidentes.

Parágrafo único. O Tribunal fixará a data em que a decisão deve entrar em execução, bem como o prazo de sua vigência, o qual não poderá ser superior a 4 (quatro) anos.

⚖ Interpretação convergente

- **OJ 02 da SDC/TST**

Acordo homologado. Extensão a partes não subscreventes. Inviabilidade. (Inserida em 27.03.1998)

É inviável aplicar condições constantes de acordo homologado nos autos de dissídio coletivo, extensivamente, às partes que não o subscreveram, exceto se observado o procedimento previsto no art. 868 e ss., da CLT.

- O parágrafo único do art. 868 da CLT permite que a sentença normativa tenha vigência de até quatro anos. Como se sabe, nesse período as cláusulas podem sofrer revisão – especialmente as de natureza econômica –, dependendo das alterações nas circunstâncias que as ditaram (art. 873 e ss. da CLT) (...).

(TST, RO em Dissídio Coletivo 20066/2004-000-02-00.7, SDC, j. 11.10.2007, rel. João Oreste Dalazen, *DEJT* 07.12.2007)

- Hipótese na qual a pretensão encontra amparo em dissídio coletivo, no qual foi fixada apenas a data de início da vigência e que, por consequência, vigora até a superveniência de outra norma coletiva que a revogue, observado o prazo máximo de 4 (quatro) anos previsto no parágrafo único do art. 868 da CLT (...).

(TRT-4.ª Reg., RO 00083-2008-024-04-00-0, 3.ª T., j. 05.12.2008, rel. Maria Helena Mallmann, *DJ* 18.12.2008)

- Como alhures mencionado, o acordo em dissídio coletivo tem natureza de sentença normativa, e a regra contida no parágrafo único do art. 868 da CLT estabelece 4 (quatro) anos como prazo máximo para vigência das sentenças normativas, sendo certo que, por constituir preceito legal em vigor, sua estrita observância se impõe, não integrando, de forma definitiva, os contratos de trabalho. No mesmo sentido o art. 614, § 3.º, da CLT impõe a limitação de vigência aos acordos e convenções coletivas (...).
(TRT-15.ª Reg., RO 00700-2003-016-15-00-9, j. 22.04.2008, rel. Luís Carlos Cândido Martins Sotero da Silva, *DJ* 30.04.2008)

- O parágrafo único art. 868 da CLT estabelece que "o Tribunal fixará a data em que a decisão deve entrar em execução, bem como o prazo de sua vigência, o qual não poderá ser superior a 4 (quatro) anos". Sobre a matéria tem decidido o TST que a sentença normativa deve vigorar até que novo diploma coletivo advenha e produza a revogação expressa ou tácita do normativo anterior, respeitando o prazo máximo de 4 (quatro) anos fixado na Consolidação das Leis do Trabalho. Desta feita, integra-se o julgado para estabelecer que a sentença normativa terá sua vigência até que outro instrumento coletivo revogue-a, observando-se o limite fixado no parágrafo único do art. 868 da CLT (...).
(TRT-22.ª Reg., Dissídio Coletivo 00269-2009-000-22-00-2, Pleno, j. 05.05.2010, rel. Arnaldo Boson Paes, *DJT-PI* 19.05.2010)

Art. 869. A decisão sobre novas condições de trabalho poderá também ser estendida a todos os empregados da mesma categoria profissional compreendida na jurisdição do Tribunal:

a) por solicitação de um ou mais empregadores, ou de qualquer sindicato destes;

b) por solicitação de um ou mais sindicatos de empregados;

c) ex officio, pelo Tribunal que houver proferido a decisão;

d) por solicitação da Procuradoria da Justiça do Trabalho.

⚖️ **Interpretação convergente**

- Nos termos do art. 869 da CLT, a decisão sobre novas condições de trabalho pode ser estendida a todos os empregados da mesma categoria profissional com-

preendida na jurisdição do Tribunal, o que, por analogia, aplica-se, também, aos acordos e convenções coletivas de trabalho (...).
(TST, RO em Dissídio Coletivo 2017600-19.2003.5.02.0000, SDC, j. 14.08.2008, rel. Dora Maria da Costa, *DEJT* 29.08.2008)

Interpretação restritiva

• O pedido inicial, tal como formulado (extensão das cláusulas de convenção coletiva de trabalho celebrada com outro sindicato), deve ser extinto sem resolução do mérito, pela ausência de decisão normativa, tal como impõe o art. 869 da CLT (...).
(TRT-2.ª Reg., Dissídio Coletivo 20172-2008-000-02-00-4, SDC, j. 25.03.2009, rel. Vilma Mazzei Capatto, *DJ* 02.04.2009)

Art. 870. Para que a decisão possa ser estendida, na forma do artigo anterior, torna-se preciso que 3/4 (três quartos) dos empregadores e 3/4 (três quartos) dos empregados, ou os respectivos sindicatos, concordem com a extensão da decisão.

§ 1.º O Tribunal competente marcará prazo, não inferior a 30 (trinta) nem superior a 60 (sessenta) dias, a fim de que se manifestem os interessados.

§ 2.º Ouvidos os interessados e a Procuradoria da Justiça do Trabalho, será o processo submetido ao julgamento do Tribunal.

Interpretação convergente

• Esta Corte tem se posicionado no sentido de não ser possível a aplicação extensiva de Acordos e Convenções Coletivas diversos a entidades sindicais que não os subscreveram, sem a observância dos requisitos dos arts. 868 a 870 da CLT. Com efeito, não há dúvida de que o tribunal pode estender sua decisão a todos os integrantes da categoria, mas, certamente, é preciso que sejam observados os requisitos do art. 870 da CLT (...).
(TST, RO em Dissídio Coletivo 4221-55.2010.5.00.0000, Decisão Monocrática, j. 05.03.2010, rel. Milton de Moura Franca, *DEJT* 12.03.2010)

• Afirma que não reconhece a convenção coletiva, vez que não tomou parte na sua elaboração, não estando obrigada a aplicá-la. Que não integra a categoria sindical suscitada pelo reclamante. Invoca os arts. 869 e 870 da CLT (...). (TRT-19.ª Reg., RO 00157.2010.010.19.00-9, j. 09.11.2011, rel. João Batista, *DJ* 17.11.2011)

Art. 871. Sempre que o Tribunal estender a decisão, marcará a data em que a extensão deva entrar em vigor.

Seção IV
Do cumprimento das decisões

Art. 872. Celebrado o acordo, ou transitada em julgado a decisão, seguir-se-á o seu cumprimento, sob as penas estabelecidas neste Título.

Interpretação extensiva

• **Súmula 246 do TST**
É dispensável o trânsito em julgado da sentença normativa para propositura da ação de cumprimento.

• **Súmula 350 do TST**
O prazo de prescrição com relação à ação de cumprimento de decisão normativa flui apenas da data de seu trânsito em julgado.

• **OJ 188 da SDI-I/TST**
Decisão normativa que defere direitos. Falta de interesse de agir para ação individual. (Inserida em 08.11.2000)
Falta interesse de agir para a ação individual, singular ou plúrima, quando o direito já foi reconhecido através de decisão normativa, cabendo, no caso, ação de cumprimento.

Parágrafo único. Quando os empregadores deixarem de satisfazer o pagamento de salários, na conformidade da decisão proferida, poderão os empregados ou seus sindicatos, independentes de outorga de pode-

res de seus associados, juntando certidão de tal decisão, apresentar reclamação à Junta ou Juízo competente, observado o processo previsto no Capítulo II deste Título, sendo vedado, porém, questionar sobre a matéria de fato e de direito já apreciada na decisão.

* Parágrafo único com redação determinada pela Lei 2.275/1954.
* A EC 24/1999 substituiu as Juntas de Conciliação e Julgamento por Varas do Trabalho (Juiz singular) e extinguiu a representação classista na Justiça do Trabalho.

⚖️ Interpretação convergente

- **Súmula 286 do TST**

A legitimidade do sindicato para propor ação de cumprimento estende-se também à observância de acordo ou de convenção coletivos.

- É inequívoco que a substituição processual prevista no art. 872, parágrafo único, da CLT constitui espécie do gênero consagrado no art. 8.º, III, da CF/1988, devendo este último dispositivo prevalecer sobre aquele (...).

(TST, RR 121.294/2004-900-04-00.4, 1.ª T., j. 14.09.2005, rel. Lélio Bentes Corrêa, *DJU* 07.10.2005)

- Efetivamente, se, por força expressa de disposição de lei (art. 872 da CLT), está assegurado, tanto ao sindicato, quanto aos empregados, o direito de promover a ação de cumprimento, por certo que o seu ajuizamento pelo sindicato não retira o direito de o substituído ir a Juízo, em defesa de seu direito material (...).

(TST, Embargos em EDcl em RR 1.552/2002-003-18-00.6, SDI-I, j. 19.11.2007, rel. Maria Cristina Irigoyen Peduzzi, *DEJT* 07.12.2007)

- A ação de cumprimento, nos termos do art. 872 da CLT, objetiva obrigar o empregador a cumprir os termos da norma coletiva. Deixando o prestador de serviços de cumprir tais obrigações, atinge indistintamente todos os trabalhadores integrantes da categoria profissional. Tem-se, portanto, que, em tese, seria possível a responsabilização subsidiária dos tomadores de serviços, quando o prestador deixa de conceder aos empregados os benefícios previstos nas normas coletivas (...).

(TRT-9.ª Reg., RO 6238-2009-195-9-0-1, 1.ª T., j. 22.02.2011, rel. Ubirajara Carlos Mendes, *DJ* 18.03.2011)

Interpretação extensiva

- **Súmula 286 do TST**

Sindicato. Substituição processual. Convenção e acordo coletivos. (Res. TST 121/2003, DJ 19, 20 e 21.11.2003)
A legitimidade do sindicato para propor ação de cumprimento estende-se também à observância de acordo ou de convenção coletivos.

Seção V
Da revisão

Art. 873. Decorrido mais de 1 (um) ano de sua vigência, caberá revisão das decisões que fixarem condições de trabalho, quando se tiverem modificado as circunstâncias que as ditaram, de modo que tais condições se hajam tornado injustas ou inaplicáveis.

Interpretação convergente

- Recurso ordinário adesivo interposto pelo [Sindicato]. Revisão de convenção coletiva em vigor. Art. 873 da CLT. Impossibilidade. Consolidação das Leis do Trabalho (…).

Assim, as normas coletivas em vigor só podem ser revistas judicialmente se preencherem os requisitos dispostos naquele dispositivo legal, quais sejam, o decurso de um ano de sua vigência e modificação das circunstâncias que a ditaram. No presente caso, a ação não preenche o pressuposto material de demonstração de ter havido modificação substancial nas condições de trabalho que demandasse a alteração da norma estipulada segundo as circunstâncias da época em que foi celebrada a convenção coletiva, não podendo, portanto, ser revista. Recurso desprovido (…).
(TST, RO em Dissídio Coletivo 95400-71.2009.5.12.000, SDC, j. 15.05.2012, rel. Mauricio Godinho Delgado, DEJT 18.05.2012)

Art. 874. A revisão poderá ser promovida por iniciativa do Tribunal prolator, da Procuradoria da Justiça do Trabalho, das associações sindicais ou de empregador ou empregadores interessados no cumprimento da decisão.

Parágrafo único. Quando a revisão for promovida por iniciativa do Tribunal prolator ou da Procuradoria, as associações sindicais e o empregador ou empregadores interessados serão ouvidos no prazo de 30 (trinta) dias. Quando promovida por uma das partes interessadas, serão as outras ouvidas também por igual prazo.

Art. 875. A revisão será julgada pelo Tribunal que tiver proferido a decisão, depois de ouvida a Procuradoria da Justiça do Trabalho.

Capítulo V
DA EXECUÇÃO
Seção I
Das disposições preliminares

Art. 876. As decisões passadas em julgado ou das quais não tenha havido recurso com efeito suspensivo; os acordos, quando não cumpridos; os Termos de Ajuste de Conduta firmados perante o Ministério Público do Trabalho e os Termos de Conciliação firmados perante as Comissões de Conciliação Prévia serão executados pela forma estabelecida neste Capítulo.

* *Caput* com redação determinada pela Lei 9.958/2000.

Interpretação extensiva

- **Súmula 150 do STF**

Prescreve a execução no mesmo prazo de prescrição da ação.

- Ministério Público do Trabalho. Ação civil pública. Nulidade de contratações. Termo de Ajustamento de Conduta pré-existente. Carência de ação.

Constatando-se identidade de pedido e de causa de pedir (além, obviamente, das partes serem as mesmas) nesta ação e no Termo de Ajustamento de Conduta, antes celebrado, no qual o Município se comprometeu a se abster de manter em seus quadros servidores sem aprovação em concurso, essa proibição significa que, além de o Município não poder firmar novos contratos sem concurso, também não poderia manter, por certo, nos seus quadros servidores contratados

irregularmente. O compromisso firmado é para que sejam desfeitos os contratos nulos, exatamente como buscado nesta inicial. Ora, os compromissos de ajustamento de conduta são títulos executivos extrajudiciais, *ex vi* do art. 5.º, § 6.º, da Lei 7.347/1985 (introduzido pela Lei 8.078/1990), do inc. II do art. 485 do CPC e, se alguma dúvida existisse antes, por força do art. 876 da CLT, com a redação que lhe deu a Lei 9.958/2000, existente, no caso, mais de 11 meses antes da propositura desta ação civil pública. Nessas circunstâncias, falta ao Ministério Público interesse processual ou de agir, o que implica a carência de ação, matéria de conhecimento de ofício, na forma do § 3.º do art. 267 do CPC. Revela-se desnecessária intervenção judicial para a formação de título judicial exequível, se a parte já detém equivalente (...).

É sabido que houve, durante algum tempo, certa controvérsia a respeito da execução do Termo de Ajuste de Conduta, quanto à questão da possibilidade de execução direta perante a Justiça do Trabalho, ou se sua satisfação deveria ser obtida através do ajuizamento de ação de conhecimento ou ação monitória.

Essa discussão, porém, foi dissipada com a nova redação do art. 876 da CLT, dada pela Lei 9.958, de 12.01.2000, que assim disciplina:

"As decisões passadas em julgado ou das quais não tenha havido recurso com efeito suspensivo; os acordos, quando não cumpridos; os termos de ajuste de conduta firmados perante o Ministério Público do Trabalho e os termos de conciliação firmados perante as Comissões de Conciliação Prévia serão executados pela forma estabelecida neste Capítulo."

A partir de então, não há mais dúvida de que o Termo de Ajuste de Conduta firmado pelo Ministério Público do Trabalho constitui um título executivo extrajudicial, que, por expressa autorização legal, se descumprido, pode ser executado, de plano, perante a Justiça do Trabalho.

No presente caso, verifico que, quando do ajuizamento da ação, em 21.11.2000, o novo art. 876 da CLT já estava em vigor.

Assim, não há interesse processual na obtenção de um título executivo judicial, proveniente de ação de conhecimento, se o autor tinha em mãos título executivo extrajudicial, uma vez que ausentes a necessidade-utilidade do provimento jurisdicional da ação civil pública.

Desta forma, já que o Ministério Público do Trabalho poderia ter ajuizado, de imediato, ação de execução do Termo de Compromisso de Ajustamento de Con-

duta, e não o fez, propondo, ao contrário, a presente ação civil pública, concluo pela ausência de uma das condições da ação, qual seja, o interesse de agir. Em se tratando de matéria que deve ser conhecida de ofício, nos termos do § 3.º do art. 267 do CPC, outra alternativa não me resta, senão a de extinguir o processo sem julgamento do mérito, com fulcro no art. 267, VI, do mesmo Codex (...).
(TRT-15.ª Rég., RO 1419-2000-063-15-00-8, j. 04.10.2004, rel. José Pedro de Camargo Rodrigues de Souza, *DJ* 13.10.2004)

Parágrafo único. Serão executadas *ex officio* as contribuições sociais devidas em decorrência de decisão proferida pelos Juízes e Tribunais do Trabalho, resultantes de condenação ou homologação de acordo, inclusive sobre os salários pagos durante o período contratual reconhecido.

* Parágrafo único com redação determinada pela Lei 11.457/2007 (*DOU* 19.03.2007), em vigor no primeiro dia útil do segundo mês subsequente à data de sua publicação (v. art. 51, II, da referida Lei).

⚖️ **Interpretação convergente**

- **OJ 398 do SDI-I/TST**
Contribuição previdenciária. Acordo homologado em juízo sem reconhecimento de vínculo de emprego. Contribuinte individual. Recolhimento da alíquota de 20% a cargo do tomador e 11% a cargo do prestador de serviços. (*DEJT* 02, 03 e 04.08.2010)
Nos acordos homologados em juízo em que não haja o reconhecimento de vínculo empregatício, é devido o recolhimento da contribuição previdenciária, mediante a alíquota de 20% a cargo do tomador de serviços e de 11% por parte do prestador de serviços, na qualidade de contribuinte individual, sobre o valor total do acordo, respeitado o teto de contribuição. Inteligência do § 4.º do art. 30 e do inc. III do art. 22, todos da Lei 8.212, de 24.07.1991.

- De acordo com o art. 42 da Lei 11.457/2007, é competente esta Justiça Especializada para a execução relativa às parcelas previdenciárias incidentes sobre os salários pagos durante o tempo de serviço clandestino, ou seja, sem anotação da CTPS, que, na hipótese, compreendeu todo o período contratual (...).
(TRT-6.ª Reg., RO 01389-2005-201-06-00-3, 3.ª T., j. 23.01.2008, rel. José Luciano Alexo da Silva, *DJ* 28.01.2008)

Interpretação extensiva

• **Competência extraordinária. Justiça do Trabalho. Previdência Social. Alcance.**
A competência extraordinária da Justiça do Trabalho para executar de ofício as contribuições previdenciárias alcança a importância relativa a todo o período do contrato de trabalho, *ex vi* dos arts. 114, § 3.º e 195, I, *a*, ambos da CF/1988 (...).
(TRT-24.ª Reg., AgPet 0260/2004-036-24-00-6, j. 18.11.2004, rel. Nicanor de Araújo Lima, *DO-MS* 01.12.2004)

• **Recolhimentos previdenciários. Acordo judicial. Discriminação de parcelas. Poder fiscalizador do Juiz.**
Embora não seja necessária a observância de proporcionalidade de parcelas salariais entre a pretensão inicial e os valores pagos no acordo, a discriminação de parcelas indenizatórias deverá, no mínimo, guardar coerência com a realidade fática do caso concreto, sob pena de restar caracterizada a tentativa de sonegação do recolhimento previdenciário devido, o que deverá ser coibido pelo Julgador que, com a competência distribuída à Justiça do Trabalho, passou a ter o poder de decidir acerca da regularidade ou não da discriminação da natureza jurídica das parcelas pagas por ocasião do acordo judicial (...).
(TRT-24.ª Reg., RO 00343-2003-021-24-00-5, j. 01.06.2005, rel. João de Deus Gomes de Souza, *DO-MS* 24.06.2005)

Interpretação restritiva

• **Súmula 368 do TST**
Descontos previdenciários e fiscais. Competência. Responsabilidade pelo pagamento. Forma de cálculo. (Redação do item II alterada na Sessão do Tribunal Pleno realizada em 16.04.2012) (Res. TST 181/2012, *DEJT* 19, 20 e 23.04.2012)
I – A Justiça do Trabalho é competente para determinar o recolhimento das contribuições fiscais. A competência da Justiça do Trabalho, quanto à execução das contribuições previdenciárias, limita-se às sentenças condenatórias em pecúnia que proferir e aos valores, objeto de acordo homologado, que integrem o salário de contribuição. (Ex-OJ 141 da SDI-I/TST, inserida em 27.11.1998)
II – É do empregador a responsabilidade pelo recolhimento das contribuições previdenciárias e fiscais, resultante de crédito do empregado oriundo de conde-

nação judicial, devendo ser calculadas, em relação à incidência dos descontos fiscais, mês a mês, nos termos do art. 12-A da Lei 7.713, de 22.12.1988.

III – Em se tratando de descontos previdenciários, o critério de apuração encontra-se disciplinado no art. 276, § 4.º, do Dec. 3.048/1999 que regulamentou a Lei 8.212/1991 e determina que a contribuição do empregado, no caso de ações trabalhistas, seja calculada mês a mês, aplicando-se as alíquotas previstas no art. 198, observado o limite máximo do salário de contribuição. (Ex-OJs 32 e 228 da SDI-I/TST, inseridas, respectivamente, em 14.03.1994 e 20.06.2001)

- Contribuições previdenciárias. Liquidação de sentença. Incidência de juros e multa. Momento da apuração.

Com respeito a processos em que se apuram contribuições previdenciárias decorrentes de decisão judicial (sentença ou acordo), só haverá incidência de juros e multa se a parte executada não efetuar o recolhimento da parcela devida ao INSS no prazo que lhe faculta a lei, qual seja, até o dia dois do mês subsequente ao pagamento realizado ao obreiro, nos termos do art. 276 do Dec. 3.048/1999 (Regulamento da Previdência Social – RPS). Essa regra se aplica tanto aos valores pagos em virtude da liquidação da sentença ou do cumprimento do acordo quanto às contribuições devidas referentes aos salários pagos durante o pacto laboral só reconhecido em Juízo (parágrafo único do art. 876 da CLT), ainda que abrangendo vários anos atrás (...).
(TST, RR 142600-64.2009.5.08.0201, 6.ª T, j. 26.10.2011, rel. Mauricio Godinho Delgado, *DEJT* 04.11.2011)

- Acordo judicial. Relação de emprego não reconhecida. Contribuições previdenciárias. Cota-parte do trabalhador. Não abrangência.

De acordo com o entendimento majoritário desta E. Turma, na conciliação judicial em que não fique reconhecida a existência de vínculo empregatício, está correta a determinação para que o tomador dos serviços comprove o recolhimento de contribuições previdenciárias no percentual de 20% sobre o total do acordo, nos termos do art. 22 da Lei 8.212/1991. Em sede de Justiça Laboral, não é aplicável o art. 4.º da Lei 10.666/2003 (relativo à obrigatoriedade da retenção da cota-parte do trabalhador), mas o art. 276, § 9.º, do Dec. 3.048/1999, que regula especificamente a situação em que haja reconhecimento da ocorrência de prestação de serviços à empresa, mas não o vínculo empregatício. Essa norma menciona tão somente a contribuição de que trata o inc. II do art. 201, ou seja, aquela a

cargo da empresa, fixada em 20%, sendo apenas esse o percentual executável pela Justiça do Trabalho (...).
(TRT-3.ª Reg., AgPet 00269-2008-135-03-00-7, 1.ª T., j. 17.11.2008, rel. Marcus Moura Ferreira, *DJ* 21.11.2008)

- Contribuições previdenciárias. Fato gerador.

As contribuições previdenciárias foram instituídas pela Carta Magna, constando, expressamente, do art. 195, I, *a* que a contribuição social incide sobre "a folha de salários e demais rendimentos do trabalho pagos ou creditados". Assim, a contribuição previdenciária somente passa a ser devida quando efetivamente ocorrer o pagamento ou o crédito ao trabalhador, não havendo como se entender pela licitude de cobrá-las, com cominações decorrentes de suposta mora, a partir da prestação do serviço (...).
(TRT-15.ª Reg., AgPet 0286800-30.2005.5.15.0131, 4.ª T., j. 28.02.2012, rel. Luiz Roberto Nunes, *DJ* 09.03.2012)

- O crédito da União, no que concerne às contribuições previdenciárias, é constituído a partir da existência da coisa julgada, resultante de sentença condenatória e/ou acordo homologado e os acréscimos moratórios previstos na legislação previdenciária só passam a ser devidos após 48 horas da citação do devedor para pagamento. Inteligência do art. 43, § 3.º, da Lei 8.212/1991 (...).
(TRT-15.ª Reg., AgPet 0182700-39.2003.5.15.0084, j. 03.04.2012, rel. Edmundo Fraga Lopes, *DJ* 13.04.2012)

- Contribuições previdenciárias de todo o contrato de trabalho decorrentes de sentença que reconheceu o vínculo empregatício. Incompetência da Justiça do Trabalho.

A ampliação de competência trazida pela EC 20/1998 só se aplica às contribuições previdenciárias diretamente resultantes de sentença condenatória ou dos valores decorrentes de acordos homologados, nos termos da Lei 10.035/2000 e da Súmula 368 do C. TST (...).
(TRT-15.ª Reg., RO 0142600-92.1998.5.15.0027, 4.ª T., j. 24.04.2012, rel. Manuel Soares Ferreira Carradita, *DJ* 03.05.2012)

Art. 877. É competente para a execução das decisões o Juiz ou Presidente do Tribunal que tiver conciliado ou julgado originariamente o dissídio.

Art. 877-A

⚖ Interpretação convergente

• A Justiça do Trabalho é competente para o julgamento das ações oriundas da relação de trabalho, a teor do art. 114, I, da CF/1988, esfera competencial que abrange o pedido do trabalhador de indenização pelo não fornecimento das guias de seguro-desemprego, conforme orientação da Súmula 389 do TST. Resolvida a questão em favor da jurisdição trabalhista, o Juiz que solucionou o litígio torna-se competente para a fase de execução forçada, por força do art. 877 da CLT (...).
(TRT-10.ª Reg., AgPet 01008-2005-821-10-00-8, 2.ª T., j. 24.10.2007, rel. Alexandre Nery de Oliveira, *DJ* 23.11.2007)

• Conflito de competência. Redistribuição do feito em face da criação de novas varas. Previsão em resolução desta corte. Processo na fase executória.
Por se tratar de processo em fase de execução, aplicam-se, à hipótese, as disposições do art. 877 da CLT e art. 575, II, do CPC, os quais estabelecem que, para a execução da sentença, é competente o juízo que decidiu a causa em primeiro grau de jurisdição (...).
(TRT-23.ª Reg., CComp 00056.2012.000.23.00-0, j. 28.06.2012, rel. João Carlos, *DEJT* 29.06.2012)

🏛 Interpretação extensiva

• **Súmula 59 do STJ**
Não há conflito de competência se já existe sentença com transito em julgado, proferida por um dos juízos conflitantes.

• **Súmula 389 do TST**
Seguro-desemprego. Competência da justiça do trabalho. Direito à indenização por não liberação de guias.

> **Art. 877-A.** É competente para a execução de título executivo extrajudicial o Juiz que teria competência para o processo de conhecimento relativo à matéria.
>
> * Artigo acrescentado pela Lei 9.958/2000.

⚖ Interpretação convergente

• Conflito de competência. Execução. Título extrajudicial. Art. 877-A da CLT. Matéria trabalhista.
É competente para a execução de título executivo extrajudicial o Juízo competente para o processo de conhecimento relativo à matéria. No caso, o Juízo do Trabalho, por se cuidar de reclamação trabalhista na qual pretende o reclamante verbas oriundas de relação empregatícia (...).
(STJ, CComp 39.866/SP, 2.ª Seção, j. 24.08.2004, rel. Antônio de Pádua Ribeiro, *DJU* 23.08.2004)

⚒ Interpretação restritiva

• Conflito negativo de competência entre Justiça Federal e Trabalhista. Execução das contribuições previdenciárias. Acordo extrajudicial. Art. 114, § 3.º, da CF/1988. Inaplicabilidade. Competência da Justiça Federal.
1. A competência da Justiça do Trabalho, conferida pelo § 3.º do art. 114 da CF/1988, para executar, de ofício, as contribuições sociais que prevê, decorre de norma de exceção, a ser interpretada restritivamente. Nela está abrangida apenas a execução de contribuições previdenciárias incidentes sobre pagamentos efetuados em decorrência de sentenças proferidas pelo Juízo Trabalhista, única suscetível de ser desencadeada "de ofício".
2. Não compete à Justiça Trabalhista processar execução movida pelo Instituto Nacional do Seguro Social – INSS para cobrar contribuições sociais incidentes sobre pagamentos previstos em acordo celebrado extrajudicialmente, que não submetido à homologação judicial, do qual a autarquia sequer foi parte e que não traz qualquer menção a créditos previdenciários.
3. Compete à Justiça Federal processar e julgar a causa em que figurar a União, suas autarquias ou empresa pública federal na condição de autora, ré, assistente ou opoente (art. 109, I, da CF/1988).
4. Conflito conhecido e declarada a competência do Juízo Federal da 9.ª Vara da Seção Judiciária do Estado do Rio de Janeiro/RJ, o suscitante (...).
(STJ, CComp 38.315/RJ, 1.ª Seção, j. 09.06.2004, rel. Teori Albino Zavascki, *DJU* 23.08.2004)

Art. 878

Art. 878. A execução poderá ser promovida por qualquer interessado, ou *ex officio* pelo próprio Juiz ou Presidente ou Tribunal competente, nos termos do artigo anterior.

Parágrafo único. Quando se tratar de decisão dos Tribunais Regionais, a execução poderá ser promovida pela Procuradoria da Justiça do Trabalho.

* Expressão "Conselhos Regionais" substituída por "Tribunais Regionais", de acordo com o art. 2.º do Dec.-lei 9.797/1946.

Interpretação extensiva

• [O] art. 878 da CLT preceitua que "a execução poderá ser promovida por qualquer interessado, ou *ex officio*, pelo próprio Juiz ou Presidente ou Tribunal competente", nos termos do art. 877 do mesmo diploma legal. Por outro lado, a Lei 5.584/1970 disciplina, no art. 4.º: "nos dissídios de alçada exclusiva das Juntas e naqueles em que os empregados e empregadores reclamarem pessoalmente, o processo será impulsionado de ofício pelo Juiz".

Ora, sendo a Lei 5.584/1970 posterior à Consolidação das Leis do Trabalho, é certo que ocorreu o fenômeno da recepção, pois a nova lei veio regular uma matéria ainda não tratada. Assim, salta aos olhos que o art. 4.º acima transcrito traça os limites do impulso oficial. E ainda assim, tal impulso não pode ser exercido quando o ato praticado ferir a regra da garantia da imparcialidade do Órgão Julgador, como por exemplo, na apresentação dos cálculos de liquidação ou do endereço da executada, para fins de prosseguimento da execução (...).

(TRT-15.ª Reg., AgPet 00284-1190-060-15-00-1, j. 22.11.2004, rel. Luís Carlos Cândido Martins Sotero da Silva, DJ 29.11.2004)

Art. 878-A. Faculta-se ao devedor o pagamento imediato da parte que entender devida à Previdência Social, sem prejuízo da cobrança de eventuais diferenças encontradas na execução *ex officio*.

* Artigo acrescentado pela Lei 10.035/2000.

Art. 879. Sendo ilíquida a sentença exequenda, ordenar-se-á, previamente, a sua liquidação, que poderá ser feita por cálculo, por arbitramento ou por artigos.

* *Caput* com redação determinada pela Lei 2.244/1954.

§ 1.º Na liquidação, não se poderá modificar, ou inovar, a sentença liquidanda, nem discutir matéria pertinente à causa principal.

* § 1.º com redação determinada pela Lei 8.432/1992.

⚖ Interpretação convergente

• Coisa julgada. Execução. Limites. Inteligência do § 1.º do art. 879 da CLT. A execução de acordo ou sentença proferida em fase de conhecimento deve respeitar os limites traçados pela coisa julgada, por expressa disposição legal (inc. II do art. 5.º da CF/1988, arts. 467 e 468 do CPC, o § 1.º do art. 879 da CLT), porquanto, em respeito ao Estado de Direito, não é dado ao Juiz modificar a decisão transitada em julgado.
(TRT-15.ª Reg., AgPet 0045800-63.1987.5.15.0002, j. 21.06.2011, rel. Luís Carlos Cândido Martins Sotero da Silva, *DJ* 01.07.2011)

§ 1.º-A. A liquidação abrangerá, também, o cálculo das contribuições previdenciárias devidas.

* § 1.º-A acrescentado pela Lei 10.035/2000.

§ 1.º-B. As partes deverão ser previamente intimadas para a apresentação do cálculo de liquidação, inclusive da contribuição previdenciária incidente.

* § 1.º-B acrescentado pela Lei 10.035/2000.

§ 2.º Elaborada a conta e tornada líquida, o juiz poderá abrir às partes prazo sucessivo de 10 (dez) dias para impugnação fundamentada com

a indicação dos itens e valores objeto da discordância, sob pena de preclusão.

* § 2.º com redação determinada pela Lei 8.432/1992.

⚖️ Interpretação convergente

• Preclusão. Art. 879, § 2.º, da CLT.
As partes deixaram transcorrer *in albis* o prazo para se manifestarem sobre os referidos cálculos, ocorrendo, pois, a preclusão temporal para fazê-lo na atual fase processual, conforme inteligência do § 2.º do art. 879 da CLT (...).
(TRT-7.ª Reg., AgPet 0053800-9819935070023, 1.ª T., j. 11.05.2011, rel. Paulo Régis Machado Botelho, *DJ* 20.05.2011)

• Preclusão consumativa (art. 879, § 2.º, da CLT).
Não cuidando a parte executada de impugnar os cálculos no momento processual oportuno, encontra-se preclusa a oportunidade de fazê-lo em sede de embargos à execução e de agravo de petição (...).
(TRT-7.ª Reg., AgPet 0101000-8120045070002, 1.ª T., j. 11.07.2011, rel. Emmanuel Teófilo Furtado, *DJ* 21.07.2011)

§ 3.º Elaborada a conta pela parte ou pelos órgãos auxiliares da Justiça do Trabalho, o Juiz procederá à intimação da União para manifestação, no prazo de 10 (dez) dias, sob pena de preclusão.

* § 3.º com redação determinada pela Lei 11.457/2007 (*DOU* 19.03.2007), em vigor no primeiro dia útil do segundo mês subsequente à data de sua publicação (v. art. 51, II, da referida Lei).

§ 4.º A atualização do crédito devido à Previdência Social observará os critérios estabelecidos na legislação previdenciária.

* § 4.º acrescentado pela Lei 10.035/2000.

⚖️ Interpretação convergente

• Contribuições previdenciárias. Fato gerador. Correção do crédito.
O fato gerador do crédito devido ao INSS é a sentença de liquidação, momento este a partir do qual deve ser observada a legislação previdenciária para os fins

de correção do crédito que lhe é devido. O § 4.º do art. 879 da CLT não outorga a esta Justiça do Trabalho a competência para determinar a correção dos valores devidos ao INSS desde o momento em que este deveria ter sido saldado, na constância do contrato de trabalho, mas, frise-se, apenas a partir da liquidação da sentença que reconhece ao reclamante direito de receber verbas de natureza salarial (...).
(TRT-15.ª Reg., AgPet 1724-2000-026-15-00-0, j. 05.07.2005, rel. Elency Pereira Neves, *DJ* 14.07.2005)

Interpretação extensiva

• Contribuição previdenciária. Juros e multa. Termo inicial. Liquidação da sentença.
Prescreve o Regulamento da Previdência Social, aprovado pelo Dec. 3.048/1999, em seu art. 276, que nas ações trabalhistas donde resultar pagamentos sujeitos à incidência de contribuição previdenciária, o recolhimento dos valores devidos à seguridade social se dará no dia dois do mês subsequente ao da liquidação de sentença (...).
(TRT-21.ª Reg., AgPet 00049-2005-003-21-00-0, 1.ª T., j. 02.12.2008, rel. Maria de Lourdes Alves Leite, *DJ* 11.12.2008)

> **§ 5.º O Ministro de Estado da Fazenda poderá, mediante ato fundamentado, dispensar a manifestação da União quando o valor total das verbas que integram o salário de contribuição, na forma do art. 28 da Lei 8.212, de 24.07.1991, ocasionar perda de escala decorrente da atuação do órgão jurídico.**
>
> * § 5.º acrescentado pela Lei 11.457/2007 (*DOU* 19.03.2007), em vigor no primeiro dia útil do segundo mês subsequente à data de sua publicação (v. art. 51, II, da referida Lei).
>
> **§ 6.º Tratando-se de cálculos de liquidação complexos, o Juiz poderá nomear perito para a elaboração e fixará, depois da conclusão do trabalho, o valor dos respectivos honorários com observância, entre outros, dos critérios de razoabilidade e proporcionalidade.**
>
> * § 6.º acrescentado pela Lei 12.405/2011.

Seção II
Do mandado e da penhora

Art. 880. Requerida a execução, o Juiz ou Presidente do Tribunal mandará expedir mandado de citação do executado, a fim de que cumpra a decisão ou o acordo no prazo, pelo modo e sob as cominações estabelecidas ou, quando se tratar de pagamento em dinheiro, inclusive de contribuições sociais devidas à União, para que o faça em 48 (quarenta e oito) horas ou garanta a execução, sob pena de penhora.

* *Caput* com redação determinada pela Lei 11.457/2007 (*DOU* 19.03.2007), em vigor no primeiro dia útil do segundo mês subsequente à data de sua publicação (v. art. 51, II, da referida Lei).

⚖️ Interpretação convergente

• Ora, tendo o direito processual do trabalho regramento específico para execução de sentenças, nos termos do art. 876 e ss. da CLT, não se justifica a aplicação subsidiária de regra do direito processual comum, cuja sistemática revela-se, ademais, incompatível com aquela aplicável na execução trabalhista, em que o prazo para pagamento ou penhora é de 48 (quarenta e oito) horas (art. 880 da CLT) (...).
(TST, RR 50700-20.2007.5.20.0012, 2.ª T., j. 03.10.2011, rel. Caputo Bastos, *DEJT* 03.10.2011)

• Art. 475-J do CPC. Inaplicabilidade ao Processo do Trabalho. Existência de norma processual sobre execução trabalhista. Incompatibilidade da norma de Processo Comum com a do Processo do Trabalho.
1. Ressalvado meu posicionamento em sentido contrário, esta Corte, por meio de decisão proferida pela SDI-I/TST, consagrou entendimento no sentido de que: A regra do art. 475-J do CPC não se ajusta ao Processo do Trabalho atualmente, visto que a matéria possui disciplina específica na Consolidação das Leis do Trabalho, objeto do seu art. 879, §§ 1.º-B e 2.º. Assim, a aplicação subsidiária do art. 475-J do CPC contraria os arts. 769 e 889 da CLT, que não autoriza a utilização da regra, com o consequente desprezo da norma de regência do processo do trabalho.
2. A novidade não encontra abrigo no processo do trabalho, em primeiro lugar, porque neste não há previsão de multa para a hipótese de o executado não pagar

a dívida ao receber a conta líquida; em segundo, porque a via estreita do art. 769 da CLT somente cogita da aplicação supletiva das normas do Direito processual Civil se o processo se encontrar na fase de conhecimento e se presentes a omissão e a compatibilidade; e, em terceiro lugar, porque para a fase de execução, o art. 889 indica como norma subsidiária a Lei 6.830/1980, que disciplina os executivos fiscais. Fora dessas duas hipóteses, ou seja, a omissão e a compatibilidade, estar-se-ia diante de indesejada substituição dos dispositivos da CLT por aqueles do Código de Processo Civil que se pretende adotar.

3. A inobservância das normas inscritas nos arts. 769 e 889 da CLT, com a mera substituição das normas de regência da execução trabalhista por outras de execução no processo comum, enfraquece a autonomia do Direito Processual do Trabalho (TST, Embargos em RR 38300-47.2005.5.01.0052, DJ 17.06.2011) (...).

(TST, Embargos em RR 98200-42.2009.5.13.0001, SDI-I, j. 04.04.2013, rel. Luiz Philippe Vieira de Mello Filho, DEJT 12.04.2013)

- Recurso de embargos da reclamada regido pela Lei 11.496/2007. Multa prevista no art. 475-J do CPC. Não aplicação ao Processo do Trabalho.

A SDI-I/TST já pacificou a controvérsia no sentido da inaplicabilidade da multa prevista no art 475-J do CPC ao Processo do Trabalho. Precedentes. Ressalva de entendimento da relatora (...).

(TST, Embargos em EDcl em RR 371900-26.2005.5.09.0872, SDI-I, j. 20.06.2013, rel. Delaíde Miranda Arantes, DEJT 01.07.2013)

- O art. 475-J do CPC determina que o devedor que, no prazo de quinze dias, não tiver efetuado o pagamento da dívida, tenha acrescido multa de 10% (dez por cento) sobre o valor da execução e que, a requerimento do credor, seja expedido mandado de penhora e avaliação. A decisão que determina a incidência de multa do art. 475-J do CPC, em processo trabalhista, viola o art. 889 da CLT, na medida em que a aplicação do processo civil, subsidiariamente, apenas é possível quando houver omissão da Consolidação das Leis do Trabalho, seguindo, primeiramente, a linha traçada pela Lei de Execução fiscal, para apenas após fazer incidir o Código de Processo Civil. Ainda assim, deve ser compatível a regra contida no processo civil com a norma trabalhista, nos termos do art. 769 da CLT, o que não ocorre no caso de cominação de multa no prazo de quinze dias, quando o art. 880 da CLT determina a execução em 48 (quarenta e oito) horas, sob pena de penhora, não de multa (...).

(TST, RR 177000-91.2011.5.21.0001, 6.ª T., j. 05.06.2013, rel. Aloysio Corrêa da Veiga, DEJT 07.06.2013)

• Não cumprida espontaneamente a sentença, ou seja, não efetuado o pagamento, pelo devedor trabalhista, do valor resultado da condenação judicial, no prazo e modo ali determinados, observar-se-á a incidência de juros e multa após expirado o prazo de 48 (quarenta e oito) horas previsto no art. 880 da CLT (...).
(TRT-9.ª Reg., AgPet 0000600-46.2005.5.06.0004, 3.ª T., j. 23.11.2011, rel. Valéria Gondim Sampaio, *DJ* 05.12.2011)

§ 1.º O mandado de citação deverá conter a decisão exequenda ou o termo de acordo não cumprido.

🏛 Interpretação extensiva

• **OJ 6 do Tribunal Pleno/TST**
Precatório. Execução. Limitação da condenação imposta pelo título judicial exequendo à data do advento da Lei 8.112, de 11.12.1990 (*DJ* 25.04.2007)
Em sede de precatório, não configura ofensa à coisa julgada a limitação dos efeitos pecuniários da sentença condenatória ao período anterior ao advento da Lei 8.112, de 11.12.1990, em que o exequente submetia-se à legislação trabalhista, salvo disposição expressa em contrário na decisão exequenda.

§ 2.º A citação será feita pelos Oficiais de Justiça.
§ 3.º Se o executado, procurado por duas vezes no espaço de 48 (quarenta e oito) horas, não for encontrado, far-se-á a citação por edital, publicado no jornal oficial ou, na falta deste, afixado na sede da Junta ou Juízo, durante 5 (cinco) dias.

* A EC 24/1999 substituiu as Juntas de Conciliação e Julgamento por Varas do Trabalho (Juiz singular) e extinguiu a representação classista na Justiça do Trabalho.

⚖ Interpretação convergente

• [N]o processo de execução trabalhista há regra própria, o art. 880 Consolidado, que estabelece a citação através de mandado, a ser cumprido pelo Oficial de Justiça. Isto porque, o processo trabalhista é judicial e se inicia de modo informal, através de notificação postal, dirigida ao endereço do reclamado fornecido

pelo reclamante, presumindo-se que a notificação foi recebida se não houver prova em contrário, sendo que a única garantia efetiva de que o executado toma conhecimento pessoal da dívida é através do mandado de citação (...).
(TST, RR 1470-15.2011.5.08.0202, 4.ª T., j. 05.12.2012, rel. Luiz Philippe Vieira de Mello Filho, *DEJT* 14.12.2012)

• A regra contida no art. 880 da CLT contém prazo de 48 (quarenta e oito) horas para que se proceda ao pagamento da execução, após a citação, embora não haja cominação de multa pelo inadimplemento. Para se deixar de considerar a regra contida no art. 880 criar-se-ia verdadeiro imbróglio processual, não só em relação ao prazo para cumprimento da obrigação, mais dilatado no processo civil, como também em relação à penhora. Ou seja, deveria o julgador cindir a norma legal para utilizar o prazo de 48 (quarenta e oito) horas, menor, da Consolidação das Leis do Trabalho, com a multa disciplinada no Código de Processo Civil, ou se aplica o prazo do Código de Processo Civil, maior que o da Consolidação das Leis do Trabalho, com a multa e a penhora. Considerando-se que a regra processual civil conflita, em relação ao prazo e à cominação contida no dispositivo da Consolidação das Leis do Trabalho, é incompatível a regra ali contida, o que impossibilita a sua aplicação, nos exatos termos do art. 769 da CLT. O rito, inclusive, no processo do trabalho é diferenciado, pois determina a citação por Oficial de Justiça, conforme prevê o § 2.º do art. 880 da CLT (...).
(TRT-15.ª Reg., RO 0082500-28.2009.5.15.0144, 6.ª T., j. 28.02.2012, rel. Olga Aida Joaquim Gomieri, *DEJT* 09.03.2012)

Art. 881. No caso de pagamento da importância reclamada, será este feito perante o escrivão ou diretor de secretaria, lavrando-se termo de quitação, em duas vias, assinadas pelo exequente, pelo executado e pelo mesmo escrivão ou diretor de secretaria, entregando-se a segunda via ao executado e juntando-se a outra ao processo.

* *Caput* atualizado pela Lei 409/1948.

Parágrafo único. Não estando presente o exequente, será depositada a importância, mediante guia, em estabelecimento oficial de crédito ou, em falta deste, em estabelecimento bancário idôneo.

* Parágrafo único com redação determinada pela Lei 7.305/1985.

Art. 882

⚖️ Interpretação convergente

• O depósito efetuado pela ré objetivou, exclusivamente, garantir e discutir a execução, consoante dispõe o art. 880 da CLT, pois propiciou a apresentação de embargos à execução. Não se tratando de pagamento, como preceitua o art. 881 da CLT, uma vez que o dinheiro não foi disponibilizado para o trabalhador (...).
(TST, AgIn em RR 1271/1994-302-01-42.3, 3.ª T., j. 14.10.2009, rel. Rosa Maria Weber, *DEJT* 13.11.2009)

• Primeiramente, há que se verificar que o executado poderia valer-se da faculdade contida no art. 881 da CLT, sem necessidade de depósito bancário na conta do juízo (...). Se o pagamento é feito por meio de depósito bancário, há que se verificar se foi efetuado com a finalidade de quitar o valor fixado na sentença ou, como garantia, para aguardar o trânsito em julgado (...).
(TRT-2.ª Reg., AgPet 02987199802602001, 3.ª T., j. 08.09.2009, rel. Silvia Regina Pondé Galvão Devonald, *DEJT* 22.09.2009)

• Posta assim a questão, entendo que o depósito da condenação exonera a devedora da responsabilidade pelas atualizações deste se o mencionado depósito tiver natureza jurídica de pagamento (art. 881 da CLT). Para tanto, a importância deve estar de imediato disponibilizada para o credor, o qual poderá outorgar o termo de quitação do qual trata o art. 881 da CLT (...).
(TRT-2.ª Reg., AgPet 2690199200302007, 5.ª T., j. 06.04.2010, rel. José Ruffolo, *DEJT* 16.04.2010)

🏛️ Interpretação extensiva

• **OJ 300 da SDI-I do TST**
Execução trabalhista. Correção monetária. Juros. Lei 8.177/1991, art. 39, e Lei 10.192/2001, art. 15 (nova redação). (*DJ* 20.04.2005)
Não viola norma constitucional (art. 5.º, II e XXXVI) a determinação de aplicação da TRD, como fator de correção monetária dos débitos trabalhistas, cumulada com juros de mora, previstos no art. 39 da Lei 8.177/1991 e convalidado pelo art. 15 da Lei 10.192/2001.

> **Art. 882.** O executado que não pagar a importância reclamada poderá garantir a execução mediante depósito da mesma, atualizada

e acrescida das despesas processuais, ou nomeando bens à penhora, observada a ordem preferencial estabelecida no art. 655 do CPC.

* Artigo com redação determinada pela Lei 8.432/1992.

Interpretação convergente

• Note-se, a propósito, que o art. 880 da CLT prevê a citação do devedor para pagamento da dívida em 48 (quarenta e oito) horas ou para efeito de nomeação de bens à penhora (art. 882 da CLT), sob pena de execução (...).
(TRT-6.ª Reg., RO 00250-2008-143-06-00-9, 3.ª T., j. 15.10.2008, rel. Ana Cristina da Silva Ferreira Lima, *DJ* 13.11.2008)

• Não prospera o apelo, finalmente, quanto à alegada ilegalidade da chamada penhora on-line, eis que tal procedimento encontra amparo no que dispõe o art. 882, da CLT, que prevê a observância, pelo executado, da ordem preferencial de indicação de bens à penhora, estabelecida no art. 655, do CPC. Com efeito, o bloqueio on-line, como é de todos sabido, decorre de convênio firmado com entre o C. TST e o Bacen, e corresponde, hodiernamente, em um dos meios coercitivos mais eficientes de que dispõe o magistrado trabalhista para fazer cumprir a sentença judicial em execução, não havendo cogitar-se em abuso de poder, autoritarismo ou execução gravosa ao executado (...).
(TRT-7.ª Reg., AgPet 00250/2000-021-07-00-0, 1.ª T., j. 10.11.2008, rel. Manoel Arízio Eduardo de Castro, *DJ* 27.11.2008)

• Ressalte-se, ainda, que há expressa previsão no art. 882 da CLT, quando do não pagamento da dívida no prazo legal, a gradação a ser respeitada, mediante dinheiro ou penhora:
"Art. 882. O executado que não pagar a importância reclamada poderá garantir a execução mediante depósito da mesma, atualizada e acrescida das despesas processuais, ou nomeando bens à penhora, observada a ordem preferencial estabelecida no art. 655 do CPC."
O dispositivo não possibilita verificar que há lacuna no processo de execução, pois ao remeter ao não pagamento da execução, explicitamente determina que seja garantida a execução, observada a gradação contida no art. 655 do CPC (...).
(TRT-15.ª Reg., RO 0082500-28.2009.5.15.0144, 6.ª T., j. 28.02.2012, rel. Olga Aida Joaquim Gomieri, *DJ* 09.03.2012)

Art. 883

CONSOLIDAÇÃO DAS LEIS DO TRABALHO

🏛 Interpretação extensiva

- **Súmula 417 do TST**

I – Não fere direito líquido e certo do impetrante o ato judicial que determina penhora em dinheiro do executado, em execução definitiva, para garantir crédito exequendo, uma vez que obedece à gradação prevista no art. 655 do CPC. (Ex-OJ 60, inserida em 20.09.2000)

II – Havendo discordância do credor, em execução definitiva, não tem o executado direito líquido e certo a que os valores penhorados em dinheiro fiquem depositados no próprio banco, ainda que atenda aos requisitos do art. 666, I, do CPC. (Ex-OJ 61, inserida em 20.09.2000)

III – Em se tratando de execução provisória, fere direito líquido e certo do impetrante a determinação de penhora em dinheiro, quando nomeados outros bens à penhora, pois o executado tem direito a que a execução se processe da forma que lhe seja menos gravosa, nos termos do art. 620 do CPC. (Ex-OJ 62, inserida em 20.09.2000)

⚖ Interpretação restritiva

- **Súmula Vinculante 25 do STF**

É ilícita a prisão civil de depositário infiel, qualquer que seja a modalidade do depósito.

> **Art. 883.** Não pagando o executado, nem garantindo a execução, seguir-se-á penhora dos bens, tantos quantos bastem ao pagamento da importância da condenação, acrescida de custas e juros de mora, sendo estes, em qualquer caso, devidos a partir da data em que for ajuizada a reclamação inicial.
>
> * Artigo com redação determinada pela Lei 2.244/1954.

⚖ Interpretação convergente

- **Súmula 163 do STF**

Salvo contra a Fazenda Pública, sendo a obrigação ilíquida, contam-se os juros moratórios desde a citação inicial para a ação.

Art. 883

- **Súmula 224 do STF**
Os juros da mora, nas reclamações trabalhistas, são contados desde a notificação inicial.

- **Súmula 254 do STF**
Incluem-se os juros moratórios na liquidação, embora omisso o pedido inicial ou a condenação.

- **Súmula 211 do TST**
Os juros de mora e a correção monetária incluem-se na liquidação, ainda que omisso o pedido inicial ou a condenação.

- A Consolidação das Leis do Trabalho, no capítulo relativo à execução trabalhista, apresenta disciplina específica acerca do prazo e da garantia da dívida pelo executado, inclusive, há previsão expressa no art. 883 sobre os efeitos decorrentes do não pagamento espontâneo do valor objeto da execução, com a cominação de custas processuais e juros de mora. Portanto, a regra do art. 475-J do CPC mostra-se incompatível com o processo do trabalho. (...).
(TST, RR 3389200-67.2007.5.09.0002, 5.ª T., j. 27.04.2012, rel. Kátia Magalhães Arruda, *DEJT* 27.04.2012)

- Em se tratando de pedido de indenização por danos materiais decorrentes de acidente de trabalho, e considerando que a condenação ao pagamento de indenização por danos morais e materiais se torna exigível a partir da decisão judicial que reconheceu tais patrimônios como violados, os juros de mora devem incidir a partir do ajuizamento da Reclamação, nos termos do que indica o art. 883 da CLT, e a correção monetária a partir da decisão judicial que reconheceu a procedência do pedido, momento em que se constitui em mora o empregador (...).
(TST, RR 111700-25.2009.5.04.0811, 4.ª T., j. 02.05.2012, rel. Maria de Assis Calsing, *DEJT* 04.05.2013)

- Pacificado nesta Casa o entendimento de que – nas condenações por dano moral, a atualização monetária é devida a partir da data da decisão de arbitramento ou de alteração do valor. Os juros incidem desde o ajuizamento da ação, nos termos do art. 883 da CLT (...).
(TST, RR 82900-69.2004.5.15.0030, 1.ª T., j. 14.05.2013, rel. Hugo Carlos Scheuermann, *DEJT* 24.05.2013)

• De acordo com o art. 769 da CLT, a aplicação de norma do processo comum ocorre, subsidiariamente, se a norma processual trabalhista for omissa e, ainda, se houver, com ela, compatibilidade. Nesse contexto, as determinações previstas no art. 475-J do CPC não são aplicáveis à espécie, em razão de disposição expressa de pagamento do débito ou oferecimento de garantia à execução, sob pena de penhora, no prazo reduzido de 48 (quarenta e oito) horas (art. 880 da CLT) e da imposição de prosseguimento da execução, em face de inadimplemento voluntário (art. 883 da CLT) (...).
(TRT-6.ª Reg., RO 0001903-62.2011.5.06.0141, 4.ª T., 07.11.2012, rel. Gilvanildo de Araújo Lima, DJ 16.11.2012)

• No que diz respeito aos juros de mora sobre a indenização por danos morais, a letra do art. 883 da CLT é bastante clara, no sentido da incidência a partir da propositura da demanda, em todos os casos (...).
(TRT-15.ª Reg., RO 0075500-95.2005.5.15.0053, 2.ª T., j. 07.02.2012, rel. Luiz José Dezena da Silva, DJ 17.02.2012)

🏛 Interpretação extensiva

• **Súmula 211 do TST**
Juros de mora e correção monetária. Independência do pedido inicial e do título executivo judicial. (Res. TST 121/2003, DJ 19, 20 e 21.11.2003)
Os juros de mora e a correção monetária incluem-se na liquidação, ainda que omisso o pedido inicial ou a condenação.

• **Súmula 304 do TST**
Correção monetária. Empresas em liquidação. Art. 46 do ADCT. (Res. TST 121/2003, DJ 19, 20 e 21.11.2003 e republicada no DJ 25.11.2003)
Os débitos trabalhistas das entidades submetidas aos regimes de intervenção ou liquidação extrajudicial estão sujeitos a correção monetária desde o respectivo vencimento até seu efetivo pagamento, sem interrupção ou suspensão, não incidindo, entretanto, sobre tais débitos, juros de mora.

• **Súmula 439 do TST**
Danos morais. Juros de mora e atualização monetária. Termo inicial. (Res. TST 185/2012, DEJT 25, 26 e 27.09.2012)

Nas condenações por dano moral, a atualização monetária é devida a partir da data da decisão de arbitramento ou de alteração do valor. Os juros incidem desde o ajuizamento da ação, nos termos do art. 883 da CLT.

- **OJ 226 da SDI-I/TST**

Crédito trabalhista. Cédula de crédito rural. Cédula de crédito industrial. Penhorabilidade. (Título alterado). (*DJ* 20.04.2005)

Diferentemente da cédula de crédito industrial garantida por alienação fiduciária, na cédula rural pignoratícia ou hipotecária o bem permanece sob o domínio do devedor (executado), não constituindo óbice à penhora na esfera trabalhista. (Art. 69 do Dec.-lei 167/1967; arts. 10 e 30 da CLT e Lei 6.830/1980)

- **OJ 89 da SDI-II/TST**

Habeas corpus. Depositário. Termo de depósito não assinado pelo paciente. Necessidade de aceitação do encargo. Impossibilidade de prisão civil (inserida em 27.05.2002)

A investidura no encargo de depositário depende da aceitação do nomeado que deve assinar termo de compromisso no auto de penhora, sem o que, é inadmissível a restrição de seu direito de liberdade.

- **OJ 93 da SDI-II/TST**

Mandado de segurança. Possibilidade da penhora sobre parte da renda de estabelecimento comercial (inserida em 27.05.2002)

É admissível a penhora sobre a renda mensal ou faturamento de empresa, limitada a determinado percentual, desde que não comprometa o desenvolvimento regular de suas atividades.

Interpretação restritiva

- **Súmula Vinculante 7 do STF**

A norma do § 3.º do art. 192 da CF/1988, revogada pela EC 40/2003, que limitava a taxa de juros reais a 12% (doze) ao ano, tinha sua aplicação condicionada à edição de lei complementar.

- **Súmula Vinculante 17 do STF**

Durante o período previsto no § 1.º do art. 100 da CF/1988, não incidem juros de mora sobre os precatórios que nele sejam pagos.

- **Súmula 255 do STF**

Sendo ilíquida a obrigação, os juros moratórios, contra a Fazenda Pública, incluídas as Autarquias, são contados do trânsito em julgado da sentença de liquidação.

- **Súmula 187 do TST**

Correção monetária. Incidência. (Res. TST 121/2003, *DJ* 19, 20 e 21.11.2003)
A correção monetária não incide sobre o débito do trabalhador reclamante.

- **Súmula 200 do TST**

Juros de mora. Incidência. (Res. TST 121/2003, *DJ* 19, 20 e 21.11.2003)
Os juros de mora incidem sobre a importância da condenação já corrigida monetariamente.

- **Súmula 307 do TST**

Juros. Irretroatividade do Dec.-lei 2.322, de 26.02.1987. (Res. TST 121/2003, *DJ* 19, 20 e 21.11.2003)
A fórmula de cálculo de juros prevista no Dec.-lei 2.322, de 26.02.1987 somente é aplicável a partir de 27.02.1987. Quanto ao período anterior, deve-se observar a legislação então vigente.

- **OJ 198 da SDI-I/TST**

Honorários periciais. Atualização monetária. (Inserida em 08.11.2000)
Diferentemente da correção aplicada aos débitos trabalhistas, que têm caráter alimentar, a atualização monetária dos honorários periciais é fixada pelo art. 1.º da Lei 6.899/1981, aplicável a débitos resultantes de decisões judiciais.

- **OJ 153 da SDI-II/TST**

Mandado de segurança. Execução. Ordem de penhora sobre valores existentes em conta salário. Art. 649, IV, do CPC. Ilegalidade (*DEJT* divulgado em 03, 04 e 05.12.2008)
Ofende direito líquido e certo decisão que determina o bloqueio de numerário existente em conta salário, para satisfação de crédito trabalhista, ainda que seja limitado a determinado percentual dos valores recebidos ou a valor revertido para fundo de aplicação ou poupança, visto que o art. 649, IV, do CPC contém norma imperativa que não admite interpretação ampliativa, sendo a exceção prevista no art. 649, § 2.º, do CPC espécie e não gênero de crédito de natureza alimentícia, não englobando o crédito trabalhista.

Seção III
Dos embargos à execução e da sua impugnação

Art. 884. Garantida a execução ou penhorados os bens, terá o executado 5 (cinco) dias para apresentar embargos, cabendo igual prazo ao exequente para impugnação.

* O art. 1.º-B da Lei 9.494/1997, com redação determinada pela MedProv 2.180-35/2001, dispõe: "O prazo a que se refere o *caput* dos arts. 730 do CPC, e 884 da CLT, aprovada pelo Dec.-lei 5.452, de 01.05.1943, passa a ser de 30 (trinta) dias".

* O STF, na MC em ADC 11/DF (*DJU* 29.06.2007), deferiu a cautelar para suspender todos os processos em que se discuta a constitucionalidade do art. 1.º-B da Lei 9.494/1997, acrescentado pela MedProv 2.180-35/2001.

⚖ Interpretação convergente

• O *caput* do art. 884 da CLT, por sua vez, prevê que o devedor oponha embargos caso tenha algum fundamento capaz de invalidar a execução ou de demonstrar a debilidade de certos atos relativos à constrição de bens, sendo o mesmo direito assegurado ao credor, quando se sinta prejudicado no âmbito da apuração do *quantum debeatur* naquele procedimento liquidatório precedente (art. 884, § 3.º, da CLT) (...).
(TRT-6.ª Reg., RO 00250-2008-143-06-00-9, 3.ª T., j. 15.10.2008, rel. Ana Cristina da Silva Ferreira Lima, *DJ* 13.11.2008)

• O art. 884 da CLT é claro ao dispor que o prazo de cinco dias para apresentação dos embargos começa a fluir da garantia da execução ou da penhora de bens, e não em 48 (quarenta e oito) horas da data da intimação como entendeu o Juízo *a quo* (...).
(TRT-7.ª Reg., AgPet 0204500-5720095070013, 1.ª T., j. 10.08.2011, rel. Dulcina de Holanda Palhano, *DEJT* 22.08.2011)

• Garantida a execução, mediante a penhora de imóvel, o prazo para embargos é de cinco dias, contados da ciência da penhora, conforme previsto no art. 884 da CLT (...).
(TRT-14.ª Reg., AgPet 0042300-51.2009.5.14.0032, 2.ª T., j. 10.11.2011, rel. Carlos Augusto Gomes Lôbo, *DETRT14* 11.11.2011)

Art. 884

CONSOLIDAÇÃO DAS LEIS DO TRABALHO 924

🏛 Interpretação extensiva

• **Súmula 419 do TST**
Competência. Execução por carta. Embargos de terceiro. Juízo deprecante. (Conversão da OJ 114 da SDI-II/TST). (Res. TST 137/2005, *DJ* 22, 23 e 24.08.2005)
Na execução por carta precatória, os embargos de terceiro serão oferecidos no juízo deprecante ou no juízo deprecado, mas a competência para julgá-los é do juízo deprecante, salvo se versarem, unicamente, sobre vícios ou irregularidades da penhora, avaliação ou alienação dos bens, praticados pelo juízo deprecado, em que a competência será deste último. (Ex-OJ 114 da SDI-II/TST, *DJ* 11.08.2003)

• Outro contraste manifesto entre o procedimento do art. 475-J do CPC e o da Consolidação das Leis do Trabalho repousa nos embargos do devedor: "garantido o juízo pela penhora, o art. 884 da CLT assegura ao executado o prazo de cinco dias para opor embargos à execução, ao passo que o § 1.º do art. 475-J do CPC faculta ao executado apenas impugnar o título judicial, querendo, no prazo de quinze dias" (...).
(TST, RR 189600-42.2008.5.07.0001, 8.ª T., j. 14.11.2012, rel. Maria Laura Franco Lima de Faria, *DEJT* 16.11.2012)

> **§ 1.º A matéria de defesa será restrita às alegações de cumprimento da decisão ou do acordo, quitação ou prescrição da dívida.**

⚖ Interpretação convergente

• Não é possível, na fase de execução, o acolhimento de prescrição relativa à fase de conhecimento, sob pena de violação à coisa julgada. Conforme § 1.º do art. 884 da CLT, a prescrição passível de ser suscitada na fase de execução é a da própria dívida (...).
(TRT-5.ª Reg., AgPet 0042300-30.2006.5.05.0251, 1.ª T., j. 22.03.2010, rel. Marama dos Santos Carneiro, *DJ* 30.03.2010)

• [A] quitação prevista no § 1.º do art. 884 da CLT é aquela realizada após o trânsito em julgado e nos termos fixados pela decisão exequenda, pelo que defeso ao executado, nos embargos à execução, rediscutir a quitação já apre-

ciada na fase cognitiva e, consequentemente, encoberta pela coisa julgada material (...).
(TRT-23.ª Reg., AgPet 00093.2009.006.23.00-1, 2.ª T., j. 16.03.2011, rel. Leila Calvo, *DJ* 17.03.2011)

> **§ 2.º Se na defesa tiverem sido arroladas testemunhas, poderá o Juiz ou o Presidente do Tribunal, caso julgue necessários seus depoimentos, marcar audiência para a produção das provas, a qual deverá realizar-se dentro de 5 (cinco) dias.**
>
> **§ 3.º Somente nos embargos à penhora poderá o executado impugnar a sentença de liquidação, cabendo ao exequente igual direito e no mesmo prazo.**
>
> * § 3.º com redação determinada pela Lei 2.244/1954.

⚖ Interpretação convergente

• A decisão que aprecia artigos de liquidação é meramente interlocutória e não desafia recurso imediato. Somente após a garantia do juízo é que a matéria poderá ser apreciada, por meio da medida processual cabível, qual seja, embargos à execução ou impugnação do credor, conforme prescreve claramente o § 3.º do art. 884 da CLT (...).
(TRT-5.ª Reg., AgIn em AgPet 0000200-65.2005.5.05.0196, 1.ª T., j. 30.05.2011, rel. Graça Laranjeira, *DJ* 02.06.2011)

• O prazo para o credor impugnar a conta de liquidação é contado da intimação quanto aos embargos do devedor ou do depósito judicial, na ausência daqueles (§ 3.º, do art. 884 da CLT) (...).
(TRT-5.ª Reg., AgPet 0066600-88.2006.5.05.0014, 3.ª T., j. 24.01.2012, rel. Marizete Menezes, *DJ* 27.01.2012)

> **§ 4.º Julgar-se-ão na mesma sentença os embargos e as impugnações à liquidação apresentadas pelos credores trabalhista e previdenciário.**
>
> * § 4.º com redação determinada pela Lei 10.035/2000.
>
> **§ 5.º Considera-se inexigível o título judicial fundado em lei ou ato normativo declarados inconstitucionais pelo Supremo Tribunal Fede-**

Art. 884

ral ou em aplicação ou interpretação tidas por incompatíveis com a Constituição Federal.

* § 5.º acrescentado pela MedProv 2.180-35/2001.

⚖️ Interpretação convergente

• O disposto no § 5.º do art. 884 da CLT é inaplicável aos títulos constituídos anteriormente à sua vigência. Embora a lei processual tenha aplicação imediata, não tem retroatividade, para alcançar a coisa julgada aperfeiçoada no antigo regime processual (...).
(TRT-7.ª Reg., AgPet 0183900-9819935070005, 1.ª T., j. 30.05.2012, rel. Maria Roseli Mendes Alencar, *DEJT* 11.06.2012)

• Ao prever nova hipótese de inexigibilidade do título executivo, o § 5.º do art. 884 da CLT, bem como o art. 741, parágrafo único, do CPC, não ofendem o art. 5.º, XXXVI, da CF/1988, pois se assim não fosse, todos os incisos do mesmo art. 884 da CLT, como também a própria previsão legal dos embargos à execução também deveriam ser considerados ofensivos ao citado dispositivo constitucional (...).
(TRT-16.ª Reg., AgPet 01015-2009-016-16-00-0, 1.ª T., j. 15.02.2012, rel. Alcebíades Tavares Dantas, *DJ* 05.03.2012)

🏛️ Interpretação extensiva

• **OJ 12 do Tribunal Pleno**
Precatório. Procedimento de natureza administrativa. Incompetência funcional do presidente do TRT para declarar a inexigibilidade do título exequendo. (*DEJT* Divulgado em 16, 17 e 20.09.2010)
O Presidente do TRT, em sede de precatório, não tem competência funcional para declarar a inexigibilidade do título judicial exequendo, com fundamento no art. 884, § 5.º, da CLT, ante a natureza meramente administrativa do procedimento.

• [É] imperativo registrar a jurisprudência pacífica no C. TST no sentido de que o Presidente de TRT, em sede de precatório, não tem competência para examinar a inexigibilidade do título executivo judicial com fundamento no art. 884, § 5.º da CLT (...).
(TST, RO 151340-69.2009.5.21.0000, Órgão Especial, j. 03.10.2011, rel. Vieira de Mello Filho, *DEJT* 03.10.2011)

Seção IV
Do julgamento e dos trâmites finais da execução

Art. 885. Não tendo sido arroladas testemunhas na defesa, o juiz ou presidente, conclusos os autos, proferirá sua decisão, dentro de 5 (cinco) dias, julgando subsistente ou insubsistente a penhora.

Art. 886. Se tiverem sido arroladas testemunhas, finda a sua inquirição em audiência, o escrivão ou secretário fará, dentro de 48 (quarenta e oito) horas, conclusos os autos ao Juiz ou Presidente, que proferirá sua decisão, na forma prevista no artigo anterior.

⚖ Interpretação convergente

• [O] direito de defesa foi renovado no prazo de embargos à execução. Nem se diga que não foi observado o art. 886 da CLT, posto que não houve arrolamento de testemunhas, sendo certo que as provas que pretendia produzir deveriam ter sido juntadas com as razões de embargos à execução. Não existiu tratamento diferenciado entre as partes ou cerceamento de defesa (...).
(TST, AgIn em RR 4821700-91.2002.5.02.0902, 1.ª T., j. 05.08.2009, rel. Luiz Philippe Vieira de Mello Filho, DEJT 07.08.2009)

§ 1.º Proferida a decisão, serão da mesma notificadas as partes interessadas, em registrado postal, com franquia.

§ 2.º Julgada subsistente a penhora, o Juiz ou Presidente mandará proceder logo à avaliação dos bens penhorados.

🏛 Interpretação extensiva

• O § 2.º do art. 886 da CLT assenta que "Julgada subsistente a penhora, o Juiz, ou Presidente, mandará proceder logo à avaliação dos bens penhorados", verificando-se, assim, que os embargos à execução trabalhista têm sempre efeito suspensivo, obstando, numa interpretação literal da norma, inclusive, a realização de avaliação do patrimônio restringido processualmente. Respaldado nos

princípios do devido processo legal, da concatenação dos atos e da lógica jurídica, se os embargos de devedor no processo do trabalho impedem a realização da avaliação dos bens penhorados, não há como ser admitida a possibilidade do exequente perceber seu crédito antes do julgamento da referida ação incidental e do eventual agravo de petição cabível (...).
(TRT-22.ª Reg., MS 00299-2008-000-22-00-8, Pleno, j. 18.03.2009, rel. Fausto Lustosa Neto, *DJT-PI* 16.04.2009)

Art. 887. A avaliação dos bens penhorados em virtude da execução de decisão condenatória será feita por avaliador escolhido de comum acordo pelas partes, que perceberá as custas arbitradas pelo Juiz, ou Presidente do Tribunal Trabalhista, de conformidade com a tabela a ser expedida pelo Tribunal Superior do Trabalho.

* Artigo revogado. V. Lei 5.442/1968 (Normas processuais).

Interpretação extensiva

• Não se configura a alegação de preço vil quando as avaliações são procedidas pelo Oficial de Justiça, que goza de fé pública (art. 887 da CLT), e recebem a chancela do Juízo da execução (...).
(TST, AgIn em RR 131740-94.2002.5.15.0058, 5.ª T., j. 18.04.2007, rel. Walmir Oliveira da Costa, *DJU* 04.05.2007)

• [O] art. 887 da CLT foi tacitamente revogado pela Lei 5.442, de 24.05.1968, que deu nova redação ao art. 721 da CLT, uma vez que a avaliação dos bens penhorados é realizada pelos Oficiais de Justiça Avaliadores (...).
(TRT-2.ª Reg., AR 13865200300002006, Seção especializada, j. 23.11.2006, rel. Marcelo Freire Gonçalves, *DJ* 09.01.2007)

§ 1.º Não acordando as partes quanto à designação de avaliador, dentro de 5 (cinco) dias após o despacho que determinou a avaliação, será o avaliador designado livremente pelo juiz ou presidente do Tribunal.

§ 2.º Os servidores da Justiça do Trabalho não poderão ser escolhidos ou designados para servir de avaliador.

Interpretação divergente

• A avaliação de bem penhorado na execução trabalhista compete ao Oficial de Justiça Avaliador, conforme o disposto no art. 721 da CLT, e somente é passível de revisão quando presente qualquer das hipóteses rezadas no art. 683 do CPC. Não provada qualquer causa ensejadora da revisão ou de avaliação por profissional especializado, deve prevalecer a avaliação procedida por quem investido da atribuição legal (...).
(TRT-4.ª Reg., AgPet 0132300-40.2008.5.04.0702, 10.ª T., j. 17.11.2011, rel. Milton Varela Dutra, *DJ* 24.11.2011)

> **Art. 888.** Concluída a avaliação, dentro de 10 (dez) dias, contados da data da nomeação do avaliador, seguir-se-á a arrematação, que será anunciada por edital afixado na sede do Juízo ou Tribunal e publicado no jornal local, se houver, com a antecedência de 20 (vinte) dias.

* Artigo com redação determinada pela Lei 5.584/1970.

Interpretação convergente

• Em se tratando de arrematação de bens penhorados na execução trabalhista, o *caput* do art. 888 da CLT impõe, apenas, para a validade do ato de alienação judicial, seja a arrematação previamente anunciada por edital devidamente publicado, não lhe constituindo pressuposto de validade, pois, a prévia e pessoal intimação do devedor, sendo a matéria inteiramente regulada na Consolidação das Leis dos Trabalho (...).
(TRT-4.ª Reg., AgPet 00340-1995-003-04-00-8, 1.ª T., j. 26.03.2009, rel. Fernando Luiz de Moura Cassal, *DJ* 31.03.2009)

• A arrematação respeitou os termos do art. 888 da CLT, ou seja, foi efetuada pelo valor do maior lanço oferecido em leilão. Ademais, a conceituação de preço vil possui caráter subjetivo, não havendo como se estabelecer uma regra, levando-se em conta que a Consolidação das Leis do Trabalho (art. 888) e o Código de Processo Civil (art. 692) nada dispõem acerca de que percentual do valor avaliado seria considerado razoável para a arrematação (...).
(TRT-6.ª Reg., AgPet 0010800-71.2003.5.06.0008, 1.ª T., j. 21.10.2010, rel. Ivan de Souza Valença Alves, *DJ* 12.11.2010)

Art. 888

CONSOLIDAÇÃO DAS LEIS DO TRABALHO

• 1. A validade da arrematação não é afetada pela irregularidade quanto à menção em edital de outras penhoras, bem como da intimação dos credores em favor dos quais foram efetivadas as penhoras anteriores.

2. Cabe ao credor, com penhora anterior, a habilitação no crédito apurado, postulando seu direito ao produto da alienação, pois com a arrematação extinguem-se as penhoras, devendo a disputa entre os demais credores cingir-se ao produto da arrematação efetivada.

3. O Juízo Cível não pode promover a anulação, ou mesmo declarar a ineficácia de atos, no caso, de arrematação, ocorrida na Justiça do Trabalho, sob pena de invadir a esfera de competência da Justiça Especializada (...).

(TJPE, AgIn 001200500161351, 4.ª Câm. Civ., j. 14.08.2009, rel. Francisco Manoel Tenório dos Santos, *DJ* 08.10.2009)

> **§ 1.º A arrematação far-se-á em dia, hora e lugar anunciados e os bens serão vendidos pelo maior lance, tendo o exequente preferência para a adjudicação.**

⚖️ Interpretação convergente

• A execução trabalhista possui regras próprias que norteiam a alienação judicial dos bens penhorados, as quais preveem que os bens serão vendidos pelo maior lance, tendo o exequente preferência para a adjudicação, conforme o disposto no art. 888, § 1.º, da CLT. Ainda que assim não fosse, a arrematação por preço inferior ao da avaliação do bem não configura, necessariamente, o preço vil de que trata o art. 692 do CPC (...).

(TRT-4.ª Reg., AgPet 0032900-07.1995.5.04.0024, 2.ª T., j. 06.03.2001, rel. Ione Salin Gonçalves, *DJ* 16.03.2001)

• O procedimento da arrematação no processo do trabalho vem regulado no art. 888 da CLT, em que o § 1.º autoriza que o bem penhorado seja vendido a quem oferecer maior lanço. Não há fixação de um critério objetivo para a aferição de preço vil. E, na ausência de parâmetro legal, a caracterização do preço vil depende da análise das circunstâncias e peculiaridades de cada caso concreto, devendo ser sopesados fatores como as características do bem, a sua depreciação pelo uso ou desuso, a época da penhora e da avaliação (...).

(TRT-6.ª Reg., AgPet 0161600-68.2009.5.06.0019, 3.ª T., j. 25.07.2011, rel. Hugo Cavalcanti Melo Filho, *DJ* 03.08.2011)

• O § 1.º do art. 888 da CLT dispõe que a arrematação far-se-á pelo maior lance. O que significa entender que pode ser inferior ao da avaliação, sem que se configure o chamado "preço vil". Cabe ao Julgador analisar as peculiaridades do caso concreto, como o valor da arrematação, a depreciação do bem constrito e o percentual de satisfação do crédito exequendo a fim de alcançar proporcionalidade e razoabilidade entre o valor do lanço e aquele objeto da avaliação (...).
(TRT-9.ª Reg., AgPet 686-2007-242-9-0-2, Seção especializada, j. 03.08.2009, rel. Benedito Xavier da Silva, *DJ* 18.08.2009)

• Por meio da arrematação, o Poder Judiciário faz a transferência do bem penhorado que é objeto da execução para tornar efetiva, mediata e imediatamente, a vontade legal e o preceito sancionador nela contido. Portanto, assinado o respectivo auto, torna-se irretratável a arrematação, a teor do disposto no caput do art. 694 do CPC. É assente o entendimento na doutrina e jurisprudência que a remição da execução pode ser efetuada pelo devedor a qualquer tempo, até a assinatura do auto de arrematação, nos termos do art. 651 do CPC. Assinado o auto de arrematação e observados os demais requisitos legais pertinentes, impõe-se os efeitos previstos no art. 694 do CPC (...).
(TRT-23.ª Reg., AgPet 00183.2007.002.23.00-5, 1.ª T., j. 17.04.2012, rel. Edson Bueno, *DJ* 18.04.2012)

• Não cabe ao Juízo Federal, desconstituir a arrematação resultante de execução trabalhista, muito menos prosseguir com penhora de bem já adjudicado no âmbito daquela Justiça (...).
(TRF-2.ª Reg., AgRg em AgIn 2008.02.01.004054-2, 3.ª T., j. 11.11.2008, rel. Paulo Barata, *DJU* 21.11.2008)

🏛 Interpretação extensiva

• Arrematação em execução alheia por crédito trabalhista. Possibilidade (...).
1. Em homenagem ao Princípio da Efetividade, é pacífico na doutrina a possibilidade de se arrematar bem em execução alheia, conforme inúmeros precedentes que envolvem credores hipotecários.
2. O art. 186 do CTN proclama que o crédito de natureza fiscal não está sujeito a concurso de credores, razão por que os créditos de natureza trabalhista, que sobressaem em relação àqueles, por lógica, não estarão. Precedentes.
3. Em que pese a previsão legal insculpida no art. 711 do CPC, segundo a qual a primeira penhora no tempo tem preferência no direito – *prior in tempore, potior*

Art. 888

in iure, havendo a existência de título privilegiado, fundada em direito material, este prevalecerá. Precedentes.

4 – O credor que possui bem penhorado para garantir a execução trabalhista, pode arrematar este mesmo bem, em execução movida por terceiros contra o mesmo executado, por gozar de crédito privilegiado, incidindo, assim, o art. 690, § 2.º, da CLT (...).

(STJ, RO em MS 2005/0119781-4, 3.ª T., j. 19.05.2009, rel. Paulo Furtado, *DJe* 03.06.2009)

Interpretação restritiva

• A arrematação por preço equivalente a 10% (dez por cento) do valor da avaliação do bem penhorado caracteriza preço vil, conceito aplicável à execução trabalhista. O art. 888, § 1.º, da CLT, não afasta a incidência do art. 692 do CPC. Assim, embora passível a venda pelo melhor lanço já no primeiro leilão, o valor não deve ser ínfimo (...).

(TRT-4.ª Reg., AgPet 0054100-05.1997.5.04.0023, 6.ª T., j. 02.12.1999, rel. Denis Marcelo de Lima Molarinho, *DJ* 16.12.2009)

> **§ 2.º O arrematante deverá garantir o lance com o sinal correspondente a 20% (vinte por cento) do seu valor.**
>
> **§ 3.º Não havendo licitante, e não requerendo o exequente a adjudicação dos bens penhorados, poderão os mesmos ser vendidos por leiloeiro nomeado pelo juiz ou presidente.**
>
> **§ 4.º Se o arrematante, ou seu fiador, não pagar dentro de 24 (vinte e quatro) horas o preço da arrematação, perderá, em benefício da execução, o sinal de que trata o § 2.º deste artigo, voltando à praça os bens executados.**

Interpretação convergente

• O procedimento da arrematação, no Processo do Trabalho, vem regulado no art. 888 da CLT, cujo § 1.º autoriza que os bens penhorados sejam arrematados por quem oferecer maior lanço. E o § 3.º remete ao leiloeiro oficial a atribuição de vender os bens, quando não houver licitantes, nem o exequente requerer a adjudicação (...).

(TRT-6.ª Reg., AgPet 0152200-70.2008.5.06.0017, 3.ª T., j. 01.12.2010, rel. Ana Cristina da Silva Ferreira Lima, *DJ* 18.01.2011)

Art. 889. Aos trâmites e incidentes do processo da execução são aplicáveis, naquilo em que não contravierem ao presente Título, os preceitos que regem o processo dos executivos fiscais para a cobrança judicial da dívida ativa da Fazenda Pública Federal.

⚖️ Interpretação convergente

• Consoante a jurisprudência iterativa, notória e atual da Seção I Especializada em Dissídios Individuais deste Tribunal Superior, não é aplicável ao processo do trabalho a multa prevista no art. 475-J do CPC, por ausência dos requisitos da omissão e compatibilidade fixados nos arts. 769 e 889 da CLT, de modo que a aplicação da penalidade viola o devido processo legal insculpido no art. 5.º, LIV, da CF/1988 (...).
(TST, RR 63700-98.2007.5.17.0003, 1.ª T., j. 29.05.2013, rel. Walmir Oliveira da Costa, *DEJT* 07.06.2013)

• O art. 475-J do CPC determina que o devedor que, no prazo de 15 (quinze) dias, não tiver efetuado o pagamento da dívida, tenha acrescido multa de 10% (dez por cento) sobre o valor da execução e, a requerimento do credor, mandado de penhora e avaliação. A aplicação de norma processual extravagante, no processo do trabalho, está subordinada à omissão no texto da Consolidação. Nos incidentes da execução, o art. 889 da CLT remete à Lei dos Executivos Fiscais como fonte subsidiária. Persistindo a omissão, tem-se o processo civil como fonte subsidiária por excelência, como preceitua o art. 769 da CLT. Não há omissão no art. 880 da CLT a autorizar a aplicação subsidiária do Direito Processual Comum (...).
(TST, RR 47200-77.2004.5.15.0112, 6.ª T., j. 11.06.2013, rel. Aloysio Corrêa da Veiga, *DEJT* 14.06.2013)

⚖️ Interpretação restritiva

• [N]ão há falar que o art. 889 da CLT, que prevê a aplicação subsidiária no processo de execução trabalhista da Lei de Executivos Fiscais, seja um óbice à aplicação do art. 475-J do CPC ao processo do trabalho (...).
(TRT-23.ª Reg., AgPet 00039.2010.071.23.00-9, 1.ª T., j. 16.08.2011, rel. Roberto Benatar, *DJ* 18.08.2011)

Art. 889-A

Art. 889-A. Os recolhimentos das importâncias devidas, referentes às contribuições sociais, serão efetuados nas agências locais da Caixa Econômica Federal ou do Banco do Brasil S.A., por intermédio de documento de arrecadação da Previdência Social, dele se fazendo constar o número do processo.

* *Caput* acrescentado pela Lei 10.035/2000.

§ 1.º Concedido parcelamento pela Secretaria da Receita Federal do Brasil, o devedor juntará aos autos a comprovação do ajuste, ficando a execução da contribuição social correspondente suspensa até a quitação de todas as parcelas.

* § 1.º com redação determinada pela Lei 11.457/2007 (*DOU* 19.03.2007), em vigor no primeiro dia útil do segundo mês subsequente à data de sua publicação (v. art. 51, II, da referida Lei).

⚖ Interpretação convergente

• Nos termos do art. 889-A da CLT, o parcelamento do débito previdenciário perante o INSS traz como consequência a suspensão da execução e não a sua extinção (...).
(TRT-6.ª Reg., AgPet 0071700-68.2009.5.06.0312, 4.ª T., j. 25.09.2012, rel. Nise Pedroso Lins de Sousa, *DJ* 08.10.2012)

§ 2.º As Varas do Trabalho encaminharão mensalmente à Secretaria da Receita Federal do Brasil informações sobre os recolhimentos efetivados nos autos, salvo se outro prazo for estabelecido em regulamento.

* § 2.º com redação determinada pela Lei 11.457/2007 (*DOU* 19.03.2007), em vigor no primeiro dia útil do segundo mês subsequente à data de sua publicação (v. art. 51, II, da referida Lei).

⚖ Interpretação convergente

• [A]s contribuições sociais, incidentes sobre créditos trabalhistas reconhecidos em Juízo, só se tornam exigíveis a partir do efetivo pagamento ao empregado, até porque antes disto elas sequer podem ser quantificadas (...).
(TST, RR 29900-69.2006.5.15.0068, 8.ª T., j. 02.05.2012, rel. Maria Laura Franco Lima de Faria, *DEJT* 11.05.2012)

- O art. 889-A, *caput*, da CLT, com a redação dada pela Lei 10.035/2000, estabelece que os recolhimentos das contribuições sociais serão realizados por meio de documento da Previdência Social, em que deverá constar o número do processo a que se vincula. Trata-se de norma de ordem pública, cabendo ao devedor quitar seu débito previdenciário na forma da lei. A apresentação de guia de recolhimento que não traz o número dos autos a que se refere, bem como que consigna valor diverso do discutido nos autos, não pode ser considerada como prova de quitação das contribuições previdenciárias, dada a incerteza quanto à vinculação dos recolhimentos aos respectivos autos (...).
(TRT-9.ª Reg., AgPet 8952-2002-1-9-0-9, Seção Especializada, rel. Marlene T. Fuverki Suguimatsu, *DJ* 14.10.2008)

Seção V
Da execução por prestações sucessivas

Art. 890. A execução para pagamento de prestações sucessivas far-se-á com observância das normas constantes desta Seção, sem prejuízo das demais estabelecidas neste Capítulo.

Art. 891. Nas prestações sucessivas por tempo determinado, a execução pelo não pagamento de uma prestação compreenderá as que lhe sucederem.

⚖️ **Interpretação convergente**

- Acordo firmado perante a comissão de conciliação prévia. Prestações sucessivas. Inadimplemento. Marco inicial para contagem da prescrição.
O Tribunal Regional, com fundamento no art. 891 da CLT, decidiu no sentido de que, em se tratando de ação de execução de prestações sucessivas decorrentes de acordo firmado perante a Comissão de Conciliação Prévia, a contagem do prazo prescricional para a cobrança do valor integral da dívida tem início no inadimplemento da primeira parcela. Contudo, a norma inscrita no art. 891 da CLT apenas confere a faculdade ao credor de, inadimplida a primeira parcela, executar a integralidade da dívida, não tendo o condão de antecipar para a data desse inadimplemento a contagem do prazo prescricional quanto à totalidade da

dívida. Com efeito, conta-se a prescrição a partir do vencimento de cada parcela da avença (art. 189 do CC/2002 (...).
(TST, RR 189700-40.2007.5.09.0659, 8.ª T., j. 15.12.2010, rel. Dora Maria da Costa, *DEJT* 17.12.2010)

• Acordo. Execução. Prestações sucessivas. Parcela inadimplida. Vencimento antecipado das demais.
O inadimplemento de uma parcela entre prestações sucessivas de acordo firmado antecipa o vencimento das demais e autoriza a execução do seu valor total (...).
(TRT-5.ª Reg., AgPet 0122500-70.2008.5.05.0019, 2.ª T., j. 18.03.2010, rel. Cláudio Brandão, *DJ* 22.03.2010)

• Acordo judicial. Cláusula penal. Aplicação do art. 891 da CLT. Vencimento antecipado das prestações. Incidência da multa sobre o total inadimplido.
Tendo sido pactuado pelas partes que a multa de 50% incidiria sobre o valor inadimplido, na forma do art. 891 da CLT, na hipótese de ter ocorrido inadimplência logo na primeira parcela a cláusula penal deve incidir sobre a totalidade do acordo, uma vez que há vencimento antecipado das demais prestações (...).
(TRT-14.ª Reg., RO 00002.2008.001.14.00, 2.ª T., j. 28.08.2008, rel. Shikou Sadahiro, *DETRT-14* 02.09.2008)

Art. 892. Tratando-se de prestações sucessivas por tempo indeterminado, a execução compreenderá inicialmente as prestações devidas até a data do ingresso na execução.

⚖️ **Interpretação convergente**

• Agravo de petição. Horas extras. Relação continuativa não caracterizada. Limitação temporal da sentença.
A projeção dos efeitos da sentença para o futuro é medida processual que impulsiona a efetividade da tutela jurisdicional nos casos que envolvam relações continuativas (art. 892 da CLT), hipótese que não se afeiçoa à cobrança de horas extras vincendas, cujo pagamento decorre, objetivamente, de efetiva prestação laboral excedente da jornada prevista em lei ou no contrato e não caracteriza prestação de trato sucessivo (...).
(TRT-5.ª Reg., AgPet 0019000-02.2002.5.05.0341, 3.ª T., j. 18.11.2008, rel. Ivana Mércia Nilo de Magaldi, *DJ* 02.12.2008)

- Prestações vincendas. Horas extras. Art. 892 da CLT.

Quanto à condenação ao pagamento de prestações vincendas, o art. 892 da CLT regula o tema, inexistindo omissão legislativa, estando compreendidas na execução as parcelas que se vencerem no ínterim que vai da prolação da sentença exequenda ao momento em que a execução é promovida, desde que (a) o contrato de trabalho ainda esteja em vigência; (b) subsista a causa determinante da obrigação, que no caso dos autos refere-se às horas extras (...).

(TRT-9.ª Reg., RO 37108-2008-11-9-0-8, 2.ª T., j. 15.02.2011, rel. Ana Carolina Zaina, *DJ* 29.03.2011)

Interpretação extensiva

- Progressões funcionais. Prestações sucessivas.

As progressões funcionais por mérito e antiguidade (...) caracterizam-se como prestações sucessivas, as quais se agregam à contraprestação pactuada, passando a ser devidas mês a mês ao longo da contratualidade, não havendo falar em limitação temporal, daí a decisão judicial que as concede desafiar execução até a data da respectiva inclusão em folha de pagamento (...).

(TRT-23.ª Reg., AgPet 01337.2004.002.23.00-3, 1.ª T., j. 28.06.2011, rel. Roberto Benatar, *DJ* 29.06.2011)

- Execução de prestações vencidas após a sentença. Prestações vincendas. Possibilidade. Interpretação conjunta do art. 892 da CLT c/c art. 290 do CPC.

Ainda que não haja pedido expresso na inicial para o deferimento das prestações vincendas, em se tratando de prestações sucessivas, à luz da interpretação conjunta do art. 892 da CLT c/c art. 290 do CPC é possível se admitir execução de tais verbas (...).

(TRT-23.ª Reg., Ap 00720.2011.009.23.00-8, 1.ª T., j. 03.07.2012, rel. Osmair Couto, *DJ* 04.07.2012)

Capítulo VI
DOS RECURSOS

Art. 893. Das decisões são admissíveis os seguintes recursos:

- V. arts. 96, I e 113 da CF/1988.
- V. Lei 5.638/1970 (Processo e julgamento das ações trabalhistas de competência da Justiça Federal).

Art. 893

* V. Lei 8.177/1991 (Depósito recursal).
* V. IN TST 3/1993 (Depósito para recurso nas Ações da Justiça do Trabalho).
* V. Lei 9.756/1998 (Processamento dos recursos no âmbito dos Tribunais).

I – embargos;

🏛 Interpretação extensiva

• Embargos de Declaração ajuizados pelo reclamante contra o Acórdão que não conheceu do recurso, porque intempestivo.
O embargante foi intimado do Acórdão em 13.08.2003 – quarta-feira, como se vê às f., cujo prazo fluiu em 18.08.2003 – segunda-feira. Os embargos foram ajuizados no dia 19.08.2003 – terça-feira estando corretos os elementos constantes da certidão de f. O prazo quinquenal para os embargos de declaração está bem expresso no art. 536 do CPC, inserido no Capítulo V, que trata "Dos Embargos de Declaração". Não posso transportar a matéria para o Capítulo II que cuida da apelação. Perante a Consolidação das Leis do Trabalho, embora inserido o art. 897-A no capítulo dos Recursos (artigo decorrente da Lei 9.957/2000) o dispositivo supra é expresso quanto ao prazo de 05 dias para embargos de declaração. Os embargos elencados no art. 893-I da CLT são dirigidos ao art. 894 perante o TST (das Turmas para o Pleno, conhecidos por Infringentes. Para esses embargos, que são um recurso, o prazo é de 8 (oito) dias Pensar diferente seria impor uma interpretação contra texto expresso da lei. Não conheço dos embargos de declaração, porque intempestivos (...).
(TRT-7.ª Reg., EDcl em RO 0121700-2220025070011, Pleno, j. 08.10.2003, rel. Maria Irisman Alves Cidade, *DOJT* 06.11.2003)

II – recurso ordinário;
III – recurso de revista;
IV – agravo.

⚖ Interpretação convergente

• Princípios da fungibilidade e da taxatividade.
Os recursos cabíveis em sede trabalhista encontram-se previstos de forma clara e taxativa na CLT (arts. 893, I a IV, 894, 895, *a* e *b*, 896, 897, *a* e *b* e 897-A da

CLT), de forma que, inexistente dúvida objetiva quanto ao recurso cabível, a interposição de apelação de decisão proferida em Embargos à Execução configura erro grosseiro, não se justificando a invocação do princípio da fungibilidade. Impera, nesse caso, o princípio da taxatividade. Recurso a que nego conhecimento (...).
(TRT-2.ª Reg., AgPet 03834-2005-434-02-00-9, 10.ª T., j. 14.08.2007, rel. Edivaldo de Jesus Teixeira, *DJ* 28.08.2007)

Interpretação restritiva

• **OJ 412 da SDI-I/TST**
Agravo inominado ou agravo regimental. Interposição em face de decisão colegiada. Não cabimento. Erro grosseiro. Inaplicabilidade do princípio da fungibilidade recursal. (*DEJT* 14, 15 e 16.02.2012)
É incabível agravo inominado (art. 557, § 1.º, do CPC) ou agravo regimental (art. 235 do RITST) contra decisão proferida por Órgão colegiado. Tais recursos destinam-se, exclusivamente, a impugnar decisão monocrática nas hipóteses expressamente previstas. Inaplicável, no caso, o princípio da fungibilidade ante a configuração de erro grosseiro.

> **§ 1.º Os incidentes do processo serão resolvidos pelo próprio Juízo ou Tribunal, admitindo-se a apreciação do merecimento das decisões interlocutórias somente em recursos da decisão definitiva.**

* § 1.º com redação determinada pelo Dec.-lei 8.737/1946.
* V. Súmula 214 do TST.

Interpretação convergente

• Recurso ordinário. Mandado de segurança. Decisão interlocutória proferida na fase de conhecimento. Existência de recurso próprio. OJ 92 da SDI-II.
1. Trata-se de mandado de segurança interposto em face da decisão interlocutória por meio da qual foi indeferido o pedido de intimação do Ministério Público do Trabalho formulado pelo impetrante.
2. É cediço que o Direito Processual do Trabalho orienta-se pelo princípio da irrecorribilidade imediata das decisões interlocutórias, de modo que somente

poderão ser reapreciadas no recurso interposto contra a decisão definitiva, conforme se depreende do § 1.º do art. 893 da CLT, que, *in casu*, é o recurso ordinário. 3. Desse modo, existindo recurso próprio capaz de provocar a revisão do ato inquinado como ilegal, qual seja, o recurso ordinário – já interposto pelo impetrante –, deve ser reconhecida a existência de óbice intransponível ao cabimento do *mandamus* (...).
(TST, RO 5885-33.2011.5.02.0000, SDI-II, j. 25.06.2013, rel. Guilherme Augusto Caputo Bastos, *DEJT* 01.07.2013)

- Agravo de petição. Liquidação de sentença. Decisão interlocutória.

A decisão interlocutória, não terminativa do feito, é irrecorrível de imediato, podendo ser impugnada no momento de interposição de recurso contra a decisão definitiva, nos moldes do art. 884, § 3.º, da CLT c/c o art. 893, § 1.º, do mesmo diploma legal e da Súmula 214 do C. TST. Agravo não conhecido (...).
(TRT-15.ª Reg., AgPet 10766/2010, 2.ª T., j. 02.03.2010, rel. José Pedro de Camargo Rodrigues de Souza, *DJ* 12.03.2010)

- Decisão que rejeita exceção de pré-executividade. Natureza processual. Irrecorribilidade. Súmula 214 do TST e § 1.º do art. 893 da CLT. Agravo de petição. Não conhecimento.

Tem natureza meramente interlocutória a decisão que rejeita ou não conhece a Exceção de Pré-executividade, dela não cabendo, pois, a interposição de agravo de petição, mormente quando as matérias alegadas poderão ainda ser suscitadas em sede de embargos à execução (...).
(TRT-18.ª Reg., AgPet 01941-2005-001-18-00-1, 1.ª T., j. 14.09.2009, rel. Kathia Maria Bomtempo de Albuquerque, *DJ* 01.10.2009)

> **§ 2.º A interposição de recurso para o Supremo Tribunal Federal não prejudicará a execução do julgado.**
>
> * § 2.º com redação determinada pelo Dec.-lei 8.737/1946.
> * V. art. 102, III, da CF/1988.

⚖️ **Interpretação convergente**

- Cumpre registrar que se trata de execução provisória, haja vista não ter transitado em julgado o *decisum* que deu origem à execução em que ocorreu a penhora

de numerário, pois, conforme informação obtida no *site* do TST na Internet, o Impetrante interpôs recurso de revista, que obteve seguimento, tendo sido julgado em 05.08.2009 e 02.09.2009, encontrando-se concluso para despacho do Ministro Vice-Presidente no recurso extraordinário interposto. A execução é provisória enquanto a decisão do processo de conhecimento estiver pendente de recursos, a teor do art. 893, § 2.º, da CLT, que constitui exatamente a hipótese dos autos. (...)
(TST, ROMS 146800-49.2009.5.04.0000, Decisão monocrática, j. 25.02.2010, rel. Maria Doralice Novaes, *DEJT* 03.03.2010)

Art. 894. No Tribunal Superior do Trabalho cabem embargos, no prazo de 8 (oito) dias:

* Artigo com redação determinada pela Lei 11.496/2007 (*DOU* 25.06.2007), em vigor 90 (noventa) dias após a data de sua publicação.

I – de decisão não unânime de julgamento que:

a) conciliar, julgar ou homologar conciliação em dissídios coletivos que excedam a competência territorial dos Tribunais Regionais do Trabalho e estender ou rever as sentenças normativas do Tribunal Superior do Trabalho, nos casos previstos em lei; e

b) (*Vetado*)

II – das decisões das Turmas que divergirem entre si, ou das decisões proferidas pela Seção de Dissídios Individuais, salvo se a decisão recorrida estiver em consonância com súmula ou orientação jurisprudencial do Tribunal Superior do Trabalho ou do Supremo Tribunal Federal.

Interpretação extensiva

• **OJ 405 da SDI-I/TST**
Embargos. Procedimento sumaríssimo. Conhecimento. Recurso interposto após vigência da Lei 11.496, de 22.06.2007, que conferiu nova redação ao art. 894, II, da CLT. (*DEJT* Divulgado em 16, 17 e 20.09.2010)
Em causas sujeitas ao procedimento sumaríssimo, em que pese a limitação imposta no art. 896, § 6.º, da CLT à interposição de recurso de revista,

Art. 894

admite-se os embargos interpostos na vigência da Lei 11.496, de 22.06.2007, que conferiu nova redação ao art. 894 da CLT, quando demonstrada a divergência jurisprudencial entre Turmas do TST, fundada em interpretações diversas acerca da aplicação de mesmo dispositivo constitucional ou de matéria sumulada.

Parágrafo único. (*Revogado pela Lei 11.496/2007, DOU 25.06.2007, em vigor 90 dias após a data de sua publicação*)

⚖ Interpretação convergente

- Recurso de embargos. Art. 894, II, da CLT. Hipótese de cabimento.
1. Nos termos do art. 894, II, da CLT, somente é cabível recurso de embargos por divergência jurisprudencial.
2. Divergência jurisprudencial não demonstrada. Recurso de Embargos de que não se conhece (...).
(TST, Embargos em RR 128500-68.2006.5.01.0019, SDI-I, j. 20.06.2013, rel. João Batista Brito Pereira, *DEJT* 01.07.2013)

- Agravo de instrumento não conhecido. Recurso de embargos de divergência. São incabíveis os embargos de divergência contra acórdão do Tribunal Regional prolatado em agravo de instrumento, em face do disposto no art. 894 da CLT. Recurso não conhecido (...).
(TRT-2.ª Reg., AgIn em RO 02339-2003-027-02-01-2, 8.ª T., j. 07.08.2008, rel. Silvia T. de Almeida Prado, *DJ* 02.09.2008)

- Direito processual do trabalho. Embargos de divergência. Previsão dos arts. 893 e 894 da CLT. Incabimento na Instância Ordinária. Não conhecimento.
Os embargos de divergência constituem modalidade recursal cabível apenas no âmbito do C. TST, nos termos do art. 894, II, da CLT, haja vista que a previsão recursal disciplinada no art. 893 Consolidado é taxativa. Por conseguinte, inviável o conhecimento da aludida medida processual quando manejada em Instância Ordinária, eis que incabível à espécie (...).
(TRT-6.ª Reg., EDcl em RO 0031200-60.2009.5.06.0020, j. 25.02.2010, rel. Valéria Gondim Sampaio, *DJ* 15.03.2010)

🏛 Interpretação extensiva

• **OJ 378 da SDI-I/TST**
Embargos. Interposição contra decisão monocrática. Não cabimento (*DEJT* divulgado em 19, 20 e 22.04.2010)
Não encontra amparo no art. 894 da CLT, quer na redação anterior quer na redação posterior à Lei 11.496, de 22.06.2007, recurso de embargos interposto à decisão monocrática exarada nos moldes dos arts. 557 do CPC e 896, § 5.º, da CLT, pois o comando legal restringe seu cabimento à pretensão de reforma de decisão colegiada proferida por Turma do Tribunal Superior do Trabalho.

Art. 895. Cabe recurso ordinário para a Instância Superior:
I – das decisões definitivas ou terminativas das Varas e Juízos, no prazo de 8 (oito) dias; e

* Anterior alínea *a* renomeada e com redação determinada pela Lei 11.925/2009 (*DOU* 17.04.2009, edição extra), em vigor 90 (noventa) dias após a data de sua publicação.

⚖ Interpretação convergente

• **Admissibilidade. Tempestividade do recurso.**
Suscito, de ofício, preliminar de não conhecimento tendo em vista que o Recurso Ordinário da reclamante foi protocolado intempestivamente.
Isso, pois, de acordo ao disposto no art. 895, I, da CLT, o prazo para interposição de Recurso Ordinário é de 08 (oito) dias.
No caso em tela, a decisão cognitiva foi divulgada no *Diário Oficial da Justiça do Trabalho da 5. Região eletrônico* em 15.10.2009 (quinta-feira), com data de publicação prevista para o primeiro dia útil subsequente ao da divulgação, qual seja 16.10.2009 (sexta-feira), pelo que o termo inicial para interposição do presente apelo foi em 19.10.2009 (segunda-feira) e termo final em 26.10.2009 (segunda-feira).
Porém, dos autos se infere que o Recurso Ordinário da obreira foi interposto em 27.10.2009 (terça-feira) – f. –, portanto, um dia após findar o seu prazo.
Não conheço o recurso por intempestividade (...).
(TRT-5.ª Reg., RO 0065300-68.2009.5.05.0311, 4.ª T., j. 25.03.2010, rel. Valtércio Ronaldo de Oliveira, *DJ* 08.04.2010)

Art. 895

- Recurso ordinário. Pressuposto de admissibilidade. Tempestividade. Art. 895, I, da CLT.

Das Decisões definitivas ou terminativas das Varas e Juízos, cabe Recurso Ordinário, no prazo de 8 (oito) dias (...)

(TRT-15.ª Reg., RO 021898/2012, 2.ª T., j. 20.03.2012, rel. Hélcio Dantas Lobo Junior, *DJ* 30.03.2012)

II – das decisões definitivas ou terminativas dos Tribunais Regionais, em processos de sua competência originária, no prazo de 8 (oito) dias, quer nos dissídios individuais, quer nos dissídios coletivos.

* Anterior alínea *b* renomeada e com redação determinada pela Lei 11.925/2009 (*DOU* 17.04.2009, edição extra), em vigor 90 (noventa) dias após a data de sua publicação.

⚖ Interpretação convergente

- Agravo de instrumento. Recurso ordinário. Decisão monocrática. Cabimento. Art. 895, II, da CLT.

1. A E. Desembargadora Relatora da ação rescisória extinguiu o processo sem resolução de mérito ante o não cumprimento, por parte do autor, da determinação de saneamento do processo para que procedesse a regularização da representação processual e da autenticação das peças indispensáveis à instrução do feito.

2. Contra essa decisão foram interpostos dois agravos regimentais, os quais não foram processados face à subsistência do vício de representação. Em face dessa última decisão, o autor interpôs o recurso ordinário, cujo seguimento foi denegado face ao seu descabimento contra decisão monocrática.

3. O art. 895, II, da CLT, prevê o cabimento de recurso ordinário para a instância superior somente das decisões definitivas ou terminativas dos Tribunais Regionais, em processos de sua competência originária. Como se vê, o mencionado dispositivo, ao se referir às decisões oriundas dos TRTs impõe que a decisão impugnada por meio do recurso ordinário seja colegiada.

4. É cediço que a jurisprudência desta Corte, estampada na OJ 69 da SDI-II/TST, estabelece a aplicação do princípio da fungibilidade nas hipóteses de recurso ordinário interposto contra despacho monocrático que indefere petição inicial de ação rescisória, determinando a sua devolução ao Tribunal de origem para que aprecie o feito como agravo regimental.

5. Contudo, o entendimento da referida Orientação Jurisprudencial não se aplica ao presente caso, uma vez que já houve a interposição de mais de um recurso de agravo perante o Tribunal Regional *a quo*, os quais tiveram seguimento negado face à irregularidade de representação (...).
(TST, AgIn em RO 333-40.2010.5.05.0000, SDI-II, j. 09.08.2011, rel. Guilherme Augusto Caputo Bastos, *DEJT* 12.08.2011)

• Recurso ordinário. Intempestividade. Comparecimento espontâneo e ciência anterior à publicação do acórdão pela imprensa oficial. Art. 895, II, da CLT.
Não se conhece de Recurso Ordinário quando protocolizado após o término do prazo previsto no art. 895, II, da CLT. No caso em estudo, conquanto a e a conclusão do julgado tenham sido publicadas em 07.01.2011, conforme certidão a f., verifica-se do termo a f. que o Impetrante, em 14.12.2010, uma 3.ª feira, compareceu, espontaneamente, e tomou ciência da decisão, dando início à contagem do seu prazo recursal. Desse modo, a publicação do acórdão pela Imprensa Oficial, ocorrida posteriormente, não pode servir de março para a contagem do mencionado prazo, considerando o fato de a ciência do Impetrante haver ocorrido anteriormente. Assim, a partir do primeiro dia útil subsequente à ciência do Impetrante, ou seja, em 15.12.2010 (4.ª feira), o prazo recursal começou a correr, tendo seguido o seu curso até o dia 19.12.2010 (domingo), em virtude da ocorrência do recesso forense, em 20.12.2010 (Súmula 262, II, do TST). Em 07.01.2011, o prazo foi retomado, findando, assim, em 09.01.2011. O Impetrante, no entanto, apenas interpôs o presente Recurso Ordinário em 14.01.2011. A destempo, portanto. Recurso Ordinário não conhecido por intempestividade (...).
(TST, RO 4694-46.2010.5.07.0000, SDI-II, j. 30.08.2011, rel. Maria de Assis Calsing, *DEJT* 02.09.2011)

Interpretação extensiva

• **OJ 100 da SDI-II/TST**
Recurso ordinário para o TST. Decisão de TRT proferida em agravo regimental contra liminar em ação cautelar ou em mandado de segurança. Incabível (inserida em 27.09.2002)
Não cabe recurso ordinário para o TST de decisão proferida pelo Tribunal Regional do Trabalho em agravo regimental interposto contra despacho que concede

ou não liminar em ação cautelar ou em mandado de segurança, uma vez que o processo ainda pende de decisão definitiva do Tribunal *a quo*.

- **OJ 113 da SDI-II/TST**

Ação cautelar. Efeito suspensivo ao recurso ordinário em mandado de segurança. Incabível. Ausência de interesse. Extinção (*DJ* 11.08.2003)

É incabível medida cautelar para imprimir efeito suspensivo a recurso interposto contra decisão proferida em mandado de segurança, pois ambos visam, em última análise, à sustação do ato atacado. Extingue-se, pois, o processo, sem julgamento do mérito, por ausência de interesse de agir, para evitar que decisões judiciais conflitantes e inconciliáveis passem a reger idêntica situação jurídica.

- **OJ 156 da SDI-II/TST**

Habeas corpus originário no TST. Substitutivo de recurso ordinário em *habeas corpus*. Cabimento contra decisão definitiva proferida por Tribunal Regional do Trabalho. (DEJT divulgado em 09, 10 e 11.06.2010)

É cabível ajuizamento de *habeas corpus* originário no Tribunal Superior do Trabalho, em substituição de recurso ordinário em *habeas corpus*, de decisão definitiva proferida por Tribunal Regional do Trabalho, uma vez que o órgão colegiado passa a ser a autoridade coatora no momento em que examina o mérito do habeas corpus impetrado no âmbito da Corte local.

§ 1.º Nas reclamações sujeitas ao procedimento sumaríssimo, o recurso ordinário:

* § 1.º acrescentado pela Lei 9.957/2000.

I – (*Vetado*)

II – será imediatamente distribuído, uma vez recebido no Tribunal, devendo o relator liberá-lo no prazo máximo de 10 (dez) dias, e a Secretaria do Tribunal ou Turma colocá-lo imediatamente em pauta para julgamento, sem revisor;

III – terá parecer oral do representante do Ministério Público presente à sessão de julgamento, se este entender necessário o parecer, com registro na certidão;

⚖ Interpretação convergente

• Nulidade. Massa falida. Não participação ministerial em ação trabalhista. Rejeição. Arts. 15, II, do Dec.-lei 7.661/1945 e 895, III, da CLT.

A participação Ministerial é pertinente no processo de falência, ajuizado perante o Juízo Cível (art. 15, II, do Dec.-lei 7.661/1945). Na ação trabalhista, basta o Síndico ter sido citado (fato incontroverso nos autos), havendo parecer oral do representante do Ministério Público, se este entender necessário, somente na fase recursal (...).
(TRT-15.ª Reg., RO 008466/2003, 6.ª T., rel. Olga Aida Joaquim Gomieri, DJ 04.04.2003)

> IV – terá acórdão consistente unicamente na certidão de julgamento, com a indicação suficiente do processo e parte dispositiva, e das razões de decidir do voto prevalente. Se a sentença for confirmada pelos próprios fundamentos, a certidão de julgamento, registrando tal circunstância, servirá de acórdão.

⚖ Interpretação convergente

• Recurso ordinário. Rito sumaríssimo. Confirmação da sentença pelos próprios fundamentos. Art. 895, § 1.º, IV, da CLT.

Tratando-se de processo sujeito ao procedimento sumaríssimo e tendo o d. Juízo de 1.º Grau aplicado irrepreensivelmente o direito ao caso concreto, cabível a confirmação da sentença por seus próprios fundamentos, nos termos do art. 895, § 1.º, IV, da CLT (...).
(TRT-18.ª Reg., RO 00164-2012-004-18-00-6, 1.ª T., j. 03.07.2012, rel. Aldon do Vale Alves Taglialegna, DJ 06.07.2012)

> § 2.º Os Tribunais Regionais, divididos em Turmas, poderão designar Turma para o julgamento dos recursos ordinários interpostos das sentenças prolatadas nas demandas sujeitas ao procedimento sumaríssimo.

* § 2.º acrescentado pela Lei 9.957/2000.

Art. 896

Art. 896. Cabe recurso de revista para Turma do Tribunal Superior do Trabalho das decisões proferidas em grau de recurso ordinário, em dissídio individual, pelos Tribunais Regionais do Trabalho, quando:

* *Caput* com redação determinada pela Lei 9.756/1998.
* V. art. 111-A, § 1.º, da CF/1988.
* V. Súmula 297 do TST.

a) derem ao mesmo dispositivo de lei federal interpretação diversa da que lhe houver dado outro Tribunal Regional, no seu Pleno ou Turma, ou a Seção de Dissídios Individuais do Tribunal Superior do Trabalho, ou a Súmula de Jurisprudência Uniforme dessa Corte;

* V. Súmula 413 do TST.

b) derem ao mesmo dispositivo de lei estadual, convenção coletiva de trabalho, acordo coletivo, sentença normativa ou regulamento empresarial de observância obrigatória, em área territorial que exceda a jurisdição do Tribunal Regional prolator da decisão recorrida, interpretação divergente, na forma da alínea *a*;

c) proferidas com violação literal de disposição de lei federal ou afronta direta e literal à Constituição Federal.

⚖ Interpretação convergente

* **OJ 294 da SDI-I/TST**

Embargos à SDI contra decisão em recurso de revista não conhecido quanto aos pressupostos intrínsecos. Necessária a indicação expressa de ofensa ao art. 896 da CLT (*DJ* 11.08.2003)

Para a admissibilidade e conhecimento de embargos, interpostos contra decisão mediante a qual não foi conhecido o recurso de revista pela análise dos pressupostos intrínsecos, necessário que a parte embargante aponte expressamente a violação ao art. 896 da CLT.

* Agravo de instrumento. Recurso de revista. Despacho denegatório. Pressupostos intrínsecos. Competência.

Art. 896

A lei confere ao Órgão *a quo* o poder para exercer o Juízo de Admissibilidade (art. 896, § 1.º, da CLT), observando tanto os pressupostos extrínsecos (art. 896, § 5.º, da CLT) quanto os intrínsecos (art. 896, *a*, *b* e *c*, da CLT). Desta forma, insta realçar que pressupostos intrínsecos não se confundem com o mérito do recurso, motivo pelo qual o Regional, ao declarar a ausência daqueles, não adentrou na análise desta, ao contrário do que aduz a parte. Agravo conhecido e não provido (...).
(TST, AgIn em RR 71840-79.2001.5.04.0008, 3.ª T., j. 01.09.2004, rel. Cláudio Armando Couce de Menezes, *DJ* 24.09.2004)

• Agravo de instrumento em recurso de revista. Cerceamento de defesa. Art. 896, § 1º, da CLT. Adicional noturno. Súmula 126. Art. 896, *a*, da CLT. Inovação recursal.
Confirmada a ordem de obstaculização do recurso de revista, na medida em que não demonstrada a satisfação dos requisitos de admissibilidade, insculpidos no art. 896 da CLT. Agravo de instrumento não provido (...).
(TST, AgIn em RR 123440-80.2006.5.15.0066, 6.ª T., j. 06.02.2013, rel. Augusto César Leite de Carvalho, *DEJT* 15.02.2013)

> **§ 1.º O recurso de revista, dotado de efeito apenas devolutivo, será apresentado ao presidente do Tribunal recorrido, que poderá recebê-lo ou denegá-lo, fundamentando, em qualquer caso, a decisão.**

* § 1.º com redação determinada pela Lei 9.756/1998.

⚖ Interpretação convergente

• **OJ 295 da SDI-I/TST**
Embargos. Revista não conhecida por má aplicação de súmula ou de orientação jurisprudencial. Exame do mérito pela SDI. (*DJ* 11.08.2003)
A SDI, ao conhecer dos Embargos por violação do art. 896 – por má aplicação de súmula ou de orientação jurisprudencial pela Turma –, julgará desde logo o mérito, caso conclua que a revista mereça conhecimento e que a matéria de fundo se encontra pacificada neste Tribunal.

• Agravo de instrumento. Despacho denegatório que examina pressupostos intrínsecos do recurso de revista a serem observados pelo recorrente. Arguição de

infringência aos arts. 682, IX; 102, § 2.º, *b*, da CLT e 5.º, LV, da CF/1988. Inexistência. Aplicação do § 1.º do art. 896 da CLT. Matéria discutida em embargos à execução não ventilada na impugnação aos cálculos. Inovação recursal caracterizada. Incidência do Enunciado 297 do TST. Divergência jurisprudencial não demonstrada. Da exegese do art. 896, § 1.º, da CLT depreende-se que também ao Juízo *a quo* compete examinar os pressupostos de admissibilidade do recurso de revista à luz dos seus requisitos extrínsecos e intrínsecos de admissibilidade (...).
(TST, AgIn RR 248840-34.1996.5.09.0095, 4.ª T., j. 30.06.2004, rel. Antônio José de Barros Levenhagen, *DJU* 13.08.2004)

• A tempestividade do recurso ordinário, portanto, não pode ser aferida senão considerando-se a data em que foi apresentado ao Órgão judicial competente, ou seja, no próprio Juízo prolator da decisão que se pretende impugnar. Esse entendimento resulta da regra expressa no art. 896, § 1.º, da CLT de que os recursos devem ser interpostos perante o Tribunal recorrido. Desse modo, a interposição do recurso em Órgão da Justiça do Trabalho distinto daquele onde está sendo processada a demanda não atende ao disposto no art. 895, I, da CLT, que fixa o prazo peremptório de oito dias para recorrer das decisões definitivas das Varas (...).
(TST, AgIn em RR 1009-54.2011.5.03.0017, 2.ª T., j. 15.08.2012, rel. José Roberto Freire Pimenta, *DEJT* 24.08.2012)

🏛 Interpretação extensiva

• **OJ 17 da SDI-I – Transitória/TST**
Agravo de instrumento interposto na vigência da Lei 9.756/1998. Embargos declaratórios (inserida em 13.02.2001)
Para comprovar a tempestividade do recurso de revista, basta a juntada da certidão de publicação do acórdão dos embargos declaratórios opostos perante o Regional, se conhecidos.

> **§ 2.º Das decisões proferidas pelos Tribunais Regionais do Trabalho ou por suas Turmas, em execução de sentença, inclusive em processo incidente de embargos de terceiro, não caberá recurso de revista, salvo na hipótese de ofensa direta e literal de norma da Constituição Federal.**

* § 2.º com redação determinada pela Lei 9.756/1998.

⚖ Interpretação convergente

• Agravo de instrumento. Recurso de revista. Execução. Óbice do art. 896, § 2.º, da CLT c/c Súmula 266 do TST. Decisão denegatória. Manutenção.
Tratando-se de recurso de revista, esse estreito veículo só tem pertinência nas estritas hipóteses jurídicas do art. 896, *a*, *b* e *c*, da CLT (conhecimento, observado o seu § 6.º), respeitados os limites ainda mais rigorosos do § 2.º do citado artigo (execução de sentença). Nesse quadro lógico de veiculação necessariamente restrita do recurso de revista, não há como realizar seu destrancamento, pelo agravo de instrumento, se não ficou demonstrada inequívoca violação direta à Constituição Federal. É que, na lide em apreço, a revisão do julgado sob perspectiva diversa depende da interpretação da legislação infraconstitucional. Óbice da Súmula 266 do TST. Sendo assim, não há como assegurar o processamento do recurso de revista quando o agravo de instrumento interposto não desconstitui as razões expendidas na decisão denegatória que, assim, subsiste pelos seus próprios fundamentos. Agravo de instrumento desprovido (...).
(TST, AgIn em RR 126800-17.2009.5.03.0142, 3.ª T., j. 29.05.2013, rel. Mauricio Godinho Delgado, *DEJT* 07.06.2013)

§ 3.º Os Tribunais Regionais do Trabalho procederão, obrigatoriamente, à uniformização de sua jurisprudência, nos termos do Livro I, Título IX, Capítulo I, do CPC, não servindo a súmula respectiva para ensejar a admissibilidade do recurso de revista quando contrariar Súmula da Jurisprudência Uniforme do Tribunal Superior do Trabalho.

* § 3.º com redação determinada pela Lei 9.756/1998.

⚖ Interpretação convergente

• Preliminar de nulidade do acórdão. Não instauração do procedimento de uniformização de jurisprudência. Art. 896, § 3.º, da CLT.
1. O incidente de uniformização de jurisprudência não é direito das partes, mas, faculdade do Juízo, por ser um instrumento da jurisdição, visto que as partes, na defesa de seus direitos, dispõem dos recursos processuais próprios.
2. Pretender que o simples pedido da parte torne obrigatória a instauração de incidente de uniformização contraria o princípio da celeridade processual, que

deflui das normas processuais trabalhistas. Por essa razão, a interpretação que deve ser conferida ao § 3.º do art. 896 da CLT é no sentido de que os Tribunais Regionais, para editarem súmulas de jurisprudência, devem fazê-lo por incidente de uniformização de jurisprudência (...).
(TST, RR 6226300-79.2002.5.02.0900, 5.ª T., j. 23.06.2004, rel. João Batista Brito Pereira, *DJU* 13.08.2004)

> **§ 4.º A divergência apta a ensejar o recurso de revista deve ser atual, não se considerando como tal a ultrapassada por súmula, ou superada por iterativa e notória jurisprudência do Tribunal Superior do Trabalho.**
>
> * § 4.º com redação determinada pela Lei 9.756/1998.

⚖ Interpretação convergente

• Recurso de revista. Descabimento. Decisão moldada à jurisprudência uniformizada pelo TST.

Tendo o recurso de revista por escopo a uniformização da jurisprudência trabalhista, nenhuma utilidade ver-se-á no processamento de semelhante apelo, quando o tema brandido for objeto de enunciado ou de orientação jurisprudencial da Seção de Dissídios Individuais do Tribunal Superior do Trabalho, situações em que a missão da Corte ter-se-á, previamente, ultimado. Tal diretriz, antes contida no art. 896, *a*, parte final, da CLT e no Enunciado 333 do TST, está, hoje, consagrada pelo mesmo art. 896, § 4.º, do Texto Consolidado (...).
(TST, RR 459354-29.1998.5.01.5555, 4.ª T., j. 12.09.2001, rel. Alberto Luiz Bresciani de Fontan Pereira, *DJU* 28.09.2001)

> **§ 5.º Estando a decisão recorrida em consonância com Enunciado da Súmula da Jurisprudência do Tribunal Superior do Trabalho, poderá o ministro-relator, indicando-o, negar seguimento ao recurso de revista, aos embargos ou ao agravo de instrumento. Será denegado seguimento ao recurso nas hipóteses de intempestividade, deserção, falta de alçada e ilegitimidade de representação, cabendo a interposição de agravo.**
>
> * § 5.º com redação determinada pela Lei 7.701/1988.

Interpretação convergente

• Agravo de instrumento. Recurso de revista. Despacho denegatório. Pressupostos intrínsecos. Competência.

A lei confere ao Órgão *a quo* o poder para exercer o Juízo de Admissibilidade (art. 896, § 1.º, da CLT), observando tanto os pressupostos extrínsecos (art. 896, § 5.º, da CLT) quanto os intrínsecos (art. 896, *a*, *b* e *c*, da CLT) (...).
(TST, AgIn RR 71840-79.2001.5.04.0008, 3.ª T., j. 01.09.2004, rel. Cláudio Armando Couce de Menezes, DJU 24.09.2004)

• Agravo. Recurso de revista. Matéria a cujo respeito já tenha sido exercida a função uniformizadora da jurisprudência pelo TST. Negativa de seguimento autorizada por disposição expressa constante do art. 896, § 5.º, da CLT.

A negativa de seguimento a recurso de revista que veicula temas relativamente aos quais o TST já tenha exercido sua função uniformizadora da jurisprudência respalda-se em previsão legal expressa, notadamente aquela constante do § 5.º do art. 896 da CLT, razão pela qual não consubstancia afronta à literalidade dos arts. 5.º, II, XXXV e LIV e 7.º, XXIX, da CF/1988. Na hipótese dos autos, foram veiculadas no recurso da parte tão somente as matérias objeto do Enunciado 327 da Súmula da Jurisprudência desta Corte e do Precedente 250 do Boletim de Orientação Jurisprudencial da SDI-I/TST. Em se tratando de matéria sobre a qual pacificada a jurisprudência, não há de se falar na existência de contrariedade ou de negativa de vigência à lei federal ou a dispositivos constitucionais, considerando o respeito ao devido processo legal que norteia a edição dos Enunciados de Súmula desta Corte e ainda a competência que lhe é atribuída de garantir unidade à exegese que consagra. Agravo conhecido e não provido (...).
(TST, RR 80900-86.2002.5.09.0013, 1.ª T., j. 17.11.2004, rel. Lélio Bentes Corrêa, DJU 10.12.2004)

Interpretação extensiva

• OJ 378 da SDI-I/TST

Embargos. Interposição contra decisão monocrática. Não cabimento (*DEJT* divulgado em 19, 20 e 22.04.2010)

Art. 896

Não encontra amparo no art. 894 da CLT, quer na redação anterior quer na redação posterior à Lei 11.496, de 22.06.2007, recurso de embargos interposto à decisão monocrática exarada nos moldes dos arts. 557 do CPC e 896, § 5.º, da CLT, pois o comando legal restringe seu cabimento à pretensão de reforma de decisão colegiada proferida por Turma do Tribunal Superior do Trabalho.

> **§ 6.º Nas causas sujeitas ao procedimento sumaríssimo, somente será admitido recurso de revista por contrariedade a súmula de jurisprudência uniforme do Tribunal Superior do Trabalho e violação direta da Constituição da República.**
>
> * § 6.º acrescentado pela Lei 9.957/2000.

⚖ Interpretação convergente

- Agravo de instrumento em recurso de revista. Rito sumaríssimo. Hipóteses do art. 896, § 6.º, não contempladas.
A admissibilidade do Recurso de Revista em processo submetido ao rito sumaríssimo depende de demonstração inequívoca de ofensa direta à Constituição Federal e/ou de contrariedade a súmula do TST, nos termos do art. 896, § 6.º, da CLT, o que não se verificou no caso concreto. Portanto, a despeito das razões expostas pela parte agravante, merece ser mantido o despacho que negou seguimento ao Recurso de Revista, pois subsistentes os seus fundamentos. Agravo de Instrumento conhecido e não provido (...).
(TST, AgIn RR 2272-66.2010.5.11.0007, 4.ª T., j. 22.05.2013, rel. Maria de Assis Calsing, *DEJT* 24.05.2013)

- Agravo de instrumento da reclamada (...) S.A. Recurso de revista. Sumaríssimo. Terceirização. Atividade inerente. Empresa de telefonia. Serviços de *call center*. Impossibilidade. Instrumentos coletivos aplicáveis.
A admissibilidade do recurso de revista contra acórdão proferido em procedimento sumaríssimo depende de demonstração inequívoca de afronta direta à Constituição da República ou contrariedade à Súmula desta Corte. Aplicabilidade do art. 896, § 6.º, da CLT, com a redação dada pela Lei 9.957, de 12.01.2000 (...).
(TST, RR 923-94.2012.5.03.0002, 2.ª T., j. 25.06.2013, rel. Renato de Lacerda Paiva, *DEJT* 01.07.2013)

- Ante os limites impostos no art. 896, § 6.º, da CLT, não se admite o recurso de revista calcado tão somente em divergência jurisprudencial. Agravo de instrumento a que se nega provimento (...).
(TST, AgIn em RR 218-98.2011.5.02.0442, 3.ª T., j. 26.06.2013, rel. Alexandre de Souza Agra Belmonte, *DEJT* 01.07.2013)

🏛 Interpretação extensiva

- **OJ 405 da SDI-I/TST**

Embargos. Procedimento sumaríssimo. Conhecimento. Recurso interposto após vigência da Lei 11.496, de 22.06.2007, que conferiu nova redação ao art. 894, II, da CLT. (*DEJT* 16, 17 e 20.09.2010)
Em causas sujeitas ao procedimento sumaríssimo, em que pese a limitação imposta no art. 896, § 6.º, da CLT à interposição de recurso de revista, admite-se os embargos interpostos na vigência da Lei 11.496, de 22.06.2007, que conferiu nova redação ao art. 894 da CLT, quando demonstrada a divergência jurisprudencial entre Turmas do TST, fundada em interpretações diversas acerca da aplicação de mesmo dispositivo constitucional ou de matéria sumulada.

> **Art. 896-A.** O Tribunal Superior do Trabalho, no recurso de revista, examinará previamente se a causa oferece transcendência com relação aos reflexos gerais de natureza econômica, política, social ou jurídica.
>
> * Artigo acrescentado pela MedProv 2.226/2001.

⚖ Interpretação convergente

Assevera que o caso em tela apresenta transcendência na presente ação trabalhista, em relação aos reflexos gerais de natureza econômica, política, social e jurídica, nos termos do art. 896-A da CLT.
Com relação à arguição de que a matéria em análise ensejará reflexos gerais na ordem jurídica e social alegada pela recorrente e que, se apresenta em consonância com o princípio da transcendência, tratado no art. 896-A da CLT, não há como prosperar nesta Instância Recursal, visto que, segundo o entendimento majoritário da doutrina, a Corte Superior Trabalhista é quem

Art. 897

deve dizer se a matéria tratada no recurso tem relevância a ensejar a referida aplicação (...).
(TST, AgIn em RR 192-80.2012.5.14.0006, Decisão monocrática, j. 01.04.2013, rel. Caputo Bastos, *DEJT* 02.04.2013)

Interpretação restritiva

Recurso de revista. Transcendência.
A norma do art. 896-A da CLT, que trata do requisito suplementar do recurso de revista, consubstanciado na transcendência econômica, política, social ou jurídica da matéria ou matérias nele veiculadas, não desfruta da pretendida eficácia, em virtude de ela ainda não ter sido regulamentada por esta Corte, na conformidade do disposto no art. 2.º da MedProv 2.226/2001 (...).
(TST, RR 7903600-04.2006.5.09.0872, 4.ª T., j. 01.10.2008, rel. Antônio José de Barros Levenhagen, *DEJT* 10.10.2008)

• A regulamentação do art. 896-A da CLT, que trata do princípio da transcendência, ainda não foi procedida por esta Corte, razão pela qual não é exigível a demonstração da transcendência como requisito necessário para a admissibilidade do recurso de revista. Recurso de Revista não conhecido (...)
(TST, RR 130000-77.2006.5.07.0028, 2.ª T., j. 16.11.2011, rel. José Roberto Freire Pimenta, *DEJT* 25.11.2011)

Art. 897. Cabe agravo, no prazo de 8 (oito) dias:

* *Caput* com redação determinada pela Lei 8.432/1992.

a) de petição, das decisões do juiz ou presidente, nas execuções;

b) de instrumento, dos despachos que denegarem a interposição de recursos.

§ 1.º O agravo de petição só será recebido quando o agravante delimitar, justificadamente, as matérias e os valores impugnados, permitida a execução imediata da parte remanescente até o final, nos próprios autos ou por carta de sentença.

* § 1.º com redação determinada pela Lei 8.432/1992.
* V. Súmula 416 do TST.

Art. 897

⚖️ Interpretação convergente

Agravo de petição da executada. Não conhecimento. Descumprimento do art. 897, § 1.º, da CLT.
Quando no agravo de petição a executada não delimita os valores impugnados, ou o valor incontrovertido, resta desatendido o requisito formal previsto no § 1.º do art. 897 da CLT, se impõe o não conhecimento do apelo (...).
(TRT-4.ª Reg., AP 0053800-05.2009.5.04.0029, Seção Especializada em Execução, j. 28.08.2012, rel. George Achutti, *DJ* 03.09.2012)

• Agravo de petição. Desrespeito ao § 1.º do art. 897 da CLT. Não conhecimento. O objetivo do requisito estabelecido na norma celetista é possibilitar a continuação da execução quanto à parte incontroversa, evitando, assim, a desnecessária procrastinação do feito. Tendo o executado apenas alegado erro de cálculo, no que culminou em excesso de execução, sem, contudo, indicar os valores que entende devidos, o conhecimento do agravo de petição encontra óbice no § 1.º do art. 897 da CLT. Agravo de petição não conhecido (...).
(TRT-7.ª Reg., AgPet 0013000-9120085070026, 1.ª T., j. 26.09.2011, rel. Maria Roseli Mendes Alencar, *DJ* 30.09.2011)

🏛️ Interpretação extensiva

• **OJ 53 da SDI-I – Transitória/TST**
Custas. Embargos de terceiro. Interpostos anteriormente à Lei 10.537/2002. Inexigência de recolhimento para a interposição de agravo de petição (Conversão da OJ 291 da SDI-I). (*DJ* 20.04.2005)
Tratando-se de embargos de terceiro, incidentes em execução, ajuizados anteriormente à Lei 10.537/2002, incabível a exigência do recolhimento de custas para a interposição de agravo de petição por falta de previsão legal. (Ex-OJ 291 da SDI-I – inserida em 11.08.2003)

• No caso em apreciação, constata-se que a controvérsia relativa ao não conhecimento do agravo de petição, por inobservância ao pressuposto recursal previsto no art. 897, § 1.º, da CLT, é de índole ordinária, e não constitucional, atraindo o óbice da Súmula 266 deste Tribunal. A violação do art. 5.º, LV, da CF/1988 não se configura, uma vez que o recurso interposto terá de observar os pressupostos previstos em lei para seu cabimento.

No que concerne à alegação de que seria necessário analisar, em primeiro plano, a legitimidade passiva da ora agravante, razão não lhe assiste. É de elementar conhecimento que o requisito do art. 897, § 1.º, da CLT vincula-se à admissibilidade do agravo de petição, ao passo que é de mérito (processual) a questão da pertinência subjetiva da demanda (legitimidade ad causam), ficando seu exame condicionado ao conhecimento do apelo (...).
(TST, AgIn em RR 781100-71.2005.5.09.0005, 1.ª T., j. 06.02.2013, rel. Walmir Oliveira da Costa, DEJT 15.02.2013)

§ 2.º O agravo de instrumento interposto contra o despacho que não receber agravo de petição não suspende a execução da sentença.

* § 2.º com redação determinada pela Lei 8.432/1992.

⚖️ **Interpretação convergente**

• Concessão de efeito suspensivo a agravo de instrumento destinado a destrancar agravo de petição. Direito líquido e certo do recorrente. Inexistência.
Os recursos trabalhistas, por expressa disposição legal possuem efeito meramente devolutivo (art. 899, *caput*, da CLT), embora essa norma faça referência às exceções previstas no Título em que é tratado o sistema recursal. Deste modo, fora de qualquer dúvida, no processo do trabalho, os recursos são dotados de efeito apenas devolutivo, daí porque não vemos como possa a parte impetrar, com êxito, mandado de segurança com o objetivo de atribuir efeito suspensivo a agravo de instrumento interposto com vistas a destrancar agravo de petição, ainda mais que explicitado no § 2.º do art. 897 da CLT que tal recurso não detém esse efeito, exceto se as leis e os princípios devam ser maltratados. Realmente, sendo requisito fundamental para a concessão de mandado dessa natureza a existência de direito líquido e certo do impetrante, fica difícil entender como este possa demonstrar a liquidez e a certeza mencionadas, quando, ao contrário, o art. 899, *caput* c/c com o § 2.º do art. 897, ambos da CLT, patenteia a falta desse direito. Ordem de segurança denegada, por unanimidade (...).
(TRT-24.ª Reg., MS 00048-2009-000-24-00-3, Pleno, j. 02.07.2009, rel. João de Deus Gomes de Souza, DO-MS 20.07.2009)

Interpretação extensiva

- **OJ 374 da SDI-I/TST**
Agravo de instrumento. Representação processual. Regularidade. Procuração ou substabelecimento com cláusula limitativa de poderes ao âmbito do tribunal regional do trabalho (DEJT 19, 20 e 22.04.2010)
É regular a representação processual do subscritor do agravo de instrumento ou do recurso de revista que detém mandato com poderes de representação limitados ao âmbito do Tribunal Regional do Trabalho, pois, embora a apreciação desse recurso seja realizada pelo Tribunal Superior do Trabalho, a sua interposição é ato praticado perante o Tribunal Regional do Trabalho, circunstância que legitima a atuação do advogado no feito.

- **OJ 52 da SDI-I – Transitória/TST**
Agravo de instrumento. Acórdão do TRT não assinado. Interposto anteriormente à IN 16/1999 (Conversão da OJ 281 da SDI-I). (DJ 20.04.2005)
Nos agravos de instrumento interpostos anteriormente à edição da IN 16/1999, a ausência de assinatura na cópia não a torna inválida, desde que conste o carimbo aposto pelo servidor certificando que confere com o original. (Ex-OJ 281 da SDI-I – inserida em 11.08.2003)

> **§ 3.º Na hipótese da alínea *a* deste artigo, o agravo será julgado pelo próprio tribunal, presidido pela autoridade recorrida, salvo se se tratar de decisão de Juiz do Trabalho de 1.ª Instância ou de Juiz de Direito, quando o julgamento competirá a uma das Turmas do Tribunal Regional a que estiver subordinado o prolator da sentença, observado o disposto no art. 679, a quem este remeterá as peças necessárias para o exame da matéria controvertida, em autos apartados, ou nos próprios autos, se tiver sido determinada a extração de carta de sentença.**

* § 3.º com redação determinada pela Lei 10.035/2000.

Interpretação convergente

- Recurso de revista. Execução. Agravo de petição não conhecido. Autos apartados. Deficiência no traslado de peças. Provimento.

O § 3.º do art. 897 da CLT atribui ao Juiz da Execução a extração de cópias das peças necessárias para o julgamento do agravo de petição em autos apartados. Dessa forma, a v. Decisão Regional, ao deixar de conhecer do agravo de petição por deficiência de traslado de peças, negou à exequente o contraditório e a ampla defesa, tendo em vista não haver qualquer amparo legal para tal exigência. Recurso de revista conhecido e provido (...).
(TST, RR 1010-42.2012.5.03.0037, 6.ª T., j. 19.04.2013, rel. Aloysio Corrêa da Veiga, *DEJT* 26.04.2013)

🏛 Interpretação extensiva

- **OJ 282 da SDI-I/TST**

Agravo de instrumento. Juízo de admissibilidade "ad quem" (*DJ* 11.08.2003) No julgamento de Agravo de Instrumento, ao afastar o óbice apontado pelo TRT para o processamento do recurso de revista, pode o juízo "ad quem" prosseguir no exame dos demais pressupostos extrínsecos e intrínsecos do recurso de revista, mesmo que não apreciados pelo TRT.

> **§ 4.º Na hipótese da alínea *b* deste artigo, o agravo será julgado pelo Tribunal que seria competente para conhecer o recurso cuja interposição foi denegada.**

* § 4.º com redação determinada pela Lei 8.432/1992.

⚖ Interpretação convergente

- Trata-se de agravo de instrumento, interposto pela Acionante requerendo seja destrancado os seus Embargos Declaratórios, o qual não foi conhecido sob fundamento de que o ajuizamento teria ocorrido fora do prazo legal.

Ocorre que o Agravo de Instrumento não é o meio apropriado para destrancar os Embargos de Declaração opostos contra a sentença de piso, os quais não foram conhecidos. Ele é, sim, o meio utilizado para reverter a decisão que negou seguimento ao Recurso dirigido ao Tribunal, Órgão Julgador que teria competência para conhecê-lo, processá-lo e julgá-lo, caso o Agravo fosse provido, nos termos do art. 897, § 4.º, da CLT (...).
(TRT-5.ª Reg., AgIn em RO 00298-2008-134-05-00-1, 4.ª T., j. 06.05.2009, rel. Roberto Pessoa, *DJ* 14.05.2009)

§ 5.º Sob pena de não conhecimento, as partes promoverão a formação do instrumento do agravo de modo a possibilitar, caso provido, o imediato julgamento do recurso denegado, instruindo a petição de interposição:

* *Caput* do § 5.º acrescentado pela Lei 9.756/1998.

⚖️ Interpretação convergente

- **OJ 16 da SDI-I – Transitória/TST**

Agravo de instrumento interposto na vigência da lei 9.756/1998 e anteriormente à edição da IN 16/1999 do TST. Traslado de peças. Obrigatoriedade (inserida em 13.02.2001)

Não há como dizer que a exigência de traslado de peças necessárias ao julgamento de ambos os recursos (o agravo e o recurso principal) somente se tornou obrigatória após a edição da IN 16/1999, pois trata-se apenas de meio destinado à interpretação acerca das novas exigências que se tornaram efetivas a partir da vigência da Lei 9.756/1998.

- **OJ 18 da SDI-I – Transitória/TST**

Agravo de instrumento interposto na vigência da Lei 9.756/1998. Peça indispensável. Certidão de publicação do acórdão regional. Necessária a juntada, salvo se nos autos houver elementos que atestem a tempestividade da revista (inserida em 13.02.2001)

A certidão de publicação do acórdão regional é peça essencial para a regularidade do traslado do agravo de instrumento, porque imprescindível para aferir a tempestividade do recurso de revista e para viabilizar, quando provido, seu imediato julgamento, salvo se nos autos houver elementos que atestem a tempestividade da revista.

- Agravo de instrumento. Ausência de traslado de peças obrigatórias à formação do apelo. Certidão de publicação do acórdão regional. Art. 897, § 5.º, da CLT. Lei 9.756/1998.

Interposto o recurso de Agravo de Instrumento após a edição da Lei 9.756/1998, que imprimiu nova redação ao art. 897 da CLT, devem ser observadas as novas diretrizes fixadas no mencionado diploma legal quanto ao traslado das peças essenciais e obrigatórias ao exame da controvérsia, traslado da cópia da certidão de publicação do v. Acórdão Regional, dos comprovantes de recolhimento das

custas processuais e do depósito recursal de que trata o § 5.º, I, do citado preceito celetário, sob pena de não conhecimento do apelo por deficiência de traslado. Embargos não conhecidos (...).
(TST, AgIn em RR 644100-07.2000.5.03.5555, SDI-I, j. 04.12.2000, rel. Wagner Pimenta, *DJU* 15.12.2000)

• Agravo de instrumento. Não conhecimento. Descumprimento das exigências do art. 897, § 5.º, I, da CLT.
Sob pena de não conhecimento do Agravo, o Agravante deverá promover a correta formação do instrumento, trasladando os documentos obrigatórios previstos no art. 897, § 5.º, I, da CLT, bem como na IN TST 16/1999 (...).
(TRT-5.ª Reg., AgIn em RO 0225202-61.2003.5.05.0022, 4.ª T., j. 24.11.2009, rel. Roberto Pessoa, *DJ* 03.12.2009)

• Agravo de instrumento. Impossibilidade de conhecimento. Defeito de formação. Ausência de peças essenciais (art. 897, § 5.º, da CLT).
I – Impossível conhecer de Agravo de Instrumento interposto contra negativa de seguimento de Recurso Ordinário, quando desacompanhado das peças obrigatórias descritas no § 5.º do art. 897 Consolidado.
II – Agravo de Instrumento não conhecido, por defeito de formação (...).
(TRT-6.ª Reg., RO 0001194-98.2012.5.06.0009, 1.ª T., j. 20.09.2012, rel. Valéria Gondim Sampaio, *DJ* 02.10.2012)

Interpretação extensiva

• OJ 283 da SDI-I/TST
Agravo de instrumento. Peças essenciais. Traslado realizado pelo agravado. Validade (*DJ* 11.08.2003)
É válido o traslado de peças essenciais efetuado pelo agravado, pois a regular formação do agravo incumbe às partes e não somente ao agravante.

I – obrigatoriamente, com cópias da decisão agravada, da certidão da respectiva intimação, das procurações outorgadas aos advogados do agravante e do agravado, da petição inicial, da contestação, da decisão originária, do depósito recursal referente ao recurso que se pretende

destrancar, da comprovação do recolhimento das custas e do depósito recursal a que se refere o § 7.º do art. 899 desta Consolidação;

* Inc. I com redação determinada pela Lei 12.275/2010 (*DOU* 29.06.2010, edição extra), em vigor 45 (quarenta e cinco) dias após a data de sua publicação, de acordo com o art. 1.º do Dec.-lei 4.657/1942.

⚖ Interpretação convergente

• Agravo de instrumento. Deficiência de traslado. Não conhecimento.
A deficiência no traslado das peças indispensáveis à formação do instrumento obsta o conhecimento do Agravo, nos termos do § 5.º do art. 897 da CLT (...).
(TRT-5.ª Reg., AgIn em RO 0088000-86.2009.5.05.0101, 5.ª T., j. 15.02.2011, rel. Paulino Couto, *DJ* 18.02.2011)

• Agravo de instrumento. Interposição com inobservância ao disposto nos arts. 897, § 5.º, I c/c 899, § 7.º, da CLT.
Não se conhece de agravo de instrumento em que a agravante não apresenta as peças obrigatórias, elencadas nos arts. 897, § 5.º, I c/c 899, § 7.º, da CLT. Agravo de instrumento não conhecido (...).
(TRT-16.ª Reg., AgIn em RO 0001256-93.2012.5.06.0121, 1.ª T., j. 27.09.2012, rel. Aurélio da Silva, *DJ* 05.10.2012)

📃 Interpretação divergente

• Recurso de embargos interposto na vigência da Lei 11.496/2007. Agravo de instrumento. Deficiência de traslado. Ausência da cópia das procurações da primeira e segunda reclamadas. Aplicação da OJ Transitória 19 da SDI-I/TST.
Em que pese o art. 897, § 5.º, I, da CLT indicar a cópia da procuração da parte agravada como documento indispensável à formação do instrumento, a jurisprudência desta Corte vem mitigando o rigor de tal preceito, a fim de alcançar a finalidade da norma. Nesse sentido é a OJ Transitória 19 da SDI-I/TST, que se aplica ao caso concreto. Verifica-se que o Juiz do Trabalho condenou a primeira Reclamada ao pagamento dos haveres trabalhistas e quanto às 2.ª, 3.ª e 4.ª Rés, esta última ora Recorrente, reconheceu a responsabilidade subsidiária, no que tange aos respectivos períodos em que o Autor prestou serviços a cada uma delas. O Tribunal Regional manteve substancialmente tal decisão, ajustando, apenas,

o período que envolve a 3.ª Reclamada. Vislumbrando-se, por mera conjectura, a possibilidade de trânsito e êxito do Recurso de Revista – no qual se busca seja afastada a responsabilidade subsidiária da 4.ª Reclamada e, em última análise, absolvição de algumas parcelas – em nada há de interferir a procuração da devedora principal (1.ª Reclamada) e da 2.ª Reclamada. Tal aspecto se revela para efeitos de exame dos pressupostos extrínsecos do Recurso de Revista, caso provido o Agravo de Instrumento, já que necessária apenas a procuração da empresa que o interpôs. Não interfere, igualmente, no que diz respeito à compreensão da controvérsia, uma vez que o documento faltante não diz respeito à lide, nem se constitui objeto do Recurso de Revista. Prosseguindo no raciocínio, somente o Autor, cuja regularidade de representação não se discute, poderá sofrer eventual prejuízo com a decisão. Uma vez admitida pela jurisprudência que devem constar do traslado as peças necessárias à compreensão da controvérsia, a despeito do que dispõe a literalidade do art. 897, § 5.º, I, da CLT, a exigência da cópia da procuração da primeira e segunda Reclamadas não tem, portanto, sustentação. Embargos conhecidos e providos (...).

(TST, AgIn em RR 137040-59.2007.5.02.0402, SDI-I, j. 02.12.2010, rel. Maria de Assis Calsing, *DEJT* 10.12.2010)

Interpretação extensiva

- **OJ 284 da SDI-I/TST**

Agravo de instrumento. Traslado. Ausência de certidão de publicação. Etiqueta adesiva imprestável para aferição da tempestividade (*DJ* 11.08.2003)

A etiqueta adesiva na qual consta a expressão "no prazo" não se presta à aferição de tempestividade do recurso, pois sua finalidade é tão somente servir de controle processual interno do TRT e sequer contém a assinatura do funcionário responsável por sua elaboração.

- **OJ 285 da SDI-I/TST**

Agravo de instrumento. Traslado. Carimbo do protocolo do recurso ilegível. Inservível (*DJ* 11.08.2003)

O carimbo do protocolo da petição recursal constitui elemento indispensável para aferição da tempestividade do apelo, razão pela qual deverá estar legível, pois um dado ilegível é o mesmo que a inexistência do dado.

Art. 897

- **OJ 286 da SDI-I/TST**

Agravo de instrumento. Traslado. Mandato tácito. Ata de audiência. Configuração (Alterada – Res. 167/2010, *DEJT* divulgado em 30.04.2010 e 03 e 04.05.2010)

I – A juntada da ata de audiência, em que consignada a presença do advogado, desde que não estivesse atuando com mandato expresso, torna dispensável a procuração deste, porque demonstrada a existência de mandato tácito.

II – Configurada a existência de mandato tácito fica suprida a irregularidade detectada no mandato expresso.

- **OJ 19 da SDI-I – Transitória/TST**

Agravo de instrumento. Interposto na vigência da Lei 9.756/1998. Peças dispensáveis à compreensão da controvérsia. Desnecessária a juntada (inserida em 13.02.2001)

Mesmo na vigência da Lei 9.756/1998, a ausência de peças desnecessárias à compreensão da controvérsia, ainda que relacionadas no inciso I do § 5.º do art. 897 da CLT, não implica o não conhecimento do agravo.

> **II – facultativamente, com outras peças que o agravante reputar úteis ao deslinde da matéria de mérito controvertida.**
>
> * Inc. II acrescentado pela Lei 9.756/1998.
>
> **§ 6.º O agravado será intimado para oferecer resposta ao agravo e ao recurso principal, instruindo-a com as peças que considerar necessárias ao julgamento de ambos os recursos.**
>
> * § 6.º acrescentado pela Lei 9.756/1998.

⚖️ Interpretação convergente

- O fato de o Juízo *a quo* ter determinado a apresentação de contraminuta ao agravo de instrumento (f.), sem constar expressamente que também deveria ser contra-arrazoado o recurso ordinário, não exclui a possibilidade de o embargante tê-lo feito, mormente porque, em regra, a contraminuta ao agravo de instrumento e as contrarrazões ao recurso ordinário devem ser apresentadas conjuntamente (art. 897, § 6.º, da CLT). Constata-se a ciência inequívoca do

embargante acerca da existência do recurso ordinário e, consequentemente, das suas razões, conforme mencionado na própria contraminuta ao agravo de instrumento (f.), não estando configurado, portanto, cerceamento ao direito de oferecer as contrarrazões, senão a opção de não fazê-lo (...).
(TRT-2.ª Reg., EDcl em RO 00050200938102014, 6.ª T., j. 19.01.2010, rel. Luiz Edgar Ferraz de Oliveira, *DJ* 29.01.2010)

§ 7.º Provido o agravo, a Turma deliberará sobre o julgamento do recurso principal, observando-se, se for o caso, daí em diante, o procedimento relativo a esse recurso.

* § 7.º acrescentado pela Lei 9.756/1998.

⚖ Interpretação convergente

• Agravo. Agravo de instrumento. Intempestividade do recurso de revista. O art. 897, § 7.º, da CLT dispõe que o provimento do agravo de instrumento permite o julgamento imediato do recurso principal. Para tanto, faz-se necessária a análise dos pressupostos de admissibilidade do recurso de revista. Na hipótese, verifica-se que o recurso de revista foi interposto fora do prazo legal de oito dias, estando, portanto, intempestivo, o que inviabiliza o seu processamento. Agravo desprovido. (...).
(TST, AgIn em RR 2840-81.2006.5.15.0049, 2.ª T., j. 01.12.2010, rel. José Roberto Freire Pimenta, *DEJT* 10.12.2010)

• Agravo de instrumento. Despacho denegatório de seguimento de agravo de petição.
Configurados os requisitos de admissibilidade do Recurso, reforma-se a Decisão denegatória exarada pelo Juízo a quo, para determinar a autuação do Agravo de Petição. Agravo de Instrumento provido (...).
(TRT-6.ª Reg., AgIn em RO 1995.141.06.00.0, 2.ª T., j. 12.11.2008, rel. Eneida Melo Correia de Araújo, *DJ* 12.12.2008)

§ 8.º Quando o agravo de petição versar apenas sobre as contribuições sociais, o juiz da execução determinará a extração de cópias das peças

necessárias, que serão autuadas em apartado, conforme dispõe o § 3.º, parte final, e remetidas à Instância Superior para apreciação, após contraminuta.

* § 8.º acrescentado pela Lei 10.035/2000.

⚖️ Interpretação convergente

• Dispensado o preparo ao terceiro interessado, qualificando-se como credor, além da aplicação do Dec.-lei 779, de 21.08.1969.
Regular a representação processual, pela Procuradora Federal identificada à f. Tempestivo o recurso procotolizado em 11.07.2008, na mesma data da manifestação de f., pretendendo a execução de contribuições previdenciárias sobre as remunerações pagas durante a vigência do contrato de trabalho reconhecido pela coisa julgada. Isto porque o r. despacho que determinou de intimação da Procuradoria Geral Federal, foi proferido em 26.06.2008, além da ausência de impugnação da reclamada, na contraminuta de f.

Observo, a despeito do requerimento da recorrente, no sentido do processamento do agravo em autos apartados, "cumpridas as formalidades legais", foi o MM. Juiz de 1.º Grau (f., item dois) que fez esta determinação, e, portanto, ao próprio Juízo competia a formação do traslado, pois esta a formalidade a que se refere o agravo, à f. (...).

(TRT-2.ª Reg., AgPet 01991199931502017, 5.ª T., j. 20.10.2009, rel. Fernando Antonio Sampaio da Silva, *DJ* 06.11.2009)

Art. 897-A. Caberão embargos de declaração da sentença ou acórdão, no prazo de 5 (cinco) dias, devendo seu julgamento ocorrer na primeira audiência ou sessão subsequente a sua apresentação, registrado na certidão, admitido efeito modificativo da decisão nos casos de omissão e contradição no julgado e manifesto equívoco no exame dos pressupostos extrínsecos do recurso.

* Artigo acrescentado pela Lei 9.957/2000.
* V. Súmula 421 do TST.

Art. 897-A

⚖️ **Interpretação convergente**

- Embargos de declaração. Art. 897-A da CLT.

Diante da omissão contatada, impende acolher os embargos declaratórios para, imprimindo efeito modificativo ao julgado, nos termos do art. 897-A da CLT, acrescentar as parcelas vincendas à condenação referente às horas extras deferidas em função do tempo gasto no deslocamento entre a portaria e o setor de trabalho. Embargos de declaração acolhidos parcialmente, com efeito modificativo (...).
(TST, EDcl em RR 74200-32.2004.5.02.0462, 2.ª T., j. 08.05.2013, rel. Maria das Graças Silvany Dourado Laranjeira, *DEJT* 17.05.2013)

- Direito processual. Embargos de declaração. Inocorrência das hipóteses previstas no art. 897-A da CLT.

Sempre que inexistentes no *decisum* embargado, omissão, contradição ou manifesto equívoco no exame dos pressupostos extrínsecos do recurso, hão de ser rejeitados os embargos opostos, por nada haver a declarar (...).
(TRT-6.ª Reg., EDcl em RO 1005-43.2011.5.06.0143, 1.ª T., j. 20.09.2012, rel. Valéria Gondim Sampaio, *DJ* 02.10.2012)

🏛️ **Interpretação extensiva**

- OJ 377 da SDI-I/TST

Embargos de declaração. Decisão denegatória de recurso de revista exarado por presidente do TRT. Descabimento. Não interrupção do prazo recursal (*DEJT* 19, 20 e 22.04.2010)

Não cabem embargos de declaração interpostos contra decisão de admissibilidade do recurso de revista, não tendo o efeito de interromper qualquer prazo recursal.

> **Parágrafo único. Os erros materiais poderão ser corrigidos de ofício ou a requerimento de qualquer das partes.**

⚖️ **Interpretação convergente**

- Embargos de declaração. Erro material. Art. 897-A, parágrafo único, da CLT.

Nos termos do art. 897-A, parágrafo único, da CLT, os erros materiais poderão

ser corrigidos de ofício ou a requerimento de qualquer das partes. Embargos de declaração acolhidos tão somente para correção de erro material (...).
(TST, EDcl em RO 47440-29.2008.5.09.0909, SDI-II, j. 19.02.2013, rel. Emmanoel Pereira, *DEJT* 22.02.2013)

- Erro material. Embargos de declaração. Parágrafo único do art. 897-A, da CLT.

A existência de erro material no acórdão, embora que não corretamente apontada pela embargante, autoriza o acolhimento e provimentos dos embargos de declaração, nos termos do disposto no parágrafo único do art. 897-A da CLT, no sentido de que "Os erros materiais poderão ser corrigidos de ofício ou a requerimento de qualquer das partes". Embargos de declaração acolhidos para sanar erro material, sem imprimir efeito modificativo ao Acórdão embargado (...).
(TRT-9.ª Reg., EDcl em RO 1838-2010-562-9-0-9, 4.ª T., rel. Sueli Gil El-Rafihi, *DJ* 20.01.2012)

- Embargos de declaração. Inexistência dos vícios referidos no art. 897-A da CLT. Desprovimento. Art. 538, parágrafo único, do CPC.

Não havendo na decisão quaisquer dos vícios previstos no art. 897-A da CLT, restam desprovidos os embargos declaratórios (...).
(TRT-14.ª Reg., RO 387, 2.ª T., j. 19.11.2010, rel. Arlene Regina do Couto Ramos, *DETRT* 22.11.2010)

> **Art. 898.** Das decisões proferidas em dissídio coletivo que afete empresa de serviço público, ou, em qualquer caso, das proferidas em revisão, poderão recorrer, além dos interessados, o Presidente do Tribunal e a Procuradoria da Justiça do Trabalho.
>
> **Art. 899.** Os recursos serão interpostos por simples petição e terão efeito meramente devolutivo, salvo as exceções previstas neste Título, permitida a execução provisória até a penhora.

* *Caput* com redação determinada pela Lei 5.442/1968.

Interpretação restritiva

- [O] fato de constar no art. 899 da CLT, que os recursos podem ser interpostos por simples petição e a circunstância de ser característica do processo do

trabalho o pouco formalismo não autorizam concluir pela desnecessidade de fundamentação dos pontos atacados, eis que o objetivo deste dispositivo é a dispensa de "outras formalidades, como por exemplo, o termo de agravo nos autos, que era exigido pelo art. 852 do Código de Processo Civil de 1939, vigente quando promulgada a Consolidação das Leis do Trabalho" (In: Valentin Carrion, *Comentários à CLT*, 27. ed., p. 759).

A teor do art. 514, II, da Legislação Processual Civil, que, guarda sintonia com o art. 899 da CLT, o recurso ordinário não pode ser aviado por simples petição, desfundamentado, ou que não ataque diretamente a sentença guerreada:

"Art. 514. A apelação, interposta por petição dirigida ao juiz, conterá:

I – (...);

II – os fundamentos de fato e de direito; (...)".

O insigne processualista Wilson de Souza Campos Batalha, em sua obra *Tratado de direito judiciário do trabalho* (3. Ed., LTr, 1995), tratando das formalidades da interposição do recurso, disserta sobre o tema, com a clareza que lhe é peculiar:

"Estabelece o art. 899 da *CLT* que os recursos serão interpostos por simples petição. Entretanto, não significa isto que a parte recorrente esteja dispensada de oferecer as razões que fundamentam o recurso. De fato, os recursos devem ser interpostos por simples petição; isto é, sua interposição independe de termo (formalidade que ainda subsistia, no Código de Processo Civil de 1939, em relação aos agravos nos autos do processo). Mas, a petição de recurso deve expor os motivos pelos quais o recorrente não se conforma com a decisão; de outra maneira, não só o Tribunal ad quem não saberia por que o recurso foi interposto, como ainda seriam facilitados os recursos protelatórios e a parte recorrida ficaria prejudicada no seu direito de apresentar suas razões contrárias às do recorrente (art. 900 da CLT). Foi o que sustentamos, no Tribunal Regional de São Paulo, em acórdão publicado na Revista dos Tribunais do Trabalho (II, 10, p. 72): 'Quando o art. 899 da CLT declara que os recursos devem ser interpostos por simples petição, tem em mira, tão somente, dispensar a formalidade do termo de recurso, o qual subsiste ainda no processo comum em relação aos agravos nos autos do processo (art. 852 do CPC). Isto não quer dizer que a petição do recurso não necessitará ser fundamentada. Quem recorre deve especificar os motivos por que não se conforma com a decisão recorrida; de outra maneira, estaria plenamente aberta a porta para os recursos protelatórios'" (...).

(TRT-6.ª Reg., RO 00143-2008-261-06-00-0, 1.ª T., j. 26.08.2009, rel. Nise Pedroso Lins de Sousa, *DJ* 15.12.2009)

§ 1.º Sendo a condenação de valor até 10 (dez) vezes o valor de referência regional, nos dissídios individuais, só será admitido o recurso, inclusive o extraordinário, mediante prévio depósito da respectiva importância. Transitada em julgado a decisão recorrida, ordenar-se-á o levantamento imediato da importância do depósito, em favor da parte vencedora, por simples despacho do Juiz.

* § 1.º com redação determinada pela Lei 5.442/1968.

§ 2.º Tratando-se de condenação de valor indeterminado, o depósito corresponderá ao que for arbitrado para efeito de custas, pela Junta ou Juízo de Direito, até o limite de 10 (dez) vezes o valor de referência regional.

* § 2.º com redação determinada pela Lei 5.442/1968.
* A EC 24/1999 substituiu as Juntas de Conciliação e Julgamento por Varas do Trabalho (Juiz singular) e extinguiu a representação classista na Justiça do Trabalho.

§ 3.º (*Revogado pela Lei 7.033/1982*)

§ 4.º O depósito de que trata o § 1.º far-se-á na conta vinculada do empregado a que se refere o art. 2.º da Lei 5.107, de 13.09.1966, aplicando-se-lhe os preceitos dessa lei, observado, quanto ao respectivo levantamento, o disposto no § 1.º.

* § 4.º com redação determinada pela Lei 5.442/1968.

§ 5.º Se o empregado ainda não tiver conta vinculada aberta em seu nome, nos termos do art. 2.º da Lei 5.107, de 13.09.1966, a empresa procederá à respectiva abertura, para efeito do disposto no § 2.º.

* § 5.º com redação determinada pela Lei 5.442/1968.
* A Lei 8.036/1990 disciplina, atualmente, o FGTS.

§ 6.º Quando o valor da condenação, ou o arbitrado para fins de custas, exceder o limite de 10 (dez) vezes o valor de referência regional, o depósito para fins de recursos será limitado a este valor.

* § 6.º com redação determinada pela Lei 5.442/1968.

Art. 899

* V. art. 40 da Lei 8.177/1991 (Valor do depósito para fins de recursos).

§ 7.º No ato de interposição do agravo de instrumento, o depósito recursal corresponderá a 50% (cinquenta por cento) do valor do depósito do recurso ao qual se pretende destrancar.

* § 7.º acrescentado pela Lei 12.275/2010 (*DOU* 29.06.2010, edição extra), em vigor 45 (quarenta e cinco) dias após a data de sua publicação, de acordo com o art. 1.º do Dec.-lei 4.657/1942.

🏛 Interpretação extensiva

- **Súmula 128 do TST**

Depósito Recursal. (Incorporadas as OJs 139, 189 e 190 da SDI-I/TST). (Res. TST 129/2005, *DJ* 20, 22 e 25.04.2005)

I – É ônus da parte recorrente efetuar o depósito legal, integralmente, em relação a cada novo recurso interposto, sob pena de deserção. Atingido o valor da condenação, nenhum depósito mais é exigido para qualquer recurso. (Ex-Súmula 128, alterada pela Res. 121/2003, *DJ* 21.11.2003, que incorporou a OJ 139 da SDI-I/TST, inserida em 27.11.1998)

II – Garantido o juízo, na fase executória, a exigência de depósito para recorrer de qualquer decisão viola os incs. II e LV do art. 5.º da CF/1988. Havendo, porém, elevação do valor do débito, exige-se a complementação da garantia do juízo. (Ex-OJ 189 da SDI-I/TST, inserida em 08.11.2000)

III – Havendo condenação solidária de duas ou mais empresas, o depósito recursal efetuado por uma delas aproveita as demais, quando a empresa que efetuou o depósito não pleiteia sua exclusão da lide. (Ex-OJ 190 da SDI-I/TST, inserida em 08.11.2000)

- **Súmula 161 do TST**

Depósito. Condenação a pagamento em pecúnia. (Res. TST 121/2003, *DJ* 19, 20 e 21.11.2003)

Se não há condenação a pagamento em pecúnia, descabe o depósito de que tratam os §§ 1.º e 2.º do art. 899 da CLT. (Ex-Prejulgado 39)

- **Súmula 217 do TST**

Depósito recursal. Credenciamento bancário. Prova dispensável. (Res. TST 121/2003, DJ 19, 20 e 21.11.2003)

O credenciamento dos bancos para o fim de recebimento do depósito recursal é fato notório, independendo da prova.

- **OJ 27 da SDC/TST**

Custas. Ausência de intimação. Deserção. Caracterização. (Inserida em 19.08.1998)
A deserção se impõe mesmo não tendo havido intimação, pois incumbe à parte, na defesa do próprio interesse, obter os cálculos necessários para efetivar o preparo.

- **OJ 33 da SDI-I/TST**

Deserção. Custas. Carimbo do banco. Validade. (Inserida em 25.11.1996)
O carimbo do banco recebedor na guia de comprovação do recolhimento das custas supre a ausência de autenticação mecânica.

- **OJ 140 da SDI-I/TST**

Depósito recursal e custas. Diferença ínfima. Deserção. Ocorrência. (*DJ* 20.04.2005).
Ocorre deserção do recurso pelo recolhimento insuficiente das custas e do depósito recursal, ainda que a diferença em relação ao *quantum* devido seja ínfima, referente a centavos.

- **OJ 264 da SDI-I/TST**

Depósito recursal. PIS/Pasep. Ausência de indicação na guia de depósito recursal. Validade. (Inserida em 27.09.2002)
Não é essencial para a validade da comprovação do depósito recursal a indicação do número do PIS/Pasep na guia respectiva.

- Depósito recursal. Trabalhador. Condenação. Exigência. Deserção.

I – No Processo Trabalhista, o depósito recursal "não tem natureza jurídica de taxa de recurso, mas de garantia do Juízo Recursal, que pressupõe decisão condenatória ou executória de obrigação de pagamento em pecúnia, com valor líquido ou arbitrado". Inteligência do art. 899, § 1.º, da CLT c/c art. 8.º da Lei 8.542, de 23.12.1992 (IN TST 3/1993)

II – Em caso de condenação em pecúnia, exige-se, em regra, tanto da empresa, quanto do trabalhador, se condenado, a realização do depósito recursal, sob pena de deserção do apelo.

III – O depósito recursal não se confunde com as custas processuais (art. 789 da CLT) (...).

(TRT-8.ª Reg., AgRg em AgIn em RO 01037-2008-012-08-01-0, 2.ª T., j. 06.05.2009, rel. Vicente José Malheiros da Fonseca, *DJ* 12.05.2009)

• Não recolhimento do depósito recursal. Indenização decorrente de litigância de má-fé. Deserção.

A multa por litigância de má-fé deve ser recolhida para fins do preparo recursal. Assim, não realizado o depósito recursal previsto no § 1.º do art. 899 da CLT, não se pode conhecer do Recurso Ordinário, vez que ausente um dos pressupostos objetivos de admissibilidade do recurso (...).

[P]retende o agravante, a reforma da r. decisão recorrida e, consequentemente, que seja processado e julgado o Recurso Ordinário por ele interposto.

Neste sentido, aduz que o MM Juízo de 1.º Grau julgou a reclamação que propôs em face da agravada, totalmente improcedente, e devido não ter informado na petição inicial que recebeu indenização referente ao período de estabilidade no valor de R$68.370,72 (sessenta e oito mil, trezentos e setenta reais e setenta e dois centavos), seu pedido foi temerário e desleal, pelo que foi considerado litigante de má-fé, condenando-o a pagar ao reclamado (agravado), 1% (um por cento) sobre o valor da causa, no montante líquido de R$1.991,37 (um mil, novecentos e noventa e um reais e trinta e sete centavos).

Aduz que recolheu corretamente as custas processuais a que foi condenado, no valor de R$3.982,74 (três mil, novecentos e oitenta e dois reais e setenta e quatro centavos) e que o C. TST já firmou entendimento de que não há deserção quando a parte condenada por litigância de má-fé não efetua o depósito de tal penalidade, por não se tratar de pré-requisito para fins recursais.

Transcreve jurisprudência, para ao final requerer a reforma da decisão agravada.

Vejamos.

Conforme afirmado anteriormente, em sentença de f., o MM Juízo de 1.º Grau julgou a reclamação totalmente improcedente, declarando o reclamante litigante de má-fé, com fundamento nos arts. 16 a 18 do CPC, condenou-o a pagar à reclamada 1% (um por cento) sobre o valor da causa, além do recolhimento de custas processuais.

Quando da interposição de seu Recurso Ordinário (f.), o ora agravante somente recolheu o valor referente às custas processuais, razão pela qual foi considerado deserto.

Desse modo, o agravante fora condenado ao pagamento de indenização, a reverter em favor da agravada, pelo que estava obrigado a realizar o devido preparo, pois o depósito recursal é um instituto atrelado à admissibilidade do recurso, por força do art. 899, § 1.º, da CLT.

Como se sabe, o depósito recursal tem a função de garantir o Juízo para efeito de execução. Assim, o recorrente deveria ter efetuado o depósito na data da interposição do recurso (...).

Por estes fundamentos, mantenho o despacho agravado que negou seguimento ao recurso ordinário interposto pelo agravante, uma vez que, apesar de julgada improcedente a reclamação trabalhista, houve condenação ao pagamento da multa de 1% (um por cento) sobre o valor da causa, a reverter em favor da agravada, e o agravante não realizou o depósito recursal, restando deserto seu apelo (...).

(TRT-8.ª Reg., AgIn em RO 01406-2008-008-08-01-5, 4.ª T., j. 05.05.2009, rel. Vanja Costa de Mendonça, *DJ* 19.05.2009)

Interpretação restritiva

- **Súmula 86 do TST**

Deserção. Massa falida. Empresa em liquidação extrajudicial. (Incorporada a OJ 31 da SDI-I/TST). (Res. TST 129/2005, *DJ* 20, 22 e 25.04.2005)

Não ocorre deserção de recurso da massa falida por falta de pagamento de custas ou de depósito do valor da condenação. Esse privilégio, todavia, não se aplica à empresa em liquidação extrajudicial. (Primeira parte, ex-Súmula 86, RA 69/1978, *DJ* 26.09.1978; segunda parte, ex-OJ 31 da SDI-I/TST, inserida em 14.03.1994)

- **Súmula 99 do TST**

Ação rescisória. Deserção. Prazo. (Incorporada a OJ 117 da SDI-II). (Res. TST 137/2005, *DJ* 22, 23 e 24.08.2005)

Havendo recurso ordinário em sede de rescisória, o depósito recursal só é exigível quando for julgado procedente o pedido e imposta condenação em pecúnia, devendo este ser efetuado no prazo recursal, no limite e nos termos da legislação vigente, sob pena de deserção. (Ex-Súmula 99, alterada pela Res. TST 110/2002, *DJ* 15.04.2002 e ex-OJ 117 da SDI-II, *DJ* 11.08.2003)

- Processo civil. Contas de depósito recursal trabalhista. Movimentação e administração (...).

1. A movimentação das contas de depósito recursal trabalhista regidas pelo art. 899, §§ 1.º a 7.º, da CLT é da alçada exclusiva do Juízo Laboral.

2. O Juízo Laboral não detém autonomia para dispor dos depósitos recursais efetivados por empresa cuja quebra venha a ser decretada. A destinação do numerário, inclusive em observância da *par conditio creditorum*, há de ser dada pelo Juízo Universal da Falência.

3. O acesso aos depósitos realizados nas contas recursais trabalhistas não se dá de forma direta, mas mediante expedição de ofício ao respectivo Juízo Laboral para que, oportunamente – isto é, após o trânsito em julgado da reclamação trabalhista –, transfira o valor consignado para conta judicial à disposição do Juízo Falimentar, essa sim de sua livre movimentação (...).

(STJ, RMS 32.864/SP, 3.ª T., j. 28.02.2012, rel. Nancy Andrighi, *DJe* 07.03.2012)

• Justiça Gratuita. Depósito recursal. Deserção arguida em contrarrazões. Não conhecimento do recurso.

Acolho a arguição de deserção feita em contrarrazões, já que a recorrente não efetuou o depósito recursal.

No caso presente, foi proferida sentença de parcial procedência, tendo a recorrente sido condenada ao pagamento de "Custas de R$ 60,00, sobre o valor atribuído provisoriamente à condenação de R$ 3.000,00, complementáveis;" (*sic*, f.).

Em que pese lhe tenha sido deferido, na origem, o benefício da justiça gratuita – no despacho constante à f., em que recebido o recurso ordinário, verbis: "Concedo o benefício da Justiça Gratuita à recorrente, porquanto pessoa física, atendendo aos requisitos da Lei 1.060/1950 e do art. 790, § 3.º, da CLT" –, este não alcança o depósito recursal, mas, tão somente, as custas processuais.

No processo do trabalho, nos termos do art. 899, § 1.º, da CLT, o depósito recursal ao réu não é dispensável por qualquer fundamento e sob qualquer aspecto, desimportando ser o recorrente pessoa física. Além de constituir pressuposto indispensável de admissibilidade do recurso ordinário, tem finalidade de asseguração do pronto pagamento do trabalhador uma vez transitada em julgado a decisão de que seja vencedor, não havendo previsão legal à dispensa da sua realização pelo réu que pretenda se utilizar do direito recursal em face de decisão proferida contra os seus interesses.

Nesse sentido a IN TST 3/1993, que interpreta o art. 8.º da Lei 8.542, de 23.12.1992 (*DOU* de 24.12.1992), que trata do depósito para recurso nas ações na Justiça do Trabalho, dispõe, em seu inciso primeiro, que "Os depósitos de que trata o art. 40, e seus parágrafos, da Lei 8.177/1991, com a redação dada pelo art. 8.º da Lei

8.542/1992, não têm natureza jurídica de taxa de recurso, mas de garantia do juízo recursal, que pressupõe decisão condenatória ou executória de obrigação de pagamento em pecúnia, com valor líquido ou arbitrado".

Também neste sentido o E. TST proferiu decisões, assim ementadas:

"Agravo de instrumento em recurso de revista. Processo de execução. Benefício da Justiça Gratuita. Pessoa jurídica. Violação ao art. 5.º, LXXIV, LV e XXXV, da Carta Magna. Não ocorrência. A admissibilidade do Recurso de Revista, em processo de execução, depende de demonstração inequívoca de ofensa direta e literal à Constituição Federal de 1988, nos termos do art. 896, § 2.º, da CLT e da Súmula 266 do C. TST, o que não logrou demonstrar a recorrente, na forma dos dispositivos constitucionais invocados. *In casu*, observa-se que a recorrente pleiteia o Benefício da Justiça Gratuita com o objetivo de ter devolvido o depósito recursal convolado em penhora e efetuado visando a garantia da execução. Note-se que o referido benefício não a isenta do depósito recursal, uma vez que este é necessário à garantia do juízo para a satisfação do crédito trabalhista. Da mesma forma, não pode ser a mesma isentada de custas processuais, tendo em vista a mesma ser pessoa jurídica, sendo inaplicáveis as disposições da Lei 1.060/1950. Assim, mostram-se inocorrentes as alegadas violações" (Acórdão da lavra do Exmo. Juiz convocado Josenildo dos Santos Carvalho, C. 2.ª T., AgIn em RR 41/2002-106-03-40.0, *DJ* 30.09.2005)

"Agravo de instrumento em recurso de revista. Recurso ordinário não conhecido. Deserção. Justiça gratuita. Depósito recursal. Necessidade. A hipótese dos autos é de condenação subsidiária de sócia minoritária e, nessa condição, não faz jus aos benefícios da gratuidade da justiça. E, ainda que o fizesse, não seria abrangida pela isenção do depósito recursal, pois, como empregadora tem o dever, por imposição legal, de efetuar o depósito prévio, cuja finalidade é a garantia da execução. Agravo de instrumento desprovido" (Acórdão da lavra do rel. Min. Luiz Philippe Vieira de Mello Filho, C. 1.ª T., AgIn em RR 571/2004-007-05-40.8, *DJ* 05.12.2008)

"Agravo de instrumento em recurso de revista. Benefícios da Gratuidade de Justiça. Depósito recursal. Deserção. A isenção de depósito recursal não está compreendida entre os benefícios que compõem a Gratuidade de Justiça, nos termos dos arts. 3.º da Lei 1.060/1950 e 790, § 3.º, da CLT. Agravo de instrumento a que se nega provimento" (Acórdão da lavra do rel. Min. Pedro Paulo Manus, C. 7.ª T., AgIn em RR 374/2007-004-20-40.0, *DEJT* 28.11.2008)

"Justiça Gratuita. Empregador. Depósito recursal. Os benefícios da Justiça Gratuita alcançam apenas as despesas processuais, dentre elas, as custas processuais, não se estendendo ao depósito prévio, por ser, precipuamente, qualificado no art. 899, §§ 1.º e 2.º, da CLT como garantia do Juízo ou da execução. Nesse sentido seguem-se precedentes deste Tribunal. Recurso de revista conhecido e desprovido." (Acórdão da lavra do rel. Min. Luiz Philippe Vieira de Mello Filho, C. 1.ª T., RR 1400/2001-003-17-00.8, *DEJT* 28.11.2008)

Assim, o depósito recursal é indispensável porque constitui exigência que ao réu, mesmo que beneficiário da Justiça Gratuita, não importa negação de acesso ao duplo grau de jurisdição, o qual é assegurado às partes no exercício da ampla defesa, com todos os meios e "recursos" a ela inerentes, nesses compreendido o depósito recursal como condição de exercício do direito recursal.

Nesses termos, não conheço do recurso ordinário (...).

(TRT-4.ª Reg., RO 00381-2008-811-04-00-0, 1.ª T., j. 02.04.2009, rel. Fernando Luiz de Moura Cassal, *DJ* 10.04.2009)

CONDENAÇÃO SOLIDÁRIA

Interpretação extensiva

- **Súmula 128 do TST**

Depósito Recursal. (Incorporadas as OJs 139, 189 e 190 da SDI-I/TST). (Res. TST 129/2005, *DJ* 20, 22 e 25.04.2005)

I – É ônus da parte recorrente efetuar o depósito legal, integralmente, em relação a cada novo recurso interposto, sob pena de deserção. Atingido o valor da condenação, nenhum depósito mais é exigido para qualquer recurso. (Ex-Súmula 128, alterada pela Res. 121/2003, *DJ* 21.11.2003, que incorporou a OJ 139 da SDI-I/TST, inserida em 27.11.1998)

II – Garantido o juízo, na fase executória, a exigência de depósito para recorrer de qualquer decisão viola os incs. II e LV do art. 5.º da CF/1988. Havendo, porém, elevação do valor do débito, exige-se a complementação da garantia do juízo. (Ex-OJ 189 da SDI-I/TST, inserida em 08.11.2000)

III – Havendo condenação solidária de duas ou mais empresas, o depósito recursal efetuado por uma delas aproveita as demais, quando a empresa que efetuou

o depósito não pleiteia sua exclusão da lide. (Ex-OJ 190 da SDI-I/TST, inserida em 08.11.2000)

- **Condenação solidária. Preparo.**

Havendo condenação solidária dos reclamados, os litisconsortes respondem proporcionalmente pelas despesas processuais, motivo por que o depósito recursal e as custas processuais efetuados por um, a todos aproveita. Aplicação da Súmula 128, III, do C. TST (...).

(TRT-2.ª Reg., AgIn em RO 02506.2007.471.02.01-0, 3.ª T., j. 28.06.2011, rel. Margoth Giacomazzi Martins)

- Havendo condenação solidária dos reclamados, os litisconsortes respondem proporcionalmente pelas despesas processuais, motivo por que o depósito recursal e as custas processuais efetuados por um, a todos aproveita (...).

(TRT-24.ª Reg., RO 00967/2002-071-24-00-8, j. 18.11.2004, rel. Abdalla Jallad, *DO-MS* 03.12.2004)

DEPÓSITO RECURSAL. TEMPESTIVIDADE

Interpretação restritiva

- **Súmula 245 do TST**

Depósito Recursal. Prazo. (Res. TST 121/2003, *DJ* 19, 20 e 21.11.2003)
O depósito recursal deve ser feito e comprovado no prazo alusivo ao recurso. A interposição antecipada deste não prejudica a dilação legal.

- **Agravo de instrumento da reclamada. Deserção. Comprovação intempestiva do preparo.**

Ante a comprovação intempestiva do recolhimento das custas processuais e do depósito recursal, não se conhece do apelo, por deserto. Agravo desprovido (...).

(TRT-4.ª Reg., RO 00731-2008-103-04-01-9, 8.ª T., j. 23.04.2009, Rel. Cleusa Regina Halfen)

- **Custas processuais. Comprovação do pagamento fora do prazo recursal. Deserção.**

Art. 899

Considera-se deserto o recurso, quando a parte deixa de comprovar o recolhimento das custas processuais dentro do prazo recursal. Inteligência do art. 789, § 1.º, da CLT (...).
(TRT-5.ª Reg., RO 00465-2008-030-05-00-0, 4.ª T., j. 14.04.2009, rel. Roberto Pessoa)

DEPÓSITO RECURSAL EM CONTA VINCULADA DO EMPREGADO

⚖️ Interpretação convergente

- Depósito recursal. Guia GFIP. Obrigatoriedade.

O depósito recursal deve ser recolhido por meio da "Guia de Recolhimento do FGTS e Informações à Previdência Social – GFIP", junto à conta vinculada do obreiro. Inteligência do art. 899, § 4.º, da CLT, IN TST 15/1998 e 26/2004 e Súmula 426 do TST (...).
(TRT-15.ª Reg., AgIn 0177700-12.2009.5.15.0096, 1.ª T., j. 12.07.2011, rel. Claudinei Zapata Marques)

🏛 Interpretação extensiva

- Súmula 426 do TST

Depósito recursal. Utilização da guia GFIP. Obrigatoriedade. (Editada em decorrência do julgamento do Proc. TST IUJEEDRR 91700-09.2006.5.18.0006). (Res. TST 174/2011, *DEJT* 27, 30 e 31.05.2011)

Nos dissídios individuais o depósito recursal será efetivado mediante a utilização da Guia de Recolhimento do FGTS e Informações à Previdência Social – GFIP, nos termos dos §§ 4.º e 5.º do art. 899 da CLT, admitido o depósito judicial, realizado na sede do Juízo e à disposição deste, na hipótese de relação de trabalho não submetida ao regime do FGTS.

- [N]os termos da OJ 336 da SDI-I/TST, não prospera a alegação de divergência jurisprudencial, eis que a decisão embargada está em consonância com a recente Súmula 426 do TST, de seguinte teor: "Nos dissídios individuais o depósito recursal será efetivado mediante a utilização da Guia de Recolhimento do FGTS e Informações à Previdência Social – GFIP, nos termos dos §§ 4.º e 5.º do art. 899

da CLT, admitido o depósito judicial, realizado na sede do Juízo e à disposição deste, na hipótese de relação de trabalho não submetida ao regime do FGTS" (...).

(TST, Embargos em RR 201400-09.2004.5.07.0001, SDI-I, j. 03.11.2011, rel. Renato de Lacerda Paiva, *DEJT* 11.11.2011)

LEVANTAMENTO DE DEPÓSITO RECURSAL. EXECUÇÃO PROVISÓRIA

🏛 Interpretação extensiva

• Execução provisória. Levantamento do depósito recursal. Aplicabilidade do art. 475-O, § 2.º, I, do CPC ao Processo do Trabalho (...).

O Tribunal Regional deferiu o levantamento, pelo reclamante, do depósito realizado pela reclamada no valor de 60 salários mínimos, sob os seguintes fundamentos: "As disposições do art. 475-O do CPC são plenamente aplicáveis ao presente feito, sendo irrelevante que tenham sido impostas por lei editada posteriormente ao ajuizamento da presente reclamatória, já que possui aplicação imediata a todos os processo em curso.

A referida norma torna eficaz e célere a tutela jurisdicional, permitindo a solução definitiva dos conflitos, independentemente do pleno exercício do direito de ação ou de defesa pela parte adversa, coibindo, assim, o uso desse direito, em muitos casos, apenas para postergar a satisfação da condenação, o que acarreta a negação da ideia de justiça e a descrença na função pacificadora do Estado.

De outro lado, tratando-se de crédito de natureza alimentar decorrente da relação de emprego é presumível o estado de necessidade do reclamante, pelo que não há impedimento para a aplicação do inc. I do § 2.º do art. 475-O do CPC, podendo também ser invocada, por analogia, a disposição da primeira parte do inc. II, do mesmo parágrafo e artigo retro especificado.

Portanto, considerando a natureza alimentar do crédito trabalhista, faculto ao reclamante levantar, do depósito que existe nos autos, quantia até 60 salários mínimos" (f.).

A reclamada defende que o art. 475-O do CPC não tem aplicação ao processo do trabalho. Ademais, alega que o Autor não fez prova de seu estado de necessidade, tampouco efetuou qualquer pedido nesse sentido. Indica violação dos arts. 769, 876 a 892, 899, *caput* e § 1.º, da CLT.

A execução trabalhista é regida pelos dispositivos da Consolidação das Leis do Trabalho e, subsidiariamente, pelas normas que regem a execução fiscal naquilo que não forem incompatíveis. Neste sentido é o art. 889 da CLT.

Além disso, de acordo com o art. 769 da CLT o direito processual comum será fonte subsidiária do direito processual do trabalho, nos casos em que houver omissão da norma trabalhista e desde que haja compatibilidade entre elas.

Assim, apenas serão aplicadas à execução trabalhista as normas que disciplinam a execução civil se forem omissas a Consolidação das Leis do Trabalho e a Lei de Execução Fiscal e, ainda, somente sendo compatíveis com os seus princípios.

No caso em tela, o Acórdão Regional deferiu ao reclamante o levantamento de 60 salários com base no art. 475-O, § 2.º, I, do CPC.

A execução provisória encontra-se disciplinada, pela legislação trabalhista, tão somente no art. 899 da CLT, que estabelece:

"Art. 899. Os recursos serão interpostos por simples petição e terão efeito meramente devolutivo, salvo as exceções previstas neste Título, permitida a execução provisória até a penhora.

§ 1.º Sendo a condenação de valor até 10 (dez) vezes o valor de referência regional, nos dissídios individuais, só será admitido o recurso inclusive o extraordinário, mediante prévio depósito da respectiva importância. Transitada em julgado a decisão recorrida, ordenar-se-á o levantamento imediato da importância de depósito, em favor da parte vencedora, por simples despacho do juiz" (grifo nosso).

Já o art. 475-O, § 2.º, I, do CPC dispõe:

"Art. 475-O. A execução provisória da sentença far-se-á, no que couber, do mesmo modo que a definitiva, observadas as seguintes normas:

(...)

III – o levantamento de depósito em dinheiro e a prática de atos que importem alienação de propriedade ou dos quais possa resultar grave dano ao executado dependem de caução suficiente e idônea, arbitrada de plano pelo Juiz e prestada nos próprios autos.

(...)

§ 2.º A caução a que se refere o inc. III do *caput* deste artigo poderá ser dispensada:

I – quando, nos casos de crédito de natureza alimentar ou decorrente de ato ilícito, até o limite de 60 (sessenta) vezes o valor do salário-mínimo, o exequente demonstrar situação de necessidade."

Não existe, no contraste entre ambos os dispositivos, efetiva contradição que inviabilize a aplicação do art. 475-O, § 2.º, I, do CPC, ao processo trabalhista. O art. 899 da CLT, único que trata da execução provisória na legislação trabalhista, limita-se a autorizá-la até a penhora e a tratar da liberação imediata do depósito recursal após o trânsito em julgado da decisão. Regramento muito diferente deriva da legislação civil, na medida em que esta, no caso, facilita ao credor, em situação de necessidade, a efetivação real do procedimento da execução provisória, e a consequente satisfação do crédito. As duas hipóteses, portanto, não abrangem, de modo nenhum, o mesmo campo de incidência legal.

A autorização dada pelo Código de Processo Civil ao exequente que demonstrar estar em situação de necessidade, para o levantamento de até 60 vezes o valor do salário-mínimo, nas hipóteses relativas a crédito de natureza alimentar ou decorrente de ato ilícito, não colide com a regra trabalhista que autoriza a execução provisória até a penhora, pois, na verdade, cria condição mais benéfica à satisfação do crédito trabalhista, em perfeita consonância com a lógica de funcionamento e com os princípios do processo do trabalho.

É sabido que a reforma processual que culminou com a edição, dentre outros, do art. 475-O do CPC, foi grandemente influenciado pela sistemática do processo e da execução trabalhista, classicamente mais célere e benéfica ao credor que a tradição civilista. Com maior razão, portanto, deve se aplicar a nova regra ao processo trabalhista, especialmente por tratar o § 2.º, I, do referido artigo, de crédito de natureza alimentar – já que o crédito trabalhista é, via de regra, igualmente de natureza alimentar. Não faria sentido, nessa lógica, que a execução provisória do crédito alimentar civil possuísse sistemática mais favorável ao credor que o crédito alimentar de natureza trabalhista.

Logo, não só a regra do art. 475-O, § 2.º, I, do CPC, é compatível com o processo do trabalho, como se adapta perfeitamente ao sistema de princípios que rege tanto o direito quanto o processo trabalhistas. A possibilidade de levantamento do depósito recursal, pelo reclamante – obreiro –, portanto, não contradiz nem substitui o regramento do art. 899 da CLT, mas, pelo contrário, o complementa em vista da proteção ao crédito trabalhista de natureza alimentar.

Por outro lado, a situação de necessidade exigida pelo art. 475-O, § 2.º, I, do CPC, para a liberação do depósito recursal constitui, na seara trabalhista, presunção relativa em favor do trabalhador. Isto porque, além da típica presunção favorável ao trabalhador que caracteriza a própria existência do ramo trabalhista no

Direito, o não pagamento das verbas de natureza trabalhista – principalmente as de caráter alimentar – reforça a presunção de que o credor encontra-se em situação de necessidade. Dessa forma, o ônus de provar a inexistência da situação de necessidade compete ao empregador, e não ao trabalhador.

A aplicação do art. 475-O, § 2.º, I, do CPC, ao processo do trabalhista, desse modo, se coaduna perfeitamente com a sistemática de execução e com o conjunto de princípios do Direito do Trabalho, inexistindo, portanto, violação dos arts. 769, 876 a 892 e 899, *caput* e § 1.º, da CLT. Por se tratar de regramento atinente à forma de efetivação da execução provisória, e, portanto, logicamente decorrente da decisão de mérito, sua adoção de ofício pelo Regional não viola os limites da lide (...).

(TST, RR 39400-20.2009.5.03.0059, 8.ª T., j. 19.10.2011, rel. Sebastião Geraldo de Oliveira, *DEJT* 20.10.2011)

Art. 900. Interposto o recurso, será notificado o recorrido para oferecer as suas razões, em prazo igual ao que tiver o recorrente.

⚖️ Interpretação convergente

• Não conheço, entretanto, das contrarrazões da ré, por intempestivas. A publicação respectiva deu-se em 30.08.2011 (terça-feira, f.), tendo as contrarrazões sido apresentadas somente em 15.09.2011, fora do octídio legal (art. 900 da CLT) (...).

(TRT-3.ª Reg., RO 01091-2011-026-03-00-8, 3.ª T., j. 06.12.2011, rel. Maria Cristina Diniz Caixeta, *DJ* 14.12.2011)

• Não conhecimento Das contrarrazões apresentadas pela reclamada, por intempestivas.

Não se conhece das contrarrazões apresentadas pela reclamada às f., porquanto intempestivas.

Com efeito, a notificação da f. foi publicada no *Diário Oficial do Estado – Diário da Justiça* do dia 07.04.2008 (segunda-feira). O octídio legal, portanto, encerrou-se no dia 15.04.2008 (terça-feira). A petição de contrarrazões, conforme carimbo da f., foi protocolizada somente no dia 16.04.2008 (quarta-feira), restando descumprido pela reclamada o prazo dos arts. 895, *a* e 900 da

CLT. Assim, não se conhece das contrarrazões apresentadas pela reclamada, por intempestivas (...).

(TRT-4.ª Reg., RO 00517-2007-025-04-00-8, 5.ª T., j. 06.11.2008, rel. Berenice Messias Corrêa, *DJ* 12.03.2009)

• Da preliminar de não conhecimento das contrarrazões, por intempestividade, suscitada pela Juíza Relatora

O exequente foi notificado para oferecer contrarrazões ao Agravo de Petição interposto pela parte adversa, em 15.05.2008 (f.), no prazo de 8 (oito) dias, previsto nos arts. 900 da CLT e 6.º da Lei 5.584/1970. Porém, somente no dia 17.06.2008, um mês depois, o autor protocolou em juízo sua contraminuta ao supramencionado recurso, quando já escoado o octídio legal. Não conheço (...).

(TRT-6.ª Reg., AgPet 01469-2005-016-06-85-4, 1.ª T., j. 28.10.2008, rel. Maria de Betânia Silveira Villela, *DJ* 11.11.2008)

Art. 901. Sem prejuízo dos prazos previstos neste Capítulo, terão as partes vistas dos autos em cartório ou na secretaria.

Parágrafo único. Salvo quando estiver correndo prazo comum, aos procuradores das partes será permitido ter vista dos autos fora do cartório ou secretaria.

* Parágrafo único acrescentado pela Lei 8.638/1993.

Art. 902. (*Revogado pela Lei 7.033/1982*)

Capítulo VII
DA APLICAÇÃO DAS PENALIDADES

* V. arts. 102, I, *c*, 105, I, *a* e 108, I, *a*, da CF/1988.

Art. 903. As penalidades estabelecidas no Título anterior serão aplicadas pelo Juiz, ou Tribunal, que tiver de conhecer da desobediência, violação, recusa, falta ou coação, *ex officio*, ou mediante representação de qualquer interessado ou da Procuradoria da Justiça do Trabalho.

* Artigo com redação determinada pelo Dec.-lei 8.737/1946.

Art. 904

⚖️ **Interpretação convergente**

• Trabalhista. Greve. Dissídio coletivo. Reconhecimento judicial de abusividade. Retorno ao trabalho. Descumprimento. Fixação de multa diária (...).

[O] Tribunal de origem dirimiu a matéria atinente à multa imposta aos agravantes com fundamento na análise da legislação infraconstitucional pertinente (Código de Processo Civil e Consolidação das Leis do Trabalho), conforme se observa de trecho do acórdão proferido no julgamento de embargos de declaração, acolhidos para fins de esclarecimentos, a seguir:

"Verifico, ainda, que a prestação jurisdicional não ocorreu de modo completo no tocante à indicação de qual dispositivo legal respaldou a aplicação da multa pecuniária pelo descumprimento da decisão normativa, apenas aludindo o v. Acórdão ao exemplo da greve dos petroleiros.

Satisfaço a irresignação, neste aspecto, esclarecendo que o art. 461, § 4.º, do CPC (aplicado no caso dos petroleiros) e o art. 903 da CLT amparam a imposição de multa por esta Justiça Especializada.

A propósito do sobredito preceito consolidado, é pertinente transcrever trecho da obra *Processo Coletivo do Trabalho* (2. ed., São Paulo: LTr, 1996, p. 192-193), do Dr. Ives Gandra Martins Filho, *in verbis*:

'(...) No entanto, pode, excepcionalmente, ter natureza condenatória, quando estabelece a obrigação de retorno ao trabalho, uma vez declarada abusiva determinada greve e, fixa multa diária pelo descumprimento de tal comando.

O art. 903 da CLT autoriza a imposição de multas pela Justiça do Trabalho, no campo processual, sendo que as penalidades previstas nos arts. 722 e 723 da CLT em relação ao prosseguimento de greves têm sido consideradas revogadas tacitamente apenas em relação aos empregados individualmente (...). A imposição de tais multas em dissídios coletivos já é praxe na Justiça do Trabalho, de forma a tornar eficaz a decretação de abusividade de greve.' (...)" (f.).

Assim, firmar entendimento diverso implicaria em revisão da interpretação conferida àquela legislação pela instância ordinária. Eventual violação ao texto constitucional se daria de forma meramente reflexa, circunstância que torna inviável o recurso extraordinário (...).

(STF, AgRg no RE 245.239/DF, 2.ª T., j. 28.02.2012, rel. Ricardo Lewandowski, *DJe* 13.03.2012)

Art. 904. As sanções em que incorrerem as Autoridades da Justiça do Trabalho serão aplicadas pela Autoridade ou Tribunal imediatamente

superior, conforme o caso, *ex officio*, ou mediante representação de qualquer interessado ou da Procuradoria.

* *Caput* com redação determinada pelo Dec.-lei 8.737/1946.

Parágrafo único. Tratando-se de membro do Tribunal Superior do Trabalho será competente para a imposição de sanções o Senado Federal.

* Parágrafo único revogado. V. arts. 102, I, *c*, 105, I, *a* e 108, I, *a*, da CF/1988.

Art. 905. Tomando conhecimento do fato imputado, o juiz, ou Tribunal competente, mandará notificar o acusado, para apresentar, no prazo de 15 (quinze) dias, defesa por escrito.

* Artigo revogado. V. LC 35/1979 (Lei Orgânica da Magistratura Nacional).

§ 1.º É facultado ao acusado, dentro do prazo estabelecido neste artigo, requerer a produção de testemunhas até o máximo de cinco. Neste caso, será marcada audiência para a inquirição.

§ 2.º Findo o prazo de defesa, o processo será imediatamente concluso para julgamento, que deverá ser proferido no prazo de 10 (dez) dias.

Art. 906. Da imposição das penalidades a que se refere este Capítulo, caberá Recurso Ordinário para o Tribunal Superior, no prazo de 10 (dez) dias, salvo se a imposição resultar de dissídio coletivo, caso em que o prazo será de 20 (vinte) dias.

Art. 907. Sempre que o infrator incorrer em pena criminal, far-se-á remessa das peças necessárias à Autoridade Competente.

Art. 908. A cobrança das multas estabelecidas neste Título será feita mediante executivo fiscal, perante o Juiz competente para a cobrança de dívida ativa da Fazenda Pública Federal.

Parágrafo único. A cobrança das multas será promovida, no Distrito Federal e nos Estados em que funcionarem os Tribunais Regionais, pela Procuradoria da Justiça do Trabalho, e, nos demais Estados, de acordo com o disposto no Dec.-lei 960, de 17.12.1938.

* Parágrafo único revogado. V. Lei 6.830/1980 (Lei de Execução Fiscal).

Capítulo VIII
DISPOSIÇÕES FINAIS

* V. art. 96, I, *a*, da CF/1988.

Art. 909. A ordem dos processos no Tribunal Superior do Trabalho será regulada em seu regimento interno.

* Expressão "Conselho Nacional do Trabalho" substituída por "Tribunal Superior do Trabalho", de acordo com o art. 2.º do Dec.-lei 9.797/1946.

Art. 910. Para os efeitos deste Título, equiparam-se aos serviços públicos os de utilidade pública, bem como os que forem prestados em armazéns de gêneros alimentícios, açougues, padarias, leiterias, farmácias, hospitais, minas, empresas de transportes e comunicações, bancos e estabelecimentos que interessem à segurança nacional.

⚖ Interpretação convergente

• O serviço postal – conjunto de atividades que torna possível o envio de correspondência, ou objeto postal, de um remetente para endereço final e determinado – não consubstancia atividade econômica em sentido estrito. Serviço postal é serviço público (...).
(STF, RE 446.832/PR, Decisão Monocrática, j. 11.03.2010, rel. Joaquim Barbosa, DJe 08.04.2010)

• Na ocorrência de greve em serviços essenciais, cabe ao Poder Público a intervenção a fim de verificar se está sendo assegurada, pelos segmentos profissional e patronal, prestação dos serviços mínimos, suficientes ao atendimento das necessidades inadiáveis da comunidade, enquanto durar o movimento paredista (...).
(TST, RO em Dissídio Coletivo 9556600-60.2003.5.02.0900, SDC, j. 08.05.2008, rel. Dora Maria da Costa, *DJe* 13.06.2008)

• Como os serviços prestados por concessionária na exploração e manutenção de rodovia são inegavelmente de utilidade pública, o fechamento, ainda que parcial, da BR-040, comprometeria o adequado funcionamento do serviço público em questão (...).
(TRF-2.ª Reg., AgIn 201202010153005, 7.ª T. Especializada, j. 14.11.2012, rel. Luiz Paulo da Silva Araujo, *DJ* 27.11.2012)

TÍTULO XI
DISPOSIÇÕES FINAIS E TRANSITÓRIAS

Art. 911. Esta Consolidação entrará em vigor em 10.11.1943.

Art. 912. Os dispositivos de caráter imperativo terão aplicação imediata às relações iniciadas, mas não consumadas, antes da vigência desta Consolidação.

* V. art. 5.º, § 1.º, da CF/1988.

⚖ **Interpretação convergente**

• Na órbita do Direito do Trabalho, a lei apanha as relações individuais e coletivas em plena execução, imprimindo-lhes desde logo os novos preceitos, pouco importando que se tenham iniciado sob o império de norma anterior, contando que não haja ofensa a direito adquirido, a ato jurídico perfeito ou à coisa julgada. Essa a diretriz essencialmente contemplada no art. 912 da CLT (...).
(TST, Embargos em RR 86700-16.2008.5.15.0079, Decisão Monocrática, j. 03.04.2013, rel. Alberto Luiz Bresciani de Fontan Pereira, *DEJT* 03.04.2013)

• Por força do princípio do efeito imediato, previsto no art. 912 da CLT, as leis processuais trabalhistas têm aplicação a partir de sua vigência (...).
(TRT-5.ª Reg., AgPet 0074600-43.1992.5.05.0281, 2.ª T., rel. Cláudio Brandão, *DJ* 25.07.2008)

• Trata-se da aplicação concreta da relatividade do princípio da irretroatividade das leis, haja vista que "os dispositivos de caráter imperativo" (dentre eles a execução, por esta Justiça Especializada, dos débitos das empresas junto à Previdência Social), "terão aplicação imediata às relações iniciadas, mas não consumadas" (art. 912 da CLT) (...).
(TRT-6.ª Reg., AgPet 1998.141.06.00.5, 1.ª T., rel. Virginia Malta Canavarro, *DJ* 24.06.2005)

Art. 913. O Ministro do Trabalho, Indústria e Comércio expedirá instruções, quadros, tabelas e modelos que se tornarem necessários à execução desta Consolidação.

* V. art. 87, parágrafo único, II, da CF/1988.
* V. art. 35 do Dec.-lei 229/1967 (Altera dispositivos da Consolidação das Leis do Trabalho – CLT).

Parágrafo único. O Tribunal Superior do Trabalho adaptará o seu regimento interno e os dos Tribunais Regionais do Trabalho às normas contidas nesta Consolidação.

* Parágrafo único revogado. V. art. 96, I, da CF/1988.

⚖️ Interpretação convergente

• O art. 913 da CLT atribuiu ao Ministério do Trabalho o poder-dever de expedir instruções necessárias à execução da Consolidação das Leis do Trabalho, erigindo-as em fontes de Direito do Trabalho (...).
(TST, RO em Dissídio Coletivo 2036000-47.2004.5.02.0000, SDC, j. 10.05.2007, rel. Antônio José de Barros Levenhagen, *DJU* 01.06.2007)

🏛️ Interpretação extensiva

• O art. 913 da CLT dispõe que o Ministro do Trabalho expedirá instruções, quadros, tabelas e modelos que se tornarem necessárias à execução desta Consolidação. Significa dizer ter sido delegado ao Ministério do Trabalho a atribuição de expedir instruções para execução do contido na Consolidação das Leis do Trabalho (...).
(TST, RO em Ação Anulatória 7900-70.2005.5.24.0000, SDC, j. 29.06.2006, rel. Antônio José de Barros Levenhagen, *DEJT* 18.08.2006)

Art. 914. Continuarão em vigor os quadros, tabelas e modelos, aprovados em virtude de dispositivos não alterados pela presente Consolidação.

Art. 915. Não serão prejudicados os recursos interpostos com apoio em dispositivos alterados ou cujo prazo para interposição esteja em curso à data da vigência desta Consolidação.

⚖️ Interpretação convergente

• [A]s modificações produzidas na ritualística do instrumento processual terão efeito imediato, ou seja, é o chamado Princípio do *Tempus Regit Actum*.

A legislação não é alheia a tais princípios, pois ambos estão positivados, respectivamente, nos arts. 915 e 912 do texto Consolidado (...).
(TRT-14.ª Reg., AgPet 00771.2006.092.14.01, Pleno, j. 12.06.2007, rel. Maria do Socorro Costa Miranda, *DOJT* 22.06.2007)

• Nesse caso, em respeito à regra de direito intertemporal, segundo a qual o ato processual é regulado pela legislação vigente à época de sua prática (art. 915 da CLT), forçoso é concluir que a novel Lei não pode ser aplicada retroativamente, sob pena de violar princípios constitucionais (...).
(TST, AgIn em RR 661817/2000.9, 5.ª T., j. 13.09.2000, rel. Walmir Oliveira da Costa, *DJU* 06.10.2000)

Art. 916. Os prazos de prescrição fixados pela presente Consolidação começarão a correr da data da vigência desta, quando menores do que os previstos pela legislação anterior.

* V. art. 7.º, XXIX, da CF/1988.

🏛 **Interpretação extensiva**

• A SDI-I desta Corte pacificou o entendimento de que às Ações de Indenização por Danos Morais ou Patrimoniais decorrentes de Acidente de Trabalho ocorrido antes da vigência da EC 45/2004, aplica-se o prazo prescricional previsto no Código Civil de 2002, não se adotando o prazo previsto no art. 7.º, XXIX, da CF/1988. Ocorrendo o acidente antes da entrada em vigor do atual Código Civil de 2002, em 11.01.2003, deve ser observada a regra de transição contida em seu art. 2.028: "se na data em que entrou em vigor o Código Civil de 2002 ainda não havia transcorrido mais da metade do prazo de vinte anos previsto no art. 177 do CC/1916, aplica-se a prescrição trienal prevista no art. 206, § 3.º, do CC/2002". Entretanto, a contagem do novo prazo prescricional deve ser feito a partir da vigência do novo Código Civil de 2002, em face da aplicação por analogia do art. 916 da CLT, projetando o termo final do prazo prescricional para 12.01.2006 (...).
(TST, RR 44200-67.2008.5.04.0522, 6.ª T., j. 22.05.2013, rel. Augusto César Leite de Carvalho, *DEJT* 24.05.2013)

• A se aplicar às ações indenizatórias por acidente de trabalho a norma que trata da prescrição trabalhista, estabelecida na Carta da República, devem ser observa-

das, na sua incidência, o princípio da segurança jurídica, os prazos prescricionais vigentes em cada época, a regra transitória do art. 2.028 do CC/2002, a regra geral transitória trabalhista estabelecida no art. 916 da CLT (aplicáveis às situações análogas) e as seguintes lições extraídas da doutrina: "1.ª – estabelecendo a lei nova um prazo mais curto de prescrição, essa começa a correr da data da nova lei, salvo se a prescrição iniciada na vigência da lei antiga viesse a completar-se em menos tempo, segundo essa lei, que, nesse caso, continuaria a regê-la, relativamente ao prazo; 2.ª – estabelecendo a nova lei um prazo mais longo de prescrição, essa obedecerá a esse novo prazo, contando-se, porém, para integrá-lo, o tempo já decorrido na vigência da lei antiga" (in Antônio Luís da Câmara Leal, *Da prescrição e da decadência*. 3. ed. Rio de Janeiro: Forense, 1978, p. 90-91) (...). (TRT-5.ª Reg., RO 0082900-27.2008.5.05.0121, 1.ª T., j. 12.12.2011, rel. Edilton Meireles de Oliveira Santos, *DJ* 15.12.2011)

Art. 917. O Ministro do Trabalho, Indústria e Comércio marcará prazo para adaptação dos atuais estabelecimentos às exigências contidas no Capítulo "Da Segurança e da Medicina do Trabalho". Compete ainda àquela autoridade fixar os prazos dentro dos quais, em cada Estado, entrará em vigor a obrigatoriedade do uso da Carteira de Trabalho e Previdência Social, para os atuais empregados.

* V. art. 35 do Dec.-lei 229/1967 (Altera dispositivos da Consolidação das Leis do Trabalho – CLT).

Parágrafo único. O Ministro do Trabalho, Indústria e Comércio fixará, para cada Estado e quando julgar conveniente, o início da vigência de parte ou de todos os dispositivos contidos no Capítulo "Da Segurança e da Medicina do Trabalho".

* V. art. 35 do Dec.-lei 229/1967 (Altera dispositivos da Consolidação das Leis do Trabalho – CLT).
* V. Lei 6.514/1977 (Altera o Capítulo V do Título II da Consolidação das Leis do Trabalho, relativo a Segurança e Medicina do Trabalho).

Art. 918. *(Revogado)*

* V. Dec.-lei 72/1966 e Lei 3.807/1960 (Justiça do Trabalho).

Art. 919. Ao empregado bancário, admitido até a data da vigência da presente Lei, fica assegurado o direito à aquisição da estabilidade nos termos do art. 15 do Dec. 24.615, de 09.07.1934.

Art. 920. Enquanto não forem constituídas as confederações, ou na falta destas, a representação de classes, econômicas ou profissionais, que derivar da indicação desses Órgãos ou dos respectivos Presidentes, será suprida por equivalente designação ou eleição realizada pelas correspondentes federações.

Art. 921. As empresas que não estiverem incluídas no enquadramento sindical de que trata o art. 577 poderão firmar contratos coletivos de trabalho com os sindicatos representativos da respectiva categoria profissional.

Art. 922. O disposto no art. 301 regerá somente as relações de emprego iniciadas depois da vigência desta Consolidação.

* Artigo acrescentado pelo Dec.-lei 6.353/1944.
* Deixamos de publicar o anexo a esta Consolidação.

Art. 920. Enquanto não forem constituídas as confederações, ou na falta destas, a representação de classes, econômicas ou profissionais, que derivar da indicação desses órgãos ou dos respectivos presidentes, será suprida por equivalente designação ou eleição realizada pelas correspondentes federações.

Art. 921. As empresas que não estiverem incluídas no enquadramento sindical de que trata o art. 577 poderão firmar contratos coletivos de trabalho com os sindicatos representativos da respectiva categoria profissional.

Art. 922. O disposto no art. 301 regerá somente as relações de emprego iniciadas depois da vigência desta Consolidação.

- Artigo acrescentado pelo Dec.-lei 6.353/44.
- Deixamos de publicar o anexo a esta Consolidação.

CONSTITUIÇÃO FEDERAL

..

- Arts. 6.º a 11
- Arts. 111 a 117
- Arts. 193 a 195
- Arts. 201 a 204

Ato das Disposições Constitucionais Transitórias
- Art. 10

CONSTITUIÇÃO FEDERAL

(Excertos)

PREÂMBULO

Nós, representantes do povo brasileiro, reunidos em Assembleia Nacional Constituinte para instituir um Estado Democrático, destinado a assegurar o exercício dos direitos sociais e individuais, a liberdade, a segurança, o bem-estar, o desenvolvimento, a igualdade e a justiça como valores supremos de uma sociedade fraterna, pluralista e sem preconceitos, fundada na harmonia social e comprometida, na ordem interna e internacional, com a solução pacífica das controvérsias, promulgamos, sob a proteção de Deus, a seguinte CONSTITUIÇÃO DA REPÚBLICA FEDERATIVA DO BRASIL.

[...]

TÍTULO II
DOS DIREITOS E GARANTIAS FUNDAMENTAIS

[...]

Capítulo II
DOS DIREITOS SOCIAIS

Art. 6.º São direitos sociais a educação, a saúde, a alimentação, o trabalho, a moradia, o lazer, a segurança, a previdência social, a proteção à maternidade e à infância, a assistência aos desamparados, na forma desta Constituição.

* Artigo com redação determinada pela EC 64/2010.

Art. 7.º

🏛 Interpretação extensiva

• Direitos sociais previstos no art. 7.º da CF/1988. Férias e décimo terceiro. Extensão ao servidor contratado temporariamente. Possibilidade. Precedentes. Conforme a jurisprudência do STF, os servidores contratados em caráter temporário têm direito à extensão de direitos sociais constantes do art. 7.º do Magno Texto, nos moldes do inc. IX do art. 37 da Carta Magna (...).
(STF, AgRg no RE 663.104/PE, 2.ª T., j. 28.02.2012, rel. Carlos Ayres Britto, *DJe* 19.03.2012)

⚖ Interpretação restritiva

• A solução de litígios pela via arbitral, na forma do art. 1.º da Lei 9.307/1996, supõe direitos patrimoniais disponíveis e nunca direitos sociais de ordem pública, irrenunciáveis. Conclui-se, assim, que não se aplica para a solução de litígios de natureza trabalhista (...).
(TRT-2.ª Reg., RO 20010690772, 8.ª T., j. 29.10.2001, rel. José Carlos da Silva Arouca)

> **Art. 7.º** São direitos dos trabalhadores urbanos e rurais, além de outros que visem à melhoria de sua condição social:
> **I** – relação de emprego protegida contra despedida arbitrária ou sem justa causa, nos termos de lei complementar, que preverá indenização compensatória, dentre outros direitos;
> * V. art. 10 do ADCT.

📑 Interpretação divergente

• Mandado de injunção. Impetração contra ato de demissão objetivando a reintegração dos requerentes. Inadequação do instrumento. Direito social consagrado no art. 7.º, I, da CF/1988 já provisoriamente regulamentado pelo art. 10 do ADCT e que independe de nova norma regulamentar para viabilizar o seu exercício (...).
(STF, MI 111/RJ, Pleno, j. 17.05.1990, rel. Francisco Rezek, *DJU* 24.08.1990)

Interpretação extensiva

• O exercício do direito potestativo de denúncia vazia do contrato de trabalho sofre limites, igualmente, pelo princípio da proteção da relação de emprego contra despedida arbitrária, erigido no art. 7.º, I, da CF/1988 – embora ainda não regulamentado, mas dotado de eficácia normativa –, e pelo princípio da função social da propriedade, conforme art. 170, III, da Lei Maior (...). *In casu*, restou consignado na Decisão regional que a reclamada tinha ciência da doença de que era acometido o autor – esquizofrenia – e dispensou-o pouco tempo depois de um período de licença médica para tratamento de desintoxicação de substâncias psicoativas, embora, no momento da dispensa, não fossem evidentes os sintomas da enfermidade. É de se presumir, dessa maneira, discriminatório o despedimento do reclamante. Como consequência, o empregador é que haveria de demonstrar que a dispensa foi determinada por motivo outro que não a circunstância de ser o empregado portador de doença grave. A dispensa discriminatória, na linha da decisão regional, caracteriza abuso de direito, à luz do art. 187 do CC/2002, a teor do qual o exercício do direito potestativo à denúncia vazia do contrato de trabalho, como o de qualquer outro direito, não pode exceder os limites impostos pelo seu fim econômico ou social, pela boa-fé ou pelos bons costumes. Mais que isso, é de se ponderar que o exercício de uma atividade laboral é aspecto relevante no tratamento do paciente portador de doença grave e a manutenção do vínculo empregatício, por parte do empregador, deve ser entendida como expressão da função social da empresa e da propriedade, sendo, até mesmo, prescindível averiguar o *animus* discriminatório da dispensa (...).
(TST, RR 105500-32.2008.5.04.0101, 3.ª T., j. 29.06.2011, rel. Alberto Luiz Bresciani de Fontan Pereira, *DEJT* 05.08.2011)

Interpretação restritiva

• Convenção 158 da OIT. Proteção do trabalhador contra a despedida arbitrária ou sem justa causa. Arguição de ilegitimidade constitucional dos atos que incorporaram essa convenção internacional ao direito positivo interno do Brasil (Decreto Legislativo 68/1992 e Dec. 1.855/1996). Possibilidade de controle abstrato de constitucionalidade de tratados ou convenções internacionais em face da Constituição da República. Alegada transgressão ao art.

7.º, I, da CF/1988 e ao art. 10, I, do ADCT. Regulamentação normativa da proteção contra a despedida arbitrária ou sem justa causa, posta sob reserva constitucional de lei complementar. Consequente impossibilidade jurídica de tratado ou convenção internacional atuar como sucedâneo da lei complementar exigida pela Constituição (art. 7.º, I, da CF/1988). Consagração constitucional da garantia de indenização compensatória como expressão da reação estatal à demissão arbitrária do trabalhador (art. 7.º, I, da CF/1988 c/c o art. 10, I, do ADCT). Conteúdo programático da Convenção 158 da OIT, cuja aplicabilidade depende da ação normativa do legislador interno de cada país. Possibilidade de adequação das diretrizes constantes da Convenção 158 da OIT às exigências formais e materiais do estatuto constitucional brasileiro (...). Legitimidade constitucional da Convenção 158 da OIT, desde que observada a interpretação conforme fixada pelo STF.
A Convenção 158 da OIT, além de depender de necessária e ulterior intermediação legislativa para efeito de sua integral aplicabilidade no plano doméstico, configurando, sob tal aspecto, mera proposta de legislação dirigida ao legislador interno, não consagrou, como única consequência derivada da ruptura abusiva ou arbitrária do contrato de trabalho, o dever de os Estados-Partes, como o Brasil, instituírem, em sua legislação nacional, apenas a garantia da reintegração no emprego. Pelo contrário, a Convenção 158 da OIT expressamente permite a cada Estado-Parte (art. 10), que, em função de seu próprio ordenamento positivo interno, opte pela solução normativa que se revelar mais consentânea e compatível com a legislação e a prática nacionais, adotando, em consequência, sempre com estrita observância do estatuto fundamental de cada País (a Constituição brasileira, no caso), a fórmula da reintegração no emprego e/ou da indenização compensatória (...).
(STF, ADIn 1.480/DF, Pleno, j. 04.09.1997, rel. Celso de Mello, *DJ* 18.05.2001)

• Existindo norma, na própria Constituição Federal, mais precisamente no art. 10, I, do ADCT, que regula, provisoriamente, o direito previsto no inc. I do art. 7.º da Parte Permanente, enquanto não aprovada a Lei Complementar a que se refere, mostra-se descabido o mandado de injunção destinado a compelir o Congresso Nacional a elaborá-la (...).
É este o teor do parecer do Ministério Público Federal, nas partes dedicadas à fundamentação e conclusão (...):
"(...) o C. STF, no MI 487, rel. Min. Celso de Mello, idêntico ao que ora se analisa, já declarou que não se configura a mora do Congresso Nacional em relação ao

direito previsto no art. 7.º, I, da CF/1988, porquanto suprida, embora provisoriamente, pelo próprio legislador constituinte, no art. 10 do ADCT, *in verbis*:
'Não há como dar trânsito à presente ação injuncional, eis que o legislador constituinte – tendo presente a necessidade de afastar os efeitos prejudiciais derivados de eventual inadimplemento da prestação legislativa reclamada pela norma inscrita no art. 7.º, I, da Carta Política –, formulou, ele próprio, solução normativa destinada a suprir, ainda que transitoriamente, a inércia do Estado na concretização do seu dever de editar a lei complementar exigida por aquele preceito constitucional.
Com efeito, o ato das disposições constituições transitórias de 1988 veiculou cláusula destinada a colmatar a eventual omissão do Poder Público na adoção concreta de medidas tendentes a viabilizar a tutela jurídica da relação de emprego contra despedidas arbitrárias ou abusivas, prescrevendo, desde logo, que:
"Art. 10. Até que seja promulgada a lei complementar a que se refere o art. 7.º, I, da CF/1988:
I – fica limitada a proteção nele referida ao aumento, para quatro vezes, da porcentagem prevista no art. 6.º, *caput* e § 1.º, da Lei 5.107, de 13.09.1966."
Vê-se, portanto, que o próprio legislador constituinte, antecipando-se, editou regra vocacionada a suplementar a ausência da legislação reclamada pelo texto constitucional (art. 7.º, I, da CF/1988), impedindo, desse modo, que se configurasse, tão logo promulgada a nova Constituição, um estado de *vacuum juris* na disciplinação normativa da proteção outorgada à relação de emprego contra a despedida arbitrária ou a ruptura injusta do contrato individual de trabalho (...)'."
(STF, MI 628/RJ, Pleno, j. 19.08.2002, rel. Sydney Sanches, *DJU* 25.10.2002)

• Art. 118 da Lei 8.213/1991. Norma que assegura ao trabalhador a manutenção de contrato de trabalho por 12 (doze) meses após a cessação do auxílio-doença, independentemente de percepção de auxílio-acidente. Alegação de ofensa à reserva de lei complementar, prevista no art. 7.º, I, da CF/1988, para a disciplina da proteção da relação de emprego contra despedida arbitrária ou sem justa causa. Norma que se refere às garantias constitucionais do trabalhador em face de acidentes de trabalho e não guarda pertinência com a proteção da relação de emprego nos termos do art. 7.º, I, da CF/1988 (...). [A]s manifestações contidas nos autos indicam de forma precisa o real alcance do art. 118 ora em exame. Esse dispositivo fixa os limites de uma garantia específica atribuída ao trabalhador que sofreu acidente de trabalho, e não trata do regime de estabilidade.

O art. 7.º, I, da CF/1988, fixa reserva de lei complementar para a proteção contra a despedida arbitrária ou sem justa causa. Já a norma atacada trata de garantia trabalhista vinculada à ocorrência de acidente de trabalho. Não vejo, portanto, ao menos no exame da constitucionalidade em abstrato da legislação trabalhista, como o acidente de trabalho e sua disciplina legal possam se relacionar ao regime de estabilidade legal, já que sua conceituação constitucional é vinculada à rejeição das práticas de despedida arbitrária ou sem justa causa.

A conclusão de que a norma atacada invade matéria de lei complementar depende, a meu ver, do estranho pressuposto de que a rescisão de contrato de trabalho por ocorrência de acidente de trabalho se refere à normalidade da disciplina geral da estabilidade na relação contratual trabalhista.

Nesse sentido, a previsão pela própria Constituição, de instrumentos de prevenção e garantia contra acidentes de trabalho, contidos nos incs. XXII e XXVIII do art. 7.º, demonstram a excepcional relevância dessa garantia.

Acredito que seria apropriado afirmar, considerando o momento histórico da elaboração da Constituição Federal de 1988, que a reserva de lei complementar prevista no art. 7.º, I, decorre do óbvio impacto nas relações trabalhistas de regras gerais de proteção contra a despedida arbitrária ou sem justa causa – impacto de que resultaria o impasse político naquele momento, justificando a reserva de lei complementar (conforme linha de análise do Min. Nelson Jobim sobre os trabalhos constituintes).

Mas entendo que o constituinte não pensaria em incluir a disciplina legal das garantias relativas ao acidente de trabalho na noção de proteção contra despedida arbitrária ou sem justa causa. No caso, o acidente de trabalho é disciplinado, em última análise, para garantir ao trabalhador alguma dignidade em momento em que lhe é subtraída a capacidade efetiva de trabalho, situação que, por via regra, não fossem as garantias constitucionais e legais, lhe subtrairia também os direitos sociais assegurados aos trabalhadores.

Assim, sem maiores dificuldades, entendo que o art. 118 da Lei 8.213/1991 não trata de matéria reservada a lei complementar.

Ademais, deve-se mencionar que o rol de garantias do art. 7.º da CF/1988 não exaure a proteção aos direitos sociais. Na hipótese, entendo que o art. 118 da Lei 8.213/1991 não cria novo direito, mas apenas especifica o que a Constituição Federal de 1988 já prevê, ao tratar das garantias referentes ao acidente de trabalho. Essa afirmação não obsta, por outro lado, que em outros

casos o Tribunal venha a proceder a exame de proporcionalidade de garantias disciplinadas em lei (...).
(STF, ADIn 639/DF, Pleno, j. 02.06.2005, rel. Joaquim Barbosa, *DJU* 21.10.2005)

II – seguro-desemprego, em caso de desemprego involuntário;

* V. art. 201, III, da CF/1988.
* V. art. 12 da CLT.
* V. Lei 7.998/1990 (Fundo de Amparo ao Trabalhador – FAT).
* V. Lei 8.178/1991 (Preços e salários).
* V. Lei 10.779/2003 (Concessão do benefício de seguro-desemprego, durante o período de defeso, ao pescador profissional).

⚖️ Interpretação convergente

• **Súmula 389 do TST**
Seguro-desemprego. Competência da Justiça do Trabalho. Direito à indenização por não liberação de guias. (Conversão das OJs 210 e 211 da SDI-I/TST). (Res. TST 129/2005, *DJ* 20, 22 e 25.04.2005)
I – Inscreve-se na competência material da Justiça do Trabalho a lide entre empregado e empregador tendo por objeto indenização pelo não fornecimento das guias do seguro-desemprego. (Ex-OJ 210 da SDI-I/TST, inserida em 08.11.2000).
II – O não fornecimento pelo empregador da guia necessária para o recebimento do seguro-desemprego dá origem ao direito à indenização. (Ex-OJ 211 da SDI-I/TST, inserida em 08.11.2000).
• Do seguro-desemprego. Reconhecida pelo Julgador de base a tese vestibular de despedida sem justo motivo, sem a devida entrega das guias para percepção do seguro desemprego, acertada a decisão de base que, visando reparar o prejuízo experimentado pela Reclamante, deferiu-lhe indenização compensatória, em absoluta observância dos ditames legais (...).
(TRT-5.ª Reg., RO 00064.2008.006.05.00.7, 4.ª T., j. 14.04.2009, rel. Graça Boness)
• Da indenização substitutiva do seguro-desemprego. Reconhecido o vínculo empregatício entre as partes litigantes, ainda que por decisão judicial, e não comprovada a entrega das guias para percepção do benefício previdenciário em apreço, devido é o seu pagamento na forma indenizatória, como assim preceitua a Súmula 389, II, do C. TST, a saber:

"Seguro-desemprego. Competência da justiça do Trabalho. Direito à indenização por não liberação de guias. (Conversão das OJs 210 e 211 da SDI-I/TST). (Res. TST 129/2005, *DJ* 20.04.2005).

I – Inscreve-se na competência material da Justiça do Trabalho a lide entre empregado e empregador tendo por objeto indenização pelo não fornecimento das guias do Seguro-desemprego. (Ex-OJ 210, inserida em 08.11.2000).

II – O não fornecimento pelo empregador da guia necessária para o recebimento do Seguro-desemprego dá origem ao direito à indenização. (Ex-OJ 211, inserida em 08.11.2000)" (...).
(TRT-5.ª Reg., RO 00262.2008.023.05.00.7, 4.ª T., j. 14.04.2009, rel. Graça Boness)

• Seguro desemprego. Indenização compensatória. Atraso na entrega das guias CD [Comunicado de Dispensa]. Culpa patronal. Pertinência.
A empresa que não traz justificava plausível para o atraso, por quatro meses, para a entrega das guias CD ao ex-empregado, dispensado sem justa causa, a fim de possibilitar a ele o acesso ao benefício do Seguro-Desemprego, incide em conduta culposa que, a teor do art. 186 do CC/2002, enseja a imposição de pagamento indenização equivalente ao benefício (...).
(TRT-15.ª Reg., RO 0162600-24.2004.5.15.0021, 5.ª T., j. 13.03.2012, rel. José Antônio Pancotti)

Interpretação restritiva

• Penal. Estelionato qualificado. Fraude contra o programa seguro-desemprego. Dissídio jurisprudencial demonstrado. Aplicação do princípio da insignificância. Impossibilidade.
1. A sugerida divergência restou demonstrada na forma preconizada nos arts. 541, parágrafo único, do CPC e 255, §§ 1.º e 2.º, do RISTJ.
2. Não se aplica o princípio da insignificância nas fraudes contra o Programa de Seguro-Desemprego, uma vez que, ainda que ínfimo o valor obtido com o estelionato praticado, deve ser levado em consideração, nesses casos, o risco de desestabilização do referido programa. É que, se a prática de tal forma de estelionato se tornasse comum entre os cidadãos, sem qualquer repressão penal, certamente acarretaria, além de uma grande lesão aos cofres públicos, um enorme desequilíbrio em seu desenvolvimento, a ponto de tornar inviável a sua manutenção pelo Governo Federal, prejudicando, assim, àqueles trabalhadores que efetivamente viessem a necessitar dos benefícios oferecidos pelo referido programa.

3. De qualquer forma, não se pode nem mesmo considerar irrisório o valor obtido pelo agente na espécie, pois os saques indevidos perfizeram um total de mais de R$ 500,00 (quinhentos reais), possuindo, assim, relevo em sede penal (...).
(STJ, REsp 795.803/MG, 5.ª T., j. 19.03.2009, rel. Laurita Vaz, DJe 13.04.2009)

- O art. 7.º, II, da CF/1988 põe a salvo o seguro desemprego, em caso de desemprego involuntário. O benefício em apreço destina-se à proteção do desemprego involuntário, situação não configurada nos presentes autos, em virtude de adesão a Programa de Demissão Voluntária – PDV, cuja voluntariedade do rompimento da relação contratual, pelo empregado, é indiscutível. Assim, a adesão a plano de demissão voluntária não constitui dispensa por justa causa ou involuntária, razão por que não se enquadra nas estritas hipóteses contempladas nos art. 7.º, II, da CF/1988 e art. 3.º da Lei 7.998/1990 (...).
(TST, RR 160400-28.2007.5.02.0465, 5.ª T., j. 02.03.2011, rel. Emmanoel Pereira, DEJT 18.03.2011)

- Seguro-desemprego. Indenização substitutiva. Hipóteses de cabimento.
O art. 3.º da Lei 7.998, de 11.01.1990, que regula, entre outros, o Programa do Seguro-desemprego, estabelece o direito à percepção da benesse pelo trabalhador dispensado sem justa causa, que comprove os requisitos previstos nos correlatos incs. I, II e III, dispondo, no subsequente art. 4.º, a concessão ao desempregado "(...) por um período máximo de 4 (quatro) meses, de forma contínua ou alternada, a cada período aquisitivo de 16 (dezesseis) meses, contados da data de dispensa que deu origem à primeira habilitação". Como, no vertente caso concreto, a dispensa injusta do reclamante, com a projeção do aviso prévio, ocorreu em 30.01.2008, por óbvio não exaurido ainda aquele lapso, a justificar eventual imputação em pecúnia, substitutiva, da obrigação de fazer que deve a ela preceder, nos exatos termos do item II da Súmula 389 do TST. A indenização substitutiva incide, somente, na hipótese de o obreiro não lograr êxito na percepção do benefício, por culpa empresária e não o reverso, até porque não é esse o escopo da lei. E se de tudo não bastasse, a pretensão no ingresso formulada é de entrega das guias CD/SD, sob pena de indenização substitutiva. Ou seja, o próprio reclamante condicionou a quitação em pecúnia caso não aufira o benefício, obviamente por fato imputável à ré. Portanto, eventual execução da parcela só deverá mesmo principiar na subsequente fase processual e, evidentemente, se comprovada essa condição (...).
(TRT-3.ª Reg., RO 00220-2008-026-03-00-5, 4.ª T., j. 12.11.2008, rel. Júlio Bernardo do Carmo)

• A interpretação teleológica da finalidade do seguro-desemprego não acode aos interesses dos que aderem a Programa de Demissão Voluntária – PDV, porquanto ausente, nesses casos, o caráter involuntário da rescisão do contrato de trabalho (...). (TRF-1.ª Reg., Ap em MS 1998.01.00.077110-1, 1.ª T., j. 12.03.2002, rel. Ney de Barros Bello Filho)

• Estelionato. Seguro-desemprego. Percepção indevida. Rejeição da denúncia. Princípio da insignificância. Inaplicabilidade. Precedentes. Recurso provido.

I – Percepção, pela denunciada, de três parcelas de seguro-desemprego, no valor de R$ 1.184,76, após admissão em novo emprego, com suposta colaboração do denunciado: embora pequeno o valor percebido indevidamente pela denunciada, inaplicável o princípio da insignificância, consoante reiterada jurisprudência.

II – Firme é a jurisprudência no sentido de que "não se aplica o princípio da insignificância nas fraudes contra o Programa de Seguro-Desemprego, uma vez que, ainda que ínfimo o valor obtido com o estelionato praticado, deve ser levado em consideração, nesses casos, o risco de desestabilização do referido programa. É que, se a prática de tal forma de estelionato se tornasse comum entre os cidadãos, sem qualquer repressão penal, certamente acarretaria, além de uma grande lesão aos cofres públicos, um enorme desequilíbrio em seu desenvolvimento, a ponto de tornar inviável a sua manutenção pelo Governo Federal, prejudicando, assim, àqueles trabalhadores que efetivamente viessem a necessitar dos benefícios oferecidos pelo referido programa" (STJ, HC 43.474/MG, 5.ª T., v.u., rel. Laurita Vaz, *DJU* 01.10.2007, p. 301).

III – No caso, a fraude ao programa seguro-desemprego – custeado pelos cofres públicos, através do Fundo de Amparo ao Trabalhador – FAT –, afeta toda a coletividade, pois o benefício visa socorrer financeiramente os empregados, demitidos sem justa causa, a fim de prover seu sustento, durante certo período, enquanto não recolocados no mercado de trabalho.

IV – Demonstrados os indícios da autoria e a materialidade do delito, com preenchimento dos requisitos, constantes do art. 41 do CPP, para o recebimento da denúncia (...).

(TRF-1.ª Reg., RSE 0015362-67.2011.4.01.3500, 3.ª T., j. 06.03.2012, rel. Assusete Magalhães)

III – fundo de garantia do tempo de serviço;

* V. arts. 7.º, 477, 478 e 492 da CLT.
* V. Lei 8.036/1990 (Fundo de Garantia do Tempo de Serviço).

Art. 7.º

⚖️ Interpretação convergente

• A negociação coletiva é instituto valorizado e protegido pela ordem constitucional (arts. 7.º, VI, XIII, XIV, XXVI e 8.º, III, da CF/1988). Constitui opção legitimadora do regramento trabalhista, sempre adquirindo prestígio nos ordenamentos mais modernos e evoluídos. Não está e não pode estar, no entanto, livre de quaisquer limites, atrelada, apenas, à vontade daqueles que contratam. A mesma Constituição, que consagra acordos e convenções coletivas de trabalho, fixa direitos mínimos para a classe trabalhadora, exigindo a proteção da dignidade da pessoa humana e dos valores sociais do trabalho. Esta proteção não pode subsistir sem a reserva de direitos mínimos, infensos à redução ou supressão por particulares e categorias. Em tal área, protegidas estão as normas que disciplinam o Fundo de Garantia por Tempo de Serviço (...).
(TST, RR 335/2006-020-10-85, 3.ª T., j. 19.08.2009, rel. Alberto Luiz Bresciani de Fontan Pereira, *DEJT* 04.09.2009)

🏛️ Interpretação extensiva

• **Súmula Vinculante 1 do STF**
Ofende a garantia constitucional do ato jurídico perfeito a decisão que, sem ponderar as circunstâncias do caso concreto, desconsidera a validez e a eficácia de acordo constante de termo de adesão instituído pela LC 110/2001.

• Penhora em conta vinculada ao Fundo de Garantia por Tempo de Serviço. Lei 8.036/1990. Débitos alimentares. Possibilidade. Precedentes.
1. Este Tribunal Superior entende ser possível a penhora de conta vinculada do FGTS (e do PIS) no caso de execução de alimentos, havendo, nesses casos, a mitigação do rol taxativo previsto no art. 20 da Lei 8.036/1990, dada a incidência dos princípios constitucionais da proporcionalidade e da dignidade da pessoa humana (STJ, AgRg no AgIn 1.034.295/SP, 3.ª T., rel. Vasco Della Giustina (Desembargador convocado do TJRS), *DJe* 09.10.2009).
2. Possibilidade de o magistrado, ante as circunstâncias do caso concreto, bloquear a conta relativa ao FGTS, para garantir o pagamento de débitos alimentares (...).
(STJ, AgRg no RMS 34.708/SP, 3.ª T., j. 11.10.2011, rel. Paulo de Tarso Sanseverino, *DJe* 19.10.2011)

• Fundo de Garantia por Tempo de Serviço. Contrato nulo de trabalho. Direito do trabalhador.

"A declaração de nulidade do contrato de trabalho em razão da ocupação de cargo público sem a necessária aprovação em prévio concurso público, consoante previsto no art. 37, II, da CF/1988, equipara-se à ocorrência de culpa recíproca, gerando, para o trabalhador, o direito ao levantamento das quantias depositadas na sua conta vinculada ao FGTS" (STJ, REsp 1.110.848/RN, 1.ª Seção, rel. Luiz Fux, *DJe* 03.08.2009, sob o rito do art. 543-C do CPC) (...).
(STJ, AgRg em REsp 18.438/MG, 2.ª T., j. 14.02.2012, rel. Castro Meira, *DJe* 05.03.2012)

• Fundo de Garantia por Tempo de Serviço. Levantamento dos depósitos para pagamento de financiamento de casa própria fora do Sistema Financeiro Habitacional (...).

[O] dispositivo em causa [art. 20 da Lei 8.036/1990] não relaciona taxativamente todas as hipóteses de movimentação da conta vinculada do FGTS e o direito constitucional do trabalhador à moradia justifica o levantamento dos depósitos do FGTS para financiamento da casa própria, ainda que fora do Sistema Financeiro Habitacional. A Decisão Regional encontra-se em sintonia com a jurisprudência pacífica do STJ, o qual já assentou que o art. 20 da Lei 8.036/1990 apresenta rol exemplificativo, por entender que não se poderia exigir do legislador a previsão de todas as situações fáticas ensejadoras de proteção ao trabalhador, mediante a autorização para levantar o saldo de FGTS. Aquela Superior Corte tem entendimento firmado de que, com base no art. 35 do Dec. 99.684/1990, que regulamentou o art. 20 da Lei 8.036/1990, permite-se utilizar o saldo do FGTS para pagamento do preço de aquisição de moradia própria, ainda que a operação tenha sido realizada fora do Sistema Financeiro da Habitação, desde que se preencham os requisitos para ser por ele financiada, em respeito à matriz axiológica constitucional que resguarda a dignidade humana (...).
(TST, AgIn em RR 28840-54.2008.5.13.0001, 1.ª T., j. 09.11.2011, rel. Walmir Oliveira da Costa, *DEJT* 18.11.2011)

• Multa de 40% do FGTS. Aposentadoria espontânea. Resilição contratual. Devida. Sendo incontroverso que o trabalhador, tão logo teve deferida sua aposentadoria pelo ente previdenciário, foi afastado dos serviços, não por opção própria, presume-se que a extinção do contrato deu-se por iniciativa patronal, com suporte no entendimento que a aposentadoria espontânea é causa de extinção do contrato de trabalho. Sabidamente, não subsiste na jurisprudência o entendimento do C. TST da ex-OJ 177 da SBDI-I, cancelada, por aquela Corte, em razão da decisão definitiva do E. STF nas ADIns 1.721 e 1.770. Cumpre ressaltar, porque relevante, que o voto condutor do v. acórdão que julgou as

referidas Ações Declaratórias de Inconstitucionalidade considerou que a aposentadoria espontânea não é causa de extinção do contrato de trabalho. Em hipóteses que tais, na esteira deste entendimento da Suprema Corte, devida a multa de 40% do FGTS sobre os depósitos sacados pelo empregado por ocasião da aposentadoria (...).
(TRT-15.ª Reg., RO 00681-2008-104-15-00-3, 5.ª T., j. 09.01.2009, rel. José Antonio Pancotti)

• Fundo de Garantia por Tempo de Serviço. Alvará para levantamento. Trabalhador portador de Hepatite "C". Admissibilidade. Doença não elencada dentre as hipóteses legais que permitem a movimentação dos depósitos. Excepcionalidade. Interpretação extensiva do art. 20 da Lei 8.036/1990. Mandado de segurança. Administrativo. FGTS. Alvará judicial. Levantamento saldo. Necessidade premente. Tratamento de doença crônica. Direito reconhecido.
Embora o art. 20 da Lei 8.036/1990 não contemple a hipótese de levantamento dos depósitos para tratamento de Hepatite "C", o dever do Estado perante a Constituição obriga seja reconhecida a pretensão, adaptando a letra da lei ao seu espírito, à luz dos direitos fundamentais nela assegurados, no que pertine à vida, à saúde do ser humano (...).
(TRF-4.ª Reg., Ap 5000905-19.2011.404.7102, 4.ª T., j. 29.11.2011, rel. Silvia Maria Gonçalves Goraieb, *DJe* 30.11.2011)

• Fraude. Simulação de demissão comprovada (...).
O conjunto probatório aponta claramente a prática delitiva, restando evidente a materialidade, autoria e dolo, porquanto demonstrado nos autos que o acusado simulou demissão injustificada, proporcionando o levantamento de valores do FGTS. Condenação pela prática do delito previsto no art. 171, § 3.º, do Estatuto Repressivo (...).
(TRF-4.ª Reg., ApCrim 0002215-89.2004.404.7103, 7.ª T., j. 06.03.2012, rel. Élcio Pinheiro de Castro)

• Fundo de Garantia por Tempo de Serviço. Levantamento saldo. Doença crônica. Tratamento de saúde. Necessidade. Comprovada. Embora a doença não esteja incluída no rol legal, o que ganha relevo é a necessidade premente de recursos para cuidar da saúde, eliminando ou minorando gastos imprescindíveis ao tratamento, a exigir a utilização de todo recurso financeiro possível (...).
(TRF-4.ª Reg., ApCiv 2008.71.10.001774-8, 3.ª T., j. 14.03.2012, rel. Fernando Quadros da Silva)

- Fundo de Garantia por Tempo de Serviço. Incidência de juros progressivos e de expurgos. Têm direito à aplicação de taxas progressivas de juros, nos saldos das contas vinculadas ao FGTS, os empregados que tenham optado pelo regime antes da entrada em vigor da Lei 5.705/1971, ou que tenham efetuado a opção retroativa prevista na Lei 5.958/1973, desde que comprovado que o trabalhador era empregado em 01.01.1967 ou, então, teria sido admitido até 22.09.1971. Aos demais, a capitalização dos juros dar-se-á à taxa de 3% (três por cento) ao ano (...).
(TRF-4.ª Reg., ApCiv 5023073-55.2010.404.7100, 4.ª T., j. 13.03.2012, rel. Vivian Josete Pantaleão Caminha)

- Fundo de Garantia por Tempo de Serviço. Juros progressivos. Apresentação de extratos. Ônus da Caixa Econômica Federal. A Caixa Econômica Federal, na qualidade de gestora do FGTS, tem o dever de apresentar os extratos das contas vinculadas ao FGTS, ainda que relativos ao período anterior à centralização determinada pela Lei 8.036/1990 (...).
(TRF-4.ª Reg., ApCiv 5002157-73.2010.404.7205, 4.ª T., j. 15.03.2012, rel. Vivian Josete Pantaleão Caminha)

- Expurgos inflacionários. Juros progressivos. Expurgos inflacionários. pagamento. Ausência de comprovação. Ausente comprovação de que o pagamento da taxa de juros foi feito conforme previsto na Lei 5.107/1966, a Caixa Econômica Federal deve ser condenada quanto à progressividade e aos expurgos inflacionários (janeiro de 1989 e abril de 1990) incidentes sobre as diferenças devidas (...).
(TRF-4.ª Reg., Ag 5006916-07.2010.404.7100, 3.ª T., j. 21.03.2012, rel. Maria Lúcia Luz Leiria)

- Liberação de valores depositados em conta vinculada do FGTS. Portador de doença grave. Neoplasia maligna. Possibilidade. Interpretação extensiva do art. 20 da Lei 8.036/1990.
1. Possibilidade de levantamento do crédito complementar da conta vinculada do FGTS, em única parcela, em virtude da existência de doença grave, mesmo que não elencada taxativamente no art. 20 da Lei 8.036/1990.
2. Assim, tendo sido a autora acometida de neoplasia maligna, a mesma faz jus ao levantamento do crédito complementar de sua conta vinculada (...).
(TRF-5.ª Reg., ApCiv 2005.80.00.008386-3, 1.ª T., j. 19.04.2007, rel. Ubaldo Ataíde Cavalcante, *DJU* 28.06.2007)

Interpretação restritiva

- **Súmula 353 do STJ**
As disposições do Código Tributário Nacional não se aplicam às contribuições para o Fundo de Garantia por Tempo de Serviço.

- **Fundo de Garantia por Tempo de Serviço. Indenização. Redução de 40% para 20% por força de norma coletiva que se reporta à culpa recíproca. Direito irrenunciável. Violação do art. 18, § 2.º, da Lei 8.036/1990.**

1. As categorias celebraram convenção coletiva de trabalho na qual, sob a oferta de garantia de emprego, ajustaram a redução da indenização relativa ao FGTS para 20%, sob o rótulo da concorrência de culpa recíproca, a despeito da ausência de quaisquer das situações a que aludem os arts. 482, 483 e 484 da CLT.
2. Controverte-se sobre o cabimento de a Caixa Econômica Federal exigir a complementação do valor assim pago.
3. A negociação coletiva é instituto valorizado e protegido pela ordem constitucional (arts. 7.º, VI, XIII, XIV, XXVI e 8.º, III, da CF/1988). Constitui opção legitimadora do regramento trabalhista, sempre adquirindo prestígio nos ordenamentos mais modernos e evoluídos. Não está e não pode estar, no entanto, livre de quaisquer limites, atrelada, apenas, à vontade daqueles que contratam.
4. A mesma Constituição, que consagra acordos e convenções coletivas de trabalho, fixa direitos mínimos para a classe trabalhadora, exigindo a proteção da dignidade da pessoa humana e dos valores sociais do trabalho. Esta proteção não pode subsistir sem a reserva de direitos mínimos, infensos à redução ou supressão por particulares e categorias. Em tal área, protegidas estão as normas que disciplinam o Fundo de Garantia por Tempo de Serviço.
5. Na voz do art. 18, § 2.º, da Lei 8.036/1990, a culpa recíproca a que se refere o art. 484 da CLT somente autorizará a redução do percentual de 40% quando reconhecida a culpa recíproca pela Justiça do Trabalho (...).
(TST, RR 335/2006-020-10-85, 3.ª T., j. 19.08.2009, rel. Alberto Luiz Bresciani de Fontan Pereira, *DEJT* 04.09.2009)

- **Percepção de auxílio doença. Contrato suspenso. Obrigação do empregador de depositar o Fundo de Garantia por Tempo de Serviço. Inexistência.** A responsabilidade do empregador de recolher o FGTS do empregado, durante o seu afastamento por doença, está vinculado à sua responsabilidade de pagar os salários e esta se limita aos primeiros 15 (quinze) dias do afastamento, intervalo este que corresponde ao período legal de interrupção do contrato laboral. O art.

28, II e III, do Dec. 99.684/1990, que regulamenta a lei do FGTS, assim dispõe: "O depósito na conta vinculada do FGTS é obrigatório também nos casos de interrupção do contrato de trabalho prevista em lei, tais como: (...) II – licença para tratamento de saúde de até quinze dias; III – licença por acidente do trabalho". Logo, após os primeiros 15 dias, o empregado passa a ser considerado em licença não remunerada (art. 62 da Lei 8.213/1991), sendo, então, da Previdência Social o ônus pelo pagamento do benefício previdenciário e sobre o qual não incide o FGTS, eis que ausente a natureza remuneratória do benefício (art. 15 da Lei 8.036/1990) (...).
(TRT-15.ª Reg., RO 00683-2008-069-15-00-0, 5.ª T., j. 09.01.2009, rel. José Antonio Pancotti)

• Sociedade de fato. União estável. Bem adquirido na constância do relacionamento. Recursos do FGTS. Comunicabilidade.
Os valores relacionados ao Fundo de Garantia por Tempo de Serviço – FGTS, consoante exegese dos arts. 1.658 e 1.660, I, do CC/2002, são exclusivos de seu titular e, por esse motivo, não se comunicam. Contudo, uma vez movimentados tais recursos para a aquisição de bens na constância do casamento ou união estável, perdem a característica da incomunicabilidade e se transformam em patrimônio comum do casal (...).
(TJDF, EI 2005.01.1.028758-6, Câm. Civ., j. 28.09.2009, rel. Sandoval Gomes de Oliveira, *DJe* 26.11.2009)

• Execução de alimentos. FGTS. Saldo. Penhora. Impossibilidade. Decisão mantida.
1. O art. 20 da Lei 8.036/1990 permite o levantamento do saldo da conta vinculada ao Fundo de Garantia do Tempo de Serviço somente nas situações que enumera, não se admitindo, assim, a constrição judicial de tal verba para o pagamento de prestação alimentícia.
2. "As contas vinculadas ao FGTS e ao PIS são absolutamente impenhoráveis, a teor do preceituado no art. 2.º, § 2.º, da Lei 8.036/1990 e no art. 4.º da LC 26/1975" (STJ, RMS 24.422/SP) (...).
(TJDF, AgIn 558.669, 5.ª T. Civ., j. 11.01.2012, rel. Ângelo Passareli)

• Servidor. Investidura. Excepcionalidade do art. 37, IX, da CF/1988. Contrato administrativo. Vínculo não celetista. Art. 39, § 3.º, da CF/1988. Rol dos direitos sociais estendidos ao servidor público. FGTS indevido. Recurso desprovido.

1. O art. 37, II, da CF/1988 consagra a aprovação em concurso público como meio ordinário de investidura em cargo ou emprego público, de modo a garantir que sejam acessíveis a todos os que preencham os requisitos legais, na medida do mérito de cada qual.
2. Excepcionalmente, admite-se "a contratação por tempo determinado para atender a necessidade temporária de excepcional interesse público" (art. 37, IX, da CF/1988), conforme o que estabeleça a lei de cada Ente da Federação.
3. O regime constitucional dos servidores públicos efetivos e temporários, insculpido no art. 39, § 3.º, da CF/1988, estende-lhes determinados direitos sociais assegurados aos trabalhadores urbanos e rurais, não incluído, porém, o direito ao fundo de garantia do tempo de serviço.
4. O art. 15 da Lei 8.036/1990 exclui os servidores públicos submetidos a regime especial do rol dos trabalhadores com acesso ao FGTS (...).
(TJMG, ApCiv 0013170-69.2010.8.13.0319, 7.ª Câm. Civ., j. 29.11.2011, rel. Oliveira Firmo, *DJ* 20.01.2012)

• Alvará judicial. PIS/FGTS. Requerimento de alvará judicial para levantamento da importância referente a PIS e FGTS deixada pela falecida esposa do requerente. Denegação, em virtude da existência de prole. Descabimento. O procedimento de alvará visa a facilitar o acesso à justiça, sobretudo às famílias de baixa renda, com vistas ao recebimento mais célere de valores devidos ao *de cujus*, sem que seja necessária a submissão aos formalismos do inventário ou do arrolamento. Havendo, nos autos, certidão de inexistência de dependentes habilitados à pensão por morte, segue-se a ordem sucessória prevista na legislação civil vigente à época da abertura da sucessão (art. 1.º da Lei 6.858/1980, *in fine*), a qual ocorreu em 2004. Aplicação do art. 1.829, I, do CC/2002. De acordo com esse dispositivo, o cônjuge sobrevivente é herdeiro e concorre em igualdade de condições com os descendentes, salvo se casado com o falecido no regime da comunhão universal ou no da separação obrigatória de bens. Caso em que a existência de descendentes revela, de fato, a incorreção do requerimento de resgate da integralidade dos valores depositados junto à Caixa Econômica Federal (...).
(TJRJ, ApCiv 2008.001.48968, 6.ª Câm. Civ., j. 08.10.2008, rel. Suimei Meira Cavalieri, *DORJ* 24.10.2008)

• Separação judicial. Partilha. FGTS. Valores não partilháveis.
1. O FGTS, embora não constitua salário, representa, sem dúvida, rendimento do trabalho, na medida em que é formado mediante o depósito, pelo empregador, de

percentual incidente sobre a remuneração, enquanto perdura a relação de emprego, e tem a finalidade primeira de assegurar a sobrevivência do empregado ao ser despedido. E, na condição de rendimento do trabalho, define-se como fruto civil.
2. Exatamente por constituir "fruto civil do trabalho" é que o FGTS não se comunica no regime da comunhão parcial.
3. No caso dos autos, verifica-se que o valor do FGTS continua em depósito. Logo, não cabe sua partilha, pois enquanto assim permanecer é incomunicável (...).
(TJRS, ApCiv 70044951739, 8.ª Câm. Civ., j. 06.10.2011, rel. Rui Portanova, *DJRS* 13.10.2011)

• A Lei 6.858/1980, em seu art. 1.º, *caput*, dispõe que: "os valores devidos pelos empregadores aos empregados e os montantes das contas individuais do Fundo de Garantia do Tempo de Serviço e do Fundo de Participação PIS-Pasep, não recebidos em vida pelos respectivos titulares, serão pagos, em quotas iguais, aos dependentes habilitados perante a Previdência Social ou na forma da legislação específica dos servidores civis e militares, e, na sua falta, aos sucessores previstos na lei civil, indicados em alvará judicial, independentemente de inventário ou arrolamento". Endossando esta legislação, adveio a Lei 8.036/1990 que em seu art. 20, IV, que assim dispõe: "a conta vinculada do trabalhador no FGTS poderá ser movimentada nas seguintes situações: falecimento do trabalhador, sendo o saldo pago a seus dependentes, para esse fim habilitados perante a Previdência Social, segundo o critério adotado para a concessão de pensões por morte. Na falta de dependentes, farão jus ao recebimento do saldo da conta vinculada os seus sucessores previstos na lei civil, indicados em alvará judicial, expedido a requerimento do interessado, independente de inventário ou arrolamento".
Assim, verifica-se que a legislação é clara quanto ao levantamento de dinheiro referente ao FGTS. O que se extrai dos textos legais é que os sucessores do falecido somente recebem o FGTS na ausência de dependentes habilitados perante a Previdência Social.
No caso, se a viúva está habilitada na Previdência Social como dependente do falecido (f.), não importa o regime de bens do casamento ou em que época o saldo do FGTS foi incorporado ao patrimônio do *de cujus*. O fato é que a natureza jurídica do dinheiro referente ao FGTS é previdenciária, tendo um certo caráter assistencial, e deve ser pago a quem necessita, por isso a lei prevê o seu pagamento a quem figura como dependente perante a Previdência Social (...).
(TJSP, AgIn 994.09.036579-8, 8.ª Câm. de Direito Privado, j. 10.02.2010, rel. Ribeiro da Silva)

IV – salário mínimo, fixado em lei, nacionalmente unificado, capaz de atender a suas necessidades vitais básicas e às de sua família com moradia, alimentação, educação, saúde, lazer, vestuário, higiene, transporte e previdência social, com reajustes periódicos que lhe preservem o poder aquisitivo, sendo vedada sua vinculação para qualquer fim;

* V. art. 39, § 3.º, da CF/1988.
* V. Súmula Vinculante 4, 6, 15 e 16 do STF.

Interpretação convergente

• **Súmula Vinculante 4 do STF**
Salvo nos casos previstos na Constituição, o salário mínimo não pode ser usado como indexador de base de cálculo de vantagem de servidor público ou de empregado, nem ser substituído por decisão judicial.

• Em face do disposto no art. 7.º, IV, da CF/1988, é vedada a vinculação do salário mínimo como fator de atualização de indenização concedida a título de dano moral (...).
(STF, RE 225.488/PR, 1.ª T., j. 11.04.2000, rel. José Carlos Moreira Alves, *DJU* 16.06.2000)

• Diferença salarial para o mínimo legal mensal assegurada, não prevalecendo a tese patronal de ganho inferior proporcional à jornada reduzida, eis que não houve contratação nesses moldes, desde que à época da admissão e durante mais de um ano, o empregado, com a mesma jornada, recebeu acima do salário mínimo (...).
(TRT-6.ª Reg., RO 00224-2008-391-06-00-0, 3.ª T., j. 17.09.2008, rel. Gisane Barbosa de Araújo)

• Vinculação salarial a salário mínimo. Inconstitucionalidade.
É inconstitucional, nos termos do art. 7.º, IV, da CF/1988 a vinculação salarial tendo-se por base o salário mínimo (...).
(TRT-7.ª Reg., RO 00267/2008-021-07-00-5, 1.ª T., j. 10.11.2008, rel. Antônio Carlos Chaves Antero)

- Em relação à presente matéria editou o STF a Súmula Vinculante 4, estabelecendo expressamente que "o salário mínimo não pode ser usado como indexador de base de cálculo de vantagem de servidor público ou de empregado", nestes termos interpretando o disposto no inc. IV do art. 7.º da Lei Maior, que levou ao cancelamento da OJ 2 da SDI-I/TST, de sorte que o supra referido entendimento não pode mais ser sustentado.

Da referida súmula consta também que o salário-mínimo não pode "ser substituído por decisão judicial" assim vedando a criação jurisprudencial de novo indexador, o que veio fulminar a validade da Súmula 17 do C. TST, eis que o parâmetro ali estabelecido quanto a utilização do "salário-profissional" decorreu exclusivamente de uma construção judicial, declarada pelo STF como insuficiente para instituí-lo como novo indexador em substituição, estipulação que assim deve ser cumprida em decorrência de sua força vinculante.

Nesse impasse, qual indexador deve ser adotado?

Em nosso sistema jurídico vigora o princípio da inafastabilidade da jurisdição (*non liquet*), assim dispondo o art. 126 do CPC que o "juiz não se exime de sentenciar ou despachar alegando lacuna ou obscuridade da lei. No julgamento da lide caber-lhe-á aplicar as normas legais, não as havendo, recorrerá à analogia, aos costumes e aos princípios gerais de direito", assim também dispondo o art. 8.º da CLT ao ressaltar que na falta de disposições legais ou contratuais "decidirão, conforme o caso, pela jurisprudência, por analogia, por equidade e outros princípios e normas gerais de direito, principalmente do direito do trabalho".

Neste passo, é necessário considerar que em relação ao adicional de periculosidade, albergado no mesmo inc. XXIII do art. 7.º da CF/1988, o § 1.º do art. 193 da CLT estabeleceu o cálculo sobre o salário-base, critério assim instituído por lei e não por decisão judicial, de sorte que, por analogia, o mesmo critério legal deve ser aplicado em relação ao adicional de insalubridade, o que também possibilita o correto exercício da opção prevista no § 2.º do mesmo artigo, assim preservando a *ratio decidendi* que ensejou a edição da Súmula com efeito vinculante.

Destarte, com fundamento no princípio da eficácia integradora da norma constitucional, notadamente a que exigiu a redução dos riscos inerentes ao trabalho como direito fundamental do trabalhador (incs. XXII e XXIII do art. 7.º da CF/1988), e com observância da força cogente da Súmula Vinculante 4 do STF, decido dar parcial provimento para determinar o cálculo do adicional

de insalubridade sobre o salário-base, com o pagamento das consequentes diferenças e reflexos (...).
(TRT-15.ª Reg., RO 00099-2008-010-15-00-0, 1.ª T., j. 21.11.2008, rel. Patrícia Glugovskis Penna Martins)

• Vale-alimentação. Reajustes. Vinculação ao salário mínimo.
A vinculação do vale-alimentação ao salário mínimo, para efeito de correção automática, contrasta com o dispositivo constitucional que veda a vinculação do salário mínimo para qualquer fim, art. 7.º, IV da CF/1988 (...).
(TRT-17.ª Reg., RO 01474.2005.141.17.00.2, 1.ª T., j. 12.08.2008, rel. Sérgio Moreira de Oliveira)

Interpretação divergente

• **Súmula Vinculante 6 do STF**
Não viola a Constituição o estabelecimento de remuneração inferior ao salário mínimo para as praças prestadoras de serviço militar inicial.

• Adicional de insalubridade. Base de cálculo. Salário mínimo. Art. 192 da CLT. Declaração de inconstitucionalidade sem pronúncia de nulidade. Súmula Vinculante 4 do STF.
O STF, ao apreciar o RE 565.714/SP, sob o manto da repercussão geral da questão constitucional, referente à base de cálculo do adicional de insalubridade, editou a Súmula Vinculante 4, reconhecendo a inconstitucionalidade da utilização do salário mínimo como parâmetro, mas vedando a substituição deste por decisão judicial. Assim decidindo, a Suprema Corte adotou técnica decisória conhecida, no direito constitucional alemão, como – declaração de inconstitucionalidade sem pronúncia da nulidade –, ou seja, a norma, não obstante ser declarada inconstitucional, continua a reger as relações obrigacionais, em face da impossibilidade de o Poder Judiciário ser substituído pelo legislador, a fim de definir critério diverso para a regulação da matéria. Portanto, ainda que reconhecida a inconstitucionalidade do art. 192 da CLT, tem-se que a parte final da Súmula Vinculante 4 do STF não permite criar critério novo por decisão judicial; razão pela qual, até que se edite norma legal ou convencional estabelecendo base de cálculo, para o adicional de insalubridade, distinta do salário mínimo, continuará a ser aplicado esse critério para o cálculo do referido adicional, inclusive quando

o empregado pertence a categoria profissional, com piso salarial previsto em norma coletiva (...).
(TST, RR 145000-73.2007.5.04.0511, 7.ª T., j. 23.02.2011, rel. Pedro Paulo Manus, *DEJT* 11.03.2011)

• Adicional de insalubridade. Base de cálculo. Salário mínimo.
Desde a promulgação da Constituição da República é controvertida a adoção do salário mínimo como base de cálculo do adicional de insalubridade. Prevalecia no C. TST o entendimento de que a verba deveria ser calculada sobre o salário mínimo, exceto no caso do empregado que percebesse, por força de lei, convenção coletiva ou sentença normativa, salário profissional. Nesse caso, o adicional seria calculado sobre o salário profissional. Nesse sentido, era a Súmula 17, editada originalmente por meio da RA 28/1969, publicada em 21.08.1969, cancelada em 19.05.1994 (Res. TST 29/1994) e restaurada por intermédio da Res. TST 121/2003, publicada em 21.11.2003. Além disso, a Súmula 228 da mesma Corte previa o cálculo do adicional de insalubridade sobre o salário mínimo. Consoante o entendimento predominante no C. TST, a adoção dessa base de cálculo não violaria o art. 7.º, IV, da CF/1988, pois a proibição nele contida apenas vedava a vinculação ao salário mínimo como fator de indexação. Acontece que o STF vinha, há algum tempo, se manifestando no sentido de coibir a adoção do salário mínimo como base de cálculo do adicional de insalubridade. Em 09.05.2008 foi editada pela Corte Constitucional a Súmula Vinculante 4, que proíbe essa forma de cálculo. Após a edição dessa Súmula Vinculante, o Tribunal Pleno do TST editou a Res. 148, de 10.07.2008, por intermédio da qual cancelou a Súmula 17 e alterou o conteúdo da Súmula 228, com o fim de fazer incidir o adicional de insalubridade sobre o salário contratual. O Excelso STF, contudo, acatando pedido liminar formulado pela Confederação Nacional da Indústria (Rcl 6.266), determinou a suspensão da Súmula 228 do TST. Em consequência dessa última decisão, a base de cálculo do adicional de insalubridade deverá ser o salário mínimo, até a edição de lei que venha a regulamentar o tema. Esse é o sentido da já referida Súmula Vinculante 4 do STF, que declara a inconstitucionalidade dessa forma de cálculo, mas ressalta a impossibilidade de adoção, pelo Poder Judiciário, de uma forma de cálculo diversa, até que outra norma legal venha a dispor sobre a matéria. Nesse sentido, vem decidindo o Colendo TST (RR 872/2005-042-15-00, 7.ª T., rel. Ives Gandra Martins Filho, *DJ* 13.06.2008) (...).
(TRT-3.ª Reg., RO 00112-2008-131-03-00-6, 7.ª T., j. 13.11.2008, rel. Alice Monteiro de Barros)

- O adicional de insalubridade, tanto antes como após a edição da Súmula Vinculante 4 do STF, continua a ser calculado sobre o salário mínimo de acordo com o art. 192 da CLT, até que nova base seja estabelecida mediante lei (...).
(TRT-4.ª Reg., RO 00102-2008-512-04-00-0, 4.ª T., j. 30.04.2009, rel. Hugo Carlos Scheuermann)

- Adicional de insalubridade. Base de cálculo.
Até que seja editada uma nova lei regulamentando a base de cálculo do adicional de insalubridade, há de ser utilizado para esse fim, o salário mínimo, conforme preceitua o art. 192 da CLT. Inteligência da Súmula Vinculante 4 do STF (...).
(TRT-5.ª Reg., RO 00219-2008-021-05-00-8, 3.ª T., j. 08.09.2009, rel. Lourdes Linhares)

- Adicional de insalubridade. Base de cálculo.
Derrogada a norma consolidada sobre a base de cálculo do adicional de insalubridade, e ante o vazio legislativo, não se há de cogitar na utilização do salário contratual como base de cálculo do adicional de insalubridade, haja vista que inexiste previsão legal naquele sentido. Sendo a melhor solução para a hipótese é decidir por equidade, como autorizado pelo art. 8.º, consolidado, pelo que o adicional de insalubridade deve ser pago sobre o valor que vinha sendo pago aos empregados substituídos, utilizando-se como base de cálculo o salário mínimo (...).
(TRT-5.ª Reg., RO 00674-2008-012-05-00-2, 5.ª T., j. 08.09.2009, rel. Norberto Frerichs)

Interpretação extensiva

- **Súmula 204 do STF**
Tem direito o trabalhador substituto, ou de reserva, ao salário mínimo no dia em que fica à disposição do empregador sem ser aproveitado na função específica; se aproveitado, recebe o salário contratual.

- **Súmula 207 do STF**
As gratificações habituais, inclusive a de natal, consideram-se tacitamente convencionadas, integrando o salário.

- A Constituição Federal estabelece, no art. 7.º, IV, que o trabalhador não poderá receber salário inferior ao mínimo. Havendo contratação para jornada reduzida, é lícita a contraprestação proporcional a essa jornada, respeitando-se o mínimo horário. Nesse sentido é a OJ 358 da SDI-I do TST (...).
(TRT-6.ª Reg., RO 00224-2008-391-06-00-0, 3.ª T., j. 17.09.2008, rel. Gisane Barbosa de Araújo)

Art. 7.º

- **Salário profissional. Vinculação ao salário mínimo. Vedação.**
Entendo que a Lei 4.950-A/1966 foi revogada, vez que as previsões nela contidas, relacionadas com a fixação de piso salarial tomando-se por base o salário mínimo, não foram recepcionadas pela atual Constituição, muito embora a fixação de salários em valores superiores, tendo como parâmetro o salário mínimo, no ato da contratação, não afronta o art. 7.º, IV, da CF/1988, restando este violado, repito, apenas em caso de correção automática (...).
(TRT-6.ª Reg., RO 00413-2008-017-06-00-9, 3.ª T., j. 03.11.2008, rel. Maria Clara Saboya A. Bernardino)

- A garantia constitucional ao salário mínimo (arts. 7.º, IV e 39, § 3.º, da CF/1988) deve ser interpretada no sentido de ser este um piso mínimo para a totalidade da remuneração, devendo ser considerados os valores do padrão, das vantagens inerentes ao cargo e função, bem como aquelas de natureza pessoal (...).
(TJSP, Ap 149.511-5/8-00, 3.ª Câm. Direito Público, j. 04.05.2004, rel. Laerte Sampaio)

Interpretação restritiva

- **Súmula Vinculante 4 do STF**
Salvo nos casos previstos na Constituição, o salário mínimo não pode ser usado como indexador de base de cálculo de vantagem de servidor público ou de empregado, nem ser substituído por decisão judicial.

- **Súmula Vinculante 15 do STF**
O cálculo de gratificações e outras vantagens do servidor público não incide sobre o abono utilizado para se atingir o salário mínimo.

- **Súmula 203 do STF**
Não está sujeita à vacância de 60 dias a vigência de novos níveis de salário mínimo.

- **Súmula 205 do STF**
Tem direito a salário integral o menor não sujeito a aprendizagem metódica.

- **Súmula 363 do TST**
A contratação de servidor público, após a Constituição Federal de 1988, sem prévia aprovação em concurso público, encontra óbice no respectivo art. 37, II e § 2.º, somente lhe conferindo direito ao pagamento da contraprestação pactuada,

em relação ao número de horas trabalhadas, respeitado o valor da hora do salário mínimo, e dos valores referentes aos depósitos de FGTS.

- **Empregada doméstica. Salário mínimo.**

O salário mínimo é um direito constitucionalmente garantido ao empregado doméstico pelo art. 7.º, IV, da CF/1988 c/c o parágrafo único do mesmo artigo. Nesse contexto, admite-se o pagamento de salário inferior ao mínimo legal apenas quando o empregador comprova a realização de jornada reduzida (...).
(TRT-3.ª Reg., RO 00212-2008-071-03-00-3, 5.ª T., j. 04.11.2008, rel. Lucilde D'Ajuda Lyra de Almeida)

V – piso salarial proporcional à extensão e à complexidade do trabalho;

* V. LC 103/2000 (Institui o piso salarial a que se refere o inc. V do art. 7.º da CF/1988).

⚖ Interpretação convergente

- **Diferenças salariais. Jornada de trabalho parcial. Salário hora. Piso salarial da categoria.**

O trabalho em regime de jornada parcial impõe ao empregador a observância do salário normativo horário para remuneração do empregado (...).
(TRT-15.ª Reg., RO 00402-2008-134-15-00-3, 1.ª T., j. 16.09.2008, rel. Luiz Antonio Lazarim)

📘 Interpretação divergente

- **Piso salarial fixado em convenção coletiva de trabalho inferior ao piso salarial previsto em lei estadual. Validade.**

1. A LC 103/2000, na forma prevista no art. 22, parágrafo único, da CF/1988, e tendo em vista o art. 7.º, V, do mesmo Texto Magno, delegou aos Estados e ao Distrito Federal competência para definir, mediante lei, piso salarial, proporcional à extensão e à complexidade do trabalho, para os empregados que não o tenham definido em lei federal, convenção coletiva ou acordo coletivo de trabalho.
2. Consoante entendimento já externado pelo STF, nos julgamentos das ADIn 4.364/SC e 4.391/RJ, com caráter vinculativo, portanto (art. 102, § 2.º, da

CF/1988), a delegação legislativa não terá eficácia para os empregados abrangidos por norma coletiva ou lei federal que estabeleça patamar salarial mínimo diverso, ainda que a menor, desde que respeitado o salário mínimo legalmente assegurado. A lei estadual não poderá restringir a atuação dos sindicatos, aos quais a Constituição Federal outorgou a defesa dos direitos e interesses coletivos da categoria profissional. Desse modo, instituído salário profissional em norma coletiva, cessa a delegação de competência ao Estado-membro ou ao Distrito Federal para fixar piso salarial à correspondente categoria profissional, sob pena de ultrapassar os limites da LC 103/2000, não havendo cogitar de aplicação de normas benéficas, haja vista a inexistência de conflito normativo (...).
(TST, RO 6300-14.2009.5.01.0000, SDC, j. 12.09.2011, rel. Walmir Oliveira da Costa, *DEJT* 29.09.2011)

Interpretação extensiva

• A competência legislativa do Estado de Santa Catarina para fixar piso salarial decorre da LC 103/2000, mediante a qual a União, valendo-se do disposto no art. 22, I e parágrafo único, da Carta Maior, delegou aos Estados e ao Distrito Federal a competência para instituir piso salarial para os empregados que não tenham esse mínimo definido em lei federal, convenção ou acordo coletivo de trabalho. Trata-se de lei estadual que consubstancia um exemplo típico de exercício, pelo legislador federado, da figura da competência privativa delegada.

A lei questionada não viola o princípio do pleno emprego. Ao contrário, a instituição do piso salarial regional visa, exatamente, reduzir as desigualdades sociais, conferindo proteção aos trabalhadores e assegurando a eles melhores condições salariais.

Não viola o poder normativo da Justiça do Trabalho (art. 114, § 2.º, da Lei Maior) o fato de a lei estadual não ter excluído dos seus efeitos a hipótese de piso salarial determinado em dissídio coletivo. A lei atuou nos exatos contornos da autorização conferida pela delegação legislativa.

A lei impugnada realiza materialmente o princípio constitucional da isonomia, uma vez que o tratamento diferenciado aos trabalhadores agraciados com a instituição do piso salarial regional visa reduzir as desigualdades sociais. A LC 103/2000 teve por objetivo maior assegurar àquelas classes de trabalhadores menos mobilizadas e, portanto, com menor capacidade de organização sindical, um patamar mínimo de salário.

A fim de manter-se o incentivo à negociação coletiva (art. 7.º, XXVI, da CF/1988), os pisos salariais regionais somente serão estabelecidos por lei naqueles casos em que não haja convenção ou acordo coletivo de trabalho. As entidades sindicais continuarão podendo atuar nas negociações coletivas, desde que respeitado o patamar mínimo legalmente assegurado (...).
(STF, ADIn 4.364/SC, Pleno, j. 02.03.2011, rel. Dias Toffoli, *DJe* 16.05.2011)

VI – irredutibilidade do salário, salvo o disposto em convenção ou acordo coletivo;

Interpretação convergente

• Diferença salarial para o mínimo legal mensal assegurada, não prevalecendo a tese patronal de ganho inferior proporcional à jornada reduzida, eis que não houve contratação nesses moldes, desde que à época da admissão e durante mais de um ano, o empregado, com a mesma jornada, recebeu acima do salário mínimo (...).
(TRT-6.ª Reg., RO 00224-2008-391-06-00-0, 3.ª T., j. 17.09.2008, rel. Gisane Barbosa de Araújo)

• Salário. Cláusula Contratual. Alteração. Impossibilidade.
Havendo pactuação acerca do valor da remuneração, não pode o empregador proceder à sua redução, diante da inalterabilidade das condições avençadas e o princípio da irredutibilidade salarial (...).
(TRT-21.ª Reg., RO 01243-2007-002-21-00-8, 1.ª T., j. 05.08.2008, rel. Joseane Dantas dos Santos)

Interpretação restritiva

• Alteração lesiva do contrato de trabalho decorrente de diminuição salarial e aumento de metas contratadas. Assédio moral. Não configuração (...).
No caso, a pretensão da recorrente de pagamento de indenização por assédio moral em virtude das alterações contratuais unilaterais procedidas pelo empregador, que resultaram em perdas em sua remuneração, não caracterizam, por si

sós, a alegada "tortura psíquica", mas simples inadimplemento das obrigações pecuniárias do contrato de trabalho, que será reparado pela condenação ao pagamento das diferenças salariais e suas repercussões. Além disso, no que diz respeito à caracterização do assédio moral pelo alardeado aumento exorbitante da meta contratada, convém registrar o fundamento do acórdão regional de que "a cobrança e a divulgação de metas não significam constrangimento e humilhação para o empregado, de forma a ensejar o pagamento de indenização por dano moral", pois "a imposição de metas de vendas constitui procedimento comum e necessário em um mercado de consumo competitivo, devendo apenas ser coibidas as práticas discriminatórias, humilhantes ou abusivas do empregador ao exigir produtividade dos empregados".

Consignou, ainda, não ter ficado caracterizado o alegado assédio moral, pois a prova oral revelou que "as metas de vendas e as exigências empresárias eram impostas a todos os empregados, indistintamente" e não ficou comprovado que "as metas eram alteradas por mero capricho, no intuito de atingir a reclamante". Dessa forma, não tendo sido comprovada conduta abusiva do empregador na fixação das metas ou de perseguição ou intimidação e de exposição a tratamento humilhante ou vexatório da empregada, com vistas a agredir sua dignidade ou sua integridade psíquica ou física, não se identifica a alegada afronta dos arts. 5.º, V e X e 7.º, XXVIII, da CF/1988 (...).

(TST, RR 1600-95.2006.5.03.0112, 2.ª T., j. 06.09.2011, rel. José Roberto Freire Pimenta, *DEJT* 16.09.2011)

VII – garantia de salário, nunca inferior ao mínimo, para os que percebem remuneração variável;

- V. art. 39, § 3.º, da CF/1988.
- V. Lei 8.716/1993 (Garantia do salário mínimo).
- V. Lei 9.032/1995 (Valor do salário mínimo).

⚖️ **Interpretação convergente**

- O art. 7.º, VII, da CF/1988, assegura a todos os trabalhadores a percepção de salário nunca inferior ao mínimo, para os que percebem remuneração variável. Não há motivo para que a disposição não se estenda aos funcionários públicos. A doutrina tem ensinado que o salário dos servidores se compõe de uma parte

fixa e outra variável. A parte fixa se constitui do vencimento padrão e a outra é constituída dos adicionais e gratificações. Assim, o vocábulo "vencimento", em seu sentido estrito, é a retribuição pecuniária devida ao servidor, pelo efetivo exercício do cargo, correspondente ao padrão fixado em lei. "Vencimento", em sentido amplo, é o padrão, com as vantagens pecuniárias auferidas pelo servidor, a título de adicional ou gratificação. No geral, o legislador emprega o vocábulo no singular, para restringir o conceito. E quando se refere à totalidade dos recebimentos mensais, incluindo as gratificações e demais vantagens, utiliza o vocábulo no plural. Assim, vencimento, no singular, abrange, tão somente, o salário padrão ou piso salarial. A garantia prevista na Constituição Federal se refere ao salário-base, ou seja, ao piso salarial. E esta verba é a que não poderá ser inferior ao salário mínimo vigente. Tal se justifica porque o salário-base deveria assegurar ao trabalhador, que não tenha quaisquer adicionais ou gratificações, o gozo do mínimo necessário à sua subsistência, ainda que se observe que o salário mínimo nacional, por ser irrisório, não garante qualquer dignidade ao trabalhador. Desta forma, o piso salarial inferior ao mínimo, colocaria os servidores em flagrante desigualdade com os outros trabalhadores, no caso de ser a única verba perceptível (...).
(TJSP, Ap 149.511-5/8-00, 3.ª Câm., j. 04.05.2004, rel. Laerte Sampaio)

Interpretação restritiva

* Remuneração. Complemento salarial.

O reclamante percebia remuneração como "comissionista puro", e não mista, como alegado. O fato de haver recebido, em algumas oportunidades, complemento salarial para atingir o piso da categoria, não configura salário misto, mas apenas cumprimento das normas coletivas que estabelecem o piso profissional (...).
(TRT-6.ª Reg., RO 00314-2007-016-06-00-0, 3.ª T., j. 16.01.2008, rel. Dinah Figueirêdo Bernardo)

> **VIII – décimo terceiro salário com base na remuneração integral ou no valor da aposentadoria;**
>
> * V. arts. 39, § 3.º e 142, § 3.º, VIII, da CF/1988.
> * V. Lei 4.090/1962 (Gratificação de Natal para trabalhadores).

Art. 7.º

🏛 **Interpretação extensiva**

• **Súmula 207 do STF**
As gratificações habituais, inclusive a de natal, consideram-se tacitamente convencionadas, integrando o salário.

• Direitos sociais previstos no art. 7.º da CF/1988. Férias e décimo terceiro. Extensão ao servidor contratado temporariamente. Possibilidade. Precedentes. Conforme a jurisprudência do STF, os servidores contratados em caráter temporário têm direito à extensão de direitos sociais constantes do art. 7.º do Magno Texto, nos moldes do inc. IX do art. 37 da Carta Magna (...).
(STF, AgRg no RE 663.104/PE, 2.ª T., j. 28.02.2012, rel. Ayres Britto, *DJe* 19.03.2012)

• Décimo terceiro salário. Integração da gratificação semestral.
"A gratificação semestral não repercute no cálculo das horas extras, das férias e do aviso prévio, ainda que indenizados. Repercute, contudo, pelo seu duodécimo na indenização por antiguidade e na gratificação natalina" (Súmula 253 do TST) (...).
(TRT-5.ª Reg., RO 00837-2004-531-05-00-2, 3.ª T., j. 21.10.2008, rel. Sônia França)

• As férias acrescidas de 1/3 (um terço) constitucional e o 13.º salário são verbas estendidas aos servidores públicos por força de norma constitucional (art. 39, § 3.º, da CF/1988) (...).
(TJMG, ApCiv 0008375-84.2010.8.13.0330, 5.ª Câm. Civ., j. 29.03.2012, rel. Des. Versiani Penna)

IX – remuneração do trabalho noturno superior à do diurno;

* V. art. 39, § 3.º, da CF/1988.
* V. art. 73 da CLT.

⚖ **Interpretação convergente**

• Hora noturna. Sentença normativa.
Com efeito, as normas legais trabalhistas estabelecem um mínimo de garantias ao trabalhador, sendo, portanto, cogentes e imperativas, inderrogáveis não so-

mente pela vontade das partes como também por qualquer outra fonte do direito, exceto se forem favoráveis ao empregado. Não pod[e] a sentença normativa (...) excluir o direito do trabalhador de ter reduzida a contagem da hora noturna, se há previsão legal específica. Ademais, incide na hipótese o princípio da hierarquia das normas trabalhistas, segundo o qual prevalece sempre a norma mais benéfica ao empregado (...).
(TST, RR 167.940/95.5, 5.ª T., j. 15.05.1996, rel. Min. Armando de Brito)

• Jornada de trabalho. Regime 12 x 36. Hora noturna reduzida. Compatibilidade. Horas extras devidas.
O regime de labor em jornada de trabalho 12 x 36 é totalmente compatível com a disposição contida no art. 73, § 1.º, da CLT, eis que tal comando trata de norma de ordem pública estipulada para garantir a higidez física do trabalhador, diante da penosidade do labor noturno. Portanto, a adoção do regime de trabalho (12x36) cumprido pelo autor não é causa impeditiva à aquisição do direito à redução da jornada noturna, sendo devidas as horas extras pela inobservância da hora noturna reduzida (...).
(TRT-15.ª Reg., RO 0087000-05.2009.5.15.0091, 3.ª T., j. 14.02.2012, rel. Gisela R. M. de Araujo e Moraes)

• A Lei 8.112/1990, aplicável aos servidores do Distrito Federal a teor do que dispõe a Lei Distrital 197/1991, estabelece no art. 61, VI, o pagamento de adicional noturno, em consonância ao art. 7.º, IX, da CF/1988, que determina remuneração do trabalho noturno superior à do diurno (...).
(TJDF, Ap 573.589, 3.ª T. Recursal dos Juizados Especiais, j. 20.03.2012, rel. Sandra Reves Vasques Tonussi)

Interpretação extensiva

• Repouso semanal remunerado.
"O adicional noturno, pago com habitualidade, integra o salário do empregado para todos os efeitos" – Súmula 60, I, do TST (...).
(TRT-5.ª Reg., RO 00934-2007-013-05-00-5, 3.ª T., j. 04.11.2008, rel. Yara Ribeiro Dias Trindade)

• Jornada de trabalho iniciada antes das 22 horas e finalizada após as 5 (cinco) horas do outro dia. Pagamento do adicional noturno.

Se parte da jornada do obreiro se inclui no horário noturno e a outra parte se concretiza antes ou depois dele, em horário diurno, somente tem direito o autor ao recebimento do adicional por aquelas horas efetivamente situadas dentro do limite fixado na lei. Desta forma, ainda que a jornada de trabalho do reclamante se tenha prolongado para além das 5h (cinco horas), isto não representa prorrogação do horário noturno, pois foi estabelecido o trabalho em horário misto, em turno de 12 horas ininterruptas de trabalho. Não há que se falar em pagamento do adicional noturno sobre as horas anteriores ou posteriores a este horário, uma vez que está ausente o motivo ensejador de sua percepção, qual seja a prorrogação, devendo-se aplicar, analogicamente, o que dispõe o art. 194 da CLT. Esclareça-se, ainda, que a Súmula 60 do C. TST dispõe, em seu item II, que o referido adicional é devido na prorrogação da jornada quando esta é cumprida integralmente no período noturno (...).

(TRT-3.ª Reg., RO 00492-2008-139-03-00-0, 3.ª T., j. 12.11.2008, rel. Milton Vasques Thibau de Almeida)

- Odontólogo plantonista. Adicional noturno.

Tendo o reclamante laborado em jornada noturna, prorrogando o seu horário após as cinco horas da manhã, o adicional noturno deverá incidir também sobre as horas prestadas posteriormente à jornada noturna, máxime quando a duração de trabalho era igual ou superior à 12 horas. Aplicação da Súmula 60, II, do TST (...).

(TRT-4.ª Reg., RO 01246-2007-013-04-00-8, 3.ª T., j. 05.12.2008, rel. João Alfredo Borges Antunes de Miranda)

- Adicional noturno. Prorrogação da jornada após às 5h (cinco horas).

Quando o trabalho é prestado durante todo o horário considerado noturno, independentemente de ter início em horário anterior, as horas trabalhadas além das 5h também devem ser pagas com adicional noturno. Inteligência da Súmula 60 do TST (...).

(TRT-4.ª Reg., RO 0109800-09.2009.5.04.0002, 6.ª T., j. 06.10.2010, rel. Beatriz Renck, *DEJT* 15.10.2010)

- Adicional noturno. Jornada cumprida integralmente no horário noturno. Prorrogação. Art. 73, § 5.º, da CLT.

Considerando que a jornada de trabalho foi realizada durante todo o horário noturno, com prorrogação, o adicional noturno é devido por todas as horas

laboradas, conforme interpretação do art. 73, § 5.º, da CLT e entendimento do TST, previsto na Súmula 60, II (...).

(TRT-15.ª Reg., RO 0164400-12.2009.5.15.0054, j. 03.04.2012, rel. Edmundo Fraga Lopes)

⚖ Interpretação restritiva

• Adicional noturno. Hora diurna. Jornada contratual mista. Indevido.

Distingue-se a prorrogação da jornada noturna em horário diurno da jornada contratual mista: na primeira, o trabalhador, contratado para se ativar exclusivamente em período noturno, estende extraordinariamente seu labor além da quinta hora matinal; na segunda, a jornada regular de trabalho é pré-fixada contratualmente de modo a abranger, em si, horário noturno e diurno. Somente à prorrogação da jornada noturna se aplica a Súmula 60 do C. TST, com redação dada pela Res. TST 129/2005, publicada no *DJ* em 20.04.2005, afastando-se, por conseguinte, a incidência do adicional noturno sobre a hora diurna na hipótese de jornada contratual mista. Inteligência do art. 73, §§ 4.º e 5.º, da CLT (...).

(TRT-15.ª Reg., RO 0098000-11.2008.5.15.0067, j. 27.02.2012, rel. Luís Carlos Cândido Martins Sotero da Silva)

X – proteção do salário na forma da lei, constituindo crime sua retenção dolosa;

⚖ Interpretação convergente

• Bloqueio de ativos financeiros (via Bacen Jud). Verba alimentar (proventos). Impenhorabilidade (art. 649, IV, do CPC) (...).

A jurisprudência do TRF-1.ª Reg. se tem orientado no sentido de que, nos termos do art. 649, IV, do CPC, são absolutamente impenhoráveis os vencimentos dos magistrados, dos professores e dos funcionários públicos, o soldo e os salários. (MS 2004.01.00.026782-8/MG, 4.ª Seção, v.u., rel. Des. Leomar Barros Amorim de Sousa, *DJ* 28.10.2004) (...).

(TRF-1.ª Reg., Ag Interno 2009.01.00.034911-4, 7.ª T., j. 08.09.2009, rel. Luciano Tolentino Amaral)

- Os salários dos funcionários públicos são impenhoráveis, conforme dispõe o Código de Processo Civil em seu art. 649, IV, pois o salário tem natureza alimentar e está constitucionalmente protegido, constituindo crime sua retenção dolosa (art. 7.º, X, da CF/1988). Também em observância a outro preceito da Constituição, não se pode reter o salário do devedor sem o antecedente devido processo legal (art. 5.º, LIV, da CF/1988). Desse modo, se esses valores não podem sofrer constrição judicial, exceto na hipótese de execução por dívida de alimentos, muito menos o banco credor de funcionário público tem direito à retenção *sponte propria* dos vencimentos do devedor creditados em conta corrente (...).
(TJDF, Ap 39.143/96, 3.ª T., j. 10.06.1996, rel. Campos Amaral)

- Penhora de subsídios. Impossibilidade.
Porque subsídios são impenhoráveis (art. 649, IV, do CPC), não se admite que se oficie ao órgão legislativo determinando a penhora de 10% da remuneração do deputado para pagamento de débito que não seja de natureza alimentar (...).
(TJDF, AgRg no AgIn 558.938, 6.ª T. Civ., j. 13.01.2012, rel. Jair Soares)

- Contratos de mútuo. Retenção do salário. Descabimento.
O caráter alimentar dos vencimentos impede que sejam retidos ou penhorados. Aplicação do disposto no art. 7.º, X, da CF/1988 e do art. 649, IV, do CPC (...).
(TJSP, Ap 7.312.133-8, 18.ª Câm. de Direito Privado, j. 03.03.2009, rel. Carlos Alberto Lopes)

- Ação de cancelamento de desconto em folha de pagamento. Parcelas de financiamentos autorizadas pelo mutuário.
Afastada a utilização pelo credor do salário ou vencimento do devedor para pagamento de parcela de empréstimo, preservando o salário, que é impenhorável. Inteligência dos arts. 649, IV, do CPC e 7.º, X, da CF/1988 (...).
(TJRS, Ap 70015338205, 16.ª Câm., j. 26.07.2006, rel. Ergio Roque Menine)

Interpretação extensiva

- Execução fiscal. Penhora. Poupança alimentada por parcela do soldo. Art. 649, IV, do CPC. Bem absolutamente impenhorável. Extensão.
1. O art. 649, IV, do CPC dispõe serem absolutamente impenhoráveis os soldos.
2. Na hipótese dos autos, o beneficiário utilizou parte do soldo para aplicar em poupança, a qual foi objeto de constrição em Execução Fiscal.

3. A poupança alimentada exclusivamente por parcela da remuneração prevista no art. 649, IV, do CPC é impenhorável – mesmo antes do advento da Lei 11.382/2006 –, por representar aplicação de recursos destinados ao sustento próprio e familiar (...). (STJ, REsp 515.770/RS, 2.ª T., j. 25.11.2008, rel. Herman Benjamin, *DJe* 27.03.2009)

• Execução de alimentos. FGTS. Saldo. Penhora. Impossibilidade. Decisão mantida.
1. O art. 20 da Lei 8.036/1990 permite o levantamento do saldo da conta vinculada ao Fundo de Garantia do Tempo de Serviço somente nas situações que enumera, não se admitindo, assim, a constrição judicial de tal verba para o pagamento de prestação alimentícia.
2. "As contas vinculadas ao FGTS e ao PIS são absolutamente impenhoráveis, a teor do preceituado no art. 2.º, § 2.º, da Lei 8.036/1990 e no art. 4.º da LC 26/1975" (STJ, RMS 24.422/SP) (...).
(TJDF, AgIn 558.669, 5.ª T. Civ., j. 11.01.2012, rel. Ângelo Passareli)

📒 Interpretação divergente

• Ação revisional. Impugnação ao cumprimento de sentença. Penhora on-line. Conta corrente. Valor relativo a restituição de Imposto de Renda. Vencimentos. Caráter alimentar. Perda. Princípio da efetividade (...).
Apenas em hipóteses em que se comprove que a origem do valor relativo a restituição de Imposto de Renda se referira a receitas compreendidas no art. 649, IV, do CPC é possível discutir sobre a possibilidade ou não de penhora dos valores restituídos.
A devolução ao contribuinte do Imposto de Renda retido, referente a restituição de parcela do salário ou vencimento, não desmerece o caráter alimentar dos valores a serem devolvidos.
Em princípio, é inadmissível a penhora de valores depositados em conta corrente destinada ao recebimento de salário ou aposentadoria por parte do devedor.
Ao entrar na esfera de disponibilidade do recorrente sem que tenha sido consumido integralmente para o suprimento de necessidades básicas, a verba relativa ao recebimento de salário, vencimentos ou aposentadoria perde seu caráter alimentar, tornando-se penhorável.
Em observância ao princípio da efetividade, não se mostra razoável, em situações em que não haja comprometimento da manutenção digna do executado, que o credor

não possa obter a satisfação de seu crédito, sob o argumento de que os rendimentos previstos no art. 649, IV, do CPC gozariam de impenhorabilidade absoluta (...).
(STJ, REsp 1.059.781/DF, 3.ª T., j. 03.11.2009, rel. Nancy Andrighi, *DJe* 17.11.2009)

• Penhora. Vencimentos. Impenhorabilidade mitigada. Verba salarial descaracterizada. Conta corrente com outras movimentações.
I – A impenhorabilidade de vencimentos, salários, soldos, proventos, etc., depositados em conta-corrente bancária, prevista no art. 649, IV, do CPC, não é absoluta, podendo constrição recair em até 30% (trinta por cento) dos valores depositados. A adoção desse entendimento está em conformidade com o princípio da efetividade do processo de execução.
II – Descaracterizada a natureza exclusivamente alimentar dos valores bloqueados, porquanto a conta-corrente recebe outros depósitos e transferências, inclusive de aplicações financeiras, não há falar em impenhorabilidade lastreada no art. 649, IV, do CPC (...).
(TJDF, AgIn 20120020197614, 6.ª T. Civ., j. 12.12.2012, rel. José Divino de Oliveira, *DJe* 08.01.2013)

• Execução por título extrajudicial. Penhora on-line. Possibilidade. Limite de 30% (trinta por cento) (...).
Tanto o texto constitucional quanto o processual vedam a retenção de salários, pois é através desses que os trabalhadores se mantêm e sustentam suas respectivas famílias, quitando seus compromissos cotidianos. O artigo que veda a penhora sobre os salários, saldos e proventos devem ser interpretados levando-se em consideração as outras regras processuais civis. Serão respeitados os princípios da própria execução, entre eles o de que os bens do devedor serão revertidos em favor do credor, a fim de pagar os débitos assumidos. A penhora de apenas uma porcentagem da verba de natureza alimentar não fere o espírito do art. 649 do CPC (...).
(TJMT, AgIn 109046/2009, 5.ª Câm. Civ., j. 18.11.2009, rel. Sebastião de Moraes Filho)

⚖ **Interpretação restritiva**

• A impenhorabilidade dos salários goza de proteção estatal, através do art. 649, IV, do CPC, que visa preservar a dignidade do devedor de maneira a lhe garantir os meios necessários para própria subsistência e da sua família (...).
(TRT-5.ª Reg., AgPet 01849.2006.035.05.00, 2.ª T., j. 13.11.2008, rel. Luíza Aparecida Oliveira Lomba)

Art. 7.º

- Penhora no rosto dos autos. Crédito trabalhista. Impenhorabilidade. Salário.

1. São absolutamente impenhoráveis os vencimentos, subsídios, soldos, salários, remunerações, proventos de aposentadoria, pensões, consoante prevê o art. 649, IV, do CPC, restando impossibilitada a penhora no rosto dos autos de crédito trabalhista.

2. A única previsão legal de penhora diretamente sobre salário, ou verba remuneratória do devedor, é para pagamento de pensão alimentícia, consoante dispõe o art. 649, § 2.º, do CPC, diante da natureza alimentar da dívida, o que não se enquadra na hipótese presente (...).
(TJDF, AgIn 557.615, 4.ª T. Civ., j. 14.12.2011, rel. Cruz Macedo)

- Desconto em folha de pagamento.

O servidor público que contrai empréstimo e autoriza, expressamente, o desconto mensal das parcelas, em folha de pagamento, não pode, depois, por única vontade, cancelar o que havia livremente contratado. Validade da cláusula que autoriza o desconto, na folha de pagamento do empregado ou servidor, da prestação do empréstimo contratado, a qual não pode ser suprimida por vontade unilateral do devedor, eis que da essência da avença celebrada em condições de juros e prazo vantajosos para o mutuário (...).
(TJRJ, Ap 2008.001.33076, 10.ª Câm., j. 06.08.2008, rel. Alexandre de Carvalho Mesquita, *DORJ* 11.08.2008)

> **XI – participação nos lucros, ou resultados, desvinculada da remuneração, e, excepcionalmente, participação na gestão da empresa, conforme definido em lei;**
>
> * V. arts. 543 e 621 da CLT.

⚖ Interpretação convergente

- A Constituição da República estabelece que o pagamento da verba Participação nos Lucros e Resultados não está vinculado à remuneração do empregado, conforme a redação de seu art. 7.º, XI. A lei específica que tratou do tema (Lei 10.101/2000) também contém preceituação a este respeito, estipulando seu artigo 3.º que "a participação de que trata o art. 2.º não substitui ou complementa a remuneração devida a qualquer empregado, nem constitui base de incidência de qualquer encargo trabalhista, não se lhe aplicando o princípio

da habitualidade". No mesmo sentido é a disposição das convenções coletivas do trabalho que versam sobre este tema específico e que devem ser respeitadas, conforme o art. 7.º, XXVI, da CF/1988. Diante deste panorama, é inviável que os valores recebidos a título de PLR tenham natureza salarial, ainda que na fixação de sua base cálculo as partes convenentes tenham feito menção ao valor do salário-base (...).
(TRT-3.ª Reg., RO 00329-2008-138-03-00-0, 3.ª T., j. 26.11.2008, rel. Bolívar Viégas Peixoto)

• A participação dos trabalhadores nos lucros ou resultados da empresa deve servir de instrumento de integração entre o capital e o trabalho, bem como de incentivo à produtividade, a ser aplicada de forma a não criar privilégios, adotando-se critério único para todos os empregados da empresa, de modo a não afrontar o princípio da isonomia contido no art. 5.º da CF/1988 (...).
(TRT-15.ª Reg., Ap 333/95, j. 22.03.1995, rel. Edison Laércio de Oliveira)

Interpretação divergente

• Embora o art. 7.º, XI, da CF/1988, assegure o direito dos empregados àquela participação e desvincule essa parcela da remuneração, o seu exercício não prescinde de lei disciplinadora que defina o modo e os limites de sua participação, bem como o caráter jurídico desse benefício, seja para fins tributários, seja para fins de incidência de contribuição previdenciária (...).
(STF, AgRg no RE 351.506/RS, 2.ª T., j. 09.02.2010, rel. Eros Roberto Grau, *DJe* 12.03.2010)

Interpretação extensiva

• O art. 7.º, XXVI, da CF/1988, que reconhece plena validade às convenções e acordos coletivos e que tem aplicação imediata no mundo jurídico, não pode ser dissociado do art. 5.º, *caput*, da CF/1988, que consagra o princípio da isonomia. Acordo coletivo de trabalho que excluiu os empregados do pagamento dos lucros e resultados para os quais contribuíram com seu trabalho, desborda do alcance e do sentido teleológico do preceito (art. 7.º, XXVI, da CF/1988) e, igualmente, agride o princípio do tratamento isonômico, que deve ser observado para situações iguais (art. 5.º, *caput*, da CF/1988). Nesse contexto, o direito à

participação relativamente àqueles empregados que não trabalharam durante todo o período de 1996, deve ser satisfeito de forma proporcional (...).
(TST, RR 707574-59.2000.5.17.5555, SDI-1, j. 12.06.2006, rel. Milton de Moura França, *DJ* 30.06.2006)

• Prêmio-produção. Supressão mediante acordo coletivo. Pretensão do reclamante de integração do prêmio-produção suprimido por meio de norma coletiva. Decisão regional em que se consigna que a supressão do prêmio-produtividade não poderia ter ocorrido, dada a habitualidade do seu pagamento, mesmo que tenha ocorrido a fim que a empresa instituísse o pagamento de participação nos lucros. Acordo a ser interpretado pelo conjunto das respectivas cláusulas, debatidas e aceitas pela categoria profissional. Impossibilidade de integração da parcela em questão, por força do disposto no art. 7.º, XXVI, da CF/1988 (...).
(TST, RR 9472/2002.900.09.00.2, 5.ª T., j. 28.02.2007, rel. Gelson de Azevedo, *DJU* 16.03.2007)

• A questão relativa ao pagamento da participação nos lucros e resultados deve ser decidida à luz dos princípios constitucionais da autonomia coletiva e valorização da negociação coletiva, inscritos nos arts. 7.º, XXVI e 8.º da CF/1988. A cláusula que institui verba indenizatória e estipula o seu pagamento parcelado consubstancia exercício válido da prerrogativa conferida pela Constituição a trabalhadores e empregadores, com o fim de estabelecer as normas aplicáveis às suas relações, visando à melhoria de condições e composição de conflitos. Note-se que o acordo coletivo é instrumento hábil à concretização do direito previsto no art. 7.º, XI, da Carta Magna (...).
(TST, Embargos em EDcl no RR 2182/2003-465-02-40, SDI-1, j. 05.11.2009, rel. Maria Cristina Irigoyen Peduzzi, *DJ* 13.11.2009)

• Participação nos lucros. Pagamento parcelado. Previsão em acordo coletivo. Validade.
Não merece reparos a decisão do regional que manteve a natureza jurídica indenizatória da participação nos lucros, dando plena validade ao acordo coletivo que estabeleceu o seu pagamento de forma parcelada. A atual jurisprudência desta Corte Superior, consagrada no julgamento do EDiv no RR 1903/2004-465-02-00.7, em 28.05.2009, concluiu que, apesar da vedação legal imposta pela Lei 10.101/2000, o parcelamento mensal da participação nos lucros, convencionada em instrumento coletivo, não autoriza a transmudação da natureza jurídica da parcela (...).
(TST, RR 160400-28.2007.5.02.0465, 5.ª T., j. 02.03.2011, rel. Emmanoel Pereira, *DEJT* 18.03.2011)

- Participação em resultados. Proporcionalidade. Devida.
Justo e equânime é assegurar o pagamento proporcional da participação nos resultados da empresa aos trabalhadores desligados anteriormente ao término do respectivo período de apuração, recompensando seus esforços à razão do tempo em que permaneceram empregados, conforme proclama a OJ 390 da SDI-1 do C. TST (...).
(TRT-23.ª Reg., RO 0043600-20.2008.5.23.0004, 1.ª T., j. 05.10.2010, rel. Roberto Benatar, *DEJT* 07.10.2010)

Interpretação restritiva

- Considerando que o dissídio coletivo de natureza jurídica tem por objeto a interpretação de cláusula de sentença normativa ou convencional, bem como de norma legal particular ou de interesse delimitado a uma categoria profissional ou econômica, não constitui ele meio adequado para dispor sobre participação nos lucros e resultados, prevista na Lei 10.101/2000, que regulamentou o art. 7.º, XI, da CF/1988, e que tem caráter geral, pois alcança todos os trabalhadores. Tem, ainda, aplicação à hipótese dos autos a OJ 7 da C. SDC: "Dissídio coletivo. Natureza jurídica. Interpretação de norma de caráter genérico. Inviabilidade. Não se presta o dissídio coletivo de natureza jurídica à interpretação de normas de caráter genérico, à luz do disposto no art. 313, II, do RITST".
(TST, RODC 755392-87.2001.5.02.5555, SDC, j. 13.09.2001, rel. Milton de Moura França, *DJ* 28.09.2001)

- Empréstimos a título de lucros e resultados. Integração ao salário. A matéria já é bastante conhecida, tanto deste Tribunal, como também, do TST, como muito bem está estampado nas razões do recurso ordinário do reclamante (f.), que chegaram à conclusão de que metas individualizadas de produção para alcance de determinado volume de produção, sem o qual não é devida a vantagem prevista em acordo, não caracterizam participação em lucros e resultados previstos no inc. XI do art. 7.º da CF/1988, que guarda estreita ligação com o resultado global da atividade econômica da empresa. Acresce-se, ainda, que este costume já vinha sendo desenvolvido pela reclamada, antes da Constituição de 1988, o que demonstra que a verba iguala-se a todas aquelas que merecem a contraprestação de serviços. Assim sendo, merece reforma

a r. sentença, para que os valores pagos a título de empréstimos integrem a remuneração do reclamante para o cálculo e pagamento das verbas salariais e rescisórias (...).
(TRT-15.ª Reg., RO 1908-2003-006-15-00-8, j. 15.08.2005, rel. Luiz Carlos de Araújo)

XII – salário-família pago em razão do dependente do trabalhador de baixa renda nos termos da lei;

* Inc. XII com redação determinada pela EC 20/1998.
* V. arts. 39, § 3.º e 142, § 3.º, VIII, da CF/1988.
* V. art. 12 da CLT.

🏛 Interpretação extensiva

• Salário-família. Direito incorporado ao patrimônio do servidor público. Supressão indevida pela Administração Pública. Transgressão às garantias constitucionais da irredutibilidade de vencimentos e do direito adquirido (...).
(STF, AgRg no AgIn 817.010/RS, 2.ª T., j. 27.03.2012, rel. Celso de Mello, DJe 12.04.2012)

• A simples alegação de que não houve a apresentação dos documentos necessários ao pagamento do salário-família não basta para eximir o empregador da obrigação que lhe é legalmente imposta. Na condição de gestor da empresa e responsável direto pelo pagamento do benefício, incumbia-lhe diligenciar no sentido de serem satisfeitas às condições previstas para a ocorrência deste (...).
(TRT-6.ª Reg., RO 00098-2008-161-06-00-6, 2.ª T., j. 24.09.2008, rel. Ivanildo da Cunha Andrade)

⚖ Interpretação restritiva

• Salário família. Benefício previdenciário destinado aos trabalhadores de baixa renda, assim considerados aqueles que percebem salário até o limite fixado na Portaria do MPAS. Excedido o limite, não faz jus o trabalhador ao benefício almejado (...).
(TRT-5.ª Reg., RO 00659-2005-039-05-00-0, 1.ª T., j. 01.12.2008, rel. Vânia Chaves)

• Salário-família. Ônus da prova.
É do empregado o ônus da prova de que entregou, oportunamente, ao empregador, as certidões de nascimento dos filhos menores de 14 (quatorze) anos, de molde a garantir o direito à percepção do salário-família (...).
(TRT-15.ª Reg., RO 00668-2008-109-15-00-6, 1.ª T., j. 05.12.2008, rel. Luiz Antonio Lazarim)

> **XIII – duração do trabalho normal não superior a oito horas diárias e 44 semanais, facultada a compensação de horários e a redução da jornada, mediante acordo ou convenção coletiva de trabalho;**

* V. art. 39, § 3.º, da CF/1988.
* V. arts. 58 e 67 da CLT.

⚖ Interpretação convergente

• O acordo coletivo de trabalho e a convenção coletiva de trabalho, igualmente garantidos pela Constituição Federal como fontes formais do Direito do Trabalho, não se prestam a validar, a pretexto de flexibilização, a supressão ou a diminuição de direitos trabalhistas indisponíveis. A flexibilização das condições de trabalho apenas pode ter lugar em matéria de salário e de jornada de labor, ainda assim desde que isso importe uma contrapartida em favor da categoria profissional (...).
(TST, RR 719.937/00.6, 1.ª T., j. 10.12.2003, rel. João Oreste Dalazen, *DJU* 27.02.2004)

• Acordo coletivo de trabalho. Categoria patronal e profissional de transporte rodoviário de passageiros. Intervalo intrajornada. "Pegada". Validade. (Recursos ordinários dos sindicatos patronal e profissional).
A cláusula do Acordo Coletivo de Trabalho demonstra seu escopo de adequar os intervalos para repouso e alimentação àqueles "estabelecidos pelos órgãos fiscalizadores das concessões e permissões de transportes coletivos", porque específicos da categoria, ainda que em prejuízo da regra geral do art. 71 da CLT. Sensibiliza o argumento de que, a exemplo das atividades profissionais dos ferroviários e dos aeronautas, o trabalho dos profissionais que atuam no transporte rodoviário de passageiros tem particularidades que merecem o estabelecimento de regras próprias. Daí por que, na constatação dessa lacuna, prestigia-se o instrumento normativo lavrado com fundamento na autonomia

privada coletiva. Cumpre valorizar a negociação coletiva, como forma de incentivo à autocomposição dos conflitos pelos próprios interessados. Renegar sua validade implica afrontar o art. 7.º, XXVI, da CF/1988, que veio prestigiar o acordo e a convenção coletiva como instrumentos aptos a dirimirem dúvidas e conflitos sobre condições particulares de trabalho e de salário, definidas pelos próprios interessados, por intermédio de suas legítimas representações sindicais. Recurso ordinário dos sindicatos patronal e profissional providos para restabelecer a cláusula (...).
(TST, EDcl no ROAA 28017/2001-909-09-00.2, SDC, j. 29.06.2006, rel. Milton de Moura França, *DJ* 08.09.2006)

• A Constituição Federal de 1988 expressamente autoriza a redução do intervalo de refeição legal mediante pactuação coletiva, como se extrai do art. 7.º, XIII, da CF/1988 não havendo necessidade de autorização do Ministério do Trabalho, nem implicando em renúncia a direitos trabalhistas. O sindicato é órgão de defesa dos direitos dos empregados da categoria que representa, possuindo autorização constitucional para alterar condições de trabalho mediante convenção, acordo coletivo ou sentença normativa, incluída aí a redução ou elasticimento do intervalo intrajornada previsto no art. 71 da CLT. Válida, portanto, a redução do intervalo intrajornada legal através de instrumento coletivo (...).
(TRT-2.ª Reg., RO 20020034665, j. 30.07.2002, rel. Des. Mercia Tomazinho)

• Art. 7.º, XIII, da CF/1988 e 59 da CLT.
Legal e jurídica a flexibilização da duração de trabalho diária, obedecendo o comando constitucional, no concernente ao acordo coletivo de trabalho, e tendo em conta peculiaridades das atividades profissionais e econômicas que a requerem em nome do bem comum (...).
(TRT-4.ª Reg., RO 218.804/95.3, j. 24.06.1996, rel. Des. Armando de Brito)

• Horas extras. Jornada 12 x 36. Acordo de compensação. Validade. Não cabimento (...).
O acordo de compensação de horas para fixação do regime de jornada 12 x 36 é plenamente válido, na medida em que não traz nenhum prejuízo ao trabalhador. Ao revés, representa-lhe um benefício, porquanto lhe proporciona alternadamente um dia livre. Não se pode, assim, desprestigiar o acordo assumido pelas partes, mormente quando vem amparado por negociação coletiva de trabalho (...).
(TRT-15.ª Reg., RO 00641-2007-101-15-00-1, j. 08.04.2008, rel. Des. Luís Carlos Cândido Martins Sotero da Silva, *DJ* 18.04.2008)

Art. 7.º

📚 Interpretação divergente

• **Súmula 437 do TST**
Intervalo intrajornada para repouso e alimentação. Aplicação do art. 71 da CLT. (Conversão das OJs 307, 342, 354, 380 e 381 da SBDI-I/TST). (Res. TST 185/2012, *DEJT* 25, 26 e 27.09.2012).

I – Após a edição da Lei 8.923/1994, a não concessão ou a concessão parcial do intervalo intrajornada mínimo, para repouso e alimentação, a empregados urbanos e rurais, implica o pagamento total do período correspondente, e não apenas daquele suprimido, com acréscimo de, no mínimo, 50% sobre o valor da remuneração da hora normal de trabalho (art. 71 da CLT), sem prejuízo do cômputo da efetiva jornada de labor para efeito de remuneração.

II – É inválida cláusula de acordo ou convenção coletiva de trabalho contemplando a supressão ou redução do intervalo intrajornada porque este constitui medida de higiene, saúde e segurança do trabalho, garantido por norma de ordem pública (art. 71 da CLT e art. 7.º, XXII, da CF/1988), infenso à negociação coletiva.

III – Possui natureza salarial a parcela prevista no art. 71, § 4.º, da CLT, com redação introduzida pela Lei 8.923, de 27.07.1994, quando não concedido ou reduzido pelo empregador o intervalo mínimo intrajornada para repouso e alimentação, repercutindo, assim, no cálculo de outras parcelas salariais.

IV – Ultrapassada habitualmente a jornada de seis horas de trabalho, é devido o gozo do intervalo intrajornada mínimo de uma hora, obrigando o empregador a remunerar o período para descanso e alimentação não usufruído como extra, acrescido do respectivo adicional, na forma prevista no art. 71, *caput* e § 4.º, da CLT.

🏛 Interpretação extensiva

• **Turnos ininterruptos. Acordo para fixação da jornada de trabalho em oito horas.**
A inobservância do pactuado pelas partes no que concerne ao horário de trabalho, já que a jornada da autora ultrapassava o limite da oitava hora diária e da 44.ª semanal, autoriza a aplicação da Súmula 85, IV, do C. TST (...).
(TRT-6.ª Reg., RO 01053-2007-231-06-00-4, 2.ª T., j. 04.06.2008, rel. Juíza Patrícia Coelho Brandão Vieira)

• **Horas extras. Regime especial.**
Provado o labor em jornada em regime especial de 24 horas trabalhadas por 48 horas de folga, de se reconhecer a extrapolação da jornada constitucionalmente

estabelecida, deferindo-se as horas extras excedentes da 44.ª hora semanal, com acréscimo de 50%. (Inteligência da Súmula 85, III, do TST) (...).
(TRT-7.ª Reg., RO 00176/2008-025-07-00-5, 1.ª T., j. 20.10.2008, rel. Des. Cláudio Soares Pires)

Interpretação restritiva

• A simples autorização do uso das Folhas Individuais de Presença pelo Ministério Público, bem como a previsão em cláusula normativa de que atendem ao disposto no § 2.º do art. 74 da CLT, não empresta credibilidade absoluta à jornada nelas lançada, se a prova oral demonstra que os registros não correspondiam à realidade. Entendimento contrário implica flagrante desrespeito ao princípio da primazia da realidade, segundo o qual o aspecto formal cede lugar à realidade (...).
(TST, RR 702053-96.2000.5.04.5555, 1.ª T., j. 02.05.2001, rel. Min. João Oreste Dalazen, *DJU* 08.06.2001)

• Horas extras pela contagem minuto a minuto. Hipótese em que as normas coletivas autorizam a dedução de 15 minutos no início de cada turno e ao final do turno da tarde, ultrapassando o limite previsto art. 58, § 1.º, da CLT, devendo ser aplicado o entendimento vertido na Súmula 366 do TST (...).
Em que pese a previsão constitucional que autoriza o reconhecimento dos acordos e convenções coletivas de trabalho (art. 7.º, XXVI, da CF/1988, após a edição da Lei 10.243/2001 não se cogita de negociação coletiva entre as partes acerca da desconsideração de jornada em limite superior aquele nela estabelecido, em face da existência de lei específica disciplinando a matéria (...). Todavia, a norma coletiva que estipula a dedução de 15 minutos no início de cada turno e após o término do turno da tarde não se sobrepõe à disposição contida no art. 58, § 1.º, da CLT, inserido pela Lei 10.243/2001. Nesse sentido, a jurisprudência consolidada na Súmula 366 do TST, *verbis*: "Não serão descontadas nem computadas como jornada extraordinária as variações de horário do registro de ponto não excedentes de cinco minutos, observado o limite máximo de 10 minutos diários. Se ultrapassado esse limite, será considerada como extra a totalidade do tempo que exceder a jornada normal" (...).
(TRT-4.ª Reg., RO 01674-2007-331-04-00-7, 8.ª T., j. 27.11.2008, rel. Des. Denis Marcelo de Lima Molarinho)

• Jornada de trabalho 12 x 36. Acordo coletivo. Súmula 85, IV, do TST.

Havendo comprovação nos autos de que mesmo em regime de compensação 12 x 36 havia prestação de horas extras diárias, portanto habituais, impõe-se a rejeição do acordo coletivo que flexibilizou a jornada de trabalho. Inteligência da Súmula 85, IV, do C. TST (...).

(TRT-6.ª Reg., RO 00937-2007-181-06-00-0, 1.ª T., j. 06.05.2008, rel. Des. Dione Nunes Furtado da Silva)

• O trabalhador que exerce atividade externa não está incluído na proteção legal referente ao limite máximo (diário e semanal) da jornada de trabalho, desde que impossível o controle do horário. O simples fato de o empregado prestar serviços externos não afasta, por si só, o direito ao recebimento de horas extras (...).

(TRT-15.ª Reg., RO 0185100-76.2007.5.15.0022, 2.ª T., j. 17.01.2012, rel. Des. José Pitas)

XIV – jornada de seis horas para o trabalho realizado em turnos ininterruptos de revezamento, salvo negociação coletiva;

* V. art. 58 da CLT.

⚖ Interpretação convergente

• **Súmula 423 do TST**
Turno ininterrupto de revezamento. Fixação de jornada de trabalho mediante negociação coletiva. Validade. (Conversão da OJ 169 da SBDI-I/TST). (Res. TST 139/2006, *DJ* 10, 11 e 13.10.2006).
Estabelecida jornada superior a seis horas e limitada a oito horas por meio de regular negociação coletiva, os empregados submetidos a turnos ininterruptos de revezamento não tem direito ao pagamento da 7.ª e 8.ª horas como extras.

• Segundo o art. 444 da CLT, "as relações contratuais de trabalho podem ser objeto de livre estipulação das partes interessadas em tudo quanto não contravenha às disposições de proteção ao trabalho, aos contratos coletivos que lhes sejam aplicáveis e às decisões das autoridades competentes". O princípio

da autonomia da vontade, no âmbito do Direito do Trabalho, sofre restrições, mediante a fixação, pela lei, de condições mínimas de trabalho, cuja derrogabilidade, em prejuízo do empregado, não é possível, ante o caráter de ordem pública de que se reveste. Com o advento da Constituição Federal de 1988, constata-se que o legislador pátrio adotou, de forma restrita, o princípio da flexibilização nas relações de trabalho, que, segundo a cátedra do douto Arnaldo Süssekind,[1] "tem por objetivo conciliar a fonte autônoma" – lei – "com a heterônoma" – acordo ou convenção coletiva – "tendo por alvo a saúde da empresa e a continuidade do emprego", mediante a abertura de "uma fenda no princípio da inderrogabilidade das normas de ordem pública". O texto constitucional em vigor autoriza os interlocutores sociais, mediante negociação coletiva, a flexibilizarem a rigidez de alguns dos direitos sociais dos trabalhadores urbanos e rurais, quando, por exemplo, permite a redução do salário; a compensação de horários na semana e a jornada de trabalho prestado em turnos ininterruptos de revezamento. Quanto a este último, a Constituição Federal é clara ao assegurar ao trabalhador, em seu art. 7.º, XIV, a "jornada de seis horas para o trabalho realizado em turnos ininterruptos de revezamento, salvo negociação coletiva". Mas, é preciso que esse direito, que não é irrestrito, seja exercido dentro de princípios e regras que não comprometam a higidez físico-psíquica e financeira do empregado (...).

(TST, Embargos em RR 363.177/97.4, SDI-I, j. 19.05.2003, rel. Min. Milton de Moura França, *DJ* 13.06.2003)

• Turnos ininterruptos. Jornada superior ao limite constitucional. Necessária negociação coletiva.

Observado o disposto no art. 611 da CLT, acordo coletivo somente existe com a participação do sindicato profissional, exceto no caso previsto no § 1.º do art. 617 da CLT. A ampliação da jornada especial dos turnos ininterruptos de revezamento depende de negociação coletiva. O inc. XIV do art. 7.º da CF/1988 é absolutamente claro neste aspecto. Acordo plúrimo com esse objeto apenas será válido caso comprovada a convocação prévia e a omissão das entidades sindicais representantes dos empregados (...).

(TRT-15.ª Reg., RO 01818-2001-109-15-00-2, j. 30.03.2004, rel. Des. Mariane Khayat Fonseca do Nascimento)

1. *Instituições de direito do trabalho*. 15. ed. São Paulo: LTr, 1995. p. 204-205.

Interpretação extensiva

- Os intervalos fixados para descanso e alimentação durante a jornada de seis horas não descaracterizam o sistema de turnos ininterruptos de revezamento, para efeito do disposto no art. 7.º, XIV, da CF/1988 (...).

(STF, AgRg no AgIn 276.223/MG, 1.ª T., j. 29.08.2000, rel. Min. Sepúlveda Pertence, *DJU* 22.09.2000)

- A concessão pelo empregador de intervalo intrajornada não descaracteriza os turnos de revezamento. O trabalho ininterrupto diz respeito à atividade da empresa e nunca à jornada de trabalho do empregado (...).

(TST, RR 111855-10.1994.5.03.5555, 4.ª T., j. 22.09.1994, rel. Min. Almir Pazzianotto Pinto, *DJ* 18.11.1994)

XV – repouso semanal remunerado, preferencialmente aos domingos;

* V. art. 39, §§ 2.º e 3.º, da CF/1988.
* V. art. 67 da CLT.

Interpretação convergente

- O repouso deve ser usufruído a cada seis dias de trabalho, sob pena de se fazer tabula rasa do art. 7.º, XV, da CF/1988. Isto se explica porque a folga, por estar ligada à saúde do empregado, sendo norma pública cogente, tem natureza de direito irrenunciável. Logo, a não observância desta regra, conforme jurisprudência atual e iterativa do Colendo TST, impede a realização da finalidade precípua do RSR, qual seja, a amenização da fadiga ocasionada pela atividade laborativa c/c a possibilidade de convívio familiar e social e, também, um melhor rendimento no próprio ambiente de trabalho. Portanto, resta mantida a condenação ao pagamento em dobro do repouso semanal remunerado (...).

(TRT-3.ª Reg., RO 00528-2008-037-03-00-4, Turma Recursal, j. 19.11.2008, rel. Des. Heriberto de Castro)

- Repouso Semanal Remunerado.
Ainda que haja folga compensatória, o descanso semanal remunerado deve ser concedido logo após o sexto dia trabalhado, sem o qual se configura o abuso da

prática e violação à garantia fundamental ao repouso previsto no art. 7.º, XV, da CF/1988 (...).

(TRT-21.ª Reg., RO 00114-2008-008-21-00-1, 1.ª T., j. 04.12.2008, rel. Juíza Joseane Dantas dos Santos)

Interpretação divergente

- **Súmula 201 do STF**

O vendedor pracista, remunerado mediante comissão, não tem direito ao repouso semanal remunerado.

Interpretação extensiva

- **Súmula 27 do TST**

É devida a remuneração do repouso semanal e dos dias feriados ao empregado comissionista, ainda que pracista (RA 57/70, *DO-GB* 27.11.1990).

- **Reflexos das horas extras.**

O reflexo das horas extras no repouso semanal remunerado apenas recompõe um direito que já deveria ter sido cumprido pelo empregador ao longo da vigência do contrato de trabalho. Assim, apurada corretamente a remuneração mensal já corrigida pelo novo valor do repouso, esta servirá como base de cálculo para as parcelas de férias com 1/3 (um terço), aviso prévio, gratificação natalina e FGTS com 40%. De fato, em consonância com o art. 7.º, *a*, da Lei 605/1949 e com a Súmula 172 do C. TST, computam-se no cálculo do repouso remunerado as horas extras habitualmente prestadas e, nessas condições, a remuneração do repouso integra o salário para todos os efeitos legais, a teor do disposto no art. 10, *caput*, do Dec. 27.048/1949. Portanto, se a sentença exequenda deferiu os reflexos das horas extras nos repousos semanais, a fórmula do cálculo supracitada é automática, sendo desnecessária a expressa determinação ou o pedido específico da parte nesse sentido (...).

(TRT-3.ª Reg., AgPet 00238-2000-028-03-00-2, 2.ª T., j. 04.11.2008, rel. Des. Sebastião Geraldo de Oliveira)

- **Adicional de horas extras. Trabalho em sábados.**

Hipótese em que o título executivo considera o sábado como repouso remunerado, razão pela qual as horas extras prestadas aos sábados são devidas com o adicional de 100%, sob pena de ofensa à coisa julgada (...).
(TRT-4.ª Reg., AgPet 00057-2000-662-04-00-0, 1.ª T., j. 30.04.2009, rel. Des. Ione Salin Gonçalves)

• Repouso semanal remunerado decorrente de horas extras habituais. Parcela que se desgarra da sua origem para integrar o estipêndio.

O repouso semanal remunerado decorrente das horas extras é parcela prevista na letra *a* do art. 7.º da Lei 605/1949, o qual reza que essa parcela "corresponderá: para os que trabalham por dia, semana, quinzena ou mês, à de 1 (um) dia de serviço, computadas as horas extraordinárias habitualmente prestadas". Do mesmo modo para os que trabalham por hora, tal como prevê a letra *b* do mesmo artigo. Isto porque o legislador prestigiou o caráter essencialmente salarial da parcela, porque se origina da contraprestação, pois dela é derivada, já que o empregado só faz jus à parcela se não cometer faltas, ou seja, se trabalhar. Assim, se é salário, desgarra-se de sua origem para tomar vida independente, integrando o estipêndio para todos os efeitos remuneratórios, tal como ocorre com a integração do sobrelabor reiterado (...).
(TRT-5.ª Reg., RO 00295-2008-032-05-00-7, 1.ª T., j. 10.12.2008, rel. Des. Vânia Chaves)

• Diferenças de RSR em razão das horas extras.

Por habituais, as sobreditas diferenças possuem, igualmente, índole salarial, sendo imperiosa a sua integração à remuneração da obreira para os efeitos por esta pretendidos, não sendo possível cogitar da existência de *bis in idem* (...).
(TRT-5.ª Reg., RO 00560.2007.025.05.00.8, 4.ª T., j. 14.04.2009, rel. Des. Graça Boness)

• Repouso Semanal Remunerado. Mensalista.

A circunstância de ser a empregada mensalista não constitui óbice à repercussão das horas extras no RSR, *ex vi* da Súmula 172 do TST (...).
(TRT-5.ª Reg., RO 00891-2006-007-05-00-5, 4.ª T., j. 27.01.2009, rel. Des. Alcino Felizola)

• Repouso semanal remunerado/percentual.

Insurge-se a agravante contra o percentual utilizado de 20% (vinte por cento), nas contas homologadas para a apuração do repouso semanal remunerado, ale-

gando que o percentual correto seria 16,67%, o que equivale a 1/6 (um sexto) da remuneração, face ao que dispõe o art. 3.º da Lei 605/1949. Sem razão.

Suas alegações não merecem acolhida, se não vejamos.

A proporção fixada no dispositivo legal mencionado presume a concessão de cinco dias – correspondentes a quatro domingos e um feriado, em média – de folga por mês. Nestes termos, divididos aqueles cinco dias pelo total de dias remunerados no mês – 30 (trinta) – obtém-se 1/6 (um sexto).

Contudo, deve ser destacado que a impugnação em tela refere-se à quantificação das diferenças de repouso semanal remunerado em face da integração das horas extras, o que leva a contornos significativamente distintos. Neste caso, deve-se ter em mente que as horas referentes ao labor extraordinário remuneram apenas os dias efetivamente trabalhados, e não os dias de repouso.

Destarte, considerando a jornada de segunda a sábado, têm-se o ordinário, qual seja, o labor em 25 dias no mês e cinco dias de descanso, ou seja, razão de 5 (cinco) dias de descanso por 25 dias de labor, resultando no percentual de 20% para a quantificação da diferença de repouso remunerado (...).

(TRT-5.ª Reg., AgPet 01046-2004-017-05-85-5, 2.ª T., j. 16.04.2009, rel. Des. Luíza Lomba)

• Horas extras. Incidência no repouso semanal remunerado.

O deferimento de diferenças de repouso sobre as horas extras não configura *bis in idem*. O cálculo das horas extras, pagas ou devidas, toma como base o valor unitário do salário, apurado com a operação aritmética salário mensal dividido pelo divisor mensal de horas, sem o aludido repouso, o que afasta a possibilidade de duplicidade de pagamento de mesma parcela e de seus reflexos (...).

(TRT-5.ª Reg., RO 00571-2005-031-05-00-8, 5.ª T., j. 25.08.2009, rel. Des. Jeferson Muricy)

• Descanso semanal remunerado. Professor. Rubrica específica.

É inválida a cláusula contratual que prevê o pagamento dos dias de descanso juntamente com a remuneração normal do professor, uma vez que a remuneração é por hora-aula, salientando-se que a possibilidade de pagamento de salário complessivo é rechaçada pela jurisprudência pátria, o que, aliás, já está sedimentado pelo C. TST, nos termos da Súmula 351 (...).

(TRT-15.ª Reg., RO 0160600-58.2009.5.15.0059, j. 03.04.2012, rel. Des. Edmundo Fraga Lopes)

Interpretação restritiva

• [C]onsigna-se que nem a Consolidação das Leis do Trabalho nem a Lei 605/1949 estipulam a necessidade do repouso semanal remunerado coincidir ao menos uma vez por mês com o domingo.
Com efeito, o art. 7.º, XV, da CF/1988 fala em repouso semanal "preferencialmente aos domingos", da mesma forma que estipula o art. 1.º da Lei 605/1949, que revogou tacitamente o art. 67 da CLT (...). Em suma, não há norma legal, contratual ou dissidial que garanta a coincidência do repouso semanal a no mínimo um domingo por mês, ressaltando-se, inclusive, que o parágrafo único do art. 6.º da Lei 10.101/2000 trata das atividades "do comércio em geral" (...).
(TRT-4.ª Reg., RO 01381-2007-811-04-00-6, 7.ª T., j. 15.04.2009, rel. Des. Flávia Lorena Pacheco)

> **XVI – remuneração do serviço extraordinário superior, no mínimo, em 50% à do normal;**
>
> * V. art. 39, §§ 2.º e 3.º, da CF/1988.
> * V. art. 59 da CLT.

Interpretação extensiva

• Horas extras. Devidas.
Cediço que o art. 62, I, da CLT aplica-se tão somente às hipóteses em que é impossível ao empregador conhecer o paradeiro do empregado ao longo da jornada, e, por conseguinte, se costuma utilizar algum tempo para resolver problemas particulares (e quanto), o que não é o caso, independentemente de os rastreadores terem sido instalados nos caminhões da empresa para resguardar a carga e a vida dos motoristas, ou, ainda, por exigência das seguradoras; o mesmo se diga quanto aos tacógrafos, à força de lei. O fato é que tais equipamentos possibilitam o conhecimento de todos os itinerários (preestabelecidos) e respectivas durações, a tornar inequívoco o direito às extraordinárias (...).
(TRT-6.ª Reg., RO 01863-2006-144-06-00-8, 2.ª T., j. 23.01.2008, rel. Des. Juíza Convocada Aline Pimentel Gonçalves)

- Atividade externa. Controle de jornada.

Para a caracterização da hipótese do art. 62, I, CLT, não basta apenas que o empregado exerça atividades externas, sendo requisito, ainda, que seja incompatível fixar-se horário de trabalho, o que não ocorria. *In casu*, o obreiro tinha obrigação de comparecimento diário, no início e no fim da jornada. Além disso, percorria roteiros pré-elaborados, pela empregadora, fornecidos diariamente. Era perfeitamente possível o conhecimento do tempo dedicado pelo autor, na atividade da empresa, diante desse quadro. Inaplicável, à hipótese, a regra contida no inc. I do art. 62 da CLT (...).

(TRT-6.ª Reg., RO 02203-2004-142-06-00-0, 3.ª T., j. 30.01.2008, rel. Juiz José Luciano Alexo da Silva)

Interpretação restritiva

- Os minutos que antecedem ou sucedem a jornada de trabalho, destinados ao registro do ponto, não podem ser considerados como horas extras, por constituírem minutos residuais em que o reclamante não colocou sua força de trabalho à disposição da reclamada (...).

(TRT-2.ª Reg., RO 27.878/95, 8.ª T., j. 10.07.1995, rel. Des. Sérgio Prado de Mello)

- O trabalho extraordinário não se presume. Deve ser seguramente comprovado para que se defira o seu pagamento (...).

(TRT-2.ª Reg., RO 29.806/95, 9.ª T., j. 19.07.1995, rel. Des. Ildeu Lara de Albuquerque)

- Em que pese o respeitado posicionamento em contrário, perfilhamos do entendimento que compreende ser desnecessária a assinatura do empregado aposta nos controles de frequência como requisito de validade (...).

(TRT-2.ª Reg., RO 0097500-07.2009.5.02.0055, 10.ª T., j. 08.11.2011, rel. Des. Marta Casadei Momezzo, *DEJT* 25.11.2011)

- Horas extras. Hipótese na qual a reclamante não produziu provas capazes de infirmar os dados consignados nos registros de ponto colacionados aos autos, os quais, por natureza, são prova da jornada de trabalho cumprida. Indevidas, portanto, as diferenças de horas extras vindicadas (...).

(TRT-4.ª Reg., RO 00618-2007-022-04-00-0, 3.ª T., j. 05.12.2008, rel. Des. Maria Helena Mallmann)

- Jornada de trabalho. Exceção prevista no art. 62, II, da CLT. Requisitos. Não configuração.
Para o enquadramento do empregado na exceção prevista no art. 62, II, da CLT, necessária se faz a demonstração do exercício de encargos de gestão consubstanciados em amplos poderes de mando, substituição e representação do empregador, de modo que haja incompatibilidade lógica entre a obediência ao ponto e o exercício da atividade (...).
(TRT-6.ª Reg., RO 00033-2008-331-06-00-5, 3.ª T., j. 17.09.2008, rel. Juíza Ana Cristina da Silva Ferreira Lima)

- Os controles de ponto devidamente assinados pelo reclamante devem prevalecer ao depoimento de uma única testemunha. Ainda mais, quando há nos autos prova documental, consistente em contracheques, com o devido pagamento de horas extras (...).
(TRT-20.ª Reg., RO 01194-2007-001-20-00-2, j. 10.01.2008, rel. Carlos Alberto Pedreira Cardoso)

XVII – gozo de férias anuais remuneradas com, pelo menos, um terço a mais do que o salário normal;

* V. art. 39, §§ 2.º e 3.º, da CF/1988.
* V. arts. 7.º, 129, 142 e 143 da CLT.
* V. Súmula 386 do STJ.

⚖ Interpretação convergente

- Remuneração do terço de férias sobre a totalidade das férias anuais (...).
[A] Constituição Federal de 1988 apenas determina que o "salário" das férias seja superior em pelo menos 1/3 (um terço) do salário do mês trabalhado. Assim, o empregado receberá, durante as férias, a remuneração que lhe for devida na data de sua concessão (art. 142 da CLT), acrescida de 1/3 (um terço), conforme previsão constitucional. Dessa forma, a norma constitucional não restringe o terço às férias de trinta dias; ao contrário, determina que a remuneração das férias deva ser, ao menos, com um terço a mais do que o salário do empregado (...).
(TRT-4.ª Reg., RO 00763-2008-802-04-00-2, 9.ª T., j. 22.04.2009, rel. Juiz convocado Marçal Henri Figueiredo)

Interpretação extensiva

- **Súmula 198 do STF**
As ausências motivadas por acidente do trabalho não são descontáveis do período aquisitivo das férias.

- **Súmula 199 do STF**
O salário das férias do empregado horista corresponde à média do período aquisitivo, não podendo ser inferior ao mínimo.

- **Súmula 200 do STF**
Não é inconstitucional a Lei 1.530, de 26.12.1951, que manda incluir na indenização por despedida injusta parcela correspondente a férias proporcionais.

- **Súmula 7 do TST**
A indenização pelo não deferimento das férias no tempo oportuno será calculada com base na remuneração devida ao empregado na época da reclamação, ou se for o caso, na da extinção do contrato. (RA 28/69, *DO-GB* 21.08.1969)

- Empregado doméstico. Férias. Dobra legal. Aplicabilidade. Princípio da igualdade.
1. A Constituição da República, ao estabelecer o rol dos direitos trabalhistas com status constitucional, assegurou aos empregados domésticos o direito à fruição das férias, com o respectivo adicional, em igualdade com os demais trabalhadores. Nota-se, assim, o intuito do poder constituinte originário de melhor amparar os trabalhadores domésticos.
2. Recentes modificações legislativas autorizam a conclusão de que há um movimento histórico que revela a tendência normativa de tornar cada vez mais equitativos os direitos dos trabalhadores domésticos em relação aos direitos usufruídos pelos demais empregados.
3. Com efeito, a Lei 11.324/2006 alterou o art. 3.º da Lei 5.859/1972, ampliando o período de férias dos empregados domésticos para 30 dias, em paridade com os demais trabalhadores. A mesma lei estendeu às empregadas domésticas gestantes o direito à estabilidade desde a confirmação da gravidez até cinco meses após o parto. A Lei 10.208/2001, por sua vez, acrescentou o art. 3.º-A à lei de regência do empregado doméstico, para autorizar a inclusão facultativa do empregado no Fundo de Garantia do Tempo de Serviço – FGTS.

4. Essas alterações legislativas, lidas à luz do princípio da igualdade, autorizam a concluir que, cada vez mais, tem se tornado insustentável a manutenção da desigualdade de direitos entre os empregados domésticos e os demais trabalhadores.

5. Ressalte-se que, confirmando o acima disposto, o Dec. 71.885/1973 (que regulamentou a Lei 5.859/1972), já em 1973, reconheceu que, no tocante às férias entre as quais se inclui a indenização por sua não concessão, as disposições da Consolidação das Leis do Trabalho são aplicáveis também ao empregado doméstico.

6. Assim, é mera decorrência do princípio do igual tratamento o reconhecimento de que os empregados domésticos têm o direito à dobra legal pela concessão das férias após o prazo.

Férias não concedidas. Pagamento em dobro. Nos termos do art. 137 da CLT, na hipótese de o trabalhador prestar serviços no período destinado às férias, tem direito ao pagamento dobrado, como afirmado pelas decisões recorridas (...).

(TST, Embargos em RR 13145/2000-652-09-00.8, SDI-I, j. 19.11.2007, rel. Min. Maria Cristina Irigoyen Peduzzi, *DJU* 07.12.2007)

• O preceito constitucional contido no art. 7.º, XVII, da CF/1988 estabelece que o empregado tem direito a usufruir anualmente suas férias, sendo por essas remunerado, com, pelo menos, um terço a mais do que o salário normal.

Já a Súmula 328 do TST, ao interpretar o supracitado inciso, dispõe que "O pagamento das férias, integrais ou proporcionais, gozadas ou não, na vigência da Constituição Federal de 1988, sujeita-se ao acréscimo do terço previsto no respectivo art. 7.º, XVII".

Com efeito, é indene de dúvidas que os dias de férias não gozados, como são os decorrentes da conversão prevista no art. 143 da CLT (abono pecuniário de férias), também estão sujeitos à incidência do terço constitucional (...).

(TST, Embargos em RR 585800-56.2007.5.12.0026, SDI-I, j. 16.02.2012, rel. Min. Augusto César Leite de Carvalho, *DEJT* 02.03.2012)

• Gozo de férias. Prova documental.

É da reclamada o ônus de comprovar, documentalmente, que o trabalhador gozou regularmente o período de férias que alega haver trabalhado. Para tanto,

basta a juntada do controle de ponto, já que tem obrigação de manter registro documentado do efetivo gozo do período de férias (...).

(TRT-3.ª Reg., RO 00353-2008-132-03-00-1, Turma Recursal, j. 12.11.2008, rel. Des. Heriberto de Castro)

- Férias. Prescrição.

Segundo o art. 149 da CLT, a prescrição do direito de reclamar a concessão das férias ou o pagamento da remuneração é contada do término do prazo mencionado no art. 134 ou, se for o caso, da cessação do contrato. O dispositivo legal consagra duas situações para a prescrição do direito de reclamar as férias: uma primeira, há ser observada durante a execução do contrato, ou seja, que diz respeito à concessão em si das férias; uma segunda, na hipótese de já ter sido extinto o contrato, que diz respeito ao pagamento das férias, pois se não há mais o vínculo só se pode falar em pagamento. De toda sorte, a fixação do marco inicial é a partir do período concessivo, previsto no art. 134: "A contagem do prazo prescricional para se deduzir em Juízo a pretensão relativa ao pagamento das férias inicia-se com o término do período concessivo (art. 134 da CLT), vale dizer, quando ocorre a lesão ao direito do empregado, pois, somente a partir dessa data, ele poderá exigi-lo do seu empregador nos termos do art. 149 da CLT" (TRT-3.ª Reg., RO 00049-2007-043-03-00-9, 3.ª T., j. 19.12.2007, rel. Des. Irapuan de Oliveira Teixeira Lyra) (...).

(TRT-3.ª Reg., RO 00538-2008-148-03-00-1, 10.ª T., j. 12.11.2008, rel. rel. convocada Taísa Maria Macena de Lima)

- Férias em dobro e 13.º salário. Ausência de prova do pagamento.

A míngua de prova da quitação, nos moldes do que estabelece o art. 464 da CLT, devido o pagamento correspondente ao 13.º salário e às férias não gozadas (...).

(TRT-5.ª Reg., RO 18673/08, 2.ª T., j. 07.08.2008, rel. Des. Dalila Andrade)

- Multa do art. 22 da Lei 8.036/1990. Férias vencidas e proporcionais (...).

Os acréscimos previstos no art. 22 da Lei 8.036/1990, destinam-se a compensar o atraso no cumprimento da obrigação do empregador e devem ser revertidos em favor do trabalhador. Ademais, já há previsão de multa administrativa no art. 23, § 2.º, da referida lei para a mesma conduta prevista no art. 22 (...).

(TRT-5.ª Reg., RO 01364-2007-492-05-00-5, 5.ª T., j. 30.10.2008, rel. Des. Jeferson Muricy)

- Férias. Não concessão. Dobra salarial devida.

Comprovado o trabalho durante os períodos em que as férias postuladas deveriam ter sido concedidas e, ainda, que esse título foi remunerado de forma simples, impõe-se o deferimento da dobra das referidas férias, nos termos do art. 137 da CLT (...).
(TRT-6.ª Reg., RO 00770-2007-411-06-00-0, 3.ª T., j. 16.04.2008, rel. Des. Virgínia Malta Canavarro)

- Aviso prévio. Férias.

Ao tempo das férias do empregado, suspende-se o contrato de trabalho, sendo irregular a concessão de aviso prévio nesse período, sob pena de nulidade (...).
(TRT-8.ª Reg., RO RO01263-2008-012-08-00-8, 1.ª T., j. 16.06.2009, rel. Des. Georgenor de Sousa Franco Filho)

- Férias proporcionais. Demissão por justa causa. Devidas.

Com a publicação do Dec. 3.197/1999, a Convenção 132 da OIT passou a integrar o ordenamento jurídico nacional, com status de lei ordinária, restando, pois, devidas as férias proporcionais independentemente do motivo do rompimento contratual. A norma expressada pela Organização Internacional do Trabalho e acatada pelo Estado Brasileiro derrogou parcialmente o previsto no art. 146 da CLT (...).
(TRT-15.ª Reg., RO 0117000-75.2009.5.15.0062, 5.ª Câm., j. 14.02.2012, rel. Juíza Adriene Sidnei de Moura David Diamantino, *DJT* 30.10.2008)

- Férias não gozadas. Pagamento de indenização respectiva.

As férias visam restabelecer o equilíbrio biopsíquico, social e familiar do trabalhador. Sua natureza jurídica é de interrupção do contrato de trabalho havendo a obrigação de remuneração (art. 7.º, XVII, da CF/1988) e contagem como tempo de serviço (art. 130, § 2.º, da CLT). É irrenunciável o direito às férias, constituindo-se fraude à lei a prestação de serviços nesse período, impondo-se o pagamento de indenização respectiva, a fim de se desencorajar a violação do instituto (...).
(TRT-16.ª Reg., RO 00205-2008-009-16-00-0, j. 17.09.2008, rel. Des. James Magno Araújo Farias)

- Pagamento do terço constitucional. Férias de 45 (quarenta e cinco) dias. Obrigatoriedade.

O pagamento do terço constitucional de férias, em razão de sua natureza acessória, deve ser feito sobre a totalidade dos dias de descanso a que tem direito o

trabalhador, não em função da quantidade mínima de dias dispostos por lei ao referido descanso (...).
(TRT-22.ª Reg., RO 00772-2008-004-22-00-2, 2.ª T., j. 14.10.2008, rel. Des. Manoel Edilson Cardoso)

XVIII – licença à gestante, sem prejuízo do emprego e do salário, com a duração de 120 dias;

* V. art. 39, §§ 2.º e 3.º, da CF/1988.
* V. arts. 391 e 392 da CLT.
* V. Lei 11.770/2008 (Programa Empresa Cidadã, destinado à prorrogação da licença-maternidade mediante concessão de incentivo fiscal).
* V. Dec. 7.052/2009 (Regulamenta a Lei 11.770/2008).

⚖️ Interpretação convergente

• 1. O legislador brasileiro, a partir de 1932 e mais claramente desde 1974, vem tratando o problema da proteção à gestante, cada vez menos como um encargo trabalhista (do empregador) e cada vez mais como de natureza previdenciária. Essa orientação foi mantida mesmo após a Constituição de 05.10.1988, cujo art. 6.º determina: a proteção à maternidade deve ser realizada "na forma desta Constituição", ou seja, nos termos previstos em seu art. 7.º, XVIII: "licença à gestante, sem prejuízo do empregado e do salário, com a duração de 120 dias".
2. Diante desse quadro histórico, não é de se presumir que o legislador constituinte derivado, na EC 20/1998, mais precisamente em seu art. 14, haja pretendido a revogação, ainda que implícita, do art. 7.º, XVIII, da CF/1988 originária. Se esse tivesse sido o objetivo da norma constitucional derivada, por certo a EC 20/1998 conteria referência expressa a respeito. E, à falta de norma constitucional derivada, revogadora do art. 7.º, XVIII, da CF/1988, a pura e simples aplicação do art. 14 da EC 20/1998, de modo a torná-la insubsistente, implicará um retrocesso histórico, em matéria social-previdenciária, que não se pode presumir desejado.
3. Na verdade, se se entender que a Previdência Social, doravante, responderá apenas por R$ 1.200,00 (hum mil e duzentos reais) por mês, durante a licença da gestante, e que o empregador responderá, sozinho, pelo restante, ficará sobremaneira, facilitada e estimulada a opção deste pelo trabalhador masculino, ao invés da mulher trabalhadora. Estará, então, propiciada a discriminação que

a Constituição buscou combater, quando proibiu diferença de salários, de exercício de funções e de critérios de admissão, por motivo de sexo (art. 7.º, XXX, da CF/1988), proibição, que, em substância, é um desdobramento do princípio da igualdade de direitos, entre homens e mulheres, previsto no inc. I do art. 5.º da CF/1988. Estará, ainda, conclamado o empregador a oferecer à mulher trabalhadora, quaisquer que sejam suas aptidões, salário nunca superior a R$ 1.200,00, para não ter de responder pela diferença. Não é crível que o constituinte derivado, de 1998, tenha chegado a esse ponto, na chamada Reforma da Previdência Social, desatento a tais consequências. Ao menos não é de se presumir que o tenha feito, sem o dizer expressamente, assumindo a grave responsabilidade.

4. A convicção firmada, por ocasião do deferimento da Medida Cautelar, com adesão de todos os demais Ministros, ficou agora, ao ensejo deste julgamento de mérito, reforçada substancialmente no parecer da Procuradoria Geral da República.

5. Reiteradas as considerações feitas nos votos, então proferidos, e nessa manifestação do Ministério Público Federal, a Ação Direta de Inconstitucionalidade é julgada procedente, em parte, para se dar, ao art. 14 da EC 20, de 15.12.1998, interpretação conforme à Constituição, excluindo-se sua aplicação ao salário da licença gestante, a que se refere o art. 7.º, XVIII, da CF/1988 (...).

(STF, ADIn 1.946/DF, Pleno, j. 29.04.1999, rel. Min. Sydney Sanches, *DJ* 16.05.2003)

• Normatização especial e privilegiada à maternidade contida na Constituição Federal de 1988. Arts. 10, II, *b*, do ADCT, 7.º, XVIII e XXII, 194, 196, 197, 200, I e 227 da CF/1988. Respeito, fixado na ordem constitucional, à dignidade da pessoa humana, à própria vida, ao nascituro e à criança (arts. 1.º, III e 5.º, *caput*, da CF/1988) (...).

[A] maternidade recebe normatização especial e privilegiada pela Constituição de 1988, autorizando condutas e vantagens superiores ao padrão deferido ao homem – e mesmo à mulher que não esteja vivenciando a situação de gestação e recente parto. É o que resulta da leitura combinada de diversos dispositivos, como o art. 7.º, XVIII (licença à gestante de 120 dias, com possibilidade de extensão do prazo, a teor da Lei 11.770/2008, regulamentada pelo Dec. 7.052/2009) e das inúmeras normas que buscam assegurar um padrão moral e educacional minimamente razoável à criança e ao adolescente (contidos no art. 227 da CF/1988, por exemplo). De par com isso, qualquer situação que envolva efetivas considerações e medidas de saúde pública (e o período de

gestação e recente parto assim se caracterizam) permite tratamento normativo diferenciado, à luz de critério jurídico valorizado pela própria Constituição da República. Note-se, ilustrativamente, a esse respeito, o art. 196, que afirma ser a saúde "direito de todos e dever do Estado, garantido mediante políticas sociais e econômicas que visem à redução do risco de doença e de outros agravos"; ou o art. 197 da CF/1988, que qualifica como de "relevância pública as ações e serviços de saúde", além de outros dispositivos, como os arts. 194, 200, I e 7.º, XXII, CF/1988. A estabilidade provisória advinda da licença maternidade decorre da proteção constitucional às trabalhadoras em geral e, em particular, às gestantes e aos nascituros. A proteção à maternidade e à criança advém do respeito, fixado na ordem constitucional, à dignidade da pessoa humana e à própria vida (art. 1.º, III e 5.º, *caput*, da CF/1988). E, por se tratar de direito constitucional fundamental, deve ser interpretado de forma a conferir-se, na prática, sua efetividade. Nesse sentido, correto o posicionamento adotado pelo TRT, que conferiu preponderância ao direito fundamental à dignidade da pessoa humana, previsto no art. 1.º, III, da CF/1988, e à estabilidade assegurada às gestantes, na forma do art. 10, II, *b*, do ADCT, em detrimento dos efeitos dos contratos a termo – especificamente em relação à garantia de emprego. Nessa linha, está realmente superada a interpretação exposta no item III da Súmula 244 do TST. Inclusive o Supremo Tribunal Federal possui diversas decisões – que envolvem servidoras públicas admitidas por contrato temporário de trabalho –, em que expõe de forma clara o posicionamento de garantir à gestante o direito à licença-maternidade e à estabilidade, independentemente do regime jurídico de trabalho. Sob esse enfoque, o STF prioriza as normas constitucionais de proteção à maternidade, lançando uma diretriz para interpretação das situações congêneres. (...).

(TST, RR 52500-65.2009.5.04.0010, 6.ª T., j. 07.03.2012, rel. Min. Maurício Godinho Delgado, *DEJT* 16.03.2012)

Interpretação extensiva

• Licença-maternidade. Contrato temporário de trabalho. Sucessivas contratações. Estabilidade provisória. Art. 7.º, XVIII, da CF/1988. Art. 10, II, *b*, do ADCT (...). A empregada sob regime de contratação temporária tem direito à licença--maternidade, nos termos do art. 7.º, XVIII, da CF/1988 e do art. 10, II, *b*, do

ADCT, especialmente quando celebra sucessivos contratos temporários com o mesmo empregador (...).
(STF, RE 287.905/SC, 2.ª T., j. 28.06.2005, rel. p/ acórdão Min. Joaquim Barbosa, *DJ* 30.06.2006)

• Ocorrido o termo final, desconstitui-se a relação jurídica. A renovação do contrato, por isso, não pode ser imposta unilateralmente. A Constituição da República (art. 7.º, XVIII) impede a rescisão do contrato porque sobreveio gestação. Todavia, encerrado o prazo a desconstituição se opera por outra causa (...).
(STJ, RMS 4.326/SC, 6.ª T., j. 26.09.1994, rel. Min. Luiz Vicente Cernicchiaro, *DJ* 31.10.1994)

• Gestante. Estabilidade provisória. Concepção durante o aviso-prévio. Direito à estabilidade.
De acordo com o entendimento atual da SBDI-1, a concepção durante o curso do aviso-prévio dá direito à estabilidade provisória da gestante, porquanto, além de o contrato de trabalho ainda não ter-se expirado, há que ser observada a dicção do art. 10, II, b, do ADCT, o qual é enfático ao determinar que fica vedada a dispensa arbitrária ou sem justa causa da empregada gestante, desde confirmação da gravidez até cinco meses após o parto (...).
(TST, RR 9300-15.2008.5.04.0019, 8.ª T., j. 16.03.2011, rel. Min. Dora Maria da Costa, *DEJT* 18.03.2011)

• Estabilidade da gestante. Concepção no curso do aviso prévio. Art. 10, II, *b*, do ADCT. Súmula 244, I, do TST.
A jurisprudência desta Corte entende que o desconhecimento da gravidez pelo Empregador não afasta o direito à proteção constitucional à maternidade. Nesse contexto, o legislador constitucional instituiu, no art. 10, II, *b*, do ADCT, a estabilidade ora tratada, visando garantir a própria proteção à maternidade, valorada a nível constitucional. Por outro lado, da análise conjunta das diretrizes jurisprudenciais traçadas na Súmula 244 do TST e na OJ 82 desta Corte, tem-se que, ocorrida a concepção no curso do aviso prévio, indenizado ou não, porquanto vigente o contrato de trabalho, há a incidência da garantia ora tratada – art. 10, II, *b*, do ADCT –, a resguardar a gestante contra a ruptura contratual arbitrária ou sem justa causa. Também não prevalece o fundamento do Regional de que a Súmula 371 do TST contempla a hipótese vertente, tendo em vista que não há de se cogitar da aplicação, por analogia, da Súmula 371 desta Corte como óbice ao reconhecimento da estabilidade gestante, visto que os precedentes

que originaram o referido verbete apenas analisaram a projeção do aviso prévio sob o enfoque da garantia de emprego do dirigente sindical, do alcance dos benefícios instituídos por negociação coletiva ou da aplicação retroativa de normas coletivas, conforme bem asseverado pela Min. Rosa Maria Weber (TST, RR-102400-94.2007.5.04.0007, 3.ª T.). Decisão em sentido contrário merece ser modificada (...).
(TST, RR 175000-14.2006.5.02.0037, 4.ª T., j. 09.11.2011, rel. Min. Maria de Assis Calsing, *DEJT* 11.11.2011)

• Estabilidade da gestante. Contrato por prazo determinado. normatização especial e privilegiada à maternidade contida na Constituição Federal de 1988. Arts. 10, II, *b*, do ADCT; 7.º, XVIII, XXII, 194, 196, 197, 200, I e 227 da CF/1988. Respeito, fixado na ordem constitucional, à dignidade da pessoa humana, à própria vida, ao nascituro e à criança (art. 1.º, III e 5.º, *caput*, da CF/1988).
Em princípio, a lógica dos contratos a termo não permite qualquer possibilidade de maior integração do trabalhador na empresa, além de já preestabelecer o final do próprio vínculo empregatício. Em face disso, em regra, o instituto da garantia de emprego é inábil a produzir, no contexto dos contratos a termo, a mesma extensão de efeitos que seguramente propicia na seara dos contratos indeterminados. Por outro ângulo, contudo, é certo dizer que a lógica dos contratos a termo é perversa e contra ela se contrapõe todo o Direito do Trabalho, já que esse ramo jurídico especializado busca aperfeiçoar as condições de pactuação da força de trabalho no mercado. Por essas razões, a legislação busca restringir ao máximo suas hipóteses de pactuação e de reiteração no contexto da dinâmica justrabalhista. Note-se que a Consolidação das Leis do Trabalho não prevê a situação da gravidez como situação excepcional a impedir a ruptura contratual no contrato a termo. Contudo o art. 10, II, do ADCT da CF/1988, em sua alínea *b*, prevê a estabilidade provisória à "empregada gestante, desde a confirmação da gravidez até cinco meses após o parto". Estipula, assim, a vedação à dispensa arbitrária ou sem justa causa. Ressalte-se que a maternidade recebe normatização especial e privilegiada pela Constituição Federal de 1988, autorizando condutas e vantagens superiores ao padrão deferido ao homem – e mesmo à mulher que não esteja vivenciando a situação de gestação e recente parto. É o que resulta da leitura combinada de diversos dispositivos, como o art. 7.º, XVIII (licença à gestante de 120 dias, com possibilidade de extensão do prazo, a teor da Lei 11.770/2008, regulamentada pelo Dec. 7.052/2009) e das inúmeras normas que buscam assegurar um padrão moral e educacional minimamente razoável à criança e ao adolescente (contidos no art. 227 da CF/1988, por exemplo). De

par com isso, qualquer situação que envolva efetivas considerações e medidas de saúde pública (e o período de gestação e recente parto assim se caracterizam) permite tratamento normativo diferenciado, à luz de critério jurídico valorizado pela própria Constituição da República. Note-se, ilustrativamente, a esse respeito, o art. 196, que afirma ser a saúde "direito de todos e dever do Estado, garantido mediante políticas sociais e econômicas que visem à redução do risco de doença e de outros agravos"; ou o art. 197, que qualifica como de "relevância pública as ações e serviços de saúde", além de outros dispositivos, como os arts. 194, 200, I e 7.º, XXII, da CF/1988. A estabilidade provisória advinda da licença maternidade decorre da proteção constitucional às trabalhadoras em geral e, em particular, às gestantes e aos nascituros. A proteção à maternidade e à criança advém do respeito, fixado na ordem constitucional, à dignidade da pessoa humana e à própria vida (art. 1.º, III e 5.º, *caput*, da CF/1988). E, por se tratar de direito constitucional fundamental, deve ser interpretado de forma a conferir-se, na prática, sua efetividade. Nesse sentido, correto o posicionamento adotado pelo TRT, que conferiu preponderância ao direito fundamental à dignidade da pessoa humana, previsto no art. 1.º, III, da CF/1988, e à estabilidade assegurada às gestantes, na forma do art. 10, II, *b*, do ADCT, em detrimento dos efeitos dos contratos a termo – especificamente em relação à garantia de emprego. Nessa linha, está realmente superada a interpretação exposta no item III da Súmula 244 do TST. Inclusive o STF possui diversas decisões – que envolvem servidoras públicas admitidas por contrato temporário de trabalho –, em que expõe de forma clara o posicionamento de garantir à gestante o direito à licença-maternidade e à estabilidade, independentemente do regime jurídico de trabalho. Sob esse enfoque, o STF prioriza as normas constitucionais de proteção à maternidade, lançando uma diretriz para interpretação das situações congêneres (...).
(TST, RR 52500-65.2009.5.04.0010, 6.ª T., j. 07.03.2012, rel. Min. Maurício Godinho Delgado, *DEJT* 16.03.2012)

• A Constituição Federal de 1988 negou à empregada doméstica a proteção da relação de emprego contra despedida arbitrária ou sem justa causa como especifica o art. 7.º, parágrafo único, da CF/1988. Todavia, o dispositivo contempla, dentre os direitos reservados às domésticas o art. 7.º, XVIII, da CF/1988 e este assegura à gestante a licença-maternidade de 120 (cento e vinte) dias sem prejuízo do emprego e do salário (...).
(TRT-2.ª Reg., RO 02990160676, 8.ª T., j. 08.05.2000, rel. Des. José Carlos Arouca, *DOE* 04.07.2000)

- Assédio moral contra a maternidade nas relações do trabalho.
Constatado o rebaixamento de cargo e, por conseguinte de salário, após o retorno da licença-maternidade, sem qualquer causa plausível que justificasse o procedimento do empregador, salvo o argumento de que a maternidade interferiria no desempenho profissional, configurada a afronta ao princípio da dignidade humana e do valor do trabalho humano. A duplicidade de funções da mulher no meio social, como mãe, esposa, doméstica, chefe de família e, mais importante, como trabalhadora é fato conhecido. No entanto, o perfil das mulheres casadas, grávidas ou mães é o que mais sofre com a prática do assédio moral nas empresas. Configurada a retaliação, a indenização por danos morais é medida que se impõe (...).
(TRT-2.ª Reg., RO 02321 2008 006 02 00-1, 8.ª T., j. 16.02.2011, rel. Des. Silvia Almeida Prado)

- Estabilidade provisória. Gravidez desconhecida pela própria empregada na data da despedida. Responsabilidade objetiva.
O intuito da disposição contida no art. 10, II, *b*, do ADCT, foi conferir à empregada gestante garantia objetiva de emprego desde a "confirmação da gravidez", sendo que com a expressão "confirmação" entendo que o legislador quis dizer concepção justamente porque o que a norma pretende é, em última análise, resguardar o nascituro. Assim, mesmo na hipótese da empregada desconhecer seu estado gravídico quando do afastamento a ela se assegura o direito à estabilidade no emprego (...).
(TRT-5.ª Reg., RO 00045-2008-341-05-00-2, 2.ª T., j. 04.12.2008, rel. Des. Dalila Andrade)

- I – A Constituição Federal, em seu art. 7.º, XVIII, assegura integral proteção à maternidade, pela manutenção do emprego e da remuneração da gestante, evitando a desestabilização do meio familiar pela alteração da situação econômica vigente.
II – Assim, afigura-se atentatório ao direito da impetrante a aplicação de pena de suspensão por 30 dias, com o desconto dos dias respectivos, durante o período de licença gestante. A aplicação da punição deverá ter lugar somente após o término do aludido período de afastamento (...).
(TRF-1.ª Reg., MS 94.01.23149-4, 1.ª T., j. 15.10.1996, rel. Des. Aldir Passarinho Junior)

- 1. O trabalhador rural boia-fria deve ser equiparado ao segurado especial de que trata o art. 11, VII, da Lei 8.213/1991 (Lei de Benefícios), sendo-lhe dis-

pensado, portanto, o recolhimento das contribuições para fins de obtenção de benefício previdenciário.

2. Nos termos dos arts. 71 e ss. da Lei 8.213/1991, é devido o salário-maternidade às seguradas especiais que fizerem prova do nascimento dos filhos e do labor rural no período de 12 meses que antecede o início do benefício.

3. Em se tratando de trabalhador rural "boia-fria", a exigência de início de prova material para efeito de comprovação do exercício da atividade agrícola deve ser interpretada com temperamento, podendo, inclusive, ser dispensada, em razão da informalidade com que é exercida a profissão e a dificuldade de comprovar documentalmente o exercício da atividade rural nessas condições (...).

(TRF-4.ª Reg., ApCiv 0018316-05.2011.404.9999, 6.ª T., j. 07.03.2012, rel. Des. Federal Celso Kipper)

Interpretação restritiva

• Não se estende à mãe adotiva o direito à licença, instituído em favor da empregada gestante pelo inc. XVIII do art. 7.º da CF/1988, ficando sujeito ao legislador ordinário o tratamento da matéria (...).

(STF, RE 197.807/RS, 1.ª T., j. 30.05.2000, rel. Min. Luiz Octavio Pires e Albuquerque Gallotti, *DJU* 18.08.2000)

• A falta de registro em CTPS impede o oportuno acesso da empregada gestante ao benefício previdenciário do salário-maternidade e o ressarcimento direto é, pois, devido pelo período previsto no art. 7.º, XVIII, da CF/1988 (...).

(TRT-2.ª Reg., RO 2000586530, j. 29.07.2002, rel. Des. Wilma Nogueira de Araújo Vaz da Silva)

SERVIDOR PÚBLICA

Interpretação convergente

• Servidor público. Licença-gestante. Exoneração. Art. 7.º, XVIII, da CF/1988. Art. 10, II, *b*, do ADCT.

I – Servidora pública exonerada quando no gozo de licença-gestante: a exoneração constitui ato arbitrário, porque contrário à norma constitucional: art. 7.º, XVIII, da CF/1988; art. 10, II, *b*, do ADCT.

II – Remuneração devida no prazo da licença-gestante, vale dizer, até cinco meses após o parto. Inaplicabilidade, no caso, das Súmulas 269 e 271 do STF (...).

(STF, RMS 24.263/DF, 2.ª T., j. 01.04.2003, rel. Min. Carlos Velloso, *DJ* 09.05.2003)

• Servidora pública gestante ocupante de cargo em comissão - Estabilidade provisória (art. 10, II, *b*, do ADCT/1988). Convenção OIT 103/1952. Incorporação formal ao ordenamento positivo brasileiro (Dec. 58.821/1966). Proteção à maternidade e ao nascituro. Desnecessidade de prévia comunicação do estado de gravidez ao Órgão Público competente (...).

O acesso da servidora pública e da trabalhadora gestantes à estabilidade provisória, que se qualifica como inderrogável garantia social de índole constitucional, supõe a mera confirmação objetiva do estado fisiológico de gravidez, independentemente, quanto a este, de sua prévia comunicação ao órgão estatal competente ou, quando for o caso, ao empregador. Doutrina. Precedentes.

As gestantes – quer se trate de servidoras públicas, quer se cuide de trabalhadoras, qualquer que seja o regime jurídico a elas aplicável, não importando se de caráter administrativo ou de natureza contratual (Consolidação das Leis do Trabalho), mesmo aquelas ocupantes de cargo em comissão ou exercentes de função de confiança ou, ainda, as contratadas por prazo determinado, inclusive na hipótese prevista no inc. IX do art. 37 da CF/1988, ou admitidas a título precário – têm direito público subjetivo à estabilidade provisória, desde a confirmação do estado fisiológico de gravidez até 5 (cinco) meses após o parto (art. 10, II, *b*, do ADCT), e, também, à licença-maternidade de 120 dias (arts. 7.º, XVIII, c/c o 39, § 3.º, da CF/1988), sendo-lhes preservada, em consequência, nesse período, a integridade do vínculo jurídico que as une à Administração Pública ou ao empregador, sem prejuízo da integral percepção do estipêndio funcional ou da remuneração laboral. Doutrina. Precedentes. Convenção OIT 103/1952.

Se sobrevier, no entanto, em referido período, dispensa arbitrária ou sem justa causa de que resulte a extinção do vínculo jurídico-administrativo ou da relação contratual da gestante (servidora pública ou trabalhadora), assistir-lhe-á o direito a uma indenização correspondente aos valores que receberia até 5 (cinco) meses após o parto, caso inocorresse tal dispensa. Precedentes (...).

(STF, AgRg no RE 634.093/DF, 2.ª T., j. 22.11.2011, rel. Min. Celso de Mello, *DJe* 07.12.2011)

Art. 7.º

CONSTITUIÇÃO FEDERAL

🏛 Interpretação extensiva

• Licença maternidade de militar temporária. Arts. 7.º, XVIII e 142, VIII, da CF/1988. Possibilidade. Precedentes.
1. A estabilidade provisória advinda de licença maternidade decorre de proteção constitucional às trabalhadoras em geral.
2. O direito amparado pelo art. 7.º, XVIII, da CF/1988, nos termos do art. 142, VIII, da CF/1988, alcança as militares (...).
(STF, AgRg no RE 523.572/PR, 2.ª T., j. 06.10.2009, rel. Min. Ellen Gracie, *DJe* 29.10.2009)

• Cargo comissionado. Exoneração de gestante. Dissídio jurisprudencial não demonstrado. Premissas fática e jurídica distintas das dos autos. Alegada violação do art. 35 da Lei 8.112/1990. Não ocorrência. Direito da servidora à percepção do valor correspondente à remuneração percebida no cargo durante o período da licença-maternidade.
1. Cinge-se a controvérsia ao direito ou não da impetrante em receber os efeitos financeiros da função comissionada (cargo de confiança) após a exoneração *ad nutum*, durante o período da licença-maternidade.
2. Os julgados confrontados partem de premissas fática e jurídica distintas. Enquanto no aresto colacionado discute-se a permanência da gestante no cargo comissionado, o cerne da controvérsia no acórdão recorrido cinge-se ao direito da gestante exonerada do cargo comissionado em receber os valores correspondentes à função durante o período da licença-maternidade. Dissídio jurisprudencial não caracterizado.
3. As servidoras públicas civis contratadas a título precário, embora não tenham direito à permanência no cargo em comissão, em virtude da regra contida no art. 35, I, da Lei 8.112/1990, fazem jus ao recebimento de indenização durante o período compreendido entre o início da gestação até o 5.º (quinto) mês após o parto. Precedentes (...).
(STJ, AgRg em REsp 26.843/DF, j. 02.02.2012, rel. Min. Castro Meira, *DJe* 17.02.2012)

• Servidora pública estadual. Licença-maternidade. Prorrogação do prazo. Lei 11.770/2008. Acórdão lastreado em premissa constitucional. Não conhecimento.
1. O art. 2.º da Lei 11.770/2008 determina que "é a Administração Pública, Direta, Indireta e Fundacional, autorizada a instituir programa que garanta prorrogação da licença-maternidade para suas servidoras".

2. Nos termos da jurisprudência desta Corte, a prorrogação da licença-maternidade para servidora pública estadual ou municipal, a despeito de ser genericamente autorizada pela Lei 11.770/2008, deve ser regulamentada especificamente na esfera da Administração a que se vincula a servidora para que irradie os efeitos concretos do gozo do benefício.
3. No caso, o Acórdão recorrido emitiu o seu pronunciamento sobre base de natureza constitucional ao estender o direito à prorrogação prevista na Lei 11.770/2008 à servidora pública estadual tendo em vista os princípios de proteção à família consignados nos arts. 226 e 227 e interpretação conferida ao art. 7.º da CF/1988, reconhecendo tratar-se de direito social autoaplicável (...).
(STJ, REsp 1.295.581/BA, 2.ª T., j. 01.03.2012, rel. Min. Mauro Campbell Marques, DJe 09.03.2012)

• Servidora pública. Licença-adotante. Constitucional. Isonomia com licença-maternidade. Prorrogação. Concessão.
1. O princípio de proteção ao menor, consagrado na Constituição Federal e no Estatuto da Criança e do Adolescente, impõe sejam garantidos à mãe adotiva garantias e direitos idênticos aos assegurados à mãe biológica, visando à proteção à maternidade e à criança notadamente.
2. A negativa de concessão de licença à adotante em idêntico número de dias ao previsto para licença-maternidade implica discriminação, violando o art. 5.º da CF/1988 (...).
(TRF-4.ª Reg., MS 0016482-88.2011.404.0000, 3.ª T., j. 15.02.2012, rel. Des. Nicolau Konkel Junior)

• Professora. Contrato temporário. Antecipação dos efeitos da tutela. Prorrogação de licença maternidade para 180 dias (...). LC 790/2008. Isonomia (...). A LC 790/2008, que alterou a LC 769/2008, estendeu o prazo de licença maternidade para 180 (cento e oitenta) dias e, em obediência ao princípio da isonomia, não fez distinção, para a concessão da licença, a natureza do vínculo mantido para com a Administração Pública. Conquanto a Servidora exerça a função de professora temporária, faz jus à licença maternidade de 180 (cento e oitenta) dias, eis que a gestação e o parto ocorreram durante o período de vigência do contrato (...).
(TJDF, ApCiv 561.153, 3.ª T. Civ., j. 25.01.2012, rel. Des. Alfeu Machado)

• Prazo de 180 dias da licença maternidade de professora com contrato temporário. LC Distrital 769/2008 com a redação que lhe foi conferida pela LC Distrital 790/2008 (...).

A LC Distrital 790/2008 alterou a redação do art. 25 da LC Distrital 769/2008 e prorrogou o prazo da licença maternidade de 120 para 180 dias. O art. 26-A do mesmo diploma estendeu o benefício às servidoras comissionadas sem vínculo efetivo com a Administração.

No Distrito Federal as professoras com contrato temporário estão submetidas ao mesmo regime de previdência das servidoras comissionadas e ambas, em atenção ao princípio da igualdade, fazem jus à prorrogação da licença maternidade de 120 para 180 dias. Inteligência da LC Distrital 769/2008 com a redação que lhe foi conferida pela LC Distrital 790/2008 (...).

(TJDF, Ap 573.582, 3.ª T. Recursal dos Juizados Especiais, j. 20.03.2012, rel. Des. Sandra Reves Vasques Tonussi)

• Servidora pública. Mãe adotante. Licença maternidade. Concessão do benefício por 120 dias. Pedido de prorrogação do prazo para 180 dias. Possibilidade. Direito líquido e certo. LC estadual 330/2008. Analogia. Inexistência de distinção entre mãe biológica e adotiva. Princípio da isonomia. Art. 227, § 6.º, da CF/1988 (...).

O direito que ampara a mãe a obter licença remunerada para cuidar do filho recém-nascido transcende o fato de ser a requerente mãe biológica ou adotante, pois além da recuperação da parturiente, busca o amparo à criança, consistente em cuidados médicos, o desenvolvimento como ser humano, a adaptação social e ao seio familiar, razão pela qual a norma constitucional garante igualdade entre filhos por adoção e filhos biológicos (...).

(TJMT, MS 5.865/2011, j. 01.09.2011, rel. Des. Antonio Horácio da Silva Neto, *DJe- -MT* 16.08.2011)

Interpretação restritiva

• Servidora pública estadual. Licença-maternidade. Prorrogação do prazo. Lei 11.770/2008 (...).

O art. 2.º da Lei 11.770/2008 determina que "é a Administração Pública, Direta, Indireta e Fundacional, autorizada a instituir programa que garanta prorrogação da licença-maternidade para suas servidoras" (...).

(STJ, REsp 1.295.581/BA, j. 01.03.2012, rel. Min. Mauro Campbell Marques, *DJe* 09.03.2012)

XIX – licença-paternidade, nos termos fixados em lei;

* V. art. 39, §§ 2.º e 3.º, da CF/1988.
* V. art. 10, § 1.º, do ADCT.

⚖️ Interpretação convergente

• Licença-paternidade.
A não concessão de licença paternidade implica a ocorrência de dano moral, uma vez que priva o trabalhador de momento irrepetível de sua vida, que jamais poderá ser retomado naquelas qualidades de espaço e tempo, com aquele filho e sua genitora (...).
(TRT-4.ª Reg., RO 10044420105040662, j. 17.08.2011, rel. Des. Beatriz Renck)

🏛️ Interpretação extensiva

• Licença-paternidade. Contagem do período (...).
À míngua de legislação específica, no tocante à contagem da licença paternidade, o Regional aplicou a regra comum dos prazos processuais e exclui do termo inicial dias não úteis, ou, como no caso, dias em que o autor já estaria usufruindo de folga (...).
(TST, RR 576475-54.1999.5.15.5555, 3.ª T., j. 28.04.2004, rel. Juíza convocada Dora Maria da Costa, *DJ* 28.05.2004)

• O servidor que adota menor faz jus à licença-paternidade de 5 (cinco) dias consecutivos a partir do trânsito em julgado da sentença constitutiva de adoção (...).
(TJDF, MS 20080020002615, j. 05.08.2008, rel. Des. José Divino de Oliveira, *DJU* 26.08.2008)

⚖️ Interpretação restritiva

• Licença-paternidade. Ausência de prova de comunicação ao empregador do nascimento da criança, ônus que incumbia ao empregado (art. 818 da CLT c.c. art. 333, I, do CPC) (...).
(TRT-2.ª Reg., RO 2452200620302004, 9.ª T., j. 04.06.2009, rel. Des. Jane Granzoto Torres da Silva, *DJ* 17.07.2009)

XX – proteção do mercado de trabalho da mulher, mediante incentivos específicos, nos termos da lei;

* V. art. 39, §§ 2.º e 3.º, da CF/1988.
* V. art. 372 da CLT.

⚖️ Interpretação convergente

• Discriminação. A trabalhadora que se encontra em estado gravídico pertence a uma "categoria suspeita", assim considerado aquele grupo de trabalhadores cuja manutenção no emprego, ou o acesso a uma promoção não é interessante ao empregador. Qualquer tratamento diferenciado e prejudicial contra um integrante do grupo, principalmente quando é reconhecida uma promoção e, posteriormente, cancelada, deve ser muito bem justificado pelo critério de proporcionalidade (necessidade, inexistência de outra alternativa e proporcionalidade em sentido estrito), sob pena de presunção de prática discriminatória. Em tais casos, o ônus da prova de que não houve prática discriminatória é do empregador, em qualquer tipo de contrato, em face de sua capacidade probatória superior, atendendo-se o princípio laboral universal da proteção contra a discriminação de qualquer espécie conforme a Convenção 111 da OIT e sua força cogente universal, bem como na Convenção Internacional Contra Todas as Formas de Discriminação da Mulher das Nações Unidas (1979) e no nosso ordenamento interno regido pelos arts. 3.º, IV, da CF/1988, 373-A da CLT e 1.º da Lei 9.029/1995 (...). Necessária a expedição de ofícios, inclusive para cumprimento das disposições do art. 3.º, I e II, da Lei 9.029/1995, como forma de coibir a discriminação contra as gestantes neste país (...).
(TRT-15.ª Reg., RO 0109200-23.2009.5.15.0053, j. 24.04.2012, rel. Des. Firmino Alves Lima)

XXI – aviso-prévio proporcional ao tempo de serviço, sendo no mínimo de 30 dias, nos termos da lei;

* V. arts. 7.º e 487 da CLT.

⚖️ Interpretação convergente

• Aviso prévio proporcional. Tempo de serviço. Norma regulamentar. Lei 12.506/2011. Efeito retroativo. Violação do art. 7.º, XXI, da CF/1988. Não configuração.

Nos termos da OJ 84 da SBDI-I do TST [cancelada pela Res. TST 186/2012, *DEJT* 25.09.2012], a proporcionalidade do aviso prévio, com base no tempo de serviço, dependia de legislação regulamentar. Conquanto tenha sido editada a Lei 12.506/2011 regulamentando o art. 7.º, XXI, da CF/1988, não se pode conferir efeitos retroativos à mencionada espécie normativa, de forma a alcançar contrato de trabalho que já tenha sido extinto antes da sua entrada em vigor (...).
(TST, AgIn em RR 2950-77.2011.5.02.0078, 7.ª T., j. 29.05.2013, rel. Min. Luiz Philippe Vieira de Mello Filho, *DEJT* 07.06.2013)

- [O] art. 7.º, XXI, da CF/1988 é norma de eficácia limitada, ou seja, não é autoaplicável, inexistindo, aqui, qualquer afronta ao seu art. 5.º. Neste sentido, a OJ 84 da SDI-I do TST [cancelada pela Res. TST 186/2012, *DEJT* 25.09.2012]: "Aviso prévio proporcional. A proporcionalidade do aviso prévio, com base no tempo de serviço, depende da legislação regulamentadora, posto que o art. 7.º, XXI, da CF/1988 não é autoaplicável". [Com] a extinção do contrato de trabalho (...) anterior ao advento da Lei 12.506/2011, merece ser mantido o indeferimento da pretensão (...).
(TRT-4.ª Reg., RO 0000676-86.2010.5.04.0251, 10.ª T., j. 03.05.2012, rel. Juiz convocado Wilson Carvalho Dias)

XXII – redução dos riscos inerentes ao trabalho, por meio de normas de saúde, higiene e segurança;

- V. art. 39, §§ 2.º e 3.º, da CF/1988.
- V. arts. 154 e 192 da CLT.

⚖️ Interpretação convergente

- [E]sses infaustos acontecimentos transcendem o direito individual e atingem em cheio uma série de interesses, cujos titulares não podemos identificar a todos desde logo, contudo inegavelmente revela a preocupação que temos que ter com o bem-estar coletivo, e o dano no sentido mais abrangente que nele resulta chama imediatamente a atenção do Estado e dos setores organizados da sociedade de que o trabalhador tem direito a uma vida saudável e produtiva (...). Sob referido prisma, Xisto Tiago de Medeiros Neto sustenta que: "Duas ordens de fatores, igualmente relevantes, propiciaram a proteção jurídica a interesses de ordem moral (extrapatrimonial), ínsitos a coletividade de pessoas (integrantes de uma comunidade; grupos ou categorias de trabalhadores; consumidores de

produtos e serviços, moradores de determinados locais; membros de uma religião; portadores de deficiência etc.). A primeira delas identifica-se com o movimento de abertura do sistema jurídico, visando à plena proteção aos direitos da personalidade, reconhecendo-se a marca da sua essencialidade e inexauribilidade, e, assim, o surgimento de novos campos de tutela, a exemplo do que se concebeu na hipótese de dano moral objetivo (ferimento ao direito ao nome, à consideração e à reputação social), abarcando, inclusive, a esfera extrapatrimonial inerente às pessoas jurídicas... A segunda emerge da coletivização do direito (reconhecimento e tutela de direitos coletivos e difusos), fruto de uma sociedade de massas, de relações e conflitos multiformes e amplificados no universo social , geradores de interesses próprios atinentes a coletividades de pessoas (grupos, categorias ou classes), a exigir uma dimensão metaindividual necessária à sua defesa... A teoria da responsabilidade, dessa forma, de início voltada para a composição de danos no âmbito individual e privado, teve direcionamento para a proteção de bens da coletividade como um todo, 'ou de valores por ela reconhecidos como relevantes'. Esses valores, de natureza extrapatrimonial, representam a síntese de interesses comuns das pessoas, os quais, assim amalgamados, adquirem expressão e dimensão próprias, tornando-se indivisíveis e traduzindo caráter coletivo ou metaindividual".

Nesse mesmo diapasão, válido transcrever o posicionamento de Carlos Alberto Bittar Filho: "(...) assim como cada indivíduo tem sua carga de valores, também a comunidade, por ser um conjunto de indivíduos, tem uma dimensão ética. Mas é essencial que se assevere que a citada amplificação desatrela os valores coletivos das pessoas integrantes da comunidade quando individualmente consideradas. Os valores coletivos, pois, dizem respeito à comunidade como um todo, independentemente de suas partes. Trata-se, destarte, de valores do corpo, valores esses que se não confundem com os de cada pessoa, de cada cédula, de cada elemento da coletividade. Tais valores têm um caráter nitidamente indivisível (...)".

(...).

Em verdade, a preocupação com o meio ambiente de trabalho não é isolada, pois conforme bem preleciona Raimundo Simão de Melo, "considera-se o meio ambiente de trabalho não um mero direito trabalhista; ele é muito mais que isto: trata-se de um direito fundamental do trabalhador como cidadão e ser humano, norteado no art. 1.º da CF/1988, que entre outros fundamentos da República Federativa do Brasil inscreve como importantes, os valores sociais do trabalho e a dignidade da pessoa humana, que não dissociam da existência

e manutenção de um ambiente do trabalho seguro, sadio, salubre e adequado. Tudo, portanto, deve ser feito para que se atinja esse desiderato (...)". Para o Professor Amauri Mascaro Nascimento, meio ambiente de trabalho "é o complexo máquina-trabalho: as edificações do estabelecimento, equipamento de proteção individual, iluminação, conforto térmico, instalações elétricas, condições de salubridade ou insalubridade, de periculosidade ou não, meios de prevenção à fadiga, outras medidas de proteção ao trabalhador (...)". Em igual sentido, conceitua José Afonso da Silva, o meio ambiente de trabalho como sendo "(...) o local em que se desenrola boa parte da vida do trabalhador, cuja qualidade de vida está, por isso, em íntima dependência da qualidade daquele ambiente".

Registre-se, por oportuno, que a atual Constituição Federal, de forma adequada aos novos tempos, incluiu entre os direitos dos trabalhadores a redução aos riscos inerentes ao trabalho, por meio de normas de saúde, higiene e segurança (art. 7.º, XXII e XXVIII, da CF/1988).

Partindo desse cuidado com a vida e a saúde dos trabalhadores, a multirreferida Constituição Federal garantiu com solidez a proteção ao meio ambiente do trabalho, ao assegurar que (art. 200) "Ao sistema único de saúde compete, além de outras atribuições, nos termos da lei: VII – colaborar na proteção do meio ambiente, nele compreendido o do trabalho".

Essa preocupação segue a tendência do ainda novo direito do trabalho fundado na moderna ética de Direito de que as questões concernentes ao seu meio ambiente ultrapassam a questão da saúde dos próprios trabalhadores, extrapolando para toda a sociedade.

E de forma mais específica, o constituinte preceitua através do *caput* do seu art. 225 que: "Todos têm direito ao meio ambiente ecologicamente equilibrado, bem de uso comum do povo e essencial à sadia qualidade de vida, impondo-se ao Poder Público e à coletividade o dever de defendê-lo e preservá-lo para as presentes e futuras gerações".

Já seu § 3.º determina que: "As condutas e atividades consideradas lesivas ao meio ambiente sujeitarão os infratores, pessoas físicas ou jurídicas, a sanções penais e administrativas, independentemente da obrigação de reparar os danos causados".

Não se pode olvidar, outrossim, a existência das Convenções da OIT – Organização Internacional do Trabalho (OIT), que têm por finalidade promover a prevenção de acidentes de trabalho bem como de doenças profissionais, além de regrar condutas acerca da saúde e segurança do trabalho. Válido destacar,

entre elas, as de ns. 139, 148 e 161, todas aprovadas e ratificadas pelo Brasil e que visam, respectivamente, a adoção de medidas para:

"139) prevenção e controle de riscos profissionais causados por substâncias ou agentes cancerígenos (promulgada no Brasil através do Dec. 157, de 02.06.1991);

148) prevenção e limitação dos riscos profissionais no meio ambiente de trabalho, resultantes da contaminação do ar, ruídos e vibrações (promulgada no Brasil através do Dec. 93.413, de 15.10.1986);

161) serviços de saúde do trabalho (promulgada no Brasil através do Dec. 127, de 22.05.1991) (...)" (...).

(TRT-2.ª Reg., RO 01042199925502005, 6.ª T., j. 19.06.2007, rel. Des. Valdir Florindo)

• Indenização por danos morais. Trabalhador rural. Inobservância às disposições normativas de higiene e saúde no ambiente de trabalho.

Caracteriza-se como conduta ilícita a inobservância pelo empregador das disposições normativas de higiene e saúde no ambiente agrícola de trabalho (NR 31 da Portaria MTE 3.214/1978), deixando de proporcionar ao empregado rural um ambiente de trabalho saudável, não disponibilizando instalações sanitárias e locais de refeição adequados, sem as condições mínimas de intimidade e assepsia, o que viola a dignidade e o direito fundamental à saúde do trabalhador. Como corolário, impõe-se o deferimento do pleito indenizatório por danos morais (...).

(TRT-3.ª Reg., RO 00417-2011-103-03-00-4, 3.ª T., j. 17.04.2012, rel. Des. Sebastião Geraldo de Oliveira)

> **XXIII – adicional de remuneração para as atividades penosas, insalubres ou perigosas, na forma da lei;**
>
> * V. art. 39, § 2.º, da CF/1988.
> * V. arts. 154, 192 e 193 da CLT.

ADICIONAL DE INSALUBRIDADE

⚖️ **Interpretação convergente**

• Adicional de insalubridade. Caracterização. Limpeza e coleta de lixo em banheiro de rodoviária (...).

Correto o entendimento da Turma de afastar a aplicação da OJ 4 da SBDI-I do TST, que trata da limpeza em – residências e escritórios –, já que na presente hipótese

o reclamante executava atividades de – limpeza e coleta de lixo em banheiro de rodoviária com acesso amplo e irrestrito aos usuários do terminal (...).
(TST, Embargos em RR 129900-53.2008.5.03.0129, SDI-I, j. 15.12.2011, rel. Min. Renato de Lacerda Paiva, *DEJT* 09.01.2012)

• Agente insalubre. Contato intermitente. Adicional de insalubridade.
É devido o adicional de insalubridade ao empregado que mantém contato com agente insalubre no desempenho de suas atribuições cotidianas, ainda que a exposição seja intermitente, consoante a inteligência contida na Súmula 47 do TST, especialmente quando evidenciado por meio de prova pericial ter sido comprometida a higidez do ambiente de trabalho (...).
(TRT-12.ª Reg., RO 01852-2009-018-12-00-3, 1.ª Câm., j. 25.08.2010, rel. Des. Viviane Colucci, *DEJT* 02.09.2010)

• Fundação Casa/SP. Agente de segurança. Realização de revistas corporais e manipulação de roupas dos menores internos. Insalubridade.
A constatação efetuada por prova técnica de que os trabalhadores expunham-se ao contato com agentes biológicos, nos moldes delineados pelo Anexo 14 da NR 15 do MTE, impõe o pagamento do adicional de insalubridade, independentemente de não se tratar de trabalho realizado em estabelecimentos de saúde. A finalidade da norma de segurança em comento visa à proteção da saúde do trabalhador em ambientes que facilitem seu contato com agentes biológicos, sendo que a menção expressada no referido Anexo, sobre os estabelecimentos de saúde, parte de uma presunção do legislador, no sentido de que somente em tais ambientes é que haveria essa possibilidade de contágio. A constatação de que o contágio, conforme prevista no Anexo 14, possa se dar em outros ambientes, torna devido o pagamento do adicional correspondente, até mesmo para fins de impressão da máxima eficácia ao preceito contido no inc. XXII do art. 7.º da CF/1988, que erige ao patamar de direito fundamental a proteção à higidez e à integridade física do trabalhador (...).
(TRT-15.ª Reg., RO 0138500-78.2008.5.15.0113, j. 22.02.2012, rel. Des. Luiz José Dezena da Silva)

Interpretação extensiva

• Adicional de insalubridade. Base de cálculo. Salário-mínimo. Impossibilidade de modificação da base de cálculo do benefício por decisão judicial (...).

Tendo em vista a impossibilidade de o Poder Judiciário atuar como legislador positivo, apesar de reconhecida a inconstitucionalidade da vinculação do adicional de insalubridade ao salário-mínimo, essa base de cálculo deve ser mantida até que seja editada nova lei que discipline o assunto (...).
(STF, AgRg no RE 334.876/MG, 2.ª T., j. 20.03.2012, rel. Min. Ricardo Lewandowski, *DJe* 02.04.2012)

- Adicional de insalubridade. Base de cálculo. Súmula Vinculante 4 do STF. Efeitos protraídos. Manutenção do salário mínimo como base de cálculo, até a edição de nova lei em sentido contrário ou celebração de convenção coletiva das categorias interessadas para estabelecer a base de cálculo que incidirá sobre o adicional de insalubridade.

O E. STF, ao editar a Súmula Vinculante 4, assentou, em sua redação, ser inconstitucional a utilização do salário mínimo como indexador de base de cálculo de vantagem de servidor público ou de empregado, tratando a matéria de forma genérica, ou seja, não elegeu o salário ou a remuneração do trabalhador a ser utilizada para a base de cálculo relativa ao adicional de insalubridade. E mais, apesar de reconhecer tal inconstitucionalidade, a parte final da Súmula Vinculante 4 do STF vedou a substituição desse parâmetro por decisão judicial, razão pela qual, outra não pode ser a solução da controvérsia senão a permanência da utilização do salário mínimo como base de cálculo do adicional de insalubridade, ressalvada a hipótese de salário profissional *strictu sensu* – o que não se verifica nos autos – até a edição de Lei dispondo em outro sentido ou até que as categorias interessadas se componham em negociação coletiva para estabelecer a base de cálculo que incidirá sobre o adicional em questão (...).
(TST, RR 75500-16.2007.5.12.0019, 2.ª T., j. 18.04.2011, rel. Min. Guilherme Augusto Caputo Bastos, *DEJT* 29.04.2011)

- Adicional de insalubridade/periculosidade. Perícia realizada por médico do trabalho. Nulidade não caracterizada. Interpretação do art. 195 da CLT.

Nos termos do art. 195, da CLT, "a caracterização e a classificação da insalubridade e da periculosidade, segundo as normas do Ministério do Trabalho, far-se-ão através de perícia a cargo de Médico do Trabalho ou Engenheiro do Trabalho, registrados no Ministério do Trabalho". Ademais, verifica-se que a autora não impugnou o laudo apresentado no momento oportuno, restando preclusa sua oportunidade, a teor do que dispõe o art. 795 da CLT (...).
(TRT-15.ª Reg., RO 0136200-22.2009.5.15.0045, 6.ª T., j. 28.02.2012, rel. Des. Olga Aida Joaquim Gomieri)

- Adicional de insalubridade. Base de cálculo. Horas extras.

O adicional de insalubridade não remunera o tempo ordinário de serviço, mas o labor prestado sob condições adversas, seja em jornada normal, diurna ou noturna, seja quando realizado em jornada suplementar. Enquanto percebido, integra a remuneração para todos os efeitos legais (Súmula 139 do TST) (...).
(TRT-15.ª Reg., RO 0137700-72.2009.5.15.0062, 4.ª T., j. 28.02.2012, rel. Des. Luiz Roberto Nunes)

- Rurícola. Trabalho a céu aberto. Exposição a agente insalubre (radiação não ionizante). Adicional de insalubridade devido.

Não obstante o entendimento consubstanciado na OJ 173 da SDI-I do C. TST no sentido de que é indevido o adicional de insalubridade ao trabalhador a céu aberto por ausência de previsão legal, é certo que o nocivo trabalho realizado pelos trabalhadores rurais sob forte incidência de radiação não ionizante, em face dos nefastos efeitos que causa à saúde do trabalhador, é atividade insalubre e, como tal, deve ser caracterizada (...).
(TRT-15.ª Reg., RO 0149100-79.2009.5.15.0128, 6.ª T., j. 13.03.2012, rel. Juíza Eliana dos Santos Alves Nogueira)

- Adicional de insalubridade. Laudo técnico. Caracterização e classificação nos termos do art. 195 da CLT. Não utilização de EPI's. Percepção devida.

Ao trabalho executado em condições insalubres é devido o respectivo adicional, a não ser que a reclamada forneça e exija o uso de equipamentos de proteção (EPI's) que neutralizem a insalubridade, neste sentido as Súmulas 80 e 289, ambas do C. TST. No caso dos autos, as conclusões do perito a respeito do grau máximo de insalubridade advinda do contato dermal do reclamante com o chumbo, assim como a ausência de entrega de EPI's capazes de neutralizar os efeitos do agente insalubre não foram ilididas por nenhum meio de prova pela reclamada (...).
(TRT-15.ª Reg., RO 0161500-16.2007.5.15.0090, j. 13.03.2012, rel. Des. José Antonio Pancotti)

- Insalubridade. Constatação. Laudo específico desconsiderado pela prova pericial médica que apurou a perda auditiva. Reconhecida a insalubridade em grau médio.

Não obstante a prova pericial elaborada pelo engenheiro de segurança do trabalho tenha concluído pela neutralização do agente insalubre (ruído) pelo uso de EPI, a constatação pela perícia médica da perda auditiva se con-

trapõe àquela prova, demonstrando que as medidas de proteção não foram suficientes para a eliminação do agente nocivo existente no meio ambiente de trabalho (...).
(TRT-15.ª Reg., RO 0139100-82.2006.5.15.0109, 1.ª T., j. 20.03.2012, rel. Des. Thelma Helena Monteiro de Toledo Vieira)

- Adicional de insalubridade. Interrupção do contrato de trabalho.

O adicional de insalubridade integra o salário para todos os efeitos legais, sendo devido ao trabalhador, inclusive nos períodos de interrupção do contrato de trabalho, nos termos do Art. 194 da CLT e da OJ 102 da SDI-I do C. TST (...).
(TRT-15.ª Reg., RO 0135400-38.2006.5.15.0032, 2.ª T., j. 03.04.2012, rel. Des. Helcio Dantas Lobo Junior)

Interpretação restritiva

- **Súmula Vinculante 4 do STF**

Salvo nos casos previstos na Constituição, o salário mínimo não pode ser usado como indexador de base de cálculo de vantagem de servidor público ou de empregado, nem ser substituído por decisão judicial.

- **Súmula 194 do STF**

É competente o Ministro do Trabalho para a especificação das atividades insalubres.

- Adicional de insalubridade. Ausência de classificação da atividade como insalubre na relação oficial do Ministério do Trabalho. Item I da OJ 4, da SBDI-1 do TST. Provimento.

Na hipótese concreta, inexiste previsão da atividade exercida pela reclamante – "operadora de teleatendimento" na relação elaborada pelo Ministério do Trabalho e Emprego. Razão pela qual incide o item I da OJ 4 da SBDI-I do TST (...).
(TST, RR 60800-92.2009.5.04.0017, 4.ª T., j. 31.08.2011, rel. Min. Maria de Assis Calsing, *DEJT* 09.09.2011)

- Adicional de insalubridade. Contato com animais mortos.

Constatada que a tarefa a cargo do reclamante se resumia ao corte de animais e transporte para a composteira, não se defronta sequer com a pretensa analogia com a atividade classificada no Anexo 14 da NR 15, na medida em que não restou

provado que o autor efetivamente lidava com resíduos de animais deteriorados, ou seja, degenerados ou apodrecidos (...).
(TST, RR 153500-39.2009.5.03.0042, 3.ª T., j. 15.02.2012, rel. Min. Horácio Raymundo de Senna Pires, *DJe* 24.02.2012)

• Adicional de insalubridade. Limpeza e coleta de lixo de banheiros de escola municipal. OJ SBDI-I 4, II, do TST.
Esta Corte tem sedimentado o entendimento de que a exposição a agentes biológicos e microrganismos decorrente do serviço de limpeza e higienização de banheiros, ainda que públicos ou coletivos, não pode ser considerada como contato do trabalhador com lixo urbano, devendo se equiparar à limpeza realizada em residências e escritórios, nos termos da OJ SBDI-I 4, II, da do TST (...).
(TST, RR 113300-43.2007.5.04.0232, 8.ª T., j. 21.08.2012, rel. Min. Márcio Eurico Vitral Amaro, *DJe* 24.08.2012)

• Adicional de insalubridade. Calor excessivo. Cobrador de ônibus urbano. Inaplicável.
O regional, com arrimo no laudo pericial e não obstante a OJ SBDI-I 4 do TST, manteve a condenação da reclamada ao pagamento do adicional de insalubridade a cobrador de ônibus urbano submetido à temperatura média de 32.º a 33.º durante a prestação laboral. Dessa forma, viola o art. 5.º, II, da CF/1988, a decisão regional que destoa do entendimento consubstanciado nos itens I e II da OJ SBDI-I 4 do TST, a despeito de a OJ 173, item II, do TST dispor que "tem direito ao adicional de insalubridade o trabalhador que exerce atividade exposto ao calor acima dos limites de tolerância, inclusive em ambiente externo com carga solar, nas condições previstas no Anexo 3 da NR 15 da Portaria MTE 3.214/1978", pois não é suficiente a constatação pericial da insalubridade para conferir ao trabalhador o respectivo adicional, no caso de cobrador de ônibus urbano submetido a temperatura média de 32.º a 33.º durante a prestação laboral. A atividade insalubre deve estar classificada na relação oficial elaborada pelo Ministério do Trabalho (...).
(TST, RR 443-70.2012.5.11.0010, 8.ª T., j. 12.12.2012, rel. Min. Convocada Maria Laura Franco Lima de Faria, *DEJT* 14.12.2012)

• Adicional de insalubridade em grau médio. Contato com hidrocarbonetos aromáticos.
Executando o trabalho de montador de calçados e mantendo contato permanente, ainda que intermitente, com adesivos compostos de hidrocarbonetos aromáticos, sem uso de EPI adequado, tal situação induz à insalubridade em

grau médio decorrente de análise qualitativa, e não quantitativa, por força do Anexo 13 da NR 15 da Portaria MTE 3.214/1979 (...).
(TRT-4.ª Reg., RO 01011-2007-373-04-00-4, 3.ª T., j. 05.12.2008, rel. Des. João Alfredo Borges Antunes De Miranda)

• Adicional de insalubridade.
A mera prestação de serviços administrativos dentro de um estabelecimento hospitalar não enseja a presunção da exposição potencialmente análoga a todos os trabalhadores, justamente porque as pessoas que nele laboram estão submetidos aos elementos insalutíferos em graus diferentes (...).
(TRT-4.ª Reg., RO 00463-2008-812-04-00-0, 5.ª T., j. 30.04.2009, rel. Juíza convocada Rejane Souza Pedra)

• Adicional de insalubridade. Raios solares. Indevido.
Inexiste previsão legal para o deferimento do adicional de insalubridade em razão de exposição aos raios solares, nem mesmo na NR 15 do Ministério do Trabalho. Ademais, o trabalho ao ar livre não pode ser considerado insalubre em razão das frequentes variações meteorológicas que ocorrem. Se assim fosse, um simples dia ensolarado na praia também deveria ser considerado insalubre. Tal entendimento já se encontra sedimentado no âmbito do C. TST sob a égide da OJ 173, da sua SDI-I (...).
(TRT-15.ª Reg., RO 0070800-56.2008.5.15.0058, 4.ª T., j. 13.03.2012, rel. Des. Manuel Soares Ferreira Carradita)

• Adicional de insalubridade. Cortador de cana. Trabalho desgastante.
O fato de o trabalho do cortador de cana ser desgastante não torna devido adicional de insalubridade, por ausência de previsão (art. 195 da CLT e NR MTb 15) (...).
(TRT-15.ª Reg., RO 0082500-95.2009.5.15.0057, 4.ª T., j. 27.03.2012, rel. Juíza Dora Rossi Góes Sanches)

• Adicional de insalubridade. Fornecimento e uso de EPI. Confissão ficta do reclamante.
Embora constatado pela perícia técnica o trabalho em condições insalubres, a confissão ficta do reclamante faz presumir verdadeiros os fatos alegados pela reclamada de que havia o fornecimento e uso de EPI hábil para neutralizar o agente nocivo existente no ambiente de trabalho. Adicional de insalubridade indevido (...).
(TRT-15.ª Reg., RO 0076100-98.2009.5.15.0046, 7.ª Câm., j. 10.04.2012, rel. Des. Fabio Grasselli)

ADICIONAL DE PERICULOSIDADE

⚖️ **Interpretação convergente**

- **Súmula 39 do TST**
Periculosidade. Os empregados que operam em bomba de gasolina têm direito ao adicional de periculosidade (Lei 2.573, de 15.08.1955).

- Servidor público federal. Vigilante. Adicional de periculosidade. Enquadramento da atividade. Irrelevância. Agravo não provido (...).
Diversamente da base de cálculo, o Regime Jurídico dos servidores públicos não definiu os demais parâmetros para a concessão da vantagem, tais como os percentuais devidos a cada adicional, tampouco especificou quais seriam as atividades albergadas. Dessa forma, para aferição dos demais pressupostos, deve ser observado o disposto na legislação trabalhista, nos moldes do art. 1.º do Dec.-lei 1.873/1981. A ausência do enquadramento da atividade desempenhada não inviabiliza a sua consideração para fins de percepção de adicional, desde que as instâncias ordinárias tenham como comprovada sua periculosidade, como na espécie (...).
(STJ, AgRg no AgIn 1.375.562/RN, 1.ª T., j. 15.12.2011, rel. Min. Arnaldo Esteves Lima, DJe 02.02.2012)

- Adicional de periculosidade. Exposição intermitente.
A decisão regional harmoniza-se com o disposto na Súmula 364, 1.ª parte, do TST (...).
É certo que o juiz não está adstrito às conclusões do laudo pericial. Todavia, a verificação do ambiente perigoso não pode ser desprezada, ainda que a prova oral demonstre que o reclamante estivesse exposto ao risco apenas uma vez por mês, quando transportava inflamáveis, já que ele não permanecia em área de risco durante o abastecimento da locomotiva (...).
(TST, RR 39400-20.2009.5.03.0059, 8.ª T., j. 19.10.2011, rel. Min. Sebastião Geraldo de Oliveira, *DEJT* 20.10.2011)

- Adicional de insalubridade. Raios solares.
Não obstante prescrito na OJ 173 da SBDI-I do TST, identificado via pericial o labor em condições insalubres, devido o pagamento do adicional correspondente, grau médio, aferido sobre o salário mínimo vigente (...).
(TRT-3.ª Reg., RO 01191-2011-082-03-00-2, 3.ª T., j. 14.06.2012, rel. Des. Paulo Roberto de Castro)

- Adicional de periculosidade. Trabalho em área de risco. Devido.

A prestação de trabalho simultaneamente com o abastecimento de aeronaves torna a atividade perigosa porque desenvolvida em área considerada de risco, tendo o empregado direito ao adicional de periculosidade previsto no art. 193 da CLT e definido no Anexo 2 da NR 16 da Portaria MTE 3.214/1978, sendo irrelevante a intermitência da exposição (...).

(TRT-4.ª Reg., RO 0127600-32.2009.5.04.0008, 10.ª T., j. 12.05.2011, rel. Des. Milton Varela Dutra, *DEJT* 18.05.2011)

- Periculosidade. Constatação Através do laudo pericial do labor em condições periculosas. Imodificabilidade do julgado.

Mantém-se inalterada a decisão que deferiu o adicional de periculosidade quando o laudo pericial mostra-se conclusivo no sentido da existência do labor em ambiente perigoso nos termos previsto na NR 16, Anexo 2, sendo, portanto, devido o adicional de periculosidade a todo e qualquer empregado que atue na área de risco, entendendo-se como tal toda a área de operação (...).

(TRT-5.ª Reg., RO 00448-2007-102-05-00-1, 5.ª T., j. 08.09.2009, rel. Des. Norberto Frerichs)

- Adicional de periculosidade. Exposição habitual.

Sendo a exposição permanentemente, de forma intermitente, estando inserido na rotina de trabalho o ingresso na área de risco, configurada está a habitualidade por tempo que não se considera extremamente reduzido, sendo devido o Adicional de Periculosidade (...).

(TRT-15.ª Reg., RO 0156300-50.2008.5.15.0039, 2.ª T., j. 31.01.2012, rel. Des. Hélcio Dantas Lobo Junior)

- Periculosidade. Líquidos inflamáveis. Tanques de óleo diesel não enterrados. Risco à integralidade do prédio. Adicional devido (...).

(TRT-15.ª Reg., RO 0096900-10.2008.5.15.0103, 2.ª T., j. 07.02.2012, rel. Des. Luiz José Dezena da Silva)

- Adicional de periculosidade. Atividade perigosa. Caracterização. Procedência. Art. 193 da CLT.

Comprovado que o trabalhador, em seu turno, era o único técnico eletricista da fábrica, sujeito à descarga elétrica de 380 volts, inerente à própria atividade, e que, dependendo da necessidade imediata do reparo, o trabalho era feito com os equipamentos energizados, faz jus ao adicional de periculosidade, mesmo em

caso de contato intermitente, pois não era fortuito ou eventual, e sim habitual, sendo que a lei não exclui o direito em caso de contato intermitente (...).
(TRT-15.ª Reg., RO 0111000-72.2005.5.15.0006, j. 03.04.2012, rel. Des. Edmundo Fraga Lopes)

Interpretação restritiva

• Servidor público. Adicional de periculosidade. Condições de trabalho preexistentes ao reconhecimento administrativo. Pagamento. Dispositivos que não contêm comandos capazes de infirmar os fundamentos do acórdão recorrido (...).
(STJ, AgRg no REsp 30.294/RS, 1.ª T., j. 27.03.2012, rel. Min. Teori Albino Zavascki, DJe 30.03.2012)

• Adicional de periculosidade. Copiloto.
Considerando que o reclamante, copiloto, não desembarcava na área designada para o reabastecimento da aeronave, permanecendo a bordo durante todo o procedimento, conclui-se que o obreiro não se encontrava em contato permanente com o material combustível e nem estava sujeito à condição de risco acentuado, o que inviabiliza o pagamento do adicional de periculosidade (...).
(TST, Embargos em EDiv em RR 785308-47.2001.5.02.0050, SDI-I, j. 15.12.2011, rel. Min. Hugo Carlos Scheuermann, DJe 03.02.2012)

• Acordo coletivo de trabalho. Indenização. Adicional de periculosidade. Negociação coletiva inválida.
A questão relativa ao adicional de periculosidade está prevista no capítulo da Consolidação das Leis do Trabalho que trata da Segurança e da Medicina do Trabalho, tratando-se de direito indisponível. Logo, inválida a cláusula de acordo coletivo de trabalho que prevê o pagamento de indenização compensatória do adicional de periculosidade em valor inferior ao legal, pois configura mera renúncia a direito mínimo estabelecido em lei, não alcançado pelo poder de representação sindical (...).
(TRT-15.ª Reg., RO 0125600-84.2008.5.15.0009, 4.ª T., j. 28.02.2012, rel. Des. Luiz Roberto Nunes)

• Adicional de periculosidade. Inflamáveis. Área de risco. Tempo de exposição reduzido. Indevido.

Art. 7.º

O contato com produtos inflamáveis que se dá por alguns minutos diários, deve ser considerado extremamente reduzido, ainda que verificado de forma habitual, sob pena de entendimento contrário levar à conclusão de que todos os cidadãos que levam seu próprio veículo para abastecer estariam expostos a condições de risco relevantes. Recurso do reclamante não provido (...).
(TRT-15.ª Reg., RO 0128200-59.2009.5.15.0101, 4.ª T., j. 27.03.2012, rel. Des. Manuel Soares Ferreira Carradita)

• Adicional de periculosidade. Vigilante. Porte de arma de fogo. Falta de previsão legal.
As atividades de vigilante, nada obstante exporem o trabalhador a riscos, estes são eminentemente externos e de cunho meramente subjetivo, não se enquadrando nas hipóteses previstas na NR 16 do MTb. Ademais, os profissionais da área de vigilância realizam cursos específicos para o porte e utilização de armas de fogo, não se podendo falar que o equipamento lhes possa oferecer qualquer risco de ordem pessoal. O art. 7.º, XXIII, da CF/1988 é norma de eficácia limitada, remetendo à Lei a regulamentação das atividades, na hipótese, consideradas perigosas (...).
(TRT-15.ª Reg., RO 0165200-91.2008.5.15.0113, 2.ª T., j. 17.04.2012, rel. Des. Hélcio Dantas Lobo Junior)

XXIV – aposentadoria;
* V. art. 154 da CLT.
* V. art. 42 e ss., da Lei 8.213/1991 (Planos de Benefícios da Previdência Social).

Interpretação extensiva

• O STJ consolidou jurisprudência no sentido de que é possível renunciar à aposentadoria com o objetivo de aproveitar tempo de contribuição posterior para a obtenção de benefício mais vantajoso (...).
(STJ, AgRg no REsp 1.314.671/RN, 2.ª T., j. 21.08.2012, rel. Min. Herman Benjamin)

• Desaposentação (...). Renúncia ao benefício. Prescindibilidade da devolução de parcelas pretéritas (...). A orientação adotada pela 3.ª Seção deste STJ é no sentido da desnecessidade de ressarcimento dos valores pretéritos no caso de renúncia à aposentadoria para concessão de benefício mais vantajoso (...).
(STJ, AgRg no REsp 1.271.709/RS, 6.ª T., j. 23.10.2012, rel. Min. Maria Thereza de Assis Moura, *DJe* 29.10.2012)

• Migração. Diferenças de complementação de aposentadoria. Adesão a novo plano.
Na coexistência de mais de um regulamento, a opção pelo empregado por um deles importa na renúncia às regras do outro, o que se aplica à autora, que optou pelo novo regime por livre e espontânea vontade, detendo, na ocasião, amplo conhecimento das regras de transição, bem como acesso à simulação da migração. Inteligência do item II da Súmula 51 do TST (...).
(TRT-4.ª Reg., RO 0060700-13.2008.5.04.0005, 9.ª T. Civ., j. 29.03.2012, rel. Juiz convocado Fernando Luiz de Moura Cassal)

• Aposentadoria espontânea. Impossibilidade de extinção do contrato de trabalho. Servidor público celetista estável. Devida a reintegração e pagamento das verbas salariais referentes ao período de afastamento. Inteligência do art. 41, *caput* e § 2.º da CF/1988 e OJ 361 da SDI-I do C. TST.
Nos termos das ADIn 1.770-4 e 1.721-3 julgadas pelo STF e da diretriz consubstanciada na OJ 361 da SDI-I do C. TST, a aposentadoria espontânea não é causa de extinção do contrato de trabalho. Assim, a exoneração de servidor celetista estável em virtude desta ocorrência viola o art. 41 da CF/1988, o que torna devida a reintegração conforme estabelece o § 2.º de referido artigo, com o pagamento das verbas salariais relativas ao período de afastamento (...).
(TRT-15.ª Reg., RO 0163800-49.2009.5.15.0067, 1.ª T., j. 20.03.2012, rel. Des. Tereza Aparecida Asta Gemignani)

• Auxílio-doença. Possibilidade de concessão e conversão do benefício em aposentadoria por invalidez quando demonstrada a existência de patologias incapacitantes de natureza crônica, grave e incurável. Ausência de recolhimento de contribuições em razão de impossibilidade de prática laboral que, no entanto, não deve ser óbice para a concessão da benesse. Inteligência do arts. 15, II, 24, parágrafo único e 25, I, da Lei 8.213/1991 (...).
(TRF-3.ª Reg., ApCiv 0003320-49.2008.4.03.6114, j. 22.11.2012, rel. Des. Federal Baptista Pereira, *DJe* 15.01.2013)

• Comprovados a condição de empregado, a existência de lesão profissional e o nexo de causalidade entre a lesão e o trabalho, bem como a incapacidade parcial permanente decorrente da atividade e a impossibilidade de reabilitação profissional, deferem-se o benefício temporário do auxílio-acidente e o benefício da aposentadoria por invalidez acidentária (...).
(TJDF, Ap em Reexame Necessário 628701, 3.ª T. Civ., j. 10.10.2012, rel. Des. Mario--Zam Belmiro)

Interpretação restritiva

• Aposentadoria. Tempo especial. Agente eletricidade. Período posterior à 05.03.1997. Conversão. Possibilidade. Perícia técnica (...).
Embora a eletricidade não conste expressamente do rol de agentes nocivos previstos no Dec. 2.172/1997, sua condição especial permanece reconhecida pela Lei 7.369/1985 e pelo Dec. 93.412/1986. Acrescente-se que este entendimento é corroborado pela jurisprudência no sentido de que é admissível o reconhecimento da condição especial do labor exercido, ainda que não inscrito em regulamento, uma vez comprovada essa condição mediante laudo pericial, a teor da Súmula 198 do ex-TFR, segundo a qual é sempre possível o reconhecimento da especialidade no caso concreto, por meio de perícia técnica (...).
(TRF-2.ª Reg., Ag Interno na ApCiv 0003268-19.2011.4.02.5001, 2.ª T. Especializada, j. 30.08.2012, rel. Des. Messod Azulay Neto)

• 1. O tempo de serviço rural para fins previdenciários, pode ser demonstrado através de início de prova material, desde que complementado por prova testemunhal idônea.
2. Havendo prova da contraprestação estatal pelos serviços prestados na condição de aluno-aprendiz, deve ser considerado o respectivo período de labor.
3. Presentes os requisitos de tempo de contribuição e carência, é devida à parte autora a aposentadoria por tempo de contribuição, nos termos dos arts. 56 e ss. do Dec. 3.048/1999.
4. A data do início do benefício de aposentadoria por tempo de serviço é a da entrada do requerimento administrativo (art. 49, II, da Lei 8.213/1991). O direito não se confunde com a prova do direito. Se, ao requerer o benefício, o segurado já havia cumprido os requisitos necessários à sua inativação, o que estava era exercendo um direito de que já era titular. A comprovação posterior não compromete a existência do direito adquirido, não traz prejuízo algum à Previdência, nem confere ao segurado nenhuma vantagem que já não estivesse em seu patrimônio jurídico (...).
(TRF-4.ª Reg., Ap e Reexame Necessário 5001089-91.2010.404.7107, 6.ª T., j. 21.03.2012, rel. Des. João Batista Pinto Silveira)

• Atividade especial. Conversão do tempo especial em comum. Majoração de Renda Mensal Inicial – RMI de aposentadoria por tempo de serviço. Opção pela RMI mais vantajosa.

1. Constando dos autos a prova necessária a demonstrar o exercício de atividade sujeita a condições especiais, conforme a legislação vigente na data da prestação do trabalho, deve ser reconhecido o respectivo tempo de serviço e majorada a aposentadoria por tempo de serviço do segurado.
2. Tendo o segurado implementado os requisitos para a obtenção de aposentadoria pelas regras anteriores à EC 20/1998, pelas regras de Transição (art. 9.º da mencionada Emenda) e pelas Regras Permanentes (art. 201, § 7.º da CF/1988 e 56 e ss. do Dec. 3.048/1999), poderá ter o benefício revisado pela opção que lhe for mais vantajosa (...).
(TRF-4.ª Reg., RO 5001374-47.2011.404.7108, 6.ª T., j. 21.03.2012, rel. Des. João Batista Pinto Silveira)

• Aposentadoria rural por idade (...).
Restando comprovado nos autos o exercício da atividade laborativa rural no período de carência, há de ser concedida a aposentadoria por idade rural (...).
(TRF-4.ª Reg., ApCiv 0021053-78.2011.404.9999, 6.ª T., j. 21.03.2012, rel. Des. João Batista Pinto Silveira)

• Revisão de ato administrativo que concedeu aposentadoria por invalidez permanente com proventos proporcionais. Suposto direito negado há mais de cinco anos do ajuizamento da ação. Prescrição do fundo de direito.
1. O ato de concessão de aposentadoria constitui-se em ato único de efeitos concretos que, a despeito de gerar efeitos contínuos futuros, não consubstancia relação de trato sucessivo a atrair a aplicação do entendimento sufragado na Súmula 85 do STJ.
2. O pagamento mensal dos proventos de forma proporcional não tem o condão de renovar o prazo prescricional, por se tratar apenas de consectário lógico do ato primeiro que estabeleceu a forma de cálculo do benefício e deu início a contagem do prazo prescricional.
3. Decorridos mais de 5 (cinco) anos do ato de concessão do benefício, prescrito está o próprio fundo do direito, nos termos do art. 1.º do Dec. 20.910/1932 (...).
(TJDF, ApCiv 609.211, 1.ª T. Civ., j. 08.08.2012, rel. Des. Flávio Rostirola)

• Prova pericial. Laudo pericial judicial. Validade. Aposentadoria. Invalidez não comprovada (...).
Ausentes elementos aptos a infirmar o laudo judicial, que concluiu pela capacidade da servidora para o trabalho, não há que se cogitar em aposentadoria

por invalidez, que, por ser medida extrema, constitui a última opção, conforme inteligência dos §§ 1.º e 2.º do art. 188 da Lei 8.112/1990 (...).
(TJDF, ApCiv 609.327, 1.ª T., j. 08.08.2012, rel. Des. Flávio Rostirola)

• Auxílio-doença previdenciário, acidentário ou aposentadoria por invalidez. Impossibilidade. Incapacidade laborativa não demonstrada. Laudo médico-pericial judicial consentâneo com a prova dos autos.
Não havendo qualquer comprovação da incapacidade laborativa do requerente, não há que se deferir qualquer benefício previdenciário ou acidentário (...).
(TJDF, ApCiv 618.362, 4.ª T. Civ., j. 05.09.2012, rel. Des. Cruz Macedo)

> **XXV – assistência gratuita aos filhos e dependentes desde o nascimento até 5 (cinco) anos de idade em creches e pré-escolas;**
> * Inc. XXV com redação determinada pela EC 53/2006.
> * V. art. 142, § 3.º, VIII, da CF/1988.

Interpretação extensiva

• Auxílio creche. Aviso prévio indenizado. Cabimento.
Considerando-se a projeção do aviso prévio, verifica-se que a obreira faz jus ao auxílio-creche, ainda, que tenha sido dispensada do seu cumprimento, não havendo fundamento jurídico para a alegação da recorrente de que a reclamante não mais precisaria de local específico para deixar seu filho e, consequentemente, do respectivo auxílio creche. Ora, tendo sido dispensada a obreira, seria necessário um local para deixar o seu filho enquanto procurava outro emprego, pelo que, por mais essa razão se verifica a necessidade do pagamento do auxílio creche em questão (...).
(TRT-2.ª Reg., RO 1240-1996-024-02-00-1, 12.ª T., j. 07.05.2009, rel. Des. Vânia Paranhos, *DEJT* 15.05.2009)

• Auxílio-creche.
O trabalhador faz jus à percepção ao auxílio-creche previsto em norma coletiva, uma vez que não houve comprovação que o reclamado mantivesse creche própria ou convênio (...).
(TRT-4.ª Reg., RO 1350-2007-271-04-00-0, 8.ª T., j. 30.04.2009, rel. Juíza convocada Maria da Graça Ribeiro Centeno)

- **Auxílio-Creche.**
Preenchendo a empregada os requisitos previstos em norma coletiva para a concessão do benefício, a contratação de creche não exime a empregadora do pagamento se referido estabelecimento não é acessível, localizando-se a uma distância aproximada de três quilômetros do local de prestação de serviços da obreira que, ademais, não recebia vale-transporte ou passagens para percorrer aludido trajeto (...).
(TRT-4.ª Reg., RO 101400-28.2009.504.0027, 9.ª T., j. 06.10.2011, rel. Des. Cláudio Antônio Cassou Barbosa)

Interpretação restritiva

- Recurso ordinário. Auxílio creche.
O parágrafo segundo da cláusula 28.ª da Convenção Coletiva de Trabalho juntada às f., dispõe quais os documentos exigíveis para o recebimento do auxílio creche, quais sejam: certidão de nascimento do filho, carteira de vacinação e declaração semestral de próprio punho firmando o direito de guarda e a dependência econômica da criança, além do recibo correspondente ao reembolso creche ou da pessoa que cuidar da criança. A recorrente não trouxe aos autos os recibos da creche para os reembolsos correspondentes e tampouco do pagamento efetuado à pessoa que cuidava de seus filhos. Também não comprovou que entregou à recorrente a documentação exigida para a concessão do benefício em questão (...).
(TRT-2.ª Reg., RO 3173-2007-028-02-00-9, 12.ª T., j. 27.05.2010, rel. Des. Marcelo Freire Gonçalves, *DEJT* 11.06.2010)

- Auxílio creche. Ressalva expressa em norma coletiva. Contrato de trabalho suspenso. Pretensão ao pagamento. Impossibilidade.
Encontrando-se o contrato de trabalho entabulado entre as partes suspenso à época dos fatos, por ressalva expressa constante no acordo coletivo aplicável ao caso, é indevido o pagamento de auxílio creche ao segundo dependente do reclamante (...).
(TRT-4.ª Reg., RO 77934-2010-504-0012, 9.ª T., j. 23.08.2012, rel. Des. André Reverbel Fernandes)

- Os filhos e dependentes de empregados, até os 6 (seis) anos, têm direito a creches e pré-escolas (art. 7.º, XXV, da CF/1988). A Constituição Federal de 1988

deixa de conferir ao funcionário público o mesmo tratamento, neste ponto (art. 39. § 2.º, da CF/1988) (...).
(TJSP, Ap 132.812-1/8, 2.ª Câm., j. 18.06.1991, rel. Des. Costa de Oliveira)

XXVI – reconhecimento das convenções e acordos coletivos de trabalho;

* V. art. 611 da CLT.

⚖ Interpretação convergente

• Prêmio-produção. Supressão mediante acordo coletivo. Pretensão do reclamante de integração do prêmio-produção suprimido por meio de norma coletiva. Decisão regional em que se consigna que a supressão do prêmio-produtividade não poderia ter ocorrido, dada a habitualidade do seu pagamento, mesmo que tenha ocorrido a fim que a empresa instituísse o pagamento de participação nos lucros. Acordo a ser interpretado pelo conjunto das respectivas cláusulas, debatidas e aceitas pela categoria profissional. Impossibilidade de integração da parcela em questão, por força do disposto no art. 7.º, XXVI, da CF/1988 (...).
(TST, RR 9472/2002.900.09.00.2, 5.ª T., j. 28.02.2007, rel. Min. Gelson de Azevedo, *DJU* 16.03.2007)

• A questão relativa ao pagamento da participação nos lucros e resultados deve ser decidida à luz dos princípios constitucionais da autonomia coletiva e valorização da negociação coletiva, inscritos nos arts. 7.º, XXVI e 8.º da CF/1988. A cláusula que institui verba indenizatória e estipula o seu pagamento parcelado consubstancia exercício válido da prerrogativa conferida pela Constituição a trabalhadores e empregadores, com o fim de estabelecer as normas aplicáveis às suas relações, visando à melhoria de condições e composição de conflitos. Note-se que o acordo coletivo é instrumento hábil à concretização do direito previsto no art. 7.º, XI, da CF/1988 (...).
(TST, Embargos em EDcl no RR-2182/2003-465-02-40, 6.ª T., j. 05.11.2009, rel. Min. Maria Cristina Irigoyen Peduzzi, *DJ* 13.11.2009)

• Participação nos lucros. Pagamento parcelado. Previsão em acordo coletivo. Validade.
Não merece reparos a decisão do regional que manteve a natureza jurídica indenizatória da participação nos lucros, dando plena validade ao acordo coletivo

que estabeleceu o seu pagamento de forma parcelada. A atual jurisprudência desta Corte Superior, consagrada no julgamento do EDiv no RR 1903/2004-465-02-00.7, em 28.05.2009, concluiu que, apesar da vedação legal imposta pela Lei 10.101/2000, o parcelamento mensal da participação nos lucros, convencionada em instrumento coletivo, não autoriza a transmudação da natureza jurídica da parcela (...).
(TST, RR 160400-28.2007.5.02.0465, 5.ª T., j. 02.03.2011, rel. Min. Emmanoel Pereira, *DEJT* 18.03.2011)

Interpretação divergente

• Acordo coletivo de trabalho. Indenização. Adicional de periculosidade. Negociação coletiva inválida.
A questão relativa ao adicional de periculosidade está prevista no capítulo da Consolidação das Leis do Trabalho que trata da Segurança e da Medicina do Trabalho, tratando-se de direito indisponível. Logo, inválida a cláusula de acordo coletivo de trabalho que prevê o pagamento de indenização compensatória do adicional de periculosidade em valor inferior ao legal, pois configura mera renúncia a direito mínimo estabelecido em lei, não alcançado pelo poder de representação sindical (...).
(TRT-15.ª Reg., RO 0125600-84.2008.5.15.0009, 4.ª T., j. 28.02.2012, rel. Des. Luiz Roberto Nunes)

Interpretação extensiva

• Acordo coletivo de trabalho. Prazo de vigência. Cinco anos. Validade. Garantia de emprego. Norma benéfica. Supremacia do princípio intuitivo do direito do trabalho. Não incidência da OJ 322 da SBDI-I do TST.
Acordo coletivo de trabalho por meio do qual o sindicato da categoria profissional firma com a empresa garantia de emprego para os seus empregados, com prazo de vigência de cinco anos em troca de vantagens salariais, reveste-se de validade, ante o que dispõe o art. 7.º, XXVI, da CF/1988, que consagra o direito dos trabalhadores ao reconhecimento das convenções e dos acordos coletivos de trabalho. A norma constitucional nada disciplina acerca de prazo de vigência dos instrumentos coletivos, de forma que não existe nenhuma incompatibilidade

vertical do seu regramento com o disposto no art. 614, § 3.º, da CLT, no sentido de não se permitir estipular duração de convenção ou acordo coletivo de trabalho por prazo superior a dois anos. Interpretação literal do preceito consolidado levará à conclusão de ser vedado, em qualquer circunstância, firmar norma convencional com prazo de vigência superior a dois anos. Procedendo-se, todavia, à interpretação da norma pelo método lógico-sistemático, considerada no conjunto da legislação do trabalho (v.g. arts. 9.º e 468 da CLT), de natureza protecionista, infere-se do disposto no art. 614, § 3.º, da CLT que a restrição para a avença de instrumento normativo com prazo de duração superior a dois anos é imperativa somente quando resultar em prejuízo ao trabalhador, ante a supremacia do princípio tutelar orientador do Direito do Trabalho sobre preceito legal isoladamente considerado. Não se olvide, ainda, que o juiz aplicará a lei atendendo aos fins sociais a que ela se dirige e às exigências do bem comum (art. 5.º da LICC [atual Lei de Introdução das Normas do Direito Brasileiro – LINDB]). Ao aplicador da lei, portanto, cabe lançar mão do método interpretativo lógico-sistemático e teleológico, para encontrar o sentido da norma que realize os fins sociais por ela objetivados. Na hipótese vertente, não incide o disposto na OJ 322 da SBDI-I do TST, na medida em que tal jurisprudência assenta-se em precedentes que enfrentam o exame de hipóteses nas quais os prazos de vigência das normas coletivas foram prorrogados por tempo indeterminado, de forma prejudicial aos obreiros, razão pela qual foram tidas como inválidas em face do preceito contido no art. 614, § 3.º, da CLT e do ordenamento jurídico juslaboral (...).

(TST, RR 1.248/2002-043-12-00.0, 1.ª T., j. 31.10.2007, rel. Min. Lélio Bentes Corrêa, *DJU* 30.11.2007)

XXVII – proteção em face de automação, na forma da lei;

⚖️ Interpretação convergente

• É certo que a revolução na tecnologia de informação vem traduzindo uma mudança substancial, que acaba por afetar a estrutura bancária. A extinção de tarefas, com aproveitamento de empregados na estrutura atual vem sendo realizada em conjunto com a alteração na própria estrutura de trabalho no setor. As operações bancárias, a cada dia, sofrem modificações, em razão da automatização, por força da preocupação com a segurança e a eficiência desse setor, que A terceirização de serviços bancários

Ora, que desde a Revolução Francesa – 1789 – até os nossos dias – as condições de exercício do direito de propriedade passaram por diversas evoluções e limitações de interesse geral, tendo sido sempre considerado uma liberdade fundamental, e preservado de todas as restrições arbitrárias ou abusivas à liberdade de empreender.

A liberdade de empreender é fonte de riquezas individuais e coletivas garantindo a distribuição de riquezas, a circulação de dinheiro e a geração de empregos uma sociedade não pode prosperar sem empresas.

Mas essa liberdade deve respeitar as regras editadas pela lei, as quais não devem fazer obstáculo ao seu funcionamento. Ao contrário, as leis devem encorajar a criação, a multiplicação, o desenvolvimento das empresas, o espírito empreendedor, de competitividade, de conquista, de iniciativa, de audácia, de vontade de trabalhar, de responsabilidade de todo homem e mulher que voluntariamente e honestamente desejem *empreender*.

A garantia à liberdade de empreender – ou ao direito de propriedade – não é absoluta, e nem seu exercício como o de qualquer outra liberdade ou direito é absoluto, de modo a atentar contra a garantia de outros direitos, em particular, do direito dos trabalhadores a um contrato de trabalho cujo objeto seja lícito e moralmente aceito (...).

(TST, Embargos em EDcl em RR 124800-30.2007.5.03.0137, SDI-I, j. 29.06.2010, rel. Min. Aloysio Corrêa da Veiga, *DEJT* 06.08.2010)

XXVIII – seguro contra acidentes de trabalho, a cargo do empregador, sem excluir a indenização a que este está obrigado, quando incorrer em dolo ou culpa;

* V. arts. 12 e 154 da CLT.
* V. Lei 6.338/1976 (Indenização por acidente de trabalho).
* V. art. 83, I, da Lei 11.101/2005 (Lei de Recuperação de Empresas e Falência); sem correspondência no Dec.-lei 7.661/1945 (Lei de Falências).

SEGURO DE ACIDENTE DO TRABALHO

Interpretação extensiva

* Seguro de Acidente do Trabalho (SAT). Arbitramento (...). Fixação dos graus de risco por decreto. Possibilidade (...).

É pacífica a jurisprudência desta Corte no sentido de reconhecer a legitimidade de se estabelecer, por decreto, o grau de risco (leve, médio ou grave) para determinação da contribuição para o SAT, partindo-se da atividade preponderante da empresa (...).
(STJ, REsp 947.920/SC, 2.ª T., j. 06.08.2009, rel. Min. Eliana Calmon, *DJe* 21.08.2009)

• Seguro de Acidente de Trabalho. Execução pela Justiça do Trabalho. Competência.
O SAT encontra previsão constitucional nos arts. 7.º, XXVIII e 195, I, da CF/1988, inserindo-se na competência material descrita no art. 114, VI, da Carta Magna, razão pela qual esta Justiça Especializada é competente para executar a contribuição social sobredita (...).
(TRT-19.ª Reg., AgPet 00507.2003.003.19.00-0, j. 25.11.2008, rel. Des. Severino Rodrigues)

INDENIZAÇÃO POR ACIDENTE DE TRABALHO

Interpretação extensiva

• **Súmula Vinculante 22 do STF**
A Justiça do Trabalho é competente para processar e julgar as ações de indenização por danos morais e patrimoniais decorrentes de acidente de trabalho propostas por empregado contra empregador, inclusive aquelas que ainda não possuíam sentença de mérito em 1.º Grau quando da promulgação da EC 45/2004.

• **Súmula 35 do STF**
Em caso de acidente do trabalho ou de transporte, a concubina tem direito de ser indenizada pela morte do amásio, se entre eles não havia impedimento para o matrimônio.

• **Grau de invalidez (60%). Indenização por danos materiais. Revisão do valor.**
O art. 944 do CC/2002 determina que a indenização mede-se pela extensão do dano. Por sua vez, o art. 950 do referido diploma legal prevê que se da ofensa resultar defeito pelo qual o ofendido não possa exercer o seu ofício ou profissão, ou se lhe diminua a capacidade de trabalho, a indenização, além das despesas com tratamento e lucros cessantes até o fim da convalescença, incluirá pensão

correspondente à importância do trabalho para que se inabilitou, ou da depreciação que ele sofreu (...).
(TST, RR 329000-97.2005.5.12.0046, 1.ª T., j. 06.03.2013, rel. Min. Walmir Oliveira da Costa, *DEJT* 08.03.2013)

• Indenização por dano material. Obrigação indenizatória. Obrigação previdenciária. Distinção. Cumulação. Possibilidade.
O deferimento de indenização pela responsabilidade civil da empregadora independe do percebimento de benefício previdenciário pelo empregado, tratando-se de obrigações distintas, uma derivada do direito comum, outra de índole previdenciária, inexistindo impedimento legal no percebimento concomitante do benefício previdenciário e de pensão a título de dano material pelo ilícito praticado pela empregadora (...).
(TRT-1.ª Reg., RO 0000906-64.2011.5.01.0482, 5.ª T., j. 11.12.2012, rel. Des. Tânia Silva Garcia, *DEJT* 19.12.2012)

• Acidente de trabalho. Indenização por danos morais e materiais.
Comprovada a ocorrência de acidente de trabalho, consubstanciado em acidente de trânsito, e a negligência da empregadora quanto à manutenção do veículo utilizado pelo empregado em suas atividades laborais, aquela tem o dever de indenizar os prejuízos por ele sofridos, ainda que com observância à proporcionalidade imposta pelas concausas (...).
(TRT-4.ª Reg., RO 00517-2006-352-04-00-4, 3.ª T., j. 14.04.2009, rel. Des. Maria Helena Mallmann)

• Indenização por danos morais e materiais. Competência da Justiça do Trabalho. Ação ajuizada pelos genitores.
A Justiça do Trabalho é competente para processar e julgar ações em que sucessores postulam indenizações por danos morais decorrentes de acidente de trabalho, uma vez que o pedido é oriundo de matéria cuja competência está pacificada conforme previsão do art. 114, VI, da CF/1988 (...).
(TRT-6.ª Reg., RO 00382-2007-181-06-00-6, 1.ª T., j. 25.03.2008, rel. Des. Valéria Gondim Sampaio)

• Indenização por danos morais decorrentes de acidente do trabalho. Comprovação do ato antijurídico imputado ao empregador.
Demonstrada a ocorrência de acidente do trabalho no curso do pacto laboral, bem como o seu nexo causal com a prestação de serviço à empresa reclamada,

impõe-se o reconhecimento de dano moral, eis que decorrente de conduta lesiva do empregador, nos termos previstos no art. 186 e 927 do CC/2002 (...).
(TRT-6.ª Reg., RO 01446-2006-141-06-00-6, 1.ª T., j. 20.05.2008, rel. Juiz Virgínio Henriques de Sá e Benevides)

• Acidente de trabalho. Danos morais e materiais. Valor da indenização.

O dano moral abrange todo o sofrimento experimentado com as dores decorrentes da lesão, revestindo-se de gravidade inequívoca quando caracterizado o comprometimento da vida social de um indivíduo jovem. Neste contexto, o valor da indenização deve ser fixado com observância dos parâmetros de razoabilidade e proporcionalidade, atentando-se para a extensão do dano e a necessidade de atender também a finalidade pedagógica, de modo a alertar o empregador para evitar novas ocorrências da mesma natureza. Constatado que as sequelas apresentadas reduziram as condições de empregabilidade, o empregador também deve responder pelo ressarcimento do dano material em conformidade com o grau de incapacidade atestada. Inteligência dos incs. V e X do art. 5.º da CF/1988 e arts. 186, 927, 944 e 950 do CC/2002 (...).
(TRT-15.ª Reg., RO 0096600-97.2007.5.15.0001, 1.ª T., j. 27.02.2012, rel. Des. Tereza Aparecida Asta Gemignani)

• Dano material. Acidente de trabalho. Redução da capacidade laborativa. Procedência. Art. 950 do CC/2002.

É cabível indenização material a trabalhador que tem sua capacidade laborativa reduzida após acidente de trabalho, mesmo que seja capaz de trabalhar. A indenização é devida a título de reparação pela lesão causada, conforme prevê o art. 950 do CC/2002 (...).
(TRT-15.ª Reg., RO 0112000-35.2009.5.15.0017, j. 20.03.2012, rel. Des. Edmundo Fraga Lopes)

• Acidente de trabalho. Doença de caráter degenerativo. Labor prestado em condições agressivas à saúde.

Ainda que se admita que a enfermidade seja de natureza degenerativa ou de origem congênita, não se pode deixar de reconhecer como sendo ela uma doença do trabalho, quando as condições do labor impostas ao empregado são visivelmente agressivas ao ponto de desencadear o agravamento do problema de saúde ou provocar o surgimento de sequelas precoces (...).
(TRT-19.ª Reg., RO 01480.2007.008.19.00-8, j. 16.10.2008, rel. Des. João Leite)

Interpretação restritiva

• Acidente de percurso. Ausência de culpa da empregadora. Pretensão reparatória indevida.
Restando comprovado que a empregadora não teve culpa alguma para a ocorrência do acidente de trabalho decorrente do deslocamento do empregado ao trabalho, por meio de carona, vindo a culminar no seu óbito, torna-se indevida a pretensão reparatória por danos materiais e morais (...).
(TRT-3.ª Reg., RO 00416-2008-069-03-00-8, 3.ª T., j. 29.10.2008, rel. Des. Bolívar Viégas Peixoto, *DJ* 15.11.2008)

• Doença ocupacional. Juntada com a inicial de parecer médico informando nexo causal. Perícia.
Se a parcela pleiteada na inicial não é daquelas elencadas no art. 195, consolidado, não há qualquer obrigação legal de realização da prova pericial, se encontrando a discussão em torno das regras de distribuição do ônus da prova que, *in casu*, cabia à demandada para, querendo, derrogar a força probante dos documentos trazidos aos autos pelo querelante, que alega a existência de doença ocupacional, equiparada a acidente de trabalho para efeito da estabilidade prevista no art. 118 da Lei 8.213/1991 (...).
(TRT-5.ª Reg., RO 00780-2005-133-05-00-2, 2.ª T., j. 25.09.2008, rel. Des. Luíza Lomba)

• Dano material e moral. Indenização. Perda auditiva.
É indevida a indenização por dano material e moral quando a lesão sofrida pelo empregado não causou incapacidade para o trabalho (...).
(TRT-8.ª Reg., RO 00744-2006-203-08-00-0, 2.ª T., j. 26.11.2008, rel. Des. Vicente José Malheiros da Fonseca)

• Danos morais e materiais. LER/Dort. Indenização indevida (...).
Conforme os ensinamentos de Octávio Bueno Magano, em sua obra *Lineamentos de infortunística* (1976, p. 30 e 37), "Acidente de Trabalho é o evento verificado no exercício do trabalho de que resulte lesão corporal, perturbação funcional ou doença que cause a morte ou a perda ou redução, permanente ou temporária, da capacidade para o trabalho".
Tomando como base esse conceito, são identificadas, portanto, as seguintes características: (a) evento danoso; (b) decorrente do exercício do trabalho a serviço da empresa; (c) que provoca lesão corporal ou perturbação funcional;

(d) que causa morte ou a perda (ou redução) da capacidade para o trabalho (permanente ou temporária).

Ou seja, em síntese, é necessário o fato, que entre a atividade do empregado e o acidente haja uma relação de causa e efeito, o que chamamos de nexo etiológico ou nexo causal; além dos demais fatores citados acima.

A responsabilidade civil em razão de acidente de trabalho ou de doença profissional a este equiparada, está calcada na Constituição Federal de 1988 que assegura aos trabalhadores, no seu art. 7.º, XXVIII, o direito ao seguro contra acidentes do trabalho, sem excluir a indenização a que o empregador está obrigado, quando incorrer em dolo ou culpa.

Além disso, encontra alicerce também no art. 1.862 do CC/2002, o qual estabelece que aquele que violar direito e causar dano a outrem, comete ato ilícito.

Há doutrinadores, em minoria, que chegam a entender que a responsabilidade, em se tratando de acidente de trabalho, é "objetiva"; todavia, verifica-se, de forma patente, que tanto a Constituição Federal de 1988 como o Código Civil de 2002 filiaram-se expressamente à teoria "subjetiva", erigindo o dolo e a culpa como fundamento para a obrigação de reparar o dano.

Exige-se, pois, do lesado, para vencer a demanda, que demonstre: (I) a ação ou omissão do agente, (II) a existência do dano e do nexo de causalidade, e, ainda, que prove (III) a culpa ou o dolo do réu.

Assim, para que o empregador seja responsabilizado pela reparação civil do dano sofrido pelo empregado, mister se faz que seja provado, adequada e concretamente, que a lesão sofrida adveio de conduta ativa, ou omissiva, dolosa ou culposa do empregador.

Não subsistirá o dever do empregador de indenizar se o dano resultante de acidente advém de culpa exclusiva da vítima ou se não demonstrada a culpa do empregador e o nexo de causalidade (...).

(TRT-15.ª Reg., RO 0092800-96.2005.5.15.0109, 6.ª T., j. 28.02.2012, rel. Des. Olga Aida Joaquim Gomieri)

• Danos morais e materiais. Acidente de trabalho. Culpa exclusiva da vítima. Indenização indevida.

Comprovada a culpa exclusiva da vítima no acidente de trabalho, torna-se indevida a indenização pelos danos morais e materiais sofridos (...).

(TRT-15.ª Reg., RO 0070700-63.2009.5.15.0027, 3.ª T., j. 17.04.2012, rel. Des. Gisela R. M. de Araujo e Moraes)

• Hérnia de disco. Ausência de nexo causal com a atividade desenvolvida na empresa. Indenização incabível.
Não demonstrado em juízo qualquer nexo de causalidade entre a hérnia de disco que acomete o obreiro e as atividades por ele desenvolvidas no ambiente de trabalho, resta impossibilitada a condenação da empregadora no pagamento de indenização, nos moldes do art. 927, parágrafo único, do CPC (...).
(TRT-16.ª Reg., RO 00267-2008-013-16-00-1, j. 22.10.2008, rel. Des. Américo Bedê Freire, *DJ* 10.11.2008)

• Acidente do trabalho. Permanência de sequelas. Culpa parcial do trabalhador. Indenização por dano moral. Não cabimento.
Se as sequelas decorrentes do acidente de trabalho restringiram-se a limitações dos movimentos do braço esquerdo resultantes, em parte, da culpa do trabalhador que não se submeteu ao tratamento fisioterápico recomendado ao seu pleno restabelecimento, é indevida a indenização por dano moral (...).
(TRT-24.ª Reg., RO 01050-2006-003-24-00-6, 2.ª T., j. 22.10.2008, rel. Des. Nicanor de Araújo Lima)

ACIDENTE DO TRABALHO. PRESCRIÇÃO DA AÇÃO INDENIZATÓRIA

🏛 Interpretação extensiva

• **Súmula 278 do STJ**
O termo inicial do prazo prescricional, na ação de indenização, é a data em que o segurado teve ciência inequívoca da incapacidade laboral.

• Indenização por danos morais e materiais decorrentes de acidente de trabalho. Doença profissional. Prazo prescricional.
O pedido de indenização por danos morais e materiais decorrentes de acidente de trabalho (doença profissional), em que pese pressuponha a existência de uma vinculação empregatícia, possui natureza eminentemente civil, derivado de ato ilícito do empregador que não guarda relação direta com as parcelas, principais e acessórias, devidas em decorrência da relação de emprego, ou seja, trata-se de responsabilidade civil por ato que extrapola os limites do contrato de trabalho, sendo, pois, extracontratual. A regra de prescrição aplicável não é aquela regulada no art. 7.º, XXIX, da CF/1988, mas sim aquela prevista no Código Civil de 2002. Recurso parcialmente provido para, afastando a pronúncia

da prescrição do direito de ação, determinar o retorno dos autos à origem para exame do restante do mérito (...).
(TRT-4.ª Reg., RO 00012-2006-202-04-00-5, 4.ª T., j. 24.08.2006, rel. Des. Denise Pacheco, *DO-RS* 31.08.2006)

• Prazo prescricional aplicável nas ações indenizatórias decorrentes de doença do trabalho.
Os danos decorrentes de acidente do trabalho, assim como de doença do trabalho, sejam de ordem material, moral ou estética, são danos pessoais que atingem diretamente a dignidade da pessoa humana e, portanto, violam um direito humano fundamental, que não é mero direito trabalhista ou civil. Sendo assim, tenho que a prescrição aplicável ao caso concreto é a prevista no art. 205 do CC/2002, qual seja, de dez anos. Ainda que assim não se entenda, no caso de doença ocupacional (profissional e do trabalho), o termo *a quo* do prazo prescricional é identificado na data em que se dá a consolidação das lesões, aplicando-se, pois, os termos da Súmula 278 do E. STJ (...).
(TRT-15.ª Reg., RO 0161200-89.2007.5.15.0046, 4.ª Câm., j. 06.12.2011, rel. Des. José Antônio Ribeiro de Oliveira Silva)

• Prescrição. Dano moral e material decorrente de acidente de trabalho.
Não é o Órgão Julgador que irá estabelecer a definição da prescrição e, sim, a matéria discutida em juízo que dará seus contornos, ou seja, não é porque houve um deslocamento do órgão julgador da Justiça Estadual para a Justiça do Trabalho, que importará o prazo trabalhista – quinquenal – para definição do lapso prescricional. Trata-se a lesão por acidente de trabalho, sem dúvida, de um terceiro gênero de reparação, que não se confunde com um crédito ordinariamente trabalhista, nem tampouco com uma responsabilidade civil, no sentido estrito do termo. Pode-se dizer que se trata de um amálgama entre o Direito Civil e o Direito Constitucional que resulta em um dano pessoal. Daí dizer que nem a prescrição trabalhista, nem aquela prevista no inc. V do art. 206, § 3.º, do CC/2002 seriam aplicáveis. Assim, até que lei venha regular de maneira específica a matéria, a prescrição a ser utilizada é a aquela preconizada no *caput* do art. 205 do CC/2002 (...).
(TRT-15.ª Reg., RO 0135600-61.2009.5.15.0025, 2.ª Câm., j. 14.02.2012, rel. Des. Mariane Khayat)

• Prescrição. Ação acidentária. Competência da Justiça do Trabalho. Regência pela Lei Civil. Inaplicabilidade do art. 7.º, XXIX, da CF/1988.

Embora existam argumentos doutrinários ponderáveis em sentido contrário, a posição mais acertada é a que reconhece que a prescrição da pretensão indenizatória decorrente de acidente laboral é aquela disciplinada pela lei civil, mesmo para as causas ajuizadas ou remetidas à Justiça do Trabalho após a vigência da EC 45/2004. A transposição da competência para julgar as causas acidentárias não alterou a natureza jurídica da questão fática conflituosa, tratando-se, ainda, de pretensão indenizatória por ato ilícito, praticado com dolo ou culpa pelo empregador. O bem da vida perseguido pelo reclamante, em ações de infortúnio, não pertence à categoria de créditos resultantes das relações de trabalho (art. 7.º, XXIX, da CF/1988); ao revés, constitui indenização por reparação civil, não havendo que se falar em crédito laboral *stricto sensu*. Na seara justrabalhista, a incidência de prazo prescricional diverso daquele fixado pelo art. 7.º, XXIX, da Lei Maior não é novidade, como sempre ocorreu, exemplificativamente, com o interregno trintenário para a cobrança das parcelas do FGTS, observadas, para tanto, as disposições legais de regência (art. 23, § 5.º, Lei 8.036/1990). Exata, portanto, a correspondência da pretensão indenizatório-acidentária à figura modulada no art. 206, § 3.º, V, do Diploma Comum vigente (ou no art. 177 do CC/1916), tratando-se, em última e definitiva análise, de reparação civil por ato faltoso do empregador. São, assim, os da lei civil os prazos de prescrição da pretensão indenizatória decorrente de acidente do trabalho, observadas as disposições do art. 2.028 do CC/2002 (...).
(TRT-15.ª Reg., RO 0154200-19.2009.5.15.0062, j. 03.04.2012, rel. Des. Luís Carlos Cândido Martins Sotero da Silva)

• Prazo prescricional aplicável nas ações indenizatórias decorrentes de doença do trabalho.
Os danos decorrentes de acidente do trabalho, assim como de doença do trabalho, sejam de ordem material, moral ou estética, são danos pessoais que atingem diretamente a dignidade da pessoa humana e, portanto, violam um direito humano fundamental, que não é mero direito trabalhista ou civil. Sendo assim, tenho que a prescrição aplicável ao caso concreto é a prevista no art. 205 do CC/2002 vigente, qual seja, de 10 (dez) anos. Ainda que assim não se entenda, no caso de doença ocupacional (profissional e do trabalho), o termo *a quo* do prazo prescricional é identificado na data em que se dá a ciência inequívoca da incapacidade e do nexo de causalidade com o trabalho, aplicando-se, pois, os termos da Súmula 278 do E. STJ (...).
(TRT-15.ª Reg., RO 0095300-09.2008.5.15.0020, 4.ª Câm., j. 06.12.2012, rel. Des. José Antônio Ribeiro de Oliveira Silva)

Interpretação restritiva

• **Prescrição. Indenização por danos morais decorrentes de acidente de trabalho ocorrido em 28.09.2001. Ação ajuizada em 04.10.2006, após a EC 45/2004. Regra de transição.**
A alteração da competência para o julgamento das ações relativas à indenização por acidente do trabalho, consoante a EC 45/2004, não possibilita a aplicação imediata da regra de prescrição trabalhista, pois quando da redução dos prazos prescricionais (arts. 205 e 203, V, § 3.º, do CC/2002), estabeleceu-se a regra de transição, com o objetivo de assegurar o princípio da segurança jurídica. No momento do acidente de trabalho (28.09.2001) vigia o prazo prescricional da legislação civil. Assim, se a ação foi proposta em 04.10.2006, quando ainda não havia transcorrido mais de 10 (dez) anos da ciência inequívoca do dano, o prazo aplicável ao caso sob exame é de três anos contados da vigência do Código Civil de 2002 (12.01.2003), razão pela qual, mesmo sendo aplicada a prescrição prevista no Código Civil, a pretensão de pagamento da reparação por dano moral encontra-se alcançada pela prescrição (...).
(TST, RR 145500-39.2006.5.15.0004, 6.ª T., j. 16.03.2011, rel. Min. Aloysio Corrêa da Veiga, *DEJT* 25.03.2011)

• **Dano material e moral. Prescrição.** *Actio nata.*
A fluência do prazo prescricional se dá no momento em que a parte tem ciência inequívoca do dano o que, no presente caso, ocorreu em 09.04.2002, segundo declarou o próprio recorrente e ante os termos da CAT juntada pelo autor. É esta a *actio nata*, data em que seu direito se tornou exigível, pelo conhecimento que teve do acidente que o deixou lesionado. Não é razoável que a inércia do trabalhador lhe favoreça, devendo-se aplicar os preceitos do art. 189 do CC/2002, ou seja, se ele já tinha meios de averiguar a existência, ou não, das lesões que o acometeram, não poderia ter esperado tanto tempo para pretender a reparação por prejuízos morais e materiais. Isto, porque, nos termos do artigo mencionado acima, "violado o direito, nasce para o titular a pretensão, a qual se extingue, pela prescrição, nos prazos a que aludem os arts. 205 e 206" (...).
(TRT-3.ª Reg., RO 00925-2010-084-03-00-8, 3.ª T., j. 26.01.2011, rel. Des. Bolívar Viégas Peixoto)

• **Dano material decorrente de acidente de trabalho. Prescrição. Prazo.**

A prescrição, no âmbito da Justiça do Trabalho, é regulada pelos arts. 7.º, XXIX, da CF e 11 da CLT. A utilização das regras afeitas a outros ramos do Direito só é autorizada na ocorrência de omissão no Estatuto Consolidado, como preceituado em seu art. 8.º (...).
(TRT-6.ª Reg., RO 00120-2007-011-06-00-2, 3.ª T., j. 16.01.2008, rel. Des. Juíza Dinah Figueirêdo Bernardo)

- Marco inicial da prescrição. Indenização por danos morais e materiais decorrente de acidente do trabalho. Efetivo conhecimento da incapacidade laboral.

Não podemos dizer que é da aposentadoria por invalidez que o Autor da Ação teve ciência inequívoca de sua incapacidade laboral, pois o benefício, assim como o de auxílio doença, também, é causa suspensiva do contrato de trabalho e decorre, justamente, da constatação da incapacidade. Nada obstante o *nomem iuris* dado aos institutos do auxílio doença acidentário e aposentadoria por invalidez, os seus efeitos jurídicos são os mesmos, suspendendo o contrato de trabalho e não a prescrição. Sobrevindo a capacidade laboral do trabalhador, este deve retornar ao emprego e reassumir as suas funções. Nesse sentido, seria temerário, fixar que a aposentadoria por invalidez seria o marco inicial para a contagem do prazo em questão. Aliás, se pensarmos dessa forma, a pretensão ao direito material decorrente de doença ocupacional, nunca seria acobertada pelo manto prescricional, pois, como dito, mesmo com a aposentadoria por invalidez, penderia condição suspensiva acerca da efetivação do direito, ou seja, não se poderia falar em ciência inequívoca da incapacidade laboral. Sendo assim, para que se fixe o marco inicial da prescrição devemos analisar, no caso concreto, quando o Autor da Ação teve, realmente, ciência de sua incapacidade e se exerceu o seu direito subjetivo dentro do prazo fixado pela Lei (...).
(TRT-15.ª Reg., RO 0106000-21.2009.5.15.0081, 2.ª T., j. 31.01.2012, rel. Hélcio Dantas Lobo Junior)

- Dano moral. Prescrição.

A prescrição do direito de pleitear a reparação pelos danos decorrentes de acidente de trabalho, ou de doença ocupacional a ele equiparado, somente se inicia após a realização do exame pericial que ateste a sua existência e determine a natureza da incapacidade (...).
(TRT-15.ª Reg., RO 0085100-76.2009.5.15.0126, j. 20.03.2012, rel. Des. Claudinei Zapata Marques)

ACIDENTE DO TRABALHO. RESPONSABILIDADE SOLIDÁRIA DA EMPRESA TOMADORA DE SERVIÇOS

🏛 Interpretação extensiva

• Acidente de trabalho. Reparação indenizatória. Responsabilidade do tomador de serviços. Possibilidade.

O tomador de serviços é responsável pela reparação dos danos decorrentes de acidente de trabalho ocorrido dentro de suas instalações, quando a vítima trabalhava em seu benefício e comprovada a existência do nexo causal entre as condições inseguras de trabalho e o acidente, pois a obrigação de cumprir e fazer cumprir as normas de Segurança e Medicina do Trabalho não se restringe apenas ao empregador. Inteligência do art. 157 da CLT c/c os arts. 186, 927 e 942 do CC/2002 (...).
(TRT-15.ª Reg., RO 0108000-44.2007.5.15.0087, 1.ª T., j. 27.02.2012, rel. Des. Oséas Pereira Lopes Júnior)

• Acidente do trabalho. Indenizações. Responsabilidade da tomadora dos serviços.
A empresa tomadora dos serviços é parte legítima para responder, de forma solidária, pela indenização por danos materiais e morais decorrentes de acidente do trabalho, em face do que preconiza o art. 942 do CC/2002 (...).
(TRT-15.ª Reg., RO 0121700-64.2006.5.15.0106, 2.ª Câm., j. 13.03.2012, rel. Des. Eduardo Benedito de Oliveira Zanella)

ACIDENTE DO TRABALHO. RESPONSABILIDADE OBJETIVA DO EMPREGADOR

🏛 Interpretação extensiva

• Dano moral. Acidente de trabalho. Responsabilidade objetiva (art. 927, parágrafo único, do CC/2002). Inexistência de culpa exclusiva da vítima (fato da vítima).
A regra geral do ordenamento jurídico, no tocante à responsabilidade civil do autor do dano, mantém-se com a noção da responsabilidade subjetiva (arts. 186 e 927, *caput*, do CC/2002). Contudo, tratando-se de atividade empresarial, ou de dinâmica laborativa (independentemente da atividade da empresa), fixadoras de risco acentuado para os trabalhadores envolvidos, desponta a exceção ressaltada pelo parágrafo único do art. 927 do CC/2002, tornando objetiva a responsabilidade empresarial por danos acidentários (responsabilidade em face

do risco). Noutro norte, a caracterização da culpa exclusiva da vítima é fator de exclusão do elemento do nexo causal para efeito de inexistência de reparação civil no âmbito laboral quando o infortúnio ocorre por causa única decorrente da conduta do trabalhador, sem qualquer ligação com o descumprimento das normas legais, contratuais, convencionais, regulamentares, técnicas ou do dever geral de cautela por parte do empregador. Se, com base nos fatos relatados pelo Regional, se conclui que a conduta da vítima do acidente não se revelou como causa única do infortúnio, afasta-se a hipótese excludente da responsabilização da empregadora pelo dano causado (...).
(TST, RR 850/2004-021-12-40.0, 6.ª T., j. 03.06.2009, rel. Min. Maurício Godinho Delgado, *DEJT* 12.06.2009)

- Danos morais e estéticos. Acidente de trabalho

O reclamante, no desempenho de suas funções de ajudante de produção, teve amputadas as pontas de dois dedos da mão direita (extremidade distal do terceiro e quarto dedos da mão D ao nível das articulações interfalangeanas distais de ambos os dedos – f.).

A tese recursal é de que houve culpa exclusiva do trabalhador.

Não procede a insurgência da recorrente.

Somente se comprovado que o reclamante teria enfiado a mão na guilhotina para receber indenização é que eximiria a empresa de qualquer obrigação, mas não foi isso que ficou comprovado nos autos.

A rigor dos arts. 7.º, XXII, da CF/1988, 927, parágrafo único, do CC/2002 c/c 2.º, *caput*, da CLT, mantenho a condenação em danos morais, ficando rejeitada a tese recursal de que a responsabilidade objetiva não se aplica ao caso.

Muito pelo contrário, a responsabilidade objetiva é totalmente compatível com os princípios protetores da relação de trabalho, em razão da proteção integral da pessoa do trabalhador, da desigualdade entre as partes que compõe a relação de trabalho, da dignidade da pessoa humana do trabalhador, dos valores sociais do trabalho e da justiça social (arts. 1.º, III e IV e 3.º, da CF/1988) (...).
(TRT-15.ª Reg., RO 0112000-35.2009.5.15.0017, j. 20.03.2012, rel. Des. Edmundo Fraga Lopes)

Interpretação restritiva

- Indenização por danos morais e materiais. Acidente do trabalho. Caracterização. Responsabilidade objetiva e subjetiva.

Concebendo o dano moral como a violação de direitos decorrentes da personalidade, estes entendidos como "categoria especial de direitos subjetivos que, fundados na dignidade da pessoa humana, garantem o gozo e o respeito ao seu próprio ser, em todas as suas manifestações espirituais ou físicas" (BELTRÃO, Sílvio Romero. *Direitos da personalidade*. São Paulo: Atlas, 2005. p. 25), a sua ocorrência é aferida a partir da violação perpetrada por conduta ofensiva à dignidade da pessoa humana, sendo dispensada a prova de prejuízo concreto, já que a impossibilidade de se penetrar na alma humana e constatar a extensão da lesão causada não pode obstaculizar a justa compensação. "Depois de restar superada a máxima segundo a qual não há responsabilidade sem culpa, tendo-se encontrado na teoria do risco um novo e diverso fundamento da responsabilidade, desmentido se vê hoje, também, o axioma segundo o qual não haveria responsabilidade sem a prova do dano, substituída que foi a comprovação antes exigida pela presunção *hominis* de que a lesão a qualquer dos aspectos que compõem a dignidade humana gera dano moral" (MORAES, Maria Celina Bodin de. *Danos à pessoa humana: uma leitura civil-constitucional dos danos morais*. Rio de Janeiro: Renovar, 2003. p. 159-160). Dispensa-se a prova do prejuízo para demonstrar a ofensa à moral humana, já que o dano moral, tido como lesão à personalidade, ao âmago e à honra da pessoa, por sua vez é de difícil constatação, haja vista os reflexos atingirem parte muito própria do indivíduo – o seu interior (STJ, REsp 85.019/RJ, 4.ª T., j. 10.03.1998, rel. Min. Sálvio de Figueiredo Teixeira, *DJ* 18.12.1998). A análise dos pleitos relativos à indenização por danos morais e materiais em virtude de acidente de trabalho ou doença ocupacional se dá à luz da responsabilidade objetiva, bastando se comprovar, de acordo com a teoria do risco da atividade, o dano e o nexo de causalidade entre este e o trabalho desempenhado pela vítima. Segundo o princípio da boa-fé objetiva, os direitos e deveres das partes não se limitam à realização da prestação estipulada no contrato. O que encontramos, na realidade, é a boa-fé impondo a observância também de muitos outros deveres de conduta, formando assim uma relação obrigacional complexa. Assentado no acórdão regional que o reclamante foi afastado do serviço em razão de lesão na coluna vertebral e que, apesar das recomendações médicas – expostas nos atestados juntados aos autos – para que o autor não trabalhasse em atividades que demandassem muita força física, a reclamada reconduziu o obreiro às suas funções habituais – manutenção de peças de tratores –, resulta indubitável a existência do nexo causal entre o dano e o trabalho desempenhado, devendo responder a reclamada pelo pagamento de indenização por danos morais decorrentes do acidente de trabalho (...). (TST, RR 136800-71.2005.5.15.0081, 3.ª T., j. 16.12.2009, rel. Min. Rosa Maria Weber, *DEJT* 05.02.2010)

- Os arts. 5.º, X e 7.º, XXVIII, da CF/1988, se constituem em fontes mediata do direito à indenização por danos em decorrência de acidente de trabalho/doença ocupacional. A norma constitucional, portanto, não cria a obrigação de indenizar, nem é fonte imediata do direito à reparação patrimonial por danos morais e materiais. A sua função é tão somente explicitar que a proteção do trabalhador perante a Seguridade Social não exime a responsabilidade civil do empregador. E mais, o fato de se referir à ocorrência de dolo ou culpa, não afasta a possibilidade da incidência, em algumas hipóteses, da responsabilidade objetiva.

É que não se pode descartar certas atividades empresariais que colocam o empregado em situação de risco, nas hipóteses em que o desenvolvimento normal da atividade empresarial, por si só, importa uma situação objetiva de risco. Daí, certas atividades empresariais, ainda que não se constitua por si só em risco, ou seja, particularmente perigosa, enseja responsabilidade em caso de acidente, porque há (...) *o risco induzido pela atividade exercida* (...). [M]*esmo não sendo intrinsecamente perigosa, induz ou crie a terceiros um risco pelo qual quem a exerce, posto que de forma normal, regular e lícita deve responder.* (Cláudio Luiz Bueno de Godoy. *Responsabilidade civil pelo risco da atividade.* São Paulo: Saraiva: 2010. p.109).

Daí porque, a indenização por danos materiais ou morais decorrentes de acidente de trabalho se inserir em contexto maior, qual seja, da responsabilidade civil. Foge aos estreitos limites dos direitos sociais.

Com efeito, na lição de Maria Helena Diniz, a partir do Código Civil de 2002, a responsabilidade civil deslocou-se para a "Teoria Geral de Direito" irradiando-se para todas as esferas de relações jurídicas de Direito Público e Privado. Interessa-nos, no caso, que o instituto projeta luzes na órbita civil, ambiental, comercial, consumo, com igual ênfase, nas relações de trabalho. De tal sorte, a interpretação do inc. XXVIII do art. 7.º da CF/1988, se deve dar à luz desta nova visão acerca da responsabilidade civil, a partir do Código Civil de 2002. O novo Código imprimiu sentido mais amplo à reparação de dano, humanizando-a, dando-lhe feições que mais atendam à proteção dos valores em que se fundamenta o Estado Democrático de Direito, destacando-se a dignidade da pessoa humana (art. 1.º, III, da CF/1988).

É neste sentido que o atual Código Civil de 2002 erigiu a condição de "cláusula geral de responsabilidade civil" pelo risco da atividade, no seu art. 927, parágrafo único, conforme a doutrina de Cláudio Luiz Bueno de Godoy (idem, ibidem).

Esta nova visão pós-positivista do direito, a partir do novo Código Civil de 2002 por toda a doutrina, destacando-se as preciosas opiniões do Prof. de Direito Civil e Romano da UFRJ, Dr. Francisco Amaral:

"O legislador de 2002 preocupou-se, no entanto, em superar os desajustes supervenientes do modelo sistêmico anterior, dominado por algumas coordenadas da modernidade, tais como a concepção normativo-legalista do direito, a generalidade e abstração das regras jurídicas, a figura abstrata do sujeito, a pretensa completude do sistema e, principalmente, o raciocínio lógico-dedutivo no processo de realização do direito, tudo isso agora em fase de revisão crítica. Atento, porém, à realidade atual, e coerente com as ideias do pensamento pós-positivista, procurou enriquecer o sistema do novo Código com elementos estruturais que lhe proporcionassem abertura e mobilidade e permitissem ao intérprete criar as soluções jurídicas adequadas aos novos conflitos de interesses que o progresso científico e tecnológico suscita. Esses elementos são os princípios, cláusulas gerais e conceitos indeterminados. Princípios como critérios para a ação e para a constituição de normas, cláusulas gerais como enunciados normativos cuja hipótese de fato é indeterminada, o que confere ao intérprete maior autonomia na sai atividade de criação, e conceitos indeterminados aqueles cuja compreensão e extensão se apresentam com grande margem de incerteza. Princípios, cláusulas gerais e conceitos indeterminados fazem com que o Código Civil de 2002 se apresente como um sistema aberto, no sentido de uma ordem axiológica ou teleológica de princípios jurídicos gerais. Enriquecida assim a estrutura do Código Civil brasileiro, permite-se com eles superar o formalismo, o individualismo, a generalidade e a abstração que caracterizavam o Código anterior, bem como a pretensa completude do sistema, em prol de uma eticidade, uma socialidade e uma concretude, fundamentos axiológicos que, proporcionam ao Código abertura e flexibilidade, permitem-lhe promover significativa mudança no modelo metodológico de interpretação jurídica."

Fala-se, então, em "Cláusula Geral de Responsabilidade Civil", no Código Civil de 2002 (parágrafo único do art. 927 do CC/2002):

"Haverá obrigação de reparar o dano, independentemente de culpa, nos casos especificados em lei, ou quando a atividade normalmente desenvolvida pelo autor do dano implicar, por sua natureza, risco para os direitos de outrem."

Destaca-se, ainda, a doutrina de Sérgio Cavalieri Filho,[2] no art. 186 do CC/2002, ao definir ato ilícito, para configurar a responsabilidade subjetiva, utilizou-se a expressão *a ação* ou *omissão* que decorre de conduta pessoal, individual. Entretanto, no art. 927 do CC/2002, quando quis se referir à responsabilidade

2. *Programa de responsabilidade civil*. 6. ed., 2. tir. São Paulo: Malheiros, [1998]. p. 182.

objetiva, utilizou-se da expressão *atividade*, havendo necessidade como fez Sérgio Cavaliere[3] de ressaltar o seu sentido literal:

"Agora, quando quis configurar a responsabilidade objetiva em cláusula geral, valeu-se da palavra 'atividade'. Isso, a toda evidência, faz sentido. Aqui não se tem em conta a conduta individual, isolada, mas sim a atividade como conduta reiterada, habitualmente exercida, organizada de forma profissional ou empresarial para realizar fins econômicos. Reforça essa conclusão o fato de que a doutrina e a própria lei utiliza a palavra atividade para designar serviços."

Risco inerente ao serviço é intrinsecamente atado à sua própria natureza e modo de sua execução, como serviço realizado em águas profundas (subaquáticos), médico-hospitalares, em rede elétrica energizada, aplicação de herbicidas e fungicidas por contato sistêmico, manejo de animais de grande porte (pecuária), transporte de carga inflamáveis etc.

Há situações em que a presença de dois elementos é essencial para a caracterização do *risco do serviço*: (a) a periculosidade é intrínseca e específica ao tipo de serviço executado; (b) o trabalhador está treinado e preparado apto a prevê-lo, utiliza equipamento adequado para a segurança, de sorte que o risco não o surpreende, mas com tudo isso não consegue evitá-lo. Fala-se, então, risco adquirido ou do serviço. Arremata o autor que *"Em nosso entender, quando a natureza do serviço (atividade desenvolvida) gerar para o fornecedor uma obrigação de resultado, e não apenas de meio, sua responsabilidade é sempre objetiva"*.[4]

Embora se refira aos direitos do consumidor (obrigação de resultado), o raciocínio desta conclusão é inequivocamente aplicável ao risco da atividade empresarial, no que ser refere ao meio ambiente de trabalho e suas consequências, em caso de acidente de trabalho ou doença profissional.

Por outro lado, há o *risco adquirido* que não é inerente à atividade, mas por descumprimento do dever de segurança. Certas e algumas situações de risco podem ser evitadas, minimizadas ou totalmente neutralizada mediante o uso adequado de equipamentos de segurança no trabalho. No caso de não fornecimento de equipamento, nem de fiscalização de seu uso, caracteriza culpa, por omissão. Não há dúvida que o exercício de atividades perigosas exige o cumprimento de normas de segurança, de modo a não causar dano a outrem, sob pena de responder civilmente, independente de culpa *"Se, de um lado, a ordem jurídica permite e até*

3. Op. cit., p. 184.
4. Idem, p. 185.

garante a liberdade de ação, a livre iniciativa etc., de outro, garante também a plena e absoluta proteção do ser humano". E logo mais, enfatiza que *"Quem desenvolve atividade perigosa só terá a obrigação de indenizar objetivamente quando violar o dever de segurança (...). Equivale dizer, culpa"*.

A diferença do fator serviço na ótica do Direito do Consumidor e do Direito do Trabalho é que neste predomina a ideia que gera obrigação de atividade meio e não exclusivamente de resultado, quando se avalia a quesito segurança.

Nas relações de trabalho não há que se falar em defeito do serviço, a fim de avaliar o elemento segurança, mas se o desenvolvimento da própria atividade foi ou não com a segurança esperada. É este o sentido e o limite que se deve interpretar o parágrafo único do art. 927 do CC/2002, para fins responsabilidade civil, em decorrência de acidente do trabalho.

Imperioso ainda destacar que a responsabilidade civil do empregador por culpa decorre do descumprimento das normas de saúde e segurança do trabalho, que são inerentes ao contrato de trabalho ou relação de emprego (art. 157 da CLT), sendo indispensável, demonstrar violação àquelas normas previstas para aquela atividade e se tal comportamento causou dano ao empregado.

Assim, ainda que se afaste a responsabilidade objetiva do empregador, o não fornecimento e a vigilância do uso dos EPI's e inadequação do ambiente trabalho, porque ergonomicamente desfavorável, caracteriza culpa patronal, em caso de acidente ou doença profissional ou do trabalho, nos termos do art. 186 do CC/2002. É importante colacionar o que sustenta o Exmo. Sr. Des. Federal do Trabalho, Sebastião Geraldo de Oliveira em sua obra *Indenizações por acidente do trabalho ou doença ocupacional*:

"Ao mencionar a atividade normalmente desenvolvida pelo autor do dano, o texto legal deixa claro que a indenização não decorre do comportamento do sujeito, ou seja, não é necessário que haja qualquer ação ou omissão, como previsto no art. 186 do CC/2002, para gerar o direito, porquanto ele decorre tão somente do exercício da atividade de risco, dentro da concepção histórica da responsabilidade objetiva. É oportuno lembrar que o vocábulo 'atividade', especialmente quando analisado para a hipótese do acidente do trabalho, indica a prestação de serviço conduzida pelo empregador, tanto pelo conceito estampado no art. 2.º da CLT, quanto pelo que estabelece o art. 3.º, § 2.º, do CDC, ao mencionar que 'serviço é qualquer atividade'.

Feita essa observação, podemos indagar: então, pela responsabilidade objetiva, o dano proveniente do exercício de qualquer atividade, gera o direito à reparação?

A resposta sem dúvida é negativa, porque o dispositivo expressamente limita a indenização àquelas atividades que, por sua natureza, impliquem riscos para os direitos de outrem (...).

Acreditamos que a questão deverá ser analisada casuisticamente, considerando a natureza da atividade, ou seja, o seu grau específico de risco, daí a expressão explicativa colocada no texto legal 'por sua natureza'. Todos nós que estamos vivos corremos riscos, entretanto, determinadas ocupações colocam o trabalhador num degrau de maior probabilidade de sofrer acidentes, em razão da natureza ou da periculosidade intrínseca da atividade (...)"
(TRT-15.ª Reg., RO 0195400-97.2008.5.15.0043, 5.ª T., j. 31.01.2012, rel. Des. José Antonio Pancotti, *DEJT* 10.02.2012)

ACIDENTE DO TRABALHO. RESPONSABILIDADE SUBJETIVA DO EMPREGADOR

Interpretação extensiva

- Acidente do trabalho. Motorista de caminhão envolvido em acidente de trânsito. Culpa do empregador.

Será devida reparação de danos morais e estéticos sofridos pelo empregado motorista que se envolve em acidente de trânsito por dormir ao volante se a prova demonstra, como ocorreu neste processo, que a jornada de trabalho cumprida provocou no trabalhador um estado de fadiga de que resultou o acidente (...).

Com efeito, no campo da responsabilidade objetiva, a caracterização de um acidente como acidente do trabalho enseja indenização, a cargo da Seguridade Social, dos prejuízos decorrentes do evento danoso. Mas não gera, por si só, o liame causal para fins de responsabilidade civil do empregador se a prestação dos serviços não tiver ao menos contribuído para o infortúnio.

Isso porque a reparação de danos morais e materiais inserta no rol de obrigações contratuais do empregador, por força do que dispõe o art. 7.º, XXVIII, da CF/1988, pressupõe um ato ilícito ou erro de conduta do empregador ou de preposto seu, além do prejuízo suportado pelo trabalhador e do nexo de causalidade entre a conduta injurídica do primeiro e o dano experimentado pelo último, regendo-se, portanto, pela responsabilidade subjetiva ou aquiliana. Isto é, será viável exigir do empregador indenização, independentemente dos direitos previdenciários, desde que o seu ato omissivo ou comissivo tenha sido causado por dolo ou culpa, em qualquer de suas modalidades.

Na indenização por dano resultante do contrato de trabalho é preciso, pois, avaliar se o empregador poderia ter adotado medidas preventivas de modo a evitar a lesão, ainda que se considere imprevisível o fato, mas desde que as suas consequências sejam evitáveis (...).
(TRT-3.ª Reg., RO 00111-2007-087-03-00-7, 6.ª T., j. 29.10.2008, rel. Des. Emerson José Alves Lage, *DJ* 08.11.2008)

• Danos morais e materiais. Acidente de trabalho.
É indiscutível a responsabilidade do empregador pelos atos de seus empregados, prepostos e comitentes, quando presente a culpa, como se pode defluir dos arts. 927, III, do 932, e *caput* do art. 933, todos do CC/2002. Destarte, considerando toda sorte de prejuízos sofridos pelo autor, a começar pela obstrução do benefício previdenciário, que impediu, inclusive, a sua estabilidade provisória, culminando com a falta de assistência médica adequada, e estando com evidentes sequelas decorrentes do acidente sofrido, afigura-se justa e necessária a reparação indenizatória, por danos morais e materiais (...).
(TRT-6.ª Reg., RO 00201-2008-331-06-00-2, 3.ª T., j. 15.10.2008, rel. Juíza Ana Catarina Cisneiros Barbosa de Araújo)

• Responsabilidade civil no acidente de trabalho. Elementos. Ausência.
São elementos ensejadores da responsabilidade civil no caso de acidente do trabalho ou doença ocupacional a ação ou omissão do empregador, sua culpa ou dolo, o dano ao trabalhador e o nexo de causalidade entre a ação ou omissão do empregador e o dano sofrido pelo empregado. Demonstrada a ausência de qualquer destes requisitos, incabível a indenização por dano moral e/ou patrimonial (...).
(TRT-6.ª Reg., RO 00402-2008-004-06-00-2, 2.ª T., j. 15.10.2008, rel. Des. Acácio Júlio Kezen Caldeira)

• Doença do trabalho. Responsabilidade civil do empregador.
A preservação da integridade física do empregado constitui cláusula implícita no contrato de trabalho. Cabe à empresa tomar todas as medidas que estão ao seu alcance a fim de preservar a saúde do empregado, pois a segurança e a medicina do trabalho são regidas pelo princípio da prevenção (art. 7.º, XXII, da CF/1988). Cabe-lhe realizar exames periódicos e, constatada determinada moléstia, transferir o trabalhador para setor que não possibilite o agravamento da doença. A omissão quanto a essas obrigações configura culpa. Da mesma

forma, o descumprimento das normas de segurança do trabalho caracteriza ato ilícito, ensejando a responsabilidade civil (...).
(TRT-15.ª Reg., RO 0071600-35.2008.5.15.0042, 2.ª T., j. 07.02.2012, rel. Des. Luiz José Dezena da Silva)

- Acidente de trabalho. Responsabilidade civil. Omissão. Dever de indenizar. A omissão do empregador quanto aos deveres de observar as normas de segurança e fiscalizar as condições de trabalho, a fim de evitar procedimentos que ofereçam risco à integridade física dos empregados, nos termos do art. 157 da CLT, caracteriza culpa, ensejando a sua responsabilidade civil pela ocorrência de acidente (...).
(TRT-15.ª Reg., RO 0117800-89.2009.5.15.0002, 2.ª T., j. 05.03.2012, rel. Des. Luiz José Dezena da Silva)

- Acidente do trabalho por equiparação. Responsabilidade civil do empregador. Omissão quanto aos cuidados com a higidez do empregado. Culpa caracterizada. A preservação da integridade física do empregado constitui cláusula implícita no contrato de trabalho. Cabe à empresa tomar todas as medidas que estão ao seu alcance a fim de preservar a saúde do empregado, pois a segurança e a medicina do trabalho são regidas pelo princípio da prevenção (art. 7.º, XXII, da CF/1988). A omissão da empregadora na adoção de medidas laborais que minimizem os efeitos nocivos das tarefas repetitivas e de carregamento de peso excessivo caracteriza culpa, ensejando a reparação civil pelos danos experimentados pelo empregado (...).
(TRT-15.ª Reg., RO 0134700-26.2005.5.15.0023, 2.ª T., j. 05.03.2012, rel. Des. Luiz José Dezena da Silva)

Interpretação restritiva

- Acidente do trabalho. Responsabilidade civil. Indenização por dano material e moral. Pressupostos ausentes. Não reconhecimento.
A responsabilidade civil advém da presença de seus elementos básicos, quais sejam: ação ou omissão, o dano e o nexo de causalidade. O nexo causal refere-se a elementos objetivos, constantes na ação ou omissão do sujeito, atentatórios do direito alheio, produzindo dano material ou moral. Ausentes esses elementos, não há que se falar em indenização, mormente por dano moral (...).
(TRT-15.ª Reg., RO 0065700-43.2009.5.15.0040, j. 27.02.2012, rel. Des. Luís Carlos Cândido Martins Sotero da Silva)

- Acidente de trabalho. Responsabilidade civil. Omissão. Dever de indenizar. A omissão do empregador quanto aos deveres de observar as normas de segurança e fiscalizar as condições de trabalho, a fim de evitar procedimentos que ofereçam risco à integridade física dos empregados, nos termos do art. 157 da CLT, caracteriza culpa, ensejando a sua responsabilidade civil pela ocorrência de acidente (...). (TRT-15.ª Reg., RO 0117800-89.2009.5.15.0002, 2.ª T., j. 05.03.2012, rel. Des. Luiz José Dezena da Silva)

- Acidente do trabalho por equiparação. Responsabilidade civil do empregador. Omissão quanto aos cuidados com a higidez do empregado. Culpa caracterizada. A preservação da integridade física do empregado constitui cláusula implícita no contrato de trabalho. Cabe à empresa tomar todas as medidas que estão ao seu alcance a fim de preservar a saúde do empregado, pois a segurança e a medicina do trabalho são regidas pelo princípio da prevenção (art. 7.º, XXII, da CF/1988). A omissão da empregadora na adoção de medidas laborais que minimizem os efeitos nocivos das tarefas repetitivas e de carregamento de peso excessivo caracteriza culpa, ensejando a reparação civil pelos danos experimentados pelo empregado (...). (TRT-15.ª Reg., RO 0134700-26.2005.5.15.0023, 2.ª T., j. 05.03.2012, rel. Des. Luiz José Dezena da Silva)

XXIX – ação, quanto aos créditos resultantes das relações de trabalho, com prazo prescricional de 5 (cinco) anos para os trabalhadores urbanos e rurais, até o limite de 2 (dois) anos após a extinção do contrato de trabalho;

* Inc. XXIX com redação determinada pela EC 28/2000, e retificado no *DOU* 29.05.2000.
* V. art. 11, I e II, da CLT.
* V. art. 10 da Lei 5.889/1973 (Normas reguladoras do trabalho rural).

⚖ Interpretação convergente

- Prescrição. Indenização por dano decorrente de assédio moral. Aplicação da prescrição prevista no art. 7.º, XXIX, da CF/1988.
Em se tratando de pedido de indenização por dano decorrente de assédio moral (...) a prescrição aplicável é a quinquenal prevista no art. 7.º, XXIX, da CF/1988 (...). (TST, RR 1424-2007-462-05-00.8, 6.ª T., j. 03.03.2010, rel. Min. Aloysio Corrêa da Veiga, *DEJT* 12.03.2010)

Interpretação divergente

- **Súmula 362 do TST**

É trintenária a prescrição do direito de reclamar contra o não recolhimento da contribuição para o FGTS, observado prazo de 2 (dois) anos após o término do contrato de trabalho.

- Prescrição. Indenização por danos morais decorrentes de acidente de trabalho (...).

A alteração da competência para o julgamento das ações relativas à indenização por acidente do trabalho, consoante a EC 45/2004, não possibilita a aplicação imediata da regra de prescrição trabalhista, pois quando da redução dos prazos prescricionais (arts. 205 e 203, V e § 3.º, do CC/2002), estabeleceu-se a regra de transição, com o objetivo de assegurar o princípio da segurança jurídica. (...).

[C]om a redação conferida ao art. 114 da CF/1988 pela EC 45/2004 ficou definida a competência da Justiça do Trabalho para apreciar e julgar as ações reparatórias de danos morais oriundos de acidentes de trabalho, devendo ser aplicado o prazo do art. 7.º, XXIX, da CF/1988.

Entretanto, se a ocorrência do acidente se deu em data anterior à vigência da EC 45/2004, não parece razoável que observado o prazo prescricional vintenário (art. 177 do CC/1916), previsto à época da lesão, a parte seja surpreendida com a aplicação do prazo prescricional previsto na legislação trabalhista (...).

Em 2003, o STJ editou a Súmula 278 consolidando o entendimento de que "o termo inicial do prazo prescricional, na ação de indenização, é a data em que o segurado teve ciência inequívoca da incapacidade laboral". Esse posicionamento é de grande importância porque diversas patologias decorrentes de exposição aos agentes nocivos do ambiente de trabalho só se manifestam muitos anos depois, como é o caso da asbestose.

Importa observar que a Súmula do STJ menciona corretamente "ciência inequívoca da incapacidade" e não ciência da doença; a reparação será avaliada não pela doença ou acidente em si, mas a partir dos efeitos danosos ou incapacidade total ou parcial da vítima. Vejam a respeito a lição de Caio Mário: "No caso de ocorrerem danos continuados, porém subordinados a uma causa única, o prazo prescricional inicia-se quando se completar a lesão. Ao revés, em se tratando de fatos danosos autônomos, a pretensão objetiva-se em relação a cada um deles e, consequentemente, a prescrição". (*Indenizações por acidente do trabalho ou doença ocupacional*. 3. ed. rev., ampl. e atual. São Paulo: LTr, 2007. p. 363-367) (...).

Sendo certo, entretanto, que a prescrição trabalhista é restritiva de direito, considerada a prescrição do Direito Civil, aplicável anteriormente à EC 45/2004, a saída mais apropriada em relação aos processos ajuizados na vigência da sobredita Emenda Constitucional, pleiteando a condenação em indenização por dano moral decorrente de acidente do trabalho não paga em período anterior à sua edição, é a verificação de eventual direito adquirido da parte a ver a sua pretensão julgada sob a regra de prescrição anterior com a aplicação da regra do direito civil.

Não se diga que com tal entendimento está se negando eficácia plena à lei nova. O que se implementa é a contagem do novo prazo, com relação às pretensões até então existentes, dotando-se de eficácia imediata a nova regra aplicável, mas sem perder de vista o direito adquirido ao prazo prescricional do direito civil, anteriormente assegurado.

O Código Civil de 2002 reduziu acentuadamente os prazos de prescrição, ao estipular o prazo para prescrição de ações ordinárias em 10 anos (art. 205) e para a prescrição das ações indenizatórias em três anos (inc. V do § 3.º do art. 206). Com a finalidade de se atenuar os efeitos dessa redução, o artigo 2.028 do novo CC/2002 contempla expressamente a regra de transição, *in verbis*:

"Serão os da lei anterior os prazos, quando reduzidos por este Código, e se, na data de sua entrada em vigor, já houver transcorrido mais da metade do tempo estabelecido na lei revogada".

Cumpre destacar aqui dois aspectos: primeiro, que tal previsão só deve ser observada para as ações propostas após 12.01.2003, quando o Código Civil de 2002 entrou em vigor. E, segundo, que o prazo aplicável é o do art. 206, § 3.º, V, do CC/2002 (...).

Assim, pela aplicação da regra de transição prevista no art. 2.028 do novo CC/2002, contada da vigência do referido diploma legal, há prescrição a ser declarada quanto à pretensão de reparação por dano decorrente de acidente do trabalho. (...).

Vê-se, assim, que não tendo transcorrido mais da metade do prazo prescricional de 10 anos no momento da entrada em vigor do novo Código Civil de 2002, aplicável a regra de transição prevista no art. 2.028 do CC/2002, reduzindo-se para três anos o prazo para pleitear reparação por dano moral decorrente de acidente de trabalho; sendo que a alteração da competência para julgar o feito não tem o condão de modificar a prescrição aplicável – de civil para trabalhista –, pois a primeira era a aplicável no momento do fato gerador da indenização (...).
(TST, RO 145500-39.2006.5.15.0004, 6.ª T., j. 16.03.2011, rel. Min. Aloysio Corrêa da Veiga, *DEJT* 25.03.2011)

- Prazo prescricional aplicável nas ações indenizatórias decorrentes de doença do trabalho.

Os danos decorrentes de acidente do trabalho, assim como de doença do trabalho, sejam de ordem material, moral ou estética, são danos pessoais que atingem diretamente a dignidade da pessoa humana e, portanto, violam um direito humano fundamental, que não é mero direito trabalhista ou civil. Sendo assim, tenho que a prescrição aplicável ao caso concreto é a prevista no art. 205 do CC/2002, qual seja, de 10 (dez) anos. Ainda que assim não se entenda, no caso de doença ocupacional (profissional e do trabalho), o termo *a quo* do prazo prescricional é identificado na data em que se dá a ciência inequívoca da incapacidade e do nexo de causalidade com o trabalho, aplicando-se, pois, os termos da Súmula 278 do E. STJ (...).

(TRT-15.ª Reg., RO 0095300-09.2008.5.15.0020, j. 06.12.2012, rel. Des. José Antônio Ribeiro de Oliveira Silva)

Interpretação extensiva

- **Súmula 150 do STF**
Prescreve a execução no mesmo prazo de prescrição da ação.

Interpretação restritiva

- Dano material e moral. Prescrição. *Actio nata*. A fluência do prazo prescricional se dá no momento em que a parte tem ciência inequívoca do dano (...).

É esta a *actio nata*, data em que seu direito se tornou exigível, pelo conhecimento que teve do acidente que o deixou lesionado. Não é razoável que a inércia do trabalhador lhe favoreça, devendo-se aplicar os preceitos do art. 189 do CC/2002, ou seja, se ele já tinha meios de averiguar a existência, ou não, das lesões que o acometeram, não poderia ter esperado tanto tempo para pretender a reparação por prejuízos morais e materiais. Isto, porque, nos termos do artigo mencionado acima, "violado o direito, nasce para o titular a pretensão, a qual se extingue, pela prescrição, nos prazos a que aludem os arts. 205 e 206" (...).

(TRT-3.ª Reg., RO 00925-2010-084-03-00-8, 3.ª T., j. 26.01.2011, rel. Des. Bolívar Viégas Peixoto)

Art. 7.º

- A Constituição Federal de 1988 prevê a regra básica de cinco anos para contagem da prescrição. Em relação às férias, o marco inicial desse prazo está disciplinado no art. 149 da CLT como sendo o término do período concessivo (...).

(TRT-15.ª Reg., RO 01563-2002-043-15-00-1, 6.ª T., j. 23.01.2007, rel. Des. José Pitas)

 a) (Revogada pela EC 28/2000.)
 b) (Revogada pela EC 28/2000.)
 XXX – proibição de diferença de salários, de exercício de funções e de critério de admissão por motivo de sexo, idade, cor ou estado civil;

- V. art. 39, § 3.º, da CF/1988.
- V. Lei 9.029/1995 (Proíbe a exigência de atestados de gravidez e esterilização para efeitos admissionais).
- V. Súmula 683 do STF.

⚖ Interpretação convergente

- Princípio da isonomia. Concurso público. Bombeiro militar. Limite de idade. Constitui discriminação inconstitucional o critério utilizado pela administração quando fixou limites diferentes de idade para o candidato civil e para aqueles que já são militares (...).

(STF, AgRg no RE 586.088/CE, 2.ª T., j. 26.05.2009, rel. Min. Eros Roberto Grau, *DJe* 19.06.2009)

- Empregado portador do HIV. Despedida discriminatória. Presunção relativa. Reintegração.

A ordem jurídica pátria repudia o sentimento discriminatório, cuja presença na *voluntas* que precede o ato da dispensa implica a sua ilicitude, ensejando a sua nulidade. O exercício do direito potestativo de denúncia vazia do contrato de trabalho encontra limites na hipótese de ato discriminatório, assim em função do princípio da função social da propriedade (art. 170, III, da CF/1988), bem como da dignidade da pessoa humana e dos valores sociais do trabalho (art. 1º, III e IV, da CF/1988), por incompatibilidade dessa prática com a prevalência e a realização desses princípios. A jurisprudência desta Corte Superior evoluiu na direção de se presumir discriminatória a dispensa sempre que o empregador

tem ciência de que o empregado é portador do HIV, e não demonstrou que o ato foi orientado por outra causa (...).
(TST, Embargos em RR 76.089-2003-900-02-00.9, SDI-I, j. 06.08.2007, rel. Min. Rosa Maria Weber Candiota da Rosa, *DJ* 30.11.2007)

• Dispensa por ato discriminatório. Homossexualidade. Art. 4.º, II, da LEI 9.029/1995.
Independentemente do pedido de indenização por danos morais e materiais, o E. Regional considerou aplicável o que preceituado na Lei 9.029/1995, em seu art. 4.º, II (dobro da remuneração do período de afastamento), dado o caráter discriminatório da dispensa. Este Tribunal tem considerado que a Lei 9.029/1995, em seu art. 1.º, contém descrição que se entende meramente exemplificativa, sem esgotar as hipóteses. Assim, a dispensa levada a efeito em face da opção sexual do Reclamante, embora não expressamente inserida na exemplificação legal, constitui também situação ensejadora da indenização prevista no art. 4.º, II, daquela lei, o qual não pode ser tido como vulnerado em face disso (...). Indenização por danos morais e materiais. Impossibilidade de englobamento das indenizações. Pressupostos da indenização. Além de entender procedente o pagamento da remuneração em dobro do período de afastamento (art. 4.º, II, da Lei 9.029/1995), o Eg. Regional considerou também devida indenização por dano moral, decorrente de discriminação por opção homossexual do Reclamante, e por danos materiais, resultantes da dispensa por justa causa sem indicação de fato concreto plausível, o que dificultou nova contratação. Considerou ainda inexistir óbice à fixação de um valor único que englobe ambas as modalidades de indenização (...).
(TST, RR 1019/2004-024-05-00.8, 2.ª T., j. 15.04.2009, rel. Min. José Simpliciano Fontes de F. Fernandes, *DEJT* 09.10.2009)

• Dispensa discriminatória motivada por idade. Reintegração. Possibilidade.
1. O Tribunal Regional, tendo consignado que a reclamada não poderia dispensar seus empregados imotivadamente, determinou a reintegração do reclamante porque as provas coligidas aos autos demonstraram que, entre agosto de 2007 e junho de 2008, ela teria dispensado dezenas de empregados aposentados com o intuito de renovar o quadro de pessoal.
2. Nesse contexto, não há falar em violação do art. 173, § 1.º, II, da CF/1988, porquanto, ainda que seja possível à reclamada dispensar imotivadamente seus empregados, o direito de resilição unilateral do contrato de trabalho não é absoluto, encontrando limites na cláusula geral de tutela da pessoa humana.

3. Assim, não se trata de negar a existência do direito de resilição contratual ou de criar jurisprudencialmente uma nova forma de estabilidade, mas de proteger os direitos fundamentais. O empregador, ao dispensar seus empregados movido por razões discriminatórias, exerce seu direito excedendo manifestamente os limites impostos pelo seu fim social, ofendendo os princípios constitucionais da proteção da dignidade humana, da isonomia e da não discriminação (arts. 1.º, III, 5.º, *caput* e 7.º, XXX, da Carta Magna) (...).
(TST, RR 114100-75.2009.5.04.0014, 5.ª T., j. 14.12.2011, rel. Min. João Batista Brito Pereira, *DEJT* 19.12.2011)

• Reintegração. Empregada acometida de câncer. Dispensa discriminatória. Extinção do contrato um dia após a cessação do auxílio-doença com nova perícia marcada. Nova concessão da licença dois meses após a rescisão.
A Justiça do Trabalho tem atuado no sentido de coibir toda espécie de discriminação (art. 3.º, IV, da CF/1988) nas relações de trabalho, compromisso reafirmado por meio de convenções internacionais, garantindo estabilidade a trabalhadores portadores de doenças graves, que além de suportar o impacto psicológico e físico da doença e sua notícia, sofre juntamente o impacto socioeconômico de uma dispensa sem justa causa, prejudicando inclusive o tratamento. Nessa esteira, a dispensa de empregada acometida de câncer, realizada um dia após o retorno da licença-médica, revela-se discriminatória, inadmissível neste momento histórico de inclusão de trabalhadores portadores de deficiência e de doenças graves. Por outro lado, o empregador, como quem ingressa na ordem econômica e social da república democrática brasileira, deve assumir sua postura diante dos princípios constitucionais de valorização do homem trabalhador. Assim, o direito potestativo do empregador de despedir a empregada na circunstância dos autos não encontra amparo legal e moral, diante de uma interpretação sistemática da Constituição, revelando-se a rescisão contratual completamente discriminatória e arbitrária (...).
(TST, RR 221500-10.2008.5.02.0057, 6.ª T., j. 08.02.2012, rel. Min. Aloysio Corrêa da Veiga, *DEJT* 24.02.2012)

• Discriminação em razão do ajuizamento de reclamatória trabalhista. Abuso de direito. Reintegração.
Demonstrado o caráter retaliatório da dispensa promovida pela Empresa, em face do ajuizamento de ação trabalhista por parte do Empregado, ao ameaçar demitir os empregados que não desistissem das reclamatórias ajuizadas, há agravamento da situação de fato no processo em curso, justificando o pleito de preservação do emprego. A dispensa, nessa hipótese, apresenta-se discriminatória e, se não

reconhecido esse caráter à despedida, a Justiça do Trabalho passa a ser apenas a justiça dos desempregados, ante o temor de ingresso em juízo durante a relação empregatícia. Garantir ao trabalhador o acesso direto à Justiça, independentemente da atuação do Sindicato ou do Ministério Público, decorre do texto constitucional (art. 5.º, XXXV, da CF/1988), e da Declaração Universal dos Direitos Humanos de 1948 (arts. VIII e X), sendo vedada a discriminação no emprego (Convenções 111 e 117 da OIT) e assegurada ao trabalhador a indenidade frente a eventuais retaliações do empregador (cfr. Augusto César Leite de Carvalho. Direito Fundamental de Ação Trabalhista. *Revista Trabalhista: Direito e Processo*, *Anamatra*. ano 1. vol. 1. n. 1. Rio de Janeiro: Forense, jan.-mar. 2002). Diante de tal quadro, o pleito reintegratório merece agasalho (...).
(TST, Embargos em Edcl em RR 7633000-19.2003.5.14.0900, SDI-I, j. 29.03.2012, rel. Min. Ives Gandra Martins Filho, *DEJT* 13.04.2012)

• Indenização por dano moral. Transtorno bipolar. Dispensa imotivada. Discriminação. Abuso de direito.
O direito de rescisão unilateral do contrato de trabalho, mediante iniciativa do empregador, como expressão de seu direito potestativo, não é ilimitado, encontrando limites em nosso ordenamento jurídico, notadamente na Constituição Federal, que, além de ter erigido como fundamento de nossa Nação a dignidade da pessoa humana e os valores sociais do trabalho (art. 1.º, III e IV, da CF/1988), repele todo tipo de discriminação (art. 3.º, IV, da CF/1988) e reconhece como direito do trabalhador a proteção da relação de emprego contra despedida arbitrária (art. 7.º, I, da CF/1988). No presente caso, emerge dos autos que a dispensa da reclamante, portadora de transtorno afetivo bipolar, por iniciativa do empregador, logo após o retorno de licença médica, foi discriminatória e arbitrária, constituindo, portanto, abuso de direito potestativo de resilição do contrato de trabalho e ato ilícito, nos termos do arts. 187 e 927 do CC/2002 (...).
(TST, RR 875000-13.2005.5.09.0651, 7.ª T., j. 05.09.2012, rel. Min. Delaíde Miranda Arantes, *DEJT* 10.09.2012)

• Despedida arbitrária ou sem justa causa. Ato discriminatório. reintegração no emprego.
Há presunção de que é discriminatória a despedida do trabalhador portador de doença grave que suscita, inequivocamente, estigma ou preconceito, ainda mais se presentes as circunstâncias de o empregador estar ciente da patologia e de o empregado ter sido considerado apto para o trabalho pelo órgão da previdência social (...).
(TRT-4.ª Reg., RO 0000105-10.2011.5.04.0016, 9.ª T., j. 22.11.2012, rel. Juiz convocado Fernando Luiz de Moura Cassal)

• Discriminação. A trabalhadora que se encontra em estado gravídico pertence a uma "categoria suspeita", assim considerado aquele grupo de trabalhadores cuja manutenção no emprego, ou o acesso a uma promoção não é interessante ao empregador. Qualquer tratamento diferenciado e prejudicial contra um integrante do grupo, principalmente quando é reconhecida uma promoção e, posteriormente, cancelada, deve ser muito bem justificado pelo critério de proporcionalidade (necessidade, inexistência de outra alternativa e proporcionalidade em sentido estrito), sob pena de presunção de prática discriminatória. Em tais casos, o ônus da prova de que não houve prática discriminatória é do empregador, em qualquer tipo de contrato, em face de sua capacidade probatória superior, atendendo-se o princípio laboral universal da proteção contra a discriminação de qualquer espécie conforme a Convenção 111 da OIT e sua força cogente universal, bem como na Convenção Internacional Contra Todas as Formas de Discriminação da Mulher das Nações Unidas (1979) e no nosso ordenamento interno regido pelos arts. 3.º, IV, da CF/1988, 373-A da CLT e 1.º da Lei 9.029/1995 (...). Necessária a expedição de ofícios, inclusive para cumprimento das disposições do art. 3.º, I e II, da Lei 9.029/1995, como forma de coibir a discriminação contra as gestantes neste país (...).
(TRT-15.ª Reg., RO 0109200-23.2009.5.15.0053, j. 24.04.2012, rel. Des. Firmino Alves Lima)

Interpretação restritiva

• **Súmula 683 do STF**
O limite de idade para a inscrição em concurso público só se legitima em face do art. 7.º, XXX, da CF/1988, quando possa ser justificado pela natureza das atribuições do cargo a ser preenchido.

EQUIPARAÇÃO SALARIAL

Interpretação convergente

• Equiparação salarial. Preenchimento dos requisitos do art. 461 da CLT. Concessão.
Há que se conceder a equiparação salarial pretendida pelo obreiro quando preenchidos concomitantemente os requisitos previstos no art. 461 da CLT:

identidade de funções, trabalho de igual valor, mesmo empregador, mesma localidade, diferença de tempo de serviço não inferior a dois anos e inexistência de Quadros organizados em carreira (...).
(TRT-15.ª Reg., RO 0122200-44.2009.5.15.0133, j. 14.02.2012, rel. Des. Luís Carlos Cândido Martins Sotero da Silva)

• Equiparação salarial. Requisitos legais. Reconhecimento judicial. Consequências.
A equiparação salarial é instrumento antidiscriminatório, de matriz constitucional (art. 7.º, XXX, da CF/1988), que veda o pagamento de salários diversos em razão de sexo, idade, cor ou estado civil. Referido instrumento realça a força vinculante dos preceitos constitucionais entre os particulares e evidencia a proteção conferida pela Carta Política à dignidade da pessoa humana e ao valor social do trabalho, alçados a fundamento da República (art. 1.º, III e IV, da CF/1988). Presentes os requisitos legais previstos no art. 461 da CLT e ausentes as causas impeditivas, modificativas ou extintivas do direito do autor, são devidas ao trabalhador às diferenças salariais decorrentes da equiparação reconhecida judicialmente (...).
(TRT-24.ª Reg., RO 00703-2006-007-24-00-5, 2.ª T., j. 22.10.2008, rel. Juiz Nicanor de Araújo Lima)

Interpretação extensiva

• **Súmula 202 do STF**
Na equiparação de salário, em caso de trabalho igual, toma-se em conta o tempo de serviço na função, e não no emprego.

Interpretação restritiva

• Equiparação salarial.
Demonstrada a identidade de funções entre o autor e o paradigma e não comprovados, pela reclamada, os fatos impeditivos, modificativos ou, extintivos da equiparação salarial, o autor tem direito às diferenças alcançadas (...).
(TRT-4.ª Reg., RO 01730-2004-203-04-00-3, 3.ª T., j. 05.11.2008, rel. Des. Ricardo Carvalho Fraga)

- Equiparação salarial. Incorporação de empresas. Quadros de pessoal distintos no período anterior à modificação. Vedação da equiparação entre empregados oriundos das empresas incorporadora e incorporada (...).
(TRT-5.ª Reg., RO 17158/08, 4.ª T., j. 17.07.2008, rel. Juiz convocado Rubem Nascimento Júnior)

- Isonomia de salário.

A norma consolidada específica, preconizada no art. 461, *caput*, da CLT além de outros, fixa como critério objetivo para o atendimento de pedido isonômico, o fato, comprovado nos autos, de que os empregados em paralelo trabalhem na mesma localidade. O labor em localidades diversas inviabiliza, portanto, a equiparação salarial não se configurando violação à garantia constitucional de isonomia (...).
(TRT-5.ª Reg., RO 17927/08, 4.ª T., j. 29.07.2008, rel. Des. Valtércio Ronaldo de Oliveira)

- Equiparação. Diferenças salariais.

A absoluta ausência de prova tangente à diferença de perfeição técnica alegada na realização do trabalho deixa ruir o diferencial eminentemente qualitativo na aferição do trabalho comparado. E a falta de superioridade qualitativa na concretização laborativa, como observado na hipótese veiculada nos autos, não tem o condão de distinguir o real trabalho realizado, viabilizando a equiparação, uma vez comprovada a identidade de funções entre equiparando e equiparado (...).
(TRT-5.ª Reg., RO 00793-2006-037-05-00-0, 5.ª T., j. 08.09.2009, rel. Des. Norberto Frerichs)

- Equiparação salarial. Requisitos.

O pagamento de salário igual apenas tem cabimento quando dois empregados exercem funções idênticas, na mesma circunscrição territorial, produzindo igualmente, desde que a empresa não possua quadro organizado em carreira e desde que um deles não tenha tempo de serviço na função superior a dois anos ao do outro, conforme dispõe o art. 461 da CLT. Não tendo a Reclamante provado o fato constitutivo de seu direito, qual seja, identidade de função, não pode ser deferida a equiparação (...).
(TRT-5.ª Reg., RO 00309-2008-034-05-00-5, 5.ª T., j. 08.09.2009, rel. Des. Norberto Frerichs)

- Equiparação salarial. Não configuração. Divisão das praças em mercados. Localidades distintas. Possibilidade.

Não afronta o princípio da isonomia salarial a divisão de praças em mercados com critérios objetivos para efeitos de fixação de remuneração diferenciada dos empregados. Exegese do art. 461 da CLT que dispõe "Sendo idêntica a função, a todo trabalho de igual valor, prestado ao mesmo empregador, na mesma localidade, corresponderá igual salário, sem distinção de sexo, nacionalidade ou idade" e continua no § 1.º "Trabalho de igual valor, para os fins deste Capítulo, será o que for feito com igual produtividade e com a mesma perfeição técnica, entre pessoas cuja diferença de tempo de serviço não for superior a dois anos" (...).
(TRT-5.ª Reg., RO 01224-2007-014-05-00-9, 2.ª T., j. 25.09.2008, rel. Juiz convocado Het Jones Rios)

• Da diferença de salário decorrente de equiparação salarial. Indeferimento.
Correto o Juízo de primeiro grau, que indeferiu o pedido de diferença salarial, desde que a acionada comprovou a excludente prevista no § 1.º do art. 461 da CLT, porquanto o paradigma já trabalhava na referida função há mais de dois anos (...).
(TRT-6.ª Reg., RO 00404-2007-016-06-00-0, 3.ª T., j. 11.06.2008, rel. Des. Gisane Barbosa de Araújo)

XXXI – proibição de qualquer discriminação no tocante a salário e critérios de admissão do trabalhador portador de deficiência;

⚖️ **Interpretação convergente**

• Sociedade de economia mista. Rescisão contratual. Exposição de motivos. Vinculação. Teoria dos motivos determinantes. Empregado portador de necessidades especiais. Deficiência física. Inclusão social.
Em princípio, as sociedades de economia mista não precisam motivar o rompimento sem justa causa do pacto laboral, nos termos do art. 173, § 1.º, II, da CF/1988 e da OJ 247, I, do TST. Todavia, em face da teoria dos motivos determinantes, a instituição financeira, ao expor as razões do ato demissional praticado, a elas fica vinculada. Assim, a inexistência ou a falsidade dos motivos expostos pela administração pública para a realização do ato administrativo de rescisão contratual acarreta a sua nulidade, resultando na reintegração do obreiro. Por sua vez, o art. 5.º, *caput*, da CF/1988 estabelece o princípio da isonomia, garantindo a igualdade de todos, sem distinção de qualquer natureza. A essência do princípio da isonomia fixa que os desiguais devem ser tratados desigualmente,

na medida das suas respectivas desigualdades, promovendo a igualdade substancial. Especificamente, a igualdade entre os trabalhadores em geral e os trabalhadores portadores de necessidades especiais tem por finalidade assegurar idênticas oportunidades laborais entre essas pessoas, dando-lhes tratamento diferenciado, considerando as desigualdades intrínsecas da situação. O empregador deve efetivamente promover a inclusão do trabalhador – admitido em concurso público na vaga de deficiente físico – no ambiente de laboral e efetuar a avaliação funcional de desempenho tomando em consideração a deficiência física locomotora do empregado. Trata-se da função social da empresa, inserido dentro do conceito de função social da propriedade. Não pode o princípio constitucional da livre iniciativa se sobrepor aos interesses coletivos da sociedade, no caso, dos portadores de necessidades especiais. Devem ser respeitados os direitos e interesses dos que se situam dentro da empresa e dos que gravitam em torno dela, em especial dos seus trabalhadores (...).
(TST, RR 137900-34.2005.5.03.0004, 4.ª T., j. 30.05.2012, rel. Min. Vieira de Mello Filho, *DEJT* 30.05.2012)

> **XXXII** – proibição de distinção entre trabalho manual, técnico e intelectual ou entre os profissionais respectivos;
>
> **XXXIII** – proibição de trabalho noturno, perigoso ou insalubre a menores de 18 e de qualquer trabalho a menores de 16 anos, salvo na condição de aprendiz, a partir de 14 anos;

* Inc. XXXIII com redação determinada pela EC 20/1998.
* V. art. 227 da CF/1988.
* V. arts. 192, 402 e 792 da CLT.

🏛 Interpretação extensiva

• A norma constitucional insculpida no art. 7.º, XXXIII, da CF/1988, tem caráter protecionista, visando coibir o trabalho infantil, não podendo servir, porém, de restrição aos direitos do trabalhador no que concerne à contagem de tempo de serviço para fins previdenciários. Tendo sido o trabalho realizado inclusive pelo menor de 14 anos, há que se reconhecer o período comprovado para fins de concessão de salário-maternidade (...).
(TRF-4.ª Reg., ApCiv 0019787-56.2011.404.9999, 5.ª T., j. 15.02.2012, rel. Juíza Cláudia Cristina Cristofani)

Interpretação restritiva

- **Súmula 194 do STF**
É competente o Ministro do Trabalho para a especificação das atividades insalubres.

XXXIV – igualdade de direitos entre o trabalhador com vínculo empregatício permanente e o trabalhador avulso.

Interpretação extensiva

- Comprovado o trabalho pessoal, não eventual, oneroso e subordinado do recorrido, presentes estão os requisitos necessários à configuração da relação de emprego entre as partes, nos moldes dos arts. 2.º e 3.º da CLT (...).
(TRT-1.ª Reg., RO 00599-2006-013-00-6, 4.ª T., j. 05.08.2008, rel. Des. José Carlos Novis César)

Interpretação restritiva

- Relação de emprego. "Chapa". Não reconhecimento.
O caráter *intuito personae* e subordinação jurídica constituem-se elementos ao reconhecimento da relação de emprego, nos termos do art. 3.º da CLT. *In casu*, o conjunto probatórios dos autos revela a existência de prestação de serviços na condição de "chapa", denominação no meio forense laboral àqueles trabalhadores assemelhados aos trabalhadores avulsos, sem vínculo empregatício (...).
(TRT-6.ª Reg., RO 01017-2007-142-06-00-6, 3.ª T., j. 28.05.2008, rel. Des. Gilvan de Sá Barreto)

- Vínculo empregatício. Inconfigurado.
[A] contestação não reconheceu prestação de serviços nos moldes do art. 3.º da CLT, apenas declinou a condição de trabalhador avulso do reclamante, assim considerado "aquele que, devidamente habilitado e registrado como tal, pelo órgão gestor de mão-de-obra, trabalha para operador portuário, remunerado por este, mas pago pelo primeiro" (CATHARINO, José Martins. *O novo sistema portuário brasileiro*. Rio de Janeiro: Destaque, s.d. p. 22). O registro na CTPS, por outro lado, dá conta de que o autor ingressou no quadro social do Sindicato dos Arrumadores no Estado de Pernambuco (...) exercendo suas atividades como

arrumador, trabalhando para diversas empresas sem vínculo empregatício com o reclamado. Desse modo, e à míngua de subsídios outros, presume-se que o recorrente trabalhou, de fato, na condição de avulso (...).
(TRT-6.ª Reg., RO 00108-2008-122-06-00-0, 2.ª T., j. 17.09.2008, rel. Juíza convocada Aline Pimentel Gonçalves)

> **Parágrafo único. São assegurados à categoria dos trabalhadores domésticos os direitos previstos nos incs. IV, VI, VII, VIII, X, XIII, XV, XVI, XVII, XVIII, XIX, XXI, XXII, XXIV, XXVI, XXX, XXXI e XXXIII e, atendidas as condições estabelecidas em lei e observada a simplificação do cumprimento das obrigações tributárias, principais e acessórias, decorrentes da relação de trabalho e suas peculiaridades, os previstos nos incs. I, II, III, IX, XII, XXV e XXVIII, bem como a sua integração à previdência social.**

* Parágrafo único com redação determinada pela EC 72/2013.
* V. art. 7.º da CLT.
* V. Lei 5.859/1972 (Empregado doméstico).
* V. Dec. 3.361/2000 (Regulamenta dispositivos da Lei 5.859/1972 – Acesso ao FGTS).

⚖️ Interpretação convergente

• Empregado doméstico. Férias. Dobra legal. Aplicabilidade. Princípio da igualdade.
1. A Constituição da República, ao estabelecer o rol dos direitos trabalhistas com status constitucional, assegurou aos empregados domésticos o direito à fruição das férias, com o respectivo adicional, em igualdade com os demais trabalhadores. Nota-se, assim, o intuito do poder constituinte originário de melhor amparar os trabalhadores domésticos.
2. Recentes modificações legislativas autorizam a conclusão de que há um movimento histórico que revela a tendência normativa de tornar cada vez mais equitativos os direitos dos trabalhadores domésticos em relação aos direitos usufruídos pelos demais empregados.
3. Com efeito, a Lei 11.324/2006 alterou o art. 3.º da Lei 5.859/1972, ampliando o período de férias dos empregados domésticos para 30 dias, em paridade com os demais trabalhadores. A mesma lei estendeu às empregadas domésticas gestantes

o direito à estabilidade desde a confirmação da gravidez até cinco meses após o parto. A Lei 10.208/2001, por sua vez, acrescentou o art. 3.º-A à lei de regência do empregado doméstico, para autorizar a inclusão facultativa do empregado no Fundo de Garantia do Tempo de Serviço – FGTS.
4. Essas alterações legislativas, lidas à luz do princípio da igualdade, autorizam a concluir que, cada vez mais, tem se tornado insustentável a manutenção da desigualdade de direitos entre os empregados domésticos e os demais trabalhadores.
5. Ressalte-se que, confirmando o acima disposto, o Dec. 71.885/1973 (que regulamentou a Lei 5.859/1972), já em 1973, reconheceu que, no tocante às férias entre as quais se inclui a indenização por sua não concessão –, as disposições da Consolidação das Leis do Trabalho são aplicáveis também ao empregado doméstico.
6. Assim, é mera decorrência do princípio do igual tratamento o reconhecimento de que os empregados domésticos têm o direito à dobra legal pela concessão das férias após o prazo.
Férias não concedidas. Pagamento em dobro. Nos termos do art. 137 da CLT, na hipótese de o trabalhador prestar serviços no período destinado às férias, tem direito ao pagamento dobrado (...).
(TST, Embargos em RR 13145/2000-652-09-00.8, SDI-I, j. 19.11.2007, rel. Min. Maria Cristina Irigoyen Peduzzi, *DJU* 07.12.2007)

Art. 8.º É livre a associação profissional ou sindical, observado o seguinte:

* V. arts. 511, 515, 524, 537, 543, 553, 558 e 570 da CLT.

I – a lei não poderá exigir autorização do Estado para a fundação de sindicato, ressalvado o registro no Órgão competente, vedadas ao Poder Público a interferência e a intervenção na organização sindical;

⚖ Interpretação convergente

• O registro versado no inc. I do art. 8.º da CF/1988 é o civil das pessoas jurídicas, não se podendo cogitar de observância da formalidade presente, Poder ou Órgão público, ou seja, o Ministério do Trabalho (...).
(STF, RE 291.822/RS, 1.ª T., j. 29.11.2011, rel. Min. Marco Aurélio Mendes de Farias Mello, *DJe* 09.02.2012)

🏛 Interpretação extensiva

- **Súmula 677 do STF**
Até que lei venha a dispor a respeito, incumbe ao Ministério do Trabalho proceder ao registro das entidades sindicais e zelar pela observância do princípio da unicidade.

> II – é vedada a criação de mais de uma organização sindical, em qualquer grau, representativa de categoria profissional ou econômica, na mesma base territorial, que será definida pelos trabalhadores ou empregadores interessados, não podendo ser inferior à área de um Município;

⚖ Interpretação convergente

- Sindicato. Desmembramento. Alegação de afronta ao princípio da unicidade sindical. Improcedência.

Caso em que determinada categoria profissional – até então filiada a sindicato que representava diversas categorias, em bases territoriais diferentes – forma organização sindical específica, em base territorial de menor abrangência. Ausência de violação ao princípio da unicidade sindical (...).
(STF, AgRg no RE 433.195/RS, 1.ª T., j. 20.05.2008, rel. Min. Carlos Ayres Britto, *DJe* 19.09.2008)

- Organização sindical. Categorias afins. Contabilistas e contadores.

Mostra-se possível o desmembramento do Sindicato se referente a categoria específica no que o primitivo englobava contabilistas e contadores. Inteligência do Diploma Maior da República, a nortear a disciplina normativa ordinária, revelando recepcionado o art. 571, primeira parte, da CLT, não subsistindo a exigência de autorização da Comissão do Enquadramento Sindical (...).
(STF, RE 291.822/RS, 1.ª T., j. 29.11.2011, rel. Min. Marco Aurélio Mendes de Farias Mello, *DJe* 09.02.2012)

- Sindicato. Desmembramento. Base territorial.
1. Quando suscitada *incidenter tantum*, a disputa sobre o direito de representação da categoria pode e deve ser enfrentada, porque constitui típica questão prejudicial, cujo exame, sem atributo de coisa julgada material, não escapa à competência da Justiça do Trabalho, segundo inteligência do art. 469, III, do CPC.

2. O princípio da unicidade sindical não obsta a que sindicatos sejam criados a partir do desmembramento da base territorial de outra entidade, desde que respeitado o módulo mínimo de um município (art. 8.º, II, da CF/1988).
3. Forçoso acolher a arguição de ilegitimidade ativa *ad causam* do sindicato profissional para o ajuizamento da ação coletiva, uma vez operado o desmembramento válido de sua base territorial originária (art. 8.º, II, da CF/1988), máxime quando reconhecido no âmbito da Justiça Comum em duplo grau de jurisdição, do que emerge a representatividade do sindicato que se desmembrou (...).
(TST, RODC 433/2002-000-15-00.3, SDC, j. 29.04.2004, rel. Min. João Oreste Dalazen, *DJU* 28.05.2004)

- Concessão de registro sindical. Desmembramento. Categoria mais específica. Possibilidade.

A Corte *a quo* ao pontuar que o princípio da unicidade sindical não obsta à criação de sindicatos novos, por desmembramento da categoria em outra mais específica, levou em conta o inc. VIII do art. 10 da Portaria MTE 186 e a jurisprudência do próprio STF, que, interpretando o art. 8.º da CF/1988, considerou que tal procedimento encontra respaldo nos princípios assegurados pela Constituição Federal em matéria de direito sindical. Assim, não há como reputar violados os arts. 8.º, II, da CF/1988 e 511, 515 e 516 da CLT (...).
(TST, AgIn em RR 4-66.2010.5.10.0007, j. 15.08.2012, rel. Min. Dora Maria da Costa, *DEJT* 16.08.2012)

Interpretação extensiva

- Não é aplicável norma coletiva de trabalho firmada com o Sindicato de Empresas de Transporte de Passageiros do Município do Rio de Janeiro se o empregador está representado por outra entidade sindical que abrange a base territorial de Niterói a Arraial do Cabo, inclusive porque o empregado era condutor em linha intermunicipal, não ficando adstrito ao Município do Rio de Janeiro (...).
(TRT-1.ª Reg., RO 0138800-48.2004.5.01.0023, 6.ª T., j. 28.09.2011, rel. Des. Theocrito Borges dos Santos Filho)

- Normas coletivas. Categoria diferenciada. Empresa com sede em base territorial diversa do local da prestação de serviços. Princípio da territorialidade e da eficácia ultralitigantes das normas coletivas.

As normas coletivas vigentes na base territorial do local da prestação de serviços devem determinar as condições de trabalho do empregado de categoria diferenciada, ainda que a empresa, com sede em outra base territorial, não se faça representar diretamente, ou indiretamente pelo seu sindicato de classe onde é filiada. A representação patronal se faz independente de filiação sindical, em decorrência da lei, pelo sindicato da categoria econômica similar na região (...).
(TRT-4.ª Reg., RO 01425-2004-203-04-00-1, 1.ª T., j. 10.08.2005, rel. Des. Maria Helena Mallmann)

• Convenção coletiva. Âmbito de aplicação. Princípio da territorialidade.
Tendo o reclamante juntado aos autos a norma coletiva correspondente à atividade preponderante da empresa (Construção Pesada, Terraplanagem e Pavimentação), dentre outras categorias econômicas, e que fora celebrada entre as entidades sindicais no âmbito da localidade da prestação de serviços (Tupã e Região), é esta que deve ser aplicada ao contrato de trabalho. Não pode prevalecer a Convenção Coletiva específica da categoria econômica da indústria da construção pesada, mas que abarca todo o Estado de São Paulo, como pretende a reclamada. Aplica-se à hipótese o princípio da territorialidade, levando-se em consideração o local da prestação de serviços, onde, inclusive, a empresa também mantinha uma filial, até porque a norma coletiva da base territorial mais restrita, em razão da sua especificidade, reflete com maior correspondência os anseios da categoria naquela base (...).
(TRT-15.ª Reg., RO 00967-2003-065-15-00-6, j. 25.10.2004, rel. Juíza Ana Paula Pellegrina Lockmann)

Interpretação restritiva

• A impossibilidade de desmembramento de sindicato, considerados segmentos diversos, decorre da circunstância de as categorias terem regência legal única, não alcançando categorias simplesmente conexas ou afins, quando prevalece a liberdade de associação (...).
(STF, RE 291.822/RS, 1.ª T., j. 29.11.2011, rel. Min. Marco Aurélio Mendes de Farias Mello, *DJe* 09.02.2012)

> **III – ao sindicato cabe a defesa dos direitos e interesses coletivos ou individuais da categoria, inclusive em questões judiciais ou administrativas;**

Art. 8.º

🏛 Interpretação convergente

• O Plenário do STF deu interpretação ao art. 8.º, III, da CF/1988 e decidiu que os sindicatos têm legitimidade processual para atuar na defesa de todos e quaisquer direitos subjetivos individuais e coletivos dos integrantes da categoria por ele representada (...).
(STF, AgRg no RE 197.029/SP, 1.ª T., j. 13.12.2006, rel. Min. Ricardo Lewandowski, *DJU* 16.02.2007)

• Sindicato. Legitimidade extraordinária. Substituição processual. Art. 8.º, III, da CF/1988. Precedentes. Agravo regimental desprovido.
O Plenário desta Corte, ao apreciar e julgar, dentre outros, o RE 193.579 (j. 12.06.2006, redator p/ acórdão Min. Joaquim Barbosa) firmou entendimento no sentido de que os sindicatos possuem legitimidade extraordinária para atuar como substitutos processuais na defesa em juízo dos direitos e interesses coletivos ou individuais da categoria que representam (...).
(STF, AgRg no RE 211.866/RS, 2.ª T., j. 08.05.2007, rel. Min. Joaquim Barbosa, *DJU* 29.06.2007)

• O art. 3.º da Lei 8.073/1990, em consonância com o art. 8.º, III, da CF/1988, confere aos sindicatos ampla legitimidade para defenderem em juízo os direitos da categoria, quer nas ações ordinárias, quer nas seguranças coletivas, ocorrendo a chamada substituição processual. Precedentes do STF e do STJ (...).
(STJ, REsp 936.229/RS, 5.ª T., j. 19.02.2009, rel. Min. Arnaldo Esteves Lima, *DJe* 16.03.2009)

• Na linha de recente orientação jurisprudencial consolidada pelo STF (RE 214.668, entre outros), o sindicato possui ampla legitimidade ativa *ad causam* para atuar como substituto processual da categoria que representa, na defesa de direitos e interesses coletivos e individuais de seus integrantes, seja em processo de conhecimento, de liquidação ou execução de sentença, dispensada qualquer autorização. Inteligência do art. 8.º, III, da CF/1988 (...).
(TRF-1.ª Reg., Ap 2002.38.00.005121-2, 1.ª T., j. 10.03.2008, rel. Des. José Amilcar Machado, *DJU* 01.04.2008)

⚖ Interpretação restritiva

• Ação coletiva. Sindicato. Substituição processual. Efeitos. Restrição. Filiados. Ajuizamento da ação. Impossibilidade.

Art. 8.º

A jurisprudência do STJ é firme no sentido de que são beneficiários de sentença proferida em ação coletiva ajuizada por entidade sindical todos os servidores que se filiaram ao sindicato até a data do ajuizamento da execução (...).
(TJDF, AgRg na Ação Coletiva 2008002000078-3, Conselho Especial, j. 26.06.2012, rel. Des. Ana Maria Duarte Amarante Brito, *DJe* 16.07.2012)

> **IV – a assembleia geral fixará a contribuição que, em se tratando de categoria profissional, será descontada em folha, para custeio do sistema confederativo da representação sindical respectiva, independentemente da contribuição prevista em lei;**

* V. Súmula 396 do STJ.

🏛 Interpretação extensiva

- Ação anulatória convenção coletiva. Taxa assistencial.

Não há que se falar em nulidade da cláusula, disposta em convenção coletiva, que fixa taxa assistencial a ser suportada pelos integrantes da categoria, visto que a mesma se destina ao custeio das atividades do órgão sindical na execução dos programas que beneficiam todos, tanto os associados como aqueles que não o são (...).
(TRT-7.ª Reg., Ação Anulatória 00884/2008-000-07-00-0, 1.ª T., j. 11.11.2008, rel. Des. Lais Maria Rossas Freire)

⚖ Interpretação restritiva

- **Súmula 666 do STF**

A contribuição confederativa de que trata o art. 8.º, IV, da CF/1988, só é exigível dos filiados ao sindicato respectivo.

- **OJ 17 da SDC/TST**

Contribuições para entidades sindicais. Inconstitucionalidade de sua extensão a não associados. (Inserida em 25.05.1998).
As cláusulas coletivas que estabeleçam contribuição em favor de entidade sindical, a qualquer título, obrigando trabalhadores não sindicalizados, são ofensivas ao direito de livre associação e sindicalização, constitucionalmente assegurado, e,

portanto, nulas, sendo passíveis de devolução, por via própria, os respectivos valores eventualmente descontados.

- **Precedente Normativo 119 do TST**
Contribuições sindicais. Inobservância de preceitos constitucionais. (Nova redação dada pela SDC em sessão de 02.06.1998, homologação Res. TST 82/1998, *DJ* 20.08.1998).
A Constituição da República, em seus arts. 5.º, XX e 8.º, V, assegura o direito de livre associação e sindicalização. É ofensiva a essa modalidade de liberdade cláusula constante de acordo, convenção coletiva ou sentença normativa estabelecendo contribuição em favor de entidade sindical a título de taxa para custeio do sistema confederativo, assistencial, revigoramento ou fortalecimento sindical e outras da mesma espécie, obrigando trabalhadores não sindicalizados. Sendo nulas as estipulações que inobservem tal restrição, tornam-se passíveis de devolução os valores irregularmente descontados.

- [A] Constituição da República, ao delinear o estatuto jurídico das organizações sindicais, instituiu, em favor destas, a possibilidade de, mediante deliberação de suas assembleias gerais, fixarem contribuição destinada ao "custeio do sistema confederativo da representação sindical respectiva, independentemente da contribuição prevista em lei" (art. 8.º, IV, da CF/1988).
Embora eminentes autores sustentem que todos os integrantes da categoria representada pelo organismo sindical estão sujeitos ao recolhimento da contribuição em referência, independentemente de serem, ou não, filiados ao sindicato respectivo (Arnaldo Süssekind. *Instituições de direito do trabalho*. 13. ed. São Paulo: LTr, 1993. vol. 2, p. 1033; Aluysio Mendonça Sampaio. As fontes de Receita dos Sindicatos na nova Constituição Federal. *Relações coletivas de trabalho*. São Paulo: LTr, 1989. p. 341; Octávio Bueno Magano; Estêvão Mallet. *O direito do trabalho na Constituição*. 2. ed. Rio de Janeiro: Forense, 1993. p. 282-289; Amauri Mascaro Nascimento. *Direito sindical*. São Paulo: Saraiva, 1989. p. 221), a jurisprudência do STF – interpretando a norma inscrita no art. 8.º, IV, da CF/1988 – proclamou que a contribuição confederativa é somente devida por aqueles que efetivamente sejam associados à entidade sindical (...).
(STF, AgRg no AgIn 401.712-4/DF, 2.ª T., j. 03.04.2007, rel. Min. Celso de Mello, *DJU* 29.06.2007)

- Contribuição assistencial. Cobrança. Empresa não filiada ao sindicato patronal.
Após a Constituição Federal de 1988, apenas a contribuição sindical (art. 578 da CLT) remanesce como obrigatória a todos os integrantes da categoria, ainda

que não sindicalizados, por força do disposto na parte final do art. 8.º, IV, da Carta. Dessa forma, as denominadas contribuições assistenciais e confederativas instituídas pelos sindicatos só podem ser cobradas de seus associados conforme jurisprudência do excelso STF, Súmula 666 do STF, e deste Tribunal, Precedente Normativo 119 do TST e OJ 17 da SDC/TST (...).
(TST, RR 144400-84.2009.5.04.0801, 3.ª T., j. 05.02.2012, rel. Min. Horácio Raymundo de Senna Pires, *DEJT* 24.02.2012)

- Contribuições sindicais. Inexigibilidade de não representados e não associados.
O art. 513, e, dispõe que é prerrogativa do sindicato impor contribuições a todos aqueles que participam das categorias econômicas ou profissionais ou de profissões liberais. Tais contribuições somente podem ser impostas aos representados pelo sindicato, ou seja, o sindicato dos trabalhadores pode impor contribuições aos seus representados (empregados) e o sindicato dos empregadores pode impor contribuições aos seus representados (empregadores). Não há, portanto, amparo legal para a imposição de contribuição pelo sindicato dos trabalhadores aos empregadores, pois não são seus representantes. Além disso, a jurisprudência já se consolidou no sentido de que, mesmo em relação aos representados pelo sindicato (a categoria), a imposição de contribuições está restrita aos associados, porque entendimento contrário feriria o direito de livre associação e sindicalização (Precedente Normativo 119 da SDC do C. TST) (...).
(TRT-2.ª Reg., RO 00872.2002.331.02.00-0, 10.ª T., j. 10.08.2004, rel. Min. Rilma Aparecida Hemetério)

- Restituição de contribuições confederativa e assistencial.
O entendimento prevalecente nesta 5.ª T. e 10.ª Câm. do TRT-15.ª Reg., no que concerne ao desconto salarial da contribuição confederativa, é no sentido de que as partes envolvidas são o empregado e o sindicato. O desconto é em favor do próprio sindicato da categoria do empregado, sendo este o credor. Destarte, a postulação de restituição da contribuição confederativa descontada na folha somente é viável em face do sindicato de classe. O empregador não é parte legítima para responder pela devolução, uma vez que não é parte na relação jurídico-material, atuando apenas como mero depositário e repassador de valores, que são deduzidos na fonte dos rendimentos do empregado e destinada ao sindicato de classe (...).
(TRT-15.ª Reg., RO 00460-2008-028-15-00-7, 5.ª T., j. 02.12.2008, rel. Des. José Antonio Pancotti)

V – ninguém será obrigado a filiar-se ou a manter-se filiado a sindicato;

🏛 Interpretação extensiva

• Contribuição assistencial patronal.
Deve ser afastada a exigibilidade da contribuição assistencial instituída por convenção coletiva de trabalho quando não há prova da filiação da empresa no sindicato da categoria econômica, conforme Súmula 666 do STF (...).
(TRT-4.ª Reg., RO 00742-2008-662-04-00-4, 4.ª T., j. 27.11.2008, rel. Des. Ricardo Tavares Gehling)

• Em sendo livre a opção pela sindicalização, a fixação de contribuição assistencial extensiva a não sindicalizados, sem que estes tenham manifestado desejo de contribuir, ofende o princípio da liberdade associativa, ainda mais quando se estabelece prazo peremptório e improrrogável para oposição eficaz, procedimento que encontra óbice no Precedente Normativo 119, do C. TST, justificando a antecipação de tutela, no que se refere à nulidade de tal cláusula (...).
(TRT-24.ª Reg., AgRg na Ação Anulatória 0318/2008-000-24-40-0, Pleno, j. 29.01.2009, rel. Des. Amaury Rodrigues Pinto Junior)

VI – é obrigatória a participação dos sindicatos nas negociações coletivas de trabalho;

🏛 Interpretação extensiva

• Em havendo recusa do sindicato profissional, e até mesmo da Federação, em participar da negociação coletiva, que objetiva a formalização de acordo coletivo, legítima é a atuação de comissão de empregados, nos termos do que dispõe o art. 8.º, VI, da CF/1988 e art. 617 da CLT. Titulares dos direitos são os empregados, de forma que o sindicato profissional, como seu representante, deve se ajustar à vontade que, livremente, expressam e que atende aos seus interesses, mormente considerando-se as peculiaridades que envolvem a prestação de serviços e a realidade econômico-financeira do empregador (...).
(TST, RODC 16300-58.2005.5.03.0000, SDC, j. 08.03.2007, rel. Min. Milton de Moura França, *DEJT* 13.04.2007)

VII – o aposentado filiado tem direito a votar e ser votado nas organizações sindicais;

VIII – é vedada a dispensa do empregado sindicalizado a partir do registro da candidatura a cargo de direção ou representação sindical e, se eleito, ainda que suplente, até um ano após o final do mandato, salvo se cometer falta grave nos termos da lei.

* V. art. 543 da CLT.

⚖️ **Interpretação convergente**

- **Súmula 197 do STF**
O empregado com representação sindical só pode ser despedido mediante inquérito em que se apure falta grave

- A garantia constitucional da estabilidade provisória do dirigente sindical (art. 8.°, VIII, da CF/1988) protege o empregado sindicalizado – registrado como candidato ou já investido no mandato sindical – contra injusta ruptura do contrato de trabalho, assim considerada toda despedida que não se fundar em falta grave ou, então, que não decorrer da extinção da própria empresa ou, ainda, que não resultar do encerramento das atividades empresariais na base territorial do sindicato, motivados, em qualquer dessas duas ultimas hipóteses, por fatores de ordem técnica, econômica e/ou financeira (...). Compete ao empregador, sob pena de pagamento de indenização compensatória ao empregado/dirigente sindical, o ônus de comprovar a ocorrência de razões de ordem técnica, econômica ou financeira aptas a afastar, excepcionalmente, a incidência da garantia constitucional da estabilidade provisória do dirigente sindical, nas hipóteses de cessação das atividades empresariais (...).
(STF, AgRg no AgIn 454.064/PA, 2.ª T., j. 14.03.2006, rel. Min. Celso de Mello, *DJe* 05.02.2013)

Parágrafo único. As disposições deste artigo aplicam-se à organização de sindicatos rurais e de colônias de pescadores, atendidas as condições que a lei estabelecer.

* V. Lei 11.699/2008 (Dispõe sobre as Colônias, Federações e Confederação Nacional dos Pescadores regulamentando este parágrafo).

Interpretação restritiva

• Art. 2.º, IV, *a*, *b* e *c*, da Lei 10.779/2003. Filiação à colônia de pescadores para habilitação ao seguro-desemprego (...).

Viola os princípios constitucionais da liberdade de associação (art. 5.º, XX, da CF/1988) e da liberdade sindical (art. 8.º, V, da CF/1988), ambos em sua dimensão negativa, a norma legal que condiciona, ainda que indiretamente, o recebimento do benefício do seguro-desemprego à filiação do interessado a colônia de pescadores de sua região (...).

(STF, ADIn 3.464/DF, Pleno, j. 29.10.2008, rel. Min. Menezes Direito, *DJe* 06.03.2009)

Art. 9.º É assegurado o direito de greve, competindo aos trabalhadores decidir sobre a oportunidade de exercê-lo e sobre os interesses que devam por meio dele defender.

* V. art. 114, II, da CF/1988.
* V. Lei 7.783/1989 (Direito de greve).

§ 1.º A lei definirá os serviços ou atividades essenciais e disporá sobre o atendimento das necessidades inadiáveis da comunidade.

Interpretação extensiva

• [N]ão obstante a previsão constitucional do exercício do direito de greve ao funcionalismo público, nenhuma norma cuidou, até o momento, de regulamentar o disposto no art. 37, VII, da CF/1988.

Assim, a paralisação do serviço de fiscalização sanitária, no caso, por motivo de greve, impedindo a inspeção de navios atracados no porto ou que nele precisam atracar para embarque ou desembarque de mercadorias, sem manter o mínimo de servidores necessários para o procedimento de inspeção, não pode prejudicar terceiros, devendo a autoridade competente adotar as providências para a efetivação do serviço.

Nesse sentido, observa o eminente Des. Souza Prudente no voto que proferiu na RMS 2004.38.02.001157-0/MG, que "o exercício do direito de greve no serviço público, conquanto esteja assegurado constitucionalmente, não afasta o direito líquido e certo da impetrante, na espécie, de ver sua mercadoria submetida a

exame e, se em condições regulares, exigir o certificado sanitário, para viabilizar a comercialização de seus produtos, mormente na hipótese dos autos, em que se trata de mercadoria perecível", lição que se aplica inteiramente à hipótese dos autos.

Igualmente, na linha da argumentação sentencial, entre outros, o precedente emanado do STJ, lavra do eminente Min. Franciulli Neto, cujo acórdão assim ementou, *verbis*:

"Administrativo. Mandado de segurança. Deferimento de liminar. Liberação de mercadorias importadas. Greve de servidores. Direito ao desembaraço aduaneiro. Violação à lei federal não configurada. Não cabe ao particular arcar com qualquer ônus em decorrência do exercício do direito de greve dos servidores, que, embora legítimo, não justifica a imposição de qualquer gravame ao particular. Devem as mercadorias ser liberadas, para que a parte não sofra prejuízo. Recurso não conhecido. Decisão unânime" (STJ, REsp 179.255/SP, *DJ* 12.11.2001).

Com essas considerações, nego provimento à remessa oficial, para confirmar integralmente a sentença remetida, que reconheceu o direito líquido e certo da impetrante, consistente na fiscalização sanitária de sua embarcação, com a expedição do certificado de "livre prática", possibilitando, com isso, no caso, o desembarque da mercadoria importada (...).

(TRF-1.ª Reg., Reexame Necessário 2008.33.00.009842-2, 6.ª T., j. 13.07.2009, rel. Des. Carlos Augusto Pires Brandão, *DJF* 24.08.2009)

§ 2.º Os abusos cometidos sujeitam os responsáveis às penas da lei.

⚖️ **Interpretação convergente**

- Atividade essencial. Greve dos metroviários. Abusividade material do movimento.

O movimento de paralisação dos serviços qualificados no art. 9.º da CF/1988 tem de estar vinculado à reivindicação contida no contrato de trabalho. Esta é a materialidade necessária, para que se possa falar em greve. Se a paralisação dos serviços ocorreu por motivação política, a "greve", por mais justa que possa parecer, deve ser considerada materialmente abusiva. Por outro lado, o não atendimento à ordem judicial de manutenção mínima dos serviços configura também afronta ao sistema jurídico positivo, sustentáculo do Estado Democrático de Direito,

impondo-se, por consequência, a aplicação da multa por descumprimento da liminar. Greve que se julga abusiva (...).

(TRT-2.ª Reg., MC Inominada 20258200600002005, SDC, j. 13.09.2007, rel. Nelson Nazar, *DJ* 02.04.2007)

- Justa causa. Participação em greve. Abuso de direito.

A participação em greve é direito assegurado ao trabalhador, porém dentro dos limites estabelecidos pela Lei 7.783/1989, segundo a qual as manifestações e atos de persuasão utilizados pelos grevistas não poderão impedir o acesso ao trabalho nem causar ameaça ou dano à propriedade ou à pessoa. No caso dos autos, as provas documental e testemunhal demonstraram que o consignado/reconvinte e outros colegas foram responsáveis pela depredação dos ônibus da empresa, causando avarias nos veículos, com o objetivo de impedir a livre circulação e o trabalho dos empregados que não aderiram ao movimento, o que caracteriza abuso do direito de greve e autoriza a dispensa desonerada (...).

(TRT-8.ª Reg., RO 0113100-44-2009-5-08-0009, 2.ª T., j. 05.05.2010, rel. Des. Elizabeth Fátima Martins Newman, *DEJT* 11.05.2010)

- Greve de servidores. Deferimento do trânsito aduaneiro. Liminar deferida. Sentença irretocável.

I – O desembaraço aduaneiro é serviço público essencial, não podendo o particular ser prejudicado em razão de greve dos trabalhadores aduaneiros e portuários.

II – A falta de regulamentação de forma alguma obsta o constitucionalmente assegurado direito de greve dos servidores públicos. Por outro lado, a inexistência da lei específica prevista no art. 37, VII, da CF/1988, que deveria estabelecer termos e limites dos movimentos, não significa – por óbvio – que as paralisações são um direito absoluto, sem qualquer limitador.

III – Faz-se necessário para a utilização do mandado de segurança, a delimitação do ato coator, não se podendo presumir a perpetuação do movimento grevista e sua ingerência nas atividades econômicas da impetrante.

IV – Negado provimento à remessa necessária, mantendo-se integralmente a r. sentença de 1.º Grau (...).

(TRF-2.ª Reg., REO 2006.51.01.009431-3, 8.ª T. Especializada, j. 27.02.2007, rel. Des. Raldênio Bonifácio Costa, *DJU* 06.03.2007)

Interpretação restritiva

- Justa causa. Greve.

Inexistindo provas de que o reclamante tenha praticado atos de vandalismo ou provocado lesão aos bens da empresa, não vejo como aplicar a penalidade máxima. A paralisação conjunta dos serviços, por si só, até mesmo por se tratar de um ato reivindicatório, não pode ser considerado falta grave ensejadora da dispensa por justa causa (...).
(TRT-8.ª Reg., RO RO01777-2008-205-08-00-5, 1.ª T., j. 07.04.2009, rel. Des. Francisco Sérgio Silva Rocha)

Art. 10. É assegurada a participação dos trabalhadores e empregadores nos colegiados dos Órgãos Públicos em que seus interesses profissionais ou previdenciários sejam objeto de discussão e deliberação.

Art. 11. Nas empresas de mais de 200 empregados, é assegurada a eleição de um representante destes com a finalidade exclusiva de promover-lhes o entendimento direto com os empregadores.

* V. art. 543 da CLT.

Interpretação restritiva

- Cuida-se de agravo de instrumento interposto pelo "Conselho de Fábrica dos Trabalhadores da Empresa F. T. em R." contra decisão que, em ação de reintegração de posse promovida contra "quem quer que esteja no patrimônio do requerente", concedeu a medida liminar (...).

Segundo pacífico entendimento doutrinário, para interpor recurso é necessário ter legitimidade. Assim, somente as partes, o terceiro prejudicado e o Ministério Público podem se insurgir contra decisões que lhes acarrete sucumbência.

No dizer do festejado Vicente Greco Filho, "assim como para a ação, é necessário que a parte possa levar sua pretensão ao Judiciário, porque é titular da relação jurídica discutida ou porque esteja expressamente autorizado em lei" (*Direito processual civil brasileiro*. 16. ed. atual. São Paulo: Saraiva, 2003. vol. 2, p. 278).

Continua, o mestre: "a legitimidade das partes é natural e ordinária" (op. cit., p. 278).

Quanto à possibilidade de o recurso ser interposto por quem não é parte, limita tal possibilidade ao terceiro prejudicado pela decisão, assim se pronunciando: "Conhecido desde as Ordenações, atende aos mesmos princípios e finalidades de todos os casos de intervenção de terceiros, isto é, evitar que pessoas que não tenham sido parte no feito sejam prejudicadas pelos efeitos das sentenças e prevenir o lamentável fenômeno de sentenças contraditórias" (op. cit., p. 278-279).

Não é o que ocorre no caso dos autos, onde a ação possessória foi direcionada contra "quem quer que esteja no patrimônio do requerente" (f.).

Ainda que os atuais ocupantes do imóvel sejam empregados da empresa que ali funcionava, eles estão sendo demandados em suas próprias pessoas, e não na condição de trabalhadores, o que retira qualquer possibilidade de serem representados pelo chamado "Conselho de Fábrica dos Trabalhadores da Empresa F. T. em R.", que, por conseguinte, não figura e nem ostenta legitimidade para figurar no polo passivo da demanda, e, por via reflexa, também para recorrer.

Nem se argumente que o "Conselho" representa os trabalhadores que, reconhecidamente, ocuparam o imóvel, eis que também carece de capacidade postulatória, resultando na falta de pressuposto de admissibilidade recursal.

Falta-lhe capacidade de ser parte, chamada de "capacidade de direito", que é a condição de ser pessoa natural ou jurídica, não aproveitando a previsão do art. 11 da CF/1988, que cuida exclusivamente da representação perante os empregadores.

Mais uma vez nos servimos da lição do Prof. Vicente Greco, que, sobre o assunto, magistralmente afirma:

"É capaz de ser parte quem tem capacidade de direitos e obrigações nos termos da Lei Civil. Todavia, em caráter excepcional, a lei dá capacidade de ser parte para certas entidades sem personalidade jurídica. São universalidades de direito que, em virtude das peculiaridades jurídicas de sua atuação, necessitam de capacidade processual. Nessa condição está, por exemplo, a massa falida, o espólio, a herança jacente ou vacante, as sociedades sem personalidade jurídica, a massa do insolvente, o condomínio, e algumas outras entidades previstas em lei. Nesses casos, tais entidades não têm personalidade jurídica, mas têm capacidade de ser parte, podendo figurar como autores ou como réus" (op. cit., vol. I, p. 100-101).

Mesmo que houvesse lei atribuindo a ficção legal da capacidade postulatória ao "Conselho", somente se ele figurasse no polo passivo da demanda é que estaria legitimado a interpor recursos, já que de terceiro prejudicado não se cuida.

Desse modo, forçoso reconhecer que não se acham presentes todos os pressupostos de admissibilidade recursal que justificariam o recebimento do agravo.

De se anotar, por fim, que, tal como o "Conselho de Fábrica dos Trabalhadores da Empresa F. T. em R." interpõe recurso sem ter legitimidade e capacidade postulatória, outras manifestações, igualmente descabidas, vieram aos autos, evidenciando a pretensão de superar, com argumentos de ordem social, a aplicação da norma civil e constitucional que protege a posse e a propriedade particular.

Nem é o caso de reconhecimento da competência da Justiça do Trabalho, visto que, salvo melhor juízo, não há notícia de reclamação trabalhista formulada pelos ocupantes (...).

(1.º TACivSP, AgIn 1.276.239-1, 2.ª Câm., j. 07.04.2004, rel. Des. Jacob Valente)

[...]

TÍTULO IV
DA ORGANIZAÇÃO DOS PODERES

[...]

Capítulo III
DO PODER JUDICIÁRIO

[...]

Seção V
Dos Tribunais e Juízes do Trabalho

* V. LC 35/1979 (Lei Orgânica da Magistratura Nacional).

Art. 111. São órgãos da Justiça do Trabalho:

* V. art. 644 da CLT.

I – o Tribunal Superior do Trabalho;

II – os Tribunais Regionais do Trabalho;

III – Juízes do Trabalho.

* Inc. III com redação determinada pela EC 24/1999.

§ 1.º *(Revogado pela EC 45/2004.)*
I – *(Revogado pela EC 24/1999.)*
II – *(Revogado pela EC 24/1999.)*
§ 2.º *(Revogado pela EC 45/2004.)*
§ 3.º *(Revogado pela EC 45/2004.)*

Art. 111-A. O Tribunal Superior do Trabalho compor-se-á de 27 (vinte e sete) Ministros, escolhidos dentre brasileiros com mais de 35 (trinta e cinco) e menos de 65 (sessenta e cinco anos), nomeados pelo Presidente da República após aprovação pela maioria absoluta do Senado Federal, sendo:

* Artigo acrescentado pela EC 45/2004.

I – 1/5 (um quinto) dentre advogados com mais de 10 (dez) anos de efetiva atividade profissional e membros do Ministério Público do Trabalho com mais de 10 (dez) anos de efetivo exercício, observado o disposto no art. 94;

⚖️ **Interpretação convergente**

• O estabelecimento da obrigatoriedade de certificação para o exercício de determinadas atividades profissionais é fato corriqueiro em diversos segmentos econômicos (...). Como é cediço, a Ordem dos Advogados do Brasil tem participação constitucionalmente assegurada em todas as fases dos concursos públicos para cargos na Magistratura (art. 93, I), do Ministério Público (art. 129, § 3.º) e das Procuradorias dos Estados e do Distrito Federal (art. 132). Possui assento no CNJ (art. 103-B, XII) e no CNMP (art. 130-A, V), apresenta listas sêxtuplas para a composição dos tribunais inferiores e do TST por intermédio do quinto constitucional (art. 94 e art. 111-A, I, respectivamente), bem como para a composição de um terço do STJ (art. 104, parágrafo único, II). Os advogados integram, ainda, o TSE (art. 119, II) e os Tribunais Regionais Eleitorais (art. 120, § 1.º, III), além dos diversos Órgãos Colegiados da Administração Pública em que, por disposição legal, há advogados indicados pela OAB.

É estreme de dúvida que há justificativa constitucional para tanto. A participação da OAB nos concursos públicos, nos conselhos e tribunais revela a preocupação do

constituinte (originário ou reformador, conforme o caso) com o estabelecimento de ferramentas de fiscalização social do exercício do Poder Público. Demais disso, a presença da OAB na organização e nas comissões examinadoras de concursos públicos funciona como um mecanismo crucial para a oxigenação dos certames, na medida em que podem oferecer ângulos de visão diferentes – às vezes, opostos –, com o que contribuirá, dialeticamente, para a seleção de profissionais de visão mais abrangente do direito para o exercício de carreiras típicas de Estado (...).
(STF, RE 603.583/RS, 1.ª T., j. 26.10.2011, rel. Marco Aurélio, *DJe* 25.05.2012)

> **II – os demais dentre juízes dos Tribunais Regionais do Trabalho, oriundos da magistratura da carreira, indicados pelo próprio Tribunal Superior.**
> **§ 1.º A lei disporá sobre a competência do Tribunal Superior do Trabalho.**
> **§ 2.º Funcionarão junto ao Tribunal Superior do Trabalho:**
> **I – a Escola Nacional de Formação e Aperfeiçoamento de Magistrados do Trabalho, cabendo-lhe, dentre outras funções, regulamentar os cursos oficiais para o ingresso e promoção na carreira;**
> **II – o Conselho Superior da Justiça do Trabalho, cabendo-lhe exercer, na forma da lei, a supervisão administrativa, orçamentária, financeira e patrimonial da Justiça do Trabalho de primeiro e segundo graus, como órgão central do sistema, cujas decisões terão efeito vinculante.**

* V. art. 6.º da EC 45/2004.

> **Art. 112. A lei criará varas da Justiça do Trabalho, podendo, nas comarcas não abrangidas por sua jurisdição, atribuí-la aos juízes de direito, com recurso para o respectivo Tribunal Regional do Trabalho.**

* Artigo com redação determinada pela EC 45/2004.

Interpretação restritiva

- **Súmula 222 do STF**
O princípio da identidade física do juiz não é aplicável às Juntas de Conciliação e Julgamento da Justiça do Trabalho.

Art. 113. A lei disporá sobre a constituição, investidura, jurisdição, competência, garantias e condições de exercício dos órgãos da Justiça do Trabalho.

* Artigo com redação determinada pela EC 24/1999.
* V. arts. 643 a 673 da CLT.
* V. LC 35/1979 (Lei Orgânica da Magistratura Nacional).

Interpretação extensiva

• **Súmula 628 do STF**
Integrante de lista de candidatos a determinada vaga da composição de Tribunal é parte legítima para impugnar a validade da nomeação de concorrente.

• Diversamente do que sucede com outros Tribunais, o Órgão de cúpula da Justiça do Trabalho não tem sua competência detalhadamente fixada pela norma constitucional. A definição dos respectivos contornos e dimensão é remetida à lei, na forma do art. 111, § 3.º, da CF/1988 [revogado pela EC 45/2004] (...). (STF, MC na ADIn 2.527/DF, Pleno, j. 16.08.2007, rel. Ellen Gracie, *DJe* 23.11.2007)

Art. 114. Compete à Justiça do Trabalho processar e julgar:

* *Caput* com redação determinada pela EC 45/2004.
* V. art. 6.º, § 2.º, Lei 11.101/2005 (Lei de Recuperação de Empresas e Falência); sem correspondência no Dec.-lei 7.661/1945 (Lei de Falências).
* V. Súmula vinculante 22 do STF.
* V. Súmula 349 do STJ.

I – as ações oriundas da relação de trabalho, abrangidos os Entes de Direito Público Externo e da Administração Pública Direta e Indireta da União, dos Estados, do Distrito Federal e dos Municípios;

* Inc. I acrescentado pela EC 45/2004.

Interpretação convergente

• **Súmula 736 do STF**
Compete à Justiça do Trabalho julgar as ações que tenham como causa de pedir o descumprimento de normas trabalhistas relativas à segurança, higiene e saúde dos trabalhadores.

- Ação proposta por servidor público contratado sem concurso, embora estável nos termos do art. 19 do ADCT da CF/1988 vigente (...). Inexistência de ofensa ao acórdão da ADIn 3.395/DF (...).

Se a petição inicial de reclamação trabalhista reconhece a natureza trabalhista da relação jurídica em que funda o pedido, o feito é da competência da Justiça do Trabalho (...).

(STF, AgRg na Rcl 7.415/RO, Pleno, j. 04.02.2010, rel. Cezar Peluso, *DJe* 09.04.2010)

- Servidor público. Regime celetista. Ação reclamatória. Verbas trabalhistas.

A Justiça do Trabalho é competente para processar e julgar as reclamações trabalhistas propostas por servidores públicos municipais contratados sob o regime celetista, instituído por meio de legislação municipal própria (...).

(STJ, AgRg no CComp 116.308/SP, 1.ª Seção, j. 08.02.2012, rel. Castro Meira, *DJe* 17.02.2012)

- Servidor temporário. Competência da Justiça do Trabalho.

Cabe à Justiça do Trabalho analisar e julgar dissídio individual entre servidor e Ente público, quando há controvérsia sobre a existência de vínculo empregatício, mormente quando existem indícios de desvirtuamento da admissão a título temporário (...).

(TRT-8.ª Reg., RO 00672-2008-001-08-00-3, 1.ª T., j. 16.12.2008, rel. Francisco Sérgio Silva Rocha)

🏛 Interpretação extensiva

- Atleta profissional.

A competência material é fixada pela natureza da pretensão deduzida em juízo, de modo que, em se tratando de direitos trabalhistas celetistas, é da Justiça do Trabalho a competência para apreciar e julgar o feito (...).

(TST, RR 2048500-27.2007.5.09.0007, 8.ª T., j. 26.04.2011, rel. Min. Dora Maria da Costa, *DEJT* 29.04.2011)

- Fixação da competência. Causa de pedir. Município.

A fixação da competência está diretamente vinculada à causa de pedir da demanda. Alegando o Autor a existência de vínculo trabalhista requerendo parcelas decorrentes do contrato de trabalho, é a Justiça do Trabalho competente para

conhecer da demanda. A alegação da existência de contrato de natureza administrativa não retira tal competência. O vínculo sob esta condição, se reconhecido, resultará na improcedência da ação e não na declinação de foro, uma vez que os pedidos formulados, decorrentes do liame laboratório, não têm como causa de pedir a natureza administrativa do contrato e, consequentemente, não poderão ser examinados pela Justiça Comum Estadual (...).
(TRT-5.ª Reg., RO 00537-2007-521-05-00-9, 2.ª T., j. 23.04.2009, rel. Maria Elisa Costa Gonçalves)

• Competência da Justiça do Trabalho. Reserva do valor devido referente aos honorários advocatícios.
A atual competência da Justiça do Trabalho abrange as controvérsias relativas ao pagamento de honorários advocatícios decorrentes da atuação do advogado em juízo, por se tratar de ação oriunda de relação de trabalho estrita, que não se confunde com relação de consumo, podendo, neste caso, o Juiz determinar que seja reservado o valor devido ao advogado quando do pagamento do crédito ao Autor (...).
(TRT-5.ª Reg., RO 00881-1995-018-05-01-2, 5.ª T., j. 01.09.2009, rel. Norberto Frerichs))

• Cobrança de honorários advocatícios. Competência da Justiça do Trabalho.
Considerando-se que entre o advogado e o seu constituinte emerge verdadeira relação de trabalho, inclusive regida por lei especial, resultam, pois, na esfera de competência desta Justiça do Trabalho as controvérsias atinentes ao pagamento de honorários advocatícios decorrentes da atuação daquele profissional em juízo (...).
(TRT-5.ª Reg., RO 00538-2008-031-05-00-0, 5.ª T., j. 08.09.2009, rel. Des. Norberto Frerichs)

• Demanda advinda da relação de trabalho. Competência da Justiça do Trabalho.
Nas hipóteses em que o profissional liberal – ramo de engenharia, no caso – atua como pessoa física, obrigando-se a prestar serviços à determinada pessoa física ou jurídica (contrato para execução de obra sob regime de empreitada), nos termos das alterações introduzidas no art. 114 da CF/1988 pela EC 45/2004, é da Justiça do Trabalho a competência para conciliar, instruir e julgar os litígios advindos do contrato firmado, porque se está diante de uma relação de trabalho, em que figura, como prestador dos serviços, o profissional liberal, pessoa física, e como tomador, uma outra pessoa física ou jurídica. A aplicabilidade imediata

do dispositivo constitucional não está condicionada à existência de previsão legal, especificando as controvérsias inerentes à relação de trabalho, conforme decidido pelo Juízo de origem (...).
(TRT-8.ª Reg., RO 00370-2008-015-08-00-8, 1.ª T., j. 20.01.2009, rel. Rosita de Nazaré Sidrim Nassar)

• Contrato por prazo determinado. Celetista. Atendimento de excepcional interesse da Administração Pública. Art. 37, IX, da CF/1988. Competência da Justiça do Trabalho.
Tratando-se de empregado admitido por prazo determinado, sob a égide da Consolidação das Leis do Trabalho, com fulcro no art. 37, IX, da CF/1988, inexistindo controvérsia a respeito da natureza da contratação, a competência para processar e julgar o feito permanece sendo da Justiça do Trabalho (...).
(TRT-15.ª Reg., RO 0187100-60.2009.5.15.0028, j. 03.04.2012, rel. Eliana dos Santos Alves Nogueira)

Interpretação restritiva

• **Súmula 363 do STJ**
Compete à Justiça Estadual processar e julgar a ação de cobrança ajuizada por profissional liberal contra cliente.

• Justiça do Trabalho. Incompetência reconhecida. Causas entre o Poder Público e seus servidores estatutários. Ações que não se reputam oriundas de relação de trabalho. Conceito estrito desta relação. Feitos da competência da Justiça Comum. Interpretação do art. 114, I, da CF/1988, introduzido pela EC 45/2004. Precedentes. Liminar deferida para excluir outra interpretação.
O disposto no art. 114, I, da CF/1988, não abrange as causas instauradas entre o Poder Público e servidor que lhe seja vinculado por relação jurídico-estatutária (...).
(STF, MC na ADIn 3.395/DF, Pleno, j. 05.04.2006, rel. Cezar Peluso, *DJU* 10.11.2006)

• Competência da Justiça Comum para processar e julgar as causas envolvendo o Poder Público e os servidores a ele vinculados por relação jurídico-administrativa. Prorrogação do prazo de vigência do contrato temporário não altera a natureza jurídica de cunho administrativo que se estabelece originalmente (...).
(STF, AgRg na Rcl 4.824/MS, Pleno, j. 02.04.2009, rel. Min. Menezes Direito, *DJe* 30.04.2009)

- É pacífica a jurisprudência desta Corte no sentido de que a relação de trabalho firmada por contrato temporário entre o Poder Público e seus servidores configura relação jurídico-administrativa, sendo incompetente a Justiça do Trabalho para dirimir conflitos dela existentes, ainda quando se discuta a nulidade do acordo. Assim, fixou-se que eventual irregularidade na contratação de servidores temporários não altera a natureza jurídica de cunho administrativo que se estabelece originalmente com o Poder Público (...).
(STF, AgRg na Rcl 7.157/MG, Pleno, j. 17.02.2010, rel. Dias Toffoli, *DJe* 19.03.2010)

- Incompetência da Justiça do Trabalho. Cobrança de honorários profissionais. Contrato de prestação de serviços.
Consoante entendimento dominante nesta Corte Superior, não se insere na competência da Justiça do Trabalho a tarefa de dirimir controvérsia relativa à prestação dos serviços levada a cabo por profissional autônomo que, senhor dos meios e das condições da prestação contratada, coloca-se em patamar de igualdade (senão de vantagem) em relação àquele que o contrata. Tal é o caso típico dos profissionais da engenharia, advocacia, arquitetura e medicina que exercem seus misteres de forma autônoma, mediante utilização de meios próprios e em seu próprio favor (...).
(TST, Embargos em RR 48900-38.2008.5.15.0051, SDI-I, j. 30.08.2012, rel. Lélio Bentes Corrêa, *DEJT* 14.09.2012)

- Incompetência da Justiça do Trabalho. Ação de cobrança. Contrato de mandato de honorários advocatícios. Reclamação trabalhista. Relação de trabalho *vs.* relação de consumo. Desprovimento.
A Justiça do Trabalho é incompetente para julgar a presente ação, em que o advogado, profissional liberal, busca o recebimento dos honorários advocatícios pelos serviços executados. Trata-se de uma relação de consumo, e não de trabalho, sendo, portanto, de competência da Justiça Comum. *In casu*, o trabalho não é o cerne do contrato, mas sim um bem de consumo que se traduziu nele, que é o resultado esperado diante de um contrato realizado entre as partes, qual seja, prestação de serviços de advocacia como profissional liberal. Assim, a competência da Justiça do Trabalho estará assegurada apenas quando não houver, pela natureza dos serviços realizados, relação contratual de consumo (...).
(TST, Embargos em RR 781/2005-005-04-00.5, SDI-I, j. 29.10.2009, rel. Aloysio Corrêa da Veiga, *DEJT* 20.11.2009)

- Advogado. Profissional liberal. Relação de consumo. Ação para cobrança de honorários. Competência.

Não se deve confundir a relação de trabalho – em que o trabalhador se propõe a dar a sua força física a outrem, em troca de uma remuneração, ainda que de natureza autônoma – com prestação de serviços – em que alguém busca um estabelecimento de natureza empresarial que se propõe a prestar certos tipos de serviços à população, aleatoriamente –, como é o caso de profissionais liberais e outros afins, como contabilidade, assistência técnica, divulgação e propaganda etc. O médico, o advogado e o dentista, por exemplo, são, em princípio, profissionais liberais e tais serviços não têm natureza de relação de trabalho, mas de relação de consumo, conforme o art. 3.º, *caput* e § 2.º, da Lei 8.078/1990. Nesse sentido, a controvérsia oriunda da relação do advogado que atua como defensor dativo e Estado não atrai a competência da Justiça do Trabalho para a solução do conflito, porquanto nesse caso não se tratar de relação de emprego, em que se aplicam as regras da Consolidação das Leis do Trabalho (...).
(TRT-3.ª Reg., RO 00561-2008-081-03-00-2, 3.ª T., j. 22.10.2008, rel. Bolívar Viégas Peixoto, *DJ* 05.11.2008)

• Contratos de servidores públicos temporários. Natureza jurídica administrativa. Incompetência absoluta da Justiça do Trabalho. Inteligência da ADIn 3.395/DF (rel. Min. Cezar Peluso) c/c a Rcl 6.552/MG (rel. Min. Ricardo Lewandowski), ambas julgadas pelo Plenário da Corte Excelsa. Carência de ação. Remessa dos autos para a Justiça Estadual para processar e julgar o feito conforme entender de direito.
1. A 4.ª T. do TRT-3.ª Reg. vinha decidindo que o vínculo jurídico, previsto no art. 37, IX, da CF/1988, configurava relação de trabalho entre o servidor e o Estado, pois não se trata de cargo ou emprego públicos, criados por lei, com designação própria, situados em carreira, com remuneração prevista em lei.
2. Porém, de acordo com a Rcl 6.552/MG, tendo como relator o Min. Ricardo Lewandowski, entendeu-se que a hipótese tem natureza administrativa, a ela estendendo-se os efeitos da ADIn 3.395/DF, pela qual se exclui da competência da Justiça do Trabalho: "causas que sejam instauradas entre o Poder Público e seus servidores, a ele vinculados por típica relação de ordem estatutária ou de caráter jurídico administrativo".
3. A contratação "por prazo determinado, para atender a necessidade temporária de excepcional interesse público", prevista no art. 37, IX, da CF/1988, foi considerada de natureza administrativa na Reclamação citada que cassou: "em definitivo as decisões proferidas nos autos da Reclamação Trabalhista 00162-

2008-007-03-00-1", que haviam reconhecido a relação como de trabalho e não administrativa a hipótese do art. 37, IX, da CF/1988.

4. Reconhecendo a Corte Suprema que se trata de relação administrativa e não de trabalho, fecharam-se as portas da Justiça do Trabalho para este tipo de controvérsia, bem como para todas as outras, feitas através dos chamados "contratos administrativos", em que por definição há também relação administrativa e não de trabalho.

5. A Justiça Comum tornou-se competente para todo tipo de contratação com o serviço público, tanto a prevista no art. 37, II, da CF/1988, para cargos e empregos, bem como outras, atípicas, provenientes de "contratos administrativos".

6. Assim decidindo o STF, cumpre dar execução a seu comando, enviando-se os autos à Justiça Comum, Cível e Penal.

7. Após o julgamento pelo Plenário da Corte Excelsa na ADIn 3395/DF e na Rcl 6.552/MG, a Justiça do Trabalho é absolutamente incompetente para processar e julgar as ações que envolvam contratos de servidores públicos temporários (...).
(TRT-3.ª Reg., RO 00071-2007-063-03-00-3, 4.ª T., j. 26.11.2008, rel. Antônio Álvares da Silva, *DJMG* 06.12.2008)

• Incompetência da Justiça do Trabalho. Pedido de devolução de honorários de advogado cobrados indevidamente pela entidade sindical. Violação do art. 114 da CF/1988. Provimento.
Tratando-se de ação ajuizada por empregado sindicalizado em face do sindicato representativo de sua categoria na qual requer a devolução dos valores descontados a título de honorários de advogado de verba trabalhista por ele recebida, em decisão judicial, a competência para julgar o feito é da Justiça Comum, uma vez que a relação jurídica tratada na ação, estabelecida entre sindicato e seu sindicalizado, deriva de um contrato de prestação de serviços, no caso, de advocacia, encontrando-se a demanda, portanto, inserida no âmbito da relação de consumo, de natureza cível (...).
(TRT-3.ª Reg., RR 128400-19.2008.5.03.0042, 2.ª T., j. 27.05.2011, rel. Caputo Bastos, *DEJT* 03.06.2011)

• Constatando-se que a execução do contrato de prestação de serviços advocatícios envolveu duas pessoas jurídicas – a empresa e o escritório de advocacia –, impõe-se concluir que a relação jurídica havida entre as partes não pode ser considerada de natureza trabalhista (...).
(TRT-6.ª Reg., RO 00088-2008-412-06-00-5, 2.ª T., j. 15.10.2008, rel. Ivanildo da Cunha Andrade)

- Corretor de imóveis. Incompetência da Justiça do Trabalho.

O que define a competência material da Justiça do Trabalho é o pedido e a causa de pedir. A simples prestação de serviços, por si só, não caracteriza relação de trabalho para efeito de definir a competência em favor da Justiça da Obreira após a EC 45/2004, sendo certo que as questões referentes ao exercício da profissão de corretor de imóveis, quando resultantes de contratos de prestação de serviços autônomos entre pessoas físicas, regidos pela Lei Civil ou Comercial, serão de competência da Justiça Comum (...).

(TRT-8.ª Reg., RO RO01388-2008-003-08-00.7, 3.ª T., j. 18.03.2009, rel. Graziela Leite Colares)

- Incompetência material da Justiça do Trabalho. Contrato administrativo.

O contrato de natureza jurídico-administrativa é regido por lei especial, comportando matéria cuja apreciação não se insere no âmbito de competência da Justiça do Trabalho, por força do disposto no art. 114, I, da Carta Magna e conforme entendimento de expressiva parte da doutrina e jurisprudência, sobretudo no E. STF, a par da MC na ADIn 3.395/DF (...).

(TRT-8.ª Reg., RO 00127-2009-101-08-00-6, 4.ª T., j. 12.05.2009, rel. Alda Maria de Pinho Couto)

- Incompetência da Justiça do Trabalho. Cargo em comissão. Ente Público.

A contratação por Ente Público para cargos em comissão (vínculo de natureza administrativa) atrai a incompetência material desta Justiça Especializada, conforme atual jurisprudência dominante nas Cortes Superiores (...).

(TRT-15.ª Reg., RO 0143500-67.2009.5.15.0099, 4.ª T., j. 24.01.2012, rel. Luiz Roberto Nunes)

- Despesa com contratação de advogado. Competência. Justiça Comum (...).

É competente a Justiça Estadual para processar e julgar ação que versa sobre indenização das despesas na contratação de advogado para propositura da reclamação trabalhista, uma vez que o direito se encontra na esfera do Direito Civil. De modo que, *permissa venia*, não há que se falar em competência da Justiça do Trabalho (...).

(TJMG, AgIn 0720317-58.2011.8.13.0000, 11.ª Câm. Civ., j. 15.02.2012, rel. Wanderley Paiva, *DJ* 29.02.2012)

II – as ações que envolvam exercício do direito de greve;

* Inc. II acrescentado pela EC 45/2004.

* V. art. 9.º da CF/1988.
* V. Lei 7.783/1989 (Direito de greve).

⚖️ Interpretação convergente

- **Súmula Vinculante 23 do STF**
A Justiça do Trabalho é competente para processar e julgar ação possessória ajuizada em decorrência do exercício do direito de greve pelos trabalhadores da iniciativa privada.

- **Súmula 189 do TST**
Greve. Competência da Justiça do Trabalho. Abusividade. (Res. TST 121/2003, DJ 19, 20 e 21.11.2003).
A Justiça do Trabalho é competente para declarar a abusividade, ou não, da greve.

- Interdito proibitório. Movimento grevista. Litígio decorrente de relação de emprego. Competência da Justiça do Trabalho. Incompetência absoluta da Justiça Comum Estadual. Recurso a que se nega provimento.
I – O Tribunal Pleno do STF, no julgamento do CJ 6.959/DF, firmou entendimento no sentido de que a Justiça do Trabalho é competente para julgar demanda cujo fundamento seja a relação trabalhista, ainda que sua solução dependa da apreciação de questões de direito civil.
II – Na hipótese de interdito proibitório ajuizado por empregador em face de sindicato, em decorrência da deflagração de movimento grevista, embora a causa de pedir refira-se a questões de direito civil, a competência para apreciar a demanda é da Justiça do Trabalho, porquanto envolve litígio entre empregados e empregador e tem origem em relação de emprego (...).
(TJMG, Ag 1.0702.05.245984-0/002, 15.ª Câm., j. 13.03.2008, rel. Bitencourt Marcondes, *DJMG* 04.04.2008)

III – as ações sobre representação sindical, entre sindicatos, entre sindicatos e trabalhadores, e entre sindicatos e empregadores;

* Inc. III acrescentado pela EC 45/2004.
* V. Lei 8.984/1995 (Estende a competência da Justiça do Trabalho).

⚖️ Interpretação convergente

• Após a EC 45/2004, a Justiça do Trabalho passou a deter competência para processar e julgar não só as ações sobre representação sindical (externa – relativa à legitimidade sindical, e interna – relacionada à escolha dos dirigentes sindicais), como também os feitos intersindicais e os processos que envolvam sindicatos e empregadores ou sindicatos e trabalhadores. As ações de cobrança de contribuição sindical propostas pelo sindicato, federação ou confederação respectiva contra o empregador, após a Emenda, devem ser processadas e julgadas pela Justiça Laboral. Precedentes da 1.ª Seção. O TST, em recentes julgados sobre a matéria, reconheceu que, por força da EC 45/2004, houve significativa ampliação de sua competência constitucional, que passou a abarcar, dentre outras, as causas ajuizadas por sindicato patronal contra empresa por ele representada, objetivando o recebimento de contribuição sindical (RR 804.986/2001.1, rel. Juíza convocada Rosa Maria Weber Candiota da Rosa, *DJ* 20.05.2005; RR 49.046/2002-900-04-00.9, rel. Min. Aloysio Corrêa da Veiga, *DJ* 06.05.2005; RR 99.207/2003-900-04-00.6, rel. Min. João Batista Brito Pereira, *DJ* 13.05.2005 e RR 69.235/2002-900-04-00.8, rel. Juiz convocado Ricardo Machado, *DJ* 03.06.2005). A regra de competência prevista no art. 114, III, da CF/1988 é norma de eficácia plena e produz efeitos imediatos, a partir da publicação da EC 45/2004, atingindo os processos em curso, ressalvado o que já fora decidido sob a regra de competência anterior (...).
(STJ, AgRg no REsp 737.704/PR, 2.ª T., j. 04.08.2005, rel. Castro Meira, *DJU* 12.09.2005)

• É pacífico o entendimento da Corte, segundo o qual compete à Justiça do Trabalho processar e julgar ações que versem sobre representação sindical entre sindicatos, entre sindicatos e trabalhadores e entre sindicatos e empregadores, quando não há sentença de mérito, antes da promulgação da EC 45/2004 (...).
(STF, AgRg no RE 491.723/PR, 2.ª T., j. 30.10.2007, rel. Cezar Peluso, *DJU* 23.11.2007)

• Conflito negativo de competência. STJ. TST. Contribuição sindical. EC 45/2004. 1. A discussão relativa à legitimidade do sindicato para receber a contribuição sindical representa matéria funcional à atuação sindical, enquadrando-se, diante da nova redação dada pela EC 45/2004 ao art. 114, III, da CF/1988, na competência da Justiça do Trabalho. Tratando-se de competência absoluta, em razão da matéria, produz efeitos imediatos, a partir da publicação

da referida emenda, atingindo os processos em curso, incidindo o teor do art. 87 do CPC.

2. Aplica-se, portanto, o posicionamento adotado no CComp 7.204-1/MG, Pleno, rel. Min. Carlos Britto, DJ 09.12.2005, que definiu a existência de sentença de mérito na Justiça comum Estadual, proferida antes da vigência da EC 45/2004, como o fator determinante para fixar a competência da Justiça Comum, daí a razão pela qual mantém-se a competência do STJ (...).
(STF, CComp 7.456/RS, Pleno, j. 07.04.2008, rel. Menezes de Direito, DJe 20.06.2008)

• Direito sindical. Conflito negativo de competência. Ação de cobrança. Contribuição sindical. Confederação Nacional da Agricultura e Pecuária – CNA. EC 45/2004. Art. 114, III, da CF/1988. Competência da Justiça do Trabalho.

1. Após a EC 45/2004, a Justiça do Trabalho passou a deter competência para processar e julgar não só as ações sobre representação sindical (externa – relativa à legitimidade sindical, e interna – relacionada à escolha dos dirigentes sindicais), como também os feitos intersindicais e os processos que envolvam sindicatos e empregadores ou sindicatos e trabalhadores.

2. As ações de cobrança de contribuição sindical propostas pelo sindicato, federação ou confederação respectiva contra o empregador, após a Emenda, devem ser processadas e julgadas pela Justiça Laboral.

3. Precedentes da 1.ª Seção.

4. A regra de competência prevista no art. 114, III, da CF/1988 produz efeitos imediatos, a partir da publicação da EC 45/2004, atingindo os processos em curso, ressalvado o que já fora decidido sob a regra de competência anterior.

5. Após a Emenda, tornou-se inaplicável a Súmula 222 do STJ.

6. A competência em razão da matéria é absoluta e, portanto, questão de ordem pública, podendo ser conhecida pelo órgão julgador a qualquer tempo e grau de jurisdição (...).
(STJ, CComp 48.891/PR, 1.ª Seção, j. 08.06.2005, rel. Des. Castro Meira, DJU 01.08.2005)

• Tratando-se de ação de indenização por danos materiais e morais ajuizada contra sindicato de empregados, em razão de prejuízos causados quando da celebração de acordo firmado em reclamação trabalhista, é da competência da Justiça do Trabalho o julgamento da demanda, nos termos do art. 114 da CF/1988, com redação determinada pela EC 45/2004 (...).
(TJSP, Ap c/ Rev 213.691-4/5-00, 5.ª Câm. de Direito Privado, j. 11.01.2006, rel. Francisco Casconi)

IV – os mandados de segurança, *habeas corpus* e *habeas data*, quando o ato questionado envolver matéria sujeita à sua jurisdição;

* Inc. IV acrescentado pela EC 45/2004.
* V. art. 5.º, LXVIII, LXIX, LXXII, da CF/1988.
* V. Lei 9.507/1997 (Rito processual do *habeas data*).
* V. Lei 12.016/2009 (Nova Lei do Mandado de Segurança).

Interpretação restritiva

• O disposto no art. 114, I, IV e IX, da CF/1988, acrescidos pela EC 45/2004, não atribui à Justiça do Trabalho competência para processar e julgar ações penais (...). (STF, MC na ADIn 3.684/DF, Pleno, j. 01.02.2007, rel. Cezar Peluzo, *DJe* 03.08.2007)

V – os conflitos de competência entre órgãos com jurisdição trabalhista, ressalvado o disposto no art. 102, I, *o*;

* Inc. V acrescentado pela EC 45/2004.

Interpretação extensiva

• **Súmula 420 do TST**
Competência funcional. Conflito negativo. Tribunal Regional do Trabalho e Vara do Trabalho de idêntica Região. Não configuração. (Conversão da OJ 115 da SDI-II/TST) (Res. TST 137/2005, *DJ* 22, 23 e 24.08.2005).
Não se configura conflito de competência entre Tribunal Regional do Trabalho e Vara do Trabalho a ele vinculada. (Ex-OJ 115 da SDI-II/TST, *DJ* 11.08.2003)

VI – as ações de indenização por dano moral ou patrimonial, decorrentes da relação de trabalho;

* Inc. VI acrescentado pela EC 45/2004.

Interpretação convergente

• **Súmula Vinculante 22 do STF**
A Justiça do Trabalho é competente para processar e julgar as ações de indenização por danos morais e patrimoniais decorrentes de acidente de trabalho

propostas por empregado contra empregador, inclusive aquelas que ainda não possuíam sentença de mérito em primeiro grau quando da promulgação da EC 45/2004.

- **Súmula 392 do TST**
Dano moral. Competência da Justiça do Trabalho. (Conversão da OJ 327 da SDI-I/TST) (Res. TST 129/2005, *DJ* 20, 22 e 25.04.2005).
Nos termos do art. 114 da CF/1988, a Justiça do Trabalho é competente para dirimir controvérsias referentes à indenização por dano moral, quando decorrente da relação de trabalho. (Ex-OJ 327 da SBDI-I, *DJ* 09.12.2003).

- Ação de indenização decorrente de danos sofridos em acidente de trabalho. Demanda diretamente decorrente de relação de trabalho, sendo irrelevante, para fins de fixação da competência, o fato de ter sido ajuizada por sucessores do trabalhador falecido. Aplicação da norma do art. 114, VI, da CF/1988, com a redação que a ela foi dada pela EC 45/2004. Reconhecimento da competência da Justiça Federal do Trabalho para o processamento do feito (...).
(STF, RE 600.091/MG, Pleno, j. 25.05.2011, rel. Dias Toffoli, *DJe* 15.08.2011)

- Conflito de competência. Indenização. Dependentes de trabalhadora. Doença profissional parcialmente incapacitante. Causa de pedir. Vínculo laboral.
1. Ação de indenização decorrente de infortúnio trabalhista ajuizada por dependentes da vítima, que ficou parcialmente incapacitada.
2. Causa de pedir relacionada ao vínculo laboral da genitora. Competência da Justiça do Trabalho para o seu processamento e julgamento (...).
(STJ, CComp 114.407/SP, 2.ª Seção, j. 14.09.2011, rel. Maria Isabel Gallotti, *DJe* 26.09.2011)

- Justiça do Trabalho e Justiça Federal. Ação de indenização por dano moral. Injúria qualificada por preconceito racial sofrida por prestador (terceirizado) de serviços da caixa federal. Competência da Justiça do Trabalho.
1. "A expressão 'as ações de indenização por dano moral ou patrimonial, decorrentes da relação de trabalho', inscrita no art. 114, VI, da CF/1988, não restringe a competência da Justiça do Trabalho às ações ajuizadas pelo empregado contra o empregador, e vice-versa. Se o acidente ocorreu no âmbito de uma relação de trabalho, só a Justiça do Trabalho pode decidir se o tomador dos serviços responde pelos danos sofridos pelo prestador terceirizado" (STJ, AgRg no CComp 82.432/BA, 2.ª Seção, rel. Ari Pargendler, *DJ* 08.11.2007)

2. No caso dos autos, embora a pretendida indenização por danos morais não decorra de ato ilícito praticado por empregado da Caixa Econômica Federal (empresa tomadora dos serviços), mas, por cliente da aludida instituição bancária, releva que no momento em que sofreu a ofensa, encontrava-se a autora prestando serviços nas dependências de uma de suas agências como trabalhadora terceirizada, tendo a petição inicial ainda, narrado circunstâncias típicas de relação laborativa atribuídas à Caixa, contra quem também foi movido o processo.
3. Desse modo, a atração da competência da Justiça Trabalhista se justifica, pois, a despeito da existência de duas relações subjacentes com naturezas jurídicas distintas: a primeira com a suposta ofensora (cliente da instituição financeira); e a segunda estabelecida diretamente com a CEF, enquanto tomadora dos serviços, vislumbra-se conexão imediata alegação de causalidade do dano sofrido com a prestação do serviço à aludida instituição financeira, havendo necessidade de que, a partir da análise da pretensão, tal como deduzida, se possa decidir, inclusive, sobre a permanência ou não da CEF no polo passivo da demanda, avaliação que, pelas particularidades do caso, será melhor exercida pela Justiça do Trabalho e por ocasião de prolação de sentença quando se examinam todas as circunstâncias fático-probatórias do caso (...).
(STJ, CComp 97.458/SP, 2.ª Seção, j. 22.06.2011, rel. Sidnei Beneti, *DJe* 29.06.2011)

1. Nos termos do art. 7.º, XXVIII, da CF/1988, o dano por acidente de trabalho dá ensejo a dupla esfera protetiva. A primeira proteção é o seguro social, de natureza previdenciária, cuja competência é da Justiça Comum. A segunda decorre diretamente da relação de trabalho e consiste na indenização pelos danos material e moral. A competência para apreciação e julgamento dessa segunda pretensão é da Justiça do Trabalho. Precedente: Embargos em RR 483.206/1998, rel. Vantuil Abdala, *DJ* 17.10.2003.
2. Para fixação do foro competente à apreciação da lide é irrelevante apurar se o fato jurídico que deu ensejo à controvérsia subsume-se a norma de Direito Civil, *in casu*, o art. 159 do CC/1916 anterior. Se a obrigação de indenizar os danos material e moral decorre diretamente do vínculo empregatício, a Justiça do Trabalho é competente para conhecer e julgar a reclamação trabalhista.
3. Isso porque, segundo o art. 114 da CF/1988, a competência para apreciar dissídios entre trabalhadores e empregadores oriundos da relação de emprego é desta Justiça Especializada. Nessa mesma linha, os acórdãos do STF, nos autos do RE 238.737-4, publicado no *DJ* 05.02.1999, e do Conflito de Jurisdição 6.959/DF, publicado no *DJ* 22.02.1991 (...).
(TST, RR 930/2001-010-08-00.6, 3.ª T., j. 11.02.2004, rel. Maria Cristina Irigoyen Peduzzi, *DJU* 19.03.2004)

Interpretação divergente

• **Acidente do trabalho. Morte do empregado. Ação de indenização proposta pela esposa e pelo filho do falecido.**
Compete à Justiça Comum processar e julgar ação de indenização proposta pela mulher e pelo filho de trabalhador que morre em decorrência de acidente do trabalho. É que, neste caso, a demanda tem natureza exclusivamente civil, e não há direitos pleiteados pelo trabalhador ou, tampouco, por pessoas na condição de herdeiros ou sucessores destes direitos. Os autores postulam direitos próprios, ausente relação de trabalho entre estes e o réu (...).
(STJ, CComp 54.210/RO, 2.ª Seção, j. 09.11.2005, rel. Carlos Alberto Menezes Direito, *DJU* 12.12.2005)

• **Ilícito civil. Morte de empregado. Ação de indenização. Viúva e filhos. Competência. Empresa Pública Federal. Caixa Econômica Federal. Justiça Federal.**
1. Regra geral é que, mesmo após a EC 45/2004, compete à Justiça Comum Estadual processar e julgar ação de indenização intentada por viúva e filhos de empregado morto em serviço, pois, nesse caso, a demanda é de índole estritamente civil, porque os autores postulam direitos próprios. Não é o ex-empregado contra o ex-patrão.
2. No caso concreto, a Caixa Econômica Federal figura como uma das rés por ter sido tomadora dos serviços (terceirizados), fazendo atrair a regra, também geral, de competência da Justiça Federal (art. 109, I, da CF/1988 – *ratione personae*), ficando excluída a exceção contemplada no mesmo dispositivo, pois não se trata de causa acidentária típica, mas reparação civil decorrente de ilícito civil, até porque cabe ao Juiz Federal definir se há ou não interesse do ente público federal (Súmula 150 do STJ).
3. A competência se define pela natureza jurídica da causa, ou seja, pelo seu suporte fático e pelo pedido dele decorrente.
4. Conflito conhecido para declarar competente o Juízo Federal da 4.ª Vara Cível da Seção Judiciária do Estado de São Paulo, suscitante (...).
(STJ, CComp 95.413/SP, 2.ª Seção, j. 25.06.2008, rel. Fernando Gonçalves, *DJe* 01.07.2008)

• **Ação de indenização por danos morais e materiais. Inclusão indevida do nome da autora no programa de saúde da família. Fato que a impossibilitou de prestar serviços em outros municípios. Suposto ato ilícito. Ação fundada na responsabilidade civil do Estado. Ausência de relação de trabalho ou emprego. Competência da Justiça Estadual.**

1. O conflito de competência foi suscitado nos autos de ação indenizatória por danos materiais e morais proposta contra o Município de Santa Bárbara do Leste/MG, que teria praticado ilícito civil ao manter ativo o vínculo da autora com o Programa Saúde na Família sem que ela jamais tivesse exercido qualquer atividade no Programa, ato que a impediu de prestar serviços a outros municípios.
2. Não se discute nos autos relação de trabalho, emprego ou mesmo vínculo de natureza estatutária ou administrativa. A própria autora alega que nunca foi vinculada nem prestou serviços para o Município réu. Postula, apenas, uma indenização por danos materiais e morais decorrente do tempo em que ficou vinculada, indevidamente, ao PSF da Municipalidade.
3. Se a demanda se insere no âmbito da responsabilidade civil do Estado por ato ilícito, não havendo qualquer relação de trabalho ou emprego, deve ser afastada a competência da Justiça obreira (...).
(STJ, CComp 99.436/MG, 1.ª Seção, j. 27.05.2009, rel. Castro Meira, *DJe* 08.06.2009)

🏛 Interpretação extensiva

• **Conflito de competência. Justiça Cível e Justiça do Trabalho. Ação discutindo acidente do trabalho. Existência de sentença terminativa proferida pelo juízo cível, antes da promulgação da EC 45/2004. Interposição de recurso de apelação, pela parte prejudicada, dirigido ao respectivo Tribunal de Justiça. Julgamento da apelação após a promulgação da Emenda Constitucional. Reconhecimento, pelo Tribunal de Justiça, de sua incompetência para conhecer da causa, com a remessa dos autos ao Tribunal Regional do Trabalho. Suscitação do conflito, por este, ao argumento de que não compete ao Tribunal Trabalhista rever uma sentença proferida pelo Juízo Cível, ainda que este seja incompetente. Conhecimento do conflito, com a anulação da sentença cível e remessa dos autos à Justiça do Trabalho, para que o processo seja regularmente distribuído e julgado.**
No precedente formado a partir do CComp 51.712/SP, que determinou ser da competência da Justiça Cível o julgamento de processos que discutem acidente do trabalho nas hipóteses em que já tiver sido proferida sentença, e da competência da Justiça do Trabalho fazê-lo caso a sentença ainda não tenha sido proferida, o STJ referiu-se, sempre, à sentença de mérito. Assim, na hipótese dos autos, em que foi proferida uma sentença meramente terminativa, a competência para a causa não se estabelece em favor do Juízo Cível, devendo o processo ser julgado pela Justiça do Trabalho.

A jurisprudência desta Corte aponta no sentido da impossibilidade de o Tribunal Regional do Trabalho julgar um recurso interposto contra a sentença proferida pelo Juízo Cível, ainda que seja uma sentença terminativa. Essa orientação, que é irretocável, recomenda a devolução do processo ao Tribunal de Justiça para que ele julgue o recurso de apelação, anule a sentença e, após, remeta o processo à Justiça do Trabalho para instrução e julgamento de mérito.

Em que pese a absoluta correção de tais precedentes, na hipótese específica dos autos é possível encontrar outra solução, igualmente adequada, que imporá mais celeridade ao processo. O art. 122 do CPC autoriza que o STJ, no julgamento de um Conflito de Competência, pronuncie-se acerca da "validade dos atos praticados pelo juízo incompetente". Assim, haverá ganho substancial de tempo e valorização da efetividade do processo se esta Corte, em vez de remeter os autos ao Tribunal de Justiça, anular, diretamente no julgamento do conflito de competência, a sentença terminativa proferida pelo Juízo Cível e remeter os autos ao Tribunal Regional do Trabalho para que, sem julgamento do recurso de apelação interposto, determine a distribuição do processo.

Conflito de competência conhecido e provido, para o fim de anular a sentença proferida pelo Juízo Cível e determinar a remessa do processo ao Tribunal Regional do Trabalho para distribuição a uma das varas trabalhistas, para instrução e julgamento (...).

(STJ, CComp 69.143/SP, 2.ª Seção, j. 09.05.2007, rel. Min. Nancy Andrighi, *DJU* 24.05.2007)

• Demanda advinda da relação de trabalho. Competência da Justiça do Trabalho.

Nas hipóteses em que o profissional liberal (...) atua como pessoa física, obrigando-se a prestar serviços à determinada pessoa física ou jurídica (contrato para execução de obra sob regime de empreitada), nos termos das alterações introduzidas no art. 114 da CF/1988 pela EC 45/2004, é da Justiça do Trabalho a competência para conciliar, instruir e julgar os litígios advindos do contrato firmado, porque se está diante de uma relação de trabalho, em que figura, como prestador dos serviços, o profissional liberal, pessoa física, e como tomador, uma outra pessoa física ou jurídica. A aplicabilidade imediata do dispositivo constitucional não está condicionada à existência de previsão legal, especificando as controvérsias inerentes à relação de trabalho, conforme decidido pelo Juízo de origem (...).

(TRT-8.ª Reg., RO 00370-2008-015-08-00-8, 1.ª T., j. 20.01.2009, rel. Rosita de Nazaré Sidrim Nassar)

Interpretação restritiva

• Ação de indenização. Acidente de trabalho. Competência. Justiça Trabalhista. Precedente. Efeitos temporais. Ação proposta em data anterior à EC 45/2004. Ausência de julgamento de mérito. Determinação da competência de acordo com os marcos temporais fixados no julgamento do CComp 7.204 (...).
(STF, AgRg no RE 481.751/SP, 2.ª T., j. 06.02.2007, rel. Gilmar Mendes, *DJU* 02.03.2007)

• Indenização por danos materiais e morais. Ação ajuizada em face do empregador. Acidente de trabalho. Competência. Justiça comum Estadual. Existência de sentença de mérito anterior à EC 45/2004.
A jurisprudência desta Corte se firmou no sentido de que, a partir da vigência da EC 45/2004, a competência para julgar ações de indenização por danos materiais e morais fundadas em acidente de trabalho é da Justiça do Trabalho, desde que não haja sentença de mérito proferida pela Justiça comum Estadual em data anterior à EC 45/2004 (...).
(STF, AgRg no RE 553.562/MG, 2.ª T., j. 16.12.2008, rel. Joaquim Barbosa, *DJe* 06.03.2009)

• Coisa julgada. Extinto o contrato de trabalho. Indenização decorrente de acidente do trabalho. A expressão "extinto o contrato de trabalho" compreende a quitação por quaisquer outras controvérsias decorrentes do contrato de trabalho. Todavia, esta quitação, até a EC 45, de 08.12.2004, não alcançava controvérsia decorrente do acidente de trabalho, pois esta não se inseria naquelas (controvérsias) advindas do contrato de trabalho e, nem se submetia (não obstante a vacilação jurisprudencial a partir da Constituição da República de 1988, o que só veio a ser definido no julgamento do CComp 7.204-1/MG, em 29.06.2005, pelo Excelso STF, tendo como relator o Min. Carlos Brito) à competência da Justiça do Trabalho. Já o acordo entabulado depois desta Emenda 45/2004, firmado com aquela expressão "extinto o contrato de trabalho", importa, também, na quitação da indenização, por danos decorrentes de acidente do trabalho. É que, depois desta Emenda nenhuma dúvida há a propósito da natureza desta controvérsia – decorrente da relação de trabalho – e do juízo competente para dela conhecer e julgar, a Justiça do Trabalho. Assim, a partir daí não se pode negar que a indenização por acidente de trabalho compreende-se em relação jurídica controvertida a compor concessões mútuas na transação judicial (...).
(TRT-3.ª Reg., RO 00986.2006.058.03.00.2, 6.ª T., j. 27.11.2006, rel. Antônio Fernando Guimarães)

- Competência. Justiça do Trabalho e Justiça Comum. Ação de indenização. Danos decorrentes de acidente de trabalho. Prolação de sentença nos autos. Fixação da competência da Justiça comum. Improcedência da ação. Embora a EC 45/2004 tenha acrescentado o art. 114, VI, à CF/1988 e fixado a competência da Justiça do Trabalho para julgamento das causas que envolvam indenização por danos decorrentes da relação de trabalho, o STF excepcionou os casos em que já havia sido proferida sentença de mérito pela Justiça comum em data anterior à promulgação de Emenda (...).
(TJAC, AR 2007.002415-9, Pleno, j. 28.05.2008, rel. Francisco Praça)

- Ação de indenização por ato ilícito decorrente de acidente de trabalho ajuizada no ano 2002. Rejeição da preliminar de incompetência da Justiça comum no acórdão embargado. A nova orientação do STJ que explicitou a competência da Justiça Laboral na matéria em apreço alcança os processos em trâmite pela Justiça comum estadual, desde que pendentes de julgamento do mérito. Ação de indenização que ainda não teve o mérito julgado. Embargos de declaração acolhidos para corrigir a contradição existente no AC 68.190 e reconhecer a competência da Justiça do Trabalho para processar e julgar a demanda, para onde deve ser remetido o processo (...).
(TJPA, EDcl em AgIn 2004.3.000685-9, 4.ª Câm. Civ. Isolada, j. 21.08.2008, rel. Maria do Carmo Araújo e Silva, *DJPA* 01.09.2008)

> **VII – as ações relativas às penalidades administrativas impostas aos empregadores pelos órgãos de fiscalização das relações de trabalho;**
>
> * Inc. VII acrescentado pela EC 45/2004.

⚖️ Interpretação convergente

- Após a EC 45/2004, a Justiça do Trabalho passou a deter competência para processar e julgar as ações relativas às penalidades administrativas impostas aos empregadores pelos órgãos de fiscalização das relações de trabalho. A regra de competência prevista no art. 114, VII, da CF/1988 produz efeitos imediatos, a partir da publicação da EC 45/2004, atingindo os processos em curso, ressalvado o que já fora decidido sob a regra de competência anterior (...).
(STJ, CComp 47.380/AP, 1.ª Seção, j. 22.06.2005, rel. Castro Meira, *DJU* 01.08.2005)

- [E]xecução interpostos em ação de execução fiscal da dívida ativa decorrente da aplicação de multa por descumprimento do disposto no art. 630, §§ 3.º e 4.º, da CLT (...). [E]m razão do disposto no art. 114, VII, da CF/1988, com a redação dada pela EC 45/2004, não resta dúvida acerca da competência desta Justiça Especializada [Justiça do Trabalho] para atuar na ação (...).
(TRT-2.ª Reg., AgPet 01181200544602003, 5.ª T., j. 13.12.2005, rel. José Ruffolo)

- Decisão que negou antecipação de tutela. Matéria referente à aplicação de multa pelo descumprimento de legislação trabalhista. Alteração da competência constitucional, pela EC 45/2004, que atribuiu à Justiça do Trabalho o julgamento de ações que versem sobre penalidades administrativas aplicadas por infração da legislação do trabalho. Declinatória de competência. Determinação de envio dos autos ao Juízo Federal de origem para que faça remeter o feito a uma das Varas do Trabalho de Natal (...).
(TRF-5.ª Reg., AgIn 2004.05.00.041133-1, 4.ª T., j. 08.11.2005, rel. Lázaro Guimarães)

VIII – a execução, de ofício, das contribuições sociais previstas no art. 195, I, *a* e II, e seus acréscimos legais, decorrentes das sentenças que proferir;

* Inc. VIII acrescentado pela EC 45/2004.

⚖️ **Interpretação convergente**

- **Súmula 368 do TST**
Descontos previdenciários e fiscais. Competência. Responsabilidade pelo pagamento. Forma de cálculo. (Redação do item II alterada na Sessão do Tribunal Pleno realizada em 16.04.2012) (Res. TST 181/2012, *DEJT* 19, 20 e 23.04.2012).
I – A Justiça do Trabalho é competente para determinar o recolhimento das contribuições fiscais. A competência da Justiça do Trabalho, quanto à execução das contribuições previdenciárias, limita-se às sentenças condenatórias em pecúnia que proferir e aos valores, objeto de acordo homologado, que integrem o salário de contribuição. (Ex-OJ 141 da SDI-I/TST, inserida em 27.11.1998).
II – É do empregador a responsabilidade pelo recolhimento das contribuições previdenciárias e fiscais, resultante de crédito do empregado oriundo de condenação judicial, devendo ser calculadas, em relação à incidência dos descontos fiscais, mês a mês, nos termos do art. 12-A da Lei 7.713, de 22.12.1988.

III – Em se tratando de descontos previdenciários, o critério de apuração encontra-se disciplinado no art. 276, § 4.º, do Dec. 3.048/1999 que regulamentou a Lei 8.212/1991 e determina que a contribuição do empregado, no caso de ações trabalhistas, seja calculada mês a mês, aplicando-se as alíquotas previstas no art. 198, observado o limite máximo do salário de contribuição. (Ex-OJs 32 e 228 da SDI-I/TST, inseridas, respectivamente, em 14.03.1994 e 20.06.2001).

• [D]esde a ampliação da sua competência pela reforma constitucional introduzida pela EC 20, de 15.12.1998, discute-se qual o limite para a execução, *ex officio*, das contribuições previdenciárias (e seus acréscimos legais) pela Justiça do Trabalho (art. 114, § 3.º, da CF/1988), sendo o mesmo texto adotado pela EC 45, de 30.12.2004 (...). Assim, diante de expresso comando constitucional, a competência desta Especializada para o julgamento das contribuições sociais está restrita às hipóteses previstas no art. 195, I, *a* e II, da CF/1988, ou seja:
"I – do empregador, da empresa e da entidade a ela equiparada na forma da lei, incidentes sobre a folha de salários e demais rendimentos do trabalho pagos ou creditados, a qualquer título, à pessoa física que lhe preste serviço, mesmo sem vínculo empregatício;
II – do trabalhador e dos demais segurados da previdência social, não incidindo contribuição sobre aposentadoria e pensão concedidas pelo regime geral de previdência social de que trata o art. 201."
No que pertine à matéria trazida a análise, não se pode perder de vista, ainda, o quanto disposto no art. 240 da CF/1988, (Título IX – Das disposições Constitucionais Gerais), que excluiu expressamente do citado art. 195 as contribuições de terceiros:
"Art. 240. Ficam ressalvadas do disposto no art. 195 as atuais contribuições compulsórias dos empregadores sobre a folha de salários, destinadas às entidades privadas de serviço social e de formação profissional vinculadas ao sistema sindical."
Em outras palavras, as contribuições do "Sistema S" não possuem natureza previdenciária, não se prestando ao custeio da Seguridade Social.
Do mesmo modo, o art. 11 da Lei 8.212/1991, que, dentre outras providências, dispõe sobre a organização da Seguridade Social e institui Plano de Custeio, exclui as contribuições destinadas às entidades de serviço social do conceito de contribuição social, ao definir:
"Art. 11. No âmbito federal, o orçamento da Seguridade Social é composto das seguintes receitas:

I – receitas da União;
II – receitas das contribuições sociais;
III – receitas de outras fontes.
Parágrafo único. Constituem contribuições sociais:
a) as das empresas, incidentes sobre a remuneração paga ou creditada aos segurados a seu serviço;
b) as dos empregadores domésticos;
c) as dos trabalhadores, incidentes sobre o seu salário de contribuição;
d) as das empresas, incidentes sobre faturamento e lucro;
e) as incidentes sobre a receita de concursos de prognósticos" (g.n.)
Sem adentrar na seara da natureza jurídica das contribuições sociais, é de se observar, também, que o dispositivo legal em comento deixa clara a sua destinação: custeio da seguridade social, o mesmo não se podendo afirmar acerca das chamadas contribuições de terceiro, conforme alhures consignado.
Sendo assim, considerando-se as hipóteses de competência material impostas pelo art. 114, VIII, da CF/1988 a esta Justiça Especializada para a execução de contribuições sociais, não há como conferir a amplitude interpretativa pretendida pela recorrente, no sentido de abarcar as contribuições destinadas a terceiros (Sesi, Senai, Sesc e outras), mormente diante da expressa ressalva constante do próprio texto constitucional (art. 240 da CF/1988) e, ainda, diante da sua exclusão da definição de contribuição social (art. 11 da Lei 8.212/1991) (...).
(TRT-15.ª Reg., RO 00469-2007-094-15-00-2, j. 06.05.2008, rel. Luís Carlos Cândido Martins Sotero da Silva, *DJ* 16.05.2008)

• Contribuições previdenciárias de todo o contrato de trabalho, decorrentes de sentença que reconheceu o vínculo empregatício. Incompetência da Justiça do Trabalho.
A ampliação de competência trazida pela EC 20/1998 só se aplica às contribuições previdenciárias diretamente resultantes de sentença condenatória ou dos valores decorrentes de acordos homologados, nos termos da Lei 10.035/2000 e da Súmula 368 do C. TST. Recurso da União ao qual se nega provimento (...).
(TRT-15.ª Reg., RO 0142600-92.1998.5.15.0027, 4.ª T., j. 24.04.2012, rel. Manuel Soares Ferreira Carradita)

• Competência. Justiça do Trabalho. Contribuição previdenciária. Incidência sobre remuneração paga durante a vigência do vínculo empregatício.

Sentença declaratória da relação de emprego. Ausência de condenação. Não reconhecimento.
A competência atribuída pela EC 20/1998 à Justiça do Trabalho se restringe à execução das contribuições previdenciárias decorrentes das sentenças condenatórias ou homologatórias de acordo que proferir. Vale dizer, não se lhe atribui competência para resolver dúvidas previdenciárias, ainda que decorrentes de contrato de trabalho reconhecido em juízo, que tenham por fato gerador pagamento de salários ou verbas salariais não postuladas ou deferidas em sentença. Ao revés, admitir-se-ia a concentração, sob essa Justiça Especializada, de competência previdenciária ampla, em agressão ao próprio limite imposto pelo texto constitucional. Inteligência do inc. VIII do art. 114 da CF/1988 (com a redação dada pela EC 45/2004) e art. 876 da CLT (...).
(TRT-15.ª Reg., RO 0149100-96.2008.5.15.0069, j. 17.04.2012, rel. Luís Carlos Cândido Martins Sotero da Silva, *DEJT* 27.04.2013)

Interpretação divergente

- Contribuição previdenciária. Competência. Atual redação do parágrafo único do art. 876 da CLT, resultante da Lei 11.457/2007.

Cabível cobrança de créditos previdenciários que decorram das decisões da Justiça do Trabalho, inclusive de todo o período de vínculo empregatício declarado existente (...).
(TRT-5.ª Reg., RO 00716-2007-311-05-00-2, 5.ª T., j. 24.03.2009, rel. Des. Delza Karr)

- Período clandestino reconhecido judicialmente. Competência para execução das contribuições previdenciárias.

O reconhecimento em juízo de relação de emprego constitui fato jurídico hábil ao surgimento do crédito da Seguridade Social. Assim, a Justiça do Trabalho é competente para determinar o recolhimento das contribuições previdenciárias e fiscais provenientes das sentenças que proferir ou acordos homologados. Tal competência alcança as parcelas integrantes do salário de contribuição, pagas em virtude de contrato, ou de emprego reconhecido em juízo, ou decorrentes de anotação da Carteira de Trabalho e Previdência Social – CTPS, objeto de acordo homologado (art. 876 da CLT, com redação dada pelo art. 42 da Lei 11.457, de 16.03.2007) (...).
(TRT-6.ª Reg., RO 01755-2006-201-06-00-5, 3.ª T., j. 28.11.2007, rel. Juiz Virgínio Henriques de Sá e Benevides)

• De acordo com o art. 42 da Lei 11.457/2007, é competente esta Justiça Especializada para a execução relativa às parcelas previdenciárias incidentes sobre os salários pagos durante o tempo de serviço clandestino, ou seja, sem anotação da CTPS, que, na hipótese, compreendeu todo o período contratual (...).

(TRT-6.ª Reg., RO 00342-2007-101-06-00-6, 3.ª T., j. 23.01.2008, rel. José Luciano Alexo da Silva)

• Agravo de petição. Competência da Justiça do Trabalho para execução de contribuições previdenciárias decorrentes do reconhecimento de vínculo de emprego.
Nos termos do art. 876, parágrafo único, da CLT c/c o art. 114, VIII, da CF/1988, a Justiça do Trabalho é competente para executar as Contribuições Sociais decorrentes do reconhecimento de vínculo de emprego (...).

(TRT-15.ª Reg., RO 0086300-54.2004.5.15.0107, 2.ª T., j. 03.04.2012, rel. Hélcio Dantas Lobo Junior)

• Contribuição previdenciária. Execução. Competência da Justiça do Trabalho. Reconhecimento de vínculo em sentença ou acordo judicial. Art. 876, parágrafo único, da CLT.
A Justiça do Trabalho é competente para proceder à execução das contribuições previdenciárias relativas ao vínculo empregatício reconhecido em sentença/acordo judicial. A Lei 11.457/2007, editada em 16.03.2007, e com vigência a partir de 02.05.2007 alterou o parágrafo único do art. 876 consolidado. Tal lei passou a prever o recolhimento do tributo inclusive sobre os salários pagos durante o período contratual reconhecido (...).

(TRT-15.ª Reg., RO 0077700-22.2008.5.15.0069, j. 17.04.2012, rel. Edmundo Fraga Lopes)

Interpretação extensiva

• **OJ 414 do SDI-I/TST**
Competência da Justiça do Trabalho. Execução de ofício. Contribuição social referente ao Seguro de Acidente de Trabalho (SAT). Arts. 114, VIII e 195, I, *a*, da CF/1988. (*DEJT* 14, 15 e 16.02.2012).

Compete à Justiça do Trabalho a execução, de ofício, da contribuição referente ao Seguro de Acidente de Trabalho (SAT), que tem natureza de contribuição para a Seguridade Social (arts. 114, VIII e 195, I, *a*, da CF/1988), pois se destina ao financiamento de benefícios relativos à incapacidade do empregado decorrente de infortúnio no trabalho (arts. 11 e 22 da Lei 8.212/1991).

• **Contribuição previdenciária. Acordo judicial homologado sem o reconhecimento de vínculo de emprego. Ausência de discriminação das parcelas. Incidência sobre o valor total.**
Nos termos da OJ 368 da SBDI-I desta Casa, é devida a incidência das contribuições para a Previdência Social sobre o valor total do acordo homologado em juízo, independentemente do reconhecimento de vínculo de emprego, se não há discriminação das parcelas sujeitas à incidência da contribuição previdenciária. A simples afirmação de que ficou entabulado entre as partes pagamento a título indenizatório não tem o condão de afastar a incidência tributária (...).
(TST, RR 37700-15.2009.5.02.0066, 1.ª T., j. 06.02.2013, rel. Hugo Carlos Scheuermann, *DEJT* 15.02.2013)

Interpretação restritiva

• **Contribuição previdenciária e fiscal. Conciliação na execução. Discriminação de parcelas em desacordo com a sentença transitada em julgado. Inadmissibilidade** (...).
No Processo do Trabalho a pacificação dos litigantes busca-se, enfaticamente, por meio da conciliação das partes em qualquer fase do procedimento, ainda que encerrado o juízo conciliatório (art. 764 e parágrafos da CLT). Inúmeras questões são levantadas, entretanto, quando as partes entabulam conciliação na fase de execução, depois do trânsito em julgado da sentença de liquidação que apura o *quantum debeatur*, a partir da ampliação da competência da Justiça do Trabalho que açambarcou a execução dos créditos fiscais e de contribuições previdenciárias. Conforme dispõe o § 2.º do art. 43 da Lei 8.212/1991, com redação dada pela Lei 11.941/2009, o fato gerador da contribuição previdenciária é a prestação de serviços, mas a obrigação tributária e base de cálculo nasce com o pagamento do crédito trabalhista. O art. 114 do CTN é claro ao

declarar que o fato gerador da obrigação principal é a situação definida em lei como necessária e suficiente à sua ocorrência. Nesse sentido, a norma do art. 195, I, *a*, da CF/1988 e, por decorrência, as regras do art. 22, I e 28, I, da Lei 8.212/1991, definem o pagamento de valores decorrentes da sentença trabalhista ou do acordo homologado, como hipóteses de incidência, ou fato gerador da contribuição previdenciária, diversamente do que pode levar a entender o § 1.º do art. 43 da Lei 8.212/1991, incluído pela Lei 11.941 de 28.05.2009 (o valor apurado na sentença de liquidação ou o do acordo homologado). Esta última regra fixa a base de cálculo da contribuição previdenciária e não a hipótese de incidência da referida contribuição. Neste contexto, o § 6.º do art. 832 da CLT, quando preconiza que o acordo, após o trânsito em julgado da sentença ou depois de elaborado os cálculos da liquidação da sentença, não prejudica os créditos da União, está em perfeita sintonia com o preceito Constitucional. Isto porque, ainda que a liquidação da sentença condenatória, apure determinado valor do crédito do reclamante, nada impede que, em momento posterior, as partes venham a transacionar, fixando um valor total do crédito em montante inferior ao apurado na liquidação para a quitação integral do crédito. Assim, será necessário que a discriminação das parcelas do acordo guarde harmonia com as da sentença, em valor proporcional ao montante pactuado. Daí porque a discriminação de parcelas em desacordo com a sentença exequenda, no ato do pagamento, caracteriza manobra para abstrair-se da incidência fiscal e previdenciária, que não se convalida pela homologação do Juiz. Referido entendimento, além do quanto contido no § 6.º do art. 832 da CLT, também encontra guarida no art. 844 do CC/2002, que Assis dispõe: "A transação não aproveita, nem prejudica senão aos que nela intervierem, ainda que diga respeito a coisa indivisível". Logo, em se tratando de conciliação depois da sentença transitada em julgado, os títulos e valores do termo de acordo devem guardar harmonia e proporcionalidade com a sentença de liquidação (...).
(TRT-15.ª Reg., RO 0094600-52.2008.5.15.0046, 10.ª Câm., j. 24.04.2012, rel. José Antonio Pancotti, *DEJT* 04.05.2012)

IX – outras controvérsias decorrentes da relação de trabalho, na forma da lei.

* Inc. IX acrescentado pela EC 45/2004.
* V. Súmula 736 do STF.

⚖️ Interpretação convergente

- **Súmula 19 do TST**

Quadro de carreira. (Res. TST 121/2003, *DJ* 19, 20 e 21.11.2003).

A Justiça do Trabalho é competente para apreciar reclamação de empregado que tenha por objeto direito fundado em quadro de carreira.

- **Súmula 300 do TST**

Competência da Justiça do Trabalho. Cadastramento no PIS. (Res. TST 121/2003, *DJ* 19, 20 e 21.11.2003).

Compete à Justiça do Trabalho processar e julgar ações ajuizadas por empregados em face de empregadores relativas ao cadastramento no Programa de Integração Social (PIS).

- **Súmula 389 do TST**

Seguro-desemprego. Competência da Justiça do Trabalho. Direito à indenização por não liberação de guias (conversão das OJs 210 e 211 da SBDI-I/TST) (Res. TST 129/2005, *DJ* 20, 22 e 25.04.2005).

I – Inscreve-se na competência material da Justiça do Trabalho a lide entre empregado e empregador tendo por objeto indenização pelo não fornecimento das guias do seguro-desemprego. (Ex-OJ 210 da SBDI-I/TST, inserida em 08.11.2000).

II – O não fornecimento pelo empregador da guia necessária para o recebimento do seguro-desemprego dá origem ao direito à indenização. (Ex-OJ 211 da SBDI-I/TST, inserida em 08.11.2000).

- Compete à Justiça do Trabalho julgar pedido de complementação de aposentadoria, porquanto originário do contrato de trabalho havido entre as partes (...).

(TRT-6.ª Reg., RO 01331-2006-021-06-00-9, 1.ª T., j. 15.01.2008, rel. **Dione Nunes Furtado da Silva**)

- Trabalhista. Previdenciário. Complementação de aposentadoria. Entidade fechada de previdência complementar. Competência da Justiça do Trabalho. Precedentes do STF, TST e STJ. Prescrição parcial. Continuidade da relação de trabalho após a concessão da aposentadoria pela previdência oficial. Cálculo do benefício complementar. Assente na jurisprudência dos Tribunais Superiores a competência *ex ratione materiae* da Justiça do Trabalho para processar e julgar causa relativa à pretensão de complementação de aposentadoria decorrente da

relação de trabalho e de responsabilidade de entidade fechada de previdência complementar instituída e mantida pelo ex-empregador (...).
(TRT-6.ª Reg., RO 00138-2008-011-06-00-5, 1.ª T., j. 04.11.2008, rel. Juiz Ibrahim Alves da Silva Filho)

• Ação de desapropriação. Demandas trabalhistas. Competência. É de competência do juízo em que tramita a desapropriação a solução dos conflitos de terceiros sobre os valores depositados a título de indenização. Transferir para outro juízo a deliberação acerca dos valores vinculados a uma ação, que a ele não está subordinado jurisdicionalmente, é contrariar, não só o que dispõe a lei processual civil, mas a orientação pacífica da jurisprudência e da doutrina no sentido de que compete ao juízo em que efetivado o depósito – quer em razão do pagamento decorrente da alienação judicial (praça ou leilão), ou da própria penhora do faturamento –, deliberar sobre o levantamento dos valores, decidindo sobre o concurso de credores de devedor solvente, de que tratam os arts. 711 e 712 do CPC (...).
(TRF-4.ª Reg., AgIn 5017716-20.2011.404.0000, 4.ª T., j. 13.03.2012, rel. Vivian Josete Pantaleão Caminha)

Interpretação restritiva

• O disposto no art. 114, I, IV e IX, da CF/1988, acrescidos pela EC 45/2004, não atribui à Justiça do Trabalho competência para processar e julgar ações penais (...).
(STF, MC na ADIn 3.684/DF, Pleno, j. 01.02.2007, rel. Cezar Peluzo, *DJe* 03.08.2007)

• Ação penal pública. Incompetência da Justiça do Trabalho. Em recente pronunciamento, o Excelso STF, quando do exame do pedido de liminar formulado em ação direta de inconstitucionalidade (MC na ADIn 3.684/DF) ajuizada pelo Procurador-geral da República, deferiu a liminar para, com efeito *ex tunc*, dar interpretação, conforme o art. 114, I, IV e IX, da CF/1988 no sentido de que nele a Constituição não atribuiu, por si só, competência criminal genérica à Justiça do Trabalho. Concluiu a Suprema Corte que seria incompatível com as garantias constitucionais da legalidade e do juiz natural inferir-se, por meio de interpretação arbitrária e expansiva, competência criminal genérica da Justiça do Trabalho, aos termos do art. 114, I, IV e IX, da CF/1988 (...).
(TST, RSE 891/2005-000-12-00.1, Pleno, j. 03.05.2007, rel. Vieira de Mello Filho, *DJU* 01.06.2007)

- Incompetência material da Justiça do Trabalho. Cobrança das contribuições previdenciárias sobre parcelas pagas durante o vínculo jurídico de emprego reconhecido em sede judicial. STF, RE 569.056-3/PA.

A competência do Judiciário Trabalhista limita-se às contribuições sociais incidentes sobre as verbas integrantes do pactuado, não abrangendo salários já pagos nos contratos reconhecidos. Adoção do posicionamento do Plenário do STF no RE 569.056/PA (...).

(TRT-15.ª Reg., AgPet 0192200-06.2008.5.15.0133, 7.ª Câm., j. 28.02.2012, rel. Fábio Grasselli)

> § 1.º Frustrada a negociação coletiva, as partes poderão eleger árbitros.
>
> § 2.º Recusando-se qualquer das partes à negociação coletiva ou à arbitragem, é facultado às mesmas, de comum acordo, ajuizar dissídio coletivo de natureza econômica, podendo a Justiça do Trabalho decidir o conflito, respeitadas as disposições mínimas legais de proteção ao trabalho, bem como as convencionadas anteriormente.

* § 2.º com redação determinada pela EC 45/2004.

Interpretação convergente

- Dissídio coletivo de natureza econômica. Não esgotamento da negociação prévia.

1. O art. 114, § 2.º, da CF/1988 exige o esgotamento das tentativas de negociação para que se admita o ajuizamento do dissídio coletivo com vistas a normatizar determinado período.
2. A edição da EC 45/2004 não se limita a exigir o comum acordo entre as partes para o ajuizamento de dissídio coletivo como também reforça a necessidade de que haja recusa à negociação coletiva. Trata-se, portanto, de pressuposto de constituição e de desenvolvimento válido e regular do processo, sem o qual se impõe a extinção do feito, sem exame do mérito (...).

(TST, RODC 546/2004-000-06-00.0, SDC, j. 16.08.2007, rel. João Oreste Dalazen, DJ 26.10.2007)

- Exigência de comum acordo para instauração de dissídio coletivo de natureza econômica. Constitucionalidade da inovação introduzida pela EC 45/2004. Oposição da parte adversa. Extinção do processo por falta de pressuposto processual.

I – A EC 45/2004 não aboliu o poder normativo da Justiça do Trabalho, nem lhe subtraiu sua função jurisdicional, desautorizando assim a tese sustentada aqui e acolá de que teria passado à condição de mero árbitro, extraída da exigência de comum acordo para instauração do dissídio coletivo.

II – A atividade jurisdicional inerente ao poder normativo da Justiça do Trabalho qualifica-se como atividade jurisdicional atípica, na medida em que, diferentemente da atividade judicante exercida no processo comum, não tem por objeto a aplicação de direito preexistente, mas a criação de direito novo, detalhe a partir do qual se pode divisar situação *sui generis* de ela, na sua atividade precípua como órgão integrante do Judiciário, desfrutar ainda que comedidamente da atividade legiferante inerente ao Poder Legislativo.

III – Tendo por norte essa singularidade da atividade jurisdicional cometida à Justiça do Trabalho, no âmbito do dissídio coletivo, mais a constatação de o art. 114, § 2.º, da CF/1988 ter erigido a negociação coletiva como método privilegiado de composição dos conflitos coletivos de trabalho, não se divisa nenhuma inconstitucionalidade na exigência de comum acordo, para a instauração do dissídio de natureza econômica, no cotejo com o princípio constitucional da inderrogabilidade da jurisdição.

IV – Não sendo necessário que a instauração do dissídio de natureza econômica seja precedida de petição conjunta dos contendores, como a princípio o poderia sugerir a locução comum acordo, interpretando-a teleologicamente pode-se chegar à conclusão de ela ter sido identificada como pressuposto de válido e regular desenvolvimento do processo de que trata o art. 267, IV, do CPC.

V – Descartada a exigência de que os contendores, para provocação da atuação do poder normativo da Justiça do Trabalho, assim o tenham ajustado previamente, cabe apenas verificar se o suscitado a ela se opõe expressamente ou a ela consinta explicita ou tacitamente, no caso de não se insurgir contra a instauração do dissídio de natureza econômica, circunstância que dilucida a não aplicação, no processo coletivo do trabalho, da ortodoxia do processo comum de se tratar de matéria cognoscível de ofício pelo juiz, a teor do art. 267, § 3.º, do CPC, pelo que o seu acolhimento dependerá necessariamente da iniciativa da parte adversa (...).

(TST, RO em Dissídio Coletivo 165.941/2006-000-00-00.4, SDC, j. 14.12.2006, rel. Barros Levenhagen, *DJU* 16.02.2007)

• Dissídio coletivo de natureza econômica. Ajuizamento. Comum acordo. Nova redação do art. 114, § 2.º, da CF/1988 após a promulgação da EC 45/2004.

[A] Seção Especializada em Dissídios Coletivos deste TST firmou jurisprudência no sentido de que a nova redação do art. 114, § 2.º, da CF/1988 do país estabeleceu o pressuposto processual intransponível do mútuo consenso dos interessados para o ajuizamento do dissídio coletivo de natureza econômica (...).
(TST, RO em Dissídio Coletivo 151/2006-000-03-00.5, SDC, j. 13.03.2008, rel. Maurício Godinho Delgado, *DJ* 28.03.2008)

> **§ 3.º Em caso de greve em atividade essencial, com possibilidade de lesão do interesse público, o Ministério Público do Trabalho poderá ajuizar dissídio coletivo, competindo à Justiça do Trabalho decidir o conflito.**
>
> * § 3.º com redação determinada pela EC 45/2004.
> * V. art. 9.º, § 1.º, da CF/1988.
> * V. Lei 7.783/1989 (Direito de greve).

⚖️ Interpretação convergente

- **Súmula 189 do TST**
Greve. Competência da Justiça do Trabalho. Abusividade. (Res. TST 121/2003, *DJ* 19, 20 e 21.11.2003).
A Justiça do Trabalho é competente para declarar a abusividade, ou não, da greve.

> **Art. 115. Os Tribunais Regionais do Trabalho compõem-se de, no mínimo, sete juízes, recrutados, quando possível, na respectiva região, e nomeados pelo Presidente da República dentre brasileiros com mais de 30 (trinta) e menos de 65 (sessenta e cinco) anos, sendo:**
>
> * Artigo com redação determinada pela EC 45/2004.
>
> **I – um quinto dentre advogados com mais de 10 (dez) anos de efetiva atividade profissional e membros do Ministério Público do Trabalho com mais de 10 (dez) anos de efetivo exercício, observado o disposto no art. 94;**
>
> **II – os demais, mediante promoção de juízes do trabalho por antiguidade e merecimento, alternadamente.**

§ 1.º Os Tribunais Regionais do Trabalho instalarão a justiça itinerante, com a realização de audiências e demais funções de atividade jurisdicional, nos limites territoriais da respectiva jurisdição, servindo-se de equipamentos públicos e comunitários.

§ 2.º Os Tribunais Regionais do Trabalho poderão funcionar descentralizadamente, constituindo Câmaras regionais, a fim de assegurar o pleno acesso do jurisdicionado à justiça em todas as fases do processo.

Art. 116. Nas Varas do Trabalho, a jurisdição será exercida por um juiz singular.

* *Caput* com redação determinada pela EC 24/1999.

Parágrafo único. *(Revogado pela EC 24/ 1999.)*

Art. 117. *(Revogado pela EC 24/1999.)*

[...]

TÍTULO VIII
DA ORDEM SOCIAL

Capítulo I
DISPOSIÇÃO GERAL

Art. 193. A ordem social tem como base o primado do trabalho, e como objetivo o bem-estar e a justiça sociais.

Capítulo II
DA SEGURIDADE SOCIAL

* V. Lei 8.212/1991 (Organização da Seguridade Social e Plano de Custeio).
* V. Lei 8.213/1991 (Planos de Benefícios da Previdência Social).
* V. Lei 8.742/1993 (Lei Orgânica da Assistência Social).
* V. Dec. 3.048/1999 (Regulamento da Previdência Social).

Art. 194

Seção I
Disposições gerais

Art. 194. A seguridade social compreende um conjunto integrado de ações de iniciativa dos Poderes Públicos e da sociedade, destinadas a assegurar os direitos relativos à saúde, à previdência e à assistência social.

⚖ Interpretação convergente

- Internação em UTI. Direito à saúde. Dever constitucional do Estado.

É dever do Estado garantir o direito à saúde, fornecendo tratamento ao cidadão que, por ser hipossuficiente, não tem condição de arcar com os custos da internação em Unidade de Terapia Intensiva (...).
(TJDF, AgIn 561.494, 2.ª T. Civ., j. 25.01.2012, rel. Carmelita Brasil)

- O direito à saúde deve ser garantido pelo Estado, aí incluídos os três níveis da federação, com a disponibilização dos recursos que se fizerem necessários ao tratamento da moléstia de que padece a parte, incluindo internações, cirurgias e o fornecimento de medicamentos/equipamentos prescritos, constituindo violação da ordem constitucional a negativa do tratamento (...).
(TJMG, Recurso Voluntário 0052788-30.2010.8.13.0607, 8.ª Câm. Civ., j. 12.01.2012, rel. Teresa Cristina da Cunha Peixoto, *DJ* 20.01.2012)

🏛 Interpretação extensiva

- O direito à saúde, decorrente de disposições constitucionais, impõe ao Poder Público a efetivação de políticas para implementar o pronto atendimento dos usuários da rede pública de saúde. A inexistência de vagas em hospitais credenciados ao Sistema Único de Saúde enseja a necessidade de internação em hospital particular às expensas do SUS (...).
(TJMG, Reexame Necessário 1.0145.03.087234-8/001, 2.ª Câm., j. 01.06.2004, rel. Brandão Teixeira, *DOMG* 18.06.2004)

- Medicamento. Pretensão à condenação da ré no pagamento de internação do menor em clínica de Atibaia, até que firme convênio ou contrato com a referida clínica, ou construa unidades especializadas para o tratamento de autistas, bem

como o pagamento dos custos com a referida instituição (...). Obrigatoriedade de o Estado fornecer recursos que visem à redução do risco da doença e de outros agravos (...).
(TJSP, Ap c/ Rev 454.917-5/0-00, 9.ª Câm. de Direito Público, j. 21.05.2008, rel. Antonio Rulli)

• Direito constitucional. Transferência de paciente da rede pública hospitalar para a rede particular. Antecipação de tutela. Cumprimento. Art. 557 do CPC. Faculdade do magistrado. Necessidade de internação em unidade de terapia intensiva. UTI. Risco iminente de morte. Ausência de vagas na rede pública. Direito à saúde. Dever constitucional do Estado. Arts. 6.º, 196 e 197 da CF/1988. Arts. 204, 205 e 207 da Lei Orgânica do Distrito Federal. Secretaria de Saúde. Gestora do Sistema Único de Saúde no Distrito Federal. Execução direta. Arts. 17, VIII c/c o 18, V e 19 da Lei 8.080/1990. Pedido acolhido.
A negativa de seguimento a recurso, com base no art. 557 do CPC, trata-se de faculdade do magistrado, o qual pode optar por encaminhar o recurso para apreciação do órgão colegiado.
O direito à saúde é de índole constitucional, consagrado, de modo especial, pelo art. 196 da CF/1988. Assim, diante do risco iminente de morte e ante a ausência de vagas em leito de Unidade de Terapia Intensiva da rede pública, é dever do Estado fornecer tratamento ao cidadão que não tenha condição de arcar com os custos do pagamento de internação em hospital da rede privada de saúde (...).
(TJDF, ApCiv 20080110277555, 6.ª T. Civ., j. 14.04.2010, rel. Ana Maria Duarte Amarante Brito, *DJ* 22.04.2010)

• Dispõe o art. 196 da CF/1988 que a saúde é direito de todos e dever do Estado que deverá garanti-lo mediante políticas sociais e econômicas que visem à redução do risco de doença e outros agravos. Compete ao Município, no âmbito do Sistema Único de Saúde, a execução de programas e projetos de saúde, assim como o atendimento a situações emergenciais, como a realização de cirurgia (...).
(TJMG, Reexame Necessário 0054511-84.2010.8.13.0607, 3.ª Câm. Civ., j. 19.04.2012, rel. Kildare Carvalho, *DJ* 26.04.2012)

Interpretação restritiva

• [O] direito dos idosos à gratuidade de transporte coletivo urbano não está incluído no rol de benefícios da seguridade social. A despeito de estarem dis-

postas no Título VIII da Constituição da República, que trata da Ordem Social, as disposições relativas à seguridade social (saúde, previdência e assistência social), previstas no Capítulo II, não se confundem com aquelas afeitas aos idosos, situadas no Capítulo VI, sendo correto, por isso mesmo, afirmar que as normas constitucionais atinentes à seguridade social (arts. 194 a 204 da CF/1988) não são aplicáveis à específica disciplina do direito dos idosos (art. 230 da CF/1988) (...).
(STF, ADIn 3.768/DF, Pleno, j. 19.09.2007, rel. Cármen Lúcia, *DJe* 26.10.2007)

> **Parágrafo único. Compete ao Poder Público, nos termos da lei, organizar a seguridade social, com base nos seguintes objetivos:**
> **I – universalidade da cobertura e do atendimento;**

Interpretação extensiva

• A contribuição previdenciária do aposentado que retorna à atividade está amparada no princípio da universalidade do custeio da Previdência Social (art. 195 da CF/1988) (...).
(STF, RE 437.640/RS, 1.ª T., j. 05.09.2006, rel. Sepúlveda Pertence, *DJe* 02.03.2007)

> **II – uniformidade e equivalência dos benefícios e serviços às populações urbanas e rurais;**
> **III – seletividade e distributividade na prestação dos benefícios e serviços;**

Interpretação convergente

• A Constituição Federal de 1988 ainda vigente consagra um modelo de federalismo cooperativo, visando ao equilíbrio do desenvolvimento e do bem estar da coletividade (art. 23, parágrafo único, da CF/1988). Assim, compete a todos os Entes Federados, em comunhão colaborativa, cuidar de questões de grande relevância para a sociedade, tal como a saúde (art. 23, II, da CF/1988).
Vale ressaltar que a opção constitucional do Brasil, desde os albores da República, sob a batuta magistral de Ruy Barbosa, foi a organização do Estado brasileiro como uma federação, cuja essência gravita em torno de distribuição do poder

Art. 194

estatal (organização político-administrativa – art. 18 da CF/1988) na forma de competências: União (art. 21 da CF/1988, Estados Membros (art. 22 da CF/1988), Municípios (art. 30 da CF/1988) e Distrito Federal (art. 32, § 1.º, da CF/1988).

Há de se destacar, também, que muitas das responsabilidades estatais são, por primeiro, dadas à União, seja pelo seu caráter federal quanto nacional. Aqui avulta ter bem distinguidas tais circunstâncias jurídicas-políticas: a nacional é aquilo que diga respeito ao Estado brasileiro como um todo, como unidade, inclusive no plano internacional, no cenário externo, da comunidade das nações; a federal, relativa a quanto diga respeito ao poder central da União, restrita ao âmbito político-administrativo da ficção jurídica de um dos Entes Federados (art. 1.º e 18 da CF/1988).

Assim, quando qualquer questão tocante ao Estado brasileiro – de interesse exclusivamente interno ou não – se ponha em relevo, a matéria tem foro nacional. Isso, não obstante embora a que seja vista e resolvida como especial que se evidenciará em responsabilidade compartilhada entre os diversos entes federados, cada qual contemplado consoante formulação legislativa (nacional) que divise competências e responsabilidades (...).

[O] sistema de seguridade social, assim compreendido, pelo texto constitucional, [é] o conjunto integrado de ações de iniciativa de todas as unidades federadas e da sociedade, visando à efetividade dos direitos relativos à saúde, à previdência e à assistência social (art. 194 da CF/1988).

Informa-se a seguridade social, entre outros, pelo princípio da solidariedade, visando à construção de uma sociedade solidária, objetivo da República Federativa do Brasil (art. 3.º, I, da CF/1988), e pelos princípios da seletividade e distributividade, que prescrevem a eleição seletiva dos eventos cobertos e serviços fornecidos, segundo diretrizes que melhor assegurem a eficiência das ações prestadas (art. 194 da CF/1988) (...).

(TJMG, ACP 2817652-45.2009.8.13.0701, 7.ª Câm. Civ., j. 22.11.2011, rel. Belizário de Lacerda, *DJ* 20.01.2012)

IV – irredutibilidade do valor dos benefícios;

⚖️ **Interpretação convergente**

- Ao determinar que "os valores dos benefícios em manutenção serão reajustados, de acordo com as suas respectivas datas, com base na variação integral

do INPC", o art. 41, II, da Lei 8.213/1991 (posteriormente revogado pela Lei 8.542/1992), não infringiu o disposto nos arts. 194, IV e 201, § 2.º, da CF/1988, que asseguram, respectivamente, a irredutibilidade do valor dos benefícios e a preservação do seu valor real (...).
(STF, RE 231.395/RS, 1.ª T., j. 25.08.1998, rel. Sepúlveda Pertence, DJ 18.09.1998)

• Reajuste de benefício de prestação continuada. Índices aplicados para atualização do salário de benefício. Arts. 20, § 1.º e 28, § 5.º, da Lei 8.212/1991. Princípios constitucionais da irredutibilidade do valor dos benefícios (art. 194, IV, da CF/1988) e da preservação do valor real dos benefícios (art. 201, § 4.º, da CF/1988). Não violação. Precedentes. Agravo regimental improvido. Os índices de atualização dos salários de contribuição não se aplicam ao reajuste dos benefícios previdenciários de prestação continuada (...)
(STF, AgRg no AgIn 590.177/SC, 2.ª T., j. 06.03.2007, rel. Cezar Peluso, DJe 27.04.2007)

• O entendimento consolidado nesta Corte é no sentido de ser inaplicável o índice negativo de correção monetária para a atualização dos valores pertinentes a benefícios previdenciários pagos em atraso vez que, além da função da correção monetária ser a manutenção do poder aquisitivo da moeda, deve ser respeitada a vedação constitucional da irredutibilidade ao valor dos benefícios (...).
(STJ, AgRg no REsp 1.222.960/RS, 5.ª T., j. 07.02.2012, rel. Gilson Dipp, DJe 14.02.2012)

V – equidade na forma de participação no custeio;

VI – diversidade da base de financiamento;

VII – caráter democrático e descentralizado da Administração, mediante gestão quadripartite, com participação dos trabalhadores, dos empregadores, dos aposentados e do Governo nos órgãos colegiados.

* Inc. VII com redação determinada pela EC 20/1998.

Art. 195. A Seguridade Social será financiada por toda a sociedade, de forma direta e indireta, nos termos da lei, mediante recursos provenientes dos orçamentos da União, dos Estados, do Distrito Federal e dos Municípios, e das seguintes contribuições sociais:

* V. art. 12 da EC 20/1998.
* V. Lei 7.689/1988 (Contribuição Social sobre o Lucro das Pessoas Jurídicas).
* V. Lei 7.894/1989 (Contribuição para Finsocial e PIS/Pasep).

* V. LC 70/1991 (Contribuição para financiamento da Seguridade Social).
* V. Lei 9.316/1996 (Altera a legislação do Imposto de Renda e da Contribuição Social sobre o Lucro Líquido).
* V. Lei 9.363/1996 (Crédito presumido do IPI para ressarcimento do valor do PIS/Pasep e Cofins).
* V. Lei 9.477/1997 (Fundo de Aposentadoria Programada Individual – Fapi).

Interpretação extensiva

• **Súmula 659 do STF**
É legítima a cobrança da Cofins, do PIS e do Finsocial sobre as operações relativas a energia elétrica, serviços de telecomunicações, derivados de petróleo, combustíveis e minerais do país.

Interpretação restritiva

• O STF (sessão do dia 01.07.1999), concluindo o julgamento do AgRg no RE 205.355; RE 227.832; RE 230.337; e RE 233.807, rel. Min. Carlos Velloso, abrangendo as contribuições representadas pela Cofins, pelo PIS e pelo Finsocial sobre as operações relativas a energia elétrica, a serviços de telecomunicações, e a derivados de petróleo, combustíveis e minerais, entendeu que, sendo elas contribuições sociais sobre o faturamento das empresas, destinadas ao financiamento da seguridade social, nos termos do art. 195, *caput*, da CF/1988, não lhes é aplicável a imunidade prevista no art. 155, § 3.º, da Lei Maior (...).
(STF, RE 224.964/PE, 1.ª T., j. 09.11.1999, rel. Ilmar Galvão, *DJU* 04.02.2000)

• A alteração do art. 195 da CF/1988 pela EC 20/1998 não versou, especificamente, sobre a alíquota de contribuição social destinada ao custeio da seguridade social (...).
(STF, AgRg no RE 487.475/RJ, 1.ª T., j. 01.06.2010, rel. Ricardo Lewandowski, *DJe* 06.08.2010)

I – do empregador, da empresa e da entidade a ela equiparada na forma da lei, incidentes sobre:

* Inc. I com redação determinada pela EC 20/1998.

Interpretação convergente

• Esta Corte firmou o entendimento de que o termo "empregadores", contido no art. 195, I, da CF/1988 em sua redação original, não pode ser interpretado estritamente, pois as contribuições para a seguridade social assentam na solidariedade geral, conforme o *caput* do mencionado artigo. Por isso, a nova redação do inc. I do art. 195 da CF/1988, conforme a EC 20/1998, apenas explicitou o que o constituinte originário já previa (...).
(STF, AgRg em RE 585.181/RJ, 2.ª T., j. 31.08.2010, rel. Joaquim Barbosa, *DJe* 08.10.2010)

• Art. 195, I, da CF/1988. Cofins. Sujeição Passiva. Pessoa Jurídica sem empregados. Legitimidade.
Esta Corte já assentou o entendimento de que o conceito constitucional de empregador deve ser entendido no sentido amplo de pessoa jurídica potencialmente empregadora, sendo devida a contribuição por todas as pessoas jurídicas e entidades a ela equiparadas, inclusive aquelas que não possuem empregados (...).
(STF, AgRg no RE 547.435/ES, 1.ª T., j. 07.02.2012, rel. Dias Toffoli, *DJe* 28.02.2012)

• A alteração introduzida pela EC 20/1998 no art. 195 da CF/1988 não trouxe mudança substancial no sistema de arrecadação dos fundos da seguridade social. De acordo com o *caput* do art. 195 da CF/1988, a seguridade social será financiada por toda a sociedade de forma direta e indireta nos termos da lei. A menção inicial a "empregadores" já abarcava implicitamente as empresas de um modo geral, e a alteração que acrescentou as empresas como contribuintes apenas explicitou ser a contribuição exigível de empresa e entidade a ela equiparada na forma da lei, ou seja, de qualquer empresa e não apenas das que possuem empregados, em atendimento ao princípio da solidariedade social (...).
(TRF-2.ª Reg., RO 1999.02.01.061237-6, 4.ª T. Especializada, j. 26.02.2008, rel. Alberto Nogueira)

Interpretação extensiva

• **Súmula 658 do STF**
São constitucionais os arts. 7.º da Lei 7.787/1989 e 1.º da Lei 7.894/1989 e da Lei 8.147/1990, que majoraram a alíquota do Finsocial, quando devida a contribuição por empresas dedicadas exclusivamente à prestação de serviços.

- **Súmula 401 do TST**
Ação rescisória. Descontos legais. Fase de execução. Sentença exequenda omissa. Inexistência de ofensa à coisa julgada. (Conversão da OJ 81 da SBDI-II/TST) (Res. TST 137/2005, *DJ* 22, 23 e 24.08.2005).
Os descontos previdenciários e fiscais devem ser efetuados pelo juízo executório, ainda que a sentença exequenda tenha sido omissa sobre a questão, dado o caráter de ordem pública ostentado pela norma que os disciplina. A ofensa à coisa julgada somente poderá ser caracterizada na hipótese de o título exequendo, expressamente, afastar a dedução dos valores a título de imposto de renda e de contribuição previdenciária. (Ex-OJ 81 da SBDI-II/TST, inserida em 13.03.2002).

- [O] conceito constitucional de empregador deve ser entendido no sentido amplo de pessoa jurídica potencialmente empregadora, sendo devida a contribuição por todas as pessoas jurídicas e entidades a ela equiparadas, inclusive aquelas que não possuem empregados (...).
(STF, AgRg no RE 547.435/ES, 1.ª T., j. 07.02.2012, rel. Dias Toffoli, *DJe* 28.02.2012)

- A jurisprudência desta Corte é pacífica no sentido de se conferir interpretação ampla ao art. 195, I, da CF/1988, na redação anterior à EC 20/1998, de modo a compreender as pessoas jurídicas empregadoras em potencial, inclusive aquelas que não possuem empregados. Aplicação, no caso, do princípio da solidariedade, no sentido de que a Seguridade Social será financiada por toda a sociedade (art. 195, *caput*, da CF/1988) (...).
(STF, AgRg no RE 500.121/MG, 2.ª T., j. 20.03.2012, rel. Ricardo Lewandowski, *DJe* 02.04.2012)

Interpretação restritiva

- **Súmula 368 do TST**
Descontos previdenciários e fiscais. Competência. Responsabilidade pelo pagamento. Forma de cálculo. (Redação do item II alterada na Sessão do Tribunal Pleno realizada em 16.04.2012) (Res. TST 181/2012, *DEJT* 19, 20 e 23.04.2012).
I – A Justiça do Trabalho é competente para determinar o recolhimento das contribuições fiscais. A competência da Justiça do Trabalho, quanto à execução das contribuições previdenciárias, limita-se às sentenças condenatórias em pecúnia que proferir e aos valores, objeto de acordo homologado, que

integrem o salário de contribuição. (Ex-OJ 141 da SBDI-I/TST, inserida em 27.11.1998).

II – É do empregador a responsabilidade pelo recolhimento das contribuições previdenciárias e fiscais, resultante de crédito do empregado oriundo de condenação judicial, devendo ser calculadas, em relação à incidência dos descontos fiscais, mês a mês, nos termos do art. 12-A da Lei 7.713, de 22.12.1988.

III – Em se tratando de descontos previdenciários, o critério de apuração encontra-se disciplinado no art. 276, § 4.º, do Dec. 3.048/1999 que regulamentou a Lei 8.212/1991 e determina que a contribuição do empregado, no caso de ações trabalhistas, seja calculada mês a mês, aplicando-se as alíquotas previstas no art. 198, observado o limite máximo do salário de contribuição. (Ex-OJs 32 e 228 da SBDI-I/TST, inseridas, respectivamente, em 14.03.1994 e 20.06.2001).

• De acordo com o art. 42 da Lei 11.457/2007, é competente esta Justiça Especializada para a execução relativa às parcelas previdenciárias incidentes sobre os salários pagos durante o tempo de serviço clandestino, ou seja, sem anotação da CTPS, que, na hipótese, compreendeu todo o período contratual (...).
(TRT-6.ª Reg., RO 01389-2005-201-06-00-3, 3.ª T., j. 23.01.2008, rel. José Luciano Alexo da Silva)

• Contribuições previdenciárias de todo o contrato de trabalho decorrentes de sentença que reconheceu o vínculo empregatício. Incompetência da Justiça do Trabalho.
A ampliação de competência trazida pela EC 20/1998 só se aplica às contribuições previdenciárias diretamente resultantes de sentença condenatória ou dos valores decorrentes de acordos homologados, nos termos da Lei 10.035/2000 e da Súmula 368 do C. TST (...).
(TRT-15.ª Reg., RO 0142600-92.1998.5.15.0027, 4.ª T., j. 24.04.2012, rel. Manuel Soares Ferreira Carradita)

• Penal. Contribuições previdenciárias. Não recolhimento. Dificuldades financeiras. Comprovação (...). Absolvição dos acusados mantida.
A difícil situação financeira da empresa, conforme devidamente comprovado nos autos por meio do encerramento das atividades da empresa, corroborado por depoimentos testemunhais, acordo trabalhista realizado com os empregados e as inúmeras ações de execução existentes, autoriza o reconhecimento da inexigibilidade de conduta diversa (...).
(TRF-3.ª Reg., ApCrim 1999.03.99.005074-3, 1.ª T., j. 11.12.2007, rel. Luiz Stefanini, *DJU* 15.01.2008)

a) **a folha de salários e demais rendimentos do trabalho pagos ou creditados, a qualquer título, à pessoa física que lhe preste serviço, mesmo sem vínculo empregatício;**

* V. arts. 114, VIII e 167, XI, da CF/1988.

⚖ Interpretação convergente

- **OJ 398 do SDI-I/TST**
Contribuição previdenciária. Acordo homologado em juízo sem reconhecimento de vínculo de emprego. Contribuinte individual. Recolhimento da alíquota de 20% a cargo do tomador e 11% a cargo do prestador de serviços. (*DEJT* 02, 03 e 04.08.2010).
Nos acordos homologados em juízo em que não haja o reconhecimento de vínculo empregatício, é devido o recolhimento da contribuição previdenciária, mediante a alíquota de 20% a cargo do tomador de serviços e de 11% por parte do prestador de serviços, na qualidade de contribuinte individual, sobre o valor total do acordo, respeitado o teto de contribuição. Inteligência do § 4.º do art. 30 e do inc. III do art. 22, todos da Lei 8.212, de 24.07.1991.

- Acordo judicial. Relação de emprego não reconhecida. Contribuições previdenciárias. Cota-parte do trabalhador. Não abrangência.
De acordo com o entendimento majoritário desta E. Turma, na conciliação judicial em que não fique reconhecida a existência de vínculo empregatício, está correta a determinação para que o tomador dos serviços comprove o recolhimento de contribuições previdenciárias no percentual de 20% sobre o total do acordo, nos termos do art. 22 da Lei 8.212/1991. Em sede de Justiça Laboral, não é aplicável o art. 4.º da Lei 10.666/2003 (relativo à obrigatoriedade da retenção da cota-parte do trabalhador), mas o art. 276, § 9.º, do Dec. 3.048/1999, que regula especificamente a situação em que haja reconhecimento da ocorrência de prestação de serviços à empresa, mas não o vínculo empregatício. Essa norma menciona tão somente a contribuição de que trata o inc. II do art. 201, ou seja, aquela a cargo da empresa, fixada em 20%, sendo apenas esse o percentual executável pela Justiça do Trabalho (...).
(TRT-3.ª Reg., AgPet 00269-2008-135-03-00-7, 1.ª T., j. 17.11.2008, rel. Marcus Moura Ferreira, *DJ* 21.11.2008)

Art. 195

🏛 Interpretação extensiva

• Aplica-se à tributação da pessoa jurídica, para as contribuições destinadas ao custeio da seguridade social, calculadas com base na remuneração, o regime de competência. Assim, o tributo incide no momento em que surge a obrigação legal de pagamento, independentemente se este irá ocorrer em oportunidade posterior (...).
(STF, AgRg no RE 419.612/PR, 2.ª T., j. 01.03.2011, rel. Joaquim Barbosa, *DJe* 06.04.2011)

• Discriminação das parcelas para incidência de contribuição previdenciária. Art. 832 da CLT. Proporcionalidade observada na conciliação.
Nos termos do § 3.º do art. 832 da CLT, deve o magistrado por quando da homologação de conciliação discriminar as verbas remuneratórias e indenizatórias, para fins de cálculo da contribuição previdenciária. Havendo nos autos tal observância, não houve qualquer prejuízo aos cofres públicos (...).
(TRT-8.ª Reg., AgPet 00175-2009-111-08-00.1, 2.ª T., j. 19.08.2009, rel. Carlos Rodrigues Zahlouth Júnior)

• Contribuição previdenciária. Juros e multa. Termo inicial. Liquidação da sentença.
Prescreve o Regulamento da Previdência Social, aprovado pelo Dec. 3.048/1999, em seu art. 276, que nas ações trabalhistas donde resultar pagamentos sujeitos à incidência de contribuição previdenciária, o recolhimento dos valores devidos à seguridade social se dará no dia dois do mês subsequente ao da liquidação de sentença (...).
(TRT-21.ª Reg., AgPet 00049-2005-003-21-00-0, 1.ª T., j. 02.12.2008, rel. Maria de Lourdes Alves Leite)

• Contribuição previdenciária incidente sobre a comercialização da produção rural. Empregador rural pessoa física. Inconstitucionalidade. Superposição de incidências. Base de cálculo não identificada com receita ou faturamento. Instituição por lei complementar. Leis 8.540/1992, 9.528/1997 e 10.256/2001. EC 20/1998. Efeito repristinatório da declaração de inconstitucionalidade. Revogação do § 5.º do art. 22 da Lei 8.212/1991. Contribuição sobre a folha de salários.
1. O STF, ao apreciar o RE 363.852/MG, reconheceu a inconstitucionalidade da incidência de contribuição previdenciária sobre a comercialização da produção rural, quanto ao empregador rural pessoa física, prevista no art. 25 da Lei 8.212/1991.

2. Configura-se a superposição de incidências sobre a mesma base de cálculo, já que o produtor rural não enquadrado na categoria de segurado especial estaria obrigado a contribuir sobre o faturamento ou receita, nos termos do art. 195, I, da CF/1988, e ainda sobre o resultado da comercialização da produção, segundo o disposto no § 8.º do art. 195 da CF/1988.

3. Além disso, permanece a exigência de instituição de lei complementar para instituir outra fonte de custeio da seguridade social, nos moldes do art. 195, § 4.º, da CF/1988, já que a receita bruta proveniente da comercialização da produção rural não constitui base de cálculo identificada com receita ou faturamento.

4. A Lei 10.256/2001 somente alterou o *caput* do art. 25 da Lei 8.212/1991, que trata dos sujeitos passivos da contribuição. O fato gerador e a base de cálculo continuaram com a redação dada pela Lei 9.528/1997, anterior à EC 20/1998. Nessas circunstâncias, a alteração superveniente na Constituição não tem o condão de dar suporte de validade à lei já maculada por inconstitucionalidade.

5. A Corte Especial deste Tribunal, na Arguição de Inconstitucionalidade 2008.70.16.000444-6, declarou inconstitucional a Lei 10.256/2001, com redução de texto, para abstrair do *caput* do art. 25 da Lei 8.212/1991 as expressões "contribuição do empregador rural pessoa física, em substituição à contribuição de que tratam os incs. I e II do art. 22", e "na alínea *a* do inc. V", fica mantida a contribuição do segurado especial, na forma prevista nos incs. I e II do art. 25 da Lei 8.212/1991.

6. Consoante o julgado da Corte Especial, torna-se exigível a contribuição do empregador rural pessoa física sobre a folha de salários, uma vez que o art. 6.º da Lei 10.256/2001 revogou o § 5.º do art. 22 da Lei 8.212/1991, que determinava a não aplicação do art. 22 da Lei 8.212/1991 ao empregador rural pessoa física.

7. O entendimento firmado pela Corte Especial coaduna-se com o efeito repristinatório da declaração de inconstitucionalidade, pois, anulando-se os atos praticados com base na norma inconstitucional, restaura-se a vigência da legislação anterior, aparentemente revogada pela lei inconstitucional.

8. O empregador rural pessoa física tem direito à restituição ou à compensação do valor integral da contribuição recolhida com base na comercialização da produção rural até a edição da Lei 10.256/2001 e, a partir da vigência dessa Lei, da diferença entre a contribuição sobre a produção rural e a contribuição sobre a folha de salários (...).

(TRF-4.ª Reg., ApCiv 5000224-53.2010.404.7015, 1.ª T., j. 21.03.2012, rel. Joel Ilan Paciornik)

Interpretação restritiva

• Falece competência à Justiça do Trabalho para executar as contribuições em favor de terceiros, de acordo com o disposto nos arts. 114, VIII e 195, I, *a* e II, combinados com o art. 240, todos da CF/1988 (...).
(TRT-6.ª Reg., RO 00261-2008-391-06-00-9, 2.ª T., j. 22.10.2008, rel. Patrícia Coelho Brandão Vieira)

• Contribuições previdenciárias. Fato gerador.
As contribuições previdenciárias foram instituídas pela Carta Magna, constando, expressamente, do art. 195, I, *a* que a contribuição social incide sobre "a folha de salários e demais rendimentos do trabalho pagos ou creditados". Assim, a contribuição previdenciária somente passa a ser devida quando efetivamente ocorrer o pagamento ou o crédito ao trabalhador, não havendo como se entender pela licitude de cobrá-las, com cominações decorrentes de suposta mora, a partir da prestação do serviço (...).
(TRT-15.ª Reg., AgPet 0286800-30.2005.5.15.0131, 4.ª T., j. 28.02.2012, rel. Luiz Roberto Nunes)

• O crédito da União, no que concerne às contribuições previdenciárias, é constituído a partir da existência da coisa julgada, resultante de sentença condenatória e/ou acordo homologado e os acréscimos moratórios previstos na legislação previdenciária só passam a ser devidos após 48 horas da citação do devedor para pagamento. Inteligência do art. 43, § 3.º, da Lei 8.212/1991 (...).
(TRT-15.ª Reg., AgPet 0182700-39.2003.5.15.0084, j. 03.04.2012, rel. Edmundo Fraga Lopes)

• Incompetência da Justiça do Trabalho. Execução de contribuições de terceiros. Da simples leitura do arts. 114, VIII e 195, I, *a* e II, ambos da Lei Magna, resta claro que a competência material executória da Justiça do Trabalho é para executar as contribuições previdenciárias devidas pelos empregadores, empresas e entidades a ela equiparadas, bem como pelos trabalhadores e demais segurados da previdência social. Destarte, impõe-se, de ofício, declarar a incompetência material executória desta Justiça Especializada, para executar contribuições de terceiros (...).
(TRT-19.ª Reg., AgPet 00562.2007.056.19.00-9, j. 11.11.2008, rel. José Abílio Neves Sousa)

• [A]s contribuições de terceiros não estão inseridas no rol das contribuições sociais previstas no parágrafo único do art. 11 da Lei 8.212/1991, a seguir

transcritas, encontrando-se disciplinadas no art. 27, II, da referida lei, que trata especificamente sobre o tema das receitas que integram o financiamento indireto da Seguridade Social, porque tais contribuições são apenas arrecadadas pela Secretaria da Receita Federal (Lei 11.457/2007) e, desta arrecadação, o INSS possui pequena participação (3,5% do produto arrecadado por força dos arts. 94 da Lei 8.212/1991 e 274 do Dec. 3.048/1999) como contraprestação pelo "serviço prestado" às empresas ligadas ao sistema "S" (Sesi, Senac etc.). Assim, sabendo que a EC 20/1998 concedeu à Justiça do Trabalho a competência para executar as contribuições previdenciárias decorrentes das sentenças que proferir, reforçada pela EC 45/2004 e pela Lei 11.457/2007, vale ressaltar que, no que pertine às contribuições a terceiros (Sebrae, Sesi, Senai, Sesc, Senac etc.), apesar de arrecadadas pelo INSS (art. 274 do Dec. 3.048/1999), não se destinam à Seguridade Social (Capítulo II do Título VIII da CF/1988) razão pela qual não se enquadram no conceito do § 3.º do art. 114, sendo incompetente a Justiça do Trabalho para executá-las. Conclui-se, portanto, que as contribuições de terceiros divergem das contribuições sociais, de que trata o art. 114 da CF/1988, não se enquadrando nos limites da competência da Justiça do Trabalho (...).
(TRT-19.ª Reg., AgPet 00531.2008.002.19.00-7, j. 27.11.2008, rel. José Abílio Neves Sousa)

b) a receita ou o faturamento;

⚖ Interpretação convergente

• Contribuição para o Funrural: empresas urbanas: acórdão recorrido que se harmoniza com o entendimento do STF, no sentido de não haver óbice a que seja cobrada, de empresa urbana, a referida contribuição, destinada a cobrir os riscos a que se sujeita toda a coletividade de trabalhadores: precedentes (...).
(STF, AgRg no AgIn 485.192/SP, 1.ª T., j. 03.05.2005, rel. Sepúlveda Pertence, *DJe* 27.05.2005)

🏛 Interpretação extensiva

• Sucede, porém, que a contribuição social em causa [Cofins], incidente sobre o faturamento dos empregadores, é admitida expressamente pelo inc. I do art. 195

da Carta Magna, não se podendo pretender, portanto, que a LC 70/1991 tenha criado outra fonte de renda destinada a garantir a manutenção ou a expansão da seguridade social. Por isso mesmo, essa contribuição poderia ser instituída por Lei ordinária. A circunstância de ter sido instituída por lei formalmente complementar – a LC 70/1991 – não lhe dá, evidentemente, a natureza de contribuição social nova, a que se aplicaria o disposto no § 4.º do art. 195 da CF/1988, porquanto essa lei, com relação aos dispositivos concernentes à contribuição social por ela instituída – que são o objeto desta ação –, é materialmente ordinária, por não se tratar, nesse particular, de matéria reservada, por texto expresso da Constituição, à lei complementar. A jurisprudência desta Corte, sob o império da EC 1/1969 – e a Constituição atual não alterou esse sistema –, se firmou no sentido de que só se exige lei complementar para as matérias para cuja disciplina a Constituição expressamente faz tal exigência, e, se porventura a matéria, disciplinada por lei cujo processo legislativo observado tenha sido o da lei complementar, não seja daquelas para que a Carta Magna exige essa modalidade legislativa, os dispositivos que tratam dela se têm como dispositivos de lei ordinária (...).
(STF, ADC 1/DF, Pleno, j. 01.12.1993, rel. Moreira Alves, *DJ* 16.06.1995)

• Quanto ao pedido de declaração de inconstitucionalidade do art. 8.º, cabeça, da Lei 9.718/1998 – que dispõe sobre a majoração da alíquota da Cofins –, improcede o que sustentado no extraordinário. Com efeito, assentado que a contribuição em exame tem como base de incidência o faturamento – e afastado o disposto no § 1.º do art. 3.º da Lei 9.718/1998 –, está a contribuição alcançada pelo preceito inserto no inc. I do art. 195 da CF/1988. Assim, observa-se, no ponto, o que já decidido por esta Corte, no sentido da desnecessidade de lei complementar para a majoração de contribuição cuja instituição se dera com base no citado dispositivo constitucional, vale dizer, no art. 195, I, da CF/1988. Descabe cogitar, portanto, de instrumental próprio, ou seja, o da lei complementar, para a majoração da alíquota da Cofins (...).
(STF, RE 390.840/MG, Pleno, j. 09.11.2005, rel. Marco Aurélio, *DJe* 15.08.2006)

• O conceito de receita bruta sujeita à incidência da Cofins envolve, não só aquela decorrente da venda de mercadorias e da prestação de serviços, mas também a soma das receitas oriundas do exercício de outras atividades empresariais (...).
(STF, EDcl em RE 444.601/RJ, 2.ª T., j. 07.11.2006, rel. Cezar Peluso, *DJe* 15.12.2006)

• Programa de residência de gerentes de agências. Auxílio-moradia. Habitualidade. Contribuição previdenciária. Incidência. Natureza remuneratória (...).

1. O Tribunal Regional, com base na análise acurada do "Programa de Residência de Gerentes de Agências" e das provas dos autos, consignou que a parcela paga a título de auxílio-moradia na espécie tem notadamente natureza remuneratória (...).
2. Incide contribuição previdenciária sobre o "total da remuneração" paga ou creditada aos trabalhadores, a qualquer título, exceto as verbas listadas no art. 28, § 9.º, da Lei 8.212/1991 (...).
3. A hipótese em apreço – pagamento de auxílio-moradia –, não está arrolada dentre as exceções legais (...).
(STJ, AgRg no AgIn em REsp 42.673/RS, 2.ª T., j. 14.02.2012, rel. Castro Meira, *DJe* 05.03.2012)

Interpretação restritiva

- Reserva constitucional de lei complementar. Incidência nos casos taxativamente indicados na Constituição Federal de 1988. Contribuição de Seguridade Social devida por servidores públicos federais em atividade. Instituição mediante lei ordinária. Possibilidade (...).
(STF, MC em ADIn 2.010/DF, Pleno, j. 30.09.1999, rel. Celso de Mello, *DJ* 12.04.2002)

- Seguridade social. Servidor público. Vencimentos. Proventos de aposentadoria e pensões. Sujeição à incidência de contribuição previdenciária. Ofensa a direito adquirido no ato de aposentadoria. Não ocorrência. Contribuição social. Exigência patrimonial de natureza tributária. Inexistência de norma de imunidade tributária absoluta. EC 41/2003 (art. 4.º, *caput*). Regra não retroativa. Incidência sobre fatos geradores ocorridos depois do início de sua vigência. Precedentes da Corte. Inteligência dos arts. 5.º, XXXVI, 146, III, 149, 150, I e III, 194 e 195, *caput*, II e § 6.º, da CF/1988 e art. 4.º, *caput*, da EC 41/2003.
No ordenamento jurídico vigente, não há norma, expressa nem sistemática, que atribua à condição jurídico-subjetiva da aposentadoria de servidor público o efeito de lhe gerar direito subjetivo como poder de subtrair *ad aeternum* a percepção dos respectivos proventos e pensões à incidência de lei tributária que, anterior ou ulterior, os submeta à incidência de contribuição previdencial. Noutras palavras, não há, em nosso ordenamento, nenhuma norma jurídica válida que, como efeito específico do fato jurídico da aposentadoria, lhe imunize os proventos e as pensões, de modo absoluto, à tributação de ordem constitucional,

qualquer que seja a modalidade do tributo eleito, donde não haver, a respeito, direito adquirido com o aposentamento (...).
(STF, ADIn 3.105/DF, Pleno, j. 18.08.2004, rel. p/ o acórdão Cezar Peluso, *DJe* 18.02.2005)

• A jurisprudência do Supremo, ante a redação do art. 195 da Carta Federal anterior à EC 20/1998, consolidou-se no sentido de tomar as expressões receita bruta e faturamento como sinônimas, jungindo-as à venda de mercadorias, de serviços ou de mercadorias e serviços. É inconstitucional o § 1.º do art. 3.º da Lei 9.718/1998, no que ampliou o conceito de receita bruta para envolver a totalidade das receitas auferidas por pessoas jurídicas, independentemente da atividade por elas desenvolvida e da classificação contábil adotada (...).
(STF, RE 390.840/MG, Pleno, j. 09.11.2005, rel. Marco Aurélio, *DJe* 15.08.2006)

• A origem deste processo está no fato de os recorrentes adquirirem bovinos de produtores rurais, pessoas naturais. Então, à luz do inc. IV do art. 30 da Lei 8.212, de 24.07.1991, surgem como "sub-rogados nas obrigações da pessoa física de que trata a alínea *a* do inc. V do art. 12 e do segurado especial pelo cumprimento das obrigações do art. 25 desta Lei, exceto no caso do inc. X deste artigo, na forma estabelecida em regulamento". A exceção aberta à responsabilidade fixada corre à conta da comercialização direta pelo produtor rural, a pessoa natural, com o exterior ou no varejo, para o consumidor. Em síntese, são os recorrentes os responsáveis pelo que devido pelo segurado obrigatório, pessoa natural que explore atividade pecuária, consoante dispõe o art. 25, I e II, da Lei 8.212/1991 (...). A regra, dada a previsão da alínea *b* do inc. I do (...) art. 195, é a incidência da contribuição social sobre o faturamento, para financiar a seguridade social instituída pela LC 70, de 30.12.1991, a obrigar não só as pessoas jurídicas, como também aquelas a ela equiparadas pela legislação do imposto sobre a renda – art. 1.º da citada Lei Complementar. Já aqui surge duplicidade contrária à Carta da República, no que, conforme o art. 25, I e II, da Lei 8.212, de 24.07.1991, o produtor rural passou a estar compelido a duplo recolhimento, com a mesma destinação, ou seja, o financiamento da seguridade social – recolhe, a partir do disposto no art. 195, I, *b*, a Cofins e a contribuição prevista no referido art. 25 (...). Forçoso é concluir que, no caso de produtor rural, embora pessoa natural, que tenha empregados, incide a previsão relativa ao recolhimento sobre o valor da folha de salários. É de ressaltar que a Lei 8.212/1991 define empresa como a firma individual ou sociedade que assume o risco de atividade econômica urbana ou rural, com fins lucrativos, ou não, bem como os órgãos e entidades da administração pública direta, indireta e fundacional – inc. I do art. 15. Então, o

produtor rural, pessoa natural, fica compelido a satisfazer, de um lado, a contribuição sobre a folha de salários e, de outro, a Cofins, não havendo lugar para ter-se novo ônus, relativamente ao financiamento da seguridade social, isso a partir de valor alusivo à venda de bovinos. Cumpre ter presente, até mesmo, a regra do inc. II do art. 150 da CF/1988, no que veda instituir tratamento desigual entre contribuintes que se encontrem em situação equivalente. De acordo com o art. 195, § 8.º, do Diploma Maior, se o produtor não possui empregados, fica compelido, inexistente a base de incidência da contribuição – a folha de salários – a recolher percentual sobre o resultado da comercialização da produção. Se, ao contrário, conta com empregados, estará obrigado não só ao recolhimento sobre a folha de salários, como também, levando em conta o faturamento, da Contribuição Social para Financiamento da Seguridade Social – Cofins e da prevista – tomada a mesma base de incidência, o valor comercializado – no art. 25 da Lei 8.212/1991. Assim, não fosse suficiente a duplicidade, considerado o faturamento, tem-se, ainda, a quebra da isonomia (...). Ante esses aspectos, conheço e provejo o recurso interposto para desobrigar os recorrentes da retenção e do recolhimento da contribuição social ou do seu recolhimento por sub-rogação sobre a "receita bruta proveniente da comercialização da produção rural" de empregadores, pessoas naturais, fornecedores de bovinos para abate, declarando a inconstitucionalidade do art. 1.º da Lei 8.540/1992, que deu nova redação aos arts. 12, V e VII; 25, I e II; e 30, IV, da Lei 8.212/1991, com redação atualizada até a Lei 9.528/1997, até que legislação nova, arrimada na EC 20/1998, venha a instituir a contribuição (...).
(STF, RE 363.852/MG, Pleno, j. 03.02.2010, rel. Marco Aurélio, *DJe* 23.04.2010)

• O Sistema Tributário Nacional fixou o regime de competência como regra geral para a apuração dos resultados da empresa, e não o regime de caixa (art. 177 da Lei 6.404/1976). Quanto ao aspecto temporal da hipótese de incidência da Cofins e da contribuição para o PIS, portanto, temos que o fato gerador da obrigação ocorre com o aperfeiçoamento do contrato de compra e venda (entrega do produto), e não com o recebimento do preço acordado. O resultado da venda, na esteira da jurisprudência da Corte, apurado segundo o regime legal de competência, constitui o faturamento da pessoa jurídica, compondo o aspecto material da hipótese de incidência da contribuição ao PIS e da Cofins, consistindo situação hábil ao nascimento da obrigação tributária. O inadimplemento é evento posterior que não compõe o critério material da hipótese de incidência das referidas contribuições. No âmbito legislativo, não há disposição permitindo a exclusão das chamadas vendas inadimplidas da base de cálculo das contribui-

ções em questão. As situações posteriores ao nascimento da obrigação tributária, que se constituem como excludentes do crédito tributário, contempladas na legislação do PIS e da Cofins, ocorrem apenas quando fato superveniente venha a anular o fato gerador do tributo, nunca quando o fato gerador subsista perfeito e acabado, como ocorre com as vendas inadimplidas. Nas hipóteses de cancelamento da venda, a própria lei exclui da tributação valores que, por não constituírem efetivos ingressos de novas receitas para a pessoa jurídica, não são dotados de capacidade contributiva. As vendas canceladas não podem ser equiparadas às vendas inadimplidas porque, diferentemente dos casos de cancelamento de vendas, em que o negócio jurídico é desfeito, extinguindo-se, assim, as obrigações do credor e do devedor, as vendas inadimplidas – a despeito de poderem resultar no cancelamento das vendas e na consequente devolução da mercadoria –, enquanto não sejam efetivamente canceladas, importam em crédito para o vendedor oponível ao comprador (...).
(STF, RE 586.482/RS, Pleno, j. 23.11.2011, rel. Dias Toffoli, *DJe* 19.06.2012)

• O produtor rural empregador detém uma situação parecida com a do produtor segurado especial, pois atua como pessoa física, porém exercendo suas atividades não com o auxílio de familiares, mas por meio da contratação de empregados. Possui, assim, também características de atividade empresarial. Essa situação diferenciada justifica o tratamento particular reservado pela legislação a essa categoria de produtor rural. Note-se, ainda, que o tratamento era mais benéfico que aquele dispensado aos demais empregadores, que também possuem faturamento, folha de salários e lucro. Para estes últimos, a contribuição incide sobre as três fontes; para o produtor rural pessoa física, incidia apenas sobre o faturamento. Se tratamento não isonômico havia, era em benefício do produtor rural.

O legislador, por isso, determinou que o autônomo e equiparado (aqui enquadrando-se o empregador rural pessoa física por força do art. 12, V, *a*, da Lei 8.212/1991) deveriam ser considerados como empresa para fins de contribuição previdenciária, nos termos do parágrafo único do art. 15 da Lei 8.212/1991. Em função dessa equivalência por força de dispositivo legal, bem como falando a Constituição Federal de 1988, no art. 195, I em "empregador", a pessoa física que se dedicasse à atividade rural com o auxílio de empregados ficou sujeita às contribuições sociais exigidas das pessoas jurídicas, passando a contribuir, com a extinção do Prorural, somente sobre a folha de salários de seus empregados, já que não sujeito à Cofins. A contribuição sobre a folha de salários tornou-se exigível apenas a partir de 24.10.1991, em observância ao prazo nonagesimal.

No entanto, em dezembro de 1992, a Lei 8.540/1992 incluiu a pessoa física referida na alínea *a* do inc. V do art. 12 (o empregador rural pessoa física) como obrigada à contribuição do art. 25 da Lei 8.212/1991, à alíquota de 2% (dois por cento) da receita bruta decorrente da comercialização da sua produção, com redação atualizada até a Lei 9.528/1997.

O Plenário do STF, no julgamento do RE 363.852/MG, da relatoria do Exmo. Sr. Min. Marco Aurélio, declarou a inconstitucionalidade do art. 1.º da Lei 8.540/1992, que deu nova redação aos arts. 12, V e VII, 25, I e II e 30, IV, da Lei 8.212/1991, conforme noticiou o sítio daquela Corte em 03.02.2010 (...).

Desta forma, tendo sido declarada a inconstitucionalidade do art. 1.º da Lei 8.540/1992, tem-se que a contribuição incidente sobre a receita bruta proveniente da comercialização da produção rural de empregadores pessoas físicas não pode ser validamente exigida nestas bases (...).

(TRF-4.ª Reg., ApCiv e Reexame Necessário 5002989-03.2010.404.7110, 2.ª T., j. 13.03.2012, rel. Otávio Roberto Pamplona)

c) **o lucro;**

Interpretação extensiva

• **Lucro oriundo de exportação. Imunidade. Art. 149, § 2.º, da CF/1988. Inaplicabilidade.**
A imunidade prevista no art. 149, § 2.º, I, da CF/1988, se refere especificamente às "contribuições sociais e de intervenção no domínio econômico de que trata o *caput* deste artigo". Não alcança a CSSL, que é contribuição para a Seguridade Social, submetida à disciplina do art. 195 da Carta Magna (...).
(TRF-5.ª Reg., Ap em MS 2004.83.00.003831-8, 3.ª T., j. 04.10.2007, rel. Élio Siqueira, DJU 27.03.2008)

Interpretação restritiva

• A EC 33, em 12.12.2001 (*sic*), modificou o texto do art. 149 da CF/1988, afastando, no § 2.º, I, sobre as receitas decorrentes de exportação, incidência de todas as contribuições sociais e de intervenção no domínio econômico, entre as quais a de que cuida esta ação, a CSLL.

Tal imunidade implicou verdadeira limitação ao poder de tributar, com estender, sem restrição nem distinção alguma, o campo da não incidência ou da incompetência tributária às "receitas decorrentes de exportação", genericamente consideradas, as quais já não podem ser alvo de contribuições sociais de nenhuma espécie, quer incidam, formal e nominalmente, sobre a receita (art. 195, I, *b*, da CF/1988, como o PIS/Cofins), quer atinjam o lucro (art. 195, I, *c*, da CF/1988).

É que o lucro, como entidade e vantagem provinda das receitas de exportação, não pode ser atingido, de maneira transversa, por nenhuma contribuição social, vedada, que está, a incidência desta sobre aquelas. Se se não pode tributar o mais (as receitas), *a fortiori* não se pode gravar o menos (o lucro).

Não deixa dúvida a respeito de sua natureza, a conceituação do lucro, qualquer que seja o fim que se considere, fiscal, contábil, ou econômico. A CSLL incide sobre o resultado do exercício, ajustado por adições e exclusões previstas no art. 2.º, § 1.º, *c*, da Lei Federal 7.689/1988.[5] Mas esse lucro nada mais é do que o resultado positivo do exercício, ou seja, o valor das receitas da empresa, descontados os custos e despesas operacionais e não operacionais:[6]

"O objetivo básico da Demonstração de Resultados do Exercício é fornecer (...) os dados básicos e essenciais da formação do resultado (lucro ou prejuízo) do exercício (...). A demonstração é iniciada com o valor total da receita apurada em suas operações de venda, da qual é deduzido o custo total correspondente a essas vendas, apurando-se a margem bruta, ou seja, o lucro bruto (...) deduzindo-se as despesas operacionais do lucro bruto, apresenta-se o lucro operacional, outro dado importante na análise das operações da empresa.

Após o lucro operacional, apresentam-se as receitas e despesas não operacionais, (...) apurando-se então o resultado antes do Imposto de Renda. Deduz-se, a seguir, a provisão para o imposto de renda e contribuição social (...), chegando-se, assim, ao lucro (ou prejuízo) líquido do exercício."

5. Art. 2.º. A base de cálculo da contribuição é o valor do resultado do exercício, antes da provisão para o Imposto de Renda.
 § 1.º Para efeito do disposto neste artigo:
 (...)
 c) o resultado *do* período-base, apurado com observância da legislação comercial, será ajustado pela: *[seguem-se exclusões e adições]*.

6. Iudicibus, Sérgio; Martins, Eliseu; Gelbcke, Ernesto. *Manual de contabilidade das sociedades por ações (aplicável às demais sociedades)* – Fipecafi. 6. ed. São Paulo: Atlas, 2006. p. 329. Grifos nossos.

O lucro, portanto, embora se não confunda com a receita, desta depende estruturalmente, como uma elaboração do seu conceito mesmo:[7]

"Ao referir-se a lucro, a Constituição, em seu art. 195, I, c, quis que a contribuição ali prevista recaia sobre um resultado final, que leve em conta as receitas da pessoa jurídica, ajustadas pelos ditames legais acima, apontados. Em suma, que leve em conta modalidade qualificada de receita. Mas sempre receita."

A base de cálculo da CSLL compõe-se, portanto, de elemento econômico haurido, diretamente, das receitas de exportação, de modo que, imunes estas, não há como aproveitá-las na definição da base de cálculo e da própria hipótese de incidência (*fattispecie*) daquele tributo. Inconcebível admitir-se a existência de receitas de exportação "redivivas", que, resgatadas da zona inerte da imunidade, pudessem integrar, a final, elementos da regra matriz de incidência da CSLL.

É o que percebeu, no Juízo de origem, o bem fundamentado voto vencido da Des. Federal Regina Helena Costa:

"Não há que negar que o dispositivo contido no art. 149, § 2.º, ao referir-se a 'contribuições sociais', abarque as contribuições para o financiamento da seguridade social, regradas especificamente pelo art. 195 da Lei Maior (...). Tal imunidade objetiva afastar a possibilidade de exigência das aludidas contribuições sobre as 'receitas' decorrentes de exportação. Logo, a meu ver, o conceito há de ser entendido em seu sentido amplo, a abranger, inclusive, as bases de cálculo consistentes no faturamento e no lucro (art. 195, I, *b* e *c*, da CF/1988), sob pena de frustrar-se o designo constitucional" (...).

O raciocínio afigura-se-me irrefutável. Ao estatuir a imunização das "receitas decorrentes de exportação", a EC 33/2001 não lhe ressalvou nem distinguiu nenhuma modalidade de contribuição social. Daí, aparecer, quando menos neste juízo provisório, de todo ilegítima a restrição hermenêutica fazendária, segundo a qual a imunidade alcançaria apenas as contribuições previstas no art. 195, I, *b*, da CF/1988 que aludem, nominalmente, ao termo "receita".

Exegese menos forçosa do regramento constitucional-tributário deixa evidente que o texto do art. 149 da CF/1988, no qual se introduziu a norma imunizante, cuida, *in genere*, das contribuições todas de competência da União (por exemplo, sociais, Cide, no interesse de categorias profissionais e econômicas). Quase tão

7. Carrazza, Roque; Bottallo, Eduardo. Operações de exportação e equiparadas e Imunidade à contribuição social sobre o lucro. *Revista Dialética de Direito Tributário*. vol. 91. p. 112.

abrangente quanto o alcance do *caput* do artigo é seu § 2.º, I, que enuncia: "as contribuições sociais e de intervenção no domínio econômico de que trata o *caput* deste artigo: I – Não incidirão sobre receitas decorrentes de exportação".

Não precisa, pois, grande esforço por ver, logo, que o preceito da imunidade tende a excluir toda receita decorrente de exportação à incidência de quaisquer contribuições sociais e da Cide. Não se atém, como o exigiria disposição expressa ou outra razão perceptível, às contribuições que tomem por base de cálculo nominal "receitas", pressupondo, antes, raciocínio inverso, o de que são as "receitas de exportação" que não podem sofrer incidência de contribuições sociais, inclusive a do art. 195, I, c, da CF/1988 e da Cide. A intuitiva nacionalidade da EC 33/2001, inequivocamente relacionada à política de desoneração das exportações, tendo em vista o princípio da neutralidade fiscal internacional, confirma o largo e incondicional objetivo da norma de imunidade, desacreditando interpretações que pudessem culminar na tributação de receitas de exportação por CSLL:[8]

"(...) Seja porque lucro é forma qualificada de receita, seja porque regras imunizantes comportam interpretação extensiva, seja, finalmente, porque esta é a *ratio* – reconhecida pelo próprio Executivo Federal – da EC 33/2001, temos por incontroverso que o lucro decorrente das operações de exportação tornou-se imune à CSLL, após 12.12.2001."

Entendimento que se prefigura acertado é, pois, o de que a norma não se predestina a imunizar as receitas de exportação apenas de contribuições incidentes sobre a receita, mas, sim, de contribuições sociais em geral e da Cide, como, com todas as letras, consta do § 2.º, I.

Ora, a CSLL é, a todas as luzes, contribuição social, donde a conclusão imediata de que tal imunidade abrange a contribuição social sobre o lucro líquido (...).

(STF, MC em AC 1.738/SP, Pleno, j. 17.09.2007, rel. Cezar Peluso, *DJU* 19.10.2007)

II – do trabalhador e dos demais segurados da previdência social, não incidindo contribuição sobre aposentadoria e pensão concedidas pelo Regime Geral de Previdência Social de que trata o art. 201;

* Inc. II com redação determinada pela EC 20/1998.
* V. arts. 114, VIII e 167, XI, da CF/1988.

8. Idem, p. 114.

Art. 195

CONTRIBUIÇÃO PREVIDENCIÁRIA DO TRABALHADOR

⚖️ Interpretação convergente

- **Súmula 688 do STF**
É legítima a incidência da contribuição previdenciária sobre o 13.º salário.

🏛️ Interpretação extensiva

- Competência da Justiça do Trabalho. Reconhecimento de vínculo em sentença ou acordo judicial. Art. 876, parágrafo único, da CLT.
A Justiça do Trabalho é competente para proceder à execução das contribuições previdenciárias relativas ao vínculo empregatício reconhecido em sentença/acordo judicial. A Lei 11.457/2007, editada em 16.03.2007, e com vigência a partir de 02.05.2007 alterou o parágrafo único do art. 876 consolidado. Tal lei passou a prever o recolhimento do tributo inclusive sobre os salários pagos durante o período contratual reconhecido (...).
(TRT-15.ª Reg., AgPet 0155400-79.2004.5.15.0048, j. 20.03.2012, rel. Edmundo Fraga Lopes)

🔨 Interpretação restritiva

- Empregado doméstico. Período anterior à Lei 5.859/1972. Contribuições. Recolhimento. Desnecessidade (...).
A jurisprudência deste Tribunal é pacífica quanto à impossibilidade de se exigir a indenização referente à contribuição previdenciária não recolhida quando se tratar de período anterior ao advento da Lei 5.859/1972, tendo em vista que somente com a edição da referida lei é que se deu a regulamentação da atividade doméstica (...).
(STJ, AgRg no AgIn 1.238.517/SP, j. 14.02.2012, rel. Og Fernandes, *DJe* 29.02.2012)

- Contribuição previdenciária. Salário-maternidade e férias usufruídas. Ausência de efetiva prestação de serviço pelo empregado. Natureza jurídica da verba que não pode ser alterada por preceito normativo. Ausência de caráter retributivo. Ausência de incorporação ao salário do trabalhador. Não incidência de contribuição previdenciária (...). Recurso especial provido para afastar a incidência de contribuição previdenciária sobre o salário-maternidade e as férias usufruídas.

1. Conforme iterativa jurisprudência das Cortes Superiores considera-se ilegítima a incidência de contribuição previdenciária sobre verbas indenizatórias ou que não se incorporem à remuneração do trabalhador.
2. O salário-maternidade é um pagamento realizado no período em que a segurada encontra-se afastada do trabalho para a fruição de licença maternidade, possuindo clara natureza de benefício, a cargo e ônus da Previdência Social (arts. 71 e 72 da Lei 8.213/1991), não se enquadrando, portanto, no conceito de remuneração de que trata o art. 22 da Lei 8.212/1991.
3. Afirmar a legitimidade da cobrança da contribuição previdenciária sobre o salário-maternidade seria um estímulo à combatida prática discriminatória, uma vez que a opção pela contratação de um trabalhador masculino será sobremaneira mais barata do que a de uma trabalhadora mulher.
4. A questão deve ser vista dentro da singularidade do trabalho feminino e da proteção da maternidade e do recém-nascido; assim, no caso, a relevância do benefício, na verdade, deve reforçar ainda mais a necessidade de sua exclusão da base de cálculo da contribuição previdenciária, não havendo razoabilidade para a exceção estabelecida no art. 28, § 9.º, *a*, da Lei 8.212/1991.
5. O Pretório Excelso, quando do julgamento do AgRg no AgIn 727.958/MG, de relatoria do eminente Min. Eros Grau, *DJe* 27.02.2009, firmou o entendimento de que o terço constitucional de férias tem natureza indenizatória. O terço constitucional constitui verba acessória à remuneração de férias e também não se questiona que a prestação acessória segue a sorte das respectivas prestações principais. Assim, não se pode entender que seja ilegítima a cobrança de contribuição previdenciária sobre o terço constitucional, de caráter acessório, e legítima sobre a remuneração de férias, prestação principal, pervertendo a regra áurea acima apontada.
6. O preceito normativo não pode transmudar a natureza jurídica de uma verba. Tanto no salário-maternidade quanto nas férias usufruídas, independentemente do título que lhes é conferido legalmente, não há efetiva prestação de serviço pelo trabalhador, razão pela qual, não há como entender que o pagamento de tais parcelas possuem caráter retributivo. Consequentemente, também não é devida a contribuição previdenciária sobre férias usufruídas.
7. Da mesma forma que só se obtém o direito a um benefício previdenciário mediante a prévia contribuição, a contribuição também só se justifica ante a perspectiva da sua retribuição futura em forma de benefício (MC na ADIn 2.010, rel. Min. Celso de Mello); destarte, não há de incidir a contribuição previdenciária sobre tais verbas (...).
(STJ, REsp 1.322.945/DF, 1.ª Seção, j. 27.02.2013, rel. Napoleão Nunes Maia Filho, *DJe* 08.03.2013)

- Salários pagos "por fora". Contribuições previdenciárias. Execução. Incompetência da Justiça do Trabalho.

A competência da Justiça do Trabalho trazida pelo art. 114, VIII, da CF/1988 não se estende às decisões que apenas declaram a existência de vínculo empregatício ou reconhecem o pagamento de salário "por fora", pois a execução das contribuições previdenciárias limita-se às sentenças condenatórias em pecúnia e aos valores objeto de acordo homologado que lhe possam servir como base de cálculo. Inteligência da Súmula 368, I, do C. TST (...).

(TRT-15.ª Reg., AgPet 0286800-30.2005.5.15.0131, 4.ª T., j. 28.02.2012, rel. Luiz Roberto Nunes)

- Contribuições previdenciárias de todo o contrato de trabalho decorrentes de sentença que reconheceu o vínculo empregatício. Incompetência da Justiça do Trabalho.

A ampliação de competência trazida pela EC 20/1998 só se aplica às contribuições previdenciárias diretamente resultantes de sentença condenatória ou dos valores decorrentes de acordos homologados, nos termos da Lei 10.035/2000 e da Súmula 368 do C. TST (...).

(TRT-15.ª Reg., AgPet 0196600-76.2004.5.15.0077, 4.ª T., j. 27.03.2012, rel. Manuel Soares Ferreira Carradita)

SEGURADOS DA PREVIDÊNCIA SOCIAL

Interpretação convergente

- Consoante dispõe o inc. II do art. 195 da CF/1988, na redação imprimida pela EC 20/1998, descabe a cobrança de contribuição social sobre os proventos de aposentadoria (...).

(STF, AgRg no RE 411.303/MG, 1.ª T., j. 18.10.2005, rel. Marco Aurélio, *DJU* 03.03.2006)

Interpretação extensiva

- Em face da conjugação dos arts. 40, § 12 e 195, § 4.º, da CF/1988, após a edição da EC 20/1998, a inexigibilidade de contribuição previdenciária de servidores públicos inativos e pensionistas, no plano federal, à primeira vista, deve ser estendida aos planos dos sistemas previdenciários locais, criados por Estados, Distrito Federal e Municípios em favor de seus servidores (...).

(STF, ADIn 2.189/PR, Pleno, j. 04.05.2000, rel. Sepúlveda Pertence, *DJU* 09.06.2000)

- Mesmo sendo destinada à assistência médica diferenciada, é inconstitucional a cobrança de contribuição previdenciária incidente sobre proventos da inatividade e pensões de servidores públicos estaduais no período posterior à edição da EC 20/1998 (...).
(STF, AgRg no RE 369.914/RS, 1.ª T., j. 02.122003, rel. Carlos Ayres Britto, *DJU* 13.02.2004)

- A contribuição para o custeio da Previdência Social dos servidores públicos não deve incidir sobre os proventos ou pensões dos inativos e pensionistas. O art. 195, II, da CF/1988, com redação da EC 20/1998 é expresso ao determinar que não incide contribuição sobre a aposentadoria e pensão concedidas pelo Regime Geral de Previdência Social. Inaplicável a expressão "no que couber" contida no art. 40, § 12, da CF/1988, dada a maior abrangência daquele dispositivo constitucional (...).
(TJSP, Ap c/ Rev 399.113-5/0-00, 7.ª Câm. de Direito Público, j. 03.10.2005, rel. Nogueira Diefenthäler)

Interpretação restritiva

- Inativos. Contribuição previdenciária. Pretensão de restituição. Dispositivos de leis municipais do Município de Conceição de Macabu, contaminados de inconstitucionalidade superveniente. Inocorrência.
Reconhecimento da inconstitucionalidade superveniente da exação, a partir do advento da EC 20, de 15.12.1998, quando, então passou a ser inexigível pelo menos até o advento da EC 40, de 19.12.2003.
Revela-se constitucionalmente possível exigir-se, de pensionistas e inativos, o recolhimento de contribuição previdenciária, desde que a respectiva cobrança refira-se a período anterior ao advento da EC 20/1998, pois, a partir da promulgação dessa emenda à Constituição da República – e quanto a inativos e pensionistas –, tornou-se juridicamente incabível, quer no plano da União Federal, quer no âmbito dos Estados-membros e do Distrito Federal, quer, ainda, na esfera dos Municípios, a própria instituição de tal modalidade de contribuição especial.
Se o Poder Público, no entanto, mesmo após o advento da EC 20/1998, continuar a exigir, dos respectivos servidores inativos e pensionistas, o correspondente pagamento da contribuição previdenciária, sujeitar-se-á à obrigação de devolver-lhes os valores por eles eventualmente já recolhidos (...).
(TJRJ, Ap 41958/07, 18.ª Câm. Civ., j. 27.11.2007, rel. Jorge Luiz Habib, *DORJ* 29.11.2007)

III – sobre a receita de concursos de prognósticos;

* V. art. 4.º da Lei 7.856/1989 (Destinação da renda de concursos de prognósticos).

⚖ Interpretação convergente

• Entre os jogos expressamente autorizados por lei, destacam-se os "concursos de prognósticos" que, nos termos do art. 195, III, da CF/1988, financiam o sistema de seguridade social e, nos termos da Lei 7.291/1984, o turfe, como forma de estímulo à equideocultura no País (...).
(STJ, REsp 1.070.316/SP, 3.ª T., j. 09.03.2010, rel. p/ acórdão Massami Uyeda, *DJe* 03.08.2010)

🔨 Interpretação restritiva

• [O] art. 195, III, da CF/1988, estabeleceu tão somente a possibilidade da seguridade social ser financiada por receitas de prognóstico. Por conseguinte, tal disposição não se refere à exploração de jogos de azar mediante pagamento, feita por particular, a qual, além disso, não se constitui sequer como atividade autorizada por lei (...).
(STF, AgRg em RE 502.271/RS, 2.ª T., j. 10.06.2008, rel. Ellen Gracie, *DJe* 27.06.2008)

IV – do importador de bens ou serviços do exterior, ou de quem a lei a ele equiparar.

* Inc. IV acrescentado pela EC 42/2003.

⚖ Interpretação convergente

• É desnecessária lei complementar para a instituição de tributos previstos pela própria Constituição Federal em seu art. 195, razão pela qual é dispensável para a Cofins-importação e do PIS/Pasep-Importação, uma vez que previsto no inc. IV, acrescentado pela EC 42/2003 (...).
(TRF-5.ª Reg., Ap em MS 2005.83.00.007771-7, 1.ª T., j. 15.12.2005, rel. José Maria Lucena, *DJU* 28.06.2007)

Interpretação extensiva

- De acordo com o art. 4.º, I, da Lei 10.865/2004, para efeito dos cálculos das contribuições do PIS e da Cofins, considera-se ocorrido o fato gerador na data do registro da declaração de importação de bens submetidos a despacho para consumo (...).
(STJ, REsp 968.842/RS, 1.ª T., j. 11.03.2008, rel. José Delgado, *DJU* 14.04.2008)

- O fato imponível das contribuições para o PIS/Cofins-Importação ocorre com a entrada dos bens estrangeiros no território nacional, sendo certo que, para efeitos de cálculo, realiza-se na data do registro da declaração de importação de bens submetidos a despacho para consumo, nos termos da Lei 10.865/2004, *in verbis*:
"Art. 3.º O fato gerador será:
I – a entrada de bens estrangeiros no território nacional; (...)."
"Art. 4.º Para efeito de cálculo das contribuições, considera-se ocorrido o fato gerador:
I – na data do registro da declaração de importação de bens submetidos a despacho para consumo; (...)."
Com efeito, ante a dificuldade na aferição do exato momento em que se realiza a entrada dos bens no território nacional (fato gerador material), a referida lei, para efeito de cálculo das contribuições, estabeleceu, como elemento temporal do fato gerador, a data do registro da declaração de importação, de molde a facilitar a arrecadação e a fiscalização pela autoridade administrativa (...).
(STJ, REsp 1.118.815/RS, 1.ª T., j. 24.08.2010, rel. Luiz Fux, *DJe* 09.09.2010)

> **§ 1.º As receitas dos Estados, do Distrito Federal e dos Municípios destinadas à seguridade social constarão dos respectivos orçamentos, não integrando o orçamento da União.**
>
> **§ 2.º A proposta de orçamento da seguridade social será elaborada de forma integrada pelos órgãos responsáveis pela saúde, previdência social e assistência social, tendo em vista as metas e prioridades estabelecidas na lei de diretrizes orçamentárias, assegurada a cada área a gestão de seus recursos.**
>
> **§ 3.º A pessoa jurídica em débito com o sistema da seguridade social, como estabelecido em lei, não poderá contratar com o Poder Público nem dele receber benefícios ou incentivos fiscais ou creditícios.**

* V. Capítulo X da Lei 8.212/1991 (Organização da Seguridade Social e Plano de Custeio).

Art. 195

CONSTITUIÇÃO FEDERAL

⚖️ Interpretação convergente

• A Constituição Federal vigente, em seu art. 195, § 3.º, veda a contratação com o Poder Público, de "pessoa jurídica em débito com o sistema de seguridade social como estabelecido em lei (...)". A prova pré-constituída dos requisitos habilitatórios é obrigatória em licitações. Além disso, o tramite urgente desses procedimentos administrativos especiais, impede que, quando se discute de eventual falso ideológico de um documento, se possa suspender licitações (...). Assim, se a documentação ofertada não preenche os requisitos inseridos no Edital de Concorrência deve a autoridade dela encarregada indeferi-la (...).
(TJSP, Ap 164.206-1/1, 3.ª Câm. Civ., j. 07.04.1992, rel. Alfredo Migliore)

• Como ensina Hely Lopes Meirelles "regularidade fiscal, como indica o próprio nome, é o atendimento das exigências do Fisco (quitação ou discussão dos tributos pelo contribuinte). Essa regularidade refere-se não só à inscrição no cadastro de contribuinte federal (CPF ou CGC), como, também, nos cadastros estadual e municipal, se houver, relativos ao domicílio ou sede do licitante. No caso de cadastro municipal, a inscrição refere-se ao imposto sobre serviços, motivo pelo qual a lei exige que deve ser pertinente ao ramo de atividade do licitante e compatível com o objeto contratual (art. 29, II). A lei exige, ainda, em cumprimento à determinação constitucional, prova de regularidade com o sistema de seguridade social e o Fundo de Garantia por Tempo de Serviço (FGTS), demonstrando o cumprimento dos encargos sociais instituídos por lei (art. 195, § 3.º, da CF/1988 e art. 29, IV, da Lei 8.666/1993)" (*Direito administrativo brasileiro*, 20. ed., p. 270) (...).
(TRF-4.ª Reg., Remessa Oficial 97.04.41698-9, 3.ª T., j. 04.12.1997, rel. Amir José Finocchiaro Sarti, *DJU* 04.03.1998)

🏛️ Interpretação extensiva

• À Administração Pública é lícito proceder a diligências para averiguar se os licitantes estão em situação de regularidade fiscal.
As diligências para esclarecimento no curso de procedimento licitatório visam impor segurança jurídica à decisão a ser proferida, em homenagem aos princípios da legalidade, da igualdade, da verdade material e da guarda aos ditames do edital (...).
(STJ, MS 12.762/DF, 1.ª Seção, j. 28.05.2008, rel. José Delgado, *DJe* 16.06.2008)

§ 4.º A lei poderá instituir outras fontes destinadas a garantir a manutenção ou expansão da seguridade social, obedecido o disposto no art. 154, I.

⚖ Interpretação convergente

• Programa de Integração Social e de Formação do Patrimônio do Servidor Público – PIS/Pasep (...). Sendo a contribuição expressamente autorizada pelo art. 239 da CF/1988, a ela não se opõem as restrições constantes dos arts. 154, I e 195, § 4.º, da mesma Carta (...).
(STF, ADIn 1.417/DF, Pleno, j. 02.08.1999, rel. Octavio Gallotti, *DJU* 23.03.2001)

• Sebrae. Contribuição de Intervenção no Domínio Econômico. Art. 8.º, § 3.º, da Lei 8.029, de 12.04.1990. Lei 8.154, de 28.12.1990. Lei 10.668, de 14.05.2003. Arts. 146, III, 149, 154, I e 195, § 4.º, da CF/1988. As contribuições do art. 149 da CF/1988, contribuições sociais, de intervenção no domínio econômico e de interesse de categorias profissionais ou econômicas, posto estarem sujeitas à lei complementar do art. 146, III, da CF/1988, isto não quer dizer que deverão ser instituídas por lei complementar. A contribuição social do art. 195, § 4.º, da CF/1988, decorrente de "outras fontes", é que, para a sua instituição, será observada a técnica da competência residual da União: art. 154, I, da CF/1988, *ex vi* do disposto no art. 195, § 4.º, da CF/1988 (...).
(STF, RE 396.266/SC, Pleno, j. 26.11.2003, rel. Carlos Velloso, *DJ* 27.02.2004)

• [O] art. 56 da Lei 9.430/1996 é dispositivo legitimamente veiculado por legislação ordinária (art. 146, III, *b*, a *contrario sensu*, e art. 150, § 6.º, ambos da CF/1988), que importou na revogação de dispositivo anteriormente vigente (sobre isenção de contribuição social) inserto em norma materialmente ordinária (art. 6.º, II, da LC 70/1991). Consequentemente, não existe, na hipótese, qualquer instituição, direta ou indireta, de nova contribuição social, a exigir a intervenção de legislação complementar, nos termos do art. 195, § 4.º, da CF/1988 (...).
(STF, RE 377.457/PR, Pleno, j. 17.09.2008, rel. Gilmar Mendes, *DJe* 19.12.2008)

• A cobrança da contribuição ao Seguro de Acidente de Trabalho (SAT) incidente sobre o total das remunerações pagas tanto aos empregados quanto aos trabalhadores avulsos é legítima (...).
(STF, AgRg no AgIn 742.458/DF, 2.ª T., j. 14.04.2009, rel. Min. Eros Grau, *DJe* 15.05.2009)

Art. 195

- [C]om efeito, quando a regra constitucional menciona a possibilidade de "manutenção" e "expansão" da seguridade social, via instituição de novas fontes de receita, assim o faz tendo em mente acaso se fizessem tais inovações no plano legislativo ordinário (...).
(TRF-4.ª Reg., ApCiv e Reexame Necessário 5002331-72.2011.404.7003, 1.ª T., j. 21.03.2012, rel. Joel Ilan Paciornik)

Interpretação restritiva

- O § 1.º do art. 13 da Lei 9.506/1997 acrescentou a alínea *h* ao inc. I do art. 12 da Lei 8.212/1991, tornando segurado obrigatório do regime geral de previdência social o exercente de mandato eletivo, desde que não vinculado a regime próprio de previdência social. Todavia, não poderia a lei criar figura nova de segurado obrigatório da previdência social, tendo em vista o disposto no art. 195, II, da CF/1988. Ademais, o art. 13, § 1.º, da Lei 9.506/1997, ao criar figura nova de segurado obrigatório, instituiu fonte nova de custeio da seguridade social, instituindo contribuição social sobre o subsídio de agente político. A instituição dessa nova contribuição, que não estaria incidindo sobre "a folha de salários, o faturamento e os lucros" (art. 195, I, da CF/1988, sem a EC 20/1998), exigiria a técnica da competência residual da União, art. 154, I, *ex vi* do disposto no art. 195, § 4.º, ambos da CF/1988. É dizer, somente por lei complementar poderia ser instituída citada contribuição (...).
(STF, RE 351.717/PR, Pleno, j. 08.10.2003, rel. Carlos Velloso, DJ 21.11.2003)

> **§ 5.º Nenhum benefício ou serviço da seguridade social poderá ser criado, majorado ou estendido sem a correspondente fonte de custeio total.**
> **§ 6.º As contribuições sociais de que trata este artigo só poderão ser exigidas após decorridos 90 (noventa) dias da data da publicação da lei que as houver instituído ou modificado, não se lhes aplicando o disposto no art. 150, III, *b*.**

* V. art. 74, § 4.º, do ADCT.

Interpretação convergente

- A anterioridade da norma tributária, quando essa é gravosa, representa uma das garantias fundamentais do contribuinte, traduzindo uma limitação ao poder

impositivo do Estado (...). Hipótese de majoração da alíquota da CSSL (sic) para as pessoas jurídicas referidas no § 1.º do art. 22 da Lei 8.212/1991. Necessidade de observância do princípio da anterioridade nonagesimal contido no art. 195, § 6.º, da CF/1988 (...).
(STF, RE 587.008/SP, Pleno, j. 02.02.2011, rel. Dias Toffoli, DJe 06.05.2011)

• A majoração da alíquota da Contribuição Social sobre o Lucro, de 18% para 30%, pela EC 10, de 04.03.1996, não institui imposto novo, mas está sujeita à anterioridade de 90 dias de que trata o art. 195, § 6.º, da CF/1988 (...).
(TRF-2.ª Reg., AgIn 15.137/RJ, 4.ª T., j. 06.11.1996, rel. Izete Antônia Lobato Rodrigues)

Interpretação divergente

• **Súmula 669 do STF**
Norma legal que altera o prazo de recolhimento da obrigação tributária não se sujeita ao princípio da anterioridade.

• A simples alteração do prazo para recolhimento da obrigação tributária não ofende o princípio constitucional da anterioridade mitigada (...).
(STF, AgRg em RE 354.406/RS, 1.ª T., j. 30.11.2004, rel. Eros Grau, DJU 04.02.2005)

• Contribuição para o PIS.
Não implica majoração da obrigação tributária nem ofensa ao princípio da anterioridade mitigada, consagrado no § 6.º do art. 195 da CF/1988, a simples mudança do prazo para recolhimento da exação, efetuada nos termos da Med-Prov 1.212/1995 (...).

(STF, AgRg no AgIn 521.348/SP, 1.ª T., j. 22.06.2005, rel. Eros Grau, DJU 05.08.2005)

• Contribuição Provisória sobre Movimentação Financeira – CPMF. EC 21/1999. Art. 195, § 6.º, da CF/1988. Princípio da anterioridade nonagesimal. Inaplicabilidade à simples prorrogação do tributo.
O princípio da anterioridade nonagesimal não é aplicável ao caso de simples prorrogação de lei que instituiu ou modificou contribuição social (...).

(STF, AgRg no AgIn 392.574/PR, 2.ª T., j. 29.04.2008, rel. Joaquim Barbosa, DJe 23.05.2008)

- A alteração do art. 195 da CF/1988 pela EC 20/1998 não versou, especificamente, sobre a alíquota de contribuição social destinada ao custeio da seguridade social. Possibilidade de simples alteração de alíquota por medida provisória, dentro do prazo previsto no art. 246 da Carta Maior (...).

(STF, AgRg no RE 487.475/RJ, 1.ª T., j. 01.06.2010, rel. Ricardo Lewandowski, *DJe* 06.08.2010)

⚖ Interpretação restritiva

- O termo *a quo* do prazo previsto no art. 195, § 6.º, da CF/1988, flui da data da publicação da medida provisória, que não perde a eficácia caso não convertida em lei no prazo de 30 (trinta) dias, desde que nesse período ocorra a edição de outro provimento da mesma espécie (...).

(STF, AgRg em RE 354.406/RS, 1.ª T., j. 30.11.2004, rel. Eros Grau, *DJU* 04.02.2005)

- Contribuição social. Instituição ou aumento por medida provisória. Prazo de anterioridade (art. 195, § 6.º, da CF/1988).

O termo *a quo* do prazo de anterioridade da contribuição social criada ou aumentada por medida provisória é a data de sua primitiva edição, e não daquela que – após sucessivas reedições – tenha sido convertida em lei (...).

(STF, AgRg no AgIn 520.091/SP, 1.ª T., j. 25.04.2006, rel. Sepúlveda Pertence, *DJU* 19.05.2006)

§ 7.º São isentas de contribuição para a seguridade social as entidades beneficentes de assistência social que atendam às exigências estabelecidas em lei.

* V. art. 55 da Lei 8.212/1991 (Organização da Seguridade Social e Plano de Custeio).
* V. Súmula 352 do STJ.

⚖ Interpretação convergente

- Com relação à imunidade especial cogitada do art. 195, § 7.º, da CF/1988 a questão foi aprofundada no MC em ADIn 2.028, em que o requerimento foi objeto, primeiro, de decisão individual concessiva da liminar, da lavra do emi-

nente vice-presidente Min. Marco Aurélio (*DJ* 02.08.1999) e, depois, quando de seu referendo pelo Plenário, em 11.11.1999, da aguda análise do relator, o eminente Moreira Alves (...).

Para declarar a relevância da impugnação, sob o prisma formal, o Min. Marco Aurélio – após considerada, em princípio, adequada ao trato da lei ordinária, a disciplina primitiva do art. 55 da Lei 8.112/1991 –, quanto aos que a haviam modificado, da Lei 9.732/1998, diferentemente, observou:

"A toda evidência, adentrou-se o campo da limitação ao poder de tributar e procedeu-se – ao menos é a conclusão neste primeiro exame – sem observância da norma cogente do art. 146, II, da CF/1988. Cabe à lei complementar regular as limitações constitucionais ao poder de tributar. Ainda que se diga da aplicabilidade do Código Tributário Nacional apenas aos impostos, tem-se que veio à balha, mediante veículo impróprio, a regência das condições suficientes a ter-se o benefício, considerado o instituto da imunidade e não o da isenção, tal como previsto no art. 195, § 7.º, da CF/1988."

E também relativamente à questão de fundo, aduziu:

"No preceito, cuida-se de entidades beneficentes de assistência social, não estando restrito, portanto, às instituições filantrópicas. Indispensável, é certo, que se tenha o desenvolvimento da atividade voltada aos hipossuficientes, àqueles que, sem prejuízo do próprio sustento e o da família, não possam dirigir-se aos particulares que atuam no ramo buscando lucro, dificultada que está, pela insuficiência de estrutura, a prestação do serviço pelo Estado. Ora, no caso, chegou-se à mitigação do preceito, olvidando-se que nele não se contém a impossibilidade de reconhecimento do benefício quando a prestadora de serviços atua de forma gratuita em relação aos necessitados, procedendo à cobrança junto àqueles que possuam recursos suficientes. A cláusula que remete à disciplina legal – e, aí, tem-se a conjugação com o disposto no art. 146, II, da CF/1988, pouco importando que nela própria não se haja consignado a especificidade do ato normativo – não é idônea a solapar o comando constitucional, sob pena de caminhar-se no sentido de reconhecer a possibilidade de o legislador comum vir a mitigá-lo, a temperá-lo. As exigências estabelecidas em lei não podem implicar verdadeiro conflito com o sentido, revelado pelos costumes, da expressão "entidades beneficentes de assistência social". Em síntese, a circunstância de a entidade, diante, até mesmo, do princípio isonômico, mesclar a prestação de serviços, fazendo-o gratuitamente aos menos favorecidos e de forma onerosa aos afortunados pela sorte, não a descaracteriza, não lhe retira a condição de

beneficente. Antes, em face à escassez de doações nos dias de hoje, viabiliza a continuidade dos serviços, devendo ser levado em conta o somatório de despesas resultantes do funcionamento e que é decorrência do caráter impiedoso da vida econômica. Portanto, também sob o prisma do vício de fundo, tem-se a relevância do pedido inicial, notando-se, mesmo, a preocupação do Exmo. Ministro de Estado da Saúde com os ônus indiretos advindos da normatividade da Lei 8.732/1998 (sic), no que veio a restringir, sobremaneira, a imunidade constitucional, praticamente inviabilizando – repita-se uma vez que não são comuns, nos dias de hoje, as grandes doações, a filantropia pelos mais aquinhoados – a assistência social, a par da precária prestada pelo Estado, que o art. 195, § 7.º, da CF/1988 visa a estimular" (...).
(STJ, MI 608/RJ, Pleno, j. 10.06.2000, rel. Sepúlveda Pertence, *DJU* 25.08.2000)

> **§ 8.º O produtor, o parceiro, o meeiro e o arrendatário rurais e o pescador artesanal, bem como os respectivos cônjuges, que exerçam suas atividades em regime de economia familiar, sem empregados permanentes, contribuirão para a seguridade social mediante a aplicação de uma alíquota sobre o resultado da comercialização da produção e farão jus aos benefícios nos termos da lei.**

* § 8.º com redação determinada pela EC 20/1998.
* V. art. 55 da Lei 8.212/1991 (Organização da Seguridade Social e Plano de Custeio).

Interpretação restritiva

* O STF, ao apreciar o RE 363.852/MG, reconheceu a inconstitucionalidade da incidência de contribuição previdenciária sobre a comercialização da produção rural, quanto ao empregador rural pessoa física, prevista no art. 25 da Lei 8.212/1991. Configura-se a superposição de incidências sobre a mesma base de cálculo, já que o produtor rural não enquadrado na categoria de segurado especial estaria obrigado a contribuir sobre o faturamento ou receita, nos termos do art. 195, I, da CF/1988, e ainda sobre o resultado da comercialização da produção, segundo o disposto no § 8.º do art. 195 da CF/1988 (...). Consoante o julgado da Corte Especial, torna-se exigível a contribuição do empregador rural pessoa física sobre a folha de salários, uma vez que o art. 6.º da Lei 10.256/2001 revogou o § 5.º do art. 22 da Lei 8.212/1991, que determinava a

não aplicação do art. 22 da Lei 8.212/1991 ao empregador rural pessoa física (...). O empregador rural pessoa física tem direito à restituição ou à compensação do valor integral da contribuição recolhida com base na comercialização da produção rural até a edição da Lei 10.256/2001 e, a partir da vigência dessa Lei, da diferença entre a contribuição sobre a produção rural e a contribuição sobre a folha de salários (...).
(TRF-4.ª Reg., ApCiv 5000224-53.2010.404.7015, 1.ª T., j. 21.03.2012, rel. Joel Ilan Paciornik)

§ 9.º As contribuições sociais previstas no inc. I do *caput* deste artigo poderão ter alíquotas ou bases de cálculo diferenciadas, em razão da atividade econômica, da utilização intensiva de mão de obra, do porte da empresa ou da condição estrutural do mercado de trabalho.

* § 9.º com redação determinada pela EC 47/2005 (*DOU* 06.07.2005), em vigor na data de sua publicação, com efeitos retroativos à data de vigência da EC 41/2003 (*DOU* 31.12.2003).

⚖️ Interpretação convergente

• Instituição financeira. Contribuição previdenciária sobre a folha de salários. Adicional. § 1.º do art. 22 da Lei 8.212/1991.
A sobrecarga imposta aos bancos comerciais e às entidades financeiras, no tocante à contribuição previdenciária sobre a folha de salários, não fere, à primeira vista, o princípio da isonomia tributária, ante a expressa previsão constitucional (Emenda de Revisão 1/1994 e EC 20/1998, que inseriu o § 9.º no art. 195 do Texto permanente) (...).
(STF, MC no AC 1.109/SP, Pleno, j. 31.05.2007, rel. p/ acórdão Ayres Britto, *DJe* 19.10.2007)

📊 Interpretação extensiva

• O STF, no julgamento do RE 357.950/RS, rel. Min. Marco Aurélio, assentou a desnecessidade de edição de lei complementar para a majoração da alíquota da Cofins. Pelo que o art. 8.º da Lei 9.718/1998 não violou o princípio da hierarquia das leis (...).
(STF, AgRg em RE 535.605/SP, 1.ª T., j. 22.05.2007, rel. Ayres Britto, *DJe* 13.03.2009)

Art. 195

§ 10. A lei definirá os critérios de transferência de recursos para o Sistema Único de Saúde e ações de assistência social da União para os Estados, o Distrito Federal e os Municípios, e dos Estados para os Municípios, observada a respectiva contrapartida de recursos.

* § 10 acrescentado pela EC 20/1998.

Interpretação extensiva

• O direito fundamental à saúde encontra-se garantido na Constituição Federal de 1988, descabendo as alegações de mera norma programática, de forma a não lhe dar eficácia. A interpretação da norma constitucional há de ter em conta a unidade da Constituição Federal de 1988, máxima efetividade dos direitos fundamentais e a concordância prática, que impede, como solução, o sacrifício cabal de um dos direitos em relação aos outros (...).
Prescreve o art. 196 da CF/1988, que é obrigação do Estado (União, Estados e Municípios), assegurar a todos o acesso à saúde: "a saúde é direito de todos e dever do Estado, garantido mediante políticas sociais e econômicas que visem à redução do risco de doença e de outros agravos e ao acesso universal e igualitário às ações e serviços para sua promoção, proteção e recuperação". (...).
[A] legitimidade passiva da União Federal não decorre apenas do fato de que este deve ser financiado "com recursos do orçamento da seguridade social, da União, dos Estados, do Distrito Federal e dos Municípios, além de outras fontes" (art. 198, § 1.º, da CF/1988). Ocorre que, esses recursos, muito embora geridos por cada qual dos Entes Federativos, na forma do art. 9.º e incs. da Lei 8.080/1990, têm seu repasse centralizado, acompanhado, planejado e fiscalizado pelo Ministério da Saúde, conforme as disposições dos arts. 16, XVII, XVIII e XIX e 33, § 4.º do mesmo diploma (...).
(TRF-4.ª Reg., AgIn 2009.04.00.012630-8, 3.ª T., j. 29.02.2012, rel. Maria Lúcia Luz Leiria)

§ 11. É vedada a concessão de remissão ou anistia das contribuições sociais de que tratam os incs. I, *a*, e II deste artigo, para débitos em montante superior ao fixado em lei complementar.

* § 11 acrescentado pela EC 20/1998.

Interpretação restritiva

- Art. 14 da Lei 11.941/2009. Remissão. Impossibilidade de pronunciamento de ofício pelo magistrado. Limite de R$ 10.000,00 considerado por sujeito passivo, e não por débito isolado.

1. A Lei 11.941/2008 (*sic*) remite os débitos para com a Fazenda Nacional vencidos há cinco anos ou mais cujo valor total consolidado seja igual ou inferior a R$ 10.000,00.
2. O valor-limite acima referido deve ser considerado por sujeito passivo, e separadamente apenas em relação à natureza dos créditos, nos termos dos inc. I a IV do art. 14 da Lei 11.941/2009 (...).
3. Não pode o magistrado, de ofício, pronunciar a remissão, analisando isoladamente o valor cobrado em uma execução fiscal, sem questionar a Fazenda sobre a existência de outros débitos que somados impediriam o contribuinte de gozar do benefício. Precedente: STJ, REsp. 1.207.095/MG, 2.ª T., j. 18.11.2010, rel. Min. Herman Benjamin (...).

(STJ, REsp 1.208.935/AM, 1.ª Seção, j. 13.04.2011, rel. Mauro Campbell Marques, DJe 02.05.2011)

§ 12. A lei definirá os setores de atividade econômica para os quais as contribuições incidentes na forma dos incs. I, *b*; e IV do *caput*, serão não cumulativas.

* § 12 acrescentado pela EC 42/2003.

§ 13. Aplica-se o disposto no § 12 inclusive na hipótese de substituição gradual, total ou parcial, da contribuição incidente na forma do inc. I, *a*, pela incidente sobre a receita ou o faturamento.

* § 13 acrescentado pela EC 42/2003.

[...]

Seção III
Da Previdência Social

* V. Lei 8.147/1990 (Alíquota do Finsocial).

Art. 201. A Previdência Social será organizada sob a forma de regime geral, de caráter contributivo e de filiação obrigatória, observados

Art. 201

critérios que preservem o equilíbrio financeiro e atuarial, e atenderá, nos termos da lei, a:

* *Caput* com redação determinada pela EC 20/1998.
* V. arts. 167, XI e 195, II, da CF/1988.
* V. art. 14 da EC 20/1998.
* V. arts. 4.º, parágrafo único, I e II e 5.º, da EC 41/2003.
* V. Lei 8.213/1991 (Lei de Benefícios da Previdência Social – LBPS).
* V. Dec. 3.048/1999 (Regulamento da Previdência Social).

🏛 Interpretação extensiva

• Ação de concessão de benefício previdenciário. Prévio requerimento administrativo. Desnecessidade. Sentença anulada. Retorno dos autos à origem. Segundo posicionamento jurisprudencial adotado por esta Corte não é necessária a prévia postulação administrativa como condição para o manejo da ação em que se busca a concessão de benefício previdenciário (STJ, REsp 602.843/PR, REsp 408.298/SP e TRF-1.ª Reg., AC 2004.01.99.008112-4/MG) (...).
(TRF-1.ª Reg., Ap 2004.01.99.010792-9, 2.ª T., j. 11.12.2006, rel. Kátia Balbino, *DJU* 11.01.2007)

I – cobertura dos eventos de doença, invalidez, morte e idade avançada;

⚖ Interpretação convergente

• Rurícola, sexagenário, que teve perda completa da visão de um dos olhos faz jus à aposentadoria por invalidez permanente acidentária, pois não pode mais exercer sua atividade profissional (...).
(2.º TACivSP, Ap s/ Rev 714.422-0/9, 10.ª Câm., j. 03.03.2004, rel. Rosa Maria de Andrade Nery)

• A Constituição Federal de 1988 e a legislação específica garantem ao auxílio-doença ao segurado empregado que, havendo cumprido, quando for o caso, o período de carência exigido, ficar incapacitado para o seu trabalho ou para a sua atividade habitual por mais de 15 (quinze) dias consecutivos, e, no

caso dos demais segurados, a contar da data do início da incapacidade e enquanto ele permanecer incapaz (...).
(TJDF, ApCiv 556.782, 1.ª T. Civ., j. 14.12.2011, rel. Flávio Rostirola)

• Ação de aposentadoria por invalidez precedida de auxílio-doença acidentário. Invalidez total permanente para a profissão habitualmente exercida (gari). Doença degenerativa em concausa com acidente de trabalho. Segurado em situação social de risco. Baixa escolaridade. Inexistência de reabilitação em outra profissão. Conversão de auxílio-doença acidentário em aposentadoria por invalidez (...). I – Demonstrado que o obreiro está incapacitado total e permanentemente para o exercício das atividades que exerce, somado ao fato de serem raras as oportunidades de admissão de uma pessoa de parcos estudos nesse estado, impõe-se a concessão da aposentadoria por invalidez decorrente de acidente de trabalho. II – Mesmo não sendo considerada como doença do trabalho (§ 1.º do art. 20 da Lei 8.213/1991), a doença degenerativa associada ao acidente de trabalho é considerada concausa desta, o que não exclui do direito de ser concedido benefício previdenciário decorrente do acidente (...).
(TJMS, ApCiv 2012.009435-8/0000-00, 4.ª Câm. Civ., j. 19.06.2012, rel. Josué de Oliveira, *DJMS* 22.06.2012)

Interpretação extensiva

• Pedido de auxílio-acidente (acidente de trânsito). Prévio requerimento administrativo. Desnecessidade (...).
Na hipótese como a dos autos, em que a parte autora já gozava de auxílio-doença, no momento em que cessado tal benefício competia à Autarquia Previdenciária avaliar e dar cumprimento ao que reza o art. 86, *caput*, da Lei 8.213/1991, restando configurado o interesse de agir (...).
(TRF-4.ª Reg., ApCiv 5000361-65.2010.404.7102, 6.ª T., j. 21.03.2012, rel. João Batista Pinto Silveira)

Interpretação restritiva

• Acidente de trabalho típico. Inexistência de incapacidade laboral e de afastamento por mais de 15 (quinze) dias. Ausência de percepção do benefício previdenciário. Estabilidade acidentária. Não configuração.

Para o reconhecimento do direito à estabilidade acidentária é necessário o afastamento por período superior a 15 (quinze) dias e a percepção do benefício previdenciário correspondente. Demonstrado que o acidente de trabalho não causou incapacidade laborativa, que não houve (e nem havia) necessidade de afastamento por período superior a 15 (quinze) dias, e ainda que o autor não recebeu benefício previdenciário de nenhuma espécie, não faz jus à estabilidade acidentária, sendo indevida a indenização substitutiva postulada (...).
(TRT-3.ª Reg., RO 00922-2011-033-03-00-2, 3.ª T., j. 23.04.2012, rel. Paulo Maurício Ribeiro Pires)

- De acordo com o art. 19 da Lei 8.213/1991, acidente do trabalho é o que ocorre pelo exercício do trabalho a serviço da empresa ou pelo exercício do trabalho dos segurados especiais, provocando lesão corporal ou perturbação funcional que cause a morte ou a perda ou redução, permanente ou temporária, da capacidade para o trabalho. Já o art. 20 do citado diploma legal, após estabelecer o conceito legal à doença profissional e à doença do trabalho, classificando-as como acidentes do trabalho, exclui, do âmbito desta última, a doença degenerativa (...).
(TRT-6.ª Reg., RO 01709-2005-191-06-00-2, 2.ª T., j. 09.01.2008, rel. André Genn de Assunção Barros)

- Trabalhador rural. Aposentadoria por invalidez. Preenchimento dos requisitos. Art. 42 da Lei 8.213/1991 (...).
1. O trabalhador rural pode receber o benefício de aposentadoria por invalidez previsto no art. 42 da Lei 8.213/1991, desde que seja considerado incapaz e insuscetível de reabilitação para o exercício de atividade que lhe garanta a sobrevivência, observado o período de carência que, nos termos do art. 25, I, deste diploma legal, corresponde a 12 (doze) meses de atividade, estando, ainda, dispensado do recolhimento das contribuições.
2. A concessão do benefício se dará a partir do requerimento administrativo, quando o postulante, à época da formulação do pleito, já houver preenchido os requisitos legais para o seu deferimento (...).
(TRF-5.ª Reg., ApCiv 2009.05.99.002231-0, 1.ª T., j. 01.10.2009, rel. Maximiliano Cavalcanti, *DJF* 22.10.2009)

- A constatação de doença degenerativa e, portanto, de ausência de nexo causal com as atividades laborativas, através de laudo médico, não impugnado e não

infirmado por prova técnica em sentido contrário, torna indevida a estabilidade prevista no art. 118 da Lei 8.213/1991 (...).
(TRT-15.ª Reg., RO 0158900-18.2009.5.15.0004, 6.ª T., j. 13.12.2012, rel. Eliana dos Santos Alves Nogueira)

• Auxílio-doença. Restabelecimento. Antecipação de tutela. Requerimento *initio litis*. Prova robusta.
1. Havendo provas robustas no sentido de que após o cancelamento do benefício de auxílio-doença na via administrativa, a agravante continua incapacitada para o trabalho, mostra-se suficientemente demonstrada a verossimilhança do direito alegado.
2. O fundado receio de dano irreparável está configurado no fato de a parte segurada padecer de moléstia que a incapacita para o exercício de atividades laborativas, impedindo, assim, a sua subsistência, necessitando, portanto, do benefício para prover seu sustento, o que autoriza o provimento antecipatório.
3. Presentes os requisitos do art. 273 do CPC, há que ser deferida a antecipação dos efeitos da tutela (...).
(TRF-4.ª Reg., AgIn 0000833-49.2012.404.0000, 6.ª T., j. 21.03.2012, rel. João Batista Pinto Silveira)

• Auxílio-doença (...). Os requisitos para a concessão do benefício são: ocorrência de acidente de trabalho, a existência moléstia incapacitante, nexo de causalidade relativamente à atividade desenvolvida, bem como a perda ou redução da capacidade laborativa (...).
(TJDF, ApCiv 556.782, 1.ª T. Civ., j. 14.12.2011, rel. Flávio Rostirola)

• Auxílio-doença previdenciário, acidentário ou aposentadoria por invalidez. Impossibilidade. Incapacidade laborativa não demonstrada. Laudo médico-pericial judicial consentâneo com a prova dos autos. Não havendo qualquer comprovação da incapacidade laborativa do requerente, não há que se deferir qualquer benefício previdenciário ou acidentário (...).
(TJDF, ApCiv 618.362, 4.ª T. Civ., j. 05.09.2012, rel. Cruz Macedo)

• Comprovados a condição de empregado, a existência de lesão profissional e o nexo de causalidade entre a lesão e o trabalho, bem como a incapacidade parcial permanente decorrente da atividade e a impossibilidade de reabilitação profissional, deferem-se o benefício temporário do auxílio-acidente e o benefício da aposentadoria por invalidez acidentária (...).
(TJDF, Ap e Reexame Necessário 628701, 3.ª T. Civ., j. 10.10.2012, rel. Mário-Zam Belmiro)

- Acidente do trabalho. Perda auditiva. Nexo causal não demonstrado. Acidente do trabalho. Lesão por esforços repetitivos nos membros superiores. Incapacidade laborativa afastada pela perícia. Sentença de improcedência mantida (...).
(TJSP, ApCiv 0021606-69.2007, 17.ª Câm. Direito Público, j. 17.04.2012, rel. Maria Lucinda da Costa.)

- Doença degenerativa. Inexistência de doença ocupacional.

Em se tratando de doença degenerativa, esta não resulta diretamente do trabalho, enquanto o simples agravamento/manutenção do quadro já existente não pode enquadrar o evento como doença profissional equiparada ao acidente do trabalho. Entendimento contrário levaria a incluir todos os portadores de doenças degenerativas como detentores de moléstias profissionais, pois, com o passar do tempo, rara será a atividade laboral que não colabore para o agravamento de doenças (...).
(TRT-15.ª Reg., RO 0184600-50.2008.5.15.0062, 4.ª T., j. 10.04.2012, rel. Luiz Roberto Nunes)

ACUMULAÇÃO DE BENEFÍCIO

Interpretação restritiva

- Conforme reiterada jurisprudência deste Tribunal, é possível a acumulação do benefício acidentário com aposentadoria por tempo de serviço, caso o infortúnio incapacitante tenha ocorrido antes da vigência da Lei 9.528/1997, que alterou o art. 86, § 2.º, da Lei 8.213/1991 (...).
(STJ, AgRg no AgIn 521.084/MG, 5.ª T., j. 03.02.2004, rel. Gilson Dipp, *DJU* 01.03.2004)

- Auxílio-acidente. Aposentadoria. Cumulação. Inviabilidade. Concessão da aposentadoria posterior à vigência da Lei 9.528/1997 (...).
1. A redação original do art. 86 da Lei 8.213/1991 previa que o auxílio-acidente era um benefício vitalício, sendo permitida a cumulação do referido auxílio pelo segurado com qualquer remuneração ou benefício não relacionados com o mesmo acidente.
2. O referido normativo sofreu alteração significativa com o advento da MedProv 1.596-14/1997, convertida na Lei 9.528/1997, que afastou a vitaliciedade do auxílio-acidente e passou expressamente a proibir a acumulação do benefício acidentário com qualquer espécie de aposentadoria do regime geral, passan-

do a integrar o salário de contribuição para fins de cálculo da aposentadoria previdenciária.

3. A jurisprudência do STJ firmou-se no sentido de que a possibilidade de acumulação do auxílio-acidente com proventos de aposentadoria requer que a lesão incapacitante e a concessão da aposentadoria sejam anteriores às alterações promovidas pela Lei 9.528/1997 (...).

(STJ, REsp 1.244.257/RS, 2.ª T., j. 13.03.2012, rel. Humberto Martins, *DJe* 19.03.2012)

• Cumulação de benefícios. Auxílio-acidente e aposentadoria. Art. 86, §§ 2.º e 3.º, da Lei 8.213/1991, com a redação dada pela MedProv 1.596-14/1997, posteriormente convertida na Lei 9.528/1997. Critério para recebimento conjunto. Lesão incapacitante e aposentadoria anteriores à publicação da citada medida provisória. Doença profissional ou do trabalho. Definição do momento da lesão incapacitante (...).

A acumulação do auxílio-acidente com proventos de aposentadoria pressupõe que a eclosão da lesão incapacitante, ensejadora do direito ao auxílio-acidente, e o início da aposentadoria sejam anteriores à alteração do art. 86, §§ 2.º e 3.º, da Lei 8.213/1991 ("§ 2.º O auxílio-acidente será devido a partir do dia seguinte ao da cessação do auxílio-doença, independentemente de qualquer remuneração ou rendimento auferido pelo acidentado, vedada sua acumulação com qualquer aposentadoria; § 3.º. O recebimento de salário ou concessão de outro benefício, exceto de aposentadoria, observado o disposto no § 5.º, não prejudicará a continuidade do recebimento do auxílio-acidente"), promovida em 11.11.1997 pela MedProv 1.596-14/1997, que posteriormente foi convertida na Lei 9.528/1997 (...).

(STJ, REsp 1.296.673/MG, 1.ª Seção, j. 22.08.2012, rel. Herman Benjamin, *DJe* 03.09.2012)

• Auxílio-acidente e aposentadoria por tempo de serviço concedidos antes da Lei 9.528/1997. Possibilidade de cumulação. Lei 11.960/2009. Aplicabilidade imediata.

A cumulação de auxílio-acidente (ou mesmo de auxílio-suplementar convertido em auxílio-acidente em razão do advento da Lei 8.213/1991) com aposentadoria somente é possível caso ambos os benefícios tenham sido deferidos antes da vigência da MedProv 1.596-14, de 10.11.1997 (entrou em vigor no dia 11.11.1997, data em que foi publicada – depois convertida na Lei 9.528, de 10.12.1997), que alterou o art. 86 da Lei 8.213/1991 (...).

(TRF-4.ª Reg., ApCiv 5000697-08.2011.404.7111, 5.ª T., j. 13.03.2012, rel. Ricardo Teixeira do Valle Pereira)

CONVERSÃO DE BENEFÍCIO

🏛 **Interpretação extensiva**

• Auxílio-doença. Restabelecimento. Alta programada. Conversão em aposentadoria por invalidez. Incapacidade laboral total e permanente.
1. A Autarquia determinou a cessação do benefício da parte autora com base no sistema de alta programada, isto é, com a data de cessação do benefício prevista para um determinado dia, o que é inadmissível, pois o benefício concedido só pode ser suspenso depois de o segurado ser submetido à nova perícia médica.
2. Sendo constatada a existência de patologia que impossibilita a parte autora de exercer seu labor, faz jus ao restabelecimento de seu benefício de auxílio-doença.
3. O requisito da incapacidade para a vida independente e para o trabalho deve ser examinado à luz dos princípios basilares da Constituição da República.
4. Considerando que a autora é analfabeta, possui 66 anos e, diante da sua deficiência física, encontra-se impedida de realizar o seu trabalho habitual, qual seja, o de faxineira, tem dificuldades de se inserir no mercado de trabalho, razão pela qual faz jus à conversão do benefício de auxílio-doença em aposentadoria por invalidez (...).
(TRF-2.ª Reg., Ap e Reexame Necessário 2007.51.04.000831-2, 2.ª T. Especializada, j. 16.12.2010, rel. Liliane Roriz, *DJF* 13.01.2011)

• Auxílio-doença convertido em aposentadoria por invalidez (...).
I – Ao contrário do alegado pelo apelante, não há qualquer contradição ou inconsistência no laudo pericial judicial que atesta a existência de incapacidade total e permanente para o trabalho em face da doença mental que acomete a recorrida, uma vez que é próprio da patologia diagnosticada (transtorno afetivo bipolar) a ocorrência de períodos de calmaria e de crise, onde os sintomas são exacerbados, tendo o perito claramente explicitado que a recorrida encontra-se numa fase de remissão dos sintomas.
II – Por outro lado, verifica-se que a autora já vinha usufruindo do benefício de auxílio-doença 536.778.653-3 desde 06.08.2009, não havendo dúvidas quanto à sua qualidade de segurada.
III – Destarte, comprovada a qualidade de segurada e a existência de incapacidade total e permanente para o labor, é caso de concessão de aposentadoria por

invalidez a partir da data da realização do laudo pericial judicial (22.03.2010), fazendo jus a autora, ainda, à manutenção do auxílio-doença até tal data (...).
(TRF-2.ª Reg., Ap e Reexame Necessário 2009.51.01.812019-3, 1.ª T. Especializada, j. 29.03.2011, rel. Aluisio Mendes, *DJF* 08.04.2011)

• Auxílio-doença. Possibilidade de concessão e conversão do benefício em aposentadoria por invalidez quando demonstrada a existência de patologias incapacitantes de natureza crônica, grave e incurável. Ausência de recolhimento de contribuições em razão de impossibilidade de prática laboral que, no entanto, não deve ser óbice para a concessão da benesse. Inteligência do arts. 15, II, 24, parágrafo único e 25, I, da Lei 8.213/1991 (...).
(TRF-3.ª Reg., ApCiv 0003320-49.2008.4.03.6114, j. 22.11.2012, rel. Baptista Pereira, *DJe* 15.01.2013)

• Atividade especial. Conversão do tempo especial em comum (...). Majoração de Renda Mensal Inicial – RMI de aposentadoria por tempo de contribuição. Uma vez exercida atividade enquadrável como especial, sob a égide da legislação que a ampara, o segurado adquire o direito ao reconhecimento como tal e ao acréscimo decorrente da sua conversão em comum
(TRF-4.ª Reg., Ap e Reexame Necessário 5066304-98.2011.404.7100, 6.ª T., j. 21.03.2012, rel. João Batista Pinto Silveira)

• O auxílio doença acidentário e a aposentadoria por invalidez possuem requisitos próprios, de sorte que inexistem óbices à conversão do benefício acidentário em aposentadoria quando preenchidos os pressupostos dessa última (...).
(TJAL, Ap 2005.01590-3, 1.ª Câm., j. 17.11.2005, rel. José Fernando Lima Souza)

• Ação acidentária. Moléstia na coluna lombar. Trabalhador rural. Diagnóstico pericial de restrita capacidade residual. Circunstâncias pessoais do segurado. Concessão da aposentadoria por invalidez (...).
1. Se as condições pessoais do obreiro, associadas às limitações funcionais trazidas pela moléstia, sinalizam ser altamente improvável a sua readaptação profissional, cumpre flexibilizar a interpretação dos textos legais para, como pragmática medida de justiça, inativar obreiro que apresenta incapacidade total permanente para atividades braçais a que sempre se dedicou.
2. Na hipótese em que somente a perícia identifica a incapacitação total, o termo inicial da aposentadoria por invalidez deve ser a data da juntada do laudo pericial ao processo judicial (...).
(TJSC, ApCiv 2010.033191-3, j. 14.06.2011, rel. Newton Janke, *DJe* 08.07.2011)

Interpretação restritiva

• Conversão de aposentadoria por invalidez em aposentadoria por idade. Impossibilidade após o início da vigência da Lei 8.213/1991.

Implementado o requisito etário já na vigência da Lei 8.213/1991, que não contemplou a questão da conversão de aposentadoria por invalidez em aposentadoria por idade, não há como se admitir a referida conversão (...).
(TRF-4.ª Reg., ApCiv 5000034-71.2011.404.7204, 5.ª T., j. 13.03.2012, rel. Rogério Favreto)

• Atividade especial. Conversão. Lei 9.711/1998. Dec. 3.048/1999 (...).

A Lei 9.711/1998 e o Regulamento Geral da Previdência Social aprovado pelo Dec. 3.048/1999 resguardam o direito adquirido de os segurados terem convertido o tempo de serviço especial em comum, ainda que posterior a 28.05.1998, observada, para fins de enquadramento, a legislação vigente à época da prestação do serviço.

Até 28.04.1995 é admissível o reconhecimento da especialidade por categoria profissional ou por sujeição a agentes nocivos, aceitando-se qualquer meio de prova (exceto para ruído); a partir de 29.04.1995 não mais é possível o enquadramento por categoria profissional, devendo existir comprovação da sujeição a agentes nocivos por qualquer meio de prova até 05.03.1997 e, a partir de então, por meio de formulário embasado em laudo técnico, ou por meio de perícia técnica. Comprovado o exercício de atividades exercidas sob condições especiais, assegura-se à parte autora o direito ao restabelecimento do seu benefício de aposentadoria por tempo de serviço (...).
(TRF-4.ª Reg., ApCiv 5012363-82.2010.404.7000, 5.ª T., j. 13.03.2012, rel. Ricardo Teixeira do Valle Pereira)

• Comprovado o exercício de atividade especial por mais de 25 anos, o segurado faz jus à concessão do benefício de aposentadoria especial, nos termos do art. 57 e § 1.º, da Lei 8.213, de 24.07.1991, observado, ainda, o disposto no art. 18, I, *d* c/c 29, II, da Lei 8.213/1991 (Lei de Benefícios), a contar da data do requerimento administrativo (...).
(TRF-4.ª Reg., Ap e Reexame Necessário 5012725-41.2011.404.7100, 5.ª T., j. 13.03.2012, rel. Ricardo Teixeira do Valle Pereira)

II – proteção à maternidade, especialmente à gestante;

⚖️ Interpretação convergente

• Salário-maternidade. Segurada empregada. Contribuinte individual. Tratando-se de benefício de natureza previdenciária, é do INSS a responsabilidade pelo seu pagamento (...).
(TRF-4.ª Reg., ApCiv 0005422-54.2008.404.7104, 5.ª T., j. 15.02.2012, rel. Rogério Favreto)

🏛 Interpretação extensiva

• Embora a lei não resguarde a empregada doméstica gestante da despedida arbitrária ou sem justa causa, deve o empregador pagar, a título de indenização, o equivalente ao salário maternidade, já que, com a rescisão do contrato, obstado o gozo da licença a que a trabalhadora teria direito, consoante disposição contida no art. 7.º, XVIII, da CF/1988, combinada com o parágrafo único do mesmo dispositivo (...).
(TST, Ag em RR 577.423/1999.7, 3.ª T., j. 01.10.2003, rel. Carlos Alberto Reis de Paula, *DJ* 24.10.2003)

• Concessão de salário maternidade. Diarista. Prévio ingresso na via administrativa. Desnecessidade (...).
A falta de prévio ingresso na via administrativa não é óbice para que o segurado especial, na qualidade de diarista/boia-fria, postule diretamente, em juízo, a concessão de benefício previdenciário, em relevância da situação hipossuficiente intrínseca à sua natureza (...).
(TRF-4.ª Reg., ApCiv 2009.72.99.000442-7, 6.ª T., j. 29.04.2009, rel. João Batista Pinto Silveira, *DJe* 07.05.2009)

• Salário-maternidade. Cônjuge da autora pescador. Boia-fria. Qualidade de segurada especial comprovada.
1. O fato de o cônjuge exercer atividade outra que não a rural não serve para descaracterizar automaticamente a condição de segurado especial de quem postula o benefício, pois, de acordo com o que dispõe o inc. VII do art. 11 da Lei 8.213/1991, é segurado especial o produtor, o parceiro, o meeiro e o arrendatário rurais, o pescador artesanal e o assemelhado, que exerçam suas atividades, individualmente ou em regime de economia familiar, ainda que com o auxílio eventual de terceiros, bem como seus respectivos cônjuges ou companheiros e

filhos maiores de 14 anos ou a eles equiparados, desde que trabalhem, comprovadamente, com o grupo familiar respectivo.

2. Tratando-se de trabalhadora rural que desenvolve a atividade na condição de boia-fria, o pedido deve ser analisado e interpretado de maneira *sui generis*, porquanto a jurisprudência tem se manifestado no sentido de acolher, em tal situação, a prova exclusivamente testemunhal (art. 5.º da LICC [atualmente denominada Lei de Introdução às Normas do Direito Brasileiro – LINDB]).

3. Demonstradas a maternidade, a atividade rural e a qualidade de segurada especial durante o período de carência, tem direito a autora à percepção do salário-maternidade (...).

(TRF-4.ª Reg., ApCiv 0004328-48.2010.404.9999, 6.ª T., j. 02.06.2010, rel. João Batista Pinto Silveira, *DJe* 09.06.2010)

• Salário-maternidade. Remessa oficial. Desnecessidade.

1. A remessa oficial será realizada segundo o disposto no art. 475 do CPC.

2. O salário maternidade é um benefício concedido no valor de um salário mínimo, sendo devidas quatro prestações, o que resulta em montante inferior a 60 (sessenta) salários mínimos. Desnecessário, portanto, o reexame necessário do julgado (...).

(TRF-4.ª Reg., Reexame Necessário Cível 0018368-98.2011.404.9999, 5.ª T., j. 14.02.2012, rel. Maria Isabel Pezzi Klein)

• Salário maternidade. Trabalhadora rural em regime de economia familiar. Menor de 16 anos à época do parto. Condição de segurada demonstrada.

1. Existindo nos autos documentos que caracterizam razoável início de prova material, corroborados pelos depoimentos das testemunhas ouvidas em juízo, de que a autora exercia atividade agrícola nos 10 meses anteriores ao nascimento de seu filho, estão presentes os requisitos legais para a concessão do benefício de salário-maternidade.

2. Os documentos apresentados em nome de terceiros, sobretudo quando dos pais ou cônjuge, consubstanciam início de prova material do labor rural. Com efeito, como o § 1.º do art. 11 da Lei 8.213/1991 (Lei de Benefícios) define como sendo regime de economia familiar aquele em que os membros da família exercem "em condições de mútua dependência e colaboração", no mais das vezes os atos negociais da entidade respectiva, via de regra, serão formalizados não de forma individual, mas em nome do *pater familiae*, que é quem representa o

grupo familiar perante terceiros, função esta exercida, normalmente, no caso dos trabalhadores rurais, pelo genitor ou cônjuge masculino.

3. A norma constitucional insculpida no art. 7.º, XXXIII, da CF/1988, tem caráter protecionista, visando coibir o trabalho infantil, não podendo servir, porém, de restrição aos direitos do trabalhador no que concerne à contagem de tempo de serviço para fins previdenciários. Tendo sido o trabalho realizado inclusive pelo menor de 14 anos, há que se reconhecer o período comprovado para fins de concessão de salário-maternidade (...).
(TRF-4.ª Reg., ApCiv 0020018-83.2011.404.9999, 5.ª T., j. 15.02.2012, rel. Cláudia Cristina Cristofani)

• Salário-maternidade. Dispensa arbitrária. Manutenção da condição de segurada. Direito ao benefício.

1. O salário-maternidade é devido à segurada da Previdência Social, durante 120 dias, com início no período entre 28 dias antes do parto e a data de ocorrência deste, observadas as situações e condições previstas na legislação no que concerne à proteção da maternidade, sendo pago diretamente pela Previdência Social.

2. A legislação previdenciária garante a manutenção da qualidade de segurado, até 12 meses após a cessação das contribuições, àquele que deixar de exercer atividade remunerada.

3. A segurada tem direito ao salário-maternidade enquanto mantiver esta condição, pouco importando eventual situação de desemprego.

4. Em que pese o art. 97 do Dec. 3.048/1999 estabeleça somente ser devido o salário-maternidade quando existir relação de emprego por ocasião do parto, tem-se entendido pela sua inaplicabilidade uma vez que a lei que o referido decreto visa a regulamentar não prevê tal restrição. Acrescente-se, ainda, ser exigência da legislação para concessão dos benefícios que o postulante ostente a condição de segurado, não importando se está empregado ou não.

5. O fato de ser atribuição da empresa pagar o salário-maternidade no caso da segurada empregada não afasta a natureza de benefício previdenciário da prestação em discussão. Ademais, a teor do disposto no art. 72, § 2.º, da Lei 8.213/1991, na redação dada pela Lei 10.710, de 05.08.2003, a responsabilidade final pelo pagamento do benefício é do INSS, na medida em que a empresa tem direito a efetuar compensação com as contribuições incidentes sobre a folha de salários e demais rendimentos. Se assim é, não há razão para eximir o INSS de pagar o que, em última análise, é de sua responsabilidade.

6. A segurada não pode ser penalizada com a negativa do benefício previdenciário, que lhe é devido, pelo fato de ter sido indevidamente dispensada do trabalho. Eventuais pendências de ordem trabalhista, ou eventual necessidade de acerto entre a empresa e o INSS, não constituem óbice ao reconhecimento do direito da segurada, se ela optou por acionar diretamente a Autarquia (...).
(TRF-4.ª Reg., ApCiv 0019820-46.2011.404.9999, 5.ª T., j. 07.03.2012, rel. João Batista Pinto Silveira)

• Salário-maternidade. Boia-fria. Qualidade de segurada especial comprovada. Base de cálculo. Abono anual.
1. Tratando-se de trabalhadora rural que desenvolve a atividade na condição de boia-fria, o pedido deve ser analisado e interpretado de maneira *sui generis*, porquanto a jurisprudência tem se manifestado no sentido de acolher, em tal situação, a prova exclusivamente testemunhal (art. 5.º da LICC [atualmente denominada Lei de Introdução às Normas do Direito Brasileiro – LINDB]).
2. Demonstradas a maternidade, a atividade rural e a qualidade de segurada especial durante o período de carência, tem direito a autora à percepção do salário-maternidade.
3. O benefício deve ser calculado com base no valor do salário mínimo vigente à data do parto (Precedentes desta 6.ª T.).
4. É devido o abono anual para os benefícios elencados no art. 120 do Dec. 3.048, de 06.05.1999, com a redação conferida pelo Dec. 4.032, de 26.11.2001, da Lei 8.213/1991, dentre os quais se enquadra o salário-maternidade (Precedentes do TRF-5.ª Reg.) (...).
(TRF-4.ª Reg., ApCiv 0019850-81.2011.404.9999, 6.ª T., j. 07.03.2012, rel. João Batista Pinto Silveira)

• Salário-maternidade. Segurada especial. Boia-fria. Contribuições. Requisitos legais. Comprovação da maternidade e do labor rural.
1. O trabalhador rural boia-fria deve ser equiparado ao segurado especial de que trata o art. 11, VII, da Lei 8.213/1991 (Lei de Benefícios), sendo-lhe dispensado, portanto, o recolhimento das contribuições para fins de obtenção de benefício previdenciário.
2. Nos termos dos arts. 71 e ss. da Lei 8.213/1991, é devido o salário-maternidade às seguradas especiais que fizerem prova do nascimento dos filhos e do labor rural no período de 12 (doze) meses que antecede o início do benefício.

3. Em se tratando de trabalhador rural "boia-fria", a exigência de início de prova material para efeito de comprovação do exercício da atividade agrícola deve ser interpretada com temperamento, podendo, inclusive, ser dispensada, em razão da informalidade com que é exercida a profissão e a dificuldade de comprovar documentalmente o exercício da atividade rural nessas condições (...).
(TRF-4.ª Reg., ApCiv 0020887-46.2011.404.9999, 6.ª T., j. 14.03.2012, rel. Celso Kipper)

Interpretação restritiva

• Ainda que tendo a empregadora dispensado empregada doméstica em estado gestacional, impedindo o recebimento do benefício em tela junto à Previdência Social, não responde aquela pelo pagamento de indenização equivalente ao salário-maternidade na hipótese – fictamente confessada pela demandante – de desconhecimento do fato gerador. Atestado médico trazido a juízo pela reclamante, para comprovar gestação, em período bastante posterior à data de dispensa do emprego e quando presumidamente obtido. Recurso da empregada que não se acolhe (...).

[O] benefício cujo pagamento é pretendido pertine à Previdência Social, durante o vínculo de emprego, conforme se verifica do contido no art. 73 da Lei 8.213/1992. Contudo, não obstante tendo a reclamante sido despedida antes de habilitar-se à vantagem em foco, quando já em estado gestacional, implicaria essa circunstância na responsabilidade da empregadora pelo respectivo pagamento se tivesse ficado provado que ela, por ato seu e sem justificativa, impedisse que a empregada gestante atingisse o momento em que seria credora daquele benefício (...). Por consequência, não se pode atribuir à reclamada a responsabilidade pelo respectivo pagamento, por não se ter havido com culpa, ao menos que tivesse restado provado [nos] autos (...).
(TRT-4.ª Reg., RO 01209.013/97-5, 1.ª T., j. 25.10.1999, rel. George Achutti)

III – proteção ao trabalhador em situação de desemprego involuntário;

* V. Lei 7.998/1990 (Fundo de Amparo ao Trabalhador – FAT).

* V. Lei 10.779/2003 (Concessão do benefício de seguro-desemprego, durante o período de defeso, ao pescador profissional).

Interpretação extensiva

• **Contrato de trabalho declarado em juízo. Inexistência de aprovação em concurso público. Contrato nulo. Efeitos reconhecidos.**
É nula a contratação de empregado pelo ente público, sem a prévia aprovação em concurso público, porquanto contrária ao previsto no inc. II do art. 37 da CF/1988. No entanto, ainda que nula a contratação, gera efeitos como se válida fosse, sob pena de enriquecimento sem causa do tomador dos serviços.
Despedida sem justa causa. Seguro-desemprego.
A obrigação primeira do empregador é o fornecimento das guias aptas a habilitação ao recebimento do seguro-desemprego. Apenas se não entregues as guias é que se poderá cogitar de prejuízos a serem indenizados, pelos quais responderá o empregador. O não preenchimento dos requisitos necessários à efetiva percepção do benefício não impede a emissão pelo empregador das guias (...).
(TRT-4.ª Reg., RO 00329-2005-221-04-00-9, 6.ª T., j. 12.11.2008, rel. Maria Cristina Schaan Ferreira)

• **Seguro-desemprego. Obrigação objetiva do empregador de entregar as guias. Indenização compensatória do prejuízo causado ao trabalhador.**
Ao empregador cabe, havendo dispensa sem justa causa do seu empregado, entregar-lhe as guias com as quais se possa habilitar à percepção do benefício. Isto equivale a dizer que a responsabilidade do empregador, nesse caso, é objetiva. A análise dos requisitos subjetivos do habilitado e, portanto, o deferimento ou não da percepção do seguro-desemprego, é tarefa privativa da autoridade administrativa do Ministério do Trabalho. Por conseguinte, se o demandante foi despedido sem justa causa, deveria a empresa, inquestionavelmente, ter-lhe fornecido as guias respectivas, de forma a que pudesse este se habilitar ao recebimento do seguro, porque a presunção é a de que, desempregado, este pudesse recebê-lo. Presunção *iuris tantum*, que poderia ser derrogada pela reclamada, com a prova de que o demandante não preenchia um ou mais critérios, com o que a entrega das guias seria inócua. Não o fazendo, todavia, obriga-se a pagar indenização (OJ 211 da SDI-I/TST), porquanto configurado manifesto prejuízo ao reclamante, cuja reparação encontra-se prevista nos arts. 186 e 927 do CC/2002 atual (...).
(TRT-5.ª Reg., RO 19170/08, 2.ª T., j. 12.08.2008, rel. Luíza Lomba)

• **Seguro-desemprego. Indenização substitutiva.**
O seguro-desemprego é direito do empregado, no caso de dispensa sem justa causa, que somente poderá ter acesso ao seu recebimento mediante apresentação

da guia respectiva fornecida pelo empregador, a teor do contido no art. 13 da Res. Codefat 252, de 04.11.2000. Pacificado o entendimento de que incumbe ao empregador a entrega da guia CD (Comunicação de Dispensa) ao empregado, no momento de sua demissão, sob pena de ter de indenizá-lo pelos prejuízos decorrentes da omissão, sem prejuízo da incidência da multa administrativa a ser aplicada pelo Ministério do Trabalho. Essa solução encontra respaldo no art. 927 do CC/2002 em vigor, segundo o qual "aquele que, por ato ilícito (arts. 186 e 187), causar dano a outrem, fica obrigado a repará-lo". É de se esclarecer que o referido preceito legal manda que se indenize sempre que houver dano por omissão, não sendo necessário, portanto, que a lei que instituiu o benefício faça essa previsão. A questão, a propósito, já foi pacificada pela Súmula 389, II, do C; TST (...).

(TRT-6.ª Reg., RO 01905-2007-143-06-00-5, 1.ª T., j. 19.08.2008, rel. Maria Clara Saboya A. Bernardino)

- Estelionato. Seguro-desemprego. Percepção indevida (...).

I – Percepção, pela denunciada, de três parcelas de seguro-desemprego, no valor de R$ 1.184,76, após admissão em novo emprego, com suposta colaboração do denunciado: embora pequeno o valor percebido indevidamente pela denunciada, inaplicável o princípio da insignificância, consoante reiterada jurisprudência.

II – Firme é a jurisprudência no sentido de que "não se aplica o princípio da insignificância nas fraudes contra o Programa de Seguro-Desemprego, uma vez que, ainda que ínfimo o valor obtido com o estelionato praticado, deve ser levado em consideração, nesses casos, o risco de desestabilização do referido programa. É que, se a prática de tal forma de estelionato se tornasse comum entre os cidadãos, sem qualquer repressão penal, certamente acarretaria, além de uma grande lesão aos cofres públicos, um enorme desequilíbrio em seu desenvolvimento, a ponto de tornar inviável a sua manutenção pelo Governo Federal, prejudicando, assim, àqueles trabalhadores que efetivamente viessem a necessitar dos benefícios oferecidos pelo referido programa". (STJ, HC 43.474/MG, 5.ª T., rel. Min. Laurita Vaz, *DJU* 01.10.2007, p. 301)

III – No caso, a fraude ao programa seguro-desemprego – custeado pelos cofres públicos, através do Fundo de Amparo ao Trabalhador – FAT –, afeta toda a coletividade, pois o benefício visa socorrer financeiramente os empregados, demitidos sem justa causa, a fim de prover seu sustento, durante certo período, enquanto não recolocados no mercado de trabalho.

IV – Demonstrados os indícios da autoria e a materialidade do delito, com preenchimento dos requisitos, constantes do art. 41 do CPP, para o recebimento da denúncia (...).
(TRF-1.ª Reg., RSE 0015362-67.2011.4.01.3500, 3.ª T., j. 06.03.2012, rel. Murilo Fernandes de Almeida)

• Ação civil pública. Pescadores de caranguejo. Concessão de seguro-desemprego no período de defeso. Ausência de ofensa ao art. 195, § 5.º, da CF/1988. Previsão orçamentária. Recursos do FAT. Ilegalidade dos §§ 1.º e 2.º, da Res. Codefat 394/2004. Efeitos da coisa julgada *erga omnes* e nos limites da competência jurisdicional do Órgão prolator (art. 16 da Lei 7.347/1985).
1. O Fundo de Amparo ao Trabalhador – FAT foi criado pela Lei 7.998/1990 para custear os programas de seguro-desemprego, abono salarial e desenvolvimento econômico. Assim, existe previsão orçamentária para o pagamento de seguro-desemprego aos catadores de caranguejo no período do defeso (observância do art. 195, § 5.º, da CF/1988).
2. A Res. Codefat 394/2004, ao estabelecer condição para concessão de seguro-desemprego aos pescadores de caranguejo no prazo do defeso, exorbitou os limites do poder regulamentar, restringindo um direito pleno garantido pelas Leis 7.998/1990 e 10.779/2003.
3. A sentença proferida em ação civil pública faz coisa julgada *erga omnes* nos limites da competência do Órgão prolator da decisão, nos termos do art. 16 da Lei 7.347/1985, alterado pela Lei 9.494/1997 (...).
(TRF-5.ª Reg., ApCiv 432378, 3.ª T., j. 01.09.2011, rel. Bruno Leonardo Câmara Carrá, *DJe* 08.09.2011)

Interpretação restritiva

• Seguro-desemprego. Indenização. O despedimento sem justa causa, por si só, não assegura o direito ao benefício, senão apenas o direito de receber as guias. Há também outras condições exigidas, que cabe ao órgão competente verificar. Além disso, o benefício é também concedido na hipótese de decisão judicial. Por isso, a indenização substitutiva só tem lugar quando o empregador não fornece as guias ou se o trabalhador não recebe o benefício por ato ou omissão só atribuída ao empregador. Recurso da ré a que se dá provimento, nesse ponto, para substituir a indenização pela entrega das

guias, em prazo fixado, sob pena, só então, de pagar a indenização correspondente (...).
(TRT-2.ª Reg., RO 01303.2005.024.02.00-1, 11.ª T., j. 06.02.2007, rel. Eduardo de Azevedo Silva)

• Indenização substitutiva do seguro-desemprego.
Laborando o autor por apenas 5 (cinco) meses e 27 dias (já computado o aviso prévio), não faz jus à indenização substitutiva ao seguro-desemprego, considerando que o tempo de serviço comprovado nos autos não permitia a obtenção do benefício, nos termos do disposto no o art. 3.º, I, da Lei 7.998/1990 (...).
(TRT-6.ª Reg., RO 00099-2008-161-06-00-0, 3.ª T., j. 15.10.2008, rel. Ana Catarina Cisneiros Barbosa de Araújo)

• Programa de Demissão Voluntária. Seguro desemprego. Impossibilidade do seu levantamento por ausência do elemento "involuntariedade" na rescisão do contrato laboral (...).
1. O seguro desemprego pleiteado nestes autos, em função da demissão operada pelos substituídos ao Programa de Demissão Voluntária promovido pelo B. S.A. , não é devido aos trabalhadores.
2. Por mais que a premência se dê em razão de uma opressão econômica do momento político e social, não encarta-se na expressão involuntário.
3. A interpretação teleológica da finalidade do seguro-desemprego não acode aos interesses dos que aderem a Programa de Demissão Voluntária – PDV, porquanto ausente, nesses casos, o caráter involuntário da rescisão do contrato de trabalho (...).
(TRF-1.ª Reg., Ap 0771101, 1.ª T. Suplementar, j. 12.03.2002, rel. Ney Bello)

> **IV – salário-família e auxílio-reclusão para os dependentes dos segurados de baixa renda;**

AUXÍLIO-RECLUSÃO

🏛 Interpretação extensiva

• Auxílio-reclusão. Ação de cobrança. Concessão administrativa. Marco inicial e final. Prisão ocorrida após a vigência da Lei 9.528/1997. Menor absolutamente incapaz.

1. Tendo restado comprovado que o pai da autora foi preso em 02.02.1998 e somente solto em 20.12.2004, não havia razão para o INSS não pagar o benefício desde a data da prisão, quando da concessão administrativa em 27.04.2004.

2. O marco inicial do benefício é estabelecido pela legislação vigente à data da prisão, contudo, por se tratar de interesse de menor absolutamente incapaz, não há se falar na aplicação dos prazos prescricionais previstos no art. 74, com as alterações da Lei 9.528/1997, pois contra este não corre prescrição (...).

Tendo a prisão ocorrido após as alterações introduzidas pela Lei 9.528, de 10.12.1997 (art. 74), se cuidaria de hipótese de sua incidência. Ocorre, contudo, que o prazo previsto no inc. II do art. 74 da Lei 8.213/1991 é prescricional, e o presente caso trata-se de direito de menor, contra o qual não corre prescrição, nos termos do art. 198 do CC/2002 e do art. 79 da Lei 8.213/1991, *verbis*:

"Art. 198. Também não corre prescrição:
I – contra os incapazes de que trata o art. 3.º."

"Art. 79. Não se aplica o dispositivo no art. 103 desta Lei ao pensionista menor, incapaz ou ausente, na forma da lei."

Por sua vez, o art. 3.º, *caput* e I, do CC/2002 assim dispõem:

"Art. 3.º São absolutamente incapazes de exercer pessoalmente os atos da vida civil:
I – os menores de 16 (dezesseis) anos."

Com efeito, os dispositivos legais retromencionados objetivam resguardar direitos das pessoas absolutamente incapazes, como é o caso da autora que tinha dois anos de idade na data da prisão de seu pai (f.), em face da sua impossibilidade de manifestação válida de vontade, circunstância que não pode ser geradora de prejuízo por conta da inércia sobre a qual não têm responsabilidade (...).

Assim, correta a decisão que determinou o pagamento do auxílio-reclusão desde a data da prisão do segurado (02.02.1998) (...)

(TRF-4.ª Reg., Ap e Reexame Necessário 2006.71.08.006095-5, 6.ª T., j. 18.02.2009, rel. João Batista Pinto Silveira, *DJe* 27.02.2009)

• Auxílio-reclusão. Qualidade de dependente. Filho nascido após o recolhimento à prisão. Antecipação de tutela. Manutenção.

É dependente previdenciário do segurado preso o filho menor, ainda que o nascimento tenha ocorrido durante o recolhimento à prisão (...).

(TRF-4.ª Reg., Reexame Necessário Cível 5002499-72.2010.404.7112, 6.ª T., j. 14.03.2012, rel. João Batista Pinto Silveira)

⚖ Interpretação restritiva

- O auxílio-reclusão, nos temos do art. 80 da Lei 8.213/1991, é devido aos dependentes do segurado, e apenas estes possuem legitimidade para pleiteá-lo (...).
(TRF-3.ª Reg., Ap 94.03.104106-4, 2.ª T., j. 27.02.1996, rel. Sylvia Steiner, *DJU* 20.03.1996)

- Auxílio-reclusão. Dependente. Limite de renda. Art. 13 da EC 20/1998.
É devido o auxílio-reclusão aos dependentes do segurado recolhido à prisão quando, satisfeitos os requisitos do benefício, tiverem aqueles renda bruta mensal igual ou inferior ao limite estabelecido no art. 13 da EC 20/1998, e, com maior razão, quando não tiverem, os dependentes, nenhuma renda (...).
(TRF-4.ª Reg., Ap 2004.71.07.006809-2, 5.ª T., j. 09.10.2007, rel. Rômulo Pizzolatti, *DJU* 16.10.2007)

- Auxílio-reclusão. Renda familiar. Requisitos preenchidos.
1. O benefício de auxílio-reclusão é devido, nas mesmas condições da pensão por morte, aos dependentes do segurado recolhido à prisão, não sendo exigida a comprovação de carência.
2. Em relação aos dependentes esposa e filhos menores, a dependência econômica é presumida.
3. Hipótese em que preenchidos os requisitos legais, devendo ser condenado o INSS a pagar os valores devidos nos períodos em que o segurado esteve efetivamente recolhido à prisão (...).
(TRF-4.ª Reg., ApCiv 5002433-31.2010.404.7003, 5.ª T., j. 13.03.2012, rel. Ricardo Teixeira do Valle Pereira)

SALÁRIO-FAMÍLIA

🏛 Interpretação extensiva

- Salário-família. Direito incorporado ao patrimônio do servidor público. Supressão indevida pela Administração Pública. Transgressão às garantias constitucionais da irredutibilidade de vencimentos e do direito adquirido (...).
(STF, AgRg no AgIn 817.010/RS, 2.ª T., j. 27.03.2012, rel. Celso de Mello, *DJe* 12.04.2012)

Interpretação restritiva

- Salário-família. Benefício previdenciário destinado aos trabalhadores de baixa renda, assim considerados aqueles que percebem salário até o limite fixado na Portaria do MPAS. Excedido o limite, não faz jus o trabalhador ao benefício almejado (...).
(TRT-5.ª Reg., RO 00659-2005-039-05-00-0, 1.ª T., j. 01.12.2008, rel. Vânia Chaves)

- Salário-família. Ônus da prova. É do empregado o ônus da prova de que entregou, oportunamente, ao empregador, as certidões de nascimento dos filhos menores de 14 (quatorze) anos, de molde a garantir o direito à percepção do salário-família (...).
(TRT-15.ª Reg., RO 00668-2008-109-15-00-6, 1.ª T., j. 05.12.2008, rel. Luiz Antonio Lazarim)

V – pensão por morte do segurado, homem ou mulher, ao cônjuge ou companheiro e dependentes, observado o disposto no § 2.º

Interpretação convergente

- Presentes os requisitos legais à concessão do benefício do art. 201, V, da CF/1988, meros formalismos da legislação processual vigente não podem obstar a concessão da tutela antecipada *ex officio*, para determinar ao INSS a imediata implantação do benefício, que é de caráter alimentar e, assim, garantidor da dignidade humana (...).
(TJRO, Ap 100.010.2004.004155-7, 2.ª Câm. Especial, j. 03.06.2008, rel. Renato Mimessi, *DJe*-RO 25.06.2008)

Interpretação divergente

- Pensão por morte. Menor sob guarda. "Esta Corte já decidiu que, tratando-se de ação para fins de inclusão de menor sob guarda como dependente de segurado abrangido pelo Regime Geral da Previdência Social – RGPS, não prevalece o disposto no art. 33, § 3.º, do ECA em face da alteração introduzida pela Lei 9.528/1997" (STJ, REsp 503.019/RS, rel. Min. Paulo Gallotti, *DJe* 30.10.2006) (...).

É esta a letra do art. 16 da Lei 8.213/1991, com redação dada pela Lei 9.032/95, *verbis*:

"Art. 16. São beneficiários do Regime Geral de Previdência Social, na condição de dependentes do segurado:

I – o cônjuge, a companheira, o companheiro e o filho não emancipado, de qualquer condição, menor de 21 (vinte e um) anos ou inválido;

II – os pais;

III – o irmão não emancipado, de qualquer condição, menor de 21 (vinte e um) anos ou inválido.

§ 1.º A existência de dependente de qualquer das classes deste artigo exclui do direito às prestações os das classes seguintes.

§ 2.º Equiparam-se a filho, nas condições do inc. I, mediante declaração do segurado: o enteado; *o menor que, por determinação judicial, esteja sob a sua guarda*; e o menor que esteja sob sua tutela e não possua condições suficientes para o próprio sustento e educação.

§ 3.º Considera-se companheira ou companheiro a pessoa que, sem ser casada, mantém união estável com o segurado ou com a segurada, de acordo com o § 3.º do art. 226 da CF/1988.

§ 4.º A dependência econômica das pessoas indicadas no inc. I é presumida e a das demais deve ser comprovada" (Nossos os grifos).

A MedProv 1.523/1996, convertida na Lei 9.528/1997, veio dar nova redação ao art. 16 da Lei 8.213/1991, excluindo do rol de beneficiários o menor sob guarda judicial, confira-se:

"Art. 16. São beneficiários do Regime Geral de Previdência Social, na condição de dependentes do segurado:

I – o cônjuge, a companheira, o companheiro e o filho não emancipado, de qualquer condição, menor de 21 (vinte e um) anos ou inválido;

II – os pais;

III – o irmão não emancipado, de qualquer condição, menor de 21 (vinte e um) anos ou inválido.

§ 1.º A existência de dependente de qualquer das classes deste artigo exclui do direito às prestações os das classes seguintes.

§ 2.º O enteado e o menor tutelado equiparam-se a filho mediante declaração do segurado e desde que comprovada a dependência econômica na forma estabelecida no Regulamento.

(...)."

Art. 201

CONSTITUIÇÃO FEDERAL

Como se vê, manifesta é a impossibilidade legal para a concessão de benefício previdenciário a menor sob guarda, somente a admitindo ao cônjuge, à companheira, ao companheiro, ao filho não emancipado que conte com menos de 21 anos ou que seja inválido, aos pais e ao irmão não emancipado menor de 21 anos ou inválido, não havendo, outrossim, falar em direito adquirido à concessão do benefício.

A figura do menor sob guarda anteriormente prevista no § 2.º do supracitado artigo foi revogada expressamente pela MedProv 1.523/1996, convertida na Lei 9.528/1997.

Por essa razão, não estando o recorrido, menor sob guarda, inserto nas hipóteses permissivas, inadmissível se apresenta a sua inscrição como dependente de segurado para fins de percepção de benefício previdenciário.

Tem-se, assim, que, conquanto o Estatuto da Criança e do Adolescente discipline que "a guarda confere à criança ou adolescente a condição de dependente, para todos os fins e efeitos de direito, inclusive previdenciários", a alteração procedida pela MedProv 1.593/1997 na Lei de Regência dos Benefícios Previdenciários, que lhe é posterior, à evidência, suprimiu do rol dos dependentes para fins previdenciários o menor sob guarda, evidenciando-se, como se evidencia, fenômeno típico de revogação de norma (...).
(STJ, EDiv em REsp 602.483/SC, 3.ª Seção, j. 26.03.2008, rel. Hamilton Carvalhido, *DJe* 04.08.2008)

Interpretação extensiva

- **União civil entre pessoas do mesmo sexo.** Alta relevância social e jurídico-constitucional da questão pertinente às uniões homoafetivas. Legitimidade constitucional do reconhecimento e qualificação da união estável homoafetiva como entidade familiar: posição consagrada na jurisprudência do STF (ADPF 132/RJ e ADIn 4.277/DF). O afeto como valor jurídico impregnado de natureza constitucional: a valorização desse novo paradigma como núcleo conformador do conceito de família. O direito à busca da felicidade, verdadeiro postulado constitucional implícito e expressão de uma ideia-força que deriva do princípio da essencial dignidade da pessoa humana. Princípios de Yogyakarta (2006): direito de qualquer pessoa de constituir família, independentemente de sua orientação sexual ou identidade de gênero. Direito do companheiro, na união estável homoafetiva, à percepção do benefício da pensão por morte de seu parceiro, desde

que observados os requisitos do art. 1.723 do CC/2002. O art. 226, § 3.º, da Lei Fundamental constitui típica norma de inclusão. A função contramajoritária do STF no Estado Democrático de Direito. A proteção das minorias analisada na perspectiva de uma concepção material de democracia constitucional. Recurso extraordinário conhecido e provido (...).
(STF, RE 477.554/MG, 2.ª T., j. 01.07.2011, rel. Celso de Mello, *DJe* 03.08.2011)

• Pensão por morte. Arts. 16, II e § 4.º, 74 e 75 da Lei 8.213/1991. Dependência econômica dos genitores em relação ao filho instituidor do benefício. Necessidade de comprovação, ainda que apenas por meio de prova testemunhal. Pai nomeado curador do filho no processo de interdição (...). O fato de o autor ter sido nomeado "curador provisório" de seu falecido filho, no processo de interdição deste, não tem o condão de, cumpridas todas as condições impostas pelas regras de direito previdenciário atinentes à espécie, afastar-lhe o direito à pensão por morte pleiteada (...).
(STJ, REsp 1.082.631/RS, 5.ª T., j. 19.03.2013, rel. Laurita Vaz, *DJe* 26.03.2013)

• Militar. Pensão por morte. União estável configurada. Art. 1.º da Lei 9.278/1996 (...).
3. O reconhecimento da união estável é de índole constitucional, não se submetendo à designação prévia para órgão da Administração. A norma constitucional tem o fim de proteção da entidade formada em relação ao evento morte. Dessa forma, conclui-se que a designação prévia não possui natureza de pressuposto da união estável, razão pela qual não produz o efeito de tornar pendente a União e fundamentar o indeferimento de concessão de benefício pensão por morte. Trata-se de orientação remansosa no Direito Pátrio nos termos dos seguintes precedentes: TRF-1.ª Reg.: AC 2000.01.00.001661-0, rel. Juíza Federal convocada Gilda Sigmaringa Seixas e AC 2000.01.00.069355-8, rel. Juiz Federal convocado Miguel Angelo de Alvarenga Lopes.
4. A Lei 9.278/1996, que regulamenta o § 3.º do art. 226 da CF/1988, fixa, em seu art. 1.º, o entendimento de que se reconhece "(...) como entidade familiar a convivência duradoura, pública e contínua, de um homem e uma mulher, estabelecida com objetivo de constituição de família".
5. No caso vertente, cabível o pedido de reconhecimento da relação *more uxorio*, vez que se constatou, pelos documentos trazidos aos autos e pelas provas testemunhais produzidas, que o instituidor da pensão era separado judicialmente, e que mantinha com a autora uma convivência duradoura, pública e contínua, estabelecida com o intuito de constituir família.

6. Esse E. TRF já reconheceu o direito à divisão de metade do benefício de pensão por morte de titular falecido entre ex-esposa e companheira, cabendo a outra metade a(os) a filho(s) existente(s). Precedente: AC 2000.51.01.001052-8, rel. Des. Federal Sergio Schwaitzer (...).
(TRF-2.ª Reg., Ap 1991.51.02.054168-0, 8.ª T. Especializada, j. 15.07.2008, rel. Raldênio Bonifacio Costa, *DJU* 23.07.2008)

• A dispensa do direito à pensão alimentícia quando da separação do casal, não é impeditiva da pensão por morte do ex-cônjuge falecido (...). A presunção de dependência econômica da ex-esposa *in casu*, deve ser reconhecida tendo em vista o curto período em que o casal esteve separado e a convivência harmoniosa que mantiveram na constância do casamento. A renúncia aos alimentos não deve gerar dedução de independência financeira da ex-esposa, até porque, consta da certidão de óbito inexistência de bens a serem partilhados que pudessem representar garantia de subsistência. Registre-se ainda, que referido direito é irrenunciável podendo ser requerido a qualquer tempo. O fato de não constar dos autos recebimento de pensão alimentícia, não obsta a concessão do benefício pleiteado. Acerca da matéria, no julgamento da AC 89.03.03910-6/SP, da qual fui relator, por unanimidade, esta E. Turma assim se pronunciou: "Previdenciário. Pensão por morte. Mulher separada que dispensou a pensão alimentícia. Direito à pensão decorrente do óbito do ex-marido, desde que comprovada a necessidade do benefício. Recurso da autora parcialmente provido". (TRF-3.ª Reg., j. 23.10.1990, *DOU* 25.02.1991, p. 120) (...).
(TRF-3.ª Reg., Ap 94.03.003681-8, 2.ª T., j. 14.11.1995, rel. Célio Benevides, *DJU* 06.12.1995)

• Comprovada a união estável, faz jus a companheira do militar falecido à percepção de pensão por morte. A companheira concorre com a esposa sobre a metade do valor da pensão, destinada a outra metade à filha do militar. Sobrevindo o falecimento da viúva, transfere-se sua quota-parte à companheira, pois se encontra na mesma ordem de precedência, nos termos do art. 24 da Lei 3.765/1960 (...).
(TRF-4.ª Reg., Ap 2003.04.01.024399-0, 3.ª T., j. 10.08.2004, rel. Maria Helena Rau de Souza, *DJU* 01.09.2004)

• Pensão por morte. Nascituro. Pagamento das diferenças entre a data do óbito e a concessão administrativa.
1. Tratando-se o demandante de filho menor do falecido, a dependência econômica é presumida, nos termos do § 4.º do art. 16 da Lei 8.213/1991.

2. Comprovada a absoluta incapacidade do autor, faz ele jus ao pagamento das parcelas vencidas desde a data do óbito do instituidor da pensão, visto que, consoante jurisprudência majoritária desta Corte, o absolutamente incapaz não pode ser prejudicado pela inércia de seu representante legal, sendo-lhe devido o benefício desde a data do óbito, ainda que não postulado administrativamente no prazo de 30 (trinta) dias.
3. Idêntico raciocínio deve ser aplicado à regra do art. 76 da Lei 8.213/1991, de modo que o dependente absolutamente incapaz, ainda que habilitado tardiamente, faz jus ao benefício a partir da data do óbito do seu genitor (...).
(TRF-4.ª Reg., Ap e Reexame Necessário 5000436-64.2011.404.7104, 6.ª T., j. 03.08.2011, rel. Luís Alberto D'Azevedo Aurvalle, *DJe* 03.08.2011)

• Pensão por morte. União estável entre tio e sobrinha. Possibilidade. Dependência econômica presumida *ex vi legis*.
1. O fato de o casal estar legalmente impedido de contrair matrimônio, em razão da regra prevista no art. 1.521, IV, do CC/2002, não obsta o reconhecimento da união estável havida entre ambos para fins previdenciários.
2. Comprovada a união estável, presume-se a dependência econômica, nos termos do art. 16, § 4.º, da Lei 8.213/1991, impondo-se à Previdência Social demonstrar que esta não existia.
3. Preenchidos os requisitos contidos no art. 74 da Lei 8.213/1991, é de ser concedido o benefício de pensão por morte pleiteado (...).
(TRF-4.ª Reg., Ap 0019095-57.2011.404.9999, 6.ª T., j. 25.01.2012, rel. Luís Alberto D'Azevedo Aurvalle)

• Pensão por morte. Qualidade de segurado. Contribuinte individual. 1. Contribuições previdenciárias. Regularização após a morte. Possibilidade.
O contribuinte individual é segurado obrigatório da Previdência Social, e como tal, a sua filiação decorre automaticamente do exercício de atividade remunerada. Assim, o falecido estava filiado à Previdência Social ao tempo do óbito, porquanto exerceu a atividade de mecânico autônomo.
2. Em sem tratando de segurado obrigatório (contribuinte individual), embora não tivesse efetuado o recolhimento das contribuições previdenciárias no período reconhecido, não há óbice ao pagamento em atraso de tais contribuições após a morte, tratando-se de mera regularização dos valores devidos.
3. Não tendo sido recolhidas as contribuições previdenciárias devidas e não podendo o juízo proferir veredicto condicional, não há como deferir o pedido de

pensão por morte, mas somente reconhecer que o falecido mantinha a qualidade de segurado como contribuinte individual na data do óbito e, em consequência, o direito da parte autora de promover o recolhimento das contribuições em atraso a fim de viabilizar a concessão de tal benefício (...).
(TRF-4.ª Reg., ApCiv 5001021-92.2011.404.7112, 6.ª T., j. 14.03.2012, rel. João Batista Pinto Silveira)

• A mulher separada judicialmente pode pleitear junto ao INSS pensão por morte do ex-marido, ainda que no ato da separação tenha dispensado a pensão alimentícia, mormente se comprovada a necessidade real do benefício, nos termos do art. 76, § 2.º, da Lei 8.213/1991 (...).
(TRF-5.ª Reg., Ap 97.05.09664-3, 2.ª T., j. 15.09.1998, rel. Araken Mariz, *DJU* 20.11.1998)

• Pensão por morte de ex-servidora pública. Companheira homossexual. Ausência de previsão na Lei 8.112/1990. Reconhecimento do direito à pensão pelo Regime Geral de Previdência Social – RGPS. IN 25/2000. Integração analógica. Isonomia. União estável. Prova. Dependência econômica presumida. Direito ao benefício.
Ação de companheira para recebimento da pensão por morte de ex-servidora pública, com quem manteve união estável, em relação homossexual.
Apesar da Lei 8.112/1990 não prever, textualmente, o cabimento da pensão por morte, em favor de companheira homossexual, a IN 25/2000, expedida pelo Sistema Geral de Previdência Social, estabeleceu procedimentos a serem adotados para deferimento de benefício previdenciário ao(à) companheiro(a) homossexual. Aplicação analógica aos servidores públicos federais, em homenagem ao princípio isonômico.
União estável estabelecida entre a servidora pública e a demandante amplamente demonstrada, cuja dependência econômica é presumida. Direito à pensão por morte da servidora (...).
(TRF-5.ª Reg., Ap em MS 98630, 3.ª T., j. 11.10.2007, rel. Élio Siqueira, *DJU* 16.11.2007)

• Pensão por morte de falecido servidor. Rateio entre a esposa e a companheira. Possibilidade. Comprovação da vida em comum que manteve com o falecido servidor (...). Filho do casal (...). Se restou devidamente comprovado nos autos que a autora manteve relacionamento com o falecido servidor, através de prova material, *in casu*, sentença proferida nos autos da ação declaratória que tramitou no Juízo de Direito da 3.ª Vara da Comarca de Bayeux/PB (f.), bem como de filha

do casal (f.), deve ser mantida a parte da sentença que reconheceu o direito da autora a cota parte de pensão por morte (...).
(TRF-5.ª Reg., ApCiv 2005.82.00.011690-3, 2.ª T., j. 29.03.2011, rel. Paulo Gadelha, *DJe* 07.04.2011)

• Novo casamento não é condição suficiente para o cancelamento da pensão por morte. Extinção do benefício somente é possível se o novo matrimônio resultar em melhora da situação econômico-financeira do beneficiário. Súmula 170 do extinto TFR. Precedentes. Pagamento das parcelas atrasadas corrigidas monetariamente pelo INPC e acrescidas por juros moratórios de 1% (um por cento) até a entrada em vigor do art. 1.º-F da Lei 9.494/1997 com redação dada pela Lei 11.960/2009 (...).
(TJPR, ApCiv 935734-8, 7.ª Câm. Civ., j. 23.10.2012, rel. Antenor Demeterco Junior, *DJe* 05.11.2012)

Interpretação restritiva

• 1. A pensão por morte é devida ao conjunto de dependentes do segurado que falecer e, não havendo integrantes da classe precedente – companheira/esposa ou filhos menores de 21 anos não emancipados –, os genitores são, para o Regime Geral da Previdência Social, os detentores do direito ao recebimento do benefício. 2. Além da relação de parentesco, é preciso que os pais comprovem a dependência econômica em relação ao filho, sendo certo que essa não é presumida, isto é, deverá ser corroborada, seja na via administrativa, seja perante o Poder Judiciário, ainda que apenas por meio de prova testemunhal (...).
(STJ, REsp 1.082.631/RS, 5.ª T., j. 19.03.2013, rel. Laurita Vaz, *DJe* 26.03.2013)

• Pensão *causa mortis*. Concubinato.
A autora sustenta a existência de união estável, durante mais de 20 (vinte) anos, com o servidor falecido, mas os elementos trazidos aos autos não demonstram a convivência familiar nos termos do art. 1.723 do CC/2002. As provas colhidas nos autos indicam a existência de relação extraconjugal clandestina, corroborada pela própria autora, em seu depoimento pessoal. Hipótese que caracteriza o concubinato, mas não a união estável (cf. art. 1.727 do CC/2002). O ordenamento brasileiro é monogâmico, e isso tem reflexo imediato na correlata questão previdenciária. Precedentes do STF. Indevida a concessão da pensão *causa mortis* (...).
(TRF-2.ª Reg., ApCiv 2001.51.01.014075-1, 6.ª T., j. 03.08.2009, rel. Guilherme Couto de Castro, *DJF* 17.08.2009)

• Pensão de ex-servidor civil. Rateio entre viúva e suposta companheira. União estável. Art. 226, § 3.º, da CF/1988. Concubinato impuro. Agravo retido. Recurso autônomo e recurso adesivo da União Federal.

I – A Lei Maior fala de constituição de família e não de famílias, isto significando que a bigamia não é admitida ou incentivada, o que aconteceria em caso de reconhecimento de união estável com simples concubina. Se o marido mantém a família originada do matrimônio, legalmente constituída, com ela convivendo socialmente, jamais poderá ser reconhecida, nos termos da Constituição, uma união estável desse cidadão com outra mulher, ainda que com ela mantenha relacionamento amoroso duradouro.

II – Os documentos apresentados pela autora até podem comprovar um relacionamento duradouro, porém não estável nos termos da Constituição Federal, posto que simultâneo ao casamento de fato e de direito.

III – Mesmo que a autora tenha comprovado coabitação com o *de cujus*, configurado estaria o relacionamento paralelo, eis que o *de cujus* vivia também com a esposa, hipótese de concubinato impuro, que não autoriza o direito ao pensionamento do servidor (...).

(TRF-2.ª Reg., Ap 2007.51.03.003335-8, 7.ª T. Especializada, j. 02.05.2012, rel. Reis Friede, *DJ* 22.05.2012)

• Pensão por morte. Ex-esposa que dispensou os alimentos na separação judicial. Necessidade superveniente. Tutela específica.

1. Na vigência da Lei 8.213/1991, dois são os requisitos para a concessão da pensão por morte, quais sejam, a qualidade de segurado do instituidor e a dependência econômica dos beneficiários que, se preenchidos, ensejam o seu deferimento.

2. A jurisprudência desta Corte é favorável à concessão de pensão por morte para ex-cônjuge, mesmo tendo havido dispensa de alimentos na separação judicial, desde que comprovada a necessidade econômica superveniente, como ocorreu no caso (...).

(TRF-4.ª Reg., EI 2005.04.01.001828-0, 3.ª Seção, j. 04.12.2008, rel. João Batista Pinto Silveira, *DJ* 07.01.2009)

• Concessão de pensão por morte. Qualidade de segurado. Contribuinte individual. Prestador de serviços. Contribuições previdenciárias. Ônus da empresa (...).

1. O contribuinte individual é segurado obrigatório da Previdência Social, e como tal, a sua filiação decorre automaticamente do exercício de atividade remunerada. Assim, o marido da autora estava filiado à Previdência Social ao tempo do óbito,

porquanto exerceu a atividade de serralheiro, de forma autônoma, conforme as provas carreadas aos autos.
2. Em se tratando de contribuinte individual, que presta serviço de natureza urbana ou rural, o ônus quanto ao recolhimento das contribuições previdenciárias é da empresa contratante, nos termos do art. 4.º da Lei 10.666/2003.
3. Na vigência da Lei 8.213/1991, dois são os requisitos para a concessão de benefício de pensão por morte, quais sejam: a qualidade de segurado do instituidor e a dependência dos beneficiários que, se preenchidos, ensejam o seu deferimento (...).
(TRF-4.ª Reg., Ap e Reexame Necessário 5003758-71.2011.404.7208, 6.ª T., j. 21.03.2012, rel. João Batista Pinto Silveira)

• Concessão de pensão por morte. Filho inválido (...).
1. Na vigência da Lei 8.213/1991, dois são os requisitos para a concessão de benefício de pensão por morte, quais sejam: a qualidade de segurado do instituidor e a dependência dos beneficiários que, se preenchidos, ensejam o seu deferimento.
2. Comprovado que a autora é inválida desde antes de atingir a maioridade, mantém-se a sentença que lhe concedeu a pensão por morte desde a data do óbito de sua mãe (...).
(TRF-4.ª Reg., Ap e Reexame Necessário 5031492-30.2011.404.7100, 6.ª T., j. 21.03.2012, rel. João Batista Pinto Silveira)

• Pensão por morte. Companheira. Condição de dependente. Concubinato impuro. Precedente do STF. Apelação improvida.
1. Dispõe o art. 74 da Lei 8.213/1991 (Lei de Benefícios da Previdência Social), com a redação dada pela Lei 9.528/1997, que a pensão por morte será devida ao conjunto dos dependentes do segurado que falecer e que iniciará na data do óbito, se requerida até 30 dias depois dele, ou na data do requerimento, se requerida depois desse prazo.
2. No caso dos autos, está comprovada a condição de segurado do instituidor.
3. Há prova de que a autora convivia com o instituidor, havendo inclusive início de prova material nesse sentido, consistentes nos documentos juntados, o que foi corroborado pela prova testemunhal. Entretanto, ficou configurado que o *de cujus* jamais deixou sua esposa, mantendo os dois relacionamentos concomitantemente. Há documentação comprobatória nesse sentido, bem como as testemunhas ouvidas atestaram a continuidade do relacionamento marital do instituidor com sua esposa.

4. Não ficou configurada a separação de fato entre o *de cujus* e sua esposa, de modo a permitir a caracterização do relacionamento entre a autora e o instituidor como união estável, ao contrário, testemunha arrolada pela autora na justificação judicial deu conta que a convivência do casal não era no mesmo teto, e que este era casado, residindo ainda com sua esposa. Recente precedente do STF (RE 590.779/ES, j. 10.02.2009, rel. Min. Marco Aurélio), no sentido da impossibilidade de configuração de união estável quando um dos seus componentes é casado e vive matrimonialmente com o cônjuge, como na espécie (...).

(TRF-5.ª Reg., ApCiv 2006.81.02.000831-2, 2.ª T., j. 29.03.2011, rel. Manuel Maia de Vasconcelos Neto, *DJ* 07.04.2011)

- Ação para manutenção de benefício. Pensão por morte. Alcance do limite etário de 21 anos. Estudante universitária. Pedido de extensão até 24 anos. Ausência de amparo legal. Provimento do recurso e da remessa oficial.

Segundo a Lei 8.213/1991: "São beneficiários do Regime Geral de Previdência Social, na condição de dependentes do segurado: o cônjuge, a companheira, o companheiro e o filho não emancipado, de qualquer condição, menor de vinte e um anos ou inválido" (art. 16, I, da Lei 8.213/1991).

Tendo a autora completado 21 anos de idade, apesar de estar frequentando curso de ensino superior, não subsistem motivos para a manutenção do benefício de pensão por morte, ante a completa ausência de amparo legal (...).

(TJPB, Remessa Oficial e ApCiv 001.2006.007436-4/002, 1.ª Câm., j. 09.08.2007, rel. Arnóbio Alves Teodósio, *DJPB* 14.11.2007)

§ 1.º É vedada a adoção de requisitos e critérios diferenciados para a concessão de aposentadoria aos beneficiários do Regime Geral de Previdência Social, ressalvados os casos de atividades exercidas sob condições especiais que prejudiquem a saúde ou a integridade física e quando se tratar de segurados portadores de deficiência, nos termos definidos em lei complementar.

* § 1.º com redação determinada pela EC 47/2005 (*DOU* 06.07.2005), em vigor na data de sua publicação, com efeitos retroativos à data de vigência da EC 41/2003 (*DOU* 31.12.2003).
* V. art. 15 da EC 20/1998.
* V. LC 142/2013 (Regulamenta o § 1.º do art. 201 da CF).

Art. 201

🏛 Interpretação extensiva

• Aposentadoria. Tempo especial. Agente eletricidade. Período posterior à 05.03.1997. Conversão. Possibilidade. Perícia técnica (...).
Embora a eletricidade não conste expressamente do rol de agentes nocivos previstos no Dec. 2.172/1997, sua condição especial permanece reconhecida pela Lei 7.369/1985 e pelo Dec. 93.412/1986. Acrescente-se que este entendimento é corroborado pela jurisprudência no sentido de que é admissível o reconhecimento da condição especial do labor exercido, ainda que não inscrito em regulamento, uma vez comprovada essa condição mediante laudo pericial, a teor da Súmula 198 do ex-TFR, segundo a qual é sempre possível o reconhecimento da especialidade no caso concreto, por meio de perícia técnica (...).
(TRF-2.ª Reg., Agravo Interno na ApCiv 0003268-19.2011.4.02.5001, 2.ª T. Especializada, j. 30.08.2012, rel. Messod Azulay Neto)

• Atividade especial. Conversão do tempo especial em comum. Perícia por similaridade. Laudo extemporâneo. Majoração de Renda Mensal Inicial – RMI de aposentadoria por tempo de contribuição.
1. Uma vez exercida atividade enquadrável como especial, sob a égide da legislação que a ampara, o segurado adquire o direito ao reconhecimento como tal e ao acréscimo decorrente da sua conversão em comum.
2. Constando dos autos a prova necessária a demonstrar o exercício de atividade sujeita a condições especiais, conforme a legislação vigente na data da prestação do trabalho, deve ser reconhecido o respectivo tempo de serviço e majorada a aposentadoria por tempo de contribuição proporcional do segurado, para aposentadoria integral – regras permanentes.
3. A perícia técnica deve ser realizada de forma indireta, em empresa similar àquela em que laborou o segurado, quando não há meio de reconstituir as condições físicas do local de trabalho em face do encerramento das suas atividades.
4. Se em data posterior ao labor despendido foi constatada a presença de agentes nocivos, mesmo com as inovações tecnológicas e de medicina e segurança do trabalho que advieram com o passar do tempo, depreende-se que, na época do labor, a agressão dos agentes era ao menos igual, senão maior, em razão da escassez de recursos materiais existentes até então para atenuar sua nocividade e a evolução dos equipamentos utilizados no desempenho de suas tarefas (...).
(TRF-4.ª Reg., Ap e Reexame Necessário 5066304-98.2011.404.7100, 6.ª T., j. 21.03.2012, rel. João Batista Pinto Silveira)

Interpretação restritiva

• Atividade especial. Conversão. Lei 9.711/1998. Dec. 3.048/1999. Tempo de serviço. Aposentadoria especial.
1. A Lei 9.711/1998 e o Regulamento Geral da Previdência Social aprovado pelo Dec. 3.048/1999 resguardam o direito adquirido de os segurados terem convertido o tempo de serviço especial em comum, mesmo que posteriores a 28.05.1998, observada, para fins de enquadramento, a legislação vigente à época da prestação do serviço.
2. Até 28.04.1995 é admissível o reconhecimento da especialidade por categoria profissional ou por sujeição a agentes nocivos, aceitando-se qualquer meio de prova (exceto para ruído); a partir de 29.04.1995 não mais é possível o enquadramento por categoria profissional, devendo existir comprovação da sujeição a agentes nocivos por qualquer meio de prova até 05.03.1997 e, a partir de então, por meio de formulário embasado em laudo técnico, ou por meio de perícia técnica.
3. Comprovado o exercício de atividade especial por mais de 25 anos, o segurado faz jus à concessão do benefício de aposentadoria especial, nos termos do art. 57 e § 1.º, da Lei 8.213, de 24.07.1991, observado, ainda, o disposto no art. 18, I, *d* c/c 29, II, da Lei 8.213/1991 (Lei de Benefícios), a contar da data do requerimento administrativo (...).
(TRF-4.ª Reg., Ap e Reexame Necessário 5012725-41.2011.404.7100, 5.ª T., j. 13.03.2012, rel. Ricardo Teixeira do Valle Pereira)

• Atividade especial. Conversão do tempo especial em comum. Majoração de Renda Mensal Inicial – RMI de aposentadoria por tempo de serviço. Opção pela RMI mais vantajosa.
1. Constando dos autos a prova necessária a demonstrar o exercício de atividade sujeita a condições especiais, conforme a legislação vigente na data da prestação do trabalho, deve ser reconhecido o respectivo tempo de serviço e majorada a aposentadoria por tempo de serviço do segurado.
2. Tendo o segurado implementado os requisitos para a obtenção de aposentadoria pelas regras anteriores à EC 20/1998, pelas regras de Transição (art. 9.º da mencionada Emenda) e pelas Regras Permanentes (art. 201, § 7.º da CF/1988 e 56 e ss. do Dec. 3048/1999), poderá ter o benefício revisado pela opção que lhe for mais vantajosa (...).
(TRF-4.ª Reg., Reexame Necessário Cível 5001374-47.2011.404.7108, 6.ª T., j. 21.03.2012, rel. João Batista Pinto Silveira)

§ 2.º Nenhum benefício que substitua o salário de contribuição ou o rendimento do trabalho do segurado terá valor mensal inferior ao salário mínimo.

* § 2.º com redação determinada pela EC 20/1998.

⚖️ Interpretação convergente

• Incidência da correção monetária nos termos da Lei 8.213/1991 e subsequentes critérios oficiais de atualização (...). O valor do benefício deve ser calculado nos termos da legislação vigente não podendo ser inferior ao salário mínimo mensal, conforme disposição contida no art. 201, § 5.º [parágrafo renumerado pela EC 20/1998], da CF/1988 (...).
(TRF-3.ª Reg., Ap 94.03.003681-8, 2.ª T., j. 14.11.1995, rel. Célio Benevides, *DJU* 06.12.1995)

• É pacífica a jurisprudência do STF, nas Turmas e no Plenário, segundo a qual são aplicáveis, a partir de 05.10.1988, data da promulgação da Constituição Federal, as normas dos §§ 5.º e 6.º [parágrafos renumerados pela EC 20/1998] de seu art. 201, *in verbis*: "nenhum benefício que substitua o salário de contribuição ou o rendimento do trabalho do segurado terá valor mensal inferior ao salário-mínimo", (§ 5.º [parágrafo renumerado pela EC 20/1998]) (...).
(STF, RE 175.476/RS, 1.ª T., j. 17.05.1995, rel. Sydney Sanches, *DJU* 03.02.1995)

📰 Interpretação divergente

• Em razão da finalidade de complementar a renda auferida pelo obreiro, o auxílio-acidente outorgado em valor inferior ao salário mínimo não contraria o disposto no art. 201, § 5.º, [parágrafo renumerado pela EC 20/1998] da CF/1988 (...).
(2.º TACivSP, Ap s/Rev 441.177-00/1, 9.ª Câm., j. 22.11.1995, rel. Radislau Lamotta)

• O benefício previdenciário de auxílio-acidente, destinado a compensar a diminuição da capacidade laborativa do beneficiário, não sendo, portanto, substitutivo de seus rendimentos, pode ser fixado em valor inferior ao do salário mínimo, inexistindo ofensa ao art. 201, § 2.º, da CF/1988 (...).
(TJSP, Ap 7772530/8-00, 17.ª Câm. de Direito Público, j. 26.07.2005, rel. Ricardo Graccho)

§ 3.º Todos os salários de contribuição considerados para o cálculo de benefício serão devidamente atualizados, na forma da lei.

* § 3.º com redação determinada pela EC 20/1998.

§ 4.º É assegurado o reajustamento dos benefícios para preservar-lhes, em caráter permanente, o valor real, conforme critérios definidos em lei.

* § 4.º com redação determinada pela EC 20/1998.
* V. art. 3.º, § 4.º, da Lei 11.430/2006 (Aumenta o valor dos benefícios da previdência social).

⚖️ Interpretação convergente

- A partir da Lei 8.213/1991, procurando preservar seu real valor, os benefícios previdenciários devem ser reajustados com base na variação do INPC e demais índices subsequentes (...).
(STJ, AgRg no REsp 441.016/RJ, 6.ª T., j. 25.06.2004, rel. Paulo Gallotti, *DJU* 02.10.2006)

- É de se notar que o legislador constituinte, preocupado com a redução do valor dos benefícios, dispôs no art. 201, § 2.º, da CF/1988, que a lei ordinária asseguraria o reajustamento dos benefícios para preservar-lhes, em caráter permanente, o valor real, o que se concretizou com as Leis 8.212/1991 e 8.213/1991 que fixaram o INPC como critério de correção débitos previdenciários, nas mesmas épocas em que o salário mínimo fosse alterado, a teor do art. 41, II, da Lei 8.213/1991 (...).
(TRF-3.ª Reg., ApCiv 383.129, 1.ª T., j. 13.06.2000, rel. Oliveira Lima, *DJU* 29.08.2000)

⚖️ Interpretação restritiva

- Revisão de renda mensal de aposentadoria. Valor teto. ECs 20/1998 e 41/2003. Reflexos nos benefícios concedidos anteriormente às alterações legislativas. Incidência apenas para fins de pagamento.
1. Considerando a natureza material, e não apenas processual, do prazo decadencial de que trata a Lei 10.839/2004, ele não se aplica aos benefícios concedidos

anteriormente à sua vigência, sob pena de ofensa ao art. 6.º da LICC [atualmente denominada Lei de Introdução às Normas do Direito Brasileiro – LINDB]. Decadência afastada.

2. Em se tratando de benefício previdenciário de prestação continuada, a prescrição não atinge o fundo de direito, mas somente os créditos relativos às parcelas vencidas há mais de 5 (cinco) anos da data do ajuizamento da demanda, consoante a iterativa jurisprudência dos Tribunais.

3. Segundo entendimento consolidado no STF, toda vez que for alterado o teto dos benefícios da Previdência Social, este novo limitador deve ser aplicado sobre o mesmo salário de benefício apurado por ocasião da concessão, reajustado (até a data da vigência do novo limitador) pelos índices aplicáveis aos benefícios previdenciários, a fim de se determinar, mediante aplicação do coeficiente de cálculo, a nova renda mensal que passará a perceber o segurado (STF, RE 564.354/SE, Pleno, j. 08.09.2010, rel. Min. Cármen Lúcia, *DJe* 15.02.2011, Repercussão geral) (...).

(TRF-4.ª Reg., Ap e Reexame Necessário 5029342-76.2011.404.7100, 5.ª T., j. 21.03.2012, rel. Jorge Antonio Maurique)

- Salário-família. Benefício previdenciário destinado aos trabalhadores de baixa renda, assim considerados aqueles que percebem salário até o limite fixado na Portaria do MPAS (...).

(TRT-5.ª Reg., RO 00659-2005-039-05-00-0, 1.ª T., j. 01.12.2008, rel. Vânia Chaves)

§ 5.º É vedada a filiação ao Regime Geral de Previdência Social, na qualidade de segurado facultativo, de pessoa participante de regime próprio de previdência.

* § 5.º com redação determinada pela EC 20/1998.

§ 6.º A gratificação natalina dos aposentados e pensionistas terá por base o valor dos proventos do mês de dezembro de cada ano.

* § 6.º com redação determinada pela EC 20/1998.

§ 7.º É assegurada aposentadoria no Regime Geral de Previdência Social, nos termos da lei, obedecidas as seguintes condições:

* § 7.º com redação determinada pela EC 20/1998.

Art. 201

🏛 Interpretação extensiva

• Previdenciário. Aposentado que retorna à atividade. Contribuição previdenciária. Exigibilidade (...).

A jurisprudência desta Corte está consolidada no sentido da exigibilidade da contribuição previdenciária do aposentado que retorna à atividade (...).
(STF, AgRg no RE 396.020/RS, 1.ª T., j. 14.02.2012, rel. Dias Toffoli)

• Estabilidade pré-aposentadoria. Norma coletiva.

Constatando-se que à época da rescisão contratual, o autor já se encontrava em condições de adquirir a aposentadoria plena, dentro do período de vigência da norma coletiva, e este direito foi obstado por ato do empregador que o despediu injustamente, faz jus ao recolhimento das contribuições previdenciárias necessárias para a obtenção de sua aposentadoria integral (...).
(TRT-5.ª Reg., RO 00726-2006-131-05-00-5, 5.ª T., j. 07.10.2008, rel. Esequias de Oliveira)

• Aposentadoria. Extinção do contrato de trabalho. Inocorrência.

A possibilidade de o trabalhador poder movimentar o saldo de sua conta vinculada no FGTS depois do advento da aposentadoria (inc. II do art. 20 da Lei 8.036/1990) não induz à conclusão de que houve extinção do contrato de trabalho. Outras hipóteses existem de movimentação e que não exigem a prévia extinção do pacto laboral, como, por exemplo, quando promovida para fins de aquisição da casa própria. No caso em análise, incontroversa a inexistência de solução de continuidade na prestação de serviços após a aposentadoria da ora recorrida. Rejeitada a tese de que a aposentadoria ensejou a extinção do contrato de trabalho, a teor do disposto nos arts. 18, § 2.º, 49, I, *d* e 54 da Lei 8.213/1991, é de ser considerado que o contrato vigorou até a ruptura provocada pelo recorrente, que equivale à dispensa sem justa causa (...).
(TRT-6.ª Reg., RO 01588-2006-005-06-00-1, 3.ª T., j. 28.11.2007, rel. Dinah Figueirêdo Bernardo)

• Cumulação de pedido de concessão de benefício com indenização por dano moral. Competência do Juizado Especial Federal (...).
1. A competência das Varas Especializadas é definida em razão da matéria (critério objetivo, pela teoria da repartição tríplice da competência de Chiovenda), dentro de um mesmo limite territorial, tratando-se, portanto, de

competência absoluta. Contudo, isso não torna sua competência exclusiva para a respectiva matéria, mas apenas inderrogável pela vontade das partes, de forma que, em caso de conexão entre pedido afeto à vara especializada e outro pedido sem essa qualquer vinculação especial, ambos devem ser julgados por aquela primeira, e não pela vara comum. Esse entendimento aplica-se para reconhecer a competência da Vara Especializada Previdenciária para julgar o pedido de dano moral, cumulado com o de concessão de aposentadoria por tempo de contribuição.

2. No caso de cumulação de pedido de concessão de benefício com condenação por dano moral, o valor referente à compensação postulada deve ter como limite o equivalente ao total das parcelas vencidas mais doze vincendas do benefício previdenciário pretendido (...).

(TRF-4.ª Reg., AgIn 5015920-91.2011.404.0000, 5.ª T., j. 13.03.2012, rel. Ricardo Teixeira do Valle Pereira)

Interpretação restritiva

• Aposentadoria por tempo de serviço. Cancelamento. Limites ao desfazimento de ato concessório por parte da Administração Pública (...).

1. Há e sempre houve limites para a Administração rever atos de que decorram efeitos favoráveis para o particular, em especial aqueles referentes à concessão de benefício previdenciário.

2. O cancelamento de benefício previdenciário pressupõe devido processo legal, ampla defesa e contraditório.

3. A Administração não pode cancelar um benefício previdenciário com base em simples reavaliação de processo administrativo perfeito e acabado.

4. Segundo entendimento do STJ, consagrado inclusive em recurso especial repetitivo (REsp 1.114.938/AL (2009/0000240-5), 3.ª Seção, j. 14.04.2010, v.u., rel. Min. Napoleão Nunes Maia Filho), para os benefícios deferidos antes do advento da Lei 9.784/1999 o prazo de decadência para a revisão do ato de concessão deve ser contado a partir da data de início de vigência do referido Diploma, ou seja, 01.02.1999, pois anteriormente não havia norma legal expressa prevendo prazo para tal iniciativa (...).

(TRF-4.ª Reg., ApCiv 5012363-82.2010.404.7000, 5.ª T., j. 13.03.2012, rel. Ricardo Teixeira do Valle Pereira)

I – 35 (trinta e cinco) anos de contribuição, se homem, e 30 (trinta) anos de contribuição, se mulher;

Interpretação extensiva

• Comprovação tempo trabalhado. Reconhecimento condições especiais. Conversão do tempo de serviço especial em comum.

I – O autor esteve exposto ao agente químico "hidrocarbonetos" e ao agente físico "ruído", nos períodos acima mencionados, ambos incluídos no rol exemplificativo de atividades profissionais consideradas insalubres, perigosas ou penosas, insertos no Dec. 53.831/1964 (código 1.2.11 e 1.1.6, respectivamente), o que por si só basta para o deferimento do pedido de conversão do referido tempo de serviço, não sendo, pois, necessária a comprovação das condições especiais de trabalho.

II – Os documentos apresentados pelo autor – laudos técnicos assinados por engenheiro de segurança do trabalho – não podem ser desprezados, pois, embora não se tratem de laudos judiciais, atendem à legislação em vigor, e atestam que o autor exerce atividade insalubre de forma habitual e permanente (...).

(TRF-2.ª Reg., ApCiv 2000.51.10.005147-7, 2.ª T., j. 28.05.2008, rel. Sandra Meirim Chalu Barbosa)

• Labor urbano comum. CTPS. Aposentadoria por tempo de serviço/contribuição. Concessão.

1. O tempo de atividade urbana pode ser demonstrado por intermédio de hábil começo de prova material, corroborada por prova testemunhal inequívoca – quando necessária ao preenchimento de eventuais lacunas – não sendo esta admitida exclusivamente, a teor do art. 55, § 3.º, da Lei 8.213/1991.

2. Quanto ao recolhimento das contribuições previdenciárias da atividade urbana exercida pelo segurado, como é bem sabido, tal encargo incumbe ao empregador, nos termos do art. 25, I, da Lei 8.212/1991 (Regulamento de Custeio), não se podendo prejudicar o trabalhador pela desídia de seu dirigente laboral em cumprir com seus compromissos junto à Previdência Social.

3. Comprovado o exercício de atividades urbanas, devem os períodos respectivos ser somados aos interstícios já observados na seara administrativa pelo INSS, o que assegura à parte autora o direito à concessão do benefício de aposentadoria

por tempo de serviço/contribuição, conforme opção mais vantajosa, a contar da data do requerimento administrativo (...).
(TRF-4.ª Reg., Reexame Necessário Cível 0006312-33.2011.404.9999, 5.ª T., j. 14.02.2012, rel. Maria Isabel Pezzi Klein)

• Labor rural. Concessão de aposentadoria por tempo de contribuição.
1. O tempo de serviço rural pode ser comprovado mediante a produção de prova material suficiente, ainda que inicial, complementada por prova testemunhal idônea.
2. Os documentos em nome de terceiros (pais/cônjuge) consubstanciam início de prova material do trabalho rural desenvolvido em regime de economia familiar.
3. É possível o cômputo para fins previdenciários do labor rural a partir dos doze anos de idade.
4. Comprovado o exercício de atividade rural, além dos intervalos já reconhecidos na órbita administrativa pelo INSS, o que assegura à parte autora o direito à concessão do benefício de aposentadoria por tempo de serviço/contribuição, conforme opção mais vantajosa, a contar da data do requerimento administrativo (...).
(TRF-4.ª Reg., ApCiv 0016782-26.2011.404.9999, 5.ª T., j. 16.02.2012, rel. Maria Isabel Pezzi Klein)

• Aposentadoria por tempo de serviço/contribuição. Cômputo de tempo de serviço especial. Comprovação. Requisitos preenchidos. Revisão concedida.
1. A Lei 9.711/1998 e o Regulamento Geral da Previdência Social aprovado pelo Dec. 3.048/1999 resguardam o direito adquirido de os segurados terem convertido o tempo de serviço especial em comum, mesmo que posteriores a 28.05.1998, observada, para fins de enquadramento, a legislação vigente à época da prestação do serviço.
2. Até 28.04.1995 é admissível o reconhecimento da especialidade por categoria profissional ou por sujeição a agentes nocivos, aceitando-se qualquer meio de prova (exceto para ruído); a partir de 29.04.1995 não mais é possível o enquadramento por categoria profissional, devendo existir comprovação da sujeição a agentes nocivos por qualquer meio de prova até 05.03.1997 e, a partir de então, por meio de formulário embasado em laudo técnico, ou por meio de perícia técnica.
3. Comprovado o exercício das atividades especiais, as quais devem ser acrescidas ao tempo reconhecido pelo INSS, tem o segurado direito à revisão de seu

benefício de aposentadoria por tempo de serviço/contribuição, desde o requerimento administrativo (...).
(TRF-4.ª Reg., ApCiv e Reexame Necessário 0018435-63.2011.404.9999, 5.ª T., j. 06.03.2012, rel. Ricardo Teixeira do Valle Pereira)

• O trabalho rural exercido em regime de economia familiar, em período anterior à Lei 8.213/1991, gera o aproveitamento para fins de aposentadoria por tempo de serviço no regime geral da previdência social, independentemente do recolhimento de exações (até 31.10.1991, após deve ser indenizado), exceto para efeitos de carência. A idade mínima para a filiação à Previdência Social, na condição de segurado especial, é a de 12 anos, conforme decidiu a 3ª Seção desta Corte, ao reconhecer o tempo de serviço rurícola de menor com esse tempo de vida.
Comprovado o tempo de serviço rural em regime de economia familiar, mediante a produção de início de prova material, corroborada por prova testemunhal idônea, faz jus a parte ao reconhecimento do respectivo tempo de serviço.
A anotação goza de presunção *juris tantum* de veracidade, salvo eventual fraude, presumindo-se a existência de relação jurídica válida e perfeita de trabalho.
Atendidos os requisitos legais, a parte faz jus à aposentadoria por tempo de serviço/contribuição, na forma proporcional e integral (a que lhe for mais vantajosa), mediante o cômputo do tempo reconhecido judicialmente, acrescido do tempo admitido administrativamente pelo INSS. Satisfeito, ademais, o requisito atinente à carência, na medida em que cumprida a exigência mínima relativa ao número de contribuições. Início do benefício a partir da data de entrada do requerimento (...).
(TRF-4.ª Reg., ApCiv 0003714-09.2011.404.9999, 5.ª T., j. 06.03.2012, rel. Rogério Favreto)

• Atividade rural. Início de prova material corroborado por testemunhas. Contagem a partir dos 12 anos. Concessão de aposentadoria por tempo de contribuição. Regras permanentes. Tutela específica.
1. O tempo de serviço rural para fins previdenciários, a partir dos 12 anos, pode ser demonstrado através de início de prova material, desde que complementado por prova testemunhal idônea. Precedentes da Terceira Seção desta Corte e do E. STJ.
2. O reconhecimento de tempo de serviço prestado na área rural até a edição da Lei 8.213/1991, para efeito de concessão de benefício no Regulamento Geral da Previdência Social – RGPS, não está condicionado ao recolhimento das contribuições previdenciárias.

3. Presentes os requisitos de tempo de contribuição e carência, é devida à parte autora a aposentadoria por tempo de contribuição, nos termos dos arts. 56 e ss. do Dec. 3.048/1999.

4. Determina-se o cumprimento imediato do acórdão naquilo que se refere à obrigação de implementar o benefício, por se tratar de decisão de eficácia mandamental que deverá ser efetivada mediante as atividades de cumprimento da sentença *stricto sensu* previstas no art. 461 do CPC, sem a necessidade de um processo executivo autônomo (*sine intervallo*) (...)

(TRF-4.ª Reg., Reexame Necessário Cível 5011475-16.2010.404.7000, 6.ª T., j. 21.03.2012, rel. João Batista Pinto Silveira)

• Atividade rural. Início de prova material corroborado por testemunhas. Aluno-aprendiz. Existência de retribuição estatal. Concessão de aposentadoria por tempo de contribuição (...).
Requerimento administrativo desacompanhado dos documentos. Tutela específica.
1. O tempo de serviço rural para fins previdenciários, pode ser demonstrado através de início de prova material, desde que complementado por prova testemunhal idônea.
2. Havendo prova da contraprestação estatal pelos serviços prestados na condição de aluno-aprendiz, deve ser considerado o respectivo período de labor.
3. Presentes os requisitos de tempo de contribuição e carência, é devida à parte autora a aposentadoria por tempo de contribuição, nos termos dos arts. 56 e ss. do Dec. 3.048/1999 (...).

(TRF-4.ª Reg., Ap e Reexame Necessário 5001089-91.2010.404.7107, 6.ª T., j. 21.03.2012, rel. João Batista Pinto Silveira)

• Tempo de serviço especial. Aposentadoria por tempo de serviço/contribuição. Concessão.
1. Comprovada a exposição do segurado a agente nocivo, na forma exigida pela legislação previdenciária aplicável à espécie, possível reconhecer-se a especialidade da atividade laboral por ele exercida.
2. Tem direito à aposentadoria por tempo de serviço/contribuição o segurado que, mediante a soma do tempo judicialmente reconhecido com o tempo computado na via administrativa, possuir tempo suficiente e implementar os demais requisitos para a concessão do benefício (...).

(TRF-4.ª Reg., Ap 5004161-73.2011.404.7003, 5.ª T., j. 05.02.2013, rel. Cláudia Maria Dadico, DJ 05.02.2013)

Interpretação restritiva

• Aposentadoria por tempo de contribuição. Cômputo de tempo de serviço rural. Comprovação. Requisitos não preenchidos. Averbação.
1. O tempo de serviço rural pode ser comprovado mediante a produção de prova material suficiente, ainda que inicial, complementada por prova testemunhal idônea.
2. Os documentos em nome de terceiros (pais/cônjuge) consubstanciam início de prova material do trabalho rural desenvolvido em regime de economia familiar.
3. Comprovado o exercício de atividades rurais, tem a parte autora direito à averbação dos respectivos períodos, os quais valerão para todos os fins junto ao Regime Geral de Previdência Social, exceto carência, independentemente de indenização das contribuições correspondentes, ressalvada esta apenas para contagem recíproca perante o serviço público (...).
(TRF-4.ª Reg., Ap 0016544-07.2011.404.9999, j. 14.02.2012, 5.ª T., rel. Maria Isabel Pezzi Klein)

• Em razão da promulgação da EC 20/1998, em 16.12.1998, houve alteração das regras inicialmente consagradas pela Lei 8.213/1991.
Sinale-se, entretanto, que a referida Emenda, em seu art. 3.º, ressalvou o direito adquirido dos segurados que até a data de sua publicação haviam preenchidos os requisitos legais para a concessão de benefício previdenciário, bem como introduziu a Regra de Transição (art. 9.º), a qual assegura a concessão de aposentadoria por tempo de contribuição proporcional ou integral ao segurado que se tenha filiado ao RGPS até a data de publicação dessa Emenda.
Assim, na espécie, se o segurado se filiou à Previdência Social antes da vigência da EC 20/1998 e conta tempo de serviço posterior àquela data, poderá trazer ao caso concreto a incidência de três hipóteses:
1) das Regras Antigas (Lei 8.213/1991), com limitação do tempo de serviço e carência em 16.12.1998, para verificar o preenchimento das condições legais para a inativação, seja proporcional ou integral;
2) das Regras Permanentes (EC 20/1998), sem qualquer restrição temporal pela legislação previdenciária, apenas com limitação na Data de Entrada do Requerimento (DER) e, ainda;
3) das Regras de Transição, para as quais, segundo o art. 9.º da EC 20/1998, é preciso que o segurado implemente a idade de 48 anos, se mulher, e 53 anos,

se homem, cumpra o tempo mínimo de 25 ou 30 anos de serviço e a carência prevista no art. 142 da Lei 8.213/1991 (Lei de Benefícios) e, finalmente, o pedágio de 20% para a aposentadoria integral ou 40% para a proporcional. Ressalte-se, porém, que não se aplica a exigência da idade e do "pedágio" para a aposentadoria integral, porquanto mais gravosa ao segurado, entendimento, inclusive, do próprio INSS (IN INSS/DC 57/2001), mantido nos regramentos subsequentes.

Importante lembrar que independentemente do tempo encontrado impõe-se a realização das simulações possíveis, uma vez que os salários de contribuição poderão variar nos períodos apurados e não necessariamente de tempo de serviço mais reduzido advirá uma Renda Mensal Inicial – RMI menor (...).

(TRF-4.ª Reg., Ap e Reexame Necessário 5016754-80.2010.404.7000, 6.ª T., j. 21.03.2012, rel. João Batista Pinto Silveira)

APOSENTADORIA POR TEMPO DE CONTRIBUIÇÃO INTEGRAL

Interpretação restritiva

• Aposentadoria. EC 20/1998. Adimplemento dos requisitos anterior à sua vigência.

1. Tendo a parte autora completado os requisitos necessários à aposentação à data da vigência da EC 20/1998, desnecessário se faz a observância das regras de transição por esta previstas (...). E é justamente nesse sentido o entendimento majoritário recente deste Sodalício:

"Previdenciário. Aposentadoria proporcional. Tempo de serviço exercido até 15.12.1998. Concessão. Aplicação da regra de transição (art. 9.º da EC 20/1998). Desnecessidade.

1. O art. 3.º da EC 20/1998 assegurou a concessão de aposentadoria e pensão, a qualquer tempo, aos servidores públicos e aos segurados do Regime Geral da Previdência Social, bem como aos seus dependentes, que, até a data da publicação da referida Emenda, tivessem cumprido os requisitos para a obtenção desses benefícios, com base nos critérios da legislação então vigente.

2. O segurado que antes de 15.12.1998 já possuía em seu patrimônio jurídico mais de 30 anos de tempo de serviço tem direito a gozar da aposentadoria proporcional sem necessidade de observância da regra transitória da EC 20/1998.

3. Agravo regimental improvido."

(STJ, AgRg nos EDcl no REsp 1.187.685/SP, rel. Min. Jorge Mussi, *DJ* 06.05.2011) (...).

(STJ, AgRg no REsp 1.087.634/MG, 6.ª T., j. 06.03.2012, rel. Maria Thereza de Assis Moura, *DJe* 19.03.2012)

• Atividade especial. Conversão do tempo especial em comum (...). Majoração de Renda Mensal Inicial – RMI de aposentadoria por tempo de contribuição.

1. Uma vez exercida atividade enquadrável como especial, sob a égide da legislação que a ampara, o segurado adquire o direito ao reconhecimento como tal e ao acréscimo decorrente da sua conversão em comum.

2. Constando dos autos a prova necessária a demonstrar o exercício de atividade sujeita a condições especiais, conforme a legislação vigente na data da prestação do trabalho, deve ser reconhecido o respectivo tempo de serviço e majorada a aposentadoria por tempo de contribuição proporcional do segurado, para aposentadoria integral – regras permanentes (...).

(TRF-4.ª Reg., Ap e Reexame Necessário 5066304-98.2011.404.7100, 6.ª T., j. 21.03.2012, rel. João Batista Pinto Silveira)

APOSENTADORIA POR TEMPO DE CONTRIBUIÇÃO PROPORCIONAL

🏛 Interpretação extensiva

• Na existência de comprovação de vínculos empregatícios, através de apresentação da CTPS, guias de recolhimento das contribuições efetuadas pela empresa empregadora e cópia do Livro de Registro de Empregados, mantêm-se o reconhecimento dos períodos laborados pelo segurado.

Reconhecendo a Autarquia Previdenciária, através de anotação no Cadastro Nacional de Informações Sociais – CNIS, um certo número de contribuições, ainda que a pesquisa tenha sido efetuada em período inferior ao total efetivamente laborado pelo segurado e apresente lacunas, pode este total ser acrescido, se comprovados pelo segurado os recolhimentos dos períodos em aberto no referido cadastro previdenciário.

Comprovado o tempo de contribuição 30 anos e 10 meses de até a data da EC 20/1998, faz jus o segurado ao benefício de Aposentadoria Proporcional por Tempo de Contribuição (...).

(TRF-2.ª Reg., ApCiv 2000.51.01.519601-8, 1.ª T. Especializada, j. 26.02.2008, rel. Marcia Helena Nunes)

II – 65 (sessenta e cinco) anos de idade, se homem, e 60 (sessenta) anos de idade, se mulher, reduzido em cinco anos o limite para os trabalhadores rurais de ambos os sexos e para os que exerçam suas atividades em regime de economia familiar, nestes incluídos o produtor rural, o garimpeiro e o pescador artesanal.

APOSENTADORIA POR IDADE URBANA

Interpretação extensiva

• Renúncia a benefício previdenciário. Possibilidade. Direito patrimonial disponível. Abdicação de aposentadoria por idade rural para concessão de aposentadoria por idade urbana.
1. Tratando-se de direito patrimonial disponível, é cabível a renúncia aos benefícios previdenciários. Precedentes.
2. Faz jus o Autor à renúncia da aposentadoria que atualmente percebe – aposentadoria por idade, na qualidade de rurícola – para o recebimento de outra mais vantajosa – aposentadoria por idade, de natureza urbana (...).
(STJ, REsp 310.884/RS, 5.ª T., j. 23.08.2005, rel. Laurita Vaz, *DJe* 26.09.2005)

• Aposentadoria urbana por idade. Anotações na CTPS. Empregada doméstica. Carência. Comprovação dos requisitos (...).
2. A aposentadoria urbana por idade encontra previsão no art. 48 da Lei 8.213/1991, o qual dispõe que o benefício respectivo será devida ao segurado que, cumprida a carência exigida na lei, completar 65 (sessenta e cinco) anos de idade, se homem, e 60 (sessenta), se mulher.
3. A anotação goza de presunção *juris tantum* de veracidade, salvo eventual fraude, presumindo-se a existência de relação jurídica válida e perfeita de trabalho.
4. Assegura-se à empregada doméstica contagem de tempo de serviço relativo ao período durante o qual trabalhou sem o devido registro, admitindo-se a declaração feita pelos ex-empregadores como início de prova material, desde que complementada por prova testemunhal idônea.
5. Implementado o requisito atinente à carência, na forma do art. 142 da Lei 8.213/1991 (Lei de Benefícios), faz jus a parte requerente ao benefício de aposentadoria por idade, desde a data do requerimento administrativo (...).
(TRF-4.ª Reg., ApCiv 0006166-26.2010.404.9999, 5.ª T., j. 06.03.2012, rel. Rogério Favreto)

- Não se exige o preenchimento simultâneo dos requisitos etário e de carência para a concessão da aposentadoria, visto que a condição essencial para tanto é o suporte contributivo correspondente. Precedentes do Egrégio STJ, devendo a carência observar a data em que completada a idade mínima (...).
(TRF-4.ª Reg., Ap e Reexame Necessário 0020452-72.2011.404.9999, 5.ª T., j. 16.02.2012, rel. Maria Isabel Pezzi Klein)

- Revisão. Utilização de tempo rural. Lei 11.718/2008. Majoração da Renda Mensal Inicial – RMI. Possibilidade (...).
A Lei 11.718/2008 instituiu a possibilidade de outorga do benefício de aposentadoria por idade com o preenchimento da carência mediante o cômputo do tempo de serviço urbano e rural, desde que haja o implemento da idade mínima.
Assim, possível o aproveitamento do tempo rural para a majoração do coeficiente da RMI do benefício, fazendo jus o autor à revisão de sua aposentadoria por idade urbana para 100% do salário de benefício, desde a Data de Entrada do Requerimento (DER) (...).
(TRF-4.ª Reg., Ap e Reexame Necessário 5017096-82.2010.404.7100, 5.ª T., j. 13.03.2012, rel. Ricardo Teixeira do Valle Pereira)

Interpretação restritiva

- Aposentadoria por idade. Trabalhadora rural. Documentos indicando a profissão de lavrador do cônjuge. Exercício posterior de atividade urbana. Ausência de início de prova material (...).
1. A teor do disposto no art. 143 da Lei 8.213/1991, o trabalhador rural, ao requerer a aposentadoria por idade, deverá comprovar o exercício de atividade rural, ainda que descontínua, no período imediatamente anterior ao requerimento do benefício, em número de meses idêntico à respectiva carência.
2. O STJ assentou entendimento no sentido de que, para fins de reconhecimento do direito à aposentadoria por idade rural, não é possível utilizar certidão de casamento, qualificando o cônjuge como lavrador e exercício posterior de atividade urbana, como início de prova material do exercício de atividade rural no período de carência exigido por lei (...).
(STJ, AgRg no AgIn 1.239.770/SP, 5.ª T., j. 02.02.2012, rel. Marco Aurélio Bellizze, DJe 17.02.2012)

- Conversão de aposentadoria por invalidez em aposentadoria por idade. Impossibilidade após o início da vigência da Lei 8.213/1991. Implementado o requisito etário já na vigência da Lei 8.213/1991, que não contemplou a questão da conversão de aposentadoria por invalidez em aposentadoria por idade, não há como se admitir a referida conversão (...).
(TRF-4.ª Reg., ApCiv 5000034-71.2011.404.7204, 5.ª T., j. 13.03.2012, rel. Rogério Favreto)

- Para a concessão de aposentadoria por idade urbana devem ser preenchidos dois requisitos: (a) idade mínima (65 anos para o homem e 60 anos para a mulher) e (b) carência – recolhimento mínimo de contribuições (60 na vigência da CLPS/1984 ou no regime da Lei de Benefícios da Previdência Social, de acordo com a tabela do art. 142 da Lei 8.213/1991) (...).
(TRF-4.ª Reg., Ap e Reexame Necessário 5017096-82.2010.404.7100, 5.ª T., j. 13.03.2012, rel. Ricardo Teixeira do Valle Pereira)

- O tempo de serviço urbano pode ser comprovado mediante a produção de prova material suficiente, ainda que inicial, complementada por prova testemunhal idônea – quando necessária ao preenchimento de eventuais lacunas – não sendo esta admitida exclusivamente, salvo por motivo de força maior ou caso fortuito (art. 55, § 3.º, da Lei 8.213/1991) (...).
(TRF-4.ª Reg., Ap e Reexame Necessário 5044351-78.2011.404.7100, 5.ª T., j. 13.03.2012, rel. Ricardo Teixeira do Valle Pereira)

- Aposentadoria por idade urbana. Art. 142 da Lei 8.213/1991 (Lei de Benefícios da Previdência Social – LBPS). Tempo de serviço urbano exercido como empregada doméstica. Reclamatória trabalhista.
1. É devido o reconhecimento do tempo de serviço urbano como empregado, sem anotação em Carteira de Trabalho e Previdência Social, quando comprovado mediante início de prova material corroborado por testemunhas.
2. A sentença exarada em reclamatória trabalhista consubstancia início de prova material para a concessão de benefício previdenciário, salvo hipóteses excepcionais, somente quando fundada em documentos que demonstrem o exercício da atividade laborativa na função e períodos alegados ou quando proferida logo após a prestação do labor, muitos anos antes do implemento dos requisitos necessários para a concessão da aposentadoria postulada.
3. A concessão de aposentadoria por idade urbana depende do preenchimento da carência exigida e da idade mínima de 60 anos para mulher e 65 anos para homem.

4. Tendo a parte autora sido filiada ao sistema antes da edição da Lei 8.213/1991, a ela deve ser aplicada, para fins de cômputo da carência necessária à concessão da aposentadoria, a regra de transição disposta no art. 142 da Lei 8.213/1991 (Lei de Benefícios), independentemente da existência ou não de vínculo previdenciário no momento da entrada em vigor de dito Diploma (...).
(TRF-4.ª Reg., ApCiv 0006974-94.2011.404.9999, 6.ª T., j. 14.03.2012, rel. Celso Kipper)

APOSENTADORIA POR IDADE RURAL

Interpretação convergente

• Aposentadoria rural por idade. Requisitos preenchidos. Tutela específica. Restando comprovado nos autos o exercício da atividade laborativa rural no período de carência, há de ser concedida a aposentadoria por idade rural (...).
(TRF-4.ª Reg., ApCiv 0021053-78.2011.404.9999, 6.ª T., j. 21.03.2012, rel. João Batista Pinto Silveira)

Interpretação extensiva

• Ação rescisória. Rurícola. Documento novo. Solução *pro misero*. Recibos de prestação de serviços na lide rural. Comprovantes de pagamento de ITRs e certificado de cadastro de imóvel rural em nome do empregador da autora. Início de prova material corroborado por robustas provas testemunhais.
1. A apresentação, em ação rescisória, de documentos já existentes à época da propositura da ação, deve ser tida como válida, em face das desiguais oportunidades vivenciadas pelos trabalhadores rurais, razão pela qual se adota a solução *pro misero*.
2. Os recibos de pagamentos recebidos em função do trabalho rural, trazidos como documentos novos, constituem início razoável de prova material aptos a comprovar o exercício da atividade rurícola. Somando-se ainda aos comprovantes de pagamento de ITRs e ao Certificado de Cadastro de Imóvel Rural – CCIR, referentes à propriedade em que se deu o labor rural da autora, todos corroborados por idôneas provas testemunhais que comprovam a condição de obreira da autora nas lides agrícolas, para fins de concessão de aposentadoria rural por idade (...).
(STJ, AR 3.384/PR, 3.ª Seção, j. 12.12.2007, rel. Laurita Vaz, *DJU* 11.02.2008)

- Aposentadoria por idade. Rural. Comprovação da atividade agrícola no período de carência. Início de prova material ampliado por prova testemunhal. Pedido procedente.

É firme a orientação jurisprudencial desta Corte no sentido de que, para concessão de aposentadoria por idade rural, não se exige que a prova material do labor agrícola se refira a todo o período de carência, desde que haja prova testemunhal apta a ampliar a eficácia probatória dos documentos, como na hipótese em exame (...).
(STJ, AR 3.986/SP, 3.ª Seção, j. 22.06.2011, rel. Maria Thereza de Assis Moura, *DJe* 01.08.2011)

- Aposentadoria por idade rural. Reconhecimento do exercício de atividade rural. Qualificação de lavrador, constante na certidão de óbito do cônjuge, corroborado por robusta prova testemunhal. Existência de início de prova testemunhal (...).

A questão relativa à comprovação de atividade laborativa por trabalhador rural já foi objeto de ampla discussão nesta Corte, estando hoje pacificada a compreensão segundo a qual, para demonstrar o exercício do labor rural é necessário um início de prova material, sendo desnecessária que se refira a todo período de carência, exigindo-se, no entanto, que a robusta prova testemunhal amplie sua eficácia probatória, vinculando-o àquele período de carência legalmente exigido nos arts. 142 c/c 143 da Lei 8.213/1991 (...).
(STJ, AgRg no REsp 1.147.973/PR, j. 13.03.2012, 5.ª T., rel. Marco Aurélio Bellizze, *DJe* 29.03.2012)

- Aposentadoria rural por idade. Prévia postulação administrativa. Desnecessidade.

A jurisprudência desta Corte consolidou-se no sentido de que não é necessária a prévia postulação administrativa para a propositura de ação previdenciária. Precedentes: (TRF-1.ª Reg., Ag 2005.01.00.072446-1/MG, 2.ª T., rel. Des. Carlos Moreira Alves, *DJ* 08.06.2006, p. 34; TRF-1.ª Reg., AC 2002.01.99.018028-9/MG, 1.ª T., rel. Des. José Amilcar Machado, *DJ* 17.05.2004, p. 34) (...).
(TRF-1.ª Reg., AgIn 2003.01.00.038395-1, 2.ª T., j. 16.10.2006, rel. Aloísio Palmeira Lima, *DJU* 30.10.2006)

- Não há que se falar em falta de interesse de agir, por não ter havido prévio requerimento na esfera administrativa, uma vez que este não é pressuposto da propositura da ação declaratória. Esta não requer ocorrência de prévia lesão ao direito controvertido, mas tão somente dúvida quanto a sua existência (...).
(TRF-4.ª Reg., ApCiv 98.04.50603-5, 6.ª T., j. 16.03.1999, rel. Nylson Paim de Abreu)

• O tempo de serviço rural pode ser comprovado mediante a produção de prova material suficiente, ainda que inicial, complementada por prova testemunhal idônea. A extensão da propriedade não constitui óbice, por si só, ao reconhecimento da condição de segurado especial, devendo ser analisada juntamente com o restante do conjunto probatório que, na hipótese, confirmou o exercício da atividade rural somente pelo grupo familiar. A denominação de empregador II-B nos comprovantes de pagamento do Imposto Territorial Rural ou certificados de cadastro do Incra, a teor do art. 1.º, II, *b*, do Dec.-lei 1.166/1971, não descaracteriza a qualidade de segurado especial. A existência de assalariados nos comprovantes de pagamento do Imposto Territorial Rural não descaracteriza a condição de segurado especial, na medida em que o conjunto probatório demonstrou a ausência de contratação de mão de obra específica, porquanto utilizado o sistema de "troca de dias de trabalho" entre vizinhos, muito comum em épocas de colheita justamente para evitar a contratação de empregados. Implementado o requisito etário (60 anos de idade para homem) e comprovado o exercício da atividade agrícola no período correspondente à carência (art. 142 da Lei 8.213/1991), é devido o benefício de aposentadoria por idade rural (...).
(TRF-4.ª Reg., Ap 2000.71.00.028792-5, 5.ª T., j. 10.05.2005, rel. Celso Kipper, *DJU* 06.09.2005)

• Para fins previdenciários, os trabalhadores rurais indígenas recebem o mesmo tratamento conferido aos trabalhadores rurais boias-frias, sendo possível a comprovação do exercício de atividade agrícola somente com base em prova testemunhal (...).
(TRF-4.ª Reg., ApCiv 0018181-90.2011.404.9999, 6.ª T., j. 07.03.2012, rel. João Batista Pinto Silveira)

• O reconhecimento de tempo de serviço prestado na área rural até a edição da Lei 8.213/1991, para efeito de concessão de benefício no Regime Geral da Previdência Social – RGPS, não está condicionado ao recolhimento das contribuições previdenciárias (...).
(TRF-4.ª Reg., Reexame Necessário Cível 5011475-16.2010.404.7000, j. 21.03.2012, rel. João Batista Pinto Silveira)

• 1. O tempo de serviço rural pode ser comprovado mediante a produção de prova material suficiente, ainda que inicial, complementada por prova testemunhal idônea.

2. Os documentos em nome de terceiros (pais/cônjuge) consubstanciam início de prova material do trabalho rural desenvolvido em regime de economia familiar (...).
(TRF-4.ª Reg., Ap e Reexame Necessário 5017096-82.2010.404.7100, 5.ª T., j. 13.03.2012, rel. Ricardo Teixeira do Valle Pereira)

• Pescador. Prova exclusivamente testemunhal comprovadora de tempo de serviço. Admissibilidade.
1. Não se deve considerar como trabalhador rural apenas o agricultor/lavrador, uma vez que, estão também inseridas nessa categoria as atividades conexas, a saber: o criador de animais de pequeno porte (caprinos/ovinos/suínos), o lenhador, a doméstica que fica em casa cuidando dos afazeres do lar, o pescador de açudes, o carroceiro, dentre outros; ou, melhor dizendo, todos aqueles que exercem atividades no setor primário, que compreendem: a agricultura, a pecuária, a mineração e a pesca artesanais.
2. A jurisprudência dominante entende ser perfeitamente admissível a prova testemunhal para comprovar tempo de serviço. No caso em apreço, o depoimento testemunhal colhido nas f., dos autos, comprovou irrefutavelmente a qualidade de trabalhador rural do demandante no período de 1968 a 1972.
3. A realidade do mundo do campo é tão singular e tão diversa da vida urbana que, em relação aos contratos agrários, na sua maior parte não solenes, admite-se prova exclusivamente testemunhal (STJ, REsp 10.807/PI, rel. Min. Dias Trindade, *DJU* 19.08.1991, p. 10995) (...).
(TRF-5.ª Reg., Ap 2001.84.00.009768-3, 2.ª T., j. 12.12.2006, rel. Napoleão Nunes Maia Filho, *DJU* 01.02.2007)

• Aposentadoria rural por idade. Prova documental e testemunhal. Validade. Certidão de casamento. Princípio do livre convencimento motivado. Período de carência. Art. 143 da Lei 8.213/1991. Inexigibilidade (...).
1. Não se pode desprezar o início de prova material e/ou testemunhal, quando, na maioria das vezes, é o único meio de que se dispõe para provar determinado fato, cabendo ao magistrado a apreciação da sua idoneidade e força probante.
2. "A qualificação profissional de lavrador ou agricultor do marido constante dos assentamentos de registro civil, é extensível à esposa, e constitui indício aceitável de prova material do exercício da atividade rural" (STJ, REsp 272.365/SP)
3. É livre o juiz para apreciar a prova dos autos, desde que motivando suas decisões (art. 131 do CPC).

4. Não existe, para o segurado especial, período de carência nos termos do art. 143, II, da Lei 8.213/1991 bem como, nos termos dos arts. 55 e 96, da referida Lei de Benefício da Previdência Social – LBPS, necessidade de comprovação de pagamento de contribuições referente ao tempo de serviço. A alteração do art. 143 da Lei 8.213/1991 pela Lei 9.063/1995 passou a exigir, tão somente, em termos de comprovação da atividade rural, o número de meses idêntico à carência do referido benefício.

5. Tratando-se de dívida de valor, face ao caráter alimentar da verba, a correção monetária há de ser aplicada de forma plena, desde o seu vencimento (STJ, REsp 76.653/RS, rel. Min. Edson Vidigal) aplicando-se à hipótese a Lei 6.899/81. Pacífica a jurisprudência no sentido de não ser mais aplicado a Súmula 71 do extinto TFR, após a edição da Lei 6.899/1981.

6. Em face da natureza alimentar da verba, os juros de mora devem incidir a partir da citação, nos termos da Súmula 204 do STJ, à razão de 1% (um por cento) ao mês.

7. Na hipótese, comprovando a autora/apelada através do documento: declaração de exercício de atividade rural; contrato particular de parceria agrícola; certidão de casamento; ITR; certificado de cadastro de imóvel rural, documentos estes que comprovam o exercício da atividade rural da ora apelada, nos termos do art. 106 da Lei 8.213/1991 e das jurisprudências dominantes do STJ (...).
(TRF-5.ª Reg., ApCiv 2007.05.99.001177-7, 2.ª T., j. 24.07.2007, rel. Petrucio Ferreira)

• Trabalhador rural. Aposentadoria especial por idade concedida na via administrativa. Comprovação do exercício da atividade rural e do período de carência anterior à concessão do benefício. Retroação do pagamento à data do primeiro requerimento administrativo. Possibilidade (...).

1. O trabalhador rural tem direito à aposentadoria especial, aos 60 anos, se homem, e aos 55 anos, se mulher (art. 201, § 7.º, da CF/1988), comprovados o exercício de labor no campo e o período de carência (art. 143 da Lei 8.213/1991).

2. É meramente exemplificativo o rol de documentos constante do art. 106, parágrafo único, da Lei 8.213/1991, daí se poder aceitar qualquer outro indício de prova material, revelador da realidade e típicos da cultura rural, neste caso, quanto a M. M. G.: certidão de casamento realizado em 03.08.1966, onde está consignada a profissão de agricultor (f.); declaração de exercício de atividade rural emitida pelo Sindicato dos Trabalhadores Rurais de Apuiarés/CE, devidamente homologada pelo Ministério Público, datada de 17.03.1993 atestando que o apelado trabalhou na fazenda P., de sua propriedade, no período de 1942 a

1993 (f.); provimento de recurso administrativo interposto pelo apelado, perante a 2.ª JR/CRPS/CE, com data em 18.11.1994, com a seguinte decisão: que com a pesquisa *in loco* ficou clara a qualificação do recorrente como trabalhador rural, fazendo assim jus ao benefício pleiteado, não encontrando respaldo o indeferimento inicial do órgão recorrido (f.); quanto a M. V. P. G.: certidão de casamento realizado em 03.08.1966, onde está consignada a profissão de agricultor do cônjuge da apelada (f.); laudo de constatação da atividade rural desempenhada pelo apelado, assinada pelo referido sindicato e pelo Ministério Público, onde está consignado que a apelada desempenha atividade agrícola juntamente com seu cônjuge, na fazenda P., em regime de economia familiar (f.), demonstram, satisfatoriamente, a qualidade de trabalhadores rurais dos apelados, desde a data do primeiro requerimento administrativo.
3. Reunidos todos os requisitos exigidos para a concessão de aposentadoria especial por idade, desde a data do primeiro requerimento administrativo, o pagamento do benefício deve retroagir àquele marco temporal (...).
(TRF-5.ª Reg., Ap 2007.05.00.035724-5, 2.ª T., j. 24.07.2007, rel. Rogério Fialho Moreira, *DJU* 24.08.2007)

Interpretação restritiva

- A aposentadoria da trabalhadora rural aos 55 anos de idade de que trata o inc. I do art. 202 da CF/1988 supõe prova dessa atividade, a qual não pode resultar de simples testemunhos, na forma prevista no Regulamento de Benefício da Previdência (...).
(STJ, REsp 58.945/SP, 5.ª T., j. 08.03.1995, rel. Jesus Costa Lima, *DJU* 27.03.1995)

- Aposentadoria por idade rural. Descaracterização do regime de economia familiar. Contribuinte individual na condição de empresário. Empregador rural (...). Se o Tribunal de origem, com base no conjunto probatório constante dos autos, consignou que não ficou comprovada a condição de trabalhador rural, em regime de economia familiar, do autor, em razão de sua inscrição, como contribuinte individual, na qualidade de empresário, rever tal decisão, demandaria o reexame do conjunto fático-probatório, providência sabidamente incompatível com a via estreita do recurso especial (...).
(STJ, AgRg em REsp 1.088.901/SP, 5.ª T., j. 06.03.2012, rel. Marco Aurélio Bellizze, *DJe* 23.03.2012)

- Procede o pedido de declaração de tempo de serviço rural quando atendidos os requisitos previstos no art. 106 da Lei 8.213/1991 (...).
(TRF-4.ª Reg., ApCiv 98.04.50603-5, 6.ª T., j. 16.03.1999, rel. Nylson Paim de Abreu)

- Aposentadoria por idade rural. Economia familiar. Comprovação. Prova material corroborada pela prova testemunhal. Certidão de casamento. Dimensão do imóvel rural. Empregador rural II-B (...).
2. São requisitos para a concessão do benefício rurícola por idade: a comprovação da qualidade de segurado especial, a idade mínima de 60 anos para o sexo masculino ou 55 anos para o feminino, bem como a carência exigida na data em que implementado o requisito etário, sem necessidade de recolhimento das contribuições (arts. 26, III e 55, § 2.º, da Lei 8.213/1991 – Lei de Benefícios da Previdência Social – LBPS).
3. Havendo início de prova documental, corroborada por prova testemunhal, é de se considerar comprovado o exercício da atividade rural.
4. A certidão de casamento é apta como início de prova material, desde que complementada por prova testemunhal idônea, como ocorreu no caso concreto.
5. O tamanho da propriedade, por si só, não é suficiente para descaracterizar o regime de economia familiar.
6. O fato de constar empregador II-B nos respectivos recibos de ITR não descaracteriza a condição de segurado especial, pois essa classificação é utilizada pelo Incra para fins de enquadramento sindical nos termos do art. 1.º do Dec.-lei 1.166, de 15.04.1971 (...).
(TRF-4.ª Reg., Ap 2006.70.99.001805-6, T. Suplementar, j. 14.12.2006, rel. Luís Alberto D' Azevedo Aurvalle, *DJU* 12.01.2007)

- Trabalhadora rural em regime de economia familiar. Qualidade de segurada especial não comprovada. Aposentadoria rural por idade. Requisitos não preenchidos. Impossibilidade de concessão do benefício.
1. O tempo de serviço rural para fins previdenciários pode ser demonstrado através de início de prova material, desde que complementado por prova testemunhal idônea. Precedentes da 3.ª Seção desta Corte e do E. STJ.
2. Não restando comprovado nos autos o exercício da atividade laborativa rural no período de carência, não há como ser concedida a aposentadoria por idade rural (...).
(TRF-4.ª Reg., ApCiv 0018633-03.2011.404.9999, 6.ª T., j. 07.03.2012, rel. João Batista Pinto Silveira)

- Aposentadoria rural por idade. Segurado especial. Requisitos não preenchidos. Não restando comprovado nos autos o exercício da atividade laborativa rural no período de carência exigido, não há de ser concedida a aposentadoria por idade rural (...).
(TRF-4.ª Reg., ApCiv 0018989-95.2011.404.9999, 6.ª T., j. 07.03.2012, rel. João Batista Pinto Silveira)

- Concessão de aposentadoria rural por idade. Segurado especial. Requisitos preenchidos.
Restando comprovado nos autos, mediante início de prova material corroborado com prova testemunhal o requisito idade e o exercício da atividade laborativa rural, no período de carência, é de ser concedida aposentadoria por idade rural (...).
(TRF-4.ª Reg., Ap e Reexame Necessário 5001226-91.2010.404.7004, 6.ª T., j. 14.03.2012, rel. João Batista Pinto Silveira)

- Aposentadoria por idade rural. Requisitos. Atividade rural. Início de prova material. Conjunto probatório insuficiente. Benefício anterior à Lei de Benefícios da Previdência Social – LBPS.
1. Cabível o reconhecimento do tempo de serviço rural, em regime de economia familiar, quando comprovado mediante início de prova material corroborado por testemunhas.
2. Não tendo a parte autora logrado comprovar o efetivo exercício de atividades rurais durante todo período equivalente à carência necessária à concessão do benefício, é inviável que este lhe seja outorgado.
3. Não tendo a autora implementado a idade mínima de 65 anos, não é devido o benefício com base na legislação anterior à Lei 8.213/91 (...).
(TRF-4.ª Reg., ApCiv 0020442-28.2011.404.9999, 6.ª T., j. 14.03.2012, rel. Celso Kipper)

DESAPOSENTAÇÃO

🏛 **Interpretação extensiva**

- Aposentadoria no Regime Geral da Previdência Social. Direito de renúncia (...). Efeitos *ex nunc*. Devolução de valores recebidos. Desnecessidade (...).
1. É firme a compreensão desta Corte de que a aposentadoria, direito patrimonial disponível, pode ser objeto de renúncia, revelando-se possível, nesses casos, a

contagem do respectivo tempo de serviço para a obtenção de nova aposentadoria, ainda que por outro regime de previdência.
2. Com efeito, havendo a renúncia da aposentadoria, inexistirá a vedação legal do inc. III do art. 96 da Lei 8.213/1991, segundo o qual "não será contado por um sistema o tempo de serviço utilizado para concessão de aposentadoria pelo outro", uma vez que o benefício anterior deixará de existir no mundo jurídico, liberando o tempo de serviço ou de contribuição para ser contado em novo benefício.
3. (...). O cerne da controvérsia está na obrigatoriedade, ou não, da restituição dos valores recebidos em virtude do benefício que se busca renunciar.
4. O STJ já decidiu que o ato de renunciar ao benefício tem efeitos *ex nunc* e não envolve a obrigação de devolução das parcelas recebidas, pois, enquanto aposentado, o segurado fez jus aos proventos (...).
(STJ, REsp 557.231/RS, 6.ª T., j. 08.04.2008, rel. Paulo Gallotti, *DJe* 16.06.2008)

• Aposentadoria no Regime Geral da Previdência Social. Direito de renúncia. Cabimento. Possibilidade de utilização de certidão de tempo de contribuição para nova aposentadoria em regime diverso. Não obrigatoriedade de devolução de valores recebidos. Efeitos *ex tunc* da renúncia à aposentadoria. Jurisprudência do STJ. Agravo regimental improvido.
1. A renúncia à aposentadoria é perfeitamente possível, por ser ela um direito patrimonial disponível. Sendo assim, se o segurado pode renunciar à aposentadoria, no caso de ser indevida a acumulação, inexiste fundamento jurídico para o indeferimento da renúncia quando ela constituir uma própria liberalidade do aposentado. Nesta hipótese, revela-se cabível a contagem do respectivo tempo de serviço para a obtenção de nova aposentadoria, ainda que por outro regime de previdência. Caso contrário, o tempo trabalhado não seria computado em nenhum dos regimes, o que constituiria uma flagrante injustiça aos direitos do trabalhador.
2. O ato de renunciar ao benefício, conforme também já decidido por esta Corte, tem efeitos *ex tunc* e não implica a obrigação de devolução das parcelas recebidas, pois, enquanto esteve aposentado, o segurado fez jus aos seus proventos (...).
(STJ, AgRg no REsp 328.101/SC, 6.ª T., j. 02.10.2008, rel. Maria Thereza de Assis Moura, *DJe* 20.10.2008)

• O entendimento desta Corte é no sentido de se admitir a renúncia à aposentadoria objetivando o aproveitamento do tempo de contribuição e posterior concessão de novo benefício, independentemente do regime previdenciário

que se encontra o segurado, não importando em devolução dos valores percebidos (...).
(STJ, AgRg no REsp 1.247.976/SC, 5.ª T., j. 07.02.2012, rel. Gilson Dipp, *DJe* 14.02.2012)

• O STJ consolidou jurisprudência no sentido de que é possível renunciar à aposentadoria com o objetivo de aproveitar tempo de contribuição posterior para a obtenção de benefício mais vantajoso (...).
(STJ, AgRg no REsp 1.314.671/RN, 2.ª T., j. 21.08.2012, rel. Herman Benjamin, *DJe* 27.08.2012)

• Desaposentação para recebimento de nova aposentadoria. Possibilidade. Ausência de norma impeditiva. Necessidade de devolução do montante recebido na vigência do benefício anterior.
1. O ato de renúncia à aposentadoria, por se tratar de direito patrimonial disponível, não se submete ao decurso de prazo decadencial para o seu exercício. Entendimento em sentido contrário configura, s.m.j., indevida ampliação das hipóteses de incidência da norma prevista no citado art. 103 da LBPS, já que a desaposentação, que tem como consequência o retorno do segurado ao *status quo ante*, equivale ao desfazimento e não à revisão do ato concessório de benefício.
2. Tratando-se a aposentadoria de um direito patrimonial, de caráter disponível, é passível de renúncia.
3. Pretendendo o segurado renunciar à aposentadoria por tempo de serviço para postular novo jubilamento, com a contagem do tempo de serviço em que esteve exercendo atividade vinculada ao RGPS e concomitantemente à percepção dos proventos de aposentadoria, os valores recebidos da autarquia previdenciária a título de amparo deverão ser integralmente restituídos. Precedente da 3.ª Seção desta Corte.
4. O art. 181-B do Dec. 3.048/1999, acrescentado pelo Dec. 3.265/1999, que previu a irrenunciabilidade e a irreversibilidade das aposentadorias por idade, tempo de contribuição/serviço e especial, como norma regulamentadora que é, acabou por extrapolar os limites a que está sujeita, porquanto somente a lei pode criar, modificar ou restringir direitos (inc. II do art. 5.º da CF/1988).
5. Impossibilidade de compensação dos valores a serem devolvidos ao INSS com os proventos do novo benefício a ser concedido, sob pena de burla ao § 2.º do art. 18, uma vez que as partes já não mais seriam transportadas ao status jurídico anterior à inativação (por força da necessidade de integral recomposição dos fundos previdenciários usufruídos pelo aposentado) (...).
(TRF-4.ª Reg., Ap e Reexame Necessário 5000208-80.2011.404.7204, 6.ª T., j. 21.03.2012, rel. Jorge Antônio Maurique)

• Valor da causa. Desaposentação. Nas demandas que envolvam pedido de desaposentação para obtenção de nova aposentadoria, o proveito econômico da causa corresponde às diferenças entre o benefício pretendido judicialmente e o que o segurado busca renunciar, acrescidas das prestações já recebidas desde o início da aposentadoria (...).
(TRF-4.ª Reg., AgIn 5000873-43.2012.404.0000, 6.ª T., j. 21.03.2012, rel. Jorge Antonio Maurique)

Interpretação restritiva

• 1. O art. 103 da Lei 8.213/1991 (Lei de Benefícios), ao dispor sobre o prazo decadencial, o fez de forma abrangente, não se limitando apenas à revisão de benefício, mas, sim, fixando prazo para todo e qualquer direito ou ação no sentido de alterar o ato de concessão do benefício, o que inclui o direito de renunciar à aposentadoria.
2. Nos termos do art. 103 da Lei 8.213/1991, "é de 10 (dez) anos o prazo de decadência de todo e qualquer direito ou ação do segurado ou beneficiário para a revisão do ato de concessão de benefício, a contar do dia primeiro do mês seguinte ao do recebimento da primeira prestação ou, quando for o caso, do dia em que tomar conhecimento da decisão indeferitória definitiva no âmbito administrativo" (...).
(STJ, AgRg no REsp 1.271.728/RS, j. 23.10.2012, rel. Maria Thereza de Assis Moura, DJe 29.10.2012)

• Desaposentação.
1. A prejudicial de decadência não merece acolhia, na medida em que o caso sob análise não versa sobre revisão do ato administrativo de concessão do benefício previdenciário (art. 103, *caput*, da Lei 8.213/1991).
2. Na realidade, o caso trata de renúncia à aposentadoria anteriormente deferida, com vistas à obtenção de novo benefício, mais vantajoso para o segurado, por intermédio de outro ato administrativo.
3. O que se pretende, na presente ação, é o recálculo do valor da aposentadoria com o cômputo do período de contribuição havido após a obtenção da aposentadoria e com a utilização de % (percentual) mais elevado deste benefício.
4. Trata-se de pretensão que, além de não encontrar previsão expressa na legislação reguladora do Regime Geral de Previdência Social – RGPS (Leis 8.212/1991

e 8.213/1991, respectivamente, Leis de Custeio e de Benefícios da Previdência Social), tem expressa vedação pelo art. 18, § 2.º, da Lei 8.213/1991.

5. Em razão de se tratar de instituição com natureza de direito público cuja regulação foi reservada pela Constituição Federal aos termos da lei, a interpretação das normas do RGPS deve-se pautar pela observância estrita do que estiver previsto na legislação editada, pautando-se o intérprete pelo princípio de que ao administrador não é permitido fazer senão aquilo que é previsto na lei (afastando-se da regra geral aplicável às pessoas naturais e jurídicas de direito privado, segundo a qual a estes é lícito fazer tudo o que a lei não proíbe), assim não sendo possível transpor regras e institutos do direito privado para a interpretação das regras da legislação da previdência oficial, salvo se compatíveis com as normas e princípios desta própria.

6. Se não há previsão expressa na legislação previdenciária do RGPS para a pretensão de desaposentação e subsequente concessão de nova aposentadoria com o cômputo do tempo de serviço/contribuição ocorrido após a primeira aposentadoria, a única conclusão possível é a de que o sistema previdenciário oficial veda, ou não autoriza, a sua concessão.

7. Se a legislação prevê ao segurado do RGPS a possibilidade de aposentadoria proporcional, a opção feita por ele formaliza e se configura num ato jurídico perfeito, a regular-se pela lei vigente ao tempo deste ato (que é a data de concessão do benefício), de forma que sua revisão não é possível senão com a concordância de ambas as partes (sabendo-se que, para o RGPS, administrado pelo INSS, somente podem ser praticados atos em estrita observância ao previsto na legislação previdenciária), pelo que não é cabível a pretensão formulada.

8. A pretensão deduzida esbarraria num outro óbice de natureza constitucional, pois resultaria numa situação de manifesta desigualdade entre os segurados da Previdência oficial, inclusive em ofensa ao especifico princípio securitário da uniformidade e equivalência dos benefícios (arts. 5.º, *caput* e 194, II, da CF/1988), tratando desigualmente aqueles que preferiram continuar trabalhando até completar todo o tempo de contribuição necessário à obtenção da aposentadoria de valor integral e aqueles outros que optaram por se aposentar com tempo menor e com valor parcial da aposentadoria (...).

(TRF-3.ª Reg., ApCiv 0005372-47.2010.4.03.6114, 7.ª T., j. 14.03.2013, rel. Carlos Francisco, *DJ* 21.03.2013)

§ 8.º Os requisitos a que se refere o inc. I do parágrafo anterior serão reduzidos em cinco anos, para o professor que comprove exclusivamente

tempo de efetivo exercício das funções de magistério na educação infantil e no ensino fundamental e médio.

* § 8.º com redação determinada pela EC 20/1998.
* V. art. 67, § 2.º, da Lei 9.394/1996 (Diretrizes e bases da educação nacional).

🏛 Interpretação extensiva

• Aposentadoria especial para os exercentes de funções de direção, coordenação e assessoramento pedagógico. Alegada ofensa aos arts. 40, § 5.º e 201, § 8.º, da CF/1988. Inocorrência. Ação julgada parcialmente procedente, com interpretação conforme.

I – A função de magistério não se circunscreve apenas ao trabalho em sala de aula, abrangendo também a preparação de aulas, a correção de provas, o atendimento aos pais e alunos, a coordenação e o assessoramento pedagógico e, ainda, a direção de unidade escolar.

II – As funções de direção, coordenação e assessoramento pedagógico integram a carreira do magistério, desde que exercidos, em estabelecimentos de ensino básico, por professores de carreira, excluídos os especialistas em educação, fazendo jus aqueles que as desempenham ao regime especial de aposentadoria estabelecido nos arts. 40, § 5.º e 201, § 8.º, da CF/1988 (...).
(STF, ADIn 3.772/DF, Pleno, j. 29.10.2008, rel. p/ acórdão Ricardo Lewandowski, *DJe* 27.03.2009)

• Aposentadoria especial de professor. Regime de readaptação funcional.
1. Cuida-se de agravo regimental em que se discute, para efeito de aposentadoria especial de professor, o cômputo do tempo de serviço prestado em regime de readaptação funcional.
2. A matéria tinha previsão no verbete 726 do STF: "Para efeito de aposentadoria especial de professores, não se computa o tempo de serviço prestado fora da sala de aula".
3. Entretanto, a questão foi revista quando do julgamento da ADIn 3.772/DF, rel. p/ acórdão Min. Ricardo Lewandowski, *DJ* 27.03.2009, sob o fundamento de que os professores que exercem funções administrativas, como direção de unidade de ensino, coordenação e assessoramento pedagógico, têm direito à aposentadoria especial.

4. Os Tribunais infraconstitucionais devem submeter-se ao STF, por força do art. 102, § 2.º, da CF/1988, o qual impõe efeito vinculante às decisões definitivas de mérito proferidas nas Ações Diretas de Inconstitucionalidade e Ação Declaratória de Constitucionalidade (...).
(STJ, AgRg em AgIn no REsp 72.801/SC, j. 28.02.2012, rel. Humberto Martins, *DJe* 05.03.2012)

• Aposentadoria proporcional de professor. Tempo de serviço prestado em funções fora da sala de aula. Possibilidade de cômputo (...).
No julgamento da ADIn 3.772/DF, redator para o acórdão o Min. Ricardo Lewandowski, esta Casa de Justiça assentou que "a função de magistério não se circunscreve apenas ao trabalho em sala de aula, abrangendo também a preparação de aulas, a correção de provas, o atendimento aos pais e alunos, a coordenação e o assessoramento pedagógico e, ainda, a direção de unidade escolar" (...).
(STF, AgRg no RE 508.983/SC, 2.ª T., j. 20.03.2012, rel. Ayres Britto, *Dje* 12.04.2012)

Interpretação restritiva

• O tempo de serviço laborado como professor é de ser reconhecido como especial, nos termos do Quadro Anexo do Dec. 53.831/1964, apenas até a entrada em vigor da EC 18, em 09.07.1981 (...).
(TRF-4.ª Reg., Ap e Reexame Necessário 5017096-82.2010.404.7100, 5.ª T., j. 13.03.2012, rel. Ricardo Teixeira do Valle Pereira)

> **§ 9.º Para efeito de aposentadoria, é assegurada a contagem recíproca do tempo de contribuição na Administração Pública e na atividade privada, rural e urbana, hipótese em que os diversos regimes de previdência social se compensarão financeiramente, segundo critérios estabelecidos em lei.**

* § 9.º com redação determinada pela EC 20/1998.
* V. Lei 9.796/1999 (Regime Geral de Previdência Social e regimes de previdência dos servidores da União, dos Estados, do Distrito Federal e dos Municípios, nos casos de contagem recíproca de tempo de contribuição para efeito de aposentadoria).

Art. 201

CONSTITUIÇÃO FEDERAL 1278

🏛 Interpretação extensiva

• É incompatível com o art. 5.º da CF/1988 a legislação estadual que veda a contagem de maior tempo de serviço privado, com vistas a impedir a aposentadoria estatutária. Aplicação no caso da Súmula 159 do TCU (...).
(STJ, RMS 987/RS, 2.ª T., j. 16.06.1993, rel. José de Jesus Filho, *DJU* 02.08.1993)

• Aposentadoria no Regime Geral da Previdência Social. Direito de renúncia. Cabimento. Possibilidade de utilização de certidão de tempo de contribuição para nova aposentadoria em regime diverso. Efeitos *ex nunc*. Devolução de valores recebidos. Desnecessidade. Precedentes. Contagem recíproca. Compensação. Inexistência de prejuízo da Autarquia.
1. É firme a compreensão desta Corte de que a aposentadoria, direito patrimonial disponível, pode ser objeto de renúncia, revelando-se possível, nesses casos, a contagem do respectivo tempo de serviço para a obtenção de nova aposentadoria, ainda que por outro regime de previdência.
2. Com efeito, havendo a renúncia da aposentadoria, inexistirá a vedação legal do inc. III do art. 96 da Lei 8.213/1991, segundo o qual "não será contado por um sistema o tempo de serviço utilizado para concessão de aposentadoria pelo outro", uma vez que o benefício anterior deixará de existir no mundo jurídico, liberando o tempo de serviço ou de contribuição para ser contado em novo benefício.
3. (...). O cerne da controvérsia está na obrigatoriedade, ou não, da restituição dos valores recebidos em virtude do benefício que se busca renunciar.
4. O STJ já decidiu que o ato de renunciar ao benefício tem efeitos *ex nunc* e não envolve a obrigação de devolução das parcelas recebidas, pois, enquanto aposentado, o segurado fez jus aos proventos.
5. A base de cálculo da compensação, segundo a norma do § 3.º da Lei 9.796/1999, será o valor do benefício pago pelo regime instituidor ou a renda mensal do benefício segundo as regras da Previdência Social, o que for menor.
6. Apurado o valor-base, a compensação equivalerá à multiplicação desse valor pelo percentual do tempo de contribuição ao Regime Geral utilizado no tempo de serviço total do servidor público, que dará origem à nova aposentadoria.
7. Se antes da renúncia o INSS era responsável pela manutenção do benefício de aposentadoria, cujo valor à época do ajuizamento da demanda era R$ 316,34, após, a sua responsabilidade limitar-se-á à compensação com base no percen-

tual obtido do tempo de serviço no RGPS utilizado na contagem recíproca, por certo, em um valor inferior, inexistindo qualquer prejuízo para a Autarquia (...).
(STJ, REsp 557.231/RS, 6.ª T., j. 08.04.2008, rel. Paulo Gallotti, *DJe* 16.06.2008)

• A renúncia à aposentadoria é perfeitamente possível, por ser ela um direito patrimonial disponível. Sendo assim, se o segurado pode renunciar à aposentadoria, no caso de ser indevida a acumulação, inexiste fundamento jurídico para o indeferimento da renúncia quando ela constituir uma própria liberalidade do aposentado. Nesta hipótese, revela-se cabível a contagem do respectivo tempo de serviço para a obtenção de nova aposentadoria, ainda que por outro regime de previdência. Caso contrário, o tempo trabalhado não seria computado em nenhum dos regimes, o que constituiria uma flagrante injustiça aos direitos do trabalhador (...).
(STJ, AgRg no REsp 328.101/SC, 6.ª T., j. 02.10.2008, rel. Maria Thereza de Assis Moura, *DJe* 20.10.2008)

• Servidor do Poder Judiciário que recebeu delegação de serventia extrajudicial. Transição do regime jurídico estatal para o privado. Manutenção do vínculo previdenciário com a Unidade Federada e recebimento de vencimentos cumulados com emolumentos. Incompatibilidade. Ausência de direito adquirido a regime jurídico anterior.
1. Caso em que servidor do Poder Judiciário recebe delegação de serviços cartorários em época de regime estatal. Com o advento da Constituição Federal de 1988, apesar da privatização da serventia extrajudicial, o delegatário não define expressamente se deseja continuar sendo servidor ou delegatário de função privada. Situação que perdurou por anos, até o Tribunal de origem, diante do silêncio do interessado após consulta e oportunização de escolha, passar a não mais pagar seus vencimentos e encerrar o liame previdenciário especial, ao entendimento de que houve opção tácita pelo regime privado.
2. É vedada a fruição das benesses de um sistema sem a sujeição aos seus ônus. Não há como manter o vínculo previdenciário ou conceder aposentadoria com proventos integrais, por contrariedade ao regime atual de previdência (art. 40 da CF/1988) e falta de implementação de requisitos normativos (EC 20/1998). Ausência de direito adquirido a regime jurídico anterior. Precedentes do STF.
3. Inexiste previsão legal para o pagamento com recursos do Estado e a título de remuneração aos delegatários, pois já percebem diretamente as custas e os emolumentos referentes ao serviço cartorário. Os serviços notariais e registrais

são, após o advento da Constituição de 1988, exercidos em caráter privado, por delegação do Poder Público, não se considerando o delegatário como servidor *stricto sensu*. Precedentes do STF.
4. Deve o delegatário estar sujeito ao sistema geral de aposentadoria da Previdência Social, assegurando-se a contagem recíproca de tempo de serviço e resolvendo-se atuarialmente a compensação ou complementação dos recolhimentos já efetuados entre o INSS e o Órgão Gestor Previdenciário da Unidade Federada (...).
(STJ, RMS 28.650/RS, 2.ª T., j. 15.06.2010, rel. Eliana Calmon, *DJe* 05.08.2010)

• Aposentadoria por tempo de serviço. Renúncia. Contagem recíproca do tempo de contribuição. Art. 201, § 9.º, da CF/1988.
1. Para efeito de aposentadoria, é assegurada a contagem recíproca do tempo de contribuição na Administração Pública e na atividade privada, rural e urbana, hipótese em que os diversos regimes de previdência social se compensarão financeiramente, segundo critérios estabelecidos em lei. (art. 201, § 9.º, da CF/1988)
2. O indeferimento do pedido de renúncia à aposentadoria por tempo de serviço para fins de contagem recíproca do tempo de contribuição perante regime público de previdência implica violação ao art. 201, § 9.º, da CF/1988.
3. A certificação de tempo de contribuição à Previdência Social, para fins de averbação perante Ente Público, não deve ser condicionada à restituição dos proventos pagos ao segurado pelo INSS (...).
(TRF-4.ª Reg., AR 2002.04.01.028067-1, 3.ª Seção, j. 14.04.2005, rel. p/ acórdão Nylson Paim de Abreu)

Interpretação restritiva

• **Súmula 51 do TST**
Norma regulamentar. Vantagens e opção pelo novo regulamento. Art. 468 da CLT. (Incorporada a OJ 163 da SBDI-I/TST) (Res. TST 129/2005, *DJ* 20, 22 e 25.04.2005).
I – As cláusulas regulamentares, que revoguem ou alterem vantagens deferidas anteriormente, só atingirão os trabalhadores admitidos após a revogação ou alteração do regulamento. (Ex-Súmula 51, RA 41/1973, *DJ* 14.06.1973).
II – Havendo a coexistência de dois regulamentos da empresa, a opção do empregado por um deles tem efeito jurídico de renúncia às regras do sistema do outro. (Ex-OJ 163 da SBDI-I/TST, inserida em 26.03.1999).

- **Súmula 159 do TCU**

Na interpretação das regras previstas na Lei 6.226, de 14.07.1975, sobre a contagem recíproca, para efeito de aposentadoria, de tempo de serviço público federal e de atividade privada, adota-se o seguinte entendimento normativo:

"*a*) o tempo de serviço, em atividade privada, deve ser averbado com discriminação dos períodos em cada empresa e especificação da sua natureza, juntando-se ao processo da concessão de aposentadoria, a certidão fornecida pelo INPS;

b) o tempo certificado pelo INPS será apurado contando-se os dias existentes entre as datas inicial e final de cada período, convertido depois o total em anos, mediante sucessivas divisões daquele resultado por 365 e 30 dias;

c) o tempo de serviço militar pode ser averbado junto com o da atividade privada ou separadamente à vista do documento hábil fornecido pela respectiva corporação, caso em que se fará se houver superposição, a devida dedução do total certificado pelo INPS;

d) o cômputo do tempo em atividade privada será feito singularmente, sem contudo prejudicar eventual direito à contagem do em dobro ou em condições especiais, na forma do regime jurídico estatutário, pelo qual vai aposentar-se o servidor;

e) o aproveitamento da contagem recíproca não obsta a concessão de aposentadoria prêmio a que fizer jus o funcionário, uma vez satisfeitos os demais pressupostos fáticos, além do tempo mínimo necessário, ainda que atingido este com o de atividade privada."

- 1. O art. 103 da Lei 8.213/1991 (Lei de Benefícios), ao dispor sobre o prazo decadencial, o fez de forma abrangente, não se limitando apenas à revisão de benefício, mas, sim, fixando prazo para todo e qualquer direito ou ação no sentido de alterar o ato de concessão do benefício, o que inclui o direito de renunciar à aposentadoria.

2. Nos termos do art. 103 da Lei 8.213/1991, "é de 10 (dez) anos o prazo de decadência de todo e qualquer direito ou ação do segurado ou beneficiário para a revisão do ato de concessão de benefício, a contar do dia primeiro do mês seguinte ao do recebimento da primeira prestação ou, quando for o caso, do dia em que tomar conhecimento da decisão indeferitória definitiva no âmbito administrativo" (...).

(STJ, AgRg no REsp 1.271.728/RS, j. 23.10.2012, rel. Maria Thereza de Assis Moura, *DJe* 29.10.2012)

- BRTPREV. Migração. Diferenças de complementação de aposentadoria. Adesão a novo plano.
Na coexistência de mais de um regulamento, a opção pelo empregado por um deles importa na renúncia às regras do outro, o que se aplica à autora, que optou pelo novo regime por livre e espontânea vontade, detendo, na ocasião, amplo conhecimento das regras de transição, bem como acesso à simulação da migração. Inteligência do item II da Súmula 51 do TST (...).
(TRT-4.ª Reg., RO 0060700-13.2008.5.04.0005, 9.ª T., j. 29.03.2012, rel. Fernando Luiz de Moura Cassal)

> § 10. Lei disciplinará a cobertura do risco de acidente do trabalho, a ser atendida concorrentemente pelo Regime Geral de Previdência Social e pelo setor privado.
>
> * § 10 com redação determinada pela EC 20/1998.
>
> § 11. Os ganhos habituais do empregado, a qualquer título, serão incorporados ao salário para efeito de contribuição previdenciária e consequente repercussão em benefícios, nos casos e na forma da lei.
>
> * § 11 com redação determinada pela EC 20/1998.

Interpretação extensiva

- Contribuição previdenciária. Aposentado. Retorno à atividade. É exigível a contribuição previdenciária do aposentado que retorna à atividade (...).
(STF, AgRg no RE 364.083/RS, 2.ª T., j. 28.04.2009, rel. Ellen Gracie, *DJe* 22.05.2009)

- Contribuição previdenciária. Aposentado. Retorno à atividade. A decisão agravada está em perfeita harmonia com o entendimento firmado por ambas as Turmas deste Tribunal, no sentido de que é exigível a contribuição previdenciária do aposentado que permanece em atividade ou a ela retorna após a inatividade (...).
(STF, AgRg no RE 367.416/RS, 2.ª T., j. 01.12.2009, rel. Joaquim Barbosa, *DJe* 18.12.2009)

- Contribuição previdenciária. Lei 9.032/1995. Segurado aposentado que volta a exercer atividade laboral.
1. Inexistência de ofensa aos arts. 195, § 4.º e 154, I, ambos da CF/1988. A contribuição instituída pela Lei 9.032/1995 tem previsão no art. 195, II, da CF/1988.

2. A Previdência Social é formada pelo princípio da solidariedade social (art. 195 da CF/1988), não havendo correspondência obrigatória entre contribuição e prestação, motivo pelo qual não há ofensa ao art. 201, § 11, da CF/1988 que remete à lei a forma e os casos em que haverá repercussão em benefícios (...). (TRF-2.ª Reg., ApCiv 369.692, 3.ª T., j. 24.11.2009, rel. Paulo Freitas Barata, *DJF* 01.12.2009)

§ 12. Lei disporá sobre sistema especial de inclusão previdenciária para atender a trabalhadores de baixa renda e àqueles sem renda própria que se dediquem exclusivamente ao trabalho doméstico no âmbito de sua residência, desde que pertencentes a famílias de baixa renda, garantindo-lhes acesso a benefícios de valor igual a um salário mínimo.

* § 12 com redação determinada pela EC 47/2005 (*DOU* 06.07.2005), em vigor na data de sua publicação, com efeitos retroativos à data de vigência da EC 41/2003 (*DOU* 31.12.2003).

§ 13. O sistema especial de inclusão previdenciária de que trata o § 12 deste artigo terá alíquotas e carências inferiores às vigentes para os demais segurados do regime geral de previdência social.

* § 13 acrescentado pela EC 47/2005 (*DOU* 06.07.2005), em vigor na data de sua publicação, com efeitos retroativos à data de vigência da EC 41/2003 (*DOU* 31.12.2003).

Art. 202. O regime de previdência privada, de caráter complementar e organizado de forma autônoma em relação ao Regime Geral de Previdência Social, será facultativo, baseado na constituição de reservas que garantam o benefício contratado, e regulado por lei complementar.

* Artigo com redação determinada pela EC 20/1998.
* V. art. 7.º da EC 20/1998.

Interpretação extensiva

* Previdência privada. Benefícios. Complementação. Pensão *post mortem*. União entre pessoas do mesmo sexo. Princípios fundamentais. Emprego de analogia para suprir lacuna legislativa. Necessidade de demonstração inequívoca da presença dos elementos essenciais à caracterização da união estável, com a evidente exceção da diversidade de sexos. Igualdade de condições entre beneficiários.

Despida de normatividade, a união afetiva constituída entre pessoas de mesmo sexo tem batido às portas do Poder Judiciário ante a necessidade de tutela, circunstância que não pode ser ignorada, seja pelo legislador, seja pelo julgador, que devem estar preparados para atender às demandas surgidas de uma sociedade com estruturas de convívio cada vez mais complexas, a fim de albergar, na esfera de entidade familiar, os mais diversos arranjos vivenciais.

O Direito não regula sentimentos, mas define as relações com base neles geradas, o que não permite que a própria norma, que veda a discriminação de qualquer ordem, seja revestida de conteúdo discriminatório. O núcleo do sistema jurídico deve, portanto, muito mais garantir liberdades do que impor limitações na esfera pessoal dos seres humanos.

Enquanto a lei civil permanecer inerte, as novas estruturas de convívio que batem às portas dos Tribunais devem ter sua tutela jurisdicional prestada com base nas leis existentes e nos parâmetros humanitários que norteiam não só o direito constitucional, mas a maioria dos ordenamentos jurídicos existentes no mundo. Especificamente quanto ao tema em foco, é de ser atribuída normatividade idêntica à da união estável ao relacionamento afetivo entre pessoas do mesmo sexo, com os efeitos jurídicos daí derivados, evitando-se que, por conta do preconceito, sejam suprimidos direitos fundamentais das pessoas envolvidas.

O manejo da analogia frente à lacuna da lei é perfeitamente aceitável para alavancar, como entidade familiar, na mais pura acepção da igualdade jurídica, as uniões de afeto entre pessoas do mesmo sexo. Para ensejar o reconhecimento, como entidades familiares, de referidas uniões patenteadas pela vida social entre parceiros homossexuais, é de rigor a demonstração inequívoca da presença dos elementos essenciais à caracterização da união estável, com a evidente exceção da diversidade de sexos.

Demonstrada a convivência, entre duas pessoas do mesmo sexo, pública, contínua e duradoura, estabelecida com o objetivo de constituição de família, haverá, por consequência, o reconhecimento de tal união como entidade familiar, com a respectiva atribuição dos efeitos jurídicos dela advindos.

A quebra de paradigmas do Direito de Família tem como traço forte a valorização do afeto e das relações surgidas da sua livre manifestação, colocando à margem do sistema a antiga postura meramente patrimonialista ou ainda aquela voltada apenas ao intuito de procriação da entidade familiar. Hoje, muito mais visibilidade alcançam as relações afetivas, sejam entre pessoas de mesmo sexo, sejam entre o homem e a mulher, pela comunhão de vida e de interesses, pela reciprocidade zelosa entre os seus integrantes.

Deve o juiz, nessa evolução de mentalidade, permanecer atento às manifestações de intolerância ou de repulsa que possam porventura se revelar em face das minorias, cabendo-lhe exercitar raciocínios de ponderação e apaziguamento de possíveis espíritos em conflito.

A defesa dos direitos em sua plenitude deve assentar em ideais de fraternidade e solidariedade, não podendo o Poder Judiciário esquivar-se de ver e de dizer o novo, assim como já o fez, em tempos idos, quando emprestou normatividade aos relacionamentos entre pessoas não casadas, fazendo surgir, por consequência, o instituto da união estável. A temática ora em julgamento igualmente assenta sua premissa em vínculos lastreados em comprometimento amoroso.

A inserção das relações de afeto entre pessoas do mesmo sexo no Direito de Família, com o consequente reconhecimento dessas uniões como entidades familiares, deve vir acompanhada da firme observância dos princípios fundamentais da dignidade da pessoa humana, da igualdade, da liberdade, da autodeterminação, da intimidade, da não discriminação, da solidariedade e da busca da felicidade, respeitando-se, acima de tudo, o reconhecimento do direito personalíssimo à orientação sexual.

Com as diretrizes interpretativas fixadas pelos princípios gerais de direito e por meio do emprego da analogia para suprir a lacuna da lei, legitimada está juridicamente a união de afeto entre pessoas do mesmo sexo, para que sejam colhidos no mundo jurídico os relevantes efeitos de situações consolidadas e há tempos à espera do olhar atento do Poder Judiciário.

Comprovada a existência de união afetiva entre pessoas do mesmo sexo, é de se reconhecer o direito do companheiro sobrevivente de receber benefícios previdenciários decorrentes do plano de previdência privada no qual o falecido era participante, com os idênticos efeitos operados pela união estável.

Se por força do art. 16 da Lei 8.213/1991, a necessária dependência econômica para a concessão da pensão por morte entre companheiros de união estável é presumida, também o é no caso de companheiros do mesmo sexo, diante do emprego da analogia que se estabeleceu entre essas duas entidades familiares.

"A proteção social ao companheiro homossexual decorre da subordinação dos planos complementares privados de previdência aos ditames genéricos do plano básico estatal do qual são desdobramento no interior do sistema de seguridade social" de modo que "os normativos internos dos planos de benefícios das entidades de previdência privada podem ampliar, mas não restringir, o rol dos beneficiários a serem designados pelos participantes".

Art. 202

O direito social previdenciário, ainda que de caráter privado complementar, deve incidir igualitariamente sobre todos aqueles que se colocam sob o seu manto protetor. Nessa linha de entendimento, aqueles que vivem em uniões de afeto com pessoas do mesmo sexo, seguem enquadrados no rol dos dependentes preferenciais dos segurados, no regime geral, bem como dos participantes, no regime complementar de previdência, em igualdade de condições com todos os demais beneficiários em situações análogas.

Incontroversa a união nos mesmos moldes em que a estável, o companheiro participante de plano de previdência privada faz jus à pensão por morte, ainda que não esteja expressamente inscrito no instrumento de adesão, isso porque "a previdência privada não perde o seu caráter social pelo só fato de decorrer de avença firmada entre particulares".

Mediante ponderada intervenção do Juiz, munido das balizas da integração da norma lacunosa por meio da analogia, considerando-se a previdência privada em sua acepção de coadjuvante da previdência geral e seguindo os princípios que dão forma à Direito Previdenciário como um todo, dentre os quais se destaca o da solidariedade, são considerados beneficiários os companheiros de mesmo sexo de participantes dos planos de previdência, sem preconceitos ou restrições de qualquer ordem, notadamente aquelas amparadas em ausência de disposição legal.

Registre-se, por fim, que o alcance deste voto abrange unicamente os planos de previdência privada complementar, a cuja competência estão adstritas as Turmas que compõem a 2.ª Seção do STJ.

Recurso especial provido (...).
(STJ, REsp 1.026.981/RJ, 3.ª T., j. 04.02.2010, rel. Nancy Andrighi, *DJe* 23.02.2010)

Interpretação restritiva

• [E]sta 1.ª T, ao julgar o ERE 153.655/PE, rel. o Sr. Min. Sydney Sanches, já decidiu que o disposto no *caput* do art. 202 da Carta Magna sobre o cálculo do benefício da aposentadoria não é autoaplicável, por depender de legislação que posteriormente entrou em vigor (Leis 8.212 e 8.213, ambas de 24.07.1991) (...).
(STF, RE 168.442/RS, 1.ª T., j. 18.12.1995, rel. Moreira Alves, *DJU* 25.10.1996)

• Firmou-se jurisprudência do STF, em Plenário, no sentido de que a norma do art. 202, *caput*, da CF/1988, não é autoaplicável, pois dependente de legislação que posteriormente entrou em vigor.

2. E também no sentido de que o disposto no art. 58 do ADCT só se aplica aos benefícios mantidos pela previdência social na data da promulgação da Constituição (05.10.1988). Não, assim, aos deferidos posteriormente (...).
(STF, RE 227.373/RS, 1.ª T., j. 19.05.1998, rel. Sydney Sanches, *DJ* 25.09.1998)

• Contribuição previdenciária. Proventos. Militar. Incidência. EC 41/2003.
1. O Supremo, por ocasião do julgamento da ADIn 3.105/DF, relatora a Min. Ellen Gracie, *DJ* 18.08.2004, registrou inexistir "norma de imunidade tributária absoluta". A Corte afirmou que, após o advento da EC 41/2003, os servidores públicos passariam a contribuir para a Previdência Social em "obediência aos princípios da solidariedade e do equilíbrio financeiro e atuarial, bem como aos objetivos constitucionais de universalidade, equidade na forma de participação no custeio e diversidade da base de financiamento".
2. Os servidores públicos militares não foram excepcionados da incidência da norma, razão pela qual não subsiste a pretensa imunidade tributária relativamente à categoria. A inexigibilidade da contribuição – para todos os servidores, quer civis, quer militares – é reconhecida tão somente no período entre o advento da EC 20/1998 até a edição da EC 41/2003, conforme é notório no âmbito deste Tribunal (STF, ADIn 2.189/PR, rel. Min. Sepúlveda Pertence, *DJ* 09.06.2000, e AgRg no RE 435.210/AL, rel. Min. Ellen Gracie, *DJ* 14.06.2005) (...).
(STF, AgRg no RE 475.076/SC, 2.ª T., j. 25.11.2008, rel. Eros Grau, *DJe* 19.12.2008)

• Complementação de aposentadoria. Cesp. Fundação Cesp. Lei estadual 4.819/1952. Pagamento proporcional *vs.* integral. interpretação restritiva dos contratos benéficos.
As normas regulamentares da empresa que preveem a complementação de aposentadoria, embora integrem o contrato de trabalho, porque unilaterais e mais benéficas aos empregados, devem ser interpretadas restritivamente, a teor do disposto no art. 1.090 do CC/1916 e art. 114 do CC/2002 atual (...).
(TRT-15.ª Reg., RO 0083000-55.2009.5.15.0157, 4.ª T., j. 13.03.2012, rel. Manuel Soares Ferreira Carradita)

• Ação de cobrança. Plano de previdência privada oferecido pela empresa. Desligamento do funcionário. Resgate das contribuições pagas devidamente corrigidas (...).
Na restituição das parcelas vertidas à previdência privada deve ser observada a correção monetária que mais fielmente reflita a real expressão da moeda e deverá

abranger todo o período de contribuição e não apenas aqueles em que houve expurgos inflacionários.

Aplicável no contexto dos planos de benefícios previdenciários o sistema protetivo instituído pelo Código de Defesa do Consumidor, que proíbe e nulifica a aplicação ou pactuação de cláusulas que, abusivamente, resultem em onerosidade excessiva dos encargos financeiros previstos, deneguem, impeçam ou restrinjam direitos do consumidor/beneficiário, tais como, que prevejam a perda total ou desproporcionada das prestações por ele pagas em benefício do credor.

A apreciação de dispositivos de lei, para fins de prequestionamento, depende da demonstração pelo recorrente da utilização destes pelo julgador e a interpretação diversa do seu conteúdo ou a negativa de vigência, sob pena de se tornar insubsistente (...).

(TJPR, Ap 356280-3, 6.ª Câm., j. 05.12.2006, rel. Idevan Lopes *DJPR* 15.12.2006)

• Previdência privada. Suplementação de aposentadoria. Regulamento que prevê aposentadoria proporcional diferenciada entre homens e mulheres. Pretensão inacolhida no Juízo *a quo*. Insurgência. Recurso objetivando fixar a suplementação de aposentadoria em percentual idêntico ao dos associados do sexo masculino. Ofensa à igualdade prevista na Constituição Federal de 1988. Infração ao art. 5.º, I, da CF/1988. Discriminação repelida. Sentença reformada. Recurso provido. Em sede de aposentadoria proporcional, é vedada à previdência privada impor cláusulas contratuais que os diferenciem em decorrência do sexo porque homens e mulheres são iguais em direitos e obrigações (...).

(TJSC, Ap 2004.004483-6, 4.ª Câm. Civ., j. 12.06.2008, rel. Monteiro Rocha, *DJe-SC* 16.07.2008)

• Pleito que almeja a cessação dos descontos efetuados pelo Ipesp a título de contribuição previdenciária. Inadmissibilidade. O art. 195, II, da CF/1988, o qual estabelece a não incidência da contribuição sobre aposentadoria e pensão, cuida do Regime Geral de Previdência Social de que trata o art. 201 da Carta Política, não abrangendo os servidores públicos estaduais aposentados (...).

(TJSP, Ap c/ Rev 409.750-5/2-00, 6.ª Câm. de Direito Público, j. 13.02.2006, rel. Leme de Campos)

• Contribuição previdenciária e restituição de quantia. Até a entrada em vigor da EC 41/2003, o pagamento de contribuição previdenciária por servidores aposentados não era devido. O § 12 do art. 40 da CF/1988 determina que, no Regime de Previdência dos Servidores Públicos, devem ser observados, no que couber, os

requisitos e critérios fixados para o Regime Geral da Previdência Social. E sobre tal regime incide a regra do art. 195, II, da Lei Maior, com redação atribuída pela EC 20/1998, a vedar a incidência de contribuição sobre aposentadoria e pensão, regra esta que, por princípio de hermenêutica, deve ser estendida aos servidores públicos inativos e pensionistas. Imunidade reconhecida. Por outro lado, a partir da entrada em vigor da EC 41/2003, passou a ser devida a contribuição sobre proventos e pensões, na forma do art. 40, *caput*, da CF/1988. Incompatibilidade com a regra da imunidade concedida no Sistema Geral de Previdência. Sistema de caráter continuativo, que se materializa em prestações sucessivas. Incidência incontornável da contribuição (...).
(TJSP, Ap c/ Rev 582.020-5/5-00, 12.ª Câm. de Direito Público, j. 08.11.2006, rel. Prado Pereira)

> **§ 1.º A lei complementar de que trata este artigo assegurará ao participante de planos de benefícios de entidades de previdência privada o pleno acesso às informações relativas à gestão de seus respectivos planos.**
>
> **§ 2.º As contribuições do empregador, os benefícios e as condições contratuais previstas nos estatutos, regulamentos e planos de benefícios das entidades de previdência privada não integram o contrato de trabalho dos participantes, assim como, à exceção dos benefícios concedidos, não integram a remuneração dos participantes, nos termos da lei.**

⚖ **Interpretação convergente**

• A Constituição Federal de 1988 através de seu art. 202, § 2.º, determina, de forma expressa, que a contagem de tempo de serviço prestado em atividade privada deve ser aproveitada exclusivamente para efeitos de aposentadoria, não autorizando seu aproveitamento para os fins de quinquênios e sexta-parte (...).
(TJSP, EI 221.016-1/0-01, 8.ª Câm. Civ. de Férias, j. 10.11.1995, rel. Cambrea Filho)

> **§ 3.º É vedado o aporte de recursos a entidade de previdência privada pela União, Estados, Distrito Federal e Municípios, suas Autarquias, Fundações, Empresas Públicas, Sociedades de Economia Mista e outras Entidades Públicas, salvo na qualidade de patrocinador, situação na**

Art. 202

qual, em hipótese alguma, sua contribuição normal poderá exceder a do segurado.

* V. art. 5.º da EC 20/1998.

⚖️ **Interpretação convergente**

• Serviço Nacional de Aprendizagem Comercial – Senac. Plano de previdência complementar. Paridade de contribuição. Art. 202, § 3.º, da CF/1998. Aplicabilidade (...).
Os serviços sociais autônomos, como no caso, o Serviço Nacional de Aprendizagem Comercial – Senac, denominados pessoas de cooperação governamental, embora integrantes do setor público não estatal e com personalidade jurídica de Direito Privado, caracterizam-se, na determinação dos serviços prestados, pelo interesse público, enquadrando-se no conceito de "outras entidades públicas", inserido no art. 202, § 3.º, da CF/1998, devendo, pois, o fundo de previdência privada por eles instituído submeter-se à regra da paridade contributiva, ali estabelecida, no texto magno (...).
(TRF-1.ª Reg., Ap e Reexame Necessário 2007.34.00.012623-1, 6.ª T., j. 07.11.2008, rel. Souza Prudente, *DJU* 24.11.2008)

• A alteração da participação contributiva para níveis paritários entre a empresa patrocinadora e os segurados, nos planos privados de seguridade social das empresas de economia mista ajustam-se ao mandamento constitucional contido no art. 202, § 3.º, da CF/1988 (...).
(TJPI, ApCiv 00.000217-8, 2.ª Câm. Especializada Cível, j. 11.10.2001, rel. Eulália Maria Ribeiro Gonçalves Nascimento Pinheiro)

> § 4.º Lei complementar disciplinará a relação entre a União, Estados, Distrito Federal ou Municípios, inclusive suas autarquias, fundações, sociedades de economia mista e empresas controladas direta ou indiretamente, enquanto patrocinadoras de entidades fechadas de previdência privada, e suas respectivas entidades fechadas de previdência privada.
>
> § 5.º A lei complementar de que trata o parágrafo anterior aplicar-se-á, no que couber, às empresas privadas permissionárias ou concessio-

nárias de prestação de serviços públicos, quando patrocinadoras de entidades fechadas de previdência privada.

§ 6.º A lei complementar a que se refere o § 4.º deste artigo estabelecerá os requisitos para a designação dos membros das diretorias das entidades fechadas de previdência privada e disciplinará a inserção dos participantes nos colegiados e instâncias de decisão em que seus interesses sejam objeto de discussão e deliberação.

Seção IV
Da Assistência Social

* V. Lei 8.147/1990 (Alíquota do Finsocial).

Art. 203. A assistência social será prestada a quem dela necessitar, independentemente da contribuição à Seguridade Social, e tem por objetivos:

* V. Lei 8.213/1991 (Planos de Benefícios da Previdência Social).
* V. Lei 8.742/1993 (Organização da Assistência Social).
* V. Lei 8.909/1994 (Prestação de serviços por entidades de assistência social, entidades beneficentes de assistência social e entidades de fins filantrópicos – Conselho Nacional de Assistência Social).
* V. Lei 9.429/1996 (Certificado de Entidades de Fins Filantrópicos).

I – a proteção à família, à maternidade, à infância, à adolescência e à velhice;

II – o amparo às crianças e adolescentes carentes;

🏛 Interpretação extensiva

* Como é sabido, a Carta Magna col aciona, em seus dispositivos, que os direitos fundamentais à vida, à saúde, à educação, à alimentação, dentre outros, são direitos subjetivos inalienáveis, cuja proteção é inafastável, por se referir ao princípio da Dignidade da Pessoa Humana, que é o lastro de nosso Estado Democrático de Direito, cuja responsabilidade é atribuída a todos os Entes Federados (União, Estados, Distrito Federal e Municípios) (...).

Entendo que, por ser a obrigação de caráter solidário e concorrente, pode quaisquer dos Entes Federados ser acionado para o cumprimento da norma constitucional, que garante os direitos fundamentais anteriormente enumerados à criança e ao adolescente em situação de vulnerabilidade, não havendo que se cogitar em competência exclusiva da União ou do Estado ou, ainda, do Município para o fornecimento dos meios necessários à consecução dos ditos direitos.

Todavia, imperioso esclarecer que o fato da obrigação dos Entes Federados ser solidária, não significa que eles devem compor o polo passivo conjuntamente, ao contrário, denota que em face de qualquer um deles pode ser promovida a demanda.

Sendo assim, não resta dúvida que o Município de R. L. tem a obrigação de garantir, por meio de políticas públicas, a proteção de menores carentes, na forma instituída pela Constituição Federal de 1988.

Por outro lado, o agravante sustenta a impossibilidade de o Poder Judiciário determinar a implementação de políticas públicas sem ofensa à separação de poderes.

Quanto a esse tema, tenho que a matéria já despertou maiores divagações na doutrina e na jurisprudência. Contudo, posteriormente ao julgamento da ADPF 45/DF, pelo STF, não restou muito a ser discutido.

Por oportuno, transcrevo as didáticas palavras do Relator, o Min. Celso de Mello:

"O desrespeito à Constituição tanto pode ocorrer mediante ação estatal quanto mediante inércia governamental. A situação de inconstitucionalidade pode derivar de um comportamento ativo do Poder Público, que age ou edita normas em desacordo com o que dispõe a Constituição, ofendendo-lhe, assim, os preceitos e os princípios que nela se acham consignados. Essa conduta estatal, que importa em um *facere* (atuação positiva), gera a inconstitucionalidade por ação.

Se o Estado deixar de adotar as medidas necessárias à realização concreta dos preceitos da Constituição, em ordem a torná-los efetivos, operantes e exequíveis, abstendo-se, em consequência, de cumprir o dever de prestação que a Constituição lhe impôs, incidirá em violação negativa do texto constitucional. Desse *non facere* ou *non praestare*, resultará a inconstitucionalidade por omissão, que pode ser total, quando é nenhuma a providência adotada, ou parcial, quando é insuficiente a medida efetivada pelo Poder Público.

A omissão do Estado – que deixa de cumprir, em maior ou em menor extensão, a imposição ditada pelo texto constitucional – qualifica-se como comportamento

revestido da maior gravidade político-jurídico, eis que, mediante inércia, o Poder Público também desrespeita a Constituição, também ofende direitos que nela se fundam e também impede, por ausência de medidas concretizadoras, a própria aplicabilidade dos postulados e princípios da Lei Fundamental.
(...)
É certo que não se inclui, ordinariamente, no âmbito das funções institucionais do Poder Judiciário – e nas desta Suprema Corte, em especial – a atribuição de formular e de implementar políticas públicas (José Carlos Vieira de Andrade. *Os direitos fundamentais na Constituição portuguesa de 1976*. Coimbra: Almedina, 1987. p. 207, item n. 5), pois, nesse domínio, o encargo reside, primariamente, nos Poderes Legislativo e Executivo.

Tal incumbência, no entanto, embora em bases excepcionais, poderá atribuir-se ao Poder Judiciário, se e quando os Órgãos Estatais competentes, por descumprirem os encargos políticos-jurídicos que sobre eles incidem, vierem a comprometer, com tal comportamento, a eficácia e a integridade de direitos individuais e/ou coletivos impregnados de estatura constitucional, ainda que derivados de cláusulas revestidas de conteúdo programático.

Cabe assinalar, presente esse contexto – consoante já proclamou esta Suprema Corte – que o caráter programático das regras inscritas no texto da Carta Política 'não pode converter-se em promessa constitucional inconsequente, sob pena de o Poder Público, fraudando justas expectativas nele depositadas pela coletividade, substituir, de maneira ilegítima, o cumprimento de seu impostergável dever, por um gesto irresponsável de infidelidade governamental ao que determina a própria Lei Fundamental do Estado (*RTJ* 175/1212-1213, rel. Min. Celso de Mello)" (...).

(TJAL, AgIn 2012.004371-5, 1.ª Câm. Civ., j. 20.09.2012, rel. Henrique Gomes de Barros Teixeira, *DJ* 28.09.2012)

> III – a promoção da integração ao mercado de trabalho;
> IV – a habilitação e reabilitação das pessoas portadoras de deficiência e a promoção de sua integração à vida comunitária;
> V – a garantia de um salário mínimo de benefício mensal à pessoa portadora de deficiência e ao idoso que comprovem não possuir meios de prover à própria manutenção ou de tê-la provida por sua família, conforme dispuser a lei.

Interpretação extensiva

• Não obstante ter o STF declarado a constitucionalidade do art. 20, § 3.º, da Lei 8.743/1993 – dispositivo legal que exige, para que se considere incapaz de prover a manutenção da pessoa portadora de deficiência ou idosa, que a renda familiar mensal *per capita* seja inferior a 1/4 (um quarto) do salário mínimo –, é devido o benefício de prestação continuada na hipótese em que a família, embora perceba renda superior à estipulada pelo citado dispositivo legal, não possui condições de prover a subsistência do beneficiário, sendo devida a assistência social, conforme garante o art. 203, V, da CF/1988 (...).
(STF, AgRg no RE 422.778/SC, 2.ª T., j. 17.08.2004, rel. Carlos Velloso, *DJU* 10.09.2004)

• Benefício assistencial. Art. 203, V, da CF/1988. Termo inicial do benefício. Citação.
O termo *a quo* para a concessão do benefício assistencial, de que trata o art. 203, V, da CF/1988, é a data da citação da Autarquia Previdenciária, conforme o disposto no art. 219 do CPC (...).
(STJ, AgRg no AgIn 1.418.150, 5.ª T., j. 16.02.2012, rel. Laurita Vaz, *DJe* 05.03.2012)

• Benefício assistencial. Idoso. Estrangeiro. Possibilidade.
A condição de estrangeiro não impede a concessão de benefício assistencial ao idoso, eis que a Constituição Federal, em seu art. 5.º, assegura ao estrangeiro residente no país o gozo dos direitos e garantias individuais em igualdade de condição com o nacional (...).
(TRF-4.ª Reg., ApCiv 5013543-96.2011.404.7001, 5.ª T., j. 13.03.2012, rel. Des. Rogério Favreto)

• Benefício assistencial. Incapacidade para o trabalho e para a vida independente e estado de miserabilidade comprovados. Sentença mantida.
1. Para fins de composição da renda mensal familiar, não pode ser computada a renda percebida pelos pais idosos da parte autora, decorrentes de aposentadorias de valor mínimo (Aplicação por analogia do parágrafo único do art. 34 da Lei 10.741/2003).
2. Comprovado que a parte autora é incapaz para o trabalho e para a vida independente e o estado de miserabilidade, é de ser mantida a sentença que lhe concedeu o benefício assistencial, desde a data do requerimento administrativo (...).
(TRF-4.ª Reg., ApCiv 0003015-18.2011.404.9999, 6.ª T., j. 21.03.2012, rel. João Batista Pinto Silveira)

Interpretação extensiva

1. A jurisprudência vem se firmando no sentido de que a regra do art. 20 da Lei 8.742/1993 não contempla a hipótese única de concessão do benefício, e sim presunção objetiva de miserabilidade, de forma a admitir a análise da necessidade assistencial em cada caso concreto, mesmo que o *quantum* da renda *per capita* eventualmente ultrapasse o valor de 1/4 (um quarto) do salário mínimo.
2. O parágrafo único do art. 34 da Lei 10.741/2003 (Estatuto do Idoso) determina que "o benefício concedido (*sic*) a qualquer membro da família nos termos do caput não será computado para fins do cálculo da renda familiar per capita a que se refere a Loas". Fazendo-se uma interpretação extensiva de tal norma, temos que não somente os valores referentes ao benefício assistencial ao idoso devem ser abstraídos do muticitado (*sic*) cálculo, mas também aqueles referentes ao amparo social ao deficiente e os decorrentes de aposentadorias – desde que seu valor corresponda a um salário mínimo –, e que a regra não deve incidir apenas para efeito de concessão de um segundo amparo ao idoso, mas também nos casos de concessão de amparo ao deficiente (...).

(TRF-5.ª Reg., Ap 2007.05.99.000070-6, 2.ª T., j. 31.07.2007, rel. Rogério Fialho Moreira, *DJU* 24.08.2007)

- [P]edido de benefício assistencial, em favor da idosa. Indeferimento baseado no desatendimento do requisito da miserabilidade. Laudo social, produzido na instrução probatória, a demonstrar o atendimento a ambos os requisitos previstos pela Lei 8.742/1993 (idade maior de 65 anos e hipossuficiência própria e da família). Testemunhos a ratificar o direito ao amparo social. Direito ao benefício com efeitos retroativos à data do pedido administrativo, protocolado em 16.12.1997, afastadas as parcelas prescritas. Juros de mora reduzidos para meio por cento ao mês, a partir da citação, pois a ação foi promovida em julho de 2003, na vigência da MedProv 2.180-35/2001 (...).

(TRF-5.ª Reg., RE 2008.05.99.002569-0, 3.ª T., j. 06.11.2008, rel. Carlos Rebêlo Júnior, *DJU* 02.12.2008)

Interpretação restritiva

- Conceito de "família incapaz de prover a manutenção da pessoa portadora de deficiência ou idosa" dado pelo § 3.º do art. 20 da Lei Orgânica da Assistência Social (Lei 8.742, de 07.12.1993) para regulamentar o art. 203, V, da CF/1988.

Arguição de inconstitucionalidade do § 3.º do art. 20 da Lei 8.472/1993, que prevê o limite máximo de 1/4 (um quarto) do salário mínimo de renda mensal *per capita* da família para que seja considerada incapaz de prover a manutenção do idoso e do deficiente físico, ao argumento de que esvazia ou inviabiliza o exercício do direito ao benefício de um salário mínimo conferido pelo inc. V do art. 203 da CF/1988 (...).

(STF, MC na ADIn 1.232/DF, Pleno, j. 22.03.1995, rel. Maurício Corrêa, *DJ* 26.05.1995)

• O art. 203, V, da CF/1988 garante à pessoa portadora de deficiência e ao idoso, desde que comprovem não possuir meios de prover a própria manutenção ou de tê-la provida por sua família, conforme dispuser a lei, um salário mínimo. O art. 20, § 3.º, da Lei 8.742/1993 exige, para que se considere incapaz de prover a manutenção da pessoa portadora de deficiência ou idosa, que a renda familiar mensal *per capita* seja inferior a 1/4 (um quarto) do salário-mínimo, disposição legal que o STF declarou a constitucionalidade (ADIn 1.232/DF) (...).

(STF, AgRg no RE 443.296/SP, 2.ª T., j. 22.03.2005, rel. Carlos Velloso, *DJU* 22.04.2005)

• Benefício assistencial. Lei 8.742/1993. Necessitado. Deficiente físico. Renda familiar mensal *per capita*. Valor superior a 1/4 (um quarto) do salário mínimo. Concessão da verba. Inadmissibilidade. Ofensa à autoridade da decisão proferida na ADIn 1.232/DF. Liminar deferida em reclamação. Agravo improvido.

Ofende a autoridade do acórdão do Supremo na ADIn 1.232/DF, a decisão que concede benefício assistencial a necessitado, cuja renda mensal familiar *per capita* supere o limite estabelecido pelo § 3.º do art. 20 da Lei 8.742/1993 (...).

(STF, AgRg na MC na Rcl 4.427/RS, Pleno, j. 06.06.2007, rel. Cezar Peluso, *DJU* 29.06.2007)

• Assistência social (...). Hipossuficiência econômica. Incapacidade para o trabalho comprovada através de laudo pericial (...).

1. Demonstrado pela perícia médica realizada inexistir a possibilidade de recuperação do estado de saúde do apelante, não há como negar a invalidez total e definitiva para o trabalho.

2. Tratando-se a pessoa inválida e pobre, na acepção jurídica da palavra, é de ser concedido o benefício da assistência social, a teor do que dispõe o art. 203, V, da CF/1988 (...).

(TRF-3.ª Reg., AgIn 1999.03.00.012644-0, 5.ª T., j. 20.11.2001, rel. Suzana Camargo, *DJU* 26.11.2002)

- A assistência social está garantida aos portadores de deficiência física e ao idoso (art. 203, V, da CF/1988, Lei 8.742/1993, Dec. 1.744/1995).
Comprovada a idade superior a 70 anos da autora, bem como a falta de condições para prover seu próprio sustento ou tê-lo provido por outrem, de quem dependa obrigatoriamente, faz ela jus ao benefício da Assistência Social, previsto no art. 203, V, da Carta Magna (...).
(TRF-3.ª Reg., Ap 1999.03.99.112377-8, 1.ª T., j. 18.09.2001, rel. Oliveira Lima, *DJU* 26.02.2002)

- Benefício de prestação continuada. Requisito financeiro. Renda *per capita* não superior a 1/4 (um quarto) do salário mínimo.
1. O benefício assistencial é devido: (a) à pessoa portadora de deficiência ou à pessoa idosa; (b) pertencente a grupo familiar cuja renda mensal per capita não seja igual ou superior a 1/4 (um quarto) do salário mínimo.
2. O benefício destina-se a suprir o mínimo para subsistência de quem se encontra efetivamente em estado de miserabilidade e não tem recursos para prover seu o próprio, e nem potenciais alimentantes com obrigação legal de fazê-lo.
3. Não se pretende, com o benefício assistencial, elevar o padrão de vida de famílias que se encontram acima da linha de pobreza, e nem fazer com que o Estado se substitua à família suprindo as obrigações recíprocas entre seus membros (...).
(TRF-4.ª Reg., Ap 0016319-84.2011.404.9999, 5.ª T., j. 06.03.2012, rel. Cândido Alfredo Silva Leal Junior)

- Cancelamento de benefício de assistência social. Ausência de doença incapacitante. Lei 8.742/1993. Violação ao devido processo legal. Matéria nova em grau de recurso. Incabimento.
Pedido de restabelecimento de benefício assistencial, ao fundamento de persistência da invalidez do demandante.
Perícia judicial que atestou a ausência de doença incapacitante. Desatendimento aos requisitos do art. 20, § 2.º, da Lei 8.742/1993. Improcedência do pedido (...).
(TRF-5.ª Reg., Ap 408837, 3.ª T., j. 27.09.2007, rel. Des. convocado Élio Siqueira, *DJU* 27.03.2008)

- Amparo social. Art. 21 da Lei 8.742/1993. Dec. 1.744/1995. Capacidade laborativa apontada por perícia do INSS. Inobservância dos requisitos mínimos de atenção aos princípios da ampla defesa e do contraditório. Restabelecimento. Possibilidade (...).

1. O benefício assistencial deve ser revisto a cada dois anos, nos termos do art. 21 da Lei 8.742/1993 (Lei Orgânica da Assistência Social – Loas). Entendo que a perícia do INSS deve observar requisitos mínimos de atenção aos princípios da ampla defesa e do contraditório. Para tanto o laudo deve explicitar, pelo menos, o motivo pelo qual concluiu pela inexistência de incapacidade.
2. No caso em hipótese, a Autarquia de maneira unilateral suspendeu os benefícios sem obedecer aos princípios retromencionados, utilizando laudo administrativo que apenas concluiu pela inexistência de incapacidade dos apelados, mediante a simples assinalação de um "x" em espaço em branco, sem ter demonstrado, sequer de forma resumida, o quadro clínico e o motivo pelo qual concluiu pela cessação da incapacidade.
3. Ademais, encaminharam aos apelados comunicações, informando desde já o cancelamento dos benefícios, sem que abrisse oportunidade para manifestação sobre o laudo (...).
(TRF-5.ª Reg., Ap 2001.81.00.010559-4, 2.ª T., j. 17.06.2008, rel. Rogério Fialho Moreira, *DJU* 15.07.2008)

Art. 204. As ações governamentais na área da assistência social serão realizadas com recursos do orçamento da seguridade social, previstos no art. 195, além de outras fontes, e organizadas com base nas seguintes diretrizes:

I – descentralização político-administrativa, cabendo a coordenação e as normas gerais à esfera federal e a coordenação e a execução dos respectivos programas às esferas estadual e municipal, bem como a entidades beneficentes e de assistência social;

II – participação da população, por meio de organizações representativas, na formulação das políticas e no controle das ações em todos os níveis.

⚖️ **Interpretação convergente**

• Além das modalidades explícitas, mas espasmódicas, de democracia direta – o plebiscito, o referendo e a iniciativa popular (art. 14 da CF/1988), – a Constituição da República aventa oportunidades tópicas de participação popular na administração pública (v. g., arts. 5.º, XXXVIII e LXXIII, 29, XII e

XIII, 37, § 3.º, 74, § 2.º, 187, 194, parágrafo único, VII, art. 204, II, art. 206, VI e 224 da CF/1988) (...).
(STF, ADIn 244/RJ, Pleno, j. 11.09.2002, rel. Sepúlveda Pertence, DJ 31.10.2002)

Parágrafo único. É facultado aos Estados e ao Distrito Federal vincular a programa de apoio à inclusão e promoção social até cinco décimos por cento de sua receita tributária líquida, vedada a aplicação desses recursos no pagamento de:

* Parágrafo único acrescentado pela EC 42/2003.

I – despesas com pessoal e encargos sociais;

II – serviço da dívida;

III – qualquer outra despesa corrente não vinculada diretamente aos investimentos ou ações apoiados.

[...]

ATO DAS DISPOSIÇÕES CONSTITUCIONAIS TRANSITÓRIAS

[...]

Art. 10. Até que seja promulgada a Lei Complementar a que se refere o art. 7.º, I, da CF/1988:

I – fica limitada a proteção nele referida ao aumento, para quatro vezes, da porcentagem prevista no art. 6.º, *caput* e § 1.º, da Lei 5.107, de 13.09.1966;

* A Lei 5.107/1966 foi revogada pela Lei 7.839/1989.
* V. Lei 8.036/1990 (Fundo de Garantia do Tempo de Serviço).

II – fica vedada a dispensa arbitrária ou sem justa causa:

a) **do empregado eleito para cargo de direção de Comissões Internas de Prevenção de Acidentes, desde o registro de sua candidatura até um ano após o final de seu mandato;**

Interpretação extensiva

- **Súmula 676 do STF**

A garantia da estabilidade provisória prevista no art. 10, II, *a*, do ADCT, também se aplica ao suplente do cargo de direção de Comissões Internas de Prevenção de Acidentes (Cipa).

- **Súmula 339 do TST**

Cipa. Suplente. Garantia de emprego. Constituição Federal de 1988. (Incorporadas as OJs 25 e 329 da SBDI-I/TST) (Res. TST 129/2005, *DJ* 20, 22 e 25.04.2005).
I – O suplente da Cipa goza da garantia de emprego prevista no art. 10, II, *a*, do ADCT a partir da promulgação da Constituição Federal de 1988. (Ex-Súmula 339, Res. 39/1994, *DJ* 22.12.1994 e ex-OJ 25 da SBDI-I/TST, inserida em 29.03.1996).
II – A estabilidade provisória do cipeiro não constitui vantagem pessoal, mas garantia para as atividades dos membros da Cipa, que somente tem razão de ser quando em atividade a empresa. Extinto o estabelecimento, não se verifica a despedida arbitrária, sendo impossível a reintegração e indevida a indenização do período estabilitário. (Ex-OJ 329 da SBDI-I/TST, *DJ* 09.12.2003).

- Estabilidade provisória. Membro da Cipa. Propositura da ação quando já exaurido o período de estabilidade. Irrelevância.

O fato de o empregado, detentor de estabilidade provisória, demorar a propor ação trabalhista, mas atento ao prazo prescricional, que não se consumou, não lhe retira o direito ao pagamento dos salários do período correspondente entre a demissão e o término da estabilidade. O art. 10, II, *a*, do ADCT não condiciona, em nenhum momento, o exercício do direito de ação dentro do prazo da estabilidade, como causa excludente de seus efeitos (...).
(TST, Embargos em RR 452.723/98.1, SDI-I, j. 28.08.2006, rel. Milton de Moura França, *DEJT* 20.10.2006)

- Estabilidade. Membro da Cipa. Incorporação. Extinção da empresa. Inc. II da Súmula 339 do TST. Grupo econômico.

Não cabe a aplicação do inc. II da Súmula 339 do TST para afastar o direito à estabilidade do membro da Cipa diante da incorporação de empresas, enquanto sobreviver as atividades do empreendimento na qual o empregado atuava como membro eleito da Cipa, trabalhando para todos integrantes de um mesmo grupo econômico ao qual pertencem as reclamadas, sem sofrer qualquer alteração de

função, permanecendo incólume a atividade empresarial encampada. Nestas circunstâncias, não há impedimento de que o cipeiro exerça a sua a representatividade através do mandato no cargo para a qual foi eleito (...).
(TRT-3.ª Reg., RO 00951-2011-136-03-00-1, 10.ª T., j. 20.03.2012, rel. Ana Maria Amorim Rebouças)

• Reintegração. Empregado membro da Cipa. Justa causa.
Empregado membro da Comissão Interna de Prevenção de Acidentes do Trabalho (Cipa), em representação dos empregados, tem o dever de fiscalizar e zelar pela regularidade e segurança do trabalho. Atividade compatível com o cargo a solicitação da inspeção do local de trabalho pelo Corpo de Bombeiros, situação que não configura ato capaz de configurar justa causa para a rescisão do contrato. Reintegração ao emprego determinada (...).
(TRT-4.ª Reg., RO 0000177-04.2010.5.04.0122, 2.ª T., j. 26.01.2012, rel. Vânia Mattos, *DEJT* 03.02.2012)

• Cipa. Eleição. Empregado afastado em decorrência de acidente do trabalho. Participação. Possibilidade.
Do fato de um empregado estar afastado por acidente de trabalho não se segue, sempre e necessariamente, que esse trabalhador esteja impossibilitado de exercer outras ocupações, entre as quais participar da Cipa; estar afastado, passe a rudeza da expressão, não significa estar inutilizado para tudo o mais, bem podendo sê-lo apenas para o exercício de determinada atividade, de maneira que, para se chegar à conclusão da impetrante, seria preciso, antes, ficar demonstrada a alegada impossibilidade e/ou incompatibilidade de participação da Cipa, em razão mesma do afastamento pelo INSS (...).
(TRT-15.ª Reg., AgRg em MS 00259-2005-000-15-00-1, j. 03.08.2005, rel. Francisco Alberto da Motta Peixoto Giordani)

• Mandado de segurança. Tutela antecipada concedida antes da prolação da sentença. Estabilidade. Empregado eleito para Cipa.
1. Nas decisões interlocutórias que concedem antecipação de tutela anteriormente à prolação da sentença, o Mandado de Segurança é medida cabível, por não existir outro recurso próprio. Incidência da Súmula 414, II, do C. TST.
2. Não fere direito líquido e certo a concessão de antecipação de tutela para reintegrar empregado detentor de estabilidade provisória. Apurado prima facie que o empregado foi eleito legitimamente para membro de Cipa da Impetrante, tem

o direito à garantia de emprego. Inteligência do art. 10, II, *a*, do ADCT, Súmula 339, I e OJs 64 e 142 da SBDI-II do C. TST (...).
(TRT-15.ª Reg., MS 00676-2008-000-15-00-7, SDI-I, j. 20.08.2008, rel. Luiz Antonio Lazarim)

• Não subsiste o argumento de que a garantia à estabilidade provisória do membro da Cipa gera direito à reintegração apenas durante o exercício do mandato e direito à indenização no ano posterior a este, pois a estabilidade tem como fundamento a permanência do trabalhador no emprego, sendo a indenização uma alternativa compensatória quando o emprego não puder mais ser devolvido ao empregado que foi ilegalmente dispensado (...).
(TRT-24.ª Reg., RO 00698.2004.004.24.00-0, j. 06.04.2005, rel. Abdalla Jallad, *DOMS* 28.04.2005)

Interpretação restritiva

• Da estabilidade provisória. Membro da Cipa. Extinção do estabelecimento. A garantia de emprego prevista no art. 165 da CLT e art. 10, II, *a*, do ADCT não constitui uma vantagem pessoal que a lei defere a um empregado, mas sim uma garantia que visa a proteção da atividade dos membros da Cipa, dirigindo-se a todos os seus integrantes, tendo o intuito de coibir a despedida arbitrária destes empregados. Quando a perda do emprego se dá por extinção da empresa, não fica caracterizada a despedida arbitrária, e fica impossibilitada a reintegração do empregado, já que não existem mais os serviços. Não há, por isso, fundamento para se condenar a empresa extinta a pagar os salários do período estabilitário (...).
(TST, Embargos em EDcl em RR 359.325/97.6, j. 16.06.2013, SDI-I, rel. Carlos Alberto Reis de Paula, *DEJT* 27.06.2013)

• Empregado membro da Cipa. Estabilidade provisória. Renúncia. Configurado pela prova dos autos que o reclamante renunciou ao cargo de membro da Cipa (Comissão Interna de Prevenção de Acidentes) por razões particulares, abrindo mão, inclusive, da estabilidade adquirida com a sua eleição como cipeiro, mediante declaração de renúncia assinada por ele (Autor), não se há que falar em reintegração ao emprego (...).
(TRT-3.ª Reg., RO 00155-2008-060-03-00-9, 7.ª T., j. 13.11.2008, rel. Maria Perpétua Capanema Ferreira de Melo, *DJMG* 27.11.2008)

- Cipeiro. Dispensa por motivo disciplinar. Possibilidade.

Não há a obrigatoriedade de que a dispensa do empregado, eleito para a Cipa, seja precedida por ação de inquérito judicial para apuração da falta grave, uma vez que esta é cabível apenas em três casos específicos: empregados estáveis celetistas; empregados públicos estáveis, de que cuida o conteúdo do art. 19 do ADCT; dirigentes sindicais. O trabalhador, que faz parte do quadro da Cipa, escolhido pelos seus colegas, tem a proteção contra a dispensa arbitrária, assegurada pelo disposto no art. 10, II, *a*, do ADCT. Aliás, por dispensa arbitrária, entende-se aquela que não se funda em motivo disciplinar, técnico, econômico ou financeiro. Portanto, a estabilidade deixa de existir, quando a ruptura do pacto ocorre por motivo disciplinar (...).

(TRT-3.ª Reg., RO 00713-2008-026-03-00-5, 1.ª T., j. 17.11.2008, rel. Manuel Cândido Rodrigues, *DJ* 21.11.2008)

- Membro eleito da Cipa. Demissão voluntária. Indenização. Renúncia à garantia provisória do emprego.

O pedido de indenização substitutiva da garantia provisória no emprego do membro eleito da Cipa fica impossibilitado em decorrência do pedido de demissão voluntária. Quando o empregado pediu demissão, renunciou à essa garantia provisória, prevista no art. 165 da CLT e alínea *a* do inc. II art. 10 do ADCT (...).

(TRT-3.ª Reg., RO 00289-2011-016-03-00-7, 3.ª T., j. 24.04.2012, rel. Jales Valadão Cardoso)

- Estabilidade cipista. Natureza.

A estabilidade decorrente da eleição ao cargo de integrante da Cipa não se revela em garantia pessoal do empregado, de sorte que, se exaurido o prazo da estabilidade, deve a tutela jurisdicional buscada se ater ao pleito reparatório, ante a inviabilidade de cumprimento de qualquer reintegração (...).

(TRT-5.ª Reg., RO 01058-2007-001-05-02-0, 3.ª T., j. 07.10.2008, rel. Marizete Menezes)

- Renúncia à estabilidade.

Não havendo comprovação acerca de suposta coação, tem-se como válida a renúncia feita pela Obreira ao cargo na Comissão Interna de Prevenção de Acidentes, não havendo que se falar em estabilidade, inserindo-se, posterior despedida, no âmbito do direito potestativo do empregador (...).

(TRT-5.ª Reg., RO 00337-2007-006-05-00-2, 1.ª T., j. 01.12.2008, rel. Elisa Amado)

- Justa causa. Insubordinação.

Ao poder de comando do empregador correspondem os deveres de respeito, diligência, obediência e fidelidade do empregado. Infringindo ele tais deveres, pode ser legitimamente punido. Havendo prova nos autos da prática de falta grave pelo empregado, que proferiu palavras de baixo calão ao representante da empresa, deve ser mantida a justa causa (...). Quanto à estabilidade do cipeiro ela não é absoluta e não confere ao seu titular o poder de desrespeitar superiores hierárquicos, devendo sempre tratá-los com urbanidade como qualquer outro empregado subordinado. O cipeiro pode ser dispensado por justo motivo (...).
(TRT-8.ª Reg., RO 00387-2008-007-08-00-0, 2.ª T., j. 22.10.2008, rel. Elizabeth Fátima Martins Newman)

- Estabilidade. Membro da Cipa. Renúncia.

O empregado eleito membro suplente da Cipa que renúncia ao respectivo cargo não faz jus à garantia provisória no emprego, preconizada pelo art. 10, II, *a*, do ADCT (...).
(TRT-15.ª Reg., RO 00345-2008-128-15-00-0, 1.ª T., j. 16.09.2008, rel. Luiz Antonio Lazarim, *DOU* 26.09.2008)

> *b)* da empregada gestante, desde a confirmação da gravidez até cinco meses após o parto.

⚖️ Interpretação convergente

- Estabilidade provisória. Gestante. Falência. Subsistência.

A estabilidade provisória da gestante, constante do art. 10, II, *b*, do ADCT, é garantia objetiva, com dúplice caráter protetivo, porquanto ao mesmo tempo em que protege o mercado de trabalho da mulher, garante os direitos patrimoniais mínimos de subsistência do nascituro. Ademais, cabe ao empregador arcar com os riscos do empreendimento, em face do princípio da alteridade. Precedentes da Corte (...).
(TST, RR 1017-2004-096-15-00.8, 5.ª T., j. 24.06.2009, rel. Emmanoel Pereira, *DEJT* 14.08.2009)

- Estabilidade. Gestante.

Consoante o art. 10, II, *b*, do ADCT, estabilidade provisória da gestante se inicia com a confirmação da gravidez, independente do conhecimento do fato pelo

empregador, posto que a norma que instituiu a estabilidade provisória da gestante, não impõe esta condição (...).
(TRT-5.ª Reg., RO 00536-2007-101-05-00-7, 5.ª T., j. 09.09.2008, rel. Maria Adna Aguiar)

🏛 Interpretação extensiva

• **Súmula 244 do TST**
Gestante. Estabilidade provisória. (Redação do item III alterada na Sessão do Tribunal Pleno realizada em 14.09.2012). (Res. TST 185/2012, *DEJT* 25, 26 e 27.09.2012).
I – O desconhecimento do estado gravídico pelo empregador não afasta o direito ao pagamento da indenização decorrente da estabilidade (art. 10, II, *b* do ADCT).
II – A garantia de emprego à gestante só autoriza a reintegração se esta se der durante o período de estabilidade. Do contrário, a garantia restringe-se aos salários e demais direitos correspondentes ao período de estabilidade.
III – A empregada gestante tem direito à estabilidade provisória prevista no art. 10, II, *b*, do ADCT, mesmo na hipótese de admissão mediante contrato por tempo determinado.

• [A] estabilidade assegurada à gestante é norma constitucional de índole objetiva, com vistas a proteger não só o mercado de trabalho da mulher, mas principalmente resguardar a vida da personalidade que está se formando, propiciando que tenha subsistência menos conturbada nos primeiros meses de vida. Tal estabilidade, revestida do caráter de proteção ao nascituro, não pode sofrer limitação em decorrência dos riscos do empreendimento, os quais são, em homenagem ao princípio da alteridade, suportados pelo empregador.
Nesse contexto, nem mesmo a decretação de quebra pode obstar o exercício pela empregada do direito à estabilidade, ou à indenização que dela resultar, pois o direito em questão pressupõe tão somente o estado gravídico da empregada na constância do contrato de trabalho, que é o caso, tendo em vista a responsabilidade objetiva decorrente dos riscos inerentes à condição de empregador.
Tal como sustentado na doutrina pátria, a estabilidade assegurada no texto constitucional reveste-se de caráter dúplice, pois não só tem a finalidade de resguardar o direito da trabalhadora, mas principalmente proteger o nascituro (...).
(TST, RR 1017-2004-096-15-00.8, 5.ª T., j. 24.06.2009, rel. Emmanoel Pereira, *DEJT* 14.08.2009)

• Empregada gestante. Estabilidade provisória (art. 10, II, *b*, do ADCT). Convenção OIT 103/1952. Proteção à maternidade e ao nascituro. Desnecessidade de prévia comunicação do estado de gravidez ao empregador. Especificação das verbas rescisórias devidas à empregada (...).

O legislador constituinte, consciente das responsabilidades assumidas pelo Estado brasileiro no plano internacional (Artigo VI da Convenção OIT 103/1952) e tendo presente a necessidade de dispensar efetiva proteção à maternidade e ao nascituro, estabeleceu, em favor da empregada gestante, expressiva garantia de caráter social, consistente na outorga, a essa trabalhadora, de estabilidade provisória (art. 10, II, *b*, do ADCT).

A empregada gestante tem direito subjetivo à estabilidade provisória prevista no art. 10, II, *b*, do ADCT, bastando, para efeito de acesso a essa inderrogável garantia social de índole constitucional, a confirmação objetiva do estado fisiológico de gravidez, independentemente, quanto a este, de sua prévia comunicação ao empregador, revelando-se irrita, de outro lado e sob tal aspecto, a exigência de notificação à empresa, mesmo quando pactuada em sede de negociação coletiva (...).

(STF, EDcl em AgIn 448.572/SP, 2.ª T., j. 30.11.2010, rel. Celso de Mello, *DJe* 16.12.2010)

• Estabilidade provisória da gestante. Abrangência. Confirmação da gravidez como condição apenas do reconhecimento do direito. Hipótese de reintegração e não de readmissão. Súmula 244, I e II, do TST.

O direito da empregada gestante à estabilidade provisória nasce com a confirmação da gravidez, mas abrange todo o período da gestação, até cinco meses após o parto (art. 10, II, *b*, do ADCT). Dispensada nessa condição, a reclamante tem direito aos salários de todo o período estabilitário (Súmula 244, I e II, do TST) e não apenas àqueles pagos após a reintegração no emprego, uma vez que a hipótese de estabilidade provisória é de reintegração e não de readmissão (...).

(TST, AgIn no RR 19726/2006-028-09-40, 7.ª T., j. 22.04.2009, rel. Ives Gandra Martins Filho, *DJ* 24.04.2009)

• Gestante. Estabilidade provisória. Contrato nulo. Efeitos. Colisão de direitos fundamentais. Ponderação de valores.

"As colisões entre princípios devem ser solucionadas de forma completamente diversa. Se dois princípios colidem, um dos princípios terá que ceder. Isso não significa, contudo, nem que o princípio cedente deva ser declarado inválido, nem que nele deverá ser introduzida uma cláusula de exceção" (Robert Alexy).

A Constituição da República Federativa do Brasil de 1988, de natureza principiológica, tutela tanto interesses individuais quanto interesses públicos, sendo certo que, em regra, prevalece a supremacia do interesse público; contudo, quando o interesse individual materializa-se no direito à vida previsto no *caput* do art. 5.º da CF/1988, vale dizer, a vida uterina e do nascituro, há que se afastar o interesse genérico de toda a sociedade, paralisando, nessa hipótese, os efeitos dos princípios encartados no art. 37, *caput*, da CF/1988. Recurso de revista conhecido e parcialmente provido (...).
(TST, RR 2211-2000-028-01-00.5, 6.ª T., j. 20.05.2009, rel. Aloysio Corrêa da Veiga, *DEJT* 29.05.2009)

• Gestante. Estabilidade provisória da gestante. Aquisição no curso do aviso prévio indenizado.
O art. 10, II, *b*, do ADCT veda a dispensa arbitrária ou sem justa causa da empregada gestante desde a confirmação da gravidez até cinco meses após o parto. A finalidade teleológica da norma é garantir o emprego contra a dispensa injusta, de modo a impedir que a gravidez constitua causa de discriminação, assegurando a continuidade do contrato de trabalho, além do bem-estar do nascituro. A jurisprudência, a propósito, já se pacificou no sentido de que a referida vedação constitucional decorre do fato objetivo da confirmação da gravidez na vigência do contrato de trabalho, caso em que o direito da obreira à estabilidade provisória prescinde do conhecimento prévio do seu estado gestacional pelo empregador no momento da resilição contratual (Súmula 244, I, do TST). Entende-se que o aviso prévio indenizado integra o contrato de trabalho, para todos os efeitos, inclusive para incidência da estabilidade no emprego. Nos termos da OJ 82 da SBDI-I/TST, "a data da saída a ser anotada na CTPS deve corresponder à do término do prazo do aviso prévio, ainda que indenizado", o que evidencia a ampla projeção do aviso prévio no contrato de trabalho. No mesmo sentido, o art. 487, § 1.º, *in fine*, da CLT. Frise-se que, do ponto de vista jurídico, no período de pré-aviso, permanecem inalteradas algumas importantes obrigações das partes, inclusive a lealdade contratual, podendo inclusive ocorrer infração trabalhista por qualquer das partes, apta a transmudar a resilição contratual em resolução culposa do pacto empregatício, ou seja, a dispensa injusta ou o pedido de demissão em ruptura por justa causa de uma das partes (arts. 490 e 491 da CLT e Súmula 73 do TST). Assim, as disposições do art. 10, II, *b*, do ADCT são plenamente válidas na hipótese de a concepção ocorrer durante o prazo do aviso prévio indenizado, que não implica a extinção do contrato de trabalho, apenas firmando o prazo

para sua terminação (inteligência do art. 489, *ab initio*, da CLT). Inaplicável, portanto, ao caso dos autos, a Súmula 371 do TST, de caráter restrito, que não pode ser estendida, por interpretação, com o fito de macular ou frustrar direito fundamental estabelecido na Carta Magna. A garantia de emprego, assim fixada, encontra amparo não só no citado art. 10, II, *b*, do ADCT, mas também em toda a normatização constitucional voltada para a proteção da maternidade (arts. 6.º e 7.º, XVIII, da CF/1988), da família (art. 226 da CF/1988), da criança e do adolescente (art. 227 da CF/1988) e todos os demais dispositivos dirigidos à proteção da saúde pública (...).
(TST, AgIn na Rcl no RR 36566-2002-900-06-00.0, 6.ª T., j. 25.11.2009, rel. Maurício Godinho Delgado, *DEJT* 03.12.2009)

• Estabilidade provisória da gestante. Interrupção por aborto espontâneo. Art. 395 da CLT. Garantia de emprego. Ação proposta após exaurido o prazo da garantia de emprego. Indenização.
O desconhecimento do estado gravídico pelo empregador não afasta o direito ao pagamento da indenização decorrente da estabilidade. Como a Constituição da República garante o prazo prescricional de dois anos como limite para ajuizar ação, sem impor outra condição para o seu exercício, não se pode penalizar a empregada que ajuíza a ação trabalhista no biênio prescricional, ainda que já exaurido o período estabilitário. *In casu*, tendo sido interrompida a gravidez por aborto não criminoso, a reclamante faz jus a indenização substitutiva somente do período em que esteve grávida, com o limite do art. 395 da CLT (...).
(TST, RR 64040-46.2009.5.14.0006, 6.ª T., j. 23.06.2010, rel. Aloysio Corrêa da Veiga, *DEJT* 28.06.2010)

• Estabilidade. Gestante. Transferência para outra localidade. Fechamento do estabelecimento. Recusa da empregada. Justa causa. Inexistência. Provimento. Hipótese em que o acórdão rescindendo proferido pelo Tribunal Regional considerou justa a dispensa da reclamante, embora gestante, por entender que a estabilidade provisória prevista no art. 10, II, *b*, do ADCT não lhe assegurava o direito de opor-se à transferência imposta pela empresa para outra localidade em decorrência do fechamento da filial na qual ela laborava.
Referida decisão, contudo, contraria frontalmente a garantia da estabilidade conferida à gestante, assegurada no aludido dispositivo constitucional.
Esta Corte Superior já firmou o entendimento de que o fechamento da filial na qual laborava a obreira não constitui óbice à manutenção da estabilidade

provisória prevista no art. 10, II, *b*, do ADCT. Com efeito, o referido dispositivo constitucional, ao prever tal garantia, não condiciona o direito à estabilidade à existência de atividades regulares na empresa. Isso porque, como se sabe, os riscos da atividade econômica devem ser suportados pelo próprio empregador, que deve efetivamente suportar as perdas advindas do empreendimento, nos exatos termos do que dispõe o art. 2.º da CLT.

Por outro lado, vale registrar que, embora a transferência em virtude do fechamento de filial da empresa encontre respaldo na lei, mais especificamente no art. 469, § 2.º, da CLT, não se pode impor à empregada gestante a obrigação de com ela anuir a fim de ter assegurado o direito à estabilidade.

Saliente-se que a norma assecuratória do direito à estabilidade provisória da gestante constitui preceito de ordem pública e, portanto, de caráter indisponível, que objetiva, em última análise, a proteção do nascituro.

Por tais razões, merece acolhimento o pleito rescisório da autora, tendo em vista que, na condição de gestante e portadora da estabilidade provisória prevista no art. 10, II, *b*, do ADCT, não poderia ter sido dispensada sem o pagamento das verbas trabalhistas pelo fato de ter recusado a ordem de transferência do seu empregador para outra localidade em face do fechamento da filial da empresa na qual laborava.

A garantia no emprego da empregada gestante encontra respaldo constitucional, de sorte que a sua recusa em ser transferida para outra localidade não pode ser tida como justa causa a obstaculizar a percepção das verbas devidas em decorrência da estabilidade (...).

(TST, RO 298-04.2010.5.15.0000, SDI-II/TST, j. 10.04.2012, rel. Guilherme Augusto Caputo Bastos, *DEJT* 13.04.2012)

• **Compatibilidade do contrato por prazo determinado e o direito à estabilidade da gestante.**
A jurisprudência do STF, bem como da SBDI-I/TST, vem evoluindo no sentido de admitir, em casos especialíssimos, a compatibilidade do instituto da estabilidade nos contratos por prazo determinado. Com efeito, nos autos do Proc. TST Emabrgos em EDcl no RR 249100-26.2007.5.12.0004, a SBDI-I/TST decidiu pelo direito à estabilidade provisória da gestante no curso do aviso-prévio; e nos autos do Proc. TST Embargos em RR 9700-45.2004.5.02.0465, a SBDI-I/TST também assegurou o direito à estabilidade ao empregado que sofrera acidente de trabalho no curso do contrato por prazo determinado. No mesmo sentido, verifica-se que não se pode restringir a estabilidade provisória decorrente de

gestação ao contrato por tempo indeterminado. Isso porque a lei garantidora da estabilidade da gestante, art. 10, II, *b*, do ADCT não faz distinção entre contrato por prazo determinado ou indeterminado (...).
(TST, RR 57041-60.2009.5.09.0671, 3.ª T., j. 18.04.2012, rel. Horácio Raymundo de Senna Pires, *DEJT* 27.04.2012)

• Garantia de emprego. Pedido de indenização substitutiva. Recusa em voltar ao emprego. Direito incondicionado.
O art. 10, II, *b*, do ADCT da CF/1988, ao vedar a dispensa arbitrária da empregada gestante, o fez de forma objetiva. Tem reiteradamente entendido esta Corte que o legislador constituinte não condicionou o gozo dessa garantia constitucional a que a empregada gestante postule primeiro sua reintegração ou aceite voltar ao emprego caso o retorno lhe seja oferecido por seu empregador, ao defender-se em juízo, sob pena de considerar essa recusa como renúncia ao próprio direito, pois não se pode extrair dessa norma constitucional que seu descumprimento implique, necessariamente, a reintegração da trabalhadora. Neste feito, conforme delineado na decisão embargada, foram preenchidas as únicas condições previstas pela jurisprudência predominante do TST para que a reclamante fizesse jus à indenização decorrente da estabilidade, que são seu estado gravídico no curso do contrato de trabalho e sua despedida imotivada (...).
(TST, RR 1768-34.2010.5.12.0039, 2.ª T., j. 02.05.2012, rel. José Roberto Freire Pimenta, *DEJT* 11.05.2012)

• Gestante. Estabilidade provisória. Contrato de experiência. Compatibilidade.
Estabelece o art. 10, II, *b*, do ADCT que é vedada a dispensa arbitrária ou sem justa causa da empregada gestante, desde a confirmação da gravidez até cinco meses após o parto. O único pressuposto para que a empregada tenha reconhecido seu direito à estabilidade provisória é o estado gravídico no momento da rescisão do contrato de trabalho, porque tal garantia visa à tutela do nascituro e o citado preceito constitucional não impõe nenhuma restrição quanto à modalidade do contrato de trabalho, se por prazo determinado, como é o contrato de experiência, ou por prazo indeterminado. Por conseguinte, a empregada admitida mediante contrato de experiência por prazo determinado tem direito à estabilidade provisória da gestante. Inaplicável a Súmula 244, III, do TST, por dissentir do moderno posicionamento do STF (...).
(TST, RR 6605-52.2010.5.12.0001, 4.ª T., j. 09.05.2012, rel. Luiz Philippe Vieira de Mello Filho, *DEJT* 11.05.2012)

- Estabilidade provisória. Gestante. Confirmação da gravidez após a dispensa. Concepção na vigência do contrato de trabalho. Estabilidade assegurada.

Consoante jurisprudência pacífica desta Corte, o fato gerador da garantia de emprego à empregada gestante surge com a concepção, independentemente da ciência do estado gravídico pelo empregador e pela própria empregada – pois a garantia de emprego tem por objeto a proteção do nascituro (art. 10, *b*, do ADCT c/c Súmula 244 do TST), sendo irrelevante, pois, que a confirmação da gravidez tenha ocorrido após a dispensa (...).
(TST, RR 169540-80.2008.5.02.0391, 7.ª T., j. 05.12.2012, rel. Delaíde Miranda Arantes, *DEJT* 07.12.2012)

- Garantia de emprego à gestante reconhecida após o período da estabilidade.

Reconhecida a garantia de emprego à gestante após o término da licença maternidade, os salários e demais direitos correspondentes ao período de estabilidade devem ser pagos a título de indenização substitutiva. Neste sentido, inc. II da Súmula 244 do C. TST (...).
(TRT-15.ª Reg., RO 0067100-24.2009.5.15.0095, 4.ª T., j. 28.02.2012, rel. Luiz Roberto Nunes)

- Estabilidade provisória. Empregada gestante. Ausência de comunicação do estado gravídico ao empregador.

O desconhecimento da gravidez da empregada pelo empregador não retira daquela o direito à estabilidade provisória, uma vez que a Constituição Federal (art. 10, II, *b*, do ADCT) não traz tal exigência, revestindo-se a garantia de emprego ali prevista de natureza objetiva. Aplicação da Súmula 244, I, do C. TST (...).
(TRT-15.ª Reg., RO 0166400-59.2009.5.15.0094, 7.ª Câm., j. 27.03.2012, rel. Fábio Grasselli)

- Empregada gestante. Período de estabilidade provisória exaurido. Ajuizamento da ação dentro do prazo prescricional. Possibilidade.

Considerando que nos arts. 7.º, I, da CF/1988 e 10, II, *b*, do ADCT, não se faz qualquer menção quanto ao prazo para a Empregada gestante pleitear em Juízo a sua reintegração ou pagamento de indenização referente aos salários do período de estabilidade gestante, tem-se que o direito obreiro não está condicionado a propositura da ação durante o período em que perdurar a estabilidade (...).
(TRT-20.ª Reg., RO 0135300-33.2009.5.20.0002, Pleno, j. 28.07.2010, rel. Josenildo dos Santos Carvalho, *DEJT* 04.08.2010)

- É nula a cláusula de acordo coletivo de trabalho que, em afronta ao art. 10, II, b, do ADCT, procura impor à empregada gestante, dispensada no curso do aviso prévio, a comprovação da gravidez ainda no prazo do aviso (...).
(TRT-24.ª Reg., Ação Anulatória 0161/2004-000-24-00-4, j. 19.01.2005, rel. Márcio Eurico Vitral Amaro, *DOMS* 02.02.2005)

- É vedada a dispensa arbitrária ou sem justa causa da empregada gestante, desde a confirmação da gravidez até cinco meses após o parto, independentemente de ter sido contratada temporariamente (art. 10, II, *b*, do ADCT) (...).
(TJDF, AgRg no MS 558.477, Conselho Especial, j. 10.01.2012, rel. Jair Soares)

Interpretação restritiva

- Estabilidade provisória da gestante. Abrangência. Confirmação da gravidez como condição apenas do reconhecimento do direito. Hipótese de reintegração e não de readmissão. Súmula 244, I e II, do TST.
O direito da empregada gestante à estabilidade provisória nasce com a confirmação da gravidez, mas abrange todo o período da gestação, até cinco meses após o parto (art. 10, II, *b*, do ADCT). Dispensada nessa condição, a reclamante tem direito aos salários de todo o período estabilitário (Súmula 244, I e II, do TST) e não apenas àqueles pagos após a reintegração no emprego, uma vez que a hipótese de estabilidade provisória é de reintegração e não de readmissão. Daí não socorrer a reclamada a invocação do art. 453 da CLT, que trata de readmissão no emprego (...).
(TST, AgIn em RR 19.726/2006-028-09-40.0, 7.ª T., j. 22.04.2009, rel. Ives Gandra Martins Filho, *DJ* 24.04.2009)

- [A] garantia da estabilidade provisória da gestante não foi estendida ao empregado doméstico, do que resulta a inaplicabilidade, à hipótese, do art. 10, II, *b*, do ADCT (...).
(TRT-2.ª Reg., RO 2000586530, j. 29.07.2002, rel. Des. Wilma Nogueira de Araújo Vaz da Silva)

- Estabilidade gestante. Inocorrência.
Obreira que, ciente de sua demissão, apressa-se a realizar procedimento de fertilização *in vitro* a fim de garantir sua estabilidade no emprego. Artifício que não deve ser admitido para obtenção de vantagem pessoal (...).
(TRT-2.ª Reg., RO 01987200604302000, 18.ª T., j. 23.02.2011, rel. Alcina M. F. Beres, *DOE* 03.03.2011)

- É certo que o art. 10, II, *b*, do ADCT garante o emprego da gestante desde a confirmação da gravidez até 5 (cinco) meses após o parto. Entretanto, não intencionou o legislador constituinte acobertar a malícia da empregada que, sabedora do seu estado gravídico, não informa este fato ao seu empregador, buscando posteriormente a vantagem pecuniária que entende devida, mormente quando a comprovação da gestação é posterior ao término da relação empregatícia. O intuito do constituinte foi beneficiar o nascituro, e não a mãe-empregada, razão porque impediu a sua despedida injusta ou arbitrária no período de gestação, bem como num razoável período após o parto. No entanto, não se diga que o Ato das Disposições Constitucionais Transitórias previu o ganho de salários sem efetivo labor, mas apenas buscou garantir o emprego da gestante, a fim de que ela tivesse mais condições de alimentar-se, medicar-se etc., enfim proporcionar uma gestação de mais qualidade. *In casu*, a intenção da reclamante foi somente de auferir os salários, tendo omitido o fato que a permitiria voltar ao trabalho, motivo pelo qual a sentença de piso deve ser reformada para julgar-se improcedente o pedido exordial (...).
(TRT-13.ª Reg., RO 1890/99, j. 04.08.1999, rel. Ana Clara de Jesus Maroja Nóbrega

- Gestante. Garantia de emprego. Ausência de pretensão à reintegração. Renúncia. A garantia de emprego conferida pela Constituição Federal às trabalhadoras gestantes, conquanto se perfaça de forma objetiva, é dizer, pelo só fato da concepção – Súmula 244 do TST – não consubstancia um direito absoluto. Verificada a ausência de qualquer intuito discriminatório no ato da rescisão, a recusa desmotivada ou inconsistente da empregada em reassumir seu posto de trabalho implica renúncia ao direito em questão (...).
(TRT-15.ª Reg., RO 0190700-73.2009.5.15.0001, 4.ª Câm., j. 13.03.2012, rel. Manoel Carlos Toledo Filho)

- Estabilidade da gestante no contrato a termo. Impossibilidade. Súmula 244 do TST. Não caracterização de dispensa arbitrária ou sem justa causa.
Regra geral, o contrato laboral é pactuado por prazo indeterminado. Contudo, havendo prova robusta em sentido contrário, verificada a hipótese legal, mostra-se regular a contratação empregatícia mediante ajuste de duração prefixada. Daí, reconhecida a precariedade da avença, inviável a extensão do direito da parte autora ser reintegrada no emprego, fato que obsta também a concessão do pedido alternativo de indenização equivalente ao período da pretensa garantia. Inteligência da Súmula 244, III, do TST, que reza não haver direito da empregada

gestante à estabilidade provisória quando inexistir "dispensa arbitrária ou sem justa causa" (...).
(TRT-22.ª Reg., RO 01439-2008-002-22-00-8, 2.ª T., j. 17.03.2009, rel. Laércio Domiciano)

SERVIDORA PÚBLICA

🏛 Interpretação extensiva

* Cargo em comissão. Servidora gestante. Exoneração. Direito à indenização. As servidoras públicas e empregadas gestantes, inclusive as contratadas a título precário, independentemente do regime jurídico de trabalho, têm direito à licença-maternidade de 120 (cento e vinte) dias e à estabilidade provisória desde a confirmação da gravidez até cinco meses após o parto (...).
(STF, AgRg no AgIn 804.574/DF, 1.ª T., j. 30.08.2011, rel. Luiz Fux, DJe 16.09.2011)

* Servidora pública gestante ocupante de cargo em comissão. Estabilidade provisória (art. 10, II, b, do ADCT). Convenção OIT 103/1952. Incorporação formal ao ordenamento positivo brasileiro (Dec. 58.821/1966). Proteção à maternidade e ao nascituro. Desnecessidade de prévia comunicação do estado de gravidez ao Órgão Público competente (...).
O acesso da servidora pública e da trabalhadora gestantes à estabilidade provisória, que se qualifica como inderrogável garantia social de índole constitucional, supõe a mera confirmação objetiva do estado fisiológico de gravidez, independentemente, quanto a este, de sua prévia comunicação ao órgão estatal competente ou, quando for o caso, ao empregador. Doutrina. Precedentes.
As gestantes – quer se trate de servidoras públicas, quer se cuide de trabalhadoras, qualquer que seja o regime jurídico a elas aplicável, não importando se de caráter administrativo ou de natureza contratual (Consolidação das Leis do Trabalho), mesmo aquelas ocupantes de cargo em comissão ou exercentes de função de confiança ou, ainda, as contratadas por prazo determinado, inclusive na hipótese prevista no inc. IX do art. 37 da CF/1988, ou admitidas a título precário – têm direito público subjetivo à estabilidade provisória, desde a confirmação do estado fisiológico de gravidez até 5 (cinco) meses após o parto (art. 10, II, b, do ADCT), e, também, à licença-maternidade de 120 dias (artS. 7.º, XVIII c/c 39, § 3.º, da CF/1988), sendo-lhes preservada, em consequência, nesse

período, a integridade do vínculo jurídico que as une à Administração Pública ou ao empregador, sem prejuízo da integral percepção do estipêndio funcional ou da remuneração laboral. Doutrina. Precedentes. Convenção OIT 103/1952. Se sobrevier, no entanto, em referido período, dispensa arbitrária ou sem justa causa de que resulte a extinção do vínculo jurídico-administrativo ou da relação contratual da gestante (servidora pública ou trabalhadora), assistir-lhe-á o direito a uma indenização correspondente aos valores que receberia até 5 (cinco) meses após o parto, caso inocorresse tal dispensa (...).
(STF, AgRg no RE 634.093/DF, 2.ª T., j. 22.11.2011, rel. Celso de Mello, *DJe* 07.12.2011)

• Servidora pública em exercício de função pública. Vínculo temporário e precário. Desnecessidade de processo administrativo e de motivação para dispensa. Período de gestação. Fruição de licença maternidade. Estabilidade provisória. Inteligência do art. 10, II, b, do ADCT.
1. Se a LC estadual 59/2001, de Minas Gerais, estabelece o Diretor do Foro como autoridade competente para designar, a título precário, o substituto em função judicial na Comarca, *mutatis mutandis*, a ele compete dispensar quem anteriormente designou (precedente: STJ, RMS 19.415/MG, rel. Min. Laurita Vaz, *DJU* 05.04.2006).
2. Ante a precariedade do ato de designação, revela-se legítima a dispensa *ad nutum* de servidor nestes termos designado para o exercício de função pública, independentemente da existência de processo administrativo para tanto (precedentes: STJ, RMS 11.464/MG, 6.ª T., rel. Min. Maria Thereza de Assis Moura, *DJU* 14.05.2007; RMS 15.890/MG, 5.ª T., rel. Min. José Arnaldo da Fonseca, *DJ* 17.11.2003).
3. A estabilidade do serviço público, garantia conferida aos servidores públicos concursados ocupantes de cargos de provimento efetivo, não pode servir de fundamento para a dispensa de servidora pública não estável, como a ora recorrente, por motivo de gravidez ou por se encontrar a mesma no gozo de licença-maternidade.
4. Assim, servidora designada precariamente para o exercício de função pública faz jus, quando gestante, à estabilidade provisória de que trata o art. 10, II, *b*, do ADCT, que veda, até adequada regulamentação, a dispensa arbitrária ou sem justa causa de empregada gestante, desde a confirmação da gravidez até cinco meses após o parto.
5. Recurso ordinário parcialmente provido para, concedida em parte a segurança pleiteada, assegurar à impetrante o direito à indenização correspondente aos

valores que receberia caso não tivesse sido dispensada, até 5 (cinco) meses após a realização parto (...).
(STJ, RMS 25.555/MG, 6.ª T., j. 18.10.2011, rel. Vasco Della Giustina, DJe 09.11.2011)

• Normatização especial e privilegiada à maternidade contida na Constituição Federal de 1988. Arts. 10, II, *b*, do ADCT, 7.º, XVIII e XXII, 194, 196, 197, 200, I e 227 da CF/1988. Respeito, fixado na ordem constitucional, à dignidade da pessoa humana, à própria vida, ao nascituro e à criança (arts. 1.º, III e 5.º, *caput*, da CF/1988) (...).
[A] maternidade recebe normatização especial e privilegiada pela Constituição de 1988, autorizando condutas e vantagens superiores ao padrão deferido ao homem – e mesmo à mulher que não esteja vivenciando a situação de gestação e recente parto. É o que resulta da leitura combinada de diversos dispositivos, como o art. 7.º, XVIII (licença à gestante de 120 dias, com possibilidade de extensão do prazo, a teor da Lei 11.770/2008, regulamentada pelo Dec. 7.052/2009) e das inúmeras normas que buscam assegurar um padrão moral e educacional minimamente razoável à criança e ao adolescente (contidos no art. 227 da CF/1988, por exemplo). De par com isso, qualquer situação que envolva efetivas considerações e medidas de saúde pública (e o período de gestação e recente parto assim se caracterizam) permite tratamento normativo diferenciado, à luz de critério jurídico valorizado pela própria Constituição da República. Note-se, ilustrativamente, a esse respeito, o art. 196, que afirma ser a saúde "direito de todos e dever do Estado, garantido mediante políticas sociais e econômicas que visem à redução do risco de doença e de outros agravos"; ou o art. 197 da CF/1988, que qualifica como de "relevância pública as ações e serviços de saúde", além de outros dispositivos, como os arts. 194, 200, I e 7.º, XXII, CF/1988. A estabilidade provisória advinda da licença maternidade decorre da proteção constitucional às trabalhadoras em geral e, em particular, às gestantes e aos nascituros. A proteção à maternidade e à criança advém do respeito, fixado na ordem constitucional, à dignidade da pessoa humana e à própria vida (art. 1.º, III e 5.º, *caput*, da CF/1988). E, por se tratar de direito constitucional fundamental, deve ser interpretado de forma a conferir-se, na prática, sua efetividade. Nesse sentido, correto o posicionamento adotado pelo TRT, que conferiu preponderância ao direito fundamental à dignidade da pessoa humana, previsto no art. 1.º, III, da CF/1988, e à estabilidade assegurada às gestantes, na forma do art. 10, II, *b*, do ADCT, em detrimento dos efeitos dos contratos a termo – especificamente em relação à garantia de emprego. Nessa linha, está realmente superada a interpre-

tação exposta no item III da Súmula 244 do TST. Inclusive o Supremo Tribunal Federal possui diversas decisões – que envolvem servidoras públicas admitidas por contrato temporário de trabalho –, em que expõe de forma clara o posicionamento de garantir à gestante o direito à licença-maternidade e à estabilidade, independentemente do regime jurídico de trabalho. Sob esse enfoque, o STF prioriza as normas constitucionais de proteção à maternidade, lançando uma diretriz para interpretação das situações congêneres. (...).
(TST, RR 52500-65.2009.5.04.0010, 6.ª T., j. 07.03.2012, rel. Maurício Godinho Delgado, *DEJT* 16.03.2012)

• Estabilidade de servidora gestante. Término do contrato temporário de trabalho. Extensão do benefício. Garantia constitucional. Efetiva proteção ao nascituro. Diante da necessidade de dispensar efetiva proteção ao nascituro, a Constituição Federal estabeleceu, em favor da servidora gestante, expressiva garantia de ordem social consistente na outorga de estabilidade provisória, de forma que o benefício deve ser efetivado mesmo nas hipóteses de contrato temporário de trabalho (...).
(TJDF, EI na ApCiv 561.585, 2.ª Câm. Civ., j. 23.01.2012, rel. Getúlio de Moraes Oliveira)

> § 1.º Até que a lei venha a disciplinar o disposto no art. 7.º, XIX, da CF/1988, o prazo da licença-paternidade a que se refere o inciso é de cinco dias.

Interpretação extensiva

• Licença-paternidade. Contagem do período (...).
À míngua de legislação específica, no tocante à contagem da licença paternidade, o Regional aplicou a regra comum dos prazos processuais e exclui do termo inicial dias não úteis, ou, como no caso, dias em que o autor já estaria usufruindo de folga (...).
(TST, RR 576475-54.1999.5.15.5555, 3.ª T., j. 28.04.2004, rel. Dora Maria da Costa, *DJ* 28.05.2004)

• Licença-paternidade.
A não concessão de licença paternidade implica a ocorrência de dano moral, uma vez que priva o trabalhador de momento irrepetível de sua vida, que jamais

poderá ser retomado naquelas qualidades de espaço e tempo, com aquele filho e sua genitora (...).
(TRT-4.ª Reg., RO 10044420105040662, j. 17.08.2011, rel. Des. Beatriz Renck)

• O servidor que adota menor faz jus à licença-paternidade de 5 (cinco) dias consecutivos a partir do trânsito em julgado da sentença constitutiva de adoção (...).
(TJDF, MS 20080020002615, j. 05.08.2008, rel. Des. José Divino de Oliveira, *DJU* 26.08.2008)

Interpretação restritiva

• Licença-paternidade. Ausência de prova de comunicação ao empregador do nascimento da criança, ônus que incumbia ao empregado (art. 818 da CLT c.c. art. 333, I, do CPC) (...).
(TRT-2.ª Reg., RO 2452200620302004, 9.ª T., j. 04.06.2009, rel. Des. Jane Granzoto Torres da Silva, *DJ* 17.07.2009)

§ 2.º Até ulterior disposição legal, a cobrança das contribuições para o custeio das atividades dos sindicatos rurais será feita juntamente com a do Imposto Territorial Rural, pelo mesmo Órgão arrecadador.

§ 3.º Na primeira comprovação do cumprimento das obrigações trabalhistas pelo empregador rural, na forma do art. 233, após a promulgação da Constituição, será certificada perante a Justiça do Trabalho a regularidade do contrato e das atualizações das obrigações trabalhistas de todo o período.

∗ O mencionado art. 233 foi revogado pela EC 28/2000.

SÚMULAS

1. Supremo Tribunal Federal
2. Superior Tribunal de Justiça
3. Tribunal Superior do Trabalho
4. Tribunal Federal de Recursos

SÚMULAS

1. Supremo Tribunal Federal

2. Superior Tribunal de Justiça

3. Tribunal Superior do Trabalho

4. Tribunal Federal de Recursos

SÚMULAS SELECIONADAS

1. Supremo Tribunal Federal

I. SÚMULAS VINCULANTES

1. Ofende a garantia constitucional do ato jurídico perfeito a decisão que, sem ponderar as circunstâncias do caso concreto, desconsidera a validez e a eficácia de acordo constante de termo de adesão instituído pela LC 110/2001.

4. Salvo nos casos previstos na Constituição, o salário mínimo não pode ser usado como indexador de base de cálculo de vantagem de servidor público ou de empregado, nem ser substituído por decisão judicial.

5. A falta de defesa técnica por advogado no processo administrativo disciplinar não ofende a Constituição.

6. Não viola a Constituição o estabelecimento de remuneração inferior ao salário mínimo para as praças prestadoras de serviço militar inicial.

7. A norma do § 3.º do art. 10. Viola a cláusula de reserva de plenário (art. 97 da CF/1988) a decisão de órgão fracionário de Tribunal que, embora não declare expressamente a inconstitucionalidade de lei ou ato normativo do Poder Público, afasta sua incidência, no todo ou em parte.

14. É direito do defensor, no interesse do representado, ter acesso amplo aos elementos de prova que, já documentados em procedimento investigatório realizado por órgão com competência de polícia judiciária, digam respeito ao exercício do direito de defesa.

15. O cálculo de gratificações e outras vantagens do servidor público não incide sobre o abono utilizado para se atingir o salário mínimo.

17. Durante o período previsto no § 1.º do art. 100 da CF/1988, não incidem juros de mora sobre os precatórios que nele sejam pagos.

 * V. art. 100, § 5.º, da CF/1988.

21. É inconstitucional a exigência de depósito ou arrolamento prévios de dinheiro ou bens para admissibilidade de recurso administrativo.

22. A Justiça do Trabalho é competente para processar e julgar as ações de indenização por danos morais e patrimoniais decorrentes de acidente de trabalho propostas por empregado contra empregador, inclusive aquelas que ainda não possuíam sentença de mérito em primeiro grau quando da promulgação da EC 45/2004.

23. A Justiça do Trabalho é competente para processar e julgar ação possessória ajuizada em decorrência do exercício do direito de greve pelos trabalhadores da iniciativa privada.

25. É ilícita a prisão civil de depositário infiel, qualquer que seja a modalidade do depósito.

II. SÚMULAS

35. Em caso de acidente do trabalho ou de transporte, a concubina tem direito de ser indenizada pela morte do amásio, se entre eles não havia impedimento para o matrimônio.

49. A cláusula de inalienabilidade inclui a incomunicabilidade dos bens.

150. Prescreve a execução no mesmo prazo de prescrição da ação.

163. Salvo contra a Fazenda Pública, sendo a obrigação ilíquida, contam-se os juros moratórios desde a citação inicial para a ação.

 * V. RE 109156/SP (*DJU* 07.08.1987).

194. É competente o Ministro do Trabalho para a especificação das atividades insalubres.

195. Contrato de trabalho para obra certa, ou de prazo determinado, transforma-se em contrato de prazo indeterminado quando prorrogado por mais de 4 (quatro) anos.

196. Ainda que exerça atividade rural, o empregado de empresa industrial ou comercial é classificado de acordo com a categoria do empregador.

197. O empregado com representação sindical só pode ser despedido mediante inquérito em que se apure falta grave.

198. As ausências motivadas por acidente do trabalho não são descontáveis do período aquisitivo das férias.

199. O salário das férias do empregado horista corresponde à média do período aquisitivo, não podendo ser inferior ao mínimo.

200. Não é inconstitucional a Lei 1.530, de 26.12.1951, que manda incluir na indenização por despedida injusta parcela correspondente a férias proporcionais.

201. O vendedor pracista, remunerado mediante comissão, não tem direito ao repouso semanal remunerado.

202. Na equiparação de salário, em caso de trabalho igual, toma-se em conta o tempo de serviço na função, e não no emprego.

203. Não está sujeita à vacância de 60 (sessenta) dias a vigência de novos níveis de salário mínimo.

204. Tem direito o trabalhador substituto, ou de reserva, ao salário mínimo no dia em que fica à disposição do empregador sem ser aproveitado na função específica; se aproveitado, recebe o salário contratual.

* V. Súmula 159 do TST.

205. Tem direito a salário integral o menor não sujeito à aprendizagem metódica.

207. As gratificações habituais, inclusive a de Natal, consideram-se tacitamente convencionadas, integrando o salário.

209. O salário-produção, como outras modalidades de salário-prêmio, é devido desde que verificada a condição a que estiver subordinado e não pode ser suprimido, unilateralmente, pelo empregador, quando pago com habitualidade.

212. Tem direito ao adicional de serviço perigoso o empregado de posto de revenda de combustível líquido.

213. É devido o adicional de serviço noturno, ainda que sujeito o empregado ao regime de revezamento.

214. A duração legal da hora de serviço noturno (52 minutos e 30 segundos) constitui vantagem suplementar que não dispensa o salário adicional.

215. Conta-se a favor do empregado readmitido o tempo de serviço anterior, salvo se houver sido despedido por falta grave ou tiver recebido a indenização legal.

217. Tem direito de retornar ao emprego, ou ser indenizado em caso de recusa do empregador, o aposentado que recupera a capacidade de trabalho dentro de 5 (cinco) anos a contar da aposentadoria, que se torna definitiva após esse prazo.

219. Para a indenização devida a empregado que tinha direito a ser readmitido, e não foi, levam-se em conta as vantagens advindas à sua categoria no período do afastamento.

220. A indenização devida a empregado estável, que não é readmitido, ao cessar sua aposentadoria, deve ser paga em dobro.

221. A transferência de estabelecimento, ou a sua extinção parcial, por motivo que não seja de força maior, não justifica a transferência de empregado estável.

222. O princípio da identidade física do juiz não é aplicável às Juntas de Conciliação e Julgamento da Justiça do Trabalho.

* A EC 24/1999 substituiu as Juntas de Conciliação e Julgamento por Varas do Trabalho (juiz singular) e extinguiu a representação classista na Justiça do Trabalho.

* V. Súmula 217 do TFR.

223. Concedida isenção de custas ao empregado, por elas não responde o sindicato que o representa em juízo.

224. Os juros de mora, nas reclamações trabalhistas, são contados desde a notificação inicial.

225. Não é absoluto o valor probatório das anotações da Carteira Profissional.

227. A concordata do empregador não impede a execução de crédito nem a reclamação de empregado na Justiça do Trabalho.

229. A indenização acidentária não exclui a do direito comum, em caso de dolo ou culpa grave do empregador.

230. A prescrição da ação de acidente do trabalho conta-se do exame pericial que comprovar a enfermidade ou verificar a natureza da incapacidade.

232. Em caso de acidente do trabalho, são devidas diárias até doze meses, as quais não se confundem com a indenização acidentária, nem com o auxílio-enfermidade.

234. São devidos honorários de advogado em ação de acidente do trabalho julgada procedente.

235. É competente para a ação de acidente do trabalho a Justiça Cível Comum, inclusive em segunda instância, ainda que seja parte autarquia seguradora.

* V. Súmula 501 do STF.

* V. Súmula 15 do STJ.

236. Em ação de acidente do trabalho, a autarquia seguradora não tem isenção de custas.

238. Em caso de acidente do trabalho, a multa pelo retardamento da liquidação é exigível do segurador sub-rogado, ainda que autarquia.

240. O depósito para recorrer, em ação de acidente do trabalho, é exigível do segurador sub-rogado, ainda que autarquia.

241. A contribuição previdenciária incide sobre o abono incorporado ao salário.

249. É competente o STF para a ação rescisória quando, embora não tendo conhecido do recurso extraordinário, ou havendo negado provimento ao agravo, tiver apreciado a questão federal controvertida.

* V. Súmula 515 do STF.

254. Incluem-se os juros moratórios na liquidação, embora omisso o pedido inicial ou a condenação.

259. Para produzir efeito em juízo não é necessária a inscrição, no Registro Público, de documentos de procedência estrangeira, autenticados por via consular.

260. O exame de livros comerciais, em ação judicial, fica limitado às transações entre os litigantes.

264. Verifica-se a prescrição intercorrente pela paralisação da ação rescisória por mais de 5 (cinco) anos.

265. Na apuração de haveres, não prevalece o balanço não aprovado pelo sócio falecido, excluído ou que se retirou.

266. Não cabe mandado de segurança contra lei em tese.

267. Não cabe mandado de segurança contra ato judicial passível de recurso ou correição.

268. Não cabe mandado de segurança contra decisão judicial com trânsito em julgado.

279. Para simples reexame de prova não cabe recurso extraordinário.

* V. Súmula 7 do STJ.

280. Por ofensa a direito local não cabe recurso extraordinário.

281. É inadmissível o recurso extraordinário, quando couber, na Justiça de origem, recurso ordinário da decisão impugnada.

282. É inadmissível o recurso extraordinário, quando não ventilada, na decisão recorrida, a questão federal suscitada.

* V. Súmula 356 do STF.

* V. Súmula 320 do STJ.

283. É inadmissível o recurso extraordinário, quando a decisão recorrida assenta em mais de um fundamento suficiente e o recurso não abrange todos eles.

284. É inadmissível o recurso extraordinário, quando a deficiência na sua fundamentação não permitir a exata compreensão da controvérsia.

285. Não sendo razoável a arguição de inconstitucionalidade, não se conhece do recurso extraordinário fundado na letra *c* do art. 101, III, da Constituição.

* Refere-se à Constituição de 1946.

286. Não se conhece do recurso extraordinário fundado em divergência jurisprudencial, quando a orientação do plenário do STF já se firmou no mesmo sentido da decisão recorrida.

* V. Súmula 83 do STJ.

287. Nega-se provimento ao agravo, quando a deficiência na sua fundamentação, ou na do recurso extraordinário, não permitir a exata compreensão da controvérsia.

288. Nega-se provimento a agravo para subida de recurso extraordinário, quando faltar no traslado o despacho agravado, a decisão recorrida, a petição de recurso extraordinário ou qualquer peça essencial à compreensão da controvérsia.

289. O provimento do agravo por uma das Turmas do STF ainda que sem ressalva, não prejudica a questão do cabimento do recurso extraordinário.

* V. Súmula 300 do STF.

291. No recurso extraordinário pela letra *d* do art. 101, III, da Constituição, a prova do dissídio jurisprudencial far-se-á por certidão, ou mediante indicação do *Diário da Justiça* ou de repertório de jurisprudência autorizado, com a transcrição do trecho que configure a divergência, mencionadas as circunstâncias que identifiquem ou assemelhem os casos confrontados.

* Refere-se à Constituição de 1946.

292. Interposto o recurso extraordinário por mais de um dos fundamentos indicados no art. 101, III, da Constituição, a admissão apenas por um deles não prejudica o seu conhecimento por qualquer dos outros.

* Refere-se à Constituição de 1946.

293. São inadmissíveis embargos infringentes contra decisão em matéria constitucional submetida ao plenário dos Tribunais.

* V. Súmulas 296 e 455 do STF.

294. São inadmissíveis embargos infringentes contra decisão do STF em mandado de segurança.

* V. Súmula 597 do STF.

295. São inadmissíveis embargos infringentes contra decisão unânime do STF em ação rescisória.

296. São inadmissíveis embargos infringentes sobre matéria não ventilada, pela Turma, no julgamento do recurso extraordinário.

* V. Súmula 293 do STF.

307. É devido o adicional de serviço insalubre, calculado à base do salário mínimo da região, ainda que a remuneração contratual seja superior ao salário mínimo acrescido da taxa de insalubridade.

310. Quando a intimação tiver lugar na sexta-feira, ou a publicação com efeito de intimação for feita nesse dia, o prazo judicial terá início na segunda-feira imediata, salvo se não houver expediente, caso em que começará no primeiro dia útil que se seguir.

311. No típico acidente do trabalho, a existência de ação judicial não exclui a multa pelo retardamento da liquidação.

312. Músico integrante de orquestra da empresa, com atuação permanente e vínculo de subordinação, está sujeito à legislação geral do trabalho e não à especial dos artistas.

313. Provada a identidade entre o trabalho diurno e o noturno, é devido o adicional, quanto a este, sem a limitação do art. 73, § 3.º, da CLT, independentemente da natureza da atividade do empregador.

314. Na composição do dano por acidente do trabalho, ou de transporte, não é contrário à lei tomar para base da indenização o salário do tempo da perícia ou da sentença.

315. Indispensável o traslado das razões da revista para julgamento, pelo TST, do agravo para sua admissão.

316. A simples adesão à greve não constitui falta grave.

317. São improcedentes os embargos declaratórios, quando não pedida a declaração do julgado anterior, em que se verificou a omissão.

327. O direito trabalhista admite a prescrição intercorrente.

* V. Súmula 114 do TST.

337. A controvérsia entre o empregador e o segurador não suspende o pagamento devido ao empregado por acidente do trabalho.

338. Não cabe ação rescisória no âmbito da Justiça do Trabalho.

341. É presumida a culpa do patrão ou comitente pelo ato culposo do empregado ou preposto.

343. Não cabe ação rescisória por ofensa a literal dispositivo de lei, quando a decisão rescindenda se tiver baseado em texto legal de interpretação controvertida nos tribunais.

349. A prescrição atinge somente as prestações de mais de 2 (dois) anos, reclamadas com fundamento em decisão normativa da Justiça do Trabalho, ou em convenção coletiva de trabalho, quando não estiver em causa a própria validade de tais atos.

386. Pela execução de obra musical por artistas remunerados é devido direito autoral, não exigível quando a orquestra for de amadores.

392. O prazo para recorrer de acórdão concessivo de segurança conta-se da publicação oficial de suas conclusões, e não da anterior ciência à autoridade para cumprimento da decisão.

399. Não cabe recurso extraordinário, por violação de lei federal, quando a ofensa alegada for a regimento de tribunal.

402. Vigia noturno tem direito a salário adicional.

* V. Súmula 140 do TST.

403. É de decadência o prazo de 30 (trinta) dias para instauração do inquérito judicial, a contar da suspensão, por falta grave, de empregado estável.

432. Não cabe recurso extraordinário com fundamento no art. 101, III, *d*, da CF/1988, quando a divergência alegada for entre decisões da Justiça do Trabalho.

* V. Súmula 505 do STF.

433. É competente o TRT para julgar mandado de segurança contra ato de seu presidente em execução de sentença trabalhista.

434. A controvérsia entre seguradores indicados pelo empregador na ação de acidente do trabalho não suspende o pagamento devido ao acidentado.

457. O TST, conhecendo da revista, julgará a causa, aplicando o direito à espécie.

458. O processo da execução trabalhista não exclui a remição pelo executado.

459. No cálculo da indenização por despedida injusta, incluem-se os adicionais, ou gratificações, que, pela habitualidade, se tenham incorporado ao salário.

460. Para efeito do adicional de insalubridade, a perícia judicial em reclamação trabalhista não dispensa o enquadramento da atividade entre as insalubres, que é ato da competência do Ministro do Trabalho e Previdência Social.

461. É duplo, e não triplo, o pagamento de salário nos dias destinados a descanso.

* V. Súmula 146 do TST.

462. No cálculo da indenização por despedida injusta inclui-se, quando devido, o repouso semanal remunerado.

463. Para efeito de indenização e estabilidade, conta-se o tempo em que o empregado esteve afastado, em serviço militar obrigatório, mesmo anteriormente à Lei 4.072, de 01.06.1962.

464. No cálculo da indenização por acidente do trabalho inclui-se, quando devido, o repouso semanal remunerado.

467. A base de cálculo das contribuições previdenciárias, anteriormente à vigência da Lei Orgânica da Previdência Social, é o salário mínimo mensal, observados os limites da Lei 2.755, de 1956.

478. O provimento em cargo de juízes substitutos do Trabalho, deve ser feito independentemente de lista tríplice, na ordem de classificação dos candidatos.

501. Compete à Justiça ordinária estadual o processo e o julgamento, em ambas as instâncias, das causas de acidente do trabalho, ainda que promovidas contra a União, suas autarquias, empresas públicas ou sociedades de economia mista.

* V. Súmula 235 do STF.

505. Salvo quando contrariarem a Constituição, não cabe recurso para o STF de quaisquer decisões da Justiça do Trabalho, inclusive dos presidentes de seus tribunais.

* V. Súmula 432 do STF.

514. Admite-se ação rescisória contra sentença transitada em julgado, ainda que contra ela não se tenham esgotado todos os recursos.

529. Subsiste a responsabilidade do empregador pela indenização decorrente de acidente do trabalho, quando o segurador, por haver entrado em liqui-

dação, ou por outro motivo, não se encontrar em condições financeiras, de efetuar, na forma da lei, o pagamento que o seguro obrigatório visava garantir.

531. É inconstitucional o Dec. 51.668, de 17.01.1963, que estabeleceu salário profissional para trabalhadores de transportes marítimos, fluviais e lacustres.

593. Incide o percentual do Fundo de Garantia do Tempo de Serviço (FGTS) sobre a parcela da remuneração correspondente a horas extraordinárias de trabalho.

624. Não compete ao STF conhecer originariamente de mandado de segurança contra atos de outros tribunais.

625. Controvérsia sobre matéria de direito não impede concessão de mandado de segurança.

633. É incabível a condenação em verba honorária nos recursos extraordinários interpostos em processo trabalhista, exceto nas hipóteses previstas na Lei 5.584/1970.

655. A exceção prevista no art. 100, *caput*, da CF/1988, em favor dos créditos de natureza alimentícia, não dispensa a expedição de precatório, limitando-se a isentá-los da observância da ordem cronológica dos precatórios decorrentes de condenações de outra natureza.

 * V. art. 100, § 1.°, CF/1988.

666. A contribuição confederativa de que trata o art. 8.°, IV, da CF/1988, só é exigível dos filiados ao sindicato respectivo.

671. Os servidores públicos e os trabalhadores em geral têm direito, no que concerne à URP de abril/maio de 1988, apenas ao valor correspondente a 7/30 (sete trinta avos) de 16,19% (dezesseis inteiros e dezenove centésimos por cento) sobre os vencimentos e salários pertinentes aos meses de abril e maio de 1988, não cumulativamente, devidamente corrigido até o efetivo pagamento.

675. Os intervalos fixados para descanso e alimentação durante a jornada de 6 (seis) horas não descaracterizam o sistema de turnos ininterruptos de revezamento para o efeito do art. 7.°, XIV, da CF/1988.

676. A garantia da estabilidade provisória prevista no art. 10, II, *a*, do ADCT, também se aplica ao suplente do cargo de direção de Comissões Internas de Prevenção de Acidentes (Cipa).

677. Até que lei venha a dispor a respeito, incumbe ao Ministério do Trabalho proceder ao registro das entidades sindicais e zelar pela observância do princípio da unicidade.

678. São inconstitucionais os incs. I e III do art. 7.º da Lei 8.162/1991, que afastam, para efeito de anuênio e de licença-prêmio, a contagem do tempo de serviço regido pela Consolidação das Leis do Trabalho dos servidores que passaram a submeter-se ao Regime Jurídico Único.

679. A fixação de vencimentos dos servidores públicos não pode ser objeto de convenção coletiva.

680. O direito ao auxílio-alimentação não se estende aos servidores inativos.

687. A revisão de que trata o art. 58 do ADCT não se aplica aos benefícios previdenciários concedidos após a promulgação da Constituição de 1988.

688. É legítima a incidência da contribuição previdenciária sobre o 13.º salário.

689. O segurado pode ajuizar ação contra a instituição previdenciária perante o juízo federal do seu domicílio ou nas varas federais da Capital do Estado--membro.

726. Para efeito de aposentadoria especial de professores, não se computa o tempo de serviço prestado fora da sala de aula.

729. A decisão na ADC-4 não se aplica à antecipação de tutela em causa de natureza previdenciária.

732. É constitucional a cobrança da contribuição do salário-educação, seja sob a Carta de 1969, seja sob a Constituição Federal de 1988, e no regime da Lei 9.424/1996.

733. Não cabe recurso extraordinário contra decisão proferida no processamento de precatórios.

734. Não cabe reclamação quando já houver transitado em julgado o ato judicial que se alega tenha desrespeitado decisão do STF.

736. Compete à Justiça do Trabalho julgar as ações que tenham como causa de pedir o descumprimento de normas trabalhistas relativas à segurança, higiene e saúde dos trabalhadores.

2. Superior Tribunal de Justiça

2. Não cabe o *habeas data* (art. 5.º, LXXII, *a*, da CF/1988) se não houve recusa de informações por parte da Autoridade Administrativa.

3. Compete ao TRF dirimir conflito de competência verificado, na respectiva Região, entre Juiz Federal e Juiz Estadual investido de Jurisdição Federal.

5. A simples interpretação de cláusula contratual não enseja recurso especial.

 * V. Súmula 181 do STJ.
 * V. Súmula 454 do STF.

7. A pretensão de simples reexame de prova não enseja recurso especial.

 * V. Súmula 279 do STF.

10. Instalada a Junta de Conciliação e Julgamento, cessa a competência do juiz de direito em matéria trabalhista, inclusive para a execução das sentenças por ele proferidas.

 * A EC 24/1999 substituiu as Juntas de Conciliação e Julgamento por Varas do Trabalho (Juiz singular) e extinguiu a representação classista na Justiça do Trabalho.

13. A divergência entre Julgados do mesmo Tribunal não enseja recurso especial.

14. Arbitrados os honorários advocatícios em percentual sobre o valor da causa, a correção monetária incide a partir do respectivo ajuizamento.

15. Compete à Justiça Estadual processar e julgar os litígios decorrentes de acidente do trabalho.

 * V. art. 109, I, da CF/1988.
 * V. Súmula 235 do STF.

23. O Bacen é parte legítima nas ações fundadas na Res. TST 1.154/1986.

33. A incompetência relativa não pode ser declarada de ofício.

 * V. art. 112, parágrafo único, do CPC.

41. O STJ não tem competência para processar e julgar, originariamente, mandado de segurança contra ato de outros Tribunais ou dos respectivos Órgãos.

 * V. Súmula 330 do STF.

45. No reexame necessário, é defeso, ao Tribunal, agravar a condenação imposta à Fazenda Pública.

46. Na execução por carta, os embargos do devedor serão decididos no Juízo deprecante, salvo se versarem unicamente vícios ou defeitos da penhora, avaliação ou alienação dos bens.

 * V. Súmula 32 do TFR.

57. (Súmula sem eficácia)
 (Compete à Justiça Comum Estadual processar e julgar ação de cumprimento fundada em acordo ou convenção coletiva não homologados pela Justiça do Trabalho)

59. Não há conflito de competência se já existe sentença com trânsito em julgado, proferida por um dos Juízos conflitantes.

62. Compete à Justiça Estadual processar e julgar o crime de falsa anotação na Carteira de Trabalho e Previdência Social, atribuído à empresa privada.

82. Compete à Justiça Federal, excluídas as reclamações trabalhistas, processar e julgar os feitos relativos a movimentação no FGTS.

83. Não se conhece do recurso especial pela divergência, quando a orientação do Tribunal se firmou no mesmo sentido da decisão recorrida.

 * V. Súmula 286 do STF.

97. Compete à Justiça do Trabalho processar e julgar reclamação de servidor público relativamente a vantagens trabalhistas anteriores à instituição do regime jurídico único.

98. Embargos de declaração manifestados com notório propósito de prequestionamento não têm caráter protelatório.

105. Na ação de mandado de segurança não se admite condenação em honorários advocatícios.

 * V. Súmula 512 do STF.

106. Proposta a ação no prazo fixado para o seu exercício, a demora na citação, por motivos inerentes ao mecanismo da Justiça, não justifica o acolhimento da arguição de prescrição ou decadência.

115. Na Instância Especial é inexistente recurso interposto por advogado sem procuração nos autos.

117. A inobservância do prazo de 48 (quarenta e oito) horas, entre a publicação de pauta e o julgamento sem a presença das partes, acarreta nulidade.

118. O agravo de instrumento é o recurso cabível da decisão que homologa a atualização do cálculo da liquidação.

123. A decisão que admite, ou não, o recurso especial deve ser fundamentada, com o exame dos seus pressupostos gerais e constitucionais.

126. É inadmissível recurso especial, quando o acórdão recorrido assenta em fundamentos constitucional e infraconstitucional, qualquer deles suficiente, por si só, para mantê-lo, e a parte vencida não manifesta recurso extraordinário.

134. Embora intimado da penhora em imóvel do casal, o cônjuge do executado pode opor embargos de terceiro para defesa de sua meação.

137. Compete à Justiça Comum Estadual processar e julgar ação de servidor público municipal, pleiteando direitos relativos ao vínculo estatutário.

144. Os créditos de natureza alimentícia gozam de preferência, desvinculados os precatórios da ordem cronológica dos créditos de natureza diversa.

147. Compete à Justiça Federal processar e julgar os crimes praticados contra funcionário público federal, quando relacionados com o exercício da função.

154. Os optantes pelo FGTS, nos termos da Lei 5.958/1973, têm direito a taxa progressiva dos juros, na forma do art. 4.º da Lei 5.107/1966.

158. Não se presta a justificar embargos de divergência o dissídio com acórdão de Turma ou Seção que não mais tenha competência para a matéria neles versada.

161. É da competência da Justiça Estadual autorizar o levantamento dos valores relativos ao PIS/Pasep e FGTS, em decorrência do falecimento do titular da conta.

165. Compete à Justiça Federal processar e julgar crime de falso testemunho cometido no processo trabalhista.

168. Não cabem embargos de divergência, quando a jurisprudência do Tribunal se firmou no mesmo sentido do acórdão embargado.

169. São inadmissíveis embargos infringentes no processo de mandado de segurança.

170. Compete ao Juízo onde primeiro for intentada a ação envolvendo acumulação de pedidos, trabalhista e estatutário, decidi-la nos limites da sua jurisdição, sem prejuízo do ajuizamento de nova causa, com o pedido remanescente, no Juízo próprio.

173. Compete à Justiça Federal processar e julgar o pedido de reintegração em cargo público federal, ainda que o servidor tenha sido dispensado antes da instituição do Regime Jurídico Único.

180. Na lide trabalhista, compete ao TRT dirimir conflito de competência verificado, na respectiva região, entre Juiz Estadual e Junta de Conciliação e Julgamento.

* A EC 24/1999 substituiu as Juntas de Conciliação e Julgamento por Varas do Trabalho (Juiz singular) e extinguiu a representação classista na Justiça do Trabalho.

182. É inviável o agravo do art. 545 do CPC que deixa de atacar especificamente os fundamentos da decisão agravada.

195. Em embargos de terceiro não se anula ato jurídico, por fraude contra credores.

201. Os honorários advocatícios não podem ser fixados em salários mínimos.

202. A impetração de segurança por terceiro, contra ato judicial, não se condiciona à interposição de recurso.

205. A Lei 8.009/1990 aplica-se à penhora realizada antes de sua vigência.

206. A existência de vara privativa, instituída por lei estadual, não altera a competência territorial resultante das leis de processo.

207. É inadmissível recurso especial quando cabíveis embargos infringentes contra o acórdão proferido no tribunal de origem.

210. A ação de cobrança das contribuições para o FGTS prescreve em 30 (trinta) anos.
 * V. Súmula 362 do TST.

215. A indenização recebida pela adesão a Programa de incentivo à Demissão Voluntária não está sujeita à incidência do Imposto de Renda.

219. Os créditos decorrentes de serviços prestados à massa falida, inclusive a remuneração do síndico, gozam dos privilégios próprios dos trabalhistas.

222. Compete à Justiça Comum processar e julgar as ações relativas à contribuição sindical prevista no art. 578 da CLT.

224. Excluído do feito o Ente Federal, cuja presença levara o Juiz Estadual a declinar da competência, deve o Juiz Federal restituir os autos e não suscitar conflito.

225. Compete ao TRT apreciar recurso contra sentença proferida por órgão de primeiro grau da Justiça Trabalhista, ainda que para declarar-lhe a nulidade em virtude de incompetência.

226. O Ministério Público tem legitimidade para recorrer na ação de acidente do trabalho, ainda que o segurado esteja assistido por advogado.

232. A Fazenda Pública, quando parte no processo, fica sujeita à exigência do depósito prévio dos honorários do perito.

235. A conexão não determina a reunião dos processos, se um deles já foi julgado.

236. Não compete ao STJ dirimir conflitos de competência entre Juízos Trabalhistas vinculados a Tribunais Regionais do Trabalho diversos.

240. A extinção do processo, por abandono da causa pelo autor, depende de requerimento do réu.

242. Cabe ação declaratória para reconhecimento de tempo de serviço para fins previdenciários.

249. A Caixa Econômica Federal tem legitimidade passiva para integrar processo em que se discute correção monetária do FGTS.

252. Os saldos das contas do FGTS, pela legislação infraconstitucional, são corrigidos em 42,72% (IPC) quanto às perdas de janeiro de 1989 e 44,80% (IPC) quanto às de abril de 1990, acolhidos pelo STJ os índices de 18,02% (LBC) quanto às perdas de junho de 1987, de 5,38% (BTN) para maio de 1990 e 7,00% (TR) para fevereiro de 1991, de acordo com o entendimento do STF (RE 226.855-7-RS).

255. Cabem embargos infringentes contra Acórdão, proferido por maioria, em agravo retido, quando se tratar de matéria de mérito.

270. O protesto pela preferência de crédito, apresentado por Ente Federal em execução que tramita na Justiça Estadual, não desloca a competência para a Justiça Federal.

272. O trabalhador rural, na condição de segurado especial, sujeito à contribuição obrigatória sobre a produção rural comercializada, somente faz jus à aposentadoria por tempo de serviço, se recolher contribuições facultativas.

278. O termo inicial do prazo prescricional, na ação de indenização, é a data em que o segurado teve ciência inequívoca da incapacidade laboral.

291. A ação de cobrança de parcelas de complementação de aposentadoria pela previdência privada prescreve em 5 (cinco) anos.

 * V. Súmula 427 do STJ.

303. Em embargos de terceiro, quem deu causa à constrição indevida deve arcar com os honorários advocatícios.

310. O auxílio-creche não integra o salário de contribuição.

315. Não cabem embargos de divergência no âmbito do agravo de instrumento que não admite recurso especial.

316. Cabem embargos de divergência contra Acórdão que, em agravo regimental, decide recurso especial.

318. Formulado pedido certo e determinado, somente o autor tem interesse recursal em arguir o vício da sentença ilíquida.

319. O encargo de depositário de bens penhorados pode ser expressamente recusado.

320. A questão federal somente ventilada no voto vencido não atende ao requisito do prequestionamento.

* V. Súmulas 282 e 356 do STF.

325. A remessa oficial devolve ao Tribunal o reexame de todas as parcelas da condenação suportadas pela Fazenda Pública, inclusive dos honorários de advogado.

328. Na execução contra instituição financeira, é penhorável o numerário disponível, excluídas as reservas bancárias mantidas no Bacen.

329. O Ministério Público tem legitimidade para propor ação civil pública em defesa do patrimônio público.

340. A lei aplicável à concessão de pensão previdenciária por morte é aquela vigente na data do óbito do segurado.

344. A liquidação por forma diversa da estabelecida na sentença não ofende a coisa julgada.

345. São devidos honorários advocatícios pela Fazenda Pública nas execuções individuais de sentença proferida em ações coletivas, ainda que não embargadas.

349. Compete à Justiça Federal ou aos juízes com competência delegada o julgamento das execuções fiscais de contribuições devidas pelo empregador ao FGTS.

353. As disposições do Código Tributário Nacional não se aplicam às contribuições para o FGTS.

367. A competência estabelecida pela EC 45/2004 não alcança os processos já sentenciados.

377. O portador de visão monocular tem direito de concorrer, em concurso público, às vagas reservadas aos deficientes.

386. São isentas de Imposto de Renda as indenizações de férias proporcionais e o respectivo adicional.

396. A Confederação Nacional da Agricultura tem legitimidade ativa para a cobrança da Contribuição Sindical Rural.

398. A prescrição da ação para pleitear os juros progressivos sobre os saldos de conta vinculada do FGTS não atinge o fundo de direito, limitando-se às parcelas vencidas.

401. O prazo decadencial da ação rescisória só se inicia quando não for cabível qualquer recurso do último pronunciamento judicial.

413. O farmacêutico pode acumular a responsabilidade técnica por uma farmácia e uma drogaria ou por duas drogarias.

416. É devida a pensão por morte aos dependentes do segurado que, apesar de ter perdido essa qualidade, preencheu os requisitos legais para a obtenção de aposentadoria até a data do seu óbito.

418. É inadmissível o recurso especial interposto antes da publicação do Acórdão dos embargos de declaração, sem posterior ratificação.

419. Descabe a prisão civil do depositário judicial infiel.

420. Incabível, em embargos de divergência, discutir o valor de indenização por danos morais.

425. A retenção da contribuição para a Seguridade Social pelo tomador do serviço não se aplica às empresas optantes pelo Simples.

427. A ação de cobrança de diferenças de valores de complementação de aposentadoria prescreve em 5 (cinco) anos contados da data do pagamento.

429. A citação postal, quando autorizada por lei, exige o aviso de recebimento.

445. As diferenças de correção monetária resultantes de expurgos inflacionários sobre os saldos de FGTS têm como termo inicial a data em que deveriam ter sido creditadas.

456. É incabível a correção monetária dos salários de contribuição considerados no cálculo do salário de benefício de auxílio-doença, aposentadoria por invalidez, pensão ou auxílio-reclusão concedidos antes da vigência da CF/1988.

458. A contribuição previdenciária incide sobre a comissão paga ao corretor de seguros.

459. A Taxa Referencial (TR) é o índice aplicável, a título de correção monetária, aos débitos com o FGTS recolhidos pelo empregador mas não repassados ao fundo.

462. Nas ações em que representa o FGTS, a CEF, quando sucumbente, não está isenta de reembolsar as custas antecipadas pela parte vencedora.

463. Incide Imposto de Renda sobre os valores percebidos a título de indenização por horas extraordinárias trabalhadas, ainda que decorrentes de acordo coletivo.

466. O titular da conta vinculada ao FGTS tem o direito de sacar o saldo respectivo quando declarado nulo seu contrato de trabalho por ausência de prévia aprovação em concurso público.

481. Faz jus ao benefício da Justiça Gratuita a pessoa jurídica com ou sem fins lucrativos que demonstrar sua impossibilidade de arcar com os encargos processuais.

482. A falta de ajuizamento da ação principal no prazo do art. 806 do CPC acarreta a perda da eficácia da liminar deferida e a extinção do processo cautelar.

483. O INSS não está obrigado a efetuar depósito prévio do preparo por gozar das prerrogativas e privilégios da Fazenda Pública.

484. Admite-se que o preparo seja efetuado no primeiro dia útil subsequente, quando a interposição do recurso ocorrer após o encerramento do expediente bancário.

486. É impenhorável o único imóvel residencial do devedor que esteja locado a terceiros, desde que a renda obtida com a locação seja revertida para a subsistência ou a moradia da sua família.

487. O parágrafo único do art. 741 do CPC não se aplica às sentenças transitadas em julgado em data anterior à da sua vigência.

490. A dispensa de reexame necessário, quando o valor da condenação ou do direito controvertido for inferior a sessenta salários mínimos, não se aplica a sentenças ilíquidas.

499. As empresas prestadoras de serviços estão sujeitas às contribuições ao Sesc e Senac, salvo se integradas noutro serviço social.

3. Tribunal Superior do Trabalho

* A Res. TST 129/2005 alterou a denominação dos verbetes da jurisprudência predominante do TST de "Enunciado" para "Súmula" (*DJU* 20.04.2005).

* Redação conforme Anexo à Res. TST 121/2003 (*DJU* 19.11.2003; rep. 25.11.2003).

1. **Prazo judicial**

 Quando a intimação tiver lugar na sexta-feira, ou a publicação com efeito de intimação for feita nesse dia, o prazo judicial será contado da segunda-feira imediata, inclusive, salvo se não houver expediente, caso em que fluirá no dia útil que se seguir.

2. **(Cancelada pela Res. TST 121/2003)**

 (Gratificação natalina. É devida a gratificação natalina proporcional (Lei 4.090/1962) na extinção dos contratos a prazo, entre estes incluídos os de safra, ainda que a relação de emprego haja findado antes de dezembro).

3. **(Cancelada pela Res. TST 121/2003)**

 (Gratificação natalina. É devida a gratificação natalina proporcional (Lei 4.090/1962) na cessação da relação de emprego resultante da aposentadoria do trabalhador, ainda que verificada antes de dezembro).

4. **(Cancelada pela Res. TST 121/2003)**

 (Custas. As pessoas jurídicas de direito público não estão sujeitas a prévio pagamento de custas, nem a depósito da importância da condenação, para o processamento de recurso na Justiça do Trabalho).

5. **(Cancelada pela Res. TST 121/2003)**

 (Reajustamento salarial. O reajustamento salarial coletivo, determinado no curso do aviso-prévio, beneficia o empregado pré-avisado da despedida, mesmo que tenha recebido antecipadamente os salários correspondentes ao período do aviso, que integra o seu tempo de serviço para todos os efeitos legais).

6. **Equiparação salarial. Art. 461 da CLT. (Redação do item VI alterada na Seção do Tribunal Pleno realizada em 14.09.2012)**

 I – Para os fins previstos no § 2.º do art. 461 da CLT, só é válido o quadro de pessoal organizado em carreira quando homologado pelo Ministério do Trabalho, excluindo-se, apenas, dessa exigência o quadro de carreira

das entidades de direito público da administração direta, autárquica e fundacional aprovado por ato administrativo da autoridade competente. (Ex-Súmula 6, alterada pela Res. TST 104/2000, DJ 20.12.2000)

II – Para efeito de equiparação de salários em caso de trabalho igual, conta-se o tempo de serviço na função e não no emprego. (Ex-Súmula 135, RA 102/1982, DJ 11.10.1982 e DJ 15.10.1982)

III – A equiparação salarial só é possível se o empregado e o paradigma exercerem a mesma função, desempenhando as mesmas tarefas, não importando se os cargos têm, ou não, a mesma denominação. (Ex-OJ da SDI-I/TST 328, DJ 09.12.2003)

IV – É desnecessário que, ao tempo da reclamação sobre equiparação salarial, reclamante e paradigma estejam a serviço do estabelecimento, desde que o pedido se relacione com situação pretérita. (Ex-Súmula 22, RA 57/1970, DO-GB 27.11.1970)

V – A cessão de empregados não exclui a equiparação salarial, embora exercida a função em órgão governamental estranho à cedente, se esta responde pelos salários do paradigma e do reclamante. (Ex-Súmula 111, RA 102/1980, DJ 25.09.1980)

VI – Presentes os pressupostos do art. 461 da CLT, é irrelevante a circunstância de que o desnível salarial tenha origem em decisão judicial que beneficiou o paradigma, exceto se decorrente de vantagem pessoal, de tese jurídica superada pela jurisprudência de Corte Superior ou, na hipótese de equiparação salarial em cadeia, suscitada em defesa, se o empregador produzir prova do alegado fato modificativo, impeditivo ou extintivo do direito à equiparação salarial em relação ao paradigma remoto.

VII – Desde que atendidos os requisitos do art. 461 da CLT, é possível a equiparação salarial de trabalho intelectual, que pode ser avaliado por sua perfeição técnica, cuja aferição terá critérios objetivos. (Ex-OJ da SDI-I/TST 298, DJ 11.08.2003)

VIII – É do empregador o ônus da prova do fato impeditivo, modificativo ou extintivo da equiparação salarial. (Ex-Súmula 68, RA 9/1977, DJ 11.02.1977)

IX – Na ação de equiparação salarial, a prescrição é parcial e só alcança as diferenças salariais vencidas no período de 5 (cinco) anos que precedeu o ajuizamento. (Ex-Súmula 274, alterada pela Res. TST 121/2003, DJ 21.11.2003)

X – O conceito de "mesma localidade" de que trata o art. 461 da CLT refere-se, em princípio, ao mesmo município, ou a municípios distintos que, comprovadamente, pertençam à mesma região metropolitana. (Ex-OJ da SDI-I/TST 252, inserida em 13.03.2002)

* Súmula com redação determinada pela Res. TST 185/2012 (*DEJT* 25.09.2012).

7. **Férias**
A indenização pelo não deferimento das férias no tempo oportuno será calculada com base na remuneração devida ao empregado na época da reclamação ou, se for o caso, na da extinção do contrato.

8. **Juntada de documento**
A juntada de documentos na fase recursal só se justifica quando provado o justo impedimento para sua oportuna apresentação ou se referir a fato posterior à sentença.

9. **Ausência do reclamante**
A ausência do reclamante, quando adiada a instrução após contestada a ação em audiência, não importa arquivamento do processo.

10. **Professor. Dispensa sem justa causa. Término do ano letivo ou no curso de férias escolares. Aviso prévio. (Redação alterada em Seção do Tribunal Pleno realizada em 14.09.2012)**
O direito aos salários do período de férias escolares assegurado aos professores (art. 322, *caput* e § 3.º, da CLT) não exclui o direito ao aviso prévio, na hipótese de dispensa sem justa causa ao término do ano letivo ou no curso das férias escolares.

* Súmula com redação determinada pela Res. TST 185/2012 (*DEJT* 25.09.2012).

11. **(Cancelada pela Res. TST 121/2003)**
(Honorários de advogado. É inaplicável na Justiça do Trabalho o disposto no art. 64 do CPC, sendo os honorários de advogado somente devidos nos termos do preceituado na Lei 1.060/1950).

12. **Carteira profissional**
As anotações apostas pelo empregador na carteira profissional do empregado não geram presunção *juris et de jure*, mas apenas *juris tantum*.

13. Mora

 O só pagamento dos salários atrasados em audiência não elide a mora capaz de determinar a rescisão do contrato de trabalho.

14. Culpa recíproca

 Reconhecida a culpa recíproca na rescisão do contrato de trabalho (art. 484 da CLT), o empregado tem direito a 50% (cinquenta por cento) do valor do aviso-prévio, do décimo terceiro salário e das férias proporcionais.

 * Súmula com redação determinada pela Res. TST 121/2003.

15. Atestado médico

 A justificação da ausência do empregado motivada por doença, para a percepção do salário-enfermidade e da remuneração do repouso semanal, deve observar a ordem preferencial dos atestados médicos estabelecida em lei.

16. Notificação

 Presume-se recebida a notificação 48 (quarenta e oito) horas depois de sua postagem. O seu não recebimento ou a entrega após o decurso desse prazo constitui ônus de prova do destinatário.

 * Súmula com redação determinada pela Res. TST 121/2003.

17. (Cancelada pela Res. TST 148/2008)

 (Adicional de Insalubridade. O adicional de insalubridade devido a empregado que, por força da lei, convenção coletiva ou sentença normativa, percebe salário profissional será sobre este calculado). (Súmula restaurada pela Res. TST 121/2003)

18. Compensação

 A compensação, na Justiça do Trabalho, está restrita a dívidas de natureza trabalhista.

19. Quadro de carreira

 A Justiça do Trabalho é competente para apreciar reclamação de empregado que tenha por objeto direito fundado em quadro de carreira.

20. (Cancelada pela Res. TST 106/2001)

 (Resilição contratual. Não obstante o pagamento da indenização de antiguidade, presume-se em fraude à lei a resilição contratual, se o empregado permaneceu prestando serviços ou tiver sido, em curto prazo, readmitido).

21. (Cancelada pela Res. TST 30/1994)

 (Aposentadoria. O empregado aposentado tem direito ao cômputo do tempo anterior à aposentadoria, se permanecer a serviço da empresa ou a ela retornar).

22. (Cancelada em decorrência da sua incorporação à nova redação da Súmula 6, Res. TST 129/2005, *DJU* 20.04.2005)

 (Equiparação salarial. É desnecessário que, ao tempo da reclamação sobre equiparação salarial, reclamante e paradigma estejam a serviço do estabelecimento, desde que o pedido se relacione com situação pretérita). (RA 57/1970, *DO-GB* 27.11.1970)

23. **Recurso**

 Não se conhece de recurso de revista ou de embargos, se a decisão recorrida resolver determinado item do pedido por diversos fundamentos, e a jurisprudência transcrita não abranger a todos.

24. **Serviço extraordinário**

 Insere-se no cálculo da indenização por antiguidade o salário relativo a serviço extraordinário, desde que habitualmente prestado.

25. **Custas**

 A parte vencedora na primeira instância, se vencida na segunda, está obrigada, independentemente de intimação, a pagar as custas fixadas na sentença originária, das quais ficara isenta a parte então vencida.

26. (Cancelada pela Res. TST 121/2003)

 (Estabilidade. Presume-se obstativa à estabilidade a despedida, sem justo motivo, do empregado que alcançar 9 (nove) anos de serviço na empresa).

27. **Comissionista**

 É devida a remuneração do repouso semanal e dos dias feriados ao empregado comissionista, ainda que pracista.

28. **Indenização**

 No caso de se converter a reintegração em indenização dobrada, o direito aos salários é assegurado até a data da primeira decisão que determinou essa conversão.

* Súmula com redação determinada pela Res. TST 121/2003.

29. Transferência

 Empregado transferido, por ato unilateral do empregador, para local mais distante de sua residência, tem direito a suplemento salarial correspondente ao acréscimo da despesa de transporte.

30. Intimação da sentença

 Quando não juntada a ata ao processo em 48 (quarenta e oito) horas, contadas da audiência de julgamento (art. 851, § 2.º, da CLT), o prazo para recurso será contado da data em que a parte receber a intimação da sentença.

31. (Cancelada pela Res. 31/1994)

 (Aviso-prévio. É incabível o aviso-prévio na despedida indireta).

32. Abandono de emprego

 Presume-se o abandono de emprego se o trabalhador não retornar ao serviço no prazo de 30 (trinta) dias após a cessação do benefício previdenciário nem justificar o motivo de não o fazer.

 * Súmula com redação determinada pela Res. TST 121/2003.

33. Mandado de segurança. Decisão judicial transitada em julgado

 Não cabe mandado de segurança de decisão judicial transitada em julgado.

34. (Cancelada pela Res. TST 121/2003)

 (Gratificação natalina. A gratificação natalina, instituída pela Lei 4.090/1962, é devida ao empregado rural).

35. (Cancelada pela Res. TST 121/2003)

 (Depósito recursal. Complementação. A majoração do salário mínimo não obriga o recorrente a complementar o depósito de que trata o art. 899 da CLT).

36. Custas

 Nas ações plúrimas as custas incidem sobre o respectivo valor global.

37. (Cancelada pela Res. TST 32/1994)

 (Prazo. O prazo para recurso da parte que não comparece à audiência de julgamento, apesar de notificada, conta-se da intimação da sentença).

38. (Cancelada pela Res. TST 121/2003)

(Recurso. Para comprovação da divergência justificadora do recurso é necessário que o recorrente junte certidão, ou documento equivalente, do acórdão paradigma ou faça transcrição do trecho pertinente à hipótese, indicando sua origem e esclarecendo a fonte da publicação, isto é, órgão oficial ou repertório idôneo de jurisprudência). (Revisto pelo Enunciado 337).

39. Periculosidade

Os empregados que operam em bomba de gasolina têm direito ao adicional de periculosidade (Lei 2.573, de 15.08.1955).

40. (Cancelada pela Res. TST 121/2003)

(Processo administrativo. Não cabe recurso ao TST contra decisão em processo administrativo, de interesse de funcionário, proferida por TRT). (Revisto pelo Enunciado 302).

41. (Cancelada pela Res. TST 121/2003)

(Quitação. A quitação, nas hipóteses dos §§ 1.º e 2.º do art. 477 da CLT, concerne exclusivamente aos valores discriminados no documento respectivo). (Revisto pelo Enunciado 330).

42. (Cancelada pela Res. TST 121/2003)

(Recurso. Não ensejam o conhecimento de revista ou de embargos decisões superadas por iterativa, notória e atual jurisprudência do Pleno). (Revisto pelo Enunciado 333).

43. Transferência

Presume-se abusiva a transferência de que trata o § 1.º do art. 469 da CLT, sem comprovação da necessidade do serviço.

44. Aviso-prévio

A cessação da atividade da empresa, com o pagamento da indenização, simples ou em dobro, não exclui, por si só, o direito do empregado ao aviso-prévio.

45. Serviço suplementar

A remuneração do serviço suplementar, habitualmente prestado, integra o cálculo da gratificação natalina prevista na Lei 4.090, de 13.07.1962.

46. Acidente de trabalho

 As faltas ou ausências decorrentes de acidente do trabalho não são consideradas para os efeitos de duração de férias e cálculo da gratificação natalina.

47. Insalubridade

 O trabalho executado em condições insalubres, em caráter intermitente, não afasta, só por essa circunstância, o direito à percepção do respectivo adicional.

48. Compensação

 A compensação só poderá ser arguida com a contestação.

49. (Cancelada pela Res. TST 121/2003)

 (Inquérito judicial. No inquérito judicial, contadas e não pagas as custas no prazo fixado pelo juízo, será determinado o arquivamento do processo)

50. Gratificação natalina

 A gratificação natalina, instituída pela Lei 4.090, de 13.07.1962, é devida pela empresa cessionária ao servidor público cedido enquanto durar a cessão.

51. Norma regulamentar. Vantagens e opção pelo novo regulamento. Art. 468 da CLT. (Incorporada a OJ 163 da SDI-I/TST)

 I – As cláusulas regulamentares, que revoguem ou alterem vantagens deferidas anteriormente, só atingirão os trabalhadores admitidos após a revogação ou alteração do regulamento. (Ex-Súmula 51, RA 41/1973, *DJ* 14.06.1973)

 II – Havendo a coexistência de dois regulamentos da empresa, a opção do empregado por um deles tem efeito jurídico de renúncia às regras do sistema do outro. (Ex-OJ 163, inserida em 26.03.1999)

 * Súmula com redação determinada pela Res. TST 129/2005 (*DJU* 20.04.2005).

52. Tempo de serviço

 O adicional de tempo de serviço (quinquênio) é devido, nas condições estabelecidas no art. 19 da Lei 4.345, de 26.06.1964, aos contratados sob regime da CLT, pela empresa a que se refere a mencionada lei, inclusive para fim de complementação de aposentadoria.

53. **Custas**

O prazo para pagamento das custas, no caso de recurso, é contado da intimação do cálculo.

54. **Optante**

Rescindindo por acordo seu contrato de trabalho, o empregado estável optante tem direito ao mínimo de 60% (sessenta por cento) do total da indenização em dobro, calculada sobre o maior salário percebido no emprego. Se houver recebido menos do que esse total, qualquer tenha sido a forma de transação, assegura-se-lhe a complementação até aquele limite.

55. **Financeiras**

As empresas de crédito, financiamento ou investimento, também denominadas financeiras, equiparam-se aos estabelecimentos bancários para os efeitos do art. 224 da CLT.

56. **(Cancelada pela Res. TST 121/2003)**

(Balconista. O balconista que recebe comissão tem direito ao adicional de 20% (vinte por cento) pelo trabalho em horas extras, calculado sobre o valor das comissões referentes a essas horas). (Revisto pelo Enunciado 340).

57. **(Cancelada pela Res. TST 3/1993)**

(Trabalhador rural. Os trabalhadores agrícolas das usinas de açúcar integram categoria profissional de industriários, beneficiando-se dos aumentos normativos obtidos pela referida categoria).

58. **Pessoal de obras**

Ao empregado admitido como pessoal de obras, em caráter permanente e não amparado pelo regime estatutário, aplica-se a legislação trabalhista.

59. **(Cancelada pela Res. TST 121/2003)**

(Vigia. Vigia de estabelecimento bancário não se beneficia da jornada de trabalho reduzida prevista no art. 224 da CLT).

60. **Adicional noturno. Integração no salário e prorrogação em horário diurno. (Incorporada a OJ 6 da SDI-I/TST)**

I – O adicional noturno, pago com habitualidade, integra o salário do empregado para todos os efeitos. (Ex-Súmula 60, RA 105/1974, DJ 24.10.1974)

II – Cumprida integralmente a jornada no período noturno e prorrogada esta, devido é também o adicional quanto às horas prorrogadas. Exegese do art. 73, § 5.°, da CLT. (Ex-OJ 6, inserida em 25.11.1996)

* Súmula com redação determinada pela Res. TST 129/2005 (*DJU* 20.04.2005).

61. **Ferroviário**

 Aos ferroviários que trabalham em estação do interior, assim classificada por autoridade competente, não são devidas horas extras (art. 243 da CLT).

62. **Abandono de emprego**

 O prazo de decadência do direito do empregador de ajuizar inquérito em face do empregado que incorre em abandono de emprego é contado a partir do momento em que o empregado pretendeu seu retorno ao serviço.

63. **Fundo de garantia**

 A contribuição para o Fundo de Garantia do Tempo de Serviço incide sobre a remuneração mensal devida ao empregado, inclusive horas extras e adicionais eventuais.

64. **(Cancelada pela Res. TST 121/2003)**

 (Prescrição. A prescrição para reclamar contra anotação de carteira profissional, ou omissão desta, flui da data de cessação do contrato de trabalho).

65. **Vigia**

 O direito à hora reduzida de 52 (cinquenta e dois) minutos e 30 (trinta) segundos aplica-se ao vigia noturno.

66. **(Cancelada pela Res. TST 121/2003)**

 (Tempo de serviço. Os quinquênios devidos ao pessoal da Rede Ferroviária Federal S.A. serão calculados sobre o salário do cargo efetivo, ainda que o trabalhador exerça cargo ou função em comissão).

67. **Gratificação. Ferroviário**

 Chefe de trem, regido pelo estatuto dos ferroviários (Dec. 35.530 de 19.09.1959), não tem direito à gratificação prevista no respectivo art. 110.

68. **(Cancelada em decorrência da sua incorporação à nova redação da Súmula 6, Res. TST 129/2005, *DJU* 20.04.2005)**

 (Prova. É do empregador o ônus da prova do fato impeditivo, modificativo ou extintivo da equiparação salarial). (RA 9/1977, *DJ* 11.02.1977).

69. Rescisão do contrato

A partir da Lei 10.272 de 05.09.2001, havendo rescisão do contrato de trabalho e sendo revel e confesso quanto à matéria de fato, deve ser o empregador condenado ao pagamento das verbas rescisórias, não quitadas na primeira audiência, com acréscimo de 50% (cinquenta por cento).

* Súmula com redação determinada pela Res. TST 121/2003.

70. Adicional de periculosidade

O adicional de periculosidade não incide sobre os triênios pagos pela Petrobras.

71. Alçada

A alçada é fixada pelo valor dado à causa na data de seu ajuizamento, desde que não impugnado, sendo inalterável no curso do processo.

72. Aposentadoria

O prêmio aposentadoria instituído por norma regulamentar da empresa não está condicionado ao disposto no § 2.º do art. 14 da Lei 8.036 de 11.05.1990.

* Súmula com redação determinada pela Res. TST 121/2003.

73. Despedida. Justa causa

A ocorrência de justa causa, salvo a de abandono de emprego, no decurso do prazo do aviso-prévio dado pelo empregador, retira do empregado qualquer direito às verbas rescisórias de natureza indenizatória.

* Súmula com redação determinada pela Res. TST 121/2003.

74. Confissão. (nova redação do item I e inserido o item III à redação em decorrência do julgamento do processo TST-IUJEEDRR 801385-77.2001.5.02.0017)

I – Aplica-se a confissão à parte que, expressamente intimada com aquela cominação, não comparecer à audiência em prosseguimento, na qual deveria depor. (Ex-Súmula 74, RA 69/1978, DJ 26.09.1978)

II – a prova pré-constituída nos autos pode ser levada em conta para confronto com a confissão ficta (art. 400, I, do CPC), não implicando

cerceamento de defesa o indeferimento de provas posteriores. (Ex-OJ 184 da SDI-I/TST, inserida em 08.11.2000)

III – a vedação à produção de prova posterior pela parte confessa somente a ela se aplica, não afetando o exercício, pelo magistrado, do poder/dever de conduzir o processo.

* Súmula com redação determinada pela Res. TST 174/2011 (*DEJT* 27.05.2011).

75. **(Cancelada pela Res. TST 121/2003)**

 (Ferroviário. É incompetente a Justiça do Trabalho para conhecer de ação de ferroviário oriundo das empresas Sorocabana, São Paulo –Minas e Araraquarense, que mantém a condição de funcionário público).

76. **(Cancelada pela Res. TST 121/2003)**

 (Horas extras. O valor das horas suplementares prestadas habitualmente, por mais de 2 (dois) anos, ou durante todo o contrato, se suprimidas, integra-se ao salário para todos os efeitos legais). (Revisto pelo Enunciado 291).

77. **Punição**

 Nula é a punição de empregado se não precedida de inquérito ou sindicância internos a que se obrigou a empresa, por norma regulamentar.

78. **(Cancelada pela Res. TST 121/2003)**

 (Gratificação. A gratificação periódica contratual integra o salário, pelo seu duodécimo, para todos os efeitos legais, inclusive o cálculo da natalina da Lei 4.090/1962).

79. **(Cancelada pela Res. TST 121/2003)**

 (Tempo de serviço. O adicional de antiguidade, pago pela Fepasa, calcula-se sobre o salário-base).

80. **Insalubridade**

 A eliminação da insalubridade mediante fornecimento de aparelhos protetores aprovados pelo órgão competente do Poder Executivo exclui a percepção do respectivo adicional.

81. **Férias**

 Os dias de férias gozados após o período legal de concessão, deverão ser remunerados em dobro.

82. Assistência

A intervenção assistencial, simples ou adesiva, só é admissível se demonstrado o interesse jurídico e não o meramente econômico.

* Súmula com redação determinada pela Res. TST 121/2003.

83. Ação rescisória. Matéria controvertida. (Incorporada a OJ 77 da SDI-II/TST)

I – Não procede pedido formulado na ação rescisória por violação literal de lei se a decisão rescindenda estiver baseada em texto legal infraconstitucional de interpretação controvertida nos Tribunais. (Ex-Súmula 83, Res. TST 121/2003, *DJ* 21.11.2003)

II – O marco divisor quanto a ser, ou não, controvertida, nos Tribunais, a interpretação dos dispositivos legais citados na ação rescisória é a data da inclusão, na Orientação Jurisprudencial do TST, da matéria discutida. (Ex-OJ 77, inserida em 13.03.2002)

* Súmula com redação determinada pela Res. TST 137/2005 (*DJU* 22.08.2005).

84. Adicional regional

O adicional regional, instituído pela Petrobras, não contraria o art. 7.º, XXXII, da CF/1988.

* Súmula com redação determinada pela Res. TST 121/2003.

85. Compensação de jornada. (inserido o item V)

I – A compensação de jornada de trabalho deve ser ajustada por acordo individual escrito, acordo coletivo ou convenção coletiva. (Ex-Súmula 85, primeira parte, alterada pela Res. TST 121/2003, *DJ* 21.11.2003)

II – O acordo individual para compensação de horas é válido, salvo se houver norma coletiva em sentido contrário. (Ex-OJ 182 da SDI-I/TST, inserida em 08.11.2000)

III – O mero não atendimento das exigências legais para a compensação de jornada, inclusive quando encetada mediante acordo tácito, não implica a repetição do pagamento das horas excedentes à jornada normal diária, se não dilatada a jornada máxima semanal, sendo devido apenas o respectivo adicional. (Ex-Súmula 85, segunda parte, alterada pela Res. TST 121/2003, *DJ* 21.11.2003)

IV – A prestação de horas extras habituais descaracteriza o acordo de compensação de jornada. Nesta hipótese, as horas que ultrapassarem a

jornada semanal normal deverão ser pagas como horas extraordinárias e, quanto àquelas destinadas à compensação, deverá ser pago a mais apenas o adicional por trabalho extraordinário. (Ex-OJ 220 da SDI-I/TST, inserida em 20.06.2001)

V – As disposições contidas nesta súmula não se aplicam ao regime compensatório na modalidade "banco de horas", que somente pode ser instituído por negociação coletiva.

* Súmula com redação determinada pela Res. TST 174/2011 (*DEJT* 27.05.2011).

86. **Deserção. Massa falida. Empresa em liquidação extrajudicial. (Incorporada a OJ 31 da SDI-I/TST)**

Não ocorre deserção de recurso da massa falida por falta de pagamento de custas ou de depósito do valor da condenação. Esse privilégio, todavia, não se aplica à empresa em liquidação extrajudicial. (Primeira parte, ex--Súmula 86, RA 69/1978, *DJ* 26.09.1978; segunda parte, ex-OJ 31, inserida em 14.03.1994)

* Súmula com redação determinada pela Res. TST 129/2005 (*DJU* 20.04.2005).

87. **Previdência privada**

Se o empregado, ou seu beneficiário, já recebeu da instituição previdenciária privada, criada pela empresa, vantagem equivalente, é cabível a dedução do seu valor do benefício a que faz jus por norma regulamentar anterior.

88. **(Cancelada pela Res. TST 42/1995)**

(Jornada de trabalho. Intervalo entre turnos. O desrespeito ao intervalo mínimo entre 2 (dois) turnos de trabalho, sem importar em excesso na jornada efetivamente trabalhada, não dá direito a qualquer ressarcimento ao obreiro, por tratar-se apenas de infração sujeita a penalidade administrativa (art. 71 da CLT)).

89. **Falta ao serviço**

Se as faltas já são justificadas pela lei, consideram-se como ausências legais e não serão descontadas para o cálculo do período de férias.

90. **Horas *in itinere*. Tempo de serviço. (Incorporadas as Súmulas 324 e 325 e as OJs 50 e 236 da SDI-I/TST)**

I – O tempo despendido pelo empregado, em condução fornecida pelo empregador, até o local de trabalho de difícil acesso, ou não servido por

transporte público regular, e para o seu retorno é computável na jornada de trabalho. (Ex-Súmula 90, RA 80/1978, *DJ* 10.11.1978)

II – A incompatibilidade entre os horários de início e término da jornada do empregado e os do transporte público regular é circunstância que também gera o direito às horas *in itinere*. (Ex-OJ 50, inserida em 01.02.1995)

III – A mera insuficiência de transporte público não enseja o pagamento de horas *in itinere*. (Ex-Súmula 324, RA 16/1993, *DJ* 21.12.1993)

IV – Se houver transporte público regular em parte do trajeto percorrido em condução da empresa, as horas *in itinere* remuneradas limitam-se ao trecho não alcançado pelo transporte público. (Ex-Súmula 325, RA 17/1993, *DJ* 21.12.1993)

V – Considerando que as horas *in itinere* são computáveis na jornada de trabalho, o tempo que extrapola a jornada legal é considerado como extraordinário e sobre ele deve incidir o adicional respectivo. (Ex-OJ 236, inserida em 20.06.2001)

* Súmula com redação determinada pela Res. TST 129/2005 (*DJU* 20.04.2005).

91. **Salário complessivo**

 Nula é a cláusula contratual que fixa determinada importância ou percentagem para atender englobadamente vários direitos legais ou contratuais do trabalhador.

92. **Aposentadoria**

 O direito à complementação de aposentadoria, criado pela empresa, com requisitos próprios, não se altera pela instituição de benefício previdenciário por órgão oficial.

93. **Bancário**

 Integra a remuneração do bancário a vantagem pecuniária por ele auferida na colocação ou na venda de papéis ou valores mobiliários de empresas pertencentes ao mesmo grupo econômico, se exercida essa atividade no horário e no local de trabalho e com o consentimento, tácito ou expresso, do banco empregador.

94. **(Cancelada pela Res. TST 121/2003)**

 (Horas extras. O valor das horas extraordinárias habituais integra o aviso-prévio indenizado).

95. (Cancelada pela Res. TST 121/2003)

(Prescrição trintenária. FGTS. É trintenária a prescrição do direito de reclamar contra o não recolhimento da contribuição para o FGTS).

96. Marítimo

A permanência do tripulante a bordo do navio, no período de repouso, além da jornada, não importa em presunção de que esteja à disposição do empregador ou em regime de prorrogação de horário, circunstâncias que devem resultar provadas, dada a natureza do serviço.

97. Aposentadoria. Complementação

Instituída complementação de aposentadoria por ato da empresa, expressamente dependente de regulamentação, as condições desta devem ser observadas como parte integrante da norma.

* Súmula com redação determinada pela RA 96/1980.

98. FGTS. Indenização. Equivalência. Compatibilidade. (Incorporada a OJ 299 da SDI-I/TST)

I – A equivalência entre os regimes do FGTS e da estabilidade prevista na CLT é meramente jurídica e não econômica, sendo indevidos valores a título de reposição de diferenças. (Ex-Súmula 98 – RA 57/1980, *DJ* 06.06.1980)

II – A estabilidade contratual ou a derivada de regulamento de empresa são compatíveis com o regime do FGTS. Diversamente ocorre com a estabilidade legal (decenal, art. 492 da CLT), que é renunciada com a opção pelo FGTS. (Ex-OJ 299, *DJ* 11.08.2003)

* Súmula com redação determinada pela Res. TST 129/2005. (*DJU* 20.04.2005)

99. Ação rescisória. Deserção. Prazo. (Incorporada a OJ 117 da SDI-II/TST)

Havendo recurso ordinário em sede de rescisória, o depósito recursal só é exigível quando for julgado procedente o pedido e imposta condenação em pecúnia, devendo este ser efetuado no prazo recursal, no limite e nos termos da legislação vigente, sob pena de deserção. (Ex-Súmula 99, RA 62/1980, *DJ* 11.06.1980 e alterada pela Res. TST 110/2002, *DJ* 11.04.2002 e ex-OJ 117, *DJ* 11.08.2003)

* Súmula com redação determinada pela Res. TST 137/2005 (*DJU* 22.08.2005).

100. Ação rescisória. Decadência. (Incorporadas as OJs 13, 16, 79, 102, 104, 122 e 145 da SDI-II/TST)

I – O prazo de decadência, na ação rescisória, conta-se do dia imediatamente subsequente ao trânsito em julgado da última decisão proferida na causa, seja de mérito ou não. (Ex-Súmula 100, Res. TST 109/2001, DJ 18.04.2001)

II – Havendo recurso parcial no processo principal, o trânsito em julgado dá-se em momentos e em tribunais diferentes, contando-se o prazo decadencial para a ação rescisória do trânsito em julgado de cada decisão, salvo se o recurso tratar de preliminar ou prejudicial que possa tornar insubsistente a decisão recorrida, hipótese em que flui a decadência a partir do trânsito em julgado da decisão que julgar o recurso parcial. (Ex-Súmula 100, Res. TST 109/2001, DJ 18.04.2001)

III – Salvo se houver dúvida razoável, a interposição de recurso intempestivo ou a interposição de recurso incabível não protrai o termo inicial do prazo decadencial. (Ex-Súmula 100, Res. TST 109/2001, DJ 18.04.2001)

IV – O juízo rescindente não está adstrito à certidão de trânsito em julgado juntada com a ação rescisória, podendo formar sua convicção através de outros elementos dos autos quanto à antecipação ou postergação do *dies a quo* do prazo decadencial. (Ex-OJ 102, DJ 29.04.2003)

V – O acordo homologado judicialmente tem força de decisão irrecorrível, na forma do art. 831 da CLT. Assim sendo, o termo conciliatório transita em julgado na data da sua homologação judicial. (Ex-OJ 104, DJ 29.04.2003)

VI – Na hipótese de colusão das partes, o prazo decadencial da ação rescisória somente começa a fluir para o Ministério Público, que não interveio no processo principal, a partir do momento em que tem ciência da fraude. (Ex-OJ 122 – DJ 11.08.2003)

VII – Não ofende o princípio do duplo grau de jurisdição a decisão do TST que, após afastar a decadência em sede de recurso ordinário, aprecia desde logo a lide, se a causa versar questão exclusivamente de direito e estiver em condições de imediato julgamento (Ex-OJ 79 – inserida em 13.03.2002)

VIII – A exceção de incompetência, ainda que oposta no prazo recursal, sem ter sido aviado o recurso próprio, não tem o condão de afastar a

consumação da coisa julgada e, assim, postergar o termo inicial do prazo decadencial para a ação rescisória. (Ex-OJ 16 – inserida em 20.09.2000)

IX – Prorroga-se até o primeiro dia útil, imediatamente subsequente, o prazo decadencial para ajuizamento de ação rescisória quando expira em férias forenses, feriados, finais de semana ou em dia em que não houver expediente forense. Aplicação do art. 775 da CLT. (Ex-OJ 13 – inserida em 20.09.2000)

X – Conta-se o prazo decadencial da ação rescisória, após o decurso do prazo legal previsto para a interposição do recurso extraordinário, apenas quando esgotadas todas as vias recursais ordinárias. (Ex-OJ 145 – DJ 10.11.2004)

* Súmula com redação determinada pela Res. TST 137/2005 (DJU 22.08.2005).

101. **Diárias de viagem. Salário. (Incorporada a OJ 292 da SDI-I/TST)**

Integram o salário, pelo seu valor total e para efeitos indenizatórios, as diárias de viagem que excedam a 50% (cinquenta por cento) do salário do empregado, enquanto perdurarem as viagens. (Primeira parte, ex-Súmula 101, RA 65/1980, DJ 18.06.1980; segunda parte, ex-OJ 292 – inserida em 11.08.2003)

* Súmula com redação determinada pela Res. TST 129/2005 (DJU 20.04.2005).

102. **Bancário. Cargo de confiança. (mantida)**

I – A configuração, ou não, do exercício da função de confiança a que se refere o art. 224, § 2.º, da CLT, dependente da prova das reais atribuições do empregado, é insuscetível de exame mediante recurso de revista ou de embargos. (Ex-Súmula 204 – alterada pela Res. 121/2003, DJ 21.11.2003)

II – O bancário que exerce a função a que se refere o § 2.º do art. 224 da CLT e recebe gratificação não inferior a 1/3 (um terço) de seu salário já tem remuneradas as 2 (duas) horas extraordinárias excedentes de seis. (Ex-Súmula 166, RA 102/1982, DJ 11.10.1982 e DJ 15.10.1982)

III – Ao bancário exercente de cargo de confiança previsto no art. 224, § 2.º, da CLT são devidas as 7.ª e 8.ª horas, como extras, no período em que se verificar o pagamento a menor da gratificação de 1/3 (um terço). (Ex-OJ 288 da SDI-I/TST, DJ 11.08.2003)

IV – O bancário sujeito à regra do art. 224, § 2.º, da CLT cumpre jornada de trabalho de 8 (oito) horas, sendo extraordinárias as trabalhadas além da oitava. (Ex-Súmula 232, RA 14/1985, DJ 19.09.1985)

V – O advogado empregado de banco, pelo simples exercício da advocacia, não exerce cargo de confiança, não se enquadrando, portanto, na hipótese do § 2.º do art. 224 da CLT. (Ex-OJ 222 da SDI-I/TST – inserida em 20.06.2001)

VI – O caixa bancário, ainda que caixa executivo, não exerce cargo de confiança. Se perceber gratificação igual ou superior a 1/3 (um terço) do salário do posto efetivo, essa remunera apenas a maior responsabilidade do cargo e não as 2 (duas) horas extraordinárias além da sexta. (Ex-Súmula 102, RA 66/1980, DJ 18.06.1980 e republicada DJ 14.07.1980)

VII – O bancário exercente de função de confiança, que percebe a gratificação não inferior ao terço legal, ainda que norma coletiva contemple percentual superior, não tem direito às sétima e oitava horas como extras, mas tão somente às diferenças de gratificação de função, se postuladas. (Ex-OJ 15 da SDI-I/TST – inserida em 14.03.1994)

* Súmula mantida pela Res. TST 174/2011 (*DEJT* 27.05.2011).

103. **(Cancelada pela Res. TST 121/2003)**

(Tempo de serviço. Licença-prêmio. Os trabalhadores que hajam prestado serviço no regime da Lei 1.890 de 13.06.1953, e optado pelo regime estatutário, não contam, posteriormente, esse período para fins de licença-prêmio, privativa de servidores estatutários).

104. **(Cancelada pela Res. TST 121/2003)**

(Férias. Trabalhador rural. É devido o pagamento de férias ao rurícola, qualquer que tenha sido a data de sua admissão e, em dobro, se não concedidas na época prevista em lei).

105. **(Cancelada pela Res. TST 121/2003)**

(Funcionário público. Quinquênios. O empregado estatutário que optar pelo regime celetista, com o congelamento dos quinquênios em seus valores à época, não tem direito ao reajuste posterior dos seus níveis).

106. **(Cancelada pela Res. TST 157/2009,** *DJe* **04.09.2009)**

(Aposentadoria. Ferroviário. Competência. É incompetente a Justiça do Trabalho para julgar ação ajuizada em face da Rede Ferroviária Federal,

em que ex-empregado desta pleiteie complementação de aposentadoria, elaboração ou alteração de folhas de pagamento de aposentados, se por essas obrigações responde órgão da previdência social).

107. **(Cancelada pelo Enunciado 299)**

(Ação rescisória. Prova. É indispensável a juntada à inicial da ação rescisória da prova do trânsito em julgado da decisão rescindenda, sob pena de indeferimento liminar).

108. **(Cancelada pela Res. 85/1998)**

(Compensação de horário. Acordo. A compensação de horário semanal deve ser ajustada por acordo escrito, não necessariamente em acordo coletivo ou convenção coletiva, exceto quanto ao trabalho da mulher).

109. **Gratificação de função**

O bancário não enquadrado no § 2.º do art. 224 da CLT, que receba gratificação de função, não pode ter o salário relativo a horas extraordinárias compensado com o valor daquela vantagem.

* Súmula com redação determinada pela RA 97/1980.

110. **Jornada de trabalho. Intervalo**

No regime de revezamento, as horas trabalhadas em seguida ao repouso semanal de 24 (vinte e quatro) horas, com prejuízo do intervalo mínimo de 11 (onze) horas consecutivas para descanso entre jornadas, devem ser remuneradas como extraordinárias, inclusive com o respectivo adicional.

111. **(Cancelada em decorrência da sua incorporação à nova redação da Súmula 6, Res. TST 129/2005, *DJU* 20.04.2005)**

(Equiparação salarial. A cessão de empregados não exclui a equiparação salarial, embora exercida a função em órgão governamental estranho à cedente, se esta responde pelos salários do paradigma e do reclamante). (RA 102/1980, *DJ* 25.09.1980)

112. **Trabalho noturno. Petróleo**

O trabalho noturno dos empregados nas atividades de exploração, perfuração, produção e refinação do petróleo, industrialização do xisto, indústria petroquímica e transporte de petróleo e seus derivados, por meio de dutos, é regulado pela Lei 5.811, de 11.10.1972, não se lhe aplicando a hora reduzida de 52 (cinquenta e dois) minutos e 30 (trinta) segundos prevista no art. 73, § 2.º, da CLT.

113. **Bancário. Sábado. Dia útil**

O sábado do bancário é dia útil não trabalhado, não dia de repouso remunerado. Não cabe a repercussão do pagamento de horas extras habituais em sua remuneração.

114. **Prescrição intercorrente**

É inaplicável na Justiça do Trabalho a prescrição intercorrente.

* V. Súmula 327 do STF.

115. **Horas extras. Gratificações semestrais**

* O valor das horas extras habituais integra a remuneração do trabalhador para o cálculo das gratificações semestrais.

* Súmula com redação determinada pela Res. TST 121/2003.

116. **(Cancelada pela Res. TST 121/2003)**

(Funcionário público. Cedido. Reajuste salarial. Os funcionários públicos cedidos à Rede Ferroviária Federal S.A. têm direito ao reajustamento salarial determinado pelo art. 5.º da Lei 4.345/1964). (Revisto pelo Enunciado 252).

117. **Bancário. Categoria diferenciada**

Não se beneficiam do regime legal relativo aos bancários os empregados de estabelecimento de crédito pertencentes a categorias profissionais diferenciadas.

118. **Jornada de trabalho. Horas extras**

Os intervalos concedidos pelo empregador, na jornada de trabalho, não previstos em lei, representam tempo à disposição da empresa, remunerados como serviço extraordinário, se acrescidos ao final da jornada.

119. **Jornada de trabalho**

Os empregados de empresas distribuidoras e corretoras de títulos e valores mobiliários não têm direito à jornada especial dos bancários.

120. **(Cancelada em decorrência da sua incorporação à nova redação da Súmula 6, Res. TST 129/2005, *DJU* 20.04.2005)**

(Equiparação salarial. Decisão judicial. Res. TST 100/2000, *DJ* 18.09.2000. Presentes os pressupostos do art. 461 da CLT, é irrelevante a circunstância

de que o desnível salarial tenha origem em decisão judicial que beneficiou o paradigma, exceto se decorrente de vantagem pessoal ou de tese jurídica superada pela jurisprudência de Corte Superior).

121. **(Cancelada pela Res. TST 121/2003).**

 (Funcionário público. Gratificação de produtividade. Não tem direito à percepção da gratificação de produtividade, na forma do regime estatutário, o servidor de ex-autarquia administradora de porto que opta pelo regime jurídico da Consolidação das Leis do Trabalho).

122. **Revelia. Atestado médico. (Incorporada a OJ 74 da SDI-I/TST)**

 A reclamada, ausente à audiência em que deveria apresentar defesa, é revel, ainda que presente seu advogado munido de procuração, podendo ser ilidida a revelia mediante a apresentação de atestado médico, que deverá declarar, expressamente, a impossibilidade de locomoção do empregador ou do seu preposto no dia da audiência. (Primeira parte, ex-OJ 74 – inserida em 25.11.1996; segunda parte, ex-Súmula 122, redação dada pela Res. TST 121/2003, DJ 21.11.2003)

 * Súmula com redação determinada pela Res. TST 129/2005 (DJU 20.04.2005).

123. **(Cancelada pela Res. TST 121/2003)**

 (Competência. Art. 106 da CF/1988. Em se tratando de Estado ou Município, a lei que estabelece o regime jurídico (art. 106 da Constituição Federal de 1988) do servidor temporário ou contratado é a estadual ou municipal, a qual, uma vez editada, apanha as situações preexistentes, fazendo cessar sua regência pelo regime trabalhista. Incompetente é a Justiça do Trabalho para julgar as reclamações ajuizadas posteriormente à vigência da lei especial).

124. **Bancário. Salário-hora. Divisor (redação alterada na Seção do Tribunal Pleno realizada em 14.09.2012)**

 I – O divisor aplicável para o cálculo das horas extras do bancário, se houver ajuste individual expresso ou coletivo no sentido de considerar o sábado como dia de descanso remunerado, será:

 a) 150, para os empregados submetidos à jornada de 6 (seis) horas, prevista no *caput* do art. 224 da CLT;

b) 200, para os empregados submetidos à jornada de 8 (oito) horas, nos termos do § 2.º do art. 224 da CLT.

II – Nas demais hipóteses, aplicar-se-á o divisor:

a) 180, para os empregados submetidos à jornada de 6 (seis) horas prevista no *caput* do art. 224 da CLT;

b) 220, para os empregados submetidos à jornada de 8 (oito) horas, nos termos do § 2.º do art. 224 da CLT.

* Súmula com redação determinada pela Res. TST 185/2012 (*DEJT* 25.09.2012).

125. Contrato de trabalho. Art. 479 da CLT

O art. 479 da CLT aplica-se ao trabalhador optante pelo FGTS admitido mediante contrato por prazo determinado, nos termos do art. 30, § 3.º, do Dec. 59.820 de 20.12.1966.

126. Recurso. Cabimento

Incabível o recurso de revista ou de embargos (arts. 896 e 894, *b*, da CLT) para reexame de fatos e provas.

127. Quadro de carreira

Quadro de pessoal organizado em carreira, aprovado pelo órgão competente, excluída a hipótese de equiparação salarial, não obsta reclamação fundada em preterição, enquadramento ou reclassificação.

128. Depósito recursal. (Incorporadas as OJs 139, 189 e 190 da SDI-I/TST)

I – É ônus da parte recorrente efetuar o depósito legal, integralmente, em relação a cada novo recurso interposto, sob pena de deserção. Atingido o valor da condenação, nenhum depósito mais é exigido para qualquer recurso. (Ex-Súmula 128, redação dada pela Res. TST 121/2003, *DJ* 21.11.03, que incorporou a OJ 139 – Inserida em 27.11.98)

II – Garantido o juízo, na fase executória, a exigência de depósito para recorrer de qualquer decisão viola os incs. II e LV do art. 5.º da CF/1988. Havendo, porém, elevação do valor do débito, exige-se a complementação da garantia do juízo (Ex-OJ 189 – Inserida em 08.11.2000)

III – Havendo condenação solidária de duas ou mais empresas, o depósito recursal efetuado por uma delas aproveita as demais, quando a empresa

que efetuou o depósito não pleiteia sua exclusão da lide. (Ex-OJ 190 – Inserida em 08.11.2000)

* Súmula com redação determinada pela Res. TST 129/2005 (DJU 20.04.2005).

129. **Contrato de trabalho. Grupo econômico**

A prestação de serviços a mais de uma empresa do mesmo grupo econômico, durante a mesma jornada de trabalho, não caracteriza a coexistência de mais de um contrato de trabalho, salvo ajuste em contrário.

130. **(Cancelada pela Res. TST 121/2003)**

(Adicional noturno. O regime de revezamento no trabalho não exclui o direito do empregado ao adicional noturno, em face da derrogação do art. 73 da CLT pelo art. 157, item III, da Constituição de 18.09.1946). (Ex-prejulgado 1)

131. **(Cancelada pela Res. TST 121/2003)**

(Salário Mínimo. Vigência. O salário mínimo, uma vez decretado em condições de excepcionalidade, tem imediata vigência). (Ex-prejulgado 2)

132. **Adicional de periculosidade. Integração. (Incorporadas as OJs 174 e 267 da SDI-I/TST)**

I – O adicional de periculosidade, pago em caráter permanente, integra o cálculo de indenização e de horas extras. (Ex-prejulgado 3) (Ex-Súmula 132, RA 102/1982, DJ 11.10.1982/ DJ 15.10.1982 e ex-OJ 267 – inserida em 27.09.2002)

II – Durante as horas de sobreaviso, o empregado não se encontra em condições de risco, razão pela qual é incabível a integração do adicional de periculosidade sobre as mencionadas horas. (Ex-OJ 174 – inserida em 08.11.2000)

* Súmula com redação determinada pela Res. TST 129/2005 (DJU 20.04.2005).

133. **(Cancelada pela Res. TST 121/2003)**

(Embargos infringentes. Para o julgamento dos embargos infringentes, nas juntas, é desnecessária a notificação das partes). (Ex-prejulgado 4)

134. **(Cancelada pela Res. TST 121/2003)**

(Salário. Menor não aprendiz. Ao menor não aprendiz é devido o salário mínimo integral). (Ex-prejulgado 5)

135. **(Cancelada em decorrência da sua incorporação à nova redação da Súmula 6, Res. TST 129/2005, *DJU* 20.04.2005)**

 (Salário. Equiparação. Para efeito de equiparação de salários em caso de trabalho igual, conta-se o tempo de serviço na função e não no emprego. Ex-prejulgado 6). (RA 102/1982, *DJ* 11.10.1982 e *DJ* 15.10.1982)

136. **(Cancelada pela Res. TST 185/2012, *DEJT* 25.09.2012)**

 (Juiz. Identidade física. Não se aplica às Varas do Trabalho o princípio da identidade física do juiz). (Ex-Prejulgado 7)

137. **(Cancelada pela Res. TST 121/2003)**

 (Adicional de insalubridade. É devido o adicional de serviço insalubre, calculado à base do salário mínimo da região, ainda que a remuneração contratual seja superior ao salário mínimo acrescido da taxa de insalubridade). (Ex-prejulgado 8)

138. **Readmissão**

 Em caso de readmissão, conta-se a favor do empregado o período de serviço anterior, encerrado com a saída espontânea. (Ex-prejulgado 9)

139. **Adicional de insalubridade. (Incorporada a OJ 102 da SDI-I/TST)**

 Enquanto percebido, o adicional de insalubridade integra a remuneração para todos os efeitos legais. (Ex-OJ 102 – Inserida em 01.10.1997)

 * Súmula com redação determinada pela Res. TST 129/2005 (*DJU* 20.04.2005).

140. **Vigia**

 É assegurado ao vigia, sujeito ao trabalho noturno, o direito ao respectivo adicional. (Ex-prejulgado 12)

141. **(Cancelada pela Res. TST 121/2003)**

 (Dissídio coletivo. É constitucional o art. 2.º da Lei 4.725, de 13.07.1965). (Ex-prejulgado 13)

142. **(Cancelada pela Res. TST 121/2003)**

 (Gestante. Dispensa. Empregada gestante, dispensada sem motivo antes do período de 6 (seis) semanas anteriores ao parto, tem direito à percepção do salário-maternidade). (Ex-prejulgado 14)

143. **Salário profissional**

O salário profissional dos médicos e dentistas guarda proporcionalidade com as horas efetivamente trabalhadas, respeitado o mínimo de 50 (cinquenta) horas mensais. (Ex-prejulgado 15)

144. **(Cancelada pela Res. TST 121/2003)**

(Ação rescisória. É cabível a ação rescisória no âmbito da Justiça do Trabalho). (Ex-prejulgado 16)

145. **(Cancelada pela Res. TST 121/2003)**

(Gratificação de Natal. É compensável a gratificação de Natal com a da Lei 4.090, de 1962) (Ex-prejulgado 17)

146. **Trabalho em domingos e feriados, não compensado**

O trabalho prestado em domingos e feriados, não compensado, deve ser pago em dobro, sem prejuízo da remuneração relativa ao repouso semanal.

* Súmula com redação determinada pela Res. TST 121/2003.

147. **(Cancelada pela Res. TST 121/2003)**

(Férias. Indenização. Indevido o pagamento dos repousos semanais e feriados intercorrentes nas férias indenizadas). (Ex-prejulgado 19)

148. **Gratificação natalina**

É computável a gratificação de Natal para efeito do cálculo da indenização. (Ex-prejulgado 20)

149. **Tarefeiro. Férias**

A remuneração das férias do tarefeiro deve ser calculada com base na média da produção do período aquisitivo, aplicando-se-lhe a tarifa da data da concessão. (Ex-prejulgado 22)

150. **(Cancelada pela Res. TST 121/2003)**

(Demissão. Incompetência da Justiça do Trabalho. Falece competência à Justiça do Trabalho para determinar a reintegração ou a indenização de empregado demitido com base nos atos institucionais). (Ex-prejulgado 23)

151. **(Cancelada pela Res. TST 121/2003)**

(Férias. Remuneração. A remuneração das férias inclui a das horas extraordinárias habitualmente prestadas). (Ex-prejulgado 24)

152. Gratificação. Ajuste tácito

O fato de constar do recibo de pagamento de gratificação o caráter de liberalidade não basta, por si só, para excluir a existência de ajuste tácito. (Ex-prejulgado 25)

153. Prescrição

Não se conhece de prescrição não arguida na instância ordinária. (Ex--prejulgado 27)

154. (Cancelada pela Res. TST 121/2003)

(Mandado de segurança. Da decisão do TRT em mandado de segurança cabe recurso ordinário, no prazo de 10 (dez) dias, para o TST). (Ex-prejulgado 28, revisto pelo Enunciado 201)

155. Ausência ao serviço

As horas em que o empregado falta ao serviço para comparecimento necessário, como parte, à Justiça do Trabalho não serão descontadas de seus salários. (Ex-prejulgado 30)

156. Prescrição. Prazo

Da extinção do último contrato começa a fluir o prazo prescricional do direito de ação em que se objetiva a soma de períodos descontínuos de trabalho. (Ex-prejulgado 31)

157. Gratificação

A gratificação instituída pela Lei 4.090, de 13.07.1962 é devida na resilição contratual de iniciativa do empregado. (Ex-prejulgado 32)

158. Ação rescisória

Da decisão de TRT, em ação rescisória, é cabível recurso ordinário para o TST, em face da organização judiciária trabalhista. (Ex-prejulgado 35)

159. Substituição de caráter não eventual e vacância do cargo. (Incorporada a OJ 112 da SDI-I/TST)

I – Enquanto perdurar a substituição que não tenha caráter meramente eventual, inclusive nas férias, o empregado substituto fará jus ao salário contratual do substituído. (Ex-Súmula 159, Res. 121/2003, *DJ* 21.11.2003)

II – Vago o cargo em definitivo, o empregado que passa a ocupá-lo não tem direito a salário igual ao do antecessor. (Ex-OJ 112 – inserida em 01.10.1997)

* Súmula com redação determinada pela Res. TST 129/2005 (*DJU* 20.04.2005).

160. **Aposentadoria por invalidez**

 Cancelada a aposentadoria por invalidez, mesmo após 5 (cinco) anos, o trabalhador terá direito de retornar ao emprego, facultado, porém, ao empregador, indenizá-lo na forma da lei. (Ex-prejulgado 37)

161. **Depósito. Condenação a pagamento em pecúnia**

 Se não há condenação a pagamento em pecúnia, descabe o depósito de que tratam os §§ 1.º e 2.º do art. 899 da CLT. (Ex-prejulgado 39)

162. **(Cancelada pela Res. TST 59/1996)**

 (Insalubridade. É constitucional o art. 3.º do Dec.-lei 389 de 26.12.1968). (Ex-prejulgado 41)

163. **Aviso-prévio. Contrato de experiência**

 Cabe aviso-prévio nas rescisões antecipadas dos contratos de experiência, na forma do art. 481 da CLT. (Ex-prejulgado 42)

164. **Procuração. Juntada**

 O não cumprimento das determinações dos §§ 1.º e 2.º do art. 5.º da Lei 8.906 de 04.07.1994 e do art. 37, parágrafo único, do CPC importa o não conhecimento de recurso, por inexistente, exceto na hipótese de mandato tácito.

 * Súmula com redação determinada pela Res. TST 121/2003.

165. **(Cancelada pela Res. TST 87/1998)**

 (Depósito. Recurso. Conta vinculada. O depósito, para fins de recurso, realizado fora da conta vinculada do trabalhador, desde que feito na sede do juízo, ou realizado na conta vinculada do trabalhador, apesar de fora da sua sede do juízo, uma vez que permaneça à disposição deste, não impedirá o conhecimento do apelo). (Ex-prejulgado 45)

166. **(Cancelada em decorrência da sua incorporação à nova redação da Súmula 102, Res. TST 129/2005, *DJU* 20.04.2005)**

 (Bancário. Cargo de confiança. Jornada de trabalho. O bancário que exerce a função a que se refere o § 2.º do art. 224 da CLT e recebe gratificação não

inferior a 1/3 (um terço) de seu salário já tem remuneradas as duas horas extraordinárias excedentes de seis. Ex-prejulgado 46). (RA 102/1982, *DJ* 11.10.1982 e *DJ* 15.10.1982)

167. **(Cancelada pela Res. TST 121/2003)**

 (Vogal. Investidura. Recurso. Das decisões proferidas pelos Tribunais Regionais, em processo de impugnação ou contestação à investidura de vogal, cabe recurso para o TST). (Ex-prejulgado 47)

168. **(Cancelada pelo Enunciado 294)**

 (Prescrição. Prestações periódicas. Contagem. Na lesão de direito que atinja prestações periódicas, de qualquer natureza, devidas ao empregado, a prescrição é sempre parcial e se conta do vencimento de cada uma delas e não do direito do qual se origina). (Ex-prejulgado 48)

169. **(Cancelada pela Res. TST 121/2003)**

 (Ação rescisória. Justiça do Trabalho. Depósito prévio. Nas ações rescisórias ajuizadas na Justiça do Trabalho e que só serão admitidas nas hipóteses dos arts. 798 a 800 do Código de Processo Civil de 1939, desnecessário o depósito a que aludem os arts. 488, II, e 494 do Código de Processo Civil de 1973). (Ex-prejulgado 49, revisto pelo Enunciado 194)

170. **Sociedade de economia mista. Custas**

 Os privilégios e isenções no foro da Justiça do Trabalho não abrangem as sociedades de economia mista, ainda que gozassem desses benefícios anteriormente ao Dec.-lei 779 de 21.08.1969. (Ex-pre-julgado 50)

171. **Férias Proporcionais. Contrato de Trabalho. Extinção**

 Salvo na hipótese de dispensa do empregado por justa causa, a extinção do contrato de trabalho sujeita o empregador ao pagamento da remuneração das férias proporcionais, ainda que incompleto o período aquisitivo de 12 (doze) meses (art. 147 da CLT). (Ex-prejulgado 51)

 * Súmula republicada no *DJU* 05.05.2004.
 * Súmula com redação determinada pela Res. TST 121/2003.

172. **Repouso remunerado. Horas extras. Cálculo**

 Computam-se no cálculo do repouso remunerado as horas extras habitualmente prestadas. (Ex-prejulgado 52)

173. **Salário. Empresa. Cessação de atividades**

Extinto, automaticamente, o vínculo empregatício com a cessação das atividades da empresa, os salários só são devidos até a data da extinção. (Ex-prejulgado 53)

174. **(Cancelada pela Res. TST 121/2003)**

(Previdência. Lei 3.841/1960. Aplicação. As disposições da Lei 3.841, de 15.12.1960, dirigidas apenas ao sistema previdenciário oficial, não se aplicam aos empregados vinculados ao regime de seguro social de caráter privado). (Ex-prejulgado 54)

175. **(Cancelada pela Res. TST 121/2003)**

(Recurso adesivo. Art. 500 do CPC. Inaplicabilidade. O recurso adesivo, previsto no art. 500 do Código de Processo Civil, é incompatível com o processo do trabalho). (Ex-prejulgado 55, revisto pelo Enunciado 196)

176. **(Cancelada pela Res. TST 130/2005, *DJU* 13.05.2005)**

(Fundo de garantia. Levantamento do depósito. A Justiça do Trabalho só tem competência para autorizar o levantamento do depósito do Fundo de Garantia do Tempo de Serviço na ocorrência de dissídio entre empregado e empregador). (Súmula com redação determinada pela Res. TST 121/2003).

177. **(Cancelada pela Res. TST 121/2003)**

(Dissídio coletivo. Sindicato. Representação. Está em plena vigência o art. 859 da Consolidação das Leis do Trabalho, cuja redação é a seguinte: "A representação dos sindicatos para instauração da instância fica subordinada à aprovação de assembleia, da qual participem os associados interessados na solução do dissídio coletivo, em primeira convocação, por maioria de 2/3 (dois terços) dos mesmos, ou, em segunda convocação, por 2/3 (dois terços) dos presentes"). (Ex-prejulgado 58)

178. **Telefonista. Art. 227 e parágrafos, da CLT. Aplicabilidade**

É aplicável à telefonista de mesa de empresa que não explora o serviço de telefonia o disposto no art. 227 e seus parágrafos, da CLT. (Ex--prejulgado 59)

179. **(Cancelada pela Res. TST 121/2003)**

(Inconstitucionalidade. Art. 22 da Lei 5.107/1966. É inconstitucional o art. 22 da Lei 5.107 de 13.09.1966, na sua parte final, em que dá com-

petência à Justiça do Trabalho para julgar dissídios coletivos "quando o BNH e a Previdência Social figurarem no feito como litisconsortes"). (Ex-prejulgado 60)

180. **(Cancelada pela Res. TST 121/2003)**

 (Ação de cumprimento. Substituição processual. Desistência. Nas ações de cumprimento, o substituído processualmente pode, a qualquer tempo, desistir da ação, desde que, comprovadamente, tenha havido transação). (Revisto pelo Enunciado 255)

181. **(Cancelada pela Res. TST 121/2003)**

 (Adicional. Tempo de serviço. Reajuste semestral. Lei 6.708/1979. O adicional por tempo de serviço, quando estabelecido em importe fixo, está sujeito ao reajuste da Lei 6.708/1979).

182. **Aviso-prévio. Indenização compensatória. Lei 6.708, de 30.10.1979**

 O tempo do aviso-prévio, mesmo indenizado, conta-se para efeito da indenização adicional prevista no art. 9.º da Lei 6.708, de 30.10.1979.

 * Súmula com redação determinada pela Res. TST 5/1983.

183. **(Cancelada pela Res. TST 121/2003)**

 (Embargos. Recurso de revista. Despacho denegatório. Agravo de instrumento. Não cabimento. São incabíveis embargos para o Tribunal Pleno contra decisão em agravo de instrumento oposto a despacho denegatório de recurso de revista, inexistindo ofensa ao art. 153, § 4.º, da CF/1988). (Revisto pelo Enunciado 335)

184. **Embargos declaratórios. Omissão em recurso de revista. Preclusão**

 Ocorre preclusão se não forem opostos embargos declaratórios para suprir omissão apontada em recurso de revista ou de embargos.

185. **(Cancelada pela Res. TST 121/2003)**

 (Embargos sob intervenção do Bacen. Liquidação extrajudicial. Juros. Correção monetária. Lei 6.024/1974. Aplicada a Lei 6.024/1974, fica suspensa a incidência de juros e correção monetária nas liquidações de empresas sob intervenção do Bacen). (Revisto pelo Enunciado 284)

 * O termo "Embargos" está de acordo com a publicação oficial.

186. Licença-prêmio. Conversão em pecúnia. Regulamento da empresa

A licença-prêmio, na vigência do contrato de trabalho, não pode ser convertida em pecúnia, salvo se expressamente admitida a conversão no regulamento da empresa.

* Súmula com redação determinada pela Res. TST 121/2003.

187. Correção monetária. Incidência

A correção monetária não incide sobre o débito do trabalhador reclamante.

188. Contrato de trabalho. Experiência. Prorrogação

O contrato de experiência pode ser prorrogado, respeitado o limite máximo de 90 (noventa) dias.

189. Greve. Competência da Justiça do Trabalho. Abusividade

A Justiça do Trabalho é competente para declarar a abusividade, ou não, da greve.

* Súmula com redação determinada pela Res. TST 121/2003.
* V. art. 114, II e § 3.º, da CF/1988.

190. Poder normativo do TST. Condições de trabalho. Inconstitucionalidade. Decisões contrárias ao STF

Ao julgar ou homologar ação coletiva ou acordo nela havido, o TST exerce o poder normativo constitucional, não podendo criar ou homologar condições de trabalho que o STF julgue iterativamente inconstitucionais.

191. Adicional. Periculosidade. Incidência

O adicional de periculosidade incide apenas sobre o salário básico e não sobre este acrescido de outros adicionais. Em relação aos eletricitários, o cálculo do adicional de periculosidade deverá ser efetuado sobre a totalidade das parcelas de natureza salarial.

* Súmula com redação determinada pela Res. TST 121/2003.

192. Ação rescisória. Competência e possibilidade jurídica do pedido. (Incorporadas as OJs 48, 105 e 133 da SDI-II/TST)

I – Se não houver o conhecimento de recurso de revista ou de embargos, a competência para julgar ação que vise a rescindir a decisão de mérito

é do TRT, ressalvado o disposto no item II. (Ex-Súmula 192, Res. TST 121/2003, DJ 21.11.2003)

II – Acórdão rescindendo do TST que não conhece de recurso de embargos ou de revista, analisando arguição de violação de dispositivo de lei material ou decidindo em consonância com súmula de direito material ou com iterativa, notória e atual jurisprudência de direito material da Seção de Dissídios Individuais (Súmula 333), examina o mérito da causa, cabendo ação rescisória da competência do TST. (Ex-Súmula 192, Res. TST 121/2003, DJ 21.11.2003)

III – Em face do disposto no art. 512 do CPC, é juridicamente impossível o pedido explícito de desconstituição de sentença quando substituída por acórdão de Tribunal Regional ou superveniente sentença homologatória de acordo que puser fim ao litígio.

* Item III com redação determinada pela Res. TST 153/2008. (DJe 20.11.2008)

IV – É manifesta a impossibilidade jurídica do pedido de rescisão de julgado proferido em agravo de instrumento que, limitando-se a aferir o eventual desacerto do juízo negativo de admissibilidade do recurso de revista, não substitui o acórdão regional, na forma do art. 512 do CPC. (Ex-OJ 105, DJ 29.04.2003)

V – A decisão proferida pela SDI, em sede de agravo regimental, calcada na Súmula 333, substitui acórdão de Turma do TST, porque emite juízo de mérito, comportando, em tese, o corte rescisório. (Ex-OJ 133, DJ 04.05.2004)

* Súmula com redação determinada pela Res. TST 137/2005 (DJU 22.08.2005).

193. **(Cancelada pela Res. TST 105/2000)**

(Correção monetária. Juros. Cálculo. Execução de sentença. Pessoa jurídica de direito público. Nos casos de execução de sentença contra pessoa jurídica de direito público, os juros e a correção monetária serão calculados até o pagamento do valor principal da condenação).

194. **(Cancelada pela Res. TST 142/2007, DJU 10.10.2007)**

(Ação rescisória. Justiça do Trabalho. Depósito prévio. (Revisão do Enunciado 169). As ações rescisórias ajuizadas na Justiça do Trabalho serão admitidas, instruídas e julgadas conforme os arts. 485 usque 495 do Código

de Processo Civil de 1973, sendo, porém, desnecessário o depósito prévio a que aludem os respectivos arts. 488, II, e 494).

195. (Cancelada pela Res. TST 121/2003)

(Embargos. Agravo regimental. Cabimento. Não cabem embargos para o Pleno de decisão de turma do TST, prolatada em agravo regimental). (Revisto pelo Enunciado 353)

196. (Cancelada pela Res. TST 121/2003)

(Recurso adesivo. Prazo. Revisão do Enunciado 175. O recurso adesivo é compatível com o processo do trabalho, onde cabe, no prazo de 8 (oito) dias, no recurso ordinário, na revista, nos embargos para o Pleno e no agravo de petição). (Revisto pelo Enunciado 283)

197. Prazo

O prazo para recurso da parte que, intimada, não comparecer à audiência em prosseguimento para a prolação da sentença conta-se de sua publicação.

198. (Cancelada pelo Enunciado 294)

(Prescrição. Na lesão de direito individual que atinja prestações periódicas devidas ao empregado, à exceção da que decorre de ato único do empregador, a prescrição é sempre parcial e se conta do vencimento de cada uma dessas prestações, e não da lesão do direito).

199. Bancário. Pré-contratação de horas extras. (Incorporadas as OJs 48 e 63 da SDI-I/TST)

I – A contratação do serviço suplementar, quando da admissão do trabalhador bancário, é nula. Os valores assim ajustados apenas remuneram a jornada normal, sendo devidas as horas extras com o adicional de, no mínimo, 50% (cinquenta por cento), as quais não configuram pré-contratação, se pactuadas após a admissão do bancário. (Ex--Súmula 199, Res. TST 41/1995, *DJ* 17.02.1995 e ex-OJ 48 – inserida em 25.11.1996)

II – Em se tratando de horas extras pré-contratadas, opera-se a prescrição total se a ação não for ajuizada no prazo de cinco anos, a partir da data em que foram suprimidas. (Ex-OJ 63 – inserida em 14.03.1994)

* Súmula com redação determinada pela Res. TST 129/2005 (*DJU* 20.04.2005).

200. **Juros de mora. Incidência**

Os juros de mora incidem sobre a importância da condenação já corrigida monetariamente.

201. **Recurso ordinário em mandado de segurança. (Revisão do Enunciado 154)**

Da decisão de TRT em mandado de segurança cabe recurso ordinário, no prazo de 8 (oito) dias, para o TST, e igual dilação para o recorrido e interessados apresentarem razões de contrariedade.

202. **Gratificação por tempo de serviço. Compensação**

Existindo, ao mesmo tempo, gratificação por tempo de serviço outorgada pelo empregador e outra da mesma natureza prevista em acordo coletivo, convenção coletiva ou sentença normativa, o empregado tem direito a receber, exclusivamente, a que lhe seja mais benéfica.

203. **Gratificação por tempo de serviço. Natureza salarial**

A gratificação por tempo de serviço integra o salário para todos os efeitos legais.

204. **(Cancelada em decorrência da sua incorporação à nova redação da Súmula 102, Res. TST 129/2005, *DJU* 20.04.2005)**

(Bancário. Cargo de confiança. Caracterização. (Res.TST 121/2003, *DJ* 21.11.2003). A configuração, ou não, do exercício da função de confiança a que se refere o art. 224, § 2.º, da CLT, dependente da prova das reais atribuições do empregado, é insuscetível de exame mediante recurso de revista ou de embargos).

205. **(Cancelada pela Res. TST 121/2003)**

(Grupo econômico. Execução. Solidariedade. O responsável solidário, integrante do grupo econômico, que não participou da relação processual como reclamado e que, portanto, não consta no título executivo judicial como devedor, não pode ser sujeito passivo na execução).

206. **FGTS. Incidência sobre parcelas prescritas**

A prescrição da pretensão relativa às parcelas remuneratórias alcança o respectivo recolhimento da contribuição para o FGTS.

* Súmula com redação determinada pela Res. TST 121/2003.

207. (Cancelada pela Res. TST 181/2012)

(Conflitos de leis trabalhistas no espaço. Princípio da *lex loci execucionis*)

A relação jurídica trabalhista é regida pelas leis vigentes no país da prestação de serviço e não por aquelas do local da contratação.

208. (Cancelada pela Res. TST 59/1996)

(Recurso de revista. Admissibilidade. Interpretação de cláusula de natureza contratual. A divergência jurisprudencial, suficiente a ensejar a admissibilidade ou o conhecimento do recurso de revista, diz respeito a interpretação de lei, sendo imprestável aquela referente ao alcance de cláusula contratual, ou de regulamento de empresa).

209. (Cancelada pela RA 81/1985)

(Cargo em comissão. Reversão. A reversão do empregado ao cargo efetivo implica na perda das vantagens salariais inerentes ao cargo em comissão, salvo se nele houver permanecido 10 (dez) ou mais anos ininterruptos).

210. (Cancelada pela Res. TST 121/2003)

(Recurso de revista. Execução de sentença. A admissibilidade do recurso de revista contra acórdão proferido em execução de sentença depende de demonstração inequívoca de violação direta à Constituição Federal de 1988). (Revisto pelo Enunciado 266)

211. **Juros da mora e correção monetária. Independência do pedido inicial e do título executivo judicial**

Os juros de mora e a correção monetária incluem-se na liquidação, ainda que omisso o pedido inicial ou a condenação.

212. **Despedimento. Ônus da prova**

O ônus de provar o término do contrato de trabalho, quando negados a prestação de serviço e o despedimento, é do empregador, pois o princípio da continuidade da relação de emprego constitui presunção favorável ao empregado.

213. (Cancelada pela Res. TST 46/1995)

(Embargos de declaração. Suspensão do prazo recursal. Os embargos de declaração suspendem o prazo do recurso principal, para ambas as partes, não se computando o dia da sua interposição).

214. **Decisão interlocutória. Irrecorribilidade**

Na Justiça do Trabalho, nos termos do art. 893, § 1.º, da CLT, as decisões interlocutórias não ensejam recurso imediato, salvo nas hipóteses de decisão:

a) de TRT contrária à Súmula ou Orientação Jurisprudencial do TST;

b) suscetível de impugnação mediante recurso para o mesmo Tribunal;

c) que acolhe exceção de incompetência territorial, com a remessa dos autos para Tribunal Regional distinto daquele a que se vincula o juízo excepcionado, consoante o disposto no art. 799, § 2.º, da CLT.

* Súmula com redação determinada pela Res. TST 127/2005.

215. **(Cancelada pela Res. TST 28/1994)**

(Horas extras não contratadas expressamente. Adicional devido. Inexistindo acordo escrito para prorrogação da jornada de trabalho, o adicional referente às horas extras é devido na base de 25% (vinte e cinco por cento)).

216. **(Cancelada pela Res. TST 87/1998)**

(Deserção. Relação de empregados. Autenticação mecânica desnecessária. São juridicamente desnecessárias a autenticação mecânica do valor do depósito recursal na relação de empregados (RE) e a individualização do processo na guia de recolhimento (GR), pelo que a falta não importa em deserção).

217. **Depósito recursal. Credenciamento bancário. Prova dispensável**

O credenciamento dos bancos para o fim de recebimento do depósito recursal é fato notório, independendo da prova.

218. **Recurso de revista. Acórdão proferido em agravo de instrumento**

É incabível recurso de revista interposto de acórdão regional prolatado em agravo de instrumento.

219. **Honorários advocatícios. Hipótese de cabimento. (nova redação do item II e inserido o item III à redação)**

I – Na Justiça do Trabalho, a condenação ao pagamento de honorários advocatícios, nunca superiores a 15% (quinze por cento), não decorre pura e simplesmente da sucumbência, devendo a parte estar assistida por sindicato da categoria profissional e comprovar a percepção de salário in-

ferior ao dobro do salário mínimo ou encontrar-se em situação econômica que não lhe permita demandar sem prejuízo do próprio sustento ou da respectiva família. (Ex-Súmula 219, Res. TST 14/1985, *DJ* 26.09.1985)

II – É cabível a condenação ao pagamento de honorários advocatícios em ação rescisória no processo trabalhista.

III – São devidos os honorários advocatícios nas causas em que o ente sindical figure como substituto processual e nas lides que não derivem da relação de emprego.

* Súmula com redação determinada pela Res. TST 174/2011 (*DEJT* 27.05.2011).

220. **(Cancelada pela Res. TST 55/1996)**

(Honorários advocatícios. Substituição processual. Atendidos os requisitos da Lei 5.584/1970, são devidos os honorários advocatícios, ainda que o sindicato figure como substituto processual).

221. **Recurso de revista. Violação de lei. Indicação de preceito. (Cancelado o item II e conferida nova redação na Seção do Tribunal Pleno realizada em 14.09.2012)**

A admissibilidade do recurso de revista por violação tem como pressuposto a indicação expressa do dispositivo de lei ou da Constituição Federal de 1988 tido como violado.

* Súmula com redação determinada pela Res. TST 185/2012 (*DEJT* 25.09.2012).

222. **(Cancelada pela Res. TST 84/1998)**

(Dirigentes de associações profissionais. Estabilidade provisória. Os dirigentes de associações profissionais, legalmente registradas, gozam de estabilidade provisória no emprego).

223. **(Cancelada pela Res. TST 121/2003)**

(Prescrição. Opção pelo sistema do Fundo de Garantia do Tempo de Serviço. Termo inicial. O termo inicial da prescrição para anular a opção pelo Fundo de Garantia do Tempo de Serviço coincide com a data em que formalizado o ato opcional, e não com a cessação do contrato de trabalho).

224. **(Cancelada pela Res. TST 121/2003)**

(Competência. Ação de cumprimento. Sindicato. Desconto assistencial. A Justiça do Trabalho é incompetente para julgar ação na qual o sindicato,

em nome próprio, pleiteia o recolhimento de desconto assistencial previsto em sentença normativa, convenção ou acordo coletivos). (Revisto pelo Enunciado 334).

225. **Repouso semanal. Cálculo. Gratificações por tempo de serviço e produtividade**

 As gratificações por tempo de serviço e produtividade, pagas mensalmente, não repercutem no cálculo do repouso semanal remunerado.

226. **Bancário. Gratificação por tempo de serviço. Integração no cálculo das horas extras**

 A gratificação por tempo de serviço integra o cálculo das horas extras.

227. **(Cancelada pela Res. TST 121/2003)**

 (Salário-família. Trabalhador rural. O salário-família somente é devido aos trabalhadores urbanos, não alcançando os rurais, ainda que prestem serviços, no campo, a empresa agroindustrial). (Revisto pelo Enunciado 344).

228. **Adicional de insalubridade. Base de cálculo (redação alterada na Seção do Tribunal Pleno em 26.06.2008), Res. TST 148/2008, DJ 04 e 07.07.2008, republicada DJ 08, 09 e 10.07.2008**

 Súmula cuja eficácia está suspensa por decisão liminar do STF. A partir de 09.05.2008, data da publicação da Súmula Vinculante 4 do STF, o adicional de insalubridade será calculado sobre o salário básico, salvo critério mais vantajoso fixado em instrumento coletivo.

 * Súmula com redação determinada pela Res. TST 185/2012. (DEJT 25.09.2012)

229. **Sobreaviso. Eletricitários**

 Por aplicação analógica do art. 244, § 2.º, da CLT, as horas de sobreaviso dos eletricitários são remuneradas à base de 1/3 sobre a totalidade das parcelas de natureza salarial.

 * Súmula com redação determinada pela Res. TST 121/2003.

230. **Aviso-prévio. Substituição pelo pagamento das horas reduzidas da jornada de trabalho**

 É ilegal substituir o período que se reduz da jornada de trabalho, no aviso-prévio, pelo pagamento das horas correspondentes.

231. (Cancelada pela Res. TST 121/2003)

(Quadro de carreira. Homologação pelo Conselho Nacional de Política Salarial. Eficácia. É eficaz para efeito do art. 461, § 2.º, da CLT a homologação de quadro organizado em carreira pelo Conselho Nacional de Política Salarial).

232. (Cancelada em decorrência da sua incorporação à nova redação da Súmula 102, Res. TST 129/2005, *DJU* 20.04.2005)

(Bancário. Cargo de confiança. Jornada. Horas extras. O bancário sujeito à regra do art. 224, § 2.º, da CLT cumpre jornada de trabalho de 8 (oito) horas, sendo extraordinárias as trabalhadas além da oitava). (Res. TST 14/1985, *DJ* 19.09.1985)

233. (Cancelada pela Res. TST 121/2003)

(Bancário. Chefe. O bancário no exercício da função de chefia, que recebe gratificação não inferior a 1/3 (um terço) do salário do cargo efetivo, está inserido na exceção do § 2.º do art. 224 da CLT, não fazendo jus ao pagamento das sétima e oitava horas como extras).

234. (Cancelada pela Res. TST 121/2003)

(Bancário. Subchefe. O bancário no exercício da função de subchefia, que recebe gratificação não inferior a 1/3 (um terço) do salário do cargo efetivo, está inserido na exceção do § 2.º do art. 224 da CLT, não fazendo jus ao pagamento das sétima e oitava horas como extras).

235. (Cancelada pela Res. TST 121/2003)

(Distrito Federal e autarquias. Correção automática dos salários. Inaplicabilidade da Lei 6.708/1979. Aos servidores do Distrito Federal e respectivas autarquias, submetidos ao regime da Consolidação das Leis Trabalhistas, não se aplica a Lei 6.708/1979, que determina a correção automática dos salários).

236. (Cancelada pela Res. TST 121/2003)

(Honorários periciais. Responsabilidade. A responsabilidade pelo pagamento dos honorários periciais é da parte sucumbente na pretensão relativa ao objeto da perícia).

237. (Cancelada pela Res. TST 121/2003)

(Bancário. Tesoureiro. O bancário investido na função de tesoureiro, que recebe gratificação não inferior a 1/3 (um terço) do salário do cargo efetivo,

está inserido na exceção do § 2.º do art. 224 da CLT, não fazendo jus ao pagamento das sétima e oitava horas como extras).

238. **(Cancelada pela Res. TST 121/2003)**

(Bancário. Subgerente. O bancário no exercício da função de subgerente, que recebe gratificação não inferior a 1/3 (um terço) do salário do cargo efetivo, está inserido na exceção do § 2.º do art. 224 da CLT, não fazendo jus ao pagamento das sétima e oitava horas como extras).

239. **Bancário. Empregado de empresa de processamento de dados. (Incorporadas as OJs 64 e 126 da SDI-I/TST)**

É bancário o empregado de empresa de processamento de dados que presta serviço a banco integrante do mesmo grupo econômico, exceto quando a empresa de processamento de dados presta serviços a banco e a empresas não bancárias do mesmo grupo econômico ou a terceiros. (Primeira parte, ex-Súmula 239, Res. TST 12/1985, DJ 09.12.1985; segunda parte, ex-OJs 64 – inserida em 13.09.1994 e 126 – inserida em 20.04.1998)

* Súmula com redação determinada pela Res. TST 129/2005. (*DJU* 20.04.2005)

240. **Bancário. Gratificação de função e adicional por tempo de serviço**

O adicional por tempo de serviço integra o cálculo da gratificação prevista no art. 224, § 2.º, da CLT.

241. **Salário-utilidade. Alimentação**

O vale para refeição, fornecido por força do contrato de trabalho, tem caráter salarial, integrando a remuneração do empregado, para todos os efeitos legais.

242. **Indenização adicional. Valor**

A indenização adicional, prevista no art. 9.º da Lei 6.708, de 30.10.1979 e no art. 9.º da Lei 7.238, de 28.10.1984, corresponde ao salário mensal, no valor devido na data da comunicação do despedimento, integrado pelos adicionais legais ou convencionados, ligados à unidade de tempo mês, não sendo computável a gratificação natalina.

243. **Opção pelo regime trabalhista. Supressão das vantagens estatutárias**

Exceto na hipótese de previsão contratual ou legal expressa, a opção do funcionário público pelo regime trabalhista implica a renúncia dos direitos inerentes ao sistema estatutário.

244. **Gestante. Estabilidade provisória (redação do item III alterada na Seção do Tribunal Pleno realizada em 14.09.2012)**

I – O desconhecimento do estado gravídico pelo empregador não afasta o direito ao pagamento da indenização decorrente da estabilidade (art. 10, II, *b* do ADCT).

II – A garantia de emprego à gestante só autoriza a reintegração se esta se der durante o período de estabilidade. Do contrário, a garantia restringe-se aos salários e demais direitos correspondentes ao período de estabilidade.

III – A empregada gestante tem direito à estabilidade provisória prevista no art. 10, II, *b*, do ADCT, mesmo na hipótese de admissão mediante contrato por tempo determinado.

* Súmula com redação determinada pela Res. TST 185/2012 (*DEJT* 25.09.2012).

245. **Depósito recursal. Prazo**

O depósito recursal deve ser feito e comprovado no prazo alusivo ao recurso. A interposição antecipada deste não prejudica a dilação legal.

246. **Ação de cumprimento. Trânsito em julgado da sentença normativa**

É dispensável o trânsito em julgado da sentença normativa para propositura da ação de cumprimento.

247. **Quebra de caixa. Natureza jurídica**

A parcela paga aos bancários sob a denominação "quebra de caixa" possui natureza salarial, integrando o salário do prestador de serviços, para todos os efeitos legais.

248. **Adicional de insalubridade. Direito adquirido**

A reclassificação ou descaracterização da insalubridade, por ato da autoridade competente, repercute na satisfação do respectivo adicional, sem ofensa a direito adquirido ou ao princípio da irredutibilidade salarial.

249. **(Cancelada pela Res. TST 121/2003)**

(Aumento salarial setorizado. Tabela única. Legítima é a concessão de aumento salarial por região do país, desfazendo identidade anterior, baseada em tabela única de âmbito nacional).

250. **(Cancelada pela Res. TST 121/2003)**

(Plano de classificação. Parcelas antiguidade e desempenho. Aglutinação ao salário. Lícita é a incorporação ao salário-base das parcelas pagas

a título de antiguidade e desempenho, quando não há prejuízo para o empregado).

251. **(Cancelada pela Res. 33/1994)**

 (Participação nos lucros. Natureza salarial. A parcela participação nos lucros da empresa, habitualmente paga, tem natureza salarial, para todos os efeitos legais).

252. **(Cancelada pela Res. TST 121/2003)**

 (Funcionário público. Cedido. Reajuste salarial. Alteração do Enunciado 116. Os funcionários públicos cedidos à Rede Ferroviária Federal S.A. têm direito ao reajustamento salarial previsto no art. 5.º da Lei 4.345/1964, compensável com o deferido pelo art. 1.º da Lei 4.564/1964 e observados os padrões de vencimentos, à época dos cargos idênticos ou assemelhados do serviço público, a teor do disposto no art. 20, item I, da Lei 4.345/1964 e nos termos dos acórdãos proferidos no Dissídio Coletivo 2/1966. O paradigma previsto neste último dispositivo legal será determinado através de perícia, se as partes não o indicarem de comum acordo).

253. **Gratificação semestral. Repercussões**

 A gratificação semestral não repercute no cálculo das horas extras, das férias e do aviso-prévio, ainda que indenizados. Repercute, contudo, pelo seu duodécimo na indenização por antiguidade e na gratificação natalina.

 * Súmula com redação determinada pela Res. TST 121/2003.

254. **Salário-família. Termo inicial da obrigação**

 O termo inicial do direito ao salário-família coincide com a prova da filiação. Se feita em juízo, corresponde à data de ajuizamento do pedido, salvo se comprovado que anteriormente o empregador se recusara a receber a respectiva certidão.

255. **(Cancelada pela Res. TST 121/2003)**

 (Substituição processual. Desistência. Alteração do Enunciado 180. O substituído processualmente pode, antes da sentença de primeiro grau, desistir da ação).

256. **(Cancelada pela Res. TST 121/2003)**

 (Contrato de prestação de serviços. Legalidade. Salvo os casos de trabalho temporário e de serviço de vigilância, previstos nas Leis 6.019 de

03.01.1974, e 7.102 de 20.06.1983, é ilegal a contratação de trabalhadores por empresa interposta, formando-se o vínculo empregatício diretamente com o tomador dos serviços). (Revisto pelo Enunciado 331)

257. **Vigilante**
O vigilante, contratado diretamente por banco ou por intermédio de empresas especializadas, não é bancário.

258. **Salário-utilidade. Percentuais**
Os percentuais fixados em lei relativos ao salário in natura apenas se referem às hipóteses em que o empregado percebe salário mínimo, apurando-se, nas demais, o real valor da utilidade.

* Súmula com redação determinada pela Res. TST 121/2003.

259. **Termo de conciliação. Ação rescisória**
Só por ação rescisória é impugnável o termo de conciliação previsto no parágrafo único do art. 831 da CLT.

260. **(Cancelada pela Res. TST 121/2003)**
(Salário-maternidade. Contrato de experiência. No contrato de experiência, extinto antes do período de 4 (quatro) semanas que precede ao parto, a empregada não tem direito a receber, do empregador, o salário-maternidade).

261. **Férias proporcionais. Pedido de demissão. Contrato vigente há menos de 1 (um) ano**
O empregado que se demite antes de completar 12 (doze) meses de serviço tem direito a férias proporcionais.

* Súmula com redação determinada pela Res. TST 121/2003.

262. **Prazo judicial. Notificação ou intimação em sábado. Recesso forense. (Incorporada a OJ 209 da SDI-I/TST)**
I – Intimada ou notificada a parte no sábado, o início do prazo se dará no primeiro dia útil imediato e a contagem, no subsequente. (Ex-Súmula 262, Res. TST 10/1986, DJ 31.10.1986)

II – O recesso forense e as férias coletivas dos Ministros do TST (art. 177, § 1.º, do RITST) suspendem os prazos recursais. (Ex-OJ 209 – inserida em 08.11.2000)

* Súmula com redação determinada pela Res. TST 129/2005. (DJU 20.04.2005)

263. Petição inicial. Indeferimento. Instrução obrigatória deficiente

Salvo nas hipóteses do art. 295 do CPC, o indeferimento da petição inicial, por encontrar-se desacompanhada de documento indispensável à propositura da ação ou não preencher outro requisito legal, somente é cabível se, após intimada para suprir a irregularidade em 10 (dez) dias, a parte não o fizer.

* Súmula com redação determinada pela Res. TST 121/2003.

264. Hora suplementar. Cálculo

A remuneração do serviço suplementar é composta do valor da hora normal, integrado por parcelas de natureza salarial e acrescido do adicional previsto em lei, contrato, acordo, convenção coletiva ou sentença normativa.

265. Adicional noturno. Alteração de turno de trabalho. Possibilidade de supressão

A transferência para o período diurno de trabalho implica na perda do direito ao adicional noturno.

266. Recurso de revista. Admissibilidade. Execução de sentença. (Revisão do Enunciado 210)

A admissibilidade do recurso de revista interposto de acórdão proferido em agravo de petição, na liquidação de sentença ou em processo incidente na execução, inclusive os embargos de terceiro, depende de demonstração inequívoca de violência direta à Constituição Federal de 1988.

267. (Cancelada pela Res. TST 121/2003)

(Bancário. Valor do salário-hora. Divisor. O bancário sujeito à jornada de 8 (oito) horas (art. 224, § 2.º, da CLT) tem salário-hora calculado com base no divisor 240 (duzentos e quarenta) e não 180 (cento e oitenta), que é relativo à jornada de 6 (seis) horas). (Revisto pelo Enunciado 343).

268. Prescrição. Interrupção. Ação trabalhista arquivada

A ação trabalhista, ainda que arquivada, interrompe a prescrição somente em relação aos pedidos idênticos.

* Súmula com redação determinada pela Res. TST 121/2003.

269. Diretor eleito. Cômputo do período como tempo de serviço

O empregado eleito para ocupar cargo de diretor tem o respectivo contrato de trabalho suspenso, não se computando o tempo de serviço deste

período, salvo se permanecer a subordinação jurídica inerente à relação de emprego.

270. **(Cancelada pela Res. TST 49/1995)**

(Representação processual. Mandato expresso. Ausência de firma reconhecida. A ausência de reconhecimento de firma no instrumento de mandato – procuração – torna irregular a representação processual, impossibilitando o conhecimento do recurso, por inexistente).

271. **(Cancelada pela Res. TST 121/2003)**

(Substituição processual. Adicionais de insalubridade e de periculosidade. Legítima é a substituição processual dos empregados associados, pelo sindicato que congrega a categoria profissional, na demanda trabalhista cujo objeto seja adicional de insalubridade ou periculosidade).

272. **(Cancelada pela Res. TST 121/2003)**

(Agravo de instrumento. Traslado deficiente. Não se conhece do agravo para subida de recurso de revista, quando faltarem no traslado o despacho agravado, a decisão recorrida, a petição de recurso de revista, a procuração subscrita pelo agravante, ou qualquer peça essencial à compreensão da controvérsia).

273. **(Cancelada pela Res. TST 121/2003)**

(Constitucionalidade. Dec.-leis 2.012/1983 e 2.045/1983. São constitucionais os Dec.-leis 2.012/1983 e 2.045/1983).

274. **(Cancelada em decorrência da sua incorporação à nova redação da Súmula 6, Res. TST 129/2005, *DJU* 20.04.2005)**

(Prescrição parcial. Equiparação salarial. (Res. TST 121/2003, *DJ* 21.11.2003). Na ação de equiparação salarial, a prescrição só alcança as diferenças salariais vencidas no período de 5 (cinco) anos que precedeu o ajuizamento).

275. **Prescrição. Desvio de função e reenquadramento. (Incorporada a OJ 144 da SDI-I/TST)**

I – Na ação que objetive corrigir desvio funcional, a prescrição só alcança as diferenças salariais vencidas no período de 5 (cinco) anos que precedeu o ajuizamento. (Ex-Súmula 275, Res. TST 121/2003, *DJ* 21.11.2003)

II – Em se tratando de pedido de reenquadramento, a prescrição é total, contada da data do enquadramento do empregado. (Ex-OJ 144 – inserida em 27.11.1998)

* Súmula com redação determinada pela Res. TST 129/2005 (DJU 20.04.2005).

276. **Aviso-prévio. Renúncia pelo empregado**

 O direito ao aviso-prévio é irrenunciável pelo empregado. O pedido de dispensa de cumprimento não exime o empregador de pagar o valor respectivo, salvo comprovação de haver o prestador dos serviços obtido novo emprego.

277. **Convenção coletiva de trabalho ou acordo coletivo de trabalho. Eficácia. Ultratividade (redação alterada na Seção do Tribunal Pleno realizada em 14.09.2012)**

 As cláusulas normativas dos acordos coletivos ou convenções coletivas integram os contratos individuais de trabalho e somente poderão ser modificadas ou suprimidas mediante negociação coletiva de trabalho.

* Súmula com redação determinada pela Res. TST 185/2012 (DEJT 25.09.2012).

278. **Embargos de declaração. Omissão no julgado**

 A natureza da omissão suprida pelo julgamento de embargos declaratórios pode ocasionar efeito modificativo no julgado.

279. **Recurso contra sentença normativa. Efeito suspensivo. Cassação**

 A cassação de efeito suspensivo concedido a recurso interposto contra sentença normativa retroage à data do despacho que o deferiu.

280. **(Cancelada pela Res. TST 2/1990)**

 (Convenção coletiva. Sociedade de economia mista. Audiência prévia do órgão oficial competente. Convenção coletiva, formalizada sem prévia audição do órgão oficial competente, não obriga sociedade de economia mista).

281. **(Cancelada pela Res. TST 121/2003)**

 (Piso salarial. Professores. A instituição do Fundo de Participação dos Estados e Municípios não fez surgir, para os professores, direito a piso salarial).

282. **Abono de faltas. Serviço médico da empresa**

Ao serviço médico da empresa ou ao mantido por esta última mediante convênio compete abonar os primeiros 15 (quinze) dias de ausência ao trabalho.

283. **Recurso adesivo. Pertinência no processo do trabalho. Correlação de matérias. (Revisão do Enunciado 196)**

O recurso adesivo é compatível com o processo do trabalho e cabe, no prazo de 8 (oito) dias, nas hipóteses de interposição de recurso ordinário, de agravo de petição, de revista e de embargos, sendo desnecessário que a matéria nele veiculada esteja relacionada com a do recurso interposto pela parte contrária.

284. **(Cancelada pela Res. TST 121/2003)**

(Correção monetária. Empresas em liquidação. Lei 6.024/1974. Revisão do Enunciado 185. Os débitos trabalhistas das empresas em liquidação de que cogita a Lei 6.024/1974 estão sujeitos à correção monetária, observada a vigência do Dec.-lei 2.278/1985, ou seja, a partir de 22.11.1985). (Revisto pelo Enunciado 304)

285. **Recurso de revista. Admissibilidade parcial pelo Juiz Presidente do TRT. Efeito**

O fato de o juízo primeiro de admissibilidade do recurso de revista entendê-lo cabível apenas quanto à parte das matérias veiculadas não impede a apreciação integral pela Turma do TST, sendo imprópria a interposição de agravo de instrumento.

286. **Sindicato. Substituição processual. Convenção e acordos coletivos**

A legitimidade do sindicato para propor ação de cumprimento estende-se também à observância de acordo ou de convenção coletivos.

* Súmula com redação determinada pela Res. TST 98/2000.

287. **Jornada de trabalho. Gerente bancário**

A jornada de trabalho do empregado de banco gerente de agência é regida pelo art. 224, § 2.º, da CLT. Quanto ao gerente-geral de agência bancária, presume-se o exercício de encargo de gestão, aplicando-se-lhe o art. 62 da CLT.

* Súmula com redação determinada pela Res. TST 121/2003.

288. **Complementação dos proventos da aposentadoria**

A complementação dos proventos da aposentadoria é regida pelas normas em vigor na data da admissão do empregado, observando-se as alterações posteriores desde que mais favoráveis ao beneficiário do direito.

289. **Insalubridade. Adicional. Fornecimento do aparelho de proteção. Efeito**

O simples fornecimento do aparelho de proteção pelo empregador não o exime do pagamento do adicional de insalubridade. Cabe-lhe tomar as medidas que conduzam à diminuição ou eliminação da nocividade, entre as quais as relativas ao uso efetivo do equipamento pelo empregado.

290. **(Cancelada pela Res. TST 121/2003)**

(Gorjetas. Natureza jurídica. Ausência de distinção quanto à forma de recebimento. As gorjetas, sejam cobradas pelo empregador na nota de serviço ou oferecidas espontaneamente pelos clientes, integram a remuneração do empregado). (Revisto pelo Enunciado 354)

291. **Horas extras. Habitualidade. Supressão. Indenização. (Nova redação em decorrência do julgamento do processo TST-IUJERR 10700-45.2007.5.22.0101)**

A supressão total ou parcial, pelo empregador, de serviço suplementar prestado com habitualidade, durante pelo menos 1 (um) ano, assegura ao empregado o direito à indenização correspondente ao valor de 1 (um) mês das horas suprimidas, total ou parcialmente, para cada ano ou fração igual ou superior a 6 (seis) meses de prestação de serviço acima da jornada normal. O cálculo observará a média das horas suplementares nos últimos 12 (doze) meses anteriores à mudança, multiplicada pelo valor da hora extra do dia da supressão.

* Súmula com redação determinada pela Res. TST 174/2011 (*DEJT* 27.05.2011).

292. **(Cancelada pela Res. TST 121/2003)**

(Adicional de insalubridade. Trabalhador rural. O trabalhador rural tem direito ao adicional de insalubridade, observando-se a necessidade de verificação, na forma da lei, de condições nocivas à saúde).

293. **Adicional de insalubridade. Causa de pedir. Agente nocivo diverso do apontado na inicial**

A verificação mediante perícia de prestação de serviços em condições nocivas, considerado agente insalubre diverso do apontado na inicial, não prejudica o pedido de adicional de insalubridade.

294. **Prescrição. Alteração contratual. Trabalhador urbano. (Cancela os Enunciados 168 e 198)**

Tratando-se de ação que envolva pedido de prestações sucessivas decorrente de alteração do pactuado, a prescrição é total, exceto quando o direito à parcela esteja também assegurado por preceito de lei.

295. **(Cancelada pela Res. TST 152/2008)**

(Aposentadoria espontânea. Depósito do FGTS. Período anterior à opção. A cessação do contrato de trabalho em razão de aposentadoria espontânea do empregado exclui o direito ao recebimento de indenização relativa ao período anterior à opção. A realização de depósito na conta do Fundo de Garantia do Tempo de Serviço, de que trata o § 3.º do art. 14 da Lei 8.036 de 11.05.1990, é faculdade atribuída ao empregador). (Súmula com redação determinada pela Res. TST 121/2003).

296. **Recurso. Divergência jurisprudencial. Especificidade. (Incorporada a OJ 37 da SDI-I/TST)**

I – A divergência jurisprudencial ensejadora da admissibilidade, do prosseguimento e do conhecimento do recurso há de ser específica, revelando a existência de teses diversas na interpretação de um mesmo dispositivo legal, embora idênticos os fatos que as ensejaram. (Ex-Súmula 296, Res. TST 6/1989, *DJ* 14.04.1989)

II – Não ofende o art. 896 da CLT decisão de Turma que, examinando premissas concretas de especificidade da divergência colacionada no apelo revisional, conclui pelo conhecimento ou desconhecimento do recurso. (Ex-OJ 37 – inserida em 01.02.1995)

* Súmula com redação determinada pela Res. TST 129/2005. (*DJU* 20.04.2005)

297. **Prequestionamento. Oportunidade. Configuração**

1. Diz-se prequestionada a matéria ou questão quando na decisão impugnada haja sido adotada, explicitamente, tese a respeito.

2. Incumbe à parte interessada, desde que a matéria haja sido invocada no recurso principal, opor embargos declaratórios objetivando o pronunciamento sobre o tema, sob pena de preclusão.

3. Considera-se prequestionada a questão jurídica invocada no recurso principal sobre a qual se omite o Tribunal de pronunciar tese, não obstante opostos embargos de declaração.

* Súmula com redação determinada pela Res. TST 121/2003.

298. **Ação rescisória. Violação a disposição de lei. pronunciamento explícito. (Redação alterada pelo Tribunal Pleno na Seção realizada em 6.2.2012)**

I – A conclusão acerca da ocorrência de violação literal a disposição de lei pressupõe pronunciamento explícito, na sentença rescindenda, sobre a matéria veiculada.

II – O pronunciamento explícito exigido em ação rescisória diz respeito à matéria e ao enfoque específico da tese debatida na ação, e não, necessariamente, ao dispositivo legal tido por violado. Basta que o conteúdo da norma reputada violada haja sido abordado na decisão rescindenda para que se considere preenchido o pressuposto.

III – Para efeito de ação rescisória, considera-se pronunciada explicitamente a matéria tratada na sentença quando, examinando remessa de ofício, o Tribunal simplesmente a confirma.

IV – A sentença meramente homologatória, que silencia sobre os motivos de convencimento do juiz, não se mostra rescindível, por ausência de pronunciamento explícito.

V – Não é absoluta a exigência de pronunciamento explícito na ação rescisória, ainda que esta tenha por fundamento violação de dispositivo de lei. Assim, prescindível o pronunciamento explícito quando o vício nasce no próprio julgamento, como se dá com a sentença *extra, citra* e *ultra petita*.

* Súmula com redação determinada pela Res. TST 177/2012. (*DJe* 13.02.2012)

299. **Ação rescisória. Decisão rescindenda. Trânsito em julgado. Comprovação. Efeitos. (Incorporadas as OJs 96 e 106 da SDI-II/TST)**

I – É indispensável ao processamento da ação rescisória a prova do trânsito em julgado da decisão rescindenda. (Ex-Súmula 299 – RA 74/1980, *DJ* 21.07.1980)

II – Verificando o relator que a parte interessada não juntou à inicial o documento comprobatório, abrirá prazo de 10 (dez) dias para que o faça, sob pena de indeferimento. (Ex-Súmula 299, RA 74/1980, DJ 21.07.1980)

III – A comprovação do trânsito em julgado da decisão rescindenda é pressuposto processual indispensável ao tempo do ajuizamento da ação rescisória. Eventual trânsito em julgado posterior ao ajuizamento da ação rescisória não reabilita a ação proposta, na medida em que o ordenamento jurídico não contempla a ação rescisória preventiva. (Ex-OJ 106, DJ 29.04.2003)

IV – O pretenso vício de intimação, posterior à decisão que se pretende rescindir, se efetivamente ocorrido, não permite a formação da coisa julgada material. Assim, a ação rescisória deve ser julgada extinta, sem julgamento do mérito, por carência de ação, por inexistir decisão transitada em julgado a ser rescindida. (Ex-OJ 96 – inserida em 27.09.2002)

* Súmula com redação determinada pela Res. TST 137/2005 (DJU 22.08.2005).

300. **Competência da Justiça do Trabalho. Cadastramento no PIS**

Compete à Justiça do Trabalho processar e julgar ações ajuizadas por empregados em face de empregadores relativas ao cadastramento no Programa de Integração Social (PIS).

301. **Auxiliar de laboratório. Ausência de diploma. Efeitos**

O fato de o empregado não possuir diploma de profissionalização de auxiliar de laboratório não afasta a observância das normas da Lei 3.999, de 15.12.1961, uma vez comprovada a prestação de serviços na atividade.

302. **(Cancelada pela Res. TST 121/2003)**

(Processo administrativo. Revisão do Enunciado 40. Não cabe recurso ao TST contra decisão em processo administrativo, proferida por TRT, ainda que nele seja interessado magistrado). (Revisto pelo Enunciado 321).

303. **Fazenda Pública. Duplo grau de jurisdição. (Incorporadas as OJ 9, 71, 72 e 73 da SDI-I/TST)**

I – Em dissídio individual, está sujeita ao duplo grau de jurisdição, mesmo na vigência da Constituição Federal de 1988, decisão contrária à Fazenda Pública, salvo:

a) quando a condenação não ultrapassar o valor correspondente a 60 (sessenta) salários mínimos; (Ex-OJ 09 – incorporada pela Res. TST 121/2003, DJ 21.11.2003)

b) quando a decisão estiver em consonância com decisão plenária do STF ou com súmula ou orientação jurisprudencial do TST. (Ex-Súmula 303, Res. TST 121/2003, DJ 21.11.2003)

II – Em ação rescisória, a decisão proferida pelo juízo de primeiro grau está sujeita ao duplo grau de jurisdição obrigatório quando desfavorável ao ente público, exceto nas hipóteses das alíneas *a* e *b* do inc. anterior. (Ex-OJ 71 – inserida em 03.06.1996)

III – Em mandado de segurança, somente cabe remessa *ex officio* se, na relação processual, figurar pessoa jurídica de direito público como parte prejudicada pela concessão da ordem. Tal situação não ocorre na hipótese de figurar no feito como impetrante e terceiro interessado pessoa de direito privado, ressalvada a hipótese de matéria administrativa. (Ex-OJs 72 – inserida em 25.11.1996 e 73 – inserida em 03.06.1996)

* Súmula com redação determinada pela Res. TST 129/2005 (*DJU* 20.04.2005).

304. **Correção monetária. Empresas em liquidação. Art. 46 do ADCT/CF.** (Revisão do Enunciado 284)

Os débitos trabalhistas das entidades submetidas aos regimes de intervenção ou liquidação extrajudicial estão sujeitos a correção monetária desde o respectivo vencimento até seu efetivo pagamento, sem interrupção ou suspensão, não incidindo, entretanto, sobre tais débitos, juros de mora.

305. **Fundo de Garantia do Tempo de Serviço. Incidência sobre o aviso-prévio**

O pagamento relativo ao período de aviso-prévio, trabalhado ou não, está sujeito a contribuição para o FGTS.

306. **(Cancelada pela Res. TST 121/2003)**

(Indenização adicional. Pagamento devido com fundamento nos arts. 9.º da Lei 6.708/1979 e 9.º da Lei 7.238/1984. É devido o pagamento da indenização adicional na hipótese de dispensa injusta do empregado, ocorrida no trintídio que antecede a data base. A legislação posterior não revogou os arts. 9.º da Lei 6.708/1979 e 9.º da Lei 7.238/1984).

307. Juros. Irretroatividade do Dec.-lei 2.322 de 26.02.1987
A fórmula de cálculo de juros prevista no Dec.-lei 2.322 de 26.02.1987 somente é aplicável a partir de 27.02.1987. Quanto ao período anterior, deve-se observar a legislação então vigente.

308. Prescrição quinquenal. (Incorporada a OJ 204 da SDI-I/TST)
I – Respeitado o biênio subsequente à cessação contratual, a prescrição da ação trabalhista concerne às pretensões imediatamente anteriores a cinco anos, contados da data do ajuizamento da reclamação e, não, às anteriores ao quinquênio da data da extinção do contrato. (Ex-OJ 204 – inserida em 08.11.2000)

II – A norma constitucional que ampliou o prazo de prescrição da ação trabalhista para 5 (cinco) anos é de aplicação imediata e não atinge pretensões já alcançadas pela prescrição bienal quando da promulgação da Constituição de Federal de 1988. (Ex-Súmula 308, Res. TST 6/1992, DJ 05.11.1992)

* Súmula com redação determinada pela Res. TST 129/2005 (DJU 20.04.2005).

309. Vigia portuário. Terminal privativo. Não obrigatoriedade de requisição
Tratando-se de terminais privativos destinados à navegação de cabotagem ou de longo curso, não é obrigatória a requisição de vigia portuário indicado por sindicato.

310. (Cancelada pela Res. TST 119/2003)
(Substituição processual. Sindicato. I – O art. 8.º, III, da CF/1988 não assegura a substituição processual pelo sindicato. II – A substituição processual autorizada ao sindicato pelas Leis 6.708, de 30.10.1979, e 7.238, de 29.10.1984, limitada aos associados, restringe-se às demandas que visem aos reajustes salariais previstos em lei, ajuizadas até 03.07.1989, data em que entrou em vigor a Lei 7.788. III – A Lei 7.788/1989, em seu art. 8.º, assegurou, durante sua vigência, a legitimidade do sindicato como substituto processual da categoria. IV – A substituição processual autorizada pela Lei 8.073, de 30.07.1990, ao sindicato alcança todos os integrantes da categoria e é restrita às demandas que visem à satisfação de reajustes salariais específicos resultantes de disposição prevista em lei de política salarial. V – Em qualquer ação proposta pelo sindicato como substituto processual, todos os substituídos serão individualizados na petição inicial

e, para o início da execução, devidamente identificados pelo número da Carteira de Trabalho e Previdência Social ou de qualquer documento de identidade. VI – É lícito aos substituídos integrar a lide como assistente litisconsorcial, acordar, transigir e renunciar, independentemente de autorização ou anuência do substituto. VII – Na liquidação da sentença exequenda, promovida pelo substituto, serão individualizados os valores devidos a cada substituído, cujos depósitos para quitação serão levantados através de guias expedidas em seu nome ou de procurador com poderes especiais para esse fim, inclusive nas ações de cumprimento. VIII – Quando o sindicato for o autor da ação na condição de substituto processual, não serão devidos honorários advocatícios).

311. **Benefício previdenciário a dependente de ex-empregado. Correção monetária. Legislação aplicável**

 O cálculo da correção monetária incidente sobre débitos relativos a benefícios previdenciários devidos a dependentes de ex-empregado pelo empregador, ou entidade de previdência privada a ele vinculada, será o previsto na Lei 6.899, de 08.04.1981.

312. **Constitucionalidade. Alínea *b* do art. 896 da CLT**

 É constitucional a alínea b do art. 896 da CLT, com a redação dada pela Lei 7.701, de 21.12.1988.

313. **Complementação de aposentadoria. Proporcionalidade. Banespa**

 A complementação de aposentadoria, prevista no art. 106 e seus parágrafos, do regulamento de pessoal editado em 1965, só é integral para os empregados que tenham 30 (trinta) ou mais anos de serviços prestados exclusivamente ao banco.

314. **Indenização adicional. Verbas rescisórias. Salário corrigido**

 Se ocorrer a rescisão contratual no período de 30 (trinta) dias que antecede à data base, observado o Enunciado 182 do TST, o pagamento das verbas rescisórias com o salário já corrigido não afasta o direito à indenização adicional prevista nas Leis 6.708, de 30.10.1979 e 7.238, de 28.10.1984.

315. **IPC de março/1990. Lei 8.030, de 12.04.1990 (Plano Collor). Inexistência de direito adquirido**

 A partir da vigência da MedProv 154, de 15.03.1990, convertida na Lei 8.030, de 12.04.1990, não se aplica o IPC de março de 1990, de 84,32%

(oitenta e quatro inteiros e trinta e dois centésimos por cento), para a correção dos salários, porque o direito ainda não se havia incorporado ao patrimônio jurídico dos trabalhadores, inexistindo ofensa ao inc. XXXVI do art. 5.º da CF/1988.

316. **(Cancelada pela Res. TST 37/1994)**

(IPC de junho/1987. Dec.-lei 2.335/1987 (Plano Bresser). Existência de direito adquirido. É devido o reajuste salarial decorrente da incidência do IPC de junho de 1987, correspondente a 26,06% (vinte e seis inteiros e seis centésimos por cento), porque este direito já se havia incorporado ao patrimônio jurídico dos trabalhadores quando do advento do Dec.-lei 2.335/1987).

317. **(Cancelada pela Res. TST 37/1994)**

(URP de fevereiro/1989. Lei 7.730/1989 (Plano Verão). Existência de direito adquirido. A correção salarial da URP de fevereiro de 1989, de 26,05% (vinte e seis inteiros e cinco centésimos por cento), já constituía direito adquirido do trabalhador, quando do advento da MedProv 32/1989, convertida na Lei 7.730/1989, sendo devido o reajuste respectivo).

318. **Diárias. Base de cálculo para sua integração no salário**

Tratando-se de empregado mensalista, a integração das diárias no salário deve ser feita tomando-se por base o salário mensal por ele percebido, e não o valor do dia de salário, somente sendo devida a referida integração quando o valor das diárias, no mês, for superior à metade do salário mensal.

319. **Reajustes salariais ("gatilhos"). Aplicação aos servidores públicos contratados sob a égide da legislação trabalhista**

Aplicam-se aos servidores públicos, contratados sob o regime da CLT, os reajustes decorrentes da correção automática dos salários pelo mecanismo denominado "gatilho", de que tratam os Dec.-leis 2.284, de 10.03.1986 e 2.302, de 21.11.1986.

320. **Horas *in itinere*. Obrigatoriedade de cômputo na jornada de trabalho**

O fato de o empregador cobrar, parcialmente ou não, importância pelo transporte fornecido, para local de difícil acesso, ou não servido por transporte regular, não afasta o direito à percepção do pagamento das horas *in itinere*.

321. **(Cancelada pela Res. TST 135/2005, *DJU* 05.07.2005)**

 (Decisão administrativa. Recurso. (Revisão do Enunciado 302). Das decisões proferidas pelos TRT, em processo administrativo, cabe recurso para o TST tão somente para exame da legalidade do ato).

322. **Diferenças salariais. Planos econômicos. Limite**

 Os reajustes salariais decorrentes dos chamados "gatilhos" e URPs, previstos legalmente como antecipação, são devidos tão somente até a data base de cada categoria.

323. **(Cancelada pela Res. TST 38/1994)**

 (URP de abril e maio de 1988. Dec.-lei 2.425/1988. A suspensão do pagamento das URPs de abril e maio de 1988, determinada pelo Dec.-lei 2.425, de 07.04.1988, afronta direito adquirido dos trabalhadores e o princípio constitucional da isonomia).

324. **(Cancelada em decorrência da sua incorporação à nova redação da Súmula 90, Res. TST 129/2005, *DJU* 20.04.2005)**

 (Horas in *itinere*. Enunciado 90. Insuficiência de transporte público. A mera insuficiência de transporte público não enseja o pagamento de horas *in itinere*).

325. **(Cancelada em decorrência da sua incorporação à nova redação da Súmula 90, Res. TST 129/2005, *DJU* 20.04.2005)**

 (Horas in *itinere*. Enunciado 90. Remuneração em relação a trecho não servido por transporte público. Se houver transporte público regular, em parte do trajeto percorrido em condução da empresa, as horas *in itinere* remuneradas limitam-se ao trecho não alcançado pelo transporte público).

326. **Complementação de aposentadoria. Prescrição total**

 A pretensão à complementação de aposentadoria jamais recebida prescreve em 2 (dois) anos contados da cessação do contrato de trabalho.

 * Súmula com redação determinada pela Res. TST 174/2011 (*DEJT* 27.05.2011).

327. **Complementação de aposentadoria. Diferenças. Prescrição parcial.**

 A pretensão a diferenças de complementação de aposentadoria sujeita-se à prescrição parcial e quinquenal, salvo se o pretenso direito decorrer de

verbas não recebidas no curso da relação de emprego e já alcançadas pela prescrição, à época da propositura da ação.

* Súmula com redação determinada pela Res. TST 174/2011 (*DEJT* 27.05.2011).

328. **Férias. Terço constitucional**

O pagamento das férias, integrais ou proporcionais, gozadas ou não, na vigência da Constituição Federal de 1988, sujeita-se ao acréscimo do terço previsto no respectivo art. 7.º, XVII.

329. **Honorários advocatícios. Art. 133 da CF/1988**

Mesmo após a promulgação da Constituição Federal de 1988, permanece válido o entendimento consubstanciado no Enunciado 219 do TST.

330. **Quitação. Validade. (Revisão do Enunciado 41)**

A quitação passada pelo empregado, com assistência de entidade sindical de sua categoria, ao empregador, com observância dos requisitos exigidos nos parágrafos do art. 477 da CLT, tem eficácia liberatória em relação às parcelas expressamente consignadas no recibo, salvo se oposta ressalva expressa e especificada ao valor dado à parcela ou parcelas impugnadas.

I – A quitação não abrange parcelas não consignadas no recibo de quitação e, consequentemente, seus reflexos em outras parcelas, ainda que essas constem desse recibo.

II – Quanto a direitos que deveriam ter sido satisfeitos durante a vigência do contrato de trabalho, a quitação é válida em relação ao período expressamente consignado no recibo de quitação.

* Súmula com redação determinada pela Res. TST 108/2001.

331. **Contrato de prestação de serviços. Legalidade. (nova redação do item IV e inseridos os itens V e VI à redação)**

I – A contratação de trabalhadores por empresa interposta é ilegal, formando-se o vínculo diretamente com o tomador dos serviços, salvo no caso de trabalho temporário (Lei 6.019, de 03.01.1974).

II – A contratação irregular de trabalhador, mediante empresa interposta, não gera vínculo de emprego com os órgãos da Administração Pública direta, indireta ou fundacional (art. 37, II, da CF/1988).

III – Não forma vínculo de emprego com o tomador a contratação de serviços de vigilância (Lei 7.102, de 20.06.1983) e de conservação e limpeza, bem

como a de serviços especializados ligados à atividade-meio do tomador, desde que inexistente a pessoalidade e a subordinação direta.

IV – O inadimplemento das obrigações trabalhistas, por parte do empregador, implica a responsabilidade subsidiária do tomador dos serviços quanto àquelas obrigações, desde que haja participado da relação processual e conste também do título executivo judicial.

V – Os entes integrantes da Administração Pública direta e indireta respondem subsidiariamente, nas mesmas condições do item IV, caso evidenciada a sua conduta culposa no cumprimento das obrigações da Lei 8.666, de 21.06.1993, especialmente na fiscalização do cumprimento das obrigações contratuais e legais da prestadora de serviço como empregadora. A aludida responsabilidade não decorre de mero inadimplemento das obrigações trabalhistas assumidas pela empresa regularmente contratada.

VI – A responsabilidade subsidiária do tomador de serviços abrange todas as verbas decorrentes da condenação referentes ao período da prestação laboral.

* Súmula com redação determinada pela Res. TST 174/2011. (DEJT 27.05.2011)

332. Complementação de aposentadoria. Petrobras. Manual de pessoal. Norma programática

As normas relativas à complementação de aposentadoria, inseridas no Manual de Pessoal da Petrobras, têm caráter meramente programático, delas não resultando direito à referida complementação.

333. Recurso de revista. Conhecimento

Não ensejam recurso de revista decisões superadas por iterativa, notória e atual jurisprudência do TST.

* Súmula com redação determinada pela Res. TST 155/2009.

334. (Cancelada pela Res. TST 59/1996)

(Competência. Ação de cumprimento. Sindicato. Desconto assistencial. Revisão do Enunciado 224. A Justiça do Trabalho é incompetente para julgar ação na qual o sindicato, em nome próprio, pleiteia o recolhimento de desconto assistencial previsto em convenção ou acordo coletivos).

335. (Cancelada pela Res. TST 121/2003)

(Embargos para a Seção Especializada em Dissídios Individuais contra decisão em agravo de instrumento oposto a despacho denegatório de re-

curso de revista. Revisão do Enunciado 183. São incabíveis embargos para a Seção Especializada em Dissídios Individuais contra decisão proferida em agravo de instrumento oposto a despacho denegatório de recurso de revista, salvo quando a controvérsia se referir a pressupostos extrínsecos do próprio agravo). (Revisto pelo Enunciado 353)

336. **Constitucionalidade. § 2.º do art. 9.º, do Dec.-lei 1.971, de 30.11.1982**

 É constitucional o § 2.º do art. 9.º, do Dec.-lei 1.971, de 30.11.1982, com a redação dada pelo Dec.-lei 2.100, de 28.12.1983.

337. **Comprovação de divergência jurisprudencial. Recursos de revista e de embargos. (Redação do item IV alterada na Seção do Tribunal Pleno realizada em 14.09.2012)**

 I – Para comprovação da divergência justificadora do recurso, é necessário que o recorrente:

 a) Junte certidão ou cópia autenticada do acórdão paradigma ou cite a fonte oficial ou o repositório autorizado em que foi publicado; e

 b) Transcreva, nas razões recursais, as ementas e/ou trechos dos acórdãos trazidos à configuração do dissídio, demonstrando o conflito de teses que justifique o conhecimento do recurso, ainda que os acórdãos já se encontrem nos autos ou venham a ser juntados com o recurso.

 II – A concessão de registro de publicação como repositório autorizado de jurisprudência do TST torna válidas todas as suas edições anteriores.

 III – A mera indicação da data de publicação, em fonte oficial, de aresto paradigma é inválida para comprovação de divergência jurisprudencial, nos termos do item I, *a*, desta súmula, quando a parte pretende demonstrar o conflito de teses mediante a transcrição de trechos que integram a fundamentação do acórdão divergente, uma vez que só se publicam o dispositivo e a ementa dos acórdãos.

 IV – É válida para a comprovação da divergência jurisprudencial justificadora do recurso a indicação de aresto extraído de repositório oficial na internet, desde que o recorrente:

 a) transcreva o trecho divergente;

 b) aponte o sítio de onde foi extraído; e

 c) decline o número do processo, o órgão prolator do acórdão e a data da respectiva publicação no Diário Eletrônico da Justiça do Trabalho.

 * Súmula com redação determinada pela Res. TST 185/2012. (*DEJT* 25.09.2012)

338. **Jornada de trabalho. Registro. Ônus da prova. (Incorporadas as OJs 234 e 306 da SDI-I/TST)**

I – É ônus do empregador que conta com mais de 10 (dez) empregados o registro da jornada de trabalho na forma do art. 74, § 2.º, da CLT. A não apresentação injustificada dos controles de frequência gera presunção relativa de veracidade da jornada de trabalho, a qual pode ser elidida por prova em contrário. (Ex-Súmula 338, Res. TST 121, DJ 21.11.2003)

II – A presunção de veracidade da jornada de trabalho, ainda que prevista em instrumento normativo, pode ser elidida por prova em contrário. (Ex--OJ 234 – inserida em 20.06.2001)

III – Os cartões de ponto que demonstram horários de entrada e saída uniformes são inválidos como meio de prova, invertendo-se o ônus da prova, relativo às horas extras, que passa a ser do empregador, prevalecendo a jornada da inicial se dele não se desincumbir. (Ex-OJ 306, DJ 11.08.2003)

* Súmula com redação determinada pela Res. TST 129/2005. (DJU 20.04.2005)

339. **Cipa. Suplente. Garantia de emprego. Constituição Federal de 1988. (Incorporadas as OJs 25 e 329 da SDI-I/TST)**

I – O suplente da Cipa goza da garantia de emprego prevista no art. 10, II, *a*, do ADCT a partir da promulgação da Constituição Federal de 1988. (Ex-Súmula 339, Res. TST 39/1994, DJ 20.12.1994 e ex-OJ 25 – inserida em 29.03.1996)

II – A estabilidade provisória do cipeiro não constitui vantagem pessoal, mas garantia para as atividades dos membros da Cipa, que somente tem razão de ser quando em atividade a empresa. Extinto o estabelecimento, não se verifica a despedida arbitrária, sendo impossível a reintegração e indevida a indenização do período estabilitário. (Ex-OJ 329, DJ 09.12.2003)

* Súmula com redação determinada pela Res. TST 129/2005. (DJU 20.04.2005)

340. **Comissionista. Horas extras**

O empregado, sujeito a controle de horário, remunerado à base de comissões, tem direito ao adicional de, no mínimo, 50% (cinquenta por cento) pelo trabalho em horas extras, calculado sobre o valor hora das comissões recebidas no mês, considerando-se como divisor o número de horas efetivamente trabalhadas. (Revisão do Enunciado 56)

* Súmula com redação determinada pela Res. TST 121/2003.

341. **Honorários do assistente técnico**

 A indicação do perito assistente é faculdade da parte, a qual deve responder pelos respectivos honorários, ainda que vencedora no objeto da perícia.

342. **Descontos salariais. Art. 462 da CLT**

 Descontos salariais efetuados pelo empregador, com a autorização prévia e por escrito do empregado, para ser integrado em planos de assistência odontológica, médico-hospitalar, de seguro, de previdência privada, ou de entidade cooperativa, cultural ou recreativa associativa dos seus trabalhadores, em seu benefício e dos seus dependentes, não afrontam o disposto no art. 462 da CLT, salvo se ficar demonstrada a existência de coação ou de outro defeito que vicie o ato jurídico.

343. **(Cancelada pela Res. TST 185/2012 - *DEJT* 25.09.2012)**

 (Bancário. Hora de salário. O bancário sujeito à jornada de 8 (oito) horas (art. 224, § 2.º, da CLT), após a Constituição Federal de 1988, tem salário-hora calculado com base no divisor 220 (duzentos e vinte), não mais 240 (duzentos e quarenta).

344. **Salário-família. Trabalhador rural. (Revisão do Enunciado 227)**

 O salário-família é devido aos trabalhadores rurais, somente após a vigência da Lei 8.213, de 24.07.1991.

345. **Bandepe. Regulamento Interno de Pessoal não confere estabilidade aos empregados**

 O Regulamento Interno de Pessoal (RIP) do Banco do Estado de Pernambuco – Bandepe, na parte que trata do seu regime disciplinar, não confere estabilidade em favor aos seus empregados.

346. **Digitador. Intervalos intrajornada. Aplicação analógica do art. 72 da CLT**

 Os digitadores, por aplicação analógica do art. 72 da CLT, equiparam-se aos trabalhadores nos serviços de mecanografia (datilografia, escrituração ou cálculo), razão pela qual têm direito a intervalos de descanso de 10 (dez) minutos a cada 90 (noventa) de trabalho consecutivo.

347. **Horas extras habituais. Apuração. Média física**

 O cálculo do valor das horas extras habituais, para efeito de reflexos em verbas trabalhistas, observará o número das horas efetivamente prestadas

e a ele aplica-se o valor do salário-hora da época do pagamento daquelas verbas.

348. **Aviso-prévio. Concessão na fluência da garantia de emprego. Invalidade**

É inválida a concessão do aviso-prévio na fluência da garantia de emprego, ante a incompatibilidade dos dois institutos.

349. **(Cancelada pela Res. TST 174/2011, *DEJT* 27.05.2011)**

(Acordo de compensação de horário em atividade insalubre, celebrado por acordo coletivo. Validade. A validade de acordo coletivo ou convenção coletiva de compensação de jornada de trabalho em atividade insalubre prescinde da inspeção prévia da autoridade competente em matéria de higiene do trabalho (art. 7.º, XIII, da CF/1988; art. 60 da CLT).

350. **Prescrição. Termo inicial. Ação de cumprimento. Sentença normativa**

O prazo de prescrição com relação à ação de cumprimento de decisão normativa flui apenas da data de seu trânsito em julgado.

351. **Professor. Repouso semanal remunerado. Art. 7.º, § 2.º, da Lei 605, de 05.01.1949 e art. 320 da CLT**

O professor que recebe salário mensal à base de hora aula tem direito ao acréscimo de 1/6 (um sexto) a título de repouso semanal remunerado, considerando-se para esse fim o mês de quatro semanas e meia.

352. **(Cancelada pela Res. TST 114/2002)**

(Custas. Prazo para comprovação. O prazo para comprovação do pagamento das custas, sempre a cargo da parte, é de 5 (cinco) dias contados do seu recolhimento (art. 789, § 4.º, da CLT – art. 185 do CPC)).

* V. Lei 10.537/2002 (Custas e emolumentos na Justiça do Trabalho).

353. **Embargos. Agravo. Cabimento. (Nova redação da letra f em decorrência do julgamento do processo TSTI-UJ-28000-95.2007.5.02.0062)**

Não cabem embargos para a Seção de Dissídios Individuais de decisão de Turma proferida em agravo, salvo:

a) da decisão que não conhece de agravo de instrumento ou de agravo pela ausência de pressupostos extrínsecos;

b) da decisão que nega provimento a agravo contra decisão monocrática do Relator, em que se proclamou a ausência de pressupostos extrínsecos de agravo de instrumento;

c) para revisão dos pressupostos extrínsecos de admissibilidade do recurso de revista, cuja ausência haja sido declarada originariamente pela Turma no julgamento do agravo;

d) para impugnar o conhecimento de agravo de instrumento;

e) para impugnar a imposição de multas previstas no art. 538, parágrafo único, do CPC, ou no art. 557, § 2.º, do CPC;

f) contra decisão de Turma proferida em agravo em recurso de revista, nos termos do art. 894, II, da CLT.

* Súmula com redação determinada pela Res. TST 189/2013. (*DEJT* 13.03.2013)

354. **Gorjetas. Natureza jurídica. Repercussões. (Revisão do Enunciado 290)**

As gorjetas, cobradas pelo empregador na nota de serviço ou oferecidas espontaneamente pelos clientes, integram a remuneração do empregado, não servindo de base de cálculo para as parcelas de aviso-prévio, adicional noturno, horas extras e repouso semanal remunerado.

355. **Conab. Estabilidade. Aviso Direh 2, de 12.12.1984**

O Aviso Direh 2, de 12.12.1984, que concedia estabilidade aos empregados da Conab, não tem eficácia, porque não aprovado pelo Ministério ao qual a empresa se subordina.

356. **Alçada recursal. Vinculação ao salário mínimo**

O art. 2.º, § 4.º, da Lei 5.584, de 26.06.1970 foi recepcionado pela CF/1988, sendo lícita a fixação do valor da alçada com base no salário mínimo.

357. **Testemunha. Ação contra a mesma reclamada. Suspeição**

Não torna suspeita a testemunha o simples fato de estar litigando ou de ter litigado contra o mesmo empregador.

358. **Radiologista. Salário profissional. Lei 7.394, de 29.10.1985**

O salário profissional dos técnicos em radiologia é igual a 2 (dois) salários mínimos e não a 4 (quatro).

359. **(Cancelada pela Res. TST 121/2003)**

(Substituição processual. Ação de cumprimento. Art. 872, parágrafo único, da CLT. Federação. Legitimidade. A federação não tem legitimidade para ajuizar a ação de cumprimento prevista no art. 872, parágrafo único, da CLT na qualidade de substituto processual da categoria profissional inorganizada).

360. **Turnos ininterruptos de revezamento. Intervalos intrajornada e semanal**

A interrupção do trabalho destinada a repouso e alimentação, dentro de cada turno, ou o intervalo para repouso semanal, não descaracteriza o turno de revezamento com jornada de 6 (seis) horas previsto no art. 7.º, XIV, da CF/1988.

361. **Adicional de periculosidade. Eletricitários. Exposição intermitente**

O trabalho exercido em condições perigosas, embora de forma intermitente, dá direito ao empregado a receber o adicional de periculosidade de forma integral, porque a Lei 7.369, de 20.09.1985 não estabeleceu nenhuma proporcionalidade em relação ao seu pagamento.

362. **FGTS. Prescrição**

É trintenária a prescrição do direito de reclamar contra o não recolhimento da contribuição para o FGTS, observado o prazo de 2 (dois) anos após o término do contrato de trabalho.

* Súmula com redação determinada pela Res. TST 121/2003.

363. **Contrato nulo. Efeitos**

A contratação de servidor público, após a Constituição Federal de 1988, sem prévia aprovação em concurso público, encontra óbice no respectivo art. 37, II e § 2.º, somente lhe conferindo direito ao pagamento da contraprestação pactuada, em relação ao número de horas trabalhadas, respeitado o valor da hora do salário mínimo, e dos valores referentes aos depósitos do FGTS.

* Súmula com redação determinada pela Res. TST 121/2003.

364. **Adicional de periculosidade. Exposição eventual, permanente e intermitente. (Cancelado o item II e dada nova redação ao item I)**

Tem direito ao adicional de periculosidade o empregado exposto permanentemente ou que, de forma intermitente, sujeita-se a condições de risco. Indevido, apenas, quando o contato dá-se de forma eventual, assim considerado o fortuito, ou o que, sendo habitual, dá-se por tempo extremamente reduzido. (Ex-OJs da SDI-I/TST 05 – inserida em 14.03.1994 e 280, DJ 11.08.2003)

* Súmula com redação determinada pela Res. TST 174/2011 (DEJT 27.05.2011).

365. Alçada. Ação rescisória e mandado de segurança. (Conversão das OJs 8 e 10 da SDI-I/TST)

Não se aplica a alçada em ação rescisória e em mandado de segurança. (Ex-OJs 8 e 10, ambas inseridas em 01.02.1995)

* Súmula acrescentada pela Res. TST 129/2005 (DJU 20.04.2005).

366. Cartão de ponto. Registro. Horas extras. Minutos que antecedem e sucedem a jornada de trabalho. (Conversão das Orientações Jurisprudenciais 23 e 326 da SDI-I/TST)

Não serão descontadas nem computadas como jornada extraordinária as variações de horário do registro de ponto não excedentes de cinco minutos, observado o limite máximo de dez minutos diários. Se ultrapassado esse limite, será considerada como extra a totalidade do tempo que exceder a jornada normal. (Ex-OJs 23 – inserida em 03.06.1996 e 326, DJ 09.12.2003)

* Súmula acrescentada pela Res. TST 129/2005 (DJU 20.04.2005).

367. Utilidades in natura. Habitação. Energia elétrica. Veículo. Cigarro. Não integração ao salário. (Conversão das OJs 24, 131 e 246 da SDI-I/TST)

I – A habitação, a energia elétrica e veículo fornecidos pelo empregador ao empregado, quando indispensáveis para a realização do trabalho, não têm natureza salarial, ainda que, no caso de veículo, seja ele utilizado pelo empregado também em atividades particulares. (Ex-OJs 131 – Inserida em 20.04.1998 e ratificada pelo Tribunal Pleno em 07.12.2000 e 246 – inserida em 20.06.2001)

II – O cigarro não se considera salário-utilidade em face de sua nocividade à saúde. (Ex-OJ 24 – inserida em 29.03.1996)

* Súmula acrescentada pela Res. TST 129/2005 (DJU 20.04.2005).

368. Descontos previdenciários e fiscais. Competência. Responsabilidade pelo pagamento. Forma de cálculo. (Redação do item II alterada na Seção do Tribunal Pleno realizada em 16.04.2012)

I – A Justiça do Trabalho é competente para determinar o recolhimento das contribuições fiscais. A competência da Justiça do Trabalho, quanto à execução das contribuições previdenciárias, limita-se às sentenças condenatórias em pecúnia que proferir e aos valores, objeto de acordo

homologado, que integrem o salário-de-contribuição. (Ex-OJ 141 da SDI-I/TST – inserida em 27.11.1998)

II – É do empregador a responsabilidade pelo recolhimento das contribuições previdenciárias e fiscais, resultante de crédito do empregado oriundo de condenação judicial, devendo ser calculadas, em relação à incidência dos descontos fiscais, mês a mês, nos termos do art. 12-A da Lei 7.713, de 22.12.1988, com a redação dada pela Lei 12.350/2010.

III – Em se tratando de descontos previdenciários, o critério de apuração encontra-se disciplinado no art. 276, § 4.º, do Dec. 3.048/1999 que regulamentou a Lei 8.212/1991 e determina que a contribuição do empregado, no caso de ações trabalhistas, seja calculada mês a mês, aplicando-se as alíquotas previstas no art. 198, observado o limite máximo do salário de contribuição. (Ex-OJs 32 e 228 da SDI-I/TST – inseridas, respectivamente, em 14.03.1994 e 20.06.2001)

* Súmula com redação determinada pela Res. TST 181/2012.

369. **Dirigente sindical. Estabilidade provisória (redação do item I alterada na Seção do Tribunal Pleno realizada em 14.09.2012)**

I – É assegurada a estabilidade provisória ao empregado dirigente sindical, ainda que a comunicação do registro da candidatura ou da eleição e da posse seja realizada fora do prazo previsto no art. 543, § 5.º, da CLT, desde que a ciência ao empregador, por qualquer meio, ocorra na vigência do contrato de trabalho.

II – O art. 522 da CLT foi recepcionado pela Constituição Federal de 1988. Fica limitada, assim, a estabilidade a que alude o art. 543, § 3.º, da CLT a sete dirigentes sindicais e igual número de suplentes.

III – O empregado de categoria diferenciada eleito dirigente sindical só goza de estabilidade se exercer na empresa atividade pertinente à categoria profissional do sindicato para o qual foi eleito dirigente.

IV – Havendo extinção da atividade empresarial no âmbito da base territorial do sindicato, não há razão para subsistir a estabilidade.

V – O registro da candidatura do empregado a cargo de dirigente sindical durante o período de aviso prévio, ainda que indenizado, não lhe assegura a estabilidade, visto que inaplicável a regra do § 3.º do art. 543 da CLT.

* Súmula com redação determinada pela Res. TST 185/2012 (DEJT 25.09.2012).

370. **Médico e engenheiro. Jornada de trabalho. Leis 3.999/1961 e 4.950/1966. (Conversão das OJs 39 e 53 da SDI-I/TST)**

Tendo em vista que as Leis 3.999/1961 e 4.950/1966 não estipulam a jornada reduzida, mas apenas estabelecem o salário mínimo da categoria para uma jornada de quatro horas para os médicos e de seis horas para os engenheiros, não há que se falar em horas extras, salvo as excedentes à oitava, desde que seja respeitado o salário mínimo/horário das categorias. (Ex-OJs 39 e 53 – inseridas respectivamente em 07.11.1994 e 29.04.1994)

* Súmula acrescentada pela Res. TST 129/2005 (DJU 20.04.2005).

371. **Aviso-prévio indenizado. Efeitos. Superveniência de auxílio-doença no curso deste. (Conversão das OJs 40 e 135 da SDI-I/TST)**

A projeção do contrato de trabalho para o futuro, pela concessão do aviso--prévio indenizado, tem efeitos limitados às vantagens econômicas obtidas no período de pré-aviso, ou seja, salários, reflexos e verbas rescisórias. No caso de concessão de auxílio-doença no curso do aviso-prévio, todavia, só se concretizam os efeitos da dispensa depois de expirado o benefício previdenciário. (Ex-OJs 40 e 135 – inseridas respectivamente em 28.11.1995 e 27.11.1998)

* Súmula acrescentada pela Res. TST 129/2005 (DJU 20.04.2005).

372. **Gratificação de função. Supressão ou redução. Limites. (Conversão das OJs 45 e 303 da SDI-I/TST)**

I – Percebida a gratificação de função por dez ou mais anos pelo empregado, se o empregador, sem justo motivo, revertê-lo a seu cargo efetivo, não poderá retirar-lhe a gratificação tendo em vista o princípio da estabilidade financeira. (Ex-OJ 45 – inserida em 25.11.1996)

II – Mantido o empregado no exercício da função comissionada, não pode o empregador reduzir o valor da gratificação. (Ex-OJ 303, DJ 11.08.2003)

* Súmula acrescentada pela Res. TST 129/2005 (DJU 20.04.2005).

373. **Gratificação semestral. Congelamento. Prescrição parcial. (Conversão da OJ 46 da SDI-I/TST)**

Tratando-se de pedido de diferença de gratificação semestral que teve seu valor congelado, a prescrição aplicável é a parcial. (Ex-OJ 46 – inserida em 29.03.1996)

* Súmula acrescentada pela Res. TST 129/2005 (DJU 20.04.2005).

374. **Norma coletiva. Categoria diferenciada. Abrangência. (Conversão da OJ 55 da SDI-I/TST)**

Empregado integrante de categoria profissional diferenciada não tem o direito de haver de seu empregador vantagens previstas em instrumento coletivo no qual a empresa não foi representada por órgão de classe de sua categoria. (Ex-OJ 55 – inserida em 25.11.1996)

* Súmula acrescentada pela Res. TST 129/2005 (DJU 20.04.2005).

375. **Reajustes salariais previstos em norma coletiva. Prevalência da legislação de política salarial. (Conversão da OJ 69 da SDI-I/TST e da OJ 40 da SDI-II/TST)**

Os reajustes salariais previstos em norma coletiva de trabalho não prevalecem frente à legislação superveniente de política salarial. (Ex-OJs 69 da SDI-I/TST – inserida em 14.03.1994 e 40 da SDI-II/TST – inserida em 20.09.2000)

* Súmula acrescentada pela Res. TST 129/2005 (DJU 20.04.2005).

376. **Horas extras. Limitação. Art. 59 da CLT. Reflexos. (Conversão das OJs 89 e 117 da SDI-I/TST)**

I – A limitação legal da jornada suplementar a duas horas diárias não exime o empregador de pagar todas as horas trabalhadas. (Ex-OJ 117 – inserida em 20.11.1997)

II – O valor das horas extras habitualmente prestadas integra o cálculo dos haveres trabalhistas, independentemente da limitação prevista no *caput* do art. 59 da CLT. (Ex-OJ 89 – inserida em 28.04.1997)

* Súmula acrescentada pela Res. TST 129/2005 (DJU 20.04.2005).

377. **Preposto. Exigência da condição de empregado**

Exceto quanto à reclamação de empregado doméstico, ou contra micro ou pequeno empresário, o preposto deve ser necessariamente empregado do reclamado. Inteligência do art. 843, § 1.º, da CLT e do art. 54 da LC 123, de 14 de dezembro de 2006. (Ex-OJ 99 – inserida em 30.05.1997)

* Súmula com redação determinada pela Res. TST 146/2008 (DJU 28.04.2008).

378. **Estabilidade provisória. Acidente de trabalho. Art. 118 da Lei 8.213/1991 (inserido o item III)**

I – É constitucional o art.118 da Lei 8.213/1991 que assegura o direito à estabilidade provisória por período de 12 (doze) meses após a cessação

do auxílio-doença ao empregado acidentado. (Ex-OJ 105 da SDI-I/TST – inserida em 01.10.1997)

II – São pressupostos para a concessão da estabilidade o afastamento superior a 15 (quinze) dias e a consequente percepção do auxílio-doença acidentário, salvo se constatada, após a despedida, doença profissional que guarde relação de causalidade com a execução do contrato de emprego. (Primeira parte – ex-OJ 230 da SDI-I/TST – inserida em 20.06.2001)

III – O empregado submetido a contrato de trabalho por tempo determinado goza da garantia provisória de emprego, decorrente de acidente de trabalho, prevista no art. 118 da Lei 8.213/1991.

* Súmula com redação determinada pela Res. TST 185/2012 (*DEJT* 25.09.2012).

379. **Dirigente sindical. Despedida. Falta grave. Inquérito judicial. Necessidade. (Conversão da OJ 114 da SDI-I/TST)**

O dirigente sindical somente poderá ser dispensado por falta grave mediante a apuração em inquérito judicial, inteligência dos arts. 494 e 543, § 3.º, da CLT. (Ex-OJ 114 – inserida em 20.11.1997)

* Súmula acrescentada pela Res. TST 129/2005 (*DJU* 20.04.2005).

380. **Aviso-prévio. Início da contagem. Art. 132 do CC/2002. (Conversão da OJ 122 da SDI-I/TST)**

Aplica-se a regra prevista no *caput* do art. 132 do CC/2002 à contagem do prazo do aviso-prévio, excluindo-se o dia do começo e incluindo o do vencimento. (Ex-OJ 122 – inserida em 20.04.1998)

* Súmula acrescentada pela Res. TST 129/2005 (*DJU* 20.04.2005).

381. **Correção monetária. Salário. Art. 459 da CLT. (Conversão da OJ 124 da SDI-I/TST)**

O pagamento dos salários até o 5.º dia útil do mês subsequente ao vencido não está sujeito à correção monetária. Se essa data limite for ultrapassada, incidirá o índice da correção monetária do mês subsequente ao da prestação dos serviços, a partir do dia 1.º. (Ex-OJ 124 – inserida em 20.04.1998)

* Súmula acrescentada pela Res. TST 129/2005 (*DJU* 20.04.2005).

382. **Mudança de regime celetista para estatutário. Extinção do contrato. Prescrição bienal. (Conversão da OJ 128 da SDI-I/TST)**

A transferência do regime jurídico de celetista para estatutário implica extinção do contrato de trabalho, fluindo o prazo da prescrição bienal a partir da mudança de regime. (Ex-OJ 128 – inserida em 20.04.1998)

* Súmula acrescentada pela Res. TST 129/2005 (DJU 20.04.2005).

383. **Mandato. Arts. 13 e 37 do CPC. Fase recursal. Inaplicabilidade. (Conversão das OJs 149 e 311 da SDI-I/TST)**

I – É inadmissível, em instância recursal, o oferecimento tardio de procuração, nos termos do art. 37 do CPC, ainda que mediante protesto por posterior juntada, já que a interposição de recurso não pode ser reputada ato urgente. (Ex-OJ 311, DJ 11.08.2003)

II – Inadmissível na fase recursal a regularização da representação processual, na forma do art. 13 do CPC, cuja aplicação se restringe ao Juízo de 1.º grau. (Ex-OJ 149 – inserida em 27.11.1998)

* Súmula acrescentada pela Res. TST 129/2005 (DJU 20.04.2005).

384. **Multa convencional. Cobrança. (Conversão das OJs 150 e 239 da SDI-I/TST)**

I – O descumprimento de qualquer cláusula constante de instrumentos normativos diversos não submete o empregado a ajuizar várias ações, pleiteando em cada uma o pagamento da multa referente ao descumprimento de obrigações previstas nas cláusulas respectivas. (Ex-OJ 150 – inserida em 27.11.1998)

II – É aplicável multa prevista em instrumento normativo (sentença normativa, convenção ou acordo coletivo) em caso de descumprimento de obrigação prevista em lei, mesmo que a norma coletiva seja mera repetição de texto legal. (Ex-OJ 239 – inserida em 20.06.2001)

* Súmula acrescentada pela Res. TST 129/2005 (DJU 20.04.2005).

385. **Feriado local. Ausência de expediente forense. Prazo recursal. Prorrogação. Comprovação. Necessidade. Ato administrativo do juízo *a quo*. (Redação alterada na Seção do Tribunal Pleno realizada em 14.09.2012)**

I – Incumbe à parte o ônus de provar, quando da interposição do recurso, a existência de feriado local que autorize a prorrogação do prazo recursal.

II – Na hipótese de feriado forense, incumbirá à autoridade que proferir a decisão de admissibilidade certificar o expediente nos autos.

III – Na hipótese do inc. II, admite-se a reconsideração da análise da tempestividade do recurso, mediante prova documental superveniente, em Agravo Regimental, Agravo de Instrumento ou Embargos de Declaração.

* Súmula com redação determinada pela Res. TST 185/2012 (DEJT 25.09.2012).

386. **Policial militar. Reconhecimento de vínculo empregatício com empresa privada. (Conversão da OJ 167 da SDI-I/TST)**

Preenchidos os requisitos do art. 3.º da CLT, é legítimo o reconhecimento de relação de emprego entre policial militar e empresa privada, independentemente do eventual cabimento de penalidade disciplinar prevista no Estatuto do Policial Militar. (Ex-OJ 167 – inserida em 26.03.1999)

* Súmula acrescentada pela Res. TST 129/2005 (DJU 20.04.2005).

387. **Recurso. Fac-símile. Lei 9.800/1999. (Inserido o item IV à redação)**

I – A Lei 9.800, de 26.05.1999, é aplicável somente a recursos interpostos após o início de sua vigência. (Ex-OJ 194 da SDI-I/TST – inserida em 08.11.2000)

II – A contagem do quinquidio para apresentação dos originais de recurso interposto por intermédio de fac-símile começa a fluir do dia subsequente ao término do prazo recursal, nos termos do art. 2.º da Lei 9.800, de 26.05.1999, e não do dia seguinte à interposição do recurso, se esta se deu antes do termo final do prazo. (Ex-OJ 337 da SDI-I/TST – primeira parte, DJ 04.05.2004)

III – Não se tratando a juntada dos originais de ato que dependa de notificação, pois a parte, ao interpor o recurso, já tem ciência de seu ônus processual, não se aplica a regra do art. 184 do CPC quanto ao *dies a quo*, podendo coincidir com sábado, domingo ou feriado. (Ex-OJ 337 da SDI-I/TST – *in fine* – DJ 04.05.2004)

IV – A autorização para utilização do fac-símile, constante do art. 1.º da Lei 9.800, de 26.05.1999, somente alcança as hipóteses em que o documento é dirigido diretamente ao órgão jurisdicional, não se aplicando à transmissão ocorrida entre particulares.

* Súmula com redação determinada pela Res. TST 174/2011 (DEJT 27.05.2011).

388. **Massa falida. Arts. 467 e 477 da CLT. Inaplicabilidade (Conversão das OJs 201 e 314 da SDI-I/TST)**

 A Massa Falida não se sujeita à penalidade do art. 467 e nem à multa do § 8.º do art. 477, ambos da CLT. (Ex-OJs 201, DJ 11.08.2003 e 314, DJ 08.11.2000)

 * Súmula acrescentada pela Res. TST 129/2005 (DJU 20.04.2005).

389. **Seguro-desemprego. Competência da Justiça do Trabalho. Direito à indenização por não liberação de guias. (Conversão das OJs 210 e 211 da SDI-I/TST)**

 I – Inscreve-se na competência material da Justiça do Trabalho a lide entre empregado e empregador tendo por objeto indenização pelo não fornecimento das guias do seguro-desemprego. (Ex-OJ 210 – inserida em 08.11.2000)

 II – O não fornecimento pelo empregador da guia necessária para o recebimento do seguro-desemprego dá origem ao direito à indenização. (Ex-OJ 211 – inserida em 08.11.2000)

 * Súmula acrescentada pela Res. TST 129/2005 (DJU 20.04.2005).

390. **Estabilidade. Art. 41 da CF/1988. Celetista. Administração direta, autárquica ou fundacional. Aplicabilidade. Empregado de empresa pública e sociedade de economia mista. Inaplicável. (Conversão das OJs 229 e 265 da SDI-I/TST e da OJ 22 da SDI-II/TST)**

 I – O servidor público celetista da administração direta, autárquica ou fundacional é beneficiário da estabilidade prevista no art. 41 da CF/1988. (Ex-OJ 265 da SDI-I/TST – inserida em 27.09.2002 e ex-OJ 22 da SDI-II/TST – inserida em 20.09.2000)

 II – Ao empregado de empresa pública ou de sociedade de economia mista, ainda que admitido mediante aprovação em concurso público, não é garantida a estabilidade prevista no art. 41 da CF/1988. (Ex-OJ 229 – inserida em 20.06.2001)

 * Súmula acrescentada pela Res. TST 129/2005 (DJU 20.04.2005).

391. **Petroleiros. Lei 5.811/1972. Turno ininterrupto de revezamento. Horas extras e alteração da jornada para horário fixo. (Conversão das OJs 240 e 333 da SDI-I/TST)**

 I – A Lei 5.811/72 foi recepcionada pela Constituição Federal de 1988 no que se refere à duração da jornada de trabalho em regime de revezamento dos petroleiros. (Ex-OJ 240 – inserida em 20.06.2001)

II – A previsão contida no art. 10 da Lei 5.811/1972, possibilitando a mudança do regime de revezamento para horário fixo, constitui alteração lícita, não violando os arts. 468 da CLT e 7.º, VI, da CF/1988. (Ex-OJ 333, DJ 09.12.2003)

* Súmula acrescentada pela Res. TST 129/2005 (DJU 20.04.2005).

392. **Dano moral. Competência da Justiça do Trabalho. (Conversão da OJ 327 da SDI-I/TST)**
Nos termos do art. 114 da CF/1988, a Justiça do Trabalho é competente para dirimir controvérsias referentes à indenização por dano moral, quando decorrente da relação de trabalho. (Ex-OJ 327, DJ 09.12.2003)

* Súmula acrescentada pela Res. TST 129/2005 (DJU 20.04.2005).

393. **Recurso ordinário. Efeito devolutivo em profundidade. Art. 515, § 1.º, do CPC. (Redação alterada pelo Tribunal Pleno na Seção realizada em 16.11.2010)**
O efeito devolutivo em profundidade do recurso ordinário, que se extrai do § 1.º do art. 515 do CPC, transfere ao Tribunal a apreciação dos fundamentos da inicial ou da defesa, não examinados pela sentença, ainda que não renovados em contrarrazões. Não se aplica, todavia, ao caso de pedido não apreciado na sentença, salvo a hipótese contida no § 3.º do art. 515 do CPC.

* Súmula com redação determinada pela Res. TST 169/2010 (DJe 19.11.2010).

394. **Art. 462 do CPC. Fato superveniente. (Conversão da OJ 81 da SDI-I/TST)**
O art. 462 do CPC, que admite a invocação de fato constitutivo, modificativo ou extintivo do direito, superveniente à propositura da ação, é aplicável de ofício aos processos em curso em qualquer instância trabalhista. (Ex-OJ 81 – inserida em 28.04.1997)

* Súmula acrescentada pela Res. TST 129/2005 (DJU 20.04.2005).

395. **Mandato e substabelecimento. Condições de validade. (Conversão das OJs 108, 312, 313 e 330 da SDI-I/TST)**
I – Válido é o instrumento de mandato com prazo determinado que contém cláusula estabelecendo a prevalência dos poderes para atuar até o final da demanda. (Ex-OJ 312, DJ 11.08.2003)

II – Diante da existência de previsão, no mandato, fixando termo para sua juntada, o instrumento de mandato só tem validade se anexado ao processo dentro do aludido prazo. (Ex-OJ 313, *DJ* 11.08.2003)

III – São válidos os atos praticados pelo substabelecido, ainda que não haja, no mandato, poderes expressos para substabelecer (art. 667, e parágrafos, do CC/2002). (Ex-OJ 108 – inserida em 01.10.1997)

IV – Configura-se a irregularidade de representação se o substabelecimento é anterior à outorga passada ao substabelecente. (Ex-OJ 330, *DJ* 09.12.2003)

* Súmula acrescentada pela Res. TST 129/2005 (*DJU* 20.04.2005).

396. **Estabilidade provisória. Pedido de reintegração. Concessão do salário relativo ao período de estabilidade já exaurido. Inexistência de julgamento *extra petita*. (Conversão das OJs 106 e 116 da SDI-I/TST)**

I – Exaurido o período de estabilidade, são devidos ao empregado apenas os salários do período compreendido entre a data da despedida e o final do período de estabilidade, não lhe sendo assegurada a reintegração no emprego. (Ex-OJ 116 – inserida em 20.11.1997)

II – Não há nulidade por julgamento *extra petita* da decisão que deferir salário quando o pedido for de reintegração, dados os termos do art. 496 da CLT. (Ex-OJ 106 – inserida em 01.10.1997)

* Súmula acrescentada pela Res. TST 129/2005 (*DJU* 20.04.2005).

397. **Ação rescisória. Art. 485, IV, do CPC. Ação de cumprimento. Ofensa à coisa julgada emanada de sentença normativa modificada em grau de recurso. Inviabilidade. Cabimento de mandado de segurança. (Conversão da OJ 116 da SDI-II/TST)**

Não procede ação rescisória calcada em ofensa à coisa julgada perpetrada por decisão proferida em ação de cumprimento, em face de a sentença normativa, na qual se louvava, ter sido modificada em grau de recurso, porque em dissídio coletivo somente se consubstancia coisa julgada formal. Assim, os meios processuais aptos a atacarem a execução da cláusula reformada são a exceção de pré-executividade e o mandado de segurança, no caso de descumprimento do art. 572 do CPC. (Ex-OJ 116, *DJ* 11.08.2003)

* Súmula acrescentada pela Res. TST 137/2005 (*DJU* 22.08.2005).

398. Ação rescisória. Ausência de defesa. Inaplicáveis os efeitos da revelia. (Conversão da OJ 126 da SDI-II/TST)

Na ação rescisória, o que se ataca na ação é a sentença, ato oficial do Estado, acobertado pelo manto da coisa julgada. Assim sendo, e considerando que a coisa julgada envolve questão de ordem pública, a revelia não produz confissão na ação rescisória. (Ex-OJ 126, *DJ* 09.12.2003)

* Súmula acrescentada pela Res. TST 137/2005 (*DJU* 22.08.2005).

399. Ação rescisória. Cabimento. Sentença de mérito. Decisão homologatória de adjudicação, de arrematação e de cálculos. (Conversão das OJs 44, 45 e 85, primeira parte, da SDI-II/TST)

I – É incabível ação rescisória para impugnar decisão homologatória de adjudicação ou arrematação. (Ex-OJs 44 e 45, ambas inseridas em 20.09.2000)

II – A decisão homologatória de cálculos apenas comporta rescisão quando enfrentar as questões envolvidas na elaboração da conta de liquidação, quer solvendo a controvérsia das partes quer explicitando, de ofício, os motivos pelos quais acolheu os cálculos oferecidos por uma das partes ou pelo setor de cálculos, e não contestados pela outra. (Ex-OJ 85, primeira parte – inserida em 13.03.2002 e alterada em 26.11.2002)

* Súmula acrescentada pela Res. TST 137/2005 (*DJU* 22.08.2005).

400. Ação rescisória de ação rescisória. Violação de lei. Indicação dos mesmos dispositivos legais apontados na rescisória primitiva. (Conversão da OJ 95 da SDI-II/TST)

Em se tratando de rescisória de rescisória, o vício apontado deve nascer na decisão rescindenda, não se admitindo a rediscussão do acerto do julgamento da rescisória anterior. Assim, não se admite rescisória calcada no inc. V do art. 485 do CPC para discussão, por má aplicação dos mesmos dispositivos de lei, tidos por violados na rescisória anterior, bem como para arguição de questões inerentes à ação rescisória primitiva. (Ex-OJ 95 – inserida em 27.09.2002 e alterada *DJ* 16.04.2004)

* Súmula acrescentada pela Res. TST 137/2005 (*DJU* 22.08.2005).

401. **Ação rescisória. Descontos legais. Fase de execução. Sentença exequenda omissa. Inexistência de ofensa à coisa julgada. (Conversão da OJ 81 da SDI-II/TST)**

Os descontos previdenciários e fiscais devem ser efetuados pelo juízo executório, ainda que a sentença exequenda tenha sido omissa sobre a questão, dado o caráter de ordem pública ostentado pela norma que os disciplina. A ofensa à coisa julgada somente poderá ser caracterizada na hipótese de o título exequendo, expressamente, afastar a dedução dos valores a título de imposto de renda e de contribuição previdenciária. (Ex-OJ 81 – inserida em 13.03.2002)

* Súmula acrescentada pela Res. TST 137/2005 (*DJU* 22.08.2005).

402. **Ação rescisória. Documento novo. Dissídio coletivo. Sentença normativa. (Conversão da OJ 20 da SDI-II/TST)**

Documento novo é o cronologicamente velho, já existente ao tempo da decisão rescindenda, mas ignorado pelo interessado ou de impossível utilização, à época, no processo. Não é documento novo apto a viabilizar a desconstituição de julgado:

a) sentença normativa proferida ou transitada em julgado posteriormente à sentença rescindenda;

b) sentença normativa preexistente à sentença rescindenda, mas não exibida no processo principal, em virtude de negligência da parte, quando podia e deveria louvar-se de documento já existente e não ignorado quando emitida a decisão rescindenda. (Ex-OJ 20 – inserida em 20.09.2000)

* Súmula acrescentada pela Res. TST 137/2005 (*DJU* 22.08.2005).

403. **Ação rescisória. Dolo da parte vencedora em detrimento da vencida. Art. 485, III, do CPC. (Conversão das OJs 111 e 125 da SDI-II/TST)**

I – Não caracteriza dolo processual, previsto no art. 485, III, do CPC, o simples fato de a parte vencedora haver silenciado a respeito de fatos contrários a ela, porque o procedimento, por si só, não constitui ardil do qual resulte cerceamento de defesa e, em consequência, desvie o juiz de uma sentença não condizente com a verdade. (Ex-OJ 125, *DJ* 09.12.2003)

II – Se a decisão rescindenda é homologatória de acordo, não há parte vencedora ou vencida, razão pela qual não é possível a sua desconstituição calcada no inc. III do art. 485 do CPC (dolo da parte vencedora em

detrimento da vencida), pois constitui fundamento de rescindibilidade que supõe solução jurisdicional para a lide. (Ex-OJ 111, *DJ* 29.04.2003)

* Súmula acrescentada pela Res. TST 137/2005 (*DJU* 22.08.2005).

404. **Ação rescisória. Fundamento para invalidar confissão. Confissão ficta. Inadequação do enquadramento no art. 485, VIII, do CPC. (Conversão da OJ 108 da SDI-II/TST)**

O art. 485, VIII, do CPC, ao tratar do fundamento para invalidar a confissão como hipótese de rescindibilidade da decisão judicial, refere-se à confissão real, fruto de erro, dolo ou coação, e não à confissão ficta resultante de revelia. (Ex-OJ 108, *DJ* 29.04.2003)

* Súmula acrescentada pela Res. TST 137/2005 (*DJU* 22.08.2005).

405. **Ação rescisória. Liminar. Antecipação de tutela. (Conversão das OJs 1, 3 e 121 da SDI-II/TST)**

I – Em face do que dispõe a MedProv 1.984-22/2000 e reedições e o art. 273, § 7.º, do CPC, é cabível o pedido liminar formulado na petição inicial de ação rescisória ou na fase recursal, visando a suspender a execução da decisão rescindenda.

II – O pedido de antecipação de tutela, formulado nas mesmas condições, será recebido como medida acautelatória em ação rescisória, por não se admitir tutela antecipada em sede de ação rescisória. (Ex-OJs 1 – inserida em 20.09.2000, 3 – inserida em 20.09.2000 e 121, *DJ* 11.08.2003)

* Súmula acrescentada pela Res. TST 137/2005 (*DJU* 22.08.2005).

406. **Ação rescisória. Litisconsórcio. Necessário no polo passivo e facultativo no ativo. Inexistente quanto aos substituídos pelo sindicato. (Conversão das OJs 82 e 110 da SDI-II/TST)**

I – O litisconsórcio, na ação rescisória, é necessário em relação ao polo passivo da demanda, porque supõe uma comunidade de direitos ou de obrigações que não admite solução díspar para os litisconsortes, em face da indivisibilidade do objeto. Já em relação ao polo ativo, o litisconsórcio é facultativo, uma vez que a aglutinação de autores se faz por conveniência e não, pela necessidade decorrente da natureza do litígio, pois não se pode condicionar o exercício do direito individual de um dos litigantes no processo originário à anuência dos demais para retomar a lide. (Ex-OJ 82 – inserida em 13.03.2002)

II – O Sindicato, substituto processual e autor da reclamação trabalhista, em cujos autos fora proferida a decisão rescindenda, possui legitimidade para figurar como réu na ação rescisória, sendo descabida a exigência de citação de todos os empregados substituídos, porquanto inexistente litisconsórcio passivo necessário. (Ex-OJ 110, DJ 29.04.2003)

* Súmula acrescentada pela Res. TST 137/2005 (DJU 22.08.2005).

407. Ação rescisória. Ministério Público. Legitimidade *ad causam* prevista no art. 487, III, *a* e *b*, do CPC. As hipóteses são meramente exemplificativas. (Conversão da OJ 83 da SDI-II/TST)

A legitimidade *ad causam* do Ministério Público para propor ação rescisória, ainda que não tenha sido parte no processo que deu origem à decisão rescindenda, não está limitada às alíneas *a* e *b* do inc. III do art. 487 do CPC, uma vez que traduzem hipóteses meramente exemplificativas. (Ex--OJ 83 – inserida em 13.03.2002)

* Súmula acrescentada pela Res. TST 137/2005 (DJU 22.08.2005).

408. Ação rescisória. Petição inicial. Causa de pedir. Ausência de capitulação ou capitulação errônea no art. 485 do CPC. Princípio *iura novit curia*. (Conversão das OJs 32 e 33 da SDI-II/TST)

Não padece de inépcia a petição inicial de ação rescisória apenas porque omite a subsunção do fundamento de rescindibilidade no art. 485 do CPC ou o capitula erroneamente em um de seus incisos. Contanto que não se afaste dos fatos e fundamentos invocados como causa de pedir, ao Tribunal é lícito emprestar-lhes a adequada qualificação jurídica (*iura novit curia*). No entanto, fundando-se a ação rescisória no art. 485, inc. V, do CPC, é indispensável expressa indicação, na petição inicial da ação rescisória, do dispositivo legal violado, por se tratar de causa de pedir da rescisória, não se aplicando, no caso, o princípio *iura novit curia*. (Ex-OJs 32 e 33, ambas inseridas em 20.09.2000)

* Súmula acrescentada pela Res. TST 137/2005 (DJU 22.08.2005).

409. Ação rescisória. Prazo prescricional. Total ou parcial. Violação do art. 7.º, XXIX, da CF/1988. Matéria infraconstitucional. (Conversão da OJ 119 da SDI-II/TST)

Não procede ação rescisória calcada em violação do art. 7.º, XXIX, da CF/1988 quando a questão envolve discussão sobre a espécie de prazo

prescricional aplicável aos créditos trabalhistas, se total ou parcial, porque a matéria tem índole infraconstitucional, construída, na Justiça do Trabalho, no plano jurisprudencial. (Ex-OJ 119, *DJ* 11.08.2003)

* Súmula acrescentada pela Res. TST 137/2005 (*DJU* 22.08.2005).

410. **Ação rescisória. Reexame de fatos e provas. Inviabilidade. (Conversão da OJ 109 da SDI-II/TST)**

A ação rescisória calcada em violação de lei não admite reexame de fatos e provas do processo que originou a decisão rescindenda. (Ex-OJ 109, *DJ* 29.04.2003)

* Súmula acrescentada pela Res. TST 137/2005 (*DJU* 22.08.2005).

411. **Ação rescisória. Sentença de mérito. Decisão de TRT em agravo regimental confirmando decisão monocrática do relator que, aplicando a Súmula 83 do TST, indeferiu a petição inicial da ação rescisória. Cabimento. (Conversão da OJ 43 da SDI-II/TST)**

Se a decisão recorrida, em agravo regimental, aprecia a matéria na fundamentação, sob o enfoque das Súmulas 83 do TST e 343 do STF, constitui sentença de mérito, ainda que haja resultado no indeferimento da petição inicial e na extinção do processo sem julgamento do mérito. Sujeita-se, assim, à reforma pelo TST, a decisão do Tribunal que, invocando controvérsia na interpretação da lei, indefere a petição inicial de ação rescisória. (Ex-OJ 43 – inserida em 20.09.2000)

* Súmula acrescentada pela Res. TST 137/2005 (*DJU* 22.08.2005).

412. **Ação rescisória. Sentença de mérito. Questão processual. (Conversão da OJ 46 da SDI-II/TST)**

Pode uma questão processual ser objeto de rescisão desde que consista em pressuposto de validade de uma sentença de mérito. (Ex-OJ 46 – inserida em 20.09.2000)

* Súmula acrescentada pela Res. TST 137/2005 (*DJU* 22.08.2005).

413. **Ação rescisória. Sentença de mérito. Violação do art. 896, *a*, da CLT. (Conversão da OJ 47 da SDI-II/TST)**

É incabível ação rescisória, por violação do art. 896, *a*, da CLT, contra decisão que não conhece de recurso de revista, com base em divergência

jurisprudencial, pois não se cuida de sentença de mérito (art. 485 do CPC). (Ex-OJ 47 – inserida em 20.09.2000)

* Súmula acrescentada pela Res. TST 137/2005 (*DJU* 22.08.2005).

414. **Mandado de segurança. Antecipação de tutela (ou liminar) concedida antes ou na sentença. (Conversão das OJs 50, 51, 58, 86 e 139 da SDI-II/TST)**

I – A antecipação da tutela concedida na sentença não comporta impugnação pela via do mandado de segurança, por ser impugnável mediante recurso ordinário. A ação cautelar é o meio próprio para se obter efeito suspensivo a recurso. (Ex-OJ 51 – inserida em 20.09.2000)

II – No caso da tutela antecipada (ou liminar) ser concedida antes da sentença, cabe a impetração do mandado de segurança, em face da inexistência de recurso próprio. (Ex-OJs 50 e 58, ambas inseridas em 20.09.2000)

III – A superveniência da sentença, nos autos originários, faz perder o objeto do mandado de segurança que impugnava a concessão da tutela antecipada (ou liminar). (Ex-OJs 86 – inserida em 13.03.2002 e 139, *DJ* 04.05.2004)

* Súmula acrescentada pela Res. TST 137/2005 (*DJU* 22.08.2005).

415. **Mandado de segurança. Art. 284 do CPC. Aplicabilidade. (Conversão da OJ 52 da SDI-II/TST)**

Exigindo o mandado de segurança prova documental pré-constituída, inaplicável se torna o art. 284 do CPC quando verificada, na petição inicial do *mandamus*, a ausência de documento indispensável ou de sua autenticação. (Ex-OJ 52 – inserida em 20.09.2000)

* Súmula acrescentada pela Res. TST 137/2005 (*DJU* 22.08.2005).

416. **Mandado de segurança. Execução. Lei 8.432/1992. Art. 897, § 1.º, da CLT. Cabimento. (Conversão da OJ 55 da SDI-II/TST)**

Devendo o agravo de petição delimitar justificadamente a matéria e os valores objeto de discordância, não fere direito líquido e certo o prosseguimento da execução quanto aos tópicos e valores não especificados no agravo. (Ex-OJ 55 – inserida em 20.09.2000)

* Súmula acrescentada pela Res. TST 137/2005 (*DJU* 22.08.2005).

417. **Mandado de segurança. Penhora em dinheiro. (Conversão das OJs 60, 61 e 62 da SDI-II/TST)**

I – Não fere direito líquido e certo do impetrante o ato judicial que determina penhora em dinheiro do executado, em execução definitiva, para garantir crédito exequendo, uma vez que obedece à gradação prevista no art. 655 do CPC. (Ex-OJ 60 – inserida em 20.09.2000)

II – Havendo discordância do credor, em execução definitiva, não tem o executado direito líquido e certo a que os valores penhorados em dinheiro fiquem depositados no próprio banco, ainda que atenda aos requisitos do art. 666, I, do CPC. (Ex-OJ 61 – inserida em 20.09.2000)

III – Em se tratando de execução provisória, fere direito líquido e certo do impetrante a determinação de penhora em dinheiro, quando nomeados outros bens à penhora, pois o executado tem direito a que a execução se processe da forma que lhe seja menos gravosa, nos termos do art. 620 do CPC. (Ex-OJ 62 – inserida em 20.09.2000)

* Súmula acrescentada pela Res. TST 137/2005 (*DJU* 22.08.2005).

418. **Mandado de segurança visando à concessão de liminar ou homologação de acordo. (Conversão das OJs 120 e 141 da SDI-II/TST)**

A concessão de liminar ou a homologação de acordo constituem faculdade do juiz, inexistindo direito líquido e certo tutelável pela via do mandado de segurança. (Ex-OJs 120, *DJ* 11.08.2003 e 141, *DJ* 04.05.2004)

* Súmula acrescentada pela Res. TST 137/2005 (*DJU* 22.08.2005).

419. **Competência. Execução por carta. Embargos de terceiro. Juízo deprecante. (Conversão da OJ 114 da SDI-II/TST)**

Na execução por carta precatória, os embargos de terceiro serão oferecidos no juízo deprecante ou no juízo deprecado, mas a competência para julgá-los é do juízo deprecante, salvo se versarem, unicamente, sobre vícios ou irregularidades da penhora, avaliação ou alienação dos bens, praticados pelo juízo deprecado, em que a competência será deste último. (Ex-OJ 114, *DJ* 11.08.2003)

* Súmula acrescentada pela Res. TST 137/2005 (*DJU* 22.08.2005).

420. **Competência funcional. Conflito negativo. TRT e vara do trabalho de idêntica região. Não configuração. (Conversão da OJ 115 da SDI-II/TST)**

Não se configura conflito de competência entre TRT e Vara do Trabalho a ele vinculada. (Ex-OJ 115, *DJ* 11.08.2003)

* Súmula acrescentada pela Res. TST 137/2005 (*DJU* 22.08.2005).

421. **Embargos declaratórios contra decisão monocrática do relator calcada no art. 557 do CPC. Cabimento. (Conversão da OJ 74 da SDI-II/TST)**

 I – Tendo a decisão monocrática de provimento ou denegação de recurso, prevista no art. 557 do CPC, conteúdo decisório definitivo e conclusivo da lide, comporta ser esclarecida pela via dos embargos de declaração, em decisão aclaratória, também monocrática, quando se pretende tão somente suprir omissão e não, modificação do julgado.

 II – Postulando o embargante efeito modificativo, os embargos declaratórios deverão ser submetidos ao pronunciamento do Colegiado, convertidos em agravo, em face dos princípios da fungibilidade e celeridade processual. (Ex-OJ 74 – inserida em 08.11.2000)

 * Súmula acrescentada pela Res. TST 137/2005 (DJU 22.08.2005).

422. **Recurso. Apelo que não ataca os fundamentos da decisão recorrida. Não conhecimento. Art. 514, II, do CPC. (Conversão da OJ 90 da SDI-II/TST)**

 Não se conhece de recurso para o TST, pela ausência do requisito de admissibilidade inscrito no art. 514, II, do CPC, quando as razões do recorrente não impugnam os fundamentos da decisão recorrida, nos termos em que fora proposta. (Ex-OJ 90 – inserida em 27.05.2002)

 * Súmula acrescentada pela Res. TST 137/2005 (DJU 22.08.2005).

423. **Turno ininterrupto de revezamento. Fixação de jornada de trabalho mediante negociação coletiva. Validade. (Conversão da OJ 169 da SDI-I/TST)**

 Estabelecida jornada superior a 6 (seis) horas e limitada a 8 (oito) horas por meio de regular negociação coletiva, os empregados submetidos a turnos ininterruptos de revezamento não têm direito ao pagamento da 7.ª e 8.ª horas como extras.

 * Súmula acrescentada pela Res. TST 139/2006 (DJU 10.10.2006).

424. **Recurso Administrativo. Pressuposto de admissibilidade. Depósito prévio da multa administrativa. Não recepção pela Constituição Federal de 1988 do § 1.º do art. 636 da CLT.**

 O § 1.º do art. 636 da CLT, que estabelece a exigência de prova do depósito prévio do valor da multa cominada em razão de autuação administrativa como pressuposto de admissibilidade de recurso administrativo, não foi

recepcionado pela Constituição Federal de 1988, ante a sua incompatibilidade com o inc. LV do art. 5.º.

* Súmula acrescentada pela Res. TST 160/2009 (DJe 20.11.2009).

425. **Jus postulandi na Justiça do Trabalho. Alcance**

O jus postulandi das partes, estabelecido no art. 791 da CLT, limita-se às Varas do Trabalho e aos TRTs, não alcançando a ação rescisória, a ação cautelar, o mandado de segurança e os recursos de competência do TST.

* Súmula acrescentada pela Res. TST 165/2010 (DJe 30.04.2010).

426. **Depósito recursal. Utilização da Guia GFIP. Obrigatoriedade**

Nos dissídios individuais o depósito recursal será efetivado mediante a utilização da Guia de Recolhimento do FGTS e Informações à Previdência Social – GFIP, nos termos dos §§ 4.º e 5.º do art. 899 da CLT, admitido o depósito judicial, realizado na sede do juízo e à disposição deste, na hipótese de relação de trabalho não submetida ao regime do FGTS.

* Súmula acrescentada pela Res. TST 174/2011 (DEJT 27.05.2011).

427. **Intimação. Pluralidade de advogados. Publicação em nome de advogado diverso daquele expressamente indicado. Nulidade**

Havendo pedido expresso de que as intimações e publicações sejam realizadas exclusivamente em nome de determinado advogado, a comunicação em nome de outro profissional constituído nos autos é nula, salvo se constatada a inexistência de prejuízo.

* Súmula acrescentada pela Res. TST 174/2011 (DEJT 27.05.2011).

428. **Sobreaviso. Aplicação analógica do art. 244, § 2.º da CLT. (Redação alterada na Seção do Tribunal Pleno realizada em 14.09.2012)**

I – O uso de instrumentos telemáticos ou informatizados fornecidos pela empresa ao empregado, por si só, não caracteriza o regime de sobreaviso.

II – Considera-se em sobreaviso o empregado que, à distância e submetido a controle patronal por instrumentos telemáticos ou informatizados, permanecer em regime de plantão ou equivalente, aguardando a qualquer momento o chamado para o serviço durante o período de descanso.

* Súmula com redação determinada pela Res. TST 185/2012 (DEJT 25.09.2012).

429. **Tempo à disposição do empregador. Art. 4.º da CLT. Período de deslocamento entre a portaria e o local de trabalho**

Considera-se à disposição do empregador, na forma do art. 4.º da CLT, o tempo necessário ao deslocamento do trabalhador entre a portaria da empresa e o local de trabalho, desde que supere o limite de 10 (dez) minutos diários.

* Súmula acrescentada pela Res. TST 174/2011 (DEJT 27.05.2011).

430. **Administração Pública indireta. Contratação. Ausência de concurso público. Nulidade. Ulterior privatização. Convalidação. Insubsistência do vício**

Convalidam-se os efeitos do contrato de trabalho que, considerado nulo por ausência de concurso público, quando celebrado originalmente com ente da Administração Pública Indireta, continua a existir após a sua privatização.

* Súmula acrescentada pela Res. TST 177/2012 (DEJT 13.02.2012).

431. **Salário-hora. Empregado sujeito ao regime geral de trabalho (art. 58, *caput*, da CLT). 40 (quarenta) horas semanais. Cálculo. Aplicação do divisor 200. (Redação alterada na Seção do Tribunal Pleno realizada em 14.09.2012)**

Para os empregados a que alude o art. 58, *caput*, da CLT, quando sujeitos a 40 (quarenta) horas semanais de trabalho, aplica-se o divisor 200 (duzentos) para o cálculo do valor do salário-hora.

* Súmula com redação determinada pela Res. TST 185/2012 (DEJT 25.09.2012).

432. **Contribuição Sindical Rural. Ação de cobrança. Penalidade por atraso no recolhimento. Inaplicabilidade do art. 600 da CLT. Incidência do art. 2.º da Lei 8.022/1990.**

O recolhimento a destempo da contribuição sindical rural não acarreta a aplicação da multa progressiva prevista no art. 600 da CLT, em decorrência da sua revogação tácita pela Lei 8.022, de 12.04.1990.

* Súmula acrescentada pela Res. TST 177/2012 (DEJT 13.02.2012).

433. **Embargos. Admissibilidade. Processo em fase de execução. Acórdão de turma publicado na vigência da Lei 11.496, de 26.06.2007. Divergência de interpretação de dispositivo constitucional.**

A admissibilidade do recurso de embargos contra acórdão de Turma em recurso de revista em fase de execução, publicado na vigência da Lei 11.496,

de 26.06.2007, condiciona-se à demonstração de divergência jurisprudencial entre Turmas ou destas e a Seção Especializada em Dissídios Individuais do TST em relação à interpretação de dispositivo constitucional.

* Súmula acrescentada pela Res. TST 177/2012 (DEJT 13.02.2012).

434. **Recurso. Interposição antes da publicação do acórdão impugnado. Extemporaneidade. (Conversão da OJ 357 da SDI-I/TST) e inserção do item II à redação)**

I – É extemporâneo recurso interposto antes de publicado o acórdão impugnado. (Ex-OJ 357 da SDI-I/TST – inserida em 14.03.2008)

II – A interrupção do prazo recursal em razão da interposição de embargos de declaração pela parte adversa não acarreta qualquer prejuízo àquele que apresentou seu recurso tempestivamente.

* Súmula acrescentada pela Res. TST 177/2012 (DEJT 13.02.2012).

435. **Art. 557 do CPC. Aplicação subsidiária ao processo do trabalho (Conversão da OJ 73 da SDI-II/TST com nova redação)**

Aplica-se subsidiariamente ao processo do trabalho o art. 557 do CPC.

* Súmula acrescentada pela Res. TST 185/2012 (DEJT 25.09.2012).

436. **Representação processual. Procurador da união, estados, municípios e distrito federal, suas autarquias e fundações públicas. Juntada de instrumento de mandato. (Conversão da OJ 52 da SDI-I e inserção do item II à redação)**

I – A União, Estados, Municípios e Distrito Federal, suas autarquias e fundações públicas, quando representadas em juízo, ativa e passivamente, por seus procuradores, estão dispensadas da juntada de instrumento de mandato e de comprovação do ato de nomeação.

II – Para os efeitos do item anterior, é essencial que o signatário ao menos declare-se exercente do cargo de procurador, não bastando a indicação do número de inscrição na Ordem dos Advogados do Brasil.

* Súmula acrescentada pela Res. TST 185/2012 (DEJT 25.09.2012).

437. **Intervalo intrajornada para repouso e alimentação. Aplicação do art. 71 da CLT. (Conversão das OJs 307, 342, 354, 380 e 381 da SDI-I/TST)**

I – Após a edição da Lei 8.923/1994, a não concessão ou a concessão parcial do intervalo intrajornada mínimo, para repouso e alimentação,

a empregados urbanos e rurais, implica o pagamento total do período correspondente, e não apenas daquele suprimido, com acréscimo de, no mínimo, 50% (cinquenta por cento) sobre o valor da remuneração da hora normal de trabalho (art. 71 da CLT), sem prejuízo do cômputo da efetiva jornada de labor para efeito de remuneração.

II – É inválida cláusula de acordo ou convenção coletiva de trabalho contemplando a supressão ou redução do intervalo intrajornada porque este constitui medida de higiene, saúde e segurança do trabalho, garantido por norma de ordem pública (art. 71 da CLT e art. 7.º, XXII, da CF/1988), infenso à negociação coletiva.

III – Possui natureza salarial a parcela prevista no art. 71, § 4.º, da CLT, com redação introduzida pela Lei 8.923, de 27.07.1994, quando não concedido ou reduzido pelo empregador o intervalo mínimo intrajornada para repouso e alimentação, repercutindo, assim, no cálculo de outras parcelas salariais.

IV – Ultrapassada habitualmente a jornada de 6 (seis) horas de trabalho, é devido o gozo do intervalo intrajornada mínimo de 1 (uma) hora, obrigando o empregador a remunerar o período para descanso e alimentação não usufruído como extra, acrescido do respectivo adicional, na forma prevista no art. 71, *caput* e § 4.º da CLT.

* Súmula acrescentada pela Res. TST 185/2012 (*DEJT* 25.09.2012).

438. **Intervalo para recuperação térmica do empregado. Ambiente artificialmente frio. Horas extras. Art. 253 da CLT. Aplicação analógica**

O empregado submetido a trabalho contínuo em ambiente artificialmente frio, nos termos do parágrafo único do art. 253 da CLT, ainda que não labore em câmara frigorífica, tem direito ao intervalo intrajornada previsto no *caput* do art. 253 da CLT.

* Súmula acrescentada pela Res. TST 185/2012 (*DEJT* 25.09.2012).

439. **Danos morais. Juros de mora e atualização monetária. Termo inicial**

Nas condenações por dano moral, a atualização monetária é devida a partir da data da decisão de arbitramento ou de alteração do valor.

Os juros incidem desde o ajuizamento da ação, nos termos do art. 883 da CLT.

* Súmula acrescentada pela Res. TST 185/2012 (*DEJT* 25.09.2012).

440. Auxílio-doença acidentário. Aposentadoria por invalidez. Suspensão do contrato de trabalho. Reconhecimento do direito à manutenção de plano de saúde ou de assistência médica

Assegura-se o direito à manutenção de plano de saúde ou de assistência médica oferecido pela empresa ao empregado, não obstante suspenso o contrato de trabalho em virtude de auxílio-doença acidentário ou de aposentadoria por invalidez.

* Súmula acrescentada pela Res. TST 185/2012 (DEJT 25.09.2012).

441. Aviso prévio. Proporcionalidade

O direito ao aviso prévio proporcional ao tempo de serviço somente é assegurado nas rescisões de contrato de trabalho ocorridas a partir da publicação da Lei 12.506, em 13.10.2011.

* Súmula acrescentada pela Res. TST 185/2012 (DEJT 25.09.2012).

442. Procedimento sumaríssimo. Recurso de revista fundamentado em contrariedade a orientação jurisprudencial. Inadmissibilidade. Art. 896, § 6.º, da CLT, acrescentado pela Lei 9.957, de 12.01.2000. (Conversão da OJ 352 da SDI-I/TST)

Nas causas sujeitas ao procedimento sumaríssimo, a admissibilidade de recurso de revista está limitada à demonstração de violação direta a dispositivo da Constituição Federal de 1988 ou contrariedade a Súmula do TST, não se admitindo o recurso por contrariedade a Orientação Jurisprudencial deste Tribunal (Livro II, Título II, Capítulo III, do RITST), ante a ausência de previsão no art. 896, § 6.º, da CLT.

* Súmula acrescentada pela Res. TST 185/2012 (DEJT 25.09.2012).

443. Dispensa discriminatória. Presunção. Empregado portador de doença grave. Estigma ou preconceito. Direito à reintegração

Presume-se discriminatória a despedida de empregado portador do vírus HIV ou de outra doença grave que suscite estigma ou preconceito. Inválido o ato, o empregado tem direito à reintegração no emprego.

* Súmula acrescentada pela Res. TST 185/2012 (DEJT 25.09.2012).

444. Jornada de trabalho. Norma coletiva. Lei. Escala de 12 por 36. Validade

É valida, em caráter excepcional, a jornada de 12 (doze) horas de trabalho por 36 (trinta e seis) de descanso, prevista em lei ou ajustada exclusiva-

mente mediante acordo coletivo de trabalho ou convenção coletiva de trabalho, assegurada a remuneração em dobro dos feriados trabalhados. O empregado não tem direito ao pagamento de adicional referente ao labor prestado na décima primeira e décima segunda horas.

* Súmula acrescentada pela Res. TST 185/2012 (DEJT 25.09.2012).

445. **Inadimplemento de verbas trabalhistas. Frutos. Posse de má-fé. Art. 1.216 do CC/2002. Inaplicabilidade ao direito do trabalho**

 A indenização por frutos percebidos pela posse de má-fé, prevista no art. 1.216 do CC/2002, por tratar-se de regra afeta a direitos reais, mostra-se incompatível com o Direito do Trabalho, não sendo devida no caso de inadimplemento de verbas trabalhistas.

 * Súmula acrescentada pela Res. TST 189/2013 (DEJT 13.03.2013).

4. Tribunal Federal de Recursos

17. A competência para homologar opção de servidor da União, autarquias e empresas públicas federais, pelo FGTS, é do Juiz Federal.

18. O processo e julgamento das reclamações trabalhistas de que trata o art. 110 da CF/1988 competem ao Juiz Federal da Seção Judiciária onde o empregado prestar serviços (art. 651 da CLT), embora o empregador tenha sede e foro noutra unidade da federação.

32. Na execução por carta (art. 747 c/c art. 658 do CPC), os embargos do devedor serão decididos no Juízo deprecante, salvo se versarem unicamente vícios ou defeitos da penhora, avaliação ou alienação dos bens.

33. O Juízo deprecado, na execução por carta, é o competente para julgar os embargos de terceiro, salvo se o bem apreendido foi indicado pelo Juízo deprecante.

48. Não cabem embargos infringentes a acórdão proferido em agravo de petição, em execução fiscal, após a vigência do Código de Processo Civil de 1973.

61. Para configurar a competência da Justiça Federal, é necessário que a União, Entidade Autárquica ou Empresa Pública Federal, ao intervir como assis-

tente, demonstre legítimo interesse jurídico no deslinde da demanda, não bastando a simples alegação de interesse na causa.

66. Compete à Justiça do Trabalho processar e julgar os litígios decorrentes das relações de trabalho entre os Municípios de Território Federal e seus empregados.

67. Compete à Justiça Federal processar e julgar os litígios decorrentes das relações de trabalho entre os Territórios Federais e seus empregados.

72. Compete à Justiça do Trabalho processar e julgar os litígios decorrentes das relações de trabalho entre as fundações instituídas por lei federal e seus empregados.

77. Cabem embargos infringentes a Acórdão não unânime proferido em remessa *ex officio* (art. 475 do CPC).

78. Proposta a ação no prazo fixado para o seu exercício, a demora na citação, por motivos inerentes ao mecanismo da Justiça, não justifica o acolhimento da arguição de prescrição ou decadência.

82. Compete à Justiça do Trabalho processar e julgar as reclamações pertinentes ao cadastramento no Plano de Integração Social (PIS) ou indenização compensatória pela falta deste, desde que não envolvam relações de trabalho dos servidores da União, suas autarquias e empresas públicas.

83. Compete à Justiça Federal processar e julgar reclamação trabalhista movida contra representação diplomática de país estrangeiro, inclusive para decidir sobre a preliminar de imunidade de jurisdição.

87. Compete à Justiça Comum Estadual o processo e julgamento da ação de cobrança de contribuições sindicais.

88. Compete à Justiça do Trabalho o processo e julgamento de reclamação ajuizada contra a Rede Ferroviária S.A., por servidor cedido pela União.

89. Compete à Junta de Conciliação e Julgamento, sediada em Comarca do interior, cumprir carta precatória expedida por Juiz Federal, em matéria trabalhista.

* AEC 24/1999 substituiu as Juntas de Conciliação e Julgamento por Varas do Trabalho (Juiz singular) e extinguiu a representação classista na Justiça do Trabalho.

90. Ao servidor estatutário que optou pelo regime celetista, na forma da Lei 6.184, de 1974, é assegurado o direito à gratificação adicional por tempo de serviço correspondente aos períodos anteriores à opção.

99. A Fazenda Pública, nas execuções fiscais, não está sujeita a prévio depósito para custear despesas do avaliador.

114. Compete à Justiça Comum Estadual processar e julgar as causas entre os sindicatos e seus associados.

115. Compete à Justiça Federal processar e julgar os crimes contra a organização do trabalho, quando tenham por objeto a organização geral do trabalho ou direitos dos trabalhadores considerados coletivamente.

121. Não cabe mandado de segurança contra ato ou decisão, de natureza jurisdicional, emanado de relator ou presidente de turma.

122. A companheira, atendidos os requisitos legais, faz jus à pensão do segurado falecido, quer em concorrência com os filhos do casal, quer em sucessão a estes, não constituindo obstáculo a ocorrência do óbito antes da vigência do Dec.-lei 66/1966.

150. Compete à Justiça do Trabalho processar e julgar os litígios entre a administração direta ou indireta do Distrito Federal e os seus servidores, regidos pela legislação trabalhista.

156. Sindicatos representativos de atividades econômicas ou profissionais idênticas, ou categoria econômica específica, podem organizar-se em federações.

158. Compete à Justiça do Trabalho processar e julgar reclamação contra empresa privada contratada para a prestação de serviços à Administração Pública.

163. Nas relações jurídicas de trato sucessivo, em que a Fazenda Pública figure como devedora, somente prescrevem as prestações vencidas antes do quinquênio anterior à propositura da ação.

169. Na comarca em que não foi criada Junta de Conciliação e Julgamento, é competente o Juiz de Direito para processar e julgar litígios de natureza trabalhista.

* A EC 24/1999 substituiu as Juntas de Conciliação e Julgamento por Varas do Trabalho (Juiz singular) e extinguiu a representação classista na Justiça do Trabalho.

178. Resolvido o contrato de trabalho com a transferência do servidor do regime da Consolidação das Leis Trabalhistas para o estatutário, em decorrência de lei, assiste-lhe o direito de movimentar a conta vinculada do FGTS.

181. Cabe ao empregador, e não ao BNH ou Iapas, o encargo de individualizar as contas vinculadas dos empregados, referentes ao FGTS.

184. Em execução movida contra sociedade por quotas, o sócio-gerente, citado em nome próprio, não tem legitimidade para opor embargos de terceiro, visando livrar da constrição judicial seus bens particulares.

187. O adicional de insalubridade incide sobre o salário mínimo regional.

189. Proposta a execução fiscal, a posterior mudança de domicílio do executado não desloca a competência já fixada.

190. A intimação pessoal da penhora ao executado torna dispensável a publicação de que trata o art. 12 da LEF.

195. O mandado de segurança não é meio processual idôneo para dirimir litígios trabalhistas.

196. Cabem embargos, e não agravo de petição, da sentença de liquidação no processo de execução trabalhista.

200. Compete à Justiça Federal processar e julgar o crime de falsificação ou de uso de documento falso perante a Justiça do Trabalho.

205. O reajuste semestral de salário não se aplica ao servidor público regido pela Consolidação das Leis do Trabalho.

212. A partir da vigência do Dec.-lei 1.820/1980, o servidor público celetista não tem direito à percepção de salário mínimo profissional.

214. A prestação de serviços de caráter continuado, em atividades de natureza permanente, com subordinação, observância de horário e normas de repartição, mesmo em Grupo Tarefa, configura relação empregatícia.

216. Compete à Justiça Federal processar e julgar mandado de segurança impetrado contra ato de autoridade previdenciária, ainda que localizada em comarca do interior.

217. No âmbito da Justiça Federal, aplica-se aos feitos trabalhistas o princípio da identidade física do Juiz.
 * V. Súmula 222 do STF.
 * V. Súmula 136 do TST.

222. A prorrogação da jornada diária de trabalho não constitui alteração unilateral do contrato, desde que mantido o limite do horário semanal avençado.

223. O empregado, durante o desvio funcional, tem direito à diferença salarial, ainda que o empregador possua quadro de pessoal organizado em carreira.

224. O fato de não serem adjudicados bens que, levados a leilão, deixaram de ser arrematados, não acarreta a extinção do processo de execução.

226. Na prorrogação da jornada de trabalho da mulher bancária, até 8 (oito) horas diárias, não excedentes de 40 (quarenta) horas semanais (art. 225 da CLT), com observância do disposto no art. 59 e seu § 1.º, da CLT, é inaplicável a regra do art. 374 desse diploma legal.

234. Não cabe medida cautelar em ação rescisória para obstar os efeitos da coisa julgada.

235. A falta de peças de traslado obrigatório será suprida com a conversão do agravo de instrumento em diligência.

252. O § 3.º do art. 125 da CF/1988 institui hipótese de competência relativa, pelo que não elide a competência concorrente da Justiça Federal.

255. Compete à Justiça Federal processar e julgar causa cujo objeto diga respeito a eleições sindicais.

256. A falta de impugnação dos embargos do devedor não produz, em relação à Fazenda Pública, os efeitos de revelia.

262. Não se vincula ao processo o juiz que não colheu prova em audiência.

ORIENTAÇÕES JURISPRUDENCIAIS

1. Tribunal Pleno do Tribunal Superior do Trabalho

2. Seção Especializada em Dissídios Individuais – I do Tribunal Superior do Trabalho

3. Seção Especializada em Dissídios Individuais – I Transitória do Tribunal Superior do Trabalho

4. Seção Especializada em Dissídios Individuais – II do Tribunal Superior do Trabalho

5. Seção Especializada em Dissídios Coletivos do Tribunal Superior do Trabalho

ORIENTAÇÕES
JURISPRUDENCIAIS

1. Tribunal Pleno do Tribunal Superior do Trabalho

2. Seção Especializada em Dissídios Individuais – I do Tribunal Superior do Trabalho

3. Seção Especializada em Dissídios Individuais – I Transitória do Tribunal Superior do Trabalho

4. Seção Especializada em Dissídios Individuais – II do Tribunal Superior do Trabalho

5. Seção Especializada em Dissídios Coletivos do Tribunal Superior do Trabalho

ORIENTAÇÕES JURISPRUDENCIAIS

1. Tribunal Pleno do Tribunal Superior do Trabalho

1. **Precatório. Crédito trabalhista. Pequeno valor. EC 37/2002.**

 Há dispensa da expedição de precatório, na forma do art. 100, § 3.º, da CF/1988, quando a execução contra a Fazenda Pública não exceder os valores definidos, provisoriamente, pela EC 37/2002, como obrigações de pequeno valor, inexistindo ilegalidade, sob esse prisma, na determinação de sequestro da quantia devida pelo ente público.

2. **Precatório. Revisão de cálculos. Limites da competência do presidente do TRT.**

 O pedido de revisão dos cálculos, em fase de precatório, previsto no art. 1.º-E da Lei 9.494/1997, apenas poderá ser acolhido desde que: (a) o requerente aponte e especifique claramente quais são as incorreções existentes nos cálculos, discriminando o montante que seria correto, pois do contrário a incorreção torna-se abstrata; (b) o defeito nos cálculos esteja ligado à incorreção material ou à utilização de critério em descompasso com a lei ou com o título executivo judicial; e (c) o critério legal aplicável ao débito não tenha sido objeto de debate nem na fase de conhecimento, nem na fase de execução.

3. **Precatório. Sequestro. EC 30/2000. Preterição. ADIn 1662-8. Art. 100, § 2.º, da CF/1988.**

 O sequestro de verbas públicas para satisfação de precatórios trabalhistas só é admitido na hipótese de preterição do direito de precedência do credor, a ela não se equiparando as situações de não inclusão da despesa no orçamento ou de não pagamento do precatório até o final do exercício, quando incluído no orçamento.

 * V. art. 100, § 6.º, da CF/1988.

4. **Mandado de segurança. Decisão de TRT. Incompetência originária do TST.**

 Ao TST não compete apreciar, originariamente, mandado de segurança impetrado em face de decisão de TRT.

5. **Recurso ordinário. Cabimento. (Conversão da OJ 70 da SDI-I/TST)**

 Não cabe recurso ordinário contra decisão em agravo regimental interposto em reclamação correicional ou em pedido de providência. (Ex-OJ 70 – inserida em 13.09.1994).

 * Acrescentada pela Res. TST 129/2005 (DJU 20.04.2005).

6. **Precatório. Execução. Limitação da condenação imposta pelo título judicial exequendo à data do advento da Lei 8.112, de 11.12.1990.**

 Em sede de precatório, não configura ofensa à coisa julgada a limitação dos efeitos pecuniários da sentença condenatória ao período anterior ao advento da Lei 8.112, de 11.12.1990, em que o exequente submetia-se à legislação trabalhista, salvo disposição expressa em contrário na decisão exequenda.

7. **Juros de mora. Condenação da Fazenda Pública.**

 I – nas condenações impostas à Fazenda Pública, incidem juros de mora segundo os seguintes critérios:

 a) 1% (um por cento) ao mês, até agosto de 2001, nos termos do § 1.º do art. 39 da Lei 8.177, de 01.03.1991;

 b) 0,5% (meio por cento) ao mês, de setembro de 2001 a junho de 2009, conforme determina o art. 1.º-F da Lei 9.494, de 10.09.1997, introduzido pela MedProv 2.180-35, de 24.08.2001.

 II – a partir de 30 de junho de 2009, atualizam-se os débitos trabalhistas da Fazenda Pública, mediante a incidência dos índices oficiais de remuneração básica e juros aplicados à caderneta de poupança, por força do art. 5.º da Lei 11.960, de 29.06.2009.

 III – a adequação do montante da condenação deve observar essa limitação legal, ainda que em sede de precatório.

 * Alterada pela Res. TST 175/2011 (DEJT 27.05.2011).

8. **Precatório. Matéria administrativa. Remessa necessária. Não cabimento.**

 Em sede de precatório, por se tratar de decisão de natureza administrativa, não se aplica o disposto no art. 1.º, V, do Dec.-lei 779, de 21.08.1969, em

que se determina a remessa necessária em caso de decisão judicial desfavorável a ente público.

9. **Precatório. Pequeno valor. Individualização do crédito apurado. Reclamação trabalhista plúrima. Execução direta contra a Fazenda Pública. Possibilidade.**

Tratando-se de reclamações trabalhistas plúrimas, a aferição do que vem a ser obrigação de pequeno valor, para efeito de dispensa de formação de precatório e aplicação do disposto no § 3.º do art. 100 da CF/88, deve ser realizada considerando-se os créditos de cada reclamante.

10. **Precatório. Processamento e pagamento. Natureza administrativa. Mandado de segurança. Cabimento.**

É cabível mandado de segurança contra atos praticados pela Presidência dos Tribunais Regionais em precatório em razão de sua natureza administrativa, não se aplicando o disposto no inc. II do art. 5.º da Lei 1.533, de 31.12.1951.

11. **Recurso em matéria administrativa. Prazo. Órgão Colegiado. Oito dias. Art. 6.º da Lei 5.584, de 26.06.1970.**

Se não houver norma específica quanto ao prazo para interposição de recurso em matéria administrativa de decisão emanada de órgão Colegiado do TRT, aplica-se, por analogia, a regra geral dos prazos adotados na Justiça do Trabalho, ou seja, oito dias, conforme estabelecido no art. 6.º da Lei 5.584, de 26.06.1970.

O prazo de 10 (dez) dias a que alude o art. 59 da Lei 9.784, de 29.01.1999, aplica-se somente à interposição de recursos de decisões prolatadas monocraticamente.

12. **Precatório. Procedimento de natureza administrativa. Incompetência funcional do presidente do TRT para declarar a inexigibilidade do título exequendo.**

O Presidente do TRT, em sede de precatório, não tem competência funcional para declarar a inexigibilidade do título judicial exequendo, com fundamento no art. 884, § 5.º, da CLT, ante a natureza meramente administrativa do procedimento.

13. **Precatório. Quebra da ordem de precedência. Não demonstração da posição do exequente na ordem cronológica. Sequestro indevido.**

É indevido o sequestro de verbas públicas quando o exequente/requerente não se encontra em primeiro lugar na lista de ordem cronológica

para pagamento de precatórios ou quando não demonstrada essa condição.

2. Seção Especializada em Dissídios Individuais – I do Tribunal Superior do Trabalho

1. **(Cancelada em decorrência da sua conversão na OJ 110 da SDI-II/TST, DJU 29.04.2003)**

 Ação rescisória. Réu sindicato. Legitimidade passiva *ad causam*. Admitida. (Inserida em 25.11.1996)

2. **(Cancelada pela Res. TST 148/2008, DJU 04.07.2008; rep. 08.07.2008)**

 Adicional de insalubridade. Base de cálculo. Mesmo na vigência da Constituição Federal de 1988: salário mínimo.

3. **(Cancelada em decorrência da sua conversão na OJ Transitória 33 da SDI-I/TST, Res. TST 129/2005, DJU 20.04.2005)**

 Adicional de insalubridade. Base de cálculo, na vigência do Dec.-lei 2.351/1987. Piso nacional de salários. (Inserida em 14.03.1994)

4. **Adicional de insalubridade. Lixo urbano. Inserida em 25.11.1996. (Nova redação em decorrência da incorporação da OJ 170 da SDI-I/TST)**

 I – Não basta a constatação da insalubridade por meio de laudo pericial para que o empregado tenha direito ao respectivo adicional, sendo necessária a classificação da atividade insalubre na relação oficial elaborada pelo Ministério do Trabalho.

 II – A limpeza em residências e escritórios e a respectiva coleta de lixo não podem ser consideradas atividades insalubres, ainda que constatadas por laudo pericial, porque não se encontram dentre as classificadas como lixo urbano na Portaria do Ministério do Trabalho. (Ex-OJ 170 da SDI-I/TST – inserida em 08.11.2000)

 * Alterada pela Res. TST 129/2005 (*DJU* 20.04.2005).

5. **(Cancelada em decorrência da sua conversão na Súmula 364, Res. TST 129/2005, DJU 20.04.2005)**

 Adicional de periculosidade. Exposição permanente e intermitente. Inflamáveis e/ou explosivos. Direito ao adicional integral. (Inserida em 14.03.1994)

6. (Cancelada em decorrência da nova redação conferida à Súmula 60, Res. TST 129/2005, *DJU* 20.04.2005)

 * Adicional noturno. Prorrogação em horário diurno. (Inserida em 25.11.1996)

 Cumprida integralmente a jornada no período noturno e prorrogada esta, devido é também o adicional quanto às horas prorrogadas. Exegese do art. 73, § 5.º, da CLT.

7. **Advogado. Atuação fora da seção da OAB onde o advogado está inscrito. Ausência de comunicação (Lei 4.215/1963, § 2.º, art. 56). Infração disciplinar. Não importa nulidade. (Inserida em 29.03.1996)**

 A despeito da norma então prevista no art. 56, § 2.º, da Lei 4.215/1963, a falta de comunicação do advogado à OAB para o exercício profissional em seção diversa daquela na qual tem inscrição não importa nulidade dos atos praticados, constituindo apenas infração disciplinar, que cabe àquela instituição analisar.

 * Alterada pela Res. TST 129/2005 (*DJU* 20.04.2005).

8. (Cancelada em decorrência da sua conversão na Súmula 365, Res. TST 129/2005, *DJU* 20.04.2005)

 Alçada. Ação rescisória. Não se aplica a alçada em ação rescisória. (Inserida em 01.02.1995)

9. (Cancelada em decorrência da redação da Súmula 303, Res. TST 129/2005, *DJU* 20.04.2005)

 Alçada. Decisão contrária à entidade pública. Cabível a remessa de ofício. Dec.-lei 779/1969 e Lei 5.584/1970. (Inserida em 07.11.1994)

 Tratando-se de decisão contrária à entidade pública, cabível a remessa de ofício mesmo de processo de alçada.

10. (Cancelada em decorrência da sua conversão na Súmula 365, Res. TST 129/2005, *DJU* 20.04.2005)

 Alçada. Mandado de segurança. (Inserida em 01.02.1995)
 Não se aplica a alçada em Mandado de Segurança.

11. (Cancelada em decorrência da sua conversão na Súmula 356, Res. TST 75/1997, *DJU* 19.12.1997)

 Alçada. Vinculação ao salário mínimo. Recorribilidade. O art. 5.º, LV, e o art. 7.º, IV, da CF/1988 não revogaram o art. 2.º, § 4.º, da Lei 5.584/1970.

12. **Anistia. EC 26/85. Efeitos financeiros da promulgação. (Inserida em 03.06.1996)**

 Os efeitos financeiros decorrentes da anistia concedida pela EC 26/85 contam-se desde a data da sua promulgação.

 * Alterada pela Res. TST 129/2005 (DJU 20.04.2005).

13. **APPA. Dec.-lei 779, de 21.08.1969. Depósito recursal e custas. Não isenção.**

 A Administração dos Portos de Paranaguá e Antonina – APPA, vinculada à Administração Pública indireta, não é isenta do recolhimento do depósito recursal e do pagamento das custas processuais por não ser beneficiária dos privilégios previstos no Dec.-lei 779, de 21.08.1969, ante o fato de explorar atividade econômica com fins lucrativos, o que descaracteriza sua natureza jurídica, igualando-a às empresas privadas.

 * Republicada no DJe de 16.11.2010.

14. **Aviso-prévio cumprido em casa. Verbas rescisórias. Prazo para pagamento. (Art. 477, § 6.º, b, da CLT). (Inserida em 25.11.1996)**

 Em caso de aviso-prévio cumprido em casa, o prazo para pagamento das verbas rescisórias é até o décimo dia da notificação de despedida.

 * Alterada pela Res. TST 129/2005 (DJU 20.04.2005).

15. **(Cancelada em decorrência da nova redação conferida à Súmula 102, Res. TST 129/2005, DJU 20.04.2005)**

 Bancário. Gratificação de função superior a 1/3 e inferior ao valor constante de norma coletiva. Inexistência de direito às 7.ª e 8.ª horas. Direito à diferença do adicional, se e quando pleiteada. (Inserida em 14.03.1994)

16. **Banco do Brasil. ACP. Adicional de caráter pessoal. Indevido. (Inserida em 13.02.1995)**

 A isonomia de vencimentos entre servidores do Bacen do Brasil e do Banco do Brasil, decorrente de sentença normativa, alcançou apenas os vencimentos e vantagens de caráter permanente. Dado o caráter personalíssimo do Adicional de Caráter Pessoal – ACP e não integrando a remuneração dos funcionários do Banco do Brasil, não foi ele contemplado na decisão normativa para efeitos de equiparação à tabela de vencimentos do Bacen do Brasil.

 * Alterada pela Res. TST 129/2005 (DJU 20.04.2005).

17. Banco do Brasil. AP e ADI.

Os adicionais AP, ADI ou AFR, somados ou considerados isoladamente, sendo equivalentes a 1/3 do salário do cargo efetivo (art. 224, § 2.°, da CLT), excluem o empregado ocupante de cargo de confiança do Banco do Brasil da jornada de 6 (seis) horas.

18. Complementação de aposentadoria. Banco do Brasil. (Redação do item I alterada em decorrência do julgamento dos Processos TST/IUJ Embargos em EDcl em RR 301900-52.2005.5.09.0661 e Embargos em RR 119900-56.1999.5.04.0751)

I – O valor das horas extras integra a remuneração do empregado para o cálculo da complementação de aposentadoria, desde que sobre ele incida a contribuição à Caixa de Previdência dos Funcionários do Banco do Brasil – Previ, observado o respectivo regulamento no tocante à integração.

II – Os adicionais AP e ADI não integram o cálculo para a apuração do teto da complementação de aposentadoria; (Ex-OJ 21 da SDI-I/TST – inserida em 13.02.1995)

III – No cálculo da complementação de aposentadoria deve-se observar a média trienal; (Ex-OJs 19 e 289 ambas da SDI-I/TST – inseridas respectivamente em 05.06.1995 e 11.08.2003)

IV – A complementação de aposentadoria proporcional aos anos de serviço prestados exclusivamente ao Banco do Brasil somente se verifica a partir da Circular Funci 436/63; (Ex-OJ 20 da SDI-I/TST – inserida em 13.02.1995)

V – O Telex Direc do Banco do Brasil 5003/1987 não assegura a complementação de aposentadoria integral, porque não aprovado pelo órgão competente ao qual a instituição se subordina. (Ex-OJ 136 da SDI-I/TST – inserida em 27.11.1998)

* Alterada pela Res. TST 175/2011 (*DEJT* 27.05.2011).

19. (Cancelada em decorrência da sua incorporação à nova redação conferida à OJ 18 da SDI-I/TST, Res. TST 129/2005, *DJU* 20.04.2005)

Banco do Brasil. Complementação de aposentadoria. Média trienal. (Inserida em 05.06.1995)

20. (Cancelada em decorrência da sua incorporação à nova redação conferida à OJ 18 da SDI-I/TST, Res. TST 129/2005, *DJU* 20.04.2005)

Banco do Brasil. Complementação de aposentadoria. Proporcionalidade somente a partir da Circ. Funci 436/1963. (Inserida em 13.02.1995)

21. (Cancelada em decorrência da sua incorporação à nova redação conferida à OJ 18 da SDI-I/TST, Res. TST 129/2005, *DJU* 20.04.2005)

 Banco do Brasil. Complementação de aposentadoria. Teto. Cálculo. AP e ADI. Não integração. (Inserida em 13.02.1995)

22. (Cancelada em decorrência da sua conversão na OJ Transitória 34 da SDI-I/TST, Res. TST 129/2005, *DJU* 20.04.2005)

 BRDE. Entidade autárquica de natureza bancária. Lei 4.594/1964, art. 17. Res. Bacen 469/1970, art. 8.º. Art. 224, § 2.º, da CLT. Art. 173, § 1.º, da CF/1988. (Inserida em 14.03.1994)

23. (Cancelada em decorrência da sua conversão na Súmula 366, Res. TST 129/2005, *DJU* 20.04.2005)

 Cartão de ponto. Registro. (Inserida em 03.06.1996)

 Não é devido o pagamento de horas extras relativamente aos dias em que o excesso de jornada não ultrapassa de cinco minutos antes e/ou após a duração normal do trabalho. (Se ultrapassado o referido limite, como extra será considerada a totalidade do tempo que exceder a jornada normal)

24. (Cancelada em decorrência da sua conversão na Súmula 367, Res. TST 129/2005, *DJU* 20.04.2005)

 Cigarro não é salário-utilidade. (Inserida em 29.03.1996)

25. (Cancelada em decorrência da nova redação conferida à Súmula 339, Res. TST 129/2005, *DJU* 20.04.2005)

 CIPA. Suplente. Antes da Constituição Federal de 1988. Não tem direito à estabilidade. (Inserida em 29.03.1996)

26. Competência da Justiça do Trabalho. Complementação de pensão requerida por viúva de ex-empregado. (Inserida em 01.02.1995)

 A Justiça do Trabalho é competente para apreciar pedido de complementação de pensão postulada por viúva de ex-empregado, por se tratar de pedido que deriva do contrato de trabalho.

 * Alterada pela Res. TST 129/2005 (*DJU* 20.04.2005).

27. **Conab. Estabilidade concedida por norma interna. Não assegurada. Aviso Direh 2/84. (Convertido no Enunciado 355, Res. TST 72/97, *DJU* 03.07.1997)**

28. Correção monetária sobre as diferenças salariais. Universidades federais. Devida. Lei 7.596/1987. (Inserida em 14.03.1994)

Incide correção monetária sobre as diferenças salariais dos servidores das universidades federais, decorrentes da aplicação retroativa dos efeitos financeiros assegurados pela Lei 7.596/1987, pois a correção monetária tem como escopo único minimizar a desvalorização da moeda em decorrência da corrosão inflacionária.

* Alterada pela Res. TST 129/2005 (*DJU* 20.04.2005).

29. (Cancelada em decorrência da sua conversão na OJ 148 da SDI-II/TST, Res. TST 129/2005, *DJU* 20.04.2005)

Custas. Mandado de segurança. Recurso ordinário. Exigência do pagamento. (Inserida em 03.06.1996)

30. Custas. Momento da comprovação. O prazo para comprovação. (Convertido no Enunciado 352, Res. TST 69/1997, *DJ* 30.05.1997)

31. (Cancelada em decorrência da nova redação conferida à Súmula 86, Res. TST 129/2005, *DJU* 20.04.2005)

Depósito recursal e custas. Empresa em liquidação extrajudicial. Enunciado 86. Não pertinência. (Inserida em 14.03.1994)

32. (Cancelada em decorrência da sua conversão na Súmula 368, Res. TST 129/2005, *DJU* 20.04.2005)

Descontos legais. Sentenças trabalhistas. Contribuição previdenciária e imposto de renda. Devidos. Provimento CGJT 3/1984. (Inserida em 14.03.1994)

33. Deserção. Custas. Carimbo do banco. Validade.

O carimbo do banco recebedor na guia de comprovação do recolhimento das custas supre a ausência de autenticação mecânica.

34. (Cancelada em decorrência da sua conversão na Súmula 369, Res. TST 129/2005, *DJU* 20.04.2005)

Dirigente sindical. Estabilidade provisória. (Inserida em 29.04.1994)

É indispensável a comunicação, pela entidade sindical, ao empregador, na forma do § 5.º do art. 543 da CLT.

35. (Cancelada em decorrência da sua conversão na Súmula 369, Res. TST 129/2005, DJU 20.04.2005)

 Dirigente sindical. Registro de candidatura no curso do aviso-prévio. Não tem direito à estabilidade provisória (art. 543, § 3.º, da CLT). (Inserida em 14.03.1994)

36. **Instrumento normativo. Cópia não autenticada. Documento comum às partes. Validade.** (Inserida em 25.11.1996)

 O instrumento normativo em cópia não autenticada possui valor probante, desde que não haja impugnação ao seu conteúdo, eis que se trata de documento comum às partes.

 * Alterada pela Res. TST 129/2005 (DJU 20.04.2005).

37. (Cancelada em decorrência da nova redação conferida à Súmula 296, Res. TST 129/2005, DJU 20.04.2005)

 Embargos. Violação do art. 896 da CLT. (Inserida em 01.02.1995)

 Não ofende o art. 896 da CLT, decisão de turma que, examinando premissas concretas de especificidade da divergência colacionada no apelo revisional, conclui pelo conhecimento ou desconhecimento do recurso.

38. **Empregado que exerce atividade rural. Empresa de reflorestamento. Prescrição própria do rurícola.** (Lei 5.889, de 08.06.1973, art. 10, e Dec. 73.626, de 12.02.1974, art. 2.º, § 4.º)

 O empregado que trabalha em empresa de reflorestamento, cuja atividade está diretamente ligada ao manuseio da terra e de matéria-prima, é rurícola e não industriário, nos termos do Dec. 73.626, de 12.02.1974, art. 2.º, § 4.º, pouco importando que o fruto de seu trabalho seja destinado à indústria. Assim, aplica-se a prescrição própria dos rurícolas aos direitos desses empregados.

 * Republicada no DJe de 16.11.2010.

39. (Cancelada em decorrência da sua conversão na Súmula 370, Res. TST 129/2005, DJU 20.04.2005)

 Engenheiro. Jornada de trabalho. Lei 4.950/1966. (Inserida em 07.11.1994)

 A Lei 4.950/1966 não estipula a jornada reduzida para os engenheiros, mas apenas estabelece o salário mínimo da categoria para uma jornada de seis horas. Não há que se falar em horas extras, salvo as excedentes à 8.ª, desde que seja respeitado o salário mínimo/horário da categoria.

40. (Cancelada em decorrência da sua conversão na Súmula 371, Res. TST 129/2005, DJU 20.04.2005)

 Estabilidade. Aquisição no período do aviso-prévio. Não reconhecida. (Inserida em 28.11.1995)

 A projeção do contrato de trabalho para o futuro, pela concessão do aviso-prévio indenizado, tem efeitos limitados às vantagens econômicas obtidas no período de pré-aviso, ou seja, salários, reflexos e verbas rescisórias.

41. Estabilidade. Instrumento normativo. Vigência. Eficácia.

 Preenchidos todos os pressupostos para a aquisição de estabilidade decorrente de acidente ou doença profissional, ainda durante a vigência do instrumento normativo, goza o empregado de estabilidade mesmo após o término da vigência deste.

42. FGTS. Multa de 40%. Inserida em 25.11.1996 (nova redação em decorrência da incorporação das OJs 107 e 254 da SDI-I/TST)

 I – É devida a multa do FGTS sobre os saques corrigidos monetariamente ocorridos na vigência do contrato de trabalho. Art. 18, § 1.º, da Lei 8.036/1990 e art. 9.º, § 1.º, do Dec. 99.684/1990. (Ex-OJ 107 da SDI-I/TST – inserida em 01.10.1997)

 II – O cálculo da multa de 40% (quarenta por cento) do FGTS deverá ser feito com base no saldo da conta vinculada na data do efetivo pagamento das verbas rescisórias, desconsiderada a projeção do aviso-prévio indenizado, por ausência de previsão legal. (Ex-OJ 254 da SDI-I/TST – inserida em 13.03.2002)

 * Alterada pela Res. TST 129/2005 (DJU 20.04.2005).

43. Conversão de salários de cruzeiros para cruzados. Dec.-lei 2.284/1986. (Inserida em 07.11.1994)

 A conversão de salários de cruzeiros para cruzados, nos termos do Dec.-lei 2.284/1986, não afronta direito adquirido dos empregados.

 * Alterada pela Res. TST 129/2005 (DJU 20.04.2005).

44. Gestante. Salário-maternidade.

 É devido o salário-maternidade, de 120 dias, desde a promulgação da Constituição Federal de 1988, ficando a cargo do empregador o pagamento do período acrescido pela Carta.

ORIENTAÇÕES JURISPRUDENCIAIS 1448

45. (Cancelada em decorrência da sua conversão na Súmula 372, Res. TST 129/2005, DJU 20.04.2005)

Gratificação de função percebida por dez ou mais anos. Afastamento do cargo de confiança sem justo motivo. Estabilidade financeira. Manutenção do pagamento. (Inserida em 25.11.1996)

46. (Cancelada em decorrência da sua conversão na Súmula 373, Res. TST 129/2005, DJU 20.04.2005)

Gratificação semestral. Congelamento. Prescrição parcial. (Inserida em 29.03.1996)

47. Hora extra. Adicional de insalubridade. Base de cálculo.

A base de cálculo da hora extra é o resultado da soma do salário contratual mais o adicional de insalubridade.

* Alterada pela Res. TST 148/2008 (DJU 04.07.2008; rep. 08.07.2008).

48. (Cancelada em decorrência da nova redação conferida à Súmula 199 – Res. TST 129/2005 – DJU 20.04.2005)

Horas extras pactuadas após a admissão do bancário não configura pré-contratação. Enunciado 199. Inaplicável. (Inserida em 25.11.1996)

49. (Cancelada em decorrência da sua conversão na Súmula 428 do TST, Res. TST 175/2011, DEJT 27.05.2011)

Horas extras. Uso do BIP. Não caracterizado o "sobreaviso". (Inserida em 01.02.1995)

O uso do aparelho BIP pelo empregado, por si só, não caracteriza o regime de sobreaviso, uma vez que o empregado não permanece em sua residência aguardando, a qualquer momento, convocação para o serviço.

50. (Cancelada em decorrência da nova redação conferida à Súmula 90, Res. TST 129/2005, DJU 20.04.2005)

Horas in itinere. Incompatibilidade de horários. Devidas. Aplicável o Enunciado 90. (Inserida em 01.02.1995)

51. Legislação eleitoral. Empresas públicas e sociedades de economia mista.

Aos empregados das empresas públicas e das sociedades de economia mista regidos pela Consolidação das Leis Trabalhistas aplicam-se as vedações dispostas no art. 15 da Lei 7.773, de 08.06.1989.

* Republicada no DJe de 16.11.2010.

52. (Cancelada em decorrência da conversão na Súmula 436, Res. TST 186/2012, *DEJT* 25.09.2012)

 Mandato. Procurador da União, Estados, Municípios e Distrito Federal, suas autarquias e fundações públicas. Dispensável a juntada de procuração. (Lei 9.469, de 10.07.1997)

 A União, Estados, Municípios e Distrito Federal, suas autarquias e fundações públicas quando representadas em juízo, ativa e passivamente, por seus procuradores, estão dispensadas da juntada de instrumento de mandato.

53. (Cancelada em decorrência da sua conversão na Súmula 370, Res. TST 129/2005, *DJU* 20.04.2005)

 Médico. Jornada de trabalho. Lei 3.999/1961. (Inserida em 29.04.1994)

 A Lei 3.999/1961 não estipula a jornada reduzida para os médicos, mas apenas estabelece o salário mínimo da categoria para uma jornada de quatro horas. Não há que se falar em horas extras, salvo as excedentes à 8.ª, desde que seja respeitado o salário mínimo/horário da categoria.

54. Multa. Cláusula penal. Valor superior ao principal. (Inserida em 30.05.1994)

 O valor da multa estipulada em cláusula penal, ainda que diária, não poderá ser superior à obrigação principal corrigida, em virtude da aplicação do art. 412 CC/2002 (art. 920 do CC/1916).

 * Alterada pela Res. TST 129/2005 (*DJU* 20.04.2005).

55. (Cancelada em decorrência da sua conversão na Súmula 374, Res. TST 129/2005, *DJU* 20.04.2005)

 Norma coletiva. Categoria diferenciada. Abrangência. (Inserida em 25.11.1996)

 Empregado integrante de categoria profissional diferenciada não tem o direito de haver de seu empregador vantagens previstas em instrumento coletivo no qual a empresa não foi representada por órgão de classe de sua categoria.

56. Nossa Caixa Nosso Banco (Caixa Econômica do Estado de São Paulo). Regulamento. Gratificação especial e/ou anuênios.

 Direito reconhecido apenas àqueles empregados que tinham 25 anos de efetivo exercício prestados exclusivamente à caixa.

57. PCCS. Devido o reajuste do adiantamento. Lei 7.686/1988, art. 1.º. (Inserida em 14.03.1994)

É devido o reajuste da parcela denominada "adiantamento do PCCS", conforme a redação do art. 1.º da Lei 7.686/1988.

* Alterada pela Res. TST 129/2005 (DJU 20.04.2005).

58. Plano Bresser. IPC jun/1987. Inexistência de direito adquirido. (Inserida em 10.03.1995)

Inexiste direito adquirido ao IPC de junho de 1987 (Plano Bresser), em face da edição do Dec.-lei 2.335/1987.

* Alterada pela Res. TST 129/2005 (DJU 20.04.2005).

59. Plano Verão. URP de fevereiro de 1989. Inexistência de direito adquirido. (Inserida em 13.02.1995)

Inexiste direito adquirido à URP de fevereiro de 1989 (Plano Verão), em face da edição da Lei 7.730/1989.

* Alterada pela Res. TST 129/2005 (DJU 20.04.2005).

60. Portuários. Hora noturna. Horas extras. (Lei 4.860/1965, arts. 4.º e 7.º, § 5.º). Inserida em 28.11.1995 (nova redação em decorrência da incorporação da OJ 61 da SDI-I/TST)

I – A hora noturna no regime de trabalho no porto, compreendida entre dezenove horas e sete horas do dia seguinte, é de 60 (sessenta) minutos.

II – Para o cálculo das horas extras prestadas pelos trabalhadores portuários, observar-se-á somente o salário básico percebido, excluídos os adicionais de risco e produtividade. (Ex-OJ 61 da SDI-I/TST – inserida em 14.03.1994)

* Alterada pela Res. TST 129/2005 (DJU 20.04.2005).

61. (Cancelada em decorrência da sua incorporação à nova redação da OJ 60 da SDI-I/TST, Res. TST 129/2005, DJU 20.04.2005)

Portuários. Horas extras. Base de cálculo: ordenado sem o acréscimo dos adicionais de risco e de produtividade. Lei 4.860/1965, art. 7.º, § 5.º. (Inserida em 14.03.1994)

62. Prequestionamento. Pressuposto de admissibilidade em apelo de natureza extraordinária. Necessidade, ainda que se trate de incompetência absoluta.

É necessário o prequestionamento como pressuposto de admissibilidade em recurso de natureza extraordinária, ainda que se trate de incompetência absoluta.

* Republicada no *DJe* de 16.11.2010 e 23.11.2010.

63. (Cancelada em decorrência da nova redação conferida à Súmula 199, Res. TST 129/2005, *DJU* 20.04.2005)

Prescrição total. Horas extras. Pré-contratadas e suprimidas. Termo inicial. Data da supressão. (Inserida em 14.03.1994)

64. (Cancelada em decorrência da nova redação conferida à Súmula 239, Res. TST 129/2005, *DJU* 20.04.2005)

Probam. Enunciado 239. Inaplicável. Não são bancários seus empregados. (Inserida em 13.09.1994)

65. Professor adjunto. Ingresso no cargo de professor titular. Exigência de concurso público não afastada pela Constituição Federal de 1988 (arts. 37, II, e 206, V, da CF/1988). (Inserida em 30.05.1994)

O acesso de professor adjunto ao cargo de professor titular só pode ser efetivado por meio de concurso público, conforme dispõem os arts. 37, II, e 206, V, da CF/1988.

* Alterada pela Res. TST 129/2005 (*DJU* 20.04.2005).

66. Professor. Repouso semanal remunerado. Lei 605/1949, art. 7.º, § 2.º.

No salário do professor percebido com base no valor da hora/aula não está inserido o repouso semanal remunerado. (Convertido no Enunciado 351, Res. TST 68/1997, *DJ* 30.05.1997)

67. Radiologista. Salário profissional.

O salário profissional dos técnicos em radiologia é igual a dois salários mínimos e não a quatro (Lei 7.394/1985). (Convertido no Enunciado 358, Res. TST 77/1997, *DJ* 19.12.1997)

68. (Cancelada em decorrência da sua conversão na OJ Transitória 35 da SDI-I/TST, Res. TST 129/2005, *DJU* 20.04.2005)

Reajustes salariais. Bimestrais e quadrimestrais (Lei 8.222/1991). Simultaneidade inviável. (Inserida em 28.11.1995)

69. (Cancelada em decorrência da sua conversão na Súmula 375, Res. TST 129/2005, DJU 20.04.2005)

Reajustes salariais previstos em norma coletiva. Prevalência dos Dec.-leis 2.283/1986 e 2.284/1986. "Plano Cruzado". (Inserida em 14.03.1994)

70. (Cancelada em decorrência da sua conversão na OJ 5 do Tribunal Pleno, Res. TST 129/2005, DJU 20.04.2005)

Recurso ordinário. Cabimento. (Inserida em 13.09.1994)

Não cabe recurso ordinário contra decisão de agravo regimental interposto em reclamação correicional.

71. (Cancelada em decorrência da nova redação conferida à Súmula 303, Res. TST 129/2005, DJU 20.04.2005)

Remessa *ex officio*. Ação rescisória. Decisões contrárias a entes públicos (art. 1.º, V, do Dec.-lei 779/1969 e inc. II do art. 475 do CPC). Cabível. (Inserida em 03.06.1996)

72. (Cancelada em decorrência da nova redação conferida à Súmula 303, Res. TST 129/2005, DJU 20.04.2005)

Remessa *ex officio*. Mandado de segurança concedido. Impetrante e terceiro interessado pessoas de direito privado. Incabível, ressalvadas as hipóteses de matéria administrativa, de competência do órgão especial. (Inserida em 25.11.1996)

73. (Cancelada em decorrência da nova redação conferida à Súmula 303, Res. TST 129/2005, DJU 20.04.2005)

Remessa *ex officio*. Mandado de segurança. Incabível. Decisões proferidas pelo TRT e favoráveis ao impetrante ente público. Inaplicabilidade do art. 12 da Lei 1.533/1951. (Inserida em 03.06.1996)

74. (Cancelada em decorrência da nova redação conferida à Súmula 122 – Res. TST 129/2005 – DJU 20.04.2005)

Revelia. Ausência da reclamada. Comparecimento de advogado. (Inserida em 25.11.1996)

A reclamada, ausente à audiência em que deveria apresentar defesa, é revel, ainda que presente seu advogado munido de procuração.

75. Substabelecimento sem o reconhecimento de firma do substabelecente. Inválido (anterior à Lei 8.952/1994). (Inserida em 01.02.1995)

 Não produz efeitos jurídicos recurso subscrito por advogado com poderes conferidos em substabelecimento em que não consta o reconhecimento de firma do outorgante. Entendimento aplicável antes do advento da Lei 8.952/1994.

 * Alterada pela Res. TST 129/2005 (*DJU* 20.04.2005).

76. Substituição dos avanços trienais por quinquênios. Alteração do contrato de trabalho. Prescrição total. CEEE. (Inserida em 14.03.1994)

 A alteração contratual consubstanciada na substituição dos avanços trienais por quinquênios decorre de ato único do empregador, momento em que começa a fluir o prazo fatal de prescrição.

 * Alterada pela Res. TST 129/2005 (*DJU* 20.04.2005).

77. (Cancelada em decorrência da sua conversão na Súmula 357, Res. TST 76/1997, *DJU* 19.12.1997)

 Testemunha que move ação contra a mesma reclamada e/ou com o mesmo objeto. Não há suspeição.

78. (Cancelada em decorrência da sua conversão na Súmula 360, Res. TST 79/1997, *DJU* 13.01.1998)

 Turnos ininterruptos de revezamento. Jornada de 6 (seis) horas.

 A interrupção do trabalho dentro de cada turno ou semanalmente não afasta a aplicação do art. 7.º, XIV, da CF/1988.

79. URP's de abril e maio de 1988. Dec.-lei 2.425/1988.

 Existência de direito apenas ao reajuste de 7/30 (sete trinta avos) de 16,19% (dezesseis inteiros e dezenove décimos por cento), a ser calculado sobre o salário de março e incidente sobre o salário dos meses de abril e maio, não cumulativamente, corrigidos desde a época própria até a data do efetivo pagamento.

 Alterada em decorrência do julgamento do Proc. 573062/1999, certidão de julgamento (*DJU* 14.06.2005).

80. (Cancelada em decorrência da sua conversão na OJ 110 da SDI-II/TST, *DJU* 29.04.2003).

 Ação rescisória. Réu sindicato. Substituto processual na ação originária. Inexistência de litisconsórcio passivo necessário.

Quando o sindicato é réu na ação rescisória, por ter sido autor, como substituto processual na ação originária, é desnecessária a citação dos substituídos.

81. **(Cancelada em decorrência da sua conversão na Súmula 394, Res. TST 129/2005, *DJU* 20.04.2005)**

 Art. 462, do CPC. Fato superveniente. (Inserida em 28.04.1997)

 É aplicável de ofício aos processos em curso em qualquer instância trabalhista.

82. **Aviso-prévio. Baixa na CTPS.**

 A data de saída a ser anotada na CTPS deve corresponder à do término do prazo do aviso-prévio, ainda que indenizado.

83. **Aviso-prévio. Prescrição.**

 Começa a fluir no final da data do término do aviso-prévio. Art. 487, § 1.º, da CLT.

84. **(Cancelada pela Res. TST 186/2012, *DEJT* 25.09.2012)**

 Aviso prévio. Proporcionalidade.

 A proporcionalidade do aviso prévio, com base no tempo de serviço, depende da legislação regulamentadora, visto que o art. 7.º, XXI, da CF/1988 não é autoaplicável.

85. **(Cancelada em decorrência da sua conversão na Súmula 363, Res. TST 97/2000, *DJU* 18.09.2000; rep. 13.10.2000)**

 Contrato nulo. Efeitos. Devido apenas o equivalente aos salários dos dias trabalhados.

 A contratação de servidor público, após a Constituição Federal de 1988, sem prévia aprovação em concurso público, encontra óbice no art. 37, II, da CF/1988, sendo nula de pleno direito, não gerando nenhum efeito trabalhista, salvo quanto ao pagamento do equivalente aos salários dos dias efetivamente trabalhados.

86. **(Cancelada em decorrência da sua conversão na Súmula 369, Res. TST 129/2005, *DJU* 20.04.2005)**

 Dirigente sindical. Extinção da atividade empresarial no âmbito da base territorial do sindicato. Insubsistência da estabilidade. (Inserida em 28.04.1997)

87. **Entidade Pública. Exploração de Atividade Eminentemente Econômica. Execução. Art. 883 da CLT.**

 É direta a execução contra a APPA e Minascaixa (§ 1.º do art. 173 da CF/1988).

 * Alterado pelo TST em 06.04.2004 (*DJU* 16.04.2004).

88. **(Cancelada em decorrência da nova redação conferida à Súmula 244, Res. TST 129/2005, *DJU* 20.04.2005)**

 Gestante. Estabilidade provisória. (Inserida em 28.04.1997, alterado *DJ* 16.04.2004 e republicado *DJ* 04.05.2004)

 O desconhecimento do estado gravídico pelo empregador não afasta o direito ao pagamento da indenização decorrente da estabilidade (art. 10, II, *b*, ADCT).

89. **(Cancelada em decorrência da sua conversão na Súmula 376, Res. TST 129/2005, *DJU* 20.04.2005)**

 Horas extras. Reflexos. (Inserida em 28.04.1997)

 O valor das horas extras habitualmente prestadas integra o cálculo dos haveres trabalhistas, independentemente da limitação prevista no *caput* do art. 59 da CLT.

90. **(Cancelada em decorrência da nova redação conferida ao art. 897 da CLT pela Lei 9.756/98, Res. TST 129/2005, *DJU* 20.04.2005)**

 Agravo de instrumento. Traslado. Não exigência de certidão de publicação do acórdão regional. Res. 52/1996 – IN 6/1996. (Inserida em 30.05.1997)

 Quando o despacho denegatório de processamento de recurso de revista não se fundou na intempestividade deste, não é necessário o traslado da certidão de publicação do acórdão regional.

91. **Anistia. Art. 8.º, § 1.º, ADCT. Efeitos financeiros. ECT.**

 * ROAR 105.608/1994, SDI – Plena.

 Em 19.05.1997, a SDI-Plena decidiu, pelo voto prevalente do Exmo. Sr. Presidente, que os efeitos financeiros da readmissão do empregado anistiado serão contados a partir do momento em que este manifestou o desejo de retornar ao trabalho e, na ausência de prova, da data do ajuizamento da ação.

ORIENTAÇÕES JURISPRUDENCIAIS
1456

92. **Desmembramento de municípios. Responsabilidade trabalhista.**
 Em caso de criação de novo município, por desmembramento, cada uma das novas entidades responsabiliza-se pelos direitos trabalhistas do empregado no período em que figurarem como real empregador.

93. **(Cancelada em decorrência da redação da Súmula 146 conferida pela Res. 121/2003, *DJ* 21.11.2003, Res. TST 129/2005, *DJU* 20.04.2005)**
 Domingos e feriados trabalhados e não compensados. Aplicação do Enunciado 146. (Inserida em 30.05.1997)
 O trabalho prestado em domingos e feriados não compensados deve ser pago em dobro sem prejuízo da remuneração relativa ao repouso semanal.

94. **(Cancelada em decorrência da nova redação conferida à Súmula 221, Res. TST 129/2005, *DJU* 20.04.2005)**
 Embargos. Exigência. Indicação expressa do dispositivo legal tido como violado. (Inserida em 30.05.1997)

 * Embargos em RR 164691/1995, SDI-Plena.

 Em 19.05.1997, a SDI-Plena decidiu, por maioria, que não se conhece de revista (896, c) e de embargos (894, b) por violação legal ou constitucional quando o recorrente não indica expressamente o dispositivo de lei ou da Constituição Federal de 1988 tido como violado.

95. **Embargos para SDI. Divergência entre a mesma turma. Inservível.**

 * Embargos em RR 125320/1994, SDI-Plena.

 Em 19.05.1997, a SDI-Plena, por maioria, decidiu que acórdãos oriundos da mesma turma, embora divergentes, não fundamentam divergência jurisprudencial de que trata a alínea *b* do art. 894 da CLT para embargos à Seção Especializada em Dissídios Individuais, Subseção I.

96. **(Cancelada em decorrência da redação da Súmula 159 conferida pela Res. TST 121/2003, *DJ* 21.11.2003, Res. TST 129/2005, *DJU* 20.04.2005)**
 Férias. Salário substituição. Devido. Aplicação do Enunciado 159. (Inserida em 30.05.1997)

97. **Horas extras. Adicional noturno. Base de cálculo.**
 O adicional noturno integra a base de cálculo das horas extras prestadas no período noturno.

98. (Cancelada em decorrência da sua conversão na OJ Transitória 36 da SDI-I/TST, Res. TST 129/2005, *DJU* 20.04.2005)

Horas *in itinere*. Tempo gasto entre a portaria da empresa e o local do serviço. Devidas. Açominas. (Inserida em 30.05.1997)

99. (Cancelada em decorrência da sua conversão na Súmula 377, Res. TST 129/2005, *DJU* 20.04.2005)

Preposto. Exigência da condição de empregado. (Inserida em 30.05.1997)

Exceto quanto à reclamação de empregado doméstico, o preposto deve ser necessariamente empregado do reclamado. Inteligência do art. 843, § 1.º, da CLT.

100. Salário. Reajuste. Entes públicos. (Inserida em 30.05.1997)

Os reajustes salariais previstos em legislação federal devem ser observados pelos Estados membros, suas Autarquias e Fundações Públicas nas relações contratuais trabalhistas que mantiverem com seus empregados.

* Alterada pela Res. TST 129/2005 (*DJU* 20.04.2005).

101. (Cancelada em decorrência da nova redação da Súmula 28 conferida pela Res. TST 121/2003, *DJ* 21.11.2003, Res. TST 129/2005, *DJU* 20.04.2005)

Reintegração convertida em indenização dobrada. Efeitos. Aplicação do Enunciado 28. (Inserida em 30.05.1997)

* Ag em Embargos em RR 100357/1993, SDI-Plena.

Em 19.05.1997, a SDI-Plena, por maioria, decidiu que o direito à percepção de salários vencidos e vincendos decorrentes da condenação ao pagamento de indenização dobrada é assegurado até a data da primeira decisão que converteu a reintegração em indenização dobrada.

102. (Cancelada em decorrência da nova redação conferida à Súmula 139, Res. TST 129/2005, *DJU* 20.04.2005)

Adicional de insalubridade. Integração na remuneração. (Inserida em 01.10.1997)

Enquanto percebido, o adicional de insalubridade integra a remuneração para todos os efeitos legais.

103. **Adicional de insalubridade. Repouso semanal e feriados. (Inserida em 01.10.1997)**

O adicional de insalubridade já remunera os dias de repouso semanal e feriados.
* Alterada pela Res. TST 129/2005 (DJU 20.04.2005).

104. **Custas. Condenação acrescida. Inexistência de deserção quando as custas não são expressamente calculadas e não há intimação da parte para o preparo do recurso, devendo, então, ser as custas pagas ao final (redação alterada na Seção do Tribunal Pleno realizada em 17.11.2008)**

Não caracteriza deserção a hipótese em que, acrescido o valor da condenação, não houve fixação ou cálculo do valor devido a título de custas e tampouco intimação da parte para o preparo do recurso, devendo, pois, as custas ser pagas ao final.
* Alterada pela Res. TST 150/2008 (DJe 20.11.2008).

105. **(Cancelada em decorrência da sua conversão na Súmula 378, Res. TST 129/2005, DJU 20.04.2005)**

Estabilidade provisória. Acidente de trabalho. É constitucional o art. 118, da Lei 8.213/1991. (Inserida em 01.10.1997)

106. **(Cancelada em decorrência da sua conversão na Súmula 396, Res. TST 129/2005, DJU 20.04.2005)**

Estabilidade provisória. Pedido de reintegração. Concessão do salário relativo ao período de estabilidade já exaurido. Inexistência de julgamento *extra petita*. (Inserida em 01.10.1997)

107. **(Cancelada em decorrência da sua incorporação à nova redação na OJ 42 da SDI-I/TST, Res. TST 129/2005, DJU 20.04.2005)**

FGTS. Multa de 40%. Saques. Atualização monetária. Incidência. (Inserida em 01.10.1997)

A multa de 40% (quarenta por cento) a que se refere o art. 9.º, § 1.º, do Dec. 99.684/1990, incide sobre os saques, corrigidos monetariamente.

108. **(Cancelada em decorrência da sua conversão na Súmula 395, Res. TST 129/2005, DJU 20.04.2005)**

Mandato expresso. Ausência de poderes para substabelecer. Válidos os atos praticados pelo substabelecido. (Art. 1.300, §§ 1.º e 2.º do CCB). (Inserida em 01.10.1997)
* Refere-se ao Código Civil de 1916.
* V. art. 667 do CC/2002.

109. (Cancelada em decorrência da sua conversão na OJ Transitória 37 da SDI-I/TST, Res. TST 129/2005, *DJU* 20.04.2005)

 Minascaixa. Legitimidade passiva *ad causam* enquanto não concluído o procedimento de liquidação extrajudicial. (Inserida em 01.10.1997)

110. **Representação irregular. Procuração apenas nos autos de agravo de instrumento.**

 A existência de instrumento de mandato apenas nos autos de agravo de instrumento, ainda que em apenso, não legitima a atuação de advogado nos processos de que se originou o agravo.

 * Republicada no *DJe* de 16.11.2010.

111. **Recurso de revista. Divergência jurisprudencial. Aresto oriundo do mesmo Tribunal Regional. Lei 9.756/1998. Inservível ao conhecimento.**

 Não é servível ao conhecimento de recurso de revista aresto oriundo de mesmo TRT, salvo se o recurso houver sido interposto anteriormente à vigência da Lei 9.756/1998.

 * Alterada pela Res. TST 129/2005 (*DJU* 20.04.2005).

112. (Cancelada em decorrência da nova redação conferida à Súmula 159, Res. TST 129/2005, *DJU* 20.04.2005)

 Vacância do cargo. Salário do sucessor. Enunciado 159. Inaplicável. (Inserida em 01.10.1997)

 Vago o cargo em definitivo, o empregado que passa a ocupá-lo não tem direito a salário igual ao do antecessor.

113. **Adicional de transferência. Cargo de confiança ou previsão contratual de transferência. Devido. Desde que a transferência seja provisória.**

 O fato de o empregado exercer cargo de confiança ou a existência de previsão de transferência no contrato de trabalho não exclui o direito ao adicional. O pressuposto legal apto a legitimar a percepção do mencionado adicional é a transferência provisória.

114. (Cancelada em decorrência da sua conversão na Súmula 379, Res. TST 129/2005, *DJU* 20.04.2005)

 Dirigente sindical. Despedida. Falta grave. Inquérito judicial. Necessidade. (Inserida em 20.11.1997)

ORIENTAÇÕES JURISPRUDENCIAIS

115. **Recurso de revista. Nulidade por negativa de prestação jurisdicional. (Alterada em decorrência do inc. II do art. 894 da CLT, incluído pela Lei 11.496/2007)**

 O conhecimento do recurso de revista, quanto à preliminar de nulidade por negativa de prestação jurisdicional, supõe indicação de violação do art. 832 da CLT, do art. 458 do CPC ou do art. 93, IX, da CF/1988.

 * Alterada pela Res. TST 182/2012 (*DJe* 19.04.2012).

116. **(Cancelada em decorrência da sua conversão na Súmula 396, Res. TST 129/2005, *DJU* 20.04.2005)**

 Estabilidade provisória. Período estabilitário exaurido. Reintegração não assegurada. Devidos apenas os salários desde a data da despedida até o final do período estabilitário. (Inserida em 20.11.1997)

117. **(Cancelada em decorrência da sua conversão na Súmula 376, Res. TST 129/2005, *DJU* 20.04.2005)**

 Horas extras. Limitação. Art. 59 da CLT. (Inserida em 20.11.1997)

 A limitação legal da jornada suplementar a duas horas diárias não exime o empregador de pagar todas as horas trabalhadas.

118. **Prequestionamento.**

 Havendo tese explícita sobre a matéria, na decisão recorrida, desnecessário contenha nela referência expressa do dispositivo legal para ter-se como prequestionado este. Inteligência do Enunciado 297.

119. **Prequestionamento inexigível. Violação nascida na própria decisão recorrida. Súmula 297 do TST. Inaplicável.**

 É inexigível o prequestionamento quando a violação indicada houver nascido na própria decisão recorrida. Inaplicável a Súmula 297 do TST.

 * Republicada no *DJe* de 16.11.2010.

120. **Recurso. Assinatura da petição ou das razões recursais. Validade.**

 O recurso sem assinatura será tido por inexistente. Será considerado válido o apelo assinado, ao menos, na petição de apresentação ou nas razões recursais.

 * Alterada pela Res. TST 129/2005 (*DJU* 20.04.2005).

121. Substituição processual. Diferença do adicional de insalubridade. Legitimidade. (Inserida em 20.11.1997)

O sindicato tem legitimidade para atuar na qualidade de substituto processual para pleitear diferença de adicional de insalubridade.

* Alterada pela Res. TST 129/2005 (DJU 20.04.2005).

122. (Cancelada em decorrência da sua conversão na Súmula 380, Res. TST 129/2005, DJU 20.04.2005)

Aviso-prévio. Início da contagem. Art. 125 do CC/2002. (Inserida em 20.04.1998)

Aplica-se a regra prevista no art. 125 do CC/2002, à contagem do prazo do aviso-prévio.

* Refere-se ao Código Civil de 1916.
* V. art. 132 do CC/2002.

123. Bancários. Ajuda alimentação.

A ajuda alimentação prevista em norma coletiva em decorrência de prestação de horas extras tem natureza indenizatória e, por isso, não integra o salário do empregado bancário.

124. (Cancelada em decorrência da sua conversão na Súmula 381, Res. TST 129/2005, DJU 20.04.2005)

Correção monetária. Salário. Art. 459 da CLT. (Inserida em 20.04.1998)

O pagamento dos salários até o 5.º dia útil do mês subsequente ao vencido não está sujeito à correção monetária. Se essa data limite for ultrapassada, incidirá o índice da correção monetária do mês subsequente ao da prestação dos serviços.

125. Desvio de função. Quadro de carreira.

O simples desvio funcional do empregado não gera direito a novo enquadramento, mas apenas às diferenças salariais respectivas, mesmo que o desvio de função haja iniciado antes da vigência da Constituição Federal de 1988.

* Alterada pelo TST em 13.03.2002.

126. (Cancelada em decorrência da nova redação conferida à Súmula 239, Res. TST 129/2005, DJU 20.04.2005)

Enunciado 239. Empresa de processamento de dados. Inaplicável. (Inserida em 20.04.1998)

É inaplicável o Enunciado 239 quando a empresa de processamento de dados presta serviços a banco e a empresas não bancárias do mesmo grupo econômico ou a terceiros.

127. **Hora noturna reduzida. Subsistência após a Constituição Federal de 1988.**

 O art. 73, § 1.º, da CLT, que prevê a redução da hora noturna, não foi revogado pelo inc. IX do art. 7.º da CF/1988.

128. **(Cancelada em decorrência da sua conversão na Súmula 382 – Res. TST 129/2005 – DJU 20.04.2005)**

 Mudança de regime celetista para estatutário. Extinção do contrato. Prescrição bienal. (Inserida em 20.04.1998)

 A transferência do regime jurídico de celetista para estatutário implica extinção do contrato de trabalho, fluindo o prazo da prescrição bienal a partir da mudança de regime.

129. **Prescrição. Complementação da pensão e auxílio-funeral.**

 A prescrição extintiva para pleitear judicialmente o pagamento da complementação de pensão e do auxílio-funeral é de 2 (dois) anos, contados a partir do óbito do empregado.

130. **Prescrição. Ministério Público. Arguição. Custos legis. Ilegitimidade. (Inserida em 20.04.1998)**

 Ao exarar o parecer na remessa de ofício, na qualidade de custos legis, o Ministério Público não tem legitimidade para arguir a prescrição em favor de entidade de direito público, em matéria de direito patrimonial (arts. 194 do CC/2002 e 219, § 5.º, do CPC).

 * Alterada pela Res. TST 129/2005 (DJU 20.04.2005).

 O art. 194 do CC/2002 foi revogado pela Lei 11.280/2006.

131. **(Cancelada em decorrência da sua conversão na Súmula 367, Res. TST 129/2005, DJU 20.04.2005)**

 Vantagem in natura. Hipóteses em que não integra o salário. (Inserida em 20.04.1998 e ratificada pelo T. Pleno em 07.12.2000)

 A habitação e a energia elétrica fornecidas pelo empregador ao empregado, quando indispensáveis para a realização do trabalho, não têm natureza salarial.

132. **Agravo regimental. Peças essenciais nos autos principais.**

 Inexistindo lei que exija a tramitação do agravo em autos apartados, tampouco previsão no Regimento Interno do Regional, não pode o agravante ver-se penalizado por não haver colacionado cópia de peças dos autos principais, quando o agravo deveria fazer parte dele.

133. **Ajuda alimentação. PAT. Lei 6.321/1976. Não integração ao salário.**

 A ajuda alimentação fornecida por empresa participante do programa de alimentação ao trabalhador, instituído pela Lei 6.321/1976, não tem caráter salarial. Portanto, não integra o salário para nenhum efeito legal.

134. **Autenticação. Pessoa jurídica de direito público. Dispensada. MedProv 1.360, de 12.03.1996.**

 São válidos os documentos apresentados, por pessoa jurídica de direito público, em fotocópia não autenticada, posteriormente à edição da MedProv 1.360/1996 e suas reedições.

 A MedProv 1.360/1996 foi convertida na Lei 10.522/2002.

135. **(Cancelada em decorrência da sua conversão na Súmula 371, Res. TST 129/2005, *DJU* 20.04.2005)**

 Aviso-prévio indenizado. Superveniência de auxílio-doença no curso deste. (Inserida em 27.11.1998)

 Os efeitos da dispensa só se concretizam depois de expirado o benefício previdenciário, sendo irrelevante que tenha sido concedido no período do aviso-prévio já que ainda vigorava o contrato de trabalho.

136. **(Cancelada em decorrência da sua incorporação à nova redação da OJ 18 da SDI-I/TST, Res. TST 129/2005, *DJU* 20.04.2005)**

 Banco do Brasil. Complementação de aposentadoria. Telex Direc 5.003/1987. Não assegurada. (Inserida em 27.11.1998)

 O Telex Direc do Banco do Brasil 5.003/1987 não assegura a complementação de aposentadoria integral, porque não aprovado pelo órgão competente ao qual a instituição se subordina.

137. **(Cancelada em decorrência da sua conversão na OJ Transitória 38 da SDI-I/TST, Res. TST 129/2005, *DJU* 20.04.2005)**

 Banco Meridional. Circular 34.046/1989. Dispensa sem justa causa. (Inserida em 27.11.1998)

A inobservância dos procedimentos disciplinados na Circular 34.046/1989, norma de caráter eminentemente procedimental, não é causa para a nulidade da dispensa sem justa causa.

138. **Competência residual. Regime jurídico único. Limitação da execução. Inserida em 27.11.1998. (Nova redação em decorrência da incorporação da OJ 249 da SDI-I/TST)**

 Compete à Justiça do Trabalho julgar pedidos de direitos e vantagens previstos na legislação trabalhista referente a período anterior à Lei 8.112/1990, mesmo que a ação tenha sido ajuizada após a edição da referida lei. A superveniência de regime estatutário em substituição ao celetista, mesmo após a sentença, limita a execução ao período celetista. (Primeira parte – ex-OJ 138 da SDI-I/TST – inserida em 27.11.1998; segunda parte – ex-OJ 249 – inserida em 13.03.2002)

 * Alterada pela Res. TST 129/2005 (*DJU* 20.04.2005).

139. **(Cancelada em decorrência da nova redação conferida à Súmula 128, Res. TST 129/2005, *DJU* 20.04.2005)**

 Depósito recursal. Complementação devida. Aplicação da IN 3/1993, II. (Inserida em 27.11.1998)

 Está a parte recorrente obrigada a efetuar o depósito legal, integralmente, em relação a cada novo recurso interposto, sob pena de deserção. Atingido o valor da condenação, nenhum depósito mais é exigido para qualquer recurso.

140. **Depósito recursal e custas. Diferença ínfima. Deserção. Ocorrência. (Inserida em 27.11.1998)**

 Ocorre deserção do recurso pelo recolhimento insuficiente das custas e do depósito recursal, ainda que a diferença em relação ao *quantum* devido seja ínfima, referente a centavos.

 * Alterada pela Res. TST 129/2005 (*DJU* 20.04.2005).

141. **(Cancelada em decorrência da sua conversão na Súmula 368, Res. TST 129/2005, *DJU* 20.04.2005)**

 Descontos previdenciários e fiscais. Competência da Justiça do Trabalho. (Inserida em 27.11.1998)

142. Embargos de declaração. Efeito modificativo. Vista à parte contrária. (Inserido o item II à redação)

I – É passível de nulidade decisão que acolhe embargos de declaração com efeito modificativo sem que seja concedida oportunidade de manifestação prévia à parte contrária.

II – Em decorrência do efeito devolutivo amplo conferido ao recurso ordinário, o item I não se aplica às hipóteses em que não se concede vista à parte contrária para se manifestar sobre os embargos de declaração opostos contra sentença.

* Alterada pela Res. TST 178/2012.

143. Empresa em liquidação extrajudicial. Execução. Créditos trabalhistas. Lei 6.024/1974.

É direta a execução por crédito trabalhista contra empresa em liquidação extrajudicial.

144. (Cancelada em decorrência da nova redação conferida à Súmula 275, Res. TST 129/2005, *DJU* 20.04.2005)

Enquadramento funcional. Prescrição extintiva. (Inserida em 27.11.1998)

145. (Cancelada em decorrência da sua conversão na Súmula 369, Res. TST 129/2005, *DJU* 20.04.2005)

Estabilidade. Dirigente sindical. Categoria diferenciada. (Inserida em 27.11.1998)

O empregado de categoria diferenciada eleito dirigente sindical só goza de estabilidade se exercer na empresa atividade pertinente à categoria profissional do sindicato para o qual foi eleito dirigente.

146. (Cancelada em decorrência da sua conversão na OJ Transitória 39 da SDI-I/TST, Res. TST 129/2005, *DJU* 20.04.2005)

FGTS. Opção retroativa. Concordância do empregador. Necessidade. (Inserida em 27.11.1998)

147. Lei estadual, norma coletiva ou norma regulamentar. Conhecimento indevido do recurso de revista por divergência jurisprudencial. (Alínea

b do art. 896 da CLT). Inserida em 27.11.1998 (nova redação em decorrência da incorporação da OJ 309 da SDI-I/TST)

I – É inadmissível o recurso de revista fundado tão somente em divergência jurisprudencial, se a parte não comprovar que a lei estadual, a norma coletiva ou o regulamento da empresa extrapolam o âmbito do TRT prolator da decisão recorrida. (Ex-OJ 309 da SDI-I/TST – inserida em 11.08.2003)

II – É imprescindível a arguição de afronta ao art. 896 da CLT para o conhecimento de embargos interpostos em face de acórdão de Turma que conhece indevidamente de recurso de revista, por divergência jurisprudencial, quanto a tema regulado por lei estadual, norma coletiva ou norma regulamentar de âmbito restrito ao TRT prolator da decisão.

* Alterada pela Res. TST 129/2005 (*DJU* 20.04.2005).

148. **Lei 8.880/1994, art. 31. Constitucionalidade. (Inserida em 27.11.1998)**

É constitucional o art. 31 da Lei 8.880/1994 que prevê a indenização por demissão sem justa causa.

* Alterada pela Res. TST 129/2005 (*DJU* 20.04.2005).

149. **(Cancelada em decorrência da sua conversão na Súmula 383, Res. TST 129/2005, *DJU* 20.04.2005)**

Mandato. Art. 13 do CPC. Regularização. Fase recursal. Inaplicável. (Inserida em 27.11.1998)

150. **(Cancelada em decorrência da sua conversão na Súmula 384, Res. TST 129/2005, *DJU* 20.04.2005)**

Multa prevista em vários instrumentos normativos. Cumulação de ações. (Inserida em 27.11.1998)

O descumprimento de qualquer cláusula constante de instrumentos normativos diversos não submete o empregado a ajuizar várias ações, pleiteando em cada uma o pagamento da multa referente ao descumprimento de obrigações previstas nas cláusulas respectivas.

151. **Prequestionamento. Decisão regional que adota a sentença. Ausência de prequestionamento.**

Decisão regional que simplesmente adota os fundamentos da decisão de primeiro grau não preenche a exigência do prequestionamento, tal como previsto no Enunciado 297.

152. Revelia. Pessoa jurídica de direito público. Aplicável. (Art. 844 da CLT). (Inserida em 27.11.1998)

Pessoa jurídica de direito público sujeita-se à revelia prevista no art. 844 da CLT.

* Alterada pela Res. TST 129/2005 (DJU 20.04.2005).

153. (Cancelada em decorrência da sua conversão na OJ Transitória 57 da SDI-I/TST, Res. TST 129/2005, DJU 20.04.2005).

Adicional de insalubridade. Deficiência de iluminamento. Limitação. (Inserida em 26.03.1999)

Somente após 26.02.1991 foram, efetivamente, retiradas do mundo jurídico as normas ensejadoras do direito ao adicional de insalubridade por iluminamento insuficiente no local da prestação de serviço, como previsto na Portaria 3.751/1990 do Ministério do Trabalho.

154. (Cancelada pela Res. TST 158/2009, DJe 21.10.2009)

Atestado médico – INSS. Exigência prevista em instrumento normativo. (Inserida em 26.03.1999)

A doença profissional deve ser atestada por médico do INSS, se tal exigência consta de cláusula de instrumento normativo, sob pena de não reconhecimento do direito à estabilidade. (Alterada pela Res. TST 129/2005, DJU 20.04.2005).

155. (Cancelada em decorrência da sua conversão na OJ Transitória 40 da SDI-I/TST, Res. TST 129/2005, DJU 20.04.2005)

Banrisul. Complementação de aposentadoria. (Inserida em 26.03.1999)

A Res. TST 1.600/1964, vigente à época da admissão do empregado, incorporou-se ao contrato de trabalho, pelo que sua alteração não poderá prejudicar o direito adquirido, mesmo em virtude da edição da Lei 6.435/1977. Incidência dos Enunciados 51 e 288.

156. (Cancelada em decorrência da nova redação da Súmula 327 do TST, Res. TST 175/2011, DEJT 27.05.2011)

Complementação de aposentadoria. Diferenças. Prescrição.

Ocorre a prescrição total quanto a diferenças de complementação de aposentadoria quando estas decorrem de pretenso direito a verbas não recebidas no curso da relação de emprego e já atingidas pela prescrição, à época da propositura da ação.

157. (Cancelada em decorrência da sua conversão na OJ Transitória 41 da SDI-I/TST, Res. TST 129/2005, *DJU* 20.04.2005)

Complementação de aposentadoria. Fundação Clemente de Faria. Banco Real. (Inserida em 26.03.1999)

É válida a cláusula do Estatuto da Fundação que condicionou o direito à complementação de aposentadoria à existência de recursos financeiros e, também, previa a suspensão, temporária ou definitiva, da referida complementação.

158. **Custas. Comprovação de recolhimento. DARF eletrônico. Validade.**

O denominado "Darf Eletrônico" é válido para comprovar o recolhimento de custas por entidades da Administração Pública Federal, emitido conforme a IN SRF 162, de 04.11.1988.

159. **Data de pagamento. Salários. Alteração.**

Diante da inexistência de previsão expressa em contrato ou em instrumento normativo, a alteração de data de pagamento pelo empregador não viola o art. 468, desde que observado o parágrafo único do art. 459, ambos da CLT.

160. **Descontos salariais. Autorização no ato da admissão. Validade.**

É inválida a presunção de vício de consentimento resultante do fato de ter o empregado anuído expressamente com descontos salariais na oportunidade da admissão. É de se exigir demonstração concreta do vício de vontade.

161. (Cancelada em decorrência da sua conversão na Súmula 385, Res. TST 129/2005, *DJU* 20.04.2005)

Feriado local. Prazo recursal. Prorrogação. Comprovação. Necessidade. (Inserida em 26.03.1999)

Cabe à parte comprovar, quando da interposição do recurso, a existência de feriado local que justifique a prorrogação do prazo recursal.

162. **Multa. Art. 477 da CLT. Contagem do prazo. Aplicável o art. 132 do CC/2002.** (Inserida em 26.03.1999)

A contagem do prazo para quitação das verbas decorrentes da rescisão contratual prevista no art. 477 da CLT exclui necessariamente o dia da notificação da demissão e inclui o dia do vencimento, em obediência ao disposto no art. 132 do CC/2002 (art. 125 do CC/1916).

* Alterada pela Res. TST 129/2005 (*DJU* 20.04.2005).

163. (Cancelada em decorrência da nova redação conferida à Súmula 51, Res. TST 129/2005, *DJU* 20.04.2005)

Norma regulamentar. Opção pelo novo regulamento. Art. 468 da CLT e Enunciado 51. Inaplicáveis. (Inserida em 26.03.1999)

Havendo a coexistência de dois regulamentos da empresa, a opção do empregado por um deles tem efeito jurídico de renúncia às regras do sistema do outro.

164. Oficial de Justiça *ad hoc*. Inexistência de vínculo empregatício. (Inserida em 26.03.1999)

Não se caracteriza o vínculo empregatício na nomeação para o exercício das funções de oficial de justiça *ad hoc*, ainda que feita de forma reiterada, pois exaure-se a cada cumprimento de mandado.

* Alterada pela Res. TST 129/2005 (*DJU* 20.04.2005).

165. Perícia. Engenheiro ou médico. Adicional de insalubridade e periculosidade. Válido. Art. 195 da CLT.

O art. 195 da CLT não faz qualquer distinção entre o médico e o engenheiro para efeito de caracterização e classificação da insalubridade e periculosidade, bastando para a elaboração do laudo seja o profissional devidamente qualificado.

166. (Cancelada em decorrência da sua conversão na OJ Transitória 42 da SDI-I/TST, Res. TST 129/2005, *DJU* 20.04.2005)

Petrobras. Pensão por morte do empregado assegurada no manual de pessoal. Estabilidade decenal. Opção pelo regime do FGTS. (Inserida em 26.03.1999)

Tendo o empregado adquirido a estabilidade decenal, antes de optar pelo regime do FGTS, não há como negar-se o direito à pensão, eis que preenchido o requisito exigido pelo Manual de Pessoal.

167. (Cancelada em decorrência da sua conversão na Súmula 386, Res. TST 129/2005, *DJU* 20.04.2005)

Policial militar. Reconhecimento de vínculo empregatício com empresa privada. (Inserida em 26.03.1999)

Preenchidos os requisitos do art. 3.º da CLT, é legítimo o reconhecimento de relação de emprego entre policial militar e empresa privada, indepen-

dentemente do eventual cabimento de penalidade disciplinar prevista no Estatuto do Policial Militar.

168. **(Cancelada em decorrência da sua conversão na OJ Transitória 43 da SDI-I/TST, Res. TST 129/2005, *DJU* 20.04.2005)**

 SUDS. Gratificação. Convênio da União com Estado. Natureza salarial enquanto paga. (Inserida em 26.03.1999)

 A parcela denominada "Complementação SUDS" paga aos servidores em virtude de convênio entre o Estado e a União Federal tem natureza salarial, enquanto paga, pelo que repercute nos demais haveres trabalhistas do empregado.

169. **(Cancelada em decorrência da sua conversão na Súmula 423, Res. TST 139/2006, *DJU* 10.10.2006)**

 Turno ininterrupto de revezamento. Fixação de jornada de trabalho mediante negociação coletiva. Validade.

 Quando há na empresa o sistema de turno ininterrupto de revezamento, é válida a fixação de jornada superior a seis horas mediante a negociação coletiva.

170. **(Cancelada em decorrência da sua incorporação à nova redação da OJ 04 da SDI-I/TST, Res. TST 129/2005, *DJU* 20.04.2005)**

 Adicional de insalubridade. Lixo urbano. (Inserida em 08.11.2000)

 A limpeza em residências e escritórios e a respectiva coleta de lixo não podem ser consideradas atividades insalubres, ainda que constatadas por laudo pericial, porque não se encontram dentre as classificadas como lixo urbano, na Portaria do Ministério do Trabalho.

171. **Adicional de insalubridade. Óleos minerais. Sentido do termo "manipulação".**

 Para efeito de concessão de adicional de insalubridade não há distinção entre fabricação e manuseio de óleos minerais – Anexo XIII da NR 15 da Portaria MTb 3.214/1978.

172. **Adicional de insalubridade ou periculosidade. Condenação. Inserção em folha de pagamento.**

 Condenada ao pagamento do adicional de insalubridade ou periculosidade, a empresa deverá inserir, mês a mês e enquanto o trabalho for executado sob essas condições, o valor correspondente em folha de pagamento.

173. **Adicional de insalubridade. Atividade a céu aberto. Exposição ao sol e ao calor.** (redação alterada na Seção do Tribunal Pleno realizada em 14.09.2012)

 I – Ausente previsão legal, indevido o adicional de insalubridade ao trabalhador em atividade a céu aberto, por sujeição à radiação solar (art. 195 da CLT e Anexo 7 da NR 15 da Portaria MTb 3.214/1978).

 II – Tem direito ao adicional de insalubridade o trabalhador que exerce atividade exposto ao calor acima dos limites de tolerância, inclusive em ambiente externo com carga solar, nas condições previstas no Anexo 3 da NR 15 da Portaria MTb 3.214/1978.

 * Alterada pela Res. TST 186/2012 (*DEJT* 25.09.2012).

174. **(Cancelada em decorrência da nova redação conferida à Súmula 132, Res. TST 129/2005, *DJU* 20.04.2005)**

 Adicional de periculosidade. Horas de sobreaviso. Indevido. (Inserida em 08.11.2000)

 Durante as horas de sobreaviso, o empregado não se encontra em condições de risco, razão pela qual é incabível a integração do adicional de periculosidade sobre as mencionadas horas.

175. **Comissões. Alteração ou supressão. Prescrição total. Inserida em 08.11.2000. (Nova redação em decorrência da incorporação da OJ 248 da SDI-I/TST)**

 A supressão das comissões, ou a alteração quanto à forma ou ao percentual, em prejuízo do empregado, é suscetível de operar a prescrição total da ação, nos termos da Súmula 294 do TST, em virtude de cuidar-se de parcela não assegurada por preceito de lei.

 * Alterada pelo TST em 10.11.2005 (*DJU* 22.11.2005).

176. **(Cancelada em decorrência da sua conversão na OJ Transitória 44 da SDI-I/TST, Res. TST 129/2005, *DJU* 20.04.2005)**

 Anistia. Lei 6.683/1979. Tempo de afastamento. Não computável para efeito de indenização e adicional por tempo de serviço, licença-prêmio e promoção. (Inserida em 08.11.2000)

177. **(Cancelada pelo Tribunal Pleno em 25.10.2006, *DJU* 30.10.2006)**

 Aposentadoria espontânea. Efeitos.

A aposentadoria espontânea extingue o contrato de trabalho, mesmo quando o empregado continua a trabalhar na empresa após a concessão do benefício previdenciário. Assim sendo, indevida a multa de 40% (quarenta por cento) do FGTS em relação ao período anterior à aposentadoria.

178. **Bancário. Intervalo de 15 (quinze) minutos. Não computável na jornada de trabalho. (Inserida em 08.11.2000)**

 Não se computa, na jornada do bancário sujeito a seis horas diárias de trabalho, o intervalo de quinze minutos para lanche ou descanso.

 * Alterada pela Res. TST 129/2005 (DJU 20.04.2005).

179. **(Cancelada em decorrência da sua conversão na OJ Transitória 77 da SDI-I/TST, DJe 16.11.2010)**

 BNDES. Arts. 224 a 226 da CLT. Aplicável a seus empregados.

180. **(Cancelada em decorrência da sua conversão na OJ Transitória 45 da SDI-I/TST, Res. TST 129/2005, DJU 20.04.2005)**

 Comissionista puro. Abono. Lei 8.178/1991. Não incorporação. (Inserida em 08.11.2000)

 É indevida a incorporação do abono instituído pela Lei 8.178/1991 aos empregados comissionistas.

181. **Comissões. Correção monetária. Cálculo.**

 O valor das comissões deve ser corrigido monetariamente para em seguida obter-se a média para efeito de cálculo de férias, 13.º salário e verbas rescisórias.

182. **(Cancelada em decorrência da nova redação conferida à Súmula 85, Res. TST 129/2005, DJU 20.04.2005)**

 Compensação de jornada. Acordo individual. Validade. (Inserida em 08.11.2000)

 É válido o acordo individual para compensação de horas, salvo se houver norma coletiva em sentido contrário.

183. **(Cancelada em decorrência da sua conversão na OJ Transitória 46 da SDI-I/TST, Res. TST 129/2005, DJU 20.04.2005)**

 Complementação de aposentadoria. Banco Itaú. (Inserida em 08.11.2000)

O empregado admitido na vigência da Circular BB 05/1966, que passou para a inatividade posteriormente à vigência da RP 40/1974, está sujeito ao implemento da condição "idade mínima de 55 anos".

184. **(Cancelada em decorrência da nova redação conferida à Súmula 74, Res. TST 129/2005, DJU 20.04.2005)**

 Confissão ficta. Produção de prova posterior. (Inserida em 08.11.2000)

 Somente a prova pré-constituída nos autos é que deve ser levada em conta para confronto com a confissão ficta (art. 400, I, do CPC), não implicando cerceamento de defesa o indeferimento de provas posteriores.

185. **Contrato de trabalho com a associação de pais e mestres – APM. Inexistência de responsabilidade solidária ou subsidiária do Estado. (Inserida em 08.11.2000)**

 O Estado-Membro não é responsável subsidiária ou solidariamente com a Associação de Pais e Mestres pelos encargos trabalhistas dos empregados contratados por esta última, que deverão ser suportados integral e exclusivamente pelo real empregador.

 * Alterada pela Res. TST 129/2005 (DJU 20.04.2005).

186. **Custas. Inversão do ônus da sucumbência. Deserção.**

 No caso de inversão do ônus da sucumbência em segundo grau, sem acréscimo ou atualização do valor das custas e se estas já foram devidamente recolhidas, descabe um novo pagamento pela parte vencida, ao recorrer. Deverá ao final, se sucumbente, ressarcir a quantia.

187. **(Cancelada em decorrência da sua conversão na OJ Transitória 47 da SDI-I/TST, Res. TST 129/2005, DJU 20.04.2005)**

 Décimo terceiro salário. Dedução da 1.ª parcela. URV. Lei 8.880/1994. (Inserida em 08.11.2000)

 Ainda que o adiantamento do 13.º salário tenha ocorrido anteriormente à edição da Lei 8.880/1994, as deduções deverão ser realizadas considerando o valor da antecipação, em URV, na data do efetivo pagamento, não podendo a 2.ª parcela ser inferior à metade do 13.º salário, em URV.

188. **Decisão normativa que defere direitos. Falta de interesse de agir para ação individual.**

 Falta interesse de agir para a ação individual, singular ou plúrima, quando o direito já foi reconhecido através de decisão normativa, cabendo, no caso, ação de cumprimento.

189. **(Cancelada em decorrência da nova redação conferida à Súmula 128, Res. TST 129/2005, DJU 20.04.2005)**
 Depósito recursal. Agravo de petição. IN TST 3/1993. (Inserida em 08.11.2000)
 Garantido o juízo, na fase executória, a exigência de depósito para recorrer de qualquer decisão viola os incs. II e LV do art. 5.º da CF/1988. Havendo, porém, elevação do valor do débito, exige-se a complementação da garantia do juízo.

190. **(Cancelada em decorrência da nova redação conferida à Súmula 128, Res. TST 129/2005, DJU 20.04.2005)**
 Depósito recursal. Condenação solidária. (Inserida em 08.11.2000)
 Havendo condenação solidária de duas ou mais empresas, o depósito recursal efetuado por uma delas aproveita as demais, quando a empresa que efetuou o depósito não pleiteia sua exclusão da lide.

191. **Contrato de empreitada. Dono da obra de construção civil. Responsabilidade.**
 Diante da inexistência de previsão legal específica, o contrato de empreitada de construção civil entre o dono da obra e o empreiteiro não enseja responsabilidade solidária ou subsidiária nas obrigações trabalhistas contraídas pelo empreiteiro, salvo sendo o dono da obra uma empresa construtora ou incorporadora.

 * Alterada pela Res. TST 175/2011 (DEJT 27.05.2011).

192. **Embargos declaratórios. Prazo em dobro. Pessoa jurídica de direito público. Dec.-lei 779/1969.**
 É em dobro o prazo para a interposição de embargos declaratórios por pessoa jurídica de direito público.

193. **(Cancelada em decorrência da redação da Súmula 6 conferida pela Res. TST 104/00, DJ 18.02.00, Res. TST 129/2005, DJU 20.04.2005)**
 Equiparação salarial. Quadro de carreira. Homologação. Governo estadual. Válido. (Inserida em 08.11.2000)

194. **(Cancelada em decorrência da sua conversão na Súmula 387, Res. TST 129/2005, DJU 20.04.2005)**
 Fac-símile. Lei 9.800/1999. Aplicável só a recursos interpostos na sua vigência. (Inserida em 08.11.2000)

A Lei 9.800/1999 é aplicável somente a recursos interpostos após o início de sua vigência.

195. **Férias indenizadas. FGTS. Não incidência. (Inserida em 08.11.2000)**
Não incide a contribuição para o FGTS sobre as férias indenizadas.
* Alterada pela Res. TST 129/2005 (DJU 20.04.2005).

196. **(Cancelada em decorrência da nova redação conferida à Súmula 244, Res. TST 129/2005, DJU 20.04.2005)**
Gestante. Contrato de experiência. Estabilidade provisória. Não assegurada. (Inserida em 08.11.2000)

197. **(Cancelada em decorrência da redação da Súmula 253 conferida pela Res. TST 121/03, DJ 21.11.03, Res. TST 129/2005, DJU 20.04.2005)**
Gratificação semestral. Repercussão no 13.º salário. Enunciado 78 do TST. Aplicável. (Inserida em 08.11.2000)

198. **Honorários periciais. Atualização monetária.**
Diferentemente da correção aplicada aos débitos trabalhistas, que têm caráter alimentar, a atualização monetária dos honorários periciais é fixada pelo art. 1.º da Lei 6.899/1981, aplicável a débitos resultantes de decisões judiciais.

199. **Jogo do bicho. Contrato de trabalho. Nulidade. Objeto ilícito.**
É nulo o contrato de trabalho celebrado para o desempenho de atividade inerente à prática do jogo do bicho, ante a ilicitude de seu objeto, o que subtrai o requisito de validade para a formação do ato jurídico.
* Republicada no DJe 16.11.2010.

200. **Mandato tácito. Substabelecimento inválido. (Inserida em 08.11.2000)**
É inválido o substabelecimento de advogado investido de mandato tácito.
* Alterada pela Res. TST 129/2005 (DJU 20.04.2005).

201. **(Cancelada em decorrência da sua conversão na Súmula 388, Res. TST 129/2005, DJU 20.04.2005)**
Multa. Art. 477 da CLT. Massa falida. Inaplicável. (Inserida em 08.11.2000)

202. **(Cancelada em decorrência da sua conversão na OJ Transitória 48 da SDI-I/TST, Res. TST 129/2005, DJU 20.04.2005)**
Petromisa. Sucessão. Petrobras. Legitimidade. (Inserida em 08.11.2000)

Em virtude da decisão tomada em assembleia, a Petrobras é a real sucessora da Petromisa, considerando que recebeu todos os bens móveis e imóveis da extinta Petromisa.

203. **(Cancelada em decorrência da sua conversão na OJ Transitória 54 da SDI-I/TST, Res. TST 129/2005, DJU 20.04.2005)**

 Plano Econômico (Collor). Execução. Correção monetária. Índice de 84,32%. Lei 7.738/1989. Aplicável. (Inserida em 08.11.2000)

204. **(Cancelada em decorrência da nova redação conferida à Súmula 308, Res. TST 129/2005, DJU 20.04.2005)**

 Prescrição. Contagem do prazo. Art. 7.º, XXIX, da CF/1988. (Inserida em 08.11.2000)

 A prescrição quinquenal abrange os cinco anos anteriores ao ajuizamento da reclamatória e não os cinco anos anteriores à data da extinção do contrato.

205. **(Cancelada pela Res. TST 156/2009, DJe 27.04.2009)**

 Competência material. Justiça do Trabalho. Ente público. Contratação irregular. Regime especial. Desvirtuamento.

 I – Inscreve-se na competência material da Justiça do Trabalho dirimir dissídio individual entre trabalhador e ente público se há controvérsia acerca do vínculo empregatício.

 II – A simples presença de lei que disciplina a contratação por tempo determinado para atender a necessidade temporária de excepcional interesse público (art. 37, IX, da CF/1988) não é o bastante para deslocar a competência da Justiça do Trabalho se se alega desvirtuamento em tal contratação, mediante a prestação de serviços à Administração para atendimento de necessidade permanente e não para acudir a situação transitória e emergencial.

 * Alterada pela Res. TST 129/2005 (DJU 20.04.2005).

206. **Professor. Horas extras. Adicional de 50% (cinquenta por cento).**

 Excedida a jornada máxima (art. 318 da CLT), as horas excedentes devem ser remuneradas com o adicional de, no mínimo, 50% (cinquenta por cento) (art. 7.º, XVI, da CF/1988).

207. Programa de incentivo à demissão voluntária. Indenização. Imposto de renda. Não incidência. (Inserida em 08.11.2000)

 A indenização paga em virtude de adesão a programa de incentivo à demissão voluntária não está sujeita à incidência do imposto de renda.

 * Alterada pela Res. TST 129/2005 (*DJU* 20.04.2005).

208. Radiologista. Gratificação de raios X. Redução. Lei 7.923/1989.

 A alteração da gratificação por trabalho com raios X, de quarenta para dez por cento, na forma da Lei 7.923/1989, não causou prejuízo ao trabalhador porque passou a incidir sobre o salário incorporado com todas as demais vantagens.

209. (Cancelada em decorrência da nova redação conferida à Súmula 262, Res. TST 129/2005, *DJU* 20.04.2005)

 Recesso forense. Suspensão dos prazos recursais (arts. 181, I, e 148 do RI/TST). (Inserida em 08.11.2000)

210. (Cancelada em decorrência da sua conversão na Súmula 389, Res. TST 129/2005, *DJU* 20.04.2005)

 Seguro-desemprego. Competência da Justiça do Trabalho. (Inserida em 08.11.2000)

211. (Cancelada em decorrência da sua conversão na Súmula 389, Res. TST 129/2005, *DJU* 20.04.2005)

 Seguro-desemprego. Guias. Não liberação. Indenização Substitutiva. (Inserida em 08.11.2000)

 O não fornecimento pelo empregador da guia necessária para o recebimento do seguro-desemprego dá origem ao direito à indenização.

212. (Cancelada em decorrência da sua conversão na OJ Transitória 54 da SDI-I/TST, Res. TST 129/2005, *DJU* 20.04.2005)

 Serpro. Norma regulamentar. Reajustes salariais. Superveniência de sentença normativa. Prevalência. (Inserida em 08.11.2000)

 Durante a vigência do instrumento normativo, é lícita ao empregador a obediência à norma coletiva (Dec. 8.948/1990), que alterou as diferenças interníveis previstas no Regulamento de Recursos Humanos.

213. **Telex. Operadores. Art. 227 da CLT. Inaplicável.**
 O operador de telex de empresa, cuja atividade econômica não se identifica com qualquer uma das previstas no art. 227 da CLT, não se beneficia de jornada reduzida.

214. **(Cancelada em decorrência da sua conversão na OJ Transitória 58 da SDI-I/TST, Res. TST 129/2005, *DJU* 20.04.2005)**
 URP's de junho e julho de 1988. Suspensão do pagamento. Data base em maio. Dec.-lei 2.425/1988. Inexistência de violação a direito adquirido. (Inserida em 08.11.2000)
 O Dec.-lei 2.425, de 07.04.1988, não ofendeu o direito adquirido dos empregados com data base em maio, pelo que não fazem jus às URP's de junho e julho de 1988.

215. **(Cancelada pela Res. TST 175/2011, *DEJT* 27.05.2011)**
 Vale-transporte. Ônus da prova.
 É do empregado o ônus de comprovar que satisfaz os requisitos indispensáveis à obtenção do vale-transporte.

216. **Vale-transporte. Servidor público celetista. Lei 7.418/1985. Devido. (Inserida em 08.11.2000)**
 Aos servidores públicos celetistas é devido o vale-transporte, instituído pela Lei 7.418/1985, de 16.12.1985.

 * Alterada pela Res. TST 129/2005 (*DJU* 20.04.2005).

217. **Agravo de instrumento. Traslado. Lei 9.756/1998. Guias de custas e de depósito recursal.**
 Para a formação do Agravo de instrumento, não é necessária a juntada de comprovantes de recolhimento de custas e de depósito recursal relativamente ao recurso ordinário, desde que não seja objeto de controvérsia no recurso de revista a validade daqueles recolhimentos.

218. **(Cancelada em decorrência da sua incorporação à OJ 241 da SDI-I/TST e posterior conversão na OJ Transitória 55 da SDI-I/TST, Res. TST 129/2005, *DJU* 20.04.2005)**
 Plano Collor. Servidores do GDF. Celetistas. Lei Distrital 38/1989. (Inserida em 02.04.2001)

Inexiste direito adquirido às diferenças salariais de 84,32% (oitenta e quatro inteiros e trinta e dois décimos por cento) do IPC de março de 1990 aos servidores celetistas da Administração Direta do Distrito Federal.

219. **Recurso de revista ou de embargos fundamentado em Orientação Jurisprudencial do TST.**

É válida, para efeito de conhecimento do recurso de revista ou de embargos, a invocação de orientação jurisprudencial do TST, desde que, das razões recursais, conste o seu número ou conteúdo.

220. **(Cancelada em decorrência da nova redação conferida à Súmula 85, Res. TST 129/2005, *DJU* 20.04.2005)**

Acordo de compensação. Extrapolação da jornada. (Inserida em 20.06.2001)

A prestação de horas extras habituais descaracteriza o acordo de compensação de horas. Nesta hipótese, as horas que ultrapassarem a jornada semanal normal devem ser pagas como horas extras e, quanto àquelas destinadas à compensação, deve ser pago a mais apenas o adicional por trabalho extraordinário.

221. **(Cancelada em decorrência da sua conversão na OJ Transitória 56 da SDI-I/TST, Res. TST 129/2005, *DJU* 20.04.2005)**

Anistia. Lei 8.878/1994. Efeitos financeiros devidos a partir do efetivo retorno à atividade. (Inserida em 20.06.2001)

222. **(Cancelada em decorrência da nova redação conferida à Súmula 102, Res. TST 129/2005, *DJU* 20.04.2005)**

Bancário. Advogado. Cargo de confiança. (Inserida em 20.06.2001)

O advogado empregado de banco, pelo simples exercício da advocacia, não exerce cargo de confiança, não se enquadrando, portanto, na hipótese do § 2.º do art. 224 da CLT.

223. **(Cancelada em decorrência da nova redação conferida à Súmula 85, Res. TST 129/2005, *DJU* 20.04.2005)**

Compensação de jornada. Acordo individual tácito. Inválido. (Inserida em 20.06.2001)

224. **Complementação de aposentadoria. Reajuste. Lei 9.069, de 29.06.1995.**

I – A partir da vigência da Medida Provisória 542, de 30.06.1994, convalidada pela Lei 9.069, de 29.06.1995, o critério de reajuste da complemen-

tação de aposentadoria passou a ser anual e não semestral, aplicando-se o princípio *rebus sic stantibus* diante da nova ordem econômica.

II – A alteração da periodicidade do reajuste da complementação de aposentadoria – de semestral para anual –, não afeta o direito ao resíduo inflacionário apurado nos meses de abril, maio e junho de 1994, que deverá incidir sobre a correção realizada no mês de julho de 1995.

* Alterada pelo TST em 14.09.2010 (*DJe* 16.09.2010).

225. **Contrato de concessão de serviço público. Responsabilidade trabalhista. (Inserida em 20.06.2001 e alterada pelo Tribunal Pleno, em 18.04.2002, MA 10.999/2002)**

Celebrado contrato de concessão de serviço público em que uma empresa (primeira concessionária) outorga a outra (segunda concessionária), no todo ou em parte, mediante arrendamento ou qualquer outra forma contratual, a título transitório, bens de sua propriedade:

I – em caso de rescisão do contrato de trabalho após a entrada em vigor da concessão, a segunda concessionária, na condição de sucessora, responde pelos direitos decorrentes do contrato de trabalho, sem prejuízo da responsabilidade subsidiária da primeira concessionária pelos débitos trabalhistas contraídos até a concessão;

II – no tocante ao contrato de trabalho extinto antes da vigência da concessão, a responsabilidade pelos direitos dos trabalhadores será exclusivamente da antecessora.

* Alterada pela Res. TST 129/2005 (*DJU* 20.04.2005).

226. **Crédito trabalhista. Cédula de crédito rural. Cédula de crédito industrial. Penhorabilidade. (Inserida em 20.06.2001)**

Diferentemente da cédula de crédito industrial garantida por alienação fiduciária, na cédula rural pignoratícia ou hipotecária o bem permanece sob o domínio do devedor (executado), não constituindo óbice à penhora na esfera trabalhista. (Dec.-lei 167/1967, art. 69; arts. 10 e 30 da CLT e Lei 6.830/1980).

* Alterada pela Res. TST 129/2005 (*DJU* 20.04.2005).

227. **(Cancelada pelo Tribunal Pleno em 10.11.2005, *DJU* 22.11.2005)**

Denunciação da lide. Processo do trabalho. Incompatibilidade. (Inserida em 20.06.2001)

228. (Cancelada em decorrência da sua conversão na Súmula 368, Res. TST 129/2005, DJU 20.04.2005)

Descontos legais. Sentenças trabalhistas. Lei 8.541/1992, art. 46. Provimento da CGJT 3/1984 e alterações posteriores. (Inserida em 20.06.2001)

O recolhimento dos descontos legais, resultante dos créditos do trabalhador oriundos de condenação judicial, deve incidir sobre o valor total da condenação e calculado ao final.

229. (Cancelada em decorrência da sua conversão na Súmula 390, Res. TST 129/2005, DJU 20.04.2005)

Estabilidade. Art. 41 da CF/1988. Celetista. Empresa pública e sociedade de economia mista. Inaplicável. (Inserida em 20.06.2001)

230. (Cancelada em decorrência da sua conversão na Súmula 378, Res. TST 129/2005, DJU 20.04.2005)

Estabilidade. Lei 8.213/1991. Art. 118 c/c art. 59. (Inserida em 20.06.2001)

O afastamento do trabalho por prazo superior a 15 (quinze) dias e a consequente percepção do auxílio-doença acidentário constituem pressupostos para o direito à estabilidade prevista no art. 118 da Lei 8.213/1991, assegurada por período de 12 meses, após a cessação do auxílio-doença.

231. (Cancelada em decorrência da sua conversão na OJ Transitória 50 da SDI-I/TST, Res. TST 129/2005, DJU 20.04.2005)

Férias. Abono instituído por instrumento normativo e terço constitucional. Simultaneidade inviável. (Inserida em 20.06.2001)

232. **FGTS. Incidência. Empregado transferido para o exterior. Remuneração.**

O FGTS incide sobre todas as parcelas de natureza salarial pagas ao empregado em virtude de prestação de serviços no exterior.

233. **Horas extras. Comprovação de parte do período alegado.** (Inserida em 20.06.2001)

A decisão que defere horas extras com base em prova oral ou documental não ficará limitada ao tempo por ela abrangido, desde que o julgador fique convencido de que o procedimento questionado superou aquele período.

* Alterada pela Res. TST 129/2005 (DJU 20.04.2005).

234. **(Cancelada em decorrência da nova redação conferida à Súmula 338, Res. TST 129/2005, DJU 20.04.2005)**

Horas extras. Folha individual de presença (FIP) instituída por norma coletiva. Prova oral. Prevalência. (Inserida em 20.06.2001)

A presunção de veracidade da jornada de trabalho anotada em folha individual de presença, ainda que prevista em instrumento normativo, pode ser elidida por prova em contrário.

235. **Horas extras. Salário por produção. (Redação alterada na Seção do Tribunal Pleno realizada em 16.04.2012)**

O empregado que recebe salário por produção e trabalha em sobrejornada tem direito à percepção apenas do adicional de horas extras, exceto no caso do empregado cortador de cana, a quem é devido o pagamento das horas extras e do adicional respectivo.

* Alterada pela Res. TST 182/2012 (DJe 19.04.2012).

236. **(Cancelada em decorrência da nova redação conferida à Súmula 90, Res. TST 129/2005, DJU 20.04.2005)**

Horas *in itinere*. Horas extras. Adicional devido. (Inserida em 20.06.20101)

Considerando que as horas *in itinere* são computáveis na jornada de trabalho, o tempo que extrapola a jornada legal é considerado como extraordinário e sobre ele deve incidir o adicional respectivo.

237. **Ministério Público do Trabalho. Ilegitimidade para recorrer.**

O Ministério Público não tem legitimidade para recorrer na defesa de interesse patrimonial privado, inclusive de empresas públicas e sociedades de economia mista.

238. **Multa. Art. 477 da CLT. Pessoa jurídica de direito público. Aplicável. (Inserida em 20.06.2001)**

Submete-se à multa do art. 477 da CLT a pessoa jurídica de direito público que não observa o prazo para pagamento das verbas rescisórias, pois nivela-se a qualquer particular, em direitos e obrigações, despojando-se do *jus imperii* ao celebrar um contrato de emprego.

* Alterada pela Res. TST 129/2005 (DJU 20.04.2005).

239. (Cancelada em decorrência da sua conversão na Súmula 384, Res. TST 129/2005, *DJU* 20.04.2005)

Multa convencional. Horas extras. (Inserida em 20.06.2001)

Prevista em instrumento normativo (sentença normativa, convenção ou acordo coletivo) determinada obrigação e, consequentemente, multa pelo respectivo descumprimento, esta tem incidência mesmo que aquela obrigação seja mera repetição de texto da Consolidação das Leis Trabalhistas.

240. (Cancelada em decorrência da sua conversão na Súmula 391, Res. TST 129/2005, *DJU* 20.04.2005)

Petroleiros. Horas extras. Lei 5.811/1972. Recepcionada pela Constituição Federal de 1988. (Inserida em 20.06.2001)

241. (Cancelada em decorrência da sua conversão na OJ Transitória 55 da SDI-I/TST, Res. TST 129/2005, *DJU* 20.04.2005)

Plano Collor. Servidores de fundações e autarquias do GDF. Celetistas. Legislação federal. (Inserida em 20.06.2001)

Inexiste direito adquirido às diferenças salariais de 84,32% (oitenta e quatro inteiros e trinta e dois décimos por cento) do IPC de março de 1990 aos servidores celetistas de Fundações e Autarquias do GDF.

242. **Prescrição total. Horas extras. Adicional. Incorporação.**

Embora haja previsão legal para o direito à hora extra, inexiste previsão para a incorporação ao salário do respectivo adicional, razão pela qual deve incidir a prescrição total.

243. **Prescrição total. Planos econômicos.**

Aplicável a prescrição total sobre o direito de reclamar diferenças salariais resultantes de planos econômicos.

244. **Professor. Redução da carga horária. Possibilidade.**

A redução da carga horária do professor, em virtude da diminuição do número de alunos, não constitui alteração contratual, uma vez que não implica redução do valor da hora aula.

245. **Revelia. Atraso. Audiência.**

Inexiste previsão legal tolerando atraso no horário de comparecimento da parte na audiência.

246. (Cancelada em decorrência da sua conversão na Súmula 367, Res. TST 129/2005, *DJU* 20.04.2005)

Salário-utilidade. Veículo. (Inserida em 20.06.2001)

A utilização, pelo empregado, em atividades particulares, de veículo que lhe é fornecido para o trabalho da empresa não caracteriza salário-utilidade.

247. Servidor público. Celetista concursado. Despedida imotivada. Empresa pública ou sociedade de economia mista. Possibilidade.

A despedida de empregados de empresa pública e de sociedade de economia mista, mesmo admitidos por concurso público, independe de ato motivado para sua validade;

A validade do ato de despedida do empregado da Empresa Brasileira de Correios e Telégrafos (ECT) está condicionada à motivação, por gozar a empresa do mesmo tratamento destinado à Fazenda Pública em relação à imunidade tributária e à execução por precatório, além das prerrogativas de foro, prazos e custas processuais.

* Alterada pela Res. TST 143/2007 (*DJU* 13.11.2007)

248. (Cancelada em decorrência da sua incorporação à OJ 175 da SDI-I/TST, *DJU* 22.11.2005)

Comissões. Alteração. Prescrição total. Súmula 294. Aplicável. (Inserida em 13.03.2002)

A alteração das comissões caracteriza-se como ato único e positivo do empregador, incidindo a prescrição total, nos termos da Súmula 294 do TST.

249. (Cancelada em decorrência da sua incorporação à nova redação à OJ 138 da SDI-I/TST, Res. TST 129/2005, *DJU* 20.04.2005)

Competência residual. Regime Jurídico Único. Lei 8.112/1990. Limitação. (Inserida em 13.03.2002)

A superveniência de regime estatutário em substituição ao celetista, mesmo após a sentença, limita a execução ao período celetista.

250. (Cancelada em decorrência da sua conversão na OJ Transitória 51 da SDI-I/TST, Res. TST 129/2005, *DJU* 20.04.2005)

Complementação de aposentadoria. Caixa Econômica Federal. Auxílio-alimentação. Supressão. Enunciados 51 e 288. Aplicáveis. (Inserida em 13.03.2002)

A determinação de supressão do pagamento de auxílio-alimentação aos aposentados e pensionistas da Caixa Econômica Federal, oriunda do Ministério da Fazenda, não atinge aqueles ex-empregados que já percebiam o benefício.

251. **Descontos. Frentista. Cheques sem fundos.**

 É lícito o desconto salarial referente à devolução de cheques sem fundos, quando o frentista não observar as recomendações previstas em instrumento coletivo.

252. **(Cancelada em decorrência da nova redação conferida à Súmula 6, Res. TST 129/2005, DJU 20.04.2005)**

 Equiparação salarial. Mesma localidade. Conceito. Art. 461 da CLT. (Inserida em 13.03. 2002)

 O conceito de "mesma localidade" de que trata o art. 461 da CLT refere-se, em princípio, ao mesmo município, ou a municípios distintos que, comprovadamente, pertençam à mesma região metropolitana.

253. **Estabilidade provisória. Cooperativa. Lei 5.764/1971. Conselho Fiscal. Suplente. Não assegurada.**

 O art. 55 da Lei 5.764/1971 assegura a garantia de emprego apenas aos empregados eleitos diretores de Cooperativas, não abrangendo os membros suplentes.

254. **(Cancelada em decorrência da sua incorporação à nova redação conferida à OJ 42 da SDI-I/TST, Res. TST 129/2005, DJU 20.04.2005)**

 FGTS. Multa de 40%. Aviso-prévio indenizado. Atualização monetária. Diferença indevida. (Inserida em 13.03.2002)

 O cálculo da multa de 40% (quarenta por cento) do FGTS deverá ser feito com base no saldo da conta vinculada na data do efetivo pagamento das verbas rescisórias, desconsiderada a projeção do aviso-prévio indenizado, por ausência de previsão legal.

255. **Mandato. Contrato social. Desnecessária a juntada.**

 O art. 12, VI, do CPC não determina a exibição dos estatutos da empresa em juízo como condição de validade do instrumento de mandato outorgado ao seu procurador, salvo se houver impugnação da parte contrária.

256. **Prequestionamento. Configuração. Tese explícita. Enunciado 297.**

Para fins do requisito do prequestionamento de que trata o Enunciado 297, há necessidade de que haja, no acórdão, de maneira clara, elementos que levem à conclusão de que o Regional adotou uma tese contrária à lei ou a enunciado.

257. **Recurso de revista. Fundamentação. Violação de lei. Vocábulo violação. Desnecessidade. (Alterada em decorrência do inc. II do art. 894 da CLT, incluído pela Lei 11.496/2007)**

A invocação expressa no recurso de revista dos preceitos legais ou constitucionais tidos como violados não significa exigir da parte a utilização das expressões "contrariar", "ferir", "violar" etc.

* Alterada pela Res. TST 182/2012 (DJe 19.04.2012).

258. **(Cancelada em decorrência da sua conversão na Súmula 364, Res. TST 129/2005, DJU 20.04.2005)**

Adicional de periculosidade. Acordo coletivo ou convenção coletiva. Prevalência. (Inserida em 27.09.2002)

A fixação do adicional de periculosidade, em percentual inferior ao legal e proporcional ao tempo de exposição ao risco, deve ser respeitada, desde que pactuada em acordos ou convenções coletivos de trabalho (art. 7.º, XXVI, da CF/1988).

259. **Adicional noturno. Base de cálculo. Adicional de periculosidade. Integração.**

O adicional de periculosidade deve compor a base de cálculo do adicional noturno, já que também neste horário o trabalhador permanece sob as condições de risco.

260. **Agravo de instrumento. Recurso de revista. Procedimento sumaríssimo. Lei 9.957/2000. Processos em curso.**

I – É inaplicável o rito sumaríssimo aos processos iniciados antes da vigência da Lei 9.957/2000.

II – No caso de o despacho denegatório de recurso de revista invocar, em processo iniciado antes da Lei 9.957/2000, o § 6.º do art. 896 da CLT (rito sumaríssimo), como óbice ao trânsito do apelo calcado em divergência

jurisprudencial ou violação de dispositivo infraconstitucional, o Tribunal superará o obstáculo, apreciando o recurso sob esses fundamentos.

261. **Bancos. Sucessão trabalhista.**

As obrigações trabalhistas, inclusive as contraídas à época em que os empregados trabalhavam para o banco sucedido, são de responsabilidade do sucessor, uma vez que a este foram transferidos os ativos, as agências, os direitos e deveres contratuais, caracterizando típica sucessão trabalhista.

262. **Coisa julgada. Planos econômicos. Limitação à data base na fase de execução.**

Não ofende a coisa julgada a limitação à data base da categoria, na fase executória, da condenação ao pagamento de diferenças salariais decorrentes de planos econômicos, quando a decisão exequenda silenciar sobre a limitação, uma vez que a limitação decorre de norma cogente. Apenas quando a sentença exequenda houver expressamente afastado a limitação à data base é que poderá ocorrer ofensa à coisa julgada.

263. **(Cancelada pelo Tribunal Pleno em 02.09.2004, *DJU* 14.09.2004)**

Contrato por prazo determinado. Lei especial (estadual e municipal). Incompetência da Justiça do Trabalho.

A relação jurídica que se estabelece entre o Estado ou Município e o servidor contratado para exercer funções temporárias ou de natureza técnica, decorrente de lei especial, é de natureza administrativa, razão pela qual a competência é da justiça comum, até mesmo para apreciar a ocorrência de eventual desvirtuamento do regime especial (art. 106 da CF/1967 e art. 37, IX, da CF/1988).

264. **Depósito recursal. PIS/Pasep. Ausência de indicação na guia de depósito recursal. Validade.**

Não é essencial para a validade da comprovação do depósito recursal a indicação do número do PIS/Pasep na guia respectiva.

265. **(Cancelada em decorrência da sua conversão na Súmula 390, Res. TST 129/2005, *DJU* 20.04.2005)**

Estabilidade. Art. 41 da CF/1988. Celetista. Administração direta, autárquica ou fundacional. Aplicabilidade. (Inserida em 27.09.2002)

O servidor público celetista da administração direta, autárquica ou fundacional é beneficiário da estabilidade prevista no art. 41 da CF/1988.

266. (Cancelada em decorrência da sua conversão na Súmula 369, Res. TST 129/2005, *DJU* 20.04.2005)

 Estabilidade. Dirigente sindical. Limitação. Art. 522 da CLT. (Inserida em 27.09.2002)

 O art. 522 da CLT, que limita a 7 (sete) o número de dirigentes sindicais, foi recepcionado pela Constituição Federal de 1988.

267. (Cancelada em decorrência da nova redação conferida à Súmula 132, Res. TST 129/2005, *DJU* 20.04.2005)

 Horas extras. Adicional de periculosidade. Base de cálculo. (Inserida em 27.09.2002)

 O adicional de periculosidade integra a base de cálculo das horas extras.

268. **Indenização adicional. Leis 6.708/1979 e 7.238/1984. Aviso-prévio. Projeção. Estabilidade provisória.**

 Somente após o término do período estabilitário é que se inicia a contagem do prazo do aviso-prévio para efeito das indenizações previstas nos arts. 9.º da Lei 6.708/1979 e 9.º da Lei 7.238/1984.

269. **Justiça gratuita. Requerimento de isenção de despesas processuais. Momento oportuno.**

 O benefício da justiça gratuita pode ser requerido em qualquer tempo ou grau de jurisdição, desde que, na fase recursal, seja o requerimento formulado no prazo alusivo ao recurso.

270. **Programa de Incentivo à Demissão Voluntária. Transação extrajudicial. Parcelas oriundas do extinto contrato de trabalho. Efeitos.**

 A transação extrajudicial que importa rescisão do contrato de trabalho ante a adesão do empregado a plano de demissão voluntária implica quitação exclusivamente das parcelas e valores constantes do recibo.

271. **Rurícola. Prescrição. Contrato de emprego extinto. EC 28/2000. Inaplicabilidade.** (Inserida em 27.09.2002)

 O prazo prescricional da pretensão do rurícola, cujo contrato de emprego já se extinguira ao sobrevir a EC 28, de 26.05.2000, tenha sido ou não

ajuizada a ação trabalhista, prossegue regido pela lei vigente ao tempo da extinção do contrato de emprego.

* Alterada pelo TST em 10.11.2005 (*DJU* 22.11.2005).

272. **Salário mínimo. Servidor. Salário-base inferior. Diferenças. Indevidas.**

 A verificação do respeito ao direito ao salário mínimo não se apura pelo confronto isolado do salário-base com o mínimo legal, mas deste com a soma de todas as parcelas de natureza salarial recebidas pelo empregado diretamente do empregador.

273. **(Cancelada pela Res. TST 175/2011, *DEJT* 27.05.2011)**
 "Telemarketing". Operadores. Art. 227 da CLT. Inaplicável.

 A jornada reduzida de que trata o art. 227 da CLT não é aplicável, por analogia, ao operador de televendas, que não exerce suas atividades exclusivamente como telefonista, pois, naquela função, não opera mesa de transmissão, fazendo uso apenas dos telefones comuns para atender e fazer as ligações exigidas no exercício da função.

274. **Turno ininterrupto de revezamento. Ferroviário. Horas extras. Devidas.**

 O ferroviário submetido a escalas variadas, com alternância de turnos, faz jus à jornada especial prevista no art. 7.º, XIV, da CF/1988.

275. **Turno ininterrupto de revezamento. Horista. Horas extras e adicional. Devidos.**

 Inexistindo instrumento coletivo fixando jornada diversa, o empregado horista submetido a turno ininterrupto de revezamento faz jus ao pagamento das horas extraordinárias laboradas além da sexta, bem como ao respectivo adicional.

276. **Ação declaratória. Complementação de aposentadoria.**

 É incabível ação declaratória visando a declarar direito à complementação de aposentadoria, se ainda não atendidos os requisitos necessários à aquisição do direito, seja por via regulamentar, ou por acordo coletivo.

277. **Ação de cumprimento fundada em decisão normativa que sofreu posterior reforma, quando já transitada em julgado a sentença condenatória. Coisa julgada. Não configuração.**

 A coisa julgada produzida na ação de cumprimento é atípica, pois dependente de condição resolutiva, ou seja, da não modificação da decisão

normativa por eventual recurso. Assim, modificada a sentença normativa pelo TST, com a consequente extinção do processo, sem julgamento do mérito, deve-se extinguir a execução em andamento, uma vez que a norma sobre a qual se apoiava o título exequendo deixou de existir no mundo jurídico.

278. **Adicional de insalubridade. Perícia. Local de trabalho desativado.**

 A realização de perícia é obrigatória para a verificação de insalubridade. Quando não for possível sua realização como em caso de fechamento da empresa, poderá o julgador utilizar-se de outros meios de prova.

279. **Adicional de periculosidade. Eletricitários. Base de cálculo. Lei 7.369/1985, art. 1.º. Interpretação.**

 O adicional de periculosidade dos eletricitários deverá ser calculado sobre o conjunto de parcelas de natureza salarial.

280. **(Cancelada em decorrência da sua conversão na Súmula 364, Res. TST 129/2005, *DJU* 20.04.2005)**

 Adicional de periculosidade. Exposição eventual. Indevido. (*DJ* 11.08.2003)

 O contato eventual com o agente perigoso, assim considerado o fortuito, ou o que, sendo habitual, se dá por tempo extremamente reduzido, não dá direito ao empregado a perceber o adicional respectivo.

281. **(Cancelada em decorrência da sua conversão na OJ Transitória 52 da SDI-I/TST, Res. TST 129/2005, *DJU* 20.04.2005)**

 Agravo de instrumento. Acórdão do TRT não assinado. Interposto anteriormente à IN 16/1999. (*DJ* 11.08.2003)

 Nos Agravos de Instrumentos interpostos anteriormente à edição da IN 16/1999, a ausência de assinatura na cópia não a torna inválida, desde que dela conste o carimbo, aposto pelo servidor, certificando que confere com o original.

282. **Agravo de instrumento. Juízo de admissibilidade ad quem.**

 No julgamento de Agravo de Instrumento ao afastar o óbice apontado pelo TRT para o processamento do recurso de revista, pode o juízo ad quem prosseguir no exame dos demais pressupostos extrínsecos e intrínsecos do recurso de revista, mesmo que não apreciados pelo TRT.

283. **Agravo de instrumento. Peças essenciais. Traslado realizado pelo agravado. Validade.**

É válido o traslado de peças essenciais efetuado pelo agravado, pois sua regular formação incumbe às partes e não somente ao agravante.

284. **Agravo de instrumento. Traslado. Ausência de certidão de publicação. Etiqueta adesiva imprestável para aferição da tempestividade.**

A etiqueta adesiva na qual consta a expressão "no prazo" não se presta à aferição de tempestividade do recurso, pois sua finalidade é tão somente servir de controle processual interno do TRT e sequer contém a assinatura do funcionário responsável por sua elaboração.

285. **Agravo de instrumento. Traslado. Carimbo do protocolo do recurso ilegível. Inservível.**

O carimbo do protocolo da petição recursal constitui elemento indispensável para aferição da tempestividade do apelo, razão pela qual deverá estar legível, pois um dado ilegível é o mesmo que a inexistência do dado.

286. **Agravo de Instrumento. Traslado. Mandato Tácito. Ata de Audiência. Configuração.**
 * Alterada pela Res. TST 167/2010 (*DJe* 30.04.2010).

I – A juntada da ata de audiência, em que consignada a presença do advogado, desde que não estivesse atuando com mandato expresso, torna dispensável a procuração deste, porque demonstrada a existência de mandato tácito.

II – Configurada a existência de mandato tácito fica suprida a irregularidade detectada no mandato expresso.

287. **Autenticação. Documentos distintos. Despacho denegatório do recurso de revista e certidão de publicação.**

Distintos os documentos contidos no verso e anverso, é necessária a autenticação de ambos os lados da cópia.

288. **(Cancelada em decorrência da nova redação conferida à Súmula 102, Res. TST 129/2005, *DJU* 20.04.2005)**

Bancário. Cargo de confiança. Art. 224, § 2.º, da CLT. Gratificação. Pagamento a menor. (*DJ* 11.08.2003)

Devidas são as 7.ª e 8.ª horas como extras no período em que se verificou o pagamento a menor da gratificação de 1/3 (um terço).

289. (Cancelada em decorrência da sua incorporação à nova redação conferida à OJ 18 da SDI-I/TST, Res. TST 129/2005, DJU 20.04.2005)

Banco do Brasil. Complementação de aposentadoria. Média trienal. Valorizada. (DJ 11.08.2003)

Nos cálculos da complementação de aposentadoria há de ser observada a média trienal valorizada.

290. (Cancelada, DJU 05.07.2005)

Contribuição sindical patronal. Ação de cumprimento. Incompetência da Justiça do Trabalho.

É incompetente a Justiça do Trabalho para apreciar lide entre o sindicato patronal e a respectiva categoria econômica, objetivando cobrar a contribuição assistencial.

291. (Cancelada em decorrência da sua conversão na OJ Transitória 53 da SDI-I/TST, Res. TST 129/2005, DJU 20.04.2005)

Custas. Embargos de terceiro interpostos anteriormente à Lei 10.537/2002. Inexigência de recolhimento. (DJ 11.08.2003)

Tratando-se de embargos de terceiro, incidentes em execução, interpostos anteriormente à Lei 10.537/2002, incabível o pagamento de custas, por falta de previsão legal.

292. (Cancelada em decorrência da nova redação conferida à Súmula 101, Res. TST 129/2005, DJU 20.04.2005)

Diárias. Integração ao salário. Art. 457, § 2.º, da CLT. (DJ 11.08.2003)

As diárias de viagem pagas, ainda que superiores a 50% (cinquenta por cento), só integram o salário do empregado enquanto perdurarem as viagens.

293. (Cancelada pela Res. TST 171/2010, DJe 19.11.2010)

Embargos à SDI contra decisão de turma do TST em agravo do art. 557, § 1.º, do CPC. Cabimento.

São cabíveis Embargos para a SDI contra decisão de Turma proferida em Agravo interposto de decisão monocrática do relator, baseada no art. 557, § 1.º, do CPC.

294. **Embargos à SDI contra decisão em recurso de revista não conhecido quanto aos pressupostos intrínsecos. Necessária a indicação expressa de ofensa ao art. 896 da CLT.**

Para a admissibilidade e conhecimento de embargos, interpostos contra decisão mediante a qual não foi conhecido o recurso de revista pela análise dos pressupostos intrínsecos, necessário que a parte embargante aponte expressamente a violação ao art. 896 da CLT.

295. **Embargos. Revista não conhecida por má aplicação de enunciado ou de orientação jurisprudencial. Exame do mérito pela SDI.**

A SDI, ao conhecer dos Embargos por violação do art. 896 por má aplicação de – enunciado ou de orientação jurisprudencial pela Turma –, julgará desde logo o mérito, caso conclua que a revista merecia conhecimento e que a matéria de fundo se encontra pacificada neste Tribunal.

296. **Equiparação salarial. Atendente e auxiliar de enfermagem. Impossibilidade.**

Sendo regulamentada a profissão de auxiliar de enfermagem, cujo exercício pressupõe habilitação técnica, realizada pelo Conselho Regional de Enfermagem, impossível a equiparação salarial do simples atendente com o auxiliar de enfermagem.

297. **Equiparação salarial. Servidor público da administração direta, autárquica e fundacional. Art. 37, XIII, da CF/1988.**

O art. 37, XIII, da CF/1988 veda a equiparação de qualquer natureza para o efeito de remuneração do pessoal do serviço público, sendo juridicamente impossível a aplicação da norma infraconstitucional prevista no art. 461 da CLT quando se pleiteia equiparação salarial entre servidores públicos, independentemente de terem sido contratados pela Consolidação das Leis Trabalhistas.

298. **(Cancelada em decorrência da nova redação conferida à Súmula 6, Res. TST 129/2005, *DJU* 20.04.2005)**

Equiparação salarial. Trabalho intelectual. Possibilidade. (*DJ* 11.08.2003)

Desde que atendidos os requisitos do art. 461 da CLT, é possível a equiparação salarial de trabalho intelectual, que pode ser avaliado por sua perfeição técnica, cuja aferição terá critérios objetivos.

299. **(Cancelada em decorrência da nova redação conferida à Súmula 98, Res. TST 129/2005, *DJU* 20.04.2005)**

Estabilidade contratual e FGTS. Compatibilidade. (*DJ* 11.08.2003)

A estabilidade contratual ou derivada de regulamento de empresa é compatível com o regime do FGTS. Diversamente ocorre com a estabilidade legal (decenal, art. 492 da CLT), que é renunciada com a opção pelo FGTS.

300. **Execução trabalhista. Correção monetária. Juros. Lei 8.177/1991, art. 39, e Lei 10.192/2001, art. 15.** (*DJ* 11.08.2003)

Não viola norma constitucional (art. 5.º, II e XXXVI) a determinação de aplicação da TRD como fator de correção monetária dos débitos trabalhistas, cumulada com juros de mora previstos no art. 39 da Lei 8.177/1991 e convalidado pelo art. 15 da Lei 10.192/2001.

* Alterada pela Res. TST 129/2005 (*DJU* 20.04.2005).

301. **(Cancelada pela Res. TST 175/2011, *DEJT* 27.05.2011)**

FGTS. Diferenças. Ônus da prova. Lei 8.036/1990, art. 17.

Definido pelo reclamante o período nos quais não houve depósito do FGTS, ou houve em valor inferior, alegado pela reclamada a inexistência de diferença nos recolhimentos de FGTS, atrai para si o ônus da prova, incumbindo-lhe, portanto, apresentar as guias respectivas, a fim de demonstrar o fato extintivo do direito do autor (art. 818 da CLT c/c art. 333, II, do CPC).

302. **FGTS. Índice de correção. Débitos trabalhistas.**

Os créditos referentes ao FGTS, decorrentes de condenação judicial, serão corrigidos pelos mesmos índices aplicáveis aos débitos trabalhistas.

303. **(Cancelada em decorrência da sua conversão na Súmula 372, Res. TST 129/2005, *DJU* 20.04.2005)**

Gratificação. Redução. Impossibilidade. (*DJ* 11.08.2003)

Mantido o empregado no exercício da função comissionada, não pode o empregador reduzir o valor da gratificação.

304. **Honorários advocatícios. Assistência judiciária. Declaração de pobreza. Comprovação.**

Atendidos os requisitos da Lei 5.584/1970 (art. 14, § 2.º), para a concessão da assistência judiciária, basta a simples afirmação do declarante ou de seu

advogado, na petição inicial, para considerar configurada a sua situação econômica (art. 4.º, § 1.º, da Lei 7.510/1986, que deu nova redação à Lei 1.060/1950).

305. **Honorários advocatícios. Requisitos. Justiça do Trabalho.**

 Na Justiça do Trabalho, o deferimento de honorários advocatícios sujeita-se à constatação da ocorrência concomitante de dois requisitos: o benefício da justiça gratuita e a assistência por sindicato.

306. **(Cancelada em decorrência da nova redação conferida à Súmula 338, Res. TST 129/2005, *DJU* 20.04.2005)**

 Horas extras. Ônus da prova. Registro invariável. (*DJ* 11.08.2003)

 Os cartões de ponto que demonstram horários de entrada e saída invariáveis são inválidos como meio de prova, invertendo-se o ônus da prova, relativo às horas extras, que passa a ser do empregador, prevalecendo o horário da inicial se dele não se desincumbir.

307. **(Cancelada em decorrência da aglutinação ao item I da Súmula 437, Res. TST 186/2012, *DEJT* 25.09.2012)**

 Intervalo intrajornada (para repouso e alimentação). Não concessão ou concessão parcial. Lei 8.923/1994 (*DJ* 11.08.2003)

 Após a edição da Lei 8.923/1994, a não concessão total ou parcial do intervalo intrajornada mínimo, para repouso e alimentação, implica o pagamento total do período correspondente, com acréscimo de, no mínimo, 50% (cinquenta por cento) sobre o valor da remuneração da hora normal de trabalho (art. 71 da CLT).

308. **Jornada de trabalho. Alteração. Retorno à jornada inicialmente contratada. Servidor público.**

 O retorno do servidor público (administração direta, autárquica e fundacional) à jornada inicialmente contratada não se insere nas vedações do art. 468 da CLT, sendo a sua jornada definida em lei e no contrato de trabalho firmado entre as partes.

309. **(Cancelada em decorrência da sua incorporação à nova redação conferida à OJ 147 da SDI-I/TST, Res. TST 129/2005, *DJU* 20.04.2005)**

 Lei estadual, norma coletiva ou regulamento de empresa. Interpretação. Art. 896, *b*, da CLT. (*DJ* 11.08.2003)

Viola o art. 896, *b*, da CLT, o conhecimento de recurso por divergência, caso a parte não comprove que a lei estadual, a norma coletiva ou o regulamento da empresa extrapolam o âmbito do TRT prolator da decisão recorrida.

310. **Litisconsortes. Procuradores distintos. Prazo em dobro. Art. 191 do CPC. Inaplicável ao processo do trabalho.**

 A regra contida no art. 191 do CPC é inaplicável ao processo do trabalho, em face da sua incompatibilidade com o princípio da celeridade inerente ao processo trabalhista.

311. **(Cancelada em decorrência da sua conversão na Súmula 383, Res. TST 129/2005, *DJU* 20.04.2005)**

 Mandato. Art. 37 do CPC. Inaplicável na fase recursal. (*DJ* 11.08.2003)

 É inadmissível, em instância recursal, o oferecimento tardio de procuração, ainda que mediante protesto por posterior juntada, já que a interposição de recurso não pode ser reputada como ato urgente.

312. **(Cancelada em decorrência da sua conversão na Súmula 395, Res. TST 129/2005, *DJU* 20.04.2005)**

 Mandato. Cláusula com ressalva de vigência. Prorrogação até o final da demanda. (*DJ* 11.08.2003)

 Válido é o instrumento de mandato com prazo determinado que contém cláusula estabelecendo a prevalência dos poderes para atuar até o final da demanda.

313. **(Cancelada em decorrência da sua conversão na Súmula 395, Res. TST 129/2005, *DJU* 20.04.2005)**

 Mandato. Cláusula fixando prazo para juntada. (*DJ* 11.08.2003)

 Diante da existência de previsão, no mandato, fixando termo para sua juntada, o instrumento de mandato só tem validade se anexado ao processo dentro do aludido prazo.

314. **(Cancelada em decorrência da sua conversão na Súmula 388, Res. TST 129/2005, *DJU* 20.04.2005)**

 Massa falida. Dobra salarial. Art. 467 da CLT. Inaplicável. (*DJ* 11.08.2003)

 É indevida a aplicação da dobra salarial, prevista no art. 467 da CLT, nos casos da decretação de falência da empresa, porque a massa falida

está impedida de saldar qualquer débito, até mesmo o de natureza trabalhista, fora do Juízo Universal da Falência (Dec.-lei 7.661/1945, art. 23).

* V. arts. 5.º, 83, VII e 115, da Lei 11.101/2005 (Lei de Recuperação de Empresas e Falência).

315. **Motorista. Empresa. Atividade predominantemente rural. Enquadramento como trabalhador rural.**

 É considerado trabalhador rural o motorista que trabalha no âmbito de empresa cuja atividade é preponderantemente rural, considerando que, de modo geral, não enfrenta o trânsito das estradas e cidades.

316. **Portuários. Adicional de risco. Lei 4.860/1965.**

 O adicional de risco dos portuários, previsto no art. 14 da Lei 4.860/1965, deve ser proporcional ao tempo efetivo no serviço considerado sob risco e apenas àqueles que prestam serviços na área portuária.

317. **(Cancelada em decorrência da nova redação conferida à Súmula 337, Res. TST 129/2005, *DJU* 20.04.2005)**

 Repositório de jurisprudência autorizado após a interposição do recurso. Validade. (*DJ* 11.08.2003)

 A concessão de registro de publicação como repositório autorizado de jurisprudência do TST torna válidas todas as suas edições anteriores.

318. **Representação irregular. Autarquia.**

 Os Estados e os Municípios não têm legitimidade para recorrer em nome das autarquias detentoras de personalidade jurídica própria, devendo ser representadas pelos procuradores que fazem parte de seus quadros ou por advogados constituídos.

319. **Representação regular. Estagiário. Habilitação posterior.**

 Válidos são os atos praticados por estagiário se, entre o substabelecimento e a interposição do recurso, sobreveio a habilitação, do então estagiário, para atuar como advogado.

320. **(Cancelada pelo Tribunal Pleno em 02.09.2004, *DJU* 14.09.2004)**

 Sistema de protocolo integrado. Norma interna. Eficácia limitada a recursos da competência do TRT que a editou. Art. 896, § 2.º, da CLT.

 O sistema de protocolo integrado, criado pelos TRTs, que autoriza as Varas localizadas no interior do Estado a receberem e a protocolarem documentos

de natureza judiciária ou administrativa, destinados a outras Varas ou ao TRT local, tem aplicação restrita ao âmbito de competência do Tribunal que a editou, não podendo ser considerado válido em relação a recursos de competência do TST.

321. **Vínculo empregatício com a Administração Pública. Período anterior à Constituição Federal de 1988.** (*DJ* 11.08.2003)

 Salvo os casos de trabalho temporário e de serviço de vigilância, previstos nas Leis 6.019, de 03.01.1974, e 7.102, de 20.06.1983, é ilegal a contratação de trabalhadores por empresa interposta, formando-se o vínculo empregatício diretamente com o tomador dos serviços, inclusive ente público, em relação ao período anterior à vigência da CF/1988.

 * Alterada pela Res. TST 129/2005 (*DJU* 20.04.2005).

322. **Acordo coletivo de trabalho. Cláusula de termo aditivo prorrogando o acordo para prazo indeterminado. Inválida.**

 Nos termos do art. 614, § 3.º, da CLT, é de 2 (dois) anos o prazo máximo de vigência dos acordos e das convenções coletivas. Assim sendo, é inválida, naquilo que ultrapassa o prazo total de 2 (dois) anos, a cláusula de termo aditivo que prorroga a vigência do instrumento coletivo originário por prazo indeterminado.

323. **Acordo de compensação de jornada. "Semana espanhola". Validade.**

 É válido o sistema de compensação de horário quando a jornada adotada é a denominada "semana espanhola", que alterna a prestação de 48 horas em uma semana e 40 (quarenta) horas em outra, não violando os arts. 59, § 2.º, da CLT e 7.º, XIII, da CF/1988 o seu ajuste mediante acordo ou convenção coletiva de trabalho.

324. **Adicional de periculosidade. Sistema elétrico de potência. Dec. 93.412/1986, art. 2.º, § 1.º.**

 É assegurado o adicional de periculosidade apenas aos empregados que trabalham em sistema elétrico de potência em condições de risco, ou que o façam com equipamentos e instalações elétricas similares, que ofereçam risco equivalente, ainda que em unidade consumidora de energia elétrica.

325. **Aumento salarial concedido pela empresa. Compensação no ano seguinte em antecipação sem a participação do sindicato profissional. Impossibilidade.**

O aumento real, concedido pela empresa a todos os seus empregados, somente pode ser reduzido mediante a participação efetiva do sindicato profissional no ajuste, nos termos do art. 7.º, VI, da CF/1988.

326. **(Cancelada em decorrência da sua conversão na Súmula 366, Res. TST 129/2005, *DJU* 20.04.2005)**

Cartão de ponto. Registro. Horas extras. Minutos que antecedem e sucedem a jornada de trabalho. Tempo utilizado para uniformização, lanche e higiene pessoal. (*DJ* 09.12.2003)

O tempo gasto pelo empregado com troca de uniforme, lanche e higiene pessoal, dentro das dependências da empresa, após o registro de entrada e antes do registro de saída, considera-se tempo à disposição do empregador, sendo remunerado como extra o período que ultrapassar, no total, a dez minutos da jornada de trabalho diária.

327. **(Cancelada em decorrência da sua conversão na Súmula 392, Res. TST 129/2005, *DJU* 20.04.2005).**

Dano moral. Competência da Justiça do Trabalho. (*DJ* 09.12.2003)

Nos termos do art. 114 da CF/1988, a Justiça do Trabalho é competente para dirimir controvérsias referentes à indenização por dano moral, quando decorrente da relação de trabalho.

* V. EC 45/2004 (Reforma do Judiciário).

328. **(Cancelada em decorrência da nova redação conferida à Súmula 6, Res. TST 129/2005, *DJU* 20.04.2005)**

Equiparação salarial. Cargo com a mesma denominação. Funções diferentes ou similares. Não autorizada a equiparação. (*DJ* 09.12.2003)

A equiparação salarial só é possível se o empregado e o paradigma exercerem a mesma função, desempenhando as mesmas tarefas, não importando se os cargos têm, ou não, a mesma denominação.

329. **(Cancelada em decorrência da nova redação conferida à Súmula 339, Res. TST 129/2005, *DJU* 20.04.2005)**

Estabilidade. Cipeiro. Suplente. Extinção do estabelecimento. Indenização indevida. (*DJ* 09.12.2003)

A estabilidade provisória do cipeiro não constitui vantagem pessoal, mas garantia para as atividades dos membros da Cipa, que somente tem razão de ser quando em atividade a empresa. Extinto o estabelecimento, não se verifica a despedida arbitrária, sendo impossível a reintegração e indevida a indenização do período estabilitário.

330. (Cancelada em decorrência da sua conversão na Súmula 395, Res. TST 129/2005, DJU 20.04.2005)

 Irregularidade de representação. Substabelecimento anterior à procuração. (DJ 09.12. 2003)

 Configura-se a irregularidade de representação se o substabelecimento é anterior à outorga passada ao substabelecente.

331. **Justiça gratuita. Declaração de insuficiência econômica. Mandato. Poderes específicos desnecessários.**

 Desnecessária a outorga de poderes especiais ao patrono da causa para firmar declaração de insuficiência econômica, destinada à concessão dos benefícios da justiça gratuita.

332. **Motorista. Horas extras. Atividade externa. Controle de jornada por tacógrafo. Res. TST 816/1986 do Contran.**

 O tacógrafo, por si só, sem a existência de outros elementos, não serve para controlar a jornada de trabalho de empregado que exerce atividade externa.

333. (Cancelada em decorrência da sua conversão na Súmula 391, Res. TST 129/2005, DJU 20.04.2005)

 Petroleiros. Turno ininterrupto de revezamento. Alteração da jornada para horário fixo. Art. 10 da Lei 5.811/1972 recepcionado pela Constituição Federal de 1988. (DJ 09.12.2003)

 A previsão contida no art. 10 da Lei 5.811/1972, possibilitando a mudança do regime de revezamento para horário fixo, constitui alteração lícita, não violando os arts. 468 da CLT e 7.º, VI, da CF/1988.

334. **Remessa *ex officio*. Recurso de revista. Inexistência de recurso ordinário voluntário de ente público. Incabível.**

 Incabível recurso de revista de ente público que não interpôs recurso ordinário voluntário da Decisão de primeira instância, ressalvada a hipótese de ter sido agravada, na segunda instância, a condenação imposta.

335. Contrato nulo. Administração Pública. Efeitos. Conhecimento do recurso por violação do art. 37, II e § 2.º, da CF/1988.

A nulidade da contratação sem concurso público, após a Constituição Federal de 1988, bem como a limitação de seus efeitos, somente poderá ser declarada por ofensa ao art. 37, II, se invocado concomitantemente o seu § 2.º, todos da CF/1988.

336. Embargos interpostos anteriormente à vigência da Lei 11.496/2007. Recurso não conhecido com base em orientação jurisprudencial. Desnecessário o exame das violações de Lei e da Constituição Federal de 1988 alegadas no recurso de revista. (Redação alterada pelo Tribunal Pleno na Seção realizada em 06.02.2012)

Estando a decisão recorrida em conformidade com orientação jurisprudencial, desnecessário o exame das divergências e das violações de lei e da Constituição Federal de 1988 alegadas em embargos interpostos antes da vigência da Lei 11.496/2007, salvo nas hipóteses em que a orientação jurisprudencial não fizer qualquer citação do dispositivo constitucional.

* Alterada pela Res. TST 178/2012.

337. (Cancelada em decorrência da sua conversão na Súmula 387, Res. TST 129/2005, *DJU* 20.04.2005)

Fac-símile. Lei 9.800/1999, art. 2.º. Prazo. Apresentação dos originais. (04.05.2004)

A contagem do quinquídio para apresentação dos originais de recurso interposto por intermédio de "fac-símile" começa a fluir do dia subsequente ao término do prazo recursal, nos termos do art. 2.º da Lei 9.800/1999, e não do dia seguinte à interposição do recurso, se esta se deu antes do termo final do prazo. Ademais, não se tratando, a juntada dos originais, de ato que dependa de notificação, pois a parte, ao interpor o recurso, já tem ciência de seu ônus processual, não se aplica a regra do art. 184 do CPC quanto ao *dies a quo* do prazo, podendo coincidir com sábado, domingo ou feriado.

338. Ministério Público do Trabalho. Legitimidade para recorrer. Sociedade de economia mista e empresa pública. Contrato nulo.

Há interesse do Ministério Público do Trabalho para recorrer contra decisão que declara a existência de vínculo empregatício com sociedade de economia mista, após a Constituição Federal de 1988, sem a prévia aprovação em concurso público.

339. Teto remuneratório. Empresa pública e sociedade de economia mista. Art. 37, XI, da CF/1988 (anterior à EC 19/1998). (DJ 04.05.2004)

As empresas públicas e as sociedades de economia mista estão submetidas à observância do teto remuneratório previsto no inc. XI do art. 37 da CF/1988, sendo aplicável, inclusive, ao período anterior à alteração introduzida pela EC 19/1998.

* Alterada pela Res. TST 129/2005 (DJU 20.04.2005).

340. (Cancelada em decorrência da sua conversão na Súmula 393, Res. TST 129/2005, DJU 20.04.2005)

Efeito devolutivo. Profundidade. Recurso ordinário. Art. 515, § 1.º, do CPC. Aplicação. (DJ 22.06.2004)

O efeito devolutivo em profundidade do Recurso Ordinário, que se extrai do § 1.º do art. 515 do CPC, transfere automaticamente ao Tribunal a apreciação de fundamento da defesa não examinado pela sentença, ainda que não renovado em contrarrazões. Não se aplica, todavia, ao caso de pedido não apreciado na sentença.

341. FGTS. Multa de 40%. Diferenças decorrentes dos expurgos inflacionários. Responsabilidade pelo pagamento.

É de responsabilidade do empregador o pagamento da diferença da multa de 40% (quarenta por cento) sobre os depósitos do FGTS, decorrente da atualização monetária em face dos expurgos inflacionários.

342. (Cancelada em decorrência da conversão do item I no item II da Súmula 437, Res. TST 186/2012, DEJT 25.09.2012)

Intervalo intrajornada para repouso e alimentação. Não concessão ou redução. Previsão em norma coletiva. Invalidade. Exceção aos condutores de veículos rodoviários, empregados em empresas de transporte coletivo urbano (alterada em decorrência do julgamento do Proc. TST IUJEEDEDRR 1226/2005-005-24-00.1) Res. TST 159/2009, DEJT 23, 24 e 25.11.2009.

I – É inválida cláusula de acordo ou convenção coletiva de trabalho contemplando a supressão ou redução do intervalo intrajornada porque este constitui medida de higiene, saúde e segurança do trabalho, garantido por norma de ordem pública (art. 71 da CLT e art. 7.º, XXII, da CF/1988), infenso à negociação coletiva.

II – Ante a natureza do serviço e em virtude das condições especiais de trabalho a que são submetidos estritamente os condutores e cobradores

de veículos rodoviários, empregados em empresas de transporte público coletivo urbano, é válida cláusula de acordo ou convenção coletiva de trabalho contemplando a redução do intervalo intrajornada, desde que garantida a redução da jornada para, no mínimo, 7 (sete) horas diárias ou 42 (quarenta e duas) semanais, não prorrogada, mantida a mesma remuneração e concedidos intervalos para descanso menores e fracionados ao final de cada viagem, não descontados da jornada.

343. **Penhora. Sucessão. Art. 100 da CF/1988. Execução.**

 É válida a penhora em bens de pessoa jurídica de direito privado, realizada anteriormente à sucessão pela União ou por Estado-membro, não podendo a execução prosseguir mediante precatório. A decisão que a mantém não viola o art. 100 da CF/1988.

344. **FGTS. Multa de 40%. Diferenças decorrentes dos expurgos inflacionários. Prescrição. Termo inicial. (mantida)**

 O termo inicial do prazo prescricional para o empregado pleitear em juízo diferenças da multa do FGTS, decorrentes dos expurgos inflacionários, deu-se com a vigência da LC 110, em 30.06.2001, salvo comprovado trânsito em julgado de decisão proferida em ação proposta anteriormente na Justiça Federal, que reconheça o direito à atualização do saldo da conta vinculada.

 * Redação mantida pela Res. TST 175/2011 (*DEJT* 27.05.2011).

345. **Adicional de periculosidade. Radiação ionizante ou substância radioativa. Devido.**

 A exposição do empregado à radiação ionizante ou à substância radioativa enseja a percepção do adicional de periculosidade, pois a regulamentação ministerial (Portarias do Ministério do Trabalho 3.393, de 17.12.1987, e 518, de 07.04.2003), ao reputar perigosa a atividade, reveste-se de plena eficácia, porquanto expedida por força de delegação legislativa contida no art. 200, *caput*, e VI, da CLT. No período de 12.12.2002 a 06.04.2003, enquanto vigeu a Portaria 496 do Ministério do Trabalho, o empregado faz jus ao adicional de insalubridade.

346. **Abono previsto em norma coletiva. Natureza indenizatória. Concessão apenas aos empregados em atividade. Extensão aos inativos. Impossibilidade.**

 A decisão que estende aos inativos a concessão de abono de natureza jurídica indenizatória, previsto em norma coletiva apenas para os empregados

em atividade, a ser pago de uma única vez, e confere natureza salarial à parcela, afronta o art. 7.º, XXVI, da CF/1988.

347. **Adicional de periculosidade. Sistema elétrico de potência. Lei 7.369, de 20.09.1985, regulamentada pelo Dec. 93.412, de 14.10.1986. Extensão do direito aos cabistas, instaladores e reparadores de linhas e aparelhos em empresa de telefonia.**

 É devido o adicional de periculosidade aos empregados cabistas, instaladores e reparadores de linhas e aparelhos de empresas de telefonia, desde que, no exercício de suas funções, fiquem expostos a condições de risco equivalente ao do trabalho exercido em contato com sistema elétrico de potência.

348. **Honorários advocatícios. Base de cálculo. Valor líquido. Lei 1.060, de 05.02.1950.**

 Os honorários advocatícios, arbitrados nos termos do art. 11, § 1.º, da Lei 1.060, de 05.02.1950, devem incidir sobre o valor líquido da condenação, apurado na fase de liquidação de sentença, sem a dedução dos descontos fiscais e previdenciários.

349. **Mandato. Juntada de nova procuração. Ausência de ressalva. Efeitos.**

 A juntada de nova procuração aos autos, sem ressalva de poderes conferidos ao antigo patrono, implica revogação tácita do mandato anterior.

350. **Ministério Público do Trabalho. Nulidade do contrato de trabalho não suscitada pelo ente público no momento da defesa. Arguição em parecer. Possibilidade. (Alterada em decorrência do julgamento do Proc. TST IUJERR 526538/1999.2)**

 O Ministério Público do Trabalho pode arguir, em parecer, na primeira vez que tenha de se manifestar no processo, a nulidade do contrato de trabalho em favor de ente público, ainda que a parte não a tenha suscitado, a qual será apreciada, sendo vedada, no entanto, qualquer dilação probatória.

 * Alterada pela Res. TST 162/2009 (*DJe* 20.11.2009).

351. **(Cancelada pela Res. TST 163/2009, *DJe* 20.11.2009)**
 Multa. Art. 477, § 8.º, da CLT. Verbas rescisórias reconhecidas em juízo.

 Incabível a multa prevista no art. 477, § 8.º, da CLT, quando houver fundada controvérsia quanto à existência da obrigação cujo inadimplemento gerou a multa.

352. (Cancelada em decorrência da conversão na Súmula 442, Res. TST 186/2012, *DEJT* 25.09.2012)

Procedimento sumaríssimo. Recurso de revista fundamentado em contrariedade a orientação jurisprudencial. Inadmissibilidade. Art. 896, § 6.º, da CLT, acrescentado pela Lei 9.957, de 12.01.2000.

Nas causas sujeitas ao procedimento sumaríssimo, a admissibilidade de recurso de revista está limitada à demonstração de violação direta a dispositivo da Constituição Federal de 1988 ou contrariedade a Súmula do STF, não se admitindo o recurso por contrariedade a Orientação Jurisprudencial deste Tribunal (Livro II, Título II, Capítulo III, do RITST), ante a ausência de previsão no art. 896, § 6.º, da CLT.

353. **Equiparação salarial. Sociedade de economia mista. Art. 37, XIII, da CF/1988. Possibilidade.**

À sociedade de economia mista não se aplica a vedação à equiparação prevista no art. 37, XIII, da CF/1988, pois, ao contratar empregados sob o regime da Consolidação das Leis Trabalhistas, equipara-se a empregador privado, conforme disposto no art. 173, § 1.º, II, da CF/1988.

354. (Cancelada em decorrência da conversão no item III da Súmula 437, Res. TST 186/2012, *DEJT* 25.09.2012)

Intervalo intrajornada. Art. 71, § 4.º, da CLT. Não concessão ou redução. Natureza jurídica salarial (*DJ* 14.03.2008) Possui natureza salarial a parcela prevista no art. 71, § 4.º, da CLT, com redação introduzida pela Lei 8.923, de 27.07.1994, quando não concedido ou reduzido pelo empregador o intervalo mínimo intrajornada para repouso e alimentação, repercutindo, assim, no cálculo de outras parcelas salariais.

355. **Intervalo interjornadas. Inobservância. Horas extras. Período pago como sobrejornada. Art. 66 da CLT. Aplicação analógica do § 4.º do art. 71 da CLT.**

O desrespeito ao intervalo mínimo interjornadas previsto no art. 66 da CLT acarreta, por analogia, os mesmos efeitos previstos no § 4.º do art. 71 da CLT e na Súmula 110 do TST, devendo-se pagar a integralidade das horas que foram subtraídas do intervalo, acrescidas do respectivo adicional.

356. **Programa de incentivo à demissão voluntária (PDV). Créditos trabalhistas reconhecidos em juízo. Compensação. Impossibilidade.**

 Os créditos tipicamente trabalhistas reconhecidos em juízo não são suscetíveis de compensação com a indenização paga em decorrência de adesão do trabalhador a Programa de Incentivo à Demissão Voluntária (PDV).

357. **(Cancelada em decorrência da sua conversão na Súmula 434, Res. TST 178/2012)**
 Recurso. Interposição antes da publicação do acórdão impugnado. Extemporaneidade. Não conhecimento.

 É extemporâneo recurso interposto antes de publicado o acórdão impugnado.

358. **Salário Mínimo e piso salarial proporcional à jornada reduzida. Possibilidade.**
 Havendo contratação para cumprimento de jornada reduzida, inferior à previsão constitucional de 8 (oito) horas diárias ou 44 (quarenta e quatro) semanais, é lícito o pagamento do piso salarial ou do salário mínimo proporcional ao tempo trabalhado.

359. **Substituição processual. Sindicato. Legitimidade. Prescrição. Interrupção.**
 A ação movida por sindicato, na qualidade de substituto processual, interrompe a prescrição, ainda que tenha sido considerado parte ilegítima *ad causam*.

360. **Turno ininterrupto de revezamento. Dois turnos. Horário diurno e noturno. Caracterização.**

 Faz jus à jornada especial prevista no art. 7.º, XIV, da CF/1988 o trabalhador que exerce suas atividades em sistema de alternância de turnos, ainda que em dois turnos de trabalho, que compreendam, no todo ou em parte, o horário diurno e o noturno, pois submetido à alternância de horário prejudicial à saúde, sendo irrelevante que a atividade da empresa se desenvolva de forma ininterrupta.

361. **Aposentadoria espontânea. Unicidade do contrato de trabalho. Multa de 40% do FGTS sobre todo o período.**
 A aposentadoria espontânea não é causa de extinção do contrato de trabalho se o empregado permanece prestando serviços ao empregador após a

jubilação. Assim, por ocasião da sua dispensa imotivada, o empregado tem direito à multa de 40% do FGTS sobre a totalidade dos depósitos efetuados no curso do pacto laboral.

362. **Contrato nulo. Efeitos. FGTS. MedProv 2.164-41, de 24.08.2001, e art. 19-A da Lei 8.036, de 11.05.1990. Irretroatividade.**

Não afronta o princípio da irretroatividade da lei a aplicação do art. 19-A da Lei 8.036, de 11.05.1990, aos contratos declarados nulos celebrados antes da vigência da MedProv 2.164-41, de 24.08.2001.

363. **Descontos previdenciários e fiscais. Condenação do empregador em razão do inadimplemento de verbas remuneratórias. Responsabilidade do empregado pelo pagamento. Abrangência.**

A responsabilidade pelo recolhimento das contribuições social e fiscal, resultante de condenação judicial referente a verbas remuneratórias, é do empregador e incide sobre o total da condenação. Contudo, a culpa do empregador pelo inadimplemento das verbas remuneratórias não exime a responsabilidade do empregado pelos pagamentos do imposto de renda devido e da contribuição previdenciária que recaia sobre sua quota-parte.

364. **Estabilidade. Art. 19 do ADCT. Servidor público de fundação regido pela Consolidação das Leis Trabalhistas.**

Fundação instituída por lei e que recebe dotação ou subvenção do Poder Público para realizar atividades de interesse do Estado, ainda que tenha personalidade jurídica de direito privado, ostenta natureza de fundação pública. Assim, seus servidores regidos pela Consolidação das Leis Trabalhistas são beneficiários da estabilidade excepcional prevista no art. 19 do ADCT.

365. **Estabilidade provisória. Membro de Conselho Fiscal de sindicato. Inexistência.**

Membro de Conselho Fiscal de sindicato não tem direito à estabilidade prevista nos arts. 543, § 3.º, da CLT e 8.º, VIII, da CF/1988, porquanto não representa ou atua na defesa de direitos da categoria respectiva, tendo sua competência limitada à fiscalização da gestão financeira do sindicato (art. 522, § 2.º, da CLT).

366. **Estagiário. Desvirtuamento do contrato de estágio. Reconhecimento do vínculo empregatício com a Administração Pública Direta ou**

Indireta. Período posterior à Constituição Federal de 1988. Impossibilidade.

Ainda que desvirtuada a finalidade do contrato de estágio celebrado na vigência da Constituição Federal de 1988, é inviável o reconhecimento do vínculo empregatício com ente da Administração Pública direta ou indireta, por força do art. 37, II, da CF/1988, bem como o deferimento de indenização pecuniária, exceto em relação às parcelas previstas na Súmula 363 do TST, se requeridas.

367. **Aviso-prévio de 60 (sessenta) dias. Elastecimento por norma coletiva. Projeção. Reflexos nas parcelas trabalhistas.**

O prazo de aviso-prévio de 60 (sessenta) dias, concedido por meio de norma coletiva que silencia sobre alcance de seus efeitos jurídicos, computa-se integralmente como tempo de serviço, nos termos do § 1.º do art. 487 da CLT, repercutindo nas verbas rescisórias.

368. **Descontos previdenciários. Acordo homologado em juízo. Inexistência de vínculo empregatício. Parcelas indenizatórias. Ausência de discriminação. Incidência sobre o valor total.**

É devida a incidência das contribuições para a Previdência Social sobre o valor total do acordo homologado em juízo, independentemente do reconhecimento de vínculo de emprego, desde que não haja discriminação das parcelas sujeitas à incidência da contribuição previdenciária, conforme parágrafo único do art. 43 da Lei 8.212, de 24.07.1991, e do art. 195, I, *a*, da CF/1988.

369. **Estabilidade provisória. Delegado sindical. Inaplicável.**

O delegado sindical não é beneficiário da estabilidade provisória prevista no art. 8.º, VIII, da CF/1988, a qual é dirigida, exclusivamente, àqueles que exerçam ou ocupem cargos de direção nos sindicatos, submetidos a processo eletivo.

370. **FGTS. Multa de 40% (quarenta por cento). Diferenças dos expurgos inflacionários. Prescrição. Interrupção decorrente de protestos judiciais.**

O ajuizamento de protesto judicial dentro do biênio posterior à LC 110, de 29.06.2001, interrompe a prescrição, sendo irrelevante o transcurso de mais de 2 (dois) anos da propositura de outra medida acautelatória, com o mesmo objetivo, ocorrida antes da vigência da referida lei, pois

ainda não iniciado o prazo prescricional, conforme disposto na OJ 344 da SDI-I/TST.

371. **Irregularidade de representação. Substabelecimento não datado. Inaplicabilidade do art. 654, § 1.º, do CC/2002.**

 Não caracteriza a irregularidade de representação a ausência da data da outorga de poderes, pois, no mandato judicial, ao contrário do mandato civil, não é condição de validade do negócio jurídico. Assim, a data a ser considerada é aquela em que o instrumento for juntado aos autos, conforme preceitua o art. 370, IV, do CPC. Inaplicável o art. 654, § 1.º, do CC/2002.

372. **Minutos que antecedem e sucedem a jornada de trabalho. Lei 10.243, de 27.06.2001. Norma coletiva. Flexibilização. Impossibilidade.**

 A partir da vigência da Lei 10.243, de 27.06.2001, que acrescentou o § 1.º ao art. 58 da CLT, não mais prevalece cláusula prevista em convenção ou acordo coletivo que elastece o limite de 5 minutos que antecedem e sucedem a jornada de trabalho para fins de apuração das horas extras.

373. **Representação. Pessoa jurídica. Procuração. Invalidade. Identificação do outorgante e de seu representante. (Redação alterada na Seção do Tribunal Pleno realizada em 16.11.2010 – IUJ-85600-06.2007.5.15.0000)**

 É inválido o instrumento de mandato firmado em nome de pessoa jurídica que não contenha, pelo menos, o nome da entidade outorgante e do signatário da procuração, pois estes dados constituem elementos que os individualizam.

 * Alterada pela Res. TST 170/2010 (*DJE* 19.11.2010).

374. **Agravo de instrumento. Representação processual. Regularidade. Procuração ou substabelecimento com cláusula limitativa de poderes ao âmbito do TRT.**

 É regular a representação processual do subscritor do agravo de instrumento ou do recurso de revista que detém mandato com poderes de representação limitados ao âmbito do TRT, pois, embora a apreciação desse recurso seja realizada pelo TST, a sua interposição é ato praticado perante o TRT, circunstância que legitima a atuação do advogado no feito.

375. **Auxílio-doença. Aposentadoria por invalidez. Suspensão do contrato de trabalho. Prescrição. Contagem.**

 A suspensão do contrato de trabalho, em virtude da percepção do auxílio-doença ou da aposentadoria por invalidez, não impede a fluência da pres-

crição quinquenal, ressalvada a hipótese de absoluta impossibilidade de acesso ao Judiciário.

376. **Contribuição previdenciária. Acordo homologado em juízo após o trânsito em julgado da sentença condenatória. Incidência sobre o valor homologado.**

 É devida a contribuição previdenciária sobre o valor do acordo celebrado e homologado após o trânsito em julgado de decisão judicial, respeitada a proporcionalidade de valores entre as parcelas de natureza salarial e indenizatória deferidas na decisão condenatória e as parcelas objeto do acordo.

377. **Embargos de declaração. Decisão denegatória de recurso de revista exarado por presidente do TRT. Descabimento. Não interrupção do prazo recursal.**

 Não cabem embargos de declaração interpostos contra decisão de admissibilidade do recurso de revista, não tendo o efeito de interromper qualquer prazo recursal.

378. **Embargos. Interposição contra decisão monocrática. Não cabimento.**

 Não encontra amparo no art. 894 da CLT, quer na redação anterior quer na redação posterior à Lei 11.496, de 22.06.2007, recurso de embargos interposto à decisão monocrática exarada nos moldes dos arts. 557 do CPC e 896, § 5.º, da CLT, pois o comando legal restringe seu cabimento à pretensão de reforma de decisão colegiada proferida por Turma do TST.

379. **Empregado de cooperativa de crédito. Bancário. Equiparação. Impossibilidade.**

 Os empregados de cooperativas de crédito não se equiparam a bancário, para efeito de aplicação do art. 224 da CLT, em razão da inexistência de expressa previsão legal, considerando, ainda, as diferenças estruturais e operacionais entre as instituições financeiras e as cooperativas de crédito. Inteligência das Leis 4.594, de 29.12.1964 e 5.764, de 16.12.1971.

380. **(Cancelada em decorrência da conversão no item IV da Súmula 437, Res. TST 186/2012, *DEJT* 25.09.2012)**

 Intervalo intrajornada. Jornada contratual de 6 (seis) horas diárias. Prorrogação habitual. Aplicação do art. 71, *caput* e § 4.º, da CLT. (*DEJT* 19, 20 e 22.04.2010)

Ultrapassada habitualmente a jornada de 6 (seis) horas de trabalho, é devido o gozo do intervalo intrajornada mínimo de 1 (uma) hora, obrigando o empregador a remunerar o período para descanso e alimentação não usufruído como extra, acrescido do respectivo adicional, na forma prevista no art. 71, *caput* e § 4.º, da CLT.

381. (Cancelada em decorrência da aglutinação ao item I da Súmula 437, Res. TST 186/2012, *DEJT* 25.09.2012)

Intervalo intrajornada. Rurícola. Lei 5.889, de 08.06.1973. Supressão total ou parcial. Dec. 73.626, de 12.02.1974. Aplicação do art. 71, § 4.º, da CLT. (*DEJT* 19, 20 e 22.04.2010)

A não concessão total ou parcial do intervalo mínimo intrajornada de 1 (uma) hora ao trabalhador rural, fixado no Dec. 73.626, de 12.02.1974, que regulamentou a Lei 5.889, de 08.06.1973, acarreta o pagamento do período total, acrescido do respectivo adicional, por aplicação subsidiária do art. 71, § 4.º, da CLT.

382. **Juros de mora. Art. 1.º-F da Lei 9.494, de 10.09.1997. Inaplicabilidade à Fazenda Pública quando condenada subsidiariamente.**

A Fazenda Pública, quando condenada subsidiariamente pelas obrigações trabalhistas devidas pela empregadora principal, não se beneficia da limitação dos juros, prevista no art. 1.º-F da Lei 9.494, de 10.09.1997.

383. **Terceirização. Empregados da empresa prestadora de serviços e da tomadora. Isonomia. Art. 12, *a*, da Lei 6.019, de 03.01.1974. (mantida)**

A contratação irregular de trabalhador, mediante empresa interposta, não gera vínculo de emprego com ente da Administração Pública, não afastando, contudo, pelo princípio da isonomia, o direito dos empregados terceirizados às mesmas verbas trabalhistas legais e normativas asseguradas àqueles contratados pelo tomador dos serviços, desde que presente a igualdade de funções. Aplicação analógica do art. 12, *a*, da Lei 6.019, de 03.01.1974.

* Redação mantida pela Res. TST 175/2011 (*DEJT* 27.05.2011).

384. **(Cancelada pela Res. TST 186/2012, *DEJT* 25.09.2012)**

Trabalhador avulso. Prescrição bienal. Termo inicial.

É aplicável a prescrição bienal prevista no art. 7.º, XXIX, da CF/1988 ao trabalhador avulso, tendo como marco inicial a cessação do trabalho ultimado para cada tomador de serviço.

385. **Adicional de periculosidade. Devido. Armazenamento de líquido inflamável no prédio. Construção vertical.**

É devido o pagamento do adicional de periculosidade ao empregado que desenvolve suas atividades em edifício (construção vertical), seja em pavimento igual ou distinto daquele onde estão instalados tanques para armazenamento de líquido inflamável, em quantidade acima do limite legal, considerando-se como área de risco toda a área interna da construção vertical.

386. **Férias. Gozo na época própria. Pagamento fora do prazo. Dobra devida. Arts. 137 e 145 da CLT.**

É devido o pagamento em dobro da remuneração de férias, incluído o terço constitucional, com base no art. 137 da CLT, quando, ainda que gozadas na época própria, o empregador tenha descumprido o prazo previsto no art. 145 do mesmo diploma legal.

387. **Honorários periciais. Beneficiário da justiça gratuita. Responsabilidade da União pelo pagamento. Res. TST 35/2007 do CSJT. Observância.**

A União é responsável pelo pagamento dos honorários de perito quando a parte sucumbente no objeto da perícia for beneficiária da assistência judiciária gratuita, observado o procedimento disposto nos arts. 1.º, 2.º e 5.º da Res. TST 35/2007 do CSJT.

388. **Jornada 12x36. Jornada mista que compreenda a totalidade do período noturno. Adicional noturno. Devido.**

O empregado submetido à jornada de 12 horas de trabalho por 36 de descanso, que compreende a totalidade do período noturno, tem direito ao adicional noturno, relativo às horas trabalhadas após as 5 horas da manhã.

389. **Multa prevista no art. 557, § 2.º, do CPC. Recolhimento. Pressuposto recursal. Pessoa jurídica de direito público. Exigibilidade.**

Está a parte obrigada, sob pena de deserção, a recolher a multa aplicada com fundamento no § 2.º do art. 557 do CPC, ainda que pessoa jurídica de direito público.

390. **Participação nos lucros e resultados. Rescisão contratual anterior à data da distribuição dos lucros. Pagamento proporcional aos meses trabalhados. Princípio da isonomia.**

Fere o princípio da isonomia instituir vantagem mediante acordo coletivo ou norma regulamentar que condiciona a percepção da parcela partici-

pação nos lucros e resultados ao fato de estar o contrato de trabalho em vigor na data prevista para a distribuição dos lucros. Assim, inclusive na rescisão contratual antecipada, é devido o pagamento da parcela de forma proporcional aos meses trabalhados, pois o ex-empregado concorreu para os resultados positivos da empresa.

391. **Portuários. Submissão prévia de demanda a comissão paritária. Lei 8.630, de 25.02.1993. Inexigibilidade.**

 A submissão prévia de demanda a comissão paritária, constituída nos termos do art. 23 da Lei 8.630, de 25.02.1993 (Lei dos Portos), não é pressuposto de Constituição Federal de 1988 e desenvolvimento válido e regular do processo, ante a ausência de previsão em lei.

392. **Prescrição. Interrupção. Ajuizamento de protesto judicial. Marco inicial.**

 O protesto judicial é medida aplicável no processo do trabalho, por força do art. 769 da CLT, sendo que o seu ajuizamento, por si só, interrompe o prazo prescricional, em razão da inaplicabilidade do § 2.º do art. 219 do CPC, que impõe ao autor da ação o ônus de promover a citação do réu, por ser ele incompatível com o disposto no art. 841 da CLT.

393. **Professor. Jornada de trabalho especial. Art. 318 da CLT. Salário mínimo. Proporcionalidade.**

 A contraprestação mensal devida ao professor, que trabalha no limite máximo da jornada prevista no art. 318 da CLT, é de um salário mínimo integral, não se cogitando do pagamento proporcional em relação a jornada prevista no art. 7.º, XIII, da CF/1988.

394. **Repouso semanal remunerado – RSR. Integração das horas extras. Não repercussão no cálculo das férias, do décimo terceiro salário, do aviso-prévio e dos depósitos do FGTS.**

 A majoração do valor do repouso semanal remunerado, em razão da integração das horas extras habitualmente prestadas, não repercute no cálculo das férias, da gratificação natalina, do aviso-prévio e do FGTS, sob pena de caracterização de *bis in idem*.

395. **Turno ininterrupto de revezamento. Hora noturna reduzida. Incidência.**

 O trabalho em regime de turnos ininterruptos de revezamento não retira o direito à hora noturna reduzida, não havendo incompatibilidade entre as disposições contidas nos arts. 73, § 1.º, da CLT e 7.º, XIV, da CF/1988.

396. **Turnos ininterruptos de revezamento. Alteração da jornada de 8 (oito) para 6 (seis) horas diárias. Empregado horista. Aplicação do divisor 180.**

Para o cálculo do salário-hora do empregado horista, submetido a turnos ininterruptos de revezamento, considerando a alteração da jornada de 8 para 6 horas diárias, aplica-se o divisor 180, em observância ao disposto no art. 7.º, VI, da CF/1988, que assegura a irredutibilidade salarial.

397. **Comissionista misto. Horas extras. Base de cálculo. Aplicação da Súmula 340 do TST.**

O empregado que recebe remuneração mista, ou seja, uma parte fixa e outra variável, tem direito a horas extras pelo trabalho em sobrejornada. Em relação à parte fixa, são devidas as horas simples acrescidas do adicional de horas extras. Em relação à parte variável, é devido somente o adicional de horas extras, aplicando-se à hipótese o disposto na Súmula 340 do TST.

398. **Contribuição previdenciária. Acordo homologado em juízo sem reconhecimento de vínculo de emprego. Contribuinte individual. Recolhimento da alíquota de 20% (vinte por cento) a cargo do tomador e 11% (onze por cento) a cargo do prestador de serviços.**

Nos acordos homologados em juízo em que não haja o reconhecimento de vínculo empregatício, é devido o recolhimento da contribuição previdenciária, mediante a alíquota de 20% (vinte por cento) a cargo do tomador de serviços e de 11% (onze por cento) por parte do prestador de serviços, na qualidade de contribuinte individual, sobre o valor total do acordo, respeitado o teto de contribuição. Inteligência do § 4.º do art. 30 e do inc. III do art. 22, todos da Lei 8.212, de 24.07.1991.

399. **Estabilidade Provisória. Ação trabalhista ajuizada após o término do período de garantia no emprego. Abuso do exercício do direito de ação. Não configuração. Indenização devida.**

O ajuizamento de ação trabalhista após decorrido o período de garantia de emprego não configura abuso do exercício do direito de ação, pois este está submetido apenas ao prazo prescricional inscrito no art. 7.º, XXIX, da CF/1988, sendo devida a indenização desde a dispensa até a data do término do período estabilitário.

400. **Imposto de renda. Base de cálculo. Juros de mora. Não integração. Art. 404 do CC/2002.**

Os juros de mora decorrentes do inadimplemento de obrigação de pagamento em dinheiro não integram a base de cálculo do imposto de renda, independentemente da natureza jurídica da obrigação inadimplida, ante o cunho indenizatório conferido pelo art. 404 do CC/2002 aos juros de mora.

401. **Prescrição. Marco inicial. Ação condenatória. Trânsito em julgado da ação declaratória com mesma causa de pedir remota ajuizada antes da extinção do contrato de trabalho.**

O marco inicial da contagem do prazo prescricional para o ajuizamento de ação condenatória, quando advém a dispensa do empregado no curso de ação declaratória que possua a mesma causa de pedir remota, é o trânsito em julgado da decisão proferida na ação declaratória e não a data da extinção do contrato de trabalho.

402. **Adicional de risco. Portuário. Terminal privativo. Arts. 14 e 19 da Lei 4.860, de 26.11.1965. Indevido. (Mantida)**

O adicional de risco previsto no art. 14 da Lei 4.860, de 26.11.1965, aplica-se somente aos portuários que trabalham em portos organizados, não podendo ser conferido aos que operam terminal privativo.

* Redação mantida pela Res. TST 175/2011 (*DEJT* 27.05.2011).

403. **Advogado empregado. Contratação anterior a Lei 8.906, de 04.07.1994. Jornada de trabalho mantida com o advento da Lei. Dedicação exclusiva. Caracterização.**

O advogado empregado contratado para jornada de 40 (quarenta) horas semanais, antes da edição da Lei 8.906, de 04.07.1994, está sujeito ao regime de dedicação exclusiva disposto no art. 20 da referida lei, pelo que não tem direito à jornada de 20 (vinte) horas semanais ou 4 (quatro) diárias.

404. **Diferenças salariais. Plano de cargos e salários. Descumprimento. Critérios de promoção não observados. Prescrição parcial.**

Tratando-se de pedido de pagamento de diferenças salariais decorrentes da inobservância dos critérios de promoção estabelecidos em Plano de Cargos e Salários criado pela empresa, a prescrição aplicável é a parcial, pois a lesão é sucessiva e se renova mês a mês.

405. **Embargos. Procedimento sumaríssimo. Conhecimento. Recurso interposto após vigência da Lei 11.496, de 22.06.2007, que conferiu nova redação ao art. 894, II, da CLT.**

Em causas sujeitas ao procedimento sumaríssimo, em que pese a limitação imposta no art. 896, § 6.º, da CLT à interposição de recurso de revista, admite-se os embargos interpostos na vigência da Lei 11.496, de 22.06.2007, que conferiu nova redação ao art. 894 da CLT, quando demonstrada a divergência jurisprudencial entre Turmas do TST, fundada em interpretações diversas acerca da aplicação de mesmo dispositivo constitucional ou de matéria sumulada.

406. **Adicional de periculosidade. Pagamento espontâneo. Caracterização de fato incontroverso. Desnecessária a perícia de que trata o art. 195 da CLT.**

O pagamento de adicional de periculosidade efetuado por mera liberalidade da empresa, ainda que de forma proporcional ao tempo de exposição ao risco ou em percentual inferior ao máximo legalmente previsto, dispensa a realização da prova técnica exigida pelo art. 195 da CLT, pois torna incontroversa a existência do trabalho em condições perigosas.

407. **Jornalista. Empresa não jornalística. Jornada de trabalho reduzida. Arts. 302 e 303 da CLT.**

O jornalista que exerce funções típicas de sua profissão, independentemente do ramo de atividade do empregador, tem direito à jornada reduzida prevista no art. 303 da CLT.

408. **Juros de mora. Empresa em liquidação extrajudicial. Sucessão trabalhista.**

É devida a incidência de juros de mora em relação aos débitos trabalhistas de empresa em liquidação extrajudicial sucedida nos moldes dos arts. 10 e 448 da CLT. O sucessor responde pela obrigação do sucedido, não se beneficiando de qualquer privilégio a este destinado.

409. **Multa por litigância de má-fé. Recolhimento. Pressuposto recursal. Inexigibilidade.**

O recolhimento do valor da multa imposta por litigância de má-fé, nos termos do art. 18 do CPC, não é pressuposto objetivo para interposição dos recursos de natureza trabalhista. Assim, resta inaplicável o art. 35

do CPC como fonte subsidiária, uma vez que, na Justiça do Trabalho, as custas estão reguladas pelo art. 789 da CLT.

410. **Repouso semanal remunerado. Concessão após o sétimo dia consecutivo de trabalho. Art. 7.º, XV, da CF/1988. Violação.**

Viola o art. 7.º, XV, da CF/1988 a concessão de repouso semanal remunerado após o sétimo dia consecutivo de trabalho, importando no seu pagamento em dobro.

411. **Sucessão trabalhista. Aquisição de empresa pertencente a grupo econômico. Responsabilidade solidária do sucessor por débitos trabalhistas de empresa não adquirida. Inexistência.**

O sucessor não responde solidariamente por débitos trabalhistas de empresa não adquirida, integrante do mesmo grupo econômico da empresa sucedida, quando, à época, a empresa devedora direta era solvente ou idônea economicamente, ressalvada a hipótese de má-fé ou fraude na sucessão.

412. **Agravo inominado ou agravo regimental. Interposição em face de decisão colegiada. Não cabimento. Erro grosseiro. Inaplicabilidade do princípio da fungibilidade recursal.**

É incabível agravo inominado (art. 557, § 1.º, do CPC) ou agravo regimental (art. 235 do RITST) contra decisão proferida por Órgão colegiado. Tais recursos destinam-se, exclusivamente, a impugnar decisão monocrática nas hipóteses expressamente previstas. Inaplicável, no caso, o princípio da fungibilidade ante a configuração de erro grosseiro.

413. **Auxílio-alimentação. Alteração da natureza jurídica. Norma coletiva ou adesão ao PAT.**

A pactuação em norma coletiva conferindo caráter indenizatório à verba "auxílio-alimentação" ou a adesão posterior do empregador ao Programa de Alimentação do Trabalhador – PAT – não altera a natureza salarial da parcela, instituída anteriormente, para aqueles empregados que, habitualmente, já percebiam o benefício, a teor das Súmulas 51, I, e 241 do TST.

414. **Competência da justiça do trabalho. Execução de ofício. Contribuição social referente ao seguro de acidente de trabalho (SAT). Arts. 114, VIII, e 195, I, *a*, da CF/1988.**

Compete à Justiça do Trabalho a execução, de ofício, da contribuição referente ao Seguro de Acidente de Trabalho (SAT), que tem natureza

de contribuição para a seguridade social (arts. 114, VIII, e 195, I, *a*, da CF/1988), pois se destina ao financiamento de benefícios relativos à incapacidade do empregado decorrente de infortúnio no trabalho (arts. 11 e 22 da Lei 8.212/1991).

415. **Horas extras. Reconhecimento em juízo. Critério de dedução/abatimento dos valores comprovadamente pagos no curso do contrato de trabalho.**

 A dedução das horas extras comprovadamente pagas daquelas reconhecidas em juízo não pode ser limitada ao mês de apuração, devendo ser integral e aferida pelo total das horas extraordinárias quitadas durante o período imprescrito do contrato de trabalho.

416. **Imunidade de jurisdição. Organização ou organismo internacional.**

 As organizações ou organismos internacionais gozam de imunidade absoluta de jurisdição quando amparados por norma internacional incorporada ao ordenamento jurídico brasileiro, não se lhes aplicando a regra do Direito Consuetudinário relativa à natureza dos atos praticados. Excepcionalmente, prevalecerá a jurisdição brasileira na hipótese de renúncia expressa à cláusula de imunidade jurisdicional.

417. **Prescrição. Rurícola. EC 28, de 26.05.2000. Contrato de trabalho em curso.**

 Não há prescrição total ou parcial da pretensão do trabalhador rural que reclama direitos relativos a contrato de trabalho que se encontrava em curso à época da promulgação da EC 28, de 26.05.2000, desde que ajuizada a demanda no prazo de cinco anos de sua publicação, observada a prescrição bienal.

418. **Equiparação salarial. Plano de cargos e salários. Aprovação por instrumento coletivo. Ausência de alternância de critérios de promoção por antiguidade e merecimento.**

 Não constitui óbice à equiparação salarial a existência de plano de cargos e salários que, referendado por norma coletiva, prevê critério de promoção apenas por merecimento ou antiguidade, não atendendo, portanto, o requisito de alternância dos critérios, previsto no art. 461, § 2.º, da CLT.

419. **Enquadramento. Empregado que exerce atividade em empresa agroindustrial. Definição pela atividade preponderante da empresa.**

 Considera-se rurícola empregado que, a despeito da atividade exercida, presta serviços a empregador agroindustrial (art. 3.º, § 1.º, da Lei 5.889,

de 08.06.1973), visto que, neste caso, é a atividade preponderante da empresa que determina o enquadramento.

420. **Turnos ininterruptos de revezamento. Elastecimento da jornada de trabalho. Norma coletiva com eficácia retroativa. Invalidade.**

É inválido o instrumento normativo que, regularizando situações pretéritas, estabelece jornada de oito horas para o trabalho em turnos ininterruptos de revezamento.

421. **Honorários advocatícios. Ação de indenização por danos morais e materiais decorrentes de acidente de trabalho ou de doença profissional. Ajuizamento perante a Justiça comum antes da promulgação da EC 45/2004. Posterior remessa dos autos à Justiça do Trabalho. Art. 20 do CPC. Incidência.**

A condenação em honorários advocatícios nos autos de ação de indenização por danos morais e materiais decorrentes de acidente de trabalho ou de doença profissional, remetida à Justiça do Trabalho após ajuizamento na Justiça comum, antes da vigência da EC 45/2004, decorre da mera sucumbência, nos termos do art. 20 do CPC, não se sujeitando aos requisitos da Lei 5.584/1970.

3. Seção Especializada em Dissídios Individuais – I Transitória do Tribunal Superior do Trabalho

1. **FGTS. Multa de 40%. Complementação. Indevida. (Inserida em 02.10.1997)**

A rescisão contratual operada antes da vigência da Constituição Federal de 1988, com o pagamento da multa sobre os depósitos do FGTS no percentual de 10% (dez por cento), é ato jurídico perfeito, não se admitindo retroatividade. Assim, indevido o deferimento da complementação, a título de diferenças de multa do FGTS, do percentual de 30% (trinta por cento), referente ao período do primeiro contrato rescindido e pago de acordo com a norma vigente à época (Lei 5.107/1966, art. 6.º).

* Alterada pela Res. TST 129/2005 (*DJU* 20.04.2005).

2. **CSN. Licença remunerada.**

É devido o valor das horas extras até então habitualmente prestadas.

3. **Súmula 337. Inaplicabilidade. (Inserida em 02.10.1997)**

 A Súmula 337 do TST é inaplicável a recurso de revista interposto anteriormente à sua vigência.

 * Alterada pela Res. TST 129/2005 (DJU 20.04.2005).

4. **(Cancelada pela Res. TST 175/2011, DEJT 27.05.2011)**

 Mineração Morro Velho. Adicional de insalubridade. Base de cálculo. Acordo coletivo. Prevalência. (Inserida em 02.10.1997)

 O acordo coletivo estabelecido com a Mineração Morro Velho sobrepõe-se aos comandos da lei, quando as partes, com o propósito de dissipar dúvidas e nos exatos limites de seu regular direito de negociação, livremente acordaram parâmetros para a base de cálculo do adicional de insalubridade.

5. **Servita. Bonificação de assiduidade e produtividade paga semanalmente. Repercussão no repouso semanal remunerado. (Inserida em 02.10.1997)**

 O valor das bonificações de assiduidade e produtividade, pago semanalmente e em caráter permanente pela empresa Servita, visando incentivar o melhor rendimento dos empregados, possui natureza salarial, repercutindo no cálculo do repouso semanal remunerado.

 * Alterada pela Res. TST 129/2005 (DJU 20.04.2005).

6. **Adicional de produtividade. Decisão normativa. Vigência. Limitação.**

 O adicional de produtividade previsto na decisão normativa, proferida nos autos do Dissídio Coletivo DC-TST 6/1979, tem sua eficácia limitada à vigência do respectivo instrumento normativo.

7. **Banrisul. Complementação de aposentadoria. ADI e cheque rancho. Não integração. Inserida em 19.10.2000 (nova redação em decorrência da incorporação da OJ Transitória 8 da SDI-I/TST)**

 As parcelas ADI e cheque rancho não integram a complementação de aposentadoria dos empregados do Banrisul. (Ex-OJ Transitória 8 da SDI--I – inserida em 19.10.2000)

 * Alterada pela Res. TST 129/2005 (DJU 20.04.2005).

8. **(Cancelada em decorrência da sua incorporação à redação da OJ Transitória 7 da SDI-I/TST, Res. TST 129/2005, DJU 20.04.2005).**

 Banrisul. Complementação de aposentadoria. Cheque rancho. Não Integração. (Inserida em 19.10.2000)

9. **BNCC. Garantia de emprego. Não assegurada.**

 O Regulamento do BNCC não garante a estabilidade ao empregado nos moldes daquela prevista na Consolidação das Leis Trabalhistas, mas apenas a garantia no emprego, ou seja, a garantia contra a despedida imotivada.

10. **BNCC. Juros. Súmula 304 do TST. Inaplicável.**

 A extinção do BNCC não foi decretada pelo Bacen mas por deliberação de seus acionistas. Portanto, inaplicável a Súmula 304 do TST e, em seus débitos trabalhistas, devem incidir os juros de mora.

11. **Complementação de aposentadoria. Ceagesp.**

 Para o empregado se beneficiar da aposentadoria integral, prevista no § 1.º do art. 16 do Regulamento Geral 1/1963, da Ceagesp, o empregado deverá contar com 30 anos ou mais de efetivo serviço à Ceagesp.

12. **CSN. Adicional de insalubridade e de periculosidade. Salário complessivo. Prevalência do acordo coletivo. (Inserida em 19.10.2000)**

 O pagamento do adicional de insalubridade e periculosidade embutido no salário contratual dos empregados da CSN não caracteriza a complessividade salarial, uma vez que essa forma de pagamento decorre de acordo coletivo há muitos anos em vigor.

 * Alterada pela Res. TST 129/2005 (*DJU* 20.04.2005).

13. **CSN. Licença remunerada. Aviso-prévio. Concomitância. Possibilidade.**

 Devido às circunstâncias especialíssimas ocorridas na CSN (Próspera), considera-se válida a concessão de aviso-prévio durante o período da licença remunerada.

14. **Defensoria pública. Opção pela carreira.**

 Servidor investido na função de defensor público até a data em que foi instalada a Assembleia Nacional Constituinte tem direito à opção pela carreira, independentemente de realização de concurso público (celetista ou estatutário), bastando que a opção tenha sido feita até a data supra.

15. **Energipe. Participação nos lucros. Incorporação anterior à Constituição Federal de 1988. Natureza salarial.**

 A parcela participação nos lucros, incorporada ao salário do empregado anteriormente à Constituição Federal de 1988, possui natureza salarial e gera reflexos em todas as verbas salariais.

16. **Agravo de instrumento interposto na vigência da Lei 9.756/1998 e anteriormente à edição da IN 16/1999 do TST. Traslado de peças. Obrigatoriedade.**

 Não há como dizer que a exigência de traslado de peças necessárias ao julgamento de ambos os recursos (o agravo e o recurso principal) somente se tornou obrigatória após a edição da IN 16/1999, pois trata-se apenas de meio destinado à interpretação acerca das novas exigências que se tornaram efetivas a partir da vigência da Lei 9.756/1998.

17. **Agravo de instrumento interposto na vigência da Lei 9.756/1998. Embargos declaratórios.**

 Para comprovar a tempestividade do recurso de revista, basta a juntada da certidão de publicação do acórdão dos embargos declaratórios opostos perante o Regional, se conhecidos.

18. **Agravo de instrumento interposto na vigência da Lei 9.756/1998. Peça indispensável. Certidão de publicação do acórdão regional. Necessária a juntada, salvo se nos autos houver elementos que atestem a tempestividade da revista.**

 A certidão de publicação do acórdão regional é peça essencial para a regularidade do traslado do agravo de instrumento, porque imprescindível para aferir a tempestividade do recurso de revista e para viabilizar, quando provido, seu imediato julgamento, salvo se nos autos houver elementos que atestem a tempestividade da revista.

19. **Agravo de instrumento. Interposto na vigência da Lei 9.756/1998. Peças dispensáveis à compreensão da controvérsia. Desnecessária a juntada.**

 Mesmo na vigência da Lei 9.756/1998, a ausência de peças desnecessárias à compreensão da controvérsia, ainda que relacionadas no inc. I do § 5.º do art. 897 da CLT, não implica o não conhecimento do agravo.

20. **Agravo de instrumento. Ministério Público. Pressupostos extrínsecos.**

 Para aferição da tempestividade do agravo de instrumento interposto pelo Ministério Público, desnecessário o traslado da certidão de publicação do despacho agravado, bastando a juntada da cópia da intimação pessoal na qual conste a respectiva data de recebimento (, art. 84, IV, da LC 75/1993).

21. **Agravo de instrumento. Traslado. Certidão. IN TST 6/1996.**

 Certidão do Regional afirmando que o agravo de instrumento está formado de acordo com IN 6/1996 do TST não confere autenticidade às peças.

22. **(Cancelada em decorrência de sua conversão na OJ 287 da SDI-I/TST, *DJU* 24.11.2003)**

 Autenticação. Documentos distintos. Cópia. Verso e anverso. Necessidade.

 Distintos os documentos contidos no verso e anverso, é necessária a autenticação de ambos os lados da cópia.

23. **Autenticação. Documento único. Cópia. Verso e anverso.**

 Inexistindo impugnação da parte contrária, bem como o disposto no art. 795 da CLT, é válida a autenticação aposta em uma face da folha que contenha documento que continua no verso, por constituir documento único.

24. **Abono. Complementação de aposentadoria. Reajuste. CVRD (Valia).**

 A Res. TST 7/1989 da CVRD, que instituiu o benefício "abono aposentadoria" (art. 6.º), determina que o reajuste seja feito na mesma época e com o mesmo índice aplicado pelo INSS ou observada a variação do IGP ou da OTN, aplicando-se o maior deles.

25. **Banco Meridional. Complementação de aposentadoria. Reajustes. Extensão.**

 Os reajustes salariais concedidos sobre quaisquer parcelas aos empregados ativos devem ser estendidos aos inativos, com exclusão apenas das parcelas ressalvadas expressamente no Regulamento do Banco.

26. **Banerj. Plano Bresser. Acordo Coletivo de Trabalho de 1991. Não é norma programática.**

 É de eficácia plena e imediata o *caput* da cláusula 5.ª do Acordo Coletivo de Trabalho de 1991/1992 celebrado pelo Banerj contemplando o pagamento de diferenças salariais do Plano Bresser, sendo devido o percentual de 26,06% (vinte e seis vírgula zero seis por cento) nos meses de janeiro a agosto de 1992, inclusive.

27. **Banrisul. Gratificação Jubileu. Prescrição.**

 A Gratificação Jubileu, instituída pela Res. TST 1.761/1967, que foi alterada, reduzindo-se o seu valor, pela Res. TST 1.885/1970, era devida

a todo empregado que completasse 25, 30, 35 e 40 anos de serviço no Banco. Era vantagem a ser paga de uma única vez, na data da aposentadoria, fluindo desta data o prazo prescricional, sendo inaplicável a Súmula 294 do TST, que é restrito aos casos em que se postulam prestações sucessivas.

28. **CDHU. Sucessão trabalhista.**
Considerando a moldura fática delineada pelo Regional, conduz-se à ilação de que a CDHU foi a sucessora da Conesp, uma vez que ocupou os imóveis e assumiu os contratos anteriores, dando sequência às obras com o mesmo pessoal.

29. **CEEE. Equiparação salarial. Quadro de carreira. Reestruturação em 1991. Válido.**
O quadro de carreira implantado na CEEE em 1977 foi homologado pelo Ministério do Trabalho. A reestruturação procedida em 1991, mesmo não homologada, é válida.

30. **Cisão parcial de empresa. Responsabilidade solidária. Proforte.**
É solidária a responsabilidade entre a empresa cindida subsistente e aquelas que absorverem parte do seu patrimônio, quando constatada fraude na cisão parcial.

31. **Planos Bresser e Verão. Acordo coletivo autorizando a quitação através da concessão de folgas remuneradas. Conversão em pecúnia após a extinção do contrato de trabalho. Inviabilidade.**
Acordo coletivo celebrado entre as partes autorizando a quitação dos valores devidos a título de Planos Bresser e Verão em folgas remuneradas é válido. Incabível a conversão do valor correspondente às folgas remuneradas em pecúnia quando extinto o contrato de trabalho pelo advento de aposentadoria voluntária.

32. **Complementação de aposentadoria. Banco do Brasil. Sucumbência. Inversão.**
Imposta condenação originária em diferenças de complementação de aposentadoria, por ocasião do julgamento de recurso de revista, imperativo o exame no acórdão, sob pena de negativa de prestação jurisdicional, de postulação aduzida em contestação e/ou em contrarrazões visando à

limitação da condenação à média trienal e ao teto, matéria insuscetível de prequestionamento.

33. **Adicional de insalubridade. Base de cálculo, na vigência do Dec.-lei 2.351/1987: piso nacional de salários. (Conversão da OJ 3 da SDI-I/TST)**

 Na vigência do Dec.-lei 2.351/1987, o piso nacional de salários é a base de cálculo para o adicional de insalubridade. (Ex-OJ 3 da SDI-I/TST – inserida em 14.03.1994)

 * Acrescentada pela Res. TST 129/2005 (*DJU* 20.04.2005).

34. **BRDE. Entidade autárquica de natureza bancária. Lei 4.595/1964, art. 17. Res. Bacen 469/1970, art. 8.º, art. 224, § 2.º, da CLT art. 173, § 1.º, da CF/1988. (Conversão da OJ 22 da SDI-I/TST)**

 O Banco Regional de Desenvolvimento do Extremo Sul – BRDE é uma entidade autárquica de natureza bancária, e, como tal, submete-se ao art. 173, § 1.º, da CF/1988. Desta forma, sendo a natureza das atividades por ele exercidas similares às de qualquer instituição financeira, seus empregados são bancários, regendo-se pelas normas especiais a eles referentes, inclusive o art. 224 da CLT. (Ex-OJ 22 da SDI-I/TST – inserida em 14.03.1994)

 * Acrescentada pela Res. TST 129/2005 (*DJU* 20.04.2005).

35. **Reajustes salariais. Bimestrais e quadrimestrais (Lei 8.222/1991). Simultaneidade inviável. (Conversão da OJ 68 da SDI-I/TST)**

 Nova antecipação bimestral, na mesma época do reajuste quadrimestral, constitui verdadeiro *bis in idem*, pois o bimestre anterior, que servia como base de cálculo, já teve o INPC considerado para fim do reajuste quadrimestral. (Ex-OJ 68 da SDI-I/TST – inserida em 28.11.1995)

 * Acrescentada pela Res. TST 129/2005 (*DJU* 20.04.2005).

36. **Hora *in itinere*. Tempo gasto entre a portaria da empresa e o local do serviço. Devida. Açominas. (mantida)**

 Configura-se como hora *in itinere* o tempo gasto pelo obreiro para alcançar seu local de trabalho a partir da portaria da Açominas. (Ex-OJ 98 da SDI-I/TST – inserida em 30.05.1997)

 * Redação mantida pela Res. TST 175/2011 (*DEJT* 27.05.2011).

37. **Minascaixa. Legitimidade passiva** *ad causam* **enquanto não concluído o procedimento de liquidação extrajudicial. (Conversão da OJ 109 da SDI-I/TST)**

 A Minascaixa tem legitimidade passiva *ad causam* para figurar nas demandas contra ela ajuizadas enquanto não tiver concluído o processo de liquidação extrajudicial ao qual se encontra submetida. (Ex-OJ 109 da SDI-I/TST – inserida em 01.10.1997)

 * Acrescentada pela Res. TST 129/2005 (*DJU* 20.04.2005).

38. **Banco Meridional. Circular 34046/1989. Dispensa sem justa causa. (conversão da OJ 137 da SDI-I/TST)**

 A inobservância dos procedimentos disciplinados na Circ. 34.046/1989 do Banco Meridional, norma de caráter eminentemente procedimental, não é causa para a nulidade da dispensa sem justa causa. (Ex-OJ 137 da SDI-I/TST – inserida em 27.11.1998)

 * Acrescentada pela Res. TST 129/2005 (*DJU* 20.04.2005).

39. **FGTS. Opção retroativa. Concordância do empregador. Necessidade. (Conversão da OJ 146 da SDI-I/TST)**

 A concordância do empregador é indispensável para que o empregado possa optar retroativamente pelo sistema do FGTS. (Ex-OJ 146 da SDI-I/TST – inserida em 27.11.1998)

 * Acrescentada pela Res. TST 129/2005 (*DJU* 20.04.2005).

40. **Banrisul. Complementação de aposentadoria. (Conversão da OJ 155 da SDI-I/TST)**

 A Res. TST 1600/1964, vigente à época da admissão do empregado, incorporou-se ao contrato de trabalho, pelo que sua alteração não poderá prejudicar o direito adquirido, mesmo em virtude da edição da Lei 6.435/1977. Incidência das Súmulas 51 e 288. (Ex-OJ 155 da SDI-I/TST – inserida em 26.03.1999)

 * Acrescentada pela Res. TST 129/2005 (*DJU* 20.04.2005).

41. **Complementação de Aposentadoria. Fundação Clemente de Faria. Banco Real. (Conversão da OJ 157 da SDI-I/TST)**

 É válida a cláusula do Estatuto da Fundação Clemente de Faria que condicionou o direito à complementação de aposentadoria à existência de

recursos financeiros, e também previa a suspensão, temporária ou definitiva, da referida complementação. (Ex-OJ 157 da SDI-I/TST – inserida em 26.03.1999)

* Acrescentada pela Res. TST 129/2005 (DJU 20.04.2005).

42. **Petrobras. Pensão por morte do empregado assegurada no manual de pessoal. Estabilidade decenal. Opção pelo regime do FGTS. (Inserido item II à redação)**

 I – Tendo o empregado adquirido a estabilidade decenal, antes de optar pelo regime do FGTS, não há como negar-se o direito à pensão, eis que preenchido o requisito exigido pelo Manual de Pessoal. (Ex-OJ 166 da SDI-I/TST – inserida em 26.03.1999)

 II – O benefício previsto no manual de pessoal da Petrobras, referente ao pagamento de pensão e auxílio-funeral aos dependentes do empregado que vier a falecer no curso do contrato de trabalho, não se estende à hipótese em que sobrevém o óbito do trabalhador quando já extinto o contrato de trabalho.

 * Alterada pela Res. TST 182/2012 (DJe 19.04.2012).

43. **SUDS. Gratificação. Convênio da União com Estado. Natureza salarial enquanto paga. (Conversão da OJ 168 da SDI-I/TST)**

 A parcela denominada "Complementação SUDS" paga aos servidores em virtude de convênio entre o Estado e a União Federal tem natureza salarial, enquanto paga, pelo que repercute nos demais créditos trabalhistas do empregado. (Ex-OJ 168 da SDI-I/TST – inserida em 26.03.1999)

 * Acrescentada pela Res. TST 129/2005 (DJU 20.04.2005).

44. **Anistia. Lei 6.683/1979. Tempo de afastamento. Não computável para efeito de indenização e adicional por tempo de serviço, licença-prêmio e promoção. (Conversão da OJ 176 da SDI-I/TST)**

 O tempo de afastamento do anistiado pela Lei 6.683/1979 não é computável para efeito do pagamento de indenização por tempo de serviço, licença-prêmio e promoção. (Ex-OJ 176 da SDI-I/TST – inserida em 08.11.2000)

 * Acrescentada pela Res. TST 129/2005 (DJU 20.04.2005).

45. Comissionista puro. Abono. Lei 8.178/1991. Não Incorporação. (Conversão da OJ 180 da SDI-I/TST)

É indevida a incorporação do abono instituído pela Lei 8.178/1991 aos empregados comissionistas. (Ex-OJ 180 da SDI-I/TST – inserida em 08.11.2000)

* Acrescentada pela Res. TST 129/2005 (DJU 20.04.2005).

46. Complementação de aposentadoria. Banco Itaú. (Conversão da OJ 183 da SDI-I/TST)

O empregado do Banco Itaú admitido na vigência da Circular BB-05/1966, que passou para a inatividade posteriormente à vigência da RP-40/1974, está sujeito ao implemento da condição "idade mínima de 55 anos". (Ex--OJ 183 da SDI-I/TST – inserida em 08.11.2000)

* Acrescentada pela Res. TST 129/2005 (DJU 20.04.2005).

47. Décimo terceiro salário. Dedução da 1.ª parcela. URV. Lei 8.880/1994. (Conversão da OJ 187 da SDI-I/TST)

Ainda que o adiantamento do 13.º salário tenha ocorrido anteriormente à edição da Lei 8.880/1994, as deduções deverão ser realizadas considerando o valor da antecipação, em URV, na data do efetivo pagamento, não podendo a 2.ª parcela ser inferior à metade do 13.º salário, em URV. (Ex-OJ 187 da SDI-I/TST – inserida em 08.11.2000)

* Acrescentada pela Res. TST 129/2005 (DJU 20.04.2005).

48. Petromisa. Sucessão. Petrobras. Legitimidade. (Conversão da OJ 202 da SDI-I/TST)

Em virtude da decisão tomada em assembleia, a Petrobras é a real sucessora da Petromisa, considerando que recebeu todos os bens móveis e imóveis da extinta Petromisa. (Ex-OJ 202 da SDI-I/TST – inserida em 08.11.2000)

* Acrescentada pela Res. TST 129/2005 (DJU 20.04.2005).

49. Serpro. Norma regulamentar. Reajustes salariais. Superveniência de sentença normativa. Prevalência. (Conversão da OJ 212 da SDI-I/TST)

Durante a vigência do instrumento normativo, é lícita ao empregador a obediência à norma coletiva (Dissídio Coletivo 8.948/1990) que alterou

as diferenças interníveis previstas no Regulamento de Recursos Humanos. (Ex-OJ 212 da SDI-I/TST – inserida em 08.11.2000)

* Acrescentada pela Res. TST 129/2005 (*DJU* 20.04.2005).

50. **Férias. Abono instituído por instrumento normativo e terço constitucional. Simultaneidade inviável. (conversão da OJ 231 da SDI-I/TST)**

O abono de férias decorrente de instrumento normativo e o abono de 1/3 (um terço) previsto no art. 7.º, XVII, da CF/1988 têm idêntica natureza jurídica, destinação e finalidade, constituindo-se *bis in idem* seu pagamento simultâneo, sendo legítimo o direito do empregador de obter compensação de valores porventura pagos. (Ex-OJ 231 da SDI-I/TST – inserida em 20.06.2001)

* Acrescentada pela Res. TST 129/2005 (*DJU* 20.04.2005).

51. **Complementação de aposentadoria. CEF. Auxílio-alimentação. Supressão. Súmulas 51 e 288. (Conversão da OJ 250 da SDI-I/TST)**

A determinação de supressão do pagamento de auxílio-alimentação aos aposentados e pensionistas da CEF, oriunda do Ministério da Fazenda, não atinge aqueles ex-empregados que já percebiam o benefício. (Ex-OJ 250 da SDI-I/TST – inserida em 13.03.2002)

* Acrescentada pela Res. TST 129/2005 (*DJU* 20.04.2005).

52. **Agravo de instrumento. Acórdão do TRT não assinado. Interposto anteriormente à IN 16/1999. (Conversão da OJ 281 da SDI-I/TST)**

Nos agravos de instrumento interpostos anteriormente à edição da IN 16/1999, a ausência de assinatura na cópia não a torna inválida, desde que conste o carimbo aposto pelo servidor certificando que confere com o original. (Ex-OJ 281 da SDI-I/TST – inserida em 11.08.2003)

* Acrescentada pela Res. TST 129/2005 (*DJU* 20.04.2005).

53. **Custas. Embargos de terceiro. Interpostos anteriormente à Lei 10.537/2002. Inexigência de recolhimento para a interposição de agravo de petição. (conversão da OJ 291 da SDI-I/TST)**

Tratando-se de embargos de terceiro, incidentes em execução, ajuizados anteriormente à Lei 10.537/2002, incabível a exigência do recolhimento de custas para a interposição de agravo de petição por falta de previsão legal. (Ex-OJ 291 da SDI-I/TST – inserida em 11.08.2003)

* Acrescentada pela Res. TST 129/2005 (*DJU* 20.04.2005).

54. **Plano econômico (Collor). Execução. Correção monetária. Índice de 84,32%. Lei 7.738/1989. Aplicável. (Conversão da OJ 203 da SDI-I/TST)**

 Aplica-se o índice de 84,32% (oitenta e quatro inteiros e trinta e dois centésimos por cento), relativo ao IPC de março de 1990, para a correção monetária do débito trabalhista, por ocasião da execução, nos termos da Lei 7.738/1989. (Ex-OJ 203 da SDI-I/TST – inserida em 08.11.2000)

 * Acrescentada pela Res. TST 129/2005 (DJU 20.04.2005).

55. **Plano Collor. Servidores celetistas do GDF. Legislação federal. Prevalência. (Conversão da OJ 218 da SDI-I/TST e incorporada a OJ 241 da SDI-I/TST)**

 Inexiste direito adquirido às diferenças salariais de 84,32% (oitenta e quatro inteiros e trinta e dois centésimos por cento) do IPC de março de 1990 aos servidores celetistas da Administração Direta, Fundações e Autarquias do Distrito Federal. (Ex-OJs 218 e 241 da SDI-I/TST – inseridas respectivamente em 02.04.2001 e 20.06.2001)

 * Acrescentada pela Res. TST 129/2005 (DJU 20.04.2005).

56. **Anistia. Lei 8.878/1994. Efeitos financeiros devidos a partir do efetivo retorno à atividade. (Conversão da OJ 221 da SDI-I/TST)**

 Os efeitos financeiros da anistia concedida pela Lei 8.878/1994 somente serão devidos a partir do efetivo retorno à atividade, vedada a remuneração em caráter retroativo. (Ex-OJ 221 da SDI-I/TST – inserida em 20.06.2001)

 * Acrescentada pela Res. TST 129/2005 (DJU 20.04.2005).

57. **Adicional de insalubridade. Deficiência de iluminamento. Limitação. (Conversão da OJ 153 da SDI-I/TST)**

 Somente após 26.02.1991 foram, efetivamente, retiradas do mundo jurídico as normas ensejadoras do direito ao adicional de insalubridade por iluminamento insuficiente no local da prestação de serviço, como previsto na Portaria 3751/1990 do Ministério do Trabalho. (Ex-OJ 153 da SDI-I/TST – inserida em 26.03.1999)

 * Acrescentada pela Res. TST 129/2005 (DJU 20.04.2005).

58. **URP's de junho e julho de 1988. Suspensão do pagamento. Data base em maio. Dec.-lei 2.425/1988. Inexistência de violação a direito adquirido. (Conversão da OJ 214 da SDI-I/TST)**

 O Dec.-lei 2.425, de 07.04.1988, não ofendeu o direito adquirido dos empregados com data base em maio, pelo que não fazem jus às URP's

de junho e julho de 1988. (Ex-OJ 214 da SDI-I/TST – inserida em 08.11.2000)

* Acrescentada pela Res. TST 129/2005 (*DJU* 20.04.2005).

59. **Interbras. Sucessão. Responsabilidade.**

 A Petrobras não pode ser responsabilizada solidária ou subsidiariamente pelas obrigações trabalhistas da extinta Interbras, da qual a união é a real sucessora, nos termos do art. 20 da Lei 8.029, de 12.04.1990 (atual art. 23 em face da renumeração dada pela Lei 8.154, de 28.12.1990).

60. **Adicional por tempo de serviço. Base de cálculo. Salário-base. Art. 129 da Constituição do Estado de São Paulo.**

 O adicional por tempo de serviço – quinquênio –, previsto no art. 129 da Constituição do Estado de São Paulo, tem como base de cálculo o vencimento básico do servidor público estadual, ante o disposto no art. 11 da LC 712, de 12.04.1993 do Estado de São Paulo.

 * Republicada no *DEJT* de 11.04.2011.

61. **Auxílio cesta alimentação previsto em norma coletiva. CEF. Cláusula que estabelece natureza indenizatória à parcela. Extensão aos aposentados e pensionistas. Impossibilidade.**

 Havendo previsão em cláusula de norma coletiva de trabalho de pagamento mensal de auxílio cesta alimentação somente a empregados em atividade, dando-lhe caráter indenizatório, é indevida a extensão desse benefício aos aposentados e pensionistas. Exegese do art. 7.º, XXVI, da CF/1988.

62. **Petrobras. Complementação de aposentadoria. Avanço de nível. Concessão de parcela por acordo coletivo apenas para os empregados da ativa. Extensão para os inativos. Art. 41 do Regulamento do Plano de Benefícios da Petros.**

 Ante a natureza de aumento geral de salários, estende-se à complementação de aposentadoria dos ex-empregados da Petrobras benefício concedido indistintamente a todos os empregados da ativa e estabelecido em norma coletiva, prevendo a concessão de aumento de nível salarial – "avanço de nível" –, a fim de preservar a paridade entre ativos e inativos assegurada no art. 41 do Regulamento do Plano de Benefícios da Fundação Petrobras de Seguridade Social – Petros.

63. Petrobras. Complementação de aposentadoria. Integralidade. Condição. Idade Mínima. Lei 6.435, de 15.07.1977.

 Os empregados admitidos na vigência do Dec. 81.240, de 20.01.1978, que regulamentou a Lei 6.435, de 15.07.1977, ainda que anteriormente à alteração do Regulamento do Plano de Benefícios da Petros, sujeitam-se à condição "idade mínima de 55 anos" para percepção dos proventos integrais de complementação de aposentadoria.

64. Petrobras. Parcelas gratificação contingente e participação nos resultados deferidas por norma coletiva a empregados da ativa. Natureza jurídica não salarial. Não integração na complementação de aposentadoria.

 As parcelas gratificação contingente e participação nos resultados, concedidas por força de acordo coletivo a empregados da Petrobras em atividade, pagas de uma única vez, não integram a complementação de aposentadoria.

65. Representação judicial da União. Assistente jurídico. Apresentação do ato de designação.

 A ausência de juntada aos autos de documento que comprove a designação do assistente jurídico como representante judicial da União (art. 69 da LC 73, de 10.02.1993) importa irregularidade de representação.

66. SPTRANS. Responsabilidade subsidiária. Não configuração. Contrato de concessão de serviço público. Transporte coletivo.

 A atividade da São Paulo Transportes S/A – SPTRANS de gerenciamento e fiscalização dos serviços prestados pelas concessionárias de transporte público, atividade descentralizada da Administração Pública, não se confunde com a terceirização de mão de obra, não se configurando a responsabilidade subsidiária.

67. Telemar. Privatização. Plano de Incentivo à Rescisão Contratual – PIRC. Previsão de pagamento da indenização com redutor de 30% (trinta por cento). Aplicação limitada ao período da reestruturação.

 Não é devida a indenização com redutor de 30% (trinta por cento), prevista no Plano de Incentivo à Rescisão Contratual da Telemar, ao empregado que, embora atenda ao requisito estabelecido de não haver aderido ao PIRC, foi despedido em data muito posterior ao processo de reestruturação da empresa, e cuja dispensa não teve relação com o plano.

68. Banco do Estado de São Paulo S.A. – Banespa. Convenção coletiva. Reajuste salarial. Superveniência de acordo em dissídio coletivo. Prevalência.

 O acordo homologado no Dissídio Coletivo DC-TST 810.905/2001.3, que estabeleceu a garantia de emprego aos empregados em atividade do Banco do Estado de São Paulo S.A. – Banespa e que, portanto, não se aplica aos empregados aposentados, prevalece sobre a fixação do reajuste salarial previsto na convenção coletiva firmada entre a Federação Nacional dos Bancos – Fenaban e os sindicatos dos bancários, ante a consideração do conjunto das cláusulas constantes do acordo e em respeito às disposições dos arts. 5.º, XXXVI, e 7.º, XXVI, da CF/1988.

69. Banco do Brasil. Complementação de Aposentadoria. Alteração do plano de cargos comissionados. Extensão aos inativos.

 As alterações na estrutura do Plano de Cargos Comissionados do Banco do Brasil, introduzidas pelas Cartas-Circulares Direc/Funci 96/0904 e 96/0957, dentre as quais a substituição do Abono de Função e Representação (AFR) pelo Adicional de Função (AF) e pelo Adicional Temporário de Revitalização (ATR), não autorizam o pagamento de diferenças de complementação de aposentadoria aos inativos por só abrangerem os empregados em atividade, bem como em razão de o Plano de Incentivo à Aposentadoria da época do jubilamento não conter previsão de aplicação de eventual alteração na estrutura dos cargos comissionados àqueles que se aposentassem.

70. CEF. Bancário. Plano de Cargos em Comissão. Opção pela jornada de oito horas. Ineficácia. Exercício de funções meramente técnicas. Não caracterização de exercício de função de confiança.

 Ausente a fidúcia especial a que alude o art. 224, § 2.º, da CLT, é ineficaz a adesão do empregado à jornada de 8 (oito) horas constante do Plano de Cargos em Comissão da CEF, o que importa no retorno à jornada de 6 (seis) horas, sendo devidas como extras a sétima e a oitava horas laboradas. A diferença de gratificação de função recebida em face da adesão ineficaz poderá ser compensada com as horas extraordinárias prestadas.

71. Empresa Brasileira de Correios e Telégrafos – ECT. Plano de cargos e salários. Progressão horizontal por antiguidade. Necessidade de deliberação da diretoria para comprovar o efetivo cumprimento dos requisitos

do Plano de Carreira, Cargos e Salários – PCCS. Condição puramente potestativa para a concessão da promoção. Invalidade.

A deliberação da diretoria da Empresa Brasileira de Correios e Telégrafos – ECT, prevista no Plano de Carreira, Cargos e Salários como requisito necessário para a concessão de progressão por antiguidade, por se tratar de condição puramente potestativa, não constitui óbice ao deferimento da progressão horizontal por antiguidade aos empregados, quando preenchidas as demais condições dispostas no aludido plano.

72. Petrobras. Domingos e feriados trabalhados. Regime de turnos ininterruptos de revezamento. Pagamento em dobro concedido por liberalidade do empregador. Incorporação ao contrato de trabalho. Supressão unilateral. Acordo coletivo posterior que valida a supressão. Retroação da norma coletiva. Impossibilidade.

O pagamento em dobro, concedido por liberalidade da empresa, dos domingos e feriados trabalhados de forma habitual pelo empregado da Petrobras submetido ao regime de turnos ininterruptos de revezamento não pode ser suprimido unilateralmente, pois é vantagem incorporada ao contrato de trabalho, nos termos do art. 468 da CLT. Assim, o acordo coletivo, posteriormente firmado, somente opera efeitos a partir da data de sua entrada em vigor, sendo incabível a utilização da norma coletiva para regular situação pretérita.

73. Volkswagen do Brasil Ltda. Participação nos lucros e resultados. Pagamento mensal em decorrência de norma coletiva. Natureza indenizatória.

A despeito da vedação de pagamento em periodicidade inferior a um semestre civil ou mais de duas vezes no ano cível, disposta no art. 3.º, § 2.º, da Lei 10.101, de 19.12.2000, o parcelamento em prestações mensais da participação nos lucros e resultados de janeiro de 1999 a abril de 2000, fixado no acordo coletivo celebrado entre o Sindicato dos Metalúrgicos do ABC e a Volkswagen do Brasil Ltda., não retira a natureza indenizatória da referida verba (art. 7.º, XI, da CF/1988), devendo prevalecer a diretriz constitucional que prestigia a autonomia privada coletiva (art. 7.º, XXVI, da CF/1988).

74. Hospital de Clínicas de Porto Alegre. Custas processuais. Recolhimento. Isenção. Art. 15 da Lei 5.604, de 02.09.1970.

A isenção tributária concedida pelo art. 15 da Lei 5.604, de 02.09.1970, ao Hospital de Clínicas de Porto Alegre compreende as custas processuais, por serem estas espécie do gênero tributo.

75. **Parcela "sexta parte". Art. 129 da Constituição do Estado de São Paulo. Extensão aos empregados de sociedade de economia mista e empresa pública. Indevida.**

 A parcela denominada "sexta parte", instituída pelo art. 129 da Constituição do Estado de São Paulo, é devida apenas aos servidores estaduais, celetistas e estatutários da Administração Pública direta, das fundações e das autarquias, conforme disposição contida no art. 124 da Constituição Estadual, não se estendendo aos empregados de sociedade de economia mista e de empresa pública, integrantes da Administração Pública indireta, submetidas ao regime jurídico próprio das empresas privadas, nos termos do art. 173, § 1.º, II, da CF/1988.

76. **Complementação de aposentadoria. Integralidade. Empregado do Estado de São Paulo admitido antes da Lei estadual 200, de 13.05.1974. Implementação do requisito relativo aos 30 (trinta) anos de serviço efetivo. Incidência da Súmula 288 do TST.**

 É assegurado o direito à percepção de complementação de aposentadoria integral ao ex-empregado do Estado de São Paulo que, admitido anteriormente ao advento da Lei estadual 200, de 13.05.1974, implementou 30 (trinta) anos de serviço efetivo, ante a extensão das regras de complementação de aposentadoria previstas na Lei Estadual 1.386, de 19.12.1951. Incidência da Súmula 288 do TST.

77. **BNDES. Arts. 224 a 226 da CLT. Aplicável a seus empregados.**

 Até o advento da Lei 10.556, de 13.11.2002, era aplicável aos empregados do BNDES a jornada de trabalho dos bancários prevista nos arts. 224 a 226 da CLT.

 * Publicada no *DJe* de 16.11.2010, em decorrência da conversão da OJ 179 da SDI-I.

4. Seção Especializada em Dissídios Individuais – II do Tribunal Superior do Trabalho

1. **(Cancelada em decorrência da sua conversão na Súmula 405, Res. TST 137/2005, DJU 22.08.2005)**

 Ação Rescisória. Ação cautelar incidental. Planos econômicos. (Inserida em 20.09.2000). Procede o pedido de cautelar incidental somente se o autor da ação rescisória, fundada no art. 485, V, do CPC, invocar na respectiva petição inicial afronta ao art. 5.º, XXXVI, da CF/1988.

2. **Ação rescisória. Adicional de insalubridade. Base de cálculo. Salário Mínimo. Cabível.**

Viola o art. 192 da CLT decisão que acolhe pedido de adicional de insalubridade com base na remuneração do empregado.

* V. art. 4.º, Res. TST 148/2008, que mantém essa Orientação Jurisprudencial.

3. **(Cancelada em decorrência da sua conversão na Súmula 405, Res. TST 137/2005, DJU 22.08.2005)**

Ação rescisória. Antecipação de tutela de mérito requerida em fase recursal. Recebimento como medida acautelatória. MedProv 1.906 e reedições. (Inserida em 20.09.2000) Em face do que dispõe a MedProv 1.906 e reedições, é recebido como medida acautelatória em ação rescisória o pedido de antecipação de tutela formulado por entidade pública em recurso ordinário, visando a suspender a execução até o trânsito em julgado da decisão proferida na ação principal.

4. **Ação rescisória. Banco do Brasil. Adicional de caráter pessoal. ACP.**

Procede, por ofensa ao art. 5.º, XXXVI, da CF/1988, o pedido de rescisão de julgado que acolheu Adicional de Caráter Pessoal em favor de empregado do Banco do Brasil S.A.

5. **Ação rescisória. Banco do Brasil. AP e ADI. Horas extras. Súmula 83 do TST. Aplicável.**

Não se acolhe pedido de rescisão de julgado que deferiu a empregado do Banco do Brasil S.A. Horas extras após a sexta, não obstante o pagamento dos adicionais AP e ADI, ou AFR quando a decisão rescindenda for anterior à OJ 17, da Seção de Dissídios Individuais do TST (7.11.1994). Incidência das Súmulas 83 do TST e 343 do STF.

6. **Ação rescisória. Cipeiro suplente. Estabilidade. ADCT da Constituição Federal de 1988, art. 10, II, a. Súmula 83 do TST. (Inserida em 20.09.2000)**

Rescinde-se o julgado que nega estabilidade a membro suplente de Cipa, representante de empregado, por ofensa ao art. 10, II, a, do ADCT da Constituição Federal de 1988, ainda que se cuide de decisão anterior à Súmula 339 do TST. Incidência da Súmula 83 do TST.

* Alterada pela Res. TST 137/2005 (DJU 22.08.2005).

7. Ação rescisória. Competência. Criação de TRT. Na omissão da lei, é fixada pelo art. 678, I, c, 2, da CLT. (Inserida em 20.09.2000)

A Lei 7.872/1989 que criou o TRT da 17.ª Região não fixou a sua competência para apreciar as ações rescisórias de decisões oriundas da 1.ª Região, o que decorreu do art. 678, I, c, 2, da CLT.

* Alterada pela Res. TST 137/2005 (DJU 22.08.2005).

8. Ação rescisória. Complementação de aposentadoria. Banespa. Súmula 83 do TST. (Inserida em 20.09.2000)

Não se rescinde julgado que acolheu pedido de complementação de aposentadoria integral em favor de empregado do Banespa, antes da Súmula 313 do TST, em virtude da notória controvérsia jurisprudencial então reinante. Incidência da Súmula 83 do TST.

* Alterada pela Res. TST 137/2005 (DJU 22.08.2005).

9. Ação rescisória. Conab. Aviso Direh 2/1984. Súmula 83 do TST. Aplicável.

Não se rescinde julgado que reconheceu garantia de emprego com base no Aviso Direh 2/1984 da Conab, antes da Súmula 355 do TST, em virtude da notória controvérsia jurisprudencial então reinante. Incidência da Súmula 83 do TST.

10. Ação rescisória. Contrato nulo. Administração Pública. Efeitos. Art. 37, II e § 2.º, da CF/1988.

Somente por ofensa ao art. 37, II e § 2.º, da CF/1988, procede o pedido de rescisão de julgado para considerar nula a contratação, sem concurso público, de servidor, após a Constituição Federal de 1988.

11. Ação rescisória. Correção monetária. Lei 7.596/1987. Universidades federais. Implantação tardia do plano de classificação de cargos. Violação de lei. Súmula 83 do TST. Aplicável.

Não se rescinde julgado que acolhe pedido de correção monetária decorrente da implantação tardia do plano de classificação de cargos de universidade federal previsto na Lei 7.596/1987, à época em que era controvertida tal matéria na jurisprudência. Incidência da Súmula 83 do TST.

12. Ação rescisória. Decadência. Consumação antes ou depois da edição da MedProv 1.577/1997. Ampliação do prazo. (Inserida em 20.09.2000)

 I – A vigência da MedProv 1.577/1997 e de suas reedições implicou o elastecimento do prazo decadencial para o ajuizamento da ação rescisória a favor dos entes de Direito Público, Autarquias e Fundações Públicas. Se o biênio decadencial do art. 495 do CPC findou após a entrada em vigor da referida medida provisória e até sua suspensão pelo STF em sede liminar de ação direta de inconstitucionalidade (ADIn 1.753-2), tem-se como aplicável o prazo decadencial elastecido à rescisória. (Ex-OJ 17 da SDI-II/TST – inserida em 20.09.2000)

 II – A regra ampliativa do prazo decadencial para a propositura de ação rescisória em favor de pessoa jurídica de direito público não se aplica se, ao tempo em que sobreveio a MedProv 1.577/1997, já se exaurira o biênio do art. 495 do CPC. Preservação do direito adquirido da parte à decadência já consumada sob a égide da lei velha. (Ex-OJ 12 da SDI-II/TST – inserida em 20.09.2000)

 * Alterada pela Res. TST 137/2005 (*DJU* 22.08.2005), em decorrência da incorporação da OJ 17 da SDI-II/TST.

13. (Cancelada em decorrência da nova redação conferida à Súmula 100, Res. TST 137/2005, *DJU* 22.08.2005)

 Ação rescisória. Decadência. *Dies ad quem*. Art. 775 da CLT. Aplicável. (Inserida em 20.09.2000). Prorroga-se até o primeiro dia útil imediatamente subsequente o prazo decadencial para ajuizamento de ação rescisória quando expira em férias forenses, feriados, finais de semana ou em dia em que não houver expediente forense. Aplicação do art. 775 da CLT.

14. (Cancelada devido à nova redação imprimida ao Enunciado 100, Res. TST 109/2001, *DJ* 18.04.2001)

 Ação rescisória. Decadência. *Dies a quo*. Recurso intempestivo.

15. (Cancelada devido à nova redação imprimida ao Enunciado 100, Res. TST 109/2001, *DJ* 18.04.2001)

 Ação rescisória. Decadência. Duas decisões rescindendas.

16. (Cancelada em decorrência da nova redação conferida à Súmula 100, Res. TST 137/2005, *DJU* 22.08.2005)

 Ação rescisória. Decadência. Exceção de incompetência. (Inserida em 20.09.2000). A exceção de incompetência, ainda que oposta no prazo re-

cursal, sem ter sido aviado o recurso próprio, não tem o condão de afastar a consumação da coisa julgada e, assim, postergar o termo inicial do prazo decadencial para a ação rescisória.

17. (Cancelada em decorrência da sua incorporação à nova redação da OJ 12 da SDI-II/, Res. TST 137/2005, *DJU* 22.08.2005).

 Ação rescisória. Decadência. Não consumação antes da edição da MedProv 1.577/1997. Ampliação do prazo. (Inserida em 20.09.2000). A vigência da MedProv 1.577/1997 e de suas reedições implicou o elastecimento do prazo decadencial para o ajuizamento da ação rescisória a favor dos entes de Direito Público, Autarquias e Fundações Públicas. Se o biênio decadencial do art. 495 do CPC findou após a entrada em vigor da referida medida provisória e até sua suspensão pelo STF em sede liminar de ação direta de inconstitucionalidade (ADIn 1753-2), tem-se como aplicável o prazo decadencial elastecido à rescisória.

18. Ação rescisória. Decadência. União. LC 73/1993, art. 67. Lei 8.682/1993, art. 6.º.

 O art. 67 da LC 73/1993 interrompeu todos os prazos, inclusive o de decadência, em favor da União, no período compreendido entre 14.02.1993 e 14.08.1993.

19. Ação rescisória. Desligamento incentivado. Imposto de renda. Abono pecuniário. Violação de lei. Súmula 83 do TST. Aplicável.

 Havendo notória controvérsia jurisprudencial acerca da incidência de imposto de renda sobre parcela paga pelo empregador ("abono pecuniário") a título de "desligamento incentivado", improcede pedido de rescisão do julgado. Incidência da Súmula 83 do TST.

20. (Cancelada em decorrência da sua conversão na Súmula 402, Res. TST 137/2005, *DJU* 22.08.2005)

 Ação rescisória. Documento novo. Dissídio coletivo. Sentença normativa. (Inserida em 20.09.2000). Documento novo é o cronologicamente velho, já existente ao tempo da decisão rescindenda, mas ignorado pelo interessado ou de impossível utilização à época no processo. Não é documento novo apto a viabilizar a desconstituição de julgado:

 a) a sentença normativa proferida ou transitada em julgado posteriormente à sentença rescindenda;

b) a sentença normativa preexistente à sentença rescindenda, mas não exibida no processo principal, em virtude de negligência da parte, quando podia e deveria louvar-se de documento já existente e não ignorado quando emitida a decisão rescindenda.

21. **Ação rescisória. Duplo grau de jurisdição. Trânsito em julgado. Inobservância. Dec.-lei 779/1969, art. 1.º, V. Incabível. (Inserida em 20.09.2000)**

É incabível ação rescisória para a desconstituição de sentença não transitada em julgado porque ainda não submetida ao necessário duplo grau de jurisdição, na forma do Dec.-lei 779/1969. Determina-se que se oficie ao Presidente do TRT para que proceda à avocatória do processo principal para o reexame da sentença rescindenda.

* Alterada pela Res. TST 137/2005 (*DJU* 22.08.2005).

22. **(Cancelada em decorrência da sua conversão na Súmula 390, Res. TST 129/2005, *DJU* 20.04.2005)**

Ação rescisória. Estabilidade. Art. 41 da CF/1988. Celetista. Administração Direta, Autárquica ou Fundacional. Aplicabilidade. (Inserida em 20.09.2000)

O servidor público celetista da Administração Direta, Autárquica ou Fundacional é beneficiário da estabilidade prevista no art. 41 da CF/1988.

23. **Ação rescisória. Estabilidade. Período pré-eleitoral. Violação de lei. Súmula 83 do TST. Aplicável.**

Não procede pedido de rescisão de sentença de mérito que assegura ou nega estabilidade pré-eleitoral, quando a decisão rescindenda for anterior à OJ 51, da Seção de Dissídios Individuais do TST (25.11.1996). Incidência da Súmula 83 do TST.

24. **Ação rescisória. Estabilidade provisória. Reintegração em período posterior. Direito limitado aos salários e consectários do período da estabilidade.**

Rescinde-se o julgado que reconhece estabilidade provisória e determina a reintegração de empregado, quando já exaurido o respectivo período de estabilidade. Em juízo rescisório, restringe-se a condenação quanto aos salários e consectários até o termo final da estabilidade.

25. Ação rescisória. Expressão "lei" do art. 485, V, do CPC. Não inclusão do ACT, CCT, portaria, regulamento, súmula e orientação jurisprudencial de Tribunal. (Inserida em 20.09.2000)

Não procede pedido de rescisão fundado no art. 485, V, do CPC quando se aponta contrariedade à norma de convenção coletiva de trabalho, acordo coletivo de trabalho, portaria do Poder Executivo, regulamento de empresa e súmula ou orientação jurisprudencial de Tribunal. (Ex-OJ 25 da SDI-II/TST inserida em 20.09.2000 e ex-OJ 118 da SDI-II/TST, DJ 11.08.2003)

* Alterada pela Res. TST 137/2005 (DJU 22.08.2005), em decorrência da incorporação da OJ 118 da SDI-II/TST.

26. Ação rescisória. Gratificação de nível superior. Suframa.

A extensão da gratificação instituída pela Suframa aos servidores celetistas exercentes de atividade de nível superior não ofende as disposições contidas nos arts. 37, XIII, e 39, § 1.º, da CF/1988.

27. (Cancelada em decorrência da nova redação conferida à Súmula 219, Res. TST 137/2005, DJU 22.08.2005).

Ação rescisória. Honorários advocatícios. (Inserida em 20.09.2000). Incabível condenação em honorários advocatícios em ação rescisória no processo trabalhista, salvo preenchidos os requisitos da Lei 5.584/1970.

28. (Cancelada pela Res. TST 149/2008, DJe 20.11.2008)

Ação rescisória. Juízo rescisório. Restituição da parcela já recebida. Deve a parte propor ação própria.

Inviável em sede de ação rescisória pleitear condenação relativa à devolução dos valores pagos aos empregados quando ultimada a execução da decisão rescindenda, devendo a empresa buscar por meio de procedimento próprio essa devolução.

29. (Cancelada em decorrência da redação conferida à Súmula 83 pela Res. TST 121/03, DJ 21.11.2003, Res. TST 137/2005, DJU 22.08.2005)

Ação rescisória. Matéria constitucional. Súmula 83 do TST e Súmula 343 do STF. Inaplicáveis. (Inserida em 20.09.2000). No julgamento de ação rescisória fundada no art. 485, V, do CPC, não se aplica o óbice das Súmulas 83 do TST e 343 do STF, quando se tratar de matéria constitucional.

30. **Ação rescisória. Multa. Art. 920 do CC/1916 (art. 412 do CC/2002). (Inserida em 20.09.2000)**

Não se acolhe, por violação do art. 920 do CC/1916 (art. 412 do CC/2002), pedido de rescisão de julgado que:

a) em processo de conhecimento, impôs condenação ao pagamento de multa, quando a decisão rescindenda for anterior à OJ 54 da Subseção I Especializada em Dissídios Individuais do TST (30.05.1994), incidindo o óbice da Súmula 83 do TST; (ex-OJ 30 da SDI-II/TST – inserida em 20.09.200);

b) em execução, rejeita-se limitação da condenação ao pagamento de multa, por inexistência de violação literal. (Ex-OJ 31 da SDI-II/TST – inserida em 20.09.2000)

* Alterada pela Res. TST 137/2005 (DJU 22.08.2005), em decorrência da incorporação da OJ 31 da SDI-II/TST.

31. **(Cancelada em decorrência da sua incorporação à redação da OJ 30 da SDI-II/TST, Res. TST 137/2005, DJU 22.08.2005)**

Ação rescisória. Multa. Violação do art. 920 do CC. Decisão rescindenda em execução. (Inserida em 20.09.2000). Não se acolhe, por violação do art. 920 do CC, pedido de rescisão de julgado que, em execução, rejeita limitação da condenação ao pagamento de multa. Inexistência de violação literal.

* Refere-se ao Código Civil de 1916.
* V. art. 412 do CC/2002.

32. **(Cancelada em decorrência da sua conversão na Súmula 408, Res. TST 137/2005, DJU 22.08.2005)**

Ação rescisória. Petição inicial. Causa de pedir. Ausência de capitulação, ou capitulação errônea no art. 485 do CPC. Princípio *iura novit curia*. (Inserida em 20.09.2000). Não padece de inépcia a petição inicial de ação rescisória apenas porque omite a subsunção do fundamento de rescindibilidade no art. 485 do CPC, ou o capitula erroneamente. Contanto que não se afaste dos fatos e fundamentos invocados como causa de pedir, ao Tribunal é lícito emprestar-lhes a adequada qualificação jurídica. (*Iura novit curia*).

33. **(Cancelada em decorrência da sua conversão na Súmula 408, Res. TST 137/2005, DJU 22.08.2005)**

Ação rescisória. Petição inicial. Violação literal de lei. Princípio *iura novit curia*. (Inserida em 20.09.2000). Fundando-se a ação rescisória no art.

485, V, do CPC, é indispensável expressa indicação na petição inicial da ação rescisória do dispositivo legal violado, não se aplicando, no caso, o princípio *iura novit curia*.

34. **Ação rescisória. Planos econômicos.**

 1. O acolhimento de pedido em ação rescisória de plano econômico, fundada no art. 485, V, do CPC, pressupõe, necessariamente, expressa invocação na petição inicial de afronta ao art. 5.º, XXXVI, da CF/1988. A indicação de ofensa literal a preceito de lei ordinária atrai a incidência da Súmula 83 do TST e da Súmula 343 do STF. 2. Se a decisão rescindenda é posterior à Súmula 315 do TST (Res. TST 7, *DJ* 22.09.1993), inaplicável a Súmula 83 do TST.

35. **Ação rescisória. Planos econômicos. Coisa julgada. Limitação à data base na fase de execução.**

 Não ofende a coisa julgada a limitação à data base da categoria, na fase executória, da condenação ao pagamento de diferenças salariais decorrentes de planos econômicos, quando a decisão exequenda silenciar sobre a limitação, uma vez que a limitação decorre de norma cogente. Apenas quando a sentença exequenda houver expressamente afastado a limitação à data base é que poderá ocorrer ofensa à coisa julgada.

36. **(Cancelada em decorrência da nova redação conferida à Súmula 298, Res. TST 137/2005, *DJU* 22.08.2005)**

 Ação rescisória. Prequestionamento. Violação ocorrida na própria decisão rescindenda. (Inserida em 20.09.2000). Não é absoluta a exigência de prequestionamento na ação rescisória: ainda que a ação rescisória tenha por fundamento violação de dispositivo legal, é prescindível o prequestionamento quando o vício nasce no próprio julgamento, como se dá com a sentença extra, *citra e ultra petita*.

37. **(Cancelada em decorrência da redação conferida à Súmula 83 pela Res. TST 121/2003, *DJ* 21.11.03, Res. TST 137/2005, *DJU* 22.08. 2005)**

 Ação rescisória. Prescrição quinquenal. Matéria constitucional. Súmula 83 do TST e Súmula 343 do STF. Inaplicáveis. (Inserida em 20.09.2000). No julgamento de ação rescisória fundada no art. 485, V, do CPC, não se aplica o óbice das Súmulas 83 do TST e 343 do STF quando se tratar de prazo prescricional com assento constitucional.

38. Ação rescisória. Professor adjunto. Ingresso no cargo de professor titular. Exigência de concurso público (Lei 7.596/1987, Dec. 94.664/1987 e art. 206, V, da CF/1988).

A assunção do professor adjunto ao cargo de professor titular de universidade pública, sem prévia aprovação em concurso público, viola o art. 206, V, da CF/1988. Procedência do pedido de rescisão do julgado.

39. Ação rescisória. Reajustes bimestrais e quadrimestrais. Lei 8.222/1991. Súmula 83 do TST. Aplicável.

Havendo controvérsia jurisprudencial à época, não se rescinde decisão que aprecia a possibilidade de cumulação das antecipações bimestrais e reajustes quadrimestrais de salário previstos na Lei 8.222/1991. Incidência da Súmula 83 do TST.

* Referida Lei foi revogada. V. Lei 8.542/1992 (Política Nacional de Salários).

40. (Cancelada em decorrência da sua conversão na Súmula 375, Res. TST 129/2005, *DJU* 20.04.2005)

Ação rescisória. Reajustes salariais previstos em norma coletiva. Prevalência da legislação de política salarial quando a norma coletiva é anterior à lei. (Inserida em 20.09.2000)

Os reajustes salariais previstos em norma coletiva de trabalho não prevalecem frente à legislação superveniente de política salarial.

41. Ação rescisória. Sentença *citra petita*. Cabimento.

Revelando-se a sentença *citra petita*, o vício processual vulnera os arts. 128 e 460 do CPC, tornando-a passível de desconstituição, ainda que não opostos embargos declaratórios.

42. (Cancelada em decorrência da redação conferida à Súmula 192 pela Res. TST 121/2003, *DJ* 21.11.2003, Res. TST 137/2005, *DJU* 22.08.2005)

Ação rescisória. Sentença de mérito. Competência do TST. Acórdão rescindindo do TST. Não conhecimento de recurso. Enunciado 192. Não aplicação. (Inserida em 20.09.2000). Acórdão rescindendo do TST que não conhece de recurso de embargos ou de revista, seja examinando a arguição de violação de dispositivo de lei, seja decidindo de acordo com súmula de direito material ou em consonância com iterativa, notória e atual jurisprudência de direito material da SDI (Súmula 333), examina o mérito da causa, comportando ação rescisória da competência do TST.

43. (Cancelada em decorrência da sua conversão na Súmula 411, Res. TST 137/2005, DJU 22.08.2005)

 Ação rescisória. Sentença de mérito. Decisão de TRT em agravo regimental confirmando decisão monocrática do relator que, aplicando a Súmula 83 do TST, indeferiu a petição inicial da ação rescisória. Cabimento. (Inserida em 20.09.2000). Se a decisão recorrida, em agravo regimental, aprecia a matéria na fundamentação, sob o enfoque das Súmulas 83 do TST e 343 do STF, constitui sentença de mérito ainda que haja resultado no indeferimento da petição inicial e na extinção do processo, "sem julgamento do mérito". Sujeita-se, assim, à reforma pelo TST a decisão do Tribunal que, invocando controvérsia na interpretação da lei, indefere a petição inicial de ação rescisória.

44. (Cancelada em decorrência da sua conversão na Súmula 399, Res. TST 137/2005, DJU 22.08.2005)

 Ação rescisória. Sentença de mérito. Decisão homologatória de adjudicação. Incabível. (Inserida em 20.09.2000). Incabível ação rescisória para impugnar decisão homologatória de adjudicação.

45. (Cancelada em decorrência da sua conversão na Súmula 399, Res. TST 137/2005, DJU 22.08.2005)

 Ação rescisória. Sentença de mérito. Decisão homologatória de arrematação. Incabível. (Inserida em 20.09.2000). Incabível ação rescisória para impugnar decisão homologatória de arrematação.

46. (Cancelada em decorrência da sua conversão na Súmula 412, Res. TST 137/2005, DJU 22.08.2005)

 Ação rescisória. Sentença de mérito. Questão processual. (Inserida em 20.09.2000). Pode uma questão processual ser objeto de rescisão desde que consista em pressuposto de validade de uma sentença de mérito.

47. (Cancelada em decorrência da sua conversão na Súmula 413, Res. TST 137/2005, DJU 22.08.2005)

 Ação rescisória. Sentença de mérito. Violação do art. 896, *a*, da CLT. (Inserida em 20.09.2000). Incabível ação rescisória, por violação do art. 896, *a*, da CLT, contra decisão que não conhece de recurso de revista, com base em divergência jurisprudencial, pois não se cuida de sentença de mérito (art. 485 do CPC).

48. (Cancelada em decorrência da nova redação da Súmula 192, Res. TST 137/2005, *DJU* 22.08.2005)

 Ação rescisória. Sentença e acórdão. Substituição. (Inserida em 20.09.2000). Em face do disposto no art. 512 do CPC, é juridicamente impossível o pedido explícito de desconstituição de sentença quando substituída por acórdão regional.

49. (Cancelada em decorrência da conversão da tese mais abrangente da OJ 116 na Súmula 397, Res. TST 137/2005, *DJU* 22.08.2005)

 Mandado de segurança. Ação de cumprimento fundada em decisão normativa que sofreu posterior reforma, quando já transitada em julgado a sentença condenatória proferida na ação de cumprimento. (Inserida em 20.09.2000). É cabível o mandado de segurança para extinguir a execução fundada em sentença proferida em ação de cumprimento, quando excluída da sentença normativa a cláusula que lhe serviu de sustentáculo.

50. (Cancelada em decorrência da sua conversão na Súmula 414, Res. TST 137/2005, *DJU* 22.08.2005)

 Mandado de segurança. Antecipação de tutela. Cabimento. (Inserida em 20.09.2000). A tutela antecipada concedida antes da prolação da sentença é impugnável mediante mandado de segurança, por não comportar recurso próprio.

51. (Cancelada em decorrência da sua conversão na Súmula 414, Res. TST 137/2005, *DJU* 22.08.2005)

 Mandado de segurança. Antecipação de tutela concedida em sentença. Reintegração. Não cabimento. (Inserida em 20.09.2000). A antecipação da tutela conferida na sentença não comporta impugnação pela via do mandado de segurança, por ser impugnável mediante recurso ordinário. A ação cautelar é o meio próprio para se obter efeito suspensivo a recurso.

52. (Cancelada em decorrência da sua conversão na Súmula 415, Res. TST 137/2005, *DJU* 22.08.2005)

 Mandado de segurança. Art. 284, do CPC. Aplicabilidade. (Inserida em 20.09.2000). Exigindo o mandado de segurança prova documental pré--constituída, inaplicável se torna o art. 284 do CPC quando verificada na petição inicial do *mandamus* a ausência de documento indispensável ou sua autenticação.

53. **Mandado de segurança. Cooperativa em liquidação extrajudicial. Lei 5.764/1971, art. 76. Inaplicável.**
 Não suspende a execução. A liquidação extrajudicial de sociedade cooperativa não suspende a execução dos créditos trabalhistas existentes contra ela.

54. **Mandado de segurança. Embargos de terceiro. Cumulação. Penhora. Incabível. (Inserida em 20.09.2000)**
 Ajuizados embargos de terceiro (art. 1.046 do CPC) para pleitear a desconstituição da penhora, é incabível a interposição de mandado de segurança com a mesma finalidade.
 * Alterada pela Res. TST 137/2005 (DJU 22.08.2005).

55. **(Cancelada em decorrência da sua conversão na Súmula 416, Res. TST 137/2005, DJU 22.08.2005)**
 Mandado de segurança. Execução. Lei 8.432/1992. Art. 897, § 1.º, da CLT. Cabimento. (Inserida em 20.09.2000). Devendo o agravo de petição delimitar justificadamente a matéria e os valores objeto de discordância, não fere direito líquido e certo o prosseguimento da execução quanto aos tópicos e valores não especificados no agravo.

56. **Mandado de segurança. Execução. Pendência de recurso extraordinário.**
 Não há direito líquido e certo à execução definitiva na pendência de recurso extraordinário, ou de agravo de instrumento visando a destrancá-lo.

57. **Mandado de segurança. INSS. Tempo de serviço. Averbação e/ou reconhecimento.**
 Conceder-se-á mandado de segurança para impugnar ato que determina ao INSS o reconhecimento e/ou averbação de tempo de serviço.

58. **(Cancelada em decorrência da sua conversão na Súmula 414, Res. TST 137/2005, DJU 22.08.2005)**
 Mandado de segurança para cassar liminar concedida em ação civil pública. Cabível. (Inserida em 20.09.2000). É cabível o mandado de segurança visando a cassar liminar concedida em ação civil pública.

59. **Mandado de segurança. Penhora. Carta de fiança bancária.**
 A carta de fiança bancária equivale a dinheiro para efeito da gradação dos bens penhoráveis, estabelecida no art. 655 do CPC.

60. (Cancelada em decorrência da sua conversão na Súmula 417, Res. TST 137/2005, DJU 22.08.2005)

 Mandado de segurança. Penhora em dinheiro. Banco. (Inserida em 20.09.2000). Não fere direito líquido e certo do impetrante o ato judicial que determina penhora em dinheiro de banco, em execução definitiva, para garantir crédito exequendo, uma vez que obedece à gradação prevista no art. 655 do CPC.

61. (Cancelada em decorrência da sua conversão na Súmula 417, Res. TST 137/2005, DJU 22.08.2005)

 Mandado de segurança. Penhora em dinheiro. Execução definitiva. Depósito em banco oficial no Estado. Arts. 612 e 666 do CPC. (Inserida em 20.09.2000). Havendo discordância do credor, em execução definitiva, não tem o executado direito líquido e certo a que os valores penhorados em dinheiro fiquem depositados no próprio banco, ainda que atenda aos requisitos do art. 666, I, do CPC.

62. (Cancelada em decorrência da sua conversão na Súmula 417, Res. TST 137/2005, DJU 22.08.2005)

 Mandado de segurança. Penhora em dinheiro. Execução provisória. (Inserida em 20.09. 2000). Em se tratando de execução provisória, fere direito líquido e certo do impetrante a determinação de penhora em dinheiro, quando nomeados outros bens à penhora, pois o executado tem direito a que a execução se processe da forma que lhe seja menos gravosa, nos termos do art. 620 do CPC.

63. Mandado de segurança. Reintegração. Ação cautelar.

 Comporta a impetração de mandado de segurança o deferimento de reintegração no emprego em ação cautelar.

64. Mandado de segurança. Reintegração liminarmente concedida.

 Não fere direito líquido e certo a concessão de tutela antecipada para reintegração de empregado protegido por estabilidade provisória decorrente de lei ou norma coletiva.

65. Mandado de segurança. Reintegração liminarmente concedida. Dirigente sindical.

 Ressalvada a hipótese do art. 494 da CLT, não fere direito líquido e certo a determinação liminar de reintegração no emprego de dirigente sindical, em face da previsão do inc. X do art. 659 da CLT.

66. **Mandado de segurança. Sentença homologatória de adjudicação.**

 Incabível o mandado de segurança contra sentença homologatória de adjudicação, uma vez que existe meio próprio para impugnar o ato judicial, consistente nos embargos à adjudicação (art. 746 do CPC).

67. **Mandado de segurança. Transferência. Art. 659, IX, da CLT.**

 Não fere direito líquido e certo a concessão de liminar obstativa de transferência de empregado, em face da previsão do inc. IX do art. 659 da CLT.

68. **Antecipação de tutela. Competência. (Inserida em 20.09.2000)**

 Nos Tribunais, compete ao relator decidir sobre o pedido de antecipação de tutela, submetendo sua decisão ao Colegiado respectivo, independentemente de pauta, na seção imediatamente subsequente.

 * Alterada pela Res. TST 137/2005 (DJU 22.08.2005).

69. **Fungibilidade recursal. Indeferimento liminar de ação rescisória ou mandado de segurança. Recurso para o TST. Recebimento como agravo regimental e devolução dos autos ao TRT.**

 Recurso ordinário interposto contra despacho monocrático indeferitório da petição inicial de ação rescisória ou de mandado de segurança pode, pelo princípio de fungibilidade recursal, ser recebido como agravo regimental. Hipótese de não conhecimento do recurso pelo TST e devolução dos autos ao TRT, para que aprecie o apelo como agravo regimental.

70. **Ação rescisória. Manifesto e inescusável equívoco no direcionamento. Inépcia da inicial. Extinção do processo.**

 O manifesto equívoco da parte em ajuizar ação rescisória no TST para desconstituir julgado proferido pelo TRT, ou vice-versa, implica a extinção do processo sem julgamento do mérito por inépcia da inicial.

 * Alterado pelo TST em 26.11.2002.

71. **Ação rescisória. Salário profissional. Fixação. Múltiplo de salário mínimo. Art. 7.º, IV, da CF/1988.**

 A estipulação do salário profissional em múltiplos do salário mínimo não afronta o art. 7.º, IV, da CF/1988, só incorrendo em vulneração do referido preceito constitucional a fixação de correção automática do salário pelo reajuste do salário mínimo.

 * Alterado pelo TST em 16.11.2004 (DJU 22.11.2004).

72. (Cancelada em decorrência da nova redação conferida à Súmula 298, Res. TST 137/2005, *DJU* 22.08.2005)

Ação rescisória. Prequestionamento quanto à matéria e ao conteúdo da norma, não necessariamente do dispositivo legal tido por violado. (Inserida em 08.11.2000). O prequestionamento exigido em ação rescisória diz respeito à matéria e ao enfoque específico da tese debatida na ação e não, necessariamente, ao dispositivo legal tido por violado. Basta que o conteúdo da norma reputada como violada tenha sido abordado na decisão rescindenda para que se considere preenchido o pressuposto do prequestionamento.

73. (Cancelada em razão da conversão na Súmula 435, Res. TST 186/2012, *DEJT* 25.09.2012)

Art. 557 do CPC. Constitucionalidade.

Não há como se cogitar da inconstitucionalidade do art. 557 do CPC, meramente pelo fato de a decisão ser exarada pelo Relator, sem a participação do Colegiado, porquanto o princípio da publicidade insculpido no inc. IX do art. 93 da CF/1988 não está jungido ao julgamento pelo Colegiado e sim o acesso ao processo pelas partes, seus advogados ou terceiros interessados, direito preservado pela Lei 9.756/1998, ficando, outrossim, assegurado o acesso ao Colegiado através de agravo.

74. (Cancelada em decorrência da sua conversão na Súmula 421, Res. TST 137/2005, *DJU* 22.08.2005)

Embargos declaratórios contra decisão monocrática do relator, calcada no art. 557 do CPC. Cabimento. (Inserida em 08.11.2000). I – Tendo o despacho monocrático de provimento ou denegação de recurso, previsto no art. 557 do CPC, conteúdo decisório definitivo e conclusivo da lide, comporta ser esclarecido pela via dos embargos declaratórios, em despacho aclaratório, também monocrático, quando se pretende tão somente suprir omissão e não modificação do julgado. II – Postulando o embargante efeito modificativo, os embargos declaratórios deverão ser submetidos ao pronunciamento do colegiado, convertidos em agravo, em face dos princípios da fungibilidade e celeridade processual.

75. (Cancelada em decorrência da nova redação conferida à Súmula 298, Res. TST 137/2005, *DJU* 22.08.2005)

Remessa de ofício. Ação rescisória. Prequestionamento. Decisão regional que simplesmente confirma a sentença. (Inserida em 20.04.2001). Para

efeito de ação rescisória, considera-se prequestionada a matéria tratada na sentença quando, examinando remessa de ofício, o Tribunal simplesmente a confirma.

76. **Ação rescisória. Ação cautelar para suspender execução. Juntada de documento indispensável. Possibilidade de êxito na rescisão do julgado.**

 É indispensável a instrução da ação cautelar com as provas documentais necessárias à aferição da plausibilidade de êxito na rescisão do julgado. Assim sendo, devem vir junto com a inicial da cautelar as cópias da petição inicial da ação rescisória principal, da decisão rescindenda, da certidão do trânsito em julgado e informação do andamento atualizado da execução.

77. **(Cancelada em decorrência da nova redação conferida à Súmula 83, Res. TST 137/2005, *DJU* 22.08.2005)**

 Ação rescisória. Aplicação da Súmula 83 do TST. Matéria controvertida. Limite temporal. Data de inserção em Orientação Jurisprudencial do TST. (Inserida em 13.03.2002). A data da inclusão da matéria discutida na ação rescisória, na Orientação Jurisprudencial do TST, é o divisor de águas quanto a ser, ou não, controvertida nos Tribunais a interpretação dos dispositivos legais citados na ação rescisória.

78. **Ação rescisória. Cumulação sucessiva de pedidos. Rescisão da sentença e do acórdão. Ação única. Art. 289 do CPC.**

 É admissível o ajuizamento de uma única ação rescisória contendo mais de um pedido, em ordem sucessiva, de rescisão da sentença e do acórdão. Sendo inviável a tutela jurisdicional de um deles, o julgador está obrigado a apreciar os demais, sob pena de negativa de prestação jurisdicional.

79. **(Cancelada em decorrência da nova redação conferida à Súmula 100, Res. TST 137/2005, *DJU* 22.08.2005)**

 Ação rescisória. Decadência afastada. Imediato julgamento do mérito. Inexistência de ofensa ao duplo grau de jurisdição. (Inserida em 13.03.2002). Não ofende o princípio do duplo grau de jurisdição a decisão do TST que, após afastar a decadência em sede de recurso ordinário, aprecia desde logo a lide, se a causa versar questão exclusivamente de direito e estiver em condições de imediato julgamento.

80. Ação rescisória. Decadência. *Dies a quo*. Recurso deserto. Enunciado 100 do TST.

O não conhecimento do recurso por deserção não antecipa o *dies a quo* do prazo decadencial para o ajuizamento da ação rescisória, atraindo, na contagem do prazo, a aplicação do Enunciado 100 do TST.

81. (Cancelada em decorrência da sua conversão na Súmula 401, Res. TST 137/2005, *DJU* 22.08.2005)

Ação rescisória. Descontos legais. Fase de execução. Sentença exequenda omissa. Inexistência de ofensa à coisa julgada. (Inserida em 13.03.2002). Os descontos previdenciários e fiscais devem ser efetuados pelo juízo executório, ainda que a sentença exequenda tenha sido omissa sobre a questão, dado o caráter de ordem pública ostentado pela norma que os disciplina. A ofensa à coisa julgada somente poderá ser caracterizada na hipótese de o título exequendo, expressamente, afastar a dedução dos valores a título de imposto de renda e de contribuição previdenciária.

82. (Cancelada em decorrência da sua conversão na Súmula 406, Res. TST 137/2005, *DJU* 22.08.2005)

Ação rescisória. Litisconsórcio. Necessário no polo passivo e facultativo no ativo. (Inserido em 13.03.2002). O litisconsórcio, na ação rescisória, é necessário em relação ao polo passivo da demanda, porque supõe uma comunidade de direitos ou de obrigações que não admite solução díspar para os litisconsortes, em face da indivisibilidade do objeto. Já em relação ao polo ativo, o litisconsórcio é facultativo, uma vez que a aglutinação de autores se faz por conveniência, e não pela necessidade decorrente da natureza do litígio, pois não se pode condicionar o exercício do direito individual de um dos litigantes no processo originário à anuência dos demais para retomar a lide.

83. (Cancelada em decorrência da sua conversão na Súmula 407, Res. TST 137/2005, *DJU* 22.08.2005)

Ação rescisória. Ministério Público. Legitimidade *ad causam* prevista no art. 487, III, *a* e *b*, do CPC. As hipóteses são meramente exemplificativas. (Inserida em 13.03.2002). A legitimidade *ad causam* do Ministério Público para propor ação rescisória, ainda que não tenha sido parte no processo que deu origem à decisão rescindenda, não está limitada às alíneas *a* e *b* do inc.

III do art. 487 do CPC, uma vez que traduzem hipóteses meramente exemplificativas.

84. **Ação rescisória. Petição inicial. Ausência da decisão rescindenda e/ou da certidão de seu trânsito em julgado devidamente autenticadas. Peças essenciais para a constituição válida e regular do feito. Arguição de ofício. Extinção do processo sem julgamento do mérito.**

 A decisão rescindenda e/ou a certidão do seu trânsito em julgado, devidamente autenticadas, à exceção de cópias reprográficas apresentadas por pessoa jurídica de direito público, a teor do art. 24 da Lei 10.522/2002, são peças essenciais para o julgamento da ação rescisória. Em fase recursal, verificada a ausência de qualquer delas, cumpre ao Relator do recurso ordinário arguir, de ofício, a extinção do processo, sem julgamento do mérito, por falta de pressuposto de constituição e desenvolvimento válido do feito.

 * Alterado pelo TST em 26.11.2002.

85. **(Cancelada – 1.ª parte convertida na Súmula 399 e parte final incorporada à nova redação da Súmula 298, Res. TST 137/2005, *DJU* 22.08.2005)**

 Ação rescisória. Sentença homologatória de cálculo. Existência de contraditório. Decisão de mérito. Cabimento. (Inserida em 13.03.2002 e alterada em 26.12.2002). A decisão homologatória de cálculos apenas comporta rescisão quando enfrentar as questões envolvidas na elaboração da conta de liquidação, quer solvendo a controvérsia das partes, quer explicitando, de ofício, os motivos pelos quais acolheu os cálculos oferecidos por uma das partes, ou pelo setor de cálculos, e não contestados pela outra. A sentença meramente homologatória, que silencia sobre os motivos de convencimento do juiz, não se mostra rescindível, por ausência de prequestionamento.

86. **(Cancelada em decorrência da sua conversão na Súmula 414, Res. TST 137/2005, *DJU* 22.08.2005)**

 Mandado de segurança. Antecipação de tutela. Sentença superveniente. Perda de objeto. (Inserida em 13.03.2002). Perde objeto o mandado de segurança que impugna tutela antecipada pelo fato de haver sido proferida sentença de mérito nos autos originários.

87. **(Cancelada pela Res. TST 137/2005, *DJU* 22.08.2005)**

Mandado de segurança. Reintegração em execução provisória. Impossibilidade. (Inserida em 13.03.2002). O art. 899 da CLT, ao impedir a execução definitiva do título executório, enquanto pendente recurso, alcança tanto as execuções por obrigação de pagar quanto as por obrigação de fazer. Assim, tendo a obrigação de reintegrar caráter definitivo, somente pode ser decretada, liminarmente, nas hipóteses legalmente previstas, em sede de tutela antecipada ou tutela específica.

88. Mandado de segurança. Valor da causa. Custas processuais. Cabimento.

Incabível a impetração de mandado de segurança contra ato judicial que, de ofício, arbitrou novo valor à causa, acarretando a majoração das custas processuais, uma vez que cabia à parte, após recolher as custas, calculadas com base no valor dado à causa na inicial, interpor recurso ordinário e, posteriormente, agravo de instrumento no caso de o recurso ser considerado deserto.

89. *Habeas corpus*. Depositário. Termo de depósito não assinado pelo paciente. Necessidade de aceitação do encargo. Impossibilidade de prisão civil.

A investidura no encargo de depositário depende da aceitação do nomeado, que deve assinar termo de compromisso no auto de penhora, sem o que é inadmissível a restrição de seu direito de liberdade.

90. (Cancelada em decorrência da sua conversão na Súmula 422, Res. TST 137/2005, *DJU* 22.08.2005)

Recurso ordinário. Apelo que não ataca os fundamentos da decisão recorrida. Não conhecimento. Art. 514, II, do CPC. (Inserida em 27.05.2002). Não se conhece de recurso ordinário para o TST, pela ausência do requisito de admissibilidade inscrito no art. 514, II, do CPC, quando as razões do recorrente não impugnam os fundamentos da decisão recorrida, nos termos em que fora proposta.

91. Mandado de segurança. Autenticação de cópias pelas Secretarias dos TRTs. Requerimento indeferido. Art. 789, § 9.º, da CLT.

Não sendo a parte beneficiária da assistência judiciária gratuita, inexiste direito líquido e certo à autenticação, pelas Secretarias dos Tribunais, de peças extraídas do processo principal, para formação do agravo de instrumento.

92. **Mandado de segurança. Existência de recurso próprio.**
 Não cabe mandado de segurança contra decisão judicial passível de reforma mediante recurso próprio, ainda que com efeito diferido.

93. **Mandado de segurança. Possibilidade da penhora sobre parte da renda de estabelecimento comercial.**
 É admissível a penhora sobre a renda mensal ou faturamento de empresa, limitada a determinado percentual, desde que não comprometa o desenvolvimento regular de suas atividades.

94. **Ação rescisória. Colusão. Fraude à lei. Reclamatória simulada extinta.**
 A decisão ou acordo judicial subjacente à reclamação trabalhista, cuja tramitação deixa nítida a simulação do litígio para fraudar a lei e prejudicar terceiros, enseja ação rescisória, com lastro em colusão. No juízo rescisório, o processo simulado deve ser extinto.

95. **(Cancelada em decorrência da sua conversão na Súmula 400, Res. TST 137/2005, *DJU* 22.08.2005)**
 Ação Rescisória de Ação Rescisória. Violação de lei. Indicação dos mesmos dispositivos legais apontados na Rescisória Primitiva. (Inserida em 27.09.2002 e alterada *DJ* 16.04. 2004). Em se tratando de rescisória de rescisória, o vício apontado deve nascer na decisão rescindenda, não se admitindo a rediscussão do acerto do julgamento da rescisória anterior. Assim, não se admite rescisória calcada no inc. V do art. 485 do CPC para discussão, por má aplicação, dos mesmos dispositivos de lei tidos por violados na rescisória anterior, bem como para arguição de questões inerentes à ação rescisória primitiva.

96. **(Cancelada em decorrência da nova redação conferida à Súmula 299, Res. TST 137/2005, *DJU* 22.08.2005)**
 Ação rescisória. Vício de intimação da decisão rescindenda. Ausência da formação da coisa julgada material. Carência de ação. (Inserida em 27.09.2002). O pretenso vício de intimação posterior à decisão que se pretende rescindir, se efetivamente ocorrido, não permite a formação da coisa julgada material. Assim, a ação rescisória deve ser julgada extinta sem julgamento do mérito por carência de ação, por inexistir decisão transitada em julgado a ser rescindida.

97. Ação rescisória. Violação do art. 5.º, II, LIV e LV, da CF/1988. Princípios da legalidade, do devido processo legal, do contraditório e da ampla defesa. (Inserida em 27.09.2002 e alterada em 25.04.2003, DJ 09.05.2003)

Os princípios da legalidade, do devido processo legal, do contraditório e da ampla defesa não servem de fundamento para a desconstituição de decisão judicial transitada em julgado, quando se apresentam sob a forma de pedido genérico e desfundamentado, acompanhando dispositivos legais que tratam especificamente da matéria debatida, estes sim, passíveis de fundamentarem a análise do pleito rescisório.

* Alterada pela Res. TST 137/2005 (DJU 22.08.2005).

98. Mandado de segurança. Cabível para atacar exigência de depósito prévio de honorários periciais. (Inserida em 27.09.2002)

É ilegal a exigência de depósito prévio para custeio dos honorários periciais, dada a incompatibilidade com o processo do trabalho, sendo cabível o mandado de segurança visando à realização da perícia, independentemente do depósito.

* Alterada pela Res. TST 137/2005 (DJU 22.08.2005).

99. Mandado de segurança. Esgotamento de todas as vias processuais disponíveis. Trânsito em julgado formal. Descabimento.

Esgotadas as vias recursais existentes, não cabe mandado de segurança.

100. Recurso ordinário para o TST. Decisão de TRT proferida em agravo regimental contra liminar em ação cautelar ou em mandado de segurança. Incabível.

Não cabe recurso ordinário para o TST de decisão proferida pelo TRT em agravo regimental interposto contra despacho que concede ou não liminar em ação cautelar ou em mandado de segurança, uma vez que o processo ainda pende de decisão definitiva do Tribunal *a quo*.

101. Ação rescisória. Art. 485, IV, do CPC. Ofensa a coisa julgada. Necessidade de fixação de tese na decisão rescindenda.

Para viabilizar a desconstituição do julgado pela causa de rescindibilidade do inc. IV, do art. 485, do CPC, é necessário que a decisão rescindenda tenha enfrentado as questões ventiladas na ação rescisória, sob pena de

inviabilizar o cotejo com o título executivo judicial tido por desrespeitado, e modo a se poder concluir pela ofensa à coisa julgada.

102. (Cancelada em decorrência da nova redação conferida à Súmula 100, Res. TST 137/2005, *DJU* 22.08.2005)

Ação rescisória. Certidão de trânsito em julgado. Descompasso com a realidade. Presunção relativa de veracidade. (*DJ* 29.04. 2003). O juízo rescindente não está adstrito à certidão de trânsito em julgado juntada com a ação rescisória, podendo formar sua convicção através de outros elementos dos autos quanto à antecipação ou postergação do *dies a quo* do prazo decadencial.

103. **Ação rescisória. Contradição entre fundamentação e parte dispositiva do julgado. Cabimento. Erro de fato.**

É cabível a rescisória para corrigir contradição entre a parte dispositiva do acórdão rescindendo e a sua fundamentação, por erro de fato na retratação do que foi decidido.

104. (Cancelada em decorrência da nova redação conferida à Súmula 100, Res. TST 137/2005, *DJU* 22.08.2005)

Ação rescisória. Decadência. Sentença homologatória de acordo. Momento do trânsito em julgado. (*DJ* 29.04.2003). O acordo homologado judicialmente tem força de decisão irrecorrível, na forma do art. 831 da CLT. Assim sendo, o termo conciliatório transita em julgado na data da sua homologação judicial.

105. (Cancelada em decorrência da nova redação conferida à Súmula 192, Res. TST 137/2005, *DJU* 22.08.2005)

Ação rescisória. Decisão rescindenda. Agravo de instrumento. Não substituição. Impossibilidade jurídica. (*DJ* 29.04.2003). É manifesta a impossibilidade jurídica do pedido de rescisão de julgado proferido em agravo de instrumento que, limitando-se a aferir o eventual desacerto do juízo negativo de admissibilidade do recurso de revista, não substitui o acórdão regional, na forma do art. 512 do CPC.

106. (Cancelada em decorrência da nova redação conferida à Súmula 299, Res. TST 137/2005, *DJU* 22.08.2005)

Ação rescisória. Decisão rescindenda. Ausência de trânsito em julgado. Descabimento de ação rescisória preventiva. (DJ 29.04.2003). A comprovação do trânsito em julgado da decisão rescindenda é pressuposto processual indispensável ao tempo do ajuizamento da ação rescisória. Eventual trânsito em julgado posterior ao ajuizamento da ação rescisória não reabilita a ação proposta, na medida em que o ordenamento jurídico não contempla a ação rescisória preventiva.

107. **Ação rescisória. Decisão rescindenda de mérito. Sentença declaratória de extinção de execução. Satisfação da obrigação.**

 Embora não haja atividade cognitiva, a decisão que declara extinta a execução, nos termos do art. 794 c/c 795 do CPC, extingue a relação processual e a obrigacional, sendo passível de corte rescisório.

108. **(Cancelada em decorrência da sua conversão na Súmula 404, Res. TST 137/2005, DJU 22.08.2005)**

 Ação rescisória. Fundamento para invalidar confissão. Confissão ficta. Inadequação do enquadramento no art. 485, VIII, do CPC. (DJ 29.04.2003). O art. 485, VIII, do CPC, ao tratar do fundamento para invalidar a confissão como hipótese de rescindibilidade da decisão judicial, refere-se à confissão real, fruto de erro, dolo ou coação, e não à confissão ficta resultante de revelia.

109. **(Cancelada em decorrência da sua conversão na Súmula 410, Res. TST 137/2005, DJU 22.08.2005)**

 Ação rescisória. Reexame de fatos e provas. Inviabilidade. (DJ 29.04.2003). A ação rescisória calcada em violação de lei não admite reexame de fatos e provas do processo que originou a decisão rescindenda.

110. **(Cancelada em decorrência da sua conversão na Súmula 406, Res. TST 137/2005, DJU 22.08.2005)**

 Ação rescisória. Réu sindicato. Substituto processual na ação originária. Legitimidade passiva *ad causam*. Inexistência de litisconsórcio passivo necessário. (DJ 29.04.2003). O sindicato, substituto processual e autor da reclamação trabalhista, em cujos autos fora proferida a decisão rescindenda, possui legitimidade para figurar como réu na ação rescisória, sendo descabida a exigência de citação de todos os empregados substituídos, porquanto inexistente litisconsórcio passivo necessário.

111. (Cancelada em decorrência da sua conversão na Súmula 403, Res. TST 137/2005, DJU 22.08.2005)

Ação rescisória. Sentença homologatória de acordo. Dolo da parte vencedora em detrimento da vencida. Art. 485, III, do CPC. Inviável. (DJ 29.04.2003). Se a decisão rescindenda é homologatória de acordo, não há parte vencedora ou vencida, razão pela qual não é possível a sua desconstituição calcada no inc. III do art. 485 do CPC (dolo da parte vencedora em detrimento da vencida), pois constitui fundamento de rescindibilidade que supõe solução jurisdicional para a lide.

112. Ação rescisória. Violação de lei. Decisão rescindenda por duplo fundamento. Impugnação parcial.

Para que a violação da lei dê causa à rescisão de decisão de mérito alicerçada em duplo fundamento, necessário que o autor da ação rescisória invoque causas de rescindibilidade que, em tese, possam infirmar a motivação dúplice da decisão rescindenda.

113. Ação cautelar. Efeito suspensivo ao recurso ordinário em mandado de segurança. Incabível. Ausência de interesse. Extinção.

É incabível medida cautelar para imprimir efeito suspensivo a recurso interposto contra decisão proferida em mandado de segurança, pois ambos visam, em última análise, à sustação do ato atacado. Extingue-se, pois, o processo, sem julgamento do mérito, por ausência de interesse de agir, para evitar que decisões judiciais conflitantes e inconciliáveis passem a reger idêntica situação jurídica.

114. (Cancelada em decorrência da sua conversão na Súmula 419, Res. TST 137/2005, DJU 22.08.2005)

Competência. Execução por carta. Embargos de terceiro. Juízo deprecante. (DJ 11.08.2003). Na execução por carta precatória, os embargos de terceiro serão oferecidos no juízo deprecante ou no juízo deprecado, mas a competência para julgá-los é do juízo deprecante, salvo se versarem, unicamente, sobre vícios ou irregularidades da penhora, avaliação ou alienação dos bens, praticados pelo juízo deprecado, em que a competência será deste último.

115. (Cancelada em decorrência da sua conversão na Súmula 420, Res. TST 137/2005, DJU 22.08.2005).

Competência funcional. Conflito negativo. TRT e Vara do Trabalho de idêntica região. Não configuração. (*DJ* 11.08.2003). Não se configura conflito de competência entre TRT e Vara do Trabalho a ele vinculada.

116. **(Cancelada em decorrência da sua conversão na Súmula 397, Res. TST 137/2005, *DJU* 22.08.2005)**

 Ação rescisória. Art. 485, IV, do CPC. Ação de cumprimento. Ofensa à coisa julgada emanada de sentença normativa modificada em grau de recurso. Inviabilidade. (*DJ* 11.08.2003). Não procede ação rescisória calcada em ofensa à coisa julgada perpetrada por decisão proferida em ação de cumprimento, em face de a sentença normativa, na qual se louvava, ter sido modificada em grau de recurso, porque em dissídio coletivo somente se consubstancia coisa julgada formal. Assim, os meios processuais, aptos a atacarem a execução da cláusula reformada, são a exceção da pré-executividade e o mandado de segurança, no caso de descumprimento do art. 572 do CPC.

117. **(Cancelada em decorrência da nova redação conferida à Súmula 99, Res. TST 137/2005, *DJU* 22.08.2005)**

 Ação rescisória. Depósito recursal. Pedido rescisório procedente. Condenação em pecúnia. IN 3/1993, III. (*DJ* 11.08.2003). Havendo recurso ordinário em sede de rescisória, o depósito recursal prévio só é exigível quando for julgado procedente o pedido e imposta condenação em pecúnia.

118. **(Cancelada em decorrência da sua incorporação à nova redação da OJ 25 da SDI-II/TST, Res. TST 137/2005, *DJU* 22.08.2005)**

 Ação rescisória. Expressão "lei" do art. 485, V, do CPC. Indicação de contrariedade a súmula ou orientação jurisprudencial do TST. Descabimento. (*DJ* 11.08.2003). Não prospera pedido de rescisão fundado no art. 485, V, do CPC, com indicação de contrariedade a súmula, uma vez que a jurisprudência consolidada dos tribunais não corresponde ao conceito de lei.

119. **(Cancelada em decorrência da sua conversão na Súmula 409, Res. TST 137/2005, *DJU* 22.08.2005)**

 Ação rescisória. Prazo prescricional. Total ou parcial. Violação do art. 7.º, XXIX, da CF/1988. Matéria infraconstitucional. (*DJ* 11.08.2003). Não procede ação rescisória calcada em violação do art. 7.º, XXIX, da CF/1988 quando a questão envolve discussão sobre a espécie de prazo prescricional

aplicável aos créditos trabalhistas, se total ou parcial, porque a matéria tem índole infraconstitucional, construída, na Justiça do Trabalho, no plano jurisprudencial.

120. (Cancelada em decorrência da sua conversão na Súmula 418, Res. TST 137/2005, *DJU* 22.08.2005)

Mandado de segurança. Recusa à homologação de acordo. Inexistência de direito líquido e certo. (*DJ* 11.08.2003). Não comporta mandado de segurança a negativa de homologação de acordo, por inexistir direito líquido e certo à homologação, já que se trata de atividade jurisdicional alicerçada no livre convencimento do juiz.

121. (Cancelada em decorrência da sua conversão na Súmula 405, Res. TST 137/2005, *DJU* 22.08.2005)

Ação rescisória. Pedido de antecipação de tutela. Descabimento. (*DJ* 11.08.2003). Não se admite tutela antecipada em sede de ação rescisória, na medida em que não se pode desconstituir antecipadamente a coisa julgada, com base em juízo de verossimilhança, dadas as garantias especiais de que se reveste o pronunciamento estatal transitado em julgado.

122. (Cancelada em decorrência da nova redação conferida à Súmula 100, Res. TST 137/2005, *DJU* 22.08.2005)

Ação rescisória. Decadência. Ministério Público. *Dies a quo* do prazo. Contagem. Colusão das partes. (*DJ* 11.08.2003). Na hipótese de colusão das partes, o prazo decadencial da ação rescisória somente começa a fluir para o Ministério Público que não interveio no processo principal, a partir do momento em que tem ciência da fraude.

123. **Ação rescisória. Interpretação do sentido e alcance do título executivo. Inexistência de ofensa à coisa julgada.** (*DJ* 11.08. 2003)

O acolhimento da ação rescisória calcada em ofensa à coisa julgada supõe dissonância patente entre as decisões exequenda e rescindenda, o que não se verifica quando se faz necessária a interpretação do título executivo judicial para se concluir pela lesão à coisa julgada.

* Alterada pela Res. TST 137/2005 (*DJU* 22.08.2005).

124. **Ação rescisória. Art. 485, II, do CPC. Arguição de incompetência absoluta. Prequestionamento inexigível.**

Na hipótese em que a ação rescisória tem como causa de rescindibilidade o inc. II do art. 485 do CPC, a arguição de incompetência absoluta prescinde de prequestionamento.

125. **(Cancelada em decorrência da sua conversão na Súmula 403, Res. TST 137/2005, *DJU* 22.08.2005)**

 Ação rescisória. Art. 485, III, do CPC. Silêncio da parte vencedora acerca de eventual fato que lhe seja desfavorável. Descaracterizado o dolo processual. (*DJ* 09.12.2003). Não caracteriza dolo processual, previsto no art. 485, III, do CPC, o simples fato de a parte vencedora haver silenciado a respeito de fatos contrários a ela, porque o procedimento, por si só, não constitui ardil do qual resulte cerceamento de defesa e, em consequência, desvie o juiz de uma sentença não condizente com a verdade.

126. **(Cancelada em decorrência da sua conversão na Súmula 398, Res. TST 137/2005, *DJU* 22.08.2005)**

 Ação rescisória. Ausência de defesa. Inaplicáveis os efeitos da revelia. (*DJ* 09.12.2003). Na ação rescisória, o que se ataca na ação é a sentença, ato oficial do Estado, acobertado pelo manto da coisa julgada. Assim sendo e, considerando que a coisa julgada envolve questão de ordem pública, a revelia não produz confissão na ação rescisória.

127. **Mandado de segurança. Decadência. Contagem. Efetivo ato coator.**

 Na contagem do prazo decadencial para ajuizamento de mandado de segurança, o efetivo ato coator é o primeiro em que se firmou a tese hostilizada e não aquele que a ratificou.

128. **Ação rescisória. Concurso público anulado posteriormente. Aplicação do enunciado 363 do TST.**

 O certame público posteriormente anulado equivale à contratação realizada sem a observância da exigência contida no art. 37, II, da CF/1988. Assim sendo, aplicam-se à hipótese os efeitos previstos no Enunciado 363 do TST.

129. **Ação anulatória. Competência originária.**

 Em se tratando de ação anulatória, a competência originária se dá no mesmo juízo em que praticado o ato supostamente eivado de vício.

130. **Ação civil pública. Competência. Local do dano. Lei 7.347/1985, art. 2.º. Art. 93 do CDC. (Redação alterada na seção do Tribunal Pleno realizada em 14.09.2012)**

I – A competência para a Ação Civil Pública fixa-se pela extensão do dano.

II – Em caso de dano de abrangência regional, que atinja cidades sujeitas à jurisdição de mais de uma Vara do Trabalho, a competência será de qualquer das Varas das localidades atingidas, ainda que vinculadas a TRT distintos.

III – Em caso de dano de abrangência suprarregional ou nacional, há competência concorrente para a Ação Civil Pública das Varas do Trabalho das sedes dos TRT.

IV – Estará prevento o juízo a que a primeira ação houver sido distribuída.

* Alterada pela Res. TST 186/2012 (*DEJT* 25.09.2012).

131. **Ação rescisória. Ação cautelar para suspender execução da decisão rescindenda. Pendência de trânsito em julgado da ação rescisória principal. Efeitos.**

A ação cautelar não perde o objeto enquanto ainda estiver pendente o trânsito em julgado da ação rescisória principal, devendo o pedido cautelar ser julgado procedente, mantendo-se os efeitos da liminar eventualmente deferida, no caso de procedência do pedido rescisório ou, por outro lado, improcedente, se o pedido da ação rescisória principal tiver sido julgado improcedente.

132. **Ação rescisória. Acordo homologado. Alcance. Ofensa à coisa julgada.**

Acordo celebrado – homologado judicialmente – em que o empregado dá plena e ampla quitação, sem qualquer ressalva, alcança não só o objeto da inicial, como também todas as demais parcelas referentes ao extinto contrato de trabalho, violando a coisa julgada, a propositura de nova reclamação trabalhista.

133. **(Cancelada em decorrência da nova redação conferida à Súmula 192, Res. TST 137/2005, *DJU* 22.08.2005)**

Ação rescisória. Decisão em agravo regimental. Aplicação da Súmula 333. Juízo de mérito. (*DJ* 04.05.2004). A decisão proferida pela SDI, em sede de agravo regimental, calcada na Súmula 333, substitui acórdão de Turma do TST, porque emite juízo de mérito, comportando, em tese, o corte rescisório.

134. Ação rescisória. Decisão rescindenda. Preclusão declarada. Formação da coisa julgada formal. Impossibilidade jurídica do pedido.

A decisão que conclui estar preclusa a oportunidade de impugnação da sentença de liquidação, por ensejar tão somente a formação da coisa julgada formal, não é suscetível de rescindibilidade.

135. Ação rescisória. Violação do art. 37, *caput*, da CF/1988. Necessidade de prequestionamento.

A ação rescisória calcada em violação do art. 37, *caput*, da CF/1988, por desrespeito ao princípio da legalidade administrativa exige que ao menos o princípio constitucional tenha sido prequestionado na decisão.

136. Ação rescisória. Erro de fato. Caracterização.

A caracterização do erro de fato como causa de rescindibilidade de decisão judicial transitada em julgado supõe a afirmação categórica e indiscutida de um fato, na decisão rescindenda, que não corresponde à realidade dos autos. O fato afirmado pelo julgador, que pode ensejar ação rescisória calcada no inc. IX do art. 485 do CPC, é apenas aquele que se coloca como premissa fática indiscutida de um silogismo argumentativo, não aquele que se apresenta ao final desse mesmo silogismo, como conclusão decorrente das premissas que especificaram as provas oferecidas, para se concluir pela existência do fato. Esta última hipótese é afastada pelo § 2.º do art. 485 do CPC, ao exigir que não tenha havido controvérsia sobre o fato e pronunciamento judicial esmiuçando as provas.

137. Mandado de segurança. Dirigente sindical. Art. 494 da CLT. Aplicável.

Constitui direito líquido e certo do empregador a suspensão do empregado, ainda que detentor de estabilidade sindical, até a decisão final do inquérito em que se apure a falta grave a ele imputada, na forma do art. 494, *caput* e parágrafo único, da CLT.

138. (Cancelada, *DJU* 10.05.2006)

Mandado de segurança. Incompetência da Justiça do Trabalho. Cobrança de honorários advocatícios. Contrato de natureza civil. A Justiça do Trabalho é incompetente para apreciar ação de cobrança de honorários advocatícios, pleiteada na forma do art. 24, §§ 1.º e 2.º, da Lei 8.906/1994, em face da natureza civil do contrato de honorários.

139. (Cancelada em decorrência da sua conversão na Súmula 414, Res. TST 137/2005, *DJU* 22.08.2005)

Mandado de segurança. Liminar em ação civil pública. Sentença de mérito superveniente. Perda de objeto. (*DJ* 04.05.2004). Perde objeto o mandado de segurança que impugna liminar em ação civil pública substituída por sentença de mérito superveniente.

140. **Mandado de segurança contra liminar, concedida ou denegada em outra segurança. Incabível. (Art. 8.º da Lei 1.533/1951)**

Não cabe mandado de segurança para impugnar despacho que acolheu ou indeferiu liminar em outro mandado de segurança.

141. (Cancelada em decorrência da sua conversão na Súmula 418, Res. TST 137/2005, *DJU* 22.08.2005)

Mandado de segurança para conceder liminar denegada em ação cautelar. (*DJ* 04.05. 2004). A concessão de liminar constitui faculdade do juiz, no uso de seu poder discricionário e de cautela, inexistindo direito líquido e certo tutelável pela via do mandado de segurança.

142. **Mandado de segurança. Reintegração liminarmente concedida.**

Inexiste direito líquido e certo a ser oposto contra ato de Juiz que, antecipando a tutela jurisdicional, determina a reintegração do empregado até a decisão final do processo, quando demonstrada a razoabilidade do direito subjetivo material, como nos casos de anistiado pela da Lei 8.878/1994, aposentado, integrante de comissão de fábrica, dirigente sindical, portador de doença profissional, portador de vírus HIV ou detentor de estabilidade provisória prevista em norma coletiva.

143. *Habeas corpus*. **Penhora sobre coisa futura e incerta. Prisão. Depositário infiel. (Redação alterada na seção do Tribunal Pleno realizada em 17.11.2008)**

Não se caracteriza a condição de depositário infiel quando a penhora recair sobre coisa futura e incerta, circunstância que, por si só, inviabiliza a materialização do depósito no momento da constituição do paciente em depositário, autorizando-se a concessão de *habeas corpus* diante da prisão ou ameaça de prisão que sofra.

* Alterada pela Res. TST 151/2008 (*DJe* 20.11.2008).

144. **Mandado de segurança. Proibição de prática de atos futuros. Sentença genérica. Evento futuro. Incabível. (DJ 22.06.2004)**

 O mandado de segurança não se presta à obtenção de uma sentença genérica, aplicável a eventos futuros, cuja ocorrência é incerta.

 * Alterada pela Res. TST 137/2005 (DJU 22.08.2005).

145. **(Cancelada em decorrência da nova redação conferida à Súmula 100 – Res. TST 137/2005 – DJU 22.08.2005).**

 Ação rescisória. Decadência. Não esgotamento das vias recursais. Prazo legal do recurso extraordinário. (DJ 10.11.2004). Conta-se o prazo decadencial da ação rescisória, após o decurso do prazo legal previsto para a interposição do recurso extraordinário, apenas quando esgotadas todas as vias recursais ordinárias.

146. **Ação rescisória. Início do prazo para apresentação da contestação. Art. 774 da CLT.**

 A contestação apresentada em sede de ação rescisória obedece à regra relativa à contagem de prazo constante do art. 774 da CLT, sendo inaplicável o art. 241 do CPC.

147. **(Cancelada pela Res. TST 142/2007, DJU 10.10.2007).**

 Ação rescisória. Valor da causa. O valor da causa, na ação rescisória de sentença de mérito advinda de processo de conhecimento, corresponde ao valor da causa fixado no processo originário, corrigido monetariamente. No caso de se pleitear a rescisão de decisão proferida na fase de execução, o valor da causa deve corresponder ao montante da condenação.

148. **Custas. Mandado de segurança. Recurso ordinário. Exigência do pagamento. (Conversão da OJ 29 da SDI-I/TST)**

 É responsabilidade da parte, para interpor recurso ordinário em mandado de segurança, a comprovação do recolhimento das custas processuais no prazo recursal, sob pena de deserção. (Ex-OJ 29 – Inserida em 20.09. 2000)

 * Acrescentada pela Res. TST 129/2005 (DJU 20.04.2005).

149. **Conflito de competência. Incompetência territorial. Hipótese do art. 651, § 3.º, da CLT. Impossibilidade de declaração de ofício de incompetência relativa.**

Não cabe declaração de ofício de incompetência territorial no caso do uso, pelo trabalhador, da faculdade prevista no art. 651, § 3.º, da CLT. Nessa hipótese, resolve-se o conflito pelo reconhecimento da competência do juízo do local onde a ação foi proposta.

150. **Ação rescisória. Decisão rescindenda que extingue o processo sem resolução de mérito por acolhimento da exceção de coisa julgada. Conteúdo meramente processual. Impossibilidade jurídica do pedido.**

 Reputa-se juridicamente impossível o pedido de corte rescisório de decisão que, reconhecendo a configuração de coisa julgada, nos termos do art. 267, V, do CPC, extingue o processo sem resolução de mérito, o que, ante o seu conteúdo meramente processual, a torna insuscetível de produzir a coisa julgada material.

151. **Ação rescisória e mandado de segurança. Irregularidade de representação processual verificada na fase recursal. Procuração outorgada com poderes específicos para ajuizamento de reclamação trabalhista. Vício processual insanável.**

 A procuração outorgada com poderes específicos para ajuizamento de reclamação trabalhista não autoriza a propositura de ação rescisória e mandado de segurança, bem como não se admite sua regularização quando verificado o defeito de representação processual na fase recursal, nos termos da Súmula 383, item II, do TST.

152. **Ação rescisória e mandado de segurança. Recurso de revista de acórdão regional que julga ação rescisória ou mandado de segurança. Princípio da fungibilidade. Inaplicabilidade. Erro grosseiro na interposição do recurso.**

 A interposição de recurso de revista de decisão definitiva de TRT em ação rescisória ou em mandado de segurança, com fundamento em violação legal e divergência jurisprudencial e remissão expressa ao art. 896 da CLT, configura erro grosseiro, insuscetível de autorizar o seu recebimento como recurso ordinário, em face do disposto no art. 895, *b*, da CLT.

153. **Mandado de segurança. Execução. Ordem de penhora sobre valores existentes em conta salário. Art. 649, IV, do CPC. Ilegalidade.**

 Ofende direito líquido e certo decisão que determina o bloqueio de numerário existente em conta salário, para satisfação de crédito trabalhista,

ainda que seja limitado a determinado percentual dos valores recebidos ou a valor revertido para fundo de aplicação ou poupança, visto que o art. 649, IV, do CPC contém norma imperativa que não admite interpretação ampliativa, sendo a exceção prevista no art. 649, § 2.º, do CPC espécie e não gênero de crédito de natureza alimentícia, não englobando o crédito trabalhista.

154. **Ação rescisória. Acordo prévio ao ajuizamento da reclamação. Quitação geral. Lide simulada. Possibilidade de rescisão da sentença homologatória de acordo apenas se verificada a existência de vício de consentimento.**

 A sentença homologatória de acordo prévio ao ajuizamento de reclamação trabalhista, no qual foi conferida quitação geral do extinto contrato, sujeita-se ao corte rescisório tão somente se verificada a existência de fraude ou vício de consentimento.

155. **Ação rescisória e mandado de segurança. Valor atribuído à causa na inicial. Majoração de ofício. Inviabilidade.**

 Atribuído o valor da causa na inicial da ação rescisória ou do mandado de segurança e não havendo impugnação, nos termos do art. 261 do CPC, é defeso ao Juízo majorá-lo de ofício, ante a ausência de amparo legal. Inaplicável, na hipótese, a OJ da SDI-II/TST 147 e o art. 2.º, II, da IN 31 do TST.

156. *Habeas corpus* **originário no TST. Substitutivo de recurso ordinário em** *Habeas corpus*. **Cabimento contra decisão definitiva proferida por TRT.**

 É cabível ajuizamento de *habeas corpus* originário no TST, em substituição de recurso ordinário em *habeas corpus*, de decisão definitiva proferida por TRT, uma vez que o órgão colegiado passa a ser a autoridade coatora no momento em que examina o mérito do *habeas corpus* impetrado no âmbito da Corte local.

157. **Ação rescisória. Decisões proferidas em fases distintas de uma mesma ação. Coisa julgada. não configuração.**

 A ofensa à coisa julgada de que trata o art. 485, IV, do CPC refere-se apenas a relações processuais distintas. A invocação de desrespeito à coisa julgada formada no processo de conhecimento, na correspondente fase de execução, somente é possível com base na violação do art. 5.º, XXXVI, da CF/1988.

158. Ação rescisória. Declaração de nulidade de decisão homologatória de acordo em razão de colusão (art. 485, III, do CPC). Multa por litigância de má-fé. Impossibilidade.

A declaração de nulidade de decisão homologatória de acordo, em razão da colusão entre as partes (art. 485, III, do CPC), é sanção suficiente em relação ao procedimento adotado, não havendo que ser aplicada a multa por litigância de má-fé.

5. Seção Especializada em Dissídios Coletivos do Tribunal Superior do Trabalho

1. **(Cancelada em 19.05.2004, *DJU* 22.06.2004)**

 (Acordo coletivo. Descumprimento. Existência de ação própria. Abusividade da greve deflagrada para substituí-la.

 O ordenamento legal vigente assegura a via da ação de cumprimento para as hipóteses de inobservância de norma coletiva em vigor, razão pela qual é abusivo o movimento grevista deflagrado em substituição ao meio pacífico próprio para a solução do conflito).

2. **Acordo homologado. Extensão a partes não subscreventes. Inviabilidade.**

 É inviável aplicar condições constantes de acordo homologado nos autos de dissídio coletivo, extensivamente, às partes que não o subscreveram, exceto se observado o procedimento previsto no art. 868 e ss. da CLT.

3. **Arresto. Apreensão. Depósito. Pretensões insuscetíveis de dedução em sede coletiva.**

 São incompatíveis com a natureza e finalidade do dissídio coletivo as pretensões de provimento judicial de arresto, apreensão ou depósito.

4. **(Cancelada em 26.09.2006, *DJU* 18.10.2006)**

 (Disputa por titularidade de Representação. Incompetência da Justiça do Trabalho.

 A disputa intersindical pela representatividade de certa categoria refoge ao âmbito da competência material da Justiça do Trabalho).

5. **Dissídio coletivo. Pessoa jurídica de direito público. Possibilidade jurídica. Cláusula de natureza social.**

(redação alterada na Seção do Tribunal Pleno realizada em 14.09.2012)

Em face de pessoa jurídica de direito público que mantenha empregados, cabe dissídio coletivo exclusivamente para apreciação de cláusulas de natureza social. Inteligência da Convenção 151 da Organização Internacional do Trabalho, ratificada pelo Decreto Legislativo 206/2010.

* Alterada pela Res. TST 186/2012 (*DEJT* 25.09.2012).

6. **(Cancelada em 10.08.2000, *DJU* 23.03. 2001)**

 (Dissídio coletivo. Natureza jurídica. Imprescindibilidade de realização de assembleia de trabalhadores e negociação prévia.

 O dissídio coletivo de natureza jurídica não prescinde da autorização da categoria, reunida em assembleia, para legitimar o sindicato próprio, nem da etapa negocial prévia para buscar solução de consenso).

7. **Dissídio coletivo. Natureza jurídica. Interpretação de norma de caráter genérico. Inviabilidade.**

 Não se presta o dissídio coletivo de natureza jurídica à interpretação de normas de caráter genérico, a teor do disposto no art. 313, II, do RITST.

8. **Dissídio coletivo. Pauta reivindicatória não registrada em ata. Causa de extinção.**

 A ata da assembleia de trabalhadores que legitima a atuação da entidade sindical respectiva em favor de seus interesses deve registrar, obrigatoriamente, a pauta reivindicatória, produto da vontade expressa da categoria.

9. **Enquadramento sindical. Incompetência material da Justiça do Trabalho.**

 O dissídio coletivo não é meio próprio para o sindicato vir a obter o reconhecimento de que a categoria que representa é diferenciada, pois esta matéria – enquadramento sindical – envolve a interpretação de norma genérica, notadamente do art. 577 da CLT.

10. **Greve abusiva não gera efeitos.**

 É incompatível com a declaração de abusividade de movimento grevista o estabelecimento de quaisquer vantagens ou garantias a seus partícipes, que assumiram os riscos inerentes à utilização do instrumento de pressão máximo.

11. **Greve. Imprescindibilidade de tentativa direta e pacífica da solução do conflito. Etapa negocial prévia.**

 É abusiva a greve levada a efeito sem que as partes hajam tentado, direta e pacificamente, solucionar o conflito que lhe constitui o objeto.

12. **(Cancelada pela Res. TST 166/2010, DJe 30.04.2010)**

 (Greve. Qualificação jurídica. Ilegitimidade ativa *ad causam* do sindicato profissional que deflagra o movimento.

 Não se legitima o sindicato profissional a requerer judicialmente a qualificação legal de movimento paredista que ele próprio fomentou).

13. **(Cancelada em 09.10.2003, DJU 24.11. 2003)**

 (Legitimação da entidade sindical. Assembleia deliberativa. *Quorum* de validade. Art. 612 da CLT.
 Mesmo após a promulgação da Constituição Federal de 1988, subordina-se a validade da assembleia de trabalhadores que legitima a atuação da entidade sindical respectiva em favor de seus interesses à observância do *quorum* estabelecido no art. 612 da CLT).

14. **(Cancelada em 13.11.2003, DJU 02.12. 2003)**

 (Sindicato. Base territorial excedente de um Município. Obrigatoriedade da realização de múltiplas assembleias.

 Se a base territorial do Sindicato representativo da categoria abrange mais de um Município, a realização de assembleia deliberativa em apenas um deles inviabiliza a manifestação de vontade da totalidade dos trabalhadores envolvidos na controvérsia, pelo que conduz à insuficiência de quorum deliberativo, exceto quando particularizado o conflito).

15. **Sindicato. Legitimidade *ad processum*. Imprescindibilidade do registro no Ministério do Trabalho.**

 A comprovação da legitimidade *ad processum* da entidade sindical se faz por seu registro no órgão competente do Ministério do Trabalho, mesmo após a promulgação da Constituição Federal de 1988.

16. **Taxa de homologação de rescisão contratual. Ilegalidade.**

É contrária ao espírito da lei (art. 477, § 7.º, da CLT) e da função precípua do sindicato a cláusula coletiva que estabelece taxa para homologação de rescisão contratual.

17. **Contribuições para entidades sindicais. Inconstitucionalidade de sua extensão a não associados.**

 As cláusulas coletivas que estabeleçam contribuição em favor de entidade sindical, a qualquer título, obrigando trabalhadores não sindicalizados, são ofensivas ao direito de livre associação e sindicalização, constitucionalmente assegurado, e, portanto, nulas, sendo passíveis de devolução, por via própria, os respectivos valores eventualmente descontados.

18. **Descontos autorizados no salário pelo trabalhador. Limitação máxima de 70% do salário-base.**

 Os descontos efetuados com base em cláusula de acordo firmado entre as partes não podem ser superiores a 70% do salário-base percebido pelo empregado, pois deve-se assegurar um mínimo de salário em espécie ao trabalhador.

19. **Dissídio coletivo contra empresa. Legitimação da entidade sindical. Autorização dos trabalhadores diretamente envolvidos no conflito.**

 A legitimidade da entidade sindical para a instauração da instância contra determinada empresa está condicionada à prévia autorização dos trabalhadores da suscitada diretamente envolvidos no conflito.

 * Republicada no *DJe* 16.11.2010.

20. **Empregados sindicalizados. Admissão preferencial. Condição violadora do art. 8.º, V, da CF/1988.**

 Viola o art. 8.º, V, da CF/1988 cláusula de instrumento normativo que estabelece a preferência, na contratação de mão de obra, do trabalhador sindicalizado sobre os demais.

 * Republicada no *DJE* 16.11.2010.

21. **(Cancelada em 13.11.2003, DJU 02.12.2003)**

 (Ilegitimidade *ad causam* do sindicato. Ausência de indicação do total de associados da entidade sindical. Insuficiência de *quorum* (art. 612 da CLT).

22. **Legitimidade *ad causam* do sindicato. Correspondência entre as atividades exercidas pelos setores profissional e econômico envolvidos no conflito. Necessidade.**

 É necessária a correspondência entre as atividades exercidas pelos setores profissional e econômico, a fim de legitimar os envolvidos no conflito a ser solucionado pela via do dissídio coletivo.

 * Republicada no *DJe* 16.11.2010.

23. **Legitimidade *ad causam*. Sindicato representativo de segmento profissional ou patronal. Impossibilidade.**

 A representação sindical abrange toda a categoria, não comportando separação fundada na maior ou menor dimensão de cada ramo ou empresa.

24. **(Cancelada em 31.03.2004, *DJU* 16.04.2004)**

 (Negociação Prévia Insuficiente. Realização de Mesa Redonda perante a Delegacia Regional do Trabalho. Art. 114, § 2.º, da CF/1988. Violação).

25. **Salário normativo. Contrato de experiência. Limitação. Tempo de serviço. Possibilidade.**

 Não fere o princípio da isonomia salarial (art. 7.º, XXX, da CF/1988) a previsão de salário normativo tendo em vista o fator tempo de serviço.

26. **Salário normativo. Menor empregado. Art. 7.º, XXX, da CF/1988. Violação.**

 Os empregados menores não podem ser discriminados em cláusula que fixa salário mínimo profissional para a categoria.

27. **Custas. Ausência de intimação. Deserção. Caracterização.**

 A deserção se impõe mesmo não tendo havido intimação, pois incumbe à parte, na defesa do próprio interesse, obter os cálculos necessários para efetivar o preparo.

28. **Edital de convocação da AGT. Publicação. Base territorial. Validade.**

 O edital de convocação para a AGT deve ser publicado em jornal que circule em cada um dos municípios componentes da base territorial.

29. **Edital de convocação e ata da assembleia geral. Requisitos essenciais para instauração de dissídio coletivo.**

O edital de convocação da categoria e a respectiva ata da AGT constituem peças essenciais à instauração do processo de dissídio coletivo.

30. **Estabilidade da gestante. Renúncia ou transação de direitos constitucionais. Impossibilidade.**

 Nos termos do art. 10, II, *b*, do ADCT, a proteção à maternidade foi erigida à hierarquia constitucional, pois retirou do âmbito do direito potestativo do empregador a possibilidade de despedir arbitrariamente a empregada em estado gravídico. Portanto, a teor do art. 9.º da CLT, torna-se nula de pleno direito a cláusula que estabelece a possibilidade de renúncia ou transação, pela gestante, das garantias referentes à manutenção do emprego e salário.

 * Republicada no *DEJT* 19.09.2011.

31. **Estabilidade do acidentado. Acordo homologado. Prevalência. Impossibilidade. Violação do art. 118 da Lei 8.213/1991.**

 Não é possível a prevalência de acordo sobre legislação vigente, quando ele é menos benéfico do que a própria lei, porquanto o caráter imperativo dessa última restringe o campo de atuação da vontade das partes.

32. **Reivindicações da categoria. Fundamentação das cláusulas. Necessidade. Aplicação do Precedente Normativo 37 do TST.**

 É pressuposto indispensável à constituição válida e regular da ação coletiva a apresentação em forma clausulada e fundamentada das reivindicações da categoria, conforme orientação do item VI, letra *e*, da IN 4/93.

33. **(Cancelada em 04.08.2005, *DJU* 22.08.2005)**

 (Ação rescisória. Ministério Público. Legitimidade restrita. Hipóteses do art. 487, I e III, do CPC.

 A teor do disposto no art. 487, I e III, do CPC, o Ministério Público apenas detém legitimidade para propor ação rescisória nas hipóteses em que tenha sido parte no processo no qual proferida a decisão rescindenda; nas quais deixou de manifestar-se ou intervir na lide, quando por previsão legal expressa deveria tê-lo feito, ou ainda naquelas em que a sentença resultou de colusão das partes, com o intuito de fraudar a lei).

34. **Acordo extrajudicial. Homologação. Justiça do trabalho. Prescindibilidade.**

É desnecessária a homologação, por Tribunal Trabalhista, do acordo extrajudicialmente celebrado, sendo suficiente, para que surta efeitos, sua formalização perante o Ministério do Trabalho (art. 614 da CLT e art. 7.º, XXVI, da CF/1988).

35. **Edital de convocação da AGT. Disposição estatutária específica. Prazo mínimo entre a publicação e a realização da assembleia. Observância obrigatória.**

 Se os estatutos da entidade sindical contam com norma específica que estabeleça prazo mínimo entre a data de publicação do edital convocatório e a realização da assembleia correspondente, então a validade desta última depende da observância desse interregno.

36. **Empregados de empresa de processamento de dados. Reconhecimento como categoria diferenciada. Impossibilidade.**

 É por lei e não por decisão judicial, que as categorias diferenciadas são reconhecidas como tais. De outra parte, no que tange aos profissionais da informática, o trabalho que desempenham sofre alterações, de acordo com a atividade econômica exercida pelo empregador.

37. **(Cancelada em 26.09.2006, *DJU* 18.10.2006)**

 (Empregados de entidades sindicais. Estabelecimento de condições coletivas de trabalho distintas daquelas às quais sujeitas as categorias representadas pelos empregadores. Impossibilidade jurídica. Art. 10 da Lei 4.725/1965.

 O art. 10 da Lei 4.725/1965 assegura, para os empregados de entidades sindicais, as mesmas condições coletivas de trabalho fixadas para os integrantes das categorias que seus empregadores representam. Assim, a previsão legal expressa constitui óbice ao ajuizamento de dissídio coletivo com vistas a estabelecer para aqueles profissionais regramento próprio).

38. **Greve. Serviços essenciais. Garantia das necessidades inadiáveis da população usuária. Fator determinante da qualificação jurídica do movimento.**

 É abusiva a greve que se realiza em setores que a lei define como sendo essenciais à comunidade, se não é assegurado o atendimento básico das necessidades inadiáveis dos usuários do serviço, na forma prevista na Lei 7.783/1989.

É desnecessária a homologação, por Tribunal Trabalhista, do acordo extrajudicialmente celebrado, sendo suficiente, para que surta efeitos, sua formalização perante o Ministério do Trabalho (art. 614 da CLT e art. 7º, XXVI, da CF/1988).

35. Edital de convocação da AGT. Disposição estatutária específica. Prazo mínimo entre a publicação e a realização da assembleia. Observância obrigatória

Se os estatutos da entidade sindical contam com norma específica que estabelece prazo mínimo entre a data de publicação do edital convocatório e a realização da assembleia correspondente, então a validade desta última depende da observância desse interregno.

36. Empregados de empresa de processamento de dados. Reconhecimento como categoria diferenciada. Impossibilidade.

E por lei e não por decisão judicial, que as categorias diferenciadas são reconhecidas como tais. De outra parte, no que tange aos profissionais da informática, o trabalho que desempenham sofre alterações, de acordo com a atividade econômica exercida pelo empregador.

37. (Cancelada em 26.09.2006, DJU 18.10.2006).

(Empregados de entidades sindicais. Estabelecimento de condições coletivas de trabalho distintas daquelas às quais sujeitas as categorias representadas pelos empregadores. Impossibilidade jurídica. Art. 10 da Lei 4.725/1965

O art. 10 da Lei 4.725/1965 assegura, para os empregados de entidades sindicais, as mesmas condições coletivas de trabalho fixadas para os integrantes das categorias que seus empregadores representam. Assim, a previsão legal expressa constitui óbice ao ajuizamento de dissídio coletivo com vistas a estabelecer para aqueles profissionais regramento próprio).

38. Greve. Serviços essenciais. Garantia das necessidades inadiáveis da população usuária. Fator determinante da qualificação jurídica do movimento

É abusiva a greve que se realiza em setores que a lei define como sendo essenciais à comunidade, se não é assegurado o atendimento básico das necessidades inadiáveis dos usuários do serviço, na forma prevista na Lei 7.783/1989.

PRECEDENTES

Normativos

Administrativos

PRECEDENTES

Normativos

Administrativos

PRECEDENTES NORMATIVOS

Precedentes Normativos – Tribunal Superior do Trabalho

1. **Antecipação salarial trimestral.**

 Não se concede antecipação salarial trimestral. Ex-Precedente Normativo 1. (Cancelado no julgamento do Proc. TST/MA 486195/1998, certidão de julgamento publicada no *DJU* 23.09.1998, p. 118)

2. **Abono pecuniário.**

 Não se concede abono pecuniário ao empregado estudante com 1 (um) mês de trabalho. Ex-Precedente Normativo 2. (Cancelado no julgamento do Proc. TST/MA 486195/1998, certidão de julgamento publicada no *DJU* 23.09.1998, p. 118)

3. **Adicional de insalubridade.**

 Não se concede adicional de insalubridade sobre o piso salarial. Ex--Precedente Normativo 3. (Cancelado no julgamento do Proc. TST/MA 455213/1998-9, certidão de julgamento publicada no *DJU* 12.06.1998, p. 190)

4. **Ajuda de custo por quilometragem rodada.**

 Não se concede cláusula tratando da seguinte condição: salvo disposição contratual em contrário, a empresa, quando paga ajuda de custo por quilometragem rodada ao empregado, está obrigada a ressarcimento de danos materiais no veículo por ele utilizado a serviço. Ex-Precedente Normativo 4. (Cancelado no julgamento do Proc. TST/MA 455213/1998-9, certidão de julgamento publicada no *DJU* 12.06.1998, p. 190)

5. **Anotações de comissões.**

 O empregador é obrigado a anotar, na CTPS, o percentual das comissões a que faz jus o empregado. Ex-Precedente Normativo 5.

6. Garantia de salário no período de amamentação.

É garantido às mulheres, no período de amamentação, o recebimento do salário, sem prestação de serviços, quando o empregador não cumprir as determinações dos §§ 1.º e 2.º do art. 389 da CLT. Ex-Precedente Normativo 6.

7. Assistência sindical.

Não se concede cláusula que determine a assistência sindical nas rescisões contratuais de empregados com tempo de serviço inferior a 1 (um) ano. Ex-Precedente Normativo 7. (Cancelado no julgamento do Proc. TST/MA 455213/1998-9, certidão de julgamento publicada no *DJU* 12.06.1998, p. 190)

8. Atestado de afastamento e salários.

O empregador é obrigado a fornecer atestados de afastamento e salários ao empregado demitido. Ex-Precedente Normativo 8.

9. Auxílio-alimentação.

Não se concede auxílio-alimentação a empregado. Ex-Precedente Normativo 9. (Cancelado no julgamento do Proc. TST/MA 486195/1998, certidão de julgamento publicada no *DJU* 23.09.1998, p. 118)

10. Banco do Brasil como parte EDcl no TRT.

Os TRT são incompetentes para processar e julgar Dissídios Coletivos em que sejam partes o Banco do Brasil S/A e entidades sindicais dos bancários. (Redação dada no julgamento do Proc. TST/MA 486195/1998, certidão de julgamento publicada no *DJU* 23.09.1998, p. 118)

11. Bonificação a quem se aposenta.

Não se concede bonificação de salário a quem se aposenta. Ex-Precedente Normativo 12. (Cancelado no julgamento do Proc. TST/MA 486195/1998, certidão de julgamento publicada no *DJU* 23.09.1998, p. 118)

12. Horário de caixa.

Não se concede ao caixa o horário de 6 (seis) horas, por analogia com o dos bancários. Ex-Precedente Normativo 13. (Cancelado no julgamento do Proc. TST/MA 455213/1998-9, certidão de julgamento publicada no *DJU* 12.06.1998, p. 190)

13. **Local para sindicalização.**

 Não se concede cláusula prevendo a cessão de local na empresa destinado à sindicalização. Ex-Precedente Normativo 14. (Cancelado no julgamento do Proc. TST/MA 486195/1998, certidão de julgamento publicada no *DJU* 23.09.1998, p. 118)

14. **Desconto no salário.**

 Proíbe-se o desconto no salário do empregado dos valores de cheques não compensados ou sem fundos, salvo se não cumprir as resoluções da empresa. Ex-Precedente Normativo 15.

15. **Comissão sobre cobrança.**

 Se não obrigado por contrato a efetuar cobranças, o vendedor receberá comissões por esse serviço, respeitadas as taxas em vigor para os demais cobradores. Ex-Precedente Normativo 16.

16. **Comissão para disciplinar quadro de carreira da empresa.**

 Não se concede a criação de comissão para disciplinar quadro de carreira na empresa. Ex-Precedente Normativo 17. (Cancelado no julgamento do Proc. TST/MA 486195/1998, certidão de julgamento publicada no *DJU* 23.09.1998, p. 118)

17. **Complementação de auxílio-doença.**

 Não se concede complementação de auxílio-doença. Ex-Precedente Normativo 19. (Cancelado no julgamento do Proc. TST/MA 486195/1998, certidão de julgamento publicada no *DJU* 23.09.1998, p. 118)

18. **Contrato de experiência.**

 Não se concede norma que obrigue a remessa de cópia do contrato de experiência ao sindicato. Ex-Precedente Normativo 21. (Cancelado no julgamento do Proc. TST/MA 486195/1998, certidão de julgamento publicada no *DJU* 23.09.1998, p. 118)

19. **Cursos e reuniões obrigatórios.**

 Quando realizados fora do horário normal, os cursos e reuniões obrigatórios terão seu tempo remunerado como trabalho extraordinário. Ex-Precedente Normativo 23. (Cancelado no julgamento do Proc. TST/MA 455213/1998-9, certidão de julgamento publicada no *DJU* 12.06.1998, p. 190)

20. **Empregado rural. Contrato escrito.**
 Sendo celebrado contrato por tarefa, parceria ou meação, por escrito, obriga-se o empregador a fornecer uma via deste ao empregado, devidamente datada e assinada pelas partes. Ex-Precedente Normativo 24.

21. **Dedução do auxílio-doença para aquisição de férias.**
 Não se concede cláusula prevendo a dedução do período de auxílio-doença para aquisição de férias. Ex-Precedente Normativo 25. (Cancelado no julgamento do Proc. TST/MA 486195/1998, certidão de julgamento publicada no *DJU* 23.09.1998, p. 118)

22. **Creche.**
 Determina-se a instalação de local destinado à guarda de crianças em idade de amamentação, quando existentes na empresa mais de 30 (trinta) mulheres maiores de 16 (dezesseis) anos, facultado o convênio com creches.

23. **Criação de feriado.**
 A Justiça do Trabalho é incompetente para criar feriado remunerado. Ex-Precedente Normativo 26. (Cancelado no julgamento do Proc. TST/MA 486195/1998, certidão de julgamento publicada no *DJU* 23.09.1998, p. 118)

24. **Dispensa do aviso-prévio.**
 O empregado despedido fica dispensado do cumprimento do aviso-prévio quando comprovar a obtenção de novo emprego, desonerando a empresa do pagamento dos dias não trabalhados.

25. **Eleições nas Cipas.**
 Não se concede cláusula regulando as eleições para a Cipa. Ex-Precedente Normativo 32. (Cancelado no julgamento do Proc. TST/MA 455213/1998-9, certidão de julgamento publicada no *DJU* 12.06.1998, p. 190)

26. **Estabilidade ao beneficiário do auxílio-doença.**
 Não se concede estabilidade ao beneficiário do auxílio-doença. Ex-Precedente Normativo 32. (Cancelado no julgamento do Proc. TST/MA 486195/1998, certidão de julgamento publicada no *DJU* 23.09.1998, p. 118)

27. **Estabilidade do empregado que retorna de férias.**
 Não se concede estabilidade ao empregado que retorna de férias. Ex-Precedente Normativo 33. (Cancelado no julgamento do Proc. TST/MA 486195/1998, certidão de julgamento publicada no *DJU* 23.09.1998, p. 118)

28. Férias proporcionais.

Não se concedem férias proporcionais a empregado que, contando com menos de 1 (um) ano de serviço, pede demissão. Ex-Precedente Normativo 39. (Cancelado no julgamento do Proc. TST/MA 455213/1998-9, certidão de julgamento publicada no *DJU* 12.06.1998, p. 190)

29. Greve. Competência dos tribunais para declará-la abusiva.

Compete aos Tribunais do Trabalho decidir sobre o abuso do direito de greve. Ex-Precedente Normativo 41.

30. Empregado acidentado. Garantia no emprego.

Asseguram-se ao empregado vítima de acidente de trabalho 180 (cento e oitenta) dias de garantia no emprego contados a partir da alta do órgão previdenciário (aplicável até 24.07.1991, em face do que dispõe o art. 118 da Lei 8.213, de 24.07.1991, publicada no *DJU* 25.07.1991. Ex-Precedente Normativo 30. (Cancelado no julgamento do Proc. TST/MA 455213/1998-9, certidão de julgamento publicada no *DJU* 12.06.1998, p. 190)

31. Professor ("janelas").

Os tempos vagos (janelas) em que o professor ficar à disposição do curso serão remunerados como aula, no limite de 1 (uma) hora diária por unidade. Ex-Precedente Normativo 45.

32. Jornada do estudante.

Proíbe-se a prorrogação da jornada de trabalho do empregado estudante, ressalvadas as hipóteses dos arts. 59 e 61 da CLT. Ex-Precedente Normativo 48.

33. Licença-prêmio.

Não se concede um mês de licença-prêmio para empregado com 10 (dez) anos de serviço. Ex-Precedente Normativo 50. (Cancelado no julgamento do Proc. TST/MA 455213/1998-9, certidão de julgamento publicada no *DJU* 12.06.1998, p. 190)

34. Empregado rural. Moradia.

Ao empregado que residir no local de trabalho fica assegurada a moradia em condições de habitabilidade, conforme exigências da autoridade local. Ex-Precedente Normativo 51.

35. Mão de obra locada.

Fica proibida a contratação de mão de obra locada, ressalvadas as hipóteses previstas nas Leis 6.019/74 e 7.102/83. Ex-Precedente Normativo 52. (Cancelado no julgamento do Proc. TST/MA 455213/1998-9, certidão de julgamento publicada no *DJU* 12.06.1998, p. 190)

36. 13.º Salário. Multa.

Não se manda pagar multa por atraso do 13.º salário. Ex-Precedente Normativo 53. (Cancelado no julgame do Proc. TST-MA 455213/1998-9, certidão de julgamento publicada no *DJU* 12.06.1998, p. 190)

37. Dissídio coletivo. Fundamentação de cláusulas. Necessidade.

Nos processos de dissídio coletivo só serão julgadas as cláusulas fundamentadas na representação, em caso de ação originária, ou no recurso. Ex-Precedente Normativo 55.

38. Adicional por tempo de serviço.

Não se concede adicional por tempo de serviço (quinquênio, triênio, anuênio etc.). Ex-Precedente Normativo 56. (Cancelado no julgamento do Proc. TST/MA 486195/1998, certidão de julgamento publicada no *DJU* 23.09.1998, p. 118)

39. Readmissões. Preferência.

Não se concede cláusula prevendo que, para o preenchimento de vagas, o empregador dará preferência aos empregados que foram dispensados sem justa causa. Ex-Precedente Normativo 57. (Cancelado no julgamento do Proc. TST/MA 486195/1998, certidão de julgamento publicada no *DJU* 23.09.1998, p. 118)

40. Repouso semanal do comissionista.

O repouso semanal do comissionista é calculado nos termos da Lei 605/49. Ex-Precedente Normativo 59. (Cancelado no julgamento do Proc. TST/MA 455213/1998-9, certidão de julgamento publicada no *DJU* 12.06.1998, p. 190)

41. Relação nominal de empregados.

As empresas encaminharão à entidade profissional cópia das guias de contribuição sindical e assistencial, com a relação nominal dos respecti-

vos salários, no prazo máximo de 30 dias após o desconto. Ex-Precedente Normativo 60.

42. **Seguro obrigatório.**

Institui-se a obrigação do seguro, por acidente ou morte, para empregados que transportem valores ou exerçam as atividades de vigia ou vigilante. Ex-Precedente Normativo 63.

43. **Horas extras. Adicional.**

As horas extraordinárias serão remuneradas com o adicional de 100%. Ex--Precedente Normativo 43. (Cancelado no julgamento do Proc. TST/MA 455213/1998-9, certidão de julgamento publicada no *DJU* 12.06.1998, p. 190)

44. **Transporte.**

Não se concede condição para o fornecimento de transporte aos empregados que trabalham após as 22 horas. Ex-Precedente Normativo 64. (Cancelado no julgamento do Proc. TST/MA 486195/1998, certidão de julgamento publicada no *DJU* 23.09.1998, p. 118)

45. **Trimestralidade.**

Não se concede revisão trimestral de reajustamento. Ex-Precedente Normativo 65. (Cancelado no julgamento do Proc. TST/MA 455213/1998-9, certidão de julgamento publicada no *DJU* 12.06.1998, p. 190)

46. **Verbas rescisórias.**

Impõe-se multa pelo não pagamento das verbas rescisórias até o 10.º dia útil subsequente ao afastamento definitivo do empregado, por dia de atraso, no valor equivalente ao salário diário, desde que o retardamento não decorra de culpa do trabalhador (aplicável até a edição da Lei 7.855, de 24.10.1989). Ex-Precedente Normativo 68. (Cancelado no julgamento do Proc. TST/MA 455213/1998-9, certidão de julgamento publicada no *DJU* 12.06.1998, p. 190)

47. **Dispensa do empregado.**

O empregado despedido será informado, por escrito, dos motivos da dispensa. Ex-Precedente Normativo 69.

48. **Empregado rural. Concessão de terra.**

O empregado rural terá direito ao uso de área para cultivo, em torno da moradia, observado o seguinte balizamento: (a) 0,5 hectare para

trabalhador solteiro, viúvo ou desquitado; (b) 1 hectare para trabalhador viúvo ou desquitado, com filho de idade superior a 15 anos; (c) 1,5 hectare para trabalhador casado; (d) 2 hectares para trabalhador casado e com filho de idade superior a 15 anos. Quando o empregado rural for despedido sem justa causa, antes de colher sua própria cultura, será indenizado pelo empregador no valor equivalente às despesas que efetuou. Ex-Precedente Normativo 75. (Cancelado pela Res. TST 125/2004, DJU 10.09.2004)

49. **Gestante. Garantia de emprego.**

 Defere-se garantia de emprego à gestante, desde a concepção até 5 meses após o parto. Ex-Precedente Normativo 49. (Cancelado no julgamento do Proc. TST/MA 455213/1998-9, certidão de julgamento publicada no DJU 12.06.1998, p. 190)

50. **Empregado rural. Defensivos agrícolas.**

 O empregador rural é obrigado a possuir o receituário agronômico de defensivos agrícolas e a observar as medidas de prevenção nele contidas. Ex-Precedente Normativo 76.

51. **Cipas. Suplentes. Garantia de emprego.**

 Concede-se a garantia do art. 165 da CLT aos suplentes das Cipas. Ex-Precedente Normativo 77. (Cancelado no julgamento do Proc. TST/MA 455213/1998-9, certidão de julgamento publicada no DJU 12.06.98, p. 190)

52. **Recebimento do PIS.**

 Garante-se ao empregado o recebimento do salário do dia em que tiver de se afastar para recebimento do PIS. Ex-Precedente Normativo 78.

53. **Empregado rural. Rescisão do contrato de trabalho do chefe de família.**

 A rescisão do contrato de trabalho rural, sem justa causa, do chefe da unidade familiar é extensiva à esposa, às filhas solteiras e aos filhos até 20 anos de idade, que exerçam atividades na propriedade, mediante opção destes. Ex-Precedente Normativo 80.

54. **Transporte para audiência.**

 Não se concede cláusula prevendo o fornecimento de transporte aos trabalhadores para assistirem à audiência em Junta de Conciliação e Julgamento.

Ex-Precedente Normativo 81. (Cancelado no julgamento do Proc. TST/ MA 486195/1998, certidão de julgamento publicada no *DJU* 23.09.1998, p. 118)

* A EC 24/1999 substituiu as Juntas de Conciliação e Julgamento por Varas do Trabalho (juiz singular) e extinguiu a representação classista na Justiça do Trabalho.

55. **Jornalista. Contrato de trabalho.**

 O empregador é obrigado a mencionar no contrato de trabalho o órgão de imprensa no qual o jornalista vai trabalhar. Ex-Precedente Normativo 82.

56. **Constitucionalidade.**

 São constitucionais os Dec.-leis 2.012/1983, 2.024/1983 e 2.045/1983. Ex-Precedente Normativo 86.

57. **Empregado rural. Insalubridade.**

 O empregado rural tem direito ao adicional de insalubridade previsto na Consolidação das Leis Trabalhistas, desde que as condições desfavoráveis sejam apuradas através de perícia técnica. Ex-Precedente Normativo 89. (Cancelado no julgamento do Proc. TST/MA 455213/1998-9, certidão de julgamento publicada no *DJU* 12.06.1998, p. 190)

58. **Salário. Pagamento ao analfabeto.**

 O pagamento de salário ao empregado analfabeto deverá ser efetuado na presença de duas testemunhas. Ex-Precedente Normativo 91.

59. **Empregado rural. Aferição das balanças.**

 O instrumento de peso e medida, utilizado pelos empregadores para aferição das tarefas no regime de produção, deverá ser conferido pelo Instituto Nacional de Pesos e Medidas – INPM. Ex-Precedente Normativo 93.

60. **Empregado rural. Latão de café.**

 O latão de café terá capacidade de 60 litros e será padronizado de acordo com as normas do INPM. Ex-Precedente Normativo 94.

61. **Cobrança de títulos.**

 Salvo disposição contratual, é vedado ao empregador responsabilizar o empregado pelo inadimplemento do cliente, até mesmo quanto a títulos. Ex-Precedente Normativo 95.

62. **Empregado rural. Conservação das casas.**

 Os empregadores são responsáveis pelos reparos nas residências que cedam aos empregados rurais, desde que os danos não decorram de culpa destes. Ex-Precedente Normativo 96.

63. **Empregado rural. Ficha de controle da produção.**

 Quando da colheita, o café será entregue na lavoura ou no monte, fornecendo-se ao trabalhador uma ficha com o valor da respectiva produção. Ex- Precedente Normativo 97.

64. **Empregado rural. Horário e local de condução.**

 Fornecendo o empregador condução para o trabalho, informará ele aos empregados, previamente, os locais e horários do transporte. Ex-Precedente Normativo 98.

65. **Empregado rural. Pagamento de salário.**

 O pagamento de salário será efetuado em moeda corrente e no horário de serviço, para isso permitido o seu prolongamento até duas horas após o término da jornada de trabalho. Ex-Precedente Normativo 99.

66. **Garrafas "bicadas".**

 Constituem ônus do empregador aceitar a devolução de garrafas "bicadas" e o extravio de engradados, salvo se cumpridas as disposições contratuais pelo empregado. Ex-Precedente Normativo 100.

67. **Remuneração por produção.**

 Quando o serviço for contratado por produção, a remuneração não poderá ser inferior à diária correspondente ao salário normativo. Ex-Precedente Normativo 107.

68. **Empregado rural. Faltas ao serviço. Compras.**

 Autoriza-se o chefe de família, se empregado rural, a faltar ao serviço um dia por mês ou meio dia por quinzena, para efetuar compras, sem remuneração ou mediante compensação de horário, mas sem prejuízo do repouso remunerado, desde que não tenha falta injustificada durante o mês. Ex-Precedente Normativo 108.

69. **Empregado rural. Pagamento de dia não trabalhado.**

 O empregado rural fará jus ao salário do dia, quando comparecer ao local de prestação de serviço ou ponto de embarque, se fornecida condução

pelo empregador, e não puder trabalhar em consequência de chuva ou de outro motivo alheio à sua vontade. Ex-Precedente Normativo 109.

70. **Licença para estudante.**

 Concede-se licença não remunerada nos dias de prova ao empregado estudante, desde que avisado o patrão com 72 horas de antecedência e mediante comprovação. Ex-Precedente Normativo 70.

71. **Empregado rural. Transporte. Condições de segurança.**

 Quando fornecidos pelo empregador, os veículos destinados a transportar trabalhadores rurais deverão satisfazer as condições de segurança e comodidade, sendo proibido o carregamento de ferramentas soltas junto às pessoas conduzidas. Ex-Precedente Normativo 112.

72. **Multa. Atraso no pagamento de salário.**

 Estabelece-se multa de 10% sobre o saldo salarial, na hipótese de atraso no pagamento de salário até 20 dias, e de 5% por dia no período subsequente. Ex-Precedente Normativo 115.

73. **Multa. Obrigação de fazer.**

 Impõe-se multa, por descumprimento das obrigações de fazer, no valor equivalente a 10% do salário básico, em favor do empregado prejudicado. Ex-Precedente Normativo 73.

74. **Desconto assistencial.**

 Subordina-se o desconto assistencial sindical à não oposição do trabalhador, manifestada perante a empresa até 10 dias antes do primeiro pagamento reajustado. (Ex-Precedente Normativo 74) (Cancelado no julgamento do Proc. TST/MA 455193/1998-0, certidão de julgamento publicada no *DJU* 12.06.1998, p. 197)

75. **Contrato de experiência. Readmissão.**

 Readmitido o empregado no prazo de 1 (um) ano, na função que exercia, não será celebrado novo contrato de experiência, desde que cumprido integralmente o anterior. Ex-Precedente Normativo 116. (Cancelado no julgamento do Proc. TST/MA 455213/1998-9, certidão de julgamento publicada no *DJU* 12.06.1998, p. 190)

76. **Aviso-prévio de 60 dias.**

 Concedem-se 60 dias de aviso-prévio a todos os trabalhadores demitidos sem justa causa. Ex-Precedente Normativo 117. (Cancelado no julgamento

do Proc. TST/MA 455213/1998-9, certidão de julgamento publicada no *DJU* 12.06.98, p. 190)

77. **Empregado transferido. Garantia de emprego.**

 Assegura-se ao empregado transferido, na forma do art. 469 da CLT, a garantia de emprego por 1 (um) ano após a data da transferência. Ex--Precedente Normativo 118.

78. **Professor. Redução salarial não configurada.**

 Não configura redução salarial ilegal a diminuição de carga horária motivada por inevitável supressão de aulas eventuais ou de turmas. Ex-Precedente Normativo 119.

79. **Trabalhador temporário. Descanso semanal.**

 Concede-se ao trabalhador temporário o acréscimo de 1/6 ao seu salário diário, correspondente ao descanso semanal remunerado, por aplicação analógica do art. 3.º da Lei 605/1949. Ex-Precedente Normativo 120.

80. **Serviço militar. Garantia de emprego ao alistando.**

 Garante-se o emprego do alistando, desde a data da incorporação no serviço militar até 30 dias após a baixa. Ex-Precedente Normativo 122.

81. **Atestados médicos e odontológicos.**

 Assegura-se eficácia aos atestados médicos e odontológicos fornecidos por profissionais do sindicato dos trabalhadores, para o fim de abono de faltas ao serviço, desde que existente convênio do sindicato com a Previdência social, salvo se o empregador possuir serviço próprio ou conveniado. Ex--Precedente Normativo 124.

82. **Dissídio coletivo. Garantia de salários e consectários.**

 Defere-se a garantia de salários e consectários ao empregado despedido sem justa causa, desde a data do julgamento do dissídio coletivo até 90 dias após a publicação do acórdão, limitado o período total a 120 dias. Ex-Precedente Normativo 134.

83. **Dirigentes sindicais. Frequência livre.**

 Assegura-se a frequência livre dos dirigentes sindicais para participarem de assembleias e reuniões sindicais devidamente convocadas e comprovadas, sem ônus para o empregador. (Precedente normativo alterado pela Res. TST 123/2004, *DJU* 06.07.2004)

84. **Seguro de vida. Assalto.**

 Institui-se a obrigação do seguro de vida, em favor do empregado e seus dependentes previdenciários, para garantir a indenização nos casos de morte ou invalidez permanente, decorrentes de assalto, consumado ou não, desde que o empregado se encontre no exercício das suas funções. Ex-Precedente Normativo 136.

85. **Garantia de emprego. Aposentadoria voluntária.**

 Defere-se a garantia de emprego, durante os 12 meses que antecedem a data em que o empregado adquire direito à aposentadoria voluntária, desde que trabalhe na empresa há pelo menos 5 anos. Adquirido o direito, extingue-se a garantia. Ex-Precedente Normativo 137.

86. **Representante dos trabalhadores. Estabilidade no emprego.**

 Nas empresas com mais de 200 empregados é assegurada a eleição direta de um representante, com as garantias do art. 543, e seus parágrafos, da CLT. Ex-Precedente Normativo 138.

87. **Trabalho em domingos e feriados. Pagamento dos salários.**

 É devida a remuneração em dobro do trabalho em domingos e feriados não compensados, sem prejuízo do pagamento do repouso remunerado, desde que, para este, não seja estabelecido outro dia pelo empregador. Ex-Precedente Normativo 140.

88. **Desconto em folha.**

 A empresa poderá descontar da remuneração mensal do empregado as parcelas relativas a empréstimos do convênio MTB/CEF, bem como prestações referentes a financiamento de tratamento odontológico feito pelo sindicato convenente, mensalidades de seguro ou outros, desde que os descontos sejam autorizados pelo empregado e não excedam a 30% da remuneração mensal. Ex-Precedente Normativo 141. (Cancelado no julgamento do Proc. TST/MA 455213/1998-9, certidão de julgamento publicada no *DJU* 12.06.1998, p. 190)

89. **Reembolso de despesas.**

 Defere-se o reembolso das despesas de alimentação e pernoite a motorista e ajudante, quando executarem tarefas a mais de 100 km da empresa. Ex--Precedente Normativo 142.

90. **Trabalho noturno. Adicional de 60%.**

 O trabalho noturno será pago com adicional de 60%, a incidir sobre o salário da hora normal. Ex-Precedente Normativo 143. (Cancelado no julgamento do Proc. TST/MA 455213/1998-9, certidão de julgamento publicada no *DJU* 12.06.1998, p. 190)

91. **Acesso de dirigente sindical à empresa.**

 Assegura-se o acesso dos dirigentes sindicais às empresas, nos intervalos destinados à alimentação e descanso, para desempenho de suas funções, vedada a divulgação de matéria política-partidária ou ofensiva. Ex-Precedente Normativo 144.

92. **Garantia de repouso remunerado. Ingresso com atraso.**

 Assegura-se o repouso remunerado ao empregado que chegar atrasado, quando permitido seu ingresso pelo empregador, compensado o atraso no final da jornada de trabalho ou da semana. Ex-Precedente Normativo 145.

93. **Comprovante de pagamento.**

 O pagamento do salário será feito mediante recibo, fornecendo-se cópia ao empregado, com a identificação da empresa, e do qual constarão a remuneração, com a discriminação das parcelas, a quantia líquida paga, os dias trabalhados ou total da produção, as horas extras e os descontos efetuados, inclusive para a Previdência Social, e o valor correspondente ao FGTS. Ex-Precedente Normativo 153.

94. **Empregado rural. Salário-doença.**

 Assegura-se ao trabalhador rural o direito aos salários dos primeiros 15 dias de afastamento em virtude de doença. Possuindo a empresa serviço médico ou mantendo convênio com terceiro, a este caberá o abono de faltas. Ex-Precedente Normativo 154. (Cancelado no julgamento do Proc. TST/MA 455213/1998-9, certidão de julgamento publicada no *DJU* 12.06.1998, p. 190)

95. **Abono de falta para levar filho ao médico.**

 Assegura-se o direito à ausência remunerada de 1 (um) dia por semestre ao empregado, para levar ao médico filho menor ou dependente previdenciário de até 6 (seis) anos de idade, mediante comprovação no prazo de 48 horas. Ex-Precedente Normativo 155.

96. **Aviso-prévio. Redução da jornada.**

 No início do período do aviso-prévio, o empregado poderá optar pela redução de 2 horas no começo ou no final da jornada de trabalho. Ex-Precedente Normativo 156. (Cancelado no julgamento do Proc. TST/MA 455213/1998-9, certidão de julgamento publicada no *DJU* 12.06.1998, p. 190)

97. **Proibição de estorno de comissões.**

 Ressalvada a hipótese prevista no art. 7.º da Lei 3.207/1957, fica vedado às empresas o desconto ou estorno das comissões do empregado, incidentes sobre mercadorias devolvidas pelo cliente, após a efetivação da venda. Ex-Precedente Normativo 157.

98. **Retenção da CTPS. Indenização.**

 Será devida ao empregado a indenização correspondente a 1 (um) dia de salário, por dia de atraso, pela retenção de sua carteira profissional após o prazo de 48 horas. Ex-Precedente Normativo 158.

99. **Nova função. Salário.**

 Assegura-se ao empregado, designado ou promovido, o direito de receber integralmente o salário da nova função, observando-se o disposto no art. 460 da CLT. Ex-Precedente Normativo 159. (Cancelado no julgamento do Proc. TST/MA 455213/1998-9, certidão de julgamento publicada no *DJU* 12.06.1998, p. 190)

100. **Férias. Início do período de gozo.**

 O início das férias, coletivas ou individuais, não poderá coincidir com sábado, domingo, feriado ou dia de compensação de repouso semanal. Ex-Precedente Normativo 161.

101. **Adicional de transferência.**

 Concede-se adicional de transferência estabelecido pelo § 3.º do art. 469 da CLT, no percentual de 50%. Ex-Precedente Normativo 162. (Cancelado no julgamento do Proc. TST/MA 455213/1998-9, certidão de julgamento publicada no *DJU* 12.06.1998, p. 190)

102. **Assistência jurídica aos vigias.**

 A empresa prestará assistência jurídica a seu empregado que, no exercício da função de vigia, praticar ato que o leve a responder a ação penal. Ex--Precedente Normativo 163.

103. **Gratificação de caixa.**

 Concede-se ao empregado que exercer permanentemente a função de caixa a gratificação de 10% sobre seu salário, excluídos do cálculo adicionais, acréscimos e vantagens pessoais. Ex-Precedente Normativo 170.

104. **Quadro de avisos.**

 Defere-se a afixação, na empresa, de quadro de avisos do sindicato, para comunicados de interesse dos empregados, vedados os de conteúdo político-partidário ou ofensivo. Ex-Precedente Normativo 172.

105. **Anotação na carteira profissional.**

 As empresas ficam obrigadas a anotar na carteira de trabalho a função efetivamente exercida pelo empregado, observada a Classificação Brasileira de Ocupações (CBO). Ex-JN 802.

106. **Empregado rural. Atividade insalubre. Fornecimento de leite.**

 Os empregadores que se dedicarem à pecuária leiteira fornecerão, diariamente, um litro de leite aos trabalhadores que exerçam atividades insalubres. Ex-JN 803.

107. **Empregado rural. Caixa de medicamentos.**

 Nos locais de trabalho no campo serão mantidos pelo empregador medicamentos e materiais de primeiros socorros. Ex-JN 805.

108. **Empregado rural. Abrigos no local de trabalho.**

 Os empregadores rurais ficam obrigados a construir abrigos rústicos, nos locais de trabalho, para proteção de seus empregados. Ex-JN 807.

109. **Desconto moradia.**

 Autoriza-se o desconto da moradia fornecida ao empregado somente quando o imóvel tiver o habite-se concedido pela autoridade competente. Ex-JN 809.

110. **Empregado rural. Ferramentas. Fornecimento pelo empregador.**

 Serão fornecidas gratuitamente, pelo empregador, as ferramentas necessárias à execução do trabalho. Ex-JN 812.

111. **Relação de empregados.**

 Obriga-se a empresa a remeter ao sindicato profissional, uma vez por ano, a relação dos empregados pertencentes à categoria. Ex-JN 816.

112. **Jornalista. Seguro de vida.**

Institui-se a obrigação do seguro de vida em favor de jornalista designado para prestar serviço em área de risco. Ex-JN 819.

113. **Transporte de acidentados, doentes e parturientes.**

Obriga-se o empregador a transportar o empregado, com urgência, para local apropriado, em caso de acidente, mal súbito ou parto, desde que ocorram no horário de trabalho ou em consequência deste. Ex-JN 821.

114. **Contagem do tempo gasto com transporte.**

Computa-se na jornada laboral o tempo gasto no trajeto do trabalhador, em condução fornecida pelo empregador, da cidade e para o local de trabalho de difícil acesso e não servido por transporte regular e, de volta, até o ponto costumeiro. Ex-JN 823. (Cancelado no julgamento do Proc. TST/MA 455213/1998-9, certidão de julgamento publicada no *DJU* 12.06.1998, p. 190)

115. **Uniformes.**

Determina-se o fornecimento gratuito de uniformes, desde que exigido seu uso pelo empregador. Ex-JN 824.

116. **Férias. Cancelamento ou adiantamento.**

Comunicado ao empregado o período do gozo de férias individuais ou coletivas, o empregador somente poderá cancelar ou modificar o início previsto se ocorrer necessidade imperiosa e, ainda assim, mediante o ressarcimento, ao empregado, dos prejuízos financeiros por este comprovados.

117. **Pagamento do salário com cheque.**

Se o pagamento do salário for feito em cheque, a empresa dará ao trabalhador o tempo necessário para descontá-lo, no mesmo dia.

118. **Quebra de material.**

Não se permite o desconto salarial por quebra de material, salvo nas hipóteses de dolo ou recusa de apresentação dos objetos danificados, ou ainda, havendo previsão contratual, de culpa comprovada do empregado.

119. **Contribuições sindicais. Inobservância de preceitos constitucionais.**

A Constituição Federal de 1988, em seus arts. 5.º, XX e 8.º, V, assegura o direito de livre associação e sindicalização. É ofensiva a essa modalidade de liberdade cláusula constante de acordo, convenção coletiva ou sentença

normativa estabelecendo contribuição em favor de entidade sindical a título de taxa para custeio do sistema confederativo, assistencial, revigoramento ou fortalecimento sindical e outras da mesma espécie, obrigando trabalhadores não sindicalizados. Sendo nulas as estipulações que inobservem tal restrição, tornam-se passíveis de devolução os valores irregularmente descontados. (Redação conforme Proc. TST/MA 455193/1998-0, Sala de sessões 02.06.1998, certidão de julgamento publicada no *DJU* 11.06.1998, p. 197)

120. **Sentença Normativa. Duração. Possibilidade e Limites.**

 A sentença normativa vigora, desde seu termo inicial até que sentença normativa, convenção coletiva de trabalho ou acordo coletivo de trabalho superveniente produza sua revogação, expressa ou tácita, respeitado, porém, o prazo máximo legal de 4 (quatro) anos de vigência.

 * Precedente Normativo acrescentado pela Res. TST 176/2011 (*DEJT* 27.05.2011).

PRECEDENTES ADMINISTRATIVOS

Precedentes Administrativos da Secretaria de Inspeção do Trabalho – SIT/MTE

1. **FGTS. Parcelamento. Falta de recolhimento do percentual de 8% sobre parte da remuneração devida.**

 I – A comprovação do recolhimento integral do débito apurado antes da emissão da NDFG, NFGC ou NRFC, ou da data de apuração da NDFC, acarreta sua declaração de improcedência.

 II – O parcelamento concedido antes da emissão da notificação, relativo às competências nela apuradas, não caracteriza sua improcedência, exceto se:

 a) A notificação for emitida na vigência das IN 17/2000 e 25/2001, e o débito apurado for idêntico ao confessado.

 b) A notificação for emitida na vigência da IN 84/2010 e o débito apurado for idêntico ou inferior ao confessado, ou se houver débito de contribuição social não parcelado.

 Referência normativa: art. 23, *caput*, da Lei 8.036/1990, no art. 1.º da Lei 8.844/1994, no art. 3.º da LC 110/2001, art. 28, §§ 4.º e 5.º, da IN 99/2012 e art. 20 da IN 17/2000, art. 30 da IN 25/2001, art. 26 da IN 84/2010.

 * Precedente Administrativo com redação determinada pelo Ato Declaratório SIT/MTE 13/2013.

2. **Auto de infração. Lavratura fora do local de inspeção. Consequência.**

 Não acarreta nulidade a falta de justificativa, no próprio auto de infração, do porquê de sua lavratura fora do local de inspeção, pois trata-se de formalidade que não é da essência do ato. Também a lavratura fora do prazo de 24 horas ou protocolo fora do prazo de 48 (quarenta e oito) horas não acarretam nulidade, mas podem ensejar responsabilização administrativa do Auditor – Fiscal do Trabalho.

Referência normativa: art. 629, § 1.º, da CLT.

* Precedente Administrativo revogado pelo Ato Declaratório SIT/MTE 5/2002.

3. **FGTS. Vale-transporte. Falta de recolhimento do percentual de 8% sobre parte da remuneração devida.**

 O vale-transporte não terá natureza salarial, não se incorporará à remuneração para quaisquer efeitos e tampouco constituirá base de incidência do FGTS, desde que fornecido de acordo com o disposto no art. 2.º, II, da Lei 7.418/1985. O vale-transporte pago em dinheiro tem natureza salarial e repercussão no FGTS.

 Referência normativa: art. 2.º e alíneas da Lei 7.418/1985 e arts. 5.º e 6.º do Dec. 95.247/1987.

 * Precedente Administrativo com redação determinada pelo Ato Declaratório SIT/MTE 4/2002.

4. **FGTS. Depósito após lavratura da notificação para depósito do FGTS – NDFG.**

 A defesa a auto de infração lavrado por deixar o empregador de efetuar os depósitos fundiários, com os acréscimos legais, após notificado pela fiscalização, deve limitar-se à comprovação de parcelamento ou pagamento correspondente. A discussão acerca do mérito sobre a existência ou acerto do débito apurado encerra-se com o processo de Notificação para Depósito do FGTS – NDFG que lhe deu origem.

 Referência normativa: art. 23, § 1.º, V, da Lei 8.036/1990.

 * Precedente Administrativo com redação determinada pelo Ato Declaratório SIT/MTE 4/2002.

5. **Sucessão trabalhista.**

 Não prospera a alegação de que a infração tenha ocorrido quando o vínculo de emprego existia com o empregador anterior. Caracterizada a sucessão, o novo empregador assume os ônus trabalhistas.

 Referência normativa: art. 448 da CLT.

 * Precedente Administrativo cancelado pelo Ato Declaratório SIT/MTE 10/2009.

6. **FGTS. Gratificação. Falta de recolhimento do percentual de 8% sobre parte da remuneração devida.**

 A gratificação, bem como comissões, percentagens ou abonos pagos pelo empregador, integram o salário. Consequentemente, são base de cálculo para o FGTS.

Referência normativa: arts. 457 e 458 da CLT; art. 15 da Lei 8.036/1990.

* Precedente Administrativo com redação determinada pelo Ato Declaratório SIT/MTE 4/2002.

7. **Recurso administrativo. Intempestividade. Depósito recursal dentro do prazo.**

 Não é suficiente para o conhecimento do recurso a efetivação do depósito dentro do prazo legal. É necessário que também o recurso administrativo seja aviado no decêndio legal.

 Referência normativa: art. 636, *caput* e § 1.º, da CLT e art. 33 da Portaria 148, de 25.01.1996.

 * Precedente Administrativo com redação determinada pelo Ato Declaratório SIT/MTE 4/2002.

8. **Registro. Representante comercial.**

 Para a caracterização de atividade autônoma do representante comercial, é imprescindível a comprovação de sua inscrição no Conselho respectivo.

 Referência normativa: art. 41, *caput*, da CLT.

 * Precedente Administrativo com redação determinada pelo Ato Declaratório SIT/MTE 4/2002.

9. **Autorização para o trabalho em feriados nacionais e religiosos via acordo coletivo ou convenção coletiva de trabalho. Necessidade de prévia permissão da autoridade competente em matéria de trabalho.**

 Os acordos coletivos ou convenções coletivas de trabalho podem estabelecer as regras de remuneração e/ou compensação para o trabalho em dias feriados, mas não são instrumentos hábeis para afastar a competência da autoridade em matéria de trabalho para exercer o controle do trabalho em tais dias.

 Referência normativa: art. 70 da CLT.

 * Precedente Administrativo com redação determinada pelo Ato Declaratório SIT/MTE 4/2002.

10. **Jornada. Telefonista de mesa.**

 Independente do ramo de atividade do empregador, aplica-se o disposto no art. 227 da CLT, e seus parágrafos, ao exercente das funções de telefonista: jornada de seis horas diárias. Inteligência do Enunciado 178 do Tribunal Superior do Trabalho – TST.

 Referência normativa: art. 227 da CLT.

 * Precedente Administrativo com redação determinada pelo Ato Declaratório SIT/MTE 4/2002.

11. Inspeção do trabalho. Rol não taxativo quanto aos documentos necessários à inspeção do trabalho. Fitas do caixa bancário.

 Fitas do caixa bancário são considerados documentos necessários à inspeção do trabalho. O sigilo das informações financeiras é da responsabilidade do Auditor-Fiscal do Trabalho, que também, por lei, deve guardar sigilo profissional.

 Referência normativa: art. 630, §§ 3.º e 4.º, da CLT c/c art. 6.º do Regulamento da Inspeção do Trabalho – RIT, aprovado pelo Dec. 55.841, de 1965.

 * Precedente Administrativo com redação determinada pelo Ato Declaratório SIT/MTE 4/2002.

12. Inspeção do trabalho.

 Notificação para apresentação de documentos em dia certo e hora incerta, caracteriza infração somente quando transcorrer completamente o dia sem a apresentação.

 Referência normativa: art. 630, §§ 3.º e 4.º, da CLT.

 * Precedente Administrativo revogado pelo Ato Declaratório SIT/MTE 6/2002.

13. Inspeção do trabalho. Exibição de documento inexistente. Desatendida pelo empregador obrigação legal cujo cumprimento se exterioriza em documento não apresentado, cabível a autuação específica e não por falta de apresentação de documentos. Isso porque é impossível a apresentação de documento que só existiria caso cumprida a obrigação.

 Referência normativa: art. 630, §§ 3.º e 4.º, da CLT.

 * Precedente Administrativo revogado pelo Ato Declaratório SIT/MTE 6/2002.

14. Multa. Valor sem expressão econômica. Processamento regular obrigatório.

 A impossibilidade de impor multa ao infrator em virtude da desatualização ou inexpressividade de seu valor, não obsta o processamento regular do auto de infração e sua declaração de subsistência, uma vez que o instituto da reincidência e a possibilidade de ulterior atualização daquele valor impedem-lhe pronto arquivamento.

 * Precedente Administrativo com redação determinada pelo Ato Declaratório SIT/MTE 4/2002.

15. Salário. Empregador e equiparados. Entidades sem fins lucrativos. Prazo legal.

 Equiparam-se ao empregador, para os efeitos da relação de emprego, as pessoas e entidades referidas no § 1.º do art. 2.º da CLT. A partir do

momento em que a instituição sem fins lucrativos contrata empregados, assume todas as obrigações dessa relação jurídica, não podendo repassar aos seus empregados o risco de sua atividade. Os salários, portanto, devem ser pagos no prazo legal, sob pena de imposição de sanção administrativa.

Referência normativa: art. 2.º, § 1.º, da CLT.

* Precedente Administrativo com redação determinada pelo Ato Declaratório SIT/MTE 4/2002.

16. **Inspeção em empresas sujeitas a dupla visita. Critério para contagem dos prazos concedidos.**

 Quando aplicável a concessão do prazo para exibição de documentos, não inferior a dois nem superior a oito dias, sua contagem deve se dar com exclusão do dia do início e inclusão do dia do término, sendo irrelevante o horário em que se procedeu à notificação.

 * Precedente Administrativo cancelado pelo Ato Declaratório SIT/MTE 10/2009.

17. **Descanso. Trabalho em feriados. Decisão judicial.**

 São insubsistentes os autos lavrados contra empregadores amparados por decisão judicial que os permita manter trabalhadores em atividade em dias feriados.

 * Precedente Administrativo com redação determinada pelo Ato Declaratório SIT/MTE 4/2002.

18. **FGTS. Notificação para depósito do FGTS. Notificação para depósito do FGTS – NDFG. Pagamentos posteriores ao levantamento.**

 A quitação de valores relativos a competências levantadas em Notificação para Depósito do FGTS – NDFG não acarreta sua improcedência. Cabe ao Agente Operador do Fundo, Caixa Econômica Federal – CEF deduzir os valores pagos a *posteriori*, quando da verificação de quitação do débito.

 * Precedente Administrativo com redação determinada pelo Ato Declaratório SIT/MTE 4/2002.

19. **FGTS. Notificação para depósito do FGTS – NDFG. Parcelamento não formalizado.** Não obsta a lavratura da Notificação para Depósito do FGTS – NDFG processo de parcelamento em andamento junto ao Agente Operador do Fundo, Caixa Econômica Federal CEF, ainda sem a devida formalização.

 Referência normativa: art. 20, § 4.º, da IN/SIT/TEM 17, de 31.07.2000.

 * Precedente Administrativo com redação determinada pelo Ato Declaratório SIT/MTE 4/2002.

20. **FGTS. Notificação para depósito do FGTS – NDFG. Ônus da prova.**

 Os documentos com os quais pretende o notificado fazer prova de suas alegações ou de quitação de débitos devem acompanhar a defesa. Descabe à Administração diligenciar em favor do notificado.

 Referência normativa: art. 24 da Portaria/MTE 148, de 25.01.1996.

 * Precedente Administrativo cancelado pelo Ato Declaratório SIT/MTE 10/2009.

21. **CTPS. INUTILIZAÇÃO.**

 Ao lançar na Carteira de Trabalho e Previdência Social – CTPS anotações prejudiciais ao trabalhador, a empresa tornou aquele documento inútil para uso, mesmo que objetivamente apenas uma das folhas tenha sido inutilizada. Autuação procedente.

 Referência normativa: art. 52 CLT.

 * Precedente Administrativo com redação determinada pelo Ato Declaratório SIT/MTE 4/2002.

22. **Inspeção do trabalho. Livre acesso.**

 A prerrogativa do Auditor-Fiscal do Trabalho – AFT de ter livre acesso a todas as dependências dos estabelecimentos sujeitos ao regime da legislação trabalhista compreende não só o direito de ingressar mas também o de permanecer no local, para o exercício de sua ação fiscal.

 Referência normativa: art. 630, § 3.º, da CLT.

 * Precedente Administrativo com redação determinada pelo Ato Declaratório SIT/MTE 4/2002.

23. **Jornada. Controle alternativo.**

 Os sistemas alternativos de controle de jornada só podem ser utilizados quando autorizados por convenção ou acordo coletivo.

 Referência normativa: art. 7.º, XXVI, da CF/1988, art. 74, § 2.º, da CLT e Portaria 1.120, de 08.11.1995.

 * Precedente Administrativo com redação determinada pelo Ato Declaratório SIT/MTE 4/2002.

24. **Registro. Autenticação de livro, folha ou sistema eletrônico.** Após a edição da Portaria 739, de 29.08.1997, descabe autuação por falta de autenticação do sistema de registro de empregados, no prazo legal, uma vez autorizada a autenticação pelo Auditor-Fiscal do Trabalho quando de sua visita fiscal. A partir da revogação do art. 42 da CLT, a obrigação legal de autenticação deixou de existir.

Referência normativa: art. 42 da CLT, art. 2.º, § 2.º, da Portaria 739 de 29.08.1997 e Lei 10.243, de 19.06.2001.

* Precedente Administrativo com redação determinada pelo Ato Declaratório SIT/MTE 4/2002.

25. **Gratificação Natalina. Prazo.**
A lei dispõe que o prazo para pagamento da gratificação natalina é o dia 20 de dezembro de cada ano. Recaindo o dia 20 em domingo ou feriado, o pagamento deve ser antecipado. Não há que se falar em prorrogação para o primeiro dia útil subsequente.
Referência normativa: art. 1.º da Lei 4.749, de 12.08.1965.

* Precedente Administrativo com redação determinada pelo Ato Declaratório SIT/MTE 4/2002.

26. **Jornada. Telefonista. Telemarketing.**
Não se aplica ao operador de telemarketing a proteção especial prevista no art. 227 da CLT, uma vez que é ele um vendedor que busca o objetivo de seu trabalho utilizando-se de aparelho telefônico, diferentemente do telefonista, cuja função é receber e efetuar ligações.

* Precedente Administrativo cancelado pelo Ato Declaratório SIT/MTE 10/2009.

27. **Rescisão contratual. Homologação. Entidades públicas.**
A União, os Estados e os Municípios, as autarquias e as fundações de direito público que não explorem atividade econômica não estão sujeitos à assistência mencionada no art. 477 da CLT, face à presunção de legitimidade de seus atos.
Referência normativa: art. 1.º, I, do Dec.-lei 779, de 21.08.1969 e art. 477 CLT.

* Precedente Administrativo com redação determinada pelo Ato Declaratório SIT/MTE 4/2002.

28. **Rescisão contratual. Pagamento de verbas fora do prazo legal.** O pagamento da multa em favor do empregado não exime o autuado da multa administrativa, uma vez que são penalidades distintas: a primeira beneficia o empregado, enquanto a segunda destina-se ao Poder Público.
Referência normativa: art. 477, § 8.º, da CLT.

* Precedente Administrativo com redação determinada pelo Ato Declaratório SIT/MTE 4/2002.

29. **Jornada. Bancários. Prorrogação de jornada. Intervalo para repouso ou alimentação.**
Ao estabelecer que a jornada normal de seis horas dos bancários poderá ser excepcionalmente prorrogada até oito horas diárias, observados os

preceitos gerais sobre duração do trabalho, o art. 225 da CLT atraiu a incidência da regra do art. 71 do mesmo diploma, que prevê a obrigatoriedade de concessão de intervalo para repouso ou alimentação de, no mínimo uma e, no máximo, duas horas.

Referência normativa: art. 71 e art. 225, ambos da CLT.

* Precedente Administrativo com redação determinada pelo Ato Declaratório SIT/MTE 4/2002.

30. **Jornada. Prorrogação. Convenção ou acordo coletivo.**

 A mera inserção em acordo ou convenção coletiva de cláusula com previsão de percentuais acima de cinquenta por cento para a remuneração das horas extraordinárias, por si só, não autoriza o elastecimento da jornada normal de trabalho. Imprescindível autorização expressa, pois o acessório, exigido pelo § 1.º do art. 59, não substitui o principal, cuja obrigação decorre do *caput*.

 Referência normativa: art. 59 da CLT.

 * Precedente Administrativo com redação determinada pelo Ato Declaratório SIT/MTE 4/2002.

31. **Jornada. Prorrogação. Necessidade imperiosa.**

 I – Os serviços inadiáveis ou cuja inexecução possa acarretar prejuízos manifestos autorizam a prorrogação da jornada apenas até 12 horas, caracterizando-se como tais aqueles que, por impossibilidade decorrente de sua própria natureza, não podem ser paralisados num dia e retomados no seguinte, sem ocasionar prejuízos graves e imediatos.

 II – Se a paralisação é apenas inconveniente, por acarretar atrasos ou outros transtornos, a necessidade de continuação do trabalho não se caracteriza como imperiosa e o excesso de jornada não se justifica.

 Referência normativa: art. 59, *caput*, e art. 61 da CLT.

 * Precedente Administrativo com redação determinada pelo Ato Declaratório SIT/MTE 4/2002.

32. **Processual. Recurso intempestivo.**

 O recurso administrativo protocolizado fora do prazo não deve ter seu mérito analisado, uma vez que, ausente um dos pressupostos de sua admissibilidade, não pode ser conhecido. O mesmo se aplica à defesa intempestiva.

 Referência normativa: art. 629, § 3.º e 636 da CLT.

 * Precedente Administrativo cancelado pelo Ato Declaratório SIT/MTE 10/2009.

33. **Jornada. Prorrogação. Efeitos do pagamento relativo ao trabalho extraordinário.**

 O pagamento do adicional por serviço extraordinário não elide a infração pela prorrogação de jornada além dos limites legais ou convencionais, uma vez que o serviço extraordinário deve ser remunerado, independentemente de sua licitude. Isso porque as normas limitadoras da jornada visam a evitar males ao trabalhador, protegendo-lhe a saúde e o bem-estar, não se prestando a retribuição pecuniária como substituta da proteção ao bem jurídico.

 Referência normativa: art. 59 da CLT.

 * Precedente Administrativo com redação determinada pelo Ato Declaratório SIT/MTE 4/2002.

34. **FGTS. Cesta básica. Falta de recolhimento do percentual de 8% sobre parte da remuneração devida.**

 O valor pago pelo empregador ao empregado a título de cesta básica ou outro fornecimento de alimentação realizado à margem do Programa de Alimentação do Trabalhador – PAT deve compor a base de cálculo do FGTS, pois se trata de salário *in natura*.

 Referência normativa: art. 458 da CLT e Lei 6.321, de 14.04.1976.

 * Precedente Administrativo com redação determinada pelo Ato Declaratório SIT/MTE 4/2002.

35. **Salário. Pagamento fora do prazo legal. Dificuldades econômicas.**

 Dificuldades econômicas do empregador, decorrentes de inadimplemento contratual de clientes, retração de mercado ou de outros transtornos inerentes à atividade empreendedora, não autorizam o atraso no pagamento de salários, uma vez que, salvo exceções expressamente previstas em lei, os riscos do negócio devem ser suportados exclusivamente pelo empregador.

 Referência normativa: art. 2.º e art. 459, § 1.º, da CLT.

 * Precedente Administrativo com redação determinada pelo Ato Declaratório SIT/MTE 4/2002.

36. **Registro de empregados. Empresa pública e sociedade de economia mista. Autuação capitulada no art. 41 da CLT. Legalidade.**

 I – A autuação por falta de registro de empregados em empresas públicas e sociedades de economia mista não contraria o dispositivo constitucional que veda a contratação sem prévia aprovação em concurso público,

tampouco as reiteradas decisões judiciais que declaram a nulidade das contratações irregulares.

II – Cabe ao Auditor-Fiscal do Trabalho verificar o cumprimento da obrigação legal de formalização do vínculo de emprego quando houver trabalho subordinado e, descumprida a norma, proceder à autuação por falta de registro, independentemente do motivo pelo qual o contrato não se formalizou ou da existência de efeitos contratuais de cunho material e patrimonial, questões cujo controle está afeto a outros órgãos do Executivo e ao Poder Judiciário.

Referência normativa: arts. 2.º, 3.º, 41 e 626 da CLT; arts. 37 e 173 da CF/1988.

* Precedente Administrativo com redação determinada pelo Ato Declaratório SIT/MTE 4/2002.

37. **Rescisão. Ajuizamento da ação de consignação fora do prazo legal para pagamento das verbas rescisórias.**

 A propositura fora do prazo legal de ação judicial de consignação em pagamento para pagamento das verbas rescisórias não afasta a mora da empresa autuada em relação ao prazo legal para cumprimento da obrigação.

 Referência normativa: art. 477 da CLT.

 * Precedente Administrativo com redação determinada pelo Ato Declaratório SIT/MTE 4/2002.

38. **Inspeção do trabalho. Acompanhamento da ação fiscal por representantes dos trabalhadores.**

 Os empregadores estão obrigados a franquear seus estabelecimentos à visita de representantes dos trabalhadores que acompanhem ação de inspeção trabalhista das condições de segurança e saúde do trabalhador.

 Referência normativa: art. 200 da CLT e Portaria 3.214, de 08.06.1978, Norma Regulamentadora – NR 1, item 1.7 alínea d.

 * Precedente Administrativo com redação determinada pelo Ato Declaratório SIT/MTE 4/2002.

39. **Empregados em tabelionatos. Natureza jurídica do vínculo.**

 É de natureza celetista o vínculo dos empregados em tabelionatos contratados após a edição da Lei 8.935, de 18.11.1994, bem como o dos servidores admitidos antes da Constituição Federal de 1988 em regime estatutário ou especial que tenham feito opção expressa pelo regime.

Referência normativa: art. 236 da CF/1988, art. 32 do ADCT, Lei 8.935, de 18.11.1994, Lei 9.534, de 10.12.1997, Lei 9.812, de 10.08.1999.

* Precedente Administrativo com redação determinada pelo Ato Declaratório SIT/MTE 4/2002.

40. **Inspeção do trabalho. Documentos sujeitos à fiscalização. Transferência de empregado.**

Os documentos sujeitos a inspeção devem permanecer no local de trabalho do empregado. Em caso de ser o empregado deslocado para prestar serviço em outro estabelecimento da empresa, devem acompanhá-lo para o novo local de trabalho o seu controle de jornada e seus registros funcionais, onde será anotada a respectiva transferência.

Referência normativa: art. 630, § 4.º, da CLT e art. 3.º da Portaria 1.121, de 08.11.1995.

* Precedente Administrativo com redação determinada pelo Ato Declaratório SIT/MTE 4/2002.

41. **Remuneração. Repouso semanal remunerado. Incidência do adicional noturno.**

I – Cabível a repercussão do adicional noturno nos cálculos do repouso semanal remunerado de empregado que tem salário pago na base da unidade dia ou mensalistas e quinzenalistas cujo trabalho não seja exclusivamente noturno.

II – Para os empregados mensalistas ou quinzenalistas que cumprem jornada exclusivamente noturna, o salário acrescido do adicional de 20% já inclui a remuneração do repouso.

Referência normativa: art. 73 da CLT; art. 7.º da Lei 605, de 05.01.1949.

* Precedente Administrativo com redação determinada pelo Ato Declaratório SIT/MTE 4/2002.

42. **Jornada. Obrigatoriedade de controle.**

Os empregadores não sujeitos à obrigação legal de manter sistema de controle de jornada de seus empregados, mas que deles se utilizam, devem zelar para que os mesmos obedeçam à regulamentação específica, eventualmente existente para a modalidade que adotarem. Caso o Auditor-Fiscal do Trabalho tenha acesso a tal controle, poderá dele extrair elementos de convicção para autuação por infrações, já que o documento existe e é meio de prova hábil a contribuir na sua convicção.

Referência normativa: art. 74 da CLT.

* Precedente Administrativo com redação determinada pelo Ato Declaratório SIT/MTE 12/2011.

43. **Inspeção do trabalho. Documentos sujeitos a inspeção. Apresentação parcial.**

 A alegação em defesa de que não foi exibida ao Auditor-Fiscal do Trabalho apenas parte dos documentos mencionados no auto de infração acarreta a procedência total da autuação, uma vez que a infração ao art. 630, §§ 3.º e 4.º, da CLT não comporta subsistência parcial.

 Referência normativa: art. 630, §§ 3.º e 4.º, da CLT.

 * Precedente Administrativo com redação determinada pelo Ato Declaratório SIT/MTE 4/2002.

44. **Inspeção do trabalho. Competência dos auditores fiscais do trabalho médicos e engenheiros.**

 Os Auditores-Fiscais do Trabalho médicos e engenheiros têm competência para lavrar auto de infração capitulado no art. 41 da CLT, ao constatarem falta de registro de empregado.

 Referência normativa: MedProv 2.175-29, de 24.08.2001.

 * Precedente Administrativo com redação determinada pelo Ato Declaratório SIT/MTE 4/2002.

45. **Domingos e feriados. Comércio varejista em geral.**

 I – O comércio em geral pode manter empregados trabalhando aos domingos, independentemente de convenção ou acordo coletivo e de autorização municipal. (Alterado pelo Ato Declaratório 12, de 10.08.2011)

 II – Revogado pelo Ato Declaratório 7, de 12.06.2003.

 III – Por sua vez, a abertura do comércio aos domingos é de competência municipal e a verificação do cumprimento das normas do município incumbe à fiscalização de posturas local.

 IV – O comércio em geral pode manter empregados trabalhando em feriados, desde que autorizado em convenção coletiva de trabalho. (Alterado pelo Ato Declaratório 12, de 10.08.2011)

 V – Os *shopping centers*, mercados, supermercados, hipermercados e congêneres estão compreendidos na categoria "comércio em geral" referida pela Lei 10.101/2000, com redação dada pela Lei 11.603/2007. (Alterado pelo Ato Declaratório 12, de 10.08.2011)

 Referência normativa: Lei 11.603 de 05.12.2007, que altera e acrescenta dispositivos ao art. 6.º da Lei 10.101 de 19.12.2000.

 * Precedente Administrativo com redação determinada pelo Ato Declaratório SIT/MTE 12/2011.

46. **Jornada. Descanso semanal remunerado. Periodicidade.**

 O descanso semanal remunerado deve ser concedido ao trabalhador uma vez em cada semana, entendida esta como o período compreendido entre segunda-feira e domingo. Inexiste obrigação legal de concessão de descanso no dia imediatamente após o sexto dia de trabalho, sistema conhecido como de descanso hebdomadário.

 Referência normativa: art. 11 do Dec. 27.048, de 12.08.1949.

 * Precedente Administrativo cancelado pelo Ato Declaratório SIT/MTE 10/2009.

47. **Convenção e acordo coletivos. Hierarquia de normas autônomas. Teoria cumulativa.**

 Ao dispor que as condições estabelecidas em convenção coletiva, quando mais favoráveis, prevalecerão sobre as estipuladas em acordo, a Consolidação das Leis do Trabalho adotou a teoria cumulativa. Não haverá, portanto, prevalência de toda a convenção sobre o acordo, mas serão aplicadas as cláusulas mais favoráveis, independentemente de sua fonte.

 Referência normativa: art. 620 da CLT.

 * Precedente Administrativo cancelado pelo Ato Declaratório SIT/MTE 10/2009.

48. **Trabalho temporário. Controle de jornada. Responsabilidade pela infração.**

 Embora seja a tomadora quem usufrua da prestação de serviço temporário, o vínculo trabalhista e, portanto, a dependência jurídica, ocorrem em relação à empresa fornecedora de trabalho temporário, sendo esta parte legítima para suportar autuações por infração referente a jornada de trabalho.

 Referência normativa: art. 2.º da CLT.

 * Precedente Administrativo cancelado pelo Ato Declaratório SIT/MTE 10/2009.

49. **Jornada. Controle. Gerentes.**

 O empregador não está desobrigado de controlar a jornada de empregado que detenha simples título de gerente, mas que não possua poderes de gestão nem perceba gratificação de função superior a 40% (quarenta por cento) do salário efetivo.

 Referência normativa: art. 62, II e parágrafo único e art. 72, § 2.º, da CLT.

 * Precedente Administrativo com redação determinada pelo Ato Declaratório SIT/MTE 4/2002.

50. Remuneração. Diárias de viagem que excedem 50% do salário. Natureza jurídica.

É ônus do empregador afastar a presunção de que as diárias de viagem que excedam a 50% do salário do empregado têm natureza salarial, pela comprovação de que o empregado presta contas de suas despesas, recebendo os valores a título de ressarcimento.

Referência normativa: art. 457, § 2.º, da CLT e IN 8, de 01.11.1991.

* Precedente Administrativo com redação determinada pelo Ato Declaratório SIT/MTE 4/2002.

51. Inspeção do trabalho. Notificação para apresentação de documentos. Revisão do Precedente administrativo 12.

Notificação para apresentação de documentos em dia certo, sem indicação de hora, caracteriza infração somente quando transcorrer completamente o dia sem a devida apresentação.

Referência normativa: art. 630, § 4.º, da CLT.

* Precedente Administrativo aprovado pelo Ato Declaratório SIT/MTE 6/2002.

52. Inspeção do trabalho. Notificação para apresentação de documentos.

A expressão "a partir de" constante da notificação para apresentação de documentos indica o horário a partir do qual, no dia assinalado, o Auditor-Fiscal comparecerá para inspecioná-los. Ao empregador cabe disponibilizar os documentos no dia assinalado e no horário constante da notificação e, a partir daquele horário, mantê-los disponíveis para exame.

Referência normativa: art. 630, § 4.º, da CLT.

* Precedente Administrativo aprovado pelo Ato Declaratório SIT/MTE 6/2002.

53. Embaraço ou resistência. Capitulação e base legal.

O art. 630, § 6.º é base legal para aplicação de sanção pela infração ao art. 630, §§ 3.º, 4.º e 5.º, além de ser explicativo quanto à configuração de embaraço ou resistência. Embaraço e resistência não são infrações autônomas capituláveis no art. 630, § 6.º, mas apenas circunstâncias que agravam a sanção.

Referência normativa: art. 630 da CLT e art. 5.º da Lei 7.855, de 24.10.1989.

* Precedente Administrativo aprovado pelo Ato Declaratório SIT/MTE 6/2002.

54. **FGTS. Deixar de recolher FGTS após notificado pela fiscalização.**

 Caracteriza-se a infração prevista no art. 23, § 1.º, V da Lei 8.036, de 11.05.1990, a partir do momento em que se tornou definitiva decisão administrativa proferida em notificação de débito, sem que o notificado tenha recolhido o valor devido.

 Referência normativa: art. 23, § 1.º, V, da Lei 8.036, de 11.05.1990.

 * Precedente Administrativo aprovado pelo Ato Declaratório SIT/MTE 6/2002.

55. **Jornada. Fixação de limite especial. Turnos ininterruptos de revezamento.**

 Para a caracterização de trabalho em turnos ininterruptos de revezamento é necessária a constante alternância de horários de trabalho.

 Referência normativa: art. 58 da CLT; art. 7.º, XIV, da CF/1988.

 * Precedente Administrativo aprovado pelo Ato Declaratório SIT/MTE 6/2002.

56. **Auto de infração. Presunção de veracidade.**

 A presunção de veracidade do auto de infração não desobriga o Auditor-Fiscal de demonstrar os fatos que o levaram a concluir pela existência do ilícito trabalhista.

 Referência normativa: art. 9.º, IV, da Portaria 148, de 25.01.1996.

 * Precedente Administrativo aprovado pelo Ato Declaratório SIT/MTE 6/2002.

57. **Contribuição Sindical.**

 Recolhida a contribuição sindical, descabe ao Auditor-Fiscal exigir recolhimento para outro sindicato, sob o fundamento de enquadramento sindical incorreto. É direito constitucionalmente assegurado a livre associação.

 Referência normativa: art. 8.º da CF/1988; art. 545 da CLT.

 * Precedente Administrativo aprovado pelo Ato Declaratório SIT/MTE 6/2002.

58. **FGTS. Levantamento de débito. Contrato com a administração pública declarado nulo.**

 Procedente débito levantado referente a FGTS devido a trabalhador cujo contrato foi declarado nulo, com manutenção do direito ao salário, após 27.08.2001, data de introdução do art. 19-A na Lei 8.036, de 11.05.1990, pela MedProv 2. 164-41, de 24.08.2001.

Referência normativa: art. 19-A da Lei 8.036, de maio de 1990; art. 37, § 2.º, da CF/1988.

* Precedente Administrativo aprovado pelo Ato Declaratório SIT/MTE 6/2002.

59. **Registro. Contrato de trabalho. Grupo econômico.**

 O trabalho prestado pelo empregado a várias empresas do mesmo grupo econômico configura apenas um contrato de trabalho, sendo desnecessário o registro do empregado em cada uma das empresas. Autuação improcedente.

 Referência normativa: art. 2.º, § 2.º e art. 41 ambos da CLT.

* Precedente Administrativo aprovado pelo Ato Declaratório SIT/MTE 6/2002.

60. **Inspeção do trabalho. Autuação por não apresentação de documentos. Improcedência. Revisão do precedente 13.**

 É improcedente o auto de infração lavrado por falta de apresentação de documento que exteriorize o cumprimento de determinada obrigação quando:

 I – concomitantemente, tiver sido lavrado auto pelo descumprimento da obrigação específica;

 II – demonstrado pelo autuante, no corpo do auto de infração, o não cumprimento da referida obrigação.

 Referência normativa: art. 630, §§ 3.º e 4.º, da CLT.

* Precedente Administrativo cancelado pelo Ato Declaratório SIT/MTE 10/2009.

61. **Estágio. Requisitos legais. Descumprimento.**

 I – A existência de termo de compromisso e a compatibilidade da jornada de estágio com o horário escolar do aluno não são elementos suficientes para a configuração da regularidade do contrato de estágio, uma vez que devem ser atendidos todos os requisitos legais, em especial a complementação do ensino e da aprendizagem.

 II – Os estágios devem ser planejados, executados, acompanhados e avaliados em conformidade com os currículos, programas e calendários escolares.

 III – Presentes os elementos da relação de emprego sob a roupagem do contrato de estágio, procede a descaracterização dessa contratação especial.

Referência normativa: Lei 6.494/1977 e Dec. 87.497/1982.

* Precedente Administrativo aprovado pelo Ato Declaratório SIT/MTE 9/2005.

62. **Segurança e saúde no trabalho. Autuação. Capitulação legal.** Descabe autuação capitulada no art. 200 da CLT, uma vez que tal dispositivo não encerra qualquer comando dirigido ao empregador, mas apenas consigna autorização legal para expedição de normas pelo Ministério do Trabalho e Emprego.

Referência normativa: art. 200 da CLT.

* Precedente Administrativo aprovado pelo Ato Declaratório SIT/MTE 9/2005.

63. **Jornada. Redução do intervalo intrajornada.**

A existência de acordo coletivo com previsão de intervalo para repouso ou alimentação inferior ao limite mínimo legal não é suficiente para que seja considerada regular a jornada de trabalho. O acordo coletivo é apenas um dos requisitos para a imprescindível autorização, pelo Ministro do Trabalho e Emprego ou autoridade delegada, da redução do intervalo para menos de uma hora.

Referência normativa: art. 71 da CLT e Portaria/MTb 3.116, de 05.04.1989.

* Precedente Administrativo aprovado pelo Ato Declaratório SIT/MTE 9/2005.

64. **Processual. Revelia. Direito de defesa.**

A revelia na fase de defesa não tem como conseqüência a confissão ficta em relação à matéria de fato. O autuado pode, mesmo revel, na fase de defesa, interpor recurso contra a decisão regional, inclusive com apresentação de documentos.

Referência normativa: art. 635 da CLT e art. 34 c/c art. 23 da Portaria 148, de 25.01.1996.

* Precedente Administrativo aprovado pelo Ato Declaratório SIT/MTE 9/2005.

65. **Rurícula. Contrato de safra. Indenização ao término do contrato. FGTS, compatibilidade.**

O art. 14 da Lei 5.889, de 08.06.1973, foi recepcionado pela Constituição Federal de 1988, devendo tal indenização ser cumulada com o percentual do FGTS devido na dispensa. No contrato de safra se permite uma dualidade de regimes, onde o acúmulo de direitos corresponde a um plus concedido ao safrista. Não há que se falar, portanto, em *bis in idem* ao empregador rural.

Referência normativa: 14 da Lei 5.889, de 08.06.1973 e art. 13, IX da IN/SIT 25, de 20.12.2001.

* Precedente Administrativo aprovado pelo Ato Declaratório SIT/MTE 9/2005.

66. **Segurança no trabalho. Construção civil. Campo de aplicação da NR-18.**

 Os comandos constantes da Norma Regulamentadora NR-18 não se dirigem exclusivamente aos empregadores cujo objeto social é a construção civil e que, portanto, enquadram-se nos Códigos de Atividade Específica constantes do Quadro I da Norma Regulamentadora – NR-4. As obrigações se estendem aos empregadores que realizem atividades ou serviços de demolição, reparo, pintura, limpeza e manutenção de edifícios em geral, de qualquer número de pavimentos ou tipo de construção, de urbanização e paisagismo, independentemente de seu objeto social.

 Referência normativa: item 18.1.2 da Norma Regulamentadora NR-18.

 * Precedente Administrativo aprovado pelo Ato Declaratório SIT/MTE 9/2005.

67. **Remuneração. Adicionais de insalubridade e de trabalho extraordinário. Base de cálculo.**

 Descabe a integração do adicional de insalubridade na base de cálculo das horas extras, pois o de insalubridade é calculado sobre o salário mínimo e o adicional de hora extra sobre a hora normal, inexistindo repercussão de um sobre o outro.

 Referência normativa: art. 59 § 1.º e art. 192 da CLT.

 * Precedente Administrativo cancelado pelo Ato Declaratório SIT/MTE 10/2009.

68. **Empregado sem registro. Adolescente menor de 16 anos. Autuação.**

 I – Improcede autuação por falta de registro de adolescente menor de 16 anos, uma vez que não se pode impor sanção ao empregador por descumprir formalidade de contratação de pessoa que, de acordo com disposição constitucional, não pode ser contratado como empregado.

 II – A infração portanto, não ocorreu ao dispositivo que determina o registro de empregado, mas ao dispositivo que proíbe o trabalho de menores de 16 anos, salvo na condição de aprendiz e a partir dos 14 anos.

 Referência normativa: art. 7.º, XXXIII, da CF/1988, art. 41 e 403 da CLT.

 * Precedente Administrativo aprovado pelo Ato Declaratório SIT/MTE 9/2005.

69. **Empregado sem registro. Parentesco com o proprietário da empresa.**

 Parentesco entre empregador e empregado não é fato impeditivo da caracterização da relação laboral, cuja configuração se dá pela presença dos elementos contidos na lei.

 Referência normativa: art. 3.º da CLT.

 * Precedente Administrativo aprovado pelo Ato Declaratório SIT/MTE 9/2005.

70. **Segurança e saúde no trabalho. Dimensionamento dos serviços especializados em engenharia de segurança e em medicina do trabalho – SESMT. Enquadramento no Cadastro Nacional de Atividades Econômicas – CNAE.**

 O dimensionamento do SESMT deve estar de acordo com o grau de risco da atividade efetivamente realizada no estabelecimento, que pode ser constatada em inspeção do trabalho. Irregular o dimensionamento que considerou o grau de risco correspondente ao CNAE declarado pelo empregador mas se mostrou inadequado ao risco constatado no local de trabalho. Autuação procedente.

 Referência normativa: item 4.2 da Norma Regulamentadora NR-4.

 * Precedente Administrativo aprovado pelo Ato Declaratório SIT/MTE 9/2005.

71. **Inspeção do trabalho. Notificação de empresas autorizadas a centralizar documentos. Critério para contagem dos prazos concedidos. Revisão do precedente administrativo 16.**

 Quando aplicável concessão de prazo para exibição de documentos, não inferior a dois nem superior a oito dias, sua contagem deve se dar com exclusão do dia do início e inclusão do dia do término, sendo irrelevante o horário em que se procedeu à notificação. Desnecessária observância do prazo para as notificações posteriores à anteriormente emitida e não cumprida pelo administrado.

 (Referência normativa: art. 3.º Portaria 3.626/1991 e art. 3.º Portaria 41/2007)

 * Precedente Administrativo aprovado pelo Ato Declaratório SIT/MTE 10/2009.

72. **Processual. Notificação de débito. Comprovação de pagamento anterior. Revisão dos precedentes administrativos 20 e 72.**

 I – A existência de recolhimentos anteriores à data de emissão ou de apuração da notificação, não considerados, torna obrigatório seu abati-

mento, para convalidação do ato administrativo, mesmo após encerrado o contencioso administrativo, na forma prevista na instrução normativa vigente.

II – Se o saneamento do débito é demandado após encerramento do contencioso, em razão de devolução do processo pela Caixa apenas e estritamente para fins de dedução de guias anteriores, o analista deverá propor a emissão de termo necessário para ajuste de liquidez da decisão definitiva, o qual, após acolhido pela autoridade competente, ensejará remessa dos autos para continuidade da inscrição ou cobrança, sem prejuízo da ciência do empregador a respeito.

Referência normativa: arts. 61 e 65 da IN 99/2012 e art. 55 da Lei 9.784/1999.

* Precedente Administrativo com redação determinada pelo Ato Declaratório SIT/MTE 13/2013.

73. **Jornada. Telefonista. Telemarketing. Revisão do precedente administrativo 26.**

Estende-se ao operador de telemarketing a proteção prevista no art. 227 da CLT. O tempo de efetivo labor em teleatendimento deve ser de, no máximo, 6 (seis) horas diárias. Essa exigência não prejudica a existência de jornadas de duração superior, nos termos da legislação, desde que o restante da jornada seja ocupado com outras tarefas e que se respeitem as pausas obrigatórias diárias previstas no Anexo II da NR-17 e o limite semanal de 36 horas de teleatendimento/telemarketing.

(Referência normativa: art. 227 da CLT e itens 5.3 e 5.3.1 do Anexo II da NR-17 da Portaria 09, de 30.03.2007)

* Precedente Administrativo aprovado pelo Ato Declaratório SIT/MTE 10/2009.

74. **Processual. Auto de infração e notificação de débito de FGTS e contribuição social. Requisitos de admissibilidade. Caráter material de recurso. Revisão do Precedente Administrativo 32.**

I – O recurso administrativo interposto em processo iniciado por auto de infração não deve ter seu mérito analisado quando careça de quaisquer requisitos de admissibilidade. O mesmo se aplica à defesa. (Inalterado)

II – Aplica-se o disposto no item I ao processo iniciado por notificação de débito, exceto se houver recolhimentos de FGTS ou Contribuição Social anteriores à data de emissão ou apuração do débito, e que não tenham

sido considerados, dada a necessidade de haver certeza e liquidez quanto ao débito apurado. A exceção alcança também as hipóteses em que se comprova parcelamento anterior, desde que assim previsto nas instruções normativas vigentes ao tempo da emissão da notificação, conforme Precedente Administrativo 01.

III – Não será recebida como recurso a manifestação do interessado que seja desprovida de argumentos que materialmente possam ser caracterizados como recursais. Assim, caso a peça recursal não apresente razões legais ou de mérito demonstrando precisamente os fundamentos de inconformismo do recorrente em relação à decisão recorrida, não terá seu mérito analisado. (Inalterado)

IV – O juízo de admissibilidade formal e material dos recursos interpostos em instância administrativa é feito pela autoridade regional. Caso seja negado seguimento ao recurso pela autoridade regional pela ocorrência das hipóteses acima, ao processo devem ser dados os encaminhamentos de praxe da regional, sendo desnecessária a remessa à instância superior.

Referência normativa: arts. 629, § 3.º e 636 da CLT, arts. 56 e 60 da Lei 9.784/1999, arts. 14, 24, 33 e 34 da Portaria 148/1996, art. 9.º do anexo VI, da Portaria 483/2004 e art. 23, *caput*, da Lei 8.036/1990, no art. 1.º da Lei 8.844/1994 e no art. 3.º da LC 110/2001.

* Precedente Administrativo com redação determinada pelo Ato Declaratório SIT/MTE 13/2013.

75. **Inspeção do trabalho. Autuação por não apresentação de documentos. Improcedência. Revisão do precedente administrativo 60.**

O auto de infração lavrado por falta de apresentação de documentos será improcedente quando:

I – for lavrado por descumprimento da obrigação específica;

II – o próprio autuante demonstrar, no corpo do auto de infração, o não cumprimento da referida obrigação ou;

III – por outro dado constante do processo, inclusive alegações da defesa, fique demonstrado que o fato gerador é o descumprimento da obrigação e não a ausência do documento relativo àquela obrigação.

Referência normativa: art. 630, §§ 3.º e 4.º, da CLT.

* Precedente Administrativo aprovado pelo Ato Declaratório SIT/MTE 10/2009.

76. **Adicional de insalubridade. Reflexo sobre horas extras. Revisão do precedente administrativo 67.**

A remuneração do trabalho extraordinário realizado em condições insalubres deve ter como base de cálculo o salário normal acrescido do adicional de insalubridade.

Referência Normativa: art. 59, § 1.º e art. 192 da CLT.

* Precedente Administrativo aprovado pelo Ato Declaratório SIT/MTE 10/2009.

77. **Prescrição. Processo administrativo paralisado em virtude do desaparecimento dos autos.**

O afastamento da prescrição administrativa de que trata a Lei 9.873/1999 somente pode ocorrer nos casos expressamente previstos na legislação. Dessa forma, incide a prescrição prevista no art. 1.º, § 1.º desta norma no processo administrativo paralisado em virtude do desaparecimento dos autos, tendo em vista que tal fato não se enquadra dentre as hipóteses de interrupção ou suspensão da prescrição previstas nessa lei.

Referência Normativa: arts. 2.º e 3.º da Lei 9.873/1999.

* Precedente Administrativo aprovado pelo Ato Declaratório SIT/MTE 10/2009.

78. **Registros de ponto. Marcação incorreta. Defeito em relógio. Falha de sistema.**

O controle de registro de jornada é responsabilidade do empregador. Assim sendo, se houve marcação incorreta do ponto, responde o autuado pela falta cometida, por culpa *in vigilando*, vez que o empregador é dotado legalmente de poder diretivo e disciplinar para cumprir e fazer cumprir as disposições do estatuto celetizado.

Referência normativa: art. 74, § 2.º, da CLT.

* Precedente Administrativo aprovado pelo Ato Declaratório SIT/MTE 10/2009.

79. **Intervalos intra e interjornadas e descanso semanal. Descumprimento. Necessidade imperiosa. Inaplicabilidade art. 61 da CLT.**

A ocorrência de necessidade imperiosa não autoriza o descumprimento do intervalo mínimo de onze horas consecutivas para descanso entre duas jornadas de trabalho, tampouco a não concessão do descanso semanal de vinte e quatro horas consecutivas, ou ainda a não concessão do intervalo mínimo intrajornada.

Referência normativa: arts. 66 e 67, *caput* e 71, *caput*, da CLT.

* Precedente Administrativo aprovado pelo Ato Declaratório SIT/MTE 10/2009.

80. **Vale transporte. Não concessão para deslocamento do empregado no período do intervalo intrajornada. Infração inexistente.**

 Não se depreende da Lei 7.418/1985, alterada pela Lei 7.619/1987, que o empregador esteja obrigado ao fornecimento do vale-transporte para a ida e retorno do empregado à sua residência para refeição.

 Referência normativa: art. 4.º da Lei 7.418/1985.

 * Precedente Administrativo aprovado pelo Ato Declaratório SIT/MTE 10/2009.

81. **Regime de compensação. Jornada de trabalho 12 x 36 horas. Admissibilidade.**

 Não obstante a limitação do art. 59, *caput*, da CLT, admite-se o regime de compensação 12 x 36, quando previsto em convenção coletiva e praticado em atividade que não exige esforço constante e intenso, devido às vantagens que proporciona ao trabalhador: descanso de 36 horas entre as jornadas, menor número de deslocamentos residência – trabalho – residência, duração do trabalho semanal inferior a 44 horas.

 Referência normativa: art. 7.º, XIII, da CF/1988.

 * Precedente Administrativo aprovado pelo Ato Declaratório SIT/MTE 10/2009.

82. **Jornada. Intervalo para repouso e alimentação. Não cumulatividade.**

 Os intervalos para repouso e alimentação previstos no art. 71, *caput* e § 1.º não são cumulativos, inexistindo obrigação legal de concessão de dois intervalos. A expressão "trabalho contínuo" deve ser entendida como jornada diária e não como períodos individuais que antecedem ou sucedem o horário de repouso. Ainda que o segundo período da jornada diária do empregado, após o intervalo concedido, seja superior a seis horas, o empregador não está obrigado a conceder-lhe novo intervalo.

 Referência normativa: art. 71, *caput* e § 1 da CLT.

 * Precedente Administrativo aprovado pelo Ato Declaratório SIT/MTE 10/2009.

83. **Salário mínimo e piso salarial. Aprendizes. Aplicabilidade.**

 A lei garante ao aprendiz o direito ao salário mínimo, e não ao piso salarial, salvo quando lhe for expressamente assegurada condição mais favorável, seja pela lei, por contrato coletivo ou por liberalidade do empregador.

Referência normativa: art. 7.º, IV e V, da CF/1988 e art. 428, § 2.º, da CLT.

* Precedente Administrativo aprovado pelo Ato Declaratório SIT/MTE 10/2009.

84. **jornada. intervalo interjornadas de 11 horas e descanso semanal de 24 horas.**

 O intervalo interjornada corresponde ao lapso temporal de 11 horas consecutivas que deve separar uma jornada e outra de trabalho. Tal intervalo não se confunde ou se compensa com o descanso semanal remunerado, de 24 horas consecutivas. Entre módulos semanais somam-se os dois intervalos: 11 horas (entre dias) e 24 horas (entre semanas), totalizando, pois, 35 horas.

 Referência normativa: arts. 66 e art. 67 da CLT.

 * Precedente Administrativo aprovado pelo Ato Declaratório SIT/MTE 10/2009.

85. **Parentesco. Relação de emprego. Possibilidade.**

 A caracterização da relação de emprego pode ser estabelecida entre familiares, não sendo o parentesco fator impeditivo da configuração do vínculo empregatício.

 Referência normativa: art. 3.º da CLT.

 * Precedente Administrativo aprovado pelo Ato Declaratório SIT/MTE 10/2009.

86. **Salário. Pagamento por depósito bancário.**

 Se o salário é depositado em conta bancária, o comprovante de depósito substitui o recibo de pagamento. A empresa fica obrigada, apenas, a entregar ao trabalhador um contra-cheque ou demonstrativo de pagamento, em que se discriminem as parcelas salariais.

 Referência normativa: art. 464, parágrafo único, da CLT.

 * Precedente Administrativo aprovado pelo Ato Declaratório SIT/MTE 10/2009.

87. **Rescisão. Multas pelo atraso.**

 Duas conseqüências decorrem da inobservância ao § 6.º do art. 477 da CLT, quais sejam, uma multa a título de penalidade pela irregularidade e outra multa em favor do empregado lesado, equivalente ao seu salário. Estatuindo a própria lei duas consequências pecuniárias, absolutamente distintas em termos de natureza jurídica, finalidade e destinatário, completamente descabida é a tese de improcedência do

auto de infração por já ter sido recolhida a multa de um salário em favor do empregado.

Referência normativa: art. 477, § 6.º, da CLT.

* Precedente Administrativo aprovado pelo Ato Declaratório SIT/MTE 10/2009.

88. **Infração trabalhista. Regularização após a autuação.**

A regularização, após a autuação, de situação irregular constatada durante fiscalização não descaracteriza a infração, tampouco acarreta a improcedência do auto.

* Precedente Administrativo aprovado pelo Ato Declaratório SIT/MTE 10/2009.

89. **FGTS. ASSISTÊNCIA MÉDICA. NÃO INCIDÊNCIA.**

Não incide FGTS sobre parcela relativa a "assistência médica".

Referência normativa: art. 458 da CLT.

* Precedente Administrativo aprovado pelo Ato Declaratório SIT/MTE 10/2009.

90. **Jornada. Gerentes e ocupantes de cargos de confiança em bancos. Controle.**

Os gerentes ou ocupantes de cargos de confiança não estão dispensados do ponto, apesar de não terem direito à jornada de seis horas. Somente o gerente bancário com amplos poderes de mando e gestão – o gerente-geral – a quem todos os outros gerentes, direta ou indiretamente, estão subordinados, é que está dispensado do ponto, por força do art. 62, II, da CLT.

Referência normativa: art. 224 e art. 62, II, da CLT.

* Precedente Administrativo aprovado pelo Ato Declaratório SIT/MTE 10/2009.

91. **Norma regulamentadora 1. Disposições legais e regulamentares sobre segurança e saúde no trabalho. Abrangência.**

A competência da Inspeção do Trabalho consiste na verificação do cumprimento da legislação trabalhista. Medidas de proteção da saúde e segurança previstas em Instrução Técnica do Corpo de Bombeiros Militar, sem o correspondente específico na legislação trabalhista, mas que são aplicáveis e necessárias no ambiente de trabalho, devem ser previamente notificadas para cumprimento, em atenção ao dever de prever e controlar os riscos estabelecido na NR 9.

Referência normativa: subitem 1.7, alínea *a* da NR 1 c/c subitem 9.1.1 da NR 9.

* Precedente Administrativo aprovado pelo Ato Declaratório SIT/MTE 10/2009.

92. **Autuação. Citação de pelo menos um empregado. Desnecessidade. Infração à coletividade dos trabalhadores.**

 Não é necessária citação de pelo menos um empregado em situação irregular na caracterização de infração que atinge a coletividade dos trabalhadores, pois todos aqueles que laboram no local de trabalho estão em situação irregular.

 * Precedente Administrativo aprovado pelo Ato Declaratório SIT/MTE 10/2009.

93. **Programa de controle médico de saúde ocupacional – PCMSO. Ações de saúde. Autuação. Necessidade de notificação prévia.**

 A autuação por ausência de ações de saúde no planejamento do PCMSO não previstas em Norma Regulamentadora, depende de notificação prévia que especifique as ações de saúde adequadas ao trabalho desenvolvido e ao ambiente laboral, tendo em vista a generalidade do dispositivo normativo.

 Referência normativa: subitem 7.4.6 da NR 7.

 * Precedente Administrativo aprovado pelo Ato Declaratório SIT/MTE 10/2009.

94. **Programa de controle médico de saúde ocupacional – PCMSO. Elaboração. Médico do trabalho não integrante do serviço especializado em engenharia de segurança e em medicina do trabalho.**

 O PCMSO, desde que atendidos os requisitos normativos, pode ser elaborado por qualquer médico do trabalho, não havendo obrigatoriedade de ser integrante do SESMT, nem mesmo de ser empregado. Quando houver SESMT com médico, ele é quem deve coordenar e executar o PCMSO.

 * Precedente Administrativo aprovado pelo Ato Declaratório SIT/MTE 10/2009.

95. **Programa de prevenção de riscos ambientais – PPRA. Riscos mecânicos e ergonômicos.**

 Os riscos mecânicos e ergonômicos não são de previsão obrigatória no PPRA.

 Referência normativa: subitem 9.1.5 da NR 9.

 * Precedente Administrativo aprovado pelo Ato Declaratório SIT/MTE 10/2009.

96. **Comissão interna de prevenção de acidentes – CIPA. Acompanhar o cumprimento das normas regulamentadoras pelas contratadas.**

 O dever das contratantes de acompanhar o cumprimento das normas de segurança e saúde no trabalho pelas contratadas que atuam no seu estabelecimento significa a fiscalização e cobrança do cumprimento da Norma Regulamentadora 5 e não responsabilidade solidária pela infração.

 Referência normativa: item 5.50 da NR 5.

 * Precedente Administrativo cancelado pelo Ato Declaratório SIT/MTE 11/2009.

97. **Comissão Interna de Prevenção de Acidentes – CIPA. Dimensionamento. Atividade considerada para determinação do grupo.**

 Para fins de dimensionamento de CIPA, a atividade considerada na determinação do grupo deve ser aquela efetivamente desenvolvida no estabelecimento, ainda que outro código de Classificação Nacional de Atividade Econômica conste do Cadastro Nacional de Pessoa Jurídica, mesmo que resulte No aumento ou redução do dimensionamento ou desobrigação de constituição da Comissão.

 Referência normativa: item 5.6 da NR 5.

 * Precedente Administrativo aprovado pelo Ato Declaratório SIT/MTE 10/2009.

98. **Comissão Interna de Prevenção de Acidentes – CIPA. Não adoção das recomendações da CIPA. Regular funcionamento.**

 A não adoção pelo empregador das recomendações da CIPA não significa infração ao dever de mantê-la em regular funcionamento.

 * Precedente Administrativo aprovado pelo Ato Declaratório SIT/MTE 10/2009.

99. **Equipamento de proteção individual – EPI. Uniforme.**

 O uniforme simples não é considerado EPI, pois sua finalidade é servir de vestimenta para o trabalho e não proteger o trabalhador de acidentes ou exposição a agentes nocivos. O não fornecimento de uniforme pode configurar transferência indevida do custo da atividade econômica ao empregado e não infração à Norma Regulamentadora 6.

 * Precedente Administrativo aprovado pelo Ato Declaratório SIT/MTE 10/2009.

100. **Serviço especializado em engenharia de segurança e em medicina do trabalho. Registro. Atualização.**

 Tendo em vista que o SESMT é constituído de pessoas, a substituição de profissionais não significa mera atualização, mas constituição de novo

SESMT, principalmente quando há redimensionamento do Serviço, que deve ser comunicado de imediato ao MTE como se de novo registro se tratasse. Interpretação do item 4.17 da NR 4.

* Precedente Administrativo aprovado pelo Ato Declaratório SIT/MTE 10/2009.

101. **FGTS. Levantamento de débito. Acordos judiciais. Não exclusão do débito. Aplicação da IN 84/2010. Notificações de débito lavradas na vigência da IN 25/2001.**

 1 – Os débitos de FGTS acordados judicialmente em ação na qual a União e a Caixa não foram chamadas para se manifestarem, não devem ser excluídos das NFGC/NFRC lavradas pelos Auditores- Fiscais do Trabalho, pois seus atos não são alcançados pelos limites da coisa julgada feita pela sentença que homologou o acordo.

 2 – As notificações de débito de FGTS lavradas durante a vigência da IN 25/2001 em que foram excluídos valores acordados judicialmente, devem ser analisadas conforme os procedimentos nela previstos, pois constituem atos administrativos praticados consoantes interpretação e normatização sobre o tema à época de sua lavratura.

 Referência normativa: art. 472 do CPC; Art. 15, 25 e 26 da Lei 8.036, de maio de 1990. Art. 2.º, parágrafo único, XIII, da Lei 9.784, de janeiro de 1.999 e art. 34 da IN 25, de dezembro de 2001.

 * Precedente Administrativo aprovado pelo Ato Declaratório SIT/MTE 12/2011.

102. **Auto de infração. Local de lavratura.**

 O conceito de local de inspeção abrange aquele onde os Auditores Fiscais do Trabalho executam atos de inspeção e verificam os atributos trabalhistas por meio de análise de documentos ou sistemas informatizados, conforme procedimento de fiscalização previsto em normas expedidas pela autoridade nacional competente em matéria de inspeção do trabalho.

 Referência normativa: art. 629, § 1.º, da CLT. Arts. 20, 24, 25 e 30 do Dec. 4.552, de 27.12.2002. Art. 7.º da Portaria 148, de 25.01.1996. Art.43 da IN 99, de 23.08.2012.

 * Redação da referência normativa de acordo com a publicação oficial.
 * Precedente Administrativo aprovado pelo Ato Declaratório SIT/MTE 13/2013.

ÍNDICE ALFABÉTICO-REMISSIVO

CONSOLIDAÇÃO DAS LEIS DO TRABALHO, CONSTITUIÇÃO FEDERAL (EXCERTOS), SÚMULAS CORRELATAS, ORIENTAÇÕES JURISPRUDENCIAIS E PRECEDENTES

A

ABONO
- de férias – Remuneração – Empregado: arts. 142, 144 da CLT
- pecuniário – Férias – Conversão: art. 143 da CLT
- pecuniário – Férias – Requisição: art. 143, § 1.º, da CLT
- pecuniário – Férias coletivas: art. 143, § 2.º, da CLT
- pecuniário – Terço constitucional – Férias: art. 143 da CLT

ABORTO: art. 395 da CLT
- Faltas: art. 131, II, da CLT
- não criminoso: art. 395 da CLT

AÇÃO
- acidentária – Competência – Justiça do Trabalho: art. 7.º, XXVIII, da CF
- coletiva – Sindicato – Substituição processual: art. 8.º, III, da CF
- rescisória – Ausência de defesa – Revelia: art. 836 da CLT
- rescisória – Cipeiro suplente – Estabilidade: art. 836 da CLT
- rescisória – Competência: art. 836 da CLT
- rescisória – Decadência: art. 836 da CLT
- rescisória – Decisão – Execução: art. 836, parágrafo único, da CLT
- rescisória – Decisão rescindenda – Trânsito em julgado: art. 836 da CLT
- rescisória – Deserção – Prazo: arts. 836; 899 da CLT
- rescisória – Documento novo – Dissídio coletivo: art. 836 da CLT
- rescisória – Hipóteses de cabimento: art. 836 da CLT
- rescisória – Liminar – Antecipação de tutela: art. 836 da CLT
- rescisória – Litisconsórcio: art. 836 da CLT

- rescisória – Matéria controvertida: art. 836 da CLT
- rescisória – Ministério Público – Legitimidade: art. 836 da CLT
- rescisória – Petição inicial – Causa de pedir: art. 836 da CLT
- rescisória – Prescrição: art. 836 da CLT
- rescisória – Reexame de fatos e provas – Inviabilidade: art. 836 da CLT
- rescisória – Sentença *citra petita* – Cabimento: art. 836 da CLT
- rescisória – Sentença de mérito: art. 836 da CLT
- rescisória – Termo de conciliação: art. 831 da CLT
- rescisória – Violação a disposição de lei: art. 836 da CLT
- rescisória de ação rescisória – Violação de lei: art. 836 da CLT

ACIDENTE DO TRABALHO

- Anotação na Carteira de Trabalho e Previdência Social: art. 30 da CLT
- Concubina – Indenização: art. 7.º, XXVIII, da CF
- Danos morais – Danos materiais: art. 184, parágrafo único, da CLT
- Danos morais – Prescrição: art. 7.º, XXIX, da CF
- Danos morais e materiais: art. 7.º, XXVIII, da CF
- Empregador – Responsabilidade civil: art. 198 da CLT
- Faltas: art. 131, III, da CLT
- Férias: art. 133, IV, da CLT
- Indenização – Danos morais e materiais: art. 7.º, XXVIII, da CF
- Justiça do Trabalho: art. 643, § 2.º, da CLT
- Justiça do Trabalho – Competência: art. 114, VI, da CF
- Máquinas e equipamentos: art. 184 da CLT
- Omissão de cuidados – Empregador: art. 198 da CLT
- por equiparação: art. 7.º, XXVIII, da CF
- Prescrição – Ação indenizatória: art. 7.º, XXVIII, da CF
- Responsabilidade – Empregador: art. 7.º, XXVIII, da CF
- Responsabilidade civil: art. 7.º, XXVIII, da CF
- Responsabilidade objetiva – Empregador: art. 7.º, XXVIII, da CF
- Responsabilidade solidária – Tomador de serviços: art. 7.º, XXVIII, da CF
- Responsabilidade subjetiva – Empregador: art. 7.º, XXVIII, da CF
- Tempo de serviço: art. 4.º, parágrafo único, da CLT

ACORDO

- Audiência de julgamento: art. 846, § 1.º, da CLT
- coletivo – Aumento ou reajuste salarial: art. 624 da CLT
- coletivo – Banco de horas: art. 59, § 2.º, da CLT
- coletivo – Cláusula contrária – Nulidade: art. 623 da CLT

- coletivo – Competência – Justiça do trabalho: art. 625 da CLT
- coletivo – Conteúdo obrigatório: art. 613 da CLT
- coletivo – Contrato individual do trabalho – Integração: art. 468 da CLT
- coletivo – Convenção coletiva de Trabalho: art. 611, § 1.º, da CLT
- coletivo – Deliberação de assembleia geral – Convocação: art. 612 da CLT
- coletivo – Depósito, registro e arquivo – Ministério do Trabalho e Previdência Social: art. 614 da CLT
- coletivo – Descumprimento – Empregado – Multa: art. 622 da CLT
- coletivo – Descumprimento – Empregador: art. 622 da CLT
- coletivo – Empregados de uma ou mais empresas – Sindicato: art. 617 da CLT
- coletivo – Hora extra – Compensação: art. 59, § 2.º, da CLT
- coletivo – Participação nos lucros: art. 621 da CLT
- coletivo – Prazo de vigência: art. 614, § 3.º II, da CLT
- coletivo – Prorrogação, revisão, denúncia ou revogação – Assembleia geral: art. 615 da CLT
- coletivo – Quórum – Convocação: art. 612, parágrafo único, da CLT
- coletivo – Redução de intervalo: art. 71 da CLT
- coletivo – Suspensão do contrato de trabalho – Curso ou programa de qualificação profissional: art. 476-A da CLT
- Compensação de horas: art. 7.º, XIII, da CF
- Custas processuais: art. 789, I, da CLT
- Dissídio coletivo: art. 868 da CLT
- Dissídio coletivo – Homologação: art. 863 da CLT
- Homologação: art. 831 da CLT
- Homologação – Tribunal pleno: art. 702, c, da CLT
- judicial – Cumprimento: art. 835 da CLT
- Justiça do trabalho – Dissídio individual e coletivo: 764, § 3.º, da CLT
- Não cumprimento: art. 846, § 2.º, da CLT

ACÚMULO DE FUNÇÕES

- Adicional – Indevido: art. 460 da CLT

ADICIONAL DE INSALUBRIDADE: art. 7.º, XXIII, da CF; art. 8.º da CLT

- Atividade inclusa nos quadros do Ministério do Trabalho: art. 196 da CLT
- Base de cálculo: art. 7.º, IV, XXIII, da CF; art. 192 da CLT
- Cessação: art. 194 da CLT
- Cessação – Equipamento de proteção individual ou coletiva: art. 194 da CLT
- Classificação da atividade – Competência: art. 7.º, XXIII, da CF
- Contrato de trabalho – Interrupção: art. 7.º, XXIII, da CF
- Deficiência de iluminação: art. 175 da CLT
- Direito adquirido – Impossibilidade: art. 192 da CLT
- Férias – Base de cálculo: art. 142, § 5.º, da CLT

- Fornecimento e uso de EPI: art. 7.º, XXIII, da CF
- Limites de tolerância – Graus: art. 192 da CLT
- Perícia: art. 7.º, XXIII, da CF
- Rurícola: art. 7.º, XXIII, da CF
- Salário regional: art. 192 da CLT

ADICIONAL DE PERICULOSIDADE: art. 7.º, XXIII, da CF; art. 200, VI, da CLT

- Acréscimo: art. 193, § 1.º, da CLT
- Adicional de insalubridade – Opção: art. 193, § 2.º, da CLT
- Atividade inclusa nos quadros do Ministério do Trabalho: art. 196 da CLT
- Cessação: art. 194 da CLT
- Cessação – Equipamento de proteção individual ou coletiva: art. 194 da CLT
- Constatação – Perícia: art. 7.º, XXIII, da CF
- Férias – Base de cálculo: art. 142, § 5.º, da CLT
- Integração: art. 193, § 3.º, da CLT
- Interrupção do contrato de trabalho: art. 193, § 3.º, da CLT
- Não cumulação com outro adicional – Vigilante: art. 193, § 3.º, da CLT
- Pagamento espontâneo – Desnecessária a perícia: art. 195 da CLT

ADICIONAL DE TRANSFERÊNCIA

- Cargo de confiança: art. 469, § 3.º, da CLT
- Valor mínimo: art. 469, § 3.º, da CLT

ADICIONAL NOTURNO

- Cessação: art. 73, § 5.º, da CLT
- Descanso semanal: art. 73 da CLT
- Férias – Base de cálculo: art. 142, § 5.º, da CLT
- Horas extras: art. 73 da CLT
- Remuneração: art. 73 da CLT
- Salário – Integração: art. 7.º, IX, da CF

ADMINISTRAÇÃO PÚBLICA

- Autoridade competente: art. 4.º, parágrafo único, da CLT
- Carreira: art. 5.º da CLT

ADMISSÃO

- Documento: art. 13 da CLT
- obrigatória – Químicos – Indústria: art. 335 da CLT

ADOÇÃO

- Licença-maternidade: art. 7.º, XVIII, da CF; art. 392-A da CLT
- Licença-paternidade: art. 7.º, XIX, da CF

ADOTANTE

- Termo de guarda: art. 392-A, § 4.º, da CLT

AFASTAMENTO DE EMPREGADO

- Manutenção das vantagens atribuídas à categoria: art. 471 da CLT

- Motivo relevante – Segurança nacional: art. 472, § 3.º, da CLT
- Recebimento de remuneração: art. 472, § 5.º, da CLT
- Serviço Militar – Contrato de trabalho: art. 472 da CLT

AGENTE DE INSPEÇÃO: art. 630 da CLT

- Carteira de identidade fiscal: art. 630 da CLT
- Carteira de identidade fiscal – Outorga – Proibição: art. 630, § 1.º, da CLT
- Livre acesso – Estabelecimentos – Regime trabalhista: art. 630, § 3.º, da CLT
- Suspensão – Exercício do cargo: art. 630, § 2.º, da CLT

AGRAVO DE INSTRUMENTO

- Agravo de petição – Execução: art. 897, § 2.º, da CLT
- Competência: art. 897, § 4.º, da CLT
- Conceito: art. 897, *b*, da CLT
- Defesa: art. 897, § 6.º, da CLT
- Formação do instrumento: art. 897, § 5.º, da CLT
- Interposição – Depósito recursal: art. 899, § 4.º, da CLT
- Julgamento: art. 702, § 2.º, *c*, da CLT
- Peças facultativas: art. 897, § 5.º, II, da CLT
- Peças obrigatórias: art. 897, § 5.º, I, da CLT

AGRAVO DE PETIÇÃO

- Agravo de instrumento – Execução: art. 897, § 2.º, da CLT
- Competência: art. 897, § 3.º, da CLT
- Conceito: art. 897, *a*, da CLT
- Contribuições sociais: art. 897, § 8.º, da CLT
- Recebimento: art. 897, § 1.º, da CLT

AJUDA DE CUSTO

- Natureza indenizatória: art. 457, § 2.º, da CLT

ALIMENTAÇÃO

- Salário-utilidade: arts. 457, 458, § 3.º, da CLT

AMAMENTAÇÃO

- Berçário: art. 400 da CLT
- Cozinha dietética – Instalação sanitária: art. 400 da CLT

AMBIENTE DE TRABALHO

- Condições – Exigências: art. 389 da CLT

ANOTAÇÃO

- Carteira de Trabalho e Previdência Social – Prestação de serviços – Interrupção: art. 133, § 1.º, da CLT

APOSENTADO

- Pensionista – Gratificação natalina – Valor: art. 201, § 6.º, da CF

APOSENTADORIA

- Complementação: art. 7.º, XXIV, da CF

- Complementação – Previdência privada: art. 202 da CF
- especial – Professor: art. 201, § 8.º, da CF
- espontânea – Readmissão: art. 453 da CLT
- Estabilidade: art. 201, § 6.º, da CF
- Extinção do contrato de trabalho: art. 201, § 6.º, da CF
- Extinção do vínculo empregatício: art. 453, § 2.º, da CLT
- por idade – Trabalhador rural: art. 201, § 7.º, da CF
- por idade – Trabalhador urbano: art. 201, § 7.º, da CF
- por invalidez: art. 201, I, da CF
- por invalidez – Auxílio-doença – Conversão: art. 7.º, XXIV, da CF
- por invalidez – Cancelamento – Estável: art. 475, da CLT
- por invalidez – Cancelamento – Indenização: art. 475 da CLT
- por invalidez – Cancelamento – Retorno ao trabalho: art. 475 da CLT
- por invalidez – Prova pericial: art. 7.º, XXIV, da CF
- por invalidez – Suspensão do contrato de trabalho: art. 475 da CLT
- por tempo de contribuição – Trabalhador rural: art. 201, § 7.º, da CF
- por tempo de contribuição integral: art. 201, § 7.º, da CF
- por tempo de contribuição proporcional: art. 201, § 7.º, da CF
- por tempo de serviço – Cancelamento: art. 201, § 6.º, da CF
- por tempo de serviço – Concessão – Requisitos: art. 201, § 7.º, da CF
- Renúncia: art. 201, § 7.º, da CF
- rural por idade: art. 7.º, XXIV, da CF
- Tempo especial: arts. 7.º, XXIV, 201, § 1.º, da CF

APRENDIZ: art. 7.º, XXXIII, da CF

- Vide: Menor aprendiz

APRENDIZAGEM

- Contrato – Anotação – Carteira de Trabalho e Previdência Social: art. 428, § 1.º, da CLT
- Contrato – Ausência de escola: art. 428, § 7.º, da CLT
- Contrato – Conceito: art. 428 da CLT
- Contrato – Extinção – Hipóteses: art. 433 da CLT
- Contrato – Menor portador de deficiência: art. 428, § 3.º, da CLT
- Contrato – Prazo: art. 428, § 3.º, da CLT
- Contrato – Requisitos: art. 428, § 6.º, da CLT
- Contrato – Validade: art. 428, § 1.º, da CLT
- Empregador – Responsabilidades: art. 428 da CLT
- Menor portador de deficiência – Condições: art. 428, § 5.º, da CLT

APROPRIAÇÃO INDÉBITA

- Extinção do crime: art. 530 da CLT

ARBITRAGEM: art. 114, § 1.º, da CF
– Direitos patrimoniais: art. 6.º da CF

ARMAZÉM
– Utilização por empregado: art. 462, §§ 2.º, 3.º, da CLT

ARREMATAÇÃO
– Edital: art. 888 da CLT
– Procedimento: art. 888, § 1.º, da CLT

ASSÉDIO MORAL
– Indenização: art. 7.º, XXIX, da CF

ASSEMBLEIA GERAL
– Contribuição sindical – Fixação: art. 8.º, IV, da CF
– Sindicato: art. 8.º, IV, da CF

ASSISTÊNCIA
– médica – Salário-utilidade – Impossibilidade: art. 458, § 2.º, IV, da CLT
– social – Ações governamentais: art. 204 da CF
– social – Prestação: art. 203 da CF

ASSOCIAÇÃO
– Autonomia sindical: art. 520 da CLT
– de pais e mestres – Responsabilidade: art. 2.º da CLT
– de pais e mestres – Responsabilidade solidária: art. 2.º da CLT
– de pais e mestres – Responsabilidade subsidiária: art. 2.º da CLT
– profissional – Agentes autônomos: art. 515 da CLT
– profissional – Cargo de presidente: art. 515 da CLT
– profissional – Empresas constituídas legalmente: art. 515 da CLT
– profissional – Investidura sindical: art. 520 da CLT
– profissional – Liberdade: art. 8.º da CF
– profissional – Mandato: art. 515 da CLT
– profissional – Mandato – Diretoria: art. 515 da CLT
– profissional – Mandato – Duração: art. 515 da CLT
– profissional – Mesma categoria profissional: art. 515 da CLT
– profissional – Profissional liberal: art. 515 da CLT
– profissional – Provas – Apreciação: art. 515 da CLT
– profissional – Registro: art. 558 da CLT
– profissional – Requisitos: art. 8.º da CF; art. 515 da CLT
– profissional – Sindicato – Reconhecimento: arts. 512, 515 da CLT
– sindical – Contribuição sindical: art. 548 da CLT
– sindical – Patrimônio: art. 548 da CLT
– Sindical de grau superior: art. 533 da CLT
– Sindicato: art. 511 da CLT

ÍNDICE ALFABÉTICO-REMISSIVO

ATIVIDADE

- especial – Aposentadoria: arts. 7.º, XXIV, 201, § 1.º, da CF
- especial – Aposentadoria por tempo de contribuição: art. 201, § 7.º, da CF
- insalubre – Adicional: art. 7.º, XXIII, da CF
- insalubre – Classificação – Competência: art. 7.º, XXXIII, da CF
- penosa – Adicional: art. 7.º, XXIII, da CF
- perigosa – Cobertura do risco: art. 5.º, da CLT
- perigosa – Distinção de risco: art. 5.º, da CLT
- perigosa – Exercício: art. 5.º da CLT
- perigosa – Extensão do risco: art. 5.º da CLT
- perigosa – Manuseio – Inflamáveis: art. 5.º da CLT
- perigosa – Risco art. 5.º da CLT
- Quadro – Enquadramento sindical: arts. 575, 577 da CLT
- rural – Aposentadoria por tempo de contribuição: art. 201, § 7.º, da CF
- similar – Sindicato – Filiação: art. 541 da CLT

ATLETA PROFISSIONAL

- Justiça do Trabalho – Competência: art. 114, I, da CF

ATO PROCESSUAL

- Interesse social: art. 770 da CLT
- Penhora – Autorização expressa: art. 770 da CLT
- Termo processual: art. 771 da CLT

AUDIÊNCIA

- Comparecimento – Diretor: art. 814 da CLT
- Comparecimento – Escrivão: art. 814 da CLT
- de julgamento – Acordo: art. 846, § 1.º, da CLT
- de julgamento – Ata ou termo: art. 851 da CLT
- de julgamento – Ata ou termo – Prazo de juntada: art. 851, § 2.º, da CLT
- de julgamento – Ausência de acordo – Apresentação da defesa: art. 847 da CLT
- de julgamento – Ausência do reclamado – Revelia: art. 844 da CLT
- de julgamento – Ausência do reclamante – Arquivamento: art. 844 da CLT
- de julgamento – Conciliação: art. 846 da CLT
- de julgamento – Decisão: art. 850 da CLT
- de julgamento – Instrução – Interrogatório: art. 848 da CLT
- de julgamento – Motivo relevante para ausência das partes – Redesignação: art. 844, parágrafo único, da CLT
- de julgamento – Notificação da decisão: art. 852 da CLT
- de julgamento – Participantes: art. 843 da CLT
- de julgamento – Preposto: art. 843, § 1.º, da CLT
- de julgamento – Provas novas: art. 845 da CLT
- de julgamento – Razões finais: art. 850 da CLT
- de julgamento – Substituição do empregado: art. 843, § 2.º, da CLT

– de julgamento – Una: art. 849 da CLT

– Decisão – Publicação: art. 834 da CLT

– Edital: art. 813, § 1.º, da CLT

– extraordinária – Convocação: art. 813, § 2.º, da CLT

– Hora marcada – Abertura: art. 815 da CLT

– Hora marcada – Atraso – Preposto: art. 815 da CLT

– Hora marcada – Atraso – Tolerância: art. 815 da CLT

– Juiz Presidente – Ordem de audiências: art. 816 da CLT

– pública: art. 813 da CLT

– Registro: art. 817 da CLT

– Registro – Certidões: art. 817 da CLT

– Registro – Livro próprio: art. 817 da CLT

AUDITOR FISCAL DO TRABALHO

– Ato administrativo: art. 626, parágrafo único, da CLT

– Ato administrativo – Presunção de veracidade: art. 626 CLT

– Cumprimento de normas: art. 626, parágrafo único, da CLT

– Fiscalização: art. 626 da CLT

– Fiscalização – Cumprimento de normas: art. 626 da CLT

– Proteção ao trabalhador: art. 626, parágrafo único, da CLT

– Responsabilidade administrativa: art. 628 da CLT

– Responsabilidade administrativa – Auto de infração: art. 628 da CLT

– Responsabilidade administrativa – Auto de infração – Lavratura: art. 628 da CLT

– Violação – Preceito legal: art. 628 da CLT

AUSÊNCIAS MOTIVADAS

– Férias – Descontos – Impossibilidade: art. 7.º, XVII, da CF

AUTARQUIA

– Regime – Proteção – Trabalhador: art. 7.º, c, da CLT

AUTO DE INFRAÇÃO: art. 629 da CLT

– Ausência de anotação – Carteira de Trabalho e Previdência Social: art. 29, § 3.º, da CLT

– Duplicata: art. 629 da CLT

– Registro fiscal: art. 629 da CLT

AUTÔNOMOS

– Contribuição sindical – Valor: art. 580, II, da CLT

– organizados em firma ou empresa – Contribuição sindical – Valor: art. 580, § 4.º, da CLT

AUTORIDADE

– administrativa – Autuação: art. 628 da CLT

– administrativa – Inquérito administrativo: art. 628, § 3.º, da CLT

– Audiência: art. 632 da CLT

– Audiência – Testemunhas: art. 632 da CLT

ÍNDICE ALFABÉTICO-REMISSIVO

- Despacho expresso: art. 633 da CLT
- Elucidação do processo: art. 632 da CLT
- Infração: art. 634, parágrafo único, da CLT
- Infração – Responsabilidade: art. 634, parágrafo único, da CLT
- Infração – Sanção: art. 634, parágrafo único, da CLT
- Infração – Sanção – Circunstâncias agravantes: art. 634, parágrafo único, da CLT
- Multa – Aplicação: art. 634, parágrafo único, da CLT
- Multa – Infração: art. 634, parágrafo único, da CLT

AUTOS DO PROCESSO

- Vista: art. 901 da CLT

AUXÍLIO-ACIDENTE: art. 201, I, da CF

- Aposentadoria – Cumulação – Impossibilidade: art. 201, I, da CF

AUXÍLIO-ALIMENTAÇÃO: art. 81, § 2.º, da CLT

- Natureza jurídica: art. 458 da CLT

AUXÍLIO-CRECHE

- Requisitos: art. 7.º, XXV, da CF

AUXÍLIO-DOENÇA

- Aposentadoria por invalidez – Conversão: art. 7.º, XXIV, da CF
- Concessão – Requisitos: art. 201, I, da CF
- Férias: art. 133, IV, da CLT
- Restabelecimento: art. 201, I, da CF

AUXÍLIO-ENFERMIDADE

- Licença não remunerada: art. 476 da CLT

AUXÍLIO-RECLUSÃO

- Ação de cobrança: art. 201, IV, da CF
- Concessão – Requisitos: art. 201, IV, da CF

AVIO PRÉVIO

- Ausência – Empregado: art. 487, § 2.º, da CLT
- Ausência – Empregador: art. 487, § 1.º, da CLT
- Conceito: art. 487 da CLT
- Despedida indireta: art. 487, § 4.º, da CLT
- Empregador – Redução da jornada diária: art. 488 da CLT
- Empregador – Redução de dias trabalhados: art. 488, parágrafo único, da CLT
- Estabilidade provisória – Gravidez: art. 391, parágrafo único, da CLT
- Férias: art. 7.º, XVII, da CF
- Gestante – Estabilidade provisória: art. 7.º, XVIII, da CF; art. 10, II, *b*, do ADCT
- Horas extras – Integração: art. 487, § 5.º, da CLT
- indenizado: arts. 391, parágrafo único, 391-A, 487 da CLT

– Prazo: art. 487 da CLT

– proporcional: art. 7.º, XXI, da CF

– Reajustamento salarial coletivo – Integração: art. 487, § 6.º, da CLT

– Reconsideração: art. 489 da CLT

– Reconsideração – Continuidade do contrato: art. 489, parágrafo único, da CLT

– Rescisão imediata – Empregado: art. 491 da CLT

– Rescisão imediata – Empregador: art. 490 da CLT

– trabalhado: art. 391-A da CLT

– Hora extra: art. 224 da CLT

– Hora extra – Prescrição: art. 224, II, da CLT

– Horas extra – Divisor: art. 225, I, da CLT

– Intervalo – Jornada de trabalho: art. 224, II, da CLT

– Intervalo para alimentação: art. 224 da CLT

– Jornada de trabalho: art. 224 da CLT

– Jornada de trabalho – Prorrogação: art. 225 da CLT

– Quebra de caixa – Natureza jurídica: art. 457 da CLT

– Sábado – Dia útil: art. 224 da CLT

– Salário hora – Divisor: art. 224 da CLT

BANCO DE HORAS

– Hora extra – Acordo coletivo: art. 59, § 2.º, da CLT

BENEFÍCIO

– assistencial – Idosos e deficientes – Requisitos: art. 203, V, da CF

– previdenciário – Acumulação: art. 201, I, da CF

– previdenciário – Conversão: art. 201, I, da CF

– previdenciário – Irredutibilidade de valor: art. 194, parágrafo único, IV, da CF

– previdenciário – Prestação continuada – Reajuste: art. 194, parágrafo único, IV, da CF

– previdenciário – Reajuste: art. 194, parágrafo único, IV, da CF

BANCÁRIO

– Ajuda alimentação: art. 224, § 1.º, da CLT

– Cargo de confiança: art. 224, § 2.º, da CLT

– Cargo de confiança – Caracterização: art. 224, § 2.º, da CLT

– Cargo de confiança – Exceções: art. 224, § 2.º, da CLT

– Categoria diferenciada: art. 226 da CLT

– Divisor – Aplicação – Requisitos: art. 224, I e II, da CLT

– Exceções: art. 224, § 2.º, da CLT

– Gerente – Jornada de trabalho: art. 224, § 2.º, da CLT

– Gratificação de função: art. 224, § 2.º, da CLT

– Gratificação por tempo de serviço – Horas extras: art. 224, § 1.º, da CLT

ÍNDICE ALFABÉTICO-REMISSIVO

C

CALDEIRAS

- Dispositivos de segurança: art. 187 da CLT
- Inspeção de segurança – Periodicidade: art. 188 da CLT
- Inspeção de segurança – Requisitos: art. 188 da CLT
- Normas de segurança – Expedição: art. 187, parágrafo único, da CLT
- Projetos de instalação – Aprovação: art. 188, § 3.º, da CLT
- Prontuário – Informações: art. 188, § 1.º, da CLT
- Registro de segurança: art. 188, § 2.º, da CLT

CARGO DE CONFIANÇA

- Adicional de transferência: art. 469, § 3.º, da CLT
- Bancário – Exceções: art. 224, § 2.º, da CLT
- Caracterização – Bancário: art. 224, § 2.º, da CLT
- Hora extra: art. 62, parágrafo único, da CLT
- Prova: art. 226 da CLT

CARGO PÚBLICO

- Químicos: art. 336 da CLT

CARREIRA

- Quadro – Equiparação salarial: art. 461, § 2.º, da CLT

CARTEIRA DE TRABALHO E PREVIDÊNCIA SOCIAL (CTPS)

- Administração direta: art. 14 da CLT
- Administração indireta: art. 14 da CLT
- Alteração – Secretaria de Relações do Trabalho: art. 32, parágrafo único, da CLT
- Anotação: art. 13 da CLT
- Anotação – Acidente de trabalho: art. 30 da CLT
- Anotação – Alteração no estado civil: art. 32 da CLT
- Anotação – Contrato de aprendizagem: art. 428, § 1.º, da CLT
- Anotação – Dependentes: art. 32 da CLT
- Anotação – Emolumentos: art. 31 da CLT
- Anotação – Empreitada individual ou coletiva: art. 34 da CLT
- Anotação – Intimação do empregador: art. 54 da CLT
- Anotação – Omissão: art. 29, § 1.º, da CLT
- Anotação – Prazo: art. 29 da CLT
- Anotação – Reclamação por falta ou recusa: art. 36 da CLT
- Anotação – Remuneração: art. 29, § 1.º, da CLT
- Anotação – Requisitos: art. 29, § 2.º, da CLT
- Anotação – Secretaria da Vara do Trabalho: art. 39, § 1.º, da CLT
- Anotação – Secretaria da Vara do Trabalho – Período incontroverso: art. 39, § 2.º, da CLT
- Anotação – Sindicato ou representante de cooperativa: art. 34 da CLT
- Anotação – Valor probatório: arts. 29, § 3.º, 40 da CLT

- Anotação desabonadora – Dano moral: art. 29, § 4.º, da CLT
- Anotação falsa – Crime: art. 13 da CLT
- Assinatura: art. 16 da CLT
- Assinatura – Rogo: art. 16 da CLT
- Auto de infração: art. 29, § 3.º, da CLT
- Baixa: art. 29, § 2.º, c, da CLT
- Cálculo de indenização – Acidente de trabalho ou moléstia profissional: art. 40, III, da CLT
- Comparecimento pessoal – Órgão emitente: art. 15 da CLT
- Convênio: art. 14 da CLT
- Convênio – Sindicato: art. 14 da CLT
- Data da saída: art. 13 da CLT
- Data de emissão: art. 16 da CLT
- Documentação – Apresentação: art. 17 da CLT
- Documento idôneo: art. 17 da CLT
- Emissão: art. 14 da CLT
- Entrega – Requisitos: art. 25 da CLT
- Exposição à venda de falsificação – Multa: art. 51 da CLT
- Extravio pelo empregador – Dano moral: art. 52 da CLT
- Extravio pelo empregador – Multa: art. 52 da CLT
- Forma de obtenção: art. 15 da CLT
- Interrupção na prestação de serviços – Anotação: art. 133, § 1.º, da CLT
- Inutilização pelo Empregador – Multa: art. 52 da CLT
- *Juris et de jure*: art. 13 da CLT
- *Juris tantum*: art. 13 da CLT
- Menor de 18 anos – Declaração – Responsável legal: art. 17 da CLT
- Número de série: art. 16 da CLT
- Prova – Contrato individual do trabalho: art. 456 da CLT
- Químicos – Obrigatoriedade: art. 326 da CLT
- Químicos – Substituição do diploma: art. 330 da CLT
- Requisitos: art. 16 da CLT
- Retenção pelo Empregador – Dano moral: art. 53 da CLT
- Sindicato: art. 26 da CLT
- Sindicato – Cobrança: art. 26, parágrafo único, da CLT
- Sindicato – Cobrança de remuneração – Multa: art. 56 da CLT
- Testemunhas – Assinatura: art. 17 da CLT
- Valor probatório – Justiça do Trabalho: art. 40, I, da CLT
- Valor probatório – Previdência Social: art. 40, II, da CLT
- Venda de falsificação – Multa: art. 51 da CLT

CARTÓRIO

- Juízo de Direito: art. 716 da CLT
- Juízo de Direito – Atribuições: art. 716 da CLT
- Juízo de Direito – Escrivães: art. 717 da CLT

CASAMENTO

- Faltas justificadas: art. 473, II, da CLT

CATEGORIA

– econômica – Sindicato: art. 511, § 1.º, da CLT
– profissional – Sindicato: art. 511 da CLT
– profissional diferenciada: art. 511, § 3.º, da CLT
– profissional diferenciada – Digitador: art. 512 da CLT

CERTIDÃO NEGATIVA DE DÉBITOS TRABALHISTAS

– Requisitos: art. 642-A, § 1.º, da CLT
– Validade – Prazo: art. 642-A, § 4.º, da CLT

CINEGRAFISTA

– Operador cinematográfico – Distinção: art. 234 da CLT

CINEMA

– Operador cinematográfico – Cinegrafista – Distinção: art. 234 da CLT
– Operador cinematográfico – Intervalo entre jornada: art. 235, § 2.º, da CLT
– Operador cinematográfico – Jornada de trabalho: art. 234 da CLT
– Operador cinematográfico – Prorrogação de jornada: art. 234, parágrafo único, da CLT

CITAÇÃO

– Execução: art. 880 da CLT
– por edital – Execução: art. 880, § 3.º, da CLT
– por edital – Procedimento sumaríssimo: art. 852-B, II, da CLT

COMBUSTÍVEIS

– Depósito e armazenagem: art. 200, II, da CLT
– Manuseio: art. 200, II, da CLT

COMISSÃO

– Alteração ou supressão – Prescrição: art. 457 da CLT
– Correção monetária – Cálculo: art. 466, da CLT
– Devolução: art. 466 da CLT
– Enquadramento sindical: art. 575 da CLT
– Pagamento: art. 466 da CLT

COMISSÃO DE CONCILIAÇÃO PRÉVIA

– Composição: art. 625-B da CLT
– Constituição: art. 625-A, parágrafo único, da CLT
– Instituição: art. 625-A da CLT
– Membro – Estabilidade: art. 625-B, § 1.º, da CLT
– Sessão de conciliação – Prazo: art. 625-F da CLT

COMISSÃO INTERNA DE PREVENÇÃO DE ACIDENTES (CIPA)

– Composição: art. 164 da CLT
– Eleição: art. 10, II, *a*, do ADCT
– Estabilidade – Empregado: art. 10, II, *a*, do ADCT
– Estabilidade provisória: art. 165 da CLT

- Estabilidade provisória – Reintegração: art. 165, parágrafo único, da CLT
- Membro – Estabilidade – Ação rescisória: art. 836 da CLT
- Ministério do Trabalho: art. 163, parágrafo único, da CLT
- Obrigatoriedade: art. 163 da CLT
- Suplente – Estabilidade: art. 10, II, *a*, do ADCT

COMISSIONISTA

- Remuneração: art. 466 da CLT
- Rescisão do contrato de trabalho – Indenização: art. 478, § 4.º, da CLT
- Salário mínimo – Garantia: art. 78, parágrafo único, da CLT

COMPENSAÇÃO

- Horas – Acordo: art. 7.º, XIII, da CF

COMPETÊNCIA

- Adicional de insalubridade – Classificação da atividade: art. 7.º, XXIII, da CF
- Conflito negativo: art. 795, § 2.º, da CLT
- Conselho fiscal – Sindicato: art. 522, § 2.º, da CLT
- Execução: art. 877 da CLT
- Justiça do Trabalho: art. 7.º, II, XXVIII, da CF; art. 643 da CLT
- Justiça do Trabalho – Ação acidentária: art. 7.º, XXVIII, da CF
- Justiça do Trabalho – Seguro-desemprego: art. 7.º, II, da CF
- Presidente do Tribunal Regional do Trabalho: art. 682 da CLT
- territorial – Justiça do Trabalho: art. 651 da CLT
- Tribunal pleno: art. 702 da CLT

COMPLEMENTAÇÃO

- Aposentadoria: art. 7.º, XXIV, da CF

CONCILIAÇÃO

- Audiência de julgamento: art. 846 da CLT
- Comissão de Conciliação Prévia: art. 625-C da CLT
- Decisão: art. 831 da CLT
- Justiça do trabalho – Dissídio individuais e coletivos: art. 764 da CLT
- Prescrição: art. 625-G da CLT
- Procedimento sumaríssimo: art. 852-E da CLT
- Sessão – Prazo: art. 625-F da CLT
- Termo: arts. 625-E, 831 da CLT
- Termo – Ação rescisória: art. 831 da CLT

CONCURSO PÚBLICO

- Contração: art. 9.º da CLT
- Contratação – Nulidade: art. 9.º da CLT
- Limite de idade: art. 7.º, XXX, da CF
- Nulidade: art. 7.º, *c*, da CLT

CONDENAÇÃO SOLIDÁRIA

– Preparo: art. 899 da CLT

CONFEDERAÇÃO

– Administração: art. 538 da CLT
– Convenção coletiva de Trabalho: art. 611, § 2.º, da CLT
– Decreto do Presidente da República: art. 537, § 3.º, da CLT
– Inexistência: art. 590 da CLT
– Organização: art. 535 da CLT
– Presidência: art. 538, § 3.º, da CLT
– Sindicato: art. 573, parágrafo único, da CLT
– Sindicatos de empregadores: art. 535, § 1.º, da CLT
– Sindicatos de empregados: art. 535, § 2.º, da CLT

CONFLITO DE COMPETÊNCIA

– Hipóteses: arts. 803, 804 da CLT
– Legitimidade para suscitar: art. 805 da CLT
– Prova: art. 807 da CLT
– Resolução: art. 808 da CLT

CONFLITO DE JURISDIÇÃO

– entre Juntas e Juízos de Direito: art. 809 da CLT
– entre Tribunais Regionais: art. 810 da CLT
– Hipóteses: arts. 803, 804 da CLT
– Processo – Justiça do Trabalho: art. 811 da CLT

CONTRATO

– de aprendizagem – Conceito: art. 428 da CLT
– de aprendizagem – Empregador – Responsabilidades: art. 428 da CLT
– de aprendizagem – Escolaridade – Comprovação: art. 428, § 6.º, da CLT
– de aprendizagem – Extinção – Hipóteses: art. 433 da CLT
– de aprendizagem – Finalidade: art. 425 da CLT
– de aprendizagem – Prazo: art. 428, § 3.º, da CLT
– de aprendizagem – Requisitos de validade: art. 428, § 1.º, da CLT
– de aprendizagem – Validade: art. 428, § 1.º, da CLT
– de emprego – Extinção: art. 7.º da CLT
– de emprego – Prescrição bienal: art. 7.º da CLT
– de empreitada – Carteira de Trabalho e Previdência Social – Anotação: art. 34 da CLT
– de experiência: art. 443, § 2.º, *c*, da CLT
– de experiência – Gestante – Estabilidade provisória: art. 10, II, *b*, do ADCT
– de experiência – Prazo: art. 445, parágrafo único, da CLT
– de subempreitada: art. 455 da CLT
– de trabalho: art. 2.º da CLT
– de trabalho – Adicional de insalubridade – Interrupção: art. 7.º, XXIII, da CF
– de trabalho – Cessação – Férias indenizada: art. 146, parágrafo único, da CLT
– de trabalho – Cessação: art. 146 da CLT

- de trabalho – Desempenho de atividade: art. 3.º da CLT
- de trabalho – Extinção: art. 7.º da CLT
- de trabalho – Extinção – Aposentadoria: art. 201, § 6.º, da CF
- de trabalho – Extinção – Responsável legal do menor: art. 408 da CLT
- de trabalho – Extinção – Verbas rescisórias: art. 7.º da CLT
- de trabalho – Gestante – Prejuízo à gestação: art. 394 da CLT
- de trabalho – Grupo econômico: art. 2.º, § 2.º, da CLT
- de trabalho – Grupo econômico – Bancário: art. 2.º, § 2.º, da CLT
- de trabalho – Grupo econômico – Jornada de trabalho: art. 2.º, § 2.º, da CLT
- de trabalho – Interrupção – Adicional de periculosidade: art. 193, § 3.º, da CLT
- de trabalho – Jogo do bicho: art. 2.º da CLT
- de trabalho – Jogo do bicho – Ilicitude: art. 2.º da CLT
- de trabalho – Mulher grávida: art. 394 da CLT
- de trabalho – Nulo – Fundo de Garantia do Tempo de Serviço: art. 7.º, III, da CF
- de trabalho – Rescisão – Verbas rescisórias: art. 467 da CLT
- individual de trabalho – Acordo ou convenção coletiva – Integração: art. 468 da CLT
- individual de trabalho – Alteração – Cargo: art. 468, parágrafo único, da CLT
- individual de trabalho – Alteração – Mútuo consentimento: art. 468 da CLT
- individual de trabalho – Cláusulas – Convenção ou Acordo Coletivo de Trabalho: art. 619 da CLT
- individual de trabalho – Conceito: art. 442 da CLT
- individual de trabalho – Contrato de empreitada: art. 456, parágrafo único, da CLT
- individual de trabalho – Curso ou programa de qualificação profissional – Ajuda compensatória mensal: art. 476-A, § 3.º, da CLT
- individual de trabalho – Experiência prévia: art. 442-A da CLT
- individual de trabalho – Falta de prova: art. 456, parágrafo único, da CLT
- individual de trabalho – Jogo do bicho: art. 442 da CLT
- individual de trabalho – Livre estipulação: art. 444 da CLT
- individual de trabalho – Mudança na estrutura jurídica da empresa: art. 448 da CLT
- individual de trabalho – Mudança na propriedade da empresa: art. 448 da CLT
- individual de trabalho – Prazo determinado – Conceito: art. 443, § 1.º, da CLT
- individual de trabalho – Prazo determinado – Espécies: art. 443, § 2.º, da CLT
- individual de trabalho – Prazo determinado – Prazo: art. 445 da CLT
- individual de trabalho – Prazo determinado – Prorrogações: art. 451 da CLT
- individual de trabalho – Prazo determinado – Rescisão pelo empregador – Indenização: art. 479 da CLT
- individual de trabalho – Prazo determinado – Rescisão pelo empregado – Indenização: art. 480 da CLT

- individual de trabalho – Prazo indeterminado: art. 452 da CLT

- individual de trabalho – Prova – Carteira de Trabalho e Previdência Social: art. 456 da CLT

- individual de trabalho – Regulamento de empresa: art. 468 da CLT

- individual de trabalho – Rescisão – Culpa recíproca: art. 484 da CLT

- individual de trabalho – Rescisão – Curso ou programa de qualificação profissional – Indenização: art. 476-A, § 5.º, da CLT

- individual de trabalho – Rescisão – Hipóteses de justa causa: art. 482 da CLT

- individual de trabalho – Rescisão – Homologação – Pagamento: art. 477, § 4.º, da CLT

- individual de trabalho – Rescisão – Indenização – Hipóteses: art. 483 da CLT

- individual de trabalho – Rescisão injusta – Suspensão máxima do empregado: art. 474 da CLT

- individual de trabalho – Rescisão pelo empregador – Indenização: art. 477 da CLT

- individual de trabalho – Serviço Militar – Manutenção: art. 472 da CLT

- individual de trabalho – Sucessão trabalhista: art. 448 da CLT

- individual de trabalho – Suspensão – Aposentadoria por invalidez: art. 475 da CLT

- individual de trabalho – Suspensão – Curso ou programa de qualificação profissional: art. 476-A da CLT

- individual de trabalho – Suspensão – Curso ou programa de qualificação profissional – Sindicato: art. 476-A, § 1.º, da CLT

- individual de trabalho – Transferência: art. 469 da CLT

- individual de trabalho – Transferência – Exceções: art. 469, § 1.º, da CLT

- individual de trabalho – Transferência – Lícita: art. 469, § 2.º, da CLT

- individual de trabalho – Verbal: art. 443 da CLT

- prazo determinado – Afastamento de empregado: art. 472, § 2.º, da CLT

- temporário – Licença-maternidade: art. 7.º, XVIII, da CF

- verbal – Prova: art. 447 da CLT

CONTRIBUIÇÃO ASSISTENCIAL

- patronal: art. 8.º, V, da CF

- Restituição: art. 8.º, IV, da CF

- Sindicato patronal: art. 8.º, IV, da CF

CONTRIBUIÇÃO CONFEDERATIVA

- Exigência: art. 8.º, IV, da CF

- Restituição: art. 8.º, IV, da CF

CONTRIBUIÇÃO PREVIDENCIÁRIA

- Aposentado – Retorno à atividade: art. 201, § 11, da CF

- Aposentado – Retorno ao trabalho: art. 194, parágrafo único, I, da CF

- Comercialização da produção rural: art. 195, I, *a*, da CF

- Décimo terceiro salário – Legitimidade: art. 195, II, da CF

– Empregado doméstico: art. 195, II, da CF

– Execução – Justiça do Trabalho – Competência: art. 114, VIII, da CF

– Execução: art. 876, parágrafo único, da CLT

– Fato gerador: art. 195, I, *a*, da CF

– Ganhos habituais – Incorporação ao salário: art. 201, § 11, da CF

– Inativos: art. 195, II, da CF

– Justiça do Trabalho: art. 114, VIII, da CF

– Liquidação da sentença: art. 879, § 1.º-A, da CLT

– Não recolhimento: art. 195, I, da CF

– Proventos – Militar: art. 202 da CF

– Salário pago "por fora": art. 195, II, da CF

CONTRIBUIÇÃO SINDICAL

– Arrecadação: art. 548 da CLT

– Arrecadação – Estatuto: art. 592 da CLT

– Autônomos – Valor: art. 580, II, da CLT

– Autônomos organizados em firma ou empresa – Valor: art. 580, § 4.º, da CLT

– Certidão: art. 606 da CLT

– Cobrança judicial: art. 606 da CLT

– Conceito: art. 578 da CLT

– Contribuinte: art. 579 da CLT

– Desconto – Folha de pagamento: art. 548 da CLT

– Desconto: arts. 548, 582, 602 da CLT

– Despesas – Arrecadação: art. 592 da CLT

– Distribuição do recolhimento: art. 589 da CLT

– Edital: art. 605 da CLT

– Empregadores – Maior valor: art. 580, § 3.º, da CLT

– Empregadores – Recolhimento: art. 587 da CLT

– Empregadores – Tabela progressiva: art. 580, III, da CLT

– Empregados – Valor: art. 580, I, da CLT

– Enquadramento – Atividade preponderante da empresa: art. 581 da CLT

– Entidades ou instituições – Valor: art. 580, § 5.º, da CLT

– Entidades ou instituições sem fins lucrativos: art. 580, § 6.º, da CLT

– Estabelecimentos bancários: art. 586 da CLT

– Fixação – Assembleia geral: art. 8.º, IV, da CF

– Frequência: art. 580 da CLT

– Inexigibilidade: art. 8.º, IV, da CF

– Múltiplo enquadramento sindical: art. 581, § 1.º, da CLT

– Não associados: art. 8.º, IV, da CF

– Natureza tributária: art. 602 da CLT

– obrigatória: art. 7.º, *d*, da CLT

– Profissional liberal: arts. 585, 604 da CLT

– Quitação – Comprovante: art. 601 da CLT

– Recolhimento: art. 600 da CLT

– rural: art. 10, § 2.º, do ADCT; art. 600 da CLT

– Trabalhador autônomo: art. 604 da CLT

– Trabalhador avulso – Recolhimento: art. 583 da CLT

– Valoração: art. 582, § 1.º, da CLT

CONTRIBUIÇÃO SOCIAL

- Base de cálculo diferenciadas: art. 195, § 9.º, da CF
- Isenção – Hipóteses: art. 195, § 7.º, da CF
- Princípio da anterioridade: art. 195, § 5.º, da CF
- Recolhimento: art. 889-A da CLT
- Remissão ou anistia – Hipóteses de vedação: art. 195, § 11, da CF

CONVENÇÃO COLETIVA

- Acordo coletivo: art. 611, § 1.º, da CLT
- Aumento ou reajuste salarial: art. 624 da CLT
- Cláusula contrária – Nulidade: art. 623 da CLT
- Competência – Justiça do trabalho: art. 625 da CLT
- Conceito: art. 611 da CLT
- Condição mais favorável: art. 620 da CLT
- Confederações: art. 611, § 2.º, da CLT
- Conteúdo obrigatório: art. 613 da CLT
- Contrato individual do trabalho – Integração: art. 468 da CLT
- Deliberação de assembleia geral – Primeira convocação: art. 612 da CLT
- Deliberação de assembleia geral – Segunda convocação: art. 612 da CLT
- Depósito, registro e arquivo – Ministério do Trabalho e Previdência Social: art. 614 da CLT
- Descumprimento – Multa: art. 622 da CLT
- Federações: art. 611, § 2.º, da CLT
- Jornada de trabalho: art. 7.º, XIII, da CF
- Jornada de trabalho – Turnos ininterruptos: art. 7.º, XIV, da CF
- Motorista – Jornada especial: art. 235-F da CLT
- Participação nos lucros e resultados: art. 7.º, XI, da CF; art. 621 da CLT
- Prazo de vigência: art. 614, § 3.º II, da CLT
- Princípio da territorialidade: art. 8.º, II, da CF
- Prorrogação, revisão, denúncia ou revogação – Assembleia geral: art. 615 da CLT
- Quórum – Convocação: art. 612, parágrafo único, da CLT
- Suspensão do contrato de trabalho – Curso ou programa de qualificação profissional: art. 476-A da CLT

CONVENÇÃO INTERNACIONAL

- Proteção ao trabalhador: art. 7.º, I, da CF

COOPERATIVA

- Vínculo empregatício: art. 442, parágrafo único, da CLT

CRÉDITO TRABALHISTA

- Trabalhador urbano e rural – Prescrição: art. 7.º, XXIX, da CF

CRIME

- de falsidade – Anotação falsa – Carteira de Trabalho e Previdência Social: art. 49, V, da CLT

- de falsidade – Carteira de Trabalho e Previdência Social – Afirmação falsa: art. 49, II, da CLT
- de falsidade – Carteira de Trabalho e Previdência Social – Alteração de documento verdadeiro: art. 49, I, da CLT
- de falsidade – Carteira de Trabalho e Previdência Social – Fabricação de documento falso: art. 49, I, da CLT
- de falsidade – Carteira de Trabalho e Previdência Social – Servir-se de documento falso: art. 49, III, da CLT
- de falsidade – Data de admissão falsa – Carteira de Trabalho e Previdência Social: art. 49, V, da CLT
- de falsidade – Possuir – Carteira de Trabalho e Previdência Social falsa: art. 49, IV, da CLT
- de falsidade – Uso – Carteira de Trabalho e Previdência Social falsa: art. 49, IV, da CLT
- de falsidade – Venda – Carteira de Trabalho e Previdência Social falsa: art. 49, IV, da CLT
- Retenção de salário: art. 7.º, X, da CF

CUSTAS PROCESSUAIS

- Acordo: art. 789, I, da CLT
- Ausência de intimação – Deserção: art. 899, da CLT
- Condenação ilíquida: art. 789, § 2.º, da CLT
- Decisão: art. 832, § 2.º, da CLT
- Dissídio coletivo – Solidariedade: art. 789, § 4.º, da CLT
- Execução: art. 789-A da CLT
- Execução – Deserção: art. 789-A da CLT
- Extinção do processo: art. 789, II, da CLT

- Forma de pagamento: art. 790 da CLT
- Isenção: art. 790-A da CLT
- Justiça do Trabalho: art. 789 da CLT
- Pagamento: art. 789, § 1.º, da CLT
- Pagamento – Comprovação: art. 899 da CLT
- Valores: art. 789-A da CLT

D

DANO

- causado por empregado – Desconto salarial: art. 462, § 1.º, da CLT
- material – Acidente do trabalho: art. 184, parágrafo único, da CLT
- moral – Acidente do Trabalho: art. 184, parágrafo único, da CLT
- moral – Anotação desabonadora na Carteira de Trabalho e Previdência Social: art. 29, § 4.º, da CLT
- moral – Carteira de Trabalho e Previdência Social – Extravio pelo empregador: art. 52 da CLT
- moral – Carteira de Trabalho e Previdência Social – Retenção: art. 53 da CLT
- moral – Discriminação – Mulher grávida: art. 373-A da CLT
- moral – Justiça do Trabalho – Competência: art. 114, VI, da CF
- moral – Menor – Trabalho perigoso: art. 405 da CLT
- moral – Prescrição – Acidente de trabalho: art. 7.º, XXIX, da CF

- moral – Retenção da Carteira de Trabalho e Previdência Social: art. 36 da CLT
- moral – Revista íntima: art. 373-A da CLT

DÉCIMO TERCEIRO SALÁRIO

- Gratificação – Integração: art. 7.º, VIII, da CF

DECISÃO

- Audiência de julgamento: art. 850 da CLT
- Coisa julgada – Efeitos: art. 833 da CLT
- Conciliação: art. 831 da CLT
- Cumprimento – Prazo: art. 835 da CLT
- Custas processuais: art. 832, § 2.º, da CLT
- Erro material: art. 833 da CLT
- Erros de escrita: art. 833 da CLT
- Execução – Ação rescisória: art. 836, parágrafo único, da CLT
- homologatória – Acordo: art. 832, § 3.º, da CLT
- homologatória – Intimação da União – Acordo: art. 832, § 4.º, da CLT
- Notificação das partes: art. 852 da CLT
- Notificação das partes – Dissídio coletivo: art. 867 da CLT
- Prazo de cumprimento: art. 832, § 1.º, da CLT
- Publicação – Audiência: art. 834 da CLT
- Requisitos: art. 832 da CLT
- Trânsito em julgado: art. 832, § 6.º, da CLT

DEFESA

- Apresentação – Audiência de julgamento – Ausência de acordo: art. 847 da CLT
- Compensação ou retenção: art. 767 da CLT

DELEGACIA DO TRABALHO MARÍTIMO

- Extinção: art. 370 da CLT
- Recurso – Marítimo: art. 252 da CLT

DELEGACIA REGIONAL DO TRABALHO: art. 161, § 2.º, da CLT

- Fixação de multas: art. 520, parágrafo único, da CLT
- Insalubridade – Prazo – Eliminação ou neutralização: art. 191, parágrafo único, da CLT
- Multa: art. 401 da CLT
- Multa – Aplicação: art. 598 da CLT
- Multa – Ausência de controle – Jornada de trabalho: art. 75, parágrafo único, da CLT
- Multa – Cobrança: art. 640 da CLT
- Penalidades: art. 401 da CLT
- Reclamação – Procedimento: art. 37 da CLT
- Registro de Sindicatos: art. 558, § 1.º, da CLT
- Segurança e medicina do trabalho: art. 156, d, da CLT

DELEGADO REGIONAL DO TRABALHO

- Competência: art. 161 da CLT
- Decisão – Recurso: art. 161, § 3.º, da CLT
- Interdição de estabelecimento: art. 161 da CLT

DELEGADO SINDICAL

– Estabilidade provisória – Inaplicabilidade: art. 523 da CLT

DEMISSÃO

– arbitrária – Vedação: art. 10, II, do ADCT

– discriminatória – Reintegração; art. 373-A da CLT

– Empregado sindicalizado – Estabilidade: art. 8.º, VIII, da CF

– Estado de gravidez – Vedação: art. 373-A, II, da CLT

– Razão discriminatória – Vedação: art. 373-A, II, da CLT

– sem justa causa – Professor: art. 322, § 3.º, da CLT

DEPARTAMENTO NACIONAL DE ESTRADAS DE FERRO

– Classificação das estações – Ferroviários: art. 247 da CLT

DEPÓSITO

– Fundo de Garantia do Tempo de Serviço – Levantamento: art. 7.º, III, da CF

– recursal: art. 899 da CLT

– recursal – Agravo de instrumento: art. 899, § 4.º, da CLT

– recursal – Condenação solidária: art. 899 da CLT

– recursal – Conta vinculada do empregado: art. 899 da CLT

– recursal – Guia GFIP – Obrigatoriedade: art. 899 da CLT

– recursal – Justiça gratuita: art. 899 da CLT

– recursal – Levantamento – Execução provisória: art. 899 da CLT

– recursal – Não recolhimento: art. 899 da CLT

– recursal – Prazo: art. 899 da CLT

– recursal – Tempestividade: art. 899 da CLT

DESAPOSENTAÇÃO: arts. 7.º, XXIV, 201, § 7.º, da CF

DESCANSO

– Aguardando chamado: art. 6.º, parágrafo único, da CLT

– Concessão: art. 401 da CLT

– Intervalo – Motorista profissional – Viagem de longa distância: art. 235-D, I, da CLT

– Intervalo – Motorista rodoviário – Transporte de cargas: art. 235-E, § 1.º, da CLT

– Motorista – Fracionamento: art. 235-E, § 3.º, da CLT

– semanal – Adicional noturno: art. 73 da CLT

– semanal – Domingo: art. 67 da CLT

– semanal – Domingo – Comércio varejista: art. 67, I, da CLT

– semanal – Escala de revezamento: art. 67, parágrafo único, da CLT

– semanal – Horas extras – Habitual: art. 67, parágrafo único, da CLT

– semanal – Jornalista: art. 307 da CLT

– semanal – Mulher: art. 385 da CLT

– semanal – Trabalhado – Pagamento em dobro: art. 67, parágrafo único, da CLT

– semanal remunerado – Professor: art. 7.º, XV, da CF

DESCONTO

– Empregado – Contribuição sindical: art. 602 da CLT

– salarial – Dano – Empregado: art. 462, § 1.º, da CLT

– salarial – Hipóteses: art. 462 da CLT

DESERÇÃO

– Custas processuais: art. 899 da CLT

DESVIO DE FUNÇÃO

– Quadro de carreira: art. 461 da CLT

DIÁRIAS DE VIAGEM

– Salário: art. 457 da CLT

– Salário – Integração – Base de cálculo: art. 457 da CLT

DIGITADOR

– Categoria diferenciada – Não caracterização: art. 512 da CLT

– Intervalo intrajornada: art. 72 da CLT

DILIGÊNCIA

– Juntas de Conciliação e Julgamento – Requisição: art. 653, *a*, da CLT

DIREITO

– comum – Fonte subsidiária – Direito do trabalho: art. 8.º da CLT

– de greve: art. 9.º da CF

– do trabalho – Fonte subsidiária – Direito processual comum: art. 769 da CLT

– processual comum – Fonte subsidiária – Direito do trabalho: art. 769 da CLT

– trabalhista – Fruição: art. 9.º da CLT

– trabalhista – Proteção ao trabalho: art. 9.º da CLT

DIRIGENTE SINDICAL

– Condenação – Crime doloso: art. 530, IV, da CLT

– Demissão – Falta grave – Inquérito judicial: art. 543, § 3.º, da CLT

– Demissão – Requisitos: art. 543, § 3.º, da CLT

– Estabilidade: arts. 522, 543 da CLT

– Estabilidade provisória: art. 8.º, VIII, da CF

– Pena: art. 530 da CLT

– Perda de mandato: art. 543, § 1.º, da CLT

DISCRIMINAÇÃO

– Anúncio de emprego – Vedação: art. 373-A, I, da CLT

– Empregado – Reintegração: art. 7.º, XXX, da CF

– Mulher grávida – Dano moral: art. 373-A da CLT

– Remuneração – Vedação: art. 373-A, III, da CLT

– Salário – Vedação: art. 7.º, XXXI, da CF

DISSÍDIO

– coletivo: art. 114, § 2.º, da CF

– coletivo – Ação rescisória – Documento novo: art. 836 da CLT

– coletivo – Acordo: art. 868 da CLT

– coletivo – Acordo – Homologação: art. 863 da CLT

– coletivo – Arresto – Impossibilidade: art. 856 da CLT

– coletivo – Assistência de advogado: art. 791, § 2.º, da CLT

– coletivo – Audiência de conciliação: art. 860 da CLT

– coletivo – Autoridade delegada: art. 866 da CLT

– coletivo – Bases de conciliação: art. 862 da CLT

– coletivo – Conciliação: art. 764 da CLT

– coletivo – Condições de trabalho – Sentença: art. 870 da CLT

– coletivo – Custas processuais – Solidariedade: art. 789, § 4.º, da CLT

– coletivo – Decisão que afeta serviço público – Presidente do Tribunal e Procuradoria da Justiça do Trabalho: art. 898 da CLT

– coletivo – Instância – Instauração: art. 856 da CLT

– coletivo – Instauração – Requisitos: art. 856 da CLT

– coletivo – Julgamento: art. 864 da CLT

– coletivo – Legitimidade: art. 857 da CLT

– coletivo – Ministério Público do Trabalho – Ajuizamento: art. 114, § 3.º, da CF

– coletivo – Natureza jurídica: art. 856 da CLT

– coletivo – Negociação coletiva – Recusa: art. 616, § 2.º, da CLT

– coletivo – Notificação da decisão: art. 867 da CLT

– coletivo – Perturbação à ordem: art. 865 da CLT

– coletivo – Preposto ou gerente: art. 861 da CLT

– coletivo – Representação – Requisitos: art. 858 da CLT

– coletivo – Revisão: art. 873 da CLT

– coletivo – Salários: art. 766 da CLT

– coletivo – Sentença – Extensão: art. 868 da CLT

– coletivo – Sentença – Extensão – Requisitos: art. 870 da CLT

– coletivo – Sentença – Revisão: art. 874 da CLT

– coletivo – Sentença normativa: art. 867, parágrafo único, da CLT

– coletivo – Sindicato – Legitimidade: art. 857, parágrafo único, da CLT

– coletivo – Sindicato – Representação: art. 859 da CLT

– coletivo – Sindicato – Substituição processual: art. 856 da CLT

– Conciliação – Tribunal pleno: art. 702, *b*, da CLT

- individual – Conciliação: art. 764 da CLT
- individual – Recurso: art. 899, § 1.º, da CLT
- individual – Salários: art. 766 da CLT
- Julgamento – Preferência: art. 652, parágrafo único, da CLT
- Justiça do Trabalho – Competência: art. 643 da CLT

DOCUMENTO

- Autenticidade – Prova: art. 830 da CLT

DOENÇA

- do trabalho – Ação – Prescrição: art. 7.º, XXIX, da CF
- do trabalho – Responsabilidade – Empregador: art. 7.º, XXVIII, da CF
- ocupacional: art. 7.º, XXVIII, da CF
- profissional: art. 7.º, XXVIII, da CF
- profissional – Empresas – Segurança e medicina do trabalho: art. 157 da CLT
- profissional – Notificação – Obrigatoriedade: art. 169 da CLT

DOMÉSTICO

- V. Empregado doméstico

DOMINGOS

- Trabalho do professor – Vedação: art. 319 da CLT

E

EDIFICAÇÃO

- Escadas – Rampas de acesso – Cobertura: art. 174 da CLT
- Local de trabalho: art. 171 da CLT
- Paredes: art. 173 da CLT
- Pisos: art. 172 da CLT
- Requisitos técnicos: art. 170 da CLT

EDITAL

- Arrematação – Penhora: art. 888 da CLT
- Contribuição sindical: art. 605 da CLT

EDUCAÇÃO

- Salário-utilidade – Impossibilidade: art. 458, § 2.º, II, da CLT

EFEITO IMEDIATO

- Princípio: art. 912, da CLT

ELEIÇÃO SINDICAL

- Cargo – Administração: art. 529 da CLT
- Cargo – Representação econômica: art. 529 da CLT
- Cargo – Representação profissional: art. 529 da CLT
- Cargo administrativo: art. 530 da CLT

- Cargo administrativo – Aprovação de contas: art. 530 da CLT

- Competência: art. 529, parágrafo único, da CLT

- Competência – Processo sindical: art. 529, parágrafo único, da CLT

- Conselho Fiscal: art. 531 da CLT

- Conselho Fiscal – Renovação: art. 532 da CLT

- Direito de voto: art. 529 da CLT

- Diretoria: art. 531 da CLT

- Diretoria – Renovação: art. 532 da CLT

- Inscrição: art. 529 da CLT

- Inscrição – Associado: art. 529 da CLT

- Inscrição – Requisitos: art. 529 da CLT

- Omissão estatutária: art. 531 da CLT

- Voto: art. 529, parágrafo único, da CLT

- Voto – Obrigatoriedade: art. 529, parágrafo único, da CLT

EMBARCAÇÃO NACIONAL

- Brasileiros natos: art. 369 da CLT

- 2/3 brasileiros natos: art. 369 da CLT

EMBARGOS

- à execução – Impugnação: art. 884 da CLT

- à execução – Prazo: art. 884 da CLT

- à penhora – Impugnação: art. 884, § 3.º, da CLT

- de declaração – Conceito: art. 897-A da CLT

- de declaração – Julgamento: art. 702, § 2.º, *d*, da CLT

- Prazo: art. 894 da CLT

EMOLUMENTOS

- Forma de pagamento: art. 790 da CLT

- Pagamento: art. 789-B da CLT

- Valores: art. 789-B da CLT

EMPREGADO

- Acordo coletivo de Trabalho – Descumprimento – Multa: art. 622 da CLT

- Adicional de insalubridade: art. 253 da CLT

- Admissão – Contribuição sindical – Quitação: art. 601 da CLT

- Afastado – Manutenção das vantagens atribuídas à categoria: art. 471 da CLT

- Afastado para serviço militar – Manutenção do contrato de trabalho: art. 472 da CLT

- Ambiente frio: art. 253 da CLT

- Ambiente frio – Repouso: art. 253 da CLT

- Ambiente quente: art. 253 da CLT

- Ambiente quente – Repouso: art. 253 da CLT

- Ambiente quente-frio: art. 253 da CLT

- Ausência de aviso prévio: art. 487, § 2.º, da CLT

- Ausência de registro – Multa: art. 47 da CLT

- Ausência motivada: art. 7.º, XVII, da CF

- Auxílio-doença: art. 201, I, da CF

- Banco – Jornada de trabalho diferenciada: art. 226 da CLT

- Banco – Jornada diferenciada: art. 226 da CLT
- Câmara frigorífica: art. 253 da CLT
- Câmara frigorífica – Choque térmico: art. 253 da CLT
- Candidatura em sindicato – Comunicação: art. 543, § 5.º, da CLT
- Carregamento de peso: art. 198 da CLT
- comissionado – Férias – Base de cálculo: art. 142, § 3.º, da CLT
- comissionista: art. 450 da CLT
- comissionista – Remuneração: art. 466 da CLT
- Conceito: art. 3.º da CLT
- Contribuição sindical – Valor: art. 580, I, da CLT
- Controle patronal – Submissão: art. 6.º, parágrafo único, da CLT
- Convenção coletiva de Trabalho –Descumprimento – Multa: art. 622 da CLT
- Dano causado – Desconto salarial: art. 462, § 1.º, da CLT
- Desconto – Contribuição sindical: art. 602 da CLT
- Desconto salarial – Dano: art. 462, § 1.º, da CLT
- Desvio de função: art. 461 da CLT
- Disposição – Empregador – Remuneração: art. 4.º da CLT
- Disposição – Empregador: art. 4.º da CLT
- doméstico – Âmbito residencial: art. 7.º da CLT
- doméstico – Atividade não econômica: art. 7.º da CLT

- doméstico – Contribuição previdenciária: art. 195, II, da CF
- doméstico – Direitos: art. 7.º, parágrafo único, da CF
- doméstico – Férias: art. 7.º, XVII, da CF
- doméstico – Férias – Dobra legal: art. 7.º, parágrafo único, da CF
- em consultório: art. 507 da CLT
- Enquadramento sindical: art. 570 da CLT
- Equipamento de proteção individual: art. 166 da CLT
- Equipamento de proteção individual – Segurança e medicina do trabalho: art. 158, parágrafo único, *b*, da CLT
- Escritório de profissional liberal: art. 507 da CLT
- Estabilidade – Cipa: art. 10, II, *a*, do ADCT
- estável – Dispensa – Extinção da empresa – Indenização em dobro: art. 497 da CLT
- estável – Readmissão – Aposentadoria – Indenização em dobro: art. 497 da CLT
- estrangeiro: art. 359 da CLT
- estrangeiro – Admissão – Requisitos: art. 359 da CLT
- estrangeiro – Registro: art. 365 da CLT
- Experiência prévia: art. 442-A da CLT
- extranumerários – Ferroviários: art. 244, § 1.º, da CLT
- Férias: art. 7.º, XVII, da CF
- Filiação a sindicato – Opção: art. 8.º, V, da CF
- Horário variável – Classificação: art. 229, § 1.º, da CLT

- Horário variável – Jornada de trabalho: art. 229, § 1.º, da CLT

- horista – Férias – Remuneração: art. 142, § 1.º, da CLT

- Integridade física – Preservação: art. 198 da CLT

- Intervalo – Recuperação térmica: art. 253 da CLT

- Menor – Mais de um estabelecimento: art. 414 da CLT

- *Modus operandi* – Prestação de serviços: art. 2.º da CLT

- Morte – Indenização – Competência: art. 114, VI, da CF

- Participação nos lucros: art. 63 da CLT

- Portador de deficiência: art. 3.º da CLT

- Portador de deficiência – Vagas: art. 3.º da CLT

- portador do HIV – Discriminação – Reintegração: art. 7.º, XXX, da CF

- Prestação de serviços: art. 2.º da CLT

- Prestação pessoal – Serviço: art. 2.º da CLT

- Promoção – Requisitos: art. 461, § 3.º, da CLT

- Readaptação em nova função: art. 461, § 4.º, da CLT

- Reclamação pessoalmente: art. 791 da CLT

- Regime de tempo parcial – Férias – Conversão de abono: art. 143, § 3.º, da CLT

- Regime de tempo parcial – Negociação coletiva: art. 58-A, § 2.º, da CLT

- Regime de tempo parcial – Opcional: art. 58-A, § 2.º, da CLT

- Registro – Demais informações – Multa: art. 47, parágrafo único, da CLT

- Registro – Informações necessárias: art. 41, parágrafo único, da CLT

- Registro em ficha – Obrigatoriedade: art. 41 da CLT

- Registro em livro – Obrigatoriedade: art. 41 da CLT

- Registro em Sistema eletrônico – Obrigatoriedade: art. 41 da CLT

- Reintegração – Despedida discriminatória: art. 7.º, XXX, da CF

- Reintegração – Inexistência de falta grave: art. 495 da CLT

- Remuneração: art. 7.º, XI, da CF

- Remuneração – Abono de férias: art. 144 da CLT

- Representante – Eleição: art. 11 da CF

- Revista íntima – Empregador – Vedação: art. 373-A da CLT

- rurícola – Atividade exercida: art. 7.º da CLT

- rurícola: arts. 3.º, 7.º, *c*, da CLT

- Salário – Direito de dispor: art. 462, § 4.º, da CLT

- Segurança e medicina do trabalho: art. 158 da CLT

- sindicalizado – Admissão preferencial: art. 4.º, parágrafo único, da CLT

- sindicalizado – Demissão – Vedação: art. 543, § 3.º, da CLT

- sindicalizado – Estabilidade: art. 8.º, VIII, da CF

- sindicalizado – Igualdade de preferências: art. 544 da CLT

- sindicato – Candidatura – Comunicação: art. 543, § 5.º, da CLT
- Subordinação: art. 2.º da CLT
- Subsolo – Auxílio-alimentação: art. 297 da CLT
- Subsolo – Minas – Alimentação: art. 296 da CLT
- Subsolo – Minas – Instruções da Previdência Social: art. 297 da CLT
- Subsolo – Trabalho insalubre: art. 299 da CLT
- Subsolo – Troca – Alimentação – Desconto salarial: art. 297 da CLT
- Substituição – Audiência de julgamento: art. 843, § 2.º, da CLT
- Substituição eventual ou temporária: art. 450 da CLT
- Suspensão máxima – Rescisão injusta do Contrato de trabalho: art. 474 da CLT
- Tempo despendido: art. 4.º da CLT
- Tempo despendido – Transporte público: art. 4.º da CLT
- Transporte – Deslocamento para o trabalho: art. 458, § 2.º, III, da CLT
- uma ou mais empresas – Acordo coletivo – Sindicato: art. 617 da CLT
- Utilização de armazém: art. 462, § 2.º, da CLT

EMPREGADOR

- Acordo coletivo de Trabalho – Descumprimento – Multa: art. 622 da CLT
- agroindustrial: art. 7.º da CLT
- Atividade rural – Classificação: art. 7.º da CLT
- Ausência de aviso prévio: art. 487, § 1.º, da CLT
- Conceito: art. 2.º da CLT
- Contrato de aprendizagem – Responsabilidades: art. 428 da CLT
- Contribuição sindical – Maior valor: art. 580, § 3.º, da CLT
- Contribuição sindical – Recolhimento: art. 587 da CLT
- Contribuição sindical – Tabela progressiva: art. 580, III, da CLT
- Convenção coletiva de Trabalho – Descumprimento – Multa: art. 622 da CLT
- Descontos – Salário: art. 462 da CLT
- Despesas de transferência do empregado: art. 470 da CLT
- Doença do trabalho – Responsabilidade: art. 7.º, XXVIII, da CF
- Empregado estrangeiro – Contratação – Requisitos: art. 359 da CLT
- Entrega de guias – Seguro-desemprego: art. 201, III, da CF
- Equiparação – Instituição sem fins lucrativos: art. 2.º, § 1.º, da CLT
- Equiparação – Profissional liberal: art. 2.º, § 1.º, da CLT
- Equiparação – Relação de emprego: art. 2.º, § 1.º, da CLT
- Exame médico – Hipóteses de exigência: art. 168 da CLT
- Extravio de Carteira de Trabalho e Previdência Social – Dano moral: art. 52 da CLT

- Falência – Concordata: art. 448, § 2.º, da CLT
- Falência – Créditos do empregado: art. 448, § 1.º, da CLT
- Férias – Concessão: art. 136 da CLT
- Fornecimento de condução ao empregado – Deslocamento: art. 58, § 2.º, da CLT
- Infração – Multa: arts. 510, 598 da CLT
- Insalubridade – Câmara frigorífica – Zona climática: art. 253 da CLT
- Jornada de trabalho – Intervalo: art. 4.º da CLT
- Medicina do Trabalho – Medidas preventivas: art. 168 da CLT
- Menor – Deveres: art. 426 da CLT
- Menor – Frequência às aulas: art. 427 da CLT
- Menor – Requisitos: art. 425 da CLT
- *Modus operandi*: arts. 2.º, 3.º da CLT
- *Modus operandi* – Definição: art. 2.º da CLT
- Morte – Rescisão do contrato individual do trabalho: art. 485 da CLT
- Ônus da prova: art. 4.º, parágrafo único, da CLT
- Penalidades: art. 729 da CLT
- Prejuízo ao empregado – Penalidades: art. 729, § 1.º, da CLT
- Preposto – Audiência de julgamento: art. 843, § 1.º, da CLT
- Preposto – Dissídios coletivos: art. 861 da CLT
- Princípio da boa-fé: art. 5.º da CLT
- Reclamação pessoalmente: art. 791 da CLT
- Responsabilidade subjetiva – Acidente do trabalho: art. 7.º, XXVIII, da CF
- Revista íntima: art. 373-A, VI, da CLT
- Salário – Não pagamento: art. 872, parágrafo único, da CLT
- Transporte – Fornecimento: art. 4.º da CLT
- Vedações: art. 390 da CLT

EMPREGO

- Anúncio – Discriminação – Vedação: art. 373-A, I, da CLT
- Atividade profissional remunerada: art. 13 da CLT
- Natureza jurídica: art. 13 da CLT
- Proteção – Princípio: art. 7.º, I, da CF
- Relação: art. 7.º, XXXIV, da CF; art. 922 da CLT
- Trabalhador – Intelectual – Distinção: art. 3.º da CLT

EMPREITADA

- Carteira de Trabalho e Previdência Social – Anotação: art. 34 da CLT

EMPRESA

- Alteração – Estrutura jurídica: art. 10, da CLT
- de navegação: art. 370 da CLT
- de navegação – Delegacia do Trabalho Marítimo: art. 370 da CLT
- de navegação – Discriminação hierárquica: art. 370, parágrafo único, da CLT

- de navegação – Discriminação hierárquica – Pessoal embarcadiço: art. 370, parágrafo único, da CLT
- de navegação – Relação dos tripulantes: art. 370 da CLT
- Direção – Prestação – Serviço: art. 2.º da CLT
- Incorporação – Equiparação salarial: art. 7.º, XXX, da CF
- jornalística: art. art. 302, § 2.º, da CLT
- Mesmo grupo econômico – Responsabilidade solidária: art. 2.º, § 2.º, da CLT
- Mesmo grupo empresarial: art. 2.º, § 2.º, da CLT
- Mudança na estrutura jurídica – Contrato individual do trabalho: art. 448 da CLT
- Mudança na propriedade – Contrato individual do trabalho: art. 448 da CLT
- não jornalística – Jornada – Jornalista: art. 303 da CLT
- Negociação coletiva – Recusa: art. 616 da CLT
- Normas do Ministério do Trabalho – Segurança e medicina do trabalho: art. 162 da CLT
- Obrigações: art. 389 da CLT
- Paralisação – Férias – Ausência de direito: art. 133, III, da CLT
- Personalidade jurídica própria: art. 2.º, § 2.º, da CLT
- Reflorestamento: art. 7.º da CLT
- Risco – Atividade econômica: art. 2.º da CLT
- Rurícola: art. 7.º da CLT
- Rurícola – Matéria-prima: art. 7.º da CLT
- Segurança e medicina do trabalho: art. 157 da CLT

ENCARGO

- Custeio: art. 2.º da CLT

ENFERMIDADE

- Faltas: art. 131, III, da CLT

ENGENHEIRO DO TRABALHO: art. 195 da CLT

ENQUADRAMENTO SINDICAL

- Atividade econômica da empresa: art. 511 da CLT
- Comissão – Competência: art. 575, parágrafo único, da CLT
- Comissão – Constituição: art. 576 da CLT
- Comissão – Membros: art. 576 da CLT
- Comissão – Quadro de atividades: art. 575 da CLT
- Empresa: art. 921 da CLT
- Justiça do Trabalho – Incompetência: arts. 511, 857 da CLT
- Quadro de atividades: art. 577 da CLT

ENTIDADE SINDICAL

- Central sindical: art. 593 da CLT
- Central sindical – Percentual: art. 593 da CLT
- Dilapidação do patrimônio: art. 552 da CLT
- Funcionário público – Equiparação: art. 552 da CLT
- Recursos: art. 593, parágrafo único, da CLT

EQUIPAMENTO DE PROTEÇÃO INDIVIDUAL (EPI)

- Conceito: arts. 166, 200 da CLT
- Empregado – Uso – Obrigatoriedade: art. 166 da CLT
- Fiscalizar do uso: art. 166 da CLT
- Fornecimento: art. 389, IV, da CLT
- Fornecimento – Obrigatoriedade: art. 166 da CLT
- Fornecimento e uso – Adicional de insalubridade: art. 7.º, XXIII, da CF
- Gratuidade: art. 166 da CLT
- Insalubridade: art. 191, II, da CLT
- ou coletiva – Adicional de insalubridade – Cessação: art. 194 da CLT
- ou coletiva – Adicional de Periculosidade – Cessação: art. 194 da CLT
- Segurança e medicina do trabalho – Empregados: art. 158, parágrafo único, *b*, da CLT

EQUIPAMENTOS

- Salário-utilidade – Impossibilidade: art. 458, § 2.º, I, da CLT

EQUIPARAÇÃO SALARIAL

- Conceito: art. 7.º, XXX, da CF
- Diferença de salário: art. 7.º, XXX, da CF
- Exceções: art. 461, § 4.º, da CLT
- Igualdade de funções: art. 461 da CLT
- Incorporação de empresas: art. 7.º, XXX, da CF
- Mesma localidade: art. 4.º, parágrafo único, da CLT
- Paradigma: art. 461 da CLT
- Plano de cargos e salários: art. 461, § 2.º, da CLT
- Quadro de carreira – Validade: art. 461, § 2.º, da CLT
- Reconhecimento judicial – Consequências: art. 7.º, XXX, da CF
- Requisitos: art. 7.º, XXX, da CF; art. 461, I, da CLT
- Servidor público: art. 461 da CLT
- Trabalho de igual valor – Conceito: art. 461, § 1.º, da CLT

ERRO MATERIAL

- Correção: art. 897-A, parágrafo único, da CLT

ESCALA DE REVEZAMENTO

- Descanso semanal: art. 67, parágrafo único, da CLT

ESTABELECIMENTO

- Inspeção prévia: art. 160 da CLT
- Interdição – Delegado Regional do Trabalho: art. 161 da CLT
- noturno – Operador cinematográfico – Hora adicional: art. 235 da CLT

ESTABILIDADE

- Ação rescisória – Membro da Cipa: art. 836 da CLT
- Aposentadoria por invalidez – Cancelamento: art. 475 da CLT

- Decenal – Conceito: art. 492 da CLT
- Dirigente sindical: arts. 522, 543 da CLT
- Dispensa – Extinção da empresa – Indenização em dobro: art. 497 da CLT
- Empregado – Cipa: art. 10, II, *a*, do ADCT
- Empregado – Julgamento – Inquérito: art. 855 da CLT
- Empregado sindicalizado: art. 8.º, VIII, da CF
- Impossibilidade – Diretor, gerente ou cargo de confiança imediata do empregador: art. 499 da CLT
- Membro do Conselho fiscal – Sindicato: art. 522, § 2.º, da CLT
- Pedido de demissão – Assistência do sindicato: art. 500 da CLT
- provisória: art. 492 da CLT
- provisória – Cipa: art. 165 da CLT
- provisória – Cipa – Reintegração: art. 165, parágrafo único, da CLT
- provisória – Cipa – Suplente: art. 10, II, *a*, do ADCT
- provisória – Delegado sindical – Inaplicável: art. 523 da CLT
- provisória – Dirigente sindical: art. 8.º, VIII, da CF
- provisória – Férias: art. 133, II, da CLT
- provisória – Gestante: art. 7.º, XVIII, da CF; art. 10, II, *b*, do ADCT; art. 391, parágrafo único, da CLT
- provisória – Gestante – Aborto: art. 10, II, *b*, do ADCT
- provisória – Gestante – Aviso prévio: art. 10, II, *b*, do ADCT; art. 391, parágrafo único, da CLT
- provisória – Gestante – Contrato de experiência: art. 10, II, *b*, do ADCT
- provisória – Gestante – Falência: art. 10, II, *b*, do ADCT
- provisória – Gestante – Requisitos: art. 10, II, *b*, do ADCT
- provisória – Licença maternidade: art. 7.º, XVIII, da CF
- provisória – Membro da Cipa: art. 10, II, *a*, do ADCT
- provisória – Membro da Cipa – Extinção do estabelecimento: art. 10, II, *a*, do ADCT
- provisória – Membro da Cipa – Renúncia: art. 10, II, *a*, do ADCT
- provisória – Membro da Comissão de Conciliação Prévia: art. 625-B, § 1.º, da CLT
- Readmissão – Aposentadoria – Indenização em dobro: art. 497 da CLT
- Reconhecimento: art. 855 da CLT
- Reconhecimento – Empregado: art. 855 da CLT

ESTAGIÁRIO

- Contrato de estágio: art. 3.º da CLT
- Contrato de estágio – Desvirtuamento: art. 3.º da CLT

ESTRANGEIRO

- Depoimento – Provas: art. 819 da CLT
- Empregado: art. 359 da CLT
- Empregado – Registro: art. 359 da CLT
- Químicos: art. 325, § 2.º, da CLT

EXCEÇÃO DE INCOMPETÊNCIA

- Cerceamento de defesa: art. 800 da CLT
- *Ratione loci*: art. 800 da CLT
- Vista dos autos: art. 800 da CLT

EXECUÇÃO

- Agravo de instrumento: art. 897, § 2.º, da CLT
- Arrematação: art. 888, § 1.º, da CLT
- Citação: art. 880 da CLT
- Citação – Mandado – Requisitos: art. 880, § 1.º, da CLT
- Citação por edital: art. 880, § 3.º, da CLT
- Competência: art. 877 da CLT
- Conceito: art. 876 da CLT
- Correção monetária: art. 880 da CLT
- Custas processuais: art. 789-A da CLT
- Decisão – Ação rescisória: art. 836, parágrafo único, da CLT
- Deserção – Custas processuais: art. 789-A da CLT
- Embargos: art. 884 da CLT
- *ex officio* – Contribuições sociais: art. 876, parágrafo único, da CLT
- *ex officio* ou a requerimento de interessados: art. 878 da CLT
- Garantia: art. 884 da CLT
- Julgamento: art. 885 da CLT
- Multa: art. 880 da CLT
- Não interrupção – Recurso ao Supremo Tribunal Federal: art. 893, § 2.º, da CLT
- Penhora: art. 880 da CLT
- Precatório: art. 880 da CLT
- Prescrição: art. 7.º, XXIX, da CF
- Prestações sucessivas – Tempo determinado: art. 891 da CLT
- Prestações sucessivas – Tempo indeterminado: art. 892 da CLT
- Prestações sucessivas: art. 890 da CLT
- Procuradoria da Justiça do Trabalho: art. 878, parágrafo único, da CLT
- provisória – Depósito recursal – Levantamento: art. 899 da CLT
- Recurso de revista – Impossibilidade: art. 896, § 2.º, da CLT
- Título executivo extrajudicial – Competência: art. 877-A da CLT

FADIGA

- Prevenção: art. 198 da CLT

FALÊNCIA

- Empregador – Concordata: art. 448, § 2.º, da CLT
- Empregador – Créditos do empregado: art. 448, § 1.º, da CLT
- Preferência processual: art. 768 da CLT

FALSIDADE

- Anotações na Carteira de Trabalho e Previdência Social: art. 50 da CLT

– Declarações para emissão de Carteira de Trabalho e Previdência Social: art. 50 da CLT

FALTA

– Aborto: art. 131, II, da CLT
– Acidente de trabalho – Incidência: art. 131, III, da CLT
– Acidente de trabalho: art. 131, III, da CLT
– Ausência de serviço: art. 131, VI, da CLT
– Desconto – Férias – Vedação: art. 130, § 1.º, da CLT
– Enfermidade: art. 131, III, da CLT
– grave – Conceito: art. 493 da CLT
– grave – Dirigente sindical – Inquérito: art. 494 da CLT
– grave – Inexistência – Indenização: art. 496 da CLT
– grave – Inexistência – Reintegração do empregado: art. 495 da CLT
– grave – Inquérito – Prazo de decadência: art. 494 da CLT
– grave – Suspensão – Inquérito: art. 494 da CLT
– grave – Suspensão – Prazo: art. 494, parágrafo único, da CLT
– injustificada – Férias – Redução – Regime de tempo parcial: art. 130-A, parágrafo único, da CLT
– justificada – Casamento: art. 473, II, da CLT
– justificada – Comparecimento em juízo: art. 473, VIII, da CLT
– justificada – Doação voluntária de sangue devidamente comprovada: art. 473, IV, da CLT
– justificada – Falecimento do cônjuge, ascendente, descendente, irmão: art. 473, I, da CLT
– justificada – Hipóteses: art. 473 da CLT
– justificada – Nascimento de filho: art. 473, III, da CLT
– justificada – Serviço militar: art. 473, VI, da CLT
– justificada pela empresa: art. 131, IV, da CLT
– Maternidade: art. 131, II, da CLT
– Proporção – Férias: art. 130 da CLT
– Suspensão preventiva – Inquérito administrativo: art. 131, V, da CLT
– Suspensão preventiva – Prisão preventiva: art. 131, V, da CLT

FEDERAÇÃO

– Administração: art. 538 da CLT
– Conceito: art. 534 da CLT
– Constituição: art. 534, § 2.º, da CLT
– Convenção coletiva de Trabalho: art. 611, § 2.º, da CLT
– Pedido de reconhecimento – Ministro do Trabalho Indústria e Comércio: art. 537 da CLT
– Presidência: art. 538, § 3.º, da CLT
– Sindicato – Organização: art. 573 da CLT

FERIADO

– Domingo – Marítimos: art. 249, § 1.º, da CLT
– Trabalhado – Vedação: art. 70 da CLT

FÉRIAS

- Abono – Remuneração: art. 142 da CLT
- Abono – Requisição – Requisitos: art. 143, § 1.º, da CLT
- Abono pecuniário – Conversão: art. 143 da CLT
- Acidente de trabalho: art. 133, IV, da CLT
- Acúmulo – Autorização pelo Delegado do Trabalho Marítimo: art. 150, § 6.º, da CLT
- Adicional de insalubridade – Base de cálculo: art. 142, § 5.º, da CLT
- Adicional noturno – Base de cálculo: art. 142, § 5.º, da CLT
- Anuais: art. 129 da CLT
- Anuais – Regime de tempo parcial: art. 130-A da CLT
- Armador e tripulante: art. 150 da CLT
- Ausência de direito – Readmissão: art. 133, I, da CLT
- Ausências motivadas – Desconto – Impossibilidade: art. 7.º, XVII, da CF
- Auxílio doença: art. 133, IV, da CLT
- Aviso prévio: art. 7.º, XVII, da CF
- coletivas – Abono pecuniário – Conversão: art. 143, § 2.º, da CLT
- coletivas – Anotação com carimbo – Requisitos: art. 141 da CLT
- coletivas – Comunicação – Sindicato: art. 139, § 3.º, da CLT
- coletivas – Concessão – Requisitos: art. 139 da CLT
- coletivas – Fracionamento: art. 139, § 1.º, da CLT.
- coletivas – Gozo em períodos – Requisitos: art. 139, § 1.º, da CLT
- coletivas proporcionais: art. 140 da CLT
- Concessão: art. 134 da CLT
- Concessão – Anotação: art. 135, § 2.º, da CLT
- Concessão – Época – Empregador: art. 136 da CLT
- Concessão – Maiores de 50 anos: art. 134, § 2.º, da CLT
- Concessão – Membros de família: art. 136, § 1.º, da CLT
- Concessão – Menores de 18 anos: art. 134, § 2.º, da CLT
- Concessão – Requisitos: art. 135 da CLT
- Desconto – Faltas – Vedação: art. 130, § 1.º, da CLT
- Direito – Perda: art. 135, § 2.º, da CLT
- Divisão: art. 134, § 1.º, da CLT
- Embarcadiços: art. 150, § 3.º, da CLT
- Empregado comissionado – Base de cálculo: art. 142, § 3.º, da CLT
- Empregado doméstico: art. 7.º, XVII, da CF
- Empregado estudante menor: art. 136, § 2.º, da CLT
- escolares – Professor – Salário: art. 322 da CLT
- Estabilidade provisória: art. 133, II, da CLT
- Faltas – Proporções: art. 130 da CLT
- Gratificação – Base de cálculo: art. 142, § 6.º, da CLT
- Horas – Proporções: art. 130-A da CLT

- Indenizada – Contrato de trabalho – Cessação: art. 146, parágrafo único, da CLT
- Indenizada – FGTS – Não incidência: art. 146 da CLT
- Licença – Ausência de direito: art. 133, II, da CLT
- Licença remunerada: art. 133, III, da CLT
- Marítimos – Anotação: art. 151 da CLT
- Não concessão – Indenização: art. 7.º, XVII, da CF
- não gozadas – Indenização: art. 7.º, XVII, da CF
- Novo período aquisitivo: art. 133, § 2.º, da CLT
- Pagamento – Prazo legal: art. 137 da CLT
- Pagamento – Prescrição: art. 149 da CLT
- Pagamento – Requisitos: art. 145 da CLT
- Pagamento antecipado – Multa: art. 153 da CLT
- Pagamento em dobro: art. 137 da CLT
- Pagamento fora do prazo: art. 137 da CLT
- Paralisação de empresa – Ausência de direito: art. 133, III, da CLT
- Período: art. 134 da CLT
- Período aquisitivo – Ausência de direito: art. 133 da CLT
- Prescrição: art. 7.º, XVII, da CF; art. 149 da CLT
- proporcionais – Demissão por justa causa: art. 7.º, XVII, da CF
- proporcionais – Direito: art. 147 da CLT
- proporcionais – Justa causa: art. 146, parágrafo único, da CLT
- proporcionais – Pedido de demissão: art. 134, § 2.º, da CLT
- Redução – Faltas injustificadas – Regime de tempo parcial: art. 130-A, parágrafo único, da CLT
- Remuneração: art. 7.º, XVII, da CF; art. 137, 142 da CLT
- Remuneração – Empregado horista: art. 142, § 1.º, da CLT
- Remuneração – Horas extras: art. 142, § 5.º, da CLT
- Remuneração – Jornada variável: art. 142, § 1.º, da CLT
- Remuneração – Natureza salarial: art. 148 da CLT
- Remuneração – Terço – art. 7.º, XVII, da CF
- Remuneração – Tripulante: art. 152 da CLT
- Suspensão pelo armador: art. 150, § 5.º, da CLT
- Tarefeiro: art. 142, § 2.º, da CLT
- Tempo de serviço: art. 130, § 2.º, da CLT

FERROVIÁRIO

- Cabineiros – Jornada: art. 245, da CLT
- Departamento Nacional de Estradas de Ferro – Classificação das estações: art. 247, da CLT
- Empregados de prontidão: art. 244, § 3.º, da CLT
- Empregados de sobreaviso: art. 244, § 2.º, da CLT
- Empregados extranumerários: art. 244, § 1.º, da CLT
- Estações do interior: art. 243 da CLT

– Horas extras – Casos de urgência ou acidente: art. 240 da CLT

– Horas extras – Proporção: art. 241 da CLT

– Horas extras – Recusa do empregado – Falta grave: art. 240, parágrafo único, da CLT

– Horas extras – Turno ininterrupto de revezamento: art. 241 da CLT

– Intervalo entre jornada: art. 239, § 1.º, da CLT

– Intervalo intrajornada: art. 238, § 5.º, da CLT

– Prorrogação do trabalho: art. 239 da CLT

– Serviços – Categorias: art. 237 da CLT

– Serviços – Conceito: art. 236 da CLT

– Telegrafistas – Jornada: art. 246 da CLT

– Tempo à disposição: art. 238 da CLT

FISCALIZAÇÃO

– Segurança e medicina do trabalho – Ministro do Trabalho: art. 159 da CLT

FORÇA MAIOR

– Conceito: art. 501 da CLT

– Extinção da empresa – Indenização – Hipóteses: art. 502 da CLT

– Falsa – Indenização: art. 504 da CLT

– Falsa – Reintegração de empregado estável: art. 504 da CLT

– Imprevidência: art. 501, § 1.º, da CLT

– Redução salarial – Limite: art. 503 da CLT

– Restabelecimento do valor do salário: art. 503, parágrafo único, da CLT

FUNÇÃO

– Acúmulo: art. 460 da CLT

– idêntica – Diferença salarial – Vedação: art. 7.º, XXX, da CF

– idêntica – Salário: art. 461 da CLT

FUNCIONÁRIO PÚBLICO

– federal – Auto de infração – Associação sindical: art. 631, parágrafo único, da CLT

– federal – Representante legal – Associação sindical: art. 631 da CLT

– Regime trabalhista: art. 7.º, *d*, da CLT

FUNDO DE GARANTIA DO TEMPO DE SERVIÇO

– Aposentadoria: art. 7.º, III, da CF

– Contrato nulo de trabalho: art. 7.º, III, da CF

– Execução de alimentos: art. 7.º, III, da CF

– Férias indenizadas – Não incidência: art. 146 da CLT

– Hipóteses de levantamento: art. 7.º, III, da CF

– Indenização – Redução: art. 7.º, III, da CF

– Levantamento dos depósitos: art. 7.º, III, da CF

– Multa: art. 7.º, III, da CF

– Multa de 40%: art. 477 da CLT

– Parcela prescrita: art. 11 da CLT

– Penhora: art. 7.º, III, da CF

– Recolhimento: art. 7.º, XXIX, da CF

– Remuneração – Incidência: art. 457 da CLT

G

GESTANTE

- Aviso prévio – Estabilidade provisória: art. 7.º, XVIII, da CF
- Consulta médica – Quantidade: art. 392-A, § 4.º, da CLT
- Dispensa – Consulta médica: art. 392, § 4.º, II, da CLT
- Estabilidade – Direito constitucional – Renúncia: art. 391-A da CLT
- Estabilidade – Direito constitucional – Transação: art. 391-A da CLT
- Estabilidade provisória: art. 7.º, XVIII, da CF; art. 10, II, *b*, do ADCT; art. 391-A, da CLT
- Estabilidade provisória – Aborto: art. 10, II, *b*, do ADCT
- Estabilidade provisória – Aviso prévio: art. 7.º, XVIII, da CF; art. 10, II, *b*, do ADCT
- Estabilidade provisória – Contrato de experiência: art. 10, II, *b*, do ADCT
- Estabilidade provisória – Requisitos: art. 10, II, *b*, do ADCT
- Jornada de trabalho – Amamentação: art. 396 da CLT
- Jornada de trabalho – Amamentação – Descanso especial: art. 396 da CLT
- Jornada de trabalho – Amamentação – Saúde do filho: art. 396, parágrafo único, da CLT
- Jornada de trabalho – Falta de concessão – Intervalo: art. 396, parágrafo único, da CLT
- Licença: art. 7.º, XVIII, da CF
- Licença – Salário: art. 7.º, XVIII, da CF
- Média salarial: art. 393 da CLT
- Média salarial – Salário integral: art. 393 da CLT
- Proteção: arts. 7.º, XVIII, 201, II, da CF
- Proteção objetiva: art. 391-A da CLT
- Salário integral: art. 393 da CLT
- Salário-maternidade: art. 392-A, § 4.º, da CLT
- Servidora pública: art. 7.º, XVIII, da CF
- Servidora pública – Exoneração: art. 10, II, *b*, do ADCT
- Transferência de função – Retorno atividade anterior: art. 392, § 4.º, I, da CLT

GORJETA

- Conceito: art. 457, § 3.º, da CLT
- Integração – Salário: art. 457, § 3.º, da CLT
- Remuneração: art. 457 da CLT
- Salário – Distinção: art. 457 da CLT

GRATIFICAÇÃO

- de função – Bancário: art. 224, § 2.º, da CLT
- Décimo terceiro salário – Integração: art. 7.º, VIII, da CF
- Férias – Base de cálculo: art. 142, § 6.º, da CLT
- natalina: art. 457 da CLT
- natalina – Aposentados e pensionistas – Valor: art. 201, § 6.º, da CF
- Natureza salarial: art. 457 da CLT

- por tempo de serviço – Compensação: art. 457 da CLT
- Salário: art. 7.º, VIII, da CF
- Salário – Integração: art. 7.º, IV, da CF; art. 457, § 1.º, da CLT

GRAVIDEZ

- Atestado para admissão – Vedação: art. 373-A, IV, da CLT
- Confirmação – Contrato de trabalho – Aviso prévio indenizado: art. 391-A da CLT
- Confirmação – Contrato de trabalho: art. 391-A da CLT

GREVE

- Abuso – Justa causa: art. 9.º, § 2.º, da CF
- Abuso – Responsabilização: art. 9.º, § 2.º, da CF
- Atividade essencial – Abuso: art. 9.º, § 2.º, da CF
- Direito: art. 9.º da CF
- Justiça do Trabalho – Competência: art. 114, II, da CF
- Serviços ou atividades essenciais: art. 9.º, § 1.º, da CF

GUARDIÃ

- Termo de guarda: art. 392-A, § 4.º, da CLT

GUELTAS

- Conceito: art. 457, § 3.º, da CLT

H

HABEAS

- *corpus* – Justiça do Trabalho – Competência: art. 114, IV, da CF
- *data* – Justiça do Trabalho – Competência: art. 114, IV, da CF

HABITAÇÃO

- coletiva – Salário-utilidade: art. 458, § 4.º, da CLT
- Salário-utilidade: art. 458, § 3.º, da CLT

HONORÁRIOS

- advocatícios – Cobrança – Justiça do Trabalho – Competência: art. 114, I, da CF
- periciais – Beneficiário da justiça gratuita: art. 790-B da CLT
- periciais – Pagamento: art. 790-B da CLT

HORA EXTRA

- Acordo coletivo – Remuneração: art. 59, § 1.º, da CLT
- Adicional noturno: art. 73 da CLT
- Atividade externa: art. 62, I, da CLT
- Atividade insalubre – Licença prévia: art. 60 da CLT
- Ausência de intervalo entre jornada: art. 66 da CLT
- Ausência de intervalo intrajornada: art. 71, § 4.º, da CLT

- Aviso prévio – Integração: art. 487, § 5.º, da CLT
- Bancário – Divisor: art. 225, I, da CLT
- Bancário – Prescrição: art. 224, II, da CLT
- Banco de horas – Acordo coletivo – Convenção coletiva: art. 59, § 2.º, da CLT
- Cargo de confiança: art. 62, parágrafo único, da CLT
- Cargos de gestão: art. 62, II, da CLT
- Compensação de jornada – Acordo coletivo – Convenção coletiva: art. 59, § 2.º, da CLT
- Compensação de jornada – Rescisão – Pagamento: art. 59, § 3.º, da CLT
- Compensação de jornada – Semana espanhola: art. 59, § 2.º, da CLT
- Condições: art. 59 da CLT
- Descanso semanal: art. 67, parágrafo único, da CLT
- Excesso – Comunicação à autoridade: art. 61, § 1.º, da CLT
- Excesso – Limites: art. 61, § 2.º, da CLT
- Ferroviário – Proporção: art. 241 da CLT
- Ferroviário – Turno ininterrupto de revezamento: art. 241 da CLT
- Ferroviários – Casos de urgência ou acidente: art. 240 da CLT
- Habitual – Reflexos: art. 59, § 1.º, da CLT
- Impossibilidade – Regime de tempo parcial: art. 59, § 4.º, da CLT
- Incorporação – Prescrição: art. 457 da CLT
- Intervalo antecedente – Mulher: art. 384 da CLT
- Jornada de trabalho: art. 7.º, XIII, da CF
- Jornalistas – Remuneração: art. 305 da CLT
- Jornalistas: art. 304 da CLT
- Limite: art. 59 da CLT
- Marítimos: art. 249 da CLT
- Marítimos – Compensação: art. 250 da CLT
- Marítimos – Livro de controle: art. 249 da CLT
- Motorista carreteiro – Controle de jornada – Inexistência: art. 235-C, § 4.º, da CLT
- Motorista profissional: art. 235-C, § 1.º, da CLT
- Motorista profissional: art. 235-C, § 4.º, da CLT
- Necessidade imperiosa: art. 61 da CLT
- pré-contratada – Bancário: art. 224, II, da CLT
- Professor: art. 59, § 1.º, da CLT
- Professor – Adicional: art. 318 da CLT
- Recusa do empregado – Ferroviários – Falta grave: art. 240, parágrafo único, da CLT
- Regime de compensação: art. 59 da CLT
- Regime especial: art. 7.º, XIII, da CF
- Remuneração: art. 7.º, XVI, da CF
- Repouso semanal remunerado – Reflexos: art. 7.º, XV, da CF
- Salário por produção: art. 59 da CLT
- Telefonista: art. 227, § 1.º, da CLT

HORA *IN ITINERE*

- Deslocamento: art. 58, § 2.º, da CLT
- Local de difícil acesso: art. 294 da CLT

– Remuneração: art. 4.º da CLT

– Pagamento: art. 4.º da CLT

HORA NOTURNA

– Diferença: art. 7.º, IX, da CF

– Jornada de trabalho – Redução: art. 7.º, IX, da CF

– Mulher: art. 381, § 2.º, da CLT

– Turno ininterrupto de revezamento: art. 73, § 1.º, da CLT

– Vigia: art. 73, § 1.º, da CLT

HORA PRORROGADA

– Acordo coletivo: art. 296 da CLT

– Percentual mínimo – Hora normal: art. 296 da CLT

– Prazo mínimo: art. 296 da CLT

HORÁRIO

– de refeição – Organização pela empresa: art. 230, § 2.º, da CLT

– de refeição – Restrições: art. 230, § 2.º, da CLT

– de trabalho – Anotação – Registro de empregado: art. 74, § 1.º, da CLT

– de trabalho – Ausência de controle – Multa: art. 75 da CLT

– de trabalho – Controle obrigatório – Tolerância: art. 74, § 3.º, da CLT

– de trabalho – Controle obrigatório – Trabalho externo: art. 74, § 2.º, da CLT

– de trabalho – Controle obrigatório: art. 74, § 2.º, da CLT

– de trabalho – Controle: art. 74 da CLT

– de trabalho – Quadro de horário: art. 74 da CLT

– variável – Empregado – Classificação: art. 229, § 1.º, da CLT

– variável – Empregado – Jornada de trabalho: art. 229, § 1.º, da CLT

– variável – Empregado – Jornada de trabalho: art. 229 da CLT

HORISTA

– Rescisão de contrato de trabalho – Indenização: art. 478, § 3.º, da CLT

– Salário mínimo: art. 78, parágrafo único, da CLT

INCOMPETÊNCIA DE JUÍZO: art. 800 da CLT

– Contraditório: art. 800 da CLT

INDENIZAÇÃO

– Acidente de trabalho: art. 7.º, XXVIII, da CF

– Assédio moral: art. 7.º, XXIX, da CF

– Estabilidade: art. 4.º, parágrafo único, da CLT

INFRAÇÃO

– Delegacia Regional do Trabalho: art. 401 da CLT

INQUÉRITO

- administrativo – Falta – Suspensão preventiva: art. 131, V, da CLT

- Apuração – Falta grave: art. 853 da CLT

- Apuração – Falta grave – Dirigente sindical: art. 494 da CLT

- Apuração – Falta grave – Estabilidade – Garantia de emprego: art. 853 da CLT

- Apuração – Falta grave – Inexistência – Indenização: art. 496 da CLT

- Apuração – Falta grave – Prazo de decadência: art. 494 da CLT

- Apuração – Falta grave – Suspensão: art. 494 da CLT

- Estabilidade – Garantia de emprego: art. 853 da CLT

- Instauração: art. 855 da CLT

- Instauração – Apuração – Falta grave: art. 855 da CLT

- Instauração – Apuração – Falta grave – Suspensão: art. 855 da CLT

- Instauração – Data: art. 855 da CLT

- Instauração – Pagamento – Salários – Posterior: art. 855 da CLT

- Instauração – Prazo decadencial: art. 855 da CLT

- Instauração – Reconhecimento – Estabilidade: art. 855 da CLT

- Julgamento – Pagamento – Salário: art. 855 da CLT

- Julgamento – Pagamento – Salário – Execução: art. 855 da CLT

- Junta de Conciliação: art. 854 da CLT

- Junta de Conciliação – Normas estabelecidas: art. 854 da CLT

INSALUBRIDADE

- Adicional – Base de cálculo: art. 7.º, IV, da CF

- Adicional – Cessação: art. 194 da CLT

- Adicional – Cessação – EPI: art. 194 da CLT

- Atividade – Classificação – Competência: art. 187, parágrafo único, da CLT

- Atividade – Conceito: art. 189 da CLT

- Calor excessivo: art. 190, parágrafo único, da CLT

- Câmara frigorífica: art. 253 da CLT

- Câmara frigorífica – EPI: art. 253 da CLT

- Câmara frigorífica – Perícia: art. 253 da CLT

- Caracterização – Perícia – Eliminação – Neutralização: art. 191, parágrafo único, da CLT

- Eliminação – Neutralização: art. 191 da CLT

- Equipamento de proteção individual (EPI): art. 191, II, da CLT

- Exposição intermitente: art. 190, parágrafo único, da CLT

- Limite de tolerância – Agentes agressivos: art. 190 da CLT

- Lixo urbano: art. 190, parágrafo único, da CLT

- Meios de proteção: art. 190 da CLT

- Menor: art. 405, I, da CLT

- Ministério do Trabalho – Atividades insalubres: art. 190 da CLT

- Produção – Aerodispersoide tóxico: art. 190, parágrafo único, da CLT
- Tempo máximo – Exposição – Empregado: art. 190 da CLT

INTERDIÇÃO

- Estabelecimento: art. 161 da CLT
- Estabelecimento – Competência: art. 161 da CLT

INTERVALO

- Antecedente – Horas extras – Mulher: art. 384 da CLT
- Descanso semanal: art. 67 da CLT
- entre jornada: arts. 66, 412 da CLT
- entre jornada – Ausência – Hora extra: art. 66 da CLT
- entre jornada – Ferroviários: art. 239, § 1.º, da CLT
- entre jornada – Jornalistas: art. 308 da CLT
- entre jornada – Mulher: art. 382 da CLT
- fracionado – Possibilidade: art. 71, § 5.º, da CLT
- intrajornada: art. 7.º, XIII, XIV, da CF
- intrajornada – Ausência – Hora extra: art. 71, § 4.º, da CLT
- intrajornada – Digitador: art. 72 da CLT
- intrajornada – Ferroviários: art. 238, § 5.º, da CLT
- intrajornada – Jornada reduzida: art. 71, § 1.º, da CLT
- intrajornada – Mecanografia: art. 72 da CLT
- intrajornada – Mulher: art. 383 da CLT
- intrajornada – Redução – Ministério do Trabalho: art. 71, § 3.º, da CLT
- obrigatório – Repouso: art. 298 da CLT
- obrigatório – Repouso – Concessão: art. 298 da CLT
- Redução – Acordo coletivo: art. 71 da CLT
- Repouso – Alimentação – Mínimo legal: art. 71 da CLT

INTIMAÇÃO

- Sentença – Procedimento sumaríssimo: art. 852-I, § 3.º, da CLT
- Sentença – União: art. 832, § 5.º, da CLT
- Testemunha: art. 825 da CLT
- União – Decisão homologatória: art. 832, § 4.º, da CLT

ISONOMIA SALARIAL: art. 4.º, parágrafo único, da CLT

- Salário-base: art. 4.º, parágrafo único, da CLT

JORNADA DE TRABALHO

- 12x36: art. 58 da CLT
- 12x36 – Adicional noturno: art. 73, § 5.º, da CLT
- Ausência de controle – Multa: art. 75 da CLT
- Bancário: art. 224 da CLT

- Bancário – Intervalo: art. 224, II, da CLT
- Bancário – Prorrogação: art. 225 da CLT
- Controle: art. 74 da CLT
- Controle – Atividade externa: art. 7.º, XVI, da CF
- Controle – Motorista: art. 235-C, § 4.º, da CLT
- Controle de ponto: art. 7.º, XV, da CF
- Controle obrigatório – Tolerância: art. 74, § 3.º, da CLT
- Controle obrigatório – Trabalho externo: art. 74, § 2.º, da CLT
- Convenção coletiva: art. 7.º, XIII, da CF
- Deslocamento – Condução fornecida pelo empregador: art. 58, § 2.º, da CLT
- diária – Marítimos: art. 248 da CLT
- Duração: art. 7.º, XIII, da CF
- especial – Motorista – Convenção coletiva: art. 235-F da CLT
- Exclusão de intervalos: art. 71, § 2.º, da CLT
- extraordinária – Registro de ponto – Tolerância: art. 58, § 1.º, da CLT
- Ferroviários – Cabineiros: art. 245 da CLT
- Ferroviários – Telegrafistas: art. 246 da CLT
- Flexibilização: art. 7.º, XIII, da CF
- Hora noturna – Redução: art. 7.º, IX, da CF
- Horário variável: art. 229 da CLT
- Horários mistos: art. 73, § 4.º, da CLT
- Horas in itinere: art. 58, § 2.º, da CLT
- Horista: art. 58 da CLT
- Incompatibilidade: art. 4.º da CLT

- Interrupção – Limites de reposição: art. 61, § 3.º, da CLT
- Intervalo: art. 7.º, XIII, XIV, da CF; art. 412 da CLT
- Jornalista: art. 303 da CLT
- Jornalista – Empresa não jornalística: art. 303 da CLT
- Limite: art. 58 da CLT
- Menor – Prorrogação: art. 413 da CLT
- Motorista – Aumento – Força maior: art. 235-E, § 9.º, da CLT
- Motorista profissional: art. 235-C da CLT
- móvel e variável: art. 229 da CLT
- Mulher: art. 373 da CLT
- noturna – Abrangência: art. 73, § 2.º, da CLT
- noturna – Mulher: art. 381 da CLT
- noturna – Prorrogação: art. 73, § 5.º, da CLT
- noturna –12x36: art. 73, § 5.º, da CLT
- Operadores cinematográficos: art. 234 da CLT
- Professor: art. 318 da CLT
- Prorrogação – Motorista profissional: art. 235-C, § 1.º, da CLT
- redirecionada – Empregado – Banco: art. 226 da CLT
- reduzida – Intervalo intrajornada: art. 71, § 1.º, da CLT
- reduzida – Médicos e engenheiros: art. 58 da CLT
- reduzida – Salário mínimo – Proporcionalidade: art. 118 da CLT
- Regime de tempo parcial: art. 58-A da CLT

- Regime de tempo parcial – Salário: art. 58-A, § 1.º, da CLT
- Telefonista: art. 227 da CLT
- Tempo de deslocamento: art. 58, § 2.º, da CLT
- Trabalhador externo: art. 7.º, XIII, da CF
- Turno ininterrupto: art. 7.º, XIII, XIV, da CF
- Turno ininterrupto – Revezamento – Caracterização: art. 58 da CLT
- variável – Férias – Pagamento: art. 142, § 1.º, da CLT

JORNALISTA

- Conceito: art. 302, § 1.º, da CLT
- Descanso semanal: art. 307 da CLT
- Empresa: art. art. 302, § 2.º, da CLT
- Escola de preparação – Governo Federal: art. 315 da CLT
- Exceções: art. 306 da CLT
- Horas extras: art. 304 da CLT
- Horas extras – Remuneração: art. 305 da CLT
- Intervalo entre jornada: art. 308 da CLT
- Jornada: art. 303 da CLT
- Jornada – Empresa não jornalística: art. 303 da CLT
- profissional – Equiparações: art. 302 da CLT
- Tempo à disposição: art. 309 da CLT

JUIZ CLASSISTA

- Competência – Juntas de Conciliação e Julgamento: art. 669 da CLT
- Designação: art. 660 da CLT
- Designação – Presidente da República: art. 684 da CLT
- Escolha: art. 662 da CLT
- Exceção de suspeição – Audiência: art. 802 da CLT
- Gratificação – Sessão: art. 689 da CLT
- Imparcialidade: art. 801 da CLT
- Jurisdição – Juntas de Conciliação e Julgamento: art. 668 da CLT
- Lista: art. 662 da CLT
- Lista – Tribunal Superior do Trabalho: art. 684 da CLT
- Lista tríplice – Tribunal Superior do Trabalho: art. 684, § 1.º, da CLT
- Penalidade – Aplicação: art. 903 da CLT
- Prerrogativas: art. 667 da CLT
- Remuneração: art. 666 da CLT
- Requisitos: art. 661 da CLT
- Retenção – Desconto: art. 689, parágrafo único, da CLT
- Suplente – Desconto: art. 665 da CLT
- Suspeição: art. 801 da CLT
- Suspeição – Amizade íntima: art. 801, *b*, da CLT
- Suspeição – Consanguinidade: art. 801 da CLT
- Suspeição – Inimizade pessoal: art. 801, *a*, da CLT
- Suspeição – Interesse particular: art. 801 da CLT
- Suspeição – Parentesco: art. 801 da CLT

- Suspeição – Parentesco – Afinidade: art. 801 da CLT
- Tribunal Regional do Trabalho – Posse: art. 687 da CLT
- Vogal – Junta de Conciliação e Julgamento: art. 727 da CLT
- Vogal – Junta de Conciliação e Julgamento – Recusa de exercício – Penalidades: art. 726 da CLT

JULGAMENTO

- Dissídio coletivo: art. 864 da CLT

JUNTA DE CONCILIAÇÃO DE JULGAMENTO

- Cartório: art. 837 da CLT
- Competência: arts. 647, 650, parágrafo único, 651, 652, 653 da CLT
- Composição: art. 647 da CLT
- Diligências – Requisição: art. 653, *a*, da CLT
- Escrivão: art. 837 da CLT
- Execução: art. 649, § 2.º, da CLT
- Execução – Trabalho: art. 712, *j*, da CLT
- Função – Gratificação: art. 710 da CLT
- Funcionários: art. 715 da CLT
- Identidade física do Juiz – Princípio: art. 647, parágrafo único, da CLT
- Incompatibilidade – Parente consanguíneo: art. 648 da CLT
- Incompatibilidade – Parente consanguíneo – Primeiro vogal: art. 648, parágrafo único, da CLT
- Juiz de Direito – Competência: art. 669 da CLT

- Juiz de Direito – Jurisdição: art. 668 da CLT
- Julgamento – Embargos: art. 649, § 1.º, da CLT
- Jurisdição: art. 650 da CLT
- Liquidação: art. 649, § 2.º, da CLT
- Nulidade processual: art. 649, § 2.º, da CLT
- Pluralidade – Mesma cidade: art. 713 da CLT
- Precatória – Expedição: art. 653, *e*, da CLT
- Presidente: art. 649 da CLT
- Presidente – Presença indispensável: art. 649 da CLT
- Reclamação – Distribuição: art. 838 da CLT
- Representação classista: art. 649, § 2.º, da CLT
- Representante – Indicação: art. 662, § 6.º, da CLT
- Secretaria: art. 710 da CLT
- Secretaria – Função: art. 711 da CLT
- Secretaria da Junta: art. 837 da CLT
- Suplente: art. 647, parágrafo único, da CLT
- Viajante comercial – Competência: art. 651, § 1.º, da CLT
- Vogal – Juiz classista – Falta em reuniões ou sessões – Penalidades: art. 727 da CLT
- Vogal – Juiz classista – Recusa de exercício – Penalidades: art. 726 da CLT

JURISDIÇÃO

- Causa oposta: art. 799 da CLT
- Exceção: art. 799 da CLT
- Incompetência: art. 799 da CLT

- Justiça do Trabalho: art. 651 da CLT
- Oposição de incompetência: art. 799 da CLT
- Suspeição do feito: art. 799 da CLT

JUSTA CAUSA

- Abandono de emprego – Rescisão – Contrato individual de trabalho: art. 482, i, da CLT
- Desídia – Rescisão – Contrato individual de trabalho: art. 482, e, da CLT
- Férias proporcionais: art. 146, parágrafo único, da CLT
- Hipóteses – Rescisão – Contrato individual de trabalho: art. 482 da CLT
- Jogos de azar – Rescisão – Contrato individual de trabalho: art. 482, l, da CLT

JUSTIÇA DO TRABALHO

- Ação acidentária – Competência: art. 7.º, XXVIII, da CF
- Acidente do trabalho: art. 643, § 2.º, da CLT
- Acidente do trabalho – Competência: art. 114, VI, da CF
- Atleta profissional – Competência: art. 114, I, da CF
- Autoridade – Sanção – Competência: art. 904 da CLT
- Carteira de Trabalho e Previdência Social – Valor probatório: art. 40, I, da CLT
- Cobrança de honorários advocatícios – Competência: art. 114, I, da CF
- Competência: arts. 7.º, II, 114 da CF; art. 643 da CLT
- Competência – Ações sindicais: art. 114, III, da CF
- Competência – Acordo coletivo de Trabalho: art. 625 da CLT
- Competência – Contribuição previdenciária: art. 114, VIII, da CF
- Competência – Convenção coletiva de Trabalho: art. 625 da CLT
- Competência – Danos morais: art. 7.º, XXVIII, da CF
- Competência – Greve: art. 114, II, da CF
- Competência – Indenização – Morte de empregado: art. 114, VI, da CF
- Competência – Penalidade administrativa: art. 114, VII, da CF
- Competência – Servidor público temporário: art. 114, I, da CF
- Competência territorial: art. 651 da CLT
- Conflito de competência: art. 114, V, da CF; art. 651, § 3.º, da CLT
- Conflito de jurisdição – Processo: art. 811 da CLT
- Contribuição previdenciária – Execução – Competência: art. 114, VIII, da CF
- Custas processuais: art. 789 da CLT
- Dissídio individual e coletivo – Acordo: art. 764, § 3.º, da CLT
- Dissídio individual e coletivo – Conciliação: art. 764 da CLT
- Dissídio individual e coletivo – Salários: art. 766 da CLT
- Enquadramento sindical – Incompetência: arts. 511, 857 da CLT
- Funcionamento: art. 646 da CLT

– *Habeas corpus* – Competência: art. 114, IV, da CF

– *Habeas data* – Competência: art. 114, IV, da CF

– Incompetência: art. 114, I, da CF

– Indenização – Dano moral – Competência: art. 114, V, da CF

– Juntas de Conciliação e Julgamento – Princípio da identidade física do juiz: art. 112 da CF

– Jurisdição: art. 651 da CLT

– Justiça gratuita: art. 790 da CLT

– Mandado de segurança – Competência: art. 114, IV, da CF

– Organização: art. 644 da CLT

– Órgãos: arts. 111, 113 da CF; art. 644 da CLT

– Penalidade administrativa – Competência: art. 114, VII, da CF

– Processo: art. 763 da CLT

– Processo – Diligências: art. 765 da CLT

– Processo – Prejuízo – Nulidade: art. 794 da CLT

– Reclamação – Delegacia regional: art. 39 da CLT

– Reclamação verbal: art. 731 da CLT

– Representação sindical – Competência: art. 114, III, da CF

– Servidor público celetista – Competência: art. 114, I, da CF

– Servidor público temporário – Competência: art. 114, I, da CF

– Varas – Criação: art. 112 da CF

JUSTIÇA GRATUITA

– Beneficiários: art. 790-A da CLT

– Conceito: art. 790-A da CLT

– Depósito recursal: art. 899 da CLT

– Justiça do Trabalho: art. 790 da CLT

L

LIBERDADE SINDICAL: art. 518 da CLT

LICENÇA

– Férias – Ausência de direito: art. 133, II, da CLT

– não remunerada: art. 543, § 2.º, da CLT

– não remunerada – Auxílio enfermidade: art. 476 da CLT

– não remunerada – Seguro doença: art. 476 da CLT

– paternidade – Adoção: art. 10, § 1.º, do ADCT

– paternidade – Prazo: art. 10, § 1.º, do ADCT

– remunerada – Férias: art. 133, III, da CLT

LICENÇA-MATERNIDADE: art. 7.º, XVIII, XIX, da CF

– Adoção: art. 7.º, XVIII, XIX, da CF

– Afastamento – Emprego: art. 392, § 1.º, da CLT

– Antecipação do parto: art. 392, § 3.º, da CLT

– Atestado médico: art. 392, § 2.º, da CLT

– Contrato temporário de trabalho: art. 7.º, XVIII, da CF

- Direitos: art. 392, § 4.º, da CLT
- Faltas: art. 131, II, da CLT
- Gestante: art. 392 da CLT
- Guarda judicial: art. 392-A da CLT
- Mãe adotante: art. 392-A, § 4.º, da CLT
- Notificação – Empregador: art. 392, § 1.º, da CLT
- Prazo: art. 7.º, XIX, da CF; art. 392 da CLT
- Professora: art. 7.º, XVIII, da CF
- Proteção: arts. 7.º, XVIII, 201, II, da CF
- Repouso: art. 392, § 2.º, da CLT
- Repouso – Aumento: art. 392, § 2.º, da CLT
- Repouso– Diminuição: art. 392, § 2.º, da CLT
- Servidor: art. 7.º, XIX, da CF
- Termo judicial: art. 392-A, § 4.º, da CLT

LIQUIDAÇÃO

- Sentença–Cálculo–Arbitramento–Artigos: art. 879 da CLT
- Sentença – Cálculo – Contribuições: art. 879, § 1.º-A, da CLT
- Sentença – Complexa – Perito: art. 879, § 6.º, da CLT
- Sentença – Impossibilidade – Modificar – Inovar: art. 879, § 1.º, da CLT
- Sentença – Impugnação: art. 879, § 2.º, da CLT
- Sentença – Intimação prévia das partes para apresentação de cálculos: art. 879, § 1.º-B, da CLT
- Sentença – União: art. art. 879, § 3.º, da CLT

LOCAL DE TRABALHO

- Condições: arts. 175, 176 da CLT
- Condições – Conforto térmico: art. 178 da CLT
- Higiene: art. 200, VII, da CLT
- Higiene – Segurança: art. 182 da CLT
- Iluminação: art. 175 da CLT
- Ventilação: art. 176 da CLT

LOCKOUT: art. 722, da CLT

- Dissídio coletivo: art. 722 da CLT
- Perda do cargo – Representação profissional: art. 722, *c*, da CLT
- Pessoa jurídica – Empregador: art. 722, § 1.º, da CLT
- Pessoa jurídica – Empregador – Pagamento salário – Obrigação: art. 722, § 3.º, da CLT
- Pessoa jurídica – Empregador – Serviço público: art. 722, § 2.º, da CLT

LUCRO

- Participação – Empregado: art. 63 da CLT
- Participação – Pagamento: art. 7.º, XI, da CF
- Participação – Pagamento parcelado: art. 7.º, XI, da CF
- Participação – Remuneração: art. 7.º, XI, da CF

M

MÃE

- adotiva – Benefícios constitucionais: art. 392-A, § 4.º, da CLT
- biológica – Mãe adotante: art. 392-A, § 4.º, da CLT
- biológica – Mãe adotante – Analogia – Princípios: art. 392-A, § 4.º, da CLT

MAGISTÉRIO

- Registro – Ministério da Educação: art. 317 da CLT

MAGISTRATURA DO TRABALHO

- Antiguidade: art. 654 da CLT
- Concurso público: art. 654, §§ 3.º, 6.º, da CLT
- Concurso público – Nomeação: art. 654, § 3.º, da CLT
- Idade mínima: art. 654, § 4.º, *a*, da CLT
- Idoneidade – Exercício das funções: art. 654, § 4.º, *b*, da CLT
- Ingresso: art. 654 da CLT
- Inscrição – Candidatos: art. 654, § 4.º, da CLT
- Juiz substituto: art. 654 da CLT
- Juiz substituto – Classificação: art. 654, § 6.º, da CLT
- Juiz substituto – Presidente: art. 656 da CLT
- Juiz substituto – Presidente – Diferença de subsídio: art. 656, § 4.º, da CLT
- Juiz substituto – Vencimento: art. 654, § 2.º, CLT
- Merecimento: art. 654 da CLT
- Nomeação: art. 654, § 3.º, da CLT
- Presidente – Atribuições: art. 659 da CLT
- Presidente – Competência: art. 659 da CLT
- Presidente – Conduta privada: art. 658, *a*, da CLT
- Presidente – Conduta pública: art. 658, *a*, da CLT
- Presidente – Despacho: art. 659, VI, da CLT
- Presidente – Divisão territorial: art. 656, § 1.º, da CLT
- Presidente – Exercício da função: art. 658 da CLT
- Presidente – Jurisdição: art. 658, *c*, da CLT
- Presidente – Jurisdição – Limites: art. 658, *c*, da CLT
- Presidente – Promoção – Substituto: art. 654, § 5.º, *b*, da CLT
- Presidente – Remoção: art. 654, § 5.º, *a*, da CLT
- Presidente – Salário – Fixação legal: art. 657 da CLT
- Presidente – Vacância de cargo: art. 654, § 5.º, da CLT
- Presidente – Vogais – Nomeação: art. 659, III, da CLT
- Promoção: art. 654 da CLT
- Suplente: art. 654, § 1.º, da CLT

MANDADO DE SEGURANÇA

- Impetração – Entidade de classe: art. 513 da CLT
- Justiça do Trabalho – Competência: art. 114, IV, da CF

MÃO DE OBRA

- Aperfeiçoamento: art. 390-C da CLT

MÁQUINAS E EQUIPAMENTOS

- Ministério do Trabalho – Normas sobre proteção – Medidas de segurança: art. 186 da CLT
- Prevenção – Acidentes do trabalho: art. 184 da CLT
- Reparos – Limpeza e ajustes: art. 185 da CLT

MARÍTIMO

- Delegacia do Trabalho Marítimo – Recurso: art. 252 da CLT
- Domingos e feriados: art. 249, § 1.º, da CLT
- Férias – Anotação: art. 151, da CLT
- Horas extras: art. 249 da CLT
- Horas extras – Compensação: art. 250 da CLT
- Horas extras – Livro de controle: art. 251 da CLT
- Jornada diária: art. 248 da CLT
- Ministério do Trabalho, Indústria e Comércio – Livros: art. 251 da CLT

MECANOGRAFIA

- Intervalo intrajornada: art. 72 da CLT

MEDICINA DO TRABALHO

- Fraude à lei: art. 201, parágrafo único, da CLT
- Medidas preventivas: art. 168 da CLT
- Normas – Desobediência – Reincidência: art. 201, parágrafo único, da CLT
- Penalidades: art. 201 da CLT

MENOR

- Anotação não prevista em lei – Carteira de Trabalho e Previdência Social – Multa: art. 435 da CLT
- aprendiz: art. 403 da CLT
- aprendiz – Contratação: art. 429 da CLT
- aprendiz – Jornada de trabalho: art. 431, § 1.º, da CLT
- aprendiz – Portador de deficiência: art. 428, § 3.º, da CLT
- aprendiz – Salário: art. 428, § 2.º, da CLT
- aprendiz – Vínculo empregatício: art. 431 da CLT
- Assistência – Rescisão – Contrato de trabalho: art. 439 da CLT
- Autorização – Trabalho: art. 406 da CLT
- Conceito: art. 402 da CLT
- Contratação ilegal – Multa: art. 434 da CLT
- Dar quitação – Salário: art. 439 da CLT
- Deveres do empregador: art. 426 da CLT

- Empregado – Mais de um estabelecimento: art. 414 da CLT
- Empregador – Frequência às aulas: art. 427 da CLT
- Local de trabalho: art. 403, parágrafo único, da CLT
- Moralidade: art. 405, § 3.º, da CLT
- Mudança de função: art. 407 da CLT
- Penalidades – Autoridades competentes: art. 438 da CLT
- Portador de deficiência – Aprendizagem – Condições: art. 428, § 5.º, da CLT
- Prazo prescricional: art. 440 da CLT
- Prorrogação da jornada – Hipóteses: art. 413 da CLT
- Representante legal: art. 424 da CLT
- Responsável legal – Extinção do Contrato de trabalho: art. 408 da CLT
- Salário: art. 428, § 2.º, da CLT
- sob guarda – Pensão por morte: art. 201, V, da CF
- Trabalho – Hipóteses: art. 7.º, XXXIII, da CF
- Trabalho – Jornada: art. 411 da CLT
- Trabalho – Proibições: art. 405 da CLT
- Trabalho noturno: art. 404 da CLT

MILITAR

- Pensão por morte: art. 201, V, da CF

MINEIRO

- Subsolo – Extração de carvão: art. 295, parágrafo único, da CLT
- Subsolo – Higiene do trabalho: art. 295, parágrafo único, da CLT
- Subsolo – Turno de revezamento: art. 295, parágrafo único, da CLT

MINERAÇÃO DE CARVÃO

- Insalubridade: art. 295, parágrafo único, da CLT

MINISTÉRIO DO TRABALHO

- Aprovação – Quadro – Atividades e operações insalubres: art. 190 da CLT
- Comissão Interna de Prevenção de Acidentes: art. 163, parágrafo único, da CLT
- Competência: arts. 182, 200 da CLT
- Competência – Normas de segurança: art. 187, parágrafo único, da CLT
- e da Previdência Social – Acordo coletivo de Trabalho – Depósito, registro e arquivo: art. 614 da CLT
- e da Previdência Social – Convenção coletiva de Trabalho – Depósito, registro e arquivo: art. 614 da CLT
- e da Previdência Social – Recurso: art. 635 da CLT
- e Emprego – Periculosidade – Regulamentação: art. 193 da CLT
- Edificações – Local de trabalho: art. 174 da CLT
- Exames médicos – Periodicidade: art. 168, § 3.º, da CLT
- Indústria e Comércio – Entidades paraestatais: art. 626, parágrafo único, da CLT
- Indústria e Comércio – Fiscalização – Cumprimento de normas: art. 626 da CLT

- Indústria e Comércio – Livros – Marítimo: art. 251 da CLT

- Indústria e Comércio – Normas de proteção: art. 626 da CLT

- Instalações elétricas: art. 179 da CLT

- Normas de segurança e medicina do trabalho – Empresas: art. 162 da CLT

- Normas sobre proteção e medidas de segurança – Máquinas e equipamentos: art. 186 da CLT

- Paralisação de serviços – Comunicação: art. 133, § 3.º, da CLT

- Redução de intervalo intrajornada: art. 71, § 3.º, da CLT

- Segurança no trabalho: art. 182 da CLT

MINISTÉRIO PÚBLICO

- Ação rescisória – Legitimidade: art. 836 da CLT

- Agentes: art. 736 da CLT

- Agentes – Poder Executivo: art. 736 da CLT

- Agentes – Poder Executivo – Proteção – Constituição Federal: art. 736 da CLT

- Assistência – Pedido de demissão ou recibo de quitação de rescisão do contrato de trabalho: art. 477, § 3.º, da CLT

- Composição: art. 737 da CLT

- Contrato de trabalho – Ente público: art. 736, parágrafo único, da CLT

- do Trabalho: art. 750 da CLT

- Função: art. 736, parágrafo único, da CLT

- Legitimidade: art. 736, parágrafo único, da CLT

- Legitimidade *ad causam*: art. 736, parágrafo único, da CLT

- Legitimidade *ad causam* – Ação rescisória: art. 736, parágrafo único, da CLT

- Procuradoria da Justiça do Trabalho: art. 737 da CLT

- Procuradoria da Previdência Social: art. 737 da CLT

MINISTRO DO TRABALHO

- Atividades insalubres – Classificação: art. 200 da CLT

- Atividades insalubres – Classificação – Competência: art. 187 da CLT

- Competência: art. 913 da CLT

- Competência – Atividades insalubres: art. 175 da CLT

- Indústria e Comércio – Expedição – Carta de reconhecimento das Federações: art. 537, § 2.º, da CLT

- Indústria e Comércio – Fiscalização – Salário mínimo: art. 126 da CLT

- Segurança e medicina do trabalho – Fiscalização: art. 159 da CLT

MOTORISTA

- Atividade externa – Tacógrafo: art. 235-H da CLT

- Condições de trabalho: art. 235-H da CLT

- Descanso – Fracionamento: art. 235-E, § 3.º, da CLT

- Jornada – Tempo excedente: art. 235-E, § 4.º, da CLT

- Jornada de trabalho – Aumento – Força maior: art. 235-E, § 9.º, da CLT
- Jornada especial – Convenção coletiva: art. 235-F da CLT
- profissional: art. 235-A da CLT
- profissional – Compensação de horas: art. 235-C, § 6.º, da CLT
- profissional – Deveres: art. 235-B da CLT
- profissional – Hora extra: art. 235-C, § 1.º, da CLT
- profissional – Hora extra – Pagamento: art. 235-C, § 4.º, da CLT
- profissional – Infração disciplinar: art. 235-B, parágrafo único, da CLT
- profissional – Jornada de trabalho: art. 235-C da CLT
- profissional – Prorrogação – Jornada de trabalho: art. 235-C, § 1.º, da CLT
- profissional – Refeição – Intervalo: art. 235-C, § 3.º, da CLT
- profissional – Repouso – Intervalo: art. 235-C, § 3.º, da CLT
- profissional – Trabalho efetivo – Período: art. 235-C, § 2.º, da CLT
- profissional – Trabalho noturno: art. 235-C, § 5.º, da CLT
- profissional – Viagem de longa distância: art. 235-D da CLT
- profissional – Viagem de longa distância – Intervalo – Descanso: art. 235-D, I, da CLT
- profissional – Viagem de longa distância – Intervalo – Refeição: art. 235-D, II, da CLT
- Regime de revezamento – Repouso: art. 235-E, § 7.º, da CLT
- Remuneração: art. 235-G da CLT
- Repouso diário: art. 235-D, III, da CLT
- Revezamento: art. 235-E, § 6.º, da CLT
- rodoviário – Transporte de cargas – Intervalo para: art. 235-E, § 1.º, da CLT
- rodoviário – Transporte de cargas: art. 235-E da CLT
- rodoviário de cargas – Tempo de espera: art. 235-C, § 8.º, da CLT
- rural – Enquadramento: art. 235-H da CLT

MULHER

- Descanso semanal: art. 385 da CLT
- Domingo trabalhado – Revezamento: art. 386 da CLT
- Feriados: art. 385, parágrafo único, da CLT
- Hora noturna: art. 381, § 2.º, da CLT
- Intervalo antecedente às horas extras: art. 384 da CLT
- Intervalo entre jornadas: art. 382 da CLT
- Intervalo intrajornada: art. 383 da CLT
- Jornada de trabalho: art. 373 da CLT
- Restrições de trabalho: art. 390 da CT
- Salário – Redução – Vedação: art. 377 da CLT
- Trabalho: art. 390-E da CLT
- Trabalho – Proteção: art. 372 da CLT
- Trabalho noturno: art. 381 da CLT
- Trabalho noturno – Adicional: art. 381, § 1.º, da CLT

MULTA: art. 351 da CLT

– Acordo coletivo de Trabalho – Descumprimento – Empregado: art. 622 da CLT

– Acordo coletivo de Trabalho – Descumprimento – Empregador: art. 622 da CLT

– administrativa – Cobrança judicial: art. 642 da CLT

– Anotação não prevista em lei – Carteira de Trabalho e Previdência Social – Menor: art. 435 da CLT

– Aplicação – Delegacia Regional do Trabalho: art. 598 da CLT

– Ausência de controle – Jornada de trabalho: art. 75 da CLT

– Ausência de registro – Livro: art. 48 da CLT

– Ausência de registro – Livro – Empregados: art. 47 da CLT

– Autoridades competentes – Menor: art. 438 da CLT

– Cobrança: art. 908, parágrafo único, da CLT

– Contratação ilegal de menor: art. 434 da CLT

– Convenção coletiva de Trabalho – Descumprimento – Empregado: art. 622 da CLT

– Convenção coletiva de Trabalho – Descumprimento – Empregador: art. 622 da CLT

– Delegacia Regional do Trabalho e Emprego: art. 401 da CLT

– Delegacia Regional do Trabalho e Emprego – Ausência de controle – Jornada de trabalho: art. 75, parágrafo único, da CLT

– Delegacia Regional do Trabalho e Emprego – Cobrança: art. 640 da CLT

– Empregador – Infração: art. 510 da CLT

– Férias – Pagamento: art. 153 da CLT

– Infração – Salário mínimo: art. 120 da CLT

– Infração – Empregador: art. 598 da CLT

– Inobservância – Prazo para pagamento – Rescisão do contrato de trabalho: art. 477, § 8.º, da CLT

– Penalidade: arts. 730, 903 da CLT

– Químico – Exercício sem registro: art. 347 da CLT

– Recurso administrativo – Comprovante: art. 636, § 1.º, da CLT

– Verbas rescisórias: art. 467 da CLT

N

NASCITURO

– Tutela: art. 391-A da CLT

NAVEGAÇÃO FLUVIAL: art. 371 da CLT

– Barragem: art. 371 da CLT

– Canais: art. 371 da CLT

– Lacustre: art. 371 da CLT

– Lagos: art. 371 da CLT

– Rios: art. 371 da CLT

NAVIO

– de pesca: art. 369, parágrafo único, da CLT

– de pesca – Não aplicabilidade: art. 369, parágrafo único, da CLT

– Embarcação nacional: art. 369 da CLT

– mercante nacional: art. 368 da CLT

– mercante nacional – Comando: art. 368 da CLT

– mercante nacional – Comando – Brasileiro nato: art. 368 da CLT

– Tripulação: art. 369 da CLT

– Tripulação – 2/3 brasileiros natos: art. 369 da CLT

NEGOCIAÇÃO COLETIVA

– Recusa – Dissídio coletivo: art. 616, § 2.º, da CLT

– Recusa – Empresa: art. 616 da CLT

– Recusa – Ministério do Trabalho e Previdência Social: art. 616, § 1.º, da CLT

– Recusa – Sindicatos: art. 616 da CLT

– Sindicato – Participação – Obrigatoriedade: art. 8.º, VI, da CF

NORMA

– Relações coletivas: art. 1.º da CLT

– Relações coletivas – Regulamentação: art. 1.º da CLT

– Relações individuais: art. 1.º da CLT

NULIDADE PROCESSUAL

– Alegação – Parte: art. 795 da CLT

– Declaração de ofício: art. 795, § 1.º, da CLT

– Extensão: art. 797 da CLT

– Impossibilidade: art. 796 da CLT

– Manifesto prejuízo às partes: art. 794 da CLT

O

OFICIAL DE JUSTIÇA

– Atribuições: art. 721 da CLT

– Avaliador – Atribuições: art. 721 da CLT

P

PAGAMENTO

– Diferenças – Salário – Prazo: art. 119, da CLT

– parcelado – Participação nos lucros: art. 7.º, XI, da CF

PARTES

– Certidão – Processo: art. 781 da CLT

– Certidão – Processo – Arquivamento: art. 781 da CLT

PARTICIPAÇÃO NOS LUCROS: art. 63 da CLT

PATRÃO

– Ato culposo: art. 2.º da CLT

– Culpa – Presunção: art. 2.º da CLT

PENALIDADE

– Aplicação: art. 903 da CLT

– Autoridades da Justiça do Trabalho – Imposição – Competência: art. 904 da CLT

- Empregador: art. 729 da CLT
- Multa – Imposição: art. 903 da CLT
- Recurso – Prazo: art. 905 da CLT

PENHORA

- Arrematação – Edital: art. 888 da CLT
- Arrematação – Prazo: art. 888 da CLT
- Arrematação – Validade: art. 888 da CLT
- Avaliação dos bens: art. 885, § 2.º, 887 da CLT
- Avaliador – Designação – Discordância: art. 887, § 1.º, da CLT
- Avaliador – Restrições: art. 887, § 1.º, da CLT
- Execução: art. 880 da CLT
- Salário: art. 7.º, X, da CF
- Vencimentos: art. 7.º, X, da CF

PENSÃO

- alimentícia – Dispensa: art. 201, V, da CF
- por morte – Cancelamento: art. 201, V, da CF
- por morte – Concubinato: art. 201, V, da CF
- por morte – Contribuinte individual: art. 201, V, da CF
- por morte – Filho inválido – Concessão: art. 201, V, da CF
- por morte – Manutenção do benefício: art. 201, V, da CF
- por morte – Menor sob guarda: art. 201, V, da CF
- por morte – Militar: art. 201, V, da CF
- por morte – Nascituro: art. 201, V, da CF
- por morte – Qualidade de segurado: art. 201, V, da CF
- por morte – Requisitos: art. 201, V, da CF
- por morte – Servidor público: art. 201, V, da CF
- por morte – União estável: art. 201, V, da CF

PERÍCIA

- Adicional de insalubridade: art. 7.º, XXIII, da CF
- Adicional de periculosidade: art. 7.º, XXIII, da CF
- Desnecessária – Pagamento espontâneo – Adicional de periculosidade: art. 195 da CLT
- Honorários – Pagamento: art. 790-B da CLT
- Periculosidade – Caracterização – Médico do Trabalho: art. 340 da CLT

PERICULOSIDADE

- Adicional: art. 7.º, XXIII, da CF
- Adicional – Acréscimo: art. 193, § 1.º, da CLT
- Adicional – Cessação: art. 194 da CLT
- Adicional – Cessação – Equipamento de proteção individual ou coletiva: art. 194 da CLT
- Adicional – Integração: art. 193, § 3.º, da CLT
- Adicional – Interrupção – Contrato de trabalho: art. 193, § 3.º, da CLT
- Adicional – Não cumulação com outro adicional – Vigilante: art. 193, § 3.º, da CLT

– Adicional – Opção: art. 193, § 2.º, da CLT

– Arma de fogo: art. 193, II, da CLT

– Atividade – Conceito: art. 189 da CLT

– Caracterização – Perícia – Laudo pericial: art. 7.º, XXIII, da CF

– Eletricidade: art. 193, I, da CLT

– Exposição eventual, permanente e intermitente: art. 193, I, da CLT

– Líquidos inflamáveis: art. 193, I, da CLT

– Manipulação – Transporte – Materiais e substâncias perigosas ou nocivas à saúde: art. 197 da CLT

– Menor: art. 405, I, da CLT

– Radiação: art. 193, I, da CLT

– Regulamentação – Ministério do Trabalho e Emprego: art. 193 da CLT

– Sistema elétrico de potência: art. 193, I, da CLT

– Vigilante – Impossibilidade: art. 193, II, da CLT

PERÍODO

– aquisitivo – Férias – Ausência de direito: art. 133 da CLT

– aquisitivo – Novo – Férias: art. 133, § 2.º, da CLT

PERITO

– Honorários: art. 790-B da CLT

– Liquidação de sentença complexa: art. 879, § 6.º, da CLT

– Técnicos – Provas: art. 827 da CLT

PESCADOR PROFISSIONAL

– Seguro-desemprego – Hipóteses de concessão: art. 7.º, II, da CF

PETRÓLEO

– Trabalho noturno: art. 73, § 1.º, da CLT

PLANO DE CARGOS E SALÁRIOS: art. 461 da CLT

PLANTÃO

– Empregado: art. 6.º, parágrafo único, da CLT

PORTUÁRIO

– Justiça do Trabalho – Competência: art. 643, § 3.º, da CLT

PRAZO

– Aviso prévio: art. 487 da CLT

– decadencial – Inquérito – Apuração de falta grave: art. 494 da CLT

– Embargos: art. 894 da CLT

– Juntada de ata – Termo de audiência: art. 851, § 2.º, da CLT

– Pagamento – Diferenças – Salário: art. 119 da CLT

– Pagamento – Rescisão do contrato de trabalho – Multa: art. 477, § 8.º, da CLT

– Pagamento – Rescisão do contrato de trabalho: art. 477, § 6.º, da CLT

– prescricional – Menor: art. 440 da CLT

– processual – Certificação: art. 776 da CLT

- processual – Certificação – Diretor de Secretaria: art. 776 da CLT
- processual – Certificação – Escrivão: art. 776 da CLT
- processual – Contagem: art. 775 da CLT
- processual – Contagem – Exclusão: art. 775 da CLT
- processual – Prorrogação – Força maior: art. 775 da CLT
- processual – Vencimento: art. 775 da CLT
- processual – Vencimento: art. 775, parágrafo único, da CLT
- Suspensão – Inquérito – Apuração de falta grave: art. 494, parágrafo único, da CLT

PRECATÓRIA

- Juntas de Conciliação e Julgamento – Expedição: art. 653, *e*, da CLT

PRECATÓRIO

- Execução: art. 880 da CLT

PREPOSTO

- Revista íntima – Empregado – Vedação: art. 373-A da CLT
- Substituição do empregador – Audiência de julgamento: art. 843, § 1.º, da CLT
- Substituição do empregador – Dissídios coletivos: art. 861 da CLT

PRESCRIÇÃO: art. 916 da CLT

- Ação – Doença do trabalho: art. 7.º, XXIX, da CF
- Ação indenizatória – Acidente do trabalho: art. 7.º, XXVIII, da CF
- Ação rescisória: art. 836 da CLT
- Comissão – Alteração ou supressão: art. 457 da CLT
- Créditos trabalhistas: art. 7.º, XXIX, da CF
- Danos morais – Acidente de trabalho: art. 7.º, XXIX, da CF
- Execução: art. 7.º, XXIX, da CF
- Férias: art. 7.º, XVII, da CF
- Férias – Pagamento: art. 149 da CLT
- Hora extra – Bancário: art. 224, II, da CLT

PRESIDENTE

- da República – Expedição – Decreto – Reconhecimento das Confederações: art. 537, § 3.º, da CLT
- da República – Juízes classistas – Designação: art. 684 da CLT
- do Tribunal – Dissídio coletivo – Decisão que afeta serviço público: art. 898 da CLT
- Tribunal Regional do Trabalho – Competências privativas: art. 682 da CLT
- Tribunal Regional do Trabalho – Falta em reuniões ou sessões – Penalidades: art. 727, parágrafo único, da CLT
- Tribunal Regional do Trabalho – Falta ou impedimento: art. 683 da CLT

PREVIDÊNCIA

- privada – Benefícios: art. 202 da CF
- privada – Organização: art. 202 da CF

ÍNDICE ALFABÉTICO-REMISSIVO

- social – Atualização de crédito: art. art. 879, § 4.º, da CLT
- social – Cobertura: art. 201, I, da CF
- social – Filiação – Segurado facultativo: art. 201, § 5.º, da CF
- social – Organização: art. 201 da CF
- social – Segurado facultativo – Regime próprio – Filiação: art. 201, § 5.º, da CF

PRINCÍPIO

- Anterioridade – Contribuição social: art. 195, § 5.º, da CF
- Atividade similar: art. 541 da CLT
- Efeito imediato: art. 912 da CLT
- Identidade física do juiz – Juntas de Conciliação – Isonomia salarial: art. 358 da CLT
- Proteção da relação de emprego: art. 7.º, I, da CF
- Protetivo da criança: art. 392-A, § 4.º, da CLT
- Territorialidade – Convenção coletiva: art. 8.º, II, da CF, da CF
- Unicidade sindical: art. 8.º, II, da CF

PRISÃO

- preventiva – Faltas – Suspensão preventiva: art. 131, V, da CLT

PROCEDIMENTO SUMARÍSSIMO

- Ação de cumprimento: art. 852-A da CLT
- Administração Pública – Impossibilidade: art. 852-A, parágrafo único, da CLT
- Ata de audiência: art. 852-F da CLT
- Citação por edital: art. 852-B, II, da CLT
- Conciliação: art. 852-E da CLT
- Conversão em ordinário: art. 852-B da CLT
- Dissídios individuais: art. 852-A da CLT
- Documentos – Apresentação: art. 852-H, § 1.º, da CLT
- Hipóteses de exclusão: art. 852-A, parágrafo único, da CLT
- Prova técnica: art. 852-H, § 4.º, da CLT
- Prova – Produção: art. 852-H da CLT
- Reclamação – Prazo: art. 852-B, III, da CLT
- Reclamação – Requisitos: art. 852-B da CLT
- Sentença: art. 852-I da CLT
- Testemunhas: art. 852-H, § 2.º, da CLT
- Testemunhas – Intimação: art. 852-H, § 3.º, da CLT

PROCESSO

- Arquivamento – Ausência do reclamante – Audiência de julgamento: art. 844 da CLT
- Autos – Vista: art. 901, parágrafo único, da CLT
- Certidão – Segredo de justiça: art. 781 da CLT
- Certidão – Segredo de justiça – Despacho do juiz: art. 781 da CLT
- Conflito negativo de competência: art. 795, § 2.º, da CLT
- Consulta: art. 779 da CLT
- Consulta – Liberdade: art. 779 da CLT

- Defesa – Compensação ou retenção: art. 767 da CLT
- Diligências – Justiça do trabalho: art. 765 da CLT
- do trabalho – Mulher casada – Ausência de assistência: art. 792 da CLT
- Documentos – Desentranhamento: art. 780 da CLT
- Documentos – Juntada: art. 780 da CLT
- Extinção – Custas processuais: art. 789, II, da CLT
- Justiça do trabalho: art. 763 da CLT
- Manifesto prejuízo às partes – Nulidade: art. 794 da CLT
- Nulidade – Alegação da parte: art. 795 da CLT
- Nulidade – Declaração de ofício: art. 795, § 1.º, da CLT
- Nulidade – Extensão: art. 797 da CLT
- Nulidade – Impossibilidade: art. 796 da CLT
- Preferência – Falência: art. 768 da CLT
- Saída – Cartório: art. 778 da CLT
- Saída – Cartório – Requisição: art. 778 da CLT

PROCURADOR

- Atribuições: art. 749 da CLT
- do Trabalho – Não sujeição – Ponto: art. 739 da CLT
- Regional – Atribuições: art. 750 da CLT
- Geral – Não sujeição – Ponto: art. 739 da CLT
- adjunto – Atribuições: art. 751 da CLT

PROCURADORIA DA JUSTIÇA DO TRABALHO

- Composição: art. 740 da CLT
- Constituição: art. 742 da CLT
- Dissídio coletivo – Decisão que afeta serviço público: art. 898 da CLT
- Execução: art. 878, parágrafo único, da CLT
- Exercício: art. 747 da CLT
- Procurador-Geral – Nomeação: art. 744 da CLT
- Procurador-Geral – Funções: art. 744 da CLT

PROCURADORIA-GERAL

- da Justiça do Trabalho – Competência: art. 746 da CLT
- da Justiça do Trabalho – Conflito de competência: art. 746, *j*, da CLT
- da Justiça do Trabalho – Oficiar – Tribunal Superior do Trabalho: art. 746, *a*, da CLT
- da Justiça do Trabalho – Opinar verbalmente – Sessões: art. 746, *b*, da CLT
- da Justiça do Trabalho – Prorrogação – Sessões: art. 746, *c*, da CLT
- Procuradores – Atribuições: art. 749 da CLT
- Secretaria – Arquivamento – Pareceres: art. 753, *b*, da CLT
- Secretaria – Atribuições: art. 753 da CLT
- Secretaria – Direção – Procurador-Geral: art. 752 da CLT
- Secretaria – Procuradoria Regional: art. 754 da CLT
- Secretaria – Recebimento – Processos: art. 753, *a*, da CLT

PROFESSOR

- Aulas – Quantidade diária: art. 318 da CLT
- Demissão sem justa causa: art. 322, § 3.º, da CLT
- Descanso semanal remunerado: art. 7.º, XV, da CF
- Diferenças salariais – Irredutibilidade: art. 320 da CLT
- Ensino privado: art. 317 da CLT
- Faltas – Descontos: art. 320, § 2.º, da CLT
- Faltas abonadas: art. 320, § 3.º, da CLT
- Férias escolares – Salário: art. 322 da CLT
- Férias escolares – Trabalho: art. 322, § 2.º, da CLT
- Hora extra – Adicional: art. 318 da CLT
- Jornada de trabalho – Período de exames: art. 322, § 1.º, da CLT
- Jornada de trabalho: art. 318 da CLT
- Jornada de trabalho especial: art. 318 da CLT
- Licença-maternidade: art. 7.º, XVIII, da CF
- Químicos: art. 338 da CLT
- Remuneração: art. 320 da CLT
- Salário – Descontos: art. 320, § 2.º, da CLT
- Salário mensal – Hora aula – Acréscimo: art. 318 da CLT
- Salário mensal – Pagamento: art. 320, § 1.º, da CLT
- Trabalho aos domingos – Vedação: art. 319 da CLT

PROFISSIONAL

- Instalação elétrica: art. 180 da CLT
- liberal – Contribuição sindical: art. 604 da CLT
- liberal – Penalidade: art. 599 da CLT

PROGRAMA DE DEMISSÃO VOLUNTÁRIA

- Seguro-desemprego – Impossibilidade: art. 201, III, da CF

PROTEÇÃO AO TRABALHO

- Fiscalização: art. 627 da CLT
- Multa administrativa: art. 627 da CLT
- Regulamento da Inspeção do Trabalho: art. 627-A da CLT
- Termo de Compromisso: art. 627-A da CLT

PROVA

- Acareação de testemunhas: art. 820 da CLT
- Depoimento – Partes e testemunhas – Reinquiridas: art. 820 da CLT
- Depoimento de estrangeiro: art. 819 da CLT
- Depoimento de surdo-mudo ou mudo: art. 819, § 1.º, da CLT
- Documento – Autenticidade: art. 830 da CLT
- Falso testemunho: art. 828, parágrafo único, da CLT
- Novas – Audiência de julgamento: art. 845 da CLT
- Ônus da parte: art. 818 da CLT
- Peritos ou técnicos: art. 827 da CLT
- Produção – Procedimento sumaríssimo: art. 852-H da CLT

- técnica – Procedimento sumaríssimo: art. 852-H, § 4.º, da CLT
- Testemunha parente, amigo íntimo ou inimigo – Informação: art. 829 da CLT
- testemunha l – Número máximo: art. 821 da CLT

QUADRO DE CARREIRA

- Equiparação salarial: art. 461, § 2.º, da CLT

QUEBRA DE CAIXA

- Natureza jurídica: art. 457 da CLT

QUÍMICO

- Admissão obrigatória – Indústria: art. 335 da CLT
- Ausência de registro – Multa: art. 347 da CLT
- Cargos públicos: art. 336 da CLT
- Carteira de Trabalho e Previdência Social – Obrigatoriedade: art. 326 da CLT
- Carteira de Trabalho e Previdência Social – Substituição do diploma: art. 330 da CLT
- Concurso público: art. 338, parágrafo único, da CLT
- Condições de exercício: art. 325 da CLT
- Estrangeiro: art. 325, § 2.º, da CLT
- Estrangeiro – Limite de contratação: art. 349 da CLT
- Exames periciais: art. 340 da CLT
- Falsificação de documentos – Penalidades – Conselho Regional de: art. 345 da CLT
- Fé pública: art. 337 da CLT
- Funções: art. 334 da CLT
- Inscrição – Conselhos Regionais de Química: art. 329 da CLT
- Professores: art. 338 da CLT
- Publicidade do exercício – Ausência de registro: art. 332 da CLT
- Registro de diplomas: art. 328 da CLT
- Responsabilidade técnica: art. 350 da CLT
- responsável – Publicidade: 339 da CLT
- Sindicato: art. 344 da CLT
- Suspensão do exercício: art. 346 da CLT

READMISSÃO

- Aposentadoria espontânea: art. 453 da CLT
- Férias – Ausência de direito: art. 133, I, da CLT
- Tempo de serviço: art. 453 da CLT

RECLAMAÇÃO TRABALHISTA

- Apresentação – Empregadores: art. 839, *a*, da CLT
- Apresentação – Empregados: art. 839, *a*, da CLT
- Apresentação – Procuradoria Regional da Justiça do Trabalho: art. 839, *a*, da CLT
- Apresentação – Sindicato: art. 839, *a*, da CLT

- Apresentação – Sindicato – Representantes: art. 839, a, da CLT
- Arquivamento: art. 852-B, § 1.º, da CLT
- Assinatura – Reclamante: art. 840, § 1.º, da CLT
- Breve exposição dos fatos: art. 840, § 1.º, da CLT
- Celeridade processual: art. 799 da CLT
- Delegacia regional – Defesa: art. 38 da CLT
- Delegacia regional – Encaminhamento à Justiça do Trabalho: art. 39 da CLT
- Delegacia regional – Procedimento: art. 37 da CLT
- Delegacia regional – Retenção da Carteira de Trabalho e Previdência Social: art. 36 da CLT
- Delegacia regional – Revelia: art. 37, parágrafo único, da CLT
- Dissídio – Breve exposição dos fatos: art. 840, § 1.º, da CLT
- Distribuição: art. 783 da CLT
- Distribuidor – Recibo: art. 785 da CLT
- Edital – Publicação: art. 841, § 1.º, da CLT
- Escrita: art. 840 da CLT
- Escrivão – Segunda via – Petição: art. 841 da CLT
- Identidade da matéria – Empregados da mesma empresa: art. 842 da CLT
- Identidade da matéria: art. 842 da CLT
- *Jus postulandi*: art. 839, *b*, da CLT
- Menor de 18 anos – Representante legal: art. 793 da CLT
- Notificação – Registro postal: art. 841, § 1.º, da CLT
- Prazo – Procedimento sumaríssimo: art. 852-B, III, da CLT
- Presidente da Junta: art. 840, § 1.º, da CLT
- Prévio ajuizamento: art. 9.º da CLT
- Registro: art. 784 da CLT
- Requisitos: arts. 787, 840 da CLT
- Revelia – Delegacia regional: art. 37, parágrafo único, da CLT
- Selo – Isenção: art. 782 da CLT
- verbal: art. 840 da CLT
- verbal – Assinatura – Escrivão: art. 840, § 2.º, da CLT
- verbal – Distribuição: art. 786 da CLT
- verbal – Termo – Prazo: art. 731 da CLT

RECLAMADO

- Ausência – Audiência de julgamento – Revelia: art. 844 da CLT

RECLAMANTE

- Ausência na audiência de julgamento – Arquivamento: art. 844 da CLT
- Substituição – Audiência de julgamento: art. 843, § 2.º, da CLT

RECURSO

- administrativo: art. 635 da CLT
- administrativo – Comprovante de depósito da multa: art. 636, § 1.º, da CLT
- administrativo – Depósito – Conversão: art. 639 da CLT

- administrativo – Interposição – Prazo: art. 636 da CLT
- de revista – Conceito: art. 896 da CLT
- de revista – Divergência atual: art. 896, § 4.º, da CLT
- de revista – Execução de sentença – Impossibilidade: art. 896, § 2.º, da CLT
- de revista – Julgamento – Tribunal pleno: art. 702, § 2.º, *b*, da CLT
- de revista – Transcendência – Tribunal Superior do Trabalho: art. 896-A da CLT
- Decisão – Conciliação: art. 831, parágrafo único, da CLT
- Decisão – Delegado Regional do Trabalho: art. 161, § 3.º, da CLT
- Decisão do corregedor: art. 709, § 1.º, da CLT
- Delegacia do Trabalho Marítimo – Marítimo: art. 252 da CLT
- Depósito: art. 899, § 4.º, da CLT
- Dissídio individual: art. 899, § 1.º, da CLT
- Efeito devolutivo – Exceções: art. 899 da CLT
- Embargos: art. 894 da CLT
- Espécies: art. 893 da CLT
- Imposição de penalidade: art. 905 da CLT
- Incidentes: art. 893, § 1.º, da CLT
- Interposição – Procedimento: art. 899 da CLT
- Interposição – Razões: art. 900 da CLT
- Ministério do Trabalho e da Previdência Social: art. 635 da CLT
- ordinário: art. 895 da CLT
- ordinário – Hipótese de cabimento: art. 906 da CLT
- ordinário – Interposição – União: art. 832, § 4.º, da CLT
- ordinário – Procedimento sumaríssimo: art. 895, § 1.º, da CLT
- ordinário – Tribunal Regional do Trabalho: art. 895, II, da CLT
- ordinário – Varas e Juízos: art. 895, I, da CLT
- Princípio da fungibilidade recursal: art. 893 da CLT
- Razões: art. 900 da CLT
- Sentença – Intimação: art. 832, § 5.º, da CLT
- Supremo Tribunal Federal – Não interrupção da execução: art. 893, § 2.º, da CLT

REFEIÇÃO

- Intervalo – Motorista profissional: art. 235-C, § 3.º, da CLT
- Intervalo – Motorista profissional – Viagem de longa distância: art. 235-D, II, da CLT

REGIME TRABALHISTA

- Vantagens estatutárias: art. 7.º, *d*, da CLT

REGISTRO

- Diplomas – Químicos: art. 328 da CLT
- Empregado – Ausência – Multa: art. 47 da CLT
- Empregado – Demais infrações – Multa: art. 47, parágrafo único, da CLT

- Empregado – Ficha – Obrigatoriedade: art. 41 da CLT
- Empregado – Multa: art. 48 da CLT
- Empregado – Sistema eletrônico – Obrigatoriedade: art. 41 da CLT
- Empregado – Informações necessárias: art. 41, parágrafo único, da CLT
- Empregado – Livro – Obrigatoriedade: art. 41 da CLT
- Empregado estrangeiro: art. 359 da CLT

REINTEGRAÇÃO

- Comissão Interna de Prevenção de Acidentes – Estabilidade provisória: art. 165, parágrafo único, da CLT
- Empregado – Discriminação: art. 7.º, XXX, da CF
- Empregado – Inexistência de falta grave: art. 495 da CLT
- Empregado membro da Cipa – Justa causa: art. 10, II, *a*, do ADCT
- Empregado estável – Força maior falsa: art. 504 da CLT

RELAÇÃO

- de emprego – Pressupostos: art. 6.º da CLT
- de emprego – Qualidade: art. 6.º da CLT
- de emprego – Reconhecimento: art. 3.º da CLT
- de emprego – Subordinação: art. 4.º, parágrafo único, da CLT
- Trabalho – Direito de ação: art. 10 da CLT
- Trabalho – Direito de ação – Prescrição: art. 10 da CLT

REMUNERAÇÃO

- Comissionista: art. 466 da CLT
- Composição: art. 457 da CLT
- das férias: art. 137 da CLT
- Discriminação – Vedação: art. 373-A, III, da CLT
- Empregado – Abono de férias: art. 144 da CLT
- Empregado: art. 7.º, XI, da CF
- Férias: art. 7.º, XVII, da CF; art. 142 da CLT
- Férias – Horas extras: art. 142, § 5.º, da CLT
- Férias – Natureza salarial: art. 148 da CLT
- Fundo de Garantia do Tempo de Serviço – Incidência: art. 457 da CLT
- Gorjeta – Composição: art. 457 da CLT
- Juiz classista: art. 666 da CLT
- Motorista: art. 235-G da CLT
- Pagamento de gueltas – Incorporação: art. 457, § 3.º, da CLT
- Participação nos lucros: art. 7.º, XI, da CF
- Professor – Descontos: art. 320, § 2.º, da CLT
- Professor: art. 320 da CLT
- Salário mínimo – Cálculo: art. 81 da CLT
- Salário mínimo – Conceito: art. 76 da CLT
- Salário mínimo – Redução – Impossibilidade: art. 117 da CLT
- Serviço extraordinário: art. 7.º, XVI, da CF
- Trabalho noturno: art. 7.º, IX, da CF
- Tripulante – Férias: art. 152 da CLT
- variável – Salário mínimo: art. 7.º, VII, da CF

REPOUSO

– Intervalo: art. 412 da CLT

– Intervalo – Motorista profissional: art. 235-C, § 3.º, da CLT

– Motorista – Regime de revezamento: art. 235-E, § 7.º, da CLT

– semanal: art. 4.º, parágrafo único, da CLT

– semanal remunerado: art. 7.º, XV, da CF

– semanal remunerado – Domingo: art. 7.º, XV, da CF

– semanal remunerado – Horas extras – Reflexos: art. 7.º, XV, da CF

– semanal remunerado – Vendedor pracista: art. 7.º, XV, da CF

REPRESENTAÇÃO SINDICAL

– Ações – Justiça do Trabalho – Competência: art. 114, III, da CF

– legal – Menor: art. 424 da CLT

RESCISÃO

– Contrato de trabalho – Estabilidade provisória: art. 391, parágrafo único, da CLT

– Contrato de trabalho – Justo motivo: art. 391 da CLT

– Contrato de trabalho – Justo motivo – Casamento: art. 391, parágrafo único, da CLT

– Contrato de trabalho – Justo motivo – Estabilidade provisória: art. 391, parágrafo único, da CLT

– Contrato de trabalho – Justo motivo – Gravidez: art. 391, parágrafo único, da CLT

– Contrato de trabalho – Menor – Assistência: art. 439 da CLT

– Contrato de trabalho – Mulher – Justo motivo: art. 391 da CLT

– Contrato individual de trabalho – Cessada a atividade da empresa: art. 485 da CLT

– Contrato individual de trabalho – Culpa recíproca: art. 484 da CLT

– Contrato individual de trabalho – Indenização – Hipóteses: art. 483 da CLT

– Contrato individual de trabalho – Justa causa – Hipóteses: art. 482 da CLT

– Contrato individual de trabalho – Morte do empregador: art. 485 da CLT

– Contrato individual de trabalho – Para obstar aquisição de: art. 499, § 3.º, da CLT

– Contrato por prazo determinado – Empregado – Indenização: art. 480 da CLT

– Contrato por prazo determinado – Empregador – Indenização: art. 479 da CLT

– do contrato de trabalho – Discriminação – Estigma ou preconceito: art. 477 da CLT

– do contrato de trabalho – Indenização – Comissionista: art. 478, § 4.º, da CLT

– do contrato de trabalho – Indenização – Diarista: art. 478, § 2.º, da CLT

– do contrato de trabalho – Indenização – Horista: art. 478, § 3.º, da CLT

– do contrato de trabalho – Indenização – Valoração: art. 478 da CLT

– do contrato de trabalho – Instrumento – Discriminação das parcelas: art. 477, § 1.º, da CLT

– do contrato de trabalho – Pagamento – Compensação: art. 477, § 5.º, da CLT

- do contrato de trabalho – Pagamento – Homologação: art. 477, § 4.º, da CLT
- do contrato de trabalho – Pagamento – Prazos: art. 477, § 6.º, da CLT
- do contrato de trabalho – Pedido e quitação – Assistência do Ministério público: art. 477, § 3.º, da CLT
- do contrato de trabalho – Pedido e quitação – Assistência do sindicato: art. 477, § 1.º, da CLT
- do contrato de trabalho – Programa de incentivo à demissão voluntária: art. 477 da CLT
- do contrato de trabalho – Taxa de homologação de rescisão contratual – Ilegalidade: art. 477, § 7.º, da CLT
- do contrato de trabalho pelo empregador – Indenização: art. 477 da CLT
- imediata – Aviso prévio – Empregado: art. 491 da CLT
- imediata – Aviso prévio – Empregador: art. 490 da CLT
- injusta do contrato de trabalho – Suspensão máxima do empregado: art. 474 da CLT

RESPONSABILIDADE

- objetiva – Empregador – Acidente do trabalho: art. 7.º, XXVIII, da CF
- solidária – Tomador de serviços – Acidente do trabalho: art. 7.º, XXVIII, da CF
- subsidiária – Ente público: art. 5.º da CLT

REVELIA

- Ação rescisória – Ausência de defesa: art. 836 da CLT

- Ausência – Reclamado – Audiência de julgamento: art. 844 da CLT
- Reclamação – Delegacia regional: art. 37, parágrafo único, da CLT

REVISÃO

- Dissídio coletivo: art. 873 da CLT

REVISTA ÍNTIMA

- Dano moral: art. 373-A da CLT
- Empregado – Vedação: art. 373-A da CLT
- Preposto – Vedação: art. 373-A da CLT

RITO SUMARÍSSIMO

- Vide: Procedimento sumaríssimo

RURÍCOLA: art. 505 da CLT

- Adicional de insalubridade: art. 7.º, XXIII, da CF
- Prescrição: art. 7.º da CLT

S

SALÁRIO

- Adicional noturno: art. 7.º, IX, da CF
- Alteração: art. 7.º, VI, da CF
- Complementação: art. 7.º, VII, da CF
- Correção monetária: art. 459 da CLT
- Data de pagamento – Alteração: art. 459 da CLT

- Décimo terceiro: art. 7.º, VIII, da CF
- Décimo terceiro – Gratificação – Integração: art. 7.º, VIII, da CF
- Depósito em conta corrente: art. 463 da CLT
- Desconto – Contribuição sindical: art. 545 da CLT
- Desconto – Dano causado por empregado: art. 462, § 1.º, da CLT
- Desconto – Devolução: art. 462 da CLT
- Desconto – Empregado que falta para depor: art. 822 da CLT
- Desconto – Exceções: art. 462 da CLT
- Desconto – Possibilidade: art. 462 da CLT
- Desconto – Vedação: art. 462 da CLT
- Diárias de viagem: art. 457 da CLT
- Diferenças: art. 7.º, V, VI, da CF
- Diferenças – Discriminação – Vedação: art. 7.º, XXX, da CF
- Discriminação – Vedação: art. 7.º, XXXI, da CF
- Disposição pelo empregado: art. 462, § 4.º, da CLT
- Dissídio individual e coletivo – Justiça do trabalho: art. 766 da CLT
- Equiparação: art. 7.º, XXX, da CF
- Falta de estipulação: art. 460 da CLT
- Faltas justificadas: art. 473 da CLT
- Funções idênticas – Igualdade: art. 461 da CLT
- Ganhos habituais – Incorporação: art. 201, § 11, da CF
- Gorjeta – Integração: art. 457, § 3.º, da CLT

- Gratificações: art. 7.º, IV, VIII, da CF
- Gratificações – Integração: art. 457, § 1.º, da CLT
- Hora – Bancário – Gerente: art. 224 da CLT
- Hora – Cálculo: art. 64 da CLT
- Hora – Diarista – Cálculo: art. 65 da CLT
- Hora – Divisor: art. 64, parágrafo único, da CLT
- Impenhorabilidade: art. 7.º, X, da CF
- *in natura*: art. 82 da CLT
- *in natura* – Habitação: art. 458, § 4.º, da CLT
- *in natura* – Limite legal: art. 458, § 3.º, da CLT
- Integração: art. 457, § 1.º, da CLT
- Irredutibilidade: art. 7.º, VI, da CF
- Isonomia – Discriminação em razão de nacionalidade: art. 358 da CLT
- Isonomia: art. 7.º, XXX, da CF
- Licença gestante: art. 7.º, XVIII, da CF
- Menor aprendiz: art. 428, § 2.º, da CLT
- Menor dar quitação: art. 439 da CLT
- Menor empregado – art. 428, § 2.º, da CLT
- mensal – Professor – Pagamento: art. 320, § 1.º, da CLT

SALÁRIO MÍNIMO

- Adicional de insalubridade – Base de cálculo: art. 7.º, IV, da CF
- Alimentação diária: art. 81, § 1.º, da CLT
- Cálculo: art. 81 da CLT

- Conceito: art. 76 da CLT
- Empregado doméstico: art. 7.º, IV, da CF
- Finalidade: art. 7.º, IV, da CF
- Fiscalização – Ministro do Trabalho, Indústria e Comércio: art. 126 da CLT
- Fixação: art. 116, da CLT
- Garantia: art. 7.º, IV, da CF
- Garantia – Comissionista: art. 78, parágrafo único, da CLT
- Horista: art. 78, parágrafo único, da CLT
- Infração – Multa: art. 120 da CLT
- Jornada reduzida – Proporcionalidade: art. 118 da CLT
- Mulher – Redução – Vedação: art. 377 da CLT
- Não pagamento – Empregador: art. 872, parágrafo único, da CLT
- Pagamento – Data – Alteração: art. 459 da CLT
- Pagamento – Diferenças – Prazo: art. 119 da CLT
- Pagamento – Forma: art. 459 da CLT
- Pagamento – Moeda corrente: art. 463 da CLT
- Pagamento – Quinto dia útil: art. 459 da CLT
- Pagamento – Recibo: art. 464 da CLT
- Pagamento – Requisitos: arts. 464, 465 da CLT
- Pagamento em cheque: art. 463 da CLT
- pago "por fora" – Contribuição previdenciária: art. 195, II, da CF
- Piso: art. 7.º, V, da CF

- Piso – Fixação: art. 7.º, V, da CF
- Plano de saúde – Natureza: art. 458, § 2.º, IV, da CLT
- por empreitada, tarefa ou peça: art. 78 da CLT
- por produção – Hora extra: art. 59 da CLT
- Prestação – Moeda corrente: art. 463 da CLT
- Princípio da isonomia: art. 358 da CLT
- Professor – Férias escolares: art. 322 da CLT
- Professor – Hora aula: art. 318 da CLT
- profissional – Vinculação – Salário mínimo: art. 7.º, IV, da CF
- Proteção: art. 7.º, X, da CF
- Reajuste – Valor: art. 116, § 2.º, da CLT
- Recibo de pagamento: art. 463, parágrafo único, da CLT
- Redução – Força maior: art. 503 da CLT
- Redução – Impossibilidade: arts. 117, 124 da CLT
- Regime de tempo parcial: art. 58-A, § 1.º, da CLT
- Regional – Adicional de insalubridade: art. 192 da CLT
- Remuneração variável: art. 7.º, VII, da CF
- Restabelecimento do valor anterior – Força maior: art. 503, parágrafo único, da CLT
- Retenção – Crime: art. 7.º, X, da CF
- Salário in natura: art. 82, parágrafo único, da CLT
- Serviço militar inicial: art. 76 da CLT
- Trabalhador em domicílio: art. 83 da CLT

- Trabalho equivalente: art. 460 da CLT
- Utilidades *in natura*: art. 458 da CLT
- Utilidades não consideradas: art. 458, § 2.º, I, da CLT
- Vacância: art. 116 da CLT
- Vale-alimentação – Vinculação: art. 7.º, IV, da CF
- Vale-cultura: art. 458, § 2.º, da CLT
- Vale-refeição: art. 458 da CLT
- Vigência: art. 116, § 1.º, da CLT
- Vinculação: art. 7.º, IV, da CF

SALÁRIO-FAMÍLIA

- Conceito: art. 201, IV, da CF
- Ônus da prova: art. 201, IV, da CF
- Pagamento: art. 7.º, XII, da CF
- Servidor público: arts. 7.º, XII, 201, IV, da CF

SALÁRIO-MATERNIDADE

- Boia-fria – Segurada especial: art. 201, II, da CF
- Diarista – Concessão: art. 201, II, da CF
- Empregada doméstica: art. 201, II, da CF
- Segurada especial: art. 201, II, da CF
- Trabalhador rural: art. 7.º, XVIII, 201, II, da CF

SALÁRIO-UTILIDADE

- Alimentação: arts. 457, 458, § 3.º, da CLT
- Auxílio-alimentação – Natureza salarial: art. 457, § 3.º, da CLT
- Bebida alcoólica – Vedação: art. 458 da CLT
- Cigarro – Vedação: art. 458 da CLT
- Composição: art. 458 da CLT
- Drogas nocivas – Vedação: art. 458 da CLT
- Equipamentos e acessórios – Impossibilidade: art. 458, § 2.º, I, da CLT
- Exceções: art. 458, § 2.º, da CLT
- Gastos com educação – Impossibilidade: art. 458, § 2.º, II, da CLT
- Habitação: art. 458, § 3.º, da CLT
- Habitação coletiva: art. 458, § 4.º, da CLT
- Requisitos: art. 458 da CLT
- Transporte – Deslocamento para o trabalho – Impossibilidade: art. 458, § 2.º, III, da CLT
- Vestuário – Impossibilidade: art. 458, § 2.º, I, da CLT

SEGURANÇA E MEDICINA DO TRABALHO: art. 160 da CLT

SEGURIDADE SOCIAL

- Benefício – Criação, majoração ou extensão: art. 195, § 5.º, da CF
- Benefício – Irredutibilidade do valor: art. 194, parágrafo único, IV, da CF
- Conceito: art. 194 da CF
- Financiamento: art. 195 da CF
- Objetivos: art. 194, parágrafo único, da CF

ÍNDICE ALFABÉTICO-REMISSIVO

- Organização – Competência: art. 194, parágrafo único, da CF
- Receitas dos Estados, DF e Municípios: art. 195, § 1.º, da CF
- Recursos: art. 204 da CF
- Servidor público: art. 195, I, *b*, da CF

SEGURO

- contra acidentes de trabalho: art. 7.º, XXVIII, da CF
- de vida e de acidentes pessoais – Salário: art. 458, § 2.º, V, da CLT
- social – Preceitos concernentes: art. 12 da CLT
- social – Regime: art. 12 da CLT

SEGURO-DESEMPREGO

- Competência: art. 7.º, II, da CF
- Conceito: art. 201, III, da CF
- Desemprego involuntário: art. 7.º, II, da CF
- Entrega de guias – Empregador: art. 201, III, da CF
- Estelionato: art. 201, III, da CF
- Finalidade: art. 7.º, II, da CF
- Fraude: art. 7.º, II, da CF
- Guias: art. 7.º, II, da CF
- Guias – Indenização: art. 7.º, II, da CF
- Indenização – Hipóteses de cabimento: art. 7.º, II, da CF
- Pescador profissional: art. 7.º, II, da CF
- Programa de Demissão Voluntária – Impossibilidade: art. 201, III, da CF
- Programa de Demissão Voluntária: art. 7.º, II, da CF

SENTENÇA

- Condições de trabalho: art. 869 da CLT
- de mérito – Ação rescisória: art. 836 da CLT
- Dissídio coletivo – Revisão: art. 874 da CLT
- Extensão – Dissídio coletivo: art. 868 da CLT
- Extensão – Requisitos: art. 870 da CLT
- Homologatória – Acordo: art. 831 da CLT
- Intimação: arts. 832, § 5.º, 852-I, § 3.º, da CLT
- Liquidação por cálculo – Arbitramento ou por artigos: art. 879 da CLT
- normativa – Dissídio coletivo: art. 867, parágrafo único, da CLT
- Procedimento sumaríssimo: art. 852-I da CLT
- Trânsito em julgado: art. 832, § 6.º, da CLT

SERVIÇO

- extraordinário: art. 4.º da CLT
- extraordinário – Remuneração: art. 7.º, XVI, da CF
- Interrupção na prestação – Anotação – Carteira de Trabalho e Previdência Social: art. 133, § 1.º, da CLT
- Militar – Afastamento do empregado – Manutenção do contrato de trabalho: art. 472 da CLT

- Militar – Tempo de trabalho: art. 132 da CLT
- militar inicial – Salário mínimo: art. 76 da CLT
- Nacional de Aprendizagem: art. 430 da CLT
- Paralisação – Comunicação – Ministério do Trabalho: art. 133, § 3.º, da CLT
- público – Equiparação: art. 910 da CLT

SERVIDOR PÚBLICO

- Equiparação salarial: art. 461 da CLT
- Estabilidade: art. 7.º, *d*, da CLT
- Licença-gestante: art. 7.º, XVIII, da CF
- Regime celetista – Justiça do Trabalho: art. 114 da CF
- Salário-família: art. 7.º, XII, da CF
- Seguridade social: art. 195, I, *b*, da CF
- temporário – Direitos sociais: art. 6.º da CF
- temporário – Justiça do Trabalho – Competência: art. 114, I, da CF

SESC

- Entidade pública – Escola maternal: art. 397 da CLT
- Escola maternal – Zona de maior densidade de trabalhadores: art. 397 da CLT

SESI

- Entidade pública – Escola maternal: art. 397 da CLT
- Escola maternal – Zona de maior densidade de trabalhadores: art. 397 da CLT

SINDICATO

- Ações – Justiça do Trabalho – Competência: art. 114, III, da CF
- Acompanhamento administrativo: art. 551, § 1.º, da CLT
- Acordo coletivo – Empregados de uma ou mais empresas: art. 617 da CLT
- Administração: arts. 518, § 1.º, *d*, 522, da CLT
- Administração – Interferência: art. 525 da CLT
- Administração – Mandato: art. 518, § 1.º, *d*, da CLT
- Administração – Patrimônio social: art. 518, § 1.º, *d*, da CLT
- Agência de colocação: art. 592, I, *d*, da CLT
- Agrupamento: art. 573 da CLT
- Alienação – Bens: art. 549, § 2.º, da CLT
- Alienação – Bens – Assembleia Geral: art. 549, § 5.º, da CLT
- Alienação – Bens – Assembleia Geral – Aprovação: art. 549, § 5.º, da CLT
- Alienação – Bens – Prévia autorização: art. 549, § 2.º, da CLT
- Aposentado filiado – Elegibilidade: art. 8.º, VII, da CF
- Aquisição – Imóveis: art. 549, § 1.º, da CLT
- Aquisição – Imóveis – Avaliação: art. 549, § 1.º, da CLT
- Assembleia geral: art. 524 da CLT
- Assembleia geral – Contribuição – Fixação: art. 8.º, IV, da CF
- Assistência – Pedido de demissão de empregado estável: art. 500, da CLT

- Assistência – Pedido de demissão – Recibo de quitação: art. 477, § 1.º, da CLT
- Assistência à maternidade: art. 592, II, c, da CLT
- Assistência jurídica: art. 592, I, a, II, da CLT
- Assistência técnica: art. 592, I, a, da CLT
- Associação: art. 511 da CLT
- Associação – Dissolução: art. 518, § 1.º, d, da CLT
- Associação – Solidariedade social: art. 518, § 1.º, c, da CLT
- Associação profissional – Reconhecimento: art. 512 da CLT
- Associado – Perda de direitos: art. 540, § 1.º, da CLT
- Atividade econômica – Proibição: art. 564 da CLT
- Atividade similar – Filiação: art. 541 da CLT
- Atribuições: art. 8.º, III, da CF
- Ausência – Filiação a similar: art. 541 da CLT
- Auxílio-funeral: art. 592, II, m, da CLT
- Base territorial: arts. 516, 574 da CLT
- Base territorial – Delimitação: art. 517 da CLT
- Base territorial – Delimitação – Delegacia: art. 517, § 2.º, da CLT
- Base territorial – Delimitação – Ministério do Trabalho, Indústria e Comércio: art. 517, § 1.º, da CLT
- Base territorial – Delimitação – Seção: art. 517, § 2.º, da CLT
- Base territorial – Limites: art. 516 da CLT

- Candidatura – Comunicação: art. 543, § 5.º, da CLT
- Carteira de Trabalho e Previdência Social: art. 26 da CLT
- Categoria econômica – Representação: art. 518, § 1.º, b, da CLT
- Categoria idêntica: art. 516 da CLT
- Categoria similar – Denominação: art. 572 da CLT
- Ciência da suspensão – Contrato de trabalho – Curso ou programa de qualificação profissional: art. 476-A, § 1.º, da CLT
- Conceito: art. 561 da CLT
- Condições de funcionamento: art. 521 da CLT
- Confederação: art. 573, parágrafo único, da CLT
- Conselho fiscal – Competência: art. 522, § 2.º, da CLT
- Conselho fiscal – Composição: art. 522 da CLT
- Conselho fiscal – Eleição – Procedimento: art. 524, § 1.º, da CLT
- Conselho fiscal – Membro – Estabilidade: art. 522, § 2.º, da CLT
- Constituição: art. 570 da CLT
- Constituição – Elementos: art. 519 da CLT
- Contribuição: art. 545 da CLT
- Contribuição – Não associados: art. 8.º, IV, da CF
- Contribuição – Recolhimento: art. 600 da CLT
- Contribuição confederativa: art. 8.º, IV, da CF

- Contribuição sindical – Mensalidade social: art. 592, § 3.º, da CLT

- Cooperativa: art. 592, I, e, da CLT

- Criação – Desmembramento: art. 8.º, II, da CF

- Criação – Restrições: art. 8.º, II, da CF

- de colônias de pescadores: art. 8.º, parágrafo único, da CF

- de empregador: art. 527, a, da CLT

- Delegacia – Proteção: art. 517, § 2.º, da CLT

- Delegacia – Proteção – Associados: art. 517, § 2.º, da CLT

- Delegacias Regionais do Ministério do Trabalho e Previdência Social – Registro: art. 558, § 1.º, da CLT

- Delegado sindical: art. 523 da CLT

- Desconto – Contribuição sindical: art. 545 da CLT

- Desmembramento: art. 8.º, II, da CF; art. 571 da CLT

- Diretoria – Composição: art. 522 da CLT

- Diretoria – Eleição – Procedimento: art. 524, § 1.º, da CLT

- Dirigente – Estabilidade: arts. 522, 543 da CLT

- Dissídio coletivo – Representação: art. 859 da CLT

- Dissídios individuais: art. 791, § 1.º, da CLT

- Dissociação: art. 571 da CLT

- Divulgação comercial: art. 592, I, i, da CLT

- Documentos comprobatórios – Quitação de contas: art. 551, § 2.º, da CLT

- Empregados autônomos: art. 592, I, da CLT

- Entidade – Ministério do Trabalho: art. 592, § 1.º, da CLT

- Escrituração contábil: art. 551, § 1.º, da CLT

- estadual: art. 517 da CLT

- Estatuto – Requisitos: art. 518, § 1.º, da CLT

- Estudos econômicos: art. 592, I, c, da CLT

- Federação – Agrupamento: art. 573 da CLT

- Filiação: art. 541 da CLT

- Filiação – Liberdade: art. 8.º, V, da CF

- Filiação – Opção: art. 8.º, V, da CF

- Filiação com organizações internacionais – Proibição: art. 565 da CLT

- Fundação – Registro: art. 8.º, I, da CF

- Inexistência: arts. 541, 591 da CLT

- intermunicipal: art. 517 da CLT

- Investidura: art. 519 da CLT

- Legitimidade: art. 519 da CLT

- Legitimidade – Dissídio coletivo: art. 857, parágrafo único, da CLT

- Legitimidade – Substituição processual: art. 513 da CLT

- Legitimidade ad processum: art. 519 da CLT

- Legitimidade extraordinária: art. 8.º, III, da CF

- Legitimidade processual: art. 8.º, III, da CF

- Livro de registro: art. 527 da CLT

- Mandado de segurança: art. 513 da CLT

- Mandato eletivo: art. 521, parágrafo único, da CLT

- Mesma base territorial: art. 516 da CLT

- Mesma categoria econômica: art. 516 da CLT

- Multas administrativas: art. 520, parágrafo único, da CLT
- municipal: art. 517 da CLT
- nacional: art. 517 da CLT
- Negociação coletiva – Participação – Obrigatoriedade: art. 8.º, VI, da CF
- Negociação coletiva – Recusa: art. 616, da CLT
- Orçamento: arts. 549, 550 da CLT
- Orçamento – Aprovação de receitas: art. 550 da CLT
- Orçamento – Autorização – Ministério do Trabalho: art. 592, § 3.º, da CLT
- patronal – Contribuição assistencial: art. 8.º, IV, da CF
- Plano de contas: art. 551 da CLT
- Poder público – Intervenção: art. 8.º, I, da CF
- Prerrogativas: art. 513 da CLT
- Presidente – Eleição: art. 522, § 1.º, da CLT
- Princípio da unicidade sindical: art. 8.º, II, da CF
- Produção nacional – Incentivo: art. 592, I, j, da CLT
- Profissional liberal: art. 592, III, da CLT
- Profissional liberal – Assistência jurídica: art. 592, III, a, da CLT
- Proibição – Cargo eletivo: art. 521, b, da CLT
- Proibição – Cessão gratuita: art. 521, e, da CLT
- Proibição de propaganda: art. 521, a, da CLT
- Proibições de sindicalização: art. 566 da CLT

- Quadro de associados: art. 540, § 2.º, da CLT
- Receita: art. 549 da CLT
- Reconhecimento – Base territorial: art. 520 da CLT
- Reconhecimento – Documentos: art. 518 da CLT
- Reconhecimento – Estatuto: art. 518 da CLT
- Reconhecimento – Ministério do Trabalho, Indústria e Comércio: art. 518 da CLT
- Reconhecimento – Obrigações: art. 520, parágrafo único, da CLT
- Reconhecimento – Sanção: art. 520, parágrafo único, da CLT
- Registro: arts. 519, 558 da CLT
- Registro – Ministério do Trabalho, Indústria e Comércio: art. 519, da CLT
- Registro – Órgão competente: art. 519 da CLT
- Registro contábil: art. 551 da CLT
- Responsabilidade contabilista: art. 551 da CLT
- rural: art. 8.º, parágrafo único, da CF
- rural – Contribuições: art. 10, § 2.º, do ADCT
- Seção – Proteção – Associados: art. 517, § 2.º, da CLT
- Seção – Proteção: art. 517, § 2.º, da CLT
- Serviço de contabilidade: art. 551, § 1.º, da CLT
- Substituição processual: art. 8.º, III, da CF
- Substituição processual – Convenção – Acordo coletivos: art. 872 da CLT
- Substituição processual – Dissídio coletivo: art. 856 da CLT

- Substituição processual – Legitimidade: art. 513 da CLT

- Trabalhador autônomo: arts. 521, parágrafo único, 592, IV, da CLT

- Trabalhador autônomo – Assistência à maternidade: art. 592, IV, c, da CLT

- Trabalhador autônomo – Assistência dentária: art. 592, IV, b, da CLT

- Trabalhador autônomo – Assistência hospitalar: art. 592, IV, b, da CLT

- Trabalhador autônomo – Auxílio-funeral: art. 592, IV, i, da CLT

- Trabalhador autônomo – Bolsa de estudo: art. 592, IV, d, da CLT

- Trabalhador autônomo – Colônia de férias: art. 592, IV, j, da CLT

- Trabalhador autônomo – Creche: art. 592, IV, g, da CLT

- Unicidade: arts. 516, 520, parágrafo único, da CLT

- Venda de imóvel – Diretoria: art. 549, § 6.º, da CLT

- Vinculação empregatícia: art. 521, parágrafo único, da CLT

- Votação: art. 518, § 1.º, d, da CLT

SOBREAVISO

- Caracterização: art. 6.º da CLT

- Ferroviários: art. 244, § 2.º, da CLT

SUBEMPREITEIRO

- Contrato de trabalho: art. 455 da CLT

SUBSOLO

- Transferência – Saúde: art. 300 da CLT
- Transferência – Segurança: art. 300 da CLT

SUBSTITUIÇÃO PROCESSUAL

- Sindicato – Legitimidade: art. 513 da CLT
- Sindicato: art. 8.º, III, da CF

SUCESSÃO

- trabalhista – Juros de mora: art. 10 da CLT

SUPREMO TRIBUNAL FEDERAL

- Recurso – Não interrupção da execução: art. 893, § 2.º, da CLT

T

TAREFEIRO

- Férias: art. 142, § 2.º, da CLT

TELEFONISTA

- Hora extra: art. 227, § 1.º, da CLT
- Jornada de trabalho: art. 227 da CLT
- Operador de telemarketing – Distinção: art. 227 da CLT
- Trabalho extraordinário: art. 227, § 2.º, da CLT

TEMPO DE SERVIÇO

- Aposentadoria: art. 4.º, parágrafo único, da CLT

- Aposentadoria – Servidor público estadual: art. 4.º, parágrafo único, da CLT
- Boca da mina – Frente de trabalho: art. 294 da CLT
- Boca da mina – Frente de trabalho – Hora de percurso: art. 294 da CLT
- computado – Boca da mina: art. 294 da CLT
- Férias: art. 130, § 2.º, da CLT
- Indenização: art. 4.º, parágrafo único, da CLT
- Indenização – Estabilidade: art. 4.º, parágrafo único, da CLT
- Readmissão: art. 453 da CLT
- Serviço militar: art. 132 da CLT
- Serviço militar obrigatório: art. 4.º, parágrafo único, da CLT

TERÇO CONSTITUCIONAL

- Férias – Conversão: art. 143 da CLT

TERMO PROCESSUAL: art. 777 da CLT

- Responsabilidade – Escrivão: art. 777 da CLT

TESTEMUNHA

- Arrolamento: art. 905, § 1.º, da CLT
- Compromisso legal – Qualificação: art. 828 da CLT
- Desconto salarial por comparecimento: art. 822 da CLT
- Falso testemunho: art. 828, parágrafo único, da CLT
- Funcionário civil ou militar: art. 823 da CLT
- Intimação – Procedimento sumaríssimo: art. 852-H, § 3.º, da CLT
- Notificação ou intimação: art. 825 da CLT
- Número máximo: art. 821 da CLT
- Parente – Amigo íntimo ou inimigo – Informação: art. 829 da CLT
- Procedimento sumaríssimo: art. 852-H, § 2.º, da CLT

TOMADOR DE SERVIÇOS

- Responsabilidade solidária – Acidente do trabalho: art. 7.º, XXVIII, da CF
- Responsabilidade subsidiária: art. 5.º da CLT
- Responsabilização: art. 8.º da CLT

TRABALHADOR

- autônomo – Contribuição sindical: art. 604 da CLT
- avulso – Contribuição sindical – Recolhimento: art. 583 da CLT
- avulso – Vínculo empregatício – Igualdade: art. 7.º, XXXIV, da CF
- Demissão arbitrária – Proteção: art. 7.º, I, da CF
- Exposição a substâncias químicas – Proteção: art. 200, VI, da CLT
- externo – Jornada de trabalho: art. 7.º, XIII, da CF
- Medidas de proteção: art. 200 da CLT
- Portador de deficiência – Discriminação – Vedação: art. 7.º, XXXI, da CF
- portuário – Justiça do Trabalho – Competência: art. 643, § 3.º, da CLT

- Postura – Preservação: art. 199 da CLT
- Proteção – Convenção internacional: art. 7.º, I, da CF
- Proteção – Desemprego: art. 201, III, da CF
- Readaptação em nova função: art. 461, § 4.º, da CLT
- rural: arts. 3.º, 505 da CLT
- rural – Aposentadoria especial por idade: art. 201, § 7.º, da CF
- rural – Aposentadoria por invalidez – Requisitos: art. 201, I, da CF
- rural – Créditos trabalhistas – Prescrição: art. 7.º, XXIX, da CF
- rural – Direitos: art. 7.º da CF
- rural – Motorista: art. 3.º da CLT
- rural – Salário-maternidade: art. 7.º, XVIII, da CF
- urbano – Créditos trabalhistas – Prescrição: art. 7.º, XXIX, da CF
- urbano – Direitos: art. 7.º da CF

TRABALHO

- à distância – Estabelecimento do empregador: art. 6.º da CLT
- à distância – Estabelecimento do empregador – Distinção: art. 6.º da CLT
- Condições – Sentença: art. 869 da CLT
- da mulher: art. 390-E da CLT
- de igual valor – Conceito: art. 461, § 1.º, da CLT
- Descanso semanal – Pagamento em dobro: art. 67, parágrafo único, da CLT
- Distinção – Vedação: art. 7.º, XXXII, da CF
- Domicílio – Supervisão: art. 6.º, parágrafo único, da CLT
- Domingo – Prévia autorização: art. 68 da CLT
- Domingo – Revezamento – Mulher: art. 386 da CLT
- Duração – Disposição preliminar: art. 57 da CLT
- Duração: art. 411 da CLT
- em domicílio – Salário mínimo: art. 83 da CLT
- Escavações, túneis, galerias, minas e pedreiras: art. 200, III, da CLT
- Execução de pé – Requisitos: art. 199, parágrafo único, da CLT
- externo – Controle obrigatório – Horário de trabalho: art. 74, § 3.º, da CLT
- extraordinário – Telefonista: art. 227, § 2.º, da CLT
- Feriados – Vedação: art. 70 da CLT
- Igual valor – Salário: art. 461 da CLT
- insalubre – Salário mínimo: art. 79 da CLT
- Intervalo para repouso: art. 412 da CLT
- Jornada – Duração: art. 7.º, XIII, da CF
- Jornada – Limite: art. 58 da CLT
- Local – Edificações: art. 171 da CLT
- Menor – Conceito: art. 402 da CLT
- Menor – Duração: art. 411 da CLT
- Menor – Hipóteses: art. 7.º, XXXIII, da CF
- Menor – Proibições: art. 405 da CLT
- Minas no subsolo – Compensação de jornada – Autoridade competente: art. 293 da CLT

- Minas no subsolo – Compensação de jornada: art. 293 da CLT
- Minas no subsolo – Duração: art. 293 da CLT
- Mulher – Proteção: art. 372 da CLT
- Negociações coletivas – Sindicato – Participação: art. 8.º, VI, da CF
- noturno – Adicional – Remuneração: art. 73 da CLT
- noturno – Menor: art. 404 da CLT
- noturno – Motorista profissional: art. 235-C, § 5.º, da CLT
- noturno – Mulher: art. 381 da CLT
- noturno – Mulher – Adicional: art. 381, § 1.º, da CLT
- noturno – Petróleo: art. 73, § 1.º, da CLT
- noturno – Prorrogação: art. 73, § 5.º, da CLT
- noturno – Remuneração superior: art. 7.º, IX, da CF
- Paralisação – Autoridade municipal, estadual ou federal – Indenização: art. 486 da CLT
- Pausa obrigatória: art. 298 da CLT
- Regime de tempo parcial: art. 58-A da CLT
- Riscos – Redução: art. 7.º, XXII, da CF
- rural – Aposentadoria: art. 201, § 7.º, da CF
- Segurança e medicina – Delegacias Regionais do Trabalho e Emprego: art. 156 da CLT
- Segurança e medicina – Disposições gerais: art. 154 da CLT
- Segurança e medicina – Empregados: art. 158 da CLT
- Segurança e medicina – Empregados – Equipamento de proteção individual: art. 158, parágrafo único, b, da CLT
- Segurança e medicina – Empresas – Doença profissional: art. 157 da CLT
- Segurança e medicina – Empresas: art. 157 da CLT
- Segurança e medicina – Fiscalização – Ministro do Trabalho: art. 159 da CLT
- Segurança e medicina – Normas do Ministério do Trabalho – Empresas: art. 162 da CLT
- Segurança e medicina – Obrigações: art. 155 da CLT
- Subsolo: art. 295 da CLT
- Subsolo – Acordo escrito: art. 295 da CLT
- Subsolo – Autoridade – Prévia licença: art. 295, parágrafo único, da CLT
- Subsolo – Contrato coletivo – Compensação: art. 295 da CLT
- Subsolo – Contrato coletivo – Prévia licença: art. 295 da CLT
- Subsolo – Discriminação – Sexo: art. 301 da CLT
- Subsolo – Idade mínima: art. 301 da CLT
- Subsolo – Insalubridade: art. 295, parágrafo único, da CLT
- Tempo – Serviço militar: art. 132 da CLT
- Tempo de afastamento – Manutenção das vantagens atribuídas à categoria: art. 471 da CLT
- Transferência – Subsolo – Superfície: art. 301 da CLT

TRANSFERÊNCIA

- adicional – Valor mínimo: art. 469, § 3.º, da CLT
- Capacidade profissional: art. 300 da CLT
- de empregado – Anuência: art. 469 da CLT
- de empregado – Exceções: art. 469, § 1.º, da CLT

- de empregado – Lícita: art. 469, § 2.º, da CLT
- Despesas – Empregador: art. 470 da CLT
- Motivo de saúde: art. 300 da CLT
- Recusa do empregado: art. 300, parágrafo único, da CLT
- Remuneração equivalente: art. 300 da CLT

TRANSPORTE

- Deslocamento para o trabalho – Salário--utilidade – Impossibilidade: art. 458, § 2.º, III, da CLT
- Fixação de tempo de percurso – Acordo ou norma coletiva: art. 58, § 3.º, da CLT

TRIBUNAL REGIONAL DO TRABALHO

- Competência: art. 111-A, § 1.º, da CF; art. 677 da CLT
- Competência – Dissídios coletivos: art. 677 da CLT
- Composição: art. 115 da CF; art. 670 da CLT
- Conflito de competência: art. 678, c, 3, da CLT
- Conflito de jurisdição: art. 678, c, 3, da CLT
- Descentralização: art. 115, § 2.º, da CF
- Dissídios coletivos: art. 677 da CLT
- Divisão – Turmas: arts. 670, § 8.º, 678, 679 da CLT
- Greve – Competência: art. 677, I, a, da CLT
- Incompatibilidade de função: art. 671 da CLT
- Juiz classista: art. 670, § 1.º, da CLT
- Juiz classista – Posse: art. 687 da CLT
- Juiz classista – Representação – Empregado: art. 670, § 4.º, da CLT
- Juiz classista – Representação – Empregador: art. 670, § 4.º, da CLT
- Juiz classista – Suplente: art. 670, § 2.º, da CLT
- Juiz classista – Voto de qualidade: art. 672, § 3.º, da CLT
- Juiz togado: art. 670, § 7.º, da CLT
- Jurisdição: art. 674 da CLT
- Jurisdição – Categoria das regiões: art. 676 da CLT
- Jurisdição – Regiões: art. 674 da CLT
- Justiça itinerante: art. 115, § 1.º, da CF
- Presidente – Falta ou impedimento: art. 683 da CLT
- Presidente e Vice-presidente: art. 681 da CLT
- Recurso ordinário: art. 895, II, da CLT
- Regimento interno: arts. 670, § 6.º, 719, parágrafo único, da CLT
- Secretaria: art. 718 da CLT
- Secretaria – Atribuições: art. 719 da CLT
- Secretaria – Atribuições – Conclusão de processos: art. 719, a, da CLT
- Secretário – Competência: art. 720 da CLT
- Secretário – Gratificação: art. 718 da CLT
- Tribunal Pleno: arts. 672, § 2.º, 677, I, da CLT
- Tribunal Pleno – Competência: art. 677, I, da CLT

TRIBUNAL PLENO

- Agravo de despacho denegatório – Julgamento: art. 702, II, c, da CLT

- Agravo de instrumento: art. 702, § 2.º, *c*, da CLT
- Competência: art. 702 da CLT
- Dissídio – Conciliação: art. 702, *b*, da CLT
- Embargos – Julgamento: art. 702, II, *c*, da CLT
- Embargos de declaração – Julgamento: art. 702, § 2.º, *d*, da CLT
- Recurso de revista – Julgamento: art. 702, § 2.º, *b*, da CLT
- Recursos – Julgamento: art. 702, II, da CLT
- Última instância – Competência: art. 702, II, da CLT

TRIBUNAL SUPERIOR DO TRABALHO

- Competência: art. 707 da CLT
- Composição: art. 111-A da CF; art. 699 da CLT
- Composição – Plenitude: art. 690, parágrafo único, da CLT
- Convocação de juízes: art. 697 da CLT
- Corregedor – Atribuições: art. 709 da CLT
- Corregedor – Decisões – Recursos: art. 709, § 1.º, da CLT
- Juiz togado: arts. 693, § 1.º, 694 da CLT
- Jurisdição: art. 690 da CLT
- Jurisdição – Território Nacional: art. 690 da CLT
- Lista – Juízes e suplentes: art. 684 da CLT
- Lista tríplice – Juízes e suplentes: art. 684, § 1.º, da CLT
- Membro – Sanção – Competência: art. 904, parágrafo único, da CLT
- Nomeação trienal – Juiz classista: art. 693, § 3.º, da CLT
- Presidente – Competência: art. 707 da CLT
- Presidente – Sessões extraordinárias: art. 700 da CLT
- Processos – Regimento interno: art. 909 da CLT
- Transcendência – Recurso de revista: art. 896-A da CLT
- Vice-presidente – Atribuições: art. 708 da CLT

TURNO ININTERRUPTO

- de revezamento – Caracterização: art. 58 da CLT
- de revezamento – Ferroviário – Horas extras: art. 241 da CLT
- de revezamento – Hora noturna: art. 73, § 1.º, da CLT
- de revezamento – Jornada de trabalho – Convenção coletiva: art. 7.º, XIV, da CF
- Jornada de trabalho: art. 7.º, XIII, da CF
- Jornada de trabalho – Convenção coletiva: art. 7.º, XIV, da CF

V

VALE-ALIMENTAÇÃO

- Vinculação ao salário mínimo: art. 7.º, IV, da CF

VALE-CULTURA

- Salário: art. 458, § 2.º, VIII, da CLT

VALE-TRANSPORTE

– Servidor público celetista: art. 458, § 2.º, III, da CLT

VARA DO TRABALHO

– Jurisdição: art. 116 da CF
– Recurso ordinário: art. 895, I, da CLT

VENDEDOR PRACISTA

– Repouso semanal remunerado: art. 7.º, XV, da CF

VERBAS RESCISÓRIAS

– Controvérsia: art. 467 da CLT
– Multa: art. 467 da CLT

VESTUÁRIO

– Salário-utilidade – Impossibilidade: art. 458, § 2.º, da CLT

VIGIA

– Hora noturna: art. 73, § 1.º, da CLT

VIGILANTE

– Adicional de periculosidade – Não cumulação com outro adicional: art. 193, § 3.º, da CLT
– Periculosidade – Impossibilidade: art. 193, II, da CLT

VÍNCULO EMPREGATÍCIO

– Configuração: art. 7.º, XXXIV, da CF
– Cooperativas: art. 442, parágrafo único, da CLT
– Extinção – Aposentadoria: art. 453, § 2.º, da CLT

VOGAL

– Vide: Juiz classista

VALE TRANSPORTE

— Serviço público coletivo: art. 458, § 2º, III, da CLT

VARA DO TRABALHO

— Jurisdição: art. 116 da CF
— Recurso ordinário: art. 895, I, da CLT

VENDEDOR PRACISTA

— Repouso semanal remunerado: art. 6º, XV, da CF

VERBAS RESCISÓRIAS

— Controvérsia: art. 467 da CLT
— Multa: art. 467 da CLT

VESTUÁRIO

— Salário-utilidade – Impossibilidade: art. 158, § 2º, da CLT

VIGIA

— Hora noturna: art. 73, § 1º, da CLT

VIGIANTE

— Adicional de periculosidade – Não cumulação com outro adicional: art. 193, § 3º, da CLT
— Periculosidade – Impossibilidade: art. 193, II, da CLT

VÍNCULO EMPREGATÍCIO

— Configuração: art. 7º, XXXIV, da CLT
— Cooperativas: art. 442, parágrafo único, da CLT
— Extinção – Aposentadoria: art. 453, § 2º, da CLT

VOGAL

— Vide: Juiz classista

Diagramação eletrônica:
Editora Revista dos Tribunais Ltda., CNPJ 60.501.293/0001-12.
Impressão e encadernação:
Geo-Gráfica e Editora Ltda., CNPJ 44.197.044/0001-29.

Diagramação eletrônica:
Edibel Revea dos Impuestudos, CNPJ 0.501.295/0001-12

Impressão e encadernação:
Geo-Gráfica e Editora Ltda., CNPJ 14.197.614/0001-29

A.S. L8183